质量与公平
Quality and Equity

上海2012年国际学生
评估项目（PISA）
研究报告

**Research Report of the Programme for International
Student Assessment 2012 in Shanghai, China**

国际学生评估项目中国上海项目组

上海教育出版社
SHANGHAI EDUCATIONAL
PUBLISHING HOUSE

图书在版编目(CIP)数据

质量与公平:上海2012年国际学生评估项目(PISA)研究报告 / 国际学生评估项目中国上海项目组著. —上海:上海教育出版社,2016.12
ISBN 978-7-5444-7391-0

Ⅰ. ①质... Ⅱ. ①国... Ⅲ. ①学生—教育评估—研究报告—世界—2012 Ⅳ.①G40-058.1

中国版本图书馆CIP数据核字(2016)第316168号

责任编辑 童 亮
封面设计 陈 芸

质量与公平
——上海 2012 年国际学生评估项目(PISA)研究报告
国际学生评估项目中国上海项目组 著

出 版 上海世纪出版股份有限公司
上 海 教 育 出 版 社
易文网 www.ewen.co
地 址 上海市永福路 123 号
邮 编 200031
发 行 上海世纪出版股份有限公司发行中心
印 刷 南通市先锋印刷有限公司
开 本 889×1194 1/16 印张 32.25 插页 1
版 次 2016 年 12 月第 1 版
印 次 2016 年 12 月第 1 次印刷
书 号 ISBN 978-7-5444-7391-0/G·6087
定 价 90.00 元

(如发现质量问题,读者可向工厂调换)

上海市教育委员会委托研究项目

上海市哲学社会科学"十二五"规划 2014 年课题成果

2014 年度上海市教育科学研究项目成果(课题编号 A1408)

目　录

目录

第七章

上海学生的问题解决表现 ⋯⋯⋯⋯⋯⋯⋯⋯⋯⋯⋯⋯⋯⋯⋯⋯⋯ 199

第八章

上海学生的财经素养 ⋯⋯⋯⋯⋯⋯⋯⋯⋯⋯⋯⋯⋯⋯⋯⋯⋯⋯⋯ 211

第一章
PISA 2012 概述

1. PISA 研究的主要问题和特点

国际学生评估项目(PISA)是经济发展与合作组织(OECD)[①]发起的国际比较研究,测评即将完成义务教育时,学生在多大程度上掌握了全面参与社会生活时所需要的终身学习能力和问题解决能力,聚焦在阅读、数学和科学等关键领域的素养上。

OECD 国际学生评估项目(PISA)试图通过对 15 岁学生关键素养的测评来回答以下这些问题:

- 学生们准备好迎接未来的挑战了吗?
- 他们能不能有效地分析、推理并交流自己的想法?
- 作为对经济和社会有价值的成员,他们是否找到了能够终生追求的兴趣?

PISA 聚焦于年轻人运用知识和技能迎接现实生活挑战的能力,要评价的不仅是学生能否再现他们学到的东西,而且要展望学生在多大程度上能将学到的东西推及其他,以及将他们学到的知识和技能在新环境中应用,其包括学校情境和非学校情境。这一取向反映了学校教育目标和课程目标本身的变化,即越来越多地关注学生能运用他们在学校里学到的内容做什么,而不单单看他们是否掌握了特定的课程内容。

推动 PISA 发展的主要特征包括:

- **政策导向**:把学生学习结果的数据与学生个人特征数据以及学校内外影响他们学习的关键因素联系起来,目的是使人们注意到成绩类型的差异,并识别出那些成绩达到高标准的学校和教育体系的特点。
- **创新的"素养"概念**:即有关学生在主要学科领域应用知识和技能的能力,以及在不同情境中提出、解决和解释问题时有效地分析、推理和交流的能力。
- **与终身学习的相关性**(relevance,即有用性):PISA 不仅评估学生的课程及跨课程能力,同时也要求学生报告自己的学习动机、自我信念和学习策略。
- **定期性**:PISA 测评从 2000 年开始,每三年进行一次,每次从阅读、数学、科学中选择一个作为主要评估领域,另外两个作为次要评估领域。前三次 PISA 测评的主要评估领域分别是阅读(2000 年)、数学(2003 年)、科学(2006 年),2009 年又回到阅读。定期的测评使国家(地区)能够监测该国学生在关键学习目标上的进步。
- **覆盖国家(地区)的广泛性及合作性**:参加 PISA 的国家(地区)不断增加,从 PISA 2000 的 43 个发展到 PISA 2012 的 65 个,参与 PISA 的国家(地区)的 GDP 总和占了全球的 90%。每个国家(地区)有 150 多所学校、4 500 多名学生参加测试。

专栏 1.1 ■ PISA 2012 的关键特征

内容

- PISA 2012 的主要测评领域是数学,阅读、科学和问题解决是次要领域。PISA 2012 还第一次把测评年轻人的财经素养作为国际选项。

---

① OECD 目前有 34 个成员,该组织的主要目标是使成员国实现最佳的可持续经济发展和就业水平,不断提高生活水准,同时保持财政稳定,以对世界经济的发展作出贡献。

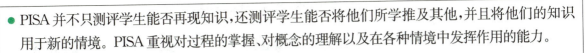

- PISA 并不只测评学生能否再现知识,还测评学生能否将他们所学推及其他,并且将他们的知识用于新的情境。PISA 重视对过程的掌握、对概念的理解以及在各种情境中发挥作用的能力。

学生

- 2012 年大约有 51 万名学生参加了 PISA 测评,代表了 65 个参与国(地区)2 800 万名 15 岁在校生。

测评

- 每个参加的学生要完成 2 小时的纸笔测试。有部分国家(地区)的学生还要参加 40 分钟的计算机化测评,涉及数学、阅读和问题解决领域。
- PISA 有要求学生自己构建答案的试题,也有选择题。通常有一个引入现实情境的文本,然后基于这个文本提出一组问题。总的测试时间是 390 分钟,不同学生回答不同的问题组合。
- 学生还要回答一份需时约 30 分钟的背景问卷,了解有关他们自己、他们的家庭、学校和学习经历的信息。各国还可以参加两个学生问卷选项,一个是关于学生对使用信息和通信技术的熟悉程度的,另一个是有关学生到目前为止的学习经历的,包括他们学习有没有中断的情况以及他们对未来发展的准备情况。校长也要完成一份约 30 分钟的问卷,内容涉及学校系统和学习环境。在有些国家(地区),还有家长问卷选项,了解家长对孩子学校生活的感受,他们在家中对孩子学习的支持,对孩子的职业期望。

  ——译自 OECD(2013),《学生知道并能够做什么:学生的数学、阅读和科学表现》,第 26 页。

2. PISA 的政策导向

　　PISA 测评的目的是改进教育政策而不是筛选学生。PISA 的决策机构是 PISA 理事会,由各参与国(地区)的政府代表构成,理事会每年召开两次会议,讨论并确定政策研究的优先领域和 PISA 的发展方向,每一轮 PISA 的研究框架都是围绕理事会提出的政策优先领域来设计的。PISA 使各国(地区)能够在国际普遍接受的框架内,通过把本国(地区)的结果放在国际大背景下比较来了解本国(地区)的优势和不足,从而改进教育决策。PISA 所引导的政策方向主要体现为竞争力导向、终身学习导向、教育公平导向、效益效能导向几个方面,这些政策导向是 PISA 数据分析的基本框架。

　　竞争力导向。 PISA 给出各个国家(地区)在阅读、数学、科学等领域的成绩排名,以及达到各个能力等级水平(proficiency level,又称精熟度水平)的学生比例,使各国从别国的成绩中反思自己的教育,寻找更有效的教育政策。还关注不同能力水平学生的分布,特别是技能分布顶端和底端的学生比例。经合组织把各国达到能力量表顶端的学生比例看作这些国家未来竞争能力的基础。反过来说,几乎没有学生处于顶端水平上的国家则可能会因此面临未来的挑战。

　　终身学习导向。 终身学习的关键是学会学习,学会学习的关键在于具备知识技能基础、学习的内在动力(有兴趣)以及自主学习的能力(掌握学习方法和策略)。PISA 所测评的"素养"不仅包括认知方面的能力,还包括元认知策略、学习策略、跨学科的问题解决能力等广义的认知能力,以及兴趣、态度、动机等非认知因素。

　　教育公平导向。 经合组织特别重视研究不同经济社会背景的学生能否获得同样的学习机

图 1.1 ■ 参加 PISA 的国家(地区)分布

OECD 国家		PISA 2012 伙伴国家(地区)		前几轮参加的伙伴国家(地区)
澳大利亚	日本	阿尔巴尼亚	黑山	阿塞拜疆
奥地利	韩国	阿根廷	秘鲁	格鲁吉亚
比利时	卢森堡	巴西	卡塔尔	印度喜马偕尔邦
加拿大	墨西哥	保加利亚	罗马尼亚	吉尔吉斯斯坦
智利	荷兰	哥伦比亚	俄罗斯	马其顿
捷克	新西兰	哥斯达黎加	塞尔维亚	马耳他
丹麦	挪威	克罗地亚	中国上海	毛里求斯
爱沙尼亚	波兰	塞浦路斯[1, 2]	新加坡	委内瑞拉米兰达
芬兰	葡萄牙	中国香港	中国台北	摩尔多瓦
法国	斯洛伐克	印度尼西亚	泰国	巴拿马
德国	斯洛文尼亚	约旦	突尼斯	印度泰米尔纳德邦
希腊	西班牙	哈萨克斯坦	阿联酋	特立尼达和多巴哥
匈牙利	瑞典	拉脱维亚	乌拉圭	
冰岛	瑞士	列支敦士登	越南	
爱尔兰	土耳其	立陶宛		
以色列	英国	中国澳门		
意大利	美国	马来西亚		

1. 土耳其对此的注解:塞浦路斯指该岛南部区域,目前岛上没有能够代表土耳其和希腊塞浦路斯人双方的当局。土耳其承认北塞浦路斯土耳其共和国。
   在联合国背景下公平解决这个问题之前,土耳其将保留其对于"塞浦路斯问题"的看法。
2. OECD 和欧盟成员对此的注解:塞浦路斯共和国得到了除土耳其外所有联合国成员的承认。本文中的相关内容指的是在塞浦路斯共和国政府有效控制下的地区。

来源:OECD. PISA 2012 Results:What Students Know and Can Do:Student Performance in Mathematics, Reading and Science(Volume I), PISA. OECD Publishing. 2014. p.25.

会,达到同样的能力水平。PISA 2012 从三个方面来评价教育公平:一是学习机会公平,测量不同家庭经济社会文化地位的学生是否有接触同样学习内容的机会;二是教育过程公平,可以用学校教育资源指标与学生经济社会文化地位的相关性来衡量,如果所有学校都能享受基本相同的教育资源,那么学校的教育资源与学校全体学生平均的经济社会文化地位指数(ESCS)应该是不相关的;三是学习结果公平,其有两个含义,一是绝大多数学生都达到适应未来工作和生活要求的基本水平,二是学生成绩较少受到家庭和学校背景因素的影响。背景因素包括家庭经济社会文化地位、家庭结构、移民背景、家庭所用语言、学校所处地理位置等。

效益效能导向。包括教育系统和学校层面的人财物资源投入产出的效益,例如教育经费投入、生师比、学习时间等因素与成绩的关系;也包括学校内部的教育教学组织过程的效能或有效性,例如师生关系、纪律风气、教师对学生的认知激发等因素与成绩的关系。

四个政策导向中,竞争力和教育公平是优先关注点,并通过包括公平导向在内的政策,扩展了公平的范畴。效益则是一个创新主题,还需要作进一步的研究。同时,各个国家(地区)可以根据自身的特点和关注点,根据问卷中的信息,进行不同角度和层面的政策分析,为本国和本地区的教育政策提供咨询意见。

由于PISA在研究方向上考虑各国政府代表所提出的政策优先领域,在研究设计中调动全球的专家资源,在研究实施中保证数据采集的严格可比性,所以PISA已发展成为一项具有权威性的研究。经合组织依据PISA等研究结果所提出的政策建议对各国政府很有影响力,起到了"软政府"的作用。各国政策制定者把PISA结果用于以下这些方面:比较本国与其他国家学生的知识和技能掌握情况,发现本国教育的问题和差距;衡量教育的进步程度,让政策制定者了解本国取得的成绩与其他国家相比较如何;用其他国家取得的成绩作为标杆,来设置教育改进的基准;学习和研究其他国家好的做法,寻找改进教育的政策措施和改革路径。

3. PISA 2012 测评框架概述

3.1 认知测评框架概述

PISA测评框架的出发点是素养。如前所述,素养指的是学生在主要学科领域应用知识和技能的能力,以及在不同情境中提出、解决和解释问题时有效地分析、推理和交流的能力。

PISA测评框架将PISA对素养的界定转化为测评各领域素养的操作方案,由各参与国(地区)的专家共同设计,设计时要围绕理事会提出的政策优先领域并反映已有的研究成果,设计草案经PISA理事会审定通过方能实施。

框架从四个方面来界定各领域素养测评的维度:

- 学生应用所需各学科领域的知识;
- 学生应用所需各学科领域的能力;
- 学生遇到的问题情境;
- 学生对学习的态度和倾向。

PISA 2012主要测评领域是数学,其框架是在先前测评框架的基础上重新制定的,次要领域是科学和阅读,采用PISA 2006的科学测评框架和PISA 2009的阅读测评框架。

表1.1 ■ PISA 2012 测评框架概述

	数学(2012)	阅读(2009)	科学(2006)
定义和特点	PISA 2012将数学素养定义为个体在各种背景下进行数学表述、数学运用和数学阐释的能力。它包括数学式的推理,以及使用数学概念、步骤、事实和工具来描述、解释和预测现象。它帮助个体认识数学在现实世界中所起的作用,作出有根据的判断和决策,以成为具有建设性、参与意识和反思能力的公民。	PISA 2009将阅读素养定义为:为了实现个人发展目标、增长知识、发挥潜能并参与社会活动,而理解、使用、反思书面文本并参与阅读活动的能力。除了解码和字面理解外,阅读素养还涉及解释和反思,以及运用阅读素养实现个人生活目标的能力。阅读素养重在为了学习而阅读,而不是为了阅读而学习,因此并没有对学生最基本的阅读技能进行测评。	PISA 2006将科学素养定义为个人在以下方面发展的程度: ● 掌握科学知识并运用科学知识来识别科学问题,获得新知识,解释科学现象,对与科学有关的问题得出基于证据的结论。 ● 了解作为人类知识和探究的一种形式的科学特点。 ● 意识到科技怎样影响我们的物质、精神和文化生活。 ● 作为积极思考的公民,参与科学相关议题,并具备科学观念。 科学素养要求能够理解科学概念,应用科学观点,并且对证据进行科学思考。

	数学(2012)	阅读(2009)	科学(2006)
知识	有关数学领域和概念群： ● 数量包括描述和测量现实世界中各种事物和关系的数量特点，理解数量的各种表达方式，根据数量作出判断和解释。要采取量化的手段，需要理解测量、计数、量级、单位、指标、相对大小、数的趋势和模式。 ● 空间和图形不限于传统几何学的范畴。包括诸如理解透视（例如绘画时），制图与读图，图形转换，阐释不同视角下的三维场景以及形成图形的表征。 ● 变化和关系是指利用适当的函数或方程进行建模，创造符号或图示来表征关系，阐释这些表征并在表征间相互转换。 ● 不确定性和数据包括理解过程中的变化，测量中的不确定性和误差，以及概率知识。	阅读材料的形式： ● 连续文本：包括不同种类的散文，例如记叙文、说明文、议论文 ● 非连续文本：包括图表、表格和清单 ● 混合文本：同时包括连续和非连续两种文本 ● 多重文本：包括为了特定目的而将几个独立文本（形式可相同可不同）并列	科学知识： ● 物质系统 ● 生命系统 ● 地球和空间系统 ● 技术系统 关于科学的知识： ● 科学探究 ● 科学解释
能力	数学任务或过程的类型： ● 数学表述（Formulating）是指将真实世界的情境转换为数学情境，并为真实问题提供数学结构、表征和清晰陈述，进行推理并弄清问题中的限制条件和假设。 ● 数学运用（Employing）是指个体能够运用数学概念、事实、步骤和推理以解决数学问题，并获得数学结论的过程。 ● 数学阐释（Interpreting）关注的是个体对数学解答、结果和结论的反思以及在真实的问题情境中进行阐释。它包括转换数学答案或返回到问题情境，进而判定结果是否合理、在问题情境中是否有意义。	阅读任务或过程的类型： ● 访问和检索：在文章中查找一条或多条信息。 ● 整合和解释：解释意义以及从文章的一个或多个部分中作出推论。 ● 反思和评价：把文本和个人的经验、知识和观点结合起来。 ● 综合：涉及上述多个阅读过程，仅适用于数字阅读。例如从多重电子文本中查找、评价和整合信息	科学任务或过程的类型： ● 识别科学议题：辨别出可能开展科学调查的议题，识别出搜索科学信息的关键词，辨别出科学调查的关键特征。 ● 科学地解释现象：在一个既定的情境中应用科学知识，科学地描述或解释现象并预测变化，识别出合理的描述、解释和预测。 ● 运用科学证据：获取科学信息，根据科学证据得出观点和结论。

	数学(2012)	阅读(2009)	科学(2006)
情境	数学应用领域,聚焦在与个人、社会和全球背景有关的应用上,例如: ● 个人的:个人或家庭日常生活情境 ● 社会的:个体所生活的社群,可以是社区,也可以是更大范围的国家或世界 ● 教育和职业的:与学校学习或工作相关的情境 ● 科学的:在科学或技术中应用数学的情境	构建文本的用途: ● 个人的:为了满足个人兴趣而进行的阅读。例如小说、传记。 ● 公共的:为了获取公共信息或参加大型社会活动而进行的阅读。例如官方文件、公告。 ● 职业的:为了完成工作或完成某项任务而阅读。例如说明书,时间表。 ● 教育的:为了学习新知识而阅读。阅读是一项较大的学习任务的一部分,阅读是为了获取信息来完成该学习任务。比如其他学科的教材。	科学应用的领域包括: ● 健康 ● 自然资源 ● 环境 ● 危机 ● 科学和技术前沿 各领域都关注个人、社会、全球情境中的应用。 ● 个人的:个人、家庭和同伴群体的情境 ● 社会的:社区和地区情境 ● 全球的:全球性的情境
态度和倾向	● 学生的学习驱力和动机:学习坚持性、问题解决开放性、学习控制感、内部和外部动机; ● 学习数学的信念:数学自我效能感、数学自我概念、数学焦虑、数学偏好; ● 学生对数学活动的参与程度	● 个人阅读参与度:对阅读的喜爱程度、趣味性阅读时间、阅读材料多样性、网上阅读活动多样性 ● 学校阅读参与度:解释文学文本、运用非连续文本材料、传统文学课阅读活动、运用功能性文本 ● 阅读元认知策略:理解和记住信息的策略、概括信息的策略 ● 学习策略运用:记忆策略、监控策略、精致策略	● 对科学探究的支持:对科学探究支持、普遍科学价值观、个人科学价值观 ● 作为科学学习者的自我信念:对解决科学问题的自我效能感、对科学能力的自我概念 ● 对科学的兴趣:对学习科学议题的兴趣、对科学的普遍兴趣、喜爱科学、学好科学的重要性、学习科学的工具性动机、学习科学的未来导向动机、对30岁时从事科学相关职业的预期、参与科学相关的活动 ● 对资源和环境的责任感:对环境问题的意识、对环境问题的关注程度、对选取的环境问题发展的乐观度、对可持续发展的责任感

与 PISA 2009 相比,PISA 2012 的数学测评框架有了较大的变化,主要表现在对数学过程和数学能力的分类上。PISA 2012 将原来的八种基本的数学能力修订为七种,并且不再采用三个数学能力群(再现、联系、反思)来概括七种基本的数学能力,而是采用三种数学过程与七种能力相结合的方式来界定在解决数学问题过程中的数学能力,三种数学过程包括:(1)用数学语言表述问题情境;(2)应用数学概念、事实、程序和推理;(3)阐释、应用和评价数学结果。

PISA 2012 首次开展计算机化问题解决测试,它有四个特点。一是可以收集复杂的深层或高层思维能力数据,计算机可以呈现动态的、人机交互的问题,这些问题的解决方案不是显而易见的,需要应答者与计算机互动,通过探究、确认、控制、解释等过程发现相关信息从而解决问题,这些相对复杂的问题成了 PISA 2012 问题解决评价的主要特色。二是可以收集解决问题的思维过程和策略数据。计算机能够有目的地获取一系列过程数据,比如学生在解决问题时所采取的行动的种类、频率、持续时间以及顺序,从而能够收集和分析与问题解决过程及策略相关的数据。三是能更好地引入现实情境,例如模拟科技设备的功能、用可视化的方式呈现问题的背景及所包含的数据信息等。四是测试时可以监控并限制学生在某一特定试题或某个解题步骤上所花的时间或者尝试的次数,因此,学生一旦进入测试环境,时间就完全交给计算机控制,不用依靠测试主任来管理时间。

PISA 2012 还首次测评了学生的财经素养。其主要指的是个人财经素养,与诸如供需原理、市场结构等更广泛概念的经济素养有所区别。财经素养涉及个体理解、管理和计划他们自己及其家庭的财经事务的方式方法。当前,由于养老和医疗的责任及风险逐渐从政府、企业转移到个人身上,个人需要为自己退休后或者遇到大病和灾难时做好财务规划;随着各种金融产品和服务的增加,例如信用卡的使用,个人也不得不承担更多的金融决策,所以个人需要具备足够的财经素养以保障自己和家人的财产。因此 PISA 2012 增加了财经素养选项。上海参加了这一选项,是东亚国家(地区)中唯一参加的。

上海还参加了计算机化阅读和数学测试。计算机化阅读又叫电子阅读或数字阅读,电子阅读的文本不是简单地把传统的印刷文本呈现在计算机屏幕上,而是动态的,其具有四个特点:交互性,例如网络论坛上的讨论、电子邮件往来;复合性,读者可以同时看见大量的文本,不同类型的文本和文本的不同部分通过超链接联系起来;建构性,读者需要自己选择阅读的内容并组织阅读的顺序,从而在不同文本之间跳转;拓展性,如果读者需要,可以通过链接阅读更多详细的信息。计算机化数学测试的主要形式是交互式的图表和电子表格,学生可以完成在纸笔测试中无法实现的操作,如对数据进行排序和筛选,旋转动态的、三维的图形,通过拖拉和移动来改变图形的形状和面积,通过改变代数式中的参数来改变函数曲线,等等。

下表显示了 PISA 2012 新修订的数学测评框架以及计算机化问题解决和财经素养这两个新领域测评框架中的试题分值分布。

表 1.2 ■ PISA 2012 数学、计算机化问题解决、财经素养试题分值分布

	数 学[1]	计算机化问题解决[2]	财经素养(国际选项)[3]
背景或情境	数学应用的领域,关注与个人、社会和全球情境中的应用,例如: 个人的,25% 职业的,25% 公共的,25% 科学的,25%	背景: 技术背景,45%—55% 非技术背景,45%—55% 关注点: 个人背景 社会背景	教育与工作,10%—20% 居家与家庭,30%—40% 个人活动,35%—45% 社会活动,5%—15%
知识领域	数学领域和概念群: 变化和关系,25% 空间和图形,25% 数量,25% 不确定性和数据,25%	问题性质: 交互问题情境,65%—75% 线性结构方程 有限状态机 静态问题情境,25%—35% 定义良好的问题:逻辑谜题,决策问题,日程安排问题 定义不明的问题:从相互矛盾的多个目标中选择最佳方案	货币和交易,30%—40% 规划和理财,25%—35% 风险和回报,15%—25% 金融环境,10%—20%

	数　　　学	计算机化问题解决	财经素养(国际选项)
过程和能力	三个数学过程： 　用数学语言表述问题情境,25% 　应用数学概念、事实、程序和推理,50% 　阐释、应用和评价数学结果,25% 每个过程都涉及七种能力： 　交流,数学化,表征,推理和论证,用多种策略解决问题,使用符号、形式化和技术型的语言和运算,使用数学工具	四个问题解决过程： 探索和理解,20%—25% 表征和表达,20%—25% 计划和执行,35%—45% 监控和反思,10%—20%	识别财经信息,15%—25% 分析财经背景中的信息,15%—25% 评估财经问题,25%—35% 应用财经知识和理解力,25%—35%

3.2　问卷调查框架概述

PISA 是基于政策导向的研究,提供三种与政策有关的"产品"：一是监测教育系统功能、产出和公平程度的指标；二是有关影响教育效能因素的指标的知识；三是能够让全球研究者研究教育基本问题和政策问题的可靠、可持续、可比较的数据库[4]。因此 PISA 还要通过问卷调查来了解影响学生表现的因素以及除了成绩以外的其他教育结果。

PISA 问卷研究框架通过教育系统层次和"教育的输入—过程—结果"两个维度把政策问题组织起来：

一是与指标相关的教育系统层次,PISA 要搜集四个层次的数据,包括：

- 参与学习活动的个体(学生)
- 机构内的教学情境和学习环境(课堂)
- 作为教育服务提供者的教育机构(学校)
- 整个教育系统层面(国家)

二是教育的输入、过程和结果：

- 输入因素：大多与个体的社会或个人背景有关,还有一些结构特点如学校规模和经费也被当作输入因素。
- 过程因素：核心过程是教与学,围绕教与学有许多定量和定性的变量。教师和校长的专业活动,以及学校政策和实践,都归为过程变量。
- 结果因素：教育系统观察到的产出指标,以及知识与技能对个体、社会和经济影响有关的指标。最主要的结果指标是学生的素养,指的是学生运用各种文本、数学工具和科学推理,在现实生活情境中解释问题、解决问题和做出决定。素养包括三方面,一是认知能力；二是广义的认知能力,如学习和思考策略以及问题解决能力；三是非认知因素,包括态度、信念、动机、期望和与学习有关的行为,如自我调控、策略以及投入时间。

根据以上两个维度,PISA 2012 专业协作组织设计了 PISA 2012 问卷调查框架,概括如下：

表 1.3 ■ PISA 2012 问卷调查框架概述

	输 入 指 标	过 程 指 标	结 果 指 标
学生层面	性别,年级,社会经济地位 教育经历,成绩等级 移民背景,家庭环境和支持 信息和通信技术经验、态度、技能 问题解决风格、开放性、坚持性	出席/逃课 课外活动,例如参加校外课程 动机,参与度 学习和思考策略,考试策略 学习时间(包括作业和私人家教)	数学表现 数学学习态度、信念和动机 对学习的一般态度(对学习 结果和学习活动的态度)和 行为,例如努力、逃课 学习动机
课堂层面	班级规模,社会经济背景和少数 族裔构成 教师教育/培训,专业性	学习机会:接触各种数学任务的经验, 对概念的熟悉度 教学实践:教师直接教学,学生导向, 形成性评价和反馈 教学质量:课堂管理/纪律风气,教师 支持,认知激发 教学时间,分组措施	
学校层面	社会经济背景和少数族裔构成, 社区富裕程度 学校经费,公私立,学校规模 家长投入度	成绩导向,共同规范,领导力,教师士 气和合作,专业发展 招生录取政策,分流,主授课程/学校 课程,评价 师生关系	升留级和毕业率 出勤
国家层面	经济财富,社会公平 多样性政策	学校经费,分流,教师专业发展政策, 对有特殊教育需要和少数族裔语言学 生的支持,招聘和认证政策 问责和评价政策,决策核心	毕业生平均水平

资料来源:OECD (2014). PISA 2012 Technical Report. Figure 3.1. p.49.

4. PISA 2012 的测评工具

4.1 PISA 测试工具的开发与翻译

测评框架在科学性和政策层面上都得到认可以后,便可以作为开发测评工具的基础。

PISA 2012 认知测试命题是由澳大利亚教育研究理事会(ACER)牵头的 PISA 专业协作组织负责,各国专家共同参与完成的。PISA 2012 以数学为主要测试领域,因此,PISA 2012 纸笔测试命题主要为数学试题的命题,阅读和科学都采用 PISA 2009 使用过的连接试题,此外,计算机化问题解决和计算机化数学测试全部采用新命题,计算机化阅读测试采用 PISA 2009 使用过的连接试题。ACER 联合 9 个国际知名研究机构建立了 9 个命题中心,新试题一部分由参与国(地区)提交,由国际命题中心审核修改;另一部分由某个国际命题中心设计并由其他至少一个国际命题中心进行审核修改。最后,所有修改完善后的试题都要提交各国项目负责人和学科专家组审核。这些工作大致在 2010 年 2 月—9 月进行。筛选出的新试题与确定的连接试题一起,于 2011 年进行所有参与国(地区)参与的试测(field trial),并基于试测结果的数据分析,以及各参与国(地区)对试测结果的反馈,再次筛选或修订试题,确定最终正式测试所用的试题。筛选依据的主要参数包括:试题在各国间的相对难度比较;试题的效度;检查各试题得分与项目反应理论模型的拟合度;试题功能性差异分析;不同评分员之间评分的一致性;在情境、能力、文本形式、文体形式、题型等方面符合 PISA 测评理论框架的结构分布；试题总量和需要的测试时间适当。

命题及专家审核均要考虑以下基本原则：命题必须符合框架的要求；避免需要花大量时间才能解决的问题；问题的指向要明确；要避免 15 岁学生不知道不熟悉的词汇以及生僻的人名；考虑评分的需要，开放题的指向不能太宽泛；考虑翻译的需要；引导文本和题目要符合 15 岁学生的生活经验，能引起 15 岁学生的兴趣；考虑试题的难度分布；试题有较长的时效性，所涉及的内容和材料不会很快过时。

PISA 试题命题的过程，也是评分指南逐步完善的过程。在题目的最初设计中就要求将每道试题的评分指南草稿列入其中。随后，在命题的第一阶段和第二阶段对试题的认知研究活动中，通过与学生的访谈、座谈以及在试测中体现的学生回答，收集并整理世界各国学生对试题的回答。最后，与测评框架相结合，确定试题的评分要点描述和相应的学生回答案例。PISA 的测评框架也会根据试测的情况进行调整，在试测后会公开一些样题，用来具体说明框架的内容。

PISA 的试题本和问卷都有两个原始版本——英文版和法文版，实施手册原始版本为英文版。上海实施 PISA 的工作语言和测试语言都以中文为测试语言，因此，需要将试题本、问卷和大部分实施手册都翻译成中文，并修订成适合上海使用的版本。所有的翻译工作都包括"翻译——致化—修订—审核—修改"五个步骤。其中翻译要求采用双重翻译，即每个国家都采用两个独立的翻译小组翻译出两个独立的版本，"一致化"是指把双重翻译的两个独立的版本协调一致为一个最合适的统一的版本，"修订"是指根据当地的文化对翻译文本进行适当的调整。翻译版本要做到以下两个基本要求：系统地保留语言的意义和语感；信息的质和量对各参与国家（地区）的 15 岁学生（或校长）都是等同的，题目的心理特征仍保持等值，问题的难度水平要保持相等。各国（地区）翻译的试题本、问卷及测试主任手册中的指定内容都要经过国际语言质量控制机构 cApStAn 的审核。

4.2 试卷

PISA 2012 的核心测评领域为四个：数学、科学、阅读、问题解决，其中问题解决采用计算机化测试。此外还有两个国际选项：财经素养（纸笔测试），计算机化阅读和数学测试。

核心领域纸笔测试分为标准组（standard set）和容易组（easy set）两类，PISA 2009 阅读平均成绩低于 450 分的国家（地区）可以选择容易组试题。上海参加了标准组测试，标准组共有 13 套试卷，由 13 个试题单元组组合而成（其中仅有两个单元组与容易组不同），每个单元组的测试时间为 30 分钟，所以总的题量为 6.5 小时。其中，数学是 PISA 2012 的主要领域，数学纸笔测试共有 7 个单元组，包含 46 个单元 85 道试题，题量为 3.5 小时（此外还有 2 个容易组单元，有 10 个单元 25 道试题）；阅读共有 3 个单元组，包含 13 个单元 44 道试题，题量为 1.5 个小时；科学共有 3 个单元组，包含 18 个单元 53 道试题，题量为 1.5 小时。13 个单元组采用矩阵抽样轮转设计，组合成 13 套核心试题本，每个学生只要做其中 1 套，每套试题本包含 4 个单元组，测试时间为 2 个小时。

财经素养国际选项共有 2 个单元组 40 道试题，需时 1 小时。在测试中，财经素养试题被包含在 4 套试题本中，每套试题本含有 2 个财经素养单元组、1 个数学单元组、1 个阅读单元组，因此每套试题本的测试时间也是 2 个小时。

计算机化测试共有 10 个单元组,每个单元组需时 20 分钟,总的测试时间为 3 小时 20 分钟。其中,问题解决测试共有 4 个单元组,包含 16 个单元 42 道试题,计算机化阅读测试共有 2 个单元组,包含 6 个单元 19 道试题,计算机化数学测试共有 4 个单元组,包含 15 个单元 41 道试题。这 10 个试题组被组合为 24 套试卷,每套试卷包含 2 个单元组。每个学生只要做其中 1 套,测试时间为 40 分钟。

与先前的 PISA 研究一样,PISA 2012 的试题本是以测评单元为单位来开发的,命题中心和各个国家(地区)在提交试题时都必须提交一个完整的单元。每个测评单元都是由引导材料和问题构成,引导材料包括文本、图示、表和图表等,后面接着针对引导材料所提出的一组问题,这些问题要尽可能接近学生在现实世界中可能遇到的问题。

问题有不同的形式。大约一半是选择题,学生要么从给定的四到五个选项中选择一个(单项选择题),要么回答一组二选一(比如"是"或"否",或者"同意"或"不同意")的问题,该问题由若干个命题或者陈述组成,其中每个命题或陈述都要做二选一的选择(复合式选择题)。这些问题由计算机自动编码。

其他题目需要学生自己构建答案,答案或简短(简答题)或较长(开放式问答题),让学生可以有不同的、个性的回答,还能评价学生支撑观点的理由。有的问题要求学生根据预先确定的一组可能的回答自己构建答案(封闭式问答题)。这些问题由受过培训的专家根据详细的评卷指南编码,评卷指南对各种回答所对应的代码予以指示,对于部分正确或有不足的回答,则可给予部分分数代码。为了确保编码过程中的一致性,一部分问题要由 4 位编码员独立编码。此外,为了验证不同国家(地区)的编码过程是否以同等方式开展,我们从每个国家(地区)抽出一组学生答案的子样本,由一组独立的、受过集中培训的编码专家编码。结果表明,不同国家(地区)间的编码具有一致性。

4.3 调查问卷

PISA 2012 的主要测评领域是数学,所以学生问卷主要围绕学生数学学习的情况开展调查。数学首次作为主要测评领域是在 2003 年,所以许多问题采用了 PISA 2003 问卷内容或者只做了微小的调整,包括学校归属感、师生关系、数学课课堂气氛、数学课上的教师支持、数学意向、对学校学习结果的态度、数学学习的工具性动机、对数学的兴趣和喜爱(内部动机)、数学自我效能感、数学自我概念。

但 PISA 2012 问卷调查在内容和方法上也有着以下这些不同于 PISA 2009 的特点。

4.3.1 增加问题解决策略和数学学习机会调查

PISA 2012 首次开展了计算机化问题解决测评,因此学生问卷中也包含了对问题解决策略的调查,有两个指标:一是学习的坚持性;二是问题解决的开放性。此外还通过情境判断问题,了解学生在遇到问题时会采取什么策略,包括三类策略:系统性策略、非系统性策略、寻找帮助。

OECD 过去对学生学习机会的研究主要基于入学率统计,评价的是学生的入学机会,认为人人都能上学就是机会公平了。PISA 2012 将学习机会评价扩展到学生获得教学内容和实践方面的机会,在学生问卷中纳入了有关学生是否学过数学理论、概念和内容的问题,以及他们在数学课和考试中遇到这些内容的频率,PISA 2012 将学生在这方面的情况称之为学生的数学学习机会。PISA 2012 对数学学习机会的调查包括三个指标。一是接触正式数学指数,了解学生对指数函数、二次函数、线性方程这三个代数概念和向量、多边形、全等图形、余弦这四个几何概念有多熟悉,以及对诸如"解方程 $2x+3=7$"这样的正式数学题有多熟悉;二是接触数学文字题指数,了解学生在数学课上和学校考试中是否经常遇到诸如"小红比蓓蓓大 2 岁,蓓蓓的年龄是小明的 4 倍,当蓓蓓 30 岁时,小明几岁"这类题目;三是接触应用数学指数,了解学生接触数学理论应用和实践应用题目的情况。

4.3.2 用多种方法提高跨文化比较的可靠性及问卷轮转设计

辅测定锚法。该方法是针对问卷指标所测量的内容以虚拟的人物和假设的情境给出辅助锚题,然后根据被测者对辅助锚题的回答测得不同被测者在回答指标问题中所采用的不同心理衡量标准并进行相应调整,以使被测者对指标的回答可以在同一量尺上进行比较。由于这些辅助问题都是对相同假设情境中的事物进行判断,所以被测者做出的不同判断就反映了他使用的不同心理衡量标准。PISA 2012 采用了两组锚题设计,一组是课堂管理行为,另一组是教师支持行为。以测量教师为学生所提供的支持的辅助锚题为例,一共有三个假设问题,这些问题的陈述中分别描述了虚拟的三名为学生提供高、中等和低水平支持的教师。其中描述为学生提供高水平支持的教师的陈述是:"刘丽云老师每两天布置一次数学家庭作业。她通常会在考试前把作业的答案反馈给学生";对虚拟的提供中等水平支持的教师的描述是:"吴智豪老师每周布置一次数学家庭作业。他通常会在考试前把作业的答案反馈给学生";对提供低水平支持的教师的描述是:"张燕燕老师每周布置一次数学作业,她从来不在考试前把作业的答案反馈给学生"。学生分别对这三位教师的评价就锚定了该学生心理评判量尺的三个基准点,这样就可以根据学生对于指标问题的回答相对于这三个基准点的排位来调整学生的绝对回答值。

强迫选择。调查态度问题常用利克特量表,学生可以有 4 级或 5 级评价,这会造成两个问题,一是有些选项之间区别比较模糊,需要较高认知水平才能分辨;二是由于文化背景不同,有些国家倾向于高估,有些国家倾向于低估,从而削弱国家间的可比性。转化为强迫选择可以避免这些问题,最简单的强迫选择题是二选一。PISA 2012 在数学意向调查上,采用了 5 组强迫选择问题,例如要求学生在"我计划进大学主修需要数学能力的专业"和"我计划进大学主修需要自然科学能力的专业"这两个选项中选一个。

情境判断。PISA 2012 在问题解决策略和学习机会调查上引入了情境判断问题,即通过简短的语言描述一个问题情境,关于这个情境有不同的处理方式,被调查者须做出评价或选择。以PISA 2012 问题解决为例,共设置了三个问题情境,第一个是"假设你已经用手机发了几星期的短信,但是今天你的短信发不了了",第二个是"假设你打算和哥哥一起去动物园玩,但你不知道该走哪条路线",第三个是"假设你来到火车站,里面有一台你从没用过的自动售票机,你需要买张票",这三个问题都是让学生就给出的建议勾选出最符合自己情况的一项。

问卷轮转设计。由于增加了辅测定锚题和情境判断题,学生问卷长度增加了,难以在 30 分钟内完成,所以 PISA 2012 问卷采用了轮转设计。PISA 2012 正式测试采用了三套学生问卷,三套学生问卷有 25 个共同问题,是关于学生自己和家庭背景的。还有 39 个轮转问题,这些问题被分为三组:第一组包括数学学习动机、自我效能、问题解决策略等;第二组包括数学自我概念、教师教学方式、课堂气氛、对学校的态度等;第三组包括学习策略、学习时间和学习机会等。学生问卷 A 包括第一组和第三组问题,问卷 B 包括第一组和第二组问题,问卷 C 包括第二组和第三组问题。轮转的每个问题实际上有 2/3 的学生在回答,根据 PISA 最小样本规模可以估计每个问题至少有 3 000 名学生回答,对可靠性几乎没有影响。但是,对多因素分析来说,轮转设计带来很多局限性,例如,如果要同时考虑学生的问题解决策略和教师教学方式对成绩的影响,那么有效数据就只有 1/3,对多层分析可靠性有较大影响。

4.3.3 采用 2008 年版国际职业标准分类编码

学生问卷中有关父母职业的问题,在 PISA 2009 中采用的是 1988 年版国际职业标准分类(ISCO-88),在 PISA 2012 中采用的是 2008 版国际职业标准分类(ISCO-08),两者之间大部分编码可以对应起来,但也有一些变化。上海采用的是 ISCO-88 与 ISCO-08 编码的经济社会文化地位指数(ESCS)没有显著差异。

4.3.4 问卷国际选项

在上述共同问题和轮转问题之外,PISA 2012 的学生问卷提供了信息和通信技术熟悉度和教育经历两个国际选项,上海参加了信息和通信技术熟悉度问卷选项,有 12 个问题,还从教育经历选项中选择了 2 个问题,回答这两个增加的选项大约需要 10 分钟,所以学生问卷总共需要 40 分钟左右。PISA 2012 还有家长问卷国际选项,上海没有参加。此外,在试题本最后一页还有一份短问卷,参加核心领域测试的学生要回答在参加 PISA 测试中使用计算器的情况和努力程度,参加 PISA 测试参加财经素养测评的学生要回答有关赚钱和理财经验的问题。

表 1.4 ■ PISA 2012 问卷调查内容

学 生 问 卷	学生问卷国际选项	学 校 问 卷
● 学生个人基本情况 ● 家庭社会经济背景 ● 母语和移民状况 ● 数学学习的情感态度因素 —数学学习策略 —数学信念 —数学自我效能感 —数学学习动机 —对数学学习的态度 ● 解决问题的经验和策略 ● 学习时间 ● 数学学习机会 ● 数学教师的教学方式 ● 师生关系 ● 对学校的态度 ● 计算器使用与努力程度(核心试题本后的短问卷)	● 信息和通信技术熟悉度 —信息和通信技术资源 —电脑使用概况 —在学校使用信息和通信技术 —在校外使用信息和通信技术 —对电脑的态度 ● 教育经历 ● 赚钱和理财的经验(财经素养试题本后的短问卷)	● 学校的结构和组织 ● 学生和教师团体 ● 学校资源 ● 学校教学、课程和评价 ● 学校风气 ● 学校政策及其实施情况

5. 上海 PISA 2012 的组织实施

为了保证 PISA 结果的真实性和不同国家(地区)之间的可比性,OECD 制定了严格的 PISA 技术标准,并制定了一系列配套措施来落实技术标准,以确保各国(地区)均按同样的标准来管理和实施 PISA。(1)PISA 2012 技术标准共有 19 个方面 58 条,对组织机构、工作人员、项目工作会议和培训、抽样、测试语言、测试参与率、翻译、考场安排、保密工作、材料的印刷、评卷、数据提交、数据管理、材料保管等工作都做了严格细致的规定。(2)PISA 国际专业协作组织开发了系列指导手册,明确了项目的总体目标以及阶段性目标,以及达到这些目标的具体步骤和要完成的各个方面的工作任务,以细化、落实 PISA 技术标准。(3)OECD 和 PISA 国际专业协作组织每年召开两次项目各参与国(地区)负责人会议,提供一系列培训资料,确保项目负责人了解要求和实施程序。(4)各参与国(地区)与 OECD 及 PISA 国际专业协作组织之间要签订多种严格的协议或计划,从项目开始准备到最后发布结果,每个阶段都要按共同商定的时间节点执行。(5)PISA 国际专业协作组织设立了 MyPISA 网站,所有材料和任务表格都通过网站传递,根据任务的完成情况,任务的状态会标注为"提交""要求检查""同意"或"逾期",以此监督项目的实施进程。(6)ACER 还派出国际质量监督员开展实地访问,检查各个国家(地区)是否达到技术标准。[5]

上海在 PISA 实施过程中,各个方案都严格按照 PISA 技术标准实施,上海在对参加 PISA 目的的认识、考务管理工作、评卷过程、抽样各方面都体现了实施过程的高质量。

5.1 上海参加 PISA 的目的

上海参加 PISA 目的主要有三个方面:在国际普遍接受的框架下考查上海义务教育学生学业质量与学习能力;基于结果改进教育决策,促进教育公平,深化课程改革;借鉴先进评价理念和技术,改进基础教育的评价体系。

上海参加 PISA 的主要目的不是为了得到一个国际排名,而是希望去寻找一面镜子,以及学习先进的评价理念和技术,从而改进我们的政策和实践。因此,上海在实施过程中本着虚心学习、实事求是的态度,严格按照 PISA 技术标准实施,严格地遵守 PISA 国际专业协作组织设定的各项流程和各项质量要求,以保证 PISA 测试结果的真实性和客观性。每一次的考务培训,市教委相关部门领导反复强调的就是要真实、要保密、不操练。

2011 年 3 月 18 日,在 PISA 2012 试测工作布置会议上,时任上海市教委副主任尹后庆说:"参加项目的重要性不在于拿第一,不是为了做这件事而做这件事。我们参加项目的目的有三个,一是从国际视野看上海的教育质量,二是发现哪些政策有值得改进的地方,三是借鉴国际上先进的评价方法,使得我们的评价既能操作又科学。""PISA 的实施工作确实是比较复杂,甚至有时大家会觉得繁琐,但是不管多复杂,我们一定要非常科学地按照规定的要求去做,体现上海人的诚信和淡定。我们不要去操练,抽样也要严格按照要求,千万不能作假,这不符合我们的道德准则。我们要有自信,万一成绩稍微下来点也没有关系,发现问题可以改进。所以拜托大家把这件事做好,这关乎上海的形象,更关乎上海的专业水平。"[6]

在上海 2012 年 PISA 测试区县项目工作会议上,上海市教委基教处颜慧芬副处长再次强调了参加 PISA 测试的保密原则,要真实地反映上海的教育水平,不弄虚作假。她特别指出:"这次上海报名参加了财经素养测试,这体现了我们上海的胆识和勇气,因为上海的基础教育没有开设财经素养课。我们不为争第一,而是为了寻找一面镜子发现自己的不足,改进我们的教育决策。"[7]

在 PISA 中国上海项目组发给学生的宣传彩页上有明确说明:"PISA 测试的时间为 2 小时。要正确回答 PISA 试题,学生只需理解基本概念,灵活运用他们已经掌握的知识和能力,无须特别准备。"[8]在给学生的通知上也明确指出："你要参加2个小时的测试,测试内容与平时考试不同,主要评估你怎样运用已经学过的知识和技能来解决现实生活中的问题,所以无须复习和准备。你只要参考试题本提供的资料,结合已经掌握的知识来回答即可。"

5.2 上海 PISA 2012 项目组织机构

为实施 PISA 项目,上海市教委成立了项目领导小组,市教委相关处室、上海市教育科学研究院、教育考试院、教育评估院、教研室等单位成立了项目组,部分大学、区县、学校的专业人员也参加了测试工作及研究。项目组秘书处以及项目研究中心(简称 SHPISA 秘书处和研究中心)设在上海市教育科学研究院。

SHPISA 秘书处负责执行项目组的决策,落实计划、组织和协调工作;SHPISA 研究中心负责试卷、问卷、考务手册、编码标准和编码管理手册的翻译和修订,测试主任和学校主考培训、学生抽样、计算机化测试的考务管理和评卷工作、数据管理,以及组织开展 PISA 相关课题研究工作。上海市教育考试院负责纸笔测试考务管理,包括试卷、问卷、宣传彩页及考务证件印刷,学生纪念品制作,评卷管理和数据输入。市教研室负责评卷专家聘任及各学科领域的评卷培训,并在试题评审和命题研究课题中承担了主要工作。

图 1.2 ■ PISA 2012 中国上海项目组的构成

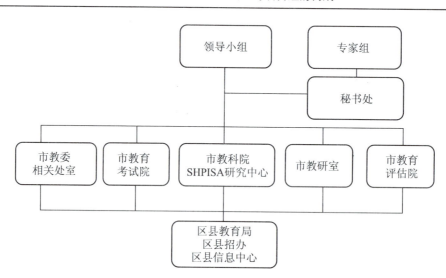

5.3 上海 PISA 2012 考务管理

上海 155 所样本学校是同时进行考试的,因此考务准备和考务管理工作量很大。PISA 测试由测试主任负责主持,即一般所说的监考,每所学校 1 位,上海聘请的测试主任都不是其主持测试学校的老师;每所 PISA 测试学校都有 1 位学校主考,负责填报学生名单和相关信息、组织学生参加测试、准备考场等,一般由副校长或教导主任担任;为了做好计算机化测试,每所学校还有 1 位学校 IT 主管,由学校信息技术老师担任,帮助测试主任处理学校计算机系统的问题;为了保证测试严格按照国际组织规定的标准实施,国际组织委派了 7 位质量监控员,检查 7 所学校的测试工作,上海市区两级教育督导办公室也派出了 94 名人员对各校的纸笔测试和计算机化测试的实施情况进行了 151 场次的质量监控,大多数质量监控员上午监察一所学校的纸笔测试,下午监察另一所学校的计算机化测试,每监察一场测试都要填写一份质量监控信息表。所有上述人员都签署了保密协议。

为了做好各区县测试的协调工作,每个区县教育局有 1 位 PISA 项目联系主任,一般由区县教育局的教科科长担任,负责本区的抽样工作,区县招办主任负责本区的考务管理,区县信息中心主任负责本区的学校计算机系统诊断指导和测试用计算机配置调整。

所有参与考务管理的人员都参加了考务会议和培训,项目组秘书处组织了区县项目联系主任会议和区县信息中心主任会议,以及学校主考培训、测试主任培训、学校 IT 主管培训,考试院组织了区县分管局长、区县教育局教科长和招办主任会议。

在纸笔测试中,所有质量监控员对于考场、测试环境、学生行为,以及测试主任和学校主考的作用表示满意。例如,所有的质量监控员都报告说经常观察到测试主任"能让所有学生都听到他/她讲话""熟悉朗读文稿""在管理测试材料方面能胜任"以及"在解释和使用学生资料记录表、测试报告表和测试考勤表方面能胜任",等等。他们也都反映经常观察到学校主考能"熟悉 PISA 的目的和设计""熟悉自身角色""在管理 PISA 材料方面能胜任"和"在解释和使用学生资料记录表上表现得自信",等等。相比较之下,质量监控员对于 PISA 材料的安全性(保密性)的满意程度没有那么高。例如,对于"测试主任对测试材料的管理""学校里用来存放测试材料的区域""打包材料所采用的方法"和"未使用的试题本的收集",认为它们是"很安全"的质量监控员占 80%,另外 20% 的质量监控员认为它们只是"安全"的。

在计算机化测试中,质量监控员对考场、测试环境、学生行为、测试主任和学校主考的作用、PISA 材料的安全性和保密性都比较满意。

5.4 上海 PISA 2012 评卷管理

PISA 测试中的开放题大约占 45%,需要专家对开放题进行编码,通俗地说就是评分,但实际并不是给出分数,而是给予一个代码。PISA 2012 正式测试评卷工作分纸笔和机考两部分。纸笔测试评卷工作集中安排在上海师范大学进行,时间为 2012 年 4 月 23 日至 5 月 25 日,评卷过程由市教育考试院负责,上海师范大学提供后勤服务支持。计算机化测试评卷工作集中安排在上海市教育科学研究院进行,时间为 2012 年 5 月 10 日至 5 月 30 日,由市教科院负责。

纸笔测试评卷聘用 32 名评卷专家,其中 12 名评数学,8 名评阅读,8 名评科学,另外还有 4 名数学、财经、阅读、科学领域的评卷负责人,4 名负责人都参加过国际评卷培训,负责开展上海本地评卷培训以及检查评卷员每天的工作,并且在有个别评卷员请假的时候担任替补。计算机化测试聘用 12 名评卷专家,4 名评计算机化问题解决,4 名(兼)评计算机化阅读素养,4 名(兼)评计算机化数学素养,其中计算机化阅读和数学素养的评卷专家都是参加过纸笔测试评卷的。所有评卷专家都签署了保密协议。

评卷的培训工作非常严格,培训时间占了总时间的 30% 左右。每个领域评卷工作开始时,要请相关领域专家简要地介绍该领域的测评框架、评卷管理流程和评卷的基本原则;然后进入到按单元组进行的培训和编码,培训和编码交替进行,每次 1 个单元组。每个单元组的培训都包含 4 个环节:(1)把本次测试的试题复印本发给所有评卷专家,要求他们做一遍即将进行评卷的单元组试题,以熟悉题目的背景材料和对题目本身的理解,这有助于他们提前意识到学生对一些题目将会如何作答。(2)让评卷专家熟悉要编码的这个单元组的评卷指南,让他们对照评卷指南,给自己先前做的试卷打分。(3)用国际培训工作坊的资料来开展培训。这些资料里有一些例子,是每个试题的学生答案。利用《评卷指南》,受训者可以对这些作为例子的回答进行编码,然后采用全组公开讨论的方式来分析这些编码。受训者可以在这个过程中提问,目的是在对每个答案进行编码时能达成一致。(4)利用本地学生回答的样例开展编码实习。SHPISA 中心根据《评卷指南》阐述的范围来选择本地学生回答的实际例子,作为编码实习材料。在编码实习时,评卷专家不能提问,不能咨询其他的评卷专家。他们要把自己的评卷专家编号写在实习编码本上,并在题目旁边圈代码来表示他们的编码,同他们在正式的学生试题本上编码时一样。当评卷专家完成实习后,培训者要对他们的编码进行审阅,并对不一致的编码作深入讨论以确保评卷专家明白正确编码(那些由培训者和组长达成共识的得分)的理由。只有所有的评卷专家的编码质量和可靠性都达到了要求,才可以开始正式编码。

评卷过程分为单次编码和多次编码两个阶段,每个试题本都要抽出 100 本,由 4 位专家独立编码,用于检查专家之间的一致性。PISA 2012 还引入了控制脚本(control script)来检查评卷质量,控制脚本是在学生回答中混入一批由试题开发者编过码的回答,经各个国家(地区)PISA 中心翻译后,随机安排给评卷专家编码,通过比较与国际专家编码之间的一致性,可以评价各国(地区)编码的质量。上海在计算机化问题解决测评和计算机化阅读和数学测评中采用了控制脚本。

除了试题本需要专家编码外,学生问卷中的父母职业需要根据 ISCO-08 标准进行职业分类编码,这是一个相当繁重的工作,SHPISA 中心聘请了 7 位编码人员,前后历时 1 个月才完成。

试题本评卷和问卷职业分类编码完成后便开始数据输入,共聘请 15 位数据输入员,用了 11 天时间完成。

5.5 上海 PISA 2012 项目实施的时间进度

PISA 2012 项目实施周期历时四年半。2010 年开发测试工具,2011 年进行试测,2012 年正式测试,2013 年 12 月 OECD 发布 PISA 2012 的国际报告,2014 年 4 月和 7 月分别发布计算机化的问题解决和财经素养结果报告。

上海 PISA 2012 实施的主要工作一览:

- 2010 年 2 月—9 月,各参与国家(地区)共同设计测评工具。上海组织了 10 位来自市教科院、市教研室、市教育考试院、高校和高中学科专家,参加了试题提交和试题评审工作。各国专家共选出 172 道数学新题目、79 道计算机化问题解决试题、86 道计算机化数学试题进入试测,上海有 1 个单元 1 道数学题目入选试测。
- 2010 年 10 月—2011 年 3 月,进行考务手册、测评工具翻译及修订。
- 2011 年 4 月 15 日,上海 PISA 2012 试测。共抽取了 68 所学校近 2 700 名学生参加试测。其中,有 30 所学校共约 1 220 名学生参加了上午进行的数学和财经素养纸笔测试。这些学生中有近 600 名学生以及来自 38 所学校 1 400 多名学生参加了下午进行的计算机化阅读、数学和问题解决测试。为确保试测严格按照 PISA 2012 技术标准实施,PISA 中国上海项目组秘书处组织专家对 13 所学校进行了质量监控。
- 2011 年 5 月—7 月,试测评卷、数据输入、数据清理。
- 2011 年 8 月,向国际组织提交上海试测数据。
- 2011 年 8 月—2012 年 3 月,分析改善测评工具。PISA 国际专业协作组织根据试测结果选出了 74 道纸笔测试数学新题、41 道计算机化数学题目、42 道计算机化问题解决题目进入正式测试。

- 2012 年 4 月 13 日,上海 PISA 2012 正式测试。来自 155 所学校 6 374 名学生参加了上午的数学、阅读、科学和财经素养纸笔测试,其中 2 390 名学生参加了下午的计算机化问题解决、阅读和数学测试。为确保正式测试严格按照 PISA 2012 技术标准实施,PISA 国际专业协作组织委派 7 名质量监控员到 7 所样本学校进行了纸笔测试过程的质量监控,PISA 中国上海项目组秘书处与上海市人民政府教育督导办公室组织 94 位教育督导对 151 所学校的纸笔测试或计算机化测试过程进行了质量监控。
- 2012 年 5 月—7 月,正式测试评卷、数据输入、数据清理。
- 2011 年 8 月,向国际组织提交上海正式测试数据。
- 2013 年 6 月—10 月,国际组织向上海反馈数学、阅读、科学领域标准化成绩数据。
- 2013 年 12 月 3 日,OECD 发表 PISA 2012 数学、阅读、科学测评结果报告,中国上海项目组召开新闻发布会,发表上海 PISA 2012 结果概要报告。
- 2014 年 4 月 1 日,OECD 发表 PISA 2012 计算机化问题解决测评结果报告,中国上海项目组召开媒体通气会,发表上海学生计算机化的问题解决测评结果报告。
- 2014 年 7 月 9 日,OECD 发表 PISA 2012 财经素养测评结果报告,中国上海项目组召开媒体通气会,发表上海学生财经素养测评结果报告。

6. 上海 PISA 2012 的学校样本和学生样本

为了确保 PISA 的结果能反映出参与国(地区)15 岁学生的能力,样本的选择要接受国际监督,样本的规模和参与率都有严格的标准。

PISA 的测评对象为,参加测试时年龄在 15 周岁 3 个月到 16 周岁 2 个月的 7 年级及以上在校生,简称 15 岁学生。以 PISA 2012 为例,在最初的准备阶段就确定了上海 PISA 测试的时间是 2012 年 4 月 13 日,因此确定参加测试的对象是在上海市的学校就读的、1996 年出生的所有 7 年级及以上学生。这里的"上海市的学校"包括了除特殊教育学校和国际学校外所有在上海举办的、有 15 岁在校生的学校(特殊教育学校和国际学校剔除经过 PISA 国际专业协作组织批准),学生中包括了外来务工人员子女和外籍学生。有智力障碍和严重功能性残疾(例如盲聋哑)的学生以及学习汉语不足一年的学生可以在最后的抽样阶段排除,但是在上报抽样框数据时不能排除。

PISA 采用按照概率与抽样元素的规模大小成比例的抽样法(简称 PPS 抽样),是以上海所有的在 7 年级及以上就读的 15 岁学生作为调查总体,然后采用等概率抽样的方法抽取学生样本,这样做需要巨额研究经费的支持以及大量时间和人力的投入,好处是准确,可以计算每所样本学校和每个样本学生在总体中所代表的权重,推断出学生总体的调查结果。

为了保证各项数据可以进行有效的国际比较,PISA 规定了样本量的最低要求,每个参与的国家或经济体至少要抽取 150 所学校并从这些学校中抽取 4 500 名学生参加核心项目的测试,如果要测试财经素养国际选项的话,那么至少要保证 1 000 名学生能够参加财经素养测试。样本估算的依据是,在考虑 PISA 试题本轮转设计的前提下,保证每道试题在每个国家至少有 1 000 名学生回答。对于计算机化测试来说,如果只参加问题解决测试,那么至少要保证 1 500 名学生参加测评,如果还要参加计算机化阅读和数学测试选项,那么至少要保证 2 000 名学生参加测评。考虑到有些被抽到的学生可能会因为各种原因不能参加测试,所以抽样时还要按估计的回应率(response rate)适当增加样本。

PISA 2012 的抽样分为学校抽样和学生抽样两个阶段。第一阶段为学校抽样。学校抽样由 PISA 国际专业协作组织(以下简称 PISA 协作组织)成员澳大利亚教育研究院(ACER)和美国维斯达特公司(Westat)合作完成,前者负责抽取样本,后者负责计算权重。上海的做法是先对各类学校进行分层,学校分层的目的是为了等概率地抽取各学段各类不同教育质量的学校。PISA 学校分层可以考虑最多三个外显分层变量和若干内隐分层变量,具体由 SHPISA 中心与 PISA 协作组织协商后确定。SHPISA 研究中心确定的变量一是学段(初中、高中、完中),变量二是学校类型(普通、职业),变量三是学生入学成绩等级或学校质量(实验性示范性、一般、不适用),用这三个变量把学校分为五类:初中及一贯制学校的初中部、完中、示范性普通高中、一般普通高中、中等职业技术学校。还可以根据需要设定若干内隐分层变量,上海采用的变量一是城乡(中心城区/郊区县),变量二是办学体制(公办/民办),变量三是中等职业学校类型(中专/职校/技校)。与 PISA 2009 抽样框架的主要区别在于中等职业技术学校不再区分重点和一般,也不再使用综合高中这个内隐变量,而是将中专、职校和技校作为内隐变量分类,这是根据对 PISA 2009 结果的分析而做出的调整(PISA 2009 上海还区分了重点和一般中等职业技术学校,结果发现这两类学校成绩没有显著差异,所以本轮抽样就不再做此区分),使得分层变量能更好地反映学校教学质量水平。分层完成后上海将 15 岁学生就读的全部学校名单、每所学校的分层变量属性、每所学校的 15 岁在校生数等信息提交给 PISA 协作组织,共计 883 所学校 90 796 名 7 年级以上学生,并提交上海人口数据和教育统计数据用于检查(2012 年上海 15 岁常住人口为 108 056 人)[9],然后由 PISA 协作组织按照每层学校抽取的学生比例与该层学校占上海 15 岁在校生总数比例一致的原则,分层随机抽取样本学校,抽取方法参见专栏 1.2。上海共计抽取样本学校 155 所。

第二阶段是学生抽样,由 SHPISA 研究中心根据 PISA 协作组织反馈的样本学校名单,收集这些学校所有 15 岁学生的名单,与前期各学校提交的学生数据核对,通过 PISA 协作组织提供的 KeyQuest 软件校验后,由 SHPISA 研究中心用 KeyQuest 软件从每所样本学校中随机抽取 43 名学生,不足 43 名的则全部抽取,其中 35 名为参加核心领域测试的学生,8 名为参加财经素养选项的学生。在参加核心领域测试的学生中,还将随机抽取 16 名学生参加计算机化的测试。KeyQuest 软件会自动检查学生数量和第一阶段提交的学生信息之间的一致性,通过一致性检验后才能抽取学生,学生抽样是随机的,由 KeyQuest 软件自动生成,不能人工修改。上海共计抽取了符合 PISA 参加资格的学生 6 467 名。

PISA 技术标准允许两类排除情况,第一类是学校层面排除,其中又包括两种情况:一是地处偏远难以到达的学校、由于种种原因学校无法满足测试条件的学校、规模极小的学校,如果这些学校 15 岁在校生数加起来低于该测试国家(地区)15 岁在校生人口的 0.5%,那么可以在学校抽样前排除;二是所有学生都符合校内排除条件的特殊教育学校,如果这些特殊教育学校 15 岁在校生数低于该国家(地区)15 岁在校生数的 2%,那么可以在学校抽样时排除,但是在上报学校抽样框时不能排除。第二类称为校内排除或学生层面排除,包括三类学生:因为身体残疾而无法完成 PISA 测试的学生,例如盲童;因为认知、行为或情绪障碍而无法按照 PISA 测试的学生,例如严重智力发育迟滞的学生;学习汉语不足一年无法用中文答题的学生。校内排除率必须低于 2.5%。

上海 7 年级以上 15 岁在校生总数为 90 796 人,学校层面的排除人数为 1 252 人,包括采用国外教材和外语授课的国际学校 15 岁学生 720 名和 30 所特殊教育学校的 15 岁学生 532 名,学校层面的排除率为 1 252/90 796＝1.38%。在学生抽样阶段排除了 8 人,加权后相当于 107 人,校内排除率为 0.13%。总的排除率为 1.48%,完全符合 PISA 2012 技术标准要求(低于 5%)。上海 PISA 样本对 15 岁在校生的覆盖率为 98.5%。

专栏 1.2 ■ PPS 抽样原理示例

假设某个国家样本框的某个层有 15 岁在校生 105 000 名,要在该层抽取 150 所学校,那么抽样要经过下面几个步骤:

1. 计算抽样间隔,105 000/150＝700,即每隔 700 名学生抽取 1 所样本学校

2. 用计算机产生一个 0—1 之间的随机数,例如 0.323 0,这个随机数是为了决定起始的抽样号

3. 700×0.323 0＝226,抽样号 226 用于抽取第一所样本学校

4. 226＋700＝926,抽样号 926 用于抽取第二所样本学校

5. 926＋700＝1 626,抽样号 1 626 用于抽取第三所样本学校

6. 依次类推直到结束,共抽取 150 所学校

具体见下表,某所学校对应的累计 15 岁学生数如果包含了产生的抽样号,就抽取为样本学校。

学 校	15 岁学生数	累计 15 岁学生数	抽样号	抽样结果
001	550	550	226	抽取
002	364	914		
003	60	974	926	抽取
004	93	1 067		
005	88	1 155		
006	200	1 355		
007	750	2 105	1 626	抽取
008	72	2 177		
009	107	2 284		
010	342	2 626	2 326	抽取
011	144	2 770		
……	……	……	……	……

——编译自《PISA 2012 技术报告》第 75 页,专栏 4.1

2012 年 4 月 13 日,来自上海 155 所样本学校的 6 374 名学生(93 名学生因生病或转学等特殊原因无法参加测试)代表全市约 9 万名 1996 年出生的中学生参加了测试,其中有 5 177 名参加了数学、阅读、科学等核心领域的测试,1 197 名参加了财经素养选项的测试。上海被国际组织首批抽到的样本学校全部参加了测试,学校参与率为 100%,学生参与率为 98.5%(加权后),样本质量高于 OECD PISA 技术标准要求。上海各类学校参加测试的学生数与其占全市 15 岁在校生数的比例一致,具体如下表所示。

表 1.5 ■ PISA 2012 上海市参加测试学校和学生的回应率和覆盖率

指 标 1	指 标 2	数 量
学校参与率	抽样学校数(所)	155
	参加测试学校数(所)	155
	学校首次回应率(%)	100
学生参与率	a. 抽样学生数(人)	6 467
	b. 符合资格标准的人数(人)	6 459
	c. 参加测试学生数(人)	6 374
	学生回应率(%)=c/b*100	98.7
15 岁在校生覆盖率	a. 7 年级以上 15 岁在校生总数(人)	90 796
	b. 学校层面剔除后的目标总体(人)	89 544
	c. 加权后参加测试的学生总数(人)	85 127
	d. 加权后校内剔除的学生数(人)	107
	15 岁在校生覆盖率(%)=c/(c+d)*(b/a)*100	98.5

表 1.6 ■ 上海市参加 2012 年 PISA 测试的学校和学生数分布

	样本学校数(所)	参加测试学生数(人)	占参加测试学生的比例(%)	该类学生占全市 15 岁在校生的比例(%)
学校类型				
初中①	60	2 377	37.3	37.2
完中②	23	961	15.1	14.8
实验性示范性高中	21	889	13.9	13.8
一般普通高中	19	808	12.7	12.7
中等职业技术学校	32	1 339	21.0	21.5
区域分类				
中心城区	60	2 444	38.3	39.1
郊区县	95	3 930	61.7	60.9
办学体制				
公办学校	141	5 806	91.1	90.3
民办学校	14	568	8.9	9.7
合计	155	6 374	100.0	100.0

注:① 包括了九年一贯制学校初中部、工读学校。
　　② 包括了十二年一贯制学校中学部。

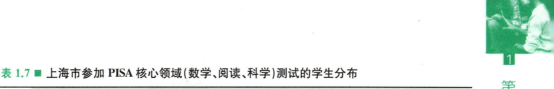

表 1.7 ■ 上海市参加 PISA 核心领域(数学、阅读、科学)测试的学生分布

	参加测试的学生数(人)	占测试学生总体比例(%)	加权后的测试学生数(人)	加权后占测试学生总体比例(%)
年级				
7 年级	54	1.0	893	1.1
8 年级	251	4.8	3 854	4.5
9 年级	2 061	39.8	33 613	39.6
10 年级	2 778	53.7	46 039	54.2
11 年级	29	6	494	6
12 年级	4	1	71	1
学生来源				
上海本地学生	3 675	71.0	60 735	71.5
第二代新上海人	447	8.6	7 171	8.4
第一代新上海人	875	16.9	14 044	16.5
其他	180	3.5	3 015	3.5
学校所在地				
乡村或农村地区	93	1.8	1 207	1.4
一般乡镇	203	3.9	3 035	3.6
郊区中心城镇(中型)	1 116	21.6	17 470	20.6
郊区中心城镇(大型)	1 236	23.9	20 954	24.7
中心城区	2 529	48.9	42 299	49.8
总计	5 177	100.0	84 965	100.0

注:上海本地学生指的是学生自己以及父母之一在上海出生的学生,第一代新上海人指本人和父母均在中国大陆其他地区出生的学生,第二代新上海人指本人在上海出生但父母均在中国大陆其他地区出生的学生。但是从第一第二代新上海人的界定可以看出,如果父母中有一人在上海出生,即使学生本人不在上海出生也编码为上海本地学生。另外,如果父母中有一方出生地未知,那么将按另一方同样的出生地编码。

7. 本书的组织

本书共有九章,第一章为概述,概括 PISA 2012 的主要特点,体现 PISA 的政策导向。第二章研究上海学生在 PISA 2012 的主要领域数学上的表现,包括对总量表和分量表表现的分析,并结合样题的分析以及与上海中考命题的比较,提出数学课程教学和评价方面的政策启示,体现竞争力导向。第三章研究家庭和学校背景与学生 PISA 成绩、学习机会、学校教育资源之间的关系,体现教育公平导向。第四章研究上海学生的数学学习的个人特点及其与 PISA 数学成绩之间的关系,体现终身学习导向。第五章研究学校学习环境和组织特征及其对学生学习的影响作用,体现效益效能导向。第六章到第九章分别研究研究上海学生在 PISA 2012 的次要领域阅读和科学上的表现、上海学生在计算机化问题解决上的表现、上海学生在财经素养国际选项上的表现和上海学生在数字阅读国际选项上的表现。在每一章内容的组织上,力求写清楚以下几个方面的内容:指标框架,指标的操作性定义或指标的数据来源,指标的描述性特征,与其他相关指标的关系,数据结果的含义,对上海教育的政策启示。

参考文献

［1］PISA Consortium(2010). PISA 2012 Field Trial Mathematics Framework.

［2］PISA Consortium(2010). PISA 2012 Field Trial Problem Solving Framework.

［3］PISA Consortium(2012). PISA 2012 Financial Literacy Assessment Framework.

［4］OECD(2013)，PISA 2012 Assessment and Analytical Framework：Mathematics，Reading，Science，Problem Solving and Financial Literacy，OECD Publishing. http：//dx.doi.org/10.1787/9789264190511-en. p.169.

［5］陆璟.PISA 测评的理论和实践[M].华东师范大学出版社.2013.5. p.70.

［6］SHPISA 项目通讯第 16 期.

［7］2012 年国际学生评估项目(PISA)测试区/县项目工作会议召开[EB/OL]. http：//www.cnsaes.org/homepage/html/SHPISA/SHPISAnews/6612.html.

［8］PISA2012 宣传彩页[EB/OL]. http：//www.cnsaes.org/homepage/Upfile/2011119/2011110948265377.pdf.

［9］OECD(2013). PISA 2012 Results：What Students Know and Can Do. p.267.

2

第二章
数学素养

1. 国家(地区)间数学成绩比较的背景因素

在国家(地区)间比较数学成绩和教育成果是非常困难的。当教育研究者比较不同学校的成绩时,所有学校都要使用同样的测试,但这些学校之间可能在课程结构和顺序、在教育教学的关注点和方法以及生源构成和学生的社会经济背景方面很不相同。要在不同国家(地区)的教育体系之间进行比较,就变得更加复杂,因为,不同的学生测试时使用的语言不同,学生所处国家的社会、经济和文化背景很不相同。然而,尽管一个国家(地区)的学生家庭背景和所在学校不同,但对他们成绩的测量都是依据国家标准的。同样,在一个全球经济一体化的时代,衡量教育成功与否的标志不再是仅仅根据国家标准来看教育质量是否提高了,而是越来越多地与那些国际上表现优异的教育体系相比较。可以说,国际比较的困难程度,与其对教育的重要程度是一样的。尽管如此,PISA仍采取一切可能来确保这种比较的有效性和公平性。

虽然本报告主要分析上海的结果,但是在分析过程中,也会涉及一些国际比较,所以在此对各国的经济、人口和社会因素与数学表现的关系做一个简要的分析,这样可以在一个更全面的背景下理解PISA的结果,以免对国家(地区)之间的成绩差异做出不公正的、简单的判断。我们将结合国家(地区)经济、人口和对测试结果有重要影响的社会因素来探讨它们的数学成绩。

一是家庭财富会会影响学生在学校的表现,但这种影响在不同国家是不相同的。类似的,一些国家比较富有,能把更多的钱投入到教育上,而另外一些国家由于国民收入有限而只能在教育上投入有限的经费,因此,当我们比较不同国家教育系统的表现时要记住它们的国家收入是不一样的,这点很重要。图2.1显示了以人均国内生产总值(GDP)来衡量的国家收入和学生平均数学

图 2.1 ■ 数学成绩和人均 GDP

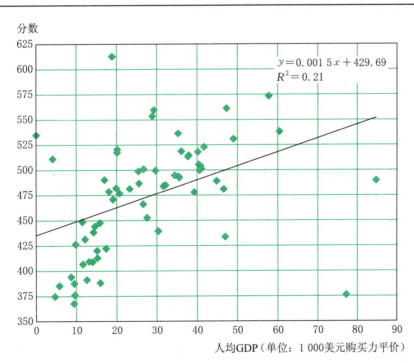

资料来源:OECD, PISA 2012 Database, Table I.2.27。

成绩之间的关系。图中的趋势线用以说明 OECD 国家学生平均数学成绩与人均 GDP 之间的关系。两者的关系表明国家平均成绩差异的 21% 可以通过人均 GDP 进行预测（OECD 国家可以预测 12% 的差异）。那些收入更高的国家具备相对优势，即便这个图不能说明这种关系具备因果性。我们在解释那些收入水平相对较低的国家（如越南、印度尼西亚以及 OECD 成员的中墨西哥和土耳其）的表现的时候，特别需要考虑经济水平的影响，OECD 计算了在各国（地区）其他所有特征不变，仅将其人均 GDP 调整为 OECD 平均水平之后各国（地区）的"调整后"的成绩，其中，上海的数学平均成绩将从实际的 613 分提高为 624 分，越南将从实际的 511 分提高到 535 分，而新加坡将从实际的 573 分下降为 555 分，美国将从实际的 481 分下降为 471 分。

二是教育经费的影响。尽管人均国民生产总值反映了每个国家可用于教育的潜在资源，但是我们不能用它来直接衡量各个国家在教育上的实际投入。图 2.2 比较了各个国家在学生从 6 岁到 15 岁这个阶段的生均实际经费（用购买力平价美元来表示）与数学平均成绩的关系，从趋势线可以看出，OECD 国家的生均经费与数学平均成绩呈正相关，随着生均教育经费的增长，国家的平均成绩也提高了。生均经费解释了国家（地区）平均成绩中 30% 的差异（OECD 国家中可解释 17% 的差异）。所以当我们在解释像越南、约旦（OECD 成员中的土耳其和墨西哥）这些国家的表现时，我们还需要考虑到它们相对较低的生均经费。与此同时，趋势线的偏离表明，生均经费较低的国家（地区），教育系统的表现并不一定差。例如，斯洛伐克的生均经费是 53 000 美元，但它的成绩与和生均经费超过 115 000 美元的美国处于同一水平。类似的如 OECD 中成绩最优秀的韩国，它的生均经费大大低于 OECD 平均值。

图 2.2 ■ 数学成绩和教育经费

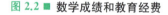

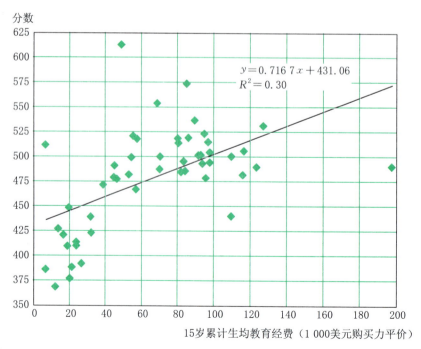

资料来源：OECD, PISA 2012 Database, Table I.2.27。

三是家长受教育程度的影响。由于一个学生的成绩和他/她父母的教育水平密切相关,当我们比较 OECD 国家的表现时,考虑成年人的教育程度很重要,因为那些成年人的教育程度高的国家要比那些家长受更少教育的国家有优势。图 2.3 显示 35—44 岁人口中接受过高等教育的比例。这个群体大致上与 PISA 评估的 15 岁学生的父母相当,我们通过这个图可以看出,一个国家 35—44 岁人口接受中学后教育的比例越高,学生数学成绩越好,父母受教育程度能够解释不同国家(地区)平均成绩差异的 27%(OECD 国家中可解释差异的 23%)。

图 2.3 ■ 数学成绩和父母受教育程度

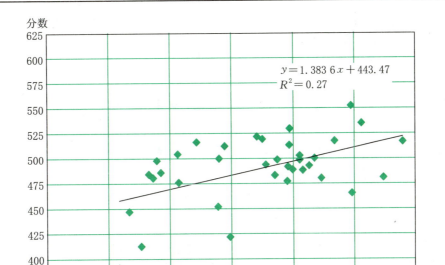

资料来源:OECD, PISA 2012 Database, Table I.2.27。

四是学生生源的社会经济背景的影响。如本书后面将要探讨的,相比那些为社会经济处境有利学生授课的老师而言,那些为社会经济处境不利学生授课的老师面临更大的困难。与此类似,社会经济处境不利学生比例较高的国家要比那些处境不利学生比例较低的国家面临更大的挑战。图 2.4 显示了社会、经济和文化地位处于低端的学生比例以及这个比例与数学成绩之间的关系,在不考虑其他因素的情况下,该比例能够解释国家(地区)间成绩差异的 24%(OECD 国家中可以解释差异的 46%)。在 OECD 成员土耳其和墨西哥,69% 和 56% 的学生属于国际上处境最不利的学生,在葡萄牙、智利、匈牙利和西班牙,该比例也超过 20%,因此它们要比冰岛、挪威、芬兰、丹麦这些处境不利学生比例不到 5% 的国家面临更大的挑战。在越南和印度尼西亚,这类学生的比例分别达到 79% 和 77%,因此它们所面临的困难更大。

五是移民学生比例的影响。让来自移民家庭的学生融入本地教育系统中也是一个难题,移民学生的表现水平中只有一部分是由他们居住地国家的教育系统决定的,还有一部分受来源国教育系统的影响。图 2.5 显示 15 岁学生中移民学生所占的比例与学生成绩的关系。移民学生比例仅能解释国家间平均成绩差异的 4%。像加拿大这样的国家,尽管移民学生比例较大,但平均成绩仍高于 OECD 均值。

图 2.4 ■ 数学成绩和社会经济处境不利学生的比例

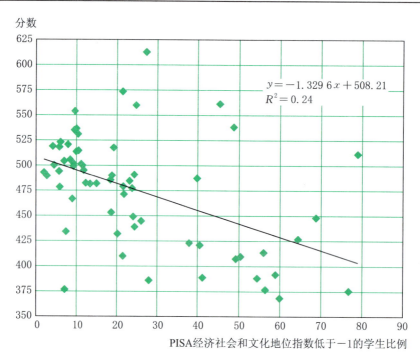

$$y = -1.329\,6x + 508.21$$
$$R^2 = 0.24$$

PISA经济社会和文化地位指数低于−1的学生比例

资料来源：OECD，PISA 2012 Database，Table I.2.27。

图 2.5 ■ 数学成绩和来自移民家庭的学生比例

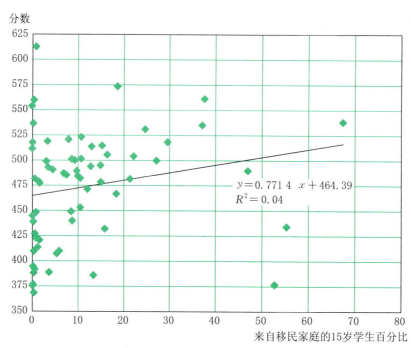

$$y = 0.771\,4\ x + 464.39$$
$$R^2 = 0.04$$

来自移民家庭的15岁学生百分比

资料来源：OECD，PISA 2012 Database，Table I.2.27。

　　当我们在解释 PISA 结果时需要考虑以上这些方面的差异。与此同时，个人和国家未来的经济和社会前景取决于他们实际取得的成绩，而不是在改变了他们的社会经济背景后他们可能取得的成绩。这也是本书比较不同国家的学生、学校和国家实际取得的成绩的原因所在。

即使在控制了教育系统的人口统计、经济和社会背景之后,问题仍然存在:当语言和文化差异导致各个国家在语文、数学或科学等课程上很不相同的教学和学习方法时,国际测评在多大程度上是有意义的? 有一点是必然的,在 PISA 这项国际评估中,不是所有任务对不同的文化背景都同样适用,所有任务与不同的课程和教学环境的相关程度并不完全一样。为了测评这一点,PISA 要求每一个国家确定 PISA 测试中他们认为最适合放进这样一个国际测试的任务(试题)。PISA 建议各个国家在考虑每一个任务与"为生活做准备"的相关性、真实性及其对 15 岁学生的相关性后给出每一个任务总的评级。一个国家对之评级高的任务被认为是 PISA 中这个国家的优选题目。接着,PISA 计算根据每个国家的优选题目计算他们在这些题目上的得分,比较学生在这些题目上和在 PISA 所有题目上的表现(见图 2.6)。显然,总体而言,学生回答正确的题目的比例与根据全部 PISA 试题计分或只根据各国优选题目计分关系不大。这有力地说明了,即使一些国家选择那些他们认为"更为公平"的试题,PISA 评估的结果也不会有很大变化。

图 2.6

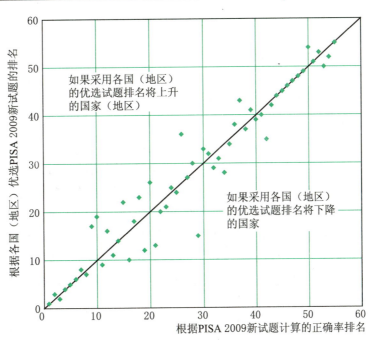

资料来源:OECD, PISA 2012 Database, Table I.2.27。

最后,当比较不同国家的学生表现时,学生在国际评估中的表现可能会受不同国家学生为这个评估所做的准备的影响,我们必须考虑这个影响的程度。PISA 2003 要求学生想象一个对他们非常重要的实际情境,在这个情境中他们会尽最大努力做好。接着,要求他们回答:和他们所想象的这个情境相比,他们为 PISA 测评做了多少准备,以及如果他们的 PISA 成绩算作他们的在校学习成绩的话他们会为 PISA 做多少准备。学生的回答一般都很现实,说如果 PISA 测试成绩算作他们的在校学习成绩他们会为 PISA 做更多准备,但是数据分析显示不同国家的学生为 PISA 所做的准备都差不多。这个发现反驳了不同国家学生在为 PISA 做准备上存在的文化差异使国际比较无效的观点。分析还显示在各个国家内部,学生为 PISA 所做的努力程度对学生学业成绩影响的效应值与其他变量诸如单亲家庭、性别和社会经济背景的效应值差不多。

2. PISA 测评数学素养的方法

数学测试在 PISA 2012 中非常重要，这是因为数学是 PISA 2012 的主要测试领域。尽管数学在 PISA 2000、2003、2006 和 2009 中都进行了测试，但是仅在 PISA 2003 中，数学是作为主要测评领域进行测试的。

在 PISA 2012 中，数学再次成为主要测评领域。这使得那些参加过 PISA 2003 的国家（地区）有机会比较 9 年间学生数学成绩的变化情况。同样，数学学科和教学领域新近发生的变化也有机会在对该领域进行再次设计时加入到 PISA 的测评中。当然，这中间也存在不小的挑战，因为主要测评领域必须保持相对的稳定以确保新的测试可以与原有的数学测试之间相互链接。PISA 2012 的数学测评框架在设计上要求更清晰和明确地与 15 岁学生相关联，同时要确保所开发的题目要处于有意义且真实的情境中。之前数学框架中所采用的描述个体解决情境化问题各阶段的数学模型环在 PISA 2012 中依然是一个关键特征。采用这一环形模式，可以用来界定学生解决问题的数学过程，PISA 2012 将首次采用这一过程作为报告学生成绩的维度。同时，PISA 2012 还将提供基于计算机的数学测评选项（CBAM）。

2.1　PISA 2012 数学素养的界定

PISA 2012 将数学素养定义如下：

个体在各种背景下进行数学表述、数学运用和数学阐释的能力。它包括数学式的推理，以及使用数学概念、步骤、事实和工具来描述、解释和预测现象。它帮助个体认识数学在现实世界中所起的作用，做出有根据的判断和决策，以成为具有建设性、参与意识和反思能力的公民。

如前所述，数学首次作为主要领域在 PISA 2003 中进行过测试。PISA 2003 对数学素养的定义为"个体识别和理解数学在世界中所起作用的能力，做出有根据的数学判断的能力，以及作为一个关心社会、善于思考的公民，为了满足个人生活需要而运用和从事数学活动的能力"。比较可以发现，两个定义都强调个体认识到数学在现实世界中的重要作用，能借助数学做出理性判断，强调个体应用数学的能力。但在具体表述上，PISA 2012 突出了数学的学科属性，它将学生视为一个积极的问题解决者，不仅指出了个体解决数学问题的主要步骤，即数学表述、数学运用和数学阐释，还强调数学思维及数学学科逻辑。

与其他领域一致，PISA 数学素养除了强调数学知识和能力的培养外，学生数学学习动机、信念和数学参与也是 PISA 评价学生数学素养的重要内容。学习动机和信念不仅对数学学习起着关键作用，其本身也是学校教育的重要成果。很难相信一个缺乏学习兴趣和学习自信的学生在离开学校后，还会继续学习数学或从事与数学相关的职业。在 PISA 2012 中，学生的学习驱力和动机因素通过学习坚持性、问题解决开放性、学习控制感、内部和外部动机四个方面来测量；学习数学的信念则包括数学自我效能感、数学自我概念、数学焦虑、数学偏好；此外，还考查了学生对数学活动的参与程度。

2.2　PISA 2012 数学素养测评框架

PISA 数学框架界定了 PISA 测评的数学领域，也描述了测评 15 岁学生数学素养的方法，即 PISA 要评价 15 岁的学生在多大程度上能够恰当地运用数学解决他们在现实生活中遇到的问题。

根据上述对数学素养的界定，在认知方面，PISA 2012 数学测评框架主要从数学情境、内容领域、数学过程三个相互关联的维度来详细描述测评的框架。下图中最里层的小方框表示数学过程，描述的是个体把问题情境与数学相联系进而解决问题的过程，以及这些过程背后的能力；中间的方框突出了解决问题过程中用到的数学思维和行为；最外面的大方框表明数学素养测评是以真实情境问题为载体的，涉及四个数学内容领域和四种真实情境类别。

2.2.1　数学情境

数学情境包括个体的、社会的、职业的和科学的4种情境，它们对应的题目量是相等的，各占1/4。

- 个体的是指个人、家庭生活或同伴群体的情境。个人情境包括饮食、购物、游戏、个人健康、个人出行、运动、旅游、个人计划和个人财务等方面的内容。
- 职业的是指与工作相关的情境。这一情境类别中的题目包括建筑物的测量、消耗和材料购买，工资单/记账、质量控制、日程表/清单、设计/建筑、工作相关的决策等。尽管PISA的题目必须是15岁学生可能接触的，但职业情境可能会与不同水平的工作相联系，从无需技术的工作一直到高度专业的工作。
- 社会的是指个体所生活的社群，可以是社区，也可以是更大范围的国家或世界。这一情境类别可能包括投票机制、公共交通、政府、公共政策、人口、广告、国家统计和经济等。尽管个体以个人的方式参与到所有上述的内容中，但社会类别的问题关注点是公共生活角度。
- 科学的是指在自然和科学技术问题中运用数学的情境。典型的情境可能包括气候、生态、药物、太空科学、基因、测量和数学学科本身等领域。

属于同一单元的PISA题目通常都有共同的引导材料。因此通常情况下，同一单元的所有题目都属于同样的情境类别。当然，也有一些例外的情况。比如引导材料可能在一道题目中以个人的角度来审视，而在另一道题目则可能采取社会的视角；如果一道题目仅涉及数学内容而无需涉及所在单元的情境内容，通常这道题目也被归入本单元的情境类别中；如果一个单元仅仅涉及数学内容，并且不涉及任何数学之外的情境内容，那么这个单元就需要归入科学情境类别。

2.2.2　数学内容知识

对数学内容的理解力是解决数学问题的前提条件。数学学科本身包含着众多领域，而对于15岁的学生而言，他们已经接触到了许多数学内容，为了更全面地了解学生是否掌握了必需的数学知识和技能，有必要对数学知识领域进行划分。PISA 2012的数学内容领域包括四个部分，分别是"变化和关系""空间和图形""数量"以及"不确定性和数据"四个方面。

- 变化和关系（Change and relationship）是利用适当的函数或方程进行建模，创造符号或图示来表征关系，阐释这些表征并在表征间相互转换。
- 空间和图形（Space and shape）不限于传统几何学的范畴。包括理解透视（例如绘画时），制图与读图，图形转换，阐释不同视角下的三维场景以及形成图形的表征等。
- 数量（Quantity）是描述和测量现实世界多种特征类别的主要方法。要采取量化的手段，需要理解测量、计数、量级、单位、指标、相对大小、数的趋势和模式。数量推理是该领域数学素养的核心，包括数感、数的不同表征、计算、心算、估算和评估结果合理性等。
- 不确定性和数据（Uncertainty and data）主要对应传统课程领域的概率和统计内容。科学、技术和日常生活中都存在着不确定性，因此，不确定性和数据是利用数学对许多问题情境进行分析的核心。认识到计算中变异的重要性、对变异量的感知、认识到测量的误差和不确定性，懂得机会的含义，这些都属于本领域的内容。

与 PISA 2003 相比，PISA 2012 在四个数学内容领域仅作了很小的调整，即将原来的"不确定性"修订为"不确定性和数据"，这一修改是为了呼应数据分析和解读能力在人们日常生活中越来越重要的地位。

2.2.3　数学过程和数学基本能力

PISA 2012 依据个体数学问题的解决步骤来划分数学过程，这与 PISA 2003 将数学过程区分为"再现""联系"和"反思"三个由简单到复杂的"能力群"的方法显然不同。PISA 2012 认为数学素养是个体的数学表述、数学应用和数学阐释能力。表述、应用和阐释分别对应英文的 formulate、employ 和 interpret。它们提供了一个组织数学问题解决过程的良好且有意义的结构，分别描述了个体将问题与数学相连接的过程、解决数学问题的过程和将对数学结果进行交流、评判的过程（图 2.7）。

图 2.7 ■ PISA 2012 数学素养测评框架示意图

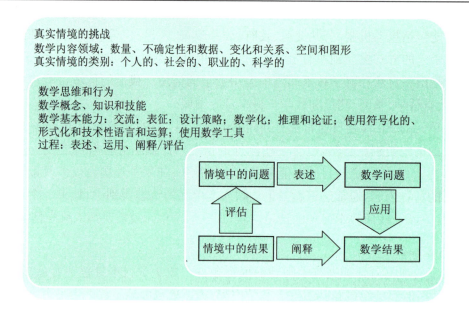

- 数学表述（Formulating）是指将真实世界的情境转换为数学情境，并为真实问题提供数学结构、表征和清晰陈述，进行推理并弄清问题中的限制条件和假设。
- 数学运用（Employing）是指个体能够运用数学概念、事实、步骤和推理以解决数学问题，并获得数学结论的过程。
- 数学阐释（Interpreting）关注的是个体对数学解答、结果和结论的反思以及在真实的问题情境中进行阐释。它包括转换数学答案或返回到问题情境，进而判定结果是否合理、在问题情境中是否有意义。

2.2.4　数学基本能力

在上述三个数学问题解决过程中实际包含着多种数学的基本能力。PISA 2012 在 PISA 2003 的基础上对数学基本能力进行了修订，认为其包含 7 种基本能力，分别是交流、表征、设计策

34　质量与公平：上海 2012 年国际学生评估项目（PISA）研究报告

略、数学化、推理和论证、使用符号化、形式化和技术性的语言和运算、使用数学工具。与 PISA 2003 相比,新框架建构的数学基本能力采用含义更广的数学化的概念代替了建模,采用推理和论证综合了思考和推理能力,采用设计策略代替了问题提出与解决,采用使用数学工具代替了使用辅助设备和工具。[①]下面分别介绍 PISA 2012 中的 7 种基本数学能力。

交流既包括接收过程也包括表达过程。个体通过对陈述、问题、任务或目标的阅读、解码和阐释,形成对问题条件的心理模型。问题解决之后,个体可能需要呈现或解释问题解决方法。

数学化是在现实世界和数学世界之间的移动。它包含表述和阐释两个部分。将一个问题表述为一个数学问题包括结构化、概念化、提出假设和/或建构模型。阐释包括判断数学的结果是否或在多大程度上与原有的问题情境相关联,还包括判断结果的准确性。数学化直接与框架中的表述和阐释相联系。

表征能力需要在不同表征间进行选择、阐释和转换,还需要用不同表征来说明一个情境、与问题相互作用或呈现完成的工作。表征包括数据图、数据表、示意图、图片、等式、公式、文字描述和真实材料等。

推理和论证遍布在数学素养相关的不同过程和不同活动。该能力包括逻辑基础的思维过程,借助它可以探索并将问题要素相互连接以便做出推论,检查给定理由和合理性,或为问题的表述和解决方法提供理由。

设计问题解决策略是指选择或设计一个计划和策略,用数学来解决任务和情境中的问题,并且引导和监督其实施过程。它包括在多种多样的数据中寻找联系以便整合信息并高效解决问题。

使用符号化、形式化和技术化的语言和运算包括理解、阐释、操作和利用符号和数学表达式及运算,使用有明确定义、规则和公式体系的公式,以及在上述内容中使用运算法则。

使用数学工具包括了解并能够使用不同的工具(有形工具和数字化工具)来协助进行数学活动,并且了解这些工具的限制条件。PISA 基于计算机的数学测试选项扩大了学生使用数学工具的可能性。

2.2.5 纸笔测试和基于计算机的测试

PISA 2012 在纸笔测试的基础上增加了基于计算机的测试选项。基于计算机的测试特别设计了 PISA 试题单元并在计算机上呈现,学生也在计算机上回答。参加 PISA 2012 的 65 个国家和地区中共有约三分之二的参加了基于计算机的测试,上海也是其中之一。对这些国家(地区)而言,既有基于纸笔的数学测试成绩,也有基于计算机的测试成绩,还可以将两者合并成计纸笔测试—机考综合成绩。

基于计算机的测试在设计上确保了数学推理和问题解决过程优先于对计算机工具的掌握。每个基于计算机的题目包括以下三个方面:

数学要求(与纸笔题目相同);

与信息通信技术(ICT)相关的一般知识和技能(例如使用键盘和鼠标、用箭头来前进的电脑使用常识)。这些内容尽量保持在最低水平;

数学和 ICT 相交互的能力,比如使用一个简单的"向导"数据绘制一个饼图,或者设计和实施排序策略,在电子表中定位并收集需要的数据。

---

① 刘达.从 PISA 2012 数学测评框架的新变化引发的思考.上海教育科研.

2.2.6 测评框架中不同类别的试题举例

表2.8总结了为了测试内容均衡而采用的六个类别。其中的三个是成绩报告类别,即过程、内容和测试媒介。PISA 2012分别报告三个过程维度的分数。PISA问题处于真实的情境,因此通常包括多种过程、多种内容和多种情境。尽管题目包含多个侧面,但仍需要判断解题难度的主要来源,以便将题目分配到单一的过程、内容和情境类别。题目所分配的类别反映的是该题目聚焦的最高认知要求所属类别。

表2.1 ■ PISA 2012数学测试描述题目的类别

报　告　类　别			为保证测试均衡的其他类别		
过程类别	内容类别	媒介类别	情境类别	答案类型	认知要求
数学化的表述情境	数　量	纸　笔	个人的	简单多选题	经验难度(连续性)
运用数学概念、事实、过程和推理	不确定性和数据		社会的	复杂多选题	
阐释、应用和评估数学结果	变化和关系	计算机	职业的	问答(简答和详述)	涵盖的基本数学能力
	空间和图形		科学的		

PISA 2012数学中每个内容类别、情境类别和答案类型的题目比例都是相同的。在过程类别上,四分之一的测试题目属于表述过程,一半题目属于运用过程,还有四分之一的属于阐述过程。为了测量学生表现的所有范围,测试题目也反映了所有的难度水平。表2.2归纳了一些样题的类别划分情况。

表2.2 ■ 样题的过程、内容、情境和答案类型划分

试题/问题一 (PISA量表中的位置)	过程类别	内容类别	情境类别	答案类型
该选哪辆车?—问题01(327.8)	阐释	不确定性和数据	个人的	简单多选题
该选哪辆车?—问题02(490.9)	运用	数　量	个人的	简单多选题
该选哪辆车?—问题03(552.6)	运用	数　量	个人的	自动评分问答题
唱片排行—问题01(347.7)	阐释	不确定性和数据	社会的	简单多选题
唱片排行—问题02(415.0)	阐释	不确定性和数据	社会的	简单多选题
唱片排行—问题05(428.2)	运用	不确定性和数据	社会的	简单多选题
车库—问题01(419.6)	阐释	空间和图形	职业的	简单多选题
车库—问题02(687.3)	运用	空间和图形	职业的	专家评分问答题
海轮骑自行车—问题01(440.5)	运用	变化和关系	个人的	简单多选题
海伦骑自行车—问题02(510.6)	运用	变化和关系	个人的	简单多选题
海伦骑自行车—问题03(696.6)	运用	变化和关系	个人的	自动评分问答题
攀登富士山—问题01(464.0)	表述	数　量	社会的	简单多选题
攀登富士山—问题02(641.6)	表述	变化和关系	社会的	专家评分问答题
攀登富士山—问题03(610.0)	运用	数　量	社会的	自动评分问答题
旋转门—问题01(512.3)	运用	空间和图形	科学的	自动评分问答题
旋转门—问题02(840.3)	表述	空间和图形	科学的	专家评分问答题
旋转门—问题03(561.3)	表述	数　量	科学的	简单多选题

例题 1：该选哪辆车？

"该选哪辆车？"这一单元包括三个问题。题目呈现了一个数据表，供一个人用来选择汽车并确认他可以承受。

情境：因为购买汽车是许多人生活中会遇到的问题，所有三个问题都归入个人情境类别。

答案类型：问题 1 和问题 2 是简单多选题；问题 3 是一个问答题，答案是一个数字，不需要专家评分。

内容：问题 1 属于不确定性和数据内容领域，题目要求具备数据表行列的常规知识，还需要通过数据协调处理能力以便找到同时满足三个条件的情况。虽然题目解决同样要求具备大数目整数的基本知识，但专家认为，对 15 岁学生而言这种知识不太可能是该题的主要难度所在。与问题 1 不同，问题 2 属于数量内容领域，众所周知，即使对 15 岁学生而言，在对数位不齐的小数进行排序时，许多人对 10 进制和数位仍持有错误的观念。问题 3 也属于数量内容领域，因为计算广告价格的 2.5% 要比从表中找到正确的数据看起来认知难度更大。这一年龄段的学生在处理小数和百分比方面面临的困难在实际的结果中就表现出来了：问题 1 是最简单的题目，问题 2 难度接近国际平均值，而问题 3 难度则高于国际平均值。

过程：要确定题目的过程类别，需要权衡真实世界情境介入的程度。"表述"类别的题目主要是把真实世界的问题转换为数学问题。"运用"类别的题目主要难度在数学内部。"阐释"类别的题目主要是利用数学内容给出一个真实世界的答案。问题 2 和 3 属于运用类别，这是因为两道题目的认知要求主要来自数学内部：小数的概念和百分比计算。问题 1 呈现了一个数据表，而且数据表的结构（通过辨别关键变量）表征的是数学化的真实情境。然后问题要求学生联系这些数学内容所表征的现实世界的条件和限制来对其进行解读。

图 2.8 ■ 正式测试试题单元—该选哪辆车？

型 号	阿尔法	保特	卡斯特	迪驰
年 份	2003	2000	2001	1999
标 价（西元）	4 800	4 450	4 250	3 990
已行驶里程（公里）	105 000	115 000	128 000	109 000
发动机排量（升）	1.79	1.796	1.82	1.783

该选哪辆车？问题 1：

乐瑶想要一辆符合以下所有条件的车：
● 已行驶里程不超过 120 000 公里。
● 2000 年或以后制造。
● 标价不超过 4 500 西元。
哪辆车符合乐瑶的条件？

　　A　保特
　　B　卡斯特
　　C　迪驰
　　D　阿尔法

该选哪辆车？问题 2：

哪辆车的发动机排量最小？

　　A. 阿尔法
　　B. 保特
　　C. 卡斯特
　　D. 迪驰

该选哪辆车？问题 3：

乐瑶须另外缴付汽车标价的 2.5% 作为税款。阿尔法的附加税款是多少？

附加税款：＿＿＿＿＿＿＿西元。

例题2：攀登富士山

情境："攀登富士山"这一单元包括三个问题，属于社会情境类别。问题1超出了步行者个人范畴，关注更广阔的社会问题，这里关注的可能是公众登山道路。社会情境中的问题包括投票机制、公共交通、政府、公共政策、人口、广告、国家统计和经济等。尽管个体以个人的方式参与到所有上述的内容中，但社会类别的问题关注点是公共生活角度。

答案：问题1是一个简单多选题（四选一）。问题2的要求回答上午11点，因此是一个简答题，需要专家评分以确保所有表示该时间的各种表示方法都没有遗漏。问题3的满分回答是40，部分得分回答是0.4（用米做单位），也需要专家评分。

内容：问题1要求利用已知的日期计算对外开放的天数，然后再计算一个平均值。因为包括数量化的时间和平均值，因此这道题目属于数量内容领域。尽管也需要平均值的公式，并且平均值确实属于一种关系，但这个问题的关注点是运用平均值公式求得每天的人数，而不是仅仅关注这一关系。因此，这个问题不属于变化和关系领域。问题3也有相似的特征，其中包含了长度单位的内容。问题2属于变化和关系领域，因为这道题中距离和时间关系（包含在速度概念中）至关重要。根据距离和时间的信息，计算上山和下山的时间，然后结合结束时间计算出发时间。如果上山和下山时间直接给定，而不是通过时间和距离间接提供，那么这道题目就应该属于数量领域。

过程：问题1属于表述过程，是因为对这道相对简单的题目而言，主要难点是得到现实情境中的两个信息（开放时间和登山总人数），进而构建数学问题并解决：从日期中找到开放天数，然

图2.9 ■ **攀登富士山—试测试题单元**

攀登富士山
富士山是日本著名的死火山。

攀登富士山—问题1：
富士山只在每年的7月1日至8月27日对外开放，这期间大约有200 000人来攀登富士山。
平均每天有多少人攀登富士山？

    B 340
    C 710
    D 3 400
    E 7 100
    F 7 400

攀登富士山—问题2：
从御殿场到富士山的登山路线长约9公里(km)。
登山者必须在晚上8点前完成来回18 km的路程。
山本估计自己可以以平均每小时1.5 km的速度登山，并以两倍的速度下山。这样的速度还可以留有让他用餐和休息的时间。
按照山本所估计的速度，要在晚上8点前回来，他最迟在什么时间出发？

攀登富士山—问题3：
山本带着一个计步器去记录在御殿场登山路线所走的步数。
他的计步器显示他共走了22 500步。
山本在御殿场登山路线走了9 km，估算他每一步的平均长度，以厘米(cm)为单位。

答：.. cm

后结合总人数得到平均人数。专家认为对 15 岁学生而言主要的认知难点是把现实世界问题转换为数学关系的过程，而不是之后的整数运算。问题 2 也因为同样的原因被归入表述过程：所需要的主要认知努力是将现实世界的数据转换为数学问题并识别其中所有的关系，而不是计算或者诠释上午 11 点这个答案。在这道难度更高的题目中，包括了多种数学关系：开始时间＝结束时间－持续时间；持续时间＝上山时间＋下山时间；上（下）山时间＝距离/时间（或相应的等比例推理）；下山时间＝一半的上山时间；并且要意识到平均速度已经考虑了当天速度的变化，不需要再补充休息的时间。

与上述两题不同，问题 3 属于运用领域。题目的主要关系为：步行距离＝步数×平均步幅。要使用这一关系解决问题会有两个障碍：转换公式（学生会使用上述关系，但可能不是正式地写出转换过程）使得平均步幅可以通过步行距离和步数得到，然后进行适当的单位转换。对这道题目来说，主要的认知要求来自于上述的步骤，因此被划分到运用过程而非识别关系和进行假设（即表述过程）或在真实情况下阐释答案。

2.3 PISA 2012 数学测评结果报告方法

数学是 PISA 2012 的主要测评领域，题目量最多，因此不仅可以评价学生数学素养的总体表现，还可以评价学生在不同数学内容领域、不同问题解决过程的具体表现。具体来说，PISA 2012 数学纸笔测试的结果包括 8 个数学量表，分别是 1 个学生数学总量表，4 个内容分量表和 3 个过程分量表。因此，我们可以评价学生在数学总量表上的表现，在变化和关系、空间和图形、数量、不确定性和数据 4 个内容领域的具体表现以及在数学表述、数学运用和数学阐释 3 个过程分量表上的具体表现。这样一来，不仅可以总体了解学生的数学素养，还可以发现他们在具体领域的优势或不足。

PISA 分别用成绩分数和精熟度水平两种方式来描述学生的数学表现。数学作为主要测评领域首先在 PISA 2003 中进行测试，而学生在 PISA 2003 中的数学表现也作为之后比较的基准，所以 PISA 2012 的数学成绩是根据与 PISA 2003 的等值关系来确定的，PISA 2003 中 OECD 成员国的平均成绩为 500 分，标准差为 100 分。在 PISA 2012 中，OECD 成员国的平均成绩为 494 分。

单纯依靠分数来表示学生成绩并不能明确地说明学生解决数学问题的能力，因此 PISA 根据学生的数学量表分数，将学生划分到不同的精熟度水平，并且对每个精熟度水平学生能够做什么进行了较为详细的描述。这样，通过分析不同精熟度水平上学生的比例，就可以判断各国（地区）学生在不同能力层次的表现。并且，通过设定一个基准水平，PISA 可以描述各国家（地区）有多少比例的学生未能达到应对未来社会挑战基本要求。此外，通过确定属于高水平的学生比例（精熟度水平达到 5 级及以上），可以描述各国高端人才的储备情况。

2.3.1 数学题目设计、分析和量表化

为了准备新的数学题目，PISA 2012 共使用了 9 个命题中心，这些命题中心处于不同文化背景下的著名机构中。它们有澳大利亚教育理事会（ACER）；比利时列日大学的教育理论和实验研究中心（aSPe）；德国国际教育研究所（DIPF），莱布尼茨科学与数学教育研究所（IPN），海德堡大学；日本国立教育政策研究所（NIER）；卢森堡亨利都德公共研究中心（CRP-HT）；挪威奥斯陆大

学教师教育和学校研究院(ILS);美国教育考试服务中心(ETS)。

ACER 负责协调各中心开发材料的分配,并且对各中心题目编写者合作开发的过程进行管理。ACER 鼓励优秀的命题中心在题目开发的初期使用当地的语言进行,包括认知实验活动。当题目比较完善的时候,再将其翻译成 OECD 官方语言英语和法语。

PISA 2012 的数学新题最初有三个主要来源。首先是参与的国家(地区)PISA 中心提交的大量题目或题目思路,这部分的数量约为 500 道,共有 20 个国家(地区)提交试题。第二个来源是 PISA 专家团队和协作组织中与专家团队一起工作的成员所提交的少量的题目,他们提交的大都是相对简单的题目,目的是为了扩大简单题目的选择范围。第三个来源是 ACER 约定的题目开发专家团队(即国际命题中心),他们除了要承担提交材料的修订完善外,本身还提交了大量原始题目材料。

最初的题目材料提交后,国际命题中心将对其进行选择、评审、认识实验、和小规模试测。之后,经过修订的题目将进入评审阶段。各参与国家(地区)PISA 中心组织当地专家评审时主要考虑题目各方面与 15 岁学生的相关性,包括题目内容是否包含在当地课程中,与学生所做准备的相关性,学生感兴趣的程度以及题目数学运用的真实性,此外,国家(地区)PISA 中心还要考虑题目的文化适切性。最终,国家(地区)项目负责人将对每道题目进行总体评定,评定结果作为试测中是否采用该题的重要参考。除了进行试题的国家(地区)中心评审外,ACER 也会组织类似的国际评审。

经过评审和修订的题目才有机会进入试测的阶段。试测的主要目的是为了判定 PISA 题目的各项指标,比如题目难度、区分度、拟合度等。此外,还会计算题目与性别和国家交互特征。经过一系列详细的分析流程后,有关题目及其相关指标将会交给各国家(地区)PISA 中心进行审核。最终,经过多轮评审和修订的数学题目才能进入正式测试的流程。

PISA 2012 最终包含 36 个纸笔测试的连接试题,74 个新的纸笔测试题目和 41 个计算机化测试新题。每个学生完成纸笔测试题目中的一部分,根据其随机分配到的试题本,须完成的题目最少 12 道,最多 37 道。纸笔测试的数学题目都被编入了包括 12 至 13 道题目的试题组中,学生完成每个试题组的题目大约需要半小时。然后这些试题组与阅读和科学试题组一道被分配到不同的试题本中。每个试题本包含 4 个试题组。因此,每个学生需要 2 小时完成分配到的试题本。计算机测试中,每个学生用 1 小时完成两个试题组,每组需要半小时,不同的数学、阅读和问题解决试题组通过轮转设计分配。

运用项目反应理论可以构建出数学精熟度量表。其基本原理是:某个试题的难度可以用答对该试题的学生比例来估计,某个学生的能力可以用该学生答对的试题比例来估计。将试题从易到难排列起来,每个试题对应量表上的一个分数,代表试题的难度;将学生按能力从低到高排列起来,每个学生也可以对应同一量表上的一个分数,代表学生的能力,我们称之为精熟度水平。通过构建这样一个量表,可以建立学生能力和试题难度的对应关系,通过表示出每个试题的难度所在的位置,可以确定该试题所代表的数学素养水平;通过表示出每个学生在同一量表上的位置,可以确定该学生具有的数学素养水平。

图 2.10 ■ 试题难度与学生能力在精熟度量表上的对应关系

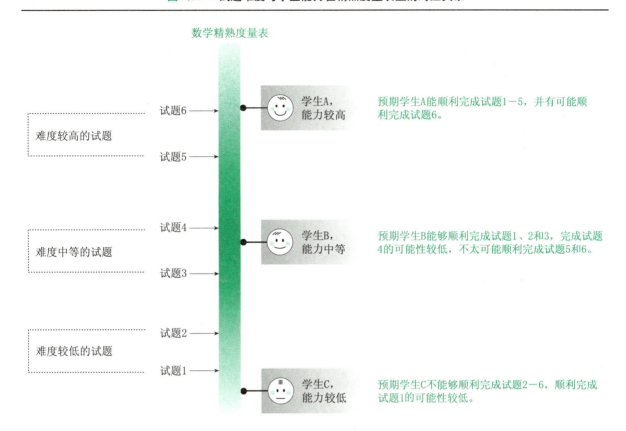

数学精熟度量表

试题6 ← 学生A, 能力较高 — 预期学生A能顺利完成试题1—5,并有可能顺利完成试题6。

难度较高的试题 — 试题5

试题4 ← 学生B, 能力中等 — 预期学生B能够顺利完成试题1、2和3,完成试题4的可能性较低,不太可能顺利完成试题5和6。

难度中等的试题 — 试题3

难度较低的试题 — 试题2

试题1 ← 学生C, 能力较低 — 预期学生C不能够顺利完成试题2—6,顺利完成试题1的可能性较低。

2.3.2 学生数学素养精熟度水平

如前所述,根据学生在不同难度试题上答对的概率,每个学生会得到一个分数,为了更好地对学生的分数作出解释,说明达到某个分数的学生能够做什么,PISA 描述了 6 个数学精熟度水平,每个水平对应一定的分数区间,PISA 2012 精熟度水平的划分与 PISA 2003 的能力等级划分基本一致。具体描述如表 2.3。其中,6 级水平能力最强,1 级水平能力最弱,若学生得分低于 357.8 分,则被归入 1 级以下。

精熟度水平属于 1 级的学生,通常能够完成 1 级水平的任务,但无法完成更高水平的任务。6 级水平的任务对数学知识和能力的要求是最高的,属于这一水平成绩范围的学生通常能够完成这一水平的任务,并且,也能够完成所有其他水平的任务。

表 2.3 ■ PISA 数学精熟度水平及描述

水平	学生一般能完成的内容
6	在 6 级水平,学生能基于对复杂问题情境的研究和建模,对所获得的信息进行概念化、概括并加以运用,并且能将知识用在相对非标准的情境中。他们能将不同的信息源和表征联系起来,并在其间自由转换。该水平的学生能进行高水平的数学思维和推理。他们运用这种领悟力和理解力,以及所掌握的符号化和形式化的数学运算与关系,提出新的方法和策略来破解陌生情境中的问题。该水平的学生能构思并准确地交流他们的做法以及他们对于自己的发现、阐释、观点及其对实际情境的适用性的反思。
5	在 5 级水平,学生能在复杂的情境下建立并使用模型,识别限定条件并列出假设。他们能够选择、比较和评估适当的问题解决策略,来解决与这些模型相关的复杂问题。处于这一水平的学生能在策略上运用开阔而良好的思维和推理能力,合理连接的表征,符号化和形式化的特征描述,以及与这类情境有关的领悟力。他们可以反思自己的做法,能构思并交流自己的解释和推理。

续表

水平	学生一般能完成的内容
4	在4级水平,学生能在可能包含限定条件或要求作出假设的复杂具体情境下有效运用明确的模型。他们能选择和整合包括符号性表征在内的不同表征,直接将其与实际情况相联系。在直截了当的情境中,该水平的学生能运用他们有限的技能,并且能做出具有一定洞察力的推理。基于自己的理解、论证和做法,他们能形成并交流自己的解释和观点。
3	在3级水平,学生能执行清晰表述的行动步骤,包括那些要求连续决策的步骤。他们有足够的理解力来建构简单的模型,或选择和运用简单的问题解决策略。这个水平的学生能够理解和使用基于不同信息来源的表征,并能对其进行直接推理。他们通常能进行百分比、分数和小数运算,也能运用比例关系。他们的解决方案反映出他们能进行基本的解释和推理。
2	在2级水平,学生在仅需要直接推断的情况下能够解释和识别在上下文中的情境。他们能从单一来源中提取相关的信息并利用单一的表征模式。这个水平的学生能运用基本算法、公式、步骤和惯例来解决整数问题,能解释结果的字面意思。
1	在1级水平,学生能回答熟悉情境中包含所有相关信息且明确界定的问题。他们能够在明确的情境中根据直接指示找到信息并按常规程序行动。他们能执行那些显而易见的并且是紧随刺激之后的动作。

注:内容译自 OECD(2013),*PISA 2012 Results:What Students Know and Can Do:Student Performance in Mathematics,Reading and Science*. p.61.

2.3.3 不同精熟度等级水平的典型试题分布表

表 2.4 ■ PISA 2012 数学样题,按精熟度水平分布[①]

精熟度水平	分数下限	问题(在 PISA 量表中的位置)
6 级	669	《旋转门》——问题 2(840.3) 《海伦骑自行车》——问题 3(696.6) 《车库》——问题 2,满分(687.3)
5 级	607	《车库》——问题 2,部分得分(663.2) 《攀登富士山》——问题 2(641.6) 《攀登富士山》——满分(610.0)
4 级	545	《攀登富士山》——问题 3,部分得分(591.3) 《旋转门》——问题 3(561.3) 《选哪辆车?》——问题 3(552.6)
3 级	482	《旋转门》——问题 1(512.3) 《海伦骑自行车》——问题 2(510.6) 《选哪辆车?》——问题 2(490.9)
2 级	420	《攀登富士山》——问题 1(464.0) 《海轮骑自行车》——问题 1(440.5) 《唱片排行榜》——问题 5(428.2)
1 级	358	《车库》——问题 1(419.6) 《唱片排行榜》——问题 2(415.0)
1 级以下		《唱片排行榜》——问题 1(347.7) 《选哪辆车?》——问题 1(327.8)

注:括号中的数字指的是题目的难度。第1栏表示精熟度水平,第2栏表示各个精熟度水平的最低难度或最低分数线,第3栏表示该精熟度水平样题的单元名称、题号和难度。注意,同一单元中的不同试题可以代表不同的难度,例如《攀登富士山》包括了2级、4级和5级的试题,因此单个单元也可能覆盖较广的难度范围。

---

① OECD(2013),*PISA 2012 Results:What Students Know and Can Do-Student Performance in Mathematics,Reading and Science*. p.60.

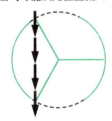

例题 3：旋转门

图 2.11 ■ 旋转门—正式测试试题单元

旋转门

三翼式旋转门在圆形的空间内旋转。圆形空间的直径是 2 米（200 厘米）。旋转门的三片旋转翼把空间等分成三个部分。下面的俯视图显示了旋转翼三个不同的位置。

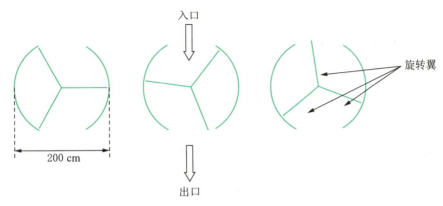

旋转门—问题 1

两片旋转翼之间的角是多少度？

角度大小：............................°

旋转门—问题 2

旋转门的出、入口（图中的弧形虚线）大小相同。如果出、入口太宽，正在旋转的旋转翼便无法形成密闭的空间，空气便能在出、入口之间自由流动，造成不必要的热量增减。如右图所示。

要使空气无法在出、入口自由流动，每个门口的最大弧长可以是多少厘米（cm）？

最大弧长：............................cm

旋转门—问题 3

旋转门每分钟转 4 圈。门的三个扇形部分均最多可容纳两个人。

在 30 分钟内，最多能有多少人通过旋转门进入建筑物？

A　60
B　180
C　240
D　720

空气可能从此位置流入

例题 4：海伦骑自行车

图 2.12 ■ 海伦骑自行车—试测试题单元

海伦骑自行车

海伦刚得到一辆新自行车，自行车的手把上有计速器。
这个计速器可以让海伦知道，她骑自行车的距离以及路程的平均速度。

海伦骑自行车—问题 1

在一趟路程中,海伦在前 10 分钟骑了 4 km,接下来的 5 分钟骑了 2 km。

下列哪一个陈述是正确的?

A 海伦前 10 分钟的平均速度比之后 5 分钟的平均速度快。

B 海伦前 10 分钟的平均速度与之后 5 分钟的平均速度相同。

C 海伦前 10 分钟的平均速度比之后 5 分钟的平均速度慢。

D 凭上述数据不可能判断海伦的平均速度。

海伦骑自行车—问题 2

海伦骑了 6 km 到阿姨家。她的计速器显示整段路程的平均速度是 18 km/h。

下列哪一个陈述是正确的?

A 海伦花了 20 分钟到达阿姨家。

B 海伦花了 30 分钟到达阿姨家。

C 海伦花了 3 小时到达阿姨家。

D 无法判断海伦花了多少时间到达阿姨家。

海伦骑自行车—问题 3

海伦从家中骑自行车到 4 km 以外的河边,花了 9 分钟。骑回家时,她抄一条只有 3 km 的近路,只花了 6 分钟。

海伦往返河边路程的平均速度是多少? 答案以 km/h 表示。

路程的平均速度: .... km/h

例题 5:车库

图 2.13 ■ 车库—试测试题单元

车库

一家车库制造商的"基本"系列提供只有一个窗和一道门的车库款式。

士强从"基本"系列中选择了以下的款式。窗和门的位置如图所示。

车库—问题 1

下列各图显示不同"基本"款式车库的后视图。其中只有一个图符合士强选择的款式。

士强选择了哪个款式? 圈出 A、B、C 或 D。

A

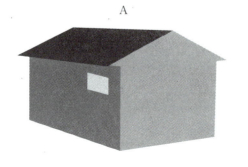

B

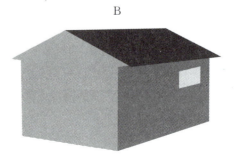

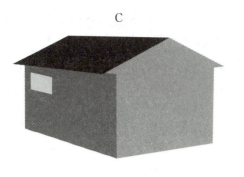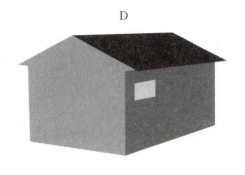

车库—问题 2

以下两个平面图显示了士强所选车库的尺寸,以米为单位。

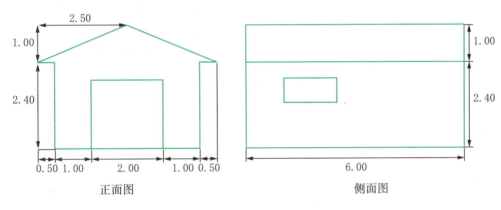

正面图   侧面图

屋顶由两个完全相同的长方形部分组成。
计算屋顶的总面积。请列式计算。

车库—问题 3

士强打算在车库下垫一块长方形的水泥板。水泥板的面积要比车库的地板大,这样车库的周围就会留出宽度相等的水泥边。
水泥板厚度 10 cm。
士强打算用不超过 4 立方米(m^3)的水泥。
水泥边的最大宽度可以是多少?

A   40 cm

B   60 cm

C   70 cm

D   80 cm

E   140 cm

3. 上海学生数学成绩

3.1   学生数学平均成绩

PISA 2012 数学素养测评中,上海的平均成绩为 613 分,在 65 个参与国家(地区)中列第一位。上海学生的平均成绩比 OECD 的平均成绩 494 分高出 119 分,接近 3 个学年的成绩差异[①],上海有 86.8% 的学生达到或超过了 OECD 平均成绩。

成绩排名第二的是新加坡,平均成绩为 573 分,与上海学生成绩接近于 1 个学年的差异。而

---

①   根据 PISA 数学成绩,可以估计不同国家和地区 1 学年对应的数学成绩差异。OECD 平均而言,1 学年对应的成绩差异为 41 分。

东亚的中国香港(561分)、中国台北(560分)、韩国(554分)、中国澳门(538分)、日本(536分)数学成绩均进入前十,这显示出东亚国家(地区)在数学领域的总体优势。

从成绩的分布上来看,上海学生数学成绩的标准差为101分,而OECD平均标准差为92分,这表明上海学生成绩分布比OECD范围更大。具体来看,上海学生高端(第95百分位数)成绩为765分,比OECD高端平均成绩(645分)高120分;而在低端(第5百分位数),上海的成绩为435分,比OECD低端平均成绩(343分)高91分(图2.2)。

图2.14 ■ 部分国家(地区)①PISA 2012 数学成绩百分位数分布

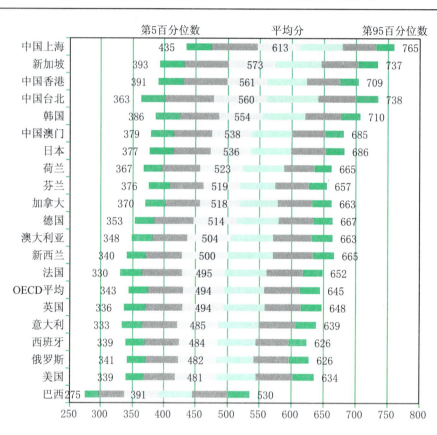

注:国家(地区)按平均分从高到低排列。
数据来源:OECD, PISA 2012 Database, Table I.2.3a。

3.2 学生数学精熟度水平

如前文所述,PISA 2012不仅采用分数来分析学生的表现,还根据学生的分数将其划分为不同的精熟度水平,并具体描述每个精熟度水平学生的能力表现。图2.14显示了部分国家(地区)

---

① 共选择了20个国家(地区),与PISA 2009上海概要报告选取的国家相同。当时因为参加PISA 2009的有65个国家和经济体,不方便在一张图上表示,所以拟选取部分国家和经济体,加上OECD平均进行比较。选取依据:

A. 经济大国:根据世界银行 world development indicators,经济总量占全球前10位的国家:美国、日本、中国、德国、英国、法国、意大利、西班牙、加拿大、巴西;

B. 当时的金砖四国:巴西、俄罗斯、中国、印度(未参加);

C. 东亚文化圈国家(地区):日本、韩国、新加坡、中国上海、中国香港、中国澳门、中国台北;

D. PISA 2009阅读成绩前10名:中国上海、韩国、芬兰、中国香港、新加坡、加拿大、新西兰、日本、澳大利亚、荷兰。

学生在 6 个数学精熟度水平上的分布情况。可以看出,上海学生处于 2 级及以上的比例是最高的,达到 96.2%。下面分别针对每个精熟度水平学生的能力进行详细分析解读,并分析上海学生在各能力水平的表现。

图 2.15 ■ 部分国家(地区)学生数学精熟度水平分布

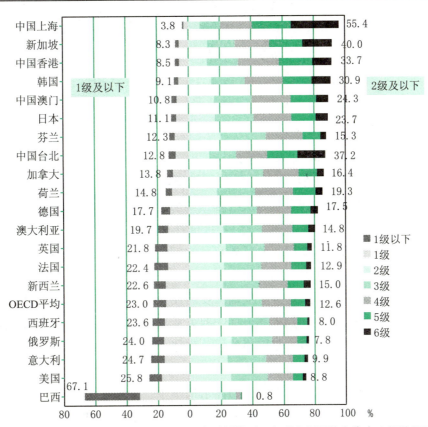

注:本表中的国家(地区)按照 2 级及以上的比例从高到低排列。条形左侧的数字代表 1 级及以下的百分比,条形右侧的数字代表 5 级和 6 级水平的百分比。

数据来源:OECD, PISA 2012 Database, Table I.2.1a。

6 级精熟度水平(669 分以上)

处于 PISA 数学量表 6 级的学生能够成功解决最难的 PISA 题目。学生能够对复杂问题情境进行研究和建模,对所获得的信息进行概念化、概括并加以运用,并且他们可以在非标准化的情境下运用他们的知识。他们能将不同的信息源和表征联系起来,并在其间自由转换。该水平的学生能进行高水平的数学思维和推理。他们运用这种领悟力和理解力,以及所掌握的符号化和形式化的数学运算与关系,提出新的方法和策略来破解陌生情境中的问题。这一水平的学生能对自己的做法进行反思,也能构思并准确地交流他们的做法以及他们对于自己的发现、阐释、观点及其对实际情境的适用性的反思。

样题《海伦骑自行车》的问题 3 就属于 6 级水平。该题目要求学生对于平均速度有深刻的理解,意识到将总时间和总距离相联系的重要性。尽管这道题目中通过计算速度平均值(26.67 公里/小时和 30 公里/小时)得到的错误答案(28.3 公里/小时)与 28 公里/小时的正确答案相差不多,但平均速度不能通过简单将速度进行平均而得到。这一现象既包括对现实世界的理解也包括对数学的理解,这就要求在数学化、论证和使用符号化、形式化技术语言和运算等基本数学能力方面有扎实的基础。

如果学生知道要采用总时间(9+6=15分钟)和总距离(4+3=7公里),答案就显而易见,可以通过比例推断(1/4小时7公里,1小时28公里),也可以采用更复杂的公式计算(例如,距离/时间=7/(15/60)=420/15=28)。这个问题被划入运用过程,这是因为解决问题最关键的部分是理解平均速度的数学定义,或者可能还包括单位转换,尤其是对那些采用"速度=距离/时间"公式的学生而言。这道题目是题库中比较难的,位于精熟度水平量表6级。

OECD平均而言,仅3.3%的学生达到6级水平,上海学生达到这一水平的比例为30.8%。并且,上海学生在这一水平上的比例比处于其他水平的学生比例都高,所有国家(地区)中唯有上海是这种分布。

5级精熟度水平（607分以上，669分及以下）

5级水平的学生能在复杂的情境下建立并使用模型,识别限定条件并列出假设。他们能够选择、比较和评估适当的问题解决策略,来解决与这些模型相关的复杂问题。处于这一水平的学生能在策略上运用开阔而良好的思维和推理能力,合理连接的表征,符号化和形式化的特征描述,以及与这类情境有关的领悟力。他们开始反思自己的做法,能构思并交流自己的解释和推理。

《攀登富士山》的第3题就是典型的5级水平问题。这个问题属于运用类别。问题中包含一个主要的关系,即行走距离=步数 X 平均步幅。要运用这一关系解决问题,需要克服两个障碍。首先需要变换上述公式(学生能会使用上述公式中的关系,但不一定会很正式地写出来),这样平均步幅就可以通过距离和步数获得,其次是转换单位。对这个问题来说,主要的认知难点在于运用上述步骤,因此它被归入运用过程而非识别关系和假设(表述过程)或在真实情境中阐释这一结果。

OECD将达到5级和以上水平的学生称为高水平学生。上海学生处于5级精熟度水平的占24.6%,与6级水平合计,高水平学生比例达到55.4%,是所有国家(地区)中最高的。就OECD各国平均而言,高水平学生的比例为12.6%。

4级精熟度水平（545分以上，607分及以下）

4级水平学生能在可能包含限定条件或要求进行假设的复杂具体情境下,有效运用明确的模型。他们能选择和整合包括符号性的表征在内的不同的表征,直接将其与现实生活情况相联系。在直截了当的情境中,该水平的学生能运用他们有限的技能,进行有一定洞察力的推理。基于自己的理解、论证和做法,他们能形成并交流自己的解释和观点。

《旋转门》第3题包含了比率和比例推理,属于这一数学精熟度水平。一分钟内,门旋转了4圈,允许4×3=12组通过入口,可以有12×2=24人进入。30分钟内,可以有24×30=720人进入(因此,正确答案是D)。PISA题目中较多出现比例推理的题目,这是因为比例是数学素养的核心内容,尤其是对数学达到特定水平的15岁学生而言,更是如此。要进行这样一种连续推理,需要学生采取合理的策略将信息纳入逻辑顺序中。

这一问题还需要一定的数学化基本能力,特别是在表述阶段。学生需要理解真实情境,可能包括想象门是如何旋转的,知道每次只呈现门的一部分,人们只能通过这部分进入大楼。这种对真实情境的理解能使得问题中已知的数据被正确地组合。尽管题目中都没有明显的科学和技术概念,但这一单元的题目都属于科学情境。实际上,科学情境的很多其他题目也都是如此。科学情境包含那些解释现实世界中事物为何以某种方式存在的题目。

OECD平均而言,30.8%的学生处于4、5和6级精熟度水平,而在上海,有超过四分之三的学生(75.6%)达到这一水平。在新加坡、中国香港、中国台北和韩国,超过二分之一的学生处于这一水平。

3级精熟度水平（482分以上，545分及以下）

3级水平的学生能执行清晰表述的行动步骤,包括那些要求连续决策的步骤。他们有足够的理解力来建构简单的模型,或选择和运用简单的问题解决策略。这个水平的学生能够理解和使用基于不同信息来源的表征,并能对其进行直接推理。他们通常能进行百分比、分数和小数运算,也能运用比例关系。他们的解决方案反映出他们能进行基本的解释和推理。

《旋转门》问题1属于3级精熟度水平。这个问题可能看起来非常简单:找到两扇门之间的120度夹角,但学生的答题情况表明其属于3级水平。这可能是由于在交流、表征和数学化以及圆周几何知识方面的难度要求造成的。三维的旋转门情境需要通过文字描述进行理解。最初的引导材料中呈现的三个示意图呈现的是一个旋转门的不同情况下的二维信息(并非三个旋转门),先是直径,然后是人们从门进出的方向,最后是将示意图中的门与文本中对门的描述联系起来。要以数学的方式解释这些示意图,对表征这一数学基本能力要求较高。题目中仅提供了正上方的视角,但学生还需要想象真正的旋转门,这在回答问题2和3时尤其重要。

OECD平均而言,54.5%的学生处于3级或更高的精熟度水平(3、4、5或6级)。上海有88.7%的学生达到这一水平,新加坡、中国香港、韩国达到这一水平的达到79.5%、79.5%和76.2%。

2级精熟度水平（420分以上，482分及以下）

2级水平的学生在仅需要直接推断的情况下能够解释和识别条件情境。他们能从单一来源中提取相关的信息并利用单一的表征模式。这个水平的学生能运用基本算法、公式、步骤和惯例。他们能够进行直接推理,能解释结果的字面意思。

精熟度水平低于2级的学生在接受高等教育或进入工作领域时通常面临着严重的困难。因此,PISA将2级精熟度水平确定为基线水平,各国家(地区)2级以下水平学生的比例大小就代表着该国家(地区)在为国民提供基本能力水平教育时所面临的困难程度。

《海伦骑自行车》的问题1是一个典型的2级精熟度水平题目。这是一个简单多项选择题,要求学生比较10分钟骑行4公里和5分钟骑行2公里的速度。由于这道题目要求学生明确认识到速度是一个比率,并且比例是解题关键,因此这道题目被归入运用过程。只要认识到其中的倍数关系(2公里—4公里;5分钟—10分钟),这道题目就可以解决了,并且这是最简单的比例关系。学生能够成功解决这一2级水平问题,表明他们对速度和比例计算都有了最基本的理解。距离和时间都是同样比例的话,速度就是相同的。当然,学生也可以采用更为复杂的方法来解决问题,但实际没有必要。这道题目的PISA答案并不包含解题方法的内容。正确选项是B(海伦的平均速度在之前10分钟和之后5分钟是相同的)。

如前所述,2级是参与现代社会所需数学精熟度的基线水平。上海2级水平以上的学生占96.2%,新加坡、中国香港和韩国的比例均超过90%。OECD平均77%的学生达到或超过这一精熟度水平。

1级精熟度水平（358分以上，420分及以下）

在1级水平，学生能回答熟悉情境中包含所有相关信息且明确界定的问题。他们能够在明确的情境中根据直接指示找到信息并按常规程序行动。他们能执行那些显而易见的并且是紧随刺激之后的动作。

1级水平的学生可能会完成那些非常直接和明确的数学题，比如从一个标签完整的表或图中读出与引导文本或问题中的词相匹配的一个值，在这个任务中，选择的标准清晰，图表和情境中呈现内容之间的关系是显而易见的。他们还可以按照清晰完整的指示进行整数算术运算。

《车库》的问题1属于1级水平中难度较高的题目，它接近1、2级的边界。题目要求学生在已知建筑前视图的情况下识别建筑后视图。示意图的解释必须要联系现实情境的"从后面看"，因此这一问题被归入阐释过程。正确答案是C。类似这一题目的心理旋转任务有些人是通过空间想象的直觉方式解决的，还有些人需要明确的推理过程，他们可能会分析多个特征的相对位置（门，窗，最近的一个角），依次排除多个选项。还有一些人可能会画一个俯视图，然后旋转这张图。学生用以解决PISA问题的方法可以是不同的，这只是其中一个例子，这道题目中，一些学生采用明确推理，也有一些学生仅采用直觉方式。

所有参加PISA的国家和地去都有学生处于1级水平，但在一些国家（地区），1级水平的学生比较高。OECD平均而言，23.0%的学生处于1级和以下精熟度水平，上海处于这一水平的学生仅占3.8%，是所有国家和地区中最少的。

3.3 学生在数学分量表上的成绩分布

PISA 2012的主要测试领域是数学，因此除了可以估计学生数学方面的总体表现外，还可以考查不同数学分量表上的具体表现。如前所述，从内容领域的角度，数学分为变化和关系、空间和图形、数量及不确定性和数据四个分量表；从解决数学问题的步骤方面，建构了数学表述、运用和阐释三个分量表。下面分别描述这些分量表的结果。

3.3.1 数学内容领域分量表

通过数学内容领域的划分，PISA既保证了题目可以覆盖到数学的所有重要领域，也避免了内容过度细分可能造成过分关注数学内容，而导致忽视各种各样富有挑战性的数学问题所依存的真实情境。在PISA中，一道试题只能划入一个内容领域，但这并不意味着这道试题仅涉及该领域的内容，而是表明，该试题最关键的内容属于该领域。

总体来看，上海学生在四个内容领域分量表上的平均成绩均列首位。具体而言，上海学生在变化和关系、空间和图形两个分量表上的表现最为突出，平均成绩分别为624和649分，尤其是空间和图形分量表，高水平学生的人数占总体的66.7%，变化和关系量表是58.0%。数量分量表与不确定和数据分量表的平均成绩分别为591和592，高水平学生均分别占46.2%和46.0%。在四个领域，精熟度水平1级和1级以下的学生均未超过5.0%，在PISA 2012的参与国家（地区）中均为最低。OECD平均水平而言，四个分量表高水平的学生比例均未超过15%，而低水平学生比例均高于23%。

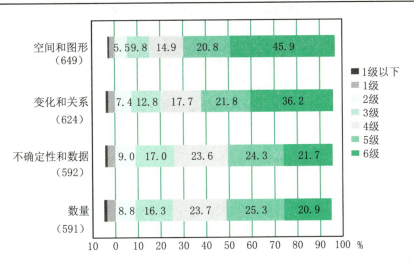

图 2.16 ■ 上海学生在数学内容分量表上的精熟度水平分布

图例:
- 1级以下
- 1级
- 2级
- 3级
- 4级
- 5级
- 6级

数据来源:OECD, PISA 2012 Database, Tables I.2.14, I.2.16, I.2.17, I.2.19, I.2.20, I.2.22, I.2.23, I.2.25。

与上海学生在四个分量表上的表现一致,中国香港、中国澳门、中国台北、日本、韩国几个国家(地区),表现最好的都是空间和图形量表,其次是变化和关系量表,而数量、不确定性和数据两个量表的成绩都低于各自的总成绩。这表明,这些地区的数学教育可能具有某种相似的特征。

3.3.2 数学过程分量表

如前所述,要解决真实世界的问题,必须首先将其转换为数学的形式,然后运用数学方法,包括概念、事实、步骤和推理得到数学的结果,进而根据原来的问题情境对数学结果进行转换并评估其在真实情境中的有效性。PISA 按照这一数学问题解决顺序,划分了数学表述、数学运用和数学阐释三个问题解决步骤,并构建了三个相应的过程分量表。

总体来看,上海学生在三个分量表上的平均成绩均列所有参与国家(地区)首位。具体而言,表述量表上,平均成绩达到 624 分,高水平学生占 58.4%;运用分量表平均成绩为 613 分,高水平学生占 56.1%;阐释分量表平均成绩为 579 分,高水平学生占 40.5%。

图 2.17 ■ 上海学生在数学过程分量表上的精熟度水平分布

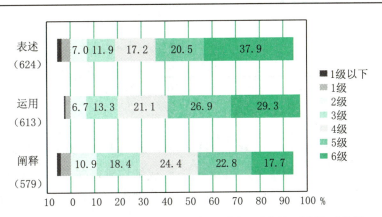

图例:
- 1级以下
- 1级
- 2级
- 3级
- 4级
- 5级
- 6级

数据来源:OECD, PISA 2012 Database, Tables I.2.5, I.2.7, I.2.9, I.2.10, I.2.11, I.2.13。

在中国台北、中国香港、中国澳门、日本、韩国以及新加坡等国家(地区),各数学过程分量表的表现均呈现出与上海类似的趋势,即相对而言,学生数学表述量表成绩最高,而在阐释分量表成绩最低。

而从另一个角度来看,我们发现尽管表述量表上海学生表现最为优异,但分数高端(第95百分位数)与低端(第5百分位数)的差异值达到394分,是三个量表中最大的,处于精熟度水平1级及以下的学生比例也较高,达到5.5%。在三个分量表中,运用量表两端的学生分差最小,为304分,精熟度1级及以下的学生比例也最小,为2.8%。

3.4 学生数学成绩的性别差异

PISA 2012数学测试中,上海男生的平均成绩为616分,女生的平均成绩为610分,两者之间差异没有达到统计上的显著性水平,即上海男生和女生的数学成绩没有显著差异。OECD平均来看,男生数学成绩显著高于女生,分差为11分。在参加PISA 2012测试的所有65个国家(地区)中,37个国家(地区)男生数学成绩显著优于女生,仅在约旦、卡塔尔、泰国、马来西亚和冰岛,女生的成绩显著优于男生。

类似的,男女生在不同精熟度水平上的分布也不尽相同。OECD平均而言,男生在6级、5级和4级精熟度水平的百分比均显著高于女生,而女生在3级、2级和1级上的比例均显著高于男生。相对而言,上海男生在6级水平的比例达32.8%,而女生为29.0%,在5级和4级水平,女生的比例分别为25.2%和21.4%,而男生为23.9%和18.9%。尽管如此,在各精熟度水平上,上海男女生百分比的差异均没有达到显著性的水平。

图2.18 ■ 上海男生和女生在不同精熟度水平上的百分比

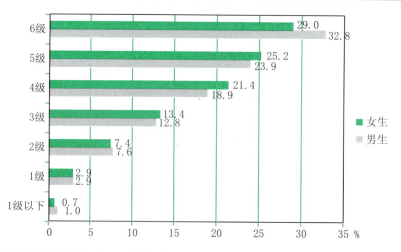

数据来源:OECD,PISA 2012 Database,Table I.2.2a。

尽管在数学总量表上男女生之间没有显著性差异,但在一些分量表上差异则比较明显(表2.2)。具体来说,男生在数学表述和阐释两个过程分量表上,成绩均显著高于女生,分差分别为8分和7分。在变化和关系、数量两个内容分量表上,男生成绩分别比女生高出10和9分。

表 2.5 ■ 男女生成绩差异显著的数学分量表

量 表	男生平均	标准误	女生平均	标准误	成绩差异	标准误
数学表述	629	(4.9)	620	(4.2)	**8**	(3.9)
数学阐释	582	(3.5)	576	(3.2)	**7**	(3.3)
变化和关系	629	(4.4)	619	(3.9)	**10**	(3.9)
数 量	596	(3.8)	586	(3.5)	**9**	(3.3)

注：粗体字说明表中"成绩差异"均达到了统计上的显著性水平。
数据来源：OECD, PISA 2012 Database, Tables I.2.6, I.2.12, I.2.15, I.2.21。

4. 政策启示

4.1 坚持抬高底部，发展高端

上海学生的数学素养平均成绩在 PISA 2009 和 2012 都远高于国际均值，这显示出上海基础教育在数学方面的特别优势。在 PISA 2012 中，54.6％的上海学生达到数学素养高水平，同时，上海 2 级以下的学生比例仅为 3.8％，是所有国家（地区）中最小的。可见上海学生数学平均成绩高，不仅由于高端学生比例大，还在于低端学生比例小，是一种整体性的提升。数学作为一门基础学科，是学生未来学习其他学科特别是理工科的前提条件，在基础教育阶段，保证绝大部分学生数学学习达到较高的水平对于学生未来的成长和国家的人才需要都具有非常重要的作用。上海应该继续坚持抬高底部和发展高端的策略，从整体上保持数学学科的这种优势地位。

4.2 增加数学课程内容的选择性

上海学生中有 30.8％的学生达到了 OECD PISA 数学的最高水平，这些学生可以完成比 PISA 测试更难的数学任务，在国家发展越来越多依赖于人才竞争的时代，顶级人才的培养显得越发重要。在这方面，有专家提出教育部门和学校应当提供更多的选择机会，供这些学有余力的继续提高自己的能力。例如提供难度更高、知识范围更广的选修课程或者大学选修课。实际上，上海许多学校已经在做这方面的尝试，特别是随着高考综合改革的一步步推进，学生有更多机会根据自己的特长和兴趣进行课程选择。要真正使学生从中受益，需要教育部门和学校非常关注学校课程的开发。从数学方面来讲，不仅要有面向所有学生的基础性课程，还要有为特长学生提供的高级课程，甚至要开发与未来专业选择相关的交叉新课程。

4.3 加强数学结果在现实情境中的应用、解释和评估能力

从解决数学问题的过程来看，上海学生在阐释分量表上的表现相对较弱。数学阐释指的是学生将通过数学运算得到的数学结果应用到原有的问题情境中，评估这个结果的适用性，解释数学结果在现实问题情境中的含义。尽管很多时候数学教师会强调对答案进行检验，但老师们最为重视的仍是数学问题的解决过程。实际上，结合问题原有情境进行评估，组织语言进行解释并与他人进行沟通是非常重要的。在实际的问题情境中，很多解决方案并非一蹴而就，需要不断的分析和修正，而这一阐释过程在一定程度上反映了学生的反思能力和监控能力，而在 PISA 2009 和 PISA 2012 中我们发现上海学生恰恰在学习策略方面存在弱点。与提高学生学习策略类似，要改变这种状况，需要从教师的课堂教学入手，为学生提供更多解决实际问题的完整过程，帮助

学生提高评估、分析和沟通能力。

5. PISA 数学样题单元分析

图 2.19 ■ 海伦骑自行车

海伦刚得到一辆新自行车,自行车的手把上有计速器。

这个计速器可以让海伦知道,她骑自行车的距离、路程的平均速度、路程中不同路段的平均速度。

这一单元是有关骑自行车的。关于一个人骑自行车的故事主线使得这个单元属于个人情境类别。如果对单元的情境做很小的调整,它就能变成职业或科学领域。设计这些情境类别的目的是保证测试中学生面临情境的宽泛程度,同时也是为了确保题目中包含多方面的生活情境。它们并非报告成绩的类别。由于涉及距离、时间和速度之间的关系,这些问题属于变化和关系内容领域。

海伦骑自行车　问题 1

在一次骑行中,海伦前 10 分钟骑了 4 km,接下来的 5 分钟骑了 2 km。以下哪个陈述是正确的?

A. 海伦前 10 分钟的平均速度比后 5 分钟的快。

B. 海伦前 10 分钟的平均速度和后 5 分钟相同。

C. 海伦前 10 分钟的平均速度比后 5 分钟的慢。

D. 从已知的信息中没法判断海伦的平均速度。

评分

题目描述:在给定骑行距离和花费时间的条件下比较平均速度

数学范畴:变化和关系

情境脉络:个人的

数学历程:运用

题目类型:多项选择题

问题难度:440.5

669	6级
607	5级
545	4级
482	3级
420	2级
358	1级
	1级以下

满分

B. 海伦前 10 分钟的平均速度和后 5 分钟相同。

零分

其他答案。

没有作答。

点评

问题1是一个多项选择题,要求比较10分钟骑行4km和5分钟骑行2km的速度。该题目被划入运用过程,这是因为它要求学生对速度有一个比较清晰的数学理解,并且要明白比例关系是问题的关键。认识到其中的倍数关系(2km—4km,5分钟—10分钟)就可以解决这个问题了,倍数关系是比例关系中最简单的概念。能成功回答这道2级水平问题的学生表现出对速度和比例计算的基本理解力。如果距离和时间比例相同,则速度也相同。当然,学生也可以用更复杂的方法解决这个问题(比如通过计算两者的速度是24km/小时),但这是没必要的。这道题目的PISA结果并不包括解题方法的内容。正确选项是B(海伦前10分钟的平均速度和后5分钟相同)。

海伦骑自行车   问题2

海伦骑了6km到了姑妈家。记速器显示她的整段路的平均速度是18km/h。

以下哪个陈述是正确的?

A. 海伦到她姑妈家花了20分钟。

B. 海伦到她姑妈家花了30分钟。

C. 海伦到她姑妈家花了3小时。

D. 没法知道海伦到她姑妈家花了多少时间。

评分

题目描述:在给定平均速度和骑行距离的条件下计算时间

学范畴:变化和关系

情境脉络:个人的

数学历程:运用

题目类型:多项选择题

问题难度:510.6

满分

A. 海伦到她姑妈家花了20分钟。

零分

其他答案。

没有作答。

点评

问题2是3级水平。它仍然属于运用过程,并可以通过比例推理得到解决,这需要学生理解速度的含义:1小时骑行18公里。距离是三分之一,那么时间也是三分之一,即20分钟(因此正确答案是A:海伦到她姑妈家花了20分钟)。学生选择每个选项的比例也包含在公开的数据库中供进一步分析。

海伦骑自行车   问题3

海伦骑着车从家到河边走了4km,她花了9分钟。她骑回家时走了近路,有3km。她只花了6分钟。

海伦从家到河边再回来的平均速度是多少?答案用km/h表示。

骑行的平均速度 _____ km/h。

评分

题目描述:计算距离和时间不同的两段骑行的平均速度

数学范畴:变化和关系

情境脉络:个人的

数学历程:运用

题目类型:简答题

问题难度:696.6

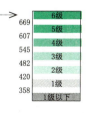

满分

628

零分

其他答案。

28.3［方法错误:对两个平均速度(26.67 和 30)取平均值］

点评

问题 3 要求对平均速度有更深的理解,特别需要重视将总时间和总距离联系起来。平均速度不能通过简单对速度取平均值获得,即使在这个题目中通过对速度(26.67 km/h 和 30 km/h)取平均值得到的错误答案(28.3 km/h)与正确答案 28 km/h 差距不大。对这一现象的理解既包含数学方面,也包含现实世界方面的,这使得题目对数学化、推理和论证以及使用符号化、形式化术语和运算的数学基本能力要求很高。

对那些知道通过总时间(9＋6 ＝ 15 分钟)和总距离(4＋3 ＝ 7 km)进行计算的学生而言,可以通过简单的比例推断获得(1/4 小时 7 km 就是 1 小时 28 公里),也可以通过更为复杂的公式得到(比如距离/时间 ＝ 7/(15/60) ＝ 420/15 ＝ 28)。这个问题属于运用过程,这是因为题目难度最主要的是平均速度的数学定义,可能还有单位转换,特别是对那些使用速度—距离—时间公式的学生而言。这是题库中较难的一个,属于精熟度 6 级水平。

对本单元的总体点评

通过整体考查三个问题可以发现这一单元的三个题目难度是逐步上升的。问题 1 中需要比较两个比率,问题 2 中解决方法是通过速度和距离得到时间并作单位转换。问题 3 中的 4 个数量必须以一种不符合学生直觉的方式组合起来。需要组合的不是每段骑行的距离—时间信息,而是通过组合两个距离和两个时间,获得新的距离和时间,然后是平均距离。采用最简洁的解法时,所有的算数运算都很简单,但实际上,学生的解题方法可能常会有更为复杂的计算。

图 2.20 ■ 攀登富士山

攀登富士山
富士山是日本著名的死火山。

攀登富士山 问题 1

富士山只在每年的 7 月 1 日至 8 月 27 日对外开放,这期间大约有 200 000 人来攀登富士山。

平均每天有多少人攀登富士山?

A. 340

B. 710

C. 3 400

D. 7 100

E. 7 400

攀登富士山评分

题目描述:依据已知的总数和特定时段(提供了日期),确定日平均数。

数学范畴:数量

情境脉络:社会的

数学历程:推导

题目形式:多项选择题

问题难度:464

669	6级
607	5级
545	4级
482	3级
420	2级
358	1级
	1级以下

满分

C. 3 400

零分

其他答案。

没有作答。

点评

问题1超出了步行者个人范畴,关注更广阔的社会问题,这里关注的可能是公众登山路径。社会情境中的问题包括投票机制、公共交通、政府、公共政策、人口、广告、国家统计和经济等。尽管个体以个人的方式参与到所有上述的内容中,但社会类别的问题关注点是公共生活角度。之所以进行内容领域的划分,仅仅是为了确保测试内容分布的均衡,不会用来报告结果。如果对文字做一些小的调整,从公园管理者做决策的角度提出问题,这一单元就属于职业领域了。

问题1是一个多项选择题(四选一)。问题2要求回答上午11点,因此是一个简答题,需要专家评分以确保所有表示该时间的回答方法都没有遗漏。问题3的满分回答是40,部分得分回答是0.4(用米做单位),也需要专家评分。

问题1要求计算对外开放的时间,然后再计算一个平均值。因为包括数量化的时间和平均值,因此这道题目属于数量内容领域。尽管也需要平均值的公式,并且平均值确实属于一种关系,但这个问题的关注点是运用平均值公式求得每天的人数,而不是仅仅关注这一关系。因此,这个问题不属于变化和关系领域。问题3也有相似的特征,其中包含了长度单位的内容。问题1的正确答案是C:3 400。

攀登富士山 问题 2

从御殿场到富士山的登山路线长约9公里(km)。

登山者必须在晚上8点前完成来回18 km的路程。

山本估计自己可以以平均每小时1.5 km的速度登山,并以两倍的速度下山。这样的速度还可以留有让他用餐和休息的时间。

按照山本所估计的速度,要在晚上8点前回来,他最迟在什么时间出发?

评分

题目描述:根据已知的两个不同速度以及总行程,计算需要的时间

数学范畴:变化与关系

情境脉络:社会的

数学历程:形式化

题目形式:简答题

问题难度:641.6

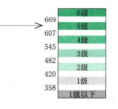

满分

上午 11 点【或其他表达相同时间的写法,例如 11:00】

零分

其他答案。

没有作答。

点评

问题 2 属于变化和关系领域,因为这道题中距离和时间关系(包含在速度概念中)至关重要。根据距离和时间的信息,计算上山和下山的时间,然后结合结束时间计算出发时间。如果上山和下山时间直接给定,而不是通过时间和距离间接提供,那么这道题目就应该属于数量领域。PISA 的题目需要有真实的情境,通常题目中会包括多个数学主题和潜在的数学现象,因此需要判断主要难点所在,这样才能对其进行类别划分。

确定题目所属的过程也需要类似的对主要难点的判断。问题 1 属于表述过程,是因为对这道相对简单的题目而言,主要难点是得到现实情境中的两个信息(开放时间和登山总人数),进而构建数学问题并解决:从日期中找到开放天数,然后结合总人数得到平均人数。专家认为对 15 岁学生而言,主要的认知难点是把现实世界问题转换为数学关系的过程,而不是之后的整数运算。

攀登富士山　问题 3

山本带着一个计步器去记录在御殿场登山路线所走的步数。

他的计步器显示他共走了 22 500 步。

山本在御殿场登山路线走了 9 km,估算他每一步的平均长度,以厘米(cm)为单位。

答:.. cm

评分

题目描述:把以 km 为单位的已知长度除以特定数字,并以 cm 表示

数学范畴:数量

情境脉络:社会的

数学历程:运用

问题类型:简答题

题目难度:610

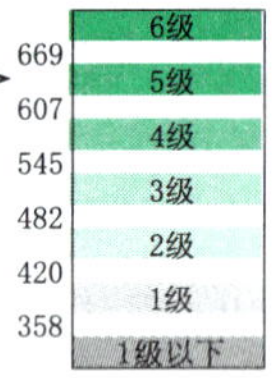

669	6级
607	5级
545	4级
482	3级
420	2级
358	1级
	1级以下

满分

40

部分分数

0.4【以米为单位表示答案】

4 000【单位转换错误】

零分

其他答案。

没有作答。

点评:

问题 3 属于运用领域。题目的主要关系为:步行距离＝步数×平均步幅。要使用这一关系解决问题会有两个障碍:转换公式(学生会使用上述关系,但可能不是正式地写出转换过程)使得平均步幅可以通过步行距离和步数得到,然后进行适当的单位转换。对这道题目来说,主要的认知要求来自于上述的步骤,因此被划分到运用过程而非识别关系和进行假设(即表述过程),或在真实情况下阐释答案。

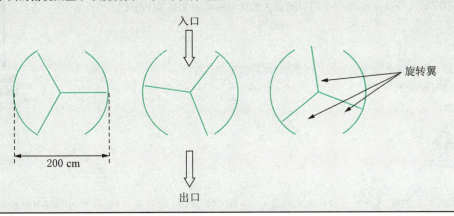

图 2.21 ■ 旋转门

三翼式旋转门在圆形的空间内旋转。圆形空间的直径是 2 米(200 厘米)。旋转门的三片旋转翼把空间等分成三个部分。下面的俯视图显示了旋转翼三个不同的位置。

入口

旋转翼

200 cm

出口

三个问题的引导材料是有关一个旋转门的,在寒冷和炎热的国家为了减少冷热空气在建筑物内外之间的流动,这是很常见的。

旋转门　问题 1

两片旋转翼之间的角是多少度?

角度大小: ....°

评分

题目描述: 计算扇形的圆心角

数学范畴: 空间与形状

情境脉络: 科学的

数学历程: 应用

题目类型: 简答题

问题难度: 512.3

669	6级
607	5级
545	4级
482	3级
420	2级
358	1级
	1级以下

满分

120【与之相当的反角也可以接受:240】。

零分

其他答案。

没有作答。

点评

第一个问题看起来很简单:找到两页门扇之间 120 度的角,但学生的回答表明这是一道 3 级水平的问题。这可能是因为交流、表征和数学化方面的要求以及对圆周几何特定知识的需求有一定的理解难度,三页旋转门的情境需要通过文字描述才能理解。还需要理解的是引导材料中三个示意图表示的是一个旋转门(并非三个门)在不同情况下的两维信息——先是直径,然后是人们进入旋转门的方向,最后是将文中提到的门扇与示意图中的线联系起来。要以数学视角理解这些示意图需要较高的表征基本数学能力。这个问题属于空间和图形内容领域,这是因为它需要学生知道完整旋转一圈是 360 度,还需要学生对示意图的空间理解。

这些示意图视角都是从上往下的,但学生还需要想象真正的旋转门,尤其是在回答问题 2 和问题 3 的时候。

旋转门　问题 2

旋转门的出、入口(图中的弧形虚线)大小相同。如果出、入口太宽,正在旋转的旋转翼便无法形成密闭的空间,空气便能在出、入口之间自由流动,造成不必要的热量增减。如右图所示。

要使空气无法在出、入口自由流动,每个门口的最大弧长可以是多少厘米(cm)?

最大弧长:＿＿＿＿＿＿＿＿＿＿＿＿＿ cm

空气可能从此位置流入

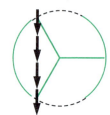

评分

题目描述:解释一个真实生活情境中的几何模型,计算弧形的长度

数学范畴:空间与形状

情境脉络:科学的

数学历程:表述

题目类型:简答题

问题难度:840.3

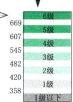

669	6级
607	5级
545	4级
482	3级
420	2级
358	1级
	1级以下

满分

答案介乎 104 到 105 之间。【计算圆周长的六分之一,也可以接受 100 的答案,但是只有当可以明显地看出使用 π＝3 才得到这个答案。注:没有支持其计算过程的 100 的答案可以通过简单的猜测得到。】

零分

其他答案。

209【说明门口的总大小而不是"每个"门口的大小】。

没有作答。

点评

问题 2 是评估中难度最大的题目之一,它处于 6 级水平的高端。它涉及的是旋转门的主要用途(主要是为了控制建筑物内外空气的流动),并需要很多几何推理,因此这道题目属于空间和形状内容领域。鉴于在数量众多的国家中评定这样一个多步回答题目的复杂性,该题在评价时采用非对即错的方式。要得到满分,首先需要通过复杂几何推理证明门的最大开口是周长的六分之一,然后再以厘米为单位进行精确计算。题目被划分到表述过程,并且它非常依赖数学化这一基本数学能力。如题中示意图所表明的,如果前后开口之间的墙比一个开口对应的弦更短,空气就会内外流动。由于每个开口对应圆周三分之一,并且其中有两面墙,因此,两面墙一共封闭三分之二的圆周,而两个开口对应不超过三分之一圆周。根据前后对称的关系,每一个开口不可能超过圆周的六分之一。要证明如果采用这种长度时空气是否能保持内外不流动,还需要作进一步的几何推理。因此,该问题非常依赖推理和论证这一基本数学能力。

旋转门　问题 3

旋转门每分钟转 4 圈。门的三个扇形部分均最多可容纳两个人。

在 30 分钟内,最多能有多少人通过旋转门进入建筑物?

A. 60

B. 180

C. 240

D. 720

评分

题目描述:识别信息并构建一个数量模型(隐含的)来解决问题

数学范畴:数量

情境脉络:科学的

数学历程:表述

题目类型:多项选择题

问题难度:561.3

669	6级
607	5级
545	4级
482	3级
420	2级
358	1级
	1级以下

满分

D. 720

零分

其他答案。

没有作答。

点评

问题 3 属于另一不同类型的挑战,答题时要用到比率和比例推理,这道题目属于数学精熟度量表 4 级水平。一分钟内,门旋转 4 圈会有 4×3＝12 个扇形部分通过进口,可以让 12×2＝24 个人进入。30 分钟内,24×30＝720 个人可以进入(因此,正确的选项是 D)。问题属于数量内容领域,这是因为多个相关的量(每个扇形部分通过的人数"2",每转一圈的通过的扇形部分数"3",每分钟转的圈数"4",分钟数"30")必须通过数量运算才能得到 30 分钟内进入的人数。比例推理在 PISA 中经常出现,表明它是数学素养的核心内容,尤其是对于数学能力达到一定水平的 15 岁学生而言。与这个问题类似,许多真实的情境中包含着直接的比例和比率,通常它们要用到连续推理。要形成这样一个推理链,就需要使用设计策略按逻辑顺序来综合信息。

这个题目也要求相当程度的数学化能力,特别是在表述过程中。学生需要理解真实的情境,这种对现实世界问题的理解使得问题中已知的数据能够以正确的方式组合起来。

对这一单元的总体点评

尽管这一单元的问题没有明显涉及科学技术的概念,但它们都属于科学情境领域。科学内容领域包括那些解释为什么事物在现实世界以某种方式存在的题目。问题 2 就是这样一个科学内容的好范例。尽管问题没有要求正式的几何论证,但要正确回答这道题,优秀的学生几乎都要建构几何模型。

图 2.22 ■ 该选哪辆车?   *PM985S1*

该选哪辆车?

乐瑶刚取得汽车驾驶执照,想要买她的第一辆车。

下表显示在当地经销商那里找到的四辆汽车的资料。

型 号	阿尔法	保特	卡斯特	迪驰
年 份	2003	2000	2001	1999
标 价 (西元)	4 800	4 450	4 250	3 990
已行驶里程 (公里)	105 000	115 000	128 000	109 000
发动机排量 (升)	1.79	1.796	1.82	1.783

该选哪辆车?　问题 1

乐瑶想要一辆符合以下所有条件的车:

● 已行驶里程不超过 120 000 公里。

● 2000 年或以后制造。

● 标价不超过 4 500 西元。

哪辆车符合乐瑶的条件?

E　保特

F　卡斯特

G　迪驰

H　阿尔法

评分

题目描述: 在商业情境中选择符合四个数值条件/陈述的选项

数学范畴: 不确定性与数据分析

情境脉络: 个人的

数学历程: 运用

题目类型: 多项选择题

问题难度: 327.8

	6级
669	5级
607	4级
545	3级
482	2级
420	1级
358	
	1级以下

满分

B. 保特

零分

其他答案。

没有作答。

该选哪辆车? 问题 2

哪辆车的发动机排量最小?

A. 阿尔法

B. 保特

C. 卡斯特

D. 迪驰

评分

题目描述: 在情境中,在四个小数中选出最小的一个

数学范畴: 数量

情境脉络: 个人的

数学历程: 诠释

问题类型: 多项选择题

题目难度: 490.9

	6级
669	5级
607	4级
545	3级
482	2级
420	1级
358	
	1级以下

满分

D 迪驰

零分

其他答案。

没有作答。

该选哪辆车? 问题 3

乐瑶须另外缴付汽车标价的 2.5% 作为税款。

阿尔法的附加税款是多少?

附加税款: _____ 西元

评分

题目描述: 在商业情境中计算千位数值的 2.5%

数学范畴: 数量

情境脉络: 个人的

数学历程: 运用

题目类型: 自动评分的简答题

问题难度: 552.6

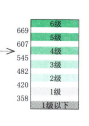

	6级
669	5级
607	4级
545	3级
482	2级
420	1级
358	
	1级以下

满分

120

零分

其他答案。

没有作答。

对本单元的总体点评

因为购买汽车是许多人日常生活都会遇到的问题,因此三个问题都属于个人情境类别。问题 1 和问题 2 是多项选择题,问题 3 的答案是一个数字,属于问答题但不需要专家评分。问题 1 属于不确定性和数据内容领域,题目要求理解数据表行列的内容,还需要通过协调的数据处理能力,以便找到三个条件同时满足的情况。题目解决同样要求具备大数目整数的基本知识,但专家认为,对 15 岁学生而言,这种知识不太可能是这个题目的主要难度所在。正确的回答是 B:保特。

与问题 1 不同,问题 2 属于数量内容领域,众所周知,即使对 15 岁学生而言,许多人对 10 进制仍存在错误的观念。选项 D:迪驰是正确的。

问题 3 也属于数量内容领域,因为计算广告价格的 2.5%(即 120 西德兰元)要比从表中找到正确的数据看起来认知难度更大。这一年龄段的学生在处理小数和百分比方面的水平在实际的结果中就表现出来了,问题 1 是最简单的,问题 2 接近国际平均值,而问题 3 则高于国际平均值。

要确定题目的过程类别,需要权衡真实世界情境介入的程度。表述类别题目的主要难度在于把真实世界的问题转换为数学问题。运用类别的题目主要难度处于数学内部。阐释类别的题目主要难度在于利用数学内容给出一个真实世界的答案。问题 2 和 3 属于运用类别,这是因为两道题目的认知要求主要来自数学内部:小数的概念和百分比计算。问题 1 呈现了一个数据表,而且数据表的结构(通过辨别关键变量)表征的是数学化的真实情境。然后要求学生联系这些数学内容所表征的现实世界的条件和限制来对其进行解读。

图 2.23 ■ 唱片排行榜

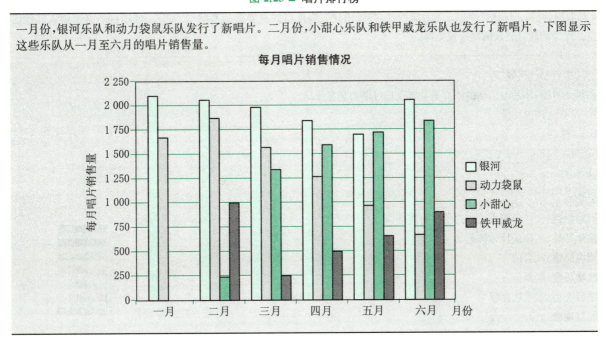

一月份,银河乐队和动力袋鼠乐队发行了新唱片。二月份,小甜心乐队和铁甲威龙乐队也发行了新唱片。下图显示这些乐队从一月至六月的唱片销售量。

唱片排行榜这一单元中的三个问题都低于正式测试的平均难度。三个问题都是多项选择题,因此主要难度来自于交流数学基本能力。这一单元呈现了一个柱形图,用以表示音乐唱片六个月的销售情况。柱形图复杂之处在于它呈现了四个不同的数据系列(四个不同的乐队)。学生需要从数据的图形表征中读取数值并做出判断。这是不确定性和数据内容领域中常见的问题类型。三个问题都被划分到社会情境类别,因为社会情境类别是有关社会化行为的,在这一单元中,社会化行为是指群体性的唱片选择。

唱片排行榜　问题1

四月份铁甲威龙乐队卖出多少张唱片?

A. 250

B. 500

C. 1 000

D. 1 270

评分

问题描述:读柱形图

数学范畴:不确定性和数据

情境脉络:社会的

数学历程:阐释

题目类型:多项选择题

题目难度:347.7 ⊶

```
        ┌──────────┐
   669  │   6级    │
        ├──────────┤
   607  │   5级    │
        ├──────────┤
   545  │   4级    │
        ├──────────┤
   482  │   3级    │
        ├──────────┤
   420  │   2级    │
        ├──────────┤
   358  │   1级    │
        ├──────────┤
        │  1级以下 │
        └──────────┘
```

满分

B. 500

零分

其他答案。

没有作答。

点评

问题1的难度是347.7,低于数学精熟度量表1级水平,是PISA 2012试题库中一道最简单的题目。题目要求学生找到4月对应的柱,正确选择铁甲威龙对应的柱,并读出柱的高度以找到要求的答案B(500)。该题目不需要插入其他信息。这个问题被划入阐释过程类别。

唱片排行榜　问题2

在哪个月份,小甜心乐队的唱片销量首次超过动力袋鼠乐队?

A. 没有这样的月份

B. 三月

C. 四月

D. 五月

评分

问题描述:读柱形图并比较两个柱的高度

数学范畴:不确定性和数据

情境脉络:社会的

数学历程:阐释

题目类型:多项选择题

题目难度:415 ⊶

```
        ┌──────────┐
   669  │   6级    │
        ├──────────┤
   607  │   5级    │
        ├──────────┤
   545  │   4级    │
        ├──────────┤
   482  │   3级    │
        ├──────────┤
   420  │   2级    │
        ├──────────┤
   358  │   1级    │
        ├──────────┤
        │  1级以下 │
        └──────────┘
```

满分

C. 四月。

零分

其他答案。

没有作答。

点评

问题2稍微难一些,处于量表3级水平底部。需要找到两个乐队对应的柱,并对其高度从一月起到整年进行比较。比较时不需要查看纵坐标,只要对相邻的柱的简单特征(那个更高)进行视觉比较就可以,然后判别出正确的选项C(四月)。与问题1相比,问题2在交流、表征和运用策略方面要求稍高,但在其他基本数学能力方面要求相似。它也属于阐释过程类别。

唱片排行榜 问题5   *PM918Q05*

动力袋鼠乐队的经理感到担心,因为他们二月到六月的唱片销量下降了。

如果相同的下降趋势一直持续下去,他们七月份的销量估计是多少?

A. 70 张

B. 370 张

C. 670 张

D. 1 340 张

评分

问题描述:阐释一个柱形图并预测在线性趋势持续的情况下未来的唱片销量

数学范畴:不确定性和数据

情境脉络:社会的

数学历程:运用

题目类型:多项选择题

题目难度:428.2

669 6级
607 5级
545 4级
482 3级
420 2级
358 1级
1级以下

满分

B. 370 张。

零分

其他答案。

没有作答。

点评

问题5要求识别动力袋鼠乐队的数据系列并观察引入话题指出的减少趋势。题目中包含一些数量计算,也需要意识到选择的答案可能是计算结果的近似值。有多种方法来判断每增加一月的连续趋势。有学生可能计算出每个月的减少量并计算平均值,这种方法需要很多运算。也有学生可能取二月到六月减少总量的五分之一。还有学生可能沿着动力袋鼠的柱顶端放一把尺子,发现七月的柱应该在250到500之间。正确的答案选项是B(370张CD),问题属于数学量表2级水平。该问题被划入运用过程,因为绝大多数这一水平的学生会采用计算的方法,而准确进行这些计算似乎是问题最难的部分。

图 2.24 ■ 车库

一家车库制造商的"基本"系列提供只有一个窗和一道门的车库款式。
士强从"基本"系列中选择了以下的款式。窗和门的位置如图所示。

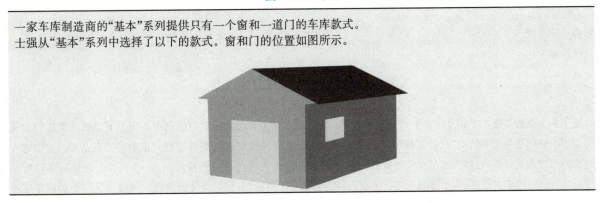

　　车库单元包括两个问题,都属于空间和形状内容领域,这是因为它们都是关于空间想象和阅读建筑设计图的。两道题目都属于职业情境类别,因为它们都来自于建筑、油漆或其他完成建筑工程的工作。由于需要从示意图中找到数学信息,因此两个问题都需要运用表征这一基本数学能力。

车库　问题 1

下列各图显示不同"基本"款式车库的后视图。其中只有一个图符合士强选择的款式。

士强选择了哪个款式? 圈出 A、B、C 或 D。

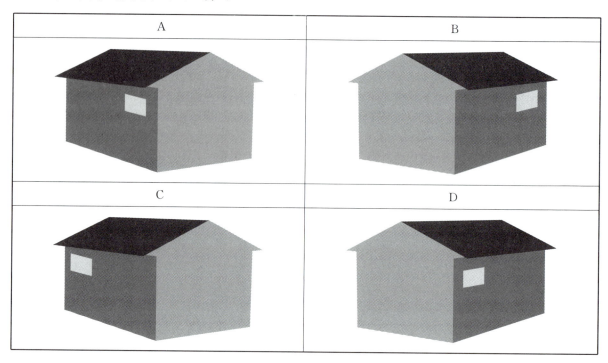

评分

问题描述:运用空间能力根据已知的一个 3D 视图来辨别另一个 3D 视图

数学范畴:空间和图形

情境脉络:职业的

数学历程:阐释

题目类型:多项选择题

题目难度:419.6

669	6级
607	5级
545	4级
482	3级
420	2级
358	1级
	1级以下

满分

C.［图 C］

零分

其他答案。

没有作答。

点评

问题 1 非常接近 1 级水平和 2 级水平相交汇的部分。题目要求学生在已知建筑物俯视图的情况下识别建筑物的后视图。学生必须联系真实情境"从后面看"来进行阐释,因此这道题目被划分为阐释过程。正确的答案是 C。类似这一问题的心理旋转任务,有些人通过直觉的空间想象来判断。有些人通过直观的推理过程,他们可能会分析多种特征(门、场、近角)的相对位置,逐个排除选项。还有人可能会画一个鸟瞰图,然后旋转这个图。这仅仅是一个说明学生在解决 PISA 问题时可以使用不同方法的例子:这里一些学生运用直观推理,还有一些学生运用直觉。

车库 问题 2

以下两个平面图显示了士强所选车库的尺寸,以米为单位。

正面图

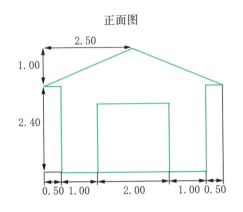

侧面图

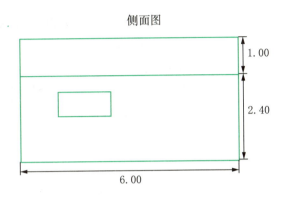

屋顶由两个完全相同的长方形部分组成。

计算屋顶的总面积。请列式计算。

评分

问题描述: 阐释一个计划并用勾股定理或测量来计算长方形的面积

数学范畴: 空间和图形

情境脉络: 职业的

数学历程: 运用

题目类型: 专家评分的简答题

题目难度: 687.3

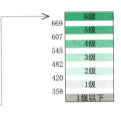

满分

介于 31 到 33 间的数值,没有计算步骤或有采用勾股定理的步骤(或包含使用这种方法的一些内容)都可以【无须写出单位(m²)】。

- $12\sqrt{7.25}$ m²

- $12 \times 2.69 = 32.28$ m²

- 32.4 m²

部分分数

计算步骤正确地运用了勾股定理,但计算错误,或使用了错误的长度,或者没有以两倍来计算屋顶面积。例如:

- $2.5^2 + 1^2 = 6$, $12 \times \sqrt{6} = 29.39$【正确运用勾股定理,但计算错误】。

- $2^2 + 1^2 = 5$, $2 \times 6 \times \sqrt{5} = 26.8$ m²【使用了错误的长度】。

- $6 \times 2.6 = 15.6$【没有以两倍来计算屋顶面积】。

计算步骤没有运用勾股定理,但采用了合理的屋顶宽度数值(例如:介于 2.6 到 3 的任何数值)并且正确地完成余下的计算。

- $2.75 \times 12 = 33$

- $3 \times 6 \times 2 = 36$

- $12 \times 2.6 = 31.2$

零分

其他答案。

● 2.5×12＝30【屋顶宽度的可接受范围是 2.6 到 3，答案超出范围】。

● 3.5×6×2＝42【屋顶宽度的可接受范围是 2.6 到 3，答案超出范围】。

没有作答。

车库问题 2 的回答流程

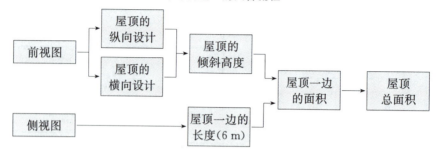

点评

问题 2 要求进行复杂的运算，同时要多次运用数学示意图，也要知道运用勾股定理。因此，这道题目被归入运用过程。有多个原因来解释为什么该题的部分得分答案属于 5 级水平而满分答案属于 6 级水平。问题 2 是一个简单题，在这道题目中，部分得分仅表明错误答案中有对推理的解释，而不是用部分得分来表明解释的质量高低。在理解前视图和侧视图并从中得到准确信息的过程中，对表征能力有很高的要求。数学化的能力也同样需要，特别是在将侧视图中标明的 1.0 米屋顶高度和实际情境及前视图相结合的时候。设计策略能力对设计如何从已知信息中得到面积值的计划也有很高要求。上面的流程图显示了解决问题的基本结构，要执行这样一个计划还需要细致的监控。尽管其不是本报告的关注领域，未来进一步的数据分析可能会展示部分得分学生之间非常有意思的不同之处。

3

第三章
家庭和学校背景对上海学生学习的影响

近年来,我国关于教育公平研究的重心已经从理论探讨进入了实证研究的层面,所采用的实证依据已不仅仅关注入学机会(起点公平)和教育资源配置(过程公平),而且还关注学生学习质量(结果公平),并且把结果公平作为研究的重点[1],这一视角最初是由胡森提出的[2]。另一种系统论述教育公平的观点是麦克马洪提出的,区分了水平公平、垂直公平和代际公平。水平公平,指的是对相同的人的相同对待;垂直公平,指的是对不同的人的不同对待;代际公平,指的是确保上一代人身上的不平等现象不至于全然延续下去[3],我国从这个视角开展的实证研究较少。PISA 对教育公平的研究结合了上述两种视角,在 PISA 2009 中,针对当时的主要领域阅读,从学习结果平等(水平公平,所有人一视同仁)、教育资源配置公平(过程公平)、克服不利背景的学习公平(结果公平、垂直公平)三方面来评价教育公平[4],PISA 2012 主要领域转为数学,对公平问题的分析更多地针对数学表现来开展,并且评价维度也有新的发展,主要有四个方面。一是突出了教育结果公平而不是平等,不再用学生个体间的表现差距来衡量结果平等程度,而是强调用学生表现与家庭背景的关系来评价结果公平程度,在这方面除了结合垂直公平的视角外,PISA 2012 比以往更重视对代际公平的考查;二是用克服多样性挑战来取代"克服不利背景的学习公平",增加了父母就业状况的分析,结合人口流动等垂直公平和代际公平的视角,更全面地评价结果公平;三是增加了学习机会公平的评价;四是在教育资源配置公平方面,增加了对作业时间的分析[5]。

1. 教育结果公平

PISA 2009 和 PISA 2012 国际报告的第二册都是针对教育公平开展的专题研究。PISA 2009 国际报告第二册首先评价了学习结果平等状况,用达到基本水平(2级及以上)的学生比例和两端成绩差距来衡量,而 PISA 2012 国际报告第二册没有对学习结果平等作评价,虽然 OECD 仍然重视提高达到基本水平的学生比例,但是已经不强调缩小高端和低端学生之间的成绩差距了,通俗地说就是把"抬高底部,缩小差距"的要求改为"下要保底,上不封顶",在确保基础的情况下鼓励学生追求卓越。但是 OECD 仍然重视缩小学校之间的差异。PISA 2012 评价教育结果公平的指标中最重要的是两个,一是学校之间成绩均衡程度,用校间方差占总方差的比例来表示;二是学生成绩受家庭背景影响程度,用学生家庭社会经济文化地位指数(ESCS)对成绩的解释率来表示。

1.1 数学成绩的校间均衡

学生数学成绩的差异可能是由学生个人因素(如学生的努力程度、学生的智商等)造成的,也有可能是由学校因素(如学校教师数量和质量、学校教育资源、学校风气等)造成的。通过将某个国家(地区)的学生成绩差异分解为学校间和学校内(即校内学生个体间)差异(方差)两个部分,并计算学校间差异占总差异的百分比,可以判断该国(地区)学校之间在数学成绩上的均衡性。

如果学校间差异比例较高,说明由学校因素造成的学生成绩差异比例可能较高,可能存在学校成绩分层的问题,该国(地区)学校间数学成绩不太均衡;如果学校内差异比例较高,说明由学生个人因素造成的学生成绩差异可能比较高,校内的学生个体差异较大,该国(地区)学校之间数学成绩较为均衡。

图 3.1 ■ 部分国家(地区)学生数学成绩的校间差异

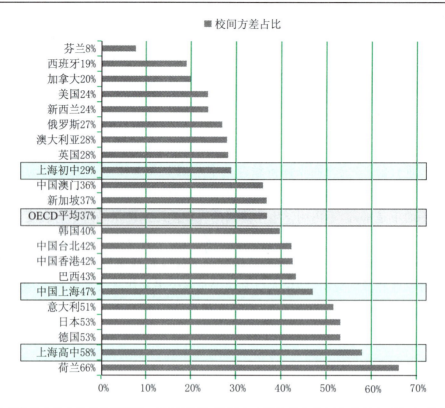

注:根据校间方差占总方差的比例排序。国家(地区)代号右边的数值为校间方差所占百分比,数值越大,学校之间数学成绩越不均衡。

数据来源:各国家(地区)数据来自 OECD, PISA 2012 database,table II.2.1a.,上海初中和高中数据为笔者运用 HLM6.08 软件计算得出。

校间差异占总差异的比例在统计上称为跨级相关,一般认为跨级相关低于 0.25(或 25%)表明第二层(学校)之间的差异小,学校之间成绩是均衡的。但在现实情况下,校间差异大小与各国采用的教育制度有关,不能完全按理想情况来判断,所以我们以 OECD 各国平均为参照,把校间差异低于 OECD 各国平均的教育体系视作均衡的体系。图 3.1 呈现了部分参加 PISA 2012 的国家(地区)学生数学成绩差异中校间差异所占的比例,芬兰学生 7 岁入学,15 岁学生均在综合学校就读,所以校间差异很小。上海参加 PISA 测评的 15 岁学生分布在初中、高中两个阶段,上海初中阶段实行均衡发展政策,而高中实行差异化发展政策,所以我们将上海初中和高中学生的数据分开处理。上海学生数学成绩校间差异占 29%,校内差异比例占 71%,学生个体层面因素解释的差异比例高于学校层面,与 OECD 平均(学校层面差异占 37%,学生层面差异占 63%)相比,上海初中阶段学校间均衡高于 OECD 平均。而上海初中阶段平均成绩为 592 分,显著高于 OECD 平均,说明上海初中阶段已经实现了高位均衡。上海高中阶段学校分为普通和职业两大类,并且在普通高中内部也鼓励多样化发展,鼓励学校办出特色,PISA 数据表明,上海高中阶段学校数学成绩的校间差异占 58%,高于校内差异,体现出了上海高中教育多样化发展的结果。

1.2 学生家庭经济社会文化地位与数学成绩的关系

1.2.1 学生家庭经济社会文化地位指数的测量方法

PISA 学生问卷从多个方面调查了学生的家庭背景,包括:家庭结构(在家你通常和谁住在一起)、母亲的职业地位、母亲的受教育水平、母亲的工作现状(全职、兼职、正在找工作、其他)、父亲的职业地位、父亲的受教育水平、父亲的工作现状、学生自己和父母的出生地、学生到上海的时间、家庭中使用的语言、家庭拥有物(有 17 种物品让学生判断家中有没有这些物品,其中最后 3 项是各国自选的内容,称为国别项)。

上述背景指标中,将父母最高职业地位、父母最高学历和家庭拥有物三个指数综合起来,得出反映学生家庭背景最重要的指标——学生的家庭经济社会文化地位指数(Index of Economical, Social and Cultural Status,简称 ESCS),以 OECD 平均为 0,标准差为 1。数学是 PISA 2012 的主要领域,所以我们用 ESCS 与学生数学成绩的关系来衡量教育结果公平,分别从学生层面、学生和学校共同作用的层面来分析。

图 3.2 ■ 家庭经济社会文化地位指数及其构成

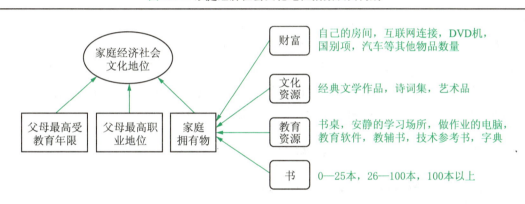

1.2.2 学生个人 ESCS 与数学成绩的关系

上海学生 ESCS 平均值为−0.36,OECD 各国平均为 0,上海有大约 60% 的学生 ESCS 低于 OECD 各国平均水平,说明上海克服家庭背景不利的挑战更大;上海 ESCS 第 95 百分位和第 5 百分位的学生之间 ESCS 指数的差距是 3.0 个标准差,OECD 平均差距为 2.83 个标准差,说明上海克服家庭背景差异的挑战也更大。然而,上海 ESCS 最低 1/4 的学生数学平均成绩达到了 562 分,是所有国家(地区)中最高的,比 OECD 各国平均 ESCS 最低 1/4 的学生(452 分)高 110 分,比 OECD 各国平均 ESCS 最高 1/4 的学生(542 分)还高 20 分。我们以构成 ESCS 指数的一个重要指标——父母职业来比较,上海专业人员子女(父母中有一人从事诸如医生、律师之类的职业)的数学平均成绩为 656 分,简单体力劳动者子女(父母中有一人从事诸如清洁工、搬运工之类的职业)的数学平均成绩为 569 分,而 OECD 各国平均来看,专业人员子女的数学平均成绩只有 536 分,简单体力劳动者子女的数学平均成绩只有 462 分。[6]上海简单体力劳动者子女数学成绩比 OECD 国家专业人员子女的数学成绩还要好。

统计上考察自变量(例如 ESCS)对因变量(例如数学成绩)影响大小的主要指标是通过回归分析计算自变量对回归方程的解释率(R^2),一般而言,解释率越高,表明 ESCS 对学生成绩的影响越强,就越不公平。上海学生的 ESCS 指数能够解释学生数学成绩差异的 15.1%,与 OECD 各国平均(14.6%)没有显著差异。此外,回归方程中自变量(ESCS)的回归系数大小(即斜率)可以作为参考指标。上海学生的 ESCS 指数的回归系数为 40.6,说明 ESCS 指数增加 1(即 1 个标准差),数学成绩增加 40.6 分,与 OECD 平均(39.0 分)没有显著差异,这也说明上海学生教育结果的公平程度相当于 OECD 平均水平。如果只用上海初中样本计算,ESCS 对数学成绩的解释率为14.9%,ESCS 增加 1,学生数学成绩增加 37.4 分;只用上海高中阶段学校样本计算,ESCS 对数学成绩的解释率为 13.5%,ESCS 增加 1,学生数学成绩增加分 40.4 分,与上海总体和 OECD 平均都没有显著差异。

我们以 OECD 平均的学生数学成绩和学生家庭背景对数学成绩的影响为参照标准,衡量 PISA 2012 参与国家(地区)的教育质量与公平状况:

学生数学成绩高于 OECD 各国平均,表示教育质量相对较高;低于 OECD 各国平均,表示教育质量相对较低;与 OECD 各国平均没有统计上的显著差异,表示教育质量与 OECD 平均相当。学生家庭背景对数学成绩的影响高于 OECD 各国平均,表示教育公平程度较低;低于 OECD 各国平均,表示教育公平程度较高;与 OECD 各国平均没有统计上的显著差异,表示教育公平程度与 OECD 平均相当。

根据上述判断标准,可以将 PISA 2012 参与国家(地区)的基础教育体制大致分为四个类别:高质量、高公平;高质量、低公平;低质量,高公平;低质量、低公平,此外也有一些处于中间水平的国家(地区)。如图 3.3 所示,中国上海与新加坡、荷兰等国家(地区)属于数学成绩高于 OECD 平均、教育结果公平与 OECD 平均相当的地区,考虑到上海克服家庭背景不利和差异的挑战更大,因此达到和 OECD 平均同样的公平程度所需要付出的努力更多。

图 3.3 ■ 学生数学平均成绩和教育结果公平

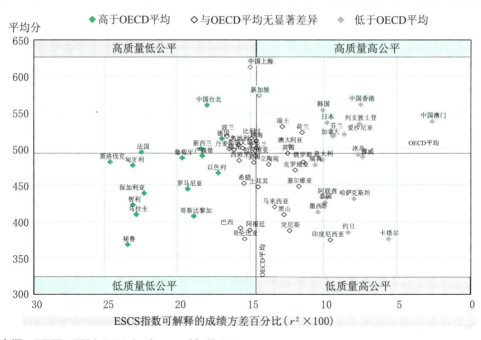

数据来源:OECD, PISA 2012 database, table II.2.4.

1.2.3 学生个人 ESCS 和学校平均 ESCS 共同作用对学生数学成绩的影响

采用学生和学校两层回归分析,在第一层(学生层)的回归方程中用学生 ESCS 作为解释变量,在第二层(学校层)的回归方程中用学校平均 ESCS 作为解释变量,可以分析学生 ESCS 和学校平均 ESCS(一般用 XESCS 表示,代表学校整体生源家庭背景)对学生数学成绩的共同作用,从而分别考察校际公平、校内公平和总体公平情况。

表 3.1 ■ 学生个人家庭背景和学校总体生源家庭背景与数学成绩的关系

	方 差	方差比例	加入 ESCS 和 XESCS 后各层的剩余方差	ESCS 和 XESCS 对各层方差的解释率	可解释方差占总方差的比例
上海初中					
校 间	2 769.2	28.9%	826.5	70.2%	20.3%
校 内	6 802.7	71.1%	6 628.0	2.6%	1.8%
合 计	9 571.9	100%	7 454.5	22.1%	22.1%
上海高中					
校 间	5 578.1	58.0%	2 202.2	60.5%	35.1%
校 内	4 047.1	42.0%	4 046.1	0.0%	0.0%
合 计	9 625.3	100%	6 248.1	35.1%	35.1%
OECD 各国平均					
校 间	3 126	36.9%	—	62.8%	23.1%
校 内	5 372	63.3%	—	5.2%	3.3%
合 计*	8 481	100%	—	25.5%	25.5%

注:上海的结果为笔者采用 HLM6.08 计算,总方差=校间方差+校内方差。

* OECD 各国平均数据来自 OECD(2013). Excellence through equity: giving every student the chance to succeed. p.198, p.200.总方差为所有学生数学成绩标准差的平方,由于各个国家的二层数据结构不平衡,校间方差和校内方差之和不完全等于总方差。

如上表 3.1 所示,对上海初中阶段学校而言,学校间数学成绩差异占总方差的 28.9%,学生 ESCS 和学校平均 ESCS 的共同作用可以解释学校间数学成绩差异中的 70.2%,两者的乘积为学校层面可解释方差占总差异的比例,为 20.3%;学生层面可解释方差占总差异的 1.8%;合计解释数学成绩总差异的 22.1%。数据表明,上海初中学生个人家庭背景和学校总体生源家庭背景对数学成绩差异的解释率以及学校层面和学生层面可解释的方差比例均低于 OECD 平均,说明与 OECD 平均相比,上海初中教育在学校间和学校内部都比较公平。

对上海高中阶段学校而言,学生 ESCS 和学校平均 ESCS 的共同作用可以解释的学校间方差占总差异的 35.1%,可以解释的校内学生间数学成绩方差占总差异的 0.0%,合计可以解释数学成绩总差异的 35.1%。这说明高中阶段学生个人家庭背景和学校总体生源家庭背景对校内学生成绩差异几乎没有影响,在同一所学校内部,不同家庭背景的学生受到的教育完全是公平的;但是在不同学校之间,学生个人家庭背景和学校总体生源家庭背景对数学成绩差异的解释率高于 OECD 平均,学生所在学校的平均成绩在较大程度上受学校生源家庭背景的影响,说明教育结果较不公平。

另外,上海初中阶段、高中阶段学校平均 ESCS 的斜率分别为 54.1、120.2,初高中合计,学校平均 ESCS 的斜率为 88.2,代表 ESCS 增加 1(即 1 个标准差),学生数学成绩增加 88.2 分,而 OECD 各国平均而言,学校平均 ESCS 的斜率为 72.3。通过回归方程的斜率比较也可以看出,上海初中阶段不同生源家庭背景学校之间的数学平均成绩差异低于 OECD 平均,较为公平;而高中阶段不同生源家庭背景学校之间的数学平均成绩差异大于 OECD 平均,较不公平。

2. 克服多样性挑战

除了 ESCS 外,学生学习还受到各种背景因素影响,包括家庭背景方面的挑战和学校背景方面的挑战。PISA 2009 主要研究了学生的家庭结构、人口流动(移民)背景、学校所在地的影响,把克服这些因素的影响概括为"克服不利背景的学习公平",PISA 2012 除了继续研究这几个方面的因素外,还增加了对父母就业状况与成绩关系的研究,并且用"克服多样性挑战"来概括除了 ESCS 以外的其他家庭背景因素和学校背景因素的影响。

2.1　家庭结构与学生成绩

上海有 9.4% 的学生来自单亲家庭,他们的数学平均成绩是 615 分,与其他类型家庭的学生没有显著差异,在控制 ESCS 后也没有显著差异。但 OECD 平均来说,单亲家庭学生数学平均成绩为 487 分,比其他类型家庭学生的数学成绩低 15 分,有显著差异。在控制了家庭背景后,该差异减少到 5 分。

2.2　父母就业状况与学生成绩

在上海,有 12.7% 的学生父亲没有工作,这些学生数学平均成绩为 586 分,比父亲就业的学生低 31 分,效应值为 -0.31。有 25.0% 的学生母亲没有工作,这些学生数学平均成绩为 588 分,比母亲就业的学生低 33 分,效应值为 -0.33[7]。

上海学生在控制了 ESCS 后,父亲工作与否,学生数学成绩相差 7 分,差异不再显著;母亲工作与否,学生数学成绩相差 16 分,仍然有显著性。说明在没有控制 ESCS 的情况下,父母一方不工作对学生数学成绩都有显著的不利影响,而在控制了 ESCS 后,也就是说在家庭社会经济文化地位相同的学生中,母亲不工作对学生数学成绩的不利影响更大。而 OECD 各国平均而言,在控制了 ESCS 后,父母一方不工作仍然都对学生数学成绩有显著的不利影响。

2.3　学生家庭流动与学生成绩

学生问卷第 20 题询问了学生及其父母的出生地,在国际数据库中,只区分出生在国内(含中国港澳台地区)还是国外,而利用上海本地数据则可以将学生区分为以下四种类别,共计 5 177 人:

第一代新上海人:父亲和母亲及本人都不在上海而在中国大陆其他省市出生,共 875 人,占 16.9%;

第二代新上海人:父亲和母亲都不在上海而在中国大陆其他省市出生,但是本人出生在上海,共 447 人,占 8.6%;

上海本地人:父亲或母亲在上海出生,共 3675 人,占 71.0%。严格意义上讲,上海本地学生指的是自己本人及父亲或母亲在上海出生的学生,但是由于对第二代新上海人的界定是本人在上海出生但父母双方都不在上海出生,所以实际计算时,只要父母之一在上海出生的就编码为上海本地学生。

其他:180人,占3.5%。

第一代新上海人、第二代新上海人、上海本地人的数学平均成绩分别为 578 分、628 分、621 分。上海本地人和第二代新上海人之间没有显著差异,他们都显著高于第一代新上海人,阅读和科学成绩也表现出同样的特点。

表 3.2 ■ 第一、第二代新上海人与上海本地人成绩比较

	数 学		阅 读		科 学	
	平均分	标准误	平均分	标准误	平均分	标准误
上海本地人	622	2.6	577	2.5	587	2.7
第一代新上海人	578***	8.9	544***	6.7	554***	7.3
第二代新上海人	628	6.6	581	5.3	590	5.2

注:*** 与上海本地人有显著差异,p < 0.001。表中数据为笔者用 spss18.0 和 PISA Raplicate Macro 计算的结果。

在控制了学生的 ESCS 后,上海本地人和第一代新上海人之间的数学成绩差距从 43 分缩小到 29 分,同时控制学生的 ESCS 和学校平均 ESCS 后,差距缩小到 20 分,但是仍然有显著差异。上海本地人和第二代新上海人在控制了 ESCS 后仍没有显著差异。阅读和科学成绩也表现出同样的趋势。

图 3.4 ■ 控制 ESCS 前后第一代新上海人与上海本地学生的成绩差距

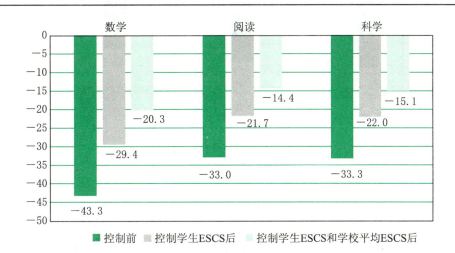

注:表中数据为第一代新上海人—上海本地学生平均成绩。

2.4 学校地理位置与学生成绩

根据校长问卷第 3 题"下面对贵校所在地区的描述,哪一条最准确?"把学校分为中心城区和郊区县两类。郊区县学校指所在地为郊区中心城镇、一般乡镇、乡村或农村地区的学校,共 79 所,中心城区学校共 76 所。郊区学校数学平均成绩为 602 分,中心城区学校数学平均成绩为 622 分,有显著差异。阅读和科学成绩也表现出同样的特点。

表 3.3 ■ 上海郊区县和中心城区学校成绩比较

	数 学		阅 读		科 学	
	平均分	标准误	平均分	标准误	平均分	标准误
上海郊区县学校	602*	5.4	560**	4.1	572*	4.9
上海中心城区学校	623	5.6	579	5.2	588	4.8

注：* 与中心城区学校有显著差异，p＜0.05；** p＜0.01。表中数据为笔者用 spss18.0 和 PISA Raplicate Macro 计算的结果。

但是在控制了学生的 ESCS 后，郊区县学校数学平均成绩只比中心城区学校低 4 分，差异不再显著；而在同时控制了学生的 ESCS 和学校平均 ESCS 后，郊区县学校的数学成绩反而比中心城区高 21 分。这说明上海中心城区和郊区县学校的成绩差异主要是由生源家庭背景差异造成的，而不是学校教学水平的差异造成的。阅读和科学成绩也呈现同样的趋势。

图 3.5 ■ 控制 ESCS 前后上海中心城区与郊区学生成绩差距

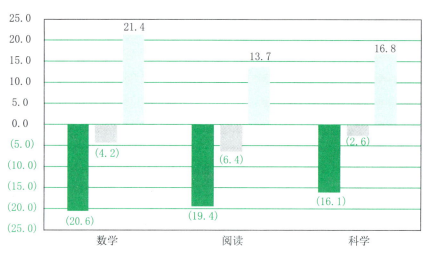

注：表中数据为郊区平均成绩－中心城区平均成绩，括号表示负数。

3. 学习机会公平

以往对学生学习机会的研究主要基于入学率统计，评价的是学生的入学机会，认为人人都能上学就是机会公平了。PISA 2012 将学习机会评价扩展到学生获得教学内容和实践方面的机会，在学生问卷中纳入了有关学生是否学过数学理论、概念和内容的问题，以及他们在数学课和考试中遇到这些内容的频率，PISA 2012 将学生在这方面的情况称之为学生的数学学习机会。学习机会公平可以从三个方面来评价：学生之间、学校之间数学学习机会差异越小越公平，学习机会与ESCS 关系越弱越公平，学习机会与数学成绩的关系越弱越公平。

3.1 上海学生的学习机会

PISA 2012 所测量的数学学习机会指标中，与数学成绩关系最密切的是接触正式数学指数，因此，PISA 2012主要用接触正式数学指数来代表学习机会。接触正式数学指数由三方面的指标构成。一是代数概念，分别问学生对指数函数、二次函数、线性方程这三个概念有多熟悉；二是几何概念，分别问学生对向量、多边形、全等图形、余弦这四个概念有多熟悉；三是正式数学题，分别问学生在数学课上和学校考试中是否经常遇到"解方程$2x+3=7$""求边长为3米、4米和5米的长方体体积"这类问题。然后将接触代数概念、几何概念、正式数学问题指数平均得到接触正式数学指数。上海学生接触正式数学指数为2.3，是所有国家（地区）中最高的，OECD平均为1.7。说明上海学生在学校数学课程中学习抽象的、纯数学内容机会是各国（地区）中最多的。

从下表可以直观地看出，上海学生经常接触或熟悉下列函数和几何概念的比例比OECD平均高出32—54个百分点，有极显著的差异。由于上海采用统一的课程标准和基础型课程的教材，所以绝大多数学生了解某个年级对应的知识点。例如，对于上海初三的知识点"二次函数"，96%的初三学生和97%的高一学生表示经常听到或熟悉。而且，由于上海还以学校为主实施了拓展型课程和研究型课程，所以有些内容学生会提前接触到。例如高一的知识点"指数函数"，92%的高一学生表示经常听到或熟悉这个概念，还有51%的初三学生也表示经常听到或熟悉。

表3.4 ■ 上海学生"经常听到"和"熟悉并理解"代数和几何概念的百分比

	中国上海		OECD 平均		差 异		
	%	SE	%	SE	百分点	SE	显著性
指数函数	73.4	1.19	19.8	0.16	53.6	1.20	***
二次函数	94.1	0.69	54.0	0.19	40.1	0.72	***
向 量	87.3	1.21	35.2	0.19	52.1	1.23	***
多边形	93.8	0.48	62.2	0.16	31.6	0.50	***
全等图形	90.4	0.63	45.5	0.18	45.0	0.66	***
余 弦	88.6	1.18	48.6	0.22	40.1	1.20	***

注：线性方程（linear equation）在上海教材中称为一次方程（first-degree equation），因此国际报告中删除了上海这项数据。表中数据为笔者用spss18.0和PISA Raplicate Macro计算的结果。

3.2 学生学习机会的差异和校间均衡

学生之间的数学学习机会差异可以用上海学生接触正式数学指数的差异（方差）来表示，上海只有0.2，占OECD总方差的56.5%，说明上海学生学习机会差异很小，比OECD平均来说更公平。

数学学习机会的校间均衡可以用接触正式指数的校间差异占总差异的百分比来评价，校间差异所占百分比越高，说明学校之间接触正式数学指数差异越大，数学学习机会越不均衡。上海初中学习机会校间差异为11%，低于OECD平均（20%），说明上海初中学校间学习机会均衡程度高于OECD平均；上海高中阶段学习机会校间差异为29%，学校之间数学学习内容存在一定差异；初高中合计，上海学校系统的学习机会校间差异为17%，均衡程度与OECD平均没有显著差异。

3.3　数学学习机会与 ESCS 及数学成绩的关系

数学学习机会与 ESCS 的关系强弱可以用回归方程的解释率来表示。上海学生 ESCS 对接触正式数学指数的解释率为 7.9%，与 OECD 平均（8.7%）没有显著差异，说明上海学生的学习机会与家庭社会经济文化背景的关系密切程度与 OECD 平均相当，从这个角度来说学习机会公平程度相当。

数学学习机会与数学学习成绩的关系强弱也可以用回归方程的解释率来表示。上海学生接触正式数学指数对学生数学成绩的解释率为 17%，显著低于 OECD 平均（23%），说明上海因为学习机会造成的成绩差异比 OECD 平均小，因此更为公平。上海学生在接触正式数学指数最低 1/4 和最高 1/4 学生之间的数学成绩差距为 100.6 分，也低于 OECD 平均（108.4 分）。

3.4　学习时间与 ESCS 的关系

广义的数学学习机会也包括学习时间。学习时间有 4 个简单指标，都是从学生问卷调查得到的。校内学习时间包括每周数学课时间、每周语文课时间、每周科学课时间 3 个指标，以分钟计算；还有每周校外学习时间，以小时计算，包括周末时间在内。具体来说可分解为 6 项：(1)老师布置的作业或其他学习任务；(2)在上一项时间中，有多少是在有人监督、并在必要时给你帮助（指导下学习）的情况下完成作业的；(3)接受私人家教有偿或无偿的一对一辅导；(4)父母付费让你参加校外辅导机构开设的辅导班；(5)和父母或其他家庭成员一起学习；(6)用电脑复习或练习课堂上学过的内容（如用培训软件来记单词）。

表 3.5 ■ 上海学校平均 ESCS 与学习时间的相关系数

	中国上海	OECD 平均	中国上海与 OECD 平均有无显著差异
每周数学课时间	−0.04	0.07***	无
每周语文课时间	0.05	0.01*	无
每周科学课时间	0.23***	0.13***	有
每周语数科时间合计	0.14***	0.10***	无
每周校外学习时间	0.24***	0.10***	有
其中：作业时间	0.35***	0.18***	有
一对一家教	0.04*	0.02***	无
付费辅导班	0.19***	0.01	有

注：* $p < 0.05$，*** $p < 0.001$。

上海在学生校内学习时间指标上，每周数学课和语文课时间与学校平均 ESCS 都没有关系，说明比较公平，但是每周科学课时间与学校生源家庭背景有关，生源背景好的学校科学课时间比生源背景差的学校要长。上海学生每周校外学习时间与学校平均 ESCS 有显著正相关，说明生源家庭背景好的学校校外学习时间越长。其中作业时间、一对一家教、付费辅导班与学校平均 ESCS 有显著相关，学校平均 ESCS 位于最高 1/4 的学校比最低 1/4 的学校每周作业时间多 5.6 小时，一对一家教时间多 0.7 小时，上付费辅导班时间多 1.7 小时。

表 3.6 ■ 上海学校平均 ESCS 四分位数上的校外学习时间的分布　　　　　单位：小时

	ESCS 最低 1/4	ESCS 最高 1/4	最高与最低 1/4 的差异
作业时间	10.8	16.4	5.6***
一对一家教	0.8	1.6	0.7***
付费辅导班	1.2	2.9	1.7***
亲子学习	0.8	0.9	0.0
用电脑复习或练习	1.3	1.2	0.0

注：*** p＜0.01。

与 OECD 各国平均相比，上海学生不同生源家庭背景的学校每周数学课时间、语文课时间以及语数科三门总的上课时间的公平程度没有差异，但上海每周科学课时间与学校平均生源背景的关系较 OECD 平均更大。在总的校外学习时间、作业时间和付费辅导班时间上，上海的不公平程度较 OECD 平均更高。

4. 教育资源配置公平

教育资源配置的公平程度可以用教育资源指标与学生 ESCS 或学校平均 ESCS 的关系来衡量。如果 ESCS 与教育资源没有显著相关，就意味着学校获得的人财物资源与学校生源家庭背景没有关系，那么资源配置就是相对比较公平的。PISA 2012 调查了三个方面的教育资源指标：教师资源、学校物质资源和课程。

4.1　教师资源配置的公平性

教师资源方面的简单指标有生师比、有教师资格证的教师占教师总数的比例（下文将占教师总数的比例简称为占比）、本科及以上教师占比、学生－数学教师比、数学教师占比、数学教师中数学专业本科及以上学历的比例。量尺指标有教师短缺指数，指的是学校教学能力受缺乏合格教师因素影响的程度。该指标是从学校问卷中的相关问题选项综合得出的，相关问题是"贵校的教学能力在多大程度上受到下列问题的影响？"回答选项有：缺乏合格的理科教师、缺乏合格的数学教师、缺乏合格的语文教师、缺乏合格的其他学科教师。

表 3.7 ■ 教师资源指标与学校平均 ESCS 的相关系数

	中国上海	OECD 平均	中国上海与 OECD 平均有无显著差异
生师比	−0.26***	0.16***	有
有教师资格证的教师占比	0.08	0.07***	无
本科及以上教师占比	0.26**	0.14***	无
学生—数学教师比	−0.27***	0.03**	有
数学教师占教师总数的比例	0.20**	0.00	有
数学教师中数学专业本科及以上学历的比例	0.26***	0.14***	无
教师短缺指数（值越大短缺程度越高）	−0.20**	−0.15***	无

注：** p＜0.01，*** p＜0.001。

在教师资源上,上海学校之间除了有教师资格证的教师占总教师比例与学校生源家庭背景没有关系外,在生师比、本科及以上学历教师占比、学生与数学教师比例、数学教师占教师总数的比例、数学教师中数学专业本科及以上学历的比例、教师短缺指数上都是生源家庭背景好的学校有更好的资源,说明从学校层面的指标来看,教师资源配置今后要进一步向生源家庭背景较低的学校倾斜,特别是要提高薄弱学校中本科及以上教师的比例。

与 OECD 各国平均相比,上海在生师比、学生—数学教师比、数学教师占教师总数的比例上与 OECD 平均有显著差异,上海这 3 个指标更有利于生源家庭背景好的学校;而 OECD 国家平均而言,生师比、学生—数学教师比更有利于生源家庭背景差的学校,数学教师占教师总数的比例与生源家庭背景无关,说明上海今后应该比 OECD 国家更加要注意增加生源薄弱学校的教师数量。在有教师资格证的教师占比、本科及以上教师占比、数学教师中数学专业本科及以上学历的比例、教师短缺指数上,上海与 OECD 各国平均没有显著差异,说明从这 4 个指标看,上海学校之间的公平程度与 OECD 平均水平相当。

4.2　学校物质资源配置的公平性

学校物质资源方面的简单指标有:计算机可获得性,指学校中平均每个学生有多少台计算机供其在学习时使用;连接互联网的计算机占计算机总数的比例。量尺指标有学校教育资源质量指数和硬件设施质量指数。PISA 学校问卷详细询问了校长学校教学能力在多大程度上受到学校设施、设备、教材和软硬件短缺的影响,相关问题是"贵校的教学能力在多大程度上受到下列问题的影响?"学校教育资源质量指数是从校长对下列选项的回答中综合得出的:理科实验室设备短缺或不足、教材(例如课本)短缺或不足、教学用的计算机短缺或不足、互联网连接缺乏或不足、教学用计算机软件短缺或不足、图书馆藏书短缺或不足。学校硬件设施质量指数则是从校长对下列选项的回答中综合得出的:校舍和活动场地短缺或不足、取暖/制冷及照明系统短缺或不足、教学场所(例如教室)短缺或不足。

表 3.8 ■ 学校物质资源与学校平均 ESCS 的相关系数

	中国上海	OECD 平均	中国上海与 OECD 平均有无显著差异
计算机可获得性	−0.13*	−0.13***	无
连接互联网的计算机	0.10	0.04***	无
学校教育资源质量指数	0.17*	0.14***	无
学校硬件设施质量指数	0.05	0.06***	无

注:* p＜0.05, *** p＜0.001。

在能够上网的计算机、校舍和教师配置上,上海不同生源家庭背景的学校之间是均衡的。但是上海学校平均 ESCS 与计算机可获得性是负相关,生源家庭背景好的学校平均每个学生可用于学习的计算机数量反而少;学校教育资源质量指数与生源家庭背景是正相关,说明生源家庭背景好的学校实验设备、教学用的计算机数量等短缺程度较严重,这两项指标所反映出来的一致趋势表明,生源家庭背景好的学校可能较缺少教学用的计算机,无论是生均教学用计算机台数还是校长的主观感受都是如此。

与 OECD 各国平均相比,上海的学校在学校设施设备配置上的公平程度与 OECD 平均相当。

4.3 学校课程资源配置的公平性

学校课程资源方面有三个简单指标:创造性课外活动指数、数学课外活动指数和学校开设的数学拓展课程指数。创造性课外活动指数是根据校长对学校问卷中"本学年,贵校是否向九年级或高一学生提供下列活动?"这一问题的回答得出的,相关选项为(1)乐队、管弦乐队或合唱团,(2)校园戏剧演出或校园音乐剧,(3)美术社团(兴趣小组)或美术活动,将这三个选项上回答"是"的项数合计即为得分。数学课外活动指数是根据校长在上述问题的另外三个选项(1)数学社团(兴趣小组),(2)数学竞赛,例如区/县、市数学竞赛,(3)计算机/信息和通信技术社团(兴趣小组)上的回答,加上校长对另外一个问题"贵校在正常教学时间的数学课以外,还有额外的数学课吗?"的回答得出的,将上述四项回答"是"的项数合计即为得分。学校开设的数学拓展课程指数是从校长对"这些额外数学课的目的是?"的回答得出的,选项有:(1)仅为数学兴趣和强化,(2)仅为数学补习,(3)既有数学兴趣和强化也有补习,(4)没有明确区分,要看学生之前的学习水平,回答(1)和(2)得 2 分,(3)得 3 分,(4)得 1 分。[8]

表 3.9 ■ 学校课程资源与学校平均 ESCS 的相关系数

	中国上海	OECD 平均	中国上海与 OECD 平均有无显著差异
创造性课外活动指数	0.44 ***	0.21 ***	有
数学课外活动指数	0.43 ***	0.18 ***	有
学校开设的数学拓展课程指数	0.21	0.04 ***	无

注:*** $p < 0.001$。

上海学校生源家庭背景好的学校开设的创造性课外活动和数学课外活动都比生源家庭背景差的学校更多,开设额外数学课的种类与学校生源家庭背景无关。

与 OECD 各国平均相比较,上海创造性课外活动和数学课外活动与学校生源家庭背景关系更大,换句话说,上海生源家庭背景好的学校有更丰富的课外活动资源。

5. 政策启示

5.1 高中招生要加大对弱势家庭学生的倾斜程度

OECD 一贯强调垂直公平,提倡在资源配置过程中对家庭社会经济文化地位比较低的学生和学校倾斜,以减少家庭和学校背景因素的影响。从上海学生家庭社会经济文化地位与数学成绩的关系来看,教育公平程度与 OECD 平均相当,上海体力劳动者子女的数学平均成绩要高于 OECD 国家专业人员子女的成绩,但是上海内部的差距也比较大。然而从上海学生和学校生源家庭背景共同作用来看,上海初中阶段教育结果相对比较公平,上海高中阶段教育结果较不公平。上海高中学校之间存在明显的学生家庭背景分层,并且学校的差异进一步强化了家庭背景差异的影响。上海的教育政策应重点关注如何帮助家庭背景不利的学生进入高质量的高中,数据分析表明,家庭背景不利的学生如能进入高质量的高中可能取得更大的进步。

5.2 确保基础,追求卓越

OECD 以往的报告中还提倡水平公平,希望缩小绝对差距。然而由于学生个体学习能力本身存在差异,"缩小差距,人人平等"的目标正在被"确保基础,追求卓越"的目标所取代,在确保更

多的人达到基本标准的情况下,允许学生有更高水平的追求,而不是一味强调缩小差距。上海一方面应保持优势,继续关注"抬高底部",另一方面应努力追求卓越,扩大高端优势。

与 OECD 对所有学校都强调提高均衡程度的要求不同,我们认为高中阶段学校要尊重差异。上海高中采用多样化发展的政策,这一政策肯定会扩大高中学校之间的成绩差异,是要一味强调缩小差异,还是在保底的基础上让高水平学校有更高的发展空间?我们选择后者。正如对学生层面教育公平评价标准发生变化那样,义务教育后的学校也应遵循"下要保底,上不封顶"的政策,上海中等职业技术学校的数学平均成绩可以进入全球前 6 位,所以应该鼓励高水平学校追求更高的发展目标,因为上海的实践证明了高水平学校的发展并没有影响一般学校达到并超过基本水平。

上海初中阶段学校平均成绩远远高于 OECD 平均,学校之间学习成绩的差异和学习正式数学机会的差异也小于 OECD 各国平均,但是目前初中数学成绩的校间差异仍然占了总差异的27%,与通常认为 25%以下为均衡的标准仍有差距,所以我们认为上海初中阶段已经基本实现高位均衡的目标,但是在进一步提高均衡程度上仍然有较大的空间。

5.3 提高教育公平程度必须缩小社会差异

上海较好地克服了来自家庭和学校背景的多方面挑战:单亲家庭学生数学平均成绩和其他类型家庭的学生没有显著差异;郊区学校成绩比同样家庭社会经济文化地位的中心城区学校更好;第二代新上海人与本地人的成绩没有差异;第一代新上海人与本地人的成绩差距在控制家庭背景和学校生源家庭背景后缩小一半。这些都说明上海要进一步提高教育公平程度虽然面临挑战,但是城乡差异、外来务工人员子女与本地学生之间的差异基本都能克服,唯有家庭社会经济文化地位差异的影响始终较大。因此要提高教育公平程度必须要缩小社会差异。

5.4 上海校外学习机会差异大,好学校更应减负

学习机会是影响教育结果的重要因素,PISA 2012 将数学学习机会纳入调查,使教育公平评价更加全面,让我们能更好地分析成绩背后的原因。数据表明,上海统一的课程标准和基础型课程教材保证了学生在正式数学内容学习上有公平的机会,而正式数学学习机会与学生数学成绩有密切关系,因此统一的课程标准对促进上海教育公平有重要作用。

广义的学习机会也包括学生学习时间。上海学生校内数学课、语文课学习时间较公平,但是科学课学习时间与学校平均 ESCS 有显著相关,学生作业时间、一对一家教时间以及上校外付费辅导班的时间和学校平均 ESCS 也有显著相关。说明生源家庭背景越好,学生完成老师布置的作业时间和校外补课时间就越长。所以那些生源好、成绩高的学校更应该减负,更应该研究如何提高作业的有效性。

5.5 缩小学校间教师资源和课程资源的差异是上海提高教育公平程度的最大挑战

在生师比、本科及以上学历教师占比、学生与数学教师比例、数学教师占教师总数的比例、数学教师中数学专业本科及以上学历的比例、教师短缺指数上都是生源家庭背景好的学校有更好的资源,上海学校生源家庭背景好的学校开设的创造性课外活动和数学课外活动都比生源家庭背景差的学校多。说明从学校层面的指标来看,生源背景薄弱的学校缺少教师资源和课程资源,这是上海进一步提高教育公平程度所面临的最主要的挑战,今后要增加生源家庭背景薄弱学校的教师数量、本科及以上学历的教师数量,使这些学校能够开设更丰富的课外活动。

参考文献

［1］辛涛,田伟,邹舟.教育结果公平的测量及其对基础教育发展的启示[J]. 2010.4

［2］Husén，T. (1972). *Social background and educational career*；*research perspectives on equality of educational opportunity*.［Paris］：Organisation for Economic Cooperation and Development.

［3］McMahon，W. W.，&Geske，T. G.（1982）. *Financing education*：*overcoming inefficiency and inequity*. Urbana：University of Illinois Press.

［4］陆璟.上海基础教育公平的实证研究[J].教育研究.2013.2

［5］OECD（2013），PISA 2012 Results：Excellence Through Equity：Giving Every Student the Chance to Succeed (Volume II)，PISA，OECD Publishing. http://dx.doi.org/10.1787/9789264201132-en

［6］http://beta.icm.edu.pl/PISAoccupations2012/occupationsPISA2012.xls

［7］OECD（2013），PISA 2012 Results：Excellence Through Equity：Giving Every Student the Chance to Succeed (Volume II)，PISA，OECD Publishing. pp.219—221.

［8］OECD(2014)，PISA 2012 Technical Report. pp.309—310.

4

第四章
学生的学习参与、动机和自我概念

1. 导语

PISA 通过了解 15 岁学生在主要学科领域应用所学知识和技能解决实际问题的能力，来预测学生未来能否有效参与社会，成为对社会有贡献的公民。同时，积极主动地参与学习、较强的学习动机以及良好的自我信念是学生增长知识、提高能力的基础，也是未来他们能够进行终身学习的前提条件。

学生对学校学习的参与、对自己可能达到的学习水平的信念以及愿意为目标付出努力的意愿不仅是他们提高能力、掌握学科知识的关键，也是其应该具备的良好特质，它们能使学生在未来生活中积极进取、敢于挑战和善于利用各种机会。从某种意义上来说，教育系统对学生这些特质的培养甚至比提高学生的认知能力更为重要。这一章将集中分析学生在上述这些方面的表现。

1.1　学生评估的综合性观点

教育领域长期存在将学校教育成果片面化理解的倾向。特别是在我国，由于长期以来教育资源相对不足导致的激烈竞争助推了单纯以学业成绩和升学率衡量教育质量的趋势，就像 PISA 这样的教育政策研究项目也存在着被单纯解读为学业成绩国际比较的倾向。实际上，PISA 从最初设计上就将学校的教育成果视为综合性的结果，而非单纯的学业成绩。PISA 不仅提供学业成绩，还同时提供伴随学业成绩的相关背景因素，这些背景因素不仅包括与学习相关的家庭社会经济等因素，还包括作为学习者的学生个人因素，比如学习参与、学习动机、学习策略、学习信念等非认知的因素。通常人们仅把这些非认知因素视为学生学科学习的影响因素，然而，从学生整体发展的角度来看，这些因素是与学科成绩同等重要，甚至是更为重要的学校教育目标。

对 PISA 测试和 PISA 类测试的长期跟踪研究结果表明，学生成绩与学生未来的表现高度相关（OECD，2010，OECD，2012）。然而，在标准化测试中的优异成绩仅能部分解释学生未来生活的表现。因为诸如积极主动、坚持不懈、自信自尊等优良品质都对未来的成功和幸福起着关键作用，而在标准化测试中，这些品质是很难测评的。在 PISA 2012 中，各国校长普遍将其所在学校学生社会和情绪方面的发展视为与学生数学技能和知识掌握同等重要的内容。OECD 平均而言，71％的学生所在学校校长认同学生社会和情绪的发展与学生学业成绩同等重要，在印度尼西亚、波兰、泰国、马来西亚、阿尔巴尼亚、哈萨克斯坦，有超过 95％的学生所在学校校长持这种看法。

学生对学校生活的参与程度也是学生评估的重要内容。由于学校是 15 岁学生最主要的社会生活环境，这些主观性的评价能够提供很好的指标，用以表明教育系统是促进了还是降低了全体学生的幸福感。PISA 2012 首次询问学生他们在学校是否开心。平均而言，学生在学校感到开心，OECD 国家平均有 79.8％的学生同意或非常同意"我在学校里很开心"的表述。上海的 15 岁学生认同这一观点的占到 84.6％，在印度尼西亚、阿尔巴尼亚、秘鲁和泰国，认同的学生比例最高，均高于 93％，而在韩国、捷克和斯洛伐克，认同这一观点的学生比例最低，均低于 65％。此外，PISA 2012 还多方面调查了学生对学校生活的参与程度。

PISA 在重视学业成绩的同时，也将学生学习的驱力和动机因素、学生对学校生活的参与情况,以及学生的学科自我信念、学科倾向等视为学校教育的重要成果,这体现了对学校教育成果的综合新观点,有利于政府部门全面审视本国(地区)教育系统的成就和不足。

1.2 培养学生终身学习能力

信息技术的迅速发展不断推进全球化进程,地区以及国家之间的联系越来越紧密,如何适应并利用这种全球化的力量发展自身成为国家、地区乃至个人的重要任务。对个体而言,仅仅依靠学校学习所掌握的知识和技能已无法满足未来生活的需要,日新月异的新技术和新知识不仅改变着人们的工作和生活状态,特别是全球化所带来的工作竞争已经越过地区和国家范畴,越来越趋于国际化,这就要求人们需要时刻做好准备,不断学习新知识和新技能,不断提高自身的竞争力。

Autor、Levy 和 Murnane(2003)[1]通过研究美国 1960 年至 1998 年劳动力市场对劳动者不同技能需求的变化,指出在技术发展的背景下,常规的手工技能、常规的认知技能以及非常规的手工技能均出现了明显的下降,而非常规的人际交互技能、非常规的分析技能均出现大幅上升。Autor 和 Price(2013)[2]在上述研究的基础上,进一步将分析推进到 2009 年,结果表明,相同的趋势仍在继续,也就是说,对非常规的人际交互技能、分析技能的需求仍在持续增长,而对常规的手工和认知技能需求在持续降低。这种对劳动者技能需求的不断变化要求人们不能仅仅使用自己已有的知识按照常规方式来完成工作,而需要主动地分析情境,创造性地工作,不断提高对新情境的应变能力。如果学校教育单纯以知识和技能积累为目标,显然与上述要求并不符合。学校教育不仅要给予学生知识和技能,还应当使学生学会学习。而后者对于当今的学校教育,则显得愈发重要。只有当学生具备了终身学习的能力、动机和热情,他们才可能成为积极进取和不断进步的公民。

要培养学生的终身学习能力,教育系统的政策方针起着决定性的作用。在全世界范围内,不断提高教育水平已成为各国政府最为关心的任务之一。然而,对以何种标准来衡量教育质量则存在着不同的理解。我国从 20 世纪 80 年代以来,大力推进的"素质教育"目标,正是对这一教育质量标准的回应。只有从教育政策层面意识到,教育不仅仅是为劳动者提供基本的知识,而是为每个人提供机会使其成为知识型的劳动者,受教育者才能有效地适应和参与知识型社会。

OECD 国际报告认为,从更理想的层面来说,教育应让每个人有机会发展多种多样的技能,包括有好奇心、有能力、能坚持、能终身持续学习,愿意寻求并接受挑战,能在解决复杂问题中获得乐趣并不断成长,能找到计算机没法统计的信息特征,能与他人有效的协作,在必要时不仅能领导团队也能成为良好的团队成员。

1.3 学习参与度、动机和自我概念框架

PISA 2012 中,学生需要回答他们学校的参与度、他们的驱动力以及他们对自己和对自己数

---

① David H. Autor, Frank Levy, and Richard J. Murnane. 2003. "The Skill Content of Recent Technological Change: And Empirical Exploration." The Quarterly Journal of Economics, 118(4):1279—1333.

② David H. Autor, and Brendan Price. 2013. "The Changing Task Composition of the US Labor Market: An Update of Autor, Levy, and Muranne(2003)." http://economics.mit.edu/faculty/dautor/papers/inequality.

学学习的自我信念,我们可以将其统称为学生作为学习者的个体特征。本章将按照上述学习者个体特征的主要框架对结果进行报告和分析。图 4.1 显示了各部分的主要内容。

图 4.1 ■ PISA 2012 考查的学习者个体特征

学校参与度

不准时
(迟到)

旷课
(逃课或逃学)

归属感
(学校人际关系、
幸福和满足感)

对学校的态度
(学习结果和
学习活动)

驱力和动机

坚持性
(克服困难的意愿)

问题解决开放性
(解决问题的意愿)

控制感
(失败归因和
成功控制感)

学习数学的动机
(内部动机和
外部动机)

数学自我信念、偏好与
参与度

数学自我效能感
(认为自己解决
问题的能力)

数学焦虑
(感受、压力和
无助感)

数学自我概念
(对自己的数学
竞争力的认识)

数学偏好
(数学倾向和自身
数学参照系)

数学行为
(数学活动参与度)

注:根据 OECD,PISA 2012 Database,Table III.1.3 修订。

如前所述,PISA 不仅将这些因素视为学校教育的重要结果,同时也非常关心这些方面与学生成绩的相互关系。由于 PISA 2012 的主要测评领域是数学,所以这部分也特别关注学生数学学习方面的特征与其数学成绩的关系。

2. 学生的学校学习参与度

对学生学校学习参与度的调查是从两个大的方面进行的。首先是学生的出勤情况,众所周知,学校教育开展的前提是学生能按时到校并根据课程安排参与学习。这不仅反映了学生的学习情况,也是学校纪律风气的重要体现。良好的纪律氛围既能保障教学的开展,也是学校育人的重要内容。PISA 从学生迟到、逃课和逃学三个方面了解了这方面的情况。

如果说出勤情况是学生在学校生活中的物理参与(即到校并出现在学校学习活动中),那么学生的学校归属感和对学校的态度就反映了学生对学校生活的心理参与。青少年时期,社会接受,尤其是同伴群体的社会接受对行为具有强烈影响作用(Baumeister and Leary,1995;Rubin, Bukowski and Parker,2006)。同伴可以鼓励和支持学生为实现学习目标而努力,也可能会降低学生的动机和目标。同时,作为 15 岁青少年最主要的社会活动场所,学校也塑造着学生的社会行为特征。无论是目标的设定和达成,还是在学校人际交往中形成的良好适应性,都对学生未来的成人生活有重要影响。

图 4.2 ■ 学校参与度的调查内容

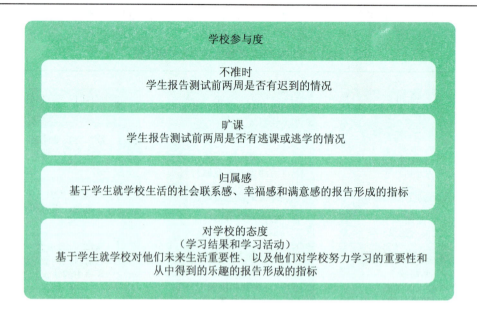

2.1 学生出勤情况

PISA 2012 调查了学生测试前两周迟到、逃课和逃学的情况,用以评价学生出勤情况。总体来看,上海学生出勤情况显著优于 OECD 平均和大多数国家(地区)。以下分别介绍三个方面的具体情况以及出勤情况与学生家庭社会经济背景(ESCS)、性别和数学成绩之间的关系。

2.1.1 学生迟到

从学生迟到情况来看,OECD 平均而言,超过三分之一的学生(35.3%)在测试前两周迟到过,25.1% 的学生迟到过一次到两次,6.2% 的学生迟到过三次到四次,还有 4.0% 的学生迟到达到五次或更多。相应的,上海学生在测试前两周迟到过的比例仅为 16.6%,不及 OECD 平均的一半,并且,迟到一次到两次的为 13.1%,三次到四次的占 2.1%,五次或更多的仅为 1.3%。

在学生出勤方面,与上海一样,东亚的日本、韩国、越南、中国香港、中国台湾和中国澳门均表现良好。图 4.3 显示的是 20 个国家(地区)学生在两周内迟到的比例。据图可以非常清楚地看到,东亚国家(地区)学生普遍能够准时到校。

在 28 个国家(地区)中,学生的迟到情况与其家庭社会经济背景有显著相关关系,即处于 ESCS 最低四分之一的学生迟到的比例显著高于 ESCS 最高四分之一的学生。尽管上海学生普遍较少迟到,但在 ESCS 最低四分之一的学生中,测试前迟到的学生占 18.4%,而 ESCS 最高四分之一的学生中,迟到的学生占 14.6%。

家庭社会经济背景低的学生有更多的迟到现象,这可能存在多种原因。例如,这些学生可能主要乘坐便宜的公共交通工具上学,还可能由于居住地交通不够便利,离学校较远,公共交通的通勤时间比较长。或者由于父母工作的原因,难以较好地照料孩子。

在上海,学生迟到与性别也存在相关。相比女生(14.6%),男生迟到的比例更高,达 18.6%。在所有 65 个国家(地区)中,共有 33 个出现这种情况。即使是学生迟到比例最低的日本,男生

(10.4%)迟到也比女生(7.4%)更多。

图 4.3 ■ 部分国家(地区)学生迟到的百分比

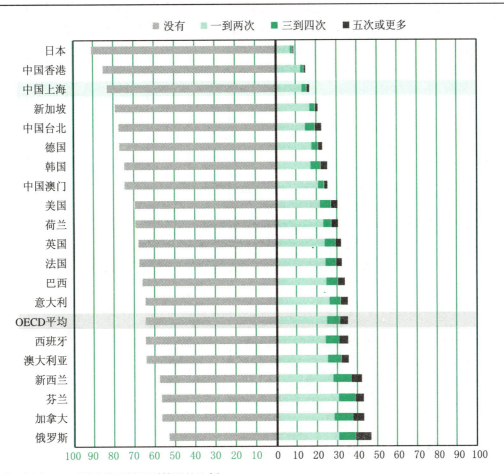

注:学生报告 PISA 测试前两周迟到情况的比例。
数据来源:OECD, PISA 2012 Database, Table III.2.1a。

那么,学生迟到状况与成绩表现之间存在什么关系呢? 分析表明,除了阿尔巴尼亚、哥斯达黎加、希腊和突尼斯 4 个国家(地区)以外,有迟到情况的学生数学成绩都低于没有迟到的学生。在上海,两类学生之间的成绩差异达 45 分,OECD 平均相差 27 分。

2.1.2 学生缺勤:逃课与逃学

与调查迟到情况类似,PISA 还询问测试前两个教学周里学生逃课(逃过几次课)和逃学(逃学一整天的次数)的情况。

如图 4.4 所示,上海学生在两周内有过逃课情况的比例仅为 2.9%,且都为一次到两次,没有学生逃课两次以上。相对而言,OECD 国家中逃课情况比较严重,OECD 平均两周内逃课的学生比例达 17.6%,一次至两次的占 14.2%,三次至四次的占 2.3%,五次及以上的占 1.2%。在所有国家中,拉脱维亚的学生逃课比例最高,有 63.2% 的学生在 PISA 测试前两周内逃过课,并且,逃课两次以上的学生占 17.5%。日本、韩国、中国香港、中国上海、列支敦士登是逃课学生比例最低的几个国家(地区),95% 以上的学生没有逃课。

图 4.4 ■ 部分国家(地区)学生逃课的百分比

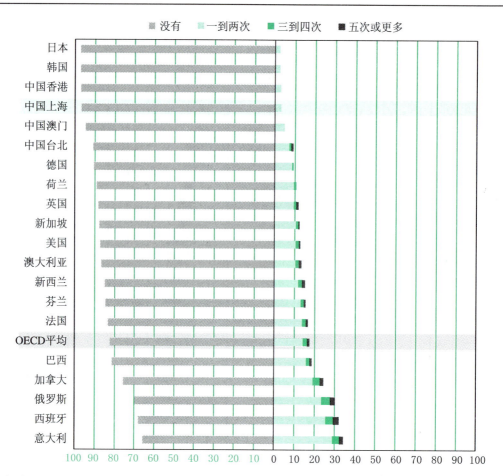

学生报告 PISA 测试前两周逃过几次课的比例

数据来源:OECD,PISA 2012 Database,Table III.2.2a。

如图 4.5 所示,上海学生中有逃学情况的比例是所有国家中最低的,仅为 0.6%,且都是两周内一次到两次。OECD 平均而言,逃学的学生比例达 14.4%,逃学两次以上的比例为 2.7%。逃学情况最严重的是阿根廷和土耳其,两周内分别有 58.1% 和 54.2% 的学生至少逃学一天。

尽管在上海,学生的 ESCS 与其逃学或逃课没有显著性相关,但在 PISA 2012 的许多国家(地区),学生的 ESCS 与其逃课或逃学存在显著的相关关系。OECD 平均来看,处于 ESCS 最低四分之一的学生逃课比例为 18.8%,比 ESCS 最高四分之一学生相应的比例(16.6%)高 2.2 个百分点;处于 ESCS 最低四分之一学生的逃学比例为 17.6%,比 ESCS 最高四分之一学生相应的比例(11.8%)高 5.8 个百分点。这表明,ESCS 低的学生更容易出现逃课和逃学的情况。

与迟到的情况类似,在几乎所有国家(地区),有逃课或逃学情况的学生成绩普遍比没有这些行为的学生数学成绩更差。OECD 平均而言,相比有逃课或逃学情况的学生,没有这些行为的学生数学成绩高 37 分。在上海,相应的学生数学成绩差异为 34 分。

相比女生,上海男生在两周内逃过课的占 4.6%,而女生的比例为 2.2%。相应的,在 PISA 2012 所有参与国家(地区)中,有 35 个国家(地区)的男生逃课比例都高于女生。男女生逃学的状况也类似,但比例存在显著性差异的国家(地区)更少。

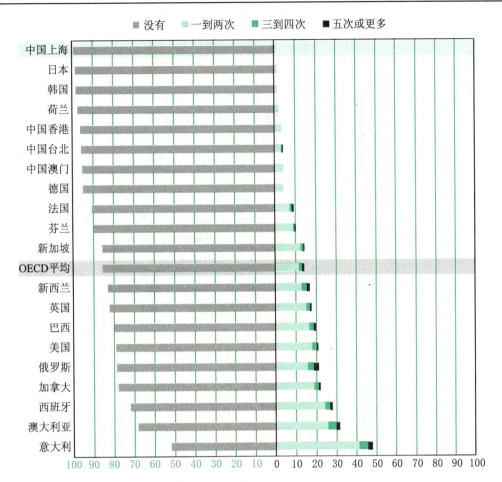

图 4.5 ■ 部分国家(地区)学生逃学的百分比

没有　一到两次　三到四次　五次或更多

中国上海
日本
韩国
荷兰
中国香港
中国台北
中国澳门
德国
法国
芬兰
新加坡
OECD平均
新西兰
英国
巴西
美国
俄罗斯
加拿大
西班牙
澳大利亚
意大利

100 90 80 70 60 50 40 30 20 10　0　10 20 30 40 50 60 70 80 90 100

学生在 PISA 测试前两周逃学一整天的比例
数据来源：OECD，PISA 2012 Database，Table III.2.2b。

2.2 学校归属感

同伴的接受和影响对青少年的健康发展具有重要作用。与 2003 年一致，PISA 2012 要求学生回答他们在多大程度上同意或不同意自己在学校感受的一些陈述(图 4.6 前 6 项)。不同的是，PISA 2012 增加了部分内容，即"我在学校里很开心""学校里的一切都很完美""我对我的学校很满意"三个用来评价学校环境是否接近他们理想样子的陈述。通过对上述这些学校内生活感受的主观评价，PISA 构建了一个良好的指标，用以显示教育系统能否提高或降低学生的幸福感，并将这一指标命名为归属感指数，该指数的 OECD 均值为 0，标准差为 1。

从图 4.6 可以看出，上海学生在绝大多数方面的感受都不如 OECD 平均的积极。尤其是在"我觉得在学校有归属感"和"学校里的一切都很完美"两项上，两者差异最大。仅有 67.6％的上海学生觉得自己在学校有归属感，仅 46.9％的上海学生认为学校里的一切都很完美。上海学生的归属感指数为－0.32，显著低于 OECD 均值。

在很多国家，归属感最低四分之一的学生数学成绩都显著低于归属感最高的四分之一学生。OECD 平均而言，一个归属感指数变化对应数学成绩上 7 分的变化。但在上海，学生的归属感指数

与成绩之间没有发现显著的相关。尽管如此,这并不表明,学生的归属感并不重要。这是因为,学生的归属感反映的是学生在校学习生活的主观幸福感受,这本身就是评价学校工作的重要内容。

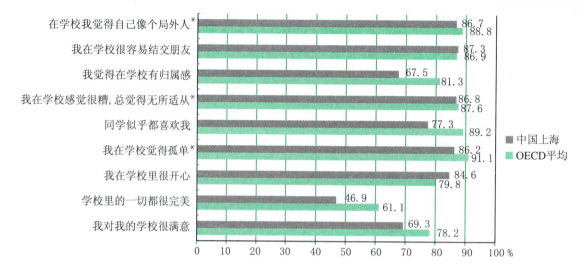

图 4.6 ■ 学生的归属感

学生报告"同意"或"非常同意"的比例。
注:百分比表示学生"同意"或"非常同意"的比例,加"﹡"的表示"不同意"或"非常不同意"的比例。
数据来源:OECD, PISA 2012 Database, Tables III.2.3a。

2.3 对学校的态度

学生对学校的态度可能会受到父母、教师、同伴以及学校环境的影响,PISA 2012 希望了解 15 岁学生对学校学习效用的看法。与 2003 年的调查相同,PISA 2012 询问学生学校教育对其成年生活做准备的程度以及在当前生活中的用处。此外,PISA 2012 还增加了四道题目,询问学生在学校努力学习是否有助于他们未来找到好工作,是否有助于考上好大学;询问学生是否喜欢拿高分,是否认为努力学习很重要。基于上述两组题目,PISA 构建了两个指数,分别是针对学习结果的学校态度指数和针对学习活动的学校态度指数。

如图 4.7 所示,尽管有 92.0%的学生认为学校学习并非浪费时间,但他们认同"学校教会我工作中用得上的东西"的比例仅为 75.3%。就是说,有近四分之一的上海学生认为学校学习的内容在其未来工作中并非有用。在这一项上,OECD 平均相应的比例为 87.1%,两者相差近 12 个百分点。

相对而言,学生更认同学校努力的重要性,这在上海和 OECD 都比较一致。然而,比较意外的是,上海学生认同"我喜欢拿高分或高等级"的比例仅为 85.0%,远低于 OECD 平均 95.3%。通常人们认为,上海学生面临激烈的竞争,分数是检验学习成败的重要甚至唯一标准,因此,理应更喜欢拿高分。但在学生的眼中,似乎并不是这么简单。

与对学校的归属感一样,上海学生针对学习结果的学校态度指数(−0.23)和针对学习活动的学校态度指数(−0.30)均显著低于 OECD 平均①。但在分析上海学生学校态度指数与数学成绩

---

① 本章中的指数均按 OECD 平均值为 0,标准差为 1 进行标准化计算。需要着重指出的是,指数的负值并不必然表示学生对问题的回答是否定的,而只是说明回答者与所有 OECD 国家的回答者的平均水平相比肯定的程度稍低一些。同样,指数的正值表示回答者比所有 OECD 国家的回答者的平均水平更加积极或肯定。

之间的关系时表明,两者之间并不存在显著性的相关。从所有参与 PISA 的国家(地区)来看,学生对学校的态度与数学成绩之间的联系都不强。OECD 平均来看,针对学习结果的学校态度指数仅能解释数学成绩 2% 左右的差异,并且该指数一个单位的变化对应数学成绩约 7 分的变化。

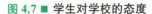

图 4.7 ■ 学生对学校的态度

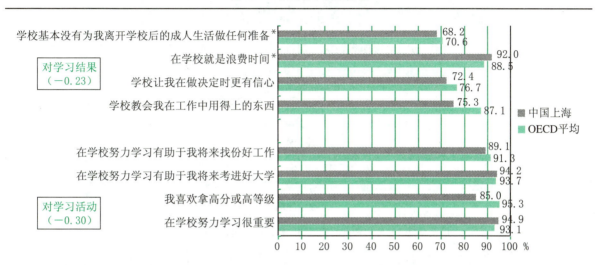

注:百分比表示学生"同意"或"非常同意"的比例,加"*"的表示"不同意"或"非常不同意"的比例。
数据来源:OECD, PISA 2012 Database, Table III.2.4a。

总的来说,上海学生无论在学校归属感还是对学校的态度方面,都不如 OECD 平均水平积极。这与上海在所有领域都领先其他国家的状况形成较大的反差。如何在取得高水平的教育质量同时,使学生积极地参与、愉快地享受学校生活,提高他们的学校学习生活品质,是亟待我们关心和解决的问题。

3. 学生的学习驱力与动机

学生的潜能和天分只有通过后天的努力才能得到充分发展。家庭、学校和教育系统需要为学生成功提供各种可能的支持,比如创设良好的学习环境、提供良好的教学。然而,最为关键的是要让学生意识到,虽然先天的特质对学习的成功具有影响作用,但努力学习、坚持不懈才是最终取得成功的关键。那种相信天才无需努力就能成功的想法会让很多学生丧失本可获得的成功,同样,将暂时的落后归结于缺乏天资也会使学生失去前进的动力。

心理学研究早已证明,大脑是具有可塑性的。后天经验不仅能够影响神经突触的数量,还能够影响大脑的工作方式。心理学家和教育学家越来越关注学生实现长期目标的能力,这包括他们的自律性、面对困难的坚持性和对目标的专注性(Greene 等,2004;Husman 和 Shell,2008;Miller 和 Brickman,2004;Zimmerman 和 Schunk,2011)。如果学生从未经历过挫折和挑战,他们就难以具有恒心、坚持性和克服困境的动力(Dweck,1975;Dweck 和 Master,2009)。他们也永远无法体会为达到一个目的全情投入的充盈感和专注于手头工作的愉悦感(Csíkszentmihályi,1990)。

如图 4.8 所示,PISA 2012 从四个方面调查学生的驱力和动机状况,包括坚持性(即克服困难的能力)、解决问题开放性(即解决问题的意愿)、控制感(即成功和失败的归因)和学习数学的内在和外在动机。由于 PISA 采用学生自我报告来调查,因此,所有驱力和动机方面的内容均反映的是学生的主观认知。

图 4.8 ■ 驱力和动机的调查内容

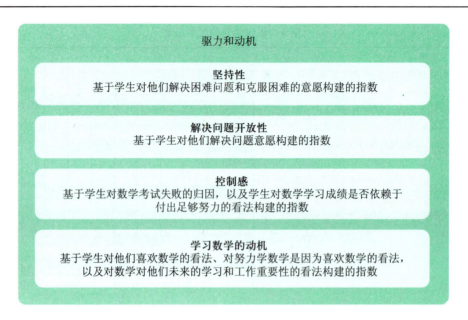

3.1 学习的坚持性

PISA 通过请学生判断自己与下面的描述是否符合来测量学生的坚持性:"遇到问题时,我很容易放弃","遇到难题我会拖延","对自己开始做的事,我会始终饶有兴致","我会持续努力,直到一切都十分完美"和"遇到问题时,我的表现会超出预期"。根据学生在对 5 个陈述的反应,PISA 构建了一个坚持性指数,该指数的 OECD 均值为 0,标准差为 1。

图 4.9 ■ 学生的学习坚持性

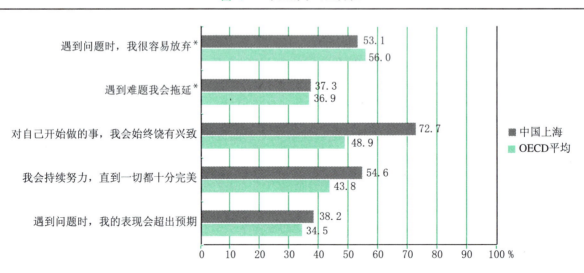

注:百分比表示学生"基本像我"或"非常像我"的比例,加"＊"的表示"不太像我"或"完全不像我"的比例。
数据来源:OECD, PISA 2012 Database, Table III.3.1a。

在学习的坚持性方面,根据学生的自我陈述,上海学生显著优于 OECD 平均水平,尤其是在"对自己开始做的事,我会始终饶有兴趣"一项上,上海有 72.7% 的学生表示"基本像我"或"非常像我",而相应的 OECD 平均比例仅为 48.9%。在"我会持续努力,直到一切都十分完美"一项上,上海学生认为"基本像我"或"非常像我"的超过一半,达到 54.6%,显著高于 OECD 均值 43.8%。综合学生在 5 项上的自我评价,上海学生的坚持性指数均值为 0.25,显著高于 OECD 均值。在所有国家(地区)中,日本学生对学习坚持性的自我评价最低,指数为 -0.59。日本学生认为自己会始终饶有兴趣做事的比例不足 30%,仅有约四分之一的学生认为自己会持续努力直至一切都十分完美。

不同性别的学生之间,学习坚持性也不相同。PISA 2012 参与国(地区)总体来看,有 26 个男生坚持性显著强于女生,比较典型的是英国、德国、奥地利、法国、瑞典、丹麦、瑞士、挪威和韩国;17 个女生坚持性强于男生,比较典型的是黑山、保加利亚、秘鲁。

上海也属于男生坚持性强于女生的地区,男生坚持性指数为 0.32,女生为 0.17。具体来说,女生遇到问题容易放弃的比例比男生高 13.1 个百分点,遇到问题会拖延的女生比例比男生高 9.8 个百分点。

与其他研究的结果相同,PISA 发现,有较好坚持性的学生通常学习成绩也更好。在 65 个国家和地区中,仅 3 个国家的坚持性指数与数学学习成绩之间的关系不显著。如图 4.10 所示,在上海,坚持性更高的学生成绩显著高于坚持性低的学生,一个坚持性指数对应 16 分的数学成绩变化。OECD 总体来看,一个坚持性指数对应 21 分的数学成绩变化。

此外,数据分析还表明,在许多国家,坚持性与数学成绩的相关度在数学成绩高的学生群体中更为突出(图 4.10)。但在中国上海、中国香港、新加坡、中国台北、中国澳门,两个群体间差异之间并没有区别,即坚持性与学生数学成绩之间的相关度并没有因为群体不同而存在差异。

图 4.10 ■ 部分国家(地区)学生学习坚持性与数学成绩的关系

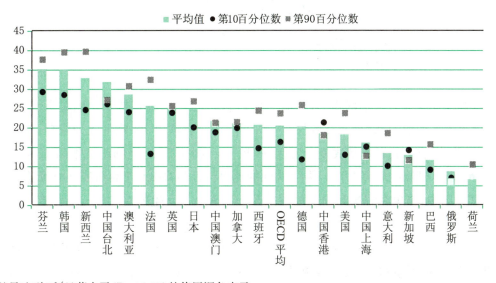

注:差异达到 5% 显著水平(P < 0.05)的值用深色表示。
国家(地区)按照一个坚持性指数对应的平均数学分差从大到小排列。
数据来源:OECD,PISA 2012 Database,Table III.3.1e。

3.2 问题解决开放性

学生要取得学习上的成功,不仅需要按照课程要求学习,还需要有自我学习的意愿,乐于解决问题,并敢于面对学习中的挑战,这是学生能够自主学习和发展的关键因素。PISA 调查了学生迎接学习挑战、解决学习问题意愿的自我认知,并将其称为学生问题解决的开放性特征(Openness to Problem Solving)。题目包括可以处理大量信息、理解事物的速度快、寻求对事物的解释、容易把事实相互联系起来以及乐于解决复杂问题。

如图 4.11 所示,上海学生在"我寻求对事物的解释""我能很容易地把事实相互联系起来"和"我喜欢解决复杂问题"三项上认为像自己的比例显著高于 OECD 平均。但在"我可以处理大量信息"方面则显著低于 OECD 均值。总体来看,上海学生的解决问题开放性指数为 0.07,显著高于 OECD 均值。尽管上海学生对自我解决问题开放性认识与 OECD 相比差异并不太大,但在该指数上,日本、越南、韩国、中国澳门、中国台北、泰国、中国香港等国家(地区)都非常低,相比这些地方,上海学生对自己的认知更为积极。

图 4.11 ■ 学生的解决问题开放性

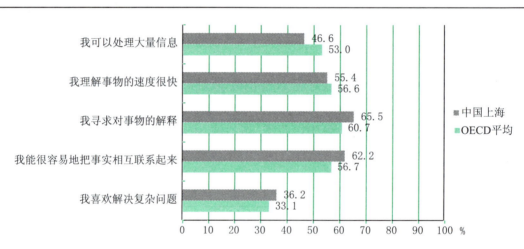

注:百分比表示学生"基本像我"或"非常像我"的比例。
数据来源:OECD, PISA 2012 Database, Table III.3.2a。

在问题解决开放性的自我认知上,上海男生对自己的评价显著高于女生对自己的评价。上海男生该指数的平均值为 0.21,而女生仅为 −0.08。在所有项目上,男生认为像自己的比例均显著超过女生,尤其是在"我喜欢解决复杂问题"一项上,男生认同的比例比女生高 17.4 个百分点。此外,在"我寻求对事物的解释"方面,男生认同的比例比女生高 8.9 个百分点。在所有参加 PISA 2012 的国家地区中,男生在解决问题开放性指数上显著高于女生的有 52 个,而没有一个国家(地区)女生高于男生。

上海学生的问题解决开放性指数与数学成绩之间存在显著的正相关,学生数学成绩差异的 8.5% 可以由学生的问题解决开放性来解释,一个指数变化对应数学成绩 30 分。OECD 平均来看,该指数的解释率更高,达到 11.7%,可见,相比上海,OECD 国家学生的问题解决开放性与学生成绩联系更为紧密。

图 4.12 ■ 上海学生解决问题开放性的性别差异

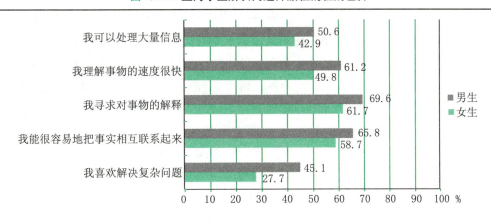

注：百分比表示学生"基本像我"或"非常像我"的比例。
数据来源：OECD，PISA 2012 Database，Table III.3.2b。

3.3 学生的学习控制感

与前面两项调查内容针对学生广义问题解决不同,学习控制感主要针对的是学生对数学学习失败的自我责任归因和对数学学习取得成功的自我控制感,同时也包含学生对学校学习的自我控制感。

3.3.1 对数学学习失败的自我责任归因

学生对数学考试失败的归因反映了他们对自己能力的确信程度。如果将失败原因归结为自身稳定的特质,那就比较容易失去改变的动力。PISA 2012 设计了一个虚拟的情境,即"你的数学老师每周都会进行一次小测验,最近你在测验中的表现不好",然后要求学生分析其中的原因。学生将在"我不是很擅长解决数学问题""老师这一周概念解释得不清楚""这周的测验我猜错了太多""有时候课程内容太难了""老师没有激发学生对这些内容的兴趣""有时候我运气不好"这 6 项上做判断,评价自己的想法与这些判断"非常有可能""有可能""有一点可能""非常不可能"一致的情况。根据学生在这些选项上的反应,PISA 构建了一个学生数学学习失败自我责任归因指数。指数值越大,说明学生更多地认为测验失败是自己的原因。

图 4.13 ■ 上海学生对数学学习失败的自我责任归因

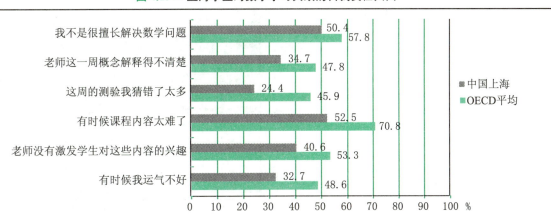

注：百分比表示学生"有可能"或"非常有可能"的比例。
数据来源：OECD，PISA 2012 Database，Table III.3.3a。

图 4.13 显示了上海学生与 OECD 成员学生在 6 项判断上的不同反应。可以看出，认为课程内容太难的学生比例都是最高的，其次是认为自己不擅长解决数学问题，而将测验表现不好归结为"猜错太多"的学生都是最少的。在"我不是很擅长解决数学问题"一项上，认同的上海学生比例为 50.4%，比 OECD 相应的比例低 7.3 个百分点，在"有时候课程内容太难了"一项上，认同的上海学生比 OECD 相应比例低 18.3 个百分点。可见，上海学生较少把失败归结为自身能力的原因。在"这周的测验我猜错了太多"和"有时候我运气不好"两个方面，上海学生认同的比例非常低，前者不及四分之一，后者不及三分之一，说明上海学生较少将测验成绩归结为运气成分；而 OECD 相应比例较高，说明有较多学生认为测验成绩靠运气成分。

上海学生对数学学习失败的自我责任归因指数的平均值为 -0.49，属于指数值非常低的国家（地区）。这表明，相比其他绝大多数国家，上海学生更少认为失败是自身的原因。

在对数学学习失败的自我责任归因方面，男女生之间也存在着较为明显的差异。上海女生认为测试失败是因为"我不是很擅长解决数学问题"和"有时候课程内容太难了"的比例分别为 56.3% 和 56.9%，分别比男生相应的比例（44.4% 和 47.8%）高 11.9% 和 9.1% 个百分点。男生和女生的学习失败自我责任归因指数差异达 0.19，可见，上海女生更多把失败归因于自身的原因。

3.3.2　对数学和学校学习取得成功的自我控制感

PISA 测量了学生对获得数学学习成功的自我控制感以及对学校学习取得成功的自我控制感，包括学生评判自我努力、自我选择、外部干扰、教师特征、自我意愿、用功程度在决定数学成绩或学校学习方面的作用程度。根据学生在这些选项上的反应，PISA 构建了相应的成功自我控制感指数。

如图 4.14 所示，有 88.4% 的上海学生认为学好数学与否取决于自己，92.1% 的学生认为付出足够努力就能学好数学。这表明，近 9 成的上海学生认为数学学习的成功取决于自身的努力。从另一方面来看，仅有不足五分之一的上海学生认为不论用功与否自己数学都学不好，而 OECD 平均而言，仅有 3 成的学生持这种看法。从教师因素来看，上海仅有不足四分之一的学生认为换个老师自己会更努力地学习数学，而在 OECD，超过三分之一的学生都持有这种观点，即 OECD 学生更多认为老师是影响其成功的因素。

图 4.14 ■ 学生数学学习成功的自我控制感

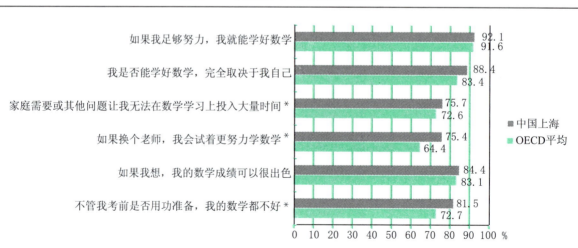

注：百分比表示学生"同意"或"非常同意"的比例，加" * "的表示"不同意"或"非常不同意"的比例。
数据来源：OECD, PISA 2012 Database, Table III.3.3d。

相对而言,上海男生对数学学习成功的自我控制感比女生更强。男生更加认同自己足够努力就能学好数学(93.4%)、学好数学完全取决于自己(91.7%)、只要自己想数学成绩可以更出色(86.9%)。同时,有更多男生(28.0%)认为其他问题让其在数学学习上无法投入大量时间。相反,有更多的女生(21.5%)认为无论是否用功准备,数学都学不好。

上海学生的数学学习自我控制感指数与数学成绩之间存在显著相关。在不考虑其他因素时,一个单位的指数变化对应数学成绩28.4分,在考虑的ESCS和性别因素后,对应的数学成绩缩小为20.2分。OECD平均而言,一个单位指数的变化对应的数学成绩变化更大,考虑ESCS和性别因素后仍达到26.1分。

在学生的学校学习自我控制感方面,上海在大多数项目上的评价都与在数学学科方面接近。而在OECD国家中,学生们对自己学校表现的自我控制感更强。例如,有近9成的学生都认为如果自己愿意可以在学校有出色表现,更有96.5%的学生认为如果足够努力,就能在学校获得成功(图4.15)。

图 4.15 ■ 学生学校学习成功的自我控制感

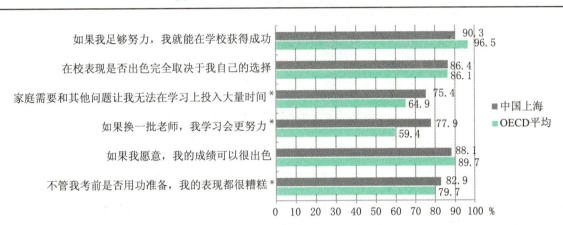

注:百分比表示学生"同意"或"非常同意"的比例,加"*"的表示"不同意"或"非常不同意"的比例。
数据来源:OECD, PISA 2012 Database, Table III.3.3h。

3.4 学生的数学学习动机

动机是推动学生学习的潜在力量。由于数学在学生未来的学习和生活中意义重大,学校需要确保学生不仅具备了未来能够继续学习数学知识的能力,还要使他们具备数学学习的兴趣和动力,以便将来愿意进行数学相关的学习。PISA区分了两类数学学习动机,一是因为对数学本身感兴趣,二是认识到数学学习有用处。从2003年起,学生学习数学的动机特征就成为PISA数学测评中重要的内容。

PISA通过让学生对一组陈述进行同意与否的判断来评价学生的动机状况。其中一部分陈述是有关学生对数学本身感兴趣,享受学习数学或解决数学问题乐趣的;另一部分是对数学作用和意义方面的陈述。根据学生对两组陈述的判断,PISA分别构建了学生数学学习兴趣指数(内部动机)和数学学习外部动机指数。以下分别对两个部分的学生表现进行具体分析。

3.4.1 数学学习的内部动机

如图4.15所示,上海学生的内部动机(即学习兴趣)显著高于OECD平均水平。并且在几乎所有方面"同意"和"非常同意"的比例均超过50%(仅在第3项略低)。在"我喜欢看数学方面的书"一项上,同意的上海学生比例超出OECD平均19.4个百分点,在期待上数学课方面,同意的上海学生超出OECD平均18.2个百分点。上海学生的数学学习兴趣指数平均值达0.43,是数学学习动机较高的国家(地区)。在阿尔巴尼亚、马来西亚、塔吉克斯坦、新加坡、约旦和印度尼西亚,学生的数学学习兴趣很高,指数值均在0.8以上。中国香港、中国澳门和中国台北学生的学习兴趣指数也都高于OECD平均。但在日本和韩国,学生的数学学习兴趣则非常低。例如,日本学生喜欢看数学方面的书的比例仅为16.9%,韩国仅为27.2%,期待上数学课方面,日本为33.7%,韩国为21.8%。

在绝大部分国家(地区),男生的数学学习兴趣显著高于女生。上海男生在所有项目的认同上比例都显著高于女生,尤其是在"我喜欢看数学方面的书"和"我做数学题是因为我喜欢数学"两项上,男生认同的比例分别达到58.8%和56.4%,分别高出女生17.1和14.0个百分点。

尽管上海学生的学习兴趣与数学成绩显著相关,并且一个指数单位的变化对应19.5分的数学成绩变化,但学习兴趣与数学成绩之间的联系紧密程度不强,指数对数学成绩差异的解释率为3.2%。

图4.16 ■ 学生的数学学习兴趣

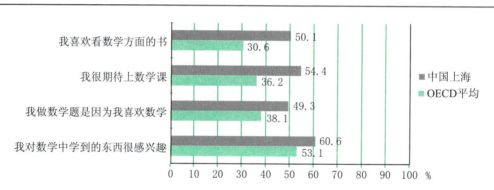

注:百分比表示学生"同意"或"非常同意"的比例,加"﹡"的表示"不同意"或"非常不同意"的比例。
数据来源:OECD, PISA 2012 Database, Table III.3.4a。

3.4.2 数学学习的外部动机

如图4.16所示,在外部动机方面,上海学生与OECD平均水平的差异并没有学习兴趣方面那么大。但仍可以看出,相比OECD平均水平,上海学生更认同数学在未来学习和工作中的作用,相反,他们较少认为数学能直接帮他们获得更多工作机会。相对OECD平均水平而言,上海学生更倾向于认同数学是今后学习的基础,两者的差异达12.8个百分点,这或许反映了数学在不同教育体制中所受重视程度的不同。

但从总体来看,上海学生的数学学习外部动机指数与OECD平均并没有显著性的差异。在日本、韩国、中国台北、中国澳门和中国香港,学生数学学习的外部动机都很低,指数值介于-0.23至-0.5之间。

在很多国家(地区),男生的数学学习外部动机都显著高于女生。上海男女生之间也存在显著性差异,但差别并不大,仅在"努力学好数学是值得的,因为它会对我将来从事的工作有帮助"这个方面男生认同的比例比女生高3.9个百分点。

与内部动机一样,在绝大多数国家(地区),外部学习动机与数学成绩之间也存在着显著的正相关。在上海,每一个单位数学外部学习动机指数变化对应数学成绩指数的变化为13分,但指

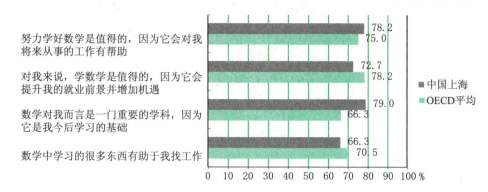

图 4.17 ■ 学生的数学学习外部动机

努力学好数学是值得的，因为它会对我将来从事的工作有帮助 78.2 / 75.0

对我来说，学数学是值得的，因为它会提升我的就业前景并增加机遇 72.7 / 78.2

数学对我而言是一门重要的学科，因为它是我今后学习的基础 79.0 / 66.3

数学中学习的很多东西有助于我找工作 66.3 / 70.5

■ 中国上海　■ OECD平均

注:百分比表示学生"同意"或"非常同意"的比例,加"＊"的表示"不同意"或"非常不同意"的比例。
数据来源:OECD, PISA 2012 Database, Table III.3.5a。

数与数学成绩之间的紧密程度也较低,仅 1.4％的数学成绩变异可以由学生数学学习外部动机指数来解释。

4. 学生的自我信念、偏好和数学活动参与

　　学生对自己的想法和感受决定着他们的行为,特别是面临挑战性的环境时(Bandura,1977)。如果教育系统能够培养学生影响他们自身生活的能力,那它就成功了(Bandura,2002)。数学自我信念可以在认知、动机、情感和决策等多个层面上影响学习和表现。基于这种认识,PISA 2012 调查了一系列的学生自我信念,包括数学自我效能感(即学生在多大程度上相信自己有能力有效解决数学问题和克服困难),数学自我概念(即学生对自己数学能力的信念),数学焦虑(数学方面的想法和情感,例如面对数学时的无助和压力),以及学生在校内外参与数学活动的情况(图 4.18)。

图 4.18 ■ PISA 2012 考查的学生自我信念、偏好和数学活动参与内容

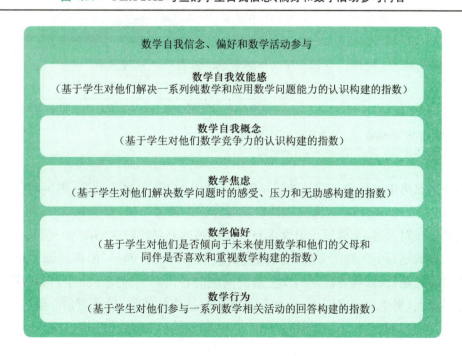

数学自我信念、偏好和数学活动参与

数学自我效能感
(基于学生对他们解决一系列纯数学和应用数学问题能力的认识构建的指数)

数学自我概念
(基于学生对他们数学竞争力的认识构建的指数)

数学焦虑
(基于学生对他们解决数学问题时的感受、压力和无助感构建的指数)

数学偏好
(基于学生对他们是否倾向于未来使用数学和他们的父母和同伴是否喜欢和重视数学构建的指数)

数学行为
(基于学生对他们参与一系列数学相关活动的回答构建的指数)

学生的数学信念尽管是主观的看法,但它们是学生对自己过去数学学习经验的总结,当这些主观的看法逐步稳固,成为信念时,它们就可以在多方面影响学生的数学学习。因此,考查这些主观信念的作用,进而使教师和教育决策者认识到它们的重要性也就显得非常重要。

4.1 数学自我效能感

学生数学自我效能感是指学生对自己成功解决数学问题的能力感知。PISA 通过让学生判断自己是否有信心解决一组典型数学问题来测量数学自我效能感。这些问题既包括纯数学的问题,也包括应用性的问题。例如,用列车时刻表计算从一个地方到另一地方需要多少时间,计算一台电视机打 7 折后实际便宜了多少钱,计算铺一块地面需要多少平方米的地砖,计算汽车的耗油率,读懂报纸上的图表,解答类似 $3x+5=17$ 和 $2(x+3)=(x+3)(x-3)$ 的方程,计算比例尺为 1:10 000 的地图上两地间的实际距离。学生们不需要去解决问题,只需要选择自己对解决每个问题的自信程度。PISA 进而根据学生在所有题目上的自信程度计算一个数学自我效能感指数,用以表明学生对自己数学能力的自信程度。

上海学生的数学自我效能感非常高。除计算汽车耗油率外,在其他所有题目上,上海学生认为自己有信心解决的比例均超过 90%。上海学生的数学自我效能感指数值达 0.94,比 OECD 平均高出近 1 个标准差,是所有参与国家(地区)中最高的。该指数与数学成绩显著正相关,1 个指数单位对应的数学量表分达 53.5 分。

图 4.19 ■ 学生的数学自我效能感

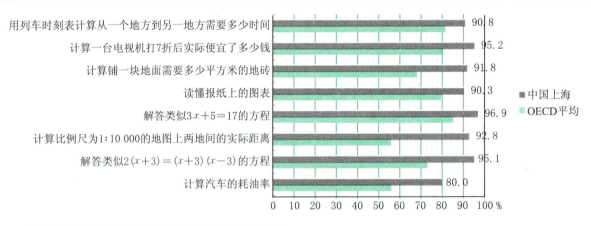

注:百分比表示学生"有信心"或"非常有信心"的比例。
数据来源:OECD, PISA 2012 Database, Table III.4.1a。

绝大多数国家男生的数学自我效能感显著高于女生,OECD 平均而言,男生的数学自我效能感指数为 0.17,女生为 −0.16。上海男生的自我效能感指数为 1.03,女生为 0.85,两者之间也达到显著性的差异。相对而言,上海属于男女生自我效能感的差异比较少的国家(地区)。

尽管在大多数题目上上海男女生之间的自我效能感并没有差异,但在与课本或课堂教学内容一致性最强的题目(如解方程)中,女生解决问题的自信心明显高于男生;但在那些具有明显男性偏向的题目上,男生显著高于女生(如计算汽车耗油率的问题,男生有信心解决的占 83.9%,女生占 76.2%,两者相差 7.8 个百分点)。OECD 平均而言,上述特征则更加明显,如在计算耗油率的问题上,男女生之间相差 23.0 个百分点。

图 4.20 ■ 学生数学自我效能感的性别差异

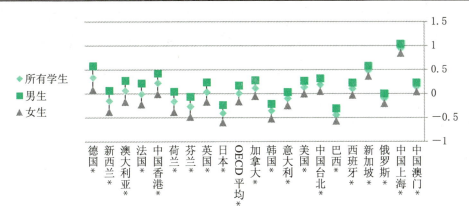

注:差异达到显著性的国家(地区)用"＊"标出。国家(地区)按差异从大到小排序。
数据来源:OECD PISA 2012 Database, Table III.4.1c。

图 4.21 ■ 学生数学自我效能感的社会经济背景差异

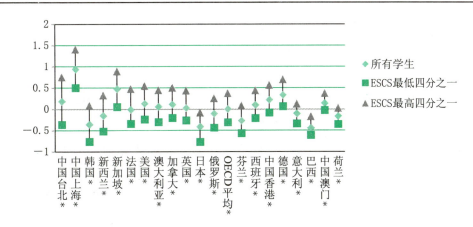

注:差异达到显著性的国家(地区)用"＊"标出。国家(地区)按差异从大到小排序。
数据来源:OECD PISA 2012 Database, Table III.4.1d。

　　学生的数学自我效能感除了与性别相关外,还与学生家庭社经背景有紧密联系。上海社会经济背景最高四分之一学生的自我效能感指数达 1.41,而最低四分之一的仅为 0.50,差异达 0.91,接近一个标准差,属于差异较大的国家(地区)。尽管这种差异部分反映了社会经济背景对数学成绩的影响,但 PISA 国际报告的分析表明,即使是数学成绩相仿的学生,相比社会经济背景水平高的学生,社会经济背景低的学生在数学自我效能感方面也更低。

　　数学自我效能感与学生数学成绩之间存在着非常紧密的相关关系。OECD 平均而言,学生数学自我效能感指数一个单位的变化对应数学成绩 48.9 分的变化,相当于一个学年的数学成绩差异,该指数可解释 28.5％的数学成绩差异。数学自我效能感指数在所有参加 PISA 2012 的国家(地区)中,有 21 个国家(地区)该指数一个单位变化对应的数学成绩差异超过 50 分。上海学生数学自我效能感指数一个单位对应 53.5 分,可解释 34.2％的数学成绩差异。

图 4.22 ■ 学生数学自我效能感与数学成绩的关系

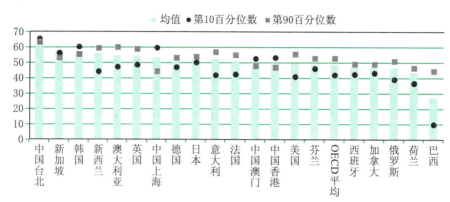

注:差异达到 5% 水平显著性的用深色标志表示,未达到显著性则用浅色表示。国家(地区)按平均一个指数单位对应的成绩变化从大到小排列。

数据来源:OECD PISA 2012 Database,Table III.4.1e。

进一步分析表明,在数学成绩高端和低端,学生自我效能感与数学成绩的联系紧密程度也存在差异。在绝大多数国家,成绩高端的学生自我效能感与数学成绩联系更为紧密,OECD 平均而言,一个指数单位变化对应 52.6 分,而低端相应的变化为 41.8 分。上海则恰恰相反,在分数低端群体中(第 10 百分位数),自我效能感与数学成绩联系更加紧密,一个指数单位对应 59.4 分,而在高端(第 90 百分位数),一个指数单位对应 44.1 分。中国香港、中国澳门、韩国、中国台北和新加坡的特征都与上海相似。

4.2　数学自我概念

学生的数学自我概念反映了学生对自己数学竞争力方面的看法,它是学生在以往学习的基础上形成的。跟踪研究表明,学生的自我概念和成绩之间相互联系(Marsh,Xu 和 Martin,2012,Marsh 和 Martin,2011)。PISA 2012 通过学生对一系列有关自己数学学习的描述进行判断来测量学生的自我概念。在此基础上,PISA 构建了一个数学自我概念指数。

与数学自我效能感方面的表现不同,上海学生在对自己数学竞争力的评价方面,显然不够积极乐观。如图 4.22 所示,上海学生认为自己数学考试成绩高的比例仅为 34.1%,而 OECD 平均

图 4.23 ■ 学生数学自我概念

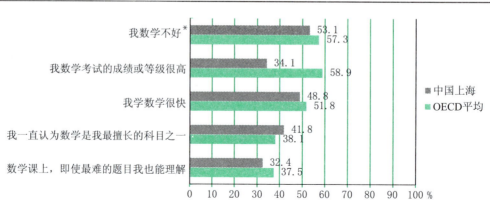

注:百分比表示学生"同意"或"非常同意"的比例,加"*"的表示"不同意"或"非常不同意"的比例。
数据来源:OECD,PISA 2012 Database,Table III.4.2a。

为 58.9%;上海学生认为自己在数学课上即使最难的题也能理解的比例为 32.4%,而 OECD 平均为 37.5%;上海认为自己数学不好的学生占 46.9%,而 OECD 认为自己数学不好的学生为 42.7%。仅在"我一直认为数学是我擅长的科目之一"这一项上,上海学生的比例超过 OECD 平均。这表明,OECD 平均有较多学生对自己的数学成绩表现自我感受都显著好于上海学生。

上海学生数学自我概念指数为 -0.05,低于 OECD 均值。进一步分析表明,上海男生的数学自我概念显著高于女生。在所有选项上,男女生的比例差异均接近 20 个百分点(如图 4.24),男生数学自我概念指数平均值为 0.20,女生仅为 -0.28,上海属于男女生差异最大的国家(地区)之一。

图 4.24 ■ 上海学生数学自我概念的性别差异

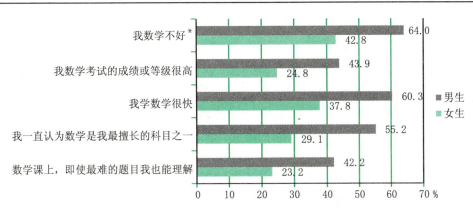

注:百分比表示学生"同意"或"非常同意"的比例,加"*"的表示"不同意"或"非常不同意"的比例。
数据来源:OECD, PISA 2012 Database, Table III.4.2b。

与学生的数学自我效能感非常相似,学生自我概念也与数学成绩之间存在紧密的相关关系。在上海,一个单位的学生数学自我概念对应 38.4 分的数学成绩,与 OECD 的 36.9 分持平。但该指数对上海学生数学成绩变异的解释率为 10.5%,显著低于 OECD 的 17.1%。可见,在 OECD 国家,该指数与学生数学成绩联系更为紧密。

同样,在数学成绩不同水平的学生中,学生数学自我概念指数与数学成绩之间的相关关系也存在差异。如图 4.25 所示,在绝大多数国家,数学成绩第 90 百分位数上数学自我概念指数对应

图 4.25 ■ 学生数学自我概念与数学成绩

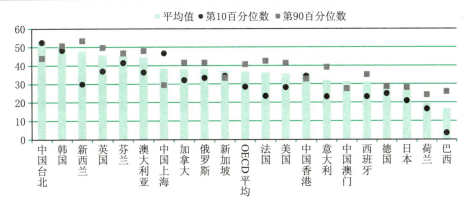

注:差异达到 5% 水平显著性的用深色标志表示,未达到显著性则用浅色表示。国家(地区)按平均一个指数单位对应的成绩变化从大到小排列。
数据来源:OECD, PISA 2012 Database, Table III.4.2e。

的数学成绩变化更大,OECD 平均为 52.6 分,在第 10 百分位数上,对应的成绩变化为 41.8 分。上海、中国台北与其他国家(地区)不同,学生自我概念指数在成绩低端群体中对应的成绩变化更大。

4.3 数学焦虑

数学焦虑是指学生对数学感到紧张、忧虑和害怕。学生的数学学习焦虑不仅与其心理特征有关,也于其在长期数学学习中累积的经验有关。尽管几乎所有学生在考试时都或多或少会感受到紧张和忧虑,但有一部分学生在数学学习过程中会出现过分的焦虑状态,这会影响他们数学学习的成效。当学生感到非常焦虑时,特别是对数学感到非常焦虑时,他们的大脑就无法为解决数学问题分配足够的注意力,因为它们的头脑充满了对这些任务的担忧(Beilock 等,2004,Hopko 等,1998,Hopko 等,2002,Kellogg,Hopko 和 Ashcraft,1999)。PISA 2012 要求学生对一系列有关自己数学学习状态的描述进行判断,以了解学生的数学焦虑状况。在此基础上,PISA 构建了一个数学焦虑指数。

图 4.26 ■ 学生数学焦虑

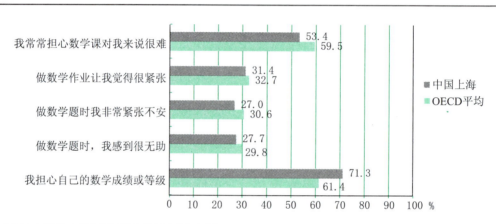

注:百分比表示学生"同意"或"非常同意"的比例。
数据来源:OECD, PISA 2012 Database, Table III.4.3a。

上海学生数学焦虑水平与 OECD 平均相当,但在个别选项上存在差异,例如,上海学生(71.3%)更容易在数学分数或等级方面产生焦虑,比 OECD 平均高 9.9 个百分点,但上海学生较少担心数学课的难度。在其他有关数学作业或做数学题的描述中,上海学生焦虑的比例与 OECD 接近,均在 30% 左右。可见,学生焦虑的主要来源是成绩表现,上海学生更是如此。

在绝大多数国家(地区),女生比男生更容易对数学产生焦虑(图 4.27)。上海男女生之间的焦虑指数差异较大,女生在所有选项上均表现更多的焦虑特征,尤其在担心数学课的难度方面,女生(63.0%)比男生(43.1%)高 19.9 个百分点,在担心自己的数学分数或等级方面,女生(80.5%)比男生(61.6%)高 18.9 个百分点。

同样,学生的数学焦虑水平也与他们的社会经济背景存在相关关系(图 4.28)。在绝大部分国家,来自社会经济背景较差家庭的学生数学焦虑水平往往更高。例如,上海社会经济背景最好的四分之一学生中有 59.8% 的常常担心数学课的难度,而在社会经济背景最差的四分之一的学生中该比例为 47.4%,两者相差 12.4 个百分点。

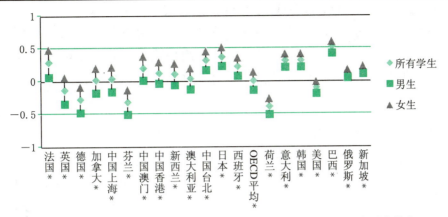

图 4.27 ■ 学生数学焦虑的性别差异

注:差异达到显著性的国家(地区)用"＊"标出。国家(地区)按男女生指数差异从大到小排序。
数据来源:OECD, PISA 2012 Database, Table III.4.3d。

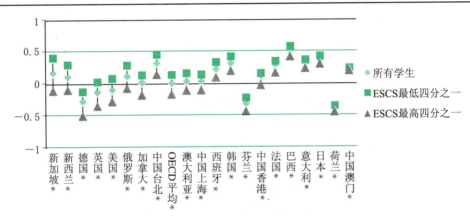

图 4.28 ■ 学生数学焦虑的社会经济背景差异

注:差异达到显著性的国家(地区)用"＊"标出。国家(地区)按 ESCS 最高四分之一和最低四分之一指数差异从大到小排序。
数据来源:OECD, PISA 2012 Database, Table III.4.3c。

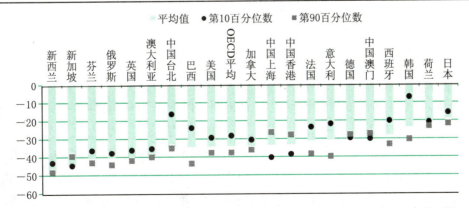

图 4.29 ■ 学生数学焦虑与数学成绩

注:差异达到 5％水平显著性的用深色标志表示,未达到显著性则用浅色表示。国家(地区)按平均一个指数单位对应的成绩变化从大到小排列。
数据来源:OECD, PISA 2012 Database, Table III.4.2e。

在数学成绩不同水平的学生中,学生数学焦虑水平与数学成绩之间的相关关系也存在差异。如图 4.29 所示,在绝大多数国家,数学成绩第 90 百分位数上数学焦虑指数对应的数学成绩变化更大,OECD 平均为 37.1 分,在第 10 百分位数上,对应的成绩变化为 27.7 分。上海、中国香港、新加坡和中国澳门与其他国家(地区)不同,学生自我焦虑指数在成绩低端群体中对应的成绩变化更大。例如,上海数学成绩第 10 百分位数上一个指数单位对应的成绩差异为 39.9 分,而在第 90 百分位数上,对应的成绩差异为 25.9 分。

4.4 参与数学活动、数学倾向性和数学参照系

PISA 2012 要求学生报告他们参加校内外数学相关活动的情况。PISA 2012 中的数学相关的活动包括和朋友讨论数学题、帮助朋友学数学、参与数学课外学习、参加数学竞赛、每天校外学习数学超过两小时、下棋、编写电脑程序、参加数学社团或兴趣小组等。学生需要根据自己的实际情况选择"总是或几乎总是""经常""有时候"或"很少或从不"。

可以看出,学生参与各项数学相关活动的比例差异比较大。对上海学生而言,和同学讨论数学题、下棋、帮助同学学数学、每天在校外学习数学超过 2 小时的比例均超过或接近 3 成,并且除帮助同学学数学之外,比例均远超 OECD 平均值。相反,在编写电脑程序和把数学当作一项课外活动的比例上均显著低于 OECD 平均。总体来看,上海学生参与数学活动的频率较高。

图 4.30 ■ 学生参与数学活动

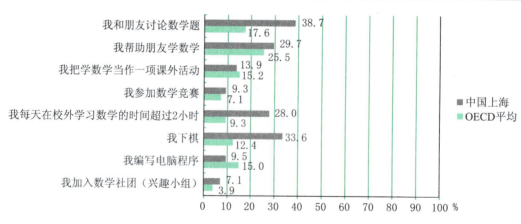

注:百分比表示学生"总是或几乎总是"或"经常"的比例。
数据来源:OECD, PISA 2012 Database, Table III.4.4a。

分性别来看,男女生参与的数学活动也不太相同。以上海为例,总体来看,男生报告参与的数学活动更多。尤其是在下棋这一项上,男生参与的比例为 48.3%,而女生仅为 19.4%,两者相差 29.0 个百分点。除阿尔巴尼亚男女生之间差异不显著外,所有国家(地区)男生下棋的比例都显著超过女生。上海男生也比女生更多地把学数学当作一项课外活动,两者的比例分别为18.7%和 9.2%,相差 9.5 个百分点。此外,男生还在参加数学竞赛、编写电脑程序、帮助同学学习数学和加入数学社团方面比女生参与的比例更高。另一方面,有 29.9%的上海女生"我每天在校外学习数学的时间超过 2 小时",比男生相应的比例 25.9%高 4.0 个百分点。

图 4.31 ■ 学生参与数学活动的性别差异

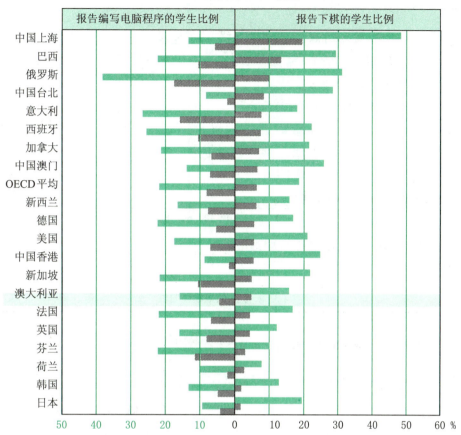

注：国家（地区）按女生报告下棋的比例从高到低排列。
数据来源：OECD, PISA 2012 Database, Table III.4.4b。

对 OECD 而言，男女生之间差异最大的活动是编写电脑程序，男生有 21.8％，女生仅为 8.2％，两者相差 13.5％；其次是下棋，男生 18.5％，女生 6.3％，两者相差 12.2％。在其他活动上，也都是男生参与的比例显著超过女生。

家庭社会经济背景也与学生参与数学相关的活动有关。如图 4.30 所示，在上海，ESCS 指数最高四分之一的学生参与所有数学相关活动的比例都显著超过 ESCS 指数最低四分之一的学生。尤其是在和朋友讨论数学题、帮助朋友学数学、每天在校外学习数学超过 2 小时、参加数学竞赛、编写电脑程序等方面，差异均超过 10 个百分点。在中国台北、中国香港和中国澳门，也呈现出与上海类似的状况。相比较 OECD 平均而言，其两类学生在数学相关活动上的差异就小很多。

PISA 2012 还要求学生报告他们未来学习或工作中使用数学的倾向性。学生要在 5 对相互冲突的未来倾向和愿望中进行选择。在选择课后额外的课程时，65.5％上海学生倾向于数学而非语文课；但在计划主修的专业上，有 63.7％的上海学生选择主修需要自然科学能力的专业而非需要数学能力的专业；在付出努力上，有 67.0％的上海学生愿意在数学课上付出比要求更多的努力；在职业选择上，有 62.4％的上海学生愿意从事与自然科学密切相关而非与数学密切相关的职业。相对而言，OECD 各国学生的选择相对更均衡一些，但仍可以看出，学生更倾向于学习数学而非语文课，而在专业和职业选择上，学生更倾向于自然科学而非数学。

图 4.32 ■ 学生参与数学活动的社会经济背景差异

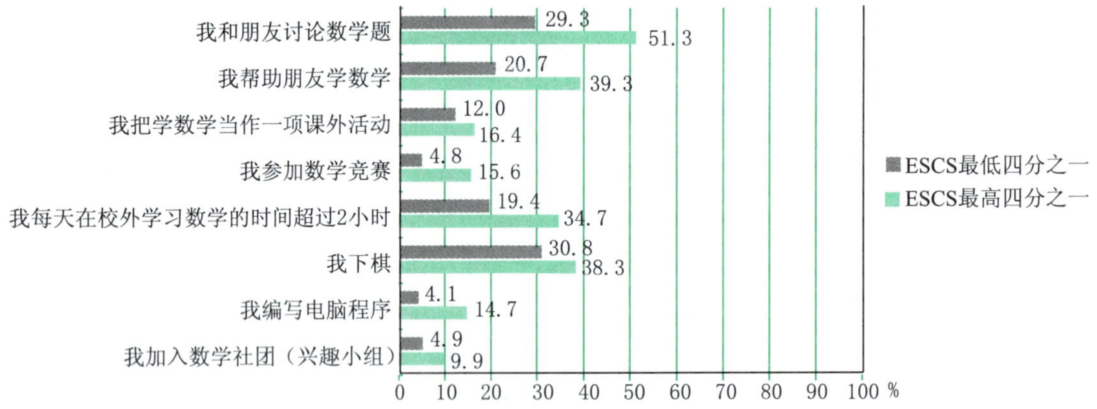

注：百分比表示学生“总是或几乎总是”或“经常”的比例。
数据来源：OECD，PISA 2012 Database，Table III.4.4c。

图 4.33 ■ 学生的数学倾向性

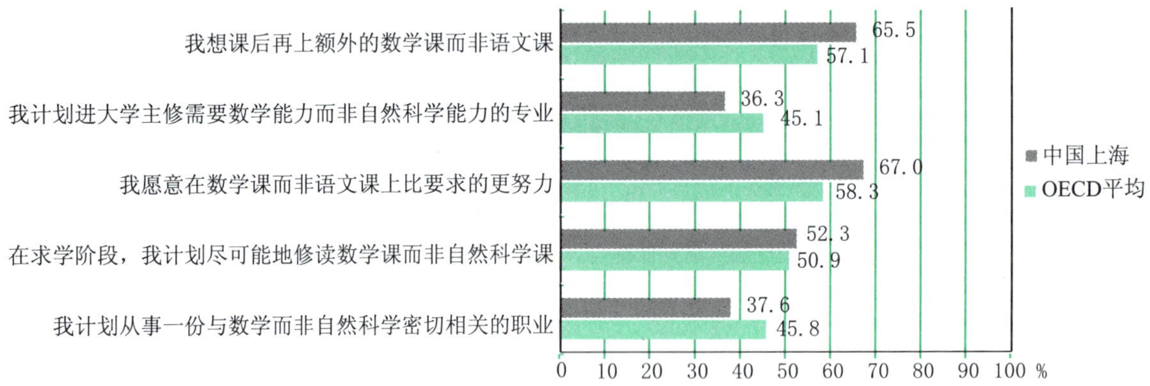

注：百分比表示学生选择的比例。
数据来源：OECD，PISA 2012 Database，Table III.4.5a。

PISA 2012 还要求学生回答身边那些对其有重要影响的人的数学情况和看待数学的态度，并根据学生的回答构建了一个数学主观参照系指数，用以表明学生所处的社会环境对数学和学习数学促进程度。OECD 平均而言，90.4%的学生表示父母认为学习数学对其很重要，80.4%的学生表示父母认为数学对其以后事业很重要，还有 58.2%的学生认为父母喜欢数学。在这些方面，上海学生的比例均不及 OECD 平均，尤其是在“我父母喜欢数学”一项上，同意的上海学生比例比 OECD 平均低 11.4 个百分点。但对涉及朋友的描述方面，结果却恰好相反，62.2%的上海学生认为大多数朋友数学很好，72.2%的上海学生认为大多数朋友学数学学习很努力，21.3%的上海学生认为朋友们喜欢数学测验，相应的 OECD 学生比例均显著低于上海。尤其是在努力学习数学方面，两者相差 21.2 个百分点，在喜欢数学测验方面，相差 8.0 个百分点。总体来说，上海学生的数学主观参照系指数比 OECD 平均更高。

图 4.34 ■ 学生的数学主观参照系

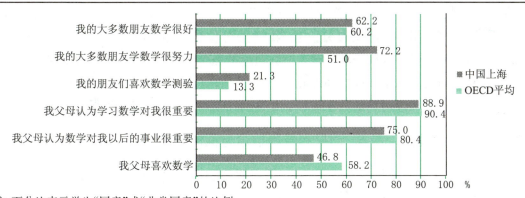

注:百分比表示学生"同意"或"非常同意"的比例。
数据来源:OECD, PISA 2012 Database, Table III.4.6a。

　　男生和女生在数学主观参照系方面也存在着差异。在大多数国家,男生的数学主观参照系指数高于女生,表明男生相比女生更倾向于认为周围的人们对数学持积极态度。这也部分反映了性别角色定势的影响作用。在这方面,上海男女生之间的差异并不大,与OECD男女生差异处于同一水平。

　　在许多国家,来自不同社会经济背景家庭的学生在数学主观参照系上也存在差异。家庭经济背景占优势的群体数学主观参照系指数值更高。但在上海,两类学生之间并不存在差异,并且该指数与学生数学成绩之间也不存在显著的相关。

4.5　性别和社会经济背景差异对数学倾向和数学成绩之间关系的影响

　　在分析数学自我效能感、数学自我概念、数学焦虑、数学活动参与、数学自我参考系时,我们发现几乎所有特征都受到性别和社会经济背景的影响。因此,在考虑这些因素与数学成绩的关系时,有必要同时考虑性别和社会经济背景的影响作用。

图 4.35 ■ 性别和社会经济背景差异对数学自我概念和数学成绩之间关系的影响

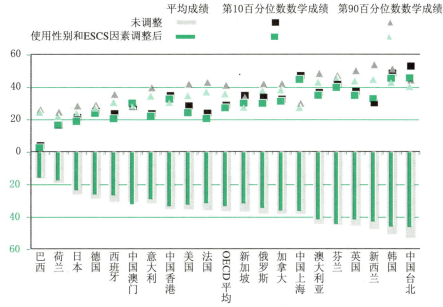

注:国家(地区)按未调整的平均成绩变化从低到高排列。
数据来源:OECD, PISA 2012 Database, Table III.4.2e。

以学生数学自我概念为例(图4.35),调整前和性别与ESCS因素调整后,一个数学自我概念指数单位对应的数学成绩均发生了变化。如OECD学生平均,一个指数单位的对应的数学成绩从36.9分变化为33.2分,在第10百分位数、第90百分位数上都出现了变化。总体来看,采用性别和ESCS因素进行调整后,数学自我概念指数对应的数学成绩变化会缩小。但对绝大多数国家和地区而言,自我概念和数学成绩之间的相关不受影响。对上海而言,采用性别和ESCS调整前后,一个单位学生自我概念对应的数学成绩无论在哪个层面上,变化差异都很小。

5. 学校和教师在学生学习参与、动机和自我信念方面的影响

前面几节探讨了学生的校内外学习参与、学习驱力和动机以及数学学习方面的自我信念的主要特征,结果表明,学生的这些特征大都与数学学习成绩之间紧密相关,并且还受到学生性别和家庭社会经济背景的重要影响。众所周知,学生的这些特征都是在学校学习过程中逐步形成的,因此,这一节我们主要探讨学校和教师因素与学生学习参与、驱力和动机以及自我信念方面的关系。需要特别注意的是,PISA所测量的学校和教师因素仅仅反映了学生所历经学习环境的很少一部分,而学生的学习成绩和作为学习者的特征则是在长期的学习经历中逐步形成的。因此,数据分析的结果不能完全反映完整的情况,但它却能为我们提供某些启示。

5.1 学校风气和学生的学习倾向性特征的聚集特征

如果一所学校大量出现学生学习问题,比如学生迟到、逃课或缺勤、破坏班级学习环境、缺乏学习动机或不在乎学习成绩,这对学校来说是巨大的挑战。学生们不重视学习,不愿意付出努力,学校的校长、教师就很难顺利、高质量地完成教育教学任务。相反,如果学生们遵守纪律、重视学习、努力付出,那么学校校长和教师要达成高质量的教学就相对容易。

如图4.36所示,OECD平均而言,21.3%的学生所在学校在PISA测试前两周迟到学生超过50%,而相应的,测试前两周迟到的学生比例占35.3%。相对而言,上海、中国香港、日本学生迟

图 4.36 ■ 学生迟到的聚集特征

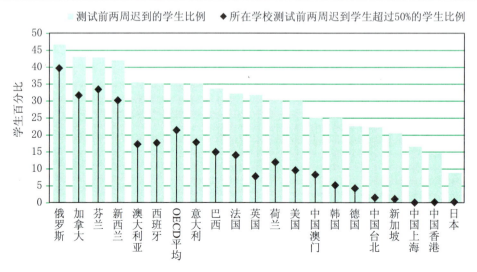

注:国家(地区)按测试前两周所在学校迟到学生超过50%的学生比例按从高到低排列。
数据来源:OECD, PISA 2012 Database, Table III.5.1a。

到情况较少,并且在测试前两周迟到学生超过50％的比例均为零,新加坡、中国台北的比例也接近零。可见,东亚国家(地区)学校在基本的学校纪律方面表现更好。相对而言,在PISA测试中表现较好的芬兰、加拿大等国,学生迟到的状况比较多,且具有聚集特征。而在乌拉圭和哥斯达黎加,学生迟到现象的聚集趋势最为严重。

类似的,学生缺勤(逃课和逃学)现象在不同国家呈现出不一样的聚集特征。上海学生在PISA测试前两周缺勤的比例为3.8％,94.2％的学生所在学校在测试前两周缺勤的学生低于10％,与日本、韩国同属学生缺勤比例最低的国家(地区)。OECD平均而言,测试前两周缺勤学生达24.9％,12.9％的学生所在学校缺勤学生超50％,29.9％的学生所在学校缺勤学生在25％至50％之间,30.7％的学生所在学校缺勤学生在10％至25％之间,而仅有26.6％的学生所在学校缺勤学生在10％以内。而在阿根廷、拉脱维亚和土耳其,超过80％的学生所在学校学生两周内有一半以上学生缺勤。

如前所述,上海学生的自我效能感指数远高于OECD平均,列所有国家(地区)第一位。那么,学生的自我效能感高低是否也有聚集特征呢?方差分析表明,上海学生自我效能感指数的学校间差异占总变异的23.6％,与中国台北、匈牙利、日本、韩国同属校间差异很大的国家(地区)。OECD平均而言,学生自我效能感指数的校间差异仅占总变异的11.2％。可见,相比OECD平均,上海学校在学生自我效能感上的分化比较大,即上海更多存在着一些学生普遍具有较高数学自我效能感的学校,反之,也可能存在一些效能感普遍较差的学校。

相对而言,在学生的学习坚持性、学习动机、数学自我概念和数学焦虑等方面,学校间差异占总差异的比例都非常低。OECD平均也呈现出同样的特征。这表明,这些因素较少与学校因素相关。

5.2　社会比较和学生的学习倾向性特征

学生生活在群体当中,他们的态度、动机、自我信念都会受到同伴群体的巨大影响。例如,一个学生判断自己数学学习的好坏,通常主要是根据自己在班级或者学校中数学成绩来确认的。如果一个数学成绩中等的学生进入一所质量非常好的学校,学校学生的数学成绩总体非常优异,那么这个学生对自己数学成绩的评价肯定不高。而如果这个学生进入一所总体数学成绩较差的学校,他可能对自己的数学学习评价更高。当然,除了学校内同伴的比较,学生也可能会将所在学校与其他学校相比。正是在这种社会比较中,学生逐步形成了对自己学习的主观评价。因此,社会比较对学生的学习态度、动机和自我概念等理应具有重要影响作用。

PISA 2012数据分析确实发现了这种社会比较的作用。总的来说,学生在数学方面成绩越高,他们就越可能喜欢数学、更少对数学感到焦虑,同时也对自己的数学学习更为自信。但是,学生对数学的兴趣和自我信念还依赖于他们相对自己学校同学的数学成绩高低。

如图4.37所示,在控制了学生性别和学校ESCS水平后,上海学生PISA成绩高100分,其学习的内部动机指数高0.11个单位。当学生PISA成绩相对学校均值高100分,其内部动机指数则高0.08个单位。OECD平均而言,相应的指数变化分别是0.10和0.20。从图中还可以看出,在上海,学生数学自我效能感主要与数学成绩绝对变化相关,100分的数学成绩差异对应0.66个单位的自我效能感指数变化。而在学生数学自我概念方面,与我们的预期非常一致,学生数学成绩相对所在学校成绩高100分,数学自我概念指数高0.22个单位,同时,数学绝对成绩高100分,数

学自我概念指数高 0.15。学生的数学焦虑也呈现出类似的特征,绝对成绩或相对成绩高的学生,焦虑程度更低。

图 4.37 ■ 数学成绩差异对应的指数变化

学生参与和学习倾向性特征	PISA 数学成绩高 100 分对应的指数变化	PISA 数学成绩相对学校均值高 100 分对应的指数变化	PISA 数学成绩高 100 分对应的指数变化	PISA 数学成绩相对学校均值高 100 分对应的指数变化
	上　　　海		OECD 平均	
学校归属感	0.00	0.01	**0.10**	**−0.07**
学习坚持性	**−0.14**	**0.08**	**0.10**	**0.18**
学习的内部动机	**0.11**	**0.08**	**0.10**	**0.20**
学习的外部动机	0.06	0.07	**0.08**	**0.17**
数学自我效能感	**0.66**	**−0.12**	**0.48**	**0.08**
数学自我概念	**0.15**	**0.22**	**0.19**	**0.39**
数学焦虑	**−0.17**	**−0.22**	**−0.24**	**−0.25**

注:粗体表示变化达到显著性的差异。
资料来源:OECD, PISA 2012 Database, Tables III.5.1b, III.5.2b, III.5.3c, III.5.4b, III.5.5c, III.5.6c, III.5.7c, III.5.8c and III.5.9c.

　　无论是数学绝对成绩还是相对成绩,其与学生数学自我概念之间的联系紧密程度在上海都低于 OECD 平均,类似的情形也表现在学生的数学焦虑方面。这或许与上海学校较多采用统一的标准化考试或课外练习册等辅助材料有关。

5.3 课堂教学和学生的学习倾向性特征

　　学生的学习倾向性特征不仅受到同伴群体和社会比较的影响,还会受到学校教师课堂教学策略的重要影响。例如,由于某门学科教师教学方法得当,那么学生就会逐步对这门学科产生兴趣并愿意付出努力,相反,如果教师教学无法吸引学生,学生可能会失去学习的兴趣。PISA 通过学生问卷调查了教师多种教学策略和方法,例如教师运用认知激发的策略、教师主导的教学策略、教师以学生为中心的教学策略、教师使用形成性评价策略等,此外,学生课堂解决不同类型数学题目的经验也应视为课堂教学的重要因素。

　　这些教师教学策略的运用在很大程度上存在于教师个体之间。例如,根据上海学生的报告,教师运用认知激发策略指数的校间差异仅占总差异的 7.8%,教师主导的教学策略指数校间差异仅占总差异的 5.9%。教师使用形成性评价策略指数的校间差异仅占总差异的 6.9%,以学生为中心的教学策略指数校间差异占总差异的 9.5%。在课堂解决不同类型题目的经验方面,学生解决纯数学问题的经验指数校间差异仅占总差异的 4.65%,与解决应用数学问题的经验指数校间差异占总差异的 3.71%。这表明,课堂教学策略的不同很大程度上属于教师个体之间的差异,而非学校之间的差异。

　　如前所述,学生在数学课上解决数学问题的经验也属于课堂教学的重要特征。如图 4.38 所示,与解决应用数学题的经验指数变异在校内的分布相比,校间差异在很多国家几乎可以忽略不计。类似的,学生解决数学问题的经验指数校间变异也非常小,变异主要来自学校内部(图 4.34)。

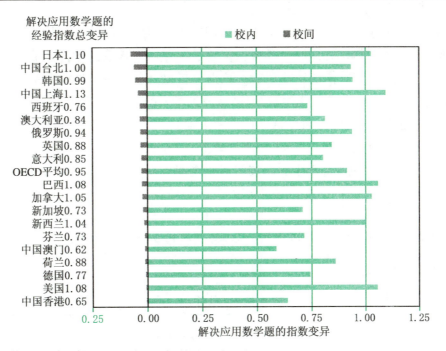

图 4.38 ■ 学生解决应用数学题的经验指数的校内和校间变异

注：国家（地区）按解决应用数学题经验的校间差异从大到小排列。

数据来源：OECD，PISA 2012 Database，Table III.5.10b。

　　学生解决数学问题的经验与他们的数学态度、动机和自我信念有什么样的联系呢？在考虑了学生的性别和社会经济背景后，上海学生解决纯数学问题的频率越高，其缺勤越少，学习内外部动机和数学自我信念越强，而数学焦虑越弱；另一方面，上海学生解决应用数学问题的频率越高，其学校归属感、对学校的态度、问题解决的开放性、内外部动机越强，不同的是，课堂中解决这类问题的频率越高，学生的数学焦虑越强，并且其与学生的自我信念不相关。

　　之前的分析表明，数学成绩不同的群体，其态度、动机和自我信念会存在差异。因此，在了解学生的这些特征与其解决不同数学问题经验之间的关系时，需要考虑到数学成绩的影响作用。在考虑了性别、家庭社会经济背景和数学成绩后发现，学生课堂遇到纯数学问题的频率与上述各相关因素之间的相关关系会减弱甚至消失，相反，学生课堂遇到应用数学问题的频率与学生学校归属感、对学校的态度的关系没有发生变化，其与问题解决的开放性、学生的内外部动机的相关更强，与学生的数学自我效能感、数学自我信念呈现出正相关关系，而与数学焦虑之间的相关关系消失。

　　上述分析表明，总体来说，学生接触的纯数学和应用数学问题的频率越高，其学校的参与、学习动机、学习信念也越强。在排除了数学成绩的影响作用以后，学生接触应用数学的频率与学生上述特征关系更为紧密。

5.4　学校风气与学习倾向性特征

　　本章第 2 小节中讲到学校中学生的迟到和出勤状况的聚集特征，实际上，这只是学校风气的很小一部分。接下来我们将主要分析学校风气中的纪律氛围、师生关系等内容与学生的学校参与、驱力和动机以及学生自我信念之间的关系。这里的学校风气因素更多体现的是教师和学生在学校中互动所形成的学校整体氛围。

很显然,如果一所学校具有良好的纪律风气,那么学生自然会较少出现迟到、旷课和逃学的情况。PISA 根据学生对课堂纪律的自我报告构建了纪律风气指数。尽管该指数主要针对数学课堂,但实际上反映了学校整体的纪律风貌。数据分析也充分证明了这种关系,在上海,学校纪律风气指数增加一个单位,相应的学生缺勤(逃课或逃学)比例降低 1.9 个百分点,OECD 平均而言,降低 4.5 个百分点。在考虑了数学成绩的因素之后,一个单位纪律风气指数的增加对应的上海学生缺勤比例减少 1.8 个百分点,OECD 平均减少 3.7 个百分点。

如图 4.39 所示,纪律风气与学生的学校归属感之间也存在紧密相关。上海平均一个纪律风气指数对应四分之一个单位的学校归属感指数变化,与哈萨克斯坦、冰岛和以色列同属最大的国家(地区)。在上海,学校的纪律风气也与其他学生的动机、信念等紧密相关,其中,一个纪律风气指数的变化对应的学生内部学习动机指数、自我效能感指数和数学焦虑指数(负向)均达到或超过 0.20 个指数单位。

图 4.39 ■ 纪律风气与学校归属感

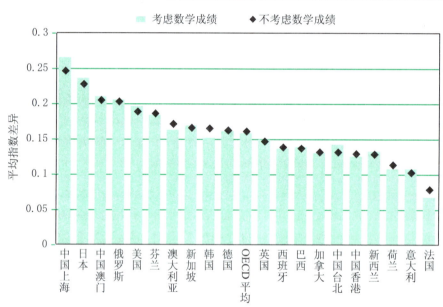

注:国家(地区)按考虑数学成绩后一个纪律风气指数对应的学校归属感指数变化从大到小排列。
数据来源:OECD, PISA 2012 Database, Table III.5.18。

与纪律风气指数相似,师生关系与学生的学校学习参与和学校归属感也有紧密的相关。上海学校师生关系指数增加一个单位,学校学生迟到比例相应减少 2.6 个百分点,OECD 平均相应减少 4.8 个百分点。上海学生师生关系指数增加一个单位,其学校归属感指数相应增加近半个单位,OECD 平均相应增加 0.4 个指数单位。

类似的,上海学生师生关系指数与学习动机、信念等特征也紧密相关。其中一个师生关系指数变化对应的问题解决开放性指数、学生内部学习动机指数、自我效能感指数都超过 0.20 个指数单位。

6. 政策启示

PISA 对学生学习参与度、动机和自我信念的测评为教育研究者和政策制定者提供了与学生在主要学科领域成绩表现同样重要的信息。它首先使人们意识到,学生的知识和能力只是学校教育的部分内容,积极地参与、较高且持续的学习动机、面对困难的坚持、对自己学习的自信等都是学校需要特别重视的内容。一位未来的公民,只有同时具备基本知识能力、有效学习方法、积极主动的愿望以及持续学习的自信和勇气才可能进行有效的终身学习。只有大量公民具有这种终身学习能力,国家才能在知识经济迅猛发展的时代立于不败之地。

具体来说,PISA 2012 调查表明,上海学生无论是迟到还是逃课或逃学的情况都比较少,这说明,在基本的纪律规范和对学校规章制度的重视程度上,上海学生相比 OECD 和其他大多数国家都有自己的优势。同时,这也是我国基础教育的传统特征。良好的纪律风气能够保障教育教学的顺利开展,它虽然不是提高教育质量的充分条件,但却是其必要条件。并且,学校作为促进学生社会化的重要机构,严格的纪律规范也能确保学生未来顺利融入社会并遵守社会规范和法律要求。可见,上海学校应该继承和发扬这一优势,继续重视学校规章制度健全和对学生行为规范的培养。

相对 OECD 平均水平,上海学生在学校归属感和对学校的态度上均不够积极。如前文所述,尽管上海学生的学校归属感和对学校的态度与学生数学成绩之间的关系并不紧密,但在很大程度上,学校归属感和对学校的态度反映了学生对自己学校生活的主观感受,甚至在一定程度上体现了其学习的幸福感。因此,对上海学校来说,如何在取得高水平的教育质量同时,使学生积极主动学习和生活是亟待我们关心和解决的问题。

上海学生对自己选择的事情大都能坚持到底,显示出其具有较好的坚持性特征。同时,上海大多数学生也有解决问题的意愿,并且相信学习的成功来自于自身的努力,而非运气等其他因素。更为重要的是,上海学生对数学学习的兴趣显著高于 OECD。这些结果都表明,上海学生具有较强的学习驱力和动机。驱力和动机因素是学习的动力源泉,是未来终身学习的决定力量,理应成为学校教育的重要内容。保护和发展学生的学习兴趣,培养勇于克服困难的勇气,形成乐于解决问题的意愿,让学生在学习中体验成功,这对于实现上海"为了每个学生的终身发展"的教育目标,进一步摆脱单纯以成绩代替教育质量的评价标准至关重要。

尽管上海学生的数学自我效能感在所有国家(地区)中排名第一,与 PISA 数学成绩表现完全一致,但当他们在对自己的数学学习进行主观评价时,则低于 OECD 平均水平。这表明,上海学生在日常的学习生活中感受到较大的压力,学校和教师的教学要求、父母的期望、同伴群体的能力水平这些因素都可能影响他们对自己学习能力的评价。在这种状况下,即使相比国际上同龄学生数学能力高很多,上海学生中依然有不少人对数学学习感到紧张、忧虑甚至害怕。当然,适当的焦虑水平有利于学生在学习中更加努力,但过分强调竞争,会造成一部分学生失去努力的勇气。特别是对于上海中职校的学生,很多人是经历了中考的失利才选择进入职校的,学校、教师甚至包括学生自己对学术基础课的预期都不高,但实际上,上海中职校学生数学平均成绩与 OECD 的平均成绩持平,显示出他们具有巨大的潜力,学校、家庭和学生都应该认识到这一点,要增强他们的自信,让他们更积极地投入学习、充分发挥自己的潜力。

　　性别差异是一个值得特别关注的问题。在上海,男生和女生的数学平均成绩不存在显著差异,说明从 PISA 测试来看,男女生的数学素养水平是相当的。但女生在学生坚持性、问题解决开放性、成功的自我控制感、数学学习的内部和外部动机、数学自我效能感、数学自我概念这些方面都显著低于男生,而在失败的自我归因和数学焦虑方面显著高于男生。这表明,女生在学习数学方面,面临着比男生更为不利的外部条件。尽管造成这种状况的原因非常复杂,但社会性别角色的偏见是最重要的因素已经为人们所公认。女生在数学方面缺乏自信、容易焦虑,这会减少她们未来的发展机遇,阻碍她们获得成功。要改变这种舆论氛围,需要社会、学校、家庭的共同努力。

第五章
学校特征因素

1. 概述

图 5.1 ■ 学校特征因素的主要维度和子维度

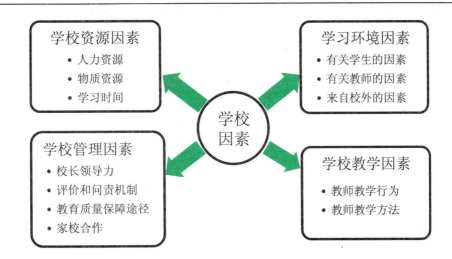

PISA 是一项政策驱动的研究,它把学生学习结果数据与学生个人特征数据以及学校内外影响学生学习的关键因素联系起来,目的是发现那些对学生学习的质量和公平具有重要促进作用的因素,以及达到高标准的学校和教育体系的特点。学校是教学活动开展的主要场所,学校的特征因素包括对学校教育的投入,学校教学活动的管理、组织和展开形式,学习环境以及家长的参与教学程度等,它们都会对学生的学习结果产生直接或间接的影响作用。因此,PISA 2012 的学生、校长和家长问卷中的大量问题是有关学校特征因素的。上海实施了 PISA 2012 的学生和校长问卷调查,但是没有参加家长问卷这个可选项。

PISA 2012 问卷所收集的学校特征因素选自"有效教学研究"(Creemers and Kyriakides, 2008)中认为可以直接或间接解释学生学习结果差异的学校因素。这里的学习结果不仅仅指学生的学习成绩,还包括学生对学习的态度和动机以及对学校的态度和在校行为。图 5.1 显示了 PISA 2012 所收集学校特征因素,包括 4 个主要维度及其子维度:

- 学习环境因素——主要是指影响学习环境的学生因素(包括师生关系指数、纪律风气指数和影响学校风气的学生因素指数等)、教师因素(包括数学教师课堂管理指数、影响学校风气的教师因素指数、教师参与指数和教师风气指数)和来自校外的因素(包括家长是否期望学校设定较高学业标准和其他学校竞争生源情况);
- 学校资源因素——主要是指学校投入的物质资源(包括学校教育资源质量指数、使用图书馆指数、生均计算机台数等)和人力资源(包括有大学本科及以上学历的教师比例、生师比、教师短缺指数和参加本学科专业发展的数学教师比例等)以及学生的校内外学习时间(包括各科课程时间、作业时间和课外活动指数等);
- 学校教学因素——主要是指教师教学行为(形成性评价指数、以学生为导向的教学指数和教师主导教学指数等)和教师教学方法(包括数学课中教师运用认知激发策略指数、数学教师支持程度指数和数学课中的教师支持程度指数等);

● 学校管理因素——主要是指校长领导力（包括制定和交流学校目标和课程发展指数、教学领导力指数、促进教学提高和专业发展指数以及教师参与领导指数）、学校的评价和问责机制（包括学生评价方式和结果用途、教师评价方式、教师奖惩方式等）、教育质量保障途径（包括明文制定课程计划和教育目标、系统化记录数据、内外部评估、收集来自学生的书面反馈等9项保障途径）以及家校合作（包括家长主动与一位老师讨论孩子的行为问题、自愿参加学校体力劳动、担任学校课外活动志愿者和在学校食堂义务服务等）的程度。

这些学校因素主要分学校教育的"投入"和"过程"两部分。其中，学校资源维度的因素就属于学校教育的投入因素。而学校管理、学校教学和学习环境维度的因素则属于学校教育的过程因素。

在本章中，我们将依次对学校资源、学校管理、学校教学和学习环境这4个主维度及其子维度中的上海各项学校因素进行统计描述，并且分析各项因素与上海学生数学（PISA 2012的主要测试领域）表现和学习参与度之间关系，以及这些因素相互之间的关系。接着，还会运用教育统计中两层回归模型来分析在学生家庭背景和学校生源家庭背景因素共同作用下，各学校特征因素对于学生数学成绩的影响。

描述性统计指标主要包括平均值和标准差。在PISA中分两类指标，一种是简单指标，通过对一个或若干个项目进行代数运算来计分。譬如，师生比指标就是这样得到的。另一种是量尺指标（Scale Indices），其计分是通过项目反应理论（IRT）综合学生对若干个项目的回答后计算学生的某潜在特质的估计值，是一种综合指标。量尺指标在经过标准化处理以后，其平均值0被设定为OECD国家的平均值，标准差被设定为1。也就是说大约有三分之二的个体回答是介于指标值1和－1之间。通过计算上海学生或校长的量尺指标平均值，使我们能够参照OECD国家平均水平来体现上海水平的高低，另外，量尺指标的标准差则体现了上海学生或校长之间的回答差异有多大。

具体包括以下统计指标：

● 相关系数：反映两个变量之间的相互关系及其相关方向，正值代表两个变量正相关，负值代表两个变量负相关。其绝对值代表相关程度，绝对值越大，相关程度越紧密。

● 每单元变量变化对应的学生成绩的变化：反映变量对学生成绩的影响。这个值越大，说明变量对学生成绩的影响越大。

● 变量能够解释学生成绩差异的比例：反映变量与学生成绩的关联程度。这个值越大，说明变量和学生成绩的关联程度越高。

因为数学是PISA 2012的主要测试领域，所以一般情况下，学生成绩是由学生的数学成绩来指代的。通过这些数据分析，首先我们可以在国际视野下掌握上海学校各方面特征因素的整体情况：与其他国家（地区）相比上海学校建设中有哪些方面是具有优势和值得巩固的，同时哪些方面是相对较为薄弱和有待改善的。其次，我们可以了解调节哪些学校投入和过程因素来提高学生的学习表现，以及改进学校的其他方面工作。因此，在本章的最后，我们会探讨各部分的数据分析结果对改进上海学校教学工作的启示。

学校因素主要是从校长问卷中收集的，另外从学生问卷中收集的部分数据的学校层面平均值(例如学生的经济、社会和文化指数的学校平均值)也可以作为学校因素加以分析。另外,在计算学校因素与学生表现之间的关系时,我们除了计算该因素与学生表现之间的直接相关程度以外,还会计算在控制了学生的家庭社会经济地位以后这两者之间的关系,即在有着相同家庭社会经济地位的学生中这两者之间的关系是否有变化。美国社会学家科尔曼在 20 世纪 60 年代就发现了学生家庭背景与学业成就有很强的正相关性。[1] 在我国的相关研究中,大多数研究得出了学生家庭社会经济背景与学业成就之间有密切联系的结论。[2][3][4] 学生家庭社会经济背景对学校因素与学生成绩之间关系的影响程度越低,也就是在控制了 PISA 中代表学生家庭社会经济背景的"经济社会文化地位指数(ESCS)"以后这两者之间关系的变化越小,教育公平程度越高。同时,在分析学校因素之间的关系时,学校生源的平均家庭社会经济背景(也就是经济社会文化地位指数的学校平均值)与学校特征因素之间的关系也分别说明了学校的资源、管理、教学和学习环境在多大程度上受到了学校生源的家庭社会经济背景的影响,体现了学校之间的教育公平程度。

从学生问卷收集的部分学校因素指标还运用了"辅测定锚法"(anchoring vignettes)来调整学生回答问卷时的主观差异。辅测定锚法是 PISA 2012 在问卷设计中首次被采用的,是针对问卷指标所测量的内容以虚拟的人物和假设的情境给出辅助锚题,然后根据被测者对辅助锚题的回答,测得不同被测者在回答指标问题时所采用的不同心理衡量标准,并进行相应调整,以使被测者对指标的回答可以在同一量尺上进行比较。由于这些辅助问题都是对相同假设情境中的事物进行判断,如果被测者所做出的判断不同,这就体现了被测者所使用的不同心理衡量标准。例如,在 PISA 2012 中测量教师为学生所提供支持的辅助锚题一共有三个假设问题,这些问题的陈述中分别描述了虚拟的三名为学生提供高、中等和低水平支持的教师。其中描述为学生提供高水平支持的教师的陈述是:"刘丽云老师每两天布置一次数学家庭作业。她通常会在考试前把作业的答案反馈给学生";对虚拟的提供中等水平支持的教师的描述是:"吴智豪老师每周布置一次数学家庭作业。他通常会在考试前把作业的答案反馈给学生";对提供低水平支持的教师的描述是:"张燕燕老师每周布置一次数学作业,她从来不在考试前把作业的答案反馈给学生"。学生分别对这三位教师的评价就锚定了该学生心理评判量尺的三个基准点,这样就可以根据学生对指标问题的回答相对于这三个基准点的排位来调整学生的绝对回答值,以提高不同被测者对问卷回答的可比性和基于问卷的教育研究的科学性。

在解读这些指标与成绩的关系时要非常谨慎,这是因为:

- 虽然所抽取回答问卷的上海校长是有代表性的,但是数量仅为 155 人。
- 尽管校长能够提供所在学校的信息,但是仅将单一渠道获得的信息进行归纳,然后将这些信息用作比较和相关分析并不十分合理。最重要的是,学生的成绩通常与不同学科领域许多老师的工作有关。
- 在某些背景和特征内容方面,校长并非最好的调查对象。例如教师的工作热情和投入。
- 15 岁的学生自己感觉到的,也就是 PISA 所能考察的学习环境只能部分地反映出他们 15 岁之前教育经历的学习环境。15 岁学生当前的学习环境与之前的并不相同,就这方面来说,PISA 收集的学习环境数据并不能很好地代表学生不断累积的学习环境数据,因此,其对学习结果的作用往往会被低估。

- 在一些国家和地区,界定学生接受教育的学校不是一件简单的事情,因为15岁的学生可能在不同类型的学校里,这些学校的教育层次和课程目标可能并不相同。
- 对学校资源的研究必须精确,但调查中可能不容易做到这一点,特别是当调查时间限制影响到应答者提供的信息时更是如此。比如,一位校长可能没有类似班级规模这种特定主题的精确数据,也没有时间或资源来收集这些数据。
- 为了弄清某种资源变化如何影响学生成绩,需要着重将特定资源与特定学生相联系,而不是与所有学生成绩相联系。

这些局限性共同限制了PISA在学校资源对教育成果影响作用方面做出直接统计预测的能力。因此,在解读学校资源指标时要谨慎,须记住其中存在着潜在的测量问题,还有一些变量被省略了。然而,尽管存在这些限制,学校问卷的信息仍具有指导意义和参考价值,可以为国家、地区如何实现其教育目标提供一定的启示。

2. 学习环境因素

在本节中探讨的是学习环境因素以及它们与学生学习成绩和其他学校特征之间的关系。在PISA构建学生和学校调查问卷的框架中,体现学习环境的指标主要是有关学校校风以及学校所处的环境。有关学校校风的指标包括师生关系指标(Index of Teacher-Student Relations)、纪律风气指标(Index of Disciplinary Climate)、影响校风的教师因素指标(Index of Teacher-Related Factors Affecting School Climate)、影响校风的学生因素指标(Index of Student-Related Factors Affecting School Climate)和教师士气指标(Index of Teacher Morale)。有关学生出勤情况的指标是迟到、逃学和逃课的频率,这些指标在第四章中已有描述,所以本章将出勤情况纳入综合分析而不作具体描述统计。学校所处的环境指标指的是家长是否期望学校设定较高的学业标准以及是否和其他学校争生源。

2.1 学校校风

所谓校风良好,是指学校向师生提供一个安全、有秩序的环境,学校有良好的纪律和浓厚的学习气氛,这有利于开展教学活动。国外校风研究主要关注两个方面:校风体现在哪些方面,以及校风对学校产生的作用,一般被包含在以"有效学校"为主题的研究中。有效学校研究一般是指探究那些对社会各阶层的学生都能提供有效教育的学校所具备的特征。从事有效学校研究的学者几乎都把树立良好的校风作为一个极其重要的学校建设方面。OECD也是根据有效学校的研究来设定校风所包含的元素的。根据OECD的综述,在有效学校的各项特征中最重要的、学校最能掌控的是校风(或者学校所提供的学习环境质量)。[5]校风不仅包含学校的整体行为规范和价值观,还包括师生、生生关系和学习氛围。PISA通过分析测量师生的行为倾向的指标来反映学校的校风,这些指标主要针对教师风气(即体现教师的行为规范、职业道德和工作态度等的教风)和学生风气(即体现学生的学习纪律、态度和意志品质的学风)。

2.1.1 师生关系指数

关于教师风气的PISA 2012指标主要有四个:师生关系指标、影响校风的教师因素指标、数学教师课堂管理指数和教师士气指标。在学生问卷中有一组问题是有关师生关系的,要求学生表示他们对表 5.1 中的关于学校教师的描述的同意程度。其中每一项均有 80% 以上的上海学生表示同意或非常同意,这些比例均显著高于 OECD 平均水平。学生对于各项描述的同意程度被合成为师生关系指标,指标的平均值为 0,代表经合组织(OECD)国家平均水平,标准差为 1。指标值越大,反映师生关系越融洽。在 PISA 2012 中,上海学生反映的师生关系平均值为 0.46,显著高于 OECD 各国平均值。这说明上海 15 岁学生所反映的师生关系总体是良好的。

表 5.1 ■ 同意或非常同意以下关于学校教师的描述的上海 15 岁学生百分比

教 师 行 为	PISA 2009(%)		PISA 2012(%)	
	中国上海	OECD 平均	中国上海	OECD 平均
学生和大部分老师相处融洽	89.1	85	93.2	82.3
大部分老师关心我的健康成长	81.1	66	91.2	76.9
我的大多数老师都认真倾听我要说的话	79.0	67	80.7	74.4
当我需要额外帮助时,老师就会帮我	90.3	79	93.5	81.5
大部分老师对我很公平	85.2	79	90.3	80.7

体现指标值差异程度的是其标准差。在 PISA 2012 研究中,上海学生的师生关系指标的标准差为 1.0,其中 92.1% 的差异存在于校内学生之间,7.9% 的差异存在于校间。这些表示师生关系指标差异化程度的数值在参加 PISA 2012 的各国家(地区)中处于中等水平。

PISA 2012 中,上海学生的师生关系指数与学生的数学成绩存在显著的正相关。在不考虑其他因素的情况下,师生关系指数每增加一个单位,上海学生的数学成绩平均增加 16.9 分。师生关系指数可以解释 3.0% 的上海学生数学成绩的差异。相对于其他国家(地区),上海的师生关系指数与学习成绩的相关程度较高,这说明对于上海学生来说,教师所营造的师生关系的融洽程度对提高他们的学习成绩非常重要。

2.1.2 影响学校风气的教师因素指数

另外,学校问卷中有一组问题是有关影响学校风气的教师行为因素的,请校长选择学生学习受到不同教师行为问题的影响程度。相对于校长对影响校风的学生行为的评价,在对影响校风的教师行为的评价方面上海与 OECD 平均有较大差异。如表 5.2 所示,PISA 2012 结果显示,就校风没有或很少受到各项教师行为影响的学生比例而言,除了"教师的教学必须面对同一班级中民族背景(即语言上、文化上)差异巨大的学生"以外,上海的各项比例均比 OECD 各国平均水平低 10 个百分点以上。其中,两者差距尤其大的是教师"没有鼓励学生发挥他们的全部潜能""不能满足学生个别化的需要""师生关系差"和"备课不充分",前三项教师行为的差距均在 26 个百分点以上,最后一项教师行为的差距高达 36.1 个百分点。这说明相对于 OECD 国家平均水平,上海的中学校长对教师风气的整体评价较低,尤其是认为教师不够支持学生的个性化发展和挖掘学生的潜能。值得注意的是,虽然校长反映的师生关系比 OECD 平均水平差,但如前所述学生眼中的师生关系则相对较好,这反映了从教育管理工作者和学生的视角评价师生关系的差异。

表 5.2 ■ 校风没有或很少受各项教师行为因素影响的上海 15 岁学生百分比

教 师 行 为	PISA 2009(%)		PISA 2012(%)	
	中国上海	OECD 平均	中国上海	OECD 平均
教师对学生期望低	57.6	78	63.5	85.3
师生关系差	58.5	88	66.2	92.9
教师不能满足学生个别化的需要	45.3	72	42.8	76.3
教师缺席	70.9	83	64.7	86.5
教职工拒绝变革	60.4	72	50.3	74.4
教师对学生太严厉	73.2	90	73.7	90.0
没有鼓励学生发挥他们的全部潜能	47.1	77	51.0	78.6
教师的教学必须面对同一班级中不同能力水平的学生	—	—	34.5	45.1
教师的教学必须面对同一班级中民族背景(即语言上、文化上)差异巨大的学生	—	—	78.2	81.3
教师上课迟到	—	—	68.6	93.1
教师备课不充分	—	—	55.4	91.5

PISA 的影响校风的教师因素指数综合体现了表 5.2 中所列出的教师行为因素对校风的影响程度,该指数越大,说明校风受这些教师行为因素影响的程度越小。PISA 2012 结果显示,上海的该指数平均值为 -0.64,显著低于 OECD 平均水平。另外,上海的该指数标准差为 1.52,显著高于 OECD 国家的平均水平,说明上海校长之间对影响校风的行为因素的评价存在较大差异。该指数与学生的数学成绩之间没有显著相关。

在 2009 年和 2012 年两轮 PISA 学校问卷中都包括的 7 个影响校风的教师行为因素中,没有或很少受到这些因素影响的学生比例有显著下降的是"教职工拒绝变革"和"教师缺席"现象,分别降低了 10.1 和 6.2 个百分点。说明在上海的中学校长眼中,教师抵制变革的现象变得更为严重了。而该比例有显著上升的是"师生关系差"和"教师对学生期望低"两项,分别上升了 7.7 和 5.9 个百分点,这说明校长反映教师与学生的相处之道有所改善。校长对其余教师行为的评价在两轮 PISA 之间没有显著差异。

在两轮 PISA 中,上海校长对教师满足学生个别化需求和发挥学生潜能的能力表示较大的质疑。目前,上海已经采取了多项促进学校发挥学生个性和潜能的举措,包括实施中小学生综合素质评价、支持自主选课的高中课程以及差异化教学,但这方面的建设还需加强。

以上分析显示,上海校长对各项教师教学行为的负面评价程度均远高于 OECD 各国平均水平。这一方面体现了上海校长对教师的高标准、严要求,另一方面也体现了学校管理层和教师的关系相对紧张。如前所述,校长对师生关系的看法比学生的看法要负面得多,并且校长的这一判断与学生成绩实际上没有关联,这说明校长和教师之间需要增进对于彼此的宽容和信任。

2.1.3 数学教师的课堂管理指数

教师维持课堂纪律的能力和水平也是教师风气的重要组成方面。PISA 学生问卷中有一组问题是请学生评价数学教师的课堂管理能力。如图 5.2 所示,对表中所列的教师行为表示"同意"或"非常同意"(最后一项为反向的"不同意"或"非常不同意")的学生比例均高于 75%,均比

OECD 的平均水平高 8 个百分点以上,说明上海学生对教师管理课堂纪律的能力较认可。在这四项教师行为中,上海学生评价最高的是"老师准时开始上课",而评价相对最低的是"老师能吸引学生听讲",说明上海教师在具备良好的工作态度的同时需要进一步提高上课的趣味性。

图 5.2 ■ 同意或非常同意有关教师课堂管理情况的陈述的上海 15 岁学生百分比

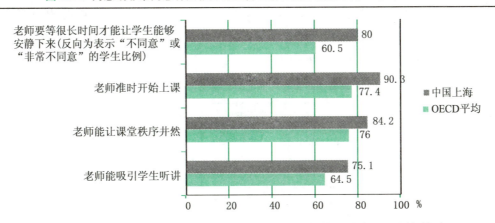

经过辅测定锚法的调整,上海学生反映的数学教师课堂管理指标的平均值为 0.49,显著高于 OECD 平均水平。上海的该指标标准差为 0.91,说明上海学生之间该指标的差异基本与 OECD 平均水平持平。数学教师课堂管理指标与学生的数学成绩呈显著正相关,相关系数为 0.25。学生报告的数学教师课堂管理能力越高,他们的数学成绩越高。该指数每增加一个单位,学生数学成绩平均提高 27.1 分。该指标能够解释 6.0% 的学生数学成绩差异。

2.1.4　教师士气指数

虽然上海校长对教师影响校风的行为的评价较经合组织平均水平相对较低,但是其对教师士气的评价与 OECD 平均相当,在校长对各项有关教师士气的描述表示同意或非常同意的学校就读的学生,占全体上海 15 岁学生的比例均在 94% 以上,与 OECD 各国水平没有显著差异。上海的教师士气指数平均值为 -0.01,也与 OECD 平均水平没有显著差异,但其中对教师自豪感和干劲的评价显著高于 OECD 平均。上海的该指标与学生数学成绩呈显著正相关,相关系数为 0.15,说明校长反映的教师士气越高,学生的数学成绩越好。该指标每增加 1 个单位,数学成绩增加 16.0 分。该指标能够解释 2.3% 的数学成绩差异。

图 5.3 ■ 在校长同意或非常同意对有关教师士气的各项描述的学校就读的 15 岁学生百分比

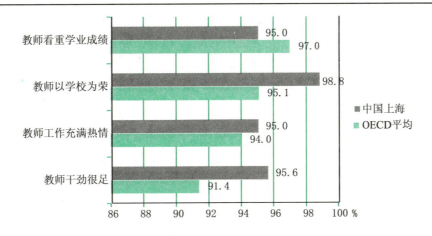

2.1.5 纪律风气指数

关于学生风气的 PISA 指标有 6 个:纪律风气指标(Index of Disciplinary Climate)、影响校风的学生因素指标(Index of Student-Related Factors Affecting School Climate)、学校归属感指标(Index of Sense of Belonging to School)以及迟到、逃学和逃课次数。指标数据显示,上海 15 岁学生所反映的课堂纪律风气总体是良好的。如表 5.3 所示,在 2009 年对语文课的调查和 2012 年对数学课的调查中,均有 85% 以上的上海 15 岁学生表示没有各项破坏课堂纪律行为或仅在有些课上发生,这些比例都显著高于 OECD 平均水平。

表 5.3 ■ 认为没有以下破坏课堂纪律行为或仅在有些课上发生的上海 15 岁学生百分比

破坏课堂纪律行为	2009 年语文课(%)		2012 年数学课(%)	
	中国上海	OECD 平均	中国上海	OECD 平均
学生不听老师在讲什么	85.2	71	85.3	68.0
有吵闹声和捣乱	88.1	68	86.5	68.0
老师要等很长时间才能让学生安静下来	89.5	72	91.0	72.2
学生不能好好学习	87.3	81	89.3	77.8
学生在上课后很长时间仍然不开始学习	88.9	75	89.0	73.0

在综合了上述各项破坏课堂纪律行为的发生频率以后,PISA 2012 构建了纪律风气指数,该指数值越大,表示纪律风气越好。上海学生的纪律风气指数平均值为 0.57,显著高于 OECD 各国平均值。

2.1.6 影响校风的学生因素指数

另外,PISA 学校问卷中有一组问题是有关影响学校风气的学生行为因素的,请校长选择学生学习受不同学生行为问题的影响程度。如表 5.4 所示,根据 PISA 2012 数据分析结果,在上海和 OECD 各国平均水平之间,"学生喝酒或吸毒""学生威胁或欺负其他学生"和"学生不尊重老师"三种现象差异最大。上海校风没有或很少受这些因素影响的 15 岁在校生比例分别比 OECD 平均水平低 23.5 个百分点、21.4 个百分点和 12.9 个百分点,说明这些现象相对于 OECD 国家平均较为严重。相对于 OECD 平均水平而言,校长认为上海学生行为因素对中学校风影响较小的则是"学生上课迟到"现象。

表 5.4 ■ 校风没有或很少受各项学生行为因素影响的上海 15 岁学生百分比

学生行为因素	PISA 2009(%)		PISA 2012(%)	
	中国上海	OECD 平均	中国上海	OECD 平均
学生逃学	61.4	52.0	67.1	68.1
学生逃课	63.7	66.5	66.2	69.4
学生不尊重老师	64.1	76.2	68.0	80.9
学生破坏课堂纪律	63.5	60.2	60.6	67.6
学生喝酒或吸毒	69.0	91.1	70.5	94.0
学生威胁或欺负其他学生	74.5	86.2	67.8	89.2
学生上课迟到	—	—	73.4	68.8
学生不参加要求的学校活动(比如运动会)或短途旅行	—	—	87.6	86.9

PISA 的影响校风的学生因素指数综合体现了表 5.4 中所列出的学生行为因素对校风的影响程度,该指数越大,说明校风受这些学生行为因素影响的程度越小。上海的该指数平均值为 0.26,显著高于 OECD 各国平均水平。该指数与学生数学成绩呈显著相关,相关系数为 0.21。指数值每增加 1 个单位即 1 个标准差,学生的数学成绩提高 11.7 分。影响校风的学生因素指标可以解释 4.5% 的学生数学成绩的差异。说明学生的行为规范和道德品质越高,其学业成绩也越好。在控制了学生和学校生源的家庭社会经济背景以后,也就是对在生源家庭社会经济背景相似的学校就读且个体的家庭社会经济背景相似的学生而言,影响校风的学生因素指数仍然能够显著预测学生的数学成绩,该指数每增加 1 个单位,数学成绩平均增长 6.6 分。

由于 2009 年和 2012 年 PISA 的组成影响校风的学生因素指标的问题部分是相同的,笔者比较了这两轮 PISA 中上海学生对这些相同问题的回答。其中,相对于 2009 年,校风没有和很小受其影响的 15 岁在校生比例在 2012 年有显著上升的是"学生逃学"现象,上升了 5.7 个百分点,说明学生的这个行为问题有所好转;而该比例在 2012 年有显著降低的是"学生威胁或欺负其他学生"的现象,降低了 6.7 个百分点,说明学生欺负行为没有得到遏制,反而变得更加严重了。

2.1.7 学校归属感指数

校风的一个重要方面是学生是否对学校有归属感。PISA 2012 的学生问卷有 9 个有关学校归属感的问题。如表 5.5 所示,上海学生对其中 4 个相关描述的表示"同意"或"非常同意"的比例显著低于 OECD 平均水平。"我觉得在学校有归属感""同学似乎都喜欢我""我在学校觉得孤单"(反向为表示"不同意"或"非常不同意"的学生比例)"学校里的一切都很完美"和"我对我的学校很满意",与 OECD 平均差距分别为 12.5、10.3、3.5、13.1 和 7.7 个百分点。上海学生有关学校归属感的感受中只有一项是显著高于 OECD 平均水平的,即"我在学校里很开心",对其表示"同意"或"非常同意的"的学生比例比 OECD 平均高 6 个百分点。上海学生对其余问题的回答与 OECD 平均水平之间没有显著差异。

表 5.5 ■ 同意或非常同意以下"学生的感受"描述的 15 岁学生百分比

学 生 的 感 受	中国上海(%)	OECD 平均值(%)
在学校我觉得自己像个局外人(反向为表示"不同意"或"非常不同意"的学生比例)	86.4	87.2
我在学校很容易结交朋友	87.1	85.5
我觉得在学校有归属感	67.2	79.7
我在学校感觉很糟,总觉得无所适从(反向为表示"不同意"或"非常不同意"的学生比例)	86.5	85.9
同学似乎都喜欢我	77.1	87.4
我在学校觉得孤单(反向为表示"不同意"或"非常不同意"的学生比例)	85.9	89.4
我在学校里很开心	84.1	78.1
学校里的一切都很完美	46.7	59.8
我对我的学校很满意	69.0	76.7

综合以上问题的学校归属感指标的上海学生平均值经过辅测定锚法调整后为 0.19,显著高于 OECD 平均水平。说明在调整了学生回答的主观差异以后,上海学生呈现了较高的学校归属感。学校归属感指标的上海标准差为 0.83,说明该指标在上海学生之间差异较小。该指标与上海学生的数学成绩呈显著正相关,相关系数为 0.14。上海学生越能感受到学校归属感,他们的数学成绩就越高。该指标每增加 1 个单位,学生数学成绩平均增加 17.4 分,该指标能够解释 2.1% 的数学成绩差异。学校作为学生学习和生活的场所,不仅应该给学生创造井然有序的环境,还应该使学生感到教师和同学对其的真切关怀,这对于提高学生的在校表现有不可忽视的作用。

2.2 学校的外部压力——家长的期望值和其他学校竞争生源

学生在校的学习环境也会受到学校的外部压力的影响。PISA 2012 对学校外部压力进行调查的主要指标为是否有许多家长期望学校设定很高的学业标准和其他学校是否竞争生源。如图 5.4 所示,就读于许多家长期望学校设定很高学业标准的学校的学生比例在上海和 OECD 国家平均水平之间没有显著差异。而就读于有其他学校竞争生源的学校的学生比例而言,上海显著高于 OECD 平均水平。是否有其他学校竞争生源与学生数学成绩没有显著相关。在有许多家长期望学校制定很高学业标准的学校,学生平均成绩比没有或只有少数家长有这样期望的学校高 35.1 分,这两组学生的数学成绩有显著差异。一般而言,家长的经济社会文化地位越高,越有可能给学校设定较高的学业标准。在处于优势(学校平均 ESCS 显著高于上海学生平均 ESCS)的学校中,有 31.3% 的学生就读于家长期望高学业标准的学校,而在弱势(学校平均 ESCS 显著低于上海学生平均 ESCS)的学校中,仅有 8.2% 的学生就读于这样的学校。

图 5.4 ■ 在有上述学校外部环境的学校就读的上海 15 岁学生百分比

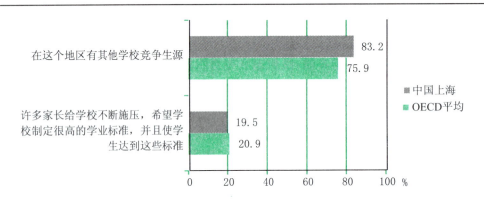

2.3 学习环境的综合分析

在通过期望值最大化(简称 EM)的方法填补了缺失值以后,本节就学习环境的众因素对数学成绩的共同作用进行了多层回归分析。表 5.7 中所描述的第一个"零模型"中不包含任何自变量,将数学成绩在学生和学校层面的总方差作为计算后三个模型的方差解释率的基准。表 5.7 所示,在将有关学习环境的这组变量作为预测的自变量后,分别在学生和学校层面输入多层回归模型,得到的模型能够解释学校层面的学生数学成绩方差比例高达 57.2%,能够解释学生层面的数学成绩方差比例为 6.9%。在学校层面,有较多自变量能够显著预测数学成绩,它们分别体现校风的师生关系指数的学校平均值、纪律风气指数的学校平均值、学校归属感的学校平均值和在测评之前两个星期内迟到过的学生百分比，以及体现学校外部压力的家长对学校学业标准的期望以及同一地区是否有其他学校竞争生源。在学生层面能够显著预测数学成绩的是经过辅测定锚法调整的师生关系指数、纪律风气指数和学生是否在测评之前两个星期内迟到过。

表 5.6 ■ 将有关学习环境的变量作为自变量和学生数学成绩作为因变量的多层回归

自 变 量	没有控制学生和学校层面的背景变量	控制了学生和学校层面的背景变量	精简模型
学生和学校背景变量			
性别（0＝女生，1＝男生）		19.4***	19.4***
经济、社会和文化地位指数		8.0***	8.0***
在家时最常用非汉语的其他语言		−68.2***	−69.1***
学校规模		−0.2	
学校规模的平方		0.0	
学校的平均经济、社会和文化地位指数		68.1***	75.1***
学生层面的学习环境变量			
师生关系指数（经过辅测定锚法调整）	14.4***	14.4***	13.4***
纪律风气指数	17.6***	18.4***	18.9***
学校归属感指标（经过辅测定锚法调整）	−5.3	−4.8	
数学教师课堂管理指数（经过辅测定锚法调整）	2.9	3.2	
学生在测评之前两个星期内迟到过（1＝是，0＝否）	−16.8***	−18.1***	−17.8***
学校层面的学习环境变量			
影响学校风气的教师因素指数	−2.0	0.7	
影响学校校风的学生因素指数	5.6	1.7	
教师士气指数	1.5	−0.7	
师生关系指数的学校平均值	89.4**	15.9	
纪律风气指数的学校平均值	41.7*	39.1**	47.6***
学校归属感指数的学校平均值	−70.2*	−30.5	
数学教师课堂管理水平指数的学校平均值	24.3	19.0	
在测评之前两个星期内迟到过的学生百分比	−1.5**	−1.1***	−1.3***
许多家长期望学校设定很高学业标准（1＝是，0＝否）	19.8*	4.1	
在同一地区有其他学校竞争生源（1＝是，0＝否）	22.2*	9.2	

注：*p＜0.05，**p＜0.01，***p＜0.001。

当将学生和学校层面的背景变量输入模型后，模型能够解释的校际数学成绩差异上升至78.9%，学生层面成绩差异的解释率上升至10.6%。除了学校规模及学校规模的平方，其余的背景变量均对数学成绩有显著影响。在学校层面，学校平均的 ESCS（经济、社会和文化地位指数）每增加 1 个单位，学校平均数学成绩增加 68.1 分之多。家庭社会经济地位对学生学业表现的影响在学校层面整体产生作用，说明社会经济地位高的学生集聚的学校提供良好同伴效应，也提供了其他各种学习优势。在学校内部,一般而言,在控制了学生和学校背景变量以及学习环境变量以后,男生的数学成绩显著高于女性;家庭社会经济背景越好,学生数学成绩越好;而且在家时常用语为非汉语的学生成绩显著低于汉语为家庭用语的学生。就学习环境变量而言,仍然在学校层面有显著作用的是纪律风气的学校平均值以及测试前两周内迟到过的学生比例。在学生层面有显著作用的变量为师生关系指数、纪律风气指数和迟到现象。这些变量全部被保留在仅包含有显著作用的精简模型中。

由此可见,只有在有序和谐的校风中学生才能够进行有效的学习。对提升上海学校的整体学生学业表现而言,整治学校的纪律风气是有效的前提保障。在学校内部,教师应该注意调节和平衡与班中各位学生之间的关系,因为学生所感受到的与教师的融洽程度是影响学业表现的重要因素。

表 5.7 ■ 将有关学习环境的变量作为自变量和数学成绩作为因变量的多层回归模型的剩余方差

模　　　型	方　　差		方差解释率(%)	
	学生层面	学校层面	学生层面	学校层面
零模型(不包含任何自变量)	5 401.7	4 640.4	—	—
	剩余方差			
含有有关学习环境的自变量的多层回归(没有控制学生和学习层面的背景变量)	5 030.9	1 984.7	6.9	57.2
含有有关学习环境的自变量的多层回归(控制了学生和学校层面的背景变量)	4 829.0	978.6	10.6	78.9
仅包含有显著作用自变量的精简模型	4 832.5	960.4	10.5	79.3

3. 教育资源因素

充足的资源对于为学生提供高质量的学习机会是至关重要的。在世界各国,近几年对教育的投入几乎都增加了,以有可比数据的经合组织国家为例,在 2001 年到 2010 年 10 年间,中小学生的生均经费增长了 40%。[6] 经合组织的研究表明,当一个国家或地区在教育上的累计支出,即生均 6 岁到 15 岁的教育经费,在用购买力平价折算成美元后,在 5 万美元以下,教育支出与 PISA 表现呈显著正相关,国家(地区)的生均经费越高,学生平均表现一般越好,而当累计支出高于 5 万美元,该正相关明显减弱了。[7] 上海 6 到 15 岁的生均累计支出接近 5 万美元,处于教育经费的增加对提高学生学业成绩较为敏感的区域,在稳步增加对教育总体投入的同时,下一步关注的重点要放在教育经费支出的结构上。PISA 2009 数据分析表明,处于人均国内生产总值 2 万美元(购买力平价)、生均累计支出 5 万美元(购买力平价)以上的国家(地区),教育经费用于聘请教师和改善他们的福利比用于建造校舍和配置各种设施和设备等更能有效提高教育质量。PISA 2012 将进一步从师资、物资和学习时间三个维度来分析学校资源与学生学习结果的关系。

3.1　师资

3.1.1　生师比和班级人数

PISA 2012 要求校长在学校问卷中报告本校的教师和学生的总数,将学生总数除以教师总数以后得到生师比。上海的生师比平均为 12.1:1,显著低于 OECD 国家平均水平 13.3:1,说明就生师比而言,上海的教师总体数量较 OECD 国家而言还是较为充足的。上海学校的生师比与学生数学成绩之间的相关系数为 −0.25,有显著的负相关,生师比越高,也就是平均每位教师要教的学生越多,学生的平均数学成绩越低,说明师资的配备对于学生表现的益处在数据上得到反映。学校的生师比每增加一个单位,学生的数学成绩平均降低 4.75 分。生师比能够解释 6.4% 的数学成绩差异。

PISA 2012 还要求校长在学校问卷中报告了本校的数学教师的人数,将学生人数除以数学教师人数以后得到数学教师的生师比。上海数学教师的平均生师比为 118.2∶1,显著高于 OECD 国家的平均水平 106.1∶1,说明上海的生均数学教师数量较 OECD 国家平均较为不足。生师比与学生数学成绩之间的相关系数为 −0.24,有显著的负相关。数学师资的充足程度仍然与学生的表现有紧密的相关。学校的数学教师生师比每增加 1 个单位,学生的数学成绩降低 0.15 分。数学教师的生师比能够解释 6.0% 的数学成绩差异。

PISA 中表示教师充足程度的指标除了生师比以外还有班级人数。生师比和班级人数并不存在必然对应关系,例如,虽然班级人数是比较多的,但是如果每个教师上课的班级数较少,那么这会减小生师比。上海 15 岁学生的平均班级人数为 35.9。虽然上海班额较大,但是每个老师授课的班级比较少,所以生师比并不高。这样的资源配置方式使得上海教师课时数比较少,有更多时间备课、批改作业和进修学习。

3.1.2 全职教师中有教师资格证者百分比和有本科及以上学历者百分比

教育系统不仅要确保学校有足够的教师数量,而且还要关注教师的素质。PISA 2012 要求校长报告他们学校有多少全职教师是持有上海市教师资格证的,以及有多少全职教师达到了本科及以上的教育程度。分析结果显示,上海学校全职教师中持有教师资格证的百分比平均为 97.0%,显著高于 OECD 国家平均水平 89.7%,上海 PISA 2009 该比例为 97.9%,三年间教师合格率无显著变化。PISA 2012 还询问了校长他们的学校有多少全职教师达到了本科以及以上的教育程度。结果显示,上海学校平均而言,有本科及以上的学历的教师百分比为 95.2%,上海 PISA 2009 该比例为 93.4%,三年间也无显著变化。持有资格证上岗的教师百分比与学生的数学成绩之间没有显现显著相关。然而,本科及以上学历的教师百分比与学生的数学成绩呈显著正相关,相关系数为 0.19。本科及以上学历教师每增加 1 个百分点,数学成绩增加 2.3 分,它能够解释 3.7% 的数学成绩差异。教师是否持有资格证上岗以及受教育程度都是重要的教师素质指标,上海应该在已有的高比例持证上岗和高教育程度的基础上进一步确保教师具备这两项素质。

3.1.3 教师的短缺程度

教育的最基本形式是学生在教师的指引下学习知识和技能,教师的充足性会直接影响学生的学习情况。PISA 2012 中有一组问题,询问校长学校的教学能力在多大程度上受到缺乏合格的理科、数学、语文和其他学科的教师的影响。如图 5.5 所示,只有 62.7%、63.9% 和 67.8% 的上海学生就读于校长反映没有或很少受到缺乏合格的理科、数学和语文教师的影响,在没有或很少受到缺乏其他学科的教师的影响的学校里就读的学生比例更低,只有 59.4%。这些比例均显著低于 OECD 国家平均水平,OECD 国家平均而言,高达 90.5% 的学生就读的学校的校长报告本校教学没有或很少受到缺乏语文课教师的影响。相对而言,上海有较高比例的校长认为学校的教学能力受到了缺乏合格教师的限制,但如前所述,上海学校的生师比总体而言显著低于 OECD 平均水平,也就是说平均而言,上海学校的教师配置还是比较充足的,但为什么上海校长普遍对教师充足程度的评价仍然较低呢? 这一方面可能是由于师资分配不够均衡引起的;另一方面的可能原因是,教育系统中存在对校长和教师过度问责,造成了教育工作者较大的压力,使他们始终感受到运用所分配的教育资源不足以完成问责机制的要求。

综合有关这些学科的教师的问题后,PISA 构建了教师短缺指数,该指数值越大,教师短缺程度越高。上海的该指数平均值为 0.75,与 OECD 国家平均水平有显著差距。对上海而言,该指数与数学成绩呈显著负相关,相关系数为 -0.14,该指数每减小一个单位,数学成绩增加 11.5 分,该指数能够解释 2.0% 的数学成绩差异。

图 5.5 ■ 就读于校长报告学校教学能力没有或很少受到缺乏各科教师的影响的学校的 15 岁学生百分比

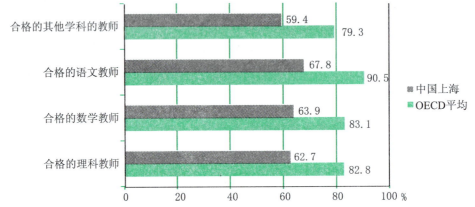

3.1.4　教师参加专业发展的情况

PISA 的学校问卷还询问了校长有关教师专业发展的情况。上海学校平均有 72.3% 的数学教师在 PISA 测评之前三个月内参加过针对数学的专业发展活动。而就 OECD 国家平均而言,只有 39.3% 的教师在测评之前三个月内参加过针对数学的专业发展活动。相对于 OECD 国家的平均水平,上海教师参加专业发展的频率较高。

学校的教师参加专业发展的频率与学生的数学成绩之间的相关程度为 0.22,呈显著正相关。教师参加专业发展的比例每增加 1 个百分点,学生的数学成绩增加 0.60 分。教师参加专业发展的频率能够解释 4.8% 的学生数学成绩差异。教师参加专业发展的频率不仅与学生的数学成绩呈显著相关,而且还与学校生源的总体家庭社会经济背景相关。该百分比与学校生源的平均家庭社会经济背景之间的相关系数为 0.23,呈显著正相关,说明在生源家庭社会经济地位较高的学校,学校的教师更加可能主动寻求专业发展机会,或者教育系统也更加可能向他们提供专业发展机会。上海的该相关系数显著高于 OECD 国家的平均水平,说明在上海,教师专业发展频率与学生家庭社会经济背景的相关程度更高。上海家庭社会经济背景处于最高四分之一的学生,他们的数学教师在测评之前三个月内参加过数学专业发展的百分比为 78.9%,而家庭社会经济背景处于最低四分之一的学生,对应的百分比为 66.3%,两者有显著差异。

教师参加专业发展是确保教师质量的重要指标。上海是中国第一个从制度上要求中小学教师必须参加继续教育的地区,1989 年颁布的《上海市中小学教师进修规定》要求"对参加职务培训的教师,其进修时间每5年累计应不少于240学时。其中,具有中学高级职称的教师,每5年应有540学时的进修时间"。根据2011年1月教育部下发的《关于大力加强中小学教师培训工作的意见》的文件精神,上海的中小学教师继续教育学时数提高到每5年完成360学时。对于生源社会经济背景处于弱势的学校,应该给予与优势学校相同甚至更高的教师专业发展期望,以增加弱势学校教职员工内部的主动作为和专业自觉,使他们积极主动地寻求专业发展机会以提高教学水平,并为他们提供良好的专业发展项目。

3.2　物资

3.2.1　学校教育资源质量指数

学校问卷中还包含一组问题是询问校长有关学校物资的充足程度。如表5.8所示,在各项物资中,上海就读于校长反映科学实验室设备和教学用计算机软件较为充足的学校的学生百分比较低,分别为61.5%和62.1%。就读于校长反映教材(例如课本)、教学用计算机、互联网连接和图书馆藏书较为充足的学校的学生百分比均在70%以上,相对较高。这些百分比与OECD国家平均水平均无显著差异。

PISA还将校长对于这些物资的充足程度的评价综合成学校教育资源质量指标。上海的该指标平均值为0.13,与OECD国家平均水平无显著差异,说明上海的教育基层管理者对教育资源的充足程度较为满意。上海该指数值与学生数学成绩呈显著正相关,相关系数为0.11。该指数每增加1个单位,学生的数学成绩增加8.6分。就OECD国家平均而言,该指数每增加1个单位,学生的数学成绩增加7.7分。与OECD国家平均水平相同的是,上海的该指数可以解释1.1%的数学成绩差异。

该指标还与学生和学校生源平均的家庭社会经济背景显著相关。ESCS处于最低四分之一的学生的学校教育资源指数平均值为-0.06,而ESCS处于最高四分之一的学生的学校教育资源指数平均值为0.27。另外,该指标与学校生源的平均ESCS呈显著相关,相关系数为0.17。表5.8还分别列出了上海ESCS最低1/3和最高1/3的学校中,校长报告没有或很少受到各项物资缺乏影响的学生百分比。

表5.8 ■ 学校教学没有或很少受到缺乏以下物资项目的影响的15岁学生百分比(%)

物资项目	中国上海	OECD平均	上海ESCS最低1/3的学校	上海ESCS最高1/3的学校
科学实验室设备	61.5	69.5	54.9	70.6
教材(例如课本)	78.5	80.4	73.7	82.2
教学用的计算机	72.3	66.2	69.8	83.3
互联网连接	71.2	78.6	63.9	84.2
教学用计算机软件	62.1	68.1	58.5	70.0
图书馆藏书	71.9	74.3	73.4	81.0

经合组织的一项研究调查了教育资源的充足程度与均衡程度之间的关系。[7]教育资源的充足程度是由参加PISA 2012各国的学校教育资源质量指标平均值的大小所表示的。教育资源的均衡程度是由ESCS最低1/3和最高1/3的学校之间教育资源质量指标的差距所表示的。如

图 5.6 所示,研究结果发现,当教育资源质量指标低于经合组织国家平均水平,教育资源较为稀缺时,教育资源质量指标与教育资源分配的均衡程度成正相关,能够解释约三分之一的教育资源的均衡程度的各国间差异。然而,当教育资源质量指标达到经合组织国家平均水平以后,其与教育资源分配的均衡程度之间不再相关。如图 5.6 所示,在 PISA 2012 的学校问卷调研中,上海的平均学校教育资源质量指标值为 0.13,与经合组织国家平均水平没有显著差异,即上海校长表达了与经合组织国家平均水平相当的对教育资源充足程度的满意度。上海开始步入教育基层管理者对资源的充足程度较为认可、需要更加注重教育资源如何均衡分配的时代。

图 5.6 ■ 教育资源的质量和分配公平程度之间的关系[7]

更加公平
教育资源的分配

平均指标值低于经合组织国家平均水平 | 平均指标值高于经合组织国家平均水平

更加不公平
R² = 0.33
R² = 0.01
OECD平均:0.05

更低质量 —— 更高质量
教育资源

3.2.2 硬件基础设施指数

PISA 的学校问卷中还包括三项有关学校设施和设备的问题。如表 5.9 所示,上海就读于校长反映校舍或活动场地、教学场所(例如教室)较为充足的学生百分比分别为 45.0% 和 58.4%,显著低于 OECD 平均水平 64.8% 和 67.1%。上海就读于校长反映教学没有或很少受到缺乏取暖/制冷及照明系统影响的学生百分比为 81.6%,与 OECD 平均水平 76.5% 没有显著差异。在上海这样的大型城市,场地是最为稀缺的资源。在上海该指标与学生的数学成绩没有显著相关,与学校生源的平均家庭社会经济地位也无显著相关。

表 5.9 ■ 就读于校长报告说学校教学没有或很少受到缺乏以下物资项目的影响的学生百分比(%)

物资项目	中国上海	OECD 平均	上海 ESCS 最低 1/3 的学校	上海 ESCS 最高 1/3 的学校
校舍或活动场地	45.0	64.8	44.9	51.0
取暖/制冷及照明系统	81.6	76.5	80.7	88.2
教学场所(例如教室)	58.4	67.1	54.9	70.6

3.2.3　生均计算机台数和可上网计算机所占比例

上海 15 岁学生生均计算机台数（即学校里可供九年级或高一年级的学生使用的计算机数量除以九年级或高一年级的人数）为 0.51 台/人，显著低于 OECD 国家的平均水平 0.68 台/人。上海学校里的计算机连接到互联网的百分比为 95.0%，显著低于 OECD 国家的平均水平 97.4%。上海学校的计算机以及互联网的配置需要进一步加强。

上海 15 岁学生的生均计算机台数与学生成绩呈显著负相关，相关系数为 -0.16，生均计算机台数与学校生源的平均家庭社会经济背景也呈显著负相关，相关系数为 -0.18。这可能是由于中职校对于电脑设备设施的需求量较普通中学更大。就读于中职校的 15 岁学生的生均计算机台数为 0.74 台/人，而就读于普通初中和高中的 15 岁学生的生均计算机台数分别只有 0.46 台/人和 0.45 台/人。

学校的计算机中连接到互联网的百分比与学生成绩呈显著正相关，相关系数为 0.11。该百分比每增加 1 个单位，学生的数学成绩增加 0.70 分。该比例可以解释 1.2% 的学生的数学成绩的差异。连接到互联网的计算机比例与学校生源的平均家庭社会经济背景之间没有显著相关。但是表 5.8 的数据表明，相对于生源社会经济地位处于最高 1/3 的学校，处于最低 1/3 的学校仍然提出了更多的对于计算机设备和互联网连接的需求。

3.3　学习时间

3.3.1　学前教育时间

学生在接受学前教育时能够有更多的和成人教师高质量的接触时间，学会一些基础的语文和数学知识和技能，并且在和同校学生的接触中学会了更多的社交能力，还为小学的教育做好准备。学前教育的重要性在 PISA 的研究中一再被肯定。前几轮 PISA 研究结果都表明，接受学前教育的 15 岁学生往往比没有接受学前教育的学生表现更好，即使在控制了学生社会经济地位以后仍然如此。这两组学生之间的数学分数差异在参加 PISA 2003 和 PISA 2012 的国家（地区）中达到 51 分。[8]

上海 15 岁学生中有 87.8% 的学生接受过超过一年的学前教育，8.6% 的学生接受过一年及一年不到的学前教育，只有 3.6% 的学生没有接受过学前教育。OECD 国家平均而言，74.0% 的学生接受过超过一年的学前教育，18.8% 的学生接受过一年及一年不到的学前教育，7.2% 的学生没有接受过学前教育，这几个指标都显著低于上海。这说明，相对于 OECD 国家平均水平，上海学生接受学前教育的比例还是较高的。

如表 5.10 所示，上海没有接受过学前教育的 15 岁学生的数学平均分为 504.9 分，比接受一年及一年不到的学前教育的学生低 49.8 分，比接受过超过一年的学前教育的学生低 118.1 分。在控制了学生和学校生源的家庭社会经济背景以后，接受过一年及一年不到的学前教育的学生与没有接受过学前教育的学生之间没有显著差异，而接受过超过一年的学前教育的学生的数学成绩仍然比没有接受过学前教育的学生高 44.1 分。

上海的 ESCS 最低四分之一的学生报告说接受过超过一年学前教育的百分比为 73.9%，而 ESCS 最高四分之一学生中该比例高达 95.4%，这两组学生之间的显著差异为 21.5 个百分点。OECD 国家平均水平而言，ESCS 最低四分之一的学生报告说接受过超过一年学前教育的百分比为 66.3%,而 ESCS 最高四分之一的学生该比例为 81.1%,这两组学生之间的显著差异为 14.8 个百分点。

与国际数据相似的是,上海的接受过超过一年的学前教育与没有接受过学前教育的学生之间的成绩差异证明了接受学前教育对于学生后期表现的重要影响,学前教育的益处在学生结束义务教育时仍然得到充分体现,所以学前教育的投入对提高学生的整体素质是有很高收益的。

表 5.10 ■ 上海 15 岁学生的接受学前教育情况及其与学生成绩的关系

	没有接受过学前教育的学生	接受过一年及一年不到的学前教育的学生	接受过超过一年的学前教育的学生
学生百分比	3.6%	8.6%	87.8%
数学平均分	504.9	554.7	623.0

3.3.2 常规课程时间

根据 OECD 的 PISA 2012 国际报告,上海每年的教学计划时间在各参与国家(地区)中大致位于中等水平。上海 15 岁学生的每年教学计划时间为 793 小时。

PISA 2012 国际报告显示,上海学生平均每周校内课程时间为 28.2 小时,在所有参加 PISA 2012 的 65 个国家(地区)中仅次于智利、突尼斯、泰国、中国台北、韩国、哥斯达黎加、以色列和意大利,位于第 9 位。上海初中和普通高中两阶段学生的平均校内上课时间基本一致。其中,数学、语文和科学课程时间的生均长度分别是每周 4.5、4.1 和 4.4 小时,分别在所有参加 PISA 2012 的国家(地区)中列第 7、10 和 9 位。OECD 各国平均的生均每周课程时间为 26.0 小时,仅比上海的生均每周课程时间短 2.2 小时。OECD 各国平均的数学、语文和科学课程时间分别为每周 3.6、3.6 和 3.3 小时。

数学课的时间与数学成绩呈显著正相关,相关系数为 0.12。数学课时间每周增加 1 个小时,学生的数学成绩增加 7.4 分。数学课时间可以解释 1.4% 的数学成绩差异。上海学生的数学课时间越长、数学成绩越好这样的关系虽然有,但是较弱。这可能是由于同一类型学校的学生之间在数学课时间上的差异较小。

数学课和语文课的时间与学生的 ESCS 之间没有显著关系,唯有科学课的时间与学生的 ESCS 相关,相关系数为 0.19。ESCS 处于最低四分之一的学生的每周总体课程时间为 39.4 节课,ESCS 处于最高四分之一的学生的每周总体课程时间为 42.7 节课,两组学生之间相差 3.3 节课的时间。然而,OECD 国家平均而言,ESCS 处于最低四分之一的学生的每周总体课程时间为 29.1 节课,ESCS 处于最高四分之一的学生的每周总体课程时间为 30.7 节课,两组学生之间仅相差 1.6 节课。

3.3.3 额外课程

PISA 除了询问常规课程时间,PISA 还在学校问卷中询问了学校是否开设额外的数学课以及额外数学课的性质。上海有 49.2% 的学生就读于校长反映本校开设额外数学课的学校,显著低于 OECD 国家的平均水平 65.8%。这说明上海学校在控制补课上作出了较大的努力。在就读于开设额外数学课的学校的上海学生中,19.5% 的学生就读于只有数学兴趣和强化班的学校,

18.4%的学生就读于只有数学补习班的学校,54.8%的学生就读于既有数学兴趣和强化又有补习班的学校,7.3%的学生就读的学校组织的额外数学课是基于学生的表现而不分强化和补习班。OECD平均水平而言,6.5%的学生就读于只提供数学兴趣和强化班的学校,32.5%的学生就读于只有补习班的学校,53.7%的学生就读于既有数学兴趣和强化又有补习班的学校,7.3%的学生就读的学校组织的额外数学课是基于学生的表现而不分强化和补习班。与OECD平均水平相比较,上海只提供数学兴趣和强化班的学校较多,而只提供补习班的学校则较少。

在上海,提供额外数学课的学校的数学平均分(634.6)显著高于不提供额外数学课的学校(591.2)。但是在控制了学生和学校生源的家庭社会经济背景以后,提供和不提供额外数学课的学校之间没有数学成绩的差异。也就是说,对于在生源的社会经济背景相似的学校就读且学生个体的家庭社会经济背景相似的学生而言,提供额外数学课并没有提高学生数学成绩的效应。而且,在控制了学生和学校生源的家庭社会经济背景以后,提供数学兴趣和强化班的学校与不这样做的学校之间也没有数学成绩的显著差异。

除了询问学校校长开设额外数学课的情况,PISA还在学生问卷中询问了学生在正常学校上课时间外花时间来学习语文、数学、科学和其他学科的情况,这些课外课程不一定是学校组织的,学生可能在学校、在家中,或者其他地方上这些课,但仅指在学校所学科目的课程。根据学生的回答,上海参加各科常规课程以外课程的学生比例显著高于OECD国家平均水平。如表5.11所示,在各学科中,学生不参加数学课外课程的比例最低,为29.3%,不参加其余学科的学生比例在43.2%到48.8%之间,均显著低于不参加课外课程的OECD国家平均学生比例。同时,根据学生的反映,上海参加课外课程每周不超过4个小时和每周4个小时及更多的学生比例均显著高于OECD国家平均水平。

表 5.11 ■ 在校内外参加各科常规课程以外课程的学生百分比

学　　科	不参加课外课程(%)	每周不超过4个小时(%)	每周4个小时及更多(%)
上海			
数　学	29.3	55.1	15.6
语　文	48.8	40.6	10.6
科　学	44.8	43.5	11.6
其　他	43.2	47.0	9.8
OECD平均			
数　学	62.1	30.0	7.9
语　文	72.6	22.1	5.3
科　学	73.6	21.8	4.6
其　他	63.4	28.2	8.5

在不控制学生和学校生源的家庭社会经济背景的情况下,每周参加不到4小时的和4小时及更多时间的课外数学课的学生的数学平均分显著高于不参加课外数学课的学生。但是,在控制了学生和学校生源的家庭社会经济背景的情况下,这两组学生的数学成绩不再高于不参加课外数学课的学生。也就是说,对于在生源的家庭社会经济背景相似的学校就读且学生个体的社会经济背景相似的学生而言,参加课外数学班并没有提升学生成绩的效应。

3.3.4 作业时间

上海 15 岁学生的平均作业时间为每周 13.8 小时,列所有国家(地区)的第 1 位,比第 2 位的俄罗斯每周平均多 4.1 小时。其中,初中学生的平均每周作业时间为 14.6 小时,普通高中学生的平均每周作业时间为 17.8 小时,高中作业时间相对更长。

总体而言,上海中学生中作业时间越长、数学成绩越好这种关系较强。作业时间与数学成绩之间的相关系数达到 0.49。作业时间每增加 1 个小时,学生的数学成绩平均增加 5.6 分。作业时间可以解释 23.9% 的上海 15 岁学生数学成绩差异。在控制了学生和学校生源的家庭社会经济背景以后,作业时间仍然与数学成绩显著相关,作业每增加 1 个小时,学生的数学成绩平均增加 3.8 分。学生的家庭社会经济背景可以解释 16.0% 的作业时间对学生数学成绩的影响。

图 5.7 显示了作业时间相同的学生的平均各科成绩,表示了作业时间与数学、阅读和科学成绩之间的关系。如图 5.7 所示,各科成绩与作业时间在每周(包括周末时间在内)11 小时以内呈现了明显的平均成绩随着作业时间提升的规律。随着作业时间的增加,代表平均数学成绩的点逐步升高。但是,在 11 小时以后,虽然每个代表作业时间小时数的点仍然呈上升趋势,但是上升的幅度非常平缓。三科成绩都显示,每周 11 小时即每天 1.5 小时左右的作业时间对一般学生来说是比较合理的。如图所示,超过该作业量以后,各科成绩随着作业时间增加的幅度是微弱的,即做更多的作业对于提高成绩的效应不高。

图 5.7 ■ 作业时间与各科成绩的关系

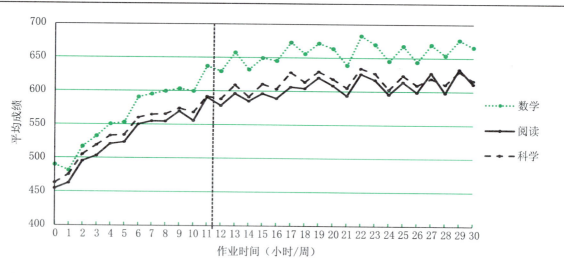

作业时间(小时/周)

报告显示,东亚国家(地区)生均每周学校布置作业时间高于 OECD 各国平均水平(4.9 小时)的是:中国香港(6.0 小时)、中国澳门(5.9 小时)和中国台北(5.3 小时)以及新加坡(9.4 小时),低于 OECD 平均水平的是韩国(2.9 小时)和日本(3.8 小时)。

在作业时间中,上海平均有 2.5 小时是在有人监督,并在必要时给予帮助(指导下学习)的情况下进行的,占人均每周作业时间的 18.1%。有人监督和帮助的作业时间与数学成绩无显著相关。而 OECD 国家平均而言,人均每周作业时间中有 1.3 小时是在有人监督和给予帮助的情况下进行的,占 26.5%。

3.3.5 私人家教和校外辅导班时间

据PISA 2012结果调查结果显示,上海15岁学生平均每人参加私人家教时间为每周1.2小时,参加校外私人辅导班时间为每周2.1小时,相对于其他国家(地区)而言都是较长的。相对于高中生而言,初中生的私人家教和校外私人辅导班时间都要长些。这有可能是因为大多数初中阶段的15岁学生在念初三的毕业班,所以有更多的补课和家教需求。

上海15岁学生中有30.5%的学生请私人家教,其中初三请家教的学生比例为37.3%,高中高一请家教的学生比例相对低些,为24.2%。这些学生的平均数学成绩比没有请家教的学生反而差34.8分。这可能是由于请私人家教的学生一般学习上相对有困难。总之,在控制了学生和学校总体生源的家庭社会经济背景以后,接受私人家教的学生的平均数学表现仍然显著低于不接受私人家教的学生。

上海参加由家长付费的校外辅导班的学生占46.7%,其中初三学生中这类学生占57.0%,高一学生中这类学生所占比例相对低些为48.1%,中职校生中这类学生比例最低,仅为28.7%。参加校外辅导班的学生比没有参加辅导班的学生来说平均数学成绩要高14.8分,但是在控制了学生和学校生源家庭社会经济背景以后,参加辅导班对于提高学生成绩就没有效果了。这说明对于家庭社会经济背景和学校生源总体社会经济背景相似的学生,参加校外辅导班是无效的。

在东亚国家(地区)中,学生平均参加校外私人辅导班时间最长的是韩国(每周3.6小时),该国的生均一对一私人家教时间为每周1.4小时。而在东亚国家(地区)中,新加坡的学生平均私人家教时间(每周2.0小时)是最长的,但是该国生均私人辅导班时间仅为每周1.0小时。

3.3.6 与家长一起学习和用电脑学习的时间

在PISA 2012的有关校外学习时间的问题中还询问了学生与父母或其他家庭成员一起学习的时间。上海学生平均每周仅有0.8个小时是与父母或其他家庭成员一起学习的,显著低于OECD国家平均的每周1.0小时。上海学生的与家长一起学习的时间与学生的数学成绩呈显著负相关,相关系数为-0.1。也就是,与家长一起学习的时间越长,学生的数学成绩越低,在控制了学生和学校生源的家庭社会经济背景以后仍然如此。这可能是由于成绩低的学生更加需要有家长监督和帮助的学习时间。这也说明上海15岁学生做作业是比较自觉的。

上海学生用电脑复习或练习课堂上学过的内容(如用培训软件来记单词)的时间为平均每周1.2小时,与OECD国家的平均水平1.2小时无显著差异。上海学生用电脑复习或练习课堂上学过的内容的时间长短与学生的数学成绩呈显著负相关,相关系数为-0.1。学生使用电脑学习的时间越长,学生的数学表现反而越差,在控制了学生和学校总体生源的家庭社会经济背景后仍然如此。这可能是由于上海学校的课程和作业内容中需要电脑完成的部分较少,学生使用电脑的时间还不能转换成较好的学业成绩,也可能是和使用电脑的具体方法有关,不过这需要进一步的研究。

3.3.7 课外活动

体现学校所开设组织的课外活动的指标主要有两个:数学课外活动指数和有创造性的课外活动指数。数学课外活动指数是综合了学校校长有关学校是否提供以下活动的回答:数学社团(兴趣小组)、数学竞赛(例如区/县、市数学竞赛)、计算机/信息和通信技术社团(兴趣小组)以及前面提到的额外数学课。对于只提供数学强化和兴趣班的、只提供数学补习班和基于学生表现提供额外数学课(不分强化和补习班)的学校,该指数将其计为1;对于既提供强化和兴趣又提供补习班的学校,该指数将其计为2。

上海数学课外活动指数的平均值为2.81,显著高于OECD国家的平均水平2.36,说明上海的教育工作者为学生提供了较为丰富的数学课外活动。学校提供数学课外活动与学生的数学成绩呈显著正相关,相关系数为0.4。该指数每增加1个单位,数学成绩平均增加27.6分。该指数可以解释16.9%的学生数学成绩差异。在控制了学生和学校总体生源的家庭社会经济背景以后,数学课外活动指数仍然能够显著预测学生的数学成绩,该指数每增加1个单位,数学成绩平均增加14.2分。这说明基于学生的兴趣组织开设数学社团或者计算机/信息和通信技术社团对提高学生整体的数学表现是很有帮助的,而且上海学校的数学课外活动指数与学生数学成绩的相关程度要高于OECD国家平均水平。在OECD国家,平均而言,数学课外活动指数每增加1个单位,学生平均数学成绩仅增加10分,数学课外活动指数只能解释2.7%的学生数学成绩的差异。

如图5.8所示,在开设数学、计算机/信息和通信技术的社团(兴趣小组)的学校就读的上海学生百分比显著高于OECD国家平均水平,而在组织数学竞赛的学校就读的上海学生百分比与OECD国家平均水平无显著差异,说明上海学校较为重视从学生的兴趣爱好出发来组织开展社团和兴趣小组活动。

图5.8 ■ 在提供各种数学课外活动的学校就读的学生百分比(%)

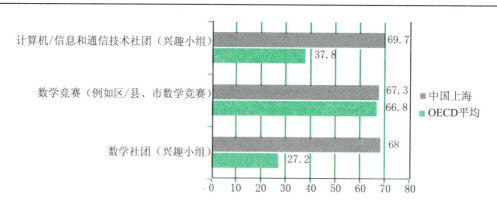

有创造性的课外活动指数是综合校长对以下问题的回答得出的:学校是否提供以下课外活动:乐队、管弦乐队或合唱团,校园戏剧演出或校园音乐剧,美术社团(兴趣小组)或美术活动。上海的有创造性的课外活动指数平均值为2.3,显著高于OECD国家的平均值1.8,说明上海学校提供了较为丰富的有创造性的课外活动。有创造性的课外活动指数与学生的数学成绩之间的相关系数为0.3,该指数每增加1个单位,数学成绩平均增加32.0分。该指数可以解释7.8%的学生数学成绩差异。在控制了学生和学校总体生源的家庭社会经济背景以后,有创造性的课外活动指数对数学成绩无显著影响。在没有控制学生和学校生源的家庭背景的情况下,上海学校的有创造性的课外活动指数与学生数学成绩的相关程度要高于OECD国家平均水平。在OECD国家,平均而言,数学课外活动指数每增加1个单位,学生平均数学成绩仅增加14.1分,数学课外活动指数只能解释1.4%的学生数学成绩的差异。如图5.9所示,在提供乐队、管弦乐队或合唱团,校园戏剧演出或音乐剧；美术社团（兴趣小组）或美术活动的学校就读的上海学生比例均显著高于OECD国家平均。

图5.9 ■ 在提供各课外活动的学校就读的学生百分比

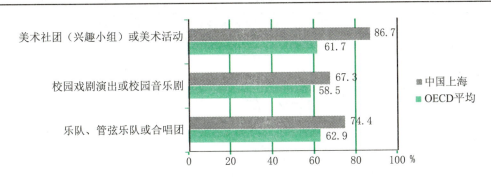

学校所提供的其他课外活动还包括：学校年鉴、校报或校刊，志愿者活动或服务，棋类社团，运动队或体育活动，研究性（探究性）学习活动或职业技能竞赛活动。如图5.10所示，上海在提供这些课外活动的学校就读的学生百分比均显著高于OECD国家平均水平。其中，几乎所有学校都提供了课外的运动队或体育活动，志愿者活动或服务，以及研究性（探究性）学习活动或职业技能竞赛活动。相对而言，办学校年鉴、校报或者校刊，以及棋类社团的学校比例相对较低。

图5.10 ■ 在提供各种课外活动的学校就读的学生百分比

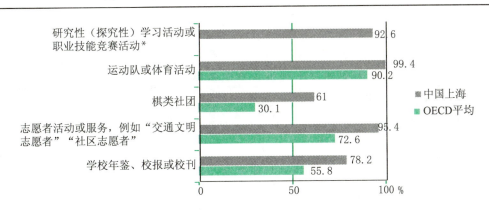

注：＊表示该项目仅出现在上海的学校问卷中。

3.4 教育资源变量的综合分析

在PISA 2012中，学生问卷的编排采用轮转设计（rotated design），共有3套不同的学生问卷，各项问卷问题一般出现在这3套问卷中的2套中，回答每套问卷的学生约占三分之一，这样问卷所包含的问题可以增加三分之一。有关校外学习时间的问题只被编入问卷A和问卷C，因此在进行多层回归分析时，我们仅保留了回答学生问卷A和学生问卷C的学生，并对他们进行加权。如表5.12所示，在没有控制学生和学校层面背景变量的多层回归模型中，接受过超过一年的学前教育，学生个人和学校平均的作业时间越长，校内学生个人数学成绩越高；数学教师中有教育学专业大学本科以及以上学历的百分比越高，学校平均作业时间越长，有创造性的课外活动越丰富，学校平均数学成绩越高。而私人家教时间和用电脑学习的时间越长，学生的数学成绩反而越差。如表 5.13 所示,该模型仅能够解释 10.5% 的学生层面数学成绩差异,却能够解释 84.1% 的学校层面的数学成绩差异。由此可见,教育资源方面的变量已经能够解释绝大部分学校层面的数学成绩差异。

表 5.12 ■ 将有关教育资源的变量作为自变量和学生数学成绩作为因变量的多层回归

自 变 量	没有控制学生和学校层面的背景变量的模型	控制了学生和学校层面的背景变量的模型	精简模型
学生和学校背景变量			
性别(0=女生,1=男生)		17.2***	17.6***
经济、社会和文化地位指数		8.3***	8.1***
在家时最常用非汉语的其他语言		−63.1***	−62.4***
是否是中等职业技术学校学生(1="是",0="否")		−30.7*	
是否是民办学校学生(1="是",0="否")		0.1	
学校规模		0.0	
学校规模的平方		−0.0	
学校的平均经济、社会和文化地位指数		58.4***	55.3***
学生层面的有关教育资源的变量			
是否接受超过一年的学前教育(1="是",0="否")	30.8***	27.8***	27.3***
常规数学课时间(小时/周)	3.0	2.7*	
作业时间(小时/周)	2.5***	2.5***	2.5***
私人家教时间(小时/周)	−3.8***	−3.9***	−4.1***
参加由家长付费的校外辅导班时间(小时/周)	−0.2	−0.4	
与家长一起学习的时间(小时/周)	−1.4	−1.4	
用电脑学习的时间(小时/周)	−1.9**	−2.0**	−2.3***
学校层面的有关教育资源的变量			
生师比	0.0	0.2	
全职教师中有教师资格证的百分比	−0.6	−0.3	
全职教师中有本科以及以上学历的百分比	0.4	0.5	
教师短缺程度指数(指数值越大,短缺程度越高)	1.2	0.1	
全职教师中数学教师百分比	−0.9	−1.3	
数学教师的生师比	−0.0	−0.3	
数学教师中有大学本科以及以上学历的百分比	0.4	0.5	
数学教师中有教育学专业大学本科以及以上学历的百分比	0.0	−0.0	
数学教师中有数学专业大学本科以及以上学历的百分比	0.5**	0.3*	0.3**
数学教师中在测评之前三个月内参加过针对数学的专业发展的百分比	0.1	−0.0	

自　变　量	没有控制学生和学校层面的背景变量的模型	控制了学生和学校层面的背景变量的模型	精简模型
班级人数	0.1	−0.1	
接受超过一年的学前教育的学生比例	0.2	−0.3	
学校平均作业时间（小时/周）	9.0***	6.1***	6.6***
学校平均私人家教时间（小时/周）	−13.3*	−15.2***	−17.4**
学校平均校外辅导班时间（小时/周）	5.5	−0.2	
学校平均与家长一起学习的时间（小时/周）	−6.4	3.8	
学校平均用电脑学习的时间（小时/周）	−7.5	−5.2	
学校是否提供额外数学课（1="是"，0="否"）	−11.1	−1.8	
学校是否提供数学兴趣和强化班（1="是"，0="否"）	−0.1	−3.7	
学校教育资源质量指数	0.3	3.1	
计算机数量生均比	2.0	5.7	
教学用计算机中可上网的百分比	−6.0	−18.7	
硬件基础设施指数	2.5	4.1	
数学课外活动指数（指数越大，数学课外活动越丰富）	2.1	5.8*	5.5**
有创造性的课外活动指数（指数越大，有创造性的课外活动越丰富）	10.8**	3.7	

注：* $p < 0.05$，** $p < 0.01$，*** $p < 0.001$。

表 5.13 ■ 将有关教育资源的变量作为自变量和数学成绩作为因变量的多层回归模型的剩余方差

模　　　型	方　　差		方差解释率（%）	
	学生层面	学校层面	学生层面	学校层面
仅包括回答学生问卷 A 和 C 的学生的数学成绩零模型	5 322.6	5 031.1		
	剩余方差			
以学校资源变量作为自变量和数学成绩为因变量，没有控制学生和学习层面的背景变量的模型	4 761.9	800.1	10.5	84.1
以学校资源变量作为自变量和数学成绩为因变量，控制了学生和学校层面的背景变量的模型	4 590.5	414.4	13.8	91.8
学校资源变量的精简模型	4 608.9	494.3	13.4	90.2

在控制了学生和学校层面的背景变量以后，能够显著预测学生成绩的学校资源变量基本没有改变。有创造性的课外活动指数不再能够显著预测学生成绩，而数学课外活动指数成为能够显著预测成绩的变量。对学生数学成绩有显著预测作用的学生和学校层面背景变量为性别、ESCS 指数、在家是否使用非汉语的其他语言、是否是中等职业技术学校学生和学校平均 ESCS。控制了学生和学校层面的背景变量以后，该模型能够解释 13.8% 的学生层面的数学成绩差异和

91.8%的学校层面的数学成绩差异。剔除不能显著预测学生数学成绩的变量后建立了精简模型，精简模型所能解释的学生和学校层面的数学成绩差异基本保持不变，分别为 13.4% 和 90.2%。其中，愈九成的学校层面的数学成绩差异能够被有关教育资源和背景的变量所解释。

综上所述，学前教育除了使幼儿获得一些基本的语言、算术和文艺素养以外，还能够使幼儿获得与教师和同学相处交往的一些基本社交能力，能够持久地使学生在中小学阶段受益。作业时间是常规课堂教学的延续，其与学生表现之间的关系密切，不仅一个学校内部作业时间长的学生成绩较好，而且学生平均作业时间长的学校成绩也较好。但是，作业时间并不是越长越能有效促进学习，当作业量超过每周 11 个小时的合理作业量以后，作业量与学生成绩之间的相关程度明显减弱。各校应该秉承减负增效的原则布置作业，尽可能地使学生在最短的作业时间内达到最好的预复习效果。无论是在学生层面还是学校层面，接受私人家教的时间越长，学生的学业成绩反而越差。而且，对于在生源家庭社会经济背景相似的学校就读且个人家庭社会经济背景相似的学生而言，参加校外辅导班也是无效的。学生请私人家教或者参加校外辅导班一般是由于学习上有困难，而造成学习上有困难的原因很有可能是因为在学校得不到足够的学业上的支持和帮助。一般而言，一所学校生均家教时间越长，说明这所学校学生越有可能得不到必要的学业上的支持和指导，该校的办学质量可能越需要得到提高。认为学生可以通过私人家教和校外辅导班来提高学业表现的观念首先不利于学生间和学校间的教育机会均衡化发展，其次也不利于学校为每位学生在校内提供所必需的学业上的支持。另外，学生个人的用电脑学习的时间与其数学成绩呈负相关，虽然使用电脑的能力在 21 世纪的时代背景下必定是越来越需要得到培养和发展的能力。其与学生数学成绩成负相关说明学生在校学习可能仍然与电脑的使用脱节，较少课余作业和其他学习任务需要用到电脑软硬件。所以学校在教学中应该加强对计算机的运用，以使学生更好地应对 21 世纪的挑战。参加数学课外活动的学生一般是数学上学有余力的学生，其与学生的数学成绩成正相关的关系说明两者在相互促进的良性循环中得到提升。

另外，数学教师中有数学专业大学本科以及以上学历的百分比越高，学生的数学成绩越好。在 PISA 的学校问卷中询问了学校里有教育学专业本科及以上学历教师的百分比和有数学专业本科及以上学历教师的百分比。教师教育中经常会讨论学科专业知识和教育知识孰轻孰重的问题。该分析的结果虽然不能完全认定学科专业知识对教师教育更为重要，但是至少说明教师教育中不可缺少对学科知识的扎实掌握。

4. 教师教学方法因素

这方面的因素包括教师运用认知激发策略指数、教师支持程度指数、教师的学生导向指数、教师运用形成性评价指数和教师主导教学指数等。

除了收集学校的资源配置和学习环境等信息以外，PISA 2012 还收集了有关教师所运用的教学方法的一系列变量。如果我们将教育过程狭义地定义为师生、生生个体之间通过互相作用和影响而将社会文化内化为自我文化结构的序列性和关系性事件集合，那么教师运用的教学方法是决定教育过程质量的重要因素。PISA 在学生问卷中细致入微地询问了学生对教师所实施的教学方法的感受，使我们可以从微观的角度来调查教师教学方法的效果。

4.1 教师运用认知激发策略指数

学校教学方面因素中与上海学生数学成绩相关度最高的是数学课中教师采用认知激发策略指数。表 5.14 中列出了该指标的 9 个问卷问题。如该表所示，上海的老师在大多数方面都做得比 OECD 平均水平好，尤其是在帮助学生"从所犯的错误中学习"和"把所学知识运用到新情境中"方面，说明上海老师一般善于为学生提供学习上的支持。但是在"布置需要（学生）花很长时间思考的问题"和"让（学生）做一些不能立即发现明确解题方法的题目"方面，上海学生对老师的肯定评价比例低于 OECD 各国平均水平，说明上海数学教学的挑战性有待提高。上海的数学课中采用认知激发策略指数的平均值为 0.40，显著高于 OECD 国家平均水平，这说明上海 15 岁学生对数学老师的教学方法的整体评价较高。

表 5.14 ■ 教师采用认知激发策略的情况

想想上一节数学课的那位老师，下列每个事件是否经常发生？	回答"总是或几乎总是"和"经常"的百分比（%）		
	上海	OECD 各国平均值	差异
老师会问一些引发我们对题目进行深入反思的问题	65.8	59.4	6.4
老师布置需要我们花很长时间思考的问题	31.1	53.3	−22.2
老师让我们自己决定解决复杂问题的步骤	42.5	41.7	0.8
老师会让我们做一些不能立即发现明确解题方法的题目	31.7	41.6	−9.9
老师会在不同的情境中呈现问题，以使学生明白自己是否理解了概念	65.3	59.1	6.2
老师帮助我们从所犯的错误中学习	74.2	60.2	14.0
老师让我们解释我们的解题思路	69.1	70.2	−1.1
老师会提供一些题目，需要学生把所学知识运用到新情境中	69.7	62.2	7.5
老师会布置一些可以有多种解法的题目	66.0	60.2	5.8

数学课中教师采用认知激发策略指数与上海学生的数学成绩之间的相关系数是 0.23，显著高于 OECD 国家的平均水平，说明在上海学校教师的教学方法激发学生认知的程度与学生学业表现之间的相关程度较高。对上海学生来说，数学课中对学生认知的激发程度指标每增加 1 个单位，数学成绩增加 29.3 分。该指标可以解释 5.1% 的上海学生数学成绩差异。在控制了学生和学校生源家庭社会经济背景以后，数学课中对学生认知的激发程度指标仍然能够显著预测学生的数学成绩，该指标每增加 1 个单位，数学成绩增加 16.4 分。

4.2 教师支持程度指数

在课堂上教师需要给予每位学生耐心和细致的支持，以使他们能够充分理解学习内容。PISA 2012 中共有两个指标反映的是数学教师对学生提供支持的情况：数学教师的支持程度指标和（数学课中）教师支持程度指标。如表 5.15 所示，数学教师支持指标是由四个问题组成的，要求学生对表中的四项陈述表示同意程度。绝大多数学生对每项数学教师的支持表示同意或者非常同意，百分比在 89.1% 到 95.5% 之间。相对而言，对"老师给学生机会表达自己的观点"表示同意或非常同意的百分比最低。经过辅测定锚法的调整，综合了以上问题的数学教师的支持程度指标与学生数学成绩成正相关，相关系数为 0.16。数学教师的支持程度指标每增加一个单位，数学成绩增加 16.6 分,可以解释 2.4％的数学成绩差异。在控制了学生和学校生源家庭社会经济背景以后,该指标仍然能够显著预测学生的数学成绩,它每增加 1 个单位,数学成绩增加 9.5 分。这说明对在生源的总体社会经济背景相似的学校就读且个人家庭社会经济背景相似的学生而言,为学生提供更加充足的支持有益于提高学生的学业表现。

表 5.15 ■ 数学教师支持程度

想想上一节数学课的那位老师, 下列每个事件是否经常发生?	学生表示同意或非常同意的百分比(％)	
	中国上海	OECD 平均
老师让我们知道必须努力学习	95.2	83.8
当学生需要时,老师会提供额外的帮助	95.5	80.3
老师帮助学生学习	93.5	81.8
老师给学生机会表达自己的观点	89.1	75.1

第二项指标的组成问题列在表 5.16 中,要求学生指出他们在课堂上受到这样的支持的频率。如表所示,大多数学生认为他们在大部分课上或每节课上受到了教师的各方面的支持,各项百分比在 74.5％到 84.4％之间。相对而言,学生认为教师在大部分课上或每节课上"会一直讲解,直到学生理解为止"和"给学生机会表达自己的观点"的百分比相对较低。"给学生机会表达自己的观点"在两个指标上都是上海学生反映相对较为薄弱的环节。让学生表达自己的观点有助于培养学生的批判性思维和表达交流能力等,这是在 21 世纪越来越受到重视的能力。教师需要更加鼓励学生在课堂上表达自己的观点,并为之创造更加宽松民主的环境和氛围。未经过辅测定锚法调整的数学课中教师支持程度指数与学生数学成绩没有显著相关性。

表 5.16 ■ 数学课中教师支持程度

下列情况是否在你的数学课上经常发生?	学生在每节课或大部分课上受到支持的百分比(％)	
	中国上海	OECD 平均
老师关注每个学生的学习状态	81.8	63.5
当学生需要时,老师会提供额外的帮助	84.4	72.3
老师帮助学生学习	83.3	72.8
老师会一直讲解,直到学生理解为止	74.5	67.1
老师给学生机会表达自己的观点	75.5	66.6

4.3 教师的学生导向指数

相对于教师主导的教学行为,较为现代的教学方法是以学生为主体而开展的,目的是激发学生的主观能动性和培养他们的独立学习能力。如表 5.17 所示,只有少数学生回答说在每节课或者大部分课上教师开展了以学生为主体的教学活动,每项教学活动的百分比均在四分之一以下。其中,仅有 9.9％的学生报告说老师会在每节课或者大部分课上布置至少需要一周时间才能完成的任务,而报告说"老师让我们以小组为单位提出问题或任务的共同解决方案"会在每节课或者大部分课上发生的学生百分比相对最高,也仅有 24.3％。根据对这些问题的回答构建了教师的学生导向指数,上海的该指数平均值为−0.20,显著低于 OECD 国家平均水平,说明上海的教师为学生创造了较少自主学习的学习机会。现代教学方法的核心理念是从传统的教师主导的教学方法向以学生为主体的教学方法的转变。学生不再是被动的知识接受者,而是主动地计划、实施和调控学习的自主个体。PISA 2012 的调查结果表明,上海教师在课堂上运用的教学方法大多仍然停留在以教师为主导的方法上,能够接受并且良好运用促进学生自主学习的教学方法的教师相对较少。教师的学生导向指数与学生数学成绩的关系还不能确定,因此没有将其包括在本章的综合分析中。

表 5.17 ■ 教师的学生导向

你的数学课上是否经常发生下列情况?	报告说每节课或大部分课上发生的学生百分比(%)	
	中国上海	OECD 平均
老师给学习困难的学生和/或学习优异的学生布置不同的作业	17.8	29.6
老师会布置至少需要一周时间才能完成的任务	9.9	16.6
老师让我们以小组为单位提出问题或任务的共同解决方案	24.3	22.6
老师让我们帮忙设计课堂活动或主题	14.7	17.0

4.4 教师运用形成性评价指数

形成性评价是相对于传统的终结性评价而言的。终结性评价的目的是为了将学生进行排序和分类,而形成性评价旨在为学生提供所运用的学习方法和过程的有效性提供及时的反馈,从而使学生能够自主地对其所运用的学习方法进行反思并进行相应的调整。在传统的终结性评价中,学生是被评价的对象,评价的结果是终极目标,而在形成性评价中学生是评价的主体和积极参与者,评价只是辅助学生进行自主学习的工具。如表 5.18 所示,上海教师比较多地从做法上指导学生怎样取得更好的成绩,而较少通过将学生的表现结果告诉学生来引导学生进步。在组成形成性评价指标的各项问题中,回答说在每节课或大部分课上"老师告诉我在数学课上的表现情况"和"老师就我在数学上的强项和弱项给予反馈"的学生百分比仅为 19.0% 和 35.9%,而超过半数的学生报告说"每次考试、测验或布置作业前,老师都对我们提出要求"和"老师会告诉我要怎样做才能把数学学得更好"。上海教师运用形成性评价指数为 0.20,显著高于 OECD 国家平均水平。但是形成性评价指数与学生数学成绩之间的关系还不能确定,因此该指数没有包括在本章的综合分析中。

表 5.18 ■ 教师运用形成性评价的情况

你的数学课上是否经常发生下列情况?	报告说每节课或大部分课上发生的学生百分比(%)	
	中国上海	OECD 平均
老师告诉我在数学课上的表现情况	19.0	31.5
老师就我在数学上的强项和弱项给予反馈	35.9	26.2
每次考试、测验或布置作业前,老师都对我们提出要求	60.8	61.3
老师会告诉我要怎样做才能把数学学得更好	71.6	46.9

4.5 教师主导教学指数

PISA 2012 中分别询问了学生他们的数学课教师运用各种教学方法的频率,其中有 5 项问题是有关教师主导的教学方法的。分析结果表明,如表 5.19 所示,大多数上海学生反映教师在每节

课或者大部分课上都会运用教师主导的教学方法,百分比在 69.5% 到 85.9% 之间。这说明上海教师一般擅长使用教师主导的教学方法来向学生教授知识和技能。在这些教学方法中,最高比例的学生(85.9%)报告说在每节课或者大部分课上教师告诉他们必须学习的内容。接下来是"老师会通过提问来检查我们是否理解了已经教过的知识"(77.5%)和"老师给我们设置清晰的学习目标"(77.5%)。相对而言,报告说在每节课或大部分课上教师让学生说明他们的思路和推理过程,以及在一节课开始时简要回顾上一节课的内容的学生百分比最低,分别为 70% 左右。上海学生的教师主导教学指数平均值为 0.54,显著高于 OECD 国家平均水平,说明上海数学教师在课堂上经常运用教师主导的教学方法来进行教学,教师在师生互动中占据主导地位,做法是为学生设置学习目标、理清思路和回顾已经学过的内容。该指数与学生成绩之间没有显著相关性,不过这需要进一步研究来证明,因此没有将其包括在本章对教学方法的综合分析中。

表 5.19 ■ 组成教师主导的教学方法指标的各项问题

你的数学课上是否经常发生下列情况?	报告说每节课或大部分课上发生的学生百分比(%)	
	中国上海	OECD 平均
老师给我们设置清晰的学习目标	77.5	68.8
老师让我或同学相当详尽地说明我们的思路和推理过程	69.5	56.0
老师会通过提问来检查我们是否理解了已经教过的知识	77.5	70.6
一节课开始时,老师都会简要回顾上一节课的内容	70.1	41.0
老师告诉我们必须学习的内容	85.9	80.2

4.6 按照学生能力分组的教学方法

PISA 非常关注教学中是否将学生进行分组教学,学校问卷中至少有三个问题针对学校是否按照学生能力分班分组。上海相关数据的分析结果显示各校普遍存在按照学生能力或者课程内容难度进行分班分组的现象。在班级之间,绝大多数学生(92.1%)就读的学校的校长报告说有在所有班级或一些班级实行学习内容相似、但是难度有所不同的数学课的教学。并且,大多数(64.1%)学生就读的学校的校长报告说在所有班或一些班实施的课程学习内容不同且难度也不同。也就是说,这两项问题中涉及两种形式的分班:学习内容相似但难度不同,或者学习内容和难度都不同。学校校长报告说在全部班级至少实行两种形式的分班中的一种的学生百分比为 39.3%,校长报告说在一些班级至少实行两种形式的分班中的一种的学生百分比为 54.8%,校长报告说不按照能力分班的学生百分比仅为 5.9%。另外,据校长报告在所有班和一些班的数学课上将学生根据能力不同进行分组的学生百分比达到了 68.8%。

表 5.20 ■ 校长报告说学校采取以下按照能力分班或分组做法的学生百分比

采取的做法	所有班(%)	一些班(%)	都没有(%)
数学课的学习内容相似,但难度有所不同	36.3	55.8	7.9
不同的班级数学课学习不同的内容或不同的数学专题,难度水平也不同	13.0	51.1	35.9
数学课会根据能力不同对学生进行分组	16.2	52.6	31.2

如表 5.21 所示,虽然按照校长的回答分别计算的数学成绩平均分之间存在数值上的差异,但是显著性检验显示按照校长回答区分的各组学生之间的 PISA 成绩并没有统计上显著的差异。

表 5.21 ■ 根据是否采取按照能力分班或分组的做法而区分计算的数学平均成绩

采取的做法	所有班	一些班	都没有
数学课的学习内容相似,但难度有所不同	615.0	612.1	606.2
不同的班级数学课学习不同的内容或不同的数学专题,难度水平也不同	603.9	606.2	625.0
数学课会根据能力不同对学生进行分组	626.1	610.6	609.3

4.7 教学方法变量的综合分析

由于问卷问题一般是根据轮转设计被编入 3 套问卷中的 2 套,在综合分析中我们仅保留了包含教学方法相关问题的问卷 B 和问卷 C 的回答数据。综合分析的结果呈现在表 5.22 和 5.23 中。

表 5.22 ■ 将有关教师教学方法的变量作为自变量和学生数学成绩作为因变量的多层回归

自 变 量	没有控制学生和学校层面的背景变量的模型	控制了学生和学校层面的背景变量的模型	精简模型
学生和学校背景变量			
性别(0＝女生,1＝男生)		15.3***	15.1***
经济、社会和文化地位指数		7.7***	7.6***
是否是中等职业技术学校学生(1="是",0="否")		−62.0***	−53.4***
是否是民办学校学生(1="是",0="否")		−10.4	
学校规模(每 100 人)		1.8	
学校规模(每 100 人)的平方		−0.0	
学校的平均经济、社会和文化地位指数		79.9***	85.2***
学生层面的有关教学方法的变量			
数学课中对认知的激发程度指数	11.8***	10.3***	12.3***
数学教师支持程度指数	2.1	2.6	
学校层面的有关教学方法的变量			
学校平均的数学课中对认知的激发程度指数	161.3***	29.1	
学校平均的数学教师支持程度指数	1.9	−13.0	
在所有班级学校按照学生能力将其分班(对比组是不按能力进行分班的学校)	−14.1	3.1	
在一些班级学校按照学生能力将其分班(对比组是不按能力进行分班的学校)	−10.7	−2.0	
学校在所有班按照学生能力在班内分组(对比组是不按能力进行分组的学校)	8.2	−5.2	
学校在一些班按照学生能力在班内分组(对比组是)	0.8	−9.0	

注:* $p < 0.05$,** $p < 0.01$,*** $p < 0.001$。

在没有控制学生和学校层面的背景变量的情况下,当我们用有关教师教学方法的指标在学生和学校层面共同去预测学生的数学成绩,仅有数学课中对认知的激发程度指标在这两个层面均显示了高度显著的作用。在学校层面,该指标对于数学成绩的作用尤其大——学校平均指标值每上升 1 个单位,学校平均数学成绩增加 161.3 分之多。这说明开发和提升学生的认知思维能力的教学方法对培养学生的学业素养是至关重要的,对学生认知的激发程度是学校教学活动质量的重要标志。与没有任何自变量的“零模型”相比较,整个模型解释了 35.9% 的学校层面的数学成绩方差,以及 3.3% 的学生层面方差。由于数学课中对认知的激发程度指标是唯一在学生和学校层面能显著预测学业成绩的自变量,该指标对于解释两个层面,尤其是学校层面的数学成绩方差起到了重要的作用。该指标对于学校层面的成绩差异的解释率远高于学生层面,这应该是由于教师的教学活动对学生学业表现的影响通常是以班级或学校的集体效应而产生的。

接下来,在模型中加入了学生和学校层面的背景自变量,以及有关教学方法的自变量来共同预测数学成绩。结果显示,对数学成绩有显著作用的背景变量包括性别、学生的家庭社会经济文化背景、是否是中等职业技术学校学生(对比组是普通学校学生)以及学校生源的总体社会经济文化背景。虽然单独分析数学成绩显示男女之间并不存在显著的成绩差异,但是当控制了学校类型和学生家庭社会经济背景等背景因素和教师教学方法因素以后,男生的数学成绩显著高于女生。也就是说,对于背景相似且接受相似质量的教学方法的学生而言,男生的数学表现好于女生,中等职业技术学校学生的数学成绩低于普通学校学生 62 分。学生家庭社会经济和文化地位指数(简称 ESCS)在学生和学校层面都对于学生学业表现有显著的作用。学校平均 ESCS 每上升 1 个单位,学校平均的数学成绩增加近 80 分。并且,在控制了学校的平均 ESCS 以后,数学课中对认知的激发程度指标在学校层面不再有显著作用。也就是说,学校层面的 ESCS 能够解释数学课中对认知的激发程度指标对数学成绩的影响。学校平均 ESCS 与数学课中对认知的激发程度指标之间的相关系数达到了 0.56,前者可以解释 30.9% 的后者差异。这说明聚集了家庭社会、经济和文化背景较高的学生的学校一般更有可能采用高质量的教学方法来培养学生的认知能力。在学生层面,数学课中对认知的激发程度指标仍然具有显著作用,说明在学校内部,教师越能够运用激发学生认知的教学方法,学生的数学表现也越好。如表 5.23 所示,在模型中加入背景变量作为自变量以后,学校层面的剩余方差降至 1 222.3,该模型能够解释 73.8% 的学校层面数学成绩差异,其所能解释的学生层面的数学成绩差异基本保持不变。

表 5.23 ■ 将有关学习环境的变量作为自变量和数学成绩作为应变量的多层回归模型的剩余方差

模　　型	方　　差		方差解释率(%)	
	学生层面	学校层面	学生层面	学校层面
仅包括回答学生问卷 B 和 C 的学生的数学成绩零模型	5 410.7	4 657.2		
	剩余方差			
以教学方法变量作为自变量和数学成绩为因变量,没有控制学生和学习层面的背景变量的模型	5 230.7	2 986.8	3.3	35.9
以教学方法变量作为自变量和数学成绩为因变量,控制了学生和学校层面的背景变量的模型	5 219.9	1 222.3	3.5	73.8
教学方法变量的精简模型	5 222.9	1 234.5	3.5	73.5

在最后一个精简模型中,仅保留了对数学成绩有显著作用的学生和学校层面变量。值得注意的是,学校平均 ESCS 对成绩的影响进一步扩大,其回归系数升至 85.2。也就是说对于平均 ESCS 相差 1 个单位的两个学校,它们之间的平均数学成绩差异一般为 85.2 分,相当于相差两个多学年的学校学习。另外,在学校内部,数学课中认知激发程度指标的学生层面回归系数略升至 12.3。如表 5.23 所示,与前一模型相比较,该精简模型所能解释的学生和学校层面的数学成绩差异基本保持不变。

在对有关教学方法的变量进行分析中,数学课中对认知的激发程度指标显示了其对数学成绩的较强的作用。这从实证上证明了教师的教学方法质量对学习结果的作用。正如我们前面单独分析组成指标的问题的回答时所展示的,上海教师在教学方法上的强项是指导学生从所犯的错误中学习、情境化呈现问题和运用知识、提出引人深思的问题以及布置一题多解的题目。这些教学方法对于学生掌握知识的迁移、元认知反思以及多角度分析问题是非常有益的。然而,相对于 OECD 国家平均水平,上海教师在让学生自己解决复杂问题的步骤、让学生解释解题思路以及布置需要花很长时间思考的问题上没有优势或处于劣势。这说明上海教师需要加强培养学生独立思考和解决复杂问题的能力。上海教师需要在给学生独立思考的时间与课程进度之间找到良好的平衡点,尽可能地对学生的思考过程加以耐心细致的引导,使其向纵深延展,而不要急于用正确答案来终止学生自己独立寻求问题解决办法的思维过程。

5. 学校管理因素

有效的学校管理是确保学校教育质量的重要环节。PISA 2012 在学校问卷中询问了校长一组有关学校管理的问题。具体而言,这方面因素包括以下方面的指标:学校属性(公办还是民办)、学校招生和转学政策、学校自主权、校长领导力、学生评价目的、教师评价方式和结果用途、教育质量保障措施和家校合作。这些指标主要调查在学校管理方面令人关注的问题:公办学校还是民办学校的表现较好、学校采取怎样的选拔招生和转学政策及其有效性如何、学校有哪些事务是可以自主决定的及其对教育结果的影响、怎样的校长领导力是有效的、怎样的学生评价方式的结果使用形式是最促进学生学习的、如何合理地对教师教学活动展开监测与评价、校长和教师之间就决定教材和教学大纲有怎样的权力分配。

5.1 学校属性

在 PISA 2012 中,上海抽取的 155 所学校中有 14 所是民办学校。如图 5.11 所示,在对学生赋予权重以后进行计算,民办学校学生占整体上海 15 岁在校就读的学生的 9.3%。在初中学生中,就读于民办学校的学生百分比为 12.5%;在普通高中学生中,该比例为 5.4%;在中职校学生中,该比例为 9.5%。

对整体学生而言,在没有控制学生和学校层面的 ESCS 的情况下,民办学校学生的平均数学成绩比公办学校高 34.5 分。在控制了学生层面 ESCS 的情况后,民办学校和公办学校之间的成绩差距降至 16.4 分。然而,在控制了学生和学校层面 ESCS 以后,民办学校的平均数学成绩反而比公办学校低 10.4 分,但是该差异在统计上是不显著的。

图 5.11 ■ 各学段中民办学校学生占比

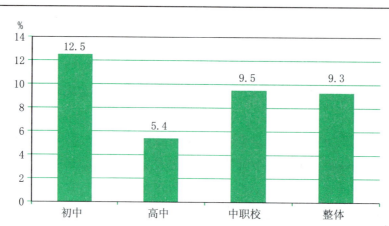

图 5.12 ■ 民办学校和公办学校之间的数学成绩差异(民办学校—公办学校)

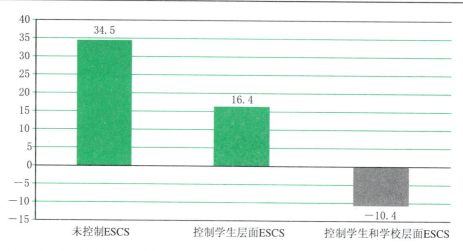

注:实心柱代表公办学校和民办学校之间的差异在统计上是显著的。

那么,处于各学段的学生是不是都呈现了这样的结果呢?为此我们计算了各学段公、民办学校学生的数学平均分差异。如图 5.13 所示,公、民办学校学生之间的成绩差异在各学段情况很不相同。对于初中学生而言,民办学校学生的数学平均分(672.2 分)比公办学校(581.1 分)高 91.1 分之多,该分数差异相当于超过两年的平均学校学习成果。而对于高中学生,公办学校的数学平均分却比民办学校高 22 分。对于中职校学生,公办学校和民办学校的数学平均分相当,分别为 541.6 和 541.7 分。我们还分学段计算了在控制学生和学校层面的 ESCS 以后,民办学校与公办学校之间的成绩差异。结果显示,对于家庭社会经济地位相似且学校整体生源的社会经济地位相似的初中学生而言,民办学校学生的数学平均分比公办学校学生高 31.1 分,该分数差异在统计上是显著的。然而,对于高中学生而言,在控制了学生和学校层面的 ESCS 以后,民办学校的弱势进一步加大,其学生的数学平均分比公办学校低 42.6 分。

在公办初中实行"免试就近入学"的招生政策下,民办初中却可以通过面谈等形式进行招生选拔,这就造成民办初中生源的素质好于公办初中。并且,民办初中收取数倍于公办初中的学费,这又使家庭社会经济文化地位高的学生更有可能进入民办初中就学。PISA 2012 数据显示,

图 5.13 ■ 各学段公民办学校学生数学平均分

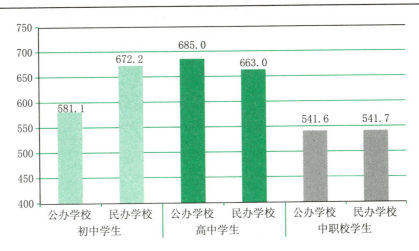

在民办学校就读的初中生的平均 ESCS(0.35)要比在公办学校就读的初中生(-0.61)高近一个标准差。另外,相当一部分上海市的民办初中都是由过去的重点初中转制而来的,具有深厚的优质教学传统,民办初中在办学质量上可能更占有优势。

　　与小升初不同的是,几乎所有的上海市高中招生都是通过统一中考进行选拔的,这就使民办高中在招收生源上占不到优势。另外,与民办初中不同的是,民办高中一般都不是传统名校,在办学质量上也没有优势。因此,出现了民办高中学生表现不如公办高中学生的现象。民办高中应该充分利用自身特色发展空间,加强自身的内涵建设,提升自身的综合办学水平。

5.2　学校招生和转学政策

　　在 PISA 2012 学校问卷中包含一组问题,要求校长选择在招生时考虑表 5.24 中所列的因素的程度,分别有三个选项:"从不""有时"和"总是"。如表所示,根据校长的回答,在上海初中阶段,在招生中总是会考虑学生的学习成绩(包括升学考试)的学校就读的学生百分比为 17.4%,显著低于OECD 国家的平均水平,说明上海小升初的"免试就近入学"政策已经得到了较好的落实和贯彻。然而,在就读于民办初中的学生中,在招生中总是会考虑学生学习成绩的学校就读的学生百分比高达64.9%,说明在民办初中,招生中考虑学业成绩的现象较为普遍。同时,上海初中阶段学校极少在招生中考虑本校学生或校友的家庭成员,就读于会这样考虑的学校的初中学生百分比显著低于 OECD国家平均水平。另外,上海与 OECD 平均水平没有显著差异的是:招生中会考虑学生母校的推荐、学生是否对某个特定课程感兴趣或要求学习某个特定课程以及居住在特定的区域的学生百分比。在招生中会考虑家长是否认可学校的教学思想和办学理念的学校就读的上海初中生百分比为 39.6%,显著高于 OECD 国家平均水平,这说明上海初中阶段学校的校长比较重视家长对学校教学思想和办学理念的认可。家庭社会经济地位高的家长更有可能为了孩子花时间去深入地了解学校,也更有可能认同教育质量高的学校的教学思想和办学理念。上海高比例的初中阶段学校校长将家长是否认可学校的教学思想和办学理念作为在招生时考虑的因素,一方面说明上海初中阶段学校校长重视本校的教学思想和办学理念建设,将其视作吸引生源的重要办学标志;另一方面说明学校和社会需要向家长,尤其是向社会经济背景较差的学生家长,提供更多的有关学生入学的指导和帮助,以使各层次的家庭有较为均衡的了解和理解学校教学思想和办学理念的机会。

表5.24 ■ 校长表示在学校招生中"总是"会考虑以下因素的学生百分比

招生考虑因素	初　　中(%)		高中和中职校(%)	
	上海	OECD 平均	上海	OECD 平均
学生的学习成绩单(包括升学考试)	17.4	26.9	69.5	52.4
学生母校的推荐	14.6	18.9	16.4	19.9
家长认可学校的教学思想和办学理念	39.6	14.5	45.2	17.8
学生是否对某个特定课程感兴趣或要求学习某个特定课程	15.5	18.3	17.9	26.3
优先考虑本校学生或校友的家庭成员	3.9	18.8	3.8	18.9
居住在特定的区域	49.7	48.8	13.7	32.0
其他	4.2	9.1	7.8	9.1

　　如表5.24所示,对于高中和中职校而言,有两项因素在上海学校招生中被考虑的比例高于OECD 国家平均水平,那就是学生的学习成绩单(包括升学考试)和家长认可学校的教学思想和办学理念;在学校招生时考虑学生母校推荐的上海高中和中职校学生百分比与OECD 国家平均水平没有显著差异;除上述三项之外其他因素在上海高中和中职校招生中被考虑的范围不如OECD 国家平均水平。该结果显示,上海高中和中职校的招生选拔方式仍然主要依赖于学生的学业成绩,平均而言,在招生考虑因素上没有OECD 国家多样化和特色化。例如,对OECD 国家平均而言,有超过四分之一的学生就读的学校校长认为"学生是否对某个特定课程感兴趣或要求学习某个特定课程"是招生中考虑的因素。也就是说,这些校长将学生的兴趣和要求与本校特色课程的匹配程度作为招生考虑因素,高中和中职校阶段的学校发展上应该注重形成代表本校特色的课程群,并且为之配置相应的师资和有针对性地招收对其感兴趣和有学习要求的学生,使本校的特色课程建设走上不断提升的良性循环道路。然而,在上海高中和中职校学生中,仅有17.9%的学生就读于校长认为在招生中总是会考虑此因素的学校。

　　至于学校的转学政策,学校问卷中也有一组相关的问题,要求校长选择九年级或高一学生因表5.25中所列的原因而转学的可能性有多大,分别有三个选项:"不可能""有可能"或"很有可能"。表5.25中所列的是就读于校长认为九年级或高一学生很有可能因这些原因而转学的学校学生百分比。根据校长的回答,无论是在初中学生还是在高中和中职校学生中,在很有可能因为各单项原因而转学的学校就读的上海学生百分与OECD 国家平均水平持平(没有显著差异)或者显著低于OECD 平均。另外,在很有可能因为学习成绩差、行为问题或特殊的学习需要而转学的学校就读的上海初中学生百分比为7.2%,显著低于OECD 国家平均水平;上海高中和中职校学生的该百分比为7.4%,与OECD 平均水平没有显著差异。这说明,相对于OECD 国家平均水平,在义务教育阶段,上海初中学校对于成绩差、有行为问题或有特殊学习需要的学困生持有更加包容的态度,更趋向于将这些学生纳入学校师生中而不是将他们转出学校。根据校长问卷的回答,在很有可能因为这三项原因而转学的学校就读学生百分比最低的国家是芬兰、挪威、冰岛、新加坡、丹麦、爱尔兰和澳大利亚,这些国家的百分比都低于3%。

表 5.25 ■ 校长表示九年级或高一学生很有可能因下列原因转学的学生百分比

转学的可能原因	初　　中（%）		高中和中职校（%）	
	上海	OECD 平均	上海	OECD 平均
学习成绩差	5.4	2.7	4.6	9.3
学习成绩好	1.3	2.8	1.1	1.5
行为问题	2.9	6.4	2.6	7.0
特殊的学习需要	3.6	3.8	1.5	3.4
家长或监护人的要求	7.4	11.8	3.1	13.8
其他	4.9	3.6	3.3	4.2
学习成绩差、行为问题或特殊的学习需要	7.2	12.8	7.4	9.9

5.3　学校自主权

PISA 2012 学校问卷中要求校长报告表 5.26 中所列的学校教学和其他事务是由谁决定的，选项有"校长""教师""校委会或校董会""区县教育局""市教委"和"国家教育部"（可多选），并将

表 5.26 ■ 在由以下各方决定资源分配事务的学校就读的学生百分比

1——只选"校长"和/或"教师"
2——既选"校长"和/或"教师"，也选"区县教育局""市教委"和/或"国家教育部"或者选"校委会或校董会"
3——只选"区县教育局""市教委"和/或"国家教育部"

有关资源分配的事务	统计项	上　海（%）	OECD 平均（%）
选聘教师	1	34.0	49.5
	2	56.3	26.5
	3	9.7	24.0
解雇教师	1	19.4	36.0
	2	60.5	29.8
	3	20.1	34.2
确定教师的起薪	1	2.0	11.5
	2	22.4	15.3
	3	75.6	73.2
确定教师的加薪	1	4.7	11.9
	2	26.4	19.2
	3	68.9	68.9
编制学校预算	1	15.3	23.8
	2	46.1	48.3
	3	38.6	27.9
确定学校内部预算的分配	1	25.9	44.8
	2	69.3	48.9
	3	4.8	6.3

校长的回答合成后形成学校资源分配责任指标和学校课程与评价责任指标,以估算学校在决定本校教学和其他事务上所拥有的自主权。指标值越高,说明学校校长和教师拥有更大的自主权。

在上海的教育系统中,教师的工资和薪水一般是由地方或国家教育行政管理部门决定的。如表 5.26 所示,分别有 75.6% 和 68.9% 的上海学生就读的学校校长报告说"确定教师的起薪"和"确定教师的加薪"是由区县教育局、市教委和/或国家教育部决定的。这些比例与 OECD 国家平均水平相当。相对而言,更多的上海学校对选聘教师、解雇教师、编制学校预算和确定学校内部预算的分配有决定权。分别有 15.3% 和 25.9% 的学生就读的学校报告说"编制学校预算"和"确定学校内部预算的分配"是由校长和/或教师决定的。对于"选聘教师"和"解雇教师"而言,分别有 34.0% 和 19.4% 的学生就读的学校校长报告说由校长和/或教师决定这些事务。上海的这些百分比均低于 OECD 国家平均水平。

综合有关资源分配事务的决定层面的信息后便可得到学校资源分配责任指标值。上海的该指标平均值为 −0.28,显著低于 OECD 国家平均水平。在上海的教育系统中,学校的学校资源分配责任指标与学生数学成绩没有显著相关性。然而,对于 OECD 国家平均而言,该指标与学生数学成绩成正相关,学校对于资源分配事务越有决定权学生表现越好,该指标每上升 1 个单位,数学成绩平均增加 6.5 分。

有关课程与评价的活动中,上海学校在制定学生评价政策上拥有最大的决定权:如表 5.27 所示,有 25.4% 的学生就读的学校的校长报告说制定学生评价政策是由校长或教师决定的,仅有 5.7% 的学生就读的学校的校长报告说其是由当地或国家教育行政管理部门决定的。多年以来,教育部门就打破唯分数论,树立多元化的教育评价观做了大量的工作,制定学生评价政策的决定权的下移应该有助于学校建立满足自身过去发展历史和未来发展需求的、具有校本特色的学生综合评价体系。相对而言,学校在选择教材、决定课程内容和决定开设课程上拥有较小的决定权。就读于这三项教学活动的决定权在校长或教师的学校的学生百分比分别为 20.7%、19.9% 和 17.6%;就读于校长报告它们的决定权在地方或国家教育行政管理部门的学校的学生百分比分别为 39.4%、31.7% 和 29.0%。上海学校在有关课程与评价的活动上的决定权一般低于 OECD 国家平均水平。OECD 国家平均而言,有关课程与评价的活动学校有最大决定权的是选择教材:64.9% 的学生就读的学校的校长报告说其是由校长或教师决定的,仅有 8% 报告说是由当地或国家教育行政管理部门决定的。相对而言更多由教育行政管理部门决定的有关课程与评价的活动是制定学生评价政策、决定课程内容和决定开设的课程,就读于校长报告说由地方和/或国家教育行政管理部门决定这三项教学活动的学校的学生百分比分别为 12.9%、24.5% 和 18.2%。

综合有关课程与评价的决定层面的信息后得到了学校课程与评价责任指标值。上海的该指标平均值为 −0.56,显著低于 OECD 国家平均水平 −0.04。在上海的教育系统中,学校的学校课程与评价责任指标与学生数学成绩呈显著负相关,相关系数为 −0.20,课程与评价责任指标值每增加 1 个单位,数学成绩下降 24.1 分,这也许是由于上海学校尚未能有效使用好所赋予的自主权。然而,对于 OECD 国家平均而言,该指标与学生数学成绩呈正相关,学校对于资源分配事务越有决定权学生表现越好,该指标每上升 1 个单位,数学成绩平均增加 1.9 分。

表 5.27 ■ 在校长报告说由各方决定课程与评价的学校就读的学生百分比

1——只选"校长"和/或"教师"
2——既选"校长"和/或"教师",也选"区县教育局""市教委"和/或"国家教育部";或者选"校委会或校董会"
3——只选"区县教育局""市教委"和/或"国家教育部"

有关课程与评价的活动	统计项	上　海(%)	OECD 平均(%)
制定学生评价政策	1	25.4	46.6
	2	68.9	40.5
	3	5.7	12.9
选择教材	1	20.7	64.9
	2	39.9	27.1
	3	39.4	8.0
决定课程内容	1	19.9	39.7
	2	48.4	35.8
	3	31.7	24.5
决定开设的课程	1	17.6	35.6
	2	53.5	46.1
	3	29.0	18.2

5.4　校长领导力

校长领导力是指组织成员把握组织使命,确立组织发展愿景和目标,运用组织技术并通过组织结构和组织程序,引导和动员广大组织成员认同这一愿景和目标并为之奋斗的一种能力。[9] PISA 将改进学校领导力视作提升学校整体教学水平的重要方面,历年 PISA 测试都将学校领导力作为重要的问卷指标,并在收集相关数据后进行分析。有关学校领导力的问题是被包含在学校问卷中的,校长被要求回答他们的学校在 2011—2012 学年中进行各种活动或行为的频率:"没有过""本学年 1—2 次""本学年 3—4 次""每月一次""每周一次"和"每周超过一次"。问卷中所列出的有关各种活动或行为的描述体现了 PISA 认为怎样的领导力对于保障和改进学校的教学质量是有效的。校长报告表明其与学生的学业表现相关程度较低。PISA 对这种现象的解释是:由于校长领导力与学生学习很少直接发生关系,其对学生学习的影响可能分散于其他学校和课堂层面的过程因素中。我国有关校长领导力的理论与实践可能与 PISA 中推荐的相关做法有体系上的差异,对 PISA 的学校领导力指标的分析能够使我们深入了解国际组织认为怎样的领导力实践有助于确保学校的教学质量,如果将其作为参照标准的话,上海校长在领导和管理学校中相对的优势和弱势在哪里,以为我国提高教育领导和管理水平提供借鉴和参考。PISA 2012 中,有关学校领导力的学校问卷问题数量从 PISA 2009 年的 14 题增加到 22 题。并且,PISA 首次在公开发布的数据库中从组成学校领导力指标的问题中抽取部分问题组成 4 项指标加以分析。这些指标分别是制定和交流学校的目标及课程发展指标、教学领导力指标、促进教学改进和专业发展指标和教师参与领导指标。接下来,我们就依次对每项指标进行分析,并且还将报告不被包括在这 4 项指标内的问题的分析结果。

如图 5.14 所示,制定和交流学校目标及课程发展指标是由校长报告的发生四项行为的频率组成的。其中,发生频率最高的是"我确保教师根据学校教育目标开展工作",有 59.0% 的学生在每月至少有一次这样做的学校中就读,这说明上海较多校长善于在日常学校领导活动中贯彻学校的教学目标。其次是"我在教工会议上和教师讨论学校的教学目标"和"我确保教师专业发展活动与学校教学目标一致",在至少每月发生一次的学校就读的学生百分比分别为 39.3% 和 37.5%,大多数学生(分别占比为 60.7% 和 62.5%)就读的学校的校长报告说这些现象发生的频率为"本学年 1—2 次"或"本学年 3—4 次",说明相对于监管教师的日常教学工作,上海校长较少在教工会议上与教师交流学校的教学目标,以及根据教学目标来规划和实施教师专业发展活动的形式。发生频率最低的是"我运用学生成绩结果来制定学校教育目标",有 25.7% 的学生就读的学校校长报告说没有过这样的行为,大多数(66.4%)的学生就读的学校校长报告说该行为发生频率为"本学年 1—2 次"或"本学年 3—4 次",仅有 8.0% 的学生就读的学校校长报告说该行为至少每月发生一次。素质教育推进以来唯分数论、唯成绩论的现象遭到了广泛的批评,因此学校校长可能倾向于运用多元的教育结果维度来制定学校教育目标,而不是过度依赖学生的成绩结果。总体而言,上海的制定和交流学校目标及课程发展指标平均值为 −0.35,显著低于 OECD 国家平均水平。该指标值比较高的国家(地区)包括巴西(1.07)、哈萨克斯坦(1.00)、卡塔尔(0.98)、马来西亚(0.98)、英国(0.89)、美国(0.84)和阿联酋(0.68)。并且,在上海学校中,该指标与学生的数学成绩呈正相关,相关系数为 0.12,$p < 0.05$,该指标每增加 1 个单位,学生数学成绩平均增长 17.3 分。但在控制了学生 ESCS 和学校 ESCS 平均值以后,该指标与学生数学成绩不再有显著相关。

图 5.14 ■ 按校长"制定和交流学校目标"行为发生频率分布的 15 岁学生百分比(%)

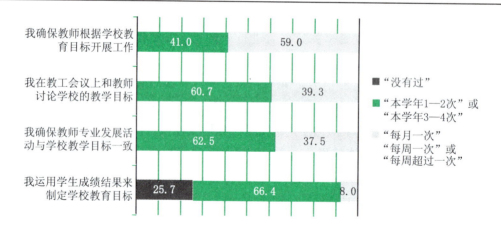

接下来是对**教学领导力指标**的分析。该指标一共由三个问题组成,上海校长分别被要求报告他们的三项行为发生的频率。在这三项行为中,发生最为频繁的是"我表扬那些调动学生学习积极性的教师",在校长报告说该项行为至少每月发生一次的学校就读的学生百分比达到了 59.3%。这表明较多上海校长在对教学的领导中注重通过调动学生的学习内外部动机来激发学生学习的积极性,时常表扬这方面做得好的教师来鼓励整体教师这样做。发生频率次之的是"我引导教师重视学生批判思维和社交能力",有 49.2% 的学生就读的学校校长报告说这样的行为至少每月发生一次,有48.9%的学生就读的学校校长报告说这样的行为的发生频率为"本学年1—2次"或"本学年3—4次",有2.0%的学生就读的学校校长报告说从来没有这样做过。批判思维体现了学生的高阶思维能力,而社交能力则是指学生非认知的人际交往和合作能力,这两项能力已经在国际上被公认为是在新的时代背景下21世纪能力的重要组成部分,在PISA看来校长对这两项能力的重视培养程度已经紧密关乎其教学领导力的高低。相较之下,发生频率最低的校长行为是"根据新近的教育研究结果来促进教学实践",有21.7%的学生就读的学校校长报告说这样的行为至少每月发生一次,有77.7%的学生就读的学校校长报告说这样的行为在测试学年发生了1—4次,仅有0.6%的学生就读的学校校长报告说在测试学年没有发生过。这项行为反映了校长将教育科研成果转化为教学实践的能力,体现了国际上对校长教学领导力要求的新趋势。总体而言,上海的教学领导力指标平均值为−0.20,显著低于OECD国家平均水平。该指标值比较高的国家(地区)包括卡塔尔(0.95)、美国(0.90)、约旦(0.81)、巴西(0.72)、马来西亚(0.69)、土耳其(0.67)、澳大利亚(0.66)和英国(0.65)。但在上海,该指标与学生的数学成绩无显著相关。

图 5.15 ■ 按校长"教学领导力"行为发生频率分布的 15 岁学生百分比

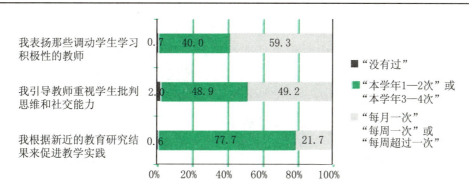

在构成**教学改进和专业发展指标**的三项问题中,频繁发生比例最高的是"教师在教学上遇到问题时,我会主动与他/她探讨",在校长报告说该项行为至少每月发生一次的学校就读的学生百分比达到了76.9%。这说明上海较多校长善于采取引导和讨论的方式为教师提供教学上的支持和帮助。然而,上海校长解决教师在教学中遇到问题的频率却没有那么高。仅有62.5%的校长报告说"当教师提出教学上问题时,我们一起解决"至少每月发生一次,余下的37.5%的校长报告说该行为在测试学年发生1—4次。另外,在校长至少每月关注一次"破坏课堂的行为"的学校就

图 5.16 ■ 按校长"教学改进和专业发展"行为发生频率分布的 15 岁学生百分比

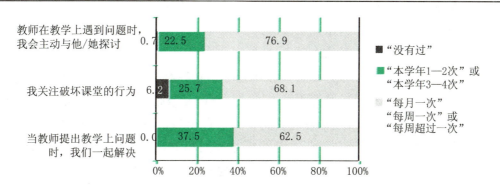

读的学生比例为68.1%,25.7%的校长报告说该行为在测试学年发生1—4次,有6.2%的校长报告说他们从来不关注破坏课堂的行为。这说明上海大多数校长比较关注学生的纪律问题,然而对于小部分校长而言,纪律问题没有牵制他们的精力。合成这三项问题的教学改进和专业发展指数的上海平均值为−0.22,显著低于OECD国家平均水平。该指数值较高的国家(地区)有巴西(1.15)、黑山(0.89)、约旦(0.80)、土耳其(0.73)、阿尔巴尼亚(0.66)、加拿大(0.62)、卡塔尔(0.60)、阿根廷(0.60)、保加利亚(0.59)和美国(0.59)。在上海,该指数与学生数学成绩没有显著相关。

在构成**教师参与管理指标**的三项问题中,频繁发生比例最高的是"我鼓励教师建设一种不断进步的校园文化",在校长报告说该项行为至少每月发生一次的学校就读的学生百分比达到了40.9%。这说明有相当一部分校长在其管理活动中重视学校的文化建设,并不断做到常态化和体系化。频率发生比例较低的是"我给教职工参与学校政策制定的机会"和"我让教师参与评价学校管理情况"。仅有14.1%和10.7%的学生就读于校长报告说这些行为至少每月发生一次的学校,绝大部分学生(85.9%和89.3%)就读的学校的校长报告说这些行为每年发生1—4次。造成这种情况的一种可能是学校政策制定和管理情况评价本身发生频率较低,另一种可能是校长让教师参与这些管理活动频率较低。将这三项问题合成后形成教师参与指数,该指数的上海平均值为−0.79,显著低于OECD国家平均水平,在所有参加PISA 2012的国家(地区)中与法国(−0.78)和罗马尼亚(−0.73)并列最低。该指数值较高的国家(地区)有土耳其(0.92)、巴西(0.65)、约旦(0.64)、塞浦路斯(0.63)、马来西亚(0.62)、泰国(0.59)、美国(0.54)、澳大利亚(0.51)和乌拉圭(0.50)。在上海,该指数与学生数学成绩没有显著相关。

图 5.17 ■ 按校长"让教师参与管理"行为发生频率分布的15岁学生百分比

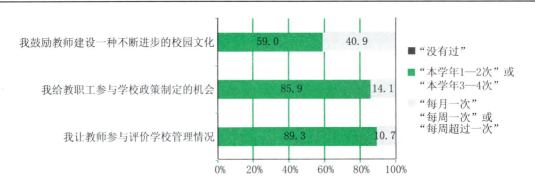

在这四个有关学校领导力的指标之间,上海校长报告的促进教学改进和专业发展指标和教学领导力指标之间的相关性最大,相关系数达到了0.70,而其余两两指标之间的相关系数在0.51到0.57之间。而就OECD国家平均水平而言,制定和交流学校目标及课程发展指标与教学领导力指标之间的相关系数是最高的,为0.67。教学领导力指标与教师参与指标之间的相关系数次之,为0.60。制定和交流学校目标及课程发展指标与教师参与指标之间的相关系数,与教学领导力指标与促进教学改进和专业发展指标之间的相关系数相当,分别为0.57和0.56。相对最低的是促进教学改进和专业发展指标与教师参与指标之间的相关系数,以及制定和交流学校目标及课程发展指标与促进教学改进和专业发展指标之间的相关系数,分别为0.49和0.48。

5.5　学生评价目的

图 5.18 ■ 按学校的"学生评价目的"分布的 15 岁学生百分比

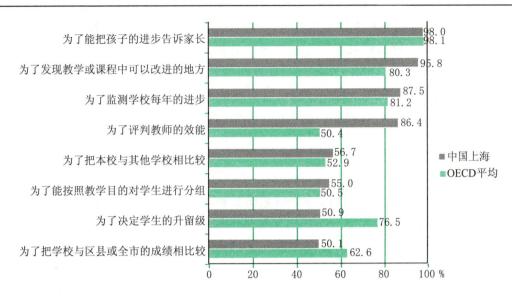

- 为了能把孩子的进步告诉家长　中国上海 98.0　OECD平均 98.1
- 为了发现教学或课程中可以改进的地方　95.8　80.3
- 为了监测学校每年的进步　87.5　81.2
- 为了评判教师的效能　86.4　50.4
- 为了把本校与其他学校相比较　56.7　52.9
- 为了能按照教学目的对学生进行分组　55.0　50.5
- 为了决定学生的升留级　50.9　76.5
- 为了把学校与区县或全市的成绩相比较　50.1　62.6

（图例：■ 中国上海　■ OECD平均）

PISA 2012 问卷中有一组题询问了校长对九年级或高一学生进行评价的目的,共列出了八个目的供校长选择。不管是在 OECD 国家还是在上海,教育评价的监测、诊断、调节和激励功能在学校中得到了较多的认可和运用。在上海,有最多学生的校长报告说他们进行评价的目的是"为了能把孩子的进步告诉家长""为了发现教学或课程中可以改进的地方"和"为了监测学校每年的进步",学生占比分别达到了 98.0%、95.8% 和 87.5%。第一项百分比与 OECD 国家平均的 98.1% 之间没有显著差异,而第二、第三项百分比显著高于 OECD 国家平均水平的 80.3% 和 81.2%。上海校长认为对学生进行评价的目的是为了评判教师效能的比例也是较高的,就读于这样的学校的学生比例达到了 86.4%,比 OECD 国家平均水平高 36.0 个百分点。这说明相对于 OECD 国家平均水平而言,上海校长较多地将学生评价结果用于对教师的表现评定。校长认为进行评价的目的是"为了把本校与其他学校相比较"和"为了把学校与区县或全市的成绩相比较"的学生比例约达到了半数,分别占 56.7% 和 50.1%,前者与 OECD 国家平均水平 52.9% 没有显著差异,而后者则显著低于 OECD 国家平均水平 62.6%。就评价结果对于分流学生的作用而言,有超过半数的学生的校长认为学生评价的目的是"为了能按照教学目的对学生进行分组"(55.0%)和"为了决定学生的升留级"(50.9%),前者与 OECD 国家平均水平(50.5%)没有显著差异,而后者则远低于 OECD 国家平均水平 76.5%。

如上所述,PISA 的校长问卷中所列出的学生评价的八个目的包括决定升留级,对课程、教学和学生学习状况进行监测和诊断,以及对教师和学校进行整体评价和评定三大类。上海校长平均报告的使用评价目的数(即对 8 项评价目的选择"是"的数目)为 4.8 项,显著高于 OECD 国家平均水平 4.6,说明较 OECD 国家平均水平,上海校长由于各种目的对评价使用率较高。在上海,使用评价目的指数与数学成绩没有显著相关。

有两个相关问题是有关成绩数据的用途的,成绩数据包括学校或年级的测试总分、总等第或者毕业率。随着减轻学生学习压力的政策在上海的推进,各校中已经鲜有公布学生成绩的现象。

只有3.4%的上海校长报告会向公众公布成绩数据（例如刊登在媒体上），而OECD平均有45.0%的校长报告会这样做。与此同时，报告说上海教育行政部门长期追踪本校成绩数据的校长比例为61.1%，显著低于OECD国家平均水平72.1%。在美国，NAEP（国家教育进展评价）从20世纪70年代起就开始在国家层面对中小学生的阅读和数学表现进行监测，并在设计上保证成绩可以进行跨年度的比较，以长期追踪教育质量的进展。上海市教育委员会在教育部基础教育课程教材发展中心的"建立中小学生学业质量分析、反馈与指导系统"项目的基础上设立了中小学学业质量绿色指标综合评价体系（简称绿色指标），其中就包含跨年度进步指数，对各校学业质量进行跟踪监测。2011年绿色指标首次实施，将来会进一步完善和健全对成绩数据的追踪分析。

5.6 教师评价方式和结果用途

PISA 2012详细询问了校长对数学教师的教学实践进行监测和评价的情况。如图所示，极高比例学生就读的上海校长在2011—2012学年对数学教师的教学实践进行各种形式的评估：97.4%的学生校长表示自己或高级教师会听课，92.4%的学生校长表示测试或评估学生学业成绩，91.3%的学生校长表示教师会互评（包括对教学计划、评估工具和课堂的评价），89.8%的学生校长表示督学或其他学校外部人员会听课。这些比例均远高于OECD国家平均水平。但采取各项教师评价措施的校长管辖的学生与没有采取这些措施的校长管辖的学生之间无显著数学成绩差异。

图5.19 ■ 按数学教师评价方式分布的15岁学生百分比

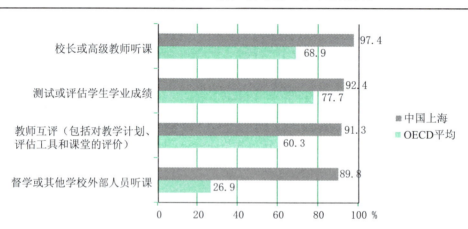

如图所示，相对而言，不管是对于上海还是OECD国家平均水平而言，大多数学生就读的学校校长都没有将教师评价结果与工资水平挂钩——OECD平均只有26.6%的学生就读于这样的学校，而上海有41.0%的学生就读于这样的学校。但是，相对于OECD平均水平，将对教师的评价结果用于决定奖金形式的物质奖励或职业晋升机会形式的非物质奖励的现象在上海学校中显得更为普遍。有92.3%的上海学生就读于教师评价结果会对其"奖金或其他形式的酬金"产生影响的学校，有97.0%的上海学生就读于学校将教师评价结果用于决定其"职业晋升的可能性"。而OECD国家平均而言，这两项比例分别仅为30.1%和52.5%。而就其他形式的非物质奖励而言，虽然上海和OECD国家平均水平之间的差距有所缩小，但是上海校长仍然较多地将教师评价结果用于决定各种形式的奖励。在上海，有93.6%、96.8%、94.9%和97.3%的学生就读于校长报告将教师评价结果用于决定"专业发展机会""得到公开表扬""工作内容变得更具吸引力"和

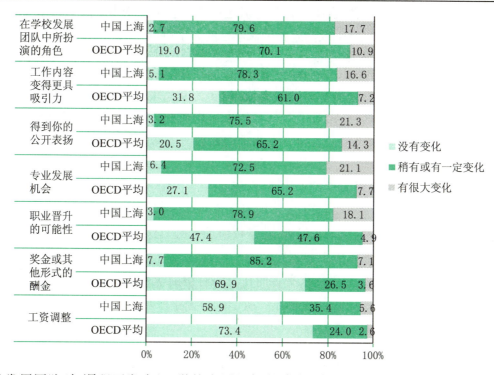

图 5.20 ■ 按教师评价结果用途分布的 15 岁学生百分比

图例：
■ 没有变化
■ 稍有或有一定变化
■ 有很大变化

"在学校发展团队（如课程开发小组,学校发展目标的确定）中所扮演的角色"的学校。这些比例都显著高于 OECD 国家平均水平的 72.9％、79.5％、68.2％和 81.0％。

5.7 教育质量保障措施

在 PISA 2012 中新出现的教育管理方面的问卷问题中,有 9 个问题是有关学校所采取的保障和提高教育质量措施的,这些措施对上海学校如何确保其教育质量有良好的参考价值。如表 5.28 所示,上海学生中在具备各项措施的学校里就读的学生比例在 86.2％至 100.0％之间,均显著高于

表 5.28 ■ 在采取各种教育质量保障措施的学校就读的学生百分比

下列质量保障和提高的措施中,贵校有哪些?	回答"有"的百分比(%)		
	上海	OECD 平均	差异
关于学校课程计划和教育目标的明文规定	100.0	86.2	13.8
关于学生成绩标准的明文规定	86.2	73.6	12.6
系统化记录的数据,包括教师和学生的出席情况、毕业率、考试成绩、教师专业发展情况	97.5	85.5	12.0
内部评估/自我评估	100.0	87.1	12.9
外部评估	88.4	63.2	25.2
来自学生的书面反馈信息(例如涉及课程、教师或资源方面)	91.4	60.5	30.9
教师师徒制	98.5	71.5	27.0
定期(至少六个月一次)就学校发展向一名或多名专家咨询	93.2	43.4	49.8
推行标准化的数学教学政策(例如学校教学使用共同的教学材料,并有相应的教师培训)	94.1	62.2	31.9

OECD 各国平均水平。在上海，所有学校（100％）都报告说他们有"关于学校课程计划和教育目标的明文规定"并进行"内部评估/自我评估"，分别比 OECD 各国平均水平高 13.8 和 12.9 个百分点。这说明上海学校一般都积极采取措施来确保学校的办学质量。

5.8　家校合作

在学校问卷中有一组问题是要求校长填写在 2011—2012 年度本校有多少比例的学生家长会参与各项学校活动。总体而言，相对于 OECD 国家平均水平，上海家长较为积极地参与家校合作活动。其中，较多的学生家长会与老师讨论孩子的表现。上海学校平均而言，58.5％的学生家长会在老师的提议下讨论孩子的行为问题，主动的为 49.1％，而 OECD 平均而言这两项比例分别仅为 38.2％和 22.8％。而且，上海学校平均而言，55.1％的上海学生家长会在老师提议下讨论孩子的进步情况，主动的为 45.9％，而 OECD 平均而言这两项比例分别为 47.1％和 27.3％。此外，在上海，其家长会担任学校课外活动志愿者、在学校协助老师、自愿参加学校体力劳动、作为特邀嘉宾发言和担任学校图书馆或媒体中心志愿者的学生占比分别为 13.5％、12.1％、8.2％、7.5％和 5.5％，皆显著高于 OECD 国家平均水平。而在上海有协助学校募捐、参与当地学校管理组织和在学校食堂义务服务行为的家长其孩子在一所学校学生中平均占 13.4％、12.1％和 2.6％，与 OECD 国家平均水平之间没有显著差异。

图 5.21 ■ 在家长参与各种学校活动的学校就读的 15 岁学生百分比

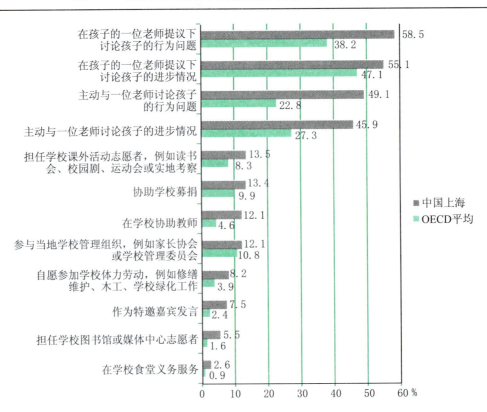

5.9　学校管理因素作用的综合分析

由于有关学校管理因素的数据均是通过统一的学校问卷收集的，对这些因素的分析包括了全部的样本学生。如表 5.30 所示,在没有控制学生和学校背景变量的情况下,所输入的学校管理因素共能够解释 38.4％的学校层面的数学成绩方差。如表 5.29 所示,对学校数学成绩产生显著影响的变量中,除了关系到学校生源的招生考虑因素(学生成绩单和其他因素)和转学原因(因成绩好而转学)以外,指向学校管理特征和措施的变量还有:课程与评价责任、将教师评价与奖金或酬金挂钩、关于成绩标准的明文规定和实行教师师徒制。其中,表示学校自主性的课程与评价责任指标与学校数学成绩呈负相关,这可能是由于在这些方面有高度自主权的学校可能是中外合作办学的学校,中文非母语的学生在这样的学校就读的可能性较高,从而造成了该指标的负相关作用。在通过"家中使用语言不是汉语"这一变量控制了学生的语言状况以后,该指标与学校数学成绩不再有显著关联。另外,与学校数学成绩呈负相关的是将教师评价结果与奖金或其他形式的酬金挂钩。有两项学校质量保障措施与数学成绩呈正相关,它们分别是制定关于成绩标准的明文规定和实行教师师徒制。在家校合作中,家长主动与教师讨论孩子的进步问题会对学生学业成绩有积极的作用。然而,家长主动与教师讨论孩子的行为问题与学校数学成绩呈负相关,这可能是由于有行为问题的学生一般学业成绩也会受到影响。

表 5.29 ■ 将有关教师教学方法的变量作为自变量和学生数学成绩作为因变量的多层回归

自　变　量	没有控制学生和学校层面的背景变量的模型	控制了学生和学校层面的背景变量的模型	精简模型
学生和学校背景变量			
性别(0＝女生,1＝男生)		14.7***	14.5***
经济、社会和文化地位指数		7.7***	7.7***
是否是中等职业技术学校学生(1＝"是",0＝"否")		−71.3***	−57.2***
家中使用语言不是汉语(1＝"是",0＝"否")		−72.4***	−73.3***
是否是民办学校(1＝"是",0＝"否")		−5.1	
学校规模(每 100 人)		0.9	
学校规模(每 100 人)的平方		−0.0	
学校的平均经济、社会和文化地位指数		65.1***	72.1***
学校层面的有关学校管理的变量			
招生考虑因素			
学生的学习成绩单(包括升学考试)	62.6***	24.9**	31.0***
学生母校的推荐	4.9	−9.8	
家长认可学校的教学思想和办学理念	9.0	4.9	
学生是否对某个特定课程感兴趣或要求学习某个特定课程	−12.0	−5.9	
优先考虑本校学生或校友的家庭成员	1.9	23.5	
居住在特定的区域	−15.2	−14.6*	
其他	−75.5**	−45.7*	−37.1**

续表

自　变　量	没有控制学生和学校层面的背景变量的模型	控制了学生和学校层面的背景变量的模型	精简模型
转学考虑因素			
学习成绩差	41.4	3.5	
学习成绩好	−142.8***	−62.1***	−51.1***
行为问题	−73.2	−27.9	
特殊的学习需要	−31.8	−31.2	
家长或监护人的要求	13.1	14.8	
其他	57.0	25.7	
学校自主性			
课程与评价责任指标	−34.8***	−9.4	
学校资源分配责任指标	11.2	6.6	
学校领导力			
制定和交流学校目标及课程发展指标	−2.3	−1.1	
教学领导力指标	6.6	−4.7	
教学改进和专业发展指标	−5.0	3.8	
教师参与指标	10.6	9.5	
评价学生的目的数	−2.8	7.4*	
成绩数据用途			
成绩数据要向公众发布	48.1	29.8	
教育行政部门长期追踪成绩数据	−0.6	−13.9*	
数学教师监督方式			
测试或评估学生学业成绩	1.4	12.6	
教师互评	1.6	1.2	
校长或高级教师听课	−66.6	−28.8	
督学或其他学校外部人员听课	16.0	−0.8	
教师评价所导致的结果			
工资调整	1.9	5.7	
奖金或其他形式的酬金	−35.6*	−19.2	
专业发展机会	3.2	4.4	
职业晋升的可能性	22.3	25.5	
得到你的公开表扬	50.3	29.8	
工作内容变得更具吸引力	40.6	−4.7	
在学校发展团队(如课程开发小组,学校发展目标的确定)中所扮演的角色	−24.8	4.8	

续表

自　变　量	没有控制学生和学校层面的背景变量的模型	控制了学生和学校层面的背景变量的模型	精简模型
教育质量保障措施			
关于学生成绩标准的明文规定	32.4*	7.0	
系统化记录的数据,包括教师和学生的出席情况、毕业率、考试成绩、教师专业发展情况	−12.7	9.4	
外部评估	8.0	9.5	
来自学生的书面反馈信息(例如涉及课程、教师或资源方面)	24.7	−0.2	
教师师徒制	82.1*	54.1**	16.2*
定期(至少六个月一次)就学校发展向一名或多名专家咨询	9.7	19.4	
推行标准化的数学教学政策	6.9	5.9	
家校合作			
主动与一位老师讨论孩子的行为问题	−0.6*	−0.2	
在孩子的一位老师提议下讨论孩子的行为问题	0.5	0.1	
主动与一位老师讨论孩子的进步情况	0.7*	0.2	
在孩子的一位老师提议下讨论孩子的进步情况	−0.4	−0.3	
自愿参加学校体力劳动,例如修缮维护、木工、学校绿化工作	0.0	−0.2	
担任学校课外活动志愿者,例如读书会、校园剧、运动会或实地考察	0.2	−0.1	
担任学校图书馆或媒体中心志愿者	−0.3	0.4	
在学校协助教师	−0.1	0.0	
作为特邀嘉宾发言	−0.2	0.2	
参与当地学校管理组织,例如家长协会或学校管理委员会	0.6	0.0	
协助学校募捐	−0.2	−0.2	
在学校食堂义务服务	−0.1	−0.1	
教学一致性			
同年级学生采用同样的数学教材	21.5	0.0	
全校的数学教师都采用一套标准化的教学大纲	30.2	−4.7	

注:＊p＜0.05,＊＊p＜0.01,＊＊＊p＜0.001。

如表 5.30 所示,与先前的模型分析结果相似的是,在控制了学生和学校层面的背景变量以后,模型对于学校层面数学成绩差异的解释率大幅增加至 80.4％。除了学校办别(公办或民办)和学校规模以外,其他背景变量如性别、个体和学校平均的学生家庭社会经济背景、是否是职校学生等均能显著预测学生数学成绩。

在最后仅保留显著自变量的精简模型中,除了体现学校生源的两项招生政策(考虑学校成绩单和其他因素)和一项转学政策(成绩好而转学)以外,唯一对学校数学成绩有显著积极作用的是采取师徒制的学校质量保障措施。师徒制在我国是具有悠久传统的传承方式,数据分析结果表明,其对提升学校整体教育质量很有可能起到了有效的作用。师徒制的积极作用是如何在教学实践中产生的,以及如何进一步在培养和凝聚教师中发扬这一优良传统,是值得教育管理者们进行积极探究的问题。

表 5.30 ■ 将有关学校管理的变量作为自变量和数学成绩作为因变量的多层回归模型的剩余方差

模　　　型	方　　差		方差解释率(%)	
	学生层面	学校层面	学生层面	学校层面
仅包含因变量的零模型	5 403.1	4 800.8		
剩余方差				
以学校管理变量为自变量和以数学成绩为因变量,没有控制学生和学习层面的背景变量的模型	5 403.0	2 956.4	0.0	38.4
以学校管理变量为自变量和以数学成绩为因变量,控制了学生和学校层面的背景变量的模型	5 237.4	941.6	3.1	80.4
学校管理因素作用的精简模型	5 237.5	960.7	3.1	80.0

6. 政策启示

在以上分析中,PISA 已经根据各项分析结果依次对加强上海的学校建设提出了建议,在本章最后再对一些突出的因素做进一步归纳。

6.1　进一步加强校风建设

上海学校的师生关系和纪律风气等校风指标一般都显著好于 OECD 国家平均水平,然而仍然在个别相关指标上存在明显问题。上海的影响学校风气的教师因素指标就显著低于 OECD 平均,其中差距尤其大的是教师"没有鼓励学生发挥他们的全部潜能""不能满足学生个别化的需要""师生关系差"和"备课不充分",每项教师行为的差距均在 25 个百分点以上。另外,学校受到"学生喝酒或吸毒""学生威胁或欺负其他学生"和"学生不尊重老师"现象的影响程度也显著高于 OECD 平均水平。其中,"学生威胁或欺负其他学生"的现象从 2009 年到 2012 年变得更为严重了。在改进学风中要尤其注重对 PISA 及其他相关调研中所发现的学生或教师行为问题的专项整治。

6.2　使学校师资和物资的配置达到高位均衡

有关学校资源因素作用的综合分析结果显示,教师的专业素质和学校活动丰富程度能够显著预测学校层面的学生学业表现。然而,与生源社会经济背景好的优势学校相比较,生源背景较差的弱势学校存在着更多的教师短缺以及缺乏专业发展的问题,弱势学校尤其缺乏除语文和数学以外学科的教师。虽然优势和弱势学校在校舍或活动场地、取暖/制冷及照明系统和教学场所(例如教室)等基础物资配备充足程度上没有显著差异,但是弱势学校仍然更多地受缺乏科学实验室设备和教学用计算机及互联网的影响。为了促进学生的全面发展,各校按照国家和上海的课程设置要求所开设的各项课程和活动应该得到充分保证,其中在开设非主科课程和课外活动上要对弱势学校给予更多的师资和物资方面的支持与帮助,以使上海学校的资源配置达到高位均衡。

6.3 进一步推进减负增效

本研究显示,虽然上海学生的平均校内课程时间与OECD各国的平均水平差距不大,但是上海学生的平均作业时间却远高于其他参加PISA 2012的国家和地区。不管是课程还是作业,都不是学习时间越多学生的学业成绩就越好。阅读、数学和科学三科成绩与作业时间的关系都显示对大多在念初三和高一的15岁学生来说,每周11个小时(即每周天1.5小时左右)的作业量一般是比较合理的,因为15岁学生无论从生理还是心理上都处于生长发育期。过重的学业负担指的是学习使身心所承载的负荷超越个人的承受能力范围。[10]数据显示,在超过合理的课业负担限度以后,再追加更多的负担对于提高学生的学习成绩收效甚微。减负并不是指没有学习负担,而是指减去那些不必要的过重的负担,学生必要的合理的学习负担并不包括在内。另外,减负并不意味着教育教学质量的下降。从本质上说,减负是一个"提质增效"的过程。

本研究与其他针对上海学生课业负担的相关研究得出了相似的结论,即接受私人家教的学生比不接受的学生成绩反而要差。这些分析说明学生请私人家教一般是由于学习上有困难,而造成学习上有困难的原因很有可能是因为在学校得不到足够的学业上的支持和帮助。一般而言,一所学校生均家教时间越长,说明这所学校学生越有可能得不到必要的学业上的支持和指导,该校的办学质量可能越需要得到提高。认为学生可以通过私人家教和校外辅导班来提高学业表现的观念首先不利于学生间和学校间的教育机会均衡化发展,其次校外补课对于相同家庭和学校生源家庭社会经济背景的学生来说是无效的,也不利于学校为每位学生提供必需的学业上的支持。

6.4 加强培养学生的学习自主性

对于教学方法作用的综合分析结果显示,一般在学校内部,教师越能够运用激发学生认知的教学方法,学生的数学表现越好。上海的数学课中对学生认知的激发程度指标平均值显著高于OECD国家平均值,但是在"布置需要(学生)花很长时间思考的问题"和"让(学生)做一些不能立即发现明确解题方法的题目"方面,上海学生对老师的肯定评价比例低于OECD各国平均水平。而且,回答每节课或大部分课上"老师会布置至少需要一周时间才能完成的任务"和"老师让我们帮忙设计课堂活动或主题"的学生比例仅为9.9%和14.7%。培养学生的学习自主性已经成为我国各项教改措施的主要目标之一,自主学习能力对于学生的终身学习以及应对21世纪挑战都是至关重要的。PISA结果显示,上海教师总体上仍然不善于设计需要学生充分自主思考的学习任务、场景和机会,以及给予学生充足的自主思考时间。因此,在教师职前教育以及专业发展中亟需对有关培养学生学习自主性的教学方法进行积极探讨。

6.5 提升校长的领导力

学校领导力一共有四个子指标:制定和交流学校目标及课程发展指标、教学领导力指标、教学改进和专业发展指标以及教师参与管理指标。上海的这四项指标的平均值均显著低于OECD

国家平均水平。OECD所编制的有关学校领导力的问题有其引领性,体现了国际上目前所认可和倡导的相关实践行为。在上海校长中发生频率尤其低的行为有"我根据最新近的教育研究结果来促进教学实践""我让教师参与评价学校管理情况""我给教职工参与学校政策制定的机会"和"我确保教师专业发展活动与学校教学目标一致"等。当然,国际上推崇的领导力行为并不一定完全适合我国的教育体系,但是至少可以对我国如何提升校长的领导力提供富有价值的参考。PISA中所提出的校长领导力行为对于改进我国校长工作的借鉴意义是值得我们深刻思考和探究的问题。

6.6　减轻学校生源家庭社会经济背景对学生学业表现的影响

对于各组变量的多层回归分析都显示,学校平均ESCS与学生学业表现高度相关。家庭各方面条件好的学生集聚的学校,不仅享有更好的师资和物资,而且还能提供更好的同伴效应。这样以学校为隔阂的资源不公平分配不利于上海教育的优质均衡发展。学生家庭的经济收入和社会地位应该尽可能小地成为他们获得教育资源的影响因素。上海市积极推进的新优质学校建设重点强调了学校的不择生源和不集聚资源的特性。随着新优质学校等其他提升教育公平程度的措施的落实,我们期待学校平均ESCS对于学业表现的影响能够逐渐降低。

参考文献

[1] Coleman J. S. Equality of Educational Opportunity，Report Prepared for the US Office of Education［M］，Washington，DC：US Government Printing Office，1966.

[2] 刘笑飞,卢珂.学生学业成绩与家庭社会经济背景相关性研究[J],天中学刊,2009(24).

[3] 汪昌华.义务教育阶段学生学业成就与家庭背景的关系研究[J].现代中小学教育,2009(12).

[4] 卢智泉,张国毅,侯长余,杨惠君.家庭因素对学生学习成绩的影响[J].中国行为医学科学,2000(1).

[5] OECD. PISA 2012 Assessment and Analytical Framework：Mathematics，Reading，Science，Problem Solving and Financial Literacy［M］. Paris：OECD Publishing，2013.

[6] OECD. PISA 2012 Results：What Makes Schools Successful? Resources，Policies and Practices(Volume IV)［M］. Paris：OECD Publishing，2013.

[7] OECD，PISA In Focus 44：How Is Equity in Resource Allocation Related To Student Performance? ［M］. Paris：OECD Publishing，2014.

[8] OECD，PISA In Focus 40：Does Pre-primary Education Reach Those Who Need It Most? ［M］. Paris：OECD Publishing，2014.

[9] 董君武.试论学校领导力的结构模型[J].上海教育科研,2008(11).

[10] 鲁林岳.综合辩证论"减负"[J].教育研究,2007(5). OECD, PISA 2012 Results Report IV.

6

第六章
上海学生的阅读和科学素养

1. 上海学生的阅读素养

当前,阅读素养的重要性已经不言而喻。从国际上看,越来越多的学者指出阅读素养对个人及社会经济发展的重要性。欧盟委员会(European Commission)也指出,阅读素养不仅是所有教育领域的关键,也是参与终身学习、促进个人发展和融入社会必需的能力。[1]欧盟认为对阅读素养的投资是实现欧洲 2020 战略中所提出的"智能增长"的先决条件,把提升阅读素养体现在其规划纲要"欧洲 2020"的旗舰项目"青少年在行动"和"新素养与新就业机遇议程"中,力争在 2020 年把阅读素养问题学生从 20%降到 15%。有鉴于此,欧洲各国纷纷着手通过教育手段,以青少年为重点提升全民阅读素养:波兰于 2001 年成立"让所有儿童都读书"组织,并于 2002 年 6 月举办首个"儿童阅读国际周";立陶宛于 2006 年推出"阅读推广计划";塞浦路斯在始于 2008 年的国家课程改革中开发阅读新课程,于 2011 年 9 月在学校中普及;葡萄牙于 2006 年启动"国家阅读计划",强制规定幼儿园孩子与小学生每天阅读一小时,初中每周须开设一节阅读课,旨在通过课堂增加青少年儿童的阅读兴趣;丹麦计划在 2020 年使所有完成义务教育的学生均掌握阅读能力。[2]

此外,越来越多的教育评估项目开始将阅读素养评价纳入其中,例如国际教育成就评估协会(IEA)开展的"国际阅读素养进展研究(PIRLS)"、美国的"国家教育进展评价(NAEP)"、经合组织(OECD)的"国际学生评估项目(PISA)"和"国际成人能力评估调查(PIAAC)"等。这些评估项目对阅读素养的重视从另一个侧面反映了阅读素养日益突出的重要性。

在国内,大家对"阅读素养"这个词的接受度越来越高,普遍认为阅读素养是实现自我价值的基石,是通向知识、创造与想象的捷径,是参与现代社会生活的先决条件。阅读素养关系到个人未来的发展乃至国家社会经济的进步。它是孩子学习和成长的基本要素,是孩子实现社会发展和精神发展的奠基石。只有掌握了阅读的能力,孩子才能更好地学习其他知识,才能更自信地融入社会,满足生活、工作甚至生存的需要;只有学会了如何阅读,才能提高鉴赏能力,接受全方位的信息,满足个人精神世界发展的需求。阅读素养也是一个国家社会和经济发展的根本。国民的精神力量对于一个国家的软实力和最终的竞争力都起着关键的作用,而精神力量的获取和培养,则需要通过阅读。[3]

1.1 PISA 阅读测评概述

随着阅读素养的重要性日益突出,PISA 一开始就将阅读素养作为三个主要测试领域之一。PISA 2012 对阅读素养的界定与 PISA 2009 一致:阅读素养是指"为了实现个人发展目标,增长知识、发挥潜能并参与社会活动,而对书面文本的理解、运用、反思与参与"[4]。与 PISA 2000 的阅读素养定义相比,此定义增加了"参与(engage)"一词,说明 PISA 已经把阅读参与度作为阅读素养的重要组成部分。

"为了实现个人发展目标,增长知识、发挥潜能并参与社会活动"旨在全面覆盖阅读素养发挥作用的各种情境。为了"实现目标",每个个体都有必须满足的一系列需要,从基本的生存需要到个人满意度,到专业和职业发展,再到参与社会的需要。无论是购物时找路线,还是与复杂的行政系统进行谈判,满足这些需要的过程中都越来越多地需要阅读,因为这些机构的规定通常都只有书面文本的形式。在满足个体的社交需要、娱乐和休闲需要、社区发展和工作需要时,阅读也很重要。在"发挥潜能"时需要阅读,在学校教育和学校后教育中还是这样。但调查指出,许多成年人一生中都在参与一些学习活动,大多是自主学习和非正式学习。这类学习一般都要求运用文本并且当个体想要改善他们的生活时,无论在工作中或工作以外,他们都需要理解、运用和参与阅读印刷和数字文本。"参与社会活动"强调了个体的主动性:个体运用文本作为参与社会环境、了解并积极为家庭周边及更广范围的社区生活做贡献的方式。在这中间,PISA 还认识到了阅读素养的社会性,把它看作个体之间交互作用的一部分。当然,对许多个体来说,阅读是他们成为劳动力的基本要素。[5]

"书面文本"由各种形式、各种类型和各种媒介的文本构成,文本形式包括连续文本和非连续文本等,文本类型有叙述、说明、议论等,媒介包括手写的、印刷的和数字的。[6]

"理解、运用、反思"是与阅读和认知的关键要素联系在一起的。"理解"指的是读者从文本中建构意义,意义可大可小,包括字面意义或文字背后的含义,可以是基本的,例如理解词语的含义,也可以复杂到理解长篇议论文或记叙文潜在的主题。"运用"指的是应用文本中的信息和观点来完成当前的任务或目标,强化或改变原有的观点。许多阅读都是属于这种类型,有些情况下只要求很基本的理解加上再认词语的意义,以及对结构的基本再认(例如菜单)。在其他情况下,要求运用句法和对较复杂的结构的理解来提取信息。但是无论在什么情况下,读者处理文本的时候头脑中都有一项具体的任务。"反思"指的是读者要把他们阅读的内容和自己的思想以及经验联系起来,可以运用文本来进一步了解自己的生活,也可以利用外部参考框架对文本本身作判断。读者在处理文本的过程中不断地作出不同类型的判断,例如评价文本是否适用于解决当前的任务、是否提供需要的信息、文章内容是否具有真实性和可靠性,对文中的任何偏见都要作出解释,对有些文本还要评价文本作为构思精美的作品和获取信息的工具的质量。[7]

"参与"指的是阅读的动机,由一组情感和行为特征组成,包括对阅读的兴趣和喜爱,对阅读内容的控制感,参与阅读的社交活动,以及多样而频繁的阅读实践。[8]具备阅读素养的人不只是具备良好的阅读知识和技能,而且还要重视为了各种目的而运用阅读能力。所以教育的目不只是培养阅读精熟度而且还要培养阅读参与度。

1.2 PISA 阅读素养测评框架

阅读素养测评框架设计是 PISA 开发阅读素养测评工具的指导文件,也是结果报告的基本框架。PISA 2012 的阅读测评框架与 PISA 2009 相同,只是在 PISA 2009 中,阅读是主要测试领域,而在 PISA 2012 中,阅读只作为次要领域。

PISA 阅读素养测评框架包括三个主要特征:文本、认知方面和情境。"文本"指所覆盖的阅读材料的范围,可以进一步分为四个子类别:媒介、环境、文本形式和文本类型。"认知方面"指决定读者怎样处理文本的认知方法,包括思考策略、方法或目的。PISA 区分了三个认知方面:访问和检索、整合和解释、反思和评价。"情境"指文本与文本相联系的试题的背景,以及作者写作该文本的用途。PISA 的阅读情境分为个人的、公共的、教育的和职业的四种。

与 PISA 2000 相比,PISA 2012 的阅读测评框架在两个方面拓展了对阅读素养的界定:媒介类型上包括了电子文本的阅读,对"书面文本"的理解扩展了,包括手写的、印刷的,也包括电子媒体呈现的文字或附有文字说明的图片内容;阐明了阅读参与度和阅读元认知的结构,把阅读参与度的概念从对阅读的态度扩展到阅读行为习惯,包括阅读的时间、广度、方法等。

图 6.1 ■ PISA 阅读素养测评框架的主要特征

文本:读者要阅读哪类文本? ⇨ ● **媒介**:文本以什么形式发表? ⇨ ● 纸质
● 数字式

● **环境**:读者能改变数字文本吗? ⇨ ● 创作的(读者是接受者)
● 基于消息的(读者可以改变内容)

● **文本形式**:文本怎样呈现? ⇨ ● 连续文本(以句子的形式)
● 非连续文本(以列表的形式)
● 混合文本(连续文本和非连续文本相结合)
● 多重文本(把一个以上来源的文本放在一起)

● **文体类型**:文本的修辞结构是什么? ⇨ ● 描写(一般回答"什么"的问题)
● 叙述("什么时候")
● 说明("怎样")
● 议论("为什么")
● 指示("怎么做")
● 交流(交换信息)

认知方面:读者阅读该文本的目的和方法是什么? ⇨ **访问和检索**:文本中的信息
整合和解释:他们读到了什么
反思和评价:跳出文本联系自己的经验

情境:从作者的观点来看,文本是派什么用的? ⇨ **个人的**:满足自己的兴趣
公共的:与广泛的社会联系
教育的:用于教学
职业的:与工作相联系

资料来源:国际学生评估项目中国上海项目组.质量与公平:上海 2009 年国际学生评估项目(PISA)研究报告[M].上海:上海教育出版社,2013. p.27.(英文原版见 PISA 2009 主报告)

1.3 上海学生的阅读成绩

PISA 第一次全面测评阅读素养是在 2000 年,所以阅读成绩是以 PISA 2000 为基准确定的,从 PISA 2000 到 PISA 2012 的五轮阅读成绩都是可以比较的。上海参加了 PISA 2009 和 PISA 2012,因此 2012 年的阅读成绩和 2009 年的阅读成绩是可比较的。

1.3.1 平均成绩及百分位成绩分布

上海学生 PISA 2012 阅读平均成绩为 570 分,在 65 个国家(地区)中名列第一,其次为中国香港(545 分)、新加坡(542 分)、日本(538 分)和韩国(536 分),排名前五名的都是东(南)亚国家(地区)。上海的平均成绩显著高于其他国家,但其余四个国家(地区)的平均成绩没有显著性差异。上海的平均成绩比 OECD 平均成绩(496 分)高 74 分,相当于逾一年半的学校教育所造成的成绩差异。上海有 81.9% 的学生达到或高于 OECD 平均成绩,并且上海学生阅读成绩差异较小,标准差为 80 分,小于 OECD 平均(94 分)。

相较于 2009 年,上海学生阅读成绩提高了 14 分,平均每年年均提高 4.6 分,在控制了抽样因素和人口特征的变化后,阅读成绩提高了 11 分,平均每年年均提高 3.6 分。在控制了抽样因素和人口特征的变化后,阅读成绩年均都有显著提高的东(南)亚国家(地区)有新加坡(4.4 分)、中国台北(3.4 分)、日本(3.3 分)、印度尼西亚(2.0 分)和中国香港(1.4 分)。

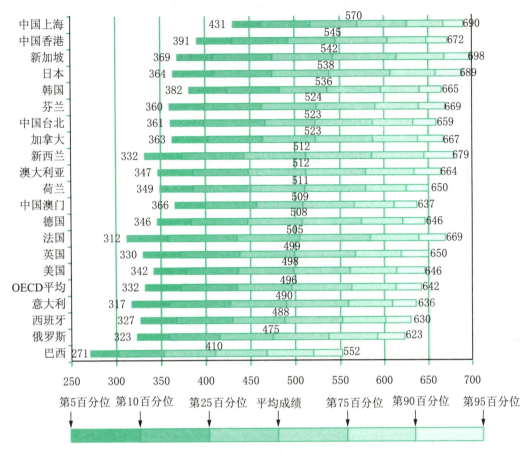

图 6.2 ■ PISA 2012 部分国家(地区)学生阅读平均成绩和百分位数分布

注:条形图左端为第 5 百分位数,右端为第 95 百分位数,中间为平均成绩。图中国家(地区)按平均成绩的降序排列。

从百分位数分布来看,上海第 5 百分位学生成绩为 431 分,比新加坡高 62 分;第 95 百分位成绩为 690 分,比新加坡低 8 分,与日本(689 分)不相上下。上海第 10 百分位和第 90 百分位之间的学生成绩相差 204 分,新加坡的差异为 260 分,中国香港、中国澳门和中国台北的差异分别为218、211 和 234 分,日本和韩国的差异为 249 和 216 分。在我们选择进行比较的 20 个国家(地区)中,上海这一成绩差异相对较小。

相较于 2009 年,上海在第 10、25、75 和 90 百分位的成绩差异没有显著性,OECD 平均分别提高了 0.9、0.6、0.4 和 0.4 分。在第 10、25、75 和 90 百分位成绩上,日本年均提高了 1.5、1.3、2.2 和 2.7 分,中国香港提高了 2.2、2.0、2.4 和 2.6 分。韩国的第 25、75 和 90 百分位成绩年均提高了 0.4、1.8 和 2.2 分,中国澳门提高了 0.9、2.7 和 3.3 分。新加坡的第 25 和 75 百分位成绩年均提高了 5.1 和 5.7 分。中国台北的第 75 和 90 百分位成绩年均提高了 5.0 和 5.4 分。

1.3.2 上海学生阅读素养量表精熟度水平分布

PISA 阅读素养量表分为 7 个精熟度水平,达到 6 级水平的学生具有细致的分析能力和高水平的综合能力,具备未来知识经济决策所需的潜质。达到 5 级水平的学生可以被看作明日潜在的世界级知识工人。低于 2 级水平的学生被认为没有掌握适应未来社会所需的最基本的阅读能力。经合组织把各国达到阅读表现量表顶端(6级)的学生比例看作这些国家未来竞争能力的基础,相反处于能力分布低端(2级以下)的学生比例意味着这些国家未来人力资源负担的大小和所要投入的补偿资源的多少。

表 6.1 ■ PISA 2012 纸质阅读的七个精熟度水平概述[9]

水平	最低 分数线	OECD 国家能完成 该水平及以上任务 的学生平均比例	该水平的试题特征
6	698	1.1%	该水平的"整合和解释"试题一般要求读者细致而准确地作出多个推论、比较和对照;要求展现对一篇或多篇文本的全面和详细的理解,还可能涉及整合来自多篇文本的信息;可能要求读者在有明显的干扰信息的情况下,处理不熟悉的观点,对解释做抽象的分类。"反思和评价"试题可能要求读者对主题不熟悉的复杂文本作出假设或批判性评价,考虑多个标准或观点以及运用超越文本之外的复杂理解。"访问和检索"试题的突出精确地分析以及很好地留意文本中不引人注意的细节。
5	626	8.4%	该水平的"访问和检索"试题要求读者查找和组织若干条深度隐藏在文本中的信息并且推断哪条信息是相关的。"反思与评价"试题要求读者利用专业知识进行批判性评价或假设。"整合和解释"以及"反思和评价"试题都要求读者全面而细致地理解内容或形式不熟悉的文本。在阅读的各个认知方面上,该水平的试题一般都设计处理与预期相左的概念。
4	553	29.5%	该水平的"访问和检索"试题要求读者查找和组织若干条文本中隐含的信息。"整合和解释"试题中,有些要求结合对文本的整体理解来解释文本中某个部分中有细微差别的语言的意思,有些要求在不熟悉的背景中理解及应用分类。"反思和评价"试题要求读者使用正式或公共知识对文本提出假设或作出批判性评价。读者必须展现对内容或形式可能不熟悉的长文本或复杂文本的正确理解。
3	480	58.6%	该水平的"访问和检索"试题要求读者查找必须满足多个条件的信息,有时候要认清这些信息之间的关系。"整合和解释"试题要求读者结合文本的几个部分来确定主要观点,理解词或短语之间的关系或解释词或短语的含义。在比较、对比和分类时,读者需要考虑文本的许多特点。通常试题所要求的信息不明显,或者有许多干扰信息,或者由其他文本干扰,例如与预期相反或用否定形式表述的观点。"反思与评价"试题可能要求联系、比较和解释,或者要求读者评价文本的一个特点。一些试题要求读者展现对熟悉的、与日常知识有关的文本的细致理解。还有一些试题不要求深入理解文本,但要求读者利用一些不常见的知识。
2	407	82.0%	该水平的"访问和检索"试题要求读者查找一条或多条可能需要推断或满足多种条件的信息。"整合和解释"试题要求读者在信息不明显并且需要作出低水平的推断时,确定文本的主要观点,理解关系或者解释文本中某个限定部分的意义。有些试题可能涉及基于文本的单个特点的比较或对比。"反思和评价"试题一般要求读者通过利用个人的经验和看法,在文本与外部知识之间做比较或进行联系。
1a	335	94.3%	该水平的试题要求读者查找一条或几条独立的、明确陈述的信息。试题要求读者确定主题熟悉的文本的主要观点或者作者的目的,或者在文本与普通的日常生活知识之间建立简单的联系。试题所要求的文本中的信息一般是明显的,并且几乎没有干扰信息。试题明确地指引读者考虑试题和文本中的相关因素。
1b	262	98.7%	该水平的"访问和检索"要求读者在本性和文体都熟悉的、句法简单的短文本中查找一条简单的明确表示的信息,例如一个叙述或一个简单的列表。文本一般为读者提供支持,例如重复的信息、图片或熟悉的符号,几乎没有干扰信息。"整合和解释"试题要求读者在相邻的几条信息之间建立简单的联系。

上海学生阅读精熟度水平达到 6 级的占 3.8％,仅低于新加坡(5.0％)。其他东(南)亚国家(地区)达到 6 级精熟度水平的学生比例依次为日本(3.9％)、中国香港(1.9％)、韩国(1.6％)、中国台北(1.4％)和中国澳门(0.6％)。上海 5 级水平的学生占 21.3％,为 65 个国家(地区)中最高,OECD 平均为 7.3％。上海高表现学生(5 级和 6 级合计)比例为 25.1％,是所有参与国家(地区)中最高的,OECD 平均为 8.5％。其他高于 OECD 平均的东(南)亚国家(地区)依次为新加坡(21.2％)、日本(18.5％)、中国香港(16.8％)、韩国(14.1％)、中国台北(11.8％)。相较于 2009 年,上海的高表现学生比例上升了 5.6 个百分点,与新加坡的增幅(5.5 个百分点)相当,但新加坡达到 6 级水平的学生比例增幅比上海大。2009 到 2012 年间,其他高表现学生比例显著提高的东(南)亚国家(地区)依次是中国台北(6.6 个百分点)、日本(5.1 个百分点)、中国香港(4.4 个百分点)和中国澳门(4.1 个百分点)。

上海的低表现(1a 级及以下)学生比例为 2.9％,是所有参与国家(地区)中最低的,OECD 平均为 17.9％。相较于 2009 年,上海的低表现学生比例没有显著性变化,其他低表现学生比例显著降低的东(南)亚国家(地区)依次为泰国(9.9 个百分点)、中国台北(4.1 个百分点)、日本(3.8 个百分点)、中国澳门(3.4 个百分点)和新加坡(2.6 个百分点)。

图 6.3 ■ PISA 2012 部分国家(地区)学生阅读素养精熟度水平分布

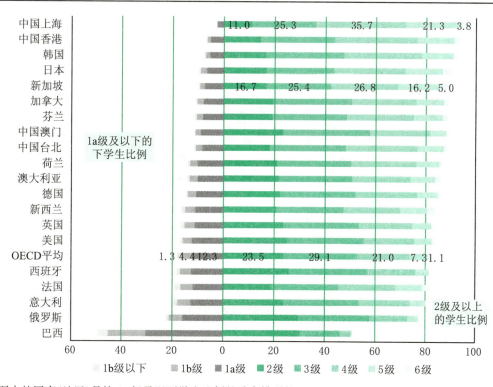

注:图中的国家(地区)是按 1a 级及以下学生比例的升序排列的。

以上平均成绩和百分位成绩的结果说明上海学生的阅读平均成绩高,差生少,成绩分布比较均衡,但是具备知识经济时代所需的全面、细致、准确地做出比较和推断能力的学生比例不及新加坡。经合组织把这些学生比例看作一国未来竞争能力的基础,因此为了提高我国的未

来竞争力,我们在阅读教育上还需要不断努力。从阅读精熟度水平分别的变化趋势来看,我国的香港、澳门和台湾以及日本、新加坡的高表现学生比例都有大幅提高,同时低表现学生比例都下降了。

1.3.3　上海学生阅读成绩的性别差异

男女生阅读能力存在差距是一个世界性的普遍问题,阅读成绩的性别差异已经引起广泛关注。所有参与 PISA 2012 的国家(地区)的女生阅读成绩都高于男生并且有显著性差异。除了男生和女生在大脑结构和功能上的明显差异外,教育环境对阅读成绩的性别差异形成也非常关键。PISA 2009 研究报告指出,学生的阅读态度、习惯和阅读学习策略与阅读成绩的性别差异紧密相关。

2012 年,上海男生的阅读平均成绩为 557 分,女生平均成绩为 581 分,性别差异(24 分)小于 OECD 平均(38 分)。值得一提的是,阅读成绩排名前五名的五个东(南)亚国家(地区)的性别差异都小于 OECD 平均:中国香港 25 分、新加坡 32 分、日本 24 分、韩国 23 分。在所有参与 PISA 2012 的国家(地区)中,阿尔巴尼亚的性别差异最小(15 分),约旦的性别差异最大(75 分)。

图 6.4 ■ PISA 2012 部分国家(地区)学生阅读成绩的性别差异

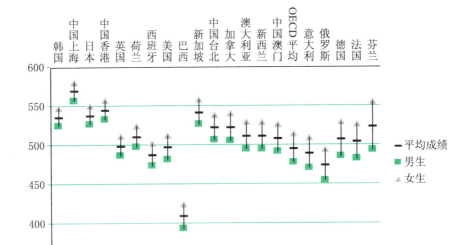

注:图中的国家(地区)是按性别差异绝对值的升序排列的。

相较于 2009 年,上海学生阅读成绩的性别差异有所缩小。2009 年,上海男生阅读成绩比女生低 40 分,是参加 PISA 2009 的东(南)亚国家(地区)中性别差异最大国家(地区)的之一。2012 年,上海学生阅读成绩的性别差异在参加 PISA 的东(南)亚国家(地区)中是较小的,这说明 2012 年上海的阅读成绩性别差异较 2009 年有所改观。

从阅读精熟度水平的分布看,上海达到 5 和 6 级的男生分别占男生总人数的 17.7% 和 2.8%,低表现(1a 级及以下)男生占 4.3%。阅读精熟度水平达到 5 级和 6 级的女生分别占女生总人数的 24.7% 和 4.7%,1a 级及以下的女生占 1.6%。由此看来,高表现女生的比例高于男生,同时低表现女生的比例低于男生。

图 6.5 ■ 上海学生阅读精熟度水平量表分布的性别差异

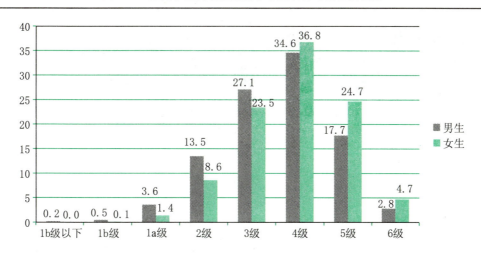

2. 上海学生的科学素养

现代社会,无论是个人生活还是参与公共决策,对科学的理解都至关重要,科学素养是年轻人步入现代社会必须掌握的素养。PISA 对 15 岁学生科学素养的评估,反映了在完成义务教育时,学生在多大程度上掌握了科学方面的终身学习能力,以及为理解和解决未来生活中可能涉及的一系列科学技术问题所做的准备。

2.1 PISA 科学测评概述

PISA 2012 科学素养的界定和内涵与 PISA 2006 的科学素养界定基本一致,是指个人在以下这些方面的表现:

- 理解科学知识并利用这种知识指出问题,获得新知识,解释科学现象,并对科学相关问题得出基于实证的结论。
- 理解科学知识的形式特点。
- 意识到科学和技术是如何塑造我们的物质、智力和文化环境的。
- 作为一名善于思考的公民,乐于用科学的观念,参与科学相关问题。

PISA 第一次全面测评科学素养是在 2006 年,所以科学成绩是以 PISA 2006 为基准确定的。PISA 2012 的科学成绩可以直接与 PISA 2009 和 PISA 2006 的成绩进行比较。由于上海仅参加了 PISA 2009 和 PISA 2012,我们可以通过比较这两轮的上海 PISA 成绩来调查学生科学素养的发展趋势。

PISA 2012 数学量表被分为 6 个精熟度水平,最低是 1 级,最高是 6 级。各级水平的分数线和对学生能够完成的任务描述与 PISA 2006 科学表现量表相同,但是 OECD 国家能够回答该水平及该水平以上任务的学生比例有所不同。

2.2 PISA 科学素养测评框架

PISA 2012 设计科学测评任务的框架与 PISA 2006 相同,由四个相互关联的部分组成。这四个部分包括:任务所嵌入的背景,学生需要应用的能力,涉及的知识领域和学生态度。图 6.6 示意了测试框架的每个部分的主要包含内容以及四部分之间的关系。

图 6.6 ■ PISA 2012 科学框架

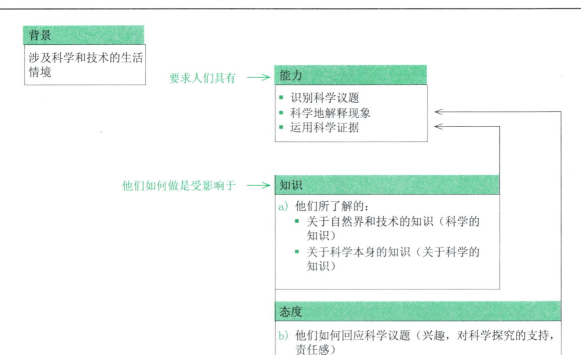

2.2.1　背景

PISA 的宗旨就是评估学生对未来生活所做的准备。与之相应,PISA 2012 的科学测试题都是以各种各样跟科学和技术有关的现实生活情境为背景的。所涉及的现实生活情境包括"健康"(health)、"自然资源"(natural resources)、"环境质量"(environmental quality)、"危险"(hazard)和"科学和技术前沿"(frontiers of science and technology)这些方面,并从个人的(personal)、社会的(social)和全球的(global)三个层面去关注。PISA 测试题的背景都是与学生的兴趣和生活息息相关的,人们常常会在生活中碰到类似的情境。

表 6.2 ■ PISA 2012 的科学背景

	个人的(自我,家庭和同伴群)	社会的(社群)	全球的(全世界的生活)
"健康"	保持健康,营养	疾病控制,社会传播,食品选择,社群健康	流行病,传染病的扩散
"自然资源"	物质和能源的个人消费	人类的繁衍,生活质量,安全,食品的生产和分配,能源供应	可再生和不可再生,自然系统,人口增长,物种的可持续利用
"环境"	环保行为,材料的使用和处理	人口分布,垃圾处理,环境影响,当地气候	生物多样性,生态可持续性,人口控制,土壤的养护和流失
"危险"	自然的和人为的,有关住房方面的决定	快速的变化(地震、恶劣天气),缓慢和渐进的变化(海岸侵蚀、沉积),风险评估	大气变化,现代战争的影响
"科学与技术前沿"	对自然现象的科学解释方面的兴趣,科学有关的兴趣爱好、运动和休闲、音乐、个人技术	新材料,装置和处理,基因转变,交通	物种灭绝,空间探索,宇宙的起源和结构

2.2.2 能力

PISA 2012 的科学测试题所要求的学生能力包括识别科学议题、科学地解释现象和使用科学证据的能力。这三方面的能力对科学实践至关重要,并与下列核心认知能力也有关联,如演绎/归纳推理、系统性思维、批判性决策、信息的转换(如根据原始数据制图表)、建构基于数据的观点和解释并能进行交流、运用模型思考、科学的运用。图 6.7 描述了这三种能力的主要特点。

图 6.7 ■ PISA 2012 的科学能力

识别科学议题
- 辨别出可能开展科学调查的议题
- 识别出搜索科学信息的关键词
- 辨别出科学调查的关键特征

科学地解释现象
- 在一个既定的情境中应用科学知识
- 科学地描述或解释现象,并预测变化
- 识别出合理的描述、解释和预测

运用科学证据
- 对科学证据做出解释,得出结论并进行交流
- 识别结论背后的假设、证据以及推理
- 反思科学和技术发展的社会应用

许多例子都可以用来说明这三种能力。全球气候变化是一个很恰当的例子:这是当前人们谈论最多的议题之一,当人们看到或听到有关气候变化的内容时,他们要能够区分出存在于问题中的科学、经济和社会议题。例如,我们经常会听到科学家们解释地球大气层中释放二氧化碳的来源及其重要后果。这些科学解释有时会与经济观点相矛盾,公民应该能够识别出科学立场和经济立场的差异。另外,随着人们接触到的信息越来越多,而其中有些信息是互相矛盾的,他们需要能够获得科学知识,并理解不同团体的科学评估。最后,公民应该能够运用科学研究结果,来支持他们从那些有个人、社会或全球性影响的科学议题中得出的结论。

2.2.3 知识

PISA 2012 中,科学素养同时包括科学的知识(各科学学科和自然界的知识)和作为一种人类探究形式的关于科学的知识。前者包括对基本科学概念和科学理论的理解;后者包括对科学本质的理解。PISA 2012 中有些问题是测评科学的知识,有些问题则是测评关于科学的知识。

PISA 希望描述出学生在多大程度上能够将他们所掌握的知识运用到与他们生活相关的背景中,因此测评材料主要选自物理、化学、生物、地理与宇宙科学、技术等领域。这些测评材料必须是:

- 与现实生活情境相关;
- 代表重要的科学概念并因此具有长期效用;
- 适合于 15 岁学生的发展水平。

图 6.8 将上述标准运用于大量范围可供测评的科学知识,显示了 PISA 2012 测评选用的四个内容领域。这四个领域是:"物质系统"(physical systems)、"生命系统"(living systems)、"地理和宇宙系统"(earth and space systems)、"技术系统"(technology systems)。这四个内容领域代表了成人理解自然界和体验个人、社会和全球背景中的经验所需要的重要知识。

图 6.8 ■ PISA 2012 科学的知识领域的内容分类

"物质系统"
- 物质的结构(如:粒子模型,键)
- 物质的特性(如:状态变化,热和电的传导)
- 物质的化学变化(如:反应,能量转化,酸/碱)
- 运动和力(如:速度,摩擦)
- 能量和能量转化(如:守恒,耗散,化学反应)
- 能量和物质的相互作用(如:光和无线电波,声和震波)

"生命系统"
- 细胞(如:结构和功能,DNA,植物和动物)
- 人类(如:健康,营养,疾病,繁殖,子系统[如消化、呼吸、循环、排泄,以及它们之间的关系])
- 人口(如:种族,进化,生物多样性,基因变化)
- 生态系(如:食物链,物质和能量流)
- 生物圈(如:生态系统服务,可持续性)

"地球和宇宙系统"
- 地球系统的结构(如:岩石圈,大气,水界)
- 地球系统中的能量(如:能源,全球气候)
- 地球系统中的变化(如:板块结构,地球化学圈,建设性和破坏性力)
- 地球的历史(如:化石,起源和进化)
- 宇宙中的地球(如:重力,太阳系)

"技术系统"
- 科学技术的作用(如:解决问题,帮助人类满足需要,设计并开展调查)
- 科学和技术之间的关系(如:技术推进科学发展)
- 概念(如:最优化,交易,成本,风险,利益)
- 重要原理(如:标准,限制,创新,发明,问题解决)

　　PISA 将关于科学的知识分成两类,第一类是"科学探究",重点指出探究是科学的核心过程,并强调这个过程的各种因素;第二类是"科学解释",是"科学探究"的结果。我们可以把探究理解为科学方法(即科学家如何获得证据),把科学解释理解为科学的目标(科学家如何用数据)。图 6.9 中列举的例子显示了这两类关于科学的知识的一般含义。

图 6.9 ■ PISA 2012 关于科学的知识领域的分类

"科学探究"
- 起源(如:好奇心,科学问题)
- 目的(如:产生有助于解答科学问题的证据,如引导探究的当前观点、模式和理论)
- 实验(如:不同的问题需要不同的科学调查和设计)
- 数据(如:量化数据[测量],质性数据[观察])
- 测量(如:仪器设备和操作过程中的内在不确定性,可复制性,变化,准确度/精确度)
- 结果的特征(如:经验主义的,试验性的,可试验的,能被证伪的,自我校正的)

"科学解释"
- 类型(如:假设,理论,模型,规律)
- 形成(如:现有知识和新的证据,创造性和想象力,逻辑)
- 规则(如:逻辑一致的,基于证据的,基于过去的和现在的知识)
- 结果(如:新知识,新方法,新技术,新调查)

2.2.4　态度

科学教育的重要目标除了帮助学生获得科技知识外，还包括帮助学生发展对科学的兴趣和对科学探究的支持。因此，PISA 认为科学素养是一种胜任力（competency），不仅仅包括学生的能力（ability），还包括他们对科学的态度倾向。对科学的态度倾向对学生做出下列决定起着重要的作用，包括学生是否进一步学习科学知识、今后是否从事科学领域的职业，以及是否终其一生有成效地运用科学概念和方法。PISA 2012 将态度包括在内并选择特定的态度领域，这得到了有关态度问题研究综述的支持，而且分析也是基于这些研究综述（OECD，2006a）。

图 6.10 ■ PISA 2012 对学生有关科学的态度的调查

"对科学探究的支持"
- 承认考虑不同科学角度和科学观点的重要性
- 支持采用事实信息和理性解释
- 表达得出结论前谨慎逻辑过程的必要性

"科学兴趣"
- 表现出对科学和科学相关议题的好奇心和努力
- 表现出利用大量资源和方法探究其他科学知识和技能的意愿
- 表现出寻找信息的意愿，对科学具有持续的兴趣，包括考虑从事与科学相关的职业

"对资源和环境的责任感"
- 表现出对维护可持续环境的个人责任感
- 表现出具有个人行为会产生环境影响的意识
- 表现出要保护自然资源而采取行动的意愿

PISA 2012 收集了学生在以上四个方面的科学态度和参与度：对科学探究的支持、作为科学学习者的自我信念、科学兴趣、对资源和环境的责任感（图 6.10）。从广义上讲，选择这些领域是因为它们描绘了学生对科学的总体评价、对科学的态度和价值观，以及对所选科学相关议题的责任感，这些议题都涉及个人、地区、全国和世界等各个层面。

2.3　上海学生的科学成绩

在本节中，为了了解上海学生在 PISA 2012 上的表现，我们首先查看了上海学生的科学平均分及其在参加 PISA 2012 的国家（地区）科学平均分分布中所处的位置。接下来，我们列出了上海学生达到根据科学成绩划分的各精熟度水平的学生比例，并也同其他参加 PISA 2012 的国家（地区）做了比较。最后，我们比较了男女生的表现。

2.3.1　平均和百分位成绩分布

上海学生 PISA 2012 科学测试成绩优异，科学平均分达到 580 分，位居所有 PISA 2012 参与国家（地区）的第一名，其次为中国香港（555 分）、新加坡（551 分）、日本（547 分）和芬兰（545 分）。这 5 个国家（地区）的科学平均分比 OECD 国家平均分 501 分高出半个标准差甚至更多。由于 PISA 测评采用了抽样的方法，有一部分差异是由于抽样误差造成的，所以在比较各国（地区）平均分的时候，必须经过统计检验。上海的科学平均分显著高于位列第二的中国香港，而中国香港的平均分与新加坡和日本之间没有统计上的显著差异。在这 5 个国家（地区）中，除芬兰外，其他

4 个都是亚洲国家(地区)。

在上海学生中,表示分数离散度的标准差值为 82 分,显著低于 OECD 平均水平 93 分,说明上海学生的成绩差异较小,成绩分布比较均衡。从百分位数分布图上也可以看出,上海第 5 百分位与第 95 百分位学生成绩之间的差异为 269 分,在我们所选取的 20 个国家(地区)中,小于除巴西、中国澳门和韩国以外的其他所有国家(地区)。

百分位数分布图还揭示了上海在成绩分布各百分位上的学生相对于其他国家(地区)处于怎样的位置。上海在第 95 百分位上的学生的成绩为 704 分,显著低于新加坡的 714 分,与日本的 693 分之间没有显著差异。然而,上海在第 5 百分位上的成绩(435 分)比新加坡在该百分位上的成绩高 61 分,比日本高 56 分。这说明上海胜在有效抬高了科学素养的底部基准线,然而上海顶尖学生的科学素养水平却有待进一步提升。新加坡在培养最顶端学生的科学素养上尤其具有优势。

图 6.11 ■ 科学素养量表平均成绩和百分位数分布

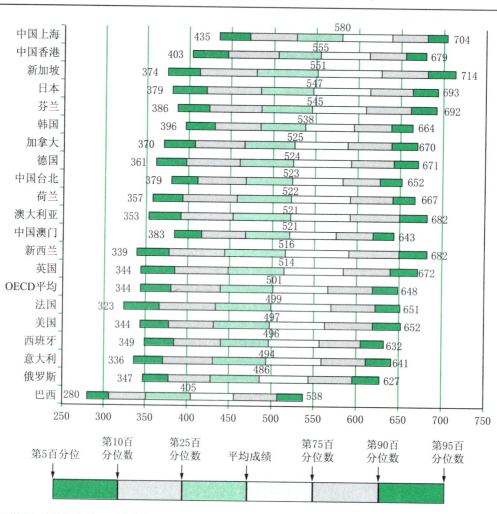

注:条形图左端数据为第 5 百分位数,右端数据为第 95 百分位数,中间为平均成绩。图中国家和地区按平均成绩排序。

从 2009 年的 574.6 分到 2012 年的 580.1 分,上海学生的两轮科学平均成绩差为 5.5 分,在统计上并没有显著差异。在国际上总体而言,科学平均分也保持较平稳的状态。2009 和 2012 年,OECD 国家平均的科学成绩保持不变,均为 501 分。2009 到 2012 年间,科学平均成绩有显著增长且增长幅度在两位数的国家(地区)有哈萨克斯坦(24 分)、泰国(19 分)、波兰(18 分)、以色列(15 分)、爱沙尼亚(14 分)、爱尔兰(14 分)、罗马尼亚(11 分)、中国澳门(10 分)和新加坡(10 分)。

一个国家(地区)的跨时间段平均成绩的变化可能是由于其学生的人口特征或者社会经济、文化环境发生改变而引起的。因此,我们有必要在控制了人口特征和社会环境的跨时间变化以后,也就是假设这些条件保持不变的情况下,来查看平均科学成绩从 2009 到 2012 年有何改变。在控制了人口特征和社会环境的变化后,上海 2009 到 2012 年之间的平均科学成绩差从 5.5 分降至 2.9 分,仍然没有显著差异。在控制了这些条件的变化后,从 PISA 2009 到 PISA 2012,哈萨克斯坦(22 分)、土耳其(19 分)、泰国(16 分)、爱沙尼亚(14 分)、波兰(14 分)、以色列(13 分)、卢森堡(12 分)、爱尔兰(12 分)、罗马尼亚(10 分)、捷克(10 分)、中国澳门(9 分)、迪拜(7 分)和新加坡(6 分)的科学平均分增长在统计上仍然是显著的。

上海在第 10、25、75 和 90 百分位上从 2009 到 2012 年的成绩差异均没有显著差异,OECD 平均亦是如此。新加坡只有在第 10、25 和 75 百分位上的成绩增长是显著的,而中国澳门只有在第 25、75 和 90 百分位上的成绩增长是显著的。

2.3.2　上海学生科学素养精熟度水平分布

如前所述,PISA 2012 科学量表被分为 6 个精熟度水平,其中 6 级是最高的水平等级,而 1 级是最低的水平等级,另外还有未达到 1 级精熟度的学生。图 6.12 中描述了各精熟度水平的最低分数线,OECD 能完成各精熟度水平及以上任务的平均学生比例以及在各个精熟度水平学生所掌握的科学知识和技能。

总的来说,在参加 PISA 测试的各国家和地区中,只有少数学生达到了高端的精熟度水平(5 级和 6 级)。上海达到 6 级水平的学生占 4.2%,显著低于新加坡的 5.8%,与日本(3.4%)和芬兰(3.2%)没有显著差别。该比较结果再次说明了新加坡较上海在培养尖端科学人才上的优势。上海 5 级水平的学生占总体学生的 23.0%,比该比例位列第二位的新加坡(16.9%)高 6.1 个百分点。因此,上海达到 5 级和 6 级水平的学生之和达到了 27.2%,就是说,大约每 4 个上海学生中有 1 人处于 PISA 科学素养量表的高端。OECD 国家平均来看,达到 5 级和 6 级的学生比例分别仅为 7.2% 和 1.1%。

在科学素养量表的底端,上海仍然有 2.7% 的学生低于 2 级(即处于 1 级和 1 级以下),是所有参加 PISA 2012 的国家(地区)中最小的。尽管如此,处于科学量表底端的学生是不容忽视的学生群体,这些后进学生在学习和生活上尤其需要学校教师的关心和帮助。平均成绩位于第二位的中国香港和第三位的新加坡分别有 5.6% 和 9.6% 的学生低于 2 级。OECD 各国平均有 17.8% 的学生低于 2 级。

从 PISA 2009 到 PISA 2012,上海 2 级以下学生比例和 5、6 级学生比例均没有显著变化。在有可比数据的国家(地区)中,有 4 个国家实现了 2 级以下学生比例显著减少且 5、6 级高端学生

图 6.12 ■ 科学量表六个精熟度水平概述

水平	该水平最低分数线	能完成该水平及以上任务的学生比例(OECD 平均)	学生一般能做到……
6	708	1.2%	6 级水平的学生始终能够识别、解释和应用各种复杂生活情境中的科学知识和关于科学的知识。他们能够将不同的信息来源和解释联系起来,并且能够运用来自这些来源的证据为决定提供理由。他们清楚且始终如一地展示高水平的科学思维和推理能力,并显示乐意运用他们的科学理解来支撑不熟悉的科学技术情境中的解决方案。这个水平的学生能够运用科学知识并形成论证,以支持集中于个人、社会、全球等情境中的建议和决定。
5	633	8.4%	5 级水平的学生能够识别许多复杂生活情境中的科学成分,能够将科学概念和关于科学的知识运用于这些情境,并能够比较、选择和评估合适的科学证据来回应生活情境。这个水平的学生能够运用发展良好的探究能力,恰当地联系知识,并批判性地审视情境。他们能够给予证据构建解释,并给予批判分析得出观点。
4	559	28.9%	4 级水平的学生能够处理涉及具体现象,并要求他们推断科技在其中所起作用的情境和议题。他们能够从科学或技术的不同学科中选择和综合各种解释,并将这些解释与生活情境的各方面直接联系起来。这个水平的学生能够反思他们的行为,能够用科学的知识和证据交流所做的决定。
3	484	57.7%	3 级水平的学生能够在一系列背景中识别清楚描述的科学议题。他们能够选择事实和知识和解释现象,并能够运用简单模型或探究策略。他们能诠释和运用来自不同学科的科学概念,并能够直接运用它们。他们还能够用事实得出简单的陈述,并基于科学知识做出决定。
2	409	82.2%	2 级水平的学生有足够的科学知识为熟悉的背景提供可能的解释,或基于简单调查得出结论。他们有能力做直接的推理,并能对科学探究或技术性问题解决的结果做出表面的解释。
1	335	95.2%	1 级水平的学生所具备的科学知识很有限,只能应用于少数熟悉的情境。他们能够呈现显而易见的、明确遵循给出的科学解释。

比例显著增加,它们分别是新加坡、爱沙尼亚、以色列和波兰。其次,有 2 个国家(地区)的 2 级以下学生比例无显著变化而 5、6 级学生比例显著增加,它们分别是中国澳门和阿尔巴尼亚。另外,包括西班牙、泰国、哈萨克斯坦在内的 7 个国家(地区)的 2 级以下学生比例显著减少了而高端学生比例无显著变化。

2.3.3 上海学生科学成绩的性别差异

比较 PISA 2012 中男生和女生的科学平均成绩可以发现,上海男生(583 分)和女生(578 分)之间不存在显著性别差异,这与 PISA 2009 比较结果相同。进一步比较高端和低端学生的性别差异,结果如图 6.14 所示,处于这两端水平的男女生比例相当接近。处于科学素养量表高端的 5 级和 6 级的男生占男生总人数的 24.5% 和 4.9%,女生相应的比例分别为 21.6% 和 3.6%。在科学素养量表的另一端,低于 2 级的男生比例为 3.1%,女生比例为 2.4%。与 2009 年相比较,唯有 5 级男生比例显著上升了 3.7 个百分点,其他男女生精熟度比例没有显著变化。

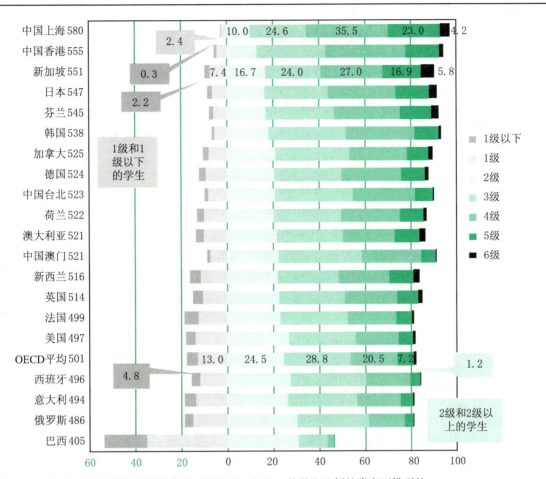

图 6.13 ■ 科学素养量表精熟度水平分布

注:国家(地区)是根据科学精熟度水平 2 级以及 2 级以上的学生比例的降序而排列的。

图 6.14 ■ 上海学生科学成绩的性别差异

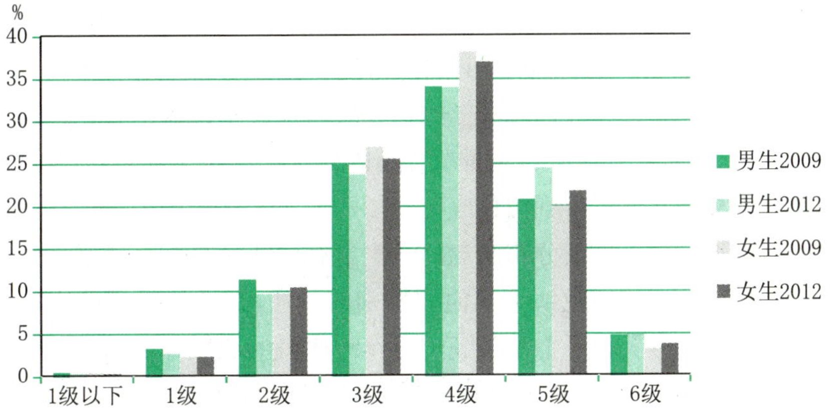

就 OECD 国家平均值而言,在 2009 年,男生成绩(500.9)与女生成绩(500.8)几乎完全一致,没有显著差异。而到了 2012 年,男生平均成绩上升至 501.9 分,而女生平均成绩下降至 500.4 分,导致男生平均成绩显著高于女生。在其余东亚文化圈国家(地区)中,2009 年男生平均成绩显著超过女生的国家(地区)有中国香港(高14分)、中国澳门(11分)和新加坡(5分),其他国家(地区)的男女生之间无显著差异。而到了2012年,在这些国家(地区)中,仅有日本的男生平均分显著高于女生,相差11分,其余国家(地区)的性别差异均不显著。

3. 政策启示

PISA 2012的阅读和科学测试及上海在这两个测试领域上的表现可以为上海的语文和科学课程、教学和评价带来一些启示和借鉴。

3.1 进一步加强语文和科学知识与生活情境的联系

PISA阅读和科学测试都设置了情境维度。PISA不仅有出于个人兴趣和需要的阅读,还有用于公众的、工作的和教育的阅读,后三种阅读情境是适应现代社会的必需条件。虽然上海的语文阅读从不以这样的"情境"角度来分,但如果从PISA的情境维度来对上海语文教材做分类的话,则上海的语文教材以个人情境为主,其他三种阅读情境较少。PISA科学测试的最重要特点之一就是它以各种各样跟科学和技术有关的现实生活情境为背景,要求学生在根据题目中给出的情境描述建立与相关科学知识之间的联系,并将该科学知识应用到解释现象、做出判断或得出结论中去。

目前,语文和科学的教材、教学和评价已经开始逐步加强阅读与科学知识和生活情境的联系。上海学生学业质量"绿色指标"评价中,语文测评已经在借鉴PISA和NAEP等国外大型阅读测评经验的基础上建立了测评框架,其中现代文阅读测评已经确立了三种不同的情境。《上海市中小学自然科学学习领域课程指导纲要》中基本内容框架下的科学、技术与社会领域的基本内容包括了个人健康与公共卫生、人口、资源、环境、自然灾害等主题,与PISA的科学素养测评框架的背景部分内容基本相对应。在接下来的语文和科学教学与评价中,应更加关注综合运用所学知识和技能解决各种各样的现实生活情境中的问题,培养解决真实情境问题的素养,而不只是培养与个别知识点相联系的学科技能。

3.2 坚持不懈提高薄弱学校和薄弱学生的成绩

上海的阅读和科学成绩都位列所有参与PISA国家(地区)中第一的最主要原因是上海的低表现(2级以下)学生比例是最低的,这说明上海的"托底"工作做得十分有效。近年来,上海通过集团(联盟)办学、学校委托管理、城区和郊区结对发展、新优质学校等形式,着重提高郊区和农村学校的办学质量。加上之前已经开展的薄弱学校改造和财政转移支付等方式以及新近开展的教师流动,上海的薄弱学校办学质量得到明显改善。

相较于其他学生,那些处于成绩分布底端的学生更有可能来自社会经济地位较低的家庭,身陷不利于他们学习的逆境中,我们应该给予他们特别的关注,帮助他们摆脱困境,以顺利应对未来社会挑战。PISA已经充分验证了上海"托底"工作所取得的成效,并且说明阅读和科学表现进步了的国家(地区)主要是那些底部学生成绩提高了的国家(地区)。因此,上海以后要坚持不懈提高薄弱学校和薄弱学生的成绩,提高上海教育的基准线。

3.3 教育、科技、社会资源形成合力,提升学生创新素养和高端竞争力

相较于底部的明显优势,上海高端学生的优势并不十分明显。虽然上海的高表现(达到5级

和6级)学生比例是最高的,但就达到6级水平的学生比例而言,上海明显不如新加坡,与日本也很接近。然而,PISA将达到6级水平的学生视作国家未来竞争能力的基础。阅读能力是所有学科知识的基础,高水平的阅读能力对学生所有学科的学习大有助益。在科学领域上,高水平学生能够较好地应对未来社会中科学和技术所提出的挑战,是推动高科技的产生和发展的中坚力量,他们的数量直接决定了社会整体未来的科技实力和竞争力。PISA结果说明上海在高水平学生培养上做得还不够。

"托底"和"拔尖"并不互相排斥,上海在成功"托底"的同时可以将"拔尖"工作做得更好。自2010年起,上海开始分类指导高中特色多样发展,深入推进部分高中探索拔尖创新人才的早期培养,开展高中学生创新素养培育实验,以及部分高中探索特色办学。从PISA结果来看,科学素养达到高水平的学生比例相对来说是上海的短板,要在科学素养上达到高水平,仅仅掌握科学知识是不够的,关键在于掌握科学研究方法,能够运用科学证据,因此上海应该更加重视在学生中普及科学研究方法,调动科技系统、高校和社区的资源,校内外结合,扩大青少年科学人才培养面,从而扩大科学素养达到高水平学生的数量,以提高上海的竞争力。

参考文献

[1] European Commission（2001），European Report on the quality of school education：Sixteen quality indicators，Luxembourg：Office for Official Publications of the European Communities. p.17.

[2] 俞可,朱羽潇."欧罗巴"的阅读狂欢[N].中国教育报,2015年4月22日第11版.

[3] 温红博,辛涛.阅读素养:孩子面向未来的基础能力[N].中国教育报,2011年3月17日第08版.

[4] OECD（2009）. PISA 2009 Assessment Framework—Key Competencies in Reading，Mathematics and Science. p.23.

[5] OECD（2010）. PISA 2009 Results：What Students Know and Can Do—Volume Ⅰ. p.38.

[6][7] OECD（2010）. PISA 2009 Results：What Students Know and Can Do—Volume Ⅰ. p.37.

[8] OECD（2009）. PISA 2009 Assessment Framework—Key Competencies in Reading，Mathematics and Science. p.24.

[9] OECD（2013），PISA 2012 Results：What Students Know and Can Do—Student Performance in Mathematics，Reading and Science（Volume I），PISA，OECD Publishing. p.191.

7

第七章
上海学生的问题解决表现

1. PISA 2012 创造性问题解决技能评估的框架

1.1 PISA 2012 问题解决模块评估的内容

PISA 中对问题解决能力的定义是:"当没有明确的解决方法时,个人运用其认知以理解并解决问题的能力,这种能力包括实现个人成为建设性和善于反思的公民的潜能的愿望。"学生的问题解决能力与学科领域的知识和技能的差别是它并不是单独依托于某门学科,而是评价学生在处理解决方案并不明显的问题时所体现的总体能力。数学、阅读和科学模块能解释约 2/3 的问题解决测试表现的差异,它与数学测试表现的相关程度最高,达到了 0.81,而与阅读测试表现的相关程度相对最低,为 0.75。PISA 问题解决模块测试试题都是镶嵌在与现实生活相关的真实情境中。具体情境包括有关技术设备(遥控器、钟表、电灯)、不熟悉的空间(交通、迷宫)或食物饮料(维生素、饮料机)等的问题。解决镶嵌于这些情境中的问题的能力并不能被简单地划入某个学科领域,而是要求学生具备综合运用各学科知识来识别、理解、构思和解决日常生活中会遇到的问题。换言之,PISA 问题解决模块评估的不是某个学科领域的专门知识,而是着重评估学生在解决问题中的一般认知过程和能力,以及投身于解决问题的个人意愿等。

1.1.1 评估问题解决的一般认知过程

根据 PISA 2012 问题解决评估的目标,有关问题解决的认知过程可以被区分为"探究和理解""表达和构思""计划和执行"与"监控和反思"四个方面,并形成四个分量表。

(1)"探究和理解"是指学生通过观察、与问题情境互动等方式,理解已知信息,搜寻未知信息,并且找到限制或阻碍等影响问题解决的因素。

(2)"表达和构思"是指学生对问题进行"转述",形成情境模型或问题模型。具体而言,就是用语言、符号或图标等将问题表达出来,通过识别、筛选和组织相关信息,整合并运用已有的相关知识,在内心形成解决问题的方法。

(3)"计划和执行"是指学生有计划地将方法付诸行动。这里的"计划"包括设立目标(总体目标及分目标),以及达成目标的策略(达成目标的步骤)。

(4)"监控和反思"是指监控目标达成中的每一个阶段,包括检验中间和最后结果,察觉意料之外的事件;从不同角度,审视解决问题的步骤及方案,不断修正自身的行动。

必须说明的是,解决特定问题的认知过程并不一定是有序的,上面列出的四个过程也不一定是必须的。

1.1.2 评估问题解决过程中的能力

问题解决过程中所需的,不是将积累的知识进行简单重现的能力,而是"一种调动认知和实践技巧、创造力以及诸如态度、动机和价值观等其他社会心理资源的能力"(OECD,2003b)。PISA 2012 问题解决模块将学生的能力表现分为六个精熟度水平(见表 1),6 级水平能力最强,是高效的问题解决者;1 级水平能力最弱,问题解决能力相对低下。每个水平对应 65 分,因此同一个精熟度水平的学生表现差距较大。

表 7.1 ■ 问题解决的 6 个精熟度水平描述

精熟度水平	分数线	学生一般达到以下要求
1	358—423分	学生仅能有限地探究问题情境,但是他们往往只当遇到与以前非常相似的情境才会这么做。基于对于熟悉情境的观察,这些学生只能够部分描述简单、日常设备的行为。总的来说,只需要满足简单的条件并且只通过 1 或 2 个步骤就能够达到目标,处于第 1 精熟度水平的学生能够解决表达直接的问题。第 1 精熟度水平学生往往不能够事先计划或设定子目标。
2	423—488分	学生能够探究不熟悉的问题情境,并且理解其中很小一部分。他们尝试过,但是只部分成功地、理解和控制带有不熟悉控制器的电子设备,例如家庭电器和售货机。总的来说,他们可以解决有着单独、具体限制条件的问题,可以一次计划和执行一个子目标,并且有能力监控为了实现目标所获得的总体进展。
3	488—553分	学生可以处理几种以不同形式呈现的信息。他们能够探究问题情境,并且推测其不同部分之间的简单关系。他们能够控制简单的电子设备,但是对于控制更加复杂的设备有困难。总的来说,他们能够充分处理一个条件,当有几个条件或互相关联的变量出现时,他们可以使一个变量不变,以观察改变这个变量对于其他变量的结果。他们能够设计和执行测试,以肯定或反驳给出的假设。他们理解要事先计划和监控进展的需求,并且必要的话能够尝试不同的选项。
4	553—618分	学生能够专心地探究相对复杂的问题情境。他们掌握解决问题所需的各情境部分之间的联系。他们能够控制相对复杂的电子设备,例如不熟悉的售货机或家庭电器,但是他们控制起来并不是一直都那么有效。总的来说,他们一般能够事先计划一些步骤或者在考虑了反馈意见以后重新制定目标。他们能够系统性地试验不同的可能性以及检验多种条件是否被满足了。他们能够形成有关为什么系统有问题的认识,并且描述如何对它进行测试。
5	618—683分	学生能够系统性地探究问题情境,以理解相关信息的组织结构。当遇到不熟悉、相对较为复杂的设备,例如售票机或家庭电器,他们会对反馈作出快速反应,以控制这个设备。总的来说,他们能够事先考虑,以找到满足所有给出的限制条件的最佳策略。当他们发现出乎意料的困难或出现偏离的失误,他们能够立即调整他们的计划或按照原来的轨迹倒退。
6	等于或高于 683 分	学生能够在头脑中对多样的问题情境形成完整和协调的表征模型,使他们可以有效解决复杂问题。他们能够非常富有策略地探究情境,以理解与问题有关的所有信息,而这些信息是通过不同形式呈现的,要求学生理解且整合互相之间有联系的部分。当他们遇到非常复杂的设备,例如以不同寻常或意料之外的方式运作的家庭设备,他们能够快速学会如何控制设备,以合理地达到目标。总的来说,他们能够对于一个系统建立大致的假设,然后对这些假设进行充分的测试。他们可以根据前提假设富有逻辑性地得到结论,或者认识到没有足够的信息可供得出结论。在必要的情况下,他们会在考虑了所有直接和间接的限制条件以后调整他们的策略。

从上述表中内容来看,PISA 2012 问题解决模块相对着重评估学生推理能力,诸如演绎、归纳、定量、因果、类推、组合以及多维度的推理等。这些技能并不互相排斥,事实上每一个问题解决的过程都涉及一种以上的推理技能,比如理解问题情境时,需要分清什么是事实、什么是想法;构思解决方案时,需要认识到变量间的关系;选择策略时,需要考虑因果关系;表述结果时,需要有逻辑地组织信息,等等。

1.1.3 评估问题解决过程中的个人倾向

问题解决是个人导向的,问题解决的进程是由解决者的个人目标领导的(Mayer & Wittrock, 2006)。问题解决者拥有的知识与技能在一定程度上决定了克服困难、找出解决方案的难易度。然而,问题解决者解决问题的动机以及情感等因素,比如说对于解决问题的自信、兴趣以及对自身能力的判断等,会影响知识与技能的应用(Mayer, 1998)。

此外,个人是否熟悉或理解问题背景,是否能够获得外部的资源和支持,解决者所处的环境,比如测试的环境等,也都会影响一个人参与、解决问题的方式。

虽然,PISA 2012 问题解决模块只在学生问卷中涉及一些动机和情感因素,但在 PISA 2012 问题解决模块的测评项目中,暗含了对这些因素的评估,下文对评估题目的分析中会提到。

1.2 PISA 2012 问题解决模块评估的呈现方式

1.2.1 基于计算机的评估设计

问题解决模块的测评是 2012 年 PISA 评估中的附加内容,2003 年曾经进行过一次。与 2003 年评估不同的是,2012 年的评估是在计算机上进行的。学生在完成评估的过程中,只涉及基本的计算机操作,比如使用键盘、操作鼠标、点击、拖放、使用鼠标滚轮、下拉菜单以及超链接等。这样做是确保在评估学生问题解决能力时,将由于计算机操作能力而产生的影响降到最低。

使用计算机评估学生问题解决能力的优点在于,有利于搜集学生在问题解决过程中的数据,为评估学生的思维品质提供证据。尽管问题解决的结果是相同的,但是学生在解决问题中所采用的程序、方法、策略、时间等是完全不同的,透过这些呈现的是学生的思维品质。

1.2.2 设置了静态和动态背景的问题

由于计算机可以模拟真实的情境,使得评估的范围更真实、更广泛,因此 PISA 2012 问题解决的试题有两种呈现方式:静态和互动。在评估中允许学生通过探索一个模拟真实的场景,也是本次 PISA 2012 问题解决模块的一个独特点。

静态题是指:需要解决问题的相关信息是完整的、一次呈现的。比较典型的有逻辑问题,类似"河内塔"①的问题,解决时需要运用排除法、假设法、综合法等逻辑思维能力和技巧;决策问题,解决时需要了解一些结构良好的信息,考虑其中的制约条件,如为病人选择止痛药,必须考虑止痛药的可选择范围及病人的抱怨等;规划问题,如盖一间小屋或生成一个航空公司的航班计划,解决时需要有任务列表,考虑各个因素之间的关联,等等。

互动题则不同,与解决问题相关的信息是不完的、相对隐蔽的、非一次呈现的,更多的信息是需要学生通过与计算机的"互动"才能获得,如鼠标的点击、拖拽、按键、按下虚拟情境中遥控器或者售票机上面的键、让画面上的清洁机器人"行走"起来等实际操作。换言之,就是需要学生进行一些探索或实验,才能获得必要的信息和知识来控制这些设备,解决问题。

1.2.3 问题嵌入在真实的背景之中

为了保证需要学生解决的问题或任务,是贴近生活且能引起 15 岁学生的兴趣的,PISA 问题解决模块评估的题目确定了两个要点:背景(是否是科技背景)和关注点(个人还是社会)。

科技背景下的问题是以科技设备的功能为基础的,例如手机、遥控器和自动售票机等。问题解决者无须了解以上设备的内部工作原理,而是在评估中被引导着,去发现和理解设备是如何运作的,为使用设备和解决设备运行问题做好准备。非科技背景下的问题有出行路线的安排、任务

---

① 河内塔(又称汉诺塔)问题是源于印度一个古老传说的益智玩具。大梵天创造世界的时候做了三根金刚石柱子,在一根柱子上从下往上按照大小顺序摞着 64 片黄金圆盘。大梵天命令婆罗门把圆盘从下面开始按大小顺序重新摆放在另一根柱子上。并且规定,在小圆盘上不能放大圆盘,在三根柱子之间一次只能移动一个圆盘。

的分配和决策等。

实例：MP3播放机。MP3播放器呈现的是一个"互动情境"，其背景是"个人与技术"的，侧重评估的是"发现规律，掌控设备"（见下图）。我们在日常生活中常常会碰到类似的情境，拿到一个MP3播放机，但是不知道如何使用，而且对于设备上按钮的具体功能不清楚，如果要弄清楚不能靠推理，必须通过具体的操作（按下按钮），才能获得必要的掌控设备的信息。这种操作是通过计算机模拟实现的。

问题1.1　MP3播放机最下面的一行显示了已选择的设定。判断下面关于MP3播放机的说法是否正确。

正确　　错误

● 你需要使用中间的按钮 ◎ 来改变音乐类型

● 设定低音水平前，必须先设定音量

● 增加音量后，如果你要改变了正在听的音乐类型，只能降低音量

问题1.2　请用最少的点击次数，把MP3播放机设定为：摇滚乐、音量3、低音2。本题不能使用"重设"按钮。

其次，个人背景主要是指有关个人、家庭和朋友的背景。社会背景则指社区和整个社会。举例来说，给电子表设时间属于科技和个人背景，而要建立一个篮球队花名册则属于非科技和社会背景。

实例：假期。学生将看到一张道路图和一份不完整的标明不同城镇之间距离的表，他们需要完成以下任务：计算没有标注的两个城镇之间的距离；在指定的两个城镇之间制定一条合适的出行路线，使其满足一定的条件，如每天行进的距离不超过一定的限制等。

1.3　PISA 2012问题解决模块评估的时间与分数安排

2012年PISA问题解决评估的试题总量为80分钟，测试时间为40分钟。总量为80分钟的材料被均分为四组，每组耗时20分钟。像PISA其他领域的评估一样，问题解决评估的所有试题以描述问题情境为材料，被分成多个题组，题干相同的试题为一组。为了使测试对阅读能力的要求降到最低，试题对材料以及任务的语言描述尽量简明扼要。试题编写也尽可能地采用了动画、

照片以及图表等形式,避免大段文字。同时测试对于计算能力的要求也尽可能地降到了最低,只要情况合适,试题中都提供数据,无需受测学生计算。

分数安排以问题解决过程中涉及的认知过程为根据,详见下表。为了彰显"实施问题的解决办法并使其最终成功的能力是十分重要的","计划与执行"在评分中所占的比重最大,但是"监控与反思"占了10%—20%的比重。虽然相对于其他三个部分来说,比例略低,但是PISA 2012问题解决框架表示"这是不可或缺的",因此,尽管有些试题针对的是问题解决的另外三个步骤,但也会间接地评估受测学生监控与反思的能力。

表 7.2 ■ PISA 2012 问题解决测评的题目分布

问题的性质	问题解决的过程			
	探索和理解(10题)	表征和构思(9题)	计划和执行(16题)	监控和反思(7题)
静态(15题)	5	2	6	2
动态(27题)	5	7	10	5

2. 上海学生在 PISA 2012 创造性问题解决评估中的表现及分析

2.1　上海学生的总体表现佳,但作为国家"深度人才库"比例少

2012年4月,上海以及28个经合成员国和16个伙伴国的学生参加了基于计算机的问题解决模块评估。参与评估的44个国家和地区,得分值范围为562分到399分,新加坡最高为562分。上海学生的平均分为536分,位于第四,与中国澳门(540分)、中国香港(540分)和中国台北(534分)位于同一方阵,和新加坡有显著差异。

上海学生达到问题解决的最高水平"5、6级精熟度"的,大约占18.2%。这部分学生是高效的问题解决者,表现为:非常有策略地探究问题情境,理解与问题相关的所有信息,有效地解决复杂问题。OECD平均达到5、6级水平的学生比例是11.4%,但新加坡达29.3%,与上海有差异。

随着计算机和智能机器的发展,很多程序化的、需要体力的简单工作都被机器代替了,人们被更多地要求去从事一些复杂的、非程序的、不确定的工作。这些工作需要分析、判断、推理、沟通等技能,能够回应这些需要的学生,不仅要在问题解决领域有出色的表现,而且要在特别的学科领域也表现出色。因为有这样表现的学生,既掌握了某一具体领域的知识,还拥有灵活地运用知识的能力。OECD把在问题解决、数学、阅读或科学的任一领域中表现出色的学生比例,视为一个国家"人才库"的宽度,上海有超过一半的学生约56%在这个范围内,新加坡是46%。在数学、阅读和科学3个领域中的任意一个达到5、6级水平,同时问题解决也达到5、6级精熟度水平的学生比例,可以看作一个国家人才库的"深度"。这个数值显示了既掌握了某一具体领域的知识,还拥有灵活地运用知识能力的学生比例。上海这类学生比例为17.9%,新加坡为25.0%,有显著差异。

2.2　上海学生长于"获取知识",是出色的学习者,但"运用知识"的能力有待提升

PISA 2012问题解决涉及的四个过程"探究和理解""表达和构思""计划和执行"与"监控和反思",成为评估项目中的四个分量表,分别考查学生四个方面的能力。上海学生的表现见表7.3。

表 7.3 ■ 上海学生问题解决能力的相对优势(认知过程视角)

平均每题学生答对率%	问题解决的过程			
	探索和理解	表达和构思	计划和执行	监控和反思
上海学生表现	58.3	55.3	49.8	47.2
OECD 平均值	47.9	42.7	46.4	40.3

不同的问题解决过程所评估的是,学生在解决问题时涉及的不同认知方面的优势和劣势。做如此的分类是由于每个评估题目的侧重点不同,但在真实的问题解决过程中,这些过程常常是同时发生的,是连续的。事实上,这四个认知过程方面与"知识获得"与"知识运用"任务相关联。

获取知识时,需要发展个人对于问题空间的心理表征,即产生和处理心理表征的信息,其认知活动是从具体到抽象,是将信息转化为知识的过程。PISA 2012 问题解决评估中,"知识获得"的认知过程表现为"探索和理解"和"表达和构思"两个方面,"探索和理解"是对引导探索过程的回应,"表达和构思"则更多地需要建构性的回应。"运用知识"是一个解决具体问题的过程,个人的认知活动过程是从抽象到具体,将知识转化为行动。PISA 2012 问题解决评估中,"知识运用"的认知过程表现为"计划和执行"。"监控和反思"链接知识获取和知识运用两个方面。

从教育的角度来看,"计划和执行"与"知识获取"的最大不同在于对抽象信息的处理。数学教学中,是关注高阶思维活动,如数学建模(在理解现实世界的情况下,将其转化为数学模型),还是注重基本概念、事实和程序的掌握与推理等,便体现了两者的区别。

上海学生在"表达和构思"方面表现突出,长于获取新知识,是强有力的学习者,擅长抽象的信息处理。但在"探索和理解"和"反思和监控"方面表现一般,"计划和行动"方面相对比较弱。

总的来说,在学生问题解决方面,东(南)亚国家(地区),包括中国上海、中国香港、中国台北、日本、中国澳门、新加坡和韩国,学生在"探究和理解"和"表达和构思"方面展现出特别强的优势,而在"计划和执行"和"监控和反思"方面还有相对较大的提升空间(见表 7.4)。

2.3 上海学生擅长解决结构良好问题,需要提升对不确定问题的质疑、好奇与探索

上海学生在问题解决评估中,平均每题(共 42 题)学生答对率为 52.6%,其中静态问题(15题)的平均每题答对率为 56.7%,互动问题(27 题)的平均每题答对率为 50.3%。上海学生和中国台北、芬兰等国家和地区的学生相类似,在静态问题解决上的表现比动态问题表现好。但韩国、新加坡、日本等国学生的互动问题表现比静态问题好。

如上文所述,PISA 2012 问题解决评估中设置的静态问题,一般涉及的是逻辑题、决策题、规划题等,其信息是一次呈现的,问题是明确的结构良好的,学生解决此类问题时需要有推理能力和技巧,需要考虑制约问题解决的条件,需要考虑条件之间的关联等。但学生在完成动态测试题时,不仅需要拥有解决静态问题时的能力,而且还需要对新事物有强烈的兴趣和好奇心,喜欢挑战并充满热情地迎接挑战,需要有一旦投入就不易为外界因素转移注意力的坚持和毅力。

从 OECD 的分析数据看,上海学生与新加坡、韩国学生的主要差距也在这里,对学生这些技能和情感的关注,不仅能大大地缩小我们与新加坡与韩国的差距,而且也使得上海学生问题解决的整体能力有所提升。一个可行的方法是,教师和课程开发者要提供更多的机会,发展和锻炼学生在动态问题解决中所需要的关键特征,如好奇心、创造力、毅力等。

表 7.4 ■ 学生问题解决过程的相对优势与劣势

- 🟩 问题解决过程表现比预期强
- ⬜ 问题解决过程表现与预期一致
- ⬛ 问题解决过程表现比预期弱

	问题解决的平均分	表现与预期的差异（问题解决过程）			
		探索和理解	表达和构思	行动和计划	监控和反思
新加坡	562	强	强	弱	一致
韩国	561	强	强	弱	一致
日本	552	强	强	弱	一致
中国澳门	540	强	强	弱	一致
中国香港	540	强	强	弱	一致
中国上海	536	一致	一致	弱	一致
中国台北	534	强	一致	一致	一致
加拿大	526	一致	一致	强	强
澳大利亚	523	一致	强	强	强
芬兰	523	强	弱	强	弱
英国	517	一致	一致	一致	强
爱沙尼亚	515	一致	一致	一致	一致
法国	511	一致	强	一致	一致
荷兰	511	一致	弱	强	一致
意大利	510	一致	一致	强	一致
捷克	509	一致	一致	强	一致
德国	509	一致	一致	一致	强
美国	508	一致	一致	弱	强
比利时	508	一致	强	一致	一致
奥地利	506	强	一致	一致	弱
挪威	503	一致	一致	强	弱
爱尔兰	498	一致	一致	一致	强
丹麦	497	一致	一致	强	一致
葡萄牙	494	弱	一致	强	一致
瑞典	491	强	一致	一致	弱
俄罗斯	489	弱	一致	一致	强
斯洛伐克	483	弱	一致	一致	一致
波兰	481	一致	一致	一致	强
西班牙	477	一致	一致	一致	强
斯洛文尼亚	476	弱	一致	强	一致
塞尔维亚	473	弱	一致	强	一致
克罗地亚	466	弱	一致	强	强
匈牙利	459	一致	一致	强	强
土耳其	454	一致	一致	强	强
以色列	454	弱	一致	一致	强
智利	448	弱	一致	强	一致
巴西	428	弱	弱	强	强
马来西亚	422	弱	弱	强	一致
阿联酋	411	弱	弱	一致	强
黑山	407	弱	弱	强	强
乌拉圭	403	弱	弱	强	强
保加利亚	402	弱	弱	强	强
哥伦比亚	399	弱	弱	强	强

来源：OECD，*PISA 2012* 数据库。

2.4 上海男生的问题解决能力显著高于女生

上海男生的问题解决表现平均分比女生高 25 分。在参与问题解决测试的 44 个国家(地区)中,22 个国家(地区)的男生的问题解决表现高于女生,17 个国家(地区)的男女生之间没有统计上的显著差异。上海的男女生问题解决表现差异在各国(地区)中是较大的,OECD 平均而言男生的该领域平均分比女生高 7 分。

总的来说,相对于女生,计算机辅助测试的测试形式对男生是较为有利的。上海男生的数学平均分比女生高 6 分,两组学生之间并没有统计上的显著差异,但是上海男生的计算机辅助数学测试平均分比女生高 18 分。上海男生的阅读平均分比女生低 24 分,但是男女生在计算机辅助阅读测试平均分上表现差距缩小了,男生只比女生低 10 分。

对于静态问题和互动问题这两组按照问题情境的本质分类的问题,上海男女生表现差异相似。上海男生静态题的平均每题答对率(60.2%)比女生的(53.5%)高 6.8 个百分点,动态题上海男生的平均每题答对率(53.7%)比女生的(47.1%)高 6.6 个百分点。

对于按照问题解决认知过程分类的问题,上海男女生的表现有较大差异。对于"表达和构思"过程的问题,上海男生的平均每题答对率比女生的高 12.5 个百分点,是四类问题中差距最大的。就"计划和执行"和"探究和理解"过程的问题而言,上海男女的平均每题答对率比女生分别高 6.9 和 3.6 个百分点。上海男女生在"监控和反思"过程的问题上的表现差异最小。

由于 PISA 问题解决评估中提出的问题并不是基于内容的知识,所以男生或女生在掌握某一特定学科领域方面的优势,并不影响该结果。不过上述数据中,我们还是能发现上海男生的优势。

3. PISA 2012 问题解决评估对教育政策和实践影响及其讨论

3.1 让计算机用于学生的学习

PISA 2012 问题解决测试是在计算机上进行的,对电脑的熟悉程度可能会对学生的测试成绩有影响。PISA 的数据表明,参与 PISA 评估的 OECD 国家平均 95% 的学生在家庭中使用电脑(台式机、笔记本电脑或平板电脑),但上海只有 86% 的学生在家庭中使用电脑。在学校使用电脑的学生比例差距更大。经合组织国家 72% 的学生在学校使用电脑,但在上海只有 39% 的学生在学校里使用电脑。

上海学生在基于计算机的问题解决测试上的优势不如纸笔测试明显。如果用 44 个国家(地区)全体学生的纸笔测试成绩预测学生的问题解决成绩,上海与其他国家(地区)相同数学成绩的学生相比,实际的问题解决成绩比预测值低 59 分。只有在保加利亚、中国上海、波兰和阿联酋,所预测的问题解决表现与实际表现相差 40 分以上。86% 的上海学生的问题解决实际成绩低于根据他们的数学、阅读和科学领域表现所预测的成绩。根据国际报告,当面对问题解决测试时,上海学生能勉强使用其他学科的知识和技能来进行回答。

上海学校连接互联网的计算机比例与学生问题解决有显著正向关联,在控制了学生家庭背景(ESCS)和性别后仍然显著。上海学生家庭中拥有的电脑台数与学生问题解决表现有显著正相关,家中有电脑的学生平均成绩为 543 分,显著高于没有电脑的学生 466 分。上海学生在家中使用电脑的学生问题解决平均成绩比不使用的学生高 56 分,在学校中使用电脑的学生比不使用的学生高 16 分。在控制了学生的家庭经济背景之后,在家庭使用电脑的学生比不使用的高 28 分,在学校使用电脑的学生的问题解决表现比不使用的学生高 12 分。

在综合考虑了学生在家中用计算机娱乐和用计算机做学校作业的情况后发现,学生在家用计算机做学校作业指数增加 1,学生问题解决成绩增加 11 分,该因素能解释 1.3% 的问题解决成绩差异,但用计算机娱乐与问题解决成绩无关。

上海学生在计算机问题解决、阅读和数学上的表现在很大程度上受到信息技术使用条件和机会的限制,具体来说包括家庭计算机普及程度不及 OECD 国家高,学生在学校中运用计算机的机会少,教育软件资源少,用计算机做学校作业的少。

要提高学生在数字生存时代的解决问题素养,必须提高学生的信息技术熟悉度,可以从用电脑或移动设备学习、做作业入手,使信息技术成为学生学习和生活的工具,成为完成核心课程目标的方式。

3.2 学校和教师要为学生提供更多的问题解决机会

PISA 解决问题结果显示,问题解决能力与学校因素有强烈相关性:在学校之间,数学表现相同,但问题解决表现却不同。如何在学校层面因素尽可能多地提供问题解决的主题,教师和学校如何培养学生解决问题的能力呢?

首先要让教师认识到问题解决的步骤是可以学习和规划的,鼓励教师在学科教学中(阅读、生物学、历史等),更多地运用问题解决的策略。

学生在 PISA 解决问题中的表现和在 PISA 数学、阅读及科学的表现之间都有很高的正相关。在数学、阅读和科学模块中表现出色的学生,在问题解决评估中同样有出色的表现。这种出色表现具体为:当面对不熟悉问题时,可以形成与问题情境相关联的心理表征,提前计划,在问题解决方案中加入反馈和反思因素;在生活中能更有效地综合运用已有的知识和问题解决策略,来应对日常生活问题,比如通过与设备互动很快地熟悉不熟悉的技术设备等。

OECD 数据显示:在日本、韩国、意大利等国家,数学表现好的学生在问题解决上的表现和其他国家的好学生差不多,但这些国家数学表现差的学生,问题解决表现比其他国家同样数学成绩的学生要好很多,有的甚至达到了 5、6 级水平,说明他们在数学上没有展现的才能在问题解决过程中展现出来了,问题解决给予了他们另一个发展天赋的机会。这一点在上海职业学校学生中也体现出来,职业学校学生的问题解决成绩要高于那些学科领域成绩和他们相当的普通中学的学生。问题解决表现和学科领域的表现之间没有定势关系,一些在学科领域表现不高的学生,教师也可以通过指导来激发他们问题解决的潜能,就像研究性学习那样,给了一些在学科学习中并没有优势的学生一块新的发展天地。

其次,在 PISA 问卷调查中我们发现,上海老师在数学课上较少布置需要花很长时间思考的问题(比 OECD 平均低 22 个百分点),较少让学生做一些不能立即发现明确解题方法的题目(比 OECD 平均低 10 个百分点),在语文课上较少提出挑战性问题(比 OECD 平均低 11 个百分点),较少向学生推荐一本书或某个作者的书(比 OECD 平均低 6 个百分点),所以对于上海 15 岁学生来说,很少有机会处理那些没有明确解题方法的"非常规任务"。如何提供机会,开发学生的推理技能和自主学习的思维习惯,需要相应的课程学习,需要更好地体现课程标准中所说的"丰富学生的学习经历",更加注重学生的思考过程,以及学生参与的深度和思考的高度。

如何在课堂学习中,在课本学习之外,给学生提供更多任务驱动学习的机会、拓展学习的机会、深入思考的机会,以及"做中学"的机会,是我们必须考虑的问题。

3.3　教师学习与培训的关键是思考能力的培养

如何培养学生的问题解决能力,并给予他们锻炼的机会,这个问题的解决需要从教师培训和学习做起。首先,教师学习与培训要关注认知技能和认知过程的学习,而不是现实技能与过程。这样教师就能对学生如何应用技能和知识解决问题与完成任务进行有效的调整,为学生提供足够的指导性信息。

其次,教师学习与培训要始终保持理论课程与实践工作的交织。具体而言,教师培训和学习要嵌入在日常的教学之中,要让教师有机会在他们工作的地方认真地进行与他们工作相关的持续性学习,在自己的教室中观察和被他们的同事观察,并到其他学校教师的教室里去,考察和应用在理论课上学到的概念和策略,更好地理解理论,支持学生的学习。

再次,教育研究机构要重视介于理论、政策和实践之间的案例研究。教师教育缺失案例教学、实践反思这两个环节,优秀的教师便不可能产生。好的案例与间接的教学经验和教学相比,前者对课堂决策的影响更大,案例教学应该成为教师教育的重要方式。教育研究机构要从教师需要出发开发案例,同时还要研究教授案例分析的方法。

8

第八章
上海学生的财经素养

由 OECD 组织的国际学生评估项目(PISA),在 2012 年测评中增加了一个新的国际选项——"财经素养"(financial literature),这是大型国际测评项目中首次引入"财经素养"概念并加以评估。

1. 评估财经素养的重要性和意义

1.1 财经素养对国家和个体的重要性

全球都认为财经素养是保持经济、金融稳定与发展的重要因素之一(INFE,2009b)。近年来,发达国家和新兴国家经济体越来越关注本国公民财经素养的水平。随着人口结构的转变,主要是人口老龄化的加快,金融市场的广泛发展,以及日渐收缩的公共经费和私人基金规模,公民的财经素养水平已经开始影响经济发展。同样,金融危机也引发了这种关注,人们认识到缺少财经素养是导致不理智金融决策的因素之一,而不理智决策的反作用会带来大量的负面溢出效应(INFE,2009b;OECD,2009a)。

上海要建设国际金融中心,公民的财经素养尤为重要。OECD 发起的 PISA 2012 测评中首次引入财经素养选项,中国上海选择了参加这一领域的测评。与 PISA 的核心领域——阅读素养、数学素养和科学素养相比,尽管在很多国家的基础教育课程设置中还没有明确的与财经素养直接对应的学科,但是在当今经济全球化的时代,财经问题已经越来越多地渗透到人们的日常生活中,特别是在历次金融危机的背景下,个人如何保护和增加自己的家庭财富、国家如何确保经济有序和稳定,成为国际社会普遍关注的问题。正如 PISA 的总体理念——关注 15 岁孩子面向未来社会工作和生活的能力那样,财经素养无疑是当前和未来人们的生存环境中必不可少的一种基本素养。

1.2 评估财经素养的意义

在 PISA 测评中,素养指的是学生把知识和技能运用于主要内容领域的能力,以及他们在多种情境之下提出、解决并解释问题时能够进行分析、推理及有效沟通的能力。PISA 中的财经素养主要指的是个人财经素养,区别于包括诸如供需原理、市场结构等更广泛概念的经济素养。财经素养涉及个体理解、管理和计划他们自己及其家庭的财经事务的方式方法。与其他 PISA 测试领域的素养定义一样,**财经素养的定义蕴含了个体作为社会中能思考能行动的一员的重要性,它对更广泛的社会群体能够产生的影响**。具有高水平财经素养的个体有更好的能力去做出立即产生效益的决策,且能对与他们相关的财经世界给予建设性的支持和评论。

PISA 测试不是直接评价学校教育中所教授的知识或技能,而是评估年轻人应用所学知识或技能解决现实生活中遇到的实际问题的能力,PISA 称之为"为生活做好准备"的程度。因此,虽然许多国家都没有把财经教育列入中小学课程,但是 PISA 仍然重视评价学生使用与财经相关的知识和技能的能力。**PISA 之所以收集许多国家和经济体的 15 岁孩子在财经素养方面的信息,目的是提供一系列丰富的国际比较数据,为政策制订者和利益相关者做出基于证据的决策服务**。关于财经素养的国际比较数据希望能够回答这些问题:面对越来越全球化的经济和日益复杂的金融体系,年轻人在多大程度上做好了准备?从财经素养的角度来看,谁能够引领未来?可见,PISA 财经素养测试的目的是为教育决策服务,特别是那些在国际经济和金融方面想要保持稳定、增长的国家或地区的决策层。

1.3　开展财经教育的潜在价值

已有数据表明,发达与新兴经济体的成年人如果接受过财经教育,那么相应地,他们更有可能比其他人为退休进行储蓄或规划(Bernheim, Garrett, & Maki, 2001; Cole, Sampson, & Zia, 2010; Lusardi, 2009)。这些证据表明在财经教育及其结果之间存在一种直接的因果关系;它暗示着财经素养水平的持续提高可以带来积极的行为变化。来自发达国家的其他研究也指出财经素养的大量潜在益处。有诸多证据表明拥有更高财经素养的人可以更好地管理他们的财富、参与股票市场,并在投资组合方面表现得更好,并选择较好的股票或基金,更可能选择费用较低的公共基金,而且,拥有较多金融知识的人更有可能积聚更多的财富。**除了对个人的益处,财经素养对于经济与金融的稳定性也尤为重要。**具有较高财经素养的消费者可以做出更多明智的决策,需要更高质量的服务,这将会鼓励金融市场的竞争与创新。他们不太可能以一种不可预测的方式回应金融市场,也不太可能做出没有理由的抱怨,更可能采取恰当的措施来管理转移到他们身上的风险。所有这些因素将会促成一个更有效率的金融服务体系,用较少的钱来进行金融管理与监管需求。最终,它们会有助于政府减少资助(以及赋税)方面的支出去救济那些做出不理智财经决策的人——或压根没有进行决策的人。**截至 2014 年,已经有 45 个不同收入水平的国家准备设计或实施国家层面的财经教育。**

2. PISA 2012 财经素养测评框架概述

在 PISA 2012 测试的财经素养评估框架中,给出了如下的操作性定义:**"财经素养是一种关于财经概念和风险的知识和理解力,以及运用这些知识和理解力的技能、动机和信心,以便在广泛的财经背景中做出有效决策、提高个人和社会经济利益、参与经济生活。"**

尽管简单的知识再现不是 PISA 评估的主要目的,财经素养还是会与一些基本的经济、财务、金融等知识相关,但在这个定义中,**运用"理解力"和"技能"(即"有效的行动")才是关键要素。**其中"理解力"聚焦的是在现实情境下激活知识、转化和应用他们的个人理财知识做出有效财务决定的能力。"技能"包括一般的认知过程,例如在财经背景中提取信息、对照和对比、推断和评估等应用,既有与数学素养有关的基础技能(例如计算百分率或者把一种货币转换为另外一种货币的能力),也包括与语言有关的技能(例如阅读和解读广告及合同文字的能力)。此外,财经素养也涉及管理那些影响金融决策的情感等心理因素的技能。

在上述定义下,PISA 2012 以内容(content)、过程(process)、背景(context)三个维度架构起一个空间立方体来表达财经素养的测评框架,并对每个维度中不同的因素或类别分别加以表述。

图 1 ■ 财经素养三维测评模型

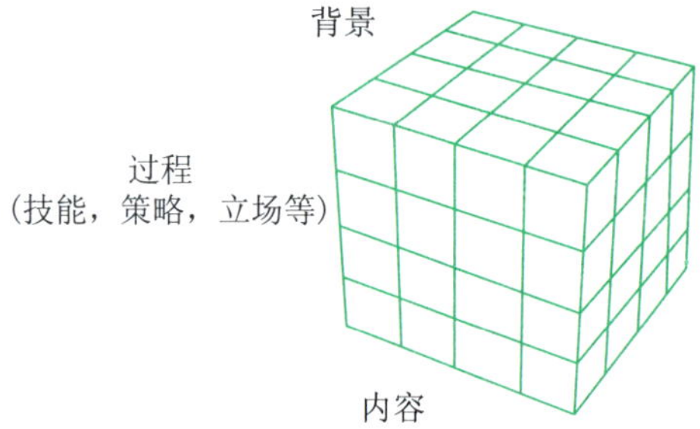

背景

过程
(技能,策略,立场等)

内容

2.1 内容

财经素养的内容包括知识和理解力,它们是素养结构中的必要部分,被视为实施一项特定任务所必需使用的知识和理解力的范围。目前 PISA 财经素养内容维度分为四个类别:

货币和交易。这一内容致力于考查与学生个人财务问题相关的宽泛领域,如日常支付、开销、货币价值、银行卡、支票、银行账户等。在这个内容领域中的任务要求学生表现出:理解货币是用来兑换商品和服务的,能够分辨个人亲自支付或通过网络支付等方式的不同点,通过考虑个人特定需求和情形能够弄懂规格不同的消费品中哪一个更划算,能够检查列在银行账单上的交易记录并注意到不合常规之处,会使用信用卡和借记卡等。

规划和理财。这一内容涉及考查学生对个人收入和资金进行短期和长期的计划及管理。这一内容领域涉及的任务要求学生表现出:能够识别不同类型的收入并计算,能够通过草拟预算来安排定期的开销和储蓄,懂得如何操控预算中的各种因素,理解创造财富的观念、储蓄中复合利息的影响以及投资产品的利弊所在,懂得为其他长期目标或预期变化情况进行储蓄的好处,能够估计不同教育和培训方式对人力资本投资的利弊,理解通过贷款还款建立信用可以使消费逐渐变得更加得心应手等。

风险和回报。这一内容是个人财经素养的核心领域,包括考查在一系列财经背景中获得可能资金收入或损失的理解力,以及认识到多种管理、平衡和抵御风险方法的能力。在这个领域有两类特别重要的风险。第一类涉及个体无法承担的资金损失,例如灾难性损失或反复性的损失。第二类是金融产品的固有风险,例如信贷协定中利率的变化性。这一内容包括对为什么一些储蓄或投资方法比另外一些风险更大的认知能力,也包括对如何降低个人资本的风险和收益多样化的理解能力,还包括对大量现存的适用于不同需求和情形的保险产品的识别能力。这一内容范畴主要是考查学生对相关的潜在风险和收益的理解力:如多种投资和储蓄工具类型,多种信贷方式,账单支付和信贷协定方面的违约等,利率和外汇汇率以及市场波动等。

金融视野。这一内容领域涉及金融世界的独特个性和特点,包括知道消费者在金融市场及一般的理财环境下的权利和义务,以及金融合约的主要含义。从广泛的意义上说,金融视野同样包含对经济条件和国家政策变化产生的结果的理解力,例如利率的变化、通货膨胀、征税及福利待遇等。

2.2 过程

过程是用于描述学生面对任务所采用的心理策略或方法。对于过程的分类与认知过程本身有关,用来描述学生对该领域相关概念的认知理解能力,以及理解、分析、推理、评价和给出解答的能力。在 PISA 财经素养中定义了四种过程类别:

识别财经信息。这一过程在个人搜索和访问金融信息资源以及识别和认知它的相关性时发生。在 PISA 2012 中,信息会以文本的形式体现,如合同、广告、图表、表单和说明。一项典型的任务可能会要求学生去识别一张发票的特征,或是认出一份银行清单上的余额;较难的任务可能会涉及浏览一份法律合同来找出拖欠偿付贷款后果的说明信息。该过程分类也涉及一些金融术语的识别,例如识别出描述物价随着时间而上涨的术语"通货膨胀"。

分析财经背景中的信息。该过程涵盖了在金融环境中从事的各种认知活动,包括解释、比较和对比、综合分析以及从提供的信息中延伸理解。本质上讲它涉及认识到那些并没有明确给出的信息,即识别出财经环境中某一事件的潜在假设或暗示。例如,一项任务可能涉及对比不同手机套餐合同中术语的含义,或找出某贷款广告可能包含有未声明的条件等。

评估财经问题。该过程聚焦于利用某一特定背景中的金融知识和理解力,辨别或做出一个财经判断。当学生必须通过知识、逻辑和合情推理来理解和形成某一财经问题的相关观点时,批判性思维在该过程中得到展现。处理该问题所需的信息可能一部分来自于该任务的背景,但学生需要把这些信息与他们自己已有的金融知识和理解联系起来。在 PISA 测试中,任何理解某一问题所需的信息都在 15 岁孩子可能的经历范围之内。

应用财经知识和理解力。它聚焦于在某一财经背景下,运用关于金融产品和背景知识以及对金融概念的理解,来采取有效的行动。该过程在涉及考虑多种条件来实施计算和解决问题的任务中得到反映。例如,一项任务可能要求学生计算出当价格以给定比率变动时,购买力是否会随着时间下降或增加,这里需要用到通货膨胀的知识。

2.3 背景

背景指的是应用知识、技能和理解力的情境,它反映测试任务的范围宽度。虽然某些特定场景对于 15 岁的孩子会更熟悉,但在 PISA 测试中来源于日常生活情境的任务背景包括,但不限于学校生活。它可能着重于个人、家庭或是小团体,也可能是更广泛的社区,或是更加广泛的全球范围。在 PISA 财经素养的测试中辨别出了四种背景:

教育与工作。这一背景对于年轻人来讲很重要。教育背景显然跟 PISA 测试中的 15 岁学生有关,虽然他们中的许多人将继续接受教育或培训,但也有不少 15 岁的学生会在一两年之内离开学校参加工作,还有一部分学生在课外打零工,因此职业背景也与 PISA 测试中的学生有关。实际上,所有 15 岁的学生将会开始考虑跟教育与工作相关的经济问题。这一背景中典型的任务可能包括了解工资单,为上大学而省钱,研究申请学生贷款的好处和风险,参与工作场所的储蓄模式等。

居家与家庭。居家是 15 岁学生最有可能的家庭生活背景,这一背景包括与家庭生活开支有关的财经事件。该分类也包括非家庭成员关系的人,如年轻人离开家之后短期内合住的室友,在这一背景中的任务可能包括购买居家物品或食品杂货、记录居家开销以及计划居家活动,因此关于预算和优先开支的决策也归为这一背景。

个人活动。这种背景对于个人理财来讲很重要,因为个体为满足个人利益而做出各种决策的同时个体必须承担许多责任。这种背景中做出的决策包括选择个人产品和服务、休闲和娱乐等,虽然个人做出的决策可能会受家庭和社会的影响,但是个人要为这些决策承担相应的法律责任。因此个人背景包括了合同相关事宜以及处理大额消费品相关的财经服务,如开通银行账户、购买个人消费品、支付娱乐活动、使用信用卡和购买保险等。

社会活动。年轻人生活环境的显著特点是变化性、复杂性和相互依赖性。全球化带来了相互依赖的一种新形式,即个人行为受制于本地和地区之外的经济成果和影响。虽然财经素养领域的核心在于个人理财,但社会活动背景指出了个人经济利益不能完全与社会分离。这种背景中的财经素养包括知晓消费者的权利和义务、理解纳税和市政服务收费的目的、对商业利息有所觉察等,也可以延伸到考虑向非营利组织和慈善机构捐赠等金融决定。

3. PISA 2012 财经素养测评的主要特点

3.1 参与财经素养测试的国家(地区)和学生

总共有 18 个国家(地区)参加了财经素养测试,其中 13 个是 OECD 国家(包括澳大利亚、比利时弗拉芒语区、捷克、爱沙尼亚、法国、以色列、意大利、新西兰、波兰、斯洛伐克、斯洛文尼亚、西班牙和美国),5 个是伙伴国家(地区)(哥伦比亚、克罗地亚、拉脱维亚、俄罗斯和中国上海)。总计大约 2.9 万名 15 岁在校学生参加了 2012 年的财经素养测试,他们代表了 18 个参与国家(地区)的约 900 万学生。

在上海,来自 155 所学校的共 1 197 名学生参加了 PISA 2012 财经素养测试,他们代表了上海 853 所学校约 8.5 万名 15 岁在校学生。

3.2 测试题目的形式和回答类型

如同对其他领域的 PISA 评估,财经素养题目以单元(unit)的形式出现,一般每个单元围绕一个共同的引导文本(stimulus),包括 1 到 3 个问题(question)。选择的问题情境以财经为重点但以不同形式出现,包括文字、图示、表格、图表和插图等形式。

对于选择参与财经素养评估的国家,在阅读、数学和科学素养试题的核心试题本之外再增加 4 本试题本,每本包括 2 个财经素养单元组、1 个数学素养单元组和 1 个阅读素养单元组,每个单元组需要的答题时间大约为 30 分钟。这些单元组会在试题本的不同位置出现,避免位置效应的影响。因此每个被抽到参加财经素养测试的学生要做 2 小时测验,其中财经素养试题有 40 道问题,占 1 小时左右。

与 PISA 测试中的其他评估领域一样,在财经素养评估中,从题目的回答类型来看,主要分为构答题和选择题两大类型。

- 构答题需要学生生成他们自己的答案。答案的形式可能是一串文字,也可能是用来说明观点的系列数字,也可能会比较长——需要好几句话或者详细计算才能说明。需要延伸性回答的构答题,对于收集学生解释决策或展示分析过程能力的信息来说是绝佳的。

- 选择题需要学生从给出的一组选项中选出一个或多个选项作为答案。这一类中最常见的形式是单项选择题,它需要学生从一组(通常是四个)选项中选出一个。选择题的第二种形式是复合选择题,需要学生回答一系列"是/否"的判断题。选择题通常被认为最适合于评估关于识别和辨识信息能力,同时也适合评估那些学生们难以表达的、对深层次概念的理解能力。

3.3 学生表现的精熟度水平划分

学生在财经素养测试中表现出的相对能力可以通过他们回答正确的题目比例来估计,而测试题目的相对难度则可以通过正确回答题目的人数比例来估计。PISA 测评中数据处理的思路是:通过估计学生个体正确回答某道题目的概率,同时也估计某道题目被一组特定学生群体正确回答的概率,形成一个同时反映题目难度和对应的学生能力的连续量表,然后在这个连续量表上可以估计每个学生的位置(即所处的精熟度水平),也可以估计某道题目的难度水平(即题目被正确回答所表现出的精熟度水平)。

为了更好地对学生的分数做出解释,说明达到某个分数的学生能做什么,在 PISA 2012 财经素养的评估结果中,用 5 个精熟度水平来描述学生所表现出的能力。在精熟度 1 到 5 级水平中,每级之间设置为 75 分的差距。其中 2 级被确定为基线水平,达到这一等级的学生开始能够在与个人紧密相关的情境中运用财经知识做出财经决策。1 级是可以描述的最低精熟度水平,学生仅具备最基本的财经知识和技能;5 级是最高水平,达到这一水平的学生被视为具有较为宽阔的财经视野,能够分析和理解复杂的财经问题,能够解决非常规的财经问题。各精熟度水平学生的描述如表 8.1。此外,还有 PISA 无法测量和描述的 1 级以下水平。

表 8.1 ■ 财经素养评估中五个精熟度水平的描述

水平	分数区间 (n 为得分)	能完成该水平及以上任务的学生百分比 (OECD 平均-13)	该水平任务特征
1	$326 < n \leq 400$	95.2%	学生可以识别常见的金融产品和术语,并能阐释基本的与金融概念相关的信息。他们能够认识到需求和愿望之间的区别,可以做出基本的日常消费判断。他们知道日常金融单据(如收据)的目的,并能够在个人生活中经历过的通常的财经情境下运用简单和基本的数学运算(加减乘除)。
2 基线	$400 < n \leq 475$	84.7%	学生开始运用他们有关常见金融产品的知识和常用的金融术语及概念。他们可以运用给定的信息在与自身直接相关的情况下做出财务决策。他们知道做一个简单预算的价值,能解释日常金融单据的主要特征。他们可以运用包括分数在内的简单基本的数学运算来回答财经问题。他们对不同财务因素之间的关系有基本的理解,比如使用量与产生的费用。
3	$475 < n \leq 550$	61.8%	学生能够在与其相关的情境中运用他们对常见金融概念、术语和产品的理解力。他们开始考虑财务决策的后果并能够在熟悉情境中做简单的财务计划。他们可以对一系列的金融单据做直接的解读,能够使用众多基本数学运算,包括计算百分比。他们可以选择所需要的数学运算方法解决常规问题,如做预算。
4	$550 < n \leq 625$	31.6%	学生能够把他们对不太常见的金融概念和术语理解力,运用到他们可能在步入成年后才遇到的相关情境中,如银行账户管理以及储蓄产品的复利。他们可以阐释和评估众多复杂的金融单据,例如银行账单,并能解释不太常见的金融产品的功能。他们可以做出考虑了长期后果的财务决策,例如理解偿还一项长期贷款的总体花费,并且他们可以在不太常见的财经情境中解决常规问题。
5	$n > 625$	9.7%	学生能够把他们对大量金融术语和概念的理解力,运用到今后与他们长远生活相关的情境中。他们能够分析复杂的金融产品,能够考虑金融单据中未明确陈述或并不直接呈现却非常重要的一些特征,如交易费用。他们运算精确,能解决非常规的财经问题,并且能够描述财务决策潜在的结果,表现出更宏观的金融视野的理解力,如收入所得税。

在 PISA 2012 财经素养测评的结果报告中,呈现了 4 道样题(测试单元)中 8 个问题上学生的得分以及分属的精熟度水平。学生相应的正确回答分别被认定为属于不同的精熟度水平,包括对同一问题的回答可能被认定为"部分得分"和"满分"两种情况,每种情况又可能被归属为不同的精熟度水平(如"发票"测试单元中的问题 3,"部分得分"被认定为水平 3,而"满分"被认定为水

平5)结果见表8.2。

表8.2 ■ 样题所表现的精熟度水平以及学生得分情况

水平	分数区间(n 为得分)	能完成该水平及以上任务的学生百分比 (OECD 平均-13)	样题及得分	
			样题题目	学生得分 (OECD 平均-13)
1	326 < n ≤ 400	95.2%	"发票"问题1	360
			"在市场上"问题3	398
2基线	400 < n ≤ 475	84.7%	"在市场上"问题2	459
			"发票"问题2	461
3	475 < n ≤ 550	61.8%	"新机会"问题1(部分得分)	510
			"发票"问题3(部分得分)	547
4	550 < n ≤ 625	31.6%	"工资单"问题1	551
			"新机会"问题2	582
5	n > 625	9.7%	"发票"问题3(满分)	660
			"新机会"问题1(满分)	663

在 PISA 2012 财经素养测评结果报告中出现的 4 道样题,只有"发票"出现在 2012 年的正式测试中,但 4 道样题均出现在 2011 年的试测当中。表3是上海学生和 OECD 国家学生在 4 道样题上的得分率情况。

表8.3 ■ 上海学生与 OECD 国家学生在试测中样题上的得分率比较

样题(测试单元)		上海学生平均得分率	OECD 平均得分率	精熟度水平
试测	"在市场上" 问题1	95.30%	77.51%	—
	问题2	87.18%	70.67%	2
	问题3	90.17%	73.52%	1
	"新机会" 问题1	部分得分:51.28%	部分得分:36.12%	3
		满分:31.62%	满分:22.24%	5
	问题2	58.13%	38.64%	4
	"工资单" 问题1	57.69%	51.03%	4
	"发票" 问题1	81.20%	82.63%	1
	问题2	73.08%	69.24%	2
	问题3	部分得分:30.77%	部分得分:33.81%	3
		满分:52.56%	满分:20.57%	5
正式测试	"发票" 问题3	部分得分:23.9%	部分得分:29.60%	3
		满分:55.6%	满分:22.78%	5

从表3中上海学生与OECD国家学生在试测中4道样题的得分率对比可以看出,除了试测中"发票"问题1上海学生得分率略低于OECD平均得分率外,其他所有问题的得分率均高于OECD平均。特别是最高精熟度水平5对应的样题问题上,上海学生的得分率是远远高于OECD平均的。"发票"样题中的问题3,其反映的是5级精熟度水平,无论是试测还是正式测试中,上海学生的得分率高于OECD平均30多个百分点。尽管"发票"样题中问题3的"部分得分"率表面上看上海学生低于OECD平均,但考虑到问题3的"满分"反映的是更高的精熟度水平5,而高精熟度水平的学生可以完成低水平任务,所以实际上能够达到问题3"部分得分"精熟度水平的上海学生得分率累加仍然是远远高于OECD国家在问题3上"部分得分"的学生。下面以出现在正式测试中的样题"发票"为例,分析PISA财经素养测评题目的特点。

图8.2 ■ 样题"发票"测试单元

发　票

萨拉收到了这张邮寄来的发票。

清新服饰

发票
发票序列号:2034
开票日:2月28日

乔萨拉
卧山路29号
肯辛顿区
西德兰3122

清新服饰
马坡巷498号
布伦特区
西德兰2090

商品代码	商品名称	数　量	单　价	小计(不含税)
T011	T恤衫	3	20	60 西元
J023	牛仔裤	1	60	60 西元
S002	围巾	1	10	10 西元

税前合计:130 西元
10%税费:13 西元
递送费用:10 西元
含税合计:153 西元
已经支付:0 西元

应付款项:153 西元
最后缴款日:3月21日

问题 1：发票　　　　　　　　　　　　　　　　　　　　　　*PF055Q01*

为什么要把这张发票寄给萨拉？

A　因为萨拉需支付给清新服饰这笔款项。

B　因为清新服饰需支付给萨拉这笔款项。

C　因为萨拉已支付给清新服饰这笔款项。

D　因为清新服饰已支付给萨拉这笔款项。

问题 2：发票　　　　　　　　　　　　　　　　　　　　　*PF055Q02-019*

清新服饰递送这些衣物要收取多少钱？

递送费用：_____西元

问题 3：发票　　　　　　　　　　　　　　　　　　　*PF055Q03-0129*

萨拉注意到清新服饰在发票上有个地方搞错了。

萨拉订购且收到的是 2 件 T 恤，不是 3 件。

递送费用是固定的。

新的发票上总金额应该是多少？

合计：……………………………西元

发票评分 3

题旨：

　　描述：通过考虑几个因素，计算出发票上一个新的总数（或展示出需要的计算过程）

　　内容：货币与交易

　　过程：应用财经知识并理解

　　情境：个人的

满分

代码 2：131

- ● 一百三十一
- ● 一白三十一［明显是 131 的笔误］

部分得分

代码 1：133［把税费当作 13 西元］或者 121［遗漏了递送费用］

- ● 一百三十三
- ● 一白三十三［明显是 133 的笔误］
- ● 一百二十一

零分

代码 0：其他答案。

- ● 123［把税费当作 13 元并且漏掉了递送费用］

代码 9：没有作答。

注意：检查题目材料附近是否写有学生的计算（过程）。

　　该样题中的引导文本，表达的是现实生活中的一个购物情境，即购物后商店邮寄来的一张发票，其呈现方式包括表格、图片、文字。从测评框架来看，背景属于"个人活动"，内容属于"货币与交易"，但三个问题涉及的认知过程并不完全相同。

问题1:"为什么要把发票寄给萨拉?"这个问题以选择题的形式呈现,提供了A、B、C、D四个选项。选项中涉及辨别"萨拉"和"清新服饰"两个主体中谁支付给谁,还涉及辨别"已支付"还是"需支付"的问题。这个问题并不要求学生做任何计算,却需要学生能看懂这个金融单据(即发票)上的信息,特别需要识别出发票上所展示的财经信息,例如理解"应付款项"字样,从而理解这张发票在个人生活背景下的目的——"萨拉需要支付给清新服饰这笔款项"(选项A)。学生需要表现出对发票的理解力,从测评框架来看,反映出的是过程维度中的"识别财经信息"。能够解答问题1(即选择A)的学生属于精熟度1级水平。

问题2:"清新服饰递送这些衣物要收取多少钱?"这个问题以构答题(填空题)的形式出现,要求学生辨别出发票上递送衣物的费用。这个问题从我们国内考试的角度看,似乎过于简单,学生直接可以从引导文本中找到答案,不需要做任何计算。但从学生对该问题正确回答结果所估计出的难度层级来看,却属于精熟度水平2。因为该题目中问的是一个特定指向的问题,尽管正确答案在引导文本中已清晰地陈述出来,但学生要正确回答这个问题,需要从众多的数字信息中筛选、识别出这个特定指向的问题答案,并且理解发票上的"递送费用"就是指清新服饰邮寄衣物要向萨拉索取的衣物费用以外的一笔额外费用。因此学生尽管不需要做任何计算,只要能够回答出10西元,反映出的是过程维度中的"识别财经信息",需要学生理解发票上不同数字信息之间的联系与区别,属于精熟度2级水平。

问题3:"萨拉注意到清新服饰在发票上有个地方搞错了。萨拉订购且收到的是2件T恤,不是3件。递送费用是固定的。新的发票上总金额应该是多少?"这个问题以构答题的形式出现,学生列出正确的计算过程表达式或直接给出最终答案都可以被接受。这个问题要求学生在现实生活中相对复杂的情境下(即面对一个错误的金融单据),能够解读金融单据。学生需要依据发票中给出的不正确的数量,计算出一个正确的总额。从财经素养测评框架中的过程维度来看,属于"应用财经知识和理解力",因为学生首先需要运用理解力区分哪些费用是不因2件还是3件T恤而变化、哪些费用是随着T恤件数会变化,并要做出正确的计算来纠正发票上的错误。这个问题在评估时分为"部分得分"(回答133或121时)和"满分"(回答131时)两种情况。当学生的回答为133时,学生可能错误地把税费计作13西元;当学生回答121时,学生遗漏了递送费用10西元。即使在"部分得分"的情形下,学生仍然需要能够正确理解金融的和数字的信息并运用基本运算(减法)做出回答,因此这种回答被视作3级水平。在学生得到"满分"的情形下,学生不但能够正确理解一个不熟悉背景下的金融和数字信息,还需要使用多种运算(加法、减法和比例计算)来回答,因此这种回答被看作达到5级水平。

3.4　小结与启示

通过前文对PISA财经素养样题的分析,可以发现PISA测评中采用的题目具有如下特点:第一,PISA测评中每一个测试问题都是出现在某个"引导文本"之后,而引导文本往往已经决定了该测试单元中所有问题的"内容"和"背景"属于哪种具体的类别,不同问题只是在考查学生的认知"过程"的类别上有所不同;第二,引导文本所表达的情境来源于现实生活,从"背景"角度看更多地侧重在学生"个人活动"这一类别,从"内容"角度也更多地侧重在个人经济生活的"货币与交易""规划和理财"方面;第三,题目的难度和学生的精熟度水平,更多地体现在应用"财经知识和理解力"的认知过程,并特别强调做出一个财经判断,即侧重在"评估财经问题"上的能力。

对学校教育测评的启示:第一,测评的价值取向,即理念,处于决策的首位;只有定位清楚测评的理念,才可以界定清楚测评的关键概念并提出结构性的测评框架;第二,测评题目的设计需要严格遵循测评框架,亦即测评题目一定要能够在框架之下解释清楚设计意图,做到有的放矢;第三,PISA 测评中的精熟度水平划分所蕴含的数据处理技术值得借鉴,它既可以区分题目难度,又可以判断不同群体学生达到的水平,具有较强的数据解释力。

4. 上海学生在 PISA 2012 中的表现

4.1 财经素养的平均成绩

上海学生财经素养在所有 18 个参与国家(地区)中居首位,平均成绩达到 603 分,高出 OECD 平均分① 103 分。比利时(弗拉芒语区,后同)、爱沙尼亚、澳大利亚、新西兰、捷克、波兰的成绩都高于 OECD 平均分。

图 8.3 ■ 各国(地区)财经素养成绩排名

	显著高于 OECD 13 国平均
	与 OECD 13 国平均—无显著差异
	显著低于 OECD 13 国平均

平均分	相比较的国家(地区)	平均分与相比较的国家(地区)无显著性差异的国家(地区)
603	中国上海	
541	比利时(弗拉芒语区)	
529	爱沙尼亚	澳大利亚,新西兰
526	澳大利亚	爱沙尼亚,新西兰
520	新西兰	爱沙尼亚,澳大利亚,捷克,波兰
513	捷克	新西兰,波兰
510	波兰	新西兰,捷克,拉脱维亚
501	拉脱维亚	波兰,美国
492	美国	拉脱维亚,俄罗斯,法国,斯洛文尼亚,西班牙,克罗地亚,以色列
486	俄罗斯	美国,法国,斯洛文尼亚,西班牙,克罗地亚,以色列
486	法国	美国,俄罗斯,斯洛文尼亚,西班牙,克罗地亚,以色列
485	斯洛文尼亚	美国,俄罗斯,法国,西班牙,克罗地亚,以色列
484	西班牙	美国,俄罗斯,法国,斯洛文尼亚,克罗地亚,以色列
480	克罗地亚	美国,俄罗斯,法国,斯洛文尼亚,西班牙,以色列,斯洛伐克
476	以色列	美国,俄罗斯,法国,斯洛文尼亚,西班牙,克罗地亚,斯洛伐克,意大利
470	斯洛伐克	克罗地亚,以色列,意大利
466	意大利	以色列,斯洛伐克
379	哥伦比亚	

资料来源:OECD, PISA 2012 Database。

相比其他国家(地区),上海学生财经素养成绩高低端的差异并不大。财经素养第 90 百分位数的成绩为 704 分,第 10 百分位数的成绩为 495 分,相差 208 分。而 OECD 13 国的平均差值为

---

① OECD 平均分按参加财经素养的 OECD 13 个成员国(地区)计算。

247分。所有国家(地区)中,分数差异最大的是新西兰,达到306分,相当于四个财经素养精熟度水平的分值。

4.2 学生财经素养的精熟度水平

在PISA财经素养精熟度水平量表上达到高水平(5级精熟度水平)的上海学生占上海参加测评学生总数的42.6%,是18个参与国家(地区)中比例最高的,这些学生被视为具有较为宏观的金融视野,能够分析和理解复杂的财经问题,能够解决非常规的财经问题。上海学生中处于低水平(1级及以下)的学生比例为1.6%,是所有参与国家(地区)中最低的,这些学生还不能够在与个人紧密相关的情境中运用财经知识做出有效的财经决策。OECD 13个成员平均而言,高水平学生比例为9.7%,低水平学生为15.3%。可以说,上海学生在财经领域高端表现非常优异,而低端的学生比例则非常少。即使是平均成绩排名第二的比利时,其高水平学生占比仅为19.7%,远低于上海,而低水平学生则占8.7%,远高于上海。

图 8.4 ■ 各国(地区)学生财经素养精熟度水平分布

资料来源:OECD,PISA 2012 Database,Table Ⅵ.2.1。

在PISA的分析中,高水平学生是指在某个领域精熟度水平达到5级及以上的学生。在财经领域的高水平学生通常在数学领域也属于高水平,在上海,有41.2%的学生既是财经领域的高水平学生,也是数学或阅读领域的高水平学生。具体来说,财经领域高水平学生中有96.2%的人在数学领域也是高水平,有59.3%的人在阅读领域也是高水平。OECD 13国平均而言,有7.9%的学生既是财经领域高水平学生,也是数学或阅读领域高水平学生。其中,财经高水平学生中有72.6%的人在数学领域也是高水平,47.9%的人同时在阅读领域是高水平。

图 8.5 ■ 各国(地区)财经和数学或阅读素养同为高水平的学生比例

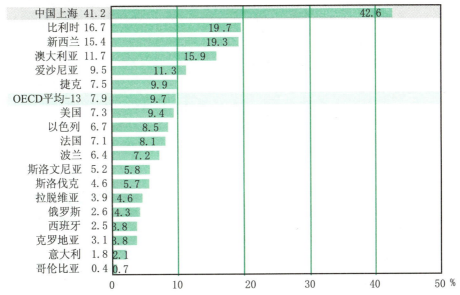

资料来源：OECD，PISA 2012 Database，Table Ⅵ.2.3。

4.3 财经素养与阅读和数学素养之间的关系

如前所述，财经领域表现好的学生，在数学和阅读领域一般也都表现得好，反之亦然。事实上，基本的阅读和数学素养是提高财经素养的前提，同时，学生在财经方面的兴趣不仅有利于数学和阅读知识的掌握，还同时为学校其他科目提供参与和应用的现实情境。

将上海学生的财经素养成绩、数学素养成绩和阅读素养成绩进行相关分析发现，财经素养成绩与数学成绩相关系数达 0.88，与阅读成绩的相关系数达 0.82，而数学素养与阅读素养之间的相关也达到 0.81。这表明，学生的财经、数学和阅读素养之间存在非常紧密的关系。其他国家(地区)在三种素养之间也存在类似的关系。并且，上海学生的财经素养与数学素养之间的相关系数是最高的。

另一种考查财经素养与阅读和数学素养关系的方法是看学生的财经素养成绩差异在多大程度上可以由阅读和数学素养成绩来解释。分析表明，上海学生财经素养成绩差异的 80.9% 可以由阅读和数学成绩来解释。其中，数学和阅读可以共同解释占 63.7%，数学可以单独解释 14.1%，阅读可以单独解释 3.1%[①]。

尽管上述分析都表明，财经素养与数学和阅读素养之间关系紧密，但这并不意味着同样数学和阅读成绩的学生，其财经素养成绩是相同的。事实上，同等数学和阅读水平的学生，财经素养成绩仍然会有差异。这是因为，财经领域的知识和能力并不等同于数学和阅读，其部分内容可能超出基础知识的范围，也有部分内容可能并不需要用到高水平的基础知识和技能。

---

① 采用线性回归方程对财经素养成绩差异进行解释，方程中包含学生数学成绩、阅读成绩和数学与阅读成绩相乘的积三个自变量，分别代表数学的单独作用、阅读的单独作用和数学与阅读的共同作用。

图8.6 ■ 各国(地区)数学和阅读成绩所能解释的学生财经素养成绩差异百分比

资料来源：OECD，PISA 2012 Database，Table VI.2.4。

基于18个参与国家(地区)的财经、数学和阅读素养成绩数据，我们可以估算出同等阅读和数学水平的学生在财经素养上的国际期望成绩。比较各国学生的财经素养期望成绩和实际成绩发现，在捷克、澳大利亚、新西兰、比利时、俄罗斯、爱沙尼亚等国，财经素养实际成绩显著高于期望成绩，其中，捷克、澳大利亚、俄罗斯和新西兰四个国家的实际财经成绩均高出期望成绩10分以上，有60％以上的学生财经素养实际成绩超过国际期望成绩。有趣的是，这四个国家中都已经开设了较为成熟的财经素养课程，其中澳大利亚、比利时、捷克和新西兰还为教师提供财经素养专业发展。

5. 影响财经素养的学生背景因素

5.1　性别差异

上海男生的财经素养平均分为603分，女生为604分，两者并不存在显著性差异。但在控制[1]

---

[1] 本报告中，"控制"某个因素指的是将该因素作为回归方程的自变量之一，那么其他自变量的回归系数就是在考虑了该控制因素作用后的结果。

了学生的数学和阅读成绩之后就会发现,上海男生的财经素养成绩比女生高 13 分,差异达到显著性水平。同样,所有国家(地区)中,在考虑了数学和阅读成绩之后,男生成绩高于女生的国家(地区)从 1 个增加为 11 个。这表明,在同样数学和阅读能力的情况下,男生的财经素养要强于女生,但两者的差异并不大。

图 8.7 ■ 各国(地区)财经素养成绩的性别差异

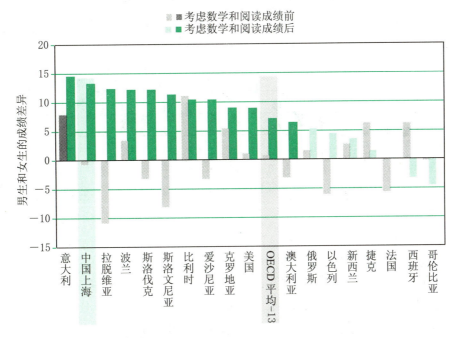

注:深色条表示差异达到显著性水平。
资料来源:OECD,PISA 2012 Database,Table VI.3.2。

5.2 学生家庭社会经济背景的作用

PISA 从多个方面考查了学生的家庭背景,包括学生家庭财富、家庭文化资源状况、学生父母的受教育程度和职业状况等。PISA 将这些内容综合为学生家庭社会经济文化地位指数(简称 ESCS 指数),用以考查学生家庭背景对学生学习的影响作用。在阅读和数学领域的分析中,学生 ESCS 指数都是非常重要的影响因素。那么在财经领域它的作用又如何呢?

学生 ESCS 指数对成绩的影响作用强弱,可以用 ESCS 对成绩差异的解释率来判断。上海学生 ESCS 指数可解释财经素养成绩差异的 12.5%,与 OECD 平均解释率 13.6% 不存在显著性差异。这表明,从财经素养的成绩来看,上海教育的公平程度与 OECD 平均相仿。

在所有 18 个参与国家(地区)中,学生 ESCS 指数值越高,其财经素养成绩越高。上海学生 ESCS 指数每增加 1 个单位,财经素养成绩提高 29 分,OECD 平均而言,提高的成绩为 41 分。在所有国家(地区)中,新西兰学生家庭背景对财经素养成绩影响最大,学生 ESCS 可解释 19.0% 的成绩变异,且 ESCS 1 个单位对应 64 分。

有趣的是,从总体的 ESCS 影响作用来看,财经、数学和阅读素养之间的差异并不大。但如果单独考虑家庭财富状况,其对财经素养的影响则大于对数学和阅读素养的作用。例如在上海,学生的家庭财富对财经素养成绩差异解释率达到 6.5%,高于数学的 4.8% 和阅读的 3.3%。

OECD认为,造成这一现象的一个可能原因是,财经素养在大多数学校中并非学科教育内容,即使已经开发出财经课程的国家,财经素养的课程也没有得到系统的教授和评估。因此,学生家庭背景状况有可能起到更大的影响作用。

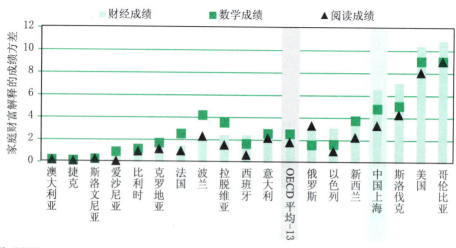

图 8.8 ■ 各国(地区)学生家庭财富可解释的财经、数学和阅读成绩差异

资料来源:OECD, PISA 2012 Database, Table Ⅵ.3.5。

5.3 不同移民背景学生的成绩差异

分析表明,上海不同移民背景[①]的学生之间成绩存在差异。上海本地人平均成绩为 613 分,第二代新上海人平均成绩为 596 分,第一代新上海人的平均成绩为 577 分。除上海本地人与第一代新上海人之间存在显著的成绩差异之外,其他群体之间都不存在显著差异。

控制了 ESCS 之后,各组之间的分差均有缩小,但上海本地人与第一代新上海人之间的成绩差异仍然显著。

6. 财经素养与学习、态度和行为的关系

研究表明,直接经验在学生财经方面的习惯养成和行为塑造上起的作用非常重要(Whitebread and Bingham,2013)。对学生获取金钱、财经产品方式的研究和他们储蓄行为的研究表明,个人经验和做中学是理解财经的一条途径(Furnham,1999;Otto,2013;Schug and Birkey,1985)。并且,PISA 认为学生的财经素养不仅包括财经知识和理解力,还包括他们的态度、动机和自信心。因此,PISA 通过问卷调查了学生有关财经方面的信息,包括从哪些渠道获得金钱、储蓄习惯、是否拥有银行账户或借记卡等。

6.1 学生拥有银行账户的情况与财经素养

金融服务已经渗透到生活的方方面面,上海及 OECD 国家有多少比例的 15 岁学生拥有自己的账户? 其与学生的财经素养之间存在何种联系?

---

① 国际意义上的移民人口在上海比例很小,不能进行计算。这里的移民背景指的是国内移民的状况。上海本地人是指本人及父母至少有一方出生在上海的学生;第二代新上海人是指本人出生在上海,父母均出生于除港澳台之外的我国其他地区的学生;第一代新上海人是指本人和父母均出生在除港澳台之外的我国其他地区的学生。

PISA 发现,上海学生拥有个人账户的比例占 55.8%,略低于 OECD 平均水平 58.3%。在斯洛文尼亚、新西兰、爱沙尼亚、澳大利亚、法国等国家,拥有个人账户的学生比例超过 80%。

学生拥有银行账户的情况与其财经素养之间的关系受家庭社会经济文化地位的影响较大。在不考虑学生 ESCS 的情况下,拥有银行卡的上海学生比不拥有的学生财经素养成绩高 18 分,差异非常显著。如果控制了学生的 ESCS 水平,则发现这一差异减少到 10 分,且并不显著。在大多数国家(地区)都观察到了这种状况。拥有银行账户与学生财经素养之间确实存在正相关,但很难说明其因果关系。有研究者(Otto,2013)认为,如果学生拥有足够的财经知识和技能,他们就会积极获取正式的财经产品,而非请父母帮他们打理自己的钱财。同时也有研究者(Sherraden et al.,2011)认为,使用银行账户可能是学生学会理财的一种途径。

一般而言,家庭经济背景优势的学生更可能拥有财经类产品,比如银行账户。这得到了 PISA 结果的证实。在上海,ESCS 平均值以下的学生拥有银行账户的比例为 49.2%,远低于 ESCS 以上的学生拥有比例 62.1%,差异非常显著。

6.2 获得钱的渠道与财经素养

学生是否拥有财经类产品还取决于他们是否有获得钱的渠道。钱是几乎任何财经素养问题均会涉及的内容,在 PISA 财经素养中就包括了"货币和交易"的内容领域。对于 15 岁在校学生而言,获得钱的途径也影响着他们的态度、动机和信心。因此,了解学生获得钱的渠道以及其与财经素养的关系非常重要。

上海学生获得钱的三个主要渠道包括通过朋友或亲戚送的礼金、补贴或零用钱、做家务获得的补贴或零用钱;OECD 平均而言,学生获得钱的三个主要方式是朋友或亲戚送的礼金、补贴或零用钱、课余时间打工。上海学生极少通过做临时工或在家庭企业中工作或课余时间打工获得钱,而 OECD 平均而言学生中有 43% 会去做临时工,有 40.8% 在课余时间打工。综合来看,通过打工、家庭企业中工作、做临时工或卖东西获得钱的学生比例,在上海仅占 22.5%,在 OECD 国家(地区)中占 65.6%。这表明,相比上海,OECD 国家(地区)中的学生有更多机会通过自己工作来获取金钱。

表 8.4 ■ 上海和 OECD 学生通过不同渠道获得钱的比例

获得钱的渠道	上 海	OECD 平均	差 异
在家经常做家务得到的补贴或零用钱	47.3	38.4	8.9***
不用做家务也会有的补贴或零用钱	75.4	50.9	24.5***
课余时间打工(例如假期打工,兼职)	15.6	40.8	−25.2***
在家族企业中工作	5.7	17.3	−11.6***
临时工(比如,帮人做保姆或园艺工作)	7.4	43.7	−36.3***
朋友或亲戚送的礼金	83.1	84.4	−1.3
卖东西(比如摆摊或在网店销售)	20.6	31.3	−10.7***
通过打工、工作、临时工、卖东西获得钱	22.5	65.6	−43.1***

注:*P<0.05　**P<0.01　***P<0.001。
资料来源:OECD, PISA 2012 Database, Table VI.4.6。

比较分析发现,绝大部分获取钱的方式与学生的财经素养并没有显著的联系,尤其是在控制了学生的社会经济背景之后。

男生和女生在上述获得金钱的渠道上也存在着一些差异。上海男生比女生更多通过卖东西和在家庭企业中工作获得钱,差异分别达 8.2 个百分点和 5.4 个百分点,而女生更多获得朋友或亲戚的礼金,差异为 7.0 个百分点。类似的,OECD 国家(地区),男生比女生更多通过卖东西、课余打工、家庭企业工作和做家务获得钱,而女生则更多通过礼金、临时工的方式或直接获得零用钱。OECD 认为,这种获取金钱方式或许反映了社会对男性和女性期望的不同。

学生获取金钱的途径与家庭社会经济文化地位之间存在什么关系呢? 分析表明,在上海,相比 ESCS 最低四分之一的学生,处于最高四分之一的学生更多通过家务劳动、父母给的零花钱以及卖东西获得金钱,在其他方式上,两类学生之间不存在显著差异。

6.3 学生消费行为与财经素养

PISA 2012 中询问学生"如果没有足够的钱购买你非常想要的东西(比如一件衣服、体育用品),通常你会怎么做",要求学生选择自己的行为方式。上海学生和 OECD 学生选择各项的百分比如下表所示。

表 8.5 ■ 上海和 OECD 学生的消费行为特征

选　　　项	上海	OECD 平均①	差　　异
用该买其他东西的钱来买	7.3	5.5	1.9
设法从家人那里借钱	10.1	18.2	−8.0 ***
设法从朋友那里借钱	3.0	2.0	1.1
存够钱后买	70.1	62.8	7.4 ***
不买	9.4	11.6	−2.3

注:＊P ＜ 0.05 ＊＊P ＜ 0.01 ＊＊＊P ＜ 0.001。
资料来源:OECD, PISA 2012 Database, Table VI.4.11。

从表中可以看出,上海和 OECD 学生大都会选择"存够钱后买",并且,上海学生选择该项的更多。其次有 10% 左右的上海学生会选择从家人那里借钱购买,而 OECD 选择该项的学生更多,占 18.2%。

OECD 认为,相比用任何一种方式购买,"存够钱后买"和"不买"代表了一种更为安全的消费方式。但比较不同选择的学生的财经素养成绩,并没有发现显著的差异特征。

在上海,相对于家庭背景好(ESCS 指数高)的学生来说,ESCS 指数低的学生更多选择"存够钱后买",而 ESCS 指数高的学生则较多选择"用购买其他东西的钱来买"和"设法从家人那里借钱"。

6.4 学生的态度与财经素养

态度是财经素养的重要内容,它会直接影响财经方面的决策。如前所述,PISA 2012 财经素养非常强调学生的态度、动机和自信心。数学领域的分析表明,学习的坚持性、问题解决的开放性以及对数学的学习动机都与数学成绩有显著的正相关。

---

① 以数据可用的 7 个 OECD 国家(地区)来计算平均值。

图 8.9 ■ 各国(地区)学生选择各种方式的比例

图 8.9 ■ 各国(地区)学生选择各种方式的比例

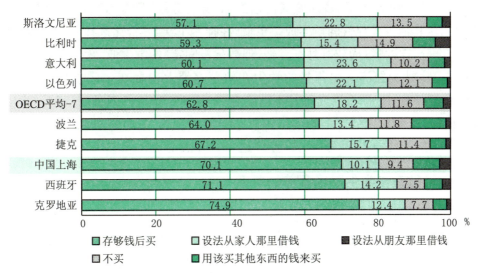

注:国家(地区)按照选择"存钱后买"学生的比例从大到小排序。
资料来源:OECD,PISA 2012 Database,Table VI.4.11。

　　财经领域的分析也表明,学生学习的坚持性和问题解决开放性都与财经成绩存在显著的正相关。学习坚持性强①的学生比坚持性弱的学生的财经素养成绩高 44 分,喜欢解决复杂问题的学生②比不喜欢的学生财经素养高 26 分。但在控制了学生数学素养后,这些差异就都消失了。这或许表明,态度方面的因素对学生的影响是全面的,而非仅仅某一门学科。

6.5　学生的储蓄习惯与财经素养

　　PISA 2012 调查了学生储蓄的习惯,学生要在"我每周或每月都存固定数量的钱""我每周或每月都存钱,但数量不固定""只有当我想买某样东西时我才存钱""我从不存钱"和"我没有钱,所以我不存钱"这五个选项中选择最符合自己情况的一个。

图 8.10 ■ 上海学生的储蓄习惯

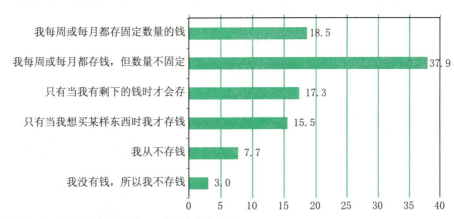

资料来源:OECD,PISA 2012 Database,Table VI.4.17。

---

①　指在"当遇到困难时,我很容易放弃"上回答"不像我"和"完全不像我"的学生。
②　指在"我喜欢解决复杂的问题"上回答"像我"和"有些像我"的学生。

数据分析表明,选择"我每周或每月都存钱,但数量不固定"的学生比"我从不存钱"的学生财经素养成绩更高,控制 ESCS 后,成绩差异仍达到 33 分。选择"只有当我想买某样东西时我才存钱"的学生成绩比其他方式存钱的学生成绩更低,在控制 ESCS 后,比选择"只有当我剩下钱时才存"的学生低 32 分,比"我每周或每月都存钱,但数量不固定"的学生低 28 分。

来自不同家庭社会经济文化背景的学生在储蓄习惯上也存在一些差异。ESCS 最高四分之一的学生中有 43.1% 选择每周或每月不固定存钱,而 ESCS 最低四分之一的学生中该比例为 32.5%。相反,ESCS 最低四分之一的学生中有 24.1% 的选择"只有想买某样东西时我才存钱",ESCS 最高四分之一的学生中仅为 8.5%,差异达 15.5 个百分点。

7. 上海学校财经教育与学生财经素养的关系

7.1 财经教育的情况

根据学校问卷校长的回答,有 50.3% 的学生所在学校并不提供财经教育,提供不足两年财经教育的占 42.4%,超过两年的占 8.4%。仅有 19.9% 的学生所在学校校长表示财经素养在该校是一门必修课。财经教育主要是作为人文课程(例如历史、地理、家庭经济或公民课)的一部分(74.9%)、数学课的一部分(64.6%)或者课外活动(57.9%)来提供的。教师是学校财经教育的主要提供者,88.7% 的学校财经课程是由教师教授的。

根据学生的回答,46.0% 的学生是通过学校中某一门学科或课程的一部分学过财经教育,在校外活动和专门课程中学过财经教育的学生仅占 26.4% 和 8.9%。

上述分析表明,目前上海中学财经教育主要以其他课程或活动中部分涉及财经内容为主,较少有单独提供财经教育课程的学校。学生对理财知识的学习也是通过某门课程或课外活动中关于如何理财的内容来进行的。

7.2 学生财经素养与学校财经教育

分析表明,学校提供财经素养教育的情况与学生财经素养成绩存在一定的联系。提供两年以上财经教育的学校学生成绩达到 631 分,不提供财经教育的学校为 596 分,相差 34.8 分,差异非常显著。但在控制了学生和学校 ESCS 指数后,两者之间的差异就缩小为 27.9 分,差异不显著。

图 8.11 ■ 上海学校提供财经素养的情况与学生的财经素养成绩

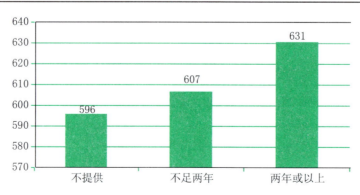

注:笔者根据 OECD PISA 2012 数据库计算。

7.3 学生财经素养与理财课程学习

学生是否学习过理财课程与学生的财经素养之间是否存在联系？这也是我们比较关心的问题。特别是在个人理财能力日益重要的当下，理财课程是否能提高学生适应未来社会的能力，是我们必须要考虑的问题。

表 8.6 ■ 学生是否学过理财课程与学生财经素养表现

是否学过理财课程	财经素养平均分	标准误	差 异 值			
			未控制 ESCS（学过—没学过）	标准误	控制 ESCS（学过—没学过）	标准误
学　过	615	4.37	23.7***	6.88	14.6*	6.19
没学过	591	6.02				

注：1. *P＜0.05 **P＜0.01 ***P＜0.001。
　　2. 笔者根据 OECD PISA 2012 数据库计算。

结果表明，学生财经素养与学生是否学过理财课程之间存在紧密相关。学过财经素养的学生比没有学过的成绩高 23.7 分，差异达到显著性水平，效应值为 0.29。在控制了学生的 ESCS 后，两者差异缩减为 14.6 分，但仍达到显著性水平。

8. 政策启示

PISA 2012 财经素养测评框架中对财经素养的定义，侧重在考查学生个人参与经济生活所表现出的素养，特别强调个体对财经知识和理解力的运用，突出的是面向真实生活所需要的财经问题的理解和技能。在这一点上，思考学校教育如何与学生的校外生活相联系、如何为学生的未来生活做准备，对教育工作者而言具有启发价值。

同时，与 PISA 其他领域的测评类似，财经素养测评框架所提出的内容、过程、背景的三个维度，对于学校和成人教育机构开展财经教育具有借鉴意义。尽管上海的基础教育阶段并没有专门的财经教育标准和课程，但对于那些有意向开发财经主题综合实践活动、建设财经教育校本课程以及渗透财经教育主题到其他学科的学校来说，PISA 财经素养测评框架中对内容、过程和背景维度的细致划分，实际上已经提供了一个可以参考的坐标系。有了这样的坐标系，现有散乱的、随意的，甚至是无意间的财经教育素材，才可能逐步地在学校教育环境里变得有据、有序、有力，从而找到发展的动力和方向。我们可以借鉴 PISA 框架，开展财经素养课程比较研究，分析上海课程计划中财经方面的内容（主要学科课程中渗透财经教育的情况）。

上海学生取得好成绩的原因是多方面的：

首先，学生的财经素养和数学、阅读素养之间存在非常紧密的关系。数据分析表明，PISA 财经素养成绩与数学成绩相关系数达 0.88，与阅读成绩的相关系数达 0.82，根据学生阅读和数学成绩估计出的财经素养成绩和上海学生实际的财经素养成绩没有差异。这说明上海学生集数学和阅读领域的优势于一体，并且能够将这两个领域的知识和技能应用到财经背景中去。

其次，上海部分学校开设了财经素养试点课程，另有一些学校在其他学科中渗透了财经教育的内容。PISA 问卷调查表明，上海有 8.9％的学生上过专门的财经教育课程，46.0％的学生在学校其他学科课程中学过财经教育的内容，26.4％的学生在校外活动中学过相关内容。这三个选项的结果说明,多数上海学生在财经素养方面有一定的知识积累。

最后,PISA 财经素养主要指的是个人理财素养,与学生日常生活比较贴近,涉及宏观经济内容较少。上海学生在大都市生活环境中耳濡目染,有利于积累相关的日常生活经验,理解试题的背景和要求。

当然,我们也应该清醒地看到,财经素养选项只有 18 个国家(地区)参加,在历次 PISA 测评中表现优异的芬兰、日本、韩国、新加坡、中国香港、中国澳门、中国台湾等国家(地区)没有参加,所以要客观地看待这次测评的结果。

应该充分肯定,这次上海学生在财经素养测评中取得了好成绩,而且没有给学生增加负担,说明只要基础夯实了,其他知识和技能是可以迁移的,财经素养可以分散在各个学科中学习,这种轻负担、高质量的课程设计符合上海教育改革发展的方向。今后可进一步调查和研究上海学校中财经类课程的情况,对目前已开展财经教育的学校进行系统分析,把握适合上海的财经或理财课程教授方式。

9

第九章
上海学生的数字阅读素养

1. PISA 数字文本的新特点

在阅读数字文本时,读者在页面内和页面间浏览的方式都与印刷文本不同。数字文本在 15 寸屏幕上能呈现的面积大约和 A4 纸相当,显示质量不及印刷质量,所以读者要处理可读性较低并且碎片化呈现的信息。更为关键的是,数字文本在内容组织上与印刷文本有很大不同。PISA 测评所用的数字文本有以下不同于纸质文本的特点。

1.1　动态导航

印刷文本的内容与与其存储方式是有内在联系的,印刷文本既有文字内容,又有存储顺序,包括页码、章节、卷号等。而数字文本的内容与它的存储方式是相互独立的,数字文本的显示是可以独立于存储的页码的,例如,21 英寸的显示屏和 15 英寸的显示屏所看到的页面就不一样。所以数字文本另有导航方式在页面内和页面之间移动或跳转,这是印刷文本所没有的,掌握这种导航方式是电子时代有代表性的"新素养"。

1.2　超链接结构

印刷文本和数字文本呈现方式上更为明显的区别在于多个文本混排的方式上,印刷文本是线性排列的,而网页则采用菜单的方式,菜单有的在上方有的在左边,菜单一般没有页码,而是通过点击某个项目或符号而直接跳转到相应的页面,同时文章中也有超链接可以跳转到其他页面,这从根本上改变了传统阅读方式,读者可以按照自己的认知结构来组织网页或电子书的阅读顺序和结构,没有固定的排列。不过即使读者阅读的内容变了,上方或左边的菜单仍然是不变的,可以给读者提供正在阅读的内容在整个阅读内容中的定位。熟练地阅读数字文本要求读者熟悉外显的和内嵌的超链接,熟练运用导航和信息搜索技术,这不是琐碎的雕虫小技,而是主动搜索和组织知识的能力。

1.3　读者参与内容构建

数字文本还有一个主要特征,就是从作者写好的文本到基于信息讨论的论坛、社交网络和 Web2.0,读者可以参与内容的创建。这种新的交流方式介于传统的书面文本和口头谈话之间,收发电子邮件或短信、参与讨论组或网上社交活动越来越普遍。这类活动要求掌握的不仅仅是阅读理解技能,还需要有写作技能。

2. PISA 数字阅读测评框架

PISA 对阅读素养的定义是:为了实现个人目标、增长知识、开发潜能以及参与社会,而对书面文本的理解、使用、反思和参与。这个定义指出了我们阅读的目的、阅读的文本和阅读的过程。因为数字文本是书面文本的一种,所以这一定义既适用于印刷文本阅读也适用于数字文本阅读。这一章描述与数字阅读相关的阅读框架的主要特点,以及这些特点在数字阅读测评中怎样体现。

在数字和印刷文本阅读中,低级认知过程例如文字识别基本要求是一样的,形成文字的心理意义这个过程也基本不受影响。受影响的是那些在网上呈现的长文本,因为读者要找到之前阅读的部分会更加困难。在考虑比较大的宏观的阅读方面的时候两者差别比较明显,例如访问(读取)感兴趣的文本,整合上下文的信息,或者评价文本的质量和可靠性。所以数字阅读与纸质阅读测评框架分类大体相同,但是具体要求有所不同。

2.1 文本

PISA 第一次将数字文本阅读作为国际选项是在 2009 年,PISA 2012 数字文本阅读测评沿用了 2009 年的框架。在 PISA 2009 测评中,数字文本是超文本的同义词,指的是有导航工具并且读者可以从一个页面或一个站点跳转到另一个的文本。有些文本主要是以图的形式传达的。非词语的图形元素,例如图示、照片、图表和动画都可以构成 PISA 数字文本的一部分,但口头语言,例如音频或电影配音不在 PISA 数字文本的范围内。

在文本这个维度上,印刷文本可以区分不同的文本形式和文本类型,而数字文本还可以从文本环境上来区分。PISA 2012 数字阅读测评中,电脑自动评分的题目共 14 题,除一题有 2 个分点外,其余每题都是 1 个分点,专家评分的题目共 5 题,其中 4 题包含 2 个评分等级,每题为 2 个分点,1 题包含 3 个评分等级,为 3 个分点,一共 19 题 26 个分点。我们按分点计算题目在 PISA 2012 数字阅读测评框架中的比例分布。

文本环境:这是数字文本特有的分类方式,分为写作的、根据消息互动的、混合的三类。写作的是指读者只能以接受的方式参与阅读,占 65%;根据消息互动的是指读者要参与互动,占 27%;混合的是指既有接受的方式,又有互动的方式,占 8%。

文本形式:与纸笔测试的文本形式分类相同,分为连续文本(4%)、非连续文本(12%)、多重文本(81%)和混合文本(4%)四类。数字阅读的特点是多重文本占大多数,只有单篇文本才区分为连续文本、非连续文本和混合文本。

文体类型或表达方式:纸笔测试中,表达方式分为描写、叙述、说明、议论、指示五种。在 PISA 2012 数字阅读中只有议论(27%)、描写(19%)、说明(31%)、交流(23%)四类。

2.2 认知过程

除了纸笔测试涉及的访问和检索、整合和解释、反思和评价这三个认知过程外,数字阅读还有涉及多方面认知要求的综合过程。在 PISA 2012 数字阅读测评中,访问和检索占 19%,整合和解释占 23%,反思和评价占 19%,综合的占 38%。数字文本的各个认知过程都有不同于纸质文本阅读的要求,概述如下。

数字文本的访问和检索要求读者有较强的组织结构能力。印刷文本要求学生运用目录和页码等分类和组织信息来定位到感兴趣的信息上,数字文本则要求读者搜索短语,扫描不同的链接,运用导航栏,这些步骤需要读者具有产生与文字表述相关的关键词汇的能力,以及理解菜单中信息的层级结构的能力,并且还要在头脑中对导航和页面间跳转的过程形成表征或者有心理运动过程,这样才能朝正确的方向移动,包括克服表面上的不一致性,例如点击滚动栏上向下的箭头时文本实际上是向上滚动的。

数字文本的整合与解释涉及的阅读技能和策略更复杂。整合文本要比较和找到不同文本片段之间的联系,唤起相似的过程,不管什么媒介都是如此。然而,数字文本不遵循稳定的分类框架,因为它很容易在文本之间跳转,有时候读者会发现自己在阅读一个情节的时候会在不同文本间跳转,而且,网页可以将针对同一个议题的大量不同来源的内容组合在一起,因此多重文本成为数字文本中最典型的文本形式,整合不同文本的内容要求复杂的阅读技能和策略,这对 15 岁学生是个挑战。

数字文本的反思与评价不仅要针对文本的内容和形式,还要评价文本来源和作者的可靠性。读者在阅读网络文本时面对大量材料,网络出版是开放的,没有规则,目前的检索系统是基于查询条件和网页内容之间在语义上的一致性,而对流派、准确性、权威性或可信度都没有考虑,要靠读者来辨别,不仅要看文本写了什么,还要看是谁写的,谁发表的,什么时候因为什么目的而发表的,有什么潜在的偏见。印刷文本在出版过程中经过很多人很多道审阅的程序,而网络文本没有,所以读者要通过自己的推断来评价文本的质量。

2.3　情境

PISA 的情境指的是作者写作文本的背景和目的,通过对情境的区分可以增加 PISA 阅读素养测评内容的多样性,使之覆盖学生可能接触到的各种不同生活背景的文本。在 PISA 2012 数字阅读测评中,个人目的的阅读占 35%,公共目的的阅读占 50%,教育目的的阅读占 15%。职业目的的阅读是可以用数字阅读的方式来测评的,但这次没有包括在内。

表 9.1 ■ PISA 2012 数字阅读试题分类

试题编号	题　型	情　境	文本环境	文本形式	文体类型	认知方面	分点
CR002Q01	选择题	公共的	写作的	非连续文本	描　写	访问与检索	1
CR002Q03	选择题	公共的	写作的	多重文本	描　写	访问与检索	1
CR002Q05	开放题	个人的	混合的	多重文本	交　流	综　合	2
CR011Q01A	多步选择题	个人的	根据消息互动	多重文本	交　流	综　合	1
CR011Q01B	简答题	个人的	根据消息互动	多重文本	交　流	综　合	2
CR013Q01	选择题	个人的	根据消息互动	多重文本	交　流	整合与解释	1
CR013Q04	选择题	个人的	写作的	多重文本	议　论	访问与检索	1
CR013Q07	开放题	个人的	写作的	多重文本	议　论	综　合	2
CR014Q01	开放题	公共的	写作的	非连续文本	描　写	反思与评价	2
CR014Q06	选择题	公共的	写作的	多重文本	说　明	访问与检索	1
CR014Q07	选择题	公共的	写作的	多重文本	描　写	整合与解释	1
CR014Q11	选择题	公共的	写作的	多重文本	说　明	整合与解释	1
CR017Q01	选择题	教育的	写作的	连续文本	议　论	整合与解释	1
CR017Q04	选择题	教育的	根据消息互动	多重文本	议　论	访问与检索	1
CR017Q07	开放题	教育的	根据消息互动	多重文本	议　论	反思与评价	2
CR021Q01	选择题	公共的	写作的	混合文本	说　明	整合与解释	1
CR021Q04	选择题	公共的	写作的	多重文本	说　明	反思与评价	1
CR021Q05	选择题	公共的	写作的	多重文本	说　明	整合与解释	1
CR021Q08	开放题	公共的	写作的	多重文本	说　明	综　合	3

3. PISA 数字阅读表现量表

2009 年有 16 个国家(地区)第一次测评了数字阅读选项,这 16 个国家(地区)当时参加纸笔测试平均成绩为 499 分,标准差为 90 分,数字阅读的平均成绩和标准差按照与纸笔测试一致的标准来设定。2012 数字阅读表现仍然按 2009 年的标准来确定成绩以及精熟度水平。因为题目量比较少,所以只能描述出四个精熟度水平,分别为 2 级(407.47 分以上,低于 480.18 分)、3 级(480.18 分以上,低于 552.89 分)、4 级(552.89 分以上,低于 625.61 分)以及 4 级以上(625.61 分以上)。2 级以下(低于 407.47 分)由于题目太少,无法描述。4 级以上题目较少,所以不能区分出 5 级和6 级水平。精熟度水平划分的分界点标准和纸笔测试是一致的。

4. 上海学生 PISA 2012 数字阅读选项测评结果

4.1 数字阅读平均成绩

2012 年共 32 个国家(地区)参加了数字阅读选项。上海学生数字阅读平均分为 531 分,在 32 个国家(地区)中显著低于新加坡(567 分)、韩国(555 分)、中国香港(550 分)、日本(545 分);与加拿大(532 分)、爱沙尼亚(523 分)没有显著差异;显著高于其他国家(地区)及 OECD 平均(497 分)。

上海学生数字阅读成绩比纸质阅读测试低 38 分,与波兰、匈牙利一样,属于两种测试方式成绩差异最大的国家(地区)。

图 9.1 ■ 上海学生数字阅读与纸质阅读成绩比较

在纸本阅读和数字阅读合并的阅读量表上,上海学生平均成绩为 550 分,与新加坡(555分)、中国香港(547 分)、韩国(545 分)没有显著差异;高于其他国家(地区)及 OECD 平均(498 分)。

4.2　数字阅读精熟度水平

表 9.2 ■ 数字阅读精熟度水平描述

水平	最低分数线	OECD 平均达到该水平及以上的学生比例	该水平任务的特点
4 级以上	625.61	7.9	这一水平的任务要求读者面对不熟悉的文本、在意义不明确的情况下找到信息的位置，并且可以分析信息和批判性地评价信息。有些任务要求读者能生成评价文本的标准，在没有明确指示的情况下在多个站点之间导航，以及详细地审读多种形式的文本。
4 级	552.89	30.0	这一水平的任务要求读者评估多种来源的信息，在包含多种形式文本的多个站点之间导航，对熟悉的、个人的或实用的背景能够生成评估标准。还有一些任务要求读者能够在科学或技术背景中根据定义良好的标准解释复杂的信息。
3 级	480.18	59.9	这一水平的任务要求读者生成信息，通过在不同站点之间导航来发现定义良好的目标信息，或者当任务没有明确陈述的时候生成简单的分类。如果要求读者作出评价，那么只是针对能直接获得的信息或可获得信息中的一部分。
2 级	407.47	82.4	这一水平的任务要求读者能够在熟悉的背景中找到定义良好的信息并作出解释。在提供明确的知识或者只需要低水平推断的时候，可能要求读者在有限的站点之间导航，并且应用诸如下拉菜单之类的基于网络的导航工具。有些任务可能要求整合以不同形式呈现的信息，要求辨别出属于界定清晰的类别中的例子。

图 9.2 ■ PISA 2012 数字阅读平均成绩和精熟度水平分布

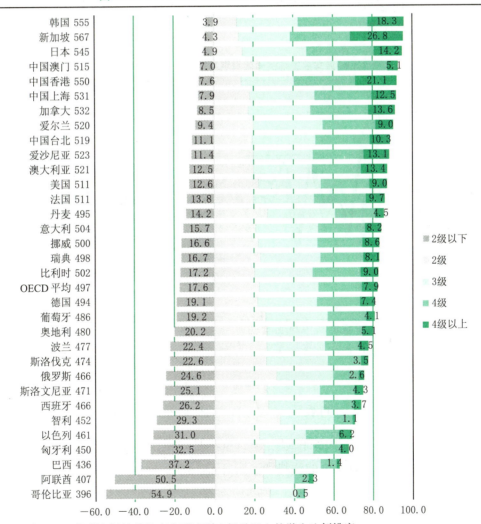

注：图中国家（地区）按数字阅读精熟度水平达到 2 级及以上的学生比例排序。

上海学生达到 4 级以上比例为 12.5%，显著低于新加坡（26.8%）、中国香港（21.1%）、韩国（18.3%）；与日本（14.2%）、加拿大（13.6%）、澳大利亚（13.4%）、爱沙尼亚（13.1%）、中国台北（10.3%）和法国（9.7%）没有显著差异；显著高于其他国家（地区）以及 OECD 平均（7.9%）。数字阅读精熟度水平高的学生往往知道怎样有效地导航，通过导航主动建构自己的文本。所以导航选择直接影响最后对文本的处理。好的读者能最大限度地减少去看不相关页面的频率，并且能有效地定位在必要的页面上。上海达到这一水平的学生比例不高。

上海有 7.9% 的学生没有达到 2 级水平，显著高于韩国（3.9%）、新加坡（4.3%）、日本（4.9%）；与中国澳门（7.0%）、中国香港（7.6%）、加拿大（8.5%）、爱尔兰（9.4%）没有显著差异；显著低于其他国家（地区）及 OECD 平均（17.6%）。低于 2 级水平的学生没有具备基本的数字阅读能力。

4.3　数字阅读的性别差异

2009 年的研究发现，数字阅读性别差异小于纸笔测试。2012 同样如此，OECD 各国平均来看，纸笔测试性别差异为 38 分，数字阅读差异为 26 分。上海也是如此，上海男生数字阅读平均成绩为 526 分，女生 536 分，相差 10 分，有显著性，但差距小于 OECD 平均，也小于纸笔测试的性别差异（24 分）。在数字阅读测试中，上海男生 4 级以上水平的为 11.7%，女生为 13.2%，2 级水平以下的男生为 9.5%，女生为 6.4%。

图 9.3 ■ 男女学生数字阅读表现与纸质阅读表现的差异

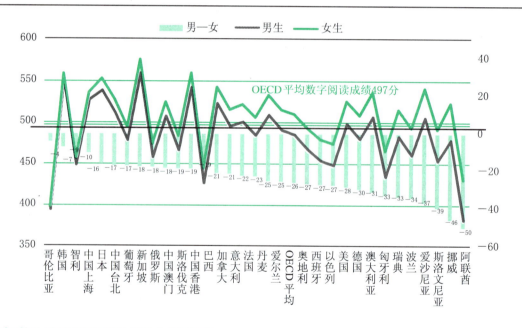

5. 上海学生在数字阅读试题上的表现

PISA 2012 数字阅读不是主要测评领域，题目量不足以得出分量表成绩，但是我们仍然可以根据试题得分率分析、了解上海学生的优势和薄弱环节。

5.1　访问和检索

上海 90% 以上的学生能够通过点击一个或根据页面上明确的指示点击若干个链接来找到所

需要的信息,但是在需要对不同页面信息做出比较以后才能检索到符合条件信息的试题上得分率相对比较低,例如题目 CR013Q04 和 CR014Q06。从下表得分率情况来看,上海学生能熟练阅读超文本,但是不善于进行跨页面的比较。

表 9.3 ■ 数字阅读访问和检索试题上的得分率,中国上海与 OECD 平均比较

题目编号	难度	题目要求概述	中国上海		OECD 平均		差异(百分点)
			得分率%	标准误	得分率%	标准误	
CR002Q01	<2 级	在首页检索文字	97.90	0.50	93.85	0.15	4.05 ***
CR002Q03	<2 级	点击 3 个链接检索单一文字信息	92.36	1.19	81.06	0.25	11.3 ***
CR013Q04	3 级	点击 4 个链接并运用导航和菜单检索相关信息并比较数据	67.15	1.84	65.21	0.29	1.94
CR014Q06	4 级	点击 3 个链接检索到符合术语定义的文字	56.66	1.99	48.89	0.31	7.77 ***
CR017Q04	<2 级	点击 1 个链接检索并比较符号	93.15	0.85	91.06	0.18	2.09 *
平 均			81.44	0.62	76.01	0.11	5.43 ***

样题 9.1 找一家运动俱乐部

寄件者:xiaowen@pisaweb.org
收件者:qiqi@pisaweb.org
日期:4 月 10 日,下午 5 时 27 分
　　我也非常忙,但也在网上查找了一下。有机会时,你可以看看下列网页。还好它们都不太远,但是你需要仔细地看。

　　　　http://www.communityleisure.com
　　　　http://www.parkyouthcentre.com
　　　　http://fitnesscbladip.com
　　　　http://www.fitnessfactory.com
我星期五和周末没空,其他时间就没有问题。
请告诉我你的决定。
　　　　　　　　小文
————原信————

寄件者:淇淇
送出时间:4 月 8 日晚上 10 时 38 分
主题:回复:运动俱乐部
　　啊,对了,费用。我没有想到这一点。我想有些俱乐部给 18 岁以下的人较低的费用,那就很适合我们。
　　还有另一件事……目前我只能在星期二或星期五 6:00 以后去。在这之前我有太多功课要做,而你也知道父母都是怎么样的了!或者我们也可以周末去?好了,现在你会讨厌我了。☺我这星期要交一份很大的作业,所以我暂时没有时间上网找俱乐部的资料。或者我们需要将这件事先搁置?
　　淇淇
　　(之前的 4 份往来邮件在此省略,完整的样题参见:http://cbasq.acer.edu.au/index.php?cmd=cbaItemPreview&unitVersionId=650)

运动俱乐部:题目 2〔CR013Q04〕
哪一个运动俱乐部提供最便宜的月费给 15 岁的人?
○ 社区休闲中心
○ 柏克青年中心

○ 立碟健身房
○ 健身工房

评分:

题旨

访问和检索:检索信息

检索 4 个网站的信息,分辨出符合一个简单标准的信息。

满分

代码 1: D.健身工房

零分

代码 0:其他回答

代码 9:没有作答

点评: 这道题目要求比较 4 个运动俱乐部站点上的价格信息,需要读者点击 4 份邮件中的 4 个链接,然后在打开的 4 个页面中寻找收费信息。社区休闲中心和健身工房的链接打开就是收费信息,柏克青年中心需要点击首页上的进入,然后在侧边导航栏选择"会员资格"才能看到收费信息,立碟健身房点链接打开后需要点击上方菜单栏中的"一般资讯"才能看到收费信息。收费信息都找到以后,需要通过切换页面上方打开的 4 个选项卡来做比较。所以这个题目要求首先学生能熟练运用链接、导航和菜单找到信息所在页面,然后能通过操作选项卡来比较 4 个页面的价格。另外,所有收费信息都是以非连续文本(清单)的方式列出的,要求学生具有中等水平的非连续文本阅读能力。这道题目难度为 3 级水平,上海学生得分率为 67.15%,与 OECD 平均水平相当,是"访问和检索"题目中得分率相对比较低的一题。

5.2 整合和解释

上海学生在数字阅读整合和解释试题上的平均得分率与 OECD 平均相当,是几个认知过程中相对薄弱的一环。下表中,CR014Q11 得分率偏低,表现出与"访问和检索"类似的问题,即同时处理多个页面的信息比较困难。CR01701 得分率显著低于 OECD 平均,这道题目的题旨是要求学生理解一个站点首页文章的作用,在纸笔测试中,上海学生在理解作者写作目的和文章作用之类的题目上回答情况都比较好,说明学生可能善于阅读规范的文本而不适应网络语言的风格。

表 9.4 ■ 数字阅读整合和解释试题上的得分率,中国上海与 OECD 平均比较

题目编号	难度	题目要求概述	中国上海		OECD 平均		差异 (百分点)
			得分率%	标准误	得分率%	标准误	
CR013Q01	2 级	比较邮件内容	74.22	1.67	67.71	0.29	6.51***
CR014Q07	3 级	理解统计图的意思	70.11	1.90	60.93	0.30	9.17***
CR014Q11	4 级	整合多个网页信息	40.51	1.89	42.50	0.29	−1.99
CR017Q01	3 级	理解指定网页的作用	35.54	2.06	52.21	0.28	−16.67***
CR021Q01	3 级	理解指定网页的主要意思	61.42	2.07	57.77	0.31	3.65
CR021Q05	3 级	理解指定网页的读者群	69.41	1.72	63.11	0.30	6.30***
平　　均			58.54	0.77	57.37	0.12	1.16

样题9.2 语 言 学 习

欢迎来到 www.language-learning.com

你已用勒夫·马田的名字登入。

language-learning.com 是一项免费服务,帮助年轻人改进语言技巧。

我们的使命是让语言学习变得有趣。

我们并非为您提供枯燥的课程,而是提供学习或实践不同语言的最自然的方式:那就是和其他人谈话。你不是随便和任何人谈话,而是和志趣相同的人谈话。听起来不赖,对吗?

我们服务的所有用户都会说明自己所说语言和想学语言的熟练程度。这样,每位用户都能找到与自己技巧水平相匹配的学习伙伴——从入门到高级。

此外,所有用户都对学习伙伴评分。查看评分便可以找到最能帮助你的人。

现在就开始快乐学习,结交朋友吧!

(完整的样题参见:http://cbasq.acer.edu.au/index.php?cmd=cbaItemPreview&unitVersionId=695)

语言学习:题目1[CR017Q01]

网站 language-learning.com 为学习者提供何种类型的服务?

○ 给予他们有资质教师教导的免费语言课程。

○ 协助他们联系其他想进行网上学习的人。

○ 提供语言学习的软件。

○ 协助他们准确评估自己的语言熟练程度。

评分:

题旨

整合和解释:形成广义的理解

认识到网站对使用者起到的功能

满分

代码1:B.协助他们联系其他想进行网上学习的人。

零分

代码0:其他回答

代码9:没有作答

点评:这道题目要求学生确定网站首页作者文章的主要作用,不需要点击链接或导航栏,只需要理解页面的总体内容,文本不长,也没有生僻字词。但是语言有些不规范不流畅(翻译要求保持原文的语言风格),因为网络文本不需要经过审查,所以结构和语法不及印刷媒体规范。要理解这个文本,学生需要能够从口语化的语言表达中概括出主要内容。这道题目的难度为3级水平,上海学生在这道题目上的得分率仅为35.54%,比OECD平均低16.67个百分点。

5.3 反思和评价

PISA 2012数字阅读"反思和评价"一共只有3道题目,其中有2题是要求评价信息的可靠性的。因为网络文本的可靠性要靠读者来辨别,不仅要看文本写了什么,还要看是谁写的,谁发送的消息,什么时候因为什么目的而发送的消息。上海学生在反思和评价试题上得分率相对比较高,但是在分级评分的CR014Q01这题上,满分率较低,只有24.5%,显著低于新加坡(42.0%)。

表9.5 ■ 数字阅读反思和评价试题上的得分率，中国上海与OECD平均比较

题目编号	难度	题目要求概述	中国上海		OECD平均		差异（百分点）
			得分率%	标准误	得分率%	标准误	
CR014Q01	>4级	评价信息的可靠性	52.68	1.36	45.78	0.25	6.90***
CR017Q07	4级	评价信息的可靠性			47.20	0.25	
CR021Q04	2级	根据个人经验评价文本内容的意义	82.34	1.37	70.29	0.29	12.05***
平　均			67.51	0.96	54.42	0.15	13.09***

注：CR17Q07这道题目上海学生实际得分率为64.38%，这道题目对于上海学生的相对难度显著低于国际平均水平，因此要求检查有没有翻译上面的问题，经过仔细核查发现，标题和题干中的"Message"译为"消息"，而引导文本中的"Message"译为"讯息"，虽然说这不一定会造成理解上的不一致，但是为规范起见，上海学生在这道题目上的回答情况没有纳入最终的国际数据库。

样题9.3　语 言 学 习

我的信息（2）
麦姬所发讯息（这位用户在你的"朋友"表上）
18-08-2011
　　你好，勒夫，我只是想提醒你"艾芳仙娜"这个用户。她显然有很高的评分，但似乎都是她自己给自己的评分，她开立了多个账号，纯粹就是为了给自己高的评分。
　　小心她！如果你想学西班牙文，我会推荐杜丽莎。
　　祝好运！
　　　　　　　　麦姬
"推销员"所发的讯息（这位用户不在你的"朋友"表上）
21-08-2011
　　你好！你想学外文？我有妙招给你……试试新的"语汇训练"公司！
　　轻松、愉快和有效的方式学习英文、法文、中文、西班牙文以及其他50种语言的词汇，请点击这个链接，马上开始！www.vocabtrainer-online.com
（完整的样题参见：http://cbasq.acer.edu.au/index.php? cmd=cbaItemPreview&unitVersionId=695&item=3）

语言学习：题目3[CR017Q07]
依据"我的信息"，你觉得勒夫是否应该采取"语汇训练"公司的建议？回答是或否，并举出一个理由。

评分指南

题旨
　　反思与评价：对文本进行反思与评价
　　利用上下文提供的信息，对于广告的可信度和有效性作出评价

满分
代码2：回答"否"，并指出这则信息可能具潜在误导性或是有风险的，广告写得很差，或者不是来自于勒夫的朋友们。必须正确理解"语汇训练"公司的信息并与其保持一致性。
　●　否，诸如此类的提议通常都是垃圾信息。
　●　否，如果他点击了那个链接，有可能危害到他的电脑。
　●　否，这则信息的语法都那样差劲，他们还怎么来教你？
　●　否，他对那家公司根本就是一无所知。

- 否,很可能就是假冒的。
- 否,他不该接受。因为所谓的"推销员"并不在他的朋友列表中,况且英语还说得很糟糕。

部分分数

代码1:回答"是"或者"否",并仅仅指出了"语汇训练"公司提议的利弊。必须符合"语汇训练"公司信息的正确理解。可以明确或者含蓄地将"语汇训练"公司与"语言学习"网站进行比较。

- 是,他想学习西班牙语。[明确指出"语汇训练"公司作为语言学习手段的益处]
- 是,它有助于他的词汇学习。[明确指出"语汇训练"公司作为语言学习手段的益处]
- 是,他能在英语和法语方面获得更多的信心和力量,因为他们提供这些语言学习。[明确指出"语汇训练"公司作为语言学习手段的益处]
- 否,因为他已经在一个能帮到他的非常好的网站上提升英语技能了。[含蓄地将"语汇训练"公司与"语言学习"网站进行比较]
- 否,他见不到新人。[隐含地将"语汇训练"公司与"语言学习"网站进行比较]

零分

代码0:提供的回答信息不足或者含糊其辞

- 否,他不应该接受。
- 是,这是个好主意。

没有正确理解材料,或者提供了不合理或不相关的回答。

- 是,那么他可以和推销员做朋友。

代码9:没有作答。

5.4 综合

综合是数字文本特有的认知要求。PISA 纸笔测试每一道题目都侧重一个认知方面的要求,即便评价和反思要建立在理解文章的基础上,但是最终要根据哪一个认知过程要求是最主要的或者说是回答题目的关键来判断题目的题旨和分类。但是数字阅读有些时候很难判断哪个认知过程是最重要的,因为每一步都有同等的重要性,是环环相扣的。PISA 2012 数字阅读选项共 19 道题目,其中有 5 道题是考察综合能力的,体现了综合能力在数字阅读中的重要性。

表 9.6 ■ 数字阅读综合试题上的得分率,中国上海与 OECD 平均比较

题目编号	难度	题目要求概述	中国上海		OECD 平均		差异（百分点）
			得分率%	标准误	得分率%	标准误	
CR002Q05	4 级	整合和评价从多个文本中检索的信息	57.74	2.29	45.48	0.30	12.25 ***
CR011Q01A	2 级	检索多个文本的信息	81.91	1.43	71.42	0.29	10.49 ***
CR011Q01B	2 级	理解多个文本的信息	72.70	1.88	69.12	0.26	3.58
CR013Q07	4 级	整合和评价从多个文本中检索的信息	63.40	1.78	45.93	0.29	17.48 ***
CR021Q08	>4 级	整合和评价从多个文本中检索的信息	26.99	1.30	12.54	0.14	14.46 ***
平　　均			60.55	0.79	48.90	0.12	11.65 ***

样题 9.4　瑟　兰

主题:瑟兰之旅(http://www.seraing.be/cultural-centre.html)
寄件者:
收件者:
waiming@pisaweb.org
kakeong@pisaweb.org

家强:

　　你好！我能在今年年底拜访瑟兰,真是太棒了。我很高兴叔父邀请我 12 月前往,尤其是到时候你也会在那里。

　　你知道吗？不久前我听说圣母乐队将分别在 12 月 5 日和 12 于瑟兰举办两场音乐会。他们是我最喜欢的乐队！既然到时候我们都会在那个地方,你也说过很喜欢他们的音乐,所以我打算买我们两个人的票。到那里之后,我会跟很多亲戚碰面,所以这将会是个好的改变！

　　你可以到文化中心的网页逛一逛,从这里链接过去:http://www.seraing.be/cultural-centre.html

　　你觉得我们应该去哪一场音乐会呢？

　　我无所谓,你决定后告诉我吧。

　　　　　伟明

(完整的样题参见 http://cbasq.acer.edu.au/index.php?cmd=cbaItemPreview&unitVersionId=605&item=3)

瑟兰:题目 3[CR002Q05]

　　开启电子邮件的收件箱,阅读伟明寄给家强的电子邮件信息。点击"回复",写一封家强寄给伟明的回复信。在回复中推荐购买哪一场音乐会的门票(12 月 5 日或 12 月 12 日)。根据音乐会的简介,说明为什么这场音乐会更值得欣赏。点击"发送",发送回复。

瑟兰　评分 5

　　注意:学生可将回复写在伟明发送过来的电子邮件信息内容之前或之后,或者是电子邮件信息空白处的任何地方。

题旨

　　综合:在对几个文本所获信息进行综合、思考的基础上,撰写并发送电子邮件信息

　　访问与检索:通过一系列网页链接找到两项事物

　　整合与解释:发展解释能力,比较与对照两种观点

　　反思与评价:对文本内容进行反思与评价,为在两项活动中所作出的个人选择提供理由,该理由要与三篇短文中所提供的信息保持一致。

满分

代码 2:撰写的电子邮件信息或明确或隐含地指出了更偏好 12 月 5 日的音乐会还是 12 月 12 日的音乐会(或者两者都不喜欢或都喜欢),并且提供了与文本相关的合理理由。与 12 月 5 日相关的理由提及:(a)音乐类型,(b)嘉宾,(c)惊喜或(d)音乐厅。与 12 月 12 日有关的理由提及:(e)音乐类型,(f)购票容易度或(g)音乐厅。

- 我喜欢第二场,因为我想听他们的新歌专辑。[e]
- 我认为小音乐厅[d]比较好,所以选 5 日。
- 我喜欢惊喜的点子[c],所以我想选 5 日。
- 可能还是后者吧,因为有更多的座位,这样买票会容易些。[f]
- 我更喜欢原声音乐会[a][暗示 12 月 5 日。]

部分分数

代码 1:撰写的电子邮件信息或明确或隐含地指出了更偏好 12 月 5 日的音乐会还是 12 月 12 日的音乐会(或者两者都不喜欢或都喜欢),并提供了与已知信息不矛盾、但与音乐会详情不相关的解释。

- 我们选 5 日吧,因为 12 日那天我没空。
- 我想选第一场音乐会,因为临近年底越来越忙了。

零分

代码 0：撰写的电子邮件信息只表明了<u>偏好</u>却<u>没有作出解释</u>。

- 12 月 5 日
- 第二场音乐会感觉不怎么样。*[没有解释]*
- 我们去 12 日的音乐会吧，感觉很有趣

  提供的回答<u>信息不足</u>或者<u>含糊其辞</u>。
- 我无所谓，你来定吧。
- 随便。

  <u>没有正确理解材料</u>，或者提供了<u>不合理</u>或<u>不相关</u>的回答。
- 我也能拜访下你的叔叔吗？*[不相关]*
- 我不想去。你可以自己去。
- 我想去 12 月 5 日的音乐会，因为我喜欢大型音乐会。*[理解不正确：12 月 12 日的音乐会规模更大。]*
- 选 12 月 12 日，因为那个乐队更棒。*[没有正确理解。]*

代码 9：没有作答

点评：这道题目充分体现了数字阅读对学生认知能力的综合要求，首先要通过一系列网页链接来检索到 12 月 5 日和 12 月 12 日两场音乐会的信息，然后要对两种不同观点进行比较和对照，形成自己的理解，还需要对多篇往来邮件的内容进行反思和评价，为在两场音乐会中所作出的个人选择提供理由。此外还考察学生的写作表达能力，在对几个文本所获信息进行综合、思考的基础上，撰写并发送电子邮件信息。这道题目难度水平是 4 级，上海学生的得分率是 57.74%，显著高于 OECD 平均。虽然上海学生得分率相对比较高，但是仍然反映出不善于对不同页面上的数据进行对照和比较，以及在对跨不同页面的信息进行评价时有一定的困难。

6. 信息和通信技术（ICT）熟悉度与数字阅读表现的关系

这一部分将分析从学生问卷中获得的 8 个信息和通信技术（以下简称 ICT）指数与学生数字阅读表现的关联，其中 2 个指数评价 ICT 可获得性：家庭 ICT 可获得性（ICTHOME）和学校 ICT 可获得性（ICTSCH）；4 个指数评价学生 ICT 使用情况：在家中用 ICT 娱乐（ENTUSE）、在家中用 ICT 做学校作业（HOMSCH）、在学校中使用 ICT（USESCH）和在数学课上使用 ICT（USEMATH）；2 个指数分别从正反两个方面来评价学生对计算机的态度：计算机作为学校学习工具（ICTATTPOS）和计算机作为学校学习工具的局限性（ICTATTNEG）。这 8 个指数是综合学生对相关问题的回答，用项目反应理论（IRT）计算得到的，以 OECD 平均数为 0，标准差为 1。

6.1 信息和通信技术可获得性与数字阅读表现

家庭 ICT 可获得性指数的调查问题是"你家中是否有以下设备可以供你使用"：台式电脑，笔记本电脑，平板电脑（例如 iPad），互联网连接，电子游戏设备（例如索尼®PSP®、索尼®PS®游戏机），手机（无上网功能），手机（有上网功能），便携式音乐播放器（例如 Mp3/Mp4 播放器、iPod®等），打印机，U 盘、存储卡，电子阅读器（例如汉王™电纸书、盛大™电子书）。回答选项有三个："有，我用""有，但我不用""没有"。

学校 ICT 可获得性指数的调查问题是"学校中是否有以下设备可以供你使用",设备包括:台式电脑,笔记本电脑,平板电脑(例如 iPad),互联网连接,打印机,U 盘、存储卡,电子阅读器(例如汉王™电纸书、盛大™电子书)。回答选项同上。

上海学生家庭 ICT 可获得性指数平均值为-0.539,标准差为 0.915,学校 ICT 可获得性指数平均值为-0.854,标准差为 0.994。上海学生这两个指数都显著低于 OECD 平均水平。

在控制家庭背景(ESCS, ESCS 平方)和性别的情况下,综合考虑这 2 个指数与数字阅读表现的关系,发现家庭 ICT 可获得性和学校 ICT 可获得性与数字阅读表现均没有显著关联。

6.2　学生 ICT 使用情况与数字阅读表现

在家中用 ICT 娱乐指数的调查问题是"你经常在校外用电脑进行下列活动吗":玩单机游戏,玩多人在线联机游戏,收发电子邮件,网上聊天(例如 QQ、MSN),参与社交网络(例如 QQ 空间、人人网、MSN 空间),上网浏览娱乐(例如在土豆™或优酷™上看视频),在网上看新闻(例如看热点时事),从网上获取实用信息(例如活动的地址和日期),从网上下载音乐、电影、游戏或软件,上传并分享你自己的作品(例如音乐、诗歌、视频或计算机程序)。学生必须从以下五个回答选项中选择一个:从不或几乎从不,每月一两次,每周一两次,几乎每天,每天。

在家中用 ICT 做学校作业指数的调查问题是"你经常在校外用电脑进行下列活动吗":为完成作业而浏览网页(例如为写文章或发言做准备),用电子邮件和其他同学交流作业情况,用电子邮件和老师交流,或用它交家庭作业或其他学校作业,下载、上传或浏览学校网站的材料(例如时间表或课程材料),查看学校网站上的通知(例如教师缺席),用电脑写家庭作业,和其他同学分享学习资源。回答选项同上。

在学校中使用 ICT 指数的调查问题是"你经常在学校用电脑进行下列活动吗":在学校上网聊天,在学校收发电子邮件,为完成学校作业浏览网页,从学校网站上(例如学校内网)下载、上传或浏览资料,把我的作品发布在学校网站上,在学校玩模拟游戏,练习和训练(比如学外语或数学),在学校的电脑上做自己家庭作业,用学校电脑完成团队工作并与其他同学交流。回答选项同上。

在数学课上使用 ICT 指数的调查问题是"上个月,你们的数学课上有没有因为下述目的而使用电脑":绘函数图(例如 $y=4x+6$),进行数量计算(例如计算 5＊233/8),画几何图形(例如做已知边长的等边三角形),用电子表格(例如用 Excel™)输入数据,改写代数表达式和解方程(例如 $a^2+2ab+b^2$),画柱状图(一种可以描绘数据频率分布的图形),找出某个函数,例如 $y=ax^2$,其图形是如何随着 a 值变化的。要求学生从以下三个回答选项中选择一项:"有,学生用电脑操作""有,但只是老师用电脑示范""没有"。

上海学生在家中用 ICT 娱乐指数平均值为-0.445,标准差为 1.042;在家中用 ICT 做学校作业指数的平均值为-0.621,标准差为 1.021;在学校中使用 ICT 指数平均值为-0.964,标准差为 0.859;在数学课上使用 ICT 指数平均值为 0.022,标准差为 0.811。上海学生在家中用 ICT 娱乐指数、在家中用 ICT 做学校作业指数、在学校中使用 ICT 指数都显著低于 OECD 平均水平,在数学课上使用 ICT 指数与 OECD 平均没有显著差异。

在控制家庭背景(ESCS，ESCS 平方)和性别的情况下，这 4 个指数综合起来对学生数字阅读表现的解释率为 22.4％，学生在家中用 ICT 做学校作业与数字阅读成绩有显著正相关联，该指数增加 1，学生数字阅读成绩增加 12.2 分；在家中用 ICT 娱乐、在学校中使用 ICT 和在数学课上使用 ICT 与数字阅读成绩有显著负向关联，这 3 个指数每增加 1，学生数字阅读成绩分别减少 4.4 分、14.6 和 10.8 分。

6.3 对计算机的态度与数字阅读表现

学生对计算机的态度调查问题是"回想一下你使用电脑的经历：你在多大程度上同意以下的说法"：电脑对我的学校作业而言是一种非常有用的工具；用电脑做家庭作业更有趣；互联网是很好的资源库，我从中可以获取对学校作业有用的信息；用电脑学习很麻烦；因为任何人都能上传信息到网上，所以网络资源通常不适合用在作业中；网上的信息通常都太不可靠，不能用于作业中。学生可以选择非常同意、同意、不同意、非常不同意。综合学生对前三项说法的回答得出计算机作为学校学习工具指数，综合学生对后三项说法的回答得出计算机作为学校学习工具的局限性指数。

上海学生计算机作为学校学习工具指数平均值为－0.359，标准差为 0.953；计算机作为学校学习工具的局限性指数平均值为－0.099，标准差为 0.873。上海学生计算机作为学校学习工具指数和计算机作为学校学习工具的局限性指数均显著低于 OECD 平均。

在控制家庭背景(ESCS，ESCS 平方)和性别的情况下，学生对计算机态度的 2 个指数对数字阅读成绩的解释率为 19.5％。计算机作为学校学习工具与数字阅读成绩没有显著关联，计算机作为学校学习工具的局限性与数字阅读成绩有显著负向关联，该指数每增加 1，数字阅读成绩减少 9.7 分。

6.4 ICT 熟悉度对数字阅读表现的综合作用

在控制家庭背景(ESCS，ESCS 平方)和性别的情况下，上述 8 个指数综合作用对数字阅读表现的解释率为 23.6％。在家中用 ICT 做学校作业、计算机作为学校学习工具、学校 ICT 可获得性与数字阅读表现有显著正向关联，这些指数每增加 1，学生数字阅读表现分别增加 10.8 分、2.8 分、2.8 分；数学课上使用 ICT、在学校中使用 ICT、计算机作为学校学习工具的局限性、在家中用 ICT 娱乐与数字阅读表现有显著负向关联，这些指数每增加 1，学生数字阅读表现分别减少 14.5 分、11.2 分、7.9 分、4.6 分；家庭 ICT 可获得性与数字阅读表现没有显著关联。

7. 纸笔测试表现与数字阅读表现的关系

我们用阅读、数学、科学三个领域纸笔测试表现构成的二次多项式(数学、阅读、科学、数学平方、阅读平方、科学平方、数学×阅读、阅读×科学、数学×科学)来预测学生的数字阅读表现。上海 79％的学生在数字阅读上的表现低于根据纸笔测试预测的值，也就是说，低于参加数字阅读测试的各国(地区)在纸笔测试中具有同样能力水平的学生所能达到的成绩。我们还发现，预测方程是线性回归，不同学科成绩没有交互作用，与数字阅读关联最大的是数学表现，其次才是阅读表现，在预测回归方程中，数学纸笔测试表现的回归系数为 0.618，阅读纸笔测试表现的回归系数为 0.429，科学纸笔测试表现的回归系数为 0.163。

8. 政策启示

8.1 重视对不同来源信息的组织、比较和综合能力的培养

上海学生数字阅读表现的特点是：与纸笔测试阅读表现差距大；性别差异小；学生能顺利地阅读超链接文本和运用动态导航，但在对不同页面的数据和信息进行比较、评价以及形成综合判断上有一定困难。

纸质阅读与数字阅读在文本呈现方式上的主要差别在于数字阅读要运用导航和超链接在不同页面的内容之间进行跳转而不是按照顺序来阅读，读者要主动地组织信息，形成自己的结构，并且要对多个页面、对不同来源的信息进行比较和评价。上海学生数字阅读与纸质阅读成绩的差距大，反映了学生主动组织信息以及对多个页面和多个来源的信息进行比较的能力比较薄弱。在纸笔测试中，上海学生非连续阅读能力相对薄弱，也反映了其主动组织信息形成自己阅读文章的结构顺序的能力不足。因此，上海学生需要加强多重文本和非连续文本阅读，培养组织信息、比较信息和综合信息的能力。

8.2 对信息技术在学校学习中的作用要有积极的态度

数字阅读成绩与学生在家中用 ICT 做学校作业、认同把计算机作为学校学习工具、学校 ICT 可获得性有显著正相关联，与认同计算机作为学校学习工具的局限性、在家中用 ICT 娱乐等有显著负向关联。这里 ICT 指的不仅仅是台式机和笔记本电脑，也包括平板电脑、智能手机、电子阅读器等。

我们认为，对于 ICT 运用与数字阅读表现的关系还需要进一步研究，然而可以肯定的是，学生要把 ICT 作为学习的工具，认识到 ICT 对学习的积极作用，是有利于提高数字阅读能力的，然而目前上海学生这些指数水平都很低。只有当学生都能够用自带设备在学校学习的时候，数字阅读和纸质阅读的差距才会消失。我们迫切需要转变观念，不应再把学生在学校用手机、平板看作不适当的行为，而要让他们能够用新的方式来学习。

附录　各章附表
第二章附表

附表 2.1 ■ 数学成绩总方差、校间方差和校内方差

		平均成绩[1]		总方差[2]		校间方差[3]		校内方差[4]		学业全纳指数[5]	
		平均分	标准误	方差	标准误	方差	标准误	方差	标准误	指数	标准误
OECD成员国	澳大利亚	504	(1.6)	9 273	(228)	2 602	(228)	6 720	(106)	72.1	(1.8)
	奥地利	506	(2.7)	8 554	(315)	4 080	(373)	4 346	(113)	51.6	(2.4)
	比利时	515	(2.1)	10 465	(290)	5 276	(423)	5 173	(132)	49.5	(2.2)
	加拿大	518	(1.8)	7 896	(143)	1 563	(134)	6 342	(116)	80.2	(1.4)
	智利	423	(3.1)	6 522	(237)	2 817	(243)	3 669	(95)	56.6	(2.2)
	捷克	499	(2.9)	9 016	(308)	4 544	(445)	4 285	(148)	48.5	(2.8)
	丹麦	500	(2.3)	6 741	(213)	1 100	(153)	5 582	(171)	83.5	(2.0)
	爱沙尼亚	521	(2.0)	6 546	(189)	1 129	(187)	5 412	(156)	82.7	(2.4)
	芬兰	519	(1.9)	7 276	(198)	530	(93)	6 533	(153)	92.5	(1.2)
	法国	495	(2.5)	9 500	(326)	w	w	w	w	w	w
	德国	514	(2.9)	9 275	(317)	4 890	(389)	4 333	(100)	47.0	(2.1)
	希腊	453	(2.5)	7 709	(235)	2 441	(305)	5 173	(127)	67.9	(2.9)
	匈牙利	477	(3.2)	8 767	(450)	5 346	(532)	3 296	(84)	38.1	(2.5)
	冰岛	493	(1.7)	8 456	(241)	834	(144)	7 610	(320)	90.1	(1.7)
	爱尔兰	501	(2.2)	7 155	(213)	1 297	(191)	5 815	(139)	81.8	(2.3)
	以色列	466	(4.7)	11 008	(382)	4 659	(499)	6 320	(176)	57.6	(2.8)
	意大利	485	(2.0)	8 609	(213)	4 381	(215)	4 130	(56)	48.5	(1.3)
	日本	536	(3.6)	8 748	(409)	4 620	(441)	4 094	(106)	47.0	(2.1)
	韩国	554	(4.6)	9 818	(426)	3 840	(482)	5 864	(180)	60.4	(3.2)
	卢森堡	490	(1.1)	9 102	(182)	4 525	(2 193)	6 516	(348)	59.0	(11.0)
	墨西哥	413	(1.4)	5 516	(107)	1 940	(108)	3 578	(54)	64.8	(1.3)
	荷兰	523	(3.5)	8 394	(385)	5 534	(474)	2 858	(94)	34.1	(2.2)
	新西兰	500	(2.2)	9 923	(243)	2 387	(338)	7 658	(198)	76.2	(2.7)
	挪威	489	(2.7)	8 188	(240)	1 045	(168)	7 063	(176)	87.1	(1.8)
	波兰	518	(3.6)	8 168	(341)	1 659	(329)	6 433	(152)	79.5	(3.4)
	葡萄牙	487	(3.8)	8 828	(257)	2 653	(282)	6 212	(159)	70.1	(2.5)
	斯洛伐克	482	(3.4)	10 171	(496)	5 008	(536)	5 020	(163)	50.1	(2.9)
	斯洛文尼亚	501	(1.2)	8 404	(187)	4 904	(462)	3 453	(98)	41.3	(2.5)
	西班牙	484	(1.9)	7 698	(129)	1 454	(117)	6 263	(112)	81.2	(1.3)
	瑞典	478	(2.3)	8 420	(235)	1 042	(168)	7 266	(177)	87.5	(1.8)
	瑞士	531	(3.0)	8 892	(274)	3 196	(296)	5 771	(151)	64.4	(2.3)
	土耳其	448	(4.8)	8 296	(555)	5 140	(657)	3 173	(95)	38.2	(3.3)
	英国	494	(3.3)	8 935	(330)	2 517	(289)	6 421	(160)	71.8	(2.5)
	美国	481	(3.6)	8 077	(233)	1 916	(215)	6 164	(162)	76.3	(2.2)
	OECD各国平均	494	(0.5)	8 481	(51)	3 114	(86)	5 375	(27)	64.2	(0.5)
伙伴国家(地区)	阿尔巴尼亚	394	(2.0)	8 372	(256)	380	(87)	7 958	(219)	95.4	(1.0)
	阿根廷	388	(2.1)	5 891	(266)	2 597	(241)	3 253	(87)	55.6	(2.3)
	巴西	391	(2.1)	6 041	(253)	2 623	(277)	3 457	(80)	56.9	(2.7)
	保加利亚	439	(4.0)	8 821	(411)	4 647	(470)	4 160	(108)	47.2	(2.7)
	哥伦比亚	376	(2.9)	5 527	(254)	1 953	(246)	3 618	(111)	64.9	(2.9)
	哥斯达黎加	407	(3.0)	4 674	(247)	1 984	(302)	2 700	(82)	57.6	(3.8)
	克罗地亚	471	(3.5)	7 829	(451)	3 466	(509)	4 360	(133)	55.7	(3.9)
	塞浦路斯[6,7]	440	(1.1)	8 675	(158)	2 791	(581)	5 814	(156)	67.6	(4.8)
	中国香港	561	(3.2)	9 277	(370)	3 924	(348)	5 330	(159)	57.6	(2.2)
	印度尼西亚	375	(4.0)	5 093	(463)	2 665	(438)	2 457	(75)	48.0	(4.1)
	约旦	386	(3.1)	6 019	(413)	2 166	(378)	3 852	(98)	64.0	(4.1)
	哈萨克斯坦	432	(3.0)	5 067	(250)	1 861	(241)	3 234	(87)	63.5	(3.1)
	拉脱维亚	491	(2.8)	6 705	(248)	1 691	(298)	4 908	(163)	74.4	(3.6)
	列支敦士登	535	(4.0)	9 111	(710)	5 513	(1 419)	3 305	(336)	37.5	(6.8)
	立陶宛	479	(2.6)	7 942	(243)	2 424	(286)	5 463	(138)	69.3	(2.7)
	中国澳门	538	(1.0)	8 929	(205)	3 568	(749)	6 385	(240)	58.2	(4.4)
	马来西亚	421	(3.2)	6 581	(263)	2 129	(284)	4 449	(143)	67.6	(3.2)
	黑山	410	(1.1)	6 835	(177)	2 485	(737)	4 324	(174)	63.5	(7.3)
	秘鲁	368	(3.7)	7 118	(371)	3 244	(364)	3 865	(103)	54.4	(2.8)
	卡塔尔	376	(0.8)	9 973	(148)	4 722	(661)	5 487	(307)	53.8	(3.7)
	罗马尼亚	445	(3.8)	6 618	(361)	2 986	(330)	3 591	(98)	54.6	(2.8)
	俄罗斯联邦	482	(3.0)	7 461	(270)	2 018	(250)	5 502	(151)	73.2	(2.6)
	塞尔维亚	449	(3.4)	8 225	(402)	3 776	(479)	4 431	(138)	54.0	(3.3)
	中国上海	613	(3.3)	10 199	(460)	4 767	(473)	5 401	(205)	53.1	(2.7)
	新加坡	573	(1.3)	11 102	(194)	4 070	(503)	7 033	(213)	63.3	(3.2)
	中国台北	560	(3.3)	13 368	(444)	5 613	(632)	7 710	(259)	57.9	(3.2)
	泰国	427	(3.4)	6 759	(353)	2 866	(354)	3 941	(107)	57.9	(3.2)
	突尼斯	388	(3.9)	6 113	(480)	3 017	(486)	3 104	(82)	50.7	(4.1)
	阿联酋	434	(2.4)	8 014	(213)	3 559	(312)	4 453	(106)	55.6	(2.2)
	乌拉圭	409	(2.8)	7 869	(307)	3 297	(376)	4 546	(121)	58.0	(3.0)
	越南	511		7 357	(455)	3 823	(476)	3 509	(110)	47.9	(3.2)

1. 本表根据全体学生的数据计算,无论他们是否有 ESCS 数据。
2. 学生成绩的总方差是所有学生标准差的平方。
3. 在有些国家,有些学校样本是用学校中的子单位代替的(例如其中某个校区),这可能会影响到对校间方差的估计。
4. 由于数据中所包含的组(学校数据)不均衡,校间方差和校内方差的和加起来不一定等于总方差。
5. 学业全纳指数的计算方法是 100 * (1−rho),rho 指的是成绩的跨级相关;学生成绩的校间方差除以学生成绩的校间方差和校内方差的和。
6. 土耳其提供的注释:本文中塞浦路斯指岛的南部。岛上没有一个统一的当局代表土耳其和希腊塞浦路斯人,土耳其承认北塞浦路斯土耳其共和国(TRNC),土耳其将保留对塞浦路斯问题的看法,直到在联合国背景下作出持久和公平的决定。
7. 欧盟和 OECD 的欧盟成员国提供的注释:除土耳其外,联合国所有成员国均承认塞浦路斯共和国,文中塞浦路斯指的是在塞浦路斯共和国有效控制下的区域。

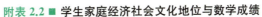

附表 2.2 ■ 学生家庭经济社会文化地位与数学成绩

		\multicolumn{10}{c}{PISA 经济社会文化地位指数(ESCS)}								
		全体学生		最低 1/4		第二个 1/4		第三个 1/4		最高 1/4	
		平均值	标准误	平均值	标准误	平均值	标准误	平均值	标准误	平均值	标准误
OECD 成员国	澳大利亚	0.25	(0.01)	−0.84	(0.02)	0.05	(0.02)	0.61	(0.01)	1.18	(0.01)
	奥地利	0.08	(0.02)	−0.97	(0.03)	−0.25	(0.02)	0.33	(0.03)	1.19	(0.03)
	比利时	0.15	(0.02)	−1.05	(0.03)	−0.19	(0.03)	0.55	(0.02)	1.27	(0.02)
	加拿大	0.41	(0.02)	−0.75	(0.02)	0.16	(0.02)	0.79	(0.02)	1.44	(0.01)
	智利	−0.58	(0.04)	−1.97	(0.05)	−1.02	(0.04)	−0.27	(0.05)	0.95	(0.03)
	捷克	−0.07	(0.02)	−0.98	(0.02)	−0.37	(0.02)	0.16	(0.02)	0.93	(0.02)
	丹麦	0.43	(0.02)	−0.70	(0.03)	0.16	(0.04)	0.81	(0.03)	1.44	(0.02)
	爱沙尼亚	0.11	(0.01)	−0.92	(0.02)	−0.23	(0.02)	0.44	(0.02)	1.16	(0.01)
	芬兰	0.36	(0.02)	−0.68	(0.02)	0.13	(0.02)	0.73	(0.02)	1.28	(0.01)
	法国	−0.04	(0.02)	−1.10	(0.02)	−0.30	(0.02)	0.29	(0.02)	0.95	(0.01)
	德国	0.19	(0.02)	−0.99	(0.03)	−0.16	(0.02)	0.52	(0.04)	1.42	(0.02)
	希腊	−0.06	(0.03)	−1.34	(0.03)	−0.46	(0.03)	0.32	(0.04)	1.22	(0.02)
	匈牙利	−0.25	(0.03)	−1.46	(0.04)	−0.65	(0.03)	0.09	(0.04)	1.01	(0.03)
	冰岛	0.78	(0.01)	−0.34	(0.02)	0.46	(0.02)	1.19	(0.02)	1.71	(0.01)
	爱尔兰	0.13	(0.02)	−0.97	(0.02)	−0.19	(0.03)	0.48	(0.03)	1.20	(0.02)
	以色列	0.17	(0.03)	−0.98	(0.04)	−0.03	(0.04)	0.58	(0.03)	1.12	(0.02)
	意大利	−0.05	(0.01)	−1.29	(0.01)	−0.41	(0.02)	0.25	(0.02)	1.24	(0.02)
	日本	−0.07	(0.02)	−0.99	(0.02)	−0.35	(0.02)	0.20	(0.02)	0.85	(0.02)
	韩国	0.01	(0.03)	−0.97	(0.03)	−0.23	(0.03)	0.33	(0.03)	0.92	(0.02)
	卢森堡	0.07	(0.01)	−1.42	(0.02)	−0.26	(0.02)	0.57	(0.02)	1.41	(0.01)
	墨西哥	−1.11	(0.02)	−2.66	(0.02)	−1.65	(0.02)	−0.74	(0.03)	1.15	(0.02)
	荷兰	0.23	(0.02)	−0.82	(0.03)	0.02	(0.02)	0.58	(0.02)	1.15	(0.02)
	新西兰	0.04	(0.02)	−1.05	(0.02)	−0.22	(0.03)	0.39	(0.02)	1.04	(0.02)
	挪威	0.46	(0.02)	−0.56	(0.02)	0.27	(0.02)	0.79	(0.02)	1.35	(0.02)
	波兰	−0.21	(0.03)	−1.22	(0.02)	−0.69	(0.02)	−0.01	(0.05)	1.08	(0.03)
	葡萄牙	−0.48	(0.05)	−1.85	(0.03)	−1.06	(0.04)	−0.23	(0.07)	1.21	(0.07)
	斯洛伐克	−0.18	(0.03)	−1.25	(0.04)	−0.57	(0.02)	0.02	(0.04)	1.06	(0.03)
	斯洛文尼亚	0.07	(0.01)	−1.03	(0.01)	−0.31	(0.02)	0.39	(0.02)	1.22	(0.02)
	西班牙	−0.19	(0.03)	−1.50	(0.02)	−0.60	(0.03)	0.17	(0.03)	1.16	(0.03)
	瑞典	0.28	(0.02)	−0.82	(0.02)	0.02	(0.02)	0.65	(0.02)	1.25	(0.01)
	瑞士	0.17	(0.02)	−1.00	(0.02)	−0.12	(0.03)	0.52	(0.03)	1.29	(0.02)
	土耳其	−1.46	(0.04)	−2.74	(0.03)	−1.96	(0.03)	−1.21	(0.05)	0.07	(0.06)
	英国	0.27	(0.02)	−0.78	(0.02)	0.00	(0.03)	0.61	(0.02)	1.26	(0.02)
	美国	0.17	(0.04)	−1.14	(0.05)	−0.11	(0.04)	0.60	(0.04)	1.35	(0.04)
	OECD 各国平均	0.00	(0.00)	−1.15	(0.00)	−0.32	(0.00)	0.34	(0.01)	1.15	(0.00)
伙伴国家(地区)	阿尔巴尼亚	m	m	m	m	m	m	m	m	m	m
	阿根廷	−0.72	(0.04)	−2.15	(0.06)	−1.12	(0.04)	−0.33	(0.06)	0.73	(0.04)
	巴西	−1.17	(0.02)	−2.64	(0.02)	−1.61	(0.02)	−0.81	(0.03)	0.39	(0.04)
	保加利亚	−0.28	(0.04)	−1.59	(0.06)	−0.67	(0.03)	0.10	(0.04)	1.06	(0.03)
	哥伦比亚	−1.26	(0.04)	−2.82	(0.04)	−1.65	(0.05)	−0.83	(0.04)	0.24	(0.05)
	哥斯达黎加	−0.98	(0.04)	−2.61	(0.05)	−1.41	(0.05)	−0.52	(0.06)	0.62	(0.04)
	克罗地亚	−0.34	(0.02)	−1.35	(0.02)	−0.70	(0.02)	−0.14	(0.03)	0.84	(0.02)
	塞浦路斯[1,2]	0.09	(0.01)	−1.06	(0.02)	−0.28	(0.01)	0.43	(0.02)	1.25	(0.02)
	中国香港	−0.79	(0.05)	−2.00	(0.03)	−1.20	(0.05)	−0.46	(0.07)	0.50	(0.06)
	印度尼西亚	−1.80	(0.05)	−3.09	(0.03)	−2.28	(0.05)	−1.54	(0.06)	−0.28	(0.10)
	约旦	−0.42	(0.02)	−1.77	(0.03)	−0.71	(0.03)	0.01	(0.03)	0.78	(0.02)
	哈萨克斯坦	−0.32	(0.02)	−1.31	(0.02)	−0.57	(0.02)	0.02	(0.03)	0.60	(0.02)
	拉脱维亚	−0.26	(0.03)	−1.39	(0.04)	−0.64	(0.04)	0.66	(0.07)	1.42	(0.06)
	列支敦士登	0.30	(0.05)	−0.89	(0.08)	0.01	(0.05)	0.30	(0.03)	1.00	(0.02)
	立陶宛	−0.13	(0.02)	−1.34	(0.02)	−0.48	(0.03)	0.30	(0.03)	0.97	(0.02)
	中国澳门	−0.89	(0.01)	−1.91	(0.01)	−1.23	(0.01)	−0.68	(0.01)	0.28	(0.02)
	马来西亚	−0.72	(0.03)	−1.99	(0.04)	−1.07	(0.03)	−0.38	(0.05)	0.54	(0.04)
	黑山	−0.25	(0.01)	−1.40	(0.02)	−0.57	(0.02)	0.09	(0.02)	0.89	(0.02)
	秘鲁	−1.23	(0.05)	−2.79	(0.04)	−1.68	(0.05)	−0.89	(0.06)	0.41	(0.08)
	卡塔尔	0.44	(0.01)	−0.76	(0.01)	0.29	(0.01)	0.79	(0.01)	1.43	(0.01)
	罗马尼亚	−0.47	(0.04)	−1.58	(0.05)	−0.80	(0.03)	−0.26	(0.04)	0.76	(0.05)
	俄罗斯联邦	−0.11	(0.02)	−1.10	(0.03)	−0.37	(0.03)	0.22	(0.03)	0.82	(0.02)
	塞尔维亚	−0.30	(0.03)	−1.37	(0.02)	−0.70	(0.03)	−0.05	(0.03)	0.95	(0.03)
	中国上海	−0.36	(0.04)	−1.63	(0.05)	−0.70	(0.04)	0.06	(0.04)	0.83	(0.03)
	新加坡	−0.26	(0.01)	−1.46	(0.02)	−0.54	(0.02)	0.09	(0.02)	0.88	(0.02)
	中国台北	−0.40	(0.02)	−1.47	(0.03)	−0.70	(0.03)	−0.11	(0.03)	0.68	(0.03)
	泰国	−1.35	(0.04)	−2.72	(0.03)	−1.89	(0.04)	−1.06	(0.05)	0.42	(0.06)
	突尼斯	−1.19	(0.05)	−2.86	(0.04)	−1.59	(0.06)	−0.73	(0.05)	1.26	(0.01)
	阿联酋	0.32	(0.02)	−0.81	(0.02)	0.19	(0.01)	0.67	(0.01)	1.26	(0.01)
	乌拉圭	−0.88	(0.03)	−2.23	(0.02)	−1.40	(0.03)	−0.59	(0.04)	0.69	(0.05)
	越南	−1.81	(0.05)	−3.08	(0.03)	−2.27	(0.03)	−1.63	(0.05)	−0.26	(0.09)

附表 2.2 ■ 学生家庭经济社会文化地位与数学成绩(续表 1)

| | | 该指数四分位数上的学生数学成绩 | | | | | | | 数学成绩与 ESCS 关系的强度[2] | | ESCS 对数学成绩回归线的斜率[2] | |
| | | 最低 1/4 | | 第二个 1/4 | | 第三个 1/4 | | 最高 1/4 | | ESCS 对数学成绩方差的解释率 | 标准误 | 与 ESCS 1 个单位变化相联系的数学成绩变化 | 标准误 |
		平均分	标准误	平均分	标准误	平均分	标准误	平均分	标准误				
OECD 成员国	澳大利亚	463	(2.2)	492	(2.0)	521	(2.9)	550	(2.6)	**12.3**	(0.8)	**42**	(1.3)
	奥地利	458	(4.2)	495	(4.2)	519	(3.8)	552	(4.2)	**15.8**	(1.5)	**43**	(2.2)
	比利时	468	(4.0)	497	(3.2)	534	(3.0)	567	(2.9)	**15.0**	(1.3)	**43**	(1.9)
	加拿大	486	(2.3)	509	(2.5)	529	(2.5)	558	(2.9)	**9.4**	(0.7)	**31**	(1.2)
	智利	378	(4.0)	409	(3.8)	429	(3.6)	477	(5.4)	**23.1**	(1.9)	**34**	(1.6)
	捷克	450	(4.4)	486	(4.6)	508	(4.3)	552	(4.0)	**16.2**	(1.3)	**51**	(2.7)
	丹麦	460	(3.4)	489	(3.5)	513	(2.9)	545	(3.4)	**16.5**	(1.4)	**39**	(1.7)
	爱沙尼亚	496	(3.0)	508	(3.2)	523	(3.6)	559	(2.9)	**8.6**	(0.9)	**29**	(1.7)
	芬兰	488	(3.1)	509	(2.5)	529	(3.2)	555	(2.6)	**9.4**	(0.9)	**33**	(1.8)
	法国	442	(3.5)	476	(3.1)	511	(4.1)	561	(4.0)	**22.5**	(1.3)	**57**	(2.2)
	德国	467	(5.1)	502	(3.9)	540	(3.8)	569	(4.0)	**16.9**	(1.4)	**43**	(1.8)
	希腊	413	(4.0)	439	(3.9)	460	(3.5)	502	(3.7)	**15.5**	(1.5)	**34**	(1.8)
	匈牙利	422	(4.8)	464	(3.6)	486	(4.6)	539	(6.6)	**23.1**	(2.3)	**47**	(2.8)
	冰岛	464	(2.9)	481	(3.1)	508	(3.2)	526	(3.7)	**7.7**	(1.0)	**31**	(2.1)
	爱尔兰	462	(4.3)	489	(3.1)	512	(2.9)	545	(3.2)	**14.6**	(1.2)	**38**	(1.8)
	以色列	409	(5.3)	452	(5.0)	490	(6.3)	524	(5.7)	**17.2**	(1.5)	**51**	(2.6)
	意大利	447	(2.4)	475	(2.7)	498	(2.6)	522	(2.8)	**10.1**	(0.6)	**30**	(1.2)
	日本	500	(5.2)	528	(4.1)	551	(4.3)	575	(5.9)	**9.8**	(1.6)	**41**	(3.9)
	韩国	516	(4.9)	538	(4.8)	567	(6.2)	595	(6.6)	**10.1**	(1.4)	**42**	(3.3)
	卢森堡	438	(2.9)	470	(2.7)	508	(2.5)	546	(2.7)	**18.3**	(1.1)	**37**	(1.2)
	墨西哥	385	(1.9)	407	(1.9)	417	(1.9)	447	(2.4)	**10.4**	(0.8)	**19**	(0.8)
	荷兰	484	(5.3)	513	(3.8)	537	(4.8)	565	(5.1)	**11.5**	(1.7)	**40**	(3.1)
	新西兰	444	(3.2)	493	(4.0)	514	(3.9)	559	(3.6)	**18.4**	(1.3)	**52**	(1.9)
	挪威	459	(4.2)	479	(3.7)	504	(3.9)	522	(3.6)	**7.4**	(1.0)	**32**	(2.4)
	波兰	473	(3.6)	501	(4.2)	526	(5.3)	571	(6.3)	**16.6**	(1.7)	**41**	(2.4)
	葡萄牙	441	(4.5)	474	(5.0)	495	(4.8)	548	(5.2)	**19.6**	(1.8)	**35**	(1.6)
	斯洛伐克	416	(6.5)	473	(4.9)	496	(4.3)	545	(6.2)	**24.6**	(2.1)	**51**	(2.9)
	斯洛文尼亚	458	(2.6)	486	(3.1)	511	(3.1)	552	(3.2)	**15.6**	(1.0)	**42**	(1.5)
	西班牙	442	(2.8)	471	(2.4)	495	(2.8)	533	(2.5)	**15.8**	(1.0)	**34**	(1.1)
	瑞典	443	(2.9)	470	(4.0)	495	(3.4)	518	(3.9)	**10.6**	(1.1)	**36**	(1.9)
	瑞士	488	(4.0)	519	(4.0)	543	(3.9)	576	(4.6)	**12.8**	(1.2)	**38**	(1.8)
	土耳其	412	(4.5)	436	(4.2)	447	(6.0)	498	(8.3)	**14.5**	(1.8)	**32**	(2.4)
	英国	458	(4.1)	477	(4.1)	508	(4.1)	545	(4.0)	**12.5**	(1.3)	**41**	(2.4)
	美国	442	(3.9)	462	(4.6)	494	(5.4)	532	(4.6)	**14.8**	(1.3)	**35**	(1.7)
	OECD 各国平均	452	(0.7)	482	(0.6)	506	(0.7)	542	(0.8)	**14.6**	(0.2)	**39**	(0.4)
伙伴国家(地区)	阿尔巴尼亚	m	m	m	m	m	m	m	m	m	m	m	m
	阿根廷	355	(4.1)	379	(4.4)	394	(4.6)	433	(4.3)	**15.1**	(1.5)	**26**	(1.7)
	巴西	360	(4.8)	377	(2.1)	395	(2.9)	437	(5.2)	**15.7**	(1.6)	**26**	(1.7)
	保加利亚	384	(5.1)	424	(4.1)	449	(6.1)	501	(5.9)	**22.3**	(2.3)	**42**	(2.7)
	哥伦比亚	343	(4.1)	365	(3.7)	382	(3.2)	417	(5.2)	**15.4**	(1.8)	**25**	(1.7)
	哥斯达黎加	373	(4.0)	394	(3.7)	412	(3.8)	450	(5.4)	**18.9**	(2.1)	**24**	(1.6)
	克罗地亚	438	(3.5)	459	(3.9)	471	(4.9)	517	(5.9)	**12.0**	(1.4)	**36**	(2.6)
	塞浦路斯[1, 2]	398	(2.5)	428	(2.5)	448	(2.8)	492	(2.8)	**14.1**	(1.1)	**38**	(1.6)
	中国香港	532	(4.8)	554	(3.7)	567	(4.4)	600	(5.8)	**7.5**	(1.5)	**27**	(2.6)
	印度尼西亚	356	(4.3)	363	(3.9)	374	(4.5)	408	(9.7)	**9.6**	(3.0)	**20**	(3.4)
	约旦	361	(3.0)	375	(2.9)	395	(3.9)	419	(5.8)	**8.4**	(1.3)	**22**	(2.2)
	哈萨克斯坦	405	(4.0)	427	(3.4)	437	(3.7)	458	(5.2)	**8.0**	(1.7)	**27**	(2.8)
	拉脱维亚	453	(4.5)	472	(3.4)	508	(4.6)	532	(4.8)	**14.7**	(1.7)	**35**	(2.1)
	列支敦士登	490	(9.6)	552	(11.7)	542	(12.0)	564	(11.5)	**7.6**	(3.1)	**28**	(5.8)
	立陶宛	439	(3.8)	465	(3.6)	491	(4.2)	522	(5.0)	**13.8**	(1.2)	**36**	(1.8)
	中国澳门	521	(2.6)	535	(2.6)	543	(2.3)	558	(2.4)	**2.6**	(0.4)	**17**	(1.5)
	马来西亚	388	(3.1)	406	(3.7)	425	(4.7)	465	(5.4)	**13.4**	(1.6)	**30**	(2.1)
	黑山	375	(2.0)	401	(2.8)	422	(2.6)	453	(2.8)	**12.7**	(0.9)	**33**	(1.3)
	秘鲁	317	(3.3)	352	(3.8)	382	(5.3)	437	(7.4)	**23.4**	(2.4)	**33**	(2.0)
	卡塔尔	338	(1.8)	377	(1.8)	399	(2.1)	401	(2.2)	**5.6**	(0.5)	**27**	(1.2)
	罗马尼亚	407	(4.5)	428	(3.9)	444	(4.0)	501	(7.8)	**19.3**	(2.4)	**38**	(2.9)
	俄罗斯联邦	445	(4.9)	468	(4.3)	496	(3.6)	521	(5.1)	**11.4**	(1.7)	**38**	(3.2)
	塞尔维亚	416	(4.4)	436	(3.8)	450	(4.7)	495	(5.0)	**11.7**	(1.4)	**34**	(2.4)
	中国上海	562	(6.3)	602	(4.8)	627	(3.8)	660	(5.3)	**15.1**	(1.9)	**41**	(2.7)
	新加坡	523	(2.9)	557	(3.9)	588	(3.2)	627	(2.8)	**14.4**	(1.4)	**44**	(1.4)
	中国台北	497	(5.2)	546	(4.5)	572	(4.0)	626	(5.2)	**17.9**	(1.4)	**58**	(2.5)
	泰国	407	(4.7)	412	(3.0)	421	(3.9)	468	(7.1)	**9.9**	(2.2)	**22**	(2.4)
	突尼斯	362	(3.8)	370	(4.7)	393	(4.1)	430	(8.9)	**12.4**	(2.4)	**22**	(2.6)
	阿联酋	391	(3.2)	427	(2.4)	454	(3.6)	466	(4.2)	**9.8**	(1.0)	**33**	(1.9)
	乌拉圭	364	(3.3)	390	(3.4)	414	(4.0)	472	(5.5)	**22.8**	(1.9)	**37**	(1.8)
	越南	473	(6.1)	499	(4.9)	518	(5.8)	555	(8.2)	**14.6**	(2.3)	**29**	(2.6)

注：粗体表示该数值有统计上的显著性。
1. 土耳其提供的注释：本文中塞浦路斯指岛的南部。岛上没有一个统一的当局代表土耳其和希腊塞浦路斯人，土耳其承认北塞浦路斯土耳其共和国(TRNC)，土耳其将保留对塞浦路斯问题的看法，直到在联合国背景下作出持久和公平的决定。
2. 欧盟和 OECD 的欧盟成员国提供的注释：除土耳其外，联合国所有成员均承认塞浦路斯共和国，文中塞浦路斯指的是在塞浦路斯共和国有效控制下的区域。

附表 2.3 ■ 家长职业与学生数学成绩

地区	国家/地区	数学平均成绩	1. 企业负责人及经理等	2. 专业人员	3. 技术员及助理专业人员	4. 职员	5. 服务员和营销员	6. 农林渔业技术工人	7. 技艺(手艺)及相关行业工人	8. 设备和机器操作员及装配工	9. 简单劳动职业人员
OECD成员国	澳大利亚	504.15	520.5	535.65	517.24	516.45	494.77	498.17	490.78	479.87	471.77
	比利时	514.53	552.42	566.62	537.66	537.34	501.51	527.02	489.09	477.8	470.13
	加拿大	518.07	536.37	545.3	533.97	524.47	504.03	523.32	508.93	497.68	494.15
	智利	422.63	468.4	481.36	448.76	450.47	420.12	382.78	409.21	413.29	404.09
	捷克	498.96	532.62	550.75	530.64	514.43	492.37	488.83	483.51	474.99	468.71
	丹麦	500.03	522.5	532.85	517.64	510.43	487.87	488.82	508.15	507.16	500.96
	爱沙尼亚	520.55	540.27	553.25	531.13	527.77	505	524.47	505.26	500.49	480.85
	芬兰	518.75	537.95	543.87	522.35	507.53	481.52	490.8	475.41	465.1	452.92
	法国	494.98	525.83	547.57	519.98	507.53	481.52	490.8	475.41	465.1	452.92
	德国	513.53	554.08	569.65	539.28	535.28	504.19	500.19	504.83	480.84	479.45
	希腊	452.97	480.73	495.99	470.62	475.62	446.75	422.55	440.06	433.3	422.13
	匈牙利	477.04	527.03	535.8	504.84	500.91	469.86	454.76	464.61	461.12	442.57
	冰岛	492.8	510.27	518.67	496.63	503.81	477.4	512.64	483.32	464.9	459.35
	爱尔兰	501.5	526.24	530.35	510.79	515.56	487.87	508.58	493.52	483.13	472.57
	以色列	466.48	491.85	512.19	488.22	474.8	451.18	456.99	442.85	428.05	416.6
	意大利	485.32	526.21	521.87	508.16	513.74	479.41	469.18	469.87	475.58	454.89
	日本	536.41	553	561.78	554.65	564.09	529.84	532.49	520.21	518.47	520.13
	韩国	553.77	563.27	585.43	565.17	554.94	546.89	521.55	534.02	535.21	538.06
	卢森堡	489.85	527.8	545.75	518.93	507.03	470.05	478.3	455.08	455.31	455.96
	墨西哥	413.28	452.91	448.88	432.48	430.87	418.92	392.86	408.57	410.32	400.85
	荷兰	522.97	542.08	559.23	539.22	531.74	509.75	535.04	496.5	493.96	480.37
	新西兰	499.75	527.86	538.43	522.75	515.3	485.03	473.17	484.42	465.37	460.62
	挪威	489.37	505.79	509.25	493.06	498.07	474.89	505.01	475.99	459.75	459.55
	波兰	517.5	556.75	570.73	538.95	534.68	509.1	491.72	471.36	475.17	453.45
	葡萄牙	487.06	523.26	552.95	515.74	520.12	485.16	461.41	471.64	478.56	440.92
	斯洛伐克	481.64	547.96	552.53	525.16	515.57	487.88	463.63	471.64	478.56	440.92
	斯洛文尼亚	501.13	525.57	552.63	513.47	525.57	486.45	491.67	479.55	469.98	466.57
	西班牙	484.32	514.14	527.3	510.24	509.99	474.44	468.37	465.49	474.69	457.26
	瑞典	478.26	509.3	504.08	503.29	488.89	465.15	479.28	470.66	451.93	440.96
	瑞士	530.93	542.85	566.73	549.9	538.37	513.03	535.78	509.46	494.04	486.49
	土耳其	447.98	479.23	515.69	475.44	479.62	446.65	429.47	443.84	439.1	442.07
	英国	493.93	517.39	525.94	511.75	510.72	481.56	495.76	479.72	467.77	460.61
	美国	481.37	504.27	515.18	499.5	494.31	471.17	462.1	470.39	463.15	450.9
伙伴国家(地区)	阿尔巴尼亚	394.33	393	385.88	387.9	393.14	396.38	384.62	395.79	388.23	395.58
	阿根廷	388.43	427.49	431.52	412.37	422.91	394.49	401.76	376.49	385.13	372.93
	巴西	388.51	424.39	435.52	417.94	416.01	387.27	365.79	381.96	389.72	369.95
	保加利亚	438.74	489.04	493.31	477.53	468.93	436.6	419.62	422.31	421.88	398.03
	哥伦比亚	376.49	419.34	416.2	397.75	410.94	381.34	350.81	374.3	378.19	362.15
	哥斯达黎加	407	433.1	448.36	437.16	429.2	402.87	372.05	404.61	403.85	393.4
	克罗地亚	471.13	502.78	527.56	491.6	493.25	461.31	453.25	459.75	451.23	444.36
	中国香港	561.24	585.56	599.08	579.63	583.02	556.85	528.94	562.11	551.76	542.13
	印度尼西亚	375.11	420.33	408.54	405.76	415.36	386.36	360.04	398.34	386.85	368.05
	约旦	385.6	399.77	420.64	411.38	393.55	389.05	384.36	381.61	373.22	375.83
	哈萨克斯坦	431.8	447.66	443.03	442.05	439.77	426.45	418.32	429.87	434.21	419.87
	拉脱维亚	490.57	519.83	530.43	517.4	509.64	475.47	482.23	480.72	481.62	465.65
	列支敦士登	534.97	548.16	579.46	542.56	531.01	541.96	541.2	495.27	480.17	502.12
	立陶宛	478.82	513.4	512.93	504.97	503.22	477.71	467.71	467.02	471.27	445.4
	中国澳门	538.13	564.74	562.23	555.16	541.66	537.39	520.6	539.33	542.94	520.9
	马来西亚	420.51	454.41	463.29	444.93	438.94	417.29	390.03	428.12	405.93	402.74
	黑山	409.63	450.76	454.19	437.95	434.01	408.2	368.84	374.7	386.73	346.81
	秘鲁	368.1	438.96	420.56	421.83	415.62	381.43	301.56	404.11	381.96	350.36
	卡塔尔	376.45	404.08	414.92	384.69	377.28	359.74	404.72	438.83	439.24	415.15
	罗马尼亚	444.55	494.61	507.54	471.77	471.03	439.32	404.72	438.83	439.24	415.15
	俄罗斯联邦	482.17	507.72	513.86	492.94	488.14	473.84	458.69	469.92	473.02	457.08
	塞尔维亚	448.86	492.03	495.87	469.76	471.55	432.84	426.86	430.96	434.67	426.02
	中国上海	612.68	636.43	656.06	632.89	627.07	599	542.17	602.09	599.88	568.9
	新加坡	573.47	608.11	609.45	578.46	571.66	552.23	529.8	546.45	541.02	533.58
	中国台北	559.82	620.54	621.12	596.95	587.9	553.76	539.85	541.27	541.13	518.66
	泰国	426.74	458.45	485.45	468.08	458.41	437.93	418.0	429.62	429.58	412.39
	突尼斯	387.82	432.18	446.1	418.66	408.72	385.2	397.65	447.62	395.95	415.29
	阿联酋	434.01	453.54	467.84	447.4	450.45	405.77	414.09	402.31	404.31	382.48
	乌拉圭	409.29	475.06	485.41	443.83	450.45	405.77	414.09	402.31	404.31	382.48
	越南	511.34	571.85	574.46	549.39	576.76	535.3	495.28	522.51	522.78	511.14

注:学生父母中有任何一人从事该职业就计入该职业类别中。

附表 2.4 ■ 数学成绩与家庭经济社会文化地位的关系，校间及校内

	ESCS 对数学成绩差异的总作用[1]		ESCS 对校内数学成绩差异的所用[2]		ESCS 对校间数学成绩差异的作用[3]		学生 ESCS 所能解释的数学成绩方差的百分比[4]			学生和学校平均 ESCS 所能解释的数学成绩总方差的百分比[5]		
	学生层面 ESCS 每增加 1 个单位所引起的学生数学成绩差异	标准误	学生层面 ESCS 每增加 1 个单位所引起的学生数学成绩差异	标准误	学校平均 ESCS 没变化 1 个单位所引起的学校平均数学成绩差异	S.E.	总体	校间	校内	总体	校间	校内
OECD 成员国												
澳大利亚	42	(1.3)	25	(1.3)	64	(4.1)	12.3	31.2	6.0	18.1	55.5	6.1
奥地利	43	(2.2)	15	(1.6)	85	(5.9)	15.8	17.4	3.4	29.7	56.3	3.5
比利时	43	(1.9)	11	(1.4)	108	(5.9)	15.0	14.9	1.7	34.9	70.2	1.7
加拿大	31	(1.2)	23	(1.2)	41	(5.0)	9.4	27.0	7.5	12.1	41.8	7.5
智利	34	(1.6)	9	(1.3)	46	(2.3)	23.1	29.1	4.8	30.8	75.4	1.4
丹麦	39	(1.7)	31	(1.7)	38	(4.2)	16.2	15.3	2.1	36.7	70.5	2.1
爱沙尼亚	29	(1.7)	19	(1.7)	45	(6.9)	8.6	31.5	10.5	19.3	70.9	10.6
芬兰	33	(1.8)	29	(1.5)	22	(6.9)	9.4	33.5	9.7	11.5	58.0	9.8
法国	57	(2.2)	w	w	w	w	22.5	w	w	41.8	w	w
德国	43	(2.0)	11	(1.4)	103	(5.6)	16.9	13.8	0.5	38.2	71.3	0.4
希腊	34	(1.8)	18	(1.5)	55	(5.1)	15.5	30.6	4.7	23.7	65.1	4.7
匈牙利	47	(2.8)	6	(1.4)	98	(4.9)	23.1	12.1	1.2	46.9	78.4	1.1
冰岛	31	(2.1)	25	(2.9)	45	(8.3)	7.7	41.5	6.0	9.3	68.8	5.9
爱尔兰	38	(1.8)	26	(1.7)	52	(4.7)	14.6	47.8	6.8	19.7	79.3	6.9
以色列	51	(2.6)	24	(2.1)	98	(7.9)	17.2	25.8	5.2	30.1	66.5	5.2
意大利	30	(1.2)	7	(0.7)	83	(4.1)	10.1	8.1	1.7	25.7	48.4	1.7
日本	41	(3.9)	4	(1.7)	150	(8.2)	9.8	5.9	1.5	34.2	65.9	1.8
韩国	42	(3.3)	14	(2.0)	114	(10.2)	10.1	13.2	1.5	31.5	57.3	1.5
卢森堡	37	(1.2)	20	(2.7)	68	(4.9)	18.3	57.0	6.8	31.2	93.3	6.7
墨西哥	19	(0.8)	5	(0.5)	29	(1.4)	10.4	16.6	0.8	16.6	46.1	0.9
荷兰	40	(3.1)	9	(1.6)	147	(10.9)	11.5	7.1	1.5	37.7	57.8	1.5
新西兰	52	(1.9)	36	(2.3)	66	(6.8)	18.4	50.7	9.8	24.1	78.4	9.9
挪威	32	(2.4)	27	(1.7)	49	(7.8)	7.4	29.5	5.6	9.0	46.4	5.6
波兰	41	(2.4)	32	(1.8)	36	(7.4)	16.6	41.7	9.5	19.4	56.8	9.5
葡萄牙	35	(1.6)	23	(1.4)	33	(4.0)	19.6	43.8	9.6	23.7	62.1	9.6
斯洛伐克	54	(2.9)	21	(2.1)	86	(6.4)	24.6	28.0	4.7	37.5	73.8	4.6
斯洛文尼亚	42	(1.5)	3	(1.5)	126	(5.6)	15.6	5.3	0.2	44.1	77.7	0.1
西班牙	34	(1.1)	27	(1.0)	26	(3.2)	15.8	42.8	10.3	17.8	54.7	10.4
瑞典	36	(1.9)	25	(2.0)	41	(7.3)	10.6	40.5	9.7	12.8	55.5	9.8
瑞士	38	(1.8)	25	(1.5)	66	(8.9)	12.8	21.3	7.2	19.4	44.0	7.2
土耳其	32	(2.4)	6	(1.0)	83	(7.4)	14.5	8.6	1.3	35.8	57.6	1.4
英国	41	(2.4)	24	(1.7)	73	(6.5)	12.5	33.2	6.4	19.7	63.6	6.4
美国	35	(1.7)	24	(1.9)	41	(5.4)	14.8	36.7	6.7	18.8	57.8	6.8
OECD各国平均	39	(0.4)	19	(0.3)	72	(1.1)	14.6	27.6	5.1	25.5	62.8	5.1
伙伴国（地区）												
阿尔巴尼亚	m	m	m	m	m	m	m	m	m	m	m	m
阿根廷	26	(1.7)	9	(1.2)	49	(5.7)	15.1	22.4	2.4	26.9	62.1	2.4
巴西	26	(1.7)	8	(0.8)	46	(3.0)	15.7	20.2	2.0	27.1	61.5	2.0
保加利亚	42	(2.7)	12	(1.4)	73	(5.7)	22.3	21.2	2.5	37.7	72.2	2.5
哥伦比亚	25	(1.7)	11	(1.2)	35	(3.6)	15.4	28.6	3.0	22.8	60.3	3.0
哥斯达黎加	24	(1.6)	10	(1.0)	34	(3.6)	18.9	28.6	3.5	27.9	61.7	3.5
克罗地亚	36	(2.6)	12	(1.6)	90	(9.2)	12.0	14.4	2.3	26.6	58.8	2.3
塞浦路斯[6,7]	38	(1.6)	20	(1.9)	72	(11.2)	14.1	0.0	2.3	23.5	62.9	6.0
中国香港	27	(2.6)	4	(1.5)	65	(7.9)	7.5	8.0	0.6	17.3	41.9	0.7
印度尼西亚	20	(3.4)	6	(1.0)	37	(6.0)	9.6	8.8	1.3	17.5	32.7	1.3
约旦	22	(2.2)	11	(1.3)	47	(8.5)	8.4	18.6	4.8	15.3	42.6	4.8
哈萨克斯坦	27	(2.8)	15	(1.6)	45	(8.0)	8.0	13.3	3.2	12.2	29.7	3.1
拉脱维亚	35	(2.1)	22	(1.6)	46	(5.7)	14.7	35.2	5.5	19.3	62.2	5.5
列支敦士登	28	(5.8)	8	(5.3)	132	(53.5)	7.6	8.3	2.2	28.3	51.0	2.2
立陶宛	36	(1.6)	19	(1.5)	66	(5.8)	13.8	27.5	4.5	22.5	63.9	4.5
中国澳门	17	(1.5)	7	(1.5)	31	(12.2)	2.6	4.9	4.7	5.1	14.2	5.8
马来西亚	30	(2.1)	15	(1.5)	49	(5.8)	13.4	26.3	3.7	21.0	57.8	3.8
黑山	33	(1.3)	12	(1.8)	102	(6.0)	12.7	18.7	2.4	31.8	85.7	2.4
秘鲁	33	(2.0)	10	(1.1)	49	(2.6)	23.4	28.9	1.9	35.9	78.4	1.9
卡塔尔	27	(1.2)	10	(2.3)	73	(13.1)	5.6	0.0	1.6	14.0	29.7	1.7
罗马尼亚	38	(2.9)	17	(1.6)	57	(6.3)	19.3	27.2	4.4	29.6	61.5	4.5
俄罗斯联邦	38	(3.2)	26	(2.2)	47	(7.0)	11.4	26.4	5.1	14.3	44.5	5.0
塞尔维亚	34	(2.4)	9	(1.5)	101	(7.0)	11.7	11.9	1.0	30.8	65.6	1.0
中国上海	41	(2.7)	10	(1.8)	88	(6.2)	15.1	14.4	1.5	31.2	65.4	1.6
新加坡	44	(1.4)	22	(1.8)	85	(11.5)	14.4	23.9	4.4	25.0	61.2	4.4
中国台北	58	(2.5)	27	(1.9)	123	(9.0)	17.9	0.0	5.2	33.3	72.2	5.3
泰国	22	(2.4)	9	(1.2)	35	(5.2)	9.9	15.5	1.6	15.4	40.0	1.5
突尼斯	22	(2.6)	6	(1.0)	45	(5.5)	12.4	11.6	2.1	24.3	48.3	2.1
阿联酋	33	(1.9)	14	(1.4)	71	(7.3)	9.8	12.5	1.9	19.2	41.6	1.9
乌拉圭	37	(1.8)	15	(1.2)	52	(3.3)	22.8	33.8	4.2	33.8	74.1	4.3
越南	29	(2.6)	8	(1.3)	49	(6.5)	14.6	14.6	1.3	24.9	46.9	1.4

注：粗体表示数值有统计上的显著性。
ESCS 指 PISA 经济社会文化地位指数。
1. 在有些国家，有的学校样本是用学校中的子单位代替的（例如其中某个校区），这会影响到对学校层面作用的估计。
2. ESCS 和学校平均 ESCS 对数学成绩的二层回归：校内 ESCS 的斜率和模型对学生层面方差的解释。
3. ESCS 和学校平均 ESCS 对数学成绩的二层回归：校内 ESCS 的斜率和模型对学校层面方差的解释。
4. ESCS、ESCS 平方，学校平均 ESCS 和学校平均 ESCS 的平方对数学成绩的二层回归：校内 ESCS 的斜率和模型对学生层面方差的解释。校内曲线回归指标对应于学生层面 ESCS 回归系数的平方。
5. ESCS、ESCS 平方，学校平均 ESCS 和学校平均 ESCS 的平方对数学成绩的二层回归：校内 ESCS 的斜率和模型对学生层面方差的解释。校间曲线回归指标对应于学校平均 ESCS 回归系数的平方。
6. 土耳其提供的注释：本文中塞浦路斯指岛的南部。岛上没有一个统一的当局代表土耳其和希腊塞浦路斯人，土耳其承认北塞浦路斯土耳其共和国（TRNC），土耳其将保留对塞浦路斯问题的看法，直到在联合国背景下作出持久和公平的决定。
7. 欧盟和 OECD 的欧盟成员国提供的注释：除土耳其外，联合国所有成员国承认塞浦路斯共和国，文中塞浦路斯指的是在塞浦路斯共和国有效控制下的区域。

附表 2.5 ■ 数学成绩和家庭结构

| | 学生百分比 | | | | PISA经济社会文化地位指数（ESCS） | | | | 数学成绩 | | | | 单亲家庭和其他家庭的学生数学成绩差异 | | 单亲家庭和其他家庭的学生数学成绩差异，控制ESCS后 | | 单亲家庭和其他家庭对学生数学成绩的效应值 | |
| | 来自单亲家庭的学生 | | 来自其他家庭的学生 | | 单亲家庭学生 | | 其他家庭的学生 | | 单亲家庭学生 | | 其他家庭学生 | | | | | | | |
	%	标准误	%	标准误	平均值	标准误	平均值	标准误	平均分	标准误	平均分	标准误	分差	标准误	分差	标准误	效应值	标准误
OECD成员国																		
澳大利亚	13.5	(0.4)	86.5	(0.4)	−0.07	(0.02)	0.33	(0.01)	495	(2.6)	513	(1.8)	−18	(2.5)	−1	(2.5)	−0.2	(0.0)
奥地利	13.5	(0.7)	86.5	(0.7)	−0.05	(0.04)	0.11	(0.02)	503	(4.9)	510	(2.7)	−7	(4.9)	−1	(4.8)	−0.1	(0.1)
比利时	13.6	(0.5)	86.4	(0.5)	−0.12	(0.03)	0.21	(0.02)	492	(4.7)	525	(2.2)	−33	(4.7)	−20	(4.1)	−0.3	(0.0)
加拿大	12.7	(0.3)	87.3	(0.3)	0.11	(0.03)	0.48	(0.02)	511	(3.2)	525	(1.9)	−14	(3.1)	−3	(3.0)	−0.2	(0.0)
智利	22.6	(0.7)	77.4	(0.7)	−0.60	(0.04)	−0.52	(0.04)	426	(3.6)	430	(3.1)	−4	(3.5)	−1	(3.3)	0.0	(0.0)
捷克	17.6	(0.5)	82.4	(0.5)	−0.30	(0.02)	0.02	(0.02)	486	(4.0)	506	(2.9)	−20	(4.2)	−5	(4.5)	−0.2	(0.0)
丹麦	15.1	(0.6)	84.9	(0.6)	0.12	(0.04)	0.50	(0.02)	485	(4.0)	508	(2.1)	−22	(3.8)	−8	(3.5)	−0.3	(0.0)
爱沙尼亚	19.2	(0.7)	80.8	(0.7)	−0.15	(0.03)	0.19	(0.01)	525	(3.4)	524	(2.3)	0	(3.8)	10	(3.7)	0.0	(0.0)
芬兰	15.9	(0.6)	84.1	(0.6)	0.02	(0.03)	0.45	(0.01)	507	(3.3)	528	(1.8)	−21	(3.2)	−7	(4.7)	−0.2	(0.0)
法国	15.1	(0.6)	84.9	(0.6)	−0.26	(0.04)	0.03	(0.02)	484	(4.4)	505	(2.7)	−21	(4.7)	−4	(4.2)	−0.2	(0.0)
德国	13.3	(0.6)	86.7	(0.6)	0.03	(0.05)	0.24	(0.02)	520	(3.4)	524	(3.1)	−4	(4.7)	5	(3.9)	0.0	(0.0)
希腊	8.7	(0.5)	91.3	(0.5)	−0.09	(0.06)	−0.04	(0.03)	444	(6.8)	458	(2.5)	−14	(6.5)	−12	(6.0)	−0.2	(0.1)
匈牙利	20.6	(0.8)	79.4	(0.8)	−0.40	(0.04)	−0.18	(0.03)	474	(4.8)	485	(3.1)	−10	(4.0)	−1	(3.8)	−0.1	(0.1)
冰岛	10.7	(0.5)	89.3	(0.5)	0.52	(0.04)	0.83	(0.01)	481	(5.9)	500	(1.9)	−19	(6.3)	−10	(6.1)	−0.2	(0.1)
爱尔兰	10.9	(0.6)	89.1	(0.6)	−0.20	(0.03)	0.21	(0.02)	486	(3.9)	510	(2.1)	−24	(3.7)	−10	(3.4)	−0.3	(0.0)
以色列	m	m	m	m	m	m	m	m	m	m	m	m	m	m	m	m	m	m
意大利	9.5	(0.3)	90.5	(0.3)	−0.14	(0.03)	−0.03	(0.02)	482	(3.0)	488	(2.1)	−6	(2.7)	−3	(2.7)	−0.1	(0.0)
日本	12.1	(0.6)	87.9	(0.6)	−0.47	(0.03)	−0.01	(0.01)	516	(5.8)	544	(3.5)	−28	(5.1)	−10	(4.8)	−0.3	(0.1)
韩国	8.8	(0.5)	91.2	(0.5)	−0.39	(0.05)	0.08	(0.03)	549	(6.8)	560	(4.7)	−11	(4.4)	9	(5.5)	−0.1	(0.1)
卢森堡	12.2	(0.5)	87.8	(0.5)	−0.08	(0.04)	0.11	(0.02)	485	(3.3)	494	(1.4)	−9	(4.4)	−2	(3.8)	−0.1	(0.1)
墨西哥	15.2	(0.4)	84.8	(0.4)	−1.02	(0.03)	−1.06	(0.02)	423	(2.2)	422	(1.3)	1	(2.1)	0	(2.0)	0.0	(0.0)
荷兰	11.2	(0.5)	88.8	(0.5)	0.02	(0.05)	0.27	(0.04)	501	(6.3)	530	(3.4)	−29	(5.4)	−19	(5.3)	−0.3	(0.1)
新西兰	19.6	(0.8)	80.4	(0.8)	−0.23	(0.04)	0.11	(0.04)	489	(3.8)	507	(2.5)	−19	(4.0)	−1	(4.0)	−0.2	(0.0)
挪威	10.7	(0.6)	89.3	(0.6)	0.13	(0.04)	0.52	(0.02)	500	(5.5)	524	(3.4)	−24	(4.0)	−15	(4.0)	−0.3	(0.0)
波兰	16.4	(0.7)	83.6	(0.7)	−0.39	(0.04)	−0.04	(0.03)	489	(5.7)	494	(3.6)	−5	(4.8)	1	(4.4)	−0.1	(0.1)
葡萄牙	12.3	(0.6)	87.7	(0.6)	−0.62	(0.08)	−0.44	(0.05)	489	(5.7)	494	(3.6)	−10	(5.3)	−2	(5.0)	−0.1	(0.1)
斯洛伐克	14.9	(0.7)	85.1	(0.7)	−0.28	(0.04)	−0.13	(0.03)	481	(5.3)	492	(3.5)	−12	(5.4)	−6	(4.7)	−0.1	(0.1)
斯洛文尼亚	10.8	(0.5)	89.2	(0.5)	−0.05	(0.04)	0.10	(0.01)	495	(4.9)	507	(1.3)	−10	(2.6)	−1	(2.3)	−0.1	(0.1)
西班牙	10.2	(0.3)	89.8	(0.3)	−0.43	(0.04)	−0.15	(0.02)	468	(5.4)	487	(2.1)	−19	(5.3)	−4	(5.5)	−0.2	(0.1)
瑞典	9.4	(0.5)	90.6	(0.5)	0.33	(0.03)	0.40	(0.02)	470	(4.0)	480	(2.5)	−10	(3.7)	−5	(3.6)	−0.1	(0.1)
瑞士	13.6	(0.4)	86.4	(0.4)	0.11	(0.03)	0.19	(0.02)	527	(3.9)	536	(3.3)	−9	(3.7)	−6	(3.6)	−0.1	(0.1)
土耳其	4.2	(0.3)	95.8	(0.3)	−1.33	(0.10)	−1.42	(0.04)	456	(8.3)	457	(4.9)	−1	(6.9)	−11	(6.3)	−0.3	(0.1)
英国	16.6	(0.6)	83.4	(0.6)	−0.01	(0.03)	0.37	(0.02)	481	(4.4)	507	(3.0)	−26	(4.3)	−7	(3.5)	−0.3	(0.0)
美国	20.3	(0.9)	79.7	(0.9)	−0.19	(0.04)	0.30	(0.04)	468	(5.0)	492	(3.7)	−24	(4.3)	−7	(3.5)	−0.2	(0.0)
OECD各国平均	13.3	(0.1)	83.8	(0.1)	−0.21	(0.01)	0.06	(0.00)	488	(0.8)	502	(0.5)	−15	(0.8)	−5	(0.7)	−0.2	(0.0)
伙伴国家（地区）																		
阿尔巴尼亚	m	m	m	m	m	m	m	m	m	m	m	m	m	m	m	m	m	m
阿根廷	19.5	(0.7)	80.5	(0.7)	−0.80	(0.07)	−0.64	(0.04)	395	(4.1)	399	(3.7)	−4	(3.6)	0	(3.5)	−0.1	(0.0)
巴西	20.6	(0.5)	79.4	(0.5)	−1.20	(0.03)	−1.10	(0.03)	396	(2.7)	401	(2.3)	−5	(2.6)	−3	(2.6)	−0.1	(0.0)
保加利亚	12.7	(0.6)	87.3	(0.6)	−0.39	(0.05)	−0.20	(0.04)	442	(5.4)	450	(3.8)	−8	(4.3)	0	(4.0)	−0.1	(0.0)
哥伦比亚	23.9	(0.8)	76.1	(0.8)	−1.19	(0.05)	−1.17	(0.05)	387	(3.4)	389	(3.3)	−2	(3.3)	−1	(3.2)	0.0	(0.0)
哥斯达黎加	22.6	(0.7)	77.4	(0.7)	−1.08	(0.05)	−0.89	(0.05)	408	(3.5)	414	(3.1)	−5	(3.1)	−1	(2.8)	−0.1	(0.0)
克罗地亚	8.1	(0.5)	91.9	(0.5)	−0.40	(0.04)	−0.33	(0.02)	451	(5.3)	473	(3.7)	−23	(5.2)	−8	(5.0)	−0.2	(0.1)
塞浦路斯[1,2]	8.9	(0.4)	91.1	(0.4)	−0.26	(0.04)	0.14	(0.01)	437	(4.7)	448	(1.3)	−11	(4.4)	−4	(4.3)	−0.1	(0.1)
中国香港	13.3	(0.4)	86.7	(0.4)	−1.01	(0.06)	−0.75	(0.05)	555	(4.3)	566	(3.4)	−11	(4.4)	−4	(4.3)	−0.1	(0.1)
印度尼西亚	7.4	(0.5)	92.6	(0.5)	−1.91	(0.09)	−1.75	(0.05)	383	(5.8)	385	(4.3)	−2	(4.0)	2	(4.1)	0.0	(0.0)
约旦	9.7	(0.6)	90.3	(0.6)	−0.58	(0.07)	−0.37	(0.04)	367	(5.6)	400	(3.1)	−33	(4.6)	−28	(4.9)	−0.4	(0.1)
哈萨克斯坦	14.1	(0.6)	85.9	(0.6)	−0.47	(0.04)	−0.29	(0.02)	435	(4.3)	433	(3.1)	2	(3.6)	7	(3.5)	0.0	(0.0)
拉脱维亚	20.1	(0.8)	79.9	(0.8)	−0.41	(0.06)	−0.17	(0.04)	498	(3.9)	496	(2.9)	2	(3.9)	10	(3.7)	0.0	(0.0)
列支敦士登	15.0	(2.2)	85.0	(2.2)	0.18	(0.14)	0.31	(0.06)	518	(13.8)	541	(5.0)	−24	(15.5)	−20	(15.8)	−0.3	(0.2)
立陶宛	15.7	(0.6)	84.3	(0.6)	−0.35	(0.04)	−0.05	(0.02)	474	(4.1)	485	(2.7)	−11	(4.2)	−4	(3.9)	−0.1	(0.1)
中国澳门	13.6	(0.5)	86.4	(0.5)	−1.03	(0.03)	−0.86	(0.02)	533	(3.6)	543	(1.1)	−10	(3.6)	−7	(4.0)	−0.1	(0.1)
马来西亚	12.3	(0.6)	87.7	(0.6)	−0.85	(0.06)	−0.67	(0.04)	411	(3.9)	429	(3.2)	−17	(3.5)	−12	(3.4)	−0.2	(0.1)
黑山	6.4	(0.4)	93.6	(0.4)	−0.26	(0.04)	−0.23	(0.01)	423	(6.1)	415	(1.3)	8	(6.2)	9	(6.0)	0.1	(0.1)
秘鲁	17.0	(0.5)	83.0	(0.5)	−1.15	(0.07)	−1.21	(0.05)	382	(4.4)	372	(3.9)	10	(3.0)	8	(2.7)	0.1	(0.1)
卡塔尔	10.9	(0.3)	89.1	(0.3)	0.23	(0.03)	0.51	(0.01)	340	(3.0)	400	(1.1)	−59	(3.2)	−52	(3.2)	−0.6	(0.0)
罗马尼亚	13.8	(0.7)	86.2	(0.7)	−0.54	(0.05)	−0.42	(0.04)	443	(4.5)	443	(3.2)	0	(3.6)	8	(2.8)	−0.1	(0.1)
俄罗斯联邦	22.3	(0.7)	77.7	(0.7)	−0.26	(0.04)	−0.04	(0.02)	448	(5.3)	456	(3.3)	−8	(4.5)	−3	(4.3)	−0.1	(0.1)
塞尔维亚	8.8	(0.4)	91.2	(0.4)	−0.41	(0.04)	−0.25	(0.04)	448	(5.3)	456	(3.3)	1	(4.2)	3	(3.7)	−0.1	(0.1)
中国上海	9.4	(0.4)	90.6	(0.4)	−0.23	(0.04)	−0.35	(0.04)	615	(4.8)	615	(3.1)	1	(4.2)	3	(3.7)	0.0	(0.0)
新加坡	9.2	(0.4)	90.8	(0.4)	−0.45	(0.04)	−0.30	(0.03)	564	(5.5)	579	(1.5)	−15	(5.9)	−5	(4.5)	−0.1	(0.1)
中国台北	12.9	(0.4)	87.1	(0.4)	−0.72	(0.04)	−0.34	(0.03)	559	(4.7)	568	(3.6)	−5	(3.7)	−4	(3.7)	−0.1	(0.1)
泰国	14.7	(0.6)	85.3	(0.6)	−1.35	(0.06)	−1.28	(0.05)	429	(4.7)	435	(3.6)	−17	(6.2)	−14	(6.1)	−0.2	(0.1)
突尼斯	6.2	(0.5)	93.8	(0.5)	−1.27	(0.09)	−1.13	(0.05)	379	(6.9)	396	(4.3)	−35	(3.9)	−25	(3.8)	−0.4	(0.1)
阿联酋	9.8	(0.4)	90.2	(0.4)	0.07	(0.04)	0.40	(0.02)	411	(4.4)	446	(2.5)	−35	(3.9)	−25	(3.8)	−0.4	(0.1)
乌拉圭	18.4	(0.6)	81.6	(0.6)	−1.01	(0.05)	−0.79	(0.04)	417	(4.4)	421	(2.6)	−4	(4.6)	0	(4.4)	−0.1	(0.1)
越南	7.8	(0.4)	92.2	(0.4)	−1.92	(0.06)	−1.78	(0.05)	525	(6.2)	514	(4.8)	11	(4.6)	15	(4.4)	0.1	(0.1)

注：本表仅根据有 PISA ESCS 指数的学生数据计算。粗体表示数值有统计上的显著性。

1. 土耳其提供的注释：本文中塞浦路斯指岛的南部。岛上没有一个统一的当局代表土耳其和希腊塞浦路斯人，土耳其承认北塞浦路斯土耳其共和国（TRNC），土耳其将保留对塞浦路斯问题的看法，直到在联合国背景下作出持久和公平的决定。

2. 欧盟和 OECD 的欧盟成员国提供的注释：除土耳其外，联合国所有成员均承认塞浦路斯共和国，文中塞浦路斯指的是在塞浦路斯共和国有效控制下的区域。

附表 2.6 ■ 父母工作状况和社会经济地位与数学成绩

	学 生 百 分 比							数 学 平 均 成 绩							
	父亲的工作状况				母亲的工作状况				父亲的工作状况				母亲的工作状况			
	全职或兼职带薪的工作		不工作,但是在找工作或者有其他情况(例如做家务、退休)		全职或兼职带薪的工作		不工作,但是在找工作或者有其他情况(例如做家务、退休)		全职或兼职带薪的工作		不工作,但是在找工作或者有其他情况(例如做家务、退休)		全职或兼职带薪的工作		不工作,但是在找工作或者有其他情况(例如做家务、退休)	
	%	S.E.	%	S.E.	%	S.E.	%	S.E.	Mean score	S.E.	Mean score	S.E.	Mean score	S.E.	Mean score	S.E.
澳大利亚	90.9	(0.3)	9.1	(0.3)	74.8	(0.6)	25.2	(0.6)	511	(1.7)	487	(3.5)	511	(1.8)	497	(2.5)
奥地利	92.6	(0.5)	7.4	(0.5)	80.0	(0.6)	20.0	(0.6)	509	(2.6)	488	(7.8)	511	(2.6)	492	(4.4)
比利时	88.8	(0.5)	11.2	(0.5)	76.6	(0.7)	23.4	(0.7)	525	(2.0)	486	(4.7)	529	(1.9)	484	(4.1)
加拿大	91.7	(0.3)	8.3	(0.3)	78.4	(0.5)	21.6	(0.5)	524	(1.8)	515	(4.2)	523	(1.9)	516	(2.6)
智利	90.0	(0.5)	10.0	(0.5)	53.5	(0.9)	46.5	(0.9)	426	(3.1)	415	(5.1)	430	(3.3)	418	(3.2)
捷克	93.4	(0.5)	6.6	(0.5)	82.8	(0.8)	17.2	(0.8)	504	(2.8)	469	(9.1)	506	(2.6)	472	(5.9)
丹麦	89.2	(0.5)	10.8	(0.5)	82.5	(0.8)	17.5	(0.8)	508	(2.2)	474	(3.1)	509	(2.1)	472	(3.2)
爱沙尼亚	91.0	(0.5)	9.0	(0.5)	82.0	(0.6)	18.0	(0.6)	524	(2.1)	508	(5.3)	525	(2.1)	509	(3.8)
芬兰	87.5	(0.5)	12.5	(0.5)	85.2	(0.6)	14.8	(0.6)	525	(1.8)	504	(4.1)	524	(1.8)	509	(4.3)
法国	90.2	(0.5)	9.8	(0.5)	78.4	(0.8)	21.6	(0.8)	503	(2.5)	479	(5.2)	509	(2.7)	465	(4.1)
德国	93.3	(0.4)	6.7	(0.4)	77.2	(0.8)	22.8	(0.8)	523	(3.0)	502	(7.4)	526	(3.3)	500	(4.7)
希腊	81.4	(0.6)	18.6	(0.6)	56.8	(1.1)	43.2	(1.1)	459	(2.5)	440	(4.2)	466	(2.6)	440	(2.8)
匈牙利	85.5	(0.7)	14.5	(0.7)	74.3	(0.8)	25.7	(0.8)	485	(3.4)	446	(6.2)	490	(3.4)	448	(4.5)
冰岛	93.9	(0.4)	6.1	(0.4)	84.2	(0.6)	15.8	(0.6)	498	(1.8)	473	(6.7)	500	(1.9)	472	(3.4)
爱尔兰	81.7	(0.6)	18.3	(0.6)	62.8	(0.8)	37.2	(0.8)	510	(2.1)	480	(4.1)	509	(2.1)	492	(3.1)
以色列	88.4	(0.7)	11.6	(0.7)	71.9	(1.1)	28.1	(1.1)	477	(4.6)	442	(6.7)	490	(4.7)	423	(3.1)
意大利	91.7	(0.3)	8.3	(0.3)	62.8	(0.5)	37.2	(0.5)	489	(2.0)	471	(3.5)	497	(2.2)	468	(2.3)
日本	96.9	(0.2)	3.1	(0.2)	77.9	(0.8)	22.1	(0.8)	542	(3.6)	526	(9.3)	538	(3.5)	546	(5.0)
韩国	90.4	(0.6)	9.6	(0.6)	59.4	(0.9)	40.6	(0.9)	558	(4.7)	541	(6.5)	557	(4.3)	554	(5.7)
卢森堡	90.3	(0.5)	9.7	(0.5)	72.1	(0.7)	27.9	(0.7)	496	(1.2)	473	(4.6)	494	(1.3)	491	(2.9)
墨西哥	84.8	(0.4)	15.2	(0.4)	40.7	(0.5)	59.3	(0.5)	417	(1.3)	405	(2.4)	418	(1.6)	412	(1.4)
荷兰	91.8	(0.4)	8.2	(0.4)	77.6	(0.7)	22.4	(0.7)	528	(3.5)	515	(5.7)	529	(3.4)	518	(4.7)
新西兰	91.3	(0.5)	8.7	(0.5)	76.2	(0.7)	23.8	(0.7)	509	(2.2)	469	(6.2)	508	(2.2)	492	(4.7)
挪威	92.3	(0.5)	7.7	(0.5)	86.0	(0.7)	14.0	(0.7)	495	(2.6)	472	(6.7)	496	(2.6)	466	(4.2)
波兰	87.4	(0.7)	12.6	(0.7)	70.0	(0.8)	30.0	(0.8)	522	(3.7)	503	(4.8)	528	(3.8)	496	(3.7)
葡萄牙	85.8	(0.6)	14.2	(0.6)	74.2	(0.9)	25.8	(0.9)	496	(3.5)	468	(5.2)	498	(3.8)	471	(4.2)
斯洛伐克	85.8	(0.8)	14.2	(0.8)	75.8	(0.6)	24.2	(0.8)	493	(3.3)	431	(6.5)	497	(3.2)	440	(5.8)
斯洛文尼亚	88.6	(0.6)	11.4	(0.6)	84.3	(0.6)	15.7	(0.6)	504	(1.4)	497	(4.5)	507	(1.4)	481	(4.0)
西班牙	84.5	(0.5)	15.5	(0.5)	66.7	(0.6)	33.3	(0.6)	492	(2.0)	461	(2.9)	492	(2.0)	474	(2.2)
瑞典	93.1	(0.5)	6.9	(0.5)	88.6	(0.6)	11.4	(0.6)	486	(2.2)	448	(6.2)	486	(2.2)	452	(5.2)
瑞士	94.2	(0.3)	5.8	(0.3)	75.9	(0.6)	24.1	(0.6)	535	(3.2)	509	(6.1)	535	(3.0)	524	(4.1)
土耳其	71.1	(0.9)	28.9	(0.9)	14.5	(0.8)	85.5	(0.8)	455	(5.0)	441	(5.7)	469	(7.6)	450	(4.6)
英国	89.6	(0.4)	10.4	(0.4)	76.3	(1.0)	23.7	(1.0)	503	(3.0)	481	(4.7)	502	(2.9)	485	(5.1)
美国	86.0	(0.8)	14.0	(0.8)	73.8	(0.9)	26.2	(0.9)	488	(3.7)	467	(5.3)	485	(3.6)	477	(4.5)
OECD各国平均	89.0	(0.1)	11.0	(0.1)	72.2	(0.1)	27.8	(0.1)	501	(0.5)	476	(1.0)	503	(0.5)	480	(0.7)
阿尔巴尼亚	m	m	m	m	m	m	m	m	m	m	m	m	m	m	m	m
阿根廷	88.8	(0.6)	11.2	(0.6)	53.8	(1.2)	46.2	(1.2)	395	(3.5)	372	(5.2)	401	(3.4)	382	(3.8)
巴西	80.8	(0.4)	19.2	(0.4)	56.5	(0.5)	43.5	(0.5)	397	(2.3)	384	(2.4)	402	(2.4)	382	(2.1)
保加利亚	86.4	(0.7)	13.6	(0.7)	79.3	(0.9)	20.7	(0.9)	445	(3.7)	418	(6.1)	450	(3.9)	410	(5.5)
哥伦比亚	84.3	(0.9)	15.7	(0.9)	53.4	(1.0)	46.6	(1.0)	378	(3.1)	378	(4.4)	379	(3.0)	376	(3.3)
哥斯达黎加	87.9	(0.8)	12.1	(0.8)	44.7	(1.1)	55.3	(1.1)	410	(3.1)	404	(5.2)	415	(3.8)	403	(3.1)
克罗地亚	71.6	(0.8)	28.4	(0.8)	62.2	(1.0)	37.8	(1.0)	478	(3.9)	459	(3.8)	484	(4.1)	453	(3.4)
塞浦路斯[1,2]	90.3	(0.5)	9.7	(0.5)	72.7	(0.6)	27.3	(0.6)	448	(1.3)	410	(4.1)	451	(1.6)	426	(2.4)
中国香港	88.1	(0.5)	11.9	(0.5)	62.5	(1.0)	37.5	(1.0)	565	(3.5)	557	(4.7)	564	(3.6)	563	(3.6)
印度尼西亚	80.1	(1.0)	19.9	(1.0)	38.9	(1.1)	61.1	(1.1)	381	(4.2)	365	(4.5)	377	(4.9)	378	(3.7)
约旦	75.1	(0.7)	24.9	(0.7)	17.4	(0.7)	82.6	(0.7)	396	(2.9)	378	(4.0)	401	(5.8)	389	(2.6)
哈萨克斯坦	76.5	(1.1)	23.5	(1.1)	61.6	(1.3)	38.4	(1.3)	437	(3.5)	417	(4.2)	437	(3.4)	424	(3.3)
拉脱维亚	86.3	(0.7)	13.7	(0.7)	78.7	(0.8)	21.3	(0.8)	493	(3.0)	489	(5.8)	494	(3.1)	483	(3.5)
列支敦士登	91.4	(1.9)	8.6	(1.9)	66.3	(2.8)	33.7	(2.8)	538	(4.3)	c	c	532	(5.9)	548	(8.0)
立陶宛	82.5	(0.6)	17.5	(0.6)	74.8	(0.8)	25.2	(0.8)	486	(2.5)	466	(4.3)	488	(2.6)	458	(3.5)
中国澳门	88.8	(0.4)	11.2	(0.4)	76.3	(0.6)	23.7	(0.6)	540	(1.1)	540	(4.2)	539	(1.2)	540	(2.6)
马来西亚	86.0	(0.6)	14.0	(0.6)	39.6	(1.0)	60.4	(1.0)	425	(3.3)	402	(4.2)	431	(4.1)	415	(2.9)
黑山	73.8	(0.7)	26.2	(0.7)	50.5	(0.8)	49.5	(0.8)	398	(1.5)	398	(2.4)	428	(1.7)	396	(1.6)
秘鲁	84.0	(0.7)	16.0	(0.7)	51.4	(0.9)	48.6	(0.9)	373	(3.9)	352	(4.1)	368	(4.1)	370	(3.7)
卡塔尔	86.4	(0.3)	13.6	(0.3)	38.0	(0.4)	62.0	(0.4)	389	(2.1)	332	(2.1)	386	(2.7)	379	(1.1)
罗马尼亚	74.1	(1.0)	25.9	(1.0)	60.5	(1.2)	39.5	(1.2)	454	(4.1)	424	(4.0)	459	(4.2)	425	(3.8)
俄罗斯联邦	86.3	(0.6)	13.7	(0.6)	76.2	(0.9)	23.8	(0.9)	487	(3.0)	468	(6.1)	488	(2.9)	470	(4.5)
塞尔维亚	77.2	(0.8)	22.8	(0.8)	59.4	(1.1)	40.6	(1.1)	455	(3.6)	439	(4.1)	462	(3.8)	433	(3.8)
中国上海	87.3	(0.5)	12.7	(0.5)	75.0	(0.9)	25.0	(0.9)	617	(3.1)	586	(6.7)	622	(3.0)	588	(5.3)
新加坡	92.6	(0.4)	7.4	(0.4)	63.3	(0.6)	36.7	(0.6)	576	(1.5)	568	(5.7)	578	(1.7)	569	(3.6)
中国台北	87.9	(0.5)	12.1	(0.5)	69.6	(0.6)	30.4	(0.6)	565	(3.2)	538	(6.1)	563	(3.5)	558	(4.5)
泰国	81.8	(0.6)	18.2	(0.6)	70.9	(0.6)	29.1	(0.6)	428	(3.6)	429	(4.5)	426	(3.6)	433	(4.0)
突尼斯	84.0	(0.7)	16.0	(0.7)	23.9	(1.1)	76.1	(1.1)	391	(4.3)	385	(4.9)	412	(7.9)	384	(3.4)
阿联酋	80.9	(0.6)	19.1	(0.6)	27.0	(0.6)	73.0	(0.6)	446	(2.5)	399	(2.7)	455	(3.0)	429	(2.6)
乌拉圭	89.5	(0.5)	10.5	(0.5)	65.5	(0.8)	34.5	(0.8)	416	(2.8)	397	(4.3)	423	(2.8)	393	(3.2)
越南	53.2	(1.6)	46.8	(1.6)	36.3	(1.7)	63.7	(1.7)	519	(5.9)	505	(4.7)	526	(6.4)	504	(4.5)

OECD 成员国 / 伙伴国家(地区)

附表 2.6 ■ 父母工作状况和社会经济地位与数学成绩(续表 1)

		父亲工作与不工作的学生数学成绩差异		母亲工作与不工作的学生数学成绩差异		父亲工作与不工作的学生数学成绩差异,控制 ESCS 后		母亲工作与不工作的学生数学成绩差异,控制 ESCS 后		父亲工作与不工作对数学成绩的效应值		母亲工作与不工作对数学成绩的效应值	
		分差	标准误	分差	标准误	分差	标准误	分差	标准误	效应值	标准误	效应值	标准误
OECD成员国	澳大利亚	24	(3.3)	15	(2.3)	9	(3.2)	1	(2.2)	−0.25	(0.04)	−0.15	(0.02)
	奥地利	21	(7.5)	19	(4.1)	2	(5.9)	6	(3.6)	−0.22	(0.08)	−0.20	(0.04)
	比利时	39	(4.7)	45	(4.1)	15	(4.1)	22	(3.2)	−0.39	(0.05)	−0.45	(0.04)
	加拿大	9	(4.0)	7	(2.4)	−1	(3.8)	−1	(2.1)	−0.10	(0.05)	−0.08	(0.03)
	智利	12	(4.6)	12	(2.6)	−7	(4.4)	−4	(2.7)	−0.15	(0.06)	−0.15	(0.03)
	捷克	35	(8.8)	34	(5.6)	15	(7.2)	17	(4.9)	−0.35	(0.09)	−0.35	(0.05)
	丹麦	34	(3.6)	38	(3.2)	12	(3.5)	16	(3.0)	−0.42	(0.04)	−0.47	(0.04)
	爱沙尼亚	15	(4.9)	15	(3.8)	4	(4.8)	7	(3.7)	−0.19	(0.06)	−0.19	(0.05)
	芬兰	21	(4.0)	15	(4.1)	6	(3.7)	1	(3.5)	−0.24	(0.05)	−0.18	(0.05)
	法国	24	(5.1)	44	(4.9)	−2	(4.5)	18	(4.2)	−0.25	(0.05)	−0.45	(0.05)
	德国	22	(7.0)	26	(4.9)	3	(5.9)	14	(4.1)	−0.22	(0.07)	−0.26	(0.04)
	希腊	18	(4.1)	27	(2.5)	5	(3.5)	7	(2.3)	−0.21	(0.05)	−0.31	(0.03)
	匈牙利	40	(6.8)	42	(4.6)	12	(4.2)	12	(3.7)	−0.42	(0.07)	−0.46	(0.05)
	冰岛	25	(6.7)	28	(3.8)	14	(6.2)	16	(3.8)	−0.28	(0.07)	−0.32	(0.04)
	爱尔兰	30	(3.6)	17	(2.7)	13	(3.2)	2	(2.5)	−0.36	(0.04)	−0.20	(0.03)
	以色列	34	(6.3)	67	(5.4)	2	(5.9)	41	(4.8)	−0.32	(0.06)	−0.68	(0.05)
	意大利	17	(3.2)	29	(2.2)	4	(2.9)	12	(2.0)	−0.19	(0.03)	−0.32	(0.02)
	日本	16	(9.4)	−8	(3.6)	6	(7.9)	−4	(3.2)	−0.17	(0.10)	0.09	(0.04)
	韩国	17	(6.2)	2	(3.2)	3	(5.6)	2	(3.0)	−0.17	(0.06)	−0.02	(0.03)
	卢森堡	23	(4.9)	3	(3.2)	5	(4.6)	−2	(2.7)	−0.25	(0.05)	−0.03	(0.03)
	墨西哥	11	(2.2)	6	(1.3)	−3	(1.9)	−7	(1.2)	−0.16	(0.03)	−0.08	(0.02)
	荷兰	13	(5.2)	11	(3.4)	−5	(5.2)	−2	(3.3)	−0.15	(0.06)	−0.13	(0.04)
	新西兰	40	(5.8)	16	(4.6)	19	(5.1)	1	(4.2)	−0.40	(0.06)	−0.16	(0.05)
	挪威	23	(6.5)	30	(3.9)	6	(6.3)	18	(3.8)	−0.25	(0.08)	−0.34	(0.04)
	波兰	19	(4.3)	32	(3.3)	0	(4.2)	8	(3.3)	−0.21	(0.05)	−0.36	(0.04)
	葡萄牙	28	(4.1)	27	(3.7)	10	(3.7)	5	(3.1)	−0.31	(0.05)	−0.29	(0.04)
	斯洛伐克	62	(6.4)	57	(5.1)	22	(4.8)	22	(4.1)	−0.60	(0.06)	−0.57	(0.05)
	斯洛文尼亚	8	(4.9)	26	(4.3)	−10	(4.5)	2	(4.1)	−0.08	(0.05)	−0.29	(0.05)
	西班牙	31	(3.1)	18	(2.2)	10	(3.1)	3	(1.9)	−0.36	(0.04)	−0.21	(0.03)
	瑞典	38	(6.4)	34	(5.4)	18	(6.2)	17	(5.1)	−0.41	(0.07)	−0.38	(0.06)
	瑞士	26	(6.1)	11	(3.0)	11	(5.8)	3	(2.9)	−0.27	(0.07)	−0.12	(0.03)
	土耳其	13	(4.1)	19	(5.5)	−5	(3.7)	−2	(3.5)	−0.15	(0.05)	−0.20	(0.05)
	英国	22	(3.9)	17	(4.5)	4	(3.8)	6	(3.6)	−0.24	(0.04)	−0.18	(0.04)
	美国	21	(4.7)	8	(3.6)	7	(4.5)	−2	(3.0)	−0.24	(0.05)	−0.09	(0.04)
	OECD各国平均	24	(0.9)	23	(0.7)	6	(0.8)	8	(0.6)	−0.26	(0.01)	−0.25	(0.01)
伙伴国家(地区)	阿尔巴尼亚	m	m	m	m	m	m	m	m	m	m	m	m
	阿根廷	23	(4.2)	19	(2.2)	7	(4.5)	2	(2.3)	−0.30	(0.05)	−0.25	(0.03)
	巴西	14	(2.5)	14	(1.9)	−2	(2.0)	3	(1.7)	−0.18	(0.03)	−0.25	(0.02)
	保加利亚	28	(5.0)	40	(5.3)	−2	(4.4)	9	(3.7)	−0.30	(0.05)	−0.44	(0.05)
	哥伦比亚	0	(3.4)	3	(2.5)	−15	(3.1)	−7	(2.6)	0.00	(0.05)	−0.04	(0.04)
	哥斯达黎加	7	(4.6)	12	(3.2)	−5	(3.9)	−3	(2.8)	−0.10	(0.07)	−0.18	(0.05)
	克罗地亚	19	(3.2)	31	(3.7)	3	(3.0)	11	(3.2)	−0.21	(0.04)	−0.36	(0.04)
	塞浦路斯[1,2]	38	(4.3)	25	(3.0)	12	(3.8)	5	(3.0)	−0.42	(0.05)	−0.28	(0.04)
	中国香港	8	(4.6)	1	(3.5)	−3	(4.1)	−2		−0.08	(0.05)	−0.01	(0.04)
	印度尼西亚	16	(3.5)	−1	(3.0)	9	(3.3)	−5	(2.7)	−0.23	(0.05)	0.01	(0.04)
	约旦	17	(3.2)	12	(4.5)	7	(3.3)	−2	(3.9)	−0.23	(0.05)	−0.16	(0.05)
	哈萨克斯坦	20	(4.5)	13	(3.1)	8	(3.9)	1	(2.8)	−0.28	(0.06)	−0.18	(0.04)
	拉脱维亚	4	(6.1)	11	(3.9)	−11	(5.2)	−1	(3.4)	−0.05	(0.07)	−0.14	(0.04)
	列支敦士登	c	c	−16	(11.2)	c	c	−20	(10.9)	c	c	0.17	(0.12)
	立陶宛	20	(3.7)	29	(3.0)	3	(3.4)	9	(2.9)	−0.23	(0.05)	−0.34	(0.03)
	中国澳门	0	(4.6)	0	(3.1)	−4	(4.4)	−2	(3.1)	0.00	(0.05)	0.00	(0.03)
	马来西亚	23	(3.9)	16	(2.9)	15	(4.0)	−1	(2.5)	−0.29	(0.05)	−0.19	(0.03)
	黑山	18	(3.1)	32	(2.5)	1	(3.0)	16	(2.6)	−0.22	(0.04)	−0.40	(0.03)
	秘鲁	21	(3.7)	−2	(2.6)	−4	(2.7)	−11	(2.6)	−0.25	(0.04)	0.02	(0.04)
	卡塔尔	57	(2.4)	7	(2.2)	46	(2.4)	−2	(2.1)	−0.64	(0.03)	−0.07	(0.03)
	罗马尼亚	30	(3.8)	33	(3.7)	5	(2.9)	8	(2.7)	−0.38	(0.05)	−0.42	(0.04)
	俄罗斯联邦	19	(5.6)	18	(3.5)	5	(5.4)	7	(3.3)	−0.21	(0.06)	−0.21	(0.04)
	塞尔维亚	15	(3.6)	29	(3.6)	1	(3.6)	12	(3.2)	−0.17	(0.04)	−0.32	(0.04)
	中国上海	31	(5.6)	33	(4.3)	7	(4.8)	16	(3.7)	−0.31	(0.05)	−0.33	(0.04)
	新加坡	8	(6.2)	9	(3.6)	−1	(5.7)	4	(3.2)	−0.08	(0.06)	−0.09	(0.03)
	中国台北	27	(5.7)	5	(4.2)	7	(5.2)	−1	(3.6)	−0.23	(0.05)	−0.04	(0.04)
	泰国	−1	(3.7)	−8	(2.9)	−7	(3.5)	−10	(2.7)	0.01	(0.04)	0.10	(0.04)
	突尼斯	6	(4.5)	28	(6.7)	−7	(3.7)	4	(4.5)			−0.34	(0.07)
	阿联酋	47	(3.0)	26	(2.9)	31	(2.7)	12	(2.9)	−0.56	(0.03)	−0.29	(0.03)
	乌拉圭	19	(4.5)	30	(2.9)	1	(4.2)	6	(2.6)	−0.22	(0.05)	−0.34	(0.03)
	越南	14	(5.1)	22	(4.9)	−7	(3.8)	1	(3.7)	−0.16	(0.06)	−0.25	(0.06)

注:本表仅根据有 PISA ESCS 指数的学生数据计算。粗体表示数值有统计上的显著性。

1. 土耳其提供的注释:本文中塞浦路斯指岛的南部。岛上没有一个统一的当局代表土耳其和希腊塞浦路斯人,土耳其承认北塞浦路斯土耳其共和国(TRNC),土耳其将保留对塞浦路斯问题的看法,直到在联合国背景下作出持久和公平的决定。

2. 欧盟和 OECD 的欧盟成员国提供的注释:除土耳其外,联合国所有成员均承认塞浦路斯共和国,文中塞浦路斯指的是在塞浦路斯共和国有效控制下的区域。

附表 2.7 ■ 学习机会公平:接触正式数学指数

		平均值		ESCS四分位数上的学习机会指数平均值[1]								接触正式数学指数四分位数上的数学成绩							
				最低1/4		第二个1/4		第三个1/4		最高1/4		最低1/4		第二个1/4		第三个1/4		最高1/4	
		平均值	标准误	平均值	标准误	平均值	标准误	平均值	标准误	平均值	标准误	平均分	标准误	平均分	标准误	平均分	标准误	平均分	标准误
OECD成员国	澳大利亚	1.69	(0.01)	0.78	(0.01)	1.44	(0.02)	1.97	(0.02)	2.59	(0.01)	431	(1.9)	485	(2.6)	528	(2.8)	587	(3.2)
	奥地利	1.54	(0.02)	0.66	(0.02)	1.28	(0.02)	1.80	(0.03)	2.43	(0.02)	445	(4.0)	489	(4.5)	525	(4.8)	574	(3.2)
	比利时	1.83	(0.01)	0.81	(0.02)	1.70	(0.02)	2.17	(0.01)	2.64	(0.01)	456	(3.5)	511	(3.2)	545	(3.2)	569	(3.2)
	加拿大	1.98	(0.01)	1.16	(0.02)	1.83	(0.01)	2.25	(0.01)	2.70	(0.01)	464	(2.6)	507	(2.5)	540	(2.9)	569	(2.8)
	智利	1.70	(0.02)	0.95	(0.02)	1.50	(0.02)	1.91	(0.02)	2.44	(0.02)	373	(3.9)	402	(4.5)	437	(4.1)	478	(4.4)
	捷克	1.80	(0.02)	1.10	(0.03)	1.65	(0.02)	2.00	(0.02)	2.46	(0.02)	448	(4.5)	490	(5.7)	521	(4.6)	562	(4.6)
	丹麦	1.62	(0.01)	0.85	(0.02)	1.42	(0.02)	1.83	(0.02)	2.39	(0.02)	456	(3.8)	494	(2.8)	518	(3.4)	544	(3.6)
	爱沙尼亚	2.00	(0.01)	1.39	(0.02)	1.91	(0.02)	2.19	(0.02)	2.52	(0.02)	488	(3.4)	514	(3.9)	535	(3.8)	549	(4.1)
	芬兰	1.72	(0.01)	0.93	(0.02)	1.54	(0.02)	1.94	(0.02)	2.45	(0.01)	472	(2.8)	503	(2.9)	538	(2.5)	571	(3.3)
	法国	1.87	(0.01)	1.10	(0.02)	1.76	(0.02)	2.12	(0.01)	2.51	(0.01)	417	(4.7)	488	(4.7)	526	(4.3)	557	(4.4)
	德国	1.66	(0.02)	0.78	(0.02)	1.46	(0.02)	1.93	(0.02)	2.47	(0.02)	450	(3.5)	503	(5.4)	549	(4.5)	591	(4.1)
	希腊	1.91	(0.01)	1.15	(0.03)	1.77	(0.02)	2.11	(0.02)	2.61	(0.01)	409	(6.0)	458	(4.0)	467	(3.9)	474	(3.8)
	匈牙利	1.96	(0.02)	1.22	(0.03)	1.85	(0.02)	2.20	(0.02)	2.57	(0.02)	414	(4.2)	459	(5.1)	500	(4.7)	539	(6.9)
	冰岛	1.14	(0.01)	0.45	(0.01)	0.86	(0.01)	1.25	(0.01)	2.01	(0.03)	466	(4.6)	494	(4.1)	512	(3.7)	515	(4.2)
	爱尔兰	1.47	(0.01)	0.69	(0.01)	1.26	(0.02)	1.69	(0.02)	2.24	(0.01)	440	(4.2)	496	(3.9)	523	(3.3)	552	(3.3)
	以色列	1.81	(0.02)	0.94	(0.04)	1.67	(0.02)	2.08	(0.02)	2.56	(0.01)	404	(6.3)	454	(6.5)	498	(5.6)	522	(6.5)
	意大利	1.83	(0.01)	0.99	(0.01)	1.64	(0.02)	2.08	(0.01)	2.61	(0.01)	427	(2.8)	469	(2.4)	503	(3.0)	545	(3.5)
	日本	2.05	(0.02)	1.43	(0.03)	1.96	(0.01)	2.22	(0.02)	2.60	(0.02)	472	(5.4)	529	(4.4)	557	(4.5)	598	(5.5)
	韩国	2.07	(0.02)	1.34	(0.03)	1.99	(0.01)	2.31	(0.02)	2.64	(0.02)	471	(5.5)	537	(5.4)	583	(5.9)	622	(7.5)
	卢森堡	1.45	(0.01)	0.57	(0.01)	1.14	(0.02)	1.68	(0.02)	2.40	(0.01)	442	(3.2)	475	(3.4)	509	(3.0)	542	(3.1)
	墨西哥	1.78	(0.01)	0.90	(0.01)	1.58	(0.02)	2.04	(0.01)	2.59	(0.01)	373	(1.9)	404	(2.0)	428	(1.8)	451	(2.4)
	荷兰	1.50	(0.02)	0.61	(0.03)	1.31	(0.02)	1.76	(0.02)	2.33	(0.02)	448	(5.8)	514	(5.3)	556	(4.6)	597	(5.2)
	新西兰	1.51	(0.02)	0.59	(0.02)	1.25	(0.02)	1.78	(0.02)	2.44	(0.02)	425	(3.3)	482	(4.2)	522	(4.1)	583	(5.1)
	挪威	m	m	m	m	m	m	m	m	m	m	m	m	m	m	m	m	m	m
	波兰	1.83	(0.02)	1.12	(0.03)	1.66	(0.02)	2.03	(0.02)	2.52	(0.02)	473	(4.4)	503	(4.5)	534	(3.9)	560	(8.5)
	葡萄牙	1.73	(0.02)	0.91	(0.02)	1.56	(0.02)	1.96	(0.02)	2.47	(0.02)	426	(5.2)	475	(6.0)	515	(4.9)	543	(4.7)
	斯洛伐克	1.70	(0.02)	0.98	(0.03)	1.53	(0.02)	1.88	(0.02)	2.41	(0.02)	405	(5.6)	472	(5.3)	505	(5.1)	552	(5.9)
	斯洛文尼亚	1.93	(0.01)	1.19	(0.02)	1.77	(0.01)	2.14	(0.01)	2.61	(0.01)	455	(3.5)	493	(3.8)	517	(4.2)	546	(4.7)
	西班牙	1.87	(0.01)	0.98	(0.01)	1.67	(0.02)	2.16	(0.01)	2.68	(0.01)	419	(2.7)	473	(3.1)	509	(2.2)	542	(2.9)
	瑞典	0.77	(0.01)	0.29	(0.01)	0.48	(0.02)	0.76	(0.01)	1.56	(0.04)	458	(3.3)	483	(3.5)	494	(3.9)	486	(4.9)
	瑞士	1.41	(0.02)	0.53	(0.02)	1.11	(0.03)	1.64	(0.02)	2.37	(0.02)	472	(3.9)	520	(4.1)	549	(4.3)	589	(4.8)
	土耳其	1.92	(0.01)	1.16	(0.02)	1.82	(0.02)	2.15	(0.02)	2.55	(0.01)	398	(4.1)	436	(5.9)	466	(5.8)	491	(8.3)
	英国	1.63	(0.02)	0.76	(0.02)	1.41	(0.03)	1.90	(0.02)	2.45	(0.02)	421	(4.6)	480	(4.7)	519	(5.1)	564	(4.0)
	美国	2.00	(0.01)	1.12	(0.03)	1.83	(0.02)	2.28	(0.02)	2.76	(0.02)	445	(4.6)	498	(4.5)	498	(5.6)	545	(5.6)
	OECD各国平均	1.70	(0.00)	0.92	(0.00)	1.52	(0.00)	1.92	(0.00)	2.43	(0.00)	439	(0.7)	484	(0.7)	515	(0.7)	547	(0.8)
伙伴国家(地区)	阿尔巴尼亚	2.09	(0.01)	1.19	(0.02)	1.97	(0.02)	2.40	(0.01)	2.80	(0.02)	395	(4.3)	394	(4.8)	395	(5.1)	388	(6.1)
	阿根廷	1.35	(0.03)	0.49	(0.02)	1.06	(0.02)	1.56	(0.03)	2.28	(0.04)	350	(4.9)	382	(5.0)	413	(5.0)	426	(4.6)
	巴西	1.43	(0.02)	0.54	(0.02)	1.14	(0.02)	1.67	(0.02)	2.38	(0.02)	350	(2.4)	376	(2.8)	403	(3.0)	446	(4.7)
	保加利亚	1.96	(0.02)	1.03	(0.04)	1.83	(0.03)	2.27	(0.02)	2.71	(0.02)	376	(5.6)	435	(5.1)	471	(5.7)	484	(5.6)
	哥伦比亚	1.76	(0.02)	0.80	(0.02)	1.53	(0.02)	2.06	(0.02)	2.64	(0.02)	334	(3.6)	369	(3.8)	396	(4.2)	425	(4.5)
	哥斯达黎加	1.53	(0.02)	0.63	(0.02)	1.23	(0.03)	1.78	(0.02)	2.49	(0.02)	373	(4.5)	393	(3.9)	419	(4.3)	450	(5.4)
	克罗地亚	2.07	(0.01)	1.32	(0.02)	1.93	(0.02)	2.29	(0.02)	2.74	(0.01)	414	(3.9)	462	(4.2)	489	(4.9)	518	(6.1)
	塞浦路斯[2,3]	1.87	(0.01)	1.02	(0.02)	1.71	(0.02)	2.12	(0.02)	2.64	(0.01)	385	(4.3)	438	(3.7)	465	(3.2)	486	(3.4)
	中国香港	1.83	(0.02)	1.01	(0.02)	1.60	(0.02)	2.06	(0.02)	2.65	(0.02)	516	(5.8)	543	(4.4)	575	(4.4)	619	(4.4)
	印度尼西亚	1.60	(0.02)	0.86	(0.02)	1.40	(0.02)	1.80	(0.02)	2.33	(0.03)	345	(4.8)	373	(3.6)	388	(5.2)	399	(8.3)
	约旦	2.15	(0.02)	1.02	(0.04)	2.11	(0.02)	2.56	(0.01)	2.90	(0.01)	342	(3.7)	378	(3.8)	414	(4.2)	415	(7.2)
	哈萨克斯坦	1.97	(0.02)	1.20	(0.03)	1.86	(0.02)	2.21	(0.02)	2.61	(0.02)	401	(3.7)	433	(4.4)	448	(4.4)	448	(4.3)
	拉脱维亚	2.03	(0.02)	1.39	(0.02)	1.94	(0.01)	2.21	(0.02)	2.57	(0.02)	441	(4.6)	486	(5.2)	513	(4.8)	526	(5.4)
	列支敦士登	1.55	(0.05)	0.63	(0.05)	1.20	(0.05)	1.82	(0.08)	2.57	(0.05)	458	(12.7)	511	(11.4)	571	(15.6)	602	(12.3)
	立陶宛	1.65	(0.01)	0.96	(0.02)	1.50	(0.02)	1.84	(0.02)	2.28	(0.02)	436	(3.7)	467	(4.0)	494	(4.2)	520	(4.4)
	中国澳门	2.20	(0.01)	1.41	(0.02)	2.07	(0.02)	2.47	(0.02)	2.84	(0.02)	471	(2.9)	526	(3.5)	558	(3.5)	598	(2.4)
	马来西亚	1.59	(0.02)	0.79	(0.02)	1.42	(0.02)	1.81	(0.02)	2.33	(0.02)	368	(3.6)	407	(4.2)	442	(4.6)	472	(5.4)
	黑山	1.90	(0.01)	1.04	(0.02)	1.75	(0.02)	2.15	(0.02)	2.65	(0.02)	370	(3.7)	406	(3.8)	425	(3.7)	446	(3.6)
	秘鲁	1.79	(0.02)	0.84	(0.03)	1.56	(0.02)	2.09	(0.03)	2.68	(0.02)	318	(3.5)	355	(4.3)	390	(4.8)	429	(6.6)
	卡塔尔	1.72	(0.01)	0.65	(0.01)	1.39	(0.02)	2.09	(0.02)	2.75	(0.01)	322	(2.1)	348	(2.2)	406	(2.6)	449	(2.8)
	罗马尼亚	2.02	(0.02)	1.13	(0.03)	1.91	(0.02)	2.32	(0.02)	2.72	(0.02)	405	(4.3)	429	(4.8)	458	(5.1)	487	(5.7)
	俄罗斯联邦	2.10	(0.01)	1.56	(0.02)	2.10	(0.02)	2.24	(0.02)	2.52	(0.01)	442	(4.7)	485	(4.9)	511	(4.2)	493	(5.1)
	塞尔维亚	2.04	(0.01)	1.31	(0.03)	1.94	(0.01)	2.26	(0.02)	2.65	(0.02)	397	(4.7)	448	(4.1)	471	(5.0)	485	(5.0)
	中国上海	2.30	(0.01)	1.70	(0.04)	2.24	(0.01)	2.49	(0.01)	2.76	(0.02)	546	(8.7)	627	(4.3)	634	(3.7)	646	(5.4)
	新加坡	2.23	(0.01)	1.31	(0.02)	2.10	(0.02)	2.57	(0.02)	2.92	(0.02)	480	(3.1)	545	(3.5)	618	(3.1)	652	(2.9)
	中国台北	1.98	(0.02)	1.22	(0.03)	1.84	(0.02)	2.21	(0.02)	2.66	(0.02)	477	(5.7)	541	(4.8)	587	(4.9)	635	(5.1)
	泰国	1.70	(0.02)	1.00	(0.02)	1.54	(0.02)	1.90	(0.01)	2.37	(0.02)	386	(4.4)	415	(4.1)	446	(4.0)	466	(6.1)
	突尼斯	1.23	(0.01)	0.54	(0.01)	0.98	(0.01)	1.36	(0.02)	2.04	(0.02)	378	(4.2)	386	(4.7)	392	(4.7)	402	(7.2)
	阿联酋	2.13	(0.02)	1.12	(0.03)	2.01	(0.02)	2.48	(0.02)	2.90	(0.02)	374	(2.9)	424	(3.8)	458	(2.8)	489	(3.6)
	乌拉圭	1.64	(0.02)	0.73	(0.02)	1.43	(0.04)	1.91	(0.02)	2.48	(0.02)	347	(3.7)	405	(4.4)	433	(4.5)	467	(4.8)
	越南	1.96	(0.02)	1.34	(0.03)	1.83	(0.02)	2.13	(0.02)	2.52	(0.02)	463	(5.8)	503	(5.4)	528	(6.9)	554	(6.5)

附表 2.7 ■ 学习机会公平:接触正式数学指数(续表1)

		该指数的方差		该指数的校间方差		该指数的校内方差		校内方差占校间和校内总方差的百分比		学生 ESCS 对接触正式数学指数方差的解释率[1]		学生 ESCS 和学校平均 ESCS 对接触正式数学指数方差的解释率	
		总方差	标准误	校间方差	标准误	校内方差	标准误	%	标准误	%	标准误	分差	标准误
OECD 成员国	澳大利亚	0.49	(0.01)	0.10	(0.01)	0.40	(0.01)	80.1	(1.33)	10.5	(0.7)	13.2	(1.0)
	奥地利	0.47	(0.01)	0.20	(0.02)	0.27	(0.01)	57.3	(2.27)	15.7	(1.7)	28.0	(2.4)
	比利时	0.52	(0.01)	0.14	(0.01)	0.37	(0.01)	72.1	(2.00)	13.4	(1.2)	19.3	(1.6)
	加拿大	0.37	(0.01)	0.04	(0.00)	0.33	(0.01)	89.0	(1.01)	6.6	(0.7)	7.6	(0.8)
	智利	0.34	(0.01)	0.08	(0.01)	0.25	(0.01)	75.2	(1.83)	14.7	(1.6)	19.4	(1.8)
	捷克	0.29	(0.01)	0.08	(0.01)	0.21	(0.01)	71.2	(2.47)	8.6	(1.1)	16.3	(2.1)
	丹麦	0.36	(0.01)	0.04	(0.01)	0.32	(0.01)	87.7	(1.93)	9.8	(1.2)	11.0	(1.4)
	爱沙尼亚	0.21	(0.01)	0.02	(0.00)	0.19	(0.01)	92.0	(1.34)	3.0	(0.7)	3.2	(0.8)
	芬兰	0.35	(0.01)	0.04	(0.00)	0.31	(0.01)	87.9	(1.69)	5.1	(0.6)	5.1	(0.6)
	法国	0.32	(0.01)	w	w	w	w	w	w	13.8	(1.4)	w	w
	德国	0.43	(0.01)	0.14	(0.01)	0.29	(0.01)	66.7	(2.09)	11.9	(1.4)	22.5	(2.0)
	希腊	0.34	(0.01)	0.02	(0.00)	0.30	(0.01)	93.1	(1.68)	5.4	(0.8)	6.4	(1.0)
	匈牙利	0.29	(0.01)	0.08	(0.01)	0.20	(0.01)	72.4	(2.56)	12.1	(1.5)	20.1	(2.0)
	冰岛	0.39	(0.01)	0.02	(0.00)	0.37	(0.01)	95.8	(1.08)	3.1	(0.7)	3.6	(0.7)
	爱尔兰	0.37	(0.01)	0.03	(0.01)	0.33	(0.01)	90.9	(1.59)	9.2	(1.2)	10.0	(1.3)
	以色列	0.41	(0.02)	0.08	(0.02)	0.33	(0.01)	80.0	(3.76)	7.4	(1.2)	10.4	(1.4)
	意大利	0.39	(0.01)	0.12	(0.01)	0.26	(0.01)	68.0	(1.34)	6.8	(0.6)	13.6	(1.2)
	日本	0.22	(0.01)	0.06	(0.01)	0.16	(0.01)	71.6	(2.61)	7.8	(1.3)	18.9	(2.0)
	韩国	0.27	(0.01)	0.07	(0.01)	0.20	(0.01)	73.6	(2.52)	11.6	(1.3)	19.5	(2.3)
	卢森堡	0.51	(0.01)	0.07	(0.02)	0.44	(0.01)	85.8	(4.23)	12.5	(1.3)	15.9	(1.4)
	墨西哥	0.43	(0.01)	0.08	(0.00)	0.35	(0.00)	82.3	(1.06)	5.3	(0.5)	7.0	(0.7)
	荷兰	0.45	(0.01)	0.14	(0.01)	0.31	(0.01)	68.2	(2.17)	8.5	(1.3)	20.6	(2.8)
	新西兰	0.51	(0.01)	0.09	(0.01)	0.42	(0.01)	82.7	(2.10)	10.8	(1.2)	13.2	(1.4)
	挪威	m	m	m	m	m	m	m	m	m	m	m	m
	波兰	0.30	(0.01)	0.02	(0.01)	0.28	(0.01)	92.5	(2.31)	4.7	(0.9)	4.8	(1.0)
	葡萄牙	0.37	(0.01)	0.04	(0.01)	0.33	(0.01)	89.5	(1.67)	7.7	(1.4)	8.2	(1.5)
	斯洛伐克	0.32	(0.02)	0.11	(0.01)	0.28	(0.01)	67.2	(2.77)	14.4	(1.6)	24.0	(2.4)
	斯洛文尼亚	0.32	(0.01)	0.07	(0.01)	0.25	(0.01)	78.7	(2.23)	6.2	(1.0)	13.6	(1.4)
	西班牙	0.44	(0.01)	0.05	(0.01)	0.39	(0.01)	88.0	(1.19)	13.6	(0.9)	14.4	(0.9)
	瑞典	0.31	(0.02)	0.02	(0.01)	0.28	(0.01)	92.5	(2.89)	2.2	(0.6)	2.6	(0.8)
	瑞士	0.50	(0.01)	0.20	(0.02)	0.30	(0.01)	59.6	(2.53)	8.6	(1.0)	14.8	(2.0)
	土耳其	0.30	(0.01)	0.04	(0.01)	0.26	(0.01)	85.1	(1.90)	5.6	(1.0)	9.7	(1.5)
	英国	0.43	(0.01)	0.08	(0.01)	0.36	(0.01)	82.2	(2.19)	9.4	(1.0)	11.8	(1.6)
	美国	0.41	(0.01)	0.04	(0.01)	0.37	(0.01)	89.5	(1.43)	10.0	(1.3)	10.4	(1.4)
	OECD 各国平均	0.37	(0.00)	0.08	(0.00)	0.29	(0.00)	80.4	(0.37)	8.7	(0.2)	12.9	(0.3)
伙伴国家(地区)	阿尔巴尼亚	0.42	(0.01)	0.03	(0.00)	0.40	(0.02)	93.1	(1.16)	m	m	m	m
	阿根廷	0.48	(0.02)	0.12	(0.01)	0.37	(0.01)	74.7	(2.37)	8.8	(1.3)	13.7	(1.8)
	巴西	0.51	(0.01)	0.14	(0.01)	0.37	(0.01)	72.4	(2.19)	11.7	(1.2)	18.0	(2.0)
	保加利亚	0.45	(0.02)	0.08	(0.01)	0.36	(0.01)	82.0	(2.44)	10.9	(1.6)	15.7	(2.2)
	哥伦比亚	0.51	(0.01)	0.08	(0.01)	0.43	(0.01)	83.6	(2.21)	10.4	(1.4)	12.6	(1.6)
	哥斯达黎加	0.52	(0.02)	0.11	(0.02)	0.42	(0.01)	79.4	(3.30)	10.0	(1.4)	13.5	(2.1)
	克罗地亚	0.32	(0.01)	0.04	(0.00)	0.29	(0.01)	87.7	(1.46)	4.9	(0.8)	7.7	(1.3)
	塞浦路斯[2,3]	0.40	(0.01)	0.04	(0.00)	0.37	(0.01)	89.5	(2.19)	8.7	(1.0)	10.3	(1.0)
	中国香港	0.40	(0.01)	0.03	(0.00)	0.38	(0.01)	92.8	(1.20)	3.5	(0.8)	3.5	(0.8)
	印度尼西亚	0.33	(0.01)	0.06	(0.01)	0.28	(0.01)	81.9	(2.49)	6.2	(1.9)	9.2	(2.7)
	约旦	0.57	(0.02)	0.09	(0.01)	0.49	(0.02)	84.8	(1.59)	2.9	(0.8)	2.9	(0.8)
	哈萨克斯坦	0.32	(0.01)	0.03	(0.00)	0.30	(0.01)	90.5	(1.42)	4.3	(0.9)	5.4	(1.2)
	拉脱维亚	0.22	(0.01)	0.02	(0.00)	0.19	(0.01)	88.9	(1.58)	6.8	(1.3)	8.1	(1.5)
	列支敦士登	0.57	(0.04)	0.25	(0.07)	0.29	(0.03)	53.7	(8.68)	11.7	(5.6)	30.8	(6.0)
	立陶宛	0.27	(0.01)	0.02	(0.00)	0.25	(0.01)	91.8	(1.19)	4.3	(0.7)	5.6	(0.9)
	中国澳门	0.32	(0.01)	0.04	(0.00)	0.28	(0.02)	86.1	(2.91)	1.9	(0.5)	1.9	(0.5)
	马来西亚	0.36	(0.01)	0.04	(0.01)	0.32	(0.01)	88.1	(1.95)	7.6	(1.2)	9.1	(1.4)
	黑山	0.40	(0.01)	0.03	(0.00)	0.38	(0.02)	92.8	(1.69)	2.6	(0.7)	3.9	(0.8)
	秘鲁	0.51	(0.01)	0.10	(0.01)	0.41	(0.01)	79.8	(1.97)	14.4	(1.8)	17.6	(1.9)
	卡塔尔	0.67	(0.01)	0.16	(0.02)	0.51	(0.04)	76.1	(2.96)	4.2	(0.4)	5.7	(0.5)
	罗马尼亚	0.40	(0.01)	0.09	(0.01)	0.31	(0.01)	78.0	(2.47)	8.4	(1.5)	11.8	(1.9)
	俄罗斯联邦	0.16	(0.01)	0.01	(0.00)	0.16	(0.01)	94.7	(1.12)	5.1	(0.7)	5.4	(1.0)
	塞尔维亚	0.29	(0.01)	0.03	(0.00)	0.27	(0.01)	89.1	(1.48)	5.0	(0.7)	7.0	(0.7)
	中国上海	0.21	(0.02)	0.04	(0.01)	0.17	(0.01)	82.8	(3.81)	7.9	(1.6)	10.6	(2.2)
	新加坡	0.41	(0.01)	0.07	(0.01)	0.35	(0.01)	83.5	(1.74)	12.6	(1.2)	16.2	(1.2)
	中国台北	0.33	(0.01)	0.06	(0.01)	0.27	(0.01)	81.9	(2.00)	12.8	(1.2)	17.4	(1.5)
	泰国	0.29	(0.01)	0.04	(0.00)	0.24	(0.01)	85.2	(1.73)	9.2	(1.1)	10.9	(1.2)
	突尼斯	0.36	(0.01)	0.02	(0.00)	0.35	(0.01)	94.4	(2.83)	2.8	(0.9)	2.9	(1.1)
	阿联酋	0.50	(0.01)	0.10	(0.01)	0.40	(0.01)	80.3	(1.61)	3.8	(0.6)	5.5	(0.9)
	乌拉圭	0.47	(0.01)	0.11	(0.01)	0.36	(0.01)	76.3	(2.34)	12.2	(1.3)	16.5	(1.7)
	越南	0.22	(0.01)	0.04	(0.01)	0.18	(0.01)	83.3	(2.16)	5.1	(1.2)	7.7	(1.7)

注:粗体表示该数值有统计上的显著性。

1. ESCS 指 PISA 经济社会文化地位指数。

2. 土耳其提供的注释:本文中塞浦路斯指岛的南部。岛上没有一个统一的当局代表土耳其和希腊塞浦路斯人,土耳其承认北塞浦路斯土耳其共和国(TRNC),土耳其将保留对塞浦路斯问题的看法,直到在联合国背景下作出持久和公平的决定。

3. 欧盟和 OECD 的欧盟成员国提供的注释:除土耳其外,联合国所有成员均承认塞浦路斯共和国,文中塞浦路斯指的是在塞浦路斯共和国有效控制下的区域。

第三章附表

附表 3.1 ■ 社会经济指标及其与数学表现的关系

	阅读量表平均成绩	人均GDP(按美元购买力平价计算)[1]	6—15岁之间累积生均经费(按美元购买力平价计算)[1]	35—44岁人口中受过高等教育的人口百分比[1]	15岁学生中有移民背景的比例	该国家(地区)PISA经济社会和文化地位指标低于－1的学生比例	15岁学生总数	指数均值
OECD								
澳大利亚	504	40 801	98 025	41	22.2	6.8	288 159	0.22
奥地利	506	40 411	116 603	21	16.5	8.3	89 073	0.07
比利时	515	37 878	97 126	39	15.4	10.5	121 493	0.22
加拿大	518	40 136	80 397	58	29.6	5.6	409 453	0.27
智利	423	17 312	32 250	30	0.9	37.9	252 733	−0.74
捷克	499	25 364	54 519	18	3.1	9.1	93 214	−0.34
丹麦	500	40 600	109 746	37	9.3	4.3	70 854	0.51
爱沙尼亚	521	20 093	55 520	35	7.9	7.8	12 438	−0.20
芬兰	519	36 030	86 233	47	3.4	4.0	62 195	0.57
法国	495	34 395	83 582	36	15.0	11.8	755 447	0.01
德国	514	37 661	80 796	29	13.1	9.9	798 136	−0.01
希腊	453	27 539	m	28	10.5	18.6	105 096	m
匈牙利	477	20 625	46 598	21	1.7	23.7	108 816	−0.57
冰岛	493	35 509	93 986	39	3.5	1.9	4 491	0.51
爱尔兰	501	41 000	93 117	43	10.7	9.2	57 979	0.42
以色列	466	26 552	57 013	50	18.5	8.9	113 278	−0.05
意大利	485	32 110	84 416	17	7.4	18.4	566 973	−0.29
日本	536	35 238	89 724	51	0.3	10.0	1 214 756	0.64
韩国	554	28 829	69 037	49	0.0	9.5	672 101	0.40
卢森堡	490	84 672	197 598	40	47.0	18.7	6 082	0.83
墨西哥	413	15 195	23 913	15	1.3	56.0	1 472 875	−1.32
荷兰	523	41 682	95 072	34	10.8	5.9	193 190	0.33
新西兰	500	29 629	70 650	41	27.2	11.5	59 118	−0.28
挪威	489	44 825	123 591	42	9.7	2.6	64 777	0.74
波兰	518	20 034	57 644	24	0.2	19.2	410 700	−0.37
葡萄牙	487	25 519	70 370	19	6.9	39.8	127 537	−0.72
斯洛伐克	482	23 194	53 160	17	0.7	15.0	59 367	−0.42
斯洛文尼亚	501	26 649	91 785	28	8.6	11.2	18 935	−0.06
西班牙	484	31 574	82 178	37	9.9	23.1	404 374	−0.07
瑞典	478	39 251	95 831	39	15.1	5.7	102 027	0.30
瑞士	531	48 962	127 322	39	24.8	10.4	85 239	0.39
土耳其	448	15 775	19 821	13	0.9	68.7	965 736	−1.53
英国	494	35 299	98 023	43	12.9	5.6	745 581	0.36
美国	481	46 548	115 961	45	21.4	13.4	4 074 457	0.40
OECD 平均	494	33 732	83 382	34	11.4	15.4	429 020	0.00
伙伴国家(地区)								
阿尔巴尼亚	394	8 631	m	m	0.3	m	50 157	m
阿根廷	388	15 868	m	m	3.8	41.2	637 603	m
巴西	391	12 537	26 765	12	0.6	58.8	2 786 064	−1.43
保加利亚	439	14 203	31 944	m	0.3	24.3	59 684	m
哥伦比亚	376	9 555	20 362	m	0.3	56.4	620 422	m
哥斯达黎加	407	11 579	m	m	5.4	49.2	64 326	m
克罗地亚	471	19 026	38 992	m	12.2	21.7	46 550	m
塞浦路斯	440	30 307	109 575	m	8.7	m	9 956	m
中国香港	561	47 274	m	m	37.7	45.2	77 864	m
印度尼西亚	375	4 638	m	m	0.2	76.7	3 599 844	m
约旦	386	5 752	7 125	m	13.5	27.9	125 333	m
哈萨克斯坦	432	12 092	m	m	16.0	20.1	247 048	m
拉脱维亚	491	16 902	45 342	m	4.5	24.3	18 389	m
列支敦士登	535	m	m	m	37.2	9.4	383	m
立陶宛	479	18 022	44 963	m	1.5	21.5	35 567	m
中国澳门	538	60 397	m	m	67.4	48.6	5 416	m
马来西亚	421	15 077	16 816	m	1.7	40.5	457 999	m
黑山	410	13 147	23 913	m	5.9	21.4	8 600	m
秘鲁	368	9 350	12 431	m	0.5	59.9	508 969	m
卡塔尔	376	77 265	m	m	52.7	7.0	11 532	m
罗马尼亚	445	14 531	m	m	0.1	26.0	146 243	m
俄罗斯	482	19 811	m	55	10.6	12.3	1 268 814	m
塞尔维亚	449	11 421	m	m	8.5	24.0	75 870	m
中国上海	613	18 805	49 006	m	0.9	27.2	90 796	m
新加坡	573	57 799	85 284	m	18.7	21.3	52 163	m
中国台北	560	29 255	m	m	0.5	24.7	328 336	m
泰国	427	9 748	13 964	m	0.7	64.4	784 897	m
突尼斯	388	9 410	21 504	m	0.3	54.4	132 313	m
阿联酋	434	46 916	m	m	55.3	7.3	48 446	m
乌拉圭	409	14 004	19 068	m	0.3	50.4	46 442	m
越南	511	4 098	6 969	m	0.1	78.9	1 091 462	m

附表 3.1 ■ 社会经济指标及其与数学表现的关系(续表 1)

	调整后的数学表现					
	按人均GDP调整后的数学成绩	按6—15岁之间累积生均经费调整后的数学成绩	按人均GDP和35—44岁人口中受过高等教育的百分比调整后的数学成绩	按15岁学生中有移民背景的比例调整后的数学成绩	按该国家(地区)PISA经济社会和文化地位指标低于—1的学生比例调整后的数学成绩	按该国家(地区)PISA经济社会和文化地位指标低于—1的学生比例调整后的数学成绩
澳大利亚	499	499	496	500	493	503
奥地利	500	494	521	503	496	504
比利时	511	510	508	513	508	513
加拿大	513	519	489	511	505	518
智利	436	440	428	427	453	422
捷克	506	509	519	502	491	497
丹麦	495	491	496	501	485	498
爱沙尼亚	531	530	520	522	510	518
芬兰	517	518	504	522	504	517
法国	494	495	493	493	490	497
德国	510	514	520	513	506	516
希腊	458	m	461	453	457	451
匈牙利	487	490	493	481	488	475
冰岛	491	489	487	496	475	490
爱尔兰	496	498	490	502	493	499
以色列	472	476	448	464	458	465
意大利	487	485	507	487	489	486
日本	535	534	516	541	529	541
韩国	558	559	535	558	546	555
卢森堡	450	450	483	475	494	487
墨西哥	428	434	436	417	468	419
荷兰	517	519	523	523	510	522
新西兰	503	504	492	493	495	498
挪威	481	475	481	490	472	487
波兰	528	526	530	522	523	517
葡萄牙	494	492	506	489	520	485
斯洛伐克	490	492	502	486	481	479
斯洛文尼亚	507	498	509	502	495	499
西班牙	486	485	481	485	495	484
瑞典	474	474	473	477	465	476
瑞士	519	516	525	525	524	529
土耳其	462	470	473	452	520	451
英国	493	489	484	493	481	496
美国	471	470	469	477	479	503
OECD平均	494	494	494	494	494	494
阿尔巴尼亚	414	m	m	399	m	392
阿根廷	403	m	m	392	423	390
巴西	408	411	419	396	450	406
保加利亚	454	457	m	443	451	437
哥伦比亚	396	398	m	381	431	378
哥斯达黎加	424	m	m	409	452	405
克罗地亚	483	487	m	471	480	469
塞浦路斯	442	431	m	441	m	437
中国香港	551	m	m	550	601	559
印度尼西亚	398	m	m	380	457	394
约旦	408	412	m	385	402	384
哈萨克斯坦	449	m	m	430	438	431
拉脱维亚	504	504	m	493	502	488
列支敦士登	m	m	m	524	527	532
立陶宛	491	492	m	483	487	476
中国澳门	517	m	m	515	583	536
马来西亚	435	444	m	425	454	421
黑山	426	430	m	412	418	407
秘鲁	387	393	m	373	428	369
卡塔尔	342	m	m	359	365	374
罗马尼亚	460	m	m	449	459	443
俄罗斯	493	m	457	482	478	487
塞尔维亚	466	m	m	450	460	447
中国上海	624	625	m	617	629	611
新加坡	555	573	m	570	581	571
中国台北	563	m	m	564	572	559
泰国	446	451	m	431	492	451
突尼斯	407	409	m	392	440	386
阿联酋	424	m	m	416	423	432
乌拉圭	425	432	m	414	456	407
越南	535	538	m	516	597	515

OECD　伙伴国家(地区)

1. 来源:经合组织,《2013 年教育概览:经合组织的指标》。
2. 土耳其提供的注释:本文中塞浦路斯指岛的南部。岛上没有一个统一的当局代表土耳其和希腊塞浦路斯人,土耳其承认北塞浦路斯土耳其共和国(TRNC),土耳其将保留对塞浦路斯问题的看法,直到在联合国背景下作出持久和公平的决定。
3. 欧盟和OECD的欧盟成员国提供的注释:除土耳其外,联合国所有成员均承认塞浦路斯共和国,文中塞浦路斯指的是在塞浦路斯共和国有效控制下的区域。

附表 3.2 ■ 数学量表上每个能力等级的学生百分比

		全 体 学 生												
		1级以下 (低于357.77分)		1级 (从357.77至420.07分)		2级 (从420.07至482.38分)		3级 (从482.38至544.68分)		4级 (从544.68至606.99分)		5级 (从606.99至669.30分)		6级 (高于669.30分)	
		%	标准误	%	标准误	%	标准误	%	标准误	%	标准误	%	标准误	%	标准误
OECD	澳大利亚	6.1	(0.4)	13.5	(0.6)	21.9	(0.8)	24.6	(0.6)	19.0	(0.5)	10.5	(0.4)	4.3	(0.4)
	奥地利	5.7	(0.6)	13.0	(0.7)	21.9	(0.9)	24.2	(0.8)	21.0	(0.9)	11.0	(0.7)	3.3	(0.4)
	比利时	7.0	(0.6)	12.0	(0.5)	18.4	(0.6)	22.4	(0.7)	20.6	(0.6)	13.4	(0.6)	6.1	(0.4)
	加拿大	3.6	(0.3)	10.2	(0.4)	21.0	(0.6)	26.4	(0.6)	22.4	(0.5)	12.1	(0.5)	4.3	(0.3)
	智利	22.0	(1.4)	29.5	(1.0)	25.3	(1.0)	15.4	(0.8)	6.2	(0.6)	1.5	(0.2)	0.1	(0.1)
	捷克	6.8	(0.8)	14.2	(1.0)	21.7	(0.8)	24.8	(1.1)	19.7	(0.9)	9.6	(0.7)	3.2	(0.5)
	丹麦	4.4	(0.5)	12.5	(0.7)	24.4	(1.0)	29.0	(1.0)	19.8	(0.7)	8.3	(0.6)	1.7	(0.3)
	爱沙尼亚	2.0	(0.3)	8.6	(0.6)	22.0	(1.0)	29.4	(0.8)	23.4	(0.9)	11.0	(0.7)	3.6	(0.4)
	芬兰	3.3	(0.4)	8.9	(0.5)	20.5	(0.7)	28.8	(0.9)	23.2	(0.8)	11.7	(0.6)	3.5	(0.3)
	法国	8.7	(0.7)	13.6	(0.8)	22.1	(1.0)	23.8	(0.8)	18.9	(0.8)	9.8	(0.5)	3.1	(0.4)
	德国	5.5	(0.7)	12.2	(0.8)	19.4	(0.8)	23.7	(0.8)	21.7	(0.7)	12.8	(0.7)	4.7	(0.5)
	希腊	14.5	(0.9)	21.2	(0.8)	27.2	(1.0)	22.1	(0.9)	11.2	(0.8)	3.3	(0.4)	0.6	(0.1)
	匈牙利	9.9	(0.8)	18.2	(1.0)	25.3	(1.0)	23.0	(1.0)	14.4	(0.9)	7.1	(0.7)	2.1	(0.5)
	冰岛	7.5	(0.5)	14.0	(0.8)	23.6	(0.9)	25.7	(0.9)	18.1	(0.8)	8.9	(0.6)	2.3	(0.4)
	爱尔兰	4.8	(0.5)	12.1	(0.7)	23.9	(0.7)	28.2	(0.9)	20.3	(0.8)	8.5	(0.5)	2.2	(0.2)
	以色列	15.9	(1.2)	17.6	(0.9)	21.6	(0.9)	21.0	(0.9)	14.6	(0.9)	7.2	(0.7)	2.2	(0.4)
	意大利	8.5	(0.4)	16.1	(0.5)	24.1	(0.5)	24.6	(0.6)	16.7	(0.5)	7.8	(0.4)	2.2	(0.2)
	日本	3.2	(0.5)	7.9	(0.7)	16.9	(0.8)	24.7	(1.0)	23.7	(1.0)	16.0	(0.9)	7.6	(0.8)
	韩国	2.7	(0.5)	6.4	(0.6)	14.7	(0.8)	21.4	(1.0)	23.9	(1.2)	18.8	(0.9)	12.1	(1.3)
	卢森堡	8.8	(0.5)	15.5	(0.5)	22.3	(0.7)	23.6	(0.7)	18.5	(0.6)	8.6	(0.5)	2.6	(0.2)
	墨西哥	22.8	(0.7)	31.9	(0.6)	27.8	(0.5)	13.1	(0.4)	3.7	(0.2)	0.6	(0.1)	0.0	(0.0)
	荷兰	3.8	(0.6)	11.0	(0.9)	17.9	(1.1)	24.2	(1.2)	23.8	(1.1)	14.9	(1.0)	4.4	(0.6)
	新西兰	7.5	(0.6)	15.1	(0.7)	21.6	(0.8)	22.7	(0.8)	18.1	(0.6)	10.5	(0.7)	4.5	(0.4)
	挪威	7.2	(0.8)	15.1	(0.9)	24.3	(1.0)	25.7	(1.0)	18.3	(1.0)	7.3	(0.6)	2.1	(0.3)
	波兰	3.3	(0.4)	11.1	(0.8)	22.1	(0.9)	25.5	(0.9)	21.3	(1.1)	11.7	(0.8)	5.0	(0.8)
	葡萄牙	8.9	(0.8)	16.0	(1.0)	22.8	(0.9)	24.0	(0.8)	17.7	(0.9)	8.5	(0.7)	2.1	(0.3)
	斯洛伐克	11.1	(1.0)	16.4	(0.9)	23.1	(1.1)	22.1	(1.1)	16.4	(1.1)	7.8	(0.6)	3.1	(0.5)
	斯洛文尼亚	5.1	(0.5)	15.0	(0.6)	23.6	(0.9)	23.9	(1.0)	18.7	(0.8)	10.3	(0.6)	3.4	(0.4)
	西班牙	7.8	(0.5)	15.8	(0.6)	24.9	(0.6)	26.0	(0.6)	17.6	(0.6)	6.7	(0.4)	1.3	(0.2)
	瑞典	9.5	(0.7)	17.5	(0.8)	24.7	(0.9)	23.9	(0.8)	16.3	(0.7)	6.5	(0.4)	1.6	(0.3)
	瑞士	3.6	(0.3)	8.9	(0.6)	17.8	(1.1)	24.5	(1.0)	23.9	(0.8)	14.6	(0.8)	6.8	(0.7)
	土耳其	15.5	(1.1)	26.5	(1.3)	25.5	(1.2)	16.5	(1.0)	10.1	(1.1)	4.7	(0.8)	1.2	(0.5)
	英国	7.8	(0.8)	14.0	(0.8)	23.2	(1.0)	24.8	(0.8)	18.4	(0.8)	9.0	(0.6)	2.9	(0.4)
	美国	8.0	(0.7)	17.9	(1.0)	26.3	(0.8)	23.3	(0.9)	15.8	(0.8)	6.6	(0.6)	2.2	(0.3)
	OECD国家	9.1	(0.2)	16.9	(0.3)	23.3	(0.3)	22.2	(0.3)	16.5	(0.3)	8.6	(0.2)	3.3	(0.1)
	OECD各国平均	8.0	(0.1)	15.0	(0.1)	22.5	(0.1)	23.7	(0.2)	18.1	(0.1)	9.3	(0.1)	3.3	(0.1)
伙伴国家(地区)	阿尔巴尼亚	32.5	(1.0)	28.1	(1.0)	22.9	(0.9)	12.0	(0.9)	3.6	(0.3)	0.8	(0.2)	0.0	(0.0)
	阿根廷	34.9	(1.9)	31.6	(1.2)	22.2	(1.4)	9.2	(0.9)	1.8	(0.4)	0.3	(0.1)	0.0	c
	巴西	35.2	(0.9)	31.9	(0.7)	20.4	(0.7)	8.9	(0.5)	2.9	(0.3)	0.7	(0.2)	0.0	(0.0)
	保加利亚	20.0	(1.5)	23.8	(0.9)	24.4	(1.1)	17.9	(0.9)	9.9	(0.8)	3.4	(0.5)	0.7	(0.2)
	哥伦比亚	41.6	(1.7)	32.2	(1.0)	17.8	(0.9)	6.4	(0.6)	1.6	(0.3)	0.3	(0.1)	0.0	(0.0)
	哥斯达黎加	23.6	(1.7)	36.2	(1.2)	26.8	(1.1)	10.1	(1.0)	2.6	(0.5)	0.6	(0.2)	0.0	(0.1)
	克罗地亚	9.5	(0.7)	20.4	(1.0)	26.7	(0.9)	22.9	(1.1)	13.5	(0.8)	5.4	(0.8)	1.6	(0.5)
	塞浦路斯	19.0	(0.6)	23.0	(0.7)	25.5	(0.6)	19.2	(0.6)	9.6	(0.4)	3.1	(0.3)	0.6	(0.2)
	中国香港	2.6	(0.4)	5.9	(0.6)	12.0	(0.8)	19.7	(1.0)	26.1	(1.1)	21.4	(1.0)	12.3	(0.9)
	印度尼西亚	42.3	(2.1)	33.4	(1.6)	16.8	(1.1)	5.7	(0.9)	1.5	(0.5)	0.3	(0.1)	0.0	c
	约旦	36.5	(1.6)	32.1	(0.9)	21.0	(1.0)	8.1	(1.0)	1.8	(0.3)	0.5	(0.2)	0.1	(0.0)
	哈萨克斯坦	14.5	(0.9)	30.7	(1.4)	31.5	(0.9)	16.9	(1.1)	5.4	(0.8)	0.9	(0.3)	0.1	(0.0)
	拉脱维亚	4.8	(0.5)	15.1	(1.0)	26.6	(1.3)	27.8	(0.9)	17.6	(0.9)	6.5	(0.6)	1.5	(0.3)
	列支敦士登	3.5	(1.3)	10.6	(1.8)	15.2	(2.5)	22.7	(2.8)	23.2	(3.0)	17.4	(3.2)	7.4	(1.9)
	立陶宛	8.7	(0.7)	17.3	(0.9)	25.9	(0.8)	24.6	(1.0)	15.4	(0.7)	6.6	(0.6)	1.4	(0.3)
	中国澳门	3.2	(0.3)	7.6	(0.5)	16.4	(0.7)	24.0	(0.7)	24.4	(0.9)	16.8	(0.6)	7.6	(0.3)
	马来西亚	23.0	(1.2)	28.8	(1.1)	26.0	(1.0)	14.9	(0.9)	6.0	(0.7)	1.2	(0.3)	0.1	(0.1)
	黑山	27.5	(0.6)	29.1	(1.1)	24.2	(1.1)	13.1	(0.7)	4.9	(0.5)	0.9	(0.2)	0.1	(0.1)
	秘鲁	47.0	(1.8)	27.6	(0.9)	16.1	(1.0)	6.7	(0.7)	2.1	(0.4)	0.5	(0.2)	0.0	(0.0)
	卡塔尔	47.0	(0.4)	22.6	(0.5)	15.0	(0.4)	8.8	(0.3)	4.5	(0.3)	1.7	(0.2)	0.5	(0.1)
	罗马尼亚	14.0	(1.2)	26.8	(1.2)	28.3	(1.1)	19.2	(1.1)	8.4	(0.7)	2.6	(0.4)	0.6	(0.2)
	俄罗斯	7.5	(0.7)	16.5	(0.8)	26.6	(1.0)	26.0	(1.0)	15.7	(0.8)	6.3	(0.6)	1.5	(0.3)
	塞尔维亚	15.5	(1.2)	23.4	(0.9)	26.5	(1.1)	19.5	(1.0)	10.5	(0.7)	3.5	(0.5)	1.1	(0.3)
	中国上海	0.8	(0.2)	2.9	(0.5)	7.5	(0.6)	13.1	(0.8)	20.2	(0.8)	24.6	(1.0)	30.8	(1.2)
	新加坡	2.2	(0.2)	6.1	(0.4)	12.2	(0.7)	17.5	(0.7)	22.0	(0.6)	21.0	(0.9)	19.0	(0.6)
	中国台北	4.5	(0.5)	8.3	(0.6)	13.1	(0.6)	17.1	(0.7)	19.7	(0.8)	19.2	(0.9)	18.0	(1.0)
	泰国	19.1	(1.1)	30.6	(1.2)	27.3	(1.0)	14.5	(1.2)	5.8	(0.7)	2.0	(0.4)	0.5	(0.2)
	突尼斯	36.5	(1.9)	31.3	(1.1)	21.1	(1.2)	8.0	(0.8)	2.3	(0.7)	0.7	(0.3)	0.1	(0.1)
	阿联酋	20.5	(0.9)	25.8	(0.5)	24.9	(0.7)	16.9	(0.6)	8.5	(0.5)	2.9	(0.3)	0.5	(0.1)
	乌拉圭	29.2	(1.2)	26.5	(0.8)	23.0	(0.9)	14.0	(0.8)	5.4	(0.6)	1.3	(0.3)	0.3	(0.1)
	越南	3.6	(0.8)	10.6	(1.3)	22.8	(1.3)	28.4	(1.5)	21.3	(1.2)	9.8	(1.0)	3.5	(0.7)

1. 土耳其提供的注释：本文中塞浦路斯指岛的南部。岛上没有一个统一的当局代表土耳其和希腊塞浦路斯人，土耳其承认北塞浦路斯土耳其共和国(TRNC)，土耳其将保留对塞浦路斯问题的看法，直到在联合国背景下作出持久和公平的决定。

2. 欧盟和OECD的欧盟成员国提供的注释：除土耳其外，联合国所有成员均承认塞浦路斯共和国，文中塞浦路斯指的是在塞浦路斯共和国有效控制下的区域。

附表 3.3 ■ 按性别区分的数学各精熟度水平的学生比例

		男生												
		低于水平1 (低于 357.77 分)		水平1 (从 357.77 至 420.07 分)		水平2 (从 420.07 至 482.38 分)		水平3 (从 482.38 至 544.68 分)		水平4 (从 544.68 至 606.99 分)		水平5 (从 606.99 至 669.30 分)		水平6 (高于 669.30 分)	
		%	标准误	%	标准误	%	标准误	%	标准误	%	标准误	%	标准误	%	标准误
OECD	澳大利亚	5.9	(0.4)	12.3	(0.6)	21.5	(1.1)	23.9	(0.8)	19.3	(0.9)	11.7	(0.7)	5.3	(0.6)
	奥地利	4.9	(0.8)	11.2	(1.1)	20.3	(1.4)	23.4	(1.2)	22.2	(1.3)	13.3	(1.1)	4.7	(0.7)
	比利时	6.9	(0.8)	11.7	(0.9)	17.1	(1.0)	21.5	(0.8)	20.5	(0.9)	15.0	(1.0)	7.4	(0.6)
	加拿大	3.7	(0.4)	9.7	(0.6)	20.1	(0.8)	25.4	(0.9)	22.1	(0.7)	13.5	(0.9)	5.5	(0.5)
	智利	17.6	(1.5)	27.6	(1.2)	26.4	(1.3)	18.1	(1.0)	7.9	(0.8)	2.1	(0.4)	0.2	(0.1)
	捷克	6.8	(1.0)	12.4	(1.0)	20.6	(1.1)	24.6	(1.2)	21.1	(1.0)	10.6	(0.9)	3.8	(0.5)
	丹麦	4.0	(0.6)	11.2	(0.9)	22.3	(1.5)	29.5	(1.2)	21.5	(1.0)	9.5	(0.8)	2.1	(0.4)
	爱沙尼亚	2.0	(0.4)	8.7	(0.8)	21.5	(1.1)	28.5	(1.1)	23.1	(1.1)	12.1	(0.9)	4.1	(0.5)
	芬兰	4.0	(0.5)	10.0	(0.7)	20.4	(1.0)	26.8	(1.2)	22.4	(0.9)	12.1	(0.8)	4.2	(0.5)
	法国	8.8	(0.9)	13.6	(0.9)	21.0	(1.2)	22.1	(1.2)	19.3	(1.1)	11.2	(1.0)	4.1	(0.6)
	德国	5.3	(0.8)	11.5	(1.0)	18.0	(1.0)	23.3	(1.0)	22.0	(1.0)	14.0	(1.0)	6.0	(0.7)
	希腊	15.6	(1.2)	18.9	(1.0)	24.6	(1.3)	23.3	(1.1)	12.5	(1.1)	4.2	(0.6)	1.0	(0.3)
	匈牙利	9.9	(1.2)	17.7	(1.3)	24.4	(1.5)	21.7	(1.4)	15.1	(1.0)	8.2	(0.8)	3.0	(0.7)
	冰岛	9.0	(0.9)	14.2	(1.3)	23.3	(1.3)	24.6	(1.1)	17.4	(1.0)	8.9	(0.7)	2.6	(0.5)
	爱尔兰	4.5	(0.7)	10.7	(1.0)	21.7	(1.0)	28.9	(1.4)	21.5	(1.1)	9.8	(0.9)	2.9	(0.4)
	以色列	17.8	(1.8)	15.8	(1.5)	18.5	(1.3)	19.3	(1.0)	15.3	(1.2)	9.9	(1.4)	3.4	(0.7)
	意大利	8.2	(0.5)	14.6	(0.7)	22.4	(0.7)	23.8	(0.7)	18.0	(0.6)	9.9	(0.6)	3.1	(0.4)
	日本	3.3	(0.6)	7.6	(0.9)	15.2	(1.0)	21.9	(1.1)	24.2	(1.3)	17.9	(1.2)	9.9	(1.2)
	韩国	2.9	(0.6)	6.3	(0.8)	13.3	(1.1)	19.5	(1.4)	22.7	(1.6)	19.9	(1.2)	15.5	(1.7)
	卢森堡	7.0	(0.5)	13.0	(0.8)	21.4	(0.9)	24.5	(1.0)	19.9	(1.0)	10.2	(0.7)	3.9	(0.5)
	墨西哥	20.7	(0.8)	30.1	(0.7)	28.7	(0.7)	14.9	(0.6)	4.7	(0.3)	0.9	(0.1)	0.1	(0.0)
	荷兰	3.4	(0.7)	10.4	(1.0)	17.5	(1.2)	23.7	(1.5)	23.5	(1.3)	16.1	(1.1)	5.3	(0.7)
	新西兰	7.9	(0.8)	13.8	(0.8)	19.6	(1.1)	21.6	(1.1)	19.1	(1.3)	12.0	(1.1)	5.9	(0.6)
	挪威	7.7	(0.9)	14.9	(1.1)	23.4	(1.1)	24.8	(1.2)	19.2	(1.2)	7.6	(0.9)	2.4	(0.5)
	波兰	3.7	(0.6)	11.3	(1.1)	21.4	(1.4)	24.2	(1.4)	21.2	(1.6)	12.0	(1.0)	6.1	(1.1)
	葡萄牙	9.2	(0.9)	14.8	(1.1)	20.7	(1.3)	24.4	(1.1)	18.3	(1.1)	9.7	(0.9)	2.9	(0.5)
	斯洛伐克	10.8	(1.2)	16.8	(1.2)	22.3	(1.4)	21.1	(1.6)	15.4	(1.0)	9.3	(0.8)	4.3	(0.8)
	斯洛文尼亚	5.1	(0.6)	15.2	(1.1)	22.9	(1.2)	23.6	(1.4)	18.3	(1.3)	10.9	(0.8)	3.9	(0.6)
	西班牙	7.3	(0.6)	14.8	(0.7)	22.9	(0.8)	25.0	(0.8)	19.3	(0.7)	8.7	(0.6)	1.9	(0.3)
	瑞典	11.0	(1.0)	17.1	(1.0)	24.2	(1.2)	22.7	(1.2)	16.1	(1.0)	6.9	(0.8)	1.9	(0.4)
	瑞士	3.5	(0.4)	8.3	(0.7)	16.4	(1.1)	23.5	(1.2)	24.4	(1.2)	15.9	(1.1)	8.0	(0.9)
	土耳其	14.9	(1.4)	25.9	(1.5)	25.6	(1.3)	16.3	(1.1)	10.3	(1.1)	5.5	(1.0)	1.5	(0.5)
	英国	7.2	(0.9)	12.5	(0.9)	22.2	(1.1)	25.3	(1.0)	19.4	(1.1)	10.3	(1.0)	3.2	(0.6)
	美国	8.4	(0.9)	18.1	(1.1)	24.1	(1.2)	22.7	(1.2)	17.0	(1.1)	7.2	(0.8)	2.4	(0.5)
	OECD 国家	8.9	(0.3)	16.3	(0.3)	22.0	(0.4)	21.7	(0.4)	17.3	(0.3)	9.7	(0.3)	4.2	(0.2)
	OECD 各国平均	7.9	(0.2)	14.2	(0.2)	21.3	(0.2)	23.2	(0.2)	18.7	(0.2)	10.5	(0.2)	4.2	(0.1)
伙伴国家 (地区)	阿尔巴尼亚	33.0	(1.3)	28.0	(1.3)	22.3	(1.3)	11.9	(0.9)	4.0	(0.6)	0.7	(0.3)	0.0	c
	阿根廷	31.8	(2.2)	31.2	(1.4)	23.8	(1.6)	10.3	(1.1)	2.4	(0.5)	0.4	(0.2)	0.0	c
	巴西	31.1	(1.0)	31.6	(0.9)	22.0	(0.9)	10.5	(0.7)	3.7	(0.4)	1.0	(0.3)	0.1	(0.0)
	保加利亚	21.4	(1.8)	23.7	(1.5)	22.7	(1.2)	17.2	(1.1)	10.5	(1.0)	3.7	(0.6)	0.8	(0.3)
	哥伦比亚	35.2	(1.9)	32.1	(1.3)	20.0	(1.0)	8.9	(0.9)	2.6	(0.6)	0.4	(0.2)	0.0	(0.0)
	哥斯达黎加	18.9	(1.7)	33.3	(1.8)	29.9	(1.3)	13.1	(1.4)	3.8	(0.7)	0.8	(0.3)	0.1	(0.1)
	克罗地亚	9.3	(1.0)	19.5	(1.3)	27.5	(1.3)	21.4	(1.2)	14.5	(1.1)	6.5	(0.9)	2.2	(0.7)
	塞浦路斯	21.9	(0.7)	20.9	(0.9)	22.7	(0.9)	18.7	(0.9)	10.6	(0.7)	4.2	(0.4)	1.0	(0.3)
	中国香港	2.7	(0.4)	5.8	(0.8)	11.5	(1.0)	17.8	(1.2)	24.2	(1.5)	22.6	(1.5)	15.3	(1.6)
	印度尼西亚	41.4	(2.4)	33.1	(1.9)	17.2	(1.3)	6.4	(1.1)	1.6	(0.5)	0.3	(0.2)	0.0	c
	约旦	43.3	(2.6)	29.2	(1.2)	17.7	(1.5)	7.0	(0.9)	1.9	(0.5)	0.8	(0.6)	0.2	(0.2)
	哈萨克斯坦	15.3	(1.2)	30.2	(1.7)	30.3	(1.4)	17.5	(1.4)	5.6	(1.0)	1.0	(0.3)	0.1	(0.1)
	拉脱维亚	5.3	(0.9)	16.2	(1.3)	26.8	(1.6)	25.9	(1.3)	17.1	(1.2)	6.9	(0.8)	1.8	(0.4)
	列支敦士登	2.1	(1.3)	9.1	(2.7)	14.0	(4.0)	24.5	(3.6)	23.1	(4.3)	17.0	(3.5)	10.2	(3.0)
	立陶宛	9.5	(0.8)	18.2	(1.0)	24.3	(1.0)	23.9	(1.4)	14.5	(0.9)	7.7	(0.6)	1.9	(0.4)
	中国澳门	3.7	(0.4)	7.8	(0.6)	15.5	(0.9)	23.4	(1.0)	23.5	(1.2)	17.9	(1.1)	8.2	(0.6)
	马来西亚	25.4	(1.6)	28.7	(1.6)	24.4	(1.4)	14.2	(1.1)	5.9	(0.8)	1.3	(0.3)	0.1	(0.1)
	黑山	28.4	(1.0)	28.4	(1.3)	22.8	(0.9)	14.1	(0.9)	5.1	(0.7)	1.2	(0.4)	0.1	c
	秘鲁	42.6	(1.8)	28.8	(1.2)	17.5	(1.2)	7.6	(1.0)	2.7	(0.6)	0.7	(0.3)	0.1	(0.0)
	卡塔尔	50.9	(0.5)	19.9	(0.5)	13.8	(0.5)	8.4	(0.4)	4.7	(0.4)	1.9	(0.3)	0.3	(0.0)
	罗马尼亚	13.9	(1.5)	26.6	(1.6)	27.9	(1.2)	19.3	(1.4)	8.7	(1.0)	2.8	(0.6)	0.9	(0.4)
	俄罗斯	7.9	(0.9)	16.7	(1.1)	25.9	(1.6)	25.6	(1.3)	16.0	(1.0)	6.3	(0.9)	1.4	(0.4)
	塞尔维亚	14.5	(1.4)	22.9	(1.2)	26.7	(1.4)	19.6	(1.4)	10.6	(1.1)	4.3	(0.7)	1.5	(0.4)
	中国上海	1.0	(0.3)	2.9	(0.6)	7.6	(0.9)	12.8	(1.2)	18.9	(1.1)	23.9	(1.4)	32.8	(1.6)
	新加坡	2.9	(0.4)	6.8	(0.6)	12.4	(0.7)	16.6	(1.0)	21.0	(1.1)	20.4	(0.9)	19.9	(0.8)
	中国台北	5.3	(0.8)	9.0	(1.0)	12.3	(1.0)	14.6	(0.8)	18.8	(1.1)	20.0	(1.2)	20.0	(1.7)
	泰国	21.9	(1.4)	32.1	(1.2)	25.4	(1.2)	13.0	(1.3)	5.2	(0.7)	1.8	(0.5)	0.5	(0.2)
	突尼斯	32.3	(2.2)	31.4	(1.4)	23.3	(1.6)	9.4	(1.1)	2.5	(0.7)	0.9	(0.4)	0.2	(0.2)
	阿联酋	23.7	(1.4)	24.7	(1.1)	22.4	(1.1)	16.0	(0.9)	8.9	(0.8)	3.5	(0.5)	0.8	(0.2)
	乌拉圭	28.0	(1.6)	24.7	(1.3)	22.9	(1.1)	15.7	(1.2)	6.6	(0.9)	1.8	(0.4)	0.1	(0.1)
	越南	3.7	(1.0)	10.6	(1.6)	21.3	(1.4)	26.9	(2.2)	21.8	(1.5)	11.2	(1.2)	4.7	(1.0)

附表 3.3 ■ 按性别区分的数学各精熟度水平的学生比例(续表1)

	女 生												
	低于水平1 (低于357.77分)		水平1 (从357.77至420.07分)		水平2 (从420.07至482.38分)		水平3 (从482.38至544.68分)		水平4 (从544.68至606.99分)		水平5 (从606.99至669.30分)		水平6 (高于669.30分)	
	%	标准误	%	标准误	%	标准误	%	标准误	%	标准误	%	标准误	%	标准误
OECD 澳大利亚	6.3	(0.5)	14.8	(0.7)	22.4	(0.7)	25.3	(0.8)	18.8	(0.7)	9.3	(0.5)	3.2	(0.4)
奥地利	6.5	(0.9)	14.7	(1.3)	23.5	(1.1)	24.9	(1.1)	19.8	(1.1)	8.8	(0.8)	1.8	(0.4)
比利时	7.0	(0.7)	12.3	(0.8)	19.8	(1.0)	23.4	(1.1)	20.7	(0.9)	11.9	(0.8)	4.9	(0.4)
加拿大	3.6	(0.4)	10.7	(0.6)	22.0	(0.8)	27.3	(0.7)	22.7	(0.8)	10.7	(0.6)	3.1	(0.3)
智利	26.1	(1.6)	31.4	(1.5)	24.3	(1.3)	12.8	(0.9)	4.5	(0.6)	0.8	(0.2)	0.1	(0.1)
捷克	6.8	(1.2)	16.0	(1.8)	22.9	(1.5)	25.0	(1.6)	18.1	(1.5)	8.6	(0.8)	2.7	(0.3)
丹麦	4.7	(0.6)	13.8	(0.9)	26.5	(1.0)	28.5	(1.4)	18.0	(1.0)	7.1	(0.8)	1.3	(0.3)
爱沙尼亚	2.0	(0.4)	8.5	(0.7)	22.5	(1.2)	30.3	(1.3)	23.8	(1.1)	9.9	(0.9)	3.1	(0.5)
芬兰	2.6	(0.5)	7.8	(0.5)	20.6	(1.2)	30.9	(1.1)	24.0	(1.0)	11.3	(0.8)	2.8	(0.4)
法国	8.7	(0.9)	13.7	(1.0)	23.3	(1.3)	25.3	(1.2)	18.4	(1.2)	8.4	(0.7)	2.2	(0.4)
德国	5.8	(0.7)	12.9	(1.1)	20.9	(1.3)	24.2	(1.2)	21.3	(1.1)	11.5	(0.8)	3.4	(0.6)
希腊	13.4	(1.1)	23.5	(1.4)	29.6	(1.5)	20.9	(1.2)	9.9	(0.8)	2.4	(0.4)	0.3	(0.1)
匈牙利	9.9	(0.9)	18.6	(1.3)	26.1	(1.4)	24.1	(1.3)	13.8	(1.1)	6.1	(0.8)	2.0	(0.4)
冰岛	5.8	(0.6)	13.8	(1.1)	24.0	(1.2)	26.8	(1.5)	18.7	(1.4)	8.9	(1.0)	2.0	(0.4)
爱尔兰	5.1	(0.6)	13.5	(0.9)	26.2	(1.0)	27.5	(1.1)	19.0	(1.1)	7.2	(0.7)	1.4	(0.3)
以色列	14.0	(1.2)	19.4	(1.1)	24.5	(1.1)	22.6	(1.0)	13.9	(1.0)	4.6	(0.5)	1.0	(0.2)
意大利	8.9	(0.6)	17.8	(0.7)	25.8	(0.7)	25.4	(0.8)	15.4	(0.7)	5.5	(0.4)	1.1	(0.1)
日本	3.0	(0.5)	8.2	(0.9)	18.9	(1.3)	27.7	(1.4)	23.2	(1.1)	13.9	(1.2)	5.2	(0.8)
韩国	2.6	(0.5)	6.5	(0.8)	16.2	(1.3)	23.6	(1.1)	25.3	(1.4)	17.5	(1.3)	8.3	(1.1)
卢森堡	10.6	(0.9)	18.1	(0.9)	23.2	(1.1)	22.7	(0.9)	17.0	(0.7)	6.9	(0.6)	1.4	(0.3)
墨西哥	24.9	(0.8)	33.6	(0.7)	27.0	(0.7)	11.4	(0.5)	2.7	(0.3)	0.3	(0.1)	0.0	c
荷兰	4.3	(0.7)	11.5	(1.1)	18.4	(1.3)	24.8	(1.4)	24.1	(1.5)	13.6	(1.3)	3.3	(0.6)
新西兰	7.1	(0.9)	16.5	(1.0)	23.7	(1.1)	23.8	(1.1)	16.9	(1.0)	8.8	(0.9)	3.1	(0.4)
挪威	6.8	(0.9)	15.3	(1.2)	25.2	(1.1)	26.6	(1.1)	17.4	(1.2)	7.0	(0.9)	1.6	(0.4)
波兰	2.9	(0.4)	10.9	(0.9)	22.7	(1.2)	26.6	(1.1)	21.4	(1.4)	11.5	(1.0)	3.9	(0.6)
葡萄牙	8.6	(0.9)	17.3	(1.3)	24.9	(1.0)	23.6	(1.1)	17.0	(1.1)	7.3	(0.7)	1.3	(0.3)
斯洛伐克	11.4	(1.2)	15.9	(1.4)	24.0	(1.4)	23.2	(1.3)	17.4	(1.5)	6.2	(0.9)	1.9	(0.4)
斯洛文尼亚	5.0	(0.6)	14.8	(0.8)	24.3	(1.3)	24.3	(1.3)	19.1	(1.2)	9.6	(0.9)	2.9	(0.6)
西班牙	8.2	(0.7)	16.9	(0.7)	26.9	(0.9)	26.9	(0.7)	15.7	(0.7)	4.7	(0.4)	0.7	(0.1)
瑞典	8.0	(0.7)	17.9	(1.1)	25.2	(1.2)	25.2	(1.3)	16.5	(1.2)	6.0	(0.6)	1.2	(0.2)
瑞士	3.6	(0.4)	9.5	(0.8)	19.2	(1.3)	25.5	(1.5)	23.4	(1.2)	13.4	(1.0)	5.5	(0.8)
土耳其	16.1	(1.4)	27.1	(1.6)	25.5	(1.5)	16.8	(1.4)	9.8	(1.4)	3.8	(0.9)	2.6	(0.6)
英国	8.4	(1.1)	15.4	(1.4)	24.2	(1.1)	24.3	(1.1)	17.4	(1.0)	7.7	(0.8)	2.6	(0.6)
美国	7.4	(0.9)	17.7	(1.4)	28.5	(1.2)	24.0	(1.2)	14.5	(1.1)	5.9	(0.9)	1.9	(0.4)
OECD 国家	9.4	(0.3)	17.6	(0.4)	24.6	(0.4)	22.8	(0.4)	15.7	(0.3)	7.4	(0.3)	2.4	(0.2)
OECD 各国平均	8.1	(0.1)	15.8	(0.2)	23.6	(0.2)	24.3	(0.2)	17.6	(0.2)	8.2	(0.1)	2.4	(0.1)
伙伴国家(地区) 阿尔巴尼亚	32.0	(1.4)	28.3	(1.4)	23.6	(1.6)	12.1	(1.4)	3.2	(0.5)	0.8	(0.2)	0.0	c
阿根廷	37.8	(2.1)	32.0	(1.8)	20.6	(1.5)	8.3	(1.0)	1.2	(0.3)	0.1	(0.1)	0.0	c
巴西	39.0	(1.1)	32.1	(0.9)	19.0	(0.8)	7.4	(0.6)	2.1	(0.3)	0.4	(0.2)	0.0	(0.0)
保加利亚	18.5	(1.6)	23.8	(1.3)	26.1	(1.6)	18.7	(1.2)	9.3	(1.0)	3.0	(0.6)	0.6	(0.2)
哥伦比亚	47.4	(2.1)	32.2	(1.4)	15.2	(1.0)	4.3	(0.7)	0.7	(0.2)	0.1	(0.1)	0.0	(0.0)
哥斯达黎加	27.8	(2.0)	38.8	(1.4)	24.1	(1.7)	7.6	(1.2)	1.5	(0.4)	0.2	(0.1)	0.0	c
克罗地亚	9.7	(1.0)	21.3	(1.3)	28.2	(1.3)	23.2	(1.6)	12.4	(1.1)	4.2	(0.9)	1.0	(0.4)
塞浦路斯	16.1	(1.0)	25.2	(1.1)	28.4	(1.1)	19.6	(1.0)	8.6	(0.7)	1.9	(0.3)	0.3	(0.1)
中国香港	2.4	(0.5)	6.1	(0.8)	12.6	(1.0)	21.9	(1.6)	28.2	(1.5)	20.1	(1.2)	8.7	(1.2)
印度尼西亚	43.2	(2.4)	33.6	(1.8)	16.5	(1.3)	5.0	(1.0)	1.4	(0.4)	0.2	(0.2)	0.0	c
约旦	29.9	(1.7)	34.9	(1.2)	24.1	(1.2)	9.2	(1.1)	1.8	(0.6)	0.2	(0.2)	0.0	c
哈萨克斯坦	13.8	(1.1)	31.2	(1.6)	32.8	(1.2)	16.2	(1.3)	5.2	(0.9)	0.7	(0.3)	0.1	(0.1)
拉脱维亚	4.3	(0.7)	14.0	(1.4)	26.5	(1.6)	29.8	(1.3)	18.1	(1.1)	6.0	(0.8)	1.3	(0.3)
列支敦士登	5.1	(2.3)	12.3	(3.0)	16.6	(5.0)	20.6	(5.7)	23.4	(5.5)	17.9	(4.3)	4.2	(1.6)
立陶宛	8.0	(0.9)	16.4	(1.3)	27.6	(1.3)	25.3	(1.5)	16.3	(1.0)	5.6	(0.6)	1.0	(0.3)
中国澳门	2.7	(0.3)	7.3	(0.7)	17.5	(0.9)	24.6	(0.9)	25.5	(0.9)	15.6	(0.9)	6.9	(0.5)
马来西亚	20.7	(1.3)	28.9	(1.1)	27.5	(1.1)	15.6	(1.1)	6.1	(0.9)	1.2	(0.4)	0.1	(0.1)
黑山	26.6	(0.8)	29.9	(1.4)	25.4	(1.6)	12.5	(1.1)	4.8	(0.8)	0.7	(0.3)	0.1	(0.1)
秘鲁	51.1	(2.4)	26.4	(1.3)	14.8	(1.3)	5.8	(0.9)	1.5	(0.5)	0.4	(0.2)	0.0	c
卡塔尔	42.8	(0.6)	25.4	(0.9)	16.6	(0.6)	9.2	(0.5)	4.1	(0.4)	1.5	(0.2)	0.3	(0.1)
罗马尼亚	14.1	(1.3)	27.1	(1.4)	28.8	(1.5)	19.2	(1.3)	8.2	(1.1)	2.4	(0.5)	0.3	(0.2)
俄罗斯	7.1	(0.7)	16.2	(1.0)	27.2	(1.2)	26.3	(1.1)	15.4	(0.9)	6.3	(0.8)	1.5	(0.3)
塞尔维亚	16.5	(1.4)	24.0	(1.4)	26.4	(1.4)	19.4	(1.4)	10.4	(1.0)	2.8	(0.6)	0.6	(0.2)
中国上海	0.7	(0.2)	2.9	(0.5)	7.4	(0.8)	13.4	(1.0)	21.4	(1.1)	25.2	(1.2)	29.0	(1.4)
新加坡	1.4	(0.3)	5.3	(0.5)	12.0	(1.0)	18.6	(1.1)	22.9	(0.8)	21.6	(0.9)	18.1	(1.5)
中国台北	3.7	(0.5)	7.7	(0.7)	14.0	(1.0)	19.5	(1.1)	20.6	(1.0)	18.3	(1.2)	16.1	(2.1)
泰国	17.0	(1.2)	29.4	(1.5)	28.9	(1.2)	15.7	(1.4)	6.4	(1.0)	2.2	(0.5)	0.6	(0.2)
突尼斯	40.2	(2.1)	31.2	(1.5)	19.3	(1.3)	6.7	(0.9)	2.2	(0.8)	0.3	(0.3)	0.0	c
阿联酋	17.5	(1.2)	26.8	(1.2)	27.2	(0.9)	17.7	(0.9)	8.0	(0.7)	2.4	(0.5)	0.3	(0.1)
乌拉圭	30.3	(1.3)	28.1	(1.2)	23.1	(1.2)	13.2	(1.0)	4.4	(0.6)	0.8	(0.3)	0.0	c
越南	3.6	(0.8)	10.6	(1.2)	24.1	(1.5)	29.7	(1.4)	20.9	(1.4)	8.6	(1.0)	2.4	(0.7)

1. 土耳其提供的注释：本文中塞浦路斯指岛的南部。岛上没有一个统一的当局代表土耳其和希腊塞浦路斯人，土耳其承认北塞浦路斯土耳其共和国(TRNC)，土耳其将保留对塞浦路斯问题的看法，直到在联合国背景下作出持久和公平的决定。
2. 欧盟和OECD的欧盟成员国提供的注释：除土耳其外，联合国所有成员均承认塞浦路斯共和国，文中塞浦路斯指的是在塞浦路斯共和国有效控制下的区域。

附表 3.4 ■ 学生在数学量表的平均分、变异和性别差异

		所有学生		性别差异				差值(B-G)		百分位数											
		平均分	标准差	男生		女生				第5		第10		第25		第75		第90		第95	
		均值 (标准误)	标准差 (标准误)	平均分 (标准误)		平均分 (标准误)		分差 (标准误)		分数 (标准误)		分数 (标准误)		分数 (标准误)		分数 (标准误)		分数 (标准误)		分数 (标准误)	
OECD	澳大利亚	504 (1.6)	96 (1.2)	510 (2.4)	498 (2.0)	12 (3.1)	348 (2.9)	382 (2.3)	437 (2.0)	571 (2.3)	630 (3.0)	663 (3.4)
	奥地利	506 (2.7)	92 (1.7)	517 (3.9)	494 (3.3)	22 (4.9)	353 (4.1)	384 (3.9)	440 (3.2)	572 (3.5)	624 (3.8)	654 (4.3)
	比利时	515 (2.1)	102 (1.4)	520 (2.9)	509 (2.6)	11 (3.4)	342 (4.5)	378 (3.9)	443 (3.4)	589 (2.8)	646 (2.5)	677 (3.0)
	加拿大	518 (1.8)	89 (0.8)	523 (2.1)	513 (2.1)	10 (2.0)	370 (2.8)	402 (2.4)	457 (2.1)	580 (2.2)	633 (2.3)	663 (2.7)
	智利	423 (3.1)	81 (1.5)	436 (3.4)	411 (3.1)	25 (3.6)	299 (4.1)	323 (3.7)	365 (3.5)	476 (4.2)	532 (4.2)	563 (4.1)
	捷克	499 (2.9)	95 (1.6)	505 (3.7)	493 (3.6)	12 (4.6)	344 (6.4)	377 (4.9)	432 (3.9)	566 (3.3)	621 (3.6)	653 (4.0)
	丹麦	500 (2.3)	82 (1.3)	507 (2.9)	493 (2.3)	14 (2.3)	363 (4.6)	393 (4.0)	444 (3.3)	556 (2.7)	607 (3.1)	635 (4.2)
	爱沙尼亚	521 (2.0)	81 (1.2)	523 (2.6)	518 (2.2)	5 (2.6)	389 (3.5)	417 (3.0)	465 (2.7)	576 (2.7)	626 (3.2)	657 (4.1)
	芬兰	519 (1.9)	85 (1.3)	517 (3.0)	520 (2.2)	-3 (3.3)	376 (4.6)	409 (3.3)	465 (2.5)	577 (2.2)	629 (3.1)	657 (3.2)
	法国	495 (2.5)	97 (1.7)	499 (3.4)	491 (2.5)	9 (3.4)	330 (5.0)	365 (4.7)	429 (2.7)	565 (3.4)	621 (3.6)	652 (3.7)
	德国	514 (2.9)	96 (1.6)	520 (3.0)	507 (3.4)	14 (2.8)	353 (5.4)	385 (4.7)	447 (3.6)	583 (3.6)	637 (3.8)	667 (4.1)
	希腊	453 (2.5)	88 (1.3)	457 (3.3)	449 (2.6)	8 (3.2)	308 (4.6)	338 (3.8)	393 (3.6)	513 (2.8)	567 (3.1)	597 (3.7)
	匈牙利	477 (3.2)	94 (2.4)	482 (3.7)	473 (3.6)	9 (3.7)	327 (4.6)	358 (4.2)	411 (3.6)	540 (4.8)	603 (6.4)	637 (7.9)
	冰岛	493 (1.7)	92 (1.3)	490 (2.3)	496 (2.3)	-6 (3.0)	339 (4.1)	372 (2.8)	431 (2.6)	557 (3.0)	612 (3.3)	641 (3.7)
	爱尔兰	501 (2.2)	85 (1.3)	509 (3.3)	494 (2.6)	15 (3.8)	359 (5.0)	391 (3.6)	445 (3.2)	559 (2.4)	610 (2.5)	640 (3.2)
	以色列	466 (4.7)	105 (1.8)	472 (7.8)	461 (3.5)	12 (7.6)	292 (7.3)	328 (5.7)	393 (5.1)	541 (5.3)	603 (6.0)	639 (6.6)
	意大利	485 (2.0)	93 (1.1)	494 (2.4)	476 (2.2)	18 (2.3)	333 (2.6)	366 (2.4)	421 (2.4)	550 (2.7)	607 (3.0)	639 (3.4)
	日本	536 (3.6)	94 (2.0)	545 (4.6)	527 (3.6)	18 (4.3)	377 (6.1)	415 (5.1)	473 (4.2)	603 (4.4)	657 (5.6)	686 (5.5)
	韩国	554 (4.6)	99 (2.1)	562 (5.8)	544 (5.1)	18 (6.2)	386 (7.4)	425 (6.3)	486 (4.8)	624 (5.1)	679 (6.0)	710 (7.5)
	卢森堡	490 (1.1)	95 (0.9)	502 (1.5)	477 (1.4)	25 (2.0)	334 (3.3)	363 (3.0)	422 (1.5)	558 (1.6)	613 (2.2)	644 (2.3)
	墨西哥	413 (1.4)	74 (0.7)	420 (1.6)	406 (1.4)	14 (1.2)	295 (1.8)	320 (1.9)	362 (1.6)	462 (1.7)	510 (2.0)	539 (2.1)
	荷兰	523 (3.5)	92 (2.1)	528 (3.6)	518 (3.6)	10 (2.3)	367 (4.8)	397 (5.5)	457 (5.1)	591 (4.3)	638 (3.7)	665 (4.0)
	新西兰	500 (2.2)	100 (1.2)	507 (3.0)	492 (2.9)	15 (4.3)	340 (4.9)	371 (3.6)	428 (3.2)	570 (2.8)	632 (3.0)	665 (4.4)
	挪威	489 (2.7)	90 (1.3)	490 (2.8)	488 (3.0)	2 (3.0)	341 (5.1)	373 (3.6)	428 (2.9)	552 (3.3)	604 (3.4)	638 (5.1)
	波兰	518 (3.6)	90 (1.9)	520 (4.3)	516 (3.9)	4 (3.4)	373 (3.9)	402 (2.8)	454 (3.3)	580 (4.9)	636 (6.0)	669 (7.1)
	葡萄牙	487 (3.8)	94 (1.4)	493 (4.1)	481 (3.9)	11 (2.5)	333 (4.5)	364 (4.2)	421 (4.0)	554 (4.1)	610 (3.9)	640 (4.1)
	斯洛伐克	482 (3.4)	101 (2.5)	486 (4.1)	477 (4.1)	9 (4.5)	314 (6.7)	352 (6.2)	413 (4.8)	553 (4.7)	613 (5.3)	647 (6.7)
	斯洛文尼亚	501 (1.2)	92 (1.4)	503 (2.0)	499 (2.0)	3 (3.1)	357 (3.4)	384 (2.5)	434 (2.0)	566 (2.1)	624 (2.8)	655 (4.3)
	西班牙	484 (1.9)	88 (0.7)	492 (2.4)	476 (2.0)	16 (2.2)	339 (3.6)	370 (3.1)	424 (2.6)	546 (2.1)	597 (2.4)	626 (2.0)
	瑞典	478 (2.3)	92 (1.3)	477 (3.0)	480 (2.4)	-3 (2.3)	329 (4.4)	360 (3.5)	415 (2.9)	543 (2.7)	596 (2.9)	627 (3.6)
	瑞士	531 (3.0)	94 (1.4)	537 (3.5)	524 (3.1)	13 (2.7)	374 (3.9)	408 (3.3)	466 (3.4)	597 (3.6)	651 (4.3)	681 (4.7)
	土耳其	448 (4.8)	91 (3.1)	452 (5.1)	444 (5.7)	8 (4.7)	313 (4.4)	339 (3.3)	382 (3.6)	507 (8.0)	577 (9.7)	614 (9.4)
	英国	494 (3.3)	95 (1.7)	500 (4.2)	488 (3.8)	12 (4.7)	336 (4.7)	371 (5.0)	429 (4.2)	560 (3.7)	616 (4.5)	648 (5.1)
	美国	481 (3.6)	90 (1.3)	484 (3.8)	479 (3.9)	5 (2.8)	339 (4.2)	368 (3.9)	418 (3.7)	543 (4.4)	600 (4.3)	634 (5.4)
	OECD 国家	487 (1.1)	98 (0.5)	493 (1.3)	481 (1.2)	12 (1.1)	331 (1.3)	362 (1.2)	417 (1.3)	555 (1.5)	617 (1.4)	651 (1.6)
	OECD 各国平均	494 (0.5)	92 (0.5)	499 (0.6)	489 (0.5)	11 (0.5)	343 (0.8)	375 (0.7)	430 (0.6)	555 (0.6)	614 (0.7)	645 (0.8)
伙伴国家(地区)	阿尔巴尼亚	394 (2.0)	91 (1.4)	394 (2.6)	395 (2.6)	-1 (3.3)	236 (5.9)	278 (5.9)	338 (3.0)	454 (2.4)	510 (3.5)	540 (3.5)
	阿根廷	388 (3.5)	77 (1.7)	396 (4.2)	382 (3.4)	14 (2.9)	264 (5.5)	292 (4.6)	337 (3.8)	440 (4.5)	488 (5.1)	514 (4.9)
	巴西	391 (2.1)	78 (1.6)	401 (2.2)	383 (2.3)	18 (1.8)	275 (2.7)	298 (2.0)	337 (1.9)	440 (2.4)	495 (4.5)	530 (5.5)
	保加利亚	439 (4.0)	94 (2.2)	438 (4.7)	440 (4.2)	-2 (4.1)	290 (5.7)	320 (4.8)	372 (4.7)	503 (5.6)	565 (5.6)	597 (6.2)
	哥伦比亚	376 (2.9)	74 (1.7)	390 (3.4)	364 (3.2)	25 (3.2)	262 (4.8)	285 (4.0)	326 (2.8)	423 (3.6)	474 (4.8)	506 (5.4)
	哥斯达黎加	407 (3.0)	68 (1.8)	420 (3.4)	396 (3.1)	24 (2.4)	301 (3.8)	323 (3.6)	361 (3.6)	449 (3.9)	496 (5.1)	525 (6.9)
	克罗地亚	471 (3.5)	88 (2.5)	477 (4.4)	465 (3.9)	12 (4.1)	334 (4.2)	360 (3.3)	408 (3.6)	531 (4.5)	589 (7.3)	623 (8.8)
	塞浦路斯	440 (1.1)	93 (0.8)	440 (1.5)	440 (1.6)	0 (2.2)	287 (2.8)	320 (2.6)	376 (1.6)	503 (2.0)	561 (2.1)	595 (3.1)
	中国香港	561 (3.2)	96 (1.6)	568 (4.6)	553 (3.9)	15 (5.7)	391 (5.9)	430 (6.2)	499 (4.7)	629 (3.5)	679 (4.2)	709 (4.3)
	印度尼西亚	375 (4.0)	71 (3.3)	377 (4.3)	373 (4.1)	3 (3.4)	266 (4.9)	288 (4.2)	327 (3.8)	418 (5.2)	469 (7.8)	501 (12.4)
	约旦	386 (3.1)	78 (2.7)	375 (5.4)	396 (3.1)	-21 (6.3)	263 (4.4)	290 (4.0)	335 (3.8)	435 (3.9)	485 (4.2)	514 (6.8)
	哈萨克斯坦	432 (3.0)	71 (1.8)	432 (3.4)	432 (3.3)	0 (2.9)	319 (3.1)	343 (2.5)	383 (2.9)	478 (4.4)	527 (5.7)	554 (6.0)
	拉脱维亚	491 (2.8)	82 (1.6)	489 (3.4)	493 (3.2)	-4 (3.6)	360 (4.8)	387 (4.4)	434 (3.7)	546 (3.5)	597 (3.7)	626 (4.6)
	列支敦士登	535 (4.0)	95 (3.7)	546 (6.0)	523 (5.8)	23 (8.8)	370 (16.8)	403 (11.2)	470 (8.0)	606 (5.0)	656 (9.2)	680 (12.5)
	立陶宛	479 (2.6)	89 (1.4)	479 (2.8)	479 (3.0)	0 (2.4)	334 (3.9)	364 (3.5)	418 (3.1)	540 (3.5)	596 (3.5)	627 (4.0)
	中国澳门	538 (1.0)	94 (0.9)	540 (1.4)	537 (1.9)	3 (1.9)	379 (3.9)	415 (2.8)	476 (1.7)	605 (1.7)	657 (1.9)	685 (2.4)
	马来西亚	421 (3.2)	81 (1.6)	416 (3.7)	424 (3.7)	-8 (3.8)	294 (3.4)	319 (3.2)	363 (3.6)	474 (4.3)	530 (4.9)	562 (5.6)
	黑山	410 (1.1)	83 (1.4)	410 (1.6)	410 (1.6)	0 (2.4)	280 (2.7)	306 (2.0)	352 (1.7)	465 (2.0)	520 (2.7)	553 (3.2)
	秘鲁	368 (3.7)	84 (2.2)	378 (3.6)	359 (4.8)	19 (3.9)	237 (4.0)	264 (3.4)	311 (3.6)	421 (4.9)	478 (6.7)	517 (7.6)
	卡塔尔	376 (0.8)	100 (0.7)	369 (1.1)	385 (0.9)	-16 (1.4)	230 (2.1)	257 (1.7)	306 (1.3)	440 (1.7)	514 (1.9)	560 (2.5)
	罗马尼亚	445 (3.8)	81 (2.2)	447 (4.3)	443 (4.0)	4 (3.6)	322 (3.9)	344 (3.5)	386 (3.6)	497 (4.8)	553 (6.1)	588 (7.4)
	俄罗斯	482 (3.0)	86 (1.6)	481 (3.7)	483 (3.1)	-2 (2.7)	341 (4.2)	371 (3.9)	423 (3.4)	540 (3.6)	595 (4.7)	626 (5.3)
	塞尔维亚	449 (3.4)	91 (2.2)	453 (4.1)	444 (3.7)	9 (3.9)	306 (4.4)	335 (4.1)	386 (3.6)	508 (4.4)	567 (5.8)	603 (6.7)
	中国上海	613 (3.3)	101 (2.3)	616 (4.0)	610 (3.4)	6 (3.3)	435 (6.9)	475 (5.9)	546 (4.4)	685 (3.5)	737 (3.5)	765 (5.6)
	新加坡	573 (1.3)	105 (0.9)	572 (1.9)	575 (1.8)	-3 (2.3)	393 (3.6)	432 (3.6)	501 (2.7)	650 (1.9)	707 (2.3)	737 (2.5)
	中国台北	560 (3.3)	116 (1.9)	563 (5.4)	557 (5.7)	5 (7.9)	363 (5.6)	402 (4.8)	478 (4.8)	645 (3.4)	703 (4.9)	738 (5.1)
	泰国	427 (3.4)	82 (2.1)	419 (3.6)	433 (4.1)	-14 (3.6)	302 (3.4)	328 (3.1)	372 (2.6)	476 (4.8)	535 (7.3)	575 (8.6)
	突尼斯	388 (3.9)	78 (3.1)	396 (4.3)	381 (4.0)	15 (2.7)	267 (4.7)	292 (4.3)	334 (3.7)	437 (4.5)	488 (7.3)	523 (11.6)
	阿联酋	434 (2.4)	90 (1.2)	432 (3.8)	436 (3.0)	-5 (4.7)	297 (3.0)	323 (2.5)	370 (2.9)	494 (2.9)	555 (3.9)	591 (4.4)
	乌拉圭	409 (2.8)	89 (1.7)	415 (3.5)	404 (2.9)	11 (3.1)	267 (5.0)	297 (4.1)	347 (3.6)	470 (3.6)	526 (3.9)	558 (6.4)
	越南	511 (4.8)	86 (2.7)	517 (5.6)	507 (4.7)	10 (3.0)	371 (8.1)	401 (7.4)	454 (5.3)	568 (5.5)	623 (6.8)	654 (7.9)

注:统计上有显著性的值用粗体表示。
1. 土耳其提供的注释:本文中塞浦路斯指岛的南部。岛上没有一个统一的当局代表土耳其和希腊塞浦路斯人,土耳其承认北塞浦路斯土耳其共和国(TRNC),土耳其将保留对塞浦路斯问题的看法,直到在联合国背景下作出持久和公平的决定。
2. 欧盟和 OECD 的欧盟成员国提供的注释:除土耳其外,联合国所有成员均承认塞浦路斯共和国,文中塞浦路斯指的是在塞浦路斯共和国有效控制下的区域。

附表 3.5 ■ 数学表述分量表各精熟度水平的学生比例

		低于水平1 (低于357.77分)		水平1 (从357.77至420.07分)		水平2 (从420.07至482.38分)		水平3 (从482.38至544.68分)		水平4 (从544.68至606.99分)		水平5 (从606.99至669.30分)		水平6 (高于669.30分)	
		%	标准误	%	标准误	%	标准误	%	标准误	%	标准误	%	标准误	%	标准误
OECD	澳大利亚	9.7	(0.5)	15.1	(0.5)	20.7	(0.4)	21.2	(0.4)	16.7	(0.6)	10.1	(0.5)	6.4	(0.5)
	奥地利	8.7	(0.7)	14.7	(0.8)	20.7	(0.8)	21.3	(0.8)	18.5	(0.7)	11.1	(0.7)	4.9	(0.6)
	比利时	8.6	(0.6)	12.6	(0.6)	18.3	(0.6)	20.9	(0.6)	19.1	(0.8)	12.8	(0.8)	7.9	(0.5)
	加拿大	5.9	(0.3)	11.7	(0.5)	20.3	(0.7)	23.1	(0.7)	19.8	(0.5)	12.4	(0.5)	6.8	(0.4)
	智利	24.6	(1.4)	27.9	(0.9)	24.3	(0.9)	14.7	(0.8)	6.3	(0.6)	1.8	(0.2)	0.4	(0.1)
	捷克	8.7	(0.9)	14.6	(0.8)	21.7	(0.9)	22.9	(1.0)	18.2	(1.1)	9.5	(0.8)	4.3	(0.4)
	丹麦	5.3	(0.5)	13.1	(0.6)	22.8	(0.9)	26.3	(0.8)	20.2	(0.7)	9.6	(0.7)	2.8	(0.4)
	爱沙尼亚	3.6	(0.4)	10.4	(0.7)	22.0	(0.8)	26.7	(0.7)	20.7	(0.7)	11.2	(0.8)	5.4	(0.4)
	芬兰	4.9	(0.5)	10.7	(0.8)	19.8	(0.8)	25.1	(0.9)	21.1	(0.9)	12.5	(0.8)	6.1	(0.5)
	法国	12.1	(0.8)	15.8	(0.7)	21.8	(0.9)	21.3	(1.0)	16.6	(0.7)	8.6	(0.6)	3.8	(0.5)
	德国	7.7	(0.7)	12.7	(0.7)	19.5	(0.8)	21.9	(1.2)	19.4	(0.8)	12.4	(0.7)	6.5	(0.6)
	希腊	15.7	(0.9)	22.3	(0.8)	27.7	(1.3)	20.6	(0.9)	10.0	(0.7)	3.3	(0.3)	0.4	(0.1)
	匈牙利	12.9	(0.9)	19.9	(1.1)	24.4	(1.1)	20.2	(0.9)	12.8	(0.7)	6.7	(0.7)	3.1	(0.7)
	冰岛	6.7	(0.5)	13.3	(0.6)	22.1	(0.9)	25.8	(0.9)	18.7	(0.8)	9.9	(0.7)	3.4	(0.4)
	爱尔兰	7.9	(0.7)	14.8	(0.9)	22.8	(1.2)	25.2	(1.1)	17.8	(0.9)	8.6	(0.6)	3.0	(0.3)
	以色列	17.1	(1.3)	17.4	(0.8)	20.9	(0.8)	20.7	(0.5)	14.3	(0.4)	6.8	(0.7)	2.8	(0.5)
	意大利	12.4	(0.5)	17.1	(0.5)	23.6	(0.6)	21.9	(0.5)	14.8	(0.4)	7.3	(0.4)	2.9	(0.3)
	日本	4.0	(0.6)	7.6	(0.7)	13.6	(0.8)	20.7	(0.9)	21.5	(1.0)	17.1	(0.9)	15.3	(1.3)
	韩国	3.5	(0.5)	7.1	(0.8)	13.4	(0.9)	19.2	(0.9)	21.5	(0.9)	18.1	(0.7)	17.4	(1.6)
	卢森堡	11.7	(0.5)	17.0	(0.8)	21.8	(0.7)	21.5	(0.6)	16.5	(0.6)	8.2	(0.4)	3.3	(0.3)
	墨西哥	27.6	(0.8)	28.2	(0.6)	24.5	(0.6)	13.4	(0.5)	4.9	(0.3)	1.2	(0.1)	0.2	(0.0)
	荷兰	4.9	(0.7)	10.7	(0.8)	17.4	(1.0)	22.5	(1.2)	21.6	(0.9)	15.1	(1.1)	7.6	(0.8)
	新西兰	9.9	(0.7)	16.0	(0.7)	20.8	(0.9)	20.6	(0.9)	16.3	(0.8)	10.1	(0.7)	6.3	(0.6)
	挪威	9.2	(0.7)	15.6	(0.8)	22.8	(0.9)	23.3	(1.1)	16.9	(0.8)	8.6	(0.6)	3.7	(0.4)
	波兰	5.5	(0.5)	12.5	(0.8)	20.9	(0.9)	23.0	(0.9)	19.0	(0.9)	12.1	(0.9)	7.1	(0.9)
	葡萄牙	13.5	(1.0)	17.1	(1.0)	20.5	(0.9)	20.9	(0.8)	15.3	(0.8)	8.5	(0.6)	3.6	(0.4)
	斯洛伐克	13.0	(1.1)	17.0	(0.9)	21.5	(1.0)	20.5	(1.1)	15.3	(1.0)	8.3	(0.6)	4.5	(0.4)
	斯洛文尼亚	9.5	(0.6)	16.2	(0.7)	21.8	(1.1)	21.6	(0.9)	16.4	(0.6)	9.7	(0.5)	4.8	(0.4)
	西班牙	12.0	(0.6)	16.8	(0.6)	22.6	(0.6)	22.8	(0.6)	15.9	(0.5)	7.5	(0.4)	2.5	(0.2)
	瑞典	11.8	(0.8)	17.3	(0.9)	22.3	(0.7)	21.9	(0.9)	15.9	(0.8)	8.0	(0.7)	3.0	(0.3)
	瑞士	4.7	(0.4)	8.5	(0.5)	16.0	(0.8)	22.1	(0.9)	22.5	(0.9)	15.6	(0.6)	10.5	(0.8)
	土耳其	16.7	(1.2)	24.8	(1.3)	24.5	(1.1)	16.6	(1.1)	10.6	(1.1)	5.1	(0.9)	1.5	(0.5)
	英国	10.6	(1.1)	15.5	(0.8)	22.3	(0.8)	22.0	(0.7)	16.2	(0.8)	9.2	(0.7)	4.3	(0.5)
	美国	11.1	(1.0)	19.1	(1.0)	24.5	(1.0)	21.5	(1.2)	13.8	(1.2)	6.9	(0.6)	3.1	(0.4)
	OECD国家	11.8	(0.3)	17.2	(0.3)	21.8	(0.4)	20.3	(0.3)	15.0	(0.4)	8.8	(0.2)	5.1	(0.2)
	OECD各国平均	10.3	(0.1)	15.6	(0.1)	21.3	(0.2)	21.6	(0.2)	16.6	(0.1)	9.5	(0.1)	5.0	(0.1)
伙伴国家(地区)	阿尔巴尼亚	31.5	(1.0)	27.6	(0.9)	23.3	(1.0)	12.3	(0.9)	4.2	(0.4)	0.9	(0.2)	0.1	(0.1)
	阿根廷	37.2	(1.9)	30.7	(1.1)	21.3	(1.3)	8.5	(0.8)	1.9	(0.3)	0.3	(0.1)	0.1	(0.1)
	巴西	43.1	(1.0)	28.1	(0.6)	17.6	(0.6)	7.5	(0.5)	2.7	(0.3)	0.8	(0.2)	0.2	(0.1)
	保加利亚	21.8	(1.4)	23.3	(1.0)	23.3	(0.9)	17.4	(1.1)	9.2	(0.9)	3.8	(0.6)	1.2	(0.3)
	哥伦比亚	43.2	(1.8)	29.2	(1.0)	17.6	(0.9)	7.2	(0.6)	2.2	(0.4)	0.4	(0.1)	0.1	(0.1)
	哥斯达黎加	30.0	(1.6)	33.0	(1.2)	23.3	(1.2)	9.9	(0.9)	3.0	(0.5)	0.7	(0.2)	0.1	(0.1)
	克罗地亚	16.5	(1.0)	22.3	(1.0)	24.5	(1.0)	19.9	(0.9)	10.3	(0.7)	4.5	(0.6)	1.9	(0.6)
	塞浦路斯	20.2	(0.6)	24.0	(0.9)	25.6	(1.2)	17.4	(0.7)	8.9	(0.4)	3.3	(0.3)	0.7	(0.2)
	中国香港	4.2	(0.5)	6.5	(0.6)	11.9	(0.9)	16.8	(0.8)	21.5	(1.0)	19.9	(0.8)	19.2	(1.1)
	印度尼西亚	46.8	(2.1)	27.5	(1.2)	15.9	(1.1)	6.9	(0.9)	2.3	(0.6)	0.5	(0.2)	0.1	c
	约旦	34.8	(1.7)	32.4	(1.2)	21.0	(1.1)	8.8	(0.7)	2.1	(0.3)	0.6	(0.4)	0.3	(0.2)
	哈萨克斯坦	14.9	(1.1)	26.0	(1.1)	28.9	(1.1)	19.5	(1.2)	8.0	(0.9)	2.3	(0.4)	0.5	(0.2)
	拉脱维亚	7.3	(0.9)	15.6	(1.2)	25.7	(1.1)	25.0	(1.1)	16.7	(1.1)	7.1	(0.8)	2.6	(0.3)
	列支敦士登	4.5	(1.9)	9.5	(2.1)	16.9	(2.5)	21.1	(2.6)	23.1	(2.9)	15.7	(2.5)	9.2	(1.7)
	立陶宛	11.9	(0.8)	17.5	(0.8)	23.4	(0.8)	21.5	(0.8)	14.7	(0.8)	7.7	(0.5)	3.3	(0.5)
	中国澳门	4.8	(0.3)	8.7	(0.5)	14.9	(0.5)	20.3	(0.6)	21.3	(0.7)	16.9	(0.7)	13.0	(0.4)
	马来西亚	32.4	(1.5)	25.4	(1.0)	20.7	(0.8)	12.9	(0.8)	6.4	(0.6)	1.8	(0.3)	0.4	(0.1)
	黑山	30.9	(0.8)	28.2	(1.0)	22.2	(0.8)	12.7	(0.7)	4.6	(0.4)	1.2	(0.2)	0.2	(0.1)
	秘鲁	45.9	(1.7)	26.6	(0.8)	16.5	(0.9)	7.5	(0.8)	2.7	(0.4)	0.6	(0.2)	0.1	(0.1)
	卡塔尔	45.8	(0.5)	23.1	(0.4)	15.3	(0.4)	8.4	(0.3)	4.4	(0.3)	1.9	(0.2)	0.5	(0.1)
	罗马尼亚	17.4	(1.2)	23.7	(1.1)	26.2	(1.0)	18.2	(1.2)	9.8	(0.8)	3.6	(0.6)	1.2	(0.4)
	俄罗斯	9.9	(0.7)	16.4	(0.8)	24.3	(0.9)	24.0	(0.8)	15.8	(0.8)	7.0	(0.7)	2.5	(0.5)
	塞尔维亚	17.9	(1.2)	23.1	(1.3)	24.7	(1.3)	18.4	(0.8)	9.9	(0.8)	4.2	(0.5)	1.8	(0.4)
	中国上海	1.8	(0.3)	3.7	(0.5)	7.0	(0.6)	11.9	(0.6)	17.2	(0.6)	20.5	(1.0)	37.9	(1.3)
	新加坡	3.7	(0.3)	6.5	(0.4)	11.6	(0.6)	15.6	(0.6)	18.5	(0.6)	18.8	(0.6)	25.3	(0.6)
	中国台北	6.1	(0.6)	7.8	(0.5)	11.1	(0.6)	14.2	(0.6)	16.4	(0.7)	17.1	(1.0)	27.3	(1.1)
	泰国	28.2	(1.3)	26.6	(1.1)	22.1	(0.8)	13.0	(0.9)	6.1	(0.7)	2.8	(0.4)	1.1	(0.3)
	突尼斯	45.7	(1.7)	26.9	(1.1)	16.9	(1.0)	6.9	(0.7)	2.5	(0.5)	0.8	(0.4)	0.3	(0.1)
	阿联酋	26.1	(1.0)	23.8	(0.6)	21.7	(0.7)	13.6	(0.8)	8.3	(0.6)	3.2	(0.3)	1.1	(0.2)
	乌拉圭	31.4	(1.0)	25.0	(0.8)	21.8	(1.1)	13.6	(0.8)	6.1	(0.6)	1.8	(0.3)	0.3	(0.1)
	越南	7.6	(1.1)	13.7	(1.0)	22.6	(1.1)	25.3	(1.3)	17.6	(1.2)	8.9	(0.8)	4.2	(0.7)

1. 土耳其提供的注释：本文中塞浦路斯指岛的南部。岛上没有一个统一的当局代表土耳其和希腊塞浦路斯人，土耳其承认北塞浦路斯土耳其共和国(TRNC)，土耳其将保留对塞浦路斯问题的看法，直到在联合国背景下作出持久和公平的决定。

2. 欧盟和OECD的欧盟成员国提供的注释：除土耳其外，联合国所有成员均承认塞浦路斯共和国，文中塞浦路斯指的是在塞浦路斯共和国有效控制下的区域。

附表 3.6 ■ 按性别区分的数学表述分量表各精熟度水平的学生比例

		低于水平1 (低于357.77分)		水平1 (从357.77至420.07分)		水平2 (从420.07至482.38分)		水平3 (从482.38至544.68分)		水平4 (从544.68至606.99分)		水平5 (从606.99至669.30分)		水平6 (高于669.30分)	
		%	标准误	%	标准误	%	标准误	%	标准误	%	标准误	%	标准误	%	标准误
OECD	澳大利亚	8.4	(0.5)	14.3	(0.6)	20.3	(0.8)	21.0	(0.7)	17.3	(0.9)	10.8	(0.8)	7.9	(0.8)
	奥地利	7.2	(0.9)	12.6	(1.0)	18.3	(1.2)	21.3	(1.3)	19.8	(1.0)	13.6	(1.0)	7.1	(1.1)
	比利时	8.4	(0.8)	11.7	(0.8)	17.3	(0.7)	19.7	(0.8)	19.5	(1.0)	14.1	(0.8)	9.4	(0.6)
	加拿大	5.5	(0.5)	11.4	(0.7)	19.0	(0.9)	22.6	(0.9)	19.4	(0.7)	13.8	(0.6)	8.3	(0.6)
	智利	19.2	(1.5)	26.5	(1.2)	26.0	(1.0)	17.3	(1.2)	8.0	(0.9)	2.5	(0.4)	0.6	(0.2)
	捷克	7.7	(1.0)	12.9	(1.3)	20.9	(1.5)	23.0	(1.2)	19.6	(1.2)	10.9	(1.2)	5.0	(0.7)
	丹麦	4.5	(0.7)	11.4	(0.9)	21.1	(1.0)	27.1	(1.1)	21.6	(1.2)	11.0	(1.0)	3.3	(0.5)
	爱沙尼亚	3.2	(0.5)	9.9	(1.1)	20.9	(1.3)	26.4	(1.0)	20.8	(1.1)	12.1	(0.9)	6.6	(0.6)
	芬兰	5.5	(0.7)	11.0	(0.9)	19.3	(1.1)	23.5	(1.3)	21.0	(1.3)	12.7	(1.0)	7.0	(0.8)
	法国	11.6	(0.9)	14.8	(1.3)	20.5	(1.2)	20.8	(1.2)	17.6	(1.0)	10.2	(1.3)	4.7	(0.6)
	德国	6.9	(0.7)	11.6	(0.8)	18.1	(1.2)	21.3	(1.4)	20.3	(0.9)	13.7	(0.9)	8.1	(0.8)
	希腊	15.7	(1.3)	19.6	(1.1)	26.5	(1.6)	21.4	(1.3)	11.7	(0.9)	4.0	(0.4)	1.0	(0.3)
	匈牙利	11.9	(1.2)	18.5	(1.3)	23.5	(1.4)	20.6	(1.4)	13.6	(1.1)	7.6	(0.8)	4.3	(1.0)
	冰岛	7.6	(0.8)	13.3	(0.8)	21.6	(1.1)	25.2	(1.0)	18.4	(1.5)	10.0	(1.0)	3.9	(0.7)
	爱尔兰	6.7	(1.0)	13.3	(1.2)	21.0	(1.7)	25.9	(1.4)	18.9	(1.1)	10.1	(0.9)	4.0	(0.5)
	以色列	17.6	(1.8)	16.6	(1.4)	18.0	(1.1)	19.4	(1.2)	15.4	(1.5)	8.8	(1.5)	4.2	(0.9)
	意大利	11.4	(0.6)	15.1	(0.7)	22.0	(0.8)	21.7	(0.8)	16.4	(0.6)	9.2	(0.5)	4.2	(0.4)
	日本	4.2	(0.8)	7.0	(0.8)	12.0	(0.9)	18.8	(1.0)	21.5	(1.1)	18.3	(1.0)	18.1	(1.6)
	韩国	3.4	(0.7)	6.7	(1.0)	12.4	(1.1)	17.0	(1.3)	20.4	(1.2)	18.9	(0.9)	21.2	(2.1)
	卢森堡	8.9	(0.6)	14.3	(0.8)	21.0	(0.8)	22.4	(0.9)	18.8	(0.9)	9.8	(0.6)	4.8	(0.5)
	墨西哥	24.1	(1.0)	27.0	(0.7)	25.6	(0.7)	15.3	(0.6)	6.2	(0.4)	1.5	(0.2)	0.3	(0.1)
	荷兰	4.5	(0.7)	9.1	(1.0)	17.0	(1.0)	22.7	(1.5)	21.3	(1.3)	16.4	(1.1)	9.0	(1.1)
	新西兰	9.3	(1.0)	14.3	(1.2)	18.8	(1.0)	20.4	(1.2)	17.2	(1.2)	11.8	(0.9)	8.3	(0.9)
	挪威	9.5	(0.9)	15.5	(0.9)	22.2	(1.2)	22.8	(1.3)	17.5	(1.1)	8.6	(0.7)	4.0	(0.5)
	波兰	5.3	(0.7)	11.8	(1.1)	19.3	(1.3)	23.2	(1.3)	18.8	(1.4)	12.8	(1.2)	8.8	(1.3)
	葡萄牙	12.7	(1.2)	15.7	(1.2)	19.2	(1.5)	21.5	(1.0)	16.5	(1.1)	9.5	(0.8)	4.9	(0.7)
	斯洛伐克	11.9	(1.3)	16.7	(1.6)	21.1	(1.3)	19.8	(1.7)	15.2	(1.1)	9.2	(0.8)	6.0	(0.8)
	斯洛文尼亚	8.9	(0.9)	16.4	(0.9)	21.2	(1.4)	21.2	(1.2)	16.6	(1.0)	10.3	(0.9)	5.4	(0.6)
	西班牙	11.2	(0.8)	15.4	(0.8)	20.8	(0.8)	22.7	(0.9)	17.2	(0.8)	9.2	(0.6)	3.6	(0.4)
	瑞典	12.4	(1.0)	16.8	(1.0)	22.0	(1.1)	21.0	(1.2)	15.6	(1.0)	8.5	(0.7)	3.7	(0.5)
	瑞士	4.1	(0.5)	7.9	(0.7)	13.9	(0.8)	21.4	(1.1)	23.1	(1.1)	16.7	(1.1)	12.9	(1.0)
	土耳其	15.2	(1.4)	24.6	(1.4)	24.9	(1.5)	16.6	(1.4)	10.8	(1.3)	5.8	(1.1)	2.1	(0.6)
	英国	9.4	(1.4)	14.9	(1.2)	21.6	(1.5)	22.4	(1.4)	16.6	(1.1)	10.4	(1.1)	4.7	(0.6)
	美国	11.3	(1.2)	18.1	(1.1)	23.1	(1.3)	21.5	(1.2)	14.6	(1.4)	7.8	(0.8)	3.4	(0.6)
	OECD国家	11.0	(0.3)	16.2	(0.3)	20.8	(0.5)	20.2	(0.4)	15.7	(0.4)	9.9	(0.3)	6.2	(0.2)
	OECD各国平均	9.6	(0.2)	14.6	(0.2)	20.3	(0.2)	21.4	(0.2)	17.3	(0.2)	10.6	(0.2)	6.2	(0.1)
伙伴国家(地区)	阿尔巴尼亚	32.0	(1.3)	27.6	(1.1)	22.4	(1.3)	12.7	(1.2)	4.3	(0.5)	0.9	(0.3)	0.1	(0.1)
	阿根廷	33.3	(2.1)	30.3	(1.3)	23.1	(1.6)	10.3	(1.1)	2.4	(0.5)	0.5	(0.3)	0.0	(0.1)
	巴西	36.7	(1.1)	29.3	(0.9)	19.9	(0.7)	9.0	(0.7)	3.7	(0.5)	1.2	(0.3)	0.3	(0.1)
	保加利亚	21.9	(1.5)	23.0	(1.2)	22.0	(1.1)	17.6	(1.3)	10.0	(1.1)	4.2	(0.7)	1.4	(0.4)
	哥伦比亚	35.8	(1.9)	30.3	(1.4)	20.5	(1.4)	9.3	(1.0)	3.3	(0.6)	0.7	(0.2)	0.1	(0.1)
	哥斯达黎加	22.4	(1.9)	31.0	(2.3)	27.4	(1.5)	13.4	(1.3)	4.4	(0.8)	1.1	(0.5)	0.3	(0.2)
	克罗地亚	15.4	(1.3)	20.8	(1.4)	23.6	(1.3)	20.5	(1.2)	11.7	(1.0)	5.6	(0.9)	2.5	(0.8)
	塞浦路斯	20.8	(0.8)	21.9	(0.8)	23.8	(1.0)	18.0	(0.8)	9.9	(0.8)	4.5	(0.5)	1.1	(0.3)
	中国香港	4.0	(0.6)	6.3	(0.8)	11.1	(1.0)	15.3	(1.1)	19.8	(1.1)	20.0	(1.1)	23.4	(1.7)
	印度尼西亚	45.7	(2.4)	27.5	(1.4)	16.3	(1.2)	7.4	(1.3)	2.6	(0.7)	0.6	(0.3)	0.0	c
	约旦	37.6	(2.7)	30.6	(1.5)	19.5	(1.8)	8.7	(1.1)	2.3	(0.6)	0.8	(0.4)	0.4	c
	哈萨克斯坦	14.2	(1.3)	25.1	(1.5)	28.7	(1.8)	20.4	(1.4)	8.6	(1.1)	2.4	(0.5)	0.6	(0.2)
	拉脱维亚	7.8	(1.3)	16.7	(1.7)	25.1	(1.4)	24.2	(1.3)	16.2	(1.3)	7.4	(1.0)	2.9	(0.5)
	列支敦士登	3.0	(2.1)	7.3	(2.3)	16.1	(4.1)	22.0	(4.1)	23.2	(4.0)	15.8	(3.8)	12.6	(2.9)
	立陶宛	12.4	(1.0)	17.9	(1.0)	22.2	(1.2)	21.0	(1.1)	14.2	(1.1)	8.1	(0.9)	4.1	(0.6)
	中国澳门	5.0	(0.4)	8.5	(0.5)	14.1	(0.7)	19.4	(0.9)	20.6	(0.9)	18.1	(0.9)	14.4	(0.7)
	马来西亚	33.8	(1.6)	24.7	(1.2)	19.8	(1.3)	12.8	(1.1)	6.6	(1.0)	1.9	(0.5)	0.4	(0.2)
	黑山	30.5	(1.4)	27.1	(1.3)	22.1	(1.2)	13.6	(1.1)	5.1	(0.7)	1.5	(0.4)	0.2	(0.2)
	秘鲁	40.5	(1.6)	27.3	(1.1)	18.6	(1.1)	9.1	(1.1)	3.3	(0.6)	0.9	(0.3)	0.1	(0.1)
	卡塔尔	48.1	(0.7)	21.4	(0.8)	14.4	(0.6)	8.6	(0.5)	4.9	(0.3)	2.1	(0.3)	0.5	(0.1)
	罗马尼亚	16.7	(1.4)	23.3	(1.3)	26.2	(1.5)	18.3	(1.2)	10.0	(1.0)	4.1	(0.7)	1.4	(0.5)
	俄罗斯	10.0	(0.9)	15.6	(1.1)	23.7	(1.2)	24.2	(1.1)	16.3	(1.2)	7.4	(0.8)	2.8	(0.7)
	塞尔维亚	15.8	(1.3)	23.2	(1.4)	25.1	(1.5)	18.4	(1.2)	10.5	(1.1)	4.7	(0.5)	2.3	(0.5)
	中国上海	1.9	(0.4)	3.9	(0.6)	6.9	(0.8)	11.4	(0.7)	16.4	(1.0)	19.0	(1.1)	40.4	(1.6)
	新加坡	4.4	(0.5)	8.6	(0.7)	11.4	(0.9)	15.0	(0.9)	17.6	(0.9)	18.2	(0.8)	26.4	(0.8)
	中国台北	6.6	(0.8)	7.9	(0.7)	10.0	(0.8)	12.8	(1.0)	15.4	(1.1)	16.9	(1.2)	30.3	(1.8)
	泰国	29.8	(1.5)	27.0	(1.6)	21.6	(1.3)	12.0	(1.0)	6.0	(0.9)	2.7	(0.6)	1.0	(0.4)
	突尼斯	38.4	(2.1)	28.4	(1.6)	20.5	(1.3)	8.3	(1.1)	3.0	(0.6)	0.9	(0.4)	0.5	(0.3)
	阿联酋	26.9	(1.3)	23.2	(0.9)	21.1	(1.0)	15.4	(0.9)	8.6	(0.7)	3.5	(0.5)	1.4	(0.3)
	乌拉圭	28.1	(1.5)	23.5	(1.1)	22.5	(1.4)	15.3	(1.0)	7.6	(0.7)	2.7	(0.5)	0.4	(0.2)
	越南	6.9	(1.3)	12.5	(1.3)	21.4	(1.7)	24.8	(1.9)	18.5	(1.4)	10.4	(1.0)	5.6	(1.0)

附表 3.6 ■ 按性别区分的数学表述分量表各精熟度水平的学生比例(续表 1)

		女生													
		低于水平 1(低于 357.77 分)		水平 1(从 357.77 至 420.07 分)		水平 2(从 420.07 至 482.38 分)		水平 3(从 482.38 至 544.68 分)		水平 4(从 544.68 至 606.99 分)		水平 5(从 606.99 至 669.30 分)		水平 6(高于 669.30 分)	
		%	标准误	%	标准误	%	标准误	%	标准误	%	标准误	%	标准误	%	标准误
OECD	澳大利亚	11.0	(0.6)	16.0	(0.7)	21.2	(0.7)	21.5	(0.8)	16.0	(0.8)	9.4	(0.5)	4.8	(0.5)
	奥地利	10.2	(1.1)	16.8	(1.2)	23.1	(1.1)	21.3	(1.2)	17.2	(1.0)	8.7	(0.8)	2.7	(0.4)
	比利时	8.8	(0.6)	13.5	(0.7)	19.3	(0.9)	22.0	(1.0)	18.7	(1.0)	11.4	(0.8)	6.3	(0.5)
	加拿大	6.2	(0.5)	12.0	(0.6)	21.6	(0.9)	23.7	(1.0)	20.2	(0.8)	11.1	(0.6)	5.2	(0.4)
	智利	29.6	(1.7)	29.3	(1.2)	22.7	(1.5)	12.3	(0.9)	4.7	(0.6)	1.2	(0.3)	0.2	(0.1)
	捷克	9.8	(1.0)	16.5	(1.2)	22.5	(1.3)	22.8	(1.6)	16.7	(1.5)	8.1	(0.8)	3.6	(0.5)
	丹麦	6.1	(0.7)	14.8	(0.9)	24.4	(1.4)	25.6	(1.1)	18.7	(1.1)	8.2	(1.0)	2.3	(0.4)
	爱沙尼亚	3.9	(0.7)	10.9	(0.9)	23.0	(1.0)	27.0	(1.1)	20.7	(1.1)	10.3	(0.8)	4.2	(0.5)
	芬兰	4.1	(0.6)	10.4	(0.8)	20.3	(1.0)	26.7	(1.2)	21.2	(1.0)	12.2	(0.9)	5.1	(0.5)
	法国	12.7	(1.0)	16.9	(1.0)	23.2	(1.2)	21.8	(1.1)	15.6	(0.9)	7.1	(0.7)	2.9	(0.4)
	德国	8.5	(0.9)	13.8	(1.0)	20.8	(1.1)	22.5	(1.4)	18.5	(1.1)	11.0	(0.9)	4.9	(0.6)
	希腊	15.6	(1.1)	24.8	(1.3)	28.8	(1.5)	19.8	(1.0)	8.4	(0.8)	2.2	(0.3)	0.3	(0.2)
	匈牙利	13.9	(1.1)	21.2	(1.4)	25.2	(1.3)	19.8	(1.2)	12.0	(1.0)	5.8	(0.9)	1.9	(0.6)
	冰岛	5.7	(0.6)	13.4	(0.9)	22.7	(1.2)	26.5	(1.3)	19.0	(1.1)	9.8	(0.9)	2.9	(0.6)
	爱尔兰	9.2	(0.9)	16.3	(1.0)	24.6	(1.3)	24.4	(1.4)	16.6	(0.9)	6.9	(0.5)	2.0	(0.3)
	以色列	16.5	(1.3)	18.2	(0.9)	23.7	(1.0)	22.0	(1.1)	13.2	(1.1)	4.9	(0.6)	1.5	(0.3)
	意大利	13.6	(0.7)	19.2	(0.7)	25.3	(0.7)	22.1	(0.7)	13.2	(0.6)	5.2	(0.4)	1.5	(0.2)
	日本	3.8	(0.6)	8.3	(0.9)	15.4	(1.1)	22.9	(1.2)	21.5	(1.3)	15.8	(1.3)	12.3	(1.5)
	韩国	3.5	(0.6)	7.5	(1.0)	14.5	(1.3)	21.7	(1.2)	22.7	(1.3)	17.2	(1.3)	12.9	(1.5)
	卢森堡	14.6	(0.8)	19.9	(1.2)	22.6	(1.0)	20.5	(0.9)	14.1	(0.8)	6.5	(0.7)	1.8	(0.4)
	墨西哥	30.9	(0.9)	29.4	(0.7)	23.5	(0.7)	11.5	(0.6)	3.8	(0.3)	0.8	(0.1)	0.1	(0.0)
	荷兰	5.4	(0.9)	12.5	(1.1)	17.9	(1.4)	22.4	(1.6)	22.0	(1.3)	13.8	(1.6)	6.1	(0.8)
	新西兰	10.5	(0.9)	17.7	(1.0)	22.9	(1.4)	20.8	(1.2)	15.4	(1.1)	8.5	(0.9)	4.3	(0.6)
	挪威	8.8	(0.9)	15.7	(1.2)	23.5	(1.1)	23.8	(1.4)	16.4	(0.9)	8.5	(0.7)	3.3	(0.5)
	波兰	5.6	(0.6)	13.1	(1.2)	22.4	(1.4)	22.8	(1.0)	19.2	(1.1)	11.5	(1.2)	5.4	(0.8)
	葡萄牙	14.3	(1.3)	18.5	(1.3)	21.9	(1.0)	20.4	(1.2)	15.1	(1.2)	7.5	(0.7)	2.4	(0.4)
	斯洛伐克	14.1	(1.4)	17.3	(1.5)	21.9	(1.7)	21.2	(1.3)	15.4	(1.4)	7.4	(0.8)	2.7	(0.5)
	斯洛文尼亚	10.1	(0.7)	16.0	(1.0)	22.5	(1.3)	21.9	(1.1)	16.2	(1.0)	9.1	(1.0)	4.1	(0.6)
	西班牙	12.9	(0.7)	18.2	(0.8)	24.4	(1.1)	22.9	(0.8)	14.5	(0.7)	5.7	(0.5)	1.4	(0.2)
	瑞典	11.2	(0.9)	17.7	(1.1)	22.5	(0.9)	22.8	(1.2)	16.1	(1.4)	7.5	(1.0)	2.2	(0.4)
	瑞士	5.2	(0.6)	9.1	(0.7)	18.1	(1.1)	22.8	(1.0)	22.0	(1.1)	14.6	(1.0)	8.2	(0.9)
	土耳其	18.3	(1.6)	25.0	(1.7)	24.1	(1.6)	16.7	(1.4)	10.5	(1.5)	4.4	(1.0)	1.0	(0.5)
	英国	11.7	(1.1)	16.0	(0.9)	22.9	(1.1)	21.6	(0.9)	15.7	(0.9)	8.0	(0.8)	4.0	(0.7)
	美国	10.9	(1.1)	20.0	(1.2)	26.0	(1.3)	21.5	(1.6)	12.9	(1.3)	6.0	(0.8)	2.7	(0.5)
	OECD 国家	12.7	(0.3)	18.2	(0.4)	22.8	(0.4)	20.4	(0.4)	14.3	(0.4)	7.6	(0.3)	3.9	(0.2)
	OECD 各国平均	11.1	(0.2)	16.7	(0.2)	22.3	(0.2)	21.8	(0.2)	16.0	(0.2)	8.4	(0.1)	3.7	(0.1)
伙伴国家(地区)	阿尔巴尼亚	31.0	(1.5)	27.7	(1.3)	24.3	(1.4)	12.0	(1.3)	4.0	(0.7)	0.9	(0.3)	0.1	c
	阿根廷	41.0	(2.0)	31.1	(1.6)	19.5	(1.5)	6.8	(0.8)	1.4	(0.3)	0.2	(0.1)	0.0	c
	巴西	49.0	(1.3)	27.1	(1.0)	15.4	(0.8)	6.1	(0.5)	1.7	(0.3)	0.5	(0.2)	0.1	(0.1)
	保加利亚	21.8	(1.8)	23.5	(1.4)	24.8	(1.3)	17.2	(1.3)	8.4	(0.8)	3.4	(0.7)	1.0	(0.3)
	哥伦比亚	49.9	(2.2)	28.3	(1.3)	15.0	(1.1)	5.4	(0.8)	1.3	(0.3)	0.2	(0.1)	0.1	(0.1)
	哥斯达黎加	36.8	(2.1)	34.7	(1.3)	19.7	(1.5)	6.8	(0.9)	1.7	(0.5)	0.3	(0.1)	0.0	c
	克罗地亚	17.6	(1.2)	24.0	(1.1)	25.5	(1.4)	19.3	(1.4)	8.9	(0.8)	3.4	(0.7)	1.3	(0.6)
	塞浦路斯	19.5	(0.9)	26.3	(1.4)	27.4	(1.6)	16.7	(1.2)	7.8	(0.6)	2.0	(0.4)	0.3	(0.1)
	中国香港	4.3	(0.7)	6.8	(0.7)	12.8	(1.0)	18.5	(1.5)	23.4	(1.5)	19.9	(1.2)	14.3	(1.4)
	印度尼西亚	48.0	(2.5)	27.6	(1.9)	15.6	(1.4)	6.4	(1.0)	2.0	(0.7)	0.4	(0.3)	0.1	c
	约旦	32.2	(1.7)	34.1	(1.5)	22.5	(1.1)	9.0	(0.9)	1.8	(0.4)	0.4	(0.4)	0.0	c
	哈萨克斯坦	15.6	(1.5)	26.9	(1.5)	29.1	(1.2)	18.5	(1.3)	7.3	(0.9)	2.1	(0.6)	0.5	(0.3)
	拉脱维亚	6.7	(1.0)	14.9	(1.2)	26.3	(1.5)	25.8	(1.5)	17.2	(1.4)	6.9	(1.0)	2.2	(0.4)
	列支敦士登	6.1	(2.8)	12.0	(3.3)	17.8	(4.6)	20.1	(3.8)	23.0	(4.7)	15.6	(3.1)	5.4	(2.2)
	立陶宛	11.4	(1.0)	17.2	(1.0)	24.6	(1.2)	21.9	(1.3)	15.3	(1.0)	7.3	(0.7)	2.4	(0.4)
	中国澳门	4.6	(0.4)	9.0	(0.8)	15.7	(0.8)	21.3	(1.0)	22.0	(0.9)	15.8	(0.9)	11.7	(0.7)
	马来西亚	31.0	(1.9)	26.1	(1.5)	21.6	(1.0)	13.0	(0.9)	6.2	(0.9)	1.8	(0.4)	0.3	(0.1)
	黑山	31.4	(1.2)	29.3	(1.3)	22.3	(1.1)	11.8	(0.9)	4.1	(0.5)	0.9	(0.3)	0.2	c
	秘鲁	51.1	(2.3)	25.9	(1.3)	14.6	(1.2)	6.0	(0.8)	2.0	(0.5)	0.4	(0.2)	0.1	c
	卡塔尔	43.3	(0.7)	24.9	(0.7)	16.4	(0.5)	8.9	(0.5)	4.4	(0.4)	1.7	(0.2)	0.5	(0.1)
	罗马尼亚	18.1	(1.5)	24.1	(1.4)	26.2	(1.1)	18.1	(1.6)	9.6	(1.0)	3.0	(0.6)	0.9	(0.4)
	俄罗斯	9.8	(0.8)	17.2	(1.4)	24.9	(1.6)	23.8	(1.0)	15.3	(1.0)	6.6	(0.9)	2.3	(0.4)
	塞尔维亚	20.0	(1.6)	23.0	(2.0)	24.3	(1.6)	18.3	(1.2)	9.3	(0.9)	3.8	(0.7)	1.3	(0.4)
	中国上海	1.7	(0.4)	3.5	(0.6)	7.2	(0.8)	12.3	(0.9)	17.9	(1.0)	22.0	(1.3)	35.5	(1.5)
	新加坡	3.0	(0.4)	5.9	(0.5)	11.9	(0.7)	16.3	(0.9)	19.3	(0.9)	19.5	(1.0)	24.1	(0.8)
	中国台北	5.7	(0.6)	7.7	(0.8)	12.1	(1.1)	15.6	(0.9)	17.3	(0.9)	17.3	(1.1)	24.3	(2.2)
	泰国	26.9	(1.5)	26.4	(1.3)	22.5	(1.1)	13.8	(1.0)	6.3	(0.8)	2.9	(0.6)	1.3	(0.4)
	突尼斯	52.0	(1.9)	25.7	(1.1)	13.7	(1.3)	5.7	(0.8)	2.0	(0.7)	0.7	(0.4)	0.1	(0.1)
	阿联酋	25.4	(1.6)	24.4	(0.8)	22.2	(0.9)	16.4	(0.8)	8.0	(0.7)	2.9	(0.3)	0.7	(0.2)
	乌拉圭	34.4	(1.6)	26.3	(1.1)	21.2	(1.3)	12.0	(1.0)	4.7	(0.8)	1.1	(0.3)	0.2	(0.1)
	越南	8.3	(1.2)	14.8	(1.2)	23.8	(1.3)	25.8	(1.3)	16.8	(1.3)	7.7	(1.0)	2.9	(0.7)

1. 土耳其提供的注释：本文中塞浦路斯指岛的南部。岛上没有一个统一的当局代表土耳其和希腊塞浦路斯人，土耳其承认北塞浦路斯土耳其共和国(TRNC)，土耳其将保留对塞浦路斯问题的看法，直到在联合国背景下作出持久和公平的决定。
2. 欧盟和 OECD 的欧盟成员国提供的注释：除土耳其外，联合国所有成员均承认塞浦路斯共和国，文中塞浦路斯指的是在塞浦路斯共和国有效控制下的区域。

附表 3.7 ■ 学生数学表述分量表的平均分、变异和性别差异

| | | 所有学生 | | | 性别差异 | | | | 差值(男—女) | | 百分位数 第5 | | 第10 | | 第25 | | 第75 | | 第90 | | 第95 | |
		平均分 均值	标准误	标准差	标准误	男生 平均分	标准误	女生 平均分	标准误	分差	标准误	分数	标准误	分数	标准误	分数	标准误	分数	标准误	分数	标准误	分数	标准误
OECD	澳大利亚	498	(1.9)	110	(1.5)	506	(2.8)	489	(2.3)	**17**	(3.5)	323	(3.3)	359	(2.6)	421	(1.8)	573	(2.7)	643	(3.8)	683	(4.7)
	奥地利	499	(3.2)	105	(2.1)	515	(4.6)	484	(3.6)	**32**	(5.2)	328	(6.6)	365	(4.9)	425	(3.9)	575	(3.9)	635	(5.0)	668	(5.4)
	比利时	512	(2.4)	111	(1.5)	520	(3.2)	505	(2.6)	**15**	(3.4)	328	(5.3)	367	(4.1)	435	(3.3)	591	(2.9)	656	(3.1)	692	(3.6)
	加拿大	516	(2.2)	101	(0.9)	522	(2.6)	510	(2.4)	**13**	(2.4)	350	(2.8)	385	(2.7)	446	(2.7)	587	(2.9)	648	(3.6)	685	(3.2)
	智利	420	(3.2)	88	(1.6)	434	(3.8)	406	(3.3)	**29**	(3.7)	284	(4.6)	311	(4.3)	359	(3.5)	477	(3.7)	535	(4.9)	573	(5.4)
	捷克	495	(3.4)	103	(2.6)	503	(4.3)	486	(3.8)	**17**	(4.4)	330	(7.5)	365	(5.1)	425	(4.2)	565	(3.6)	626	(4.6)	663	4.3
	丹麦	502	(2.4)	89	(1.5)	511	(2.8)	494	(2.6)	**17**	(2.5)	355	(4.9)	387	(4.3)	441	(3.3)	565	(2.7)	618	(3.7)	649	(4.2)
	爱沙尼亚	517	(2.3)	91	(1.1)	523	(2.9)	512	(2.4)	**11**	(2.7)	371	(4.3)	402	(3.9)	454	(2.8)	578	(3.0)	637	(3.1)	673	(4.2)
	芬兰	519	(2.4)	97	(1.4)	520	(3.1)	518	(2.6)	2	(3.0)	359	(4.9)	393	(3.4)	453	(2.5)	585	(3.0)	645	(3.6)	678	(3.8)
	法国	483	(2.8)	106	(2.0)	491	(3.8)	476	(3.0)	**15**	(3.9)	309	(5.7)	346	(4.1)	410	(3.3)	558	(3.8)	620	(4.1)	656	(6.0)
	德国	511	(3.0)	105	(1.7)	520	(3.6)	501	(3.0)	**19**	(3.2)	337	(4.7)	372	(4.5)	438	(4.2)	586	(4.3)	647	(4.3)	681	(5.3)
	希腊	448	(2.3)	89	(1.6)	454	(3.2)	442	(2.6)	**13**	(3.1)	303	(5.3)	334	(3.8)	387	(3.4)	507	(2.9)	563	(3.7)	596	(3.9)
	匈牙利	469	(3.6)	101	(2.9)	478	(4.0)	461	(4.2)	**17**	(3.9)	312	(5.5)	344	(4.1)	398	(3.9)	536	(3.2)	605	(8.4)	645	(9.5)
	冰岛	500	(1.7)	94	(1.2)	499	(2.7)	501	(2.4)	—1	(3.3)	344	(5.5)	377	(3.9)	436	(3.2)	565	(3.0)	623	(4.0)	654	(4.4)
	爱尔兰	492	(2.4)	95	(1.4)	502	(3.7)	482	(2.8)	**20**	(4.4)	335	(4.5)	369	(4.4)	427	(3.5)	557	(2.4)	615	(3.1)	650	(3.3)
	以色列	465	(4.7)	109	(2.5)	472	(7.7)	457	(5.3)	15	(7.1)	284	(7.9)	323	(6.1)	388	(5.4)	541	(5.9)	605	(6.2)	643	(6.4)
	意大利	475	(2.2)	102	(1.0)	487	(2.4)	463	(2.3)	**24**	(2.6)	309	(3.0)	345	(2.6)	406	(2.4)	545	(2.7)	608	(3.4)	645	(4.5)
	日本	554	(4.2)	110	(2.7)	563	(5.2)	544	(4.4)	**19**	(4.9)	370	(3.0)	410	(6.6)	481	(5.2)	631	(4.7)	695	(5.8)	730	(6.5)
	韩国	562	(5.1)	111	(2.4)	573	(6.5)	550	(5.8)	**22**	(7.0)	377	(7.5)	417	(6.0)	487	(5.2)	642	(6.2)	704	(6.9)	738	(8.5)
	卢森堡	482	(1.0)	102	(1.0)	498	(1.4)	465	(1.5)	**33**	(2.1)	317	(3.4)	349	(2.5)	409	(2.0)	554	(1.9)	615	(2.0)	650	(3.4)
	墨西哥	409	(1.7)	86	(0.8)	419	(1.9)	400	(1.8)	**20**	(1.7)	270	(2.8)	301	(2.1)	351	(1.9)	466	(2.1)	521	(2.4)	555	(2.3)
	荷兰	527	(3.8)	101	(2.4)	535	(3.8)	519	(4.2)	**16**	(3.1)	358	(5.0)	393	(5.0)	455	(5.2)	600	(4.9)	657	(5.4)	689	(6.3)
	新西兰	496	(2.5)	109	(1.4)	507	(3.6)	484	(3.3)	**23**	(4.8)	326	(4.2)	359	(3.6)	417	(2.9)	571	(3.3)	641	(4.7)	683	(5.4)
	挪威	489	(3.1)	100	(1.5)	490	(3.8)	488	(3.7)	2	(3.2)	328	(5.4)	363	(4.5)	421	(3.7)	557	(3.4)	618	(4.2)	655	(4.8)
	波兰	516	(4.2)	102	(2.1)	522	(4.8)	509	(4.4)	**13**	(3.8)	353	(4.8)	387	(4.0)	443	(4.0)	585	(5.7)	650	(7.1)	687	(8.9)
	葡萄牙	479	(4.3)	107	(1.8)	487	(4.4)	471	(4.5)	**17**	(2.8)	304	(4.9)	340	(5.1)	401	(5.1)	554	(5.0)	619	(4.4)	655	(5.6)
	斯洛伐克	480	(4.1)	109	(2.7)	488	(4.8)	472	(4.7)	**16**	(4.8)	301	(8.4)	341	(6.2)	405	(4.4)	557	(5.6)	623	(6.0)	662	(7.3)
	斯洛文尼亚	492	(1.5)	104	(1.2)	496	(2.4)	488	(2.2)	8	(3.6)	328	(4.8)	360	(3.0)	418	(2.7)	565	(2.7)	630	(4.9)	667	(3.6)
	西班牙	477	(2.2)	102	(1.1)	486	(2.8)	467	(2.3)	**19**	(2.6)	305	(4.5)	346	(3.7)	408	(2.9)	547	(2.4)	607	(2.9)	640	(2.9)
	瑞典	479	(2.7)	102	(1.5)	480	(3.4)	478	(2.9)	2	(3.1)	313	(6.0)	348	(3.9)	407	(3.3)	550	(3.5)	612	(3.8)	647	(4.0)
	瑞士	538	(3.1)	104	(1.6)	548	(3.5)	528	(3.4)	**20**	(3.1)	361	(4.2)	402	(3.8)	468	(3.7)	611	(3.8)	672	(4.2)	707	(4.5)
	土耳其	449	(5.2)	96	(3.1)	454	(5.4)	444	(6.0)	10	(4.8)	307	(4.9)	334	(3.9)	380	(4.1)	512	(8.0)	583	(10.5)	622	(9.2)
	英国	489	(3.7)	104	(2.0)	495	(4.6)	483	(4.6)	12	(5.3)	319	(6.2)	355	(6.2)	417	(5.0)	560	(4.0)	626	(5.2)	663	(4.6)
	美国	476	(4.1)	98	(1.6)	481	(4.6)	471	(4.6)	9	(4.4)	323	(4.2)	352	(5.0)	406	(4.4)	540	(5.7)	607	(6.1)	646	(5.6)
	OECD 国家	**485**	**(1.3)**	**108**	**(0.6)**	**493**	**(1.4)**	**477**	**(1.4)**	**16**	**(1.2)**	**315**	**(1.4)**	**348**	**(1.8)**	**407**	**(1.5)**	**559**	**(1.7)**	**629**	**(1.7)**	**670**	**(2.0)**
	OECD 各国平均	**492**	**(0.5)**	**101**	**(0.3)**	**499**	**(0.7)**	**484**	**(0.6)**	**16**	**(0.7)**	**327**	**(0.8)**	**362**	**(0.8)**	**421**	**(0.6)**	**562**	**(0.7)**	**624**	**(0.8)**	**660**	**(0.9)**
伙伴国家(地区)	阿尔巴尼亚	398	(1.9)	92	(1.4)	397	(2.5)	399	(2.5)	—1	(3.1)	244	(4.3)	281	(4.5)	340	(2.8)	459	(3.8)	513	(4.7)	546	(4.3)
	阿根廷	383	(3.5)	81	(2.1)	392	(3.9)	374	(3.6)	**17**	(3.0)	251	(6.0)	282	(4.9)	330	(4.4)	436	(3.8)	486	(4.8)	515	(4.7)
	巴西	376	(3.2)	88	(1.9)	390	(2.6)	363	(2.8)	**27**	(2.0)	239	(3.1)	268	(2.7)	317	(2.1)	431	(3.3)	489	(5.2)	529	(6.6)
	保加利亚	437	(4.2)	99	(2.4)	439	(4.8)	434	(4.9)	5	(4.6)	282	(4.9)	313	(5.0)	368	(4.4)	503	(5.7)	567	(6.9)	607	(7.3)
	哥伦比亚	375	(3.3)	82	(1.8)	390	(3.7)	362	(3.8)	**29**	(3.6)	247	(5.6)	274	(4.2)	321	(3.2)	427	(4.2)	482	(5.0)	517	(6.1)
	哥斯达黎加	399	(3.5)	78	(2.3)	416	(4.0)	383	(3.5)	**33**	(2.8)	277	(4.8)	303	(4.5)	346	(3.7)	447	(4.2)	499	(5.9)	532	(7.7)
	克罗地亚	453	(4.0)	96	(3.0)	461	(5.1)	444	(4.2)	**16**	(4.7)	304	(3.7)	332	(3.5)	384	(3.2)	515	(5.1)	580	(8.6)	622	(13.0)
	塞浦路斯	437	(1.2)	93	(0.9)	441	(1.6)	432	(1.8)	9	(2.5)	290	(3.2)	320	(2.3)	372	(1.9)	498	(2.5)	559	(2.5)	596	(4.0)
	中国香港	568	(3.7)	115	(2.1)	579	(5.6)	557	(4.8)	22	(7.1)	369	(7.0)	415	(7.0)	493	(5.2)	649	(4.1)	711	(4.0)	744	(5.0)
	印度尼西亚	368	(4.6)	86	(3.2)	371	(5.0)	365	(5.1)	6	(4.3)	233	(5.2)	262	(4.7)	310	(4.1)	422	(6.0)	481	(8.5)	518	(12.2)
	约旦	390	(3.4)	79	(3.6)	387	(5.8)	393	(3.1)	—7	(6.4)	267	(4.4)	294	(4.1)	337	(3.6)	439	(3.6)	491	(4.6)	522	(7.4)
	哈萨克斯坦	442	(3.8)	82	(2.1)	446	(4.1)	438	(4.2)	7	(3.3)	313	(3.7)	339	(3.9)	385	(3.8)	496	(5.0)	548	(6.3)	582	(7.5)
	拉脱维亚	488	(3.0)	90	(1.6)	487	(4.0)	489	(3.4)	—2	(4.3)	343	(5.4)	373	(4.4)	423	(3.1)	549	(4.0)	606	(5.2)	639	(4.7)
	列支敦士登	535	(4.4)	101	(3.6)	548	(6.4)	520	(6.5)	28	(9.7)	362	(20.2)	395	(11.8)	467	(8.7)	608	(8.3)	665	(12.0)	698	(12.5)
	立陶宛	477	(3.1)	102	(1.6)	479	(3.3)	476	(3.6)	3	(2.9)	312	(5.3)	348	(4.4)	407	(4.1)	547	(3.9)	613	(5.0)	651	(6.1)
	中国澳门	545	(1.4)	112	(1.2)	549	(1.7)	540	(2.2)	9	(2.7)	360	(3.2)	400	(3.7)	471	(2.2)	623	(2.4)	685	(2.6)	721	(3.4)
	马来西亚	406	(3.8)	96	(1.4)	404	(4.2)	407	(4.1)	—3	(4.3)	256	(4.4)	286	(4.0)	337	(3.5)	470	(5.2)	536	(5.5)	571	(5.4)
	黑山	404	(1.3)	87	(1.0)	407	(1.9)	401	(1.9)	6	(2.7)	267	(3.4)	295	(2.7)	343	(2.0)	462	(2.8)	519	(3.6)	555	(4.0)
	秘鲁	370	(3.7)	90	(2.1)	383	(3.6)	358	(4.7)	**25**	(3.7)	226	(4.9)	258	(4.6)	310	(3.6)	427	(4.8)	487	(5.8)	526	(6.6)
	卡塔尔	378	(0.9)	103	(0.7)	374	(1.2)	383	(1.1)	—9	(1.5)	225	(3.0)	255	(1.8)	306	(1.0)	441	(1.6)	518	(2.6)	567	(2.5)
	罗马尼亚	445	(4.1)	93	(2.7)	449	(4.7)	441	(4.1)	7	(3.8)	301	(4.9)	329	(3.6)	380	(4.4)	505	(5.5)	567	(7.4)	604	(8.1)
	俄罗斯	481	(3.4)	95	(2.1)	484	(4.4)	479	(3.5)	5	(3.4)	327	(4.5)	358	(4.6)	410	(4.0)	546	(4.3)	605	(5.7)	643	(7.6)
	塞尔维亚	447	(3.8)	98	(2.5)	453	(4.4)	441	(4.3)	12	(4.3)	294	(6.3)	326	(3.9)	379	(4.1)	509	(4.7)	576	(6.8)	617	(7.9)
	中国上海	624	(4.1)	119	(2.8)	629	(4.9)	620	(4.2)	8	(3.9)	413	(8.9)	462	(7.4)	547	(5.1)	710	(3.9)	769	(5.0)	807	(7.5)
	新加坡	582	(1.6)	122	(1.3)	581	(2.2)	582	(2.1)	—1	(2.9)	374	(3.5)	419	(3.2)	496	(2.9)	670	(2.4)	737	(2.9)	773	(4.8)
	中国台北	578	(4.0)	137	(2.4)	584	(6.3)	573	(6.9)	11	(10.5)	345	(6.7)	393	(6.2)	482	(6.0)	678	(4.1)	751	(5.5)	791	(6.7)
	泰国	416	(4.0)	98	(2.5)	412	(4.4)	419	(4.7)	—7	(4.3)	265	(3.1)	296	(3.7)	350	(3.3)	475	(5.0)	545	(8.2)	592	(10.4)
	突尼斯	373	(4.1)	88	(3.6)	387	(4.4)	360	(4.4)	**27**	(3.0)	238	(5.4)	267	(4.6)	313	(5.0)	426	(4.6)	485	(4.9)	526	(12.9)
	阿联酋	426	(2.7)	100	(1.4)	427	(3.7)	425	(3.6)	2	(4.9)	271	(3.2)	302	(3.0)	354	(3.0)	494	(3.4)	559	(4.5)	599	(3.8)
	乌拉圭	406	(3.2)	97	(2.0)	417	(3.8)	396	(3.5)	20	(3.5)	248	(5.8)	283	(4.6)	339	(3.9)	471	(3.8)	533	(5.1)	570	(5.8)
	越南	497	(5.1)	98	(3.0)	507	(5.9)	489	(5.0)	**18**	(3.2)	336	(8.4)	373	(7.0)	432	(6.1)	561	(5.8)	624	(8.0)	661	(8.6)

注:统计上有显著性的值用粗体表示。

1. 土耳其提供的注释:本文中塞浦路斯指岛的南部。岛上没有一个统一的当局代表土耳其和希腊塞浦路斯人,土耳其承认北塞浦路斯土耳其共和国(TRNC),土耳其将保留对塞浦路斯问题的看法,直到在联合国背景下作出持久和公平的决定。

2. 欧盟和OECD的欧盟成员国提供的注释:除土耳其外,联合国所有成员均承认塞浦路斯共和国,文中塞浦路斯指的是在塞浦路斯共和国有效控制下的区域。

附表 3.8 ■ 数学运用分量表各精熟度水平的学生比例

		低于水平 1 (低于 357.77 分)		水平 1 (从 357.77 至 420.07 分)		水平 2 (从 420.07 至 482.38 分)		水平 3 (从 482.38 至 544.68 分)		水平 4 (从 544.68 至 606.99 分)		水平 5 (从 606.99 至 669.30 分)		水平 6 (高于 669.30 分)	
		%	标准误	%	标准误	%	标准误	%	标准误	%	标准误	%	标准误	%	标准误
OECD	澳大利亚	6.6	(0.3)	13.5	(0.4)	22.7	(0.5)	24.5	(0.6)	19.1	(0.6)	10.2	(0.4)	3.5	(0.4)
	奥地利	4.2	(0.5)	11.6	(0.7)	22.5	(1.0)	25.8	(0.9)	22.6	(1.0)	10.8	(0.7)	2.6	(0.4)
	比利时	6.7	(0.6)	11.5	(0.6)	18.5	(0.7)	22.3	(0.7)	21.6	(0.7)	13.8	(0.7)	5.6	(0.4)
	加拿大	3.8	(0.3)	10.2	(0.5)	21.1	(0.7)	26.8	(0.7)	22.6	(0.6)	12.1	(0.6)	3.5	(0.3)
	智利	25.8	(1.5)	28.1	(1.0)	23.7	(1.2)	14.7	(0.9)	6.2	(0.6)	1.4	(0.2)	0.1	(0.0)
	捷克	5.9	(0.7)	13.0	(1.0)	22.4	(1.0)	24.8	(1.2)	20.3	(0.9)	10.1	(0.7)	3.5	(0.4)
	丹麦	4.7	(0.5)	13.7	(0.7)	25.4	(0.9)	28.6	(0.9)	19.4	(0.8)	7.1	(0.6)	1.2	(0.2)
	爱沙尼亚	1.9	(0.3)	7.5	(0.5)	20.3	(0.8)	30.4	(0.9)	24.6	(0.9)	11.9	(0.9)	3.4	(0.4)
	芬兰	2.8	(0.4)	9.1	(0.5)	21.4	(0.7)	30.5	(1.0)	23.1	(0.9)	10.7	(0.6)	2.4	(0.3)
	法国	8.4	(0.7)	13.9	(0.6)	21.1	(0.7)	23.9	(0.9)	19.8	(0.8)	9.9	(0.6)	3.0	(0.4)
	德国	5.3	(0.7)	11.3	(0.7)	18.9	(0.8)	24.6	(0.8)	22.1	(0.7)	13.6	(0.8)	4.2	(0.4)
	希腊	16.2	(1.0)	21.5	(0.8)	26.4	(1.2)	21.1	(1.0)	10.9	(0.6)	3.4	(0.4)	0.5	(0.1)
	匈牙利	9.7	(0.8)	17.0	(1.1)	23.3	(1.1)	23.3	(1.1)	15.6	(0.9)	7.9	(0.8)	2.2	(0.5)
	冰岛	7.4	(0.6)	14.7	(0.8)	23.5	(0.9)	26.4	(1.3)	18.5	(0.9)	7.8	(0.6)	1.6	(0.3)
	爱尔兰	4.6	(0.5)	11.5	(0.7)	24.0	(1.0)	28.1	(0.9)	21.5	(0.9)	8.7	(0.6)	1.7	(0.2)
	以色列	15.4	(1.3)	16.7	(0.9)	21.6	(0.7)	21.8	(0.9)	15.2	(0.9)	7.3	(0.7)	2.0	(0.3)
	意大利	8.7	(0.4)	15.7	(0.5)	24.1	(0.6)	24.6	(0.6)	17.2	(0.5)	7.7	(0.4)	2.0	(0.2)
	日本	3.3	(0.5)	10.7	(0.7)	17.8	(0.9)	25.6	(1.1)	24.4	(1.0)	15.3	(1.1)	5.5	(0.7)
	韩国	2.3	(0.4)	6.0	(0.6)	14.5	(0.9)	22.4	(1.0)	25.0	(0.9)	19.2	(1.1)	10.5	(1.2)
	卢森堡	7.8	(0.4)	15.2	(0.5)	22.4	(1.2)	24.2	(0.9)	19.0	(0.9)	9.0	(0.5)	2.4	(0.2)
	墨西哥	23.8	(0.7)	30.4	(0.6)	27.2	(0.5)	13.6	(0.4)	4.1	(0.2)	0.7	(0.1)	0.1	(0.0)
	荷兰	4.0	(0.7)	10.5	(0.9)	19.2	(1.1)	24.2	(1.4)	25.5	(1.4)	13.9	(1.1)	2.6	(0.4)
	新西兰	8.3	(0.6)	15.4	(0.7)	22.0	(0.7)	22.7	(0.8)	17.7	(0.7)	9.8	(0.6)	4.1	(0.5)
	挪威	7.3	(0.7)	15.5	(0.9)	25.3	(1.0)	25.4	(0.9)	17.5	(0.8)	7.0	(0.5)	1.9	(0.3)
	波兰	2.8	(0.4)	10.8	(0.7)	21.8	(0.9)	26.7	(0.9)	21.2	(0.8)	12.1	(0.8)	4.7	(0.7)
	葡萄牙	8.8	(0.8)	15.5	(1.0)	22.2	(0.8)	24.0	(1.0)	18.8	(0.9)	8.6	(0.7)	2.1	(0.4)
	捷克	10.5	(1.0)	15.2	(1.0)	22.6	(1.0)	22.6	(1.0)	17.6	(0.9)	8.7	(0.8)	2.7	(0.4)
	斯洛文尼亚	4.6	(0.4)	13.9	(0.7)	23.1	(1.1)	25.3	(0.8)	19.0	(0.6)	10.6	(0.6)	3.5	(0.4)
	西班牙	8.1	(0.5)	16.2	(0.7)	24.7	(0.6)	26.3	(0.6)	17.7	(0.5)	6.0	(0.4)	0.9	(0.1)
	瑞典	10.1	(0.8)	17.6	(0.7)	25.8	(0.8)	24.2	(0.9)	15.4	(0.8)	5.9	(0.4)	1.1	(0.3)
	瑞士	3.2	(0.4)	8.5	(0.6)	18.4	(0.9)	25.2	(0.8)	24.6	(0.9)	14.4	(0.9)	5.7	(0.6)
	土耳其	17.0	(1.3)	24.7	(1.4)	24.7	(1.2)	16.9	(1.1)	10.4	(1.1)	4.9	(0.7)	1.2	(0.4)
	英国	8.1	(0.7)	14.8	(0.9)	22.8	(0.8)	25.0	(1.0)	18.1	(0.8)	8.7	(0.6)	2.5	(0.3)
	美国	8.7	(0.8)	17.8	(1.1)	25.9	(1.1)	23.6	(0.9)	15.2	(0.8)	6.8	(0.6)	2.0	(0.4)
	OECD 国家	9.6	(0.2)	16.5	(0.3)	23.1	(0.3)	22.7	(0.3)	16.7	(0.3)	8.6	(0.2)	2.8	(0.1)
	OECD 各国平均	8.1	(0.1)	14.6	(0.1)	22.4	(0.2)	24.1	(0.2)	18.6	(0.1)	9.3	(0.1)	2.8	(0.1)
伙伴国家(地区)	阿尔巴尼亚	31.6	(1.1)	27.5	(1.0)	23.3	(0.8)	12.3	(0.7)	4.4	(0.4)	0.9	(0.2)	0.0	c
	阿根廷	35.0	(1.9)	31.2	(1.1)	22.3	(1.2)	9.3	(0.8)	1.9	(0.3)	0.3	(0.1)	0.0	(0.0)
	巴西	37.5	(0.9)	30.1	(0.6)	19.8	(0.6)	8.8	(0.4)	3.0	(0.4)	0.8	(0.2)	0.1	(0.0)
	保加利亚	20.5	(1.6)	23.4	(1.2)	23.3	(1.1)	18.3	(0.9)	9.9	(0.8)	3.7	(0.6)	0.8	(0.2)
	哥伦比亚	46.8	(1.6)	28.2	(0.9)	16.3	(0.9)	6.3	(0.6)	2.0	(0.3)	0.4	(0.1)	0.1	(0.0)
	哥斯达黎加	28.1	(1.9)	34.1	(1.5)	25.1	(1.3)	9.4	(0.9)	2.9	(0.5)	0.5	(0.1)	0.0	c
	克罗地亚	8.9	(0.8)	18.7	(0.9)	25.5	(1.0)	23.9	(1.1)	14.8	(1.0)	6.4	(0.8)	1.8	(0.5)
	塞浦路斯	17.6	(0.5)	22.6	(1.0)	26.7	(1.0)	19.5	(0.8)	9.9	(0.6)	3.2	(0.3)	0.5	(0.1)
	中国香港	2.0	(0.4)	5.5	(0.6)	11.8	(0.9)	21.0	(0.8)	28.5	(0.9)	21.9	(0.9)	9.2	(0.8)
	印度尼西亚	45.2	(2.0)	31.2	(1.1)	16.5	(1.1)	5.3	(0.9)	1.5	(0.6)	0.3	(0.2)	0.0	c
	约旦	38.5	(1.7)	29.2	(1.0)	20.4	(1.1)	8.9	(0.8)	2.3	(0.4)	0.6	(0.3)	0.1	(0.1)
	哈萨克斯坦	17.1	(1.0)	28.0	(1.0)	28.8	(1.2)	17.7	(1.0)	6.7	(0.8)	1.5	(0.3)	0.2	(0.1)
	拉脱维亚	4.3	(0.5)	13.1	(0.9)	26.0	(1.2)	29.3	(1.1)	19.1	(1.0)	7.1	(0.7)	1.1	(0.2)
	列支敦士登	3.0	(1.0)	10.3	(1.8)	16.6	(3.3)	20.9	(2.6)	23.6	(3.2)	18.3	(2.4)	7.4	(1.5)
	立陶宛	7.5	(0.7)	16.5	(0.9)	26.1	(0.8)	26.0	(0.9)	16.4	(0.9)	6.4	(0.6)	1.1	(0.2)
	中国澳门	2.7	(0.2)	7.1	(0.5)	16.7	(0.9)	25.3	(1.1)	26.4	(0.7)	16.2	(0.5)	5.5	(0.3)
	马来西亚	23.3	(1.2)	26.7	(1.0)	25.3	(1.0)	15.9	(0.9)	6.9	(0.6)	1.7	(0.3)	0.1	(0.1)
	黑山	27.9	(0.7)	28.7	(0.8)	24.0	(0.7)	13.4	(0.6)	4.8	(0.5)	1.1	(0.2)	0.1	c
	秘鲁	47.1	(1.8)	26.4	(0.8)	16.0	(0.9)	7.3	(0.8)	2.5	(0.5)	0.6	(0.2)	0.1	(0.1)
	卡塔尔	48.2	(0.6)	22.0	(0.5)	15.0	(0.5)	8.5	(0.3)	4.5	(0.3)	1.6	(0.1)	0.3	(0.1)
	罗马尼亚	15.8	(1.3)	25.2	(1.2)	26.1	(1.3)	19.0	(1.1)	9.7	(0.9)	3.2	(0.5)	0.8	(0.3)
	俄罗斯	7.1	(0.6)	15.2	(0.8)	25.4	(1.0)	26.8	(0.9)	17.2	(0.9)	6.8	(0.7)	1.6	(0.3)
	塞尔维亚	15.5	(1.2)	23.0	(1.0)	25.7	(1.3)	20.0	(1.1)	10.6	(0.8)	3.9	(0.5)	1.3	(0.3)
	中国上海	0.6	(0.2)	2.2	(0.4)	6.7	(0.7)	13.3	(0.8)	21.1	(0.7)	26.9	(1.2)	29.3	(1.2)
	新加坡	1.7	(0.2)	5.2	(0.3)	11.4	(0.4)	18.3	(0.6)	23.8	(0.7)	22.4	(0.7)	17.2	(0.5)
	中国台北	4.9	(0.5)	8.9	(0.6)	13.7	(0.9)	18.2	(0.7)	21.6	(0.8)	19.5	(0.8)	13.3	(0.8)
	泰国	20.4	(1.2)	29.0	(1.3)	27.5	(1.1)	14.5	(0.9)	6.3	(0.7)	1.9	(0.4)	0.4	(0.1)
	突尼斯	36.0	(1.9)	29.1	(1.0)	21.4	(1.2)	9.6	(0.8)	3.0	(0.7)	0.8	(0.3)	0.1	(0.1)
	阿联酋	19.1	(0.8)	24.5	(0.7)	25.0	(0.6)	17.8	(0.7)	9.8	(0.6)	3.2	(0.3)	0.7	(0.1)
	乌拉圭	30.5	(1.3)	25.4	(1.0)	22.2	(1.1)	14.1	(0.7)	6.2	(0.5)	1.4	(0.3)	0.2	(0.1)
	越南	3.2	(0.7)	9.0	(1.0)	20.1	(1.2)	27.1	(1.2)	23.4	(1.2)	12.3	(1.1)	4.8	(0.9)

1. 土耳其提供的注释：本文中塞浦路斯指岛的南部。岛上没有一个统一的当局代表土耳其和希腊塞浦路斯人，土耳其承认北塞浦路斯土耳其共和国(TRNC)，土耳其将保留对塞浦路斯问题的看法，直到在联合国背景下作出持久和公平的决定。

2. 欧盟和 OECD 的欧盟成员国提供的注释：除土耳其外，联合国所有成员均承认塞浦路斯共和国，文中塞浦路斯指的是在塞浦路斯共和国有效控制下的区域。

附表 3.9 ■ 按性别区分的数学运用分量表各精熟度水平的学生比例

男 生

	低于水平1 (低于357.77分)		水平1 (从357.77至420.07分)		水平2 (从420.07至482.38分)		水平3 (从482.38至544.68分)		水平4 (从544.68至606.99分)		水平5 (从606.99至669.30分)		水平6 (高于669.30分)	
	%	标准误	%	标准误	%	标准误	%	标准误	%	标准误	%	标准误	%	标准误
OECD														
澳大利亚	6.3	(0.5)	12.8	(0.7)	21.9	(0.7)	24.1	(0.7)	19.8	(0.7)	10.9	(0.7)	4.2	(0.5)
奥地利	3.3	(0.6)	10.4	(0.9)	20.4	(1.2)	25.1	(1.2)	23.8	(1.3)	13.0	(1.1)	4.0	(0.6)
比利时	6.6	(0.7)	11.0	(0.7)	17.8	(0.8)	21.2	(0.9)	21.4	(1.0)	14.9	(0.7)	7.1	(0.5)
加拿大	3.8	(0.4)	9.7	(0.4)	20.0	(0.9)	25.9	(0.8)	22.6	(0.9)	13.7	(0.9)	4.4	(0.4)
智利	21.2	(1.8)	26.2	(1.5)	25.0	(1.4)	17.3	(1.1)	8.1	(1.0)	1.9	(0.4)	0.2	(0.1)
捷克	5.6	(0.9)	11.7	(1.2)	21.2	(1.7)	25.1	(1.6)	21.5	(1.4)	10.8	(1.0)	4.2	(0.7)
丹麦	4.4	(0.7)	12.4	(1.1)	23.8	(1.1)	29.1	(1.1)	20.9	(1.1)	8.1	(0.7)	1.3	(0.3)
爱沙尼亚	1.8	(0.4)	7.8	(0.8)	19.8	(1.1)	29.4	(1.2)	24.6	(1.3)	12.5	(0.8)	4.1	(0.5)
芬兰	3.6	(0.5)	10.3	(0.8)	21.0	(0.9)	28.7	(0.9)	22.3	(1.0)	11.4	(0.9)	2.7	(0.5)
法国	8.9	(1.0)	13.4	(1.0)	19.7	(1.1)	22.4	(1.2)	20.4	(1.0)	11.6	(0.9)	3.7	(0.6)
德国	5.2	(0.7)	10.8	(1.0)	17.7	(1.1)	24.2	(1.0)	21.9	(1.0)	14.9	(1.0)	5.4	(0.6)
希腊	17.3	(1.5)	19.4	(1.4)	25.0	(1.7)	21.2	(2.0)	12.2	(0.9)	4.3	(0.6)	0.7	(0.2)
匈牙利	9.3	(1.2)	16.9	(1.3)	23.2	(1.3)	23.0	(1.6)	15.6	(1.1)	9.0	(0.9)	3.1	(0.7)
冰岛	9.3	(0.9)	14.5	(1.1)	23.1	(1.4)	25.5	(1.4)	17.4	(1.2)	8.3	(0.9)	1.9	(0.4)
爱尔兰	4.3	(0.8)	10.6	(1.0)	22.0	(1.1)	28.3	(1.3)	22.9	(1.4)	9.6	(1.0)	2.3	(0.3)
以色列	17.3	(1.9)	15.8	(1.6)	18.1	(1.0)	19.7	(1.4)	16.2	(1.4)	9.8	(1.3)	3.1	(0.6)
意大利	8.3	(0.5)	14.5	(0.6)	22.3	(0.7)	23.7	(0.7)	18.6	(0.7)	9.7	(0.6)	2.9	(0.3)
日本	3.7	(0.6)	7.5	(0.8)	15.7	(1.1)	23.3	(1.3)	25.2	(1.3)	17.2	(1.3)	7.5	(1.0)
韩国	2.5	(0.6)	5.9	(0.8)	13.1	(1.1)	20.0	(1.4)	24.5	(1.6)	20.3	(1.5)	13.6	(1.7)
卢森堡	6.4	(0.6)	12.9	(0.7)	21.2	(1.4)	24.6	(1.3)	20.6	(0.9)	10.8	(0.8)	3.6	(0.5)
墨西哥	22.0	(0.7)	28.8	(0.7)	25.2	(0.6)	17.7	(0.6)	5.2	(0.3)	1.0	(0.1)	0.1	(0.0)
荷兰	3.9	(0.9)	10.2	(1.0)	18.3	(1.4)	23.9	(1.6)	25.2	(1.6)	15.4	(1.4)	3.1	(0.6)
新西兰	8.7	(0.8)	14.0	(1.1)	20.0	(1.1)	21.7	(1.1)	18.6	(1.2)	11.6	(1.1)	5.4	(0.6)
挪威	7.8	(0.7)	15.5	(1.2)	24.3	(1.4)	25.0	(1.1)	18.2	(1.0)	7.2	(0.6)	2.0	(0.4)
波兰	3.5	(0.6)	11.1	(1.0)	21.5	(1.2)	26.1	(1.3)	20.3	(1.3)	12.2	(1.0)	5.3	(1.0)
葡萄牙	9.3	(1.1)	14.4	(1.1)	20.3	(1.0)	24.0	(1.3)	19.6	(1.0)	9.6	(1.0)	2.8	(0.5)
斯洛伐克	10.1	(1.0)	15.4	(1.1)	22.7	(1.1)	21.5	(1.2)	16.9	(1.2)	9.9	(0.8)	3.4	(0.7)
斯洛文尼亚	4.7	(0.7)	13.9	(1.0)	22.5	(1.4)	25.2	(1.0)	18.6	(0.9)	11.2	(0.8)	3.9	(0.5)
西班牙	7.9	(0.7)	15.3	(1.0)	22.6	(0.7)	25.7	(0.8)	19.3	(0.6)	7.8	(0.6)	1.4	(0.2)
瑞典	11.8	(1.0)	17.5	(1.3)	25.2	(1.3)	22.8	(1.1)	15.1	(1.0)	6.3	(0.6)	1.3	(0.4)
瑞士	3.3	(0.4)	8.2	(0.6)	17.2	(1.0)	24.4	(0.9)	24.9	(1.2)	15.3	(1.2)	6.7	(0.8)
土耳其	16.4	(1.5)	24.3	(1.6)	24.5	(1.4)	17.2	(1.2)	10.5	(1.2)	5.5	(1.0)	1.6	(0.5)
英国	7.3	(0.9)	13.4	(1.1)	22.2	(1.1)	25.5	(1.0)	19.0	(1.1)	9.8	(1.0)	2.9	(0.5)
美国	9.4	(1.0)	17.6	(1.1)	23.7	(1.1)	23.6	(1.0)	16.1	(0.9)	7.4	(0.7)	2.1	(0.5)
OECD 国家	9.5	(0.3)	15.8	(0.3)	21.7	(0.4)	22.3	(0.3)	17.4	(0.3)	9.7	(0.3)	3.5	(0.2)
OECD 各国平均	8.1	(0.2)	13.9	(0.2)	21.3	(0.2)	23.6	(0.2)	19.1	(0.2)	10.4	(0.2)	3.6	(0.1)
伙伴国家(地区)														
阿尔巴尼亚	32.1	(1.5)	27.6	(1.2)	23.1	(1.1)	11.9	(0.9)	4.5	(0.6)	0.8	(0.3)	0.0	c
阿根廷	32.0	(2.2)	31.3	(1.5)	23.3	(1.5)	10.2	(1.0)	2.6	(0.5)	0.4	(0.2)	0.0	(0.0)
巴西	33.5	(1.0)	29.8	(0.9)	21.4	(0.8)	10.2	(0.6)	4.0	(0.5)	1.0	(0.3)	0.1	(0.1)
保加利亚	22.1	(2.1)	23.7	(1.6)	21.2	(1.1)	17.9	(1.2)	10.3	(1.0)	4.0	(0.6)	0.8	(0.3)
哥伦比亚	40.1	(1.9)	28.6	(1.3)	19.2	(1.0)	8.3	(0.8)	3.0	(0.6)	0.6	(0.2)	0.1	(0.1)
哥斯达黎加	22.8	(2.2)	32.0	(1.8)	28.4	(1.7)	11.9	(1.2)	4.0	(0.8)	0.8	(0.3)	0.1	c
克罗地亚	9.1	(1.0)	18.3	(1.4)	24.5	(1.4)	23.1	(1.4)	15.1	(1.3)	7.6	(1.0)	2.4	(0.7)
塞浦路斯	20.3	(0.8)	21.0	(0.9)	23.9	(1.0)	18.7	(1.2)	11.0	(0.8)	4.5	(0.5)	0.6	(0.2)
中国香港	2.1	(0.4)	5.6	(0.8)	11.6	(1.1)	19.4	(1.2)	26.8	(1.2)	23.0	(1.3)	11.6	(1.2)
印度尼西亚	44.7	(2.2)	30.2	(1.6)	17.2	(1.2)	5.9	(1.1)	1.6	(0.6)	0.3	(0.1)	0.0	c
约旦	45.9	(2.7)	26.7	(1.3)	16.9	(1.5)	7.3	(1.0)	2.2	(0.6)	0.9	(0.6)	0.1	(0.2)
哈萨克斯坦	17.7	(1.2)	27.7	(1.4)	27.7	(1.3)	18.1	(1.2)	6.9	(1.0)	1.7	(0.4)	0.2	(0.1)
拉脱维亚	5.1	(1.0)	14.4	(1.2)	26.1	(1.5)	27.8	(1.7)	18.0	(1.3)	7.4	(0.8)	1.2	(0.3)
列支敦士登	2.0	(1.3)	9.1	(2.4)	15.8	(3.6)	21.1	(4.3)	24.4	(4.7)	18.4	(3.4)	9.2	(2.5)
立陶宛	8.1	(1.0)	17.5	(1.2)	25.0	(1.1)	25.1	(1.1)	15.7	(1.1)	7.1	(0.7)	1.5	(0.3)
中国澳门	3.1	(0.3)	7.6	(0.7)	15.9	(1.3)	24.1	(1.5)	26.2	(0.9)	17.0	(0.7)	6.1	(0.6)
马来西亚	26.0	(1.6)	26.1	(1.1)	24.0	(1.2)	15.3	(1.1)	6.9	(1.0)	1.6	(0.4)	0.1	(0.1)
黑山	29.0	(1.3)	28.5	(1.4)	22.7	(1.1)	13.5	(1.0)	5.0	(0.7)	1.1	(0.3)	0.2	c
秘鲁	43.1	(1.8)	27.2	(1.1)	17.8	(0.9)	8.5	(1.1)	3.0	(0.6)	0.4	(0.2)	0.1	c
卡塔尔	51.7	(0.7)	19.7	(0.8)	13.7	(0.8)	8.0	(0.4)	4.8	(0.4)	1.8	(0.2)	0.3	(0.1)
罗马尼亚	15.8	(1.5)	25.2	(1.4)	25.7	(1.2)	19.1	(1.5)	9.9	(1.1)	3.1	(0.6)	1.1	(0.4)
俄罗斯	7.7	(0.7)	15.3	(0.9)	25.4	(1.6)	26.6	(1.5)	16.8	(1.1)	6.7	(0.9)	1.5	(0.4)
塞尔维亚	14.4	(1.4)	22.8	(1.3)	25.6	(2.0)	20.0	(1.2)	11.0	(1.0)	4.6	(0.6)	1.6	(0.3)
中国上海	0.7	(0.2)	2.4	(0.4)	6.7	(0.8)	13.7	(1.0)	20.1	(1.1)	25.5	(1.4)	31.0	(1.5)
新加坡	2.2	(0.3)	5.9	(0.5)	12.2	(0.8)	17.2	(0.8)	22.8	(0.9)	22.0	(1.1)	17.7	(0.7)
中国台北	5.7	(0.7)	9.5	(0.8)	12.7	(0.9)	16.2	(1.1)	20.7	(1.1)	20.3	(1.2)	14.9	(1.5)
泰国	24.3	(1.4)	29.7	(1.4)	25.8	(1.4)	12.9	(1.0)	5.5	(0.8)	1.6	(0.4)	0.3	(0.2)
突尼斯	31.9	(2.3)	28.6	(1.5)	23.0	(1.6)	11.7	(1.1)	3.5	(0.8)	1.1	(0.5)	0.2	(0.1)
阿联酋	22.2	(1.2)	23.8	(1.0)	22.9	(0.9)	16.5	(0.9)	9.9	(0.9)	3.8	(0.5)	1.0	(0.2)
乌拉圭	29.1	(1.7)	24.2	(1.4)	22.5	(1.5)	14.4	(1.2)	7.5	(0.7)	2.0	(0.4)	0.2	(0.1)
越南	3.4	(0.9)	9.2	(1.3)	18.9	(1.6)	26.1	(1.6)	22.8	(1.3)	13.5	(1.3)	6.2	(1.3)

质量与公平：上海 2012 年国际学生评估项目(PISA)研究报告

附表 3.9 ■ 按性别区分的数学运用分量表各精熟度水平的学生比例(续表 1)

		女　生												
		低于水平 1 (低于 357.77 分)		水平 1 (从 357.77 至 420.07 分)		水平 2 (从 420.07 至 482.38 分)		水平 3 (从 482.38 至 544.68 分)		水平 4 (从 544.68 至 606.99 分)		水平 5 (从 606.99 至 669.30 分)		水平 6 (高于 669.30 分)	
		%	标准误	%	标准误	%	标准误	%	标准误	%	标准误	%	标准误	%	标准误
OECD	澳大利亚	7.0	(0.5)	14.3	(0.6)	23.5	(0.8)	24.9	(0.9)	18.3	(1.0)	9.3	(0.6)	2.7	(0.4)
	奥地利	5.0	(0.8)	12.7	(1.2)	24.5	(1.5)	26.5	(1.5)	21.3	(1.1)	8.7	(0.8)	1.3	(0.3)
	比利时	6.8	(0.7)	12.0	(0.8)	19.2	(1.0)	23.4	(1.0)	21.8	(1.0)	12.7	(0.8)	4.0	(0.4)
	加拿大	3.7	(0.3)	10.6	(0.5)	22.3	(0.9)	27.7	(1.0)	22.6	(0.8)	10.5	(0.7)	2.7	(0.4)
	智利	30.1	(1.7)	30.0	(1.4)	22.4	(1.5)	12.2	(1.1)	4.4	(0.5)	0.9	(0.2)	0.0	(0.0)
	捷克	6.1	(0.9)	14.3	(1.4)	23.6	(1.4)	24.6	(1.5)	19.0	(1.2)	9.4	(1.1)	2.9	(0.4)
	丹麦	5.1	(0.6)	15.0	(0.9)	27.0	(1.2)	28.1	(1.5)	17.8	(1.0)	6.0	(0.7)	1.0	(0.3)
	爱沙尼亚	2.0	(0.4)	7.2	(0.7)	20.8	(1.1)	31.3	(1.8)	24.7	(1.5)	11.3	(0.7)	2.7	(0.5)
	芬兰	2.1	(0.4)	7.8	(0.5)	21.9	(1.1)	32.3	(1.7)	23.8	(1.2)	10.0	(0.7)	2.1	(0.4)
	法国	7.9	(0.8)	14.3	(0.8)	22.5	(1.3)	25.4	(1.2)	19.3	(1.3)	8.3	(0.7)	2.3	(0.4)
	德国	5.4	(0.8)	11.8	(1.1)	20.2	(1.0)	25.0	(1.1)	22.4	(1.0)	12.3	(0.9)	2.9	(0.4)
	希腊	15.2	(1.2)	23.7	(1.2)	27.7	(1.4)	21.0	(1.3)	9.7	(0.8)	2.4	(0.4)	0.3	(0.2)
	匈牙利	10.0	(1.0)	17.1	(1.6)	25.3	(1.5)	23.7	(1.4)	15.6	(1.1)	6.9	(0.9)	1.3	(0.4)
	冰岛	5.4	(0.8)	14.9	(1.1)	24.0	(1.2)	27.4	(1.8)	19.5	(1.3)	7.4	(1.0)	1.4	(0.4)
	爱尔兰	4.9	(0.6)	12.6	(1.1)	26.0	(1.1)	27.9	(1.2)	19.9	(1.1)	7.6	(0.7)	1.1	(0.3)
	以色列	13.6	(1.2)	17.6	(0.9)	24.1	(0.8)	23.6	(0.8)	14.3	(1.1)	5.6	(0.6)	1.1	(0.3)
	意大利	9.0	(0.6)	17.0	(0.6)	26.0	(0.7)	25.6	(0.6)	15.7	(0.6)	5.6	(0.6)	1.1	(0.3)
	日本	3.0	(0.6)	8.7	(0.8)	20.1	(1.0)	28.1	(1.3)	23.6	(1.1)	13.1	(1.2)	3.3	(0.7)
	韩国	2.0	(0.4)	6.2	(0.9)	16.1	(1.3)	25.1	(1.3)	25.6	(1.2)	18.0	(1.4)	7.0	(1.0)
	卢森堡	9.2	(0.6)	17.5	(0.8)	23.7	(1.2)	23.7	(1.0)	17.4	(0.7)	7.3	(0.6)	1.2	(0.2)
	墨西哥	25.6	(0.8)	32.0	(0.7)	26.8	(0.7)	12.1	(0.5)	3.1	(0.3)	0.4	(0.1)	0.0	(0.0)
	荷兰	4.2	(0.7)	10.9	(1.1)	20.1	(1.4)	24.5	(1.5)	25.8	(1.6)	12.4	(0.8)	2.0	(0.5)
	新西兰	7.7	(0.8)	16.9	(1.4)	24.0	(1.4)	23.7	(1.1)	16.9	(0.9)	7.9	(0.7)	2.9	(0.5)
	挪威	6.9	(0.9)	15.6	(1.0)	26.5	(1.2)	25.7	(1.2)	16.8	(1.0)	6.7	(0.7)	1.8	(0.6)
	波兰	2.2	(0.5)	10.5	(0.9)	22.0	(1.2)	27.2	(1.3)	22.1	(1.3)	12.0	(1.0)	4.1	(0.7)
	葡萄牙	8.3	(0.9)	16.7	(1.4)	24.1	(1.1)	24.1	(1.1)	17.9	(1.4)	7.5	(0.8)	1.4	(0.5)
	斯洛伐克	11.0	(1.3)	15.0	(1.4)	22.5	(1.3)	23.8	(1.5)	18.3	(1.4)	7.4	(0.8)	2.0	(0.4)
	斯洛文尼亚	4.5	(0.5)	13.9	(1.0)	23.7	(1.5)	25.4	(1.3)	19.5	(0.9)	9.9	(0.9)	3.0	(0.6)
	西班牙	8.3	(0.6)	17.1	(0.8)	26.9	(0.8)	26.9	(0.8)	16.0	(0.7)	4.2	(0.3)	0.4	(0.1)
	瑞典	8.3	(0.9)	17.7	(1.3)	26.4	(1.2)	25.6	(1.3)	15.7	(1.2)	5.5	(0.8)	0.8	(0.3)
	瑞士	3.1	(0.5)	8.9	(0.8)	19.7	(1.1)	25.9	(1.1)	24.3	(1.4)	13.5	(1.0)	4.6	(0.7)
	土耳其	17.6	(1.6)	25.1	(1.8)	25.0	(1.6)	16.6	(1.6)	10.4	(1.3)	4.3	(1.0)	0.8	(0.4)
	英国	8.8	(0.9)	16.1	(1.2)	23.4	(1.5)	24.6	(1.4)	17.3	(0.9)	7.6	(0.7)	2.2	(0.4)
	美国	7.9	(0.8)	18.0	(1.3)	28.1	(1.6)	23.7	(1.2)	14.3	(1.1)	6.2	(0.8)	1.9	(0.4)
	OECD 国家	9.7	(0.3)	17.3	(0.4)	24.4	(0.4)	23.0	(0.4)	16.0	(0.4)	7.5	(0.2)	2.1	(0.1)
	OECD 各国平均	8.2	(0.3)	15.3	(0.2)	23.6	(0.2)	24.6	(0.2)	18.1	(0.2)	8.2	(0.1)	2.1	(0.1)
伙伴国家(地区)	阿尔巴尼亚	31.1	(1.7)	27.5	(1.5)	23.4	(1.3)	12.8	(0.8)	4.3	(0.5)	1.0	(0.3)	0.0	c
	阿根廷	37.9	(2.0)	31.1	(1.3)	21.3	(1.4)	8.5	(1.0)	1.2	(0.3)	0.1	(0.1)	0.0	c
	巴西	41.2	(1.2)	30.2	(0.8)	18.3	(0.8)	7.6	(0.6)	2.1	(0.4)	0.5	(0.2)	0.1	(0.1)
	保加利亚	18.8	(1.5)	23.2	(1.4)	25.7	(1.5)	18.7	(1.1)	9.4	(1.1)	3.4	(0.8)	0.8	(0.3)
	哥伦比亚	52.8	(2.1)	27.8	(1.2)	13.7	(1.1)	4.5	(0.8)	1.1	(0.3)	0.2	(0.1)	0.0	(0.0)
	哥斯达黎加	32.7	(1.8)	35.9	(1.8)	22.1	(1.7)	7.3	(0.7)	1.8	(0.4)	0.2	(0.1)	0.0	c
	克罗地亚	8.7	(0.9)	19.1	(1.4)	26.5	(1.6)	24.7	(1.4)	14.5	(1.1)	5.2	(0.9)	1.3	(0.5)
	塞浦路斯	14.8	(0.8)	24.2	(1.9)	29.7	(1.7)	20.4	(1.2)	8.7	(1.0)	1.9	(0.4)	0.3	(0.1)
	中国香港	1.9	(0.5)	5.5	(0.7)	12.1	(1.2)	22.9	(1.2)	30.6	(1.4)	20.7	(1.1)	6.4	(0.9)
	印度尼西亚	45.7	(2.3)	32.2	(1.6)	15.7	(1.4)	4.7	(1.0)	1.4	(0.3)	0.2	(0.2)	0.0	c
	约旦	31.4	(1.8)	31.6	(1.6)	23.9	(1.3)	10.5	(1.1)	2.3	(0.6)	0.3	(0.1)	0.0	c
	哈萨克斯坦	16.5	(1.5)	28.3	(1.5)	30.0	(1.8)	17.3	(1.3)	6.5	(1.0)	1.2	(0.4)	0.2	(0.2)
	拉脱维亚	3.5	(0.5)	11.9	(1.1)	25.9	(1.4)	30.9	(1.3)	20.1	(1.3)	6.7	(0.9)	1.0	(0.3)
	列支敦士登	4.1	(1.8)	11.6	(3.3)	17.4	(5.0)	20.6	(4.0)	22.7	(4.8)	18.3	(3.8)	5.3	(2.0)
	立陶宛	6.8	(0.8)	15.5	(1.1)	27.2	(1.0)	26.9	(1.3)	17.1	(1.1)	5.7	(0.8)	0.8	(0.3)
	中国澳门	2.2	(0.3)	6.6	(0.7)	17.6	(1.1)	26.5	(1.3)	26.7	(1.2)	15.5	(0.9)	4.9	(0.5)
	马来西亚	20.8	(1.2)	27.2	(1.4)	26.5	(1.2)	16.5	(1.2)	6.9	(0.8)	1.9	(0.5)	0.1	(0.1)
	黑山	26.8	(0.9)	28.9	(1.1)	25.2	(1.1)	13.4	(0.9)	4.5	(0.8)	1.0	(0.4)	0.1	c
	秘鲁	50.8	(2.5)	25.7	(1.3)	14.8	(1.2)	6.2	(0.9)	2.1	(0.5)	0.4	(0.2)	0.0	(0.0)
	卡塔尔	44.4	(0.8)	24.4	(0.7)	16.4	(0.8)	8.9	(0.5)	4.2	(0.4)	1.4	(0.2)	0.3	(0.1)
	罗马尼亚	15.8	(1.5)	25.1	(1.5)	26.9	(1.4)	19.0	(1.3)	9.4	(1.1)	3.3	(0.6)	0.5	(0.2)
	俄罗斯	6.4	(0.7)	15.1	(1.1)	25.3	(1.3)	27.0	(1.1)	17.5	(1.2)	6.9	(0.8)	1.7	(0.4)
	塞尔维亚	16.6	(1.3)	23.3	(1.4)	25.8	(1.7)	20.1	(1.7)	10.1	(0.9)	3.2	(0.7)	0.9	(0.4)
	中国上海	0.5	(0.2)	2.0	(0.5)	6.7	(0.9)	13.0	(0.9)	22.0	(1.0)	28.2	(1.4)	27.6	(1.4)
	新加坡	1.0	(0.2)	4.4	(0.5)	10.7	(0.7)	19.4	(1.1)	24.9	(1.0)	22.9	(1.0)	16.7	(0.8)
	中国台北	4.0	(0.5)	8.3	(0.8)	14.6	(1.4)	20.2	(1.4)	22.5	(1.2)	18.7	(1.3)	11.7	(1.7)
	泰国	17.3	(1.3)	28.4	(1.7)	28.9	(1.4)	15.8	(1.1)	7.0	(0.9)	2.2	(0.5)	0.4	(0.2)
	突尼斯	39.5	(2.0)	29.5	(1.2)	20.1	(1.5)	7.8	(0.9)	2.6	(0.8)	0.5	(0.3)	0.0	c
	阿联酋	16.1	(1.2)	25.1	(1.1)	27.0	(0.9)	19.1	(1.0)	9.7	(0.9)	2.7	(0.4)	0.4	(0.2)
	乌拉圭	31.8	(1.4)	26.4	(1.1)	21.9	(1.1)	13.9	(1.0)	5.1	(0.7)	0.9	(0.4)	0.0	c
	越南	3.1	(0.8)	8.8	(1.2)	21.2	(1.7)	28.0	(1.5)	23.9	(1.6)	11.3	(1.3)	3.6	(0.8)

1. 土耳其提供的注释:本文中塞浦路斯指岛的南部。岛上没有一个统一的当局代表土耳其和希腊塞浦路斯人,土耳其承认北塞浦路斯土耳其共和国(TRNC),土耳其将保留对塞浦路斯问题的看法,直到在联合国背景下作出持久和公平的决定。
2. 欧盟和 OECD 的欧盟成员国提供的注释:除土耳其外,联合国所有成员均承认塞浦路斯共和国,文中塞浦路斯指的是在塞浦路斯共和国有效控制下的区域。

附表 3.10 ■ 学生数学运用分量表的平均分、变异和性别差异

	所有学生				性别差异						百分位数											
	平均分		标准差		男生		女生		差值(男-女)		第5		第10		第25		第75		第90		第95	
	均值	标准误	标准差	标准误	平均分	标准误	平均分	标准误	分差	标准误	分数	标准误	分数	标准误	分数	标准误	分数	标准误	分数	标准误	分数	标准误
OECD 澳大利亚	500	(1.7)	95	(1.1)	505	(2.3)	495	(2.0)	10	(2.9)	345	(3.1)	378	(2.2)	435	(1.9)	567	(2.1)	624	(2.6)	655	(3.2)
奥地利	510	(2.5)	87	(1.6)	520	(3.5)	499	(3.2)	20	(4.6)	366	(4.7)	397	(3.4)	448	(3.2)	572	(2.9)	621	(3.6)	649	(3.4)
比利时	516	(2.1)	101	(2.1)	521	(2.7)	510	(2.7)	11	(3.4)	342	(5.1)	380	(3.8)	446	(3.0)	590	(2.6)	644	(2.9)	673	(2.4)
加拿大	517	(1.9)	87	(0.9)	521	(2.1)	512	(2.1)	10	(2.2)	370	(2.9)	403	(2.6)	457	(2.3)	578	(2.1)	629	(2.3)	657	(2.9)
智利	416	(3.3)	86	(1.5)	430	(4.1)	404	(3.3)	26	(3.8)	283	(4.4)	309	(4.1)	356	(3.7)	474	(4.3)	532	(4.6)	563	(4.3)
捷克	504	(2.9)	94	(1.8)	509	(3.6)	498	(3.6)	12	(4.5)	349	(6.5)	384	(4.8)	440	(4.1)	569	(3.4)	623	(3.6)	656	(3.6)
丹麦	495	(2.4)	81	(1.3)	500	(3.0)	489	(2.4)	12	(2.6)	360	(5.3)	390	(3.3)	438	(2.9)	551	(2.8)	599	(2.9)	626	(3.6)
爱沙尼亚	524	(2.1)	79	(1.1)	527	(2.4)	522	(2.4)	4	(2.5)	394	(4.1)	423	(3.8)	471	(2.4)	578	(2.4)	628	(3.1)	656	(3.7)
芬兰	516	(1.8)	81	(0.9)	514	(2.5)	517	(1.9)	−3	(2.7)	380	(3.7)	411	(3.0)	463	(1.9)	571	(2.4)	619	(2.8)	646	(2.7)
法国	496	(2.3)	97	(1.8)	501	(3.3)	492	(2.5)	8	(3.5)	331	(6.1)	367	(4.6)	429	(2.7)	567	(3.4)	620	(3.8)	650	(3.4)
德国	516	(2.8)	95	(1.6)	521	(3.0)	510	(3.3)	11	(3.0)	354	(6.4)	389	(4.7)	451	(3.9)	584	(3.7)	636	(3.6)	663	(3.7)
希腊	449	(2.7)	90	(1.4)	452	(3.6)	446	(2.9)	6	(3.4)	299	(5.8)	332	(3.8)	387	(3.6)	511	(3.8)	565	(3.0)	596	(4.0)
匈牙利	481	(3.2)	95	(2.4)	486	(3.7)	477	(3.7)	8	(3.6)	327	(5.0)	359	(4.2)	415	(4.2)	547	(4.9)	608	(6.1)	640	(6.9)
冰岛	490	(1.6)	90	(1.1)	487	(2.2)	493	(2.2)	−7	(3.1)	340	(4.2)	372	(3.6)	429	(2.8)	553	(2.7)	604	(2.6)	635	(3.1)
爱尔兰	502	(2.4)	84	(1.3)	509	(3.4)	496	(2.7)	13	(3.9)	360	(4.4)	394	(4.6)	447	(3.6)	561	(2.6)	609	(3.0)	637	(3.1)
以色列	469	(4.6)	105	(2.3)	473	(7.7)	464	(3.5)	9	(7.5)	292	(7.1)	330	(6.3)	397	(5.5)	544	(4.8)	605	(5.5)	636	(4.7)
意大利	485	(2.1)	93	(1.2)	494	(2.4)	476	(2.3)	17	(2.5)	332	(2.5)	365	(2.7)	422	(2.2)	550	(2.5)	606	(3.0)	637	(3.1)
日本	530	(3.5)	90	(2.1)	539	(4.4)	521	(3.5)	17	(4.1)	376	(6.1)	412	(5.2)	471	(4.4)	595	(4.2)	645	(4.0)	673	(4.8)
韩国	553	(4.3)	95	(2.0)	561	(5.5)	544	(4.9)	17	(6.0)	395	(6.5)	430	(5.2)	489	(4.5)	620	(5.0)	672	(5.6)	700	(6.8)
卢森堡	493	(0.9)	93	(0.8)	505	(1.2)	481	(1.3)	24	(1.8)	340	(2.4)	371	(2.8)	426	(1.6)	560	(1.3)	614	(2.3)	642	(2.6)
墨西哥	413	(1.4)	78	(0.9)	420	(1.5)	407	(1.6)	13	(1.3)	287	(2.5)	315	(2.0)	360	(1.6)	465	(1.7)	514	(2.0)	544	(2.1)
荷兰	518	(3.4)	88	(2.2)	522	(3.7)	515	(3.7)	8	(2.8)	367	(7.1)	398	(5.9)	457	(5.1)	584	(3.6)	628	(3.6)	650	(3.9)
新西兰	495	(2.2)	100	(1.2)	502	(3.2)	488	(3.4)	14	(4.2)	335	(4.3)	367	(3.4)	424	(2.7)	566	(3.4)	626	(3.1)	660	(3.9)
挪威	486	(2.7)	89	(1.3)	487	(2.7)	486	(3.4)	2	(3.2)	341	(5.5)	374	(3.8)	426	(3.1)	548	(2.8)	600	(4.0)	632	(3.7)
波兰	519	(3.5)	88	(1.7)	518	(4.1)	519	(3.7)	−1	(3.1)	377	(3.6)	406	(3.7)	456	(3.5)	580	(4.3)	636	(5.3)	666	(6.5)
葡萄牙	489	(3.7)	94	(1.4)	493	(4.0)	484	(3.8)	9	(2.5)	330	(4.4)	364	(4.7)	422	(5.0)	556	(4.5)	610	(3.9)	640	(3.9)
斯洛伐克	485	(3.4)	101	(2.4)	489	(3.9)	481	(4.4)	7	(4.4)	316	(7.2)	355	(5.9)	418	(4.6)	556	(3.9)	614	(4.5)	645	(5.6)
斯洛文尼亚	505	(1.2)	90	(1.0)	506	(1.9)	503	(2.0)	3	(3.1)	361	(3.4)	389	(2.6)	440	(2.2)	569	(2.0)	626	(3.3)	656	(3.5)
西班牙	481	(2.0)	87	(0.8)	488	(2.5)	474	(2.1)	14	(2.3)	336	(3.6)	367	(3.2)	422	(2.7)	544	(2.1)	592	(2.0)	619	(2.1)
瑞典	474	(2.5)	90	(1.5)	471	(3.1)	476	(2.6)	−5	(2.1)	327	(4.4)	357	(4.1)	413	(2.9)	536	(3.5)	591	(3.6)	621	(3.4)
瑞士	529	(2.9)	90	(1.5)	534	(3.3)	525	(2.9)	9	(2.7)	377	(4.1)	411	(3.1)	468	(3.3)	593	(4.0)	644	(4.3)	675	(4.7)
土耳其	448	(5.0)	94	(3.1)	451	(5.4)	445	(5.8)	6	(5.0)	308	(6.0)	333	(4.3)	380	(3.9)	510	(9.6)	582	(9.6)	616	(9.0)
英国	492	(3.1)	94	(1.5)	498	(4.0)	486	(3.6)	12	(4.4)	335	(5.0)	368	(4.7)	427	(4.5)	557	(3.2)	613	(3.9)	645	(4.0)
美国	480	(3.5)	91	(1.4)	481	(3.8)	479	(3.7)	2	(2.9)	336	(4.5)	364	(3.6)	416	(3.8)	542	(4.3)	600	(4.5)	632	(4.6)
OECD国家	486	(1.1)	97	(0.5)	491	(1.3)	480	(1.2)	10	(1.1)	328	(1.4)	360	(1.3)	417	(1.4)	555	(1.4)	614	(1.4)	647	(1.5)
OECD各国平均	493	(0.5)	91	(0.5)	498	(0.6)	489	(0.6)	9	(0.6)	343	(0.9)	375	(0.6)	431	(0.6)	557	(0.6)	611	(0.7)	641	(0.7)
伙伴国家(地区) 阿尔巴尼亚	397	(2.2)	94	(1.5)	396	(2.7)	398	(2.8)	−3	(3.2)	235	(6.3)	280	(4.9)	340	(3.3)	460	(2.7)	514	(3.0)	548	(4.5)
阿根廷	387	(3.4)	79	(1.7)	394	(4.0)	381	(3.4)	13	(3.0)	255	(5.1)	285	(4.6)	335	(4.1)	440	(4.0)	489	(4.0)	517	(4.5)
巴西	388	(2.1)	82	(1.7)	397	(2.2)	379	(2.4)	18	(1.9)	263	(2.8)	289	(2.0)	332	(1.8)	439	(2.7)	496	(4.0)	531	(6.6)
保加利亚	439	(4.1)	96	(2.4)	437	(5.0)	441	(4.3)	−4	(4.4)	287	(5.7)	318	(5.1)	371	(4.8)	506	(5.1)	567	(6.2)	603	(7.1)
哥伦比亚	368	(3.2)	83	(1.7)	383	(3.7)	355	(3.7)	28	(3.6)	237	(4.5)	265	(4.0)	312	(3.3)	420	(4.0)	476	(5.1)	511	(6.0)
哥斯达黎加	401	(3.4)	73	(2.0)	413	(3.9)	390	(3.7)	23	(2.5)	287	(6.8)	311	(4.6)	351	(3.7)	447	(3.7)	495	(5.1)	528	(6.0)
克罗地亚	478	(3.7)	91	(2.5)	481	(4.6)	474	(3.9)	7	(4.3)	334	(4.9)	363	(3.8)	413	(3.6)	538	(4.9)	597	(6.9)	633	(9.7)
塞浦路斯	443	(1.1)	91	(0.6)	443	(1.5)	443	(1.6)	0	(2.1)	295	(4.7)	327	(2.0)	381	(1.9)	505	(1.8)	561	(2.4)	594	(3.7)
中国香港	558	(3.1)	89	(1.9)	563	(4.3)	552	(3.5)	11	(3.9)	396	(6.0)	438	(5.8)	501	(3.6)	620	(3.1)	666	(3.6)	690	(3.8)
印度尼西亚	369	(4.2)	75	(3.3)	371	(4.5)	367	(4.5)	4	(3.5)	252	(4.9)	278	(4.4)	319	(4.0)	417	(5.1)	466	(7.8)	498	(11.6)
约旦	383	(3.4)	84	(2.6)	371	(5.8)	396	(3.5)	−25	(6.9)	249	(4.8)	279	(4.6)	327	(4.2)	439	(4.2)	491	(4.8)	521	(6.9)
哈萨克斯坦	433	(3.2)	79	(2.1)	433	(3.5)	432	(3.6)	0	(3.2)	308	(3.4)	334	(3.9)	378	(2.9)	485	(4.5)	536	(6.0)	567	(6.9)
拉脱维亚	495	(2.8)	79	(1.5)	492	(3.3)	498	(3.2)	−6	(3.2)	364	(5.2)	393	(3.4)	441	(3.6)	550	(3.5)	598	(4.2)	626	(3.7)
列支敦士登	536	(3.7)	94	(3.5)	545	(5.7)	527	(5.7)	18	(9.1)	374	(10.8)	407	(9.9)	469	(7.4)	608	(5.5)	654	(8.9)	685	(11.8)
立陶宛	482	(2.7)	86	(1.4)	481	(2.9)	483	(3.0)	−1	(2.3)	341	(4.2)	371	(3.5)	423	(3.8)	542	(3.3)	594	(3.9)	623	(4.0)
中国澳门	536	(1.1)	90	(1.0)	537	(1.3)	535	(1.7)	2	(2.2)	386	(3.6)	421	(2.9)	478	(2.2)	598	(1.6)	646	(1.9)	672	(2.4)
马来西亚	423	(3.3)	86	(1.7)	418	(3.9)	427	(3.8)	−9	(4.1)	286	(3.8)	314	(3.7)	362	(3.1)	481	(4.9)	538	(5.2)	571	(5.8)
黑山	409	(1.1)	84	(1.4)	408	(1.9)	411	(1.7)	−3	(2.6)	277	(3.5)	304	(3.0)	351	(1.4)	465	(2.0)	520	(3.4)	552	(4.4)
秘鲁	368	(3.9)	89	(2.4)	378	(3.6)	359	(4.0)	19	(4.0)	228	(4.9)	257	(4.2)	307	(3.6)	424	(5.2)	485	(7.0)	521	(8.8)
卡塔尔	373	(0.8)	101	(0.7)	366	(1.1)	381	(1.0)	−15	(1.4)	224	(2.7)	252	(2.0)	302	(1.2)	437	(1.6)	513	(2.1)	560	(2.5)
罗马尼亚	446	(4.1)	87	(2.0)	447	(4.6)	444	(4.4)	2	(3.7)	312	(5.0)	337	(4.1)	383	(4.4)	504	(5.0)	563	(7.0)	597	(7.2)
俄罗斯	487	(3.1)	87	(1.6)	485	(3.5)	489	(3.3)	−4	(3.3)	343	(4.3)	374	(4.1)	428	(3.5)	546	(3.6)	599	(4.7)	628	(5.0)
塞尔维亚	451	(3.4)	92	(1.8)	456	(4.1)	446	(3.8)	9	(4.1)	305	(4.9)	335	(4.6)	387	(3.9)	512	(4.1)	572	(5.4)	609	(6.8)
中国上海	613	(3.0)	93	(2.2)	614	(3.6)	611	(3.6)	3	(3.1)	447	(6.5)	486	(6.5)	553	(3.8)	679	(2.7)	726	(3.9)	752	(5.2)
新加坡	574	(1.2)	98	(1.0)	571	(1.8)	577	(1.7)	−6	(2.3)	404	(3.1)	441	(2.7)	507	(2.6)	645	(1.8)	696	(1.8)	724	(3.8)
中国台北	549	(3.1)	110	(1.9)	551	(5.1)	547	(5.2)	4	(8.1)	359	(5.4)	398	(5.0)	473	(4.6)	630	(3.4)	683	(4.1)	715	(5.0)
泰国	426	(3.5)	83	(2.0)	416	(3.7)	433	(4.1)	−17	(4.7)	295	(4.1)	323	(3.5)	370	(3.2)	477	(4.7)	536	(6.4)	573	(7.6)
突尼斯	390	(4.3)	84	(3.1)	401	(4.8)	381	(4.4)	19	(3.4)	257	(5.9)	284	(5.1)	333	(4.0)	445	(4.7)	498	(6.7)	532	(11.2)
阿联酋	440	(2.4)	92	(1.2)	437	(3.7)	443	(3.1)	−6	(4.9)	297	(3.4)	325	(2.8)	374	(2.1)	502	(3.1)	563	(3.7)	597	(3.7)
乌拉圭	408	(2.9)	93	(2.1)	413	(3.6)	403	(3.1)	10	(3.3)	257	(5.7)	289	(4.2)	343	(3.3)	472	(3.8)	531	(4.0)	564	(5.2)
越南	523	(3.8)	78	(2.6)	527	(5.9)	519	(4.9)	8	(3.1)	377	(8.8)	409	(7.7)	464	(5.6)	583	(5.7)	637	(7.0)	668	(7.8)

注:统计上有显著性的值用粗体表示。

1. 土耳其提供的注释:本文中塞浦路斯指岛的南部。岛上没有一个统一的当局代表土耳其和希腊塞浦路斯人,土耳其承认北塞浦路斯土耳其共和国(TRNC),土耳其将保留对塞浦路斯问题的看法,直到在联合国背景下作出持久和公平的决定。

2. 欧盟和OECD的欧盟成员国提供的注释:除土耳其外,联合国所有成员均承认塞浦路斯共和国,文中塞浦路斯指的是在塞浦路斯共和国有效控制下的区域。

附表 3.11 ■ 数学阐释分量表各精熟度水平的学生比例

		低于水平1 (低于357.77分)		水平1 (从357.77至420.07分)		水平2 (从420.07至482.38分)		水平3 (从482.38至544.68分)		水平4 (从544.68至606.99分)		水平5 (从606.99至669.30分)		水平6 (高于669.30分)	
		%	标准误	%	标准误	%	标准误	%	标准误	%	标准误	%	标准误	%	标准误
OECD	澳大利亚	6.0	(0.4)	11.8	(0.5)	20.2	(0.7)	23.5	(0.6)	20.4	(0.4)	11.9	(0.4)	6.3	(0.4)
	奥地利	8.3	(0.8)	13.0	(0.8)	19.1	(0.8)	20.6	(0.8)	20.0	(0.8)	12.9	(0.7)	6.0	(0.6)
	比利时	7.6	(0.5)	12.4	(0.6)	18.4	(0.6)	21.4	(0.6)	20.4	(0.6)	13.2	(0.5)	6.6	(0.4)
	加拿大	4.2	(0.3)	9.8	(0.4)	19.7	(0.6)	26.0	(0.6)	22.2	(0.5)	12.8	(0.7)	5.3	(0.4)
	智利	17.9	(1.2)	28.0	(0.9)	27.2	(1.0)	17.7	(0.9)	7.3	(0.7)	1.8	(0.3)	0.2	(0.1)
	捷克	8.6	(0.8)	14.3	(0.8)	21.4	(0.9)	24.1	(1.0)	18.4	(1.0)	9.5	(0.7)	3.7	(0.3)
	丹麦	4.8	(0.5)	11.9	(0.7)	22.1	(0.8)	26.7	(0.8)	20.4	(0.9)	10.8	(0.7)	3.3	(0.4)
	爱沙尼亚	3.5	(0.4)	10.8	(0.7)	22.3	(0.8)	28.0	(0.9)	21.4	(0.8)	10.3	(0.6)	3.7	(0.4)
	芬兰	3.2	(0.3)	7.7	(0.5)	18.2	(0.7)	27.8	(0.9)	24.5	(0.9)	13.6	(0.6)	5.0	(0.4)
	法国	8.2	(0.7)	11.7	(0.9)	18.7	(0.9)	22.0	(0.9)	20.0	(1.1)	13.1	(0.9)	6.2	(0.6)
	德国	7.1	(0.7)	11.6	(0.8)	17.6	(1.1)	21.8	(0.9)	21.7	(0.9)	13.5	(0.9)	6.7	(0.7)
	希腊	13.3	(1.0)	18.6	(0.8)	23.6	(0.9)	22.5	(0.9)	14.4	(0.9)	6.0	(0.6)	1.6	(0.2)
	匈牙利	12.4	(0.9)	15.9	(0.9)	23.5	(0.9)	22.6	(0.9)	16.0	(0.9)	7.3	(0.7)	2.2	(0.4)
	冰岛	9.7	(0.5)	14.1	(0.8)	20.7	(1.0)	24.2	(1.2)	18.6	(0.8)	9.3	(0.6)	3.4	(0.3)
	爱尔兰	5.5	(0.6)	11.3	(0.7)	21.6	(0.9)	26.3	(0.9)	21.2	(0.8)	10.0	(0.6)	3.5	(0.3)
	以色列	19.3	(1.3)	17.1	(0.8)	19.9	(1.1)	19.2	(0.9)	13.9	(0.8)	7.4	(0.7)	3.2	(0.6)
	意大利	9.7	(0.5)	13.6	(0.5)	20.3	(0.5)	22.3	(0.5)	18.2	(0.5)	10.6	(0.4)	5.2	(0.5)
	日本	3.4	(0.5)	8.5	(0.7)	17.6	(0.9)	25.1	(1.1)	24.3	(1.1)	15.0	(0.8)	6.1	(0.7)
	韩国	3.7	(0.5)	7.6	(0.6)	15.7	(0.8)	22.9	(0.9)	24.6	(0.9)	17.0	(0.9)	8.6	(1.0)
	卢森堡	10.4	(0.3)	14.7	(0.5)	19.9	(0.7)	21.6	(0.6)	18.2	(0.6)	10.7	(0.5)	4.6	(0.3)
	墨西哥	22.0	(0.7)	32.1	(0.6)	29.2	(0.5)	13.1	(0.5)	3.2	(0.2)	0.4	(0.1)	0.0	(0.0)
	荷兰	5.1	(0.8)	11.1	(0.8)	17.2	(1.0)	21.8	(1.2)	22.8	(1.2)	15.2	(1.0)	6.9	(0.6)
	新西兰	7.9	(0.6)	13.0	(0.6)	19.2	(1.0)	21.1	(0.9)	19.3	(0.9)	12.5	(0.6)	7.0	(0.5)
	挪威	7.6	(0.7)	13.3	(0.8)	21.7	(0.8)	24.8	(0.9)	19.2	(0.9)	9.3	(0.6)	3.9	(0.4)
	波兰	3.9	(0.4)	10.9	(0.7)	21.5	(0.9)	26.2	(0.8)	22.2	(0.8)	11.1	(0.7)	4.2	(0.7)
	葡萄牙	8.2	(0.8)	15.1	(1.0)	23.0	(0.8)	24.4	(1.0)	18.4	(0.9)	8.7	(0.6)	2.3	(0.3)
	斯洛伐克	13.6	(1.0)	16.8	(0.9)	22.3	(1.1)	22.0	(1.0)	15.4	(0.8)	7.3	(0.5)	2.5	(0.4)
	斯洛文尼亚	6.6	(0.5)	14.9	(0.6)	23.5	(1.0)	23.0	(1.0)	18.6	(0.7)	10.2	(0.6)	3.3	(0.4)
	西班牙	8.5	(0.4)	13.6	(0.6)	21.8	(0.8)	24.4	(0.7)	18.9	(0.6)	9.6	(0.4)	3.1	(0.3)
	瑞典	10.1	(0.7)	15.7	(0.6)	22.7	(0.8)	23.6	(1.0)	17.0	(0.9)	8.2	(0.6)	2.8	(0.3)
	瑞士	5.0	(0.4)	9.4	(0.6)	16.8	(0.8)	23.3	(0.8)	22.8	(0.6)	15.2	(0.8)	7.5	(0.8)
	土耳其	17.1	(1.1)	25.2	(1.3)	25.4	(1.1)	16.6	(1.0)	9.9	(1.2)	4.2	(0.7)	1.7	(0.5)
	英国	8.2	(0.8)	13.2	(0.8)	20.7	(1.0)	23.6	(1.0)	19.2	(1.0)	10.4	(0.6)	4.7	(0.4)
	美国	8.4	(0.8)	16.3	(0.9)	24.0	(1.0)	23.0	(0.9)	17.0	(1.0)	8.4	(0.6)	3.2	(0.4)
	OECD 国家	9.5	(0.3)	16.0	(0.3)	22.1	(0.3)	21.8	(0.3)	17.2	(0.4)	9.5	(0.2)	4.0	(0.1)
	OECD 各国平均	8.8	(0.1)	14.3	(0.1)	21.1	(0.1)	22.9	(0.1)	18.5	(0.1)	10.2	(0.1)	4.2	(0.1)
伙伴国家（地区）	阿尔巴尼亚	39.5	(1.2)	26.6	(1.3)	19.3	(1.1)	10.4	(1.0)	3.3	(0.5)	0.7	(0.2)	0.1	(0.1)
	阿根廷	35.3	(2.0)	28.9	(1.4)	22.4	(1.3)	10.2	(0.9)	2.6	(0.4)	0.5	(0.2)	0.0	(0.0)
	巴西	30.0	(0.9)	31.0	(0.7)	23.3	(0.8)	11.3	(0.6)	3.6	(0.4)	0.7	(0.2)	0.1	(0.0)
	保加利亚	20.6	(1.5)	21.7	(1.0)	23.1	(1.0)	19.3	(0.8)	10.6	(0.8)	3.9	(0.5)	0.8	(0.2)
	哥伦比亚	34.7	(1.4)	32.8	(1.0)	22.2	(0.9)	7.8	(0.6)	2.1	(0.3)	0.3	(0.1)	0.0	(0.0)
	哥斯达黎加	19.7	(1.4)	32.3	(1.1)	30.5	(1.2)	13.7	(1.0)	3.3	(0.5)	0.5	(0.1)	0.0	(0.0)
	克罗地亚	9.9	(0.8)	18.1	(1.0)	25.1	(1.0)	23.1	(1.0)	14.9	(0.8)	6.8	(0.7)	2.1	(0.5)
	塞浦路斯	22.4	(0.6)	21.2	(0.8)	23.4	(0.7)	18.8	(0.7)	9.8	(0.5)	3.5	(0.3)	0.9	(0.3)
	中国香港	2.7	(0.4)	6.4	(0.7)	13.2	(0.8)	21.7	(0.9)	27.4	(1.1)	19.2	(0.9)	9.4	(0.9)
	印度尼西亚	39.3	(2.1)	34.0	(1.4)	19.2	(1.3)	6.0	(0.9)	1.3	(0.5)	0.2	(0.2)	0.0	c
	约旦	36.6	(1.5)	32.3	(0.8)	21.8	(1.1)	7.3	(0.9)	1.7	(0.4)	0.3	(0.2)	0.0	c
	哈萨克斯坦	16.1	(1.0)	34.7	(1.3)	32.3	(1.0)	14.0	(1.3)	2.6	(0.5)	0.3	(0.2)	0.0	c
	拉脱维亚	7.0	(0.7)	16.0	(0.9)	25.2	(1.1)	26.0	(1.0)	17.1	(0.8)	6.9	(0.6)	1.8	(0.4)
	列支敦士登	5.2	(1.5)	9.4	(2.0)	15.1	(2.7)	19.3	(3.4)	21.2	(2.8)	19.1	(2.5)	10.6	(1.7)
	立陶宛	10.7	(0.7)	18.6	(0.9)	26.1	(1.0)	23.3	(0.8)	14.3	(0.8)	5.7	(0.5)	1.3	(0.3)
	中国澳门	3.6	(0.4)	8.4	(0.6)	17.7	(0.7)	25.1	(0.9)	25.0	(0.7)	14.7	(0.7)	5.6	(0.4)
	马来西亚	21.5	(1.3)	30.2	(1.1)	28.6	(1.2)	14.8	(0.9)	4.4	(0.6)	0.5	(0.2)	0.0	c
	黑山	27.7	(1.1)	26.6	(1.1)	23.5	(1.2)	14.4	(0.9)	5.9	(0.6)	1.5	(0.4)	0.3	(0.1)
	秘鲁	46.6	(1.8)	27.4	(1.0)	16.2	(1.1)	7.1	(0.8)	2.1	(0.4)	0.5	(0.2)	0.1	(0.1)
	卡塔尔	46.7	(0.4)	22.0	(0.5)	15.3	(0.5)	9.2	(0.3)	4.6	(0.2)	1.8	(0.1)	0.4	(0.1)
	罗马尼亚	13.9	(1.3)	27.3	(1.4)	31.8	(1.1)	19.1	(1.1)	6.6	(0.8)	1.2	(0.3)	0.1	(0.1)
	俄罗斯	10.1	(0.7)	18.1	(0.9)	26.9	(1.0)	24.2	(1.0)	14.2	(0.8)	5.2	(0.5)	1.2	(0.2)
	塞尔维亚	17.0	(1.3)	22.7	(1.1)	26.4	(1.1)	19.6	(1.1)	10.3	(0.8)	3.3	(0.5)	0.8	(0.2)
	中国上海	1.5	(0.3)	4.3	(0.5)	10.9	(0.6)	18.4	(1.0)	24.4	(1.4)	22.8	(1.0)	17.7	(1.0)
	新加坡	3.3	(0.3)	7.7	(0.5)	14.0	(0.6)	19.8	(0.7)	22.7	(1.0)	18.6	(1.0)	14.0	(0.5)
	中国台北	4.2	(0.5)	7.9	(0.6)	14.2	(0.7)	19.6	(0.7)	22.9	(0.8)	18.9	(0.9)	12.3	(0.9)
	泰国	16.9	(1.1)	28.5	(1.1)	30.0	(1.0)	16.3	(1.0)	6.0	(0.7)	1.9	(0.4)	0.4	(0.2)
	突尼斯	36.8	(1.9)	31.5	(1.3)	21.3	(1.4)	7.7	(0.8)	2.2	(0.6)	0.5	(0.2)	0.1	(0.1)
	阿联酋	22.3	(0.9)	26.3	(0.6)	24.7	(0.6)	16.2	(0.7)	7.5	(0.5)	2.5	(0.3)	0.5	(0.1)
	乌拉圭	28.5	(1.2)	27.4	(0.8)	24.0	(1.1)	13.2	(0.7)	5.6	(0.6)	1.3	(0.3)	0.1	(0.1)
	越南	4.5	(1.0)	13.0	(1.3)	25.3	(1.2)	30.8	(1.3)	17.6	(1.2)	7.0	(1.0)	1.8	(0.4)

1. 土耳其提供的注释：本文中塞浦路斯指岛的南部。岛上没有一个统一的当局代表土耳其和希腊塞浦路斯人，土耳其承认北塞浦路斯土耳其共和国(TRNC)，土耳其将保留对塞浦路斯问题的看法，直到在联合国背景下作出持久和公平的决定。

2. 欧盟和OECD的欧盟成员国提供的注释：除土耳其外，联合国所有成员均承认塞浦路斯共和国，文中塞浦路斯指的是在塞浦路斯共和国有效控制下的区域。

附表 3.12 ■ 按性别区分的数学阐释分量表各精熟度水平的学生水平

		男 生												
		低于水平1 (低于357.77分)		水平1 (从357.77至420.07分)		水平2 (从420.07至482.38分)		水平3 (从482.38至544.68分)		水平4 (从544.68至606.99分)		水平5 (从606.99至669.30分)		水平6 (高于669.30分)	
		%	标准误	%	标准误	%	标准误	%	标准误	%	标准误	%	标准误	%	标准误
OECD	澳大利亚	6.2	(0.5)	11.0	(0.6)	19.4	(0.8)	22.8	(0.7)	20.4	(0.6)	12.8	(0.6)	7.5	(0.6)
	奥地利	7.7	(1.1)	12.0	(1.4)	18.6	(1.1)	19.8	(1.2)	20.2	(1.1)	14.2	(1.1)	7.5	(0.9)
	比利时	7.9	(0.8)	11.9	(0.9)	17.2	(0.8)	20.5	(0.9)	20.4	(1.0)	14.1	(0.8)	8.0	(0.8)
	加拿大	4.4	(0.4)	9.5	(0.6)	18.5	(0.7)	24.6	(0.7)	22.2	(0.7)	14.3	(1.0)	6.4	(0.6)
	智利	14.5	(1.4)	26.2	(1.4)	26.8	(1.3)	20.5	(1.3)	9.4	(1.0)	2.4	(0.4)	0.2	(0.1)
	捷克	8.5	(1.0)	13.0	(1.3)	20.9	(1.2)	23.8	(1.2)	19.7	(1.2)	9.9	(1.0)	4.3	(0.6)
	丹麦	4.4	(0.6)	11.1	(1.0)	20.9	(1.2)	25.8	(1.1)	21.4	(1.3)	12.4	(1.2)	3.9	(0.5)
	爱沙尼亚	3.7	(0.5)	11.2	(0.9)	20.8	(1.3)	27.6	(1.5)	21.6	(1.3)	10.9	(0.8)	4.2	(0.5)
	芬兰	4.1	(0.5)	9.4	(0.6)	19.0	(1.0)	26.0	(1.2)	23.1	(1.0)	13.1	(0.8)	5.3	(0.7)
	法国	8.8	(0.9)	11.8	(1.1)	18.0	(1.2)	20.6	(1.1)	19.5	(1.3)	14.1	(1.3)	7.3	(0.9)
	德国	7.1	(0.9)	11.2	(0.9)	16.2	(1.1)	20.8	(1.0)	22.2	(1.3)	14.1	(1.1)	8.4	(0.9)
	希腊	14.7	(1.3)	16.8	(0.9)	21.2	(1.2)	22.1	(1.0)	15.4	(1.3)	7.6	(1.0)	2.3	(0.4)
	匈牙利	13.3	(1.4)	15.3	(1.5)	22.2	(1.6)	21.7	(1.4)	16.1	(1.1)	8.5	(0.9)	2.9	(0.5)
	冰岛	11.8	(0.9)	14.7	(0.9)	20.0	(1.2)	23.0	(1.2)	18.4	(1.2)	8.7	(0.9)	3.4	(0.5)
	爱尔兰	4.8	(0.8)	10.1	(1.0)	20.6	(1.2)	26.1	(1.4)	22.5	(1.4)	11.4	(1.1)	4.5	(0.5)
	以色列	21.1	(2.1)	14.7	(1.3)	16.7	(1.4)	16.9	(1.1)	15.4	(1.3)	10.1	(1.2)	5.0	(1.2)
	意大利	9.6	(0.5)	12.7	(0.6)	18.6	(0.6)	21.0	(0.6)	18.5	(0.6)	12.5	(0.5)	7.0	(0.5)
	日本	3.5	(0.6)	7.8	(0.8)	16.0	(1.2)	22.9	(1.4)	24.6	(1.4)	17.2	(1.2)	8.0	(1.0)
	韩国	4.1	(0.7)	7.6	(1.0)	15.0	(1.2)	20.6	(1.1)	24.1	(1.2)	17.9	(1.0)	10.7	(1.3)
	卢森堡	9.2	(0.7)	13.1	(0.7)	18.4	(1.0)	22.4	(0.8)	18.9	(1.0)	11.7	(1.0)	6.2	(0.4)
	墨西哥	20.6	(0.8)	30.7	(0.8)	29.3	(0.7)	14.7	(0.6)	4.0	(0.3)	0.6	(0.1)	0.1	(0.0)
	荷兰	4.7	(0.9)	10.8	(1.1)	16.8	(1.3)	20.9	(1.5)	22.8	(1.3)	15.9	(1.1)	8.2	(0.8)
	新西兰	8.6	(0.8)	12.4	(1.0)	17.5	(1.4)	19.6	(1.1)	19.6	(1.0)	13.6	(1.2)	8.6	(0.8)
	挪威	8.0	(0.8)	13.5	(0.9)	21.0	(1.4)	23.6	(1.4)	19.8	(1.0)	9.8	(0.7)	4.4	(0.4)
	波兰	4.3	(0.6)	11.2	(1.2)	20.6	(1.2)	26.1	(1.4)	20.9	(1.1)	11.8	(1.0)	5.1	(1.1)
	葡萄牙	8.7	(1.1)	13.6	(1.0)	21.1	(1.2)	24.2	(1.2)	19.1	(1.1)	10.1	(0.8)	3.3	(0.5)
	斯洛伐克	13.6	(1.2)	17.0	(1.1)	21.2	(1.2)	20.4	(1.1)	15.6	(1.0)	8.7	(0.8)	3.4	(0.6)
	斯洛文尼亚	6.9	(0.6)	15.3	(1.1)	22.6	(1.4)	22.5	(1.2)	18.2	(1.0)	11.0	(0.9)	3.5	(0.5)
	西班牙	7.7	(0.5)	12.3	(0.8)	20.1	(1.1)	23.4	(1.0)	20.3	(0.7)	11.8	(0.7)	4.3	(0.4)
	瑞典	11.7	(0.9)	15.4	(0.9)	21.7	(1.1)	22.1	(1.1)	17.0	(0.9)	8.8	(0.8)	3.3	(0.6)
	瑞士	5.0	(0.5)	8.6	(0.6)	15.7	(1.1)	22.1	(1.1)	23.4	(0.9)	16.3	(1.1)	8.8	(1.0)
	土耳其	16.3	(1.4)	24.2	(1.3)	25.5	(1.3)	17.0	(1.3)	10.6	(1.3)	4.6	(0.8)	1.9	(0.6)
	英国	7.7	(1.1)	12.0	(1.1)	19.6	(1.1)	23.5	(1.2)	20.0	(1.2)	11.9	(1.0)	5.5	(0.7)
	美国	8.1	(0.9)	15.9	(1.0)	22.0	(1.1)	21.9	(1.2)	17.9	(1.3)	9.6	(0.8)	3.9	(0.4)
	OECD 国家	9.5	(0.3)	15.3	(0.3)	20.8	(0.3)	21.0	(0.4)	17.8	(0.4)	10.6	(0.3)	5.0	(0.2)
	OECD各国平均	8.9	(0.2)	13.6	(0.2)	20.0	(0.2)	22.1	(0.2)	18.9	(0.2)	11.3	(0.2)	5.2	(0.1)
伙伴国家（地区）	阿尔巴尼亚	38.9	(1.4)	26.5	(1.5)	19.3	(1.7)	10.9	(1.4)	3.6	(0.7)	0.8	(0.3)	0.0	c
	阿根廷	33.8	(2.4)	27.9	(1.8)	23.1	(1.7)	11.2	(1.2)	3.3	(0.7)	0.6	(0.2)	0.0	(0.1)
	巴西	27.7	(1.1)	29.9	(0.9)	24.2	(1.0)	12.6	(0.8)	4.5	(0.5)	1.1	(0.2)	0.1	(0.0)
	保加利亚	23.2	(1.9)	21.4	(1.2)	21.4	(1.2)	17.9	(1.0)	10.9	(0.9)	4.3	(0.6)	0.9	(0.3)
	哥伦比亚	30.3	(1.5)	31.2	(1.4)	24.8	(1.3)	10.1	(1.1)	3.2	(0.6)	0.4	(0.1)	0.1	(0.1)
	哥斯达黎加	16.3	(1.4)	29.1	(1.6)	31.4	(1.5)	17.4	(1.4)	4.9	(0.8)	0.8	(0.3)	0.1	c
	克罗地亚	9.6	(0.9)	16.7	(1.2)	23.8	(1.3)	22.8	(1.2)	16.0	(1.1)	8.2	(0.8)	2.9	(0.7)
	塞浦路斯	25.6	(0.8)	19.4	(1.2)	20.6	(0.9)	17.8	(1.2)	10.4	(0.7)	4.9	(0.5)	1.3	(0.3)
	中国香港	2.9	(0.5)	6.4	(0.9)	12.7	(1.2)	19.9	(1.2)	26.4	(1.4)	20.0	(1.6)	11.8	(1.5)
	印度尼西亚	39.4	(2.4)	33.0	(1.8)	19.2	(1.5)	6.7	(1.2)	1.5	(0.5)	0.2	(0.2)	0.0	c
	约旦	44.0	(2.5)	29.8	(1.4)	17.6	(1.6)	6.0	(0.9)	1.9	(0.6)	0.5	(0.4)	0.0	c
	哈萨克斯坦	17.9	(1.3)	34.6	(1.7)	31.0	(1.4)	13.8	(1.5)	2.5	(0.5)	0.1	(0.1)	0.0	c
	拉脱维亚	7.3	(1.0)	16.5	(1.2)	25.1	(1.5)	24.9	(1.2)	16.5	(1.2)	7.4	(0.8)	2.2	(0.6)
	列支敦士登	2.9	(1.5)	8.5	(2.9)	14.2	(4.1)	20.2	(3.6)	21.3	(5.2)	19.8	(3.4)	13.1	(2.9)
	立陶宛	11.8	(1.0)	18.8	(1.5)	24.7	(1.4)	22.5	(1.1)	14.3	(1.1)	6.3	(0.6)	1.6	(0.3)
	中国澳门	4.3	(0.6)	8.3	(0.8)	17.1	(0.9)	24.9	(0.9)	24.9	(0.9)	15.5	(1.1)	6.1	(0.7)
	马来西亚	24.8	(1.7)	30.4	(1.4)	26.9	(1.4)	13.3	(1.2)	4.1	(0.8)	0.5	(0.3)	0.0	c
	黑山	29.2	(1.3)	25.8	(1.4)	22.1	(1.6)	14.6	(1.1)	6.1	(0.7)	1.8	(0.5)	0.3	(0.1)
	秘鲁	43.5	(1.9)	28.0	(1.3)	17.2	(1.1)	8.1	(1.0)	2.5	(0.4)	0.6	(0.2)	0.1	(0.1)
	卡塔尔	51.7	(0.7)	19.0	(0.7)	13.7	(0.5)	8.5	(0.4)	4.8	(0.3)	1.9	(0.2)	0.4	(0.1)
	罗马尼亚	13.9	(1.6)	26.2	(2.0)	31.2	(1.4)	19.7	(1.4)	7.2	(0.9)	1.6	(0.4)	0.2	(0.1)
	俄罗斯	10.8	(1.0)	18.9	(1.1)	26.0	(1.1)	23.5	(1.4)	14.3	(1.1)	5.2	(0.6)	1.2	(0.3)
	塞尔维亚	16.8	(1.7)	21.8	(1.1)	26.8	(1.6)	18.8	(1.4)	10.8	(1.1)	3.8	(0.6)	1.1	(0.4)
	中国上海	1.9	(0.4)	4.2	(0.5)	10.4	(0.8)	17.5	(1.3)	23.3	(1.7)	23.3	(1.2)	19.4	(1.2)
	新加坡	4.3	(0.5)	8.4	(0.6)	13.7	(0.9)	18.6	(1.0)	22.2	(1.1)	18.3	(1.1)	14.4	(0.8)
	中国台北	5.1	(0.7)	8.4	(0.6)	13.3	(0.8)	17.6	(0.9)	22.2	(1.1)	20.0	(1.1)	13.5	(1.3)
	泰国	20.2	(1.5)	29.3	(1.4)	28.4	(1.5)	14.6	(1.1)	5.5	(0.9)	1.5	(0.4)	0.4	(0.2)
	突尼斯	36.1	(2.4)	30.6	(1.4)	22.2	(2.2)	8.0	(1.4)	2.4	(0.6)	0.6	(0.4)	0.1	(0.1)
	阿联酋	25.9	(1.5)	24.6	(1.1)	22.5	(0.9)	15.1	(1.0)	8.1	(0.8)	2.9	(0.5)	0.8	(0.2)
	乌拉圭	28.1	(1.7)	25.3	(1.1)	23.8	(1.5)	14.2	(1.2)	6.6	(0.7)	1.8	(0.5)	0.1	c
	越南	4.7	(1.0)	13.4	(1.7)	24.0	(1.5)	27.6	(1.4)	19.9	(1.5)	8.0	(0.9)	2.3	(0.6)

附表 3.12 ■ 按性别区分的数学阐释分量表各精熟度水平的学生水平(续表1)

	低于水平1 (低于357.77分)		水平1 (从357.77至420.07分)		水平2 (从420.07至482.38分)		水平3 (从482.38至544.68分)		水平4 (从544.68至606.99分)		水平5 (从606.99至669.30分)		水平6 (高于669.30分)	
	%	标准误	%	标准误	%	标准误	%	标准误	%	标准误	%	标准误	%	标准误
OECD														
澳大利亚	5.8	(0.5)	12.6	(0.7)	20.9	(0.8)	24.2	(0.9)	20.4	(0.7)	11.0	(0.6)	5.0	(0.5)
奥地利	9.0	(1.0)	14.1	(1.2)	19.7	(1.5)	21.4	(1.1)	19.8	(1.1)	11.5	(0.9)	4.5	(0.7)
比利时	7.3	(0.6)	12.9	(0.7)	19.6	(0.8)	22.3	(0.9)	20.5	(1.0)	12.3	(0.7)	5.1	(0.5)
加拿大	3.9	(0.4)	10.0	(0.6)	20.9	(0.8)	27.3	(0.7)	22.3	(0.8)	11.4	(0.7)	4.3	(0.4)
智利	21.1	(1.5)	29.7	(1.1)	27.5	(1.3)	15.1	(1.0)	5.4	(0.6)	1.2	(0.2)	0.1	(0.1)
捷克	8.6	(1.0)	15.7	(1.3)	21.9	(1.4)	24.4	(1.9)	17.1	(1.5)	9.2	(0.8)	3.1	(0.5)
丹麦	5.3	(0.6)	12.7	(0.9)	23.4	(1.1)	27.6	(1.1)	19.5	(1.2)	9.1	(0.8)	2.6	(0.5)
爱沙尼亚	3.4	(0.5)	10.4	(0.9)	23.7	(0.9)	28.4	(1.1)	21.2	(1.3)	9.6	(0.9)	3.3	(0.5)
芬兰	2.2	(0.4)	6.0	(0.9)	17.4	(0.9)	29.7	(1.3)	26.1	(1.0)	14.0	(0.8)	4.7	(0.6)
法国	7.7	(1.0)	11.7	(1.1)	19.4	(1.2)	23.4	(1.3)	20.4	(1.4)	12.3	(1.3)	5.1	(0.6)
德国	7.2	(0.8)	12.0	(1.0)	19.0	(1.4)	22.8	(1.2)	21.2	(1.1)	12.9	(1.0)	4.9	(0.7)
希腊	11.9	(1.1)	20.3	(1.1)	26.0	(0.9)	22.9	(1.4)	13.4	(1.0)	4.4	(0.6)	1.0	(0.2)
匈牙利	11.5	(1.2)	16.5	(1.3)	24.8	(1.3)	23.4	(1.5)	16.0	(1.1)	6.2	(0.7)	1.6	(0.4)
冰岛	7.5	(0.6)	13.6	(1.1)	21.5	(1.5)	25.4	(1.9)	18.7	(1.1)	9.9	(1.1)	3.3	(0.4)
爱尔兰	6.2	(0.8)	12.5	(1.1)	24.0	(1.3)	26.5	(1.4)	20.0	(1.2)	8.5	(0.7)	2.4	(0.4)
以色列	17.5	(1.2)	19.5	(1.0)	23.0	(1.6)	21.5	(1.5)	12.4	(1.2)	4.7	(0.6)	1.4	(0.3)
意大利	9.8	(0.6)	14.6	(0.6)	22.1	(0.6)	23.7	(0.8)	17.9	(0.6)	8.6	(0.5)	3.3	(0.3)
日本	3.3	(0.6)	9.2	(1.0)	19.2	(1.3)	27.6	(1.2)	24.1	(1.2)	12.6	(1.0)	4.0	(0.7)
韩国	3.3	(0.6)	7.5	(1.0)	16.5	(1.3)	25.6	(1.4)	25.1	(1.1)	15.9	(1.4)	6.1	(0.9)
卢森堡	11.6	(0.8)	16.4	(1.0)	21.3	(1.2)	20.7	(1.1)	17.5	(1.0)	9.6	(0.9)	2.9	(0.4)
墨西哥	23.4	(0.8)	33.4	(0.7)	29.1	(0.6)	11.5	(0.5)	2.4	(0.3)	0.2	(0.1)	0.0	c
荷兰	5.4	(1.0)	11.4	(1.2)	17.7	(1.3)	22.7	(1.6)	22.8	(1.5)	14.4	(1.3)	5.5	(0.7)
新西兰	7.2	(0.8)	13.5	(0.9)	20.9	(1.4)	22.7	(1.3)	19.0	(1.0)	11.4	(0.8)	5.3	(0.7)
挪威	7.2	(1.0)	13.2	(1.4)	22.5	(1.0)	26.1	(1.4)	18.7	(1.0)	8.9	(1.0)	3.4	(0.5)
波兰	3.5	(0.5)	10.7	(0.9)	22.4	(1.2)	26.4	(1.1)	23.4	(1.3)	10.5	(1.1)	3.2	(0.6)
葡萄牙	7.6	(1.0)	16.6	(1.3)	25.0	(1.4)	24.5	(1.5)	17.7	(1.1)	7.2	(0.7)	1.4	(0.3)
斯洛伐克	13.7	(1.2)	16.6	(1.4)	23.5	(1.6)	23.8	(1.4)	15.1	(1.6)	5.8	(0.7)	1.5	(0.4)
斯洛文尼亚	6.2	(0.7)	14.4	(1.1)	24.6	(1.2)	23.6	(1.2)	18.9	(1.3)	9.2	(0.8)	3.1	(0.6)
西班牙	9.3	(0.6)	14.9	(0.7)	23.6	(0.9)	25.5	(0.9)	17.5	(0.8)	7.3	(0.5)	2.0	(0.2)
瑞典	8.4	(0.8)	15.9	(0.8)	23.7	(1.1)	25.2	(1.2)	16.9	(1.4)	7.5	(0.7)	2.3	(0.4)
瑞士	5.1	(0.5)	10.2	(0.7)	18.0	(1.0)	24.4	(1.0)	22.2	(0.9)	14.0	(1.1)	6.2	(0.9)
土耳其	17.9	(1.5)	26.3	(1.7)	25.1	(1.5)	16.3	(1.2)	9.2	(1.4)	3.8	(0.8)	1.4	(0.6)
英国	8.8	(0.8)	14.3	(1.0)	21.7	(1.4)	23.8	(1.3)	18.5	(1.2)	9.0	(0.7)	3.9	(0.6)
美国	7.2	(0.8)	16.7	(1.2)	26.2	(1.3)	24.1	(1.1)	16.1	(1.2)	7.2	(0.9)	2.5	(0.5)
OECD国家	9.5	(0.3)	16.8	(0.4)	23.4	(0.4)	22.5	(0.4)	16.6	(0.4)	8.3	(0.3)	3.0	(0.2)
OECD各国平均	8.7	(0.1)	14.9	(0.2)	22.2	(0.2)	23.7	(0.2)	18.2	(0.2)	9.2	(0.1)	3.2	(0.1)
伙伴国家(地区)														
阿尔巴尼亚	40.2	(1.6)	26.7	(2.0)	19.3	(1.3)	9.9	(1.0)	3.1	(0.5)	0.7	(0.3)	0.1	(0.1)
阿根廷	36.8	(2.2)	29.9	(1.7)	21.8	(1.3)	9.3	(0.9)	1.9	(0.4)	0.3	(0.2)	0.0	(0.0)
巴西	32.1	(1.2)	32.0	(1.1)	22.5	(0.9)	10.1	(0.6)	2.8	(0.4)	0.5	(0.1)	0.0	(0.0)
保加利亚	17.9	(1.5)	21.9	(1.3)	24.8	(1.3)	20.8	(1.1)	10.4	(1.1)	3.5	(0.6)	0.7	(0.3)
哥伦比亚	38.6	(1.7)	34.3	(1.3)	20.0	(1.0)	5.8	(0.7)	1.1	(0.2)	0.2	(0.1)	0.0	c
哥斯达黎加	22.7	(1.7)	35.0	(1.4)	29.7	(1.4)	10.5	(1.1)	2.0	(0.6)	0.1	(0.1)	0.0	c
克罗地亚	10.3	(1.0)	19.5	(1.4)	26.6	(1.4)	23.4	(1.3)	13.7	(1.3)	5.2	(0.8)	1.2	(0.4)
塞浦路斯	18.9	(0.9)	23.1	(1.2)	26.3	(1.2)	19.9	(1.0)	9.1	(0.6)	2.1	(0.3)	0.5	(0.2)
中国香港	2.5	(0.5)	6.4	(0.8)	13.9	(1.0)	23.7	(1.4)	28.6	(1.9)	18.4	(1.7)	6.5	(0.8)
印度尼西亚	39.3	(2.3)	35.0	(1.9)	19.1	(1.6)	5.3	(0.9)	1.1	(0.6)	0.2	(0.2)	0.0	c
约旦	29.3	(1.7)	34.8	(1.2)	25.8	(1.5)	8.6	(0.9)	1.5	(0.4)	0.1	(0.1)	0.0	c
哈萨克斯坦	14.4	(1.1)	34.9	(1.4)	33.6	(1.6)	14.1	(1.6)	2.8	(0.8)	0.2	(0.1)	0.0	c
拉脱维亚	6.7	(0.8)	15.5	(1.1)	25.2	(1.4)	27.1	(1.3)	17.6	(1.1)	6.4	(0.8)	1.4	(0.4)
列支敦士登	7.9	(2.9)	10.5	(3.0)	16.1	(3.0)	18.2	(5.1)	21.0	(4.6)	18.4	(3.7)	7.8	(2.4)
立陶宛	9.5	(0.9)	18.5	(1.4)	27.5	(1.3)	24.2	(1.4)	14.3	(1.1)	5.0	(0.6)	1.0	(0.4)
中国澳门	2.8	(0.5)	8.4	(0.7)	21.8	(1.1)	26.5	(1.2)	25.1	(1.0)	13.9	(1.1)	5.0	(0.5)
马来西亚	18.4	(1.3)	30.1	(1.5)	30.3	(1.3)	16.1	(1.1)	4.6	(0.8)	0.5	(0.2)	0.0	c
黑山	26.2	(0.9)	27.4	(1.3)	25.0	(1.2)	14.2	(1.3)	5.7	(0.7)	1.3	(0.4)	0.3	(0.2)
秘鲁	49.6	(2.4)	26.7	(1.4)	15.3	(1.3)	6.3	(1.0)	1.8	(0.4)	0.3	(0.2)	0.0	c
卡塔尔	41.5	(0.7)	25.1	(0.7)	17.0	(0.8)	9.8	(0.5)	4.5	(0.3)	1.7	(0.2)	0.0	(0.1)
罗马尼亚	13.9	(1.4)	28.3	(1.3)	32.4	(1.3)	18.4	(1.3)	6.1	(0.9)	0.8	(0.3)	0.0	c
俄罗斯	9.4	(0.9)	17.3	(1.0)	27.8	(1.1)	25.0	(0.9)	14.1	(0.9)	5.2	(0.6)	1.2	(0.2)
塞尔维亚	17.2	(1.5)	23.5	(1.9)	26.0	(1.1)	20.3	(1.3)	9.7	(1.0)	2.9	(0.6)	0.4	(0.2)
中国上海	1.2	(0.3)	4.4	(0.6)	11.4	(0.9)	19.2	(1.1)	25.5	(1.5)	22.3	(1.1)	16.1	(1.2)
新加坡	2.3	(0.3)	6.8	(0.4)	14.3	(0.9)	20.9	(1.0)	23.2	(1.2)	18.8	(1.3)	13.6	(0.9)
中国台北	3.3	(0.4)	7.4	(0.9)	15.2	(1.4)	21.5	(1.1)	23.5	(1.1)	17.9	(1.3)	11.1	(1.7)
泰国	14.4	(1.1)	27.9	(1.4)	31.2	(1.2)	17.6	(1.1)	6.4	(0.8)	2.1	(0.5)	0.5	(0.2)
突尼斯	37.5	(2.0)	32.2	(1.8)	20.5	(1.3)	7.4	(0.9)	2.0	(0.7)	0.4	(0.3)	0.0	c
阿联酋	18.9	(1.2)	27.9	(1.2)	26.7	(1.0)	17.2	(1.0)	7.0	(0.6)	2.1	(0.4)	0.2	(0.1)
乌拉圭	28.8	(1.3)	29.3	(1.2)	24.1	(1.4)	12.4	(0.8)	4.6	(0.7)	0.8	(0.3)	0.1	(0.1)
越南	4.3	(0.8)	12.6	(1.3)	26.4	(1.4)	31.5	(1.4)	17.8	(1.3)	6.1	(1.0)	1.3	(0.4)

1. 土耳其提供的注释:本文中塞浦路斯指岛的南部。岛上没有一个统一的当局代表土耳其和希腊塞浦路斯人,土耳其承认北塞浦路斯土耳其共和国(TRNC),土耳其将保留对塞浦路斯问题的看法,直到在联合国背景下作出持久和公平的决定。

2. 欧盟和OECD的欧盟成员国提供的注释:除土耳其外,联合国所有成员均承认塞浦路斯共和国,文中塞浦路斯指的是在塞浦路斯共和国有效控制下的区域。

附表 3.13 ■ 学生数学阐释分量表的平均分、变异和性别差异

	所有学生 平均分 均值	标准误	标准差	标准误	男生 平均分	标准误	女生 平均分	标准误	差值(男生-女生) 分差	标准误	第5 分数	标准误	第10 分数	标准误	第25 分数	标准误	第75 分数	标准误	第90 分数	标准误	第95 分数	标准误
OECD																						
澳大利亚	514	(1.7)	101	(1.1)	519	(2.4)	509	(2.0)	9	(2.9)	348	(3.3)	384	(2.3)	445	(2.0)	584	(2.2)	645	(2.8)	680	(3.3)
奥地利	509	(3.3)	106	(2.0)	517	(4.5)	501	(4.1)	16	(5.6)	331	(5.8)	368	(4.9)	433	(4.6)	587	(3.9)	644	(4.6)	677	(5.2)
比利时	513	(2.4)	106	(1.5)	518	(3.2)	508	(2.6)	10	(3.5)	335	(4.6)	374	(3.5)	439	(3.6)	590	(2.8)	649	(3.2)	681	(2.9)
加拿大	521	(2.0)	93	(0.9)	526	(2.3)	517	(2.3)	9	(2.2)	366	(2.9)	401	(2.7)	459	(2.5)	585	(2.6)	641	(2.8)	672	(3.2)
智利	433	(3.1)	82	(1.7)	444	(3.9)	422	(3.0)	22	(3.3)	305	(5.1)	331	(3.9)	376	(3.7)	488	(3.9)	540	(4.6)	572	(4.7)
捷克	494	(3.0)	103	(2.5)	498	(3.9)	490	(3.7)	9	(4.6)	327	(7.0)	367	(5.6)	427	(4.1)	564	(5.9)	622	(3.7)	656	(3.5)
丹麦	508	(2.5)	90	(1.3)	515	(3.0)	501	(2.7)	14	(2.5)	359	(4.6)	391	(3.9)	447	(3.1)	570	(3.1)	624	(3.5)	653	(4.0)
爱沙尼亚	513	(2.1)	87	(1.1)	515	(2.8)	511	(2.3)	4	(3.0)	372	(3.2)	401	(3.4)	454	(2.9)	571	(2.8)	625	(3.3)	653	(3.6)
芬兰	528	(2.2)	88	(1.1)	523	(3.0)	534	(2.1)	−11	(2.9)	379	(3.8)	415	(3.7)	471	(2.6)	588	(2.3)	639	(3.0)	669	(4.1)
法国	511	(2.5)	107	(2.0)	513	(3.7)	509	(2.8)	4	(4.0)	329	(5.9)	370	(4.9)	438	(3.6)	588	(3.7)	646	(4.8)	678	(4.4)
德国	517	(3.2)	105	(2.2)	522	(3.4)	511	(3.6)	12	(3.0)	338	(6.5)	376	(4.6)	445	(4.2)	592	(3.5)	650	(4.2)	680	(4.0)
希腊	467	(2.9)	98	(1.8)	471	(4.0)	463	(3.1)	8	(3.7)	304	(5.6)	340	(4.6)	400	(4.1)	536	(3.6)	593	(4.3)	626	(4.4)
匈牙利	477	(3.1)	100	(2.4)	479	(3.9)	475	(3.6)	4	(3.7)	307	(5.9)	344	(5.2)	410	(3.7)	547	(4.4)	605	(4.9)	638	(6.4)
冰岛	492	(1.9)	101	(1.2)	487	(2.9)	498	(2.5)	−11	(3.4)	321	(5.1)	360	(3.4)	424	(3.0)	563	(3.0)	619	(2.7)	653	(3.6)
爱尔兰	507	(2.5)	91	(1.4)	515	(3.3)	498	(3.3)	17	(4.5)	353	(5.3)	389	(4.6)	446	(3.5)	569	(2.6)	622	(3.6)	654	(4.2)
以色列	462	(5.2)	114	(2.2)	470	(9.1)	453	(4.1)	17	(8.9)	272	(7.5)	312	(6.1)	381	(6.0)	542	(6.1)	610	(6.5)	648	(7.5)
意大利	498	(2.1)	107	(1.2)	507	(2.7)	489	(2.5)	18	(3.0)	321	(3.1)	360	(4.3)	426	(2.6)	572	(2.6)	636	(3.1)	671	(3.0)
日本	531	(3.5)	92	(2.0)	539	(4.5)	522	(3.4)	17	(4.2)	375	(6.1)	411	(4.7)	469	(4.4)	595	(3.9)	648	(4.6)	677	(5.1)
韩国	540	(4.2)	98	(1.8)	545	(5.4)	535	(4.9)	10	(6.0)	373	(6.9)	412	(5.7)	476	(4.5)	609	(4.4)	662	(4.8)	693	(5.8)
卢森堡	495	(1.1)	106	(0.9)	505	(1.6)	485	(1.5)	20	(2.3)	322	(4.3)	355	(3.0)	420	(1.9)	571	(1.6)	631	(4.2)	665	(3.0)
墨西哥	413	(1.3)	73	(0.8)	418	(1.5)	408	(1.4)	10	(1.3)	294	(2.1)	321	(1.8)	365	(1.7)	461	(1.7)	506	(1.9)	533	(2.3)
荷兰	526	(3.6)	100	(2.5)	530	(3.8)	521	(4.1)	9	(2.9)	357	(7.4)	389	(5.6)	455	(5.6)	599	(4.1)	653	(4.6)	682	(4.9)
新西兰	511	(2.5)	108	(1.4)	516	(3.6)	505	(3.1)	11	(4.7)	334	(4.7)	370	(4.0)	434	(3.5)	587	(3.3)	650	(3.6)	684	(4.1)
挪威	499	(3.1)	98	(1.6)	500	(3.6)	498	(3.7)	2	(3.1)	336	(5.8)	373	(4.1)	433	(3.6)	565	(3.1)	623	(3.9)	658	(4.3)
波兰	515	(3.5)	100	(1.9)	517	(4.2)	513	(3.6)	3	(3.6)	368	(4.3)	400	(3.9)	452	(3.5)	577	(4.2)	630	(5.4)	662	(7.7)
葡萄牙	490	(4.0)	94	(1.8)	496	(4.5)	484	(4.0)	12	(2.9)	333	(6.8)	369	(5.0)	425	(5.0)	557	(3.8)	612	(3.7)	642	(3.5)
斯洛伐克	473	(3.3)	103	(2.1)	478	(3.8)	468	(3.7)	9	(3.7)	304	(5.7)	339	(5.0)	402	(4.6)	545	(4.4)	606	(4.1)	639	(5.1)
斯洛文尼亚	498	(1.4)	95	(0.9)	498	(2.1)	497	(2.1)	1	(3.2)	347	(3.3)	378	(2.6)	431	(2.6)	566	(2.5)	623	(2.2)	654	(4.2)
西班牙	495	(2.2)	98	(0.8)	505	(2.5)	485	(2.5)	21	(2.3)	330	(3.3)	367	(3.4)	429	(2.8)	564	(2.6)	619	(2.3)	652	(2.5)
瑞典	485	(2.4)	99	(1.3)	484	(3.3)	486	(2.5)	−2	(3.4)	320	(5.1)	357	(3.8)	418	(3.1)	553	(3.2)	612	(3.1)	646	(3.1)
瑞士	529	(3.4)	101	(1.5)	535	(3.9)	523	(2.9)	12	(2.8)	357	(4.9)	396	(3.9)	462	(3.5)	600	(4.3)	655	(4.9)	687	(5.3)
土耳其	446	(4.6)	95	(3.0)	451	(5.1)	442	(5.5)	9	(5.0)	304	(4.2)	332	(3.8)	380	(3.1)	506	(7.3)	576	(9.5)	616	(10.3)
英国	501	(3.5)	102	(2.0)	508	(4.6)	494	(3.8)	14	(4.7)	333	(6.5)	370	(5.2)	432	(4.4)			632	(4.8)	666	(4.8)
美国	490	(3.9)	96	(1.6)	493	(4.3)	486	(4.0)	7	(3.0)	336	(5.5)	367	(4.8)	422	(4.3)	556	(4.3)	616	(4.1)	649	(4.6)
OECD 国家	491	(1.2)	102	(0.5)	496	(1.4)	485	(1.2)	11	(1.1)	327	(1.5)	360	(1.5)	418	(1.4)	563	(1.5)	625	(1.4)	660	(1.6)
OECD 各国平均	497	(0.5)	98	(0.3)	502	(0.7)	492	(0.6)	9	(0.7)	335	(0.7)	370	(0.7)	430	(0.6)	565	(0.6)	622	(0.7)	655	(0.8)
伙伴国家（地区）																						
阿尔巴尼亚	379	(2.4)	101	(1.7)	381	(3.1)	377	(3.1)	4	(3.6)	202	(7.2)	254	(5.3)	318	(3.0)	445	(2.8)	504	(3.1)	538	(4.1)
阿根廷	390	(4.1)	83	(2.1)	395	(5.0)	385	(3.6)	10	(3.2)	253	(6.1)	283	(5.2)	334	(4.7)	447	(4.9)	496	(5.2)	526	(6.0)
巴西	401	(2.1)	81	(1.4)	407	(2.2)	395	(2.3)	12	(1.7)	273	(3.1)	300	(2.5)	346	(2.1)	453	(2.6)	507	(3.8)	540	(5.1)
保加利亚	441	(4.2)	99	(2.4)	437	(5.1)	445	(4.4)	−8	(4.8)	282	(6.6)	314	(6.1)	372	(5.1)	510	(4.8)	570	(5.4)	604	(6.0)
哥伦比亚	388	(2.5)	76	(1.6)	399	(3.2)	378	(2.7)	21	(3.0)	267	(4.5)	293	(3.6)	331	(3.1)	437	(3.0)	483	(3.7)	516	(4.1)
哥斯达黎加	418	(2.9)	70	(1.4)	429	(3.4)	408	(2.9)	21	(2.4)	305	(3.7)	330	(2.5)	370	(3.3)	464	(3.3)	508	(5.6)	535	(5.6)
克罗地亚	477	(3.5)	93	(2.1)	484	(4.2)	470	(3.8)	15	(4.0)	328	(4.1)	358	(4.2)	412	(3.5)	541	(4.5)	600	(6.1)	636	(6.8)
塞浦路斯	436	(1.3)	101	(1.1)	434	(1.8)	438	(1.8)	−4	(2.5)	269	(3.1)	305	(2.7)	367	(2.1)	505	(2.3)	565	(2.8)	601	(4.1)
中国香港	551	(3.4)	93	(1.6)	557	(4.8)	545	(3.7)	12	(5.5)	385	(5.9)	425	(5.7)			616	(3.9)	666	(4.8)	696	(5.1)
印度尼西亚	379	(4.0)	70	(3.1)	380	(4.5)	378	(4.1)	2	(3.3)	270	(4.4)	293	(4.4)	331	(3.6)	424	(4.8)	469	(7.1)	500	(9.8)
约旦	383	(3.0)	77	(2.2)	370	(4.1)	395	(2.9)	−25	(6.1)	255	(6.0)	286	(4.9)	333	(3.2)	434	(3.1)	479	(5.2)	508	(6.3)
哈萨克斯坦	420	(2.6)	64	(1.3)	418	(3.1)	423	(2.8)	−5	(2.8)	317	(3.1)	339	(2.5)	377	(2.2)	463	(3.6)	504	(4.8)	528	(4.4)
拉脱维亚	486	(3.0)	89	(1.6)	486	(3.6)	487	(3.6)	−1	(3.8)	340	(5.7)	373	(4.2)	426	(4.1)	547	(3.6)	600	(3.9)	632	(4.7)
列支敦士登	540	(4.1)	107	(3.6)	553	(6.4)	526	(6.4)	27	(10.1)	355	(18.4)	393	(9.7)	466	(10.1)	620	(7.0)	672	(10.5)	706	(16.9)
立陶宛	471	(2.8)	91	(1.5)	470	(3.4)	471	(3.2)	−1	(2.6)	322	(3.2)	354	(4.2)	408	(3.4)	533	(3.0)	591	(4.0)	622	(4.7)
中国澳门	530	(1.0)	92	(0.9)	530	(1.4)	529	(1.5)	2	(2.0)	374	(3.7)	409	(2.4)	469	(2.0)	594	(2.0)	645	(2.5)	674	(3.0)
马来西亚	418	(3.3)	75	(1.5)	412	(3.6)	423	(3.3)	−11	(3.4)	296	(4.0)	322	(3.6)	366	(3.4)	468	(3.7)	516	(4.7)	544	(6.0)
黑山	413	(1.4)	90	(1.0)	412	(1.9)	415	(1.8)	−3	(2.7)	271	(2.8)	299	(3.0)	350	(2.4)	474	(2.5)	532	(2.7)	565	(3.6)
秘鲁	368	(3.8)	86	(2.2)	376	(3.6)	361	(4.8)	15	(4.0)	233	(4.4)	262	(3.9)	310	(3.5)	423	(5.0)	481	(6.4)	516	(7.6)
卡塔尔	375	(0.8)	105	(0.7)	364	(1.1)	387	(1.1)	−23	(1.5)	216	(2.8)	248	(1.8)	301	(1.4)	442	(1.7)	519	(2.8)	564	(2.8)
罗马尼亚	438	(3.1)	74	(1.9)	441	(3.8)	435	(3.4)	5	(3.4)	321	(4.4)	345	(4.8)	387	(3.4)	487	(3.8)	535	(4.6)	563	(6.4)
俄罗斯	471	(2.9)	89	(1.6)	469	(3.8)	473	(3.4)	−4	(3.4)	324	(4.8)	357	(4.0)	411	(3.7)	531	(3.5)	586	(3.9)	618	(4.6)
塞尔维亚	445	(3.4)	92	(2.2)	448	(4.3)	443	(3.5)	6	(4.1)	297	(4.2)	328	(5.6)	383	(3.9)	506	(4.4)	566	(5.4)	599	(6.7)
中国上海	579	(2.9)	98		582	(3.4)	576	(3.2)	7	(3.3)	412	(6.2)	448	(4.2)	514	(4.2)	647	(3.2)	700	(4.1)	732	(6.0)
新加坡	555	(1.4)	106	(0.9)	553	(1.9)	557	(2.0)	−5	(2.9)	377	(3.5)	414	(2.3)	482	(2.1)	629	(2.4)	688	(2.1)	721	(3.4)
中国台北	549	(3.0)	105	(1.8)	550	(4.7)	548	(4.9)	3	(7.4)	366	(5.3)	407	(5.1)	478	(4.0)	625	(3.4)	680	(3.8)	710	(4.8)
泰国	432	(3.4)	80	(2.0)	424	(3.7)	438	(3.9)	−15	(3.7)	305	(4.6)	333	(3.6)	379	(3.2)	481	(4.0)	535	(5.7)	571	(7.6)
突尼斯	385	(3.9)	78	(2.9)	387	(4.1)	384	(3.9)	2	(2.8)	261	(5.6)	288	(4.6)	332	(4.3)			484	(6.8)	518	(8.9)
阿联酋	428	(2.4)	90	(1.2)	424	(4.1)	431	(2.9)	−7	(5.3)	286	(3.4)	315	(3.9)	365	(2.5)	487	(3.1)	548	(5.4)	583	(4.4)
乌拉圭	409	(2.7)	88	(1.8)	414	(3.5)	406	(2.9)	8	(4.0)	268	(4.6)	299	(3.7)	349	(3.4)	468	(3.3)	525	(4.9)	559	(5.7)
越南	497	(4.5)	81	(2.3)	500	(5.2)	494	(4.3)	5	(2.7)	361	(6.9)	391	(6.4)	442	(5.6)	551	(4.9)	600	(5.9)	631	(6.6)

注：统计上有显著性的值用粗体表示。

1. 土耳其提供的注释：本文中塞浦路斯指岛的南部。岛上没有一个统一的当局代表土耳其和希腊塞浦路斯人，土耳其承认北塞浦路斯土耳其共和国（TRNC），土耳其将保留对塞浦路斯问题的看法，直到在联合国背景下作出持久和公平的决定。

2. 欧盟和 OECD 的欧盟成员国提供的注释：除土耳其外，联合国所有成员均承认塞浦路斯共和国，文中塞浦路斯指的是在塞浦路斯共和国有效控制下的区域。

附表 3.14 ■ 数学变化和关系分量表各精熟度水平的学生比例

		低于水平 1 (低于 357.77 分)		水平 1 (从 357.77 至 420.07 分)		水平 2 (从 420.07 至 482.38 分)		水平 3 (从 482.38 至 544.68 分)		水平 4 (从 544.68 至 606.99 分)		水平 5 (从 606.99 至 669.30 分)		水平 6 (高于 669.30 分)	
		%	标准误	%	标准误	%	标准误	%	标准误	%	标准误	%	标准误	%	标准误
OECD	澳大利亚	7.3	(0.3)	12.8	(0.5)	20.3	(0.5)	22.8	(0.6)	18.9	(0.6)	11.7	(0.4)	6.2	(0.4)
	奥地利	8.8	(0.8)	12.6	(0.8)	19.2	(0.8)	21.3	(0.9)	19.8	(1.1)	12.3	(0.9)	5.9	(0.7)
	比利时	9.5	(0.7)	10.2	(0.5)	16.7	(0.6)	21.1	(0.6)	21.0	(0.7)	14.6	(0.6)	7.0	(0.5)
	加拿大	4.1	(0.3)	9.4	(0.6)	18.9	(0.7)	25.6	(0.6)	22.1	(0.6)	13.7	(0.5)	6.2	(0.4)
	智利	29.7	(1.5)	26.0	(1.0)	21.6	(0.9)	14.0	(0.9)	6.5	(0.6)	2.0	(0.3)	0.3	(0.1)
	捷克	9.1	(0.8)	12.6	(1.0)	20.4	(1.1)	22.9	(1.0)	18.8	(0.9)	10.7	(0.8)	5.5	(0.4)
	丹麦	6.6	(0.6)	14.7	(0.7)	23.7	(0.7)	25.9	(0.9)	18.0	(0.7)	8.6	(0.6)	2.6	(0.3)
	爱沙尼亚	1.9	(0.3)	7.5	(0.6)	19.6	(0.9)	28.0	(0.8)	24.7	(1.0)	13.2	(0.7)	5.1	(0.5)
	芬兰	4.5	(0.5)	9.7	(0.5)	19.6	(0.8)	26.2	(0.8)	21.9	(0.8)	12.1	(0.6)	4.7	(0.5)
	法国	10.4	(0.9)	13.1	(0.7)	19.6	(0.9)	22.8	(0.9)	18.9	(0.7)	10.4	(0.7)	4.7	(0.5)
	德国	8.6	(0.8)	10.6	(0.7)	17.2	(0.7)	21.4	(0.9)	20.3	(1.0)	14.4	(0.9)	7.6	(0.8)
	希腊	18.9	(1.2)	20.9	(0.8)	23.7	(0.8)	19.8	(1.0)	11.4	(0.7)	4.2	(0.4)	1.0	(0.2)
	匈牙利	11.1	(1.1)	16.7	(1.0)	22.9	(1.2)	22.6	(1.0)	15.4	(0.9)	8.1	(0.8)	3.2	(0.7)
	冰岛	10.5	(0.7)	14.5	(1.1)	22.7	(1.1)	23.4	(1.2)	17.4	(1.0)	8.6	(0.7)	2.9	(0.5)
	爱尔兰	5.3	(0.6)	12.3	(0.7)	23.2	(1.0)	28.0	(0.9)	19.8	(0.8)	9.0	(0.5)	2.4	(0.3)
	以色列	19.2	(1.4)	16.8	(0.9)	19.7	(1.1)	19.2	(0.9)	14.1	(0.9)	7.5	(0.7)	3.5	(0.5)
	意大利	11.8	(0.5)	16.4	(0.5)	23.3	(0.6)	23.1	(0.5)	15.9	(0.5)	7.2	(0.4)	2.3	(0.2)
	日本	4.7	(0.6)	8.1	(0.6)	15.9	(0.7)	21.7	(1.0)	21.3	(0.8)	16.4	(0.8)	11.9	(1.1)
	韩国	3.2	(0.5)	6.4	(0.7)	13.8	(0.9)	20.9	(0.9)	22.3	(1.0)	18.6	(1.0)	14.8	(1.4)
	卢森堡	11.2	(0.5)	15.3	(0.6)	21.1	(0.8)	21.8	(0.8)	18.1	(0.7)	9.4	(0.5)	3.2	(0.3)
	墨西哥	29.4	(0.8)	28.1	(0.5)	24.2	(0.5)	12.7	(0.4)	4.4	(0.2)	1.0	(0.1)	0.1	(0.0)
	荷兰	6.0	(0.8)	10.4	(0.9)	18.0	(1.1)	22.6	(1.1)	23.0	(1.2)	15.0	(1.0)	5.0	(0.5)
	新西兰	10.3	(0.7)	14.1	(0.7)	19.5	(0.7)	20.7	(0.8)	17.6	(0.8)	11.1	(0.8)	6.7	(0.5)
	挪威	12.1	(0.9)	16.5	(0.9)	22.3	(0.9)	23.4	(0.9)	15.6	(0.8)	7.2	(0.5)	2.9	(0.4)
	波兰	6.4	(0.6)	12.8	(0.8)	21.1	(0.9)	23.8	(0.9)	19.0	(0.9)	11.2	(0.8)	5.7	(0.9)
	葡萄牙	10.3	(0.9)	15.5	(1.0)	22.6	(0.8)	22.7	(1.0)	17.2	(1.0)	9.1	(0.7)	2.6	(0.4)
	斯洛伐克	15.2	(1.1)	15.0	(0.9)	21.3	(1.0)	21.3	(1.1)	15.5	(1.0)	8.1	(0.7)	3.6	(0.6)
	斯洛文尼亚	7.4	(0.7)	14.8	(1.1)	22.3	(1.1)	22.6	(0.9)	17.7	(0.7)	10.4	(0.7)	4.8	(0.5)
	西班牙	9.4	(0.5)	15.8	(0.7)	24.2	(0.6)	24.8	(0.5)	17.3	(0.5)	6.9	(0.3)	1.6	(0.2)
	瑞典	14.9	(0.8)	17.5	(0.7)	22.3	(1.1)	20.6	(0.9)	14.8	(0.7)	7.3	(0.6)	2.6	(0.3)
	瑞士	4.9	(0.4)	9.9	(0.6)	17.5	(0.8)	22.7	(0.6)	21.7	(0.7)	14.9	(0.7)	8.5	(0.7)
	土耳其	16.2	(1.3)	25.0	(1.2)	25.6	(1.2)	17.3	(1.1)	10.4	(1.1)	4.3	(0.8)	1.2	(0.5)
	英国	8.4	(0.9)	13.9	(0.8)	22.2	(0.7)	23.9	(0.8)	17.7	(0.7)	9.9	(0.7)	3.9	(0.5)
	美国	7.9	(0.7)	17.0	(1.0)	24.0	(1.0)	23.9	(0.9)	15.7	(0.8)	8.2	(0.7)	3.3	(0.4)
	OECD 国家	11.0	(0.3)	16.0	(0.3)	21.5	(0.3)	21.5	(0.3)	16.0	(0.3)	9.3	(0.2)	4.6	(0.2)
	OECD 各国平均	10.4	(0.1)	14.5	(0.1)	20.9	(0.1)	22.2	(0.1)	17.5	(0.1)	9.9	(0.1)	4.6	(0.1)
伙伴国家（地区）	阿尔巴尼亚	36.0	(1.0)	26.6	(0.7)	21.2	(0.8)	11.4	(0.6)	3.8	(0.3)	0.9	(0.3)	0.1	(0.1)
	阿根廷	40.8	(2.1)	26.9	(0.9)	19.5	(1.2)	9.8	(0.8)	2.5	(0.4)	0.5	(0.1)	0.0	(0.0)
	巴西	46.3	(1.1)	24.0	(0.9)	16.5	(0.8)	8.4	(0.5)	3.3	(0.4)	1.1	(0.2)	0.3	(0.1)
	保加利亚	24.9	(1.5)	21.8	(0.9)	21.1	(0.8)	15.9	(0.8)	9.7	(0.8)	4.7	(0.5)	1.8	(0.4)
	哥伦比亚	52.2	(1.7)	24.7	(0.9)	14.4	(0.9)	6.1	(0.6)	2.0	(0.3)	0.6	(0.2)	0.1	(0.0)
	哥斯达黎加	29.3	(1.8)	31.0	(1.4)	24.1	(1.4)	11.3	(1.0)	3.6	(0.5)	0.6	(0.2)	0.0	(0.0)
	克罗地亚	14.7	(1.1)	18.4	(0.8)	22.7	(0.9)	20.9	(1.0)	14.1	(0.9)	6.7	(0.9)	2.5	(0.7)
	塞浦路斯	21.0	(0.6)	21.6	(0.9)	23.4	(0.9)	18.1	(0.7)	10.8	(0.7)	4.0	(0.3)	1.1	(0.2)
	中国香港	3.3	(0.5)	5.9	(0.7)	11.9	(0.9)	18.8	(0.9)	24.1	(0.9)	21.0	(0.9)	15.0	(0.9)
	印度尼西亚	48.1	(2.1)	29.0	(1.5)	15.5	(1.2)	5.8	(1.0)	1.4	(0.4)	0.2	(0.1)	0.0	c
	约旦	37.2	(1.7)	27.8	(0.8)	21.4	(1.0)	10.4	(0.7)	2.5	(0.4)	0.6	(0.3)	0.2	(0.2)
	哈萨克斯坦	18.4	(1.0)	26.5	(1.1)	27.6	(1.0)	18.2	(1.0)	7.1	(0.8)	1.8	(0.3)	0.4	(0.1)
	拉脱维亚	6.2	(0.8)	13.9	(1.1)	23.7	(1.0)	25.9	(1.0)	19.1	(1.0)	8.8	(0.7)	2.4	(0.4)
	列支敦士登	4.7	(1.2)	9.2	(2.1)	15.0	(2.2)	19.9	(2.7)	20.3	(2.9)	20.1	(2.6)	10.8	(1.9)
	立陶宛	8.9	(0.7)	17.2	(0.9)	25.5	(0.9)	24.3	(1.1)	15.6	(0.8)	6.7	(0.6)	1.8	(0.3)
	中国澳门	3.5	(0.2)	7.6	(0.4)	15.4	(0.6)	22.9	(0.7)	23.8	(0.9)	17.3	(0.7)	9.5	(0.5)
	马来西亚	33.3	(1.7)	26.3	(1.0)	21.4	(1.0)	12.0	(0.6)	5.4	(0.6)	1.4	(0.3)	0.2	(0.1)
	黑山	34.7	(0.7)	25.4	(0.8)	20.5	(0.8)	12.9	(0.6)	4.9	(0.5)	1.3	(0.4)	0.2	(0.1)
	秘鲁	55.3	(1.9)	21.0	(0.8)	13.6	(0.9)	6.5	(0.8)	2.6	(0.4)	0.8	(0.2)	0.1	(0.1)
	卡塔尔	52.0	(0.5)	19.6	(0.5)	13.7	(0.3)	8.2	(0.4)	4.5	(0.4)	1.7	(0.1)	0.4	(0.1)
	罗马尼亚	16.1	(1.2)	25.3	(1.1)	26.0	(1.0)	18.7	(1.0)	9.5	(0.9)	3.5	(0.5)	0.9	(0.2)
	俄罗斯	7.6	(0.7)	14.7	(0.9)	23.2	(0.9)	26.3	(0.9)	17.5	(0.9)	8.0	(0.6)	2.7	(0.4)
	塞尔维亚	21.1	(1.4)	21.4	(0.9)	23.3	(0.9)	17.9	(1.0)	10.2	(0.7)	4.4	(0.6)	1.7	(0.4)
	中国上海	1.0	(0.2)	3.0	(0.4)	7.4	(0.5)	12.8	(0.6)	17.7	(0.8)	21.8	(0.8)	36.2	(1.3)
	新加坡	2.7	(0.3)	6.3	(0.5)	11.4	(0.5)	16.5	(0.6)	20.7	(0.6)	19.5	(0.6)	22.9	(0.6)
	中国台北	5.2	(0.5)	8.5	(0.6)	14.8	(0.6)	17.3	(0.7)	18.8	(0.8)	18.1	(1.2)	19.4	(1.1)
	泰国	27.7	(1.4)	27.1	(1.0)	23.5	(1.0)	13.2	(0.9)	5.7	(0.6)	2.2	(0.4)	0.7	(0.2)
	突尼斯	41.6	(2.1)	26.8	(1.1)	19.1	(1.0)	8.7	(0.7)	2.8	(0.4)	0.9	(0.4)	0.2	(0.1)
	阿联酋	18.6	(0.9)	24.0	(0.9)	24.9	(0.6)	18.3	(0.8)	9.3	(0.5)	3.9	(0.4)	1.1	(0.2)
	乌拉圭	33.9	(1.3)	23.5	(1.0)	20.4	(0.9)	13.2	(0.7)	6.5	(0.6)	1.9	(0.3)	0.3	(0.1)
	越南	5.3	(1.0)	11.7	(1.1)	21.7	(1.3)	26.2	(1.2)	20.1	(1.1)	10.7	(0.9)	4.4	(0.7)

1. 土耳其提供的注释：本文中塞浦路斯指岛的南部。岛上没有一个统一的当局代表土耳其和希腊塞浦路斯人，土耳其承认北塞浦路斯土耳其共和国（TRNC），土耳其将保留对塞浦路斯问题的看法，直到在联合国背景下作出持久和公平的决定。
2. 欧盟和 OECD 的欧盟成员国提供的注释：除土耳其外，联合国所有成员均承认塞浦路斯共和国，文中塞浦路斯指的是在塞浦路斯共和国有效控制下的区域。

附表 3.15 ■ 按性别区分的数学变化和关系分量表各精熟度水平的学生比例

		男 生											
		低于水平 1 (低于 357.77 分)		水平 1 (从 357.77 至 420.07 分)		水平 2 (从 420.07 至 482.38 分)		水平 3 (从 482.38 至 544.68 分)		水平 4 (从 544.68 至 606.99 分)		水平 5 (从 606.99 至 669.30 分)		水平 6 (高于 669.30 分)	
		%	标准误	%	标准误	%	标准误	%	标准误	%	标准误	%	标准误	%	标准误
OECD	澳大利亚	7.1	(0.5)	12.0	(0.7)	19.5	(0.7)	22.2	(0.7)	19.1	(0.8)	12.7	(0.7)	7.5	(0.6)
	奥地利	8.0	(1.1)	11.4	(0.9)	17.9	(1.1)	20.3	(1.2)	20.4	(1.5)	13.8	(1.3)	8.2	(1.0)
	比利时	10.0	(1.1)	10.0	(0.6)	15.3	(0.7)	19.7	(0.9)	20.7	(1.1)	15.4	(0.8)	8.8	(0.6)
	加拿大	3.9	(0.4)	9.1	(0.7)	17.7	(0.9)	24.2	(0.8)	22.2	(0.8)	15.1	(0.6)	7.9	(0.5)
	智利	24.1	(1.7)	24.7	(1.3)	22.6	(1.2)	16.6	(1.2)	8.6	(0.9)	2.9	(0.5)	0.5	(0.2)
	捷克	9.8	(1.0)	11.4	(1.2)	19.5	(1.8)	21.9	(1.5)	19.9	(1.2)	11.5	(1.0)	6.0	(0.8)
	丹麦	5.8	(0.7)	13.2	(0.9)	21.8	(1.0)	26.3	(1.1)	20.0	(0.9)	9.7	(0.9)	3.1	(0.4)
	爱沙尼亚	2.0	(0.4)	7.6	(0.8)	18.8	(1.5)	27.1	(1.1)	24.8	(1.5)	13.9	(1.0)	5.8	(0.6)
	芬兰	5.3	(0.7)	10.5	(0.9)	18.8	(1.0)	24.6	(1.0)	21.0	(1.0)	12.7	(0.8)	7.1	(0.7)
	法国	10.5	(1.1)	12.8	(1.0)	18.1	(1.1)	21.9	(1.2)	18.9	(1.1)	11.8	(1.0)	6.2	(0.7)
	德国	8.6	(0.8)	9.9	(0.8)	16.5	(1.0)	20.8	(0.9)	19.8	(1.0)	15.1	(0.9)	9.2	(0.9)
	希腊	20.5	(1.5)	18.6	(1.0)	21.8	(1.4)	20.1	(1.3)	12.4	(1.0)	5.3	(0.9)	1.4	(0.3)
	匈牙利	11.0	(1.4)	16.8	(1.3)	22.1	(1.5)	21.6	(1.3)	15.3	(1.0)	9.0	(0.8)	4.1	(0.9)
	冰岛	11.6	(1.0)	14.7	(1.3)	22.0	(1.7)	22.5	(1.7)	16.8	(1.6)	8.7	(1.3)	3.6	(0.6)
	爱尔兰	5.0	(0.9)	11.2	(1.1)	20.5	(1.3)	29.1	(1.5)	21.4	(1.2)	10.0	(0.9)	2.8	(0.4)
	以色列	20.9	(2.2)	14.8	(1.1)	16.6	(1.5)	17.6	(1.2)	15.2	(1.2)	9.6	(1.2)	5.2	(0.9)
	意大利	11.4	(0.6)	14.9	(0.6)	21.1	(0.6)	22.5	(0.6)	17.6	(0.6)	9.3	(0.5)	3.2	(0.3)
	日本	4.6	(0.7)	7.6	(0.8)	13.9	(1.2)	19.8	(1.2)	21.3	(1.0)	17.7	(1.0)	15.0	(1.5)
	韩国	3.6	(0.7)	6.0	(0.9)	12.5	(1.1)	18.7	(1.2)	21.0	(1.1)	19.9	(1.2)	18.4	(1.9)
	卢森堡	9.3	(0.6)	13.5	(0.7)	20.1	(0.9)	22.2	(1.1)	19.7	(0.8)	10.8	(0.7)	4.3	(0.5)
	墨西哥	28.0	(1.0)	26.9	(0.8)	24.2	(0.8)	14.0	(0.6)	5.4	(0.3)	1.3	(0.1)	0.2	(0.1)
	荷兰	6.0	(1.0)	9.4	(0.9)	17.6	(1.4)	21.9	(1.4)	23.0	(1.7)	16.0	(1.2)	6.1	(0.8)
	新西兰	10.5	(0.9)	12.7	(1.1)	17.6	(1.0)	19.7	(1.0)	18.4	(1.2)	12.5	(1.1)	8.6	(0.7)
	挪威	12.4	(0.9)	16.2	(1.1)	21.2	(1.3)	23.3	(1.5)	16.2	(1.1)	7.5	(0.6)	3.1	(0.4)
	波兰	7.1	(0.8)	12.7	(1.0)	20.5	(1.2)	23.4	(1.3)	18.1	(1.1)	11.2	(1.0)	6.9	(1.3)
	葡萄牙	10.8	(1.2)	14.3	(1.1)	21.4	(1.0)	22.4	(1.3)	17.7	(1.4)	10.1	(1.0)	3.4	(0.5)
	斯洛伐克	15.7	(1.3)	15.4	(1.0)	20.6	(1.1)	19.9	(1.3)	14.7	(1.0)	9.0	(0.8)	4.7	(0.8)
	斯洛文尼亚	8.1	(0.8)	14.3	(1.5)	21.3	(1.4)	22.5	(1.1)	17.1	(1.0)	11.2	(0.9)	5.6	(0.7)
	西班牙	8.8	(0.7)	15.1	(1.0)	22.3	(0.9)	23.9	(0.8)	18.9	(0.6)	8.6	(0.5)	2.4	(0.3)
	瑞典	16.4	(1.1)	17.8	(0.9)	21.2	(1.6)	19.8	(1.3)	14.3	(1.0)	7.3	(0.7)	3.2	(0.5)
	瑞士	4.6	(0.5)	9.8	(0.9)	16.0	(1.0)	22.0	(0.9)	21.7	(0.8)	16.1	(1.2)	9.8	(1.0)
	土耳其	17.3	(1.8)	24.8	(1.6)	24.5	(1.3)	17.1	(1.3)	10.1	(1.2)	4.9	(1.0)	1.3	(0.5)
	英国	7.4	(1.1)	13.0	(1.1)	20.9	(1.2)	24.1	(1.1)	19.0	(1.2)	11.1	(1.2)	4.6	(0.8)
	美国	8.3	(0.9)	16.9	(1.3)	22.8	(1.2)	23.0	(1.1)	16.3	(1.2)	8.9	(0.9)	3.7	(0.5)
	OECD 国家	10.8	(0.3)	15.4	(0.4)	20.3	(0.4)	20.9	(0.3)	16.5	(0.3)	10.3	(0.3)	5.8	(0.2)
	OECD 各国平均	10.4	(0.2)	13.8	(0.2)	19.7	(0.2)	21.7	(0.2)	17.9	(0.2)	10.9	(0.2)	5.6	(0.1)
伙伴国家（地区）	阿尔巴尼亚	36.4	(1.2)	26.7	(1.1)	20.8	(1.2)	11.4	(0.9)	3.7	(0.5)	0.9	(0.3)	0.1	(0.1)
	阿根廷	37.2	(2.6)	27.3	(1.4)	20.6	(1.5)	10.9	(1.0)	3.1	(0.7)	0.8	(0.2)	0.1	c
	巴西	42.4	(1.2)	24.1	(0.8)	17.7	(0.8)	9.7	(0.7)	4.2	(0.4)	1.6	(0.3)	0.4	(0.1)
	保加利亚	26.5	(1.9)	21.5	(1.0)	19.9	(1.2)	15.0	(1.0)	9.9	(0.9)	5.2	(0.7)	2.1	(0.5)
	哥伦比亚	46.4	(1.8)	24.9	(1.1)	16.3	(0.8)	8.0	(0.8)	3.2	(0.6)	1.0	(0.3)	0.1	(0.1)
	哥斯达黎加	25.9	(2.0)	28.2	(1.7)	26.0	(1.4)	13.7	(1.3)	4.8	(0.7)	1.2	(0.4)	0.1	(0.1)
	克罗地亚	15.6	(1.4)	17.8	(1.2)	21.1	(1.3)	20.2	(1.2)	14.6	(1.3)	7.6	(1.0)	3.1	(0.7)
	塞浦路斯	23.8	(0.9)	20.3	(1.0)	20.4	(0.9)	17.4	(0.9)	11.7	(0.9)	4.9	(0.5)	1.6	(0.4)
	中国香港	3.6	(0.5)	5.9	(0.9)	11.0	(1.1)	16.9	(1.0)	23.1	(1.2)	21.4	(1.3)	18.2	(1.5)
	印度尼西亚	49.0	(2.3)	27.9	(1.6)	15.3	(1.4)	6.1	(1.2)	1.5	(0.5)	0.2	(0.2)	0.0	c
	约旦	45.2	(2.8)	25.5	(1.1)	17.2	(1.5)	8.5	(1.1)	2.4	(0.6)	0.8	(0.6)	0.3	(0.2)
	哈萨克斯坦	20.7	(1.2)	26.1	(1.4)	26.4	(1.4)	17.6	(1.3)	7.0	(1.0)	1.6	(0.4)	0.4	(0.2)
	拉脱维亚	7.7	(1.2)	15.0	(1.4)	23.8	(1.3)	24.1	(1.1)	17.8	(1.3)	8.9	(0.9)	2.8	(0.5)
	列支敦士登	3.3	(1.8)	8.5	(2.8)	13.7	(3.0)	21.4	(4.0)	20.1	(4.7)	18.4	(3.9)	14.6	(2.6)
	立陶宛	9.7	(0.9)	17.5	(1.1)	24.5	(1.1)	23.1	(1.4)	15.3	(1.3)	7.7	(0.8)	2.2	(0.4)
	中国澳门	4.1	(0.4)	8.1	(0.6)	15.0	(0.8)	22.4	(1.2)	22.3	(1.1)	17.7	(0.8)	10.4	(0.7)
	马来西亚	37.1	(2.2)	25.9	(1.2)	19.3	(1.3)	11.2	(1.1)	5.0	(0.7)	1.2	(0.4)	0.3	(0.1)
	黑山	36.3	(1.0)	24.8	(1.1)	19.0	(1.2)	13.0	(0.8)	5.2	(0.7)	1.4	(0.4)	0.2	(0.2)
	秘鲁	52.4	(2.0)	21.6	(1.1)	14.5	(1.1)	7.2	(1.1)	3.2	(1.1)	0.9	(0.4)	0.2	(0.1)
	卡塔尔	55.3	(0.6)	17.6	(0.6)	12.5	(0.5)	7.7	(0.3)	4.0	(0.4)	1.9	(0.2)	0.9	(0.1)
	罗马尼亚	16.5	(1.5)	25.1	(1.4)	25.7	(1.2)	18.2	(1.3)	9.4	(0.9)	3.6	(0.7)	1.5	(0.4)
	俄罗斯	8.2	(0.8)	15.3	(1.5)	23.0	(1.5)	25.8	(1.2)	17.2	(1.0)	8.0	(0.8)	2.6	(0.5)
	塞尔维亚	20.3	(1.8)	21.8	(1.2)	23.2	(1.5)	17.5	(1.4)	10.3	(0.9)	4.9	(0.6)	2.1	(0.6)
	中国上海	1.1	(0.3)	3.2	(0.5)	6.9	(0.8)	12.3	(0.9)	16.8	(1.0)	21.1	(1.0)	38.6	(1.7)
	新加坡	3.2	(0.4)	7.0	(0.7)	11.6	(0.6)	15.4	(0.7)	19.6	(1.0)	18.6	(0.8)	24.5	(0.8)
	中国台北	6.2	(0.8)	8.8	(0.8)	11.9	(0.8)	15.6	(1.0)	17.1	(1.1)	18.1	(1.4)	21.6	(1.9)
	泰国	32.6	(1.7)	27.3	(1.3)	21.1	(1.0)	11.6	(1.0)	5.0	(0.7)	1.9	(0.5)	0.5	(0.2)
	突尼斯	37.6	(2.3)	26.7	(1.4)	20.5	(1.4)	10.3	(1.1)	3.3	(0.7)	1.3	(0.5)	0.3	(0.2)
	阿联酋	21.7	(1.4)	23.4	(1.2)	22.4	(0.9)	16.7	(0.9)	9.5	(0.9)	4.7	(0.5)	1.7	(0.3)
	乌拉圭	33.0	(1.7)	21.7	(1.3)	20.7	(1.3)	13.9	(1.1)	7.5	(0.8)	2.4	(0.5)	0.8	(0.3)
	越南	6.0	(1.3)	11.3	(1.4)	20.2	(1.3)	24.8	(1.4)	20.0	(1.4)	12.0	(1.2)	5.8	(1.0)

附表 3.15 ■ 按性别区分的数学变化和关系分量表各精熟度水平的学生比例(续表 1)

		女 生												
		低于水平 1 (低于 357.77 分)		水平 1 (从 357.77 至 420.07 分)		水平 2 (从 420.07 至 482.38 分)		水平 3 (从 482.38 至 544.68 分)		水平 4 (从 544.68 至 606.99 分)		水平 5 (从 606.99 至 669.30 分)		水平 6 (高于 669.30 分)	
		%	标准误	%	标准误	%	标准误	%	标准误	%	标准误	%	标准误	%	标准误
OECD	澳大利亚	7.4	(0.5)	13.7	(0.6)	21.1	(0.7)	23.5	(0.7)	18.6	(0.8)	10.7	(0.5)	4.8	(0.5)
	奥地利	9.5	(1.1)	13.9	(1.4)	20.6	(1.1)	22.4	(1.1)	19.2	(1.3)	10.8	(1.0)	3.6	(0.7)
	比利时	9.0	(0.7)	10.5	(0.7)	18.0	(0.8)	22.4	(0.9)	21.2	(1.1)	13.7	(1.0)	5.2	(0.5)
	加拿大	4.4	(0.4)	9.7	(0.7)	20.1	(0.9)	27.0	(1.0)	21.9	(0.8)	12.3	(0.6)	4.6	(0.4)
	智利	34.9	(1.7)	27.2	(1.2)	20.7	(1.0)	11.5	(0.9)	4.5	(0.5)	1.1	(0.2)	0.1	(0.1)
	捷克	8.4	(1.1)	13.9	(1.3)	21.4	(1.5)	24.0	(1.4)	17.6	(1.2)	9.8	(1.0)	4.9	(0.6)
	丹麦	7.4	(0.8)	16.1	(0.9)	25.5	(1.1)	25.5	(1.2)	15.9	(0.9)	7.4	(0.7)	2.1	(0.4)
	爱沙尼亚	1.8	(0.4)	7.5	(0.7)	20.3	(1.1)	28.9	(1.2)	24.7	(1.2)	12.5	(0.8)	4.3	(0.6)
	芬兰	3.6	(0.6)	8.9	(0.8)	20.5	(1.0)	27.9	(1.2)	22.8	(1.3)	11.5	(0.7)	4.8	(0.5)
	法国	10.3	(1.1)	13.5	(1.1)	21.1	(1.1)	23.6	(1.0)	19.0	(1.1)	9.1	(1.1)	3.4	(0.5)
	德国	8.7	(0.9)	11.2	(1.0)	17.8	(1.1)	22.0	(1.2)	20.7	(1.5)	13.7	(1.3)	5.9	(0.9)
	希腊	17.4	(1.3)	23.1	(1.2)	25.5	(1.3)	19.6	(1.3)	10.5	(0.7)	3.2	(0.4)	0.6	(0.2)
	匈牙利	11.1	(1.2)	16.7	(1.3)	23.6	(1.4)	23.6	(1.4)	15.5	(1.2)	7.3	(0.9)	2.3	(0.7)
	冰岛	9.3	(1.1)	14.3	(1.0)	23.3	(1.1)	24.2	(1.1)	18.1	(1.1)	8.5	(0.9)	2.3	(0.4)
	爱尔兰	5.6	(0.8)	13.5	(1.0)	26.1	(1.4)	26.9	(1.2)	18.1	(1.0)	8.0	(0.7)	1.9	(0.4)
	以色列	17.6	(1.3)	18.7	(1.1)	22.6	(1.3)	20.8	(1.3)	13.0	(1.0)	5.6	(0.7)	1.8	(0.3)
	意大利	12.3	(0.7)	18.0	(0.7)	25.6	(0.8)	23.8	(0.7)	14.1	(0.6)	5.0	(0.4)	1.2	(0.1)
	日本	4.7	(0.7)	8.7	(0.7)	18.1	(1.2)	23.9	(1.2)	21.3	(1.1)	14.9	(1.1)	8.4	(1.1)
	韩国	2.9	(0.5)	6.8	(1.0)	15.3	(1.3)	23.5	(1.1)	23.8	(1.5)	17.0	(1.4)	10.8	(1.3)
	卢森堡	13.2	(0.7)	17.1	(0.8)	22.0	(1.2)	21.4	(1.2)	16.4	(1.1)	7.9	(0.7)	2.0	(0.3)
	墨西哥	30.9	(0.9)	29.2	(0.8)	24.2	(0.8)	11.5	(0.6)	3.5	(0.3)	0.7	(0.1)	0.1	(0.0)
	荷兰	6.0	(0.9)	11.5	(1.1)	18.5	(1.6)	23.2	(1.8)	22.9	(1.5)	14.1	(1.3)	3.9	(0.6)
	新西兰	10.1	(1.0)	15.6	(1.1)	21.4	(1.0)	21.7	(0.9)	16.8	(1.0)	9.7	(0.9)	4.8	(0.7)
	挪威	11.8	(1.0)	16.7	(1.6)	23.4	(1.0)	23.4	(1.0)	15.1	(1.0)	6.8	(0.7)	2.8	(0.4)
	波兰	5.6	(0.7)	12.8	(1.0)	21.7	(1.1)	24.2	(1.2)	19.8	(1.6)	11.2	(1.1)	4.7	(0.8)
	葡萄牙	9.9	(1.1)	16.7	(1.2)	23.8	(1.1)	23.0	(1.2)	16.7	(1.1)	8.1	(0.9)	1.7	(0.3)
	斯洛伐克	14.5	(1.3)	14.6	(1.3)	22.1	(1.4)	22.8	(1.4)	16.4	(1.5)	7.2	(0.9)	2.4	(0.5)
	斯洛文尼亚	6.8	(0.6)	15.3	(1.2)	23.3	(1.2)	22.8	(1.1)	18.3	(1.2)	9.6	(1.0)	3.9	(0.6)
	西班牙	10.0	(0.6)	16.6	(0.7)	26.2	(0.8)	25.7	(0.8)	15.7	(0.6)	5.1	(0.4)	0.8	(0.1)
	瑞典	13.4	(0.9)	17.1	(1.0)	23.3	(1.1)	21.4	(1.2)	15.4	(1.0)	7.3	(0.8)	2.0	(0.4)
	瑞士	5.1	(0.5)	10.0	(0.8)	19.1	(1.1)	23.4	(0.9)	21.6	(1.1)	13.6	(0.9)	7.2	(0.9)
	土耳其	15.1	(1.5)	25.2	(1.4)	26.8	(1.7)	17.5	(1.5)	10.7	(1.5)	3.7	(0.8)	1.0	(0.4)
	英国	9.5	(1.0)	14.7	(1.0)	25.3	(1.0)	23.8	(1.1)	16.5	(1.1)	8.8	(1.1)	3.2	(0.6)
	美国	7.4	(0.8)	17.1	(1.3)	25.3	(1.2)	24.9	(1.1)	15.1	(1.0)	7.5	(0.8)	2.7	(0.5)
	OECD 国家	11.2	(0.3)	16.7	(0.4)	22.7	(0.4)	22.1	(0.4)	15.6	(0.4)	8.3	(0.3)	3.4	(0.2)
	OECD 各国平均	10.5	(0.2)	15.2	(0.2)	22.1	(0.2)	22.8	(0.2)	17.1	(0.2)	8.9	(0.1)	3.4	(0.1)
伙伴国家(地区)	阿尔巴尼亚	35.6	(1.6)	26.4	(1.4)	21.7	(1.2)	11.3	(0.9)	3.9	(0.6)	0.9	(0.3)	0.1	(0.1)
	阿根廷	44.1	(2.1)	26.5	(1.3)	18.5	(1.2)	8.7	(1.0)	1.9	(0.3)	0.3	(0.1)	0.0	c
	巴西	49.8	(1.3)	24.0	(0.9)	15.5	(0.9)	7.2	(0.7)	2.6	(0.5)	0.7	(0.2)	0.2	(0.1)
	保加利亚	23.3	(1.7)	22.1	(1.4)	22.4	(1.3)	16.8	(1.1)	9.5	(1.1)	4.3	(0.7)	1.5	(0.4)
	哥伦比亚	57.3	(2.1)	24.5	(1.3)	12.7	(1.0)	4.3	(0.7)	0.9	(0.3)	0.2	(0.1)	0.1	(0.0)
	哥斯达黎加	32.3	(2.0)	33.5	(1.7)	22.5	(1.9)	9.1	(1.1)	2.5	(0.6)	0.2	(0.1)	0.0	c
	克罗地亚	13.8	(1.3)	18.9	(1.1)	24.4	(1.3)	21.6	(1.4)	13.6	(1.1)	5.7	(0.9)	1.9	(0.7)
	塞浦路斯	18.2	(1.0)	23.1	(1.2)	26.5	(1.3)	18.9	(1.0)	9.8	(0.7)	3.0	(0.4)	0.6	(0.2)
	中国香港	3.1	(0.6)	5.8	(0.8)	12.9	(1.1)	21.1	(1.3)	25.2	(1.4)	20.5	(1.5)	11.3	(1.1)
	印度尼西亚	47.2	(2.5)	30.1	(1.8)	15.7	(1.4)	5.5	(1.3)	1.4	(0.7)	0.2	(0.2)	0.0	c
	约旦	29.4	(1.5)	30.0	(1.1)	25.4	(1.1)	12.3	(1.0)	2.6	(0.5)	0.4	(0.2)	0.0	c
	哈萨克斯坦	16.1	(1.1)	26.8	(1.3)	28.8	(1.1)	18.8	(1.1)	7.2	(0.9)	1.9	(0.6)	0.3	(0.2)
	拉脱维亚	4.6	(0.7)	12.9	(1.2)	23.5	(1.5)	27.8	(1.4)	20.4	(1.2)	8.7	(0.9)	2.0	(0.5)
	列支敦士登	6.2	(2.5)	10.0	(3.6)	16.5	(3.2)	18.2	(4.4)	20.6	(4.7)	22.0	(5.3)	6.5	(2.4)
	立陶宛	8.2	(0.9)	16.8	(1.0)	26.5	(1.2)	25.6	(1.8)	15.9	(1.4)	5.7	(0.7)	1.4	(0.3)
	中国澳门	2.9	(0.3)	7.2	(0.6)	15.8	(0.9)	23.3	(1.0)	25.3	(1.4)	17.0	(0.9)	8.5	(0.6)
	马来西亚	29.7	(1.7)	26.8	(1.3)	23.4	(1.1)	12.7	(1.1)	5.7	(0.8)	1.6	(0.4)	0.2	(0.1)
	黑山	33.1	(1.2)	26.0	(1.3)	22.1	(1.0)	12.8	(0.8)	4.6	(0.9)	1.1	(0.4)	0.1	(0.1)
	秘鲁	58.1	(2.4)	20.5	(1.1)	12.8	(1.2)	5.8	(0.9)	2.1	(0.5)	0.6	(0.3)	0.1	(0.1)
	卡塔尔	48.4	(0.7)	21.7	(0.7)	15.0	(0.5)	8.7	(0.5)	4.3	(0.3)	1.5	(0.2)	0.4	(0.1)
	罗马尼亚	15.8	(1.4)	25.5	(1.2)	26.2	(1.4)	19.1	(1.3)	9.6	(1.1)	3.2	(0.7)	0.7	(0.2)
	俄罗斯	7.1	(0.9)	14.1	(0.8)	23.4	(0.9)	26.8	(1.4)	17.7	(1.3)	8.0	(0.9)	2.8	(0.5)
	塞尔维亚	21.9	(1.6)	21.0	(1.2)	23.4	(1.5)	18.4	(1.4)	10.0	(0.9)	3.9	(0.7)	1.4	(0.4)
	中国上海	1.0	(0.2)	2.8	(0.5)	7.9	(0.8)	13.3	(0.9)	18.6	(1.2)	22.5	(1.2)	34.0	(1.5)
	新加坡	2.2	(0.3)	5.5	(0.4)	11.1	(0.8)	17.6	(0.9)	21.8	(1.0)	20.4	(1.0)	21.2	(0.8)
	中国台北	4.1	(0.5)	8.1	(0.8)	13.6	(0.8)	19.0	(0.9)	19.6	(1.0)	18.1	(1.3)	17.4	(2.0)
	泰国	23.9	(1.6)	26.9	(1.2)	25.3	(1.1)	14.4	(1.2)	6.3	(0.9)	2.3	(0.5)	0.8	(0.3)
	突尼斯	45.1	(2.2)	26.8	(1.5)	17.8	(1.2)	7.4	(0.9)	2.3	(0.8)	0.6	(0.3)	0.1	c
	阿联酋	15.7	(1.1)	24.5	(1.3)	27.2	(0.9)	19.8	(1.0)	9.1	(0.7)	3.1	(0.5)	0.6	(0.2)
	乌拉圭	34.7	(1.4)	25.1	(1.1)	20.2	(1.1)	12.6	(0.9)	5.7	(0.6)	1.4	(0.4)	0.3	(0.2)
	越南	4.7	(0.9)	11.9	(1.2)	23.0	(1.6)	27.4	(1.7)	20.2	(1.3)	9.5	(1.1)	3.2	(0.7)

1. 土耳其提供的注释:本文中塞浦路斯指岛的南部。岛上没有一个统一的当局代表土耳其和希腊塞浦路斯人,土耳其承认北塞浦路斯土耳其共和国(TRNC),土耳其将保留对塞浦路斯问题的看法,直到在联合国背景下作出持久和公平的决定。

2. 欧盟和 OECD 的欧盟成员国提供的注释:除土耳其外,联合国所有成员均承认塞浦路斯共和国,文中塞浦路斯指的是在塞浦路斯共和国有效控制下的区域。

附表 3.16 ■ 数学变化和关系分量表的平均分、变异和性别差异

	所有学生 平均分(均值) [标准误]	标准差 [标准误]	性别差异 男生 平均分 [标准误]	女生 平均分 [标准误]	差值(男生-女生) 分差 [标准误]	第5 分数 [标准误]	第10 分数 [标准误]	第25 分数 [标准误]	第75 分数 [标准误]	第90 分数 [标准误]	第95 分数 [标准误]
OECD 澳大利亚	509 (1.7)	104 (1.2)	515 (2.5)	503 (2.2)	**12** (3.2)	339 (2.8)	375 (2.4)	437 (2.1)	581 (2.4)	645 (2.9)	680 (3.7)
奥地利	506 (3.4)	109 (2.7)	518 (4.8)	495 (4.1)	**23** (5.8)	326 (7.2)	365 (5.2)	433 (4.6)	584 (4.7)	643 (4.6)	677 (6.7)
比利时	513 (2.6)	116 (3.2)	517 (3.6)	509 (2.9)	8 (4.1)	312 (7.9)	362 (5.6)	443 (3.5)	596 (2.5)	653 (2.6)	684 (2.9)
加拿大	525 (2.0)	94 (0.9)	532 (2.2)	518 (2.2)	**14** (2.0)	367 (3.1)	403 (2.7)	461 (2.2)	591 (2.6)	647 (2.5)	679 (2.9)
智利	411 (3.5)	95 (1.6)	428 (4.5)	396 (3.4)	**32** (4.1)	263 (5.2)	293 (3.8)	345 (3.5)	475 (4.6)	537 (4.7)	574 (5.5)
捷克	499 (3.5)	112 (3.3)	503 (4.5)	496 (4.2)	7 (5.3)	317 (11.2)	364 (6.5)	430 (4.5)	576 (3.6)	636 (3.5)	674 (4.2)
丹麦	494 (2.7)	91 (1.3)	502 (3.3)	486 (2.7)	**16** (2.7)	345 (4.5)	377 (3.7)	432 (3.2)	556 (3.1)	613 (3.5)	645 (4.1)
爱沙尼亚	530 (2.3)	84 (1.1)	533 (2.8)	527 (2.4)	6 (2.7)	394 (4.4)	422 (2.6)	472 (2.8)	587 (2.6)	639 (3.7)	669 (4.1)
芬兰	520 (2.6)	97 (2.3)	521 (3.2)	520 (2.8)	1 (3.0)	363 (5.9)	400 (5.3)	458 (2.7)	584 (2.5)	643 (3.4)	677 (4.4)
法国	497 (3.4)	107 (2.4)	503 (3.7)	491 (4.1)	11 (3.6)	313 (9.6)	350 (6.3)	425 (3.6)	572 (3.2)	632 (4.2)	667 (4.9)
德国	516 (3.8)	114 (3.4)	521 (3.9)	510 (4.2)	**11** (3.0)	321 (8.4)	368 (6.6)	443 (4.4)	597 (3.7)	656 (4.2)	688 (5.4)
希腊	446 (3.2)	101 (1.6)	448 (4.3)	444 (3.1)	4 (3.7)	278 (5.6)	317 (5.4)	378 (4.1)	515 (3.7)	574 (3.9)	609 (4.7)
匈牙利	481 (3.5)	100 (2.7)	485 (4.0)	479 (4.0)	6 (3.8)	320 (6.9)	352 (5.5)	411 (3.9)	550 (4.9)	614 (7.0)	651 (7.3)
冰岛	487 (1.9)	100 (1.5)	485 (2.8)	488 (2.5)	−3 (3.4)	318 (5.0)	355 (4.0)	420 (3.0)	557 (2.7)	614 (3.2)	647 (3.6)
爱尔兰	501 (2.6)	87 (1.5)	508 (3.6)	494 (3.1)	**13** (4.4)	355 (6.1)	389 (4.8)	443 (3.3)	561 (2.6)	613 (2.5)	642 (3.5)
以色列	462 (5.3)	117 (2.4)	469 (8.9)	456 (4.0)	13 (8.6)	266 (9.1)	308 (7.4)	382 (6.3)	545 (5.5)	613 (6.0)	651 (6.6)
意大利	477 (2.1)	100 (1.3)	486 (2.6)	467 (2.3)	**19** (2.6)	310 (3.3)	348 (2.9)	410 (2.5)	546 (2.9)	604 (2.9)	638 (3.4)
日本	542 (4.0)	107 (2.4)	553 (5.0)	531 (4.2)	**22** (4.5)	362 (7.0)	404 (5.8)	470 (4.5)	618 (5.0)	680 (6.0)	715 (7.1)
韩国	559 (5.2)	107 (2.7)	569 (6.6)	548 (5.4)	**21** (6.5)	382 (8.4)	422 (6.2)	488 (5.8)	633 (5.7)	692 (7.0)	727 (9.0)
卢森堡	488 (1.0)	102 (1.0)	500 (1.5)	475 (1.3)	**25** (1.9)	317 (3.4)	352 (2.6)	415 (2.0)	562 (1.9)	619 (2.3)	652 (2.6)
墨西哥	405 (1.6)	87 (0.8)	410 (1.9)	399 (1.7)	**11** (1.5)	264 (2.6)	295 (2.3)	347 (1.9)	462 (1.9)	516 (2.1)	549 (2.4)
荷兰	518 (3.9)	103 (3.2)	522 (3.6)	514 (4.2)	8 (3.4)	345 (10.0)	388 (6.5)	453 (5.2)	593 (4.0)	642 (4.0)	669 (3.7)
新西兰	501 (2.5)	112 (1.6)	509 (3.6)	492 (3.5)	**17** (5.0)	319 (5.1)	356 (4.1)	422 (3.5)	578 (3.7)	646 (4.1)	686 (4.7)
挪威	478 (3.1)	102 (1.3)	479 (3.2)	476 (3.8)	3 (3.4)	306 (5.2)	346 (4.7)	409 (3.4)	547 (3.4)	608 (4.1)	644 (4.4)
波兰	509 (4.1)	100 (2.1)	510 (4.7)	509 (4.3)	1 (3.4)	347 (4.4)	380 (4.0)	440 (4.1)	578 (5.2)	641 (6.8)	677 (9.3)
葡萄牙	486 (4.1)	98 (1.4)	490 (4.4)	482 (4.1)	8 (2.6)	323 (7.2)	356 (4.7)	417 (5.4)	556 (4.0)	615 (4.0)	645 (3.9)
斯洛伐克	474 (4.0)	114 (2.9)	476 (4.9)	472 (4.9)	4 (4.9)	282 (9.2)	327 (6.9)	401 (5.5)	553 (4.6)	617 (4.8)	655 (6.7)
斯洛文尼亚	499 (1.3)	100 (1.0)	501 (1.7)	497 (2.2)	4 (3.1)	338 (2.9)	372 (2.7)	427 (2.3)	570 (2.2)	632 (3.8)	667 (3.1)
西班牙	482 (2.0)	93 (0.8)	490 (2.5)	473 (2.1)	**17** (2.2)	326 (3.0)	361 (3.1)	420 (2.9)	547 (2.1)	600 (1.9)	630 (1.9)
瑞典	469 (2.8)	107 (1.6)	466 (3.6)	472 (3.1)	−5 (3.8)	291 (5.4)	331 (4.1)	397 (4.0)	544 (3.4)	606 (3.8)	641 (4.0)
瑞士	530 (3.4)	103 (1.6)	536 (3.9)	524 (3.6)	**13** (3.0)	359 (4.1)	396 (3.4)	459 (3.7)	602 (4.0)	661 (4.8)	695 (5.3)
土耳其	448 (5.0)	92 (3.1)	448 (5.4)	449 (5.1)	−1 (4.7)	310 (4.7)	336 (4.9)	383 (3.9)	508 (7.3)	579 (9.1)	612 (10.6)
英国	496 (3.4)	99 (1.8)	504 (4.4)	489 (3.9)	**15** (4.0)	333 (5.3)	368 (5.2)	429 (4.7)	565 (3.4)	626 (4.4)	659 (4.9)
美国	488 (3.5)	95 (1.4)	491 (3.8)	486 (3.9)	5 (3.2)	339 (4.9)	369 (4.1)	420 (4.2)	552 (4.8)	615 (4.6)	649 (4.9)
OECD 国家	488 (1.2)	107 (0.6)	494 (1.3)	482 (1.3)	**12** (1.1)	316 (1.4)	352 (1.3)	413 (1.5)	561 (1.5)	628 (1.7)	666 (1.9)
OECD 各国平均	493 (0.6)	101 (0.4)	498 (0.7)	487 (0.6)	**11** (0.7)	325 (1.1)	362 (0.8)	424 (0.7)	563 (0.7)	623 (0.8)	657 (0.9)
伙伴国家(地区) 阿尔巴尼亚	388 (2.1)	98 (1.4)	387 (2.6)	389 (3.3)	−2 (4.0)	217 (5.1)	263 (4.1)	327 (2.9)	453 (2.9)	510 (3.1)	543 (4.7)
阿根廷	379 (4.2)	90 (1.9)	387 (4.9)	371 (4.1)	**15** (3.0)	231 (4.9)	263 (4.6)	318 (4.0)	440 (5.1)	495 (5.1)	525 (5.2)
巴西	372 (2.7)	99 (1.9)	382 (2.8)	362 (3.0)	**20** (2.2)	217 (3.5)	250 (3.7)	304 (2.9)	435 (3.3)	500 (5.1)	542 (6.6)
保加利亚	434 (4.5)	109 (2.5)	433 (5.3)	436 (4.9)	−2 (5.0)	263 (6.7)	299 (5.4)	358 (4.7)	507 (5.7)	579 (6.7)	620 (7.7)
哥伦比亚	357 (3.7)	91 (1.8)	372 (4.4)	343 (4.0)	**29** (3.8)	214 (6.5)	244 (4.6)	295 (3.8)	415 (4.2)	475 (5.4)	513 (5.3)
哥斯达黎加	402 (3.0)	81 (1.9)	413 (4.1)	392 (3.5)	**21** (5.0)	273 (5.0)	300 (4.9)	348 (4.1)	454 (4.1)	506 (5.2)	538 (5.0)
克罗地亚	468 (4.2)	103 (2.8)	470 (5.1)	465 (4.6)	5 (4.9)	301 (5.3)	336 (5.5)	395 (4.5)	539 (5.6)	602 (7.3)	640 (9.0)
塞浦路斯	440 (1.2)	102 (1.0)	439 (1.9)	441 (1.8)	−2 (2.8)	272 (3.4)	310 (2.8)	371 (1.9)	509 (2.5)	572 (2.7)	608 (3.5)
中国香港	564 (3.6)	103 (2.2)	572 (5.0)	556 (3.9)	16 (5.9)	380 (7.9)	426 (7.1)	497 (4.9)	636 (3.6)	691 (4.0)	723 (5.3)
印度尼西亚	364 (4.0)	79 (3.4)	364 (4.7)	365 (4.1)	−1 (4.4)	240 (5.8)	267 (4.9)	311 (4.1)	414 (5.6)	468 (8.7)	501 (11.3)
约旦	387 (3.7)	87 (2.7)	373 (6.5)	402 (3.0)	**−29** (7.2)	246 (6.4)	279 (5.0)	330 (4.0)	447 (3.8)	499 (4.5)	529 (5.0)
哈萨克斯坦	433 (3.2)	84 (1.9)	429 (3.6)	437 (3.6)	**−8** (3.6)	298 (5.0)	327 (3.3)	375 (2.7)	489 (4.4)	541 (6.1)	573 (6.4)
拉脱维亚	496 (3.4)	90 (1.8)	492 (4.0)	501 (3.6)	**−9** (3.7)	347 (6.4)	381 (4.4)	434 (3.9)	558 (4.2)	613 (3.9)	642 (4.5)
列支敦士登	540 (4.0)	104 (3.6)	552 (6.3)	531 (6.5)	21 (10.0)	363 (17.8)	400 (11.4)	469 (8.2)	621 (6.4)	675 (11.8)	703 (11.6)
立陶宛	479 (2.2)	92 (1.6)	480 (3.5)	479 (3.1)	1 (2.5)	330 (5.0)	364 (4.2)	417 (3.5)	542 (3.6)	599 (4.1)	632 (4.0)
中国澳门	542 (1.2)	100 (1.1)	542 (1.7)	543 (1.5)	0 (2.1)	375 (4.0)	413 (2.5)	478 (1.7)	612 (1.5)	667 (2.8)	700 (3.5)
马来西亚	401 (4.0)	92 (2.1)	394 (4.9)	408 (4.3)	**−15** (4.5)	258 (5.1)	287 (4.2)	337 (4.2)	461 (5.1)	524 (6.5)	561 (6.6)
黑山	399 (1.3)	93 (1.0)	397 (1.7)	401 (1.9)	−4 (2.7)	253 (2.5)	282 (2.1)	333 (1.9)	462 (2.3)	521 (3.1)	556 (3.6)
秘鲁	349 (1.6)	101 (2.6)	357 (4.6)	342 (1.5)	**15** (4.6)	191 (5.3)	224 (4.8)	280 (4.2)	415 (6.0)	482 (7.4)	525 (9.1)
卡塔尔	363 (0.9)	110 (0.7)	354 (1.2)	372 (1.2)	**−18** (1.6)	197 (2.2)	230 (1.9)	285 (1.4)	434 (1.5)	514 (2.2)	562 (2.9)
罗马尼亚	446 (3.9)	89 (2.4)	446 (4.7)	445 (4.1)	1 (3.9)	307 (4.4)	336 (4.6)	382 (3.9)	504 (5.0)	566 (6.8)	602 (7.1)
俄罗斯	491 (3.4)	88 (1.8)	489 (4.1)	493 (3.5)	−5 (3.1)	338 (5.5)	371 (4.7)	428 (4.0)	553 (3.8)	611 (5.0)	644 (6.3)
塞尔维亚	442 (4.1)	104 (2.3)	445 (4.9)	439 (4.6)	5 (4.7)	274 (7.6)	311 (5.7)	371 (4.9)	512 (4.4)	578 (6.3)	618 (6.5)
中国上海	624 (3.6)	112 (2.4)	629 (4.4)	619 (3.9)	10 (3.9)	431 (6.7)	473 (6.5)	547 (5.4)	704 (3.6)	754 (4.1)	797 (5.3)
新加坡	580 (1.5)	114 (0.9)	581 (2.2)	580 (1.9)	1 (2.7)	387 (4.4)	428 (3.9)	502 (2.7)	662 (2.9)	725 (2.8)	759 (2.8)
中国台北	561 (3.5)	121 (2.2)	563 (5.7)	559 (5.8)	4 (9.0)	355 (6.4)	398 (5.9)	476 (5.0)	648 (3.7)	714 (5.2)	752 (5.4)
泰国	414 (3.9)	93 (2.3)	403 (4.1)	422 (4.6)	**−20** (3.9)	269 (4.6)	300 (3.7)	350 (3.9)	471 (5.0)	535 (7.0)	576 (9.3)
突尼斯	379 (4.5)	91 (3.0)	389 (5.1)	371 (4.6)	**18** (3.0)	234 (5.7)	264 (5.1)	318 (4.4)	438 (5.0)	496 (7.0)	531 (11.7)
阿联酋	442 (2.5)	95 (1.2)	440 (4.1)	445 (3.0)	−4 (5.0)	294 (3.9)	325 (3.0)	376 (2.8)	505 (3.4)	573 (5.0)	607 (4.2)
乌拉圭	401 (3.2)	105 (1.8)	407 (3.4)	397 (3.4)	10 (3.8)	230 (5.4)	267 (5.0)	331 (4.0)	472 (3.5)	537 (5.4)	576 (7.0)
越南	509 (5.1)	94 (2.7)	514 (5.9)	506 (4.9)	8 (3.2)	355 (8.0)	389 (7.1)	445 (6.1)	572 (5.7)	631 (6.6)	664 (6.7)

注：统计上有显著性的值用粗体表示。
1. 土耳其提供的注释：本文中塞浦路斯指岛的南部。岛上没有一个统一的当局代表土耳其和希腊塞浦路斯人，土耳其承认北塞浦路斯土耳其共和国(TRNC)，土耳其将保留对塞浦路斯问题的看法，直到在联合国背景下作出持久和公平的决定。
2. 欧盟和OECD的欧盟成员国提供的注释：除土耳其外，联合国所有成员均承认塞浦路斯共和国，文中塞浦路斯指的是在塞浦路斯共和国有效控制下的区域。

附表 3.17 ■ 数学空间和图形分量表各精熟度水平的学生比例

		低于水平1 (低于357.77分)		水平1 (从357.77至420.07分)		水平2 (从420.07至482.38分)		水平3 (从482.38至544.68分)		水平4 (从544.68至606.99分)		水平5 (从606.99至669.30分)		水平6 (高于669.30分)	
		%	标准误	%	标准误	%	标准误	%	标准误	%	标准误	%	标准误	%	标准误
OECD	澳大利亚	8.1	(0.4)	15.3	(0.5)	21.9	(0.6)	23.5	(0.5)	16.9	(0.5)	9.3	(0.5)	5.0	(0.4)
	奥地利	7.3	(0.7)	13.7	(0.8)	21.8	(0.9)	23.7	(1.0)	19.0	(0.9)	10.2	(0.7)	4.3	(0.7)
	比利时	8.4	(0.7)	12.7	(0.7)	19.4	(1.0)	21.7	(1.0)	18.4	(0.7)	12.4	(0.5)	6.9	(0.4)
	加拿大	5.3	(0.3)	12.0	(0.5)	22.0	(0.6)	24.7	(0.6)	19.9	(0.6)	11.0	(0.5)	5.1	(0.4)
	智利	25.0	(1.4)	28.4	(0.9)	24.1	(1.0)	14.3	(0.8)	6.2	(0.5)	1.7	(0.2)	0.3	(0.1)
	捷克	8.3	(0.8)	14.2	(1.0)	21.4	(1.1)	23.2	(1.0)	18.1	(0.9)	10.2	(0.8)	4.7	(0.5)
	丹麦	5.1	(0.5)	13.1	(0.6)	24.3	(0.7)	29.0	(0.8)	18.9	(0.7)	7.6	(0.6)	1.9	(0.3)
	爱沙尼亚	4.3	(0.4)	11.6	(0.8)	22.0	(0.9)	25.9	(1.0)	20.1	(1.1)	10.8	(0.8)	5.2	(0.5)
	芬兰	4.7	(0.4)	12.0	(0.6)	23.1	(0.7)	27.1	(0.8)	19.5	(0.6)	10.0	(0.5)	3.8	(0.4)
	法国	9.5	(0.7)	15.9	(1.0)	22.1	(0.9)	23.1	(0.9)	17.0	(0.9)	8.8	(0.6)	3.4	(0.5)
	德国	6.5	(0.7)	12.6	(0.7)	20.8	(1.0)	24.2	(1.0)	20.1	(0.8)	11.2	(0.7)	4.7	(0.5)
	希腊	18.9	(1.0)	24.2	(1.0)	25.7	(0.9)	18.7	(0.7)	8.7	(0.6)	2.5	(0.3)	0.4	(0.1)
	匈牙利	10.8	(0.9)	19.2	(1.3)	25.7	(1.2)	21.9	(1.1)	13.0	(0.8)	6.5	(0.8)	2.9	(0.7)
	冰岛	7.4	(0.5)	14.4	(0.8)	24.8	(0.9)	26.9	(1.0)	17.3	(0.9)	7.7	(0.7)	1.6	(0.3)
	爱尔兰	10.2	(0.8)	16.5	(0.7)	24.7	(1.0)	24.5	(1.0)	15.7	(0.7)	6.5	(0.5)	1.8	(0.3)
	以色列	19.4	(1.4)	20.1	(0.9)	22.4	(0.6)	19.5	(0.8)	11.8	(0.6)	5.5	(0.5)	1.6	(0.3)
	意大利	10.7	(0.5)	15.9	(0.5)	22.4	(0.6)	21.7	(0.5)	15.7	(0.5)	9.0	(0.4)	4.6	(0.4)
	日本	2.3	(0.4)	6.1	(0.6)	14.4	(0.9)	22.4	(0.9)	23.1	(0.9)	17.9	(0.9)	13.8	(1.1)
	韩国	2.8	(0.5)	5.9	(0.5)	12.7	(0.8)	18.6	(1.0)	20.9	(0.9)	18.5	(0.9)	20.6	(1.6)
	卢森堡	8.7	(0.5)	16.9	(0.6)	23.5	(0.8)	22.9	(0.8)	17.0	(0.6)	8.2	(0.4)	2.7	(0.2)
	墨西哥	25.0	(0.7)	29.4	(0.5)	26.2	(0.6)	13.7	(0.5)	4.6	(0.3)	1.0	(0.1)	0.1	(0.0)
	荷兰	5.8	(0.8)	12.5	(0.8)	23.0	(1.1)	25.1	(1.4)	21.1	(1.4)	10.6	(0.9)	4.1	(0.7)
	新西兰	8.5	(0.7)	16.3	(0.8)	23.4	(1.0)	22.8	(1.1)	15.8	(1.1)	8.6	(0.9)	4.4	(0.4)
	挪威	11.1	(0.8)	16.5	(0.7)	23.4	(0.7)	23.0	(1.1)	15.4	(0.9)	7.5	(0.5)	3.2	(0.4)
	波兰	3.7	(0.5)	11.7	(0.5)	21.1	(0.9)	23.2	(0.8)	19.0	(0.7)	12.9	(0.9)	8.5	(1.1)
	葡萄牙	11.1	(1.0)	15.9	(0.9)	20.7	(0.8)	20.9	(1.1)	17.2	(0.8)	10.0	(0.7)	5.0	(0.5)
	斯洛伐克	11.2	(1.0)	15.1	(1.0)	21.6	(1.0)	21.4	(0.9)	16.0	(1.0)	9.6	(0.7)	5.1	(0.4)
	斯洛文尼亚	6.5	(0.4)	14.0	(0.7)	22.8	(1.0)	22.8	(1.0)	17.9	(0.8)	10.7	(0.6)	5.2	(0.4)
	西班牙	10.1	(0.5)	17.7	(0.6)	24.7	(0.8)	23.4	(0.8)	15.6	(0.5)	6.6	(0.4)	2.0	(0.2)
	瑞典	12.0	(0.7)	18.4	(0.9)	25.4	(0.8)	22.8	(0.7)	14.3	(0.8)	5.4	(0.5)	1.6	(0.4)
	瑞士	3.5	(0.4)	7.9	(0.6)	16.0	(0.8)	22.3	(0.8)	23.1	(0.8)	16.1	(0.8)	11.1	(0.9)
	土耳其	22.5	(1.3)	23.0	(1.2)	21.6	(1.2)	14.9	(1.0)	9.4	(1.0)	5.7	(0.6)	2.9	(0.7)
	英国	12.0	(1.0)	17.5	(0.7)	23.8	(0.6)	22.5	(1.0)	14.5	(0.8)	7.0	(0.6)	2.7	(0.5)
	美国	13.5	(1.0)	20.9	(1.0)	25.0	(0.9)	20.6	(0.9)	12.4	(0.8)	5.4	(0.5)	2.2	(0.4)
	OECD国家	12.1	(0.3)	17.7	(0.3)	22.3	(0.3)	20.5	(0.3)	14.6	(0.3)	8.2	(0.2)	4.7	(0.2)
	OECD各国平均	10.0	(0.1)	15.8	(0.1)	22.3	(0.2)	22.2	(0.2)	16.3	(0.1)	8.9	(0.1)	4.5	(0.1)
伙伴国家(地区)	阿尔巴尼亚	27.0	(2.0)	23.9	(1.1)	22.8	(1.0)	15.3	(0.9)	7.3	(0.5)	2.6	(0.3)	1.0	(0.2)
	阿根廷	36.5	(2.0)	31.6	(1.1)	21.4	(1.3)	8.4	(0.7)	1.9	(0.3)	0.3	(0.1)	0.0	(0.0)
	巴西	40.3	(1.0)	30.6	(0.7)	18.8	(0.6)	7.3	(0.4)	2.4	(0.3)	0.6	(0.2)	0.1	(0.1)
	保加利亚	19.1	(1.5)	23.2	(1.0)	24.9	(1.0)	18.0	(1.0)	10.1	(0.8)	3.8	(0.5)	0.9	(0.2)
	哥伦比亚	45.7	(1.8)	29.3	(0.9)	16.5	(1.1)	6.3	(0.7)	1.8	(0.3)	0.2	(0.1)	0.0	(0.0)
	哥斯达黎加	29.9	(1.7)	34.9	(1.0)	23.4	(1.0)	8.5	(0.9)	2.5	(0.4)	0.6	(0.2)	0.1	(0.1)
	克罗地亚	11.2	(0.8)	23.2	(1.0)	28.2	(1.0)	20.8	(1.0)	10.9	(0.7)	4.1	(0.7)	1.7	(0.7)
	塞浦路斯	19.8	(0.9)	24.4	(1.0)	25.8	(0.7)	17.9	(0.7)	8.7	(0.7)	2.9	(0.3)	0.6	(0.1)
	中国香港	3.2	(0.5)	6.4	(0.6)	12.2	(0.8)	18.1	(1.1)	22.6	(1.0)	20.3	(0.9)	17.1	(1.2)
	印度尼西亚	38.8	(1.9)	30.4	(1.3)	19.8	(0.9)	8.5	(0.7)	2.8	(0.7)	0.4	(0.2)	0.1	(0.0)
	约旦	37.4	(1.4)	30.8	(0.9)	20.6	(1.0)	8.5	(0.7)	2.1	(0.4)	0.6	(0.4)	0.1	(0.1)
	哈萨克斯坦	13.6	(1.0)	24.2	(1.3)	28.6	(1.2)	19.8	(1.0)	10.0	(1.1)	3.1	(0.6)	0.7	(0.3)
	拉脱维亚	5.2	(0.6)	13.7	(0.9)	25.4	(1.2)	26.7	(0.9)	18.2	(1.1)	8.0	(0.7)	2.8	(0.4)
	列支敦士登	3.9	(1.2)	7.6	(1.8)	16.2	(2.1)	23.9	(2.7)	21.7	(2.7)	16.9	(2.3)	9.8	(2.4)
	立陶宛	12.2	(0.8)	18.3	(0.9)	24.1	(1.1)	22.0	(0.9)	14.6	(0.8)	6.5	(0.5)	2.2	(0.4)
	中国澳门	3.7	(0.3)	7.0	(0.3)	13.8	(0.6)	19.9	(0.8)	21.8	(0.7)	18.2	(0.6)	15.6	(0.6)
	马来西亚	19.1	(1.3)	26.4	(1.0)	26.1	(0.9)	17.5	(0.9)	8.2	(0.7)	2.4	(0.4)	0.3	(0.1)
	黑山	25.2	(0.7)	30.8	(1.0)	25.2	(0.9)	13.0	(0.7)	4.8	(0.5)	0.9	(0.2)	0.1	(0.1)
	秘鲁	45.4	(1.9)	26.5	(1.0)	17.0	(0.9)	7.5	(0.7)	2.7	(0.5)	0.8	(0.3)	0.1	(0.1)
	卡塔尔	44.7	(0.9)	23.4	(0.4)	16.0	(0.5)	9.2	(0.4)	4.5	(0.4)	1.8	(0.1)	0.3	(0.1)
	罗马尼亚	16.2	(1.2)	24.0	(1.1)	26.9	(1.0)	18.5	(1.1)	9.4	(0.9)	3.8	(0.6)	1.2	(0.3)
	俄罗斯	6.9	(0.6)	14.8	(0.9)	23.9	(0.8)	24.2	(1.2)	17.3	(1.0)	9.0	(0.7)	3.8	(0.7)
	塞尔维亚	18.6	(1.3)	22.7	(1.1)	24.4	(1.1)	18.3	(1.0)	10.1	(1.1)	4.2	(0.6)	1.7	(0.4)
	中国上海	0.7	(0.2)	2.4	(0.4)	5.6	(0.5)	9.8	(0.7)	14.9	(0.8)	20.8	(0.9)	45.9	(1.4)
	新加坡	3.2	(0.3)	6.4	(0.4)	11.2	(0.5)	16.7	(0.8)	19.7	(0.6)	19.4	(0.9)	23.4	(0.7)
	中国台北	4.6	(0.5)	7.2	(0.5)	10.9	(0.6)	13.3	(0.7)	16.0	(0.7)	16.9	(0.7)	31.1	(1.1)
	泰国	21.7	(1.2)	25.8	(1.1)	25.1	(1.1)	15.5	(1.0)	7.4	(0.8)	3.3	(0.5)	1.4	(0.4)
	突尼斯	40.8	(1.8)	28.4	(1.2)	18.9	(1.0)	8.2	(0.7)	2.6	(0.6)	0.8	(0.3)	0.2	(0.1)
	阿联酋	25.5	(1.0)	24.7	(0.6)	22.5	(0.7)	15.9	(0.7)	7.9	(0.5)	2.8	(0.3)	0.7	(0.1)
	乌拉圭	28.5	(1.2)	25.5	(1.1)	22.6	(1.0)	14.8	(0.8)	6.7	(0.6)	1.6	(0.3)	0.3	(0.2)
	越南	6.4	(0.9)	12.8	(1.0)	21.8	(1.1)	24.2	(1.1)	18.6	(1.0)	10.7	(0.9)	5.5	(0.9)

1. 土耳其提供的注释：本文中塞浦路斯指岛的南部。岛上没有一个统一的当局代表土耳其和希腊塞浦路斯人，土耳其承认北塞浦路斯土耳其共和国(TRNC)，土耳其将保留对塞浦路斯问题的看法，直到在联合国背景下作出持久和公平的决定。

2. 欧盟和OECD的欧盟成员国提供的注释：除土耳其外，联合国所有成员均承认塞浦路斯共和国，文中塞浦路斯指的是在塞浦路斯共和国有效控制下的区域。

附表 3.18 ■ 按性别区分的数学空间和图形分量表各精熟度水平的学生比例

		男 生												
		低于水平1 (低于357.77分)		水平1 (从357.77至420.07分)		水平2 (从420.07至482.38分)		水平3 (从482.38至544.68分)		水平4 (从544.68至606.99分)		水平5 (从606.99至669.30分)		水平6 (高于669.30分)	
		%	标准误	%	标准误	%	标准误	%	标准误	%	标准误	%	标准误	%	标准误
OECD	澳大利亚	6.7	(0.4)	14.1	(0.6)	21.4	(0.8)	23.5	(0.7)	17.8	(0.6)	10.4	(0.6)	6.2	(0.7)
	奥地利	5.6	(0.9)	10.9	(1.0)	18.9	(1.1)	23.5	(1.3)	21.7	(1.3)	13.0	(1.2)	6.5	(1.1)
	比利时	7.6	(0.7)	11.7	(0.8)	18.2	(0.3)	21.0	(1.1)	19.1	(1.0)	14.0	(0.8)	8.4	(0.6)
	加拿大	5.1	(0.4)	11.8	(0.6)	20.9	(0.9)	24.2	(1.0)	19.8	(0.9)	12.1	(0.6)	6.2	(0.5)
	智利	18.9	(1.4)	26.9	(1.2)	26.1	(1.2)	17.2	(1.2)	8.0	(0.8)	2.3	(0.4)	0.5	(0.1)
	捷克	7.3	(1.0)	12.4	(1.2)	20.2	(1.2)	22.4	(1.2)	20.3	(1.2)	11.7	(1.0)	5.7	(0.8)
	丹麦	4.3	(0.6)	11.7	(0.8)	22.9	(1.0)	29.1	(1.2)	21.1	(1.3)	8.8	(0.9)	2.2	(0.4)
	爱沙尼亚	4.2	(0.6)	11.7	(0.9)	21.8	(1.3)	25.4	(1.3)	19.9	(1.4)	11.1	(1.1)	5.9	(0.6)
	芬兰	5.5	(0.6)	12.6	(0.9)	22.2	(0.9)	25.8	(1.0)	19.5	(1.1)	10.1	(1.0)	4.4	(0.5)
	法国	8.8	(0.9)	15.0	(1.2)	20.2	(1.3)	23.2	(1.1)	17.8	(1.1)	10.4	(0.8)	4.5	(0.7)
	德国	5.8	(0.7)	11.6	(0.9)	19.2	(1.1)	24.3	(1.2)	21.1	(1.1)	12.1	(0.9)	5.9	(0.7)
	希腊	18.2	(1.4)	22.2	(1.8)	25.9	(1.3)	19.9	(1.1)	9.9	(0.8)	3.3	(0.6)	0.6	(0.2)
	匈牙利	9.3	(1.1)	18.1	(1.5)	24.7	(1.4)	22.3	(1.4)	14.0	(1.0)	7.5	(0.8)	4.1	(0.9)
	冰岛	8.2	(0.8)	15.1	(1.2)	25.4	(1.4)	26.2	(1.1)	15.9	(1.4)	7.3	(0.9)	1.8	(0.5)
	爱尔兰	8.5	(1.1)	14.5	(1.0)	23.1	(1.0)	25.5	(1.5)	17.7	(1.2)	8.0	(0.7)	2.8	(0.5)
	以色列	20.6	(2.1)	17.9	(1.3)	19.7	(1.2)	19.2	(1.2)	13.3	(1.4)	6.8	(0.9)	2.6	(0.6)
	意大利	9.8	(0.5)	14.4	(0.7)	20.6	(0.6)	21.3	(0.8)	16.9	(0.6)	10.8	(0.6)	6.2	(0.5)
	日本	2.5	(0.5)	6.0	(0.7)	12.7	(1.0)	20.0	(1.0)	23.0	(1.0)	19.4	(1.1)	16.5	(1.5)
	韩国	2.8	(0.6)	6.0	(0.7)	12.2	(1.0)	16.6	(1.3)	19.2	(1.4)	18.4	(1.3)	24.7	(2.2)
	卢森堡	6.2	(0.6)	13.5	(0.7)	22.1	(1.1)	24.4	(1.0)	19.4	(0.8)	10.3	(0.6)	4.0	(0.4)
	墨西哥	21.4	(0.9)	27.5	(0.7)	27.6	(0.7)	16.0	(0.6)	6.0	(0.3)	1.4	(0.2)	0.1	(0.00)
	荷兰	4.9	(0.8)	11.3	(1.1)	19.7	(1.3)	25.4	(1.8)	21.8	(1.7)	12.0	(1.2)	4.9	(0.8)
	新西兰	7.4	(0.8)	13.8	(1.0)	21.4	(1.4)	22.9	(1.4)	18.0	(1.3)	10.6	(1.3)	5.9	(0.8)
	挪威	11.2	(0.9)	16.2	(0.9)	23.3	(1.0)	22.1	(1.4)	15.9	(1.0)	7.9	(0.9)	3.5	(0.5)
	波兰	3.3	(0.6)	11.2	(1.0)	23.1	(1.2)	23.1	(1.1)	18.6	(1.1)	13.1	(1.1)	9.7	(1.4)
	葡萄牙	10.8	(1.1)	14.4	(1.1)	19.6	(1.2)	20.1	(1.7)	18.0	(1.2)	10.9	(0.9)	6.2	(0.7)
	斯洛伐克	10.1	(1.1)	14.9	(1.4)	21.3	(1.2)	20.7	(1.1)	16.0	(1.1)	10.4	(1.1)	6.5	(0.8)
	斯洛文尼亚	5.7	(0.5)	13.7	(1.0)	23.3	(1.3)	22.4	(1.3)	18.3	(1.0)	11.0	(0.8)	5.7	(0.6)
	西班牙	9.2	(0.7)	16.1	(1.0)	23.7	(1.0)	23.2	(0.9)	16.8	(0.8)	8.2	(0.6)	2.8	(0.3)
	瑞典	12.0	(0.9)	18.6	(1.2)	24.6	(1.4)	22.8	(1.2)	14.4	(1.0)	5.7	(0.6)	1.9	(0.4)
	瑞士	3.0	(0.5)	7.0	(0.6)	14.6	(0.9)	21.2	(1.1)	23.9	(1.1)	17.1	(1.0)	13.3	(1.0)
	土耳其	20.6	(1.7)	22.6	(1.4)	22.6	(1.7)	15.2	(1.4)	9.2	(1.0)	6.2	(0.9)	3.5	(0.9)
	英国	10.8	(1.2)	16.0	(1.0)	23.7	(1.0)	22.8	(1.3)	15.9	(1.1)	8.1	(1.0)	2.7	(0.6)
	美国	13.7	(1.2)	19.9	(1.3)	23.5	(1.0)	21.1	(1.0)	13.1	(1.0)	6.2	(0.7)	2.5	(0.5)
	OECD国家	11.2	(0.4)	16.6	(0.5)	21.4	(0.4)	20.6	(0.3)	15.3	(0.3)	9.2	(0.2)	5.7	(0.2)
	OECD各国平均	9.1	(0.2)	14.7	(0.2)	21.4	(0.2)	22.2	(0.2)	17.1	(0.2)	9.9	(0.2)	5.6	(0.1)
伙伴国家(地区)	阿尔巴尼亚	28.3	(1.5)	24.6	(1.8)	22.1	(1.0)	14.4	(1.1)	7.3	(0.9)	2.5	(0.4)	0.7	(0.2)
	阿根廷	33.3	(2.3)	31.4	(1.6)	22.4	(1.6)	9.9	(1.2)	2.6	(0.5)	0.5	(0.1)	0.0	(0.0)
	巴西	34.6	(1.1)	30.5	(0.9)	21.6	(0.8)	8.8	(0.6)	3.3	(0.4)	0.9	(0.3)	0.2	(0.1) c
	保加利亚	20.2	(1.7)	22.9	(1.2)	23.8	(1.1)	17.4	(1.1)	10.6	(0.9)	4.0	(0.6)	1.2	(0.3)
	哥伦比亚	37.2	(1.9)	30.1	(1.2)	20.5	(1.4)	8.9	(1.0)	2.9	(0.5)	0.4	(0.1)	0.0	(0.0)
	哥斯达黎加	23.3	(2.0)	33.3	(1.6)	27.7	(1.3)	11.8	(1.3)	3.6	(0.9)	1.1	(0.4)	0.2	(0.1)
	克罗地亚	10.3	(0.8)	21.6	(1.1)	27.1	(1.1)	21.4	(1.2)	12.3	(1.0)	5.1	(0.7)	2.2	(0.8)
	塞浦路斯	21.1	(1.1)	22.1	(1.5)	23.8	(1.0)	18.5	(0.9)	9.7	(1.1)	3.8	(0.5)	1.0	(0.3)
	中国香港	3.3	(0.5)	6.3	(0.8)	11.2	(0.9)	16.5	(1.2)	20.6	(1.0)	20.8	(1.2)	21.4	(1.8)
	印度尼西亚	33.2	(2.1)	31.3	(1.5)	22.4	(1.4)	8.8	(1.2)	3.5	(0.9)	0.6	(0.3)	0.1	(0.1)
	约旦	41.9	(2.3)	29.1	(1.3)	18.4	(1.3)	7.5	(1.1)	2.1	(0.6)	0.8	(0.6)	0.2	(0.1)
	哈萨克斯坦	12.7	(1.3)	23.7	(1.5)	27.9	(1.5)	20.7	(1.5)	10.6	(1.5)	3.7	(0.8)	0.8	(0.4)
	拉脱维亚	5.7	(1.0)	14.0	(1.1)	25.3	(2.0)	26.2	(1.5)	17.1	(1.4)	8.4	(0.8)	3.2	(0.6)
	列支敦士登	3.2	(2.2)	5.6	(2.8)	15.6	(2.9)	23.7	(4.0)	22.9	(3.7)	17.7	(3.8)	11.4	(3.7)
	立陶宛	13.1	(1.0)	18.5	(1.1)	23.5	(1.3)	21.6	(1.3)	14.0	(1.1)	6.7	(0.6)	2.6	(0.5)
	中国澳门	3.9	(0.4)	7.0	(0.5)	13.4	(0.9)	18.7	(1.1)	21.0	(0.9)	18.8	(0.8)	17.2	(0.7)
	马来西亚	19.5	(1.6)	25.9	(1.3)	25.6	(1.4)	17.5	(1.1)	8.5	(0.9)	2.6	(0.5)	0.4	(0.2)
	黑山	24.7	(0.9)	30.0	(1.3)	25.0	(1.4)	13.9	(0.9)	5.2	(0.6)	0.9	(0.2)	0.2	(0.2)
	秘鲁	39.0	(1.9)	27.2	(1.6)	19.6	(1.2)	9.1	(1.1)	3.7	(0.6)	1.2	(0.4)	0.1	(0.1)
	卡塔尔	48.5	(0.6)	20.9	(0.5)	14.8	(0.8)	8.8	(0.5)	4.6	(0.3)	2.1	(0.2)	0.4	(0.1)
	罗马尼亚	14.7	(1.4)	23.7	(1.6)	27.3	(1.6)	18.9	(1.3)	9.6	(1.0)	4.4	(0.8)	1.4	(0.5)
	俄罗斯	6.8	(0.7)	14.4	(1.3)	23.6	(1.1)	24.5	(1.5)	17.0	(1.2)	9.4	(1.0)	4.2	(0.9)
	塞尔维亚	16.7	(1.6)	22.9	(1.6)	25.3	(1.6)	17.9	(1.2)	10.4	(1.2)	4.7	(0.6)	2.2	(0.5)
	中国上海	0.9	(0.4)	2.5	(0.6)	5.8	(0.7)	9.9	(0.9)	14.4	(1.1)	19.8	(1.2)	46.5	(1.6)
	新加坡	4.1	(0.4)	7.2	(0.6)	11.4	(0.7)	15.7	(0.9)	18.8	(0.9)	18.9	(1.0)	24.0	(1.1)
	中国台北	5.3	(0.7)	7.5	(0.7)	10.5	(0.7)	12.1	(0.9)	14.2	(0.8)	17.0	(1.0)	33.4	(1.8)
	泰国	21.6	(1.4)	26.1	(1.4)	25.7	(1.4)	14.7	(1.1)	7.3	(0.9)	3.3	(0.6)	1.4	(0.4)
	突尼斯	33.7	(2.1)	29.5	(1.5)	22.2	(1.5)	9.9	(1.0)	3.1	(0.6)	1.1	(0.4)	0.4	(0.2)
	阿联酋	26.9	(1.3)	23.8	(1.2)	21.5	(0.9)	15.3	(1.0)	8.4	(0.7)	3.1	(0.5)	1.0	(0.3)
	乌拉圭	25.8	(1.4)	24.5	(1.5)	22.6	(1.1)	16.7	(1.2)	7.8	(0.9)	2.1	(0.4)	0.5	(0.3)
	越南	5.2	(1.1)	11.3	(1.3)	20.5	(1.5)	23.9	(1.7)	18.7	(1.2)	12.7	(1.2)	7.7	(1.2)

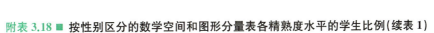

附表 3.18 ■ 按性别区分的数学空间和图形分量表各精熟度水平的学生比例(续表 1)

女 生

	低于水平1 (低于 357.77 分)		水平1 (从 357.77 至 420.07 分)		水平2 (从 420.07 至 482.38 分)		水平3 (从 482.38 至 544.68 分)		水平4 (从 544.68 至 606.99 分)		水平5 (从 606.99 至 669.30 分)		水平6 (高于 669.30 分)	
	%	标准误	%	标准误	%	标准误	%	标准误	%	标准误	%	标准误	%	标准误
澳大利亚	9.6	(0.6)	16.5	(0.8)	22.5	(0.8)	23.6	(0.7)	16.0	(0.8)	8.2	(0.6)	3.6	(0.4)
奥地利	9.1	(0.9)	16.4	(1.2)	24.7	(1.3)	24.0	(1.2)	16.2	(1.0)	7.4	(0.7)	2.1	(0.5)
比利时	9.2	(0.8)	13.8	(0.9)	20.6	(1.3)	22.5	(1.2)	17.7	(1.0)	10.8	(0.6)	5.4	(0.4)
加拿大	5.5	(0.4)	12.3	(0.6)	23.1	(0.8)	25.2	(0.7)	20.0	(0.8)	9.9	(0.6)	4.0	(0.4)
智利	30.8	(1.7)	29.7	(1.3)	22.1	(1.3)	11.6	(1.0)	4.5	(0.5)	1.1	(0.2)	0.1	(0.0)
捷克	9.4	(1.0)	16.0	(1.5)	22.8	(1.4)	24.0	(1.6)	15.7	(1.1)	8.5	(1.0)	3.6	(0.4)
丹麦	6.0	(0.6)	14.4	(1.4)	25.8	(1.0)	29.0	(1.5)	16.6	(1.0)	6.5	(0.6)	1.7	(0.4)
爱沙尼亚	4.5	(0.6)	11.5	(1.2)	22.2	(1.5)	26.4	(1.2)	20.3	(1.3)	10.6	(0.8)	4.5	(0.6)
芬兰	3.8	(0.6)	11.3	(0.8)	24.0	(1.0)	28.3	(1.1)	19.5	(1.1)	9.9	(0.6)	3.1	(0.5)
法国	10.1	(1.1)	16.8	(1.2)	23.9	(1.2)	23.1	(1.0)	16.3	(1.2)	7.3	(0.6)	2.4	(0.4)
德国	7.2	(0.8)	13.6	(1.1)	22.4	(1.1)	24.1	(1.3)	19.1	(1.0)	10.2	(0.8)	3.4	(0.5)
希腊	19.5	(1.2)	20.2	(1.1)	27.3	(1.5)	17.6	(1.0)	7.4	(0.7)	1.8	(0.3)	0.2	(0.1)
匈牙利	12.1	(1.2)	20.2	(1.4)	26.5	(1.5)	21.6	(1.4)	12.1	(1.1)	5.6	(0.8)	1.8	(0.6)
冰岛	6.5	(0.7)	13.5	(0.9)	24.1	(1.3)	27.7	(1.6)	18.7	(1.2)	8.1	(0.8)	1.4	(0.4)
爱尔兰	12.0	(1.0)	18.6	(1.0)	26.5	(1.5)	23.4	(1.5)	13.6	(0.9)	5.0	(0.6)	0.9	(0.2)
以色列	18.2	(1.2)	22.2	(1.5)	25.1	(1.0)	19.8	(1.2)	14.0	(1.0)	5.7	(0.7)	0.2	(0.1)
意大利	11.6	(0.6)	17.4	(0.6)	24.3	(0.7)	22.2	(0.8)	14.4	(0.6)	7.1	(0.4)	2.9	(0.3)
日本	2.2	(0.5)	6.2	(0.8)	16.4	(1.3)	25.0	(1.3)	23.2	(1.2)	16.2	(1.1)	10.8	(1.2)
韩国	2.9	(0.5)	5.9	(0.8)	13.2	(1.2)	20.9	(1.4)	22.8	(1.6)	18.5	(1.3)	15.8	(1.6)
卢森堡	11.2	(0.8)	20.3	(0.8)	25.1	(1.2)	21.4	(1.0)	14.6	(0.9)	6.1	(0.7)	1.4	(0.2)
墨西哥	28.5	(0.8)	31.3	(0.7)	24.9	(0.7)	11.5	(0.7)	3.3	(0.3)	0.5	(0.1)	0.0	(0.0)
荷兰	6.8	(1.0)	13.7	(1.3)	22.1	(1.4)	24.8	(1.4)	20.3	(1.7)	9.1	(1.1)	3.2	(0.7)
新西兰	9.7	(1.0)	19.0	(1.1)	25.5	(1.1)	22.2	(1.2)	13.6	(1.4)	6.6	(1.0)	2.9	(0.5)
挪威	11.0	(1.0)	16.9	(1.0)	23.5	(1.1)	23.9	(1.3)	14.9	(1.1)	7.0	(0.9)	2.8	(0.6)
波兰	4.0	(0.7)	12.1	(1.1)	21.2	(1.3)	23.2	(1.1)	19.5	(1.0)	12.7	(1.1)	7.4	(0.9)
葡萄牙	11.4	(1.1)	17.4	(1.4)	21.8	(1.0)	20.3	(1.3)	16.5	(1.0)	9.0	(0.9)	3.7	(0.6)
斯洛伐克	12.4	(1.3)	15.4	(1.4)	21.9	(1.4)	22.2	(1.5)	15.9	(1.5)	8.7	(0.8)	3.5	(0.6)
斯洛文尼亚	7.4	(0.9)	14.3	(1.0)	22.3	(1.2)	23.2	(1.4)	17.6	(1.1)	10.5	(1.0)	4.7	(0.6)
西班牙	11.0	(0.6)	19.3	(0.8)	25.8	(0.8)	23.5	(0.8)	14.3	(0.8)	5.0	(0.4)	1.1	(0.1)
瑞典	12.0	(0.9)	18.2	(1.0)	26.3	(1.1)	22.9	(1.1)	14.2	(1.3)	5.1	(0.7)	1.3	(0.3)
瑞士	3.9	(0.5)	8.7	(0.9)	17.4	(1.1)	23.5	(0.9)	22.3	(1.1)	15.1	(1.2)	9.0	(1.0)
土耳其	24.4	(1.9)	23.3	(1.5)	20.6	(1.2)	14.7	(1.4)	9.6	(1.1)	5.2	(1.2)	2.2	(0.7)
英国	13.1	(1.1)	18.9	(1.1)	23.9	(1.1)	22.2	(1.1)	13.2	(1.0)	5.9	(0.8)	2.7	(0.6)
美国	13.2	(1.2)	21.9	(1.4)	26.5	(1.2)	20.1	(1.3)	11.7	(1.1)	4.6	(0.7)	1.9	(0.4)
OECD国家	13.0	(0.4)	18.8	(0.4)	23.2	(0.4)	20.4	(0.4)	13.9	(0.4)	7.1	(0.2)	3.6	(0.2)
OECD各国平均	10.9	(0.2)	16.9	(0.2)	23.1	(0.2)	22.4	(0.2)	15.5	(0.2)	7.9	(0.1)	3.4	(0.1)
阿尔巴尼亚	25.5	(1.3)	23.2	(1.2)	23.6	(1.5)	16.2	(1.3)	7.3	(0.7)	2.8	(0.5)	1.3	(0.3)
阿根廷	39.5	(2.2)	31.8	(1.3)	20.4	(1.3)	6.9	(0.9)	1.3	(0.3)	0.1	(0.1)	0.0	c
巴西	45.4	(1.3)	30.6	(1.0)	16.1	(0.7)	5.9	(0.5)	1.6	(0.2)	0.3	(0.2)	0.1	(0.1)
保加利亚	17.9	(1.6)	23.5	(1.3)	26.1	(1.5)	18.7	(1.3)	9.6	(1.1)	3.6	(0.6)	0.6	(0.2)
哥伦比亚	53.3	(2.2)	28.6	(1.2)	13.0	(1.3)	4.0	(0.7)	0.9	(0.2)	0.1	(0.1)	0.0	(0.0)
哥斯达黎加	35.8	(2.0)	36.3	(1.3)	19.7	(1.4)	6.5	(0.9)	1.5	(0.4)	0.3	(0.2)	0.0	c
克罗地亚	12.1	(1.2)	24.7	(1.5)	29.4	(1.5)	20.0	(1.4)	9.4	(0.9)	3.1	(0.8)	1.1	(0.6)
塞浦路斯	18.4	(1.3)	26.8	(1.2)	27.8	(1.2)	17.2	(1.0)	7.6	(0.7)	2.0	(0.4)	0.2	(0.1)
中国香港	3.1	(0.6)	6.7	(0.8)	13.5	(1.2)	19.9	(1.4)	25.1	(1.7)	19.6	(1.6)	12.2	(1.4)
印度尼西亚	44.5	(2.2)	29.5	(1.8)	17.0	(1.3)	6.7	(1.1)	2.1	(0.5)	0.2	(0.2)	0.0	c
约旦	32.9	(1.9)	32.5	(1.6)	22.8	(1.2)	9.4	(0.9)	2.1	(0.5)	0.3	(0.2)	0.0	c
哈萨克斯坦	14.4	(1.2)	24.8	(1.5)	29.4	(1.2)	19.0	(1.2)	9.3	(1.2)	2.5	(0.6)	0.7	(0.4)
拉脱维亚	4.8	(0.7)	13.4	(1.3)	25.5	(1.4)	27.2	(1.2)	19.3	(1.2)	7.5	(1.0)	2.4	(0.4)
列支敦士登	4.8	(2.3)	10.0	(3.0)	16.9	(3.8)	24.1	(4.1)	20.3	(3.5)	15.9	(4.1)	7.9	(3.2)
立陶宛	11.3	(1.0)	18.1	(1.1)	24.7	(1.1)	22.5	(1.2)	15.3	(1.0)	6.3	(0.9)	1.9	(0.4)
中国澳门	3.5	(0.4)	7.0	(0.6)	14.1	(0.7)	21.1	(1.0)	22.7	(1.2)	17.6	(0.8)	14.0	(0.8)
马来西亚	18.7	(1.3)	26.9	(1.5)	26.5	(1.2)	17.5	(1.2)	7.9	(0.9)	2.3	(0.5)	0.3	(0.1)
黑山	25.7	(1.2)	31.5	(1.5)	25.4	(1.3)	12.1	(1.0)	4.3	(0.7)	0.9	(0.2)	0.0	c
秘鲁	51.4	(2.5)	25.8	(1.3)	14.5	(1.3)	5.8	(0.8)	1.8	(0.4)	0.4	(0.2)	0.0	c
卡塔尔	40.6	(0.9)	26.1	(1.0)	17.3	(0.7)	9.5	(0.5)	4.5	(0.4)	1.6	(0.2)	0.3	(0.1)
罗马尼亚	17.7	(1.5)	24.2	(1.3)	26.6	(1.6)	18.1	(1.6)	9.2	(1.1)	3.2	(0.6)	0.9	(0.4)
俄罗斯	7.0	(0.8)	15.2	(1.0)	24.2	(1.1)	24.0	(1.4)	17.5	(1.1)	8.7	(0.8)	3.4	(0.6)
塞尔维亚	20.4	(1.7)	22.6	(1.4)	23.6	(1.0)	18.6	(1.1)	9.9	(0.9)	3.7	(0.9)	1.1	(0.4)
中国上海	1.5	(0.2)	2.1	(0.4)	5.2	(0.7)	9.7	(0.8)	15.3	(0.9)	21.8	(1.0)	45.4	(1.6)
新加坡	2.4	(0.4)	5.5	(0.5)	11.0	(0.6)	17.7	(0.9)	20.6	(1.1)	19.9	(1.4)	22.8	(1.0)
中国台北	3.9	(0.5)	6.9	(0.6)	11.3	(1.0)	14.4	(1.0)	17.8	(1.1)	16.9	(1.1)	28.8	(2.2)
泰国	21.8	(1.5)	25.5	(1.6)	24.6	(1.4)	16.1	(1.4)	7.4	(0.9)	3.3	(0.6)	1.4	(0.4)
突尼斯	47.0	(2.0)	27.5	(1.5)	16.0	(1.2)	6.7	(0.9)	2.2	(0.7)	0.6	(0.4)	0.1	(0.1)
阿联酋	24.1	(1.6)	25.6	(1.1)	23.4	(0.9)	16.5	(0.9)	7.5	(0.9)	2.5	(0.4)	0.5	(0.2)
乌拉圭	30.9	(1.4)	26.4	(1.2)	22.6	(1.0)	13.2	(1.0)	5.7	(0.8)	1.1	(0.3)	0.2	(0.1)
越南	7.4	(1.1)	14.2	(1.2)	23.0	(1.5)	24.5	(1.1)	18.5	(1.3)	8.9	(1.0)	3.6	(0.8)

左侧分组标签:OECD;伙伴国家(地区)

1. 土耳其提供的注释:本文中塞浦路斯指岛的南部。岛上没有一个统一的当局代表土耳其和希腊塞浦路斯人,土耳其承认北塞浦路斯土耳其共和国(TRNC),土耳其将保留对塞浦路斯问题的看法,直到在联合国背景下作出持久和公平的决定。
2. 欧盟和OECD的欧盟成员国提供的注释:除土耳其外,联合国所有成员均承认塞浦路斯共和国,文中塞浦路斯指的是在塞浦路斯共和国有效控制下的区域。

附表 3.19 ■ 学生数学空间和图形分量表的平均分、变异和性别差异

		所有学生				性别差异						百分位数											
		平均分		标准差		男生		女生		差值(男生—女生)		第5		第10		第25		第75		第90		第95	
		均值	标准误	标准差	标准误	平均分	标准误	平均分	标准误	分差	标准误	分数	标准误	分数	标准误	分数	标准误	分数	标准误	分数	标准误	分数	标准误
OECD	澳大利亚	497	(1.8)	102	(1.4)	506	(2.5)	486	(2.3)	**20**	(3.2)	334	(2.9)	368	(2.4)	425	(2.0)	564	(2.5)	630	(3.4)	669	(4.1)
	奥地利	501	(3.1)	98	(2.2)	519	(4.5)	483	(3.4)	**37**	(5.4)	340	(4.6)	375	(4.1)	432	(3.7)	569	(3.8)	627	(5.2)	662	(7.1)
	比利时	509	(2.4)	108	(1.5)	518	(3.0)	500	(2.8)	**18**	(3.5)	330	(4.5)	368	(4.2)	434	(3.6)	585	(2.9)	649	(3.1)	684	(3.1)
	加拿大	510	(2.1)	95	(0.9)	515	(2.4)	505	(2.3)	**10**	(2.2)	355	(2.9)	388	(2.6)	444	(2.3)	576	(2.7)	636	(3.2)	670	(3.1)
	智利	419	(3.2)	86	(1.5)	435	(3.8)	404	(3.2)	**31**	(3.5)	288	(4.3)	313	(3.7)	358	(3.3)	475	(4.3)	533	(4.5)	569	(4.7)
	捷克	499	(3.4)	102	(1.9)	509	(4.2)	487	(3.7)	**22**	(4.4)	331	(7.1)	369	(4.8)	428	(4.7)	569	(4.0)	630	(4.2)	666	(4.8)
	丹麦	497	(2.5)	84	(1.2)	504	(3.0)	489	(2.5)	**15**	(2.3)	356	(4.8)	388	(3.9)	441	(3.2)	553	(2.6)	605	(3.3)	635	(3.7)
	爱沙尼亚	513	(2.5)	94	(1.1)	515	(3.0)	510	(3.0)	4	(3.1)	364	(4.2)	395	(3.8)	449	(3.4)	575	(2.7)	634	(3.2)	671	(4.8)
	芬兰	507	(2.1)	90	(1.3)	506	(2.7)	507	(2.3)	−1	(2.8)	361	(4.2)	393	(2.7)	446	(2.5)	567	(2.7)	624	(3.1)	658	(3.8)
	法国	489	(2.7)	99	(1.9)	497	(3.6)	481	(2.9)	**16**	(3.4)	326	(4.4)	360	(3.7)	418	(3.7)	558	(3.7)	619	(4.4)	652	(5.4)
	德国	507	(3.2)	98	(1.9)	515	(3.4)	499	(3.7)	**16**	(2.8)	346	(5.6)	379	(5.1)	440	(4.2)	575	(3.8)	633	(4.5)	667	(5.2)
	希腊	436	(2.6)	90	(1.4)	442	(3.3)	431	(2.8)	**11**	(3.3)	290	(5.6)	324	(3.4)	375	(3.0)	497	(3.3)	552	(3.9)	585	(4.3)
	匈牙利	474	(3.4)	96	(2.7)	482	(3.8)	465	(4.1)	**17**	(3.9)	325	(4.0)	354	(4.0)	406	(3.3)	536	(5.3)	604	(7.2)	643	(10.4)
	冰岛	489	(1.5)	88	(1.3)	485	(2.0)	493	(2.2)	**−8**	(3.0)	339	(3.7)	373	(3.1)	430	(2.6)	549	(2.4)	604	(2.4)	634	(3.3)
	爱尔兰	478	(2.6)	94	(1.4)	490	(3.7)	465	(3.0)	**25**	(4.3)	323	(4.9)	357	(4.2)	415	(3.4)	542	(2.8)	598	(2.8)	631	(3.9)
	以色列	449	(4.8)	105	(1.9)	456	(8.0)	443	(3.6)	13	(7.7)	278	(7.0)	314	(5.7)	376	(4.9)	522	(5.4)	586	(6.0)	622	(5.7)
	意大利	487	(2.5)	106	(1.4)	498	(2.8)	476	(2.7)	**23**	(2.6)	316	(2.8)	354	(2.8)	415	(2.5)	559	(3.6)	627	(3.9)	665	(4.2)
	日本	558	(3.7)	100	(2.4)	566	(4.6)	548	(4.0)	**18**	(4.7)	393	(6.2)	429	(4.9)	489	(4.2)	627	(4.8)	688	(5.2)	723	(6.3)
	韩国	573	(5.2)	112	(2.4)	583	(6.6)	562	(5.9)	**20**	(7.0)	388	(7.1)	428	(5.6)	495	(5.3)	653	(6.2)	716	(7.5)	753	(8.6)
	卢森堡	486	(1.0)	96	(1.1)	503	(1.4)	469	(1.5)	**34**	(2.1)	332	(3.1)	364	(2.6)	418	(2.2)	554	(2.1)	612	(3.0)	645	(3.2)
	墨西哥	413	(1.6)	82	(0.9)	423	(1.9)	402	(1.7)	**21**	(1.4)	280	(3.1)	309	(2.4)	358	(1.9)	466	(1.9)	519	(2.4)	550	(2.3)
	荷兰	507	(3.5)	94	(2.3)	515	(3.5)	499	(4.0)	**16**	(2.8)	350	(6.5)	385	(5.2)	442	(4.2)	573	(4.5)	628	(4.8)	660	(6.5)
	新西兰	491	(2.4)	100	(1.7)	504	(3.5)	477	(3.1)	**27**	(4.6)	334	(5.5)	366	(4.3)	421	(3.2)	558	(2.9)	624	(4.7)	663	(5.5)
	挪威	480	(3.3)	102	(1.4)	481	(3.4)	478	(4.1)	3	(3.3)	312	(6.3)	351	(4.6)	412	(3.2)	548	(3.9)	610	(4.2)	647	(5.1)
	波兰	524	(4.2)	101	(2.2)	528	(4.9)	520	(4.4)	**8**	(3.8)	370	(4.0)	398	(3.4)	450	(3.6)	593	(6.0)	660	(6.8)	697	(7.8)
	葡萄牙	491	(4.2)	109	(1.9)	498	(4.6)	483	(4.4)	**15**	(2.9)	318	(6.7)	351	(5.5)	414	(4.5)	568	(4.7)	633	(4.6)	669	(5.1)
	斯洛伐克	490	(4.1)	109	(2.7)	496	(4.7)	482	(4.7)	**15**	(4.8)	311	(8.5)	351	(6.3)	416	(4.5)	564	(5.5)	632	(6.3)	670	(6.9)
	斯洛文尼亚	503	(1.4)	99	(1.2)	506	(2.0)	500	(2.2)	**6**	(3.1)	345	(3.8)	379	(2.8)	433	(2.1)	572	(3.2)	636	(4.2)	671	(3.1)
	西班牙	477	(2.0)	94	(0.9)	486	(2.5)	468	(2.3)	**18**	(2.4)	324	(3.6)	357	(2.9)	412	(2.3)	542	(2.5)	599	(2.4)	631	(2.5)
	瑞典	469	(2.5)	94	(1.6)	470	(3.0)	467	(2.8)	3	(3.1)	313	(5.7)	348	(3.6)	405	(3.1)	533	(3.1)	590	(3.1)	623	(5.0)
	瑞士	544	(3.1)	101	(1.7)	554	(3.5)	535	(3.4)	**19**	(3.1)	375	(4.7)	413	(3.9)	475	(3.4)	614	(4.5)	675	(4.4)	711	(5.4)
	土耳其	443	(5.5)	109	(3.8)	449	(5.8)	437	(6.8)	12	(6.1)	280	(5.3)	312	(3.9)	365	(4.1)	512	(9.2)	597	(12.2)	641	(12.1)
	英国	475	(3.5)	99	(1.8)	482	(4.3)	469	(4.2)	**13**	(5.0)	313	(5.5)	347	(4.6)	407	(4.1)	542	(4.1)	605	(4.3)	641	(4.9)
	美国	463	(4.0)	97	(1.5)	467	(4.2)	460	(4.4)	**7**	(3.3)	314	(4.1)	343	(4.4)	396	(4.1)	527	(4.8)	592	(5.3)	631	(6.2)
	OECD 国家	482	(1.3)	107	(0.6)	489	(1.4)	474	(1.4)	**16**	(1.2)	315	(1.5)	347	(1.6)	406	(1.5)	554	(1.5)	624	(1.5)	666	(1.8)
	OECD 各国平均	490	(0.5)	98	(0.3)	497	(0.7)	482	(0.6)	**15**	(0.7)	331	(0.9)	365	(0.7)	422	(0.6)	556	(0.7)	618	(0.8)	653	(1.0)
伙伴国家（地区）	阿尔巴尼亚	418	(2.6)	106	(1.4)	413	(3.1)	423	(3.5)	**−10**	(4.0)	240	(6.0)	283	(4.1)	351	(3.6)	486	(3.8)	551	(4.4)	590	(6.1)
	阿根廷	385	(3.5)	78	(1.7)	393	(3.9)	378	(3.5)	**15**	(2.7)	259	(4.5)	287	(4.9)	334	(4.3)	436	(4.3)	485	(4.1)	514	(5.2)
	巴西	381	(2.0)	81	(1.8)	393	(2.1)	369	(2.3)	**24**	(1.7)	255	(3.2)	282	(2.5)	327	(2.0)	431	(2.3)	485	(4.5)	521	(6.4)
	保加利亚	442	(4.3)	95	(2.2)	442	(5.0)	442	(4.6)	0	(4.2)	291	(5.4)	321	(5.8)	376	(4.9)	506	(5.2)	569	(5.4)	604	(6.4)
	哥伦比亚	369	(3.5)	81	(1.9)	387	(3.6)	353	(4.0)	**34**	(3.2)	241	(6.4)	269	(4.9)	315	(3.7)	420	(3.8)	474	(4.5)	508	(5.1)
	哥斯达黎加	397	(3.2)	72	(2.2)	412	(3.8)	385	(3.2)	**28**	(2.5)	289	(4.7)	310	(3.8)	348	(3.2)	442	(4.1)	489	(6.1)	524	(8.5)
	克罗地亚	460	(3.9)	88	(3.4)	468	(4.7)	452	(4.1)	**15**	(3.9)	328	(3.6)	354	(3.1)	399	(3.1)	516	(4.9)	575	(8.1)	615	(13.4)
	塞浦路斯	436	(1.1)	92	(1.0)	439	(1.6)	433	(1.5)	**6**	(2.3)	289	(2.5)	320	(2.4)	373	(2.2)	498	(2.1)	555	(2.8)	592	(3.6)
	中国香港	567	(4.0)	107	(2.3)	576	(5.6)	555	(4.5)	**21**	(6.4)	382	(7.1)	422	(6.4)	495	(5.1)	642	(4.5)	701	(4.8)	734	(5.2)
	印度尼西亚	383	(4.2)	82	(2.8)	393	(4.6)	371	(4.7)	**22**	(4.0)	252	(5.7)	281	(4.9)	328	(4.6)	435	(4.9)	487	(7.6)	524	(11.1)
	约旦	385	(3.1)	81	(2.9)	377	(5.3)	393	(3.2)	**−15**	(6.3)	258	(4.5)	286	(4.0)	332	(3.1)	437	(3.7)	488	(4.8)	520	(7.6)
	哈萨克斯坦	450	(3.9)	85	(2.3)	454	(4.2)	446	(4.3)	**8**	(3.5)	317	(4.3)	344	(3.9)	391	(3.3)	506	(5.4)	562	(6.6)	595	(8.2)
	拉脱维亚	497	(3.3)	88	(1.5)	496	(3.8)	497	(3.6)	−1	(3.4)	356	(5.6)	386	(4.2)	437	(3.3)	556	(4.1)	611	(5.2)	645	(5.2)
	列支敦士登	539	(4.5)	99	(4.3)	550	(6.2)	527	(7.5)	**23**	(10.4)	373	(18.5)	406	(13.5)	475	(10.8)	611	(8.4)	667	(11.0)	695	(13.2)
	立陶宛	472	(3.1)	98	(1.7)	471	(3.3)	473	(3.5)	−2	(2.8)	313	(4.6)	347	(4.1)	404	(4.2)	539	(3.5)	600	(4.7)	637	(5.0)
	中国澳门	558	(1.4)	109	(1.0)	561	(2.0)	554	(1.6)	**7**	(2.4)	375	(3.4)	416	(2.4)	485	(2.5)	635	(2.1)	697	(2.6)	732	(3.6)
	马来西亚	434	(3.4)	86	(1.8)	435	(3.9)	433	(4.0)	2	(3.9)	300	(4.4)	327	(3.8)	373	(3.5)	492	(4.6)	550	(5.7)	583	(5.4)
	黑山	412	(1.1)	80	(1.1)	414	(1.5)	410	(1.7)	**5**	(2.3)	287	(3.3)	313	(2.7)	357	(1.8)	464	(1.9)	518	(2.5)	552	(3.0)
	秘鲁	370	(4.1)	93	(2.4)	385	(4.3)	356	(5.1)	**29**	(4.1)	221	(6.0)	256	(4.5)	309	(4.5)	429	(5.2)	489	(6.8)	528	(7.9)
	卡塔尔	380	(1.0)	101	(0.7)	373	(1.1)	388	(1.4)	**−15**	(1.7)	229	(2.3)	259	(1.7)	310	(1.5)	443	(1.4)	517	(2.3)	563	(2.7)
	罗马尼亚	447	(4.1)	91	(2.6)	452	(4.7)	443	(4.4)	**10**	(4.1)	306	(4.4)	335	(3.9)	383	(3.6)	505	(5.3)	567	(7.6)	607	(7.8)
	俄罗斯	496	(3.9)	95	(2.1)	498	(4.6)	494	(3.8)	4	(3.1)	344	(3.9)	376	(3.7)	430	(4.2)	560	(5.1)	622	(6.2)	657	(7.9)
	塞尔维亚	446	(3.9)	98	(2.5)	452	(4.5)	441	(4.2)	**11**	(3.9)	293	(5.4)	324	(5.0)	377	(4.3)	510	(4.6)	576	(6.8)	616	(9.0)
	中国上海	649	(3.6)	114	(2.5)	649	(4.4)	649	(3.7)	0	(3.8)	445	(8.2)	493	(7.1)	575	(5.6)	728	(3.1)	787	(4.3)	822	(5.3)
	新加坡	580	(1.5)	117	(1.1)	577	(2.3)	582	(1.9)	−5	(3.0)	380	(4.1)	423	(3.6)	500	(2.1)	664	(2.5)	727	(2.8)	764	(3.5)
	中国台北	592	(3.8)	136	(2.3)	596	(6.2)	589	(6.4)	7	(10.0)	362	(5.3)	407	(5.5)	494	(5.5)	693	(4.1)	764	(5.4)	803	(5.9)
	泰国	432	(4.1)	95	(2.5)	431	(4.0)	433	(4.8)	−2	(3.9)	287	(4.5)	316	(3.6)	367	(3.7)	490	(5.6)	558	(8.1)	603	(9.1)
	突尼斯	382	(3.9)	85	(3.0)	397	(4.3)	370	(4.1)	**27**	(2.9)	252	(5.0)	278	(3.9)	324	(3.4)	436	(4.4)	491	(7.4)	530	(10.2)
	阿联酋	425	(2.4)	97	(1.4)	424	(3.5)	425	(3.5)	−1	(5.0)	274	(3.7)	304	(3.1)	356	(2.7)	490	(3.1)	553	(4.0)	591	(3.9)
	乌拉圭	413	(3.1)	94	(2.1)	421	(3.6)	405	(3.4)	**17**	(3.4)	262	(5.8)	292	(4.4)	347	(3.4)	477	(3.8)	536	(5.2)	569	(6.2)
	越南	507	(5.1)	99	(2.8)	519	(5.9)	496	(5.0)	**23**	(3.2)	346	(7.6)	382	(6.3)	439	(5.3)	573	(6.6)	637	(7.4)	674	(8.4)

注：统计上有显著性的值用粗体表示。

1. 土耳其提供的注释：本文中塞浦路斯指岛的南部。岛上没有一个统一的当局代表土耳其和希腊塞浦路斯人，土耳其承认北塞浦路斯土耳其共和国（TRNC），土耳其将保留对塞浦路斯问题的看法，直到在联合国背景下作出持久和公平的决定。

2. 欧盟和 OECD 的欧盟成员国提供的注释：除土耳其外，联合国所有成员均承认塞浦路斯共和国，文中塞浦路斯指的是在塞浦路斯共和国有效控制下的区域。

附表 3.20 ■ 数学数量分量表数量各精熟度水平的学生比例

		低于水平 1 (低于 357.77 分)		水平 1 (从 357.77 至 420.07 分)		水平 2 (从 420.07 至 482.38 分)		水平 3 (从 482.38 至 544.68 分)		水平 4 (从 544.68 至 606.99 分)		水平 5 (从 606.99 至 669.30 分)		水平 6 (高于 669.30 分)	
		%	标准误	%	标准误	%	标准误	%	标准误	%	标准误	%	标准误	%	标准误
OECD	澳大利亚	8.4	(0.3)	13.8	(0.4)	21.2	(0.6)	22.8	(0.6)	18.3	(0.5)	10.5	(0.5)	4.9	(0.4)
	奥地利	5.0	(0.5)	12.4	(0.9)	20.9	(1.0)	24.6	(0.8)	22.3	(1.0)	11.3	(0.8)	3.5	(0.5)
	比利时	6.9	(0.5)	11.2	(0.7)	17.9	(0.7)	21.8	(0.7)	21.2	(0.6)	14.5	(0.6)	6.6	(0.4)
	加拿大	5.9	(0.3)	11.0	(0.4)	19.7	(0.7)	24.2	(0.6)	20.9	(0.6)	12.6	(0.5)	5.8	(0.4)
	智利	24.6	(1.4)	26.7	(0.9)	23.9	(0.9)	15.5	(0.8)	7.1	(0.6)	1.9	(0.3)	0.3	(0.1)
	捷克	7.7	(0.8)	12.4	(0.8)	20.6	(1.0)	23.5	(1.1)	19.8	(0.9)	11.0	(0.7)	4.9	(0.5)
	丹麦	5.5	(0.5)	12.9	(0.7)	22.9	(0.8)	26.1	(0.9)	20.0	(0.8)	9.7	(0.6)	2.9	(0.3)
	爱沙尼亚	2.7	(0.4)	8.5	(0.6)	19.8	(0.9)	27.8	(0.9)	24.0	(0.9)	12.4	(0.8)	4.7	(0.5)
	芬兰	2.9	(0.4)	8.1	(0.5)	19.3	(0.9)	27.7	(0.9)	24.3	(0.7)	12.7	(0.7)	5.0	(0.5)
	法国	9.4	(0.8)	14.1	(0.8)	20.7	(0.8)	22.3	(0.8)	18.9	(0.8)	10.7	(0.7)	4.0	(0.5)
	德国	6.1	(0.7)	11.6	(0.7)	17.7	(0.8)	23.4	(1.0)	22.1	(0.8)	13.5	(0.8)	5.6	(0.4)
	希腊	16.4	(1.0)	19.3	(1.2)	24.2	(1.1)	21.5	(0.8)	12.7	(0.8)	4.5	(0.4)	1.1	(0.2)
	匈牙利	11.7	(0.9)	18.1	(1.0)	23.5	(0.9)	21.6	(1.1)	15.3	(0.9)	7.5	(0.8)	2.4	(0.4)
	冰岛	9.3	(0.6)	13.3	(0.7)	20.8	(0.9)	24.1	(0.8)	18.5	(0.6)	10.2	(0.6)	3.9	(0.3)
	爱尔兰	5.9	(0.6)	12.0	(0.7)	21.8	(0.8)	26.0	(0.7)	20.6	(0.7)	10.4	(0.6)	3.3	(0.3)
	以色列	15.6	(1.2)	15.2	(0.9)	19.1	(1.0)	19.8	(0.8)	16.2	(0.7)	9.4	(0.5)	4.8	(0.6)
	意大利	9.6	(0.4)	14.6	(0.5)	21.7	(0.5)	23.6	(0.5)	18.0	(0.5)	9.2	(0.4)	3.3	(0.2)
	日本	4.9	(0.6)	10.3	(0.7)	19.5	(0.9)	25.2	(1.0)	22.3	(0.9)	12.7	(0.9)	5.1	(0.6)
	韩国	3.4	(0.5)	7.4	(0.8)	16.2	(1.0)	23.9	(1.1)	25.1	(1.0)	17.1	(0.9)	6.8	(0.9)
	卢森堡	9.2	(0.5)	14.5	(0.8)	20.8	(0.6)	22.8	(0.8)	19.3	(0.8)	9.8	(0.6)	3.6	(0.4)
	墨西哥	25.9	(0.7)	27.5	(0.5)	25.3	(0.4)	14.5	(0.5)	5.4	(0.3)	1.3	(0.1)	0.2	(0.0)
	荷兰	4.2	(0.7)	10.3	(0.8)	16.4	(1.0)	21.3	(1.3)	24.0	(1.1)	16.9	(1.1)	6.9	(0.7)
	新西兰	8.8	(0.6)	14.6	(0.8)	21.0	(0.8)	21.8	(0.7)	18.0	(0.6)	10.8	(0.6)	4.9	(0.5)
	挪威	7.8	(0.7)	14.2	(0.6)	23.3	(0.8)	25.6	(0.8)	18.0	(0.7)	8.1	(0.6)	3.0	(0.4)
	波兰	3.1	(0.4)	10.5	(0.8)	21.1	(1.0)	26.9	(1.3)	21.6	(1.0)	12.2	(0.9)	4.4	(0.7)
	葡萄牙	10.4	(0.9)	16.4	(0.9)	23.0	(0.8)	23.5	(0.9)	17.2	(1.0)	7.5	(0.7)	2.0	(0.4)
	斯洛伐克	11.4	(1.1)	15.5	(1.1)	21.6	(1.0)	21.6	(1.0)	17.0	(0.9)	9.0	(0.6)	3.9	(0.4)
	斯洛文尼亚	6.0	(0.4)	13.3	(0.7)	22.7	(0.6)	24.1	(0.6)	19.2	(0.6)	10.7	(0.4)	4.1	(0.4)
	西班牙	9.7	(0.6)	14.3	(0.6)	21.4	(0.6)	23.7	(0.6)	18.5	(0.7)	9.2	(0.4)	3.2	(0.2)
	瑞典	10.2	(0.7)	15.9	(0.8)	23.5	(0.8)	23.9	(0.9)	16.6	(0.8)	7.5	(0.8)	2.4	(0.3)
	瑞士	4.0	(0.4)	8.9	(0.5)	17.3	(0.9)	23.7	(0.8)	23.9	(0.9)	15.0	(0.9)	7.1	(0.7)
	土耳其	19.6	(1.3)	24.8	(1.2)	23.3	(1.1)	16.4	(1.1)	10.1	(1.1)	4.8	(0.6)	1.0	(0.3)
	英国	9.4	(0.7)	14.3	(1.0)	21.2	(0.8)	23.0	(0.9)	18.4	(0.9)	9.8	(0.6)	3.8	(0.4)
	美国	10.9	(1.0)	18.3	(1.1)	24.0	(0.8)	21.5	(1.0)	14.7	(0.9)	7.6	(0.7)	3.0	(0.4)
	OECD 国家	11.2	(0.3)	16.5	(0.4)	21.9	(0.2)	21.6	(0.3)	16.5	(0.3)	9.0	(0.2)	3.4	(0.1)
	OECD 各国平均	9.2	(0.1)	14.3	(0.1)	21.1	(0.1)	22.9	(0.2)	18.5	(0.1)	10.1	(0.1)	3.9	(0.1)
伙伴国家（地区）	阿尔巴尼亚	36.4	(1.2)	26.2	(1.0)	21.2	(0.9)	11.4	(0.7)	3.9	(0.4)	0.8	(0.2)	0.1	(0.1)
	阿根廷	34.0	(2.0)	29.4	(1.4)	22.9	(1.2)	10.5	(1.0)	2.6	(0.4)	0.5	(0.2)	0.0	(0.0)
	巴西	36.5	(1.1)	27.0	(0.8)	20.2	(0.6)	10.5	(0.5)	4.3	(0.4)	1.3	(0.3)	0.2	(0.1)
	保加利亚	20.2	(1.4)	21.7	(1.0)	23.4	(1.0)	18.2	(0.9)	10.9	(0.8)	4.3	(0.6)	1.2	(0.3)
	哥伦比亚	43.1	(1.4)	27.2	(1.0)	18.0	(0.8)	8.3	(0.6)	2.7	(0.4)	0.6	(0.1)	0.1	(0.1)
	哥斯达黎加	27.2	(1.6)	30.8	(1.1)	25.8	(1.1)	11.3	(0.8)	3.9	(0.6)	0.9	(0.2)	0.1	(0.0)
	克罗地亚	9.1	(0.7)	18.0	(0.8)	24.9	(1.3)	23.4	(1.3)	15.3	(0.8)	7.0	(0.6)	2.3	(0.6)
	塞浦路斯	21.6	(0.5)	21.2	(0.7)	23.8	(0.7)	18.5	(0.6)	10.3	(0.5)	3.7	(0.3)	0.9	(0.2)
	中国香港	3.3	(0.4)	5.3	(0.5)	11.4	(0.7)	18.6	(0.7)	24.6	(0.9)	22.1	(1.0)	14.6	(0.9)
	印度尼西亚	50.0	(2.1)	27.1	(1.6)	14.8	(1.2)	5.8	(0.9)	2.0	(0.6)	0.4	(0.2)	c	
	约旦	47.2	(1.6)	26.0	(1.0)	16.7	(1.0)	7.4	(0.6)	2.1	(0.4)	0.6	(0.2)	0.1	(0.1)
	哈萨克斯坦	18.5	(1.0)	29.5	(1.2)	28.1	(1.1)	16.1	(1.1)	6.2	(0.8)	1.4	(0.4)	0.2	(0.1)
	拉脱维亚	5.9	(0.6)	15.4	(1.0)	26.5	(1.3)	26.6	(1.0)	17.8	(1.0)	6.5	(0.7)	1.2	(0.3)
	列支敦士登	4.6	(1.2)	8.2	(1.7)	16.6	(2.5)	19.1	(2.8)	23.1	(2.6)	19.9	(2.1)	8.4	(1.5)
	立陶宛	9.1	(0.7)	16.1	(1.0)	25.1	(1.2)	24.6	(0.9)	16.0	(0.8)	7.4	(0.5)	2.2	(0.3)
	中国澳门	3.4	(0.2)	8.4	(0.4)	17.7	(0.2)	24.6	(0.4)	25.0	(0.8)	15.0	(0.8)	5.8	(0.4)
	马来西亚	30.4	(1.4)	26.0	(1.0)	21.9	(0.9)	13.1	(0.9)	6.4	(0.7)	1.9	(0.4)	0.3	(0.4)
	黑山	28.5	(0.7)	27.5	(0.8)	23.8	(1.0)	13.7	(0.8)	4.9	(0.5)	1.3	(0.3)	0.1	(0.1)
	秘鲁	47.6	(1.7)	24.8	(0.9)	15.9	(0.9)	7.5	(0.8)	2.9	(0.6)	0.9	(0.3)	0.1	(0.1)
	卡塔尔	48.5	(0.4)	24.3	(0.6)	15.0	(0.3)	6.4	(0.2)	4.4	(0.2)	1.6	(0.1)	0.3	(0.1)
	罗马尼亚	18.5	(1.4)	24.1	(1.1)	24.8	(0.9)	18.3	(1.0)	9.5	(0.9)	3.7	(0.6)	1.1	(0.4)
	俄罗斯	9.6	(0.7)	16.7	(1.0)	25.9	(1.2)	24.4	(0.9)	15.0	(0.9)	6.6	(0.6)	1.9	(0.4)
	塞尔维亚	15.4	(1.3)	21.2	(0.8)	25.2	(1.1)	19.9	(1.1)	11.8	(0.7)	4.8	(0.5)	1.6	(0.4)
	中国上海	1.3	(0.3)	3.7	(0.3)	8.8	(0.6)	16.3	(0.8)	23.7	(0.9)	25.3	(1.1)	20.9	(1.0)
	新加坡	2.5	(0.2)	6.3	(0.4)	11.9	(0.6)	19.8	(0.8)	24.3	(0.6)	20.5	(0.7)	16.9	(0.4)
	中国台北	5.1	(0.6)	9.2	(0.6)	14.0	(0.6)	19.3	(0.7)	22.1	(0.6)	18.7	(1.0)	11.6	(0.7)
	泰国	24.6	(1.3)	28.5	(1.1)	24.9	(1.0)	13.8	(0.9)	5.8	(0.7)	2.0	(0.5)	0.4	(0.2)
	突尼斯	42.4	(2.1)	26.4	(1.1)	19.0	(1.2)	8.4	(0.7)	2.8	(0.7)	0.7	(0.3)	0.2	(0.1)
	阿联酋	24.3	(1.0)	22.9	(0.8)	22.3	(0.7)	16.4	(0.6)	9.4	(0.7)	3.6	(0.3)	1.0	(0.2)
	乌拉圭	29.9	(1.3)	24.0	(1.0)	21.3	(0.9)	12.6	(0.8)	6.8	(0.6)	4.2	(0.3)	1.2	(0.3)
	越南	5.4	(1.0)	11.2	(1.1)	22.4	(1.4)	26.1	(1.4)	20.3	(1.2)	10.5	(1.0)	4.2	(0.8)

1. 土耳其提供的注释：本文中塞浦路斯指岛的南部。岛上没有一个统一的当局代表土耳其和希腊塞浦路斯人，土耳其承认北塞浦路斯土耳其共和国（TRNC），土耳其将保留对塞浦路斯问题的看法，直到在联合国背景下作出持久和公平的决定。

2. 欧盟和 OECD 的欧盟成员国提供的注释：除土耳其外，联合国所有成员均承认塞浦路斯共和国，文中塞浦路斯指的是在塞浦路斯共和国有效控制下的区域。

附表 3.21 ■ 按性别区分的数学数量分量表各精熟度水平的学生比例

		低于水平 1 (低于 357.77 分)		水平 1 (从 357.77 至 420.07 分)		水平 2 (从 420.07 至 482.38 分)		水平 3 (从 482.38 至 544.68 分)		水平 4 (从 544.68 至 606.99 分)		水平 5 (从 606.99 至 669.30 分)		水平 6 (高于 669.30 分)	
		%	标准误	%	标准误	%	标准误	%	标准误	%	标准误	%	标准误	%	标准误
OECD	澳大利亚	8.3	(0.5)	12.8	(0.6)	20.5	(0.6)	22.3	(0.7)	19.0	(0.8)	11.2	(0.7)	5.9	(0.6)
	奥地利	4.3	(0.7)	11.6	(1.1)	19.3	(1.4)	23.9	(1.2)	23.5	(1.3)	12.9	(1.1)	4.6	(0.7)
	比利时	6.6	(0.7)	10.6	(0.8)	16.9	(0.7)	21.4	(1.0)	21.3	(0.8)	15.3	(0.8)	7.8	(0.6)
	加拿大	6.0	(0.5)	10.4	(0.7)	18.7	(0.8)	23.6	(0.8)	20.6	(0.8)	13.8	(0.7)	6.9	(0.6)
	智利	21.0	(1.7)	25.2	(1.2)	24.4	(1.1)	17.9	(1.2)	8.7	(0.8)	2.4	(0.4)	0.4	(0.1)
	捷克	7.5	(0.9)	11.2	(1.1)	19.5	(1.6)	24.1	(1.5)	20.6	(1.3)	11.7	(0.9)	5.3	(0.7)
	丹麦	5.0	(0.7)	11.6	(1.0)	21.0	(1.4)	26.2	(1.5)	21.2	(1.2)	11.5	(0.9)	3.5	(0.5)
	爱沙尼亚	2.7	(0.5)	8.4	(0.9)	19.0	(1.1)	26.9	(1.3)	24.2	(1.6)	13.0	(1.2)	5.7	(0.6)
	芬兰	3.4	(0.5)	9.2	(0.7)	19.2	(1.1)	26.4	(0.9)	23.3	(1.1)	12.7	(0.9)	5.8	(0.6)
	法国	9.7	(1.1)	13.7	(1.0)	19.5	(1.0)	20.9	(1.1)	19.2	(1.1)	12.0	(1.1)	5.0	(0.7)
	德国	5.8	(0.8)	10.5	(0.9)	16.6	(1.0)	22.8	(1.2)	22.5	(1.1)	14.9	(1.0)	6.9	(0.8)
	希腊	17.0	(1.3)	17.0	(1.3)	22.9	(1.3)	21.7	(1.2)	14.4	(1.1)	5.5	(0.6)	1.5	(0.3)
	匈牙利	11.5	(1.2)	17.5	(1.3)	23.0	(1.6)	20.7	(1.5)	15.7	(1.1)	8.5	(0.9)	3.1	(0.7)
	冰岛	11.2	(0.9)	13.1	(0.9)	19.7	(1.2)	23.2	(1.1)	18.1	(1.3)	10.1	(0.9)	4.6	(0.6)
	爱尔兰	5.6	(0.8)	10.7	(1.1)	20.0	(1.2)	26.1	(1.2)	22.0	(1.1)	11.5	(0.9)	4.1	(0.5)
	以色列	17.2	(1.9)	14.3	(1.3)	16.1	(1.2)	17.6	(1.1)	16.3	(1.2)	11.5	(1.3)	7.1	(1.1)
	意大利	9.1	(0.5)	13.8	(0.6)	19.9	(0.7)	22.8	(0.7)	19.1	(0.6)	10.9	(0.5)	4.4	(0.3)
	日本	5.0	(0.8)	9.3	(0.9)	17.2	(0.9)	23.8	(1.2)	23.1	(1.1)	14.5	(1.1)	7.1	(0.9)
	韩国	3.8	(0.7)	7.1	(1.0)	14.7	(1.1)	22.3	(1.3)	24.9	(1.0)	18.7	(1.3)	8.4	(1.2)
	卢森堡	7.8	(0.6)	12.9	(0.8)	18.9	(0.9)	23.4	(1.0)	20.7	(1.1)	11.3	(1.0)	5.0	(0.6)
	墨西哥	23.7	(0.7)	26.1	(0.6)	25.4	(0.7)	16.2	(0.8)	6.7	(0.4)	1.7	(0.2)	0.3	(0.1)
	荷兰	3.7	(0.7)	9.3	(0.9)	16.7	(1.1)	20.9	(1.4)	23.4	(1.2)	17.8	(1.3)	8.2	(0.9)
	新西兰	9.3	(0.9)	12.8	(0.6)	19.5	(1.3)	21.2	(1.2)	18.8	(1.1)	12.5	(1.1)	5.9	(0.9)
	挪威	8.3	(0.8)	13.8	(1.0)	22.6	(1.2)	24.8	(1.2)	18.7	(1.0)	8.4	(0.8)	3.3	(0.5)
	波兰	3.8	(0.6)	10.5	(0.9)	20.0	(1.3)	25.9	(1.3)	21.5	(1.3)	12.8	(1.2)	5.4	(0.9)
	葡萄牙	10.7	(1.1)	14.5	(1.0)	21.9	(1.0)	23.4	(1.1)	17.8	(1.2)	8.8	(1.0)	2.8	(0.6)
	斯洛伐克	10.8	(1.2)	15.5	(1.3)	21.5	(1.2)	20.5	(1.2)	16.3	(1.3)	10.3	(0.9)	5.1	(0.8)
	斯洛文尼亚	5.5	(0.8)	13.3	(1.2)	22.0	(1.1)	23.8	(1.2)	19.5	(1.2)	11.2	(0.9)	4.8	(0.6)
	西班牙	9.0	(0.7)	13.1	(0.7)	19.8	(0.8)	22.7	(0.8)	19.7	(0.8)	11.2	(0.5)	4.5	(0.4)
	瑞典	12.2	(1.0)	15.5	(1.1)	23.1	(1.1)	23.2	(1.2)	15.6	(1.1)	7.8	(0.9)	2.6	(0.5)
	瑞士	4.1	(0.5)	8.6	(1.0)	15.1	(1.1)	22.4	(0.9)	24.4	(1.1)	15.9	(1.0)	8.4	(0.9)
	土耳其	17.8	(1.6)	23.8	(1.4)	23.9	(1.5)	16.8	(1.1)	10.4	(1.1)	5.8	(1.0)	1.5	(0.5)
	英国	8.5	(1.0)	13.3	(1.2)	20.4	(1.1)	22.9	(1.4)	19.6	(1.3)	11.0	(1.0)	4.3	(0.6)
	美国	11.5	(1.3)	17.7	(1.2)	22.1	(1.0)	21.4	(1.1)	15.4	(1.2)	8.3	(0.9)	3.5	(0.6)
	OECD 国家	10.8	(0.4)	15.6	(0.4)	20.6	(0.3)	21.3	(0.3)	17.2	(0.4)	10.1	(0.3)	4.3	(0.2)
	OECD 各国平均	9.0	(0.2)	13.5	(0.2)	20.1	(0.2)	22.5	(0.2)	19.0	(0.2)	11.1	(0.2)	4.8	(0.1)
伙伴国家(地区)	阿尔巴尼亚	35.9	(1.6)	25.4	(1.5)	21.2	(1.6)	12.0	(1.1)	4.3	(0.5)	1.0	(0.3)	0.1	(0.1)
	阿根廷	31.3	(2.2)	29.3	(1.6)	23.7	(1.5)	11.6	(1.0)	3.6	(0.5)	0.8	(0.3)	0.0	(0.0)
	巴西	32.7	(1.3)	27.1	(1.1)	20.8	(0.8)	12.0	(0.7)	5.4	(0.5)	1.7	(0.4)	0.3	(0.1)
	保加利亚	21.2	(1.8)	21.6	(1.3)	21.8	(1.2)	17.7	(1.2)	11.4	(1.0)	4.8	(0.7)	1.4	(0.4)
	哥伦比亚	36.6	(1.7)	26.8	(1.3)	20.6	(0.9)	10.6	(0.9)	4.2	(0.7)	1.0	(0.3)	0.1	(0.1)
	哥斯达黎加	21.4	(1.8)	28.2	(1.6)	28.6	(1.5)	14.7	(1.4)	5.4	(0.9)	1.4	(0.5)	0.3	(0.1)
	克罗地亚	8.6	(1.0)	17.2	(1.2)	23.2	(1.1)	23.0	(1.7)	16.4	(1.4)	8.4	(1.1)	3.2	(0.7)
	塞浦路斯	23.7	(0.8)	19.7	(0.8)	21.1	(1.1)	18.2	(1.1)	10.9	(0.7)	5.1	(0.5)	1.4	(0.3)
	中国香港	3.5	(0.5)	5.2	(0.7)	11.3	(0.9)	17.5	(0.9)	23.1	(1.1)	22.7	(1.2)	16.7	(1.2)
	印度尼西亚	49.7	(2.4)	26.0	(1.7)	15.6	(1.4)	6.1	(1.0)	2.1	(0.7)	0.4	(0.3)	0.0	c
	约旦	50.2	(2.6)	24.3	(1.2)	15.2	(1.5)	7.3	(0.9)	2.2	(0.6)	0.7	(0.4)	0.2	(0.2)
	哈萨克斯坦	18.7	(1.3)	28.5	(1.5)	27.9	(1.3)	16.8	(1.3)	6.4	(0.9)	1.5	(0.9)	0.3	(0.1)
	拉脱维亚	6.4	(0.9)	16.1	(1.5)	26.0	(2.1)	25.2	(1.7)	17.5	(1.2)	7.4	(0.9)	1.4	(0.4)
	列支敦士登	2.8	(1.8)	7.6	(2.4)	17.1	(3.8)	19.5	(3.9)	20.6	(3.7)	20.8	(3.6)	11.5	(2.4)
	立陶宛	9.6	(0.8)	16.3	(1.2)	23.8	(1.6)	23.7	(1.2)	15.7	(1.1)	8.1	(0.8)	2.8	(0.4)
	中国澳门	3.7	(0.4)	8.4	(0.6)	17.1	(0.7)	23.6	(0.8)	24.4	(1.1)	16.2	(1.0)	6.6	(0.6)
	马来西亚	32.6	(1.7)	25.0	(1.3)	21.3	(1.3)	12.6	(1.1)	6.1	(0.9)	1.9	(0.5)	0.4	(0.1)
	黑山	29.5	(1.0)	26.1	(1.4)	23.2	(1.1)	14.2	(1.1)	5.3	(0.8)	1.5	(0.4)	0.3	(0.1)
	秘鲁	43.6	(1.7)	25.3	(1.0)	16.4	(0.8)	8.8	(0.9)	3.5	(0.7)	1.1	(0.3)	0.3	(0.1)
	卡塔尔	52.5	(0.6)	18.8	(0.6)	13.4	(0.6)	8.4	(0.4)	4.9	(0.4)	1.8	(0.2)	0.3	(0.1)
	罗马尼亚	18.7	(1.6)	24.1	(1.2)	24.3	(1.2)	17.8	(1.4)	9.6	(1.0)	4.0	(0.7)	1.5	(0.4)
	俄罗斯	10.3	(0.8)	16.0	(1.5)	25.3	(1.6)	24.2	(1.4)	15.5	(1.2)	6.7	(0.8)	1.9	(0.4)
	塞尔维亚	14.6	(1.4)	20.7	(1.1)	25.6	(1.3)	19.5	(1.3)	12.2	(1.1)	5.3	(0.8)	2.0	(0.5)
	中国上海	1.3	(0.3)	3.8	(0.5)	8.3	(0.7)	17.8	(1.0)	22.1	(1.3)	25.6	(1.3)	23.1	(1.4)
	新加坡	3.1	(0.4)	7.4	(0.5)	12.2	(0.7)	17.8	(0.8)	22.0	(0.8)	20.2	(0.9)	17.4	(0.6)
	中国台北	5.8	(0.8)	9.3	(0.8)	12.7	(0.9)	17.4	(1.0)	21.6	(1.1)	19.8	(1.4)	13.5	(1.4)
	泰国	28.5	(1.7)	29.2	(1.3)	22.8	(1.2)	12.2	(1.2)	5.1	(0.8)	2.0	(0.4)	0.3	(0.1)
	突尼斯	38.8	(2.5)	26.4	(1.7)	20.7	(1.8)	9.5	(1.0)	3.4	(0.7)	0.8	(0.4)	0.4	(0.2)
	阿联酋	27.3	(1.3)	21.7	(1.0)	20.6	(1.1)	15.2	(0.9)	9.6	(1.0)	4.0	(0.6)	1.4	(0.3)
	乌拉圭	28.9	(1.5)	22.7	(1.2)	21.9	(1.1)	15.5	(1.4)	8.0	(0.8)	2.5	(0.5)	0.4	(0.2)
	越南	5.5	(1.2)	11.0	(1.4)	21.9	(1.5)	25.0	(1.5)	20.1	(1.5)	11.2	(1.3)	5.3	(1.0)

附表 3.21 ■ 按性别区分的数学数量分量表各精熟度水平的学生比例(续表 1)

		低于水平 1 (低于 357.77 分)		水平 1 (从 357.77 至 420.07 分)		水平 2 (从 420.07 至 482.38 分)		水平 3 (从 482.38 至 544.68 分)		水平 4 (从 544.68 至 606.99 分)		水平 5 (从 606.99 至 669.30 分)		水平 6 (高于 669.30 分)	
		%	标准误	%	标准误	%	标准误	%	标准误	%	标准误	%	标准误	%	标准误
OECD	澳大利亚	8.6	(0.5)	14.9	(0.7)	22.0	(1.0)	23.4	(1.1)	17.5	(0.8)	9.8	(0.6)	3.9	(0.5)
	奥地利	5.6	(0.7)	13.3	(1.3)	22.5	(1.4)	25.3	(1.3)	21.1	(1.2)	9.8	(1.1)	2.4	(0.6)
	比利时	7.1	(0.6)	11.7	(0.8)	18.9	(1.1)	22.1	(0.8)	21.1	(0.9)	13.7	(0.9)	5.4	(0.5)
	加拿大	5.9	(0.5)	11.5	(0.6)	20.6	(1.0)	24.8	(0.7)	21.1	(0.7)	11.4	(0.6)	4.7	(0.4)
	智利	27.9	(1.7)	28.1	(1.4)	23.5	(1.2)	13.2	(1.0)	5.7	(0.7)	1.4	(0.3)	0.1	(0.1)
	捷克	7.9	(1.0)	13.7	(1.2)	21.9	(1.2)	22.9	(1.3)	19.0	(1.3)	10.3	(0.9)	4.4	(0.6)
	丹麦	6.1	(0.5)	14.2	(0.8)	24.9	(1.2)	25.9	(1.2)	18.8	(1.1)	7.9	(0.8)	2.3	(0.4)
	爱沙尼亚	2.7	(0.5)	8.7	(0.9)	20.6	(1.0)	28.7	(1.5)	23.8	(1.1)	11.8	(0.9)	3.7	(0.7)
	芬兰	2.3	(0.3)	7.0	(0.5)	19.3	(1.1)	29.0	(1.2)	25.4	(1.2)	12.8	(0.8)	4.2	(0.6)
	法国	9.1	(0.9)	14.4	(0.9)	21.9	(1.2)	23.6	(1.0)	18.6	(1.0)	9.4	(0.9)	3.0	(0.4)
	德国	6.4	(0.9)	12.8	(0.8)	18.8	(1.0)	24.0	(1.4)	21.8	(1.3)	12.0	(1.0)	4.2	(0.7)
	希腊	15.9	(1.1)	21.6	(1.5)	25.9	(1.3)	21.3	(1.0)	11.1	(0.9)	3.5	(0.5)	0.7	(0.3)
	匈牙利	11.8	(1.1)	18.6	(1.2)	24.0	(1.2)	22.5	(1.3)	14.8	(1.1)	6.6	(0.9)	1.7	(0.4)
	冰岛	7.3	(0.9)	13.5	(1.0)	21.8	(1.1)	25.0	(1.3)	19.0	(1.1)	10.2	(0.9)	3.2	(0.5)
	爱尔兰	6.2	(0.7)	13.3	(0.9)	23.6	(1.2)	25.9	(1.1)	19.1	(1.0)	9.4	(0.8)	2.5	(0.5)
	以色列	14.1	(1.2)	16.0	(0.9)	22.0	(1.3)	22.0	(1.1)	16.0	(1.0)	7.3	(0.7)	2.5	(0.4)
	意大利	10.1	(0.6)	15.4	(0.4)	23.7	(0.6)	24.5	(0.6)	16.8	(0.4)	7.4	(0.4)	2.0	(0.2)
	日本	4.9	(0.7)	11.4	(0.9)	22.1	(1.2)	26.7	(1.5)	21.4	(1.3)	10.6	(1.0)	2.9	(0.6)
	韩国	3.0	(0.6)	7.7	(1.3)	17.9	(1.5)	25.8	(1.6)	25.4	(1.5)	15.4	(1.4)	4.9	(1.0)
	卢森堡	10.6	(0.7)	16.2	(1.1)	22.8	(0.9)	22.2	(1.1)	17.8	(1.1)	8.2	(0.6)	2.2	(0.4)
	墨西哥	28.0	(0.9)	28.9	(0.8)	25.2	(0.7)	12.8	(0.9)	4.1	(0.3)	0.8	(0.1)	0.1	(0.0)
	荷兰	4.6	(1.0)	11.4	(1.2)	16.1	(1.3)	21.6	(1.4)	24.6	(1.5)	16.1	(1.3)	5.6	(0.9)
	新西兰	8.3	(0.8)	16.4	(1.1)	22.6	(1.6)	22.8	(1.4)	17.2	(1.4)	9.1	(0.9)	3.6	(0.6)
	挪威	7.3	(1.0)	14.5	(1.2)	24.1	(1.1)	26.3	(1.0)	17.3	(0.9)	7.8	(0.8)	2.7	(0.5)
	波兰	2.5	(0.4)	10.5	(1.0)	22.2	(1.3)	27.8	(1.8)	21.7	(1.2)	11.7	(1.0)	3.5	(0.5)
	葡萄牙	10.1	(1.1)	18.4	(1.4)	24.1	(1.3)	23.5	(1.4)	16.5	(1.1)	6.2	(0.7)	1.2	(0.3)
	斯洛伐克	12.0	(1.3)	15.4	(1.4)	21.8	(1.3)	22.8	(1.5)	17.8	(1.1)	7.6	(0.7)	2.6	(0.4)
	斯洛文尼亚	6.5	(0.6)	13.3	(1.1)	23.4	(1.1)	24.4	(1.3)	18.9	(1.1)	10.3	(0.9)	3.3	(0.5)
	西班牙	10.4	(0.8)	15.7	(0.8)	23.0	(0.7)	24.8	(0.7)	17.3	(0.9)	7.1	(0.4)	1.8	(0.2)
	瑞典	8.3	(0.8)	16.2	(1.0)	24.0	(1.0)	24.7	(1.4)	17.6	(1.1)	7.2	(0.4)	2.1	(0.4)
	瑞士	3.9	(0.4)	9.9	(0.8)	18.5	(1.0)	25.1	(1.0)	23.3	(1.2)	14.1	(1.0)	5.8	(0.7)
	土耳其	21.5	(1.7)	25.8	(1.6)	22.6	(1.3)	16.1	(1.5)	9.8	(1.3)	3.8	(0.8)	0.4	(0.2)
	英国	10.3	(1.1)	15.3	(1.1)	21.9	(1.0)	23.2	(1.3)	17.2	(1.4)	8.6	(0.8)	3.5	(0.5)
	美国	10.3	(1.0)	19.0	(1.3)	25.9	(1.2)	21.6	(1.3)	13.9	(1.2)	6.9	(0.6)	2.4	(0.4)
	OECD 国家	11.5	(0.3)	17.4	(0.4)	23.1	(0.4)	21.8	(0.4)	15.8	(0.4)	7.8	(0.2)	2.5	(0.1)
	OECD 各国平均	9.3	(0.2)	15.1	(0.2)	22.2	(0.2)	23.4	(0.2)	18.0	(0.2)	9.0	(0.1)	2.9	(0.1)
伙伴国家(地区)	阿尔巴尼亚	36.8	(1.6)	27.0	(1.1)	21.2	(1.1)	10.7	(0.8)	3.5	(0.6)	0.6	(0.2)	0.1	(0.1)
	阿根廷	36.5	(2.2)	29.6	(1.6)	22.1	(1.5)	9.6	(1.2)	2.0	(0.4)	0.2	(0.1)	0.0	c
	巴西	39.9	(1.4)	27.0	(1.1)	19.6	(0.8)	9.2	(0.6)	3.3	(0.4)	0.9	(0.2)	0.1	(0.1)
	保加利亚	19.1	(1.5)	21.8	(1.2)	25.1	(1.3)	18.8	(1.1)	10.3	(1.0)	3.9	(0.8)	0.9	(0.3)
	哥伦比亚	48.9	(1.7)	27.5	(1.2)	15.6	(1.2)	6.3	(0.7)	1.3	(0.3)	0.3	(0.2)	0.1	(0.1)
	哥斯达黎加	32.3	(1.9)	33.1	(1.4)	23.4	(1.4)	8.2	(1.0)	2.5	(0.6)	0.5	(0.2)	0.1	c
	克罗地亚	9.6	(1.1)	18.8	(1.4)	26.7	(1.7)	24.0	(1.5)	14.1	(1.1)	5.6	(0.9)	1.3	(0.5)
	塞浦路斯	19.4	(0.9)	22.7	(1.1)	26.6	(1.3)	18.7	(1.2)	9.7	(0.9)	2.3	(0.4)	0.5	(0.2)
	中国香港	3.0	(0.6)	5.4	(0.7)	11.6	(1.0)	19.9	(1.5)	26.4	(1.5)	21.5	(1.6)	12.2	(1.2)
	印度尼西亚	50.2	(2.5)	28.2	(1.8)	14.0	(1.4)	5.4	(1.0)	1.8	(0.9)	0.4	(0.2)	0.0	c
	约旦	44.3	(1.9)	27.6	(1.2)	18.1	(1.1)	7.5	(0.9)	2.0	(0.5)	0.4	(0.2)	0.0	c
	哈萨克斯坦	18.3	(1.2)	30.4	(1.4)	28.3	(1.3)	15.5	(1.2)	6.0	(1.0)	1.3	(0.5)	0.2	(0.1)
	拉脱维亚	5.4	(0.7)	14.8	(1.1)	27.0	(1.8)	28.0	(1.6)	18.2	(1.3)	5.7	(0.8)	0.9	(0.3)
	列支敦士登	6.7	(2.3)	9.0	(2.3)	16.1	(3.2)	18.6	(3.9)	26.0	(4.7)	18.9	(4.1)	4.8	(2.2)
	立陶宛	8.5	(0.8)	15.9	(1.2)	26.4	(1.4)	24.5	(1.6)	16.4	(1.3)	6.6	(0.7)	1.7	(0.4)
	中国澳门	3.1	(0.3)	8.4	(0.5)	18.3	(1.0)	25.7	(0.9)	25.7	(1.2)	13.8	(1.0)	4.9	(0.5)
	马来西亚	28.2	(1.6)	26.9	(1.3)	22.5	(1.1)	13.5	(1.1)	6.6	(0.9)	1.9	(0.5)	0.2	(0.0)
	黑山	27.5	(1.1)	29.0	(1.5)	24.5	(1.6)	13.2	(1.0)	4.6	(0.6)	1.1	(0.3)	0.0	c
	秘鲁	51.8	(2.3)	24.4	(1.1)	14.5	(1.2)	6.3	(1.0)	2.3	(0.7)	0.6	(0.2)	0.1	(0.1)
	卡塔尔	44.2	(0.6)	26.1	(0.5)	16.2	(0.5)	9.2	(0.4)	4.0	(0.3)	1.5	(0.2)	0.8	(0.2)
	罗马尼亚	18.3	(1.6)	24.1	(1.5)	25.2	(1.3)	18.7	(1.3)	9.5	(1.2)	3.5	(0.7)	0.7	(0.3)
	俄罗斯	8.9	(0.8)	17.4	(1.0)	26.4	(1.2)	24.5	(1.1)	14.5	(1.0)	6.4	(0.9)	1.9	(0.4)
	塞尔维亚	16.3	(1.5)	21.6	(1.5)	24.9	(1.4)	20.3	(1.6)	11.4	(1.0)	4.4	(0.5)	1.2	(0.5)
	中国上海	1.3	(0.3)	3.7	(0.6)	9.3	(0.8)	16.7	(1.2)	25.2	(1.4)	25.0	(1.2)	18.8	(1.3)
	新加坡	1.8	(0.4)	5.1	(0.6)	11.7	(1.1)	19.4	(1.2)	24.7	(0.8)	20.9	(1.0)	16.5	(0.7)
	中国台北	4.3	(0.6)	9.1	(0.8)	15.3	(1.0)	21.2	(1.2)	22.5	(1.1)	17.7	(1.3)	9.8	(1.4)
	泰国	21.5	(1.6)	27.9	(1.5)	26.5	(1.2)	15.1	(1.1)	6.4	(0.9)	2.1	(0.5)	0.5	(0.2)
	突尼斯	45.6	(2.2)	26.4	(1.5)	17.6	(1.2)	7.4	(0.8)	2.3	(0.8)	0.7	(0.4)	0.1	(0.1)
	阿联酋	21.4	(1.4)	24.0	(1.5)	23.7	(1.1)	17.6	(1.0)	9.3	(0.8)	3.2	(0.5)	0.6	(0.2)
	乌拉圭	30.8	(1.5)	25.1	(1.2)	22.6	(1.0)	14.1	(0.9)	5.7	(0.7)	1.5	(0.4)	0.2	(0.1)
	越南	5.2	(1.0)	11.3	(1.2)	22.8	(1.6)	27.0	(1.6)	20.5	(1.4)	9.8	(1.1)	3.3	(0.8)

1. 土耳其提供的注释:本文中塞浦路斯指岛的南部。岛上没有一个统一的当局代表土耳其和希腊塞浦路斯人,土耳其承认北塞浦路斯土耳其共和国(TRNC),土耳其将保留对塞浦路斯问题的看法,直到在联合国背景下作出持久和公平的决定。

2. 欧盟和 OECD 的欧盟成员国提供的注释:除土耳其外,联合国所有成员均承认塞浦路斯共和国,文中塞浦路斯指的是在塞浦路斯共和国有效控制下的区域。

附表 3.22 ■ 学生数学数量分量表的平均分、变异和性别差异

	所有学生 平均分 均值	标准误	标准差	标准误	男生 平均分	标准误	女生 平均分	标准误	差值(男生-女生) 分差	标准误	第5 分数	标准误	第10 分数	标准误	第25 分数	标准误	第75 分数	标准误	第90 分数	标准误	第95 分数	标准误
OECD																						
澳大利亚	500	(1.9)	104	(1.3)	505	(2.7)	495	(2.2)	10	(3.1)	330	(2.8)	367	(2.2)	429	(2.0)	572	(2.7)	634	(3.1)	669	(3.5)
奥地利	510	(2.9)	91	(1.7)	519	(3.6)	502	(3.8)	17	(4.8)	358	(5.1)	391	(3.9)	446	(3.8)	576	(3.6)	627	(3.9)	656	(5.3)
比利时	519	(2.1)	104	(1.4)	524	(2.8)	513	(2.5)	11	(3.4)	341	(4.6)	381	(4.0)	447	(3.1)	594	(2.5)	650	(2.4)	681	(2.5)
加拿大	515	(2.2)	99	(1.0)	520	(2.5)	511	(2.4)	9	(2.3)	349	(3.0)	386	(3.1)	448	(2.3)	585	(2.6)	643	(3.0)	676	(3.2)
智利	421	(3.3)	90	(1.6)	433	(4.0)	411	(3.4)	22	(3.6)	280	(4.4)	310	(4.2)	359	(4.0)	482	(4.2)	541	(4.0)	575	(4.3)
捷克	505	(3.0)	101	(2.0)	510	(3.9)	500	(4.0)	10	(4.5)	336	(6.5)	373	(5.8)	438	(4.4)	576	(3.5)	633	(3.6)	668	(4.5)
丹麦	502	(2.4)	91	(1.3)	510	(3.2)	494	(2.4)	16	(2.9)	353	(4.4)	387	(3.7)	441	(3.1)	565	(3.0)	619	(3.4)	650	(3.1)
爱沙尼亚	525	(2.2)	86	(1.2)	528	(2.6)	521	(2.5)	7	(3.0)	382	(4.6)	415	(3.8)	466	(2.8)	583	(2.6)	636	(3.3)	667	(4.4)
芬兰	527	(1.9)	87	(1.0)	525	(2.6)	528	(2.1)	−3	(2.8)	382	(4.6)	415	(2.9)	469	(2.5)	586	(2.3)	638	(3.3)	669	(3.8)
法国	496	(2.6)	103	(1.8)	501	(3.7)	492	(2.7)	9	(3.8)	324	(6.0)	362	(4.9)	425	(2.9)	570	(3.4)	628	(3.3)	661	(4.5)
德国	517	(3.1)	100	(1.9)	524	(3.3)	510	(3.6)	14	(2.9)	348	(5.1)	384	(5.1)	449	(4.0)	588	(3.4)	643	(4.1)	674	(4.2)
希腊	455	(2.7)	97	(1.6)	461	(4.0)	450	(3.1)	10	(3.8)	295	(5.0)	330	(4.4)	388	(4.0)	523	(3.4)	579	(3.7)	613	(4.6)
匈牙利	476	(3.4)	99	(2.2)	480	(3.8)	472	(3.9)	8	(3.8)	314	(5.9)	350	(4.8)	406	(4.0)	545	(5.0)	606	(6.5)	641	(5.9)
冰岛	496	(1.9)	102	(1.4)	494	(2.8)	499	(2.5)	−5	(3.4)	322	(4.9)	362	(4.7)	426	(2.5)	567	(3.6)	627	(3.6)	661	(3.3)
爱尔兰	505	(2.6)	92	(1.4)	512	(3.4)	498	(3.0)	14	(4.4)	350	(4.6)	386	(4.6)	443	(3.2)	570	(3.0)	624	(3.1)	653	(3.6)
以色列	480	(5.2)	116	(1.3)	486	(8.6)	473	(4.6)	13	(8.2)	284	(9.1)	327	(6.1)	398	(6.1)	565	(5.9)	643	(4.6)	667	(6.5)
意大利	491	(2.0)	101	(1.0)	499	(2.6)	482	(2.3)	17	(2.6)	321	(3.2)	360	(2.6)	423	(2.3)	561	(2.5)	619	(2.6)	653	(2.8)
日本	518	(3.6)	94	(2.2)	527	(4.5)	508	(3.5)	19	(4.0)	359	(7.4)	395	(5.2)	456	(4.2)	584	(3.6)	638	(4.2)	670	(4.7)
韩国	537	(4.1)	94	(2.0)	543	(5.4)	531	(5.0)	12	(5.9)	377	(7.1)	416	(6.1)	477	(4.6)	604	(4.3)	654	(4.9)	682	(6.1)
卢森堡	495	(1.0)	100	(0.9)	506	(1.5)	483	(1.3)	23	(2.0)	326	(3.8)	362	(2.9)	424	(2.0)	567	(1.6)	623	(2.2)	656	(2.9)
墨西哥	414	(1.5)	81	(0.9)	422	(1.7)	406	(1.7)	16	(1.4)	271	(2.8)	304	(2.2)	355	(1.7)	472	(1.9)	526	(2.2)	559	(2.3)
荷兰	532	(3.6)	97	(2.1)	537	(3.6)	527	(4.0)	10	(3.1)	365	(7.0)	398	(6.0)	463	(5.0)	604	(3.7)	653	(3.1)	682	(3.4)
新西兰	499	(2.4)	103	(1.6)	506	(3.3)	492	(3.1)	14	(4.4)	331	(4.6)	365	(3.9)	426	(3.3)	572	(3.4)	634	(3.4)	667	(4.1)
挪威	492	(2.9)	95	(1.6)	494	(3.0)	491	(3.5)	3	(3.2)	335	(5.1)	372	(4.5)	429	(3.5)	556	(3.5)	613	(3.5)	648	(4.4)
波兰	519	(3.5)	89	(1.6)	521	(3.9)	516	(3.7)	5	(3.0)	371	(4.8)	406	(3.8)	457	(3.5)	579	(4.5)	634	(4.5)	664	(6.6)
葡萄牙	481	(4.0)	96	(1.5)	487	(4.4)	475	(3.9)	12	(2.6)	321	(5.7)	357	(4.8)	415	(4.9)	550	(4.2)	604	(3.9)	636	(4.2)
斯洛伐克	486	(3.5)	105	(2.3)	492	(4.1)	481	(4.2)	11	(4.5)	312	(7.9)	350	(5.8)	414	(4.8)	560	(4.3)	621	(4.2)	658	(5.3)
斯洛文尼亚	504	(1.2)	94	(1.1)	508	(1.8)	500	(2.1)	7	(3.0)	351	(3.9)	382	(2.4)	438	(2.3)	570	(2.1)	629	(2.7)	661	(3.8)
西班牙	491	(2.3)	101	(1.1)	501	(2.7)	481	(2.4)	20	(2.3)	321	(3.8)	360	(4.0)	423	(3.3)			618	(2.0)	651	(2.9)
瑞典	482	(2.5)	97	(1.3)	478	(3.1)	485	(2.9)	−7	(3.2)	320	(4.9)	357	(4.4)	417	(3.2)	549	(3.1)	607	(3.1)	639	(3.5)
瑞士	531	(3.1)	96	(1.4)	536	(3.5)	526	(3.0)	10	(3.2)	369	(4.5)	404	(3.3)	467	(4.5)	598	(3.8)	652	(4.8)	684	(4.5)
土耳其	442	(5.0)	97	(3.0)	449	(5.5)	435	(5.7)	13	(5.1)	295	(5.0)	324	(4.0)	373	(4.0)	506	(8.0)	576	(9.3)	613	(8.6)
英国	494	(3.8)	102	(1.9)	501	(4.6)	488	(4.1)	13	(4.7)	325	(7.2)	362	(6.4)	424	(5.5)	567	(3.9)	625	(3.7)	658	(4.3)
美国	478	(3.9)	99	(1.7)	481	(4.3)	475	(4.1)	6	(3.1)	321	(5.4)	353	(4.7)	408	(4.3)	546	(4.5)	610	(4.8)	646	(5.4)
OECD 国家	484	(1.2)	103	(0.5)	491	(1.3)	478	(1.3)	13	(1.1)	317	(1.5)	352	(1.5)	412	(1.5)	557	(1.4)	619	(1.3)	653	(1.8)
OECD 各国平均	495	(0.3)	97	(0.3)	501	(0.6)	490	(0.6)	11	(0.7)	334	(0.9)	369	(0.8)	429	(0.6)	563	(0.6)	620	(0.7)	653	(0.8)
伙伴国家(地区)																						
阿尔巴尼亚	386	(2.7)	101	(1.7)	389	(3.2)	383	(3.3)	6	(2.9)	206	(5.9)	257	(5.0)	326	(3.7)	453	(3.0)	511	(3.6)	543	(4.2)
阿根廷	391	(3.7)	84	(2.2)	398	(4.1)	385	(3.9)	13	(2.9)	251	(6.7)	284	(5.2)	336	(4.7)	448	(4.4)	499	(4.2)	529	(4.6)
巴西	393	(2.5)	91	(1.6)	403	(2.7)	384	(2.8)	19	(2.3)	250	(3.4)	280	(3.3)	330	(2.6)	452	(3.1)	513	(4.2)	552	(5.9)
保加利亚	443	(4.3)	102	(2.8)	442	(5.1)	443	(4.7)	−1	(4.6)	280	(7.1)	313	(5.6)	373	(4.5)	513	(5.7)	576	(5.8)	612	(8.3)
哥伦比亚	375	(3.4)	90	(2.4)	392	(3.9)	360	(3.8)	31	(3.5)	232	(6.3)	264	(4.9)	315	(3.2)	434	(3.9)	491	(5.0)	527	(6.4)
哥斯达黎加	406	(3.6)	81	(2.4)	422	(4.0)	393	(3.7)	29	(2.6)	278	(6.2)	306	(5.1)	353	(4.0)	457	(4.0)	509	(5.7)	544	(8.4)
克罗地亚	480	(3.7)	93	(2.5)	488	(4.3)	472	(4.0)	15	(4.5)	332	(4.3)	363	(3.6)	414	(3.5)	543	(5.3)	603	(7.4)	637	(8.3)
塞浦路斯	439	(1.1)	100	(1.1)	439	(1.8)	438	(1.5)	1	(2.1)	276	(4.3)	309	(3.3)	370	(2.1)	508	(3.3)	568	(2.4)	604	(3.4)
中国香港	566	(3.4)	101	(2.6)	570	(4.4)	561	(4.2)	9	(5.1)	383	(7.5)	430	(6.0)	501	(6.0)	637	(3.6)	688	(4.2)	718	(3.6)
印度尼西亚	362	(4.7)	83	(3.4)	364	(5.4)	361	(5.1)	3	(4.0)	235	(5.6)	261	(4.9)	307	(4.3)	414	(5.6)	471	(9.3)	507	(12.5)
约旦	367	(3.4)	90	(2.3)	362	(5.7)	372	(3.7)	−10	(6.9)	223	(3.8)	255	(4.5)	307	(3.3)	425	(3.9)	483	(4.8)	518	(6.8)
哈萨克斯坦	428	(3.5)	79	(2.1)	429	(3.7)	427	(4.1)	3	(3.5)	305	(3.4)	331	(3.0)	373	(2.8)	479	(5.0)	533	(6.3)	564	(6.9)
拉脱维亚	487	(2.9)	84	(1.5)	487	(3.5)	487	(3.3)	0	(3.5)	350	(6.3)	381	(4.4)	430	(3.2)	546	(3.5)	596	(4.0)	624	(4.3)
列支敦士登	538	(4.1)	100	(3.6)	548	(6.3)	527	(6.4)	22	(9.7)	364	(13.9)	398	(13.3)	467	(8.5)	615	(6.0)	660	(9.9)	686	(10.9)
立陶宛	483	(2.8)	93	(1.4)	484	(3.1)	482	(3.2)	3	(2.8)	331	(4.5)	363	(4.2)	420	(3.6)	547	(3.4)	605	(3.7)	637	(4.6)
中国澳门	531	(1.1)	92	(1.0)	533	(1.5)	528	(1.4)	5	(1.9)	375	(2.8)	411	(2.7)	469	(1.9)	595	(1.8)	646	(1.9)	675	(3.6)
马来西亚	409	(3.6)	94	(1.9)	405	(4.3)	413	(4.3)	−8	(4.7)	263	(4.2)	291	(3.1)	343	(3.4)	471	(4.9)	536	(6.5)	572	(6.1)
黑山	409	(1.2)	88	(1.4)	409	(1.6)	409	(1.8)	0	(3.0)	269	(3.0)	298	(2.8)	349	(1.7)	467	(2.0)	523	(2.7)	556	(4.4)
秘鲁	365	(4.1)	97	(2.6)	377	(4.1)	355	(5.2)	22	(4.3)	211	(4.8)	245	(4.6)	301	(4.0)	427	(5.3)	490	(7.1)	532	(9.1)
卡塔尔	371	(0.9)	105	(0.8)	362	(1.2)	381	(1.2)	−19	(1.8)	212	(3.5)	244	(2.0)	298	(1.1)	437	(1.6)	514	(2.9)	559	(2.7)
罗马尼亚	443	(4.5)	94	(2.5)	444	(4.8)	442	(4.8)	2	(4.3)	298	(5.0)	327	(4.6)	376	(4.6)	507	(5.6)	567	(7.2)	605	(7.6)
俄罗斯	478	(3.0)	93	(1.6)	478	(3.2)	478	(3.2)	0	(2.2)	326	(4.1)	360	(3.9)	417	(3.7)	540	(4.2)	598	(5.0)	632	(5.3)
塞尔维亚	456	(3.7)	97	(2.0)	460	(4.3)	453	(4.3)	8	(4.4)	303	(5.3)	334	(5.4)	390	(4.4)	521	(5.6)	582	(5.6)	619	(8.4)
中国上海	591	(3.2)	98	(1.8)	596	(3.5)	586	(3.5)	9	(3.3)	419	(7.2)	460	(5.8)	528	(4.5)	658	(3.5)	710	(4.2)	741	(6.3)
新加坡	569	(1.2)	104	(0.9)	566	(1.8)	572	(1.7)	−6	(2.4)	390	(3.8)	428	(2.9)	500	(1.9)	642	(2.1)	699	(3.0)	731	(3.6)
中国台北	543	(3.1)	108	(1.8)	548	(4.8)	540	(5.0)	8	(7.5)	357	(5.9)	396	(5.2)	470	(4.6)	622	(3.2)	677	(3.1)	707	(3.5)
泰国	419	(3.7)	88	(2.2)	409	(3.8)	426	(4.1)	−16	(3.9)	282	(4.3)	311	(3.8)	359	(3.1)	473	(4.8)	534	(7.1)	573	(8.6)
突尼斯	378	(4.6)	91	(3.4)	386	(5.4)	371	(4.6)	15	(3.0)	233	(6.7)	264	(5.4)	316	(4.9)	437	(4.9)	493	(7.3)	530	(11.9)
阿联酋	431	(2.7)	101	(1.9)	428	(4.3)	434	(3.5)	−7	(5.5)	273	(3.5)	304	(2.8)	360	(3.0)	500	(4.9)	567	(4.0)	603	(3.9)
乌拉圭	411	(3.2)	98	(1.9)	416	(3.4)	407	(3.4)	9	(3.5)	250	(6.1)	284	(4.8)	344	(3.8)	478	(3.4)	539	(5.0)	572	(5.9)
越南	509	(3.2)	93	(2.7)	512	(6.2)	506	(5.4)	6	(3.0)	354	(9.4)	391	(8.5)	446	(5.8)	571	(6.1)	629	(6.7)	662	(8.5)

注:统计上有显著性的值用粗体表示。

1. 土耳其提供的注释：本文中塞浦路斯指岛的南部。岛上没有一个统一的当局代表岛上土耳其和希腊塞浦路斯人，土耳其承认北塞浦路斯土耳其共和国(TRNC)，土耳其将保留对塞浦路斯问题的看法，直到在联合国背景下作出持久和公平的决定。

2. 欧盟和 OECD 的欧盟成员国提供的注释：除土耳其外，联合国所有成员均承认塞浦路斯共和国，文中塞浦路斯指的是在塞浦路斯共和国有效控制下的区域。

附表 3.23 ■ 数学分不确定性和数据量表各精熟度水平的学生比例

		所有学生												
		低于水平1 (低于 357.77 分)		水平1 (从 357.77 至 420.07 分)		水平2 (从 420.07 至 482.38 分)		水平3 (从 482.38 至 544.68 分)		水平4 (从 544.68 至 606.99 分)		水平5 (从 606.99 至 669.30 分)		水平6 (高于 669.30 分)	
		%	标准误	%	标准误	%	标准误	%	标准误	%	标准误	%	标准误	%	标准误
OECD	澳大利亚	6.0	(0.3)	12.5	(0.4)	21.4	(0.5)	24.6	(0.7)	19.8	(0.6)	11.1	(0.4)	4.6	(0.3)
	奥地利	7.3	(0.8)	13.8	(0.9)	21.4	(0.9)	24.1	(0.9)	20.9	(0.9)	9.7	(0.6)	2.8	(0.3)
	比利时	8.8	(0.8)	12.0	(0.5)	19.1	(0.7)	21.8	(0.7)	19.2	(0.7)	12.5	(0.5)	6.5	(0.5)
	加拿大	4.1	(0.3)	10.1	(0.5)	20.9	(0.7)	26.8	(0.6)	21.9	(0.6)	12.1	(0.5)	4.0	(0.3)
	智利	16.8	(1.2)	29.4	(1.0)	29.3	(1.1)	17.1	(0.9)	6.2	(0.6)	1.1	(0.2)	0.1	(0.0)
	捷克	7.7	(0.8)	15.1	(0.9)	24.5	(0.8)	25.2	(1.0)	17.5	(0.9)	7.7	(0.8)	2.2	(0.3)
	丹麦	4.5	(0.5)	11.6	(0.8)	23.3	(0.9)	27.8	(0.9)	21.2	(0.8)	9.4	(0.7)	2.3	(0.3)
	爱沙尼亚	2.9	(0.3)	10.1	(0.6)	23.8	(1.1)	29.7	(0.9)	21.7	(1.0)	9.3	(0.6)	2.5	(0.4)
	芬兰	4.2	(0.5)	9.5	(0.5)	19.7	(0.7)	27.4	(0.7)	22.9	(0.8)	11.9	(0.6)	4.4	(0.4)
	法国	10.5	(0.7)	14.1	(0.8)	20.3	(0.9)	22.6	(0.9)	19.5	(0.7)	9.8	(0.6)	3.2	(0.4)
	德国	7.2	(0.6)	12.3	(0.7)	19.9	(0.8)	22.9	(0.9)	20.4	(0.8)	12.4	(0.9)	5.0	(0.6)
	希腊	12.3	(0.9)	19.4	(0.8)	27.5	(0.9)	24.2	(0.9)	12.2	(0.7)	3.8	(0.5)	0.7	(0.1)
	匈牙利	10.9	(0.9)	16.9	(1.0)	25.2	(1.1)	23.1	(1.3)	15.4	(0.9)	6.9	(0.8)	1.7	(0.4)
	冰岛	8.8	(0.6)	13.2	(0.7)	21.2	(0.7)	24.5	(0.9)	19.5	(0.8)	9.8	(0.6)	3.1	(0.4)
	爱尔兰	4.7	(0.5)	11.1	(0.6)	21.3	(0.9)	27.7	(0.9)	22.2	(0.8)	10.1	(0.6)	2.8	(0.3)
	以色列	16.7	(1.2)	16.9	(0.9)	21.4	(0.9)	20.9	(0.8)	14.3	(1.1)	7.1	(0.8)	2.6	(0.4)
	意大利	9.8	(0.4)	15.9	(0.6)	23.5	(0.6)	24.3	(0.6)	16.8	(0.6)	7.5	(0.4)	2.1	(0.2)
	日本	3.2	(0.5)	8.7	(0.7)	18.0	(0.9)	26.2	(1.0)	24.2	(1.0)	14.5	(1.0)	5.2	(0.7)
	韩国	3.6	(0.5)	7.6	(0.7)	16.7	(0.9)	23.6	(0.9)	23.8	(0.9)	16.4	(0.9)	8.3	(0.9)
	卢森堡	11.2	(0.5)	16.7	(0.5)	21.6	(0.7)	22.0	(1.0)	17.4	(0.7)	8.4	(0.5)	2.7	(0.3)
	墨西哥	20.2	(0.6)	34.4	(0.6)	30.4	(0.6)	12.3	(0.4)	2.4	(0.2)	0.2	(0.0)	0.0	(0.0)
	荷兰	4.1	(0.7)	10.2	(0.8)	17.3	(1.1)	21.7	(1.5)	22.0	(1.0)	16.7	(1.2)	8.0	(0.8)
	新西兰	8.0	(0.6)	13.5	(0.8)	20.5	(0.8)	21.8	(0.8)	18.6	(0.9)	11.4	(0.7)	6.2	(0.6)
	挪威	6.5	(0.6)	12.8	(0.7)	21.4	(0.8)	26.7	(1.0)	19.3	(0.9)	9.8	(0.6)	2.6	(0.3)
	波兰	3.3	(0.4)	10.7	(0.9)	21.4	(1.0)	26.9	(1.0)	22.2	(1.0)	11.6	(0.9)	4.0	(0.7)
	葡萄牙	8.4	(0.7)	15.9	(1.0)	23.5	(0.9)	25.1	(0.9)	17.7	(1.0)	7.9	(0.8)	1.5	(0.3)
	斯洛伐克	12.7	(1.1)	17.1	(1.0)	24.3	(1.0)	22.2	(1.0)	15.0	(0.8)	6.6	(0.6)	2.1	(0.4)
	斯洛文尼亚	6.4	(0.4)	15.2	(0.6)	23.4	(0.8)	24.2	(0.7)	18.3	(0.8)	9.9	(0.6)	2.6	(0.4)
	西班牙	8.5	(0.5)	15.0	(0.6)	23.3	(0.6)	25.4	(0.6)	18.3	(0.6)	7.7	(0.4)	1.9	(0.2)
	瑞典	9.1	(0.6)	15.8	(0.7)	24.9	(1.0)	24.6	(0.8)	16.5	(0.8)	7.0	(0.5)	2.1	(0.3)
	瑞士	5.0	(0.5)	9.9	(0.6)	18.9	(0.9)	24.4	(0.7)	22.4	(1.0)	13.4	(0.9)	6.0	(0.6)
	土耳其	15.8	(1.0)	25.0	(1.2)	26.3	(1.0)	17.8	(1.2)	9.6	(1.2)	4.5	(0.8)	0.9	(0.1)
	英国	6.9	(0.6)	13.1	(0.8)	21.4	(1.0)	24.6	(0.9)	19.9	(0.7)	10.2	(0.7)	3.8	(0.4)
	美国	7.1	(0.7)	16.0	(1.0)	24.9	(0.9)	24.8	(1.0)	17.6	(1.1)	7.4	(0.8)	2.1	(0.3)
	OECD 国家	8.9	(0.2)	16.6	(0.3)	23.3	(0.3)	22.8	(0.3)	17.0	(0.4)	8.6	(0.2)	3.0	(0.1)
	OECD 各国平均	8.3	(0.1)	14.7	(0.1)	22.5	(0.1)	23.8	(0.2)	18.1	(0.1)	9.2	(0.1)	3.3	(0.1)
伙伴国家（地区）	阿尔巴尼亚	36.3	(1.1)	27.0	(1.0)	21.6	(1.0)	10.9	(0.6)	3.5	(0.4)	0.7	(0.2)	0.1	(0.1)
	阿根廷	35.0	(1.9)	30.0	(1.2)	22.8	(1.3)	9.7	(0.9)	2.2	(0.4)	0.4	(0.1)	0.0	c
	巴西	26.5	(1.0)	35.1	(1.0)	25.5	(0.8)	10.0	(0.5)	2.5	(0.4)	0.3	(0.1)	0.0	c
	保加利亚	20.7	(1.5)	24.8	(1.0)	25.8	(1.0)	18.0	(0.9)	8.1	(0.7)	2.3	(0.4)	0.3	(0.1)
	哥伦比亚	32.4	(1.4)	36.8	(1.1)	23.0	(1.2)	6.6	(0.7)	1.2	(0.2)	0.1	(0.1)	0.0	(0.0)
	哥斯达黎加	17.8	(1.5)	37.1	(1.3)	31.1	(1.4)	11.8	(1.1)	2.1	(0.4)	0.2	(0.1)	0.0	c
	克罗地亚	10.8	(0.8)	19.8	(0.9)	26.4	(1.0)	22.6	(1.0)	13.6	(0.9)	5.3	(0.7)	1.4	(0.4)
	塞浦路斯	17.5	(0.6)	22.2	(0.8)	26.9	(0.9)	20.8	(0.7)	9.5	(0.5)	2.7	(0.3)	0.4	(0.1)
	中国香港	2.3	(0.3)	6.0	(0.6)	13.2	(0.7)	22.5	(0.9)	26.9	(1.0)	20.0	(0.9)	9.2	(0.8)
	印度尼西亚	35.7	(2.1)	36.1	(1.6)	20.4	(1.3)	6.2	(0.9)	1.3	(0.6)	0.3	(0.2)	0.0	c
	约旦	30.3	(1.5)	33.6	(0.9)	24.3	(1.1)	9.4	(0.6)	1.8	(0.3)	0.4	(0.4)	0.1	(0.1)
	哈萨克斯坦	17.1	(1.3)	37.4	(1.5)	33.1	(1.2)	11.1	(1.2)	1.3	(0.4)	0.0	c	0.0	c
	拉脱维亚	6.1	(0.6)	17.5	(1.0)	28.3	(1.3)	27.6	(1.0)	15.4	(1.2)	4.3	(0.6)	0.7	(0.2)
	列支敦士登	5.0	(1.3)	9.9	(2.2)	18.1	(2.1)	22.2	(3.1)	22.7	(2.7)	15.4	(2.3)	6.7	(1.4)
	立陶宛	10.1	(0.7)	17.9	(0.9)	26.2	(0.8)	23.8	(1.0)	14.6	(0.7)	6.1	(0.5)	1.4	(0.3)
	中国澳门	3.5	(0.2)	8.5	(0.5)	18.7	(0.5)	26.3	(0.7)	24.8	(0.8)	13.7	(0.7)	4.5	(0.3)
	马来西亚	21.6	(1.2)	27.6	(1.0)	28.4	(1.0)	15.8	(0.7)	5.5	(0.7)	1.1	(0.3)	0.1	(0.1)
	黑山	25.3	(0.8)	28.3	(1.0)	25.5	(0.9)	14.0	(0.9)	5.5	(0.4)	1.2	(0.3)	0.1	(0.1)
	秘鲁	42.2	(1.7)	32.1	(1.0)	18.1	(1.0)	5.9	(0.7)	1.4	(0.4)	0.2	(0.1)	0.0	c
	卡塔尔	44.4	(0.6)	23.3	(0.5)	16.0	(0.4)	9.4	(0.4)	4.7	(0.2)	1.9	(0.2)	0.3	(0.1)
	罗马尼亚	15.0	(1.2)	27.3	(1.3)	30.6	(1.3)	18.9	(1.0)	6.7	(0.8)	1.4	(0.3)	0.2	(0.1)
	俄罗斯	10.5	(0.9)	20.2	(0.9)	28.4	(1.0)	22.9	(1.1)	12.6	(0.9)	3.9	(0.5)	0.5	(0.1)
	塞尔维亚	14.3	(1.3)	23.2	(1.3)	28.6	(1.3)	20.6	(1.1)	9.8	(0.7)	2.9	(0.4)	0.6	(0.2)
	中国上海	1.0	(0.2)	3.4	(0.4)	9.0	(0.7)	17.0	(0.7)	23.6	(0.8)	24.3	(0.9)	21.7	(1.1)
	新加坡	2.7	(0.3)	7.0	(0.5)	14.2	(0.6)	19.4	(0.7)	22.7	(0.7)	18.9	(0.8)	15.1	(0.6)
	中国台北	4.4	(0.5)	8.6	(0.6)	14.4	(0.6)	19.2	(0.9)	21.5	(0.8)	18.7	(0.9)	13.1	(1.0)
	泰国	15.3	(0.9)	29.1	(1.6)	31.4	(0.8)	16.5	(0.9)	5.8	(0.7)	1.6	(0.4)	0.3	(0.1)
	突尼斯	27.8	(1.8)	35.3	(1.3)	25.2	(1.3)	8.8	(0.8)	2.4	(0.7)	0.4	(0.1)	0.0	c
	阿联酋	19.6	(0.9)	26.9	(0.9)	26.0	(0.7)	17.3	(0.7)	7.5	(0.5)	2.2	(0.3)	0.5	(0.1)
	乌拉圭	27.8	(1.3)	30.3	(0.9)	24.1	(1.0)	12.4	(0.9)	4.5	(0.6)	0.8	(0.2)	0.0	c
	越南	2.5	(0.6)	8.4	(1.1)	20.8	(1.3)	29.8	(1.3)	23.9	(1.4)	11.5	(1.0)	3.0	(0.5)

1. 土耳其提供的注释：本文中塞浦路斯指岛的南部。岛上没有一个统一的当局代表土耳其和希腊塞浦路斯人，土耳其承认北塞浦路斯土耳其共和国（TRNC），土耳其将保留对塞浦路斯问题的看法，直到在联合国背景下作出持久和公平的决定。

2. 欧盟和 OECD 的欧盟成员国提供的注释：除土耳其外，联合国所有成员均承认塞浦路斯共和国，文中塞浦路斯指的是在塞浦路斯共和国有效控制下的区域。

附表 3.24 ■ 按性别区分的数学分不确定性和数据量表各精熟度水平的学生比例

	低于水平 1 (低于 357.77 分)		水平 1 (从 357.77 至 420.07 分)		水平 2 (从 420.07 至 482.38 分)		水平 3 (从 482.38 至 544.68 分)		水平 4 (从 544.68 至 606.99 分)		水平 5 (从 606.99 至 669.30 分)		水平 6 (高于 669.30 分)	
	%	标准误	%	标准误	%	标准误	%	标准误	%	标准误	%	标准误	%	标准误
澳大利亚	6.2	(0.4)	12.0	(0.6)	20.7	(0.9)	23.8	(1.0)	20.1	(0.9)	11.8	(0.7)	5.4	(0.6)
奥地利	6.4	(0.9)	13.1	(1.1)	20.1	(1.3)	23.1	(1.2)	21.6	(1.0)	11.6	(0.9)	4.1	(0.5)
比利时	9.4	(1.0)	11.8	(0.8)	17.7	(0.8)	20.6	(0.9)	19.1	(1.0)	13.6	(0.7)	7.8	(0.7)
加拿大	4.2	(0.4)	10.0	(0.7)	19.6	(1.1)	25.8	(1.0)	21.9	(0.9)	13.5	(0.8)	5.0	(0.4)
智利	14.6	(1.4)	26.7	(1.5)	29.6	(1.6)	19.8	(1.2)	7.7	(0.8)	1.5	(0.3)	0.2	(0.1)
捷克	7.6	(1.0)	13.4	(1.2)	23.7	(1.6)	25.4	(1.5)	18.5	(1.3)	8.4	(0.8)	2.9	(0.5)
丹麦	4.0	(0.6)	10.4	(1.1)	21.7	(1.4)	27.6	(1.3)	22.4	(1.2)	11.0	(1.0)	2.9	(0.5)
爱沙尼亚	3.1	(0.5)	10.2	(0.9)	22.8	(1.4)	28.5	(1.2)	22.0	(1.2)	10.3	(1.0)	3.2	(0.4)
芬兰	5.0	(0.6)	10.8	(0.9)	19.5	(0.9)	25.9	(1.0)	21.8	(1.1)	12.1	(0.8)	4.9	(0.6)
法国	11.5	(1.0)	14.6	(1.1)	19.0	(1.1)	20.6	(1.1)	19.9	(1.1)	10.6	(0.8)	3.8	(0.5)
德国	6.9	(0.7)	11.7	(0.8)	18.6	(0.9)	22.3	(1.1)	20.6	(1.1)	13.5	(1.0)	6.5	(0.7)
希腊	14.1	(1.3)	17.5	(1.2)	25.0	(1.4)	24.2	(1.1)	13.7	(0.9)	4.6	(0.6)	1.0	(0.3)
匈牙利	11.1	(1.2)	16.5	(1.3)	23.9	(1.5)	22.1	(1.6)	15.9	(1.4)	8.2	(1.0)	2.4	(0.6)
冰岛	11.0	(1.0)	13.2	(1.2)	21.0	(1.3)	23.7	(1.2)	18.7	(1.4)	9.2	(0.7)	3.2	(0.5)
爱尔兰	4.4	(0.8)	10.3	(0.9)	19.0	(1.2)	27.6	(1.2)	23.6	(1.4)	11.6	(1.0)	3.5	(0.5)
以色列	19.0	(1.8)	15.1	(1.3)	17.8	(1.3)	18.7	(1.1)	15.8	(1.5)	9.6	(1.4)	4.0	(0.8)
意大利	9.7	(0.5)	14.4	(0.6)	22.1	(0.7)	23.5	(0.7)	17.8	(0.7)	9.4	(0.5)	3.1	(0.3)
日本	3.6	(0.7)	8.4	(0.8)	16.3	(1.1)	24.1	(1.2)	25.0	(1.1)	16.0	(1.3)	6.6	(0.9)
韩国	3.8	(0.6)	7.0	(0.8)	15.1	(1.1)	21.4	(1.3)	23.9	(1.4)	17.9	(1.1)	10.9	(1.5)
卢森堡	9.3	(0.7)	15.1	(0.7)	20.7	(0.8)	22.6	(1.7)	18.6	(1.2)	9.7	(0.6)	4.0	(0.4)
墨西哥	19.1	(0.8)	33.0	(0.9)	30.7	(0.8)	13.8	(0.5)	3.1	(0.2)	0.4	(0.1)	0.0	(0.0)
荷兰	3.9	(0.9)	9.5	(1.2)	16.6	(1.6)	21.8	(1.6)	22.1	(1.1)	16.8	(1.2)	9.3	(1.2)
新西兰	9.1	(0.9)	12.8	(1.0)	18.7	(1.0)	21.1	(1.0)	18.0	(1.1)	12.6	(1.0)	7.7	(0.9)
挪威	7.2	(0.7)	13.1	(0.9)	22.7	(1.2)	25.9	(1.0)	19.5	(1.0)	8.8	(0.9)	2.8	(0.4)
波兰	3.9	(0.6)	11.1	(1.3)	20.3	(1.1)	26.0	(1.5)	21.5	(1.4)	12.2	(1.1)	4.9	(1.1)
葡萄牙	8.5	(0.9)	15.0	(1.2)	21.2	(1.3)	25.1	(1.2)	18.5	(1.1)	9.5	(1.0)	2.1	(0.5)
斯洛伐克	12.7	(1.2)	17.1	(1.2)	22.7	(1.2)	21.0	(1.3)	15.4	(1.1)	8.3	(0.8)	2.8	(0.7)
斯洛文尼亚	7.0	(0.6)	15.5	(1.1)	23.3	(1.3)	23.5	(1.4)	17.7	(1.1)	10.4	(0.8)	2.6	(0.4)
西班牙	8.3	(0.5)	13.3	(0.7)	21.6	(0.8)	24.7	(0.8)	19.8	(0.8)	9.6	(0.7)	2.6	(0.3)
瑞典	10.6	(0.9)	15.1	(0.8)	24.4	(1.4)	23.4	(1.3)	16.1	(1.4)	7.9	(0.7)	2.5	(0.5)
瑞士	4.8	(0.5)	9.1	(0.8)	17.6	(1.0)	23.3	(1.1)	23.1	(1.1)	14.7	(1.0)	7.4	(0.7)
土耳其	15.1	(1.2)	24.0	(1.4)	26.3	(1.4)	17.6	(1.3)	10.4	(1.3)	5.3	(1.0)	1.3	(0.4)
英国	6.3	(0.8)	12.4	(1.0)	19.9	(1.5)	24.9	(1.2)	20.4	(1.2)	11.6	(1.0)	4.6	(0.7)
美国	7.9	(0.9)	16.2	(1.2)	22.9	(1.3)	24.1	(1.4)	18.3	(1.4)	8.3	(0.9)	2.3	(0.4)
OECD 国家	8.9	(0.3)	16.0	(0.4)	21.9	(0.4)	22.2	(0.4)	17.6	(0.4)	9.6	(0.3)	3.7	(0.2)
OECD 各国平均	8.5	(0.2)	14.1	(0.2)	21.3	(0.2)	23.2	(0.2)	18.6	(0.2)	10.3	(0.2)	4.1	(0.1)
阿尔巴尼亚	37.0	(1.4)	27.0	(1.2)	20.9	(1.3)	10.9	(0.9)	3.4	(0.6)	0.7	(0.3)	0.1	(0.1)
阿根廷	32.4	(2.2)	29.7	(1.6)	23.9	(1.6)	10.5	(1.0)	2.8	(0.6)	0.6	(0.2)	0.0	c
巴西	24.1	(1.0)	33.9	(1.1)	26.5	(1.1)	11.8	(0.7)	3.3	(0.5)	0.4	(0.2)	0.0	c
保加利亚	22.7	(1.9)	24.4	(1.2)	24.0	(1.4)	16.7	(1.1)	9.2	(0.9)	2.6	(0.5)	0.4	(0.2)
哥伦比亚	30.1	(1.7)	34.9	(1.8)	24.5	(1.7)	8.5	(1.1)	1.9	(0.4)	0.1	(0.1)	0.0	(0.0)
哥斯达黎加	14.1	(1.6)	33.6	(1.9)	33.5	(1.6)	15.2	(1.5)	3.2	(0.6)	0.3	(0.1)	0.0	c
克罗地亚	10.7	(1.0)	19.0	(1.2)	25.2	(1.4)	22.1	(1.3)	14.4	(1.2)	6.5	(0.9)	1.9	(0.5)
塞浦路斯	20.6	(0.7)	20.9	(1.2)	23.6	(1.0)	20.1	(0.8)	10.7	(0.6)	3.5	(0.4)	0.6	(0.2)
中国香港	2.5	(0.4)	5.9	(0.8)	12.4	(1.2)	21.1	(1.1)	25.5	(1.6)	20.9	(1.5)	11.7	(1.3)
印度尼西亚	36.8	(2.5)	35.3	(2.1)	19.6	(1.4)	6.6	(1.1)	1.3	(0.5)	0.4	(0.2)	0.0	c
约旦	39.2	(2.5)	32.1	(1.5)	18.8	(1.6)	7.2	(1.1)	1.7	(0.4)	0.8	(0.7)	0.1	(0.1)
哈萨克斯坦	17.6	(1.6)	36.9	(2.1)	32.8	(1.6)	11.3	(1.4)	1.4	(0.4)	0.0	c	0.0	c
拉脱维亚	6.7	(0.9)	18.4	(1.1)	28.3	(1.6)	25.7	(1.5)	15.2	(1.4)	4.8	(0.6)	1.0	(0.3)
列支敦士登	4.1	(2.1)	8.1	(4.1)	17.5	(3.4)	22.9	(4.0)	21.7	(3.6)	16.3	(3.7)	9.5	(2.2)
立陶宛	11.3	(0.8)	18.7	(1.1)	24.6	(1.2)	22.8	(1.1)	14.0	(0.9)	6.9	(0.7)	1.6	(0.4)
中国澳门	4.1	(0.4)	8.7	(0.7)	18.0	(0.8)	25.1	(1.0)	24.4	(1.1)	14.8	(0.9)	5.0	(0.4)
马来西亚	25.1	(1.5)	28.6	(1.1)	26.0	(1.1)	14.1	(0.9)	5.0	(0.8)	1.1	(0.3)	0.1	(0.1)
黑山	26.6	(1.0)	27.4	(1.2)	24.1	(1.4)	14.7	(1.2)	5.7	(0.7)	1.3	(0.3)	0.2	(0.2)
秘鲁	39.7	(1.8)	32.4	(1.3)	19.3	(1.2)	6.7	(0.8)	1.6	(0.5)	0.3	(0.2)	0.0	c
卡塔尔	47.7	(0.8)	21.1	(0.9)	15.1	(0.6)	8.8	(0.5)	4.9	(0.3)	2.1	(0.2)	0.3	(0.1)
罗马尼亚	15.5	(1.4)	26.6	(1.5)	30.4	(1.5)	18.3	(1.3)	7.1	(0.9)	1.8	(0.5)	0.2	(0.2)
俄罗斯	11.6	(1.1)	20.3	(1.2)	28.0	(1.1)	23.1	(1.1)	12.7	(1.0)	3.6	(0.5)	0.6	(0.3)
塞尔维亚	13.4	(1.5)	22.1	(1.4)	28.3	(1.7)	20.8	(1.3)	10.9	(1.0)	3.7	(0.5)	0.9	(0.3)
中国上海	1.2	(0.3)	3.7	(0.5)	8.6	(0.9)	16.5	(1.1)	22.6	(1.0)	24.2	(1.4)	23.2	(1.3)
新加坡	3.5	(0.4)	7.7	(0.6)	14.0	(0.9)	18.2	(1.0)	22.1	(0.9)	19.0	(0.9)	15.4	(0.7)
中国台北	5.2	(0.7)	8.9	(0.8)	13.5	(0.9)	17.2	(1.3)	21.3	(1.2)	19.8	(1.2)	14.1	(1.7)
泰国	18.6	(1.3)	30.9	(1.3)	29.5	(1.3)	14.5	(1.1)	5.1		1.3	(0.4)	0.2	(0.1)
突尼斯	27.7	(2.1)	33.8	(1.6)	26.0	(1.8)	9.2	(1.1)	2.7	(0.8)	0.6	(0.3)	0.0	c
阿联酋	23.2	(1.3)	26.1	(1.1)	23.3	(1.1)	16.1	(1.0)	8.0	(0.8)	2.6	(0.5)	0.7	(0.3)
乌拉圭	26.7	(1.7)	28.4	(1.3)	24.5	(1.3)	13.5	(1.0)	5.6	(0.7)	1.2	(0.4)	0.1	c
越南	2.8	(0.8)	8.9	(1.4)	20.4	(1.5)	28.1	(1.5)	25.6	(1.8)	10.9	(1.2)	3.2	(0.7)

附表 3.24.■ 按性别区分的数学分不确定性和数据量表各精熟度水平的学生比例(续表 1)

女 生

	低于水平 1 (低于 357.77 分)		水平 1 (从 357.77 至 420.07 分)		水平 2 (从 420.07 至 482.38 分)		水平 3 (从 482.38 至 544.68 分)		水平 4 (从 544.68 至 606.99 分)		水平 5 (从 606.99 至 669.30 分)		水平 6 (高于 669.30 分)	
	%	标准误	%	标准误	%	标准误	%	标准误	%	标准误	%	标准误	%	标准误
OECD														
澳大利亚	5.8	(0.4)	13.0	(0.5)	22.1	(0.6)	25.4	(0.7)	19.5	(0.7)	10.4	(0.5)	3.7	(0.4)
奥地利	8.2	(1.1)	14.5	(1.2)	22.8	(1.1)	25.0	(1.3)	20.3	(1.2)	7.8	(0.7)	1.5	(0.4)
比利时	8.3	(0.9)	12.3	(0.9)	20.4	(1.0)	23.0	(1.1)	19.4	(0.8)	11.4	(0.7)	5.3	(0.5)
加拿大	3.9	(0.3)	10.2	(0.6)	22.2	(0.4)	27.9	(0.9)	22.0	(0.7)	10.7	(0.6)	3.1	(0.3)
智利	18.9	(1.3)	32.0	(1.2)	29.0	(1.4)	14.6	(1.1)	4.8	(0.6)	0.6	(0.2)	0.1	(0.0)
捷克	7.7	(1.0)	16.9	(1.2)	25.4	(1.2)	25.0	(1.7)	16.6	(1.2)	6.9	(0.7)	1.5	(0.3)
丹麦	4.9	(0.6)	12.8	(0.9)	24.9	(1.1)	28.1	(1.1)	19.9	(0.9)	7.7	(0.7)	1.7	(0.4)
爱沙尼亚	2.7	(0.4)	10.0	(0.7)	24.8	(1.4)	30.8	(1.4)	21.5	(1.3)	8.4	(0.9)	1.9	(0.4)
芬兰	3.3	(0.5)	8.1	(0.6)	20.0	(1.0)	28.9	(1.3)	24.1	(1.2)	11.8	(1.0)	3.8	(0.4)
法国	9.5	(0.7)	13.6	(1.0)	21.7	(1.4)	24.4	(1.2)	19.1	(0.9)	9.0	(0.7)	2.6	(0.4)
德国	7.4	(0.8)	12.9	(0.9)	21.3	(1.1)	23.4	(1.4)	20.2	(1.1)	11.2	(1.1)	3.4	(0.7)
希腊	10.4	(1.0)	21.2	(1.3)	30.0	(1.3)	24.3	(1.2)	10.8	(0.9)	2.9	(0.5)	0.4	(0.1)
匈牙利	10.7	(1.1)	17.3	(1.3)	26.3	(1.3)	24.1	(1.5)	14.9	(1.3)	5.7	(0.9)	1.1	(0.4)
冰岛	6.6	(0.7)	13.1	(1.1)	21.4	(1.1)	25.3	(1.1)	20.2	(1.0)	10.3	(0.8)	3.0	(0.5)
爱尔兰	5.0	(0.7)	11.9	(0.9)	23.7	(1.2)	27.9	(1.3)	20.8	(0.9)	8.6	(0.6)	2.2	(0.4)
以色列	14.5	(1.2)	18.7	(0.9)	25.0	(1.2)	23.0	(1.1)	12.9	(1.1)	4.7	(0.6)	1.2	(0.2)
意大利	10.0	(0.7)	17.4	(0.9)	25.1	(0.8)	25.1	(0.8)	15.7	(0.6)	5.5	(0.4)	1.1	(0.2)
日本	2.8	(0.5)	9.0	(1.1)	19.9	(1.1)	28.5	(1.3)	23.3	(1.5)	12.8	(1.2)	3.7	(0.7)
韩国	3.4	(0.6)	8.2	(1.1)	18.6	(1.1)	26.2	(1.2)	23.6	(1.3)	14.8	(1.2)	5.2	(0.7)
卢森堡	13.1	(0.7)	18.3	(0.8)	22.5	(1.1)	21.5	(1.1)	16.2	(1.3)	7.0	(0.7)	1.4	(0.3)
墨西哥	21.3	(0.8)	35.7	(0.7)	30.2	(0.7)	10.9	(0.5)	1.8	(0.2)	0.1	(0.0)	0.0	c
荷兰	4.4	(0.8)	10.8	(1.1)	18.2	(1.4)	21.7	(1.7)	21.9	(1.4)	16.5	(1.7)	6.6	(1.0)
新西兰	6.9	(0.8)	14.1	(1.1)	22.4	(1.2)	22.5	(1.4)	19.3	(1.2)	10.1	(0.9)	2.4	(0.4)
挪威	5.7	(0.8)	12.5	(0.9)	24.9	(1.2)	27.4	(1.6)	19.0	(1.2)	8.2	(0.9)	2.4	(0.4)
波兰	2.6	(0.4)	10.3	(0.9)	22.4	(1.1)	27.7	(1.2)	22.9	(1.2)	11.0	(1.1)	3.0	(0.6)
葡萄牙	8.3	(0.8)	16.9	(1.3)	25.8	(1.2)	25.1	(1.3)	16.8	(1.3)	6.3	(0.7)	0.8	(0.3)
斯洛伐克	12.8	(1.3)	17.2	(1.3)	26.0	(1.4)	23.5	(1.3)	14.5	(1.2)	4.8	(0.7)	1.3	(0.3)
斯洛文尼亚	5.7	(0.4)	15.0	(1.1)	23.4	(1.1)	24.9	(1.0)	19.0	(1.1)	9.3	(0.8)	2.6	(0.6)
西班牙	8.7	(0.6)	16.8	(0.8)	25.0	(0.9)	26.1	(0.9)	16.7	(0.7)	5.7	(0.4)	1.2	(0.2)
瑞典	7.5	(0.7)	16.6	(0.9)	25.3	(1.3)	25.9	(1.3)	16.8	(1.3)	6.1	(0.9)	1.7	(0.3)
瑞士	5.3	(0.6)	10.7	(0.7)	20.2	(1.1)	25.5	(0.9)	21.8	(1.2)	12.0	(1.0)	4.6	(0.7)
土耳其	16.5	(1.4)	26.0	(1.7)	26.4	(1.5)	18.1	(1.7)	8.8	(1.3)	3.7	(0.8)	0.5	(0.2)
英国	7.6	(0.8)	13.9	(1.0)	22.8	(1.2)	25.6	(1.3)	19.4	(1.0)	9.0	(1.0)	3.2	(0.5)
美国	6.2	(0.7)	15.8	(1.2)	27.0	(1.3)	25.6	(1.3)	16.9	(1.3)	6.6	(0.9)	1.9	(0.4)
OECD 国家	8.8	(0.2)	17.1	(0.4)	24.7	(0.4)	23.4	(0.4)	16.3	(0.4)	7.5	(0.3)	2.2	(0.1)
OECD 各国平均	8.1	(0.1)	15.4	(0.2)	23.7	(0.2)	24.5	(0.2)	17.7	(0.2)	8.2	(0.1)	2.4	(0.1)
伙伴国家(地区)														
阿尔巴尼亚	35.5	(1.4)	27.0	(1.5)	22.4	(1.4)	10.8	(0.8)	3.5	(0.5)	0.7	(0.2)	0.1	(0.1)
阿根廷	37.5	(1.9)	30.2	(1.5)	21.7	(1.6)	8.9	(1.1)	1.6	(0.4)	0.1	(0.1)	0.0	c
巴西	28.7	(1.3)	36.3	(1.2)	24.5	(0.9)	8.3	(0.6)	1.9	(0.3)	0.2	(0.1)	0.0	c
保加利亚	18.5	(1.5)	25.2	(1.5)	27.6	(1.4)	19.3	(1.3)	7.0	(0.8)	2.1	(0.5)	0.2	(0.1)
哥伦比亚	34.4	(1.7)	38.4	(1.2)	21.6	(1.3)	5.0	(0.7)	0.6	(0.2)	0.1	(0.0)	0.0	c
哥斯达黎加	21.1	(1.9)	40.1	(1.4)	28.9	(1.7)	8.8	(1.1)	1.0	(0.3)	0.0	(0.0)	0.0	c
克罗地亚	10.9	(1.1)	20.6	(1.2)	27.7	(1.2)	23.1	(1.3)	12.8	(1.0)	4.0	(0.8)	0.8	(0.4)
塞浦路斯	14.3	(0.9)	23.6	(0.9)	30.2	(1.4)	21.4	(1.1)	8.3	(0.7)	1.9	(0.3)	0.2	(0.2)
中国香港	2.1	(0.5)	6.0	(0.7)	14.1	(1.1)	24.0	(1.5)	28.5	(1.5)	18.9	(1.2)	6.4	(0.8)
印度尼西亚	34.5	(2.2)	36.9	(1.7)	21.2	(1.5)	5.8	(0.9)	1.4	(0.7)	0.2	(0.2)	0.0	c
约旦	21.7	(1.6)	35.1	(1.5)	29.6	(1.3)	11.5	(1.1)	1.9	(0.5)	0.2	(0.1)	0.0	c
哈萨克斯坦	16.5	(1.3)	38.0	(1.6)	33.5	(1.5)	10.8	(1.4)	1.1	(0.4)	0.0	c	0.0	c
拉脱维亚	5.5	(0.8)	16.6	(1.5)	28.4	(1.7)	29.5	(1.2)	15.7	(1.4)	3.8	(0.7)	0.5	(0.2)
列支敦士登	5.9	(2.1)	12.0	(3.8)	18.8	(3.5)	21.4	(4.3)	24.0	(4.0)	14.3	(3.3)	3.5	(1.8)
立陶宛	8.9	(0.9)	17.1	(1.3)	27.7	(1.1)	24.8	(1.3)	15.1	(1.1)	5.3	(0.6)	1.1	(0.3)
中国澳门	2.9	(0.3)	8.4	(0.7)	19.5	(0.8)	27.5	(1.3)	25.3	(1.3)	12.4	(0.8)	4.1	(0.6)
马来西亚	18.3	(1.2)	26.6	(1.2)	30.6	(1.4)	17.4	(1.1)	5.9	(0.9)	1.1	(0.3)	0.1	(0.1)
黑山	24.0	(1.0)	29.2	(1.3)	26.9	(1.3)	13.4	(1.0)	5.2	(0.8)	1.2	(0.3)	0.1	(0.1)
秘鲁	44.6	(2.3)	31.9	(1.5)	17.0	(1.2)	5.1	(0.9)	1.2	(0.5)	0.1	(0.1)	0.0	c
卡塔尔	40.8	(0.8)	25.7	(0.9)	16.9	(0.8)	10.1	(0.6)	4.5	(0.3)	1.7	(0.3)	0.3	(0.1)
罗马尼亚	14.5	(1.4)	28.0	(1.8)	30.7	(1.5)	19.4	(1.1)	6.3	(0.9)	0.9	(0.3)	0.0	c
俄罗斯	9.4	(1.0)	20.0	(1.1)	28.7	(1.4)	24.8	(1.4)	12.5	(0.9)	4.1	(0.6)	0.5	(0.2)
塞尔维亚	15.3	(1.5)	24.4	(1.7)	28.8	(1.5)	20.5	(1.3)	8.7	(1.0)	2.1	(0.5)	0.3	(0.2)
中国上海	0.9	(0.2)	3.1	(0.5)	9.3	(0.8)	17.4	(0.9)	24.6	(1.0)	24.4	(1.0)	20.3	(1.3)
新加坡	1.9	(0.4)	6.3	(0.6)	14.4	(1.1)	20.7	(1.5)	23.3	(1.0)	18.8	(1.1)	14.7	(0.9)
中国台北	3.7	(0.5)	8.3	(0.7)	15.2	(1.4)	21.2	(1.2)	21.7	(1.1)	17.7	(1.1)	12.2	(1.0)
泰国	12.7	(1.0)	27.7	(1.7)	33.0	(1.3)	18.1	(1.1)	6.3	(0.9)	1.8	(0.5)	0.4	(0.2)
突尼斯	27.9	(1.9)	36.6	(1.7)	24.5	(1.3)	8.4	(1.0)	2.2	(0.8)	0.3	(0.2)	0.0	c
阿联酋	16.2	(1.2)	27.7	(1.3)	28.6	(1.0)	18.3	(1.0)	7.0	(0.6)	1.9	(0.3)	0.3	(0.1)
乌拉圭	28.8	(1.5)	31.8	(1.1)	23.9	(1.1)	11.5	(1.0)	3.5	(0.7)	0.5	(0.2)	0.0	c
越南	2.2	(0.5)	7.9	(1.1)	20.4	(1.6)	31.4	(1.8)	26.1	(1.5)	10.1	(1.2)	1.9	(0.5)

1. 土耳其提供的注释:本文中塞浦路斯指岛的南部。岛上没有一个统一的当局代表土耳其和希腊塞浦路斯人,土耳其承认北塞浦路斯土耳其共和国(TRNC),土耳其将保留对塞浦路斯问题的看法,直到在联合国背景下作出持久和公平的决定。

2. 欧盟和 OECD 的欧盟成员国提供的注释:除土耳其外,联合国所有成员均承认塞浦路斯共和国,文中塞浦路斯指的是在塞浦路斯共和国有效控制下的区域。

附表 3.25 ■ 学生数学分不确定性和数据量表的平均分、变异和性别差异

		所有学生			性别差异						百分位数											
	平均分		标准差		男生		女生		差值(男生−女生)		第5		第10		第25		第75		第90		第95	
	均值	标准误	标准差	标准误	平均分	标准误	平均分	标准误	分差	标准误	分数	标准误	分数	标准误	分数	标准误	分数	标准误	分数	标准误	分数	标准误
澳大利亚	508	(1.5)	97	(1.1)	511	(2.3)	504	(1.9)	7	(3.0)	349	(2.5)	384	(2.2)	441	(1.8)	575	(2.0)	633	(2.7)	666	(3.1)
奥地利	499	(2.7)	95	(1.9)	508	(3.6)	489	(3.6)	18	(4.7)	339	(7.0)	374	(4.8)	433	(3.8)	567	(3.0)	618	(3.1)	647	(3.9)
比利时	508	(2.5)	110	(1.8)	511	(3.2)	504	(2.9)	7	(3.0)	323	(7.8)	366	(5.4)	435	(3.3)	585	(2.8)	647	(3.4)	681	(3.2)
加拿大	516	(1.8)	90	(0.9)	521	(2.2)	512	(2.0)	9	(2.1)	367	(2.9)	401	(2.4)	456	(2.4)	579	(2.3)	632	(2.5)	661	(2.6)
智利	430	(2.9)	76	(1.4)	440	(3.6)	421	(2.8)	19	(3.1)	309	(3.9)	335	(3.4)	378	(3.1)	481	(3.6)	531	(4.0)	561	(4.1)
捷克	488	(2.8)	92	(2.0)	493	(3.4)	483	(3.3)	11	(3.9)	338	(6.3)	371	(4.3)	426	(3.5)	551	(3.2)	606	(3.5)	638	(3.5)
丹麦	505	(2.4)	85	(1.3)	512	(2.9)	498	(2.2)	14	(2.4)	363	(5.0)	396	(3.7)	448	(3.1)	564	(2.7)	614	(3.3)	642	(3.9)
爱沙尼亚	510	(2.0)	81	(1.1)	513	(2.5)	507	(2.2)	6	(2.3)	378	(4.0)	408	(2.9)	456	(2.5)	565	(2.4)	615	(2.7)	645	(4.1)
芬兰	519	(2.4)	91	(1.4)	516	(2.9)	521	(2.6)	−5	(2.8)	367	(4.6)	403	(3.3)	460	(2.6)	580	(2.8)	634	(3.0)	664	(3.8)
法国	492	(2.7)	103	(1.8)	492	(3.7)	492	(2.8)	1	(3.7)	317	(6.7)	355	(4.2)	421	(3.7)	567	(3.3)	622	(4.0)	653	(3.4)
德国	509	(3.0)	101	(1.8)	516	(3.2)	502	(3.6)	14	(3.0)	340	(4.6)	376	(4.2)	439	(3.7)	581	(3.9)	639	(4.4)	669	(5.0)
希腊	460	(2.6)	87	(1.4)	463	(3.5)	458	(2.7)	5	(3.0)	312	(4.4)	347	(4.3)	402	(3.5)	519	(3.1)	572	(3.3)	602	(3.5)
匈牙利	476	(3.3)	94	(2.5)	479	(3.5)	472	(4.0)	7	(3.7)	318	(4.2)	353	(4.8)	412	(3.8)	541	(3.4)	599	(6.7)	632	(7.2)
冰岛	496	(1.8)	98	(1.7)	491	(2.4)	501	(3.0)	−11	(3.3)	329	(4.0)	365	(3.9)	430	(3.1)	565	(2.6)	620	(3.0)	652	(3.6)
爱尔兰	509	(2.5)	88	(1.4)	516	(3.7)	501	(2.9)	14	(4.3)	361	(5.9)	395	(4.4)	450	(3.5)	569	(2.7)	619	(2.5)	648	(3.2)
以色列	465	(4.7)	108	(2.0)	471	(7.9)	459	(3.4)	11	(7.7)	283	(8.0)	323	(6.3)	391	(5.5)	542	(5.4)	605	(6.2)	641	(5.8)
意大利	482	(2.0)	96	(1.1)	490	(2.4)	475	(2.2)	15	(2.2)	321	(2.9)	359	(2.7)	418	(2.4)	549	(2.6)	605	(2.6)	637	(2.9)
日本	528	(3.5)	90	(2.0)	534	(4.6)	522	(3.4)	12	(4.2)	376	(6.0)	410	(5.1)	468	(4.4)	591	(4.1)	642	(4.6)	671	(4.9)
韩国	538	(4.2)	97	(1.9)	546	(5.3)	528	(4.8)	18	(5.8)	374	(7.0)	413	(5.7)	473	(4.1)	606	(4.8)	661	(4.8)	690	(5.6)
卢森堡	483	(1.0)	100	(1.0)	494	(1.5)	471	(1.4)	23	(2.1)	319	(3.4)	352	(2.5)	411	(2.0)	555	(1.6)	613	(2.2)	645	(2.6)
墨西哥	413	(1.2)	67	(0.7)	417	(1.4)	409	(1.3)	9	(1.1)	303	(1.8)	328	(2.0)	368	(1.5)	457	(1.4)	499	(1.8)	524	(2.1)
荷兰	532	(3.8)	99	(2.6)	536	(4.0)	527	(4.0)	9	(3.0)	367	(7.4)	399	(6.3)	461	(5.2)	606	(4.7)	659	(4.2)	687	(4.1)
新西兰	506	(2.6)	106	(1.6)	509	(3.9)	502	(3.1)	7	(4.7)	332	(5.3)	370	(4.5)	432	(3.2)	580	(3.3)	644	(3.8)	680	(4.5)
挪威	497	(3.0)	91	(2.1)	496	(3.2)	497	(3.5)	−1	(3.0)	345	(5.6)	381	(4.4)	437	(3.1)	558	(2.8)	613	(3.0)	644	(4.3)
波兰	517	(3.6)	87	(1.9)	518	(4.0)	516	(3.8)	2	(3.1)	374	(3.6)	403	(3.7)	456	(3.4)	578	(3.8)	630	(5.8)	660	(6.8)
葡萄牙	486	(3.8)	91	(1.4)	492	(4.1)	480	(3.8)	12	(2.4)	334	(5.2)	366	(4.4)	423	(4.4)	550	(4.0)	604	(3.7)	632	(3.9)
斯洛伐克	472	(3.6)	100	(2.5)	477	(3.4)	466	(4.0)	11	(4.2)	305	(7.4)	343	(5.9)	405	(4.8)	541	(4.4)	599	(4.7)	633	(5.8)
斯洛文尼亚	496	(1.2)	92	(0.9)	495	(1.7)	497	(2.1)	−3	(2.9)	347	(3.1)	378	(3.3)	430	(2.0)	562	(2.2)	619	(2.4)	648	(3.2)
西班牙	487	(2.3)	94	(1.1)	495	(2.8)	478	(2.1)	16	(2.3)	329	(4.6)	367	(3.5)	425	(2.8)	552	(2.5)	605	(2.4)	635	(2.6)
瑞典	483	(2.5)	93	(1.4)	482	(3.2)	483	(2.7)	−1	(3.1)	327	(5.8)	363	(3.4)	420	(3.2)	547	(3.4)	603	(3.2)	634	(4.1)
瑞士	522	(3.2)	97	(1.6)	529	(3.6)	514	(3.3)	14	(2.8)	357	(4.7)	396	(3.6)	457	(3.4)	589	(3.9)	644	(4.3)	677	(4.4)
土耳其	447	(4.6)	91	(2.7)	452	(5.0)	443	(5.3)	9	(4.6)	307	(4.5)	336	(3.3)	383	(3.6)	506	(7.2)	573	(9.0)	610	(8.4)
英国	502	(3.0)	97	(1.6)	509	(4.1)	496	(3.8)	13	(4.7)	341	(5.0)	378	(4.0)	436	(3.7)	570	(3.3)	626	(3.5)	659	(4.3)
美国	488	(3.5)	91	(1.5)	490	(3.8)	487	(3.8)	3	(2.8)	343	(4.5)	374	(4.3)	425	(3.9)	551	(4.4)	605	(4.2)	637	(4.8)
OECD 国家	487	(1.1)	97	(0.5)	492	(1.2)	483	(1.2)	9	(1.1)	332	(1.2)	364	(1.2)	419	(1.3)	556	(1.5)	615	(1.5)	648	(1.6)
OECD 各国平均	493	(0.5)	93	(0.3)	497	(0.6)	489	(0.5)	9	(0.6)	338	(0.9)	373	(0.7)	430	(0.6)	558	(0.6)	613	(0.7)	644	(0.8)
阿尔巴尼亚	386	(2.4)	96	(1.7)	385	(2.9)	388	(3.0)	−3	(3.4)	219	(5.5)	264	(4.6)	327	(3.4)	450	(2.7)	505	(3.0)	537	(4.7)
阿根廷	389	(3.5)	81	(1.9)	395	(4.2)	383	(3.0)	12	(2.8)	258	(7.5)	287	(4.5)	335	(4.3)	443	(3.9)	492	(4.1)	521	(4.4)
巴西	402	(2.0)	71	(1.4)	408	(2.1)	396	(2.2)	12	(1.6)	289	(2.4)	314	(2.4)	355	(2.1)	447	(2.4)	495	(3.7)	524	(4.7)
保加利亚	432	(3.9)	90	(2.4)	430	(4.7)	433	(4.2)	−3	(4.4)	285	(6.7)	318	(5.4)	370	(4.3)	493	(5.0)	549	(5.5)	581	(6.3)
哥伦比亚	388	(2.4)	67	(1.5)	395	(3.1)	382	(2.6)	12	(2.8)	280	(4.4)	303	(3.2)	344	(3.0)	431	(2.9)	473	(3.8)	501	(4.7)
哥斯达黎加	414	(2.9)	63	(1.5)	425	(3.3)	405	(2.9)	20	(2.2)	315	(4.3)	336	(3.5)	372	(3.2)	455	(3.6)	496	(3.9)	521	(4.6)
克罗地亚	468	(3.5)	90	(2.2)	473	(4.3)	463	(3.8)	10	(4.2)	324	(4.3)	354	(3.4)	405	(3.4)	529	(4.7)	587	(6.4)	619	(7.0)
塞浦路斯	442	(1.1)	90	(1.4)	440	(1.7)	444	(1.8)	−4	(2.5)	292	(2.8)	326	(2.9)	381	(1.8)	504	(2.1)	557	(2.4)	589	(3.4)
中国香港	553	(3.0)	91	(1.8)	558	(4.4)	547	(3.5)	12	(5.3)	392	(5.6)	430	(4.8)	494	(4.0)	617	(3.3)	666	(3.5)	694	(4.9)
印度尼西亚	384	(3.9)	68	(3.0)	383	(4.0)	385	(4.4)	−3	(3.0)	276	(4.7)	300	(4.9)	339	(4.0)	427	(4.6)	470	(7.5)	501	(9.6)
约旦	394	(3.2)	77	(2.8)	378	(5.6)	409	(3.2)	−30	(6.5)	266	(5.9)	297	(4.7)	346	(3.4)	443	(3.2)	489	(4.5)	517	(6.3)
哈萨克斯坦	414	(2.6)	58	(1.3)	413	(3.0)	414	(2.9)	−1	(2.5)	318	(2.8)	339	(2.9)	374	(2.7)	453	(3.4)	490	(3.9)	511	(5.3)
拉脱维亚	478	(2.8)	79	(1.2)	477	(3.2)	480	(3.2)	−3	(3.0)	350	(5.4)	378	(3.4)	424	(2.9)	533	(3.5)	581	(2.9)	607	(5.1)
列支敦士登	526	(3.9)	97	(3.3)	536	(6.1)	514	(5.7)	22	(9.0)	359	(11.8)	390	(12.6)	456	(9.1)	599	(5.9)	648	(8.6)	679	(11.4)
立陶宛	474	(2.7)	91	(1.3)	472	(3.0)	475	(3.0)	−2	(2.6)	324	(4.0)	357	(3.9)	412	(3.4)	536	(3.2)	593	(4.2)	624	(4.5)
中国澳门	525	(1.1)	89	(0.9)	526	(1.6)	524	(1.5)	2	(2.2)	374	(2.7)	409	(2.3)	467	(1.6)	587	(1.9)	637	(2.1)	666	(2.5)
马来西亚	422	(3.2)	81	(1.6)	414	(3.6)	429	(3.2)	−15	(3.4)	287	(4.4)	318	(4.2)	367	(3.3)	476	(3.9)	526	(4.8)	557	(6.2)
黑山	415	(1.0)	85	(1.6)	416	(1.6)	416	(1.6)	−2	(2.7)	288	(3.0)	308	(2.4)	357	(1.8)	470	(2.0)	526	(2.6)	559	(3.9)
秘鲁	373	(3.3)	75	(2.0)	379	(3.2)	368	(3.6)	10	(3.3)	252	(4.4)	279	(3.8)	323	(3.2)	422	(3.7)	470	(5.3)	501	(6.8)
卡塔尔	382	(0.8)	100	(0.7)	375	(1.2)	389	(1.2)	−13	(1.7)	234	(2.2)	263	(1.9)	311	(1.2)	445	(1.6)	518	(2.0)	565	(2.7)
罗马尼亚	437	(3.3)	76	(1.8)	437	(3.9)	436	(3.6)	1	(3.1)	314	(4.6)	340	(4.1)	384	(3.7)	487	(3.7)	536	(4.9)	567	(5.9)
俄罗斯	463	(3.3)	85	(1.5)	461	(3.8)	465	(3.4)	−5	(3.0)	323	(4.9)	355	(4.8)	406	(3.9)	521	(3.5)	572	(4.0)	601	(4.8)
塞尔维亚	448	(3.4)	86	(1.9)	454	(4.1)	443	(3.4)	12	(3.8)	310	(5.7)	341	(4.1)	391	(3.9)	505	(4.5)	559	(4.7)	592	(5.4)
中国上海	592	(3.0)	96	(1.9)	594	(3.7)	590	(3.1)	4	(3.2)	427	(5.9)	464	(5.1)	528	(4.1)	660	(3.6)	712	(3.6)	741	(5.7)
新加坡	559	(1.5)	104	(0.8)	558	(2.0)	561	(2.0)	−4	(2.7)	384	(3.4)	421	(2.8)	487	(2.6)	634	(2.0)	692	(2.4)	725	(2.6)
中国台北	549	(3.2)	108	(2.1)	550	(5.0)	547	(5.6)	4	(8.5)	364	(6.6)	403	(4.7)	474	(4.4)	627	(3.9)	684	(4.6)	716	(4.7)
泰国	433	(3.1)	77	(2.1)	424	(3.4)	440	(3.7)	−16	(3.3)	312	(4.4)	339	(3.5)	383	(3.0)	480	(4.2)	531	(6.0)	565	(7.2)
突尼斯	399	(3.6)	71	(2.7)	402	(4.0)	397	(3.7)	4	(2.9)	287	(4.1)	311	(4.3)	352	(3.6)	443	(4.3)	489	(6.6)	520	(10.3)
阿联酋	432	(2.4)	86	(1.1)	428	(3.7)	435	(3.1)	−7	(4.7)	296	(3.3)	324	(2.7)	372	(2.4)	489	(3.2)	546	(3.5)	581	(4.0)
乌拉圭	407	(2.7)	81	(1.9)	412	(3.5)	402	(2.8)	10	(3.1)	279	(5.2)	305	(3.8)	351	(3.4)	460	(3.2)	515	(4.4)	548	(6.1)
越南	519	(4.8)	79	(2.4)	520	(5.1)	519	(4.1)	1	(2.6)	385	(8.4)	416	(6.8)	466	(5.9)	574	(3.9)	619	(4.8)	646	(6.7)

注:统计上有显著性的值用粗体表示。
1. 土耳其提供的注释:本文中塞浦路斯指岛的南部。岛上没有一个统一的当局代表土耳其和希腊塞浦路斯人,土耳其承认北塞浦路斯土耳其共和国(TRNC),土耳其将保留对塞浦路斯问题的看法,直到在联合国背景下作出持久和公平的决定。
2. 欧盟和 OECD 的欧盟成员国提供的注释:除土耳其外,联合国所有成员均承认塞浦路斯共和国,文中塞浦路斯指的是在塞浦路斯共和国有效控制下的区域。

第四章附表

附表 4.1 ■ 数学成绩与 PISA 测试前两周学生迟到次数

结果基于学生自我报告

		PISA 测试前两周学生迟到次数及百分比								PISA 测试前两周学生迟到次数及数学成绩							
		没 有		一到两次		三到四次		五次或更多		没 有		一到两次		三到四次		五次或更多	
		%	标准误	%	标准误	%	标准误	%	标准误	平均分	标准误	平均分	标准误	平均分	标准误	平均分	标准误
OECD	澳大利亚	64.5	(0.6)	25.4	(0.5)	6.6	(0.3)	3.5	(0.2)	517	(1.7)	495	(2.4)	469	(4.3)	456	(5.5)
	奥地利	79.1	(0.9)	15.6	(0.7)	3.2	(0.3)	2.0	(0.3)	508	(2.8)	503	(5.7)	485	(9.5)	477	(12.3)
	比利时	72.7	(0.7)	20.8	(0.6)	3.7	(0.3)	2.8	(0.2)	528	(2.1)	493	(4.0)	458	(7.0)	426	(8.4)
	加拿大	56.9	(0.7)	28.6	(0.5)	9.2	(0.4)	5.4	(0.3)	534	(1.8)	510	(2.9)	491	(3.4)	471	(4.5)
	智利	47.0	(1.1)	35.0	(0.7)	10.5	(0.5)	7.5	(0.5)	436	(3.1)	418	(3.3)	407	(4.6)	391	(6.0)
	捷克共和国	73.0	(0.8)	20.7	(0.7)	3.3	(0.3)	3.0	(0.3)	508	(3.0)	481	(4.1)	467	(12.3)	447	(12.2)
	丹麦	61.5	(1.1)	26.3	(0.7)	7.5	(0.4)	4.6	(0.4)	509	(2.2)	494	(3.2)	480	(4.3)	471	(7.6)
	爱沙尼亚	58.9	(0.9)	29.1	(0.7)	7.8	(0.3)	4.2	(0.4)	529	(2.2)	518	(2.9)	493	(4.7)	486	(7.1)
	芬兰	57.0	(0.9)	30.8	(0.7)	8.2	(0.5)	4.0	(0.3)	532	(2.6)	512	(2.3)	495	(3.3)	465	(7.1)
	法国	67.7	(0.9)	24.4	(0.7)	5.0	(0.4)	2.8	(0.3)	509	(2.7)	480	(3.5)	445	(7.8)	421	(10.4)
	德国	77.3	(0.8)	17.8	(0.7)	3.0	(0.3)	1.9	(0.2)	521	(3.2)	509	(4.7)	507	(10.1)	488	(13.6)
	希腊	50.7	(1.0)	29.3	(0.7)	10.5	(0.5)	9.4	(0.4)	456	(2.7)	452	(3.6)	458	(4.4)	440	(5.5)
	匈牙利	75.9	(1.2)	18.6	(1.0)	2.9	(0.4)	2.6	(0.3)	490	(3.0)	443	(6.6)	446	(12.7)	409	(11.7)
	冰岛	65.0	(0.8)	26.8	(0.8)	5.7	(0.4)	2.5	(0.2)	505	(2.2)	479	(3.2)	467	(8.1)	446	(12.1)
	爱尔兰	72.6	(1.0)	20.1	(0.7)	4.8	(0.4)	2.5	(0.3)	510	(1.9)	485	(3.7)	474	(7.4)	450	(9.4)
	以色列	45.7	(1.3)	35.7	(0.8)	11.0	(0.6)	7.7	(0.5)	477	(4.7)	466	(4.6)	456	(6.5)	444	(10.5)
	意大利	64.8	(0.6)	26.3	(0.5)	5.4	(0.3)	3.5	(0.2)	497	(2.2)	472	(2.3)	456	(4.4)	436	(5.1)
	日本	91.1	(0.6)	7.5	(0.5)	1.0	(0.1)	0.5	(0.1)	541	(3.3)	512	(8.5)	479	(16.5)	468	(25.1)
	韩国	74.9	(1.0)	17.3	(0.7)	4.6	(0.4)	3.2	(0.3)	565	(4.4)	529	(5.1)	501	(7.3)	499	(12.3)
	卢森堡	70.9	(0.5)	21.4	(0.5)	4.6	(0.3)	3.1	(0.2)	496	(1.4)	478	(3.0)	475	(6.0)	463	(7.2)
	墨西哥	60.1	(0.6)	31.9	(0.5)	5.9	(0.2)	2.1	(0.1)	418	(1.6)	409	(1.5)	406	(2.5)	397	(4.7)
	荷兰	69.7	(1.0)	23.4	(0.8)	5.2	(0.4)	3.2	(0.3)	535	(3.5)	509	(4.7)	477	(9.8)	461	(9.4)
	新西兰	57.9	(1.3)	28.0	(0.8)	8.9	(0.6)	5.2	(0.4)	520	(2.6)	486	(3.3)	464	(5.7)	440	(6.4)
	挪威	70.8	(1.0)	21.2	(0.7)	4.9	(0.4)	3.1	(0.4)	502	(2.8)	472	(4.8)	456	(6.5)	420	(9.3)
	波兰	57.6	(1.2)	28.2	(0.7)	8.0	(0.4)	6.2	(0.4)	525	(3.6)	517	(4.6)	499	(6.1)	476	(6.2)
	葡萄牙	44.8	(1.0)	39.0	(0.7)	10.2	(0.5)	6.0	(0.4)	495	(4.2)	486	(3.7)	484	(5.9)	465	(7.6)
	斯洛伐克共和国	73.8	(0.9)	20.1	(0.8)	3.7	(0.3)	2.5	(0.3)	490	(3.2)	494	(5.8)	433	(8.9)	406	(14.4)
	斯洛文尼亚	60.4	(0.7)	29.1	(0.6)	5.9	(0.4)	4.5	(0.3)	511	(2.1)	494	(2.8)	482	(6.7)	462	(6.1)
	西班牙	64.7	(0.8)	24.3	(0.6)	6.5	(0.2)	4.4	(0.3)	495	(2.0)	472	(2.8)	466	(4.5)	448	(5.7)
	瑞典	44.4	(1.0)	34.3	(0.7)	12.9	(0.5)	8.4	(0.5)	497	(2.7)	477	(2.8)	460	(4.0)	438	(5.6)
	瑞士	75.7	(0.8)	19.4	(0.6)	3.4	(0.3)	1.5	(0.1)	533	(3.0)	530	(4.7)	512	(9.2)	503	(10.8)
	土耳其	56.2	(1.0)	30.1	(0.7)	8.4	(0.5)	5.3	(0.4)	454	(5.5)	442	(4.3)	433	(6.8)	444	(7.7)
	英国	68.2	(0.8)	24.0	(0.6)	5.1	(0.3)	2.7	(0.2)	509	(3.1)	471	(4.0)	469	(5.9)	440	(9.9)
	美国	69.9	(1.2)	21.8	(0.8)	5.1	(0.4)	3.2	(0.3)	494	(3.5)	465	(4.4)	427	(7.0)	427	(7.9)
	OECD 平均	64.7	(0.2)	25.1	(0.1)	6.2	(0.1)	4.0	(0.1)	504	(0.5)	483	(0.7)	467	(1.3)	449	(1.7)
伙伴国家（地区）	阿尔巴尼亚	64.7	(0.7)	27.8	(0.6)	4.9	(0.4)	2.6	(0.3)	392	(2.6)	395	(3.2)	395	(7.5)	413	(10.3)
	阿根廷	53.0	(1.3)	28.6	(0.8)	9.9	(0.6)	8.5	(0.6)	401	(4.0)	381	(3.4)	378	(4.6)	359	(6.0)
	巴西	66.3	(0.8)	24.8	(0.6)	5.5	(0.3)	3.4	(0.2)	394	(2.3)	391	(2.5)	388	(4.6)	372	(4.5)
	保加利亚	41.0	(1.1)	37.0	(0.7)	12.7	(0.6)	9.3	(0.7)	456	(4.8)	438	(4.0)	422	(4.4)	399	(5.4)
	哥伦比亚	64.1	(1.4)	29.0	(1.1)	4.8	(0.4)	2.2	(0.3)	380	(3.0)	374	(3.1)	363	(5.2)	354	(9.3)
	哥斯达黎加	42.5	(1.1)	37.9	(0.9)	12.2	(0.7)	7.3	(0.4)	408	(3.8)	404	(3.3)	411	(4.4)	413	(4.7)
	克罗地亚	66.1	(0.9)	26.0	(0.7)	5.4	(0.3)	2.5	(0.3)	479	(3.7)	461	(4.0)	460	(6.5)	417	(9.5)
	塞浦路斯[2,3]	52.3	(0.7)	28.0	(0.5)	10.6	(0.5)	9.1	(0.5)	452	(1.8)	440	(2.4)	426	(3.9)	408	(4.4)
	中国香港	85.4	(0.6)	12.5	(0.5)	1.3	(0.1)	0.8	(0.1)	569	(3.1)	533	(5.8)	494	(15.2)	469	(22.7)
	印度尼西亚	73.0	(1.0)	22.2	(0.9)	3.0	(0.3)	1.7	(0.3)	379	(4.3)	365	(4.0)	369	(11.1)	358	(9.6)
	约旦	64.6	(0.8)	25.1	(0.7)	5.5	(0.4)	4.8	(0.4)	392	(3.3)	387	(3.1)	368	(5.4)	371	(6.4)
	哈萨克斯坦	71.8	(1.2)	23.6	(0.9)	3.3	(0.3)	1.3	(0.2)	435	(3.1)	424	(4.1)	418	(7.1)	405	(9.1)
	拉脱维亚	43.7	(1.2)	35.0	(0.9)	12.7	(0.6)	8.6	(0.7)	496	(3.5)	494	(3.3)	482	(4.5)	465	(5.9)
	列支敦士登	81.3	(2.3)	16.5	(2.1)	c	c	c	c	541	(4.7)	514	(15.1)	c	c	c	c
	立陶宛	56.3	(1.2)	31.2	(0.9)	7.5	(0.4)	5.0	(0.4)	487	(2.6)	474	(3.7)	464	(5.8)	441	(9.1)
	中国澳门	74.9	(0.5)	20.9	(0.5)	2.7	(0.2)	1.5	(0.2)	551	(1.2)	511	(2.7)	488	(9.1)	454	(9.7)
	马来西亚	66.4	(1.0)	23.3	(0.8)	6.2	(0.4)	4.1	(0.3)	434	(3.4)	400	(3.3)	383	(5.6)	376	(6.4)
	黑山共和国	60.6	(0.9)	29.7	(0.8)	5.4	(0.3)	4.4	(0.3)	415	(1.3)	407	(2.4)	413	(6.0)	364	(6.4)
	秘鲁	47.2	(1.2)	36.2	(0.9)	11.0	(0.5)	5.7	(0.5)	379	(4.6)	360	(3.8)	361	(4.4)	345	(5.8)
	卡塔尔	60.5	(0.5)	26.9	(0.4)	7.5	(0.2)	5.1	(0.2)	395	(1.1)	359	(1.9)	341	(3.1)	319	(3.7)
	罗马尼亚	54.2	(1.1)	31.4	(0.8)	7.8	(0.5)	6.6	(0.5)	450	(3.9)	447	(4.2)	436	(7.1)	408	(5.4)
	俄罗斯联邦	53.3	(1.3)	30.9	(0.9)	8.2	(0.5)	7.6	(0.5)	494	(3.2)	475	(3.6)	474	(4.3)	439	(5.8)
	塞尔维亚	58.2	(1.0)	30.4	(0.8)	6.6	(0.4)	4.8	(0.4)	455	(3.7)	445	(4.0)	440	(6.9)	414	(8.4)
	中国上海	83.4	(0.7)	13.1	(0.6)	2.1	(0.3)	1.3	(0.2)	620	(3.2)	581	(5.9)	558	(10.2)	545	(15.5)
	新加坡	79.4	(0.5)	16.9	(0.5)	2.4	(0.2)	1.3	(0.2)	583	(1.5)	547	(3.5)	504	(8.5)	473	(15.5)
	中国台北	77.7	(0.8)	14.7	(0.6)	4.5	(0.3)	3.1	(0.3)	570	(3.4)	536	(5.2)	511	(8.5)	485	(12.7)
	泰国	65.9	(1.2)	24.0	(0.8)	6.3	(0.5)	3.8	(0.3)	434	(3.9)	417	(3.7)	411	(6.2)	391	(6.6)
	突尼斯	48.2	(0.9)	38.4	(0.9)	7.6	(0.4)	5.7	(0.4)	391	(4.5)	388	(4.3)	382	(4.9)	383	(7.5)
	阿拉伯联合酋长国	68.5	(0.7)	22.8	(0.5)	5.0	(0.2)	3.8	(0.2)	444	(2.4)	418	(3.2)	412	(5.4)	398	(7.7)
	乌拉圭	40.7	(0.9)	38.1	(0.7)	12.6	(0.5)	8.6	(0.5)	415	(3.9)	410	(2.8)	412	(4.7)	385	(5.4)
	越南	83.8	(0.8)	14.2	(0.7)	1.4	(0.2)	0.7	(0.2)	517	(4.9)	488	(6.4)	460	(11.2)	472	(18.0)

附表 4.1 ■ 数学成绩与 PISA 测试前两周学生迟到次数(续表 1)

结果基于学生自我报告

		PISA 测试前两周迟到学生的百分比												
		所有学生		男 生		女 生		ESCS 最低 1/4		ESCS 第二个 1/4		ESCS 第三个 1/4		ESCS 最高 1/4	
		%	标准误	%	标准误	%	标准误	%	标准误	%	标准误	%	标准误	%	标准误
OECD	澳大利亚	35.5	(0.6)	34.6	(0.7)	36.6	(0.8)	37.4	(1.1)	38.2	(0.8)	35.2	(1.1)	31.3	(1.0)
	奥地利	20.9	(0.9)	20.7	(1.3)	21.0	(1.2)	20.8	(1.6)	18.7	(1.3)	18.4	(1.3)	25.7	(1.8)
	比利时	27.3	(0.7)	28.4	(0.9)	26.3	(0.8)	29.9	(1.4)	28.3	(1.3)	24.8	(1.1)	25.4	(1.2)
	加拿大	43.1	(0.7)	43.9	(0.7)	42.4	(0.9)	45.5	(1.3)	43.1	(1.1)	44.0	(1.2)	39.6	(0.9)
	智利	53.0	(1.1)	51.9	(1.3)	54.0	(1.4)	56.5	(2.1)	54.8	(1.7)	54.4	(1.7)	46.7	(1.6)
	捷克共和国	27.0	(0.8)	29.6	(1.2)	24.3	(1.1)	30.6	(1.7)	25.3	(1.6)	25.5	(1.6)	26.7	(1.4)
	丹麦	38.5	(1.1)	41.9	(1.4)	35.1	(1.2)	39.9	(1.6)	38.5	(1.7)	36.9	(1.5)	38.4	(1.8)
	爱沙尼亚	41.1	(0.9)	45.0	(1.3)	37.4	(1.1)	40.1	(1.8)	41.5	(1.4)	44.1	(1.6)	38.9	(1.5)
	芬兰	43.0	(0.9)	46.1	(1.2)	39.8	(1.1)	45.8	(1.6)	41.8	(1.5)	43.9	(1.5)	40.1	(1.4)
	法国	32.3	(0.9)	33.5	(1.1)	31.1	(1.2)	36.0	(2.0)	32.7	(1.7)	31.9	(1.6)	27.9	(1.3)
	德国	22.7	(0.8)	22.9	(1.0)	22.4	(0.9)	24.0	(1.5)	19.7	(1.4)	21.4	(1.3)	24.7	(1.5)
	希腊	49.3	(1.0)	49.1	(1.3)	49.5	(1.1)	42.4	(1.7)	51.1	(1.3)	52.6	(1.7)	51.1	(1.8)
	匈牙利	24.1	(1.2)	25.2	(1.6)	23.0	(1.4)	31.8	(2.7)	22.2	(1.6)	22.8	(1.7)	19.4	(1.9)
	冰岛	35.0	(0.8)	38.9	(1.1)	31.1	(1.1)	35.7	(1.8)	37.1	(1.6)	35.9	(1.8)	30.9	(1.4)
	爱尔兰	27.4	(1.0)	29.8	(1.5)	24.8	(1.2)	30.2	(2.1)	28.5	(1.5)	26.0	(1.5)	24.4	(1.5)
	以色列	54.3	(1.1)	53.1	(1.5)	55.6	(1.4)	57.3	(1.6)	56.8	(1.6)	53.3	(1.7)	50.6	(1.9)
	意大利	35.2	(0.6)	36.8	(0.7)	33.5	(0.9)	37.2	(1.0)	35.9	(0.8)	33.4	(0.8)	34.3	(1.1)
	日本	8.9	(0.6)	10.4	(0.7)	7.4	(0.6)	11.2	(1.2)	7.5	(0.9)	8.7	(0.8)	8.2	(0.7)
	韩国	25.1	(1.0)	25.7	(1.3)	24.3	(1.3)	29.3	(1.8)	25.9	(1.4)	24.5	(1.3)	20.6	(1.6)
	卢森堡	29.1	(0.5)	29.5	(0.9)	28.7	(0.7)	31.4	(1.1)	28.1	(1.1)	29.1	(1.1)	28.5	(1.1)
	墨西哥	39.9	(0.6)	39.9	(0.7)	39.9	(0.7)	33.1	(0.9)	40.6	(0.9)	43.6	(0.8)	42.2	(1.1)
	荷兰	30.3	(1.0)	31.2	(1.3)	29.4	(1.2)	33.2	(1.7)	29.4	(1.5)	27.7	(1.4)	30.7	(1.8)
	新西兰	42.1	(1.3)	40.9	(1.5)	43.3	(1.7)	50.8	(1.8)	40.0	(1.7)	42.9	(1.5)	33.4	(1.9)
	挪威	29.2	(1.0)	30.2	(1.2)	28.1	(1.1)	30.8	(1.6)	29.7	(1.6)	28.2	(1.4)	27.6	(1.5)
	波兰	42.4	(1.2)	47.5	(1.5)	37.4	(1.4)	37.3	(1.9)	38.7	(1.9)	46.1	(1.8)	47.0	(1.8)
	葡萄牙	55.2	(1.0)	54.4	(1.4)	56.0	(1.3)	56.6	(1.9)	53.3	(1.4)	56.5	(1.6)	54.4	(1.6)
	斯洛伐克共和国	26.2	(0.9)	28.4	(1.2)	23.9	(1.2)	29.5	(1.7)	24.2	(1.7)	27.0	(1.6)	24.1	(1.4)
	斯洛文尼亚	39.6	(0.8)	39.2	(1.2)	40.0	(1.1)	39.8	(1.4)	39.7	(1.4)	40.3	(1.7)	38.7	(1.3)
	西班牙	35.3	(0.8)	34.5	(0.8)	36.1	(1.1)	39.0	(1.4)	34.1	(1.2)	36.8	(1.0)	31.5	(1.2)
	瑞典	55.6	(1.0)	58.3	(1.3)	52.8	(1.3)	60.9	(1.8)	52.8	(1.5)	54.8	(1.8)	53.6	(1.6)
	瑞士	24.3	(0.8)	24.4	(1.1)	24.3	(1.0)	23.0	(1.2)	20.1	(1.2)	25.1	(1.3)	29.0	(1.6)
	土耳其	43.8	(1.0)	47.8	(1.2)	39.7	(1.3)	43.6	(1.7)	44.5	(1.6)	44.5	(1.6)	42.7	(1.5)
	英国	31.8	(0.8)	32.2	(1.1)	31.5	(1.0)	35.2	(1.3)	33.3	(1.5)	31.7	(1.4)	26.7	(1.2)
	美国	30.1	(1.2)	31.0	(1.3)	29.1	(1.4)	39.2	(2.0)	31.7	(1.6)	27.1	(1.6)	22.5	(1.4)
	OECD 平均	35.3	(0.2)	36.4	(0.2)	34.1	(0.2)	37.2	(0.3)	34.9	(0.2)	35.3	(0.2)	33.5	(0.3)
伙伴国家(地区)	阿尔巴尼亚	35.3	(0.7)	35.8	(1.0)	34.7	(0.9)	m	m	m	m	m	m	m	m
	阿根廷	47.0	(1.3)	46.2	(1.6)	47.7	(1.6)	49.2	(2.2)	48.2	(1.9)	48.9	(1.8)	41.1	(2.2)
	巴西	33.7	(0.8)	34.0	(1.0)	33.5	(0.9)	30.4	(0.9)	33.0	(1.4)	35.8	(1.2)	35.6	(1.3)
	保加利亚	59.0	(1.1)	59.8	(1.3)	58.2	(1.5)	64.3	(1.8)	60.7	(1.5)	59.5	(1.5)	51.3	(1.8)
	哥伦比亚	35.9	(1.4)	37.0	(1.5)	34.9	(1.5)	33.6	(2.0)	37.5	(1.9)	36.4	(2.0)	36.2	(1.7)
	哥斯达黎加	57.5	(1.1)	56.4	(1.4)	58.4	(1.4)	52.1	(1.9)	59.0	(1.5)	62.4	(2.0)	56.6	(2.2)
	克罗地亚	33.9	(0.9)	37.6	(1.2)	30.1	(1.2)	30.7	(1.5)	35.5	(1.9)	34.3	(1.3)	34.9	(1.3)
	塞浦路斯[2,3]	47.7	(0.7)	49.7	(1.0)	45.5	(0.9)	51.3	(1.5)	46.7	(1.4)	47.6	(1.3)	45.1	(1.5)
	中国香港	14.6	(0.6)	15.6	(0.8)	13.6	(0.8)	16.7	(1.2)	14.5	(1.1)	13.6	(1.2)	13.6	(1.2)
	印度尼西亚	27.0	(1.0)	29.7	(1.4)	24.2	(1.2)	22.7	(1.7)	26.0	(1.5)	28.3	(1.5)	30.7	(2.2)
	约旦	35.4	(0.8)	39.3	(1.2)	31.8	(1.2)	34.2	(1.5)	35.9	(1.5)	36.0	(1.4)	35.1	(1.3)
	哈萨克斯坦	28.2	(1.2)	30.8	(1.2)	25.5	(1.5)	31.7	(2.2)	28.9	(1.7)	29.0	(1.7)	23.3	(1.4)
	拉脱维亚	56.3	(1.2)	59.7	(1.6)	52.8	(1.6)	56.1	(2.6)	56.3	(2.0)	56.2	(1.7)	56.2	(2.1)
	列支敦士登	18.7	(2.3)	21.8	(3.2)	c	c	22.3	(4.7)	20.3	(5.0)	15.8	(4.3)	16.5	(4.5)
	立陶宛	43.7	(1.2)	49.4	(1.3)	37.9	(1.5)	43.1	(2.0)	43.2	(1.6)	45.0	(1.6)	43.4	(1.9)
	中国澳门	25.1	(0.5)	26.6	(0.8)	23.7	(0.8)	26.5	(1.3)	26.0	(1.3)	24.9	(1.0)	23.0	(1.0)
	马来西亚	33.6	(1.0)	36.8	(1.4)	30.7	(1.2)	35.5	(1.7)	35.8	(1.6)	33.6	(1.5)	29.5	(1.5)
	黑山共和国	39.4	(0.9)	41.8	(1.1)	37.1	(1.1)	37.9	(1.5)	39.2	(1.6)	40.2	(1.7)	40.3	(1.6)
	秘鲁	52.8	(1.2)	53.7	(1.2)	51.9	(1.7)	50.6	(1.7)	56.2	(1.6)	55.1	(1.6)	49.3	(2.4)
	卡塔尔	39.5	(0.9)	41.5	(0.9)	37.4	(0.7)	39.5	(1.0)	37.4	(1.0)	38.4	(0.9)	41.5	(1.0)
	罗马尼亚	45.8	(1.1)	48.7	(1.3)	43.0	(1.4)	50.2	(2.0)	42.8	(1.6)	44.2	(1.8)	46.3	(1.9)
	俄罗斯联邦	46.7	(1.3)	49.5	(1.5)	43.9	(1.4)	49.2	(2.1)	46.1	(2.2)	46.5	(2.2)	44.7	(1.5)
	塞尔维亚	41.8	(1.0)	45.8	(1.2)	38.0	(1.4)	39.3	(1.8)	38.7	(1.7)	44.8	(1.5)	44.3	(2.0)
	中国上海	16.6	(0.7)	18.6	(0.9)	14.6	(0.8)	18.4	(1.2)	16.9	(1.1)	16.4	(1.1)	14.6	(1.2)
	新加坡	20.6	(0.5)	22.2	(0.7)	18.8	(0.7)	26.1	(1.1)	21.2	(1.1)	19.7	(1.0)	15.3	(1.1)
	中国台北	22.3	(0.8)	25.1	(1.0)	19.6	(1.1)	24.1	(1.3)	21.5	(1.2)	23.3	(1.4)	20.1	(1.4)
	泰国	34.1	(1.2)	40.5	(1.7)	29.0	(1.1)	32.4	(1.9)	35.0	(1.8)	32.9	(1.5)	36.0	(1.5)
	突尼斯	51.8	(0.9)	54.3	(1.3)	49.7	(1.3)	50.4	(1.5)	50.1	(1.8)	54.1	(1.9)	52.3	(1.6)
	阿拉伯联合酋长国	31.5	(0.7)	34.4	(1.1)	28.8	(0.9)	32.0	(1.1)	30.7	(1.1)	30.6	(1.1)	32.7	(1.3)
	乌拉圭	59.3	(0.9)	57.8	(1.3)	60.6	(1.0)	58.0	(1.4)	58.9	(1.4)	62.5	(1.8)	57.6	(1.9)
	越南	16.2	(0.8)	18.2	(1.0)	14.5	(0.9)	18.8	(1.4)	15.5	(1.3)	15.6	(1.2)	15.3	(1.1)

附表 4.1 ■ 数学成绩与 PISA 测试前两周学生迟到次数（续表 2）

结果基于学生自我报告

		PISA 测试前两周迟到学生的百分比										
		ESCS 最低 1/4 的男生		ESCS 最低 1/4 的女生		ESCS 最高 1/4 的男生		ESCS 最高 1/4 的女生		ESCS 最低 1/4 的性别差异		ESCS 最高 1/4 的性别差异	
		%	标准误	%	标准误	%	标准误	%	标准误	%差异	标准误	%差异	标准误
OECD	澳大利亚	37.3	(1.3)	37.5	(1.5)	30.5	(1.4)	32.2	(1.4)	−0.2	(1.7)	−1.7	(1.9)
	奥地利	20.2	(2.4)	21.3	(2.0)	27.3	(2.2)	24.3	(2.2)	−1.0	(2.9)	3.0	(2.7)
	比利时	30.4	(1.5)	29.4	(2.2)	25.9	(1.4)	24.9	(1.7)	1.0	(2.4)	1.0	(2.0)
	加拿大	46.3	(1.4)	44.8	(1.8)	40.2	(1.4)	39.0	(1.5)	1.6	(2.1)	1.2	(2.3)
	智利	56.4	(3.0)	56.6	(2.7)	45.0	(2.2)	48.4	(2.2)	−0.2	(3.7)	−3.4	(2.9)
	捷克共和国	32.3	(2.7)	28.9	(1.9)	27.7	(2.0)	25.6	(1.7)	3.4	(3.3)	2.1	(2.6)
	丹麦	42.7	(2.5)	37.1	(2.0)	41.2	(2.3)	35.6	(2.3)	5.6	(3.1)	5.6	(2.7)
	爱沙尼亚	44.0	(2.6)	36.8	(2.4)	41.5	(2.1)	36.1	(2.2)	7.2	(3.5)	5.4	(3.0)
	芬兰	51.4	(2.4)	39.6	(1.7)	41.6	(2.0)	38.6	(1.8)	11.9	(2.9)	3.0	(2.7)
	法国	35.6	(2.4)	36.3	(2.6)	32.1	(2.9)	24.0	(1.6)	−0.7	(2.9)	8.2	(2.9)
	德国	23.3	(2.4)	24.7	(2.2)	28.0	(2.1)	21.4	(1.9)	−1.4	(2.8)	6.6	(2.9)
	希腊	42.1	(2.4)	42.7	(2.5)	50.3	(2.9)	51.8	(1.9)	−0.6	(3.5)	−1.5	(3.2)
	匈牙利	34.0	(2.8)	29.9	(3.5)	21.3	(2.5)	17.6	(1.9)	4.1	(3.3)	3.7	(2.3)
	冰岛	41.9	(2.6)	30.0	(2.2)	34.0	(2.2)	27.7	(2.1)	11.8	(3.1)	6.4	(3.2)
	爱尔兰	31.8	(3.0)	28.6	(2.2)	27.9	(2.1)	20.7	(1.9)	3.3	(3.3)	7.2	(2.7)
	以色列	57.2	(2.8)	57.3	(2.1)	50.2	(2.8)	51.2	(2.1)	0.0	(3.6)	−1.0	(3.1)
	意大利	38.9	(1.4)	35.6	(1.5)	36.3	(1.0)	32.1	(1.2)	3.3	(1.9)	4.2	(1.4)
	日本	12.2	(1.4)	10.1	(1.6)	11.0	(1.2)	5.1	(0.8)	2.1	(1.9)	5.9	(1.5)
	韩国	32.1	(2.5)	26.4	(2.2)	21.4	(2.0)	19.6	(2.2)	5.8	(3.1)	1.7	(2.8)
	卢森堡	32.6	(1.8)	30.3	(1.6)	27.9	(1.6)	29.3	(1.4)	2.3	(2.3)	−1.4	(2.2)
	墨西哥	33.9	(1.3)	32.5	(1.1)	40.2	(1.4)	44.3	(1.4)	1.4	(1.5)	−4.1	(1.8)
	荷兰	33.0	(2.2)	33.4	(2.3)	31.7	(2.3)	29.8	(3.0)	−0.4	(3.0)	1.9	(4.0)
	新西兰	49.8	(2.4)	51.8	(2.7)	32.2	(3.1)	34.5	(2.7)	−2.0	(3.7)	−2.3	(4.3)
	挪威	32.9	(2.4)	28.8	(2.2)	27.4	(1.7)	27.7	(2.2)	4.1	(3.2)	−0.3	(2.5)
	波兰	44.8	(2.9)	31.0	(2.2)	48.0	(2.5)	46.1	(2.3)	13.9	(3.4)	1.9	(3.1)
	葡萄牙	58.2	(2.6)	55.1	(2.7)	51.6	(2.3)	57.5	(2.2)	3.0	(3.7)	−5.9	(3.3)
	斯洛伐克共和国	32.5	(2.3)	26.5	(2.1)	24.3	(2.1)	24.0	(2.4)	6.0	(2.8)	0.4	(3.4)
	斯洛文尼亚	38.9	(2.3)	40.7	(1.8)	38.3	(2.1)	39.1	(2.3)	−1.8	(3.0)	−0.8	(2.9)
	西班牙	36.2	(1.6)	41.7	(1.9)	30.4	(1.4)	32.6	(1.6)	−5.6	(2.0)	−2.2	(1.8)
	瑞典	64.2	(2.3)	57.6	(2.4)	55.5	(2.1)	51.6	(2.2)	6.6	(3.0)	3.9	(3.0)
	瑞士	23.8	(1.5)	22.2	(1.6)	30.5	(2.1)	27.6	(1.8)	1.6	(2.0)	2.9	(2.4)
	土耳其	49.8	(2.4)	37.8	(1.9)	43.9	(2.7)	41.4	(2.7)	12.0	(2.8)	2.4	(3.9)
	英国	36.7	(2.5)	33.9	(1.9)	26.2	(1.8)	27.2	(1.5)	2.9	(3.4)	−0.9	(2.8)
	美国	40.8	(2.6)	37.5	(2.3)	24.0	(1.9)	20.8	(2.1)	3.3	(2.7)	3.2	(2.8)
	OECD 平均	38.8	(0.4)	35.7	(0.4)	34.3	(0.4)	32.6	(0.3)	3.1	(0.5)	1.7	(0.5)
伙伴国家（地区）	阿尔巴尼亚	m	m	m	m	m	m	m	m	m	m	m	m
	阿根廷	46.2	(2.6)	51.7	(2.4)	42.6	(2.3)	39.5	(3.0)	−5.6	(2.4)	3.1	(2.9)
	巴西	31.1	(1.5)	29.8	(1.1)	36.1	(1.6)	35.1	(1.5)	1.4	(1.9)	1.0	(1.7)
	保加利亚	65.2	(2.1)	63.4	(2.6)	52.3	(2.3)	50.3	(2.2)	1.7	(3.2)	2.0	(2.0)
	哥伦比亚	35.5	(2.9)	32.1	(2.1)	37.6	(2.1)	34.8	(2.5)	3.4	(2.8)	2.9	(3.3)
	哥斯达黎加	49.1	(2.5)	54.0	(2.3)	57.2	(3.0)	56.0	(2.7)	−4.9	(3.0)	1.2	(3.6)
	克罗地亚	34.9	(2.2)	26.8	(1.5)	38.8	(1.5)	30.6	(2.0)	8.0	(2.5)	8.2	(2.5)
	塞浦路斯[2,3]	55.2	(2.0)	47.3	(2.1)	45.4	(2.2)	44.8	(2.2)	7.9	(2.7)	0.6	(2.9)
	中国香港	18.7	(1.8)	14.6	(1.3)	12.8	(1.4)	14.7	(1.9)	4.1	(2.0)	−1.8	(2.2)
	印度尼西亚	25.5	(2.5)	19.7	(1.9)	33.3	(2.1)	28.0	(2.8)	5.8	(2.8)	5.3	(2.2)
	约旦	39.3	(2.2)	30.3	(1.9)	37.8	(2.2)	32.0	(2.2)	9.0	(2.8)	5.7	(3.1)
	哈萨克斯坦	36.2	(2.6)	27.0	(2.9)	26.0	(1.9)	20.6	(1.7)	9.1	(3.4)	5.4	(2.3)
	拉脱维亚	60.5	(3.4)	51.5	(3.1)	59.0	(2.8)	53.7	(2.5)	9.0	(4.1)	5.3	(3.3)
	列支敦士登	26.6	(6.7)	17.5	(6.2)	18.8	(6.3)	13.9	(6.0)	9.1	(8.9)	4.9	(8.5)
	立陶宛	51.1	(2.1)	35.0	(2.5)	46.3	(2.3)	40.4	(2.4)	16.1	(2.6)	5.9	(3.3)
	中国澳门	28.8	(1.7)	23.7	(1.6)	23.7	(1.5)	22.4	(1.4)	5.1	(2.2)	1.3	(2.1)
	马来西亚	38.4	(2.3)	32.8	(2.2)	32.9	(2.5)	26.4	(2.0)	5.5	(2.8)	6.5	(3.0)
	黑山共和国	40.8	(2.3)	35.5	(1.8)	41.1	(2.2)	39.5	(2.4)	5.4	(2.8)	1.6	(3.3)
	秘鲁	50.8	(2.2)	50.4	(2.4)	52.8	(2.3)	46.1	(3.3)	0.5	(3.1)	6.7	(3.4)
	卡塔尔	42.7	(1.5)	36.6	(1.4)	42.4	(1.4)	40.6	(1.4)	6.1	(1.8)	1.8	(1.5)
	罗马尼亚	52.9	(2.0)	47.7	(2.6)	49.8	(2.2)	42.8	(2.6)	5.2	(2.6)	7.0	(3.0)
	俄罗斯联邦	51.8	(2.5)	46.7	(2.1)	47.2	(2.1)	42.1	(2.1)	5.1	(2.3)	5.1	(3.0)
	塞尔维亚	47.3	(2.3)	32.3	(2.0)	44.3	(2.2)	44.3	(2.8)	15.0	(2.6)	0.1	(2.9)
	中国上海	19.6	(1.4)	17.2	(1.7)	17.4	(1.9)	12.0	(1.4)	2.3	(2.2)	5.4	(2.3)
	新加坡	28.7	(1.7)	23.4	(1.6)	17.2	(1.5)	13.4	(1.4)	5.4	(2.2)	3.8	(2.0)
	中国台北	26.6	(1.8)	21.7	(1.6)	23.5	(2.0)	16.8	(1.9)	4.8	(2.1)	6.7	(2.9)
	泰国	41.2	(3.1)	25.8	(1.9)	38.9	(2.5)	33.7	(1.9)	15.4	(3.5)	5.2	(3.1)
	突尼斯	55.0	(2.2)	46.6	(2.2)	54.9	(2.4)	49.7	(2.2)	8.4	(3.2)	5.2	(3.3)
	阿拉伯联合酋长国	36.5	(1.6)	27.9	(1.6)	35.7	(2.6)	29.6	(1.5)	8.7	(2.4)	6.1	(3.5)
	乌拉圭	58.9	(2.0)	57.4	(1.9)	55.5	(2.5)	59.8	(2.4)	1.5	(2.8)	−4.3	(3.1)
	越南	21.6	(2.0)	16.6	(1.8)	14.6	(1.3)	15.9	(1.5)	5.1	(2.5)	−1.3	(1.7)

附表 4.1 ■ 数学成绩与 PISA 测试前两周学生迟到次数（续表 3）
结果基于学生自我报告

		PISA 测试前两周学生是否有迟到及数学成绩													
		全体学生		男　生		女　生		ESCS 最低 1/4		ESCS 第二四分之一		ESCS 第三个 1/4		ESCS 最高 1/4	
		平均分	标准误	平均分	标准误	平均分	标准误	平均分	标准误	平均分	标准误	平均分	标准误	平均分	标准误
OECD	澳大利亚	486	(2.3)	**493**	(3.2)	**479**	(3.2)	443	(2.8)	475	(3.0)	503	(3.8)	**535**	(3.9)
	奥地利	498	(5.1)	**510**	(7.0)	486	(6.0)	436	(7.9)	477	(7.2)	515	(7.2)	**549**	(7.4)
	比利时	481	(3.7)	488	(5.3)	473	(4.5)	428	(5.4)	466	(5.2)	500	(5.2)	**551**	(5.3)
	加拿大	501	(2.4)	**507**	(2.8)	495	(2.9)	469	(2.9)	491	(3.3)	510	(3.1)	**542**	(3.9)
	智利	412	(3.4)	**424**	(4.2)	**401**	(3.6)	372	(3.6)	402	(4.2)	420	(4.4)	**461**	(5.8)
	捷克共和国	476	(3.8)	482	(5.1)	468	(5.9)	423	(6.0)	463	(7.8)	495	(6.1)	530	(6.9)
	丹麦	489	(3.2)	**497**	(4.2)	479	(4.5)	441	(4.2)	472	(3.8)	506	(3.6)	**539**	(4.8)
	爱沙尼亚	510	(2.6)	510	(3.5)	510	(3.4)	488	(4.4)	497	(4.2)	510	(4.5)	549	(4.8)
	芬兰	505	(2.0)	502	(2.9)	507	(2.8)	467	(4.2)	501	(3.5)	517	(3.4)	540	(3.3)
	法国	470	(3.5)	**479**	(5.3)	460	(3.9)	417	(4.8)	449	(5.7)	489	(5.7)	546	(5.1)
	德国	507	(4.2)	**520**	(5.7)	494	(6.5)	450	(7.4)	480	(7.7)	531	(6.6)	**571**	(6.5)
	希腊	451	(3.2)	455	(4.4)	448	(3.4)	409	(5.0)	435	(4.8)	454	(4.2)	499	(5.2)
	匈牙利	440	(6.5)	448	(7.8)	432	(7.0)	389	(8.0)	430	(6.1)	456	(6.6)	518	(15.8)
	冰岛	475	(2.7)	472	(3.6)	478	(3.9)	442	(4.7)	462	(5.1)	492	(6.0)	510	(5.6)
	爱尔兰	480	(3.8)	**489**	(5.7)	469	(3.8)	442	(5.2)	469	(5.0)	488	(5.3)	535	(6.0)
	以色列	461	(5.3)	466	(9.1)	456	(4.4)	409	(5.4)	446	(5.5)	482	(6.3)	517	(6.7)
	意大利	466	(2.3)	**475**	(3.1)	**455**	(2.9)	429	(2.8)	455	(3.5)	477	(2.7)	507	(3.3)
	日本	506	(8.6)	**519**	(10.7)	487	(9.2)	459	(8.4)	500	(10.4)	525	(12.5)	563	(14.2)
	韩国	520	(5.3)	526	(7.2)	514	(5.7)	491	(7.2)	516	(7.7)	524	(6.2)	562	(8.4)
	卢森堡	476	(2.6)	**492**	(3.2)	459	(3.6)	424	(4.5)	458	(4.6)	495	(5.5)	536	(4.6)
	墨西哥	408	(1.3)	**414**	(1.6)	**401**	(1.7)	377	(1.9)	398	(1.9)	412	(2.2)	436	(2.0)
	荷兰	500	(4.6)	**508**	(4.9)	491	(6.3)	465	(5.9)	485	(6.0)	514	(7.9)	542	(7.3)
	新西兰	476	(2.9)	**486**	(4.1)	465	(3.7)	429	(4.6)	473	(5.2)	494	(4.9)	537	(6.8)
	挪威	464	(4.1)	462	(4.6)	466	(4.1)	432	(5.4)	450	(4.6)	479	(5.8)	501	(6.3)
	波兰	508	(4.4)	508	(4.6)	507	(5.4)	457	(4.8)	487	(4.8)	509	(5.1)	563	(6.0)
	葡萄牙	484	(3.8)	488	(4.5)	479	(4.0)	434	(5.3)	469	(4.3)	489	(4.3)	544	(4.1)
	斯洛伐克共和国	460	(5.8)	465	(6.7)	454	(7.3)	391	(7.9)	456	(6.0)	473	(7.2)	536	(9.0)
	斯洛文尼亚	489	(2.4)	491	(3.2)	487	(3.7)	446	(3.6)	473	(5.1)	494	(5.0)	543	(4.6)
	西班牙	468	(2.5)	**478**	(3.4)	458	(2.9)	423	(3.3)	453	(3.7)	483	(3.6)	522	(4.3)
	瑞典	467	(2.6)	468	(3.8)	467	(2.8)	431	(3.8)	456	(4.1)	483	(4.2)	506	(4.3)
	瑞士	526	(4.6)	533	(6.1)	519	(4.6)	470	(6.3)	504	(5.5)	537	(6.3)	576	(6.3)
	土耳其	441	(4.5)	445	(5.3)	436	(5.7)	403	(5.0)	429	(4.1)	444	(5.7)	489	(7.2)
	英国	468	(3.7)	**474**	(4.8)	461	(4.2)	436	(5.1)	453	(5.2)	478	(5.5)	525	(5.1)
	美国	455	(4.3)	456	(5.6)	453	(4.4)	427	(5.5)	441	(5.5)	468	(5.5)	508	(6.8)
	OECD 平均	477	(0.7)	**483**	(0.9)	470	(0.8)	434	(0.9)	464	(0.9)	490	(1.0)	529	(1.1)
伙伴国家（地区）	阿尔巴尼亚	396	(2.7)	399	(4.2)	394	(3.2)	m	m	m	m	m	m	m	m
	阿根廷	377	(3.4)	**383**	(4.8)	371	(3.4)	343	(3.5)	367	(4.2)	383	(4.6)	425	(4.5)
	巴西	389	(2.4)	**399**	(2.9)	379	(2.7)	354	(3.0)	372	(2.5)	388	(2.9)	435	(6.2)
	保加利亚	428	(3.7)	428	(4.6)	428	(3.8)	377	(5.1)	418	(3.8)	439	(5.0)	493	(5.4)
	哥伦比亚	371	(3.4)	**384**	(4.0)	359	(3.8)	339	(5.3)	358	(4.0)	376	(4.0)	410	(5.5)
	哥斯达黎加	407	(2.9)	**420**	(3.4)	395	(3.3)	376	(4.7)	393	(3.4)	411	(3.8)	443	(3.9)
	克罗地亚	458	(3.7)	**461**	(4.9)	453	(4.2)	423	(4.8)	446	(4.9)	454	(5.3)	504	(6.7)
	塞浦路斯[2, 3]	431	(1.6)	429	(2.3)	433	(2.7)	391	(3.6)	420	(3.7)	437	(4.0)	483	(4.0)
	中国香港	526	(5.7)	533	(7.2)	516	(7.2)	499	(8.8)	509	(7.7)	533	(9.3)	572	(10.3)
	印度尼西亚	365	(4.3)	365	(4.4)	365	(4.6)	343	(4.1)	350	(4.3)	362	(4.1)	396	(9.8)
	约旦	382	(3.1)	**374**	(5.0)	392	(3.1)	359	(4.0)	371	(3.8)	388	(4.8)	414	(5.3)
	哈萨克斯坦	422	(3.9)	422	(4.6)	422	(4.6)	398	(5.5)	416	(5.0)	430	(5.0)	453	(7.2)
	拉脱维亚	487	(3.0)	484	(3.9)	490	(3.5)	444	(3.8)	471	(4.0)	504	(4.1)	528	(5.8)
	列支敦士登	508	(13.2)	**520**	(15.2)	c	c	c	c	c	c	c	c	c	c
	立陶宛	468	(3.8)	467	(4.1)	471	(4.6)	429	(5.2)	454	(4.7)	480	(4.3)	513	(5.2)
	中国澳门	505	(2.5)	507	(3.7)	502	(3.5)	485	(4.7)	494	(4.8)	515	(5.5)	531	(5.4)
	马来西亚	394	(3.2)	390	(3.8)	398	(3.8)	369	(4.3)	385	(3.8)	393	(3.8)	436	(5.8)
	黑山共和国	403	(2.1)	403	(3.0)	404	(2.9)	366	(3.5)	389	(3.8)	406	(3.7)	448	(3.9)
	秘鲁	359	(3.5)	**371**	(3.6)	347	(4.3)	311	(4.0)	345	(3.1)	373	(4.4)	407	(5.6)
	卡塔尔	351	(1.5)	**343**	(2.1)	360	(2.0)	318	(2.8)	345	(3.0)	378	(3.4)	378	(3.4)
	罗马尼亚	439	(4.1)	441	(4.7)	437	(4.7)	402	(5.2)	422	(3.8)	435	(4.0)	500	(6.9)
	俄罗斯联邦	469	(3.5)	467	(4.3)	470	(4.0)	432	(4.7)	455	(3.9)	486	(3.8)	506	(6.5)
	塞尔维亚	441	(4.0)	441	(5.0)	440	(4.6)	406	(5.2)	420	(5.0)	444	(4.6)	487	(6.0)
	中国上海	576	(5.6)	583	(6.9)	566	(5.6)	530	(9.0)	562	(8.2)	587	(8.4)	635	(9.0)
	新加坡	537	(3.2)	532	(4.4)	544	(4.5)	487	(4.6)	522	(7.0)	561	(6.6)	613	(7.9)
	中国台北	524	(5.0)	524	(7.0)	523	(6.5)	453	(7.6)	513	(8.3)	538	(6.5)	607	(6.6)
	泰国	413	(3.5)	404	(3.8)	423	(5.0)	395	(5.7)	397	(3.8)	403	(4.0)	454	(6.7)
	突尼斯	388	(3.9)	**396**	(4.4)	378	(4.4)	361	(4.4)	370	(4.2)	390	(3.9)	423	(8.3)
	阿拉伯联合酋长国	415	(3.1)	**408**	(4.7)	**422**	(3.5)	376	(3.3)	407	(3.6)	430	(4.7)	446	(6.0)
	乌拉圭	407	(2.8)	**413**	(3.6)	402	(3.3)	361	(3.6)	390	(3.7)	413	(3.3)	464	(4.7)
	越南	485	(6.5)	486	(8.0)	484	(6.4)	446	(8.8)	470	(9.7)	498	(7.0)	534	(8.8)

注：统计上有显著性的值用粗体表示。
1. ESCS 指 PISA 经济、社会和文化地位指数。
2. 土耳其注：本书中"塞浦路斯"相关的信息是指塞浦路斯岛南部。没有任何一个权力组织能够代表岛上的土耳其和希腊塞浦路斯人。土耳其承认北塞浦路斯土耳其共和国。除非在联合国找到一种长期的平衡的解决方案，否则土耳其将保持其对"塞浦路斯"问题的立场。
3. OECD 和欧盟成员：塞浦路斯共和国得到了除土耳其外所有联合国成员的承认。本书中的信息是指在塞浦路斯共和国政府有效控制区域内的。

附表 4.2 ■ PISA 测试前两周学生逃过几次课的数学成绩

结果基于学生自我报告

		PISA 测试前两周学生逃过几次课的百分比								PISA 测试前两周学生逃过几次课的数学成绩							
		没有		一到两次		三到四次		五次或更多		没有		一到两次		三到四次		五次或更多	
		%	标准误	%	标准误	%	标准误	%	标准误	平均分	标准误	平均分	标准误	平均分	标准误	平均分	标准误
OECD	澳大利亚	86.5	(0.4)	10.4	(0.3)	1.9	(0.1)	1.2	(0.1)	510	(1.6)	488	(3.6)	467	(7.5)	441	(7.9)
	奥地利	87.2	(0.8)	11.4	(0.7)	1.0	(0.2)	0.0	c	507	(2.6)	500	(6.6)	506	(13.9)	c	c
	比利时	91.8	(0.4)	6.8	(0.3)	0.7	(0.1)	0.7	(0.1)	521	(2.2)	455	(5.3)	411	(15.7)	429	(13.8)
	加拿大	75.4	(0.5)	19.1	(0.4)	3.7	(0.2)	1.8	(0.2)	527	(1.9)	503	(2.8)	488	(5.8)	476	(7.3)
	智利	84.6	(0.8)	13.8	(0.7)	1.2	(0.2)	0.5	(0.1)	427	(3.1)	406	(4.3)	388	(11.7)	355	(17.5)
	捷克共和国	92.6	(0.5)	6.5	(0.5)	0.0	c	0.0	c	501	(2.9)	481	(7.8)	c	c	c	c
	丹麦	83.7	(0.8)	13.7	(0.7)	1.8	(0.3)	0.9	(0.2)	507	(4.0)	478	(4.0)	457	(8.8)	425	(17.1)
	爱沙尼亚	70.1	(0.9)	23.2	(0.7)	4.5	(0.3)	2.3	(0.3)	531	(2.0)	500	(3.2)	496	(6.0)	487	(9.6)
	芬兰	84.4	(0.6)	13.1	(0.5)	1.7	(0.2)	0.9	(0.2)	525	(2.0)	498	(3.5)	471	(10.0)	435	(25.6)
	法国	83.2	(0.8)	13.8	(0.7)	2.0	(0.2)	1.1	(0.2)	501	(2.5)	483	(4.8)	443	(12.9)	449	(18.3)
	德国	90.3	(0.5)	8.6	(0.4)	0.7	(0.1)	0.0	c	520	(3.0)	505	(6.0)	495	(13.1)	c	c
	希腊	58.0	(1.2)	30.3	(0.9)	7.7	(0.5)	4.0	(0.3)	458	(2.7)	451	(3.2)	448	(4.9)	413	(8.1)
	匈牙利	90.8	(0.6)	7.7	(0.4)	1.1	(0.2)	0.0	c	483	(2.7)	434	(7.3)	397	(13.5)	c	c
	冰岛	88.3	(0.5)	9.6	(0.4)	1.6	(0.2)	0.0	c	500	(1.9)	458	(5.6)	437	(11.6)	c	c
	爱尔兰	87.6	(0.5)	9.9	(0.6)	1.7	(0.2)	0.8	(0.2)	503	(2.3)	495	(4.6)	497	(9.5)	460	(18.9)
	以色列	68.8	(1.1)	23.5	(0.8)	4.5	(0.4)	3.2	(0.3)	464	(4.1)	477	(5.8)	478	(12.6)	471	(17.5)
	意大利	65.5	(0.5)	29.0	(0.5)	3.6	(0.2)	2.0	(0.2)	492	(2.2)	477	(2.2)	461	(4.9)	450	(7.9)
	日本	97.1	(0.5)	2.3	(0.4)	0.0	c	0.0	c	541	(3.6)	454	(13.1)	c	c	c	c
	韩国	97.1	(0.4)	2.3	(0.3)	0.0	c	0.0	c	557	(4.3)	449	(11.7)	c	c	c	c
	卢森堡	93.0	(0.4)	5.6	(0.3)	0.6	(0.1)	0.8	(0.1)	493	(1.2)	452	(5.7)	418	(15.8)	455	(14.3)
	墨西哥	78.2	(0.4)	18.9	(0.4)	2.2	(0.1)			413	(1.4)	415	(2.0)	416	(4.7)	400	(8.2)
	荷兰	89.0	(0.7)	9.5	(0.6)	1.1	(0.2)	0.0	c	524	(3.4)	527	(8.6)	504	(19.6)	c	c
	新西兰	84.7	(0.7)	11.8	(0.6)	2.1	(0.3)	1.4	(0.2)	511	(2.2)	450	(5.8)	432	(11.1)	420	(13.1)
	挪威	88.2	(0.5)	9.7	(0.5)	1.3	(0.2)	0.9	(0.2)	497	(2.8)	454	(4.8)	441	(13.4)	357	(12.4)
	波兰	79.6	(0.8)	16.4	(0.7)	2.4	(0.2)	1.5	(0.2)	523	(3.5)	499	(5.1)	488	(8.7)	472	(12.7)
	葡萄牙	71.4	(0.9)	23.2	(0.8)	3.4	(0.3)	2.1	(0.2)	497	(4.0)	473	(4.3)	457	(9.4)	435	(10.2)
	斯洛伐克共和国	88.2	(0.5)	10.0	(0.7)	1.1	(0.2)	0.7	(0.1)	487	(3.4)	453	(7.4)	400	(18.0)	393	(19.0)
	斯洛文尼亚	74.4	(0.6)	20.4	(0.6)	3.2	(0.3)	1.9	(0.2)	511	(1.4)	483	(3.9)	454	(8.4)	431	(7.5)
	西班牙	67.7	(0.8)	25.5	(0.6)	3.9	(0.3)	2.9	(0.2)	494	(1.8)	468	(2.9)	461	(5.3)	470	(7.1)
	瑞典	79.5	(0.8)	16.1	(0.6)	3.0	(0.3)	1.4	(0.2)	489	(2.1)	454	(4.2)	418	(6.8)	417	(11.4)
	瑞士	89.4	(0.6)	9.0	(0.5)	0.9	(0.1)	0.7	(0.1)	533	(3.1)	520	(6.4)	513	(12.4)	468	(19.5)
	土耳其	54.8	(1.1)	30.5	(0.8)	8.9	(0.5)	5.8	(0.4)	444	(4.7)	450	(5.8)	453	(7.1)	474	(8.1)
	英国	88.0	(0.5)	9.5	(0.4)	1.4	(0.2)	1.1	(0.2)	499	(3.2)	471	(6.6)	467	(16.9)	446	(17.4)
	美国	87.1	(0.6)	10.4	(0.6)	1.8	(0.2)	0.7	(0.2)	484	(3.6)	471	(5.9)	451	(14.4)	467	(17.3)
	OECD平均	82.2	(0.1)	14.2	(0.1)	2.3	(0.0)	1.2	(0.0)	499	(0.5)	472	(1.0)	455	(2.1)	438	(2.8)
伙伴国家(地区)	阿尔巴尼亚	80.6	(0.9)	16.6	(0.6)	2.2	(0.2)	0.7	(0.2)	392	(2.3)	400	(4.3)	391	(10.4)	424	(14.7)
	阿根廷	55.7	(1.1)	33.0	(0.9)	6.7	(0.4)	4.6	(0.4)	399	(3.5)	386	(4.0)	359	(7.0)	343	(6.3)
	巴西	81.2	(0.5)	15.8	(0.4)	1.9	(0.1)	1.1	(0.1)	393	(2.0)	392	(3.4)	373	(7.6)	385	(10.7)
	保加利亚	66.2	(1.2)	24.7	(0.8)	5.3	(0.5)	3.8	(0.4)	453	(4.3)	423	(4.3)	393	(7.3)	386	(6.1)
	哥伦比亚	84.3	(0.7)	14.5	(0.7)	0.8	(0.1)	0.4	(0.1)	377	(2.9)	376	(3.7)	371	(11.6)	367	(14.9)
	哥斯达黎加	57.0	(1.4)	33.5	(1.1)	6.3	(0.4)	3.2	(0.3)	407	(3.2)	411	(3.6)	396	(6.3)	401	(10.7)
	克罗地亚	76.4	(0.7)	18.5	(0.6)	3.2	(0.3)	1.8	(0.2)	480	(3.2)	449	(3.4)	436	(7.9)	410	(10.7)
	塞浦路斯[2,3]	64.0	(0.6)	26.0	(0.6)	6.1	(0.4)	3.9	(0.3)	452	(1.4)	428	(2.4)	413	(5.6)	404	(6.8)
	中国香港	96.9	(0.3)	2.8	(0.3)	0.0	c	0.0	c	565	(3.2)	499	(11.4)	c	c	c	c
	印度尼西亚	75.0	(0.9)	21.5	(0.8)	2.2	(0.2)	1.3	(0.1)	380	(3.9)	362	(5.3)	362	(8.5)	366	(15.4)
	约旦	70.3	(0.9)	23.8	(0.7)	3.8	(0.3)	2.1	(0.2)	387	(2.7)	395	(3.7)	379	(8.2)	387	(16.4)
	哈萨克斯坦	82.5	(0.9)	15.2	(0.7)	1.6	(0.2)	0.7	(0.1)	436	(3.1)	415	(4.0)	403	(9.4)	394	(11.3)
	拉脱维亚	36.8	(1.0)	45.7	(1.1)	10.2	(0.6)	7.2	(0.6)	494	(3.0)	492	(3.0)	477	(6.7)	485	(7.0)
	列支敦士登	96.3	(1.0)	0.0	c	0.0	c	0.0	c	538	(3.9)	c	c	c	c	c	c
	立陶宛	67.3	(1.1)	26.4	(0.9)	4.3	(0.3)	1.9	(0.3)	490	(2.7)	460	(4.2)	447	(7.7)	416	(14.8)
	中国澳门	94.6	(0.4)	4.7	(0.3)	0.0	c	0.0	c	540	(1.0)	520	(5.9)	c	c	c	c
	马来西亚	74.6	(1.0)	20.5	(0.7)	3.2	(0.3)	1.7	(0.2)	424	(3.0)	414	(4.9)	403	(10.4)	391	(14.0)
	黑山共和国	67.9	(0.7)	25.9	(0.6)	4.1	(0.3)	2.1	(0.2)	413	(1.2)	409	(2.6)	406	(7.6)	370	(10.5)
	秘鲁	88.0	(0.8)	10.3	(0.6)	1.1	(0.2)	0.0	c	373	(4.6)	334	(4.6)	341	(13.7)	c	c
	卡塔尔	79.7	(0.4)	15.9	(0.3)	2.7	(0.2)	1.7	(0.1)	384	(0.9)	362	(2.3)	330	(6.9)	307	(7.6)
	罗马尼亚	55.8	(1.3)	34.1	(1.0)	6.1	(0.4)	4.0	(0.4)	450	(3.9)	441	(4.0)	437	(6.7)	424	(8.4)
	俄罗斯联邦	69.6	(1.1)	23.4	(0.8)	4.5	(0.4)	2.4	(0.3)	489	(3.4)	471	(3.6)	464	(7.0)	442	(7.7)
	塞尔维亚	73.3	(1.0)	21.9	(0.8)	3.2	(0.3)	1.6	(0.2)	455	(3.6)	437	(4.2)	425	(12.0)	406	(13.6)
	中国上海	96.6	(0.4)	2.9	(0.3)	0.0	c	0.0	c	614	(3.3)	596	(14.9)	c	c	c	c
	新加坡	87.5	(0.5)	10.6	(0.5)	1.4	(0.1)	0.5	(0.1)	574	(1.4)	577	(4.5)	557	(13.4)	516	(18.6)
	中国台北	90.7	(0.5)	7.1	(0.5)	1.2	(0.2)	1.0	(0.2)	568	(3.2)	493	(6.8)	446	(13.1)	438	(13.8)
	泰国	73.4	(0.7)	23.0	(0.7)	2.5	(0.2)	1.0	(0.2)	431	(3.7)	416	(3.9)	405	(8.0)	387	(10.6)
	突尼斯	74.5	(0.9)	21.1	(0.8)	2.6	(0.3)	1.7	(0.2)	389	(4.2)	391	(4.4)	368	(9.8)	382	(10.8)
	阿拉伯联合酋长国	77.2	(0.7)	17.2	(0.6)	3.5	(0.3)	2.2	(0.2)	437	(2.4)	431	(3.9)	431	(7.4)	405	(9.7)
	乌拉圭	76.2	(0.9)	19.0	(0.8)	3.1	(0.2)	1.6	(0.2)	415	(2.9)	401	(4.0)	379	(6.9)	364	(12.7)
	越南	93.4	(0.5)	5.6	(0.4)	0.7	(0.1)	0.0	c	513	(4.8)	484	(8.0)	484	(20.1)	c	c

附表 4.2 ■ PISA 测试前两周学生逃过几次课的数学成绩(续表 1)

结果基于学生自我报告

| | | \multicolumn{8}{c}{PISA 测试前两周至少逃课一次学生的百分比} |
| | | 全体学生 | | 男　生 | | 女　生 | | ESCS 最低 1/4 | | ESCS 第二个 1/4 | | ESCS 第三个 1/4 | | ESCS 最高 1/4 | |
		%	标准误	%	标准误	%	标准误	%	标准误	%	标准误	%	标准误	%	标准误
OECD	澳大利亚	13.5	(0.4)	12.5	(0.5)	14.6	(0.6)	14.7	(0.7)	13.0	(0.7)	13.6	(0.7)	12.5	(0.8)
	奥地利	12.8	(0.8)	11.8	(1.0)	13.8	(1.1)	11.4	(1.3)	11.5	(1.1)	13.1	(1.4)	15.4	(1.1)
	比利时	8.2	(0.4)	8.6	(0.5)	7.8	(0.5)	9.8	(0.7)	8.9	(0.8)	7.2	(0.8)	6.0	(0.7)
	加拿大	24.6	(0.5)	22.8	(0.6)	26.5	(0.7)	27.6	(1.0)	25.0	(0.8)	23.6	(1.0)	22.3	(0.8)
	智利	15.4	(0.8)	15.8	(1.0)	15.0	(0.9)	18.7	(1.2)	15.4	(1.1)	13.3	(1.1)	14.3	(1.0)
	捷克共和国	7.4	(0.5)	7.0	(0.7)	7.8	(0.7)	7.5	(1.1)	7.4	(1.0)	7.4	(1.0)	7.3	(1.0)
	丹麦	16.3	(0.9)	15.7	(1.1)	17.0	(1.1)	17.9	(1.1)	17.0	(1.4)	16.2	(1.3)	14.2	(1.2)
	爱沙尼亚	29.9	(0.9)	32.8	(1.1)	27.1	(1.0)	31.3	(1.6)	32.6	(1.8)	30.6	(1.6)	25.1	(1.3)
	芬兰	15.6	(0.6)	15.3	(0.9)	15.9	(0.6)	18.5	(1.2)	15.1	(1.0)	15.7	(1.2)	12.7	(1.0)
	法国	16.8	(0.8)	16.7	(1.1)	16.9	(1.1)	18.7	(1.6)	16.7	(1.4)	16.1	(1.2)	15.6	(1.2)
	德国	9.7	(0.5)	9.1	(0.6)	10.2	(0.7)	9.4	(1.2)	8.1	(1.0)	8.7	(0.9)	11.2	(1.1)
	希腊	42.0	(1.2)	44.8	(1.4)	39.4	(1.4)	39.2	(1.9)	44.2	(1.7)	46.5	(2.0)	38.1	(1.7)
	匈牙利	9.2	(0.5)	10.2	(0.7)	8.3	(0.7)	13.6	(1.3)	8.2	(1.0)	8.6	(1.1)	6.6	(0.9)
	冰岛	11.7	(0.5)	13.0	(0.8)	10.5	(0.7)	14.6	(1.2)	13.9	(1.1)	11.8	(0.9)	6.6	(0.8)
	爱尔兰	12.4	(0.8)	14.7	(1.0)	10.1	(0.9)	12.3	(1.3)	13.3	(1.3)	12.4	(1.2)	11.8	(1.1)
	以色列	31.2	(1.1)	33.1	(2.0)	29.3	(1.1)	26.9	(1.6)	29.0	(1.5)	32.2	(1.5)	37.0	(2.0)
	意大利	34.5	(0.5)	36.7	(0.6)	32.2	(0.6)	33.8	(0.9)	36.5	(0.7)	34.5	(0.8)	33.4	(0.8)
	日本	2.9	(0.4)	2.6	(0.4)	3.2	(0.6)	4.3	(1.2)	2.4	(0.5)	2.3	(0.4)	2.3	(0.4)
	韩国	2.9	(0.4)	3.3	(0.6)	2.6	(0.4)	4.4	(0.8)	2.8	(0.5)	2.8	(0.5)	1.8	(0.4)
	卢森堡	7.0	(0.4)	7.0	(0.5)	7.0	(0.5)	8.8	(0.7)	6.9	(0.7)	5.3	(0.6)	7.4	(0.7)
	墨西哥	21.8	(0.4)	23.1	(0.5)	20.5	(0.5)	15.1	(0.5)	22.3	(0.8)	23.4	(0.7)	26.2	(0.9)
	荷兰	11.0	(0.7)	10.9	(0.8)	11.2	(0.8)	9.1	(1.0)	9.7	(1.0)	11.0	(1.2)	14.3	(1.4)
	新西兰	15.3	(0.9)	14.2	(1.4)	16.4	(0.9)	21.0	(1.2)	15.2	(1.2)	14.2	(1.2)	10.3	(1.3)
	挪威	11.8	(0.5)	10.9	(0.8)	12.9	(0.8)	13.9	(1.1)	10.1	(1.0)	10.9	(1.1)	12.3	(1.2)
	波兰	20.4	(0.9)	23.2	(1.2)	17.7	(1.1)	20.2	(1.7)	19.1	(1.4)	22.5	(1.6)	19.5	(1.4)
	葡萄牙	28.6	(0.9)	29.2	(1.2)	28.1	(1.1)	31.2	(1.7)	28.5	(1.5)	30.2	(1.4)	24.7	(1.7)
	斯洛伐克共和国	11.8	(0.8)	12.4	(0.9)	11.1	(1.1)	15.9	(1.5)	12.6	(1.0)	10.9	(1.3)	7.8	(0.9)
	斯洛文尼亚	25.6	(0.6)	27.8	(1.0)	23.2	(1.0)	28.7	(1.5)	26.7	(1.5)	25.8	(1.3)	21.3	(1.5)
	西班牙	32.3	(0.8)	30.9	(0.9)	33.8	(1.0)	36.0	(1.2)	32.7	(1.2)	32.8	(1.2)	28.0	(1.3)
	瑞典	20.5	(0.8)	19.7	(1.1)	21.3	(1.1)	26.1	(1.3)	20.4	(1.5)	18.4	(1.4)	16.8	(1.2)
	瑞士	10.6	(0.6)	9.6	(0.6)	11.7	(0.9)	8.1	(0.6)	9.5	(0.6)	11.1	(1.1)	13.6	(1.2)
	土耳其	45.2	(1.1)	50.9	(1.4)	39.4	(1.4)	42.8	(1.7)	43.5	(1.8)	46.6	(1.8)	47.7	(1.9)
	英国	12.0	(0.5)	11.4	(0.6)	12.5	(0.9)	12.8	(0.9)	12.3	(0.8)	10.9	(0.8)	11.9	(1.2)
	美国	12.9	(0.6)	12.6	(0.8)	13.2	(0.9)	15.8	(1.3)	15.3	(1.1)	10.5	(1.2)	10.0	(0.8)
	OECD 平均	**17.8**	**(0.1)**	**18.2**	**(0.2)**	**17.3**	**(0.2)**	**18.8**	**(0.2)**	**17.8**	**(0.2)**	**17.7**	**(0.2)**	**16.6**	**(0.2)**
伙伴国家(地区)	阿尔巴尼亚	19.4	(0.6)	19.1	(0.9)	19.8	(0.8)	m	m	m	m	m	m	m	m
	阿根廷	44.3	(1.1)	43.5	(1.4)	45.0	(1.4)	45.1	(2.0)	47.5	(1.9)	43.3	(1.9)	40.7	(1.7)
	巴西	18.8	(0.5)	20.9	(0.7)	16.8	(0.4)	17.8	(0.7)	17.9	(1.0)	18.8	(0.8)	20.5	(1.0)
	保加利亚	33.8	(1.2)	36.6	(1.4)	30.8	(1.4)	40.4	(1.9)	35.7	(1.9)	33.4	(1.9)	26.1	(1.6)
	哥伦比亚	15.7	(0.7)	19.6	(1.0)	12.2	(0.5)	12.9	(1.2)	14.8	(1.3)	19.8	(1.4)	15.3	(1.3)
	哥斯达黎加	43.0	(1.4)	45.7	(1.5)	40.7	(1.7)	42.7	(2.2)	44.5	(1.7)	43.5	(2.0)	41.4	(2.2)
	克罗地亚	23.6	(0.7)	27.3	(1.0)	19.7	(0.9)	23.6	(1.1)	23.5	(1.3)	25.1	(1.3)	22.0	(1.3)
	塞浦路斯[2,3]	36.0	(0.7)	40.5	(1.0)	31.4	(0.9)	41.1	(1.3)	35.2	(1.3)	36.2	(1.2)	31.7	(1.2)
	中国香港	3.1	(0.3)	3.4	(0.4)	2.7	(0.3)	3.4	(0.6)	3.3	(0.5)	2.7	(0.5)	2.9	(0.5)
	印度尼西亚	25.0	(0.9)	26.8	(1.2)	23.1	(1.2)	23.5	(1.6)	24.6	(1.7)	24.7	(1.4)	27.1	(1.5)
	约旦	29.7	(0.9)	31.5	(0.9)	27.9	(1.5)	24.1	(1.6)	31.1	(1.5)	31.8	(1.4)	31.6	(1.4)
	哈萨克斯坦	17.5	(0.9)	19.4	(1.1)	15.7	(1.0)	21.6	(1.7)	18.0	(1.4)	16.8	(1.3)	13.8	(1.2)
	拉脱维亚	63.2	(1.0)	62.1	(1.3)	64.2	(1.4)	62.9	(2.2)	64.9	(1.5)	61.5	(2.0)	63.9	(1.8)
	列支敦士登	0.0	c	0.0	c	0.0	c	8.0	(2.6)	1.3	(1.3)	0.0	c	5.7	(2.7)
	立陶宛	32.7	(1.1)	36.8	(1.2)	28.5	(1.2)	38.9	(2.0)	31.5	(1.7)	32.7	(1.6)	27.6	(1.6)
	中国澳门	5.4	(0.4)	6.0	(0.5)	4.8	(0.5)	5.2	(0.6)	5.4	(0.7)	3.8	(0.6)	7.3	(0.7)
	马来西亚	25.4	(1.0)	32.6	(1.3)	18.7	(1.0)	22.3	(1.4)	24.6	(1.6)	26.9	(1.4)	27.7	(1.8)
	黑山共和国	32.1	(0.7)	35.4	(1.1)	28.9	(0.9)	30.6	(1.4)	30.9	(1.4)	32.3	(1.3)	34.5	(1.6)
	秘鲁	12.0	(0.8)	15.8	(1.0)	8.5	(0.8)	14.0	(1.3)	13.5	(1.2)	11.6	(1.0)	9.0	(1.0)
	卡塔尔	20.3	(0.4)	22.5	(0.5)	18.0	(0.5)	20.0	(0.7)	21.2	(0.7)	20.7	(0.6)	19.1	(0.7)
	罗马尼亚	44.2	(1.3)	47.0	(1.5)	41.5	(1.3)	47.6	(2.3)	43.3	(1.8)	41.7	(1.9)	44.5	(1.5)
	俄罗斯联邦	30.4	(1.1)	31.2	(1.2)	29.7	(1.2)	32.7	(1.5)	30.9	(1.9)	30.9	(1.6)	26.9	(1.3)
	塞尔维亚	26.7	(0.9)	32.0	(1.3)	21.5	(1.1)	26.7	(1.4)	26.4	(1.7)	26.3	(1.4)	27.2	(1.8)
	中国上海	3.4	(0.4)	4.6	(0.5)	2.2	(0.4)	3.5	(0.6)	3.5	(0.5)	2.5	(0.5)	4.0	(0.6)
	新加坡	12.5	(0.5)	13.7	(0.7)	11.2	(0.6)	12.3	(1.0)	12.0	(1.1)	12.4	(0.9)	13.2	(1.1)
	中国台北	9.3	(0.6)	11.4	(0.8)	7.3	(0.8)	12.9	(0.9)	10.7	(1.1)	8.0	(0.8)	5.8	(0.7)
	泰国	26.6	(0.8)	34.3	(1.3)	20.5	(0.9)	25.3	(1.6)	26.1	(1.4)	27.4	(1.3)	27.6	(1.4)
	突尼斯	25.5	(0.9)	33.4	(1.2)	18.7	(1.1)	23.9	(1.2)	23.9	(1.4)	25.4	(1.7)	28.6	(1.8)
	阿拉伯联合酋长国	22.8	(0.7)	23.3	(0.9)	22.3	(0.9)	22.5	(1.0)	23.6	(1.1)	23.7	(1.1)	21.4	(0.9)
	乌拉圭	23.8	(0.9)	26.9	(1.4)	21.0	(0.9)	26.6	(1.5)	26.1	(1.5)	23.0	(1.5)	19.3	(1.5)
	越南	6.6	(0.5)	8.2	(0.6)	5.2	(0.6)	6.9	(0.8)	6.0	(0.7)	6.2	(0.7)	7.3	(1.0)

附表 4.2 ■ PISA 测试前两周学生逃过几次课的数学成绩(续表 2)

结果基于学生自我报告

		PISA 测试前两周至少逃课一次学生的百分比										
		ESCS 最低 1/4 的男生		ESCS 最低 1/4 的女生		ESCS 最高 1/4 的男生		ESCS 最高 1/4 的女生		ESCS 最低 1/4 的性别差异		ESCS 最高 1/4 的性别差异	
		%	标准误	%	标准误	%	标准误	%	标准误	%差异值	标准误	%差异值	标准误
OECD	澳大利亚	13.6	(1.0)	16.0	(0.9)	11.3	(1.0)	13.6	(1.1)	−2.4	(1.3)	−2.3	(1.2)
	奥地利	9.9	(1.4)	12.8	(1.9)	15.1	(1.8)	15.7	(1.8)	−2.9	(2.1)	−0.6	(2.9)
	比利时	9.2	(1.0)	10.4	(1.0)	7.5	(0.9)	4.5	(0.8)	**−1.2**	(1.7)	**3.0**	(1.1)
	加拿大	25.7	(1.2)	29.3	(1.5)	20.4	(1.2)	24.1	(1.4)	−3.6	(1.7)	−3.7	(2.0)
	智利	21.8	(2.0)	16.1	(1.6)	13.0	(1.4)	15.5	(1.4)	**5.7**	(2.6)	**−2.5**	(1.9)
	捷克共和国	7.5	(1.6)	7.6	(1.4)	6.7	(1.2)	7.9	(1.5)	−0.2	(1.9)	−1.2	(1.7)
	丹麦	16.3	(1.8)	19.5	(1.6)	12.0	(1.8)	16.4	(1.7)	−3.2	(2.5)	−4.4	(2.1)
	爱沙尼亚	34.6	(2.2)	28.3	(1.9)	26.9	(1.7)	23.3	(1.8)	6.3	(2.8)	3.6	(2.5)
	芬兰	18.8	(2.0)	18.2	(1.1)	11.5	(1.3)	13.9	(1.3)	0.5	(2.2)	−2.4	(1.7)
	法国	16.2	(2.0)	20.9	(2.1)	18.0	(1.8)	13.3	(1.6)	**−4.6**	(2.5)	**4.7**	(2.2)
	德国	8.9	(1.5)	10.0	(1.6)	11.3	(1.4)	11.1	(1.4)	−1.0	(1.9)	0.2	(1.9)
	希腊	41.0	(2.2)	37.5	(2.5)	40.8	(2.3)	35.6	(2.0)	3.5	(2.7)	5.2	(2.7)
	匈牙利	15.1	(1.6)	12.3	(1.9)	6.5	(1.3)	6.6	(1.2)	2.8	(2.3)	−0.1	(1.8)
	冰岛	14.5	(2.0)	14.7	(1.6)	7.2	(1.2)	6.1	(1.1)	−0.2	(2.7)	1.1	(1.7)
	爱尔兰	13.5	(1.7)	11.1	(1.6)	15.0	(1.5)	8.4	(1.3)	2.4	(2.1)	6.7	(2.0)
	以色列	29.0	(2.3)	25.3	(1.9)	37.4	(3.2)	36.5	(2.0)	3.7	(2.6)	0.9	(3.7)
	意大利	36.7	(1.2)	30.9	(1.4)	35.2	(1.1)	31.2	(1.3)	5.8	(1.8)	4.0	(1.5)
	日本	4.0	(1.2)	4.7	(1.6)	2.5	(0.6)	2.1	(0.6)	−0.6	(0.9)	0.4	(0.9)
	韩国	5.6	(1.3)	3.1	(0.7)	1.8	(0.6)	1.8	(0.5)	2.5	(1.3)	0.0	(0.7)
	卢森堡	7.9	(1.0)	9.7	(1.0)	8.3	(1.0)	6.3	(0.9)	−1.8	(1.5)	2.0	(1.5)
	墨西哥	17.8	(0.8)	12.8	(0.7)	26.8	(1.2)	25.6	(1.2)	**5.0**	(1.0)	1.2	(1.4)
	荷兰	9.2	(1.2)	9.1	(1.5)	15.1	(1.7)	13.4	(1.9)	0.1	(1.9)	1.8	(2.2)
	新西兰	17.4	(1.6)	24.5	(1.9)	10.9	(1.5)	9.7	(2.0)	**−7.1**	(2.3)	1.2	(2.4)
	挪威	13.1	(1.5)	14.7	(1.7)	11.3	(1.4)	13.5	(1.7)	−1.6	(2.2)	−2.2	(2.0)
	波兰	23.8	(2.4)	17.1	(1.9)	20.7	(2.0)	18.4	(1.8)	6.7	(2.8)	2.3	(2.5)
	葡萄牙	33.7	(2.6)	28.7	(2.5)	23.3	(2.3)	26.3	(1.8)	5.0	(3.7)	−3.0	(2.4)
	斯洛伐克共和国	18.1	(1.8)	13.5	(2.0)	6.7	(1.3)	8.9	(1.3)	**4.6**	(2.4)	**−2.2**	(1.8)
	斯洛文尼亚	27.9	(2.1)	29.5	(1.8)	24.8	(2.4)	17.9	(1.6)	**−1.6**	(3.3)	**6.9**	(2.7)
	西班牙	33.2	(2.0)	38.8	(1.6)	26.9	(1.8)	29.1	(1.5)	−5.6	(2.7)	−2.2	(2.0)
	瑞典	26.0	(2.1)	26.1	(2.0)	15.4	(1.5)	18.2	(1.9)	−0.2	(3.2)	−2.8	(2.5)
	瑞士	8.4	(0.8)	7.9	(0.9)	12.7	(1.4)	14.5	(1.5)	0.5	(1.3)	−1.8	(1.6)
	土耳其	50.4	(2.5)	35.6	(2.2)	53.2	(2.4)	42.1	(2.3)	14.8	(3.3)	11.1	(3.0)
	英国	13.7	(1.3)	12.1	(1.1)	10.1	(1.1)	13.7	(2.1)	1.6	(1.6)	−3.6	(2.4)
	美国	15.0	(1.4)	16.6	(1.6)	10.2	(1.3)	9.7	(1.2)	−1.6	(2.0)	0.5	(1.8)
	OECD平均	19.3	(0.3)	18.4	(0.3)	17.0	(0.3)	16.3	(0.3)	0.9	(0.4)	0.6	(0.4)
伙伴国家(地区)	阿尔巴尼亚	m	m	m	m	m	m	m	m	m	m	m	m
	阿根廷	42.8	(3.1)	47.0	(2.3)	39.7	(1.9)	41.9	(2.3)	−4.2	(3.5)	−2.2	(2.6)
	巴西	20.0	(1.4)	16.2	(0.8)	22.3	(1.3)	18.7	(1.1)	3.9	(1.6)	3.6	(1.4)
	保加利亚	43.3	(2.2)	37.4	(2.4)	30.2	(2.4)	21.9	(1.6)	6.0	(2.9)	8.3	(2.7)
	哥伦比亚	14.9	(1.8)	11.5	(1.4)	18.6	(1.6)	12.0	(2.0)	3.4	(2.2)	6.6	(2.5)
	哥斯达黎加	47.8	(3.1)	39.5	(2.6)	40.1	(2.5)	42.7	(3.0)	**8.3**	(3.0)	**−2.6**	(3.2)
	克罗地亚	28.1	(1.7)	19.3	(1.3)	24.8	(2.0)	18.8	(1.5)	8.8	(2.2)	6.0	(2.5)
	塞浦路斯[2,3]	46.6	(2.0)	35.3	(1.9)	34.7	(1.6)	28.8	(1.7)	11.2	(3.0)	5.9	(2.4)
	中国香港	4.4	(1.1)	2.2	(0.5)	2.9	(0.6)	3.0	(0.9)	2.2	(1.2)	−0.1	(1.2)
	印度尼西亚	23.6	(1.9)	23.3	(2.3)	29.0	(2.0)	25.1	(1.9)	0.3	(2.8)	3.9	(2.5)
	约旦	26.6	(1.9)	22.0	(2.4)	33.5	(1.7)	29.4	(2.4)	4.6	(3.0)	4.2	(3.0)
	哈萨克斯坦	22.8	(2.2)	20.4	(2.5)	16.3	(1.6)	11.4	(1.4)	2.4	(3.3)	4.9	(1.8)
	拉脱维亚	64.5	(2.8)	61.2	(3.2)	58.7	(2.5)	68.7	(1.8)	**3.2**	(3.9)	**−10.0**	(2.5)
	列支敦士登	12.6	(4.1)	2.8	(2.7)	8.5	(4.5)	2.6	(2.7)	9.7	(4.8)	5.8	(5.3)
	立陶宛	42.9	(2.1)	34.9	(2.7)	31.8	(2.2)	23.2	(1.8)	8.1	(2.9)	8.6	(2.4)
	中国澳门	6.5	(0.9)	3.8	(0.8)	7.1	(1.0)	7.6	(1.1)	2.8	(1.2)	−0.5	(1.5)
	马来西亚	29.7	(2.2)	15.2	(1.6)	35.1	(2.2)	20.8	(2.4)	14.5	(3.0)	14.3	(2.6)
	黑山共和国	33.5	(2.2)	28.1	(1.9)	38.8	(2.3)	29.7	(2.2)	5.4	(3.1)	9.1	(3.2)
	秘鲁	18.7	(1.8)	9.9	(1.5)	11.5	(1.4)	6.7	(1.2)	8.8	(2.0)	4.8	(1.7)
	卡塔尔	22.4	(1.3)	17.9	(1.1)	20.8	(1.1)	17.4	(0.9)	4.5	(1.9)	3.4	(1.6)
	罗马尼亚	49.2	(2.6)	46.1	(2.9)	45.7	(2.2)	43.2	(2.2)	3.1	(3.0)	2.4	(3.0)
	俄罗斯联邦	33.7	(1.8)	31.7	(2.0)	28.0	(1.7)	25.7	(1.7)	2.0	(2.2)	2.3	(2.3)
	塞尔维亚	33.7	(2.1)	20.6	(1.7)	31.2	(2.3)	23.0	(2.0)	13.1	(2.7)	8.1	(2.3)
	中国上海	5.2	(1.0)	1.8	(0.6)	5.0	(1.0)	3.0	(0.6)	3.4	(1.2)	2.1	(1.1)
	新加坡	15.3	(1.4)	9.4	(1.0)	12.9	(1.5)	13.6	(1.3)	**5.9**	(1.7)	**−0.6**	(1.7)
	中国台北	14.4	(1.4)	11.4	(1.2)	8.0	(1.1)	3.8	(0.7)	3.0	(1.7)	4.2	(1.3)
	泰国	35.9	(2.4)	17.4	(1.6)	33.2	(2.0)	23.3	(1.6)	**18.4**	(2.4)	**9.9**	(2.1)
	突尼斯	32.0	(2.1)	17.3	(1.7)	34.6	(2.4)	22.6	(1.9)	14.6	(2.8)	12.0	(2.6)
	阿拉伯联合酋长国	23.1	(1.3)	22.0	(1.6)	20.8	(1.3)	22.0	(1.4)	1.1	(1.9)	−1.3	(1.9)
	乌拉圭	32.8	(2.6)	22.2	(1.7)	19.8	(1.8)	18.7	(1.9)	**10.6**	(3.1)	**1.1**	(2.4)
	越南	9.5	(1.3)	4.8	(1.0)	8.7	(1.2)	5.9	(1.3)	4.7	(1.5)	2.8	(1.5)

附表 4.2 ■ PISA 测试前两周学生逃过几次课的数学成绩(续表 3)

结果基于学生自我报告

		PISA 测试前两周学生是否逃课的数学成绩												
		全体学生		男　生		女　生		ESCS 最低 1/4		ESCS 第二个 1/4		ESCS 第三个 1/4		ESCS 高 1/4	
		平均分	标准误	平均分	标准误	平均分	标准误	平均分	标准误	平均分	标准误	平均分	标准误	平均分	标准误
OECD	澳大利亚	481	(3.3)	485	(4.7)	477	(4.2)	438	(5.0)	464	(5.7)	499	(5.5)	536	(6.2)
	奥地利	500	(6.3)	519	(9.7)	485	(7.4)	448	(12.5)	489	(9.7)	514	(11.1)	535	(7.9)
	比利时	449	(5.2)	461	(6.7)	436	(7.8)	407	(8.9)	441	(9.4)	471	(8.1)	522	(11.3)
	加拿大	499	(2.7)	503	(3.4)	495	(3.3)	467	(3.5)	492	(4.0)	511	(4.2)	536	(4.2)
	智利	403	(4.4)	412	(5.2)	394	(6.1)	359	(5.2)	395	(5.9)	406	(7.1)	464	(8.5)
	捷克共和国	477	(7.8)	472	(11.1)	481	(10.3)	418	(14.3)	470	(11.3)	492	(12.8)	528	(12.3)
	丹麦	473	(3.9)	483	(6.0)	464	(4.2)	427	(5.2)	467	(5.5)	495	(5.8)	514	(7.3)
	爱沙尼亚	499	(3.1)	499	(4.2)	498	(3.5)	481	(5.0)	485	(4.7)	499	(4.7)	539	(5.4)
	芬兰	492	(3.9)	483	(6.2)	501	(4.0)	461	(6.7)	486	(5.8)	505	(6.8)	531	(6.4)
	法国	476	(4.5)	481	(7.0)	471	(5.7)	419	(6.7)	459	(6.8)	496	(7.5)	548	(6.6)
	德国	504	(5.8)	511	(8.3)	498	(7.2)	446	(11.0)	488	(12.4)	523	(11.4)	560	(7.6)
	希腊	447	(3.1)	451	(4.4)	443	(3.3)	408	(4.3)	432	(4.3)	455	(4.8)	495	(4.2)
	匈牙利	427	(6.8)	434	(7.4)	420	(10.0)	382	(9.9)	424	(7.7)	448	(13.4)	500	(17.1)
	冰岛	452	(5.1)	454	(7.3)	450	(6.6)	430	(8.4)	449	(7.3)	471	(9.7)	474	(14.3)
	爱尔兰	493	(4.6)	500	(6.8)	482	(6.9)	455	(7.1)	478	(6.9)	500	(8.0)	541	(7.3)
	以色列	477	(6.8)	485	(11.1)	468	(4.9)	409	(6.8)	452	(8.2)	497	(8.9)	527	(6.9)
	意大利	474	(2.3)	481	(2.8)	464	(2.8)	435	(3.0)	465	(3.0)	483	(3.3)	512	(3.5)
	日本	449	(11.6)	460	(16.0)	439	(12.8)	396	(10.8)	459	(15.9)	454	(19.2)	539	(19.1)
	韩国	437	(10.5)	436	(13.4)	437	(13.5)	436	(15.0)	433	(19.7)	440	(15.8)	c	c
	卢森堡	450	(5.0)	468	(7.5)	431	(7.2)	402	(9.5)	438	(9.5)	475	(11.0)	503	(9.7)
	墨西哥	415	(1.9)	419	(2.4)	410	(2.2)	375	(3.0)	403	(2.8)	416	(2.9)	446	(2.8)
	荷兰	522	(8.7)	535	(8.7)	510	(11.6)	480	(9.5)	501	(9.8)	527	(16.8)	561	(12.1)
	新西兰	445	(5.1)	456	(7.9)	435	(5.9)	403	(6.6)	439	(6.8)	466	(8.6)	518	(13.8)
	挪威	445	(4.4)	437	(7.0)	452	(5.9)	414	(6.3)	438	(8.8)	457	(7.9)	478	(8.8)
	波兰	496	(5.1)	498	(5.5)	492	(6.8)	454	(6.0)	479	(6.5)	499	(7.5)	551	(9.1)
	葡萄牙	469	(4.1)	472	(5.1)	465	(4.6)	426	(5.4)	459	(5.3)	482	(5.7)	518	(5.4)
	斯洛伐克共和国	445	(7.4)	439	(7.5)	451	(11.5)	385	(8.6)	455	(8.7)	467	(11.3)	519	(11.1)
	斯洛文尼亚	475	(3.4)	482	(4.2)	467	(2.9)	436	(4.4)	464	(5.4)	487	(5.7)	529	(7.4)
	西班牙	467	(2.6)	475	(3.1)	459	(2.9)	428	(3.4)	453	(4.2)	482	(4.0)	516	(3.3)
	瑞典	446	(4.0)	436	(5.2)	455	(4.9)	417	(4.6)	448	(7.0)	461	(7.6)	477	(8.8)
	瑞士	516	(6.4)	515	(8.8)	517	(6.4)	454	(10.3)	487	(10.3)	520	(8.6)	571	(7.7)
	土耳其	454	(5.6)	456	(6.1)	451	(6.7)	414	(5.1)	439	(4.9)	451	(6.7)	505	(8.1)
	英国	468	(7.2)	469	(7.1)	466	(11.5)	435	(8.6)	445	(8.4)	471	(8.4)	529	(15.3)
	美国	468	(5.8)	470	(6.3)	466	(7.5)	440	(5.8)	446	(7.8)	483	(10.2)	530	(9.4)
	OECD平均	467	(1.0)	472	(1.3)	463	(1.2)	426	(1.4)	457	(1.4)	480	(1.6)	520	(1.7)
伙伴国家(地区)	阿尔巴尼亚	400	(3.9)	403	(5.4)	396	(4.7)	m	m	m	m	m	m	m	m
	阿根廷	377	(4.1)	384	(5.3)	372	(4.0)	343	(4.3)	366	(4.8)	383	(5.3)	427	(4.7)
	巴西	389	(3.6)	395	(4.2)	383	(3.7)	350	(3.3)	374	(4.0)	390	(4.9)	437	(8.1)
	保加利亚	414	(4.2)	411	(4.8)	418	(4.9)	372	(6.0)	404	(4.6)	429	(5.5)	474	(6.5)
	哥伦比亚	375	(3.7)	384	(4.3)	364	(5.2)	336	(6.6)	364	(5.1)	380	(5.5)	414	(6.6)
	哥斯达黎加	408	(3.7)	419	(4.5)	397	(3.6)	374	(5.2)	395	(4.3)	413	(4.4)	450	(5.0)
	克罗地亚	445	(3.4)	447	(4.6)	441	(4.6)	413	(5.3)	427	(5.5)	446	(5.3)	495	(5.9)
	塞浦路斯[2,3]	423	(1.9)	420	(2.7)	426	(2.7)	389	(3.5)	410	(4.4)	427	(4.1)	477	(5.2)
	中国香港	491	(11.3)	495	(14.5)	484	(14.8)	448	(18.0)	488	(15.3)	497	(24.0)	541	(17.8)
	印度尼西亚	362	(5.3)	361	(5.2)	364	(7.0)	339	(4.5)	344	(6.3)	366	(7.6)	394	(9.9)
	约旦	392	(4.3)	384	(5.9)	401	(5.0)	360	(4.6)	376	(4.0)	401	(4.9)	426	(10.4)
	哈萨克斯坦	413	(4.0)	415	(5.1)	412	(5.1)	388	(4.6)	412	(6.7)	418	(5.4)	449	(8.3)
	拉脱维亚	489	(3.1)	485	(4.0)	493	(3.5)	447	(3.4)	470	(4.6)	507	(4.1)	533	(5.3)
	列支敦士登	c	c	c	c	c	c	c	c	c	c	c	c	c	c
	立陶宛	456	(4.2)	457	(4.9)	454	(4.6)	416	(5.0)	442	(5.5)	472	(5.6)	509	(6.6)
	中国澳门	517	(5.6)	515	(7.7)	520	(7.7)	491	(10.5)	505	(9.4)	526	(13.4)	542	(11.1)
	马来西亚	411	(5.2)	405	(6.0)	420	(6.8)	374	(5.6)	389	(5.8)	408	(6.2)	463	(8.5)
	黑山共和国	406	(2.6)	406	(3.6)	406	(3.4)	370	(4.0)	388	(5.4)	411	(4.5)	449	(4.6)
	秘鲁	334	(4.8)	341	(5.3)	321	(5.7)	301	(8.4)	330	(6.2)	346	(7.1)	374	(7.8)
	卡塔尔	353	(2.1)	346	(3.0)	363	(2.8)	322	(3.6)	347	(4.0)	375	(5.1)	377	(4.8)
	罗马尼亚	439	(4.2)	441	(4.9)	437	(4.9)	402	(5.2)	421	(4.5)	438	(4.2)	495	(6.8)
	俄罗斯联邦	468	(3.5)	467	(4.1)	468	(4.5)	428	(5.6)	453	(4.4)	488	(4.4)	509	(6.4)
	塞尔维亚	434	(4.7)	436	(5.8)	431	(5.6)	403	(5.1)	418	(6.0)	432	(5.6)	483	(7.6)
	中国上海	584	(14.2)	574	(14.2)	604	(24.4)	562	(20.4)	559	(21.7)	568	(28.3)	634	(19.1)
	新加坡	572	(4.2)	564	(6.2)	582	(5.8)	511	(8.4)	548	(9.1)	598	(8.0)	627	(6.5)
	中国台北	481	(6.3)	488	(9.1)	473	(7.1)	420	(5.6)	494	(9.0)	502	(11.1)	547	(13.4)
	泰国	414	(3.9)	407	(4.3)	423	(5.8)	388	(6.3)	400	(4.7)	411	(4.3)	453	(8.6)
	突尼斯	388	(4.5)	392	(5.4)	382	(5.7)	366	(5.7)	371	(5.3)	388	(6.8)	422	(8.9)
	阿拉伯联合酋长国	428	(3.8)	424	(5.7)	432	(4.7)	385	(4.0)	423	(4.5)	446	(6.4)	461	(7.0)
	乌拉圭	396	(4.0)	401	(5.4)	390	(5.0)	359	(4.2)	379	(5.2)	403	(6.5)	463	(8.8)
	越南	485	(7.6)	484	(8.7)	486	(9.4)	443	(15.0)	475	(12.0)	488	(10.7)	527	(9.6)

注:统计上有显著性的值用粗体表示。
1. ESCS 指 PISA 经济、社会和文化地位指数。
2. 土耳其注:本书中"塞浦路斯"相关的信息是指塞浦路斯岛南部。没有任何一个权力组织能够代表岛上的土耳其和希腊塞浦路斯人。土耳其承认北塞浦路斯土耳其共和国。除非在联合国找到一种长期的平衡的解决方案,否则土耳其将保持其对"塞浦路斯"问题的立场。
3. OECD 和欧盟成员注:塞浦路斯共和国得到了除土耳其外所有联合国成员的承认。本书中的信息是指在塞浦路斯共和国政府有效控制区域内的。

附表 4.3 ■ PISA 测试前两周学生逃学一整天的次数与数学成绩

结果基于学生自我报告

		PISA 测试前两周学生逃学一整天的百分比								PISA 测试前两周学生逃学一整天的数学成绩							
		没有		一到两次		三到四次		五次或更多		没有		一到两次		三到四次		五次或更多	
		百分比	标准误	百分比	标准误	百分比	标准误	百分比	标准误	平均分	标准误	平均分	标准误	平均分	标准误	平均分	标准误
OECD	澳大利亚	68.2	(0.6)	25.7	(0.5)	4.3	(0.2)	1.8	(0.1)	519	(1.9)	482	(2.1)	461	(4.3)	448	(7.1)
	奥地利	92.0	(0.5)	7.1	(0.5)	0.0	c	0.0	c	508	(2.6)	482	(6.1)	c	c	c	c
	比利时	94.4	(0.4)	4.2	(0.3)	0.7	(0.1)	0.6	(0.1)	520	(2.0)	442	(7.6)	415	(13.0)	390	(13.5)
	加拿大	77.9	(0.6)	18.9	(0.4)	2.3	(0.2)	0.9	(0.1)	527	(1.9)	498	(3.0)	489	(7.1)	462	(8.5)
	智利	92.3	(0.5)	6.5	(0.5)	0.8	(0.1)	0.5	(0.1)	427	(3.0)	384	(5.7)	362	(13.2)	361	(15.2)
	捷克共和国	94.1	(0.5)	4.1	(0.4)	0.7	(0.1)	1.1	(0.2)	502	(2.8)	457	(9.8)	443	(25.0)	433	(22.0)
	丹麦	90.4	(0.6)	7.8	(0.5)	1.3	(0.2)	0.6	(0.1)	505	(2.0)	468	(5.6)	435	(10.7)	409	(17.5)
	爱沙尼亚	84.7	(0.7)	11.9	(0.6)	2.0	(0.2)	1.4	(0.2)	529	(2.0)	484	(4.2)	461	(11.2)	453	(12.9)
	芬兰	89.6	(0.5)	8.9	(0.4)	0.8	(0.1)	0.7	(0.1)	525	(2.0)	482	(4.6)	496	(13.3)	404	(24.8)
	法国	90.5	(0.6)	7.3	(0.5)	1.1	(0.2)	1.0	(0.2)	502	(2.5)	453	(5.3)	414	(15.2)	396	(17.6)
	德国	94.9	(0.4)	4.2	(0.3)	0.0	c	0.0	c	520	(2.9)	474	(9.7)	c	c	c	c
	希腊	78.3	(0.8)	16.7	(0.7)	3.0	(0.3)	2.0	(0.2)	460	(2.5)	441	(3.9)	401	(9.1)	378	(8.9)
	匈牙利	93.2	(0.5)	5.5	(0.5)	0.8	(0.1)	c	c	484	(3.2)	405	(6.5)	366	(13.4)	c	c
	冰岛	97.9	(0.2)	1.7	(0.2)	0.0	c	0.0	c	495	(1.7)	444	(11.9)	c	c	c	c
	爱尔兰	96.0	(0.3)	3.3	(0.3)	0.6	(0.1)	0.0	c	503	(2.6)	480	(8.4)	c	c	c	c
	以色列	69.5	(0.7)	25.0	(0.7)	3.4	(0.3)	2.2	(0.2)	476	(4.8)	460	(5.0)	415	(9.4)	397	(12.1)
	意大利	51.8	(0.5)	41.3	(0.5)	4.6	(0.2)	2.2	(0.1)	502	(2.3)	475	(2.1)	443	(4.5)	407	(6.1)
	日本	98.5	(0.2)	1.3	(0.2)	0.0	c	0.0	c	539	(3.6)	461	(14.2)	c	c	c	c
	韩国	98.2	(0.3)	1.3	(0.2)	0.0	c	0.0	c	556	(4.4)	433	(12.2)	c	c	c	c
	卢森堡	93.0	(0.3)	5.3	(0.3)	0.7	(0.1)	0.0	c	495	(1.1)	432	(5.5)	436	(16.1)	433	(15.6)
	墨西哥	79.1	(0.5)	18.7	(0.5)	1.6	(0.1)	0.6	(0.1)	419	(1.4)	395	(2.1)	372	(4.7)	373	(9.2)
	荷兰	97.3	(0.2)	2.2	(0.2)	0.0	c	0.0	c	526	(3.4)	455	(13.4)	c	c	c	c
	新西兰	82.9	(0.6)	12.9	(0.5)	2.6	(0.3)	1.5	(0.2)	515	(2.2)	439	(3.4)	417	(8.3)	401	(12.3)
	挪威	92.9	(0.4)	5.9	(0.4)	0.0	c	0.0	c	496	(2.7)	436	(6.8)	c	c	c	c
	波兰	84.1	(0.8)	13.3	(0.8)	1.6	(0.2)	1.1	(0.2)	524	(3.6)	490	(5.0)	473	(10.4)	446	(13.9)
	葡萄牙	80.7	(0.7)	15.2	(0.7)	2.4	(0.2)	1.7	(0.2)	497	(3.7)	459	(5.5)	439	(10.6)	424	(16.1)
	斯洛伐克共和国	90.6	(0.5)	7.3	(0.4)	1.4	(0.2)	0.7	(0.2)	488	(3.3)	444	(6.9)	391	(16.7)	388	(27.4)
	斯洛文尼亚	85.8	(0.5)	10.8	(0.5)	2.0	(0.2)	1.4	(0.1)	512	(1.5)	448	(4.4)	437	(11.4)	404	(7.8)
	西班牙	72.0	(0.9)	24.2	(0.7)	2.6	(0.2)	1.2	(0.1)	498	(1.7)	459	(2.8)	425	(6.7)	405	(7.8)
	瑞典	92.8	(0.4)	5.8	(0.4)	0.8	(0.1)	c	c	485	(2.1)	423	(7.0)	409	(14.4)	c	c
	瑞士	95.0	(0.3)	4.3	(0.3)	0.4	(0.1)	0.3	(0.1)	534	(3.1)	474	(6.7)	471	(27.9)	456	(25.3)
	土耳其	45.8	(1.0)	33.7	(1.0)	12.7	(0.6)	7.8	(0.4)	445	(5.8)	443	(4.6)	462	(5.7)	472	(7.6)
	英国	82.1	(0.6)	15.2	(0.5)	1.9	(0.2)	0.8	(0.1)	502	(3.5)	469	(4.1)	440	(9.4)	425	(14.6)
	美国	78.9	(0.8)	17.9	(0.7)	2.4	(0.3)	0.8	(0.1)	488	(3.7)	467	(4.1)	434	(11.0)	401	(14.7)
	OECD 平均	85.5	(0.1)	11.6	(0.1)	1.7	(0.0)	1.0	(0.0)	501	(0.5)	454	(1.2)	431	(2.5)	415	(3.1)
伙伴国家（地区）	阿尔巴尼亚	85.3	(0.6)	12.0	(0.6)	2.0	(0.3)	0.7	(0.1)	392	(2.3)	403	(5.1)	396	(10.9)	406	(16.3)
	阿根廷	41.9	(1.0)	41.9	(0.8)	8.7	(0.5)	7.6	(0.4)	404	(3.6)	391	(3.8)	360	(5.0)	333	(5.5)
	巴西	79.7	(0.5)	16.6	(0.4)	2.3	(0.2)	1.4	(0.1)	394	(2.2)	389	(2.9)	364	(6.1)	357	(5.6)
	保加利亚	74.8	(1.2)	18.0	(0.8)	3.9	(0.4)	3.2	(0.4)	456	(4.0)	399	(4.6)	370	(7.3)	372	(7.8)
	哥伦比亚	95.6	(0.4)	4.1	(0.4)	0.0	c	0.0	c	378	(2.9)	354	(6.7)	c	c	c	c
	哥斯达黎加	68.5	(1.0)	25.1	(0.9)	4.0	(0.4)	2.4	(0.3)	413	(3.0)	398	(4.5)	385	(7.0)	385	(7.6)
	克罗地亚	87.3	(0.6)	9.4	(0.4)	1.7	(0.2)	1.6	(0.2)	481	(3.7)	415	(5.5)	394	(10.6)	373	(9.2)
	塞浦路斯[2,3]	77.3	(0.6)	16.0	(0.5)	3.8	(0.2)	2.9	(0.2)	450	(1.4)	425	(3.1)	390	(7.2)	375	(9.1)
	中国香港	96.0	(0.3)	3.4	(0.3)	0.0	c	0.0	c	566	(3.3)	499	(10.9)	c	c	c	c
	印度尼西亚	88.0	(0.7)	10.0	(0.6)	1.4	(0.2)	0.6	(0.1)	378	(4.1)	358	(6.3)	353	(9.5)	328	(16.6)
	约旦	56.6	(0.9)	36.6	(0.8)	4.6	(0.4)	2.1	(0.2)	397	(3.2)	382	(2.9)	357	(6.2)	332	(6.2)
	哈萨克斯坦	80.3	(0.9)	17.2	(0.8)	1.8	(0.2)	0.8	(0.1)	437	(3.2)	413	(3.5)	393	(9.6)	389	(11.9)
	拉脱维亚	77.3	(0.8)	18.2	(0.7)	2.7	(0.3)	1.8	(0.2)	503	(2.9)	457	(4.3)	429	(6.8)	413	(13.2)
	列支敦士登	98.0	c	0.0	c	0.0	c	0.0	c	535	(4.0)	c	c	c	c	c	c
	立陶宛	81.0	(0.9)	16.1	(0.9)	1.8	(0.2)	1.1	(0.1)	491	(2.6)	434	(4.6)	407	(9.2)	391	(14.1)
	中国澳门	95.1	(0.3)	4.3	(0.3)	0.0	c	0.0	c	543	(1.0)	472	(6.7)	c	c	c	c
	马来西亚	71.6	(1.2)	22.0	(0.9)	4.1	(0.4)	2.3	(0.3)	430	(3.2)	401	(3.9)	383	(7.9)	379	(8.9)
	黑山共和国	75.3	(0.8)	18.4	(0.7)	3.3	(0.3)	2.9	(0.3)	418	(1.3)	392	(2.7)	385	(8.0)	359	(8.6)
	秘鲁	85.8	(0.8)	11.3	(0.6)	2.2	(0.2)	0.7	(0.1)	374	(3.9)	336	(3.7)	326	(10.4)	311	(15.4)
	卡塔尔	83.6	(0.4)	12.7	(0.4)	2.4	(0.1)	1.3	(0.1)	379	(1.0)	382	(2.9)	328	(6.8)	328	(9.2)
	罗马尼亚	65.7	(1.1)	25.9	(0.8)	4.7	(0.4)	3.6	(0.4)	456	(3.9)	425	(4.3)	430	(7.3)	413	(8.4)
	俄罗斯联邦	78.7	(0.7)	15.7	(0.6)	3.1	(0.3)	2.5	(0.2)	491	(3.2)	459	(4.3)	429	(10.0)	410	(8.9)
	塞尔维亚	87.1	(0.7)	10.3	(0.6)	1.5	(0.2)	1.2	(0.2)	455	(3.3)	417	(6.4)	397	(13.0)	377	(14.0)
	中国上海	99.3	(0.1)	0.6	(0.1)	0.0	c	0.0	c	614	(3.2)	532	(24.9)	c	c	c	c
	新加坡	85.5	(0.5)	12.5	(0.4)	1.5	(0.1)	0.5	(0.1)	580	(1.4)	540	(4.6)	506	(11.6)	486	(21.7)
	中国台北	95.7	(0.3)	3.2	(0.3)	0.6	(0.1)	0.6	(0.1)	566	(3.2)	441	(8.7)	414	(25.3)	402	(18.3)
	泰国	81.8	(0.7)	14.2	(0.6)	2.4	(0.2)	1.5	(0.2)	433	(3.2)	404	(4.5)	375	(7.9)	365	(9.2)
	突尼斯	79.3	(1.0)	16.3	(0.7)	2.4	(0.3)	2.0	(0.3)	395	(4.2)	366	(4.3)	359	(8.5)	363	(9.8)
	阿拉伯联合酋长国	60.8	(0.8)	31.6	(0.7)	5.4	(0.3)	2.1	(0.2)	449	(2.7)	418	(2.6)	398	(4.4)	371	(7.2)
	乌拉圭	76.4	(0.9)	18.4	(0.7)	3.0	(0.3)	2.2	(0.2)	418	(3.0)	394	(3.7)	368	(8.2)	347	(10.0)
	越南	90.8	(0.8)	7.9	(0.6)	1.0	(0.2)	0.0	c	518	(4.7)	451	(7.4)	436	(13.2)	c	c

附表 4.3 ■ PISA 测试前两周学生逃学一整天的次数与数学成绩(续表 1)

结果基于学生自我报告

		全体学生		男　生		女　生		ESCS 最低 1/4		ESCS 第二个 1/4		ESCS 第三个 1/4		ESCS 最高 1/4	
		百分比	标准误	百分比	标准误	百分比	标准误	百分比	标准误	百分比	标准误	百分比	标准误	百分比	标准误
OECD	澳大利亚	31.8	(0.6)	29.0	(0.7)	34.7	(0.8)	39.5	(1.2)	33.4	(0.9)	28.8	(0.9)	25.3	(1.0)
	奥地利	8.0	(0.5)	7.4	(0.7)	8.6	(0.7)	10.3	(1.2)	8.1	(0.8)	6.5	(0.8)	7.4	(0.9)
	比利时	5.6	(0.4)	6.4	(0.4)	4.8	(0.5)	7.8	(0.8)	6.5	(0.9)	4.3	(0.5)	3.2	(0.4)
	加拿大	22.1	(0.6)	20.2	(0.7)	24.0	(0.7)	25.2	(0.9)	22.0	(1.0)	21.9	(0.9)	19.4	(0.9)
	智利	7.7	(0.5)	8.1	(0.8)	7.4	(0.7)	10.1	(1.2)	9.1	(1.1)	7.0	(0.8)	4.8	(0.5)
	捷克共和国	5.9	(0.5)	6.5	(0.6)	5.2	(0.7)	8.5	(1.4)	4.7	(0.8)	4.7	(0.7)	5.6	(0.7)
	丹麦	9.6	(0.6)	8.9	(0.7)	10.3	(0.8)	13.9	(1.0)	9.8	(1.2)	8.0	(0.7)	6.7	(0.7)
	爱沙尼亚	15.3	(0.7)	16.1	(1.0)	14.4	(0.8)	15.6	(1.2)	18.5	(1.2)	15.8	(1.2)	11.1	(0.9)
	芬兰	10.4	(0.5)	9.9	(0.7)	10.9	(0.6)	13.8	(1.1)	11.1	(0.9)	9.7	(0.9)	6.9	(0.7)
	法国	9.5	(0.6)	10.3	(0.9)	8.7	(0.7)	14.1	(1.2)	9.7	(1.0)	9.0	(1.0)	5.0	(0.7)
	德国	5.1	(0.4)	5.1	(0.5)	5.1	(0.5)	6.8	(1.0)	5.5	(0.7)	3.6	(0.7)	4.0	(0.6)
	希腊	21.7	(0.8)	25.6	(1.2)	17.9	(1.0)	22.4	(1.5)	23.3	(1.5)	22.7	(1.2)	18.3	(1.3)
	匈牙利	6.8	(0.5)	7.1	(0.8)	6.4	(0.6)	10.7	(1.3)	7.2	(0.9)	5.4	(1.1)	3.6	(0.6)
	冰岛	2.1	(0.2)	2.3	(0.4)	1.8	(0.3)	2.9	(0.6)	2.3	(0.5)	1.8	(0.4)	1.2	(0.4)
	爱尔兰	4.0	(0.3)	5.2	(0.6)	2.8	(0.4)	5.0	(0.7)	4.9	(0.7)	3.1	(0.6)	2.8	(0.5)
	以色列	30.5	(0.7)	29.1	(1.1)	31.9	(1.0)	34.2	(1.3)	32.1	(1.3)	28.5	(1.6)	27.3	(1.4)
	意大利	48.2	(0.5)	48.9	(0.6)	47.4	(0.7)	53.7	(0.9)	48.7	(0.9)	46.3	(0.9)	43.9	(0.9)
	日本	1.5	(0.2)	1.9	(0.3)	1.2	(0.3)	2.8	(0.6)	0.8	(0.3)	1.2	(0.3)	1.2	(0.3)
	韩国	1.8	(0.3)	2.1	(0.4)	1.5	(0.2)	3.0	(0.5)	1.5	(0.3)	1.6	(0.3)	1.1	(0.4)
	卢森堡	7.0	(0.2)	6.6	(0.4)	7.5	(0.5)	10.5	(0.7)	7.7	(0.9)	4.7	(0.6)	5.1	(0.5)
	墨西哥	20.9	(0.5)	21.5	(0.6)	20.3	(0.6)	18.4	(0.8)	21.9	(0.9)	23.5	(0.7)	19.7	(0.9)
	荷兰	2.7	(0.2)	2.2	(0.3)	3.1	(0.4)	3.9	(0.6)	2.4	(0.4)	2.3	(0.5)	2.1	(0.5)
	新西兰	17.1	(0.6)	16.7	(0.8)	17.4	(0.9)	28.3	(1.4)	17.5	(1.0)	13.0	(1.2)	9.0	(1.0)
	挪威	7.1	(0.4)	6.9	(0.6)	7.3	(0.6)	8.7	(1.0)	6.3	(0.9)	5.6	(0.7)	7.5	(0.9)
	波兰	15.9	(0.8)	17.6	(1.1)	14.2	(0.9)	20.1	(1.5)	13.7	(1.2)	17.1	(1.3)	12.6	(1.1)
	葡萄牙	19.3	(0.7)	18.9	(1.2)	19.8	(0.9)	23.3	(1.4)	19.0	(1.1)	19.0	(1.2)	15.9	(1.4)
	斯洛伐克共和国	9.4	(0.5)	10.1	(0.7)	8.7	(0.7)	14.1	(1.3)	8.9	(1.1)	8.4	(1.0)	6.4	(0.8)
	斯洛文尼亚	14.2	(0.5)	15.1	(0.7)	13.2	(0.8)	16.9	(1.1)	17.5	(1.1)	12.8	(1.1)	9.4	(0.9)
	西班牙	28.0	(0.9)	26.6	(0.9)	29.5	(1.0)	36.9	(1.4)	30.1	(1.2)	26.1	(1.2)	19.1	(0.8)
	瑞典	7.2	(0.4)	7.1	(0.6)	7.2	(0.6)	11.1	(0.9)	6.9	(0.7)	6.1	(0.8)	4.3	(0.6)
	瑞士	5.0	(0.3)	5.6	(0.5)	4.4	(0.4)	6.0	(0.7)	3.9	(0.5)	5.3	(0.7)	4.6	(0.5)
	土耳其	54.2	(1.0)	56.8	(1.2)	51.6	(1.4)	49.8	(1.5)	51.8	(1.5)	57.0	(1.5)	57.9	(2.1)
	英国	17.9	(0.6)	16.2	(0.8)	19.5	(0.9)	21.6	(1.1)	20.8	(1.1)	15.8	(1.0)	13.4	(1.1)
	美国	21.1	(0.8)	19.7	(0.8)	22.5	(1.1)	27.3	(1.5)	24.1	(1.3)	18.7	(1.0)	14.2	(1.0)
	OECD 平均	14.5	(0.1)	14.6	(0.1)	14.5	(0.1)	17.6	(0.2)	15.1	(0.2)	13.7	(0.2)	11.8	(0.2)
伙伴国家(地区)	阿尔巴尼亚	14.7	(0.6)	15.0	(1.0)	14.4	(0.8)	m	m	m	m	m	m	m	m
	阿根廷	58.1	(1.0)	57.6	(1.3)	58.6	(1.3)	58.9	(2.2)	60.8	(1.6)	57.1	(1.4)	55.3	(1.4)
	巴西	20.3	(0.5)	20.7	(0.7)	19.9	(0.6)	21.6	(0.9)	19.2	(0.9)	20.1	(0.7)	20.1	(0.9)
	保加利亚	25.2	(1.2)	27.7	(1.4)	22.4	(1.3)	34.2	(2.0)	27.6	(1.8)	23.6	(1.6)	15.4	(1.2)
	哥伦比亚	4.4	(0.4)	5.5	(0.6)	3.5	(0.4)	4.0	(0.6)	5.1	(0.7)	4.7	(0.8)	3.9	(0.6)
	哥斯达黎加	31.5	(1.0)	28.6	(1.2)	34.0	(1.3)	33.9	(1.9)	32.8	(1.4)	29.8	(1.5)	29.3	(1.6)
	克罗地亚	12.7	(0.6)	16.0	(0.8)	9.3	(0.7)	14.7	(1.0)	12.9	(1.1)	12.8	(1.1)	10.1	(0.9)
	塞浦路斯[2,3]	22.7	(0.6)	28.5	(1.0)	16.8	(0.8)	24.5	(1.1)	22.7	(1.0)	22.2	(1.0)	21.2	(1.3)
	中国香港	4.0	(0.3)	3.7	(0.4)	4.3	(0.6)	3.9	(0.6)	4.3	(0.6)	3.6	(0.6)	4.1	(0.8)
	印度尼西亚	12.0	(0.7)	15.8	(1.0)	8.1	(0.7)	12.5	(1.6)	11.8	(1.1)	12.6	(1.2)	11.0	(1.1)
	约旦	43.4	(0.9)	43.1	(1.2)	43.6	(1.2)	46.4	(1.5)	42.9	(1.4)	42.8	(1.4)	40.7	(1.6)
	哈萨克斯坦	19.7	(0.9)	22.1	(1.1)	17.3	(1.1)	26.9	(1.6)	19.4	(1.1)	17.9	(1.4)	14.6	(1.2)
	拉脱维亚	22.7	(0.8)	24.0	(1.2)	21.4	(1.1)	30.5	(2.0)	24.5	(1.8)	19.4	(1.4)	16.6	(1.2)
	列支敦士登	0.0	c	0.0	c	0.0	c	4.4	(2.6)	1.3	(1.3)	0.0	(0.0)	2.5	(1.8)
	立陶宛	19.0	(0.9)	22.2	(1.1)	15.8	(1.0)	26.9	(1.6)	19.1	(1.3)	15.9	(1.3)	14.2	(1.1)
	中国澳门	4.9	(0.3)	5.4	(0.4)	4.3	(0.5)	5.0	(0.6)	5.3	(0.7)	4.1	(0.6)	5.0	(0.6)
	马来西亚	28.4	(1.2)	31.0	(1.5)	26.1	(1.3)	32.7	(2.0)	28.3	(1.7)	27.6	(1.8)	25.2	(1.8)
	黑山共和国	24.7	(0.8)	30.2	(1.2)	19.2	(0.8)	26.0	(1.3)	23.8	(1.2)	25.5	(1.5)	23.4	(1.3)
	秘鲁	14.2	(0.8)	18.6	(0.9)	10.1	(0.8)	17.3	(1.5)	16.6	(1.2)	13.5	(1.1)	9.4	(0.8)
	卡塔尔	16.4	(0.4)	17.5	(0.5)	15.1	(0.5)	12.9	(0.7)	16.6	(0.7)	17.4	(0.8)	17.7	(0.7)
	罗马尼亚	34.3	(1.1)	34.7	(1.4)	33.9	(1.2)	42.7	(1.9)	33.3	(1.6)	31.4	(1.7)	30.1	(1.6)
	俄罗斯联邦	21.3	(0.7)	21.4	(1.0)	21.3	(0.9)	27.4	(1.7)	22.6	(1.1)	19.7	(1.2)	15.6	(1.2)
	塞尔维亚	12.9	(0.7)	17.4	(1.2)	8.4	(0.6)	12.8	(1.1)	13.9	(1.2)	13.9	(1.2)	10.9	(1.2)
	中国上海	0.7	(0.1)	1.3	(0.2)	0.0	c	0.8	(0.2)	0.5	(0.2)	0.9	(0.3)	0.7	(0.2)
	新加坡	14.5	(0.4)	14.9	(0.7)	14.1	(0.7)	17.5	(0.9)	16.3	(1.1)	11.9	(1.0)	12.3	(0.8)
	中国台北	4.3	(0.3)	5.6	(0.5)	3.1	(0.4)	8.0	(0.7)	3.6	(0.5)	3.4	(0.6)	2.4	(0.4)
	泰国	18.2	(0.9)	23.9	(1.1)	13.7	(0.8)	18.1	(1.3)	19.1	(1.1)	18.9	(1.2)	16.1	(1.2)
	突尼斯	20.7	(1.0)	28.5	(1.4)	13.9	(0.9)	22.4	(1.4)	19.2	(1.2)	21.4	(1.6)	19.3	(1.7)
	阿拉伯联合酋长国	39.2	(0.8)	37.1	(1.0)	41.1	(1.1)	43.2	(1.4)	39.3	(1.3)	38.0	(1.2)	36.0	(1.4)
	乌拉圭	23.6	(0.9)	26.5	(1.2)	21.0	(1.0)	28.7	(1.6)	28.1	(1.6)	22.7	(1.2)	14.5	(1.1)
	越南	9.2	(0.8)	12.8	(1.0)	6.0	(0.7)	14.5	(1.5)	9.1	(1.0)	7.5	(0.9)	5.8	(1.0)

附表 4.3 ■ PISA 测试前两周学生逃学一整天的次数与数学成绩(续表 2)

结果基于学生自我报告

		PISA 测试前两周学生逃学一整天的百分比										
		ESCS 最低 1/4 的男生		ESCS 最低 1/4 的女生		ESCS 最高 1/4 的男生		ESCS 最高 1/4 的女生		ESCS 最低 1/4 的性别差异		ESCS 最高 1/4 的性别差异	
		百分比	标准误	百分比	标准误	百分比	标准误	百分比	标准误	百分比差异值	标准误	百分比差异值	标准误
OECD	澳大利亚	36.9	(1.4)	42.2	(1.4)	22.1	(1.4)	28.8	(1.4)	−5.2	(1.5)	−6.8	(1.9)
	奥地利	10.6	(2.0)	9.9	(1.4)	5.7	(1.0)	9.0	(1.3)	0.8	(2.5)	−3.3	(1.5)
	比利时	8.2	(1.0)	7.5	(1.2)	3.8	(0.6)	2.6	(0.6)	0.8	(1.4)	1.2	(0.9)
	加拿大	23.0	(1.2)	27.2	(1.2)	16.7	(1.2)	22.0	(1.4)	−4.2	(1.6)	−5.3	(1.8)
	智利	11.0	(1.8)	9.3	(1.3)	4.9	(0.8)	4.7	(0.8)	1.7	(1.8)	0.2	(1.2)
	捷克共和国	10.0	(1.6)	7.0	(2.3)	6.4	(1.1)	4.8	(1.1)	2.9	(2.7)	1.6	(1.5)
	丹麦	12.7	(1.3)	15.0	(1.7)	6.5	(1.0)	7.0	(0.9)	−2.4	(2.3)	−0.5	(1.3)
	爱沙尼亚	15.9	(1.8)	15.4	(1.6)	11.4	(1.2)	10.7	(1.2)	0.6	(2.3)	0.7	(1.6)
	芬兰	13.8	(1.7)	13.8	(1.1)	7.0	(1.0)	6.7	(1.0)	−0.1	(2.0)	0.3	(1.0)
	法国	13.6	(1.6)	14.6	(1.7)	6.8	(1.3)	3.2	(0.7)	−0.9	(2.4)	3.6	(1.4)
	德国	6.1	(1.2)	7.5	(1.2)	4.2	(0.8)	3.7	(0.8)	−1.3	(1.3)	0.6	(1.3)
	希腊	27.6	(2.3)	17.5	(1.6)	22.2	(1.9)	14.5	(1.8)	10.0	(2.8)	7.6	(2.6)
	匈牙利	9.5	(1.6)	11.8	(2.0)	4.1	(0.8)	3.1	(0.8)	−2.3	(2.5)	1.0	(1.5)
	冰岛	3.2	(1.0)	2.7	(0.7)	1.3	(0.5)	1.0	(0.5)	0.6	(1.1)	0.4	(0.7)
	爱尔兰	5.8	(1.1)	4.2	(0.9)	3.6	(0.8)	1.8	(0.5)	1.6	(1.3)	1.8	(1.0)
	以色列	33.1	(2.4)	35.0	(1.4)	24.1	(2.0)	30.9	(1.9)	−1.8	(2.9)	−6.8	(2.7)
	意大利	54.0	(1.1)	53.4	(1.3)	44.6	(1.3)	43.1	(1.2)	0.6	(1.6)	1.5	(1.7)
	日本	3.1	(0.8)	2.4	(0.8)	1.7	(0.5)	1.0	(0.3)	0.7	(0.9)	1.1	(0.6)
	韩国	4.0	(0.9)	2.0	(0.5)	1.6	(0.6)	0.5	(0.3)	1.9	(1.0)	1.1	(0.6)
	卢森堡	9.5	(1.1)	11.4	(1.2)	5.1	(0.8)	5.1	(0.7)	−2.0	(1.7)	0.1	(1.1)
	墨西哥	19.4	(1.2)	17.5	(0.8)	20.5	(1.0)	18.9	(1.2)	2.0	(1.5)	1.6	(1.4)
	荷兰	3.3	(0.8)	4.4	(1.0)	1.3	(0.4)	2.9	(1.0)	−1.1	(1.3)	−1.6	(1.2)
	新西兰	28.6	(1.8)	28.0	(2.3)	8.0	(1.5)	9.9	(1.2)	0.6	(3.0)	−1.9	(1.6)
	挪威	8.5	(1.3)	9.0	(1.3)	7.2	(1.1)	7.7	(1.2)	−0.5	(1.8)	−0.5	(1.4)
	波兰	21.4	(2.2)	18.9	(1.9)	13.7	(1.5)	11.6	(1.5)	2.5	(2.7)	2.1	(2.1)
	葡萄牙	24.2	(2.4)	22.4	(1.8)	14.6	(2.1)	17.3	(1.8)	1.7	(3.2)	−2.7	(2.6)
	斯洛伐克共和国	16.7	(1.8)	11.4	(1.5)	6.2	(1.1)	6.7	(1.1)	5.3	(2.0)	−0.5	(1.6)
	斯洛文尼亚	14.8	(1.2)	19.0	(1.8)	10.5	(1.3)	8.3	(1.2)	−4.2	(2.2)	2.2	(1.7)
	西班牙	34.4	(1.9)	39.4	(1.7)	20.1	(1.2)	18.1	(1.1)	−5.0	(2.1)	2.0	(1.6)
	瑞典	11.6	(1.3)	10.6	(1.3)	4.1	(0.9)	4.6	(0.8)	1.0	(1.8)	−0.5	(1.2)
	瑞士	5.9	(0.9)	6.1	(0.9)	6.2	(1.0)	3.1	(0.7)	−0.2	(1.1)	3.1	(1.3)
	土耳其	53.0	(2.3)	46.8	(2.4)	60.6	(2.6)	55.3	(2.4)	6.1	(3.6)	5.2	(2.8)
	英国	22.2	(1.8)	21.1	(2.0)	12.1	(1.3)	14.7	(1.5)	1.1	(3.0)	−2.7	(1.7)
	美国	25.6	(1.8)	29.1	(2.2)	13.9	(1.3)	14.5	(1.6)	−3.5	(2.7)	−0.7	(2.1)
	OECD平均	17.7	(0.3)	17.5	(0.3)	11.8	(0.2)	11.7	(0.2)	0.2	(0.4)	0.2	(0.3)
伙伴国家(地区)	阿尔巴尼亚	m	m	m	m	m	m	m	m	m	m	m	m
	阿根廷	55.8	(3.1)	61.4	(2.3)	55.9	(1.7)	54.6	(1.9)	−5.6	(3.0)	1.3	(2.3)
	巴西	22.1	(1.5)	21.2	(1.0)	19.6	(1.2)	20.6	(1.5)	0.9	(1.6)	−1.0	(2.0)
	保加利亚	38.2	(2.6)	30.1	(2.4)	17.5	(1.6)	13.2	(1.5)	8.1	(2.9)	4.3	(2.1)
	哥伦比亚	4.5	(1.1)	3.6	(0.8)	4.1	(0.8)	3.7	(1.0)	0.9	(1.4)	0.4	(1.2)
	哥斯达黎加	31.2	(2.8)	35.6	(2.2)	26.8	(2.0)	31.8	(2.6)	−4.4	(3.0)	−5.0	(3.3)
	克罗地亚	18.1	(1.7)	11.5	(1.3)	14.8	(1.4)	5.1	(0.9)	6.6	(2.1)	9.7	(1.6)
	塞浦路斯[2,3]	33.4	(1.8)	15.4	(1.5)	24.8	(1.9)	17.8	(1.7)	18.0	(2.5)	7.0	(2.5)
	中国香港	4.5	(0.9)	3.2	(0.8)	2.6	(0.6)	6.0	(1.8)	1.4	(1.1)	−3.4	(2.1)
	印度尼西亚	15.8	(2.1)	9.0	(1.5)	13.4	(1.2)	8.4	(1.6)	6.7	(2.1)	5.0	(1.9)
	约旦	44.7	(2.1)	47.8	(2.1)	40.1	(2.6)	41.4	(2.0)	−3.1	(3.0)	−1.3	(3.4)
	哈萨克斯坦	30.0	(1.9)	23.6	(2.5)	17.6	(2.0)	11.8	(1.6)	6.4	(2.9)	5.9	(2.7)
	拉脱维亚	28.8	(2.9)	32.3	(2.6)	18.4	(1.7)	15.1	(1.6)	−3.5	(3.7)	3.3	(2.3)
	列支敦士登	2.9	(3.0)	6.1	(4.2)	2.4	(2.4)	2.6	(2.7)	−3.2	(5.2)	−0.2	(3.6)
	立陶宛	28.2	(2.0)	25.5	(2.3)	18.8	(1.6)	9.4	(1.4)	2.7	(3.0)	9.3	(2.2)
	中国澳门	6.3	(0.8)	3.6	(0.7)	5.0	(0.9)	5.0	(0.9)	2.7	(1.1)	0.1	(1.4)
	马来西亚	38.1	(3.1)	27.6	(2.0)	24.6	(2.3)	25.8	(2.0)	10.5	(3.1)	−1.3	(2.5)
	黑山共和国	31.5	(2.2)	21.2	(1.5)	28.1	(2.0)	18.1	(1.8)	10.2	(2.7)	10.0	(2.8)
	秘鲁	21.8	(1.8)	13.3	(1.6)	11.8	(1.2)	7.2	(1.1)	8.5	(1.8)	4.6	(1.6)
	卡塔尔	16.8	(1.2)	9.3	(0.8)	17.0	(1.0)	18.3	(1.0)	7.5	(1.4)	−1.4	(1.3)
	罗马尼亚	42.0	(2.4)	43.4	(2.3)	30.8	(2.0)	29.4	(2.0)	−1.5	(2.6)	1.3	(2.3)
	俄罗斯联邦	26.7	(2.3)	28.2	(1.8)	16.6	(1.6)	14.6	(1.6)	−1.5	(2.3)	2.0	(2.1)
	塞尔维亚	18.5	(1.7)	7.8	(1.2)	13.6	(1.9)	7.9	(1.3)	10.7	(1.9)	5.7	(2.2)
	中国上海	1.3	(0.4)	0.3	(0.2)	1.3	(0.5)	0.2	(0.2)	1.0	(0.5)	1.1	(0.5)
	新加坡	18.4	(1.6)	16.5	(1.1)	12.7	(1.2)	11.9	(1.4)	1.8	(2.1)	0.9	(2.0)
	中国台北	9.6	(1.3)	6.5	(1.0)	3.4	(0.6)	1.4	(0.4)	3.1	(1.9)	1.9	(0.8)
	泰国	23.3	(1.8)	14.2	(1.5)	21.8	(1.9)	11.8	(1.7)	9.1	(2.1)	10.0	(1.9)
	突尼斯	30.7	(2.2)	15.6	(1.7)	26.2	(2.3)	12.4	(1.7)	15.1	(2.6)	13.7	(2.3)
	阿拉伯联合酋长国	38.6	(1.8)	47.3	(2.1)	36.1	(1.9)	35.8	(2.0)	−8.7	(2.7)	0.2	(2.7)
	乌拉圭	34.4	(2.6)	24.7	(1.8)	16.2	(1.5)	12.8	(1.5)	9.7	(3.0)	3.4	(2.1)
	越南	20.2	(2.2)	10.0	(1.5)	6.8	(1.0)	4.9	(1.2)	10.2	(2.1)	1.9	(1.1)

附表 4.3 ■ PISA 测试前两周学生逃学一整天的次数与数学成绩(续表3)

结果基于学生自我报告

| | | 全体学生 | | 男 生 | | 女 生 | | ESCS 最低 1/4 | | ESCS 第二个 1/4 | | ESCS 第三个 1/4 | | ESCS 最高 1/4 | |
		平均分	标准误	平均分	标准误	平均分	标准误	平均分	标准误	平均分	标准误	平均分	标准误	平均分	标准误
OECD	澳大利亚	477	(2.0)	484	(2.9)	471	(2.6)	444	(3.0)	469	(3.0)	496	(3.6)	523	(4.1)
	奥地利	475	(6.6)	486	(11.2)	466	(7.6)	424	(10.4)	469	(10.8)	500	(12.0)	529	(11.9)
	比利时	433	(6.3)	436	(8.2)	429	(9.6)	395	(8.9)	428	(11.1)	470	(12.6)	501	(12.9)
	加拿大	495	(2.8)	499	(3.7)	492	(3.3)	465	(3.9)	485	(3.7)	509	(4.6)	533	(4.5)
	智利	380	(5.3)	388	(7.5)	373	(6.9)	345	(6.9)	372	(9.0)	404	(9.4)	439	(9.2)
	捷克共和国	451	(9.6)	450	(10.6)	452	(19.5)	399	(17.9)	459	(13.7)	476	(12.0)	501	(12.7)
	丹麦	460	(5.3)	471	(8.6)	451	(6.0)	433	(7.3)	447	(7.7)	480	(7.2)	517	(9.6)
	爱沙尼亚	479	(4.0)	477	(4.9)	480	(5.3)	465	(6.8)	467	(6.5)	482	(6.7)	515	(8.0)
	芬兰	478	(4.9)	467	(8.7)	488	(4.3)	458	(8.9)	470	(6.1)	492	(8.3)	518	(9.1)
	法国	442	(5.8)	454	(9.4)	429	(8.1)	399	(8.1)	437	(9.4)	483	(10.2)	509	(11.5)
	德国	474	(8.4)	478	(10.9)	470	(11.0)	433	(11.5)	468	(12.5)	494	(9.9)	551	(15.1)
	希腊	430	(4.1)	431	(5.6)	428	(4.8)	388	(6.2)	421	(5.8)	442	(6.2)	478	(6.7)
	匈牙利	400	(5.6)	412	(7.5)	387	(7.8)	371	(8.5)	397	(8.6)	413	(16.7)	473	(16.6)
	冰岛	429	(11.1)	418	(15.4)	444	(17.2)	c	c	c	c	c	c	c	c
	爱尔兰	451	(8.7)	472	(12.4)	468	(10.3)	440	(12.3)	467	(17.6)	493	(17.6)	528	(11.6)
	以色列	451	(5.1)	452	(8.2)	450	(4.7)	399	(7.3)	440	(5.7)	473	(7.6)	509	(6.9)
	意大利	469	(2.2)	478	(2.5)	458	(2.6)	435	(2.6)	460	(2.8)	480	(3.1)	508	(3.1)
	日本	449	(13.5)	450	(15.6)	449	(17.5)	415	(18.6)	c	c	c	c	c	c
	韩国	422	(11.8)	416	(14.9)	431	(16.5)	423	(19.1)	c	c	c	c	c	c
	卢森堡	433	(4.6)	454	(7.4)	414	(5.7)	402	(7.5)	426	(8.7)	447	(11.8)	501	(11.0)
	墨西哥	393	(2.0)	400	(2.5)	386	(2.2)	365	(2.7)	387	(2.9)	397	(3.2)	420	(3.3)
	荷兰	449	(11.4)	457	(15.2)	443	(18.2)	434	(13.7)	c	c	454	(23.5)	c	c
	新西兰	432	(3.1)	436	(4.5)	428	(4.8)	409	(4.9)	439	(5.1)	455	(8.3)	475	(11.2)
	挪威	427	(6.2)	425	(9.0)	429	(10.2)	414	(9.8)	416	(18.9)	439	(12.0)	445	(10.0)
	波兰	485	(4.6)	486	(5.8)	483	(6.0)	450	(5.9)	473	(6.7)	492	(6.5)	542	(10.1)
	葡萄牙	454	(4.8)	454	(6.3)	454	(5.4)	415	(5.3)	439	(6.7)	469	(5.6)	514	(6.7)
	斯洛伐克共和国	432	(7.4)	431	(8.8)	433	(8.8)	384	(11.8)	431	(9.6)	449	(11.3)	517	(11.5)
	斯洛文尼亚	442	(3.8)	447	(4.8)	437	(6.9)	412	(5.3)	434	(6.1)	453	(8.7)	496	(9.6)
	西班牙	453	(2.8)	462	(3.8)	445	(3.1)	419	(3.6)	446	(4.0)	472	(5.6)	504	(4.5)
	瑞典	421	(6.0)	419	(9.0)	423	(7.6)	403	(8.3)	408	(11.0)	433	(10.8)	476	(13.9)
	瑞士	473	(6.3)	479	(8.2)	465	(9.1)	430	(10.6)	450	(12.5)	501	(10.5)	519	(11.6)
	土耳其	451	(4.7)	455	(5.2)	448	(5.8)	415	(4.7)	438	(4.8)	448	(5.3)	498	(7.5)
	英国	464	(4.0)	467	(5.4)	462	(5.3)	438	(5.6)	444	(5.2)	478	(5.8)	528	(8.9)
	美国	460	(4.1)	461	(5.0)	460	(4.8)	434	(5.7)	449	(5.9)	475	(6.7)	513	(7.1)
	OECD 平均	**448**	**(1.1)**	**452**	**(1.5)**	**445**	**(1.6)**	**417**	**(1.6)**	**441**	**(1.6)**	**466**	**(1.9)**	**503**	**(1.8)**
伙伴国家(地区)	阿尔巴尼亚	402	(4.9)	407	(6.6)	396	(6.2)	m	m	m	m	m	m	m	m
	阿根廷	379	(3.6)	387	(4.7)	371	(3.5)	344	(3.5)	371	(4.0)	384	(5.1)	423	(4.2)
	巴西	384	(2.6)	389	(3.7)	380	(2.8)	356	(2.9)	372	(3.7)	384	(4.1)	426	(5.2)
	保加利亚	391	(4.4)	389	(4.7)	393	(5.7)	359	(6.8)	388	(5.2)	404	(5.7)	448	(7.9)
	哥伦比亚	354	(6.7)	360	(7.9)	347	(10.2)	321	(10.4)	345	(10.6)	358	(10.5)	397	(14.8)
	哥斯达黎加	395	(4.2)	407	(5.7)	387	(4.1)	361	(5.9)	384	(4.9)	401	(5.1)	440	(5.6)
	克罗地亚	407	(3.6)	411	(4.5)	399	(5.3)	386	(5.7)	400	(6.7)	408	(6.7)	444	(6.9)
	塞浦路斯[2,3]	413	(2.6)	407	(3.2)	422	(4.1)	372	(4.7)	403	(4.9)	418	(4.5)	467	(6.3)
	中国香港	495	(9.5)	492	(12.6)	497	(14.8)	471	(17.8)	465	(13.4)	486	(16.0)	559	(14.5)
	印度尼西亚	356	(5.9)	354	(5.3)	360	(10.4)	342	(6.8)	346	(7.9)	350	(4.9)	388	(15.4)
	约旦	377	(2.7)	369	(4.8)	384	(3.4)	357	(3.6)	365	(3.2)	386	(4.2)	406	(4.6)
	哈萨克斯坦	410	(3.5)	409	(4.0)	411	(4.6)	390	(4.1)	411	(6.5)	422	(5.2)	434	(7.2)
	拉脱维亚	450	(3.7)	447	(5.8)	454	(5.4)	421	(5.1)	435	(6.6)	469	(6.7)	505	(7.6)
	列支敦士登	c	c	c	c	c	c	c	c	c	c	c	c	c	c
	立陶宛	429	(4.4)	432	(5.2)	425	(6.2)	395	(5.3)	421	(6.5)	446	(7.4)	480	(7.9)
	中国澳门	470	(6.2)	470	(8.7)	470	(10.0)	445	(11.3)	473	(10.4)	469	(12.9)	499	(13.9)
	马来西亚	397	(4.1)	389	(4.7)	405	(5.4)	367	(4.0)	379	(4.4)	401	(5.2)	450	(10.2)
	黑山共和国	387	(2.7)	386	(3.4)	389	(3.9)	357	(4.5)	376	(5.8)	391	(5.1)	427	(5.2)
	秘鲁	333	(4.0)	343	(4.6)	315	(5.2)	302	(6.9)	330	(5.6)	342	(5.6)	381	(8.1)
	卡塔尔	370	(2.7)	349	(3.6)	394	(3.5)	322	(4.6)	359	(4.6)	394	(4.9)	401	(5.1)
	罗马尼亚	425	(4.1)	428	(5.0)	422	(4.5)	393	(5.5)	408	(4.3)	421	(4.1)	488	(7.3)
	俄罗斯联邦	449	(3.9)	445	(5.4)	452	(4.6)	421	(6.1)	444	(5.4)	465	(5.4)	486	(8.6)
	塞尔维亚	411	(6.3)	413	(7.3)	407	(8.4)	390	(6.7)	394	(8.3)	403	(8.1)	466	(11.6)
	中国上海	519	(21.6)	517	(25.2)	c	c	c	c	c	c	c	c	c	c
	新加坡	534	(4.2)	532	(5.6)	537	(6.1)	487	(6.3)	519	(7.7)	557	(8.3)	602	(9.0)
	中国台北	432	(8.1)	435	(11.2)	427	(10.1)	402	(10.1)	427	(12.1)	453	(14.5)	512	(21.4)
	泰国	397	(4.2)	390	(4.9)	407	(5.5)	386	(6.5)	391	(5.3)	390	(4.5)	427	(9.1)
	突尼斯	365	(4.2)	372	(5.0)	354	(5.0)	351	(5.7)	351	(6.0)	373	(6.3)	387	(7.6)
	阿拉伯联合酋长国	412	(2.4)	406	(3.5)	418	(3.5)	376	(3.3)	407	(2.9)	431	(4.4)	443	(4.5)
	乌拉圭	386	(3.6)	391	(4.7)	380	(3.8)	356	(4.4)	378	(5.4)	395	(6.8)	446	(7.1)
	越南	450	(7.4)	457	(8.2)	436	(8.5)	424	(9.6)	445	(10.1)	468	(10.7)	494	(12.3)

注:统计上有显著性的值用粗体表示。

1. ESCS 指 PISA 经济、社会和文化地位指数。

2. 土耳其注:本书中"塞浦路斯"相关的信息是指塞浦路斯岛南部。没有任何一个权力组织能够代表岛上的土耳其和希腊塞浦路斯人。土耳其承认北塞浦路斯土耳其共和国。除非在联合国找到一种长期的平衡的解决方案,否则土耳其将保持其对"塞浦路斯"问题的立场。

3. OECD 和欧盟成员注:塞浦路斯共和国得到了除土耳其外所有联合国成员的承认。本书中的信息是指在塞浦路斯共和国政府有效控制区域内的。

质量与公平:上海 2012 年国际学生评估项目(PISA)研究报告

附表 4.4 ■ 逃课或逃学和数学成绩的关系

结果基于学生自我报告

	以数学十分位数划分的与学生逃课或逃学情况相联系的数学分数差异											
	平均分								第10百分位[1]			
	未调整的[2]		调整后的[3]		ESCS[4]		男生		未调整的[2]		调整后的[3]	
	分数差异	标准误	分数差异	标准误	分数差异	标准误	分数差异	标准误	分数差异	标准误	分数差异	标准误
OECD												
澳大利亚	−40.0	(2.2)	−32.4	(2.1)	40.1	(1.3)	10.9	(2.5)	−34.1	(3.4)	−28.4	(3.6)
奥地利	−14.4	(5.2)	−14.7	(4.6)	43.0	(2.2)	22.0	(4.4)	−20.1	(10.1)	−18.3	(9.3)
比利时	−73.1	(4.5)	−60.5	(3.9)	47.3	(1.7)	10.4	(2.8)	−67.4	(9.5)	−57.3	(8.5)
加拿大	−29.4	(2.3)	−25.5	(2.1)	30.4	(1.2)	10.2	(1.7)	−23.6	(3.5)	−23.4	(3.3)
智利	−29.8	(3.7)	−24.0	(3.2)	33.5	(1.5)	22.3	(3.0)	−26.2	(5.2)	−21.5	(5.7)
捷克共和国	−34.6	(6.9)	−30.0	(5.9)	50.5	(2.7)	12.6	(4.3)	−44.9	(13.0)	−41.9	(12.0)
丹麦	−35.5	(2.9)	−29.3	(2.6)	38.1	(1.8)	12.3	(2.6)	−35.1	(5.5)	−30.7	(4.9)
爱沙尼亚	−37.5	(3.0)	−35.3	(2.9)	27.9	(1.6)	6.5	(2.6)	−36.9	(4.6)	−35.0	(5.4)
芬兰	−35.7	(3.7)	−30.2	(3.6)	32.0	(1.7)	−0.1	(2.6)	−31.8	(6.6)	−26.3	(8.0)
法国	−32.2	(4.0)	−24.6	(3.5)	56.3	(2.2)	8.5	(2.7)	−40.7	(6.9)	−26.9	(8.0)
德国	−22.8	(5.8)	−20.4	(5.2)	42.5	(2.0)	13.8	(2.7)	−24.4	(8.7)	−19.1	(11.2)
希腊	−14.2	(3.1)	−14.3	(2.6)	34.4	(1.9)	9.6	(2.5)	−15.3	(5.3)	−13.9	(6.0)
匈牙利	−65.1	(5.4)	−48.3	(4.7)	44.1	(2.7)	8.5	(3.2)	−54.4	(10.3)	−42.7	(8.4)
冰岛	−47.2	(5.5)	−40.0	(5.4)	29.3	(2.1)	−3.8	(2.8)	−43.1	(9.2)	−40.5	(11.4)
爱尔兰	−14.1	(4.7)	−12.4	(4.3)	37.7	(1.8)	16.3	(2.9)	−20.0	(7.9)	−12.2	(8.0)
以色列	−4.0	(3.4)	−6.5	(2.9)	50.5	(2.6)	11.0	(6.6)	−11.8	(7.2)	−9.8	(6.2)
意大利	−31.2	(1.9)	−28.0	(1.7)	29.2	(1.1)	18.0	(2.1)	−29.2	(3.6)	−26.2	(3.4)
日本	−88.2	(10.2)	−75.4	(7.4)	39.3	(3.6)	19.5	(3.7)	−97.3	(15.2)	−84.8	(12.3)
韩国	−117.6	(9.9)	−107.3	(9.9)	39.9	(3.1)	16.4	(5.2)	−114.6	(17.4)	−118.4	(20.8)
卢森堡	−49.4	(3.9)	−40.2	(3.7)	35.4	(1.2)	22.3	(2.2)	−44.2	(6.7)	−38.5	(8.5)
墨西哥	−9.5	(1.7)	−14.0	(1.5)	19.1	(0.8)	12.3	(1.1)	−11.0	(2.5)	−14.1	(2.3)
荷兰	−9.2	(8.1)	−14.5	(7.7)	39.8	(3.0)	9.6	(2.7)	−23.3	(12.1)	−25.0	(17.3)
新西兰	−76.8	(3.7)	−59.7	(3.8)	45.5	(1.9)	16.1	(3.2)	−60.3	(6.6)	−51.0	(8.1)
挪威	−55.5	(4.0)	−53.3	(3.7)	31.4	(2.4)	1.2	(2.8)	−53.9	(7.1)	−51.4	(6.6)
波兰	−30.8	(3.5)	−29.8	(3.2)	40.9	(2.4)	4.9	(2.8)	−25.9	(5.7)	−24.3	(5.0)
葡萄牙	−31.7	(3.2)	−26.3	(2.9)	34.0	(1.6)	10.7	(2.4)	−31.1	(6.4)	−29.5	(6.0)
斯洛伐克共和国	−45.2	(6.4)	−30.4	(5.3)	52.8	(2.9)	9.2	(4.0)	−44.4	(10.6)	−26.5	(10.5)
斯洛文尼亚	−42.0	(3.7)	−36.3	(3.3)	40.0	(1.6)	2.9	(2.9)	−35.6	(5.6)	−35.2	(5.2)
西班牙	−35.3	(1.9)	−27.1	(1.7)	32.2	(1.1)	15.1	(2.1)	−38.1	(4.4)	−30.2	(4.7)
瑞典	−46.3	(3.9)	−39.8	(3.5)	33.9	(1.9)	−2.1	(2.7)	−41.1	(7.3)	−39.0	(7.1)
瑞士	−23.9	(5.3)	−27.6	(4.8)	38.5	(1.8)	13.7	(2.4)	−34.2	(8.0)	−31.5	(7.3)
土耳其	10.3	(3.8)	4.3	(3.5)	31.4	(2.4)	8.4	(4.1)	5.0	(5.3)	3.9	(4.8)
英国	−35.0	(4.4)	−29.2	(4.1)	39.6	(2.4)	9.7	(4.0)	−38.9	(9.6)	−34.8	(7.8)
美国	−23.7	(4.1)	−14.6	(4.2)	34.6	(1.7)	5.0	(2.8)	−20.8	(4.8)	−16.6	(4.8)
OECD 平均	**−37.4**	**(0.8)**	**−32.3**	**(0.7)**	**38.1**	**(0.4)**	**10.8**	**(0.5)**	**−37.3**	**(1.4)**	**−33.0**	**(1.5)**
伙伴国家（地区）												
阿尔巴尼亚	9.7	(4.2)	m	m	m	m	m	m	11.1	(7.7)	m	m
阿根廷	−24.5	(2.9)	−21.8	(2.6)	26.0	(1.6)	11.5	(2.6)	−28.6	(5.4)	−23.0	(5.5)
巴西	−3.9	(2.8)	−5.5	(2.1)	26.1	(1.7)	14.8	(1.8)	−3.8	(3.1)	−5.7	(3.3)
保加利亚	−46.1	(4.5)	−34.9	(3.4)	40.0	(2.4)	1.3	(3.1)	−38.9	(6.2)	−33.5	(5.9)
哥伦比亚	−4.8	(2.8)	−10.5	(2.5)	24.3	(1.7)	22.9	(2.8)	−4.9	(5.6)	−9.6	(6.0)
哥斯达黎加	−7.3	(3.5)	−6.4	(3.0)	23.2	(1.6)	19.2	(2.2)	−8.3	(4.8)	−8.5	(4.1)
克罗地亚	−46.9	(3.4)	−46.9	(3.2)	35.0	(2.5)	15.0	(3.7)	−38.5	(4.3)	−42.4	(5.3)
塞浦路斯[5,6]	−29.8	(2.4)	−27.7	(2.3)	37.7	(1.6)	5.3	(2.3)	−34.8	(5.4)	−31.9	(4.7)
中国香港	−67.3	(6.9)	−66.4	(6.3)	26.6	(2.6)	13.6	(4.8)	−81.5	(13.2)	−81.8	(10.7)
印度尼西亚	−17.2	(3.6)	−19.4	(3.4)	20.5	(3.5)	5.0	(3.4)	−18.0	(6.5)	−19.1	(6.9)
约旦	−9.9	(2.5)	−9.3	(2.3)	22.6	(2.1)	−17.8	(5.3)	−12.1	(4.2)	−11.4	(3.8)
哈萨克斯坦	−24.5	(3.1)	−20.2	(2.9)	25.5	(2.8)	2.4	(2.6)	−25.7	(4.4)	−19.8	(4.2)
拉脱维亚	−12.0	(3.6)	−11.9	(3.3)	35.1	(2.1)	−3.3	(3.3)	−17.6	(5.6)	−14.8	(7.3)
列支敦士登	−57.0	(26.9)	−52.8	(30.4)	27.5	(6.0)	23.4	(8.2)	−67.1	(65.1)	−107.5	(111.9)
立陶宛	−41.8	(4.4)	−36.3	(4.3)	34.1	(1.7)	3.7	(3.1)	−49.7	(9.0)	−38.6	(6.2)
中国澳门	−47.2	(4.3)	−47.3	(4.1)	17.4	(1.5)	4.9	(1.8)	−56.2	(11.5)	−53.9	(11.3)
马来西亚	−23.1	(3.6)	−21.9	(3.0)	29.8	(2.1)	−5.3	(3.3)	−24.6	(4.6)	−24.2	(4.4)
黑山共和国	−13.7	(2.9)	−15.1	(2.6)	33.2	(1.3)	−1.0	(2.3)	−12.6	(5.1)	−16.2	(5.1)
秘鲁	−41.2	(4.2)	−36.5	(3.5)	32.0	(2.0)	22.0	(2.6)	−29.4	(6.9)	−36.5	(5.0)
卡塔尔	−15.3	(2.4)	−15.9	(2.4)	27.0	(1.1)	−12.4	(1.4)	−24.3	(3.5)	−22.5	(4.4)
罗马尼亚	−20.3	(3.4)	−16.2	(2.6)	37.0	(2.9)	3.4	(3.1)	−20.2	(4.8)	−15.1	(4.8)
俄罗斯联邦	−27.1	(3.0)	−22.5	(2.9)	37.5	(3.2)	−2.0	(2.9)	−25.2	(5.9)	−19.4	(4.8)
塞尔维亚	−22.8	(4.8)	−23.9	(4.1)	34.3	(2.4)	9.5	(3.5)	−17.1	(5.8)	−18.3	(5.7)
中国上海	−33.1	(13.0)	−36.0	(12.9)	40.7	(2.6)	8.9	(3.0)	−59.1	(27.3)	−77.7	(21.7)
新加坡	−26.7	(3.4)	−21.7	(3.2)	43.2	(1.5)	8.9	(3.0)	−31.1	(6.8)	−21.2	(6.0)
中国台北	−93.4	(6.1)	−76.9	(5.5)	54.9	(2.4)	9.9	(6.5)	−82.1	(12.3)	−72.9	(11.3)
泰国	−21.1	(3.5)	−19.8	(3.1)	22.3	(2.4)	−10.4	(3.0)	−20.0	(5.0)	−17.7	(5.6)
突尼斯	−13.4	(3.3)	−17.5	(3.1)	21.8	(2.6)	17.1	(2.6)	−13.0	(6.3)	−18.6	(5.0)
阿拉伯联合酋长国	−27.7	(2.0)	−25.6	(2.0)	32.5	(1.8)	−5.9	(4.4)	−24.6	(3.5)	−22.8	(4.1)
乌拉圭	−22.1	(3.6)	−12.3	(3.1)	36.5	(1.8)	7.3	(2.6)	−19.8	(5.9)	−13.4	(7.7)
越南	−48.4	(5.7)	−43.9	(4.8)	28.3	(2.5)	10.9	(2.6)	−52.4	(9.2)	−50.1	(10.3)

附表 4.4 ■ 逃课或逃学和数学成绩的关系(续表 1)
结果基于学生自我报告

以数学十分位数划分的与学生逃课或逃学情况相联系的数学分数差异

| | 第10百分位[1] | | | | 第90百分位[1] | | | | | | | |
| | ESCS[4] | | 男生 | | 未调整的[2] | | 调整后的[3] | | ESCS[4] | | 男生 | |
	分数差异	标准误	分数差异	标准误	分数差异	标准误	分数差异	标准误	分数差异	标准误	分数差异	标准误
澳大利亚	37.0	(2.4)	3.0	(3.6)	−39.0	(5.5)	−32.8	(4.7)	40.1	(2.1)	18.3	(4.2)
奥地利	42.7	(4.3)	10.6	(6.8)	−8.2	(7.9)	−9.1	(8.1)	35.9	(3.5)	27.2	(6.8)
比利时	46.0	(2.9)	1.0	(5.3)	−72.8	(9.6)	−61.9	(8.6)	43.1	(2.3)	17.6	(3.8)
加拿大	30.0	(2.1)	2.6	(3.5)	−31.3	(4.6)	−28.1	(3.8)	29.4	(2.2)	17.5	(3.4)
智利	26.0	(2.3)	19.0	(4.5)	−28.3	(5.9)	−24.1	(5.1)	37.4	(1.8)	25.8	(4.6)
捷克共和国	40.9	(5.2)	8.4	(9.1)	−26.5	(8.4)	−23.0	(9.7)	50.2	(1.8)	14.8	(5.9)
丹麦	35.9	(2.9)	4.7	(4.6)	−31.7	(6.9)	−26.5	(5.8)	38.5	(3.0)	13.5	(5.0)
爱沙尼亚	27.3	(3.7)	2.5	(6.4)	−40.3	(6.0)	−38.2	(5.2)	27.9	(3.5)	14.9	(4.8)
芬兰	35.1	(3.4)	−12.6	(4.5)	−38.6	(5.4)	−31.8	(6.3)	28.3	(3.2)	11.5	(5.5)
法国	57.6	(4.3)	−6.4	(6.0)	−28.6	(6.2)	−20.7	(7.0)	51.9	(3.5)	19.6	(6.8)
德国	40.2	(3.7)	4.0	(5.5)	−12.2	(9.9)	−16.1	(11.9)	38.6	(3.5)	20.9	(6.8)
希腊	29.2	(2.9)	−10.6	(6.2)	−17.1	(4.8)	−14.1	(4.2)	35.7	(2.8)	20.1	(5.4)
匈牙利	39.1	(3.5)	−6.5	(6.3)	−62.4	(9.4)	−49.0	(9.5)	49.8	(3.8)	21.6	(5.0)
冰岛	27.4	(4.1)	−15.7	(6.3)	−42.7	(11.4)	−30.8	(10.4)	29.5	(3.9)	5.7	(6.1)
爱尔兰	39.2	(4.5)	11.8	(5.5)	−6.4	(8.9)	−5.5	(7.6)	36.3	(3.2)	20.0	(5.4)
以色列	42.7	(4.5)	−16.0	(10.8)	−5.0	(7.3)	−7.3	(5.0)	49.9	(3.9)	36.7	(7.5)
意大利	27.2	(1.7)	5.9	(3.8)	−30.0	(3.4)	−30.0	(3.0)	28.2	(1.7)	29.5	(3.2)
日本	36.1	(5.5)	4.7	(5.1)	−65.0	(12.4)	−66.1	(16.2)	39.3	(4.3)	28.3	(5.3)
韩国	35.4	(5.1)	1.2	(10.0)	−112.0	(18.6)	−86.7	(17.3)	38.2	(4.3)	26.5	(6.4)
卢森堡	30.1	(2.5)	16.4	(3.9)	−42.0	(6.5)	−37.8	(9.1)	35.6	(2.3)	30.6	(5.6)
墨西哥	16.6	(1.2)	5.2	(2.4)	−8.3	(2.7)	−14.0	(2.9)	21.4	(1.1)	19.0	(2.4)
荷兰	35.9	(4.6)	6.0	(5.8)	−3.2	(10.9)	−8.1	(9.7)	35.0	(4.2)	13.6	(5.3)
新西兰	38.9	(3.5)	2.4	(5.5)	−83.2	(9.6)	−61.5	(7.1)	48.7	(3.6)	26.0	(6.9)
挪威	27.2	(4.1)	−1.7	(5.4)	−53.5	(8.5)	−52.4	(9.4)	29.8	(4.3)	6.0	(5.8)
波兰	38.7	(3.0)	−5.0	(4.3)	−30.6	(6.9)	−28.7	(5.4)	41.4	(4.4)	13.2	(5.4)
葡萄牙	33.5	(2.5)	2.4	(4.9)	−28.7	(5.8)	−22.3	(5.3)	30.3	(2.0)	20.4	(4.7)
斯洛伐克共和国	48.2	(3.8)	−0.8	(6.2)	−39.1	(12.8)	−30.9	(9.9)	52.4	(4.3)	19.0	(6.0)
斯洛文尼亚	33.5	(2.7)	−1.4	(3.9)	−40.1	(7.5)	−37.4	(5.8)	41.9	(3.7)	10.3	(6.1)
西班牙	30.3	(2.0)	2.8	(4.0)	−30.5	(3.8)	−24.7	(4.3)	29.8	(7.9)	25.8	(4.3)
瑞典	30.2	(3.6)	−8.9	(5.7)	−42.1	(8.8)	−36.2	(6.8)	36.2	(3.3)	4.2	(5.1)
瑞士	37.9	(3.6)	4.2	(4.6)	−11.8	(8.4)	−19.9	(8.5)	37.9	(2.9)	20.1	(5.4)
土耳其	20.9	(2.5)	1.8	(5.4)	8.8	(9.7)	2.9	(6.3)	37.5	(3.4)	14.1	(6.5)
英国	35.9	(3.5)	7.4	(6.3)	−29.1	(8.2)	−22.5	(7.4)	42.0	(4.4)	10.1	(7.9)
美国	30.5	(2.9)	−4.7	(5.8)	−26.4	(7.0)	−13.8	(6.5)	37.1	(2.7)	12.2	(6.3)
OECD平均	34.8	(0.6)	1.1	(1.0)	−34.1	(1.5)	−29.7	(1.4)	37.8	(0.6)	18.7	(0.9)
阿尔巴尼亚	m	m	m	m	7.6	(6.6)	m	m	m	m	m	m
阿根廷	24.2	(3.4)	6.3	(5.0)	−18.0	(4.6)	−19.0	(5.0)	27.1	(2.6)	13.6	(5.3)
巴西	16.9	(1.4)	9.2	(2.6)	−2.4	(6.3)	−5.3	(4.0)	33.4	(2.5)	19.7	(3.3)
保加利亚	33.5	(3.2)	−6.8	(5.1)	−52.1	(7.9)	−36.0	(6.5)	41.8	(4.4)	10.1	(5.4)
哥伦比亚	20.5	(2.8)	17.2	(4.4)	−6.5	(7.4)	−11.1	(5.6)	29.3	(2.3)	32.9	(5.0)
哥斯达黎加	19.8	(2.0)	12.1	(4.9)	−9.3	(6.8)	−6.3	(4.9)	27.5	(2.7)	25.3	(4.1)
克罗地亚	26.2	(3.4)	8.6	(6.0)	−48.7	(8.3)	−46.8	(7.1)	39.7	(4.1)	24.1	(6.7)
塞浦路斯[5,6]	28.9	(2.7)	−17.5	(4.3)	−22.6	(6.4)	−20.9	(5.2)	41.8	(2.7)	28.7	(4.2)
中国香港	31.3	(4.5)	−2.5	(6.5)	−46.5	(15.8)	−51.5	(11.4)	22.1	(2.8)	26.7	(7.2)
印度尼西亚	13.3	(2.4)	1.9	(3.4)	−21.1	(7.3)	−21.3	(5.9)	27.9	(5.9)	9.2	(7.4)
约旦	15.2	(2.4)	−29.3	(5.1)	−5.1	(6.2)	−3.8	(4.5)	27.2	(2.4)	−5.4	(8.5)
哈萨克斯坦	23.5	(2.8)	−0.8	(4.0)	−18.0	(5.8)	−15.9	(5.6)	27.9	(4.6)	7.8	(5.1)
拉脱维亚	32.1	(4.6)	−13.7	(6.3)	−0.9	(6.7)	−6.9	(6.6)	36.1	(3.5)	8.3	(5.8)
列支敦士登	22.1	(13.4)	42.9	(26.7)	−21.1	(63.7)	−8.1	(52.0)	30.9	(15.2)	23.4	(21.4)
立陶宛	29.6	(3.0)	−7.4	(7.7)	−30.1	(7.7)	−27.2	(6.1)	35.0	(2.7)	14.0	(4.6)
中国澳门	17.0	(3.3)	−7.0	(5.1)	−28.1	(6.7)	−30.5	(8.2)	15.5	(2.4)	11.3	(5.0)
马来西亚	19.6	(2.6)	−7.7	(4.2)	−12.9	(7.2)	−12.9	(5.3)	36.9	(3.1)	−0.9	(6.1)
黑山共和国	27.1	(2.8)	−6.4	(4.2)	−15.3	(6.7)	−18.1	(7.3)	34.5	(3.4)	6.2	(5.7)
秘鲁	25.3	(2.5)	19.2	(4.3)	−53.9	(8.9)	−42.3	(5.8)	39.8	(2.7)	27.2	(4.3)
卡塔尔	11.3	(1.4)	−27.5	(2.8)	−9.0	(4.6)	−12.1	(4.9)	47.3	(2.3)	7.7	(4.4)
罗马尼亚	29.1	(3.3)	−0.3	(5.1)	−23.8	(6.3)	−19.7	(4.8)	40.1	(4.1)	7.5	(5.1)
俄罗斯联邦	33.8	(4.7)	−9.5	(5.9)	−26.9	(6.4)	−22.8	(6.1)	40.2	(4.4)	5.6	(5.2)
塞尔维亚	26.6	(3.2)	8.6	(5.8)	−28.2	(8.9)	−27.5	(7.6)	38.9	(4.4)	14.4	(6.1)
中国上海	41.5	(3.6)	4.7	(5.2)	8.9	(15.6)	−1.3	(16.1)	35.4	(4.2)	11.1	(4.8)
新加坡	43.7	(3.5)	−17.8	(5.2)	−14.9	(5.4)	−14.7	(5.5)	37.7	(2.9)	9.4	(4.1)
中国台北	55.0	(3.8)	−9.5	(7.2)	−69.6	(12.6)	−62.0	(10.4)	45.4	(3.9)	20.0	(10.6)
泰国	16.5	(2.8)	−12.8	(4.7)	−24.7	(7.4)	−23.1	(7.4)	29.0	(3.6)	−6.1	(6.6)
突尼斯	15.0	(2.3)	12.8	(5.5)	−11.0	(8.0)	−14.7	(6.2)	27.2	(4.7)	20.2	(6.7)
阿拉伯联合酋长国	20.4	(2.8)	−18.4	(4.4)	−25.8	(4.4)	−25.8	(4.1)	42.9	(2.4)	9.2	(6.7)
乌拉圭	34.1	(3.0)	−5.4	(5.3)	−23.1	(5.2)	−10.0	(6.4)	36.6	(3.0)	16.2	(5.1)
越南	27.2	(3.8)	3.9	(6.2)	−42.3	(8.2)	−40.7	(10.6)	28.5	(4.2)	21.3	(5.2)

左侧分组：OECD；伙伴国家(地区)

注：统计上有显著性的值用粗体表示(详见附表 A3)。
1. 结果基于学生报告在 PISA 测试前两周是否逃课或逃学的数学表现的分位数回归。
2. 未调整的结果是指以逃课或逃学为唯一自变量时对应的回归系数。
3. 调整后的结果是指在回归方程中加入了 ESCS 和性别之后逃课或逃学的回归系数。
4. ESCS 指 PISA 经济、社会和文化地位指数。
5. 土耳其注：本书中"塞浦路斯"相关的信息是指塞浦路斯岛南部。没有任何一个权力组织能够代表岛上的土耳其和希腊塞浦路斯人。土耳其承认北塞浦路斯土耳其共和国。除非在联合国找到一种长期的平衡的解决方案，否则土耳其将保持对"塞浦路斯"问题的立场。
6. OECD 和欧盟成员注：塞浦路斯共和国得到了除土耳其外所有联合国成员的承认。本书中的信息是指在塞浦路斯共和国政府有效控制区域内的。

附表 4.5 ■ 学生归属感

学生"同意"或"非常同意"的百分比(a)或"不同意"或"非常不同意"的百分比(b)

表示同意/不同意以下观点的学生百分比:

		在学校我觉得自己像个局外人 b		我在学校很容易结交朋友 a		我觉得在学校有归属感 a		我在学校感觉很糟,总觉得无所适从 b		同学们似乎都喜欢我 a		我在学校觉得孤独 b		学校里很开心 a		学校里的一切都很完美 a		我对我的学校觉得很满意 a	
		百分比	标准误	百分比	标准误	百分比	标准误	百分比	标准误	百分比	标准误	百分比	标准误	百分比	标准误	百分比	标准误	百分比	标准误
OECD	澳大利亚	85.2	(0.5)	85.5	(0.4)	78.1	(0.5)	84.9	(0.4)	91.5	(0.4)	88.3	(0.4)	79.7	(0.5)	69.1	(0.6)	78.9	(0.5)
	奥地利	92.8	(0.6)	90.1	(0.6)	86.0	(0.8)	91.3	(0.5)	93.7	(0.4)	94.2	(0.5)	77.4	(0.9)	77.4	(1.0)	82.3	(1.0)
	比利时	90.4	(0.5)	87.8	(0.5)	68.4	(0.8)	87.8	(0.5)	91.6	(0.3)	92.7	(0.5)	84.5	(0.5)	78.3	(0.6)	81.1	(0.7)
	加拿大	86.7	(0.5)	87.0	(0.5)	78.4	(0.5)	85.3	(0.4)	93.3	(0.3)	88.8	(0.4)	80.9	(0.5)	65.0	(0.5)	79.9	(0.6)
	智利	86.2	(0.7)	85.6	(0.6)	87.5	(0.6)	85.3	(0.8)	88.0	(0.6)	91.5	(0.5)	85.0	(0.7)	69.3	(1.0)	77.0	(1.0)
	捷克共和国	84.7	(0.8)	85.6	(0.6)	78.1	(1.1)	89.9	(0.7)	88.6	(0.7)	90.2	(0.7)	63.4	(1.0)	42.0	(1.4)	74.3	(1.2)
	丹麦	93.0	(0.5)	84.4	(0.6)	77.4	(0.8)	90.5	(0.5)	87.7	(0.5)	92.7	(0.5)	86.1	(0.6)	38.5	(0.9)	81.5	(0.8)
	爱沙尼亚	90.9	(0.6)	82.4	(0.8)	81.0	(0.7)	88.5	(0.7)	80.8	(0.8)	90.9	(0.6)	66.6	(1.0)	36.4	(1.0)	76.4	(1.0)
	芬兰	90.9	(0.6)	85.5	(0.6)	84.3	(0.7)	85.5	(0.7)	87.6	(0.6)	91.3	(0.5)	66.9	(0.9)	51.0	(1.0)	73.4	(1.2)
	法国	79.0	(0.8)	92.1	(0.5)	47.4	(1.0)	86.9	(0.6)	92.5	(0.5)	93.0	(0.5)	81.0	(0.8)	80.4	(0.8)	81.5	(0.8)
	德国	91.5	(0.6)	82.1	(0.7)	83.6	(0.8)	89.5	(0.6)	92.5	(0.5)	93.9	(0.5)	79.4	(0.6)	69.8	(1.1)	74.1	(1.1)
	希腊	85.5	(0.8)	86.8	(0.7)	88.9	(0.6)	88.4	(0.7)	90.3	(0.5)	89.8	(0.7)	74.6	(0.9)	44.7	(0.9)	68.0	(1.1)
	匈牙利	88.6	(0.7)	89.5	(0.5)	84.9	(0.7)	88.1	(0.7)	90.8	(0.5)	91.4	(0.5)	80.1	(0.9)	82.3	(0.9)	82.3	(1.0)
	冰岛	90.4	(0.6)	85.6	(0.7)	88.2	(0.6)	89.0	(0.6)	91.2	(0.6)	91.8	(0.6)	90.4	(0.5)	75.2	(0.8)	85.1	(0.7)
	爱尔兰	90.9	(0.5)	89.5	(0.5)	79.7	(0.9)	89.7	(0.6)	94.1	(0.4)	93.3	(0.5)	81.9	(0.8)	66.0	(1.1)	79.5	(1.0)
	以色列	88.4	(0.6)	89.6	(0.5)	90.6	(0.5)	91.1	(0.6)	89.7	(0.5)	92.0	(0.5)	88.6	(0.6)	72.9	(0.9)	80.1	(0.9)
	意大利	91.2	(0.3)	89.6	(0.4)	77.2	(0.4)	88.6	(0.4)	85.8	(0.3)	92.7	(0.4)	75.6	(0.5)	31.6	(0.6)	69.4	(0.6)
	日本	91.5	(0.5)	79.0	(0.6)	83.9	(0.6)	83.3	(0.6)	77.4	(0.8)	89.8	(0.6)	85.4	(0.7)	30.6	(0.8)	67.6	(0.9)
	韩国	91.8	(0.6)	78.8	(0.6)	76.3	(1.0)	89.3	(0.5)	77.7	(0.8)	91.1	(0.6)	60.4	(1.0)	48.4	(1.3)	65.0	(1.3)
	卢森堡	88.3	(0.6)	86.8	(0.6)	76.0	(0.7)	83.8	(0.5)	88.4	(0.5)	90.7	(0.5)	79.7	(0.7)	76.5	(0.7)	77.6	(0.7)
	墨西哥	85.6	(0.4)	89.0	(0.4)	91.5	(0.3)	86.4	(0.3)	88.9	(0.3)	88.9	(0.3)	86.7	(0.3)	59.4	(0.6)	81.6	(0.4)
	荷兰	92.8	(0.6)	89.6	(0.6)	84.5	(1.0)	91.0	(0.6)	94.6	(0.4)	94.6	(0.4)	82.3	(0.8)	65.3	(1.4)	83.1	(1.0)
	新西兰	86.1	(0.7)	86.8	(0.7)	78.4	(0.8)	85.5	(0.6)	91.4	(0.5)	88.0	(0.6)	81.2	(0.8)	70.1	(1.0)	78.0	(1.0)
	挪威	91.6	(0.5)	85.6	(0.6)	87.1	(0.6)	87.9	(0.6)	90.5	(0.6)	90.5	(0.6)	86.0	(0.6)	71.4	(0.8)	73.9	(1.0)
	波兰	89.8	(0.8)	86.7	(0.7)	76.0	(0.8)	88.9	(0.7)	83.7	(0.7)	91.2	(0.6)	68.4	(1.0)	29.6	(1.2)	72.4	(1.3)
	葡萄牙	91.1	(0.6)	86.9	(0.6)	91.1	(0.6)	83.9	(0.6)	93.6	(0.5)	92.5	(0.5)	86.4	(0.6)	56.5	(1.4)	79.1	(1.1)
	斯洛伐克共和国	82.3	(1.0)	86.5	(0.6)	77.7	(0.9)	83.3	(0.9)	84.5	(0.8)	86.3	(0.7)	64.4	(1.3)	66.2	(1.1)	80.3	(1.1)
	斯洛文尼亚	89.8	(0.6)	91.4	(0.5)	83.4	(0.7)	89.4	(0.6)	88.5	(0.6)	92.1	(0.5)	78.5	(0.9)	44.2	(0.9)	85.1	(0.7)
	西班牙	92.1	(0.4)	90.8	(0.3)	93.1	(0.4)	91.1	(0.4)	91.7	(0.3)	94.2	(0.3)	87.3	(0.4)	76.3	(0.7)	82.3	(0.6)
	瑞典	89.5	(0.6)	86.8	(0.7)	78.6	(0.9)	90.2	(0.6)	88.8	(0.7)	90.5	(0.6)	85.0	(0.8)	36.7	(1.1)	76.6	(1.1)
	瑞士	92.6	(0.5)	87.9	(0.5)	82.5	(0.6)	90.3	(0.5)	94.2	(0.4)	94.6	(0.4)	87.1	(0.8)	82.3	(0.7)	84.1	(0.7)
	土耳其	82.7	(0.7)	85.5	(0.6)	84.2	(0.7)	81.6	(0.5)	85.9	(0.7)	82.9	(0.9)	83.1	(0.7)	69.6	(1.2)	83.4	(0.9)
	英国	88.6	(0.6)	88.0	(0.5)	79.4	(0.8)	87.8	(0.5)	92.5	(0.5)	92.5	(0.5)	83.2	(0.8)	71.4	(0.7)	84.2	(0.7)
	美国	85.6	(0.7)	87.9	(0.6)	80.6	(0.8)	83.4	(0.7)	93.5	(0.5)	88.1	(0.7)	79.8	(0.9)	73.8	(0.9)	80.5	(1.1)
	OECD平均	88.8	(0.1)	86.9	(0.1)	81.3	(0.1)	87.6	(0.1)	89.2	(0.1)	91.1	(0.1)	79.8	(0.1)	61.1	(0.2)	78.2	(0.2)
伙伴国家(地区)	阿尔巴尼亚	89.2	(0.9)	86.1	(0.8)	93.8	(0.6)	81.6	(1.1)	81.3	(0.9)	89.2	(0.7)	94.0	(0.6)	90.7	(0.6)	93.6	(0.5)
	阿根廷	67.4	(1.3)	87.1	(0.6)	89.9	(0.4)	81.3	(0.9)	83.3	(0.7)	83.9	(0.8)	77.0	(0.9)	42.0	(1.1)	78.4	(0.9)
	巴西	84.2	(0.5)	86.1	(0.6)	86.2	(0.5)	86.8	(0.5)	88.1	(0.5)	80.8	(0.6)	84.7	(0.5)	39.1	(0.8)	73.5	(0.7)
	保加利亚	76.2	(1.2)	90.4	(0.5)	82.0	(0.8)	79.0	(1.1)	83.5	(0.7)	81.0	(1.1)	80.4	(0.8)	66.4	(1.0)	85.7	(0.8)
	哥伦比亚	85.5	(0.9)	90.2	(0.5)	94.1	(0.5)	83.5	(0.8)	86.6	(0.7)	87.5	(0.7)	92.2	(0.5)	82.8	(0.8)	89.5	(0.7)
	哥斯达黎加	87.3	(0.8)	90.6	(0.6)	90.7	(0.7)	89.2	(0.6)	90.1	(0.6)	89.8	(0.6)	90.6	(0.7)	77.7	(0.9)	83.3	(0.8)
	克罗地亚	91.7	(0.5)	91.2	(0.5)	88.1	(0.6)	90.9	(0.6)	87.8	(0.6)	93.1	(0.4)	87.0	(0.6)	70.6	(0.9)	85.7	(0.6)
	塞浦路斯[1,2]	81.1	(0.7)	88.0	(0.6)	85.5	(0.7)	83.1	(0.6)	88.4	(0.5)	86.2	(0.6)	76.9	(0.8)	55.3	(0.9)	72.8	(1.0)
	中国香港	82.0	(0.9)	86.3	(0.6)	73.0	(1.0)	87.3	(0.7)	80.1	(0.7)	86.3	(0.6)	86.3	(0.6)	59.8	(1.2)	76.6	(1.1)
	印度尼西亚	87.7	(0.7)	96.1	(0.4)	92.7	(0.4)	74.8	(1.0)	86.1	(0.7)	87.2	(0.6)	95.7	(0.4)	82.1	(0.9)	91.1	(0.6)
	约旦	73.2	(1.0)	86.6	(0.6)	86.4	(0.7)	65.6	(0.9)	87.8	(0.6)	76.0	(1.0)	83.8	(0.8)	69.6	(1.2)	76.1	(1.0)
	哈萨克斯坦	91.0	(0.7)	93.2	(0.4)	88.7	(0.7)	91.8	(0.6)	91.4	(0.5)	91.4	(0.6)	90.5	(0.7)	89.5	(0.8)	94.3	(0.5)
	拉脱维亚	91.4	(0.7)	87.1	(0.7)	90.1	(0.6)	85.7	(0.7)	80.0	(0.9)	90.1	(0.6)	67.7	(1.1)	44.9	(1.2)	81.4	(1.0)
	列支敦士登	93.5	(1.8)	87.9	(2.7)	92.5	(1.6)	92.9	(1.9)	89.8	(2.3)	95.2	(1.5)	86.6	(2.2)	83.6	(2.5)	84.9	(2.5)
	立陶宛	84.0	(0.9)	87.6	(0.5)	66.6	(0.9)	83.7	(0.8)	81.9	(0.6)	86.8	(0.7)	77.9	(0.9)	72.5	(0.9)	82.6	(0.9)
	中国澳门	84.3	(0.7)	81.9	(0.6)	65.5	(0.9)	83.4	(0.6)	72.8	(0.7)	82.6	(0.7)	81.8	(0.7)	53.1	(0.8)	60.0	(0.8)
	马来西亚	79.9	(1.0)	90.7	(0.6)	81.5	(0.8)	77.4	(1.1)	80.3	(0.7)	80.1	(1.0)	91.4	(0.5)	72.5	(0.8)	81.8	(0.8)
	黑山共和国	88.7	(0.6)	92.0	(0.6)	67.7	(0.9)	88.3	(0.6)	88.7	(0.6)	91.7	(0.6)	81.5	(0.8)	56.2	(0.9)	82.0	(0.9)
	秘鲁	84.8	(1.1)	86.5	(0.6)	86.4	(0.7)	75.1	(1.1)	86.6	(0.6)	86.3	(1.0)	93.6	(0.5)	70.4	(1.0)	85.7	(0.7)
	卡塔尔	66.5	(0.5)	85.1	(0.6)	78.2	(0.5)	68.3	(0.5)	85.9	(0.4)	72.1	(0.5)	75.2	(0.5)	68.9	(0.6)	71.5	(0.6)
	罗马尼亚	77.4	(1.4)	85.9	(0.9)	66.8	(0.9)	73.5	(1.3)	83.1	(0.9)	72.8	(1.4)	77.5	(1.0)	69.2	(0.9)	79.9	(0.8)
	俄罗斯联邦	91.2	(0.6)	85.3	(0.4)	81.2	(0.8)	82.0	(0.7)	79.3	(0.8)	89.3	(0.6)	79.2	(1.2)	56.2	(1.2)	81.2	(1.1)
	塞尔维亚	86.7	(0.6)	90.3	(0.4)	87.3	(0.6)	89.4	(0.5)	92.3	(0.5)	90.1	(0.6)	80.9	(0.7)	50.7	(1.3)	84.0	(0.7)
	中国上海	86.7	(0.4)	87.3	(0.5)	67.5	(0.9)	86.8	(0.4)	77.3	(0.7)	86.2	(0.6)	84.6	(0.5)	46.9	(1.0)	69.3	(1.1)
	新加坡	83.7	(0.7)	88.4	(0.4)	83.8	(0.7)	83.3	(0.6)	86.4	(0.4)	84.4	(0.6)	87.9	(0.7)	75.2	(0.8)	81.0	(1.0)
	中国台北	90.5	(0.5)	87.1	(0.5)	91.0	(0.5)	88.5	(0.6)	72.3	(0.8)	88.3	(0.6)	76.6	(0.7)	44.8	(1.0)	71.1	(1.0)
	泰国	78.5	(0.9)	91.7	(0.5)	91.2	(0.5)	67.4	(1.1)	71.7	(0.8)	79.2	(1.0)	93.5	(0.5)	86.1	(0.6)	94.2	(0.4)
	突尼斯	74.7	(1.0)	86.9	(0.7)	65.9	(1.1)	63.8	(1.1)	85.1	(0.7)	81.0	(0.9)	82.3	(0.9)	71.0	(1.1)	74.3	(1.1)
	阿拉伯联合酋长国	77.5	(0.8)	87.6	(0.5)	83.6	(0.7)	76.4	(0.6)	84.1	(0.7)	83.2	(0.7)	83.7	(0.6)	72.8	(0.7)	81.1	(0.6)
	乌拉圭	85.0	(0.9)	88.0	(0.6)	92.5	(0.4)	86.7	(0.7)	96.9	(0.4)	82.3	(0.9)	87.5	(0.6)	70.9	(1.1)	84.0	(1.0)
	越南	94.5	(0.5)	91.9	(0.6)	82.7	(0.8)												

1. 土耳其注:本书中"塞浦路斯"相关的信息是指塞浦路斯岛南部。没有任何一个权力组织能够代表岛上的土耳其和希腊塞浦路斯人。土耳其承认北塞浦路斯土耳其共和国。除非在联合国找到一种长期的平衡的解决方案,否则土耳其将保持其对"塞浦路斯"问题的立场。

2. OECD和欧盟成员注:塞浦路斯共和国得到了除土耳其外所有联合国成员的承认。本书中的信息是指在塞浦路斯共和国政府有效控制区域内的。

附表 4.6 ■ 归属感指数和该指数四等分划分的数学成绩
结果基于学生自我报告

| | 学校归属感指数 | | | | | | | | | | | | | | | | | |
国家/地区	全体学生 指数平均值	标准误	在该指数的变量 标准差	标准误	男生 指数平均值	标准误	女生 指数平均值	标准误	性别差异(男—女) 差异值	标准误	最低1/4 指数平均值	标准误	第二个1/4 指数平均值	标准误	第三个1/4 指数平均值	标准误	最高1/4 指数平均值	标准误
OECD																		
澳大利亚	−0.15	(0.02)	0.97	(0.01)	−0.11	(0.02)	−0.19	(0.02)	**0.08**	(0.03)	−1.23	(0.01)	−0.51	(0.01)	−0.04	(0.02)	1.17	(0.03)
奥地利	0.55	(0.03)	1.12	(0.02)	0.51	(0.04)	0.58	(0.04)	−0.07	(0.05)	−0.87	(0.04)	0.20	(0.04)	0.86	(0.04)	2.01	(0.04)
比利时	−0.05	(0.02)	0.92	(0.01)	−0.06	(0.02)	−0.04	(0.03)	−0.02	(0.03)	−1.09	(0.02)	−0.40	(0.02)	0.12	(0.01)	1.16	(0.03)
加拿大	−0.09	(0.01)	0.97	(0.01)	−0.04	(0.02)	−0.13	(0.02)	**0.09**	(0.02)	−1.17	(0.01)	−0.47	(0.01)	0.07	(0.02)	1.23	(0.03)
智利	0.14	(0.02)	1.02	(0.01)	0.17	(0.03)	0.10	(0.03)	0.07	(0.04)	−1.05	(0.02)	−0.30	(0.02)	0.37	(0.03)	1.52	(0.03)
捷克共和国	−0.36	(0.02)	0.81	(0.02)	−0.37	(0.03)	−0.34	(0.03)	−0.03	(0.04)	−1.26	(0.02)	−0.67	(0.02)	−0.23	(0.02)	0.72	(0.04)
丹麦	−0.05	(0.02)	0.95	(0.02)	0.00	(0.03)	−0.08	(0.03)	**0.08**	(0.03)	−1.15	(0.02)	−0.42	(0.02)	0.19	(0.02)	1.20	(0.03)
爱沙尼亚	−0.33	(0.02)	0.81	(0.01)	−0.32	(0.03)	−0.34	(0.03)	0.02	(0.04)	−1.27	(0.02)	−0.63	(0.02)	−0.15	(0.02)	0.75	(0.03)
芬兰	−0.22	(0.02)	0.86	(0.01)	−0.19	(0.02)	−0.26	(0.02)	0.07	(0.03)	−1.23	(0.02)	−0.54	(0.01)	−0.01	(0.02)	0.89	(0.03)
法国	−0.11	(0.02)	0.93	(0.01)	−0.15	(0.02)	−0.07	(0.02)	**−0.07**	(0.03)	−1.13	(0.02)	−0.49	(0.01)	0.05	(0.02)	1.15	(0.03)
德国	0.27	(0.02)	1.03	(0.02)	0.27	(0.03)	0.27	(0.03)	−0.01	(0.04)	−1.03	(0.03)	−0.05	(0.02)	0.58	(0.02)	1.58	(0.04)
希腊	−0.14	(0.02)	0.94	(0.01)	−0.18	(0.03)	−0.10	(0.03)	**−0.08**	(0.04)	−1.17	(0.02)	−0.55	(0.02)	0.00	(0.03)	1.15	(0.04)
匈牙利	0.11	(0.02)	0.96	(0.01)	0.08	(0.03)	0.14	(0.03)	−0.06	(0.03)	−1.00	(0.02)	−0.29	(0.02)	0.33	(0.03)	1.40	(0.03)
冰岛	0.36	(0.02)	1.14	(0.02)	0.41	(0.04)	0.30	(0.03)	**0.11**	(0.05)	−0.99	(0.02)	−0.13	(0.02)	0.63	(0.03)	1.92	(0.03)
爱尔兰	−0.03	(0.02)	0.96	(0.01)	0.00	(0.03)	−0.05	(0.03)	0.05	(0.04)	−1.11	(0.02)	−0.44	(0.02)	0.16	(0.03)	1.28	(0.04)
以色列	0.41	(0.03)	1.16	(0.02)	0.41	(0.04)	0.42	(0.03)	−0.02	(0.04)	−0.97	(0.03)	−0.09	(0.04)	0.71	(0.04)	2.01	(0.04)
意大利	−0.21	(0.01)	0.86	(0.01)	−0.25	(0.01)	−0.17	(0.01)	**−0.08**	(0.02)	−1.20	(0.01)	−0.55	(0.01)	−0.02	(0.01)	0.91	(0.02)
日本	−0.16	(0.02)	0.98	(0.01)	−0.18	(0.03)	−0.14	(0.03)	−0.04	(0.03)	−1.30	(0.02)	−0.61	(0.02)	0.09	(0.03)	1.17	(0.02)
韩国	−0.32	(0.02)	0.84	(0.02)	−0.39	(0.03)	−0.23	(0.03)	−0.16	(0.04)	−1.27	(0.02)	−0.66	(0.02)	−0.15	(0.02)	0.80	(0.04)
卢森堡	0.20	(0.02)	1.11	(0.01)	0.20	(0.03)	0.20	(0.03)	0.00	(0.04)	−1.13	(0.02)	−0.23	(0.02)	0.48	(0.02)	1.69	(0.04)
墨西哥	0.10	(0.01)	0.97	(0.01)	0.04	(0.02)	0.16	(0.02)	**−0.12**	(0.02)	−0.99	(0.01)	−0.35	(0.02)	0.33	(0.02)	1.42	(0.02)
荷兰	−0.03	(0.02)	0.84	(0.02)	−0.06	(0.02)	0.00	(0.04)	−0.06	(0.05)	−0.97	(0.02)	−0.37	(0.02)	0.13	(0.02)	1.08	(0.04)
新西兰	−0.14	(0.02)	0.95	(0.01)	−0.12	(0.02)	−0.16	(0.02)	0.04	(0.03)	−1.19	(0.02)	−0.49	(0.02)	−0.01	(0.02)	1.14	(0.04)
挪威	0.08	(0.02)	1.05	(0.02)	0.09	(0.04)	0.05	(0.04)	0.04	(0.04)	−1.12	(0.02)	−0.35	(0.01)	0.30	(0.03)	1.51	(0.03)
波兰	−0.32	(0.02)	0.87	(0.01)	−0.31	(0.03)	−0.33	(0.02)	0.02	(0.03)	−1.28	(0.02)	−0.67	(0.02)	−0.19	(0.02)	0.85	(0.03)
葡萄牙	0.03	(0.02)	0.92	(0.01)	0.05	(0.03)	0.01	(0.02)	0.03	(0.03)	−0.99	(0.02)	−0.37	(0.02)	0.21	(0.03)	1.28	(0.03)
斯洛伐克共和国	−0.31	(0.02)	0.85	(0.02)	−0.39	(0.03)	−0.23	(0.03)	**−0.17**	(0.04)	−1.25	(0.02)	−0.63	(0.02)	−0.19	(0.02)	0.82	(0.04)
斯洛文尼亚	−0.01	(0.02)	0.94	(0.02)	−0.06	(0.03)	0.05	(0.03)	**−0.11**	(0.04)	−1.08	(0.02)	−0.37	(0.02)	0.31	(0.03)	1.26	(0.03)
西班牙	0.41	(0.02)	1.08	(0.01)	0.38	(0.03)	0.44	(0.03)	**−0.06**	(0.03)	−0.85	(0.02)	−0.03	(0.02)	0.65	(0.02)	1.87	(0.03)
瑞典	−0.04	(0.02)	1.00	(0.01)	0.04	(0.03)	−0.12	(0.03)	**0.16**	(0.04)	−1.20	(0.02)	−0.45	(0.02)	0.17	(0.03)	1.32	(0.03)
瑞士	0.43	(0.02)	1.02	(0.01)	0.40	(0.03)	0.45	(0.03)	−0.05	(0.04)	−0.84	(0.02)	0.09	(0.02)	0.70	(0.02)	1.76	(0.03)
土耳其	0.12	(0.02)	1.09	(0.01)	0.00	(0.03)	0.25	(0.03)	**−0.24**	(0.04)	−1.12	(0.02)	−0.36	(0.02)	0.38	(0.03)	1.60	(0.03)
英国	−0.02	(0.02)	0.96	(0.01)	0.03	(0.02)	−0.08	(0.02)	**0.11**	(0.03)	−1.11	(0.02)	−0.41	(0.02)	0.15	(0.02)	1.27	(0.03)
美国	−0.05	(0.02)	1.02	(0.02)	0.00	(0.03)	−0.09	(0.03)	0.09	(0.05)	−1.14	(0.02)	−0.47	(0.02)	0.07	(0.02)	1.36	(0.04)
OECD平均	0.00	(0.00)	0.97	(0.00)	0.00	(0.00)	0.00	(0.00)	−0.01	(0.01)	−1.11	(0.00)	−0.39	(0.00)	0.20	(0.00)	1.30	(0.01)
伙伴国家(地区)																		
阿尔巴尼亚	0.37	(0.02)	0.95	(0.02)	0.34	(0.03)	0.40	(0.03)	−0.06	(0.04)	−0.77	(0.02)	0.00	(0.03)	0.63	(0.04)	1.61	(0.03)
阿根廷	−0.23	(0.02)	0.88	(0.02)	−0.24	(0.03)	−0.21	(0.03)	−0.03	(0.04)	−1.21	(0.02)	−0.59	(0.02)	−0.06	(0.03)	0.97	(0.03)
巴西	−0.17	(0.01)	0.89	(0.01)	−0.17	(0.02)	−0.17	(0.02)	0.00	(0.02)	−1.14	(0.01)	−0.57	(0.01)	−0.02	(0.02)	1.06	(0.03)
保加利亚	−0.10	(0.02)	0.96	(0.02)	−0.15	(0.03)	−0.05	(0.03)	**−0.10**	(0.04)	−1.17	(0.02)	−0.52	(0.02)	0.05	(0.04)	1.22	(0.03)
哥伦比亚	0.21	(0.02)	0.99	(0.02)	0.19	(0.03)	0.23	(0.03)	−0.05	(0.05)	−0.89	(0.02)	−0.27	(0.02)	0.44	(0.03)	1.57	(0.04)
哥斯达黎加	0.38	(0.03)	1.13	(0.01)	0.46	(0.04)	0.32	(0.04)	**0.14**	(0.04)	−0.92	(0.02)	−0.14	(0.04)	0.67	(0.04)	1.92	(0.04)
克罗地亚	0.13	(0.02)	0.98	(0.01)	0.13	(0.03)	0.12	(0.03)	0.01	(0.04)	−0.97	(0.02)	−0.31	(0.02)	0.33	(0.04)	1.47	(0.03)
塞浦路斯[1,2]	−0.12	(0.02)	1.00	(0.01)	−0.27	(0.03)	0.03	(0.03)	**−0.30**	(0.04)	−1.23	(0.02)	−0.55	(0.02)	0.03	(0.03)	1.26	(0.04)
中国香港	−0.39	(0.02)	0.78	(0.02)	−0.36	(0.03)	−0.43	(0.03)	**0.07**	(0.03)	−1.24	(0.02)	−0.65	(0.02)	−0.31	(0.01)	0.64	(0.05)
印度尼西亚	−0.01	(0.02)	0.79	(0.02)	−0.02	(0.03)	0.00	(0.03)	−0.03	(0.03)	−0.85	(0.02)	−0.37	(0.02)	0.11	(0.03)	1.08	(0.04)
约旦	0.02	(0.02)	1.09	(0.02)	−0.15	(0.03)	0.19	(0.03)	**−0.34**	(0.04)	−1.24	(0.02)	−0.47	(0.02)	0.29	(0.04)	1.52	(0.03)
哈萨克斯坦	0.39	(0.03)	1.02	(0.02)	0.31	(0.04)	0.47	(0.04)	**−0.16**	(0.04)	−0.76	(0.04)	−0.12	(0.04)	0.64	(0.04)	1.79	(0.05)
拉脱维亚	−0.20	(0.02)	0.88	(0.02)	−0.20	(0.03)	−0.21	(0.03)	0.01	(0.04)	−1.19	(0.02)	−0.56	(0.01)	−0.05	(0.03)	0.99	(0.03)
列支敦士登	0.57	(0.07)	1.01	(0.05)	0.57	(0.10)	0.57	(0.09)	0.00	(0.13)	−0.65	(0.09)	0.21	(0.09)	0.86	(0.08)	1.91	(0.13)
立陶宛	0.14	(0.03)	1.07	(0.01)	0.04	(0.03)	0.24	(0.04)	**−0.19**	(0.04)	−1.17	(0.02)	−0.28	(0.02)	0.47	(0.03)	1.53	(0.03)
中国澳门	−0.50	(0.01)	0.81	(0.01)	−0.47	(0.02)	−0.51	(0.02)	0.04	(0.02)	−1.40	(0.02)	−0.77	(0.02)	−0.38	(0.01)	0.57	(0.03)
马来西亚	−0.16	(0.02)	0.84	(0.01)	−0.25	(0.03)	−0.08	(0.03)	**−0.18**	(0.03)	−1.08	(0.02)	−0.52	(0.02)	−0.04	(0.03)	0.99	(0.04)
黑山共和国	−0.03	(0.02)	0.97	(0.02)	−0.10	(0.03)	0.04	(0.03)	**−0.14**	(0.04)	−1.11	(0.02)	−0.45	(0.02)	0.13	(0.02)	1.29	(0.04)
秘鲁	−0.05	(0.02)	0.85	(0.02)	−0.09	(0.03)	−0.02	(0.03)	**−0.07**	(0.04)	−0.98	(0.02)	−0.43	(0.02)	0.09	(0.03)	1.10	(0.03)
卡塔尔	−0.22	(0.01)	1.03	(0.01)	−0.30	(0.02)	−0.14	(0.02)	**−0.17**	(0.02)	−1.31	(0.01)	−0.69	(0.02)	−0.11	(0.02)	1.24	(0.03)
罗马尼亚	−0.27	(0.02)	0.90	(0.02)	−0.27	(0.03)	−0.27	(0.03)	0.00	(0.04)	−1.21	(0.02)	−0.67	(0.02)	−0.19	(0.02)	0.98	(0.04)
俄罗斯联邦	−0.17	(0.02)	0.90	(0.02)	−0.19	(0.03)	−0.15	(0.03)	−0.04	(0.04)	−1.17	(0.02)	−0.54	(0.02)	−0.05	(0.03)	1.06	(0.05)
塞尔维亚	0.07	(0.02)	0.97	(0.02)	0.08	(0.03)	0.05	(0.03)	0.03	(0.03)	−1.04	(0.02)	−0.36	(0.02)	0.28	(0.03)	1.39	(0.03)
中国上海	−0.32	(0.02)	0.93	(0.02)	−0.31	(0.03)	−0.33	(0.02)	0.02	(0.03)	−1.31	(0.02)	−0.69	(0.02)	−0.21	(0.02)	0.95	(0.04)
新加坡	−0.15	(0.02)	0.93	(0.01)	−0.10	(0.02)	−0.20	(0.02)	**0.10**	(0.03)	−1.17	(0.02)	−0.48	(0.02)	−0.06	(0.02)	1.11	(0.03)
中国台北	−0.19	(0.02)	0.91	(0.01)	−0.14	(0.02)	−0.25	(0.02)	**0.11**	(0.03)	−1.18	(0.02)	−0.57	(0.01)	−0.06	(0.02)	1.06	(0.03)
泰国	−0.08	(0.02)	0.82	(0.01)	−0.17	(0.03)	0.01	(0.03)	**−0.18**	(0.03)	−0.97	(0.02)	−0.45	(0.01)	0.06	(0.03)	1.06	(0.03)
突尼斯	−0.16	(0.02)	1.00	(0.01)	−0.25	(0.04)	−0.08	(0.04)	**−0.17**	(0.04)	−1.27	(0.02)	−0.60	(0.02)	0.02	(0.04)	1.22	(0.04)
阿拉伯联合酋长国	0.00	(0.02)	1.03	(0.01)	−0.05	(0.03)	0.05	(0.03)	**−0.11**	(0.04)	−1.17	(0.02)	−0.44	(0.02)	0.22	(0.02)	1.40	(0.04)
乌拉圭	0.16	(0.02)	0.99	(0.02)	0.20	(0.03)	0.12	(0.03)	**0.08**	(0.04)	−0.94	(0.02)	−0.31	(0.02)	0.36	(0.03)	1.53	(0.03)
越南	−0.26	(0.02)	0.70	(0.01)	−0.21	(0.03)	−0.30	(0.02)	**0.09**	(0.03)	−1.01	(0.02)	−0.55	(0.02)	−0.18	(0.02)	0.70	(0.03)

附表 4.6 ■ 归属感指数和该指数四等分划分的数学成绩(续表 1)

结果基于学生自我报告

| | | 数学成绩，按该国在该指数上的四分位区分 | | | | | | | 该指数每单位变化对应的数学成绩变化 | | 该指数位于最低1/4的学生，数学成绩也位于最低1/4的可能性增加比率 | | 解释的学生成绩变异 ($r^2 \times 100$) | |
| | | 最低 1/4 | | 第二个 1/4 | | 第三个 1/4 | | 最高 1/4 | | | | | | | |
		平均分	标准误	平均分	标准误	平均分	标准误	平均分	标准误	分数差异	标准误	比率	标准误	百分比	标准误
OECD	澳大利亚	**483**	(2.9)	503	(3.4)	513	(3.3)	**519**	(2.8)	**11.9**	(1.2)	**1.5**	(0.1)	1.5	(0.3)
	奥地利	**488**	(5.4)	510	(4.3)	518	(3.5)	**517**	(4.3)	**9.0**	(2.0)	**1.5**	(0.1)	1.2	(0.5)
	比利时	**499**	(3.6)	524	(3.7)	535	(3.2)	**527**	(3.4)	**9.6**	(1.8)	**1.5**	(0.1)	0.8	(0.3)
	加拿大	**510**	(3.4)	519	(3.0)	528	(2.7)	**525**	(2.9)	**5.3**	(1.1)	**1.3**	(0.1)	0.3	(0.1)
	智利	420	(4.2)	417	(5.0)	427	(4.1)	428	(4.2)	4.1	(1.6)	1.0	(0.1)	0.3	(0.2)
	捷克共和国	**485**	(4.1)	507	(4.6)	512	(3.6)	**513**	(4.9)	**10.7**	(2.5)	**1.6**	(0.1)	0.9	(0.4)
	丹麦	**491**	(3.6)	507	(3.9)	515	(3.7)	**508**	(3.5)	**6.2**	(1.8)	**1.3**	(0.1)	0.5	(0.3)
	爱沙尼亚	**510**	(3.6)	519	(3.8)	523	(4.1)	**530**	(4.3)	**8.5**	(2.4)	**1.3**	(0.1)	0.7	(0.4)
	芬兰	**510**	(3.4)	528	(3.4)	526	(3.3)	**527**	(2.7)	**5.6**	(1.5)	**1.4**	(0.1)	0.3	(0.2)
	法国	**467**	(4.6)	504	(4.2)	508	(4.2)	**512**	(5.2)	**15.6**	(2.0)	**1.8**	(0.1)	2.3	(0.6)
	德国	**511**	(5.0)	520	(4.7)	533	(5.1)	**526**	(5.1)	**5.7**	(2.0)	**1.3**	(0.1)	0.4	(0.3)
	希腊	444	(4.8)	460	(4.0)	459	(4.4)	459	(3.7)	3.5	(1.7)	**1.3**	(0.1)	0.1	(0.1)
	匈牙利	**457**	(4.8)	475	(4.8)	487	(4.6)	**494**	(5.0)	**13.4**	(2.2)	**1.6**	(0.1)	2.0	(0.6)
	冰岛	**476**	(3.6)	500	(5.0)	500	(3.8)	**509**	(4.7)	**9.6**	(1.8)	**1.4**	(0.1)	1.4	(0.5)
	爱尔兰	501	(4.1)	496	(3.5)	504	(4.1)	504	(3.5)	0.8	(1.7)	1.0	(0.1)	0.0	(0.1)
	以色列	460	(6.7)	487	(6.6)	478	(6.2)	469	(6.3)	2.6	(2.0)	**1.4**	(0.1)	0.1	(0.1)
	意大利	477	(2.6)	493	(2.9)	497	(2.9)	482	(2.9)	−0.3	(1.3)	1.2	(0.1)	0.0	(0.1)
	日本	530	(4.7)	541	(4.7)	540	(4.7)	538	(4.8)	3.1	(1.9)	1.2	(0.1)	0.1	(0.1)
	韩国	**532**	(5.9)	552	(5.4)	561	(5.1)	**571**	(7.1)	**16.0**	(3.2)	**1.5**	(0.1)	1.9	(0.7)
	卢森堡	**466**	(3.4)	488	(3.5)	499	(3.6)	**506**	(3.3)	**12.9**	(1.6)	**1.6**	(0.1)	2.3	(0.5)
	墨西哥	**406**	(1.9)	410	(1.9)	420	(2.0)	**423**	(1.8)	**6.4**	(0.7)	**1.5**	(0.1)	0.7	(0.2)
	荷兰	**507**	(5.7)	533	(5.2)	538	(4.5)	**535**	(5.2)	**8.4**	(2.4)	**1.5**	(0.2)	0.7	(0.4)
	新西兰	**490**	(4.5)	496	(5.4)	511	(4.2)	**502**	(4.3)	3.4	(2.0)	1.2	(0.1)	0.1	(0.1)
	挪威	**472**	(5.3)	484	(4.7)	494	(4.3)	**495**	(4.1)	**6.8**	(2.1)	**1.4**	(0.1)	0.6	(0.4)
	波兰	**519**	(4.7)	521	(4.8)	515	(4.7)	521	(6.0)	−1.4	(2.1)	1.0	(0.1)	0.0	(0.1)
	葡萄牙	**468**	(5.5)	488	(5.1)	501	(4.8)	**502**	(4.7)	**11.7**	(2.3)	**1.5**	(0.1)	1.4	(0.5)
	斯洛伐克共和国	**467**	(6.3)	486	(5.1)	489	(5.8)	**496**	(4.8)	**12.0**	(2.9)	**1.5**	(0.1)	1.0	(0.5)
	斯洛文尼亚	**489**	(3.3)	505	(4.3)	513	(4.7)	**511**	(4.7)	**7.2**	(2.2)	**1.3**	(0.1)	0.6	(0.3)
	西班牙	**472**	(3.3)	492	(2.6)	495	(3.3)	**486**	(3.0)	**3.7**	(1.3)	**1.4**	(0.1)	0.2	(0.1)
	瑞典	**465**	(4.6)	485	(4.3)	491	(3.5)	**489**	(4.3)	**6.5**	(2.0)	**1.5**	(0.1)	0.5	(0.4)
	瑞士	**510**	(4.1)	533	(4.4)	541	(4.3)	**542**	(4.3)	**11.0**	(1.7)	**1.4**	(0.1)	1.5	(0.4)
	土耳其	**439**	(6.5)	449	(4.8)	457	(5.9)	452	(6.3)	3.3	(2.2)	**1.3**	(0.1)	0.2	(0.2)
	英国	**484**	(4.4)	501	(3.7)	499	(5.3)	**505**	(4.8)	**5.8**	(1.7)	**1.4**	(0.1)	0.4	(0.3)
	美国	**474**	(5.2)	480	(4.6)	491	(4.9)	**490**	(4.5)	**5.9**	(1.6)	**1.4**	(0.1)	0.5	(0.3)
	OECD平均	**482**	(0.8)	498	(0.7)	504	(0.7)	**503**	(0.8)	**7.2**	(0.3)	**1.4**	(0.0)	0.8	(0.1)
伙伴国家(地区)	阿尔巴尼亚	399	(4.9)	397	(4.8)	387	(4.4)	393	(4.5)	−3.7	(2.3)	1.0	(0.1)	0.2	(0.2)
	阿根廷	**378**	(4.4)	390	(5.6)	394	(4.7)	**399**	(4.1)	**7.8**	(1.9)	**1.3**	(0.1)	0.8	(0.4)
	巴西	**387**	(3.4)	394	(2.9)	398	(2.8)	**394**	(2.8)	2.1	(1.4)	1.2	(0.1)	0.1	(0.1)
	保加利亚	**417**	(5.1)	436	(5.2)	451	(5.4)	**463**	(4.6)	**15.6**	(2.1)	**1.7**	(0.1)	2.6	(0.7)
	哥伦比亚	**369**	(3.6)	380	(4.9)	388	(4.3)	**388**	(4.1)	**7.6**	(1.8)	**1.4**	(0.2)	1.1	(0.5)
	哥斯达黎加	404	(4.8)	401	(4.2)	412	(4.4)	409	(4.2)	2.3	(1.6)	1.2	(0.1)	0.2	(0.2)
	克罗地亚	**464**	(4.3)	471	(4.3)	480	(4.7)	**475**	(6.4)	3.1	(2.3)	1.1	(0.1)	0.1	(0.1)
	塞浦路斯[1,2]	**421**	(3.1)	448	(3.7)	456	(4.0)	**450**	(3.2)	**6.5**	(1.7)	**1.6**	(0.1)	0.5	(0.3)
	中国香港	**550**	(5.8)	562	(5.0)	569	(4.8)	**573**	(4.5)	**8.5**	(2.7)	**1.3**	(0.1)	0.5	(0.3)
	印度尼西亚	**364**	(5.3)	375	(5.6)	378	(5.0)	**386**	(4.7)	**9.8**	(1.9)	**1.4**	(0.1)	1.2	(0.5)
	约旦	**368**	(4.3)	381	(4.5)	400	(3.2)	**405**	(4.1)	**12.5**	(1.5)	**1.6**	(0.1)	3.3	(0.7)
	哈萨克斯坦	**423**	(4.2)	429	(4.3)	438	(3.5)	**439**	(4.2)	**6.2**	(1.5)	**1.3**	(0.1)	0.8	(0.4)
	拉脱维亚	**489**	(4.6)	493	(4.8)	490	(4.8)	489	(4.0)	−1.5	(2.3)	1.1	(0.1)	0.0	(0.1)
	列支敦士登	**513**	(13.1)	540	(14.8)	541	(16.6)	**551**	(14.7)	**14.1**	(6.0)	1.4	(0.5)	2.3	(1.9)
	立陶宛	**447**	(4.0)	476	(4.7)	494	(4.1)	**497**	(4.3)	**17.4**	(1.8)	**1.9**	(0.1)	4.4	(0.8)
	中国澳门	**538**	(3.4)	542	(3.6)	538	(3.3)	541	(3.2)	−0.3	(2.1)	1.0	(0.1)	0.0	(0.0)
	马来西亚	**412**	(5.1)	423	(4.3)	426	(4.5)	**425**	(3.7)	**5.1**	(1.9)	**1.4**	(0.1)	0.3	(0.2)
	黑山共和国	**417**	(3.2)	412	(3.7)	417	(3.8)	**400**	(3.2)	−6.8	(1.4)	0.9	(0.1)	0.3	(0.3)
	秘鲁	**363**	(4.4)	368	(5.4)	380	(4.6)	**385**	(5.0)	**9.3**	(1.8)	**1.3**	(0.1)	0.9	(0.4)
	卡塔尔	**350**	(2.3)	376	(2.4)	399	(2.6)	**403**	(2.9)	**16.5**	(1.1)	**1.7**	(0.1)	3.0	(0.4)
	罗马尼亚	**436**	(4.7)	438	(4.7)	447	(4.4)	**459**	(5.2)	**9.3**	(2.1)	1.2	(0.1)	1.1	(0.5)
	俄罗斯联邦	**479**	(3.9)	478	(4.6)	485	(4.3)	**489**	(4.3)	4.1	(2.1)	1.1	(0.1)	0.2	(0.2)
	塞尔维亚	446	(5.5)	447	(4.1)	458	(4.9)	444	(5.0)	0.1	(2.1)	1.1	(0.1)	0.0	(0.0)
	中国上海	**614**	(4.7)	608	(5.4)	608	(5.2)	**621**	(4.7)	3.6	(1.9)	1.0	(0.1)	0.1	(0.1)
	新加坡	**560**	(3.6)	581	(4.0)	585	(4.3)	**577**	(3.2)	**5.6**	(1.8)	**1.3**	(0.1)	0.3	(0.2)
	中国台北	**558**	(5.7)	561	(4.8)	556	(4.4)	**564**	(4.4)	0.9	(2.1)	1.0	(0.1)	0.0	(0.0)
	泰国	**407**	(4.5)	425	(4.3)	433	(4.4)	**446**	(4.7)	**18.0**	(2.0)	**1.7**	(0.1)	3.3	(0.6)
	突尼斯	**379**	(4.8)	387	(5.1)	394	(4.4)	**396**	(4.7)	**6.0**	(1.4)	**1.3**	(0.1)	0.5	(0.3)
	阿拉伯联合酋长国	**415**	(3.9)	434	(3.6)	447	(3.3)	**448**	(3.4)	**11.3**	(1.3)	**1.6**	(0.1)	1.7	(0.4)
	乌拉圭	**407**	(4.5)	415	(4.5)	416	(3.9)	**411**	(4.4)	1.3	(2.0)	1.1	(0.1)	0.0	(0.1)
	越南	**513**	(6.1)	508	(5.4)	511	(6.1)	**514**	(6.9)	0.4	(3.2)	0.9	(0.1)	0.0	(0.1)

注:统计上有显著性的值用粗体表示。

1. 土耳其注:本书中"塞浦路斯"相关的信息是指塞浦路斯岛南部。没有任何一个权力组织能够代表岛上的土耳其和希腊塞浦路斯人。土耳其承认北塞浦路斯土耳其共和国。除非在联合国找到一种长期的平衡的解决方案，否则土耳其将保持其对"塞浦路斯"问题的立场。

2. OECD和欧盟成员注:塞浦路斯共和国得到了除土耳其外所有联合国成员的承认。本书中的信息是指在塞浦路斯共和国政府有效控制区域内的。

附表 4.7 ■ 学生对学校的态度：学习结果

学生"同意"或"非常同意"的百分比(a)或"不同意"或"非常不同意"的百分比(b)

		表示同意/不同意以下观点学生的百分比：							
		学校基本没有为我离开学校后的成人生活做任何准备 b		在学校就是浪费时间 b		学校让我在做决定的时候更有信心 a		学校教会我在工作中用得上的东西 a	
		百分比	标准误	百分比	标准误	百分比	标准误	百分比	标准误
OECD	澳大利亚	75.2	(0.5)	89.8	(0.4)	83.2	(0.4)	90.1	(0.3)
	奥地利	75.1	(1.0)	89.5	(0.6)	70.8	(0.9)	87.4	(0.7)
	比利时	75.4	(0.6)	87.8	(0.5)	74.5	(0.7)	88.7	(0.5)
	加拿大	74.2	(0.7)	88.6	(0.4)	77.2	(0.5)	89.1	(0.4)
	智利	68.5	(1.2)	91.8	(0.5)	84.6	(0.8)	92.7	(0.5)
	捷克共和国	67.7	(1.0)	88.2	(0.9)	71.3	(1.1)	88.2	(0.7)
	丹麦	71.8	(1.0)	90.5	(0.6)	72.0	(1.0)	86.8	(0.7)
	爱沙尼亚	74.8	(1.2)	92.5	(0.6)	79.3	(0.8)	90.5	(0.6)
	芬兰	81.0	(0.7)	88.8	(0.7)	79.8	(0.8)	93.6	(0.5)
	法国	74.4	(0.9)	89.3	(0.6)	77.3	(0.8)	91.2	(0.5)
	德国	62.3	(0.9)	89.4	(0.6)	67.7	(0.9)	81.8	(0.7)
	希腊	54.3	(1.1)	85.9	(0.6)	73.7	(0.9)	86.3	(0.7)
	匈牙利	77.4	(1.1)	88.0	(0.8)	80.2	(0.8)	89.9	(0.7)
	冰岛	78.1	(0.9)	91.0	(0.6)	70.4	(1.0)	88.4	(0.7)
	爱尔兰	73.8	(0.9)	90.6	(0.6)	83.6	(0.7)	88.4	(0.5)
	以色列	67.3	(1.1)	84.9	(0.6)	69.1	(1.0)	85.1	(0.8)
	意大利	71.6	(0.5)	89.3	(0.4)	83.1	(0.4)	88.0	(0.4)
	日本	79.3	(0.7)	91.9	(0.5)	64.6	(0.6)	75.5	(0.8)
	韩国	75.4	(0.9)	87.8	(0.7)	67.2	(1.0)	71.5	(0.9)
	卢森堡	61.6	(0.8)	86.2	(0.6)	66.5	(0.9)	85.3	(0.6)
	墨西哥	65.1	(0.6)	92.5	(0.3)	92.1	(0.4)	95.7	(0.2)
	荷兰	72.4	(1.2)	80.6	(0.9)	67.9	(1.2)	84.9	(0.9)
	新西兰	72.2	(0.9)	89.9	(0.6)	82.3	(0.8)	90.0	(0.6)
	挪威	66.3	(0.9)	86.9	(0.7)	67.0	(0.9)	81.9	(0.9)
	波兰	61.7	(1.2)	78.9	(0.9)	71.2	(1.0)	70.9	(1.0)
	葡萄牙	78.3	(0.9)	91.9	(0.7)	87.1	(0.6)	92.9	(0.5)
	斯洛伐克共和国	65.0	(1.3)	82.7	(0.9)	76.9	(0.8)	87.2	(0.7)
	斯洛文尼亚	72.1	(0.9)	88.1	(0.7)	84.5	(0.7)	87.9	(0.7)
	西班牙	72.9	(0.9)	91.2	(0.5)	85.6	(0.5)	92.4	(0.4)
	瑞典	66.7	(1.0)	84.8	(0.9)	72.4	(0.9)	88.0	(0.6)
	瑞士	65.5	(0.9)	89.1	(0.5)	72.9	(0.7)	88.5	(0.6)
	土耳其	55.7	(0.8)	86.3	(0.8)	82.7	(0.7)	87.9	(0.7)
	英国	74.2	(0.9)	93.6	(0.4)	82.8	(0.7)	85.6	(0.6)
	美国	71.9	(1.0)	89.5	(0.6)	84.8	(0.6)	88.3	(0.6)
	OECD平均	70.6	(0.2)	88.5	(0.1)	76.7	(0.1)	87.1	(0.1)
伙伴国家（地区）	阿尔巴尼亚	64.4	(1.4)	89.8	(0.7)	94.2	(0.5)	95.4	(0.4)
	阿根廷	59.1	(1.2)	82.7	(0.9)	86.2	(0.8)	91.3	(0.6)
	巴西	67.7	(0.6)	92.2	(0.3)	88.1	(0.4)	94.0	(0.4)
	保加利亚	45.6	(1.1)	81.0	(1.2)	85.9	(0.7)	90.7	(0.6)
	哥伦比亚	71.3	(1.1)	92.1	(0.5)	91.4	(0.5)	94.5	(0.5)
	哥斯达黎加	70.0	(1.3)	92.8	(0.6)	89.8	(0.7)	94.6	(0.5)
	克罗地亚	72.4	(0.9)	89.5	(0.6)	83.6	(0.6)	91.3	(0.5)
	塞浦路斯[1,2]	55.7	(0.8)	79.8	(0.6)	74.1	(0.7)	84.9	(0.7)
	中国香港	59.8	(1.1)	86.3	(0.7)	73.1	(0.9)	79.2	(0.9)
	印度尼西亚	72.7	(0.9)	90.2	(0.7)	91.1	(0.5)	95.4	(0.4)
	约旦	13.8	(0.7)	74.5	(1.0)	87.0	(0.7)	88.8	(0.8)
	哈萨克斯坦	69.3	(1.1)	92.6	(0.7)	95.4	(0.4)	96.5	(0.4)
	拉脱维亚	78.0	(0.9)	90.6	(0.6)	77.6	(0.8)	91.0	(0.7)
	列支敦士登	68.7	(3.3)	90.4	(2.1)	76.4	(2.6)	87.1	(2.7)
	立陶宛	68.7	(1.0)	86.0	(0.8)	84.2	(0.7)	91.2	(0.5)
	中国澳门	49.9	(0.7)	87.5	(0.5)	73.1	(0.8)	83.6	(0.6)
	马来西亚	43.3	(1.2)	85.3	(0.9)	90.5	(0.6)	93.0	(0.6)
	黑山共和国	64.0	(0.9)	88.3	(0.6)	86.8	(0.6)	90.2	(0.6)
	秘鲁	60.1	(1.4)	92.2	(0.6)	93.7	(0.4)	95.4	(0.4)
	卡塔尔	37.7	(0.6)	67.2	(0.6)	76.7	(0.6)	80.4	(0.6)
	罗马尼亚	61.4	(1.2)	78.8	(1.4)	85.2	(0.8)	88.1	(0.8)
	俄罗斯联邦	77.7	(1.0)	92.4	(0.5)	90.5	(0.6)	92.2	(0.6)
	塞尔维亚	35.4	(1.0)	87.9	(0.7)	83.3	(0.7)	91.4	(0.6)
	中国上海	68.2	(1.0)	92.0	(0.5)	72.4	(0.9)	75.3	(0.8)
	新加坡	64.4	(0.7)	89.4	(0.4)	84.8	(0.6)	87.9	(0.6)
	中国台北	58.1	(1.0)	86.5	(0.6)	75.5	(0.7)	90.9	(0.5)
	泰国	37.8	(0.8)	83.1	(0.6)	94.0	(0.6)	96.6	(0.4)
	突尼斯	55.7	(1.1)	83.8	(0.9)	84.8	(0.7)	90.0	(0.6)
	阿拉伯联合酋长国	52.7	(1.0)	83.0	(0.7)	84.0	(0.6)	86.9	(0.5)
	乌拉圭	58.7	(1.0)	87.3	(0.9)	88.1	(0.6)	93.7	(0.5)
	越南	72.9	(1.0)	95.3	(0.4)	90.8	(0.6)	90.8	(0.5)

1. 土耳其注：本书中"塞浦路斯"相关的信息是指塞浦路斯岛南面。没有任何一个权力组织能够代表岛上的土耳其和希腊塞浦路斯人。土耳其承认北塞浦路斯土耳其共和国。除非在联合国找到一种长期的平衡的解决方案，否则土耳其将保持其对"塞浦路斯"问题的立场。
2. OECD和欧盟成员注：塞浦路斯共和国得到了除土耳其外所有联合国成员的承认。本书中的信息是指在塞浦路斯共和国政府有效控制区域内的。

附表 4.8 ■ 对学校态度(学习结果)指数和按该指数上的四分位区分的数学成绩

结果基于学生自我报告

		对学校态度指数(学习结果)																
		全体学生		在该指数的变量		男生		女生		性别差异(男生—女生)		最低 1/4		第二个 1/4		第三个 1/4		最高 1/4	
		指数平均值	标准误	标准差	标准误	指数平均值	标准误	指数平均值	标准误	差异值	标准误	指数平均值	标准误	指数平均值	标准误	指数平均值	标准误	指数平均值	标准误
OECD	澳大利亚	0.09	(0.02)	1.01	(0.01)	0.08	(0.02)	0.10	(0.02)	-0.02	(0.03)	-0.99	(0.01)	-0.31	(0.02)	0.15	(0.03)	1.51	(0.03)
	奥地利	0.28	(0.03)	1.12	(0.01)	0.26	(0.03)	0.29	(0.04)	-0.03	(0.05)	-1.11	(0.03)	-0.12	(0.04)	0.58	(0.03)	1.76	(0.05)
	比利时	-0.11	(0.02)	0.89	(0.01)	-0.17	(0.02)	-0.05	(0.02)	-0.12	(0.02)	-1.07	(0.01)	-0.40	(0.01)	-0.05	(0.01)	1.09	(0.03)
	加拿大	0.05	(0.01)	1.01	(0.01)	-0.02	(0.02)	0.11	(0.02)	-0.13	(0.02)	-1.08	(0.02)	-0.35	(0.01)	0.17	(0.02)	1.45	(0.02)
	智利	0.29	(0.03)	1.06	(0.01)	0.29	(0.04)	0.29	(0.03)	-0.01	(0.05)	-0.92	(0.02)	-0.19	(0.04)	0.49	(0.02)	1.78	(0.03)
	捷克共和国	-0.22	(0.02)	0.84	(0.02)	-0.27	(0.03)	-0.16	(0.03)	-0.11	(0.04)	-1.13	(0.03)	-0.49	(0.02)	-0.13	(0.03)	0.89	(0.03)
	丹麦	-0.09	(0.02)	0.93	(0.01)	-0.12	(0.03)	-0.05	(0.03)	-0.07	(0.03)	-1.08	(0.02)	-0.43	(0.02)	-0.02	(0.02)	1.18	(0.04)
	爱沙尼亚	0.02	(0.02)	0.90	(0.01)	-0.03	(0.03)	0.07	(0.03)	-0.10	(0.03)	-1.00	(0.01)	-0.31	(0.02)	0.15	(0.04)	1.23	(0.03)
	芬兰	0.06	(0.02)	0.95	(0.01)	-0.09	(0.03)	0.22	(0.03)	-0.31	(0.03)	-0.98	(0.04)	-0.29	(0.01)	0.15	(0.04)	1.37	(0.03)
	法国	0.08	(0.02)	1.01	(0.01)	-0.05	(0.03)	0.20	(0.04)	-0.24	(0.04)	-1.03	(0.03)	-0.33	(0.02)	0.21	(0.04)	1.48	(0.03)
	德国	-0.06	(0.02)	1.02	(0.01)	-0.10	(0.03)	-0.01	(0.03)	-0.09	(0.03)	-1.25	(0.02)	-0.45	(0.02)	0.15	(0.04)	1.32	(0.03)
	希腊	-0.16	(0.02)	0.97	(0.02)	-0.27	(0.03)	-0.06	(0.03)	-0.21	(0.04)	-1.26	(0.02)	-0.54	(0.03)	-0.02	(0.04)	1.16	(0.04)
	匈牙利	0.10	(0.02)	0.98	(0.01)	0.01	(0.03)	0.19	(0.04)	-0.18	(0.04)	-0.99	(0.02)	-0.30	(0.01)	0.26	(0.04)	1.44	(0.04)
	冰岛	0.05	(0.02)	0.99	(0.01)	-0.02	(0.02)	0.12	(0.04)	-0.14	(0.04)	-1.04	(0.04)	-0.37	(0.01)	0.19	(0.04)	1.41	(0.04)
	爱尔兰	0.11	(0.02)	1.03	(0.02)	0.07	(0.03)	0.15	(0.04)	-0.08	(0.04)	-1.05	(0.04)	-0.31	(0.02)	0.28	(0.04)	1.52	(0.04)
	以色列	0.00	(0.02)	1.11	(0.02)	-0.08	(0.04)	0.07	(0.03)	-0.15	(0.04)	-1.26	(0.04)	-0.47	(0.02)	0.20	(0.04)	1.53	(0.04)
	意大利	0.01	(0.01)	0.94	(0.01)	-0.06	(0.02)	0.07	(0.01)	-0.13	(0.02)	-1.06	(0.01)	-0.32	(0.01)	0.11	(0.02)	1.30	(0.02)
	日本	-0.13	(0.02)	0.97	(0.01)	-0.20	(0.02)	-0.05	(0.02)	-0.15	(0.03)	-1.18	(0.02)	-0.48	(0.02)	-0.06	(0.02)	1.19	(0.03)
	韩国	-0.28	(0.03)	0.91	(0.01)	-0.26	(0.04)	-0.31	(0.03)	0.05	(0.05)	-1.28	(0.02)	-0.58	(0.03)	-0.19	(0.04)	0.92	(0.05)
	卢森堡	-0.07	(0.02)	1.03	(0.01)	-0.15	(0.02)	0.01	(0.02)	-0.16	(0.03)	-1.26	(0.01)	-0.46	(0.02)	0.10	(0.03)	1.33	(0.03)
	墨西哥	0.35	(0.01)	1.01	(0.01)	0.26	(0.01)	0.45	(0.01)	-0.19	(0.02)	-0.76	(0.01)	-0.12	(0.01)	0.53	(0.01)	1.76	(0.02)
	荷兰	-0.36	(0.02)	0.72	(0.01)	-0.39	(0.04)	-0.34	(0.02)	-0.05	(0.04)	-1.17	(0.01)	-0.61	(0.03)	-0.24	(0.04)	0.56	(0.04)
	新西兰	0.08	(0.02)	1.01	(0.01)	0.09	(0.03)	0.06	(0.03)	0.02	(0.04)	-1.00	(0.02)	-0.34	(0.02)	0.16	(0.04)	1.48	(0.04)
	挪威	-0.27	(0.02)	0.92	(0.01)	-0.30	(0.04)	-0.23	(0.03)	-0.07	(0.04)	-1.27	(0.04)	-0.59	(0.02)	-0.15	(0.04)	0.96	(0.04)
	波兰	-0.41	(0.02)	0.94	(0.02)	-0.49	(0.03)	-0.33	(0.03)	-0.17	(0.04)	-1.46	(0.03)	-0.77	(0.02)	-0.24	(0.02)	0.83	(0.05)
	葡萄牙	0.24	(0.02)	1.03	(0.01)	0.16	(0.03)	0.33	(0.03)	-0.17	(0.03)	-0.88	(0.03)	-0.24	(0.00)	0.39	(0.04)	1.70	(0.04)
	斯洛伐克共和国	-0.26	(0.02)	0.86	(0.02)	-0.37	(0.03)	-0.14	(0.03)	-0.22	(0.03)	-1.21	(0.03)	-0.51	(0.02)	-0.19	(0.02)	1.31	(0.04)
	斯洛文尼亚	0.01	(0.02)	0.94	(0.02)	-0.06	(0.03)	0.08	(0.02)	-0.14	(0.03)	-1.01	(0.02)	-0.33	(0.01)	0.05	(0.02)	1.31	(0.06)
	西班牙	0.30	(0.02)	1.08	(0.02)	0.17	(0.02)	0.44	(0.02)	-0.27	(0.03)	-0.95	(0.01)	-0.17	(0.01)	0.53	(0.02)	1.79	(0.03)
	瑞典	-0.14	(0.02)	0.95	(0.01)	-0.20	(0.04)	-0.09	(0.03)	-0.12	(0.04)	-1.18	(0.04)	-0.49	(0.02)	-0.06	(0.02)	1.16	(0.05)
	瑞士	0.04	(0.02)	0.98	(0.01)	-0.06	(0.04)	0.14	(0.04)	-0.20	(0.04)	-1.08	(0.02)	-0.39	(0.01)	0.25	(0.03)	1.38	(0.03)
	土耳其	0.08	(0.03)	1.05	(0.02)	-0.10	(0.04)	0.26	(0.04)	-0.36	(0.03)	-1.11	(0.03)	-0.37	(0.01)	0.29	(0.04)	1.51	(0.04)
	英国	0.13	(0.02)	1.02	(0.01)	0.13	(0.03)	0.12	(0.03)	0.01	(0.04)	-1.00	(0.02)	-0.29	(0.01)	0.27	(0.04)	1.53	(0.04)
	美国	0.12	(0.03)	1.08	(0.04)	0.03	(0.03)	0.21	(0.04)	-0.18	(0.05)	-1.03	(0.04)	-0.34	(0.01)	0.19	(0.04)	1.67	(0.05)
	OECD平均	0.00	(0.00)	0.98	(0.00)	-0.07	(0.00)	0.06	(0.00)	-0.13	(0.01)	-1.09	(0.00)	-0.38	(0.00)	0.13	(0.01)	1.33	(0.01)
伙伴国家(地区)	阿尔巴尼亚	0.53	(0.03)	1.06	(0.01)	0.52	(0.03)	0.54	(0.04)	-0.02	(0.05)	-0.76	(0.03)	0.08	(0.02)	0.85	(0.05)	1.94	(0.03)
	阿根廷	0.03	(0.02)	1.03	(0.01)	-0.05	(0.03)	0.11	(0.03)	-0.17	(0.03)	-1.09	(0.02)	-0.40	(0.02)	0.15	(0.04)	1.48	(0.04)
	巴西	0.21	(0.02)	0.98	(0.01)	0.13	(0.02)	0.28	(0.02)	-0.15	(0.03)	-0.90	(0.01)	-0.24	(0.01)	0.43	(0.03)	1.54	(0.03)
	保加利亚	-0.11	(0.03)	0.96	(0.01)	-0.23	(0.04)	0.02	(0.03)	-0.25	(0.04)	-1.16	(0.02)	-0.49	(0.03)	0.01	(0.03)	1.21	(0.05)
	哥伦比亚	0.40	(0.03)	1.08	(0.02)	0.30	(0.04)	0.48	(0.04)	-0.18	(0.05)	-0.83	(0.04)	-0.11	(0.03)	0.58	(0.02)	1.94	(0.06)
	哥斯达黎加	0.45	(0.02)	1.07	(0.02)	0.44	(0.04)	0.45	(0.04)	-0.01	(0.05)	-0.73	(0.04)	-0.08	(0.02)	0.63	(0.05)	1.99	(0.04)
	克罗地亚	0.09	(0.02)	0.98	(0.01)	0.05	(0.03)	0.13	(0.04)	-0.08	(0.04)	-0.99	(0.01)	-0.33	(0.02)	0.24	(0.03)	1.43	(0.03)
	塞浦路斯[1,2]	-0.23	(0.02)	0.98	(0.01)	-0.39	(0.03)	-0.06	(0.03)	-0.33	(0.03)	-1.29	(0.03)	-0.63	(0.02)	-0.09	(0.01)	1.11	(0.04)
	中国香港	-0.42	(0.02)	0.73	(0.01)	-0.42	(0.03)	-0.42	(0.02)	0.00	(0.03)	-1.25	(0.02)	-0.65	(0.03)	-0.24	(0.00)	0.48	(0.04)
	印度尼西亚	0.29	(0.03)	0.97	(0.01)	0.26	(0.04)	0.32	(0.03)	-0.07	(0.04)	-0.80	(0.04)	-0.17	(0.02)	0.53	(0.02)	1.61	(0.04)
	约旦	-0.32	(0.02)	0.79	(0.01)	-0.53	(0.03)	-0.12	(0.03)	-0.41	(0.04)	-1.23	(0.04)	-0.63	(0.03)	-0.03	(0.02)	0.63	(0.02)
	哈萨克斯坦	0.45	(0.03)	1.06	(0.01)	0.33	(0.04)	0.58	(0.04)	-0.25	(0.05)	-0.72	(0.04)	-0.10	(0.02)	0.67	(0.05)	1.97	(0.03)
	拉脱维亚	0.02	(0.02)	0.91	(0.02)	-0.09	(0.03)	0.13	(0.04)	-0.23	(0.04)	-0.96	(0.01)	-0.31	(0.02)	0.06	(0.03)	1.30	(0.05)
	列支敦士登	0.13	(0.06)	0.93	(0.05)	0.12	(0.09)	0.14	(0.10)	-0.03	(0.15)	-1.02	(0.07)	-0.21	(0.10)	0.49	(0.07)	1.29	(0.11)
	立陶宛	0.41	(0.04)	1.16	(0.03)	0.22	(0.03)	0.61	(0.03)	-0.39	(0.04)	-1.01	(0.04)	-0.07	(0.03)	0.78	(0.04)	1.96	(0.02)
	中国澳门	-0.43	(0.01)	0.72	(0.01)	-0.44	(0.02)	-0.43	(0.02)	-0.01	(0.03)	-1.22	(0.01)	-0.68	(0.01)	-0.28	(0.01)	0.45	(0.02)
	马来西亚	-0.01	(0.02)	0.87	(0.02)	-0.12	(0.03)	0.08	(0.03)	-0.20	(0.04)	-0.96	(0.01)	-0.40	(0.02)	0.11	(0.05)	1.19	(0.04)
	黑山共和国	0.04	(0.02)	0.96	(0.02)	-0.11	(0.03)	0.19	(0.04)	-0.30	(0.04)	-1.04	(0.04)	-0.31	(0.02)	0.17	(0.04)	1.35	(0.03)
	秘鲁	0.21	(0.03)	0.92	(0.01)	0.16	(0.04)	0.25	(0.04)	-0.09	(0.04)	-0.80	(0.04)	-0.22	(0.02)	0.42	(0.03)	1.46	(0.04)
	卡塔尔	-0.39	(0.01)	0.95	(0.01)	-0.47	(0.02)	-0.31	(0.02)	-0.16	(0.02)	-1.34	(0.04)	-0.83	(0.01)	-0.31	(0.02)	0.92	(0.02)
	罗马尼亚	0.00	(0.02)	1.03	(0.01)	-0.06	(0.03)	0.04	(0.03)	-0.10	(0.03)	-1.15	(0.02)	-0.42	(0.02)	0.14	(0.04)	1.42	(0.04)
	俄罗斯联邦	0.20	(0.03)	1.00	(0.01)	0.18	(0.03)	0.23	(0.04)	-0.05	(0.04)	-0.86	(0.03)	-0.24	(0.00)	0.31	(0.05)	1.60	(0.05)
	塞尔维亚	-0.22	(0.02)	0.81	(0.02)	-0.30	(0.03)	-0.15	(0.03)	-0.15	(0.03)	-1.08	(0.03)	-0.53	(0.02)	-0.11	(0.03)	0.83	(0.04)
	中国上海	-0.23	(0.02)	0.92	(0.02)	-0.27	(0.04)	-0.20	(0.03)	-0.08	(0.03)	-1.27	(0.04)	-0.51	(0.03)	-0.14	(0.02)	0.99	(0.04)
	新加坡	-0.05	(0.02)	0.92	(0.01)	-0.07	(0.02)	-0.04	(0.03)	-0.04	(0.03)	-1.02	(0.04)	-0.36	(0.01)	-0.01	(0.01)	1.21	(0.04)
	中国台北	-0.26	(0.01)	0.84	(0.02)	-0.27	(0.04)	-0.24	(0.04)	-0.03	(0.03)	-1.15	(0.04)	-0.54	(0.01)	-0.21	(0.01)	0.88	(0.04)
	泰国	0.00	(0.02)	0.86	(0.02)	-0.13	(0.04)	0.09	(0.04)	-0.22	(0.04)	-0.93	(0.04)	-0.38	(0.02)	0.12	(0.02)	1.18	(0.04)
	突尼斯	0.16	(0.03)	1.11	(0.01)	-0.09	(0.04)	0.39	(0.04)	-0.48	(0.05)	-1.14	(0.04)	-0.33	(0.04)	0.46	(0.03)	1.67	(0.04)
	阿拉伯联合酋长国	0.01	(0.02)	1.05	(0.01)	-0.15	(0.03)	0.16	(0.03)	-0.30	(0.04)	-1.17	(0.04)	-0.44	(0.02)	0.18	(0.03)	1.46	(0.03)
	乌拉圭	0.01	(0.02)	0.91	(0.01)	-0.05	(0.02)	0.07	(0.03)	-0.12	(0.03)	-0.99	(0.04)	-0.33	(0.02)	0.10	(0.03)	1.27	(0.03)
	越南	0.13	(0.02)	0.86	(0.02)	0.14	(0.02)	0.13	(0.03)	0.01	(0.03)	-0.79	(0.03)	-0.24	(0.00)	0.24	(0.04)	1.32	(0.03)

附表 4.8 ■ 对学校态度(学习结果)指数和按该指数上的四分位区分的数学成绩(续表 1)

结果基于学生自我报告

| | 数学成绩,按该国在该指数上的四分位区分 | | | | | | | | 该指数每单位变化对应的数学成绩变化 | | 该指数位于最低1/4的学生,数学成绩也位于最低1/4的可能性增加比率 | | 解释的学生成绩变异 ($r^2 \times 100$) | |
| | 最低 1/4 | | 第二个 1/4 | | 第三个 1/4 | | 最高 1/4 | | | | | | | |
	平均分	标准误	平均分	标准误	平均分	标准误	平均分	标准误	分数差异	标准误	Ratio	标准误	百分比	标准误
澳大利亚	471	(2.8)	496	(2.7)	518	(2.9)	532	(3.0)	21.4	(1.2)	1.8	(0.1)	5.2	(0.5)
奥地利	497	(4.2)	507	(4.5)	515	(4.9)	514	(4.5)	5.2	(1.9)	1.3	(0.1)	0.4	(0.3)
比利时	497	(3.7)	526	(3.7)	534	(4.0)	529	(3.3)	10.6	(1.7)	1.5	(0.1)	0.9	(0.3)
加拿大	504	(3.7)	515	(3.5)	526	(3.0)	537	(2.8)	12.1	(1.2)	1.5	(0.1)	2.0	(0.4)
智利	416	(4.6)	421	(4.2)	426	(4.8)	430	(4.2)	4.5	(1.6)	1.2	(0.1)	0.4	(0.2)
捷克共和国	494	(4.4)	500	(4.7)	505	(5.8)	519	(4.7)	9.9	(2.5)	1.3	(0.1)	0.8	(0.4)
丹麦	484	(4.1)	501	(4.0)	516	(3.6)	521	(4.0)	13.7	(1.5)	1.5	(0.1)	2.4	(0.7)
爱沙尼亚	513	(4.0)	517	(4.2)	523	(3.8)	530	(4.1)	8.7	(2.1)	1.3	(0.1)	0.9	(0.4)
芬兰	495	(3.2)	523	(3.2)	530	(3.8)	544	(3.2)	18.2	(1.4)	1.8	(0.1)	4.4	(0.7)
法国	476	(4.8)	501	(4.3)	508	(4.1)	506	(5.1)	9.3	(2.2)	1.5	(0.1)	1.0	(0.5)
德国	521	(4.8)	523	(4.9)	526	(4.8)	521	(5.2)	−1.2	(2.2)	1.0	(0.1)	0.0	(0.1)
希腊	451	(4.5)	462	(4.3)	460	(4.0)	450	(4.1)	−1.9	(2.0)	1.2	(0.1)	0.0	(0.1)
匈牙利	454	(5.2)	475	(4.6)	488	(4.6)	497	(5.1)	15.0	(2.3)	1.7	(0.1)	2.6	(0.8)
冰岛	466	(4.3)	491	(5.3)	505	(5.3)	525	(3.9)	22.7	(1.9)	1.7	(0.2)	6.0	(1.0)
爱尔兰	492	(4.3)	497	(4.2)	504	(4.3)	512	(4.2)	6.5	(1.5)	1.2	(0.1)	0.6	(0.3)
以色列	470	(6.7)	480	(5.9)	477	(5.9)	470	(5.6)	−1.8	(1.9)	1.2	(0.1)	0.1	(0.1)
意大利	469	(2.9)	493	(2.9)	496	(2.6)	491	(2.6)	6.9	(1.2)	1.4	(0.1)	0.5	(0.2)
日本	526	(6.0)	540	(4.6)	543	(4.2)	540	(5.2)	2.3	(2.2)	1.3	(0.1)	0.1	(0.1)
韩国	548	(5.7)	545	(5.2)	553	(5.3)	572	(7.6)	9.0	(3.0)	1.1	(0.1)	0.7	(0.5)
卢森堡	470	(3.5)	497	(3.6)	494	(3.7)	501	(4.2)	8.2	(1.9)	1.5	(0.1)	0.8	(0.4)
墨西哥	391	(2.1)	413	(2.0)	422	(2.2)	432	(1.8)	14.8	(0.8)	1.7	(0.1)	4.1	(0.4)
荷兰	505	(4.8)	528	(4.9)	541	(5.2)	539	(5.7)	13.7	(3.2)	1.6	(0.2)	1.3	(0.6)
新西兰	471	(4.5)	501	(5.0)	502	(5.2)	524	(4.2)	19.3	(1.8)	1.7	(0.1)	3.9	(0.7)
挪威	464	(4.7)	488	(5.2)	499	(4.4)	510	(4.6)	17.2	(2.1)	1.6	(0.2)	3.0	(0.7)
波兰	525	(5.5)	519	(4.9)	513	(4.7)	519	(6.4)	−2.4	(2.0)	1.0	(0.1)	0.1	(0.1)
葡萄牙	460	(5.4)	486	(4.3)	501	(5.9)	512	(5.1)	16.3	(2.0)	1.8	(0.1)	3.4	(0.8)
斯洛伐克共和国	467	(6.3)	488	(5.2)	489	(4.8)	494	(5.2)	9.1	(3.4)	1.4	(0.1)	0.6	(0.5)
斯洛文尼亚	494	(4.0)	509	(5.7)	518	(4.9)	496	(3.8)	−0.8	(3.8)	1.2	(0.1)	0.0	(0.1)
西班牙	467	(3.3)	488	(2.9)	495	(3.2)	496	(2.8)	8.7	(1.2)	1.5	(0.1)	1.2	(0.4)
瑞典	455	(4.5)	479	(4.1)	493	(3.7)	503	(4.3)	17.5	(2.0)	1.7	(0.1)	3.4	(0.8)
瑞士	516	(4.9)	535	(4.9)	539	(4.1)	536	(3.8)	5.8	(1.9)	1.4	(0.1)	0.4	(0.2)
土耳其	453	(7.4)	452	(5.9)	444	(5.5)	448	(5.3)	−4.4	(2.0)	1.2	(0.1)	0.3	(0.1)
英国	473	(5.0)	496	(4.4)	510	(5.0)	512	(4.1)	13.2	(1.9)	1.7	(0.1)	2.1	(0.5)
美国	463	(5.2)	482	(5.6)	492	(5.0)	499	(4.7)	11.4	(1.7)	1.6	(0.1)	1.9	(0.5)
OECD平均	480	(0.8)	496	(0.8)	503	(0.8)	508	(0.8)	9.4	(0.3)	1.4	(0.0)	1.6	(0.1)
阿尔巴尼亚	402	(4.4)	394	(4.7)	387	(5.0)	393	(4.7)	−2.6	(1.9)	0.9	(0.1)	0.1	(0.1)
阿根廷	370	(4.3)	387	(5.0)	398	(4.7)	406	(4.5)	12.3	(1.9)	1.6	(0.1)	2.9	(0.7)
巴西	379	(2.9)	391	(2.6)	398	(3.1)	405	(3.2)	10.2	(1.2)	1.4	(0.1)	1.7	(0.4)
保加利亚	411	(5.3)	441	(5.8)	452	(5.7)	463	(5.7)	17.4	(2.6)	1.9	(0.2)	3.2	(0.9)
哥伦比亚	361	(4.0)	384	(3.5)	383	(4.1)	398	(4.2)	11.4	(1.5)	1.7	(0.1)	2.9	(0.7)
哥斯达黎加	403	(3.6)	404	(4.5)	408	(4.9)	413	(4.3)	3.8	(1.5)	1.1	(0.1)	0.4	(0.3)
克罗地亚	466	(4.3)	476	(4.4)	478	(5.0)	471	(5.3)	1.4	(2.0)	1.2	(0.1)	0.0	(0.1)
塞浦路斯[1,2]	419	(3.4)	441	(3.7)	456	(3.5)	461	(3.1)	14.3	(1.6)	1.8	(0.1)	2.4	(0.5)
中国香港	555	(5.4)	559	(5.1)	565	(5.1)	574	(4.4)	6.5	(2.8)	1.2	(0.1)	0.2	(0.2)
印度尼西亚	358	(4.8)	377	(5.8)	381	(5.4)	388	(4.3)	10.8	(1.6)	1.6	(0.1)	2.2	(0.6)
约旦	359	(4.2)	395	(4.6)	401	(3.4)	402	(4.7)	17.7	(2.3)	2.0	(0.1)	3.5	(0.8)
哈萨克斯坦	410	(4.3)	430	(4.2)	437	(3.9)	453	(4.1)	14.9	(1.5)	1.7	(0.2)	5.0	(1.0)
拉脱维亚	470	(5.3)	491	(4.8)	499	(5.4)	501	(4.1)	12.8	(2.2)	1.7	(0.1)	2.0	(0.7)
列支敦士登	532	(14.9)	550	(18.0)	528	(17.9)	534	(18.0)	0.9	(8.3)	1.1	(0.4)	0.6	(0.6)
立陶宛	452	(4.5)	475	(4.5)	496	(4.6)	490	(4.1)	12.3	(1.7)	1.8	(0.1)	2.6	(0.6)
中国澳门	536	(3.4)	534	(3.5)	539	(3.0)	550	(3.5)	6.3	(2.5)	1.1	(0.1)	0.2	(0.2)
马来西亚	406	(5.8)	430	(4.7)	424	(3.9)	426	(3.4)	7.7	(2.3)	1.7	(0.1)	0.7	(0.5)
黑山共和国	406	(3.2)	414	(4.3)	414	(4.1)	411	(3.7)	1.5	(1.7)	1.2	(0.1)	0.0	(0.1)
秘鲁	357	(5.3)	374	(5.4)	379	(4.9)	389	(5.4)	12.5	(2.0)	1.5	(0.1)	1.9	(0.6)
卡塔尔	343	(2.5)	360	(2.7)	401	(3.0)	424	(2.5)	32.9	(1.4)	1.9	(0.1)	9.8	(0.7)
罗马尼亚	437	(5.0)	440	(5.1)	447	(4.6)	455	(5.0)	6.8	(1.7)	1.3	(0.1)	0.7	(0.4)
俄罗斯联邦	469	(4.3)	480	(5.0)	488	(5.0)	490	(4.4)	7.1	(1.9)	1.3	(0.1)	0.7	(0.4)
塞尔维亚	438	(5.3)	450	(5.2)	450	(5.1)	458	(5.0)	8.9	(2.8)	1.3	(0.1)	0.6	(0.4)
中国上海	625	(4.8)	608	(4.6)	606	(5.0)	611	(6.4)	−4.1	(2.9)	0.9	(0.1)	0.1	(0.1)
新加坡	555	(4.5)	574	(4.5)	582	(4.2)	593	(4.2)	14.0	(2.1)	1.4	(0.1)	1.6	(0.5)
中国台北	556	(4.5)	554	(4.7)	560	(5.2)	568	(4.6)	3.2	(2.4)	1.2	(0.1)	0.1	(0.1)
泰国	400	(4.6)	429	(4.7)	437	(4.9)	444	(4.3)	18.0	(2.0)	1.9	(0.1)	3.7	(0.8)
突尼斯	375	(5.0)	393	(5.4)	396	(4.8)	392	(5.0)	4.3	(1.6)	1.5	(0.2)	0.4	(0.1)
阿拉伯联合酋长国	406	(3.8)	440	(4.3)	443	(3.5)	455	(3.7)	15.6	(1.4)	1.8	(0.1)	3.4	(0.6)
乌拉圭	397	(4.2)	423	(4.1)	416	(4.4)	414	(3.8)	2.4	(2.0)	1.4	(0.1)	0.1	(0.1)
越南	519	(6.8)	507	(5.6)	513	(6.2)	507	(5.8)	−5.2	(2.4)	0.9	(0.1)	0.3	(0.3)

注:统计上有显著性的值用粗体表示(详见附表 A3)。
1. 土耳其注:本书中"塞浦路斯"相关的信息是指塞浦路斯岛南部。没有任何一个权力组织能够代表岛上的土耳其和希腊塞浦路斯人。土耳其承认北塞浦路斯土耳其共和国。除非在联合国找到一种长期的平衡的解决方案,否则土耳其将保持其对"塞浦路斯"问题的立场。
2. OECD 和欧盟成员注:塞浦路斯共和国得到了除土耳其外所有联合国成员的承认。本书中的信息是指在塞浦路斯共和国政府有效控制区域内的。

附表 4.9 ■ 学生对学校的态度：学习活动

学生表示"同意"或"非常同意"的百分比

		表示同意以下观点学生的百分比：						
	在学校努力学习有助于我将来找份好工作		在学校努力学习有助于我将来考进大学		我喜欢拿高分或高等级		在学校努力学习很重要	
	百分比	标准误	百分比	标准误	百分比	标准误	百分比	标准误
澳大利亚	94.7	(0.2)	96.5	(0.2)	97.4	(0.2)	95.6	(0.3)
奥地利	88.0	(0.6)	89.4	(0.7)	97.7	(0.3)	93.2	(0.5)
比利时	88.9	(0.5)	89.5	(0.4)	96.9	(0.3)	90.2	(0.4)
加拿大	93.5	(0.3)	96.6	(0.3)	97.9	(0.2)	95.0	(0.3)
智利	96.3	(0.4)	95.9	(0.3)	97.3	(0.3)	96.7	(0.4)
捷克共和国	86.4	(0.8)	93.3	(0.6)	97.3	(0.4)	89.1	(0.7)
丹麦	94.3	(0.4)	97.1	(0.3)	97.8	(0.3)	95.9	(0.4)
爱沙尼亚	91.4	(0.6)	94.9	(0.5)	96.4	(0.4)	93.8	(0.5)
芬兰	89.3	(0.7)	97.5	(0.2)	96.0	(0.3)	89.4	(0.6)
法国	88.9	(0.6)	94.7	(0.4)	96.8	(0.4)	89.5	(0.6)
德国	87.2	(0.7)	86.2	(0.9)	97.5	(0.4)	94.4	(0.4)
希腊	81.4	(0.7)	86.9	(0.7)	93.0	(0.5)	90.8	(0.6)
匈牙利	93.3	(0.5)	93.9	(0.4)	97.8	(0.3)	95.6	(0.4)
冰岛	95.7	(0.4)	97.6	(0.3)	96.5	(0.4)	97.3	(0.3)
爱尔兰	95.2	(0.4)	98.1	(0.2)	98.1	(0.2)	96.1	(0.3)
以色列	91.8	(0.6)	93.9	(0.6)	96.7	(0.4)	93.0	(0.6)
意大利	90.6	(0.3)	88.7	(0.3)	96.6	(0.2)	92.8	(0.2)
日本	89.7	(0.6)	92.5	(0.5)	57.7	(0.8)	92.6	(0.5)
韩国	88.2	(0.7)	94.0	(0.5)	79.3	(0.9)	92.0	(0.6)
卢森堡	88.9	(0.6)	91.2	(0.4)	95.7	(0.3)	92.5	(0.3)
墨西哥	95.9	(0.2)	95.5	(0.2)	95.3	(0.2)	97.1	(0.2)
荷兰	94.2	(0.5)	92.2	(0.5)	97.1	(0.4)	93.8	(0.6)
新西兰	95.4	(0.4)	97.2	(0.3)	98.3	(0.3)	96.3	(0.4)
挪威	91.3	(0.6)	94.7	(0.4)	97.7	(0.3)	82.8	(0.8)
波兰	80.6	(0.9)	92.8	(0.5)	97.7	(0.3)	82.0	(0.8)
葡萄牙	96.8	(0.3)	95.9	(0.5)	97.7	(0.3)	97.8	(0.3)
斯洛伐克共和国	84.3	(0.7)	89.0	(0.8)	95.6	(0.4)	89.7	(0.8)
斯洛文尼亚	92.7	(0.5)	92.4	(0.5)	97.1	(0.3)	93.4	(0.5)
西班牙	93.9	(0.3)	93.6	(0.5)	95.5	(0.2)	94.9	(0.4)
瑞典	94.8	(0.5)	95.5	(0.3)	97.3	(0.4)	94.5	(0.4)
瑞士	90.4	(0.5)	88.1	(0.5)	97.7	(0.3)	93.1	(0.4)
土耳其	90.0	(0.6)	94.8	(0.4)	96.3	(0.4)	91.4	(0.6)
英国	95.8	(0.3)	95.8	(0.4)	98.1	(0.3)	97.5	(0.3)
美国	95.7	(0.4)	98.4	(0.2)	97.6	(0.4)	96.9	(0.3)
OECD 平均	91.3	(0.1)	93.7	(0.1)	95.3	(0.1)	93.1	(0.1)
阿尔巴尼亚	97.8	(0.3)	97.3	(0.3)	98.1	(0.2)	97.9	(0.3)
阿根廷	95.8	(0.3)	94.0	(0.5)	91.9	(0.6)	93.6	(0.6)
巴西	95.8	(0.2)	96.1	(0.3)	96.2	(0.2)	95.8	(0.2)
保加利亚	92.4	(0.4)	94.7	(0.5)	95.3	(0.4)	93.3	(0.5)
哥伦比亚	86.0	(0.8)	97.2	(0.3)	98.1	(0.3)	97.0	(0.3)
哥斯达黎加	97.8	(0.3)	98.2	(0.3)	97.5	(0.4)	98.2	(0.3)
克罗地亚	89.2	(0.6)	95.4	(0.4)	98.5	(0.2)	93.9	(0.5)
塞浦路斯[1,2]	89.2	(0.6)	90.9	(0.4)	92.8	(0.4)	89.8	(0.5)
中国香港	87.8	(0.6)	92.1	(0.5)	95.7	(0.3)	94.3	(0.5)
印度尼西亚	97.0	(0.3)	96.6	(0.3)	97.0	(0.3)	95.8	(0.3)
约旦	94.3	(0.5)	90.4	(0.6)	91.5	(0.6)	90.8	(0.5)
哈萨克斯坦	96.0	(0.4)	97.8	(0.3)	97.8	(0.3)	97.1	(0.4)
拉脱维亚	89.7	(0.6)	94.8	(0.5)	98.3	(0.3)	92.5	(0.5)
列支敦士登	89.2	(2.3)	84.5	(2.5)	97.6	(1.3)	93.1	(1.9)
立陶宛	91.3	(0.5)	93.0	(0.5)	96.5	(0.4)	92.4	(0.5)
中国澳门	81.5	(0.7)	93.3	(0.4)	91.9	(0.5)	89.0	(0.5)
马来西亚	94.5	(0.6)	94.6	(0.4)	95.2	(0.4)	94.6	(0.5)
黑山共和国	87.8	(0.6)	94.2	(0.5)	96.8	(0.4)	87.1	(0.7)
秘鲁	95.3	(0.4)	96.9	(0.3)	95.7	(0.4)	97.8	(0.3)
卡塔尔	90.3	(0.4)	91.7	(0.4)	88.3	(0.5)	89.4	(0.4)
罗马尼亚	87.4	(0.8)	91.2	(0.8)	91.3	(0.8)	86.8	(0.8)
俄罗斯联邦	94.3	(0.4)	96.4	(0.3)	97.7	(0.3)	88.6	(0.9)
塞尔维亚	85.5	(0.7)	92.6	(0.5)	95.7	(0.4)	91.7	(0.5)
中国上海	89.1	(0.5)	94.2	(0.5)	85.0	(0.6)	94.9	(0.4)
新加坡	87.7	(0.7)	97.0	(0.3)	98.1	(0.2)	97.1	(0.3)
中国台北	84.9	(0.6)	91.8	(0.5)	88.7	(0.7)	91.9	(0.5)
泰国	94.3	(0.3)	95.0	(0.4)	97.1	(0.3)	95.7	(0.3)
突尼斯	95.0	(0.4)	92.4	(0.7)	93.2	(0.6)	93.2	(0.5)
阿拉伯联合酋长国	93.6	(0.4)	95.2	(0.4)	95.9	(0.4)	94.4	(0.4)
乌拉圭	97.9	(0.2)	94.5	(0.5)	95.7	(0.4)	97.3	(0.3)
越南	92.1	(0.5)	94.0	(0.5)	83.6	(0.8)	85.6	(0.7)

1. 土耳其注：本书中"塞浦路斯"相关的信息是指塞浦路斯岛南部。没有任何一个权力组织能够代表岛上的土耳其和希腊塞浦路斯人。土耳其承认北塞浦路斯土耳其共和国。除非在联合国找到一种长期的平衡的解决方案，否则土耳其将保持其对"塞浦路斯"问题的立场。

2. OECD 和欧盟成员注：塞浦路斯共和国得到了除土耳其外所有联合国成员的承认。本书中的信息是指在塞浦路斯共和国政府有效控制区域内的。

附表 4.10 ■ 对学校态度(学习活动)指数和按该国在该指数上的四分位区分的数学成绩

结果基于学生自我报告

对学校态度指数(学习活动)

国家/地区	全体学生 指数平均值 (标准误)	在该指数的变量 标准差 (标准误)	男生 指数平均值 (标准误)	女生 指数平均值 (标准误)	性别差异(男生-女生) 差异值 (标准误)	最低1/4 指数平均值 (标准误)	第二个1/4 指数平均值 (标准误)	第三个1/4 指数平均值 (标准误)	最高1/4 指数平均值 (标准误)
OECD									
澳大利亚	0.15 (0.01)	1.00 (0.01)	0.08 (0.02)	0.21 (0.02)	**−0.12** (0.02)	−1.15 (0.01)	−0.34 (0.03)	0.87 (0.03)	1.21 (0.00)
奥地利	0.14 (0.02)	0.93 (0.01)	0.02 (0.03)	0.25 (0.03)	**−0.23** (0.04)	−1.14 (0.04)	−0.07 (0.02)	0.55 (0.04)	1.21 (0.00)
比利时	−0.33 (0.02)	0.94 (0.01)	−0.38 (0.03)	−0.29 (0.02)	**−0.08** (0.03)	−1.39 (0.02)	−0.83 (0.02)	−0.07 (0.02)	0.96 (0.02)
加拿大	0.17 (0.01)	0.98 (0.01)	0.07 (0.02)	0.28 (0.01)	**−0.21** (0.02)	−1.16 (0.01)	−0.21 (0.03)	0.85 (0.02)	1.21 (0.00)
智利	0.37 (0.02)	0.90 (0.01)	0.32 (0.03)	0.41 (0.02)	**−0.09** (0.03)	−0.93 (0.03)	0.22 (0.03)	0.98 (0.03)	1.21 (0.00)
捷克共和国	−0.24 (0.03)	0.95 (0.01)	−0.30 (0.04)	−0.18 (0.03)	**−0.12** (0.04)	−1.36 (0.03)	−0.69 (0.03)	0.09 (0.04)	1.01 (0.03)
丹麦	0.10 (0.02)	0.93 (0.01)	−0.01 (0.03)	0.21 (0.03)	**−0.21** (0.04)	−1.12 (0.04)	−0.28 (0.03)	0.58 (0.04)	1.21 (0.00)
爱沙尼亚	−0.11 (0.02)	0.97 (0.01)	−0.22 (0.02)	0.00 (0.03)	**−0.22** (0.03)	−1.24 (0.04)	−0.64 (0.02)	0.25 (0.04)	1.21 (0.00)
芬兰	−0.18 (0.02)	0.98 (0.01)	−0.34 (0.03)	−0.01 (0.03)	**−0.33** (0.03)	−1.32 (0.03)	−0.71 (0.03)	0.19 (0.03)	1.12 (0.02)
法国	−0.10 (0.02)	0.99 (0.01)	−0.17 (0.03)	−0.04 (0.03)	**−0.12** (0.04)	−1.33 (0.04)	−0.58 (0.03)	0.29 (0.03)	1.21 (0.01)
德国	0.10 (0.02)	0.93 (0.01)	0.00 (0.03)	0.19 (0.03)	**−0.19** (0.03)	−1.18 (0.04)	−0.13 (0.03)	0.49 (0.04)	1.21 (0.00)
希腊	−0.38 (0.02)	0.96 (0.01)	−0.43 (0.03)	−0.34 (0.03)	**−0.09** (0.03)	−1.52 (0.03)	−0.83 (0.02)	−0.09 (0.04)	0.92 (0.03)
匈牙利	0.03 (0.02)	0.95 (0.01)	−0.02 (0.03)	0.09 (0.03)	**−0.11** (0.03)	−1.18 (0.04)	−0.35 (0.04)	0.46 (0.04)	1.21 (0.00)
冰岛	0.39 (0.02)	0.97 (0.01)	0.20 (0.03)	0.57 (0.03)	**−0.37** (0.04)	−1.07 (0.03)	0.21 (0.04)	1.20 (0.04)	1.21 (0.00)
爱尔兰	0.20 (0.02)	0.96 (0.01)	0.13 (0.03)	0.27 (0.03)	**−0.14** (0.04)	−1.11 (0.01)	−0.19 (0.05)	0.88 (0.03)	1.21 (0.00)
以色列	0.28 (0.02)	0.99 (0.02)	0.18 (0.04)	0.37 (0.04)	**−0.19** (0.05)	−1.15 (0.05)	0.08 (0.04)	0.97 (0.03)	1.21 (0.00)
意大利	−0.12 (0.01)	0.96 (0.01)	−0.22 (0.02)	−0.01 (0.01)	**−0.21** (0.02)	−1.31 (0.01)	−0.54 (0.01)	0.23 (0.02)	1.14 (0.01)
日本	−0.56 (0.02)	1.01 (0.01)	−0.57 (0.04)	−0.54 (0.02)	**−0.03** (0.03)	−1.71 (0.02)	−1.06 (0.02)	−0.28 (0.04)	0.83 (0.02)
韩国	−0.38 (0.03)	1.02 (0.01)	−0.41 (0.04)	−0.35 (0.04)	**−0.06** (0.05)	−1.57 (0.03)	−0.94 (0.03)	−0.02 (0.05)	1.01 (0.04)
卢森堡	0.07 (0.02)	1.01 (0.01)	−0.05 (0.03)	0.20 (0.03)	**−0.25** (0.03)	−1.32 (0.02)	−0.21 (0.03)	0.62 (0.04)	1.21 (0.00)
墨西哥	0.17 (0.01)	0.93 (0.01)	0.12 (0.02)	0.22 (0.02)	**−0.10** (0.02)	−1.13 (0.01)	−0.13 (0.02)	0.73 (0.02)	1.21 (0.00)
荷兰	−0.30 (0.02)	0.93 (0.01)	−0.34 (0.04)	−0.25 (0.03)	**−0.09** (0.03)	−1.25 (0.02)	−0.50 (0.03)	−0.06 (0.03)	1.02 (0.02)
新西兰	0.24 (0.02)	0.97 (0.01)	0.17 (0.03)	0.32 (0.03)	**−0.15** (0.04)	−1.11 (0.04)	−0.09 (0.05)	0.96 (0.03)	1.21 (0.00)
挪威	−0.08 (0.02)	1.00 (0.01)	−0.24 (0.03)	0.09 (0.03)	**−0.33** (0.03)	−1.36 (0.03)	−0.49 (0.04)	0.37 (0.02)	1.18 (0.02)
波兰	−0.42 (0.02)	0.98 (0.01)	−0.54 (0.03)	−0.31 (0.03)	**−0.23** (0.04)	−1.53 (0.03)	−0.94 (0.01)	−0.21 (0.04)	0.98 (0.03)
葡萄牙	0.19 (0.02)	0.97 (0.01)	0.12 (0.03)	0.27 (0.03)	**−0.15** (0.03)	−1.10 (0.03)	−0.24 (0.06)	0.91 (0.04)	1.21 (0.00)
斯洛伐克共和国	−0.41 (0.02)	0.96 (0.01)	−0.49 (0.03)	−0.33 (0.03)	**−0.16** (0.03)	−1.50 (0.03)	−0.94 (0.02)	−0.14 (0.03)	0.92 (0.03)
斯洛文尼亚	−0.08 (0.02)	0.95 (0.01)	−0.21 (0.03)	0.06 (0.03)	**−0.27** (0.03)	−1.22 (0.02)	−0.54 (0.02)	0.24 (0.03)	1.20 (0.01)
西班牙	0.12 (0.02)	0.98 (0.01)	0.02 (0.02)	0.22 (0.02)	**−0.20** (0.02)	−1.21 (0.01)	−0.22 (0.02)	0.69 (0.02)	1.21 (0.00)
瑞典	0.20 (0.02)	0.99 (0.01)	0.10 (0.03)	0.29 (0.03)	**−0.19** (0.04)	−1.18 (0.02)	−0.14 (0.05)	0.90 (0.03)	1.21 (0.00)
瑞士	0.03 (0.02)	0.92 (0.01)	−0.09 (0.03)	0.15 (0.03)	**−0.24** (0.03)	−1.25 (0.02)	−0.18 (0.02)	0.35 (0.02)	1.18 (0.02)
土耳其	0.20 (0.02)	1.01 (0.01)	0.11 (0.03)	0.30 (0.03)	**−0.19** (0.04)	−1.25 (0.03)	−0.04 (0.05)	0.90 (0.03)	1.21 (0.00)
英国	0.27 (0.02)	0.98 (0.01)	0.19 (0.02)	0.35 (0.02)	**−0.16** (0.03)	−1.11 (0.02)	−0.03 (0.04)	1.03 (0.03)	1.21 (0.00)
美国	0.31 (0.02)	0.97 (0.01)	0.18 (0.03)	0.45 (0.03)	**−0.27** (0.04)	−1.11 (0.02)	0.11 (0.03)	1.03 (0.03)	1.21 (0.00)
OECD 平均	0.00 (0.00)	0.97 (0.00)	−0.09 (0.00)	0.09 (0.00)	**−0.18** (0.01)	−1.25 (0.00)	−0.38 (0.01)	0.49 (0.01)	1.14 (0.00)
伙伴国家(地区)									
阿尔巴尼亚	0.52 (0.02)	0.83 (0.01)	0.51 (0.03)	0.53 (0.02)	−0.03 (0.03)	−0.70 (0.04)	0.37 (0.02)	1.19 (0.02)	1.21 (0.00)
阿根廷	0.04 (0.02)	0.99 (0.01)	−0.03 (0.02)	0.11 (0.03)	**−0.13** (0.04)	−1.24 (0.02)	−0.34 (0.04)	0.55 (0.04)	1.21 (0.00)
巴西	0.20 (0.02)	0.97 (0.01)	0.10 (0.02)	0.29 (0.02)	**−0.19** (0.02)	−1.13 (0.02)	−0.13 (0.05)	0.86 (0.02)	1.21 (0.00)
保加利亚	0.11 (0.03)	1.03 (0.01)	0.02 (0.03)	0.22 (0.03)	**−0.20** (0.04)	−1.26 (0.02)	−0.30 (0.05)	0.81 (0.05)	1.21 (0.00)
哥伦比亚	0.11 (0.02)	0.93 (0.01)	0.11 (0.03)	0.11 (0.02)	0.00 (0.04)	−1.15 (0.04)	−0.21 (0.03)	0.60 (0.04)	1.21 (0.00)
哥斯达黎加	0.54 (0.02)	0.85 (0.01)	0.51 (0.04)	0.57 (0.04)	−0.06 (0.04)	−0.73 (0.04)	0.48 (0.05)	1.21 (0.00)	1.21 (0.00)
克罗地亚	0.06 (0.02)	0.98 (0.01)	0.02 (0.03)	0.11 (0.03)	**−0.09** (0.04)	−1.20 (0.03)	−0.38 (0.03)	0.61 (0.03)	1.21 (0.00)
塞浦路斯[1,2]	−0.13 (0.02)	1.07 (0.01)	−0.30 (0.03)	0.04 (0.03)	**−0.33** (0.04)	−1.46 (0.03)	−0.65 (0.03)	0.36 (0.03)	1.21 (0.00)
中国香港	−0.31 (0.02)	0.95 (0.01)	−0.34 (0.03)	−0.28 (0.03)	**−0.06** (0.04)	−1.34 (0.04)	−0.88 (0.02)	−0.06 (0.03)	1.02 (0.02)
印度尼西亚	0.02 (0.02)	0.94 (0.01)	0.01 (0.03)	0.04 (0.03)	−0.03 (0.04)	−1.10 (0.04)	−0.50 (0.02)	0.48 (0.05)	1.21 (0.00)
约旦	0.16 (0.02)	1.03 (0.02)	−0.01 (0.04)	0.30 (0.04)	**−0.31** (0.05)	−1.33 (0.04)	−0.07 (0.04)	0.81 (0.04)	1.21 (0.00)
哈萨克斯坦	0.31 (0.03)	0.94 (0.01)	0.28 (0.03)	0.35 (0.03)	**−0.08** (0.04)	−1.05 (0.04)	0.08 (0.05)	1.02 (0.04)	1.21 (0.00)
拉脱维亚	−0.07 (0.02)	0.97 (0.01)	−0.15 (0.03)	0.02 (0.03)	**−0.18** (0.03)	−1.23 (0.02)	−0.58 (0.03)	0.34 (0.05)	1.21 (0.00)
列支敦士登	0.16 (0.07)	0.99 (0.05)	−0.02 (0.11)	0.38 (0.08)	**−0.40** (0.12)	−1.18 (0.14)	−0.12 (0.06)	0.75 (0.15)	1.21 (0.00)
立陶宛	0.24 (0.02)	0.94 (0.01)	0.08 (0.03)	0.39 (0.03)	**−0.31** (0.04)	−1.09 (0.04)	0.01 (0.03)	0.81 (0.03)	1.21 (0.00)
中国澳门	−0.45 (0.02)	0.97 (0.01)	−0.49 (0.03)	−0.39 (0.03)	**−0.10** (0.04)	−1.54 (0.02)	−0.94 (0.00)	−0.24 (0.03)	0.93 (0.03)
马来西亚	0.12 (0.03)	1.00 (0.01)	−0.01 (0.03)	0.25 (0.02)	**−0.26** (0.04)	−1.21 (0.02)	−0.30 (0.04)	0.77 (0.04)	1.21 (0.00)
黑山共和国	−0.09 (0.02)	1.02 (0.01)	−0.15 (0.03)	−0.03 (0.03)	**−0.12** (0.04)	−1.35 (0.03)	−0.60 (0.03)	0.38 (0.04)	1.21 (0.00)
秘鲁	0.14 (0.02)	0.91 (0.01)	0.11 (0.03)	0.17 (0.02)	−0.06 (0.04)	−1.09 (0.04)	−0.18 (0.02)	0.61 (0.04)	1.21 (0.00)
卡塔尔	0.07 (0.01)	1.15 (0.01)	0.01 (0.02)	0.14 (0.02)	**−0.14** (0.03)	−1.48 (0.04)	−0.34 (0.02)	0.92 (0.03)	1.21 (0.00)
罗马尼亚	−0.14 (0.03)	1.05 (0.01)	−0.20 (0.03)	−0.08 (0.04)	**−0.13** (0.04)	−1.44 (0.04)	−0.63 (0.04)	0.32 (0.04)	1.21 (0.01)
俄罗斯联邦	−0.02 (0.02)	0.98 (0.01)	−0.06 (0.03)	0.02 (0.03)	**−0.08** (0.04)	−1.21 (0.03)	−0.54 (0.03)	0.47 (0.03)	1.21 (0.00)
塞尔维亚	−0.15 (0.02)	0.99 (0.01)	−0.18 (0.03)	−0.12 (0.03)	−0.05 (0.04)	−1.36 (0.03)	−0.65 (0.03)	0.25 (0.04)	1.15 (0.02)
中国上海	−0.30 (0.02)	0.99 (0.01)	−0.31 (0.03)	−0.29 (0.03)	−0.02 (0.03)	−1.42 (0.02)	−0.89 (0.02)	0.05 (0.03)	1.06 (0.02)
新加坡	0.07 (0.02)	0.99 (0.01)	0.03 (0.02)	0.11 (0.02)	**−0.08** (0.03)	−1.17 (0.04)	−0.32 (0.03)	0.57 (0.04)	1.21 (0.00)
中国台北	−0.44 (0.02)	1.02 (0.01)	−0.48 (0.03)	−0.39 (0.04)	**−0.09** (0.04)	−1.55 (0.02)	−0.94 (0.03)	−0.24 (0.05)	1.04 (0.04)
泰国	−0.09 (0.02)	0.93 (0.01)	−0.12 (0.03)	−0.08 (0.03)	−0.04 (0.04)	−1.14 (0.04)	−0.65 (0.03)	0.23 (0.03)	1.19 (0.02)
突尼斯	0.22 (0.03)	1.02 (0.01)	0.08 (0.04)	0.35 (0.03)	**−0.27** (0.04)	−1.25 (0.03)	0.00 (0.04)	0.93 (0.03)	1.21 (0.00)
阿拉伯联合酋长国	0.37 (0.02)	0.98 (0.01)	0.24 (0.03)	0.50 (0.02)	**−0.26** (0.03)	−1.06 (0.03)	0.22 (0.02)	1.13 (0.02)	1.21 (0.00)
乌拉圭	0.24 (0.02)	0.93 (0.01)	0.16 (0.03)	0.31 (0.03)	**−0.15** (0.04)	−1.08 (0.03)	−0.03 (0.03)	0.86 (0.02)	1.21 (0.00)
越南	−0.53 (0.02)	0.82 (0.01)	−0.53 (0.02)	−0.53 (0.02)	0.00 (0.03)	−1.50 (0.02)	−0.94 (0.00)	−0.27 (0.04)	0.57 (0.02)

附表 4.10 ■ 对学校态度(学习活动)指数和按该国在该指数上的四分位区分的数学成绩(续表 1)

结果基于学生自我报告

| | | 数学成绩,按该国在该指数上的四分位区分 | | | | | | | 该指数每单位变化对应的数学成绩变化 | | 该指数位于最低 1/4 的学生,数学成绩也位于最低 1/4 的可能性增加比率 | | 解释的学生成绩变异 ($r^2×100$) | |
| | | 最低 1/4 | | 第二个 1/4 | | 第三个 1/4 | | 最高 1/4 | | | | | | | |
		平均分	标准误	平均分	标准误	平均分	标准误	平均分	标准误	分数差异	标准误	Ratio	标准误	百分比	标准误
OECD	澳大利亚	**478**	(2.7)	501	(2.9)	520	(3.0)	**519**	(2.8)	**17.8**	(1.1)	**1.6**	(0.1)	3.6	(0.4)
	奥地利	**495**	(4.5)	514	(4.7)	516	(4.6)	509	(4.5)	**7.2**	(1.9)	**1.4**	(0.1)	0.5	(0.3)
	比利时	513	(3.7)	526	(3.5)	530	(3.5)	516	(3.8)	3.0	(4.7)	2.1	(2.0)	1.1	(0.1)
	加拿大	**504**	(3.2)	522	(2.6)	526	(3.4)	**530**	(2.9)	**10.0**	(1.1)	**1.4**	(0.1)	1.3	(0.3)
	智利	423	(4.6)	420	(4.3)	423	(4.3)	428	(3.7)	2.5	(1.6)	1.1	(0.1)	0.1	(0.1)
	捷克共和国	507	(4.8)	504	(4.5)	509	(4.6)	498	(4.9)	−2.1	(2.1)	1.0	(0.1)	0.1	(0.1)
	丹麦	**490**	(4.3)	508	(4.3)	511	(4.4)	**514**	(4.0)	**9.5**	(1.8)	**1.4**	(0.1)	1.2	(0.5)
	爱沙尼亚	513	(4.4)	521	(3.8)	529	(3.7)	519	(4.3)	3.2	(1.9)	1.2	(0.1)	0.2	(0.2)
	芬兰	**507**	(3.3)	516	(3.7)	537	(3.7)	**532**	(3.2)	**11.7**	(1.4)	**1.4**	(0.1)	1.9	(0.4)
	法国	**485**	(4.7)	501	(4.4)	505	(4.4)	500	(3.9)	**7.3**	(2.0)	1.2	(0.1)	0.6	(0.3)
	德国	**507**	(4.8)	529	(5.0)	526	(5.4)	**527**	(4.4)	**8.2**	(1.8)	**1.4**	(0.1)	0.7	(0.3)
	希腊	**463**	(3.8)	460	(4.6)	457	(4.1)	442	(4.4)	**−7.8**	(1.9)	0.9	(0.1)	0.7	(0.4)
	匈牙利	**459**	(4.5)	478	(5.6)	487	(5.1)	**489**	(4.8)	**13.2**	(1.6)	**1.3**	(0.1)	1.9	(0.5)
	冰岛	**463**	(4.0)	496	(4.5)	511	(5.5)	**515**	(5.5)	**22.3**	(2.0)	**1.8**	(0.2)	5.5	(0.9)
	爱尔兰	**487**	(3.7)	505	(3.7)	507	(4.4)	506	(4.1)	**8.2**	(1.7)	1.2	(0.1)	1.4	(0.4)
	以色列	469	(7.9)	490	(6.1)	471	(6.9)	467	(5.3)	0.3	(2.5)	1.2	(0.1)	0.0	(0.1)
	意大利	**478**	(2.8)	495	(3.0)	491	(2.6)	486	(2.6)	**4.1**	(1.1)	1.2	(0.1)	0.2	(0.1)
	日本	518	(5.0)	536	(4.4)	547	(4.4)	548	(5.2)	12.1	(1.5)	1.5	(0.1)	1.8	(0.5)
	韩国	520	(6.0)	540	(5.4)	569	(5.8)	588	(6.3)	27.3	(2.4)	1.7	(0.1)	8.1	(1.3)
	卢森堡	**474**	(3.9)	491	(3.1)	502	(3.6)	497	(3.9)	**10.9**	(1.8)	**1.4**	(0.1)	1.4	(0.5)
	墨西哥	**404**	(1.9)	415	(1.9)	418	(2.0)	424	(1.9)	**8.8**	(0.9)	**1.3**	(0.1)	1.3	(0.2)
	荷兰	521	(4.8)	530	(5.8)	536	(5.1)	526	(5.5)	2.7	(2.0)	1.2	(0.1)	0.1	(0.1)
	新西兰	**484**	(4.1)	506	(4.3)	506	(4.7)	503	(5.5)	**7.5**	(2.0)	**1.3**	(0.1)	0.6	(0.3)
	挪威	463	(4.2)	488	(4.5)	506	(4.0)	506	(4.6)	19.7	(2.0)	1.7	(0.1)	4.7	(0.9)
	波兰	**510**	(5.2)	512	(5.0)	527	(5.0)	526	(5.7)	**7.3**	(1.8)	1.2	(0.1)	0.6	(0.3)
	葡萄牙	**466**	(4.5)	482	(6.0)	507	(5.9)	505	(5.5)	**18.5**	(2.1)	**1.4**	(0.1)	3.8	(0.9)
	斯洛伐克共和国	479	(6.4)	483	(4.9)	493	(5.4)	485	(4.7)	4.0	(2.6)	1.1	(0.1)	0.2	(0.1)
	斯洛文尼亚	**489**	(4.0)	512	(4.7)	513	(4.3)	503	(3.8)	**6.9**	(1.7)	**1.4**	(0.1)	0.6	(0.3)
	西班牙	**467**	(3.0)	489	(3.6)	491	(3.8)	499	(2.7)	**13.2**	(1.2)	**1.4**	(0.1)	2.3	(0.4)
	瑞典	**458**	(4.3)	489	(3.9)	492	(4.5)	492	(4.2)	**14.2**	(1.9)	**1.5**	(0.1)	2.5	(0.6)
	瑞士	**516**	(3.6)	538	(4.1)	539	(5.0)	**535**	(4.3)	**9.0**	(1.5)	**1.4**	(0.1)	0.8	(0.3)
	土耳其	450	(6.1)	457	(6.7)	446	(5.7)	443	(5.6)	−3.3	(1.9)	1.2	(0.1)	0.1	(0.1)
	英国	**478**	(4.0)	505	(5.6)	504	(5.4)	504	(4.6)	**11.1**	(1.9)	**1.4**	(0.1)	1.4	(0.5)
	美国	**467**	(4.6)	486	(4.4)	490	(6.9)	493	(5.4)	**10.5**	(1.9)	**1.4**	(0.1)	1.3	(0.5)
	OECD 平均	**482**	(0.8)	498	(0.8)	504	(0.8)	**502**	(0.8)	**8.8**	(0.3)	**1.3**	(0.0)	1.5	(0.1)
伙伴国家(地区)	阿尔巴尼亚	398	(4.5)	396	(5.0)	391	(4.4)	392	(4.6)	−2.8	(2.4)	1.0	(0.1)	0.1	(0.1)
	阿根廷	391	(4.8)	398	(4.6)	390	(4.4)	388	(5.0)	−1.0	(1.7)	1.1	(0.1)	0.0	(0.1)
	巴西	391	(2.8)	395	(3.1)	394	(3.5)	396	(3.5)	1.9	(1.1)	1.1	(0.1)	0.1	(0.1)
	保加利亚	**431**	(4.7)	450	(5.2)	450	(5.8)	441	(5.5)	**4.3**	(2.2)	**1.3**	(0.1)	0.2	(0.2)
	哥伦比亚	380	(3.5)	388	(4.0)	386	(4.2)	375	(4.4)	−1.5	(1.8)	1.1	(0.1)	0.1	(0.1)
	哥斯达黎加	409	(4.4)	408	(3.7)	406	(4.1)	406	(4.9)	−0.5	(2.2)	1.0	(0.1)	0.0	(0.1)
	克罗地亚	468	(5.2)	476	(5.8)	479	(6.7)	468	(4.6)	0.9	(1.6)	1.1	(0.1)	0.0	(0.1)
	塞浦路斯[1, 2]	**422**	(4.5)	443	(4.9)	456	(3.6)	**456**	(3.2)	**14.7**	(1.5)	**1.6**	(0.1)	3.0	(0.6)
	中国香港	**542**	(5.4)	557	(5.3)	575	(4.9)	580	(4.6)	**15.7**	(2.2)	**1.5**	(0.1)	2.5	(0.7)
	印度尼西亚	374	(6.0)	374	(5.3)	379	(4.7)	377	(4.3)	1.6	(2.1)	1.1	(0.1)	0.1	(0.1)
	约旦	367	(3.8)	399	(4.4)	396	(4.8)	397	(3.9)	11.8	(1.5)	1.7	(0.1)	2.6	(0.6)
	哈萨克斯坦	**422**	(4.1)	434	(4.2)	439	(4.5)	437	(4.4)	**7.2**	(1.8)	**1.3**	(0.1)	0.9	(0.4)
	拉脱维亚	490	(5.0)	491	(4.8)	493	(5.2)	487	(4.1)	−0.1	(1.9)	1.1	(0.2)	0.0	(0.1)
	列支敦士登	537	(14.7)	529	(20.3)	535	(20.0)	539	(16.8)	0.5	(7.2)	1.0	(0.1)	0.0	(0.5)
	立陶宛	**458**	(4.5)	487	(4.2)	489	(4.6)	479	(4.7)	**10.3**	(2.2)	**1.5**	(0.1)	1.2	(0.5)
	中国澳门	539	(3.4)	536	(3.4)	545	(3.9)	539	(2.7)	1.1	(1.5)	1.0	(0.1)	0.0	(0.1)
	马来西亚	**412**	(5.6)	424	(4.6)	425	(3.5)	**427**	(4.1)	**6.6**	(2.1)	**1.4**	(0.1)	0.7	(0.4)
	黑山共和国	**413**	(3.7)	418	(3.7)	417	(3.7)	398	(3.6)	**−4.3**	(1.6)	1.0	(0.1)	0.3	(0.2)
	秘鲁	369	(5.2)	378	(4.8)	378	(4.5)	378	(4.7)	2.4	(1.8)	1.2	(0.1)	0.3	(0.3)
	卡塔尔	**343**	(2.8)	382	(3.1)	406	(2.8)	399	(2.8)	**21.3**	(1.1)	**1.9**	(0.1)	6.0	(0.6)
	罗马尼亚	446	(5.8)	447	(5.1)	452	(4.4)	437	(4.9)	−1.7	(2.0)	1.0	(0.1)	0.1	(0.1)
	俄罗斯联邦	**474**	(4.5)	482	(4.1)	487	(4.6)	**488**	(4.3)	**5.1**	(1.8)	1.2	(0.1)	0.3	(0.3)
	塞尔维亚	445	(4.9)	451	(4.3)	458	(4.7)	444	(5.4)	1.1	(2.1)	1.1	(0.1)	0.0	(0.1)
	中国上海	**602**	(5.2)	614	(5.1)	619	(5.5)	**615**	(4.8)	**5.7**	(2.2)	1.2	(0.1)	0.3	(0.2)
	新加坡	577	(3.8)	581	(4.2)	579	(4.2)	566	(4.6)	−3.5	(1.9)	1.0	(0.1)	0.2	(0.2)
	中国台北	**537**	(5.2)	548	(5.5)	575	(5.8)	**578**	(3.9)	**18.2**	(1.6)	**1.4**	(0.1)	2.6	(0.4)
	泰国	419	(4.8)	428	(5.1)	435	(4.7)	428	(4.4)	3.8	(2.0)	1.2	(0.1)	0.2	(0.2)
	突尼斯	**376**	(5.1)	389	(5.2)	395	(5.3)	396	(5.4)	**9.1**	(1.6)	**1.4**	(0.1)	1.5	(0.4)
	阿拉伯联合酋长国	**422**	(4.3)	445	(3.3)	439	(3.7)	439	(3.7)	**8.7**	(1.7)	**1.4**	(0.1)	0.9	(0.4)
	乌拉圭	419	(4.1)	417	(4.5)	412	(4.7)	410	(4.4)	−2.7	(1.9)	0.9	(0.1)	0.1	(0.1)
	越南	506	(5.0)	512	(5.3)	514	(7.2)	514	(6.1)	3.1	(2.3)	1.1	(0.1)	0.1	(0.1)

注:统计上有显著性的值用粗体表示。
1. 土耳其注:本书中"塞浦路斯"相关的信息是指塞浦路斯岛南部。没有任何一个权力组织能够代表岛上的土耳其和希腊塞浦路斯人。土耳其承认北塞浦路斯土耳其共和国。除非在联合国找到一种长期的平衡的解决方案,否则土耳其将保持其对"塞浦路斯"问题的立场。
2. OECD 和欧盟成员注:塞浦路斯共和国得到了除土耳其外所有联合国成员的承认。本书中的信息是指在塞浦路斯共和国政府有效控制区域内的。

附表 4.11 ■ 学生的坚持性

学生表示"非常像我"和"基本像我"的百分比或学生表示"不太像我"或"完全不像我"的百分比

		表示以下观点是/不是描述他们的学生百分比								
		遇到困难时，我很轻易放弃 b		遇到难题我会拖延 b		对自己开始做的事，我会始终饶有兴致 a		我会持续努力，……直到一切都十分完美 a		遇到问题时，我的表现会超出预期 a
		%	标准误	%	标准误	%	标准误	%	标准误	%	标准误
OECD	澳大利亚	62.1	(0.6)	44.3	(0.7)	49.8	(0.7)	45.8	(0.6)	31.2	(0.4)
	奥地利	65.7	(1.0)	36.5	(1.0)	53.7	(0.9)	48.3	(1.0)	22.8	(0.8)
	比利时	48.9	(0.8)	29.5	(0.9)	35.6	(0.8)	33.1	(0.8)	22.0	(0.6)
	加拿大	67.4	(0.7)	44.4	(0.7)	52.2	(0.8)	51.2	(0.7)	38.5	(0.6)
	智利	63.0	(0.9)	29.5	(0.9)	70.6	(0.7)	50.7	(0.9)	56.0	(0.9)
	捷克共和国	59.0	(1.0)	37.4	(1.0)	37.9	(1.0)	30.2	(0.9)	32.3	(1.1)
	丹麦	53.6	(0.9)	29.7	(0.7)	45.2	(0.9)	36.5	(0.9)	25.4	(0.8)
	爱沙尼亚	67.5	(0.9)	51.1	(1.0)	53.5	(1.0)	53.5	(1.0)	40.2	(0.9)
	芬兰	58.9	(0.8)	45.7	(0.9)	45.4	(0.9)	40.1	(0.8)	28.1	(0.6)
	法国	47.6	(1.0)	29.4	(0.8)	38.8	(1.0)	30.3	(0.9)	19.4	(0.9)
	德国	67.5	(1.0)	35.9	(0.9)	56.0	(1.0)	43.2	(1.0)	21.7	(0.8)
	希腊	47.0	(1.0)	29.3	(0.9)	44.1	(0.8)	46.4	(0.9)	42.7	(0.9)
	匈牙利	58.1	(0.9)	38.4	(1.0)	43.7	(0.9)	44.1	(1.1)	34.7	(1.0)
	冰岛	53.2	(1.1)	36.4	(1.0)	36.5	(1.2)	47.8	(1.1)	28.6	(0.9)
	爱尔兰	61.2	(0.9)	45.4	(0.9)	55.4	(0.8)	47.8	(0.9)	33.3	(0.9)
	以色列	61.9	(0.9)	41.3	(1.0)	53.8	(1.0)	62.8	(1.0)	51.9	(1.0)
	意大利	52.6	(0.6)	53.1	(0.5)	49.1	(0.5)	34.9	(0.4)	44.6	(0.5)
	日本	32.5	(0.9)	16.0	(0.6)	29.3	(0.9)	25.3	(0.7)	12.2	(0.7)
	韩国	39.9	(1.1)	19.8	(0.8)	60.4	(1.1)	43.9	(1.1)	26.9	(1.0)
	卢森堡	60.8	(0.7)	38.2	(0.8)	44.2	(0.9)	40.9	(0.9)	27.9	(0.8)
	墨西哥	59.6	(0.5)	37.8	(0.6)	54.8	(0.6)	56.5	(0.5)	55.7	(0.5)
	荷兰	61.5	(1.0)	40.3	(1.0)	27.8	(0.9)	35.8	(1.3)	28.8	(1.1)
	新西兰	59.2	(1.1)	42.1	(1.1)	44.9	(1.1)	40.6	(1.1)	29.1	(1.1)
	挪威	38.2	(0.9)	26.9	(0.9)	41.8	(0.9)	34.8	(0.9)	25.1	(0.8)
	波兰	72.6	(0.9)	44.8	(1.0)	40.8	(1.0)	34.3	(1.0)	32.7	(0.9)
	葡萄牙	60.2	(1.4)	32.0	(1.0)	63.3	(0.8)	62.5	(0.9)	60.4	(1.0)
	斯洛伐克共和国	38.0	(1.1)	22.7	(0.8)	43.8	(1.0)	34.0	(0.9)	20.9	(0.9)
	斯洛文尼亚	45.9	(0.9)	39.9	(1.1)	60.5	(1.0)	46.8	(1.0)	40.7	(1.0)
	西班牙	57.3	(0.7)	36.1	(0.6)	56.3	(0.7)	46.5	(0.6)	41.1	(0.7)
	瑞典	40.2	(0.9)	40.3	(1.0)	37.9	(0.9)	34.5	(1.0)	29.0	(0.9)
	瑞士	61.0	(0.9)	34.3	(0.7)	49.2	(0.7)	38.4	(0.8)	21.6	(0.7)
	土耳其	52.0	(1.2)	32.3	(0.9)	70.6	(0.9)	66.5	(0.8)	66.1	(0.8)
	英国	59.3	(0.9)	43.9	(0.7)	52.3	(1.0)	46.8	(1.0)	35.6	(0.7)
	美国	69.7	(0.8)	49.0	(0.8)	57.0	(1.0)	49.5	(0.9)	44.4	(1.1)
	OECD 平均	56.0	(0.2)	36.9	(0.1)	48.9	(0.2)	43.8	(0.2)	34.5	(0.1)
伙伴国家（地区）	阿尔巴尼亚	63.3	(1.1)	49.2	(1.0)	73.7	(1.1)	70.2	(1.0)	66.7	(1.1)
	阿根廷	52.9	(1.1)	25.4	(0.8)	48.9	(1.0)	46.0	(0.9)	47.7	(1.0)
	巴西	55.0	(0.5)	30.1	(0.7)	58.1	(0.7)	55.1	(0.7)	54.5	(0.7)
	保加利亚	66.8	(1.1)	60.3	(1.1)	63.7	(0.9)	59.4	(1.0)	61.2	(0.9)
	哥伦比亚	64.8	(1.0)	50.9	(1.1)	64.2	(1.0)	55.7	(1.2)	54.9	(1.2)
	哥斯达黎加	69.3	(1.1)	38.8	(1.1)	58.0	(1.1)	60.0	(1.0)	61.4	(1.1)
	克罗地亚	57.6	(1.0)	44.9	(0.9)	44.8	(0.9)	35.2	(1.1)	37.5	(1.0)
	塞浦路斯[1,2]	59.7	(0.9)	36.5	(0.9)	43.3	(0.9)	53.8	(0.9)	47.9	(0.9)
	中国香港	61.4	(0.9)	36.5	(0.9)	52.2	(0.9)	49.9	(0.8)	35.4	(0.9)
	印度尼西亚	43.3	(1.0)	34.1	(1.0)	63.6	(1.1)	62.7	(0.9)	60.2	(0.9)
	约旦	39.7	(1.1)	23.9	(0.8)	77.5	(0.8)	77.4	(0.8)	71.3	(0.8)
	哈萨克斯坦	70.2	(1.0)	60.1	(1.2)	81.9	(0.9)	73.4	(1.1)	55.9	(1.1)
	拉脱维亚	62.7	(1.2)	53.3	(1.2)	50.5	(1.5)	33.5	(1.3)	36.2	(1.1)
	列支敦士登	59.2	(4.2)	32.7	(3.1)	52.1	(3.2)	40.8	(3.5)	22.7	(2.7)
	立陶宛	63.9	(0.9)	44.7	(1.0)	52.7	(1.0)	44.2	(1.0)	39.5	(1.1)
	中国澳门	49.8	(0.8)	33.9	(0.7)	50.9	(0.9)	52.9	(1.0)	46.2	(0.8)
	马来西亚	39.5	(0.9)	35.9	(0.9)	64.4	(0.9)	62.9	(0.9)	54.2	(1.0)
	黑山共和国	59.1	(1.0)	46.9	(0.9)	60.1	(1.0)	55.8	(0.9)	59.3	(0.9)
	秘鲁	57.7	(1.0)	36.4	(0.9)	64.5	(1.0)	63.3	(1.0)	62.6	(0.9)
	卡塔尔	43.5	(0.6)	27.7	(0.5)	68.8	(0.6)	69.4	(0.6)	63.6	(0.7)
	罗马尼亚	47.3	(1.2)	40.5	(1.3)	56.9	(0.9)	47.9	(1.0)	44.5	(1.1)
	俄罗斯联邦	75.0	(1.0)	59.9	(1.1)	53.7	(1.0)	66.6	(1.0)	52.6	(1.0)
	塞尔维亚	63.0	(1.0)	52.4	(1.0)	45.1	(1.0)	44.7	(1.1)	47.8	(1.2)
	中国上海	53.1	(1.0)	37.3	(0.9)	72.7	(0.7)	54.6	(1.1)	38.2	(0.8)
	新加坡	61.8	(0.7)	43.8	(0.7)	57.9	(0.8)	61.1	(0.9)	45.3	(0.9)
	中国台北	59.3	(0.8)	35.9	(0.8)	69.0	(0.8)	31.5	(0.9)	28.2	(0.8)
	泰国	46.4	(1.1)	20.2	(0.9)	62.3	(1.0)	66.1	(1.0)	53.0	(1.0)
	突尼斯	46.5	(1.3)	30.2	(1.2)	59.9	(0.9)	64.1	(0.8)	55.7	(1.0)
	阿拉伯联合酋长国	50.4	(0.9)	29.8	(0.6)	75.7	(0.6)	76.3	(0.6)	66.3	(0.6)
	乌拉圭	62.3	(0.9)	40.7	(0.9)	59.5	(0.9)	51.9	(0.9)	48.7	(1.0)
	越南	61.9	(1.0)	64.6	(0.9)	75.4	(0.9)	39.4	(0.9)		

1. 土耳其注：本书中"塞浦路斯"相关的信息是指塞浦路斯岛南部。没有任何一个权力组织能够代表岛上的土耳其和希腊塞浦路斯人。土耳其承认北塞浦路斯土耳其共和国。除非在联合国找到一种长期的平衡的解决方案，否则土耳其将保持其对"塞浦路斯"问题的立场。

2. OECD 和欧盟成员注：塞浦路斯共和国得到了除土耳其外所有联合国成员的承认。本书中的信息是指在塞浦路斯共和国政府有效控制区域内的。

附录　各章附表　第四章附表

附表 4.12 ■ 坚持性指数和按该指数四等分划分的数学成绩

结果基于学生自我报告

| | | 坚持性指数 | | | | | | | | | | | | | | | | |
| | | 全体学生 | | 该指数的变量 | | 男　生 | | 女　生 | | 性别差异(男-女) | | 最低1/4 | | 第二个1/4 | | 第三个1/4 | | 最高1/4 | |
		指数平均值	标准误	标准差	标准误	指数平均值	标准误	指数平均值	标准误	差异值	标准误	指数平均值	标准误	指数平均值	标准误	指数平均值	标准误	指数平均值	标准误
OECD	澳大利亚	0.10	(0.01)	0.94	(0.01)	0.19	(0.02)	0.00	(0.02)	**0.19**	(0.02)	−0.94	(0.02)	−0.20	(0.01)	0.26	(0.01)	1.29	(0.03)
	奥地利	−0.03	(0.02)	0.90	(0.01)	0.09	(0.03)	−0.14	(0.03)	**0.23**	(0.03)	−1.05	(0.03)	−0.31	(0.01)	0.16	(0.02)	1.09	(0.04)
	比利时	−0.34	(0.02)	0.96	(0.02)	−0.24	(0.03)	−0.43	(0.02)	**0.19**	(0.03)	−1.45	(0.03)	−0.59	(0.02)	−0.13	(0.01)	0.82	(0.03)
	加拿大	0.22	(0.01)	0.99	(0.01)	0.25	(0.02)	0.19	(0.02)	**0.06**	(0.02)	−0.86	(0.02)	−0.13	(0.01)	0.39	(0.02)	1.49	(0.03)
	智利	0.28	(0.02)	0.98	(0.02)	0.27	(0.02)	0.28	(0.03)	0.00	(0.03)	−0.77	(0.02)	−0.10	(0.02)	0.43	(0.02)	1.55	(0.04)
	捷克共和国	−0.11	(0.02)	0.87	(0.02)	−0.15	(0.03)	−0.07	(0.03)	**−0.08**	(0.04)	−1.07	(0.03)	−0.39	(0.02)	0.04	(0.01)	0.98	(0.04)
	丹麦	−0.08	(0.02)	0.93	(0.02)	0.03	(0.03)	−0.19	(0.02)	**0.22**	(0.03)	−1.09	(0.04)	−0.38	(0.02)	0.07	(0.01)	1.07	(0.04)
	爱沙尼亚	0.31	(0.02)	0.91	(0.01)	0.29	(0.03)	0.34	(0.03)	−0.05	(0.03)	−0.70	(0.02)	−0.02	(0.02)	0.46	(0.02)	1.51	(0.04)
	芬兰	0.00	(0.02)	0.89	(0.02)	0.07	(0.03)	−0.07	(0.02)	**0.13**	(0.03)	−0.98	(0.02)	−0.29	(0.01)	0.17	(0.02)	1.10	(0.04)
	法国	−0.45	(0.02)	1.05	(0.02)	−0.33	(0.03)	−0.57	(0.03)	**0.24**	(0.03)	−1.71	(0.03)	−0.73	(0.02)	−0.18	(0.02)	0.81	(0.04)
	德国	0.00	(0.02)	0.89	(0.02)	0.11	(0.03)	−0.11	(0.02)	**0.22**	(0.03)	−0.97	(0.03)	−0.29	(0.01)	0.14	(0.02)	1.13	(0.04)
	希腊	−0.09	(0.02)	0.99	(0.02)	−0.05	(0.03)	−0.13	(0.02)	**0.07**	(0.03)	−1.19	(0.03)	−0.38	(0.02)	0.06	(0.02)	1.14	(0.04)
	匈牙利	−0.02	(0.02)	0.84	(0.02)	−0.02	(0.03)	−0.02	(0.03)	0.00	(0.04)	−0.93	(0.02)	−0.28	(0.01)	0.11	(0.02)	1.03	(0.04)
	冰岛	−0.10	(0.02)	0.97	(0.03)	−0.04	(0.03)	−0.17	(0.03)	**0.13**	(0.04)	−1.15	(0.03)	−0.37	(0.02)	0.04	(0.01)	1.07	(0.05)
	爱尔兰	0.15	(0.02)	1.02	(0.02)	0.22	(0.03)	0.07	(0.03)	**0.15**	(0.04)	−1.00	(0.03)	−0.16	(0.02)	0.32	(0.01)	1.43	(0.04)
	以色列	0.36	(0.02)	1.18	(0.02)	0.32	(0.03)	0.39	(0.03)	−0.07	(0.04)	−0.91	(0.04)	−0.09	(0.02)	0.51	(0.03)	1.92	(0.05)
	意大利	0.05	(0.01)	1.02	(0.01)	0.07	(0.02)	0.02	(0.01)	0.05	(0.01)	−1.11	(0.02)	−0.28	(0.01)	0.24	(0.01)	1.34	(0.02)
	日本	−0.59	(0.02)	0.86	(0.02)	−0.55	(0.02)	−0.64	(0.02)	**0.10**	(0.02)	−1.60	(0.02)	−0.76	(0.01)	−0.37	(0.01)	0.36	(0.03)
	韩国	−0.09	(0.02)	0.75	(0.02)	0.03	(0.02)	−0.22	(0.02)	**0.25**	(0.03)	−0.92	(0.02)	−0.33	(0.02)	0.05	(0.01)	0.83	(0.03)
	卢森堡	−0.06	(0.02)	0.96	(0.02)	0.03	(0.03)	−0.16	(0.02)	**0.19**	(0.03)	−1.09	(0.02)	−0.37	(0.02)	0.08	(0.01)	1.15	(0.04)
	墨西哥	0.31	(0.01)	1.01	(0.01)	0.27	(0.01)	0.36	(0.01)	**−0.09**	(0.02)	−0.71	(0.01)	−0.11	(0.02)	0.41	(0.01)	1.66	(0.03)
	荷兰	−0.13	(0.02)	0.82	(0.02)	−0.10	(0.02)	−0.16	(0.02)	**0.06**	(0.02)	−1.04	(0.02)	−0.39	(0.02)	0.02	(0.02)	0.89	(0.04)
	新西兰	−0.01	(0.02)	0.91	(0.02)	0.07	(0.03)	−0.08	(0.03)	**0.16**	(0.04)	−1.02	(0.03)	−0.30	(0.02)	0.18	(0.03)	1.13	(0.03)
	挪威	−0.34	(0.02)	1.09	(0.02)	−0.23	(0.03)	−0.46	(0.03)	**0.23**	(0.04)	−1.61	(0.04)	−0.61	(0.02)	−0.11	(0.02)	0.95	(0.04)
	波兰	0.03	(0.02)	1.03	(0.02)	0.05	(0.03)	0.02	(0.03)	0.03	(0.05)	−1.05	(0.04)	−0.33	(0.02)	0.17	(0.02)	1.35	(0.04)
	葡萄牙	0.36	(0.03)	1.05	(0.02)	0.30	(0.03)	0.42	(0.03)	**−0.12**	(0.04)	−0.73	(0.03)	−0.08	(0.02)	0.49	(0.03)	1.76	(0.05)
	斯洛伐克共和国	−0.49	(0.02)	1.01	(0.02)	−0.41	(0.03)	−0.57	(0.03)	**0.16**	(0.04)	−1.68	(0.04)	−0.70	(0.02)	−0.23	(0.02)	0.67	(0.04)
	斯洛文尼亚	0.09	(0.02)	0.95	(0.02)	0.08	(0.03)	0.11	(0.03)	−0.03	(0.04)	−0.92	(0.02)	−0.24	(0.02)	0.22	(0.02)	1.31	(0.05)
	西班牙	0.10	(0.01)	0.97	(0.01)	0.12	(0.02)	0.07	(0.02)	0.05	(0.02)	−0.96	(0.02)	−0.24	(0.01)	0.26	(0.01)	1.34	(0.03)
	瑞典	−0.25	(0.02)	1.01	(0.02)	−0.12	(0.02)	−0.37	(0.02)	**0.25**	(0.04)	−1.40	(0.04)	−0.53	(0.02)	−0.05	(0.01)	0.98	(0.03)
	瑞士	−0.14	(0.02)	0.88	(0.02)	−0.04	(0.02)	−0.24	(0.02)	**0.21**	(0.03)	−1.14	(0.03)	−0.40	(0.02)	0.04	(0.01)	0.94	(0.03)
	土耳其	0.45	(0.02)	1.08	(0.02)	0.39	(0.03)	0.51	(0.03)	**−0.12**	(0.04)	−0.66	(0.02)	0.00	(0.02)	0.54	(0.03)	1.91	(0.04)
	英国	0.11	(0.02)	1.00	(0.02)	0.23	(0.03)	−0.01	(0.03)	**0.23**	(0.03)	−1.01	(0.03)	−0.20	(0.02)	0.27	(0.02)	1.37	(0.04)
	美国	0.38	(0.04)	1.06	(0.02)	0.39	(0.03)	0.36	(0.03)	0.03	(0.04)	−0.74	(0.03)	−0.02	(0.02)	0.49	(0.02)	1.78	(0.06)
	OECD平均	0.00	(0.00)	0.96	(0.00)	0.05	(0.00)	−0.05	(0.00)	**0.10**	(0.01)	−1.06	(0.00)	−0.31	(0.00)	0.16	(0.00)	1.21	(0.01)
伙伴国家(地区)	阿尔巴尼亚	0.65	(0.02)	1.09	(0.02)	0.66	(0.04)	0.63	(0.03)	0.03	(0.05)	−0.50	(0.02)	0.17	(0.02)	0.78	(0.03)	2.15	(0.05)
	阿根廷	0.03	(0.02)	0.96	(0.02)	0.03	(0.02)	0.02	(0.02)	0.01	(0.03)	−1.00	(0.02)	−0.30	(0.01)	0.17	(0.02)	1.25	(0.04)
	巴西	0.15	(0.01)	0.95	(0.01)	0.08	(0.02)	0.20	(0.02)	**−0.12**	(0.02)	−0.85	(0.02)	−0.19	(0.01)	0.24	(0.01)	1.39	(0.03)
	保加利亚	0.57	(0.03)	1.17	(0.02)	0.47	(0.03)	0.67	(0.03)	**−0.20**	(0.04)	−0.67	(0.02)	0.04	(0.02)	0.70	(0.03)	2.19	(0.05)
	哥伦比亚	0.41	(0.02)	0.97	(0.02)	0.33	(0.03)	0.47	(0.03)	**−0.14**	(0.03)	−0.60	(0.02)	0.01	(0.02)	0.52	(0.03)	1.70	(0.05)
	哥斯达黎加	0.48	(0.03)	0.99	(0.03)	0.46	(0.04)	0.49	(0.04)	−0.04	(0.03)	−0.55	(0.04)	0.08	(0.02)	0.60	(0.03)	1.78	(0.05)
	克罗地亚	0.09	(0.02)	1.02	(0.02)	0.09	(0.03)	0.10	(0.02)	0.00	(0.03)	−0.96	(0.03)	−0.28	(0.02)	0.20	(0.02)	1.42	(0.04)
	塞浦路斯[1,2]	0.15	(0.02)	0.91	(0.02)	0.05	(0.03)	0.26	(0.02)	**−0.21**	(0.03)	−0.82	(0.02)	−0.18	(0.02)	0.27	(0.02)	1.33	(0.04)
	中国香港	0.12	(0.02)	0.80	(0.02)	0.18	(0.02)	0.05	(0.02)	**0.13**	(0.02)	−0.72	(0.02)	−0.16	(0.01)	0.24	(0.02)	1.13	(0.04)
	印度尼西亚	0.26	(0.03)	0.87	(0.03)	0.27	(0.03)	0.25	(0.03)	0.02	(0.03)	−0.60	(0.02)	−0.09	(0.02)	0.32	(0.03)	1.41	(0.06)
	约旦	0.35	(0.02)	1.02	(0.02)	0.27	(0.03)	0.42	(0.03)	**−0.15**	(0.04)	−0.74	(0.03)	−0.02	(0.02)	0.46	(0.03)	1.69	(0.06)
	哈萨克斯坦	0.77	(0.03)	1.12	(0.02)	0.70	(0.04)	0.83	(0.04)	**−0.13**	(0.04)	−0.38	(0.03)	0.26	(0.02)	0.86	(0.03)	2.33	(0.06)
	拉脱维亚	0.16	(0.02)	0.86	(0.02)	0.12	(0.03)	0.19	(0.03)	−0.07	(0.04)	−0.75	(0.03)	−0.17	(0.02)	0.27	(0.02)	1.28	(0.04)
	列支敦士登	−0.11	(0.06)	0.78	(0.07)	−0.02	(0.09)	−0.19	(0.07)	0.17	(0.11)	−0.91	(0.07)	−0.38	(0.05)	0.03	(0.05)	0.86	(0.14)
	立陶宛	0.15	(0.02)	0.84	(0.02)	0.08	(0.02)	0.22	(0.02)	**−0.14**	(0.03)	−0.76	(0.02)	−0.15	(0.01)	0.27	(0.02)	1.25	(0.03)
	中国澳门	0.15	(0.01)	0.80	(0.02)	0.19	(0.02)	0.11	(0.02)	**0.09**	(0.02)	−0.68	(0.02)	−0.13	(0.02)	0.26	(0.01)	1.16	(0.03)
	马来西亚	0.22	(0.02)	0.84	(0.02)	0.21	(0.02)	0.23	(0.02)	−0.03	(0.02)	−0.63	(0.02)	−0.09	(0.02)	0.29	(0.02)	1.31	(0.04)
	黑山共和国	0.35	(0.02)	1.12	(0.02)	0.21	(0.03)	0.48	(0.03)	**−0.27**	(0.04)	−0.81	(0.02)	−0.12	(0.02)	0.45	(0.02)	1.87	(0.05)
	秘鲁	0.36	(0.01)	0.88	(0.02)	0.27	(0.02)	0.44	(0.02)	**−0.17**	(0.02)	−0.55	(0.02)	0.00	(0.01)	0.46	(0.01)	1.51	(0.04)
	卡塔尔	0.27	(0.02)	0.98	(0.01)	0.22	(0.02)	0.31	(0.02)	**−0.10**	(0.02)	−0.74	(0.01)	−0.10	(0.01)	0.34	(0.02)	1.56	(0.03)
	罗马尼亚	0.04	(0.02)	0.96	(0.02)	−0.02	(0.03)	0.11	(0.03)	**−0.13**	(0.04)	−0.96	(0.03)	−0.26	(0.02)	0.14	(0.02)	1.25	(0.05)
	俄罗斯联邦	0.50	(0.02)	1.04	(0.02)	0.47	(0.03)	0.53	(0.02)	**−0.06**	(0.03)	−0.60	(0.02)	0.06	(0.02)	0.63	(0.02)	1.91	(0.04)
	塞尔维亚	0.20	(0.02)	1.06	(0.02)	0.20	(0.03)	0.20	(0.03)	0.00	(0.03)	−0.89	(0.02)	−0.18	(0.02)	0.28	(0.02)	1.59	(0.05)
	中国上海	0.25	(0.02)	0.83	(0.02)	0.32	(0.03)	0.17	(0.02)	**0.16**	(0.03)	−0.66	(0.02)	−0.03	(0.02)	0.38	(0.02)	1.30	(0.04)
	新加坡	0.29	(0.02)	0.83	(0.02)	0.36	(0.02)	0.23	(0.02)	**0.13**	(0.03)	−0.58	(0.02)	−0.01	(0.02)	0.40	(0.02)	1.34	(0.04)
	中国台北	−0.08	(0.02)	0.89	(0.02)	−0.04	(0.02)	−0.12	(0.02)	**0.09**	(0.02)	−1.02	(0.03)	−0.36	(0.02)	0.06	(0.01)	1.01	(0.04)
	泰国	0.22	(0.01)	0.74	(0.02)	0.14	(0.02)	0.28	(0.02)	**−0.14**	(0.03)	−0.49	(0.02)	−0.09	(0.02)	0.28	(0.02)	1.18	(0.03)
	突尼斯	0.13	(0.03)	1.11	(0.02)	0.12	(0.04)	0.14	(0.03)	−0.02	(0.05)	−1.07	(0.04)	−0.26	(0.02)	0.27	(0.02)	1.59	(0.05)
	阿拉伯联合酋长国	0.42	(0.01)	0.96	(0.01)	0.38	(0.02)	0.45	(0.02)	**−0.07**	(0.03)	−0.60	(0.02)	0.05	(0.02)	0.54	(0.02)	1.67	(0.03)
	乌拉圭	0.27	(0.02)	1.01	(0.02)	0.30	(0.03)	0.24	(0.02)	0.06	(0.04)	−0.81	(0.02)	−0.10	(0.02)	0.41	(0.02)	1.57	(0.05)
	越南	0.45	(0.02)	0.87	(0.02)	0.47	(0.03)	0.43	(0.03)	0.03	(0.04)	−0.49	(0.02)	0.12	(0.02)	0.56	(0.02)	1.60	(0.04)

附表 4.12 ■ 坚持性指数和按该指数四等分划分的数学成绩(续表 1)

结果基于学生自我报告

| | | 数学成绩,按该国在该指数四等分划分 | | | | | | | 该指数每单位变化对应的数学成绩变化 | | 该指数位于最低1/4的学生,数学成绩也位于最低1/4的可能性增加比率 | | 解释的学生成绩变异 (r²×100) | |
| | | 最低 1/4 | | 第二个 1/4 | | 第三个 1/4 | | 最高 1/4 | | | | | | | |
		平均成绩	标准误	平均成绩	标准误	平均成绩	标准误	平均成绩	标准误	效应	标准误	比率	标准误	%	标准误
OECD	澳大利亚	470	(2.6)	494	(3.0)	523	(2.8)	544	(2.5)	28.7	(1.3)	2.0	(0.1)	8.2	(0.6)
	奥地利	496	(3.9)	497	(3.9)	513	(4.2)	531	(5.1)	16.0	(2.1)	1.2	(0.1)	2.6	(0.7)
	比利时	499	(3.4)	519	(3.6)	525	(3.5)	542	(3.4)	16.0	(1.7)	1.3	(0.1)	2.4	(0.5)
	加拿大	494	(2.6)	504	(3.3)	534	(3.0)	553	(2.3)	21.1	(1.1)	1.6	(0.1)	5.8	(0.5)
	智利	409	(3.9)	412	(3.8)	431	(4.8)	446	(3.9)	12.7	(1.6)	1.3	(0.1)	2.4	(0.6)
	捷克共和国	487	(4.7)	501	(5.2)	510	(4.7)	518	(3.8)	12.3	(2.2)	1.3	(0.2)	1.4	(0.5)
	丹麦	466	(3.9)	495	(4.0)	512	(3.8)	537	(3.9)	27.6	(1.8)	2.0	(0.1)	10.1	(1.2)
	爱沙尼亚	517	(3.4)	515	(4.2)	528	(4.0)	529	(3.5)	4.3	(1.9)	1.2	(0.1)	0.2	(0.2)
	芬兰	484	(3.2)	508	(2.7)	535	(3.2)	565	(3.2)	35.2	(1.3)	2.1	(0.1)	14.3	(1.1)
	法国	468	(3.4)	491	(3.9)	503	(6.0)	538	(6.0)	25.7	(2.0)	1.4	(0.1)	7.9	(1.2)
	德国	500	(4.6)	514	(4.0)	533	(5.0)	551	(4.4)	20.3	(1.8)	1.5	(0.1)	3.7	(0.8)
	希腊	429	(3.8)	437	(4.0)	455	(4.4)	496	(3.9)	25.2	(1.8)	1.5	(0.1)	8.2	(1.0)
	匈牙利	460	(5.3)	470	(4.3)	484	(6.1)	502	(4.6)	16.8	(2.5)	1.4	(0.1)	2.3	(0.7)
	冰岛	460	(4.8)	476	(4.6)	504	(4.4)	541	(4.4)	31.1	(2.1)	2.0	(0.1)	11.4	(1.4)
	爱尔兰	470	(3.6)	495	(3.8)	516	(3.5)	529	(3.3)	21.2	(1.7)	1.9	(0.1)	6.6	(0.9)
	以色列	467	(4.9)	468	(6.6)	477	(6.5)	471	(4.3)	1.3	(1.6)	1.1	(0.1)	0.0	(0.1)
	意大利	462	(2.6)	481	(2.8)	499	(2.9)	503	(2.8)	13.5	(0.9)	1.5	(0.1)	2.3	(0.3)
	日本	508	(4.7)	534	(4.3)	545	(5.1)	566	(5.5)	24.8	(2.6)	1.6	(0.1)	5.3	(0.9)
	韩国	523	(5.2)	540	(6.1)	560	(6.1)	594	(6.4)	35.0	(3.0)	1.5	(0.1)	7.2	(1.0)
	卢森堡	474	(3.7)	485	(3.5)	492	(3.5)	521	(3.4)	18.2	(1.7)	1.3	(0.1)	3.3	(0.7)
	墨西哥	397	(2.0)	403	(2.1)	421	(2.3)	437	(1.9)	14.6	(0.8)	1.4	(0.1)	4.0	(0.4)
	荷兰	520	(4.4)	521	(5.9)	533	(5.3)	537	(4.7)	6.7	(2.3)	1.1	(0.1)	0.4	(0.3)
	新西兰	467	(4.8)	484	(5.4)	514	(5.4)	547	(5.4)	32.9	(1.9)	1.7	(0.1)	9.3	(1.0)
	挪威	452	(3.8)	480	(4.1)	497	(4.8)	545	(4.1)	33.0	(1.9)	1.9	(0.1)	16.4	(1.4)
	波兰	481	(4.1)	505	(4.5)	526	(5.0)	558	(5.3)	25.0	(1.6)	1.8	(0.1)	8.2	(0.9)
	葡萄牙	458	(4.3)	460	(7.1)	505	(5.0)	531	(4.5)	26.5	(1.7)	1.7	(0.1)	9.0	(1.1)
	斯洛伐克共和国	458	(4.4)	480	(5.1)	482	(5.9)	516	(5.9)	22.0	(2.0)	1.4	(0.1)	4.9	(1.0)
	斯洛文尼亚	492	(4.2)	498	(4.6)	508	(4.7)	520	(4.6)	9.7	(2.3)	1.2	(0.1)	1.1	(0.5)
	西班牙	462	(2.8)	474	(3.0)	495	(3.3)	514	(3.1)	20.8	(1.4)	1.4	(0.1)	5.5	(0.7)
	瑞典	454	(3.2)	461	(4.3)	485	(4.7)	532	(4.1)	30.0	(1.9)	1.5	(0.1)	11.0	(1.2)
	瑞士	518	(3.6)	524	(4.1)	535	(5.4)	550	(4.4)	14.7	(1.7)	1.2	(0.1)	1.9	(0.5)
	土耳其	425	(4.4)	436	(5.6)	465	(6.2)	467	(7.3)	13.7	(2.2)	1.6	(0.1)	2.7	(0.7)
	英国	462	(4.3)	484	(5.0)	509	(4.6)	529	(4.6)	25.2	(1.4)	1.8	(0.1)	7.4	(1.1)
	美国	452	(4.5)	472	(5.7)	502	(4.5)	509	(5.1)	18.3	(1.7)	1.8	(0.2)	4.8	(0.8)
	OECD平均	**472**	(0.7)	**486**	(0.8)	**505**	(0.8)	**525**	(0.8)	**20.6**	(0.3)	**1.5**	(0.0)	**5.7**	(0.1)
伙伴国家(地区)	阿尔巴尼亚	391	(4.6)	397	(4.9)	401	(4.5)	389	(4.9)	0.1	(1.8)	1.0	(0.1)	0.0	(0.0)
	阿根廷	383	(4.5)	383	(4.5)	393	(4.6)	413	(4.4)	11.7	(1.4)	1.2	(0.1)	2.3	(0.5)
	巴西	382	(2.7)	385	(2.6)	399	(3.2)	414	(3.1)	11.7	(1.2)	1.2	(0.1)	2.1	(0.4)
	保加利亚	415	(4.7)	428	(6.2)	464	(4.9)	467	(4.7)	15.1	(1.5)	1.7	(0.1)	3.7	(0.7)
	哥伦比亚	372	(4.5)	379	(4.6)	385	(4.2)	395	(4.5)	8.1	(1.6)	1.3	(0.1)	1.2	(0.5)
	哥斯达黎加	399	(4.9)	403	(4.5)	409	(4.4)	422	(3.9)	7.8	(1.7)	1.3	(0.1)	1.3	(0.6)
	克罗地亚	460	(5.2)	467	(4.1)	478	(4.8)	482	(5.2)	5.9	(1.4)	1.3	(0.1)	0.5	(0.2)
	塞浦路斯[1,2]	412	(3.7)	428	(3.5)	451	(3.9)	479	(3.5)	26.5	(2.0)	1.8	(0.1)	7.1	(1.0)
	中国香港	540	(4.9)	551	(5.0)	569	(5.3)	589	(4.5)	18.6	(2.6)	1.5	(0.1)	2.4	(0.6)
	印度尼西亚	368	(5.0)	369	(5.1)	381	(4.9)	388	(4.0)	8.5	(2.1)	1.2	(0.1)	1.1	(0.6)
	约旦	364	(3.6)	373	(3.7)	401	(3.8)	427	(4.8)	22.3	(1.6)	1.8	(0.1)	9.3	(1.1)
	哈萨克斯坦	414	(4.5)	426	(4.2)	440	(4.5)	447	(4.3)	10.4	(1.6)	1.5	(0.1)	2.6	(0.8)
	拉脱维亚	468	(4.2)	483	(5.0)	498	(5.5)	515	(3.7)	19.6	(2.1)	1.6	(0.2)	4.3	(0.9)
	列支敦士登	514	(18.0)	538	(15.9)	545	(16.5)	543	(15.9)	18.2	(9.7)	1.8	(0.5)	2.2	(2.4)
	立陶宛	458	(4.3)	475	(4.7)	489	(4.1)	499	(4.2)	16.0	(1.8)	1.6	(0.1)	2.3	(0.6)
	中国澳门	514	(3.6)	531	(3.1)	549	(4.0)	565	(2.8)	21.8	(2.3)	1.6	(0.1)	3.5	(0.7)
	马来西亚	404	(3.9)	410	(3.8)	433	(4.8)	441	(4.4)	14.7	(1.9)	1.4	(0.1)	2.4	(0.6)
	黑山共和国	395	(4.0)	395	(4.5)	419	(3.7)	442	(4.4)	15.5	(1.5)	1.4	(0.1)	4.5	(0.8)
	秘鲁	364	(4.8)	366	(5.0)	379	(6.1)	396	(4.7)	14.3	(1.8)	1.2	(0.1)	2.3	(0.6)
	卡塔尔	349	(2.5)	357	(2.7)	399	(2.6)	427	(2.6)	29.0	(1.6)	1.8	(0.1)	8.4	(0.6)
	罗马尼亚	430	(4.0)	441	(5.0)	448	(5.2)	468	(5.0)	11.8	(1.7)	1.3	(0.1)	1.9	(0.5)
	俄罗斯联邦	461	(3.7)	485	(4.1)	493	(4.7)	493	(4.6)	8.8	(1.8)	1.5	(0.1)	1.1	(0.4)
	塞尔维亚	438	(5.2)	445	(4.7)	452	(5.0)	472	(5.0)	11.1	(1.8)	1.3	(0.1)	1.8	(0.5)
	中国上海	592	(4.9)	609	(4.8)	619	(5.0)	633	(4.4)	16.2	(2.3)	1.4	(0.1)	1.8	(0.5)
	新加坡	552	(4.2)	566	(4.0)	586	(4.3)	587	(3.7)	13.0	(2.4)	1.4	(0.1)	1.1	(0.4)
	中国台北	519	(5.3)	547	(5.2)	577	(4.7)	598	(4.6)	31.9	(2.3)	1.8	(0.1)	6.0	(0.8)
	泰国	401	(3.9)	421	(5.0)	438	(4.9)	453	(4.5)	23.1	(2.4)	1.7	(0.1)	4.3	(0.8)
	突尼斯	380	(4.2)	374	(4.0)	392	(5.7)	420	(6.8)	14.8	(1.8)	1.2	(0.1)	4.5	(1.1)
	阿拉伯联合酋长国	402	(2.9)	421	(4.0)	450	(3.7)	473	(3.6)	26.5	(1.4)	1.8	(0.1)	8.1	(0.8)
	乌拉圭	399	(4.3)	402	(4.7)	428	(4.3)	435	(4.3)	14.4	(1.6)	1.3	(0.1)	2.8	(0.6)
	越南	497	(5.0)	505	(5.5)	523	(6.1)	517	(5.9)	8.1	(2.5)	1.3	(0.1)	0.7	(0.4)

注:统计上有显著性的值用粗体表示(详见附表 A3)。

1. 土耳其注:本书中"塞浦路斯"相关的信息是指塞浦路斯岛南部。没有任何一个权力组织能够代表岛上的土耳其和希腊塞浦路斯人。土耳其承认北塞浦路斯土耳其共和国。除非在联合国找到一种长期的平衡的解决方案,否则土耳其将保持对"塞浦路斯"问题的立场。

2. OECD 和欧盟成员注:塞浦路斯共和国得到了除土耳其外所有联合国成员的承认。本书中的信息是指在塞浦路斯共和国政府有效控制区域内的。

附表 4.13 ■ 学生问题解决开放性

学生表示"同意"或"非常同意"的百分比

		表示同意以下观点学生的百分比								
		我可以处理 大量信息		我理解事物的 速度更快		我寻求对 事物的解释		我能很容易地 把事实相互 联系起来		我喜欢解决 复杂问题	
		%	标准误	%	标准误	%	标准误	%	标准误	%	标准误
OECD	澳大利亚	49.4	(0.7)	52.5	(0.7)	62.8	(0.6)	53.4	(0.7)	30.7	(0.6)
	奥地利	59.7	(1.0)	61.5	(0.9)	63.8	(0.9)	56.1	(0.8)	26.7	(0.8)
	比利时	44.5	(0.8)	53.3	(0.9)	46.5	(0.8)	44.3	(0.8)	23.8	(0.7)
	加拿大	57.2	(0.6)	61.5	(0.6)	64.6	(0.7)	60.4	(0.7)	37.2	(0.7)
	智利	58.3	(0.9)	60.5	(0.9)	69.4	(0.8)	63.8	(0.9)	37.6	(0.9)
	捷克共和国	50.1	(1.1)	47.2	(0.9)	50.1	(1.0)	48.6	(1.0)	27.8	(0.9)
	丹麦	48.7	(0.9)	56.9	(1.0)	65.9	(0.9)	56.4	(1.0)	33.7	(0.9)
	爱沙尼亚	51.4	(0.9)	55.3	(1.1)	62.5	(1.0)	57.9	(0.9)	37.8	(0.8)
	芬兰	40.9	(1.0)	52.5	(0.9)	52.9	(0.9)	56.5	(1.0)	33.5	(0.8)
	法国	45.2	(0.9)	54.1	(1.0)	53.8	(1.0)	51.0	(1.1)	25.5	(1.0)
	德国	65.4	(0.9)	66.7	(1.0)	66.5	(0.9)	62.9	(0.8)	32.2	(0.9)
	希腊	61.1	(0.9)	73.2	(0.8)	68.5	(0.9)	67.9	(0.9)	33.7	(0.8)
	匈牙利	61.3	(1.0)	67.1	(1.1)	66.1	(0.8)	64.5	(0.9)	44.3	(0.9)
	冰岛	50.5	(1.1)	56.1	(1.0)	64.4	(1.2)	60.3	(1.2)	34.9	(1.0)
	爱尔兰	52.4	(1.0)	55.3	(0.9)	66.2	(0.8)	56.8	(0.9)	29.8	(0.7)
	以色列	66.9	(0.9)	69.0	(0.8)	71.1	(0.8)	68.7	(0.9)	44.1	(0.9)
	意大利	52.1	(0.5)	54.8	(0.5)	61.5	(0.4)	60.3	(0.6)	26.6	(0.4)
	日本	26.2	(0.7)	34.6	(0.8)	31.8	(0.7)	25.9	(0.8)	19.0	(0.7)
	韩国	30.2	(1.1)	37.0	(1.2)	52.2	(1.2)	47.5	(1.2)	23.2	(1.0)
	卢森堡	59.3	(0.9)	62.7	(0.9)	60.5	(0.8)	53.5	(0.8)	32.6	(0.8)
	墨西哥	40.7	(0.6)	44.5	(0.6)	57.5	(0.5)	49.1	(0.5)	33.0	(0.5)
	荷兰	54.4	(1.1)	60.4	(1.1)	49.9	(1.0)	51.9	(1.0)	31.7	(0.9)
	新西兰	42.2	(1.0)	45.3	(1.0)	57.8	(1.0)	47.7	(1.1)	30.3	(1.0)
	挪威	59.6	(1.0)	60.7	(0.9)	59.8	(1.0)	58.7	(0.9)	42.7	(1.0)
	波兰	66.5	(1.0)	64.3	(0.9)	78.5	(0.9)	72.2	(0.9)	48.2	(0.9)
	葡萄牙	61.3	(1.0)	59.0	(1.1)	69.1	(1.0)	60.5	(1.3)	40.3	(1.0)
	斯洛伐克共和国	48.4	(1.0)	41.2	(1.0)	50.8	(0.9)	48.9	(0.9)	21.9	(0.9)
	斯洛文尼亚	64.2	(0.8)	59.9	(1.0)	55.7	(0.9)	58.3	(0.9)	34.2	(1.0)
	西班牙	52.3	(0.7)	54.8	(0.5)	65.2	(0.7)	60.6	(0.8)	30.7	(0.7)
	瑞典	61.2	(1.0)	64.6	(0.9)	61.7	(0.9)	59.8	(0.9)	35.5	(0.9)
	瑞士	58.9	(0.7)	61.5	(0.9)	59.3	(0.8)	54.6	(0.7)	29.0	(0.9)
	土耳其	53.2	(1.1)	66.3	(0.9)	70.8	(0.9)	71.4	(0.9)	36.9	(1.0)
	英国	51.9	(1.1)	52.0	(0.8)	60.4	(0.8)	56.7	(0.9)	37.0	(0.8)
	美国	58.2	(0.8)	58.1	(1.0)	65.9	(0.9)	59.6	(1.0)	39.4	(0.9)
	OECD平均	**53.0**	**(0.2)**	**56.6**	**(0.2)**	**60.7**	**(0.2)**	**56.7**	**(0.2)**	**33.1**	**(0.1)**
伙伴国家(地区)	阿尔巴尼亚	77.4	(0.8)	78.1	(1.0)	72.1	(1.0)	68.9	(1.0)	54.0	(1.2)
	阿根廷	42.2	(1.1)	48.1	(1.0)	56.1	(1.1)	46.4	(1.1)	28.7	(0.9)
	巴西	61.7	(0.6)	58.1	(0.7)	73.4	(0.5)	62.6	(0.7)	39.4	(0.6)
	保加利亚	64.5	(0.9)	69.2	(0.9)	73.0	(0.8)	73.3	(0.9)	47.7	(0.9)
	哥伦比亚	52.2	(1.1)	58.0	(1.1)	68.8	(0.8)	57.6	(1.1)	47.4	(1.0)
	哥斯达黎加	51.9	(1.3)	57.9	(1.4)	70.0	(1.3)	59.8	(1.2)	39.5	(1.0)
	克罗地亚	51.0	(0.9)	64.3	(0.9)	39.8	(1.0)	64.8	(0.9)	32.4	(0.8)
	塞浦路斯[1,2]	63.0	(0.8)	70.7	(0.9)	68.6	(0.9)	70.5	(0.9)	42.8	(0.9)
	中国香港	34.7	(0.8)	47.9	(0.9)	48.1	(0.8)	41.8	(0.9)	30.9	(1.0)
	印度尼西亚	54.9	(1.2)	59.9	(1.1)	64.7	(1.3)	45.3	(1.2)	43.0	(1.0)
	约旦	83.2	(0.7)	79.1	(0.7)	76.1	(0.8)	72.7	(0.8)	57.1	(1.0)
	哈萨克斯坦	65.7	(0.9)	72.9	(1.0)	82.3	(0.8)	64.9	(0.9)	55.8	(1.2)
	拉脱维亚	40.8	(1.1)	52.9	(1.1)	53.8	(1.1)	52.3	(1.2)	33.0	(1.1)
	列支敦士登	69.2	(3.3)	60.8	(3.6)	61.5	(3.6)	54.4	(3.3)	26.7	(2.9)
	立陶宛	48.7	(1.0)	53.7	(0.9)	56.1	(1.1)	51.0	(1.1)	26.2	(1.0)
	中国澳门	30.8	(0.8)	38.2	(0.8)	48.5	(0.8)	38.1	(0.8)	25.4	(0.8)
	马来西亚	37.4	(0.9)	48.9	(0.9)	52.9	(0.8)	36.1	(0.9)	35.2	(0.8)
	黑山共和国	83.7	(0.7)	85.7	(0.7)	64.8	(0.9)	81.2	(0.9)	57.2	(0.9)
	秘鲁	58.2	(0.8)	60.9	(0.9)	71.3	(1.0)	57.3	(0.9)	49.3	(1.0)
	卡塔尔	72.2	(0.6)	70.0	(0.6)	70.2	(0.6)	65.7	(0.5)	50.3	(0.6)
	罗马尼亚	65.1	(0.9)	70.2	(1.0)	67.1	(0.9)	64.5	(0.9)	43.9	(1.0)
	俄罗斯联邦	52.2	(0.8)	59.1	(0.8)	60.3	(1.1)	55.0	(0.9)	41.2	(1.0)
	塞尔维亚	73.0	(1.0)	78.3	(0.7)	64.4	(0.9)	75.0	(0.8)	46.9	(0.9)
	中国上海	46.6	(1.0)	55.4	(0.9)	65.5	(0.9)	62.2	(1.1)	36.2	(0.8)
	新加坡	44.2	(0.9)	50.4	(0.9)	68.5	(0.7)	52.4	(1.0)	39.1	(0.9)
	中国台北	30.3	(0.9)	42.0	(0.8)	54.1	(0.9)	39.2	(0.9)	25.7	(0.7)
	泰国	31.2	(0.8)	39.6	(0.8)	38.4	(0.8)	34.9	(0.8)	27.3	(0.8)
	突尼斯	69.0	(0.9)	68.3	(1.0)	68.7	(1.0)	64.7	(1.0)	44.0	(1.0)
	阿拉伯联合酋长国	72.5	(0.6)	72.3	(0.7)	71.2	(0.6)	68.0	(0.7)	48.9	(0.9)
	乌拉圭	48.9	(1.0)	53.3	(0.9)	63.4	(0.9)	50.5	(0.9)	39.8	(1.0)
	越南	24.3	(1.0)	28.0	(1.2)	36.4	(1.0)	26.5	(1.1)	24.0	(1.0)

1. 土耳其注:本书中"塞浦路斯"相关的信息是指塞浦路斯岛南部。没有任何一个权力组织能够代表岛上的土耳其和希腊塞浦路斯人。土耳其承认北塞浦路斯土耳其共和国。除非在联合国找到一种长期的平衡的解决方案,否则土耳其将保持其对"塞浦路斯"问题的立场。
2. OECD和欧盟成员注:塞浦路斯共和国得到了除土耳其外所有联合国成员的承认。本书中的信息是指在塞浦路斯共和国政府有效控制区域内的。

附表 4.14 ■ 解决问题开放性指数和按该指数四等分划分的数学成绩

结果基于学生自我报告

		解决问题开放性指数															
		全体学生		该指数的变量		男 生		女 生		性别差异(男-女)		最低1/4		第二个1/4		第三个1/4		最高1/4	
		指数平均值	标准误	标准差	标准误	指数平均值	标准误	指数平均值	标准误	差异值	标准误	指数平均值	标准误	指数平均值	标准误	指数平均值	标准误	指数平均值	标准误
OECD	澳大利亚	−0.07	(0.02)	0.97	(0.01)	0.05	(0.02)	−0.19	(0.02)	**0.24**	(0.02)	−1.20	(0.02)	−0.38	(0.01)	0.15	(0.02)	1.15	(0.02)
	奥地利	0.04	(0.02)	0.94	(0.02)	0.20	(0.03)	−0.13	(0.02)	**0.33**	(0.04)	−1.06	(0.03)	−0.30	(0.02)	0.26	(0.01)	1.26	(0.04)
	比利时	−0.29	(0.02)	0.96	(0.01)	−0.11	(0.03)	−0.46	(0.02)	**0.35**	(0.03)	−1.42	(0.02)	−0.60	(0.02)	−0.06	(0.02)	0.92	(0.03)
	加拿大	0.14	(0.01)	1.01	(0.01)	0.26	(0.02)	0.02	(0.02)	**0.23**	(0.02)	−1.03	(0.02)	−0.21	(0.01)	0.33	(0.02)	1.48	(0.02)
	智利	0.18	(0.02)	0.94	(0.02)	0.26	(0.03)	0.10	(0.02)	**0.15**	(0.03)	−0.94	(0.03)	−0.14	(0.01)	0.39	(0.02)	1.39	(0.03)
	捷克共和国	−0.20	(0.02)	0.87	(0.02)	−0.12	(0.03)	−0.28	(0.03)	**0.16**	(0.03)	−1.20	(0.03)	−0.49	(0.02)	0.01	(0.01)	0.90	(0.03)
	丹麦	0.01	(0.02)	0.96	(0.02)	0.18	(0.03)	−0.14	(0.02)	**0.32**	(0.04)	−1.09	(0.03)	−0.33	(0.02)	0.23	(0.02)	1.25	(0.04)
	爱沙尼亚	0.04	(0.02)	0.96	(0.02)	0.07	(0.03)	0.01	(0.03)	0.06	(0.04)	−1.09	(0.03)	−0.30	(0.02)	0.27	(0.02)	1.30	(0.03)
	芬兰	−0.11	(0.02)	0.98	(0.01)	0.00	(0.03)	−0.21	(0.02)	**0.21**	(0.03)	−1.25	(0.03)	−0.44	(0.02)	0.13	(0.02)	1.13	(0.03)
	法国	−0.19	(0.02)	1.01	(0.02)	0.00	(0.03)	−0.36	(0.03)	**0.37**	(0.04)	−1.38	(0.04)	−0.55	(0.02)	0.07	(0.02)	1.11	(0.04)
	德国	0.17	(0.02)	0.92	(0.02)	0.35	(0.03)	−0.02	(0.02)	**0.37**	(0.03)	−0.91	(0.04)	−0.14	(0.02)	0.35	(0.03)	1.37	(0.03)
	希腊	0.24	(0.02)	0.97	(0.02)	0.31	(0.03)	0.18	(0.02)	**0.13**	(0.03)	−0.88	(0.04)	−0.09	(0.02)	0.44	(0.03)	1.50	(0.03)
	匈牙利	0.18	(0.02)	0.90	(0.02)	0.22	(0.04)	0.14	(0.02)	0.08	(0.04)	−0.86	(0.04)	−0.11	(0.01)	0.35	(0.01)	1.34	(0.04)
	冰岛	0.06	(0.02)	1.17	(0.02)	0.27	(0.03)	−0.16	(0.03)	**0.42**	(0.05)	−1.30	(0.03)	−0.38	(0.03)	0.29	(0.02)	1.62	(0.03)
	爱尔兰	−0.02	(0.02)	0.97	(0.01)	0.06	(0.03)	−0.10	(0.02)	**0.16**	(0.04)	−1.17	(0.03)	−0.33	(0.01)	0.21	(0.02)	1.21	(0.03)
	以色列	0.34	(0.02)	1.05	(0.02)	0.44	(0.03)	0.26	(0.02)	**0.18**	(0.04)	−0.89	(0.04)	−0.03	(0.02)	0.56	(0.03)	1.74	(0.04)
	意大利	−0.08	(0.01)	0.91	(0.01)	−0.01	(0.01)	−0.16	(0.01)	**0.15**	(0.01)	−1.17	(0.01)	−0.36	(0.01)	0.14	(0.01)	1.06	(0.02)
	日本	−0.73	(0.03)	1.01	(0.02)	−0.54	(0.03)	−0.94	(0.03)	**0.40**	(0.03)	−1.93	(0.03)	−1.04	(0.02)	−0.46	(0.02)	0.51	(0.03)
	韩国	−0.37	(0.02)	0.85	(0.02)	−0.26	(0.04)	−0.50	(0.03)	**0.24**	(0.04)	−1.36	(0.02)	−0.64	(0.03)	−0.16	(0.03)	0.67	(0.04)
	卢森堡	0.06	(0.02)	1.03	(0.02)	0.27	(0.03)	−0.16	(0.02)	**0.43**	(0.03)	−1.13	(0.02)	−0.31	(0.02)	0.27	(0.02)	1.41	(0.03)
	墨西哥	−0.11	(0.02)	1.01	(0.02)	−0.01	(0.01)	−0.20	(0.02)	**0.19**	(0.02)	−1.27	(0.02)	−0.48	(0.01)	0.11	(0.01)	1.20	(0.02)
	荷兰	−0.08	(0.02)	0.93	(0.02)	0.09	(0.02)	−0.24	(0.04)	**0.33**	(0.04)	−1.12	(0.04)	−0.38	(0.02)	0.10	(0.02)	1.11	(0.04)
	新西兰	−0.18	(0.02)	0.96	(0.01)	−0.06	(0.02)	−0.31	(0.04)	**0.25**	(0.04)	−1.30	(0.03)	−0.50	(0.02)	0.05	(0.04)	1.02	(0.03)
	挪威	0.18	(0.02)	1.13	(0.02)	0.32	(0.04)	0.03	(0.03)	**0.29**	(0.04)	−1.17	(0.04)	−0.22	(0.02)	0.46	(0.03)	1.67	(0.03)
	波兰	0.36	(0.02)	0.99	(0.02)	0.36	(0.03)	0.36	(0.03)	0.00	(0.04)	−0.76	(0.04)	0.05	(0.01)	0.47	(0.01)	1.70	(0.04)
	葡萄牙	0.16	(0.02)	0.93	(0.01)	0.21	(0.03)	0.10	(0.02)	**0.10**	(0.04)	−0.94	(0.03)	−0.17	(0.02)	0.39	(0.02)	1.35	(0.03)
	斯洛伐克共和国	−0.32	(0.02)	0.99	(0.02)	−0.23	(0.03)	−0.42	(0.03)	**0.19**	(0.05)	−1.50	(0.03)	−0.60	(0.03)	−0.07	(0.02)	0.89	(0.04)
	斯洛文尼亚	0.08	(0.02)	0.91	(0.02)	0.21	(0.02)	−0.06	(0.02)	**0.27**	(0.03)	−0.95	(0.02)	−0.23	(0.02)	0.24	(0.02)	1.25	(0.03)
	西班牙	0.02	(0.01)	0.95	(0.01)	0.16	(0.02)	−0.11	(0.02)	**0.27**	(0.02)	−1.09	(0.02)	−0.30	(0.01)	0.24	(0.01)	1.25	(0.02)
	瑞典	0.12	(0.02)	1.07	(0.02)	0.25	(0.03)	−0.01	(0.03)	**0.26**	(0.04)	−1.16	(0.04)	−0.24	(0.02)	0.36	(0.02)	1.52	(0.03)
	瑞士	0.00	(0.02)	0.96	(0.02)	0.19	(0.03)	−0.18	(0.02)	**0.37**	(0.04)	−1.04	(0.03)	−0.32	(0.01)	0.20	(0.02)	1.16	(0.03)
	土耳其	0.21	(0.02)	0.96	(0.02)	0.24	(0.03)	0.18	(0.03)	0.06	(0.04)	−0.89	(0.04)	−0.12	(0.02)	0.40	(0.02)	1.44	(0.05)
	英国	−0.02	(0.02)	0.93	(0.02)	0.09	(0.02)	−0.12	(0.02)	**0.22**	(0.03)	−1.11	(0.03)	−0.32	(0.01)	0.20	(0.01)	1.15	(0.04)
	美国	0.18	(0.02)	1.08	(0.02)	0.29	(0.04)	0.08	(0.02)	**0.21**	(0.04)	−1.06	(0.04)	−0.22	(0.02)	0.39	(0.02)	1.62	(0.05)
	OECD平均	0.00	(0.00)	0.97	(0.00)	0.12	(0.00)	−0.12	(0.00)	**0.23**	(0.01)	−1.14	(0.01)	−0.33	(0.00)	0.22	(0.00)	1.26	(0.01)
伙伴国家(地区)	阿尔巴尼亚	0.51	(0.02)	0.95	(0.02)	0.53	(0.03)	0.49	(0.03)	0.04	(0.04)	−0.63	(0.03)	0.20	(0.02)	0.71	(0.02)	1.77	(0.04)
	阿根廷	−0.15	(0.02)	1.07	(0.02)	−0.06	(0.03)	−0.24	(0.02)	**0.18**	(0.04)	−1.38	(0.03)	−0.56	(0.03)	0.09	(0.02)	1.24	(0.04)
	巴西	0.21	(0.01)	0.99	(0.01)	0.27	(0.02)	0.16	(0.02)	**0.11**	(0.03)	−0.93	(0.02)	−0.13	(0.01)	0.40	(0.01)	1.51	(0.03)
	保加利亚	0.37	(0.02)	1.06	(0.02)	0.41	(0.03)	0.33	(0.03)	0.08	(0.04)	−0.88	(0.04)	0.05	(0.01)	0.55	(0.02)	1.76	(0.03)
	哥伦比亚	0.18	(0.02)	0.94	(0.02)	0.26	(0.03)	0.12	(0.02)	**0.14**	(0.02)	−0.92	(0.02)	−0.14	(0.02)	0.38	(0.02)	1.41	(0.04)
	哥斯达黎加	0.21	(0.02)	1.01	(0.02)	0.32	(0.04)	0.12	(0.03)	**0.20**	(0.04)	−0.99	(0.03)	−0.16	(0.03)	0.44	(0.03)	1.56	(0.04)
	克罗地亚	−0.03	(0.01)	0.81	(0.01)	0.05	(0.03)	−0.11	(0.02)	**0.16**	(0.03)	−0.99	(0.02)	−0.12	(0.02)	0.12	(0.02)	1.00	(0.03)
	塞浦路斯[1,2]	0.30	(0.01)	1.01	(0.01)	0.34	(0.03)	0.25	(0.02)	0.09	(0.04)	−0.86	(0.03)	−0.01	(0.02)	0.48	(0.03)	1.61	(0.03)
	中国香港	−0.25	(0.02)	0.94	(0.02)	−0.08	(0.02)	−0.44	(0.04)	**0.36**	(0.03)	−1.34	(0.03)	−0.57	(0.01)	−0.03	(0.02)	0.93	(0.03)
	印度尼西亚	0.06	(0.02)	0.90	(0.02)	0.05	(0.02)	0.07	(0.03)	−0.02	(0.04)	−0.98	(0.03)	−0.25	(0.03)	0.28	(0.02)	1.20	(0.04)
	约旦	0.62	(0.02)	1.11	(0.02)	0.70	(0.04)	0.55	(0.02)	**0.15**	(0.04)	−0.75	(0.03)	0.27	(0.02)	0.91	(0.03)	2.05	(0.05)
	哈萨克斯坦	0.47	(0.03)	1.06	(0.02)	0.46	(0.03)	0.47	(0.03)	−0.01	(0.04)	−0.69	(0.03)	0.11	(0.02)	0.62	(0.02)	1.82	(0.05)
	拉脱维亚	−0.09	(0.02)	0.85	(0.03)	−0.08	(0.03)	−0.11	(0.03)	0.04	(0.04)	−1.06	(0.04)	−0.35	(0.02)	0.07	(0.02)	0.97	(0.04)
	列支敦士登	0.05	(0.07)	0.88	(0.05)	0.22	(0.08)	−0.12	(0.10)	**0.33**	(0.13)	−0.99	(0.09)	−0.24	(0.08)	0.24	(0.05)	1.21	(0.12)
	立陶宛	−0.16	(0.02)	0.90	(0.01)	−0.12	(0.03)	−0.19	(0.02)	0.07	(0.03)	−1.21	(0.02)	−0.43	(0.02)	0.05	(0.01)	0.96	(0.04)
	中国澳门	−0.34	(0.01)	0.90	(0.01)	−0.26	(0.02)	−0.42	(0.02)	**0.17**	(0.02)	−1.36	(0.02)	−0.67	(0.01)	−0.15	(0.02)	0.83	(0.03)
	马来西亚	−0.20	(0.02)	0.89	(0.02)	−0.18	(0.03)	−0.22	(0.03)	0.04	(0.03)	−1.23	(0.04)	−0.49	(0.01)	−0.02	(0.03)	0.91	(0.03)
	黑山共和国	0.62	(0.02)	0.96	(0.01)	0.63	(0.03)	0.60	(0.03)	0.04	(0.04)	−0.47	(0.03)	0.27	(0.02)	0.76	(0.03)	1.90	(0.03)
	秘鲁	0.18	(0.02)	0.87	(0.02)	0.23	(0.04)	0.13	(0.02)	**0.10**	(0.04)	−0.83	(0.03)	−0.11	(0.02)	0.37	(0.02)	1.30	(0.03)
	卡塔尔	0.38	(0.01)	1.07	(0.01)	0.46	(0.02)	0.30	(0.02)	**0.16**	(0.02)	−0.88	(0.02)	0.02	(0.01)	0.60	(0.02)	1.77	(0.02)
	罗马尼亚	0.22	(0.02)	0.94	(0.02)	0.21	(0.03)	0.23	(0.03)	−0.02	(0.04)	−0.89	(0.04)	−0.06	(0.02)	0.44	(0.02)	1.39	(0.04)
	俄罗斯联邦	0.05	(0.02)	1.01	(0.02)	0.11	(0.03)	0.00	(0.02)	**0.11**	(0.03)	−1.13	(0.03)	−0.27	(0.02)	0.29	(0.02)	1.36	(0.03)
	塞尔维亚	0.46	(0.02)	1.00	(0.01)	0.55	(0.03)	0.38	(0.02)	**0.16**	(0.03)	−0.69	(0.03)	0.08	(0.02)	0.63	(0.03)	1.83	(0.04)
	中国上海	0.07	(0.02)	0.99	(0.02)	0.21	(0.04)	−0.07	(0.02)	**0.29**	(0.04)	−1.10	(0.03)	−0.29	(0.02)	0.29	(0.02)	1.36	(0.04)
	新加坡	0.01	(0.02)	0.87	(0.02)	0.13	(0.02)	−0.12	(0.02)	**0.26**	(0.03)	−0.99	(0.02)	−0.31	(0.02)	0.21	(0.01)	1.12	(0.03)
	中国台北	−0.33	(0.02)	1.01	(0.02)	−0.19	(0.03)	−0.48	(0.03)	**0.29**	(0.04)	−1.49	(0.03)	−0.69	(0.02)	−0.10	(0.03)	0.95	(0.04)
	泰国	−0.31	(0.02)	0.78	(0.02)	−0.21	(0.04)	−0.38	(0.02)	**0.18**	(0.03)	−1.18	(0.02)	−0.56	(0.01)	−0.17	(0.02)	0.69	(0.04)
	突尼斯	0.26	(0.02)	1.00	(0.02)	0.34	(0.02)	0.19	(0.02)	**0.15**	(0.03)	−0.97	(0.04)	−0.06	(0.02)	0.54	(0.02)	1.52	(0.05)
	阿拉伯联合酋长国	0.39	(0.02)	1.02	(0.01)	0.48	(0.02)	0.30	(0.02)	**0.18**	(0.03)	−0.83	(0.02)	0.06	(0.01)	0.62	(0.02)	1.71	(0.03)
	乌拉圭	0.04	(0.02)	1.02	(0.02)	0.20	(0.03)	−0.10	(0.02)	**0.30**	(0.03)	−1.15	(0.02)	−0.33	(0.02)	0.25	(0.02)	1.39	(0.04)
	越南	−0.60	(0.03)	0.86	(0.02)	−0.49	(0.03)	−0.70	(0.03)	**0.21**	(0.03)	−1.61	(0.03)	−0.91	(0.03)	−0.37	(0.02)	0.48	(0.04)

附表 **4.14** ■ 解决问题开放性指数和按该指数四等分划分的数学成绩(续表1)

结果基于学生自我报告

| | 和按该指数四等分划分的数学成绩 | | | | | | | | 该指数每单位变化对应的数学成绩变化 | | 该指数位于最低1/4的学生,数学成绩也位于最低1/4的可能性增加比率 | | 解释的学生成绩变异 $(r^2 \times 100)$ | |
| | 最低 1/4 | | 第二个 1/4 | | 第三个 1/4 | | 最高 1/4 | | | | | | | |
	平均成绩	标准误	平均成绩	标准误	平均成绩	标准误	平均成绩	标准误	效应	标准误	比率	标准误	%	标准误
澳大利亚	453	(2.2)	491	(2.6)	526	(2.7)	560	(3.2)	41.7	(1.2)	2.5	(0.1)	18.1	(0.9)
奥地利	466	(3.7)	494	(4.1)	529	(4.5)	548	(4.3)	32.3	(1.9)	2.0	(0.2)	11.4	(1.4)
比利时	481	(3.4)	507	(3.1)	539	(3.6)	558	(3.9)	30.5	(1.8)	1.7	(0.1)	8.7	(1.0)
加拿大	471	(2.5)	508	(3.0)	537	(3.2)	569	(2.7)	36.6	(1.1)	2.4	(0.1)	18.0	(1.0)
智利	388	(3.4)	419	(3.8)	436	(3.9)	455	(4.2)	26.3	(1.5)	2.0	(0.1)	9.7	(1.0)
捷克共和国	464	(4.3)	489	(4.4)	518	(5.0)	545	(4.4)	35.0	(2.0)	1.9	(0.2)	11.4	(1.2)
丹麦	458	(3.6)	489	(3.3)	519	(3.6)	544	(4.1)	34.2	(1.8)	2.3	(0.1)	16.6	(1.6)
爱沙尼亚	478	(3.1)	512	(4.1)	536	(3.4)	564	(3.8)	31.9	(2.1)	2.3	(0.2)	14.8	(1.6)
芬兰	471	(3.1)	505	(2.8)	540	(3.0)	578	(3.2)	40.9	(1.5)	2.7	(0.2)	23.6	(1.4)
法国	454	(3.5)	488	(3.9)	519	(4.2)	540	(5.6)	33.2	(2.1)	1.9	(0.1)	12.2	(1.5)
德国	484	(3.8)	517	(4.4)	543	(4.8)	553	(5.1)	27.5	(2.2)	1.9	(0.2)	7.2	(1.1)
希腊	413	(4.0)	446	(3.6)	466	(4.9)	491	(4.1)	29.1	(1.8)	2.0	(0.2)	10.5	(1.1)
匈牙利	439	(4.4)	471	(4.4)	494	(4.7)	512	(5.7)	28.5	(2.9)	1.8	(0.1)	7.6	(1.3)
冰岛	446	(3.3)	477	(3.7)	516	(4.4)	542	(4.5)	29.4	(1.6)	2.4	(0.2)	14.9	(1.4)
爱尔兰	459	(3.0)	488	(3.4)	516	(3.7)	547	(3.8)	34.6	(1.5)	2.1	(0.1)	16.0	(1.2)
以色列	445	(4.7)	465	(5.7)	483	(6.0)	490	(5.8)	17.4	(2.0)	1.3	(0.1)	3.2	(0.7)
意大利	456	(2.5)	479	(2.7)	501	(2.8)	509	(3.2)	22.8	(1.2)	1.6	(0.1)	5.1	(0.5)
日本	496	(5.5)	535	(4.3)	550	(4.8)	572	(5.6)	28.1	(2.4)	2.1	(0.2)	9.2	(1.4)
韩国	499	(5.0)	544	(6.1)	570	(5.0)	605	(7.2)	47.7	(2.7)	2.4	(0.2)	17.1	(1.5)
卢森堡	454	(3.7)	485	(3.4)	506	(3.5)	528	(3.5)	26.6	(1.8)	1.8	(0.1)	8.4	(1.1)
墨西哥	386	(1.6)	406	(2.0)	426	(2.0)	441	(2.1)	21.8	(0.8)	1.7	(0.1)	8.9	(0.6)
荷兰	491	(4.3)	525	(4.7)	545	(4.5)	549	(5.5)	20.9	(2.3)	1.8	(0.2)	4.9	(1.1)
新西兰	453	(3.4)	486	(4.2)	521	(4.8)	553	(4.7)	42.1	(2.1)	2.0	(0.2)	16.8	(1.6)
挪威	442	(3.6)	482	(3.8)	507	(3.9)	543	(4.4)	33.4	(2.1)	2.4	(0.2)	18.3	(1.4)
波兰	478	(3.9)	514	(5.1)	528	(5.4)	549	(5.7)	25.6	(1.6)	1.9	(0.1)	8.0	(0.9)
葡萄牙	449	(3.9)	481	(5.0)	496	(5.8)	529	(6.0)	31.1	(2.1)	1.8	(0.1)	9.7	(1.3)
斯洛伐克共和国	449	(4.1)	475	(4.9)	497	(6.1)	517	(6.5)	25.0	(2.1)	1.6	(0.1)	6.2	(1.1)
斯洛文尼亚	468	(3.5)	497	(4.1)	513	(4.1)	538	(4.6)	28.7	(2.5)	1.8	(0.1)	8.6	(1.3)
西班牙	443	(2.3)	474	(2.7)	502	(3.1)	525	(3.0)	32.1	(1.4)	2.0	(0.1)	12.5	(0.9)
瑞典	428	(3.6)	470	(3.5)	503	(4.3)	532	(4.8)	35.0	(2.1)	2.4	(0.2)	16.9	(1.8)
瑞士	498	(4.1)	520	(4.4)	544	(4.5)	565	(4.6)	28.7	(1.6)	1.6	(0.1)	7.6	(0.8)
土耳其	418	(4.7)	449	(5.1)	462	(6.9)	465	(7.3)	18.2	(2.1)	1.3	(0.1)	3.4	(0.8)
英国	443	(6.5)	484	(3.8)	512	(4.0)	543	(3.9)	41.4	(1.8)	2.4	(0.2)	17.3	(1.3)
美国	434	(3.6)	477	(4.6)	498	(5.4)	526	(5.8)	29.9	(1.7)	2.3	(0.2)	13.2	(1.3)
OECD 平均	455	(0.7)	487	(0.7)	512	(0.8)	535	(0.8)	30.8	(0.3)	2.0	(0.0)	11.7	(0.2)
阿尔巴尼亚	396	(4.9)	394	(6.1)	394	(5.1)	394	(4.6)	−0.1	(2.1)	1.0	(0.1)	0.0	(0.0)
阿根廷	372	(3.5)	390	(4.6)	405	(5.1)	407	(4.0)	12.9	(1.2)	1.5	(0.1)	3.5	(0.5)
巴西	374	(2.8)	395	(2.9)	406	(2.9)	407	(3.6)	11.1	(1.3)	1.5	(0.1)	2.1	(0.4)
保加利亚	415	(5.0)	453	(4.7)	453	(5.3)	454	(6.2)	12.5	(1.9)	1.6	(0.1)	2.1	(0.6)
哥伦比亚	371	(3.5)	386	(3.6)	388	(3.8)	388	(4.8)	5.9	(1.5)	1.1	(0.1)	0.6	(0.3)
哥斯达黎加	376	(4.8)	406	(3.2)	416	(4.5)	435	(4.9)	20.3	(1.7)	2.1	(0.2)	9.0	(1.5)
克罗地亚	443	(3.9)	468	(5.1)	486	(5.6)	489	(5.1)	19.5	(2.1)	1.6	(0.1)	3.3	(0.6)
塞浦路斯[1,2]	398	(3.1)	438	(3.3)	458	(3.4)	476	(3.6)	29.3	(1.7)	2.2	(0.1)	10.6	(1.1)
中国香港	521	(4.2)	552	(4.8)	580	(4.5)	596	(4.6)	29.3	(2.1)	1.9	(0.1)	8.1	(1.1)
印度尼西亚	362	(3.4)	378	(5.1)	385	(6.2)	380	(4.6)	7.0	(1.7)	1.4	(0.1)	0.8	(0.4)
约旦	363	(3.1)	390	(3.6)	405	(4.6)	406	(4.3)	13.6	(1.4)	1.7	(0.1)	4.1	(0.7)
哈萨克斯坦	415	(3.8)	434	(4.4)	438	(4.4)	440	(4.9)	9.0	(1.8)	1.5	(0.1)	1.6	(0.6)
拉脱维亚	456	(3.9)	480	(4.3)	503	(4.9)	525	(4.7)	29.8	(1.9)	1.8	(0.2)	9.6	(1.3)
列支敦士登	495	(13.5)	537	(21.1)	546	(16.0)	564	(16.0)	29.7	(8.1)	1.9	(0.5)	7.7	(4.2)
立陶宛	436	(3.9)	467	(4.5)	500	(4.5)	519	(4.5)	34.9	(2.1)	2.1	(0.1)	12.3	(1.2)
中国澳门	501	(3.6)	530	(3.6)	552	(3.2)	576	(3.2)	29.8	(1.8)	2.0	(0.1)	8.4	(1.0)
马来西亚	402	(4.1)	422	(3.7)	434	(4.5)	431	(4.8)	11.6	(1.8)	1.4	(0.1)	1.6	(0.5)
黑山共和国	398	(3.3)	415	(3.4)	421	(3.7)	417	(3.7)	5.4	(1.9)	1.4	(0.1)	0.4	(0.3)
秘鲁	356	(3.8)	373	(4.1)	384	(4.9)	395	(5.8)	17.4	(2.1)	1.4	(0.1)	3.3	(0.7)
卡塔尔	358	(2.1)	395	(2.5)	387	(2.7)	392	(2.8)	10.2	(1.2)	1.4	(0.1)	1.2	(0.3)
罗马尼亚	424	(4.5)	448	(4.5)	454	(4.7)	460	(5.9)	14.3	(2.2)	1.5	(0.1)	2.7	(0.8)
俄罗斯联邦	447	(3.7)	477	(3.9)	497	(3.9)	511	(5.3)	24.3	(1.9)	1.8	(0.1)	8.0	(1.2)
塞尔维亚	423	(4.1)	455	(4.5)	465	(4.5)	468	(5.3)	14.8	(2.0)	1.5	(0.1)	2.8	(0.7)
中国上海	566	(4.9)	608	(5.4)	634	(4.2)	644	(4.7)	29.7	(2.2)	2.2	(0.2)	8.5	(1.1)
新加坡	535	(4.2)	567	(3.8)	592	(4.4)	597	(3.8)	24.8	(2.1)	1.7	(0.1)	4.3	(0.7)
中国台北	509	(5.0)	550	(5.4)	583	(4.9)	599	(5.1)	34.1	(2.2)	2.0	(0.2)	8.9	(1.1)
泰国	421	(4.1)	419	(4.4)	437	(4.9)	435	(4.9)	9.4	(2.1)	1.0	(0.1)	0.8	(0.3)
突尼斯	370	(3.9)	388	(4.9)	401	(5.7)	408	(5.6)	14.5	(1.8)	1.5	(0.1)	3.5	(0.6)
阿拉伯联合酋长国	412	(3.4)	438	(3.1)	443	(3.8)	453	(3.8)	14.9	(1.3)	1.5	(0.1)	2.9	(0.5)
乌拉圭	382	(3.4)	414	(4.0)	429	(4.8)	438	(4.7)	19.8	(1.9)	1.7	(0.1)	5.4	(1.0)
越南	480	(5.6)	502	(5.0)	526	(5.8)	537	(6.8)	25.4	(2.4)	1.7	(0.1)	6.6	(1.2)

注:统计上有显著性的值用粗体表示。
1. 土耳其注:本书中"塞浦路斯"相关的信息是指塞浦路斯岛南部。没有任何一个权力组织能够代表岛上的土耳其和希腊塞浦路斯人。土耳其承认北塞浦路斯土耳其共和国。除非在联合国找到一种长期的平衡的解决方案,否则土耳其将保持其对"塞浦路斯"问题的立场。
2. OECD 和欧盟成员注:塞浦路斯共和国得到了除土耳其外所有联合国成员的承认。本书中的信息是指在塞浦路斯共和国政府有效控制区域内的。

附表 4.15 ■ 学生对数学学习失败的自我责任归因

学生表示"同意"或"非常同意"的百分比

| | 表示同意以下观点学生的百分比 | | | | | | | | | | | | 表示同意以下观点男生的百分比： | | | | | |
| | 我不是很擅长解决数学问题 | | 老师这一周概念解释得不清楚 | | 这周的测验我猜测了太多了 | | 有时候课程内容太难了 | | 老师没有激发学生对这些内容的兴趣 | | 有时候我运气不好 | | 我不是很擅长解决数学问题 | | 老师这一周概念解释得不清楚 | | 这周的测验我猜测了太多了 | |
	%	标准误	%	标准误	%	标准误	%	标准误	%	标准误	%	标准误	%	标准误	%	标准误	%	标准误
澳大利亚	51.9	(0.5)	46.9	(0.6)	37.8	(0.6)	56.9	(0.6)	48.8	(0.7)	37.7	(0.7)	44.2	(0.7)	43.6	(0.8)	34.9	(0.8)
奥地利	49.8	(0.8)	54.9	(1.0)	62.0	(1.0)	65.5	(1.0)	61.8	(1.1)	54.1	(1.1)	43.0	(1.2)	51.9	(1.4)	57.1	(1.3)
比利时	62.4	(0.7)	40.0	(0.8)	51.6	(0.8)	73.0	(0.8)	54.5	(1.0)	53.8	(0.2)	55.7	(1.1)	39.8	(1.1)	51.0	(1.1)
加拿大	50.2	(0.7)	45.9	(0.8)	45.9	(0.5)	57.9	(0.7)	51.7	(0.8)	36.8	(0.6)	43.9	(1.0)	43.6	(0.9)	44.7	(0.8)
智利	70.6	(0.7)	45.1	(1.0)	41.5	(0.9)	79.5	(0.8)	52.0	(1.2)	39.4	(0.9)	65.2	(1.1)	44.7	(1.3)	40.8	(1.2)
捷克共和国	67.4	(1.0)	52.0	(1.3)	34.0	(1.1)	80.8	(0.8)	64.6	(1.1)	79.8	(1.0)	62.4	(1.5)	49.8	(1.5)	33.9	(1.6)
丹麦	51.0	(0.9)	47.7	(0.9)*	37.8	(0.9)	56.0	(1.0)	50.2	(1.2)	51.7	(0.9)	42.3	(1.5)	46.6	(1.6)	35.2	(1.2)
爱沙尼亚	63.2	(1.1)	53.4	(1.3)	26.9	(0.9)	84.1	(0.7)	55.5	(1.2)	62.2	(1.0)	57.3	(1.5)	48.5	(1.6)	55.8	(1.4)
芬兰	54.0	(1.0)	49.9	(1.1)	29.0	(1.0)	68.8	(1.0)	53.3	(1.1)	41.3	(0.8)	46.9	(1.1)	46.3	(1.3)	28.4	(1.2)
法国	67.2	(0.9)	51.7	(1.2)	82.1	(0.8)	77.1	(0.8)	65.2	(1.1)	48.1	(1.1)	59.0	(1.2)	50.8	(1.5)	78.3	(1.2)
德国	49.8	(0.9)	56.4	(1.1)	65.5	(0.9)	67.3	(1.1)	61.0	(1.0)	49.9	(1.0)	43.2	(1.3)	53.2	(1.6)	58.2	(1.3)
希腊	60.9	(1.0)	52.9	(1.0)	70.0	(0.9)	81.6	(0.8)	59.7	(1.0)	53.8	(0.9)	54.8	(1.3)	50.0	(1.5)	65.9	(1.0)
匈牙利	63.1	(1.2)	45.7	(1.1)	36.8	(1.0)	79.5	(0.9)	54.5	(1.4)	53.2	(1.0)	55.4	(1.3)	43.5	(1.3)	37.6	(1.4)
冰岛	49.5	(1.0)	40.7	(1.1)	28.6	(0.9)	59.6	(1.0)	41.0	(0.9)	39.3	(1.0)	45.2	(1.4)	36.6	(1.4)	29.1	(1.4)
爱尔兰	53.9	(1.0)	45.4	(1.1)	41.0	(0.8)	71.8	(1.0)	51.0	(1.1)	37.6	(0.8)	46.0	(1.4)	44.6	(1.5)	39.1	(1.1)
以色列	50.9	(0.9)	53.5	(1.0)	62.7	(1.0)	73.4	(0.9)	53.3	(1.1)	42.0	(0.9)	45.1	(1.6)	53.1	(1.3)	60.5	(1.5)
意大利	70.6	(0.5)	58.9	(0.6)	40.2	(0.5)	76.2	(0.5)	59.7	(0.7)	40.4	(0.5)	64.6	(0.6)	56.2	(0.8)	41.9	(0.7)
日本	54.9	(0.9)	24.5	(0.8)	22.3	(0.8)	63.9	(0.8)	22.3	(0.8)	21.4	(0.7)	48.7	(1.1)	26.1	(1.0)	24.8	(1.2)
韩国	47.0	(0.9)	18.8	(0.7)	48.1	(1.0)	51.7	(1.0)	47.2	(1.0)	38.3	(1.0)	43.9	(1.2)	20.6	(1.0)	50.1	(1.2)
卢森堡	53.2	(0.9)	50.9	(0.8)	60.3	(1.0)	66.6	(0.9)	58.4	(0.9)	53.5	(1.0)	45.4	(1.3)	48.7	(1.2)	53.6	(1.1)
墨西哥	62.5	(0.5)	42.1	(0.6)	30.4	(0.5)	67.4	(0.4)	45.2	(0.5)	27.8	(0.5)	60.1	(0.7)	42.9	(0.8)	33.3	(0.6)
荷兰	50.3	(1.1)	47.5	(1.0)	31.8	(1.0)	74.1	(1.0)	46.1	(1.2)	67.4	(1.0)	42.1	(1.2)	46.3	(1.3)	28.7	(1.3)
新西兰	52.3	(1.0)	47.2	(1.1)	36.8	(0.9)	58.6	(0.8)	49.5	(1.0)	35.8	(0.9)	44.4	(1.4)	44.4	(1.5)	35.8	(1.4)
挪威	58.1	(1.0)	62.9	(0.9)	34.2	(0.9)	65.9	(0.8)	60.0	(0.8)			50.8	(1.4)	56.8	(1.2)	33.3	(1.1)
波兰	54.7	(1.1)	42.6	(1.2)	33.0	(1.1)	73.5	(1.0)	45.9	(1.3)	56.4	(1.0)	48.9	(1.6)	42.3	(1.4)	36.8	(1.4)
葡萄牙	65.8	(0.9)	48.4	(1.0)	72.0	(0.9)	87.0	(0.6)	57.7	(1.1)	62.1	(1.2)	60.4	(1.6)	46.9	(1.6)	70.7	(1.3)
斯洛伐克共和国	63.4	(0.9)	52.8	(1.2)	33.4	(1.1)	74.8	(0.8)	59.9	(1.1)	73.6	(0.8)	60.1	(1.3)	49.9	(1.5)	37.3	(1.4)
斯洛文尼亚	65.7	(1.0)	56.4	(0.9)	36.9	(0.9)	81.1	(0.8)	60.6	(1.0)	58.8	(0.9)	59.5	(1.3)	55.3	(1.4)	38.3	(1.4)
西班牙	74.4	(0.5)	46.2	(0.8)	64.6	(0.6)	76.4	(0.6)	54.3	(0.7)	45.8	(0.7)	69.0	(0.8)	46.7	(1.2)	62.7	(0.8)
瑞典	55.7	(0.9)	56.9	(1.0)	31.9	(0.9)	77.2	(0.7)	59.3	(1.1)	49.7	(1.0)	47.5	(1.3)	50.2	(1.4)	29.3	(1.1)
瑞士	53.7	(0.9)	54.1	(1.0)	69.3	(0.8)	69.9	(0.8)	61.1	(1.1)	48.5	(0.9)	46.0	(1.2)	50.4	(1.3)	62.6	(1.2)
土耳其	66.0	(0.8)	45.0	(0.9)	59.4	(0.8)	83.7	(0.9)	50.3	(1.2)	58.1	(0.9)	64.5	(1.1)	48.5	(1.2)	59.4	(1.0)
英国	54.8	(0.9)	43.6	(1.1)	39.2	(0.9)	60.8	(0.9)	43.8	(0.9)	39.0	(1.0)	46.0	(1.3)	41.6	(1.5)	37.9	(1.3)
美国	45.6	(1.1)	45.5	(1.2)	32.4	(0.9)	57.0	(1.0)	47.3	(1.1)	35.5	(1.0)	40.4	(1.4)	42.5	(1.3)	30.9	(1.2)
OECD 平均	57.8	(0.2)	47.8	(0.2)	45.9	(0.2)	70.8	(0.1)	53.3	(0.2)	48.6	(0.2)	51.5	(0.2)	46.0	(0.2)	44.7	(0.2)
阿尔巴尼亚	76.5	(1.1)	32.3	(0.9)	63.6	(1.0)	84.4	(1.1)	33.0	(1.2)	70.9	(1.2)	76.1	(1.3)	34.2	(1.4)	63.7	(1.8)
阿根廷	67.1	(1.0)	47.4	(1.4)	67.3	(1.0)	78.4	(0.8)	57.6	(1.1)	48.9	(1.1)	63.1	(1.6)	48.3	(1.8)	65.3	(1.6)
巴西	60.1	(0.6)	37.2	(0.6)	51.7	(0.6)	82.9	(0.5)	45.8	(0.7)	54.5	(0.6)	55.0	(1.0)	37.8	(0.9)	52.5	(0.8)
保加利亚	81.0	(0.7)	53.1	(1.3)	49.7	(1.1)	89.0	(0.5)	54.7	(1.1)	85.2	(0.5)	79.0	(0.9)	53.7	(1.4)	53.3	(1.6)
哥伦比亚	68.0	(1.0)	43.9	(1.0)	60.4	(1.1)	57.0	(0.8)	51.4	(1.1)	49.0	(1.2)	64.4	(1.2)	44.6	(1.5)	58.7	(1.3)
哥斯达黎加	62.1	(1.0)	43.5	(1.2)	61.2	(1.0)	72.6	(1.0)	46.1	(1.2)	30.8	(1.0)	55.6	(1.7)	42.1	(1.6)	62.1	(1.3)
克罗地亚	62.7	(1.0)	53.1	(1.3)	75.6	(0.8)	83.9	(0.6)	53.6	(1.1)	63.5	(1.0)	58.5	(1.3)	50.3	(1.4)	69.3	(1.2)
塞浦路斯[1,2]	56.2	(0.7)	50.7	(0.9)	60.0	(0.9)	73.2	(0.8)	58.7	(0.9)	47.3	(0.8)	50.6	(1.1)	49.6	(1.2)	56.9	(1.4)
中国香港	56.4	(1.1)	38.6	(0.9)	25.1	(0.9)	60.7	(1.1)	41.3	(1.1)	22.2	(0.7)	51.0	(1.4)	40.2	(1.2)	25.1	(1.1)
印度尼西亚	79.4	(0.9)	42.9	(1.0)	62.6	(1.2)	81.5	(0.7)	55.6	(1.1)	59.4	(1.0)	76.6	(1.2)	44.2	(1.4)	62.3	(1.3)
约旦	63.3	(0.8)	51.3	(1.2)	61.2	(1.0)	76.6	(0.9)	48.4	(1.1)	65.5	(0.9)	61.2	(1.2)	53.6	(1.6)	58.5	(1.1)
哈萨克斯坦	41.8	(1.3)	20.6	(1.0)	29.1	(1.1)	60.4	(1.2)	21.8	(1.1)	43.0	(1.2)	44.6	(1.6)	24.3	(1.2)	30.5	(1.3)
拉脱维亚	60.0	(1.2)	53.8	(1.4)	45.4	(1.3)	85.2	(0.9)	48.1	(1.2)	76.7	(1.1)	58.4	(1.7)	50.2	(1.9)	47.9	(1.7)
列支敦士登	47.4	(3.3)	54.2	(3.5)	58.9	(3.1)	62.2	(3.5)	61.8	(3.7)	48.6	(3.2)	41.6	(5.1)	52.7	(4.8)	50.4	(4.3)
立陶宛	67.7	(0.8)	48.4	(1.1)	31.1	(0.8)	74.5	(0.7)	55.8	(1.1)	72.2	(0.9)	65.0	(1.3)	47.3	(1.4)	35.7	(1.3)
中国澳门	54.5	(0.9)	39.9	(0.8)	38.5	(0.9)	59.1	(0.8)	57.6	(0.7)	39.2	(0.8)	47.4	(1.3)	40.4	(1.1)	38.9	(1.3)
马来西亚	53.9	(1.0)	31.1	(0.9)	48.6	(0.9)	62.8	(0.9)	39.5	(1.0)	44.9	(0.9)	55.1	(1.4)	34.6	(1.1)	50.4	(1.2)
黑山共和国	57.6	(1.1)	43.2	(1.0)	50.3	(0.8)	80.3	(0.6)	40.4	(0.7)	68.3	(0.9)	54.9	(1.5)	41.2	(1.5)	50.1	(1.3)
秘鲁	60.1	(0.9)	53.1	(1.1)	41.2	(0.9)	80.0	(0.8)	53.2	(1.2)	37.6	(0.8)	57.8	(1.4)	52.7	(1.3)	43.0	(1.4)
卡塔尔	55.2	(0.6)	46.9	(0.6)	49.5	(0.6)	63.1	(1.6)	55.0	(1.6)	52.7	(1.6)	56.1	(0.7)	51.2	(0.8)	51.8	(0.9)
罗马尼亚	68.9	(1.0)	48.6	(1.2)	62.1	(0.9)	78.5	(0.9)	57.3	(1.3)	64.8	(0.9)	68.5	(1.3)	50.8	(1.5)	61.3	(1.3)
俄罗斯联邦	65.4	(0.9)	31.1	(1.0)	25.5	(1.0)	79.3	(0.9)	40.2	(1.3)	55.7	(1.4)	61.8	(1.6)	28.9	(1.3)	27.2	(1.2)
塞尔维亚	63.4	(1.0)	45.3	(1.3)	42.7	(1.0)	86.1	(0.7)	44.3	(1.2)	66.6	(1.2)	60.3	(1.3)	44.0	(1.5)	45.0	(1.2)
中国上海	50.4	(0.9)	34.7	(0.9)	24.4	(0.8)	52.5	(1.1)	40.6	(0.9)	32.7	(0.7)	44.4	(1.1)	33.7	(1.1)	25.5	(1.2)
新加坡	50.2	(0.9)	30.5	(0.8)	31.2	(0.9)	57.0	(1.0)	35.4	(0.9)	37.0	(1.0)	46.0	(1.1)	30.9	(1.0)	33.4	(1.1)
中国台北	57.4	(0.7)	37.2	(0.8)	32.7	(1.0)	41.2	(0.9)	42.6	(0.9)	42.8	(1.0)	50.6	(1.1)	33.1	(1.2)	35.2	(1.2)
泰国	75.4	(0.8)	44.1	(0.8)	48.0	(1.0)	50.3	(1.1)	38.3	(1.1)	39.5	(1.0)	72.8	(1.3)	43.5	(1.3)	52.9	(1.3)
突尼斯	62.1	(1.1)	54.8	(0.9)	65.6	(0.8)	69.1	(1.1)	56.8	(1.1)	60.7	(0.9)	61.5	(1.3)	57.2	(1.5)	64.9	(1.3)
阿拉伯联合酋长国	56.6	(0.8)	43.5	(0.7)	51.2	(0.8)	70.8	(0.8)	43.0	(0.7)	53.2	(1.0)	54.7	(1.1)	45.9	(1.0)	52.6	(1.1)
乌拉圭	65.3	(0.9)	48.9	(1.1)	62.5	(1.0)	76.7	(1.0)	46.3	(1.1)	65.9	(0.9)	59.7	(1.3)	47.1	(1.4)	61.4	(1.3)
越南	72.8	(0.9)	34.1	(1.0)	78.8	(1.0)	83.8	(1.0)	41.5	(1.1)	37.5	(1.0)	69.6	(1.2)	33.2	(1.3)	76.8	(1.3)

左侧分组标签：OECD、伙伴国家（地区）

附表 4.15 ■ 学生对数学学习失败的自我责任归因（续表 1）
学生表示"同意"或"非常同意"的百分比

数值以"%（标准误）"形式给出。

国家/地区	表示同意以下观点男生的百分比：有时候课程内容太难了	老师没有激发学生对这些内容的兴趣	有时候我运气不好	表示同意以下观点女生的百分比：我不是很擅长解决数学问题	老师这一周概念解释得不清楚	这周的测验我猜测了太多了	有时候课程内容太难了	老师没有激发学生对这些内容的兴趣	有时候我运气不好
OECD									
澳大利亚	50.3 (0.9)	48.7 (0.8)	38.0 (0.9)	60.2 (0.8)	50.4 (0.9)	40.9 (0.9)	64.0 (0.9)	48.8 (1.0)	37.3 (0.9)
奥地利	58.8 (1.4)	59.2 (1.4)	55.6 (1.6)	56.4 (1.2)	57.8 (1.5)	66.9 (1.4)	72.0 (1.3)	64.4 (1.4)	52.7 (1.3)
比利时	67.7 (1.0)	59.5 (1.2)	56.4 (0.9)	68.7 (0.9)	40.3 (1.1)	52.2 (1.1)	78.0 (1.0)	49.8 (1.3)	51.4 (1.1)
加拿大	51.6 (1.0)	53.3 (1.0)	38.8 (0.9)	56.4 (0.9)	48.3 (1.0)	47.1 (0.8)	64.1 (1.0)	50.2 (1.0)	34.7 (0.8)
智利	76.1 (1.1)	54.0 (1.5)	42.5 (1.4)	75.5 (1.0)	45.4 (1.4)	42.2 (1.3)	82.6 (0.9)	50.2 (1.6)	36.4 (1.3)
捷克共和国	75.7 (1.2)	65.2 (1.3)	79.6 (1.6)	72.8 (1.2)	54.2 (1.9)	34.1 (1.5)	86.2 (1.0)	64.0 (1.7)	79.9 (1.0)
丹麦	49.9 (1.5)	50.0 (1.4)	51.5 (1.1)	59.4 (1.4)	48.7 (1.4)	40.3 (1.4)	61.9 (1.4)	50.5 (1.5)	51.9 (1.5)
爱沙尼亚	80.4 (1.0)	55.3 (1.6)	65.7 (1.3)	69.0 (1.6)	58.2 (1.5)	56.5 (1.3)	87.8 (0.8)	55.7 (1.6)	58.9 (1.6)
芬兰	61.3 (1.4)	53.6 (1.4)	44.2 (1.0)	61.2 (1.2)	53.6 (1.4)	29.7 (1.2)	76.4 (1.1)	53.0 (1.3)	38.2 (1.3)
法国	71.3 (1.1)	65.3 (1.3)	49.7 (1.3)	74.8 (1.2)	52.5 (1.5)	85.7 (0.9)	82.3 (1.0)	65.0 (1.4)	46.6 (1.1)
德国	59.3 (1.4)	59.7 (1.4)	49.6 (1.4)	56.5 (1.4)	59.6 (1.5)	72.9 (1.3)	75.5 (1.4)	62.2 (1.5)	50.2 (1.6)
希腊	76.2 (1.3)	58.3 (1.4)	56.7 (1.1)	66.9 (1.2)	55.8 (1.3)	74.1 (1.3)	86.9 (0.9)	61.1 (1.4)	50.9 (1.1)
匈牙利	72.1 (1.3)	57.3 (1.6)	52.7 (1.7)	70.1 (1.4)	47.6 (1.6)	36.0 (1.3)	86.2 (0.8)	52.0 (1.9)	53.7 (1.4)
冰岛	53.5 (1.5)	41.7 (1.3)	42.0 (1.5)	53.9 (1.6)	44.9 (1.4)	28.2 (1.3)	65.8 (1.6)	40.3 (1.6)	36.5 (1.6)
爱尔兰	66.5 (1.2)	52.5 (1.5)	38.8 (1.1)	61.9 (1.3)	46.2 (1.2)	42.9 (1.2)	77.3 (1.0)	49.4 (1.4)	36.4 (1.3)
以色列	66.0 (1.5)	55.2 (1.4)	40.3 (1.3)	56.3 (1.2)	53.9 (1.6)	64.9 (1.2)	80.2 (1.0)	51.6 (1.3)	43.5 (1.0)
意大利	71.5 (0.7)	59.5 (0.8)	44.2 (0.8)	77.1 (0.7)	61.8 (0.7)	38.3 (0.7)	81.2 (0.5)	59.9 (0.8)	36.2 (0.7)
日本	61.2 (1.1)	24.6 (1.1)	24.3 (1.1)	61.7 (1.2)	22.7 (1.0)	19.6 (0.9)	66.8 (1.2)	19.8 (1.0)	18.3 (0.8)
韩国	52.1 (1.1)	49.6 (1.4)	43.7 (1.2)	50.5 (1.1)	16.8 (0.9)	45.9 (1.5)	51.2 (1.5)	44.5 (1.2)	32.2 (1.5)
卢森堡	57.9 (1.2)	57.6 (1.2)	52.6 (1.4)	61.3 (1.2)	53.2 (1.2)	67.2 (1.1)	75.6 (1.1)	59.1 (1.2)	54.4 (1.1)
墨西哥	66.5 (0.6)	47.9 (0.8)	30.3 (0.9)	64.9 (0.7)	41.3 (0.8)	27.7 (0.6)	82.6 (0.6)	42.7 (0.7)	25.3 (0.6)
荷兰	67.0 (1.4)	48.4 (1.5)	65.8 (1.7)	58.8 (2.1)	48.7 (1.6)	35.1 (1.5)	81.7 (1.1)	43.6 (1.7)	69.0 (1.5)
新西兰	52.7 (1.3)	49.1 (1.6)	38.7 (1.3)	60.4 (1.5)	50.0 (1.7)	37.8 (1.3)	64.8 (1.3)	49.9 (1.4)	32.8 (1.3)
挪威	67.2 (1.3)	64.7 (1.3)	61.8 (1.2)	69.2 (1.3)	35.1 (1.2)	29.5 (1.3)	81.5 (1.0)	67.2 (1.3)	58.0 (1.2)
波兰	68.5 (1.4)	49.4 (1.6)	57.4 (1.4)	65.1 (1.5)	43.0 (1.5)	29.5 (1.3)	78.2 (1.3)	42.7 (1.6)	55.5 (1.5)
葡萄牙	83.5 (0.9)	58.5 (1.3)	64.8 (1.3)	71.3 (1.0)	48.9 (1.6)	73.4 (1.2)	90.5 (0.8)	57.0 (1.5)	59.4 (1.5)
斯洛伐克共和国	71.8 (1.1)	61.5 (1.3)	72.9 (1.2)	66.9 (1.4)	55.9 (1.6)	29.4 (1.5)	78.0 (1.1)	58.2 (1.5)	74.5 (1.1)
斯洛文尼亚	76.3 (1.2)	61.8 (1.8)	60.4 (1.2)	72.2 (1.3)	57.6 (1.5)	35.5 (1.1)	86.2 (1.0)	59.3 (1.4)	57.2 (1.3)
西班牙	73.0 (0.9)	57.6 (1.1)	49.0 (1.2)	79.9 (0.7)	45.8 (1.2)	66.6 (1.2)	79.8 (0.7)	51.0 (1.1)	42.6 (1.0)
瑞典	70.1 (1.2)	55.7 (1.5)	51.1 (1.5)	63.5 (1.1)	63.3 (1.2)	34.0 (1.3)	84.0 (0.9)	62.7 (1.4)	48.4 (1.3)
瑞士	61.2 (1.2)	60.2 (1.4)	49.8 (1.1)	61.2 (1.3)	57.8 (1.5)	75.7 (0.9)	75.0 (0.9)	62.0 (1.2)	47.2 (1.1)
土耳其	81.6 (1.1)	53.4 (1.5)	63.4 (1.0)	67.6 (1.2)	41.4 (1.5)	59.3 (1.3)	85.9 (0.9)	47.2 (1.6)	52.9 (1.3)
英国	54.5 (1.2)	45.4 (1.2)	41.0 (1.4)	63.2 (1.2)	45.5 (1.2)	40.3 (1.2)	66.8 (1.2)	42.2 (1.2)	37.0 (1.2)
美国	52.3 (1.2)	47.8 (1.6)	38.0 (1.5)	50.7 (1.5)	44.8 (1.8)	33.1 (1.5)	62.8 (1.3)	45.8 (1.5)	33.0 (1.5)
OECD平均	65.5 (0.2)	54.2 (0.2)	50.3 (0.2)	64.0 (0.2)	49.7 (0.2)	47.0 (0.2)	76.1 (0.2)	52.4 (0.2)	46.9 (0.2)
伙伴国家（地区）									
阿尔巴尼亚	84.2 (1.8)	34.1 (1.7)	71.0 (1.5)	77.0 (1.4)	30.3 (1.3)	63.5 (1.6)	84.7 (1.0)	31.9 (1.3)	70.8 (1.6)
阿根廷	76.0 (1.3)	58.7 (1.6)	50.6 (1.7)	70.8 (1.4)	46.6 (1.6)	69.1 (1.3)	80.5 (0.9)	56.7 (1.2)	47.3 (1.7)
巴西	79.5 (0.7)	48.4 (0.9)	56.2 (1.2)	64.6 (0.7)	36.6 (0.9)	50.9 (0.9)	85.9 (0.6)	43.6 (0.9)	53.0 (0.8)
保加利亚	85.4 (0.8)	57.1 (1.3)	82.4 (0.8)	83.2 (1.0)	52.4 (1.7)	45.8 (1.3)	92.9 (0.6)	52.0 (1.6)	88.2 (0.3)
哥伦比亚	58.1 (1.3)	54.0 (1.3)	50.2 (1.5)	71.0 (1.2)	43.3 (1.2)	61.9 (1.4)	56.0 (1.2)	49.2 (1.6)	47.9 (1.5)
哥斯达黎加	67.4 (1.4)	48.3 (1.5)	33.6 (1.2)	68.0 (1.4)	44.7 (1.8)	61.2 (1.3)	77.4 (1.2)	44.1 (1.7)	28.2 (1.3)
克罗地亚	80.5 (1.0)	53.3 (1.5)	66.3 (1.2)	67.0 (1.3)	55.9 (1.8)	81.9 (1.1)	87.3 (0.8)	53.9 (1.6)	60.7 (1.6)
塞浦路斯[1,2]	68.8 (1.3)	57.9 (1.3)	56.0 (1.3)	62.0 (1.2)	51.9 (1.4)	63.1 (1.2)	77.7 (1.0)	59.5 (1.4)	43.6 (1.4)
中国香港	54.9 (1.4)	43.0 (1.4)	24.8 (0.9)	62.4 (1.6)	36.8 (1.6)	51.4 (1.6)	67.2 (1.6)	39.4 (1.5)	19.3 (1.0)
印度尼西亚	80.5 (1.0)	55.6 (1.3)	59.9 (1.2)	82.2 (1.0)	41.7 (1.6)	62.9 (1.6)	82.6 (0.8)	55.6 (1.6)	58.9 (1.2)
约旦	69.6 (1.1)	51.2 (1.4)	64.4 (1.3)	65.3 (1.6)	49.2 (1.7)	64.1 (1.4)	83.1 (1.1)	45.9 (1.5)	66.5 (1.0)
哈萨克斯坦	59.0 (1.5)	25.5 (1.3)	44.6 (1.2)	38.9 (1.5)	16.8 (1.2)	27.6 (1.3)	61.8 (1.6)	18.1 (1.2)	41.4 (1.7)
拉脱维亚	81.1 (1.3)	59.7 (1.4)	76.5 (1.3)	61.6 (1.8)	57.5 (1.7)	42.9 (1.7)	89.4 (1.0)	45.9 (1.4)	76.9 (1.4)
列支敦士登	50.9 (5.1)	59.7 (4.8)	47.3 (4.8)	53.4 (4.6)	55.8 (4.9)	67.5 (4.0)	73.8 (4.3)	64.0 (5.3)	50.0 (4.9)
立陶宛	70.6 (1.0)	58.2 (1.4)	70.4 (1.0)	70.5 (1.1)	49.5 (1.4)	26.4 (1.3)	78.4 (1.1)	53.4 (1.3)	74.0 (1.3)
中国澳门	54.9 (1.0)	58.4 (1.1)	43.1 (1.2)	62.2 (1.2)	39.3 (1.1)	38.1 (1.3)	63.8 (1.1)	56.7 (1.0)	35.0 (1.2)
马来西亚	62.4 (1.4)	41.5 (1.3)	45.9 (1.4)	54.6 (1.3)	28.1 (1.2)	46.9 (1.2)	68.1 (1.1)	37.7 (1.4)	44.0 (1.2)
黑山共和国	75.8 (1.3)	40.3 (1.3)	69.3 (1.3)	60.2 (1.4)	45.0 (1.4)	50.4 (1.3)	84.7 (0.9)	40.5 (1.3)	67.4 (1.2)
秘鲁	79.3 (1.2)	53.9 (1.2)	40.5 (1.5)	62.3 (1.2)	53.5 (1.5)	39.5 (1.4)	80.6 (1.2)	52.4 (1.4)	34.9 (1.3)
卡塔尔	62.2 (0.9)	53.8 (0.7)	56.5 (0.8)	54.3 (0.9)	42.7 (0.9)	47.2 (0.9)	64.0 (0.8)	46.8 (0.8)	48.9 (0.9)
罗马尼亚	78.1 (1.0)	59.2 (1.2)	64.0 (1.4)	62.9 (1.2)	46.6 (1.2)	62.9 (1.2)	79.0 (1.2)	55.4 (1.6)	65.7 (1.1)
俄罗斯联邦	75.7 (1.1)	40.4 (1.6)	57.4 (1.2)	70.1 (1.1)	33.3 (1.4)	23.9 (1.2)	80.1 (1.0)	38.2 (1.5)	53.9 (1.2)
塞尔维亚	84.0 (0.9)	43.4 (1.5)	67.9 (1.2)	66.5 (1.4)	46.6 (1.4)	40.5 (1.4)	88.2 (0.9)	45.2 (1.5)	65.3 (1.6)
中国上海	47.8 (1.2)	40.1 (1.4)	34.3 (1.4)	56.3 (1.4)	23.4 (1.0)		56.9 (1.5)	41.0 (1.3)	31.1 (1.3)
新加坡	55.4 (1.0)	39.1 (1.2)	41.4 (1.2)	54.5 (1.1)	30.0 (1.1)	29.0 (1.0)	58.8 (1.1)	31.5 (1.1)	32.4 (1.1)
中国台北	39.5 (1.1)	43.7 (1.4)	44.4 (1.5)	64.1 (1.2)	31.3 (1.1)	30.2 (1.3)	42.9 (1.4)	31.8 (1.1)	41.3 (1.2)
泰国	54.5 (1.5)	46.4 (1.6)	47.5 (1.4)	77.5 (1.0)	40.9 (1.2)	44.1 (1.3)	46.9 (1.3)	31.8 (1.2)	33.2 (1.2)
突尼斯	66.9 (1.4)	58.2 (1.2)	62.0 (1.2)	62.6 (1.3)	52.7 (1.4)	66.2 (1.2)	71.1 (1.3)	55.6 (1.6)	59.6 (1.2)
阿拉伯联合酋长国	69.2 (1.0)	46.7 (1.2)	58.5 (1.1)	58.4 (1.3)	41.3 (1.4)	49.8 (1.2)	72.3 (1.1)	39.5 (1.0)	48.3 (1.2)
乌拉圭	73.3 (1.3)	48.2 (1.5)	66.4 (1.6)	70.0 (1.2)	50.4 (1.3)	63.5 (1.2)	79.6 (1.0)	44.7 (1.3)	65.5 (1.2)
越南	80.7 (1.0)	39.4 (1.5)	38.1 (1.5)	75.4 (1.2)	34.8 (1.2)	80.6 (1.2)	86.4 (0.9)	43.3 (1.5)	36.9 (1.3)

1. 土耳其注：本书中"塞浦路斯"相关的信息是指塞浦路斯岛南部。没有任何一个权力组织能够代表岛上的土耳其和希腊塞浦路斯人。土耳其承认北塞浦路斯土耳其共和国。除非在联合国找到一种长期的平衡的解决方案，否则土耳其将保持其对"塞浦路斯"问题的立场。

2. OECD 和欧盟成员注：塞浦路斯共和国得到了除土耳其外所有联合国成员的承认。本书中的信息是指在塞浦路斯共和国政府有效控制区域内的。

附表 4.16 ■ 对数学学习失败的自我责任归因指数和按该指数四等分划分的数学成绩

结果基于学生自我报告

		对数学学习失败的自我责任归因指数:														
		全体学生		该指数的变量		男生		女生		性别差异(男一女)		最低 1/4		第二个 1/4		第三个 1/4		最高 1/4	
		指数平均值	标准误	标准差	标准误	指数平均值	标准误	指数平均值	标准误	差异值	标准误	指数平均值	标准误	指数平均值	标准误	指数平均值	标准误	指数平均值	标准误
OECD	澳大利亚	−0.24	(0.01)	1.06	(0.02)	−0.38	(0.02)	−0.09	(0.02)	**−0.29**	(0.03)	−1.51	(0.03)	−0.48	(0.01)	0.06	(0.02)	0.97	(0.02)
	奥地利	0.15	(0.02)	0.92	(0.02)	0.02	(0.02)	0.27	(0.02)	**−0.25**	(0.03)	−0.95	(0.03)	−0.04	(0.02)	0.40	(0.02)	1.20	(0.03)
	比利时	0.05	(0.01)	0.90	(0.02)	0.00	(0.02)	0.09	(0.02)	**−0.09**	(0.03)	−1.02	(0.02)	−0.18	(0.02)	0.29	(0.01)	1.11	(0.02)
	加拿大	−0.20	(0.02)	1.09	(0.01)	−0.30	(0.02)	−0.10	(0.02)	**−0.20**	(0.03)	−1.53	(0.03)	−0.41	(0.02)	0.11	(0.01)	1.03	(0.02)
	智利	0.04	(0.02)	0.96	(0.02)	0.00	(0.03)	0.09	(0.03)	**−0.09**	(0.04)	−1.08	(0.03)	−0.19	(0.02)	0.28	(0.02)	1.17	(0.03)
	捷克共和国	0.30	(0.02)	0.80	(0.03)	0.23	(0.03)	0.37	(0.03)	**−0.14**	(0.04)	−0.60	(0.03)	0.06	(0.03)	0.47	(0.02)	1.27	(0.04)
	丹麦	−0.15	(0.02)	0.88	(0.03)	−0.27	(0.03)	−0.04	(0.03)	**−0.24**	(0.04)	−1.25	(0.03)	−0.33	(0.02)	0.11	(0.02)	0.85	(0.03)
	爱沙尼亚	0.24	(0.02)	0.83	(0.02)	0.18	(0.03)	0.29	(0.03)	**−0.11**	(0.03)	−0.71	(0.04)	0.06	(0.01)	0.44	(0.02)	1.15	(0.03)
	芬兰	−0.12	(0.02)	0.95	(0.02)	−0.21	(0.03)	−0.03	(0.03)	**−0.18**	(0.03)	−1.21	(0.03)	−0.38	(0.03)	0.10	(0.02)	1.00	(0.04)
	法国	0.32	(0.02)	0.86	(0.03)	0.25	(0.03)	0.39	(0.03)	**−0.14**	(0.04)	−0.65	(0.04)	0.06	(0.03)	0.50	(0.01)	1.36	(0.03)
	德国	0.12	(0.02)	0.93	(0.03)	−0.01	(0.03)	0.27	(0.03)	**−0.28**	(0.03)	−0.98	(0.03)	−0.06	(0.02)	0.39	(0.02)	1.15	(0.03)
	希腊	0.35	(0.02)	0.95	(0.03)	0.24	(0.03)	0.46	(0.03)	**−0.22**	(0.03)	−0.73	(0.04)	0.12	(0.02)	0.58	(0.02)	1.45	(0.04)
	匈牙利	0.06	(0.02)	0.89	(0.03)	−0.01	(0.04)	0.13	(0.02)	**−0.15**	(0.04)	−0.92	(0.05)	−0.15	(0.02)	0.26	(0.01)	1.08	(0.04)
	冰岛	−0.36	(0.02)	1.18	(0.03)	−0.45	(0.04)	−0.26	(0.04)	**−0.19**	(0.05)	−1.75	(0.04)	−0.61	(0.02)	−0.05	(0.02)	0.99	(0.05)
	爱尔兰	−0.10	(0.02)	0.96	(0.03)	−0.20	(0.03)	0.00	(0.03)	**−0.19**	(0.04)	−1.24	(0.04)	−0.32	(0.02)	0.15	(0.02)	1.01	(0.04)
	以色列	0.04	(0.02)	1.11	(0.03)	−0.07	(0.03)	0.14	(0.03)	**−0.21**	(0.04)	−1.29	(0.05)	−0.16	(0.02)	0.34	(0.02)	1.29	(0.04)
	意大利	0.10	(0.01)	0.86	(0.01)	0.08	(0.01)	0.13	(0.01)	**−0.06**	(0.02)	−0.88	(0.02)	−0.12	(0.01)	0.30	(0.01)	1.12	(0.02)
	日本	−0.68	(0.02)	1.20	(0.02)	−0.71	(0.04)	−0.64	(0.03)	−0.07	(0.04)	−2.11	(0.04)	−0.96	(0.02)	−0.38	(0.02)	0.73	(0.04)
	韩国	−0.33	(0.02)	0.90	(0.02)	−0.36	(0.03)	−0.30	(0.03)	0.05	(0.04)	−1.39	(0.03)	−0.55	(0.02)	−0.07	(0.01)	0.69	(0.03)
	卢森堡	0.10	(0.02)	1.11	(0.02)	−0.05	(0.02)	0.25	(0.03)	**−0.30**	(0.03)	−1.19	(0.02)	−0.11	(0.01)	0.38	(0.02)	1.33	(0.04)
	墨西哥	−0.26	(0.01)	1.00	(0.01)	−0.23	(0.02)	−0.29	(0.02)	0.06	(0.02)	−1.43	(0.02)	−0.50	(0.01)	−0.03	(0.01)	0.91	(0.02)
	荷兰	−0.01	(0.02)	0.82	(0.02)	−0.11	(0.04)	0.10	(0.03)	**−0.21**	(0.04)	−0.93	(0.04)	−0.17	(0.01)	0.18	(0.02)	0.88	(0.03)
	新西兰	−0.23	(0.03)	1.04	(0.03)	−0.34	(0.04)	−0.12	(0.04)	**−0.22**	(0.04)	−1.48	(0.04)	−0.46	(0.02)	0.08	(0.02)	0.96	(0.04)
	挪威	0.16	(0.02)	0.95	(0.02)	0.05	(0.04)	0.26	(0.03)	**−0.21**	(0.04)	−0.87	(0.05)	−0.05	(0.02)	0.34	(0.02)	1.22	(0.04)
	波兰	−0.07	(0.03)	1.06	(0.03)	−0.11	(0.04)	−0.03	(0.04)	−0.08	(0.04)	−1.33	(0.05)	−0.31	(0.02)	0.19	(0.02)	1.18	(0.04)
	葡萄牙	0.28	(0.02)	0.79	(0.03)	0.25	(0.04)	0.30	(0.02)	−0.05	(0.04)	−0.61	(0.04)	0.07	(0.03)	0.48	(0.01)	1.17	(0.04)
	斯洛伐克共和国	0.21	(0.02)	0.99	(0.03)	0.18	(0.04)	0.25	(0.03)	**−0.07**	(0.04)	−0.93	(0.04)	−0.04	(0.02)	0.44	(0.02)	1.38	(0.05)
	斯洛文尼亚	0.19	(0.02)	0.94	(0.02)	0.15	(0.03)	0.23	(0.03)	**−0.08**	(0.04)	−0.86	(0.03)	−0.03	(0.02)	0.41	(0.02)	1.29	(0.03)
	西班牙	0.21	(0.01)	0.85	(0.01)	0.20	(0.02)	0.22	(0.02)	−0.03	(0.02)	−0.73	(0.02)	−0.01	(0.01)	0.39	(0.01)	1.22	(0.02)
	瑞典	0.02	(0.02)	0.92	(0.03)	−0.12	(0.03)	0.15	(0.02)	**−0.27**	(0.03)	−1.03	(0.04)	−0.16	(0.01)	0.25	(0.01)	1.02	(0.03)
	瑞士	0.15	(0.02)	0.90	(0.02)	0.01	(0.03)	0.29	(0.03)	**−0.28**	(0.03)	−0.92	(0.03)	−0.01	(0.02)	0.38	(0.02)	1.14	(0.03)
	土耳其	0.26	(0.02)	1.08	(0.03)	0.31	(0.03)	0.21	(0.03)	0.10	(0.03)	−0.99	(0.04)	−0.03	(0.02)	0.50	(0.02)	1.55	(0.04)
	英国	−0.23	(0.02)	0.96	(0.02)	−0.34	(0.03)	−0.13	(0.03)	**−0.21**	(0.03)	−1.38	(0.03)	−0.46	(0.02)	0.05	(0.02)	0.87	(0.02)
	美国	−0.35	(0.02)	1.17	(0.02)	−0.44	(0.04)	−0.27	(0.03)	**−0.16**	(0.04)	−1.81	(0.04)	−0.56	(0.02)	0.04	(0.02)	0.95	(0.03)
	OECD 平均	0.00	(0.00)	0.97	(0.00)	−0.07	(0.00)	0.08	(0.00)	**−0.15**	(0.01)	−1.13	(0.01)	−0.22	(0.00)	0.24	(0.00)	1.11	(0.01)
伙伴国家(地区)	阿尔巴尼亚	0.14	(0.02)	0.84	(0.02)	0.17	(0.03)	0.12	(0.03)	0.05	(0.04)	−0.81	(0.04)	−0.07	(0.02)	0.33	(0.02)	1.13	(0.04)
	阿根廷	0.24	(0.03)	1.09	(0.03)	0.21	(0.04)	0.26	(0.03)	−0.06	(0.03)	−1.03	(0.06)	0.01	(0.03)	0.49	(0.02)	1.48	(0.05)
	巴西	0.08	(0.01)	0.98	(0.01)	0.07	(0.02)	0.09	(0.01)	−0.03	(0.02)	−1.05	(0.02)	−0.17	(0.02)	0.32	(0.01)	1.23	(0.02)
	保加利亚	0.47	(0.03)	0.99	(0.03)	0.48	(0.03)	0.47	(0.03)	0.01	(0.03)	−0.57	(0.04)	0.19	(0.02)	0.61	(0.02)	1.66	(0.05)
	哥伦比亚	0.01	(0.02)	0.98	(0.02)	0.02	(0.03)	0.01	(0.02)	0.01	(0.03)	−1.15	(0.04)	−0.20	(0.02)	0.25	(0.02)	1.15	(0.03)
	哥斯达黎加	−0.05	(0.02)	1.01	(0.02)	−0.09	(0.03)	−0.01	(0.02)	−0.08	(0.03)	−1.24	(0.04)	−0.24	(0.02)	0.21	(0.02)	1.08	(0.04)
	克罗地亚	0.42	(0.02)	0.96	(0.02)	0.35	(0.03)	0.50	(0.03)	**−0.15**	(0.03)	−0.67	(0.04)	0.16	(0.02)	0.62	(0.02)	1.57	(0.04)
	塞浦路斯[1,2]	0.13	(0.02)	1.13	(0.02)	0.05	(0.03)	0.21	(0.03)	**−0.17**	(0.03)	−1.23	(0.03)	−0.07	(0.02)	0.44	(0.02)	1.38	(0.04)
	中国香港	−0.39	(0.02)	1.01	(0.02)	−0.44	(0.03)	−0.34	(0.03)	**−0.10**	(0.04)	−1.56	(0.04)	−0.66	(0.03)	−0.13	(0.02)	0.79	(0.03)
	印度尼西亚	0.12	(0.02)	0.91	(0.02)	0.10	(0.02)	0.14	(0.02)	−0.04	(0.02)	−0.95	(0.03)	−0.09	(0.02)	0.38	(0.02)	1.13	(0.03)
	约旦	0.29	(0.03)	1.26	(0.02)	0.28	(0.04)	0.30	(0.03)	−0.01	(0.05)	−1.14	(0.05)	−0.04	(0.02)	0.53	(0.03)	1.82	(0.06)
	哈萨克斯坦	−0.67	(0.03)	1.12	(0.02)	−0.61	(0.04)	−0.73	(0.03)	0.12	(0.04)	−2.07	(0.06)	−0.92	(0.04)	−0.33	(0.02)	0.64	(0.04)
	拉脱维亚	0.19	(0.02)	0.78	(0.02)	0.19	(0.03)	0.20	(0.03)	−0.01	(0.03)	−0.70	(0.04)	0.02	(0.02)	0.39	(0.02)	1.07	(0.03)
	列支敦士登	0.12	(0.06)	0.79	(0.06)	−0.06	(0.08)	0.30	(0.08)	**−0.35**	(0.11)	−0.84	(0.10)	−0.04	(0.06)	0.30	(0.06)	1.07	(0.10)
	立陶宛	0.17	(0.02)	1.00	(0.02)	0.13	(0.03)	0.20	(0.02)	**−0.07**	(0.03)	−1.02	(0.03)	0.02	(0.02)	0.42	(0.02)	1.36	(0.03)
	中国澳门	−0.12	(0.02)	0.98	(0.02)	−0.16	(0.02)	−0.07	(0.02)	**−0.09**	(0.03)	−1.28	(0.03)	−0.36	(0.02)	0.14	(0.01)	1.04	(0.02)
	马来西亚	−0.16	(0.02)	0.94	(0.02)	−0.15	(0.02)	−0.18	(0.02)	0.03	(0.03)	−1.26	(0.04)	−0.43	(0.02)	0.08	(0.02)	0.95	(0.04)
	黑山共和国	0.07	(0.02)	1.08	(0.02)	0.00	(0.02)	0.15	(0.02)	**−0.15**	(0.03)	−1.20	(0.04)	−0.15	(0.02)	0.36	(0.02)	1.28	(0.03)
	秘鲁	0.03	(0.02)	0.90	(0.02)	0.04	(0.02)	0.01	(0.02)	0.03	(0.03)	−1.01	(0.02)	−0.21	(0.01)	0.22	(0.01)	1.10	(0.04)
	卡塔尔	−0.03	(0.02)	1.44	(0.02)	0.07	(0.02)	−0.13	(0.02)	0.20	(0.03)	−1.77	(0.04)	−0.32	(0.01)	0.35	(0.01)	1.61	(0.02)
	罗马尼亚	0.34	(0.03)	0.99	(0.02)	0.34	(0.03)	0.33	(0.03)	0.02	(0.03)	−0.79	(0.04)	0.06	(0.03)	0.54	(0.02)	1.53	(0.04)
	俄罗斯联邦	−0.14	(0.02)	0.86	(0.02)	−0.16	(0.02)	−0.12	(0.02)	−0.04	(0.03)	−1.12	(0.04)	−0.35	(0.02)	0.06	(0.02)	0.85	(0.04)
	塞尔维亚	0.20	(0.02)	1.03	(0.03)	0.17	(0.03)	0.23	(0.03)	−0.06	(0.03)	−0.99	(0.04)	−0.05	(0.02)	0.42	(0.02)	1.41	(0.04)
	中国上海	−0.49	(0.02)	1.05	(0.02)	−0.59	(0.03)	−0.40	(0.03)	**−0.19**	(0.03)	−1.76	(0.04)	−0.73	(0.02)	−0.17	(0.02)	0.70	(0.04)
	新加坡	−0.48	(0.02)	1.07	(0.02)	−0.48	(0.02)	−0.49	(0.02)	0.01	(0.03)	−1.82	(0.04)	−0.72	(0.02)	−0.12	(0.02)	0.73	(0.03)
	中国台北	−0.39	(0.02)	1.31	(0.02)	−0.43	(0.04)	−0.35	(0.02)	**−0.08**	(0.04)	−1.94	(0.04)	−0.73	(0.03)	−0.07	(0.02)	1.19	(0.04)
	泰国	−0.21	(0.02)	1.06	(0.02)	−0.09	(0.03)	−0.31	(0.02)	0.22	(0.03)	−1.50	(0.04)	−0.52	(0.02)	0.12	(0.03)	1.05	(0.04)
	突尼斯	0.30	(0.02)	1.06	(0.02)	0.29	(0.04)	0.32	(0.03)	−0.03	(0.04)	−0.93	(0.04)	0.02	(0.03)	0.56	(0.02)	1.57	(0.04)
	阿拉伯联合酋长国	−0.01	(0.02)	1.17	(0.02)	0.05	(0.03)	−0.07	(0.02)	0.12	(0.05)	−1.41	(0.04)	−0.28	(0.01)	0.29	(0.02)	1.35	(0.04)
	乌拉圭	0.24	(0.02)	1.03	(0.02)	0.22	(0.03)	0.26	(0.03)	−0.05	(0.04)	−0.91	(0.04)	−0.01	(0.02)	0.44	(0.02)	1.45	(0.04)
	越南	0.10	(0.01)	0.63	(0.01)	0.04	(0.02)	0.14	(0.02)	**−0.10**	(0.02)	−0.66	(0.02)	−0.10	(0.02)	0.26	(0.01)	0.88	(0.02)

附表 4.16 ■ 对数学学习失败的自我责任归因指数和按该指数四等分划分的数学成绩(续表 1)

结果基于学生自我报告

| | | 数学成绩,按该国在该指数上的四等分划分 | | | | | | | | 该指数每单位变化对应的数学成绩变化 | | 该指数位于最低1/4的学生,数学成绩也位于最低1/4的可能性增加比率 | | 解释的学生成绩变异 ($r^2 \times 100$) | |
| | | 最低 1/4 | | 第二个 1/4 | | 第三个 1/4 | | 最高 1/4 | | | | | | | |
		平均成绩	标准误	平均成绩	标准误	平均成绩	标准误	平均成绩	标准误	效应	标准误	比率	标准误	%	标准误
OECD	澳大利亚	533	(3.1)	521	(2.9)	502	(2.3)	474	(2.9)	−19.8	(1.3)	0.7	(0.0)	4.9	(0.6)
	奥地利	514	(4.3)	516	(4.5)	511	(4.3)	497	(4.0)	−7.3	(1.6)	1.0	(0.1)	0.6	(0.2)
	比利时	541	(4.0)	531	(3.2)	519	(3.5)	493	(3.7)	−18.4	(2.0)	0.8	(0.1)	2.8	(0.6)
	加拿大	538	(3.1)	532	(3.3)	521	(3.0)	494	(2.8)	−14.3	(1.1)	0.7	(0.1)	3.2	(0.5)
	智利	448	(4.6)	433	(3.7)	417	(3.8)	399	(3.8)	−18.8	(1.9)	0.6	(0.1)	5.1	(1.0)
	捷克共和国	531	(4.9)	513	(4.8)	500	(3.9)	472	(4.8)	−25.1	(3.2)	0.6	(0.1)	5.0	(1.2)
	丹麦	524	(3.4)	506	(4.2)	496	(4.0)	481	(3.8)	−18.3	(2.1)	0.6	(0.1)	4.0	(0.9)
	爱沙尼亚	531	(4.2)	526	(3.9)	524	(3.2)	507	(3.3)	−12.7	(2.1)	0.9	(0.1)	1.7	(0.6)
	芬兰	548	(3.5)	530	(3.4)	517	(3.3)	497	(3.6)	−19.5	(1.8)	0.6	(0.1)	5.0	(0.9)
	法国	511	(5.5)	514	(4.8)	499	(3.8)	472	(3.8)	−15.6	(2.9)	1.0	(0.1)	2.0	(0.7)
	德国	538	(5.1)	533	(4.5)	523	(4.7)	505	(5.1)	−10.1	(2.5)	0.8	(0.1)	1.0	(0.5)
	希腊	461	(4.0)	460	(4.7)	454	(4.8)	440	(3.9)	−8.9	(1.8)	0.9	(0.1)	0.9	(0.4)
	匈牙利	506	(4.9)	484	(6.1)	475	(4.5)	451	(3.9)	−22.1	(2.3)	0.7	(0.1)	4.4	(0.8)
	冰岛	514	(4.3)	496	(4.4)	495	(4.2)	475	(3.7)	−11.4	(1.7)	0.7	(0.1)	2.3	(0.7)
	爱尔兰	523	(3.4)	511	(3.7)	497	(3.7)	478	(3.6)	−16.7	(2.0)	0.7	(0.1)	3.7	(0.9)
	以色列	471	(6.8)	480	(6.6)	479	(5.6)	450	(5.1)	−3.2	(2.1)	1.0	(0.1)	0.1	(0.1)
	意大利	503	(2.9)	497	(3.1)	484	(2.8)	461	(2.5)	−16.3	(1.3)	0.8	(0.0)	2.3	(0.4)
	日本	555	(5.1)	544	(4.4)	536	(4.6)	518	(5.3)	−11.8	(1.3)	0.7	(0.1)	2.3	(0.5)
	韩国	566	(6.2)	561	(6.6)	561	(5.4)	530	(5.3)	−12.5	(2.5)	0.8	(0.1)	1.3	(0.5)
	卢森堡	502	(4.0)	505	(3.4)	493	(4.3)	471	(3.7)	−9.0	(1.7)	0.9	(0.1)	1.1	(0.4)
	墨西哥	433	(2.2)	423	(1.8)	412	(1.8)	389	(1.9)	−16.4	(0.8)	0.6	(0.1)	4.0	(0.4)
	荷兰	534	(5.3)	542	(5.7)	531	(5.5)	507	(5.0)	−11.5	(3.0)	0.7	(0.1)	1.1	(0.6)
	新西兰	530	(4.4)	511	(4.9)	501	(4.3)	468	(4.5)	−20.8	(1.6)	0.7	(0.1)	4.9	(0.8)
	挪威	524	(5.0)	500	(4.1)	491	(4.0)	458	(3.8)	−25.3	(2.2)	0.6	(0.1)	7.3	(1.2)
	波兰	559	(6.2)	519	(4.2)	506	(4.2)	487	(4.3)	−24.1	(1.9)	0.4	(0.1)	8.1	(1.1)
	葡萄牙	503	(5.4)	497	(5.3)	482	(4.9)	472	(5.0)	−16.6	(2.7)	0.8	(0.1)	2.0	(0.6)
	斯洛伐克共和国	511	(4.9)	487	(6.2)	482	(4.8)	456	(4.8)	−19.9	(2.0)	0.6	(0.1)	3.9	(0.7)
	斯洛文尼亚	518	(4.1)	508	(5.3)	505	(4.5)	488	(4.1)	−12.3	(2.1)	0.9	(0.1)	1.7	(0.5)
	西班牙	490	(2.7)	493	(2.9)	487	(2.8)	476	(2.6)	−7.6	(1.6)	0.9	(0.1)	0.6	(0.2)
	瑞典	509	(3.9)	490	(5.1)	480	(4.5)	452	(4.1)	−22.5	(1.9)	0.6	(0.1)	5.1	(0.8)
	瑞士	527	(4.6)	542	(4.3)	534	(4.1)	523	(3.9)	−2.1	(1.8)	**1.2**	(0.1)	0.0	(0.1)
	土耳其	454	(6.8)	456	(6.8)	449	(6.1)	435	(4.7)	−8.9	(2.1)	0.9	(0.1)	1.1	(0.5)
	英国	510	(4.7)	504	(5.0)	495	(4.0)	471	(4.4)	−15.5	(1.8)	0.7	(0.1)	2.6	(0.6)
	美国	501	(5.0)	493	(4.9)	482	(5.2)	457	(5.0)	−12.3	(1.5)	0.7	(0.1)	2.6	(0.6)
	OECD平均	514	(0.8)	505	(0.8)	495	(0.7)	474	(0.7)	−14.9	(0.3)	0.8	(0.0)	2.9	(0.1)
伙伴国家(地区)	阿尔巴尼亚	388	(5.4)	395	(4.6)	396	(4.5)	401	(3.9)	4.5	(2.8)	1.2	(0.1)	0.2	(0.2)
	阿根廷	400	(4.9)	397	(4.2)	395	(3.7)	378	(4.7)	−5.9	(1.8)	0.9	(0.1)	0.4	(0.4)
	巴西	400	(3.4)	402	(2.8)	398	(3.3)	379	(2.4)	−8.6	(1.0)	0.9	(0.1)	1.2	(0.3)
	保加利亚	456	(5.7)	445	(5.6)	441	(4.7)	428	(5.2)	−13.3	(2.0)	0.8	(0.1)	2.0	(0.6)
	哥伦比亚	378	(3.9)	384	(4.1)	386	(3.5)	376	(4.1)	−2.0	(1.2)	1.0	(0.1)	0.1	(0.1)
	哥斯达黎加	409	(4.4)	414	(4.8)	407	(4.9)	403	(4.3)	−4.6	(1.8)	1.0	(0.1)	0.3	(0.3)
	克罗地亚	474	(5.8)	479	(4.9)	475	(5.2)	458	(4.2)	−6.3	(2.1)	1.0	(0.1)	0.5	(0.3)
	塞浦路斯[1,2]	457	(3.7)	453	(4.2)	439	(3.5)	420	(3.4)	−10.4	(1.5)	0.6	(0.1)	1.7	(0.5)
	中国香港	591	(5.2)	572	(5.0)	558	(4.4)	528	(5.6)	−22.2	(2.3)	0.6	(0.1)	5.4	(1.1)
	印度尼西亚	375	(4.4)	378	(5.5)	377	(5.2)	374	(4.8)	0.9	(1.5)	1.0	(0.1)	0.0	(0.1)
	约旦	406	(4.2)	397	(4.4)	389	(3.7)	373	(3.5)	−11.2	(1.0)	0.7	(0.1)	3.6	(0.6)
	哈萨克斯坦	441	(4.4)	437	(4.3)	433	(4.0)	416	(4.4)	−8.6	(1.7)	0.8	(0.1)	1.8	(0.7)
	拉脱维亚	503	(4.5)	488	(4.4)	488	(4.8)	484	(4.4)	−11.8	(2.0)	0.8	(0.1)	1.3	(0.4)
	列支敦士登	518	(14.0)	553	(16.1)	529	(20.2)	539	(17.1)	2.0	(10.2)	1.4	(0.4)	0.1	(0.7)
	立陶宛	494	(4.1)	489	(4.3)	480	(4.5)	459	(4.2)	−12.7	(1.9)	0.8	(0.1)	2.0	(0.6)
	中国澳门	560	(2.5)	548	(3.5)	534	(3.5)	517	(3.5)	−16.2	(1.8)	0.6	(0.1)	2.9	(0.6)
	马来西亚	435	(4.9)	422	(4.2)	419	(4.3)	411	(4.0)	−10.1	(1.8)	0.8	(0.1)	1.4	(0.5)
	黑山共和国	424	(3.9)	415	(3.9)	410	(3.8)	399	(3.3)	−8.2	(1.6)	0.8	(0.1)	1.2	(0.5)
	秘鲁	383	(4.3)	383	(4.7)	375	(5.5)	354	(5.0)	−13.5	(2.0)	0.8	(0.1)	2.1	(0.6)
	卡塔尔	405	(2.8)	398	(2.5)	377	(2.9)	352	(2.5)	−12.2	(0.9)	0.6	(0.1)	4.6	(0.5)
	罗马尼亚	455	(5.0)	453	(4.5)	445	(4.6)	433	(5.2)	−9.8	(2.0)	0.7	(0.1)	1.4	(0.6)
	俄罗斯联邦	502	(4.0)	492	(5.6)	478	(4.6)	459	(3.9)	−19.5	(2.0)	0.7	(0.1)	3.8	(0.8)
	塞尔维亚	459	(4.5)	459	(5.0)	453	(5.8)	435	(5.4)	−9.0	(1.8)	0.8	(0.1)	1.1	(0.4)
	中国上海	639	(4.8)	626	(4.2)	609	(4.6)	577	(5.2)	−20.8	(2.1)	0.6	(0.1)	4.0	(0.6)
	新加坡	596	(3.5)	592	(4.1)	566	(4.1)	538	(3.6)	−19.6	(1.7)	0.6	(0.1)	4.0	(0.6)
	中国台北	612	(4.2)	578	(4.9)	554	(5.3)	499	(4.7)	−30.9	(1.3)	0.3	(0.0)	12.2	(1.0)
	泰国	458	(4.6)	431	(4.7)	420	(4.4)	401	(3.9)	−19.9	(1.5)	0.5	(0.1)	6.6	(0.9)
	突尼斯	400	(3.5)	392	(5.2)	390	(5.3)	381	(4.6)	−7.9	(1.7)	0.9	(0.1)	0.9	(0.5)
	阿拉伯联合酋长国	457	(4.1)	449	(3.3)	431	(3.8)	408	(3.4)	−15.2	(1.4)	0.7	(0.0)	4.1	(0.7)
	乌拉圭	423	(4.5)	428	(4.4)	419	(5.0)	389	(4.3)	−14.8	(1.7)	0.8	(0.1)	3.1	(0.7)
	越南	505	(6.0)	511	(5.8)	516	(5.3)	513	(6.2)	5.4	(3.0)	**1.2**	(0.1)	0.2	(0.2)

注:统计上有显著性的值用粗体表示。

1. 土耳其注:本书中"塞浦路斯"相关的信息是指塞浦路斯岛南部。没有任何一个权力组织能够代表岛上的土耳其和希腊塞浦路斯人。土耳其承认北塞浦路斯土耳其共和国。除非在联合国找到一种长期的平衡的解决方案,否则土耳其将保持其对"塞浦路斯"问题的立场。

2. OECD 和欧盟成员注:塞浦路斯共和国得到了除土耳其外所有联合国成员的承认。本书中的信息是指在塞浦路斯共和国政府有效控制区域内的。

附表 4.17 ■ 学生对数学学习取得成功的自我控制感

学生"同意"或"非常同意"的百分比(a)或"不同意"或"非常不同意"的百分比(b)

		表示同意以下观点学生的百分比										
		如果我足够努力，我就能学好数学 a		我是否能学好数学，完全取决于我自己 a		家庭需要或其他问题让我无法在数学学习上投入大量时间 b		如果换个老师，我会试着更努力学数学 b		如果我想，我的数学成绩可以很出色 a		不管我考前是否用功准备，我的数学都不好 b	
		%	标准误	%	标准误	%	标准误	%	标准误	%	标准误	%	标准误
OECD	澳大利亚	92.9	(0.4)	86.1	(0.5)	64.6	(0.6)	61.2	(0.6)	88.7	(0.4)	71.7	(0.6)
	奥地利	91.3	(0.6)	83.4	(0.7)	71.0	(0.9)	61.5	(1.2)	81.5	(0.8)	81.0	(0.8)
	比利时	92.9	(0.4)	80.2	(0.6)	72.0	(0.9)	70.6	(0.8)	81.0	(0.6)	78.9	(0.7)
	加拿大	94.2	(0.3)	82.9	(0.6)	66.7	(0.7)	62.8	(0.6)	87.4	(0.4)	74.7	(0.6)
	智利	97.3	(0.3)	93.4	(0.4)	59.3	(0.9)	61.8	(1.2)	88.6	(0.6)	65.8	(1.1)
	捷克共和国	91.0	(0.7)	74.8	(1.0)	76.6	(1.0)	68.0	(1.4)	82.3	(0.8)	69.0	(1.1)
	丹麦	95.1	(0.3)	83.1	(0.7)	73.9	(0.7)	71.5	(1.1)	84.9	(0.7)	83.6	(0.7)
	爱沙尼亚	93.3	(0.5)	86.4	(0.7)	81.3	(0.9)	69.9	(1.1)	88.2	(0.6)	78.4	(0.8)
	芬兰	90.9	(0.5)	79.0	(0.8)	88.1	(0.5)	68.0	(1.1)	78.2	(0.6)	71.1	(0.8)
	法国	88.0	(0.6)	78.2	(0.9)	76.9	(0.9)	59.7	(1.1)	78.6	(0.8)	66.5	(0.9)
	德国	90.8	(0.6)	82.2	(0.8)	70.6	(0.8)	59.7	(1.1)	81.4	(0.8)	79.3	(0.8)
	希腊	91.7	(0.6)	79.3	(0.8)	67.4	(0.8)	57.4	(1.2)	85.8	(0.8)	70.9	(0.9)
	匈牙利	86.6	(0.8)	76.8	(0.9)	80.7	(0.9)	69.4	(1.1)	82.9	(0.7)	71.7	(1.1)
	冰岛	93.9	(0.5)	91.3	(0.6)	74.0	(0.9)	74.4	(0.8)	88.8	(0.7)	74.1	(0.8)
	爱尔兰	93.2	(0.4)	77.8	(0.8)	70.9	(0.8)	59.0	(1.2)	84.1	(0.7)	73.5	(0.8)
	以色列	94.9	(0.4)	78.7	(0.8)	67.2	(1.0)	62.5	(1.2)	86.6	(0.6)	82.3	(0.8)
	意大利	92.5	(0.3)	81.5	(0.5)	75.9	(0.4)	63.0	(0.7)	81.5	(0.4)	76.7	(0.5)
	日本	83.8	(0.7)	93.3	(0.4)	72.5	(0.8)	73.1	(0.7)	69.8	(0.8)	67.1	(0.7)
	韩国	87.4	(0.7)	91.8	(0.6)	76.3	(0.8)	71.7	(0.9)	85.8	(0.7)	67.8	(1.1)
	卢森堡	87.7	(0.5)	82.2	(0.6)	71.6	(0.8)	62.5	(0.9)	79.5	(0.7)	73.5	(0.8)
	墨西哥	97.9	(0.1)	94.0	(0.2)	60.3	(0.6)	56.3	(0.6)	92.9	(0.2)	63.5	(0.6)
	荷兰	81.7	(0.9)	78.2	(1.0)	83.4	(0.8)	68.4	(1.3)	68.3	(0.9)	75.0	(0.9)
	新西兰	94.8	(0.4)	86.5	(0.7)	62.5	(0.9)	59.4	(1.2)	87.6	(0.6)	71.7	(0.9)
	挪威	89.8	(0.7)	80.8	(0.7)	72.7	(0.9)	61.7	(1.0)	80.4	(0.9)	70.4	(1.0)
	波兰	86.4	(0.8)	75.5	(0.9)	76.3	(0.7)	61.0	(1.3)	78.8	(1.0)	69.4	(0.9)
	葡萄牙	93.8	(0.4)	88.1	(0.7)	64.8	(1.0)	65.0	(1.1)	84.0	(0.8)	73.7	(1.1)
	斯洛伐克共和国	89.9	(0.7)	82.1	(0.8)	78.7	(0.8)	62.6	(1.5)	83.6	(0.8)	55.2	(1.2)
	斯洛文尼亚	93.0	(0.5)	90.4	(0.6)	71.9	(0.9)	64.0	(1.1)	80.5	(0.8)	75.2	(0.9)
	西班牙	89.3	(0.4)	78.5	(0.5)	79.0	(0.6)	64.2	(0.7)	77.3	(0.5)	74.5	(0.7)
	瑞典	95.3	(0.4)	86.1	(0.6)	78.4	(0.9)	65.4	(1.1)	83.5	(0.7)	80.0	(0.7)
	瑞士	90.8	(0.6)	80.9	(0.7)	71.9	(0.7)	64.8	(1.0)	79.4	(0.8)	77.2	(0.6)
	土耳其	92.3	(0.5)	85.2	(0.7)	70.9	(0.9)	54.5	(1.2)	89.4	(0.6)	59.8	(1.2)
	英国	95.5	(0.3)	82.8	(0.6)	71.2	(0.8)	68.6	(0.9)	87.4	(0.8)	76.7	(0.7)
	美国	95.4	(0.4)	84.3	(0.6)	68.1	(1.0)	66.2	(1.3)	87.2	(0.6)	72.3	(1.0)
	OECD 平均	91.6	(0.1)	83.4	(0.1)	72.6	(0.1)	64.4	(0.2)	83.1	(0.1)	72.7	(0.1)
伙伴国家(地区)	阿尔巴尼亚	96.2	(0.4)	92.8	(0.6)	66.5	(1.3)	65.2	(1.1)	88.2	(0.7)	74.4	(1.0)
	阿根廷	95.5	(0.3)	90.2	(0.6)	61.5	(1.1)	55.3	(1.2)	88.0	(0.7)	63.4	(0.9)
	巴西	95.9	(0.3)	87.5	(0.5)	65.8	(0.5)	61.0	(0.7)	83.2	(0.5)	59.5	(0.5)
	保加利亚	92.7	(0.4)	86.8	(0.6)	69.7	(1.1)	66.7	(1.2)	82.7	(0.6)	62.9	(1.1)
	哥伦比亚	98.1	(0.3)	95.1	(0.4)	61.0	(0.9)	59.1	(1.1)	89.1	(0.4)	66.7	(1.0)
	哥斯达黎加	97.3	(0.4)	91.2	(0.5)	68.6	(1.0)	66.3	(1.3)	87.9	(0.7)	70.9	(1.2)
	克罗地亚	93.4	(0.5)	87.2	(0.7)	78.1	(0.7)	64.2	(1.2)	84.8	(0.6)	69.9	(0.9)
	塞浦路斯[1,2]	92.4	(0.5)	81.1	(0.7)	64.5	(0.9)	56.1	(1.0)	84.8	(0.8)	67.9	(0.9)
	中国香港	90.2	(0.6)	80.5	(0.9)	68.5	(0.9)	65.8	(1.1)	87.9	(0.7)	75.9	(0.9)
	印度尼西亚	98.2	(0.2)	92.8	(0.6)	45.1	(1.1)	26.7	(1.1)	90.6	(0.6)	63.9	(1.1)
	约旦	94.6	(0.4)	82.2	(0.6)	50.6	(1.0)	36.5	(1.0)	86.6	(0.5)	65.0	(1.1)
	哈萨克斯坦	93.5	(0.4)	94.0	(0.5)	74.4	(0.9)	63.7	(0.9)	87.5	(0.7)	77.9	(1.0)
	拉脱维亚	92.3	(0.5)	87.5	(0.6)	78.9	(0.8)	73.1	(1.1)	87.0	(0.7)	73.0	(1.2)
	列支敦士登	91.4	(2.3)	80.3	(3.1)	75.2	(3.5)	70.9	(3.5)	83.5	(2.8)	82.2	(2.9)
	立陶宛	92.9	(0.5)	88.3	(0.7)	79.8	(0.8)	67.4	(1.1)	83.6	(0.7)	64.8	(0.9)
	中国澳门	81.0	(0.5)	74.8	(0.7)	71.6	(0.8)	47.2	(0.9)	83.6	(0.6)	68.6	(0.8)
	马来西亚	96.0	(0.3)	78.6	(0.7)	58.2	(1.1)	39.0	(0.9)	92.4	(0.5)	67.0	(1.1)
	黑山共和国	92.4	(0.5)	85.4	(0.7)	72.3	(1.0)	62.8	(0.9)	80.9	(0.8)	71.6	(0.9)
	秘鲁	96.9	(0.3)	92.7	(0.4)	46.9	(1.1)	42.8	(1.2)	91.4	(0.5)	60.4	(1.0)
	卡塔尔	91.7	(0.4)	78.6	(0.5)	58.6	(0.5)	44.4	(0.6)	83.3	(0.4)	60.2	(0.6)
	罗马尼亚	88.8	(0.8)	82.9	(0.9)	63.3	(1.1)	60.6	(1.2)	79.3	(1.0)	60.9	(1.4)
	俄罗斯联邦	94.8	(0.5)	91.7	(0.5)	77.7	(0.8)	77.2	(1.2)	88.2	(0.7)	73.4	(0.9)
	塞尔维亚	92.0	(0.5)	80.3	(0.9)	77.4	(0.9)	61.8	(1.2)	81.8	(0.9)	63.1	(0.9)
	中国上海	92.1	(0.5)	88.4	(0.6)	75.7	(0.7)	75.4	(0.8)	84.4	(0.5)	81.5	(0.8)
	新加坡	98.1	(0.2)	89.9	(0.5)	63.1	(1.0)	60.5	(0.8)	94.3	(0.4)	75.7	(0.7)
	中国台北	85.9	(0.6)	84.5	(0.6)	84.4	(0.7)	52.5	(0.8)	86.6	(0.6)	71.0	(0.8)
	泰国	95.9	(0.3)	83.5	(0.8)	42.6	(0.9)	43.3	(0.9)	86.2	(0.6)	43.5	(1.1)
	突尼斯	92.7	(0.4)	65.3	(1.0)	58.9	(1.0)	38.9	(1.1)	84.0	(0.7)	47.9	(1.1)
	阿拉伯联合酋长国	96.9	(0.3)	84.3	(0.6)	65.0	(1.0)	43.4	(0.8)	90.0	(0.5)	72.0	(0.7)
	乌拉圭	96.1	(0.3)	85.7	(0.6)	69.7	(0.9)	62.4	(1.3)	79.3	(0.8)	65.7	(1.0)
	越南	94.3	(0.5)	84.8	(0.7)	64.6	(0.9)	46.0	(0.9)	91.2	(0.9)	88.6	(0.8)

1. 土耳其注：本书中"塞浦路斯"相关的信息是指塞浦路斯岛岛南部。没有任何一个权力组织能够代表岛上的土耳其和希腊塞浦路斯人。土耳其承认北塞浦路斯土耳其共和国。除非在联合国找到一种长期的平衡的解决方案，否则土耳其将保持其对"塞浦路斯"问题的立场。

2. OECD 和欧盟成员注：塞浦路斯共和国得到了除土耳其外所有联合国成员的承认。本书中的信息是指在塞浦路斯共和国政府有效控制区域内的。

附表 4.18 ■ 学生对学校学习取得成功的自我控制感

学生"同意"或"非常同意"的百分比(a)或"不同意"或"非常不同意"的百分比(b)

		如果我足够努力，我就能在学校获得成功 a		在校表现是否出色完全取决于我自己的选择 a		家庭需要或其他问题让我无法在学习上投入大量时间 b		如果换一批老师，我学习会更努力 b		如果我愿意，我的成绩可以很出色 a		不管我考前是否用功准备，我的表现都很糟糕 b	
		%	标准误	%	标准误	%	标准误	%	标准误	%	标准误	%	标准误
OECD	澳大利亚	97.2	(0.2)	87.3	(0.5)	58.4	(0.6)	57.7	(0.6)	93.4	(0.3)	79.3	(0.5)
	奥地利	95.6	(0.4)	86.9	(0.6)	60.4	(0.9)	56.1	(1.0)	90.1	(0.6)	83.2	(0.9)
	比利时	96.4	(0.3)	83.6	(0.5)	65.6	(0.8)	63.7	(0.8)	85.2	(0.6)	84.4	(0.5)
	加拿大	97.1	(0.2)	84.5	(0.5)	61.7	(0.6)	61.2	(0.7)	92.9	(0.3)	81.4	(0.5)
	智利	98.9	(0.2)	95.1	(0.4)	50.4	(0.9)	60.0	(1.0)	92.0	(0.5)	74.4	(1.0)
	捷克共和国	96.7	(0.4)	80.4	(0.8)	67.4	(0.9)	57.9	(1.3)	91.0	(0.7)	75.4	(1.0)
	丹麦	96.9	(0.3)	85.0	(0.8)	63.9	(0.9)	64.3	(1.2)	88.1	(0.7)	89.4	(0.7)
	爱沙尼亚	94.8	(0.3)	83.6	(0.6)	71.4	(0.8)	65.2	(1.0)	93.5	(0.4)	85.7	(0.7)
	芬兰	96.4	(0.3)	85.2	(0.6)	83.2	(0.6)	58.6	(1.0)	88.5	(0.5)	80.3	(0.9)
	法国	96.1	(0.4)	83.9	(0.7)	70.5	(0.8)	56.7	(1.1)	89.2	(0.6)	73.7	(0.8)
	德国	96.9	(0.3)	83.5	(0.8)	62.5	(0.9)	50.0	(1.3)	89.8	(0.6)	81.1	(0.8)
	希腊	97.9	(0.3)	80.8	(0.7)	59.8	(1.0)	49.1	(1.0)	89.6	(0.5)	78.5	(1.0)
	匈牙利	96.6	(0.3)	83.6	(0.7)	69.8	(1.0)	68.8	(1.2)	92.3	(0.5)	79.2	(1.0)
	冰岛	97.1	(0.3)	91.6	(0.5)	71.2	(1.0)	72.5	(0.9)	90.6	(0.6)	82.1	(0.7)
	爱尔兰	98.4	(0.2)	82.8	(0.8)	60.5	(0.9)	47.2	(1.0)	92.3	(0.5)	81.9	(0.8)
	以色列	97.1	(0.3)	72.5	(1.0)	57.3	(0.9)	58.2	(1.0)	89.2	(0.6)	84.4	(0.8)
	意大利	96.3	(0.3)	85.1	(0.4)	63.6	(0.6)	56.8	(0.5)	85.5	(0.4)	83.7	(0.5)
	日本	89.3	(0.5)	95.0	(0.4)	66.5	(0.8)	70.9	(1.0)	75.4	(0.8)	66.7	(0.9)
	韩国	95.6	(0.5)	94.5	(0.4)	65.7	(0.8)	67.7	(1.1)	88.6	(0.6)	81.6	(0.8)
	卢森堡	95.4	(0.3)	86.3	(0.6)	59.9	(0.8)	57.3	(0.9)	87.8	(0.6)	77.1	(0.7)
	墨西哥	98.5	(0.1)	94.4	(0.5)	60.9	(0.9)	60.4	(0.6)	91.0	(0.3)	74.5	(0.4)
	荷兰	95.9	(0.5)	80.3	(0.9)	75.7	(1.0)	66.0	(1.1)	88.3	(0.7)	83.8	(0.8)
	新西兰	97.9	(0.3)	87.6	(0.7)	54.3	(1.0)	52.6	(1.0)	92.4	(0.7)	79.5	(0.9)
	挪威	94.8	(0.4)	82.3	(0.8)	65.4	(1.0)	54.8	(1.0)	88.4	(0.6)	78.1	(1.0)
	波兰	95.1	(0.5)	82.0	(0.8)	67.6	(0.9)	52.7	(1.1)	89.1	(0.6)	75.8	(1.0)
	葡萄牙	96.2	(0.4)	95.4	(0.4)	58.5	(0.9)	60.7	(1.2)	89.7	(0.5)	80.8	(1.0)
	斯洛伐克共和国	96.5	(0.3)	89.0	(0.6)	68.3	(1.0)	54.6	(1.2)	90.5	(0.7)	66.7	(1.1)
	斯洛文尼亚	96.9	(0.3)	92.9	(0.5)	65.9	(1.0)	56.1	(1.0)	87.7	(0.8)	80.2	(0.9)
	西班牙	95.9	(0.4)	82.8	(0.5)	72.9	(0.4)	59.6	(0.9)	90.3	(0.4)	82.5	(0.5)
	瑞典	96.5	(0.4)	89.2	(0.5)	67.4	(1.0)	57.4	(1.0)	92.3	(0.5)	84.0	(0.7)
	瑞士	96.6	(0.4)	85.1	(0.6)	62.2	(0.8)	60.8	(0.9)	88.5	(0.5)	83.7	(0.7)
	土耳其	97.1	(0.3)	83.4	(0.8)	68.2	(1.2)	54.6	(1.0)	91.7	(0.6)	70.2	(0.9)
	英国	97.5	(0.3)	83.9	(0.6)	65.1	(0.9)	59.4	(0.8)	90.8	(0.5)	85.6	(0.6)
	美国	97.8	(0.3)	87.4	(0.7)	63.3	(0.9)	68.2	(1.1)	92.5	(0.5)	80.3	(0.8)
	OECD 平均	96.5	(0.1)	86.1	(0.1)	64.9	(0.2)	59.4	(0.2)	89.7	(0.1)	79.7	(0.1)
伙伴国家（地区）	阿尔巴尼亚	98.0	(0.3)	84.6	(0.7)	66.0	(1.1)	72.4	(0.9)	92.6	(0.6)	74.4	(1.0)
	阿根廷	97.6	(0.3)	92.8	(0.5)	52.2	(1.2)	54.2	(1.1)	89.3	(0.5)	65.8	(1.1)
	巴西	97.1	(0.2)	82.2	(0.6)	63.3	(0.6)	58.0	(0.7)	83.9	(0.5)	73.3	(0.7)
	保加利亚	95.7	(0.4)	86.1	(0.7)	64.9	(1.2)	61.9	(1.0)	80.5	(0.7)	74.3	(1.3)
	哥伦比亚	98.2	(0.3)	96.0	(0.4)	59.6	(1.2)	61.7	(1.2)	89.1	(0.5)	77.3	(0.9)
	哥斯达黎加	99.1	(0.2)	94.3	(0.6)	65.6	(1.0)	63.4	(1.3)	90.8	(0.6)	78.5	(1.0)
	克罗地亚	98.5	(0.3)	87.8	(0.6)	67.6	(1.1)	59.4	(0.9)	91.8	(0.6)	78.6	(0.9)
	塞浦路斯[1,2]	96.4	(0.3)	83.2	(0.7)	54.7	(1.0)	44.3	(1.1)	88.1	(0.6)	72.7	(0.8)
	中国香港	92.4	(0.6)	79.5	(0.7)	65.2	(1.0)	54.5	(0.9)	93.7	(0.5)	84.4	(0.6)
	印度尼西亚	99.0	(0.2)	74.8	(1.2)	53.2	(1.0)	22.6	(1.1)	90.4	(0.5)	74.9	(1.1)
	约旦	96.6	(0.3)	88.7	(0.7)	48.5	(1.0)	37.5	(1.0)	88.3	(0.5)	70.2	(0.9)
	哈萨克斯坦	96.6	(0.3)	75.6	(0.9)	75.1	(0.9)	55.3	(1.3)	86.3	(0.6)	84.2	(1.0)
	拉脱维亚	95.5	(0.3)	82.5	(1.0)	70.7	(1.0)	66.7	(1.2)	89.5	(0.6)	82.3	(0.9)
	列支敦士登	98.0	(1.0)	85.6	(2.3)	65.3	(3.3)	57.0	(3.5)	91.1	(2.2)	85.4	(2.5)
	立陶宛	97.4	(0.3)	87.3	(0.6)	71.4	(1.1)	61.4	(1.0)	89.9	(0.5)	69.3	(1.0)
	中国澳门	82.3	(0.6)	77.7	(0.7)	58.0	(0.8)	42.4	(0.8)	88.8	(0.6)	80.9	(0.5)
	马来西亚	96.3	(0.3)	69.2	(1.1)	54.6	(1.1)	27.6	(0.7)	92.6	(0.6)	72.6	(1.2)
	黑山共和国	97.6	(0.3)	91.9	(0.6)	66.3	(1.0)	58.0	(1.0)	90.0	(0.6)	79.6	(0.9)
	秘鲁	98.2	(0.3)	79.9	(0.7)	57.0	(1.0)	49.9	(1.2)	85.5	(0.7)	79.9	(0.9)
	卡塔尔	94.0	(0.3)	81.1	(0.5)	50.4	(0.6)	38.1	(0.7)	87.2	(0.4)	61.1	(0.7)
	罗马尼亚	92.7	(0.8)	90.3	(0.7)	61.0	(1.4)	60.1	(1.3)	83.8	(0.8)	72.6	(1.6)
	俄罗斯联邦	97.6	(0.3)	80.0	(0.9)	75.3	(1.1)	75.4	(1.3)	88.7	(0.6)	79.1	(0.7)
	塞尔维亚	96.3	(0.4)	89.8	(0.5)	66.0	(1.1)	56.0	(1.3)	94.5	(0.4)	76.9	(0.9)
	中国上海	90.3	(0.6)	86.4	(0.6)	75.1	(0.8)	77.9	(0.8)	88.1	(0.6)	82.9	(0.7)
	新加坡	97.0	(0.3)	88.1	(0.5)	57.3	(0.9)	51.2	(0.8)	94.6	(0.4)	77.7	(0.9)
	中国台北	89.1	(0.6)	91.4	(0.5)	68.9	(0.9)	40.1	(1.0)	86.4	(0.6)	83.5	(0.9)
	泰国	98.6	(0.3)	91.2	(0.5)	38.0	(0.9)	48.6	(0.9)	89.2	(0.7)	54.1	(1.0)
	突尼斯	97.4	(0.3)	66.1	(0.8)	55.2	(1.2)	36.1	(1.1)	88.9	(0.6)	72.3	(1.2)
	阿拉伯联合酋长国	97.9	(0.2)	83.6	(0.5)	59.0	(0.7)	36.6	(0.9)	92.1	(0.4)	75.4	(0.7)
	乌拉圭	98.1	(0.3)	85.4	(0.7)	64.7	(0.9)	55.8	(1.1)	88.9	(0.5)	69.2	(1.0)
	越南	97.4	(0.3)	66.3	(1.0)	73.1	(1.0)	63.1	(0.9)	73.9	(1.0)	91.1	(0.6)

1. 土耳其注：本书中"塞浦路斯"相关的信息是指塞浦路斯岛南部。没有任何一个权力组织能够代表岛上的土耳其和希腊塞浦路斯人。土耳其承认北塞浦路斯土耳其共和国。除非在联合国找到一种长期的平衡的解决方案，否则土耳其将保持其对"塞浦路斯"问题的立场。

2. OECD 和欧盟成员注：塞浦路斯共和国得到了除土耳其外所有联合国成员的承认。本书中的信息是指在塞浦路斯共和国政府有效控制区域内的。

附表 4.19 ■ 学生的数学学习动机

学生表示"同意"或"非常同意"的百分比

		表示同意以下观点学生的百分比							
		我喜欢看数学 方面的书		我很期待 上数学课		我做数学题是 因为我喜欢数学		我对数学中学到 的东西很感兴趣	
		%	标准误	%	标准误	%	标准误	%	标准误
OECD	澳大利亚	34.7	(0.6)	45.3	(0.6)	39.0	(0.7)	53.7	(0.7)
	奥地利	17.1	(0.8)	32.6	(1.0)	23.8	(0.9)	41.3	(1.1)
	比利时	22.9	(0.6)	24.2	(0.8)	28.8	(0.8)	50.0	(0.8)
	加拿大	34.7	(0.5)	39.7	(0.6)	36.6	(0.6)	53.9	(0.6)
	智利	40.8	(0.9)	50.5	(0.9)	42.3	(0.9)	70.1	(0.9)
	捷克共和国	17.5	(0.8)	33.9	(1.1)	30.3	(1.0)	41.5	(1.3)
	丹麦	40.4	(1.0)	51.5	(1.1)	56.9	(1.1)	64.1	(1.1)
	爱沙尼亚	29.4	(0.9)	27.4	(0.9)	38.1	(1.1)	49.1	(1.0)
	芬兰	21.0	(0.6)	24.8	(0.9)	28.8	(0.7)	44.3	(0.8)
	法国	31.8	(1.1)	23.8	(0.9)	41.5	(1.1)	65.2	(1.0)
	德国	18.0	(0.8)	36.9	(1.0)	39.0	(0.9)	51.6	(1.1)
	希腊	42.9	(1.0)	36.8	(1.1)	51.7	(1.0)	63.6	(0.9)
	匈牙利	25.9	(1.0)	30.3	(1.1)	27.5	(1.0)	40.7	(1.3)
	冰岛	37.9	(1.1)	39.7	(1.1)	47.7	(1.1)	57.6	(1.1)
	爱尔兰	33.3	(0.9)	40.2	(1.1)	37.0	(1.0)	49.6	(1.0)
	以色列	43.3	(1.1)	42.3	(1.2)	39.8	(1.1)	57.2	(1.1)
	意大利	31.4	(0.6)	29.0	(0.6)	45.8	(0.8)	57.4	(0.7)
	日本	16.9	(0.8)	33.7	(0.9)	30.8	(0.8)	37.8	(1.0)
	韩国	27.2	(1.2)	21.8	(1.1)	30.7	(1.1)	47.2	(1.2)
	卢森堡	25.0	(0.7)	35.7	(0.7)	35.3	(0.8)	48.5	(0.8)
	墨西哥	62.0	(0.6)	70.6	(0.5)	52.8	(0.5)	85.0	(0.4)
	荷兰	12.1	(0.9)	19.8	(0.8)	32.4	(1.1)	44.6	(1.3)
	新西兰	33.3	(1.0)	46.1	(1.1)	38.2	(1.1)	55.4	(1.3)
	挪威	26.5	(0.8)	33.2	(1.1)	32.2	(1.1)	50.3	(0.9)
	波兰	24.7	(0.9)	21.3	(0.8)	36.1	(1.1)	45.6	(1.1)
	葡萄牙	32.2	(1.1)	32.6	(1.1)	45.5	(0.9)	67.5	(1.0)
	斯洛伐克共和国	22.4	(0.9)	30.8	(1.2)	27.9	(1.0)	35.6	(1.1)
	斯洛文尼亚	23.3	(0.8)	29.9	(0.9)	27.1	(1.0)	37.7	(0.9)
	西班牙	19.3	(0.5)	25.7	(0.6)	37.0	(0.7)	60.2	(0.6)
	瑞典	50.7	(1.0)	36.2	(1.0)	37.0	(1.0)	54.5	(1.0)
	瑞士	19.1	(0.6)	38.9	(1.0)	48.5	(0.8)	56.2	(0.9)
	土耳其	56.2	(1.0)	48.9	(1.1)	52.7	(1.1)	62.1	(1.0)
	英国	34.0	(1.0)	50.9	(1.1)	40.8	(0.9)	56.5	(0.8)
	美国	33.8	(1.3)	45.4	(1.5)	36.6	(1.4)	49.9	(1.3)
	OECD 平均	30.6	(0.2)	36.2	(0.2)	38.1	(0.2)	53.1	(0.2)
伙伴国家（地区）	阿尔巴尼亚	84.6	(0.8)	73.3	(1.0)	70.3	(1.0)	88.4	(0.7)
	阿根廷	39.5	(1.1)	45.9	(0.9)	37.9	(1.1)	65.2	(1.1)
	巴西	46.8	(0.8)	43.9	(0.7)	55.8	(0.7)	73.3	(0.6)
	保加利亚	51.8	(1.1)	35.1	(1.2)	39.2	(1.2)	61.3	(1.0)
	哥伦比亚	57.5	(1.2)	58.8	(1.2)	51.3	(1.1)	86.1	(0.8)
	哥斯达黎加	45.9	(1.1)	44.3	(1.2)	47.5	(1.3)	72.8	(0.9)
	克罗地亚	24.3	(1.1)	27.2	(1.0)	20.9	(1.0)	37.2	(1.2)
	塞浦路斯[1,2]	57.8	(1.0)	38.5	(0.9)	47.1	(0.9)	59.9	(0.8)
	中国香港	44.4	(1.0)	49.6	(1.0)	54.9	(1.0)	52.4	(1.1)
	印度尼西亚	76.9	(1.2)	72.3	(1.2)	78.3	(0.9)	73.5	(1.3)
	约旦	70.2	(0.9)	67.3	(0.9)	64.9	(1.1)	82.1	(0.8)
	哈萨克斯坦	77.7	(1.2)	71.0	(1.6)	72.6	(1.4)	83.1	(1.0)
	拉脱维亚	27.9	(1.3)	20.8	(1.0)	38.6	(1.2)	49.3	(1.3)
	列支敦士登	22.1	(3.0)	42.3	(3.7)	56.2	(3.6)	55.3	(3.6)
	立陶宛	41.2	(1.2)	39.6	(1.1)	47.6	(1.2)	57.9	(1.0)
	中国澳门	42.5	(0.8)	41.7	(0.8)	42.3	(0.8)	46.2	(0.7)
	马来西亚	77.0	(0.8)	77.9	(0.8)	73.4	(0.9)	80.4	(0.7)
	黑山共和国	34.6	(1.0)	35.8	(0.8)	34.0	(1.0)	51.0	(0.9)
	秘鲁	71.6	(1.0)	65.6	(1.1)	62.7	(1.0)	85.0	(0.7)
	卡塔尔	63.0	(0.6)	62.0	(0.6)	60.6	(0.6)	72.7	(0.5)
	罗马尼亚	58.6	(1.0)	62.6	(1.0)	57.8	(1.1)	43.5	(1.3)
	俄罗斯联邦	34.4	(1.2)	45.9	(1.4)	42.9	(1.3)	70.4	(1.1)
	塞尔维亚	26.2	(1.0)	25.1	(1.1)	26.8	(1.1)	49.0	(1.1)
	中国上海	50.1	(1.0)	54.4	(1.0)	49.3	(1.0)	60.6	(1.0)
	新加坡	68.1	(1.0)	76.8	(0.9)	72.2	(0.8)	77.1	(0.8)
	中国台北	40.4	(0.9)	37.8	(0.8)	40.3	(0.7)	41.7	(0.8)
	泰国	77.2	(0.9)	68.8	(1.0)	70.6	(1.0)	86.3	(0.6)
	突尼斯	61.2	(1.1)	54.4	(1.1)	58.0	(1.1)	75.9	(0.8)
	阿拉伯联合酋长国	59.8	(0.8)	75.5	(0.6)	63.9	(0.8)	74.1	(0.8)
	乌拉圭	39.2	(1.0)	40.7	(1.0)	50.6	(1.2)	70.2	(1.0)
	越南	76.1	(1.0)	58.1	(1.1)	67.4	(1.1)	79.8	(0.9)

1. 土耳其注：本书中"塞浦路斯"相关的信息是指塞浦路斯岛南部。没有任何一个权力组织能够代表岛上的土耳其和希腊塞浦路斯人。土耳其承认北塞浦路斯土耳其共和国。除非在联合国找到一种长期的平衡的解决方案，否则土耳其将保持其对"塞浦路斯"问题的立场。

2. OECD 和欧盟成员注：塞浦路斯共和国得到了除土耳其外所有联合国成员的承认。本书中的信息是指在塞浦路斯共和国政府有效控制区域内的。

质量与公平：上海 2012 年国际学生评估项目（PISA）研究报告

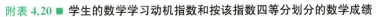

附表 4.20 ■ 学生的数学学习动机指数和按该指数四等分划分的数学成绩

结果基于学生自我报告

| | | 学生的数学学习动机指数 | | | | | | | | | | | | | | | |
| | | 全体学生 | | 该指数的变量 | | 男　生 | | 女　生 | | 性别差异(男生-女生) | | 最低 1/4 | | 第二个 1/4 | | 第三个 1/4 | | 最高 1/4 | |
		指数平均值	标准误	标准差	标准误	指数平均值	标准误	指数平均值	标准误	差异值	标准误	指数平均值	标准误	指数平均值	标准误	指数平均值	标准误	指数平均值	标准误
OECD	澳大利亚	0.11	(0.01)	1.00	(0.01)	0.26	(0.02)	−0.06	(0.02)	0.32	(0.03)	−1.16	(0.02)	−0.21	(0.01)	0.44	(0.02)	1.36	(0.01)
	奥地利	−0.35	(0.02)	1.01	(0.01)	−0.16	(0.03)	−0.54	(0.02)	0.38	(0.04)	−1.61	(0.02)	−0.72	(0.02)	−0.06	(0.03)	0.99	(0.03)
	比利时	−0.24	(0.02)	0.94	(0.01)	−0.18	(0.02)	−0.29	(0.02)	0.11	(0.03)	−1.47	(0.02)	−0.51	(0.02)	0.07	(0.02)	0.96	(0.02)
	加拿大	0.05	(0.01)	1.04	(0.01)	0.16	(0.02)	−0.07	(0.02)	0.23	(0.02)	−1.29	(0.02)	−0.28	(0.02)	0.37	(0.02)	1.39	(0.02)
	智利	0.28	(0.02)	0.99	(0.01)	0.41	(0.02)	0.16	(0.03)	0.25	(0.04)	−0.99	(0.02)	−0.03	(0.02)	0.63	(0.02)	1.52	(0.03)
	捷克共和国	−0.16	(0.02)	0.88	(0.01)	−0.06	(0.03)	−0.27	(0.02)	0.21	(0.04)	−1.29	(0.03)	−0.41	(0.02)	0.10	(0.03)	0.95	(0.03)
	丹麦	0.35	(0.02)	0.94	(0.01)	0.49	(0.03)	0.22	(0.02)	0.27	(0.03)	−0.85	(0.03)	0.04	(0.03)	0.71	(0.03)	1.51	(0.02)
	爱沙尼亚	−0.01	(0.02)	0.88	(0.01)	0.02	(0.03)	−0.05	(0.03)	0.06	(0.03)	−1.12	(0.03)	−0.28	(0.02)	0.24	(0.02)	1.11	(0.02)
	芬兰	−0.22	(0.02)	0.92	(0.01)	−0.12	(0.02)	−0.33	(0.02)	0.20	(0.03)	−1.42	(0.02)	−0.47	(0.02)	0.03	(0.02)	0.97	(0.02)
	法国	−0.02	(0.02)	0.95	(0.01)	0.10	(0.03)	−0.12	(0.03)	0.22	(0.03)	−1.28	(0.03)	−0.27	(0.03)	0.31	(0.02)	1.17	(0.03)
	德国	−0.11	(0.02)	1.07	(0.01)	0.09	(0.03)	−0.32	(0.03)	0.41	(0.03)	−1.46	(0.03)	−0.49	(0.03)	0.24	(0.03)	1.30	(0.04)
	希腊	0.21	(0.02)	1.06	(0.01)	0.37	(0.03)	0.05	(0.03)	0.32	(0.04)	−1.19	(0.04)	−0.10	(0.03)	0.62	(0.03)	1.52	(0.02)
	匈牙利	−0.18	(0.02)	0.94	(0.01)	−0.06	(0.03)	−0.28	(0.03)	0.23	(0.04)	−1.37	(0.03)	−0.45	(0.03)	0.06	(0.04)	1.06	(0.03)
	冰岛	0.15	(0.02)	1.02	(0.01)	0.16	(0.03)	0.14	(0.03)	0.03	(0.04)	−1.17	(0.04)	−0.17	(0.03)	0.55	(0.03)	1.40	(0.02)
	爱尔兰	0.06	(0.02)	0.97	(0.01)	0.08	(0.02)	0.03	(0.03)	0.05	(0.04)	−1.16	(0.04)	−0.25	(0.01)	0.34	(0.03)	1.31	(0.02)
	以色列	0.16	(0.02)	1.06	(0.01)	0.22	(0.03)	0.11	(0.03)	0.12	(0.04)	−1.20	(0.04)	−0.20	(0.02)	0.52	(0.04)	1.53	(0.03)
	意大利	0.01	(0.02)	0.95	(0.01)	0.09	(0.02)	−0.07	(0.02)	0.16	(0.04)	−1.23	(0.04)	−0.27	(0.02)	0.34	(0.02)	1.20	(0.02)
	日本	−0.23	(0.02)	1.02	(0.01)	−0.08	(0.03)	−0.40	(0.04)	0.32	(0.04)	−1.55	(0.04)	−0.51	(0.02)	0.00	(0.03)	1.12	(0.04)
	韩国	−0.20	(0.03)	0.99	(0.01)	−0.12	(0.04)	−0.30	(0.03)	0.18	(0.04)	−1.53	(0.03)	−0.44	(0.02)	0.10	(0.03)	1.06	(0.04)
	卢森堡	−0.16	(0.02)	1.09	(0.01)	0.05	(0.03)	−0.38	(0.02)	0.43	(0.03)	−1.56	(0.03)	−0.57	(0.02)	0.13	(0.03)	1.25	(0.02)
	墨西哥	0.67	(0.01)	0.82	(0.01)	0.74	(0.01)	0.60	(0.01)	0.14	(0.02)	−0.39	(0.01)	0.44	(0.01)	0.95	(0.01)	1.68	(0.01)
	荷兰	−0.33	(0.02)	0.86	(0.01)	−0.23	(0.03)	−0.44	(0.02)	0.20	(0.03)	−1.48	(0.02)	−0.54	(0.02)	−0.04	(0.03)	0.73	(0.02)
	新西兰	0.11	(0.02)	0.94	(0.01)	0.26	(0.03)	−0.04	(0.03)	0.31	(0.04)	−1.06	(0.04)	−0.19	(0.02)	0.40	(0.04)	1.30	(0.02)
	挪威	−0.15	(0.02)	1.03	(0.01)	−0.07	(0.03)	−0.23	(0.03)	0.15	(0.04)	−1.50	(0.02)	−0.47	(0.02)	0.22	(0.03)	1.16	(0.03)
	波兰	−0.16	(0.02)	0.93	(0.01)	−0.11	(0.03)	−0.20	(0.03)	0.09	(0.04)	−1.35	(0.04)	−0.43	(0.01)	0.11	(0.03)	1.04	(0.03)
	葡萄牙	0.12	(0.02)	0.89	(0.01)	0.14	(0.03)	0.10	(0.03)	0.03	(0.04)	−1.03	(0.03)	−0.14	(0.02)	0.42	(0.03)	1.23	(0.03)
	斯洛伐克共和国	−0.19	(0.02)	0.92	(0.01)	−0.09	(0.03)	−0.30	(0.03)	0.22	(0.04)	−1.35	(0.02)	−0.44	(0.01)	0.01	(0.03)	1.01	(0.03)
	斯洛文尼亚	−0.24	(0.02)	0.98	(0.01)	−0.12	(0.03)	−0.35	(0.03)	0.23	(0.04)	−1.48	(0.02)	−0.50	(0.02)	0.16	(0.01)	1.04	(0.04)
	西班牙	−0.14	(0.01)	0.94	(0.01)	−0.05	(0.02)	−0.23	(0.02)	0.19	(0.02)	−1.36	(0.02)	−0.43	(0.02)	0.16	(0.01)	1.07	(0.02)
	瑞典	0.12	(0.02)	1.05	(0.01)	0.23	(0.03)	0.02	(0.03)	0.20	(0.04)	−1.24	(0.03)	−0.21	(0.02)	0.52	(0.03)	1.43	(0.02)
	瑞士	−0.02	(0.02)	0.98	(0.01)	0.22	(0.02)	−0.26	(0.02)	0.48	(0.03)	−1.28	(0.03)	−0.34	(0.02)	0.33	(0.02)	1.20	(0.02)
	土耳其	0.44	(0.02)	1.06	(0.01)	0.47	(0.03)	0.40	(0.04)	0.08	(0.04)	−0.91	(0.03)	0.05	(0.03)	0.83	(0.03)	1.78	(0.03)
	英国	0.19	(0.02)	0.94	(0.01)	0.24	(0.03)	0.13	(0.03)	0.11	(0.04)	−0.99	(0.04)	−0.15	(0.02)	0.51	(0.03)	1.37	(0.02)
	美国	0.08	(0.03)	1.03	(0.01)	0.16	(0.03)	−0.01	(0.03)	0.16	(0.04)	−1.22	(0.04)	−0.25	(0.02)	0.41	(0.05)	1.40	(0.03)
	OECD 平均	0.00	(0.00)	0.97	(0.00)	0.10	(0.00)	−0.11	(0.00)	0.21	(0.01)	−1.25	(0.00)	−0.30	(0.00)	0.31	(0.00)	1.24	(0.00)
伙伴国家(地区)	阿尔巴尼亚	0.96	(0.02)	0.80	(0.01)	0.95	(0.02)	0.97	(0.03)	−0.01	(0.03)	−0.09	(0.03)	0.80	(0.01)	1.18	(0.03)	1.94	(0.03)
	阿根廷	0.18	(0.02)	1.01	(0.01)	0.28	(0.04)	0.09	(0.03)	0.20	(0.04)	−1.12	(0.03)	−0.13	(0.03)	0.55	(0.03)	1.43	(0.03)
	巴西	0.42	(0.01)	0.89	(0.01)	0.52	(0.02)	0.34	(0.02)	0.18	(0.03)	−0.71	(0.02)	0.15	(0.01)	0.71	(0.02)	1.54	(0.02)
	保加利亚	0.22	(0.02)	0.98	(0.02)	0.28	(0.03)	0.15	(0.03)	0.12	(0.04)	−1.01	(0.03)	−0.11	(0.02)	0.55	(0.03)	1.45	(0.03)
	哥伦比亚	0.59	(0.02)	0.84	(0.01)	0.64	(0.03)	0.54	(0.03)	0.10	(0.04)	−0.47	(0.03)	0.33	(0.03)	0.87	(0.03)	1.62	(0.02)
	哥斯达黎加	0.32	(0.03)	1.01	(0.01)	0.44	(0.04)	0.21	(0.03)	0.23	(0.04)	−0.98	(0.04)	0.01	(0.03)	0.67	(0.03)	1.59	(0.03)
	克罗地亚	−0.26	(0.03)	0.97	(0.01)	−0.19	(0.03)	−0.33	(0.03)	0.14	(0.04)	−1.47	(0.02)	−0.50	(0.02)	−0.06	(0.03)	1.01	(0.04)
	塞浦路斯[1,2]	0.26	(0.02)	1.11	(0.01)	0.29	(0.03)	0.22	(0.04)	0.07	(0.04)	−1.21	(0.04)	−0.06	(0.02)	0.67	(0.02)	1.64	(0.03)
	中国香港	0.30	(0.02)	0.98	(0.01)	0.47	(0.02)	0.10	(0.03)	0.38	(0.03)	−0.92	(0.03)	−0.06	(0.02)	0.68	(0.02)	1.48	(0.03)
	印度尼西亚	0.80	(0.02)	0.69	(0.01)	0.81	(0.02)	0.78	(0.03)	0.03	(0.03)	0.04	(0.04)	0.69	(0.03)	0.94	(0.01)	1.65	(0.03)
	约旦	0.81	(0.02)	0.98	(0.01)	0.88	(0.04)	0.74	(0.03)	0.14	(0.05)	−0.50	(0.04)	0.61	(0.02)	1.14	(0.02)	1.98	(0.03)
	哈萨克斯坦	0.89	(0.03)	0.84	(0.01)	0.86	(0.03)	0.91	(0.03)	−0.05	(0.03)	−0.21	(0.03)	0.76	(0.04)	1.05	(0.02)	1.97	(0.03)
	拉脱维亚	−0.05	(0.02)	0.83	(0.01)	−0.04	(0.03)	−0.07	(0.03)	0.03	(0.04)	−1.11	(0.03)	−0.28	(0.02)	0.20	(0.03)	0.99	(0.02)
	列支敦士登	0.09	(0.08)	1.05	(0.05)	0.32	(0.12)	−0.15	(0.11)	0.47	(0.17)	−1.24	(0.11)	−0.26	(0.10)	0.43	(0.08)	1.47	(0.12)
	立陶宛	0.09	(0.02)	1.07	(0.01)	0.15	(0.03)	0.04	(0.04)	0.12	(0.04)	−1.32	(0.03)	−0.24	(0.04)	0.53	(0.03)	1.41	(0.03)
	中国澳门	0.15	(0.01)	0.93	(0.01)	0.31	(0.02)	−0.03	(0.02)	0.34	(0.03)	−0.97	(0.02)	−0.21	(0.02)	0.45	(0.02)	1.32	(0.02)
	马来西亚	0.91	(0.02)	0.82	(0.01)	0.86	(0.02)	0.95	(0.02)	−0.10	(0.03)	−0.17	(0.03)	0.78	(0.02)	1.09	(0.02)	1.94	(0.02)
	黑山共和国	−0.01	(0.02)	1.03	(0.01)	0.02	(0.03)	−0.04	(0.03)	0.06	(0.03)	−1.32	(0.03)	−0.33	(0.02)	0.30	(0.03)	1.32	(0.02)
	秘鲁	0.74	(0.02)	0.80	(0.01)	0.81	(0.03)	0.68	(0.03)	0.13	(0.04)	−0.29	(0.03)	0.56	(0.03)	0.98	(0.03)	1.72	(0.02)
	卡塔尔	0.61	(0.01)	1.07	(0.01)	0.78	(0.02)	0.43	(0.02)	0.35	(0.03)	−0.83	(0.02)	0.36	(0.02)	1.01	(0.01)	1.89	(0.02)
	罗马尼亚	0.49	(0.02)	0.83	(0.01)	0.48	(0.03)	0.49	(0.02)	−0.01	(0.03)	−0.55	(0.03)	0.23	(0.03)	0.73	(0.02)	1.54	(0.03)
	俄罗斯联邦	0.29	(0.02)	0.81	(0.01)	0.36	(0.03)	0.23	(0.02)	0.13	(0.03)	−0.68	(0.03)	0.01	(0.03)	0.52	(0.03)	1.32	(0.03)
	塞尔维亚	−0.16	(0.02)	0.94	(0.01)	−0.11	(0.03)	−0.22	(0.03)	0.11	(0.03)	−1.37	(0.03)	−0.44	(0.01)	0.09	(0.03)	1.07	(0.04)
	中国上海	0.43	(0.02)	0.92	(0.01)	0.57	(0.03)	0.29	(0.03)	0.28	(0.04)	−0.67	(0.04)	0.03	(0.03)	0.76	(0.03)	1.59	(0.03)
	新加坡	0.84	(0.02)	0.92	(0.01)	0.88	(0.03)	0.79	(0.02)	0.08	(0.03)	−0.31	(0.03)	0.66	(0.02)	1.03	(0.02)	1.99	(0.03)
	中国台北	0.07	(0.02)	0.96	(0.01)	0.23	(0.02)	−0.09	(0.02)	0.31	(0.03)	−1.11	(0.02)	−0.27	(0.01)	0.35	(0.02)	1.30	(0.02)
	泰国	0.77	(0.02)	0.72	(0.01)	0.82	(0.02)	0.74	(0.02)	0.07	(0.02)	−0.15	(0.02)	0.69	(0.02)	0.94	(0.02)	1.62	(0.02)
	突尼斯	0.59	(0.02)	1.03	(0.01)	0.68	(0.03)	0.52	(0.03)	0.15	(0.04)	−0.78	(0.03)	0.31	(0.03)	0.98	(0.03)	1.86	(0.03)
	阿拉伯联合酋长国	0.73	(0.02)	1.00	(0.01)	0.81	(0.03)	0.66	(0.02)	0.15	(0.03)	−0.61	(0.03)	0.50	(0.02)	1.11	(0.02)	1.94	(0.01)
	乌拉圭	0.27	(0.02)	0.97	(0.01)	0.34	(0.03)	0.22	(0.03)	0.13	(0.04)	−0.96	(0.03)	−0.04	(0.03)	0.62	(0.03)	1.48	(0.02)
	越南	0.69	(0.02)	0.66	(0.01)	0.77	(0.02)	0.62	(0.02)	0.15	(0.02)	−0.17	(0.02)	0.52	(0.03)	0.91	(0.00)	1.50	(0.03)

附表 4.20 ■ 学生的数学学习动机指数和按该指数四等分划分的数学成绩(续表 1)

结果基于学生自我报告

| | | 数学成绩，按该国在该指数上的四分位区分 | | | | | | | 该指数每单位变化对应的数学成绩变化 | | 该指数位于最低 1/4 的学生，数学成绩也位于最低 1/4 的可能性增加比率 | | 解释的学生成绩变异 ($r^2 \times 100$) | |
| | | 最低 1/4 | | 第二个 1/4 | | 第三个 1/4 | | 最高 1/4 | | | | | | | |
		平均成绩	标准误	平均成绩	标准误	平均成绩	标准误	平均成绩	标准误	效应	标准误	比率	标准误	%	标准误
OECD	澳大利亚	476	(2.5)	502	(2.9)	513	(3.1)	537	(3.1)	23.4	(1.1)	1.6	(0.1)	6.0	(0.6)
	奥地利	486	(3.5)	507	(4.2)	516	(4.5)	529	(4.9)	15.8	(2.2)	1.4	(0.1)	3.1	(0.9)
	比利时	491	(3.4)	511	(3.7)	535	(3.5)	545	(4.3)	21.8	(1.9)	1.4	(0.1)	4.2	(0.7)
	加拿大	496	(3.1)	510	(3.0)	528	(2.6)	549	(3.2)	21.2	(1.1)	1.5	(0.1)	6.3	(0.6)
	智利	415	(3.8)	413	(4.2)	422	(4.5)	447	(4.5)	12.3	(1.5)	1.2	(0.1)	2.3	(0.6)
	捷克共和国	481	(3.8)	488	(4.7)	515	(4.9)	531	(5.8)	23.0	(2.5)	1.4	(0.1)	5.0	(1.0)
	丹麦	470	(3.0)	492	(4.0)	511	(3.7)	535	(3.8)	27.1	(1.5)	1.8	(0.1)	10.0	(1.1)
	爱沙尼亚	499	(3.0)	515	(3.9)	525	(4.6)	549	(3.9)	21.4	(1.7)	1.5	(0.2)	5.6	(0.9)
	芬兰	488	(2.6)	512	(2.8)	533	(3.4)	559	(2.9)	30.4	(1.3)	1.9	(0.2)	11.5	(0.9)
	法国	473	(3.4)	488	(4.4)	509	(4.4)	524	(3.7)	20.5	(2.3)	1.3	(0.1)	4.1	(0.9)
	德国	500	(4.7)	514	(4.4)	533	(4.1)	550	(4.9)	18.0	(1.8)	1.5	(0.1)	4.2	(1.0)
	希腊	422	(3.4)	440	(4.7)	465	(4.9)	487	(4.5)	24.7	(1.8)	1.6	(0.1)	8.9	(1.2)
	匈牙利	468	(4.1)	469	(3.9)	476	(5.7)	501	(6.5)	13.4	(2.8)	1.0	(0.1)	1.8	(0.7)
	冰岛	461	(4.0)	486	(4.1)	506	(4.4)	523	(4.4)	25.5	(2.1)	1.8	(0.1)	8.4	(1.3)
	爱尔兰	480	(3.7)	490	(4.1)	507	(3.5)	530	(4.1)	20.6	(1.9)	1.4	(0.1)	5.6	(1.0)
	以色列	469	(5.0)	477	(5.5)	471	(7.4)	460	(5.6)	−3.6	(2.1)	0.9	(0.1)	0.1	(0.2)
	意大利	462	(2.4)	480	(3.0)	498	(3.3)	503	(3.0)	17.4	(1.1)	1.4	(0.1)	3.2	(0.4)
	日本	499	(4.8)	527	(4.6)	549	(4.8)	577	(5.4)	29.7	(1.8)	2.0	(0.1)	10.6	(1.1)
	韩国	503	(4.8)	537	(4.4)	569	(6.5)	609	(7.5)	40.8	(2.3)	2.3	(0.2)	17.0	(1.6)
	卢森堡	471	(3.3)	489	(3.3)	493	(3.8)	514	(3.8)	15.5	(1.6)	1.2	(0.1)	3.1	(0.6)
	墨西哥	411	(2.1)	412	(1.9)	411	(1.8)	421	(2.4)	4.7	(1.2)	1.0	(0.1)	0.3	(0.2)
	荷兰	503	(5.0)	525	(5.2)	536	(5.3)	548	(5.9)	18.2	(2.4)	1.5	(0.1)	3.2	(0.8)
	新西兰	484	(4.6)	502	(4.2)	510	(4.9)	515	(5.5)	14.1	(2.9)	1.2	(0.1)	1.8	(0.8)
	挪威	447	(4.6)	482	(3.6)	504	(4.6)	535	(4.3)	31.9	(1.8)	2.1	(0.2)	13.4	(1.4)
	波兰	497	(4.5)	496	(4.3)	522	(5.2)	554	(5.5)	24.6	(1.9)	1.3	(0.1)	6.5	(1.0)
	葡萄牙	463	(4.7)	481	(4.9)	498	(5.1)	511	(5.6)	22.4	(2.1)	1.5	(0.1)	4.5	(0.8)
	斯洛伐克共和国	471	(4.7)	479	(4.5)	490	(6.6)	492	(6.6)	7.0	(3.0)	1.0	(0.1)	0.4	(0.3)
	斯洛文尼亚	482	(3.8)	498	(4.2)	515	(4.4)	522	(3.7)	16.8	(1.9)	1.4	(0.1)	3.3	(0.8)
	西班牙	465	(2.5)	477	(2.8)	490	(2.6)	512	(3.6)	18.8	(1.5)	1.3	(0.1)	4.2	(0.6)
	瑞典	441	(3.6)	473	(3.4)	500	(4.0)	513	(5.2)	26.3	(1.9)	1.9	(0.1)	9.1	(1.2)
	瑞士	514	(4.6)	528	(4.5)	537	(4.4)	546	(4.4)	12.8	(1.7)	1.3	(0.1)	1.8	(0.5)
	土耳其	437	(5.0)	442	(4.8)	455	(6.3)	459	(7.7)	9.1	(2.4)	1.2	(0.1)	1.1	(0.6)
	英国	471	(4.9)	484	(5.6)	500	(4.6)	524	(4.5)	22.4	(2.3)	1.4	(0.1)	5.2	(1.0)
	美国	467	(4.4)	481	(4.8)	484	(5.2)	498	(5.7)	12.5	(2.0)	1.2	(0.1)	2.1	(0.6)
	OECD平均	472	(0.7)	488	(0.7)	504	(0.8)	521	(0.8)	19.4	(0.3)	1.4	(0.0)	5.2	(0.2)
伙伴国家(地区)	阿尔巴尼亚	399	(4.5)	394	(4.6)	394	(5.4)	391	(5.2)	−3.3	(2.9)	0.9	(0.1)	0.1	(0.2)
	阿根廷	397	(4.9)	393	(3.7)	392	(5.3)	382	(4.4)	−5.5	(1.7)	0.7	(0.1)	0.5	(0.3)
	巴西	401	(2.9)	396	(2.5)	390	(2.6)	387	(3.4)	−6.1	(1.4)	0.7	(0.0)	0.5	(0.3)
	保加利亚	442	(5.2)	448	(5.0)	447	(5.5)	427	(6.2)	−5.8	(2.3)	0.9	(0.1)	0.4	(0.3)
	哥伦比亚	381	(3.9)	382	(3.3)	379	(4.1)	373	(4.8)	−4.6	(2.2)	0.8	(0.1)	0.3	(0.3)
	哥斯达黎加	412	(4.1)	405	(4.8)	407	(4.6)	406	(4.5)	−1.2	(1.7)	0.8	(0.1)	0.0	(0.1)
	克罗地亚	459	(3.7)	465	(4.4)	473	(4.9)	489	(7.3)	11.8	(2.6)	1.1	(0.1)	1.7	(0.7)
	塞浦路斯[1,2]	408	(3.4)	435	(3.6)	450	(3.8)	472	(3.5)	22.4	(1.5)	1.7	(0.1)	7.4	(0.9)
	中国香港	523	(4.0)	553	(4.9)	576	(4.9)	596	(4.9)	29.5	(1.8)	1.9	(0.1)	8.9	(1.0)
	印度尼西亚	386	(7.2)	374	(4.9)	369	(4.7)	372	(4.7)	−7.1	(1.9)	0.8	(0.1)	0.5	(0.6)
	约旦	377	(3.1)	384	(3.7)	396	(4.0)	402	(5.8)	10.8	(2.1)	1.3	(0.1)	2.0	(0.6)
	哈萨克斯坦	433	(4.5)	429	(4.3)	425	(4.2)	438	(4.8)	2.4	(2.4)	0.9	(0.1)	0.1	(0.1)
	拉脱维亚	475	(4.4)	484	(4.6)	492	(5.4)	512	(4.6)	17.2	(2.2)	1.2	(0.1)	3.1	(0.8)
	列支敦士登	519	(15.9)	518	(20.2)	542	(16.9)	565	(14.8)	18.1	(7.3)	1.3	(0.4)	4.1	(3.3)
	立陶宛	462	(4.3)	474	(4.1)	485	(4.7)	500	(5.0)	13.2	(1.4)	1.3	(0.1)	2.5	(0.6)
	中国澳门	515	(3.4)	529	(3.4)	551	(2.9)	564	(3.2)	21.4	(1.8)	1.6	(0.1)	4.6	(0.8)
	马来西亚	403	(4.6)	416	(4.7)	421	(5.0)	445	(4.1)	19.4	(2.1)	1.4	(0.2)	3.9	(0.9)
	黑山共和国	404	(3.4)	415	(3.8)	413	(3.2)	413	(3.5)	3.6	(1.7)	1.0	(0.1)	0.2	(0.1)
	秘鲁	388	(5.1)	375	(5.1)	362	(4.8)	361	(4.9)	−14.2	(2.3)	0.6	(0.1)	1.9	(0.6)
	卡塔尔	370	(2.4)	381	(2.7)	384	(2.8)	393	(2.4)	8.6	(1.1)	1.1	(0.1)	0.9	(0.2)
	罗马尼亚	455	(4.9)	452	(5.6)	442	(5.4)	436	(4.7)	−8.8	(2.0)	0.9	(0.1)	0.8	(0.4)
	俄罗斯联邦	470	(4.3)	469	(4.4)	488	(4.7)	503	(5.5)	16.0	(2.7)	1.1	(0.1)	2.2	(0.7)
	塞尔维亚	446	(4.3)	445	(4.7)	454	(5.6)	459	(5.6)	5.2	(2.4)	1.0	(0.1)	0.3	(0.3)
	中国上海	590	(5.7)	608	(5.0)	617	(4.8)	637	(4.7)	19.5	(2.1)	1.5	(0.1)	3.2	(0.7)
	新加坡	563	(4.2)	576	(4.7)	578	(5.1)	574	(4.0)	6.8	(1.9)	1.2	(0.1)	0.4	(0.2)
	中国台北	513	(5.2)	543	(4.5)	581	(5.0)	605	(4.8)	40.4	(1.9)	2.0	(0.1)	11.3	(1.1)
	泰国	428	(4.1)	424	(5.0)	422	(4.3)	438	(4.7)	5.0	(2.2)	0.9	(0.1)	0.2	(0.2)
	突尼斯	378	(3.7)	390	(5.5)	392	(5.2)	401	(5.4)	7.4	(1.6)	1.1	(0.1)	1.0	(0.4)
	阿拉伯联合酋长国	429	(2.8)	434	(3.4)	434	(3.9)	446	(4.2)	6.1	(1.3)	1.0	(0.1)	0.5	(0.2)
	乌拉圭	416	(3.8)	413	(4.1)	416	(4.8)	410	(5.0)	−3.0	(1.9)	0.9	(0.1)	0.1	(0.1)
	越南	493	(4.8)	508	(6.3)	512	(5.9)	531	(5.7)	19.4	(3.1)	1.3	(0.1)	2.3	(0.7)

注：统计上有显著性的值用粗体表示。

1. 土耳其注：本书中"塞浦路斯"相关的信息是指塞浦路斯岛南部。没有任何一个权力组织能够代表岛上的土耳其和希腊塞浦路斯人。土耳其承认北塞浦路斯土耳其共和国。除非在联合国找到一种长期的平衡的解决方案，否则土耳其将保持对"塞浦路斯"问题的立场。

2. OECD和欧盟成员注：塞浦路斯共和国得到了除土耳其外所有联合国成员的承认。本书中的信息是指在塞浦路斯共和国政府有效控制区域内的。

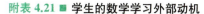

附表 4.21 ■ 学生的数学学习外部动机

学生表示"同意"或"非常同意"的百分比

		努力学好数学是值得的，因为它会对我将来从事的工作有帮助		对我来说，学数学是值得的，因为它会提升我的就业前景并增加机遇		数学对我来说是一门重要的学科，因为它是我今后学习的基础		数学中学习的很多东西有助于我找工作	
		%	标准误	%	标准误	%	标准误	%	标准误
OECD	澳大利亚	84.3	(0.4)	86.1	(0.4)	73.8	(0.5)	80.0	(0.4)
	奥地利	66.6	(1.0)	55.9	(1.1)	39.8	(1.2)	57.9	(1.1)
	比利时	63.7	(0.7)	63.0	(0.8)	54.0	(0.8)	57.3	(0.8)
	加拿大	82.2	(0.5)	85.7	(0.5)	73.4	(0.6)	79.0	(0.5)
	智利	84.4	(0.6)	87.3	(0.6)	67.3	(0.8)	80.5	(0.6)
	捷克共和国	67.9	(1.0)	75.2	(0.9)	65.7	(1.1)	70.5	(1.1)
	丹麦	87.8	(0.6)	87.9	(0.7)	71.7	(1.0)	77.6	(0.9)
	爱沙尼亚	76.4	(0.7)	78.8	(0.8)	81.4	(0.7)	65.0	(1.0)
	芬兰	73.2	(0.8)	85.4	(0.8)	70.3	(0.8)	73.8	(0.7)
	法国	71.6	(0.9)	72.9	(0.8)	63.3	(0.9)	61.0	(0.8)
	德国	66.4	(0.9)	76.0	(0.8)	51.9	(1.1)	67.2	(1.0)
	希腊	75.6	(0.7)	76.8	(0.8)	66.1	(0.8)	68.3	(0.8)
	匈牙利	80.2	(0.9)	81.9	(0.9)	66.2	(1.1)	70.2	(1.1)
	冰岛	82.9	(0.8)	88.2	(0.6)	78.5	(0.7)	83.4	(0.7)
	爱尔兰	79.9	(0.7)	88.3	(0.7)	66.2	(1.0)	75.6	(0.8)
	以色列	80.8	(0.9)	86.3	(0.8)	73.6	(1.0)	69.9	(1.1)
	意大利	68.6	(0.6)	71.9	(0.6)	64.7	(0.6)	65.5	(0.5)
	日本	56.5	(1.1)	51.6	(1.1)	47.9	(1.1)	53.5	(1.1)
	韩国	59.3	(1.1)	63.1	(1.3)	61.4	(1.1)	50.2	(1.3)
	卢森堡	63.6	(0.8)	65.0	(0.8)	53.2	(0.8)	58.4	(0.9)
	墨西哥	90.7	(0.3)	92.8	(0.3)	83.1	(0.4)	89.8	(0.3)
	荷兰	57.8	(1.0)	71.3	(1.0)	61.3	(1.2)	62.2	(1.1)
	新西兰	86.2	(0.8)	88.5	(0.7)	76.5	(0.9)	83.0	(0.8)
	挪威	84.6	(0.7)	82.6	(0.6)	77.4	(0.9)	78.2	(0.8)
	波兰	71.9	(1.0)	78.5	(0.8)	67.5	(1.0)	66.3	(1.1)
	葡萄牙	83.8	(0.9)	81.6	(0.8)	79.8	(0.8)	81.2	(0.9)
	斯洛伐克共和国	67.0	(1.1)	71.8	(1.0)	48.1	(1.3)	63.0	(1.1)
	斯洛文尼亚	67.2	(1.1)	74.0	(0.9)	63.2	(1.1)	63.1	(1.1)
	西班牙	72.4	(0.7)	77.3	(0.6)	59.8	(0.7)	72.8	(0.6)
	瑞典	78.9	(0.7)	85.5	(0.6)	75.6	(0.9)	78.8	(0.8)
	瑞士	73.7	(1.1)	73.7	(1.1)	54.0	(0.9)	64.3	(1.2)
	土耳其	76.5	(0.8)	75.5	(0.9)	73.0	(0.8)	67.9	(1.1)
	英国	88.0	(0.6)	90.8	(0.5)	73.0	(0.9)	81.1	(0.6)
	美国	80.6	(0.7)	80.2	(0.7)	70.0	(0.9)	80.2	(0.8)
	OECD 平均	75.0	(0.1)	78.2	(0.1)	66.3	(0.2)	70.5	(0.2)
伙伴国家（地区）	阿尔巴尼亚	91.7	(0.6)	90.7	(0.7)	85.1	(0.9)	85.5	(0.7)
	阿根廷	80.1	(0.8)	85.4	(0.7)	67.0	(1.2)	80.3	(0.7)
	巴西	86.2	(0.5)	89.3	(0.4)	77.7	(0.5)	85.9	(0.4)
	保加利亚	71.8	(0.8)	79.1	(0.8)	65.6	(0.9)	69.3	(0.8)
	哥伦比亚	90.6	(0.5)	87.3	(0.7)	79.0	(0.6)	87.1	(0.7)
	哥斯达黎加	80.1	(0.9)	87.4	(0.7)	67.8	(1.2)	82.5	(0.8)
	克罗地亚	72.3	(1.0)	68.5	(1.1)	53.0	(1.1)	66.9	(1.3)
	塞浦路斯[1,2]	75.6	(0.7)	79.3	(0.7)	67.4	(0.9)	71.8	(0.8)
	中国香港	69.2	(0.9)	71.7	(0.8)	66.3	(0.9)	58.6	(1.0)
	印度尼西亚	88.6	(0.6)	89.0	(0.6)	87.2	(0.6)	89.6	(0.6)
	约旦	87.1	(0.7)	83.0	(0.8)	84.0	(0.8)	84.0	(0.7)
	哈萨克斯坦	88.9	(0.7)	85.8	(0.9)	84.2	(0.9)	85.1	(0.9)
	拉脱维亚	76.4	(0.9)	82.6	(0.9)	84.2	(0.8)	75.2	(0.9)
	列支敦士登	79.2	(2.7)	79.2	(2.9)	59.2	(3.4)	66.5	(3.4)
	立陶宛	81.2	(0.8)	80.7	(0.9)	73.8	(0.9)	76.0	(0.8)
	中国澳门	68.0	(0.8)	71.6	(0.8)	62.3	(0.7)	57.0	(0.8)
	马来西亚	91.2	(0.6)	91.4	(0.6)	91.6	(0.6)	88.7	(0.7)
	黑山共和国	70.7	(0.8)	60.7	(0.9)	53.4	(0.9)	62.7	(0.8)
	秘鲁	91.6	(0.5)	94.2	(0.4)	87.5	(0.7)	92.5	(0.5)
	卡塔尔	82.1	(0.5)	81.0	(0.5)	77.9	(0.5)	79.0	(0.5)
	罗马尼亚	42.4	(1.2)	40.3	(1.1)	47.1	(1.2)	42.1	(1.0)
	俄罗斯联邦	71.0	(0.9)	67.0	(1.0)	62.7	(1.0)	70.6	(1.1)
	塞尔维亚	79.4	(1.0)	75.9	(1.0)	68.6	(1.2)	68.0	(1.2)
	中国上海	78.2	(0.7)	72.7	(0.9)	79.0	(0.9)	66.3	(1.0)
	新加坡	90.4	(0.6)	88.2	(0.6)	87.4	(0.6)	85.5	(0.7)
	中国台北	65.3	(0.8)	62.1	(0.9)	64.4	(1.0)	57.9	(0.9)
	泰国	91.7	(0.5)	91.0	(0.6)	89.2	(0.5)	92.2	(0.4)
	突尼斯	85.0	(0.5)	84.2	(0.6)	77.4	(0.9)	81.3	(0.8)
	阿拉伯联合酋长国	83.9	(0.5)	84.9	(0.5)	80.5	(0.6)	78.1	(0.7)
	乌拉圭	80.5	(0.7)	84.4	(0.7)	66.5	(1.0)	80.8	(0.9)
	越南	94.5	(0.5)	88.2	(0.5)	80.8	(0.8)	86.7	(1.0)

1. 土耳其注：本书中"塞浦路斯"相关的信息是指塞浦路斯岛南部。没有任何一个权力组织能够代表该岛上的土耳其和希腊塞浦路斯人。土耳其承认北塞浦路斯土耳其共和国。除非在联合国找到一种长期的平衡的解决方案，否则土耳其将保持其对"塞浦路斯"问题的立场。

2. OECD 和欧盟成员注：塞浦路斯共和国得到了除土耳其外所有联合国成员的承认。本书中的信息是指在塞浦路斯共和国政府有效控制区域内的。

附表 4.22 ■ 学生的数学学习外部动机指数和按该指数四等分划分的数学成绩

结果基于学生自我报告

| | | 学生的数学学习外部动机指数 | | | | | | | | | | | | | | | | |
| | | 全体学生 | | 该指数的变量 | | 男　生 | | 女　生 | | 性别差异(男生—女生) | | 最低 1/4 | | 第二个 1/4 | | 第三个 1/4 | | 最高 1/4 | |
		指数平均值	标准误	标准差	标准误	指数平均值	标准误	指数平均值	标准误	差异值	标准误	指数平均值	标准误	指数平均值	标准误	指数平均值	标准误	指数平均值	标准误
OECD	澳大利亚	0.24	(0.01)	0.96	(0.01)	0.39	(0.02)	0.08	(0.01)	**0.30**	(0.02)	−0.99	(0.02)	−0.06	(0.01)	0.53	(0.02)	1.47	(0.01)
	奥地利	−0.41	(0.03)	1.01	(0.01)	−0.16	(0.04)	−0.66	(0.03)	**0.50**	(0.05)	−1.62	(0.03)	−0.84	(0.02)	−0.14	(0.04)	0.97	(0.03)
	比利时	−0.37	(0.02)	0.98	(0.01)	−0.24	(0.04)	−0.50	(0.02)	**0.26**	(0.03)	−1.57	(0.02)	−0.73	(0.02)	−0.08	(0.01)	0.90	(0.03)
	加拿大	0.25	(0.01)	1.00	(0.01)	0.32	(0.02)	0.18	(0.02)	**0.13**	(0.03)	−1.05	(0.01)	−0.07	(0.01)	0.62	(0.02)	1.50	(0.01)
	智利	0.32	(0.02)	0.99	(0.01)	0.43	(0.03)	0.21	(0.02)	**0.22**	(0.04)	−1.00	(0.03)	−0.04	(0.01)	0.79	(0.02)	1.52	(0.01)
	捷克共和国	−0.17	(0.02)	0.90	(0.01)	−0.05	(0.03)	−0.29	(0.03)	**0.24**	(0.04)	−1.29	(0.03)	−0.45	(0.03)	0.06	(0.03)	1.00	(0.03)
	丹麦	0.23	(0.02)	0.88	(0.01)	0.38	(0.02)	0.09	(0.02)	**0.29**	(0.03)	−0.88	(0.02)	−0.08	(0.02)	0.51	(0.03)	1.39	(0.02)
	爱沙尼亚	0.02	(0.02)	0.88	(0.01)	0.07	(0.03)	−0.03	(0.03)	**0.10**	(0.04)	−1.09	(0.02)	−0.24	(0.03)	0.21	(0.02)	1.19	(0.02)
	芬兰	−0.01	(0.02)	0.90	(0.01)	0.02	(0.03)	−0.04	(0.03)	**0.06**	(0.03)	−1.14	(0.02)	−0.25	(0.02)	0.16	(0.02)	1.18	(0.02)
	法国	−0.16	(0.02)	0.99	(0.01)	−0.04	(0.03)	−0.28	(0.03)	**0.23**	(0.04)	−1.42	(0.03)	−0.52	(0.02)	0.15	(0.02)	1.13	(0.02)
	德国	−0.13	(0.02)	0.99	(0.01)	0.05	(0.03)	−0.32	(0.03)	**0.36**	(0.04)	−1.36	(0.02)	−0.56	(0.04)	0.21	(0.03)	1.17	(0.03)
	希腊	0.02	(0.02)	1.04	(0.01)	0.13	(0.03)	−0.09	(0.03)	**0.22**	(0.04)	−1.32	(0.03)	−0.29	(0.02)	0.37	(0.02)	1.35	(0.02)
	匈牙利	−0.05	(0.02)	0.89	(0.01)	0.08	(0.03)	−0.16	(0.03)	**0.24**	(0.04)	−1.16	(0.03)	−0.28	(0.03)	0.15	(0.02)	1.11	(0.03)
	冰岛	0.33	(0.03)	0.97	(0.01)	0.32	(0.04)	0.34	(0.04)	−0.02	(0.04)	−0.94	(0.03)	0.03	(0.01)	0.66	(0.04)	1.57	(0.02)
	爱尔兰	0.13	(0.02)	0.93	(0.01)	0.21	(0.03)	0.04	(0.03)	**0.16**	(0.04)	−1.04	(0.03)	−0.17	(0.02)	0.37	(0.02)	1.35	(0.02)
	以色列	0.31	(0.02)	1.02	(0.01)	0.40	(0.03)	0.22	(0.03)	**0.19**	(0.05)	−1.07	(0.04)	−0.04	(0.04)	0.81	(0.03)	1.53	(0.02)
	意大利	−0.19	(0.01)	0.95	(0.01)	−0.10	(0.02)	−0.28	(0.02)	**0.19**	(0.03)	−1.38	(0.02)	−0.50	(0.02)	0.10	(0.01)	1.05	(0.01)
	日本	−0.50	(0.02)	1.04	(0.01)	−0.38	(0.04)	−0.63	(0.02)	**0.25**	(0.04)	−1.75	(0.03)	−0.91	(0.04)	−0.20	(0.03)	0.87	(0.04)
	韩国	−0.39	(0.03)	1.05	(0.01)	−0.31	(0.04)	−0.48	(0.03)	**0.17**	(0.05)	−1.71	(0.04)	−0.75	(0.03)	−0.07	(0.04)	0.97	(0.04)
	卢森堡	−0.28	(0.02)	1.13	(0.01)	−0.05	(0.03)	−0.52	(0.03)	**0.47**	(0.04)	−1.71	(0.04)	−0.72	(0.02)	0.10	(0.02)	1.23	(0.02)
	墨西哥	0.51	(0.01)	0.83	(0.00)	0.55	(0.01)	0.48	(0.01)	**0.07**	(0.01)	−0.54	(0.01)	0.19	(0.01)	0.87	(0.01)	1.53	(0.01)
	荷兰	−0.36	(0.02)	0.91	(0.01)	−0.22	(0.03)	−0.49	(0.03)	**0.27**	(0.03)	−1.52	(0.04)	−0.62	(0.02)	−0.03	(0.02)	0.75	(0.03)
	新西兰	0.28	(0.02)	0.92	(0.01)	0.38	(0.02)	0.17	(0.03)	**0.21**	(0.03)	−0.88	(0.03)	0.02	(0.02)	0.56	(0.04)	1.46	(0.01)
	挪威	0.19	(0.02)	0.97	(0.01)	0.21	(0.03)	0.18	(0.03)	0.03	(0.04)	−1.06	(0.03)	−0.07	(0.02)	0.47	(0.04)	1.44	(0.01)
	波兰	−0.14	(0.02)	0.93	(0.01)	−0.14	(0.03)	−0.14	(0.03)	0.00	(0.04)	−1.32	(0.03)	−0.39	(0.02)	0.07	(0.03)	1.07	(0.03)
	葡萄牙	0.26	(0.02)	0.94	(0.01)	0.28	(0.03)	0.24	(0.03)	0.04	(0.03)	−0.94	(0.03)	0.01	(0.03)	0.52	(0.03)	1.47	(0.03)
	斯洛伐克共和国	−0.33	(0.02)	0.90	(0.01)	−0.25	(0.04)	−0.42	(0.03)	**0.18**	(0.05)	−1.44	(0.03)	−0.63	(0.02)	−0.08	(0.02)	0.83	(0.04)
	斯洛文尼亚	−0.23	(0.02)	0.94	(0.01)	−0.14	(0.04)	−0.33	(0.03)	**0.18**	(0.05)	−1.42	(0.04)	−0.56	(0.04)	0.07	(0.03)	0.98	(0.03)
	西班牙	−0.02	(0.02)	1.04	(0.01)	0.06	(0.02)	−0.11	(0.02)	**0.17**	(0.03)	−1.35	(0.04)	−0.37	(0.02)	0.29	(0.02)	1.33	(0.02)
	瑞典	0.18	(0.02)	0.95	(0.01)	0.26	(0.03)	0.10	(0.03)	**0.16**	(0.04)	−1.02	(0.03)	−0.11	(0.04)	0.43	(0.03)	1.42	(0.02)
	瑞士	−0.12	(0.02)	1.02	(0.01)	0.16	(0.03)	−0.39	(0.03)	**0.55**	(0.03)	−1.39	(0.03)	−0.54	(0.04)	0.24	(0.03)	1.22	(0.02)
	土耳其	0.06	(0.02)	0.99	(0.01)	0.03	(0.03)	0.09	(0.03)	−0.06	(0.04)	−1.22	(0.04)	−0.24	(0.03)	0.38	(0.04)	1.31	(0.02)
	英国	0.32	(0.02)	0.90	(0.01)	0.40	(0.02)	0.25	(0.02)	**0.15**	(0.03)	−0.83	(0.02)	−0.03	(0.02)	0.68	(0.04)	1.47	(0.02)
	美国	0.14	(0.02)	0.96	(0.01)	0.17	(0.03)	0.10	(0.03)	0.07	(0.04)	−1.13	(0.03)	−0.13	(0.02)	0.38	(0.03)	1.43	(0.02)
	OECD平均	0.00	(0.00)	0.96	(0.00)	0.09	(0.00)	−0.10	(0.00)	**0.19**	(0.01)	−1.22	(0.00)	−0.32	(0.00)	0.30	(0.00)	1.24	(0.00)
伙伴国家(地区)	阿尔巴尼亚	0.55	(0.02)	0.84	(0.01)	0.56	(0.03)	0.55	(0.03)	0.01	(0.04)	−0.56	(0.03)	0.27	(0.03)	0.95	(0.03)	1.56	(0.02)
	阿根廷	0.16	(0.02)	0.95	(0.01)	0.21	(0.03)	0.12	(0.03)	**0.09**	(0.04)	−1.05	(0.03)	−0.15	(0.02)	0.47	(0.03)	1.38	(0.02)
	巴西	0.37	(0.01)	0.89	(0.01)	0.42	(0.02)	0.34	(0.02)	**0.08**	(0.02)	−0.79	(0.02)	0.05	(0.02)	0.74	(0.02)	1.49	(0.01)
	保加利亚	−0.04	(0.02)	0.98	(0.01)	0.00	(0.03)	−0.08	(0.03)	**0.09**	(0.04)	−1.26	(0.03)	−0.35	(0.02)	0.21	(0.03)	1.26	(0.02)
	哥伦比亚	0.42	(0.02)	0.87	(0.01)	0.45	(0.02)	0.40	(0.02)	0.05	(0.03)	−0.70	(0.03)	0.10	(0.02)	0.78	(0.02)	1.52	(0.01)
	哥斯达黎加	0.30	(0.02)	1.01	(0.01)	0.41	(0.02)	0.20	(0.02)	**0.21**	(0.03)	−1.04	(0.03)	−0.06	(0.03)	0.77	(0.03)	1.53	(0.02)
	克罗地亚	−0.24	(0.02)	0.96	(0.01)	−0.15	(0.03)	−0.33	(0.03)	**0.18**	(0.04)	−1.43	(0.04)	−0.59	(0.02)	0.02	(0.03)	1.03	(0.04)
	塞浦路斯[1,2]	0.10	(0.02)	1.08	(0.01)	0.16	(0.03)	0.04	(0.03)	**0.12**	(0.04)	−1.32	(0.03)	−0.24	(0.02)	0.48	(0.04)	1.48	(0.01)
	中国香港	−0.23	(0.02)	0.91	(0.01)	−0.11	(0.03)	−0.35	(0.03)	**0.24**	(0.03)	−1.36	(0.03)	−0.53	(0.03)	0.05	(0.03)	0.94	(0.03)
	印度尼西亚	0.35	(0.02)	0.73	(0.01)	0.32	(0.02)	0.37	(0.03)	−0.05	(0.03)	−0.53	(0.02)	0.05	(0.01)	0.53	(0.03)	1.34	(0.03)
	约旦	0.45	(0.02)	0.96	(0.01)	0.40	(0.03)	0.49	(0.02)	**−0.08**	(0.03)	−0.85	(0.04)	0.18	(0.02)	0.89	(0.02)	1.57	(0.01)
	哈萨克斯坦	0.41	(0.03)	0.87	(0.01)	0.39	(0.03)	0.44	(0.03)	−0.05	(0.03)	−0.71	(0.04)	0.07	(0.03)	0.78	(0.03)	1.51	(0.02)
	拉脱维亚	0.13	(0.02)	0.87	(0.01)	0.16	(0.03)	0.11	(0.03)	0.05	(0.04)	−0.96	(0.03)	−0.11	(0.02)	0.33	(0.03)	1.27	(0.02)
	列支敦士登	0.10	(0.07)	1.02	(0.03)	0.30	(0.09)	−0.12	(0.09)	**0.42**	(0.14)	−1.19	(0.08)	−0.35	(0.09)	0.52	(0.13)	1.43	(0.05)
	立陶宛	0.27	(0.02)	1.06	(0.01)	0.29	(0.03)	0.24	(0.03)	0.06	(0.04)	−1.17	(0.04)	−0.08	(0.03)	0.77	(0.03)	1.54	(0.02)
	中国澳门	−0.26	(0.02)	0.89	(0.01)	−0.15	(0.02)	−0.39	(0.02)	**0.24**	(0.03)	−1.35	(0.02)	−0.59	(0.02)	0.02	(0.01)	0.87	(0.02)
	马来西亚	0.53	(0.02)	0.81	(0.01)	0.46	(0.02)	0.60	(0.02)	**−0.13**	(0.02)	−0.46	(0.02)	0.16	(0.02)	0.88	(0.02)	1.55	(0.02)
	黑山共和国	−0.29	(0.02)	1.02	(0.01)	−0.26	(0.02)	−0.32	(0.02)	0.05	(0.04)	−1.56	(0.04)	−0.66	(0.02)	0.00	(0.02)	1.06	(0.04)
	秘鲁	0.56	(0.01)	0.80	(0.01)	0.55	(0.02)	0.56	(0.02)	−0.01	(0.02)	−0.42	(0.02)	0.17	(0.02)	0.89	(0.02)	1.57	(0.02)
	卡塔尔	0.29	(0.01)	1.03	(0.01)	0.39	(0.02)	0.19	(0.02)	**0.19**	(0.02)	−1.08	(0.02)	−0.01	(0.01)	0.72	(0.02)	1.54	(0.02)
	罗马尼亚	−0.57	(0.02)	0.94	(0.01)	−0.58	(0.03)	−0.56	(0.03)	−0.01	(0.04)	−1.56	(0.02)	−1.02	(0.01)	−0.44	(0.04)	0.74	(0.04)
	俄罗斯联邦	−0.07	(0.02)	0.95	(0.01)	0.03	(0.03)	−0.18	(0.03)	**0.21**	(0.04)	−1.21	(0.04)	−0.46	(0.04)	0.16	(0.04)	1.22	(0.02)
	塞尔维亚	−0.09	(0.02)	0.92	(0.01)	−0.03	(0.03)	−0.14	(0.02)	**0.12**	(0.03)	−1.25	(0.03)	−0.30	(0.02)	0.12	(0.02)	1.09	(0.03)
	中国上海	0.01	(0.02)	0.90	(0.01)	0.05	(0.03)	−0.03	(0.03)	**0.08**	(0.03)	−1.12	(0.03)	−0.24	(0.03)	0.18	(0.02)	1.22	(0.02)
	新加坡	0.40	(0.01)	0.84	(0.01)	0.46	(0.02)	0.33	(0.02)	**0.13**	(0.03)	−0.62	(0.03)	0.05	(0.00)	0.68	(0.04)	1.49	(0.01)
	中国台北	−0.33	(0.02)	0.91	(0.01)	−0.23	(0.02)	−0.43	(0.03)	0.20	(0.04)	−1.43	(0.04)	−0.65	(0.02)	−0.01	(0.02)	0.78	(0.03)
	泰国	0.39	(0.01)	0.73	(0.01)	0.34	(0.02)	0.43	(0.02)	**−0.09**	(0.03)	−0.44	(0.02)	0.16	(0.01)	0.58	(0.02)	1.37	(0.02)
	突尼斯	0.41	(0.02)	0.99	(0.01)	0.43	(0.03)	0.39	(0.03)	0.04	(0.04)	−0.96	(0.02)	0.16	(0.04)	0.88	(0.04)	1.56	(0.02)
	阿拉伯联合酋长国	0.37	(0.02)	0.98	(0.01)	0.45	(0.02)	0.30	(0.02)	**0.14**	(0.03)	−0.95	(0.02)	0.07	(0.02)	0.84	(0.02)	1.54	(0.01)
	乌拉圭	0.21	(0.02)	0.98	(0.01)	0.26	(0.03)	0.17	(0.02)	**0.10**	(0.03)	−1.06	(0.03)	−0.11	(0.02)	0.55	(0.03)	1.46	(0.01)
	越南	0.37	(0.02)	0.72	(0.01)	0.37	(0.02)	0.37	(0.02)	0.00	(0.03)	−0.48	(0.03)	0.05	(0.00)	0.57	(0.03)	1.34	(0.03)

附表 4.22 ■ 学生的数学学习外部动机指数和按该指数四等分划分的数学成绩（续表 1）

结果基于学生自我报告

		数学成绩，按该国在该指数上的四分位区分								该指数每单位变化对应的数学成绩变化		该指数位于最低1/4的学生，数学成绩也位于最低1/4的可能性增加比率		解释的学生成绩变异 (r²×100)	
		最低 1/4		第二个 1/4		第三个 1/4		最高 1/4							
		平均成绩	标准误	平均成绩	标准误	平均成绩	标准误	平均成绩	标准误	效应	标准误	比率	标准误	%	标准误
OECD	澳大利亚	486	(2.8)	496	(2.9)	510	(2.7)	536	(2.6)	20.6	(1.0)	1.5	(0.1)	4.3	(0.4)
	奥地利	505	(4.7)	507	(3.6)	511	(5.3)	516	(4.8)	4.6	(2.3)	1.1	(0.1)	0.3	(0.3)
	比利时	492	(3.5)	511	(3.3)	534	(3.1)	545	(4.2)	22.8	(1.8)	1.4	(0.1)	5.1	(0.8)
	加拿大	496	(3.2)	509	(2.7)	529	(2.9)	551	(3.1)	22.4	(1.2)	1.6	(0.1)	6.5	(0.7)
	智利	419	(4.0)	410	(4.2)	421	(4.0)	445	(4.0)	9.2	(1.5)	1.0	(0.1)	1.3	(0.4)
	捷克共和国	491	(4.3)	498	(4.7)	509	(4.6)	518	(4.3)	12.4	(2.1)	1.3	(0.1)	1.5	(0.5)
	丹麦	474	(3.4)	496	(3.9)	506	(3.6)	531	(3.2)	25.0	(1.5)	1.7	(0.1)	7.4	(0.9)
	爱沙尼亚	504	(3.5)	516	(3.4)	526	(3.9)	542	(4.0)	16.6	(2.0)	1.4	(0.1)	3.4	(0.7)
	芬兰	492	(2.7)	515	(3.5)	529	(3.4)	557	(3.3)	29.0	(1.2)	1.8	(0.1)	10.0	(0.8)
	法国	483	(3.3)	491	(4.2)	502	(4.3)	519	(5.2)	14.7	(1.9)	1.1	(0.1)	2.3	(0.6)
	德国	510	(4.3)	521	(4.5)	523	(4.5)	544	(4.6)	12.9	(1.8)	1.3	(0.1)	1.9	(0.5)
	希腊	426	(3.7)	448	(5.0)	462	(4.5)	479	(4.0)	19.8	(1.4)	1.5	(0.1)	5.5	(0.7)
	匈牙利	472	(4.5)	474	(4.9)	470	(4.4)	500	(6.1)	13.1	(2.6)	1.0	(0.1)	1.6	(0.6)
	冰岛	462	(3.8)	489	(4.1)	501	(4.4)	524	(4.2)	25.1	(2.3)	1.8	(0.1)	7.4	(1.3)
	爱尔兰	494	(3.1)	492	(3.8)	501	(4.4)	521	(4.4)	12.5	(1.7)	1.1	(0.1)	1.9	(0.6)
	以色列	458	(5.2)	466	(6.0)	475	(6.4)	477	(5.9)	7.7	(2.0)	1.1	(0.1)	0.6	(0.3)
	意大利	470	(2.4)	482	(2.6)	493	(2.8)	498	(3.4)	12.7	(1.2)	1.2	(0.1)	1.7	(0.3)
	日本	498	(5.3)	532	(4.6)	549	(4.5)	572	(5.2)	28.0	(1.8)	2.0	(0.1)	9.7	(1.0)
	韩国	499	(4.6)	544	(6.3)	563	(5.0)	611	(7.6)	39.9	(2.3)	2.5	(0.2)	17.9	(1.7)
	卢森堡	472	(3.3)	484	(3.0)	499	(3.8)	513	(3.0)	14.3	(1.5)	1.2	(0.1)	2.9	(0.7)
	墨西哥	410	(1.9)	409	(1.9)	413	(2.1)	424	(3.0)	6.2	(0.9)	1.0	(0.0)	0.5	(0.1)
	荷兰	506	(4.2)	524	(4.8)	537	(5.2)	545	(5.2)	17.5	(2.0)	1.5	(0.1)	3.3	(0.8)
	新西兰	483	(4.4)	494	(5.2)	508	(5.0)	528	(4.3)	20.3	(1.4)	1.4	(0.1)	3.6	(0.8)
	挪威	449	(3.6)	487	(4.4)	504	(4.6)	529	(4.4)	32.5	(1.5)	2.2	(0.2)	12.6	(1.1)
	波兰	491	(4.8)	502	(4.5)	517	(5.2)	559	(5.7)	28.1	(1.7)	1.5	(0.2)	8.5	(1.0)
	葡萄牙	458	(5.3)	478	(5.2)	499	(6.0)	519	(5.3)	25.8	(2.1)	1.6	(0.1)	6.8	(1.0)
	斯洛伐克共和国	477	(4.8)	477	(4.8)	489	(5.6)	492	(7.4)	7.7	(3.2)	1.1	(0.1)	0.5	(0.4)
	斯洛文尼亚	492	(4.4)	496	(3.9)	508	(4.2)	520	(4.2)	13.1	(1.2)	1.1	(0.1)	1.9	(0.6)
	西班牙	462	(2.5)	475	(2.8)	492	(3.1)	515	(3.4)	20.0	(1.0)	1.3	(0.1)	5.8	(0.7)
	瑞典	456	(4.0)	474	(3.8)	489	(4.4)	508	(4.4)	21.1	(1.8)	1.5	(0.1)	4.8	(0.8)
	瑞士	526	(4.6)	528	(4.1)	533	(4.2)	538	(4.1)	5.4	(1.6)	1.1	(0.1)	0.3	(0.3)
	土耳其	440	(4.8)	442	(6.2)	446	(7.5)	466	(6.6)	9.5	(1.9)	1.1	(0.1)	1.1	(0.4)
	英国	484	(5.2)	486	(4.3)	498	(5.1)	511	(5.1)	12.2	(2.0)	1.2	(0.1)	1.4	(0.4)
	美国	470	(4.8)	474	(4.5)	476	(5.0)	510	(5.6)	14.8	(1.7)	1.1	(0.1)	2.7	(0.6)
	OECD平均	**477**	**(0.7)**	**489**	**(0.7)**	**501**	**(0.8)**	**519**	**(0.8)**	**17.6**	**(0.3)**	**1.4**	**(0.0)**	**4.3**	**(0.1)**
伙伴国家（地区）	阿尔巴尼亚	398	(4.5)	397	(4.5)	393	(4.7)	390	(4.5)	−4.3	(2.7)	1.0	(0.1)	0.2	(0.2)
	阿根廷	395	(4.1)	393	(4.4)	390	(4.7)	389	(4.0)	−2.4	(1.7)	0.8	(0.1)	0.1	(0.1)
	巴西	402	(2.8)	389	(2.5)	391	(2.9)	394	(3.5)	−3.6	(1.2)	0.8	(0.0)	0.2	(0.1)
	保加利亚	440	(5.3)	439	(4.9)	439	(4.7)	449	(6.1)	3.6	(2.2)	0.9	(0.1)	0.1	(0.2)
	哥伦比亚	386	(4.1)	377	(3.3)	377	(4.4)	374	(4.0)	−5.5	(1.4)	0.8	(0.1)	0.4	(0.3)
	哥斯达黎加	412	(4.3)	405	(4.4)	410	(4.4)	404	(4.9)	−2.4	(1.6)	0.8	(0.1)	0.1	(0.2)
	克罗地亚	458	(3.7)	467	(4.3)	475	(6.6)	486	(6.1)	12.3	(2.8)	1.1	(0.1)	1.8	(0.8)
	塞浦路斯[1, 2]	407	(3.2)	431	(3.1)	450	(3.2)	479	(3.2)	25.2	(1.3)	1.7	(0.1)	9.1	(0.9)
	中国香港	530	(4.1)	563	(5.1)	568	(5.0)	586	(4.5)	23.2	(1.9)	1.7	(0.1)	4.8	(0.7)
	印度尼西亚	376	(6.0)	374	(4.7)	375	(4.4)	378	(4.4)	2.2	(2.4)	1.0	(0.1)	0.1	(0.1)
	约旦	369	(3.5)	390	(4.0)	396	(3.4)	405	(4.8)	14.3	(1.4)	1.6	(0.1)	3.3	(0.6)
	哈萨克斯坦	433	(4.6)	429	(3.6)	430	(3.9)	435	(4.5)	0.9	(1.9)	1.0	(0.1)	0.0	(0.1)
	拉脱维亚	478	(4.0)	485	(4.6)	496	(4.6)	505	(4.8)	12.6	(1.8)	1.2	(0.2)	1.8	(0.5)
	列支敦士登	558	(16.3)	529	(17.1)	532	(17.9)	524	(15.2)	−9.7	(6.7)	0.5	(0.3)	1.1	(1.5)
	立陶宛	462	(3.9)	469	(4.7)	489	(4.4)	502	(4.3)	16.0	(1.6)	1.4	(0.1)	3.6	(0.7)
	中国澳门	530	(3.1)	533	(3.8)	541	(3.7)	555	(3.4)	12.4	(1.8)	1.1	(0.1)	1.4	(0.4)
	马来西亚	402	(5.0)	415	(4.1)	427	(4.4)	441	(4.1)	18.7	(2.1)	1.7	(0.1)	3.5	(0.8)
	黑山共和国	411	(3.7)	410	(3.5)	408	(3.5)	416	(3.1)	2.4	(1.7)	0.9	(0.1)	0.0	(0.1)
	秘鲁	375	(5.4)	370	(4.4)	367	(5.4)	375	(4.6)	−0.6	(2.1)	0.9	(0.1)	0.0	(0.0)
	卡塔尔	359	(2.5)	374	(2.5)	391	(3.0)	407	(2.6)	19.3	(1.1)	1.5	(0.1)	4.1	(0.5)
	罗马尼亚	463	(6.0)	447	(5.1)	438	(4.7)	438	(5.4)	−9.8	(2.3)	0.8	(0.1)	1.3	(0.6)
	俄罗斯联邦	477	(4.3)	473	(3.5)	484	(5.3)	497	(5.7)	9.7	(2.0)	1.1	(0.1)	1.1	(0.5)
	塞尔维亚	449	(4.7)	450	(5.1)	450	(5.9)	464	(4.4)	3.6	(2.1)	1.0	(0.1)	0.2	(0.3)
	中国上海	600	(5.3)	609	(4.9)	613	(4.7)	629	(4.7)	13.0	(1.4)	1.3	(0.1)	1.4	(0.4)
	新加坡	579	(4.6)	574	(5.1)	572	(3.8)	566	(3.9)	−4.7	(2.6)	0.9	(0.1)	0.1	(0.2)
	中国台北	512	(5.8)	551	(4.6)	575	(4.9)	603	(5.1)	39.2	(2.1)	2.0	(0.1)	9.5	(1.0)
	泰国	418	(4.6)	422	(4.6)	426	(4.4)	445	(4.4)	14.0	(1.2)	1.2	(0.1)	1.6	(0.5)
	突尼斯	372	(4.2)	383	(5.2)	396	(5.6)	410	(4.2)	13.6	(1.8)	1.4	(0.1)	3.0	(0.7)
	阿拉伯联合酋长国	425	(3.7)	431	(3.4)	437	(3.8)	450	(3.9)	10.1	(1.5)	1.2	(0.1)	1.2	(0.4)
	乌拉圭	422	(3.5)	412	(4.3)	411	(4.3)	412	(4.9)	−3.7	(1.7)	0.7	(0.1)	0.2	(0.2)
	越南	496	(6.5)	506	(5.0)	514	(6.4)	528	(6.1)	18.3	(2.7)	1.4	(0.1)	2.4	(0.7)

注：统计上有显著性的值用粗体表示。
1. 土耳其注：本书中"塞浦路斯"相关的信息是指塞浦路斯岛南部。没有任何一个权力组织能够代表岛上的土耳其和希腊塞浦路斯人。土耳其承认北塞浦路斯土耳其共和国。除非在联合国找到一种长期的平衡的解决方案，否则土耳其将保持其对"塞浦路斯"问题的立场。
2. OECD和欧盟成员注：塞浦路斯共和国得到了除土耳其外所有联合国成员的承认。本书中的信息是指在塞浦路斯共和国政府有效控制区域内的。

附表 4.23 ■ 按数学精熟度水平划分学生驱力和动机

结果基于学生自我报告

| | | 按数学精熟度水平划分学生坚持力指数 | | | | | | 按数学精熟度水平划分学生解决问题开放性指数 | | | | | |
| | | 低于精熟度水平2 | | 精熟度水平4 | | 精熟度水平5或6 | | 低于精熟度水平2 | | 精熟度水平4 | | 精熟度水平5或6 | |
		指数平均值	标准误	指数平均值	标准误	指数平均值	标准误	指数平均值	标准误	指数平均值	标准误	指数平均值	标准误
OECD	澳大利亚	−0.33	(0.03)	0.32	(0.02)	0.50	(0.03)	−0.64	(0.03)	0.24	(0.03)	0.65	(0.03)
	奥地利	**−0.24**	(0.04)	0.07	(0.03)	**0.27**	(0.05)	**−0.39**	(0.05)	0.28	(0.03)	**0.64**	(0.04)
	比利时	−0.53	(0.05)	−0.26	(0.03)	−0.08	(0.03)	**−0.59**	(0.05)	−0.15	(0.02)	**0.21**	(0.02)
	加拿大	−0.21	(0.03)	0.38	(0.02)	0.59	(0.04)	−0.51	(0.03)	0.36	(0.03)	0.91	(0.03)
	智利	0.15	(0.03)	0.56	(0.06)	0.65	(0.12)	**−0.06**	(0.02)	0.76	(0.05)	**1.08**	(0.10)
	捷克共和国	**−0.23**	(0.05)	−0.01	(0.03)	**0.06**	(0.04)	**−0.52**	(0.05)	0.02	(0.04)	**0.38**	(0.05)
	丹麦	−0.49	(0.04)	0.22	(0.04)	0.49	(0.07)	−0.48	(0.04)	0.39	(0.04)	0.89	(0.06)
	爱沙尼亚	**0.22**	(0.07)	0.35	(0.03)	**0.38**	(0.04)	**−0.52**	(0.07)	0.27	(0.03)	**0.76**	(0.04)
	芬兰	**−0.46**	(0.05)	0.21	(0.03)	**0.63**	(0.04)	**−0.73**	(0.05)	0.17	(0.03)	**0.82**	(0.04)
	法国	**−0.71**	(0.05)	−0.22	(0.04)	**0.23**	(0.05)	**−0.50**	(0.05)	0.18	(0.04)	**0.62**	(0.05)
	德国	**−0.20**	(0.05)	0.12	(0.03)	**0.27**	(0.05)	**−0.10**	(0.06)	0.30	(0.03)	**0.59**	(0.04)
	希腊	−0.36	(0.03)	0.31	(0.06)	0.84	(0.09)	−0.07	(0.03)	0.75	(0.05)	1.13	(0.08)
	匈牙利	**−0.19**	(0.04)	0.10	(0.04)	**0.22**	(0.05)	**−0.10**	(0.04)	0.43	(0.04)	**0.72**	(0.04)
	冰岛	**−0.52**	(0.05)	0.24	(0.05)	**0.54**	(0.05)	**−0.54**	(0.06)	0.48	(0.05)	**1.01**	(0.06)
	爱尔兰	**−0.24**	(0.06)	0.37	(0.05)	**0.62**	(0.06)	**−0.47**	(0.05)	0.34	(0.03)	**0.86**	(0.05)
	以色列	**0.37**	(0.04)	0.36	(0.05)	**0.33**	(0.07)	**0.19**	(0.04)	0.59	(0.05)	**0.77**	(0.07)
	意大利	−0.14	(0.03)	0.18	(0.02)	0.38	(0.03)	−0.31	(0.03)	0.10	(0.02)	0.45	(0.03)
	日本	**−0.99**	(0.06)	−0.51	(0.03)	**−0.33**	(0.03)	**−1.28**	(0.07)	−0.64	(0.03)	**−0.29**	(0.03)
	韩国	**−0.43**	(0.04)	−0.11	(0.03)	**0.18**	(0.03)	**−1.04**	(0.05)	−0.37	(0.03)	**0.06**	(0.03)
	卢森堡	**−0.24**	(0.03)	−0.01	(0.03)	**0.42**	(0.06)	−0.30	(0.04)	0.29	(0.03)	0.74	(0.04)
	墨西哥	0.15	(0.01)	0.76	(0.05)	1.02	(0.11)	−0.34	(0.01)	0.81	(0.04)	1.09	(0.08)
	荷兰	**−0.24**	(0.04)	−0.15	(0.04)	**−0.06**	(0.04)	**−0.36**	(0.08)	0.01	(0.04)	**0.27**	(0.05)
	新西兰	−0.36	(0.04)	0.23	(0.04)	0.47	(0.04)	−0.60	(0.05)	0.08	(0.04)	0.62	(0.04)
	挪威	−0.87	(0.05)	0.13	(0.04)	0.60	(0.07)	−0.44	(0.05)	0.67	(0.04)	1.19	(0.06)
	波兰	−0.40	(0.05)	0.20	(0.03)	0.57	(0.04)	−0.05	(0.05)	0.53	(0.03)	0.88	(0.04)
	葡萄牙	**−0.07**	(0.04)	0.73	(0.04)	**0.88**	(0.05)	−0.14	(0.04)	0.45	(0.04)	0.87	(0.05)
	斯洛伐克共和国	**−0.71**	(0.03)	−0.18	(0.04)	**0.03**	(0.06)	**−0.55**	(0.04)	−0.07	(0.05)	**0.29**	(0.05)
	斯洛文尼亚	−0.03	(0.05)	0.09	(0.04)	0.35	(0.06)	**−0.25**	(0.04)	0.19	(0.04)	**0.68**	(0.06)
	西班牙	−0.14	(0.03)	0.33	(0.03)	0.71	(0.06)	−0.37	(0.03)	0.38	(0.03)	0.87	(0.03)
	瑞典	**−0.58**	(0.03)	0.07	(0.04)	**0.67**	(0.07)	**−0.39**	(0.05)	0.61	(0.04)	**1.15**	(0.05)
	瑞士	−0.33	(0.04)	−0.05	(0.04)	0.03	(0.04)	−0.31	(0.04)	0.08	(0.02)	0.42	(0.03)
	土耳其	0.26	(0.03)	0.65	(0.06)	0.81	(0.10)	0.03	(0.03)	0.46	(0.06)	0.64	(0.06)
	英国	−0.31	(0.04)	0.36	(0.05)	0.55	(0.07)	**−0.53**	(0.04)	0.31	(0.03)	**0.76**	(0.05)
	美国	**0.04**	(0.04)	0.60	(0.05)	**0.81**	(0.07)	**−0.29**	(0.04)	0.63	(0.05)	**1.04**	(0.06)
	OECD平均	**−0.28**	(0.01)	0.19	(0.01)	**0.43**	(0.01)	**−0.40**	(0.01)	0.29	(0.01)	**0.70**	(0.01)
伙伴国家（地区)	阿尔巴尼亚	0.65	(0.03)	0.60	(0.12)	c	c	0.53	(0.02)	0.47	(0.10)	c	c
	阿根廷	−0.05	(0.02)	0.79	(0.16)	c	c	−0.28	(0.03)	0.87	(0.15)	c	c
	巴西	**0.06**	(0.01)	0.46	(0.10)	**0.71**	(0.12)	**0.13**	(0.02)	0.69	(0.07)	**0.98**	(0.12)
	保加利亚	0.32	(0.03)	0.75	(0.07)	0.79	(0.08)	0.25	(0.03)	0.62	(0.05)	0.83	(0.07)
	哥伦比亚	0.37	(0.03)	0.84	(0.11)	c	c	0.13	(0.02)	0.76	(0.10)	c	c
	哥斯达黎加	0.40	(0.03)	0.57	(0.13)	c	c	−0.01	(0.03)	1.03	(0.09)	c	c
	克罗地亚	**−0.01**	(0.03)	0.12	(0.05)	**0.22**	(0.06)	−0.17	(0.03)	0.14	(0.03)	0.35	(0.06)
	塞浦路斯[1,2]	**−0.08**	(0.03)	0.47	(0.05)	**0.77**	(0.10)	**−0.03**	(0.03)	0.78	(0.05)	**1.12**	(0.09)
	中国香港	−0.17	(0.04)	0.18	(0.03)	0.23	(0.03)	−0.75	(0.06)	−0.23	(0.03)	0.05	(0.03)
	印度尼西亚	0.21	(0.03)	0.03	(0.11)	c	c	0.02	(0.03)	0.27	(0.09)	c	c
	约旦	0.16	(0.02)	1.04	(0.13)	c	c	0.47	(0.02)	1.15	(0.15)	c	c
	哈萨克斯坦	0.59	(0.04)	1.01	(0.11)	c	c	0.36	(0.02)	0.80	(0.11)	c	c
	拉脱维亚	−0.09	(0.05)	0.32	(0.04)	0.51	(0.07)	−0.40	(0.06)	0.21	(0.04)	0.49	(0.07)
	列支敦士登	c	c	0.05	(0.12)	c	c	c	c	0.21	(0.12)	c	c
	立陶宛	**−0.06**	(0.03)	0.29	(0.04)	**0.26**	(0.04)	**−0.53**	(0.03)	0.19	(0.04)	**0.53**	(0.05)
	中国澳门	**−0.10**	(0.04)	0.20	(0.03)	**0.36**	(0.03)	**−0.77**	(0.04)	−0.25	(0.03)	**0.05**	(0.03)
	马来西亚	0.12	(0.02)	0.52	(0.06)	0.45	(0.21)	−0.30	(0.02)	0.14	(0.05)	0.19	(0.20)
	黑山共和国	0.18	(0.03)	0.97	(0.13)	c	c	0.56	(0.03)	1.01	(0.10)	c	c
	秘鲁	0.28	(0.04)	0.54	(0.12)	c	c	0.09	(0.04)	0.72	(0.12)	c	c
	卡塔尔	**0.11**	(0.01)	0.76	(0.05)	**0.87**	(0.10)	**0.33**	(0.02)	0.66	(0.04)	**0.87**	(0.09)
	罗马尼亚	**−0.08**	(0.03)	0.31	(0.06)	**0.50**	(0.10)	**0.08**	(0.04)	0.49	(0.05)	**0.80**	(0.09)
	俄罗斯联邦	**0.32**	(0.04)	0.67	(0.04)	**0.63**	(0.06)	−0.28	(0.05)	0.39	(0.03)	0.71	(0.07)
	塞尔维亚	**0.06**	(0.03)	0.36	(0.07)	**0.47**	(0.07)	**0.29**	(0.04)	0.74	(0.05)	**0.96**	(0.07)
	中国上海	0.12	(0.09)	0.18	(0.03)	0.33	(0.02)	−0.61	(0.10)	−0.09	(0.04)	0.28	(0.02)
	新加坡	0.09	(0.04)	0.35	(0.04)	0.36	(0.03)	−0.30	(0.06)	0.02	(0.04)	0.30	(0.03)
	中国台北	**−0.38**	(0.05)	−0.08	(0.04)	**0.18**	(0.02)	**−0.78**	(0.06)	−0.31	(0.04)	**0.00**	(0.02)
	泰国	**0.08**	(0.02)	0.46	(0.08)	**0.54**	(0.11)	**−0.35**	(0.02)	−0.13	(0.05)	**0.08**	(0.11)
	突尼斯	0.00	(0.03)	0.72	(0.10)	c	c	0.13	(0.03)	0.71	(0.07)	c	c
	阿拉伯联合酋长国	**0.15**	(0.02)	0.79	(0.05)	**0.93**	(0.09)	**0.23**	(0.03)	0.65	(0.05)	**0.95**	(0.08)
	乌拉圭	**0.13**	(0.03)	0.60	(0.08)	**0.83**	(0.13)	**−0.14**	(0.03)	0.69	(0.08)	**1.00**	(0.11)
	越南	**0.33**	(0.07)	0.48	(0.03)	**0.60**	(0.04)	**−0.81**	(0.06)	−0.41	(0.03)	**−0.11**	(0.04)

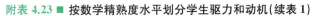

附表 4.23 ■ 按数学精熟度水平划分学生驱力和动机(续表 1)

结果基于学生自我报告

| | | 按数学精熟度水平划分学生的数学学习动机指数 | | | | | | 按数学精熟度水平划分学生的数学学习外部动机指数 | | | | | |
| | | 低于精熟度水平 2 | | 精熟度水平 4 | | 精熟度水平 5 或 6 | | 低于精熟度水平 2 | | 精熟度水平 4 | | 精熟度水平 5 或 6 | |
		指数平均值	标准误	指数平均值	标准误	指数平均值	标准误	指数平均值	标准误	指数平均值	标准误	指数平均值	标准误
OECD	澳大利亚	−0.16	(0.03)	0.29	(0.03)	0.59	(0.03)	−0.04	(0.02)	0.38	(0.03)	0.58	(0.03)
	奥地利	−0.58	(0.06)	−0.26	(0.05)	0.08	(0.04)	−0.46	(0.06)	−0.40	(0.04)	−0.23	(0.06)
	比利时	−0.38	(0.05)	−0.17	(0.02)	0.17	(0.03)	−0.56	(0.05)	−0.26	(0.03)	0.05	(0.02)
	加拿大	−0.28	(0.04)	0.18	(0.02)	0.57	(0.03)	−0.19	(0.04)	0.43	(0.02)	0.66	(0.03)
	智利	0.15	(0.03)	0.58	(0.06)	1.01	(0.10)	0.22	(0.03)	0.58	(0.07)	0.95	(0.10)
	捷克共和国	−0.36	(0.04)	0.01	(0.05)	0.26	(0.05)	−0.33	(0.04)	−0.04	(0.04)	−0.01	(0.05)
	丹麦	−0.01	(0.04)	0.65	(0.04)	1.04	(0.05)	−0.09	(0.04)	0.46	(0.04)	0.74	(0.04)
	爱沙尼亚	−0.29	(0.05)	0.12	(0.03)	0.43	(0.04)	−0.24	(0.05)	0.11	(0.03)	0.33	(0.07)
	芬兰	−0.53	(0.04)	−0.01	(0.03)	0.39	(0.03)	−0.40	(0.04)	0.19	(0.03)	0.49	(0.03)
	法国	−0.12	(0.04)	0.16	(0.03)	0.57	(0.05)	−0.20	(0.04)	−0.03	(0.03)	0.33	(0.05)
	德国	−0.32	(0.06)	−0.01	(0.04)	0.26	(0.05)	−0.29	(0.04)	−0.04	(0.04)	0.05	(0.04)
	希腊	−0.12	(0.04)	0.78	(0.05)	1.02	(0.06)	−0.21	(0.04)	0.46	(0.05)	0.63	(0.09)
	匈牙利	−0.18	(0.05)	0.00	(0.05)	0.49	(0.06)	−0.10	(0.05)	0.08	(0.05)	0.43	(0.07)
	冰岛	−0.24	(0.05)	0.44	(0.05)	0.77	(0.06)	−0.07	(0.05)	0.53	(0.05)	0.84	(0.06)
	爱尔兰	−0.16	(0.05)	0.26	(0.04)	0.65	(0.06)	0.03	(0.05)	0.21	(0.04)	0.53	(0.05)
	以色列	0.28	(0.05)	0.06	(0.05)	0.26	(0.07)	0.25	(0.04)	0.41	(0.04)	0.51	(0.05)
	意大利	−0.16	(0.03)	0.21	(0.02)	0.49	(0.03)	−0.30	(0.02)	−0.04	(0.02)	0.18	(0.03)
	日本	−0.75	(0.05)	−0.12	(0.04)	0.25	(0.03)	−1.01	(0.06)	−0.34	(0.04)	−0.06	(0.04)
	韩国	−0.86	(0.05)	−0.15	(0.03)	0.32	(0.04)	−1.19	(0.05)	−0.35	(0.03)	0.16	(0.04)
	卢森堡	−0.28	(0.04)	−0.03	(0.04)	0.42	(0.05)	−0.44	(0.03)	−0.14	(0.04)	0.27	(0.05)
	墨西哥	0.62	(0.01)	0.92	(0.04)	1.03	(0.13)	0.46	(0.01)	0.69	(0.04)	0.87	(0.11)
	荷兰	−0.48	(0.06)	−0.30	(0.04)	−0.03	(0.03)	−0.60	(0.06)	−0.30	(0.04)	−0.07	(0.03)
	新西兰	0.04	(0.06)	0.15	(0.04)	0.47	(0.04)	0.08	(0.04)	0.42	(0.04)	0.61	(0.04)
	挪威	−0.59	(0.05)	0.25	(0.04)	0.59	(0.05)	−0.31	(0.04)	0.57	(0.04)	0.80	(0.05)
	波兰	−0.34	(0.05)	−0.01	(0.04)	0.38	(0.04)	−0.43	(0.04)	0.00	(0.05)	0.43	(0.05)
	葡萄牙	−0.09	(0.03)	0.30	(0.04)	0.57	(0.04)	−0.03	(0.03)	0.50	(0.04)	0.78	(0.05)
	斯洛伐克共和国	−0.17	(0.05)	−0.12	(0.05)	0.26	(0.05)	−0.33	(0.04)	−0.22	(0.05)	0.00	(0.07)
	斯洛文尼亚	−0.36	(0.04)	−0.18	(0.04)	0.29	(0.04)	−0.31	(0.04)	−0.19	(0.04)	0.13	(0.04)
	西班牙	−0.28	(0.04)	0.08	(0.04)	0.52	(0.03)	−0.24	(0.03)	0.32	(0.03)	0.54	(0.04)
	瑞典	−0.21	(0.04)	0.49	(0.04)	0.90	(0.06)	−0.06	(0.03)	0.45	(0.04)	0.62	(0.06)
	瑞士	−0.20	(0.05)	0.01	(0.03)	0.20	(0.04)	−0.26	(0.04)	−0.10	(0.03)	−0.04	(0.05)
	土耳其	0.32	(0.04)	0.69	(0.06)	0.75	(0.07)	−0.05	(0.03)	0.20	(0.06)	0.26	(0.06)
	英国	−0.05	(0.04)	0.35	(0.03)	0.70	(0.06)	0.19	(0.04)	0.38	(0.03)	0.62	(0.05)
	美国	−0.06	(0.06)	0.26	(0.05)	0.57	(0.07)	0.00	(0.04)	0.34	(0.05)	0.62	(0.07)
	OECD平均	−0.21	(0.01)	0.17	(0.01)	0.51	(0.01)	−0.22	(0.01)	0.15	(0.01)	0.40	(0.01)
伙伴国家(地区)	阿尔巴尼亚	0.97	(0.02)	0.92	(0.09)	c	c	0.59	(0.03)	0.45	(0.10)	c	c
	阿根廷	0.22	(0.03)	0.59	(0.16)	c	c	0.17	(0.02)	0.51	(0.12)	c	c
	巴西	0.44	(0.02)	0.50	(0.11)	0.78	(0.19)	0.39	(0.02)	0.35	(0.07)	0.88	(0.10)
	保加利亚	0.30	(0.04)	0.19	(0.05)	0.57	(0.11)	−0.03	(0.03)	0.04	(0.06)	0.50	(0.12)
	哥伦比亚	0.59	(0.03)	0.97	(0.11)	c	c	0.45	(0.02)	0.64	(0.13)	c	c
	哥斯达黎加	0.33	(0.03)	0.66	(0.09)	c	c	0.32	(0.03)	0.53	(0.12)	c	c
	克罗地亚	−0.32	(0.04)	−0.15	(0.06)	0.35	(0.08)	−0.34	(0.04)	−0.13	(0.05)	0.27	(0.08)
	塞浦路斯[1,2]	−0.05	(0.03)	0.73	(0.06)	0.90	(0.10)	−0.25	(0.04)	0.62	(0.06)	0.78	(0.07)
	中国香港	−0.24	(0.06)	0.33	(0.04)	0.62	(0.03)	−0.63	(0.05)	−0.21	(0.03)	−0.01	(0.03)
	印度尼西亚	0.80	(0.03)	0.38	(0.20)	c	c	0.33	(0.02)	0.26	(0.15)	c	c
	约旦	0.72	(0.03)	1.03	(0.10)	c	c	0.35	(0.02)	0.57	(0.12)	c	c
	哈萨克斯坦	0.86	(0.03)	0.91	(0.09)	c	c	0.41	(0.03)	0.43	(0.08)	c	c
	拉脱维亚	−0.16	(0.05)	0.12	(0.04)	0.37	(0.05)	0.02	(0.05)	0.29	(0.04)	0.44	(0.06)
	列支敦士登	c	c	0.29	(0.16)	c	c	c	c	−0.16	(0.19)	c	c
	立陶宛	−0.08	(0.05)	0.37	(0.04)	0.44	(0.06)	0.02	(0.05)	0.55	(0.04)	0.59	(0.05)
	中国澳门	−0.08	(0.05)	0.22	(0.03)	0.44	(0.03)	−0.35	(0.04)	−0.27	(0.03)	−0.08	(0.03)
	马来西亚	0.75	(0.02)	1.18	(0.05)	1.22	(0.20)	0.39	(0.03)	0.73	(0.06)	0.44	(0.21)
	黑山共和国	−0.05	(0.02)	0.48	(0.09)	c	c	−0.32	(0.02)	0.08	(0.10)	c	c
	秘鲁	0.77	(0.02)	0.79	(0.10)	c	c	0.55	(0.02)	0.70	(0.11)	c	c
	卡塔尔	0.54	(0.02)	0.91	(0.05)	1.08	(0.09)	0.17	(0.01)	0.68	(0.05)	0.87	(0.06)
	罗马尼亚	0.55	(0.03)	0.32	(0.05)	0.28	(0.11)	−0.47	(0.04)	−0.76	(0.07)	−0.88	(0.13)
	俄罗斯联邦	0.18	(0.04)	0.45	(0.04)	0.68	(0.06)	−0.20	(0.04)	0.10	(0.04)	0.21	(0.08)
	塞尔维亚	−0.19	(0.03)	−0.06	(0.06)	0.19	(0.08)	−0.10	(0.03)	−0.07	(0.06)	0.15	(0.08)
	中国上海	0.03	(0.09)	0.43	(0.04)	0.55	(0.02)	−0.21	(0.09)	−0.02	(0.04)	0.09	(0.02)
	新加坡	0.60	(0.06)	0.88	(0.03)	0.88	(0.02)	0.38	(0.06)	0.44	(0.03)	0.34	(0.03)
	中国台北	−0.39	(0.05)	0.11	(0.03)	0.43	(0.03)	−0.75	(0.05)	−0.28	(0.04)	−0.02	(0.03)
	泰国	0.75	(0.02)	0.99	(0.06)	0.89	(0.09)	0.30	(0.01)	0.58	(0.06)	0.59	(0.10)
	突尼斯	0.51	(0.03)	0.81	(0.10)	c	c	0.29	(0.02)	0.66	(0.06)	c	c
	阿拉伯联合酋长国	0.67	(0.03)	0.89	(0.05)	1.10	(0.06)	0.27	(0.02)	0.60	(0.05)	0.63	(0.08)
	乌拉圭	0.30	(0.03)	0.38	(0.09)	0.55	(0.14)	0.26	(0.02)	0.30	(0.07)	0.50	(0.14)
	越南	0.58	(0.05)	0.75	(0.03)	0.92	(0.03)	0.20	(0.04)	0.47	(0.03)	0.58	(0.04)

注:统计上有显著性的值用粗体表示。
1. 土耳其注:本书中"塞浦路斯"相关的信息是指塞浦路斯岛南部。没有任何一个权力组织能够代表岛上的土耳其和希腊塞浦路斯人。土耳其承认北塞浦路斯土耳其共和国。除非在联合国找到一种长期的平衡的解决方案,否则土耳其将保持其对"塞浦路斯"问题的立场。
2. OECD 和欧盟成员注:塞浦路斯共和国得到了除土耳其外所有联合成员的承认。本书中的信息是指在塞浦路斯共和国政府有效控制区域内的。

附表 4.24 ■ 学生数学自我效能感

学生表示"有信心"或"非常有信心"的百分比

		用列车时刻表计算从一个地方到另一地方需要多少时间		用列车时刻表计算从一个地方到另一地方需要多少时间		计算铺一块地面需要多少平方米的地砖		读懂报纸上的图表		解答类似 $3x+5=17$ 的方程		计算比例尺为 $1:10000$ 的地图上两地间的实际距离		解答类似 $2(x+3)=(x+3)(x-3)$ 的方程		计算汽车的耗油率	
		%	标准误	%	标准误	%	标准误	%	标准误	%	标准误	%	标准误	%	标准误	%	标准误
OECD	澳大利亚	86.6	(0.5)	76.2	(0.6)	72.9	(0.6)	85.2	(0.4)	87.2	(0.4)	56.0	(0.6)	73.1	(0.6)	54.0	(0.6)
	奥地利	88.8	(0.8)	81.1	(0.8)	75.3	(1.0)	73.3	(1.0)	82.8	(0.8)	50.4	(1.1)	74.5	(0.9)	52.1	(1.1)
	比利时	82.0	(0.6)	75.6	(0.7)	63.9	(0.8)	74.6	(0.7)	81.4	(0.7)	62.6	(0.8)	65.8	(0.9)	51.1	(0.8)
	加拿大	80.6	(0.6)	78.6	(0.6)	76.9	(0.6)	83.8	(0.5)	89.7	(0.4)	57.8	(0.7)	79.2	(0.5)	57.4	(0.7)
	智利	80.9	(0.8)	78.9	(0.7)	64.5	(0.8)	76.1	(0.8)	79.8	(0.7)	41.6	(0.9)	69.8	(0.9)	49.5	(0.9)
	捷克共和国	87.0	(0.7)	82.9	(0.8)	64.8	(1.1)	77.2	(1.0)	88.6	(0.8)	57.3	(1.3)	77.3	(0.9)	53.4	(1.2)
	丹麦	87.7	(0.7)	78.1	(0.9)	67.4	(0.9)	86.3	(0.8)	76.7	(1.1)	57.7	(1.0)	46.5	(1.1)	62.2	(0.9)
	爱沙尼亚	83.2	(0.8)	78.0	(1.0)	64.8	(1.0)	83.0	(0.7)	88.7	(0.7)	59.3	(1.2)	80.7	(1.0)	42.4	(0.9)
	芬兰	83.8	(0.7)	72.3	(0.8)	58.0	(0.8)	59.4	(0.8)	83.7	(0.7)	54.2	(0.9)	61.9	(0.9)	46.4	(0.9)
	法国	79.5	(0.9)	76.4	(0.9)	65.3	(1.0)	85.7	(0.7)	82.6	(0.8)	49.7	(0.9)	65.1	(0.9)	58.9	(0.9)
	德国	92.1	(0.5)	83.9	(0.7)	79.2	(0.8)	89.0	(0.7)	89.4	(0.6)	59.6	(1.0)	73.4	(1.0)	64.4	(1.1)
	希腊	74.0	(1.0)	77.9	(1.0)	62.7	(1.0)	69.0	(1.2)	83.7	(0.8)	44.7	(1.1)	74.6	(1.0)	46.1	(1.0)
	匈牙利	78.8	(1.0)	82.3	(1.0)	65.3	(1.2)	85.9	(0.9)	88.0	(1.0)	60.8	(1.1)	77.4	(1.1)	59.7	(1.0)
	冰岛	81.5	(0.8)	82.7	(0.7)	63.0	(1.0)	73.8	(0.9)	86.7	(0.8)	57.1	(1.1)	76.5	(1.0)	61.1	(1.1)
	爱尔兰	85.9	(0.6)	83.2	(0.8)	69.2	(0.9)	87.9	(0.7)	80.2	(0.7)	48.7	(1.1)	72.6	(0.9)	53.0	(0.9)
	以色列	78.8	(0.9)	76.2	(1.0)	64.9	(1.1)	80.4	(1.0)	89.9	(0.8)	49.3	(1.0)	87.5	(0.8)	59.4	(1.0)
	意大利	81.2	(0.4)	83.4	(0.5)	68.1	(0.7)	78.7	(0.5)	87.0	(0.5)	50.7	(0.7)	84.0	(0.6)	48.7	(0.6)
	日本	67.6	(1.0)	60.6	(1.1)	43.7	(1.2)	54.0	(1.1)	90.6	(0.9)	48.1	(1.3)	83.4	(0.9)	28.3	(1.1)
	韩国	63.7	(1.2)	67.6	(1.3)	55.4	(1.5)	71.8	(1.1)	81.5	(1.1)	38.2	(1.4)	73.9	(1.1)	31.0	(1.4)
	卢森堡	82.6	(0.5)	74.8	(0.7)	72.3	(0.7)	79.1	(0.7)	87.5	(0.6)	60.6	(0.9)	79.5	(0.6)	58.9	(0.9)
	墨西哥	69.2	(0.6)	78.9	(0.5)	69.7	(0.6)	76.7	(0.4)	76.3	(0.5)	48.5	(0.5)	68.3	(0.6)	72.6	(0.5)
	荷兰	72.4	(0.9)	85.5	(0.8)	70.0	(1.2)	82.6	(0.7)	77.4	(0.9)	59.7	(0.8)	60.8	(1.3)	59.4	(0.9)
	新西兰	79.7	(0.9)	76.9	(0.9)	67.1	(1.0)	82.3	(0.7)	79.6	(0.9)	48.6	(0.9)	63.0	(1.1)	47.5	(1.1)
	挪威	82.6	(0.7)	81.3	(0.8)	63.4	(0.9)	70.1	(1.0)	82.3	(0.8)	60.8	(1.0)	58.6	(1.1)	59.7	(1.1)
	波兰	79.7	(1.0)	79.7	(1.0)	70.4	(1.2)	87.0	(1.0)	86.9	(0.7)	58.3	(1.4)	73.0	(1.2)	59.7	(1.1)
	葡萄牙	89.2	(0.7)	86.9	(0.9)	74.7	(0.8)	91.0	(0.7)	86.9	(0.9)	72.3	(1.1)	77.5	(1.2)	76.1	(1.0)
	斯洛伐克共和国	77.9	(1.0)	90.2	(0.8)	71.7	(0.8)	76.0	(1.1)	86.8	(0.9)	73.0	(1.2)	76.9	(1.1)	62.7	(1.1)
	斯洛文尼亚	84.8	(0.7)	87.6	(0.6)	79.7	(1.0)	86.0	(0.6)	92.5	(0.5)	66.3	(1.3)	87.9	(0.7)	67.3	(1.0)
	西班牙	78.2	(0.6)	85.9	(0.4)	69.3	(0.7)	79.4	(0.5)	91.1	(0.5)	60.9	(0.7)	84.1	(0.5)	62.4	(0.6)
	瑞典	89.5	(0.6)	82.6	(0.9)	66.6	(1.1)	86.9	(0.8)	83.3	(0.8)	62.9	(1.4)	59.5	(1.2)	58.0	(0.9)
	瑞士	89.9	(0.5)	87.5	(0.7)	79.9	(0.9)	80.1	(0.7)	87.2	(0.7)	62.3	(1.1)	77.0	(1.0)	60.4	(1.0)
	土耳其	83.0	(1.0)	78.7	(0.7)	73.7	(0.9)	83.5	(0.7)	79.9	(0.8)	57.7	(1.1)	67.6	(1.2)	58.4	(1.2)
	英国	87.3	(0.7)	84.2	(1.0)	68.7	(1.1)	84.3	(0.9)	86.8	(0.6)	48.9	(1.3)	70.2	(1.0)	68.8	(1.1)
	美国	79.5	(0.9)	76.1	(1.0)	73.4	(1.1)	84.1	(0.8)	94.2	(0.5)	55.3	(1.2)	83.9	(0.9)	68.8	(0.9)
	OECD平均	81.4	(0.1)	79.8	(0.1)	68.1	(0.2)	79.5	(0.1)	85.2	(0.1)	55.9	(0.2)	73.1	(0.2)	56.0	(0.2)
伙伴国家(地区)	阿尔巴尼亚	69.4	(1.2)	81.9	(1.0)	76.9	(0.8)	71.1	(1.3)	85.3	(0.9)	67.4	(1.2)	79.4	(1.2)	72.8	(1.2)
	阿根廷	59.9	(0.9)	71.5	(0.9)	59.5	(0.9)	68.1	(1.1)	81.5	(1.0)	43.4	(1.1)	69.4	(0.9)	58.3	(1.2)
	巴西	65.9	(0.6)	68.3	(0.7)	44.4	(0.8)	65.4	(0.7)	76.3	(0.6)	41.4	(0.6)	61.8	(0.7)	54.3	(0.6)
	保加利亚	66.0	(0.9)	73.3	(0.9)	66.4	(1.1)	70.2	(1.0)	84.2	(0.9)	61.4	(1.2)	79.1	(1.0)	64.1	(1.0)
	哥伦比亚	62.8	(0.9)	70.8	(0.9)	60.1	(1.1)	70.2	(0.9)	73.3	(1.1)	37.7	(1.1)	63.9	(0.9)	49.8	(1.0)
	哥斯达黎加	73.1	(1.1)	69.2	(1.1)	46.4	(1.4)	68.1	(1.2)	80.2	(1.1)	42.1	(1.2)	74.1	(1.2)	53.0	(1.1)
	克罗地亚	79.3	(0.8)	79.9	(0.9)	67.6	(1.2)	75.4	(1.0)	90.8	(0.6)	61.7	(1.2)	80.0	(1.0)	54.5	(1.0)
	塞浦路斯[1,2]	76.9	(0.7)	76.1	(0.7)	62.8	(0.9)	67.4	(0.9)	86.7	(0.6)	56.0	(0.9)	82.6	(0.9)	52.6	(0.9)
	中国香港	80.3	(0.7)	92.9	(0.6)	78.7	(0.8)	82.0	(0.8)	92.9	(0.6)	65.3	(1.1)	81.2	(0.8)	51.3	(1.1)
	印度尼西亚	73.9	(0.9)	77.6	(1.0)	71.8	(1.2)	76.9	(0.9)	77.7	(1.0)	75.8	(0.9)	70.1	(1.2)	58.6	(1.0)
	约旦	65.9	(0.9)	72.7	(0.8)	71.2	(0.9)	74.7	(0.9)	83.6	(0.8)	64.4	(1.0)	74.9	(0.9)	72.7	(0.7)
	哈萨克斯坦	86.2	(0.7)	84.4	(0.8)	79.1	(0.8)	78.1	(0.8)	89.9	(0.7)	71.5	(1.1)	82.5	(1.0)	77.5	(0.8)
	拉脱维亚	75.1	(0.8)	74.3	(1.0)	66.5	(1.0)	78.0	(0.9)	86.6	(0.8)	58.9	(1.1)	69.6	(1.1)	54.9	(0.9)
	列支敦士登	93.0	(1.9)	88.5	(2.3)	85.4	(2.6)	85.8	(2.2)	91.9	(2.2)	68.4	(3.1)	84.6	(2.7)	68.8	(3.1)
	立陶宛	75.3	(1.0)	79.4	(0.8)	68.7	(0.9)	83.8	(0.8)	87.6	(0.7)	61.0	(1.0)	72.4	(1.0)	56.9	(1.1)
	中国澳门	71.3	(0.7)	91.1	(0.5)	76.1	(0.7)	73.6	(0.8)	95.5	(0.4)	65.6	(0.8)	84.5	(0.6)	47.2	(0.9)
	马来西亚	59.1	(1.0)	75.5	(0.8)	62.4	(1.0)	73.7	(0.8)	77.6	(1.0)	62.3	(1.0)	74.5	(1.0)	48.4	(0.9)
	黑山共和国	65.6	(0.9)	75.7	(0.9)	64.2	(1.0)	62.4	(1.0)	82.8	(1.0)	57.2	(0.9)	70.5	(0.9)	57.6	(1.0)
	秘鲁	66.9	(0.7)	75.3	(0.8)	63.0	(0.9)	78.1	(0.7)	86.8	(0.7)	49.8	(1.2)	82.3	(0.8)	59.9	(0.7)
	卡塔尔	72.5	(0.6)	75.3	(0.5)	68.6	(0.5)	74.0	(0.4)	76.8	(0.5)	56.2	(0.6)	73.1	(0.6)	61.7	(0.6)
	罗马尼亚	62.7	(1.1)	77.9	(0.9)	73.0	(0.8)	69.5	(0.9)	84.8	(0.9)	60.6	(0.9)	75.0	(1.0)	65.1	(0.9)
	俄罗斯联邦	65.9	(1.0)	76.5	(1.1)	65.3	(0.9)	70.1	(0.9)	90.2	(0.6)	50.9	(1.2)	78.3	(0.9)	64.3	(1.0)
	塞尔维亚	66.3	(1.1)	71.6	(1.0)	63.6	(1.0)	75.7	(1.1)	84.9	(0.8)	52.7	(1.1)	69.6	(1.1)	59.3	(1.1)
	中国上海	90.8	(0.7)	95.2	(0.5)	91.8	(0.6)	90.3	(0.5)	96.9	(0.4)	92.8	(0.6)	95.1	(0.5)	73.2	(0.7)
	新加坡	79.6	(0.7)	94.4	(0.4)	79.8	(0.7)	77.9	(0.9)	93.3	(0.4)	81.2	(0.5)	86.9	(0.5)	73.4	(0.7)
	中国台北	77.8	(0.8)	89.6	(0.6)	73.1	(0.9)	76.1	(0.8)	84.9	(0.7)	69.6	(0.9)	75.7	(1.1)	47.0	(0.9)
	泰国	75.1	(0.8)	76.8	(0.9)	59.9	(1.2)	75.2	(0.7)	72.4	(0.9)	63.6	(1.0)	65.4	(1.0)	57.0	(1.0)
	突尼斯	57.5	(1.0)	67.6	(1.1)	65.9	(1.1)	73.3	(1.0)	72.1	(1.1)	57.2	(1.3)	66.1	(1.1)	64.4	(1.1)
	阿拉伯联合酋长国	73.3	(0.8)	76.8	(0.7)	69.5	(0.6)	75.9	(0.7)	85.2	(0.6)	61.0	(1.0)	76.4	(0.7)	58.9	(0.9)
	乌拉圭	72.2	(0.9)	76.8	(0.8)	71.3	(0.9)	68.9	(0.9)	84.3	(0.7)	42.7	(1.0)	68.8	(1.0)	48.9	(0.9)
	越南	55.6	(1.2)	80.8	(0.8)	85.9	(0.9)	55.3	(1.1)	89.8	(1.0)	46.7	(1.3)	78.4	(1.5)	41.9	(1.2)

1. 土耳其注:本书中"塞浦路斯"相关的信息是指塞浦路斯岛南部。没有任何一个权力组织能够代表岛上的土耳其和希腊塞浦路斯人。土耳其承认北塞浦路斯土耳其共和国。除非在联合国找到一种长期的平衡的解决方案,否则土耳其将保持其对"塞浦路斯"问题的立场。

2. OECD和欧盟成员注:塞浦路斯共和国得到了除土耳其外所有联合国成员的承认。本书中的信息是指在塞浦路斯共和国政府有效控制区域内的。

附表 4.25 ■ 数学自我效能感指数和按该指数四等分划分的数学成绩

结果基于学生自我报告

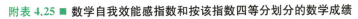

| | 数学自我效能感指数 | | | | | | | | | | | | | | | | |
| | 所有学生 | | 在该指数的变量 | | 在该指数的变量 | | 女生 | | 性别差异(男生—女生) | | 最低 1/4 | | 第二个 1/4 | | 第三个 1/4 | | 第三个 1/4 | |
	指数平均值	标准误	标准差	标准误	指数平均值	标准误	指数平均值	标准误	分差	标准误	指数平均值	标准误	指数平均值	标准误	指数平均值	标准误	指数平均值	标准误
澳大利亚	0.06	(0.02)	1.03	(0.01)	0.27	(0.02)	−0.17	(0.02)	**0.44**	(0.03)	−1.08	(0.02)	−0.37	(0.01)	0.20	(0.02)	1.49	(0.03)
奥地利	0.06	(0.02)	0.99	(0.01)	0.30	(0.04)	−0.17	(0.02)	**0.46**	(0.05)	−1.09	(0.03)	−0.31	(0.02)	0.27	(0.03)	1.38	(0.03)
比利时	−0.12	(0.02)	1.00	(0.01)	0.08	(0.02)	−0.31	(0.02)	**0.39**	(0.03)	−1.24	(0.03)	−0.46	(0.01)	0.04	(0.02)	1.18	(0.03)
加拿大	0.11	(0.02)	1.03	(0.01)	0.27	(0.02)	−0.05	(0.02)	**0.33**	(0.02)	−1.04	(0.02)	−0.30	(0.02)	0.28	(0.04)	1.51	(0.03)
智利	−0.20	(0.02)	0.87	(0.01)	−0.06	(0.03)	−0.33	(0.02)	**0.28**	(0.04)	−1.15	(0.02)	−0.52	(0.02)	−0.07	(0.03)	0.95	(0.03)
捷克共和国	0.04	(0.02)	0.90	(0.02)	0.23	(0.03)	−0.17	(0.02)	**0.40**	(0.04)	−0.95	(0.02)	−0.33	(0.01)	0.16	(0.03)	1.26	(0.04)
丹麦	−0.12	(0.02)	0.91	(0.01)	0.10	(0.03)	−0.32	(0.03)	**0.42**	(0.03)	−1.13	(0.03)	−0.48	(0.02)	0.02	(0.03)	1.13	(0.03)
爱沙尼亚	−0.03	(0.02)	0.86	(0.01)	0.12	(0.03)	−0.18	(0.02)	**0.31**	(0.03)	−0.99	(0.02)	−0.39	(0.02)	0.09	(0.02)	1.13	(0.03)
芬兰	−0.27	(0.02)	0.94	(0.01)	−0.07	(0.04)	−0.48	(0.02)	**0.42**	(0.03)	−1.32	(0.03)	−0.60	(0.02)	−0.12	(0.04)	0.96	(0.03)
法国	−0.01	(0.02)	0.99	(0.02)	0.21	(0.04)	−0.22	(0.02)	**0.44**	(0.04)	−1.10	(0.04)	−0.41	(0.02)	0.13	(0.04)	1.34	(0.04)
德国	0.33	(0.02)	0.96	(0.02)	0.58	(0.03)	0.08	(0.03)	**0.49**	(0.04)	−0.79	(0.03)	−0.05	(0.02)	0.56	(0.02)	1.61	(0.04)
希腊	−0.16	(0.02)	1.03	(0.02)	−0.03	(0.03)	−0.29	(0.03)	**0.26**	(0.03)	−1.35	(0.03)	−0.50	(0.03)	0.04	(0.03)	1.18	(0.03)
匈牙利	0.14	(0.03)	1.05	(0.03)	0.27	(0.04)	0.01	(0.03)	**0.26**	(0.04)	−0.99	(0.05)	−0.32	(0.02)	0.28	(0.04)	1.59	(0.05)
冰岛	0.05	(0.02)	1.11	(0.02)	0.25	(0.03)	−0.15	(0.03)	**0.39**	(0.04)	−1.20	(0.04)	−0.36	(0.03)	0.22	(0.03)	1.54	(0.05)
爱尔兰	0.01	(0.02)	0.97	(0.02)	0.17	(0.03)	−0.15	(0.03)	**0.32**	(0.04)	−1.07	(0.04)	−0.36	(0.02)	0.18	(0.03)	1.31	(0.04)
以色列	0.13	(0.03)	1.08	(0.03)	0.32	(0.03)	−0.05	(0.02)	**0.36**	(0.05)	−1.12	(0.05)	−0.25	(0.02)	0.32	(0.03)	1.55	(0.05)
意大利	−0.10	(0.01)	0.85	(0.01)	0.03	(0.01)	−0.25	(0.01)	**0.28**	(0.02)	−1.01	(0.02)	−0.40	(0.01)	0.01	(0.01)	1.00	(0.02)
日本	−0.41	(0.03)	1.02	(0.02)	−0.24	(0.04)	−0.60	(0.03)	**0.36**	(0.04)	−1.56	(0.05)	−0.68	(0.02)	−0.25	(0.04)	0.84	(0.06)
韩国	−0.36	(0.04)	1.06	(0.03)	−0.22	(0.04)	−0.52	(0.04)	**0.30**	(0.06)	−1.52	(0.05)	−0.64	(0.03)	−0.28	(0.05)	1.01	(0.08)
卢森堡	0.14	(0.02)	1.11	(0.02)	0.36	(0.02)	−0.10	(0.02)	**0.46**	(0.03)	−1.15	(0.04)	−0.26	(0.01)	0.38	(0.02)	1.57	(0.03)
墨西哥	−0.18	(0.01)	0.85	(0.01)	−0.09	(0.01)	−0.27	(0.01)	**0.19**	(0.02)	−1.11	(0.01)	−0.50	(0.01)	−0.06	(0.01)	0.94	(0.01)
荷兰	−0.17	(0.02)	0.93	(0.02)	0.04	(0.04)	−0.38	(0.03)	**0.42**	(0.04)	−1.19	(0.04)	−0.46	(0.02)	−0.04	(0.04)	1.03	(0.04)
新西兰	−0.15	(0.02)	1.00	(0.02)	0.06	(0.03)	−0.38	(0.03)	**0.44**	(0.04)	−1.22	(0.04)	−0.55	(0.04)	−0.06	(0.04)	1.22	(0.04)
挪威	−0.01	(0.02)	1.12	(0.02)	0.14	(0.03)	−0.17	(0.03)	**0.31**	(0.04)	−1.28	(0.04)	−0.43	(0.02)	0.18	(0.03)	1.49	(0.04)
波兰	0.10	(0.02)	1.02	(0.02)	0.18	(0.04)	0.03	(0.04)	**0.14**	(0.04)	−1.01	(0.04)	−0.35	(0.02)	0.25	(0.05)	1.51	(0.05)
葡萄牙	0.27	(0.03)	1.00	(0.02)	0.35	(0.04)	0.17	(0.03)	**0.18**	(0.03)	−0.86	(0.03)	−0.19	(0.02)	0.46	(0.04)	1.65	(0.04)
斯洛伐克共和国	0.08	(0.03)	0.92	(0.02)	0.17	(0.04)	−0.01	(0.04)	**0.18**	(0.04)	−0.94	(0.04)	−0.28	(0.02)	0.25	(0.04)	1.28	(0.04)
斯洛文尼亚	0.32	(0.02)	1.00	(0.01)	0.43	(0.04)	0.21	(0.04)	**0.22**	(0.04)	−0.76	(0.04)	−0.14	(0.02)	0.49	(0.04)	1.71	(0.04)
西班牙	0.10	(0.01)	0.92	(0.01)	0.22	(0.02)	−0.01	(0.02)	**0.25**	(0.03)	−0.92	(0.02)	−0.25	(0.01)	0.25	(0.01)	1.32	(0.02)
瑞典	0.03	(0.02)	0.98	(0.02)	0.17	(0.04)	−0.11	(0.04)	**0.28**	(0.04)	−1.07	(0.04)	−0.35	(0.02)	0.19	(0.04)	1.34	(0.04)
瑞士	0.25	(0.02)	0.96	(0.02)	0.48	(0.04)	0.03	(0.03)	**0.45**	(0.04)	−0.88	(0.03)	−0.12	(0.02)	0.47	(0.03)	1.52	(0.04)
土耳其	−0.02	(0.03)	0.93	(0.02)	0.06	(0.03)	−0.10	(0.04)	**0.15**	(0.04)	−1.06	(0.04)	−0.36	(0.02)	0.14	(0.04)	1.20	(0.04)
英国	0.03	(0.02)	1.00	(0.02)	0.23	(0.04)	−0.17	(0.03)	**0.40**	(0.04)	−1.08	(0.03)	−0.38	(0.04)	0.19	(0.04)	1.38	(0.04)
美国	0.13	(0.03)	1.00	(0.02)	0.26	(0.04)	0.00	(0.04)	**0.26**	(0.03)	−1.09	(0.04)	−0.27	(0.02)	0.24	(0.04)	1.51	(0.05)
OECD 平均	0.00	(0.00)	0.98	(0.00)	0.17	(0.01)	−0.16	(0.00)	**0.33**	(0.01)	−1.09	(0.01)	−0.37	(0.00)	0.16	(0.00)	1.31	(0.01)
阿尔巴尼亚	0.03	(0.03)	0.87	(0.02)	0.04	(0.04)	0.02	(0.03)	**0.03**	(0.05)	−0.94	(0.03)	−0.29	(0.02)	0.19	(0.04)	1.17	(0.04)
阿根廷	−0.36	(0.03)	0.90	(0.02)	−0.25	(0.03)	−0.47	(0.02)	**0.21**	(0.03)	−1.35	(0.04)	−0.62	(0.01)	−0.22	(0.01)	0.73	(0.04)
巴西	−0.45	(0.01)	0.89	(0.01)	−0.31	(0.02)	−0.57	(0.02)	**0.25**	(0.02)	−1.44	(0.02)	−0.74	(0.01)	−0.28	(0.01)	0.67	(0.03)
保加利亚	−0.10	(0.03)	1.01	(0.02)	−0.03	(0.04)	−0.17	(0.03)	**0.15**	(0.04)	−1.20	(0.04)	−0.42	(0.02)	0.02	(0.03)	1.21	(0.04)
哥伦比亚	−0.44	(0.02)	0.81	(0.01)	−0.35	(0.04)	−0.51	(0.04)	**0.17**	(0.03)	−1.32	(0.04)	−0.71	(0.02)	−0.31	(0.02)	0.59	(0.04)
哥斯达黎加	−0.33	(0.03)	0.84	(0.02)	−0.18	(0.04)	−0.47	(0.04)	**0.29**	(0.04)	−1.25	(0.04)	−0.61	(0.02)	−0.20	(0.02)	0.75	(0.05)
克罗地亚	0.09	(0.03)	0.97	(0.02)	0.25	(0.04)	−0.07	(0.04)	**0.32**	(0.05)	−0.93	(0.04)	−0.34	(0.02)	0.17	(0.03)	1.46	(0.06)
塞浦路斯[1,2]	−0.04	(0.02)	1.09	(0.02)	0.04	(0.03)	−0.13	(0.02)	**0.17**	(0.04)	−1.29	(0.03)	−0.40	(0.01)	0.14	(0.04)	1.37	(0.04)
中国香港	0.22	(0.03)	1.07	(0.02)	0.42	(0.04)	0.01	(0.04)	**0.43**	(0.06)	−0.99	(0.04)	−0.23	(0.02)	0.46	(0.03)	1.64	(0.05)
印度尼西亚	−0.26	(0.02)	0.72	(0.02)	−0.24	(0.04)	−0.28	(0.02)	**0.05**	(0.03)	−1.01	(0.04)	−0.50	(0.01)	−0.19	(0.01)	0.66	(0.04)
约旦	−0.01	(0.02)	1.04	(0.02)	0.08	(0.04)	−0.10	(0.04)	**0.18**	(0.05)	−1.21	(0.03)	−0.36	(0.01)	0.20	(0.04)	1.33	(0.04)
哈萨克斯坦	0.13	(0.03)	0.88	(0.02)	0.15	(0.04)	0.11	(0.03)	**0.04**	(0.04)	−0.78	(0.02)	−0.26	(0.02)	0.21	(0.04)	1.37	(0.06)
拉脱维亚	−0.12	(0.02)	0.83	(0.01)	0.00	(0.03)	−0.24	(0.03)	**0.24**	(0.03)	−0.98	(0.03)	−0.46	(0.02)	−0.04	(0.03)	1.01	(0.04)
列支敦士登	0.49	(0.06)	0.92	(0.04)	0.78	(0.08)	0.20	(0.08)	**0.58**	(0.12)	−0.62	(0.08)	0.14	(0.07)	0.77	(0.09)	1.70	(0.09)
立陶宛	0.04	(0.02)	0.98	(0.02)	0.17	(0.04)	−0.10	(0.04)	**0.27**	(0.03)	−1.05	(0.03)	−0.32	(0.02)	0.20	(0.03)	1.32	(0.04)
中国澳门	0.14	(0.01)	0.95	(0.01)	0.22	(0.02)	0.04	(0.02)	**0.18**	(0.03)	−0.92	(0.02)	−0.27	(0.01)	0.30	(0.04)	1.44	(0.02)
马来西亚	−0.25	(0.02)	0.79	(0.02)	−0.25	(0.04)	−0.25	(0.02)	**0.00**	(0.03)	−1.11	(0.04)	−0.53	(0.02)	−0.13	(0.02)	0.77	(0.04)
黑山共和国	−0.28	(0.02)	1.00	(0.02)	−0.21	(0.04)	−0.35	(0.02)	**0.14**	(0.04)	−1.37	(0.04)	−0.54	(0.01)	−0.15	(0.02)	0.94	(0.04)
秘鲁	−0.21	(0.02)	0.75	(0.01)	−0.15	(0.04)	−0.27	(0.02)	**0.12**	(0.04)	−1.02	(0.04)	−0.48	(0.01)	−0.10	(0.02)	0.77	(0.04)
卡塔尔	−0.15	(0.02)	1.17	(0.01)	0.00	(0.02)	−0.29	(0.02)	**0.29**	(0.03)	−1.49	(0.03)	−0.44	(0.01)	0.04	(0.01)	1.31	(0.03)
罗马尼亚	−0.13	(0.02)	0.88	(0.02)	−0.09	(0.03)	−0.17	(0.02)	**0.08**	(0.03)	−1.08	(0.03)	−0.43	(0.02)	−0.04	(0.02)	1.03	(0.05)
俄罗斯联邦	−0.10	(0.02)	0.89	(0.02)	0.00	(0.04)	−0.20	(0.02)	**0.20**	(0.03)	−1.05	(0.03)	−0.45	(0.02)	−0.01	(0.04)	1.09	(0.04)
塞尔维亚	−0.20	(0.02)	0.96	(0.02)	−0.09	(0.03)	−0.31	(0.04)	**0.22**	(0.03)	−1.25	(0.04)	−0.49	(0.01)	−0.08	(0.03)	1.02	(0.04)
中国上海	0.94	(0.03)	1.10	(0.02)	1.03	(0.03)	0.85	(0.03)	**0.19**	(0.04)	−0.48	(0.03)	0.46	(0.06)	1.50	(0.05)	2.27	(0.00)
新加坡	0.47	(0.02)	1.02	(0.01)	0.58	(0.02)	0.37	(0.02)	**0.21**	(0.03)	−0.71	(0.02)	0.01	(0.02)	0.71	(0.02)	1.89	(0.04)
中国台北	0.18	(0.03)	1.19	(0.02)	0.31	(0.04)	0.05	(0.04)	**0.26**	(0.07)	−1.21	(0.04)	−0.30	(0.02)	0.49	(0.04)	1.75	(0.05)
泰国	−0.30	(0.02)	0.71	(0.02)	−0.25	(0.04)	−0.35	(0.02)	**0.10**	(0.03)	−1.08	(0.02)	−0.54	(0.02)	−0.19	(0.01)	0.60	(0.04)
突尼斯	−0.31	(0.02)	0.91	(0.02)	−0.19	(0.03)	−0.41	(0.02)	**0.22**	(0.04)	−1.33	(0.03)	−0.59	(0.02)	−0.14	(0.02)	0.84	(0.05)
阿拉伯联合酋长国	0.01	(0.02)	0.99	(0.01)	0.12	(0.03)	−0.10	(0.02)	**0.22**	(0.03)	−1.11	(0.03)	−0.34	(0.02)	0.19	(0.02)	1.30	(0.03)
乌拉圭	−0.27	(0.02)	0.87	(0.01)	−0.13	(0.03)	−0.38	(0.02)	**0.25**	(0.03)	−1.23	(0.03)	−0.54	(0.02)	−0.12	(0.02)	0.82	(0.04)
越南	−0.26	(0.02)	0.64	(0.01)	−0.19	(0.03)	−0.33	(0.02)	**0.14**	(0.02)	−0.95	(0.02)	−0.52	(0.02)	−0.17	(0.02)	0.59	(0.04)

行标签：OECD（澳大利亚 至 美国及 OECD 平均）；伙伴国家（地区）（阿尔巴尼亚 至 越南）

附表 4.25 ■ 数学自我效能感指数和按该指数四等分划分的数学成绩(续表 1)

结果基于学生自我报告

| | 数学成绩，按该国在该指数上的四分位区分 | | | | | | | 该指数每单位变化对应的数学成绩变化 | | 该指数位于最低1/4的学生，数学成绩也位于最低1/4的可能性增加比率 | | 解释的学生成绩变异(r²×100) | |
| | 最低1/4 | | 第二个1/4 | | 第三个1/4 | | 第三个1/4 | | | | | | | |
	平均分	标准误	平均分	标准误	平均分	标准误	平均分	标准误	效应	标准误	比率	标准误	%	标准误
澳大利亚	435	(2.1)	482	(2.2)	527	(3.1)	586	(3.3)	54.6	(1.2)	3.4	(0.1)	35.5	(1.0)
奥地利	449	(3.7)	487	(4.3)	527	(4.0)	576	(4.7)	48.1	(2.1)	2.9	(0.3)	28.0	(2.0)
比利时	456	(3.7)	505	(3.4)	538	(3.4)	584	(3.3)	45.7	(1.7)	2.8	(0.2)	21.0	(1.4)
加拿大	458	(2.5)	498	(3.1)	541	(2.5)	587	(2.9)	47.0	(1.0)	3.1	(0.2)	30.6	(1.1)
智利	387	(3.2)	409	(3.7)	432	(4.6)	468	(4.2)	32.6	(2.0)	1.8	(0.2)	12.6	(1.3)
捷克共和国	442	(4.3)	479	(4.1)	521	(4.3)	573	(4.3)	53.9	(2.6)	3.0	(0.3)	28.8	(2.1)
丹麦	442	(3.3)	483	(3.4)	518	(3.9)	566	(3.6)	50.4	(1.8)	3.2	(0.2)	32.6	(1.8)
爱沙尼亚	469	(3.5)	501	(3.6)	534	(3.9)	583	(3.7)	48.7	(1.9)	3.0	(0.2)	27.5	(1.5)
芬兰	465	(2.7)	505	(2.8)	533	(2.9)	589	(3.0)	48.9	(1.4)	3.1	(0.2)	30.6	(1.5)
法国	430	(3.1)	480	(3.8)	517	(3.7)	569	(5.1)	51.4	(2.1)	3.0	(0.2)	28.3	(1.8)
德国	452	(4.3)	506	(4.8)	553	(4.2)	588	(4.4)	53.2	(2.1)	3.4	(0.3)	29.9	(1.7)
希腊	400	(3.6)	440	(3.9)	466	(3.8)	512	(4.6)	39.9	(2.0)	2.6	(0.2)	22.1	(1.6)
匈牙利	406	(3.9)	451	(3.9)	498	(5.3)	560	(6.4)	54.2	(2.8)	3.6	(0.3)	36.6	(2.1)
冰岛	429	(3.6)	474	(4.0)	524	(4.5)	551	(4.5)	40.7	(1.8)	3.3	(0.2)	25.5	(2.0)
爱尔兰	442	(3.4)	480	(3.9)	519	(3.5)	566	(3.8)	47.9	(1.7)	3.0	(0.2)	30.4	(1.9)
以色列	406	(5.3)	451	(5.3)	488	(5.0)	534	(6.7)	45.0	(2.5)	2.5	(0.2)	22.9	(1.9)
意大利	426	(2.5)	469	(2.8)	500	(2.6)	549	(3.1)	52.6	(1.5)	2.8	(0.1)	23.6	(1.0)
日本	459	(5.7)	524	(4.5)	563	(4.2)	607	(5.4)	53.1	(1.9)	4.0	(0.3)	33.6	(2.0)
韩国	474	(5.2)	533	(4.7)	574	(5.5)	637	(7.5)	57.5	(1.9)	3.9	(0.3)	38.7	(2.1)
卢森堡	422	(2.9)	477	(3.5)	514	(3.1)	558	(2.9)	43.6	(1.5)	3.1	(0.2)	25.8	(1.4)
墨西哥	382	(1.7)	406	(1.8)	420	(2.1)	446	(2.3)	27.9	(1.1)	1.8	(0.1)	10.2	(0.7)
荷兰	470	(4.7)	517	(4.5)	543	(5.2)	584	(4.7)	43.8	(2.4)	3.0	(0.2)	21.5	(1.8)
新西兰	437	(3.2)	476	(4.4)	512	(4.4)	587	(3.6)	56.1	(2.1)	2.8	(0.2)	32.7	(2.1)
挪威	421	(3.2)	473	(3.8)	514	(4.2)	562	(3.6)	47.3	(1.5)	2.8	(0.2)	35.1	(1.9)
波兰	446	(3.2)	489	(4.2)	535	(6.0)	599	(5.7)	55.9	(1.9)	3.7	(0.3)	40.0	(1.6)
葡萄牙	413	(4.7)	457	(5.2)	513	(4.7)	570	(4.2)	59.7	(1.6)	3.7	(0.3)	41.0	(1.6)
斯洛伐克共和国	408	(5.0)	461	(4.9)	503	(5.1)	560	(5.5)	59.0	(2.8)	3.5	(0.3)	29.5	(1.7)
斯洛文尼亚	446	(3.0)	487	(4.1)	520	(4.6)	566	(3.8)	42.7	(2.0)	2.7	(0.2)	22.9	(1.8)
西班牙	429	(2.3)	466	(2.7)	505	(2.6)	544	(2.6)	47.4	(1.2)	2.8	(0.2)	25.5	(1.2)
瑞典	420	(3.7)	458	(3.4)	504	(4.6)	547	(4.1)	48.5	(1.8)	2.8	(0.2)	27.2	(1.7)
瑞士	458	(3.1)	512	(4.4)	556	(4.5)	600	(4.4)	55.2	(1.5)	3.4	(0.2)	32.4	(1.5)
土耳其	394	(3.6)	431	(4.4)	462	(7.4)	507	(9.1)	45.5	(3.5)	2.4	(0.2)	21.5	(2.5)
英国	422	(5.0)	473	(4.8)	516	(4.4)	568	(5.1)	54.3	(1.6)	3.6	(0.3)	33.9	(1.5)
美国	424	(4.5)	454	(4.5)	499	(5.0)	553	(5.7)	49.7	(1.7)	2.6	(0.2)	31.0	(1.8)
OECD平均	433	(0.6)	476	(0.7)	514	(0.7)	563	(0.8)	48.9	(0.3)	3.1	(0.0)	28.5	(0.3)
阿尔巴尼亚	395	(3.9)	391	(4.5)	395	(5.2)	397	(4.4)	0.7	(2.1)	0.9	(0.1)	0.0	(0.0)
阿根廷	367	(4.5)	389	(4.2)	396	(4.4)	414	(5.1)	18.5	(1.9)	1.5	(0.1)	4.8	(0.9)
巴西	361	(2.3)	382	(2.4)	403	(2.9)	428	(4.6)	27.3	(2.1)	1.7	(0.1)	9.9	(1.2)
保加利亚	402	(4.6)	432	(4.6)	453	(6.1)	477	(6.7)	26.1	(2.5)	1.7	(0.1)	8.0	(1.5)
哥伦比亚	361	(2.9)	377	(4.3)	383	(3.9)	397	(5.6)	13.8	(2.6)	1.3	(0.1)	2.3	(0.8)
哥斯达黎加	384	(4.4)	401	(4.2)	414	(4.8)	432	(5.2)	19.1	(2.9)	1.5	(0.1)	5.5	(1.5)
克罗地亚	407	(4.0)	451	(4.0)	486	(4.8)	541	(7.6)	50.3	(2.7)	3.3	(0.2)	30.8	(2.5)
塞浦路斯[1,2]	384	(3.0)	425	(2.8)	456	(3.3)	505	(3.9)	41.1	(1.7)	2.7	(0.2)	24.3	(1.7)
中国香港	484	(5.4)	549	(3.6)	586	(3.6)	628	(4.2)	50.0	(1.7)	3.9	(0.3)	30.5	(1.6)
印度尼西亚	357	(3.8)	377	(4.9)	376	(4.9)	391	(6.0)	16.9	(2.9)	1.3	(0.1)	2.9	(0.9)
约旦	355	(2.7)	382	(3.2)	406	(4.6)	414	(6.3)	20.0	(2.5)	1.9	(0.1)	7.7	(1.4)
哈萨克斯坦	408	(3.9)	422	(3.6)	437	(4.6)	458	(5.5)	21.7	(2.5)	1.5	(0.1)	7.0	(1.6)
拉脱维亚	441	(4.2)	471	(4.1)	499	(5.4)	552	(4.3)	48.5	(2.4)	2.5	(0.2)	24.6	(1.9)
列支敦士登	463	(12.2)	511	(16.3)	568	(13.7)	605	(11.7)	60.3	(6.3)	3.3	(0.5)	34.1	(5.8)
立陶宛	418	(3.7)	463	(3.4)	495	(5.5)	546	(4.6)	48.3	(1.9)	3.0	(0.2)	27.7	(1.7)
中国澳门	473	(2.9)	522	(2.9)	559	(2.7)	604	(2.8)	50.0	(1.4)	3.2	(0.2)	26.3	(1.3)
马来西亚	376	(2.7)	413	(3.9)	432	(5.1)	464	(5.2)	39.6	(2.1)	2.3	(0.2)	14.8	(1.4)
黑山共和国	378	(2.9)	407	(3.6)	417	(3.9)	450	(3.6)	25.2	(1.6)	1.8	(0.2)	9.5	(1.1)
秘鲁	345	(3.6)	369	(4.5)	375	(5.3)	396	(6.4)	22.9	(3.1)	1.4	(0.1)	4.2	(1.0)
卡塔尔	345	(2.6)	372	(3.0)	390	(3.5)	422	(2.9)	23.1	(1.2)	1.5	(0.1)	7.7	(0.7)
罗马尼亚	412	(3.9)	436	(4.3)	445	(4.8)	491	(7.8)	33.2	(3.2)	1.8	(0.1)	12.9	(2.1)
俄罗斯联邦	430	(3.5)	460	(4.3)	498	(4.6)	542	(5.3)	46.7	(2.5)	2.5	(0.2)	23.0	(2.0)
塞尔维亚	403	(3.9)	437	(4.4)	471	(4.5)	505	(6.7)	38.4	(2.6)	2.2	(0.2)	16.9	(1.9)
中国上海	531	(5.8)	593	(5.0)	651	(4.6)	677	(3.7)	53.5	(2.0)	3.9	(0.2)	34.2	(1.8)
新加坡	489	(3.1)	553	(3.2)	603	(3.8)	646	(3.3)	57.7	(1.3)	3.8	(0.2)	31.4	(1.3)
中国台北	446	(4.8)	541	(5.4)	604	(4.7)	651	(3.6)	64.2	(1.5)	5.8	(0.5)	43.5	(1.3)
泰国	406	(3.9)	425	(4.1)	422	(4.5)	459	(5.8)	27.3	(3.3)	1.3	(0.1)	5.5	(1.3)
突尼斯	360	(3.6)	378	(4.4)	395	(5.6)	430	(7.8)	26.8	(3.2)	1.7	(0.1)	10.0	(1.7)
阿拉伯联合酋长国	390	(3.1)	420	(2.9)	451	(3.9)	482	(4.7)	33.0	(1.5)	2.0	(0.1)	13.5	(1.4)
乌拉圭	372	(4.3)	405	(3.8)	424	(4.6)	454	(4.6)	33.0	(2.3)	1.9	(0.1)	10.6	(1.2)
越南	458	(5.3)	493	(5.7)	521	(5.5)	572	(7.2)	66.4	(3.8)	2.5	(0.2)	24.5	(2.0)

注：粗体表示差异值达到统计上的显著。
1. 土耳其注：本书中"塞浦路斯"相关的信息是指塞浦路斯岛南部。没有任何一个权力组织能够代表该岛上的土耳其和希腊塞浦路斯人。土耳其承认北塞浦路斯土耳其共和国。除非在联合国找到一种长期的平衡的解决方案，否则土耳其将保持其对"塞浦路斯"问题的立场。
2. OECD和欧盟成员注：塞浦路斯共和国得到了除土耳其外所有联合国成员的承认。本书中的信息是指在塞浦路斯共和国政府有效控制区域内的。

附表 4.26 ■ 学生的数学自我概念

学生"同意"或"非常同意"的百分比(a)或"不同意"或"非常不同意"的百分比(b)

		表示对同意/不同意的学生百分比								
		我数学不好 b		我数学考试的成绩或等级很高 a		我学数学很快 a		我一直认为数学是我最擅长的科目之一 a		数学课上，即使最难的题目我也能理解 a
		%	标准误	%	标准误	%	标准误	%	标准误	%	标准误
OECD	澳大利亚	63.4	(0.6)	64.5	(0.6)	54.1	(0.6)	39.9	(0.6)	40.1	(0.6)
	奥地利	63.1	(1.1)	59.1	(1.0)	52.2	(1.1)	34.7	(1.0)	40.5	(1.0)
	比利时	61.3	(0.9)	61.6	(0.8)	50.4	(0.9)	32.9	(0.7)	32.8	(0.8)
	加拿大	63.4	(0.7)	66.3	(0.7)	58.4	(0.7)	44.2	(0.7)	46.5	(0.7)
	智利	40.1	(1.0)	52.2	(1.0)	48.9	(1.0)	32.7	(1.0)	29.4	(0.8)
	捷克共和国	57.6	(1.1)	55.1	(1.1)	45.4	(1.0)	33.5	(1.0)	24.6	(0.9)
	丹麦	71.0	(0.9)	72.8	(0.9)	58.8	(0.9)	48.4	(1.0)	39.8	(0.9)
	爱沙尼亚	50.5	(0.9)	64.1	(1.0)	55.6	(0.9)	35.1	(0.9)	34.2	(0.9)
	芬兰	58.6	(0.9)	58.4	(0.9)	56.6	(1.0)	35.3	(0.9)	43.5	(1.0)
	法国	57.7	(1.0)	49.8	(1.0)	46.9	(1.0)	33.7	(0.9)	31.3	(0.9)
	德国	64.9	(1.0)	60.8	(1.0)	55.5	(1.0)	37.7	(0.9)	43.8	(1.0)
	希腊	56.5	(1.0)	62.7	(1.0)	58.7	(1.0)	45.9	(0.9)	34.7	(0.8)
	匈牙利	53.7	(1.1)	48.2	(1.4)	45.8	(1.3)	36.8	(1.2)	29.8	(0.9)
	冰岛	63.8	(0.9)	69.5	(0.8)	58.0	(0.8)	47.2	(1.1)	46.4	(1.0)
	爱尔兰	60.1	(1.0)	61.4	(1.0)	46.5	(1.0)	34.3	(0.9)	34.2	(0.8)
	以色列	73.5	(0.9)	71.1	(0.9)	58.5	(0.9)	48.7	(0.8)	52.2	(0.9)
	意大利	52.8	(0.6)	61.3	(0.6)	51.9	(0.7)	40.2	(0.6)	44.0	(0.6)
	日本	45.9	(0.9)	31.0	(0.8)	25.9	(0.8)	29.1	(0.8)	12.8	(0.6)
	韩国	42.6	(1.1)	30.0	(0.9)	33.8	(0.9)	33.2	(1.0)	21.1	(0.9)
	卢森堡	61.3	(0.8)	58.8	(0.8)	54.1	(0.9)	39.5	(0.7)	42.3	(0.8)
	墨西哥	47.0	(0.6)	60.8	(0.6)	52.4	(0.6)	41.3	(0.5)	37.8	(0.4)
	荷兰	62.6	(1.1)	64.1	(1.4)	55.5	(1.2)	37.8	(1.0)	39.7	(1.1)
	新西兰	59.0	(1.1)	69.2	(1.0)	51.0	(0.9)	38.4	(0.9)	36.6	(1.1)
	挪威	57.0	(1.1)	52.1	(1.1)	48.1	(1.1)	34.0	(1.1)	37.3	(1.0)
	波兰	46.3	(1.1)	54.4	(1.1)	49.5	(1.1)	37.7	(1.1)	31.5	(1.1)
	葡萄牙	51.5	(1.1)	51.9	(1.1)	50.9	(0.9)	33.1	(1.0)	38.4	(0.9)
	斯洛伐克共和国	46.8	(1.2)	55.6	(1.0)	47.0	(1.2)	31.6	(1.0)	27.1	(1.1)
	斯洛文尼亚	54.7	(1.1)	55.7	(1.0)	52.8	(1.1)	32.4	(0.9)	40.5	(0.9)
	西班牙	50.5	(0.6)	52.6	(0.8)	51.5	(0.7)	37.5	(0.8)	40.4	(0.6)
	瑞典	64.9	(1.0)	65.0	(1.0)	59.8	(0.9)	35.3	(0.9)	46.9	(1.1)
	瑞士	65.8	(0.8)	63.7	(0.9)	57.0	(1.0)	39.2	(0.9)	41.2	(1.0)
	土耳其	47.6	(1.1)	48.4	(1.0)	50.5	(1.0)	43.3	(0.9)	34.9	(1.0)
	英国	67.5	(0.9)	73.2	(0.9)	57.6	(1.1)	42.7	(1.2)	48.6	(1.2)
	美国	66.7	(1.0)	76.9	(0.9)	60.5	(1.1)	48.8	(0.9)	48.8	(1.3)
	OECD 平均	57.3	(0.2)	58.9	(0.2)	51.8	(0.2)	38.1	(0.2)	37.5	(0.2)
伙伴国家（地区）	阿尔巴尼亚	39.4	(1.1)	68.7	(1.0)	56.7	(1.2)	59.7	(1.1)	50.2	(1.1)
	阿根廷	37.8	(1.1)	56.6	(1.3)	52.4	(1.0)	39.7	(1.3)	37.2	(0.9)
	巴西	44.5	(0.8)	58.5	(0.8)	43.7	(0.8)	32.7	(0.8)	38.8	(0.8)
	保加利亚	43.7	(1.2)	51.2	(1.1)	49.7	(1.1)	37.1	(1.2)	35.6	(1.2)
	哥伦比亚	56.5	(1.1)	70.1	(0.9)	57.6	(1.0)	42.3	(1.1)	42.9	(0.9)
	哥斯达黎加	55.8	(1.2)	63.3	(1.5)	60.3	(1.2)	39.2	(1.3)	43.7	(1.1)
	克罗地亚	55.1	(1.2)	47.4	(1.2)	46.0	(1.3)	23.5	(1.0)	24.6	(1.1)
	塞浦路斯[1,2]	59.1	(0.8)	62.5	(0.8)	60.1	(0.9)	53.0	(0.9)	38.5	(0.9)
	中国香港	50.1	(1.1)	33.1	(1.1)	55.3	(1.1)	37.1	(1.0)	34.5	(1.1)
	印度尼西亚	39.0	(1.2)	77.3	(0.8)	53.5	(1.3)	58.6	(1.3)	49.7	(1.3)
	约旦	48.9	(1.0)	79.8	(0.8)	70.0	(1.0)	61.3	(1.1)	60.6	(0.9)
	哈萨克斯坦	63.0	(1.4)	76.4	(1.1)	66.5	(1.4)	64.9	(1.2)	54.5	(1.3)
	拉脱维亚	59.1	(1.1)	51.7	(1.1)	49.5	(1.1)	31.0	(1.0)	26.7	(1.0)
	列支敦士登	65.6	(3.2)	64.4	(3.4)	59.4	(3.7)	33.1	(3.2)	40.4	(3.6)
	立陶宛	53.4	(0.9)	57.3	(1.1)	50.4	(1.1)	41.7	(1.0)	36.4	(0.9)
	中国澳门	51.6	(0.7)	36.8	(0.9)	44.8	(0.8)	32.3	(0.8)	35.1	(0.9)
	马来西亚	48.3	(0.9)	57.3	(0.9)	51.8	(0.9)	60.5	(1.0)	38.1	(1.0)
	黑山共和国	51.8	(1.0)	49.6	(0.9)	52.9	(1.1)	31.2	(1.0)	32.9	(0.9)
	秘鲁	51.2	(0.8)	66.1	(1.1)	57.4	(1.0)	49.2	(1.0)	42.7	(1.0)
	卡塔尔	53.2	(0.6)	74.7	(0.6)	66.9	(0.6)	58.2	(0.6)	58.0	(0.6)
	罗马尼亚	48.9	(1.1)	61.3	(1.1)	51.4	(1.2)	38.9	(1.2)	39.1	(1.0)
	俄罗斯联邦	57.7	(1.2)	58.1	(1.0)	48.2	(1.0)	41.4	(1.1)	45.9	(1.0)
	塞尔维亚	52.1	(1.2)	47.1	(1.2)	49.1	(1.2)	32.5	(1.2)	31.1	(1.1)
	中国上海	53.1	(1.0)	34.1	(0.8)	48.8	(0.9)	41.8	(0.9)	32.4	(0.8)
	新加坡	62.3	(0.8)	62.9	(0.8)	62.6	(0.8)	56.7	(0.9)	44.9	(0.9)
	中国台北	39.9	(0.9)	29.4	(0.8)	36.7	(0.9)	27.6	(0.8)	24.7	(0.7)
	泰国	24.2	(0.8)	55.7	(1.0)	44.2	(1.2)	51.5	(1.0)	37.7	(1.1)
	突尼斯	45.2	(1.4)	54.5	(1.1)	54.4	(1.3)	48.3	(1.0)	46.4	(0.9)
	阿拉伯联合酋长国	62.7	(0.9)	79.2	(0.8)	68.8	(0.6)	58.6	(0.7)	54.9	(0.7)
	乌拉圭	47.2	(1.0)	57.1	(0.9)	51.2	(1.0)	42.0	(1.0)	37.4	(1.0)
	越南	75.5	(1.0)	27.7	(1.1)	32.8	(1.2)	25.9	(1.0)	16.2	(0.7)

1. 土耳其注：本书中"塞浦路斯"相关的信息是指塞浦路斯岛南部。没有任何一个权力组织能够代表岛上的土耳其和希腊塞浦路斯人。土耳其承认北塞浦路斯土耳其共和国。除非在联合国找到一种长期的平衡的解决方案，否则土耳其将保持其对"塞浦路斯"问题的立场。

2. OECD 和欧盟成员注：塞浦路斯共和国得到了除土耳其外所有联合国成员的承认。本书中的信息是指在塞浦路斯共和国政府有效控制区域内的。

附表 4.27 ■ 数学自我概念指数和按该指数四等分划分的数学成绩

结果基于学生自我报告

| | | 数学自我概念指数 | | | | | | | | | | | | | | | | |
| | | 所有学生 | | 在该指数的变量 | | 在该指数的变量 | | 女　生 | | 性别差异(男生-女生) | | 最低1/4 | | 第二个1/4 | | 第三个1/4 | | 最高1/4 | |
		指数平均值	标准误	标准差	标准误	指数平均值	标准误	指数平均值	标准误	分差	标准误	指数平均值	标准误	指数平均值	标准误	指数平均值	标准误	指数平均值	标准误
OECD	澳大利亚	0.06	(0.01)	0.95	(0.01)	0.25	(0.02)	−0.13	(0.02)	**0.38**	(0.02)	−1.16	(0.02)	−0.21	(0.02)	0.39	(0.01)	1.22	(0.02)
	奥地利	0.02	(0.03)	1.07	(0.01)	0.24	(0.03)	−0.19	(0.03)	**0.44**	(0.04)	−1.32	(0.03)	−0.36	(0.03)	0.37	(0.03)	1.42	(0.03)
	比利时	−0.06	(0.02)	0.95	(0.01)	0.13	(0.03)	−0.24	(0.03)	**0.37**	(0.03)	−1.28	(0.03)	−0.31	(0.02)	0.26	(0.02)	1.11	(0.02)
	加拿大	0.19	(0.02)	1.06	(0.01)	0.39	(0.02)	0.00	(0.02)	**0.39**	(0.02)	−1.15	(0.02)	−0.16	(0.02)	0.53	(0.02)	1.56	(0.02)
	智利	−0.17	(0.02)	1.03	(0.01)	0.05	(0.02)	−0.39	(0.02)	**0.43**	(0.04)	−1.44	(0.02)	−0.53	(0.01)	0.09	(0.02)	1.19	(0.03)
	捷克共和国	−0.16	(0.02)	0.99	(0.02)	−0.03	(0.03)	−0.29	(0.03)	**0.27**	(0.03)	−1.44	(0.04)	−0.44	(0.03)	0.17	(0.03)	1.07	(0.04)
	丹麦	0.23	(0.02)	1.02	(0.02)	0.52	(0.03)	−0.04	(0.03)	**0.56**	(0.04)	−1.08	(0.03)	−0.06	(0.03)	0.55	(0.02)	1.53	(0.03)
	爱沙尼亚	0.02	(0.02)	0.94	(0.01)	0.12	(0.03)	−0.07	(0.03)	**0.19**	(0.03)	−1.13	(0.03)	−0.33	(0.02)	0.30	(0.02)	1.25	(0.03)
	芬兰	0.03	(0.02)	1.05	(0.01)	0.23	(0.03)	−0.17	(0.03)	**0.40**	(0.03)	−1.29	(0.03)	−0.31	(0.02)	0.39	(0.03)	1.34	(0.03)
	法国	−0.17	(0.02)	1.05	(0.02)	0.07	(0.03)	−0.39	(0.03)	**0.47**	(0.03)	−1.56	(0.03)	−0.47	(0.03)	0.19	(0.02)	1.14	(0.03)
	德国	0.11	(0.02)	1.11	(0.02)	0.39	(0.03)	−0.16	(0.03)	**0.55**	(0.03)	−1.31	(0.03)	−0.27	(0.03)	0.50	(0.03)	1.54	(0.03)
	希腊	0.09	(0.02)	0.95	(0.01)	0.25	(0.03)	−0.06	(0.03)	**0.30**	(0.03)	−1.11	(0.03)	−0.18	(0.03)	0.40	(0.02)	1.26	(0.03)
	匈牙利	−0.12	(0.02)	0.88	(0.02)	0.02	(0.03)	−0.25	(0.03)	**0.28**	(0.03)	−1.22	(0.03)	−0.38	(0.03)	0.14	(0.02)	1.00	(0.03)
	冰岛	0.24	(0.02)	1.05	(0.02)	0.39	(0.03)	0.09	(0.03)	**0.30**	(0.05)	−1.09	(0.03)	−0.10	(0.03)	0.56	(0.03)	1.59	(0.03)
	爱尔兰	−0.04	(0.02)	0.94	(0.01)	0.09	(0.03)	−0.17	(0.03)	**0.26**	(0.03)	−1.22	(0.03)	−0.33	(0.02)	0.24	(0.02)	1.15	(0.02)
	以色列	0.33	(0.02)	0.97	(0.02)	0.48	(0.03)	0.19	(0.02)	**0.28**	(0.03)	−0.88	(0.02)	0.03	(0.02)	0.63	(0.02)	1.56	(0.03)
	意大利	0.02	(0.01)	0.98	(0.01)	0.14	(0.02)	−0.11	(0.02)	**0.24**	(0.02)	−1.22	(0.02)	−0.28	(0.01)	0.36	(0.02)	1.22	(0.02)
	日本	−0.52	(0.02)	0.96	(0.01)	−0.32	(0.02)	−0.75	(0.02)	**0.43**	(0.03)	−1.79	(0.02)	−0.76	(0.02)	−0.23	(0.02)	0.69	(0.02)
	韩国	−0.38	(0.02)	0.93	(0.01)	−0.25	(0.03)	−0.55	(0.03)	**0.30**	(0.03)	−1.58	(0.03)	−0.63	(0.02)	−0.11	(0.02)	0.78	(0.03)
	卢森堡	0.05	(0.02)	1.11	(0.01)	0.31	(0.02)	−0.21	(0.02)	**0.52**	(0.03)	−1.39	(0.02)	−0.29	(0.03)	0.43	(0.02)	1.46	(0.02)
	墨西哥	0.05	(0.01)	0.84	(0.01)	0.17	(0.02)	−0.08	(0.01)	**0.25**	(0.01)	−0.96	(0.01)	−0.25	(0.02)	0.27	(0.01)	1.13	(0.01)
	荷兰	0.06	(0.02)	0.94	(0.02)	0.25	(0.02)	−0.14	(0.02)	**0.39**	(0.02)	−1.14	(0.02)	−0.19	(0.02)	0.36	(0.02)	1.22	(0.02)
	新西兰	0.02	(0.02)	1.05	(0.02)	0.21	(0.03)	−0.18	(0.03)	**0.38**	(0.03)	−1.07	(0.04)	−0.25	(0.02)	0.30	(0.03)	1.09	(0.03)
	挪威	−0.10	(0.03)	1.10	(0.01)	0.08	(0.03)	−0.27	(0.04)	**0.35**	(0.04)	−1.50	(0.04)	−0.46	(0.03)	0.25	(0.03)	1.32	(0.03)
	波兰	−0.08	(0.03)	1.02	(0.02)	0.03	(0.03)	−0.19	(0.03)	**0.22**	(0.04)	−1.32	(0.03)	−0.46	(0.02)	0.21	(0.03)	1.24	(0.04)
	葡萄牙	−0.10	(0.02)	0.93	(0.01)	0.02	(0.03)	−0.22	(0.04)	**0.24**	(0.04)	−1.29	(0.03)	−0.36	(0.02)	0.22	(0.02)	1.04	(0.03)
	斯洛伐克共和国	−0.16	(0.02)	0.86	(0.02)	−0.02	(0.03)	−0.33	(0.04)	**0.31**	(0.04)	−1.25	(0.04)	−0.43	(0.02)	0.11	(0.02)	0.91	(0.03)
	斯洛文尼亚	−0.04	(0.02)	0.93	(0.01)	0.10	(0.02)	−0.18	(0.04)	**0.28**	(0.04)	−1.20	(0.03)	−0.32	(0.02)	0.23	(0.02)	1.15	(0.04)
	西班牙	−0.07	(0.01)	1.04	(0.01)	0.09	(0.02)	−0.23	(0.02)	**0.32**	(0.02)	−1.39	(0.02)	−0.39	(0.02)	0.27	(0.02)	1.23	(0.02)
	瑞典	0.13	(0.02)	0.98	(0.01)	0.31	(0.03)	−0.05	(0.03)	**0.36**	(0.04)	−1.10	(0.03)	−0.18	(0.03)	0.44	(0.02)	1.38	(0.03)
	瑞士	0.12	(0.02)	1.04	(0.01)	0.45	(0.03)	−0.21	(0.04)	**0.66**	(0.04)	−1.19	(0.03)	−0.23	(0.04)	0.47	(0.03)	1.45	(0.03)
	土耳其	−0.05	(0.02)	0.97	(0.01)	−0.01	(0.03)	−0.10	(0.03)	**0.08**	(0.03)	−1.26	(0.02)	−0.36	(0.02)	0.23	(0.03)	1.19	(0.03)
	英国	0.18	(0.02)	0.90	(0.01)	0.39	(0.03)	−0.02	(0.02)	**0.41**	(0.03)	−0.97	(0.02)	−0.07	(0.02)	0.47	(0.02)	1.30	(0.03)
	美国	0.30	(0.02)	1.01	(0.02)	0.40	(0.02)	0.20	(0.02)	**0.19**	(0.02)	−0.99	(0.04)	−0.02	(0.02)	0.61	(0.02)	1.60	(0.02)
	OECD平均	0.00	(0.00)	0.98	(0.00)	0.17	(0.00)	−0.17	(0.00)	**0.35**	(0.01)	−1.24	(0.00)	−0.30	(0.00)	0.31	(0.00)	1.25	(0.00)
伙伴国家(地区)	阿尔巴尼亚	0.21	(0.02)	0.80	(0.01)	0.20	(0.02)	0.21	(0.02)	**−0.01**	(0.02)	−0.77	(0.04)	−0.07	(0.02)	0.45	(0.02)	1.22	(0.02)
	阿根廷	−0.09	(0.02)	0.93	(0.01)	0.07	(0.03)	−0.25	(0.02)	**0.32**	(0.03)	−1.27	(0.02)	−0.39	(0.02)	0.21	(0.02)	1.08	(0.02)
	巴西	−0.08	(0.01)	0.86	(0.01)	0.08	(0.02)	−0.22	(0.02)	**0.30**	(0.02)	−1.15	(0.02)	−0.35	(0.01)	0.17	(0.01)	1.01	(0.02)
	保加利亚	−0.06	(0.02)	0.89	(0.01)	0.02	(0.03)	−0.14	(0.02)	**0.16**	(0.02)	−1.16	(0.02)	−0.36	(0.02)	0.20	(0.03)	1.07	(0.02)
	哥伦比亚	0.18	(0.02)	0.83	(0.01)	0.30	(0.02)	0.07	(0.02)	**0.23**	(0.02)	−0.81	(0.02)	−0.11	(0.02)	0.40	(0.02)	1.25	(0.02)
	哥斯达黎加	0.11	(0.02)	0.97	(0.01)	0.32	(0.03)	−0.06	(0.03)	**0.38**	(0.04)	−1.10	(0.03)	−0.19	(0.03)	0.40	(0.02)	1.35	(0.03)
	克罗地亚	−0.25	(0.03)	0.96	(0.01)	−0.13	(0.04)	−0.37	(0.04)	**0.23**	(0.04)	−1.45	(0.03)	−0.55	(0.03)	0.03	(0.03)	0.98	(0.03)
	塞浦路斯[1,2]	0.19	(0.02)	0.97	(0.01)	0.26	(0.02)	0.12	(0.02)	**0.14**	(0.03)	−1.11	(0.02)	−0.07	(0.02)	0.46	(0.02)	1.44	(0.02)
	中国香港	−0.16	(0.02)	0.93	(0.01)	0.04	(0.03)	−0.39	(0.03)	**0.43**	(0.03)	−1.35	(0.03)	−0.42	(0.03)	0.15	(0.02)	0.99	(0.03)
	印度尼西亚	0.21	(0.02)	0.61	(0.01)	0.23	(0.02)	0.19	(0.02)	**0.04**	(0.02)	−0.53	(0.02)	−0.01	(0.02)	0.40	(0.02)	0.97	(0.02)
	约旦	0.43	(0.02)	0.90	(0.01)	0.48	(0.03)	0.38	(0.02)	**0.10**	(0.03)	−0.73	(0.03)	0.17	(0.02)	0.73	(0.02)	1.54	(0.02)
	哈萨克斯坦	0.39	(0.02)	0.75	(0.01)	0.39	(0.02)	0.40	(0.02)	**−0.01**	(0.02)	−0.55	(0.02)	0.18	(0.03)	0.61	(0.02)	1.33	(0.02)
	拉脱维亚	−0.08	(0.02)	0.85	(0.01)	−0.03	(0.03)	−0.13	(0.03)	**0.10**	(0.04)	−1.13	(0.02)	−0.34	(0.03)	0.17	(0.02)	0.99	(0.03)
	列支敦士登	0.08	(0.07)	1.02	(0.06)	0.33	(0.09)	−0.21	(0.12)	**0.54**	(0.16)	−1.25	(0.13)	−0.18	(0.09)	0.46	(0.07)	1.35	(0.11)
	立陶宛	−0.02	(0.02)	1.02	(0.01)	0.10	(0.03)	−0.15	(0.03)	**0.24**	(0.04)	−1.33	(0.03)	−0.35	(0.03)	0.31	(0.03)	1.28	(0.03)
	中国澳门	−0.19	(0.01)	0.94	(0.01)	0.06	(0.03)	−0.44	(0.02)	**0.50**	(0.03)	−1.38	(0.02)	−0.47	(0.01)	0.11	(0.02)	0.99	(0.02)
	马来西亚	0.11	(0.02)	0.76	(0.01)	0.09	(0.02)	0.12	(0.02)	**−0.03**	(0.02)	−0.83	(0.02)	−0.14	(0.02)	0.35	(0.01)	1.04	(0.02)
	黑山共和国	−0.10	(0.02)	0.95	(0.01)	0.00	(0.02)	−0.20	(0.04)	**0.20**	(0.04)	−1.30	(0.02)	−0.40	(0.02)	0.18	(0.02)	1.12	(0.02)
	秘鲁	0.16	(0.01)	0.76	(0.01)	0.28	(0.02)	0.06	(0.02)	**0.22**	(0.02)	−0.75	(0.02)	−0.11	(0.02)	0.39	(0.02)	1.13	(0.02)
	卡塔尔	0.36	(0.01)	0.85	(0.01)	0.43	(0.02)	0.30	(0.02)	**0.13**	(0.02)	−0.72	(0.02)	0.12	(0.01)	0.61	(0.01)	1.43	(0.02)
	罗马尼亚	0.03	(0.02)	0.75	(0.01)	0.09	(0.03)	−0.03	(0.02)	**0.12**	(0.02)	−0.90	(0.03)	−0.19	(0.02)	0.25	(0.02)	0.96	(0.02)
	俄罗斯联邦	0.11	(0.02)	0.82	(0.01)	0.16	(0.02)	0.06	(0.02)	**0.10**	(0.02)	−0.87	(0.02)	−0.17	(0.02)	0.33	(0.02)	1.15	(0.03)
	塞尔维亚	−0.14	(0.03)	1.00	(0.01)	−0.05	(0.03)	−0.23	(0.04)	**0.17**	(0.04)	−1.41	(0.04)	−0.47	(0.03)	0.17	(0.02)	1.15	(0.04)
	中国上海	−0.05	(0.02)	0.85	(0.01)	0.20	(0.02)	−0.28	(0.03)	**0.48**	(0.03)	−1.02	(0.02)	−0.38	(0.03)	0.16	(0.01)	1.05	(0.03)
	新加坡	0.22	(0.02)	0.90	(0.01)	0.33	(0.02)	0.10	(0.02)	**0.23**	(0.02)	−0.93	(0.02)	−0.04	(0.02)	0.53	(0.01)	1.33	(0.03)
	中国台北	−0.45	(0.02)	1.01	(0.01)	−0.25	(0.02)	−0.64	(0.02)	**0.39**	(0.03)	−1.77	(0.02)	−0.71	(0.02)	−0.17	(0.02)	0.85	(0.02)
	泰国	−0.07	(0.02)	0.68	(0.01)	0.06	(0.02)	−0.16	(0.02)	**0.22**	(0.02)	−0.88	(0.02)	−0.31	(0.02)	0.18	(0.02)	0.75	(0.02)
	突尼斯	0.06	(0.02)	0.98	(0.01)	0.16	(0.02)	−0.02	(0.02)	**0.19**	(0.02)	−1.18	(0.02)	−0.25	(0.02)	0.40	(0.02)	1.29	(0.02)
	阿拉伯联合酋长国	0.44	(0.01)	0.89	(0.01)	0.48	(0.02)	0.40	(0.02)	**0.09**	(0.02)	−0.70	(0.02)	0.17	(0.01)	0.70	(0.02)	1.58	(0.02)
	乌拉圭	−0.02	(0.02)	1.03	(0.01)	0.18	(0.02)	−0.20	(0.02)	**0.38**	(0.03)	−1.32	(0.02)	−0.39	(0.02)	0.32	(0.02)	1.30	(0.03)
	越南	−0.19	(0.01)	0.59	(0.01)	−0.09	(0.02)	−0.28	(0.02)	**0.19**	(0.02)	−0.87	(0.02)	−0.36	(0.01)	−0.09	(0.02)	0.57	(0.02)

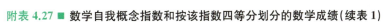

附表 4.27 ■ 数学自我概念指数和按该指数四等分划分的数学成绩（续表 1）

结果基于学生自我报告

| | | 数学成绩，按该国在该指数上的四分位区分 | | | | | | | | 该指数每单位变化对应的数学成绩变化 | | 该指数位于最低 1/4 的学生，数学成绩也位于最低 1/4 的可能性增加比率 | | 解释的学生成绩变异 (r²×100) | |
| | | 最低 1/4 | | 第二个 1/4 | | 第三个 1/4 | | 最高 1/4 | | | | | | | |
		平均分	标准误	平均分	标准误	平均分	标准误	平均分	标准误	效应	标准误	比率	标准误	%	标准误
OECD	澳大利亚	454	(2.3)	488	(2.5)	513	(2.8)	563	(3.1)	44.7	(1.2)	2.2	(0.1)	19.9	(0.9)
	奥地利	474	(4.1)	491	(4.6)	508	(5.6)	560	(3.9)	30.6	(1.7)	1.7	(0.2)	13.0	(1.3)
	比利时	483	(3.3)	518	(4.1)	529	(3.4)	557	(3.4)	29.3	(1.5)	1.7	(0.1)	8.0	(0.8)
	加拿大	473	(2.4)	499	(2.9)	531	(3.4)	578	(3.2)	38.3	(1.1)	2.2	(0.1)	21.3	(1.1)
	智利	397	(3.4)	403	(4.0)	423	(4.2)	470	(4.9)	29.3	(1.4)	1.5	(0.1)	14.1	(1.4)
	捷克共和国	456	(4.0)	481	(5.3)	518	(4.3)	562	(4.6)	41.7	(1.9)	2.4	(0.2)	21.0	(1.8)
	丹麦	447	(3.1)	488	(3.8)	517	(3.6)	568	(3.6)	44.7	(1.3)	3.0	(0.2)	31.1	(1.5)
	爱沙尼亚	478	(3.1)	497	(4.0)	531	(4.1)	577	(3.7)	40.6	(1.6)	2.2	(0.1)	22.4	(1.5)
	芬兰	470	(2.2)	495	(3.2)	537	(4.1)	589	(2.9)	45.2	(1.1)	2.7	(0.1)	32.7	(1.3)
	法国	452	(3.4)	482	(4.5)	500	(4.3)	556	(4.9)	36.1	(1.7)	1.8	(0.1)	15.6	(1.4)
	德国	487	(4.2)	507	(5.1)	529	(5.1)	569	(4.7)	29.1	(1.4)	1.9	(0.1)	12.5	(1.2)
	希腊	410	(3.8)	439	(3.8)	468	(4.6)	506	(4.1)	39.0	(1.6)	2.3	(0.1)	18.1	(1.3)
	匈牙利	448	(3.8)	456	(4.6)	472	(5.3)	536	(6.4)	38.7	(2.5)	1.4	(0.1)	14.0	(1.5)
	冰岛	443	(3.6)	470	(3.4)	510	(5.1)	565	(4.1)	45.5	(1.7)	2.3	(0.2)	27.4	(1.7)
	爱尔兰	466	(3.8)	482	(4.2)	506	(3.7)	551	(4.0)	36.5	(1.6)	1.7	(0.1)	16.2	(1.3)
	以色列	439	(5.5)	465	(6.1)	489	(5.7)	503	(6.5)	25.8	(2.1)	1.6	(0.1)	5.9	(1.0)
	意大利	448	(2.6)	475	(2.5)	497	(2.9)	529	(3.3)	32.0	(1.2)	1.9	(0.1)	11.5	(0.8)
	日本	505	(3.9)	529	(4.8)	548	(4.5)	568	(5.0)	26.5	(1.9)	1.8	(0.1)	7.6	(1.0)
	韩国	495	(4.7)	536	(4.8)	572	(5.8)	614	(6.6)	51.0	(2.1)	2.6	(0.2)	23.3	(1.7)
	卢森堡	454	(3.0)	477	(3.9)	502	(3.3)	527	(3.2)	25.3	(1.4)	1.7	(0.1)	9.0	(0.9)
	墨西哥	391	(1.5)	400	(1.7)	415	(1.8)	453	(2.1)	30.0	(0.9)	1.5	(0.1)	11.7	(0.7)
	荷兰	505	(5.3)	522	(4.6)	535	(6.1)	556	(4.8)	19.3	(2.3)	1.5	(0.1)	4.4	(0.9)
	新西兰	452	(3.7)	480	(3.5)	506	(4.0)	561	(4.5)	47.7	(2.0)	1.9	(0.2)	17.8	(1.4)
	挪威	421	(4.0)	465	(4.2)	507	(4.5)	568	(4.6)	51.3	(1.5)	3.2	(0.2)	38.5	(1.9)
	波兰	467	(3.6)	483	(4.4)	528	(5.6)	597	(6.3)	50.3	(2.4)	2.3	(0.2)	30.2	(1.8)
	葡萄牙	439	(4.3)	474	(3.9)	497	(5.1)	549	(5.6)	44.7	(2.0)	2.2	(0.2)	20.5	(1.6)
	斯洛伐克共和国	454	(4.3)	454	(4.9)	494	(5.4)	535	(6.7)	38.1	(2.9)	1.4	(0.1)	11.0	(1.6)
	斯洛文尼亚	466	(3.2)	486	(4.6)	514	(3.9)	552	(4.1)	36.6	(2.0)	1.7	(0.1)	14.0	(1.5)
	西班牙	449	(2.2)	471	(3.0)	490	(3.1)	534	(3.0)	31.0	(1.2)	1.8	(0.1)	13.8	(0.8)
	瑞典	432	(3.4)	461	(4.1)	494	(3.6)	541	(4.4)	44.1	(1.6)	2.2	(0.2)	23.5	(1.5)
	瑞士	500	(4.0)	518	(4.8)	537	(3.9)	572	(5.3)	27.0	(1.5)	1.6	(0.1)	9.2	(0.9)
	土耳其	429	(4.0)	432	(5.7)	450	(6.0)	486	(8.4)	22.7	(2.7)	1.4	(0.1)	5.9	(1.1)
	英国	449	(4.0)	481	(4.0)	509	(4.6)	552	(5.0)	45.6	(1.9)	2.2	(0.2)	19.4	(1.5)
	美国	439	(4.0)	471	(4.7)	492	(5.1)	534	(5.3)	35.7	(1.7)	2.1	(0.1)	16.3	(1.3)
	OECD 平均	455	(0.6)	479	(0.7)	505	(0.8)	548	(0.8)	36.9	(0.3)	2.0	(0.0)	17.1	(0.2)
伙伴国家（地区）	阿尔巴尼亚	392	(4.2)	395	(5.3)	393	(4.3)	395	(4.8)	0.9	(2.6)	1.0	(0.1)	0.0	(0.1)
	阿根廷	374	(4.0)	382	(3.8)	394	(5.4)	414	(5.2)	17.2	(1.8)	1.2	(0.1)	4.6	(1.0)
	巴西	383	(2.6)	380	(2.8)	395	(3.5)	417	(3.4)	16.6	(1.8)	1.1	(0.1)	3.5	(0.7)
	保加利亚	424	(4.7)	432	(4.5)	450	(5.4)	465	(7.3)	21.1	(2.9)	1.1	(0.1)	4.2	(1.2)
	哥伦比亚	361	(3.0)	371	(3.7)	387	(4.4)	405	(5.3)	23.3	(2.0)	1.4	(0.1)	7.1	(1.2)
	哥斯达黎加	382	(4.1)	400	(4.6)	410	(4.0)	434	(4.2)	20.8	(1.6)	1.7	(0.2)	8.9	(1.1)
	克罗地亚	437	(3.2)	454	(4.2)	479	(5.3)	520	(7.4)	34.2	(2.8)	1.6	(0.1)	13.8	(1.9)
	塞浦路斯[1,2]	399	(2.7)	423	(3.1)	454	(3.5)	502	(3.0)	41.7	(1.2)	2.1	(0.1)	20.0	(1.0)
	中国香港	522	(4.5)	548	(5.1)	576	(5.0)	608	(4.5)	35.6	(2.0)	1.9	(0.2)	12.1	(1.4)
	印度尼西亚	389	(5.3)	375	(4.7)	367	(5.2)	373	(5.4)	−8.8	(2.2)	0.6	(0.1)	0.6	(0.3)
	约旦	362	(3.2)	377	(4.7)	404	(4.4)	424	(4.4)	27.2	(1.4)	1.6	(0.1)	10.6	(1.3)
	哈萨克斯坦	417	(3.9)	426	(4.3)	434	(4.9)	454	(4.5)	19.4	(2.6)	1.3	(0.1)	4.2	(1.1)
	拉脱维亚	454	(3.4)	468	(4.5)	490	(4.6)	550	(4.9)	43.1	(1.9)	1.8	(0.2)	20.1	(1.7)
	列支敦士登	496	(15.7)	532	(18.1)	550	(17.6)	570	(14.2)	30.9	(6.3)	1.5	(0.6)	11.2	(4.4)
	立陶宛	441	(3.7)	451	(3.5)	483	(4.7)	538	(4.7)	38.4	(1.7)	1.7	(0.1)	19.6	(1.5)
	中国澳门	505	(2.8)	525	(3.3)	550	(3.2)	579	(3.2)	31.2	(1.5)	1.8	(0.1)	10.2	(0.9)
	马来西亚	406	(3.5)	414	(4.3)	424	(4.3)	444	(4.6)	20.4	(2.1)	1.2	(0.1)	3.8	(0.7)
	黑山共和国	390	(3.4)	400	(3.5)	411	(3.9)	445	(4.2)	22.8	(1.9)	1.3	(0.1)	7.0	(1.1)
	秘鲁	362	(4.6)	364	(4.4)	368	(4.4)	396	(5.8)	19.8	(2.1)	1.1	(0.1)	3.4	(0.8)
	卡塔尔	362	(2.2)	370	(2.7)	387	(2.9)	412	(2.6)	25.4	(1.4)	1.3	(0.1)	4.8	(0.5)
	罗马尼亚	427	(3.9)	437	(4.2)	449	(4.5)	468	(7.2)	22.5	(3.3)	1.3	(0.1)	4.3	(1.2)
	俄罗斯联邦	448	(3.4)	461	(4.3)	494	(4.5)	528	(4.5)	38.3	(2.1)	1.7	(0.1)	13.4	(1.4)
	塞尔维亚	413	(3.4)	431	(5.4)	456	(4.7)	497	(6.8)	32.4	(2.4)	1.6	(0.1)	12.8	(1.6)
	中国上海	575	(5.4)	596	(5.9)	625	(5.9)	655	(4.5)	38.4	(2.4)	1.8	(0.1)	10.5	(1.1)
	新加坡	528	(3.4)	567	(3.8)	597	(3.7)	612	(3.2)	37.1	(1.9)	2.0	(0.1)	10.6	(0.9)
	中国台北	492	(4.6)	537	(5.4)	579	(6.4)	633	(4.1)	53.2	(2.0)	2.6	(0.2)	22.2	(1.5)
	泰国	425	(4.1)	426	(4.3)	423	(4.2)	436	(5.2)	9.4	(2.3)	0.9	(0.1)	0.6	(0.3)
	突尼斯	368	(3.7)	370	(4.2)	390	(5.9)	427	(6.3)	23.5	(2.2)	1.4	(0.1)	8.3	(1.2)
	阿拉伯联合酋长国	410	(2.5)	424	(3.1)	441	(3.5)	469	(3.5)	25.9	(1.7)	1.6	(0.1)	6.9	(0.7)
	乌拉圭	383	(3.6)	393	(4.2)	424	(4.0)	451	(4.2)	28.0	(1.8)	1.6	(0.1)	11.1	(1.3)
	越南	478	(5.0)	496	(5.0)	520	(6.6)	552	(6.9)	46.2	(3.7)	1.7	(0.1)	10.0	(1.4)

注：粗体表示差异值达到统计上的显著。

1. 土耳其注：本书中"塞浦路斯"相关的信息是指塞浦路斯岛南部。没有任何一个权力组织能够代表岛上的土耳其和希腊塞浦路斯人。土耳其承认北塞浦路斯土耳其共和国。除非在联合国找到一种长期的平衡的解决方案，否则土耳其将保持对"塞浦路斯"问题的立场。

2. OECD 和欧盟成员注：塞浦路斯共和国得到了除土耳其外所有联合国成员的承认。本书中的信息是指在塞浦路斯共和国政府有效控制区域内的。

附表 4.28 ■ 学生和数学自我概念

学生"同意"或"非常同意"的百分比

		表示同意以下观点学生的百分比								
		我常常担心数学课对我来说难		我做数学作业让我觉得很紧张		我做数学题时我非常紧张不安		我做数学题时，我感到很无助		我担心自己的数学成绩或等级	
		%	标准误	%	标准误	%	标准误	%	标准误	%	标准误
OECD	澳大利亚	59.7	(0.6)	36.8	(0.6)	28.9	(0.6)	24.6	(0.5)	61.8	(0.7)
	奥地利	55.4	(1.1)	32.7	(1.1)	24.0	(1.1)	26.8	(1.1)	49.0	(1.2)
	比利时	58.2	(0.8)	29.6	(0.7)	33.5	(0.7)	34.5	(0.7)	64.4	(0.8)
	加拿大	59.6	(0.8)	38.0	(0.7)	30.9	(0.6)	26.0	(0.7)	61.2	(0.7)
	智利	72.3	(0.8)	48.1	(1.1)	42.1	(0.9)	31.3	(0.9)	89.9	(0.5)
	捷克共和国	55.3	(1.2)	24.3	(0.9)	36.1	(1.2)	33.8	(1.0)	56.4	(1.3)
	丹麦	38.6	(1.0)	27.3	(0.7)	19.7	(0.7)	20.3	(0.8)	45.5	(0.9)
	爱沙尼亚	53.8	(0.9)	28.6	(1.0)	21.1	(0.8)	24.4	(0.9)	53.3	(0.9)
	芬兰	51.7	(1.0)	10.0	(0.5)	18.4	(0.6)	27.3	(1.0)	52.4	(0.9)
	法国	64.5	(1.0)	51.0	(0.8)	36.0	(0.8)	43.1	(0.9)	72.5	(0.9)
	德国	53.2	(1.1)	29.9	(1.0)	21.1	(0.8)	25.1	(1.0)	48.7	(1.0)
	希腊	72.7	(0.9)	35.0	(1.0)	45.5	(0.9)	32.7	(0.9)	53.3	(1.0)
	匈牙利	62.0	(1.0)	21.6	(1.1)	20.5	(1.2)	35.3	(1.2)	62.7	(0.9)
	冰岛	45.2	(1.0)	22.0	(0.8)	17.9	(0.8)	23.4	(0.7)	52.4	(1.1)
	爱尔兰	69.8	(0.9)	36.0	(1.0)	29.7	(0.9)	28.0	(1.0)	62.1	(1.0)
	以色列	66.6	(1.0)	32.0	(0.9)	34.0	(0.9)	23.6	(1.0)	53.5	(0.9)
	意大利	73.2	(0.5)	35.1	(0.5)	43.0	(0.6)	42.9	(0.6)	79.1	(0.4)
	日本	70.4	(0.8)	55.5	(0.9)	39.5	(0.9)	34.8	(0.9)	67.0	(0.8)
	韩国	76.9	(0.7)	31.6	(0.9)	43.5	(0.9)	42.1	(1.0)	82.1	(0.6)
	卢森堡	55.9	(0.9)	36.6	(0.8)	28.7	(0.7)	31.5	(0.8)	57.2	(0.9)
	墨西哥	77.5	(0.4)	45.4	(0.5)	48.7	(0.6)	36.3	(0.5)	87.9	(0.4)
	荷兰	36.9	(1.1)	11.2	(0.6)	28.0	(0.9)	18.8	(0.9)	45.3	(1.0)
	新西兰	62.1	(1.1)	38.1	(1.0)	33.0	(1.0)	26.6	(1.0)	63.6	(0.9)
	挪威	53.5	(1.0)	40.2	(1.1)	23.3	(0.8)	32.7	(1.0)	61.0	(1.0)
	波兰	57.4	(1.3)	29.5	(1.1)	31.2	(1.0)	31.0	(1.0)	60.6	(1.1)
	葡萄牙	69.7	(0.9)	18.9	(0.7)	27.3	(1.1)	33.8	(0.9)	69.6	(0.9)
	斯洛伐克共和国	57.6	(1.2)	30.6	(1.1)	34.8	(1.1)	34.1	(1.0)	55.0	(1.2)
	斯洛文尼亚	61.3	(1.0)	32.9	(1.0)	38.1	(1.0)	30.1	(1.0)	65.3	(1.1)
	西班牙	68.0	(0.7)	36.0	(0.8)	41.4	(0.7)	30.3	(0.6)	78.4	(0.6)
	瑞典	42.3	(0.9)	24.5	(0.9)	17.9	(0.7)	20.9	(0.8)	45.4	(1.0)
	瑞士	49.2	(1.0)	26.1	(0.9)	18.2	(0.6)	25.7	(0.8)	53.4	(0.9)
	土耳其	66.7	(1.0)	50.7	(1.0)	38.8	(1.0)	40.3	(0.9)	69.4	(0.8)
	英国	47.3	(0.9)	28.2	(0.8)	26.1	(1.0)	19.8	(0.7)	57.6	(0.9)
	美国	57.3	(1.0)	36.6	(1.1)	29.0	(0.9)	22.5	(0.9)	48.7	(0.9)
	OECD 平均	59.5	(0.2)	32.7	(0.2)	30.6	(0.1)	29.8	(0.2)	61.4	(0.2)
伙伴国家（地区）	阿尔巴利亚	66.8	(1.2)	39.5	(1.1)	47.3	(1.1)	32.4	(0.8)	59.5	(0.9)
	阿根廷	80.0	(0.8)	51.3	(0.9)	51.2	(1.2)	45.4	(1.2)	83.0	(1.0)
	巴西	70.9	(0.7)	46.9	(0.7)	49.0	(0.6)	47.1	(0.6)	88.7	(0.4)
	保加利亚	70.2	(0.9)	45.2	(1.1)	46.1	(0.8)	39.3	(1.1)	59.6	(0.9)
	哥伦比亚	64.4	(0.9)	49.0	(0.9)	46.7	(0.9)	32.3	(0.9)	83.3	(0.8)
	哥斯达黎加	72.4	(1.0)	42.6	(1.1)	44.9	(1.2)	34.1	(1.1)	87.1	(0.8)
	克罗地亚[1]	66.4	(1.1)	33.4	(1.1)	38.5	(1.0)	30.9	(1.0)	66.1	(1.0)
	塞浦路斯[1, 2]	68.0	(0.8)	32.9	(0.9)	38.8	(0.8)	32.4	(0.8)	55.0	(0.8)
	中国香港	68.9	(1.2)	26.8	(0.9)	26.4	(1.0)	32.2	(1.1)	70.8	(0.9)
	印度尼西亚	76.7	(0.9)	39.0	(1.2)	50.4	(1.0)	36.6	(1.1)	64.1	(1.1)
	约旦	77.5	(0.9)	48.5	(1.1)	43.6	(0.9)	55.4	(1.0)	77.6	(0.7)
	哈萨克斯坦	55.2	(1.5)	35.4	(1.4)	39.4	(1.3)	24.3	(0.9)	61.5	(1.2)
	拉脱维亚	57.1	(1.2)	33.6	(1.1)	23.9	(1.1)	23.2	(1.0)	67.7	(1.1)
	列支敦士登	49.8	(3.7)	26.0	(3.3)	13.6	(2.8)	25.6	(3.6)	55.7	(3.1)
	立陶宛	57.4	(1.1)	35.2	(1.1)	33.2	(1.1)	28.8	(0.9)	69.4	(1.0)
	中国澳门	70.4	(0.8)	32.1	(0.7)	36.1	(0.8)	39.5	(0.8)	65.3	(0.9)
	马来西亚	76.6	(0.8)	45.9	(1.1)	54.7	(1.0)	43.8	(0.9)	75.3	(0.8)
	黑山共和国	65.0	(0.7)	39.1	(1.0)	43.6	(1.0)	32.4	(1.1)	64.2	(1.0)
	秘鲁	72.9	(0.7)	45.5	(0.8)	46.3	(0.9)	35.6	(1.0)	81.3	(0.7)
	卡塔尔	68.6	(0.6)	45.9	(0.7)	47.0	(0.7)	46.1	(0.7)	62.0	(0.7)
	罗马尼亚	76.8	(1.0)	47.1	(1.1)	48.0	(1.2)	44.3	(1.1)	67.6	(1.0)
	俄罗斯联邦	57.8	(1.1)	39.0	(1.1)	35.7	(1.1)	24.4	(0.8)	70.8	(0.8)
	塞尔维亚	62.6	(1.2)	34.7	(1.1)	43.6	(1.0)	33.3	(1.1)	74.3	(1.0)
	中国上海	53.4	(1.0)	31.4	(0.9)	27.0	(0.8)	27.7	(0.9)	71.3	(0.8)
	新加坡	60.7	(0.8)	35.8	(0.8)	37.4	(0.8)	26.9	(0.7)	73.5	(0.7)
	中国台北	71.5	(0.9)	35.2	(0.8)	39.9	(0.8)	43.7	(1.0)	76.3	(0.8)
	泰国	73.0	(0.9)	55.1	(1.2)	64.7	(1.0)	52.2	(1.0)	77.7	(1.0)
	突尼斯	79.4	(0.9)	69.0	(1.1)	55.8	(1.3)	49.8	(1.2)	78.5	(0.9)
	阿拉伯联合酋长国	68.1	(0.8)	37.0	(0.9)	40.9	(0.8)	35.2	(0.9)	66.9	(0.7)
	乌拉圭	76.7	(0.8)	41.9	(1.0)	41.9	(1.0)	38.0	(0.9)	78.5	(0.7)
	越南	72.1	(1.0)	33.3	(1.2)	41.0	(1.2)	30.4	(1.3)	71.6	(0.8)

1. 土耳其注：本书中"塞浦路斯"相关的信息是指塞浦路斯岛南部。没有任何一个权力组织能够代表岛上的土耳其和希腊塞浦路斯人。土耳其承认北塞浦路斯土耳其共和国。除非在联合国找到一种长期的平衡的解决方案，否则土耳其将保持其对"塞浦路斯"问题的立场。
2. OECD 和欧盟成员注：塞浦路斯共和国得到了除土耳其外所有联合国成员的承认。本书中的信息是指在塞浦路斯共和国政府有效控制区域内的。

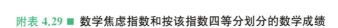

附表 4.29 ■ 数学焦虑指数和按该指数四等分划分的数学成绩

结果基于学生自我报告

		数学焦虑指数							
	所有学生 指数平均值 (标准误)	在该指数的变量 标准差 (标准误)	在该指数的变量 指数平均值 (标准误)	女生 指数平均值 (标准误)	性别差异(男生-女生) 分差 (标准误)	最低 1/4 指数平均值 (标准误)	第二个 1/4 指数平均值 (标准误)	第三个 1/4 指数平均值 (标准误)	最高 1/4 指数平均值 (标准误)
OECD									
澳大利亚	0.03 (0.01)	0.93 (0.01)	−0.14 (0.02)	0.20 (0.02)	**−0.33** (0.02)	−1.12 (0.02)	−0.23 (0.01)	0.29 (0.01)	1.17 (0.02)
奥地利	−0.23 (0.03)	1.13 (0.01)	−0.40 (0.04)	−0.05 (0.03)	**−0.35** (0.04)	−1.70 (0.03)	−0.58 (0.03)	0.18 (0.03)	1.20 (0.04)
比利时	0.06 (0.02)	0.96 (0.01)	−0.14 (0.03)	0.24 (0.02)	**−0.38** (0.03)	−1.13 (0.03)	−0.20 (0.02)	0.34 (0.02)	1.22 (0.03)
加拿大	0.01 (0.02)	1.07 (0.01)	−0.19 (0.02)	0.20 (0.02)	**−0.39** (0.02)	−1.36 (0.02)	−0.25 (0.01)	0.35 (0.02)	1.30 (0.02)
智利	0.42 (0.02)	0.77 (0.02)	0.30 (0.02)	0.54 (0.02)	**−0.24** (0.02)	−0.51 (0.02)	0.20 (0.01)	0.63 (0.02)	1.37 (0.03)
捷克共和国	−0.02 (0.02)	0.94 (0.02)	−0.12 (0.03)	0.09 (0.03)	**−0.21** (0.04)	−1.17 (0.04)	−0.29 (0.02)	0.25 (0.02)	1.13 (0.03)
丹麦	−0.37 (0.02)	1.04 (0.01)	−0.63 (0.02)	−0.12 (0.02)	**−0.51** (0.03)	−1.74 (0.03)	−0.61 (0.02)	−0.04 (0.02)	0.90 (0.02)
爱沙尼亚	−0.16 (0.02)	0.99 (0.01)	−0.26 (0.02)	−0.06 (0.02)	**−0.20** (0.03)	−1.43 (0.03)	−0.40 (0.02)	0.13 (0.03)	1.06 (0.02)
芬兰	−0.33 (0.02)	0.90 (0.01)	−0.52 (0.02)	−0.13 (0.02)	**−0.39** (0.03)	−1.50 (0.03)	−0.53 (0.02)	−0.03 (0.02)	0.75 (0.02)
法国	0.28 (0.02)	0.92 (0.01)	0.05 (0.02)	0.49 (0.02)	**−0.43** (0.03)	−0.87 (0.03)	0.04 (0.02)	0.57 (0.02)	1.39 (0.02)
德国	−0.28 (0.02)	1.14 (0.02)	−0.49 (0.02)	−0.08 (0.02)	**−0.41** (0.04)	−1.77 (0.03)	−0.63 (0.03)	0.11 (0.03)	1.14 (0.04)
希腊	0.12 (0.02)	0.97 (0.02)	0.01 (0.02)	0.24 (0.02)	**−0.23** (0.03)	−1.09 (0.03)	−0.16 (0.02)	0.44 (0.03)	1.31 (0.02)
匈牙利	−0.05 (0.02)	0.95 (0.02)	−0.17 (0.02)	0.05 (0.03)	**−0.22** (0.05)	−1.27 (0.03)	−0.27 (0.02)	0.24 (0.02)	1.09 (0.03)
冰岛	−0.33 (0.02)	1.06 (0.02)	−0.48 (0.02)	−0.18 (0.02)	**−0.29** (0.04)	−1.76 (0.04)	−0.53 (0.02)	0.02 (0.02)	0.95 (0.02)
爱尔兰	0.11 (0.02)	0.91 (0.01)	−0.05 (0.02)	0.27 (0.02)	**−0.32** (0.03)	−1.02 (0.02)	−0.13 (0.02)	0.37 (0.02)	1.21 (0.02)
以色列	−0.06 (0.02)	1.05 (0.02)	−0.20 (0.02)	0.08 (0.02)	**−0.29** (0.03)	−1.39 (0.03)	−0.38 (0.03)	0.27 (0.02)	1.26 (0.04)
意大利	0.30 (0.01)	0.86 (0.01)	0.20 (0.01)	0.42 (0.01)	**−0.22** (0.02)	−0.77 (0.02)	0.08 (0.01)	0.57 (0.01)	1.33 (0.01)
日本	0.36 (0.02)	1.01 (0.01)	0.22 (0.02)	0.52 (0.03)	**−0.30** (0.04)	−0.88 (0.03)	0.05 (0.02)	0.63 (0.02)	1.63 (0.03)
韩国	0.31 (0.02)	0.84 (0.01)	0.20 (0.02)	0.42 (0.02)	**−0.21** (0.03)	−0.72 (0.02)	0.10 (0.02)	0.54 (0.02)	1.29 (0.02)
卢森堡	−0.10 (0.02)	1.13 (0.01)	−0.30 (0.03)	0.10 (0.02)	**−0.41** (0.04)	−1.60 (0.01)	−0.37 (0.03)	0.31 (0.02)	1.26 (0.02)
墨西哥	0.45 (0.01)	0.81 (0.01)	0.35 (0.01)	0.54 (0.01)	**−0.20** (0.02)	−0.54 (0.01)	0.21 (0.01)	0.68 (0.01)	1.44 (0.01)
荷兰	−0.39 (0.02)	0.91 (0.02)	−0.52 (0.03)	−0.26 (0.02)	**−0.26** (0.03)	−1.57 (0.04)	−0.54 (0.01)	−0.16 (0.02)	0.70 (0.02)
新西兰	0.10 (0.02)	0.89 (0.01)	−0.07 (0.02)	0.27 (0.02)	**−0.34** (0.04)	−0.98 (0.03)	−0.14 (0.02)	0.34 (0.02)	1.17 (0.03)
挪威	0.02 (0.02)	1.05 (0.02)	−0.16 (0.02)	0.20 (0.02)	**−0.36** (0.04)	−1.30 (0.04)	−0.25 (0.02)	0.30 (0.02)	1.31 (0.02)
波兰	−0.03 (0.03)	1.03 (0.02)	−0.09 (0.04)	0.02 (0.04)	**−0.11** (0.05)	−1.33 (0.05)	−0.28 (0.02)	0.27 (0.02)	1.22 (0.04)
葡萄牙	0.01 (0.02)	0.82 (0.01)	−0.05 (0.02)	0.08 (0.02)	**−0.13** (0.03)	−1.03 (0.02)	−0.17 (0.02)	0.27 (0.02)	0.99 (0.02)
斯洛伐克共和国	0.01 (0.02)	0.96 (0.02)	−0.10 (0.02)	0.12 (0.02)	**−0.22** (0.04)	−1.15 (0.04)	−0.28 (0.02)	0.28 (0.02)	1.18 (0.03)
斯洛文尼亚	0.07 (0.02)	0.95 (0.02)	−0.01 (0.02)	0.15 (0.02)	**−0.17** (0.04)	−1.13 (0.03)	−0.17 (0.02)	0.36 (0.02)	1.22 (0.02)
西班牙	0.21 (0.01)	0.90 (0.01)	0.07 (0.02)	0.36 (0.02)	**−0.29** (0.02)	−0.92 (0.02)	−0.03 (0.01)	0.49 (0.01)	1.30 (0.01)
瑞典	−0.35 (0.02)	0.99 (0.02)	−0.51 (0.02)	−0.18 (0.02)	**−0.34** (0.04)	−1.66 (0.03)	−0.54 (0.02)	−0.02 (0.02)	0.84 (0.02)
瑞士	−0.29 (0.02)	1.03 (0.02)	−0.55 (0.02)	−0.04 (0.02)	**−0.51** (0.03)	−1.65 (0.03)	−0.55 (0.02)	0.06 (0.02)	0.96 (0.02)
土耳其	0.28 (0.02)	1.04 (0.01)	0.29 (0.02)	0.27 (0.02)	0.02 (0.03)	−1.03 (0.03)	0.01 (0.02)	0.58 (0.02)	1.54 (0.02)
英国	−0.14 (0.02)	0.93 (0.01)	−0.35 (0.02)	0.06 (0.02)	**−0.42** (0.04)	−1.32 (0.03)	−0.36 (0.02)	0.12 (0.02)	1.00 (0.03)
美国	−0.11 (0.02)	1.06 (0.01)	−0.20 (0.02)	−0.01 (0.02)	**−0.19** (0.03)	−1.47 (0.03)	−0.37 (0.02)	0.28 (0.02)	1.19 (0.03)
OECD 平均	0.00 (0.00)	0.97 (0.00)	−0.15 (0.00)	0.14 (0.00)	**−0.29** (0.00)	−1.23 (0.01)	−0.25 (0.00)	0.29 (0.00)	1.18 (0.00)
伙伴国家(地区)									
阿尔巴尼亚	0.14 (0.02)	0.90 (0.02)	0.16 (0.02)	0.13 (0.02)	0.03 (0.05)	−1.00 (0.04)	−0.09 (0.02)	0.45 (0.02)	1.22 (0.02)
阿根廷	0.54 (0.02)	0.86 (0.01)	0.48 (0.02)	0.61 (0.03)	**−0.13** (0.04)	−0.50 (0.03)	0.31 (0.02)	0.76 (0.02)	1.60 (0.03)
巴西	0.51 (0.01)	0.77 (0.01)	0.41 (0.02)	0.60 (0.01)	**−0.19** (0.02)	−0.39 (0.02)	0.25 (0.01)	0.69 (0.01)	1.50 (0.02)
保加利亚	0.26 (0.02)	1.00 (0.02)	0.24 (0.02)	0.28 (0.02)	−0.04 (0.04)	−0.99 (0.04)	−0.01 (0.02)	0.56 (0.02)	1.47 (0.03)
哥伦比亚	0.35 (0.02)	0.80 (0.02)	0.27 (0.02)	0.42 (0.02)	**−0.15** (0.03)	−0.62 (0.03)	0.14 (0.02)	0.58 (0.02)	1.31 (0.03)
哥斯达黎加	0.42 (0.02)	0.91 (0.02)	0.20 (0.02)	0.60 (0.02)	**−0.40** (0.03)	−0.70 (0.03)	0.14 (0.02)	0.70 (0.02)	1.53 (0.03)
克罗地亚	0.13 (0.02)	0.98 (0.02)	0.06 (0.02)	0.19 (0.02)	**−0.13** (0.04)	−1.08 (0.03)	−0.16 (0.02)	0.41 (0.03)	1.33 (0.02)
塞浦路斯[1,2]	0.03 (0.02)	1.02 (0.01)	0.00 (0.02)	0.07 (0.02)	**−0.08** (0.03)	−1.29 (0.03)	−0.19 (0.02)	0.37 (0.02)	1.25 (0.02)
中国香港	0.11 (0.02)	0.92 (0.02)	−0.05 (0.02)	0.30 (0.02)	**−0.34** (0.03)	−1.02 (0.04)	−0.13 (0.02)	0.35 (0.02)	1.25 (0.03)
印度尼西亚	0.28 (0.02)	0.69 (0.02)	0.26 (0.02)	0.30 (0.02)	−0.04 (0.02)	−0.56 (0.04)	0.09 (0.02)	0.48 (0.02)	1.12 (0.02)
约旦	0.51 (0.01)	0.78 (0.02)	0.60 (0.02)	0.42 (0.02)	0.19 (0.03)	−0.39 (0.04)	0.26 (0.02)	0.67 (0.01)	1.48 (0.03)
哈萨克斯坦	0.03 (0.03)	0.84 (0.02)	0.06 (0.04)	0.01 (0.03)	0.05 (0.04)	−0.99 (0.04)	−0.20 (0.02)	0.29 (0.03)	1.02 (0.04)
拉脱维亚	0.02 (0.02)	0.81 (0.02)	−0.01 (0.03)	0.06 (0.03)	**−0.07** (0.04)	−0.95 (0.03)	−0.21 (0.02)	0.26 (0.02)	1.01 (0.03)
列支敦士登	−0.29 (0.07)	1.00 (0.06)	−0.49 (0.10)	−0.05 (0.12)	**−0.45** (0.16)	−1.54 (0.12)	−0.55 (0.07)	0.00 (0.07)	0.95 (0.14)
立陶宛	−0.07 (0.02)	1.03 (0.01)	−0.17 (0.02)	0.03 (0.03)	**−0.20** (0.04)	−1.43 (0.03)	−0.33 (0.03)	0.29 (0.02)	1.18 (0.03)
中国澳门	0.19 (0.02)	0.99 (0.02)	0.00 (0.02)	0.38 (0.02)	**−0.38** (0.03)	−1.06 (0.03)	−0.08 (0.03)	0.49 (0.02)	1.40 (0.02)
马来西亚	0.43 (0.02)	0.78 (0.02)	0.43 (0.02)	0.43 (0.02)	−0.01 (0.03)	−0.52 (0.02)	0.22 (0.02)	0.66 (0.01)	1.36 (0.03)
黑山共和国	0.18 (0.02)	0.93 (0.02)	0.17 (0.02)	0.20 (0.02)	−0.03 (0.04)	−0.98 (0.04)	−0.05 (0.02)	0.47 (0.02)	1.29 (0.03)
秘鲁	0.34 (0.01)	0.72 (0.01)	0.27 (0.02)	0.40 (0.02)	**−0.12** (0.03)	−0.55 (0.04)	0.14 (0.02)	0.56 (0.02)	1.20 (0.02)
卡塔尔	0.27 (0.01)	1.09 (0.01)	0.31 (0.02)	0.22 (0.02)	0.09 (0.04)	−1.14 (0.02)	0.01 (0.02)	0.63 (0.01)	1.57 (0.02)
罗马尼亚	0.39 (0.02)	0.83 (0.02)	0.38 (0.02)	0.39 (0.02)	−0.01 (0.04)	−0.62 (0.04)	0.16 (0.02)	0.63 (0.02)	1.39 (0.02)
俄罗斯联邦	0.10 (0.02)	0.84 (0.02)	0.04 (0.02)	0.18 (0.02)	**−0.14** (0.02)	−0.93 (0.03)	−0.10 (0.02)	0.35 (0.02)	1.10 (0.03)
塞尔维亚	0.19 (0.02)	0.95 (0.02)	0.19 (0.02)	0.18 (0.02)	0.02 (0.04)	−1.00 (0.04)	−0.07 (0.03)	0.49 (0.02)	1.33 (0.03)
中国上海	0.03 (0.02)	0.94 (0.02)	−0.17 (0.02)	0.22 (0.02)	**−0.39** (0.04)	−1.11 (0.04)	−0.22 (0.02)	0.29 (0.02)	1.16 (0.03)
新加坡	0.16 (0.01)	0.92 (0.01)	0.10 (0.02)	0.23 (0.02)	**−0.13** (0.03)	−1.00 (0.04)	−0.09 (0.02)	0.41 (0.02)	1.27 (0.02)
中国台北	0.31 (0.02)	0.94 (0.01)	0.16 (0.02)	0.46 (0.02)	**−0.30** (0.03)	−0.84 (0.03)	0.05 (0.02)	0.57 (0.02)	1.46 (0.02)
泰国	0.51 (0.01)	0.63 (0.01)	0.47 (0.02)	0.54 (0.02)	**−0.07** (0.02)	−0.26 (0.02)	0.33 (0.02)	0.70 (0.01)	1.27 (0.02)
突尼斯	0.65 (0.02)	0.86 (0.01)	0.60 (0.02)	0.69 (0.02)	**−0.09** (0.03)	−0.42 (0.04)	0.43 (0.02)	0.87 (0.02)	1.71 (0.03)
阿拉伯联合酋长国	0.19 (0.02)	0.98 (0.01)	0.24 (0.03)	0.15 (0.03)	0.08 (0.03)	−1.06 (0.03)	−0.07 (0.03)	0.52 (0.02)	1.39 (0.02)
乌拉圭	0.37 (0.02)	0.93 (0.01)	0.26 (0.02)	0.47 (0.02)	**−0.21** (0.03)	−0.80 (0.03)	0.12 (0.02)	0.65 (0.02)	1.51 (0.03)
越南	0.22 (0.02)	0.63 (0.01)	0.15 (0.02)	0.27 (0.02)	**−0.11** (0.02)	−0.57 (0.02)	0.03 (0.02)	0.43 (0.01)	0.97 (0.02)

附表 4.29 ■ 数学焦虑指数和按该指数四等分划分的数学成绩(续表 1)

结果基于学生自我报告

| | 数学成绩，按该国在该指数上的四分位区分 | | | | | | | | 该指数每单位变化对应的数学成绩变化 | | 该指数位于最低1/4的学生，数学成绩也位于最低1/4的可能性增加比率 | | 解释的学生成绩变异 (r²×100) | |
| | 最低 1/4 | | 第二个 1/4 | | 第三个 1/4 | | 最高 1/4 | | | | | | | |
	平均分	标准误	平均分	标准误	平均分	标准误	平均分	标准误	效应	标准误	比率	标准误	%	标准误
OECD														
澳大利亚	555	(3.3)	514	(2.5)	489	(3.3)	459	(2.8)	−39.3	(1.2)	0.3	(0.0)	14.9	(0.8)
奥地利	557	(4.2)	518	(4.6)	490	(4.1)	468	(4.5)	−30.1	(1.7)	0.4	(0.1)	14.1	(1.3)
比利时	550	(3.8)	540	(3.4)	513	(4.0)	483	(3.4)	−26.9	(1.8)	0.6	(0.1)	6.9	(0.9)
加拿大	572	(3.1)	529	(3.1)	501	(3.1)	478	(2.2)	−33.9	(1.1)	0.3	(0.0)	16.9	(1.0)
智利	464	(4.7)	428	(4.1)	406	(4.2)	395	(3.5)	−35.2	(2.1)	0.5	(0.1)	11.2	(1.2)
捷克共和国	557	(4.0)	518	(4.5)	485	(4.9)	456	(4.3)	−40.2	(1.9)	0.3	(0.0)	17.6	(1.6)
丹麦	561	(3.4)	519	(3.7)	489	(3.6)	450	(3.6)	−40.1	(1.4)	0.2	(0.0)	26.0	(1.4)
爱沙尼亚	572	(4.1)	536	(3.7)	499	(3.7)	475	(3.4)	−38.3	(1.6)	0.3	(0.0)	22.1	(1.4)
芬兰	575	(3.4)	532	(3.7)	505	(3.1)	479	(2.5)	−40.8	(1.5)	0.3	(0.0)	19.8	(1.3)
法国	533	(4.7)	506	(4.1)	489	(4.4)	462	(4.0)	−31.2	(2.1)	0.6	(0.1)	8.8	(1.2)
德国	570	(5.0)	533	(4.4)	506	(4.5)	482	(4.3)	−30.1	(1.6)	0.4	(0.1)	14.2	(1.4)
希腊	505	(4.0)	465	(4.4)	438	(4.7)	414	(3.3)	−35.5	(1.7)	0.4	(0.1)	15.6	(1.2)
匈牙利	535	(6.2)	486	(4.8)	459	(4.6)	432	(3.9)	−40.2	(2.3)	0.4	(0.1)	17.6	(1.7)
冰岛	557	(4.3)	508	(4.7)	474	(4.5)	449	(3.6)	−38.4	(1.9)	0.3	(0.0)	20.0	(1.6)
爱尔兰	545	(4.1)	509	(4.5)	487	(4.5)	464	(4.5)	−35.5	(1.7)	0.5	(0.1)	14.4	(1.3)
以色列	504	(6.5)	482	(5.7)	467	(6.5)	444	(5.7)	−21.9	(2.3)	0.6	(0.1)	5.1	(1.0)
意大利	523	(3.0)	498	(2.9)	476	(3.2)	453	(2.4)	−30.7	(1.2)	0.5	(0.0)	8.2	(0.6)
日本	558	(5.3)	549	(4.5)	534	(4.6)	510	(4.5)	−18.9	(1.8)	0.7	(0.1)	4.2	(0.8)
韩国	578	(6.8)	563	(5.1)	550	(5.7)	527	(5.1)	−23.7	(2.5)	0.8	(0.1)	4.1	(1.0)
卢森堡	535	(3.1)	506	(3.4)	473	(3.3)	446	(2.8)	−29.0	(1.3)	0.5	(0.1)	12.3	(1.0)
墨西哥	451	(2.1)	420	(1.8)	400	(1.8)	387	(1.6)	−31.3	(1.1)	0.5	(0.0)	11.7	(0.7)
荷兰	554	(4.5)	537	(5.3)	524	(4.6)	503	(5.4)	−20.9	(2.1)	0.6	(0.1)	4.9	(0.9)
新西兰	559	(4.9)	507	(4.5)	487	(3.7)	467	(3.7)	−49.1	(1.8)	0.3	(0.0)	19.8	(1.3)
挪威	555	(4.8)	502	(4.8)	473	(4.8)	432	(4.1)	−45.5	(1.4)	0.2	(0.0)	27.2	(1.5)
波兰	588	(6.6)	535	(5.0)	493	(4.8)	459	(3.6)	−47.5	(2.2)	0.2	(0.0)	28.6	(2.1)
葡萄牙	534	(5.3)	498	(4.6)	480	(4.7)	449	(4.1)	−40.3	(2.3)	0.4	(0.1)	12.9	(1.3)
斯洛伐克共和国	537	(5.4)	507	(5.4)	464	(5.3)	429	(5.1)	−43.4	(2.5)	0.4	(0.1)	17.4	(1.5)
斯洛文尼亚	541	(4.1)	512	(5.3)	495	(4.6)	470	(3.3)	−27.0	(2.0)	0.4	(0.1)	11.0	(1.1)
西班牙	522	(2.9)	494	(3.0)	471	(2.7)	457	(2.8)	−27.9	(1.2)	0.5	(0.0)	8.4	(0.7)
瑞典	536	(3.7)	494	(4.6)	465	(3.8)	434	(3.5)	−38.1	(1.7)	0.3	(0.0)	18.0	(1.3)
瑞士	570	(3.9)	543	(4.2)	521	(4.1)	493	(4.2)	−28.8	(1.5)	0.3	(0.0)	10.2	(0.9)
土耳其	488	(8.8)	458	(5.6)	431	(5.7)	420	(3.9)	−25.0	(2.7)	0.4	(0.1)	8.3	(1.4)
英国	551	(5.1)	503	(4.0)	486	(4.2)	451	(3.9)	−39.9	(1.6)	0.3	(0.0)	15.9	(1.3)
美国	536	(4.7)	491	(5.3)	471	(4.9)	438	(4.4)	−34.2	(1.6)	0.3	(0.0)	16.5	(1.3)
OECD 平均	**542**	**(0.8)**	**507**	**(0.7)**	**482**	**(0.7)**	**456**	**(0.7)**	**−34.1**	**(0.3)**	**0.4**	**(0.0)**	**14.2**	**(0.2)**
伙伴国家（地区）														
阿尔巴尼亚	394	(6.1)	398	(4.6)	392	(4.7)	390	(4.6)	−1.6	(2.5)	1.0	(0.1)	0.0	(0.1)
阿根廷	423	(4.8)	398	(4.9)	380	(4.5)	362	(4.0)	−26.8	(2.1)	0.5	(0.1)	9.5	(1.3)
巴西	431	(3.3)	400	(3.2)	380	(2.6)	363	(2.4)	−34.4	(1.7)	0.4	(0.0)	11.9	(1.0)
保加利亚	496	(6.2)	453	(4.6)	419	(5.0)	401	(4.3)	−37.1	(2.3)	0.4	(0.1)	16.3	(1.8)
哥伦比亚	411	(4.7)	389	(3.8)	369	(4.0)	353	(3.6)	−29.4	(2.0)	0.5	(0.1)	10.4	(1.3)
哥斯达黎加	434	(5.2)	412	(4.1)	398	(4.5)	382	(3.6)	−22.5	(1.9)	0.4	(0.1)	9.0	(1.3)
克罗地亚	518	(6.7)	483	(5.1)	458	(4.5)	432	(3.5)	−33.7	(2.5)	0.4	(0.1)	14.0	(1.6)
塞浦路斯[1,2]	500	(3.5)	453	(3.2)	430	(3.2)	395	(2.5)	−37.0	(1.7)	0.4	(0.0)	17.2	(1.4)
中国香港	606	(4.6)	573	(5.6)	551	(4.9)	524	(4.6)	−33.0	(2.2)	0.4	(0.1)	10.2	(1.3)
印度尼西亚	386	(3.9)	383	(4.2)	372	(4.8)	362	(4.4)	−14.7	(2.3)	0.9	(0.1)	2.1	(0.6)
约旦	414	(3.9)	398	(3.7)	384	(4.6)	359	(3.9)	−24.6	(2.0)	0.4	(0.1)	6.4	(1.2)
哈萨克斯坦	455	(4.8)	441	(4.6)	424	(4.4)	409	(3.4)	−21.6	(1.8)	0.5	(0.1)	6.6	(1.1)
拉脱维亚	538	(4.7)	500	(4.7)	471	(5.3)	452	(4.9)	−41.6	(2.2)	0.3	(0.0)	16.7	(1.6)
列支敦士登	557	(15.6)	554	(17.1)	551	(16.3)	484	(14.5)	−28.9	(6.4)	0.3	(0.3)	9.4	(4.2)
立陶宛	533	(4.4)	488	(4.6)	459	(4.1)	433	(3.6)	−35.5	(1.7)	0.3	(0.0)	17.1	(1.4)
中国澳门	584	(2.9)	548	(3.5)	524	(3.2)	503	(2.8)	−29.8	(1.4)	0.4	(0.0)	10.3	(0.9)
马来西亚	444	(4.5)	429	(4.1)	414	(4.3)	400	(4.1)	−22.5	(2.0)	0.7	(0.1)	4.9	(0.8)
黑山共和国	449	(3.4)	418	(3.9)	401	(4.0)	378	(3.4)	−27.8	(2.0)	0.5	(0.1)	9.9	(1.3)
秘鲁	397	(5.8)	379	(4.0)	363	(4.6)	351	(4.6)	−26.9	(2.5)	0.7	(0.1)	5.6	(0.9)
卡塔尔	436	(2.4)	390	(2.7)	361	(2.4)	344	(2.3)	−29.6	(1.3)	0.4	(0.0)	10.6	(0.9)
罗马尼亚	485	(6.3)	450	(4.6)	429	(4.8)	416	(4.0)	−32.5	(2.6)	0.4	(0.1)	11.1	(1.6)
俄罗斯联邦	531	(4.0)	491	(4.5)	468	(3.9)	440	(4.1)	−40.4	(2.3)	0.3	(0.0)	15.9	(1.4)
塞尔维亚	496	(6.1)	460	(5.7)	437	(5.8)	409	(4.4)	−34.1	(2.5)	0.4	(0.1)	12.7	(1.4)
中国上海	652	(4.8)	624	(4.7)	603	(5.4)	571	(5.2)	−33.4	(2.4)	0.4	(0.1)	9.7	(1.2)
新加坡	625	(3.5)	602	(4.0)	558	(3.8)	518	(3.6)	−44.6	(1.5)	0.3	(0.0)	15.9	(1.1)
中国台北	603	(5.2)	576	(5.2)	542	(4.7)	519	(4.8)	−34.7	(2.3)	0.5	(0.1)	8.1	(1.1)
泰国	450	(4.7)	436	(5.0)	416	(4.2)	408	(3.8)	−27.3	(2.8)	0.6	(0.1)	4.5	(0.9)
突尼斯	410	(6.1)	392	(4.7)	379	(5.0)	374	(4.2)	−17.1	(2.1)	0.7	(0.1)	3.7	(0.8)
阿拉伯联合酋长国	489	(3.6)	446	(3.7)	418	(3.7)	391	(3.2)	−37.7	(1.3)	0.3	(0.0)	17.9	(1.1)
乌拉圭	459	(3.6)	423	(3.9)	399	(3.8)	371	(4.0)	−35.5	(1.8)	0.4	(0.1)	14.5	(1.3)
越南	547	(6.6)	524	(6.3)	498	(6.1)	477	(5.3)	−43.0	(3.5)	0.5	(0.1)	10.1	(1.4)

注：粗体表示差异值达到统计上的显著
1. 土耳其注：本书中"塞浦路斯"相关的信息是指塞浦路斯岛南部。没有任何一个权力组织能够代表岛上的土耳其和希腊塞浦路斯人。土耳其承认北塞浦路斯土耳其共和国。除非在联合国找到一种长期的平衡的解决方案，否则土耳其将保持其对"塞浦路斯"问题的立场。
2. OECD 和欧盟成员注：塞浦路斯共和国得到了除土耳其外所有联合国成员的承认。本书中的信息是指在塞浦路斯共和国政府有效控制区域内的。

附表 4.30 ■ 学生参与数学活动

学生报告"总是或几乎总是"或"经常"有下列行为的比例

表示同意以下观点学生的百分比

	我和朋友讨论数学题 %	标准误	我帮助朋友学数学 %	标准误	我把学数学当作一项课外活动 %	标准误	我参加数学竞赛 %	标准误	我每天在校外学习数学的时间超过2小时 %	标准误	我下棋 %	标准误	我编写电脑程序 %	标准误	我加入数学社团 %	标准误
OECD																
澳大利亚	16.4	(0.4)	29.3	(0.6)	8.2	(0.4)	9.5	(0.4)	7.2	(0.3)	10.4	(0.3)	10.4	(0.4)	1.8	(0.2)
奥地利	13.0	(0.7)	27.6	(1.0)	18.4	(0.8)	2.2	(0.3)	4.3	(0.4)	13.4	(0.7)	13.8	(0.8)	1.3	(0.2)
比利时	17.4	(0.6)	22.6	(0.7)	6.8	(0.4)	4.1	(0.3)	6.0	(0.3)	7.8	(0.4)	10.5	(0.5)	1.5	(0.2)
加拿大	17.4	(0.5)	30.6	(0.6)	6.5	(0.4)	5.1	(0.3)	8.5	(0.3)	14.2	(0.5)	14.0	(0.5)	1.9	(0.2)
智利	24.9	(0.6)	30.9	(0.9)	16.9	(0.7)	7.9	(0.6)	10.6	(0.6)	14.3	(0.6)	20.4	(0.6)	2.4	(0.3)
捷克共和国	11.1	(0.7)	14.2	(0.8)	10.1	(1.1)	10.2	(0.7)	5.2	(0.4)	12.2	(0.8)	23.9	(1.0)	3.5	(0.5)
丹麦	31.2	(1.2)	29.3	(0.9)	24.2	(0.9)	2.6	(0.3)	3.2	(0.3)	4.1	(0.3)	6.1	(0.4)	1.0	(0.1)
爱沙尼亚	12.0	(0.7)	23.4	(0.8)	19.3	(0.8)	8.6	(0.6)	6.8	(0.4)	12.0	(0.7)	10.4	(0.6)	1.9	(0.2)
芬兰	11.0	(0.5)	21.1	(0.8)	22.5	(0.7)	5.0	(0.3)	2.2	(0.2)	6.6	(0.4)	16.9	(0.6)	1.1	(0.2)
法国	18.0	(0.7)	22.1	(0.9)	23.4	(0.9)	5.1	(0.5)	5.7	(0.4)	11.2	(0.6)	13.9	(0.7)	2.1	(0.3)
德国	14.4	(0.6)	27.7	(0.9)	23.4	(0.9)	5.1	(0.5)	5.7	(0.4)	11.2	(0.6)	13.9	(0.7)	2.1	(0.3)
希腊	17.1	(0.7)	29.9	(0.9)	24.4	(0.9)	11.2	(0.7)	23.5	(0.8)	23.8	(0.8)	34.0	(0.9)	6.4	(0.6)
匈牙利	11.4	(0.7)	23.2	(0.8)	16.1	(0.7)	9.2	(0.7)	12.0	(0.7)	15.3	(0.7)	21.0	(0.8)	6.0	(0.6)
冰岛	12.7	(0.7)	20.6	(0.7)	23.3	(0.9)	7.3	(0.5)	7.1	(0.6)	10.2	(0.7)	12.0	(0.6)	2.4	(0.2)
爱尔兰	10.2	(0.6)	19.1	(0.7)	5.5	(0.4)	2.4	(0.3)	4.2	(0.3)	9.7	(0.6)	12.5	(0.6)	0.9	(0.2)
以色列	35.7	(1.1)	42.9	(1.2)	20.7	(0.9)	9.7	(0.7)	19.7	(0.8)	14.4	(0.7)	23.1	(0.8)	7.1	(0.7)
意大利	18.2	(0.4)	22.6	(0.4)	10.7	(0.4)	6.7	(0.3)	16.7	(0.4)	13.0	(0.3)	21.4	(0.4)	3.2	(0.3)
日本	20.3	(0.8)	20.4	(0.7)	10.8	(0.4)	1.0	(0.1)	5.7	(0.4)	11.0	(0.5)	6.8	(0.4)	0.6	(0.1)
韩国	13.8	(0.8)	24.8	(0.8)	34.1	(1.2)	6.0	(0.6)	27.4	(1.2)	7.7	(0.5)	9.3	(0.6)	3.7	(0.4)
卢森堡	16.3	(0.7)	26.1	(0.7)	8.0	(0.4)	6.3	(0.4)	7.5	(0.5)	12.4	(0.7)	16.3	(0.7)	4.0	(0.3)
墨西哥	25.3	(0.4)	33.0	(0.5)	21.8	(0.4)	13.2	(0.3)	10.7	(0.4)	18.8	(0.4)	15.6	(0.4)	5.2	(0.4)
荷兰	14.5	(0.9)	19.7	(0.8)	5.4	(0.4)	5.0	(0.5)	4.3	(0.4)	5.3	(0.7)	6.1	(0.4)	2.3	(0.4)
新西兰	17.1	(0.7)	28.4	(0.9)	10.6	(0.7)	8.4	(0.5)	6.5	(0.5)	11.1	(0.6)	12.2	(0.7)	2.7	(0.4)
挪威	12.1	(0.6)	17.5	(0.7)	3.6	(0.4)	2.1	(0.3)	3.7	(0.4)	5.7	(0.4)	10.0	(0.5)	1.6	(0.2)
波兰	27.9	(0.9)	19.7	(0.8)	22.3	(1.0)	13.2	(0.6)	9.4	(0.5)	13.3	(0.7)	9.6	(0.6)	20.5	(1.1)
葡萄牙	17.7	(0.9)	23.6	(0.8)	17.6	(0.7)	9.9	(0.6)	15.7	(0.7)	11.5	(0.6)	16.4	(0.6)	3.1	(0.4)
斯洛伐克共和国	12.5	(0.7)	17.0	(1.0)	8.1	(0.6)	9.9	(0.6)	6.4	(0.7)	16.2	(0.8)	21.6	(1.0)	9.9	(0.8)
斯洛文尼亚	22.6	(0.8)	26.6	(0.6)	12.9	(0.6)	23.3	(0.8)	11.2	(0.6)	15.2	(0.7)	18.2	(0.8)	7.1	(0.7)
西班牙	15.4	(0.6)	22.9	(0.7)	20.5	(0.7)	6.6	(0.5)	12.5	(0.5)	14.9	(0.6)	18.1	(0.7)	3.1	(0.3)
瑞典	16.6	(0.8)	25.0	(0.7)	17.7	(0.7)	6.0	(0.4)	5.1	(0.5)	7.0	(0.5)	12.0	(0.7)	2.3	(0.4)
瑞士	15.7	(0.6)	31.5	(0.9)	14.8	(0.6)	5.0	(0.2)	5.5	(0.3)	10.3	(0.5)	12.6	(0.6)	1.4	(0.2)
土耳其	26.6	(1.0)	31.9	(1.1)	20.8	(0.9)	10.2	(0.7)	19.6	(0.8)	37.3	(1.1)	21.4	(1.0)	8.6	(0.7)
英国	13.8	(0.6)	26.5	(0.9)	12.1	(0.7)	3.8	(0.3)	7.6	(0.5)	8.1	(0.5)	12.0	(0.6)	4.6	(0.5)
美国	18.6	(0.8)	34.3	(0.9)	8.9	(0.9)	7.5	(0.8)	9.0	(0.9)	13.1	(0.9)	12.3	(0.7)	4.2	(0.5)
OECD平均	17.6	(0.1)	25.5	(0.1)	15.2	(0.1)	7.1	(0.1)	9.3	(0.1)	12.4	(0.1)	15.0	(0.1)	3.9	(0.1)
伙伴国家（地区）																
阿尔巴尼亚	58.7	(1.1)	51.1	(1.1)	28.9	(1.0)	28.2	(0.9)	29.8	(1.2)	29.4	(1.1)	33.1	(1.1)	20.9	(1.0)
阿根廷	24.0	(1.1)	30.0	(1.1)	23.0	(1.0)	11.7	(0.9)	15.0	(0.9)	21.6	(0.9)	22.9	(0.9)	8.4	(0.7)
巴西	38.3	(0.7)	38.6	(0.7)	26.8	(0.7)	15.9	(0.5)	16.1	(0.6)	20.9	(0.5)	16.1	(0.5)	7.2	(0.4)
保加利亚	21.0	(1.0)	24.6	(1.1)	16.8	(1.0)	16.6	(0.9)	18.6	(0.9)	26.9	(0.9)	26.8	(1.1)	10.8	(0.8)
哥伦比亚	27.2	(1.1)	35.1	(1.0)	21.5	(0.8)	21.8	(0.9)	14.6	(0.7)	23.3	(0.9)	22.0	(0.8)	5.5	(0.4)
哥斯达黎加	29.1	(1.0)	39.6	(1.1)	37.5	(1.2)	13.9	(0.8)	12.6	(0.8)	14.8	(0.7)	13.3	(0.7)	4.0	(0.4)
克罗地亚	17.5	(0.7)	21.8	(0.8)	7.3	(0.5)	5.4	(0.5)	7.4	(0.5)	16.3	(0.7)	19.5	(0.9)	2.2	(0.3)
塞浦路斯[1,2]	25.5	(0.8)	35.8	(0.8)	30.0	(0.8)	14.0	(0.6)	19.1	(0.8)	22.6	(0.8)	36.1	(0.9)	10.7	(0.5)
中国香港	26.4	(0.9)	28.1	(0.9)	11.4	(0.6)	4.0	(0.4)	15.6	(0.8)	15.6	(0.8)	5.4	(0.5)	4.3	(0.4)
印度尼西亚	48.1	(1.1)	35.5	(1.1)	27.6	(1.1)	14.8	(0.9)	22.5	(1.0)	21.6	(0.8)	14.9	(0.7)	14.0	(1.0)
约旦	63.2	(1.1)	65.2	(1.1)	57.0	(1.0)	53.3	(1.1)	48.9	(1.0)	40.6	(1.1)	50.0	(1.0)	33.3	(1.0)
哈萨克斯坦	50.0	(1.4)	49.9	(1.1)	41.5	(1.3)	31.0	(1.2)	39.4	(1.4)	40.4	(1.1)	35.1	(0.9)	23.0	(1.2)
拉脱维亚	13.5	(0.8)	22.0	(0.9)	9.5	(0.6)	9.5	(0.6)	8.4	(0.6)	14.3	(0.8)	12.9	(0.6)	4.8	(0.5)
列支敦士登	10.7	(2.2)	30.0	(3.7)	19.1	(2.6)	1.7	(1.0)	3.7	(1.4)	10.3	(2.0)	15.0	(2.8)	0.5	(0.5)
立陶宛	17.8	(0.9)	17.8	(0.7)	13.3	(0.8)	13.7	(0.8)	7.7	(0.6)	16.1	(0.7)	22.4	(0.8)	6.7	(0.5)
中国澳门	26.5	(0.7)	30.7	(0.9)	7.4	(0.5)	6.4	(0.5)	7.5	(0.5)	16.5	(0.6)	10.7	(0.5)	3.3	(0.3)
马来西亚	51.9	(0.9)	44.8	(1.0)	27.0	(0.7)	17.2	(0.9)	25.6	(1.0)	23.8	(0.8)	35.0	(0.9)	16.7	(0.8)
黑山共和国	33.6	(0.9)	36.0	(0.9)	19.6	(0.9)	10.0	(0.6)	18.1	(0.7)	26.7	(0.9)	21.2	(0.7)	8.3	(0.5)
秘鲁	33.8	(0.9)	31.3	(0.8)	24.1	(1.0)	18.7	(0.9)	20.4	(0.8)	26.7	(0.9)	20.9	(0.7)	9.6	(0.6)
卡塔尔	50.5	(0.6)	61.0	(0.6)	45.3	(0.6)	43.2	(0.6)	41.3	(0.6)	37.3	(0.6)	48.4	(0.6)	29.1	(0.6)
罗马尼亚	38.0	(1.4)	37.1	(1.1)	28.6	(1.3)	31.7	(1.3)	27.0	(1.2)	33.0	(1.2)	33.1	(1.1)	18.4	(1.3)
俄罗斯联邦	32.1	(1.0)	32.0	(0.9)	24.3	(0.9)	19.7	(0.9)	14.6	(0.9)	20.4	(0.7)	27.8	(0.9)	26.7	(1.2)
塞尔维亚	24.7	(0.9)	28.6	(0.9)	8.9	(0.7)	8.5	(0.7)	14.4	(0.7)	20.9	(0.8)	30.6	(0.9)	3.9	(0.4)
中国上海	38.7	(1.0)	29.7	(0.8)	13.9	(0.6)	9.3	(0.6)	28.0	(0.8)	33.6	(0.8)	9.5	(0.6)	7.1	(0.5)
新加坡	36.1	(0.8)	46.4	(0.9)	13.3	(0.6)	7.8	(0.5)	23.2	(0.7)	13.5	(0.6)	16.3	(0.7)	2.5	(0.2)
中国台北	26.1	(0.9)	30.5	(0.9)	12.8	(0.6)	5.2	(0.4)	24.5	(0.8)	18.4	(0.7)	5.2	(0.4)	2.1	(0.2)
泰国	49.0	(0.9)	41.1	(1.0)	34.7	(0.8)	22.2	(0.8)	21.7	(0.8)	27.5	(0.9)	28.4	(0.9)	20.3	(0.8)
突尼斯	47.1	(1.1)	39.0	(1.2)	30.7	(1.0)	20.6	(1.0)	29.9	(1.0)	27.0	(1.0)	48.6	(1.0)	12.3	(0.8)
阿拉伯联合酋长国	43.3	(0.7)	59.6	(0.6)	41.9	(0.7)	30.5	(0.9)	38.4	(0.8)	28.4	(0.8)	42.1	(0.8)	19.2	(0.7)
乌拉圭	29.8	(0.8)	34.5	(0.9)	18.1	(0.8)	9.0	(0.7)	11.9	(0.7)	18.2	(0.8)	18.5	(0.5)	4.0	(0.5)
越南	26.8	(0.8)	15.6	(0.8)	23.8	(1.0)	25.4	(1.0)	29.2	(1.1)	17.7	(0.7)	10.9	(0.6)	6.2	(0.5)

1. 土耳其注：本书中"塞浦路斯"相关的信息是指塞浦路斯岛南部。没有任何一个权力组织能够代表岛上的土耳其和希腊塞浦路斯人。土耳其承认北塞浦路斯土耳其共和国。除非在联合国找到一种长期的平衡的解决方案，否则土耳其将保持其对"塞浦路斯"问题的立场。
2. OECD 和欧盟成员注：塞浦路斯共和国得到了除土耳其外所有联合国成员的承认。本书中的信息是指在塞浦路斯共和国政府有效控制区域内的。

附表 4.31 ■ 数学行为指数和按该指数四等分划分的数学成绩

结果基于学生自我报告

		所有学生		在该指数的变量		在该指数的变量		女生		性别差异(男生-女生)		最低 1/4		第二个 1/4		第三个 1/4		最高 1/4	
		指数平均值	标准误	标准差	标准误	指数平均值	标准误	指数平均值	标准误	分差	标准误	指数平均值	标准误	指数平均值	标准误	指数平均值	标准误	指数平均值	标准误
OECD	澳大利亚	−0.18	(0.02)	1.04	(0.01)	−0.03	(0.02)	−0.35	(0.02)	**0.31**	(0.02)	−1.58	(0.02)	−0.41	(0.03)	0.21	(0.01)	1.05	(0.02)
	奥地利	−0.04	(0.02)	0.92	(0.02)	0.11	(0.03)	−0.18	(0.03)	**0.29**	(0.04)	−1.23	(0.04)	−0.22	(0.02)	0.32	(0.02)	0.99	(0.03)
	比利时	−0.22	(0.02)	0.93	(0.01)	−0.12	(0.02)	−0.31	(0.02)	**0.19**	(0.03)	−1.46	(0.03)	−0.36	(0.02)	0.09	(0.02)	0.87	(0.02)
	加拿大	−0.09	(0.02)	0.98	(0.01)	0.05	(0.02)	−0.22	(0.02)	**0.26**	(0.03)	−1.38	(0.02)	−0.28	(0.01)	0.26	(0.02)	1.05	(0.02)
	智利	0.16	(0.02)	0.98	(0.02)	0.34	(0.03)	−0.01	(0.02)	**0.34**	(0.04)	−1.13	(0.03)	−0.02	(0.02)	0.52	(0.02)	1.27	(0.03)
	捷克共和国	−0.05	(0.02)	0.91	(0.02)	0.12	(0.03)	−0.22	(0.02)	**0.34**	(0.03)	−1.24	(0.05)	−0.24	(0.02)	0.29	(0.03)	1.01	(0.03)
	丹麦	0.08	(0.02)	0.76	(0.02)	0.12	(0.02)	0.03	(0.02)	**0.09**	(0.03)	−0.91	(0.04)	−0.05	(0.03)	0.35	(0.02)	0.91	(0.02)
	爱沙尼亚	0.12	(0.02)	0.86	(0.02)	0.22	(0.03)	0.02	(0.02)	**0.20**	(0.03)	−1.02	(0.03)	0.00	(0.03)	0.44	(0.01)	1.04	(0.03)
	芬兰	−0.02	(0.02)	0.87	(0.01)	0.03	(0.02)	−0.07	(0.02)	**0.10**	(0.03)	−1.18	(0.03)	−0.19	(0.02)	0.33	(0.02)	0.95	(0.01)
	法国	−0.24	(0.02)	0.98	(0.02)	−0.06	(0.03)	−0.40	(0.02)	**0.34**	(0.04)	−1.53	(0.04)	−0.43	(0.02)	0.11	(0.02)	0.91	(0.03)
	德国	0.08	(0.02)	0.89	(0.02)	0.19	(0.03)	−0.03	(0.03)	**0.22**	(0.04)	−1.10	(0.04)	−0.06	(0.03)	0.41	(0.02)	1.07	(0.02)
	希腊	0.30	(0.02)	1.06	(0.02)	0.47	(0.03)	0.15	(0.02)	**0.32**	(0.04)	−1.09	(0.04)	0.11	(0.02)	0.69	(0.02)	1.50	(0.04)
	匈牙利	0.18	(0.02)	0.93	(0.02)	0.34	(0.04)	0.03	(0.02)	**0.31**	(0.04)	−1.08	(0.05)	0.05	(0.02)	0.54	(0.03)	1.21	(0.04)
	冰岛	−0.07	(0.02)	1.05	(0.02)	0.02	(0.03)	−0.17	(0.02)	**0.18**	(0.04)	−1.42	(0.05)	−0.25	(0.02)	0.26	(0.02)	1.13	(0.03)
	爱尔兰	−0.43	(0.02)	0.98	(0.01)	−0.41	(0.02)	−0.45	(0.02)	**0.03**	(0.03)	−1.74	(0.03)	−0.67	(0.02)	−0.03	(0.02)	0.73	(0.02)
	以色列	0.38	(0.02)	0.98	(0.02)	0.46	(0.04)	0.30	(0.03)	**0.16**	(0.05)	−0.82	(0.04)	0.14	(0.02)	0.67	(0.02)	1.53	(0.04)
	意大利	0.06	(0.01)	0.95	(0.01)	0.16	(0.02)	−0.06	(0.01)	**0.22**	(0.02)	−1.16	(0.02)	−0.14	(0.02)	0.39	(0.01)	1.14	(0.02)
	日本	−0.21	(0.02)	0.93	(0.01)	−0.08	(0.03)	−0.35	(0.03)	**0.27**	(0.04)	−1.50	(0.04)	−0.33	(0.02)	0.15	(0.02)	0.83	(0.02)
	韩国	0.17	(0.03)	0.98	(0.02)	0.28	(0.04)	0.05	(0.04)	**0.23**	(0.05)	−1.20	(0.04)	0.04	(0.04)	0.63	(0.02)	1.21	(0.04)
	卢森堡	−0.17	(0.02)	1.08	(0.01)	0.02	(0.02)	−0.37	(0.02)	**0.39**	(0.04)	−1.56	(0.03)	−0.42	(0.02)	0.16	(0.02)	1.12	(0.02)
	墨西哥	0.33	(0.01)	0.96	(0.01)	0.49	(0.01)	0.18	(0.01)	**0.31**	(0.02)	−0.88	(0.02)	0.12	(0.01)	0.65	(0.01)	1.45	(0.02)
	荷兰	−0.49	(0.02)	1.04	(0.02)	−0.42	(0.02)	−0.56	(0.04)	**0.15**	(0.04)	−1.82	(0.03)	−0.75	(0.02)	−0.13	(0.03)	0.75	(0.04)
	新西兰	−0.20	(0.02)	1.10	(0.02)	−0.05	(0.03)	−0.35	(0.03)	**0.29**	(0.04)	−1.65	(0.04)	−0.44	(0.04)	0.19	(0.02)	1.12	(0.04)
	挪威	−0.45	(0.02)	1.00	(0.02)	−0.29	(0.02)	−0.62	(0.02)	**0.33**	(0.04)	−1.75	(0.03)	−0.66	(0.02)	−0.09	(0.02)	0.70	(0.03)
	波兰	0.31	(0.02)	0.94	(0.02)	0.39	(0.02)	0.23	(0.02)	**0.16**	(0.03)	−0.92	(0.05)	0.15	(0.02)	0.65	(0.02)	1.35	(0.04)
	葡萄牙	0.14	(0.02)	0.95	(0.02)	0.26	(0.02)	0.01	(0.02)	**0.25**	(0.03)	−1.10	(0.04)	−0.01	(0.02)	0.46	(0.02)	1.20	(0.04)
	斯洛伐克共和国	0.11	(0.02)	0.98	(0.02)	0.27	(0.04)	−0.06	(0.02)	**0.33**	(0.04)	−1.17	(0.04)	−0.09	(0.03)	0.45	(0.04)	1.24	(0.04)
	斯洛文尼亚	0.29	(0.02)	0.95	(0.02)	0.49	(0.02)	0.08	(0.02)	**0.41**	(0.03)	−0.94	(0.05)	0.12	(0.02)	0.62	(0.02)	1.39	(0.02)
	西班牙	0.05	(0.02)	0.97	(0.01)	0.16	(0.02)	−0.05	(0.02)	**0.21**	(0.03)	−1.19	(0.03)	−0.16	(0.02)	0.40	(0.01)	1.16	(0.03)
	瑞典	−0.11	(0.02)	1.01	(0.02)	0.05	(0.02)	−0.25	(0.02)	**0.30**	(0.04)	−1.44	(0.04)	−0.29	(0.01)	0.25	(0.02)	1.06	(0.03)
	瑞士	−0.04	(0.01)	0.87	(0.01)	0.10	(0.02)	−0.18	(0.02)	**0.28**	(0.03)	−1.17	(0.03)	−0.22	(0.01)	0.28	(0.02)	0.94	(0.02)
	土耳其	0.55	(0.03)	1.01	(0.02)	0.72	(0.04)	0.39	(0.03)	**0.33**	(0.04)	−0.72	(0.04)	0.39	(0.03)	0.86	(0.03)	1.69	(0.04)
	英国	−0.18	(0.02)	1.00	(0.01)	−0.12	(0.02)	−0.25	(0.03)	**0.13**	(0.03)	−1.51	(0.03)	−0.39	(0.03)	0.17	(0.02)	1.00	(0.03)
	美国	−0.12	(0.02)	1.07	(0.02)	0.01	(0.04)	−0.25	(0.03)	**0.26**	(0.04)	−1.52	(0.03)	−0.37	(0.04)	0.23	(0.03)	1.17	(0.04)
	OECD 平均	**0.00**	**(0.00)**	**0.97**	**(0.00)**	**0.13**	**(0.00)**	**−0.13**	**(0.00)**	**0.25**	**(0.01)**	**−1.27**	**(0.01)**	**−0.19**	**(0.00)**	**0.35**	**(0.00)**	**1.11**	**(0.01)**
伙伴国家(地区)	阿尔巴利亚	1.00	(0.02)	0.87	(0.02)	0.99	(0.02)	1.00	(0.03)	−0.01	(0.04)	−0.04	(0.04)	0.78	(0.02)	1.23	(0.02)	2.02	(0.03)
	阿根廷	0.21	(0.03)	1.16	(0.02)	0.43	(0.05)	−0.01	(0.02)	**0.44**	(0.05)	−1.27	(0.05)	−0.05	(0.03)	0.55	(0.03)	1.59	(0.05)
	巴西	0.48	(0.02)	1.03	(0.01)	0.65	(0.02)	0.32	(0.02)	**0.33**	(0.02)	−0.78	(0.03)	0.24	(0.01)	0.78	(0.02)	1.69	(0.02)
	保加利亚	0.33	(0.02)	1.23	(0.03)	0.56	(0.04)	0.15	(0.03)	**0.48**	(0.03)	−1.21	(0.04)	0.03	(0.03)	0.68	(0.02)	1.80	(0.03)
	哥伦比亚	0.59	(0.02)	0.90	(0.02)	0.75	(0.03)	0.45	(0.02)	**0.30**	(0.03)	−0.55	(0.04)	0.41	(0.02)	0.89	(0.02)	1.62	(0.03)
	哥斯达黎加	0.46	(0.02)	0.86	(0.02)	0.57	(0.02)	0.37	(0.02)	**0.20**	(0.03)	−0.60	(0.04)	0.27	(0.02)	0.73	(0.02)	1.45	(0.02)
	克罗地亚	−0.03	(0.02)	0.94	(0.02)	0.13	(0.02)	−0.20	(0.02)	**0.33**	(0.04)	−1.26	(0.05)	−0.23	(0.02)	0.30	(0.02)	1.05	(0.03)
	塞浦路斯[1,2]	0.46	(0.02)	1.09	(0.02)	0.59	(0.02)	0.33	(0.02)	**0.26**	(0.04)	−0.94	(0.04)	0.24	(0.02)	0.85	(0.01)	1.70	(0.03)
	中国香港	0.16	(0.02)	0.88	(0.02)	0.34	(0.03)	−0.03	(0.03)	**0.37**	(0.04)	−0.99	(0.03)	0.03	(0.03)	0.47	(0.03)	1.15	(0.03)
	印度尼西亚	0.68	(0.02)	0.84	(0.02)	0.78	(0.02)	0.57	(0.02)	**0.21**	(0.02)	−0.32	(0.03)	0.44	(0.02)	0.89	(0.02)	1.70	(0.04)
	约旦	1.48	(0.03)	1.11	(0.03)	1.74	(0.04)	1.23	(0.03)	**0.51**	(0.05)	0.21	(0.04)	1.19	(0.02)	1.70	(0.02)	2.80	(0.06)
	哈萨克斯坦	1.13	(0.03)	0.89	(0.02)	1.22	(0.03)	1.04	(0.03)	**0.18**	(0.03)	0.08	(0.04)	0.93	(0.02)	1.36	(0.02)	2.16	(0.05)
	拉脱维亚	0.01	(0.02)	0.96	(0.02)	0.14	(0.04)	−0.12	(0.02)	**0.25**	(0.05)	−1.25	(0.04)	−0.21	(0.02)	0.38	(0.02)	1.12	(0.03)
	列支敦士登	−0.02	(0.07)	0.92	(0.06)	0.13	(0.10)	−0.16	(0.09)	**0.30**	(0.13)	−1.23	(0.14)	−0.16	(0.09)	0.35	(0.06)	1.00	(0.08)
	立陶宛	0.11	(0.02)	0.98	(0.02)	0.24	(0.03)	−0.01	(0.03)	**0.30**	(0.03)	−1.14	(0.04)	−0.08	(0.02)	0.43	(0.02)	1.24	(0.03)
	中国澳门	0.25	(0.01)	0.83	(0.01)	0.39	(0.02)	0.09	(0.02)	**0.30**	(0.02)	−0.80	(0.02)	0.07	(0.01)	0.53	(0.02)	1.21	(0.02)
	马来西亚	0.93	(0.02)	0.81	(0.02)	1.01	(0.02)	0.86	(0.02)	**0.15**	(0.03)	−0.05	(0.03)	0.75	(0.02)	1.16	(0.01)	1.87	(0.02)
	黑山共和国	0.40	(0.02)	1.10	(0.02)	0.57	(0.02)	0.23	(0.02)	**0.33**	(0.04)	−0.98	(0.04)	0.18	(0.02)	0.71	(0.02)	1.68	(0.04)
	秘鲁	0.71	(0.02)	0.87	(0.02)	0.88	(0.02)	0.55	(0.02)	**0.32**	(0.03)	−0.33	(0.02)	0.46	(0.02)	0.95	(0.02)	1.75	(0.03)
	卡塔尔	1.21	(0.02)	1.20	(0.02)	1.42	(0.02)	1.01	(0.02)	**0.41**	(0.03)	−0.23	(0.02)	0.94	(0.01)	1.52	(0.01)	2.61	(0.03)
	罗马尼亚	0.70	(0.04)	1.23	(0.04)	0.78	(0.04)	0.61	(0.05)	**0.17**	(0.06)	−0.88	(0.06)	0.39	(0.04)	1.08	(0.04)	2.19	(0.05)
	俄罗斯联邦	0.70	(0.02)	0.87	(0.02)	0.85	(0.03)	0.55	(0.02)	**0.30**	(0.03)	−0.40	(0.04)	0.53	(0.02)	1.00	(0.03)	1.66	(0.03)
	塞尔维亚	0.28	(0.02)	0.96	(0.02)	0.49	(0.02)	0.07	(0.02)	**0.41**	(0.04)	−0.97	(0.04)	0.11	(0.02)	0.62	(0.02)	1.36	(0.04)
	中国上海	0.57	(0.02)	0.83	(0.02)	0.71	(0.02)	0.44	(0.02)	**0.26**	(0.04)	−0.47	(0.03)	0.42	(0.02)	0.85	(0.02)	1.50	(0.03)
	新加坡	0.47	(0.01)	0.78	(0.01)	0.58	(0.02)	0.36	(0.02)	**0.22**	(0.03)	−0.48	(0.02)	0.32	(0.02)	0.71	(0.02)	1.35	(0.02)
	中国台北	0.09	(0.02)	0.96	(0.01)	0.23	(0.03)	−0.04	(0.03)	**0.27**	(0.04)	−1.20	(0.04)	−0.05	(0.02)	0.47	(0.02)	1.15	(0.03)
	泰国	0.97	(0.02)	0.73	(0.02)	1.11	(0.02)	0.86	(0.02)	**0.25**	(0.03)	0.08	(0.02)	0.79	(0.02)	1.17	(0.02)	1.86	(0.03)
	突尼斯	0.87	(0.02)	0.97	(0.02)	1.13	(0.03)	0.65	(0.02)	**0.48**	(0.04)	−0.30	(0.04)	0.65	(0.02)	1.14	(0.02)	2.02	(0.04)
	阿拉伯联合酋长国	1.06	(0.02)	1.01	(0.02)	1.22	(0.03)	0.90	(0.02)	**0.32**	(0.04)	−0.15	(0.03)	0.81	(0.02)	1.31	(0.02)	2.26	(0.04)
	乌拉圭	0.17	(0.02)	1.06	(0.02)	0.33	(0.03)	0.02	(0.02)	**0.31**	(0.04)	−1.16	(0.04)	−0.09	(0.02)	0.50	(0.02)	1.41	(0.04)
	越南	0.68	(0.02)	0.64	(0.01)	0.84	(0.02)	0.55	(0.02)	**0.29**	(0.02)	−0.17	(0.03)	0.57	(0.02)	0.93	(0.01)	1.39	(0.02)

质量与公平:上海 2012 年国际学生评估项目(PISA)研究报告

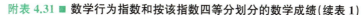

附表 4.31 ■ 数学行为指数和按该指数四等分划分的数学成绩(续表 1)

结果基于学生自我报告

| | | 数学成绩，按该国在该指数上的四分位区分 | | | | | | | 该指数每单位变化对应的数学成绩变化 | | 该指数位于最低1/4的学生，数学成绩也位于最低1/4的可能性增加比率 | | 解释的学生成绩变异 (r²×100) | |
| | | 最低 1/4 | | 第二个 1/4 | | 第三个 1/4 | | 最高 1/4 | | | | | | | |
		平均分	标准误	平均分	标准误	平均分	标准误	平均分	标准误	效应	标准误	比率	标准误	%	标准误
OECD	澳大利亚	**469**	(2.6)	503	(2.8)	526	(2.6)	532	(3.7)	**22.9**	(1.3)	**1.8**	(0.1)	6.3	(0.7)
	奥地利	**491**	(4.6)	514	(3.9)	519	(4.3)	**514**	(5.4)	**9.4**	(2.8)	**1.4**	(0.1)	0.9	(0.6)
	比利时	**491**	(3.5)	526	(3.5)	538	(3.4)	529	(4.8)	**14.6**	(2.2)	**1.6**	(0.1)	1.9	(0.6)
	加拿大	**493**	(3.0)	520	(3.2)	536	(2.8)	536	(3.8)	**17.1**	(1.3)	**1.7**	(0.1)	3.7	(0.6)
	智利	**412**	(3.7)	427	(3.7)	433	(4.2)	425	(4.6)	4.8	(1.9)	1.2	(0.1)	-0.3	(0.3)
	捷克共和国	**487**	(4.9)	501	(4.6)	513	(4.8)	515	(5.1)	**12.2**	(2.6)	**1.3**	(0.1)	1.5	(0.6)
	丹麦	**491**	(4.1)	507	(3.9)	509	(3.1)	502	(4.1)	6.1	(2.6)	1.2	(0.1)	0.3	(0.3)
	爱沙尼亚	**502**	(3.2)	518	(3.8)	530	(3.8)	539	(3.8)	**15.6**	(2.2)	**1.5**	(0.1)	2.8	(0.8)
	芬兰	**505**	(3.2)	517	(3.1)	532	(2.9)	539	(3.5)	**14.0**	(1.6)	**1.4**	(0.1)	2.2	(0.5)
	法国	**478**	(3.3)	508	(4.4)	509	(5.2)	504	(4.9)	**7.6**	(2.1)	**1.3**	(0.1)	0.6	(0.3)
	德国	**515**	(4.7)	526	(5.1)	533	(5.0)	524	(5.0)	6.0	(2.5)	1.2	(0.1)	0.3	(0.3)
	希腊	**434**	(4.1)	455	(4.0)	471	(3.9)	457	(5.2)	**9.5**	(2.1)	**1.4**	(0.1)	1.3	(0.6)
	匈牙利	**462**	(4.2)	474	(5.0)	483	(5.8)	498	(5.8)	**13.7**	(2.1)	**1.2**	(0.1)	1.9	(0.7)
	冰岛	**477**	(4.3)	497	(4.5)	505	(4.6)	501	(4.8)	6.2	(2.1)	**1.4**	(0.1)	0.5	(0.4)
	爱尔兰	**481**	(3.8)	501	(4.2)	513	(4.1)	513	(3.9)	**12.1**	(1.8)	**1.4**	(0.1)	2.0	(0.6)
	以色列	**474**	(5.5)	487	(6.5)	483	(5.9)	438	(5.8)	**−12.1**	(2.4)	0.8	(0.1)	1.4	(0.5)
	意大利	476	(2.6)	493	(2.8)	496	(2.8)	479	(3.1)	1.4	(1.4)	1.1	(0.1)	0.0	(0.1)
	日本	498	(5.6)	537	(4.2)	557	(4.2)	560	(4.9)	**26.6**	(2.0)	**2.1**	(0.1)	7.1	(1.0)
	韩国	**492**	(5.2)	540	(5.7)	580	(5.6)	605	(7.2)	**44.9**	(2.8)	**2.6**	(0.2)	20.1	(1.8)
	卢森堡	481	(3.8)	500	(3.4)	507	(3.7)	484	(3.7)	0.4	(1.7)	1.1	(0.1)	0.0	(0.1)
	墨西哥	408	(1.8)	416	(2.0)	421	(2.0)	412	(2.0)	1.1	(0.8)	1.1	(0.0)	0.0	(0.1)
	荷兰	512	(4.3)	537	(4.3)	541	(5.0)	523	(6.3)	1.0	(2.5)	**1.3**	(0.1)	0.0	(0.1)
	新西兰	**479**	(4.1)	510	(4.7)	520	(4.7)	503	(6.3)	7.5	(2.7)	**1.3**	(0.1)	0.7	(0.5)
	挪威	**469**	(4.1)	497	(4.4)	505	(4.3)	502	(5.4)	**10.0**	(2.1)	**1.6**	(0.1)	1.3	(0.5)
	波兰	**500**	(4.6)	512	(4.4)	525	(4.4)	532	(5.9)	**13.4**	(2.1)	**1.3**	(0.1)	2.0	(0.6)
	葡萄牙	**471**	(5.5)	487	(5.7)	504	(5.0)	494	(5.5)	**8.8**	(2.2)	**1.3**	(0.1)	0.8	(0.4)
	斯洛伐克共和国	**471**	(4.5)	491	(4.7)	497	(5.5)	477	(8.3)	0.4	(3.6)	1.1	(0.1)	0.0	(0.1)
	斯洛文尼亚	**486**	(3.8)	505	(4.1)	520	(4.2)	506	(4.4)	**8.6**	(2.2)	**1.3**	(0.1)	0.8	(0.4)
	西班牙	**473**	(3.3)	491	(2.7)	497	(2.6)	484	(3.0)	**5.1**	(1.2)	**1.3**	(0.1)	0.3	(0.1)
	瑞典	**463**	(3.7)	486	(3.7)	499	(4.0)	481	(5.2)	4.5	(2.1)	**1.3**	(0.1)	0.3	(0.3)
	瑞士	523	(4.6)	542	(4.4)	543	(5.0)	519	(4.2)	−0.9	(2.0)	1.1	(0.1)	0.0	(0.1)
	土耳其	435	(5.3)	459	(5.7)	455	(6.4)	444	(6.4)	1.6	(2.4)	1.2	(0.1)	0.0	(0.1)
	英国	**475**	(4.3)	497	(4.6)	511	(5.1)	499	(4.9)	**9.7**	(2.0)	**1.3**	(0.1)	1.1	(0.4)
	美国	**460**	(4.3)	491	(4.5)	499	(4.7)	484	(5.8)	**8.1**	(1.9)	**1.4**	(0.1)	0.9	(0.4)
	OECD平均	**477**	(0.7)	499	(0.7)	509	(0.8)	**502**	(0.9)	**9.2**	(0.4)	**1.4**	(0.0)	1.9	(0.1)
伙伴国家(地区)	阿尔巴尼亚	396	(4.4)	395	(4.9)	386	(3.9)	401	(4.8)	1.4	(2.5)	1.0	(0.1)	0.0	(0.1)
	阿根廷	393	(4.7)	405	(3.9)	402	(5.1)	**371**	(5.2)	**−7.0**	(1.6)	0.9	(0.1)	1.2	(0.6)
	巴西	399	(2.9)	402	(3.0)	403	(3.3)	**375**	(2.7)	**−9.0**	(1.1)	0.8	(0.1)	1.5	(0.4)
	保加利亚	427	(4.6)	454	(5.7)	464	(4.6)	426	(7.0)	−2.2	(2.2)	1.2	(0.1)	0.1	(0.1)
	哥伦比亚	382	(4.0)	388	(3.8)	387	(3.9)	372	(4.9)	**−5.2**	(2.1)	1.0	(0.1)	0.4	(0.2)
	哥斯达黎加	405	(4.5)	412	(4.6)	415	(4.1)	400	(4.2)	−1.5	(2.2)	1.0	(0.1)	0.0	(0.1)
	克罗地亚	**451**	(4.0)	470	(5.4)	478	(5.1)	486	(5.5)	**12.9**	(2.3)	**1.4**	(0.1)	1.9	(0.6)
	塞浦路斯[1,2]	429	(3.3)	453	(3.1)	454	(3.9)	433	(3.9)	1.8	(1.6)	**1.3**	(0.1)	0.1	(0.1)
	中国香港	**525**	(4.6)	562	(4.3)	575	(4.3)	587	(5.3)	**27.7**	(2.4)	**1.9**	(0.2)	6.5	(1.1)
	印度尼西亚	382	(5.5)	385	(5.1)	378	(4.0)	361	(4.9)	**−9.4**	(2.4)	0.8	(0.1)	1.3	(0.6)
	约旦	395	(3.3)	400	(3.9)	397	(4.5)	373	(4.1)	**−6.3**	(1.5)	0.9	(0.1)	0.9	(0.4)
	哈萨克斯坦	429	(4.2)	435	(4.1)	437	(4.6)	426	(5.2)	−0.9	(2.3)	1.0	(0.1)	0.0	(0.1)
	拉脱维亚	**472**	(5.0)	487	(5.2)	496	(5.3)	508	(4.9)	**14.2**	(2.1)	**1.4**	(0.1)	2.8	(0.8)
	列支敦士登	512	(14.1)	539	(14.3)	545	(16.6)	544	(14.8)	7.4	(6.9)	1.5	(0.5)	0.5	(0.8)
	立陶宛	**463**	(4.2)	485	(4.7)	491	(4.4)	483	(4.5)	**6.9**	(2.1)	**1.3**	(0.1)	0.6	(0.3)
	中国澳门	**506**	(3.2)	534	(3.5)	556	(3.3)	563	(3.5)	**26.2**	(2.4)	**1.7**	(0.1)	5.4	(1.0)
	马来西亚	411	(4.2)	431	(5.2)	432	(4.4)	413	(4.3)	0.4	(2.2)	1.2	(0.1)	0.0	(0.1)
	黑山共和国	404	(3.7)	418	(4.4)	422	(4.1)	405	(3.6)	−1.0	(1.7)	1.1	(0.1)	0.0	(0.1)
	秘鲁	**384**	(4.5)	381	(5.1)	382	(5.0)	355	(4.9)	**−12.7**	(2.0)	0.7	(0.1)	1.8	(0.5)
	卡塔尔	408	(2.4)	405	(2.5)	375	(2.5)	343	(2.2)	**−16.5**	(1.1)	0.6	(0.0)	4.1	(0.5)
	罗马尼亚	433	(5.0)	453	(4.8)	462	(7.2)	438	(5.3)	2.5	(1.8)	1.1	(0.1)	0.1	(0.1)
	俄罗斯联邦	**459**	(3.8)	481	(5.0)	494	(4.2)	498	(4.9)	**15.3**	(2.5)	**1.5**	(0.1)	2.4	(0.7)
	塞尔维亚	**445**	(4.3)	455	(4.4)	456	(4.5)	451	(6.1)	1.3	(2.3)	1.0	(0.1)	0.0	(0.1)
	中国上海	**566**	(5.6)	607	(4.3)	630	(4.4)	649	(4.1)	**37.7**	(2.5)	**2.2**	(0.1)	9.8	(1.0)
	新加坡	**575**	(3.5)	580	(4.0)	576	(4.0)	560	(4.0)	−4.5	(2.0)	**1.4**	(0.1)	0.9	(0.4)
	中国台北	**486**	(5.2)	550	(4.9)	588	(4.9)	617	(4.3)	**52.1**	(2.1)	**2.9**	(0.2)	18.7	(1.4)
	泰国	424	(4.2)	428	(4.3)	438	(4.9)	421	(4.5)	−1.3	(2.1)	1.0	(0.1)	0.0	(0.1)
	突尼斯	**391**	(4.2)	401	(5.4)	395	(5.8)	376	(5.6)	**−4.6**	(1.8)	0.9	(0.1)	0.3	(0.3)
	阿拉伯联合酋长国	**455**	(3.9)	444	(3.5)	439	(3.9)	407	(4.0)	**−16.5**	(1.5)	0.7	(0.1)	3.5	(0.7)
	乌拉圭	420	(4.1)	427	(4.4)	422	(3.9)	394	(4.7)	**−10.2**	(1.7)	0.9	(0.1)	1.6	(0.6)
	越南	**487**	(5.7)	512	(5.9)	526	(5.4)	520	(6.2)	**21.2**	(3.1)	**1.5**	(0.1)	2.5	(0.8)

注：粗体表示差异值达到统计上的显著。

1. 土耳其注：本书中"塞浦路斯"相关的信息是指塞浦路斯岛南部。没有任何一个权力组织能够代表岛上的土耳其和希腊塞浦路斯人。土耳其承认北塞浦路斯土耳其共和国。除非在联合国找到一种长期的平衡的解决方案，否则土耳其将保持其对"塞浦路斯"问题的立场。

2. OECD 和欧盟成员注：塞浦路斯共和国得到了除土耳其外所有联合国成员的承认。本书中的信息是指在塞浦路斯共和国政府有效控制区域内的。

附表 4.32 ■ 学生的数学倾向性

在下列组别中选择最适合描述自身的学生百分比

	表达以下观点学生的百分比																			
	额外的课程				主修的专业				付出努力				完成一个课程				职业选择			
	我想课后再上额外的数学课		我想课后再上额外的语文课		我计划进大学主修需要数学能力的专业		我计划进大学主修需要自然科学能力的专业		我愿意在数学课上比要求的更努力		我愿意在语文课上比要求的更努力		在求学阶段，我计划尽可能地修读数学课		在求学阶段，我计划尽可能地修读自然科学课		我计划从事一份与数学密切相关的职业		我计划从事一份与自然科学密切相关的职业	
	%	标准误	%	标准误	%	标准误	%	标准误	%	标准误	%	标准误	%	标准误	%	标准误	%	标准误	%	标准误
澳大利亚	51.0	(0.7)	49.0	(0.7)	49.1	(0.7)	50.9	(0.7)	55.5	(0.7)	44.5	(0.7)	56.7	(0.7)	43.3	(0.7)	49.8	(0.7)	50.2	(0.7)
奥地利	54.2	(1.2)	45.8	(1.2)	39.9	(1.2)	60.1	(1.2)	59.4	(0.9)	40.6	(0.9)	55.3	(1.1)	44.7	(1.1)	48.0	(1.4)	52.0	(1.4)
比利时	58.9	(0.7)	41.1	(0.7)	42.1	(0.9)	57.9	(0.9)	55.6	(0.8)	44.4	(0.8)	46.8	(0.9)	53.2	(0.9)	42.3	(0.9)	57.7	(0.9)
加拿大	57.4	(0.6)	42.6	(0.6)	38.1	(0.7)	61.9	(0.7)	58.4	(0.7)	41.6	(0.7)	38.5	(0.6)	61.5	(0.6)	37.9	(0.7)	62.1	(0.7)
智利	59.6	(0.9)	40.4	(0.9)	42.7	(0.9)	57.3	(0.9)	59.4	(0.9)	40.6	(0.9)	49.0	(0.9)	51.0	(0.9)	45.3	(1.0)	54.7	(1.0)
捷克共和国	57.7	(1.3)	42.3	(1.3)	43.0	(1.4)	57.0	(1.4)	50.4	(1.2)	49.6	(1.2)	48.7	(1.5)	51.3	(1.5)	45.8	(1.4)	54.2	(1.4)
丹麦	58.9	(1.0)	41.1	(1.0)	71.5	(0.9)	28.5	(0.9)	63.2	(1.1)	36.8	(1.1)	67.4	(1.0)	32.6	(1.0)	63.7	(1.0)	36.3	(1.0)
爱沙尼亚	60.8	(0.9)	39.2	(0.9)	45.6	(0.9)	54.4	(0.9)	63.1	(1.0)	36.9	(1.0)	54.9	(1.1)	45.1	(1.1)	45.4	(1.0)	54.6	(1.0)
芬兰	55.7	(0.9)	44.3	(0.9)	42.9	(0.8)	57.1	(0.8)	59.4	(0.9)	40.6	(0.9)	43.5	(0.8)	56.5	(0.8)	45.0	(1.1)	55.0	(1.1)
法国	60.1	(1.0)	39.9	(1.0)	45.5	(1.0)	54.5	(1.0)	56.5	(1.2)	43.5	(1.2)	49.7	(1.0)	50.3	(1.0)	45.0	(1.1)	55.0	(1.1)
德国	50.9	(1.1)	49.1	(1.1)	40.3	(1.2)	59.7	(1.2)	56.6	(1.2)	43.4	(1.2)	50.5	(1.1)	49.5	(1.1)	43.0	(1.2)	57.0	(1.2)
希腊	57.0	(1.0)	43.0	(1.0)	43.4	(1.1)	56.6	(1.1)	56.1	(1.0)	43.9	(1.0)	47.6	(1.0)	52.4	(1.0)	41.4	(1.1)	58.6	(1.1)
匈牙利	42.0	(1.4)	58.0	(1.4)	38.4	(1.2)	61.6	(1.2)	40.8	(1.3)	59.2	(1.3)	41.4	(1.1)	58.6	(1.1)	38.5	(1.1)	61.5	(1.1)
冰岛	70.2	(0.9)	29.8	(0.9)	46.7	(1.0)	53.3	(1.0)	70.5	(0.9)	29.5	(0.9)	55.2	(1.0)	44.8	(1.0)	45.2	(1.0)	54.8	(1.0)
爱尔兰	47.3	(1.0)	52.7	(1.0)	38.2	(1.0)	61.8	(1.0)	58.9	(0.8)	41.1	(0.8)	52.4	(1.1)	47.6	(1.1)	39.4	(1.1)	60.6	(1.1)
以色列	67.0	(1.0)	33.0	(1.0)	51.0	(1.2)	49.0	(1.2)	74.0	(0.9)	26.0	(0.9)	m	m	m	m	53.2	(1.2)	46.8	(1.2)
意大利	58.4	(0.7)	41.6	(0.7)	36.1	(0.7)	63.9	(0.7)	55.4	(0.8)	44.6	(0.8)	m	m	m	m	39.8	(0.7)	60.2	(0.7)
日本	62.8	(0.8)	37.2	(1.0)	43.6	(1.0)	56.4	(1.0)	54.4	(1.1)	45.6	(1.1)	50.3	(1.0)	49.7	(1.0)	42.8	(1.0)	57.2	(1.0)
韩国	40.6	(1.2)	59.4	(1.2)	41.5	(1.0)	58.5	(1.0)	47.3	(1.2)	52.7	(1.2)	49.6	(1.1)	50.4	(1.1)	41.5	(1.1)	58.5	(1.1)
卢森堡	59.0	(0.8)	41.0	(0.8)	44.2	(0.9)	55.8	(0.9)	59.4	(0.8)	40.6	(0.8)	51.3	(0.8)	48.7	(0.8)	46.2	(0.9)	53.8	(0.9)
墨西哥	57.7	(0.6)	42.3	(0.6)	42.9	(0.5)	57.1	(0.5)	68.5	(0.5)	31.5	(0.5)	56.6	(0.6)	43.4	(0.6)	45.1	(0.6)	54.9	(0.6)
荷兰	54.0	(1.2)	46.0	(1.2)	56.2	(1.3)	43.8	(1.3)	59.5	(1.2)	40.5	(1.2)	54.7	(1.4)	45.3	(1.4)	51.4	(1.4)	48.6	(1.4)
新西兰	48.2	(1.1)	51.8	(1.1)	43.8	(1.2)	56.2	(1.2)	51.9	(1.0)	48.1	(1.0)	49.6	(1.2)	50.4	(1.2)	46.1	(1.3)	53.9	(1.3)
挪威	66.8	(0.9)	33.2	(0.9)	56.4	(1.1)	43.6	(1.1)	69.4	(1.0)	30.6	(1.0)	55.3	(1.1)	44.7	(1.1)	56.2	(1.1)	43.8	(1.1)
波兰	59.2	(1.0)	40.8	(1.0)	44.4	(1.0)	55.6	(1.0)	47.8	(1.1)	52.2	(1.1)	45.4	(1.1)	54.6	(1.1)	42.5	(1.1)	57.5	(1.1)
葡萄牙	60.5	(1.3)	39.5	(1.3)	42.7	(1.1)	57.3	(1.1)	62.9	(0.9)	37.1	(0.9)	53.2	(1.1)	46.8	(1.1)	42.9	(1.1)	57.1	(1.1)
斯洛伐克共和国	51.9	(1.2)	48.1	(1.2)	40.1	(1.3)	59.9	(1.3)	46.5	(1.2)	53.5	(1.2)	44.4	(1.2)	55.6	(1.2)	41.2	(1.2)	58.8	(1.2)
斯洛文尼亚	57.7	(1.1)	42.3	(1.1)	34.5	(0.9)	65.5	(0.9)	57.1	(1.0)	42.9	(1.0)	36.6	(1.0)	63.4	(1.0)	35.4	(1.0)	64.6	(1.0)
西班牙	58.9	(0.8)	41.1	(0.8)	35.5	(0.8)	64.5	(0.8)	59.7	(0.7)	40.3	(0.7)	40.2	(1.0)	59.8	(1.0)	62.3	(1.1)	37.7	(1.1)
瑞典	61.1	(0.9)	38.9	(0.9)	66.5	(0.9)	33.5	(0.9)	67.1	(0.9)	32.9	(0.9)	66.2	(1.0)	33.8	(1.0)	62.3	(1.1)	37.7	(1.1)
瑞士	56.7	(1.2)	43.3	(1.2)	48.9	(1.2)	51.1	(1.2)	57.2	(0.9)	42.8	(0.9)	55.8	(1.2)	44.2	(1.2)	53.9	(1.3)	46.1	(1.3)
土耳其	70.2	(1.0)	29.8	(1.0)	48.8	(1.0)	51.2	(1.0)	65.9	(1.0)	34.1	(1.0)	59.3	(1.1)	40.7	(1.1)	50.7	(0.9)	49.3	(0.9)
英国	51.2	(0.8)	48.8	(0.8)	44.4	(1.0)	55.6	(1.0)	62.0	(1.1)	38.0	(1.1)	48.4	(1.2)	51.6	(1.2)	44.9	(1.1)	55.1	(1.1)
美国	59.0	(1.0)	41.0	(1.0)	43.6	(1.1)	56.4	(1.1)	62.0	(1.1)	38.0	(1.1)	48.4	(1.2)	51.6	(1.2)	44.9	(1.1)	55.1	(1.1)
OECD平均	57.1	(0.2)	42.9	(0.2)	45.1	(0.2)	54.9	(0.2)	58.3	(0.2)	41.7	(0.2)	50.9	(0.2)	49.1	(0.2)	45.8	(0.2)	54.2	(0.2)
阿尔巴尼亚	64.4	(1.1)	35.6	(1.1)	43.6	(1.1)	56.4	(1.1)	55.7	(1.0)	44.3	(1.0)	44.8	(1.2)	55.2	(1.2)	42.1	(1.0)	57.9	(1.0)
阿根廷	60.9	(1.3)	39.1	(1.3)	37.1	(1.3)	62.9	(1.3)	62.4	(1.1)	37.6	(1.1)	51.6	(1.1)	48.4	(1.1)	39.3	(1.2)	60.7	(1.2)
巴西	47.3	(0.7)	52.7	(0.7)	40.5	(0.7)	59.5	(0.7)	61.7	(0.6)	38.3	(0.6)	53.9	(0.7)	46.1	(0.7)	39.6	(0.7)	60.4	(0.7)
保加利亚	51.0	(1.1)	49.0	(1.1)	37.2	(1.2)	62.8	(1.2)	43.7	(1.2)	56.3	(1.2)	45.0	(1.1)	55.0	(1.1)	39.6	(1.1)	60.4	(1.1)
哥伦比亚	62.8	(1.2)	37.2	(1.2)	42.9	(1.2)	57.1	(1.2)	72.6	(0.9)	27.4	(0.9)	55.5	(1.0)	44.5	(1.0)	43.9	(1.1)	56.1	(1.1)
哥斯达黎加	72.7	(1.1)	27.3	(1.1)	43.5	(1.3)	56.5	(1.3)	66.0	(1.0)	34.0	(1.0)	55.1	(1.2)	44.9	(1.2)	42.8	(1.3)	57.2	(1.3)
克罗地亚	62.6	(1.0)	37.4	(1.0)	39.5	(1.2)	60.5	(1.2)	59.1	(1.2)	40.9	(1.2)	54.6	(1.1)	45.4	(1.1)	41.2	(1.3)	58.8	(1.3)
塞浦路斯[1,2]	66.1	(1.0)	33.9	(1.0)	51.2	(1.0)	48.8	(1.0)	62.1	(1.0)	37.9	(1.0)	52.0	(0.9)	48.0	(0.9)	50.8	(1.0)	49.2	(1.0)
中国香港	49.5	(1.0)	50.5	(1.0)	29.1	(0.9)	70.9	(0.9)	55.8	(1.0)	44.2	(1.0)	34.1	(1.2)	65.9	(1.2)	31.8	(0.9)	68.2	(0.9)
印度尼西亚	59.7	(1.6)	40.3	(1.6)	35.7	(1.0)	64.3	(1.0)	67.1	(1.2)	32.9	(1.2)	43.9	(1.2)	56.1	(1.2)	43.5	(1.1)	56.5	(1.1)
约旦	73.9	(1.0)	26.1	(1.0)	45.9	(0.8)	54.1	(0.8)	67.9	(1.0)	32.1	(1.0)	59.6	(0.9)	40.4	(0.9)	47.7	(1.0)	52.3	(1.0)
哈萨克斯坦	67.2	(1.3)	32.8	(1.3)	44.9	(1.3)	55.1	(1.3)	63.3	(1.4)	36.7	(1.4)	55.7	(1.1)	44.3	(1.1)	49.1	(1.2)	50.9	(1.2)
拉脱维亚	61.3	(1.2)	38.7	(1.2)	50.7	(1.0)	49.3	(1.0)	54.0	(1.1)	46.0	(1.1)	51.3	(1.0)	48.7	(1.0)	50.2	(1.0)	49.8	(1.0)
列支敦士登	69.7	(3.2)	30.3	(3.2)	47.9	(3.5)	52.1	(3.5)	69.0	(3.2)	31.0	(3.2)	58.0	(3.6)	42.0	(3.6)	52.8	(3.9)	47.2	(3.9)
立陶宛	52.5	(1.1)	47.5	(1.1)	42.9	(1.2)	57.1	(1.2)	54.1	(1.1)	45.9	(1.1)	m	m	m	m	43.3	(1.1)	56.7	(1.1)
中国澳门	60.2	(0.9)	39.8	(0.9)	33.2	(0.9)	66.8	(0.9)	58.7	(0.7)	41.3	(0.7)	36.5	(0.9)	63.5	(0.9)	34.9	(0.8)	65.1	(0.8)
马来西亚	63.2	(1.2)	36.8	(1.2)	48.6	(0.8)	51.4	(0.8)	66.9	(1.3)	33.1	(1.3)	55.8	(0.9)	44.2	(0.9)	53.1	(0.8)	46.9	(0.8)
黑山共和国	46.8	(0.9)	53.2	(0.9)	29.9	(0.8)	70.1	(0.8)	34.4	(1.0)	65.6	(1.0)	35.3	(0.8)	64.7	(0.8)	30.8	(0.8)	69.2	(0.8)
秘鲁	61.3	(0.7)	38.7	(0.7)	51.3	(1.1)	48.7	(1.1)	66.8	(0.8)	33.2	(0.8)	69.0	(0.8)	31.0	(0.8)	53.3	(1.0)	46.7	(1.0)
卡塔尔	69.2	(0.6)	30.8	(0.6)	45.8	(0.6)	54.2	(0.6)	65.1	(0.5)	34.9	(0.5)	51.5	(0.6)	48.5	(0.6)	50.7	(0.6)	49.3	(0.6)
罗马尼亚	47.8	(1.1)	52.2	(1.1)	33.0	(1.2)	67.0	(1.2)	42.3	(1.0)	57.7	(1.0)	38.6	(1.0)	61.4	(1.0)	34.9	(1.2)	65.1	(1.2)
俄罗斯联邦	50.5	(1.0)	49.5	(1.0)	40.1	(1.1)	59.9	(1.1)	54.0	(1.1)	46.0	(1.1)	48.3	(0.9)	51.7	(0.9)	40.1	(1.2)	59.9	(1.2)
塞尔维亚	42.9	(1.3)	57.1	(1.3)	25.9	(1.2)	74.1	(1.2)	41.2	(1.3)	58.8	(1.3)	43.1	(1.2)	56.9	(1.2)	28.9	(1.1)	71.1	(1.1)
中国上海	65.5	(1.0)	34.5	(1.0)	36.3	(0.9)	63.7	(0.9)	67.0	(0.8)	33.0	(0.8)	52.3	(1.0)	47.7	(1.0)	37.6	(0.9)	62.4	(0.9)
新加坡	56.7	(0.8)	43.3	(0.8)	47.1	(0.8)	52.9	(0.8)	64.2	(0.7)	35.8	(0.7)	50.0	(0.7)	50.0	(0.7)	47.7	(0.6)	52.3	(0.8)
中国台北	54.5	(1.0)	45.5	(1.0)	37.4	(0.9)	62.6	(0.9)	49.6	(1.0)	50.4	(1.0)	43.6	(0.9)	56.4	(0.9)	39.6	(1.0)	60.4	(1.0)
泰国	67.0	(1.1)	33.0	(1.1)	42.2	(0.9)	57.8	(0.9)	65.3	(0.8)	34.7	(0.8)	55.2	(1.0)	44.8	(1.0)	49.6	(0.9)	50.4	(0.9)
突尼斯	59.8	(1.4)	40.2	(1.4)	35.5	(1.1)	64.6	(1.1)	56.1	(1.2)	43.9	(1.2)	44.6	(1.1)	55.4	(1.1)	39.1	(1.2)	60.9	(1.2)
阿拉伯联合酋长国	65.4	(0.6)	34.6	(0.6)	44.6	(0.9)	55.4	(0.9)	70.5	(0.7)	29.5	(0.7)	42.9	(0.8)	57.1	(0.8)	47.1	(0.6)	52.9	(0.6)
乌拉圭	60.9	(1.1)	39.1	(1.1)	46.4	(1.2)	53.6	(1.2)	60.3	(1.1)	39.7	(1.1)	51.5	(1.2)	48.5	(1.2)	47.5	(1.1)	52.5	(1.1)
越南	71.0	(1.1)	29.0	(1.1)	50.2	(1.2)	49.8	(1.2)	75.0	(1.1)	25.0	(1.1)	60.7	(1.1)	39.3	(1.1)	53.0	(1.2)	47.0	(1.2)

1. 土耳其注：本书中"塞浦路斯"相关的信息是指塞浦路斯岛南部。没有任何一个权力组织能够代表岛上的土耳其和希腊塞浦路斯人。土耳其承认北塞浦路斯土耳其共和国。除非在联合国找到一种长期的平衡的解决方案，否则土耳其将保持其对"塞浦路斯"问题的立场。

2. OECD和欧盟成员注：塞浦路斯共和国得到了除土耳其外所有联合国成员的承认。本书中的信息是指在塞浦路斯共和国政府有效控制区域内的。

附表 4.33 ■ 数学倾向性指数和按该指数四等分划分的数学成绩

结果基于学生自我报告

	所有学生 指数平均值	标准误	在该指数的变量 标准差	标准误	男生 指数平均值	标准误	女生 指数平均值	标准误	性别差异(男生—女生) 分差	标准误	最低 1/4 指数平均值	标准误	第二个 1/4 指数平均值	标准误	第三个 1/4 指数平均值	标准误	最高 1/4 指数平均值	标准误
OECD																		
澳大利亚	0.02	(0.01)	1.01	(0.01)	0.31	(0.02)	−0.28	(0.02)	0.59	(0.02)	−1.32	(0.02)	−0.34	(0.02)	0.37	(0.01)	1.36	(0.01)
奥地利	0.01	(0.02)	0.97	(0.01)	0.25	(0.03)	−0.22	(0.03)	0.47	(0.04)	−1.24	(0.02)	−0.38	(0.02)	0.35	(0.04)	1.30	(0.03)
比利时	−0.06	(0.02)	1.01	(0.01)	0.14	(0.03)	−0.25	(0.02)	0.39	(0.03)	−1.36	(0.02)	−0.42	(0.02)	0.23	(0.03)	1.30	(0.02)
加拿大	−0.14	(0.01)	0.98	(0.01)	0.10	(0.02)	−0.37	(0.02)	0.48	(0.03)	−1.38	(0.02)	−0.45	(0.01)	0.06	(0.02)	1.22	(0.02)
智利	0.00	(0.02)	1.04	(0.01)	0.21	(0.03)	−0.20	(0.02)	0.41	(0.04)	−1.34	(0.02)	−0.41	(0.02)	0.34	(0.03)	1.42	(0.02)
捷克共和国	−0.06	(0.03)	1.00	(0.01)	0.21	(0.04)	−0.34	(0.03)	0.55	(0.05)	−1.31	(0.02)	−0.49	(0.02)	0.30	(0.05)	1.26	(0.03)
丹麦	0.35	(0.02)	0.91	(0.01)	0.50	(0.03)	0.20	(0.03)	0.30	(0.03)	−0.87	(0.02)	0.05	(0.02)	0.75	(0.03)	1.45	(0.00)
爱沙尼亚	0.08	(0.02)	0.94	(0.01)	0.16	(0.03)	−0.01	(0.03)	0.17	(0.03)	−1.14	(0.02)	−0.23	(0.03)	0.38	(0.01)	1.30	(0.03)
芬兰	−0.06	(0.02)	1.11	(0.01)	0.22	(0.03)	−0.33	(0.03)	0.55	(0.04)	−1.52	(0.02)	−0.50	(0.02)	0.28	(0.03)	1.45	(0.01)
法国	−0.01	(0.02)	0.96	(0.01)	0.19	(0.03)	−0.19	(0.03)	0.38	(0.03)	−1.25	(0.02)	−0.35	(0.02)	0.28	(0.03)	1.27	(0.02)
德国	−0.09	(0.02)	1.00	(0.01)	0.15	(0.03)	−0.32	(0.03)	0.46	(0.03)	−1.39	(0.02)	−0.45	(0.02)	0.24	(0.04)	1.25	(0.03)
希腊	−0.08	(0.02)	0.99	(0.01)	0.10	(0.03)	−0.26	(0.03)	0.36	(0.04)	−1.39	(0.03)	−0.35	(0.02)	0.14	(0.04)	1.27	(0.03)
匈牙利	−0.33	(0.03)	1.12	(0.01)	−0.05	(0.04)	−0.58	(0.04)	0.53	(0.05)	−1.53	(0.00)	−1.04	(0.06)	0.01	(0.04)	1.26	(0.03)
冰岛	0.18	(0.02)	0.91	(0.01)	0.29	(0.03)	0.08	(0.03)	0.21	(0.04)	−0.96	(0.03)	−0.16	(0.02)	0.44	(0.02)	1.40	(0.00)
爱尔兰	−0.12	(0.02)	0.96	(0.01)	0.04	(0.03)	−0.27	(0.03)	0.32	(0.04)	−1.34	(0.02)	−0.45	(0.02)	0.15	(0.03)	1.18	(0.02)
以色列	0.26	(0.02)	0.90	(0.01)	0.39	(0.03)	0.13	(0.03)	0.26	(0.04)	−0.93	(0.04)	−0.05	(0.01)	0.67	(0.05)	1.35	(0.00)
意大利	−0.12	(0.02)	0.92	(0.00)	0.01	(0.01)	−0.25	(0.01)	0.26	(0.02)	−1.33	(0.04)	−0.34	(0.02)	0.09	(0.01)	1.12	(0.02)
日本	−0.01	(0.02)	0.96	(0.01)	0.04	(0.03)	−0.07	(0.03)	0.11	(0.03)	−1.26	(0.04)	−0.32	(0.02)	0.28	(0.03)	1.26	(0.03)
韩国	−0.21	(0.02)	1.02	(0.01)	−0.16	(0.03)	−0.28	(0.03)	0.12	(0.03)	−1.53	(0.00)	−0.55	(0.05)	0.07	(0.02)	1.16	(0.03)
卢森堡	0.02	(0.02)	0.96	(0.01)	0.20	(0.03)	−0.16	(0.02)	0.37	(0.03)	−1.23	(0.02)	−0.33	(0.02)	0.39	(0.02)	1.30	(0.02)
墨西哥	0.09	(0.01)	0.97	(0.00)	0.18	(0.01)	0.00	(0.01)	0.17	(0.01)	−1.17	(0.02)	−0.24	(0.02)	0.39	(0.02)	1.38	(0.02)
荷兰	0.10	(0.02)	0.91	(0.01)	0.11	(0.03)	0.10	(0.03)	0.01	(0.03)	−1.10	(0.02)	−0.13	(0.02)	0.36	(0.03)	1.28	(0.04)
新西兰	−0.11	(0.02)	0.98	(0.01)	0.12	(0.03)	−0.33	(0.03)	0.45	(0.04)	−1.36	(0.03)	−0.10	(0.02)	0.18	(0.04)	1.20	(0.03)
挪威	0.27	(0.02)	1.00	(0.01)	0.42	(0.03)	0.12	(0.03)	0.30	(0.04)	−1.06	(0.04)	−0.10	(0.02)	0.79	(0.05)	1.46	(0.00)
波兰	−0.09	(0.02)	1.09	(0.01)	0.14	(0.03)	−0.30	(0.03)	0.43	(0.04)	−1.49	(0.02)	−0.52	(0.02)	0.22	(0.04)	1.43	(0.03)
葡萄牙	0.03	(0.02)	0.98	(0.01)	0.11	(0.03)	−0.05	(0.02)	0.16	(0.03)	−1.25	(0.02)	−0.30	(0.02)	0.34	(0.03)	1.35	(0.02)
斯洛伐克共和国	−0.18	(0.03)	1.03	(0.01)	0.05	(0.03)	−0.41	(0.03)	0.46	(0.04)	−1.52	(0.02)	−0.55	(0.04)	0.13	(0.04)	1.22	(0.02)
斯洛文尼亚	−0.19	(0.02)	1.03	(0.01)	0.08	(0.03)	−0.45	(0.03)	0.53	(0.04)	−1.49	(0.02)	−0.56	(0.02)	0.04	(0.03)	1.26	(0.02)
西班牙	−0.15	(0.02)	0.98	(0.01)	−0.02	(0.02)	−0.28	(0.02)	0.26	(0.03)	−1.39	(0.02)	−0.42	(0.02)	0.01	(0.02)	1.22	(0.02)
瑞典	0.35	(0.02)	0.93	(0.01)	0.49	(0.03)	0.22	(0.03)	0.27	(0.04)	−0.88	(0.02)	0.04	(0.02)	0.80	(0.03)	1.46	(0.00)
瑞士	0.09	(0.02)	1.01	(0.01)	0.41	(0.03)	−0.22	(0.03)	0.63	(0.05)	−1.27	(0.02)	−0.25	(0.04)	0.45	(0.03)	1.40	(0.02)
土耳其	0.21	(0.02)	1.00	(0.01)	0.15	(0.04)	0.27	(0.03)	−0.12	(0.05)	−1.13	(0.03)	−0.11	(0.02)	0.63	(0.04)	1.46	(0.02)
英国	−0.04	(0.02)	0.93	(0.01)	0.08	(0.03)	−0.15	(0.02)	0.23	(0.03)	−1.22	(0.02)	−0.36	(0.01)	0.25	(0.03)	1.19	(0.03)
美国	0.02	(0.02)	1.01	(0.01)	0.17	(0.03)	−0.13	(0.03)	0.29	(0.03)	−1.27	(0.03)	−0.36	(0.02)	0.31	(0.04)	1.39	(0.03)
OECD平均	0.00	(0.00)	0.99	(0.00)	0.17	(0.00)	−0.16	(0.00)	0.33	(0.01)	−1.27	(0.00)	−0.35	(0.00)	0.32	(0.01)	1.31	(0.01)
伙伴国家（地区）																		
阿尔巴利亚	−0.03	(0.02)	1.04	(0.01)	−0.03	(0.04)	−0.03	(0.03)	−0.01	(0.05)	−1.36	(0.03)	−0.42	(0.02)	0.28	(0.04)	1.39	(0.03)
阿根廷	−0.02	(0.02)	1.00	(0.01)	0.13	(0.04)	−0.14	(0.03)	0.27	(0.05)	−1.30	(0.03)	−0.39	(0.02)	0.29	(0.04)	1.34	(0.03)
巴西	−0.05	(0.01)	1.02	(0.01)	0.10	(0.02)	−0.18	(0.02)	0.28	(0.03)	−1.35	(0.01)	−0.44	(0.01)	0.26	(0.02)	1.33	(0.02)
保加利亚	−0.23	(0.03)	1.04	(0.01)	−0.08	(0.03)	−0.39	(0.03)	0.31	(0.04)	−1.53	(0.00)	−0.65	(0.05)	0.07	(0.03)	1.19	(0.04)
哥伦比亚	0.13	(0.02)	1.02	(0.01)	0.21	(0.03)	0.06	(0.03)	0.14	(0.04)	−1.22	(0.04)	−0.23	(0.03)	0.50	(0.05)	1.46	(0.00)
哥斯达黎加	0.15	(0.02)	0.99	(0.01)	0.29	(0.03)	0.02	(0.03)	0.27	(0.04)	−1.16	(0.04)	−0.19	(0.02)	0.48	(0.06)	1.46	(0.00)
克罗地亚	−0.02	(0.02)	0.98	(0.01)	0.15	(0.03)	−0.19	(0.03)	0.34	(0.04)	−1.26	(0.04)	−0.41	(0.02)	0.31	(0.04)	1.28	(0.03)
塞浦路斯[1,2]	0.14	(0.02)	0.98	(0.01)	0.29	(0.02)	−0.01	(0.02)	0.30	(0.03)	−1.13	(0.02)	−0.21	(0.02)	0.45	(0.04)	1.45	(0.01)
中国香港	−0.31	(0.02)	0.99	(0.01)	−0.20	(0.02)	−0.44	(0.03)	0.24	(0.03)	−1.53	(0.00)	−0.66	(0.04)	−0.10	(0.02)	1.04	(0.04)
印度尼西亚	−0.02	(0.02)	1.01	(0.01)	0.00	(0.03)	−0.05	(0.04)	0.05	(0.04)	−1.33	(0.04)	−0.35	(0.02)	0.22	(0.04)	1.37	(0.03)
约旦	0.21	(0.02)	0.84	(0.01)	0.27	(0.02)	0.16	(0.03)	0.11	(0.04)	−0.81	(0.04)	−0.07	(0.02)	0.42	(0.02)	1.32	(0.02)
哈萨克斯坦	0.14	(0.03)	1.05	(0.01)	0.20	(0.03)	0.09	(0.03)	0.11	(0.04)	−1.27	(0.04)	−0.22	(0.05)	0.61	(0.06)	1.46	(0.02)
拉脱维亚	0.06	(0.02)	0.96	(0.01)	0.22	(0.03)	−0.10	(0.03)	0.32	(0.04)	−1.19	(0.02)	−0.27	(0.02)	0.41	(0.02)	1.31	(0.03)
列支敦士登	0.24	(0.07)	0.99	(0.03)	0.51	(0.09)	−0.03	(0.10)	0.54	(0.13)	−1.10	(0.10)	−0.09	(0.08)	0.73	(0.14)	1.45	(0.02)
立陶宛	−0.09	(0.02)	0.99	(0.01)	0.10	(0.03)	−0.27	(0.03)	0.36	(0.04)	−1.40	(0.03)	−0.42	(0.02)	0.21	(0.04)	1.26	(0.03)
中国澳门	−0.17	(0.02)	0.95	(0.01)	−0.11	(0.03)	−0.24	(0.02)	0.12	(0.03)	−1.36	(0.02)	−0.43	(0.02)	−0.04	(0.03)	1.14	(0.03)
马来西亚	0.18	(0.02)	0.95	(0.01)	0.17	(0.03)	0.19	(0.03)	−0.03	(0.03)	−1.05	(0.04)	−0.14	(0.01)	0.45	(0.04)	1.46	(0.01)
黑山共和国	−0.45	(0.02)	1.07	(0.01)	−0.29	(0.03)	−0.60	(0.03)	0.31	(0.03)	−1.53	(0.00)	−1.16	(0.03)	−0.21	(0.02)	1.11	(0.03)
秘鲁	0.26	(0.02)	0.98	(0.01)	0.36	(0.02)	0.16	(0.03)	0.19	(0.04)	−1.05	(0.04)	−0.05	(0.01)	0.67	(0.04)	1.46	(0.00)
卡塔尔	0.14	(0.01)	0.92	(0.01)	0.29	(0.02)	0.00	(0.01)	0.29	(0.02)	−1.04	(0.02)	−0.14	(0.01)	0.39	(0.01)	1.36	(0.02)
罗马尼亚	−0.34	(0.03)	1.05	(0.01)	−0.26	(0.04)	−0.42	(0.04)	0.16	(0.04)	−1.53	(0.00)	−0.91	(0.06)	−0.04	(0.04)	1.12	(0.04)
俄罗斯联邦	−0.13	(0.02)	1.11	(0.01)	0.09	(0.04)	−0.35	(0.04)	0.44	(0.04)	−1.53	(0.00)	−0.63	(0.05)	0.24	(0.04)	1.39	(0.03)
塞尔维亚	−0.42	(0.02)	1.04	(0.01)	−0.23	(0.04)	−0.59	(0.04)	0.36	(0.04)	−1.53	(0.00)	−1.06	(0.04)	−0.15	(0.04)	1.06	(0.05)
中国上海	0.03	(0.02)	1.04	(0.01)	0.11	(0.03)	−0.05	(0.03)	0.17	(0.05)	−1.31	(0.04)	−0.34	(0.02)	0.31	(0.05)	1.46	(0.01)
新加坡	0.06	(0.02)	0.97	(0.01)	0.11	(0.02)	0.01	(0.03)	0.10	(0.04)	−1.16	(0.02)	−0.32	(0.02)	0.38	(0.02)	1.35	(0.02)
中国台北	−0.18	(0.02)	1.03	(0.01)	−0.15	(0.03)	−0.09	(0.03)	−0.06	(0.04)	−1.53	(0.01)	−0.55	(0.04)	0.10	(0.03)	1.20	(0.02)
泰国	0.14	(0.02)	0.96	(0.01)	0.14	(0.03)	0.14	(0.03)	0.00	(0.04)	−1.07	(0.04)	−0.20	(0.02)	0.39	(0.03)	1.45	(0.02)
突尼斯	−0.12	(0.03)	1.04	(0.01)	0.04	(0.04)	−0.26	(0.04)	0.30	(0.04)	−1.47	(0.03)	−0.47	(0.04)	0.15	(0.04)	1.31	(0.03)
阿拉伯联合酋长国	0.08	(0.01)	0.88	(0.01)	0.16	(0.04)	0.01	(0.03)	0.15	(0.03)	−1.03	(0.02)	−0.23	(0.02)	0.34	(0.02)	1.23	(0.02)
乌拉圭	0.06	(0.02)	1.04	(0.01)	0.15	(0.03)	−0.02	(0.03)	0.17	(0.04)	−1.32	(0.02)	−0.33	(0.03)	0.44	(0.03)	1.43	(0.01)
越南	0.32	(0.03)	1.09	(0.01)	0.41	(0.03)	0.25	(0.03)	0.16	(0.04)	−1.18	(0.05)	−0.09	(0.02)	1.10	(0.06)	1.46	(0.00)

附表 4.33 ■ 数学倾向性指数和按该指数四等分划分的数学成绩(续表 1)

结果基于学生自我报告

| | 数学成绩,按该国在该指数上的四分位区分 | | | | | | | 该指数每单位变化对应的数学成绩变化 | | 该指数位于最低 1/4 的学生,数学成绩也位于最低 1/4 的可能性增加比率 | | 解释的学生成绩变异 ($r^2 \times 100$) | |
| | 最低 1/4 | | 第二个 1/4 | | 第三个 1/4 | | 最高 1/4 | | | | | | | |
	平均分	标准误	平均分	标准误	平均分	标准误	平均分	标准误	效应	标准误	比率	标准误	%	标准误
OECD 澳大利亚	501	(2.7)	529	(3.3)	505	(3.0)	510	(2.8)	1.7	(1.1)	1.1	(0.1)	0.0	(0.0)
奥地利	510	(4.3)	514	(4.9)	501	(5.7)	524	(5.2)	6.1	(2.2)	1.0	(0.1)	0.4	(0.3)
比利时	505	(3.6)	535	(4.0)	517	(3.7)	543	(3.5)	12.8	(1.5)	1.2	(0.1)	1.7	(0.4)
加拿大	502	(2.8)	532	(3.3)	526	(4.4)	531	(2.9)	9.9	(1.1)	1.5	(0.1)	1.3	(0.3)
智利	408	(4.0)	428	(4.1)	420	(4.2)	451	(3.6)	14.5	(1.3)	1.5	(0.1)	3.6	(0.7)
捷克共和国	488	(4.7)	497	(5.6)	506	(4.9)	535	(4.9)	18.1	(2.1)	1.5	(0.1)	4.1	(1.0)
丹麦	494	(3.8)	501	(3.5)	505	(4.2)	513	(3.9)	7.9	(1.7)	1.2	(0.1)	0.8	(0.3)
爱沙尼亚	508	(3.7)	519	(4.3)	522	(3.7)	544	(3.5)	14.5	(1.9)	1.4	(0.1)	2.9	(0.7)
芬兰	498	(2.4)	517	(3.4)	535	(3.1)	559	(3.5)	20.5	(1.1)	1.7	(0.1)	7.9	(0.9)
法国	485	(4.0)	530	(4.9)	492	(5.9)	510	(5.0)	7.3	(2.2)	1.2	(0.1)	0.5	(0.3)
德国	516	(4.4)	539	(5.6)	522	(5.6)	535	(4.9)	5.6	(2.1)	1.1	(0.1)	0.4	(0.3)
希腊	426	(3.6)	471	(5.1)	456	(4.8)	476	(4.3)	18.0	(1.7)	1.7	(0.1)	4.3	(0.8)
匈牙利	463	(4.5)	463	(5.8)	480	(5.5)	520	(5.6)	20.3	(2.0)	1.1	(0.1)	5.9	(1.1)
冰岛	489	(4.4)	507	(5.3)	488	(4.9)	511	(4.5)	8.3	(1.9)	1.1	(0.1)	0.7	(0.4)
爱尔兰	489	(3.9)	515	(4.3)	503	(4.9)	506	(4.7)	5.9	(1.9)	1.1	(0.1)	0.5	(0.3)
以色列	467	(4.9)	470	(5.7)	466	(6.2)	486	(5.5)	7.8	(2.4)	1.0	(0.1)	0.5	(0.3)
意大利	468	(2.4)	488	(3.3)	495	(3.2)	502	(3.0)	14.5	(1.2)	1.3	(0.1)	2.1	(0.3)
日本	514	(4.7)	559	(4.8)	535	(5.4)	546	(5.1)	11.1	(1.7)	1.5	(0.1)	1.3	(0.4)
韩国	507	(4.4)	566	(8.3)	568	(5.8)	579	(5.8)	25.7	(1.8)	2.0	(0.2)	7.1	(0.9)
卢森堡	488	(3.9)	502	(3.5)	475	(4.1)	513	(3.4)	8.2	(1.6)	1.1	(0.1)	0.7	(0.3)
墨西哥	403	(1.8)	415	(2.1)	412	(2.3)	429	(2.1)	9.9	(0.8)	1.3	(0.1)	1.7	(0.3)
荷兰	535	(5.0)	530	(5.3)	526	(4.5)	526	(4.5)	−3.6	(2.1)	1.0	(0.1)	0.1	(0.2)
新西兰	496	(4.3)	526	(5.2)	495	(4.8)	509	(4.8)	3.7	(2.3)	1.1	(0.1)	0.1	(0.2)
挪威	471	(3.6)	498	(3.7)	499	(5.0)	521	(4.4)	17.4	(1.5)	1.5	(0.1)	3.9	(0.7)
波兰	489	(4.0)	505	(5.2)	515	(5.3)	569	(5.5)	27.3	(1.7)	1.5	(0.1)	11.1	(1.2)
葡萄牙	460	(4.7)	510	(5.5)	493	(5.3)	497	(5.3)	13.3	(2.2)	1.7	(0.1)	2.0	(0.6)
斯洛伐克共和国	467	(5.1)	477	(5.2)	475	(5.6)	527	(6.1)	21.0	(2.6)	1.2	(0.1)	4.8	(1.1)
斯洛文尼亚	486	(3.7)	512	(4.8)	510	(4.8)	521	(4.8)	11.0	(1.9)	1.4	(0.1)	1.6	(0.5)
西班牙	457	(2.9)	500	(3.4)	493	(3.2)	501	(3.0)	15.8	(1.2)	1.6	(0.1)	3.2	(0.5)
瑞典	470	(4.4)	486	(4.6)	481	(4.3)	506	(4.1)	13.6	(1.3)	1.3	(0.1)	2.0	(0.5)
瑞士	537	(4.4)	535	(5.2)	525	(4.1)	544	(4.1)	1.6	(1.5)	0.9	(0.1)	0.0	(0.1)
土耳其	423	(5.6)	469	(7.4)	444	(5.3)	468	(5.3)	14.1	(1.6)	1.7	(0.1)	2.4	(0.6)
英国	497	(4.1)	516	(3.9)	484	(5.1)	496	(5.3)	−1.0	(1.7)	0.9	(0.1)	0.0	(0.0)
美国	472	(4.6)	494	(4.8)	476	(5.6)	493	(5.3)	6.0	(1.8)	1.1	(0.1)	0.5	(0.3)
OECD平均	482	(0.7)	505	(0.8)	495	(0.8)	515	(0.8)	11.4	(0.3)	1.3	(0.0)	2.4	(0.1)
伙伴国家(地区) 阿尔巴利亚	391	(5.0)	398	(5.1)	396	(4.7)	390	(4.2)	−0.1	(1.7)	1.1	(0.1)	0.0	(0.0)
阿根廷	382	(4.5)	394	(5.5)	391	(4.4)	409	(4.5)	9.9	(1.5)	1.3	(0.1)	1.8	(0.5)
巴西	384	(2.7)	394	(3.0)	391	(3.5)	410	(3.6)	9.1	(1.2)	1.2	(0.1)	1.4	(0.4)
保加利亚	432	(4.0)	439	(5.0)	435	(5.0)	474	(6.7)	15.1	(1.8)	1.1	(0.1)	3.0	(0.7)
哥伦比亚	378	(3.4)	381	(4.5)	376	(3.9)	395	(4.0)	5.6	(1.3)	1.1	(0.1)	0.6	(0.3)
哥斯达黎加	402	(4.4)	415	(4.7)	409	(4.8)	409	(4.8)	2.2	(1.7)	1.0	(0.1)	0.1	(0.1)
克罗地亚	463	(3.4)	481	(5.4)	471	(5.5)	488	(5.3)	9.4	(1.9)	1.1	(0.1)	1.1	(0.4)
塞浦路斯[1,2]	431	(3.5)	460	(4.6)	430	(4.0)	462	(3.4)	9.2	(1.7)	1.3	(0.1)	1.0	(0.4)
中国香港	525	(4.8)	564	(5.5)	585	(5.6)	576	(4.6)	19.7	(2.0)	1.9	(0.1)	4.1	(0.8)
印度尼西亚	365	(3.5)	387	(7.0)	375	(5.0)	391	(5.1)	8.2	(1.6)	1.1	(0.1)	1.4	(0.6)
约旦	400	(3.7)	397	(4.1)	395	(4.9)	390	(4.1)	−3.5	(1.6)	0.9	(0.1)	0.2	(0.1)
哈萨克斯坦	422	(4.1)	433	(4.5)	431	(4.3)	443	(4.4)	6.9	(1.8)	1.2	(0.1)	1.0	(0.5)
拉脱维亚	476	(4.0)	489	(4.9)	485	(5.6)	515	(4.6)	13.9	(1.8)	1.3	(0.1)	2.7	(0.7)
列支敦士登	557	(17.0)	525	(18.1)	514	(16.7)	556	(13.6)	−6.7	(6.7)	0.7	(0.2)	0.5	(1.1)
立陶宛	460	(3.7)	477	(5.4)	489	(4.6)	513	(4.6)	19.9	(1.7)	1.4	(0.1)	5.1	(0.8)
中国澳门	520	(3.8)	556	(3.2)	548	(3.6)	538	(3.1)	6.2	(1.7)	1.5	(0.1)	0.4	(0.2)
马来西亚	415	(4.8)	429	(5.4)	413	(4.7)	432	(4.1)	6.4	(2.0)	1.2	(0.1)	0.4	(0.4)
黑山共和国	407	(3.4)	406	(3.0)	415	(3.9)	433	(3.4)	10.7	(1.6)	1.1	(0.1)	2.0	(0.6)
秘鲁	371	(4.6)	371	(5.0)	367	(4.7)	395	(4.9)	7.6	(1.7)	1.1	(0.1)	0.8	(0.4)
卡塔尔	391	(2.9)	395	(2.7)	370	(3.2)	388	(2.5)	−2.2	(1.3)	0.9	(0.1)	0.3	(0.1)
罗马尼亚	433	(4.5)	436	(5.4)	445	(4.9)	475	(5.9)	16.1	(1.8)	1.2	(0.1)	4.3	(0.9)
俄罗斯联邦	470	(3.5)	475	(4.5)	474	(4.4)	519	(6.2)	15.9	(1.8)	1.3	(0.1)	4.2	(0.9)
塞尔维亚	436	(5.0)	444	(5.1)	448	(5.9)	478	(6.0)	16.2	(2.0)	1.4	(0.1)	3.6	(0.9)
中国上海	578	(5.9)	629	(4.9)	617	(4.8)	628	(3.4)	16.6	(1.6)	1.9	(0.1)	2.9	(0.5)
新加坡	574	(3.9)	601	(3.3)	552	(4.4)	564	(4.4)	−6.2	(1.9)	1.0	(0.1)	0.3	(0.2)
中国台北	487	(4.5)	584	(7.0)	586	(5.7)	591	(4.1)	35.3	(1.7)	3.2	(0.2)	10.0	(0.9)
泰国	405	(3.7)	438	(5.5)	425	(5.0)	448	(4.3)	14.5	(1.4)	1.5	(0.1)	2.9	(0.6)
突尼斯	366	(3.9)	387	(6.0)	389	(5.7)	424	(5.9)	20.3	(2.0)	1.5	(0.1)	7.4	(1.2)
阿拉伯联合酋长国	437	(3.5)	446	(3.6)	424	(3.9)	442	(4.2)	2.2	(1.3)	1.0	(0.1)	0.1	(0.1)
乌拉圭	412	(3.8)	419	(4.1)	413	(4.4)	441	(5.1)	8.9	(1.7)	1.1	(0.1)	1.1	(0.4)
越南	479	(6.7)	523	(7.3)	518	(6.4)	528	(5.5)	16.0	(1.9)	1.8	(0.1)	4.2	(1.0)

注:粗体表示差异值达到统计上的显著。
1. 土耳其注:本书中"塞浦路斯"相关的信息是指塞浦路斯岛南部。没有任何一个权力组织能够代表该岛上的土耳其和希腊塞浦路斯人。土耳其承认北塞浦路斯土耳其共和国。除非在联合国找到一种长期的平衡的解决方案,否则土耳其将保持其对"塞浦路斯"问题的立场。
2. OECD 和欧盟成员注:塞浦路斯共和国得到了除土耳其外所有联合国成员的承认。本书中的信息是指在塞浦路斯共和国政府有效控制区域内的。

附表 4.34 ■ 学生的数学主观参照系

学生"同意"或"非常同意"的百分比

		表示同意以下观点学生的百分比									
		我的大多数朋友数学很好		我的大多数朋友数学很努力		我的朋友们喜欢数学测验		我父母认为学习数学对我很重要		我父母认为学习数学对我以后的事业很重要		我父母喜欢数学	
		%	标准误	%	标准误	%	标准误	%	标准误	%	标准误	%	标准误
OECD	澳大利亚	79.7	(0.5)	66.2	(0.6)	13.9	(0.4)	94.2	(0.3)	85.5	(0.4)	65.6	(0.6)
	奥地利	52.1	(1.1)	34.4	(1.0)	7.6	(0.5)	86.5	(0.7)	75.5	(1.1)	56.5	(1.0)
	比利时	58.9	(1.0)	48.8	(0.7)	7.3	(0.5)	87.2	(0.6)	70.4	(0.7)	46.6	(0.8)
	加拿大	73.4	(0.6)	67.0	(0.7)	15.1	(0.5)	94.9	(0.3)	87.1	(0.5)	68.4	(0.7)
	智利	53.7	(1.0)	66.2	(0.9)	17.8	(0.7)	93.3	(0.5)	84.2	(0.7)	70.8	(0.9)
	捷克共和国	51.2	(1.1)	21.2	(1.0)	5.0	(0.5)	86.8	(0.8)	69.5	(1.2)	45.1	(1.0)
	丹麦	87.2	(0.7)	57.4	(1.1)	12.8	(0.8)	97.3	(0.3)	84.3	(0.7)	75.5	(0.9)
	爱沙尼亚	65.9	(1.1)	40.7	(1.0)	11.1	(0.7)	90.0	(0.6)	75.9	(0.7)	36.7	(1.0)
	芬兰	67.4	(1.0)	52.5	(0.9)	10.5	(0.6)	90.9	(0.5)	72.7	(1.0)	55.0	(0.9)
	法国	55.6	(1.1)	40.0	(0.9)	13.3	(0.7)	91.1	(0.6)	78.6	(0.8)	55.0	(0.9)
	德国	53.1	(1.1)	40.4	(0.9)	7.9	(0.6)	90.5	(0.6)	82.1	(0.8)	60.1	(0.9)
	希腊	53.0	(1.3)	34.2	(0.9)	14.4	(0.7)	87.3	(0.6)	84.0	(0.6)	64.5	(1.0)
	匈牙利	48.3	(1.3)	37.9	(1.0)	8.8	(0.7)	86.7	(0.7)	75.3	(1.0)	48.0	(1.1)
	冰岛	80.6	(0.8)	71.3	(1.0)	15.5	(0.8)	96.6	(0.4)	88.6	(0.6)	65.2	(1.0)
	爱尔兰	67.5	(1.2)	63.1	(1.1)	9.6	(0.5)	94.9	(0.4)	82.7	(0.8)	62.2	(1.0)
	以色列	67.8	(1.0)	74.0	(0.9)	23.5	(1.0)	94.8	(0.5)	85.6	(0.9)	64.0	(1.0)
	意大利	40.5	(0.7)	41.4	(0.6)	9.8	(0.3)	92.6	(0.3)	81.1	(0.4)	60.7	(0.6)
	日本	34.0	(1.0)	49.7	(1.1)	13.8	(0.8)	68.4	(0.9)	53.5	(1.0)	32.5	(0.9)
	韩国	56.1	(1.2)	72.1	(1.1)	7.1	(0.6)	85.1	(0.9)	74.8	(1.0)	34.9	(1.0)
	卢森堡	50.9	(0.8)	45.7	(0.9)	13.5	(0.6)	86.7	(0.6)	75.5	(0.7)	57.7	(0.8)
	墨西哥	60.9	(0.6)	60.7	(0.5)	26.3	(0.6)	93.9	(0.2)	92.7	(0.3)	75.8	(0.4)
	荷兰	56.3	(1.1)	47.0	(1.2)	7.4	(0.5)	86.0	(0.9)	71.7	(1.0)	46.2	(1.3)
	新西兰	81.3	(0.9)	64.4	(0.9)	20.2	(1.1)	94.2	(0.4)	87.7	(0.7)	67.9	(1.1)
	挪威	68.7	(1.0)	53.0	(1.1)	7.4	(0.4)	94.0	(0.4)	91.2	(0.5)	66.5	(1.0)
	波兰	40.4	(1.4)	22.7	(1.1)	13.1	(0.7)	90.2	(0.6)	82.1	(0.6)	57.4	(1.0)
	葡萄牙	50.5	(1.3)	39.5	(1.1)	14.2	(0.8)	95.3	(0.4)	93.8	(0.5)	67.3	(1.0)
	斯洛伐克共和国	50.4	(1.2)	39.7	(1.0)	9.3	(0.9)	83.2	(0.7)	72.1	(1.0)	50.1	(1.1)
	斯洛文尼亚	47.5	(1.1)	44.9	(1.1)	15.5	(0.6)	86.7	(0.6)	75.6	(0.9)	52.6	(1.1)
	西班牙	51.8	(0.7)	44.0	(0.8)	10.1	(0.5)	92.8	(0.3)	81.8	(0.6)	62.9	(0.7)
	瑞典	77.5	(0.9)	57.3	(1.1)	11.1	(0.6)	93.6	(0.4)	81.5	(0.9)	62.3	(0.9)
	瑞士	61.5	(1.0)	40.5	(0.9)	9.8	(0.6)	89.3	(0.7)	80.5	(0.9)	66.2	(0.8)
	土耳其	45.9	(1.3)	54.1	(1.2)	40.0	(1.2)	89.9	(0.6)	84.2	(0.7)	63.7	(1.0)
	英国	84.6	(0.6)	73.2	(0.9)	12.9	(0.7)	95.0	(0.4)	84.9	(0.6)	63.3	(1.1)
	美国	73.7	(0.9)	69.9	(0.8)	15.2	(0.8)	94.0	(0.4)	86.0	(0.7)	56.9	(1.1)
	OECD 平均	60.2	(0.2)	51.0	(0.2)	13.3	(0.1)	90.4	(0.1)	80.4	(0.1)	58.2	(0.2)
伙伴国家（地区）	阿尔巴尼亚	81.8	(1.0)	78.1	(0.9)	54.4	(0.9)	92.4	(0.7)	89.3	(0.5)	87.3	(0.7)
	阿根廷	46.4	(1.2)	45.9	(1.4)	18.4	(1.0)	92.0	(0.5)	83.5	(0.8)	67.1	(0.9)
	巴西	46.1	(0.7)	36.7	(0.7)	23.5	(0.6)	95.4	(0.3)	89.6	(0.4)	67.0	(0.7)
	保加利亚	56.0	(0.9)	37.8	(1.0)	29.5	(1.0)	83.5	(0.7)	78.4	(0.8)	71.8	(0.8)
	哥伦比亚	59.3	(1.0)	42.3	(1.2)	27.3	(1.2)	91.7	(0.6)	89.6	(0.8)	75.5	(0.8)
	哥斯达黎加	54.0	(1.3)	72.8	(1.0)	20.0	(1.0)	91.5	(0.7)	84.8	(0.8)	64.5	(1.1)
	克罗地亚	30.2	(0.9)	24.2	(0.8)	6.3	(0.5)	91.1	(0.5)	78.2	(0.7)	47.0	(1.1)
	塞浦路斯[1,2]	64.5	(0.9)	51.0	(1.1)	23.9	(0.9)	89.9	(0.5)	84.5	(0.6)	69.7	(0.8)
	中国香港	64.2	(1.0)	70.5	(1.2)	27.3	(1.2)	82.9	(0.8)	74.7	(0.8)	41.1	(1.1)
	印度尼西亚	80.0	(0.8)	84.5	(0.7)	70.5	(1.2)	93.7	(0.5)	87.1	(0.7)	76.5	(0.8)
	约旦	78.3	(0.8)	82.1	(0.7)	55.3	(1.0)	86.6	(0.7)	83.9	(0.7)	78.9	(0.7)
	哈萨克斯坦	80.9	(1.1)	74.4	(1.1)	73.7	(1.4)	91.2	(0.7)	88.9	(0.7)	84.3	(0.7)
	拉脱维亚	59.1	(1.1)	31.6	(1.1)	27.0	(1.2)	83.2	(0.9)	79.1	(1.0)	57.7	(1.1)
	列支敦士登	67.9	(3.4)	47.5	(3.7)	7.4	(2.0)	90.1	(2.2)	82.0	(2.7)	74.8	(3.1)
	立陶宛	70.1	(0.9)	64.9	(1.1)	16.8	(0.8)	87.9	(0.6)	78.2	(1.0)	63.7	(1.0)
	中国澳门	54.1	(0.8)	40.1	(0.8)	26.5	(0.8)	78.7	(0.7)	67.1	(0.8)	32.5	(0.7)
	马来西亚	85.6	(0.7)	85.0	(0.7)	67.6	(1.0)	93.6	(0.5)	92.1	(0.5)	80.3	(0.7)
	黑山共和国	49.1	(0.9)	44.0	(1.0)	23.4	(0.9)	76.6	(0.8)	76.6	(0.8)	64.3	(0.9)
	秘鲁	65.5	(0.9)	69.8	(1.0)	57.9	(1.1)	96.3	(0.4)	94.2	(0.5)	75.1	(0.9)
	卡塔尔	77.9	(0.5)	76.0	(0.5)	46.7	(0.6)	86.5	(0.5)	82.9	(0.5)	80.2	(0.6)
	罗马尼亚	64.3	(1.0)	44.4	(1.1)	30.9	(1.3)	82.8	(0.9)	77.0	(1.0)	66.7	(1.0)
	俄罗斯联邦	59.6	(1.1)	42.1	(1.1)	20.5	(0.9)	88.2	(0.6)	70.7	(0.9)	68.9	(0.9)
	塞尔维亚	40.2	(1.2)	38.9	(1.1)	17.0	(0.8)	87.0	(0.8)	68.8	(1.2)	49.9	(1.2)
	中国上海	62.2	(0.9)	72.2	(0.9)	21.3	(0.9)	88.9	(0.8)	75.0	(0.9)	46.8	(1.1)
	新加坡	82.4	(0.6)	85.5	(0.6)	44.3	(0.9)	97.1	(0.3)	91.9	(0.5)	71.8	(0.7)
	中国台北	51.4	(0.8)	55.7	(1.0)	23.2	(0.8)	78.0	(0.8)	65.9	(0.9)	33.3	(0.8)
	泰国	87.0	(0.7)	85.1	(0.5)	58.9	(1.1)	91.2	(0.5)	89.7	(0.5)	73.0	(0.9)
	突尼斯	61.1	(1.2)	56.0	(1.1)	52.3	(1.1)	86.8	(0.8)	83.9	(0.8)	72.6	(0.9)
	阿拉伯联合酋长国	79.7	(0.6)	80.3	(0.7)	45.0	(1.0)	90.9	(0.4)	87.1	(0.5)	81.1	(0.6)
	乌拉圭	56.7	(1.0)	39.2	(1.0)	20.8	(1.0)	93.4	(0.4)	84.5	(0.7)	66.4	(1.0)
	越南	34.7	(1.1)	41.6	(1.1)	37.4	(1.0)	87.2	(0.8)	83.9	(0.8)	51.3	(1.1)

1. 土耳其注：本书中"塞浦路斯"相关的信息是指塞浦路斯岛南部。没有任何一个权力组织能够代表岛上的土耳其和希腊塞浦路斯人。土耳其承认北塞浦路斯土耳其共和国。除非在联合国找到一种长期的平衡的解决方案，否则土耳其将保持对"塞浦路斯"问题的立场。

2. OECD 和欧盟成员注：塞浦路斯共和国得到了除土耳其外所有联合国成员的承认。本书中的信息是指在塞浦路斯共和国政府有效控制区域内的。

附表 4.35 ■ PISA 测试前两周学生迟到的聚集特征
结果基于学生自我报告

		PISA 测试前两周迟到学生的百分比		所在学校 PISA 测试前两周迟到学生的百分比						
				>50%学生至少迟到一次		≤50%，>25%学生至少迟到一次		≤25%，>10%学生至少迟到一次		≤10%学生至少迟到一次	
		%	标准误	%	标准误	%	标准误	%	标准误	%	标准误
OECD	澳大利亚	35.5	(0.6)	17.2	(1.4)	57.0	(1.9)	22.9	(1.7)	2.9	(0.7)
	奥地利	20.9	(0.9)	5.4	(1.8)	29.2	(3.3)	34.6	(4.1)	30.8	(3.2)
	比利时	27.3	(0.7)	6.7	(1.3)	46.1	(3.0)	38.9	(3.2)	8.2	(1.7)
	加拿大	43.1	(0.7)	31.6	(2.3)	53.7	(2.7)	13.5	(1.3)	1.3	(0.4)
	智利	53.0	(1.1)	53.4	(3.5)	44.9	(3.4)	1.4	(0.5)	0.3	(0.2)
	捷克共和国	27.0	(1.0)	8.2	(1.6)	39.7	(2.8)	39.2	(3.2)	12.8	(2.2)
	丹麦	38.5	(1.1)	23.0	(2.8)	52.3	(3.3)	20.6	(2.8)	4.1	(1.5)
	爱沙尼亚	41.1	(0.9)	27.4	(2.5)	54.7	(3.1)	12.7	(1.8)	5.2	(1.3)
	芬兰	43.0	(0.9)	33.3	(3.3)	52.6	(3.7)	13.0	(2.4)	1.0	(0.5)
	法国	32.3	(0.9)	13.9	(2.3)	47.5	(3.3)	31.6	(3.0)	6.9	(1.6)
	德国	22.7	(0.8)	4.2	(1.3)	35.2	(3.4)	42.4	(3.2)	18.2	(2.4)
	希腊	49.3	(1.0)	51.7	(4.0)	44.4	(4.1)	2.3	(1.1)	1.6	(0.9)
	匈牙利	24.1	(1.2)	10.2	(1.9)	28.9	(3.5)	34.0	(3.5)	26.9	(2.8)
	冰岛	35.0	(0.8)	12.2	(0.1)	65.9	(0.2)	18.4	(0.2)	3.5	(0.1)
	爱尔兰	27.4	(1.0)	5.6	(1.7)	43.3	(3.5)	45.5	(3.5)	5.6	(1.8)
	以色列	54.3	(1.1)	59.1	(3.8)	37.6	(3.8)	3.3	(1.4)	0.0	(0.0)
	意大利	35.2	(0.6)	17.7	(1.6)	56.7	(2.0)	22.2	(1.6)	3.3	(0.8)
	日本	8.9	(0.6)	0.2	(0.2)	6.2	(1.7)	28.4	(3.3)	65.2	(3.7)
	韩国	25.1	(1.0)	5.1	(1.5)	44.9	(3.7)	34.9	(3.7)	15.0	(2.8)
	卢森堡	29.1	(0.5)	3.5	(0.1)	51.9	(0.1)	44.1	(0.1)	0.5	(0.0)
	墨西哥	39.9	(0.6)	27.0	(1.7)	54.4	(1.8)	15.5	(1.4)	3.1	(0.6)
	荷兰	30.3	(1.0)	11.9	(2.3)	44.4	(3.8)	40.8	(3.9)	3.0	(1.2)
	新西兰	42.1	(1.3)	30.1	(3.5)	56.2	(4.3)	13.3	(3.0)	0.4	(0.3)
	挪威	29.2	(1.0)	7.4	(1.9)	55.2	(3.6)	30.8	(3.4)	6.6	(1.7)
	波兰	42.4	(1.2)	32.6	(3.5)	45.7	(3.9)	19.2	(3.2)	2.4	(1.2)
	葡萄牙	55.2	(1.0)	64.8	(4.0)	34.1	(3.9)	1.0	(0.8)	0.1	(0.1)
	斯洛伐克共和国	26.2	(0.9)	6.0	(1.2)	43.1	(3.7)	39.9	(3.8)	11.1	(2.2)
	斯洛文尼亚	39.6	(0.8)	23.4	(0.5)	65.9	(0.7)	7.9	(0.5)	2.8	(0.6)
	西班牙	35.3	(0.8)	17.5	(2.0)	55.1	(3.2)	24.6	(2.7)	2.7	(0.8)
	瑞典	55.6	(1.0)	65.7	(3.4)	31.9	(3.3)	2.1	(1.1)	0.3	(0.1)
	瑞士	24.3	(0.8)	5.2	(1.3)	36.1	(2.8)	42.6	(3.4)	16.1	(2.3)
	土耳其	43.8	(1.0)	27.0	(4.2)	66.3	(4.3)	6.6	(1.8)	0.1	(0.0)
	英国	31.8	(0.8)	7.7	(1.6)	59.5	(3.2)	28.5	(2.8)	4.3	(1.4)
	美国	30.1	(1.1)	9.5	(2.2)	49.2	(4.3)	34.5	(4.3)	6.8	(2.0)
	OECD平均	35.3	(0.2)	21.3	(0.4)	46.8	(0.6)	23.9	(0.5)	8.0	(0.3)
伙伴国家(地区)	阿尔巴尼亚	35.3	(0.7)	7.3	(1.6)	75.8	(3.0)	14.7	(2.6)	2.2	(0.9)
	阿根廷	47.0	(1.3)	47.3	(4.0)	41.2	(3.6)	11.3	(2.5)	0.2	(0.2)
	巴西	33.7	(0.8)	14.8	(1.8)	50.9	(2.7)	32.0	(2.4)	2.3	(0.8)
	保加利亚	59.0	(1.1)	71.2	(3.6)	28.0	(3.8)	0.7	(0.7)	0.1	(0.1)
	哥伦比亚	35.9	(1.4)	17.3	(2.8)	58.0	(3.7)	18.0	(2.9)	6.7	(2.3)
	哥斯达黎加	57.5	(1.1)	70.0	(3.0)	25.4	(3.0)	4.5	(1.5)	0.0	c
	克罗地亚	33.9	(0.9)	13.5	(2.2)	59.3	(3.5)	22.5	(2.8)	4.6	(1.8)
	塞浦路斯[1,2]	47.7	(0.7)	47.0	(0.2)	49.4	(0.1)	3.5	(0.1)	0.1	(0.1)
	中国香港	14.6	(0.6)	0.1	(0.1)	11.4	(2.4)	54.1	(3.7)	34.4	(3.3)
	印度尼西亚	27.0	(1.0)	9.0	(1.9)	39.2	(3.5)	41.9	(3.5)	9.9	(2.3)
	约旦	35.4	(0.8)	15.7	(2.5)	59.9	(3.7)	21.7	(3.0)	2.6	(1.3)
	哈萨克斯坦	28.2	(1.2)	10.5	(2.3)	44.2	(3.9)	32.5	(3.6)	12.7	(2.1)
	拉脱维亚	56.3	(1.2)	65.9	(3.4)	29.7	(3.2)	3.4	(1.3)	1.0	(0.6)
	列支敦士登	18.7	(2.3)	1.0	(0.6)	18.8	(0.9)	73.5	(1.0)	6.7	(0.5)
	立陶宛	43.7	(1.2)	35.4	(3.4)	50.7	(3.7)	10.8	(2.0)	3.1	(0.8)
	中国澳门	25.1	(0.5)	8.2	(0.1)	34.0	(0.0)	46.8	(0.1)	10.9	(0.0)
	马来西亚	33.6	(1.0)	10.9	(2.3)	61.5	(3.7)	25.0	(3.3)	2.5	(1.4)
	黑山共和国	39.4	(0.9)	10.2	(0.1)	83.1	(0.1)	6.3	(0.1)	0.4	(0.0)
	秘鲁	52.8	(1.2)	56.8	(3.5)	39.0	(3.3)	4.2	(1.5)	0.0	c
	卡塔尔	39.5	(0.5)	18.3	(0.1)	68.6	(0.1)	11.5	(0.1)	1.6	(0.0)
	罗马尼亚	45.8	(1.1)	40.0	(3.6)	47.6	(3.9)	11.3	(2.5)	1.0	(0.5)
	俄罗斯联邦	46.7	(1.3)	39.6	(4.0)	48.9	(4.6)	9.2	(2.3)	2.3	(0.4)
	塞尔维亚	41.8	(1.0)	31.6	(3.6)	52.5	(4.2)	14.7	(2.8)	1.3	(0.4)
	中国上海	16.6	(0.7)	0.0	c	17.9	(2.5)	55.8	(3.5)	26.2	(3.6)
	新加坡	20.6	(0.5)	1.0	(0.0)	32.0	(0.5)	48.9	(0.5)	18.0	(0.1)
	中国台北	22.3	(0.8)	1.4	(0.8)	38.8	(3.7)	45.7	(4.4)	14.1	(2.8)
	泰国	34.1	(1.2)	20.9	(2.6)	43.0	(3.7)	31.0	(3.8)	5.1	(1.7)
	突尼斯	51.8	(0.9)	55.9	(4.0)	43.2	(4.1)	0.9	(0.8)	0.0	c
	阿拉伯联合酋长国	31.5	(0.7)	11.5	(1.9)	52.9	(2.7)	31.4	(2.1)	4.2	(0.6)
	乌拉圭	59.3	(0.9)	79.1	(2.6)	18.6	(2.5)	1.5	(0.9)	0.8	(0.8)
	越南	16.2	(0.8)	1.3	(0.6)	18.6	(2.9)			36.3	(4.0)

1. 土耳其注：本书中"塞浦路斯"相关的信息是指塞浦路斯岛南部。没有任何一个权力组织能够代表岛上的土耳其和希腊塞浦路斯人。土耳其承认北塞浦路斯土耳其共和国。除非在联合国找到一种长期的平衡的解决方案，否则土耳其将保持其对"塞浦路斯"问题的立场。

2. OECD 和欧盟成员注：塞浦路斯共和国得到了除土耳其外所有联合国成员的承认。本书中的信息是指在塞浦路斯共和国政府有效控制区域内的。

附表 4.36 ■ 社会比较和学校迟到

结果基于学生自我报告

		学校迟到和数学成绩的关系,控制学生和学校特点后								
		相关表现(学校平均成绩每100分对应的指数变化)		个人数学成绩(数学成绩每100分对应的指数变化)		男 生		ESCS[1]		r^2
		百分比变化	标准误	百分比变化	标准误	百分比变化	标准误	百分比变化	标准误	
OECD	澳大利亚	**−3.8**	(1.3)	**−4.9**	(1.2)	−0.6	(1.0)	−0.5	(0.8)	0.025
	奥地利	1.8	(2.1)	**−4.0**	(1.7)	0.2	(1.6)	**2.9**	(1.1)	0.005
	比利时	1.7	(1.2)	**−10.7**	(1.0)	**2.6**	(1.0)	**2.4**	(0.9)	0.043
	加拿大	0.4	(2.0)	**−11.1**	(1.8)	**2.7**	(0.9)	0.7	(0.6)	0.036
	智利	**12.9**	(2.4)	**−17.5**	(2.1)	−0.6	(1.7)	**2.1**	(1.0)	0.031
	捷克共和国	3.2	(1.9)	**−9.3**	(1.3)	**5.9**	(1.6)	2.2	(1.3)	0.029
	丹麦	0.7	(3.3)	**−8.9**	(3.1)	**7.8**	(1.5)	**1.8**	(0.9)	0.021
	爱沙尼亚	5.1	(3.0)	**−11.8**	(2.9)	**7.7**	(1.6)	**2.3**	(0.9)	0.021
	芬兰	−0.5	(3.2)	**−8.8**	(3.3)	**6.0**	(1.3)	0.6	(1.0)	0.028
	法国	1.2	(1.9)	**−10.2**	(1.6)	**3.0**	(1.3)	1.8	(1.1)	0.036
	德国	−2.4	(1.6)	−1.8	(1.3)	1.9	(1.4)	0.9	(0.9)	0.005
	希腊	−2.8	(2.5)	−1.5	(1.8)	0.1	(1.5)	**3.8**	(0.9)	0.007
	匈牙利	**10.1**	(2.6)	**−15.0**	(2.2)	1.2	(1.7)	1.9	(1.2)	0.063
	冰岛	−2.4	(2.5)	**−6.0**	(2.2)	**7.4**	(1.6)	−0.4	(1.1)	0.031
	爱尔兰	**6.3**	(2.7)	**−13.9**	(2.5)	**6.4**	(1.6)	0.8	(1.0)	0.031
	以色列	**−5.9**	(1.7)	0.0	(1.7)	−1.4	(1.9)	−1.2	(1.0)	0.010
	意大利	**8.2**	(1.0)	**−12.9**	(0.8)	**3.9**	(0.9)	**2.2**	(0.4)	0.034
	日本	1.8	(1.2)	**−4.2**	(1.1)	**3.5**	(0.8)	0.1	(0.6)	0.015
	韩国	**6.9**	(1.4)	**−12.8**	(1.2)	**3.3**	(1.4)	0.1	(1.0)	0.046
	卢森堡	**−4.5**	(1.4)	−1.9	(1.2)	2.0	(1.2)	0.6	(0.6)	0.012
	墨西哥	**−3.5**	(1.6)	**−4.3**	(1.4)	0.9	(0.8)	**3.3**	(0.4)	0.013
	荷兰	0.9	(2.1)	**−9.9**	(1.2)	2.6	(1.7)	**2.7**	(1.2)	0.033
	新西兰	**4.9**	(2.4)	**−13.8**	(2.4)	−0.5	(1.9)	−1.1	(1.2)	0.048
	挪威	**−7.6**	(2.5)	−3.5	(2.4)	2.4	(1.4)	0.0	(1.0)	0.040
	波兰	**−9.3**	(2.8)	−0.9	(2.8)	**10.6**	(1.5)	**6.6**	(1.1)	0.040
	葡萄牙	1.0	(2.1)	**−4.5**	(1.9)	−1.4	(1.9)	1.0	(0.8)	0.005
	斯洛伐克共和国	2.4	(1.8)	**−7.6**	(1.6)	**4.8**	(1.5)	1.3	(0.9)	0.022
	斯洛文尼亚	−1.4	(2.0)	**−6.6**	(1.4)	−0.3	(1.7)	**2.4**	(1.0)	0.016
	西班牙	−1.6	(2.3)	**−7.0**	(2.2)	−0.2	(0.9)	0.2	(0.6)	0.023
	瑞典	−0.8	(2.8)	**−8.5**	(2.5)	**5.1**	(1.6)	−0.2	(1.1)	0.031
	瑞士	**−7.2**	(1.6)	2.0	(1.4)	1.2	(1.3)	**2.5**	(0.7)	0.010
	土耳其	2.0	(1.8)	**−5.4**	(1.4)	**8.1**	(1.5)	1.1	(0.6)	0.013
	英国	−2.2	(1.4)	**−8.8**	(1.4)	2.0	(1.2)	0.5	(0.9)	0.041
	美国	**8.0**	(2.4)	**−15.3**	(2.1)	1.9	(1.3)	**−2.3**	(0.9)	0.050
	OECD平均	0.7	(0.4)	**−7.7**	(0.3)	**3.0**	(0.2)	**1.3**	(0.2)	0.027
伙伴国家(地区)	阿尔巴尼亚	m	m	m	m	m	m	m	m	0.029
	阿根廷	**9.9**	(3.1)	**−16.1**	(2.7)	−0.7	(1.7)	1.1	(1.1)	0.029
	巴西	2.2	(1.9)	**−4.8**	(1.7)	0.5	(0.9)	**3.1**	(0.5)	0.005
	保加利亚	**4.5**	(1.7)	**−9.1**	(1.3)	0.8	(1.6)	−1.0	(0.8)	0.024
	哥伦比亚	3.9	(2.8)	**−7.5**	(2.6)	**2.8**	(1.3)	**2.0**	(0.9)	0.006
	哥斯达黎加	**8.7**	(3.3)	**−7.5**	(3.0)	−3.0	(1.6)	**2.8**	(0.9)	0.006
	克罗地亚	**5.9**	(1.9)	**−11.1**	(1.5)	**7.5**	(1.4)	**4.8**	(0.9)	0.028
	塞浦路斯[2, 3]	−2.6	(1.5)	**−4.4**	(1.3)	**4.7**	(1.3)	−0.1	(0.8)	0.015
	中国香港	1.0	(1.2)	**−6.6**	(0.9)	**2.7**	(0.9)	0.4	(0.6)	0.026
	印度尼西亚	4.9	(3.1)	−3.9	(2.2)	**5.5**	(1.5)	**4.5**	(1.0)	0.023
	约旦	−0.1	(2.7)	−3.9	(2.4)	**6.6**	(1.8)	1.0	(0.7)	0.009
	哈萨克斯坦	−0.1	(3.2)	−4.3	(2.8)	**5.3**	(1.4)	**−3.3**	(1.2)	0.013
	拉脱维亚	**8.6**	(3.2)	**−10.3**	(3.1)	**6.6**	(2.1)	2.5	(1.3)	0.013
	列支敦士登	−1.5	(3.0)	−3.9	(3.0)	8.1	(4.3)	−2.0	(2.5)	0.034
	立陶宛	**7.1**	(2.3)	**−11.9**	(2.1)	**11.0**	(1.5)	**3.8**	(0.8)	0.031
	中国澳门	**13.5**	(1.3)	**−19.6**	(1.2)	1.7	(1.2)	0.8	(0.6)	0.064
	马来西亚	1.7	(2.4)	**−15.8**	(2.1)	**4.9**	(1.5)	**2.2**	(0.9)	0.061
	黑山共和国	2.6	(1.9)	**−6.8**	(1.8)	**4.1**	(1.4)	**3.2**	(0.9)	0.010
	秘鲁	−0.8	(2.6)	**−8.3**	(2.3)	3.5	(1.7)	1.7	(0.7)	0.018
	卡塔尔	−1.1	(0.9)	**−10.8**	(0.7)	**2.1**	(0.9)	**4.1**	(0.6)	0.053
	罗马尼亚	**5.4**	(2.7)	**−7.1**	(2.2)	**5.3**	(1.5)	0.6	(1.3)	0.009
	俄罗斯联邦	−1.1	(2.3)	**−7.9**	(2.1)	**5.5**	(1.4)	0.6	(1.1)	0.025
	塞尔维亚	**5.6**	(2.2)	**−9.2**	(1.8)	**7.0**	(1.7)	**5.3**	(1.1)	0.022
	中国上海	2.0	(1.1)	**−7.8**	(0.9)	**4.2**	(1.1)	1.7	(0.6)	0.032
	新加坡	0.6	(1.2)	**−6.7**	(1.0)	**3.2**	(1.0)	−1.4	(0.7)	0.034
	中国台北	**−2.8**	(1.3)	**−4.7**	(1.1)	**5.9**	(1.2)	1.0	(0.8)	0.034
	泰国	**6.3**	(1.8)	**−11.2**	(1.8)	**10.0**	(1.5)	**2.7**	(0.7)	0.033
	突尼斯	−4.1	(2.5)	−0.8	(1.9)	**5.6**	(1.8)	1.1	(0.7)	0.005
	阿拉伯联合酋长国	**5.8**	(1.1)	**−12.3**	(1.1)	**4.7**	(1.4)	**4.4**	(0.7)	0.034
	乌拉圭	**4.9**	(2.4)	**−6.0**	(2.4)	−3.5	(1.7)	1.7	(0.9)	0.005
	越南	2.5	(2.2)	−7.3	(1.7)	3.8	(1.1)	0.4	(0.5)	0.022

注:统计上有显著性的值用粗体表示。
上学迟到的学生指在 PISA 测试前两周至少迟到一次的学生。
1. ESCS 是指 PISA 经济、社会和文化地位指数。
2. 土耳其注:本书中"塞浦路斯"相关的信息是指塞浦路斯岛南部。没有任何一个权力组织能够代表岛上的土耳其和希腊塞浦路斯人。土耳其承认北塞浦路斯土耳其共和国。除非在联合国找到一种长期的平衡的解决方案,否则土耳其将保持其对"塞浦路斯"问题的立场。
3. OECD 和欧盟成员注:塞浦路斯共和国得到了除土耳其外所有联合国成员的承认。本书中的信息是指在塞浦路斯共和国政府有效控制区域内的。

附表 4.37 ■ 社会比较和逃课或逃学一整天

结果基于学生自我报告

		逃课或逃学一整天和数学成绩关系，控制学生和学校特点后								
		相关表现（学校平均成绩每100分对应的指数变化）		个人数学成绩（数学成绩每100分对应的指数变化）		男 生		ESCS[1]		r^2
		百分比变化	标准误	百分比变化	标准误	百分比变化	标准误	百分比变化	标准误	
OECD	澳大利亚	1.8	(1.3)	**−10.9**	(1.2)	**−4.2**	(0.8)	**−1.9**	(0.7)	0.045
	奥地利	**−3.7**	(1.8)	−1.2	(1.6)	−1.3	(1.6)	1.2	(0.8)	0.008
	比利时	**4.3**	(0.9)	**−9.1**	(0.8)	**1.8**	(0.7)	**1.2**	(0.6)	0.051
	加拿大	1.0	(1.9)	**−9.1**	(1.6)	**−4.5**	(0.9)	−0.4	(0.6)	0.027
	智利	**6.6**	(2.2)	**−12.0**	(2.2)	2.4	(1.3)	1.5	(0.8)	0.026
	捷克共和国	1.0	(1.6)	**−4.4**	(1.3)	0.2	(1.2)	0.5	(1.0)	0.014
	丹麦	−0.4	(2.7)	**−8.5**	(2.4)	−1.0	(1.3)	−0.1	(0.8)	0.031
	爱沙尼亚	2.0	(2.7)	**−15.2**	(2.5)	**7.3**	(1.3)	0.9	(0.9)	0.055
	芬兰	−2.7	(3.6)	−5.3	(3.6)	−1.1	(1.1)	**−1.8**	(0.9)	0.030
	法国	1.9	(1.4)	**−6.7**	(1.1)	−0.1	(1.4)	0.2	(1.1)	0.020
	德国	−1.5	(1.2)	**−2.1**	(0.9)	−0.4	(1.0)	0.2	(0.7)	0.007
	希腊	3.7	(2.3)	**−8.1**	(2.1)	**5.7**	(1.6)	**1.8**	(0.9)	0.012
	匈牙利	**7.3**	(1.5)	**−11.1**	(1.2)	2.2	(1.2)	0.2	(0.9)	0.067
	冰岛	−2.3	(1.7)	**−3.7**	(1.7)	2.3	(1.2)	**−2.5**	(0.7)	0.035
	爱尔兰	1.4	(2.4)	−3.8	(2.3)	**6.2**	(1.2)	−0.1	(0.8)	0.011
	以色列	**−8.0**	(1.6)	2.8	(1.3)	2.0	(2.0)	1.1	(1.0)	0.009
	意大利	**6.9**	(1.0)	**−12.1**	(0.8)	**3.4**	(0.7)	0.2	(0.5)	0.033
	日本	**2.9**	(1.0)	**−5.0**	(1.0)	0.4	(0.5)	0.1	(0.6)	0.036
	韩国	**2.0**	(0.9)	**−5.6**	(1.0)	**1.9**	(0.7)	0.1	(0.4)	0.052
	卢森堡	0.9	(1.1)	**−6.3**	(1.0)	0.4	(0.9)	0.1	(0.5)	0.028
	墨西哥	−0.7	(1.4)	**−6.1**	(1.3)	**3.2**	(0.7)	**4.1**	(0.4)	0.016
	荷兰	2.3	(1.6)	**−2.9**	(1.3)	−0.6	(1.0)	**3.2**	(1.0)	0.007
	新西兰	1.3	(1.8)	**−15.1**	(1.6)	1.4	(1.2)	**−2.6**	(0.8)	0.116
	挪威	**−4.2**	(1.7)	**−5.7**	(1.7)	−2.1	(1.2)	1.2	(1.0)	0.053
	波兰	−3.9	(2.8)	−5.6	(2.6)	**7.0**	(1.5)	**2.3**	(1.0)	0.032
	葡萄牙	4.0	(2.1)	**−11.8**	(1.8)	0.8	(1.7)	1.2	(0.9)	0.028
	斯洛伐克共和国	2.3	(1.3)	**−7.0**	(1.4)	1.6	(1.5)	−1.3	(0.8)	0.033
	斯洛文尼亚	1.8	(1.9)	**−11.6**	(1.2)	**5.0**	(1.7)	0.4	(1.1)	0.049
	西班牙	2.0	(1.9)	**−12.0**	(1.7)	**−2.1**	(1.0)	**−1.8**	(0.6)	0.042
	瑞典	−1.8	(2.5)	**−8.2**	(2.4)	−0.8	(1.4)	**−1.8**	(0.9)	0.048
	瑞士	**−4.4**	(1.4)	−1.2	(1.2)	0.0	(0.9)	**2.7**	(0.7)	0.016
	土耳其	−3.4	(2.3)	2.6	(1.6)	**8.9**	(1.7)	**2.4**	(0.7)	0.014
	英国	**−5.3**	(1.7)	−3.5	(1.9)	−2.6	(1.5)	−1.6	(0.8)	0.031
	美国	2.3	(2.0)	**−6.2**	(1.6)	−2.6	(1.4)	**−3.8**	(0.8)	0.022
	OECD 平均	0.5	(0.3)	**−6.8**	(0.3)	**1.2**	(0.2)	0.2	(0.1)	0.032
伙伴国家（地区）	阿尔巴尼亚	m	m	m	m	m	m	m	m	m
	阿根廷	**6.7**	(2.9)	**−14.0**	(2.2)	−1.5	(1.8)	2.1	(1.1)	0.026
	巴西	2.1	(2.0)	**−3.9**	(1.7)	**3.1**	(1.0)	**1.5**	(0.4)	0.003
	保加利亚	**8.1**	(1.8)	**−16.5**	(1.5)	**5.1**	(1.4)	0.3	(0.9)	0.069
	哥伦比亚	−0.1	(2.1)	−3.4	(1.8)	**8.7**	(1.1)	**1.7**	(0.7)	0.015
	哥斯达黎加	**8.2**	(3.8)	**−9.3**	(3.4)	0.7	(1.7)	0.9	(0.8)	0.006
	克罗地亚	**9.9**	(1.9)	**−19.6**	(1.5)	**10.7**	(1.2)	**4.8**	(0.9)	0.088
	塞浦路斯[2,3]	**−5.5**	(1.6)	**−5.3**	(1.3)	**11.9**	(1.3)	0.9	(0.7)	0.042
	中国香港	−0.7	(0.8)	**−4.2**	(0.6)	0.2	(1.0)	**1.2**	(0.4)	0.031
	印度尼西亚	1.4	(3.2)	**−9.8**	(2.7)	0.9	(1.3)	**3.3**	(0.8)	0.023
	约旦	−1.3	(2.4)	**−4.6**	(2.2)	0.9	(1.4)	1.0	(0.8)	0.007
	哈萨克斯坦	−0.8	(2.9)	**−8.0**	(2.7)	**6.7**	(1.6)	**−4.0**	(1.2)	0.033
	拉脱维亚	−0.4	(2.8)	−4.3	(2.5)	−2.2	(1.8)	1.2	(1.2)	0.006
	列支敦士登	−5.2	(2.8)	−1.2	(1.8)	**6.5**	(2.8)	−2.5	(2.0)	0.054
	立陶宛	3.2	(2.3)	**−14.6**	(2.3)	**9.1**	(1.3)	−0.2	(0.9)	0.063
	中国澳门	**6.1**	(1.0)	**−9.3**	(0.9)	1.2	(0.8)	**1.4**	(0.5)	0.033
	马来西亚	**−11.1**	(2.9)	−1.5	(2.8)	**11.8**	(1.6)	1.0	(1.2)	0.043
	黑山共和国	−1.9	(2.1)	**−4.7**	(1.8)	**8.3**	(1.4)	**2.8**	(0.9)	0.017
	秘鲁	2.3	(1.6)	**−12.2**	(1.2)	**13.2**	(1.1)	1.0	(0.6)	0.067
	卡塔尔	**−8.8**	(1.0)	1.0	(0.7)	**3.7**	(0.9)	**2.3**	(0.4)	0.019
	罗马尼亚	3.9	(2.8)	**−9.8**	(2.4)	2.6	(1.6)	0.0	(1.0)	0.018
	俄罗斯联邦	−1.3	(2.0)	**−7.1**	(1.3)	0.1	(1.3)	−1.7	(1.1)	0.023
	塞尔维亚	2.9	(2.4)	**−8.6**	(2.1)	**11.3**	(1.5)	**2.5**	(1.0)	0.033
	中国上海	−0.3	(0.8)	−1.2	(0.8)	**2.8**	(0.6)	0.7	(0.4)	0.010
	新加坡	**−4.1**	(1.3)	−1.3	(0.9)	1.8	(1.1)	−1.0	(0.6)	0.014
	中国台北	**2.0**	(0.9)	**−7.8**	(0.9)	**5.1**	(0.9)	−0.1	(0.6)	0.070
	泰国	**3.8**	(1.9)	**−9.3**	(1.9)	**14.4**	(1.5)	**2.4**	(0.7)	0.042
	突尼斯	2.0	(2.3)	**−8.7**	(2.0)	**18.6**	(1.5)	**1.9**	(0.7)	0.049
	阿拉伯联合酋长国	1.2	(1.6)	**−9.8**	(1.3)	**−4.0**	(1.4)	0.8	(0.8)	0.027
	乌拉圭	**8.0**	(2.4)	**−9.9**	(2.4)	**5.4**	(1.6)	**−2.0**	(0.8)	0.028
	越南	4.3	(1.8)	**−10.1**	(1.6)	**7.4**	(0.9)	0.6	(0.6)	0.053

注：统计上有显著性的值用粗体表示。
逃课或逃学的学生是指 PISA 测试前两周至少逃课或逃学一次的学生。
1. ESCS 是指 PISA 经济、社会和文化地位指数。
2. 土耳其注：本书中"塞浦路斯"相关的信息是指塞浦路斯岛南部。没有任何一个权力组织能够代表岛上的土耳其和希腊塞浦路斯人。土耳其承认北塞浦路斯土耳其共和国。除非在联合国找到一种长期的平衡的解决方案，否则土耳其将保持其对"塞浦路斯"问题的立场。
3. OECD 和欧盟成员注：塞浦路斯共和国得到了除土耳其外所有联合国成员的承认。本书中的信息是指在塞浦路斯共和国政府有效控制区域内的。

附表 4.38 ■ 社会比较和自我归属感

结果基于学生自我报告

| | | 自我归属感和数学成绩关系,控制学生和学校特点后 | | | | | | | |
| | | 相关表现(学校平均成绩 每100分对应的指数变化) | | 个人数学成绩(数学成绩 每100分对应的指数变化) | | 男　生 | | ESCS[1] | | r^2 |
		指数变化	标准误	指数变化	标准误	指数变化	标准误	指数变化	标准误	
OECD	澳大利亚	**−0.10**	(0.03)	**0.15**	(0.02)	**0.07**	(0.03)	**0.11**	(0.02)	0.026
	奥地利	−0.11	(0.06)	**0.17**	(0.05)	−0.08	(0.05)	**0.08**	(0.03)	0.020
	比利时	−0.04	(0.03)	**0.08**	(0.03)	−0.02	(0.03)	**0.05**	(0.02)	0.009
	加拿大	0.04	(0.04)	0.00	(0.03)	**0.09**	(0.02)	**0.11**	(0.02)	0.014
	智利	**−0.23**	(0.06)	**0.17**	(0.05)	0.08	(0.05)	0.02	(0.02)	0.014
	捷克共和国	**0.10**	(0.04)	0.01	(0.03)	−0.04	(0.04)	**0.09**	(0.02)	0.018
	丹麦	−0.09	(0.06)	0.09	(0.05)	**0.07**	(0.03)	**0.13**	(0.03)	0.019
	爱沙尼亚	−0.06	(0.07)	0.11	(0.06)	0.02	(0.03)	**0.07**	(0.02)	0.013
	芬兰	**−0.14**	(0.05)	**0.15**	(0.05)	**0.08**	(0.03)	**0.10**	(0.02)	0.014
	法国	**−0.12**	(0.04)	**0.15**	(0.03)	−0.06	(0.03)	**0.11**	(0.02)	0.036
	德国	−0.06	(0.06)	**0.07**	(0.04)	0.01	(0.04)	**0.06**	(0.02)	0.007
	希腊	−0.05	(0.05)	0.07	(0.04)	**−0.08**	(0.03)	0.02	(0.02)	0.005
	匈牙利	**−0.19**	(0.05)	**0.22**	(0.05)	−0.03	(0.03)	0.00	(0.03)	0.030
	冰岛	**−0.27**	(0.07)	**0.33**	(0.07)	0.10	(0.05)	**0.18**	(0.03)	0.041
	爱尔兰	0.01	(0.05)	−0.03	(0.04)	0.05	(0.04)	**0.06**	(0.02)	0.003
	以色列	0.00	(0.05)	0.02	(0.05)	−0.02	(0.05)	0.06	(0.04)	0.003
	意大利	−0.02	(0.02)	0.00	(0.02)	**−0.08**	(0.02)	**0.04**	(0.01)	0.004
	日本	**−0.25**	(0.04)	**0.13**	(0.04)	−0.03	(0.04)	**0.06**	(0.02)	0.019
	韩国	**−0.11**	(0.05)	**0.16**	(0.04)	0.05	(0.04)	**0.09**	(0.02)	0.032
	卢森堡	−0.05	(0.05)	**0.19**	(0.04)	−0.04	(0.04)	**0.06**	(0.02)	0.026
	墨西哥	**−0.12**	(0.04)	**0.16**	(0.04)	**−0.13**	(0.02)	**0.06**	(0.01)	0.021
	荷兰	**−0.15**	(0.04)	**0.11**	(0.04)	−0.05	(0.05)	**0.08**	(0.02)	0.019
	新西兰	**0.10**	(0.05)	−0.07	(0.05)	0.00	(0.04)	**0.06**	(0.02)	0.005
	挪威	−0.10	(0.06)	**0.13**	(0.06)	0.00	(0.04)	**0.15**	(0.03)	0.018
	波兰	0.01	(0.07)	−0.03	(0.05)	0.02	(0.03)	0.02	(0.02)	0.001
	葡萄牙	**−0.10**	(0.04)	**0.14**	(0.04)	0.03	(0.04)	**0.08**	(0.02)	0.028
	斯洛伐克共和国	0.00	(0.04)	**0.09**	(0.03)	**−0.17**	(0.03)	0.02	(0.03)	0.021
	斯洛文尼亚	−0.01	(0.05)	0.06	(0.04)	**−0.10**	(0.04)	0.05	(0.03)	0.011
	西班牙	−0.03	(0.05)	0.04	(0.05)	**−0.06**	(0.03)	**0.04**	(0.02)	0.005
	瑞典	**−0.16**	(0.06)	**0.18**	(0.06)	**0.16**	(0.04)	**0.12**	(0.03)	0.025
	瑞士	−0.09	(0.05)	**0.19**	(0.05)	−0.05	(0.04)	−0.01	(0.02)	0.016
	土耳其	0.07	(0.05)	−0.01	(0.03)	**−0.25**	(0.04)	**0.08**	(0.02)	0.020
	英国	−0.02	(0.05)	0.04	(0.05)	**0.10**	(0.03)	**0.10**	(0.02)	0.013
	美国	**−0.09**	(0.05)	**0.09**	(0.05)	**0.09**	(0.04)	**0.13**	(0.02)	0.022
	OECD平均	**−0.07**	(0.01)	**0.10**	(0.01)	−0.01	(0.01)	**0.07**	(0.00)	0.017
伙伴国家(地区)	阿尔巴利亚	m	m	m	m	m	m	m	m	m
	阿根廷	−0.03	(0.06)	**0.11**	(0.05)	−0.04	(0.04)	0.03	(0.02)	0.011
	巴西	−0.06	(0.03)	0.03	(0.03)	0.01	(0.02)	**0.04**	(0.01)	0.005
	保加利亚	−0.06	(0.04)	**0.17**	(0.04)	**−0.09**	(0.03)	**0.05**	(0.02)	0.034
	哥伦比亚	−0.12	(0.08)	**0.20**	(0.06)	−0.08	(0.03)	0.04	(0.02)	0.018
	哥斯达黎加	−0.04	(0.09)	0.03	(0.07)	**0.13**	(0.04)	**0.05**	(0.02)	0.008
	克罗地亚	−0.04	(0.05)	0.06	(0.04)	−0.01	(0.04)	0.01	(0.02)	0.002
	塞浦路斯[2,3]	**−0.10**	(0.04)	**0.13**	(0.03)	**−0.28**	(0.03)	**0.06**	(0.01)	0.033
	中国香港	−0.02	(0.04)	0.05	(0.03)	**0.07**	(0.03)	**0.07**	(0.01)	0.013
	印度尼西亚	−0.02	(0.06)	**0.11**	(0.04)	−0.03	(0.03)	**0.05**	(0.02)	0.018
	约旦	−0.03	(0.05)	**0.26**	(0.04)	**−0.30**	(0.03)	0.00	(0.02)	0.051
	哈萨克斯坦	0.03	(0.08)	0.06	(0.07)	**−0.16**	(0.04)	**0.17**	(0.03)	0.028
	拉脱维亚	0.09	(0.06)	**−0.11**	(0.05)	0.00	(0.04)	**0.07**	(0.02)	0.005
	列支敦士登	−0.03	(0.16)	0.13	(0.10)	−0.01	(0.13)	0.13	(0.08)	0.037
	立陶宛	**−0.29**	(0.05)	**0.41**	(0.05)	**−0.16**	(0.04)	**0.07**	(0.03)	0.070
	中国澳门	0.02	(0.03)	−0.03	(0.03)	0.05	(0.03)	**0.10**	(0.02)	0.011
	马来西亚	**0.20**	(0.05)	**−0.09**	(0.05)	**−0.18**	(0.03)	0.01	(0.02)	0.022
	黑山共和国	**0.16**	(0.05)	**−0.20**	(0.04)	**−0.16**	(0.03)	0.03	(0.03)	0.016
	秘鲁	−0.05	(0.05)	**0.09**	(0.03)	**−0.08**	(0.03)	**0.05**	(0.02)	0.018
	卡塔尔	0.01	(0.03)	**0.17**	(0.02)	**−0.15**	(0.03)	0.01	(0.01)	0.035
	罗马尼亚	**−0.17**	(0.04)	**0.16**	(0.05)	0.01	(0.04)	**0.08**	(0.02)	0.026
	俄罗斯联邦	0.04	(0.05)	−0.01	(0.04)	−0.05	(0.03)	**0.11**	(0.02)	0.011
	塞尔维亚	0.01	(0.04)	−0.02	(0.03)	0.03	(0.05)	**0.05**	(0.02)	0.002
	中国上海	0.01	(0.04)	0.00	(0.04)	0.02	(0.03)	**0.07**	(0.02)	0.005
	新加坡	−0.05	(0.03)	**0.07**	(0.02)	**0.10**	(0.03)	0.02	(0.02)	0.007
	中国台北	−0.04	(0.03)	−0.01	(0.02)	**0.12**	(0.03)	**0.12**	(0.02)	0.015
	泰国	−0.02	(0.04)	**0.17**	(0.03)	**−0.16**	(0.03)	**0.05**	(0.01)	0.047
	突尼斯	0.01	(0.06)	**0.10**	(0.04)	**−0.19**	(0.05)	0.01	(0.02)	0.015
	阿拉伯联合酋长国	−0.07	(0.04)	**0.19**	(0.04)	**−0.10**	(0.04)	0.01	(0.02)	0.020
	乌拉圭	**−0.13**	(0.05)	0.06	(0.04)	**0.09**	(0.04)	0.03	(0.02)	0.007
	越南	−0.03	(0.04)	0.01	(0.04)	**0.09**	(0.03)	0.02	(0.01)	0.006

注:粗体表示差异值达到统计上的显著。
1. ESCS指 PISA 经济、社会和文化地位指数
2. 土耳其注:本书中"塞浦路斯"相关的信息是指塞浦路斯岛南部。没有任何一个权力组织能够代表该岛上的土耳其和希腊塞浦路斯人。土耳其承认北塞浦路斯土耳其共和国。除非在联合国找到一种长期的平衡的解决方案,否则土耳其将保持其对"塞浦路斯"问题的立场。
3. OECD 和欧盟成员注:塞浦路斯共和国得到了除土耳其外所有联合国成员的承认。本书中的信息是指在塞浦路斯共和国政府有效控制区域内的。

附表 4.39 ■ 社会比较和坚持性

结果基于学生自我报告

		坚持性和数学成绩关系,控制学生和学校特点后							
		相关表现(学校平均成绩每100分对应的指数变化)		个人数学成绩(数学成绩每100分对应的指数变化)		男生		ESCS[1]		r²
		指数变化	标准误	指数变化	标准误	指数变化	标准误	指数变化	标准误	
OECD	澳大利亚	**0.18**	(0.03)	**0.12**	(0.02)	**−0.15**	(0.02)	**0.12**	(0.02)	0.101
	奥地利	**0.18**	(0.05)	0.05	(0.03)	**−0.18**	(0.04)	0.01	(0.02)	0.045
	比利时	**0.11**	(0.04)	**0.11**	(0.02)	**0.16**	(0.03)	**−0.04**	(0.02)	0.037
	加拿大	**0.25**	(0.04)	0.04	(0.03)	−0.02	(0.02)	**0.11**	(0.02)	0.074
	智利	**0.11**	(0.04)	**0.11**	(0.04)	0.05	(0.03)	**0.04**	(0.02)	0.027
	捷克共和国	**0.15**	(0.04)	0.01	(0.03)	**0.11**	(0.04)	**0.09**	(0.03)	0.024
	丹麦	**0.20**	(0.06)	**0.17**	(0.06)	**−0.16**	(0.03)	**0.07**	(0.02)	0.118
	爱沙尼亚	**0.22**	(0.06)	**−0.14**	(0.06)	0.06	(0.03)	**0.08**	(0.02)	0.012
	芬兰	**0.18**	(0.05)	**0.22**	(0.05)	**−0.13**	(0.02)	**0.11**	(0.02)	0.159
	法国	**0.24**	(0.05)	**0.19**	(0.03)	**−0.16**	(0.03)	0.04	(0.03)	0.099
	德国	**0.38**	(0.05)	−0.03	(0.04)	**−0.12**	(0.03)	**0.05**	(0.02)	0.084
	希腊	**0.10**	(0.04)	**0.24**	(0.03)	−0.03	(0.04)	**0.06**	(0.02)	0.086
	匈牙利	**0.12**	(0.05)	**0.07**	(0.03)	0.04	(0.04)	**0.05**	(0.02)	0.027
	冰岛	**0.24**	(0.06)	**0.14**	(0.06)	**−0.15**	(0.04)	**0.08**	(0.03)	0.128
	爱尔兰	**0.19**	(0.05)	**0.12**	(0.04)	**−0.10**	(0.03)	**0.08**	(0.02)	0.074
	以色列	**0.37**	(0.05)	**−0.21**	(0.04)	**0.11**	(0.05)	0.04	(0.04)	0.027
	意大利	**0.28**	(0.03)	0.03	(0.02)	0.02	(0.02)	**0.04**	(0.01)	0.037
	日本	0.03	(0.03)	**0.19**	(0.02)	**−0.05**	(0.02)	0.02	(0.02)	0.053
	韩国	0.04	(0.03)	**0.15**	(0.02)	**−0.21**	(0.02)	**0.09**	(0.02)	0.097
	卢森堡	**0.12**	(0.04)	**0.08**	(0.04)	**−0.13**	(0.03)	0.03	(0.02)	0.041
	墨西哥	**0.15**	(0.03)	**0.17**	(0.02)	**0.14**	(0.02)	**0.04**	(0.01)	0.047
	荷兰	**0.12**	(0.03)	0.02	(0.03)	−0.04	(0.03)	−0.01	(0.02)	0.009
	新西兰	**0.19**	(0.05)	**0.11**	(0.04)	**−0.12**	(0.04)	**0.08**	(0.03)	0.106
	挪威	**0.24**	(0.06)	**0.29**	(0.06)	**−0.22**	(0.04)	**0.07**	(0.03)	0.184
	波兰	**0.12**	(0.04)	**0.21**	(0.05)	−0.01	(0.04)	0.05	(0.03)	0.086
	葡萄牙	0.06	(0.05)	**0.28**	(0.04)	**0.16**	(0.04)	0.04	(0.03)	0.096
	斯洛伐克共和国	**0.22**	(0.05)	**0.09**	(0.04)	**−0.09**	(0.05)	0.05	(0.03)	0.065
	斯洛文尼亚	**0.15**	(0.04)	0.04	(0.03)	0.05	(0.03)	0.04	(0.02)	0.015
	西班牙	**0.19**	(0.05)	**0.09**	(0.05)	0.00	(0.03)	**0.06**	(0.02)	0.065
	瑞典	0.09	(0.06)	**0.29**	(0.06)	**−0.25**	(0.03)	0.03	(0.02)	0.129
	瑞士	**0.18**	(0.03)	0.02	(0.03)	**−0.17**	(0.03)	−0.01	(0.02)	0.040
	土耳其	**0.21**	(0.06)	**0.11**	(0.04)	**0.16**	(0.04)	0.03	(0.02)	0.039
	英国	**0.20**	(0.03)	**0.13**	(0.03)	**−0.20**	(0.04)	**0.08**	(0.03)	0.096
	美国	**0.22**	(0.05)	0.06	(0.04)	0.00	(0.04)	**0.10**	(0.03)	0.058
	OECD平均	**0.18**	(0.01)	**0.10**	(0.01)	**−0.05**	(0.01)	**0.05**	(0.00)	0.070
伙伴国家(地区)	阿尔巴利亚	0.04	(0.10)	−0.04	(0.09)	−0.03	(0.05)	**0.09**	(0.03)	0.004
	阿根廷	**0.38**	(0.06)	−0.05	(0.04)	0.06	(0.03)	**0.07**	(0.02)	0.044
	巴西	**0.27**	(0.03)	0.04	(0.03)	**0.19**	(0.02)	**0.02**	(0.01)	0.038
	保加利亚	0.06	(0.06)	**0.14**	(0.03)	**0.21**	(0.04)	**0.15**	(0.03)	0.058
	哥伦比亚	**0.14**	(0.06)	0.06	(0.06)	**0.19**	(0.03)	**0.04**	(0.02)	0.024
	哥斯达黎加	**0.25**	(0.09)	0.02	(0.08)	**0.11**	(0.04)	0.02	(0.02)	0.021
	克罗地亚	**0.16**	(0.05)	−0.01	(0.04)	0.04	(0.03)	0.02	(0.03)	0.009
	塞浦路斯[2,3]	0.00	(0.00)	**0.21**	(0.03)	**−0.24**	(0.03)	**0.09**	(0.02)	0.093
	中国香港	**0.12**	(0.04)	0.03	(0.03)	**−0.10**	(0.03)	**0.09**	(0.02)	0.041
	印度尼西亚	0.10	(0.07)	0.04	(0.06)	−0.01	(0.04)	**0.07**	(0.02)	0.018
	约旦	**0.21**	(0.05)	**0.25**	(0.03)	**0.14**	(0.04)	**0.06**	(0.02)	0.058
	哈萨克斯坦	0.03	(0.08)	**0.15**	(0.07)	**0.12**	(0.04)	**0.26**	(0.03)	0.058
	拉脱维亚	0.03	(0.06)	**0.15**	(0.05)	0.06	(0.04)	**0.11**	(0.02)	0.054
	列支敦士登	0.02	(0.11)	0.07	(0.08)	−0.14	(0.11)	**0.18**	(0.07)	0.072
	立陶宛	0.05	(0.04)	**0.08**	(0.03)	**0.15**	(0.04)	**0.08**	(0.02)	0.037
	中国澳门	**0.16**	(0.03)	0.06	(0.04)	**−0.08**	(0.03)	**0.10**	(0.02)	0.054
	马来西亚	**0.11**	(0.04)	0.06	(0.04)	0.02	(0.03)	**0.06**	(0.02)	0.028
	黑山共和国	**0.22**	(0.06)	**0.13**	(0.05)	**0.30**	(0.03)	**0.05**	(0.02)	0.065
	秘鲁	**0.25**	(0.04)	0.01	(0.04)	**0.23**	(0.03)	**0.06**	(0.02)	0.048
	卡塔尔	**0.19**	(0.02)	**0.08**	(0.02)	**0.08**	(0.02)	**0.06**	(0.01)	0.095
	罗马尼亚	0.00	(0.05)	**0.13**	(0.04)	**0.13**	(0.04)	**0.07**	(0.02)	0.029
	俄罗斯联邦	0.09	(0.05)	0.02	(0.03)	0.06	(0.04)	**0.16**	(0.02)	0.024
	塞尔维亚	**0.19**	(0.06)	0.02	(0.04)	0.05	(0.04)	**0.11**	(0.02)	0.028
	中国上海	**0.08**	(0.03)	0.02	(0.03)	**−0.14**	(0.03)	**0.09**	(0.02)	0.035
	新加坡	**0.07**	(0.03)	0.02	(0.02)	**−0.13**	(0.03)	**0.06**	(0.02)	0.021
	中国台北	**0.08**	(0.03)	**0.12**	(0.02)	**−0.07**	(0.03)	**0.07**	(0.02)	0.066
	泰国	0.04	(0.04)	**0.13**	(0.03)	**0.13**	(0.03)	**0.05**	(0.01)	0.055
	突尼斯	0.05	(0.07)	0.09	(0.05)	0.09	(0.04)	0.03	(0.02)	0.047
	阿拉伯联合酋长国	**0.22**	(0.03)	**0.17**	(0.03)	**0.07**	(0.03)	**0.07**	(0.02)	0.095
	乌拉圭	**0.17**	(0.05)	0.08	(0.04)	−0.02	(0.04)	0.03	(0.02)	0.032
	越南	0.07	(0.05)	0.04	(0.04)	−0.01	(0.04)	0.02	(0.02)	0.008

注:粗体表示差异值达到统计上的显著。

1. ESCS 指 PISA 经济、社会和文化地位指数。

2. 土耳其注:本书中"塞浦路斯"相关的信息是指塞浦路斯岛南部。没有任何一个权力组织能够代表岛上的土耳其和希腊塞浦路斯人。土耳其承认北塞浦路斯土耳其共和国。除非在联合国找到一种长期的平衡的解决方案,否则土耳其将保持其对"塞浦路斯"问题的立场。

3. OECD 和欧盟成员注:塞浦路斯共和国得到了除土耳其外所有联合国成员的承认。本书中的信息是指在塞浦路斯共和国政府有效控制区域内的。

附表 4.40 ■ 社会比较和数学学习的内部动机

结果基于学生自我报告

		数学学习的内部动机和数学成绩关系，控制学生和学校特点后							
		相关表现（学校平均成绩 每100分对应的指数变化）		个人数学成绩（数学成绩 每100分对应的指数变化）		男 生		ESCS[1]		r^2
		指数变化	标准误	指数变化	标准误	指数变化	标准误	指数变化	标准误	
OECD	澳大利亚	**0.17**	(0.03)	**0.14**	(0.03)	**0.28**	(0.02)	−0.01	(0.02)	0.089
	奥地利	**0.09**	(0.04)	**0.14**	(0.04)	**0.33**	(0.04)	−0.04	(0.03)	0.063
	比利时	**0.13**	(0.04)	**0.13**	(0.03)	**0.07**	(0.03)	−0.02	(0.02)	0.050
	加拿大	**0.19**	(0.04)	**0.13**	(0.03)	**0.19**	(0.02)	**0.05**	(0.02)	0.078
	智利	**0.21**	(0.06)	**0.11**	(0.05)	**0.18**	(0.04)	**−0.07**	(0.02)	0.051
	捷克共和国	**0.22**	(0.05)	**0.09**	(0.04)	**0.15**	(0.04)	0.03	(0.02)	0.073
	丹麦	**0.20**	(0.06)	**0.21**	(0.05)	**0.20**	(0.04)	−0.01	(0.02)	0.120
	爱沙尼亚	**0.20**	(0.05)	0.08	(0.05)	0.04	(0.04)	**0.06**	(0.03)	0.063
	芬兰	0.07	(0.05)	**0.29**	(0.05)	**0.20**	(0.03)	**0.08**	(0.02)	0.129
	法国	**0.25**	(0.04)	**0.09**	(0.03)	**0.15**	(0.03)	0.02	(0.02)	0.068
	德国	**0.52**	(0.05)	−0.05	(0.04)	**0.28**	(0.04)	0.03	(0.02)	0.116
	希腊	**0.24**	(0.05)	**0.17**	(0.04)	**0.26**	(0.04)	**0.07**	(0.02)	0.118
	匈牙利	**0.29**	(0.06)	0.05	(0.04)	**0.16**	(0.04)	−0.04	(0.03)	0.053
	冰岛	**0.22**	(0.06)	**0.13**	(0.06)	0.04	(0.04)	**0.06**	(0.03)	0.091
	爱尔兰	**0.28**	(0.07)	0.05	(0.07)	0.01	(0.04)	0.01	(0.02)	0.066
	以色列	**0.48**	(0.05)	**−0.31**	(0.04)	**0.09**	(0.04)	−0.01	(0.02)	0.060
	意大利	**0.12**	(0.03)	**0.12**	(0.02)	**0.11**	(0.02)	0.00	(0.01)	0.039
	日本	**0.13**	(0.04)	**0.26**	(0.03)	**0.25**	(0.03)	**0.07**	(0.03)	0.122
	韩国	−0.04	(0.04)	**0.42**	(0.04)	**0.10**	(0.03)	0.03	(0.02)	0.174
	卢森堡	**0.19**	(0.04)	0.06	(0.04)	**0.38**	(0.04)	−0.03	(0.02)	0.069
	墨西哥	**0.27**	(0.03)	**−0.07**	(0.02)	**0.12**	(0.02)	**−0.09**	(0.01)	0.051
	荷兰	**0.15**	(0.05)	**0.11**	(0.05)	**0.16**	(0.04)	0.01	(0.02)	0.048
	新西兰	**0.20**	(0.08)	−0.02	(0.08)	**0.28**	(0.04)	−0.02	(0.03)	0.051
	挪威	**0.22**	(0.06)	**0.23**	(0.05)	**0.15**	(0.04)	0.03	(0.03)	0.145
	波兰	**0.21**	(0.04)	**0.14**	(0.04)	0.06	(0.04)	**−0.08**	(0.02)	0.082
	葡萄牙	**0.20**	(0.04)	0.09	(0.04)	0.00	(0.03)	0.01	(0.02)	0.050
	斯洛伐克共和国	**0.24**	(0.05)	−0.05	(0.04)	**0.17**	(0.04)	−0.04	(0.03)	0.038
	斯洛文尼亚	**0.17**	(0.05)	**0.13**	(0.03)	**0.19**	(0.03)	0.00	(0.03)	0.053
	西班牙	**0.21**	(0.04)	0.05	(0.04)	**0.14**	(0.03)	0.00	(0.02)	0.054
	瑞典	**0.16**	(0.07)	**0.21**	(0.06)	**0.20**	(0.04)	0.03	(0.03)	0.109
	瑞士	**0.15**	(0.04)	0.06	(0.04)	**0.44**	(0.03)	**−0.09**	(0.02)	0.087
	土耳其	**0.17**	(0.05)	**0.10**	(0.04)	0.04	(0.03)	**−0.08**	(0.02)	0.025
	英国	**0.13**	(0.04)	**0.12**	(0.04)	**0.09**	(0.03)	0.03	(0.02)	0.055
	美国	**0.33**	(0.04)	−0.06	(0.06)	**0.13**	(0.04)	−0.04	(0.02)	0.045
	OECD平均	**0.20**	(0.01)	**0.10**	(0.01)	**0.17**	(0.01)	0.00	(0.00)	0.076
伙伴国家（地区）	阿尔巴尼亚	m	m	m	m	m	m	m	m	m
	阿根廷	**0.44**	(0.06)	**−0.28**	(0.05)	**0.19**	(0.04)	**−0.10**	(0.02)	0.065
	巴西	**0.32**	(0.03)	**−0.23**	(0.02)	**0.16**	(0.02)	**−0.07**	(0.01)	0.049
	保加利亚	**0.23**	(0.05)	**−0.15**	(0.04)	**0.09**	(0.04)	−0.04	(0.02)	0.023
	哥伦比亚	**0.29**	(0.06)	**−0.21**	(0.06)	**0.10**	(0.03)	**−0.05**	(0.02)	0.033
	哥斯达黎加	**0.20**	(0.08)	−0.12	(0.07)	**0.22**	(0.04)	**−0.06**	(0.02)	0.025
	克罗地亚	0.04	(0.06)	**0.13**	(0.05)	**0.11**	(0.04)	−0.04	(0.02)	0.022
	塞浦路斯[2,3]	**0.17**	(0.05)	**0.18**	(0.04)	0.02	(0.04)	**0.11**	(0.02)	0.083
	中国香港	**0.31**	(0.04)	**0.11**	(0.03)	**0.30**	(0.03)	0.03	(0.02)	0.139
	印度尼西亚	**0.29**	(0.05)	**−0.19**	(0.05)	0.02	(0.04)	−0.02	(0.01)	0.029
	约旦	**0.26**	(0.08)	0.02	(0.07)	**0.12**	(0.05)	**0.05**	(0.02)	0.038
	哈萨克斯坦	**0.20**	(0.07)	−0.11	(0.07)	−0.05	(0.03)	**0.07**	(0.02)	0.011
	拉脱维亚	**0.15**	(0.06)	0.07	(0.05)	0.03	(0.04)	0.02	(0.02)	0.036
	列支敦士登	**0.51**	(0.17)	−0.03	(0.11)	0.33	(0.17)	0.14	(0.09)	0.135
	立陶宛	**0.23**	(0.06)	0.03	(0.05)	**0.09**	(0.04)	0.01	(0.03)	0.035
	中国澳门	**0.23**	(0.04)	**0.08**	(0.04)	**0.31**	(0.03)	0.00	(0.02)	0.089
	马来西亚	**0.18**	(0.05)	**0.08**	(0.04)	−0.09	(0.03)	0.00	(0.02)	0.049
	黑山共和国	**0.22**	(0.06)	−0.07	(0.05)	0.05	(0.04)	−0.03	(0.02)	0.013
	秘鲁	**0.49**	(0.04)	**−0.36**	(0.03)	**0.08**	(0.02)	**−0.03**	(0.01)	0.100
	卡塔尔	**0.13**	(0.02)	**0.05**	(0.02)	**0.35**	(0.03)	**−0.03**	(0.01)	0.042
	罗马尼亚	−0.01	(0.05)	**−0.08**	(0.04)	0.00	(0.04)	0.00	(0.03)	0.008
	俄罗斯联邦	**0.12**	(0.05)	0.06	(0.04)	**0.13**	(0.04)	−0.02	(0.02)	0.033
	塞尔维亚	**0.16**	(0.05)	−0.01	(0.04)	0.08	(0.04)	**−0.04**	(0.02)	0.014
	中国上海	**0.08**	(0.04)	**0.11**	(0.03)	**0.26**	(0.03)	0.02	(0.02)	0.055
	新加坡	**0.15**	(0.03)	−0.02	(0.02)	**0.08**	(0.03)	**−0.05**	(0.02)	0.016
	中国台北	**0.14**	(0.03)	**0.19**	(0.03)	**0.29**	(0.03)	0.02	(0.02)	0.141
	泰国	**0.11**	(0.05)	0.01	(0.03)	**0.07**	(0.02)	**−0.05**	(0.01)	0.017
	突尼斯	**0.19**	(0.06)	0.03	(0.04)	**0.10**	(0.04)	0.01	(0.02)	0.019
	阿拉伯联合酋长国	**0.32**	(0.03)	**−0.09**	(0.02)	**0.14**	(0.03)	0.01	(0.02)	0.030
	乌拉圭	**0.23**	(0.05)	**−0.11**	(0.04)	**0.11**	(0.03)	**−0.09**	(0.02)	0.031
	越南	0.07	(0.04)	0.09	(0.03)	**0.12**	(0.02)	−0.01	(0.02)	0.037

注：粗体表示差异值达到统计上的显著。
1. ESCS 指 PISA 经济、社会和文化地位指数。
2. 土耳其注：本书中"塞浦路斯"相关的信息是指塞浦路斯岛南部。没有任何一个权力组织能够代表岛上的土耳其和希腊塞浦路斯人。土耳其承认北塞浦路斯土耳其共和国。除非在联合国找到一种长期的平衡的解决方案，否则土耳其将保持对"塞浦路斯"问题的立场。
3. OECD 和欧盟成员注：塞浦路斯共和国得到了除土耳其外所有联合国成员的承认。本书中的信息是指在塞浦路斯共和国政府有效控制区域内的。

附表 4.41 ■ 社会比较和学习数学的外部动机

结果基于学生自我报告

| | | 学习数学外部动机和数学成绩关系,控制学生和学校特点后 | | | | | | | |
| | | 相关表现(学校平均成绩 每100分对应的指数变化) | | 个人数学成绩(数学成绩 每100分对应的指数变化) | | 男　生 | | ESCS[1] | | r^2 |
		指数变化	标准误	指数变化	标准误	指数变化	标准误	指数变化	标准误	
OECD	澳大利亚	**0.18**	(0.03)	**0.07**	(0.02)	**0.27**	(0.02)	0.03	(0.02)	0.071
	奥地利	0.04	(0.05)	0.02	(0.04)	**0.49**	(0.05)	**−0.06**	(0.03)	0.064
	比利时	**0.10**	(0.03)	**0.16**	(0.03)	**0.22**	(0.03)	0.00	(0.02)	0.066
	加拿大	**0.14**	(0.04)	**0.15**	(0.03)	**0.10**	(0.03)	**0.08**	(0.02)	0.074
	智利	**0.21**	(0.04)	0.06	(0.04)	**0.16**	(0.04)	**−0.07**	(0.02)	0.039
	捷克共和国	**0.29**	(0.05)	−0.04	(0.04)	**0.18**	(0.04)	0.01	(0.03)	0.051
	丹麦	**0.15**	(0.05)	**0.14**	(0.05)	**0.23**	(0.03)	**0.07**	(0.02)	0.098
	爱沙尼亚	0.10	(0.05)	**0.10**	(0.04)	**0.08**	(0.03)	**0.06**	(0.02)	0.039
	芬兰	0.08	(0.06)	**0.24**	(0.05)	0.05	(0.03)	**0.13**	(0.02)	0.112
	法国	**0.22**	(0.04)	0.04	(0.03)	**0.18**	(0.03)	**0.07**	(0.02)	0.046
	德国	**0.40**	(0.04)	**−0.07**	(0.03)	**0.27**	(0.04)	0.01	(0.02)	0.081
	希腊	**0.25**	(0.05)	**0.09**	(0.04)	**0.16**	(0.05)	**0.05**	(0.02)	0.074
	匈牙利	**0.15**	(0.05)	0.08	(0.05)	**0.19**	(0.04)	−0.03	(0.02)	0.039
	冰岛	**0.18**	(0.06)	**0.12**	(0.05)	0.00	(0.04)	**0.09**	(0.02)	0.081
	爱尔兰	**0.30**	(0.06)	−0.10	(0.06)	**0.14**	(0.04)	0.03	(0.03)	0.036
	以色列	**0.27**	(0.04)	**−0.09**	(0.03)	**0.15**	(0.04)	0.01	(0.02)	0.032
	意大利	0.03	(0.02)	**0.12**	(0.02)	**0.16**	(0.02)	−0.01	(0.01)	0.025
	日本	−0.02	(0.04)	**0.32**	(0.03)	**0.19**	(0.03)	**0.09**	(0.02)	0.106
	韩国	**−0.10**	(0.04)	**0.50**	(0.03)	**0.07**	(0.03)	0.03	(0.02)	0.183
	卢森堡	**0.14**	(0.04)	0.06	(0.04)	**0.42**	(0.04)	0.01	(0.02)	0.066
	墨西哥	**0.13**	(0.03)	0.03	(0.02)	**0.05**	(0.02)	**−0.05**	(0.01)	0.017
	荷兰	**0.11**	(0.05)	**0.14**	(0.03)	**0.23**	(0.03)	0.02	(0.02)	0.054
	新西兰	**0.15**	(0.05)	0.05	(0.04)	**0.19**	(0.04)	0.03	(0.03)	0.048
	挪威	**0.22**	(0.05)	**0.19**	(0.04)	0.03	(0.03)	**0.08**	(0.03)	0.135
	波兰	**0.28**	(0.05)	**0.10**	(0.05)	−0.03	(0.03)	−0.02	(0.02)	0.101
	葡萄牙	0.09	(0.04)	**0.17**	(0.04)	0.01	(0.04)	**0.05**	(0.02)	0.069
	斯洛伐克共和国	**0.18**	(0.05)	0.00	(0.04)	**0.14**	(0.05)	**−0.06**	(0.02)	0.029
	斯洛文尼亚	**0.20**	(0.05)	**0.07**	(0.03)	**0.14**	(0.05)	0.00	(0.03)	0.037
	西班牙	**0.18**	(0.04)	**0.13**	(0.03)	**0.11**	(0.03)	0.02	(0.02)	0.064
	瑞典	**0.17**	(0.05)	0.07	(0.05)	**0.16**	(0.04)	**0.08**	(0.03)	0.063
	瑞士	**0.35**	(0.03)	**−0.15**	(0.03)	**0.50**	(0.02)	**−0.08**	(0.02)	0.106
	土耳其	**0.17**	(0.04)	**0.07**	(0.03)	−0.09	(0.04)	−0.04	(0.02)	0.021
	英国	**0.19**	(0.04)	−0.03	(0.04)	**0.13**	(0.03)	**0.05**	(0.02)	0.028
	美国	**0.23**	(0.04)	−0.01	(0.04)	0.05	(0.04)	0.04	(0.02)	0.035
	OECD平均	**0.17**	(0.01)	**0.08**	(0.01)	**0.16**	(0.01)	**0.02**	(0.00)	0.065
伙伴国家(地区)	阿尔巴尼亚	m	m	m	m	m	m	m	m	m
	阿根廷	**0.32**	(0.06)	**−0.19**	(0.05)	**0.09**	(0.04)	**−0.05**	(0.02)	0.028
	巴西	**0.23**	(0.03)	**−0.15**	(0.02)	**0.07**	(0.02)	**−0.05**	(0.01)	0.021
	保加利亚	**0.11**	(0.05)	−0.01	(0.04)	0.07	(0.05)	0.00	(0.02)	0.006
	哥伦比亚	**0.21**	(0.05)	**−0.19**	(0.04)	0.06	(0.05)	**−0.04**	(0.02)	0.018
	哥斯达黎加	**0.19**	(0.08)	**−0.17**	(0.06)	**0.21**	(0.04)	−0.02	(0.02)	0.018
	克罗地亚	−0.03	(0.06)	**0.18**	(0.05)	**0.16**	(0.04)	**−0.07**	(0.02)	0.028
	塞浦路斯[2,3]	**0.27**	(0.04)	**0.15**	(0.04)	0.06	(0.04)	**0.09**	(0.02)	0.105
	中国香港	**0.18**	(0.04)	**0.09**	(0.04)	**0.20**	(0.03)	0.02	(0.02)	0.070
	印度尼西亚	**0.15**	(0.05)	−0.05	(0.04)	−0.05	(0.03)	0.01	(0.01)	0.006
	约旦	**0.18**	(0.04)	**0.11**	(0.04)	**−0.09**	(0.04)	**0.04**	(0.02)	0.040
	哈萨克斯坦	**0.23**	(0.04)	**−0.15**	(0.06)	−0.05	(0.03)	**0.07**	(0.02)	0.012
	拉脱维亚	**0.18**	(0.06)	0.01	(0.05)	0.04	(0.04)	0.01	(0.03)	0.025
	列支敦士登	**0.73**	(0.15)	**−0.46**	(0.08)	**0.38**	(0.14)	**0.19**	(0.08)	0.188
	立陶宛	**0.16**	(0.06)	**0.12**	(0.05)	0.04	(0.04)	0.01	(0.02)	0.041
	中国澳门	**0.20**	(0.03)	−0.03	(0.03)	**0.22**	(0.03)	0.03	(0.02)	0.040
	马来西亚	**0.27**	(0.04)	0.00	(0.04)	**−0.13**	(0.03)	0.03	(0.02)	0.056
	黑山共和国	**0.26**	(0.05)	**−0.11**	(0.04)	0.03	(0.04)	−0.04	(0.02)	0.015
	秘鲁	**0.30**	(0.04)	**−0.16**	(0.03)	−0.05	(0.03)	0.00	(0.01)	0.025
	卡塔尔	**0.06**	(0.03)	**0.18**	(0.02)	**0.21**	(0.03)	0.01	(0.01)	0.053
	罗马尼亚	−0.05	(0.05)	−0.09	(0.05)	0.00	(0.04)	−0.02	(0.02)	0.013
	俄罗斯联邦	**0.27**	(0.05)	−0.07	(0.04)	**0.20**	(0.04)	−0.01	(0.02)	0.036
	塞尔维亚	**0.14**	(0.05)	−0.03	(0.04)	**0.09**	(0.04)	−0.03	(0.02)	0.011
	中国上海	0.07	(0.04)	0.06	(0.04)	**0.06**	(0.03)	0.02	(0.02)	0.017
	新加坡	**0.18**	(0.03)	**−0.13**	(0.03)	**0.13**	(0.03)	**−0.03**	(0.02)	0.021
	中国台北	0.06	(0.03)	**0.19**	(0.03)	**0.18**	(0.03)	**0.05**	(0.02)	0.106
	泰国	0.07	(0.04)	**0.09**	(0.03)	**−0.08**	(0.03)	**−0.04**	(0.01)	0.024
	突尼斯	0.07	(0.05)	**0.18**	(0.03)	−0.02	(0.04)	0.01	(0.02)	0.031
	阿拉伯联合酋长国	**0.20**	(0.05)	0.01	(0.03)	**0.14**	(0.03)	**0.04**	(0.02)	0.026
	乌拉圭	**0.17**	(0.05)	**−0.12**	(0.04)	**0.08**	(0.03)	−0.03	(0.02)	0.013
	越南	0.05	(0.04)	0.08	(0.03)	−0.02	(0.03)	0.05	(0.02)	0.029

注:粗体表示差异值达到统计上的显著。
1. ESCS 指 PISA 经济、社会和文化地位指数。
2. 土耳其注:本书中"塞浦路斯"相关的信息是指塞浦路斯岛南部。没有任何一个权力组织能够代表岛上的土耳其和希腊塞浦路斯人。土耳其承认北塞浦路斯土耳其共和国。除非在联合国找到一种长期的平衡的解决方案,否则土耳其将保持其对"塞浦路斯"问题的立场。
3. OECD 和欧盟成员注:塞浦路斯共和国得到了除土耳其外所有联合国成员的承认。本书中的信息是指在塞浦路斯共和国政府有效控制区域内的。

附表 4.42 ■ 社会比较和数学自我效能感

结果基于学生自我报告

| | | 数学自我效能感和数学成绩的关系，控制学生和学校特点后 | | | | | | | |
| | | 相关表现（学校平均成绩 每100分对应的指数变化） | | 个人数学成绩（数学成绩 每100分对应的指数变化） | | 男生 | | ESCS[1] | | r² |
		指数变化	标准误	指数变化	标准误	指数变化	标准误	指数变化	标准误	
OECD	澳大利亚	0.02	(0.02)	0.59	(0.02)	0.35	(0.02)	0.11	(0.01)	0.390
	奥地利	−0.08	(0.03)	0.56	(0.03)	0.35	(0.03)	0.09	(0.02)	0.315
	比利时	0.14	(0.03)	0.35	(0.03)	0.32	(0.03)	0.07	(0.02)	0.245
	加拿大	0.04	(0.03)	0.58	(0.03)	0.25	(0.02)	0.10	(0.02)	0.331
	智利	0.12	(0.04)	0.27	(0.04)	0.19	(0.03)	0.05	(0.02)	0.141
	捷克共和国	0.06	(0.03)	0.44	(0.03)	0.32	(0.03)	0.15	(0.02)	0.332
	丹麦	0.12	(0.05)	0.50	(0.05)	0.32	(0.03)	0.09	(0.02)	0.364
	爱沙尼亚	0.10	(0.05)	0.44	(0.05)	0.26	(0.03)	0.11	(0.02)	0.309
	芬兰	0.06	(0.05)	0.53	(0.05)	0.41	(0.02)	0.13	(0.02)	0.362
	法国	0.15	(0.04)	0.43	(0.03)	0.35	(0.03)	0.12	(0.02)	0.325
	德国	0.17	(0.03)	0.43	(0.03)	0.39	(0.04)	0.08	(0.02)	0.355
	希腊	0.14	(0.04)	0.39	(0.04)	0.19	(0.03)	0.15	(0.02)	0.249
	匈牙利	0.05	(0.05)	0.61	(0.03)	0.18	(0.03)	0.08	(0.02)	0.379
	冰岛	0.09	(0.06)	0.52	(0.05)	0.42	(0.04)	0.17	(0.03)	0.308
	爱尔兰	0.18	(0.05)	0.44	(0.05)	0.22	(0.03)	0.11	(0.02)	0.327
	以色列	0.25	(0.04)	0.31	(0.03)	0.23	(0.03)	0.15	(0.02)	0.262
	意大利	0.06	(0.02)	0.39	(0.01)	0.18	(0.02)	0.07	(0.01)	0.255
	日本	−0.12	(0.03)	0.63	(0.03)	0.24	(0.02)	0.11	(0.02)	0.354
	韩国	−0.10	(0.04)	0.67	(0.04)	0.16	(0.03)	0.20	(0.02)	0.416
	卢森堡	0.10	(0.04)	0.43	(0.03)	0.31	(0.03)	0.12	(0.02)	0.287
	墨西哥	0.11	(0.03)	0.27	(0.02)	0.13	(0.02)	0.04	(0.01)	0.113
	荷兰	0.18	(0.04)	0.40	(0.03)	0.33	(0.04)	0.04	(0.02)	0.259
	新西兰	0.07	(0.06)	0.48	(0.06)	0.35	(0.03)	0.11	(0.03)	0.365
	挪威	0.18	(0.07)	0.56	(0.07)	0.30	(0.03)	0.14	(0.04)	0.382
	波兰	0.15	(0.06)	0.57	(0.05)	0.09	(0.03)	0.09	(0.02)	0.409
	葡萄牙	0.06	(0.04)	0.58	(0.04)	0.09	(0.03)	0.11	(0.02)	0.422
	斯洛伐克共和国	0.07	(0.03)	0.43	(0.03)	0.11	(0.04)	0.07	(0.03)	0.304
	斯洛文尼亚	0.03	(0.05)	0.47	(0.03)	0.19	(0.04)	0.14	(0.02)	0.246
	西班牙	0.14	(0.04)	0.38	(0.04)	0.14	(0.02)	0.08	(0.01)	0.269
	瑞典	0.00	(0.05)	0.53	(0.05)	0.28	(0.03)	0.11	(0.02)	0.301
	瑞士	−0.03	(0.03)	0.57	(0.03)	0.38	(0.03)	0.05	(0.02)	0.364
	土耳其	−0.07	(0.05)	0.48	(0.03)	0.13	(0.03)	0.04	(0.02)	0.223
	英国	0.15	(0.03)	0.48	(0.03)	0.33	(0.03)	0.11	(0.03)	0.375
	美国	0.12	(0.05)	0.49	(0.04)	0.21	(0.03)	0.10	(0.02)	0.331
	OECD平均	0.08	(0.01)	0.48	(0.01)	0.26	(0.01)	0.10	(0.00)	0.314
伙伴国家（地区）	阿尔巴尼亚	m	m	m	m	m	m	m	m	m
	阿根廷	0.30	(0.06)	0.06	(0.05)	0.16	(0.04)	0.06	(0.02)	0.076
	巴西	0.01	(0.04)	0.30	(0.03)	0.19	(0.02)	0.07	(0.01)	0.119
	保加利亚	0.03	(0.05)	0.25	(0.04)	0.14	(0.04)	0.09	(0.02)	0.095
	哥伦比亚	0.03	(0.05)	0.11	(0.04)	0.13	(0.03)	0.05	(0.02)	0.034
	哥斯达黎加	−0.04	(0.08)	0.24	(0.07)	0.23	(0.03)	0.06	(0.02)	0.081
	克罗地亚	−0.03	(0.04)	0.58	(0.04)	0.25	(0.03)	0.10	(0.02)	0.330
	塞浦路斯[2,3]	0.10	(0.04)	0.46	(0.04)	0.12	(0.03)	0.17	(0.02)	0.262
	中国香港	0.14	(0.03)	0.49	(0.03)	0.31	(0.03)	0.10	(0.02)	0.338
	印度尼西亚	0.09	(0.04)	0.25	(0.04)	0.03	(0.03)	0.07	(0.01)	0.040
	约旦	0.15	(0.07)	0.25	(0.06)	0.18	(0.04)	0.16	(0.02)	0.115
	哈萨克斯坦	0.01	(0.07)	0.26	(0.07)	0.04	(0.03)	0.18	(0.03)	0.094
	拉脱维亚	0.13	(0.04)	0.36	(0.04)	0.27	(0.03)	0.13	(0.02)	0.289
	列支敦士登	0.07	(0.12)	0.46	(0.08)	0.38	(0.10)	0.19	(0.07)	0.416
	立陶宛	0.14	(0.05)	0.45	(0.04)	0.24	(0.03)	0.09	(0.02)	0.303
	中国澳门	0.09	(0.03)	0.45	(0.03)	0.18	(0.03)	0.11	(0.02)	0.281
	马来西亚	0.15	(0.04)	0.23	(0.03)	0.02	(0.03)	0.09	(0.02)	0.160
	黑山共和国	0.17	(0.05)	0.25	(0.04)	0.11	(0.04)	0.08	(0.02)	0.107
	秘鲁	0.25	(0.04)	−0.01	(0.04)	0.06	(0.02)	0.08	(0.01)	0.065
	卡塔尔	0.01	(0.03)	0.32	(0.02)	0.32	(0.03)	0.08	(0.02)	0.100
	罗马尼亚	−0.06	(0.04)	0.36	(0.04)	0.08	(0.03)	0.12	(0.02)	0.151
	俄罗斯联邦	0.13	(0.04)	0.34	(0.04)	0.20	(0.03)	0.21	(0.02)	0.271
	塞尔维亚	0.09	(0.04)	0.35	(0.04)	0.16	(0.03)	0.10	(0.02)	0.183
	中国上海	−0.12	(0.04)	0.66	(0.03)	0.16	(0.03)	0.10	(0.02)	0.359
	新加坡	0.00	(0.03)	0.51	(0.02)	0.22	(0.03)	0.12	(0.02)	0.337
	中国台北	0.00	(0.04)	0.63	(0.03)	0.21	(0.03)	0.15	(0.02)	0.451
	泰国	0.07	(0.05)	0.15	(0.03)	0.11	(0.03)	0.05	(0.02)	0.069
	突尼斯	0.00	(0.06)	0.31	(0.05)	0.15	(0.04)	0.09	(0.02)	0.093
	阿拉伯联合酋长国	0.17	(0.03)	0.28	(0.03)	0.22	(0.03)	0.13	(0.02)	0.163
	乌拉圭	0.10	(0.04)	0.24	(0.04)	0.20	(0.03)	0.04	(0.02)	0.124
	越南	0.10	(0.03)	0.29	(0.03)	0.08	(0.02)	0.07	(0.01)	0.264

注：粗体表示差异值达到统计上的显著。
1. ESCS 指 PISA 经济、社会和文化地位指数。
2. 土耳其注：本书中"塞浦路斯"相关的信息是指塞浦路斯岛南部。没有任何一个权力组织能够代表岛上的土耳其和希腊塞浦路斯人。土耳其承认北塞浦路斯土耳其共和国。除非在联合国找到一种长期的平衡的解决方案，否则土耳其将保持其对"塞浦路斯"问题的立场。
3. OECD 和欧盟成员注：塞浦路斯共和国得到了除土耳其外所有联合国成员的承认。本书中的信息是指在塞浦路斯共和国政府有效控制区域内的。

附表 4.43 ■ 社会比较和数学自我概念
结果基于学生自我报告

| | | 数学自我概念和数学成绩的关系,控制学生和学校特点后 | | | | | | | |
| | | 相关表现(学校平均成绩 每100分对应的指数变化) | | 个人数学成绩(数学成绩 每100分对应的指数变化) | | 男生 | | ESCS[1] | | r^2 |
		指数变化	标准误	指数变化	标准误	指数变化	标准误	指数变化	标准误	
OECD	澳大利亚	**0.30**	(0.03)	**0.23**	(0.02)	**0.32**	(0.02)	0.00	(0.02)	0.250
	奥地利	**0.54**	(0.04)	**0.15**	(0.03)	**0.30**	(0.04)	−0.02	(0.02)	0.212
	比利时	**0.34**	(0.03)	**0.12**	(0.02)	**0.28**	(0.02)	**−0.05**	(0.02)	0.148
	加拿大	**0.41**	(0.03)	**0.23**	(0.03)	**0.31**	(0.03)	0.03	(0.01)	0.260
	智利	**0.54**	(0.05)	**0.15**	(0.04)	**0.27**	(0.04)	0.03	(0.02)	0.204
	捷克共和国	**0.48**	(0.05)	**0.25**	(0.04)	**0.16**	(0.04)	0.02	(0.02)	0.271
	丹麦	**0.43**	(0.06)	**0.32**	(0.05)	**0.42**	(0.04)	0.03	(0.04)	0.377
	爱沙尼亚	**0.43**	(0.05)	**0.20**	(0.05)	**0.14**	(0.03)	**0.05**	(0.02)	0.252
	芬兰	**0.36**	(0.06)	**0.40**	(0.06)	**0.39**	(0.04)	0.02	(0.02)	0.370
	法国	**0.52**	(0.04)	**0.21**	(0.03)	**0.34**	(0.04)	0.00	(0.03)	0.253
	德国	**0.68**	(0.04)	**0.07**	(0.03)	**0.36**	(0.04)	0.02	(0.02)	0.250
	希腊	**0.30**	(0.04)	**0.20**	(0.04)	**0.22**	(0.03)	**0.15**	(0.02)	0.227
	匈牙利	**0.42**	(0.04)	**0.19**	(0.04)	**0.16**	(0.03)	0.03	(0.02)	0.200
	冰岛	**0.43**	(0.06)	**0.20**	(0.06)	**0.28**	(0.03)	**0.14**	(0.02)	0.317
	爱尔兰	**0.36**	(0.05)	**0.14**	(0.05)	**0.18**	(0.03)	0.04	(0.02)	0.190
	以色列	**0.38**	(0.04)	0.01	(0.03)	**0.14**	(0.03)	−0.02	(0.02)	0.116
	意大利	**0.37**	(0.02)	**0.17**	(0.02)	**0.13**	(0.02)	**0.02**	(0.01)	0.153
	日本	**0.35**	(0.04)	**0.09**	(0.03)	**0.37**	(0.03)	0.05	(0.02)	0.142
	韩国	**0.19**	(0.04)	**0.30**	(0.03)	**0.22**	(0.03)	**0.14**	(0.02)	0.264
	卢森堡	**0.22**	(0.05)	**0.18**	(0.03)	**0.44**	(0.04)	−0.02	(0.02)	0.137
	墨西哥	**0.36**	(0.02)	**0.15**	(0.02)	**0.16**	(0.01)	0.01	(0.01)	0.153
	荷兰	**0.45**	(0.07)	0.06	(0.04)	**0.31**	(0.03)	0.01	(0.03)	0.122
	新西兰	**0.32**	(0.05)	**0.15**	(0.04)	**0.32**	(0.03)	−0.04	(0.02)	0.245
	挪威	**0.42**	(0.06)	**0.39**	(0.06)	**0.29**	(0.03)	**0.06**	(0.03)	0.422
	波兰	**0.37**	(0.07)	**0.35**	(0.07)	**0.16**	(0.03)	0.00	(0.02)	0.340
	葡萄牙	**0.35**	(0.04)	**0.18**	(0.03)	**0.15**	(0.03)	**0.07**	(0.02)	0.240
	斯洛伐克共和国	**0.40**	(0.04)	**0.10**	(0.04)	**0.21**	(0.03)	−0.03	(0.02)	0.197
	斯洛文尼亚	**0.54**	(0.04)	**0.15**	(0.03)	**0.18**	(0.03)	**0.05**	(0.03)	0.221
	西班牙	**0.35**	(0.04)	**0.14**	(0.03)	**0.24**	(0.02)	**0.03**	(0.01)	0.167
	瑞典	**0.44**	(0.06)	**0.16**	(0.05)	**0.34**	(0.03)	**0.05**	(0.02)	0.294
	瑞士	**0.33**	(0.04)	**0.15**	(0.03)	**0.57**	(0.03)	**−0.09**	(0.02)	0.207
	土耳其	**0.20**	(0.04)	**0.18**	(0.03)	0.03	(0.03)	0.01	(0.01)	0.068
	英国	**0.27**	(0.05)	**0.23**	(0.04)	**0.34**	(0.03)	0.02	(0.02)	0.247
	美国	**0.40**	(0.06)	**0.16**	(0.05)	**0.15**	(0.03)	0.02	(0.02)	0.194
	OECD平均	**0.39**	(0.01)	**0.19**	(0.01)	**0.26**	(0.01)	**0.02**	(0.00)	0.227
伙伴国家(地区)	阿尔巴尼亚	m	m	m	m	m	m	m	m	m
	阿根廷	**0.51**	(0.06)	−0.04	(0.05)	**0.25**	(0.04)	0.03	(0.02)	0.110
	巴西	**0.41**	(0.03)	−0.01	(0.03)	**0.22**	(0.02)	−0.02	(0.02)	0.094
	保加利亚	**0.30**	(0.05)	0.03	(0.04)	**0.12**	(0.03)	**0.06**	(0.02)	0.071
	哥伦比亚	**0.37**	(0.05)	0.04	(0.04)	**0.13**	(0.03)	0.03	(0.02)	0.104
	哥斯达黎加	**0.19**	(0.06)	**0.31**	(0.05)	**0.26**	(0.04)	−0.02	(0.02)	0.115
	克罗地亚	**0.22**	(0.06)	**0.27**	(0.05)	**0.15**	(0.03)	0.04	(0.02)	0.158
	塞浦路斯[2,3]	**0.27**	(0.04)	**0.25**	(0.03)	**0.09**	(0.03)	**0.11**	(0.02)	0.223
	中国香港	**0.31**	(0.04)	**0.14**	(0.03)	**0.36**	(0.03)	**0.05**	(0.02)	0.188
	印度尼西亚	**0.17**	(0.04)	−0.14	(0.03)	0.04	(0.02)	0.00	(0.01)	0.017
	约旦	**0.35**	(0.04)	**0.14**	(0.04)	**0.20**	(0.04)	**0.11**	(0.02)	0.146
	哈萨克斯坦	**0.37**	(0.06)	−0.04	(0.05)	−0.02	(0.04)	**0.12**	(0.02)	0.081
	拉脱维亚	**0.35**	(0.05)	**0.22**	(0.04)	0.07	(0.04)	0.02	(0.02)	0.231
	列支敦士登	**0.65**	(0.14)	0.04	(0.09)	**0.40**	(0.14)	0.17	(0.10)	0.265
	立陶宛	**0.42**	(0.05)	**0.23**	(0.04)	**0.20**	(0.04)	0.02	(0.02)	0.239
	中国澳门	**0.36**	(0.03)	**0.07**	(0.03)	**0.45**	(0.03)	**0.06**	(0.02)	0.197
	马来西亚	**0.29**	(0.04)	−0.01	(0.03)	−0.03	(0.03)	**0.03**	(0.01)	0.058
	黑山共和国	**0.26**	(0.05)	**0.13**	(0.04)	**0.16**	(0.04)	**0.06**	(0.02)	0.091
	秘鲁	**0.50**	(0.04)	**−0.09**	(0.03)	**0.12**	(0.03)	0.00	(0.01)	0.127
	卡塔尔	**0.31**	(0.03)	**0.12**	(0.02)	**0.12**	(0.02)	**0.06**	(0.02)	0.089
	罗马尼亚	0.08	(0.05)	**0.12**	(0.05)	**0.09**	(0.04)	**0.06**	(0.02)	0.054
	俄罗斯联邦	**0.35**	(0.03)	**0.10**	(0.03)	**0.09**	(0.03)	**0.05**	(0.02)	0.166
	塞尔维亚	**0.26**	(0.05)	**0.23**	(0.05)	**0.08**	(0.04)	**0.10**	(0.02)	0.147
	中国上海	**0.22**	(0.02)	**0.15**	(0.02)	**0.44**	(0.03)	0.03	(0.02)	0.196
	新加坡	**0.13**	(0.03)	**0.18**	(0.03)	**0.24**	(0.03)	0.03	(0.02)	0.132
	中国台北	**0.21**	(0.03)	**0.28**	(0.02)	**0.36**	(0.03)	**0.05**	(0.02)	0.268
	泰国	**0.20**	(0.04)	−0.02	(0.03)	**0.22**	(0.02)	−0.02	(0.01)	0.051
	突尼斯	**0.37**	(0.06)	**0.21**	(0.04)	**0.10**	(0.04)	**0.11**	(0.02)	0.106
	阿拉伯联合酋长国	**0.47**	(0.03)	−0.01	(0.03)	**0.08**	(0.03)	**0.06**	(0.02)	0.125
	乌拉圭	**0.35**	(0.04)	**0.19**	(0.04)	**0.26**	(0.04)	−0.02	(0.02)	0.158
	越南	0.08	(0.03)	0.16	(0.02)	0.15	(0.02)	0.03	(0.01)	0.124

注:粗体表示差异值达到统计上的显著。
1. ESCS指 PISA 经济、社会和文化地位指数。
2. 土耳其注:本书中"塞浦路斯"相关的信息是指塞浦路斯岛南部。没有任何一个权力组织能够代表岛上的土耳其和希腊塞浦路斯人。土耳其承认北塞浦路斯土耳其共和国。除非在联合国找到一种长期的平衡的解决方案,否则土耳其将保持对"塞浦路斯"问题的立场。
3. OECD 和欧盟成员注:塞浦路斯共和国得到了除土耳其外所有联合国成员的承认。本书中的信息是指在塞浦路斯共和国政府有效控制区域内的。

附表 4.44 ■ 社会比较和数学焦虑

结果基于学生自我报告

| | | 数学焦虑和数学成绩的关系,控制学生和学校特点后 | | | | | | |
| | 相关表现(学校平均成绩 每100分对应的指数变化) | | 个人数学成绩(数学成绩 每100分对应的指数变化) | | 男 生 | | ESCS[3] | | r² |
	指数变化	标准误	指数变化	标准误	指数变化	标准误	指数变化	标准误	
澳大利亚	−0.15	(0.03)	−0.28	(0.02)	−0.28	(0.02)	0.02	(0.02)	0.180
奥地利	−0.41	(0.05)	−0.25	(0.04)	−0.22	(0.04)	−0.01	(0.03)	0.181
比利时	−0.17	(0.03)	−0.19	(0.02)	−0.31	(0.03)	0.09	(0.02)	0.117
加拿大	−0.35	(0.04)	−0.23	(0.03)	−0.32	(0.03)	0.02	(0.02)	0.211
智利	−0.13	(0.04)	−0.24	(0.03)	−0.14	(0.03)	0.00	(0.01)	0.128
捷克共和国	−0.38	(0.04)	−0.24	(0.03)	−0.11	(0.04)	−0.04	(0.03)	0.220
丹麦	−0.25	(0.06)	−0.41	(0.05)	−0.39	(0.05)	−0.04	(0.03)	0.303
爱沙尼亚	−0.29	(0.06)	−0.36	(0.05)	−0.15	(0.04)	0.02	(0.03)	0.238
芬兰	−0.21	(0.05)	−0.31	(0.05)	−0.38	(0.03)	0.04	(0.02)	0.249
法国	−0.34	(0.04)	−0.16	(0.03)	−0.34	(0.03)	0.06	(0.02)	0.176
德国	−0.56	(0.05)	−0.17	(0.03)	−0.24	(0.03)	−0.03	(0.02)	0.214
希腊	−0.19	(0.05)	−0.28	(0.04)	−0.16	(0.04)	−0.08	(0.02)	0.176
匈牙利	−0.23	(0.04)	−0.35	(0.03)	−0.12	(0.04)	0.00	(0.02)	0.194
冰岛	−0.14	(0.07)	−0.38	(0.07)	−0.28	(0.04)	−0.07	(0.03)	0.222
爱尔兰	−0.21	(0.04)	−0.22	(0.04)	−0.25	(0.03)	0.08	(0.03)	0.170
以色列	−0.10	(0.05)	−0.20	(0.05)	−0.24	(0.03)	0.08	(0.03)	0.073
意大利	−0.33	(0.02)	−0.11	(0.02)	−0.13	(0.02)	0.00	(0.01)	0.121
日本	−0.39	(0.04)	−0.02	(0.03)	−0.24	(0.03)	−0.05	(0.03)	0.091
韩国	−0.14	(0.03)	−0.06	(0.03)	−0.19	(0.03)	−0.08	(0.02)	0.062
卢森堡	−0.16	(0.05)	−0.29	(0.04)	−0.31	(0.04)	−0.02	(0.02)	0.146
墨西哥	−0.23	(0.02)	−0.23	(0.02)	−0.12	(0.01)	0.02	(0.01)	0.138
荷兰	−0.35	(0.07)	−0.11	(0.03)	−0.19	(0.04)	0.00	(0.02)	0.091
新西兰	−0.08	(0.05)	−0.34	(0.05)	−0.28	(0.04)	0.04	(0.03)	0.224
挪威	−0.32	(0.05)	−0.31	(0.03)	−0.31	(0.04)	−0.03	(0.02)	0.309
波兰	−0.29	(0.08)	−0.40	(0.08)	−0.05	(0.04)	0.03	(0.02)	0.302
葡萄牙	−0.20	(0.03)	−0.15	(0.03)	−0.07	(0.03)	−0.04	(0.01)	0.142
斯洛伐克共和国	−0.21	(0.04)	−0.30	(0.03)	−0.14	(0.04)	0.02	(0.03)	0.196
斯洛文尼亚	−0.46	(0.05)	−0.11	(0.04)	−0.08	(0.04)	−0.01	(0.01)	0.130
西班牙	−0.14	(0.03)	−0.18	(0.02)	−0.24	(0.02)	0.00	(0.01)	0.105
瑞典	−0.23	(0.05)	−0.27	(0.05)	−0.33	(0.03)	−0.04	(0.02)	0.216
瑞士	−0.26	(0.04)	−0.20	(0.03)	−0.43	(0.03)	0.06	(0.02)	0.171
土耳其	−0.14	(0.05)	−0.29	(0.03)	0.07	(0.04)	0.01	(0.02)	0.088
英国	−0.13	(0.07)	−0.30	(0.05)	−0.35	(0.04)	−0.02	(0.02)	0.202
美国	−0.32	(0.05)	−0.24	(0.05)	−0.15	(0.04)	−0.01	(0.02)	0.185
OECD平均	−0.25	(0.01)	−0.24	(0.01)	−0.22	(0.01)	0.00	(0.00)	0.176
阿尔巴尼亚	m	m	m	m	m	m	m	m	m
阿根廷	−0.17	(0.05)	−0.26	(0.04)	−0.07	(0.04)	−0.01	(0.02)	0.104
巴西	−0.19	(0.02)	−0.25	(0.02)	−0.11	(0.02)	0.02	(0.01)	0.137
保加利亚	−0.20	(0.05)	−0.30	(0.03)	−0.02	(0.03)	−0.09	(0.02)	0.173
哥伦比亚	−0.25	(0.05)	−0.20	(0.04)	−0.04	(0.03)	0.00	(0.02)	0.119
哥斯达黎加	−0.08	(0.06)	−0.36	(0.05)	−0.29	(0.04)	0.05	(0.02)	0.124
克罗地亚	−0.26	(0.05)	−0.28	(0.04)	−0.05	(0.04)	0.02	(0.02)	0.156
塞浦路斯[2, 3]	−0.17	(0.04)	−0.32	(0.03)	−0.04	(0.03)	−0.08	(0.02)	0.181
中国香港	−0.22	(0.04)	−0.18	(0.03)	−0.28	(0.03)	−0.01	(0.02)	0.141
印度尼西亚	−0.13	(0.03)	−0.10	(0.03)	−0.04	(0.02)	0.03	(0.01)	0.029
约旦	−0.08	(0.05)	−0.21	(0.04)	0.16	(0.04)	0.02	(0.03)	0.077
哈萨克斯坦	−0.26	(0.07)	−0.12	(0.06)	0.05	(0.04)	−0.11	(0.03)	0.085
拉脱维亚	−0.21	(0.04)	−0.25	(0.04)	−0.07	(0.04)	0.00	(0.02)	0.183
列支敦士登	−0.59	(0.15)	−0.04	(0.10)	−0.32	(0.13)	−0.16	(0.09)	0.218
立陶宛	−0.20	(0.05)	−0.36	(0.04)	−0.18	(0.03)	0.03	(0.02)	0.189
中国澳门	−0.28	(0.04)	−0.15	(0.03)	−0.33	(0.03)	0.02	(0.02)	0.156
马来西亚	−0.21	(0.04)	−0.10	(0.04)	−0.02	(0.03)	0.04	(0.02)	0.064
黑山共和国	−0.17	(0.05)	−0.23	(0.03)	0.00	(0.03)	−0.03	(0.02)	0.103
秘鲁	−0.26	(0.05)	−0.09	(0.03)	−0.05	(0.03)	0.03	(0.02)	0.089
卡塔尔	−0.20	(0.03)	−0.25	(0.02)	0.08	(0.02)	−0.01	(0.01)	0.116
罗马尼亚	−0.01	(0.04)	−0.29	(0.04)	0.02	(0.03)	−0.08	(0.02)	0.115
俄罗斯联邦	−0.19	(0.05)	−0.25	(0.04)	−0.13	(0.02)	−0.05	(0.02)	0.177
塞尔维亚	−0.21	(0.04)	−0.24	(0.03)	0.09	(0.03)	−0.08	(0.02)	0.151
中国上海	−0.22	(0.03)	−0.17	(0.03)	−0.35	(0.03)	−0.08	(0.02)	0.171
新加坡	−0.06	(0.03)	−0.30	(0.02)	−0.14	(0.03)	−0.08	(0.02)	0.171
中国台北	−0.15	(0.03)	−0.14	(0.03)	−0.29	(0.03)	−0.02	(0.02)	0.115
泰国	−0.13	(0.03)	−0.11	(0.03)	−0.08	(0.03)	0.03	(0.01)	0.062
突尼斯	−0.07	(0.05)	−0.18	(0.03)	−0.04	(0.03)	0.00	(0.02)	0.039
阿拉伯联合酋长国	−0.12	(0.03)	−0.40	(0.03)	0.07	(0.03)	−0.03	(0.02)	0.184
乌拉圭	−0.19	(0.04)	−0.29	(0.03)	−0.11	(0.03)	0.00	(0.02)	0.158
越南	−0.07	(0.03)	−0.21	(0.03)	−0.08	(0.02)	0.02	(0.01)	0.110

注:粗体表示差异值达到统计上的显著。
1. ESCS指 PISA 经济、社会和文化地位指数。
2. 土耳其注:本书中"塞浦路斯"相关的信息是指塞浦路斯岛南部。没有任何一个权力组织能够代表岛上的土耳其和希腊塞浦路斯人。土耳其承认北塞浦路斯土耳其共和国。除非在联合国找到一种长期的平衡的解决方案,否则土耳其将保持其对"塞浦路斯"问题的立场。
3. OECD 和欧盟成员注:塞浦路斯共和国得到了除土耳其外所有联合国成员的承认。本书中的信息是指在塞浦路斯共和国政府有效控制区域内的。

附表 4.45 ■ 应用数学问题的经验指数和按该指数四等分划分的数学成绩

结果基于学生自我报告

	应用数学问题的经验指数																	
	全体学生		该指数变异		男生		女生		性别差异(男生-女生)		最低1/4		最低1/4		第三个1/4		最高1/4	
	指数平均值	标准误	标准差	标准误	指数平均值	标准误	指数平均值	标准误	差异值	标准误	指数平均值	标准误	指数平均值	标准误	指数平均值	标准误	指数平均值	标准误
澳大利亚	−0.10	(0.01)	0.92	(0.01)	−0.04	(0.02)	−0.17	(0.02)	0.13	(0.02)	−1.21	(0.02)	−0.30	(0.00)	0.15	(0.00)	0.96	(0.02)
奥地利	−0.03	(0.02)	0.88	(0.02)	0.00	(0.03)	−0.07	(0.03)	0.06	(0.03)	−1.08	(0.02)	−0.25	(0.01)	0.19	(0.01)	1.01	(0.03)
比利时	−0.23	(0.02)	0.95	(0.02)	−0.21	(0.02)	−0.26	(0.02)	0.04	(0.03)	−1.40	(0.02)	−0.44	(0.01)	0.06	(0.00)	0.84	(0.02)
加拿大	−0.10	(0.01)	1.02	(0.01)	−0.08	(0.02)	−0.13	(0.02)	0.04	(0.02)	−1.35	(0.02)	−0.31	(0.00)	0.18	(0.00)	1.07	(0.02)
智利	−0.03	(0.02)	1.04	(0.02)	−0.01	(0.02)	−0.05	(0.02)	0.04	(0.04)	−1.30	(0.03)	−0.29	(0.01)	0.28	(0.01)	1.19	(0.02)
捷克共和国	−0.25	(0.02)	0.87	(0.02)	−0.18	(0.02)	−0.33	(0.03)	0.15	(0.04)	−1.31	(0.03)	−0.43	(0.00)	−0.01	(0.01)	0.75	(0.02)
丹麦	0.27	(0.02)	0.98	(0.02)	0.18	(0.02)	0.35	(0.03)	−0.17	(0.04)	−0.90	(0.03)	0.02	(0.01)	0.49	(0.02)	1.45	(0.02)
爱沙尼亚	0.07	(0.02)	0.82	(0.02)	0.09	(0.02)	0.05	(0.02)	0.04	(0.03)	−0.87	(0.02)	−0.16	(0.00)	0.26	(0.01)	1.06	(0.03)
芬兰	0.23	(0.02)	0.85	(0.02)	0.24	(0.02)	0.21	(0.02)	0.03	(0.03)	−0.76	(0.02)	0.01	(0.01)	0.42	(0.01)	1.22	(0.02)
法国	−0.05	(0.02)	0.92	(0.02)	−0.06	(0.03)	−0.03	(0.02)	−0.02	(0.03)	−1.18	(0.03)	−0.23	(0.01)	0.23	(0.01)	1.00	(0.02)
德国	0.06	(0.02)	0.88	(0.02)	0.10	(0.03)	0.02	(0.02)	0.07	(0.04)	−0.96	(0.03)	−0.15	(0.01)	0.28	(0.01)	1.08	(0.03)
希腊	−0.41	(0.02)	1.08	(0.02)	−0.29	(0.03)	−0.51	(0.02)	0.23	(0.03)	−1.73	(0.03)	−0.63	(0.01)	−0.12	(0.01)	0.86	(0.03)
匈牙利	0.11	(0.02)	0.98	(0.03)	0.11	(0.03)	0.11	(0.03)	−0.01	(0.04)	−1.01	(0.04)	−0.18	(0.01)	0.32	(0.01)	1.31	(0.04)
冰岛	0.20	(0.02)	1.19	(0.02)	0.25	(0.04)	0.15	(0.04)	0.10	(0.06)	−1.18	(0.04)	−0.18	(0.01)	0.42	(0.01)	1.66	(0.04)
爱尔兰	0.14	(0.02)	0.86	(0.02)	0.15	(0.03)	0.14	(0.02)	0.01	(0.04)	−0.87	(0.02)	−0.06	(0.01)	0.36	(0.01)	1.15	(0.03)
以色列	−0.39	(0.02)	1.13	(0.02)	−0.32	(0.03)	−0.45	(0.03)	0.13	(0.04)	−1.76	(0.03)	−0.66	(0.01)	−0.09	(0.01)	0.97	(0.03)
意大利	−0.42	(0.01)	0.92	(0.01)	−0.36	(0.02)	−0.48	(0.02)	0.12	(0.02)	−1.58	(0.02)	−0.61	(0.00)	−0.14	(0.00)	0.64	(0.01)
日本	−0.18	(0.02)	1.05	(0.02)	−0.14	(0.02)	−0.23	(0.03)	0.09	(0.04)	−1.45	(0.02)	−0.39	(0.01)	0.12	(0.00)	0.99	(0.02)
韩国	0.40	(0.02)	1.00	(0.02)	0.39	(0.03)	0.41	(0.03)	−0.02	(0.04)	−0.70	(0.02)	0.14	(0.01)	0.57	(0.01)	1.60	(0.04)
卢森堡	−0.28	(0.02)	1.04	(0.02)	−0.21	(0.02)	−0.35	(0.02)	0.14	(0.02)	−1.57	(0.02)	−0.49	(0.01)	0.04	(0.01)	0.90	(0.02)
墨西哥	0.18	(0.01)	0.98	(0.01)	0.23	(0.01)	0.13	(0.01)	0.10	(0.01)	−0.99	(0.01)	−0.07	(0.01)	0.42	(0.00)	1.34	(0.01)
荷兰	0.22	(0.02)	0.94	(0.02)	0.23	(0.03)	0.21	(0.02)	0.02	(0.03)	−0.89	(0.04)	0.07	(0.01)	0.45	(0.02)	1.27	(0.03)
新西兰	−0.05	(0.02)	1.02	(0.02)	−0.01	(0.04)	−0.09	(0.04)	0.08	(0.04)	−1.30	(0.04)	−0.25	(0.01)	0.26	(0.02)	1.08	(0.04)
挪威	0.18	(0.02)	0.89	(0.02)	0.20	(0.03)	0.16	(0.02)	0.04	(0.03)	−0.80	(0.02)	−0.05	(0.01)	0.38	(0.00)	1.21	(0.03)
波兰	0.48	(0.02)	0.86	(0.02)	0.45	(0.03)	0.52	(0.02)	−0.07	(0.03)	−0.43	(0.02)	0.19	(0.01)	0.60	(0.01)	1.57	(0.03)
葡萄牙	−0.37	(0.02)	1.11	(0.03)	−0.33	(0.04)	−0.42	(0.04)	0.09	(0.06)	−1.79	(0.04)	−0.54	(0.01)	−0.03	(0.01)	0.87	(0.04)
斯洛伐克共和国	0.05	(0.02)	0.93	(0.02)	0.08	(0.03)	0.02	(0.03)	0.06	(0.04)	−1.06	(0.03)	−0.16	(0.01)	0.32	(0.01)	1.12	(0.03)
斯洛文尼亚	0.04	(0.02)	0.97	(0.02)	0.09	(0.03)	0.00	(0.03)	0.09	(0.04)	−1.07	(0.02)	−0.22	(0.01)	0.36	(0.01)	1.19	(0.04)
西班牙	0.17	(0.01)	0.87	(0.02)	0.17	(0.02)	0.16	(0.01)	0.01	(0.02)	−0.82	(0.02)	−0.06	(0.01)	0.36	(0.00)	1.20	(0.02)
瑞典	0.33	(0.02)	1.01	(0.02)	0.36	(0.03)	0.29	(0.02)	0.06	(0.03)	−0.78	(0.02)	0.01	(0.01)	0.47	(0.02)	1.56	(0.04)
瑞士	−0.02	(0.01)	0.84	(0.02)	−0.01	(0.02)	−0.04	(0.02)	0.03	(0.02)	−1.00	(0.02)	−0.22	(0.00)	0.18	(0.00)	0.96	(0.02)
土耳其	−0.17	(0.03)	1.15	(0.02)	−0.11	(0.04)	−0.24	(0.03)	0.13	(0.04)	−1.59	(0.02)	−0.43	(0.01)	0.16	(0.01)	1.19	(0.02)
英国	0.03	(0.02)	0.94	(0.02)	0.09	(0.03)	−0.03	(0.02)	0.11	(0.04)	−1.09	(0.03)	−0.19	(0.01)	0.28	(0.02)	1.11	(0.03)
美国	−0.08	(0.02)	1.04	(0.02)	−0.03	(0.03)	−0.12	(0.03)	0.10	(0.04)	−1.33	(0.03)	−0.31	(0.01)	0.24	(0.02)	1.10	(0.03)
OECD平均	0.00	(0.00)	0.97	(0.00)	0.03	(0.00)	−0.03	(0.00)	0.06	(0.01)	−1.15	(0.00)	−0.23	(0.00)	0.24	(0.00)	1.13	(0.00)
阿尔巴利亚	0.22	(0.03)	0.97	(0.02)	0.20	(0.04)	0.23	(0.03)	−0.03	(0.05)	−0.92	(0.04)	−0.07	(0.01)	0.44	(0.01)	1.41	(0.03)
阿根廷	−0.16	(0.02)	1.12	(0.02)	−0.04	(0.03)	−0.28	(0.03)	0.24	(0.04)	−1.56	(0.04)	−0.37	(0.01)	0.17	(0.01)	1.10	(0.02)
巴西	0.05	(0.02)	1.04	(0.01)	0.06	(0.02)	0.04	(0.02)	0.02	(0.03)	−1.19	(0.02)	−0.23	(0.00)	0.33	(0.00)	1.30	(0.02)
保加利亚	0.00	(0.02)	1.07	(0.02)	−0.05	(0.02)	0.05	(0.03)	0.10	(0.03)	−1.22	(0.04)	−0.26	(0.01)	0.23	(0.01)	1.25	(0.02)
哥伦比亚	−0.16	(0.02)	1.04	(0.02)	−0.13	(0.02)	−0.19	(0.02)	0.06	(0.04)	−1.43	(0.04)	−0.43	(0.01)	0.13	(0.01)	1.08	(0.03)
哥斯达黎加	−0.37	(0.02)	1.04	(0.02)	−0.28	(0.03)	−0.45	(0.03)	0.17	(0.04)	−1.66	(0.04)	−0.59	(0.01)	−0.08	(0.01)	0.86	(0.02)
克罗地亚	−0.04	(0.02)	0.96	(0.02)	−0.08	(0.03)	−0.08	(0.03)	0.08	(0.04)	−1.14	(0.04)	−0.30	(0.01)	0.16	(0.01)	1.12	(0.02)
塞浦路斯[1,2]	−0.17	(0.02)	1.17	(0.02)	−0.02	(0.03)	−0.31	(0.03)	0.28	(0.05)	−1.57	(0.03)	−0.47	(0.01)	0.12	(0.01)	1.26	(0.02)
中国香港	−0.14	(0.02)	0.80	(0.02)	−0.14	(0.02)	−0.14	(0.02)	0.01	(0.03)	−1.02	(0.03)	−0.36	(0.01)	0.05	(0.01)	0.78	(0.02)
印度尼西亚	0.05	(0.03)	1.10	(0.03)	0.04	(0.03)	0.05	(0.04)	−0.01	(0.04)	−1.09	(0.04)	−0.24	(0.01)	0.35	(0.01)	1.36	(0.05)
约旦	0.30	(0.02)	1.17	(0.02)	0.46	(0.04)	0.14	(0.03)	0.33	(0.05)	−1.05	(0.04)	−0.07	(0.01)	0.52	(0.01)	1.79	(0.03)
哈萨克斯坦	0.51	(0.03)	1.00	(0.03)	0.55	(0.03)	0.46	(0.04)	0.09	(0.04)	−0.61	(0.02)	0.14	(0.01)	0.69	(0.01)	1.80	(0.03)
拉脱维亚	0.02	(0.02)	0.84	(0.02)	0.10	(0.03)	−0.06	(0.03)	0.16	(0.04)	−0.91	(0.03)	−0.21	(0.01)	0.19	(0.01)	1.01	(0.03)
列支敦士登	0.01	(0.06)	0.79	(0.07)	0.13	(0.07)	−0.14	(0.08)	0.28	(0.10)	−0.89	(0.06)	−0.21	(0.02)	0.18	(0.02)	0.96	(0.11)
立陶宛	0.19	(0.02)	0.87	(0.02)	0.19	(0.03)	0.17	(0.02)	0.05	(0.03)	−0.77	(0.02)	−0.07	(0.01)	0.37	(0.01)	1.26	(0.03)
中国澳门	−0.11	(0.01)	0.79	(0.02)	−0.09	(0.02)	−0.13	(0.02)	0.04	(0.02)	−0.97	(0.02)	−0.33	(0.01)	0.05	(0.01)	0.83	(0.02)
马来西亚	0.00	(0.02)	0.96	(0.02)	−0.04	(0.03)	0.04	(0.02)	−0.07	(0.02)	−1.19	(0.04)	−0.25	(0.01)	0.29	(0.01)	1.13	(0.02)
黑山共和国	0.06	(0.02)	1.13	(0.02)	0.09	(0.03)	0.04	(0.03)	0.05	(0.04)	−1.25	(0.04)	−0.21	(0.01)	0.32	(0.01)	1.39	(0.02)
秘鲁	0.13	(0.02)	1.00	(0.02)	0.17	(0.03)	0.10	(0.03)	0.07	(0.03)	−1.08	(0.04)	−0.14	(0.01)	0.41	(0.01)	1.36	(0.02)
卡塔尔	0.09	(0.01)	1.27	(0.01)	0.27	(0.02)	−0.09	(0.02)	0.36	(0.03)	−1.45	(0.02)	−0.21	(0.01)	0.39	(0.00)	1.63	(0.02)
罗马尼亚	0.10	(0.02)	1.02	(0.02)	0.14	(0.03)	0.08	(0.02)	0.06	(0.03)	−1.10	(0.02)	−0.19	(0.01)	0.35	(0.01)	1.34	(0.03)
俄罗斯联邦	0.18	(0.02)	0.97	(0.02)	0.21	(0.03)	0.15	(0.02)	0.06	(0.03)	−0.90	(0.03)	−0.13	(0.01)	0.37	(0.01)	1.37	(0.04)
塞尔维亚	−0.24	(0.02)	1.07	(0.02)	−0.18	(0.03)	−0.29	(0.03)	0.12	(0.04)	−1.51	(0.03)	−0.48	(0.01)	0.03	(0.01)	1.02	(0.03)
中国上海	0.18	(0.02)	1.06	(0.02)	0.12	(0.03)	0.24	(0.03)	−0.13	(0.03)	−1.01	(0.03)	−0.11	(0.01)	0.38	(0.01)	1.46	(0.02)
新加坡	0.31	(0.01)	0.85	(0.02)	0.31	(0.02)	0.30	(0.02)	0.01	(0.03)	−0.67	(0.01)	0.08	(0.01)	0.47	(0.00)	1.34	(0.02)
中国台北	−0.11	(0.02)	1.00	(0.02)	−0.09	(0.03)	−0.13	(0.02)	0.04	(0.03)	−1.31	(0.04)	−0.29	(0.00)	0.15	(0.00)	0.99	(0.03)
泰国	0.40	(0.02)	0.88	(0.02)	0.34	(0.03)	0.44	(0.02)	−0.11	(0.03)	−0.67	(0.04)	0.26	(0.01)	0.62	(0.01)	1.38	(0.02)
突尼斯	−0.20	(0.02)	0.99	(0.02)	−0.09	(0.04)	−0.30	(0.04)	0.21	(0.03)	−1.42	(0.04)	−0.43	(0.01)	0.10	(0.01)	0.95	(0.04)
阿拉伯联合酋长国	0.07	(0.02)	1.12	(0.01)	0.23	(0.03)	−0.09	(0.03)	0.32	(0.03)	−1.28	(0.02)	−0.21	(0.01)	0.36	(0.00)	1.41	(0.02)
乌拉圭	−0.51	(0.03)	1.11	(0.02)	−0.39	(0.03)	−0.62	(0.04)	0.23	(0.03)	−1.91	(0.04)	−0.74	(0.01)	−0.18	(0.01)	0.78	(0.03)
越南	−0.23	(0.02)	0.77	(0.02)	−0.24	(0.02)	−0.23	(0.02)	0.00	(0.03)	−1.18	(0.02)	−0.41	(0.00)	−0.01	(0.00)	0.66	(0.02)

左侧分组标签：OECD；伙伴国家(地区)

附表 4.45 ■ 应用数学问题的经验指数和按该指数四等分划分的数学成绩（续表1）

结果基于学生自我报告

| | | 数学成绩比例，按该国在该指数上的四分位区分 | | | | | | | 该指数每单位变化对应的数学成绩变化 | | 该指数位于最低1/4的学生，数学成绩也位于最低1/4的可能性增加比率 | | 解释的学生成绩变异 (r²×100) | |
		最低 1/4		最低 1/4		第三个 1/4		最高 1/4		分数差异值	标准误	比率	标准误	%	标准误
		平均成绩	标准误	平均成绩	标准误	平均成绩	标准误	平均成绩	标准误						
OECD	澳大利亚	**478**	(2.4)	510	(2.6)	520	(2.9)	524	(2.9)	**21.4**	(1.5)	**1.7**	(0.1)	4.2	(0.6)
	奥地利	494	(4.5)	519	(4.7)	516	(4.5)	506	(4.8)	8.1	(2.3)	1.4	(0.1)	0.6	(0.3)
	比利时	**477**	(4.9)	504	(5.2)	510	(5.6)	506	(5.5)	10.1	(2.5)	1.5	(0.2)	1.2	(0.6)
	加拿大	**496**	(2.7)	520	(2.5)	535	(2.6)	531	(2.5)	**15.2**	(1.2)	**1.6**	(0.1)	3.2	(0.5)
	智利	**403**	(3.7)	422	(4.0)	436	(4.6)	429	(4.9)	10.4	(1.4)	1.4	(0.1)	1.8	(0.5)
	捷克共和国	**504**	(4.3)	523	(4.3)	506	(5.5)	490	(4.9)	−4.2	(2.8)	1.1	(0.1)	0.2	(0.2)
	丹麦	**500**	(3.0)	499	(3.7)	500	(3.9)	514	(3.9)	2.2	(1.6)	1.0	(0.1)	0.1	(0.1)
	爱沙尼亚	**507**	(3.3)	528	(4.2)	528	(3.9)	525	(4.0)	6.8	(1.9)	1.4	(0.1)	0.5	(0.3)
	芬兰	**488**	(2.8)	522	(2.5)	529	(3.1)	545	(3.2)	**23.6**	(1.6)	**2.0**	(0.1)	6.0	(0.8)
	法国	**469**	(3.6)	503	(4.2)	514	(4.7)	509	(4.1)	**19.6**	(2.0)	**1.6**	(0.1)	3.5	(0.7)
	德国	514	(5.0)	536	(5.2)	532	(4.8)	515	(4.1)	3.1	(2.2)	1.3	(0.1)	0.1	(0.1)
	希腊	**460**	(4.0)	463	(3.8)	456	(4.5)	431	(4.3)	−9.5	(1.5)	0.8	(0.1)	1.4	(0.4)
	匈牙利	472	(5.8)	487	(4.7)	474	(4.5)	479	(4.6)	2.1	(2.2)	1.1	(0.1)	0.0	(0.1)
	冰岛	**465**	(4.0)	506	(4.1)	507	(3.5)	512	(3.8)	**11.8**	(1.7)	**1.9**	(0.2)	2.5	(0.7)
	爱尔兰	**480**	(4.3)	508	(4.3)	512	(4.0)	512	(3.7)	**15.6**	(2.3)	**1.6**	(0.1)	2.6	(0.7)
	以色列	464	(6.4)	487	(6.2)	477	(5.1)	453	(6.0)	−4.1	(2.6)	1.1	(0.1)	0.2	(0.2)
	意大利	**480**	(2.8)	493	(2.8)	493	(2.6)	479	(2.7)	1.0	(1.2)	1.1	(0.0)	0.0	(0.0)
	日本	**498**	(5.4)	535	(3.9)	558	(3.9)	565	(4.3)	**24.1**	(2.2)	**2.1**	(0.2)	7.5	(1.2)
	韩国	**517**	(5.8)	552	(4.3)	559	(5.8)	585	(5.8)	**27.8**	(1.8)	**1.9**	(0.1)	7.7	(0.9)
	卢森堡	**471**	(3.3)	499	(3.7)	500	(3.6)	498	(3.1)	**10.0**	(1.6)	1.4	(0.1)	1.2	(0.4)
	墨西哥	**408**	(1.9)	418	(1.6)	415	(2.2)	417	(1.8)	4.7	(0.7)	1.2	(0.1)	0.4	(0.1)
	荷兰	530	(5.6)	539	(4.3)	531	(5.9)	518	(5.1)	1.9	(2.0)	1.3	(0.1)	0.0	(0.1)
	新西兰	**462**	(4.3)	496	(4.6)	514	(4.4)	528	(5.7)	**25.9**	(2.2)	**2.0**	(0.2)	7.0	(1.1)
	挪威	**464**	(4.3)	503	(4.2)	503	(4.6)	500	(5.2)	**15.3**	(2.2)	**1.8**	(0.1)	2.4	(0.7)
	波兰	**503**	(5.4)	515	(4.3)	524	(4.8)	528	(4.9)	11.6	(2.1)	1.3	(0.1)	1.2	(0.5)
	葡萄牙	473	(5.7)	496	(5.0)	505	(4.9)	487	(5.8)	7.8	(1.9)	1.3	(0.1)	0.9	(0.4)
	斯洛伐克共和国	**493**	(5.8)	498	(5.9)	480	(5.1)	468	(4.9)	−10.1	(2.8)	1.0	(0.1)	0.9	(0.5)
	斯洛文尼亚	492	(3.9)	510	(4.7)	507	(4.3)	503	(4.6)	4.3	(2.4)	1.2	(0.1)	0.2	(0.2)
	西班牙	**487**	(2.7)	494	(3.2)	489	(2.8)	474	(2.8)	−3.8	(1.7)	1.0	(0.1)	0.1	(0.1)
	瑞典	**459**	(3.5)	485	(3.9)	488	(3.4)	491	(4.1)	**10.0**	(1.9)	1.5	(0.1)	1.3	(0.5)
	瑞士	**516**	(4.5)	542	(4.3)	541	(4.7)	533	(3.6)	9.8	(2.0)	1.4	(0.1)	0.7	(0.3)
	土耳其	**460**	(6.6)	450	(5.8)	441	(5.3)	442	(5.0)	−4.3	(1.6)	0.9	(0.1)	0.3	(0.2)
	英国	**465**	(5.0)	500	(3.9)	509	(4.0)	511	(5.0)	**20.1**	(1.4)	**1.7**	(0.1)	4.1	(0.8)
	美国	**460**	(5.3)	484	(5.6)	492	(4.9)	490	(5.2)	**13.1**	(2.0)	1.5	(0.1)	2.3	(0.7)
	OECD平均	**480**	(0.8)	502	(0.7)	503	(0.7)	500	(0.7)	**8.9**	(0.3)	**1.4**	(0.0)	2.0	(0.1)
伙伴国家（地区）	阿尔巴尼亚	394	(4.1)	392	(5.0)	391	(4.4)	393	(4.3)	−1.5	(2.2)	1.0	(0.1)	0.0	(0.1)
	阿根廷	387	(4.0)	406	(4.4)	401	(4.6)	389	(4.6)	2.1	(1.4)	1.2	(0.1)	0.1	(0.1)
	巴西	**384**	(2.3)	401	(2.9)	401	(3.0)	395	(2.9)	4.4	(1.2)	1.2	(0.1)	0.4	(0.2)
	保加利亚	**440**	(5.4)	461	(4.8)	443	(5.3)	426	(5.0)	−2.8	(2.2)	1.0	(0.1)	0.1	(0.1)
	哥伦比亚	**369**	(2.9)	383	(4.0)	389	(4.9)	389	(3.5)	7.0	(1.2)	1.3	(0.1)	1.0	(0.3)
	哥斯达黎加	409	(4.1)	417	(4.5)	413	(4.4)	400	(4.4)	−3.1	(1.6)	0.9	(0.1)	0.2	(0.2)
	克罗地亚	**450**	(4.4)	475	(5.2)	485	(4.5)	474	(4.7)	10.3	(2.1)	1.4	(0.1)	1.3	(0.5)
	塞浦路斯[1,2]	**432**	(3.8)	444	(3.7)	449	(3.5)	451	(4.0)	7.8	(1.7)	1.1	(0.1)	1.0	(0.4)
	中国香港	557	(6.0)	569	(4.8)	573	(4.2)	553	(5.1)	5.5	(2.9)	1.2	(0.1)	0.2	(0.2)
	印度尼西亚	363	(4.3)	380	(4.4)	385	(3.7)	381	(4.9)	5.9	(1.6)	1.4	(0.1)	0.8	(0.4)
	约旦	376	(3.4)	388	(3.8)	388	(3.6)	400	(5.4)	7.7	(1.7)	1.2	(0.1)	1.4	(0.6)
	哈萨克斯坦	435	(4.5)	433	(3.3)	433	(4.2)	432	(4.8)	−2.1	(1.8)	1.0	(0.1)	0.1	(0.1)
	拉脱维亚	**482**	(4.3)	496	(5.0)	496	(5.7)	496	(4.9)	7.5	(2.7)	1.2	(0.1)	0.6	(0.4)
	列支敦士登	516	(15.3)	538	(14.4)	548	(12.7)	538	(11.7)	14.6	(9.5)	2.0	(0.4)	1.5	(2.0)
	立陶宛	**468**	(4.0)	485	(4.2)	479	(4.3)	485	(4.6)	8.1	(1.2)	**1.3**	(0.1)	0.6	(0.3)
	中国澳门	**544**	(3.3)	543	(3.0)	537	(3.6)	530	(3.3)	−3.5	(2.5)	0.9	(0.1)	0.1	(0.1)
	马来西亚	**400**	(4.0)	424	(4.2)	431	(4.5)	434	(4.1)	**16.1**	(1.6)	**1.6**	(0.1)	3.5	(0.7)
	黑山共和国	**400**	(3.5)	419	(3.1)	419	(3.5)	414	(3.4)	5.3	(1.4)	1.3	(0.1)	0.5	(0.3)
	秘鲁	**364**	(4.6)	376	(4.5)	377	(3.4)	378	(4.4)	5.4	(1.6)	1.2	(0.1)	0.4	(0.2)
	卡塔尔	375	(2.4)	390	(2.6)	383	(2.7)	381	(3.0)	1.6	(1.2)	0.9	(0.0)	0.0	(0.1)
	罗马尼亚	435	(5.0)	450	(4.1)	450	(4.6)	446	(4.9)	4.2	(1.6)	1.3	(0.1)	0.3	(0.2)
	俄罗斯联邦	480	(3.8)	485	(4.1)	485	(5.0)	484	(5.1)	3.8	(1.5)	1.1	(0.1)	0.2	(0.1)
	塞尔维亚	**447**	(4.6)	463	(4.4)	457	(4.5)	442	(4.4)	−3.0	(1.8)	1.1	(0.1)	0.1	(0.1)
	中国上海	**625**	(5.0)	615	(4.8)	609	(4.8)	604	(4.4)	−4.8	(1.7)	1.0	(0.1)	0.3	(0.2)
	新加坡	**560**	(3.7)	583	(3.3)	572	(4.1)	581	(3.5)	8.2	(2.3)	1.4	(0.1)	0.4	(0.3)
	中国台北	**510**	(5.3)	570	(4.5)	589	(4.7)	572	(4.9)	**27.0**	(2.2)	**2.2**	(0.2)	5.4	(0.9)
	泰国	**414**	(4.8)	422	(4.6)	428	(4.1)	440	(4.7)	11.5	(2.1)	1.2	(0.1)	1.5	(0.5)
	突尼斯	384	(3.9)	399	(5.3)	390	(5.6)	388	(5.2)	1.4	(1.7)	1.0	(0.1)	0.0	(0.1)
	阿拉伯联合酋长国	**413**	(2.6)	439	(2.8)	443	(3.2)	451	(4.0)	10.3	(1.3)	1.4	(0.1)	1.7	(0.4)
	乌拉圭	**418**	(4.0)	427	(4.2)	423	(4.7)	397	(4.6)	−7.6	(1.9)	1.1	(0.1)	1.0	(0.3)
	越南	512	(5.8)	519	(6.7)	512	(6.1)	506	(5.7)	−2.4	(2.9)	1.0	(0.1)	0.0	(0.1)

注：粗体表示差异值达到统计上的显著。

1. 土耳其注：本书中"塞浦路斯"相关的信息是指塞浦路斯岛南部。没有任何一个权力组织能够代表岛上的土耳其和希腊塞浦路斯人。土耳其承认北塞浦路斯土耳其共和国。除非在联合国找到一种长期的平衡的解决方案，否则土耳其将保持其对"塞浦路斯"问题的立场。

2. OECD和欧盟成员注：塞浦路斯共和国得到了除土耳其外所有联合国成员的承认。本书中的信息是指在塞浦路斯共和国政府有效控制区域内的。

附表 4.46 ■ 纯数学问题的经验指数和按该指数四等分划分的数学成绩

结果基于学生自我报告

		纯数学问题的经验指数															
		全体学生		在该指数上的变异		男　生		女　生		性别差异(男生-女生)		最低 1/4		最低 1/4		第三个 1/4		最高 1/4
		指数平均值	标准误	标准差	标准误	指数平均值	标准误	指数平均值	标准误	差异值	标准误	指数平均值	标准误	指数平均值	标准误	指数平均值	标准误	指数平均值	标准误
OECD	澳大利亚	−0.17	(0.01)	1.02	(0.01)	−0.20	(0.02)	−0.13	(0.02)	**−0.08**	(0.03)	−1.55	(0.02)	−0.50	(0.01)	0.59	(0.01)	0.80	(0.00)
	奥地利	−0.03	(0.02)	1.10	(0.02)	−0.13	(0.04)	0.06	(0.03)	**−0.20**	(0.05)	−1.67	(0.03)	−0.06	(0.02)	0.80	(0.00)	0.80	(0.00)
	比利时	−0.09	(0.02)	1.15	(0.02)	−0.17	(0.02)	−0.01	(0.03)	**−0.16**	(0.04)	−1.80	(0.03)	−0.16	(0.02)	0.80	(0.00)	0.80	(0.00)
	加拿大	−0.09	(0.02)	1.09	(0.01)	−0.20	(0.02)	0.02	(0.02)	**−0.22**	(0.03)	−1.65	(0.02)	−0.30	(0.01)	0.79	(0.01)	0.80	(0.00)
	智利	−0.10	(0.02)	1.04	(0.01)	−0.19	(0.02)	−0.02	(0.01)	**−0.16**	(0.02)	−1.57	(0.02)	−0.37	(0.01)	0.74	(0.01)	0.80	(0.00)
	捷克共和国	−0.09	(0.03)	0.97	(0.02)	−0.20	(0.04)	0.03	(0.04)	**−0.24**	(0.05)	−1.41	(0.04)	−0.40	(0.01)	0.67	(0.02)	0.80	(0.00)
	丹麦	−0.37	(0.02)	1.04	(0.01)	−0.46	(0.03)	−0.28	(0.03)	**−0.18**	(0.04)	−1.80	(0.02)	−0.70	(0.01)	0.23	(0.01)	0.80	(0.00)
	爱沙尼亚	0.03	(0.02)	0.94	(0.01)	−0.14	(0.03)	−0.01	(0.03)	**−0.34**	(0.03)	−1.29	(0.03)	−0.17	(0.01)	0.80	(0.00)	0.80	(0.00)
	芬兰	0.00	(0.02)	0.90	(0.01)	−0.15	(0.03)	0.16	(0.03)	**−0.31**	(0.04)	−1.22	(0.02)	−0.26	(0.01)	0.69	(0.01)	0.80	(0.00)
	法国	0.02	(0.02)	1.05	(0.02)	−0.07	(0.03)	0.10	(0.03)	**−0.18**	(0.04)	−1.52	(0.03)	0.00	(0.01)	0.80	(0.00)	0.80	(0.00)
	德国	0.13	(0.02)	0.92	(0.02)	0.01	(0.03)	0.23	(0.03)	**−0.22**	(0.03)	−1.24	(0.03)	0.15	(0.01)	0.80	(0.00)	0.80	(0.00)
	希腊	0.05	(0.02)	1.04	(0.02)	−0.13	(0.03)	0.23	(0.03)	**−0.36**	(0.04)	−1.52	(0.03)	0.14	(0.01)	0.80	(0.00)	0.80	(0.00)
	匈牙利	0.14	(0.02)	0.90	(0.02)	−0.04	(0.03)	0.31	(0.03)	**−0.35**	(0.04)	−1.21	(0.03)	0.18	(0.02)	0.80	(0.00)	0.80	(0.00)
	冰岛	0.23	(0.02)	0.96	(0.02)	0.11	(0.03)	0.34	(0.03)	**−0.23**	(0.04)	−1.24	(0.03)	0.55	(0.01)	0.80	(0.00)	0.80	(0.00)
	爱尔兰	0.14	(0.02)	0.95	(0.01)	0.06	(0.03)	0.22	(0.03)	**−0.16**	(0.04)	−1.27	(0.03)	0.25	(0.01)	0.80	(0.00)	0.80	(0.00)
	以色列	0.03	(0.03)	0.98	(0.01)	−0.14	(0.04)	0.20	(0.04)	**−0.34**	(0.04)	−1.37	(0.04)	−0.10	(0.01)	0.80	(0.00)	0.80	(0.00)
	意大利	0.22	(0.01)	0.92	(0.01)	0.12	(0.02)	0.32	(0.02)	**−0.20**	(0.02)	−1.18	(0.02)	0.47	(0.01)	0.80	(0.00)	0.80	(0.00)
	日本	0.19	(0.02)	0.96	(0.02)	0.09	(0.03)	0.30	(0.03)	**−0.21**	(0.03)	−1.27	(0.03)	0.45	(0.02)	0.80	(0.00)	0.80	(0.00)
	韩国	0.43	(0.02)	0.76	(0.02)	0.33	(0.03)	0.54	(0.02)	**−0.21**	(0.03)	−0.67	(0.03)	0.80	(0.00)	0.80	(0.00)	0.80	(0.00)
	卢森堡	−0.25	(0.02)	1.15	(0.01)	−0.33	(0.02)	−0.16	(0.02)	**−0.17**	(0.04)	−1.91	(0.02)	−0.54	(0.01)	0.66	(0.01)	0.80	(0.00)
	墨西哥	−0.03	(0.01)	0.94	(0.00)	−0.11	(0.02)	0.04	(0.01)	**−0.16**	(0.02)	−1.30	(0.01)	−0.37	(0.01)	0.74	(0.00)	0.80	(0.00)
	荷兰	−0.01	(0.03)	1.04	(0.02)	−0.09	(0.04)	0.07	(0.04)	**−0.16**	(0.04)	−1.50	(0.04)	−0.13	(0.02)	0.80	(0.00)	0.80	(0.00)
	新西兰	−0.27	(0.02)	1.08	(0.02)	−0.32	(0.04)	−0.22	(0.03)	**−0.09**	(0.05)	−1.77	(0.03)	−0.60	(0.01)	0.49	(0.01)	0.80	(0.00)
	挪威	0.00	(0.02)	0.90	(0.01)	−0.11	(0.03)	0.12	(0.02)	**−0.24**	(0.03)	−1.18	(0.02)	−0.30	(0.01)	0.71	(0.01)	0.80	(0.00)
	波兰	0.09	(0.02)	0.81	(0.01)	−0.07	(0.03)	0.24	(0.03)	**−0.30**	(0.03)	−1.02	(0.02)	−0.15	(0.01)	0.75	(0.01)	0.80	(0.00)
	葡萄牙	−0.35	(0.03)	1.15	(0.02)	−0.42	(0.04)	−0.28	(0.03)	**−0.14**	(0.05)	−1.99	(0.03)	−0.65	(0.01)	0.44	(0.01)	0.80	(0.00)
	斯洛伐克共和国	−0.11	(0.02)	0.91	(0.01)	−0.23	(0.04)	0.01	(0.03)	**−0.24**	(0.04)	−1.38	(0.02)	−0.38	(0.01)	0.65	(0.01)	0.65	(0.01)
	斯洛文尼亚	0.20	(0.02)	0.87	(0.02)	0.03	(0.03)	0.38	(0.03)	**−0.35**	(0.03)	−1.11	(0.02)	0.31	(0.02)	0.80	(0.00)	0.80	(0.00)
	西班牙	0.27	(0.01)	0.83	(0.01)	0.18	(0.02)	0.36	(0.01)	**−0.19**	(0.02)	−0.98	(0.01)	0.47	(0.01)	0.80	(0.00)	0.80	(0.00)
	瑞典	−0.25	(0.02)	0.96	(0.01)	−0.33	(0.03)	−0.17	(0.03)	**−0.16**	(0.04)	−1.49	(0.03)	−0.61	(0.01)	0.30	(0.01)	0.80	(0.00)
	瑞士	0.01	(0.02)	1.01	(0.01)	−0.09	(0.03)	0.12	(0.03)	**−0.21**	(0.04)	−1.44	(0.02)	−0.10	(0.01)	0.80	(0.00)	0.80	(0.00)
	土耳其	−0.10	(0.03)	1.09	(0.02)	−0.28	(0.04)	0.08	(0.04)	**−0.36**	(0.04)	−1.70	(0.04)	−0.30	(0.01)	0.80	(0.00)	0.80	(0.00)
	英国	0.02	(0.02)	0.99	(0.01)	−0.05	(0.03)	0.10	(0.03)	**−0.15**	(0.03)	−1.38	(0.02)	−0.12	(0.01)	0.80	(0.00)	0.80	(0.00)
	美国	0.09	(0.02)	0.93	(0.01)	−0.01	(0.04)	0.20	(0.04)	**−0.21**	(0.04)	−1.23	(0.04)	0.01	(0.01)	0.80	(0.00)	0.80	(0.00)
	OECD 平均	0.00	(0.00)	0.98	(0.00)	−0.11	(0.01)	0.11	(0.00)	**−0.22**	(0.01)	−1.41	(0.00)	−0.10	(0.00)	0.72	(0.00)	0.79	(0.00)
伙伴国家（地区）	阿尔巴利亚	0.15	(0.02)	0.91	(0.02)	0.16	(0.03)	0.15	(0.03)	0.00	(0.04)	−1.23	(0.02)	0.26	(0.02)	0.80	(0.00)	0.80	(0.00)
	阿根廷	−0.25	(0.02)	1.06	(0.02)	−0.36	(0.03)	−0.14	(0.03)	**−0.22**	(0.04)	−1.70	(0.02)	−0.57	(0.01)	0.48	(0.01)	0.80	(0.00)
	巴西	−0.55	(0.02)	1.04	(0.01)	−0.60	(0.02)	−0.50	(0.02)	**−0.10**	(0.03)	−1.91	(0.01)	−0.85	(0.01)	−0.23	(0.01)	0.79	(0.00)
	保加利亚	0.06	(0.03)	0.95	(0.02)	−0.13	(0.04)	0.25	(0.03)	**−0.39**	(0.03)	−1.31	(0.03)	−0.05	(0.02)	0.80	(0.00)	0.80	(0.00)
	哥伦比亚	−0.39	(0.02)	1.03	(0.01)	−0.45	(0.03)	−0.34	(0.02)	**−0.11**	(0.03)	−1.76	(0.02)	−0.75	(0.01)	0.15	(0.02)	0.80	(0.00)
	哥斯达黎加	−0.06	(0.03)	1.00	(0.01)	−0.12	(0.04)	−0.01	(0.03)	**−0.12**	(0.04)	−1.44	(0.02)	−0.36	(0.02)	0.77	(0.01)	0.80	(0.00)
	克罗地亚	0.19	(0.02)	0.87	(0.02)	0.02	(0.03)	0.37	(0.03)	**−0.34**	(0.03)	−1.13	(0.03)	0.30	(0.01)	0.80	(0.00)	0.80	(0.00)
	塞浦路斯[1,2]	−0.04	(0.02)	1.06	(0.02)	−0.24	(0.03)	0.15	(0.03)	**−0.39**	(0.04)	−1.58	(0.03)	−0.18	(0.01)	0.80	(0.00)	0.80	(0.00)
	中国香港	0.15	(0.02)	0.84	(0.02)	0.06	(0.03)	0.25	(0.03)	**−0.19**	(0.04)	−1.03	(0.03)	0.04	(0.02)	0.80	(0.00)	0.80	(0.00)
	印度尼西亚	0.12	(0.03)	0.97	(0.02)	−0.29	(0.03)	−0.02	(0.03)	**−0.27**	(0.04)	−1.47	(0.03)	−0.52	(0.01)	0.59	(0.01)	0.80	(0.00)
	约旦	−0.22	(0.02)	0.97	(0.02)	−0.37	(0.03)	−0.07	(0.03)	**−0.29**	(0.04)	−1.55	(0.02)	−0.53	(0.01)	0.41	(0.01)	0.80	(0.00)
	哈萨克斯坦	0.16	(0.03)	0.85	(0.02)	0.04	(0.03)	0.28	(0.03)	**−0.24**	(0.03)	−1.11	(0.02)	0.17	(0.02)	0.80	(0.00)	0.80	(0.00)
	拉脱维亚	−0.01	(0.02)	0.87	(0.02)	−0.19	(0.03)	0.18	(0.03)	**−0.37**	(0.04)	−1.18	(0.03)	−0.31	(0.01)	0.66	(0.01)	0.80	(0.00)
	列支敦士登	0.22	(0.07)	0.98	(0.07)	0.08	(0.10)	0.39	(0.09)	**−0.31**	(0.13)	−1.26	(0.12)	0.56	(0.05)	0.80	(0.00)	0.80	(0.00)
	立陶宛	0.13	(0.02)	0.84	(0.01)	−0.06	(0.03)	0.32	(0.03)	**−0.38**	(0.03)	−1.07	(0.02)	0.02	(0.01)	0.80	(0.00)	0.80	(0.00)
	中国澳门	0.21	(0.01)	0.80	(0.01)	0.13	(0.02)	0.29	(0.02)	**−0.17**	(0.02)	−0.97	(0.02)	0.22	(0.02)	0.80	(0.00)	0.80	(0.00)
	马来西亚	−0.02	(0.03)	1.01	(0.02)	−0.20	(0.04)	0.15	(0.04)	**−0.35**	(0.04)	−1.47	(0.04)	−0.19	(0.02)	0.80	(0.00)	0.80	(0.00)
	黑山共和国	−0.09	(0.02)	1.00	(0.02)	−0.30	(0.03)	0.12	(0.03)	**−0.42**	(0.04)	−1.49	(0.03)	−0.34	(0.01)	0.68	(0.01)	0.80	(0.00)
	秘鲁	0.11	(0.02)	0.83	(0.01)	0.03	(0.03)	0.19	(0.03)	**−0.17**	(0.03)	−1.05	(0.02)	−0.09	(0.02)	0.80	(0.00)	0.80	(0.00)
	卡塔尔	−0.28	(0.01)	1.07	(0.01)	−0.36	(0.02)	−0.20	(0.02)	**−0.16**	(0.02)	−1.76	(0.02)	−0.64	(0.01)	0.48	(0.01)	0.80	(0.00)
	罗马尼亚	−0.07	(0.03)	0.95	(0.01)	−0.19	(0.03)	0.05	(0.03)	**−0.25**	(0.04)	−1.39	(0.02)	−0.35	(0.01)	0.68	(0.01)	0.80	(0.00)
	俄罗斯联邦	0.29	(0.02)	0.79	(0.02)	0.13	(0.03)	0.44	(0.03)	**−0.31**	(0.03)	−0.92	(0.02)	0.47	(0.01)	0.80	(0.00)	0.80	(0.00)
	塞尔维亚	−0.08	(0.02)	1.03	(0.01)	−0.29	(0.03)	0.13	(0.03)	**−0.42**	(0.04)	−1.55	(0.03)	−0.29	(0.01)	0.74	(0.01)	0.80	(0.00)
	中国上海	0.06	(0.02)	0.97	(0.01)	−0.04	(0.03)	0.15	(0.03)	**−0.20**	(0.03)	−1.35	(0.02)	−0.01	(0.01)	0.80	(0.00)	0.80	(0.00)
	新加坡	0.33	(0.01)	0.77	(0.01)	0.27	(0.02)	0.40	(0.02)	**−0.13**	(0.03)	−0.87	(0.02)	0.61	(0.01)	0.80	(0.00)	0.80	(0.00)
	中国台北	−0.04	(0.02)	1.06	(0.02)	−0.15	(0.04)	0.06	(0.03)	**−0.21**	(0.04)	−1.53	(0.03)	−0.22	(0.02)	0.80	(0.00)	0.80	(0.00)
	泰国	−0.09	(0.02)	0.93	(0.01)	−0.32	(0.03)	0.09	(0.03)	**−0.41**	(0.04)	−1.30	(0.02)	−0.49	(0.01)	0.64	(0.01)	0.80	(0.00)
	突尼斯	−0.30	(0.03)	1.03	(0.01)	−0.43	(0.04)	−0.19	(0.02)	**−0.24**	(0.04)	−1.70	(0.02)	−0.64	(0.01)	0.34	(0.02)	0.80	(0.00)
	阿拉伯联合酋长国	−0.10	(0.02)	1.01	(0.01)	−0.20	(0.04)	0.00	(0.03)	**−0.20**	(0.04)	−1.52	(0.03)	−0.36	(0.01)	0.70	(0.01)	0.80	(0.00)
	乌拉圭	−0.06	(0.02)	1.01	(0.01)	−0.20	(0.03)	0.06	(0.03)	**−0.26**	(0.04)	−1.46	(0.02)	−0.32	(0.01)	0.74	(0.01)	0.80	(0.00)
	越南	0.17	(0.02)	0.81	(0.02)	0.05	(0.03)	0.27	(0.03)	**−0.22**	(0.03)	−1.02	(0.02)	0.09	(0.01)	0.80	(0.00)	0.80	(0.00)

附表 4.46 ■ 纯数学问题的经验指数和按该指数四等分划分的数学成绩（续表1）

结果基于学生自我报告

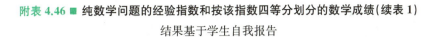

| | | 数学成绩比例,按该国在该指数上的四分位区分 | | | | | | | 该指数每单位变化对应的数学成绩变化 | | 该指数位于最低1/4的学生,数学成绩也位于最低1/4的可能性增加比率 | | 解释的学生成绩变异 ($r^2 \times 100$) | |
| | | 最低 1/4 | | 最低 1/4 | | 第三个 1/4 | | 最高 1/4 | | | | | | | |
		平均成绩	标准误	平均成绩	标准误	平均成绩	标准误	平均成绩	标准误	分数差异值	标准误	比率	标准误	%	标准误
OECD	澳大利亚	458	(2.4)	486	(2.6)	541	(3.2)	547	(3.2)	37.0	(1.3)	2.4	(0.1)	15.5	(0.8)
	奥地利	455	(3.8)	509	(5.0)	537	(4.6)	536	(4.4)	31.2	(1.6)	2.6	(0.2)	14.0	(1.3)
	比利时	444	(5.6)	502	(5.5)	528	(6.7)	526	(5.7)	32.0	(1.6)	2.9	(0.3)	14.6	(1.7)
	加拿大	477	(2.9)	514	(2.8)	546	(2.5)	544	(3.3)	27.6	(1.0)	2.2	(0.1)	11.7	(0.9)
	智利	388	(3.2)	411	(4.2)	445	(4.3)	447	(4.0)	24.2	(1.4)	1.9	(0.2)	9.6	(0.9)
	捷克共和国	470	(4.5)	504	(4.7)	525	(4.7)	525	(5.4)	25.6	(2.1)	2.1	(0.2)	7.7	(1.3)
	丹麦	496	(3.2)	492	(3.6)	513	(4.1)	512	(3.6)	7.1	(1.6)	1.1	(0.1)	0.9	(0.4)
	爱沙尼亚	499	(4.0)	518	(4.6)	537	(3.8)	533	(3.8)	16.0	(1.6)	1.7	(0.1)	3.5	(0.7)
	芬兰	481	(3.8)	516	(3.4)	542	(3.2)	545	(3.2)	31.3	(1.6)	2.2	(0.1)	11.9	(1.2)
	法国	447	(4.3)	501	(4.1)	523	(4.3)	525	(4.6)	32.7	(1.9)	2.5	(0.2)	12.8	(1.4)
	德国	474	(3.9)	524	(4.4)	548	(5.2)	550	(4.6)	34.7	(1.9)	2.6	(0.2)	11.7	(1.1)
	希腊	411	(4.0)	453	(4.7)	473	(3.8)	474	(3.8)	25.1	(1.6)	2.3	(0.2)	9.0	(1.1)
	匈牙利	439	(4.4)	481	(6.5)	497	(4.5)	497	(4.8)	28.3	(2.3)	2.1	(0.2)	7.5	(1.2)
	冰岛	449	(4.1)	512	(4.9)	515	(4.2)	514	(5.5)	31.4	(2.1)	2.6	(0.2)	11.4	(1.5)
	爱尔兰	460	(3.8)	506	(3.7)	523	(3.8)	524	(4.5)	28.1	(1.8)	2.4	(0.2)	10.1	(1.2)
	以色列	428	(6.2)	471	(6.3)	491	(5.5)	494	(5.9)	28.9	(2.2)	2.1	(0.1)	7.2	(1.1)
	意大利	441	(2.9)	494	(3.2)	506	(2.8)	506	(2.9)	30.9	(1.5)	2.3	(0.1)	9.4	(0.7)
	日本	491	(5.3)	546	(4.4)	559	(4.8)	560	(4.6)	33.5	(2.7)	2.4	(0.2)	12.1	(1.7)
	韩国	480	(5.5)	578	(5.0)	578	(5.9)	578	(5.6)	61.2	(2.7)	3.6	(0.3)	21.5	(1.7)
	卢森堡	447	(2.8)	479	(3.3)	519	(5.6)	524	(4.7)	27.2	(1.5)	2.3	(0.2)	10.9	(1.0)
	墨西哥	389	(2.0)	399	(2.1)	434	(2.0)	436	(2.0)	21.2	(1.0)	1.7	(0.1)	7.2	(0.6)
	荷兰	462	(5.1)	518	(4.5)	570	(5.3)	567	(5.4)	44.1	(2.1)	3.7	(0.3)	25.9	(1.9)
	新西兰	439	(3.7)	487	(4.6)	540	(4.9)	549	(5.1)	41.9	(1.9)	2.9	(0.2)	20.4	(1.8)
	挪威	456	(4.5)	493	(4.7)	512	(5.0)	512	(4.9)	30.0	(2.2)	2.1	(0.2)	9.4	(1.2)
	波兰	488	(4.4)	516	(4.7)	533	(5.5)	532	(5.4)	25.5	(2.1)	1.7	(0.1)	5.3	(0.9)
	葡萄牙	442	(5.0)	472	(4.5)	527	(6.3)	521	(6.2)	29.1	(1.5)	2.0	(0.1)	12.8	(1.2)
	斯洛伐克共和国	448	(6.2)	480	(6.0)	511	(4.4)	508	(4.6)	30.0	(2.7)	2.0	(0.2)	7.5	(1.3)
	斯洛文尼亚	464	(3.2)	508	(5.2)	520	(5.6)	520	(5.4)	27.6	(2.1)	2.0	(0.1)	6.9	(1.0)
	西班牙	455	(3.1)	492	(3.7)	498	(3.0)	499	(2.9)	24.2	(1.9)	1.9	(0.1)	5.3	(0.8)
	瑞典	450	(3.7)	480	(3.0)	498	(3.8)	496	(4.8)	20.0	(1.7)	1.8	(0.1)	4.7	(0.8)
	瑞士	479	(4.5)	526	(5.1)	562	(4.4)	566	(4.1)	35.8	(2.0)	2.5	(0.2)	14.5	(1.5)
	土耳其	402	(3.8)	434	(4.8)	478	(6.7)	479	(7.7)	29.1	(2.1)	2.3	(0.2)	12.0	(1.2)
	英国	449	(4.4)	488	(4.4)	526	(4.6)	522	(4.4)	31.8	(1.8)	2.4	(0.2)	11.4	(1.2)
	美国	438	(4.8)	481	(5.2)	504	(5.3)	506	(4.2)	31.4	(2.0)	2.3	(0.2)	10.4	(1.3)
	OECD平均	**453**	(0.7)	**493**	(0.8)	**519**	(0.8)	**520**	(0.8)	**29.9**	(0.3)	**2.3**	(0.0)	**10.8**	(0.2)
伙伴国家（地区）	阿尔巴尼亚	397	(3.9)	393	(5.0)	391	(7.2)	391	(6.5)	−3.4	(2.5)	0.9	(0.1)	0.1	(0.2)
	阿根廷	371	(4.3)	388	(4.6)	405	(4.3)	417	(4.5)	17.2	(1.6)	1.7	(0.1)	6.1	(1.0)
	巴西	386	(2.6)	387	(2.6)	398	(3.0)	412	(3.3)	9.2	(1.0)	1.1	(0.1)	1.5	(0.3)
	保加利亚	404	(5.1)	439	(5.2)	466	(5.0)	464	(5.3)	28.5	(2.2)	2.0	(0.1)	8.6	(1.1)
	哥伦比亚	366	(2.9)	369	(3.9)	392	(5.0)	405	(5.1)	15.4	(1.7)	1.4	(0.1)	4.6	(0.9)
	哥斯达黎加	389	(3.8)	399	(4.2)	426	(4.9)	426	(4.5)	15.6	(1.2)	1.5	(0.2)	5.1	(1.2)
	克罗地亚	437	(4.6)	478	(4.3)	486	(5.1)	484	(5.6)	25.6	(2.2)	2.0	(0.1)	6.4	(1.0)
	塞浦路斯[1,2]	393	(4.1)	437	(3.7)	474	(4.4)	473	(4.4)	31.8	(1.8)	2.6	(0.2)	13.7	(1.5)
	中国香港	515	(5.8)	568	(5.8)	585	(4.0)	585	(4.0)	38.4	(2.5)	2.3	(0.2)	11.2	(1.4)
	印度尼西亚	360	(3.6)	371	(4.9)	386	(5.2)	392	(5.7)	13.4	(1.8)	1.4	(0.1)	3.4	(0.8)
	约旦	354	(3.2)	373	(3.5)	410	(4.1)	419	(5.8)	28.3	(2.4)	2.0	(0.1)	13.2	(1.5)
	哈萨克斯坦	410	(4.2)	431	(3.6)	447	(4.7)	446	(4.9)	19.4	(2.3)	1.8	(0.2)	5.5	(1.2)
	拉脱维亚	460	(4.4)	482	(4.2)	511	(6.2)	516	(5.6)	28.8	(2.3)	2.0	(0.2)	9.4	(1.4)
	列支敦士登	487	(13.3)	546	(14.0)	551	(21.6)	555	(14.9)	33.5	(6.3)	2.5	(0.6)	11.9	(4.5)
	立陶宛	441	(3.9)	479	(4.4)	498	(3.5)	500	(3.6)	32.6	(1.8)	2.2	(0.1)	9.4	(1.0)
	中国澳门	520	(3.4)	535	(3.3)	550	(3.4)	548	(3.2)	17.2	(2.2)	1.5	(0.1)	2.2	(0.6)
	马来西亚	366	(3.4)	407	(3.8)	457	(4.6)	459	(5.2)	39.9	(1.8)	3.0	(0.2)	24.1	(1.5)
	黑山共和国	378	(3.7)	410	(3.3)	434	(3.3)	433	(3.6)	23.8	(1.4)	2.0	(0.1)	8.6	(0.9)
	秘鲁	337	(4.0)	360	(4.8)	401	(5.3)	401	(5.3)	32.6	(2.5)	1.9	(0.1)	10.7	(1.2)
	卡塔尔	332	(2.1)	354	(2.3)	415	(3.2)	432	(3.6)	37.8	(1.7)	2.0	(0.1)	16.5	(1.0)
	罗马尼亚	419	(4.2)	436	(4.3)	461	(5.1)	466	(5.1)	21.1	(2.1)	1.7	(0.2)	6.2	(1.1)
	俄罗斯联邦	449	(4.0)	491	(5.0)	498	(4.5)	497	(5.0)	29.2	(1.7)	2.0	(0.1)	7.2	(0.9)
	塞尔维亚	423	(4.5)	456	(5.2)	465	(5.0)	465	(4.6)	17.4	(1.6)	1.8	(0.1)	4.1	(0.8)
	中国上海	607	(5.8)	623	(5.8)	612	(4.4)	612	(6.7)	2.2	(2.7)	1.3	(0.1)	0.0	(0.1)
	新加坡	518	(3.3)	587	(3.7)	596	(4.6)	595	(4.6)	43.9	(2.4)	2.6	(0.1)	10.1	(1.1)
	中国台北	488	(5.6)	569	(5.2)	593	(4.1)	591	(4.8)	46.8	(1.9)	3.3	(0.2)	18.1	(1.5)
	泰国	391	(4.5)	407	(3.5)	448	(5.5)	457	(5.7)	29.6	(2.5)	2.0	(0.1)	11.0	(1.5)
	突尼斯	356	(3.9)	374	(4.8)	406	(4.9)	427	(5.8)	26.2	(2.1)	1.9	(0.2)	11.8	(1.3)
	阿拉伯联合酋长国	387	(2.6)	417	(3.0)	468	(3.4)	474	(3.1)	35.8	(1.4)	2.3	(0.1)	16.4	(1.1)
	乌拉圭	386	(4.1)	414	(4.4)	430	(4.5)	436	(4.2)	20.2	(1.7)	1.8	(0.1)	5.5	(0.9)
	越南	484	(5.4)	507	(5.7)	530	(6.5)	527	(6.2)	25.3	(3.1)	1.7	(0.2)	5.7	(1.3)

注：粗体表示差异值达到统计上的显著。

1. 土耳其注：本书中"塞浦路斯"相关的信息是指塞浦路斯岛南部。没有任何一个权力组织能够代表岛上的土耳其和希腊塞浦路斯人。土耳其承认北塞浦路斯土耳其共和国。除非在联合国找到一种长期的平衡的解决方案，否则土耳其将保持其对"塞浦路斯"问题的立场。

2. OECD 和欧盟成员注：塞浦路斯共和国得到了除土耳其外所有联合国成员的承认。本书中的信息是指在塞浦路斯共和国政府有效控制区域内的。

附表 4.47 ■ 教师激发学生参与学习的策略指数和按该指数四等分划分的数学成绩

结果基于学生自我报告

	全体学生 指数平均值 (标准误)	在该指数上的变异 标准差 (标准误)	男生 指数平均值 (标准误)	女生 指数平均值 (标准误)	性别差异(男生-女生) 差异值 (标准误)	最低1/4 指数平均值 (标准误)	最低1/4 指数平均值 (标准误)	第三个1/4 指数平均值 (标准误)	最高1/4 指数平均值 (标准误)
OECD									
澳大利亚	0.14 (0.02)	1.08 (0.01)	0.23 (0.02)	0.04 (0.02)	**0.19** (0.03)	-1.13 (0.02)	-0.17 (0.00)	0.39 (0.00)	1.47 (0.02)
奥地利	-0.10 (0.02)	0.90 (0.02)	0.01 (0.03)	-0.21 (0.03)	**0.22** (0.04)	-1.17 (0.02)	-0.35 (0.01)	0.14 (0.01)	0.97 (0.02)
比利时	-0.19 (0.02)	0.98 (0.02)	-0.15 (0.03)	-0.23 (0.03)	**0.08** (0.03)	-1.35 (0.03)	-0.41 (0.01)	0.07 (0.00)	0.92 (0.02)
加拿大	0.31 (0.02)	1.06 (0.01)	0.40 (0.02)	0.23 (0.02)	**0.17** (0.02)	-0.88 (0.02)	0.00 (0.00)	0.48 (0.00)	1.66 (0.02)
智利	0.22 (0.02)	0.98 (0.02)	0.30 (0.03)	0.13 (0.03)	**0.17** (0.04)	-0.96 (0.02)	-0.10 (0.01)	0.47 (0.01)	1.46 (0.02)
捷克共和国	0.15 (0.02)	0.89 (0.02)	0.23 (0.03)	0.06 (0.03)	**0.17** (0.04)	-0.88 (0.03)	-0.11 (0.01)	0.34 (0.01)	1.24 (0.03)
丹麦	-0.03 (0.02)	0.77 (0.01)	0.06 (0.02)	-0.11 (0.03)	**0.16** (0.03)	-0.95 (0.02)	-0.25 (0.01)	0.17 (0.01)	0.92 (0.02)
爱沙尼亚	-0.06 (0.02)	0.82 (0.02)	-0.01 (0.02)	-0.12 (0.02)	**0.11** (0.03)	-1.02 (0.02)	-0.29 (0.01)	0.14 (0.01)	0.92 (0.02)
芬兰	-0.06 (0.02)	0.89 (0.02)	-0.02 (0.02)	-0.09 (0.02)	**0.07** (0.02)	-1.06 (0.02)	-0.32 (0.01)	0.14 (0.01)	1.01 (0.02)
法国	-0.07 (0.02)	0.87 (0.02)	-0.01 (0.02)	-0.13 (0.02)	**0.13** (0.02)	-1.12 (0.02)	-0.30 (0.01)	0.16 (0.01)	0.95 (0.02)
德国	0.02 (0.02)	0.83 (0.02)	0.11 (0.02)	-0.07 (0.02)	**0.17** (0.03)	-0.95 (0.02)	-0.20 (0.01)	0.22 (0.01)	1.01 (0.02)
希腊	0.08 (0.02)	0.98 (0.03)	0.17 (0.03)	-0.01 (0.03)	**0.17** (0.05)	-1.04 (0.03)	-0.16 (0.01)	0.30 (0.01)	1.22 (0.03)
匈牙利	-0.08 (0.03)	0.88 (0.03)	0.02 (0.03)	-0.18 (0.03)	**0.20** (0.03)	-1.11 (0.04)	-0.29 (0.01)	0.14 (0.01)	0.94 (0.03)
冰岛	-0.17 (0.02)	1.16 (0.02)	-0.04 (0.03)	-0.30 (0.03)	**0.27** (0.05)	-1.46 (0.03)	-0.50 (0.01)	0.08 (0.01)	1.21 (0.04)
爱尔兰	0.13 (0.02)	1.00 (0.02)	0.14 (0.02)	0.12 (0.03)	**0.02** (0.03)	-1.06 (0.03)	-0.14 (0.01)	0.38 (0.01)	1.34 (0.02)
以色列	0.27 (0.02)	0.98 (0.02)	0.34 (0.03)	0.21 (0.03)	**0.12** (0.04)	-0.86 (0.03)	-0.03 (0.01)	0.49 (0.01)	1.49 (0.03)
意大利	-0.10 (0.02)	0.90 (0.01)	-0.03 (0.02)	-0.18 (0.02)	**0.15** (0.02)	-1.20 (0.02)	-0.31 (0.01)	0.15 (0.01)	0.94 (0.01)
日本	-0.50 (0.03)	0.96 (0.02)	-0.41 (0.03)	-0.61 (0.03)	**0.20** (0.04)	-1.66 (0.04)	-0.73 (0.01)	-0.24 (0.00)	0.63 (0.02)
韩国	-0.73 (0.03)	0.98 (0.02)	-0.65 (0.04)	-0.81 (0.04)	**0.16** (0.04)	-1.94 (0.04)	-0.92 (0.01)	-0.43 (0.01)	0.38 (0.03)
卢森堡	-0.09 (0.02)	1.05 (0.02)	0.01 (0.03)	-0.21 (0.03)	**0.22** (0.04)	-1.32 (0.02)	-0.33 (0.01)	0.11 (0.01)	1.10 (0.02)
墨西哥	0.23 (0.01)	1.02 (0.01)	0.34 (0.02)	0.13 (0.02)	**0.21** (0.02)	-0.96 (0.01)	-0.11 (0.01)	0.46 (0.00)	1.54 (0.02)
荷兰	-0.21 (0.03)	0.98 (0.02)	-0.16 (0.03)	-0.27 (0.03)	**0.12** (0.03)	-1.36 (0.04)	-0.43 (0.01)	0.02 (0.01)	0.92 (0.02)
新西兰	0.22 (0.03)	1.10 (0.03)	0.31 (0.04)	0.12 (0.04)	**0.19** (0.04)	-1.04 (0.04)	-0.15 (0.01)	0.43 (0.01)	1.62 (0.04)
挪威	-0.21 (0.02)	0.99 (0.02)	-0.11 (0.03)	-0.31 (0.03)	**0.20** (0.04)	-1.35 (0.03)	-0.48 (0.01)	0.02 (0.01)	0.97 (0.03)
波兰	0.05 (0.02)	0.91 (0.02)	0.08 (0.02)	0.02 (0.03)	**0.06** (0.03)	-0.99 (0.02)	-0.21 (0.01)	0.26 (0.01)	1.16 (0.03)
葡萄牙	0.38 (0.03)	1.14 (0.02)	0.46 (0.03)	0.31 (0.03)	**0.15** (0.03)	-0.92 (0.03)	-0.01 (0.01)	0.58 (0.01)	1.84 (0.03)
斯洛伐克共和国	-0.18 (0.02)	0.85 (0.02)	-0.09 (0.03)	-0.29 (0.03)	**0.20** (0.04)	-1.16 (0.03)	-0.43 (0.01)	0.01 (0.01)	0.84 (0.03)
斯洛文尼亚	-0.03 (0.02)	0.84 (0.02)	0.02 (0.03)	-0.07 (0.03)	**0.09** (0.03)	-0.99 (0.02)	-0.27 (0.01)	0.18 (0.01)	0.98 (0.02)
西班牙	0.10 (0.02)	1.00 (0.01)	0.16 (0.03)	0.04 (0.03)	**0.12** (0.03)	-1.08 (0.02)	-0.18 (0.01)	0.33 (0.01)	1.32 (0.02)
瑞典	-0.22 (0.02)	1.04 (0.02)	-0.07 (0.03)	-0.37 (0.03)	**0.30** (0.04)	-1.41 (0.03)	-0.50 (0.01)	0.02 (0.01)	1.02 (0.03)
瑞士	0.07 (0.01)	0.85 (0.02)	0.13 (0.02)	0.01 (0.02)	**0.11** (0.03)	-0.90 (0.02)	-0.17 (0.01)	0.27 (0.01)	1.09 (0.02)
土耳其	-0.04 (0.03)	1.01 (0.02)	0.03 (0.03)	-0.12 (0.04)	**0.14** (0.03)	-1.21 (0.04)	-0.31 (0.01)	0.19 (0.01)	1.15 (0.02)
英国	0.34 (0.02)	1.00 (0.02)	0.37 (0.03)	0.31 (0.03)	**0.06** (0.04)	-0.80 (0.02)	0.03 (0.01)	0.53 (0.01)	1.59 (0.02)
美国	0.39 (0.03)	1.12 (0.02)	0.42 (0.03)	0.36 (0.03)	**0.06** (0.04)	-0.86 (0.03)	0.04 (0.01)	0.56 (0.01)	1.84 (0.03)
OECD平均	0.00 (0.00)	0.97 (0.00)	0.08 (0.00)	-0.08 (0.00)	**0.15** (0.01)	-1.12 (0.00)	-0.27 (0.00)	0.22 (0.00)	1.17 (0.00)
伙伴国家(地区)									
阿尔巴尼亚	0.34 (0.02)	0.78 (0.02)	0.34 (0.02)	0.34 (0.02)	0.00 (0.03)	-0.50 (0.01)	0.07 (0.01)	0.46 (0.01)	1.34 (0.03)
阿根廷	0.35 (0.03)	1.06 (0.02)	0.40 (0.03)	0.30 (0.04)	**0.10** (0.05)	-0.87 (0.02)	0.15 (0.01)	0.55 (0.01)	1.72 (0.03)
巴西	0.05 (0.02)	1.08 (0.02)	0.16 (0.02)	-0.05 (0.02)	**0.22** (0.03)	-1.20 (0.02)	-0.27 (0.01)	0.28 (0.01)	1.39 (0.02)
保加利亚	0.53 (0.03)	1.13 (0.03)	0.54 (0.04)	0.52 (0.03)	0.02 (0.05)	-0.70 (0.04)	0.15 (0.01)	0.68 (0.01)	2.00 (0.03)
哥伦比亚	0.27 (0.03)	0.96 (0.03)	0.29 (0.03)	0.25 (0.03)	0.05 (0.03)	-0.82 (0.02)	0.01 (0.01)	0.46 (0.01)	1.50 (0.03)
哥斯达黎加	-0.16 (0.02)	0.98 (0.02)	-0.03 (0.03)	-0.28 (0.03)	**0.25** (0.03)	-1.31 (0.02)	-0.47 (0.01)	0.04 (0.01)	1.05 (0.04)
克罗地亚	-0.14 (0.02)	0.91 (0.02)	-0.05 (0.03)	-0.23 (0.03)	**0.18** (0.03)	-1.15 (0.02)	-0.41 (0.01)	0.04 (0.01)	0.97 (0.03)
塞浦路斯[1,2]	0.07 (0.02)	1.05 (0.02)	0.12 (0.03)	0.02 (0.03)	**0.09** (0.03)	-1.10 (0.03)	-0.19 (0.01)	0.28 (0.01)	1.29 (0.03)
中国香港	-0.21 (0.02)	0.94 (0.02)	-0.16 (0.03)	-0.27 (0.03)	**0.11** (0.03)	-1.26 (0.03)	-0.46 (0.01)	0.00 (0.01)	0.89 (0.02)
印度尼西亚	0.12 (0.02)	0.81 (0.02)	0.15 (0.02)	0.09 (0.03)	**0.06** (0.03)	-0.78 (0.02)	-0.08 (0.01)	0.27 (0.01)	1.09 (0.02)
约旦	0.69 (0.02)	1.19 (0.02)	0.67 (0.04)	0.71 (0.03)	-0.04 (0.04)	-0.67 (0.02)	0.33 (0.01)	0.92 (0.01)	2.18 (0.02)
哈萨克斯坦	0.36 (0.02)	0.85 (0.02)	0.43 (0.03)	0.29 (0.03)	**0.14** (0.03)	-0.57 (0.02)	0.05 (0.01)	0.49 (0.01)	1.47 (0.02)
拉脱维亚	0.07 (0.02)	0.74 (0.02)	0.13 (0.03)	0.02 (0.03)	**0.10** (0.03)	-0.77 (0.02)	-0.16 (0.01)	0.24 (0.01)	0.99 (0.02)
列支敦士登	0.16 (0.05)	0.76 (0.06)	0.24 (0.08)	0.05 (0.07)	0.18 (0.10)	-0.73 (0.08)	-0.05 (0.02)	0.36 (0.02)	1.06 (0.06)
立陶宛	0.08 (0.02)	0.87 (0.02)	0.13 (0.02)	0.03 (0.02)	**0.10** (0.03)	-0.88 (0.02)	-0.20 (0.01)	0.25 (0.01)	1.16 (0.02)
中国澳门	-0.23 (0.02)	0.88 (0.02)	-0.15 (0.02)	-0.31 (0.02)	**0.17** (0.03)	-1.20 (0.02)	-0.50 (0.01)	-0.05 (0.01)	0.84 (0.02)
马来西亚	0.00 (0.02)	0.90 (0.02)	0.00 (0.03)	-0.00 (0.03)	0.00 (0.03)	-1.02 (0.02)	-0.18 (0.01)	0.18 (0.01)	1.11 (0.02)
黑山共和国	0.02 (0.02)	1.04 (0.02)	0.08 (0.02)	-0.03 (0.02)	**0.12** (0.05)	-1.16 (0.02)	-0.27 (0.01)	0.23 (0.01)	1.29 (0.02)
秘鲁	0.39 (0.02)	0.98 (0.02)	0.49 (0.02)	0.30 (0.02)	**0.19** (0.03)	-0.74 (0.02)	0.05 (0.01)	0.60 (0.01)	1.66 (0.02)
卡塔尔	0.50 (0.02)	1.29 (0.02)	0.58 (0.02)	0.42 (0.02)	**0.16** (0.03)	-0.95 (0.02)	0.10 (0.01)	0.69 (0.01)	2.16 (0.02)
罗马尼亚	0.24 (0.02)	0.94 (0.02)	0.31 (0.02)	0.17 (0.03)	**0.14** (0.04)	-0.84 (0.02)	-0.02 (0.01)	0.43 (0.01)	1.40 (0.02)
俄罗斯联邦	0.20 (0.02)	0.89 (0.02)	0.29 (0.02)	0.12 (0.02)	**0.17** (0.03)	-0.72 (0.02)	-0.10 (0.01)	0.32 (0.01)	1.32 (0.04)
塞尔维亚	-0.02 (0.02)	1.00 (0.03)	0.11 (0.02)	-0.15 (0.03)	**0.26** (0.03)	-1.15 (0.03)	-0.28 (0.01)	0.19 (0.01)	1.17 (0.04)
中国上海	0.16 (0.02)	0.98 (0.02)	0.23 (0.02)	0.10 (0.03)	**0.13** (0.04)	-0.92 (0.02)	-0.15 (0.01)	0.32 (0.01)	1.41 (0.02)
新加坡	0.29 (0.02)	1.03 (0.02)	0.36 (0.03)	0.22 (0.02)	**0.13** (0.03)	-0.85 (0.02)	-0.04 (0.01)	0.43 (0.01)	1.62 (0.02)
中国台北	-0.18 (0.02)	0.99 (0.02)	-0.12 (0.03)	-0.25 (0.02)	**0.14** (0.03)	-1.30 (0.02)	-0.47 (0.01)	0.05 (0.01)	0.98 (0.03)
泰国	0.11 (0.02)	0.83 (0.02)	0.14 (0.03)	0.09 (0.03)	0.05 (0.04)	-0.80 (0.01)	-0.14 (0.01)	0.26 (0.01)	1.16 (0.02)
突尼斯	0.09 (0.02)	0.97 (0.02)	0.11 (0.03)	0.07 (0.03)	0.05 (0.04)	-1.06 (0.01)	-0.14 (0.01)	0.32 (0.01)	1.25 (0.02)
阿拉伯联合酋长国	0.47 (0.02)	1.06 (0.02)	0.51 (0.03)	0.43 (0.02)	**0.08** (0.03)	-0.75 (0.02)	0.16 (0.01)	0.68 (0.01)	1.78 (0.02)
乌拉圭	0.23 (0.02)	1.01 (0.03)	0.32 (0.03)	0.15 (0.03)	**0.17** (0.03)	-0.93 (0.02)	-0.06 (0.01)	0.43 (0.01)	1.47 (0.02)
越南	-0.32 (0.02)	0.67 (0.01)	-0.25 (0.02)	-0.38 (0.02)	**0.13** (0.02)	-1.12 (0.02)	-0.48 (0.00)	-0.14 (0.00)	0.47 (0.02)

附表 4.47 ■ 教师激发学生参与学习的策略指数和按该指数四等分划分的数学成绩（续表 1）

结果基于学生自我报告

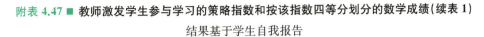

		数学成绩比例，按该国在该指数上的四分位区分							该指数每单位变化对应的数学成绩变化		该指数位于最低1/4的学生，数学成绩也位于最低1/4的可能性增加比率		解释的学生成绩变异 $(r^2 \times 100)$	
		最低 1/4		最低 1/4		第三个 1/4		最高 1/4							
		平均成绩	标准误	平均成绩	标准误	平均成绩	标准误	平均成绩	标准误	分数差异值	标准误	比率	标准误	%	标准误
OECD	澳大利亚	**483**	(2.3)	503	(2.8)	511	(2.9)	**521**	(3.1)	**11.4**	(1.1)	**1.4**	(0.1)	1.7	(0.3)
	奥地利	505	(4.2)	508	(4.1)	509	(4.2)	510	(4.8)	1.2	(2.2)	1.1	(0.1)	0.0	(0.1)
	比利时	492	(5.8)	508	(5.5)	512	(4.7)	496	(5.9)	**2.1**	(3.0)	**1.2**	(0.1)	0.1	(0.2)
	加拿大	**508**	(3.0)	526	(2.6)	524	(3.0)	**524**	(2.6)	**5.4**	(1.1)	**1.3**	(0.1)	0.4	(0.1)
	智利	415	(4.0)	426	(4.2)	427	(3.7)	424	(4.3)	2.8	(1.6)	1.1	(0.1)	0.1	(0.2)
	捷克共和国	504	(4.2)	505	(4.6)	510	(4.5)	500	(4.9)	−1.8	(2.1)	1.0	(0.1)	0.0	(0.1)
	丹麦	**494**	(3.6)	506	(3.4)	510	(3.8)	**510**	(3.8)	**7.4**	(2.1)	**1.3**	(0.1)	0.5	(0.3)
	爱沙尼亚	517	(3.3)	522	(3.9)	518	(4.6)	525	(4.1)	1.6	(2.1)	1.0	(0.1)	0.0	(0.1)
	芬兰	515	(2.9)	521	(3.0)	527	(3.5)	**529**	(3.0)	**5.4**	(1.6)	**1.3**	(0.1)	0.3	(0.1)
	法国	494	(4.1)	501	(4.2)	504	(4.8)	492	(4.9)	−1.5	(2.4)	0.9	(0.1)	0.0	(0.1)
	德国	**513**	(5.0)	521	(4.4)	528	(4.4)	**529**	(4.7)	**5.9**	(2.1)	1.2	(0.1)	0.3	(0.3)
	希腊	448	(4.0)	455	(3.9)	460	(3.5)	458	(4.6)	2.2	(2.2)	1.0	(0.1)	0.1	(0.1)
	匈牙利	470	(3.9)	478	(4.4)	480	(4.5)	484	(6.2)	3.4	(3.3)	1.0	(0.1)	0.1	(0.2)
	冰岛	489	(4.2)	502	(4.1)	502	(4.5)	493	(3.9)	−0.7	(1.7)	1.1	(0.1)	0.0	(0.1)
	爱尔兰	495	(3.4)	499	(3.9)	505	(4.2)	507	(4.0)	**4.2**	(1.6)	1.0	(0.1)	0.2	(0.2)
	以色列	461	(5.6)	473	(6.0)	478	(5.4)	481	(6.1)	**7.5**	(2.6)	1.1	(0.1)	0.5	(0.3)
	意大利	**471**	(2.5)	486	(2.7)	494	(2.6)	**499**	(3.0)	**11.3**	(1.4)	**1.2**	(0.1)	1.2	(0.3)
	日本	517	(4.9)	533	(4.1)	547	(4.2)	**551**	(5.5)	**14.7**	(2.4)	**1.4**	(0.1)	2.3	(0.7)
	韩国	546	(5.7)	549	(4.8)	560	(4.7)	562	(8.1)	**8.2**	(3.6)	1.1	(0.1)	0.7	(0.6)
	卢森堡	486	(3.6)	492	(3.5)	494	(3.5)	489	(3.1)	−0.4	(1.7)	1.0	(0.1)	0.0	(0.0)
	墨西哥	412	(1.5)	415	(1.9)	419	(1.8)	413	(2.1)	−0.8	(0.8)	1.0	(0.1)	0.0	(0.0)
	荷兰	**516**	(4.4)	532	(5.8)	538	(5.3)	**532**	(5.3)	5.3	(2.4)	1.3	(0.1)	0.4	(0.3)
	新西兰	485	(3.9)	497	(3.8)	512	(3.9)	506	(4.9)	**6.2**	(2.2)	1.1	(0.1)	0.5	(0.3)
	挪威	477	(4.5)	493	(4.7)	498	(4.1)	496	(4.1)	**6.6**	(2.0)	1.2	(0.1)	0.5	(0.3)
	波兰	**503**	(4.5)	513	(4.9)	523	(4.9)	**537**	(6.2)	**13.6**	(2.3)	**1.4**	(0.1)	1.8	(0.7)
	葡萄牙	480	(4.9)	501	(4.6)	490	(4.9)	488	(5.3)	0.6	(1.8)	1.1	(0.1)	0.0	(0.1)
	斯洛伐克共和国	**489**	(4.4)	491	(4.1)	486	(5.2)	**473**	(6.6)	**−9.1**	(3.0)	**0.8**	(0.1)	0.6	(0.4)
	斯洛文尼亚	**484**	(3.6)	505	(3.5)	512	(4.5)	518	(2.6)	**14.7**	(2.1)	**1.4**	(0.1)	1.9	(0.5)
	西班牙	480	(3.1)	489	(3.2)	489	(3.9)	487	(2.6)	1.9	(1.4)	1.0	(0.1)	0.1	(0.1)
	瑞典	**471**	(3.6)	481	(3.3)	491	(4.0)	**486**	(4.3)	**5.5**	(1.9)	1.2	(0.1)	0.4	(0.2)
	瑞士	528	(4.7)	531	(3.8)	537	(3.9)	530	(4.1)	1.0	(1.8)	1.0	(0.1)	0.0	(0.0)
	土耳其	440	(5.4)	451	(5.9)	453	(5.5)	454	(7.1)	2.9	(2.2)	1.2	(0.1)	0.1	(0.2)
	英国	**477**	(4.9)	500	(4.0)	507	(5.2)	506	(4.2)	**10.2**	(1.8)	**1.5**	(0.1)	1.2	(0.4)
	美国	**472**	(4.5)	489	(4.4)	486	(4.8)	489	(5.3)	**3.2**	(1.5)	1.2	(0.1)	0.2	(0.1)
	OECD平均	**486**	(0.7)	497	(0.7)	501	(0.7)	**500**	(0.8)	**4.5**	(0.4)	**1.2**	(0.0)	0.5	(0.1)
伙伴国家(地区)	阿尔巴尼亚	398	(3.9)	395	(4.5)	393	(4.9)	388	(3.8)	−7.8	(2.7)	0.9	(0.1)	0.5	(0.3)
	阿根廷	**395**	(5.3)	397	(4.4)	393	(4.2)	379	(4.6)	**−5.8**	(1.9)	1.0	(0.1)	0.7	(0.4)
	巴西	**395**	(2.5)	401	(3.0)	395	(2.7)	383	(3.0)	**−5.0**	(1.1)	**0.9**	(0.1)	0.5	(0.2)
	保加利亚	435	(4.4)	442	(4.8)	455	(5.1)	438	(5.6)	−0.8	(2.1)	1.0	(0.1)	0.0	(0.1)
	哥伦比亚	373	(3.3)	379	(3.8)	386	(3.5)	384	(5.1)	3.7	(2.0)	1.1	(0.1)	0.2	(0.2)
	哥斯达黎加	**399**	(4.5)	403	(4.3)	412	(3.9)	412	(4.7)	3.5	(2.1)	1.1	(0.1)	0.2	(0.3)
	克罗地亚	465	(3.6)	470	(4.6)	476	(8.0)	480	(3.2)	4.5	(3.2)	1.1	(0.1)	0.2	(0.2)
	塞浦路斯[1,2]	**432**	(3.2)	439	(3.3)	450	(3.5)	**456**	(3.0)	**7.4**	(1.7)	**1.2**	(0.1)	0.7	(0.3)
	中国香港	**549**	(4.9)	557	(4.2)	579	(4.5)	569	(5.5)	**8.6**	(2.6)	**1.4**	(0.1)	0.7	(0.5)
	印度尼西亚	362	(4.3)	378	(4.1)	379	(5.3)	385	(5.6)	**9.3**	(2.2)	**1.3**	(0.1)	1.1	(0.5)
	约旦	374	(3.7)	391	(4.0)	393	(3.6)	397	(4.2)	**6.1**	(1.3)	**1.4**	(0.1)	0.9	(0.4)
	哈萨克斯坦	430	(4.3)	434	(4.0)	433	(4.5)	435	(4.5)	2.2	(2.4)	1.1	(0.1)	0.1	(0.2)
	拉脱维亚	**484**	(4.3)	493	(4.8)	490	(5.2)	**495**	(3.9)	4.6	(2.5)	1.1	(0.1)	0.2	(0.2)
	列支敦士登	517	(11.4)	530	(13.8)	532	(13.3)	561	(12.3)	28.1	(7.3)	1.3	(0.4)	5.1	(2.9)
	立陶宛	**466**	(3.6)	480	(4.1)	485	(4.1)	482	(4.2)	3.5	(1.9)	**1.2**	(0.1)	0.1	(0.1)
	中国澳门	535	(3.2)	540	(2.8)	543	(3.8)	540	(4.0)	0.6	(1.9)	1.1	(0.1)	0.0	(0.0)
	马来西亚	**408**	(4.2)	417	(4.0)	425	(4.1)	**435**	(4.6)	**10.1**	(1.9)	**1.4**	(0.1)	1.3	(0.5)
	黑山共和国	412	(3.5)	414	(3.5)	418	(3.9)	404	(3.6)	−3.5	(1.9)	1.0	(0.1)	0.2	(0.2)
	秘鲁	**376**	(4.9)	375	(4.8)	372	(5.0)	363	(4.3)	**−5.5**	(1.4)	0.9	(0.1)	0.4	(0.2)
	卡塔尔	376	(2.6)	382	(2.4)	389	(2.4)	382	(3.1)	1.8	(1.1)	1.1	(0.1)	0.1	(0.1)
	罗马尼亚	**450**	(4.9)	453	(4.5)	445	(5.6)	**433**	(4.6)	**−8.4**	(1.8)	0.9	(0.1)	1.0	(0.4)
	俄罗斯联邦	478	(4.5)	482	(5.0)	487	(3.6)	486	(4.5)	0.1	(2.3)	1.0	(0.1)	0.0	(0.1)
	塞尔维亚	448	(4.8)	455	(3.9)	452	(4.4)	444	(5.7)	−3.4	(2.2)	1.0	(0.1)	0.2	(0.2)
	中国上海	**586**	(4.9)	611	(4.8)	619	(4.8)	**634**	(3.6)	**15.9**	(1.9)	**1.5**	(0.1)	2.4	(0.6)
	新加坡	**563**	(4.0)	584	(4.2)	576	(4.2)	**580**	(3.3)	4.6	(2.0)	**1.2**	(0.1)	0.2	(0.2)
	中国台北	**534**	(4.9)	560	(4.1)	578	(4.4)	**568**	(4.7)	**13.3**	(1.9)	**1.5**	(0.1)	1.3	(0.4)
	泰国	421	(4.7)	430	(4.7)	429	(4.1)	429	(4.9)	0.1	(2.0)	**1.2**	(0.1)	0.0	(0.0)
	突尼斯	392	(4.6)	384	(4.4)	390	(5.0)	389	(4.3)	−2.0	(1.6)	0.9	(0.1)	0.1	(0.1)
	阿拉伯联合酋长国	432	(3.3)	436	(3.7)	436	(3.9)	438	(3.8)	1.1	(1.3)	1.0	(0.1)	0.0	(0.1)
	乌拉圭	**412**	(4.4)	420	(3.8)	421	(4.1)	397	(5.0)	**−6.1**	(2.4)	0.9	(0.1)	0.5	(0.4)
	越南	**493**	(6.4)	511	(5.1)	517	(5.7)	526	(6.0)	**14.9**	(3.3)	**1.3**	(0.1)	1.3	(0.6)

注：粗体表示差异值达到统计上的显著。

1. 土耳其注：本书中"塞浦路斯"相关的信息是指塞浦路斯岛南部。没有任何一个权力组织能够代表岛上的土耳其和希腊塞浦路斯人。土耳其承认北塞浦路斯土耳其共和国。除非在联合国找到一种长期的平衡的解决方案，否则土耳其将保持其对"塞浦路斯"问题的立场。

2. OECD和欧盟成员注：塞浦路斯共和国得到了除土耳其外所有联合国成员的承认。本书中的信息是指在塞浦路斯共和国政府有效控制区域内的。

附表 4.48 ■ 教师使用形成性评价策略指数和按该指数四等分划分的数学成绩

结果基于学生自我报告

| | 教师使用形成性评价策略指数 | | | | | | | | |
| | 全体学生 | 在该指数上的变异 | 男 生 | 女 生 | 性别差异(男生-女生) | 最低 1/4 | 最低 1/4 | 第三个 1/4 | 最高 1/4 |
	指数平均值 标准误	标准差 标准误	指数平均值 标准误	指数平均值 标准误	差异值 标准误	指数平均值 标准误	指数平均值 标准误	指数平均值 标准误	指数平均值 标准误
澳大利亚	0.17 (0.02)	0.99 (0.01)	0.30 (0.02)	0.02 (0.02)	**0.28** (0.02)	−1.07 (0.01)	−0.10 (0.00)	0.47 (0.00)	1.37 (0.01)
奥地利	0.05 (0.02)	0.93 (0.02)	0.22 (0.03)	−0.11 (0.03)	**0.33** (0.04)	−1.11 (0.02)	−0.19 (0.01)	0.32 (0.01)	1.19 (0.02)
比利时	−0.11 (0.02)	0.93 (0.01)	−0.01 (0.02)	−0.21 (0.02)	**0.20** (0.03)	−1.26 (0.02)	−0.38 (0.01)	0.17 (0.01)	1.03 (0.02)
加拿大	0.28 (0.02)	0.99 (0.01)	0.41 (0.02)	0.16 (0.02)	**0.25** (0.02)	−0.91 (0.02)	0.00 (0.01)	0.53 (0.01)	1.51 (0.02)
智利	0.22 (0.03)	1.08 (0.02)	0.33 (0.04)	0.12 (0.04)	**0.22** (0.04)	−1.14 (0.02)	−0.08 (0.01)	0.54 (0.01)	1.57 (0.02)
捷克共和国	−0.14 (0.02)	0.88 (0.02)	−0.02 (0.03)	−0.27 (0.03)	**0.24** (0.04)	−1.26 (0.02)	−0.37 (0.01)	0.14 (0.01)	0.91 (0.02)
丹麦	−0.10 (0.02)	0.87 (0.01)	−0.02 (0.03)	−0.19 (0.03)	**0.17** (0.03)	−1.17 (0.02)	−0.31 (0.01)	0.13 (0.01)	0.95 (0.02)
爱沙尼亚	−0.07 (0.02)	0.84 (0.01)	0.06 (0.03)	−0.19 (0.03)	**0.26** (0.04)	−1.08 (0.02)	−0.33 (0.01)	0.14 (0.01)	1.00 (0.03)
芬兰	−0.17 (0.02)	0.91 (0.01)	−0.02 (0.02)	−0.33 (0.03)	**0.31** (0.04)	−1.34 (0.02)	−0.39 (0.01)	0.11 (0.01)	0.92 (0.03)
法国	−0.10 (0.02)	0.93 (0.01)	0.01 (0.03)	−0.21 (0.03)	**0.22** (0.03)	−1.23 (0.02)	−0.39 (0.01)	0.15 (0.01)	1.06 (0.02)
德国	−0.09 (0.02)	0.91 (0.01)	0.11 (0.03)	−0.28 (0.03)	**0.39** (0.04)	−1.23 (0.02)	−0.32 (0.01)	0.20 (0.01)	1.01 (0.02)
希腊	−0.05 (0.02)	1.06 (0.02)	0.17 (0.03)	−0.26 (0.04)	**0.42** (0.05)	−1.38 (0.03)	−0.32 (0.01)	0.27 (0.01)	1.24 (0.03)
匈牙利	0.01 (0.03)	0.94 (0.02)	0.15 (0.03)	−0.12 (0.03)	**0.26** (0.04)	−1.14 (0.03)	−0.24 (0.01)	0.27 (0.01)	1.15 (0.03)
冰岛	−0.11 (0.02)	1.02 (0.02)	0.01 (0.03)	−0.23 (0.03)	**0.24** (0.04)	−1.37 (0.03)	−0.39 (0.01)	0.20 (0.01)	1.13 (0.03)
爱尔兰	−0.07 (0.02)	0.93 (0.01)	0.03 (0.03)	−0.18 (0.03)	**0.21** (0.04)	−1.25 (0.02)	−0.31 (0.01)	0.21 (0.01)	1.06 (0.02)
以色列	0.17 (0.03)	1.03 (0.02)	0.24 (0.04)	0.10 (0.04)	**0.15** (0.05)	−1.09 (0.04)	−0.15 (0.01)	0.46 (0.01)	1.46 (0.04)
意大利	0.16 (0.01)	0.96 (0.02)	0.27 (0.02)	0.04 (0.02)	**0.22** (0.02)	−1.02 (0.01)	−0.11 (0.00)	0.42 (0.00)	1.34 (0.01)
日本	−0.63 (0.02)	0.94 (0.02)	−0.53 (0.03)	−0.74 (0.03)	**0.21** (0.03)	−1.86 (0.02)	−0.84 (0.01)	−0.32 (0.01)	0.50 (0.02)
韩国	−0.77 (0.02)	1.04 (0.02)	−0.62 (0.04)	−0.94 (0.04)	**0.32** (0.04)	−2.07 (0.02)	−1.09 (0.01)	−0.43 (0.01)	0.53 (0.02)
卢森堡	−0.15 (0.02)	1.03 (0.02)	−0.01 (0.03)	−0.30 (0.02)	**0.29** (0.03)	−1.44 (0.02)	−0.42 (0.01)	0.16 (0.01)	1.11 (0.02)
墨西哥	0.12 (0.02)	1.08 (0.02)	0.26 (0.02)	−0.01 (0.02)	**0.28** (0.02)	−1.22 (0.01)	−0.20 (0.01)	0.43 (0.01)	1.45 (0.01)
荷兰	−0.07 (0.03)	0.88 (0.02)	0.03 (0.03)	−0.17 (0.03)	**0.20** (0.03)	−1.13 (0.04)	−0.32 (0.01)	0.18 (0.01)	1.00 (0.03)
新西兰	0.21 (0.02)	1.00	0.31 (0.03)	0.09 (0.03)	**0.22** (0.04)	−1.02 (0.02)	−0.08 (0.01)	0.48 (0.01)	1.45 (0.03)
挪威	0.07 (0.03)	0.93 (0.02)	0.21 (0.03)	−0.08 (0.03)	**0.29** (0.04)	−1.08 (0.03)	−0.16 (0.01)	0.30 (0.01)	1.21 (0.02)
波兰	−0.05 (0.02)	0.92 (0.01)	0.07 (0.03)	−0.18 (0.03)	**0.25** (0.04)	−1.17 (0.02)	−0.32 (0.01)	0.19 (0.01)	1.09 (0.02)
葡萄牙	0.31 (0.03)	1.13 (0.02)	0.48 (0.03)	0.14 (0.04)	**0.34** (0.04)	−1.09 (0.02)	−0.01 (0.01)	0.60 (0.01)	1.74 (0.03)
斯洛伐克共和国	0.16 (0.02)	0.93 (0.01)	0.29 (0.03)	0.02 (0.03)	**0.27** (0.04)	−0.97 (0.02)	−0.12 (0.01)	0.41 (0.01)	1.32 (0.02)
斯洛文尼亚	0.01 (0.02)	0.90 (0.02)	0.14 (0.03)	−0.13 (0.03)	**0.27** (0.03)	−1.10 (0.02)	−0.23 (0.01)	0.26 (0.01)	1.10 (0.02)
西班牙	−0.06 (0.02)	1.07 (0.01)	0.04 (0.03)	−0.17 (0.04)	**0.21** (0.03)	−1.42 (0.02)	−0.34 (0.01)	0.26 (0.01)	1.26 (0.02)
瑞典	0.07 (0.04)	0.98 (0.02)	0.27 (0.04)	−0.13 (0.04)	**0.40** (0.04)	−1.14 (0.04)	−0.20 (0.01)	0.32 (0.01)	1.29 (0.04)
瑞士	−0.06 (0.02)	0.92 (0.01)	0.07 (0.03)	−0.19 (0.04)	**0.27** (0.04)	−1.18 (0.02)	−0.33 (0.01)	0.20 (0.01)	1.07 (0.02)
土耳其	0.17 (0.03)	1.03 (0.02)	0.25 (0.04)	0.10 (0.04)	**0.15** (0.02)	−1.13 (0.03)	−0.07 (0.01)	0.49 (0.01)	1.41 (0.04)
英国	0.33 (0.02)	0.95 (0.01)	0.42 (0.03)	0.25 (0.03)	**0.18** (0.02)	−0.83 (0.02)	0.08 (0.01)	0.58 (0.01)	1.51 (0.02)
美国	0.31 (0.03)	1.05 (0.02)	0.42 (0.04)	0.20 (0.04)	**0.22** (0.04)	−0.96 (0.03)	−0.02 (0.01)	0.56 (0.01)	1.67 (0.03)
OECD平均	0.00 (0.00)	0.97 (0.00)	0.13 (0.00)	−0.13 (0.00)	**0.26** (0.01)	−1.20 (0.00)	−0.27 (0.00)	0.28 (0.00)	1.19 (0.00)
阿尔巴利亚	0.69 (0.02)	0.94 (0.02)	0.69 (0.02)	0.70 (0.03)	−0.02 (0.04)	−0.42 (0.03)	0.39 (0.01)	0.89 (0.01)	1.92 (0.02)
阿根廷	0.09 (0.03)	1.06 (0.02)	0.21 (0.04)	−0.01 (0.03)	**0.22** (0.05)	−1.18 (0.02)	−0.22 (0.01)	0.35 (0.01)	1.43 (0.03)
巴西	0.28 (0.02)	1.07 (0.01)	0.40 (0.02)	0.17 (0.02)	**0.23** (0.03)	−1.05 (0.02)	−0.02 (0.01)	0.57 (0.01)	1.63 (0.01)
保加利亚	0.75 (0.02)	1.01 (0.02)	0.76 (0.03)	0.74 (0.03)	0.03 (0.04)	−0.47 (0.02)	0.42 (0.01)	0.98 (0.01)	2.06 (0.02)
哥伦比亚	0.47 (0.03)	0.99 (0.02)	0.51 (0.03)	0.44 (0.04)	0.07 (0.04)	−0.74 (0.02)	0.18 (0.01)	0.74 (0.01)	1.71 (0.02)
哥斯达黎加	−0.03 (0.02)	1.12 (0.02)	0.10 (0.04)	−0.14 (0.03)	**0.24** (0.04)	−1.45 (0.02)	−0.34 (0.01)	0.32 (0.01)	1.36 (0.02)
克罗地亚	0.07 (0.02)	0.85 (0.02)	0.17 (0.03)	−0.04 (0.03)	**0.21** (0.04)	−0.98 (0.02)	−0.17 (0.01)	0.29 (0.01)	1.12 (0.02)
塞浦路斯[1,2]	0.01 (0.01)	1.05 (0.01)	0.15 (0.03)	−0.13 (0.02)	**0.27** (0.04)	−1.32 (0.01)	−0.24 (0.01)	0.31 (0.01)	1.30 (0.01)
中国香港	−0.17 (0.02)	0.93 (0.02)	−0.07 (0.03)	−0.28 (0.03)	**0.21** (0.03)	−1.32 (0.02)	−0.40 (0.01)	0.12 (0.01)	0.95 (0.03)
印度尼西亚	0.31 (0.02)	0.82 (0.01)	0.36 (0.03)	0.26 (0.03)	**0.10** (0.03)	−0.66 (0.02)	0.09 (0.01)	0.49 (0.01)	1.32 (0.02)
约旦	0.67 (0.03)	1.16 (0.02)	0.86 (0.04)	0.50 (0.04)	**0.36** (0.05)	−0.77 (0.03)	0.31 (0.01)	0.98 (0.01)	2.16 (0.02)
哈萨克斯坦	0.77 (0.02)	0.88 (0.01)	0.81 (0.03)	0.73 (0.03)	0.08 (0.03)	−0.26 (0.02)	0.47 (0.01)	0.93 (0.01)	1.93 (0.02)
拉脱维亚	0.11 (0.03)	0.84 (0.02)	0.25 (0.03)	−0.02 (0.03)	**0.27** (0.04)	−0.92 (0.03)	−0.12 (0.01)	0.34 (0.01)	1.15 (0.03)
列支敦士登	0.07 (0.07)	0.91 (0.05)	0.14 (0.10)	−0.02 (0.10)	0.16 (0.15)	−1.07 (0.08)	−0.18 (0.02)	0.36 (0.02)	1.18 (0.07)
立陶宛	0.01 (0.03)	1.00 (0.02)	0.18 (0.03)	−0.17 (0.04)	**0.35** (0.04)	−1.25 (0.02)	−0.25 (0.01)	0.32 (0.01)	1.21 (0.02)
中国澳门	−0.38 (0.02)	1.00 (0.01)	−0.19 (0.03)	−0.57 (0.02)	**0.38** (0.03)	−1.64 (0.02)	−0.62 (0.01)	−0.07 (0.01)	0.83 (0.02)
马来西亚	0.46 (0.03)	0.97 (0.02)	0.47 (0.03)	0.45 (0.04)	0.03 (0.04)	−0.74 (0.02)	0.18 (0.01)	0.74 (0.01)	1.65 (0.02)
黑山共和国	0.18 (0.02)	1.02 (0.02)	0.29 (0.03)	0.07 (0.03)	**0.21** (0.04)	−1.09 (0.02)	−0.09 (0.01)	0.45 (0.01)	1.45 (0.02)
秘鲁	0.36 (0.02)	0.90 (0.01)	0.47 (0.03)	0.26 (0.04)	**0.22** (0.04)	−0.73 (0.02)	0.10 (0.01)	0.58 (0.01)	1.49 (0.02)
卡塔尔	0.67 (0.01)	1.14 (0.01)	0.75 (0.02)	0.60 (0.02)	**0.16** (0.03)	−0.74 (0.02)	0.35 (0.01)	0.95 (0.00)	2.13 (0.02)
罗马尼亚	0.36 (0.03)	1.02 (0.02)	0.44 (0.03)	0.29 (0.03)	**0.15** (0.03)	−0.88 (0.02)	0.05 (0.01)	0.63 (0.01)	1.64 (0.03)
俄罗斯联邦	0.54 (0.02)	0.89 (0.02)	0.63 (0.03)	0.44 (0.03)	**0.18** (0.04)	−0.50 (0.02)	0.25 (0.01)	0.72 (0.01)	1.68 (0.02)
塞尔维亚	0.21 (0.03)	1.02 (0.02)	0.39 (0.03)	0.03 (0.03)	**0.37** (0.04)	−1.03 (0.02)	−0.10 (0.01)	0.46 (0.01)	1.51 (0.02)
中国上海	0.20 (0.02)	0.89 (0.02)	0.35 (0.02)	0.06 (0.03)	**0.30** (0.03)	−0.84 (0.02)	−0.07 (0.01)	0.41 (0.01)	1.32 (0.02)
新加坡	0.29 (0.02)	0.94 (0.01)	0.45 (0.02)	0.13 (0.02)	**0.31** (0.03)	−0.84 (0.02)	0.02 (0.01)	0.52 (0.01)	1.47 (0.02)
中国台北	−0.11 (0.02)	0.94 (0.02)	−0.03 (0.03)	−0.19 (0.03)	**0.17** (0.03)	−1.28 (0.02)	−0.36 (0.01)	0.17 (0.01)	1.02 (0.02)
泰国	0.57 (0.02)	0.90 (0.01)	0.72 (0.03)	0.46 (0.03)	**0.26** (0.03)	−0.46 (0.02)	0.25 (0.01)	0.74 (0.01)	1.75 (0.02)
突尼斯	0.16 (0.03)	1.07 (0.02)	0.28 (0.04)	0.07 (0.03)	**0.21** (0.04)	−1.21 (0.02)	−0.10 (0.01)	0.51 (0.01)	1.47 (0.02)
阿拉伯联合酋长国	0.59 (0.02)	1.07 (0.01)	0.71 (0.03)	0.48 (0.02)	**0.23** (0.04)	−0.72 (0.02)	0.27 (0.01)	0.86 (0.01)	1.95 (0.02)
乌拉圭	−0.09 (0.01)	0.98 (0.01)	0.02 (0.02)	−0.18 (0.02)	**0.20** (0.04)	−1.28 (0.02)	−0.36 (0.01)	0.18 (0.01)	1.11 (0.02)
越南	0.01 (0.02)	0.79 (0.01)	0.13 (0.03)	−0.10 (0.02)	**0.24** (0.03)	−0.94 (0.02)	−0.19 (0.01)	0.20 (0.01)	0.97 (0.02)

左侧分组标签：OECD（上半部分）；伙伴国家（地区）（下半部分）

附表 4.48 ■ 教师使用形成性评价策略指数和按该指数四等分划分的数学成绩(续表 1)

结果基于学生自我报告

| | | 数学成绩比例,按该国在该指数上的四分位区分 | | | | | | | 该指数每单位变化对应的数学成绩变化 | | 该指数位于最低 1/4 的学生,数学成绩也位于最低 1/4 的可能性增加比率 | | 解释的学生成绩变异 ($r^2 \times 100$) | |
| | | 最低 1/4 | | 最低 1/4 | | 第三个 1/4 | | 最高 1/4 | | | | | | | |
		平均成绩	标准误	平均成绩	标准误	平均成绩	标准误	平均成绩	标准误	分数差异值	标准误	比率	标准误	%	标准误
OECD	澳大利亚	498	(2.4)	509	(2.8)	510	(2.9)	498	(3.0)	0.9	(1.2)	1.1	(0.1)	0.0	(0.0)
	奥地利	522	(4.0)	512	(4.2)	505	(4.4)	495	(5.0)	−10.7	(2.2)	0.7	(0.1)	1.2	(0.5)
	比利时	510	(5.0)	511	(4.3)	509	(6.0)	477	(6.2)	−11.2	(2.3)	0.8	(0.1)	1.4	(0.6)
	加拿大	527	(3.2)	528	(3.1)	520	(3.4)	506	(2.7)	−7.8	(1.3)	0.9	(0.1)	0.8	(0.3)
	智利	429	(4.5)	429	(3.9)	424	(4.1)	411	(4.2)	−6.7	(1.7)	0.9	(0.1)	0.8	(0.4)
	捷克共和国	508	(4.4)	514	(4.9)	505	(4.9)	491	(4.7)	−5.9	(2.5)	0.9	(0.1)	0.5	(0.3)
	丹麦	512	(3.7)	509	(3.6)	507	(3.9)	492	(4.8)	−10.4	(2.2)	0.8	(0.1)	1.2	(0.5)
	爱沙尼亚	534	(3.6)	522	(4.3)	517	(3.5)	508	(3.7)	−10.6	(2.1)	0.7	(0.1)	1.2	(0.5)
	芬兰	532	(3.4)	526	(3.2)	525	(3.0)	508	(3.4)	−8.5	(1.4)	0.8	(0.1)	0.9	(0.3)
	法国	506	(4.1)	506	(4.4)	501	(4.8)	478	(4.8)	−12.5	(2.2)	0.8	(0.1)	1.5	(0.5)
	德国	533	(4.7)	535	(4.5)	522	(4.9)	502	(4.2)	−13.1	(2.6)	0.8	(0.1)	1.7	(0.6)
	希腊	464	(3.6)	463	(4.6)	457	(3.6)	439	(4.4)	−9.1	(1.5)	0.8	(0.1)	1.2	(0.4)
	匈牙利	488	(4.7)	493	(5.5)	477	(5.0)	453	(5.2)	−14.9	(2.5)	0.7	(0.1)	2.3	(0.8)
	冰岛	511	(4.2)	506	(4.4)	492	(4.8)	474	(4.4)	−12.9	(2.1)	0.8	(0.1)	2.0	(0.6)
	爱尔兰	514	(3.3)	511	(3.5)	500	(4.1)	482	(5.0)	−12.9	(2.2)	0.7	(0.1)	1.8	(0.6)
	以色列	508	(6.2)	489	(5.9)	465	(4.9)	432	(4.9)	−26.3	(2.4)	0.5	(0.1)	6.9	(1.2)
	意大利	500	(2.6)	497	(2.8)	487	(3.0)	466	(2.6)	−13.0	(1.1)	0.7	(0.0)	1.8	(0.3)
	日本	529	(4.5)	545	(4.4)	542	(4.9)	532	(4.7)	−0.7	(2.0)	1.1	(0.1)	0.0	(0.0)
	韩国	553	(4.5)	565	(5.2)	556	(5.5)	543	(8.2)	−6.0	(2.8)	0.9	(0.1)	0.4	(0.4)
	卢森堡	504	(2.8)	501	(3.8)	495	(3.7)	463	(3.4)	−13.7	(1.6)	0.7	(0.1)	2.3	(0.6)
	墨西哥	425	(1.8)	419	(1.7)	412	(1.9)	403	(2.1)	−7.7	(0.9)	0.7	(0.0)	1.3	(0.3)
	荷兰	534	(4.7)	534	(5.0)	536	(4.5)	515	(5.6)	−7.2	(2.8)	0.9	(0.1)	0.5	(0.5)
	新西兰	508	(3.6)	510	(4.0)	499	(4.2)	483	(4.6)	−11.4	(2.0)	0.7	(0.1)	1.4	(0.5)
	挪威	485	(5.0)	494	(4.4)	496	(4.4)	487	(3.9)	0.8	(2.2)	1.0	(0.1)	0.0	(0.1)
	波兰	526	(5.9)	523	(4.6)	520	(5.6)	505	(5.0)	−8.2	(2.1)	0.8	(0.1)	0.7	(0.3)
	葡萄牙	508	(4.6)	501	(5.0)	488	(4.9)	463	(5.4)	−14.8	(1.9)	0.6	(0.1)	3.3	(0.9)
	斯洛伐克共和国	509	(4.9)	496	(4.1)	484	(5.4)	450	(6.1)	−24.2	(2.6)	0.6	(0.1)	5.2	(1.0)
	斯洛文尼亚	518	(3.7)	511	(5.0)	506	(4.1)	484	(4.8)	−14.1	(2.7)	0.8	(0.1)	2.0	(0.7)
	西班牙	497	(3.0)	493	(3.2)	487	(3.1)	467	(2.8)	−10.4	(1.1)	0.7	(0.1)	1.7	(0.4)
	瑞典	487	(3.5)	496	(3.8)	481	(4.2)	464	(4.3)	−9.1	(2.0)	0.8	(0.1)	1.0	(0.4)
	瑞士	552	(4.1)	542	(4.3)	532	(4.4)	500	(4.3)	−21.2	(1.9)	0.6	(0.1)	4.3	(0.7)
	土耳其	450	(5.9)	451	(6.0)	448	(6.0)	448	(6.0)	−2.2	(2.1)	1.0	(0.1)	0.1	(0.1)
	英国	493	(4.1)	506	(4.4)	501	(5.1)	490	(4.5)	−1.3	(2.1)	1.0	(0.1)	0.0	(0.1)
	美国	494	(4.4)	492	(4.8)	484	(4.6)	466	(5.2)	−10.2	(1.7)	0.8	(0.1)	1.4	(0.5)
	OECD 平均	505	(0.7)	504	(0.7)	497	(0.8)	479	(0.8)	−10.2	(0.4)	0.8	(0.0)	1.6	(0.1)
伙伴国家(地区)	阿尔巴尼亚	400	(3.7)	389	(4.0)	393	(3.9)	391	(4.5)	−3.4	(2.1)	0.9	(0.1)	0.1	(0.2)
	阿根廷	407	(5.7)	398	(4.1)	390	(5.3)	370	(4.1)	−12.9	(1.8)	0.7	(0.1)	3.4	(0.9)
	巴西	407	(3.1)	404	(3.2)	394	(2.5)	370	(2.6)	−13.2	(1.4)	0.7	(0.1)	3.4	(0.7)
	保加利亚	460	(5.9)	448	(4.8)	438	(4.6)	426	(5.2)	−13.6	(2.4)	0.7	(0.1)	2.2	(0.8)
	哥伦比亚	386	(3.7)	384	(3.3)	378	(4.1)	372	(4.6)	−6.8	(1.8)	0.9	(0.1)	0.9	(0.5)
	哥斯达黎加	410	(4.6)	408	(4.1)	410	(3.8)	400	(3.9)	−3.5	(1.5)	0.9	(0.1)	0.3	(0.3)
	克罗地亚	480	(4.0)	482	(4.6)	471	(5.2)	457	(5.3)	−11.1	(2.2)	0.7	(0.1)	1.2	(0.4)
	塞浦路斯[1,2]	452	(3.7)	452	(3.4)	443	(3.4)	428	(3.3)	−8.6	(1.8)	0.8	(0.1)	1.0	(0.4)
	中国香港	575	(4.1)	563	(4.1)	573	(4.9)	543	(5.5)	−10.8	(2.3)	0.7	(0.1)	1.1	(0.6)
	印度尼西亚	379	(6.6)	375	(4.8)	377	(5.2)	372	(4.0)	−2.6	(2.5)	1.0	(0.1)	0.1	(0.2)
	约旦	391	(4.1)	392	(3.4)	393	(3.5)	380	(4.2)	−3.4	(1.5)	1.0	(0.1)	0.2	(0.2)
	哈萨克斯坦	435	(4.3)	433	(4.4)	434	(4.1)	430	(4.4)	−1.5	(2.1)	1.0	(0.1)	0.0	(0.1)
	拉脱维亚	511	(4.2)	497	(4.5)	488	(3.8)	466	(5.2)	−18.8	(2.5)	0.6	(0.1)	3.7	(0.9)
	列支敦士登	537	(14.6)	541	(13.6)	520	(13.4)	537	(15.7)	−3.7	(7.7)	0.9	(0.4)	0.1	(0.7)
	立陶宛	497	(4.5)	482	(5.2)	481	(4.0)	452	(4.2)	−16.3	(1.6)	0.6	(0.1)	3.4	(0.7)
	中国澳门	551	(3.5)	548	(3.5)	540	(3.3)	520	(3.6)	−12.6	(1.9)	0.7	(0.1)	1.9	(0.6)
	马来西亚	443	(5.9)	424	(3.8)	415	(3.4)	404	(3.6)	−15.9	(2.3)	0.7	(0.1)	3.7	(1.0)
	黑山共和国	429	(3.1)	417	(3.1)	408	(3.5)	392	(3.6)	−14.5	(1.7)	0.6	(0.1)	3.3	(0.8)
	秘鲁	387	(5.0)	374	(5.2)	371	(4.4)	356	(4.3)	−11.8	(1.8)	0.7	(0.1)	1.7	(0.5)
	卡塔尔	393	(2.8)	386	(2.8)	379	(2.3)	371	(2.6)	−6.0	(1.2)	0.8	(0.0)	0.5	(0.2)
	罗马尼亚	463	(4.7)	452	(5.1)	443	(4.7)	424	(4.7)	−13.3	(1.8)	0.6	(0.1)	2.8	(0.7)
	俄罗斯联邦	496	(4.4)	489	(3.7)	480	(4.4)	468	(3.9)	−12.4	(1.6)	0.6	(0.1)	1.7	(0.4)
	塞尔维亚	469	(4.6)	462	(4.4)	444	(4.4)	420	(5.1)	−17.9	(2.2)	0.6	(0.1)	4.1	(0.9)
	中国上海	619	(5.3)	618	(5.4)	616	(4.9)	598	(4.8)	−8.8	(2.4)	0.9	(0.1)	0.6	(0.3)
	新加坡	585	(3.6)	586	(3.8)	572	(4.2)	560	(3.4)	−10.9	(1.9)	0.9	(0.1)	1.0	(0.3)
	中国台北	560	(4.9)	564	(4.5)	567	(4.8)	549	(5.2)	−3.4	(3.1)	1.0	(0.1)	0.1	(0.1)
	泰国	443	(5.3)	436	(4.6)	422	(4.2)	408	(3.9)	−16.1	(1.8)	0.7	(0.1)	1.9	(0.7)
	突尼斯	404	(5.6)	391	(4.6)	385	(5.1)	376	(4.7)	−9.8	(1.9)	0.7	(0.1)	1.9	(0.6)
	阿拉伯联合酋长国	450	(3.7)	440	(3.7)	432	(3.6)	421	(3.5)	−9.2	(1.4)	0.7	(0.0)	1.2	(0.4)
	乌拉圭	426	(3.6)	425	(3.5)	417	(4.4)	385	(3.9)	−16.3	(1.9)	0.7	(0.1)	3.4	(0.7)
	越南	520	(6.3)	513	(5.3)	511	(6.2)	503	(6.2)	−8.1	(2.8)	0.8	(0.1)	0.6	(0.4)

注:粗体表示差异值达到统计上的显著。

1. 土耳其注:本书中"塞浦路斯"相关的信息是指塞浦路斯岛南部。没有任何一个权力组织能够代表岛上的土耳其和希腊塞浦路斯人。土耳其承认北塞浦路斯土耳其共和国。除非在联合国找到一种长期的平衡的解决方案,否则土耳其将保持其对"塞浦路斯"问题的立场。

2. OECD 和欧盟成员注:塞浦路斯共和国得到了除土耳其外所有联合国成员的承认。本书中的信息是指在塞浦路斯共和国政府有效控制区域内的。

附表 4.49 ■ 学生为中心的教学策略指数和学生为中心的教学策略的指数

结果基于学生自我报告

		学生为中心的教学策略指数															
		全体学生		在该指数上的变异		男 生		女 生		性别差异(男生-女生)		最低1/4		最低1/4		第三个1/4		最高1/4	
		指数平均值	标准误	标准差	标准误	指数平均值	标准误	指数平均值	标准误	差异值	标准误	指数平均值	标准误	指数平均值	标准误	指数平均值	标准误	指数平均值	标准误
OECD	澳大利亚	−0.04	(0.01)	0.95	(0.01)	0.07	(0.02)	−0.16	(0.02)	**0.23**	(0.02)	−1.25	(0.01)	−0.31	(0.01)	0.29	(0.00)	1.11	(0.01)
	奥地利	−0.27	(0.02)	1.00	(0.01)	−0.13	(0.03)	−0.42	(0.03)	**0.29**	(0.05)	−1.60	(0.00)	−0.56	(0.01)	0.09	(0.01)	0.98	(0.02)
	比利时	−0.26	(0.02)	0.98	(0.01)	−0.16	(0.03)	−0.35	(0.03)	**0.19**	(0.03)	−1.57	(0.01)	−0.49	(0.01)	0.07	(0.01)	0.96	(0.02)
	加拿大	0.05	(0.02)	0.97	(0.01)	0.17	(0.03)	−0.06	(0.03)	**0.23**	(0.03)	−1.16	(0.01)	−0.22	(0.01)	0.35	(0.01)	1.24	(0.02)
	智利	0.36	(0.03)	0.96	(0.02)	0.46	(0.03)	0.27	(0.03)	**0.18**	(0.03)	−0.83	(0.02)	0.11	(0.01)	0.64	(0.01)	1.53	(0.03)
	捷克共和国	0.05	(0.02)	0.84	(0.02)	0.16	(0.03)	−0.07	(0.03)	**0.23**	(0.04)	−1.06	(0.01)	−0.08	(0.01)	0.34	(0.01)	1.00	(0.03)
	丹麦	0.19	(0.02)	0.78	(0.02)	0.29	(0.03)	0.09	(0.03)	**0.20**	(0.03)	−0.83	(0.02)	0.05	(0.01)	0.47	(0.01)	1.07	(0.03)
	爱沙尼亚	−0.14	(0.02)	0.86	(0.01)	0.02	(0.03)	−0.30	(0.03)	**0.33**	(0.03)	−1.26	(0.01)	−0.34	(0.01)	0.17	(0.01)	0.87	(0.02)
	芬兰	−0.06	(0.02)	0.81	(0.01)	0.08	(0.03)	−0.20	(0.03)	**0.28**	(0.03)	−1.12	(0.01)	−0.22	(0.01)	0.24	(0.00)	0.86	(0.02)
	法国	−0.40	(0.02)	0.94	(0.01)	−0.29	(0.03)	−0.51	(0.04)	**0.23**	(0.04)	−1.60	(0.00)	−0.69	(0.01)	−0.09	(0.01)	0.77	(0.02)
	德国	−0.05	(0.02)	0.94	(0.01)	0.08	(0.04)	−0.18	(0.04)	**0.26**	(0.04)	−1.24	(0.01)	−0.30	(0.01)	0.27	(0.01)	1.08	(0.02)
	希腊	−0.16	(0.03)	1.14	(0.02)	0.06	(0.04)	−0.38	(0.04)	**0.44**	(0.05)	−1.60	(0.00)	−0.51	(0.01)	0.17	(0.01)	1.29	(0.03)
	匈牙利	−0.41	(0.03)	1.01	(0.02)	−0.24	(0.04)	−0.57	(0.04)	**0.33**	(0.04)	−1.60	(0.00)	−0.85	(0.02)	−0.04	(0.01)	0.86	(0.03)
	冰岛	0.31	(0.02)	0.93	(0.01)	0.39	(0.04)	0.22	(0.04)	**0.16**	(0.04)	−0.86	(0.02)	0.10	(0.01)	0.58	(0.00)	1.41	(0.02)
	爱尔兰	−0.58	(0.03)	0.94	(0.01)	−0.56	(0.04)	−0.60	(0.04)	**0.04**	(0.04)	−1.60	(0.00)	−1.10	(0.02)	−0.26	(0.01)	0.65	(0.02)
	以色列	0.22	(0.03)	0.98	(0.01)	0.29	(0.04)	0.15	(0.04)	**0.14**	(0.04)	−1.02	(0.01)	0.04	(0.01)	0.50	(0.01)	1.40	(0.02)
	意大利	−0.03	(0.01)	0.90	(0.01)	0.08	(0.02)	−0.14	(0.02)	**0.21**	(0.02)	−1.15	(0.01)	−0.26	(0.00)	0.25	(0.01)	1.05	(0.01)
	日本	−0.13	(0.02)	0.92	(0.01)	−0.04	(0.04)	−0.24	(0.04)	**0.20**	(0.03)	−1.35	(0.01)	−0.34	(0.01)	0.21	(0.01)	0.95	(0.02)
	韩国	−0.17	(0.02)	0.97	(0.01)	−0.03	(0.03)	−0.33	(0.03)	**0.30**	(0.03)	−1.46	(0.01)	−0.38	(0.01)	0.18	(0.01)	0.99	(0.03)
	卢森堡	−0.24	(0.02)	1.11	(0.02)	−0.08	(0.03)	−0.41	(0.03)	**0.33**	(0.04)	−1.60	(0.00)	−0.66	(0.01)	0.13	(0.01)	1.17	(0.02)
	墨西哥	0.55	(0.02)	0.98	(0.02)	0.69	(0.02)	0.41	(0.02)	**0.28**	(0.02)	−0.63	(0.02)	0.29	(0.00)	0.78	(0.00)	1.76	(0.01)
	荷兰	−0.07	(0.03)	1.04	(0.02)	0.03	(0.04)	−0.17	(0.04)	**0.20**	(0.05)	−1.43	(0.02)	−0.35	(0.01)	0.30	(0.01)	1.20	(0.02)
	新西兰	0.07	(0.02)	1.01	(0.02)	0.15	(0.04)	−0.02	(0.04)	**0.16**	(0.04)	−1.25	(0.02)	−0.18	(0.01)	0.41	(0.01)	1.28	(0.04)
	挪威	0.24	(0.02)	0.82	(0.01)	0.34	(0.04)	0.13	(0.02)	**0.21**	(0.04)	−0.79	(0.02)	0.09	(0.01)	0.50	(0.01)	1.15	(0.02)
	波兰	−0.10	(0.02)	0.98	(0.02)	0.04	(0.03)	−0.24	(0.03)	**0.29**	(0.04)	−1.37	(0.02)	−0.33	(0.01)	0.23	(0.01)	1.07	(0.03)
	葡萄牙	0.24	(0.04)	1.15	(0.02)	0.42	(0.04)	0.07	(0.04)	**0.35**	(0.04)	−1.22	(0.02)	−0.07	(0.01)	0.60	(0.01)	1.67	(0.03)
	斯洛伐克共和国	0.07	(0.02)	0.99	(0.02)	0.23	(0.04)	−0.11	(0.03)	**0.34**	(0.04)	−1.19	(0.02)	−0.17	(0.01)	0.39	(0.01)	1.26	(0.03)
	斯洛文尼亚	−0.30	(0.02)	1.08	(0.01)	−0.03	(0.03)	−0.58	(0.03)	**0.55**	(0.04)	−1.60	(0.00)	−0.78	(0.02)	0.08	(0.01)	1.11	(0.02)
	西班牙	−0.14	(0.02)	1.05	(0.01)	−0.01	(0.03)	−0.28	(0.02)	**0.28**	(0.03)	−1.54	(0.01)	−0.41	(0.01)	0.23	(0.01)	1.15	(0.02)
	瑞典	0.44	(0.02)	0.85	(0.02)	0.59	(0.03)	0.29	(0.02)	**0.30**	(0.03)	−0.59	(0.02)	0.26	(0.01)	0.66	(0.01)	1.43	(0.03)
	瑞士	0.15	(0.02)	0.98	(0.02)	0.24	(0.03)	0.06	(0.03)	**0.18**	(0.04)	−1.14	(0.01)	−0.06	(0.01)	0.50	(0.01)	1.31	(0.03)
	土耳其	0.32	(0.02)	1.04	(0.02)	0.50	(0.03)	0.13	(0.04)	**0.37**	(0.03)	−1.03	(0.02)	0.07	(0.01)	0.65	(0.01)	1.58	(0.02)
	英国	0.02	(0.02)	0.91	(0.01)	0.07	(0.03)	−0.02	(0.03)	**0.09**	(0.04)	−1.16	(0.01)	−0.18	(0.01)	0.35	(0.01)	1.09	(0.02)
	美国	0.30	(0.03)	0.93	(0.02)	0.40	(0.04)	0.19	(0.04)	**0.20**	(0.04)	−0.86	(0.02)	0.09	(0.01)	0.55	(0.01)	1.41	(0.03)
	OECD 平均	0.00	(0.00)	0.96	(0.00)	0.13	(0.01)	−0.13	(0.00)	**0.25**	(0.01)	−1.22	(0.00)	−0.26	(0.00)	0.32	(0.00)	1.17	(0.00)
伙伴国家（地区）	阿尔巴尼亚	0.96	(0.02)	0.91	(0.02)	0.96	(0.03)	0.96	(0.03)	**0.00**	(0.04)	−0.08	(0.03)	0.69	(0.01)	1.15	(0.01)	2.11	(0.03)
	阿根廷	0.44	(0.03)	1.04	(0.02)	0.57	(0.03)	0.32	(0.03)	**0.26**	(0.03)	−0.80	(0.03)	0.13	(0.01)	0.68	(0.01)	1.74	(0.03)
	巴西	0.41	(0.02)	0.99	(0.01)	0.57	(0.02)	0.25	(0.02)	**0.32**	(0.03)	−0.81	(0.02)	0.14	(0.00)	0.67	(0.00)	1.61	(0.02)
	保加利亚	0.70	(0.03)	1.06	(0.02)	0.83	(0.02)	0.56	(0.04)	**0.27**	(0.04)	−0.61	(0.03)	0.46	(0.01)	0.95	(0.01)	1.99	(0.03)
	哥伦比亚	0.78	(0.02)	0.82	(0.02)	0.84	(0.03)	0.72	(0.03)	**0.12**	(0.03)	−0.15	(0.02)	0.51	(0.01)	0.95	(0.01)	1.82	(0.03)
	哥斯达黎加	0.38	(0.02)	0.97	(0.02)	0.50	(0.03)	0.28	(0.02)	**0.22**	(0.03)	−0.80	(0.02)	0.13	(0.01)	0.63	(0.01)	1.55	(0.03)
	克罗地亚	−0.37	(0.03)	1.00	(0.02)	−0.15	(0.03)	−0.59	(0.03)	**0.43**	(0.04)	−1.60	(0.00)	−0.77	(0.01)	0.01	(0.01)	0.88	(0.03)
	塞浦路斯[1,2]	0.03	(0.02)	1.05	(0.01)	0.21	(0.03)	−0.15	(0.03)	**0.37**	(0.03)	−1.30	(0.01)	−0.26	(0.01)	0.36	(0.01)	1.34	(0.02)
	中国香港	−0.35	(0.03)	1.03	(0.02)	−0.23	(0.04)	−0.50	(0.03)	**0.27**	(0.04)	−1.60	(0.00)	−0.78	(0.02)	0.03	(0.01)	0.94	(0.03)
	印度尼西亚	0.70	(0.02)	0.75	(0.02)	0.75	(0.02)	0.65	(0.02)	**0.09**	(0.02)	−0.18	(0.02)	0.50	(0.01)	0.87	(0.01)	1.61	(0.02)
	约旦	1.01	(0.03)	1.18	(0.02)	1.18	(0.05)	0.86	(0.04)	**0.32**	(0.06)	−0.43	(0.04)	0.70	(0.01)	1.26	(0.01)	2.53	(0.02)
	哈萨克斯坦	0.93	(0.02)	0.84	(0.02)	1.04	(0.03)	0.81	(0.03)	**0.23**	(0.03)	−0.08	(0.02)	0.69	(0.01)	1.13	(0.01)	1.96	(0.02)
	拉脱维亚	0.24	(0.03)	0.85	(0.02)	0.34	(0.03)	0.14	(0.03)	**0.20**	(0.03)	−0.84	(0.03)	0.05	(0.01)	0.50	(0.01)	1.23	(0.03)
	列支敦士登	0.15	(0.06)	0.93	(0.05)	0.21	(0.10)	0.08	(0.10)	**0.13**	(0.13)	−1.12	(0.07)	0.01	(0.04)	0.55	(0.02)	1.20	(0.06)
	立陶宛	0.19	(0.03)	0.94	(0.01)	0.36	(0.04)	0.01	(0.03)	**0.35**	(0.04)	−1.05	(0.02)	0.03	(0.01)	0.47	(0.01)	1.29	(0.03)
	中国澳门	0.12	(0.02)	0.87	(0.01)	0.21	(0.02)	0.03	(0.02)	**0.18**	(0.02)	−1.04	(0.02)	0.00	(0.01)	0.41	(0.00)	1.11	(0.02)
	马来西亚	0.63	(0.03)	0.94	(0.02)	0.68	(0.03)	0.57	(0.03)	**0.11**	(0.04)	−0.53	(0.03)	0.42	(0.01)	0.89	(0.01)	1.73	(0.02)
	黑山共和国	0.17	(0.02)	1.11	(0.01)	0.39	(0.03)	−0.03	(0.03)	**0.42**	(0.04)	−1.23	(0.02)	−0.11	(0.01)	0.49	(0.01)	1.56	(0.02)
	秘鲁	0.60	(0.02)	0.88	(0.02)	0.71	(0.03)	0.49	(0.03)	**0.22**	(0.04)	−0.44	(0.02)	0.35	(0.00)	0.79	(0.01)	1.69	(0.02)
	卡塔尔	1.08	(0.01)	1.16	(0.01)	1.15	(0.02)	1.02	(0.02)	**0.13**	(0.02)	−0.33	(0.02)	0.76	(0.00)	1.34	(0.01)	2.56	(0.02)
	罗马尼亚	0.41	(0.04)	1.15	(0.02)	0.53	(0.04)	0.29	(0.05)	**0.24**	(0.05)	−1.09	(0.02)	0.15	(0.01)	0.76	(0.01)	1.81	(0.03)
	俄罗斯联邦	0.56	(0.03)	0.86	(0.02)	0.69	(0.02)	0.42	(0.03)	**0.27**	(0.03)	−0.46	(0.02)	0.35	(0.01)	0.76	(0.01)	1.58	(0.02)
	塞尔维亚	0.28	(0.03)	1.05	(0.02)	0.51	(0.03)	0.06	(0.03)	**0.45**	(0.04)	−1.06	(0.02)	0.05	(0.01)	0.58	(0.01)	1.54	(0.02)
	中国上海	−0.20	(0.03)	1.09	(0.02)	−0.02	(0.03)	−0.38	(0.03)	**0.36**	(0.04)	−1.60	(0.00)	−0.48	(0.01)	0.10	(0.01)	1.17	(0.02)
	新加坡	0.08	(0.02)	1.02	(0.01)	0.21	(0.03)	−0.05	(0.02)	**0.26**	(0.04)	−1.22	(0.02)	−0.19	(0.01)	0.43	(0.01)	1.30	(0.02)
	中国台北	−0.02	(0.02)	0.97	(0.01)	0.07	(0.03)	−0.09	(0.02)	**0.15**	(0.03)	−1.29	(0.01)	−0.24	(0.01)	0.33	(0.01)	1.13	(0.02)
	泰国	0.94	(0.02)	0.98	(0.02)	1.13	(0.04)	0.79	(0.03)	**0.35**	(0.04)	−0.17	(0.04)	0.63	(0.01)	1.12	(0.01)	2.18	(0.02)
	突尼斯	0.59	(0.03)	1.04	(0.02)	0.73	(0.04)	0.47	(0.03)	**0.26**	(0.03)	−0.75	(0.03)	0.37	(0.01)	0.91	(0.01)	1.84	(0.02)
	阿拉伯联合酋长国	0.87	(0.02)	1.06	(0.01)	0.96	(0.03)	0.79	(0.03)	**0.16**	(0.04)	−0.41	(0.02)	0.58	(0.01)	1.13	(0.01)	2.19	(0.03)
	乌拉圭	0.24	(0.03)	0.97	(0.02)	0.40	(0.03)	0.10	(0.04)	**0.30**	(0.04)	−0.96	(0.02)	0.02	(0.01)	0.47	(0.01)	1.42	(0.03)
	越南	0.30	(0.02)	0.82	(0.01)	0.44	(0.02)	0.18	(0.02)	**0.26**	(0.03)	−0.74	(0.02)	0.14	(0.01)	0.57	(0.00)	1.22	(0.02)

附表 4.49 ■ 学生为中心的教学策略指数和学生为中心的教学策略的指数(续表1)

结果基于学生自我报告

| | | 数学成绩比例,按该国在该指数上的四分位区分 | | | | | | | 该指数每单位变化对应的数学成绩变化 | | 该指数位于最低1/4的学生,数学成绩也位于最低1/4的可能性增加比率 | | 解释的学生成绩变异 $(r^2 \times 100)$ | |
| | | 最低1/4 | | 最低1/4 | | 第三个1/4 | | 最高1/4 | | | | | | | |
		平均成绩	标准误	平均成绩	标准误	平均成绩	标准误	平均成绩	标准误	分数差异值	标准误	比率	标准误	%	标准误
OECD	澳大利亚	521	(3.3)	514	(2.3)	504	(2.6)	477	(2.7)	−17.8	(1.4)	0.7	(0.0)	3.2	(0.5)
	奥地利	535	(3.8)	530	(4.5)	507	(4.2)	462	(4.9)	−28.6	(2.1)	0.5	(0.1)	9.8	(1.3)
	比利时	514	(4.1)	517	(5.0)	508	(5.4)	467	(6.1)	−21.3	(2.3)	0.7	(0.1)	5.4	(1.1)
	加拿大	539	(3.1)	536	(3.1)	519	(2.4)	487	(3.1)	−21.1	(1.4)	0.7	(0.0)	5.4	(0.7)
	智利	441	(4.4)	438	(3.4)	420	(4.3)	393	(4.1)	−19.7	(2.0)	0.6	(0.1)	5.6	(1.0)
	捷克共和国	532	(4.6)	513	(4.7)	501	(4.6)	472	(5.2)	−28.2	(2.4)	0.6	(0.1)	6.8	(1.1)
	丹麦	509	(3.6)	510	(3.8)	509	(4.1)	491	(5.0)	−9.4	(2.7)	0.8	(0.1)	0.8	(0.5)
	爱沙尼亚	532	(3.6)	531	(4.6)	527	(4.1)	493	(4.6)	−16.6	(2.1)	0.7	(0.1)	3.1	(0.8)
	芬兰	530	(2.8)	535	(2.7)	530	(3.7)	496	(3.2)	−15.1	(1.7)	0.7	(0.1)	2.2	(0.5)
	法国	518	(4.5)	511	(3.9)	501	(4.4)	458	(5.7)	−25.6	(2.2)	0.6	(0.1)	6.2	(1.0)
	德国	545	(5.3)	537	(4.7)	522	(4.7)	488	(4.3)	−24.6	(2.2)	0.6	(0.1)	6.3	(1.2)
	希腊	489	(3.1)	477	(3.4)	451	(4.1)	407	(4.1)	−27.3	(1.5)	0.4	(0.1)	12.8	(1.3)
	匈牙利	499	(4.5)	499	(4.9)	481	(5.1)	433	(4.7)	−27.0	(2.2)	0.5	(0.1)	8.9	(1.6)
	冰岛	511	(4.4)	510	(3.9)	495	(4.0)	467	(4.2)	−19.6	(2.4)	0.8	(0.1)	3.9	(1.0)
	爱尔兰	516	(3.5)	513	(4.2)	505	(3.7)	471	(4.3)	−19.2	(2.0)	0.7	(0.1)	4.6	(0.9)
	以色列	508	(6.4)	495	(4.9)	473	(5.4)	418	(5.1)	−34.9	(2.2)	0.5	(0.1)	11.1	(1.4)
	意大利	512	(2.7)	502	(2.8)	489	(2.6)	447	(2.7)	−27.2	(1.3)	0.6	(0.0)	7.1	(0.6)
	日本	543	(4.6)	545	(4.7)	540	(4.4)	521	(6.3)	−10.8	(2.4)	0.8	(0.1)	1.2	(0.5)
	韩国	575	(5.2)	566	(5.3)	555	(5.7)	521	(7.1)	−21.6	(2.7)	0.6	(0.1)	4.6	(1.2)
	卢森堡	519	(3.2)	506	(3.0)	489	(3.1)	446	(3.2)	−24.8	(1.4)	0.6	(0.1)	8.6	(0.9)
	墨西哥	432	(1.8)	424	(1.9)	411	(1.9)	391	(1.9)	−16.0	(0.9)	0.6	(0.1)	4.5	(0.4)
	荷兰	554	(4.6)	550	(4.0)	524	(4.7)	490	(5.8)	−25.1	(2.0)	0.6	(0.1)	9.0	(1.4)
	新西兰	519	(4.0)	516	(3.9)	503	(4.2)	461	(4.4)	−22.3	(1.9)	0.6	(0.1)	5.3	(0.9)
	挪威	492	(5.4)	502	(4.5)	495	(4.8)	473	(4.6)	−10.0	(2.7)	0.9	(0.1)	0.8	(0.4)
	波兰	533	(6.4)	528	(5.6)	512	(4.7)	491	(4.6)	−16.1	(2.2)	0.7	(0.1)	3.0	(0.8)
	葡萄牙	525	(4.8)	509	(4.8)	486	(4.4)	441	(4.5)	−28.2	(1.7)	0.5	(0.1)	12.5	(1.5)
	斯洛伐克共和国	519	(4.6)	503	(4.9)	486	(5.4)	432	(6.1)	−34.0	(2.4)	0.4	(0.1)	11.5	(1.5)
	斯洛文尼亚	527	(4.0)	528	(4.0)	504	(4.5)	459	(4.5)	−25.9	(2.0)	0.5	(0.1)	9.4	(1.5)
	西班牙	506	(3.2)	501	(3.0)	487	(2.8)	449	(3.0)	−21.1	(1.3)	0.6	(0.1)	6.5	(0.8)
	瑞典	495	(3.5)	494	(3.9)	484	(4.1)	456	(4.4)	−15.2	(2.2)	0.7	(0.1)	2.1	(0.6)
	瑞士	558	(4.4)	551	(4.1)	528	(4.5)	489	(4.5)	−26.2	(2.0)	0.5	(0.1)	7.6	(1.1)
	土耳其	480	(6.3)	463	(7.3)	441	(5.6)	413	(4.7)	−23.8	(2.2)	0.5	(0.1)	7.6	(1.3)
	英国	507	(4.1)	510	(4.5)	500	(4.0)	474	(4.7)	−14.1	(2.5)	0.8	(0.1)	1.9	(0.6)
	美国	509	(4.1)	499	(4.9)	484	(4.6)	445	(5.3)	−25.5	(2.2)	0.6	(0.1)	7.0	(1.2)
	OECD平均	516	(0.7)	511	(0.7)	497	(0.7)	461	(0.8)	−21.9	(0.4)	0.6	(0.0)	6.1	(0.2)
伙伴国家(地区)	阿尔巴尼亚	394	(4.0)	398	(4.9)	393	(4.7)	389	(4.3)	−3.3	(2.2)	1.0	(0.1)	0.1	(0.1)
	阿根廷	415	(4.8)	402	(4.4)	388	(4.0)	359	(3.6)	−19.8	(1.5)	0.5	(0.1)	7.6	(0.9)
	巴西	420	(3.5)	404	(2.3)	390	(2.6)	360	(2.3)	−22.7	(1.2)	0.5	(0.1)	8.6	(0.8)
	保加利亚	491	(5.2)	455	(4.5)	432	(4.4)	393	(4.1)	−33.3	(2.0)	0.3	(0.1)	14.7	(1.6)
	哥伦比亚	392	(4.1)	388	(3.6)	379	(4.0)	361	(3.9)	−15.0	(1.9)	0.7	(0.1)	2.8	(0.8)
	哥斯达黎加	419	(3.9)	418	(4.5)	410	(5.3)	380	(3.7)	−15.3	(1.7)	0.6	(0.1)	4.7	(1.0)
	克罗地亚	490	(4.3)	486	(4.6)	477	(5.0)	438	(5.4)	−21.2	(2.3)	0.5	(0.1)	5.8	(1.4)
	塞浦路斯[1,2]	475	(4.0)	461	(3.2)	438	(3.2)	401	(3.1)	−26.9	(1.6)	0.5	(0.1)	9.7	(1.1)
	中国香港	585	(4.1)	582	(4.8)	566	(4.4)	521	(5.9)	−23.4	(2.4)	0.6	(0.1)	6.4	(1.2)
	印度尼西亚	386	(5.8)	383	(4.9)	374	(4.6)	360	(4.2)	−13.0	(2.1)	0.8	(0.1)	1.9	(0.7)
	约旦	409	(3.4)	396	(3.9)	384	(4.4)	368	(3.6)	−12.5	(1.3)	0.6	(0.1)	3.9	(0.9)
	哈萨克斯坦	451	(4.4)	438	(4.3)	428	(4.4)	415	(4.6)	−15.9	(2.5)	0.6	(0.1)	3.6	(1.1)
	拉脱维亚	506	(4.5)	506	(3.8)	489	(5.0)	461	(4.2)	−20.8	(2.3)	0.6	(0.1)	4.7	(1.0)
	列支敦士登	565	(14.0)	537	(11.7)	533	(13.5)	499	(14.2)	−23.3	(7.4)	0.8	(0.3)	5.3	(3.2)
	立陶宛	507	(4.0)	491	(4.2)	477	(4.8)	438	(4.3)	−26.3	(1.8)	0.5	(0.1)	7.7	(1.0)
	中国澳门	564	(3.1)	547	(2.8)	535	(3.5)	512	(3.2)	−23.3	(2.1)	0.5	(0.1)	4.8	(0.9)
	马来西亚	453	(5.5)	431	(3.2)	415	(3.5)	386	(3.7)	−27.5	(2.1)	0.5	(0.1)	10.5	(1.5)
	黑山共和国	436	(3.4)	424	(3.6)	412	(3.0)	373	(3.3)	−20.8	(1.6)	0.6	(0.1)	7.9	(1.1)
	秘鲁	393	(5.1)	385	(4.5)	368	(4.0)	340	(4.8)	−23.9	(1.9)	0.6	(0.1)	6.6	(0.9)
	卡塔尔	426	(2.3)	392	(2.4)	359	(2.2)	352	(2.4)	−23.0	(1.0)	0.5	(0.1)	7.3	(0.7)
	罗马尼亚	478	(5.1)	451	(5.6)	439	(4.9)	413	(4.5)	−20.0	(1.8)	0.6	(0.1)	8.1	(1.4)
	俄罗斯联邦	506	(4.1)	495	(4.1)	478	(4.2)	454	(4.2)	−22.2	(2.3)	0.6	(0.1)	5.0	(1.0)
	塞尔维亚	484	(5.9)	466	(3.7)	443	(4.2)	407	(4.8)	−27.2	(2.2)	0.5	(0.1)	9.9	(1.3)
	中国上海	641	(3.9)	622	(4.8)	611	(4.8)	575	(5.7)	−22.2	(1.8)	0.5	(0.1)	4.2	(0.7)
	新加坡	597	(3.5)	590	(4.2)	570	(3.3)	546	(4.1)	−20.8	(1.6)	0.6	(0.1)	4.2	(0.7)
	中国台北	595	(4.9)	580	(5.4)	556	(5.0)	508	(4.3)	−34.4	(2.1)	0.5	(0.1)	8.6	(0.9)
	泰国	461	(4.8)	433	(4.5)	418	(4.2)	398	(4.0)	−23.9	(1.9)	0.4	(0.1)	8.3	(1.1)
	突尼斯	420	(5.4)	402	(5.2)	380	(4.6)	353	(4.0)	−23.7	(2.1)	0.4	(0.1)	10.5	(1.4)
	阿拉伯联合酋长国	472	(4.0)	448	(3.4)	422	(3.4)	399	(2.7)	−25.3	(1.4)	0.4	(0.1)	9.3	(0.9)
	乌拉圭	435	(4.1)	431	(3.8)	413	(3.7)	374	(4.4)	−24.7	(2.1)	0.6	(0.1)	7.6	(1.2)
	越南	523	(6.0)	516	(5.4)	510	(6.8)	499	(5.6)	−13.3	(2.2)	0.7	(0.1)	1.6	(0.5)

注:粗体表示差异值达到统计上的显著。

1. 土耳其注:本书中"塞浦路斯"相关的信息是指塞浦路斯岛南部。没有任何一个权力组织能够代表岛上的土耳其和希腊塞浦路斯人。土耳其承认北塞浦路斯土耳其共和国。除非在联合国找到一种长期的平衡的解决方案,否则土耳其将保持其对"塞浦路斯"问题的立场。

2. OECD 和欧盟成员注:塞浦路斯共和国得到了除土耳其外所有联合国成员的承认。本书中的信息是指在塞浦路斯共和国政府有效控制区域内的。

附表 4.50 ■ 教师主导的教学策略指数和按该指数四等分划分的数学成绩

结果基于学生自我报告

		教师主导的教学策略指数								
		全体学生	在该指数上的变异	男生	女生	性别差异(男生-女生)	最低 1/4	最低 1/4	第三个 1/4	最高 1/4
		指数平均值 / 标准误	标准差 / 标准误	指数平均值 / 标准误	指数平均值 / 标准误	差异值 / 标准误	指数平均值 / 标准误	指数平均值 / 标准误	指数平均值 / 标准误	指数平均值 / 标准误
OECD	澳大利亚	0.04 (0.01)	1.02 (0.01)	0.13 (0.02)	−0.06 (0.02)	**0.19** (0.02)	−1.21 (0.02)	−0.26 (0.00)	0.31 (0.00)	1.31 (0.02)
	奥地利	−0.10 (0.02)	0.93 (0.02)	0.00 (0.03)	−0.19 (0.03)	**0.19** (0.04)	−1.26 (0.02)	−0.35 (0.01)	0.18 (0.01)	1.04 (0.02)
	比利时	−0.10 (0.02)	0.95 (0.02)	−0.07 (0.03)	−0.14 (0.03)	**0.07** (0.03)	−1.26 (0.02)	−0.37 (0.00)	0.16 (0.01)	1.07 (0.02)
	加拿大	0.20 (0.02)	1.06 (0.01)	0.29 (0.02)	0.12 (0.02)	**0.17** (0.03)	−1.09 (0.02)	−0.09 (0.00)	0.47 (0.01)	1.52 (0.02)
	智利	0.37 (0.03)	1.07 (0.02)	0.40 (0.03)	0.33 (0.03)	0.07 (0.03)	−0.94 (0.02)	0.02 (0.01)	0.66 (0.01)	1.73 (0.02)
	捷克共和国	0.13 (0.03)	0.90 (0.02)	0.20 (0.03)	0.06 (0.03)	**0.14** (0.05)	−0.96 (0.03)	−0.12 (0.01)	0.38 (0.01)	1.24 (0.02)
	丹麦	−0.29 (0.02)	0.86 (0.02)	−0.20 (0.03)	−0.37 (0.03)	**0.17** (0.04)	−1.34 (0.02)	−0.52 (0.01)	−0.04 (0.01)	0.74 (0.02)
	爱沙尼亚	−0.16 (0.02)	0.86 (0.01)	−0.11 (0.03)	−0.21 (0.03)	**0.10** (0.04)	−1.17 (0.02)	−0.42 (0.01)	0.04 (0.01)	0.92 (0.03)
	芬兰	−0.12 (0.02)	0.88 (0.01)	−0.06 (0.02)	−0.19 (0.02)	**0.12** (0.03)	−1.18 (0.02)	−0.37 (0.01)	0.10 (0.01)	0.95 (0.02)
	法国	−0.05 (0.03)	1.07 (0.02)	0.06 (0.03)	−0.14 (0.04)	**0.20** (0.05)	−1.38 (0.03)	−0.34 (0.01)	0.25 (0.01)	1.28 (0.02)
	德国	−0.05 (0.03)	0.88 (0.02)	0.05 (0.03)	−0.15 (0.03)	**0.20** (0.04)	−1.11 (0.03)	−0.28 (0.01)	0.19 (0.01)	1.01 (0.03)
	希腊	0.21 (0.02)	1.04 (0.02)	0.26 (0.04)	0.16 (0.03)	0.10 (0.05)	−1.04 (0.03)	−0.08 (0.01)	0.46 (0.01)	1.50 (0.02)
	匈牙利	−0.01 (0.03)	0.97 (0.03)	0.08 (0.03)	−0.09 (0.04)	**0.17** (0.04)	−1.18 (0.04)	−0.28 (0.01)	0.26 (0.01)	1.16 (0.03)
	冰岛	−0.07 (0.02)	0.93 (0.02)	0.05 (0.03)	−0.19 (0.03)	**0.24** (0.04)	−1.14 (0.02)	−0.33 (0.01)	0.08 (0.01)	1.08 (0.03)
	爱尔兰	−0.08 (0.02)	0.98 (0.01)	−0.05 (0.03)	−0.12 (0.03)	**0.08** (0.04)	−1.31 (0.03)	−0.34 (0.01)	0.19 (0.01)	1.13 (0.02)
	以色列	0.23 (0.03)	1.02 (0.02)	0.21 (0.04)	0.24 (0.04)	−0.03 (0.04)	−0.99 (0.03)	−0.09 (0.01)	0.48 (0.01)	1.51 (0.03)
	意大利	−0.16 (0.01)	0.98 (0.01)	−0.11 (0.02)	−0.21 (0.02)	**0.11** (0.02)	−1.37 (0.02)	−0.42 (0.00)	0.12 (0.00)	1.03 (0.01)
	日本	−0.26 (0.02)	0.90 (0.02)	−0.23 (0.03)	−0.29 (0.03)	0.05 (0.03)	−1.32 (0.02)	−0.52 (0.01)	−0.01 (0.01)	0.82 (0.02)
	韩国	−0.31 (0.02)	0.89 (0.02)	−0.30 (0.03)	−0.32 (0.03)	0.02 (0.04)	−1.36 (0.02)	−0.56 (0.01)	−0.07 (0.01)	0.75 (0.03)
	卢森堡	−0.12 (0.02)	1.07 (0.02)	−0.05 (0.03)	−0.19 (0.03)	**0.14** (0.04)	−1.42 (0.02)	−0.39 (0.01)	0.18 (0.01)	1.16 (0.02)
	墨西哥	0.34 (0.02)	1.07 (0.01)	0.41 (0.02)	0.27 (0.02)	**0.13** (0.02)	−0.93 (0.01)	−0.02 (0.00)	0.59 (0.00)	1.73 (0.01)
	荷兰	−0.12 (0.02)	0.97 (0.02)	−0.05 (0.03)	−0.16 (0.03)	**0.12** (0.03)	−1.28 (0.02)	−0.35 (0.01)	0.12 (0.01)	1.05 (0.04)
	新西兰	−0.06 (0.03)	1.03 (0.02)	0.04 (0.03)	−0.16 (0.03)	**0.20** (0.05)	−1.30 (0.03)	−0.37 (0.01)	0.19 (0.01)	1.25 (0.02)
	挪威	−0.21 (0.02)	0.94 (0.01)	−0.11 (0.03)	−0.31 (0.03)	**0.20** (0.04)	−1.33 (0.04)	−0.48 (0.01)	0.02 (0.01)	0.95 (0.02)
	波兰	−0.22 (0.02)	0.94 (0.02)	−0.18 (0.03)	−0.25 (0.03)	**0.07** (0.03)	−1.33 (0.02)	−0.52 (0.01)	0.02 (0.01)	0.96 (0.03)
	葡萄牙	0.27 (0.03)	1.06 (0.02)	0.32 (0.03)	0.21 (0.03)	**0.11** (0.04)	−1.00 (0.02)	−0.05 (0.01)	0.51 (0.01)	1.61 (0.02)
	斯洛伐克共和国	−0.04 (0.02)	0.94 (0.02)	0.01 (0.03)	−0.10 (0.03)	**0.11** (0.04)	−1.16 (0.02)	−0.32 (0.01)	0.20 (0.01)	1.12 (0.03)
	斯洛文尼亚	0.10 (0.02)	0.99 (0.01)	0.16 (0.03)	0.04 (0.03)	**0.12** (0.04)	−1.08 (0.02)	−0.20 (0.01)	0.35 (0.01)	1.35 (0.03)
	西班牙	−0.13 (0.01)	0.99 (0.01)	−0.09 (0.02)	−0.17 (0.02)	**0.08** (0.02)	−1.33 (0.01)	−0.39 (0.01)	0.14 (0.01)	1.08 (0.02)
	瑞典	−0.04 (0.02)	0.99 (0.02)	0.10 (0.03)	−0.19 (0.03)	**0.29** (0.04)	−1.21 (0.04)	−0.32 (0.01)	0.17 (0.01)	1.19 (0.03)
	瑞士	−0.04 (0.02)	0.98 (0.02)	0.03 (0.03)	−0.11 (0.03)	**0.14** (0.03)	−1.14 (0.02)	−0.28 (0.01)	0.22 (0.01)	1.06 (0.02)
	土耳其	0.39 (0.03)	1.17 (0.02)	0.40 (0.04)	0.38 (0.04)	0.02 (0.03)	−1.00 (0.02)	0.00 (0.00)	0.67 (0.01)	1.88 (0.02)
	英国	0.15 (0.03)	0.94 (0.02)	0.20 (0.03)	0.09 (0.03)	**0.11** (0.03)	−0.99 (0.02)	−0.11 (0.01)	0.39 (0.01)	1.30 (0.02)
	美国	0.29 (0.03)	1.07 (0.02)	0.35 (0.03)	0.23 (0.03)	**0.12** (0.04)	−0.99 (0.04)	−0.04 (0.01)	0.50 (0.01)	1.71 (0.03)
	OECD平均	0.00 (0.00)	0.98 (0.00)	0.06 (0.01)	−0.06 (0.01)	**0.13** (0.01)	−1.18 (0.00)	−0.28 (0.00)	0.25 (0.00)	1.21 (0.00)
伙伴国家(地区)	阿尔巴尼亚	1.01 (0.02)	1.00 (0.01)	0.98 (0.03)	1.05 (0.03)	−0.07 (0.04)	−0.20 (0.02)	0.62 (0.01)	1.28 (0.01)	2.36 (0.02)
	阿根廷	0.28 (0.03)	1.05 (0.02)	0.31 (0.03)	0.25 (0.03)	0.06 (0.04)	−0.97 (0.02)	−0.04 (0.01)	0.51 (0.01)	1.63 (0.02)
	巴西	0.29 (0.02)	1.08 (0.01)	0.34 (0.02)	0.25 (0.02)	**0.10** (0.03)	−1.01 (0.02)	−0.05 (0.01)	0.53 (0.00)	1.70 (0.02)
	保加利亚	0.55 (0.03)	1.05 (0.02)	0.52 (0.04)	0.58 (0.04)	−0.07 (0.04)	−0.70 (0.03)	0.22 (0.01)	0.80 (0.01)	1.88 (0.02)
	哥伦比亚	0.43 (0.03)	1.04 (0.01)	0.45 (0.03)	0.42 (0.03)	0.03 (0.04)	−0.81 (0.02)	0.07 (0.01)	0.66 (0.01)	1.80 (0.03)
	哥斯达黎加	0.15 (0.02)	1.06 (0.02)	0.22 (0.04)	0.10 (0.03)	**0.12** (0.04)	−1.14 (0.02)	−0.17 (0.01)	0.41 (0.01)	1.51 (0.02)
	克罗地亚	0.06 (0.02)	0.98 (0.02)	0.15 (0.03)	−0.03 (0.03)	**0.17** (0.04)	−1.12 (0.03)	−0.25 (0.01)	0.32 (0.01)	1.30 (0.03)
	塞浦路斯[1,2]	0.22 (0.01)	1.10 (0.02)	0.20 (0.03)	0.25 (0.03)	−0.05 (0.04)	−1.08 (0.02)	−0.08 (0.01)	0.47 (0.01)	1.59 (0.02)
	中国香港	−0.32 (0.02)	0.97 (0.02)	−0.27 (0.03)	−0.38 (0.03)	**0.11** (0.04)	−1.46 (0.03)	−0.58 (0.01)	−0.07 (0.01)	0.84 (0.03)
	印度尼西亚	0.38 (0.02)	0.88 (0.02)	0.38 (0.03)	0.38 (0.03)	−0.01 (0.03)	−0.56 (0.02)	0.06 (0.01)	0.44 (0.01)	1.58 (0.02)
	约旦	0.70 (0.03)	1.25 (0.02)	0.66 (0.05)	0.74 (0.04)	−0.09 (0.06)	−0.86 (0.04)	0.32 (0.01)	1.07 (0.01)	2.28 (0.01)
	哈萨克斯坦	0.93 (0.02)	0.98 (0.01)	0.89 (0.03)	0.97 (0.03)	**−0.08** (0.04)	−0.23 (0.02)	0.53 (0.01)	1.18 (0.01)	2.25 (0.02)
	拉脱维亚	0.25 (0.02)	0.89 (0.02)	0.27 (0.03)	0.22 (0.03)	0.05 (0.04)	−0.81 (0.04)	−0.03 (0.01)	0.46 (0.01)	1.37 (0.03)
	列支敦士登	0.18 (0.07)	0.93 (0.07)	0.18 (0.10)	0.19 (0.11)	−0.01 (0.15)	−0.97 (0.09)	0.01 (0.02)	0.44 (0.03)	1.27 (0.08)
	立陶宛	0.15 (0.02)	0.90 (0.02)	0.21 (0.03)	0.09 (0.03)	**0.11** (0.03)	−0.92 (0.02)	−0.11 (0.01)	0.37 (0.01)	1.27 (0.02)
	中国澳门	−0.05 (0.01)	0.92 (0.01)	0.02 (0.02)	−0.11 (0.02)	**0.13** (0.03)	−1.12 (0.01)	−0.34 (0.01)	0.15 (0.01)	1.12 (0.02)
	马来西亚	0.20 (0.02)	0.93 (0.02)	0.16 (0.03)	0.23 (0.03)	**−0.06** (0.03)	−0.90 (0.02)	−0.10 (0.01)	0.42 (0.01)	1.37 (0.02)
	黑山共和国	0.25 (0.02)	1.13 (0.02)	0.29 (0.02)	0.20 (0.03)	**0.10** (0.03)	−1.13 (0.02)	−0.06 (0.01)	0.49 (0.01)	1.69 (0.02)
	秘鲁	0.30 (0.02)	1.02 (0.02)	0.38 (0.04)	0.22 (0.03)	**0.16** (0.03)	−0.89 (0.02)	−0.07 (0.01)	0.49 (0.01)	1.65 (0.02)
	卡塔尔	0.48 (0.01)	1.23 (0.01)	0.49 (0.02)	0.48 (0.02)	0.01 (0.03)	−1.01 (0.02)	0.11 (0.01)	0.76 (0.01)	2.08 (0.01)
	罗马尼亚	0.26 (0.03)	1.08 (0.02)	0.28 (0.03)	0.23 (0.04)	0.05 (0.04)	−1.03 (0.02)	−0.07 (0.01)	0.48 (0.01)	1.65 (0.02)
	俄罗斯联邦	0.78 (0.03)	1.08 (0.02)	0.81 (0.04)	0.75 (0.04)	0.06 (0.06)	−0.40 (0.04)	0.42 (0.01)	1.00 (0.01)	2.12 (0.02)
	塞尔维亚	0.26 (0.03)	1.08 (0.02)	0.35 (0.04)	0.17 (0.03)	**0.18** (0.05)	−1.04 (0.03)	−0.07 (0.01)	0.50 (0.01)	1.64 (0.03)
	中国上海	0.54 (0.02)	1.05 (0.02)	0.59 (0.03)	0.49 (0.03)	**0.10** (0.03)	−0.68 (0.03)	0.16 (0.01)	0.75 (0.01)	1.95 (0.02)
	新加坡	0.20 (0.02)	0.96 (0.01)	0.23 (0.03)	0.17 (0.03)	**0.06** (0.04)	−0.91 (0.02)	−0.10 (0.01)	0.39 (0.01)	1.44 (0.02)
	中国台北	−0.09 (0.02)	1.04 (0.02)	−0.07 (0.03)	−0.11 (0.03)	0.04 (0.04)	−1.31 (0.03)	−0.36 (0.01)	0.12 (0.01)	1.21 (0.02)
	泰国	0.58 (0.02)	0.99 (0.01)	0.57 (0.03)	0.59 (0.03)	−0.01 (0.04)	−0.56 (0.02)	0.19 (0.01)	0.76 (0.01)	1.93 (0.02)
	突尼斯	0.20 (0.02)	1.19 (0.02)	0.23 (0.04)	0.18 (0.03)	0.05 (0.04)	−1.26 (0.02)	−0.15 (0.01)	0.49 (0.01)	1.72 (0.02)
	阿拉伯联合酋长国	0.55 (0.02)	1.14 (0.02)	0.59 (0.04)	0.52 (0.03)	−0.07 (0.04)	−0.84 (0.02)	0.18 (0.01)	0.85 (0.01)	2.03 (0.02)
	乌拉圭	0.10 (0.03)	1.02 (0.02)	0.16 (0.03)	0.06 (0.03)	**0.10** (0.04)	−1.10 (0.03)	−0.24 (0.01)	0.35 (0.01)	1.41 (0.02)
	越南	0.29 (0.02)	0.81 (0.01)	0.34 (0.03)	0.25 (0.02)	**0.08** (0.03)	−0.63 (0.02)	0.02 (0.00)	0.44 (0.01)	1.34 (0.02)

附表 4.50 ■ 教师主导的教学策略指数和按该指数四等分划分的数学成绩(续表1)

结果基于学生自我报告

| | | 数学成绩比例,按该国在该指数上的四分位区分 | | | | | | | 该指数每单位变化对应的数学成绩变化 | | 该指数位于最低1/4的学生,数学成绩也位于最低1/4的可能性增加比率 | | 解释的学生成绩变异(r²×100) | |
| | | 最低 1/4 | | 最低 1/4 | | 第三个 1/4 | | 最高 1/4 | | | | | | | |
		平均成绩	标准误	平均成绩	标准误	平均成绩	标准误	平均成绩	标准误	分数差异值	标准误	比率	标准误	%	标准误
OECD	澳大利亚	**487**	(2.2)	504	(2.7)	509	(2.7)	**517**	(3.1)	**10.3**	(1.1)	**1.3**	(0.1)	1.2	(0.3)
	奥地利	**514**	(4.4)	516	(4.2)	508	(4.7)	**495**	(6.0)	**−7.8**	(2.0)	0.9	(0.1)	0.7	(0.3)
	比利时	**511**	(6.3)	512	(5.0)	495	(5.6)	**487**	(5.7)	**−8.3**	(3.2)	0.9	(0.1)	0.8	(0.6)
	加拿大	**510**	(3.1)	524	(2.8)	526	(3.0)	**521**	(2.8)	**3.6**	(1.1)	**1.2**	(0.1)	0.2	(0.1)
	智利	**432**	(4.5)	435	(4.2)	425	(4.3)	**400**	(4.1)	**−10.5**	(1.7)	0.8	(0.1)	1.9	(0.6)
	捷克共和国	**509**	(4.4)	513	(4.5)	505	(4.4)	**491**	(4.6)	**−7.9**	(2.4)	0.9	(0.1)	0.6	(0.4)
	丹麦	**508**	(3.6)	508	(3.8)	508	(4.1)	**495**	(3.6)	**−6.7**	(1.9)	0.9	(0.1)	0.5	(0.3)
	爱沙尼亚	**526**	(2.9)	524	(3.5)	523	(3.0)	**509**	(4.4)	**−7.6**	(2.1)	**0.8**	(0.1)	0.7	(0.3)
	芬兰	**517**	(2.8)	521	(3.2)	525	(3.5)	**528**	(3.2)	3.3	(1.8)	**1.1**	(0.1)	0.1	(0.1)
	法国	**509**	(4.7)	507	(4.5)	501	(4.3)	**471**	(4.3)	**−13.6**	(2.0)	**0.7**	(0.1)	2.3	(0.7)
	德国	524	(4.6)	529	(4.9)	527	(4.6)	512	(4.1)	**−6.1**	(2.6)	1.0	(0.1)	0.3	(0.3)
	希腊	455	(3.9)	459	(3.8)	459	(3.9)	449	(4.6)	−1.6	(1.9)	0.9	(0.1)	0.0	(0.1)
	匈牙利	472	(5.0)	488	(4.7)	481	(4.8)	470	(4.8)	−1.8	(2.3)	0.9	(0.1)	0.0	(0.1)
	冰岛	493	(4.3)	506	(4.3)	495	(4.0)	489	(4.1)	−2.4	(2.2)	**1.1**	(0.1)	0.1	(0.1)
	爱尔兰	502	(3.4)	508	(4.2)	503	(4.9)	492	(4.5)	**−4.7**	(2.0)	0.9	(0.1)	0.3	(0.3)
	以色列	478	(6.4)	481	(6.3)	475	(5.8)	455	(6.4)	**−6.6**	(2.1)	0.9	(0.1)	0.5	(0.3)
	意大利	**492**	(2.5)	495	(2.9)	489	(3.1)	**473**	(2.4)	**−7.2**	(1.1)	**0.8**	(0.0)	0.6	(0.1)
	日本	**524**	(5.1)	542	(4.6)	542	(4.8)	**540**	(4.8)	**7.5**	(2.3)	**1.2**	(0.0)	0.5	(0.3)
	韩国	542	(5.2)	560	(5.1)	557	(6.5)	558	(6.9)	**6.2**	(2.9)	**1.2**	(0.1)	0.3	(0.3)
	卢森堡	**500**	(3.3)	503	(3.5)	486	(4.5)	**472**	(3.0)	**−8.3**	(1.4)	**0.8**	(0.1)	0.9	(0.3)
	墨西哥	**420**	(1.9)	418	(1.7)	414	(2.0)	**406**	(2.2)	**−5.8**	(0.9)	0.9	(0.0)	0.7	(0.2)
	荷兰	**518**	(4.2)	533	(5.2)	535	(6.5)	**532**	(5.0)	3.7	(3.4)	1.2	(0.1)	0.2	(0.2)
	新西兰	497	(3.7)	502	(4.1)	503	(4.2)	497	(4.7)	−2.6	(1.8)	1.0	(0.1)	0.1	(0.1)
	挪威	480	(4.1)	499	(4.5)	498	(4.7)	486	(4.3)	0.6	(2.1)	1.1	(0.1)	0.0	(0.1)
	波兰	518	(4.8)	522	(5.1)	521	(5.9)	514	(4.6)	−0.8	(2.2)	1.0	(0.1)	0.0	(0.1)
	葡萄牙	493	(4.6)	492	(5.0)	496	(5.4)	479	(6.2)	**−5.8**	(2.3)	0.8	(0.1)	0.5	(0.4)
	斯洛伐克共和国	**499**	(5.4)	498	(5.0)	481	(5.8)	**461**	(5.0)	**−16.9**	(2.6)	**0.7**	(0.1)	2.6	(0.8)
	斯洛文尼亚	500	(3.3)	514	(4.5)	506	(4.7)	498	(5.4)	−2.4	(2.2)	1.0	(0.1)	0.1	(0.1)
	西班牙	**488**	(3.2)	493	(2.7)	488	(3.1)	**474**	(2.9)	**−5.4**	(1.5)	0.9	(0.1)	0.4	(0.2)
	瑞典	481	(3.9)	492	(4.0)	483	(4.5)	473	(4.3)	**−3.8**	(2.1)	1.0	(0.1)	0.2	(0.2)
	瑞士	**547**	(4.5)	543	(3.7)	527	(4.7)	**508**	(4.3)	**−16.8**	(1.8)	**0.7**	(0.1)	2.6	(0.5)
	土耳其	448	(6.1)	453	(6.9)	452	(5.7)	444	(5.5)	−1.4	(1.7)	1.0	(0.1)	0.1	(0.1)
	英国	488	(4.6)	503	(5.4)	509	(5.4)	489	(5.1)	0.5	(2.1)	1.2	(0.1)	0.0	(0.0)
	美国	475	(3.2)	487	(4.3)	491	(4.8)	482	(5.0)	0.9	(1.5)	1.1	(0.1)	0.1	(0.1)
	OECD 平均	**496**	(0.7)	503	(0.8)	498	(0.8)	**487**	(0.8)	**−3.7**	(0.4)	**1.0**	(0.0)	0.6	(0.1)
伙伴国家(地区)	阿尔巴尼亚	396	(4.4)	386	(4.0)	399	(4.0)	393	(4.8)	−0.7	(2.3)	1.0	(0.1)	0.0	(0.1)
	阿根廷	**401**	(5.2)	402	(4.8)	390	(4.2)	**371**	(4.3)	**−11.0**	(1.8)	**0.7**	(0.1)	2.4	(0.8)
	巴西	**407**	(3.3)	402	(2.7)	394	(2.8)	**371**	(2.7)	**−12.2**	(1.3)	**0.7**	(0.0)	3.0	(0.6)
	保加利亚	443	(4.6)	444	(5.1)	449	(5.4)	433	(5.1)	**−3.9**	(2.3)	0.9	(0.1)	0.2	(0.2)
	哥伦比亚	**388**	(3.5)	381	(4.1)	382	(3.9)	**369**	(4.2)	**−7.7**	(1.6)	0.8	(0.1)	1.2	(0.5)
	哥斯达黎加	**415**	(3.9)	415	(4.6)	406	(4.4)	**391**	(4.6)	**−9.9**	(1.7)	**0.7**	(0.1)	2.4	(0.8)
	克罗地亚	**479**	(4.0)	479	(4.7)	472	(4.2)	**460**	(5.5)	**−8.3**	(1.9)	**0.9**	(0.1)	0.9	(0.4)
	塞浦路斯[1,2]	438	(3.1)	451	(3.4)	444	(3.1)	443	(3.5)	2.4	(1.7)	**1.1**	(0.1)	0.1	(0.1)
	中国香港	548	(4.7)	571	(5.0)	572	(5.3)	562	(5.4)	2.1	(2.7)	**1.3**	(0.1)	0.1	(0.1)
	印度尼西亚	**366**	(5.4)	370	(4.7)	380	(5.7)	**386**	(5.0)	**7.1**	(1.9)	**1.2**	(0.1)	0.8	(0.4)
	约旦	379	(4.1)	393	(3.8)	395	(3.7)	387	(4.3)	**3.1**	(1.3)	**1.2**	(0.1)	0.3	(0.2)
	哈萨克斯坦	425	(4.8)	429	(4.4)	439	(4.4)	437	(4.2)	**4.4**	(1.8)	**1.2**	(0.1)	0.4	(0.3)
	拉脱维亚	**499**	(3.4)	492	(4.3)	489	(6.0)	**482**	(4.7)	**−7.5**	(2.4)	0.8	(0.1)	0.7	(0.4)
	列支敦士登	538	(11.3)	547	(14.2)	503	(15.7)	548	(14.9)	−0.7	(7.6)	0.8	(0.3)	0.0	(0.5)
	立陶宛	**483**	(4.7)	486	(4.2)	478	(4.3)	**467**	(4.6)	**−8.1**	(2.1)	0.9	(0.1)	0.7	(0.4)
	中国澳门	535	(3.3)	543	(3.7)	541	(3.2)	541	(3.4)	0.3	(2.1)	1.1	(0.1)	0.0	(0.0)
	马来西亚	**427**	(5.0)	428	(4.3)	419	(3.7)	**411**	(3.7)	**−6.6**	(1.8)	0.9	(0.1)	0.6	(0.2)
	黑山共和国	**435**	(3.7)	415	(3.5)	411	(3.7)	**383**	(3.2)	**−17.0**	(1.6)	**0.6**	(0.1)	5.4	(1.0)
	秘鲁	**386**	(5.2)	383	(4.9)	366	(5.0)	**350**	(3.7)	**−13.6**	(1.3)	**0.7**	(0.1)	2.8	(0.5)
	卡塔尔	378	(2.2)	382	(2.7)	392	(2.9)	376	(2.2)	0.4	(1.1)	1.1	(0.1)	0.0	(0.0)
	罗马尼亚	**452**	(5.0)	452	(5.0)	451	(5.3)	**426**	(4.1)	**−9.6**	(1.5)	**0.8**	(0.1)	1.6	(0.5)
	俄罗斯联邦	**490**	(4.2)	491	(4.7)	485	(4.8)	**467**	(3.8)	**−9.8**	(1.5)	0.9	(0.1)	1.3	(0.4)
	塞尔维亚	**464**	(4.5)	456	(5.1)	449	(4.6)	**429**	(5.1)	**−11.8**	(1.9)	**0.7**	(0.1)	2.0	(0.6)
	中国上海	614	(5.1)	613	(4.4)	616	(4.9)	608	(6.1)	−1.3	(2.0)	1.0	(0.1)	0.1	(0.1)
	新加坡	572	(4.2)	577	(4.0)	579	(4.6)	574	(3.9)	1.4	(1.9)	1.1	(0.1)	0.0	(0.0)
	中国台北	550	(4.9)	574	(4.6)	559	(5.7)	557	(4.3)	−1.0	(1.9)	**1.2**	(0.1)	0.0	(0.0)
	泰国	427	(5.0)	432	(4.7)	430	(4.6)	421	(4.2)	**−3.6**	(1.7)	1.1	(0.1)	0.2	(0.2)
	突尼斯	**405**	(5.0)	393	(5.4)	385	(5.0)	**372**	(4.5)	**−9.7**	(1.5)	**0.6**	(0.1)	2.3	(0.7)
	阿拉伯联合酋长国	**439**	(3.5)	441	(3.7)	437	(3.9)	**425**	(3.4)	**−3.4**	(1.1)	0.9	(0.1)	0.2	(0.1)
	乌拉圭	**430**	(4.1)	422	(3.5)	413	(3.9)	**385**	(4.9)	**−16.9**	(2.3)	**0.6**	(0.1)	4.0	(1.0)
	越南	**503**	(6.5)	507	(6.0)	514	(5.4)	**522**	(5.3)	**7.3**	(2.7)	**1.2**	(0.1)	0.5	(0.3)

注:粗体表示差异值达到统计上的显著。

1. 土耳其注:本书中"塞浦路斯"相关的信息是指塞浦路斯岛南部。没有任何一个权力组织能够代表岛上的土耳其和希腊塞浦路斯人。土耳其承认北塞浦路斯土耳其共和国。除非在联合国找到一种长期的平衡的解决方案,否则土耳其将保持其对"塞浦路斯"问题的立场。

2. OECD和欧盟成员注:塞浦路斯共和国得到了除土耳其外所有联合国成员的承认。本书中的信息是指在塞浦路斯共和国政府有效控制区域内的。

附表 4.51 ■ 所在学校学校风气指数和按该指数四等分划分的数学成绩

结果基于学生自我报告

		学校风气指数																
		全体学生		在该指数上的变异		男 生		女 生		性别差异（男生－女生）		最低1/4		最低1/4		第三个1/4		最高1/4	
		指数平均值	标准误	标准差	标准误	指数平均值	标准误	指数平均值	标准误	差异值	标准误	指数平均值	标准误	指数平均值	标准误	指数平均值	标准误	指数平均值	标准误
OECD	澳大利亚	−0.14	(0.02)	1.03	(0.01)	−0.14	(0.02)	−0.13	(0.02)	−0.01	(0.03)	−1.45	(0.02)	−0.45	(0.02)	0.18	(0.02)	1.17	(0.02)
	奥地利	0.21	(0.03)	1.08	(0.02)	0.20	(0.04)	0.22	(0.04)	−0.02	(0.05)	−1.22	(0.04)	−0.15	(0.04)	0.65	(0.04)	1.55	(0.02)
	比利时	0.04	(0.03)	1.04	(0.01)	−0.01	(0.03)	0.09	(0.03)	−0.09	(0.03)	−1.27	(0.03)	−0.31	(0.02)	0.37	(0.04)	1.37	(0.04)
	加拿大	0.01	(0.01)	0.97	(0.01)	−0.05	(0.02)	0.07	(0.02)	−0.12	(0.02)	−1.21	(0.01)	−0.28	(0.01)	0.28	(0.02)	1.25	(0.01)
	智利	−0.25	(0.01)	0.90	(0.01)	−0.27	(0.03)	−0.23	(0.03)	−0.04	(0.04)	−1.35	(0.02)	−0.56	(0.03)	0.00	(0.03)	0.91	(0.03)
	捷克共和国	0.10	(0.04)	1.09	(0.02)	0.03	(0.04)	0.17	(0.05)	−0.14	(0.06)	−1.30	(0.04)	−0.27	(0.05)	0.48	(0.04)	1.48	(0.04)
	丹麦	−0.01	(0.03)	0.89	(0.02)	0.01	(0.03)	−0.03	(0.04)	0.04	(0.04)	−1.13	(0.04)	−0.27	(0.02)	0.25	(0.03)	1.11	(0.05)
	爱沙尼亚	0.20	(0.03)	0.96	(0.01)	0.14	(0.03)	0.25	(0.03)	−0.11	(0.03)	−1.02	(0.03)	−0.13	(0.04)	0.52	(0.03)	1.43	(0.03)
	芬兰	−0.33	(0.02)	0.86	(0.01)	−0.31	(0.02)	−0.34	(0.03)	0.02	(0.03)	−1.38	(0.03)	−0.59	(0.02)	−0.09	(0.02)	0.76	(0.03)
	法国	−0.29	(0.03)	1.05	(0.01)	−0.29	(0.03)	−0.29	(0.04)	0.00	(0.04)	−1.59	(0.04)	−0.69	(0.03)	0.03	(0.04)	1.08	(0.03)
	德国	−0.02	(0.02)	1.02	(0.01)	−0.10	(0.03)	0.05	(0.03)	−0.15	(0.03)	−1.30	(0.04)	−0.38	(0.03)	0.30	(0.04)	1.29	(0.03)
	希腊	−0.24	(0.03)	0.90	(0.02)	−0.27	(0.03)	−0.22	(0.04)	−0.05	(0.04)	−1.33	(0.04)	−0.54	(0.04)	−0.03	(0.03)	0.92	(0.04)
	匈牙利	0.05	(0.04)	1.02	(0.02)	−0.01	(0.04)	0.11	(0.05)	−0.11	(0.05)	−1.26	(0.04)	−0.26	(0.04)	0.41	(0.05)	1.33	(0.03)
	冰岛	−0.03	(0.02)	0.91	(0.01)	0.00	(0.02)	−0.06	(0.02)	0.07	(0.04)	−1.14	(0.04)	−0.25	(0.01)	0.15	(0.02)	1.13	(0.03)
	爱尔兰	0.13	(0.03)	1.10	(0.02)	0.08	(0.05)	0.18	(0.03)	−0.10	(0.04)	−1.31	(0.04)	−0.23	(0.04)	0.55	(0.03)	1.50	(0.03)
	以色列	0.26	(0.03)	1.07	(0.01)	0.21	(0.04)	0.31	(0.04)	−0.10	(0.04)	−1.12	(0.04)	−0.11	(0.03)	0.66	(0.04)	1.61	(0.03)
	意大利	−0.04	(0.02)	0.99	(0.01)	−0.12	(0.02)	0.04	(0.02)	−0.16	(0.02)	−1.30	(0.02)	−0.39	(0.04)	0.30	(0.04)	1.22	(0.01)
	日本	0.67	(0.03)	0.90	(0.02)	0.58	(0.03)	0.76	(0.03)	−0.18	(0.04)	−0.52	(0.04)	0.41	(0.04)	1.02	(0.02)	1.75	(0.02)
	韩国	0.19	(0.03)	0.87	(0.01)	0.10	(0.04)	0.29	(0.03)	−0.18	(0.04)	−0.88	(0.03)	−0.13	(0.04)	0.44	(0.03)	1.33	(0.04)
	卢森堡	−0.02	(0.02)	1.09	(0.01)	−0.09	(0.03)	0.03	(0.03)	−0.13	(0.04)	−1.40	(0.03)	−0.39	(0.02)	0.32	(0.02)	1.38	(0.02)
	墨西哥	0.06	(0.01)	0.91	(0.01)	−0.01	(0.01)	0.12	(0.01)	−0.13	(0.01)	−1.08	(0.01)	−0.24	(0.01)	0.33	(0.02)	1.22	(0.02)
	荷兰	−0.16	(0.03)	0.92	(0.01)	−0.15	(0.04)	−0.18	(0.04)	0.03	(0.04)	−1.27	(0.04)	−0.49	(0.04)	0.08	(0.03)	1.04	(0.04)
	新西兰	−0.25	(0.03)	1.00	(0.01)	−0.25	(0.04)	−0.24	(0.04)	−0.01	(0.04)	−1.49	(0.04)	−0.56	(0.04)	0.04	(0.04)	1.03	(0.03)
	挪威	−0.08	(0.03)	0.87	(0.02)	−0.04	(0.02)	−0.11	(0.03)	0.07	(0.03)	−1.14	(0.04)	−0.27	(0.03)	0.12	(0.04)	1.02	(0.04)
	波兰	0.08	(0.03)	1.05	(0.02)	0.01	(0.04)	0.14	(0.05)	−0.13	(0.04)	−1.30	(0.06)	−0.23	(0.04)	0.48	(0.04)	1.36	(0.04)
	葡萄牙	0.00	(0.03)	0.97	(0.01)	−0.06	(0.04)	0.07	(0.04)	−0.13	(0.04)	−1.22	(0.04)	−0.30	(0.04)	0.28	(0.04)	1.25	(0.04)
	斯洛伐克共和国	−0.13	(0.03)	0.93	(0.02)	−0.22	(0.03)	−0.03	(0.04)	−0.19	(0.04)	−1.29	(0.04)	−0.44	(0.04)	0.14	(0.04)	1.05	(0.04)
	斯洛文尼亚	0.06	(0.02)	1.04	(0.01)	−0.03	(0.03)	0.16	(0.03)	−0.19	(0.03)	−1.26	(0.03)	−0.30	(0.04)	0.43	(0.04)	1.39	(0.02)
	西班牙	−0.04	(0.02)	1.03	(0.01)	−0.12	(0.02)	0.03	(0.03)	−0.15	(0.02)	−1.35	(0.03)	−0.37	(0.02)	0.29	(0.04)	1.26	(0.02)
	瑞典	−0.20	(0.03)	0.89	(0.01)	−0.18	(0.03)	−0.23	(0.04)	0.05	(0.04)	−1.29	(0.04)	−0.49	(0.04)	0.02	(0.04)	0.96	(0.04)
	瑞士	0.07	(0.02)	0.98	(0.01)	0.06	(0.04)	0.09	(0.03)	−0.03	(0.03)	−1.17	(0.04)	−0.27	(0.04)	0.41	(0.04)	1.32	(0.03)
	土耳其	−0.09	(0.03)	0.91	(0.01)	−0.17	(0.03)	0.00	(0.03)	−0.17	(0.04)	−1.22	(0.04)	−0.35	(0.04)	0.13	(0.04)	1.08	(0.04)
	英国	0.15	(0.03)	1.07	(0.01)	0.14	(0.04)	0.16	(0.02)	−0.02	(0.04)	−1.24	(0.03)	−0.17	(0.04)	0.55	(0.04)	1.45	(0.03)
	美国	0.06	(0.03)	1.00	(0.02)	0.05	(0.04)	0.08	(0.04)	−0.02	(0.04)	−1.19	(0.04)	−0.25	(0.04)	0.36	(0.05)	1.35	(0.03)
	OECD 平均	0.00	(0.00)	0.98	(0.00)	−0.04	(0.01)	0.04	(0.01)	−0.08	(0.01)	−1.24	(0.01)	−0.32	(0.00)	0.31	(0.01)	1.25	(0.01)
伙伴国家（地区）	阿尔巴尼亚	0.39	(0.03)	0.96	(0.01)	0.38	(0.04)	0.40	(0.03)	−0.02	(0.04)	−0.86	(0.03)	0.09	(0.04)	0.76	(0.04)	1.58	(0.02)
	阿根廷	−0.51	(0.03)	0.88	(0.02)	−0.48	(0.03)	−0.53	(0.03)	0.05	(0.04)	−1.57	(0.03)	−0.80	(0.03)	−0.28	(0.04)	0.63	(0.05)
	巴西	−0.34	(0.02)	0.94	(0.01)	−0.38	(0.02)	−0.31	(0.02)	−0.07	(0.02)	−1.49	(0.02)	−0.66	(0.02)	−0.10	(0.02)	0.86	(0.03)
	保加利亚	−0.20	(0.03)	0.91	(0.01)	−0.28	(0.04)	−0.12	(0.03)	−0.16	(0.03)	−1.36	(0.03)	−0.45	(0.04)	0.11	(0.03)	0.90	(0.03)
	哥伦比亚	−0.05	(0.03)	0.85	(0.02)	−0.08	(0.04)	−0.06	(0.04)	−0.01	(0.04)	−1.12	(0.04)	−0.28	(0.02)	0.19	(0.04)	1.01	(0.05)
	哥斯达黎加	0.04	(0.03)	0.88	(0.02)	−0.01	(0.04)	0.08	(0.04)	−0.08	(0.04)	−1.04	(0.04)	−0.25	(0.02)	0.28	(0.04)	1.17	(0.05)
	克罗地亚	−0.12	(0.03)	1.02	(0.02)	−0.18	(0.04)	−0.06	(0.05)	−0.11	(0.04)	−1.43	(0.04)	−0.43	(0.04)	0.21	(0.04)	1.17	(0.04)
	塞浦路斯[1,2]	−0.19	(0.02)	0.92	(0.01)	−0.28	(0.04)	−0.09	(0.02)	−0.19	(0.02)	−1.32	(0.04)	−0.46	(0.04)	0.03	(0.03)	0.99	(0.04)
	中国香港	0.29	(0.02)	0.97	(0.01)	0.20	(0.03)	0.38	(0.03)	−0.18	(0.03)	−0.93	(0.04)	−0.02	(0.03)	0.55	(0.03)	1.55	(0.03)
	印度尼西亚	0.12	(0.03)	0.88	(0.02)	0.08	(0.03)	0.17	(0.03)	−0.10	(0.03)	−0.96	(0.03)	−0.17	(0.03)	0.36	(0.03)	1.27	(0.03)
	约旦	−0.23	(0.03)	1.07	(0.02)	−0.33	(0.05)	−0.14	(0.04)	−0.19	(0.03)	−1.51	(0.03)	−0.64	(0.03)	0.19	(0.03)	1.20	(0.04)
	哈萨克斯坦	0.72	(0.03)	0.99	(0.01)	0.65	(0.04)	0.78	(0.03)	−0.14	(0.03)	−0.64	(0.03)	0.45	(0.05)	1.20	(0.06)	1.85	(0.03)
	拉脱维亚	0.08	(0.04)	0.95	(0.02)	0.02	(0.04)	0.14	(0.04)	−0.12	(0.03)	−1.11	(0.05)	−0.24	(0.04)	0.38	(0.06)	1.30	(0.03)
	列支敦士登	0.25	(0.07)	1.01	(0.05)	0.25	(0.10)	0.23	(0.12)	0.02	(0.16)	−1.03	(0.12)	−0.07	(0.08)	0.59	(0.11)	1.53	(0.08)
	立陶宛	0.28	(0.03)	1.06	(0.02)	0.22	(0.03)	0.33	(0.04)	−0.11	(0.04)	−1.09	(0.03)	−0.09	(0.03)	0.66	(0.04)	1.63	(0.03)
	中国澳门	0.10	(0.01)	0.79	(0.01)	0.01	(0.02)	0.20	(0.02)	−0.19	(0.02)	−0.86	(0.02)	−0.14	(0.01)	0.29	(0.02)	1.11	(0.02)
	马来西亚	−0.21	(0.02)	0.83	(0.01)	−0.27	(0.04)	−0.15	(0.02)	−0.12	(0.04)	−1.21	(0.04)	−0.49	(0.02)	0.00	(0.04)	0.85	(0.03)
	黑山共和国	−0.02	(0.02)	1.01	(0.01)	−0.12	(0.03)	0.08	(0.03)	−0.19	(0.04)	−1.31	(0.04)	−0.34	(0.02)	0.35	(0.04)	1.23	(0.04)
	秘鲁	−0.04	(0.02)	0.78	(0.01)	−0.08	(0.03)	0.00	(0.03)	−0.08	(0.03)	−1.01	(0.04)	−0.26	(0.04)	0.20	(0.04)	0.93	(0.04)
	卡塔尔	−0.32	(0.01)	1.12	(0.01)	−0.37	(0.02)	−0.28	(0.02)	−0.09	(0.02)	−1.67	(0.02)	−0.77	(0.02)	−0.01	(0.02)	1.17	(0.02)
	罗马尼亚	0.01	(0.04)	1.00	(0.01)	−0.05	(0.05)	0.07	(0.04)	−0.12	(0.04)	−1.22	(0.04)	−0.36	(0.04)	0.30	(0.04)	1.34	(0.04)
	俄罗斯联邦	0.35	(0.03)	1.02	(0.02)	0.32	(0.04)	0.38	(0.04)	−0.06	(0.04)	−0.98	(0.04)	0.01	(0.04)	0.74	(0.04)	1.62	(0.03)
	塞尔维亚	−0.16	(0.03)	1.02	(0.02)	−0.24	(0.04)	−0.07	(0.04)	−0.17	(0.04)	−1.45	(0.04)	−0.46	(0.04)	0.16	(0.04)	1.13	(0.04)
	中国上海	0.57	(0.03)	0.95	(0.01)	0.47	(0.04)	0.67	(0.03)	−0.20	(0.03)	−0.64	(0.03)	0.25	(0.04)	0.94	(0.03)	1.75	(0.03)
	新加坡	0.21	(0.03)	1.00	(0.01)	0.06	(0.03)	0.36	(0.02)	−0.30	(0.03)	−1.09	(0.04)	−0.09	(0.03)	0.56	(0.02)	1.46	(0.02)
	中国台北	−0.01	(0.03)	0.98	(0.01)	−0.10	(0.03)	0.08	(0.03)	−0.18	(0.03)	−1.23	(0.04)	−0.19	(0.03)	0.28	(0.04)	1.28	(0.04)
	泰国	−0.02	(0.02)	0.77	(0.01)	−0.15	(0.03)	0.11	(0.03)	−0.26	(0.03)	−0.88	(0.04)	−0.14	(0.01)	0.26	(0.02)	1.02	(0.04)
	突尼斯	−0.43	(0.02)	0.87	(0.01)	−0.45	(0.03)	−0.42	(0.03)	−0.03	(0.03)	−1.47	(0.04)	−0.74	(0.04)	−0.23	(0.04)	0.71	(0.04)
	阿拉伯联合酋长国	0.02	(0.02)	1.04	(0.01)	−0.10	(0.03)	0.13	(0.03)	−0.23	(0.05)	−1.29	(0.04)	−0.36	(0.04)	0.37	(0.04)	1.37	(0.02)
	乌拉圭	−0.16	(0.03)	0.98	(0.02)	−0.20	(0.04)	−0.13	(0.04)	−0.07	(0.04)	−1.40	(0.03)	−0.48	(0.04)	0.15	(0.04)	1.07	(0.03)
	越南	0.36	(0.02)	0.70	(0.01)	0.37	(0.02)	0.36	(0.02)	0.01	(0.02)	−0.49	(0.03)	0.11	(0.02)	0.58	(0.02)	1.25	(0.02)

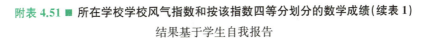
附表 4.51 ■ 所在学校学校风气指数和按该指数四等分划分的数学成绩(续表1)

结果基于学生自我报告

| | | 数学成绩比例,按该国在该指数上的四分位区分 | | | | | | | 该指数每单位变化对应的数学成绩变化 | | 该指数位于最低1/4的学生,数学成绩也位于最低1/4的可能性增加比率 | | 解释的学生成绩变异($r^2 \times 100$) | |
| | | 最低 1/4 | | 最低 1/4 | | 第三个 1/4 | | 最高 1/4 | | | | | | | |
		平均成绩	标准误	平均成绩	标准误	平均成绩	标准误	平均成绩	标准误	分数差异值	标准误	比率	标准误	%	标准误
OECD	澳大利亚	465	(2.6)	491	(2.7)	515	(2.9)	546	(3.1)	29.7	(1.4)	1.89	(0.1)	10.4	(0.9)
	奥地利	487	(5.4)	502	(4.2)	513	(4.8)	531	(4.9)	14.6	(2.3)	1.53	(0.1)	3.0	(0.9)
	比利时	492	(4.1)	516	(4.1)	528	(3.8)	550	(3.5)	58.0	(5.3)	20.57	(1.7)	1.6	(0.1)
	加拿大	496	(2.9)	514	(3.5)	528	(3.1)	545	(2.9)	18.0	(1.2)	1.59	(0.1)	4.0	(0.5)
	智利	412	(5.0)	424	(4.1)	423	(4.0)	432	(4.1)	8.2	(2.1)	1.30	(0.1)	0.8	(0.5)
	捷克共和国	474	(5.5)	494	(4.8)	516	(5.2)	534	(5.4)	20.3	(2.3)	1.81	(0.2)	6.0	(1.3)
	丹麦	489	(3.7)	500	(4.1)	507	(4.2)	524	(3.4)	13.8	(2.0)	1.40	(0.1)	2.2	(0.6)
	爱沙尼亚	498	(3.6)	515	(4.5)	529	(3.8)	540	(3.7)	16.8	(1.9)	1.55	(0.1)	4.0	(0.9)
	芬兰	509	(3.7)	523	(4.0)	523	(3.4)	534	(3.6)	8.6	(2.0)	1.32	(0.1)	0.8	(0.4)
	法国	482	(4.2)	482	(4.9)	503	(4.3)	526	(4.3)	16.4	(1.8)	1.25	(0.1)	3.2	(0.7)
	德国	499	(5.4)	515	(4.3)	530	(5.8)	548	(4.3)	17.5	(2.1)	1.65	(0.2)	3.8	(0.9)
	希腊	430	(4.1)	446	(4.5)	459	(3.8)	486	(3.9)	21.6	(2.0)	1.75	(0.1)	5.0	(0.9)
	匈牙利	451	(4.6)	461	(4.8)	484	(5.6)	517	(6.7)	25.2	(2.7)	1.60	(0.1)	8.0	(1.5)
	冰岛	481	(4.8)	496	(5.0)	501	(4.8)	507	(4.3)	12.4	(2.6)	1.32	(0.1)	1.5	(0.6)
	爱尔兰	472	(4.6)	493	(4.7)	514	(4.0)	526	(4.2)	19.6	(1.8)	1.82	(0.2)	6.5	(1.1)
	以色列	426	(6.5)	470	(5.8)	497	(6.1)	502	(6.1)	26.2	(2.2)	2.07	(0.1)	7.4	(1.1)
	意大利	464	(2.6)	477	(2.6)	497	(3.0)	511	(3.1)	17.9	(1.3)	1.50	(0.1)	3.7	(0.5)
	日本	504	(5.6)	539	(5.1)	548	(4.5)	557	(5.1)	22.7	(2.6)	1.84	(0.1)	4.9	(1.0)
	韩国	531	(6.1)	541	(5.0)	563	(6.2)	581	(7.3)	22.2	(2.2)	1.50	(0.1)	3.9	(1.1)
	卢森堡	469	(3.6)	480	(4.0)	499	(3.3)	513	(3.1)	15.2	(1.4)	1.41	(0.1)	3.1	(0.6)
	墨西哥	401	(2.1)	411	(1.6)	417	(1.8)	428	(2.0)	11.3	(1.0)	1.41	(0.1)	1.9	(0.3)
	荷兰	507	(5.5)	529	(5.6)	534	(5.5)	548	(5.6)	15.5	(2.9)	1.44	(0.1)	2.7	(0.9)
	新西兰	463	(4.7)	486	(4.3)	507	(4.9)	543	(4.8)	29.8	(2.3)	1.80	(0.2)	9.2	(1.4)
	挪威	470	(4.7)	490	(4.3)	497	(4.3)	507	(4.8)	15.5	(2.3)	1.44	(0.1)	2.2	(0.6)
	波兰	502	(5.2)	513	(4.3)	525	(5.3)	534	(6.7)	11.8	(2.3)	1.35	(0.1)	1.9	(0.7)
	葡萄牙	475	(5.6)	483	(5.9)	488	(5.4)	513	(4.5)	14.5	(2.3)	1.34	(0.1)	2.3	(0.7)
	斯洛伐克共和国	453	(6.0)	479	(5.7)	495	(5.2)	510	(4.8)	22.7	(2.8)	1.82	(0.1)	4.5	(1.1)
	斯洛文尼亚	474	(3.3)	487	(3.7)	519	(5.3)	536	(4.8)	23.5	(2.5)	1.61	(0.2)	7.3	(1.1)
	西班牙	467	(3.6)	480	(3.4)	492	(2.6)	505	(3.2)	13.6	(1.6)	1.51	(0.1)	2.6	(0.6)
	瑞典	464	(4.0)	483	(4.5)	484	(4.3)	497	(4.1)	11.5	(2.3)	1.37	(0.1)	1.3	(0.5)
	瑞士	512	(4.4)	528	(4.0)	539	(4.5)	546	(5.0)	12.6	(2.2)	1.40	(0.1)	1.8	(0.6)
	土耳其	425	(4.9)	435	(5.2)	458	(7.3)	479	(7.7)	21.8	(2.8)	1.45	(0.1)	4.9	(1.1)
	英国	466	(4.2)	485	(4.6)	513	(4.7)	526	(5.1)	23.0	(1.9)	1.80	(0.1)	6.9	(1.1)
	美国	447	(4.9)	477	(4.8)	499	(5.5)	515	(4.7)	25.3	(1.9)	1.91	(0.1)	8.1	(1.1)
	OECD平均	472	(0.8)	490	(0.8)	504	(0.8)	521	(0.8)	19.3	(0.4)	2.13	(0.1)	4.2	(0.2)
伙伴国家(地区)	阿尔巴尼亚	389	(4.6)	399	(4.6)	395	(5.3)	392	(4.9)	0.8	(2.6)	1.09	(0.1)	0.0	(0.1)
	阿根廷	380	(4.9)	386	(4.9)	393	(4.3)	403	(4.2)	9.2	(3.1)	1.35	(0.1)	1.2	(0.6)
	巴西	376	(2.9)	391	(3.0)	397	(2.9)	407	(3.0)	11.6	(1.4)	1.43	(0.1)	2.0	(0.5)
	保加利亚	407	(5.6)	438	(5.1)	452	(5.5)	469	(6.0)	25.8	(3.1)	1.92	(0.2)	6.4	(1.4)
	哥伦比亚	368	(4.2)	378	(4.3)	381	(4.1)	394	(3.9)	11.6	(1.9)	1.44	(0.1)	1.8	(0.6)
	哥斯达黎加	400	(3.4)	406	(3.7)	404	(5.9)	416	(5.2)	7.1	(2.6)	1.09	(0.1)	0.8	(0.4)
	克罗地亚	438	(3.9)	460	(4.6)	480	(5.3)	513	(7.4)	26.7	(2.8)	1.83	(0.1)	9.6	(1.7)
	塞浦路斯[1,2]	423	(3.4)	438	(3.4)	450	(3.3)	465	(3.4)	15.3	(1.9)	1.58	(0.1)	2.4	(0.6)
	中国香港	542	(5.7)	559	(4.4)	575	(4.4)	578	(4.5)	14.1	(2.5)	1.49	(0.1)	2.1	(0.7)
	印度尼西亚	360	(5.9)	386	(4.9)	387	(5.4)	369	(4.1)	3.8	(2.1)	1.54	(0.1)	0.2	(0.2)
	约旦	367	(4.3)	378	(3.9)	400	(4.1)	407	(5.9)	14.4	(2.1)	1.55	(0.1)	4.1	(1.1)
	哈萨克斯坦	411	(3.8)	429	(4.9)	442	(4.8)	446	(4.5)	14.7	(1.7)	1.65	(0.1)	4.3	(0.9)
	拉脱维亚	478	(4.6)	485	(4.8)	494	(5.5)	503	(5.3)	10.6	(2.2)	1.41	(0.1)	1.5	(0.6)
	列支敦士登	520	(14.1)	536	(18.5)	536	(15.0)	554	(15.4)	14.4	(6.7)	1.14	(0.4)	2.4	(2.2)
	立陶宛	445	(3.8)	471	(5.1)	491	(4.0)	506	(4.5)	21.1	(2.0)	1.99	(0.1)	6.3	(1.1)
	中国澳门	524	(3.3)	533	(3.5)	544	(3.2)	559	(3.1)	16.2	(2.0)	1.38	(0.1)	1.9	(0.5)
	马来西亚	388	(4.7)	415	(4.5)	432	(4.1)	452	(4.6)	29.4	(2.1)	2.06	(0.2)	9.3	(1.4)
	黑山共和国	390	(3.5)	406	(3.2)	420	(3.7)	428	(4.7)	13.3	(1.7)	1.54	(0.1)	2.7	(0.7)
	秘鲁	359	(5.2)	369	(5.5)	376	(4.7)	382	(4.7)	11.1	(2.7)	1.50	(0.1)	1.1	(0.5)
	卡塔尔	353	(2.9)	353	(2.8)	399	(2.8)	422	(2.8)	23.1	(1.2)	1.56	(0.1)	6.8	(0.5)
	罗马尼亚	424	(5.1)	431	(4.8)	452	(4.9)	474	(5.8)	20.5	(2.2)	1.56	(0.1)	6.5	(1.3)
	俄罗斯联邦	462	(3.6)	478	(5.0)	491	(4.4)	500	(4.7)	14.6	(1.7)	1.52	(0.1)	3.1	(0.7)
	塞尔维亚	422	(5.6)	444	(4.4)	457	(4.6)	475	(4.7)	19.7	(2.3)	1.65	(0.1)	4.8	(1.1)
	中国上海	572	(5.4)	598	(5.3)	631	(4.5)	649	(4.4)	33.4	(2.5)	1.96	(0.1)	9.9	(1.2)
	新加坡	527	(3.6)	564	(3.7)	598	(3.6)	614	(3.3)	33.7	(1.9)	2.38	(0.1)	10.7	(1.1)
	中国台北	527	(4.9)	551	(5.5)	564	(5.4)	598	(5.9)	26.7	(2.6)	1.61	(0.1)	5.3	(1.0)
	泰国	404	(4.4)	425	(4.7)	441	(4.3)	440	(4.7)	17.6	(2.2)	1.60	(0.1)	2.8	(0.7)
	突尼斯	382	(4.4)	383	(5.0)	391	(5.3)	400	(5.1)	6.4	(1.9)	1.13	(0.1)	0.5	(0.3)
	阿拉伯联合酋长国	402	(3.2)	432	(3.6)	451	(4.3)	458	(4.6)	19.7	(1.8)	1.85	(0.1)	5.5	(0.9)
	乌拉圭	386	(3.8)	405	(4.7)	422	(5.1)	435	(4.2)	19.0	(2.2)	1.64	(0.1)	4.5	(1.0)
	越南	499	(6.4)	513	(5.6)	519	(5.9)	516	(7.2)	8.4	(3.3)	1.25	(0.1)	0.5	(0.4)

注:粗体表示差异值达到统计上的显著。
1. 土耳其注:本书中"塞浦路斯"相关的信息是指塞浦路斯岛南部。没有任何一个权力组织能够代表岛上的土耳其和希腊塞浦路斯人。土耳其承认北塞浦路斯土耳其共和国。除非在联合国找到一种长期的平衡的解决方案,否则土耳其将保持其对"塞浦路斯"问题的立场。
2. OECD和欧盟成员注:塞浦路斯共和国得到了除土耳其外所有联合国成员的承认。本书中的信息是指在塞浦路斯共和国政府有效控制区域内的。

附表 4.52 ■ 在校师生关系指数和按该指数四等分划分的数学成绩

结果基于学生自我报告

	全体学生 指数平均值(标准误)	在该指数上的变异 标准差(标准误)	男生 指数平均值(标准误)	女生 指数平均值(标准误)	性别差异(男生-女生) 差异值(标准误)	最低1/4 指数平均值(标准误)	最低1/4 指数平均值(标准误)	第三个1/4 指数平均值(标准误)	最高1/4 指数平均值(标准误)
OECD									
澳大利亚	0.15 (0.01)	0.95 (0.01)	0.14 (0.02)	0.16 (0.02)	−0.02 (0.03)	−0.96 (0.01)	−0.12 (0.01)	0.23 (0.02)	1.45 (0.02)
奥地利	−0.14 (0.03)	1.05 (0.02)	−0.09 (0.03)	−0.19 (0.04)	**0.10** (0.05)	−1.40 (0.03)	−0.59 (0.04)	0.17 (0.02)	1.27 (0.03)
比利时	−0.11 (0.01)	0.91 (0.01)	−0.11 (0.02)	−0.10 (0.02)	−0.01 (0.03)	−1.16 (0.02)	−0.37 (0.02)	0.01 (0.01)	1.09 (0.02)
加拿大	0.28 (0.01)	1.00 (0.01)	0.29 (0.02)	0.27 (0.02)	0.02 (0.02)	−0.90 (0.02)	−0.06 (0.01)	0.45 (0.01)	1.64 (0.02)
智利	0.19 (0.02)	1.06 (0.01)	0.23 (0.03)	0.16 (0.03)	0.08 (0.04)	−1.10 (0.03)	−0.21 (0.02)	0.48 (0.03)	1.60 (0.03)
捷克共和国	−0.16 (0.03)	0.92 (0.01)	−0.17 (0.04)	−0.15 (0.03)	−0.02 (0.04)	−1.23 (0.03)	−0.46 (0.04)	0.01 (0.03)	1.05 (0.04)
丹麦	0.15 (0.03)	0.92 (0.01)	0.14 (0.02)	0.15 (0.03)	−0.01 (0.03)	−0.95 (0.02)	−0.12 (0.02)	0.27 (0.04)	1.40 (0.03)
爱沙尼亚	−0.08 (0.02)	0.89 (0.02)	−0.05 (0.03)	−0.11 (0.03)	0.06 (0.03)	−1.13 (0.02)	−0.33 (0.03)	0.05 (0.02)	1.10 (0.03)
芬兰	−0.09 (0.02)	0.90 (0.01)	−0.11 (0.03)	−0.08 (0.03)	−0.03 (0.03)	−1.17 (0.02)	−0.31 (0.02)	0.01 (0.03)	1.10 (0.03)
法国	−0.17 (0.02)	0.96 (0.02)	−0.20 (0.03)	−0.15 (0.03)	−0.05 (0.03)	−1.29 (0.03)	−0.55 (0.02)	0.03 (0.02)	1.11 (0.03)
德国	−0.22 (0.03)	1.02 (0.02)	−0.19 (0.03)	−0.24 (0.03)	0.05 (0.03)	−1.44 (0.03)	−0.62 (0.02)	0.06 (0.04)	1.13 (0.03)
希腊	−0.13 (0.02)	1.00 (0.01)	−0.12 (0.03)	−0.15 (0.03)	0.02 (0.03)	−1.30 (0.03)	−0.54 (0.04)	0.09 (0.02)	1.22 (0.05)
匈牙利	−0.02 (0.02)	0.99 (0.02)	0.02 (0.03)	−0.05 (0.03)	0.07 (0.04)	−1.19 (0.03)	−0.33 (0.03)	0.15 (0.02)	1.32 (0.04)
冰岛	0.21 (0.02)	1.06 (0.02)	0.18 (0.03)	0.24 (0.03)	−0.06 (0.04)	−1.03 (0.02)	−0.11 (0.02)	0.28 (0.03)	1.71 (0.04)
爱尔兰	0.03 (0.02)	0.95 (0.01)	−0.03 (0.03)	0.09 (0.03)	**−0.11** (0.04)	−1.08 (0.03)	−0.26 (0.02)	0.13 (0.02)	1.33 (0.04)
以色列	0.08 (0.03)	1.13 (0.02)	0.09 (0.04)	0.07 (0.03)	0.02 (0.03)	−1.28 (0.04)	−0.33 (0.04)	0.34 (0.04)	1.60 (0.05)
意大利	−0.16 (0.01)	1.00 (0.01)	−0.17 (0.02)	−0.15 (0.02)	−0.01 (0.02)	−1.34 (0.02)	−0.55 (0.02)	0.09 (0.01)	1.16 (0.02)
日本	−0.17 (0.02)	1.02 (0.02)	−0.15 (0.03)	−0.19 (0.03)	0.03 (0.04)	−1.38 (0.04)	−0.51 (0.04)	0.01 (0.02)	1.19 (0.04)
韩国	−0.12 (0.03)	0.89 (0.02)	−0.10 (0.03)	−0.13 (0.03)	0.03 (0.04)	−1.16 (0.02)	−0.35 (0.04)	−0.02 (0.03)	1.06 (0.06)
卢森堡	−0.05 (0.02)	1.10 (0.01)	−0.06 (0.03)	−0.05 (0.02)	−0.01 (0.03)	−1.38 (0.02)	−0.44 (0.01)	0.21 (0.02)	1.41 (0.02)
墨西哥	0.47 (0.01)	1.03 (0.01)	0.48 (0.02)	0.47 (0.01)	0.00 (0.02)	−0.79 (0.02)	0.04 (0.01)	0.79 (0.01)	1.85 (0.02)
荷兰	−0.15 (0.02)	0.78 (0.02)	−0.16 (0.03)	−0.15 (0.03)	−0.01 (0.03)	−1.08 (0.04)	−0.32 (0.04)	−0.02 (0.04)	0.81 (0.04)
新西兰	0.11 (0.02)	0.93 (0.01)	0.11 (0.03)	0.10 (0.03)	0.01 (0.03)	−0.97 (0.04)	−0.16 (0.02)	0.16 (0.03)	1.40 (0.04)
挪威	−0.14 (0.02)	1.01 (0.02)	−0.11 (0.03)	−0.17 (0.04)	0.06 (0.04)	−1.33 (0.03)	−0.44 (0.04)	0.03 (0.03)	1.20 (0.04)
波兰	−0.42 (0.02)	0.97 (0.02)	−0.41 (0.03)	−0.43 (0.03)	0.02 (0.03)	−1.53 (0.02)	−0.79 (0.02)	−0.19 (0.04)	0.82 (0.04)
葡萄牙	0.32 (0.02)	0.96 (0.01)	0.33 (0.03)	0.31 (0.03)	0.02 (0.03)	−0.80 (0.04)	−0.02 (0.00)	0.44 (0.04)	1.67 (0.05)
斯洛伐克共和国	−0.18 (0.02)	0.91 (0.02)	−0.17 (0.03)	−0.19 (0.03)	0.01 (0.03)	−1.23 (0.04)	−0.48 (0.04)	−0.02 (0.04)	1.01 (0.05)
斯洛文尼亚	−0.24 (0.02)	0.93 (0.02)	−0.20 (0.03)	−0.29 (0.03)	**0.09** (0.03)	−1.30 (0.04)	−0.61 (0.01)	0.03 (0.04)	1.01 (0.04)
西班牙	0.00 (0.02)	1.01 (0.01)	−0.03 (0.02)	0.03 (0.02)	−0.06 (0.03)	−1.20 (0.02)	−0.37 (0.02)	0.19 (0.02)	1.37 (0.02)
瑞典	0.08 (0.02)	1.03 (0.02)	0.12 (0.03)	0.05 (0.03)	**0.07** (0.04)	−1.12 (0.04)	−0.23 (0.04)	0.18 (0.03)	1.51 (0.04)
瑞士	0.11 (0.02)	1.02 (0.02)	0.08 (0.03)	0.15 (0.03)	−0.07 (0.03)	−1.15 (0.03)	−0.22 (0.04)	0.39 (0.03)	1.44 (0.03)
土耳其	0.19 (0.02)	1.08 (0.02)	0.14 (0.03)	0.24 (0.03)	**−0.11** (0.03)	−1.12 (0.03)	−0.24 (0.04)	0.50 (0.04)	1.62 (0.03)
英国	0.15 (0.02)	0.97 (0.01)	0.16 (0.03)	0.14 (0.02)	0.03 (0.03)	−0.99 (0.04)	−0.15 (0.02)	0.27 (0.02)	1.47 (0.05)
美国	0.21 (0.03)	0.98 (0.02)	0.20 (0.03)	0.21 (0.04)	−0.01 (0.03)	−0.94 (0.03)	−0.12 (0.02)	0.34 (0.04)	1.55 (0.04)
OECD平均	0.00 (0.00)	0.98 (0.00)	0.00 (0.00)	0.00 (0.00)	0.01 (0.01)	−1.16 (0.00)	−0.33 (0.00)	0.18 (0.00)	1.31 (0.01)
伙伴国家（地区）									
阿尔巴尼亚	0.71 (0.02)	0.96 (0.01)	0.69 (0.03)	0.73 (0.03)	−0.04 (0.04)	−0.51 (0.03)	0.35 (0.03)	1.05 (0.03)	1.95 (0.03)
阿根廷	0.18 (0.03)	1.06 (0.02)	0.22 (0.03)	0.14 (0.03)	0.08 (0.03)	−1.10 (0.03)	−0.21 (0.03)	0.42 (0.03)	1.60 (0.03)
巴西	0.25 (0.01)	1.05 (0.01)	0.29 (0.02)	0.21 (0.02)	**0.08** (0.03)	−1.00 (0.02)	−0.17 (0.01)	0.47 (0.04)	1.69 (0.03)
保加利亚	0.24 (0.03)	1.09 (0.02)	0.26 (0.03)	0.22 (0.04)	0.03 (0.05)	−1.07 (0.03)	−0.17 (0.02)	0.47 (0.04)	1.74 (0.03)
哥伦比亚	0.45 (0.02)	1.03 (0.01)	0.44 (0.03)	0.46 (0.03)	−0.03 (0.03)	−0.82 (0.04)	0.03 (0.02)	0.78 (0.03)	1.82 (0.03)
哥斯达黎加	0.47 (0.02)	1.06 (0.02)	0.54 (0.03)	0.41 (0.03)	**0.13** (0.04)	−0.86 (0.02)	0.03 (0.04)	0.83 (0.03)	1.88 (0.03)
克罗地亚	−0.15 (0.02)		−0.08 (0.03)	−0.21 (0.03)	**0.13** (0.04)	−1.31 (0.04)	−0.50 (0.02)	0.03 (0.03)	1.20 (0.04)
塞浦路斯[1,2]	−0.22 (0.02)	1.03 (0.02)	−0.24 (0.03)	−0.20 (0.03)	−0.03 (0.04)	−1.43 (0.03)	−0.59 (0.04)	−0.01 (0.01)	1.16 (0.03)
中国香港	0.03 (0.02)	0.94 (0.01)	0.05 (0.03)			−1.06 (0.04)	−0.21 (0.02)	0.11 (0.02)	1.29 (0.04)
印度尼西亚	0.42 (0.02)	0.87 (0.02)	0.44 (0.02)	0.40 (0.03)	0.04 (0.03)	−0.58 (0.03)	0.00 (0.02)	0.67 (0.02)	1.61 (0.03)
约旦	0.39 (0.02)	1.13 (0.02)	0.47 (0.03)	0.31 (0.03)	**0.17** (0.04)	−1.08 (0.03)	0.01 (0.03)	0.82 (0.03)	1.81 (0.02)
哈萨克斯坦	0.75 (0.03)	0.96 (0.02)	0.75 (0.03)	0.74 (0.03)	0.01 (0.04)	−0.41 (0.03)	0.30 (0.04)	1.09 (0.03)	2.01 (0.02)
拉脱维亚	0.16 (0.02)	0.89 (0.02)	0.15 (0.03)	0.16 (0.03)	−0.01 (0.04)	−0.87 (0.02)	−0.15 (0.02)	0.29 (0.04)	1.36 (0.04)
列支敦士登	0.05 (0.07)	1.09 (0.06)	0.02 (0.10)	0.09 (0.11)	−0.06 (0.16)	−1.24 (0.11)	−0.37 (0.08)	0.36 (0.10)	1.49 (0.11)
立陶宛	0.43 (0.02)	1.05 (0.02)	0.37 (0.03)	0.49 (0.03)	**−0.12** (0.04)	−0.92 (0.02)	0.05 (0.03)	0.81 (0.03)	1.79 (0.03)
中国澳门	−0.04 (0.02)	0.95 (0.01)	−0.01 (0.02)	−0.08 (0.02)	**0.07** (0.03)	−1.15 (0.02)	−0.31 (0.02)	0.06 (0.03)	1.22 (0.03)
马来西亚	0.23 (0.02)	0.91 (0.02)	0.19 (0.03)	0.26 (0.03)	**−0.07** (0.03)	−0.88 (0.02)	−0.14 (0.02)	0.51 (0.03)	1.42 (0.03)
黑山共和国	0.12 (0.02)	1.11 (0.02)	0.18 (0.04)	0.07 (0.03)	**0.10** (0.04)	−1.22 (0.03)	−0.23 (0.02)	0.32 (0.03)	1.63 (0.04)
秘鲁	0.38 (0.02)	0.98 (0.02)	0.44 (0.03)	0.33 (0.03)	**0.11** (0.04)	−0.82 (0.04)	−0.02 (0.03)	0.66 (0.03)	1.71 (0.03)
卡塔尔	0.08 (0.01)	1.13 (0.01)	0.15 (0.02)	0.02 (0.02)	**0.13** (0.03)	−1.28 (0.04)	−0.33 (0.02)	0.36 (0.02)	1.58 (0.02)
罗马尼亚	0.37 (0.02)	1.03 (0.02)	0.39 (0.02)	0.36 (0.03)	0.02 (0.03)	−0.89 (0.04)	−0.04 (0.02)	0.67 (0.04)	1.76 (0.03)
俄罗斯联邦	0.14 (0.03)	1.01 (0.02)	0.17 (0.04)	0.12 (0.04)	0.06 (0.05)	−1.03 (0.04)	−0.25 (0.02)	0.32 (0.04)	1.53 (0.05)
塞尔维亚	0.08 (0.02)	1.02 (0.02)	0.17 (0.04)	0.00 (0.04)	**0.17** (0.04)	−1.12 (0.04)	−0.26 (0.02)	0.24 (0.04)	1.48 (0.04)
中国上海	0.46 (0.01)	1.04 (0.01)	0.46 (0.03)	0.46 (0.03)	0.00 (0.04)	−0.73 (0.03)	−0.02 (0.05)	0.67 (0.05)	1.92 (0.04)
新加坡	0.36 (0.02)	0.96 (0.01)	0.42 (0.02)	0.30 (0.03)	**0.12** (0.03)	−0.74 (0.04)	−0.02 (0.03)	0.50 (0.03)	1.72 (0.02)
中国台北	0.03 (0.02)	1.06 (0.02)				−1.19 (0.02)	−0.35 (0.03)	0.13 (0.03)	1.51 (0.03)
泰国	0.30 (0.02)	0.92 (0.02)	0.35 (0.02)	0.26 (0.02)	**0.08** (0.03)	−0.76 (0.02)	−0.02 (0.03)	0.41 (0.02)	1.57 (0.03)
突尼斯	−0.02 (0.03)	1.11 (0.02)	−0.05 (0.04)	0.00 (0.04)	−0.05 (0.05)	−1.37 (0.03)	−0.49 (0.03)	0.32 (0.04)	1.45 (0.03)
阿拉伯联合酋长国	0.35 (0.02)	1.08 (0.01)	0.39 (0.03)	0.32 (0.03)	0.06 (0.04)	−0.99 (0.04)	−0.08 (0.03)	0.71 (0.02)	1.78 (0.02)
乌拉圭	0.19 (0.02)	1.02 (0.01)	0.23 (0.03)	0.15 (0.03)	**0.08** (0.03)	−1.03 (0.04)	−0.19 (0.02)	0.41 (0.04)	1.57 (0.04)
越南	0.02 (0.02)	0.89 (0.01)	0.13 (0.03)	−0.08 (0.03)	**0.21** (0.03)	−1.04 (0.02)	−0.30 (0.02)	0.19 (0.02)	1.22 (0.03)

质量与公平：上海 2012 年国际学生评估项目（PISA）研究报告

附表 4.52 ■ 在校师生关系指数和按该指数四等分划分的数学成绩（续表 1）

结果基于学生自我报告

| | | 数学成绩比例，按该国在该指数上的四分位区分 | | | | | | | | 该指数每单位变化对应的数学成绩变化 | | 该指数位于最低 1/4 的学生，数学成绩也位于最低 1/4 的可能性增加比率 | | 解释的学生成绩变异 ($r^2 \times 100$) | |
| | | 最低 1/4 | | 最低 1/4 | | 第三个 1/4 | | 最高 1/4 | | | | | | | |
		平均成绩	标准误	平均成绩	标准误	平均成绩	标准误	平均成绩	标准误	分数差异值	标准误	比率	标准误	%	标准误
OECD	澳大利亚	**471**	(2.6)	506	(2.8)	513	(3.3)	**527**	(3.0)	**21.8**	(1.3)	**1.74**	(0.1)	4.8	(0.5)
	奥地利	503	(4.3)	514	(4.1)	513	(4.6)	503	(4.2)	−0.9	(1.5)	1.06	(0.1)	0.0	(0.0)
	比利时	506	(3.7)	530	(3.2)	539	(3.9)	510	(3.7)	3.6	(4.7)	**2.15**	(2.0)	1.2	(0.1)
	加拿大	**503**	(3.4)	521	(2.8)	528	(2.9)	**530**	(2.9)	10.8	(1.2)	**1.43**	(0.1)	1.5	(0.4)
	智利	422	(4.0)	427	(4.3)	426	(4.6)	417	(4.5)	−1.2	(1.5)	0.98	(0.1)	0.0	(0.1)
	捷克共和国	496	(4.8)	503	(5.1)	521	(4.2)	498	(4.4)	1.4	(1.7)	1.21	(0.1)	0.0	(0.1)
	丹麦	**480**	(3.5)	505	(3.9)	516	(3.8)	520	(4.1)	16.3	(2.0)	**1.60**	(0.1)	3.4	(0.8)
	爱沙尼亚	511	(3.2)	524	(3.4)	527	(4.2)	519	(4.7)	3.5	(2.3)	1.15	(0.1)	0.2	(0.2)
	芬兰	**505**	(2.8)	526	(3.6)	531	(4.3)	529	(3.3)	9.2	(2.1)	**1.44**	(0.1)	1.0	(0.3)
	法国	491	(4.4)	503	(4.1)	508	(5.2)	489	(4.7)	−1.2	(2.1)	1.06	(0.1)	0.1	(0.1)
	德国	514	(3.9)	529	(4.8)	532	(5.1)	515	(5.1)	−0.1	(2.1)	1.12	(0.1)	0.1	(0.1)
	希腊	457	(4.3)	461	(4.5)	458	(4.2)	445	(4.1)	−4.9	(1.7)	0.88	(0.1)	0.3	(0.2)
	匈牙利	473	(6.1)	481	(5.2)	486	(4.9)	472	(4.9)	−2.2	(2.7)	1.03	(0.1)	0.1	(0.2)
	冰岛	474	(4.7)	496	(4.9)	504	(5.2)	512	(4.9)	13.5	(2.0)	**1.52**	(0.1)	2.4	(0.8)
	爱尔兰	**488**	(3.9)	505	(4.3)	507	(4.0)	**504**	(4.1)	6.2	(1.9)	**1.32**	(0.1)	0.5	(0.3)
	以色列	473	(5.7)	481	(6.9)	478	(6.6)	463	(7.6)	−4.1	(2.3)	0.94	(0.1)	0.2	(0.3)
	意大利	**494**	(2.8)	497	(3.1)	488	(3.0)	469	(2.9)	**−9.1**	(1.3)	**0.84**	(0.0)	1.0	(0.3)
	日本	**520**	(5.2)	543	(4.6)	544	(5.1)	542	(4.3)	8.4	(2.0)	**1.39**	(0.1)	0.9	(0.4)
	韩国	**538**	(5.7)	552	(5.0)	546	(6.1)	**580**	(7.7)	16.4	(3.0)	**1.28**	(0.1)	2.2	(0.8)
	卢森堡	484	(3.2)	494	(4.2)	500	(3.8)	482	(4.1)	0.4	(1.5)	1.12	(0.1)	0.0	(0.1)
	墨西哥	**422**	(1.9)	417	(1.9)	411	(2.0)	**407**	(2.1)	**−5.6**	(0.8)	**0.83**	(0.0)	0.6	(0.2)
	荷兰	**512**	(4.3)	530	(5.3)	544	(5.2)	526	(6.6)	5.7	(2.9)	**1.31**	(0.1)	0.3	(0.3)
	新西兰	**475**	(4.1)	501	(5.0)	511	(5.4)	511	(4.7)	13.9	(2.4)	**1.43**	(0.1)	1.7	(0.6)
	挪威	465	(5.5)	496	(4.3)	504	(5.2)	498	(5.1)	13.2	(2.4)	**1.56**	(0.1)	2.1	(0.8)
	波兰	517	(5.6)	524	(4.7)	526	(6.0)	508	(5.6)	−4.4	(2.0)	1.00	(0.1)	0.2	(0.2)
	葡萄牙	**480**	(5.2)	487	(4.7)	497	(5.5)	494	(5.8)	6.2	(2.5)	1.17	(0.1)	0.4	(0.3)
	斯洛伐克共和国	**487**	(6.4)	492	(5.0)	498	(4.8)	459	(6.4)	**−11.7**	(3.4)	0.93	(0.1)	1.1	(0.6)
	斯洛文尼亚	498	(4.1)	509	(4.8)	511	(4.4)	498	(4.2)	−0.3	(2.1)	1.10	(0.1)	0.0	(0.1)
	西班牙	**477**	(3.0)	492	(3.2)	492	(3.0)	483	(3.0)	1.5	(1.3)	**1.23**	(0.1)	0.0	(0.1)
	瑞典	465	(3.8)	484	(4.1)	489	(5.0)	492	(4.4)	9.9	(2.1)	**1.30**	(0.1)	1.3	(0.5)
	瑞士	521	(4.3)	541	(4.3)	538	(5.0)	527	(4.7)	1.7	(1.6)	1.12	(0.1)	0.0	(0.1)
	土耳其	449	(6.2)	456	(6.5)	449	(5.7)	443	(5.7)	−3.3	(2.1)	1.09	(0.1)	0.2	(0.2)
	英国	**472**	(4.6)	504	(4.6)	506	(4.6)	509	(5.2)	13.3	(1.9)	**1.51**	(0.1)	1.9	(0.5)
	美国	**466**	(4.1)	479	(4.9)	492	(6.4)	499	(5.1)	13.9	(1.9)	**1.41**	(0.1)	2.3	(0.6)
	OECD平均	**485**	(0.8)	500	(0.8)	504	(0.8)	496	(0.8)	4.2	(0.4)	**1.24**	(0.1)	0.9	(0.1)
伙伴国家（地区）	阿尔巴尼亚	395	(4.6)	392	(5.0)	397	(4.9)	391	(4.5)	−1.0	(1.4)	0.97	(0.1)	0.0	(0.1)
	阿根廷	401	(4.6)	395	(4.6)	390	(4.5)	374	(5.2)	−9.6	(1.7)	0.78	(0.1)	1.8	(0.6)
	巴西	397	(3.0)	399	(3.1)	393	(3.2)	383	(3.1)	−4.6	(1.2)	0.84	(0.1)	0.4	(0.2)
	保加利亚	456	(4.5)	440	(5.4)	445	(5.1)	424	(5.9)	−10.3	(2.0)	0.68	(0.1)	1.5	(0.6)
	哥伦比亚	390	(4.1)	383	(3.9)	379	(4.2)	372	(4.1)	−7.0	(1.2)	0.81	(0.1)	1.0	(0.4)
	哥斯达黎加	415	(4.5)	413	(4.2)	406	(4.4)	393	(4.1)	−7.2	(1.4)	0.80	(0.1)	1.3	(0.5)
	克罗地亚	475	(3.9)	480	(4.6)	475	(4.8)	460	(7.2)	−7.2	(2.6)	0.90	(0.1)	0.7	(0.5)
	塞浦路斯[1,2]	432	(3.3)	446	(3.5)	452	(3.9)	445	(3.1)	5.5	(1.6)	1.15	(0.1)	0.4	(0.2)
	中国香港	**553**	(5.1)	565	(4.5)	570	(5.0)	567	(4.9)	4.1	(2.6)	1.16	(0.1)	0.2	(0.2)
	印度尼西亚	372	(5.7)	372	(4.4)	374	(4.7)	380	(4.7)	2.7	(1.8)	1.13	(0.1)	0.1	(0.1)
	约旦	387	(4.3)	392	(3.9)	392	(3.8)	383	(4.9)	−0.5	(1.5)	1.07	(0.1)	0.0	(0.1)
	哈萨克斯坦	430	(4.3)	432	(4.4)	433	(4.2)	434	(4.2)	1.7	(1.8)	1.07	(0.1)	0.1	(0.1)
	拉脱维亚	485	(4.5)	496	(4.8)	496	(4.8)	484	(4.6)	−1.6	(2.7)	1.06	(0.1)	0.1	(0.1)
	列支敦士登	555	(13.7)	536	(17.6)	533	(18.6)	526	(16.2)	−5.6	(6.5)	0.59	(0.3)	0.5	(1.1)
	立陶宛	469	(3.9)	480	(4.5)	479	(5.0)	**485**	(4.8)	5.7	(1.8)	1.15	(0.1)	0.5	(0.3)
	中国澳门	533	(2.9)	542	(4.8)	538	(4.4)	546	(3.6)	4.0	(1.8)	1.12	(0.1)	0.2	(0.1)
	马来西亚	423	(4.8)	428	(4.7)	422	(4.0)	414	(4.0)	−3.3	(1.8)	1.10	(0.1)	0.2	(0.2)
	黑山共和国	431	(3.9)	420	(3.9)	410	(3.6)	386	(3.6)	−15.5	(1.8)	0.66	(0.1)	4.4	(0.8)
	秘鲁	379	(5.8)	378	(4.5)	373	(4.6)	364	(5.0)	−6.2	(1.8)	0.91	(0.1)	0.5	(0.3)
	卡塔尔	371	(2.6)	383	(2.6)	389	(2.9)	385	(2.6)	4.7	(1.2)	1.16	(0.1)	0.3	(0.1)
	罗马尼亚	**453**	(5.7)	446	(4.5)	445	(4.8)	435	(4.3)	−5.8	(1.7)	0.89	(0.1)	0.6	(0.3)
	俄罗斯联邦	479	(3.7)	485	(5.0)	488	(4.9)	479	(4.5)	−0.5	(2.0)	1.01	(0.1)	0.0	(0.1)
	塞尔维亚	457	(4.2)	459	(5.2)	452	(4.9)	429	(5.1)	−10.4	(2.0)	0.79	(0.1)	1.3	(0.5)
	中国上海	585	(5.1)	613	(4.9)	618	(5.2)	635	(5.2)	16.9	(2.2)	**1.53**	(0.1)	3.0	(0.8)
	新加坡	**556**	(3.6)	581	(4.3)	587	(4.4)	579	(3.4)	8.3	(1.6)	**1.36**	(0.1)	0.6	(0.2)
	中国台北	554	(4.8)	563	(5.7)	555	(5.8)	567	(4.5)	3.9	(1.9)	0.98	(0.1)	0.1	(0.1)
	泰国	432	(5.2)	425	(4.1)	429	(4.5)	424	(4.4)	−2.8	(1.9)	0.94	(0.1)	0.1	(0.1)
	突尼斯	**403**	(5.5)	396	(5.3)	383	(5.4)	373	(4.3)	−10.2	(1.6)	0.76	(0.1)	2.2	(0.6)
	阿拉伯联合酋长国	432	(3.6)	439	(3.7)	432	(3.7)	439	(3.9)	2.2	(1.3)	1.03	(0.1)	0.1	(0.1)
	乌拉圭	426	(3.7)	423	(3.7)	412	(5.0)	387	(4.6)	−13.1	(1.9)	0.71	(0.1)	2.3	(0.7)
	越南	**530**	(4.6)	508	(6.6)	507	(6.0)	501	(6.0)	−10.7	(2.0)	0.58	(0.1)	1.2	(0.5)

注：粗体表示差异值达到统计上的显著。

1. 土耳其注：本书中"塞浦路斯"相关的信息是指塞浦路斯岛南部。没有任何一个权力组织能够代表岛上的土耳其和希腊塞浦路斯人。土耳其承认北塞浦路斯土耳其共和国。除非在联合国找到一种长期的平衡的解决方案，否则土耳其将保持其对"塞浦路斯"问题的立场。

2. OECD 和欧盟成员注：塞浦路斯共和国得到了除土耳其外所有联合成员的承认。本书中的信息是指在塞浦路斯共和国政府有效控制区域内的。

附表 4.53 ■ 纯数学问题及应用数学问题的经验和参与度、驱力、动机及自我信念的关系

结果基于学生自我报告

下列指标与纯数学问题及应用数学问题的关系

	迟到				逃课或逃学一整天			
	未作调整[1]		用数学表现调整后[2]		未作调整[1]		用数学表现调整后[2]	
	应用数学问题	纯数学问题	应用数学问题	纯数学问题	应用数学问题	纯数学问题	应用数学问题	纯数学问题
	%差异值 (标准误)	%差异值 (标准误)	%差异值 (标准误)	%差异值 (标准误)	%差异值 (标准误)	%差异值 (标准误)	%差异值 (标准误)	%差异值 (标准误)
OECD								
澳大利亚	0.5 (0.8)	−4.1 (0.6)	0.6 (0.8)	−2.1 (0.7)	0.3 (0.9)	−4.4 (0.6)	0.3 (0.9)	−1.8 (0.7)
奥地利	−0.3 (0.9)	−0.6 (0.9)	−0.6 (0.9)	0.3 (0.9)	0.1 (1.0)	−1.2 (0.9)	−0.2 (1.0)	−0.3 (1.0)
比利时	0.2 (0.8)	−2.7 (0.8)	−0.2 (0.8)	0.4 (0.8)	0.4 (0.5)	−1.9 (0.5)	0.0 (0.5)	0.4 (0.5)
加拿大	1.3 (0.8)	−4.9 (0.8)	1.2 (0.8)	−2.4 (0.8)	0.7 (0.7)	−4.8 (0.7)	0.6 (0.7)	−2.8 (0.7)
智利	0.2 (0.8)	−3.2 (0.9)	0.1 (0.8)	−1.5 (0.9)	0.7 (0.7)	−4.2 (0.8)	0.6 (0.7)	−3.1 (0.9)
捷克共和国	1.0 (1.1)	−3.2 (1.0)	0.0 (1.1)	−1.5 (1.0)	−0.3 (0.9)	−1.9 (0.9)	−0.7 (0.9)	−1.2 (1.0)
丹麦	0.7 (1.0)	−0.2 (1.0)	0.3 (1.0)	0.5 (1.0)	1.7 (1.1)	−1.5 (1.1)	1.4 (1.1)	−0.8 (1.0)
爱沙尼亚	−3.9 (1.3)	−2.1 (1.2)	−4.0 (1.3)	−1.2 (1.2)	0.4 (1.3)	−3.9 (1.1)	0.1 (1.2)	−1.8 (1.2)
芬兰	−2.5 (1.0)	−4.0 (1.2)	−1.8 (1.0)	−1.8 (1.2)	1.2 (0.8)	−3.5 (0.8)	1.7 (0.8)	−1.7 (0.8)
法国	0.1 (1.0)	−4.5 (1.2)	0.3 (1.0)	−2.1 (1.2)	−0.1 (1.0)	−2.5 (1.0)	−0.1 (1.0)	−1.2 (0.9)
德国	0.8 (1.3)	−2.0 (0.9)	0.6 (1.4)	−1.4 (1.0)	1.1 (0.9)	−1.5 (0.9)	0.9 (0.9)	−0.9 (0.9)
希腊	1.7 (0.9)	−5.2 (0.9)	1.5 (0.9)	−4.7 (0.9)	−0.2 (0.8)	−4.6 (0.9)	−0.9 (0.7)	−3.4 (0.9)
匈牙利	0.4 (0.9)	−5.9 (1.2)	−0.2 (0.9)	−3.5 (1.2)	2.8 (0.5)	−4.6 (1.0)	2.3 (0.5)	−2.8 (1.0)
冰岛	1.8 (1.0)	−5.4 (1.4)	1.7 (1.0)	−3.3 (1.5)	1.1 (0.7)	−3.9 (1.0)	1.0 (0.7)	−2.4 (1.1)
爱尔兰	1.1 (1.2)	−4.2 (1.1)	1.1 (1.2)	−2.5 (1.0)	0.5 (0.8)	−2.9 (0.7)	0.5 (0.8)	−2.5 (0.8)
以色列	−1.6 (0.7)	−1.1 (1.3)	−1.9 (0.7)	−0.2 (1.3)	−1.7 (0.9)	−1.6 (1.1)	−1.9 (0.9)	−1.1 (1.2)
意大利	1.0 (0.5)	−3.4 (0.5)	0.8 (0.5)	−1.1 (0.5)	1.2 (0.5)	−3.2 (0.7)	1.0 (0.5)	−0.8 (0.7)
日本	0.1 (0.5)	−2.7 (0.6)	0.3 (0.5)	−2.2 (0.6)	−0.1 (0.4)	−2.6 (0.6)	0.3 (0.4)	−1.9 (0.6)
韩国	−1.5 (0.8)	−8.3 (1.1)	−1.2 (0.8)	−5.0 (1.3)	0.1 (0.3)	−4.9 (0.9)	0.2 (0.3)	−3.3 (0.9)
卢森堡	1.8 (1.0)	−2.5 (0.8)	1.5 (1.0)	−1.3 (0.9)	2.1 (0.6)	−3.1 (0.6)	1.7 (0.6)	−1.7 (0.6)
墨西哥	−0.4 (0.5)	−2.3 (0.5)	−0.7 (0.5)	−1.1 (0.6)	0.3 (0.7)	−3.4 (0.7)	0.0 (0.7)	−2.2 (0.6)
荷兰	1.1 (1.2)	−6.6 (1.2)	−0.4 (1.2)	−3.2 (1.5)	−1.2 (0.8)	−1.2 (0.9)	−1.5 (0.9)	−0.7 (0.9)
新西兰	−0.5 (1.1)	−4.5 (1.0)	−0.4 (1.1)	−1.8 (1.1)	1.3 (1.0)	−6.3 (0.8)	1.4 (0.9)	−1.5 (1.0)
挪威	0.5 (1.0)	−2.7 (1.0)	0.4 (1.0)	0.2 (1.1)	0.3 (0.9)	−2.9 (0.9)	0.3 (0.9)	−0.4 (1.0)
波兰	−1.1 (1.1)	−1.3 (1.4)	−1.0 (1.1)	0.4 (1.4)	−0.1 (1.1)	−3.0 (1.0)	0.0 (1.1)	−1.3 (1.0)
葡萄牙	−1.4 (1.0)	−4.1 (1.0)	−1.6 (1.0)	−3.4 (1.0)	−0.1 (1.0)	−5.2 (1.0)	−0.8 (1.0)	−3.1 (1.0)
斯洛伐克共和国	1.6 (0.9)	−2.5 (0.9)	0.6 (1.0)	−0.9 (0.9)	1.3 (0.8)	−2.2 (0.8)	0.5 (0.8)	−0.9 (0.8)
斯洛文尼亚	−1.0 (1.2)	−2.3 (1.2)	−1.4 (1.2)	−0.9 (1.3)	−1.2 (1.2)	−4.1 (1.2)	−1.8 (1.1)	−1.5 (1.3)
西班牙	1.0 (0.8)	−4.4 (0.8)	0.2 (0.8)	−2.8 (0.8)	2.2 (0.8)	−3.0 (1.0)	1.1 (0.8)	−0.7 (1.1)
瑞典	−1.0 (1.1)	−0.7 (1.1)	−1.3 (1.0)	1.0 (1.1)	−0.9 (1.0)	−2.8 (1.0)	−1.2 (1.0)	−0.3 (1.3)
瑞士	−0.6 (0.9)	−0.2 (0.9)	−0.8 (1.0)	0.6 (1.0)	−0.5 (0.8)	−1.3 (0.7)	−0.7 (0.8)	−0.3 (0.9)
土耳其	1.3 (0.8)	−2.0 (0.9)	1.0 (0.8)	−1.0 (0.9)	−0.6 (0.8)	−2.3 (0.8)	−0.4 (0.8)	−3.0 (0.9)
英国	−0.8 (1.0)	−3.8 (0.9)	−0.4 (1.0)	−1.4 (1.0)	−0.2 (0.9)	−2.8 (1.0)	0.0 (0.9)	−2.3 (1.0)
美国	0.3 (0.9)	−4.0 (1.2)	0.3 (1.0)	−1.8 (1.3)	−0.2 (0.9)	−2.0 (1.1)	−0.2 (0.9)	−1.1 (1.1)
OECD 平均	0.1 (0.2)	−3.3 (0.2)	−0.2 (0.2)	−1.5 (0.2)	0.4 (0.1)	−3.1 (0.2)	0.2 (0.1)	−1.6 (0.2)
伙伴国家(地区)								
阿尔巴尼亚	m m	m m	m m	m m	m m	m m	m m	m m
阿根廷	2.5 (1.0)	−3.3 (1.1)	1.7 (1.0)	−1.5 (1.2)	2.4 (1.0)	−4.6 (0.9)	1.8 (1.0)	−3.2 (0.9)
巴西	−0.9 (0.6)	−0.7 (0.7)	−1.0 (0.6)	−0.4 (0.7)	−0.5 (0.6)	−0.8 (0.7)	−0.5 (0.6)	−0.6 (0.7)
保加利亚	0.7 (1.0)	−4.9 (1.0)	−0.1 (0.9)	−3.3 (1.0)	3.1 (0.9)	−7.5 (1.0)	1.8 (0.9)	−4.8 (1.1)
哥伦比亚	0.1 (0.8)	−1.9 (1.1)	0.0 (0.8)	−1.1 (1.0)	0.3 (0.9)	−1.9 (1.0)	0.3 (0.9)	−1.4 (0.9)
哥斯达黎加	0.0 (1.1)	0.1 (1.1)	−0.3 (1.0)	0.6 (1.1)	2.8 (1.0)	−3.7 (1.3)	2.5 (1.0)	−3.1 (1.4)
克罗地亚	0.8 (0.9)	−4.6 (1.2)	0.1 (0.9)	−3.2 (1.2)	1.5 (1.0)	−4.9 (1.0)	1.8 (1.0)	−2.1 (1.0)
塞浦路斯[3,4]	0.5 (0.7)	−4.5 (1.0)	−0.1 (0.7)	−2.8 (1.1)	0.3 (0.7)	−5.1 (1.0)	−0.1 (0.7)	−2.6 (0.9)
中国香港	−0.3 (0.9)	−3.7 (0.8)	−0.9 (0.9)	−1.7 (0.9)	−0.7 (0.7)	−1.9 (0.7)	−1.2 (0.8)	−0.1 (0.8)
印度尼西亚	0.2 (1.0)	−3.0 (0.8)	0.1 (1.0)	−2.0 (0.8)	0.1 (0.8)	−5.1 (1.1)	−0.1 (0.9)	−4.0 (1.1)
约旦	−1.1 (0.8)	−4.0 (1.1)	−1.2 (0.8)	−3.4 (1.0)	−0.9 (0.9)	−4.6 (1.1)	−1.0 (0.9)	−3.8 (1.2)
哈萨克斯坦	−2.7 (1.0)	−5.3 (1.2)	−3.0 (1.0)	−4.6 (1.1)	−0.9 (0.9)	−6.1 (1.3)	−1.5 (0.9)	−4.7 (1.3)
拉脱维亚	−2.7 (1.3)	−2.1 (1.2)	−2.9 (1.3)	−1.4 (1.2)	2.1 (1.3)	−1.7 (1.1)	1.9 (1.2)	−0.5 (1.3)
列支敦士登	−7.3 (4.3)	−0.3 (3.8)	−7.6 (4.3)	2.2 (3.9)	2.1 (3.8)	−1.1 (2.5)	2.0 (3.7)	−0.1 (2.7)
立陶宛	1.5 (1.2)	−3.0 (1.3)	1.2 (1.2)	−0.8 (1.4)	0.0 (1.0)	−7.1 (1.3)	−0.6 (1.0)	−3.5 (1.2)
中国澳门	0.5 (1.1)	−3.5 (1.0)	−0.5 (1.0)	−1.5 (1.0)	−0.7 (0.7)	−2.3 (0.6)	−1.2 (0.7)	−1.3 (0.6)
马来西亚	1.1 (1.0)	−6.2 (1.1)	0.2 (1.0)	−4.6 (1.1)	1.9 (1.2)	−8.2 (1.2)	1.4 (1.1)	−5.7 (1.1)
黑山共和国	−0.2 (0.9)	−3.2 (0.9)	−0.3 (0.9)	−2.4 (0.8)	−0.7 (0.9)	−2.4 (1.0)	−0.9 (0.8)	−1.6 (0.9)
秘鲁	−1.0 (1.1)	−2.5 (1.0)	−1.7 (1.1)	−0.1 (1.0)	1.3 (0.7)	−4.3 (0.9)	0.6 (0.7)	−1.7 (0.9)
卡塔尔	1.8 (0.5)	−7.8 (0.6)	0.2 (0.5)	−3.3 (0.7)	1.2 (0.5)	−3.3 (0.6)	0.7 (0.5)	−2.1 (0.6)
罗马尼亚	−0.2 (0.8)	−3.5 (1.0)	−0.2 (0.8)	−3.1 (1.1)	2.0 (0.8)	−3.4 (0.9)	1.8 (0.8)	−2.2 (0.9)
俄罗斯联邦	−2.4 (0.7)	−4.8 (1.4)	−2.9 (0.7)	−2.7 (1.5)	−1.2 (1.0)	−5.4 (1.1)	−1.2 (1.0)	−3.6 (1.1)
塞尔维亚	−0.5 (0.8)	−5.5 (1.1)	−0.8 (0.7)	−4.8 (1.1)	0.5 (0.9)	−4.5 (1.0)	−0.1 (0.9)	−3.3 (1.1)
中国上海	0.5 (0.7)	−0.9 (1.0)	−0.2 (0.8)	−0.4 (0.8)	0.1 (0.4)	−1.4 (0.4)	0.0 (0.4)	−1.3 (0.4)
新加坡	−0.7 (0.9)	−3.3 (1.1)	−1.0 (1.0)	−0.9 (1.1)	0.6 (1.0)	−5.3 (1.0)	0.5 (1.0)	−4.4 (1.0)
中国台北	0.4 (1.0)	−5.0 (0.8)	0.2 (1.0)	−2.7 (0.8)	−1.0 (0.8)	−3.7 (0.8)	−1.1 (0.8)	−1.3 (0.8)
泰国	1.1 (1.1)	−3.6 (1.1)	0.7 (1.1)	−1.8 (1.0)	0.8 (1.2)	−6.9 (1.1)	0.4 (1.2)	−5.3 (1.1)
突尼斯	0.3 (1.0)	−1.9 (1.0)	0.0 (1.0)	−1.1 (1.2)	−0.5 (1.2)	−4.2 (1.2)	−1.1 (1.2)	−2.5 (1.2)
阿拉伯联合酋长国	0.4 (0.6)	−6.2 (0.7)	0.0 (0.6)	−3.7 (0.8)	0.2 (0.7)	−6.1 (0.7)	−0.2 (0.7)	−3.5 (0.8)
乌拉圭	2.9 (0.8)	−2.3 (1.0)	2.7 (0.8)	−1.9 (1.1)	1.6 (0.9)	−1.6 (0.9)	1.1 (0.9)	−0.7 (0.9)
越南	1.0 (1.0)	−2.1 (1.0)	0.6 (1.0)	−0.8 (1.0)	1.0 (1.0)	−2.5 (1.0)	0.4 (1.0)	−0.9 (1.0)

附表 4.53 ■ 纯数学问题及应用数学问题的经验和参与度、驱力、动机及自我信念的关系(续表 1)

结果基于学生自我报告

		下列指标与纯数学问题及应用数学问题的关系									
		自我归属感				对学校的态度				坚持性	
		未作调整[1]		用数学表现调整后[2]		未作调整[1]		用数学表现调整后[2]		未作调整[1]	
		应用数学问题	纯数学问题	应用数学问题	纯数学问题	应用数学问题	纯数学问题	应用数学问题	纯数学问题	应用数学问题	纯数学问题
		指数变化 标准误	指数变化 标准误	指数变化 标准误	指数变化 标准误	指数变化 标准误	指数变化 标准误	指数变化 标准误	指数变化 标准误	指数变化 标准误	指数变化 标准误
OECD	澳大利亚	0.03 (0.02)	0.11 (0.02)	0.03 (0.02)	0.11 (0.02)	0.06 (0.02)	0.17 (0.02)	0.06 (0.02)	0.12 (0.02)	0.16 (0.02)	0.12 (0.02)
	奥地利	0.08 (0.05)	0.10 (0.03)	0.09 (0.05)	0.07 (0.03)	0.18 (0.04)	0.03 (0.04)	0.20 (0.04)	−0.01 (0.03)	0.11 (0.04)	0.02 (0.03)
	比利时	0.05 (0.03)	0.04 (0.03)	0.05 (0.03)	0.02 (0.03)	0.07 (0.03)	0.03 (0.02)	0.07 (0.02)	0.02 (0.02)	0.08 (0.03)	0.07 (0.02)
	加拿大	0.02 (0.02)	0.05 (0.02)	0.02 (0.02)	0.05 (0.02)	0.05 (0.02)	0.09 (0.02)	0.05 (0.02)	0.06 (0.02)	0.13 (0.02)	0.14 (0.02)
	智利	0.00 (0.03)	0.09 (0.03)	0.00 (0.03)	0.09 (0.03)	0.05 (0.03)	0.10 (0.02)	0.05 (0.03)	0.09 (0.03)	0.08 (0.03)	0.11 (0.03)
	捷克共和国	0.04 (0.04)	0.07 (0.03)	0.05 (0.04)	0.05 (0.03)	0.11 (0.04)	0.13 (0.04)	0.13 (0.04)	0.05 (0.03)	0.13 (0.03)	0.09 (0.03)
	丹麦	−0.06 (0.03)	0.06 (0.03)	−0.07 (0.03)	0.06 (0.03)	0.04 (0.03)	0.01 (0.03)	0.05 (0.04)	0.01 (0.03)	0.09 (0.03)	0.04 (0.03)
	爱沙尼亚	0.05 (0.03)	0.06 (0.03)	0.05 (0.03)	0.06 (0.03)	0.11 (0.03)	0.07 (0.03)	0.11 (0.03)	0.06 (0.03)	0.11 (0.04)	0.02 (0.03)
	芬兰	0.12 (0.03)	0.08 (0.03)	0.03 (0.03)	0.07 (0.03)	0.06 (0.03)	0.18 (0.03)	0.05 (0.03)	0.13 (0.03)	0.25 (0.03)	0.11 (0.03)
	法国	0.12 (0.03)	0.07 (0.02)	0.12 (0.04)	0.07 (0.03)	0.08 (0.04)	0.09 (0.03)	0.07 (0.04)	0.08 (0.03)	0.11 (0.03)	0.16 (0.03)
	德国	−0.02 (0.04)	0.13 (0.04)	−0.02 (0.04)	0.12 (0.04)	0.02 (0.04)	0.09 (0.03)	0.01 (0.04)	0.10 (0.04)	0.09 (0.04)	0.04 (0.03)
	希腊	0.00 (0.03)	0.07 (0.03)	0.00 (0.03)	0.07 (0.03)	0.07 (0.03)	0.08 (0.03)	0.07 (0.03)	0.08 (0.03)	0.05 (0.02)	0.19 (0.03)
	匈牙利	0.06 (0.03)	0.11 (0.04)	0.07 (0.03)	0.11 (0.04)	0.08 (0.03)	0.11 (0.04)	0.10 (0.03)	0.11 (0.03)	0.10 (0.03)	0.08 (0.03)
	冰岛	0.10 (0.04)	0.12 (0.04)	0.10 (0.04)	0.11 (0.04)	0.11 (0.03)	0.12 (0.04)	0.11 (0.03)	0.07 (0.03)	0.09 (0.04)	0.08 (0.04)
	爱尔兰	0.07 (0.03)	−0.02 (0.04)	0.07 (0.03)	0.00 (0.04)	0.10 (0.04)	0.02 (0.03)	0.10 (0.04)	0.02 (0.03)	0.19 (0.04)	0.09 (0.03)
	以色列	−0.01 (0.03)	0.15 (0.03)	0.01 (0.03)	0.13 (0.03)	0.04 (0.03)	0.16 (0.03)	0.05 (0.03)	0.14 (0.03)	0.14 (0.03)	0.13 (0.03)
	意大利	0.03 (0.02)	0.06 (0.02)	0.03 (0.02)	0.05 (0.02)	0.07 (0.02)	0.11 (0.02)	0.07 (0.02)	0.09 (0.02)	0.15 (0.02)	0.13 (0.02)
	日本	0.08 (0.03)	0.06 (0.03)	0.08 (0.03)	0.07 (0.03)	0.08 (0.03)	0.07 (0.03)	0.08 (0.03)	0.07 (0.03)	0.13 (0.03)	0.10 (0.03)
	韩国	0.12 (0.03)	0.06 (0.03)	0.12 (0.03)	0.04 (0.03)	0.10 (0.03)	0.08 (0.03)	0.10 (0.03)	0.05 (0.03)	0.15 (0.03)	0.09 (0.03)
	卢森堡	0.03 (0.03)	0.02 (0.03)	0.02 (0.03)	−0.01 (0.03)	0.03 (0.03)	0.14 (0.02)	0.04 (0.03)	0.14 (0.03)	0.13 (0.03)	0.08 (0.03)
	墨西哥	0.00 (0.02)	0.15 (0.01)	0.00 (0.02)	0.13 (0.01)	−0.01 (0.02)	0.21 (0.02)	0.00 (0.02)	0.15 (0.01)	0.12 (0.02)	0.14 (0.02)
	荷兰	0.09 (0.03)	0.06 (0.03)	0.11 (0.03)	0.09 (0.03)	0.05 (0.03)	0.05 (0.03)	0.08 (0.03)	0.08 (0.03)	0.11 (0.03)	0.06 (0.03)
	新西兰	0.05 (0.03)	0.07 (0.03)	0.05 (0.03)	0.09 (0.04)	0.01 (0.03)	0.19 (0.03)	0.01 (0.03)	0.16 (0.03)	0.10 (0.03)	0.17 (0.03)
	挪威	0.09 (0.04)	0.18 (0.03)	0.09 (0.04)	0.19 (0.04)	0.14 (0.04)	0.14 (0.03)	0.14 (0.03)	0.13 (0.03)	0.08 (0.04)	0.16 (0.04)
	波兰	0.09 (0.04)	0.05 (0.03)	0.09 (0.04)	0.05 (0.03)	0.05 (0.03)	0.07 (0.04)	0.07 (0.04)	0.07 (0.04)	0.08 (0.03)	0.16 (0.04)
	葡萄牙	0.05 (0.03)	0.03 (0.03)	0.06 (0.03)	0.02 (0.02)	0.08 (0.03)	0.09 (0.03)	0.09 (0.03)	0.09 (0.03)	0.04 (0.03)	0.17 (0.03)
	斯洛伐克共和国	0.02 (0.03)	0.07 (0.03)	0.03 (0.03)	0.05 (0.03)	0.02 (0.03)	0.07 (0.03)	0.03 (0.03)	0.06 (0.03)	0.06 (0.04)	0.12 (0.03)
	斯洛文尼亚	0.07 (0.03)	0.11 (0.03)	0.07 (0.03)	0.11 (0.03)	0.04 (0.04)	0.18 (0.03)	0.03 (0.03)	0.11 (0.03)	0.13 (0.03)	0.10 (0.03)
	西班牙	0.12 (0.03)	0.14 (0.03)	0.12 (0.03)	0.15 (0.03)	0.04 (0.03)	0.18 (0.03)	0.06 (0.03)	0.16 (0.03)	0.11 (0.03)	0.15 (0.02)
	瑞典	0.01 (0.04)	0.02 (0.03)	0.01 (0.04)	0.01 (0.04)	0.05 (0.04)	0.11 (0.03)	0.04 (0.03)	0.08 (0.03)	0.10 (0.03)	0.12 (0.03)
	瑞士	0.09 (0.03)	0.06 (0.03)	0.10 (0.03)	0.03 (0.03)	0.09 (0.03)	0.07 (0.03)	0.10 (0.03)	0.04 (0.03)	0.13 (0.03)	0.03 (0.02)
	土耳其	0.05 (0.03)	0.11 (0.03)	0.06 (0.03)	0.10 (0.03)	0.00 (0.02)	0.09 (0.02)	−0.01 (0.03)	0.10 (0.03)	0.14 (0.03)	0.13 (0.03)
	英国	0.06 (0.03)	0.06 (0.03)	0.06 (0.03)	0.06 (0.02)	0.13 (0.04)	0.11 (0.03)	0.13 (0.03)	0.09 (0.03)	0.12 (0.03)	0.14 (0.03)
	美国	−0.01 (0.03)	0.07 (0.04)	−0.01 (0.03)	0.09 (0.03)	0.04 (0.03)	0.09 (0.04)	0.04 (0.04)	0.05 (0.03)	0.19 (0.03)	0.14 (0.04)
	OECD平均	0.05 (0.01)	0.08 (0.01)	0.05 (0.01)	0.07 (0.01)	0.07 (0.01)	0.10 (0.01)	0.07 (0.01)	0.08 (0.01)	0.11 (0.01)	0.11 (0.00)
伙伴国家(地区)	阿尔巴尼亚	m m	m m	m m	m m	m m	m m	m m	m m	m m	m m
	阿根廷	−0.01 (0.02)	0.06 (0.03)	0.00 (0.02)	0.04 (0.03)	−0.03 (0.03)	0.15 (0.03)	−0.02 (0.03)	0.11 (0.03)	0.07 (0.03)	0.10 (0.03)
	巴西	−0.01 (0.02)	0.04 (0.02)	−0.01 (0.02)	0.04 (0.02)	0.06 (0.02)	0.08 (0.02)	0.06 (0.02)	0.03 (0.02)	0.12 (0.02)	0.09 (0.02)
	保加利亚	−0.03 (0.03)	0.21 (0.03)	−0.02 (0.03)	0.19 (0.03)	−0.04 (0.03)	0.22 (0.03)	−0.03 (0.03)	0.19 (0.03)	0.08 (0.03)	0.20 (0.03)
	哥伦比亚	0.01 (0.03)	0.13 (0.03)	0.01 (0.03)	0.11 (0.03)	0.05 (0.03)	0.14 (0.03)	0.05 (0.04)	0.10 (0.03)	0.03 (0.03)	0.18 (0.03)
	哥斯达黎加	0.02 (0.03)	0.07 (0.03)	0.09 (0.03)	0.07 (0.03)	0.08 (0.05)	0.08 (0.03)	0.06 (0.03)	0.06 (0.03)	0.10 (0.03)	0.10 (0.03)
	克罗地亚	0.06 (0.03)	0.06 (0.03)	0.06 (0.03)	0.05 (0.03)	0.10 (0.03)	0.10 (0.03)	0.10 (0.03)	0.09 (0.03)	0.19 (0.03)	0.09 (0.03)
	塞浦路斯[3, 4]	0.01 (0.03)	0.11 (0.03)	0.02 (0.03)	0.09 (0.03)	0.01 (0.02)	0.15 (0.02)	0.01 (0.02)	0.12 (0.02)	0.10 (0.03)	0.15 (0.03)
	中国香港	0.04 (0.03)	0.03 (0.03)	0.04 (0.03)	0.03 (0.03)	0.05 (0.02)	0.07 (0.02)	0.05 (0.02)	0.05 (0.02)	0.07 (0.03)	0.05 (0.03)
	印度尼西亚	0.01 (0.03)	0.11 (0.03)	0.02 (0.03)	0.11 (0.03)	0.03 (0.03)	0.13 (0.03)	0.03 (0.03)	0.11 (0.03)	0.08 (0.03)	0.10 (0.03)
	约旦	0.04 (0.03)	0.18 (0.03)	0.06 (0.03)	0.12 (0.03)	−0.01 (0.03)	0.14 (0.03)	0.01 (0.03)	0.10 (0.03)	0.03 (0.03)	0.28 (0.03)
	哈萨克斯坦	0.19 (0.04)	0.17 (0.04)	0.20 (0.03)	0.16 (0.04)	0.09 (0.03)	0.21 (0.04)	0.11 (0.03)	0.16 (0.04)	0.16 (0.03)	0.16 (0.03)
	拉脱维亚	0.05 (0.03)	0.01 (0.03)	0.09 (0.04)	0.01 (0.03)	0.09 (0.04)	0.13 (0.04)	0.11 (0.03)	0.11 (0.03)	0.16 (0.03)	0.14 (0.03)
	列支敦士登	0.00 (0.21)	−0.13 (0.11)	−0.01 (0.20)	−0.23 (0.12)	0.15 (0.17)	−0.09 (0.10)	0.15 (0.17)	−0.11 (0.10)	0.40 (0.10)	0.09 (0.07)
	立陶宛	0.06 (0.04)	0.19 (0.04)	0.07 (0.04)	0.15 (0.04)	0.07 (0.04)	0.27 (0.04)	0.09 (0.04)	0.22 (0.04)	0.13 (0.04)	0.14 (0.03)
	中国澳门	0.11 (0.02)	0.01 (0.03)	0.11 (0.02)	0.01 (0.03)	0.06 (0.02)	0.05 (0.02)	0.06 (0.02)	0.05 (0.02)	0.08 (0.03)	0.07 (0.03)
	马来西亚	0.12 (0.02)	0.12 (0.02)	0.12 (0.02)	0.12 (0.02)	0.07 (0.02)	0.18 (0.02)	0.07 (0.02)	0.14 (0.02)	0.14 (0.02)	0.09 (0.02)
	黑山共和国	0.03 (0.03)	0.06 (0.03)	0.03 (0.03)	0.09 (0.03)	−0.01 (0.04)	0.12 (0.04)	−0.01 (0.04)	0.12 (0.04)	0.13 (0.04)	0.11 (0.04)
	秘鲁	0.07 (0.03)	0.11 (0.03)	0.07 (0.03)	0.11 (0.03)	0.01 (0.03)	0.17 (0.03)	0.00 (0.03)	0.12 (0.03)	0.04 (0.03)	0.15 (0.03)
	卡塔尔	−0.06 (0.02)	0.17 (0.02)	−0.04 (0.02)	0.12 (0.02)	−0.06 (0.01)	0.23 (0.02)	−0.02 (0.01)	0.13 (0.02)	0.00 (0.02)	0.24 (0.02)
	罗马尼亚	0.01 (0.03)	0.11 (0.03)	0.01 (0.03)	0.11 (0.03)	−0.02 (0.03)	0.17 (0.03)	−0.02 (0.03)	0.17 (0.03)	0.06 (0.03)	0.12 (0.03)
	俄罗斯联邦	0.11 (0.03)	0.04 (0.03)	0.11 (0.03)	0.04 (0.03)	0.09 (0.03)	0.11 (0.03)	0.10 (0.03)	0.10 (0.03)	0.11 (0.03)	0.09 (0.03)
	塞尔维亚	−0.02 (0.03)	0.06 (0.03)	−0.01 (0.03)	0.06 (0.03)	−0.01 (0.03)	0.07 (0.03)	0.00 (0.03)	0.05 (0.03)	0.06 (0.03)	0.12 (0.03)
	中国上海	0.07 (0.03)	0.05 (0.03)	0.07 (0.03)	0.04 (0.03)	0.07 (0.03)	0.04 (0.03)	0.07 (0.03)	0.03 (0.03)	0.06 (0.03)	0.04 (0.03)
	新加坡	0.10 (0.04)	0.10 (0.03)	0.10 (0.03)	0.10 (0.03)	0.10 (0.03)	0.12 (0.03)	0.10 (0.03)	0.11 (0.03)	0.12 (0.03)	0.10 (0.03)
	中国台北	0.06 (0.03)	−0.03 (0.03)	0.06 (0.03)	−0.03 (0.03)	0.08 (0.03)	0.03 (0.02)	0.08 (0.02)	0.03 (0.02)	0.12 (0.03)	0.05 (0.02)
	泰国	0.02 (0.04)	0.12 (0.03)	0.02 (0.04)	0.09 (0.03)	0.01 (0.03)	0.18 (0.04)	0.01 (0.04)	0.15 (0.03)	0.02 (0.03)	0.13 (0.03)
	突尼斯	0.00 (0.04)	0.10 (0.03)	0.01 (0.04)	0.09 (0.03)	−0.01 (0.03)	0.18 (0.04)	0.01 (0.04)	0.15 (0.03)	0.07 (0.04)	0.27 (0.03)
	阿拉伯联合酋长国	−0.07 (0.02)	0.20 (0.02)	−0.07 (0.02)	0.16 (0.02)	−0.04 (0.02)	0.20 (0.02)	−0.03 (0.02)	0.14 (0.02)	0.06 (0.02)	0.22 (0.03)
	乌拉圭	0.00 (0.03)	0.10 (0.03)	0.00 (0.03)	0.10 (0.03)	−0.01 (0.03)	0.10 (0.03)	0.00 (0.03)	0.09 (0.03)	0.02 (0.03)	0.11 (0.03)
	越南	0.10 (0.03)	0.02 (0.03)	0.10 (0.03)	0.02 (0.03)	0.06 (0.04)	0.02 (0.03)	0.06 (0.04)	0.03 (0.03)	0.15 (0.04)	0.12 (0.03)

附表 4.53 ■ 纯数学问题及应用数学问题的经验和参与度、驱力、动机及自我信念的关系（续表 2）

结果基于学生自我报告

		坚持性		解决问题开放性				数学学习的内部动机			
		用数学表现调整后²		未作调整¹		用数学表现调整后²		未作调整¹		用数学表现调整后²	
		应用数学问题	纯数学问题	应用数学问题	纯数学问题	应用数学问题	纯数学问题	应用数学问题	纯数学问题	应用数学问题	纯数学问题
		指数变化 (标准误)	指数变化 (标准误)	指数变化 (标准误)	指数变化 (标准误)	指数变化 (标准误)	指数变化 (标准误)	指数变化 (标准误)	指数变化 (标准误)	指数变化 (标准误)	指数变化 (标准误)
OECD	澳大利亚	0.16 (0.02)	0.06 (0.02)	0.19 (0.02)	0.17 (0.02)	0.19 (0.02)	0.06 (0.02)	0.11 (0.02)	0.21 (0.02)	0.11 (0.02)	0.15 (0.02)
	奥地利	0.12 (0.04)	−0.02 (0.03)	0.09 (0.03)	0.06 (0.03)	0.10 (0.03)	−0.03 (0.03)	0.10 (0.03)	0.08 (0.03)	0.11 (0.03)	0.02 (0.03)
	比利时	0.09 (0.03)	−0.02 (0.03)	0.09 (0.03)	0.11 (0.03)	0.10 (0.03)	0.03 (0.03)	0.09 (0.03)	0.14 (0.03)	0.10 (0.03)	0.08 (0.03)
	加拿大	0.13 (0.02)	0.09 (0.02)	0.18 (0.02)	0.17 (0.02)	0.18 (0.02)	0.06 (0.02)	0.14 (0.02)	0.19 (0.02)	0.14 (0.02)	0.14 (0.02)
	智利	0.08 (0.03)	0.08 (0.03)	0.18 (0.03)	0.11 (0.03)	0.20 (0.03)	0.04 (0.03)	0.10 (0.02)	0.18 (0.02)	0.10 (0.02)	0.14 (0.03)
	捷克共和国	0.15 (0.03)	0.06 (0.03)	0.11 (0.03)	0.11 (0.02)	0.16 (0.03)	0.04 (0.03)	0.15 (0.03)	0.12 (0.03)	0.15 (0.03)	0.07 (0.03)
	丹麦	0.02 (0.03)	0.02 (0.03)	0.06 (0.04)	0.03 (0.03)	0.06 (0.03)	0.01 (0.03)	−0.02 (0.03)	0.04 (0.03)	−0.02 (0.03)	0.01 (0.03)
	爱沙尼亚	0.11 (0.04)	0.02 (0.03)	0.23 (0.04)	0.05 (0.04)	0.22 (0.04)	−0.01 (0.04)	0.12 (0.03)	0.13 (0.03)	0.12 (0.03)	0.09 (0.03)
	芬兰	0.23 (0.03)	0.09 (0.03)	0.31 (0.03)	0.15 (0.03)	0.29 (0.03)	0.02 (0.03)	0.20 (0.03)	0.13 (0.03)	0.19 (0.03)	0.05 (0.03)
	法国	0.11 (0.03)	0.09 (0.03)	0.16 (0.03)	0.12 (0.03)	0.16 (0.03)	0.04 (0.03)	0.09 (0.03)	0.11 (0.03)	0.09 (0.03)	0.06 (0.03)
	德国	0.11 (0.03)	−0.02 (0.03)	0.17 (0.03)	0.04 (0.03)	0.14 (0.03)	−0.05 (0.03)	0.10 (0.04)	0.06 (0.04)	0.13 (0.04)	−0.03 (0.04)
	希腊	0.08 (0.02)	0.13 (0.03)	0.11 (0.03)	0.16 (0.03)	0.14 (0.03)	0.08 (0.03)	0.09 (0.03)	0.32 (0.03)	0.12 (0.03)	0.25 (0.03)
	匈牙利	0.11 (0.02)	0.00 (0.04)	0.09 (0.04)	0.10 (0.05)	0.11 (0.04)	0.04 (0.04)	0.16 (0.03)	0.01 (0.03)	0.17 (0.03)	−0.03 (0.04)
	冰岛	0.10 (0.03)	−0.03 (0.04)	0.24 (0.04)	0.12 (0.04)	0.25 (0.04)	−0.01 (0.04)	0.10 (0.04)	0.10 (0.04)	0.11 (0.04)	0.00 (0.04)
	爱尔兰	0.19 (0.04)	0.02 (0.03)	0.14 (0.03)	0.16 (0.03)	0.14 (0.03)	0.05 (0.03)	0.04 (0.03)	0.18 (0.03)	0.04 (0.03)	0.12 (0.03)
	以色列	0.14 (0.03)	0.13 (0.04)	0.23 (0.03)	0.14 (0.03)	0.25 (0.03)	0.08 (0.03)	0.18 (0.03)	0.11 (0.03)	0.18 (0.03)	0.11 (0.03)
	意大利	0.15 (0.02)	0.09 (0.02)	0.17 (0.01)	0.12 (0.01)	0.18 (0.01)	0.07 (0.01)	0.16 (0.01)	0.17 (0.01)	0.17 (0.01)	0.12 (0.01)
	日本	0.11 (0.03)	0.07 (0.03)	0.20 (0.03)	0.04 (0.03)	0.16 (0.03)	−0.02 (0.03)	0.17 (0.03)	0.17 (0.03)	0.13 (0.03)	0.10 (0.03)
	韩国	0.14 (0.03)	0.05 (0.03)	0.23 (0.03)	0.18 (0.03)	0.21 (0.03)	0.06 (0.03)	0.15 (0.03)	0.29 (0.03)	0.13 (0.03)	0.13 (0.04)
	卢森堡	0.14 (0.03)	0.05 (0.03)	0.20 (0.03)	0.09 (0.03)	0.22 (0.03)	0.03 (0.03)	0.15 (0.03)	0.10 (0.03)	0.16 (0.03)	0.06 (0.03)
	墨西哥	0.13 (0.02)	0.09 (0.02)	0.20 (0.02)	0.16 (0.02)	0.22 (0.02)	0.09 (0.02)	0.15 (0.01)	0.12 (0.01)	0.15 (0.01)	0.10 (0.01)
	荷兰	0.11 (0.03)	0.05 (0.03)	0.09 (0.03)	0.16 (0.03)	0.13 (0.03)	0.07 (0.03)	0.02 (0.03)	0.14 (0.03)	0.08 (0.03)	0.04 (0.03)
	新西兰	0.10 (0.03)	0.11 (0.03)	0.20 (0.03)	0.17 (0.03)	0.20 (0.03)	0.07 (0.03)	0.13 (0.03)	0.15 (0.03)	0.13 (0.03)	0.15 (0.03)
	挪威	0.10 (0.04)	0.04 (0.04)	0.04 (0.03)	0.23 (0.04)	0.06 (0.03)	0.10 (0.03)	0.03 (0.04)	0.23 (0.04)	0.05 (0.04)	0.12 (0.04)
	波兰	0.08 (0.03)	0.10 (0.04)	0.13 (0.04)	0.14 (0.04)	0.13 (0.04)	0.04 (0.03)	0.09 (0.04)	0.09 (0.04)	0.06 (0.04)	0.02 (0.04)
	葡萄牙	0.07 (0.03)	0.09 (0.03)	0.13 (0.03)	0.13 (0.03)	0.16 (0.03)	0.05 (0.03)	0.06 (0.03)	0.26 (0.03)	0.07 (0.03)	0.23 (0.03)
	斯洛伐克共和国	0.11 (0.04)	0.05 (0.03)	0.13 (0.03)	0.08 (0.03)	0.18 (0.03)	0.01 (0.03)	0.13 (0.03)	0.07 (0.03)	0.13 (0.03)	0.03 (0.03)
	斯洛文尼亚	0.13 (0.03)	0.07 (0.03)	0.22 (0.03)	0.12 (0.03)	0.23 (0.03)	0.04 (0.03)	0.12 (0.04)	0.16 (0.03)	0.13 (0.03)	0.10 (0.03)
	西班牙	0.13 (0.02)	0.06 (0.02)	0.13 (0.03)	0.09 (0.03)	0.16 (0.02)	−0.01 (0.02)	0.08 (0.02)	0.12 (0.02)	0.10 (0.02)	0.07 (0.02)
	瑞典	0.12 (0.03)	0.05 (0.03)	0.15 (0.04)	0.15 (0.04)	0.17 (0.04)	0.06 (0.04)	0.08 (0.04)	0.11 (0.04)	0.09 (0.04)	0.02 (0.04)
	瑞士	0.13 (0.03)	−0.01 (0.02)	0.18 (0.03)	0.08 (0.03)	0.19 (0.03)	0.00 (0.03)	0.14 (0.03)	0.07 (0.03)	0.15 (0.03)	0.02 (0.03)
	土耳其	0.16 (0.02)	0.06 (0.03)	0.19 (0.02)	0.15 (0.02)	0.21 (0.02)	0.09 (0.02)	0.15 (0.02)	0.25 (0.02)	0.16 (0.02)	0.22 (0.02)
	英国	0.11 (0.03)	0.07 (0.02)	0.23 (0.03)	0.09 (0.02)	0.21 (0.03)	−0.01 (0.03)	0.11 (0.03)	0.12 (0.03)	0.11 (0.03)	0.07 (0.03)
	美国	0.18 (0.03)	0.11 (0.04)	0.22 (0.03)	0.18 (0.03)	0.20 (0.03)	0.09 (0.03)	0.18 (0.03)	0.12 (0.03)	0.18 (0.03)	0.08 (0.04)
	OECD平均	0.12 (0.01)	0.06 (0.00)	0.17 (0.01)	0.12 (0.01)	0.18 (0.01)	0.04 (0.01)	0.11 (0.00)	0.14 (0.00)	0.12 (0.00)	0.09 (0.01)
伙伴国家（地区）	阿尔巴尼亚	m m	m m	m m	m m	m m	m m	m m	m m	m m	m m
	阿根廷	0.08 (0.03)	0.07 (0.04)	0.19 (0.03)	0.11 (0.04)	0.20 (0.03)	0.07 (0.04)	0.12 (0.03)	0.15 (0.04)	0.12 (0.03)	0.16 (0.03)
	巴西	0.13 (0.02)	0.07 (0.02)	0.20 (0.02)	0.12 (0.02)	0.21 (0.02)	0.05 (0.02)	0.08 (0.02)	0.13 (0.02)	0.08 (0.02)	0.13 (0.02)
	保加利亚	0.09 (0.03)	0.16 (0.03)	0.17 (0.03)	0.05 (0.03)	0.20 (0.03)	0.02 (0.03)	0.09 (0.03)	0.11 (0.03)	0.15 (0.03)	0.10 (0.03)
	哥伦比亚	0.03 (0.03)	0.17 (0.03)	0.17 (0.03)	0.13 (0.03)	0.17 (0.03)	0.13 (0.03)	0.09 (0.03)	0.18 (0.03)	0.08 (0.03)	0.19 (0.03)
	哥斯达黎加	0.12 (0.03)	0.07 (0.03)	0.18 (0.03)	0.19 (0.03)	0.22 (0.03)	0.11 (0.03)	0.12 (0.03)	0.12 (0.03)	0.12 (0.03)	0.13 (0.03)
	克罗地亚	0.19 (0.03)	0.09 (0.03)	0.19 (0.03)	0.06 (0.03)	0.19 (0.03)	0.02 (0.03)	0.15 (0.03)	0.08 (0.03)	0.15 (0.03)	0.06 (0.03)
	塞浦路斯[4]	0.11 (0.03)	0.10 (0.03)	0.21 (0.03)	0.18 (0.03)	0.21 (0.03)	0.11 (0.03)	0.13 (0.02)	0.28 (0.03)	0.14 (0.02)	0.21 (0.03)
	中国香港	0.08 (0.03)	0.02 (0.03)	0.13 (0.04)	0.10 (0.04)	0.15 (0.04)	−0.01 (0.04)	0.14 (0.04)	0.14 (0.04)	0.18 (0.04)	0.01 (0.03)
	印度尼西亚	0.08 (0.04)	0.10 (0.04)	0.18 (0.03)	0.07 (0.03)	0.18 (0.03)	−0.06 (0.03)	0.06 (0.03)	0.11 (0.03)	0.06 (0.03)	0.11 (0.03)
	约旦	0.04 (0.02)	0.21 (0.03)	0.26 (0.02)	0.22 (0.02)	0.26 (0.02)	0.19 (0.02)	0.14 (0.02)	0.28 (0.02)	0.14 (0.02)	0.25 (0.02)
	哈萨克斯坦	0.17 (0.03)	0.14 (0.02)	0.23 (0.03)	0.13 (0.02)	0.24 (0.03)	0.11 (0.02)	0.19 (0.03)	0.12 (0.02)	0.19 (0.03)	0.11 (0.02)
	拉脱维亚	0.17 (0.03)	0.11 (0.03)	0.22 (0.03)	0.14 (0.03)	0.23 (0.03)	0.07 (0.03)	0.15 (0.03)	0.16 (0.03)	0.15 (0.03)	0.14 (0.03)
	列支敦士登	0.40 (0.10)	0.07 (0.08)	0.23 (0.11)	0.10 (0.10)	0.24 (0.11)	0.08 (0.11)	0.34 (0.16)	−0.03 (0.14)	0.34 (0.16)	−0.07 (0.14)
	立陶宛	0.13 (0.03)	0.12 (0.03)	0.18 (0.03)	0.20 (0.03)	0.19 (0.03)	0.10 (0.03)	0.17 (0.03)	0.15 (0.03)	0.18 (0.03)	0.09 (0.03)
	中国澳门	0.10 (0.03)	0.04 (0.03)	0.16 (0.03)	0.10 (0.03)	0.19 (0.03)	0.04 (0.03)	0.11 (0.03)	0.07 (0.03)	0.13 (0.03)	0.02 (0.03)
	马来西亚	0.15 (0.03)	0.05 (0.04)	0.29 (0.03)	0.06 (0.03)	0.30 (0.03)	0.03 (0.03)	0.08 (0.03)	0.19 (0.03)	0.09 (0.03)	0.21 (0.03)
	黑山共和国	0.14 (0.02)	0.07 (0.04)	0.14 (0.03)	0.09 (0.03)	0.17 (0.03)	0.08 (0.03)	0.09 (0.03)	0.19 (0.03)	0.10 (0.03)	0.17 (0.03)
	秘鲁	0.05 (0.02)	0.12 (0.03)	0.16 (0.03)	0.12 (0.03)	0.17 (0.03)	0.08 (0.03)	0.11 (0.03)	0.17 (0.03)	0.10 (0.03)	0.19 (0.03)
	卡塔尔	0.04 (0.02)	0.13 (0.02)	0.20 (0.02)	0.13 (0.02)	0.21 (0.02)	0.10 (0.02)	0.15 (0.02)	0.27 (0.02)	0.16 (0.02)	0.23 (0.02)
	罗马尼亚	0.06 (0.02)	0.10 (0.03)	0.16 (0.02)	0.07 (0.03)	0.17 (0.02)	0.06 (0.03)	0.02 (0.02)	−0.14 (0.02)	0.01 (0.02)	−0.12 (0.02)
	俄罗斯联邦	0.11 (0.03)	0.09 (0.03)	0.17 (0.03)	0.14 (0.03)	0.19 (0.03)	0.04 (0.03)	0.12 (0.03)	0.13 (0.03)	0.13 (0.03)	0.10 (0.03)
	塞尔维亚	0.05 (0.03)	0.10 (0.03)	0.17 (0.03)	0.08 (0.03)	0.19 (0.03)	0.04 (0.03)	0.08 (0.03)	0.16 (0.03)	0.09 (0.03)	0.15 (0.03)
	中国上海	0.07 (0.03)	−0.01 (0.03)	0.13 (0.02)	−0.01 (0.03)	0.15 (0.02)	−0.01 (0.03)	0.08 (0.03)	0.13 (0.03)	0.09 (0.03)	0.12 (0.03)
	新加坡	0.12 (0.03)	0.09 (0.03)	0.20 (0.04)	0.12 (0.03)	0.21 (0.04)	0.08 (0.03)	0.13 (0.03)	0.16 (0.03)	0.14 (0.03)	0.14 (0.03)
	中国台北	0.13 (0.03)	−0.01 (0.03)	0.21 (0.03)	0.04 (0.03)	0.22 (0.03)	0.01 (0.03)	0.17 (0.03)	0.12 (0.03)	0.18 (0.03)	0.01 (0.03)
	泰国	0.03 (0.03)	0.15 (0.02)	0.14 (0.02)	0.12 (0.02)	0.15 (0.02)	0.08 (0.02)	0.09 (0.02)	0.19 (0.02)	0.10 (0.02)	0.08 (0.03)
	突尼斯	0.09 (0.03)	0.22 (0.03)	0.14 (0.02)	0.23 (0.03)	0.15 (0.02)	0.18 (0.03)	0.05 (0.03)	0.34 (0.03)	0.06 (0.03)	0.32 (0.03)
	阿拉伯联合酋长国	0.07 (0.02)	0.15 (0.02)	0.26 (0.02)	0.17 (0.02)	0.26 (0.02)	0.14 (0.02)	0.18 (0.03)	0.27 (0.02)	0.18 (0.02)	0.27 (0.02)
	乌拉圭	0.04 (0.03)	0.08 (0.03)	0.15 (0.02)	0.08 (0.02)	0.19 (0.02)	0.03 (0.02)	0.12 (0.02)	0.06 (0.02)	0.13 (0.02)	0.05 (0.02)
	越南	0.16 (0.04)	0.10 (0.03)	0.29 (0.03)	0.08 (0.03)	0.31 (0.03)	0.03 (0.03)	0.14 (0.02)	0.14 (0.02)	0.15 (0.02)	0.10 (0.02)

附表 4.53 ■ 纯数学问题及应用数学问题的经验和参与度、驱力、动机及自我信念的关系(续表 3)

结果基于学生自我报告

		下列指标与纯数学问题及应用数学问题的关系														
		数学学习的外部动机								数学自我效能感							
		未作调整[1]				用数学表现调整后[2]				未作调整[1]				用数学表现调整后[2]			
		应用数学问题		纯数学问题		应用数学问题		纯数学问题		应用数学问题		纯数学问题		应用数学问题		纯数学问题	
		指数变化	标准误	指数变化	标准误	指数变化	标准误	指数变化	标准误	指数变化	标准误	指数变化	标准误	指数变化	标准误	指数变化	标准误
OECD	澳大利亚	**0.07**	(0.02)	**0.19**	(0.02)	**0.07**	(0.02)	**0.16**	(0.02)	**0.23**	(0.02)	**0.26**	(0.02)	**0.22**	(0.02)	**0.08**	(0.02)
	奥地利	**0.11**	(0.03)	0.03	(0.03)	**0.11**	(0.03)	0.02	(0.03)	**0.18**	(0.03)	**0.25**	(0.03)	**0.21**	(0.03)	**0.10**	(0.03)
	比利时	**0.08**	(0.02)	**0.15**	(0.02)	**0.10**	(0.02)	**0.08**	(0.02)	**0.12**	(0.02)	**0.25**	(0.02)	**0.14**	(0.02)	**0.11**	(0.02)
	加拿大	**0.12**	(0.02)	**0.18**	(0.02)	**0.12**	(0.02)	**0.13**	(0.02)	**0.25**	(0.02)	**0.23**	(0.02)	**0.25**	(0.02)	**0.09**	(0.02)
	智利	**0.08**	(0.03)	**0.18**	(0.03)	**0.09**	(0.03)	**0.15**	(0.03)	**0.22**	(0.02)	**0.17**	(0.02)	**0.23**	(0.03)	**0.10**	(0.02)
	捷克共和国	**0.19**	(0.03)	**0.12**	(0.03)	**0.21**	(0.03)	**0.09**	(0.03)	**0.10**	(0.03)	**0.21**	(0.03)	**0.18**	(0.02)	**0.07**	(0.03)
	丹麦	−0.03	(0.03)	0.05	(0.03)	−0.03	(0.03)	0.03	(0.03)	0.05	(0.03)	0.06	(0.03)	0.04	(0.03)	0.03	(0.03)
	爱沙尼亚	**0.12**	(0.04)	**0.13**	(0.03)	**0.12**	(0.04)	**0.10**	(0.03)	**0.25**	(0.03)	**0.12**	(0.03)	**0.24**	(0.03)	0.04	(0.03)
	芬兰	**0.17**	(0.02)	**0.15**	(0.02)	**0.15**	(0.02)	**0.08**	(0.02)	**0.27**	(0.03)	**0.22**	(0.03)	**0.24**	(0.03)	**0.09**	(0.03)
	法国	**0.09**	(0.03)	0.05	(0.03)	**0.09**	(0.03)	0.03	(0.03)	**0.22**	(0.03)	**0.17**	(0.02)	**0.21**	(0.03)	0.06	(0.02)
	德国	0.07	(0.04)	**0.08**	(0.03)	**0.09**	(0.04)	0.03	(0.04)	**0.17**	(0.04)	**0.17**	(0.03)	**0.23**	(0.03)	−0.02	(0.03)
	希腊	**0.11**	(0.03)	**0.25**	(0.03)	**0.13**	(0.02)	**0.19**	(0.03)	**0.15**	(0.03)	**0.30**	(0.03)	**0.20**	(0.03)	**0.18**	(0.03)
	匈牙利	**0.15**	(0.03)	0.03	(0.03)	**0.15**	(0.03)	0.00	(0.03)	**0.13**	(0.03)	**0.27**	(0.04)	**0.16**	(0.04)	**0.08**	(0.03)
	冰岛	0.06	(0.03)	**0.19**	(0.03)	0.06	(0.03)	**0.12**	(0.04)	**0.21**	(0.04)	**0.18**	(0.03)	**0.23**	(0.03)	0.01	(0.04)
	爱尔兰	0.05	(0.03)	**0.15**	(0.03)	0.05	(0.03)	**0.12**	(0.03)	**0.11**	(0.03)	**0.25**	(0.03)	**0.11**	(0.03)	**0.11**	(0.02)
	以色列	**0.09**	(0.03)	**0.15**	(0.03)	**0.09**	(0.03)	**0.14**	(0.04)	**0.22**	(0.03)	**0.29**	(0.03)	**0.27**	(0.03)	**0.16**	(0.03)
	意大利	**0.14**	(0.01)	**0.14**	(0.02)	**0.15**	(0.01)	**0.11**	(0.02)	**0.18**	(0.01)	**0.28**	(0.01)	**0.19**	(0.01)	**0.17**	(0.01)
	日本	**0.17**	(0.03)	**0.16**	(0.03)	**0.13**	(0.03)	**0.10**	(0.03)	**0.28**	(0.03)	**0.28**	(0.03)	**0.21**	(0.03)	**0.15**	(0.03)
	韩国	**0.14**	(0.03)	**0.35**	(0.03)	**0.11**	(0.03)	**0.17**	(0.04)	**0.31**	(0.03)	**0.36**	(0.03)	**0.28**	(0.03)	**0.12**	(0.03)
	卢森堡	**0.15**	(0.02)	**0.10**	(0.02)	**0.15**	(0.02)	**0.07**	(0.02)	**0.21**	(0.02)	**0.19**	(0.02)	**0.24**	(0.02)	**0.08**	(0.02)
	墨西哥	**0.10**	(0.01)	**0.13**	(0.01)	**0.11**	(0.01)	**0.11**	(0.02)	**0.20**	(0.01)	**0.21**	(0.01)	**0.21**	(0.01)	**0.13**	(0.01)
	荷兰	0.07	(0.03)	**0.14**	(0.03)	**0.12**	(0.03)	0.04	(0.03)	0.03	(0.03)	**0.29**	(0.03)	**0.12**	(0.04)	0.07	(0.03)
	新西兰	0.07	(0.03)	**0.19**	(0.02)	0.07	(0.03)	**0.17**	(0.03)	**0.21**	(0.03)	**0.28**	(0.03)	**0.20**	(0.03)	**0.13**	(0.03)
	挪威	−0.03	(0.03)	**0.27**	(0.03)	−0.02	(0.03)	**0.19**	(0.03)	**0.11**	(0.03)	**0.26**	(0.04)	**0.14**	(0.04)	0.07	(0.04)
	波兰	**0.10**	(0.03)	**0.14**	(0.04)	**0.10**	(0.03)	0.07	(0.04)	**0.10**	(0.04)	**0.23**	(0.04)	**0.10**	(0.03)	0.07	(0.04)
	葡萄牙	0.01	(0.03)	**0.30**	(0.03)	0.03	(0.03)	**0.25**	(0.03)	**0.09**	(0.03)	**0.33**	(0.02)	**0.16**	(0.03)	**0.16**	(0.02)
	斯洛伐克共和国	**0.12**	(0.03)	0.06	(0.03)	**0.15**	(0.03)	0.02	(0.03)	−0.02	(0.03)	**0.22**	(0.04)	**0.08**	(0.03)	0.07	(0.03)
	斯洛文尼亚	**0.09**	(0.03)	**0.09**	(0.03)	**0.10**	(0.03)	0.04	(0.04)	**0.18**	(0.03)	**0.28**	(0.03)	**0.20**	(0.03)	**0.15**	(0.03)
	西班牙	**0.06**	(0.02)	**0.15**	(0.02)	**0.08**	(0.02)	**0.08**	(0.02)	**0.11**	(0.02)	**0.18**	(0.02)	**0.16**	(0.02)	0.05	(0.02)
	瑞典	0.07	(0.03)	**0.10**	(0.03)	**0.08**	(0.03)	0.06	(0.03)	**0.16**	(0.03)	**0.13**	(0.03)	**0.19**	(0.03)	0.02	(0.03)
	瑞士	**0.13**	(0.03)	0.01	(0.02)	**0.14**	(0.03)	−0.01	(0.02)	**0.13**	(0.03)	**0.24**	(0.03)	**0.16**	(0.03)	0.06	(0.03)
	土耳其	**0.11**	(0.02)	**0.21**	(0.02)	**0.12**	(0.02)	**0.18**	(0.02)	**0.17**	(0.02)	**0.29**	(0.02)	**0.21**	(0.02)	**0.16**	(0.02)
	英国	**0.10**	(0.02)	**0.11**	(0.02)	**0.10**	(0.02)	**0.09**	(0.02)	**0.27**	(0.02)	**0.21**	(0.02)	**0.24**	(0.02)	0.05	(0.02)
	美国	**0.15**	(0.02)	**0.12**	(0.02)	**0.15**	(0.02)	**0.08**	(0.02)	**0.19**	(0.02)	**0.21**	(0.02)	**0.18**	(0.02)	0.07	(0.02)
	OECD平均	**0.10**	(0.00)	**0.14**	(0.00)	**0.10**	(0.00)	**0.10**	(0.00)	**0.17**	(0.01)	**0.23**	(0.00)	**0.19**	(0.00)	**0.09**	(0.00)
伙伴国家(地区)	阿尔巴尼亚	m	m	m	m	m	m	m	m	m	m	m	m	m	m	m	m
	阿根廷	**0.10**	(0.04)	**0.17**	(0.03)	**0.10**	(0.04)	**0.18**	(0.03)	**0.20**	(0.02)	**0.18**	(0.03)	**0.21**	(0.03)	**0.14**	(0.02)
	巴西	**0.10**	(0.02)	**0.10**	(0.02)	**0.10**	(0.02)	**0.10**	(0.02)	**0.18**	(0.02)	**0.18**	(0.03)	**0.19**	(0.02)	**0.14**	(0.03)
	保加利亚	**0.12**	(0.03)	**0.16**	(0.03)	**0.13**	(0.03)	**0.14**	(0.03)	**0.16**	(0.04)	**0.18**	(0.03)	**0.20**	(0.03)	**0.08**	(0.03)
	哥伦比亚	**0.06**	(0.03)	**0.14**	(0.03)	0.05	(0.03)	**0.15**	(0.03)	**0.22**	(0.03)	**0.16**	(0.03)	**0.22**	(0.03)	**0.14**	(0.03)
	哥斯达黎加	**0.16**	(0.03)	0.07	(0.03)	**0.15**	(0.03)	**0.09**	(0.03)	**0.25**	(0.03)	**0.21**	(0.03)	**0.27**	(0.03)	**0.18**	(0.03)
	克罗地亚	**0.17**	(0.03)	**0.13**	(0.03)	**0.16**	(0.03)	**0.09**	(0.03)	**0.23**	(0.03)	**0.26**	(0.03)	**0.24**	(0.03)	0.05	(0.03)
	塞浦路斯[3,4]	**0.09**	(0.03)	**0.31**	(0.03)	**0.10**	(0.03)	**0.22**	(0.03)	**0.28**	(0.03)	**0.28**	(0.03)	**0.30**	(0.03)	**0.12**	(0.03)
	中国香港	**0.17**	(0.04)	**0.12**	(0.03)	**0.19**	(0.04)	0.04	(0.03)	**0.15**	(0.04)	**0.26**	(0.04)	**0.21**	(0.03)	0.02	(0.03)
	印度尼西亚	**0.06**	(0.02)	**0.08**	(0.02)	**0.06**	(0.02)	**0.08**	(0.02)	**0.15**	(0.02)	**0.12**	(0.03)	**0.16**	(0.02)	**0.11**	(0.02)
	约旦	**0.10**	(0.03)	**0.25**	(0.03)	**0.10**	(0.03)	**0.22**	(0.03)	**0.29**	(0.02)	**0.27**	(0.03)	**0.29**	(0.02)	**0.20**	(0.02)
	哈萨克斯坦	**0.18**	(0.02)	**0.10**	(0.03)	**0.17**	(0.02)	**0.10**	(0.03)	**0.27**	(0.02)	**0.19**	(0.02)	**0.26**	(0.02)	**0.13**	(0.02)
	拉脱维亚	**0.09**	(0.03)	**0.16**	(0.03)	**0.10**	(0.03)	**0.13**	(0.03)	**0.21**	(0.03)	**0.21**	(0.03)	**0.23**	(0.03)	**0.09**	(0.03)
	列支敦士登	**0.38**	(0.13)	−0.13	(0.13)	**0.37**	(0.13)	−0.09	(0.12)	0.16	(0.11)	0.20	(0.11)	0.18	(0.10)	0.09	(0.09)
	立陶宛	**0.17**	(0.03)	**0.16**	(0.04)	**0.18**	(0.03)	**0.09**	(0.04)	**0.19**	(0.03)	**0.25**	(0.03)	**0.21**	(0.03)	0.07	(0.03)
	中国澳门	**0.13**	(0.03)	0.06	(0.03)	**0.15**	(0.03)	0.00	(0.03)	**0.13**	(0.03)	**0.14**	(0.03)	**0.18**	(0.03)	0.02	(0.03)
	马来西亚	**0.10**	(0.03)	**0.26**	(0.03)	**0.10**	(0.03)	**0.22**	(0.03)	**0.22**	(0.02)	**0.21**	(0.03)	**0.24**	(0.02)	**0.11**	(0.02)
	黑山共和国	**0.10**	(0.02)	**0.14**	(0.02)	**0.10**	(0.02)	**0.13**	(0.02)	**0.20**	(0.02)	**0.19**	(0.02)	**0.23**	(0.02)	**0.11**	(0.02)
	秘鲁	**0.08**	(0.03)	**0.19**	(0.03)	**0.08**	(0.03)	**0.19**	(0.03)	**0.20**	(0.02)	**0.20**	(0.03)	**0.22**	(0.03)	**0.16**	(0.03)
	卡塔尔	**0.06**	(0.02)	**0.31**	(0.02)	**0.09**	(0.02)	**0.23**	(0.02)	**0.20**	(0.02)	**0.33**	(0.02)	**0.24**	(0.02)	**0.22**	(0.02)
	罗马尼亚	0.02	(0.03)	−0.15	(0.03)	0.02	(0.03)	−0.14	(0.03)	**0.15**	(0.02)	**0.15**	(0.03)	**0.16**	(0.02)	**0.09**	(0.03)
	俄罗斯联邦	**0.08**	(0.03)	**0.17**	(0.03)	**0.09**	(0.03)	**0.15**	(0.03)	**0.17**	(0.03)	**0.21**	(0.03)	**0.19**	(0.03)	0.07	(0.03)
	塞尔维亚	**0.09**	(0.03)	**0.14**	(0.03)	**0.09**	(0.03)	**0.14**	(0.03)	**0.20**	(0.03)	**0.22**	(0.03)	**0.15**	(0.03)	**0.13**	(0.02)
	中国上海	**0.09**	(0.02)	**0.10**	(0.03)	**0.10**	(0.02)	**0.09**	(0.03)	0.05	(0.03)	0.07	(0.04)	**0.10**	(0.02)	0.04	(0.03)
	新加坡	**0.12**	(0.02)	**0.12**	(0.02)	**0.12**	(0.02)	**0.13**	(0.03)	**0.30**	(0.02)	**0.29**	(0.02)	**0.24**	(0.03)	**0.08**	(0.02)
	中国台北	**0.14**	(0.02)	**0.14**	(0.03)	**0.15**	(0.02)	0.05	(0.03)	**0.16**	(0.03)	**0.34**	(0.03)	**0.19**	(0.02)	**0.11**	(0.02)
	泰国	**0.06**	(0.03)	**0.17**	(0.03)	0.07	(0.03)	**0.14**	(0.03)	**0.17**	(0.02)	**0.14**	(0.02)	**0.19**	(0.02)	**0.08**	(0.02)
	突尼斯	0.01	(0.04)	**0.29**	(0.03)	0.03	(0.03)	**0.25**	(0.03)	**0.20**	(0.03)	**0.30**	(0.03)	**0.23**	(0.03)	**0.22**	(0.03)
	阿拉伯联合酋长国	**0.15**	(0.02)	**0.24**	(0.02)	**0.15**	(0.02)	**0.22**	(0.02)	**0.34**	(0.02)	**0.27**	(0.01)	**0.35**	(0.02)	**0.16**	(0.02)
	乌拉圭	**0.11**	(0.02)	0.07	(0.03)	**0.12**	(0.02)	0.06	(0.03)	**0.10**	(0.02)	**0.15**	(0.02)	**0.14**	(0.02)	**0.09**	(0.02)
	越南	**0.09**	(0.02)	**0.14**	(0.03)	**0.11**	(0.02)	**0.11**	(0.02)	**0.15**	(0.03)	**0.18**	(0.02)	**0.18**	(0.02)	**0.09**	(0.02)

附表 4.53 ■ 纯数学问题及应用数学问题的经验和参与度、驱力、动机及自我信念的关系(续表 4)

结果基于学生自我报告

	数学自我概念 未作调整[1] 应用数学问题 指数变化	标准误	纯数学问题 指数变化	标准误	用数学表现调整后[2] 应用数学问题 指数变化	标准误	纯数学问题 指数变化	标准误	数学焦虑 未作调整[1] 应用数学问题 指数变化	标准误	纯数学问题 指数变化	标准误	用数学表现调整后[2] 应用数学问题 指数变化	标准误	纯数学问题 指数变化	标准误
OECD																
澳大利亚	-0.02	(0.02)	0.24	(0.02)	-0.01	(0.02)	0.11	(0.02)	0.03	(0.02)	-0.19	(0.02)	0.03	(0.02)	-0.07	(0.02)
奥地利	0.19	(0.03)	0.03	(0.03)	0.25	(0.04)	-0.10	(0.03)	-0.04	(0.04)	-0.05	(0.03)	-0.11	(0.04)	0.09	(0.03)
比利时	0.05	(0.02)	0.06	(0.02)	0.06	(0.02)	-0.04	(0.02)	-0.01	(0.02)	-0.01	(0.02)	-0.02	(0.02)	0.10	(0.02)
加拿大	-0.01	(0.02)	0.19	(0.02)	0.00	(0.02)	0.06	(0.02)	0.07	(0.02)	-0.19	(0.02)	0.06	(0.03)	-0.06	(0.02)
智利	0.07	(0.03)	0.19	(0.02)	0.06	(0.03)	0.11	(0.02)	0.01	(0.02)	-0.07	(0.02)	0.01	(0.02)	-0.03	(0.02)
捷克共和国	0.02	(0.04)	0.17	(0.03)	0.10	(0.03)	0.03	(0.03)	0.07	(0.03)	-0.15	(0.03)	0.01	(0.03)	-0.02	(0.03)
丹麦	-0.12	(0.03)	0.03	(0.03)	-0.07	(0.03)	-0.04	(0.03)	0.14	(0.03)	-0.04	(0.03)	0.09	(0.04)	0.03	(0.03)
爱沙尼亚	-0.05	(0.04)	0.12	(0.03)	-0.01	(0.04)	0.04	(0.03)	0.10	(0.03)	-0.12	(0.03)	0.06	(0.03)	-0.04	(0.03)
芬兰	0.12	(0.04)	0.22	(0.03)	0.07	(0.03)	0.09	(0.03)	-0.02	(0.03)	-0.15	(0.03)	0.02	(0.03)	-0.01	(0.03)
法国	0.02	(0.04)	0.11	(0.03)	0.01	(0.03)	0.02	(0.03)	-0.02	(0.04)	-0.01	(0.03)	-0.01	(0.03)	0.07	(0.03)
德国	0.03	(0.04)	0.13	(0.04)	0.09	(0.04)	-0.01	(0.04)	0.11	(0.04)	-0.15	(0.04)	0.04	(0.04)	0.00	(0.04)
希腊	-0.04	(0.02)	0.16	(0.02)	0.02	(0.02)	0.09	(0.02)	0.14	(0.03)	-0.13	(0.03)	0.07	(0.03)	-0.05	(0.03)
匈牙利	0.06	(0.03)	0.04	(0.03)	0.09	(0.03)	-0.03	(0.03)	0.05	(0.03)	-0.08	(0.03)	0.01	(0.03)	0.01	(0.03)
冰岛	0.03	(0.03)	0.17	(0.03)	0.03	(0.03)	0.03	(0.03)	-0.01	(0.03)	-0.17	(0.03)	0.00	(0.03)	0.01	(0.03)
爱尔兰	0.06	(0.03)	0.12	(0.03)	0.07	(0.03)	0.03	(0.03)	-0.02	(0.03)	-0.12	(0.03)	-0.03	(0.03)	-0.04	(0.03)
以色列	0.06	(0.03)	0.07	(0.03)	0.09	(0.03)	0.01	(0.03)	0.01	(0.03)	-0.12	(0.03)	-0.03	(0.03)	0.04	(0.03)
意大利	0.06	(0.01)	0.13	(0.01)	0.06	(0.01)	0.04	(0.01)	0.04	(0.02)	-0.01	(0.02)	0.04	(0.02)	0.07	(0.02)
日本	0.11	(0.02)	0.12	(0.02)	0.09	(0.02)	0.06	(0.02)	-0.06	(0.03)	-0.13	(0.03)	-0.04	(0.03)	-0.08	(0.02)
韩国	0.10	(0.03)	0.31	(0.03)	0.09	(0.02)	0.10	(0.04)	-0.05	(0.03)	-0.09	(0.03)	-0.04	(0.03)	0.01	(0.04)
卢森堡	0.05	(0.04)	0.07	(0.03)	0.09	(0.04)	-0.02	(0.03)	0.10	(0.03)	-0.07	(0.03)	0.05	(0.03)	0.05	(0.03)
墨西哥	0.01	(0.01)	0.13	(0.01)	0.03	(0.01)	0.08	(0.01)	0.05	(0.01)	-0.10	(0.01)	0.01	(0.01)	-0.02	(0.01)
荷兰	0.06	(0.04)	0.02	(0.03)	0.14	(0.04)	-0.14	(0.03)	0.09	(0.04)	-0.01	(0.04)	0.01	(0.04)	0.15	(0.03)
新西兰	0.09	(0.03)	0.16	(0.03)	0.08	(0.03)	0.04	(0.03)	-0.07	(0.03)	-0.12	(0.03)	-0.06	(0.03)	0.03	(0.03)
挪威	0.10	(0.04)	0.16	(0.04)	0.09	(0.04)	0.02	(0.04)	-0.06	(0.05)	-0.13	(0.04)	-0.06	(0.05)	0.03	(0.04)
波兰	0.08	(0.04)	0.08	(0.03)	0.06	(0.03)	-0.02	(0.03)	0.06	(0.04)	-0.09	(0.04)	0.01	(0.04)	0.03	(0.04)
葡萄牙	0.06	(0.03)	0.18	(0.03)	0.07	(0.03)	0.02	(0.03)	0.01	(0.03)	-0.08	(0.03)	0.01	(0.03)	-0.01	(0.02)
斯洛伐克共和国	0.02	(0.04)	0.09	(0.03)	0.08	(0.03)	-0.01	(0.03)	0.06	(0.03)	-0.08	(0.03)	-0.01	(0.04)	0.04	(0.03)
斯洛文尼亚	0.02	(0.03)	0.04	(0.03)	0.06	(0.03)	-0.05	(0.03)	0.04	(0.03)	0.00	(0.03)	0.01	(0.03)	0.08	(0.04)
西班牙	0.00	(0.03)	0.07	(0.02)	0.07	(0.03)	-0.03	(0.02)	0.08	(0.02)	-0.04	(0.02)	0.04	(0.02)	0.05	(0.02)
瑞典	0.08	(0.04)	0.16	(0.04)	0.09	(0.03)	-0.05	(0.03)	-0.01	(0.04)	-0.16	(0.04)	-0.02	(0.04)	-0.08	(0.03)
瑞士	0.05	(0.03)	0.07	(0.03)	0.08	(0.03)	-0.05	(0.03)	0.00	(0.03)	-0.06	(0.03)	-0.04	(0.03)	0.07	(0.03)
土耳其	0.04	(0.03)	0.23	(0.03)	0.08	(0.03)	0.16	(0.02)	-0.01	(0.03)	-0.23	(0.03)	-0.07	(0.03)	-0.13	(0.03)
英国	0.10	(0.03)	0.15	(0.03)	0.08	(0.03)	0.03	(0.03)	-0.07	(0.04)	-0.08	(0.03)	-0.05	(0.03)	0.02	(0.03)
美国	0.03	(0.03)	0.15	(0.03)	0.04	(0.03)	0.03	(0.03)	0.04	(0.03)	-0.19	(0.03)	0.03	(0.03)	-0.06	(0.03)
OECD 平均	0.04	(0.01)	0.13	(0.00)	0.07	(0.00)	0.02	(0.00)	0.02	(0.01)	-0.10	(0.01)	0.00	(0.01)	0.01	(0.00)
伙伴国家(地区)																
阿尔巴利亚	m	m	m	m	m	m	m	m	m	m	m	m	m	m	m	m
阿根廷	0.05	(0.03)	0.11	(0.03)	0.08	(0.03)	0.06	(0.03)	0.12	(0.02)	-0.11	(0.03)	0.08	(0.02)	-0.05	(0.03)
巴西	0.00	(0.02)	0.06	(0.01)	0.00	(0.02)	0.05	(0.01)	0.05	(0.02)	-0.04	(0.02)	0.05	(0.02)	-0.03	(0.02)
保加利亚	0.06	(0.02)	0.05	(0.03)	0.08	(0.02)	0.01	(0.03)	0.15	(0.03)	-0.12	(0.03)	0.10	(0.03)	-0.04	(0.03)
哥伦比亚	0.05	(0.02)	0.14	(0.02)	0.05	(0.02)	0.10	(0.02)	0.00	(0.02)	-0.11	(0.02)	-0.01	(0.02)	-0.06	(0.02)
哥斯达黎加	0.06	(0.03)	0.13	(0.02)	0.10	(0.03)	0.08	(0.02)	0.00	(0.03)	-0.05	(0.03)	-0.04	(0.03)	-0.01	(0.03)
克罗地亚	0.10	(0.03)	0.11	(0.03)	0.10	(0.03)	0.03	(0.03)	0.02	(0.03)	-0.08	(0.04)	0.03	(0.03)	0.01	(0.04)
塞浦路斯[3,4]	0.06	(0.03)	0.25	(0.03)	0.08	(0.03)	0.13	(0.03)	0.05	(0.03)	-0.22	(0.03)	0.02	(0.03)	-0.09	(0.03)
中国香港	0.01	(0.04)	0.14	(0.03)	0.05	(0.04)	0.01	(0.03)	0.11	(0.04)	-0.12	(0.03)	0.07	(0.04)	-0.04	(0.04)
印度尼西亚	0.05	(0.02)	0.07	(0.03)	0.05	(0.02)	0.07	(0.03)	0.00	(0.03)	-0.07	(0.03)	0.00	(0.03)	-0.05	(0.03)
约旦	0.07	(0.02)	0.38	(0.03)	0.09	(0.02)	0.30	(0.03)	0.11	(0.03)	-0.15	(0.03)	0.09	(0.03)	-0.09	(0.02)
哈萨克斯坦	0.14	(0.03)	0.18	(0.03)	0.16	(0.02)	0.15	(0.03)	-0.08	(0.03)	-0.19	(0.03)	-0.10	(0.03)	-0.14	(0.03)
拉脱维亚	0.06	(0.03)	0.19	(0.03)	0.07	(0.03)	0.09	(0.03)	0.05	(0.03)	-0.13	(0.03)	0.03	(0.03)	-0.04	(0.03)
列支敦士登	0.15	(0.17)	0.01	(0.11)	0.15	(0.17)	-0.06	(0.13)	-0.13	(0.16)	0.03	(0.12)	-0.12	(0.16)	0.12	(0.13)
立陶宛	0.08	(0.03)	0.17	(0.03)	0.13	(0.03)	0.02	(0.03)	0.14	(0.04)	-0.15	(0.03)	0.09	(0.04)	-0.02	(0.03)
中国澳门	0.03	(0.03)	0.02	(0.03)	0.06	(0.03)	-0.04	(0.03)	0.05	(0.04)	-0.05	(0.04)	0.01	(0.04)	0.01	(0.03)
马来西亚	0.04	(0.02)	0.14	(0.02)	0.06	(0.02)	0.08	(0.02)	0.02	(0.03)	-0.12	(0.03)	0.02	(0.03)	-0.02	(0.03)
黑山共和国	0.09	(0.03)	0.19	(0.03)	0.12	(0.03)	0.10	(0.03)	0.06	(0.03)	-0.21	(0.03)	0.03	(0.03)	-0.11	(0.03)
秘鲁	0.06	(0.03)	0.11	(0.02)	0.08	(0.03)	0.06	(0.02)	0.00	(0.03)	-0.15	(0.03)	-0.02	(0.03)	-0.08	(0.02)
卡塔尔	-0.01	(0.01)	0.21	(0.01)	0.01	(0.01)	0.16	(0.01)	0.17	(0.01)	-0.25	(0.01)	0.12	(0.01)	-0.11	(0.01)
罗马尼亚	0.07	(0.02)	0.05	(0.02)	0.07	(0.02)	0.02	(0.02)	0.06	(0.02)	-0.06	(0.02)	0.05	(0.02)	-0.02	(0.02)
俄罗斯联邦	0.07	(0.02)	0.18	(0.02)	0.09	(0.02)	0.09	(0.02)	0.00	(0.02)	-0.14	(0.02)	-0.02	(0.02)	-0.05	(0.02)
塞尔维亚	0.05	(0.03)	0.12	(0.03)	0.09	(0.03)	0.06	(0.03)	0.09	(0.03)	-0.12	(0.03)	0.04	(0.03)	-0.06	(0.03)
中国上海	0.00	(0.03)	0.06	(0.03)	0.03	(0.03)	0.00	(0.03)	0.07	(0.03)	-0.06	(0.03)	0.04	(0.03)	0.03	(0.03)
新加坡	0.04	(0.03)	0.14	(0.03)	0.04	(0.03)	0.02	(0.03)	0.02	(0.03)	-0.16	(0.03)	0.00	(0.03)	-0.05	(0.03)
中国台北	0.09	(0.03)	0.20	(0.03)	0.09	(0.03)	0.05	(0.03)	-0.01	(0.03)	-0.07	(0.03)	0.05	(0.03)	0.04	(0.03)
泰国	0.07	(0.03)	0.02	(0.02)	0.08	(0.03)	-0.04	(0.02)	0.05	(0.03)	-0.05	(0.03)	0.04	(0.03)	-0.01	(0.02)
突尼斯	0.02	(0.03)	0.28	(0.03)	0.05	(0.03)	0.22	(0.03)	0.02	(0.03)	-0.14	(0.03)	0.00	(0.03)	-0.09	(0.03)
阿拉伯联合酋长国	0.03	(0.02)	0.25	(0.02)	0.04	(0.02)	0.17	(0.02)	0.05	(0.02)	-0.27	(0.02)	0.03	(0.02)	-0.12	(0.03)
乌拉圭	0.04	(0.03)	0.12	(0.02)	0.10	(0.03)	0.01	(0.02)	0.07	(0.02)	-0.10	(0.02)	0.03	(0.02)	-0.01	(0.02)
越南	0.05	(0.02)	0.09	(0.02)	0.07	(0.02)	0.05	(0.02)	-0.04	(0.02)	-0.05	(0.02)	-0.06	(0.02)	-0.01	(0.02)

注:粗体表示差异值达到统计上的显著。
1. 未作调整的结果基于控制学生性别和 PISA 经济、社会和文化地位(ESCS)之后的回归。
2. 调整后的结果基于控制学生性别、PISA 经济、社会和文化地位(ESCS)和学生数学表现。
3. 土耳其其注：本书中"塞浦路斯"相关的信息是指塞浦路斯岛南部。没有任何一个权力组织能够代表岛上的土耳其和希腊塞浦路斯人。土耳其承认北塞浦路斯土耳其共和国。除非在联合国找到一种长期的平衡的解决方案,否则土耳其将保持其对"塞浦路斯"问题的立场。
4. OECD 和欧盟成员注：塞浦路斯共和国得到了除土耳其外所有联合国成员的承认。本书中的信息是指在塞浦路斯共和国政府有效控制区域内的。

第五章附表

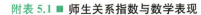

附表 5.1 ■ 师生关系指数与数学表现

基于学生自我报告的结果

		师生关系指数									指数的差异		指数分布中的校间差异
		全体学生		最低 1/4		第二个 1/4		第三个 1/4		最高 1/4				
		平均值	标准误	平均值	标准误	平均值	标准误	平均值	标准误	平均值	标准误	标准差	标准误	校间指数方差所占百分比
OECD	澳大利亚	0.15	(0.01)	−0.96	(0.01)	−0.12	(0.01)	0.23	(0.02)	1.45	(0.02)	0.95	(0.01)	8.11
	奥地利	−0.14	(0.03)	−1.40	(0.03)	−0.59	(0.04)	0.17	(0.02)	1.27	(0.03)	1.05	(0.01)	6.75
	比利时	−0.11	(0.02)	−1.16	(0.02)	−0.37	(0.02)	0.01	(0.01)	1.09	(0.02)	0.91	(0.01)	2.92
	加拿大	0.28	(0.01)	−0.90	(0.02)	−0.06	(0.01)	0.45	(0.02)	1.64	(0.02)	1.00	(0.01)	4.67
	智利	0.19	(0.02)	−1.10	(0.03)	−0.21	(0.02)	0.48	(0.03)	1.60	(0.03)	1.06	(0.01)	5.24
	捷克	−0.16	(0.03)	−1.23	(0.03)	−0.46	(0.04)	0.01	(0.02)	1.05	(0.04)	0.92	(0.01)	6.19
	丹麦	0.15	(0.02)	−0.95	(0.02)	−0.12	(0.02)	0.27	(0.04)	1.40	(0.03)	0.92	(0.01)	8.08
	爱沙尼亚	−0.08	(0.02)	−1.13	(0.02)	−0.33	(0.03)	0.05	(0.02)	1.10	(0.04)	0.89	(0.02)	3.95
	芬兰	−0.09	(0.02)	−1.17	(0.02)	−0.31	(0.02)	0.01	(0.02)	1.10	(0.04)	0.90	(0.01)	5.17
	法国	−0.17	(0.02)	−1.29	(0.03)	−0.55	(0.03)	0.03	(0.02)	1.11	(0.04)	0.96	(0.02)	3.78
	德国	−0.22	(0.02)	−1.44	(0.03)	−0.62	(0.02)	0.06	(0.04)	1.13	(0.04)	1.02	(0.01)	6.97
	希腊	−0.13	(0.02)	−1.30	(0.03)	−0.54	(0.04)	0.09	(0.02)	1.22	(0.03)	1.00	(0.01)	5.23
	匈牙利	−0.02	(0.02)	−1.19	(0.03)	−0.33	(0.03)	0.15	(0.02)	1.32	(0.04)	0.99	(0.02)	4.78
	冰岛	0.21	(0.02)	−1.03	(0.03)	−0.11	(0.02)	0.28	(0.03)	1.71	(0.04)	1.06	(0.02)	7.24
	爱尔兰	0.03	(0.02)	−1.08	(0.03)	−0.26	(0.02)	0.13	(0.02)	1.33	(0.04)	0.95	(0.01)	3.63
	以色列	0.08	(0.03)	−1.28	(0.03)	−0.33	(0.03)	0.34	(0.04)	1.60	(0.05)	1.13	(0.02)	7.80
	意大利	−0.16	(0.01)	−1.34	(0.01)	−0.55	(0.02)	0.09	(0.01)	1.16	(0.01)	1.00	(0.01)	6.30
	日本	−0.17	(0.02)	−1.38	(0.03)	−0.51	(0.04)	0.09	(0.01)	1.19	(0.04)	1.02	(0.01)	5.80
	韩国	−0.12	(0.03)	−1.16	(0.02)	−0.35	(0.04)	−0.02	(0.00)	1.06	(0.06)	0.89	(0.02)	8.23
	卢森堡	−0.05	(0.02)	−1.38	(0.03)	−0.44	(0.02)	0.21	(0.02)	1.41	(0.03)	1.10	(0.01)	1.92
	墨西哥	0.47	(0.01)	−0.79	(0.02)	0.04	(0.01)	0.79	(0.01)	1.85	(0.02)	1.03	(0.01)	4.81
	荷兰	−0.15	(0.02)	−1.08	(0.02)	−0.32	(0.03)	−0.02	(0.00)	0.81	(0.04)	0.78	(0.01)	4.25
	新西兰	0.11	(0.02)	−0.97	(0.03)	−0.16	(0.02)	0.16	(0.03)	1.40	(0.04)	0.93	(0.01)	4.51
	挪威	−0.14	(0.02)	−1.33	(0.03)	−0.44	(0.02)	0.03	(0.02)	1.20	(0.04)	1.01	(0.02)	4.05
	波兰	−0.42	(0.02)	−1.53	(0.03)	−0.79	(0.02)	−0.19	(0.02)	0.82	(0.04)	0.97	(0.02)	8.05
	葡萄牙	0.32	(0.02)	−0.80	(0.04)	−0.02	(0.00)	0.44	(0.04)	1.67	(0.03)	0.96	(0.02)	4.19
	斯洛伐克	−0.18	(0.02)	−1.23	(0.03)	−0.48	(0.04)	−0.02	(0.00)	1.01	(0.05)	0.91	(0.01)	7.84
	斯洛文尼亚	−0.24	(0.02)	−1.30	(0.03)	−0.61	(0.01)	−0.06	(0.02)	1.01	(0.01)	0.93	(0.02)	5.54
	西班牙	0.00	(0.01)	−1.20	(0.02)	−0.37	(0.02)	0.19	(0.02)	1.37	(0.02)	1.01	(0.01)	6.87
	瑞典	0.08	(0.03)	−1.12	(0.04)	−0.23	(0.02)	0.18	(0.03)	1.51	(0.04)	1.03	(0.02)	5.28
	瑞士	0.11	(0.02)	−1.15	(0.03)	−0.22	(0.02)	0.39	(0.03)	1.44	(0.03)	1.02	(0.01)	8.49
	土耳其	0.19	(0.03)	−1.12	(0.03)	−0.24	(0.02)	0.50	(0.03)	1.62	(0.03)	1.08	(0.01)	3.25
	英国	0.15	(0.02)	−0.99	(0.03)	−0.15	(0.02)	0.27	(0.02)	1.47	(0.03)	0.97	(0.01)	5.26
	美国	0.21	(0.04)	−0.94	(0.03)	−0.12	(0.02)	0.34	(0.04)	1.55	(0.04)	0.98	(0.02)	5.30
	OECD 平均	0.00	(0.00)	−1.16	(0.00)	−0.33	(0.00)	0.18	(0.00)	1.31	(0.01)	0.98	(0.00)	5.60
伙伴国家（地区）	阿尔巴尼亚	0.71	(0.02)	−0.51	(0.03)	0.35	(0.03)	1.05	(0.03)	1.95	(0.02)	0.96	(0.01)	1.95
	阿根廷	0.18	(0.03)	−1.10	(0.03)	−0.21	(0.03)	0.42	(0.03)	1.60	(0.03)	1.06	(0.01)	7.07
	巴西	0.25	(0.02)	−1.00	(0.02)	−0.17	(0.01)	0.47	(0.03)	1.69	(0.02)	1.05	(0.01)	5.90
	保加利亚	0.24	(0.02)	−1.07	(0.02)	−0.17	(0.02)	0.47	(0.04)	1.74	(0.03)	1.09	(0.01)	6.33
	哥伦比亚	0.45	(0.02)	−0.82	(0.03)	0.03	(0.03)	0.78	(0.03)	1.82	(0.02)	1.03	(0.01)	3.96
	哥斯达黎加	0.47	(0.02)	−0.86	(0.02)	0.03	(0.04)	0.83	(0.03)	1.88	(0.02)	1.06	(0.02)	3.12
	克罗地亚	−0.15	(0.02)	−1.31	(0.02)	−0.50	(0.03)	0.03	(0.02)	1.20	(0.04)	1.00	(0.01)	6.05
	塞浦路斯	−0.22	(0.02)	−1.43	(0.03)	−0.59	(0.03)	−0.01	(0.01)	1.16	(0.03)	1.03	(0.02)	4.46
	中国香港	0.03	(0.03)	−1.06	(0.03)	−0.21	(0.02)	0.11	(0.02)	1.29	(0.04)	0.94	(0.01)	1.82
	印度尼西亚	0.42	(0.02)	−0.58	(0.03)	0.04	(0.02)	0.67	(0.02)	1.61	(0.04)	0.87	(0.01)	2.44
	约旦	0.39	(0.02)	−1.08	(0.03)	0.01	(0.02)	0.82	(0.02)	1.81	(0.02)	1.13	(0.01)	2.81
	哈萨克斯坦	0.75	(0.03)	−0.41	(0.03)	0.30	(0.04)	1.09	(0.03)	2.01	(0.02)	0.96	(0.01)	7.39
	拉脱维亚	0.16	(0.02)	−0.87	(0.02)	−0.15	(0.02)	0.29	(0.04)	1.36	(0.04)	0.89	(0.01)	5.17
	列支敦士登	0.05	(0.07)	−1.24	(0.11)	−0.37	(0.08)	0.36	(0.10)	1.49	(0.11)	1.09	(0.06)	0.09
	立陶宛	0.43	(0.03)	−0.92	(0.04)	0.05	(0.03)	0.81	(0.03)	1.79	(0.04)	1.05	(0.01)	7.06
	中国澳门	−0.04	(0.02)	−1.15	(0.02)	−0.31	(0.03)	0.06	(0.01)	1.22	(0.03)	0.95	(0.02)	1.30
	马来西亚	0.23	(0.02)	−0.88	(0.02)	−0.14	(0.02)	0.51	(0.04)	1.42	(0.03)	0.91	(0.01)	7.04
	黑山	0.12	(0.02)	−1.22	(0.03)	−0.23	(0.02)	0.32	(0.03)	1.63	(0.04)	1.11	(0.01)	8.56
	秘鲁	0.38	(0.02)	−0.82	(0.02)	−0.02	(0.03)	0.66	(0.03)	1.71	(0.03)	0.98	(0.02)	5.12
	卡塔尔	0.08	(0.01)	−1.28	(0.02)	−0.33	(0.02)	0.36	(0.02)	1.58	(0.02)	1.13	(0.01)	3.34
	罗马尼亚	0.37	(0.02)	−0.89	(0.02)	−0.04	(0.03)	0.67	(0.04)	1.76	(0.03)	1.03	(0.01)	5.74
	俄罗斯联邦	0.14	(0.03)	−1.03	(0.03)	−0.25	(0.02)	0.32	(0.03)	1.53	(0.05)	1.01	(0.02)	6.31
	塞尔维亚	0.08	(0.03)	−1.12	(0.03)	−0.26	(0.02)	0.24	(0.03)	1.48	(0.04)	1.02	(0.02)	5.35
	中国上海	0.46	(0.03)	−0.73	(0.03)	−0.02	(0.00)	0.67	(0.05)	1.92	(0.04)	1.04	(0.02)	7.85
	新加坡	0.36	(0.02)	−0.74	(0.04)	−0.02	(0.00)	0.50	(0.03)	1.72	(0.02)	0.96	(0.02)	3.97
	中国台北	0.03	(0.02)	−1.19	(0.02)	−0.35	(0.03)	0.13	(0.02)	1.51	(0.04)	1.06	(0.02)	3.15
	泰国	0.30	(0.02)	−0.76	(0.03)	−0.02	(0.02)	0.41	(0.04)	1.57	(0.03)	0.92	(0.01)	3.12
	突尼斯	−0.02	(0.03)	−1.37	(0.03)	−0.49	(0.03)	0.32	(0.04)	1.45	(0.03)	1.11	(0.01)	2.92
	阿联酋	0.35	(0.02)	−0.99	(0.02)	−0.08	(0.03)	0.71	(0.03)	1.78	(0.02)	1.08	(0.01)	5.78
	乌拉圭	0.19	(0.03)	−1.03	(0.03)	−0.19	(0.02)	0.41	(0.04)	1.57	(0.04)	1.02	(0.01)	5.98
	越南	0.02	(0.02)	−1.04	(0.02)	−0.30	(0.03)	0.19	(0.02)	1.22	(0.03)	0.89	(0.01)	6.93

附表 5.1 ■ 师生关系指数与数学表现(续表1)

基于学生自我报告的结果

| | | 按照指数的国家(地区)内四分位数区分的数学量表表现 | | | | | | | 该指数每单位的变化相对应的数学分数变化 | | 处于该指数最低1/4(地区)数学表现分布最低1/4所增加的可能性 | | 所解释的学生表现差异 ($r^2 \times 100$) | |
| | | 最低 1/4 | | 第二个 1/4 | | 第三个 1/4 | | 最高 1/4 | | | | | | | |
		平均分	标准误	平均分	标准误	平均分	标准误	平均分	标准误	分差	标准误	比率	标准误	%	标准误
OECD	澳大利亚	**471**	(2.6)	506	(2.8)	513	(3.3)	527	(3.0)	**21.8**	(1.3)	**1.74**	(0.1)	4.8	(0.5)
	奥地利	503	(4.3)	514	(4.1)	513	(4.6)	503	(4.2)	−0.9	(1.5)	1.06	(0.1)	0.0	(0.0)
	比利时	506	(3.7)	530	(3.2)	539	(3.9)	510	(3.7)	2.1	(2.0)	**1.19**	(0.1)	0.0	(0.1)
	加拿大	**503**	(3.4)	521	(2.8)	528	(2.9)	530	(2.9)	**10.8**	(1.2)	**1.43**	(0.1)	1.5	(0.4)
	智利	422	(4.0)	427	(4.3)	426	(4.6)	417	(4.5)	−1.2	(1.5)	0.98	(0.1)	0.0	(0.1)
	捷克	496	(4.8)	503	(5.1)	521	(4.2)	498	(4.4)	1.4	(2.2)	1.21	(0.1)	0.0	(0.1)
	丹麦	**480**	(3.5)	505	(3.9)	516	(3.8)	520	(4.1)	**16.3**	(2.0)	**1.60**	(0.1)	3.4	(0.8)
	爱沙尼亚	511	(3.2)	524	(3.4)	527	(4.2)	519	(4.7)	3.5	(2.3)	1.15	(0.1)	0.2	(0.2)
	芬兰	**505**	(2.8)	526	(3.6)	531	(4.3)	529	(3.3)	**9.2**	(1.5)	**1.44**	(0.1)	1.0	(0.3)
	法国	491	(4.4)	503	(4.1)	508	(5.2)	489	(4.7)	−1.2	(2.1)	1.06	(0.1)	0.0	(0.1)
	德国	514	(3.9)	529	(4.8)	532	(5.1)	515	(5.1)	−0.1	(2.1)	1.12	(0.1)	0.0	(0.1)
	希腊	**457**	(4.3)	461	(4.5)	458	(4.2)	**445**	(4.1)	**−4.9**	(1.7)	0.88	(0.1)	0.3	(0.2)
	匈牙利	**473**	(6.1)	481	(5.2)	486	(4.9)	472	(4.9)	−2.2	(2.7)	1.03	(0.1)	0.1	(0.2)
	冰岛	**474**	(4.7)	496	(4.9)	504	(5.2)	512	(4.1)	**13.5**	(2.2)	**1.52**	(0.1)	2.4	(0.8)
	爱尔兰	**488**	(3.9)	505	(4.3)	507	(4.0)	**504**	(4.1)	**6.2**	(1.9)	**1.32**	(0.1)	0.5	(0.3)
	以色列	473	(5.7)	481	(6.9)	478	(6.6)	463	(7.6)	−4.1	(2.3)	0.94	(0.1)	0.2	(0.3)
	意大利	**494**	(2.8)	497	(3.1)	488	(3.0)	**469**	(2.9)	**−9.1**	(1.3)	**0.84**	(0.0)	1.0	(0.3)
	日本	**520**	(5.2)	543	(5.4)	544	(5.1)	542	(5.5)	**8.4**	(2.0)	**1.39**	(0.1)	0.9	(0.4)
	韩国	**538**	(5.7)	552	(5.0)	546	(6.1)	580	(7.7)	**16.4**	(3.0)	**1.28**	(0.1)	2.2	(0.8)
	卢森堡	484	(3.2)	494	(4.2)	500	(3.8)	482	(3.2)	0.4	(1.5)	1.12	(0.1)	0.0	(0.0)
	墨西哥	**422**	(1.9)	417	(1.9)	411	(2.0)	**407**	(2.1)	**−5.6**	(0.8)	**0.83**	(0.0)	0.6	(0.2)
	荷兰	512	(4.3)	530	(5.3)	544	(5.2)	526	(6.6)	5.7	(2.9)	1.31	(0.1)	0.3	(0.3)
	新西兰	**475**	(4.1)	501	(5.0)	511	(5.4)	511	(5.2)	**13.9**	(2.4)	**1.43**	(0.1)	1.7	(0.6)
	挪威	**465**	(5.5)	496	(4.3)	504	(5.2)	498	(5.1)	**13.2**	(2.4)	**1.56**	(0.1)	2.1	(0.8)
	波兰	517	(5.6)	524	(4.7)	526	(6.0)	508	(5.6)	−4.4	(2.0)	1.00	(0.1)	0.2	(0.2)
	葡萄牙	**480**	(5.2)	487	(4.7)	497	(5.5)	494	(5.8)	**6.2**	(2.5)	1.17	(0.1)	0.4	(0.3)
	斯洛伐克	**487**	(6.4)	492	(5.0)	478	(4.8)	459	(6.4)	**−11.7**	(3.4)	0.93	(0.1)	1.1	(0.6)
	斯洛文尼亚	498	(4.1)	509	(4.2)	511	(4.0)	498	(4.1)	−0.3	(1.8)	1.10	(0.1)	0.0	(0.1)
	西班牙	477	(3.0)	492	(3.2)	492	(3.0)	483	(3.0)	1.5	(1.3)	**1.23**	(0.1)	0.0	(0.1)
	瑞典	**465**	(3.8)	484	(4.1)	489	(5.0)	492	(4.4)	**9.9**	(2.1)	**1.30**	(0.1)	1.3	(0.5)
	瑞士	521	(4.3)	541	(4.3)	538	(5.0)	527	(4.7)	1.7	(1.6)	1.12	(0.1)	0.0	(0.1)
	土耳其	449	(6.2)	456	(6.5)	449	(5.7)	443	(5.7)	−3.3	(1.8)	1.09	(0.1)	0.2	(0.2)
	英国	**472**	(4.6)	504	(4.4)	506	(4.6)	509	(5.2)	**13.3**	(1.9)	**1.51**	(0.1)	1.9	(0.5)
	美国	466	(4.1)	479	(4.9)	492	(6.4)	499	(5.1)	**13.9**	(1.9)	**1.41**	(0.1)	2.3	(0.6)
	OECD平均	**485**	(0.8)	500	(0.8)	504	(0.8)	496	(0.8)	**4.1**	(0.4)	**1.21**	(0.0)	0.9	(0.1)
伙伴国家(地区)	阿尔巴尼亚	395	(4.6)	392	(5.0)	397	(4.9)	391	(4.5)	−1.0	(2.0)	0.97	(0.1)	0.0	(0.1)
	阿根廷	401	(4.6)	395	(4.6)	390	(5.2)	374	(5.2)	−9.6	(1.7)	**0.78**	(0.1)	1.8	(0.6)
	巴西	**397**	(3.0)	399	(3.1)	393	(3.2)	383	(3.1)	−4.6	(1.2)	**0.84**	(0.1)	0.4	(0.2)
	保加利亚	456	(4.5)	440	(5.4)	445	(5.1)	424	(5.9)	−10.3	(2.0)	**0.68**	(0.1)	1.5	(0.6)
	哥伦比亚	390	(4.1)	383	(3.9)	379	(4.2)	372	(4.1)	−7.0	(1.5)	**0.81**	(0.1)	1.0	(0.4)
	哥斯达黎加	415	(4.5)	413	(4.2)	406	(4.4)	393	(4.1)	−7.2	(1.4)	**0.80**	(0.1)	1.3	(0.5)
	克罗地亚	**475**	(3.9)	480	(3.8)	475	(4.8)	460	(7.2)	−7.2	(2.6)	0.90	(0.1)	0.7	(0.5)
	塞浦路斯	432	(3.3)	446	(3.5)	452	(3.9)	445	(3.9)	5.5	(1.5)	1.15	(0.1)	0.4	(0.2)
	中国香港	553	(5.1)	565	(4.5)	570	(5.5)	567	(4.9)	4.1	(2.6)	1.16	(0.1)	0.2	(0.2)
	印度尼西亚	372	(5.7)	372	(4.4)	378	(4.7)	380	(4.7)	2.7	(1.8)	1.13	(0.1)	0.1	(0.1)
	约旦	387	(4.3)	392	(3.9)	392	(3.8)	383	(4.9)	−0.5	(1.5)	1.07	(0.1)	0.0	(0.1)
	哈萨克斯坦	430	(4.3)	432	(4.4)	433	(4.2)	434	(4.7)	1.7	(1.8)	1.07	(0.1)	0.0	(0.1)
	拉脱维亚	485	(4.5)	496	(4.8)	496	(4.8)	484	(4.6)	−1.6	(2.7)	1.06	(0.1)	0.0	(0.1)
	列支敦士登	555	(13.7)	536	(17.6)	533	(18.6)	526	(16.2)	−5.6	(6.5)	0.59	(0.3)	0.5	(1.1)
	立陶宛	**469**	(3.9)	480	(4.4)	479	(5.0)	485	(4.8)	5.7	(1.8)	1.15	(0.1)	0.5	(0.3)
	中国澳门	**533**	(2.9)	542	(4.8)	538	(4.4)	546	(3.6)	4.0	(1.8)	1.12	(0.1)	0.2	(0.1)
	马来西亚	423	(4.8)	428	(4.7)	422	(4.0)	414	(4.0)	−3.3	(1.8)	1.10	(0.1)	0.4	(0.2)
	黑山	431	(3.9)	420	(3.9)	410	(3.6)	386	(3.2)	−15.5	(1.8)	**0.66**	(0.1)	4.4	(0.8)
	秘鲁	379	(5.8)	378	(4.5)	373	(4.6)	364	(5.0)	−6.2	(1.8)	0.91	(0.1)	0.5	(0.3)
	卡塔尔	371	(2.6)	383	(2.6)	389	(2.9)	385	(2.6)	4.7	(1.2)	1.16	(0.1)	0.3	(0.1)
	罗马尼亚	453	(5.7)	446	(4.5)	445	(4.8)	435	(4.3)	−5.8	(1.7)	0.89	(0.1)	0.6	(0.3)
	俄罗斯联邦	479	(3.7)	485	(5.0)	488	(4.9)	479	(4.5)	−0.5	(2.0)	1.01	(0.1)	0.0	(0.1)
	塞尔维亚	**457**	(4.2)	459	(5.2)	452	(4.9)	429	(5.3)	−10.4	(2.0)	**0.79**	(0.1)	1.3	(0.5)
	中国上海	**585**	(5.1)	613	(4.9)	618	(5.2)	635	(5.2)	**16.9**	(2.2)	**1.53**	(0.1)	3.0	(0.8)
	新加坡	**556**	(3.6)	581	(4.3)	587	(4.4)	579	(3.4)	**8.3**	(1.6)	**1.36**	(0.1)	0.6	(0.2)
	中国台北	**554**	(4.8)	563	(5.7)	555	(5.8)	567	(4.5)	3.9	(1.9)	0.98	(0.1)	0.1	(0.1)
	泰国	432	(5.4)	425	(4.1)	429	(4.5)	424	(4.9)	−2.8	(1.9)	0.94	(0.1)	0.3	(0.2)
	突尼斯	**403**	(5.5)	396	(5.3)	383	(5.4)	373	(4.3)	−10.2	(1.6)	**0.76**	(0.1)	2.2	(0.6)
	阿联酋	432	(3.6)	439	(3.7)	432	(3.7)	439	(3.9)	2.2	(1.3)	1.03	(0.1)	0.1	(0.1)
	乌拉圭	426	(3.7)	423	(3.7)	412	(5.0)	387	(4.6)	−13.1	(1.9)	**0.71**	(0.1)	2.3	(0.7)
	越南	**530**	(5.3)	508	(6.6)	507	(6.0)	501	(6.0)	−10.7	(2.0)	**0.58**	(0.1)	1.2	(0.5)

注:统计上有显著性的值用粗体表示。

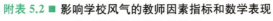

附表 5.2 ■ 影响学校风气的教师因素指标和数学表现

基于学校校长报告的结果

| | | 影响学校风气的教师因素指标 | | | | | | | | | | 指数的差异 | |
| | | 全体学生 | | 最低 1/4 | | 第二个 1/4 | | 第三个 1/4 | | 最高 1/4 | | | |
		平均值	标准误	平均值	标准误	平均值	标准误	平均值	标准误	平均值	标准误	标准差	标准误
OECD	澳大利亚	−0.15	(0.03)	−1.18	(0.04)	−0.54	(0.03)	−0.07	(0.03)	1.21	(0.09)	0.99	(0.04)
	奥地利	−0.16	(0.07)	−1.18	(0.09)	−0.48	(0.07)	0.01	(0.08)	1.01	(0.13)	0.88	(0.05)
	比利时	−0.26	(0.05)	−1.19	(0.04)	−0.62	(0.04)	−0.09	(0.08)	0.89	(0.09)	0.83	(0.04)
	加拿大	0.10	(0.04)	−0.99	(0.05)	−0.31	(0.04)	0.30	(0.06)	1.40	(0.08)	0.97	(0.04)
	智利	−0.55	(0.08)	−1.80	(0.13)	−0.84	(0.08)	−0.29	(0.09)	0.74	(0.16)	1.02	(0.07)
	捷克	0.19	(0.05)	−0.67	(0.05)	−0.15	(0.06)	0.27	(0.06)	1.31	(0.12)	0.81	(0.04)
	丹麦	0.13	(0.06)	−0.89	(0.06)	−0.32	(0.05)	0.24	(0.10)	1.48	(0.13)	0.94	(0.05)
	爱沙尼亚	0.14	(0.05)	−0.94	(0.06)	−0.20	(0.06)	0.38	(0.07)	1.31	(0.10)	0.89	(0.04)
	芬兰	−0.08	(0.05)	−0.95	(0.04)	−0.43	(0.05)	0.04	(0.08)	1.03	(0.08)	0.78	(0.03)
	法国	−0.17	(0.06)	−1.14	(0.06)	−0.54	(0.06)	0.00	(0.06)	1.02	(0.11)	0.88	(0.06)
	德国	−0.31	(0.05)	−1.02	(0.05)	−0.58	(0.04)	−0.27	(0.05)	0.64	(0.14)	0.71	(0.06)
	希腊	−0.16	(0.09)	−1.57	(0.13)	−0.56	(0.08)	0.10	(0.10)	1.39	(0.16)	1.19	(0.07)
	匈牙利	0.37	(0.07)	−0.64	(0.06)	0.01	(0.07)	0.54	(0.08)	1.57	(0.15)	0.89	(0.06)
	冰岛	0.05	(0.01)	−0.99	(0.00)	−0.35	(0.01)	0.28	(0.01)	1.28	(0.01)	0.92	(0.01)
	爱尔兰	0.10	(0.08)	−1.02	(0.08)	−0.31	(0.07)	0.30	(0.12)	1.44	(0.16)	0.99	(0.07)
	以色列	−0.37	(0.08)	−1.60	(0.13)	−0.67	(0.08)	−0.09	(0.09)	0.88	(0.14)	1.02	(0.08)
	意大利	−0.29	(0.04)	−1.35	(0.05)	−0.62	(0.04)	−0.15	(0.04)	0.98	(0.09)	0.95	(0.04)
	日本	−0.31	(0.06)	−1.15	(0.06)	−0.59	(0.05)	−0.23	(0.05)	0.74	(0.14)	0.81	(0.06)
	韩国	0.04	(0.10)	−1.14	(0.17)	−0.35	(0.06)	0.04	(0.08)	1.60	(0.23)	1.14	(0.12)
	卢森堡	−0.29	(0.00)	−1.10	(0.00)	−0.65	(0.00)	−0.10	(0.00)	0.68	(0.00)	0.73	(0.00)
	墨西哥	−0.27	(0.04)	−1.39	(0.00)	−0.63	(0.04)	−0.10	(0.04)	1.05	(0.05)	0.99	(0.02)
	荷兰	−0.85	(0.04)	−1.50	(0.06)	−1.03	(0.05)	−0.72	(0.05)	−0.17	(0.08)	0.53	(0.04)
	新西兰	−0.16	(0.07)	−1.03	(0.06)	−0.53	(0.07)	−0.02	(0.11)	0.92	(0.11)	0.79	(0.05)
	挪威	−0.45	(0.06)	−1.22	(0.04)	−0.80	(0.04)	−0.38	(0.06)	0.61	(0.15)	0.80	(0.07)
	波兰	0.47	(0.06)	−0.51	(0.07)	0.08	(0.07)	0.69	(0.10)	1.62	(0.08)	0.86	(0.04)
	葡萄牙	0.11	(0.09)	−0.96	(0.14)	−0.23	(0.08)	0.27	(0.10)	1.37	(0.14)	0.95	(0.07)
	斯洛伐克	0.04	(0.06)	−0.82	(0.04)	−0.28	(0.06)	0.18	(0.08)	1.08	(0.11)	0.76	(0.04)
	斯洛文尼亚	−0.08	(0.01)	−1.06	(0.02)	−0.42	(0.01)	0.00	(0.01)	1.17	(0.02)	0.92	(0.01)
	西班牙	−0.19	(0.05)	−1.28	(0.05)	−0.56	(0.06)	0.01	(0.06)	1.06	(0.12)	0.94	(0.05)
	瑞典	−0.09	(0.07)	−1.18	(0.08)	−0.48	(0.06)	−0.02	(0.08)	1.31	(0.15)	1.02	(0.07)
	瑞士	0.01	(0.05)	−0.87	(0.06)	−0.29	(0.05)	0.19	(0.07)	1.02	(0.08)	0.77	(0.04)
	土耳其	−0.23	(0.08)	−1.48	(0.09)	−0.68	(0.09)	0.00	(0.12)	1.25	(0.11)	1.12	(0.05)
	英国	0.38	(0.07)	−0.72	(0.05)	−0.12	(0.06)	0.45	(0.09)	1.90	(0.14)	1.05	(0.05)
	美国	0.13	(0.10)	−1.09	(0.10)	−0.39	(0.07)	0.20	(0.13)	1.80	(0.20)	1.16	(0.08)
	OECD平均	−0.09	(0.01)	−1.11	(0.01)	−0.46	(0.01)	0.06	(0.01)	1.13	(0.02)	0.91	(0.01)
伙伴国家(地区)	阿尔巴尼亚	0.55	(0.08)	−0.70	(0.12)	0.18	(0.08)	0.79	(0.10)	1.94	(0.15)	1.06	(0.07)
	阿根廷	−0.39	(0.07)	−1.47	(0.07)	−0.79	(0.08)	−0.20	(0.12)	0.92	(0.10)	0.93	(0.04)
	巴西	−0.33	(0.06)	−1.78	(0.09)	−0.78	(0.07)	−0.15	(0.06)	1.41	(0.13)	1.27	(0.06)
	保加利亚	0.37	(0.10)	−1.29	(0.10)	−0.13	(0.12)	0.76	(0.15)	2.13	(0.13)	1.33	(0.05)
	哥伦比亚	−0.53	(0.08)	−1.89	(0.12)	−0.89	(0.08)	−0.26	(0.09)	0.92	(0.14)	1.13	(0.06)
	哥斯达黎加	−0.45	(0.06)	−1.45	(0.07)	−0.78	(0.06)	−0.33	(0.08)	0.76	(0.15)	0.91	(0.08)
	克罗地亚	−0.31	(0.08)	−1.25	(0.06)	−0.68	(0.04)	−0.18	(0.10)	0.89	(0.14)	0.87	(0.05)
	塞浦路斯	−0.43	(0.00)	−1.36	(0.00)	−0.70	(0.00)	−0.25	(0.00)	0.59	(0.00)	0.83	(0.00)
	中国香港	−0.37	(0.07)	−1.23	(0.06)	−0.69	(0.04)	−0.33	(0.06)	0.76	(0.18)	0.86	(0.08)
	印度尼西亚	0.30	(0.08)	−0.83	(0.09)	−0.04	(0.06)	0.49	(0.09)	1.60	(0.17)	0.99	(0.07)
	约旦	−0.48	(0.09)	−2.00	(0.15)	−0.92	(0.07)	−0.23	(0.11)	1.22	(0.17)	1.28	(0.08)
	哈萨克斯坦	−0.57	(0.13)	−2.51	(0.12)	−1.37	(0.18)	0.01	(0.20)	1.59	(0.16)	1.61	(0.07)
	拉脱维亚	0.13	(0.07)	−0.87	(0.09)	−0.25	(0.06)	0.33	(0.10)	1.30	(0.13)	0.89	(0.05)
	列支敦士登	−0.12	(0.01)	c	c	c	c	c	c	c	c	0.66	(0.01)
	立陶宛	0.54	(0.05)	−0.38	(0.07)	0.29	(0.06)	0.72	(0.06)	1.54	(0.09)	0.76	(0.04)
	中国澳门	−0.09	(0.00)	−1.52	(0.00)	−0.60	(0.00)	−0.01	(0.00)	1.77	(0.00)	1.31	(0.00)
	马来西亚	0.05	(0.08)	−1.07	(0.12)	−0.30	(0.08)	0.24	(0.10)	1.33	(0.14)	0.98	(0.07)
	黑山	0.08	(0.00)	−0.84	(0.00)	−0.15	(0.00)	0.18	(0.00)	1.14	(0.00)	0.79	(0.00)
	秘鲁	−0.32	(0.06)	−1.61	(0.11)	−0.70	(0.08)	−0.05	(0.07)	1.06	(0.12)	1.08	(0.06)
	卡塔尔	0.45	(0.00)	−1.21	(0.00)	0.13	(0.00)	0.85	(0.00)	2.03	(0.00)	1.33	(0.00)
	罗马尼亚	0.58	(0.08)	−0.53	(0.08)	0.23	(0.07)	0.72	(0.09)	1.92	(0.15)	0.99	(0.05)
	俄罗斯联邦	−0.27	(0.08)	−1.94	(0.11)	−0.64	(0.10)	0.17	(0.08)	1.32	(0.14)	1.27	(0.07)
	塞尔维亚	−0.01	(0.09)	−1.09	(0.08)	−0.41	(0.07)	0.10	(0.10)	1.35	(0.19)	0.98	(0.07)
	中国上海	−0.64	(0.12)	−2.60	(0.21)	−1.15	(0.21)	−0.04	(0.11)	1.25	(0.14)	1.52	(0.08)
	新加坡	0.06	(0.00)	−1.00	(0.00)	−0.45	(0.00)	0.05	(0.01)	1.64	(0.01)	1.09	(0.01)
	中国台北	0.02	(0.11)	−1.49	(0.16)	−0.44	(0.09)	0.26	(0.12)	1.74	(0.17)	1.28	(0.07)
	泰国	−0.08	(0.07)	−1.10	(0.08)	−0.35	(0.07)	0.13	(0.08)	0.98	(0.12)	0.83	(0.05)
	突尼斯	−0.70	(0.07)	−1.62	(0.09)	−0.98	(0.05)	−0.58	(0.07)	0.37	(0.15)	0.81	(0.07)
	阿联酋	0.04	(0.06)	−1.65	(0.10)	−0.39	(0.09)	0.44	(0.07)	1.76	(0.11)	1.38	(0.05)
	乌拉圭	−0.67	(0.06)	−1.88	(0.07)	−1.01	(0.07)	−0.37	(0.07)	0.59	(0.13)	1.01	(0.07)
	越南	−0.10	(0.06)	−0.96	(0.08)	−0.35	(0.08)	0.05	(0.05)	0.87	(0.09)	0.72	(0.04)

附表 5.2 ■ 影响学校风气的教师因素指标和数学表现(续表 1)

基于学校校长报告的结果

| | | 按照指数的国家(地区)内四分位数区分的数学量表表现 | | | | | | | 该指数每单位的变化相对应的数学分数变化 | | 处于该指数最低1/4对于学生处于该国(地区)数学表现分布最低1/4所增加的可能性 | | 所解释的学生表现差异 $(r^2 \times 100)$ | |
| | | 最低 1/4 | | 第二个 1/4 | | 第三个 1/4 | | 最高 1/4 | | | | | | | |
		平均分	标准误	平均分	标准误	平均分	标准误	平均分	标准误	分差	标准误	比率	标准误	%	标准误
OECD	澳大利亚	**480**	(3.3)	502	(4.2)	514	(4.5)	**522**	(3.9)	**15.9**	(1.9)	**1.51**	(0.1)	2.7	(0.7)
	奥地利	493	(9.8)	498	(8.2)	512	(10.0)	517	(10.1)	9.1	(5.3)	1.16	(0.2)	0.7	(0.9)
	比利时	**472**	(8.1)	521	(8.4)	536	(8.6)	**531**	(7.9)	**25.4**	(4.9)	**2.00**	(0.3)	4.2	(1.7)
	加拿大	**510**	(5.0)	516	(3.6)	520	(4.6)	527	(4.1)	**6.1**	(2.5)	**1.19**	(0.1)	0.4	(0.4)
	智利	**392**	(5.8)	416	(7.0)	433	(7.6)	**451**	(7.4)	**21.4**	(3.8)	**1.78**	(0.2)	7.4	(2.2)
	捷克	**486**	(8.5)	502	(8.9)	500	(9.8)	**511**	(8.5)	7.6	(4.5)	**1.25**	(0.2)	0.4	(0.5)
	丹麦	**485**	(4.7)	501	(5.4)	507	(5.7)	510	(6.2)	**8.6**	(2.4)	**1.47**	(0.1)	1.0	(0.6)
	爱沙尼亚	**512**	(4.4)	514	(3.5)	521	(5.7)	**532**	(6.1)	**8.2**	(2.9)	1.15	(0.1)	0.8	(0.6)
	芬兰	514	(3.9)	520	(3.5)	521	(4.7)	520	(3.9)	1.9	(2.4)	1.07	(0.1)	0.0	(0.1)
	法国	**468**	(9.1)	489	(8.9)	521	(8.9)	**508**	(8.6)	**16.0**	(6.0)	**1.61**	(0.2)	2.1	(1.5)
	德国	**485**	(8.3)	530	(9.5)	527	(11.0)	512	(10.1)	12.1	(6.8)	**1.57**	(0.2)	0.8	(0.9)
	希腊	440	(6.6)	443	(7.6)	467	(6.9)	462	(7.3)	3.8	(2.7)	1.28	(0.2)	0.3	(0.4)
	匈牙利	**452**	(8.0)	488	(10.1)	473	(9.4)	**499**	(9.1)	**19.5**	(5.7)	**1.48**	(0.3)	3.4	(2.3)
	冰岛	488	(3.1)	498	(3.7)	490	(3.5)	496	(3.2)	−0.5	(1.6)	1.07	(0.1)	0.0	(0.0)
	爱尔兰	**485**	(7.6)	503	(6.9)	502	(5.7)	**518**	(6.1)	**11.2**	(3.3)	**1.47**	(0.2)	1.7	(1.0)
	以色列	459	(12.1)	470	(11.0)	473	(11.1)	470	(11.8)	6.7	(6.3)	1.17	(0.2)	0.4	(0.8)
	意大利	482	(5.9)	495	(5.0)	488	(5.9)	488	(5.3)	0.8	(2.7)	1.10	(0.1)	0.0	(0.1)
	日本	511	(8.0)	529	(11.2)	542	(8.8)	563	(9.6)	22.2	(6.0)	**1.50**	(0.2)	3.7	(2.0)
	韩国	544	(8.9)	560	(9.4)	541	(10.9)	568	(12.2)	7.4	(4.7)	1.23	(0.2)	0.7	(1.0)
	卢森堡	**494**	(2.0)	474	(2.2)	512	(2.1)	**486**	(2.6)	2.7	(1.4)	**0.86**	(0.1)	0.7	(0.4)
	墨西哥	**404**	(2.8)	412	(3.1)	419	(2.5)	**419**	(3.4)	**6.3**	(1.6)	**1.19**	(0.1)	0.7	(0.4)
	荷兰	515	(10.7)	523	(12.5)	520	(11.0)	520	(13.7)	−10.0	(12.4)	0.99	(0.2)	0.3	(0.8)
	新西兰	**474**	(7.4)	510	(6.8)	513	(8.9)	**509**	(8.5)	**16.0**	(5.0)	**1.55**	(0.2)	1.6	(1.0)
	挪威	**476**	(6.5)	489	(5.2)	493	(5.1)	**503**	(6.0)	**15.8**	(3.3)	**1.26**	(0.1)	2.0	(0.9)
	波兰	513	(6.2)	521	(7.3)	514	(6.0)	522	(9.5)	5.2	(6.0)	1.04	(0.1)	0.2	(0.6)
	葡萄牙	477	(10.4)	485	(12.3)	483	(8.2)	500	(8.2)	**11.8**	(4.3)	1.17	(0.2)	1.4	(1.1)
	斯洛伐克	482	(9.2)	484	(9.6)	476	(13.1)	484	(9.1)	4.3	(7.5)	0.92	(0.1)	0.1	(0.5)
	斯洛文尼亚	**476**	(2.9)	515	(4.0)	519	(3.2)	**509**	(2.9)	**17.6**	(1.3)	**1.55**	(0.1)	3.2	(0.5)
	西班牙	**471**	(4.1)	486	(5.2)	485	(4.0)	**498**	(3.4)	**10.2**	(1.8)	**1.36**	(0.1)	1.2	(0.5)
	瑞典	477	(5.9)	471	(5.5)	477	(5.5)	489	(5.7)	**6.0**	(2.5)	1.05	(0.1)	0.5	(0.4)
	瑞士	520	(8.5)	533	(6.3)	537	(9.4)	542	(8.5)	10.6	(5.4)	1.33	(0.2)	0.7	(0.8)
	土耳其	**431**	(7.9)	432	(9.6)	450	(12.5)	**481**	(15.2)	**19.5**	(6.6)	1.21	(0.2)	5.8	(3.6)
	英国	**479**	(7.9)	499	(6.3)	487	(9.9)	**515**	(8.9)	**12.6**	(4.8)	1.26	(0.2)	1.9	(1.5)
	美国	**451**	(7.0)	491	(8.4)	489	(8.8)	**498**	(7.6)	**13.0**	(3.0)	**1.78**	(0.2)	2.8	(1.2)
	OECD 平均	**479**	(1.2)	495	(1.3)	499	(1.4)	**505**	(1.4)	**10.1**	(0.8)	**1.31**	(0.0)	1.6	(0.2)
伙伴国家(地区)	阿尔巴尼亚	395	(4.3)	395	(4.5)	396	(5.8)	392	(5.1)	−0.9	(2.1)	1.04	(0.1)	0.0	(0.1)
	阿根廷	372	(7.4)	382	(7.9)	392	(9.8)	**396**	(9.3)	**13.5**	(4.0)	1.29	(0.2)	2.7	(1.7)
	巴西	380	(3.5)	385	(4.1)	388	(4.8)	413	(7.1)	**11.0**	(2.7)	1.10	(0.1)	3.3	(1.6)
	保加利亚	429	(9.9)	438	(9.6)	437	(10.0)	447	(9.8)	6.6	(4.1)	1.19	(0.2)	0.9	(1.1)
	哥伦比亚	367	(5.2)	375	(5.9)	370	(5.9)	391	(6.9)	7.9	(3.1)	1.15	(0.2)	1.5	(1.1)
	哥斯达黎加	395	(5.4)	405	(6.6)	405	(7.2)	422	(9.0)	**13.4**	(4.2)	1.19	(0.2)	3.2	(2.0)
	克罗地亚	463	(7.9)	462	(9.2)	481	(8.7)	478	(11.7)	7.5	(6.3)	1.13	(0.2)	0.5	(0.9)
	塞浦路斯	436	(2.6)	444	(2.8)	433	(2.2)	448	(2.3)	6.7	(1.4)	1.07	(0.1)	0.4	(0.1)
	中国香港	**532**	(9.3)	553	(10.5)	575	(8.4)	**585**	(9.7)	**22.7**	(5.4)	**1.66**	(0.3)	4.1	(2.0)
	印度尼西亚	374	(9.1)	354	(8.7)	385	(8.9)	386	(10.2)	7.7	(4.9)	0.91	(0.2)	1.2	(1.4)
	约旦	376	(6.9)	374	(6.3)	391	(8.9)	**405**	(8.4)	**7.3**	(3.0)	1.22	(0.1)	1.4	(1.1)
	哈萨克斯坦	428	(6.3)	434	(7.8)	435	(7.6)	427	(6.3)	−1.2	(1.9)	1.09	(0.1)	0.1	(0.3)
	拉脱维亚	493	(6.8)	483	(5.0)	483	(7.1)	495	(8.6)	2.3	(4.3)	0.87	(0.1)	0.2	(0.3)
	列支敦士登	c	c	c	c	c	c	c	c	−6.0	(5.7)	0.90	(0.3)	0.2	(0.2)
	立陶宛	**465**	(5.9)	475	(6.2)	479	(6.5)	**496**	(5.8)	**15.4**	(4.5)	1.22	(0.2)	1.7	(1.0)
	中国澳门	**524**	(2.0)	538	(1.7)	539	(2.0)	**552**	(2.2)	**11.7**	(0.8)	**1.22**	(0.1)	2.7	(0.3)
	马来西亚	**408**	(4.7)	420	(7.8)	411	(9.0)	**444**	(7.1)	**13.2**	(3.5)	1.25	(0.1)	2.5	(1.3)
	黑山	**394**	(2.0)	401	(2.8)	408	(3.0)	**436**	(2.7)	**20.3**	(1.3)	**1.25**	(0.1)	3.8	(0.6)
	秘鲁	**347**	(5.7)	364	(7.0)	383	(10.1)	379	(8.2)	**9.0**	(3.3)	**1.34**	(0.2)	1.3	(1.0)
	卡塔尔	**361**	(1.7)	362	(1.6)	399	(1.8)	**384**	(1.7)	**8.5**	(0.6)	1.06	(0.1)	1.3	(0.2)
	罗马尼亚	441	(7.6)	447	(8.7)	440	(8.3)	451	(8.4)	6.1	(4.2)	1.07	(0.2)	0.5	(0.8)
	俄罗斯联邦	476	(6.2)	473	(6.2)	492	(7.8)	485	(5.4)	4.1	(2.3)	1.10	(0.1)	0.4	(0.4)
	塞尔维亚	434	(10.1)	451	(9.6)	445	(11.5)	463	(11.5)	10.4	(6.1)	1.28	(0.2)	1.3	(1.5)
	中国上海	608	(8.9)	597	(11.3)	610	(12.0)	636	(10.9)	5.6	(3.8)	1.09	(0.1)	0.7	(1.1)
	新加坡	**553**	(2.4)	566	(3.1)	562	(3.3)	**607**	(2.9)	**19.0**	(1.1)	**1.25**	(0.1)	3.9	(0.5)
	中国台北	**536**	(8.7)	556	(12.2)	559	(10.2)	**583**	(9.3)	**13.5**	(3.9)	1.25	(0.2)	2.3	(1.3)
	泰国	**401**	(4.8)	428	(7.8)	439	(8.1)	**439**	(9.2)	**17.4**	(4.5)	**1.56**	(0.2)	3.1	(1.5)
	突尼斯	379	(7.2)	393	(7.5)	397	(11.0)	371	(9.6)	−8.1	(4.6)	1.07	(0.1)	0.8	(1.0)
	阿联酋	**413**	(5.2)	428	(4.6)	433	(5.6)	**463**	(5.8)	**12.6**	(1.9)	**1.36**	(0.1)	3.8	(0.9)
	乌拉圭	**385**	(6.8)	401	(8.3)	400	(7.9)	**451**	(8.5)	**26.8**	(3.7)	**1.39**	(0.2)	9.3	(2.5)
	越南	515	(10.4)	512	(8.5)	511	(9.2)	507	(10.2)	−7.5	(7.7)	0.96	(0.2)	0.4	(0.8)

注:统计上有显著性的值用粗体表示。

附表 5.3 ■ 教师士气指标与数学表现
基于学校校长报告的结果

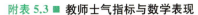

		教师士气指标									指数的差异	
		全体学生		最低 1/4		第二个 1/4		第三个 1/4		最高 1/4			
		平均值	标准误	平均值	标准误	平均值	标准误	平均值	标准误	平均值	标准误	标准差	标准误
OECD	澳大利亚	0.14	(0.03)	−0.96	(0.04)	−0.22	(0.05)	0.48	(0.05)	1.28	(0.03)	0.90	(0.02)
	奥地利	0.54	(0.07)	−0.54	(0.11)	0.26	(0.07)	1.01	(0.16)	1.45	(0.00)	0.81	(0.03)
	比利时	−0.27	(0.06)	−1.27	(0.09)	−0.74	(0.02)	0.01	(0.11)	0.93	(0.10)	0.90	(0.03)
	加拿大	0.18	(0.04)	−1.02	(0.05)	−0.21	(0.09)	0.59	(0.04)	1.36	(0.05)	0.95	(0.02)
	智利	−0.31	(0.08)	−1.49	(0.15)	−0.74	(0.11)	0.13	(0.12)	0.88	(0.09)	0.98	(0.06)
	捷克	−0.10	(0.05)	−1.01	(0.06)	−0.44	(0.12)	0.21	(0.05)	0.84	(0.07)	0.78	(0.03)
	丹麦	0.40	(0.06)	−0.86	(0.04)	0.07	(0.14)	0.94	(0.11)	1.45	(0.00)	0.92	(0.03)
	爱沙尼亚	0.05	(0.05)	−0.96	(0.06)	−0.37	(0.08)	0.32	(0.05)	1.20	(0.07)	0.87	(0.03)
	芬兰	0.33	(0.06)	−0.83	(0.12)	0.21	(0.06)	0.62	(0.05)	1.31	(0.06)	0.83	(0.04)
	法国	−0.39	(0.07)	−1.66	(0.14)	−0.74	(0.11)	0.02	(0.12)	0.82	(0.08)	0.98	(0.04)
	德国	0.01	(0.06)	−1.06	(0.09)	−0.47	(0.12)	0.39	(0.09)	1.18	(0.06)	0.92	(0.04)
	希腊	−0.41	(0.09)	−1.87	(0.11)	−0.76	(0.09)	0.06	(0.17)	0.95	(0.09)	1.09	(0.05)
	匈牙利	−0.02	(0.07)	−1.15	(0.08)	−0.35	(0.12)	0.38	(0.07)	1.07	(0.08)	0.90	(0.03)
	冰岛	0.53	(0.00)	−0.72	(0.01)	0.27	(0.00)	1.10	(0.01)	1.45	(0.00)	0.91	(0.00)
	爱尔兰	0.49	(0.08)	−0.90	(0.08)	0.25	(0.17)	1.18	(0.12)	1.45	(0.00)	0.96	(0.05)
	以色列	0.17	(0.07)	−1.17	(0.12)	0.11	(0.16)	0.56	(0.06)	1.19	(0.07)	0.95	(0.06)
	意大利	−0.60	(0.03)	−1.80	(0.03)	−0.81	(0.05)	−0.34	(0.07)	0.56	(0.05)	0.92	(0.02)
	日本	−0.49	(0.07)	−1.60	(0.10)	−0.74	(0.03)	−0.49	(0.15)	0.88	(0.09)	0.94	(0.04)
	韩国	−0.32	(0.09)	−1.59	(0.12)	−0.74	(0.00)	−0.05	(0.19)	1.12	(0.12)	1.06	(0.05)
	卢森堡	0.00	(0.00)	−0.85	(0.00)	−0.41	(0.00)	0.35	(0.00)	0.92	(0.00)	0.76	(0.00)
	墨西哥	−0.05	(0.04)	−1.20	(0.05)	−0.59	(0.07)	0.33	(0.05)	1.27	(0.03)	1.01	(0.02)
	荷兰	−0.19	(0.07)	−1.01	(0.04)	−0.74	(0.14)	−0.01	(0.18)	0.99	(0.11)	0.85	(0.04)
	新西兰	0.36	(0.06)	−0.88	(0.05)	0.04	(0.14)	0.81	(0.12)	1.45	(0.00)	0.91	(0.04)
	挪威	0.26	(0.06)	−0.91	(0.06)	−0.10	(0.14)	0.61	(0.09)	1.43	(0.06)	0.91	(0.03)
	波兰	−0.14	(0.08)	−1.15	(0.12)	−0.57	(0.13)	0.16	(0.06)	0.99	(0.10)	0.90	(0.06)
	葡萄牙	−0.17	(0.08)	−1.42	(0.13)	−0.51	(0.04)	0.24	(0.06)	1.01	(0.10)	0.98	(0.05)
	斯洛伐克	−0.27	(0.06)	−1.28	(0.12)	−0.68	(0.10)	0.14	(0.07)	0.75	(0.06)	0.84	(0.04)
	斯洛文尼亚	−0.18	(0.01)	−1.22	(0.02)	−0.63	(0.03)	0.24	(0.01)	0.90	(0.01)	0.89	(0.01)
	西班牙	−0.43	(0.05)	−1.70	(0.08)	−0.74	(0.06)	−0.12	(0.06)	0.86	(0.09)	0.98	(0.03)
	瑞典	0.39	(0.07)	−0.81	(0.14)	0.20	(0.06)	0.74	(0.09)	1.45	(0.05)	0.87	(0.04)
	瑞士	0.31	(0.06)	−0.95	(0.10)	0.17	(0.09)	0.68	(0.05)	1.35	(0.07)	0.89	(0.04)
	土耳其	−0.23	(0.08)	−1.50	(0.15)	−0.74	(0.03)	0.20	(0.17)	1.12	(0.10)	1.06	(0.05)
	英国	0.45	(0.06)	−0.87	(0.13)	0.30	(0.06)	0.93	(0.11)	1.45	(0.00)	0.92	(0.04)
	美国	−0.03	(0.08)	−1.18	(0.10)	−0.53	(0.12)	0.38	(0.06)	1.20	(0.13)	0.99	(0.05)
	OECD 平均	0.00	(0.01)	−1.16	(0.02)	−0.34	(0.02)	0.38	(0.02)	1.13	(0.01)	0.92	(0.01)
伙伴国家（地区）	阿尔巴尼亚	0.35	(0.07)	−0.70	(0.13)	0.16	(0.07)	0.60	(0.06)	1.34	(0.07)	0.78	(0.04)
	阿根廷	−0.07	(0.07)	−1.11	(0.10)	−0.47	(0.13)	0.29	(0.06)	1.01	(0.09)	0.89	(0.04)
	巴西	−0.50	(0.05)	−1.91	(0.07)	−0.75	(0.05)	−0.25	(0.08)	0.90	(0.09)	1.07	(0.04)
	保加利亚	0.21	(0.07)	−0.98	(0.12)	−0.03	(0.17)	0.53	(0.06)	1.30	(0.07)	0.88	(0.03)
	哥伦比亚	0.11	(0.07)	−1.03	(0.12)	−0.29	(0.14)	0.45	(0.08)	1.32	(0.07)	0.94	(0.04)
	哥斯达黎加	−0.02	(0.07)	−1.23	(0.10)	−0.53	(0.11)	0.43	(0.10)	1.25	(0.07)	1.02	(0.04)
	克罗地亚	−0.29	(0.07)	−1.31	(0.10)	−0.74	(0.02)	−0.04	(0.13)	0.94	(0.11)	0.92	(0.05)
	塞浦路斯	−0.07	(0.00)	−1.18	(0.00)	−0.63	(0.00)	0.25	(0.00)	1.28	(0.00)	0.99	(0.00)
	中国香港	−0.42	(0.07)	−1.43	(0.12)	−0.74	(0.00)	−0.29	(0.13)	0.79	(0.13)	0.89	(0.00)
	印度尼西亚	0.59	(0.07)	−0.77	(0.11)	0.39	(0.09)	1.27	(0.09)	1.45	(0.00)	0.91	(0.04)
	约旦	−0.21	(0.08)	−1.51	(0.11)	−0.73	(0.09)	0.25	(0.14)	1.14	(0.11)	1.08	(0.05)
	哈萨克斯坦	0.51	(0.07)	−0.65	(0.16)	0.33	(0.07)	0.92	(0.15)	1.45	(0.00)	0.89	(0.08)
	拉脱维亚	0.09	(0.06)	−0.78	(0.03)	−0.30	(0.08)	0.28	(0.08)	1.16	(0.08)	0.78	(0.03)
	列支敦士登	0.08	(0.01)	c	c	c	c	c	c	c	c	0.70	(0.01)
	立陶宛	0.34	(0.06)	−0.76	(0.15)	0.26	(0.06)	0.66	(0.05)	1.22	(0.06)	0.83	(0.06)
	中国澳门	−0.50	(0.00)	−1.35	(0.00)	−0.74	(0.00)	−0.49	(0.00)	0.56	(0.00)	0.83	(0.00)
	马来西亚	0.46	(0.08)	−0.86	(0.15)	0.16	(0.08)	1.11	(0.16)	1.45	(0.00)	0.95	(0.05)
	黑山	0.10	(0.00)	−0.96	(0.00)	−0.49	(0.01)	0.52	(0.00)	1.34	(0.00)	0.94	(0.00)
	秘鲁	−0.17	(0.07)	−1.28	(0.11)	−0.73	(0.08)	0.19	(0.11)	1.15	(0.10)	0.99	(0.04)
	卡塔尔	0.77	(0.00)	−0.54	(0.00)	0.73	(0.00)	1.45	(0.00)	1.45	(0.00)	0.87	(0.00)
	罗马尼亚	−0.04	(0.07)	−1.16	(0.10)	−0.27	(0.13)	0.31	(0.06)	0.94	(0.10)	0.87	(0.05)
	俄罗斯联邦	−0.04	(0.05)	−1.07	(0.07)	−0.40	(0.10)	0.25	(0.05)	1.05	(0.08)	0.87	(0.03)
	塞尔维亚	−0.37	(0.08)	−1.47	(0.14)	−0.74	(0.05)	0.01	(0.15)	0.70	(0.09)	0.87	(0.04)
	中国上海	−0.01	(0.07)	−1.07	(0.09)	−0.53	(0.13)	0.33	(0.10)	1.24	(0.06)	0.95	(0.04)
	新加坡	0.13	(0.01)	−1.00	(0.01)	−0.26	(0.02)	0.38	(0.02)	1.40	(0.01)	0.95	(0.00)
	中国台北	−0.14	(0.08)	−1.06	(0.09)	−0.74	(0.00)	0.01	(0.19)	1.25	(0.12)	0.97	(0.05)
	泰国	0.06	(0.08)	−1.24	(0.12)	−0.25	(0.11)	0.47	(0.11)	1.28	(0.07)	1.01	(0.05)
	突尼斯	−0.66	(0.09)	−2.09	(0.13)	−1.02	(0.11)	−0.41	(0.12)	0.90	(0.14)	1.16	(0.05)
	阿联酋	0.39	(0.05)	−0.96	(0.03)	0.04	(0.11)	1.02	(0.09)	1.45	(0.00)	0.99	(0.02)
	乌拉圭	−0.28	(0.07)	−1.49	(0.13)	−0.64	(0.11)	0.13	(0.05)	0.90	(0.09)	0.96	(0.05)
	越南	−0.30	(0.06)	−1.15	(0.10)	−0.74	(0.00)	−0.16	(0.11)	0.84	(0.11)	0.85	(0.05)

附表 5.3 ■ 教师士气指标与数学表现(续表 1)

基于学校校长报告的结果

		最低 1/4		第二个 1/4		第三个 1/4		最高 1/4		该指数每单位的变化相对应的数学分数变化		处于该指数最低1/4对于学生处于该国(地区)数学表现分布最低1/4所增加的可能性		所解释的学生表现差异 ($r^2 \times 100$)	
		平均分	标准误	平均分	标准误	平均分	标准误	平均分	标准误	分差	标准误	比率	标准误	%	标准误
OECD	澳大利亚	**490**	(3.1)	496	(2.7)	511	(3.8)	**520**	(3.9)	**14.3**	(1.7)	**1.30**	(0.1)	1.8	(0.4)
	奥地利	497	(8.3)	518	(9.2)	499	(9.5)	509	(7.7)	3.3	(6.5)	1.10	(0.2)	0.1	(0.4)
	比利时	**485**	(6.9)	515	(7.0)	529	(7.7)	**536**	(9.1)	**24.1**	(5.7)	**1.68**	(0.2)	4.5	(2.2)
	加拿大	**508**	(4.0)	514	(3.6)	520	(3.7)	**531**	(4.5)	**9.0**	(2.1)	**1.19**	(0.1)	0.9	(0.5)
	智利	**395**	(6.0)	412	(6.2)	435	(7.1)	**448**	(7.1)	**20.5**	(3.8)	**1.66**	(0.2)	6.2	(2.0)
	捷克	498	(7.4)	495	(7.9)	501	(7.5)	506	(8.0)	4.9	(5.4)	1.00	(0.1)	0.2	(0.4)
	丹麦	**493**	(3.9)	497	(6.4)	500	(7.1)	**512**	(5.4)	**7.4**	(2.5)	**1.15**	(0.1)	0.7	(0.5)
	爱沙尼亚	**512**	(3.7)	512	(4.5)	526	(4.5)	**531**	(4.4)	**10.1**	(2.3)	**1.18**	(0.1)	1.2	(0.5)
	芬兰	518	(3.7)	515	(4.7)	520	(4.0)	522	(4.4)	2.4	(2.2)	1.00	(0.1)	0.1	(0.1)
	法国	**478**	(9.3)	477	(8.5)	500	(10.6)	**532**	(8.2)	**19.6**	(4.8)	**1.31**	(0.2)	3.9	(1.8)
	德国	**489**	(7.5)	516	(9.5)	526	(8.6)	**522**	(9.2)	**14.9**	(4.8)	**1.41**	(0.2)	2.0	(1.4)
	希腊	**439**	(6.5)	451	(7.2)	461	(7.4)	**461**	(7.7)	**8.5**	(3.6)	**1.35**	(0.2)	1.1	(1.0)
	匈牙利	**453**	(10.8)	474	(7.1)	485	(8.9)	**500**	(10.3)	**19.5**	(7.2)	**1.74**	(0.3)	3.6	(2.7)
	冰岛	**487**	(4.0)	496	(3.6)	491	(5.1)	**499**	(3.6)	**5.7**	(1.8)	**1.17**	(0.1)	0.3	(0.5)
	爱尔兰	493	(7.1)	503	(5.7)	506	(5.5)	509	(5.5)	6.1	(3.6)	**1.28**	(0.2)	0.5	(0.6)
	以色列	**443**	(10.9)	466	(7.5)	479	(9.8)	476	(11.9)	**16.5**	(7.1)	**1.41**	(0.3)	2.2	(2.1)
	意大利	**474**	(4.9)	486	(4.2)	492	(4.2)	**497**	(4.9)	**9.4**	(3.2)	**1.25**	(0.1)	0.9	(0.6)
	日本	**496**	(8.2)	544	(7.0)	542	(8.3)	**564**	(10.7)	**26.8**	(4.4)	**1.82**	(0.2)	7.3	(2.4)
	韩国	**519**	(11.7)	549	(8.2)	563	(8.2)	**583**	(9.1)	**23.7**	(5.0)	**1.93**	(0.3)	6.4	(2.8)
	卢森堡	**469**	(2.8)	488	(2.4)	503	(2.7)	**500**	(2.4)	**21.0**	(1.4)	**1.38**	(0.1)	2.8	(0.4)
	墨西哥	**408**	(2.5)	413	(2.5)	410	(3.3)	**422**	(3.7)	**4.9**	(1.9)	**1.10**	(0.1)	0.4	(0.3)
	荷兰	524	(7.3)	512	(8.9)	516	(10.4)	527	(10.0)	3.2	(7.0)	0.90	(0.1)	0.1	(0.5)
	新西兰	**487**	(5.1)	491	(7.1)	512	(7.3)	**517**	(7.6)	**15.6**	(3.7)	**1.20**	(0.1)	2.0	(1.0)
	挪威	**478**	(5.8)	485	(6.2)	495	(4.9)	**503**	(5.8)	**11.4**	(3.8)	**1.24**	(0.1)	1.3	(0.9)
	波兰	**506**	(5.4)	515	(6.0)	521	(8.9)	**528**	(6.1)	**10.9**	(3.0)	**1.20**	(0.1)	1.2	(0.7)
	葡萄牙	**471**	(8.5)	483	(7.0)	487	(8.2)	**505**	(7.5)	**13.3**	(4.2)	**1.29**	(0.2)	1.9	(1.2)
	斯洛伐克	480	(8.2)	486	(8.4)	479	(8.6)	481	(10.5)	−0.2	(6.6)	0.99	(0.1)	0.0	(0.1)
	斯洛文尼亚	500	(3.9)	495	(4.1)	506	(3.9)	**513**	(4.9)	**5.7**	(1.8)	0.99	(0.1)	0.3	(0.2)
	西班牙	**467**	(4.5)	478	(4.4)	492	(4.1)	**500**	(4.9)	**12.1**	(2.6)	**1.39**	(0.1)	1.8	(0.8)
	瑞典	**465**	(5.1)	477	(4.8)	484	(5.3)	**487**	(5.1)	**9.4**	(3.2)	**1.31**	(0.1)	0.8	(0.5)
	瑞士	537	(6.2)	529	(5.6)	526	(5.7)	537	(8.0)	−1.4	(4.1)	0.85	(0.1)	0.0	(0.2)
	土耳其	**427**	(8.1)	429	(6.4)	456	(10.1)	**481**	(13.5)	**20.5**	(4.9)	**1.31**	(0.2)	5.7	(2.7)
	英国	**470**	(10.0)	497	(7.4)	506	(6.6)	**504**	(6.7)	**16.7**	(4.4)	**1.57**	(0.2)	2.6	(1.4)
	美国	**465**	(6.9)	472	(6.5)	492	(5.7)	**500**	(9.4)	**14.4**	(4.9)	**1.49**	(0.2)	2.5	(1.6)
	OECD平均	**480**	(1.2)	491	(1.1)	499	(1.2)	**508**	(1.3)	**11.9**	(0.7)	**1.30**	(0.0)	2.0	(0.2)
伙伴国家(地区)	阿尔巴尼亚	394	(5.1)	396	(5.3)	393	(4.0)	394	(4.5)	−0.9	(2.8)	1.00	(0.1)	0.0	(0.1)
	阿根廷	381	(6.4)	384	(6.3)	387	(7.5)	406	(5.9)	10.3	(5.3)	1.29	(0.2)	1.5	(1.4)
	巴西	**382**	(2.8)	382	(4.1)	389	(5.2)	**413**	(5.4)	**12.8**	(1.8)	**1.04**	(0.1)	3.1	(0.9)
	保加利亚	**413**	(8.3)	434	(8.6)	452	(10.1)	**456**	(10.2)	**20.0**	(5.5)	**1.47**	(0.2)	3.5	(2.0)
	哥伦比亚	369	(4.5)	367	(6.0)	375	(6.2)	395	(5.7)	10.3	(2.7)	**1.17**	(0.1)	1.7	(0.9)
	哥斯达黎加	**395**	(5.6)	401	(5.6)	409	(8.0)	**423**	(7.3)	**10.9**	(3.4)	**1.31**	(0.2)	2.6	(1.8)
	克罗地亚	**456**	(5.9)	478	(6.9)	467	(7.1)	**483**	(11.9)	**10.5**	(5.3)	**1.38**	(0.2)	1.2	(1.2)
	塞浦路斯	**424**	(2.5)	432	(4.1)	450	(2.9)	**451**	(2.3)	**12.1**	(1.1)	**1.26**	(0.1)	1.6	(0.3)
	中国香港	**535**	(7.5)	564	(7.9)	563	(8.7)	**583**	(9.8)	**21.2**	(5.0)	**1.58**	(0.2)	3.9	(1.9)
	印度尼西亚	361	(8.8)	368	(8.4)	384	(7.6)	387	(6.0)	**11.9**	(4.5)	**1.32**	(0.2)	2.3	(1.7)
	约旦	373	(6.7)	379	(6.4)	389	(6.9)	402	(8.9)	**11.3**	(3.9)	**1.32**	(0.1)	2.4	(1.6)
	哈萨克斯坦	431	(5.4)	432	(6.7)	426	(6.2)	428	(5.9)	−1.0	(3.4)	0.96	(0.1)	0.0	(0.2)
	拉脱维亚	490	(5.6)	487	(5.0)	485	(6.1)	493	(6.9)	−0.6	(4.4)	0.94	(0.1)	0.0	(0.2)
	列支敦士登	c	c	c	c	c	c	c	c	−0.3	(5.4)	1.40		0.0	(0.0)
	立陶宛	**454**	(5.8)	476	(6.4)	491	(5.1)	**494**	(5.3)	**18.1**	(3.7)	**1.62**	(0.2)	2.8	(1.0)
	中国澳门	**520**	(2.9)	535	(2.6)	538	(3.5)	**559**	(2.8)	**21.6**	(1.2)	**1.37**	(0.1)	3.6	(0.4)
	马来西亚	422	(7.1)	421	(5.8)	404	(6.7)	423	(6.5)	1.5	(3.8)	0.98	(0.1)	0.0	(0.2)
	黑山	**401**	(2.7)	389	(2.5)	404	(2.2)	**445**	(2.4)	**17.0**	(1.2)	**1.16**	(0.1)	3.7	(0.5)
	秘鲁	**350**	(5.2)	355	(5.5)	373	(9.1)	**394**	(9.0)	**17.7**	(4.3)	**1.23**	(0.1)	4.3	(2.0)
	卡塔尔	**369**	(1.4)	374	(1.8)	381	(2.6)	**382**	(2.4)	**6.1**	(0.8)	**1.04**	(0.1)	0.3	(0.1)
	罗马尼亚	**429**	(6.6)	443	(5.9)	451	(7.4)	**455**	(8.2)	**13.1**	(4.9)	**1.32**	(0.2)	2.0	(1.4)
	俄罗斯联邦	**462**	(4.2)	480	(5.9)	490	(5.8)	**496**	(7.0)	**17.2**	(3.1)	**1.41**	(0.1)	3.0	(1.1)
	塞尔维亚	**439**	(9.0)	437	(9.2)	468	(9.8)	**468**	(10.0)	**13.8**	(6.7)	**1.16**	(0.1)	1.8	(1.7)
	中国上海	**591**	(8.7)	609	(7.8)	620	(8.4)	**631**	(9.5)	**16.0**	(5.7)	**1.49**	(0.2)	2.3	(1.5)
	新加坡	**553**	(2.9)	565	(4.1)	579	(4.0)	**602**	(2.8)	**21.0**	(1.4)	**1.21**	(0.1)	3.5	(0.5)
	中国台北	**540**	(7.1)	545	(8.8)	569	(10.5)	**586**	(13.5)	**21.1**	(6.7)	**1.30**	(0.1)	3.1	(2.1)
	泰国	**403**	(5.1)	416	(6.2)	441	(9.1)	**447**	(8.0)	**16.1**	(3.2)	**1.47**	(0.2)	4.0	(1.5)
	突尼斯	381	(6.8)	387	(6.5)	390	(7.5)	394	(10.6)	4.0	(4.0)	1.03	(0.2)	0.3	(0.7)
	阿联酋	**414**	(4.9)	427	(5.9)	443	(4.5)	**455**	(6.5)	**16.7**	(2.9)	**1.42**	(0.1)	3.4	(1.1)
	乌拉圭	**385**	(5.0)	395	(6.4)	421	(6.6)	**436**	(8.5)	**21.6**	(3.7)	**1.39**	(0.1)	5.5	(1.9)
	越南	**503**	(7.0)	508	(8.4)	506	(9.4)	**529**	(9.5)	**9.6**	(5.9)	**1.17**	(0.2)	0.9	(1.1)

注:统计上有显著性的值用粗体表示。

附表 5.4 ■ 纪律风气指数和数学表现

基于学生自我报告的结果

		纪律风气指数										指数的差异		指数分布中的校间差异
		全体学生		最低 1/4		第二个 1/4		第三个 1/4		最高 1/4				
		平均值	标准误	平均值	标准误	平均值	标准误	平均值	标准误	平均值	标准误	标准差	标准误	校间指数方差所占百分比
OECD	澳大利亚	−0.14	(0.02)	−1.45	(0.02)	−0.45	(0.02)	0.18	(0.02)	1.17	(0.02)	1.03	(0.01)	10.08
	奥地利	0.21	(0.03)	−1.22	(0.04)	−0.15	(0.04)	0.65	(0.04)	1.55	(0.03)	1.08	(0.02)	10.97
	比利时	0.04	(0.03)	−1.27	(0.03)	−0.31	(0.02)	0.37	(0.04)	1.37	(0.03)	1.04	(0.01)	10.78
	加拿大	0.01	(0.01)	−1.21	(0.02)	−0.28	(0.01)	0.28	(0.02)	1.25	(0.02)	0.97	(0.01)	6.09
	智利	−0.25	(0.03)	−1.35	(0.03)	−0.56	(0.03)	0.00	(0.03)	0.91	(0.03)	0.90	(0.01)	12.77
	捷克	0.10	(0.04)	−1.30	(0.04)	−0.27	(0.05)	0.48	(0.04)	1.48	(0.04)	1.09	(0.02)	20.95
	丹麦	−0.01	(0.03)	−1.13	(0.04)	−0.27	(0.03)	0.25	(0.03)	1.11	(0.05)	0.89	(0.02)	11.77
	爱沙尼亚	0.20	(0.03)	−1.02	(0.03)	−0.13	(0.04)	0.52	(0.03)	1.43	(0.03)	0.96	(0.01)	13.57
	芬兰	−0.33	(0.02)	−1.38	(0.03)	−0.59	(0.02)	−0.09	(0.02)	0.76	(0.03)	0.86	(0.01)	7.74
	法国	−0.29	(0.03)	−1.59	(0.03)	−0.69	(0.03)	0.03	(0.03)	1.08	(0.03)	1.05	(0.01)	10.92
	德国	−0.02	(0.03)	−1.30	(0.03)	−0.38	(0.03)	0.30	(0.03)	1.29	(0.03)	1.02	(0.01)	7.05
	希腊	−0.24	(0.03)	−1.33	(0.03)	−0.54	(0.03)	−0.03	(0.04)	0.92	(0.04)	0.90	(0.02)	12.30
	匈牙利	0.05	(0.04)	−1.26	(0.04)	−0.26	(0.04)	0.41	(0.05)	1.33	(0.04)	1.02	(0.01)	22.25
	冰岛	−0.03	(0.02)	−1.14	(0.03)	−0.25	(0.01)	0.15	(0.03)	1.13	(0.03)	0.91	(0.01)	15.31
	爱尔兰	0.13	(0.03)	−1.31	(0.04)	−0.23	(0.04)	0.55	(0.03)	1.50	(0.03)	1.10	(0.02)	9.81
	以色列	0.26	(0.03)	−1.12	(0.04)	−0.11	(0.03)	0.66	(0.04)	1.61	(0.04)	1.07	(0.01)	7.48
	意大利	−0.04	(0.02)	−1.30	(0.02)	−0.39	(0.02)	0.30	(0.02)	1.22	(0.01)	0.99	(0.01)	15.46
	日本	0.67	(0.03)	−0.52	(0.04)	0.41	(0.04)	1.02	(0.02)	1.75	(0.02)	0.90	(0.02)	18.65
	韩国	0.19	(0.03)	−0.88	(0.03)	−0.13	(0.03)	0.44	(0.04)	1.33	(0.04)	0.87	(0.01)	17.10
	卢森堡	−0.02	(0.02)	−1.40	(0.03)	−0.39	(0.04)	0.32	(0.04)	1.38	(0.02)	1.09	(0.01)	3.61
	墨西哥	0.06	(0.01)	−1.08	(0.01)	−0.24	(0.01)	0.33	(0.02)	1.22	(0.02)	0.91	(0.01)	9.30
	荷兰	−0.16	(0.03)	−1.27	(0.03)	−0.49	(0.03)	0.08	(0.03)	1.04	(0.04)	0.92	(0.01)	9.04
	新西兰	−0.25	(0.03)	−1.49	(0.03)	−0.56	(0.02)	0.04	(0.04)	1.03	(0.04)	1.00	(0.02)	7.24
	挪威	−0.08	(0.03)	−1.14	(0.04)	−0.29	(0.04)	0.12	(0.03)	1.02	(0.04)	0.87	(0.02)	12.35
	波兰	0.08	(0.04)	−1.30	(0.06)	−0.23	(0.04)	0.48	(0.04)	1.36	(0.03)	1.05	(0.02)	16.21
	葡萄牙	0.00	(0.03)	−1.22	(0.04)	−0.30	(0.04)	0.28	(0.03)	1.25	(0.03)	0.97	(0.02)	8.61
	斯洛伐克	−0.13	(0.03)	−1.29	(0.04)	−0.44	(0.04)	0.14	(0.04)	1.05	(0.04)	0.93	(0.01)	14.64
	斯洛文尼亚	0.06	(0.02)	−1.26	(0.02)	−0.30	(0.02)	0.43	(0.04)	1.39	(0.02)	1.04	(0.01)	21.91
	西班牙	−0.04	(0.02)	−1.35	(0.03)	−0.37	(0.02)	0.29	(0.03)	1.26	(0.02)	1.03	(0.01)	12.15
	瑞典	−0.20	(0.03)	−1.29	(0.03)	−0.49	(0.03)	0.02	(0.02)	0.96	(0.04)	0.89	(0.02)	9.99
	瑞士	0.07	(0.03)	−1.17	(0.04)	−0.27	(0.04)	0.41	(0.03)	1.32	(0.03)	0.98	(0.02)	8.46
	土耳其	−0.09	(0.02)	−1.22	(0.03)	−0.35	(0.02)	0.13	(0.02)	1.08	(0.03)	0.91	(0.01)	10.33
	英国	0.15	(0.03)	−1.24	(0.03)	−0.17	(0.03)	0.55	(0.03)	1.45	(0.03)	1.07	(0.01)	8.14
	美国	0.06	(0.03)	−1.19	(0.04)	−0.25	(0.02)	0.36	(0.05)	1.35	(0.03)	1.00	(0.02)	7.05
	OECD 平均	0.00	(0.00)	−1.24	(0.01)	−0.32	(0.00)	0.31	(0.01)	1.25	(0.01)	0.98	(0.00)	11.77
伙伴国家（地区）	阿尔巴尼亚	0.39	(0.03)	−0.86	(0.03)	0.09	(0.04)	0.76	(0.04)	1.58	(0.02)	0.96	(0.01)	3.54
	阿根廷	−0.51	(0.03)	−1.57	(0.03)	−0.80	(0.03)	−0.28	(0.05)	0.63	(0.05)	0.88	(0.02)	10.95
	巴西	−0.34	(0.02)	−1.49	(0.02)	−0.66	(0.02)	−0.10	(0.02)	0.86	(0.03)	0.94	(0.01)	10.04
	保加利亚	−0.20	(0.03)	−1.36	(0.04)	−0.45	(0.04)	0.11	(0.03)	0.90	(0.03)	0.91	(0.01)	13.58
	哥伦比亚	−0.05	(0.02)	−1.12	(0.03)	−0.28	(0.02)	0.19	(0.03)	1.01	(0.03)	0.85	(0.02)	6.96
	哥斯达黎加	0.04	(0.03)	−1.04	(0.03)	−0.25	(0.02)	0.28	(0.04)	1.17	(0.05)	0.88	(0.02)	10.31
	克罗地亚	−0.12	(0.03)	−1.43	(0.04)	−0.43	(0.04)	0.21	(0.03)	1.17	(0.04)	1.02	(0.01)	16.84
	塞浦路斯	−0.19	(0.02)	−1.32	(0.03)	−0.46	(0.02)	0.03	(0.03)	0.99	(0.03)	0.92	(0.01)	6.16
	中国香港	0.29	(0.02)	−0.93	(0.04)	−0.02	(0.03)	0.55	(0.03)	1.55	(0.03)	0.97	(0.01)	6.03
	印度尼西亚	0.12	(0.02)	−0.96	(0.03)	−0.17	(0.02)	0.36	(0.03)	1.27	(0.03)	0.88	(0.02)	6.68
	约旦	−0.23	(0.03)	−1.51	(0.03)	−0.64	(0.03)	0.03	(0.04)	1.20	(0.04)	1.07	(0.02)	12.84
	哈萨克斯坦	0.72	(0.03)	−0.64	(0.04)	0.45	(0.05)	1.20	(0.06)	1.85	(0.00)	0.99	(0.02)	11.73
	拉脱维亚	0.08	(0.04)	−1.11	(0.05)	−0.24	(0.03)	0.38	(0.06)	1.30	(0.04)	0.95	(0.02)	18.19
	列支敦士登	0.25	(0.07)	−1.03	(0.12)	−0.07	(0.08)	0.59	(0.11)	1.53	(0.08)	1.01	(0.05)	0.07
	立陶宛	0.28	(0.03)	−1.09	(0.03)	−0.09	(0.04)	0.66	(0.04)	1.63	(0.03)	1.06	(0.02)	14.96
	中国澳门	0.10	(0.01)	−0.86	(0.02)	−0.14	(0.01)	0.29	(0.02)	1.11	(0.02)	0.79	(0.01)	7.51
	马来西亚	−0.21	(0.02)	−1.21	(0.03)	−0.49	(0.02)	0.00	(0.03)	0.85	(0.03)	0.83	(0.01)	8.66
	黑山	−0.02	(0.02)	−1.31	(0.03)	−0.34	(0.02)	0.35	(0.03)	1.23	(0.02)	1.01	(0.01)	4.67
	秘鲁	−0.04	(0.02)	−1.01	(0.03)	−0.26	(0.02)	0.20	(0.03)	0.93	(0.03)	0.78	(0.01)	7.86
	卡塔尔	−0.32	(0.01)	−1.67	(0.02)	−0.77	(0.02)	−0.01	(0.02)	1.17	(0.02)	1.12	(0.01)	11.09
	罗马尼亚	0.01	(0.04)	−1.22	(0.04)	−0.36	(0.04)	0.30	(0.05)	1.34	(0.04)	1.00	(0.02)	16.99
	俄罗斯联邦	0.35	(0.03)	−0.98	(0.04)	0.01	(0.04)	0.74	(0.04)	1.62	(0.03)	1.02	(0.02)	12.63
	塞尔维亚	−0.16	(0.03)	−1.45	(0.04)	−0.46	(0.04)	0.16	(0.04)	1.13	(0.04)	1.02	(0.01)	12.01
	中国上海	0.57	(0.03)	−0.64	(0.03)	0.25	(0.03)	0.94	(0.03)	1.75	(0.04)	0.95	(0.01)	19.12
	新加坡	0.21	(0.02)	−1.09	(0.02)	−0.09	(0.02)	0.56	(0.03)	1.46	(0.02)	1.00	(0.01)	11.05
	中国台北	−0.01	(0.03)	−1.23	(0.03)	−0.28	(0.02)	0.19	(0.03)	1.28	(0.04)	0.98	(0.01)	9.04
	泰国	0.07	(0.02)	−0.88	(0.03)	−0.14	(0.01)	0.26	(0.03)	1.02	(0.03)	0.77	(0.01)	7.08
	突尼斯	−0.43	(0.02)	−1.47	(0.03)	−0.74	(0.02)	−0.23	(0.02)	0.71	(0.03)	0.87	(0.01)	4.56
	阿联酋	0.02	(0.02)	−1.29	(0.02)	−0.36	(0.02)	0.37	(0.02)	1.37	(0.02)	1.04	(0.01)	12.57
	乌拉圭	−0.16	(0.03)	−1.40	(0.03)	−0.48	(0.04)	0.15	(0.03)	1.07	(0.03)	0.98	(0.01)	11.21
	越南	0.36	(0.02)	−0.49	(0.03)	0.11	(0.02)	0.58	(0.02)	1.25	(0.02)	0.70	(0.01)	7.87

附表 5.4 ■ 纪律风气指数和数学表现(续表 1)
基于学生自我报告的结果

| | | 按照指数的国家(地区)内四分位数区分的数学量表表现 | | | | | | | 该指数每单位的变化相对应的数学分数变化 | | 处于该指数最低1/4对于学生处于该国(地区)数学表现分布最低1/4所增加的可能性 | | 所解释的学生表现差异 ($r^2 \times 100$) | |
| | | 最低 1/4 | | 第二个 1/4 | | 第三个 1/4 | | 最高 1/4 | | | | | | | |
		平均分	标准误	平均分	标准误	平均分	标准误	平均分	标准误	分差	标准误	比率	标准误	%	标准误
OECD	澳大利亚	**465**	(2.6)	**491**	(2.7)	**515**	(2.9)	**546**	(3.1)	**29.7**	(1.4)	**1.89**	(0.1)	**10.4**	(0.9)
	奥地利	**487**	(5.4)	**502**	(4.2)	**513**	(4.8)	**531**	(4.9)	**14.6**	(2.3)	**1.53**	(0.1)	**3.0**	(0.9)
	比利时	**492**	(4.1)	**516**	(4.1)	**528**	(3.8)	**550**	(3.5)	**20.6**	(1.7)	**1.59**	(0.1)	**4.8**	(0.8)
	加拿大	**496**	(2.9)	**514**	(3.5)	**528**	(3.1)	**545**	(2.9)	**18.0**	(1.2)	**1.59**	(0.1)	**4.0**	(0.5)
	智利	**412**	(5.0)	**424**	(4.1)	**423**	(4.0)	**432**	(4.1)	**8.2**	(2.1)	**1.30**	(0.1)	**0.8**	(0.5)
	捷克	**474**	(5.5)	**494**	(4.8)	**516**	(5.2)	**534**	(5.4)	**20.3**	(2.3)	**1.81**	(0.2)	**6.0**	(1.3)
	丹麦	**489**	(3.7)	**500**	(4.1)	**507**	(4.2)	**524**	(3.4)	**13.8**	(2.0)	**1.40**	(0.1)	**2.2**	(0.6)
	爱沙尼亚	**498**	(3.6)	**515**	(4.5)	**529**	(3.8)	**540**	(3.7)	**16.8**	(1.9)	**1.55**	(0.1)	**4.0**	(0.9)
	芬兰	**509**	(3.7)	**523**	(4.0)	**523**	(3.4)	**534**	(3.6)	**8.6**	(2.0)	**1.32**	(0.1)	**0.8**	(0.4)
	法国	**482**	(4.2)	**482**	(4.9)	**503**	(4.5)	**526**	(4.3)	**16.4**	(1.8)	**1.25**	(0.1)	**3.2**	(0.7)
	德国	**499**	(5.4)	**515**	(4.8)	**530**	(5.8)	**548**	(4.3)	**17.5**	(2.1)	**1.65**	(0.1)	**3.8**	(0.9)
	希腊	**430**	(4.1)	**446**	(4.5)	**459**	(3.8)	**486**	(3.9)	**21.6**	(2.0)	**1.75**	(0.1)	**5.0**	(0.9)
	匈牙利	**451**	(4.6)	**461**	(4.8)	**484**	(5.6)	**517**	(6.7)	**25.2**	(2.7)	**1.60**	(0.2)	**8.0**	(1.5)
	冰岛	**481**	(4.8)	**496**	(5.0)	**501**	(4.8)	**507**	(4.3)	**12.4**	(2.6)	**1.32**	(0.1)	**1.5**	(0.6)
	爱尔兰	**472**	(4.6)	**493**	(4.7)	**514**	(4.0)	**526**	(4.2)	**19.6**	(1.8)	**1.82**	(0.1)	**6.5**	(1.1)
	以色列	**426**	(6.5)	**470**	(5.8)	**497**	(6.1)	**502**	(6.1)	**26.2**	(2.2)	**2.07**	(0.1)	**7.4**	(1.1)
	意大利	**464**	(2.6)	**477**	(2.6)	**497**	(3.0)	**511**	(3.1)	**17.9**	(1.3)	**1.50**	(0.1)	**3.7**	(0.5)
	日本	**504**	(5.6)	**539**	(5.1)	**548**	(4.5)	**557**	(5.1)	**22.7**	(2.6)	**1.84**	(0.1)	**4.9**	(1.0)
	韩国	**531**	(6.1)	**541**	(5.0)	**563**	(6.2)	**581**	(7.3)	**22.2**	(3.2)	**1.50**	(0.1)	**3.9**	(1.1)
	卢森堡	**469**	(3.6)	**480**	(4.0)	**499**	(3.3)	**513**	(3.1)	**15.2**	(1.4)	**1.41**	(0.1)	**3.1**	(0.6)
	墨西哥	**401**	(2.1)	**411**	(1.6)	**417**	(1.8)	**428**	(2.0)	**11.3**	(1.1)	**1.41**	(0.1)	**1.9**	(0.3)
	荷兰	**507**	(5.5)	**529**	(5.6)	**534**	(5.6)	**548**	(5.6)	**15.5**	(2.9)	**1.44**	(0.1)	**2.7**	(0.9)
	新西兰	**463**	(3.6)	**486**	(4.9)	**507**	(4.7)	**543**	(4.8)	**29.8**	(2.3)	**1.80**	(0.2)	**9.2**	(1.4)
	挪威	**470**	(4.7)	**490**	(4.3)	**497**	(4.9)	**507**	(4.8)	**15.5**	(2.2)	**1.44**	(0.1)	**2.2**	(0.6)
	波兰	**502**	(5.2)	**513**	(4.3)	**525**	(5.3)	**534**	(6.7)	**11.8**	(2.3)	**1.35**	(0.1)	**1.9**	(0.7)
	葡萄牙	**475**	(5.6)	**489**	(5.7)	**488**	(4.5)	**513**	(4.5)	**14.5**	(2.4)	**1.34**	(0.1)	**2.3**	(0.7)
	斯洛伐克	**453**	(6.0)	**479**	(5.7)	**495**	(5.2)	**510**	(4.8)	**22.7**	(2.8)	**1.82**	(0.1)	**4.5**	(1.1)
	斯洛文尼亚	**474**	(3.3)	**487**	(3.7)	**519**	(5.3)	**536**	(4.8)	**23.5**	(1.8)	**1.61**	(0.1)	**7.3**	(1.1)
	西班牙	**467**	(3.6)	**480**	(3.4)	**492**	(2.6)	**505**	(3.2)	**13.6**	(1.6)	**1.51**	(0.1)	**2.6**	(0.6)
	瑞典	**464**	(4.0)	**483**	(4.5)	**484**	(4.3)	**497**	(4.1)	**11.5**	(2.3)	**1.37**	(0.1)	**1.3**	(0.5)
	瑞士	**512**	(4.4)	**528**	(4.0)	**539**	(4.5)	**546**	(5.0)	**12.6**	(2.2)	**1.40**	(0.1)	**1.8**	(0.6)
	土耳其	**425**	(4.9)	**435**	(5.2)	**458**	(7.3)	**479**	(7.7)	**21.8**	(2.5)	**1.45**	(0.1)	**4.9**	(1.1)
	英国	**466**	(4.2)	**485**	(4.6)	**513**	(4.7)	**526**	(5.1)	**23.0**	(1.9)	**1.80**	(0.1)	**6.9**	(1.1)
	美国	**447**	(4.9)	**477**	(4.8)	**499**	(5.5)	**515**	(4.7)	**25.3**	(1.9)	**1.91**	(0.1)	**8.1**	(1.1)
	OECD平均	**472**	(0.8)	**490**	(0.8)	**504**	(0.8)	**521**	(0.8)	**18.2**	(0.4)	**1.57**	(0.0)	**4.3**	(0.2)
伙伴国家(地区)	阿尔巴尼亚	389	(4.6)	399	(4.6)	395	(5.3)	392	(4.9)	0.8	(2.6)	1.09	(0.1)	0.0	(0.1)
	阿根廷	380	(4.9)	386	(4.9)	393	(4.5)	**403**	(5.2)	**9.2**	(2.5)	**1.35**	(0.1)	**1.2**	(0.6)
	巴西	376	(2.9)	391	(3.0)	397	(2.9)	**407**	(3.0)	**11.6**	(1.4)	**1.43**	(0.1)	**2.0**	(0.5)
	保加利亚	407	(5.6)	438	(5.1)	452	(5.5)	**469**	(6.0)	**25.8**	(3.1)	**1.92**	(0.2)	**6.4**	(1.4)
	哥伦比亚	368	(4.2)	378	(4.3)	381	(4.1)	**394**	(3.9)	**11.6**	(1.9)	**1.44**	(0.1)	**1.8**	(0.6)
	哥斯达黎加	400	(3.4)	406	(3.8)	404	(5.9)	**416**	(5.2)	**7.1**	(2.6)	**1.55**	(0.1)	**0.8**	(0.6)
	克罗地亚	438	(3.9)	460	(4.6)	480	(5.3)	**513**	(7.4)	**26.7**	(2.8)	**1.83**	(0.1)	**9.6**	(1.7)
	塞浦路斯	423	(3.4)	438	(3.4)	450	(3.3)	**465**	(3.4)	**15.3**	(1.9)	**1.58**	(0.1)	**2.4**	(0.7)
	中国香港	542	(5.7)	559	(4.4)	575	(4.4)	**578**	(4.5)	**14.1**	(2.3)	**1.49**	(0.1)	**2.1**	(0.7)
	印度尼西亚	360	(5.9)	386	(4.9)	387	(5.5)	369	(4.1)	3.8	(2.1)	1.54	(0.1)	0.2	(0.2)
	约旦	367	(4.3)	378	(3.9)	400	(4.2)	**407**	(5.9)	**14.4**	(2.2)	**1.55**	(0.1)	**4.1**	(1.1)
	哈萨克斯坦	411	(3.8)	429	(4.9)	442	(4.8)	**446**	(4.5)	**14.7**	(1.7)	**1.65**	(0.1)	**4.3**	(0.9)
	拉脱维亚	478	(4.6)	485	(4.8)	494	(5.5)	**503**	(5.3)	**10.6**	(2.1)	**1.41**	(0.1)	**1.5**	(0.6)
	列支敦士登	520	(14.1)	536	(18.5)	536	(15.0)	554	(15.4)	14.4	(6.7)	1.14	(0.4)	2.4	(2.2)
	立陶宛	445	(3.8)	471	(5.1)	491	(4.0)	**506**	(4.5)	**21.1**	(2.0)	**1.99**	(0.1)	**6.3**	(1.1)
	中国澳门	524	(3.3)	533	(3.5)	544	(3.2)	**559**	(3.1)	**16.2**	(2.1)	**1.38**	(0.1)	**1.9**	(0.5)
	马来西亚	388	(4.7)	415	(4.5)	432	(4.1)	**452**	(4.6)	**29.4**	(2.1)	**2.06**	(0.2)	**9.3**	(1.4)
	黑山	390	(3.5)	406	(3.2)	420	(3.7)	**428**	(4.2)	**13.3**	(1.7)	**1.54**	(0.1)	**2.6**	(0.7)
	秘鲁	359	(5.2)	369	(5.5)	376	(4.7)	**382**	(4.7)	**11.1**	(2.7)	**1.50**	(0.1)	**1.1**	(0.5)
	卡塔尔	353	(2.9)	353	(2.3)	399	(2.8)	**422**	(2.8)	**23.1**	(1.2)	**1.56**	(0.1)	**6.8**	(0.7)
	罗马尼亚	424	(5.1)	431	(4.8)	452	(5.8)	**474**	(5.8)	**20.5**	(2.2)	**1.56**	(0.1)	**6.5**	(1.3)
	俄罗斯联邦	462	(3.6)	478	(5.0)	491	(4.4)	**500**	(4.7)	**14.6**	(1.7)	**1.52**	(0.1)	**3.1**	(0.7)
	塞尔维亚	422	(5.6)	444	(4.4)	457	(5.6)	**475**	(5.6)	**19.7**	(2.3)	**1.65**	(0.1)	**4.8**	(1.1)
	中国上海	572	(5.4)	598	(5.8)	631	(4.5)	**649**	(4.4)	**33.4**	(2.5)	**1.96**	(0.1)	**9.9**	(1.2)
	新加坡	527	(3.6)	564	(3.7)	598	(3.6)	**614**	(3.3)	**33.7**	(1.9)	**2.38**	(0.1)	**10.7**	(1.1)
	中国台北	527	(4.9)	551	(5.2)	564	(5.4)	**598**	(5.9)	**26.7**	(2.6)	**1.61**	(0.1)	**5.3**	(0.9)
	泰国	404	(4.6)	425	(4.7)	441	(4.3)	440	(4.7)	17.6	(2.2)	1.60	(0.2)	2.8	(0.7)
	突尼斯	382	(4.4)	383	(5.0)	391	(5.3)	**400**	(5.1)	**6.4**	(1.9)	**1.13**	(0.1)	**0.3**	(0.3)
	阿联酋	402	(3.2)	432	(3.6)	451	(4.3)	**458**	(4.6)	**19.7**	(1.8)	**1.85**	(0.1)	**5.5**	(0.9)
	乌拉圭	386	(3.8)	405	(4.7)	422	(5.1)	**435**	(4.2)	**19.0**	(2.2)	**1.64**	(0.1)	**4.5**	(1.0)
	越南	499	(6.4)	513	(5.6)	519	(5.9)	516	(7.2)	8.4	(3.3)	1.25	(0.1)	0.5	(0.4)

注：统计上有显著性的值用粗体表示。

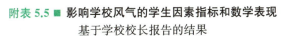

附表 5.5 ■ 影响学校风气的学生因素指标和数学表现
基于学校校长报告的结果

		影响学校风气的学生因素指标										指数的差异	
		全体学生		最低 1/4		第二个 1/4		第三个 1/4		最高 1/4			
		平均值	标准误	平均值	标准误	平均值	标准误	平均值	标准误	平均值	标准误	标准差	标准误
OECD	澳大利亚	−0.18	(0.04)	−1.39	(0.04)	−0.51	(0.04)	0.04	(0.04)	1.14	(0.08)	1.02	(0.03)
	奥地利	−0.30	(0.08)	−1.49	(0.13)	−0.60	(0.07)	0.07	(0.10)	0.83	(0.11)	0.95	(0.06)
	比利时	−0.08	(0.06)	−1.29	(0.06)	−0.44	(0.06)	0.09	(0.06)	1.30	(0.13)	1.04	(0.05)
	加拿大	−0.47	(0.04)	−1.42	(0.05)	−0.78	(0.04)	−0.31	(0.04)	0.64	(0.07)	0.85	(0.03)
	智利	0.03	(0.09)	−1.52	(0.15)	−0.36	(0.07)	0.40	(0.12)	1.62	(0.14)	1.24	(0.08)
	捷克	0.20	(0.06)	−0.96	(0.08)	−0.17	(0.08)	0.47	(0.09)	1.49	(0.10)	0.96	(0.05)
	丹麦	0.07	(0.07)	−1.04	(0.10)	−0.18	(0.06)	0.26	(0.07)	1.25	(0.12)	0.91	(0.06)
	爱沙尼亚	−0.05	(0.05)	−1.12	(0.05)	−0.38	(0.06)	0.18	(0.07)	1.10	(0.08)	0.88	(0.03)
	芬兰	−0.50	(0.04)	−1.30	(0.05)	−0.74	(0.05)	−0.29	(0.08)	0.33	(0.08)	0.65	(0.03)
	法国	0.01	(0.06)	−1.16	(0.08)	−0.32	(0.05)	0.15	(0.08)	1.40	(0.11)	1.01	(0.05)
	德国	−0.18	(0.04)	−1.03	(0.07)	−0.40	(0.05)	−0.01	(0.05)	0.72	(0.07)	0.69	(0.03)
	希腊	0.03	(0.08)	−1.37	(0.16)	−0.16	(0.08)	0.38	(0.07)	1.26	(0.10)	1.05	(0.07)
	匈牙利	0.13	(0.05)	−1.22	(0.10)	−0.09	(0.09)	0.47	(0.05)	1.38	(0.11)	1.04	(0.06)
	冰岛	0.31	(0.01)	−0.63	(0.01)	−0.08	(0.01)	0.48	(0.01)	1.49	(0.01)	0.86	(0.00)
	爱尔兰	−0.09	(0.06)	−1.15	(0.10)	−0.40	(0.06)	0.09	(0.07)	1.11	(0.12)	0.91	(0.06)
	以色列	−0.15	(0.08)	−1.46	(0.12)	−0.40	(0.09)	0.11	(0.08)	1.13	(0.15)	1.04	(0.07)
	意大利	0.01	(0.04)	−1.15	(0.05)	−0.31	(0.05)	0.31	(0.04)	1.19	(0.04)	0.94	(0.03)
	日本	0.31	(0.07)	−0.81	(0.11)	0.04	(0.06)	0.52	(0.07)	1.50	(0.11)	0.94	(0.06)
	韩国	0.07	(0.09)	−1.32	(0.13)	−0.27	(0.09)	0.35	(0.08)	1.53	(0.18)	1.13	(0.07)
	卢森堡	−0.27	(0.00)	−1.11	(0.00)	−0.43	(0.00)	−0.09	(0.00)	0.53	(0.00)	0.67	(0.00)
	墨西哥	0.01	(0.03)	−1.18	(0.06)	−0.28	(0.04)	0.33	(0.03)	1.17	(0.05)	0.95	(0.03)
	荷兰	−0.40	(0.05)	−1.28	(0.08)	−0.59	(0.05)	−0.21	(0.06)	0.48	(0.09)	0.70	(0.04)
	新西兰	−0.25	(0.06)	−1.25	(0.10)	−0.47	(0.07)	−0.12	(0.04)	0.85	(0.15)	0.91	(0.07)
	挪威	−0.12	(0.05)	−0.96	(0.06)	−0.35	(0.06)	0.00	(0.05)	0.84	(0.11)	0.74	(0.05)
	波兰	0.05	(0.06)	−0.89	(0.06)	−0.31	(0.08)	0.24	(0.10)	1.17	(0.09)	0.84	(0.04)
	葡萄牙	−0.14	(0.09)	−1.39	(0.12)	−0.59	(0.10)	0.11	(0.12)	1.29	(0.14)	1.07	(0.06)
	斯洛伐克	−0.22	(0.06)	−1.24	(0.06)	−0.58	(0.07)	0.01	(0.10)	0.94	(0.10)	0.85	(0.05)
	斯洛文尼亚	−0.38	(0.01)	−1.28	(0.01)	−0.73	(0.01)	−0.22	(0.01)	0.72	(0.02)	0.80	(0.01)
	西班牙	0.19	(0.05)	−0.98	(0.07)	−0.12	(0.05)	0.43	(0.07)	1.43	(0.07)	0.96	(0.04)
	瑞典	−0.19	(0.05)	−1.15	(0.07)	−0.44	(0.08)	−0.03	(0.03)	0.85	(0.11)	0.81	(0.05)
	瑞士	−0.04	(0.06)	−0.96	(0.07)	−0.26	(0.06)	0.17	(0.06)	0.89	(0.10)	0.76	(0.05)
	土耳其	−0.30	(0.07)	−1.57	(0.11)	−0.66	(0.10)	0.07	(0.09)	0.97	(0.12)	1.01	(0.06)
	英国	0.40	(0.06)	−0.53	(0.06)	0.00	(0.03)	0.47	(0.08)	1.65	(0.12)	0.91	(0.05)
	美国	−0.14	(0.08)	−1.22	(0.08)	−0.46	(0.10)	−0.03	(0.05)	1.16	(0.16)	0.94	(0.06)
	OECD平均	−0.08	(0.01)	−1.17	(0.01)	−0.38	(0.01)	0.14	(0.01)	1.10	(0.02)	0.91	(0.01)
伙伴国家（地区）	阿尔巴尼亚	0.91	(0.07)	−0.23	(0.11)	0.63	(0.08)	1.14	(0.09)	2.11	(0.11)	0.93	(0.05)
	阿根廷	0.21	(0.10)	−1.28	(0.12)	−0.19	(0.12)	0.59	(0.12)	1.72	(0.14)	1.16	(0.06)
	巴西	−0.49	(0.06)	−1.88	(0.08)	−0.92	(0.07)	−0.23	(0.07)	1.08	(0.11)	1.17	(0.05)
	保加利亚	0.12	(0.10)	−1.50	(0.14)	−0.20	(0.12)	0.57	(0.10)	1.61	(0.14)	1.24	(0.06)
	哥伦比亚	−0.59	(0.06)	−1.82	(0.09)	−0.94	(0.06)	−0.39	(0.09)	0.77	(0.12)	1.03	(0.06)
	哥斯达黎加	−0.66	(0.06)	−1.75	(0.06)	−1.08	(0.07)	−0.47	(0.08)	0.68	(0.13)	0.98	(0.05)
	克罗地亚	−0.53	(0.07)	−1.70	(0.07)	−0.87	(0.09)	−0.27	(0.09)	0.73	(0.14)	0.96	(0.06)
	塞浦路斯	−0.12	(0.00)	−1.28	(0.00)	−0.32	(0.00)	0.03	(0.00)	1.10	(0.00)	0.99	(0.00)
	中国香港	0.37	(0.06)	−0.65	(0.09)	0.06	(0.08)	0.57	(0.07)	1.48	(0.13)	0.88	(0.06)
	印度尼西亚	0.78	(0.06)	−0.05	(0.10)	0.52	(0.06)	0.97	(0.09)	1.68	(0.09)	0.71	(0.05)
	约旦	−0.12	(0.10)	−1.92	(0.15)	−0.54	(0.12)	0.34	(0.10)	1.63	(0.17)	1.38	(0.08)
	哈萨克斯坦	−0.61	(0.13)	−2.54	(0.12)	−1.54	(0.19)	0.02	(0.23)	1.64	(0.12)	1.66	(0.06)
	拉脱维亚	−0.19	(0.08)	−1.29	(0.08)	−0.48	(0.08)	0.08	(0.07)	0.95	(0.10)	0.89	(0.04)
	列支敦士登	0.12	(0.02)	c	c	c	c	c	c	c	c	0.63	(0.02)
	立陶宛	0.27	(0.05)	−0.61	(0.08)	−0.01	(0.03)	0.40	(0.06)	1.30	(0.12)	0.80	(0.06)
	中国澳门	0.53	(0.00)	−1.22	(0.00)	0.02	(0.00)	1.17	(0.00)	2.15	(0.00)	1.41	(0.00)
	马来西亚	0.00	(0.09)	−1.34	(0.10)	−0.38	(0.13)	0.27	(0.07)	1.46	(0.14)	1.11	(0.06)
	黑山	−0.01	(0.00)	−0.93	(0.00)	−0.44	(0.00)	0.20	(0.00)	1.11	(0.01)	0.81	(0.01)
	秘鲁	0.30	(0.06)	−0.93	(0.10)	−0.01	(0.10)	0.64	(0.07)	1.48	(0.09)	0.95	(0.04)
	卡塔尔	0.53	(0.00)	−0.80	(0.00)	0.24	(0.00)	0.69	(0.00)	2.00	(0.00)	1.15	(0.00)
	罗马尼亚	0.60	(0.07)	−0.56	(0.10)	0.33	(0.09)	0.85	(0.06)	1.77	(0.13)	0.93	(0.05)
	俄罗斯联邦	−0.19	(0.11)	−2.11	(0.16)	−0.60	(0.12)	0.39	(0.12)	1.55	(0.14)	1.44	(0.07)
	塞尔维亚	−0.50	(0.06)	−1.48	(0.07)	−0.82	(0.06)	−0.29	(0.10)	0.58	(0.10)	0.81	(0.05)
	中国上海	0.26	(0.13)	−2.19	(0.11)	−0.44	(0.25)	1.13	(0.21)	2.54	(0.10)	1.82	(0.07)
	新加坡	0.47	(0.01)	−0.45	(0.01)	0.09	(0.00)	0.38	(0.01)	1.87	(0.02)	0.97	(0.00)
	中国台北	0.72	(0.11)	−0.99	(0.18)	0.26	(0.12)	1.14	(0.16)	2.47	(0.11)	1.35	(0.07)
	泰国	0.02	(0.06)	−1.05	(0.07)	−0.25	(0.09)	0.28	(0.07)	1.08	(0.10)	0.84	(0.05)
	突尼斯	−0.73	(0.08)	−1.86	(0.09)	−1.04	(0.11)	−0.42	(0.07)	0.43	(0.12)	0.90	(0.05)
	阿联酋	0.39	(0.06)	−1.35	(0.14)	0.18	(0.06)	0.85	(0.05)	1.89	(0.06)	1.31	(0.05)
	乌拉圭	0.00	(0.08)	−1.48	(0.11)	−0.56	(0.08)	0.37	(0.11)	1.69	(0.13)	1.26	(0.06)
	越南	0.03	(0.06)	−0.82	(0.08)	−0.21	(0.07)	0.23	(0.07)	0.93	(0.08)	0.69	(0.04)

附表 5.5 ■ 影响学校风气的学生因素指标和数学表现(续表 1)

基于学校校长报告的结果

| | | 按照指数的国家(地区)内四分位数区分的数学量表表现 | | | | | | | 该指数每单位的变化相对应的数学分数变化 | | 处于该指数最低1/4对于学生处于该国(地区)数学表现分布最低1/4所增加的可能性 | | 所解释的学生表现差异(r²×100) | |
| | | 最低 1/4 | | 第二个 1/4 | | 第三个 1/4 | | 最高 1/4 | | | | | | | |
		平均分	标准误	平均分	标准误	平均分	标准误	平均分	标准误	分差	标准误	比率	标准误	%	标准误
OECD	澳大利亚	468	(2.9)	493	(4.5)	517	(3.7)	540	(3.7)	25.8	(1.4)	1.80	(0.1)	7.5	(0.7)
	奥地利	482	(7.9)	514	(10.5)	508	(9.9)	518	(8.4)	15.5	(4.2)	1.52	(0.2)	2.6	(1.4)
	比利时	452	(7.7)	510	(9.9)	535	(6.3)	563	(6.8)	38.5	(4.0)	2.79	(0.3)	15.3	(2.8)
	加拿大	497	(3.6)	509	(4.2)	523	(4.1)	543	(3.8)	22.4	(2.0)	1.43	(0.1)	4.6	(0.9)
	智利	389	(6.3)	404	(5.4)	441	(8.0)	458	(6.9)	21.4	(2.9)	1.85	(0.3)	10.8	(2.5)
	捷克	464	(10.3)	499	(9.1)	504	(8.8)	532	(6.6)	23.6	(4.0)	1.96	(0.3)	5.8	(1.9)
	丹麦	480	(4.0)	496	(5.2)	512	(5.2)	514	(5.4)	15.1	(2.2)	1.54	(0.1)	2.7	(0.8)
	爱沙尼亚	513	(3.9)	517	(4.6)	527	(4.5)	525	(5.0)	7.3	(2.3)	1.14	(0.1)	0.6	(0.4)
	芬兰	509	(3.8)	514	(4.7)	523	(4.3)	528	(3.8)	11.5	(2.7)	1.19	(0.1)	0.8	(0.4)
	法国	469	(8.2)	490	(8.3)	500	(8.8)	526	(8.7)	23.4	(4.2)	1.53	(0.2)	5.8	(2.1)
	德国	481	(9.9)	501	(7.6)	518	(7.2)	555	(8.0)	42.0	(5.9)	1.72	(0.3)	8.9	(2.6)
	希腊	439	(6.1)	442	(6.2)	467	(6.1)	464	(6.1)	5.5	(3.5)	1.27	(0.1)	0.4	(0.5)
	匈牙利	410	(7.2)	498	(7.2)	503	(10.0)	501	(10.0)	33.3	(4.2)	3.24	(0.3)	13.6	(3.5)
	冰岛	486	(3.5)	500	(3.4)	493	(3.3)	495	(3.2)	5.4	(1.8)	1.17	(0.1)	0.3	(0.2)
	爱尔兰	476	(5.9)	500	(6.4)	516	(6.0)	519	(4.0)	19.8	(2.7)	1.80	(0.2)	4.6	(1.2)
	以色列	454	(11.6)	457	(9.9)	471	(10.8)	482	(12.3)	12.3	(5.4)	1.21	(0.1)	1.5	(1.3)
	意大利	449	(4.1)	481	(4.7)	498	(4.5)	524	(4.4)	31.0	(2.2)	1.92	(0.1)	9.8	(1.6)
	日本	497	(10.3)	530	(9.4)	552	(9.1)	567	(7.0)	27.5	(6.1)	2.15	(0.3)	7.6	(3.2)
	韩国	514	(9.9)	544	(10.4)	570	(8.4)	588	(9.2)	25.5	(4.3)	2.02	(0.3)	8.5	(2.7)
	卢森堡	465	(1.9)	497	(2.5)	482	(2.2)	522	(1.4)	32.1	(1.4)	1.55	(0.1)	5.1	(0.4)
	墨西哥	400	(2.3)	416	(3.0)	418	(2.9)	419	(3.7)	8.5	(1.7)	1.29	(0.1)	1.2	(0.5)
	荷兰	473	(10.9)	530	(9.5)	527	(10.2)	549	(9.0)	35.5	(7.1)	2.06	(0.4)	7.1	(2.9)
	新西兰	459	(5.7)	495	(9.6)	531	(5.9)	521	(6.3)	29.1	(3.5)	2.06	(0.3)	7.1	(1.4)
	挪威	478	(5.5)	487	(4.6)	492	(5.4)	503	(6.5)	18.1	(3.8)	1.17	(0.1)	2.2	(0.9)
	波兰	513	(6.9)	507	(5.7)	527	(6.4)	523	(9.6)	6.9	(7.0)	1.04	(0.1)	0.4	(0.8)
	葡萄牙	466	(9.4)	485	(7.2)	487	(5.9)	508	(8.2)	14.2	(3.8)	1.44	(0.2)	2.6	(1.3)
	斯洛伐克	440	(9.5)	490	(9.4)	499	(11.2)	498	(7.7)	22.6	(5.2)	1.87	(0.2)	3.7	(1.7)
	斯洛文尼亚	468	(2.7)	494	(4.7)	522	(4.4)	530	(2.9)	30.8	(1.7)	1.92	(0.1)	7.3	(0.8)
	西班牙	461	(4.2)	481	(4.8)	488	(4.0)	509	(3.6)	18.4	(2.0)	1.59	(0.1)	4.0	(0.9)
	瑞典	464	(5.2)	475	(4.7)	482	(4.9)	493	(4.8)	14.4	(3.6)	1.32	(0.1)	1.6	(0.8)
	瑞士	515	(7.3)	531	(7.8)	533	(7.9)	549	(7.7)	14.1	(5.5)	1.32	(0.2)	1.3	(1.0)
	土耳其	426	(4.9)	409	(6.2)	463	(10.2)	495	(15.9)	30.7	(6.4)	1.20	(0.1)	11.7	(4.5)
	英国	477	(6.3)	484	(9.0)	498	(7.4)	521	(5.1)	20.2	(5.1)	1.37	(0.1)	3.7	(1.8)
	美国	447	(5.7)	476	(11.4)	502	(5.7)	504	(9.3)	18.5	(4.9)	1.88	(0.2)	3.8	(1.8)
	OECD 平均	467	(1.2)	490	(1.2)	504	(1.2)	517	(1.3)	21.2	(0.7)	1.66	(0.0)	5.1	(0.3)
伙伴国家(地区)	阿尔巴尼亚	398	(3.8)	396	(4.9)	391	(6.0)	392	(5.0)	−2.4	(2.1)	0.97	(0.1)	0.1	(0.1)
	阿根廷	351	(7.8)	380	(7.0)	396	(8.0)	415	(7.4)	20.2	(3.1)	2.06	(0.3)	9.5	(2.7)
	巴西	381	(3.8)	376	(3.2)	384	(4.8)	424	(6.4)	15.0	(2.6)	1.09	(0.1)	5.1	(1.4)
	保加利亚	410	(8.4)	426	(10.6)	441	(10.7)	478	(8.6)	19.4	(3.7)	1.58	(0.2)	6.4	(2.5)
	哥伦比亚	361	(6.1)	378	(6.6)	367	(6.4)	397	(6.9)	13.3	(3.1)	1.39	(0.2)	3.5	(1.7)
	哥斯达黎加	387	(4.4)	393	(6.2)	408	(7.4)	440	(7.3)	22.6	(3.5)	1.51	(0.2)	10.5	(3.0)
	克罗地亚	451	(9.8)	455	(7.9)	472	(9.9)	507	(9.3)	20.8	(5.2)	1.45	(0.2)	5.1	(2.5)
	塞浦路斯	437	(2.7)	438	(3.0)	434	(3.4)	449	(2.1)	3.3	(1.2)	1.03	(0.1)	0.1	(0.1)
	中国香港	542	(9.4)	548	(8.5)	563	(11.0)	591	(9.0)	23.6	(5.2)	1.45	(0.2)	4.7	(2.1)
	印度尼西亚	370	(6.2)	360	(7.3)	376	(8.0)	392	(9.7)	15.9	(7.1)	1.03	(0.2)	2.5	(2.2)
	约旦	380	(7.4)	379	(6.4)	387	(6.2)	400	(10.3)	6.7	(3.3)	1.16	(0.2)	1.4	(1.3)
	哈萨克斯坦	426	(5.5)	440	(7.7)	431	(8.2)	429	(6.5)	−0.5	(2.1)	1.12	(0.1)	0.0	(0.1)
	拉脱维亚	478	(5.1)	489	(6.9)	501	(5.1)	493	(7.3)	6.4	(3.4)	1.24	(0.1)	0.5	(0.5)
	列支敦士登	c	c	c	c	c	c	c	c	17.4	(6.7)	2.98	(0.7)	1.4	(1.00)
	立陶宛	462	(5.9)	466	(5.4)	490	(6.1)	497	(6.2)	18.6	(4.4)	1.39	(0.1)	2.8	(1.2)
	中国澳门	506	(2.1)	530	(2.2)	541	(1.8)	575	(2.2)	17.5	(0.7)	1.77	(0.1)	6.8	(0.5)
	马来西亚	399	(5.5)	410	(5.4)	417	(8.6)	456	(7.7)	18.6	(3.1)	1.45	(0.1)	6.6	(2.0)
	黑山	392	(2.6)	419	(2.7)	400	(2.2)	427	(2.5)	13.4	(1.9)	1.46	(0.1)	1.7	(0.5)
	秘鲁	350	(4.9)	353	(7.1)	375	(9.2)	395	(8.8)	18.9	(4.1)	1.21	(0.2)	4.5	(1.8)
	卡塔尔	358	(1.4)	397	(1.8)	357	(1.6)	394	(1.6)	8.7	(0.6)	1.25	(0.0)	1.0	(0.1)
	罗马尼亚	416	(6.7)	449	(7.9)	450	(9.0)	463	(7.7)	17.3	(4.0)	1.65	(0.2)	3.9	(1.8)
	俄罗斯联邦	471	(6.6)	466	(7.1)	486	(5.0)	502	(7.0)	8.8	(3.1)	1.15	(0.1)	2.2	(1.0)
	塞尔维亚	422	(8.3)	443	(8.3)	452	(8.4)	476	(10.1)	22.8	(5.7)	1.53	(0.2)	4.2	(2.0)
	中国上海	589	(10.0)	604	(13.1)	604	(12.8)	656	(8.8)	11.7	(2.8)	1.45	(0.2)	4.5	(2.1)
	新加坡	544	(2.6)	567	(3.1)	555	(3.3)	633	(2.4)	38.4	(1.2)	1.40	(0.1)	12.4	(0.7)
	中国台北	527	(6.8)	540	(11.0)	580	(10.4)	591	(11.1)	18.6	(3.5)	1.49	(0.2)	4.7	(1.8)
	泰国	397	(4.7)	435	(9.9)	434	(7.9)	442	(9.2)	19.7	(4.6)	1.65	(0.2)	4.0	(1.7)
	突尼斯	401	(7.2)	378	(7.4)	376	(8.0)	385	(10.0)	−5.9	(5.2)	0.63	(0.1)	0.5	(1.1)
	阿联酋	414	(5.8)	425	(4.7)	431	(6.4)	467	(5.9)	14.8	(2.0)	1.36	(0.1)	4.7	(1.2)
	乌拉圭	376	(5.3)	393	(5.5)	416	(7.9)	453	(7.9)	25.1	(2.9)	1.81	(0.2)	12.8	(2.9)
	越南	487	(9.9)	513	(9.0)	523	(7.7)	523	(11.5)	21.3	(8.2)	1.62	(0.3)	3.0	(2.2)

注:统计上有显著性的值用粗体表示。

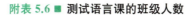

附表 5.6 ■ 测试语言课的班级人数
基于学生自我报告的结果

		班级人数		班级人数的差异	
		平　均	标准误	标准差	标准误
OECD	澳大利亚	22.6	(0.1)	6.2	(0.3)
	奥地利	20.7	(0.2)	6.1	(0.1)
	比利时	18.8	(0.2)	5.2	(0.1)
	加拿大	24.3	(0.1)	6.2	(0.1)
	智利	34.3	(0.4)	8.1	(0.2)
	捷克	22.1	(0.3)	5.5	(0.1)
	丹麦	19.7	(0.2)	4.6	(0.2)
	爱沙尼亚	20.6	(0.2)	6.9	(0.2)
	芬兰	18.3	(0.2)	4.3	(0.1)
	法国	27.1	(0.2)	6.6	(0.1)
	德国	24.1	(0.2)	6.3	(0.9)
	希腊	22.9	(0.2)	3.6	(0.2)
	匈牙利	27.0	(0.3)	7.3	(0.2)
	冰岛	19.2	(0.1)	6.8	(0.2)
	爱尔兰	23.3	(0.2)	5.4	(0.1)
	以色列	27.1	(0.4)	9.0	(0.3)
	意大利	21.3	(0.1)	4.7	(0.1)
	日本	37.2	(0.3)	6.1	(0.4)
	韩国	30.5	(0.4)	8.9	(0.5)
	卢森堡	20.9	(0.1)	4.7	(0.1)
	墨西哥	33.8	(0.3)	12.1	(0.3)
	荷兰	24.4	(0.2)	5.3	(0.1)
	新西兰	23.9	(0.2)	6.1	(0.4)
	挪威	23.4	(0.2)	6.1	(0.2)
	波兰	22.8	(0.2)	4.6	(0.2)
	葡萄牙	21.7	(0.3)	4.9	(0.2)
	斯洛伐克	21.4	(0.3)	5.8	(0.1)
	斯洛文尼亚	24.8	(0.2)	6.0	(0.2)
	西班牙	22.2	(0.1)	6.2	(0.2)
	瑞典	21.1	(0.3)	6.3	(0.5)
	瑞士	19.0	(0.2)	8.4	(0.5)
	土耳其	23.2	(0.3)	9.4	(0.2)
	英国	24.2	(0.1)	6.1	(0.1)
	美国	24.5	(0.4)	8.4	(0.5)
	OECD 平均	23.9	(0.0)	6.4	(0.1)
伙伴国家（地区）	阿尔巴尼亚	26.0	(0.3)	9.2	(0.2)
	阿根廷	28.5	(0.4)	6.1	(0.2)
	巴西	32.8	(0.3)	9.3	(0.2)
	保加利亚	22.0	(0.3)	5.9	(0.2)
	哥伦比亚	33.5	(0.4)	8.2	(0.3)
	哥斯达黎加	25.6	(0.4)	7.2	(0.4)
	克罗地亚	26.9	(0.2)	4.8	(0.3)
	塞浦路斯	21.9	(0.1)	4.6	(0.7)
	中国香港	33.2	(0.3)	6.6	(0.2)
	印度尼西亚	31.8	(0.4)	7.8	(0.2)
	约旦	30.8	(0.4)	10.4	(0.3)
	哈萨克斯坦	19.5	(0.3)	7.2	(0.2)
	拉脱维亚	18.7	(0.3)	6.7	(0.2)
	列支敦士登	17.6	(0.7)	9.4	(2.1)
	立陶宛	23.8	(0.2)	6.0	(0.1)
	中国澳门	35.7	(0.1)	7.9	(0.1)
	马来西亚	30.3	(0.4)	9.9	(0.3)
	黑山	29.1	(0.2)	8.2	(1.2)
	秘鲁	26.9	(0.5)	7.7	(0.3)
	卡塔尔	27.4	(0.1)	5.2	(0.1)
	罗马尼亚	27.5	(0.2)	4.6	(0.1)
	俄罗斯联邦	20.0	(0.2)	6.7	(0.2)
	塞尔维亚	26.4	(0.3)	6.8	(0.1)
	中国上海	35.9	(0.4)	8.7	(0.3)
	新加坡	33.0	(0.1)	8.3	(0.1)
	中国台北	39.0	(0.3)	8.7	(0.3)
	泰国	36.7	(0.4)	10.0	(0.3)
	突尼斯	25.5	(0.3)	6.1	(0.2)
	阿联酋	24.5	(0.2)	6.7	(0.1)
	乌拉圭	24.8	(0.3)	7.3	(0.2)
	越南	41.0	(0.3)	5.4	(0.2)

附表 5.7 ■ 生师比

基于学校校长报告的结果

| | | 学校校长有关以下的报告： | | | |
| | | 生师比 | | 比率中学生与数学教师的比率 | |
		平均比率	标准误	平均比率	标准误
OECD	澳大利亚	13.2	(0.1)	91.3	(1.7)
	奥地利	11.0	(0.4)	96.6	(5.6)
	比利时	9.3	(0.1)	86.7	(2.3)
	加拿大	15.6	(0.2)	122.5	(4.5)
	智利	22.1	(0.5)	223.5	(6.0)
	捷克	13.1	(0.3)	110.6	(5.8)
	丹麦	12.1	(0.2)	37.5	(1.1)
	爱沙尼亚	11.4	(0.1)	140.8	(2.5)
	芬兰	10.6	(0.1)	83.1	(2.3)
	法国	11.8	(0.2)	111.1	(2.4)
	德国	15.1	(0.3)	68.6	(3.6)
	希腊	9.1	(0.3)	67.6	(1.6)
	匈牙利	12.4	(0.3)	117.2	(4.4)
	冰岛	10.5	(0.0)	33.8	(0.1)
	爱尔兰	14.3	(0.2)	78.1	(2.9)
	以色列	10.8	(0.2)	85.8	(2.7)
	意大利	10.3	(0.1)	96.8	(2.5)
	日本	11.6	(0.2)	96.5	(2.6)
	韩国	16.1	(0.2)	132.6	(2.9)
	卢森堡	9.0	(0.0)	110.8	(0.1)
	墨西哥	30.6	(0.7)	187.0	(6.0)
	荷兰	16.8	(0.4)	157.5	(4.7)
	新西兰	15.2	(0.2)	119.3	(3.2)
	挪威	10.4	(0.1)	35.7	(0.9)
	波兰	9.4	(0.2)	94.6	(2.3)
	葡萄牙	8.9	(0.2)	81.3	(2.3)
	斯洛伐克	13.3	(0.3)	127.5	(6.1)
	斯洛文尼亚	10.5	(0.0)	121.1	(0.6)
	西班牙	12.5	(0.4)	114.0	(6.7)
	瑞典	12.5	(0.2)	57.0	(2.8)
	瑞士	12.1	(0.3)	88.3	(16.7)
	土耳其	17.4	(0.5)	181.9	(9.0)
	英国	14.8	(0.2)	129.5	(2.2)
	美国	17.4	(1.1)	121.2	(4.5)
	OECD 平均	13.3	(0.1)	106.1	(0.8)
伙伴国家（地区）	阿尔巴尼亚	c	c	c	c
	阿根廷	10.5	(1.2)	100.0	(4.2)
	巴西	28.2	(0.7)	223.8	(12.5)
	保加利亚	14.6	(1.4)	161.3	(5.5)
	哥伦比亚	27.0	(0.6)	246.8	(8.6)
	哥斯达黎加	20.4	(2.5)	197.8	(9.7)
	克罗地亚	12.6	(0.2)	164.8	(3.8)
	塞浦路斯	7.9	(0.0)	81.1	(0.0)
	中国香港	15.4	(0.1)	96.6	(1.8)
	印度尼西亚	16.9	(0.6)	166.6	(6.4)
	约旦	17.0	(0.4)	157.1	(3.8)
	哈萨克斯坦	10.0	(0.2)	149.8	(6.7)
	拉脱维亚	10.0	(0.2)	117.2	(3.1)
	列支敦士登	8.0	(0.0)	40.7	(0.4)
	立陶宛	11.4	(0.6)	121.8	(1.9)
	中国澳门	15.7	(0.0)	95.9	(0.0)
	马来西亚	13.4	(0.2)	100.8	(2.5)
	黑山	15.7	(0.0)	222.7	(0.6)
	秘鲁	18.5	(0.6)	131.8	(7.6)
	卡塔尔	13.9	(0.0)	108.5	(0.0)
	罗马尼亚	16.1	(0.4)	182.9	(4.6)
	俄罗斯联邦	14.3	(0.2)	156.9	(5.0)
	塞尔维亚	11.5	(0.3)	157.2	(6.3)
	中国上海	12.1	(0.4)	118.3	(8.7)
	新加坡	14.6	(0.3)	85.8	(1.5)
	中国台北	17.4	(0.2)	183.9	(8.4)
	泰国	20.3	(0.4)	289.1	(14.8)
	突尼斯	12.2	(0.7)	107.4	(1.8)
	阿联酋	12.2	(0.3)	101.0	(3.3)
	乌拉圭	15.5	(0.3)	160.5	(4.4)
	越南	18.8	(0.4)	119.3	(3.3)

附表 5.8 ■ 师资的构成和资质

基于学校校长报告的结果

		学校校长有关以下的报告：							
		校内持有资格证的教师百分比		校内具有本科及以上学历的教师百分比		校内数学教师百分比		校内数学教师具有本科及以上学历的百分比	
		平均%	标准误	平均%	标准误	平均%	标准误	平均%	标准误
OECD	澳大利亚	97.8	(0.5)	97.0	(0.7)	17.1	(0.3)	62.8	(1.1)
	奥地利	87.0	(1.8)	52.6	(1.8)	20.6	(1.2)	46.3	(4.2)
	比利时	87.0	(1.7)	39.1	(1.0)	11.9	(0.2)	23.2	(1.1)
	加拿大	96.7	(0.8)	95.3	(0.7)	15.2	(0.3)	63.5	(1.6)
	智利	19.5	(2.5)	92.2	(1.4)	10.7	(0.3)	55.3	(2.8)
	捷克	91.6	(0.7)	91.8	(0.7)	16.5	(0.9)	81.5	(2.2)
	丹麦	m	m	88.6	(1.8)	35.8	(0.9)	72.0	(2.6)
	爱沙尼亚	94.9	(0.4)	m	m	9.1	(0.3)	73.6	(2.4)
	芬兰	91.5	(0.9)	91.5	(0.9)	14.4	(0.3)	63.5	(2.0)
	法国	81.4	(1.6)	65.7	(3.1)	11.3	(0.2)	83.0	(2.7)
	德国	93.4	(1.3)	m	m	27.6	(0.8)	60.0	(2.6)
	希腊	81.8	(3.1)	93.5	(1.3)	13.9	(0.2)	98.3	(1.1)
	匈牙利	m	m	99.3	(0.2)	12.5	(0.5)	83.2	(3.2)
	冰岛	97.6	(0.5)	81.8	(0.2)	38.1	(0.1)	6.5	(0.1)
	爱尔兰	99.6	(0.1)	99.7	(0.2)	19.7	(0.5)	67.4	(2.5)
	以色列	75.2	(2.9)	85.9	(1.8)	13.5	(0.3)	61.6	(2.6)
	意大利	85.5	(0.9)	89.6	(0.8)	11.9	(0.2)	68.8	(1.1)
	日本	99.9	(0.1)	99.9	(0.0)	13.0	(0.3)	m	m
	韩国	99.6	(0.2)	99.7	(0.1)	13.8	(0.6)	72.2	(2.3)
	卢森堡	69.4	(0.0)	91.6	(0.0)	10.1	(0.0)	76.1	(0.1)
	墨西哥	27.7	(1.9)	88.1	(1.0)	23.1	(0.8)	27.6	(1.7)
	荷兰	79.7	(2.8)	32.0	(1.7)	11.1	(0.3)	16.9	(1.6)
	新西兰	95.5	(0.6)	93.1	(1.1)	14.0	(0.4)	59.0	(2.2)
	挪威	89.2	(1.8)	100.0	c	32.4	(0.9)	55.2	(2.0)
	波兰	99.3	(0.4)	93.2	(1.8)	10.6	(0.3)	86.6	(2.3)
	葡萄牙	95.8	(0.8)	71.5	(4.1)	11.8	(0.3)	74.8	(2.8)
	斯洛伐克	94.6	(1.1)	90.4	(1.2)	16.1	(0.8)	43.4	(3.4)
	斯洛文尼亚	95.3	(0.1)	88.3	(0.2)	9.6	(0.1)	71.3	(0.6)
	西班牙	100.0	c	94.6	(1.2)	14.6	(0.6)	46.9	(1.5)
	瑞典	88.8	(1.3)	76.5	(3.3)	25.7	(0.8)	60.7	(2.1)
	瑞士	85.4	(1.7)	64.8	(2.8)	26.2	(0.9)	35.9	(2.4)
	土耳其	92.1	(1.3)	93.3	(1.5)	12.1	(0.3)	13.4	(2.9)
	英国	95.2	(1.1)	95.8	(1.2)	11.8	(0.2)	71.7	(1.9)
	美国	95.5	(0.8)	98.7	(0.2)	14.6	(0.4)	65.8	(3.4)
	OECD平均	87.0	(0.3)	85.5	(0.3)	16.8	(0.1)	59.0	(0.4)
伙伴国家（地区）	阿尔巴尼亚	93.9	(2.2)	83.9	(1.5)	11.6	(0.3)	15.4	(2.3)
	阿根廷	88.3	(2.2)	17.5	(1.5)	9.5	(0.4)	9.9	(1.9)
	巴西	m	m	87.1	(1.0)	16.3	(0.6)	72.8	(1.9)
	保加利亚	m	m	m	m	9.9	(0.9)	86.0	(2.3)
	哥伦比亚	10.0	(1.2)	90.8	(1.3)	13.3	(0.6)	19.8	(2.6)
	哥斯达黎加	78.7	(2.0)	84.0	(2.2)	10.3	(0.4)	71.2	(3.7)
	克罗地亚	100.0	c	94.2	(0.6)	8.1	(0.2)	81.2	(3.1)
	塞浦路斯	96.7	(0.0)	95.7	(0.0)	9.9	(0.2)	92.9	(0.1)
	中国香港	96.0	(0.7)	97.4	(0.6)	16.4	(0.3)	56.1	(1.7)
	印度尼西亚	60.2	(2.6)	82.1	(1.6)	10.4	(0.2)	76.6	(2.7)
	约旦	73.7	(3.2)	84.8	(1.8)	10.8	(0.2)	89.5	(1.6)
	哈萨克斯坦	91.2	(2.1)	85.3	(2.1)	9.2	(1.0)	87.9	(2.3)
	拉脱维亚	80.2	(2.4)	49.7	(2.4)	9.6	(0.2)	40.4	(3.6)
	列支敦士登	80.8	(0.7)	76.5	(0.6)	24.9	(0.3)	42.7	(0.6)
	立陶宛	96.3	(0.6)	89.9	(1.7)	10.2	(0.7)	78.8	(2.9)
	中国澳门	99.6	(0.0)	92.1	(0.0)	17.8	(0.0)	60.3	(0.0)
	马来西亚	97.6	(1.0)	88.8	(1.6)	14.0	(0.3)	23.5	(2.2)
	黑山	96.1	(0.0)	89.0	(0.1)	8.6	(0.0)	66.6	(0.3)
	秘鲁	89.1	(1.9)	77.3	(3.3)	17.5	(0.6)	25.3	(3.1)
	卡塔尔	75.1	(0.1)	97.0	(0.0)	16.1	(0.0)	39.1	(0.1)
	罗马尼亚	99.4	(0.2)	95.9	(0.7)	9.3	(0.2)	92.8	(1.4)
	俄罗斯联邦	97.3	(0.5)	87.9	(1.2)	10.1	(0.2)	88.0	(2.0)
	塞尔维亚	91.1	(1.9)	6.8	(1.7)	8.2	(0.2)	83.1	(3.4)
	中国上海	96.7	(0.5)	95.1	(0.5)	15.1	(0.2)	85.0	(1.3)
	新加坡	96.9	(0.0)	95.1	(0.0)	18.2	(0.0)	67.7	(0.2)
	中国台北	92.9	(0.8)	90.6	(2.2)	12.2	(0.2)	75.4	(2.2)
	泰国	93.7	(0.7)	99.2	(0.2)	11.3	(0.3)	79.0	(2.1)
	突尼斯	56.9	(3.9)	87.3	(1.7)	11.3	(0.6)	87.7	(1.9)
	阿联酋	m	m	91.2	(0.8)	14.1	(0.4)	85.5	(1.0)
	乌拉圭	57.0	(1.3)	8.3	(0.6)	10.3	(0.4)	1.5	(0.5)
	越南	78.5	(3.4)	87.2	(2.6)	16.1	(0.3)	62.4	(3.8)

附表 5.9 ■ 教师短缺指数与数学表现

基于学校校长报告的结果

		教师短缺指数									指数的差异	
		全体学生		最低 1/4		第二个 1/4		第三个 1/4		最高 1/4			
		平均值	标准误	平均值	标准误	平均值	标准误	平均值	标准误	平均值	标准误	标准差	标准误
OECD	澳大利亚	0.20	(0.04)	−1.09	(0.00)	−0.31	(0.09)	0.68	(0.04)	1.51	(0.05)	1.04	(0.02)
	奥地利	−0.13	(0.09)	−1.09	(0.00)	−0.86	(0.13)	0.21	(0.13)	1.22	(0.14)	0.99	(0.06)
	比利时	0.26	(0.06)	−1.05	(0.07)	−0.06	(0.08)	0.71	(0.06)	1.45	(0.08)	0.96	(0.03)
	加拿大	−0.30	(0.04)	−1.09	(0.00)	−0.95	(0.08)	−0.08	(0.06)	0.92	(0.05)	0.85	(0.02)
	智利	0.62	(0.10)	−0.99	(0.10)	0.25	(0.16)	1.14	(0.11)	2.06	(0.12)	1.19	(0.05)
	捷克	−0.42	(0.05)	−1.09	(0.00)	−0.96	(0.10)	−0.16	(0.05)	0.52	(0.07)	0.70	(0.03)
	丹麦	−0.18	(0.05)	−1.09	(0.00)	−0.45	(0.12)	0.09	(0.08)	0.74	(0.06)	0.71	(0.02)
	爱沙尼亚	0.00	(0.05)	−1.03	(0.07)	−0.24	(0.05)	0.28	(0.03)	1.00	(0.07)	0.78	(0.03)
	芬兰	−0.44	(0.04)	−1.09	(0.00)	−0.93	(0.10)	−0.19	(0.05)	0.46	(0.05)	0.67	(0.02)
	法国	−0.18	(0.06)	−1.09	(0.00)	−0.67	(0.10)	0.07	(0.11)	0.98	(0.08)	0.85	(0.04)
	德国	0.42	(0.06)	−0.81	(0.09)	0.25	(0.08)	0.79	(0.06)	1.44	(0.07)	0.87	(0.04)
	希腊	−0.42	(0.07)	−1.09	(0.00)	−1.01	(0.12)	−0.28	(0.02)	0.72	(0.21)	0.94	(0.10)
	匈牙利	−0.65	(0.05)	−1.09	(0.00)	−1.09	(0.00)	−0.72	(0.13)	0.31	(0.11)	0.66	(0.05)
	冰岛	0.18	(0.00)	−0.95	(0.01)	−0.07	(0.01)	0.56	(0.01)	1.18	(0.01)	0.83	(0.00)
	爱尔兰	−0.15	(0.06)	−1.09	(0.00)	−0.65	(0.14)	0.19	(0.08)	0.95	(0.10)	0.84	(0.04)
	以色列	0.69	(0.09)	−0.82	(0.12)	0.43	(0.12)	1.09	(0.09)	2.05	(0.12)	1.11	(0.05)
	意大利	0.25	(0.04)	−1.06	(0.05)	0.05	(0.08)	0.68	(0.04)	1.33	(0.04)	0.92	(0.02)
	日本	−0.29	(0.07)	−1.09	(0.00)	−1.00	(0.12)	−0.01	(0.11)	0.94	(0.10)	0.89	(0.05)
	韩国	0.06	(0.08)	−1.09	(0.00)	−0.61	(0.19)	0.63	(0.08)	1.32	(0.14)	1.03	(0.04)
	卢森堡	1.12	(0.00)	−0.23	(0.00)	1.11	(0.00)	1.46	(0.00)	2.13	(0.00)	0.92	(0.00)
	墨西哥	0.53	(0.04)	−0.91	(0.04)	0.36	(0.06)	0.90	(0.03)	1.77	(0.05)	1.03	(0.02)
	荷兰	0.60	(0.08)	−0.65	(0.14)	0.48	(0.09)	0.94	(0.07)	1.61	(0.08)	0.88	(0.05)
	新西兰	0.08	(0.07)	−1.09	(0.01)	−0.33	(0.17)	0.45	(0.09)	1.30	(0.09)	0.93	(0.04)
	挪威	0.31	(0.07)	−0.94	(0.09)	0.17	(0.10)	0.71	(0.07)	1.29	(0.07)	0.87	(0.04)
	波兰	−1.02	(0.02)	−1.09	(0.00)	−1.09	(0.00)	−1.09	(0.00)	−0.80	(0.09)	0.25	(0.04)
	葡萄牙	−0.80	(0.06)	−1.09	(0.00)	−1.09	(0.00)	−1.09	(0.03)	0.05	(0.21)	0.65	(0.12)
	斯洛伐克	−0.34	(0.05)	−1.09	(0.00)	−0.81	(0.13)	−0.03	(0.06)	0.56	(0.06)	0.71	(0.02)
	斯洛文尼亚	−0.68	(0.01)	−1.09	(0.00)	−1.09	(0.00)	−0.68	(0.02)	0.15	(0.02)	0.59	(0.01)
	西班牙	−0.73	(0.03)	−1.09	(0.00)	−1.09	(0.00)	−0.99	(0.07)	0.24	(0.06)	0.64	(0.03)
	瑞典	−0.06	(0.07)	−1.09	(0.00)	−0.47	(0.14)	0.23	(0.10)	1.05	(0.08)	0.85	(0.04)
	瑞士	0.05	(0.06)	−1.09	(0.01)	−0.29	(0.14)	0.43	(0.07)	1.17	(0.08)	0.89	(0.03)
	土耳其	0.88	(0.06)	−0.38	(0.12)	0.64	(0.04)	1.08	(0.10)	2.17	(0.11)	1.03	(0.06)
	英国	−0.18	(0.06)	−1.09	(0.00)	−0.78	(0.11)	0.14	(0.10)	0.99	(0.08)	0.88	(0.03)
	美国	−0.42	(0.07)	−1.09	(0.00)	−1.09	(0.00)	−0.44	(0.21)	0.94	(0.10)	0.91	(0.06)
	OECD 平均	−0.03	(0.01)	−0.99	(0.01)	−0.42	(0.02)	0.23	(0.01)	1.05	(0.02)	0.85	(0.01)
伙伴国家（地区）	阿尔巴尼亚	−0.23	(0.07)	−1.09	(0.00)	−0.91	(0.12)	0.00	(0.10)	1.06	(0.13)	0.94	(0.06)
	阿根廷	−0.10	(0.08)	−1.09	(0.00)	−0.82	(0.12)	0.23	(0.14)	1.27	(0.11)	1.01	(0.05)
	巴西	0.19	(0.05)	−1.09	(0.00)	−0.28	(0.11)	0.60	(0.08)	1.55	(0.06)	1.04	(0.03)
	保加利亚	−0.80	(0.04)	−1.09	(0.00)	−1.09	(0.00)	−0.99	(0.10)	−0.05	(0.06)	0.48	(0.03)
	哥伦比亚	0.67	(0.12)	−1.09	(0.08)	0.17	(0.20)	1.00	(0.12)	2.58	(0.21)	1.40	(0.07)
	哥斯达黎加	−0.01	(0.06)	−1.09	(0.01)	−0.35	(0.13)	0.33	(0.10)	1.06	(0.09)	0.84	(0.04)
	克罗地亚	−0.43	(0.06)	−1.09	(0.00)	−1.09	(0.18)	−0.22	(0.18)	0.66	(0.10)	0.77	(0.03)
	塞浦路斯	−0.52	(0.00)	−1.09	(0.00)	−1.09	(0.00)	−0.88	(0.00)	0.99	(0.01)	1.16	(0.00)
	中国香港	−0.23	(0.07)	−1.09	(0.00)	−0.81	(0.12)	0.02	(0.11)	0.97	(0.12)	0.89	(0.06)
	印度尼西亚	0.27	(0.08)	−0.82	(0.11)	−0.13	(0.09)	0.58	(0.07)	1.43	(0.14)	0.93	(0.07)
	约旦	1.02	(0.09)	−0.85	(0.10)	0.40	(0.14)	1.54	(0.13)	2.99	(0.12)	1.48	(0.06)
	哈萨克斯坦	0.29	(0.10)	−1.09	(0.00)	−0.57	(0.20)	0.81	(0.14)	2.00	(0.16)	1.29	(0.06)
	拉脱维亚	−0.41	(0.06)	−1.09	(0.00)	−1.00	(0.12)	−0.19	(0.07)	0.63	(0.11)	0.76	(0.05)
	列支敦士登	0.05	(0.02)	c	c	c	c	c	c	c	c	0.73	(0.00)
	立陶宛	−0.66	(0.04)	−1.09	(0.00)	−1.09	(0.00)	−0.64	(0.11)	0.19	(0.08)	0.59	(0.03)
	中国澳门	0.00	(0.00)	−1.09	(0.00)	−1.09	(0.00)	0.50	(0.00)	1.69	(0.00)	1.25	(0.00)
	马来西亚	0.22	(0.06)	−0.75	(0.09)	0.04	(0.06)	0.48	(0.08)	1.10	(0.11)	0.76	(0.06)
	黑山	−0.50	(0.00)	−1.09	(0.00)	−1.09	(0.00)	−0.38	(0.01)	0.54	(0.00)	0.72	(0.00)
	秘鲁	0.62	(0.08)	−0.85	(0.11)	0.44	(0.11)	0.99	(0.07)	1.88	(0.10)	1.06	(0.04)
	卡塔尔	−0.14	(0.00)	−1.09	(0.00)	−1.03	(0.00)	0.17	(0.00)	1.41	(0.00)	1.10	(0.00)
	罗马尼亚	−0.54	(0.05)	−1.09	(0.00)	−1.09	(0.00)	−0.47	(0.14)	0.48	(0.09)	0.72	(0.06)
	俄罗斯联邦	0.35	(0.07)	−1.09	(0.03)	−0.03	(0.14)	0.74	(0.10)	1.80	(0.12)	1.13	(0.05)
	塞尔维亚	−0.74	(0.05)	−1.09	(0.00)	−1.09	(0.00)	−0.96	(0.12)	0.18	(0.10)	0.60	(0.05)
	中国上海	0.75	(0.09)	−0.91	(0.12)	0.50	(0.11)	1.09	(0.12)	2.32	(0.16)	1.24	(0.07)
	新加坡	0.13	(0.01)	−1.09	(0.01)	−0.08	(0.02)	0.59	(0.00)	1.09	(0.00)	0.84	(0.00)
	中国台北	−0.15	(0.09)	−1.09	(0.00)	−1.04	(0.11)	0.01	(0.14)	1.53	(0.19)	1.17	(0.09)
	泰国	0.94	(0.08)	−0.57	(0.14)	0.67	(0.12)	1.46	(0.09)	2.21	(0.08)	1.10	(0.05)
	突尼斯	−0.11	(0.07)	−1.09	(0.00)	−0.71	(0.13)	0.19	(0.13)	1.18	(0.09)	0.93	(0.04)
	阿联酋	0.14	(0.08)	−1.09	(0.00)	−0.85	(0.09)	0.34	(0.12)	2.17	(0.13)	1.40	(0.04)
	乌拉圭	0.35	(0.07)	−1.03	(0.09)	−0.02	(0.11)	0.79	(0.09)	1.61	(0.09)	1.02	(0.04)
	越南	0.41	(0.09)	−1.09	(0.00)	−0.12	(0.22)	0.98	(0.11)	1.87	(0.10)	1.18	(0.05)

附表 5.9 ■ 教师短缺指数与数学表现（续表 1）

基于学校校长报告的结果

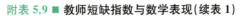

| | | 按照指数的国家(地区)内四分位数区分的数学量表表现 | | | | | | 该指数每单位的变化相对应的数学分数变化 | | 处于该指数最低 1/4 对于学生处于该国(地区)数学表现分布最低 1/4 所增加的可能性 | | 所解释的学生表现差异 ($r^2 \times 100$) | |
| | | 最低 1/4 | | 第二个 1/4 | | 第三个 1/4 | | 最高 1/4 | | | | | | | |
		平均分	标准误	平均分	标准误	平均分	标准误	平均分	标准误	分差	标准误	比率	标准误	%	标准误
OECD	澳大利亚	525	(3.6)	514	(4.2)	497	(3.7)	481	(2.8)	−15.5	(1.67)	0.7	(0.05)	2.8	(0.58)
	奥地利	522	(7.1)	520	(7.5)	495	(10.3)	489	(10.4)	−12.9	(5.51)	0.7	(0.11)	1.9	(1.61)
	比利时	539	(7.9)	511	(7.7)	513	(9.2)	497	(6.5)	−17.4	(4.12)	0.7	(0.12)	2.7	(1.20)
	加拿大	521	(3.9)	520	(3.8)	514	(3.7)	517	(4.0)	−2.4	(2.77)	1.0	(0.06)	0.1	(0.14)
	智利	439	(6.9)	423	(7.6)	424	(6.1)	405	(8.4)	−11.4	(3.12)	0.7	(0.11)	2.8	(1.53)
	捷克	530	(6.2)	522	(6.0)	486	(7.8)	456	(7.5)	−44.6	(6.12)	0.6	(0.10)	10.7	(2.81)
	丹麦	509	(6.0)	503	(4.8)	499	(5.0)	491	(4.5)	−9.6	(3.64)	0.9	(0.10)	1.0	(0.52)
	爱沙尼亚	520	(4.8)	520	(4.5)	524	(4.1)	518	(4.3)	−1.4	(3.05)	1.0	(0.11)	0.0	(0.10)
	芬兰	520	(4.7)	522	(3.4)	517	(3.8)	515	(3.7)	−5.5	(3.20)	0.9	(0.07)	0.2	(0.22)
	法国	504	(7.2)	496	(6.8)	490	(7.9)	495	(10.2)	−5.5	(5.66)	0.8	(0.12)	0.2	(0.51)
	德国	539	(7.3)	523	(8.0)	513	(9.2)	481	(10.3)	−24.1	(5.18)	0.6	(0.10)	4.7	(2.14)
	希腊	459	(5.6)	461	(5.3)	447	(6.9)	445	(4.8)	−5.7	(4.49)	0.8	(0.10)	0.4	(0.55)
	匈牙利	482	(6.9)	484	(6.7)	480	(7.8)	464	(10.4)	−15.3	(10.71)	0.9	(0.12)	1.1	(1.62)
	冰岛	502	(3.4)	494	(3.6)	488	(3.3)	490	(3.2)	−7.2	(1.74)	0.9	(0.07)	0.4	(0.21)
	爱尔兰	515	(5.3)	509	(5.9)	490	(6.6)	495	(5.6)	−11.1	(3.20)	0.7	(0.12)	1.2	(0.72)
	以色列	460	(9.8)	460	(11.4)	476	(8.5)	467	(12.3)	3.1	(5.92)	1.1	(0.18)	0.1	(0.53)
	意大利	481	(5.8)	493	(4.7)	490	(5.0)	485	(4.8)	1.2	(2.91)	1.1	(0.11)	0.0	(0.10)
	日本	537	(6.8)	538	(6.5)	539	(9.5)	531	(8.6)	−3.6	(5.18)	0.9	(0.12)	0.1	(0.39)
	韩国	555	(9.4)	550	(9.3)	551	(9.6)	559	(7.9)	1.7	(5.11)	1.0	(0.14)	0.0	(0.33)
	卢森堡	514	(2.0)	483	(2.3)	471	(2.8)	491	(1.9)	−14.4	(1.02)	0.6	(0.04)	1.9	(0.27)
	墨西哥	428	(3.1)	418	(3.3)	406	(2.8)	401	(2.9)	−10.2	(1.59)	0.7	(0.06)	2.0	(0.60)
	荷兰	519	(11.1)	525	(10.8)	509	(10.2)	529	(11.6)	4.6	(6.75)	1.2	(0.22)	0.2	(0.64)
	新西兰	526	(7.1)	504	(6.0)	488	(5.9)	490	(6.7)	−15.7	(3.35)	0.7	(0.10)	2.2	(0.93)
	挪威	499	(5.3)	496	(7.5)	484	(5.8)	483	(4.2)	−7.1	(2.88)	0.9	(0.08)	0.5	(0.38)
	波兰	519	(5.5)	517	(5.6)	518	(4.8)	516	(5.8)	−9.8	(13.36)	1.0	(0.10)	0.1	(0.22)
	葡萄牙	488	(5.8)	487	(5.6)	488	(6.6)	483	(8.1)	−9.6	(6.87)	1.0	(0.11)	0.4	(0.70)
	斯洛伐克	509	(8.2)	496	(7.8)	475	(7.6)	447	(7.8)	−36.3	(7.36)	0.6	(0.10)	6.5	(2.62)
	斯洛文尼亚	503	(3.4)	498	(4.3)	503	(4.3)	511	(4.0)	8.8	(2.19)	1.0	(0.08)	0.3	(0.15)
	西班牙	486	(2.8)	486	(2.7)	486	(3.3)	480	(4.3)	−4.4	(3.33)	1.0	(0.07)	0.1	(0.14)
	瑞典	486	(5.0)	490	(5.1)	468	(6.2)	469	(5.9)	−9.8	(3.82)	0.9	(0.10)	0.8	(0.64)
	瑞士	546	(8.4)	531	(8.0)	524	(7.0)	527	(7.2)	−9.5	(4.41)	0.9	(0.10)	0.8	(0.79)
	土耳其	455	(14.0)	461	(10.7)	441	(9.7)	435	(9.8)	−10.3	(5.00)	1.1	(0.15)	1.4	(1.31)
	英国	514	(5.6)	506	(6.1)	491	(6.1)	469	(10.0)	−19.5	(4.10)	0.7	(0.09)	3.2	(1.31)
	美国	492	(6.1)	491	(6.0)	485	(7.4)	460	(7.3)	−14.9	(3.75)	0.8	(0.09)	2.3	(1.23)
	OECD平均	504	(1.1)	499	(1.1)	490	(1.2)	484	(1.3)	−10.2	(0.88)	0.8	(0.02)	1.6	(0.18)
伙伴国家(地区)	阿尔巴尼亚	392	(4.4)	396	(4.6)	393	(5.4)	396	(3.6)	0.1	(1.96)	1.0	(0.08)	0.0	(0.04)
	阿根廷	388	(7.2)	393	(6.6)	394	(7.1)	379	(5.8)	−3.0	(3.84)	1.0	(0.14)	0.2	(0.41)
	巴西	409	(5.7)	393	(4.2)	383	(4.2)	381	(4.7)	−11.2	(2.30)	0.8	(0.08)	2.2	(0.94)
	保加利亚	442	(6.0)	443	(6.8)	440	(6.3)	430	(9.3)	−12.1	(10.15)	1.0	(0.11)	0.4	(0.77)
	哥伦比亚	385	(7.6)	378	(5.8)	367	(7.1)	377	(6.0)	−1.8	(2.91)	1.0	(0.16)	0.1	(0.44)
	哥斯达黎加	412	(6.3)	407	(7.3)	395	(9.6)	414	(6.1)	−0.9	(3.71)	1.0	(0.13)	0.0	(0.17)
	克罗地亚	481	(6.2)	479	(5.9)	459	(12.9)	465	(12.9)	−9.3	(7.37)	0.8	(0.10)	0.7	(1.05)
	塞浦路斯	441	(3.3)	438	(3.0)	437	(4.9)	440	(3.6)	1.9	(1.05)	1.0	(0.07)	0.1	(0.06)
	中国香港	568	(7.4)	568	(6.2)	561	(9.6)	548	(10.6)	−9.3	(5.84)	0.9	(0.12)	0.7	(0.97)
	印度尼西亚	399	(11.1)	379	(6.4)	373	(8.4)	349	(6.7)	−20.5	(5.45)	0.6	(0.12)	7.1	(3.22)
	约旦	401	(7.1)	388	(8.8)	376	(7.4)	375	(6.0)	−6.5	(2.40)	0.7	(0.09)	1.5	(1.09)
	哈萨克斯坦	425	(5.9)	432	(7.6)	441	(6.6)	430	(5.8)	1.8	(2.61)	1.2	(0.12)	0.1	(0.41)
	拉脱维亚	488	(5.1)	491	(5.6)	499	(6.0)	483	(6.4)	−1.2	(4.62)	1.0	(0.12)	0.0	(0.18)
	列支敦士登	c	c	c	c	c	c	c	c	−35.9	(5.53)	0.5	(0.19)	7.5	(2.15)
	立陶宛	479	(4.8)	480	(4.7)	483	(5.3)	473	(6.9)	−3.7	(6.49)	0.9	(0.10)	0.1	(0.23)
	中国澳门	542	(3.4)	542	(3.5)	536	(2.1)	533	(2.0)	−3.0	(0.74)	1.0	(0.06)	0.2	(0.08)
	马来西亚	424	(6.7)	417	(5.5)	418	(6.9)	423	(7.3)	2.7	(7.76)	1.0	(0.12)	0.1	(0.61)
	黑山	423	(4.1)	422	(4.8)	398	(2.4)	396	(2.2)	−17.2	(1.56)	0.8	(0.09)	2.3	(0.41)
	秘鲁	389	(9.1)	367	(8.4)	362	(8.1)	355	(6.3)	−12.9	(3.70)	0.7	(0.12)	2.6	(1.50)
	卡塔尔	395	(2.0)	394	(2.2)	376	(1.9)	341	(1.4)	−18.4	(0.60)	0.9	(0.04)	4.1	(0.26)
	罗马尼亚	454	(5.7)	454	(6.0)	439	(8.0)	431	(7.0)	−11.2	(6.54)	0.8	(0.09)	1.0	(1.09)
	俄罗斯联邦	492	(7.1)	477	(6.6)	473	(6.4)	488	(8.0)	−1.7	(5.41)	0.8	(0.10)	0.0	(0.24)
	塞尔维亚	460	(6.6)	462	(6.8)	455	(7.7)	417	(7.5)	−32.4	(7.64)	0.8	(0.11)	4.8	(2.25)
	中国上海	644	(9.1)	599	(11.4)	599	(8.7)	608	(10.5)	−11.5	(3.98)	0.5	(0.10)	2.0	(1.37)
	新加坡	583	(2.9)	566	(2.4)	579	(3.0)	571	(2.9)	−4.3	(1.41)	0.9	(0.05)	0.1	(0.08)
	中国台北	586	(7.9)	585	(7.1)	557	(12.9)	513	(8.3)	−25.1	(4.24)	0.7	(0.09)	6.4	(1.87)
	泰国	427	(8.4)	419	(7.1)	429	(8.0)	432	(6.0)	3.0	(3.54)	1.1	(0.15)	0.2	(0.41)
	突尼斯	391	(9.4)	390	(6.9)	380	(7.0)	388	(7.0)	−2.5	(5.03)	1.0	(0.15)	0.1	(0.47)
	阿联酋	437	(4.8)	442	(5.2)	439	(5.7)	421	(6.1)	−6.5	(1.72)	1.0	(0.10)	1.0	(0.56)
	乌拉圭	435	(10.0)	407	(8.9)	403	(6.2)	392	(6.6)	−17.3	(4.14)	0.7	(0.12)	3.9	(1.83)
	越南	506	(9.4)	504	(8.8)	523	(10.0)	513	(11.8)	2.0	(4.37)	1.1	(0.20)	0.1	(0.41)

注：统计上有显著性的值用粗体表示。

附表 5.10 ■ **教师专业发展**

基于学校校长报告的结果

		校长所报告的在之前三个月内参加过针对数学的专业发展的校内数学教师百分比:	
		平均%	标准误
OECD	澳大利亚	52.6	(1.5)
	奥地利	53.1	(2.6)
	比利时	36.1	(2.3)
	加拿大	59.0	(1.8)
	智利	28.0	(2.6)
	捷克	24.0	(2.3)
	丹麦	25.4	(2.3)
	爱沙尼亚	61.9	(2.2)
	芬兰	31.7	(2.4)
	法国	33.8	(2.6)
	德国	23.3	(1.8)
	希腊	24.8	(2.9)
	匈牙利	21.1	(2.2)
	冰岛	34.4	(0.2)
	爱尔兰	88.0	(2.4)
	以色列	60.7	(2.6)
	意大利	28.4	(1.3)
	日本	21.5	(1.8)
	韩国	31.3	(2.9)
	卢森堡	47.4	(0.1)
	墨西哥	46.6	(1.3)
	荷兰	29.2	(2.8)
	新西兰	61.2	(3.0)
	挪威	24.1	(2.2)
	波兰	45.9	(3.6)
	葡萄牙	35.4	(2.8)
	斯洛伐克	24.2	(2.5)
	斯洛文尼亚	58.2	(0.6)
	西班牙	25.3	(1.6)
	瑞典	43.9	(3.3)
	瑞士	23.4	(1.8)
	土耳其	18.4	(2.3)
	英国	51.7	(2.8)
	美国	61.5	(3.3)
	OECD平均	**39.3**	**(0.4)**
伙伴国家（地区）	阿尔巴尼亚	48.1	(3.5)
	阿根廷	48.3	(3.0)
	巴西	36.3	(2.1)
	保加利亚	36.2	(2.6)
	哥伦比亚	21.9	(2.1)
	哥斯达黎加	46.0	(3.0)
	克罗地亚	68.5	(2.6)
	塞浦路斯	33.0	(0.1)
	中国香港	33.6	(3.0)
	印度尼西亚	42.3	(3.1)
	约旦	32.6	(3.1)
	哈萨克斯坦	35.8	(2.9)
	拉脱维亚	37.4	(2.8)
	列支敦士登	35.6	(0.7)
	立陶宛	47.7	(2.8)
	中国澳门	59.0	(0.0)
	马来西亚	42.5	(3.1)
	黑山	45.6	(0.1)
	秘鲁	33.1	(2.4)
	卡塔尔	77.3	(0.1)
	罗马尼亚	45.0	(3.2)
	俄罗斯联邦	26.0	(2.6)
	塞尔维亚	47.8	(3.9)
	中国上海	72.3	(2.7)
	新加坡	66.7	(0.4)
	中国台北	57.2	(3.3)
	泰国	73.3	(2.7)
	突尼斯	39.7	(3.4)
	阿联酋	58.0	(1.7)
	乌拉圭	33.1	(3.1)
	越南	49.6	(3.7)

附表 5.11 ■ 学校教育资源质量指数与数学表现

基于学校校长报告的结果

		学校教育资源质量指数										指数的差异	
		全体学生		最低 1/4		第二个 1/4		第三个 1/4		最高 1/4			
		平均值	标准误	平均值	标准误	平均值	标准误	平均值	标准误	平均值	标准误	标准差	标准误
OECD	澳大利亚	0.68	(0.03)	−0.53	(0.04)	0.22	(0.04)	1.05	(0.08)	1.98	(0.01)	0.97	(0.02)
	奥地利	0.22	(0.09)	−1.21	(0.14)	−0.20	(0.08)	0.56	(0.14)	1.74	(0.11)	1.16	(0.07)
	比利时	0.30	(0.06)	−0.87	(0.08)	−0.09	(0.06)	0.55	(0.08)	1.62	(0.10)	0.98	(0.04)
	加拿大	0.27	(0.04)	−0.85	(0.07)	−0.14	(0.04)	0.45	(0.04)	1.62	(0.09)	0.97	(0.03)
	智利	−0.38	(0.07)	−1.60	(0.14)	−0.61	(0.07)	−0.12	(0.07)	0.82	(0.12)	1.00	(0.07)
	捷克	0.05	(0.06)	−0.83	(0.07)	−0.25	(0.04)	0.15	(0.07)	1.13	(0.13)	0.80	(0.05)
	丹麦	−0.15	(0.05)	−1.05	(0.09)	−0.38	(0.06)	0.02	(0.05)	0.83	(0.11)	0.78	(0.05)
	爱沙尼亚	−0.17	(0.04)	−1.00	(0.05)	−0.44	(0.05)	−0.05	(0.04)	0.80	(0.07)	0.74	(0.03)
	芬兰	−0.20	(0.06)	−1.13	(0.07)	−0.51	(0.05)	−0.05	(0.07)	0.88	(0.11)	0.82	(0.05)
	法国	0.38	(0.07)	−0.75	(0.08)	−0.03	(0.06)	0.52	(0.10)	1.80	(0.09)	0.98	(0.04)
	德国	0.09	(0.07)	−0.92	(0.07)	−0.25	(0.04)	0.22	(0.09)	1.31	(0.12)	0.89	(0.05)
	希腊	−0.35	(0.07)	−1.45	(0.16)	−0.61	(0.05)	−0.17	(0.05)	0.83	(0.12)	0.96	(0.07)
	匈牙利	0.17	(0.06)	−0.90	(0.08)	−0.05	(0.08)	0.40	(0.07)	1.25	(0.10)	0.84	(0.05)
	冰岛	−0.34	(0.00)	−1.33	(0.01)	−0.62	(0.00)	−0.21	(0.01)	0.79	(0.01)	0.85	(0.05)
	爱尔兰	0.11	(0.08)	−1.04	(0.09)	−0.26	(0.07)	0.28	(0.09)	1.46	(0.15)	0.97	(0.05)
	以色列	−0.35	(0.09)	−1.61	(0.10)	−0.80	(0.08)	−0.12	(0.13)	1.14	(0.14)	1.10	(0.06)
	意大利	0.05	(0.04)	−0.95	(0.05)	−0.30	(0.03)	0.19	(0.04)	1.25	(0.08)	0.89	(0.03)
	日本	0.44	(0.08)	−0.81	(0.10)	0.03	(0.07)	0.66	(0.12)	1.87	(0.10)	1.02	(0.04)
	韩国	0.06	(0.08)	−1.00	(0.13)	−0.25	(0.06)	0.22	(0.09)	1.28	(0.15)	0.92	(0.07)
	卢森堡	0.04	(0.00)	−0.76	(0.00)	−0.31	(0.00)	0.05	(0.00)	1.17	(0.00)	0.78	(0.00)
	墨西哥	−0.86	(0.04)	−2.26	(0.05)	−1.23	(0.06)	−0.52	(0.05)	0.57	(0.07)	1.14	(0.03)
	荷兰	0.19	(0.08)	−0.92	(0.08)	−0.22	(0.07)	0.37	(0.10)	1.51	(0.15)	0.95	(0.05)
	新西兰	0.20	(0.08)	−0.85	(0.09)	−0.28	(0.08)	0.29	(0.10)	1.63	(0.13)	0.98	(0.05)
	挪威	−0.19	(0.06)	−1.04	(0.06)	−0.57	(0.05)	−0.08	(0.07)	0.93	(0.14)	0.82	(0.05)
	波兰	0.36	(0.08)	−0.68	(0.07)	−0.03	(0.08)	0.53	(0.08)	1.62	(0.15)	0.90	(0.05)
	葡萄牙	0.17	(0.08)	−0.91	(0.11)	−0.15	(0.07)	0.38	(0.11)	1.36	(0.14)	0.91	(0.06)
	斯洛伐克	−0.54	(0.05)	−1.36	(0.06)	−0.75	(0.06)	−0.37	(0.05)	0.30	(0.09)	0.69	(0.04)
	斯洛文尼亚	0.43	(0.01)	−0.50	(0.01)	0.05	(0.01)	0.52	(0.01)	1.65	(0.03)	0.84	(0.01)
	西班牙	0.02	(0.05)	−0.98	(0.06)	−0.31	(0.04)	0.18	(0.05)	1.17	(0.09)	0.86	(0.03)
	瑞典	0.05	(0.06)	−0.92	(0.10)	−0.22	(0.06)	0.25	(0.06)	1.09	(0.11)	0.83	(0.06)
	瑞士	0.55	(0.07)	−0.57	(0.06)	0.11	(0.08)	0.88	(0.11)	1.78	(0.09)	0.93	(0.03)
	土耳其	−0.40	(0.06)	−1.52	(0.10)	−0.64	(0.08)	−0.17	(0.06)	0.73	(0.12)	0.92	(0.06)
	英国	0.51	(0.08)	−0.74	(0.08)	0.01	(0.05)	0.81	(0.21)	1.98	(0.01)	1.06	(0.03)
	美国	0.38	(0.08)	−0.89	(0.10)	−0.13	(0.08)	0.63	(0.15)	1.92	(0.09)	1.07	(0.04)
	OECD 平均	0.05	(0.01)	−1.02	(0.01)	−0.30	(0.01)	0.25	(0.02)	1.29	(0.02)	0.92	(0.01)
伙伴国家（地区）	阿尔巴尼亚	−0.41	(0.06)	−1.37	(0.08)	−0.69	(0.06)	−0.27	(0.05)	0.68	(0.13)	0.83	(0.05)
	阿根廷	−0.54	(0.09)	−1.87	(0.13)	−0.80	(0.09)	−0.26	(0.07)	0.77	(0.15)	1.07	(0.06)
	巴西	−0.54	(0.05)	−1.76	(0.06)	−0.92	(0.05)	−0.33	(0.06)	0.86	(0.10)	1.05	(0.04)
	保加利亚	−0.04	(0.07)	−1.05	(0.07)	−0.38	(0.08)	0.15	(0.08)	1.14	(0.11)	0.88	(0.04)
	哥伦比亚	−1.38	(0.07)	−2.84	(0.11)	−1.68	(0.14)	−1.05	(0.07)	0.06	(0.09)	1.17	(0.06)
	哥斯达黎加	−1.08	(0.08)	−2.58	(0.12)	−1.48	(0.10)	−0.77	(0.09)	0.52	(0.12)	1.24	(0.06)
	克罗地亚	−0.50	(0.05)	−1.32	(0.09)	−0.68	(0.06)	−0.33	(0.06)	0.33	(0.07)	0.66	(0.04)
	塞浦路斯	0.25	(0.00)	−0.85	(0.00)	−0.28	(0.00)	0.47	(0.01)	1.67	(0.00)	1.00	(0.00)
	中国香港	0.44	(0.07)	−0.62	(0.08)	0.01	(0.07)	0.61	(0.09)	1.78	(0.13)	0.93	(0.07)
	印度尼西亚	−0.76	(0.10)	−2.13	(0.16)	−1.09	(0.12)	−0.48	(0.10)	0.67	(0.16)	1.12	(0.08)
	约旦	−0.45	(0.08)	−1.68	(0.12)	−0.73	(0.07)	−0.23	(0.10)	0.85	(0.13)	1.02	(0.06)
	哈萨克斯坦	−0.68	(0.07)	−1.80	(0.11)	−0.98	(0.08)	−0.48	(0.07)	0.54	(0.12)	0.96	(0.06)
	拉脱维亚	0.04	(0.05)	−0.83	(0.07)	−0.20	(0.06)	0.20	(0.06)	0.98	(0.12)	0.73	(0.05)
	列支敦士登	0.77	(0.01)	c	c	c	c	c	c	c	c	0.51	(0.01)
	立陶宛	0.15	(0.05)	−0.62	(0.05)	−0.13	(0.05)	0.27	(0.06)	1.07	(0.10)	0.69	(0.04)
	中国澳门	0.36	(0.00)	−0.86	(0.00)	−0.15	(0.00)	0.57	(0.00)	1.70	(0.00)	1.02	(0.00)
	马来西亚	−0.21	(0.07)	−1.26	(0.07)	−0.53	(0.09)	−0.02	(0.06)	0.97	(0.14)	0.90	(0.05)
	黑山	−0.48	(0.00)	−1.23	(0.00)	−0.77	(0.00)	−0.37	(0.00)	0.43	(0.00)	0.65	(0.00)
	秘鲁	−1.16	(0.08)	−2.73	(0.10)	−1.53	(0.08)	−0.74	(0.10)	0.38	(0.14)	1.24	(0.06)
	卡塔尔	0.78	(0.00)	−0.40	(0.00)	0.28	(0.00)	1.25	(0.00)	1.98	(0.00)	0.98	(0.00)
	罗马尼亚	0.22	(0.06)	−0.71	(0.07)	−0.11	(0.06)	0.38	(0.06)	1.33	(0.14)	0.82	(0.05)
	俄罗斯联邦	−0.48	(0.07)	−1.56	(0.09)	−0.76	(0.06)	−0.28	(0.07)	0.67	(0.13)	0.91	(0.06)
	塞尔维亚	−0.56	(0.07)	−1.61	(0.10)	−0.79	(0.06)	−0.31	(0.08)	0.47	(0.13)	0.86	(0.06)
	中国上海	0.13	(0.09)	−1.46	(0.16)	−0.27	(0.11)	0.55	(0.12)	1.68	(0.11)	1.24	(0.08)
	新加坡	1.19	(0.01)	−0.06	(0.01)	0.94	(0.02)	1.93	(0.01)	1.98	(0.00)	0.87	(0.00)
	中国台北	0.58	(0.09)	−0.96	(0.18)	0.13	(0.11)	1.16	(0.18)	1.98	(0.00)	1.20	(0.09)
	泰国	−0.68	(0.07)	−2.00	(0.13)	−1.00	(0.07)	−0.37	(0.08)	0.66	(0.12)	1.07	(0.06)
	突尼斯	−1.34	(0.08)	−2.42	(0.12)	−1.58	(0.09)	−1.17	(0.07)	−0.20	(0.17)	0.93	(0.08)
	阿联酋	0.37	(0.05)	−1.14	(0.05)	−0.22	(0.07)	0.85	(0.10)	1.98	(0.03)	1.21	(0.03)
	乌拉圭	0.12	(0.08)	−1.15	(0.14)	−0.23	(0.08)	0.46	(0.08)	1.39	(0.11)	1.03	(0.07)
	越南	−0.48	(0.07)	−1.72	(0.13)	−0.78	(0.07)	−0.16	(0.11)	0.73	(0.11)	0.99	(0.07)

附表 5.11 ■ 学校教育资源质量指数与数学表现(续表 1)
基于学校校长报告的结果

| | 国家(地区) | 按照指数的国家(地区)内四分位数区分的数学量表表现 | | | | | | | | 该指数每单位的变化相对应的数学分数变化 | | 处于该指数最低1/4对于学生处于该国(地区)数学表现分布最低1/4所增加的可能性 | | 所解释的学生表现差异($r^2 \times 100$) | |
| | | 最低1/4 | | 第二个1/4 | | 第三个1/4 | | 最高1/4 | | | | | | | |
		平均分	标准误	平均分	标准误	平均分	标准误	平均分	标准误	分差	标准误	比率	标准误	%	标准误
OECD	澳大利亚	483	(3.6)	496	(4.7)	514	(4.3)	525	(4.3)	16.8	(2.05)	1.5	(0.09)	2.9	(0.69)
	奥地利	500	(10.8)	496	(9.0)	505	(8.3)	524	(9.1)	8.4	(4.15)	1.3	(0.23)	1.1	(1.11)
	比利时	494	(8.6)	516	(6.8)	522	(7.9)	528	(9.8)	11.5	(5.36)	1.4	(0.19)	1.2	(1.18)
	加拿大	510	(4.2)	520	(3.9)	523	(4.2)	519	(4.0)	3.7	(2.19)	1.1	(0.08)	0.2	(0.21)
	智利	400	(6.2)	416	(6.0)	438	(8.2)	436	(7.3)	16.2	(2.72)	1.5	(0.18)	4.0	(1.31)
	捷克	503	(10.5)	488	(9.0)	496	(9.4)	507	(9.3)	3.3	(6.13)	1.0	(0.15)	0.1	(0.35)
	丹麦	494	(5.3)	499	(5.3)	498	(5.0)	512	(4.7)	7.1	(3.32)	1.2	(0.12)	0.5	(0.41)
	爱沙尼亚	523	(4.5)	515	(4.6)	521	(5.4)	522	(4.4)	1.4	(2.67)	0.9	(0.09)	0.0	(0.08)
	芬兰	521	(3.6)	510	(5.5)	523	(5.0)	520	(3.7)	0.5	(1.80)	0.9	(0.07)	0.0	(0.03)
	法国	492	(9.0)	491	(9.8)	493	(10.6)	510	(9.6)	9.2	(4.51)	1.0	(0.19)	0.8	(0.90)
	德国	506	(8.3)	511	(9.8)	514	(8.1)	525	(8.6)	6.0	(4.72)	1.1	(0.15)	0.3	(0.50)
	希腊	445	(8.6)	454	(7.1)	455	(5.4)	457	(5.2)	6.5	(3.97)	1.2	(0.14)	0.5	(0.60)
	匈牙利	475	(9.2)	469	(10.1)	484	(10.7)	482	(10.3)	5.5	(7.52)	1.0	(0.18)	0.2	(0.56)
	冰岛	496	(3.3)	491	(4.0)	492	(3.3)	494	(3.1)	0.9	(2.11)	0.9	(0.08)	0.0	(0.05)
	爱尔兰	498	(5.6)	489	(7.8)	512	(6.2)	511	(6.3)	5.3	(3.38)	1.0	(0.13)	0.4	(0.48)
	以色列	465	(7.7)	465	(12.4)	454	(14.2)	481	(13.4)	6.2	(4.89)	0.9	(0.14)	0.4	(0.69)
	意大利	472	(4.7)	488	(5.2)	491	(4.5)	498	(4.7)	9.6	(2.87)	1.3	(0.11)	0.8	(0.49)
	日本	539	(11.3)	538	(10.1)	522	(9.0)	547	(9.4)	2.5	(6.20)	1.1	(0.22)	0.1	(0.46)
	韩国	553	(12.7)	552	(11.0)	563	(10.5)	547	(10.8)	−2.3	(6.13)	1.1	(0.19)	0.0	(0.33)
	卢森堡	478	(2.1)	469	(2.6)	505	(2.5)	507	(2.2)	18.5	(1.31)	1.2	(0.06)	2.3	(0.32)
	墨西哥	389	(3.0)	408	(2.9)	420	(2.8)	436	(3.7)	16.6	(1.50)	1.7	(0.11)	6.5	(1.24)
	荷兰	520	(10.1)	505	(12.0)	531	(18.0)	522	(14.9)	3.3	(6.73)	1.0	(0.21)	0.1	(0.58)
	新西兰	486	(7.2)	499	(6.6)	497	(7.8)	526	(9.1)	13.8	(4.51)	1.3	(0.18)	1.8	(1.17)
	挪威	492	(5.6)	488	(6.1)	486	(6.0)	495	(5.5)	1.8	(3.85)	1.0	(0.10)	0.0	(0.16)
	波兰	510	(6.0)	520	(7.7)	521	(6.6)	518	(7.0)	4.3	(3.82)	1.1	(0.12)	0.2	(0.37)
	葡萄牙	470	(9.8)	484	(8.8)	488	(8.8)	504	(6.8)	15.0	(4.54)	1.3	(0.16)	2.1	(1.08)
	斯洛伐克	480	(9.3)	494	(9.7)	472	(11.6)	480	(9.5)	0.0	(7.72)	1.0	(0.18)	0.0	(0.24)
	斯洛文尼亚	483	(3.1)	509	(3.2)	513	(3.1)	510	(3.5)	7.2	(1.57)	1.4	(0.11)	0.4	(0.19)
	西班牙	478	(4.2)	481	(4.6)	484	(5.6)	495	(3.5)	6.5	(2.35)	1.1	(0.11)	0.4	(0.28)
	瑞典	474	(5.3)	482	(5.7)	475	(5.2)	482	(4.8)	3.5	(3.25)	1.0	(0.10)	0.1	(0.18)
	瑞士	514	(5.5)	527	(7.6)	536	(8.8)	551	(6.5)	14.3	(3.25)	1.3	(0.13)	2.0	(0.87)
	土耳其	424	(10.7)	438	(8.3)	448	(11.8)	482	(14.2)	24.2	(6.84)	1.5	(0.21)	5.9	(3.20)
	英国	491	(6.8)	500	(6.1)	488	(7.2)	502	(11.6)	3.2	(5.51)	1.3	(0.14)	0.1	(0.48)
	美国	470	(7.1)	474	(10.4)	490	(10.3)	496	(6.6)	9.6	(3.17)	1.3	(0.18)	1.3	(0.86)
	OECD平均	486	(1.3)	491	(1.3)	496	(1.4)	504	(1.4)	7.7	(0.75)	1.2	(0.03)	1.1	(0.15)
伙伴国家(地区)	阿尔巴尼亚	389	(4.0)	389	(5.2)	395	(4.0)	404	(3.7)	4.5	(2.52)	1.0	(0.10)	0.2	(0.18)
	阿根廷	366	(9.0)	393	(6.5)	385	(7.0)	409	(7.2)	15.4	(3.57)	1.6	(0.24)	4.6	(2.02)
	巴西	372	(3.3)	381	(3.4)	386	(4.5)	425	(6.0)	20.7	(2.32)	1.3	(0.08)	7.7	(1.63)
	保加利亚	409	(10.2)	436	(9.1)	455	(10.2)	455	(10.8)	20.8	(6.53)	1.6	(0.23)	3.8	(2.31)
	哥伦比亚	356	(5.5)	370	(6.2)	381	(6.8)	398	(7.4)	13.4	(3.04)	1.5	(0.19)	4.4	(1.96)
	哥斯达黎加	386	(7.9)	393	(6.4)	412	(4.0)	436	(4.0)	17.9	(3.43)	1.6	(0.24)	10.4	(3.24)
	克罗地亚	472	(7.8)	465	(9.9)	458	(8.7)	488	(10.5)	4.3	(6.58)	1.0	(0.17)	0.1	(0.34)
	塞浦路斯	428	(2.7)	449	(2.7)	422	(2.5)	457	(2.2)	7.7	(1.09)	1.2	(0.07)	0.7	(0.19)
	中国香港	570	(9.2)	556	(13.0)	556	(10.8)	563	(9.3)	1.0	(5.55)	0.9	(0.16)	0.0	(0.27)
	印度尼西亚	351	(6.0)	365	(11.7)	384	(8.0)	399	(11.0)	20.5	(4.19)	1.5	(0.22)	10.4	(4.12)
	约旦	385	(5.8)	378	(6.8)	379	(5.7)	400	(8.4)	9.0	(4.66)	1.3	(0.13)	1.4	(1.41)
	哈萨克斯坦	439	(6.5)	428	(8.0)	424	(7.0)	438	(6.6)	4.5	(3.66)	0.8	(0.17)	0.4	(0.57)
	拉脱维亚	489	(6.8)	481	(6.6)	501	(4.8)	490	(7.4)	4.7	(4.52)	1.0	(0.14)	0.2	(0.35)
	列支敦士登	c	c	c	c	c	c	c	c	−75.4	(8.19)	0.1	(0.04)	16.5	(3.27)
	立陶宛	462	(5.6)	483	(5.7)	486	(6.1)	485	(6.6)	13.2	(4.93)	1.3	(0.14)	1.1	(0.82)
	中国澳门	538	(2.3)	529	(5.3)	528	(2.2)	558	(2.3)	9.3	(0.97)	1.1	(0.05)	1.0	(0.21)
	马来西亚	409	(6.7)	414	(5.2)	421	(6.8)	438	(9.1)	14.9	(4.79)	1.2	(0.16)	2.7	(1.79)
	黑山	397	(1.7)	442	(2.4)	395	(2.5)	404	(2.2)	−5.3	(1.48)	1.2	(0.07)	0.2	(0.79)
	秘鲁	332	(6.3)	348	(5.8)	378	(7.6)	414	(10.6)	24.2	(3.57)	2.0	(0.21)	12.6	(3.07)
	卡塔尔	380	(1.5)	388	(1.6)	369	(2.2)	369	(1.9)	−6.1	(0.82)	0.9	(0.05)	0.4	(0.09)
	罗马尼亚	437	(7.9)	435	(9.0)	442	(10.1)	464	(9.3)	16.8	(4.32)	1.1	(0.19)	2.9	(1.53)
	俄罗斯联邦	471	(4.6)	477	(5.5)	487	(5.6)	494	(9.1)	6.8	(3.93)	1.2	(0.11)	0.5	(0.39)
	塞尔维亚	447	(9.4)	449	(10.3)	452	(9.7)	447	(13.2)	−1.6	(6.44)	1.0	(0.17)	0.0	(0.32)
	中国上海	598	(9.8)	609	(10.0)	618	(11.2)	626	(9.3)	8.6	(4.29)	1.2	(0.20)	1.1	(1.09)
	新加坡	565	(2.3)	563	(3.5)	585	(3.2)	585	(3.0)	6.3	(1.45)	1.0	(0.06)	0.3	(0.13)
	中国台北	545	(9.3)	575	(13.7)	542	(10.6)	579	(9.8)	9.7	(4.79)	1.3	(0.16)	1.0	(1.07)
	泰国	416	(6.7)	422	(6.7)	434	(9.7)	435	(7.2)	8.1	(3.27)	1.1	(0.15)	1.1	(0.88)
	突尼斯	388	(7.1)	382	(8.7)	391	(10.6)	391	(9.9)	0.9	(4.41)	0.9	(0.16)	0.0	(0.30)
	阿联酋	408	(3.9)	421	(4.8)	452	(4.7)	457	(6.7)	16.2	(2.19)	1.5	(0.13)	4.8	(1.23)
	乌拉圭	388	(6.4)	399	(6.3)	418	(6.9)	432	(8.7)	13.8	(4.22)	1.4	(0.17)	2.6	(1.45)
	越南	503	(13.3)	510	(7.9)	522	(10.7)	510	(11.2)	6.1	(5.79)	1.3	(0.27)	0.5	(0.95)

注：统计上有显著性的值用粗体表示。

附表 5.12 ■ 基础设施质量指数与数学表现
基于学校校长报告的结果

| | | 基础设施质量指数 | | | | | | | | | 指数的差异 | |
| | | 全体学生 | | 最低 1/4 | | 第二个 1/4 | | 第三个 1/4 | | 最高 1/4 | | | |
		平均值	标准误	平均值	标准误	平均值	标准误	平均值	标准误	平均值	标准误	标准差	标准误
OECD	澳大利亚	0.17	(0.04)	−1.07	(0.06)	−0.19	(0.04)	0.63	(0.08)	1.31	(0.00)	0.95	(0.02)
	奥地利	−0.16	(0.09)	−1.51	(0.15)	−0.50	(0.10)	0.10	(0.16)	1.30	(0.07)	1.07	(0.06)
	比利时	−0.15	(0.06)	−1.31	(0.09)	−0.52	(0.07)	0.09	(0.09)	1.15	(0.08)	0.96	(0.04)
	加拿大	0.32	(0.04)	−0.81	(0.07)	−0.02	(0.04)	0.78	(0.10)	1.31	(0.00)	0.86	(0.03)
	智利	−0.12	(0.07)	−1.60	(0.16)	−0.32	(0.07)	0.28	(0.09)	1.17	(0.09)	1.10	(0.07)
	捷克	0.45	(0.06)	−0.58	(0.10)	0.22	(0.09)	0.84	(0.10)	1.31	(0.00)	0.78	(0.04)
	丹麦	−0.17	(0.05)	−1.22	(0.06)	−0.40	(0.07)	−0.01	(0.07)	0.96	(0.08)	0.86	(0.04)
	爱沙尼亚	0.10	(0.06)	−1.19	(0.08)	−0.25	(0.08)	0.52	(0.11)	1.31	(0.00)	0.99	(0.03)
	芬兰	−0.32	(0.07)	−1.52	(0.09)	−0.67	(0.08)	−0.10	(0.09)	1.02	(0.10)	0.99	(0.05)
	法国	0.19	(0.07)	−1.00	(0.09)	−0.18	(0.08)	0.66	(0.15)	1.31	(0.00)	0.93	(0.03)
	德国	−0.03	(0.06)	−1.23	(0.12)	−0.30	(0.06)	0.24	(0.08)	1.18	(0.07)	0.94	(0.05)
	希腊	−0.19	(0.08)	−1.60	(0.16)	−0.49	(0.07)	0.13	(0.08)	1.20	(0.09)	1.09	(0.05)
	匈牙利	0.21	(0.07)	−0.87	(0.11)	−0.05	(0.07)	0.44	(0.13)	1.31	(0.06)	0.84	(0.04)
	冰岛	0.34	(0.00)	−0.73	(0.00)	−0.05	(0.01)	0.84	(0.01)	1.31	(0.00)	0.83	(0.00)
	爱尔兰	−0.03	(0.09)	−1.58	(0.12)	−0.42	(0.16)	0.57	(0.18)	1.31	(0.00)	1.14	(0.06)
	以色列	−0.54	(0.09)	−1.86	(0.12)	−0.91	(0.08)	−0.29	(0.12)	0.90	(0.13)	1.06	(0.05)
	意大利	−0.33	(0.04)	−1.64	(0.05)	−0.66	(0.06)	−0.05	(0.05)	1.04	(0.05)	1.04	(0.03)
	日本	−0.13	(0.07)	−1.31	(0.10)	−0.42	(0.10)	0.10	(0.08)	1.11	(0.10)	0.94	(0.05)
	韩国	−0.18	(0.08)	−1.34	(0.13)	−0.47	(0.09)	0.02	(0.09)	1.08	(0.11)	0.94	(0.06)
	卢森堡	−0.49	(0.00)	−1.57	(0.00)	−0.75	(0.00)	−0.27	(0.00)	0.63	(0.00)	0.88	(0.00)
	墨西哥	−0.40	(0.04)	−1.73	(0.07)	−0.74	(0.04)	−0.11	(0.04)	0.97	(0.06)	1.06	(0.03)
	荷兰	−0.29	(0.08)	−1.56	(0.10)	−0.56	(0.09)	0.03	(0.10)	0.95	(0.11)	0.97	(0.05)
	新西兰	0.03	(0.09)	−1.21	(0.14)	−0.34	(0.10)	0.38	(0.15)	1.31	(0.06)	0.97	(0.05)
	挪威	−0.31	(0.08)	−1.53	(0.11)	−0.66	(0.10)	−0.02	(0.12)	0.99	(0.09)	0.99	(0.05)
	波兰	0.50	(0.07)	−0.61	(0.15)	0.32	(0.07)	0.97	(0.12)	1.31	(0.06)	0.82	(0.07)
	葡萄牙	−0.26	(0.09)	−1.38	(0.09)	−0.62	(0.14)	−0.02	(0.09)	0.96	(0.13)	0.91	(0.04)
	斯洛伐克	−0.13	(0.07)	−1.40	(0.11)	−0.45	(0.08)	0.15	(0.10)	1.18	(0.08)	1.00	(0.05)
	斯洛文尼亚	0.05	(0.01)	−1.11	(0.02)	−0.29	(0.01)	0.31	(0.02)	1.29	(0.02)	0.93	(0.01)
	西班牙	0.01	(0.05)	−1.33	(0.12)	−0.28	(0.05)	0.36	(0.09)	1.31	(0.03)	1.03	(0.05)
	瑞典	0.21	(0.08)	−1.14	(0.12)	−0.13	(0.09)	0.83	(0.18)	1.31	(0.00)	1.01	(0.05)
	瑞士	0.29	(0.05)	−0.83	(0.08)	−0.03	(0.06)	0.73	(0.14)	1.31	(0.00)	0.87	(0.04)
	土耳其	−0.25	(0.07)	−1.51	(0.10)	−0.47	(0.13)	−0.03	(0.06)	1.00	(0.11)	0.97	(0.05)
	英国	0.04	(0.07)	−1.36	(0.10)	−0.33	(0.11)	0.55	(0.14)	1.31	(0.00)	1.07	(0.04)
	美国	0.46	(0.06)	−0.61	(0.09)	0.16	(0.10)	0.99	(0.12)	1.31	(0.00)	0.80	(0.04)
	OECD平均	−0.03	(0.01)	−1.26	(0.02)	−0.35	(0.01)	0.31	(0.02)	1.17	(0.01)	0.96	(0.01)
伙伴国家（地区）	阿尔巴尼亚	−0.42	(0.07)	−1.64	(0.09)	−0.75	(0.08)	−0.19	(0.09)	0.91	(0.12)	1.00	(0.04)
	阿根廷	−0.38	(0.10)	−2.04	(0.16)	−0.77	(0.11)	0.03	(0.16)	1.27	(0.07)	1.25	(0.06)
	巴西	−0.35	(0.05)	−1.84	(0.08)	−0.77	(0.06)	0.05	(0.08)	1.15	(0.06)	1.16	(0.03)
	保加利亚	0.19	(0.06)	−1.02	(0.10)	−0.09	(0.07)	0.57	(0.13)	1.31	(0.00)	0.91	(0.04)
	哥伦比亚	−0.78	(0.09)	−2.24	(0.14)	−1.12	(0.11)	−0.41	(0.08)	0.67	(0.12)	1.13	(0.05)
	哥斯达黎加	−0.71	(0.07)	−2.25	(0.12)	−0.98	(0.07)	−0.34	(0.06)	0.73	(0.13)	1.15	(0.05)
	克罗地亚	−0.57	(0.07)	−1.72	(0.09)	−0.90	(0.10)	−0.18	(0.08)	0.52	(0.07)	0.89	(0.04)
	塞浦路斯	−0.02	(0.00)	−1.12	(0.00)	−0.29	(0.00)	0.22	(0.00)	1.09	(0.00)	0.88	(0.00)
	中国香港	−0.02	(0.07)	−1.08	(0.11)	−0.30	(0.05)	0.13	(0.10)	1.14	(0.10)	0.85	(0.04)
	印度尼西亚	−0.52	(0.08)	−1.57	(0.13)	−0.72	(0.10)	−0.32	(0.05)	0.52	(0.14)	0.85	(0.06)
	约旦	−0.56	(0.09)	−2.08	(0.13)	−0.97	(0.11)	−0.18	(0.11)	0.98	(0.12)	1.18	(0.05)
	哈萨克斯坦	−0.21	(0.09)	−1.70	(0.14)	−0.66	(0.12)	0.23	(0.18)	1.31	(0.04)	1.17	(0.06)
	拉脱维亚	0.38	(0.06)	−0.61	(0.09)	0.12	(0.10)	0.70	(0.10)	1.31	(0.00)	0.77	(0.04)
	列支敦士登	0.11	(0.02)	c	c	c	c	c	c	c	c	0.79	(0.01)
	立陶宛	−0.01	(0.06)	−1.16	(0.12)	−0.28	(0.05)	0.28	(0.08)	1.15	(0.08)	0.91	(0.05)
	中国澳门	−0.11	(0.00)	−1.36	(0.00)	−0.46	(0.00)	0.11	(0.00)	1.27	(0.00)	1.00	(0.00)
	马来西亚	0.08	(0.08)	−1.31	(0.11)	−0.29	(0.11)	0.60	(0.16)	1.31	(0.00)	1.04	(0.05)
	黑山	−0.07	(0.00)	−1.03	(0.00)	−0.29	(0.00)	0.12	(0.00)	1.05	(0.00)	0.82	(0.00)
	秘鲁	−0.47	(0.08)	−1.94	(0.10)	−0.85	(0.10)	−0.14	(0.09)	1.06	(0.11)	1.15	(0.05)
	卡塔尔	0.46	(0.00)	−0.91	(0.00)	0.14	(0.01)	1.31	(0.00)	1.31	(0.00)	0.98	(0.00)
	罗马尼亚	0.18	(0.05)	−0.65	(0.08)	−0.11	(0.05)	0.33	(0.06)	1.15	(0.09)	0.71	(0.03)
	俄罗斯联邦	0.17	(0.07)	−1.07	(0.12)	−0.13	(0.08)	0.56	(0.15)	1.31	(0.00)	0.95	(0.05)
	塞尔维亚	−0.34	(0.09)	−1.47	(0.12)	−0.65	(0.09)	−0.16	(0.10)	0.90	(0.14)	0.94	(0.06)
	中国上海	−0.19	(0.09)	−1.67	(0.11)	−0.53	(0.10)	0.18	(0.14)	1.28	(0.08)	1.13	(0.04)
	新加坡	0.40	(0.01)	−0.65	(0.01)	0.08	(0.01)	0.88	(0.02)	1.31	(0.00)	0.80	(0.01)
	中国台北	0.05	(0.08)	−1.34	(0.14)	−0.29	(0.11)	0.53	(0.17)	1.31	(0.00)	1.04	(0.06)
	泰国	−0.87	(0.08)	−2.34	(0.12)	−1.23	(0.09)	−0.49	(0.10)	0.56	(0.12)	1.13	(0.05)
	突尼斯	−1.25	(0.08)	−2.35	(0.09)	−1.53	(0.07)	−1.08	(0.11)	−0.04	(0.15)	0.93	(0.06)
	阿联酋	0.14	(0.05)	−1.53	(0.10)	−0.15	(0.09)	0.91	(0.08)	1.31	(0.00)	1.18	(0.04)
	乌拉圭	−0.41	(0.09)	−2.04	(0.16)	−0.81	(0.10)	0.08	(0.12)	1.15	(0.08)	1.24	(0.05)
	越南	−0.40	(0.09)	−1.70	(0.15)	−0.64	(0.08)	−0.11	(0.11)	0.84	(0.12)	1.01	(0.06)

附表 5.12 ■ 基础设施质量指数与数学表现(续表1)

基于学校校长报告的结果

| | | 按照指数的国家(地区)内四分位数区分的数学量表表现 | | | | | | | 该指数每单位的变化相对应的数学分数变化 | | 处于该指数最低 1/4 对于学生处于该国(地区)数学表现分布最低 1/4 所增加的可能性 | | 所解释的学生表现差异 ($r^2 \times 100$) | |
| | | 最低 1/4 | | 第二个 1/4 | | 第三个 1/4 | | 最高 1/4 | | | | | | | |
		平均分	标准误	平均分	标准误	平均分	标准误	平均分	标准误	分差	标准误	比率	标准误	%	标准误
OECD	澳大利亚	**494**	(4.6)	498	(4.7)	511	(3.7)	517	(3.5)	**9.4**	(2.60)	**1.2**	(0.08)	0.8	(0.47)
	奥地利	517	(9.7)	491	(10.9)	511	(8.7)	509	(9.5)	1.5	(5.15)	0.9	(0.20)	0.0	(0.33)
	比利时	**505**	(8.5)	513	(9.1)	514	(9.1)	**530**	(7.9)	8.3	(5.30)	1.1	(0.17)	0.6	(0.80)
	加拿大	520	(4.5)	515	(3.8)	518	(3.5)	519	(3.3)	0.4	(2.37)	0.9	(0.07)	0.0	(0.06)
	智利	**394**	(5.1)	415	(7.1)	430	(6.8)	**451**	(8.3)	**17.7**	(3.01)	**1.7**	(0.20)	5.8	(1.78)
	捷克	507	(9.0)	492	(7.4)	500	(7.6)	496	(8.2)	−6.1	(5.88)	0.9	(0.15)	0.3	(0.44)
	丹麦	497	(5.8)	499	(4.8)	506	(5.8)	502	(5.4)	1.5	(3.37)	1.1	(0.14)	0.0	(0.15)
	爱沙尼亚	527	(4.2)	524	(5.1)	513	(4.9)	522	(4.0)	**−4.1**	(1.92)	0.9	(0.09)	0.3	(0.25)
	芬兰	517	(4.1)	518	(4.2)	520	(4.4)	520	(4.0)	0.5	(2.06)	1.0	(0.12)	0.0	(0.05)
	法国	516	(9.2)	488	(9.7)	482	(9.2)	500	(8.3)	−7.4	(5.97)	**0.7**	(0.15)	0.5	(0.82)
	德国	518	(7.6)	515	(9.8)	512	(8.2)	510	(9.6)	−3.9	(5.11)	0.8	(0.13)	0.1	(0.43)
	希腊	440	(7.3)	456	(5.9)	464	(6.2)	453	(8.1)	4.9	(3.38)	1.3	(0.17)	0.4	(0.50)
	匈牙利	472	(10.3)	474	(10.3)	497	(13.7)	469	(10.6)	0.7	(6.69)	1.1	(0.22)	0.0	(0.28)
	冰岛	500	(3.1)	490	(4.0)	487	(3.4)	493	(4.9)	−3.1	(2.14)	**0.8**	(0.06)	0.1	(0.11)
	爱尔兰	502	(5.0)	502	(6.9)	499	(7.4)	507	(6.6)	0.1	(2.69)	1.0	(0.12)	0.0	(0.10)
	以色列	448	(11.8)	482	(11.9)	467	(11.3)	477	(11.8)	5.6	(6.44)	1.3	(0.25)	0.3	(0.75)
	意大利	**481**	(5.1)	489	(5.3)	483	(5.5)	496	(5.1)	**5.4**	(2.57)	1.1	(0.11)	0.4	(0.35)
	日本	538	(9.7)	532	(10.2)	526	(8.2)	549	(7.5)	4.7	(4.95)	1.0	(0.19)	0.2	(0.53)
	韩国	557	(9.1)	554	(9.3)	550	(9.1)	555	(9.9)	−1.9	(5.21)	1.0	(0.14)	0.1	(0.28)
	卢森堡	**502**	(2.5)	477	(2.1)	471	(2.9)	**510**	(2.6)	**3.4**	(1.10)	**0.8**	(0.04)	0.1	(0.06)
	墨西哥	**394**	(2.87)	407	(2.86)	421	(2.55)	**432**	(3.8)	**13.6**	(1.84)	**1.6**	(0.10)	3.8	(0.98)
	荷兰	528	(12.3)	512	(12.8)	512	(10.1)	526	(12.9)	2.3	(6.83)	1.0	(0.21)	0.1	(0.56)
	新西兰	502	(7.7)	508	(6.0)	495	(8.6)	503	(7.9)	−1.6	(4.22)	1.0	(0.14)	0.0	(0.19)
	挪威	493	(6.2)	491	(5.3)	486	(6.4)	496	(5.5)	0.3	(2.79)	1.0	(0.12)	0.0	(0.08)
	波兰	525	(8.8)	519	(6.4)	512	(4.8)	513	(5.9)	−8.4	(4.69)	0.9	(0.11)	0.6	(0.66)
	葡萄牙	**462**	(7.7)	489	(7.7)	484	(9.7)	**512**	(6.9)	**19.2**	(4.19)	**1.6**	(0.21)	3.4	(1.48)
	斯洛伐克	479	(8.4)	483	(9.3)	488	(10.3)	477	(10.8)	−1.5	(5.29)	1.0	(0.14)	0.0	(0.24)
	斯洛文尼亚	**512**	(3.7)	507	(4.1)	505	(3.1)	496	(2.4)	**−2.9**	(1.40)	1.0	(0.10)	0.1	(0.09)
	西班牙	**474**	(3.6)	480	(4.6)	489	(4.0)	495	(4.4)	**7.8**	(2.06)	**1.2**	(0.09)	0.8	(0.41)
	瑞典	472	(6.3)	479	(5.1)	477	(5.1)	484	(5.8)	4.2	(3.33)	1.1	(0.14)	0.2	(0.35)
	瑞士	535	(7.4)	523	(8.6)	536	(7.7)	534	(5.2)	0.3	(3.64)	0.9	(0.11)	0.0	(0.11)
	土耳其	**414**	(7.4)	442	(9.3)	457	(9.9)	479	(13.7)	**22.3**	(5.83)	**1.6**	(0.20)	5.7	(2.76)
	英国	497	(5.7)	501	(5.6)	502	(8.0)	481	(10.0)	−4.7	(4.24)	0.9	(0.12)	0.3	(0.57)
	美国	**467**	(7.1)	486	(5.9)	485	(6.8)	491	(6.9)	**11.4**	(4.62)	1.3	(0.17)	1.0	(0.87)
	OECD平均	**491**	(1.2)	493	(1.3)	494	(1.3)	**500**	(1.3)	**2.9**	(0.72)	**1.1**	(0.03)	0.8	(0.13)
伙伴国家(地区)	阿尔巴尼亚	394	(4.4)	391	(4.7)	395	(4.6)	396	(4.6)	1.7	(2.15)	1.0	(0.09)	0.0	(0.11)
	阿根廷	**355**	(7.5)	393	(7.4)	393	(7.0)	**412**	(8.3)	**16.6**	(3.02)	**2.0**	(0.27)	7.4	(2.63)
	巴西	**369**	(3.6)	381	(3.2)	396	(6.5)	**419**	(4.9)	**16.4**	(2.09)	**1.4**	(0.11)	6.0	(1.38)
	保加利亚	**464**	(9.2)	428	(9.2)	438	(8.2)	**425**	(9.1)	**−14.6**	(5.80)	**0.7**	(0.12)	2.0	(1.59)
	哥伦比亚	**363**	(7.0)	372	(5.8)	379	(5.6)	392	(6.5)	**11.0**	(2.84)	1.3	(0.17)	2.8	(1.44)
	哥斯达黎加	**385**	(6.8)	398	(6.1)	413	(6.5)	**433**	(7.5)	**16.7**	(3.51)	**1.7**	(0.23)	7.8	(3.13)
	克罗地亚	472	(8.2)	470	(8.9)	465	(9.1)	477	(9.1)	0.5	(4.81)	0.9	(0.14)	0.0	(0.16)
	塞浦路斯	**442**	(2.5)	453	(2.7)	447	(2.9)	**424**	(2.6)	**−6.8**	(1.24)	1.0	(0.07)	0.4	(0.15)
	中国香港	**570**	(8.6)	549	(10.4)	557	(7.9)	569	(9.1)	0.8	(5.81)	0.8	(0.13)	0.0	(0.25)
	印度尼西亚	**358**	(6.8)	366	(6.7)	378	(7.2)	398	(10.0)	**21.4**	(5.91)	1.3	(0.20)	6.4	(3.34)
	约旦	380	(7.4)	383	(6.3)	383	(8.0)	397	(7.2)	4.6	(3.09)	1.1	(0.16)	0.5	(0.64)
	哈萨克斯坦	437	(6.5)	432	(7.9)	425	(5.5)	435	(7.1)	−0.3	(2.99)	0.9	(0.13)	0.0	(0.22)
	拉脱维亚	487	(7.8)	491	(5.7)	493	(5.1)	489	(5.9)	−1.1	(5.10)	1.1	(0.16)	0.0	(0.23)
	列支敦士登	c	c	c	c	c	c	c	c	−51.6	(5.06)	**0.5**	(0.23)	19.4	(3.23)
	立陶宛	**491**	(6.5)	481	(6.4)	475	(5.6)	**469**	(6.8)	**−8.6**	(3.83)	0.8	(0.12)	0.8	(0.71)
	中国澳门	**533**	(2.4)	548	(2.0)	521	(2.4)	**550**	(1.9)	**6.8**	(0.98)	1.1	(0.05)	0.5	(0.15)
	马来西亚	415	(6.5)	426	(7.5)	425	(8.0)	416	(7.0)	0.2	(3.22)	1.1	(0.14)	0.0	(0.05)
	黑山	**401**	(2.5)	429	(3.4)	401	(2.7)	**408**	(2.4)	2.0	(1.16)	**1.2**	(0.07)	0.0	(0.05)
	秘鲁	**341**	(6.3)	353	(6.4)	374	(9.0)	**403**	(9.6)	**18.6**	(3.74)	**1.6**	(0.22)	6.4	(2.31)
	卡塔尔	**387**	(1.5)	389	(1.5)	365	(2.0)	**365**	(1.8)	**−10.3**	(0.83)	**0.9**	(0.04)	1.0	(0.16)
	罗马尼亚	443	(7.6)	440	(7.2)	448	(8.4)	448	(7.5)	4.5	(5.17)	1.0	(0.15)	0.2	(0.43)
	俄罗斯联邦	484	(5.6)	489	(5.3)	474	(5.5)	481	(7.5)	−2.6	(3.66)	0.9	(0.09)	0.1	(0.26)
	塞尔维亚	442	(9.0)	449	(8.9)	457	(10.2)	446	(9.3)	1.0	(5.30)	1.1	(0.20)	0.0	(0.32)
	中国上海	606	(9.1)	612	(9.4)	604	(10.1)	629	(11.3)	7.2	(5.19)	1.0	(0.18)	0.7	(1.04)
	新加坡	**570**	(2.6)	566	(3.0)	577	(3.6)	**581**	(4.2)	**7.5**	(1.80)	1.0	(0.06)	0.3	(0.17)
	中国台北	556	(11.2)	552	(11.8)	574	(10.4)	554	(9.5)	2.5	(5.81)	1.1	(0.16)	0.1	(0.36)
	泰国	422	(7.8)	430	(8.0)	434	(7.3)	421	(6.5)	−0.4	(3.42)	1.0	(0.14)	0.0	(0.21)
	突尼斯	389	(6.6)	393	(7.7)	379	(7.1)	392	(11.4)	−1.6	(4.71)	0.8	(0.15)	0.0	(0.42)
	阿联酋	**408**	(4.2)	436	(5.2)	447	(4.4)	**449**	(5.8)	**14.6**	(2.15)	**1.5**	(0.15)	3.7	(1.08)
	乌拉圭	**378**	(5.8)	383	(9.3)	434	(8.2)	**442**	(8.1)	**21.8**	(2.97)	**1.6**	(0.17)	9.3	(2.32)
	越南	500	(13.8)	510	(7.9)	523	(9.7)	512	(10.6)	7.0	(6.39)	1.4	(0.28)	0.7	(1.23)

注:统计上有显著性的值用粗体表示。

附表 5.13 ■ 在校的计算机充足度

基于学校校长报告的结果

		学校校长有关以下的报告：			
		在校的生均计算机数		在校的连接到互联网的计算机比例	
		平 均	标准误	平 均	标准误
OECD	澳大利亚	1.53	(0.05)	1.00	(0.00)
	奥地利	1.47	(0.16)	0.99	(0.01)
	比利时	0.72	(0.03)	0.97	(0.01)
	加拿大	0.84	(0.03)	1.00	(0.00)
	智利	0.49	(0.03)	0.95	(0.01)
	捷克	0.92	(0.04)	0.99	(0.01)
	丹麦	0.83	(0.04)	0.99	(0.01)
	爱沙尼亚	0.69	(0.02)	1.00	(0.00)
	芬兰	0.46	(0.02)	1.00	(0.00)
	法国	0.60	(0.04)	0.96	(0.01)
	德国	0.65	(0.07)	0.98	(0.01)
	希腊	0.24	(0.01)	0.99	(0.01)
	匈牙利	0.64	(0.03)	0.99	(0.01)
	冰岛	0.63	(0.00)	1.00	(0.00)
	爱尔兰	0.64	(0.04)	1.00	(0.00)
	以色列	0.38	(0.02)	0.91	(0.01)
	意大利	0.48	(0.01)	0.96	(0.01)
	日本	0.56	(0.04)	0.97	(0.01)
	韩国	0.40	(0.03)	0.97	(0.01)
	卢森堡	0.87	(0.00)	1.00	(0.00)
	墨西哥	0.28	(0.03)	0.73	(0.02)
	荷兰	0.68	(0.04)	1.00	(0.00)
	新西兰	1.10	(0.04)	0.99	(0.01)
	挪威	0.79	(0.03)	0.99	(0.01)
	波兰	0.36	(0.01)	0.98	(0.01)
	葡萄牙	0.46	(0.05)	0.97	(0.01)
	斯洛伐克	0.77	(0.03)	0.99	(0.00)
	斯洛文尼亚	0.62	(0.01)	1.00	(0.00)
	西班牙	0.67	(0.02)	0.99	(0.01)
	瑞典	0.63	(0.03)	0.99	(0.00)
	瑞士	0.68	(0.05)	0.99	(0.00)
	土耳其	0.14	(0.01)	0.96	(0.01)
	英国	1.02	(0.04)	0.99	(0.01)
	美国	0.95	(0.06)	0.94	(0.01)
	OECD平均	0.68	(0.01)	0.97	(0.00)
伙伴国家（地区）	阿尔巴尼亚	0.36	(0.08)	0.70	(0.03)
	阿根廷	0.49	(0.04)	0.71	(0.03)
	巴西	0.20	(0.02)	0.92	(0.01)
	保加利亚	0.56	(0.02)	0.97	(0.01)
	哥伦比亚	0.48	(0.03)	0.71	(0.03)
	哥斯达黎加	0.53	(0.18)	0.83	(0.03)
	克罗地亚	0.32	(0.03)	0.96	(0.01)
	塞浦路斯	0.74	(0.00)	0.90	(0.01)
	中国香港	0.73	(0.03)	1.00	(0.00)
	印度尼西亚	0.16	(0.01)	0.56	(0.04)
	约旦	0.35	(0.01)	0.84	(0.02)
	哈萨克斯坦	0.80	(0.05)	0.57	(0.03)
	拉脱维亚	0.98	(0.07)	0.99	(0.00)
	列支敦士登	0.62	(0.01)	1.00	(0.00)
	立陶宛	0.85	(0.13)	0.99	(0.00)
	中国澳门	1.02	(0.00)	0.99	(0.00)
	马来西亚	0.19	(0.01)	0.87	(0.02)
	黑山	0.18	(0.01)	0.94	(0.00)
	秘鲁	0.40	(0.02)	0.65	(0.03)
	卡塔尔	0.61	(0.00)	0.90	(0.00)
	罗马尼亚	0.54	(0.13)	0.95	(0.01)
	俄罗斯联邦	0.58	(0.03)	0.82	(0.02)
	塞尔维亚	0.24	(0.01)	0.83	(0.03)
	中国上海	0.51	(0.03)	0.95	(0.01)
	新加坡	0.67	(0.01)	0.99	(0.00)
	中国台北	0.34	(0.03)	1.00	(0.00)
	泰国	0.48	(0.02)	0.95	(0.01)
	突尼斯	0.51	(0.11)	0.63	(0.04)
	阿联酋	0.69	(0.04)	0.83	(0.01)
	乌拉圭	0.40	(0.05)	0.96	(0.01)
	越南	0.24	(0.03)	0.80	(0.03)

附表 5.14 ■ 接受学前教育

基于学生自我报告的结果

		报告说接受过学前教育(ISCED 0)的学生百分比					
		没有接受过		接受过一年或不到		接受过超过一年	
		%	标准误	%	标准误	%	标准误
OECD	澳大利亚	4.6	(0.2)	43.7	(0.6)	51.7	(0.6)
	奥地利	1.8	(0.3)	10.5	(0.6)	87.7	(0.7)
	比利时	2.4	(0.2)	4.6	(0.3)	93.0	(0.4)
	加拿大	9.1	(0.3)	40.4	(0.7)	50.5	(0.6)
	智利	9.2	(0.7)	56.5	(0.9)	34.3	(0.8)
	捷克	3.2	(0.5)	8.8	(0.6)	88.0	(0.8)
	丹麦	1.1	(0.1)	20.1	(0.6)	78.9	(0.6)
	爱沙尼亚	7.3	(0.6)	8.7	(0.5)	83.9	(0.8)
	芬兰	2.5	(0.2)	34.8	(1.0)	62.7	(1.0)
	法国	1.8	(0.3)	6.4	(0.3)	91.8	(0.4)
	德国	3.3	(0.3)	11.5	(0.6)	85.2	(0.7)
	希腊	4.6	(0.5)	27.4	(0.9)	68.0	(1.0)
	匈牙利	0.5	(0.1)	4.0	(0.4)	95.5	(0.4)
	冰岛	2.1	(0.2)	3.2	(0.3)	94.7	(0.4)
	爱尔兰	13.6	(0.7)	43.6	(0.9)	42.8	(0.9)
	以色列	2.1	(0.2)	16.5	(0.8)	81.4	(0.9)
	意大利	4.3	(0.2)	8.0	(0.2)	87.7	(0.3)
	日本	0.9	(0.1)	2.2	(0.2)	96.9	(0.2)
	韩国	4.5	(0.4)	12.6	(0.7)	82.9	(0.9)
	卢森堡	4.6	(0.3)	12.8	(0.4)	82.6	(0.5)
	墨西哥	9.5	(0.3)	18.7	(0.3)	71.8	(0.5)
	荷兰	2.3	(0.3)	2.7	(0.3)	95.0	(0.3)
	新西兰	9.3	(0.6)	19.5	(0.7)	71.2	(0.8)
	挪威	7.9	(0.4)	5.8	(0.4)	86.3	(0.6)
	波兰	2.5	(0.3)	46.4	(1.5)	51.1	(1.5)
	葡萄牙	15.0	(0.8)	20.7	(0.8)	64.4	(1.1)
	斯洛伐克	6.8	(0.7)	13.2	(0.8)	80.0	(1.0)
	斯洛文尼亚	14.7	(0.5)	12.8	(0.6)	72.5	(0.7)
	西班牙	5.9	(0.3)	8.3	(0.2)	85.8	(0.4)
	瑞典	8.2	(0.5)	20.4	(0.8)	71.4	(0.8)
	瑞士	1.8	(0.2)	25.0	(1.8)	73.1	(1.8)
	土耳其	70.3	(1.4)	21.0	(1.0)	8.6	(0.8)
	英国	5.0	(0.4)	26.1	(0.5)	68.9	(0.7)
	美国	1.5	(0.2)	24.0	(0.9)	74.6	(0.9)
	OECD 平均	7.2	(0.1)	18.8	(0.1)	74.0	(0.1)
伙伴国家(地区)	阿尔巴尼亚	25.4	(0.9)	21.8	(0.8)	52.8	(1.1)
	阿根廷	6.2	(0.9)	22.6	(0.9)	71.2	(1.4)
	巴西	18.9	(0.6)	33.4	(0.7)	47.7	(0.8)
	保加利亚	10.2	(0.7)	13.0	(0.6)	76.7	(1.0)
	哥伦比亚	14.2	(0.8)	52.5	(0.8)	33.3	(1.1)
	哥斯达黎加	15.4	(0.9)	39.6	(1.1)	45.0	(1.2)
	克罗地亚	26.8	(1.1)	22.4	(0.8)	50.8	(1.1)
	塞浦路斯	3.6	(0.3)	23.5	(0.6)	73.0	(0.7)
	中国香港	1.6	(0.2)	3.3	(0.3)	95.1	(0.4)
	印度尼西亚	46.2	(2.2)	31.4	(2.0)	22.5	(1.5)
	约旦	24.2	(1.0)	49.3	(0.9)	26.5	(1.0)
	哈萨克斯坦	65.0	(1.7)	11.3	(0.6)	23.8	(1.4)
	拉脱维亚	11.3	(0.8)	13.3	(0.7)	75.4	(0.9)
	列支敦士登	0.7	(0.5)	8.8	(1.8)	90.5	(1.9)
	立陶宛	30.5	(1.0)	13.2	(0.6)	56.3	(1.0)
	中国澳门	2.4	(0.2)	11.9	(0.4)	85.6	(0.5)
	马来西亚	23.8	(1.3)	28.6	(1.0)	47.6	(1.4)
	黑山	32.8	(0.6)	24.8	(0.6)	42.4	(0.7)
	秘鲁	13.8	(0.7)	25.0	(0.7)	61.1	(1.1)
	卡塔尔	30.7	(0.5)	41.5	(0.5)	27.8	(0.4)
	罗马尼亚	4.5	(0.5)	9.0	(0.5)	86.5	(0.8)
	俄罗斯联邦	18.9	(1.1)	10.2	(0.6)	71.0	(1.4)
	塞尔维亚	20.3	(0.9)	28.9	(1.1)	50.7	(1.2)
	中国上海	3.6	(0.6)	8.6	(0.6)	87.8	(1.0)
	新加坡	2.3	(0.2)	7.1	(0.4)	90.6	(0.4)
	中国台北	1.5	(0.2)	14.7	(0.6)	83.8	(0.6)
	泰国	1.7	(0.3)	10.5	(0.6)	87.8	(0.6)
	突尼斯	37.6	(1.6)	39.3	(1.1)	23.1	(1.0)
	阿联酋	23.7	(0.7)	26.6	(0.6)	49.7	(0.9)
	乌拉圭	16.2	(0.8)	14.1	(0.7)	69.7	(1.0)
	越南	9.3	(1.0)	22.5	(1.2)	68.2	(1.5)

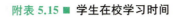

附表 5.15 ■ 学生在校学习时间

基于学生自我报告的结果

		每周总课时数			常规数学课				常规测试语言课			
		常规在校一周内所有课时数（课时数）		总课时数的差异		每周用于学习的时间（分钟）		学习时间的差异		每周用于学习的时间（分钟）		学习时间的差异	
		平均值	标准误	标准差	标准误	平均值	标准误	标准差	标准误	平均值	标准误	标准差	标准误
OECD	澳大利亚	26.5	(0.2)	9.5	(0.2)	236.3	(0.9)	60.2	(1.3)	233.3	(1.0)	56.2	(1.3)
	奥地利	33.2	(0.3)	7.9	(0.2)	156.4	(2.4)	69.7	(2.3)	144.3	(1.7)	48.5	(1.4)
	比利时	31.8	(0.1)	6.1	(0.2)	216.9	(1.4)	70.6	(2.2)	217.8	(1.4)	61.6	(2.7)
	加拿大	19.4	(0.1)	7.8	(0.1)	313.8	(2.8)	122.0	(1.6)	316.1	(2.9)	126.2	(1.8)
	智利	30.1	(0.5)	15.0	(0.2)	397.6	(6.3)	189.7	(4.0)	374.4	(6.2)	179.5	(3.9)
	捷克	32.6	(0.1)	2.9	(0.1)	182.3	(1.9)	43.1	(1.5)	179.1	(1.5)	40.0	(1.3)
	丹麦	29.2	(0.2)	6.3	(0.2)	224.4	(3.0)	90.5	(4.6)	314.5	(4.1)	126.1	(6.2)
	爱沙尼亚	32.8	(0.1)	5.4	(0.2)	222.8	(1.0)	31.3	(1.4)	198.2	(1.2)	42.5	(4.8)
	芬兰	29.3	(0.2)	3.9	(0.3)	175.5	(1.5)	38.8	(0.8)	152.2	(1.2)	37.1	(1.0)
	法国	23.3	(0.3)	10.6	(0.1)	207.0	(2.2)	88.4	(3.0)	214.8	(1.9)	89.4	(2.6)
	德国	32.9	(0.3)	3.7	(0.1)	196.8	(2.6)	75.7	(6.2)	190.8	(2.1)	67.5	(4.6)
	希腊	32.6	(0.0)	1.1	(0.0)	209.0	(0.7)	24.7	(0.6)	170.5	(0.6)	16.4	(0.6)
	匈牙利	31.3	(0.2)	3.0	(0.1)	149.9	(1.7)	37.2	(1.1)	164.2	(1.6)	45.0	(1.4)
	冰岛	33.8	(0.2)	7.8	(0.2)	243.9	(1.9)	84.2	(4.0)	238.1	(2.0)	85.9	(5.0)
	爱尔兰	42.6	(0.2)	7.6	(0.2)	188.8	(1.2)	32.9	(1.6)	180.7	(1.2)	31.4	(0.7)
	以色列	35.2	(0.5)	10.9	(0.3)	254.2	(2.5)	89.6	(1.9)	192.4	(2.7)	84.5	(2.3)
	意大利	30.2	(0.2)	3.1	(0.0)	232.0	(1.7)	59.5	(0.8)	277.4	(1.3)	80.0	(0.9)
	日本	31.9	(0.2)	3.7	(0.2)	234.7	(3.0)	74.7	(1.9)	204.8	(2.1)	58.3	(1.9)
	韩国	34.9	(0.2)	10.0	(0.3)	213.3	(3.2)	64.5	(3.0)	203.8	(2.6)	57.8	(3.5)
	卢森堡	27.6	(0.1)	6.8	(0.1)	204.7	(0.8)	57.4	(1.0)	188.4	(0.8)	56.4	(1.1)
	墨西哥	23.6	(0.2)	13.9	(0.1)	253.2	(1.7)	113.6	(3.1)	232.1	(1.8)	120.9	(5.2)
	荷兰	30.9	(0.3)	6.1	(0.3)	170.7	(2.9)	100.0	(15.2)	168.8	(2.3)	82.9	(8.1)
	新西兰	24.5	(0.2)	7.2	(0.2)	240.8	(3.0)	49.3	(2.6)	242.6	(2.0)	53.6	(4.4)
	挪威	27.5	(0.3)	9.4	(0.7)	199.0	(2.4)	93.3	(13.8)	217.9	(2.2)	78.3	(5.6)
	波兰	33.5	(0.1)	2.1	(0.1)	198.1	(1.7)	26.1	(1.1)	219.7	(1.6)	25.0	(1.1)
	葡萄牙	24.5	(0.4)	9.7	(0.2)	288.0	(4.9)	110.3	(5.7)	237.6	(3.7)	94.8	(3.2)
	斯洛伐克	31.8	(0.1)	3.0	(0.1)	180.8	(2.7)	62.6	(1.9)	179.3	(1.7)	49.1	(0.9)
	斯洛文尼亚	32.0	(0.1)	7.9	(0.2)	160.3	(0.5)	25.7	(0.3)	168.9	(0.4)	22.3	(0.5)
	西班牙	30.9	(0.0)	1.5	(0.0)	210.3	(0.9)	46.0	(2.0)	203.3	(1.1)	49.3	(1.9)
	瑞典	24.0	(0.3)	7.2	(0.2)	182.2	(2.2)	65.6	(4.9)	178.8	(2.9)	71.8	(5.1)
	瑞士	32.1	(0.3)	9.9	(0.6)	207.0	(2.6)	93.1	(6.2)	206.6	(3.1)	120.7	(9.8)
	土耳其	34.7	(0.2)	4.3	(0.1)	171.9	(2.2)	72.1	(2.0)	198.9	(2.5)	72.3	(1.3)
	英国	27.2	(0.3)	7.6	(0.3)	230.0	(2.2)	88.9	(4.8)	231.8	(2.6)	86.4	(4.0)
	美国	19.7	(0.4)	14.0	(0.3)	254.1	(4.9)	131.9	(5.4)	257.7	(5.0)	145.0	(8.2)
	OECD平均	29.9	(0.0)	7.0	(0.0)	217.8	(0.4)	73.0	(0.8)	214.7	(0.4)	72.4	(0.7)
伙伴国家（地区）	阿尔巴尼亚	25.5	(0.3)	9.6	(0.2)	170.8	(1.3)	47.9	(1.4)	176.2	(1.9)	57.5	(1.1)
	阿根廷	14.2	(0.3)	8.6	(0.2)	268.6	(6.3)	142.6	(3.2)	262.4	(7.0)	147.4	(4.2)
	巴西	21.6	(0.2)	11.1	(0.1)	214.7	(1.7)	94.4	(3.0)	208.0	(1.9)	91.8	(2.0)
	保加利亚	30.7	(0.3)	8.8	(0.2)	133.9	(3.0)	56.0	(3.9)	140.6	(1.9)	43.9	(2.1)
	哥伦比亚	22.6	(0.4)	10.6	(0.2)	262.6	(3.8)	136.0	(5.0)	231.7	(3.5)	113.2	(3.4)
	哥斯达黎加	41.5	(0.8)	17.2	(0.4)	207.7	(2.5)	54.4	(1.9)	188.9	(1.9)	45.2	(1.5)
	克罗地亚	32.4	(0.1)	3.9	(0.1)	147.1	(2.1)	44.8	(1.3)	164.4	(1.2)	34.3	(0.9)
	塞浦路斯	35.5	(0.0)	1.4	(0.0)	189.1	(0.4)	24.0	(0.7)	198.1	(0.5)	31.6	(0.7)
	中国香港	40.7	(0.4)	5.8	(0.3)	267.6	(2.6)	72.7	(2.5)	279.7	(2.6)	75.4	(2.9)
	印度尼西亚	17.8	(0.7)	13.9	(0.3)	209.4	(4.5)	136.8	(4.4)	181.9	(4.5)	138.2	(9.4)
	约旦	27.2	(0.3)	13.3	(0.2)	227.1	(2.0)	85.6	(11.0)	264.9	(2.5)	85.8	(6.9)
	哈萨克斯坦	31.1	(0.4)	11.7	(0.2)	182.5	(4.1)	79.4	(8.1)	109.0	(2.4)	80.5	(7.0)
	拉脱维亚	35.5	(0.1)	1.9	(0.1)	224.4	(1.5)	42.2	(2.6)	157.7	(1.5)	44.8	(2.4)
	列支敦士登	36.2	(0.5)	7.5	(1.3)	210.7	(4.5)	64.4	(6.1)	201.5	(10.2)	147.9	(64.0)
	立陶宛	32.4	(0.1)	1.4	(0.0)	171.8	(1.5)	36.8	(3.3)	203.4	(1.3)	34.6	(3.0)
	中国澳门	40.8	(0.1)	3.6	(0.1)	275.0	(0.9)	58.4	(0.9)	265.2	(0.6)	46.6	(0.6)
	马来西亚	30.7	(0.7)	17.4	(0.3)	201.2	(3.7)	97.3	(3.4)	202.2	(2.7)	77.8	(1.8)
	黑山	26.9	(0.2)	10.0	(0.3)	142.2	(0.8)	50.8	(5.8)	149.6	(0.8)	45.7	(5.7)
	秘鲁	25.0	(0.4)	14.1	(0.1)	287.0	(4.3)	152.6	(5.6)	259.3	(4.0)	138.0	(4.5)
	卡塔尔	22.0	(0.2)	13.6	(0.2)	258.6	(0.7)	48.9	(0.8)	227.8	(0.8)	50.5	(0.6)
	罗马尼亚	31.5	(0.1)	2.8	(0.1)	169.4	(1.9)	57.5	(2.2)	178.9	(1.4)	43.1	(1.1)
	俄罗斯联邦	35.2	(0.1)	2.7	(0.1)	222.5	(2.5)	63.1	(2.4)	135.1	(2.1)	55.2	(2.1)
	塞尔维亚	30.9	(0.2)	7.6	(0.2)	154.4	(1.2)	39.3	(1.4)	145.3	(1.0)	30.8	(0.8)
	中国上海	41.3	(0.3)	7.0	(0.2)	269.5	(2.9)	94.4	(2.2)	248.1	(2.7)	84.8	(1.7)
	新加坡	45.6	(0.2)	13.5	(0.2)	287.8	(1.3)	80.8	(0.7)	223.6	(1.4)	45.7	(5.2)
	中国台北	39.6	(0.2)	5.9	(0.2)	242.7	(2.4)	76.8	(2.0)	253.1	(2.5)	72.3	(1.8)
	泰国	35.9	(0.2)	5.8	(0.2)	205.9	(3.1)	85.6	(1.8)	138.6	(1.7)	48.4	(1.1)
	突尼斯	26.3	(0.3)	12.3	(0.6)	275.9	(4.0)	140.8	(10.0)	305.8	(4.3)	156.9	(7.5)
	阿联酋	27.5	(0.2)	13.8	(0.1)	311.0	(3.2)	144.9	(5.2)	269.5	(2.1)	101.1	(2.7)
	乌拉圭	21.3	(0.6)	16.7	(0.7)	155.8	(1.9)	63.1	(1.5)	137.9	(1.7)	56.9	(1.1)
	越南	30.9	(0.3)	5.0	(0.3)	226.6	(3.3)	81.8	(3.5)	193.1	(3.0)	69.2	(3.2)

附表 5.15 ■ 学生在校学习时间(续表1)

基于学生自我报告的结果

		常规科学课				常规数学、测试语言和科学课			
		每周用于学习的时间(分钟)		学习时间的差异		每周用于学习的时间(分钟)		学习时间的差异	
		平均值	标准误	标准差	标准误	平均值	标准误	标准差	标准误
OECD	澳大利亚	227.2	(1.3)	65.8	(1.6)	693.5	(2.9)	157.8	(3.8)
	奥地利	199.8	(4.8)	146.8	(5.1)	499.7	(5.2)	182.0	(4.7)
	比利时	192.2	(2.6)	109.4	(3.3)	633.7	(3.7)	171.6	(4.6)
	加拿大	306.2	(2.7)	132.1	(1.7)	936.8	(7.9)	330.0	(4.7)
	智利	295.7	(5.4)	194.7	(4.1)	1066.6	(15.6)	490.1	(9.9)
	捷克	216.4	(3.2)	131.9	(3.8)	578.2	(4.4)	155.6	(4.2)
	丹麦	176.8	(2.3)	92.2	(3.5)	713.3	(7.0)	235.7	(8.8)
	爱沙尼亚	196.1	(2.5)	106.3	(2.2)	616.6	(3.4)	127.1	(3.3)
	芬兰	188.6	(1.6)	70.0	(1.3)	513.6	(3.4)	104.7	(2.5)
	法国	173.8	(2.7)	120.5	(3.1)	597.0	(5.1)	227.5	(6.0)
	德国	254.8	(3.6)	106.3	(4.4)	639.8	(6.8)	187.5	(10.8)
	希腊	229.2	(1.6)	46.7	(0.9)	623.3	(2.4)	62.0	(1.7)
	匈牙利	193.1	(3.7)	84.7	(2.9)	512.0	(5.1)	123.0	(4.1)
	冰岛	141.2	(1.5)	68.4	(2.4)	619.3	(4.2)	178.1	(6.6)
	爱尔兰	145.4	(1.9)	58.4	(2.4)	515.3	(3.3)	96.4	(2.3)
	以色列	196.5	(3.4)	124.4	(3.5)	628.6	(5.6)	196.1	(4.9)
	意大利	135.5	(1.2)	61.5	(1.8)	645.9	(2.8)	130.7	(1.9)
	日本	165.4	(3.1)	65.6	(2.4)	604.9	(6.3)	164.1	(5.0)
	韩国	199.4	(6.5)	96.1	(19.9)	616.5	(9.3)	171.6	(14.8)
	卢森堡	156.6	(1.1)	79.2	(1.0)	553.6	(1.9)	143.7	(2.8)
	墨西哥	251.8	(1.8)	141.5	(3.6)	734.4	(4.0)	286.2	(5.6)
	荷兰	164.7	(4.5)	152.6	(6.6)	500.6	(6.6)	243.3	(9.6)
	新西兰	247.9	(3.5)	103.0	(8.3)	731.2	(6.4)	166.8	(9.4)
	挪威	144.3	(1.7)	59.7	(3.3)	554.4	(4.4)	160.2	(8.4)
	波兰	169.3	(2.5)	37.6	(1.3)	587.1	(3.7)	55.5	(2.3)
	葡萄牙	237.9	(9.3)	194.6	(14.8)	788.2	(14.3)	297.0	(21.3)
	斯洛伐克	161.6	(4.6)	129.8	(2.9)	510.7	(8.1)	184.8	(4.8)
	斯洛文尼亚	184.9	(1.6)	76.0	(0.5)	513.7	(2.2)	98.6	(0.9)
	西班牙	184.3	(1.8)	96.0	(2.2)	598.1	(3.1)	143.6	(6.6)
	瑞典	188.5	(2.6)	74.8	(3.9)	547.6	(6.2)	162.4	(13.0)
	瑞士	164.3	(3.7)	147.4	(12.2)	575.6	(5.5)	212.6	(10.6)
	土耳其	166.9	(6.3)	125.0	(5.6)	537.3	(9.2)	197.9	(6.7)
	英国	295.0	(3.7)	126.7	(5.3)	746.2	(6.5)	223.9	(9.4)
	美国	254.9	(4.9)	137.2	(6.1)	764.6	(13.5)	349.2	(13.3)
	OECD平均	200.2	(0.6)	104.8	(1.0)	632.3	(1.2)	188.7	(1.4)
伙伴国家(地区)	阿尔巴尼亚	148.8	(1.8)	85.8	(1.4)	496.0	(3.7)	135.8	(4.1)
	阿根廷	216.5	(6.2)	160.1	(6.8)	701.1	(13.3)	341.2	(9.2)
	巴西	161.6	(3.0)	106.2	(4.1)	582.5	(5.3)	227.1	(6.3)
	保加利亚	257.5	(3.3)	98.6	(7.5)	530.9	(5.1)	135.0	(7.0)
	哥伦比亚	205.0	(4.0)	122.7	(4.7)	702.0	(9.5)	309.3	(9.9)
	哥斯达黎加	202.9	(2.4)	66.2	(1.9)	596.9	(5.0)	125.8	(3.8)
	克罗地亚	182.2	(5.4)	119.9	(2.3)	494.7	(6.9)	157.7	(3.2)
	塞浦路斯	186.1	(0.6)	23.0	(1.0)	567.5	(1.4)	57.3	(2.4)
	中国香港	235.4	(4.2)	158.0	(3.8)	781.9	(7.0)	230.5	(6.3)
	印度尼西亚	198.9	(6.7)	165.4	(8.9)	584.5	(13.6)	382.2	(13.6)
	约旦	277.6	(3.1)	126.0	(8.8)	767.8	(4.4)	202.6	(10.6)
	哈萨克斯坦	209.0	(6.8)	191.6	(10.2)	497.1	(10.6)	237.8	(14.3)
	拉脱维亚	229.6	(3.5)	113.7	(1.6)	610.1	(4.8)	136.3	(4.0)
	列支敦士登	166.5	(11.7)	168.2	(49.1)	579.4	(18.5)	266.5	(69.3)
	立陶宛	320.7	(1.4)	58.5	(2.5)	694.8	(2.5)	73.2	(2.6)
	中国澳门	188.7	(2.2)	131.9	(2.7)	726.5	(3.0)	172.7	(3.8)
	马来西亚	188.6	(2.7)	91.0	(2.8)	579.9	(7.9)	229.2	(6.9)
	黑山	105.2	(1.1)	64.0	(2.0)	398.0	(2.1)	121.5	(9.0)
	秘鲁	215.0	(3.8)	125.0	(7.0)	750.1	(9.6)	333.2	(11.8)
	卡塔尔	263.6	(1.3)	88.2	(1.2)	743.9	(2.3)	138.8	(1.8)
	罗马尼亚	161.6	(5.0)	123.9	(2.3)	513.1	(6.7)	163.9	(3.1)
	俄罗斯联邦	279.5	(4.3)	150.4	(4.1)	635.9	(6.6)	192.0	(5.7)
	塞尔维亚	149.7	(3.9)	129.5	(6.4)	451.3	(4.9)	147.0	(5.8)
	中国上海	264.1	(5.6)	160.6	(3.6)	770.9	(9.5)	283.5	(6.0)
	新加坡	302.2	(2.3)	127.5	(1.9)	813.4	(3.7)	181.2	(3.0)
	中国台北	190.7	(2.9)	110.6	(3.1)	692.4	(6.9)	219.0	(5.5)
	泰国	262.4	(5.4)	180.0	(4.6)	609.0	(7.9)	240.1	(5.1)
	突尼斯	179.9	(3.7)	140.2	(7.5)	739.7	(9.2)	286.6	(9.8)
	阿联酋	306.5	(3.8)	209.3	(7.2)	886.3	(6.6)	326.8	(7.8)
	乌拉圭	152.5	(3.6)	109.5	(3.3)	443.9	(6.6)	187.6	(3.9)
	越南	238.3	(6.5)	153.2	(3.5)	650.2	(9.4)	199.2	(6.0)

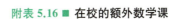

附表 5.16 ■ 在校的额外数学课

基于学校校长报告的结果

		学校提供除了常规学习时间内的数学课以外的额外数学课				在校长报告说为了以下目的组织额外数学课的学校就读的学生百分比：							
		是		否		只为兴趣和强化		只为补习班		既为兴趣和强化又为补习		无区分,基于学生以往表现	
		%	标准误	%	标准误	%	标准误	%	标准误	%	标准误	%	标准误
OECD	澳大利亚	64.1	(1.9)	35.9	(1.9)	6.0	(1.0)	10.8	(1.6)	66.9	(2.2)	16.3	(1.8)
	奥地利	47.8	(4.1)	52.2	(4.1)	1.8	(1.3)	68.4	(4.4)	24.8	(4.1)	5.1	(2.4)
	比利时	61.0	(3.0)	39.0	(3.0)	1.4	(1.0)	61.7	(4.0)	35.5	(4.1)	1.4	(0.9)
	加拿大	66.0	(2.4)	34.0	(2.4)	0.5	(0.2)	44.3	(2.7)	47.2	(2.8)	8.0	(1.9)
	智利	72.7	(3.3)	27.3	(3.3)	1.9	(1.2)	60.0	(4.3)	32.4	(4.1)	5.6	(2.2)
	捷克	51.4	(3.8)	48.6	(3.8)	10.6	(2.9)	29.4	(5.0)	51.2	(5.3)	8.8	(2.3)
	丹麦	38.9	(3.4)	61.1	(3.4)	0.0	c	51.2	(5.4)	32.5	(5.2)	16.3	(3.8)
	爱沙尼亚	70.8	(2.7)	29.2	(2.7)	6.2	(1.6)	21.8	(2.9)	58.2	(3.2)	13.7	(2.5)
	芬兰	59.3	(3.3)	40.7	(3.3)	1.5	(0.5)	41.7	(3.6)	53.2	(3.6)	3.7	(1.2)
	法国	64.7	(3.0)	35.3	(3.0)	2.9	(1.5)	34.9	(4.0)	59.4	(4.0)	2.8	(1.4)
	德国	63.3	(3.2)	36.7	(3.2)	2.0	(1.4)	48.8	(4.2)	47.6	(4.4)	1.6	(1.1)
	希腊	28.2	(2.7)	71.8	(2.7)	11.9	(4.9)	38.4	(6.7)	49.7	(6.2)	0.0	c
	匈牙利	84.9	(2.9)	15.1	(2.9)	6.7	(2.1)	13.4	(2.7)	78.5	(3.5)	1.4	(1.0)
	冰岛	50.5	(0.3)	49.5	(0.3)	6.7	(0.1)	26.4	(0.3)	57.3	(0.3)	9.6	(0.3)
	爱尔兰	53.9	(4.1)	46.1	(4.1)	18.8	(4.1)	34.0	(5.2)	45.5	(5.7)	1.7	(1.3)
	以色列	84.4	(2.8)	15.6	(2.8)	12.7	(2.7)	23.8	(3.5)	56.5	(4.6)	6.9	(2.3)
	意大利	89.0	(1.5)	11.0	(1.5)	0.7	(0.3)	23.2	(1.8)	71.9	(2.1)	4.2	(0.8)
	日本	74.2	(3.1)	25.8	(3.1)	14.0	(2.7)	12.0	(2.9)	72.4	(4.0)	1.6	(1.1)
	韩国	91.8	(2.3)	8.2	(2.3)	2.1	(1.2)	12.5	(2.6)	80.0	(2.8)	5.5	(1.7)
	卢森堡	95.7	(0.0)	4.3	(0.0)	4.6	(0.0)	71.4	(0.1)	24.0	(0.1)	0.0	c
	墨西哥	61.4	(1.8)	38.6	(1.8)	1.4	(0.5)	35.8	(2.6)	50.8	(2.6)	12.1	(1.4)
	荷兰	56.2	(3.8)	43.8	(3.8)	4.1	(2.2)	58.9	(5.7)	29.8	(5.8)	7.2	(2.7)
	新西兰	87.4	(2.1)	12.6	(2.1)	3.5	(1.9)	4.8	(1.6)	75.5	(3.9)	16.2	(3.7)
	挪威	30.7	(3.3)	69.3	(3.3)	14.8	(4.2)	38.5	(6.8)	23.5	(5.9)	23.2	(4.6)
	波兰	87.3	(2.9)	12.7	(2.9)	1.6	(1.1)	6.6	(2.1)	91.0	(2.4)	0.8	(0.8)
	葡萄牙	89.5	(2.2)	10.5	(2.2)	0.9	(0.7)	7.7	(2.4)	86.5	(3.1)	4.9	(1.8)
	斯洛伐克	65.2	(3.2)	34.8	(3.2)	20.9	(3.9)	11.7	(3.1)	64.7	(4.1)	2.6	(1.4)
	斯洛文尼亚	79.2	(0.4)	20.8	(0.4)	8.3	(0.3)	19.9	(0.4)	60.8	(0.5)	11.0	(0.3)
	西班牙	40.0	(2.4)	60.0	(2.4)	10.3	(2.5)	57.3	(4.6)	29.0	(3.5)	3.4	(1.4)
	瑞典	66.8	(3.8)	33.2	(3.8)	3.6	(1.7)	39.4	(4.5)	40.6	(4.6)	16.4	(3.0)
	瑞士	56.8	(3.3)	43.2	(3.3)	7.3	(3.4)	43.4	(3.8)	37.8	(4.0)	11.5	(3.1)
	土耳其	46.9	(4.1)	53.1	(4.1)	25.8	(5.7)	4.6	(3.3)	62.9	(5.8)	6.7	(2.7)
	英国	92.2	(1.9)	7.8	(1.9)	2.1	(1.4)	11.0	(2.4)	74.4	(3.0)	12.5	(2.3)
	美国	63.6	(3.7)	36.4	(3.7)	3.1	(1.5)	36.1	(5.5)	53.6	(6.0)	7.2	(2.9)
	OECD 平均	65.8	(0.5)	34.2	(0.5)	6.5	(0.4)	32.5	(0.7)	53.7	(0.7)	7.3	(0.4)
伙伴国家（地区）	阿尔巴尼亚	81.3	(3.2)	18.7	(3.2)	12.0	(2.4)	13.1	(2.5)	66.5	(3.7)	8.4	(2.7)
	阿根廷	57.0	(3.4)	43.0	(3.4)	3.8	(2.1)	50.4	(5.3)	42.1	(5.6)	3.7	(1.7)
	巴西	53.4	(2.9)	46.6	(2.9)	18.0	(2.8)	3.0	(1.2)	78.2	(3.3)	0.8	(0.5)
	保加利亚	60.0	(4.0)	40.0	(4.0)	9.2	(2.9)	22.9	(3.9)	56.6	(4.8)	11.3	(3.2)
	哥伦比亚	34.3	(3.2)	65.7	(3.2)	13.0	(4.8)	1.4	(1.1)	60.9	(7.3)	24.7	(6.2)
	哥斯达黎加	47.3	(3.8)	52.7	(3.8)	6.2	(3.0)	38.1	(5.3)	48.9	(5.3)	6.8	(2.9)
	克罗地亚	89.0	(2.2)	11.0	(2.2)	8.3	(2.7)	13.3	(2.9)	74.1	(3.7)	4.3	(1.8)
	塞浦路斯	63.9	(0.1)	36.1	(0.1)	4.8	(0.1)	75.0	(0.1)	19.0	(0.1)	1.1	(0.0)
	中国香港	95.9	(1.7)	4.1	(1.7)	8.1	(2.2)	9.6	(2.4)	80.2	(3.1)	2.1	(0.8)
	印度尼西亚	75.7	(3.4)	24.3	(3.4)	17.8	(3.6)	11.8	(3.1)	54.4	(5.3)	16.0	(3.3)
	约旦	68.5	(3.3)	31.5	(3.3)	6.3	(2.0)	42.1	(4.3)	44.0	(4.8)	7.6	(2.7)
	哈萨克斯坦	91.8	(1.9)	8.2	(1.9)	7.2	(2.2)	3.9	(1.3)	63.0	(3.3)	25.9	(3.0)
	拉脱维亚	73.9	(3.0)	26.1	(3.0)	11.2	(2.4)	8.7	(2.2)	76.0	(3.4)	4.1	(1.7)
	列支敦士登	51.9	(0.9)	48.1	(0.9)	0.0	c	35.7	(1.4)	39.0	(1.6)	25.2	(1.7)
	立陶宛	78.6	(2.7)	21.4	(2.7)	3.3	(1.3)	2.5	(1.1)	85.5	(2.9)	8.7	(2.3)
	中国澳门	92.3	(0.1)	7.7	(0.1)	0.0	c	24.7	(0.1)	74.5	(0.1)	0.8	(0.0)
	马来西亚	91.4	(2.2)	8.6	(2.2)	5.8	(1.8)	1.4	(0.9)	87.8	(2.6)	5.0	(1.8)
	黑山	82.9	(0.1)	17.1	(0.1)	15.4	(0.1)	29.9	(0.1)	52.3	(0.2)	2.4	(0.0)
	秘鲁	45.6	(3.4)	54.4	(3.4)	9.5	(2.8)	46.6	(5.2)	40.4	(5.9)	3.4	(1.7)
	卡塔尔	81.2	(0.1)	18.8	(0.1)	8.0	(0.1)	13.3	(0.1)	71.3	(0.1)	7.4	(0.1)
	罗马尼亚	77.1	(3.2)	22.9	(3.2)	34.8	(3.6)	30.2	(3.6)	35.0	(3.4)	0.0	c
	俄罗斯联邦	96.8	(1.3)	3.2	(1.3)	1.2	(0.9)	1.7	(0.9)	80.9	(2.7)	16.2	(2.3)
	塞尔维亚	93.5	(2.1)	6.5	(2.1)	0.0	c	12.3	(2.9)	53.3	(4.5)	34.5	(4.4)
	中国上海	49.2	(3.4)	50.8	(3.4)	19.5	(5.8)	18.4	(4.4)	54.8	(5.6)	7.3	(2.8)
	新加坡	91.2	(0.7)	8.8	(0.7)	1.3	(0.0)	12.5	(0.1)	86.2	(0.1)	0.0	c
	中国台北	85.1	(3.0)	14.9	(3.0)	5.3	(2.0)	15.3	(3.0)	75.7	(3.3)	3.7	(1.7)
	泰国	90.3	(2.4)	9.7	(2.4)	2.1	(1.2)	3.7	(1.7)	85.0	(2.7)	9.2	(2.6)
	突尼斯	79.4	(3.5)	20.6	(3.5)	2.7	(1.5)	43.4	(4.9)	47.9	(5.2)	5.9	(2.2)
	阿联酋	65.7	(2.4)	34.3	(2.4)	4.2	(0.7)	23.6	(3.0)	63.3	(3.6)	8.9	(2.0)
	乌拉圭	82.2	(2.6)	17.8	(2.6)	0.9	(0.0)	46.3	(3.8)	46.5	(3.8)	6.4	(1.5)
	越南	95.2	(1.5)	4.8	(1.5)	3.5	(1.6)	12.3	(2.6)	83.5	(2.9)	0.7	(0.7)

附表 5.17 ■ 每周的课外学习时间
基于学生自我报告的结果

		每周用于以下的平均小时数(包括所有学校学科):										
		老师布置的作业或其他学习任务		在有人监督、并在必要时给予帮助(指导下学习)的情况下完成作业或老师布置的其他学习任务		接受私人家教有偿或无偿的一对一辅导		父母付费让学生参加校外辅导机构开设的辅导班		和父母或其他家庭成员一起学习		用电脑复习或联系课堂上学过的内容(如用培训软件来记单词)	
		平均	标准误	平均	标准误	平均	标准误	平均	标准误	平均	标准误	平均	标准误
OECD	澳大利亚	6.0	(0.1)	1.3	(0.0)	0.5	(0.0)	0.4	(0.0)	1.0	(0.0)	1.2	(0.0)
	奥地利	4.5	(0.1)	1.0	(0.0)	0.4	(0.0)	0.2	(0.0)	1.1	(0.0)	1.0	(0.0)
	比利时	5.5	(0.1)	0.7	(0.0)	0.3	(0.0)	0.2	(0.0)	0.7	(0.0)	0.9	(0.0)
	加拿大	5.5	(0.1)	1.2	(0.0)	0.4	(0.0)	0.3	(0.0)	0.9	(0.0)	0.8	(0.0)
	智利	3.5	(0.1)	1.7	(0.0)	0.6	(0.0)	0.4	(0.0)	1.4	(0.0)	1.4	(0.0)
	捷克	3.1	(0.1)	0.8	(0.0)	0.4	(0.0)	0.4	(0.0)	0.9	(0.0)	1.3	(0.1)
	丹麦	4.3	(0.1)	0.9	(0.0)	0.2	(0.0)	0.1	(0.0)	1.0	(0.0)	0.7	(0.0)
	爱沙尼亚	6.9	(0.1)	1.5	(0.0)	0.6	(0.0)	0.8	(0.0)	0.9	(0.0)	1.5	(0.0)
	芬兰	2.8	(0.1)	0.5	(0.0)	0.1	(0.0)	0.1	(0.0)	0.4	(0.0)	0.4	(0.0)
	法国	5.1	(0.1)	1.0	(0.0)	0.4	(0.0)	0.2	(0.0)	0.9	(0.0)	0.9	(0.0)
	德国	4.7	(0.1)	0.2	(0.0)	0.5	(0.0)	0.6	(0.0)	1.0	(0.0)	1.3	(0.0)
	希腊	5.3	(0.1)	2.0	(0.1)	2.1	(0.1)	3.0	(0.1)	0.9	(0.0)	1.2	(0.0)
	匈牙利	6.2	(0.1)	2.1	(0.1)	0.9	(0.1)	0.3	(0.0)	1.3	(0.0)	1.3	(0.0)
	冰岛	4.1	(0.1)	1.3	(0.0)	0.5	(0.0)	0.2	(0.0)	1.1	(0.0)	0.8	(0.0)
	爱尔兰	7.3	(0.1)	1.6	(0.1)	0.4	(0.0)	0.3	(0.0)	0.9	(0.0)	0.7	(0.0)
	以色列	4.6	(0.1)	1.4	(0.0)	1.3	(0.0)	0.8	(0.0)	1.1	(0.0)	1.2	(0.1)
	意大利	8.7	(0.1)	1.9	(0.0)	1.0	(0.0)	0.5	(0.0)	1.2	(0.0)	1.8	(0.0)
	日本	3.8	(0.1)	0.8	(0.0)	0.1	(0.0)	0.6	(0.1)	0.3	(0.0)	0.1	(0.0)
	韩国	2.9	(0.1)	0.9	(0.0)	1.4	(0.1)	3.6	(0.2)	0.4	(0.0)	1.1	(0.0)
	卢森堡	4.6	(0.1)	1.1	(0.0)	0.5	(0.0)	0.4	(0.0)	1.0	(0.0)	1.1	(0.0)
	墨西哥	5.2	(0.1)	2.3	(0.0)	1.1	(0.0)	0.7	(0.0)	1.7	(0.0)	2.7	(0.0)
	荷兰	5.8	(0.1)	1.0	(0.0)	0.4	(0.0)	0.3	(0.0)	1.0	(0.0)	1.4	(0.1)
	新西兰	4.2	(0.1)	1.0	(0.0)	0.4	(0.0)	0.2	(0.0)	0.8	(0.0)	0.7	(0.0)
	挪威	4.7	(0.1)	0.9	(0.0)	0.2	(0.0)	0.2	(0.0)	1.0	(0.0)	1.1	(0.0)
	波兰	6.6	(0.1)	1.9	(0.1)	1.1	(0.0)	0.7	(0.0)	1.2	(0.0)	1.9	(0.0)
	葡萄牙	3.8	(0.1)	1.3	(0.0)	1.1	(0.0)	0.4	(0.0)	0.8	(0.0)	1.1	(0.0)
	斯洛伐克	3.2	(0.1)	1.0	(0.0)	0.5	(0.0)	0.5	(0.0)	0.8	(0.0)	1.5	(0.0)
	斯洛文尼亚	3.7	(0.1)	1.2	(0.1)	0.6	(0.0)	0.5	(0.0)	1.0	(0.1)	1.4	(0.0)
	西班牙	6.5	(0.1)	1.7	(0.1)	1.3	(0.0)	1.1	(0.0)	1.0	(0.0)	1.2	(0.0)
	瑞典	3.6	(0.1)	1.2	(0.0)	0.4	(0.0)	0.2	(0.0)	1.2	(0.0)	0.9	(0.0)
	瑞士	4.0	(0.1)	0.9	(0.0)	0.4	(0.0)	0.3	(0.0)	1.0	(0.0)	0.9	(0.0)
	土耳其	4.2	(0.1)	2.1	(0.1)	1.3	(0.1)	1.9	(0.1)	1.7	(0.1)	2.3	(0.1)
	英国	4.9	(0.1)	1.0	(0.0)	0.4	(0.0)	0.3	(0.0)	0.9	(0.0)	1.2	(0.0)
	美国	6.1	(0.2)	1.5	(0.1)	0.4	(0.0)	0.3	(0.0)	1.2	(0.1)	1.2	(0.1)
	OECD平均	4.9	(0.0)	1.3	(0.0)	0.7	(0.0)	0.6	(0.0)	1.0	(0.0)	1.2	(0.0)
伙伴国家(地区)	阿尔巴尼亚	5.1	(0.1)	3.2	(0.1)	2.2	(0.1)	2.2	(0.1)	2.9	(0.1)	3.6	(0.1)
	阿根廷	3.7	(0.1)	1.8	(0.1)	1.4	(0.1)	1.1	(0.1)	1.5	(0.1)	2.1	(0.1)
	巴西	3.3	(0.1)	1.6	(0.0)	1.0	(0.0)	1.5	(0.1)	1.3	(0.1)	1.6	(0.0)
	保加利亚	5.6	(0.2)	1.9	(0.1)	1.0	(0.0)	1.5	(0.1)	1.1	(0.1)	2.0	(0.1)
	哥伦比亚	5.3	(0.1)	2.5	(0.1)	1.2	(0.0)	1.4	(0.1)	1.8	(0.1)	2.1	(0.1)
	哥斯达黎加	3.5	(0.2)	1.5	(0.0)	1.1	(0.0)	0.8	(0.0)	1.1	(0.0)	1.6	(0.0)
	克罗地亚	5.9	(0.1)	1.3	(0.0)	0.9	(0.0)	0.3	(0.0)	1.1	(0.0)	1.5	(0.1)
	塞浦路斯	3.8	(0.1)	1.2	(0.0)	2.0	(0.0)	2.2	(0.0)	0.7	(0.0)	1.2	(0.0)
	中国香港	6.0	(0.2)	1.2	(0.0)	0.7	(0.0)	1.0	(0.1)	0.5	(0.0)	0.9	(0.1)
	印度尼西亚	4.9	(0.2)	3.2	(0.1)	2.5	(0.1)	2.7	(0.1)	3.0	(0.1)	3.0	(0.1)
	约旦	4.2	(0.1)	2.0	(0.1)	1.5	(0.1)	1.2	(0.1)	1.9	(0.1)	2.3	(0.1)
	哈萨克斯坦	8.8	(0.2)	4.1	(0.1)	2.8	(0.1)	2.1	(0.1)	3.4	(0.1)	4.1	(0.1)
	拉脱维亚	6.2	(0.1)	1.8	(0.1)	0.8	(0.0)	1.6	(0.1)	1.1	(0.1)	2.0	(0.1)
	列支敦士登	3.3	(0.2)	1.1	(0.2)	0.2	(0.0)	0.1	(0.0)	1.1	(0.2)	1.3	(0.2)
	立陶宛	6.7	(0.1)	1.5	(0.0)	0.6	(0.0)	0.6	(0.0)	1.1	(0.0)	1.8	(0.0)
	中国澳门	5.9	(0.1)	2.0	(0.1)	1.0	(0.0)	0.6	(0.0)	0.6	(0.0)	1.2	(0.0)
	马来西亚	4.8	(0.1)	2.5	(0.1)	1.9	(0.1)	2.8	(0.1)	1.9	(0.0)	2.0	(0.1)
	黑山	4.3	(0.1)	1.4	(0.0)	1.2	(0.0)	0.7	(0.0)	1.3	(0.0)	2.0	(0.1)
	秘鲁	5.5	(0.1)	2.4	(0.1)	1.2	(0.0)	1.9	(0.1)	1.8	(0.1)	2.0	(0.1)
	卡塔尔	4.3	(0.1)	1.7	(0.0)	1.7	(0.0)	1.0	(0.0)	1.5	(0.0)	1.6	(0.0)
	罗马尼亚	7.3	(0.2)	1.7	(0.1)	0.8	(0.0)	0.6	(0.0)	1.1	(0.0)	2.0	(0.1)
	俄罗斯联邦	9.7	(0.2)	2.7	(0.1)	1.8	(0.1)	1.5	(0.0)	2.2	(0.1)	3.2	(0.1)
	塞尔维亚	4.4	(0.1)	1.6	(0.0)	1.3	(0.1)	0.6	(0.0)	1.2	(0.1)	2.0	(0.1)
	中国上海	13.8	(0.3)	2.5	(0.1)	1.2	(0.0)	2.1	(0.1)	0.8	(0.0)	1.2	(0.0)
	新加坡	9.4	(0.1)	2.4	(0.1)	2.0	(0.1)	1.0	(0.0)	0.9	(0.0)	0.9	(0.0)
	中国台北	5.3	(0.1)	1.3	(0.0)	0.7	(0.0)	1.5	(0.0)	0.9	(0.0)	0.7	(0.0)
	泰国	5.6	(0.1)	2.3	(0.1)	1.5	(0.0)	1.7	(0.1)	1.6	(0.1)	2.5	(0.1)
	突尼斯	3.5	(0.1)	1.7	(0.1)	2.2	(0.1)	1.5	(0.1)	2.0	(0.1)	2.4	(0.1)
	阿联酋	6.2	(0.1)	2.3	(0.1)	2.0	(0.1)	1.5	(0.0)	2.1	(0.1)	3.2	(0.1)
	乌拉圭	4.7	(0.1)	1.6	(0.1)	1.1	(0.1)	1.1	(0.1)	1.3	(0.1)	1.6	(0.1)
	越南	5.8	(0.2)	2.9	(0.1)	1.6	(0.1)	4.9	(0.2)	1.7	(0.1)	1.8	(0.1)

附表 5.18 ■ 在校课外活动

基于学校校长报告的结果

		在校长报告说该国(地区)最多 15 岁学生所在年级中向学生提供以下活动的学校就读的学生百分比:								
		乐队、管弦乐队或合唱团		校园戏剧演出或校园音乐剧		学校年鉴、校报或校刊		志愿者活动或服务		数学社团(兴趣小组)	
		%	标准误	%	标准误	%	标准误	%	标准误	%	标准误
OECD	澳大利亚	90.5	(1.2)	68.2	(1.7)	67.7	(1.9)	83.5	(1.3)	27.3	(1.8)
	奥地利	51.9	(2.8)	35.5	(3.1)	49.7	(3.3)	92.0	(2.1)	1.5	(0.9)
	比利时	31.3	(2.5)	52.3	(3.2)	42.9	(2.8)	77.8	(2.7)	1.5	(0.7)
	加拿大	88.1	(1.2)	91.3	(1.3)	89.8	(1.5)	96.3	(0.8)	41.5	(2.4)
	智利	68.6	(3.8)	48.3	(3.7)	18.9	(2.8)	62.0	(3.6)	12.5	(2.7)
	捷克	40.7	(3.5)	24.5	(2.9)	54.1	(3.2)	57.9	(3.2)	33.3	(3.4)
	丹麦	45.8	(3.6)	39.4	(3.2)	36.5	(3.4)	14.5	(2.4)	7.3	(1.8)
	爱沙尼亚	82.8	(2.0)	58.3	(3.1)	59.2	(2.9)	83.7	(2.4)	30.3	(2.4)
	芬兰	80.0	(2.7)	43.4	(3.8)	38.6	(3.2)	29.4	(3.2)	8.2	(1.9)
	法国	42.1	(3.4)	71.8	(3.0)	27.7	(3.3)	61.7	(3.5)	11.0	(2.1)
	德国	83.5	(2.5)	64.4	(3.1)	59.7	(3.5)	94.4	(1.8)	21.2	(3.3)
	希腊	56.6	(3.9)	45.5	(4.2)	25.5	(3.5)	51.8	(4.4)	8.9	(1.8)
	匈牙利	68.5	(3.2)	50.9	(3.5)	65.6	(3.6)	60.9	(3.6)	50.7	(3.7)
	冰岛	53.7	(0.2)	73.5	(0.2)	62.2	(0.2)	36.8	(0.3)	6.6	(0.1)
	爱尔兰	66.5	(3.7)	38.6	(3.5)	37.1	(4.0)	39.6	(3.8)	19.1	(3.3)
	以色列	60.2	(3.5)	51.9	(3.9)	55.6	(3.8)	91.9	(2.4)	10.1	(2.3)
	意大利	29.7	(1.9)	72.2	(1.6)	61.2	(2.2)	68.5	(1.7)	5.7	(0.9)
	日本	85.5	(2.4)	42.5	(3.3)	42.2	(3.3)	89.9	(2.4)	6.5	(1.7)
	韩国	73.4	(3.6)	43.4	(4.0)	89.1	(2.3)	99.7	(0.3)	76.4	(3.0)
	卢森堡	74.2	(0.1)	79.0	(0.1)	63.8	(0.1)	94.1	(0.1)	19.5	(0.1)
	墨西哥	55.8	(1.9)	56.0	(1.9)	38.5	(1.8)	64.4	(1.8)	34.4	(1.9)
	荷兰	58.3	(4.1)	63.0	(4.3)	66.2	(4.1)	95.4	(1.6)	2.7	(1.2)
	新西兰	98.6	(0.7)	84.0	(2.7)	86.0	(2.2)	97.9	(1.0)	25.0	(3.8)
	挪威	28.7	(3.3)	31.8	(3.3)	29.7	(3.4)	59.3	(3.7)	5.6	(1.8)
	波兰	81.5	(2.9)	87.5	(2.7)	67.2	(3.3)	99.8	(0.1)	94.2	(1.9)
	葡萄牙	29.8	(3.9)	54.4	(3.9)	77.3	(3.3)	83.2	(3.4)	44.9	(4.5)
	斯洛伐克	31.1	(3.8)	47.7	(4.3)	74.4	(2.7)	83.9	(2.5)	84.8	(2.7)
	斯洛文尼亚	73.9	(0.4)	75.4	(0.6)	88.1	(0.4)	77.7	(0.7)	63.7	(0.7)
	西班牙	28.9	(2.9)	45.4	(2.8)	48.2	(2.6)	54.4	(2.5)	8.4	(1.8)
	瑞典	68.1	(3.2)	46.5	(3.7)	23.4	(3.2)	46.3	(3.6)	9.5	(2.2)
	瑞士	71.2	(3.1)	60.0	(3.3)	32.5	(3.0)	54.5	(3.2)	5.3	(1.5)
	土耳其	52.3	(3.6)	67.2	(4.1)	50.5	(3.6)	78.7	(3.4)	18.6	(3.0)
	英国	95.9	(1.3)	89.6	(1.8)	80.0	(2.4)	93.0	(1.6)	72.8	(2.8)
	美国	92.2	(1.9)	85.8	(2.5)	87.6	(2.7)	93.4	(2.7)	56.1	(3.7)
	OECD平均	62.9	(0.5)	58.5	(0.5)	55.8	(0.5)	72.6	(0.4)	27.2	(0.4)
伙伴国家(地区)	阿尔巴尼亚	45.0	(4.0)	61.6	(3.7)	39.1	(4.1)	68.9	(3.6)	67.3	(3.6)
	阿根廷	26.6	(2.9)	33.2	(3.6)	29.6	(3.4)	50.6	(3.4)	41.1	(3.6)
	巴西	23.0	(2.4)	57.8	(2.7)	23.6	(2.5)	44.8	(2.8)	8.3	(1.4)
	保加利亚	49.2	(3.6)	51.5	(4.0)	69.2	(3.5)	89.7	(2.3)	36.1	(3.8)
	哥伦比亚	51.8	(3.9)	54.0	(3.8)	46.0	(4.0)	96.3	(1.4)	28.9	(3.4)
	哥斯达黎加	83.3	(2.5)	75.8	(3.2)	15.2	(2.4)	39.1	(3.5)	32.1	(3.0)
	克罗地亚	44.7	(3.9)	62.3	(3.8)	66.2	(3.8)	95.1	(1.5)	20.4	(3.1)
	塞浦路斯	98.2	(0.0)	89.8	(0.1)	95.9	(0.0)	99.9	(0.0)	48.4	(0.1)
	中国香港	92.8	(2.1)	86.0	(2.8)	88.0	(2.9)	100.0	c	90.1	(2.6)
	印度尼西亚	50.5	(4.0)	53.6	(4.5)	40.4	(4.1)	93.1	(2.1)	37.4	(3.9)
	约旦	25.3	(3.4)	54.0	(3.1)	62.6	(3.5)	86.2	(2.4)	33.2	(3.1)
	哈萨克斯坦	62.6	(3.5)	51.3	(4.1)	81.9	(3.0)	97.1	(1.5)	63.8	(3.6)
	拉脱维亚	76.4	(2.8)	66.9	(3.6)	60.4	(3.5)	89.3	(2.3)	35.3	(3.6)
	列支敦士登	78.5	(0.8)	59.6	(0.8)	32.5	(1.0)	74.1	(0.8)	2.9	(0.0)
	立陶宛	92.3	(1.7)	58.8	(3.0)	66.2	(2.9)	65.6	(3.1)	19.7	(2.5)
	中国澳门	87.5	(0.0)	96.1	(0.0)	88.8	(0.0)	99.8	(0.0)	61.6	(0.0)
	马来西亚	42.3	(3.5)	41.8	(3.7)	90.0	(2.5)	79.3	(3.2)	96.7	(1.5)
	黑山	38.5	(0.2)	86.9	(0.1)	89.1	(0.2)	81.7	(0.1)	40.5	(0.2)
	秘鲁	55.3	(3.7)	59.0	(3.2)	38.9	(3.3)	47.0	(3.4)	30.1	(3.3)
	卡塔尔	28.3	(0.1)	77.7	(0.1)	89.4	(0.1)	97.8	(0.0)	72.1	(0.1)
	罗马尼亚	51.2	(3.8)	56.2	(3.9)	73.6	(2.9)	73.6	(3.4)	43.5	(3.8)
	俄罗斯联邦	66.2	(2.9)	40.3	(3.6)	74.5	(3.3)	92.8	(1.7)	65.6	(3.4)
	塞尔维亚	69.9	(3.9)	81.0	(3.4)	56.2	(4.2)	76.3	(3.7)	18.4	(3.4)
	中国上海	74.4	(3.1)	67.3	(3.8)	78.2	(3.0)	95.4	(1.8)	68.0	(3.3)
	新加坡	98.0	(0.0)	70.3	(0.3)	92.8	(0.1)	100.0	c	20.7	(0.6)
	中国台北	74.1	(3.4)	49.7	(3.9)	91.1	(2.1)	91.1	(2.1)	41.7	(4.5)
	泰国	67.6	(2.9)	72.4	(3.1)	83.2	(3.2)	90.9	(1.7)	79.7	(2.2)
	突尼斯	32.6	(4.3)	54.9	(4.0)	59.6	(4.3)	82.7	(3.0)	52.1	(4.0)
	阿联酋	21.5	(1.6)	63.7	(2.1)	79.4	(2.1)	79.6	(1.7)	57.9	(2.6)
	乌拉圭	69.9	(2.9)	52.1	(3.8)	11.9	(2.4)	35.5	(2.9)	6.1	(1.6)
	越南	18.2	(3.5)	85.0	(2.7)	50.1	(3.1)	84.4	(2.7)	26.5	(3.6)

附表 5.18 ■ 在校课外活动(续表 1)

基于学校校长报告的结果

		\multicolumn{10}{c}{在校长报告说该国(地区)最多 15 岁学生所在年级中向学生提供以下活动的学校就读的学生百分比:}
		\multicolumn{2}{c}{数学竞赛}	\multicolumn{2}{c}{棋类社团}	\multicolumn{2}{c}{计算机/信息和通讯技术社团}	\multicolumn{2}{c}{美术社团(兴趣小组)或美术活动}	\multicolumn{2}{c}{运动队或体育活动}
		%	标准误	%	标准误	%	标准误	%	标准误	%	标准误
OECD	澳大利亚	95.2	(0.9)	55.9	(2.0)	29.7	(2.1)	64.0	(2.1)	99.1	(0.3)
	奥地利	32.9	(3.1)	16.6	(3.0)	19.7	(3.3)	28.2	(4.4)	86.3	(2.8)
	比利时	70.5	(3.2)	16.1	(2.2)	9.2	(1.9)	40.2	(3.1)	89.0	(1.8)
	加拿大	77.2	(1.4)	51.1	(2.1)	54.0	(2.2)	88.6	(1.4)	98.9	(0.5)
	智利	41.9	(3.9)	32.4	(4.0)	49.2	(3.9)	80.1	(3.1)	98.4	(0.9)
	捷克	85.5	(2.1)	14.2	(2.6)	37.6	(3.1)	51.6	(3.5)	86.3	(2.1)
	丹麦	10.6	(2.1)	9.2	(1.7)	9.2	(1.9)	30.3	(3.5)	69.3	(3.4)
	爱沙尼亚	92.0	(1.7)	18.4	(2.2)	41.8	(3.1)	75.1	(2.5)	96.5	(0.8)
	芬兰	88.3	(2.1)	10.1	(1.9)	11.7	(2.1)	37.1	(3.5)	75.4	(2.9)
	法国	73.5	(2.7)	21.4	(2.9)	23.8	(3.2)	82.7	(2.6)	96.9	(1.3)
	德国	58.2	(3.2)	30.5	(2.7)	59.9	(3.3)	78.6	(3.6)	94.4	(1.7)
	希腊	74.9	(3.0)	14.1	(2.9)	16.7	(3.0)	42.7	(3.5)	78.7	(2.6)
	匈牙利	78.8	(2.6)	18.8	(2.9)	56.8	(3.9)	65.4	(3.9)	99.2	(0.7)
	冰岛	66.7	(0.2)	30.3	(0.2)	22.7	(0.2)	67.7	(0.3)	63.7	(0.3)
	爱尔兰	61.1	(3.8)	40.3	(3.7)	26.2	(3.8)	56.8	(3.8)	99.8	(0.0)
	以色列	48.1	(3.4)	7.0	(2.3)	47.3	(4.3)	55.5	(3.6)	84.0	(2.6)
	意大利	66.6	(2.1)	11.1	(1.3)	21.2	(1.8)	36.5	(1.9)	95.0	(0.9)
	日本	12.0	(2.3)	35.9	(3.6)	55.6	(3.7)	94.9	(1.4)	100.0	c
	韩国	75.9	(2.5)	92.8	(2.2)	85.4	(2.9)	92.7	(2.3)	94.6	(2.0)
	卢森堡	78.7	(0.1)	46.7	(0.1)	34.1	(0.1)	79.1	(0.1)	97.9	(0.0)
	墨西哥	81.8	(1.2)	45.1	(1.7)	31.2	(2.2)	72.5	(1.9)	94.5	(0.8)
	荷兰	46.5	(3.5)	9.7	(2.6)	5.0	(1.5)	65.3	(4.0)	91.1	(2.5)
	新西兰	96.5	(1.2)	69.2	(4.0)	53.4	(4.0)	84.7	(2.9)	99.9	(0.1)
	挪威	32.2	(3.4)	2.7	(1.2)	19.1	(2.9)	7.9	(2.1)	37.7	(3.5)
	波兰	99.8	(0.2)	21.4	(3.4)	78.2	(3.2)	86.5	(2.6)	98.5	(0.9)
	葡萄牙	97.8	(0.9)	33.0	(3.9)	12.2	(2.4)	52.0	(3.9)	97.7	(1.2)
	斯洛伐克	91.4	(2.1)	24.9	(3.5)	92.6	(1.6)	56.9	(4.0)	99.3	(0.5)
	斯洛文尼亚	99.1	(0.0)	31.0	(0.8)	58.8	(0.6)	74.0	(0.4)	98.5	(0.1)
	西班牙	66.0	(2.1)	15.0	(2.1)	13.3	(2.0)	22.2	(2.3)	79.6	(2.5)
	瑞典	58.2	(3.7)	5.9	(1.7)	2.6	(1.1)	29.7	(3.1)	81.0	(2.6)
	瑞士	27.7	(2.3)	10.0	(2.1)	17.5	(2.9)	68.2	(3.4)	89.1	(1.9)
	土耳其	23.0	(3.1)	86.4	(2.8)	56.6	(4.0)	51.3	(4.0)	96.8	(1.3)
	英国	93.7	(1.5)	53.8	(3.7)	77.3	(3.1)	91.5	(1.8)	99.6	(0.4)
	美国	67.7	(3.7)	42.9	(4.2)	55.1	(4.1)	88.4	(3.0)	99.6	(0.4)
	OECD 平均	66.8	(0.4)	30.1	(0.5)	37.8	(0.5)	61.7	(0.5)	90.2	(0.3)
伙伴国家(地区)	阿尔巴尼亚	90.9	(2.3)	19.0	(2.9)	48.2	(4.2)	78.6	(3.6)	91.0	(2.2)
	阿根廷	42.1	(4.0)	16.9	(3.0)	51.4	(4.1)	46.1	(3.5)	82.7	(3.5)
	巴西	92.4	(1.4)	24.1	(2.5)	17.5	(2.1)	45.5	(3.0)	90.8	(1.8)
	保加利亚	79.9	(2.8)	22.5	(3.4)	58.2	(3.6)	61.7	(3.6)	99.0	(0.7)
	哥伦比亚	60.7	(3.9)	21.8	(3.0)	24.0	(3.2)	68.0	(3.6)	96.3	(1.3)
	哥斯达黎加	61.5	(3.4)	27.1	(3.3)	21.9	(3.0)	75.6	(3.4)	95.9	(1.7)
	克罗地亚	71.5	(2.8)	16.2	(2.9)	39.7	(3.9)	48.1	(3.7)	99.3	(0.5)
	塞浦路斯	93.6	(0.1)	48.4	(0.1)	82.7	(0.1)	91.3	(0.1)	97.5	(0.0)
	中国香港	91.0	(2.6)	78.2	(3.5)	96.9	(1.4)	98.1	(1.1)	100.0	c
	印度尼西亚	67.8	(3.8)	23.7	(3.8)	45.6	(3.9)	61.4	(4.5)	92.8	(2.2)
	约旦	38.5	(3.5)	43.0	(3.3)	44.5	(3.3)	54.7	(3.6)	92.4	(1.8)
	哈萨克斯坦	97.5	(1.1)	71.6	(3.6)	63.8	(3.8)	89.3	(2.5)	99.1	(0.8)
	拉脱维亚	91.6	(1.7)	16.3	(2.5)	29.4	(3.4)	90.8	(2.1)	95.0	(1.7)
	列支敦士登	34.1	(0.4)	0.0	c	29.0	(1.0)	72.2	(0.8)	100.0	c
	立陶宛	93.2	(1.8)	12.5	(2.5)	34.1	(3.4)	87.9	(2.2)	98.1	(0.9)
	中国澳门	87.8	(0.0)	50.2	(0.0)	76.5	(0.0)	94.1	(0.0)	99.9	(0.0)
	马来西亚	80.4	(3.1)	89.9	(2.4)	86.0	(2.7)	93.6	(1.8)	99.3	(0.7)
	黑山	54.7	(0.1)	30.7	(0.1)	69.0	(0.1)	62.8	(0.1)	95.3	(0.1)
	秘鲁	80.8	(2.6)	31.5	(3.2)	31.4	(3.3)	61.4	(3.5)	87.7	(2.1)
	卡塔尔	91.5	(0.0)	36.2	(0.1)	72.5	(0.1)	79.8	(0.1)	100.0	(0.0)
	罗马尼亚	68.1	(3.6)	52.9	(3.5)	49.3	(3.9)	63.0	(3.5)	70.1	(3.4)
	俄罗斯联邦	96.6	(1.1)	33.3	(3.3)	51.2	(3.1)	65.1	(3.3)	99.0	(0.8)
	塞尔维亚	75.1	(3.5)	30.1	(4.0)	46.1	(4.2)	50.7	(4.8)	98.8	(0.8)
	中国上海	67.3	(2.6)	61.0	(4.0)	69.7	(3.6)	86.7	(2.5)	99.4	(0.6)
	新加坡	86.9	(0.1)	27.6	(0.6)	94.8	(0.7)	85.9	(0.2)	99.7	(0.0)
	中国台北	59.2	(3.4)	56.4	(3.8)	67.8	(3.6)	88.6	(2.8)	95.3	(1.9)
	泰国	53.2	(3.5)	44.3	(3.8)	90.9	(2.1)	87.1	(2.1)	100.0	(0.0)
	突尼斯	56.0	(4.1)	40.9	(3.7)	59.3	(3.9)	62.2	(4.4)	86.0	(2.7)
	阿联酋	86.4	(1.6)	33.3	(2.1)	64.9	(2.7)	67.7	(2.2)	96.4	(0.8)
	乌拉圭	25.8	(3.1)	8.5	(2.1)	24.0	(3.3)	27.4	(3.5)	92.7	(1.9)
	越南	82.3	(2.8)	21.5	(3.2)	16.6	(3.0)	47.1	(4.0)	99.1	(0.7)

附表 5.19 ■ 在校创造性课外活动指数与数学表现

基于学校校长报告的结果

		在校创造性课外活动指数										指数的差异	
		全体学生		最低 1/4		第二个 1/4		第三个 1/4		最高 1/4			
		平均值	标准误	平均值	标准误	平均值	标准误	平均值	标准误	平均值	标准误	标准差	标准误
OECD	澳大利亚	2.18	(0.03)	1.10	(0.09)	2.00	(0.00)	2.62	(0.07)	3.00	(0.00)	0.82	(0.03)
	奥地利	1.12	(0.06)	0.00	(0.00)	0.55	(0.10)	1.55	(0.13)	2.37	(0.10)	1.01	(0.04)
	比利时	1.22	(0.05)	0.00	(0.02)	0.94	(0.10)	1.61	(0.12)	2.34	(0.07)	0.93	(0.03)
	加拿大	2.68	(0.02)	1.72	(0.06)	2.99	(0.06)	3.00	(0.00)	3.00	(0.00)	0.62	(0.02)
	智利	1.94	(0.07)	0.77	(0.08)	1.67	(0.14)	2.32	(0.14)	3.00	(0.00)	0.91	(0.04)
	捷克	1.16	(0.07)	0.00	(0.00)	0.70	(0.13)	1.47	(0.14)	2.49	(0.08)	1.02	(0.03)
	丹麦	1.14	(0.07)	0.00	(0.00)	0.59	(0.13)	1.44	(0.13)	2.53	(0.10)	1.04	(0.04)
	爱沙尼亚	2.09	(0.05)	0.86	(0.13)	2.00	(0.01)	2.50	(0.11)	3.00	(0.00)	0.88	(0.03)
	芬兰	1.59	(0.07)	0.48	(0.11)	1.17	(0.15)	2.00	(0.00)	2.71	(0.11)	0.92	(0.04)
	法国	1.96	(0.06)	0.83	(0.06)	1.84	(0.14)	2.19	(0.13)	3.00	(0.00)	0.85	(0.04)
	德国	2.26	(0.06)	1.03	(0.17)	2.00	(0.10)	3.00	(0.08)	3.00	(0.00)	0.89	(0.05)
	希腊	1.41	(0.08)	0.00	(0.08)	1.00	(0.00)	1.80	(0.15)	2.87	(0.12)	1.09	(0.04)
	匈牙利	1.84	(0.07)	0.52	(0.11)	1.73	(0.13)	2.13	(0.13)	3.00	(0.01)	0.97	(0.05)
	冰岛	1.87	(0.00)	0.73	(0.01)	1.70	(0.01)	2.06	(0.01)	3.00	(0.00)	0.88	(0.00)
	爱尔兰	1.56	(0.07)	0.46	(0.11)	1.14	(0.15)	2.00	(0.02)	2.65	(0.12)	0.92	(0.04)
	以色列	1.63	(0.07)	0.31	(0.10)	1.19	(0.14)	2.03	(0.09)	3.00	(0.04)	1.05	(0.04)
	意大利	1.37	(0.03)	0.22	(0.06)	1.00	(0.00)	1.78	(0.07)	2.47	(0.05)	0.93	(0.02)
	日本	2.23	(0.05)	1.29	(0.12)	2.00	(0.00)	2.62	(0.13)	3.00	(0.00)	0.76	(0.04)
	韩国	2.06	(0.07)	0.82	(0.17)	2.00	(0.04)	2.41	(0.16)	3.00	(0.00)	0.88	(0.05)
	卢森堡	2.32	(0.00)	1.13	(0.00)	2.16	(0.00)	3.00	(0.00)	3.00	(0.00)	0.87	(0.00)
	墨西哥	1.82	(0.04)	0.48	(0.05)	1.52	(0.08)	2.30	(0.07)	3.00	(0.00)	1.03	(0.02)
	荷兰	1.85	(0.08)	0.51	(0.10)	1.63	(0.15)	2.26	(0.15)	3.00	(0.00)	0.96	(0.04)
	新西兰	2.66	(0.04)	1.79	(0.07)	2.86	(0.13)	3.00	(0.00)	3.00	(0.00)	0.57	(0.04)
	挪威	0.68	(0.06)	0.00	(0.00)	0.05	(0.12)	1.00	(0.05)	1.66	(0.13)	0.78	(0.05)
	波兰	2.51	(0.04)	1.74	(0.08)	2.30	(0.14)	3.00	(0.00)	3.00	(0.00)	0.62	(0.03)
	葡萄牙	1.36	(0.07)	0.32	(0.12)	1.00	(0.00)	1.73	(0.17)	2.38	(0.09)	0.87	(0.04)
	斯洛伐克	1.34	(0.09)	0.00	(0.06)	0.98	(0.12)	1.76	(0.17)	2.64	(0.12)	1.03	(0.04)
	斯洛文尼亚	2.19	(0.01)	0.94	(0.02)	2.00	(0.00)	2.80	(0.03)	3.00	(0.00)	0.88	(0.00)
	西班牙	0.95	(0.04)	0.00	(0.00)	0.56	(0.11)	1.08	(0.07)	2.17	(0.03)	0.87	(0.02)
	瑞典	1.43	(0.07)	0.34	(0.10)	1.00	(0.00)	1.84	(0.15)	2.56	(0.08)	0.92	(0.03)
	瑞士	1.96	(0.06)	0.63	(0.08)	1.78	(0.11)	2.42	(0.13)	3.00	(0.00)	0.97	(0.04)
	土耳其	1.71	(0.08)	0.39	(0.12)	1.25	(0.15)	2.19	(0.14)	3.00	(0.00)	1.05	(0.03)
	英国	2.75	(0.04)	2.01	(0.14)	3.00	(0.00)	3.00	(0.00)	3.00	(0.00)	0.55	(0.05)
	美国	2.66	(0.05)	1.73	(0.12)	2.92	(0.12)	3.00	(0.00)	3.00	(0.00)	0.61	(0.06)
	OECD 平均	1.81	(0.01)	0.68	(0.02)	1.56	(0.02)	2.20	(0.02)	2.79	(0.01)	0.88	(0.01)
伙伴国家（地区）	阿尔巴尼亚	1.83	(0.07)	0.64	(0.08)	1.43	(0.15)	2.25	(0.15)	3.00	(0.00)	0.97	(0.04)
	阿根廷	1.04	(0.07)	0.00	(0.00)	0.59	(0.16)	1.19	(0.11)	2.40	(0.09)	0.97	(0.04)
	巴西	1.25	(0.06)	0.01	(0.07)	1.00	(0.06)	1.65	(0.12)	2.36	(0.07)	0.93	(0.03)
	保加利亚	1.61	(0.08)	0.18	(0.12)	1.17	(0.16)	2.08	(0.12)	3.00	(0.02)	1.09	(0.03)
	哥伦比亚	1.69	(0.08)	0.38	(0.11)	1.34	(0.12)	2.04	(0.12)	3.00	(0.06)	1.02	(0.04)
	哥斯达黎加	2.31	(0.06)	1.10	(0.15)	2.16	(0.15)	3.00	(0.00)	3.00	(0.00)	0.87	(0.05)
	克罗地亚	1.54	(0.08)	0.19	(0.13)	1.00	(0.08)	1.97	(0.15)	2.99	(0.09)	1.07	(0.04)
	塞浦路斯	2.78	(0.00)	2.10	(0.00)	3.00	(0.00)	3.00	(0.00)	3.00	(0.00)	0.48	(0.00)
	中国香港	2.77	(0.04)	2.08	(0.15)	3.00	(0.00)	3.00	(0.00)	3.00	(0.00)	0.48	(0.05)
	印度尼西亚	1.65	(0.10)	0.05	(0.12)	1.17	(0.20)	2.38	(0.16)	3.00	(0.00)	1.18	(0.04)
	约旦	1.32	(0.07)	0.00	(0.00)	0.84	(0.12)	1.82	(0.14)	2.63	(0.11)	1.06	(0.04)
	哈萨克斯坦	2.02	(0.06)	0.79	(0.06)	1.91	(0.11)	2.37	(0.16)	3.00	(0.00)	0.88	(0.03)
	拉脱维亚	2.33	(0.05)	1.43	(0.10)	2.00	(0.02)	2.91	(0.12)	3.00	(0.00)	0.72	(0.03)
	列支敦士登	2.05	(0.02)	c	c	c	c	c	c	c	c	1.12	(0.01)
	立陶宛	2.35	(0.05)	1.43	(0.10)	2.00	(0.05)	2.96	(0.10)	3.00	(0.00)	0.74	(0.03)
	中国澳门	2.78	(0.00)	2.11	(0.00)	3.00	(0.00)	3.00	(0.00)	3.00	(0.00)	0.61	(0.00)
	马来西亚	1.76	(0.07)	0.76	(0.07)	1.09	(0.13)	2.18	(0.14)	3.00	(0.00)	0.95	(0.03)
	黑山	1.88	(0.00)	0.76	(0.00)	1.52	(0.00)	2.25	(0.01)	3.00	(0.00)	0.92	(0.00)
	秘鲁	1.71	(0.07)	0.54	(0.09)	1.29	(0.14)	2.02	(0.09)	3.00	(0.07)	0.97	(0.03)
	卡塔尔	1.83	(0.00)	0.74	(0.00)	1.54	(0.00)	2.05	(0.00)	3.00	(0.00)	0.89	(0.00)
	罗马尼亚	1.70	(0.07)	0.57	(0.10)	1.45	(0.14)	2.00	(0.00)	2.79	(0.13)	0.91	(0.04)
	俄罗斯联邦	1.71	(0.07)	0.50	(0.09)	1.38	(0.15)	2.00	(0.05)	2.96	(0.10)	0.97	(0.04)
	塞尔维亚	2.00	(0.08)	0.77	(0.08)	1.76	(0.15)	2.46	(0.17)	3.00	(0.00)	0.92	(0.04)
	中国上海	2.27	(0.06)	1.05	(0.16)	2.04	(0.11)	3.00	(0.06)	3.00	(0.00)	0.88	(0.05)
	新加坡	2.47	(0.01)	1.72	(0.00)	2.18	(0.02)	3.00	(0.00)	3.00	(0.00)	0.65	(0.00)
	中国台北	2.08	(0.07)	0.78	(0.15)	2.00	(0.06)	2.56	(0.16)	3.00	(0.00)	0.90	(0.05)
	泰国	2.26	(0.06)	0.77	(0.11)	2.29	(0.16)	3.00	(0.00)	3.00	(0.00)	0.97	(0.04)
	突尼斯	1.43	(0.09)	0.06	(0.12)	1.00	(0.05)	1.89	(0.15)	2.77	(0.14)	1.05	(0.04)
	阿联酋	1.51	(0.04)	0.29	(0.08)	1.08	(0.09)	2.00	(0.01)	2.65	(0.05)	0.96	(0.02)
	乌拉圭	1.48	(0.07)	0.30	(0.10)	1.02	(0.08)	2.00	(0.09)	2.62	(0.12)	0.96	(0.04)
	越南	1.50	(0.06)	0.65	(0.09)	1.00	(0.02)	1.90	(0.15)	2.46	(0.11)	0.81	(0.04)

附表 5.19 ■ 在校创造性课外活动指数与数学表现(续表 1)
基于学校校长报告的结果

| | | 按照指数的国家(地区)内四分位数区分的数学量表表现 | | | | | | | 该指数每单位的变化相对应的数学分数变化 | | 处于该指数最低1/4对于学生处于该国(地区)数学表现分布最低1/4所增加的可能性 | | 所解释的学生表现差异 ($r^2 \times 100$) | |
| | | 最低 1/4 | | 第二个 1/4 | | 第三个 1/4 | | 最高 1/4 | | | | | | | |
		平均分	标准误	平均分	标准误	平均分	标准误	平均分	标准误	分差	标准误	比率	标准误	%	标准误
OECD	澳大利亚	487	(3.7)	500	(3.8)	513	(3.0)	519	(3.4)	16.4	(2.54)	1.3	(0.07)	2.0	(0.59)
	奥地利	472	(5.5)	499	(7.4)	524	(5.4)	528	(7.0)	22.6	(3.92)	1.8	(0.17)	6.0	(2.06)
	比利时	484	(7.8)	520	(7.2)	527	(5.6)	532	(7.4)	18.8	(4.84)	1.6	(0.20)	3.0	(1.56)
	加拿大	510	(3.2)	520	(4.1)	521	(4.2)	521	(2.9)	9.7	(2.49)	1.2	(0.07)	0.5	(0.23)
	智利	405	(6.3)	414	(5.9)	427	(6.1)	445	(6.0)	17.1	(3.77)	1.4	(0.15)	3.7	(1.61)
	捷克	488	(6.1)	483	(7.6)	496	(8.4)	527	(7.9)	16.6	(3.87)	1.0	(0.13)	3.1	(1.41)
	丹麦	501	(4.9)	501	(4.4)	498	(4.1)	502	(5.1)	0.7	(2.52)	1.0	(0.09)	0.0	(0.11)
	爱沙尼亚	506	(4.5)	525	(4.4)	524	(3.5)	525	(3.8)	9.8	(2.59)	1.3	(0.14)	1.1	(0.62)
	芬兰	514	(5.2)	517	(4.9)	523	(4.0)	519	(2.7)	2.6	(2.30)	1.1	(0.09)	0.1	(0.16)
	法国	498	(8.0)	503	(6.8)	499	(6.2)	486	(10.2)	−6.0	(6.11)	0.9	(0.15)	0.3	(0.58)
	德国	469	(7.5)	497	(9.1)	543	(7.8)	545	(6.9)	35.0	(5.07)	2.1	(0.29)	10.2	(2.65)
	希腊	448	(5.4)	455	(6.1)	447	(7.8)	462	(6.3)	3.9	(2.99)	1.0	(0.14)	0.2	(0.40)
	匈牙利	443	(6.2)	479	(6.4)	485	(7.8)	503	(11.0)	24.9	(4.28)	1.9	(0.21)	6.6	(2.27)
	冰岛	490	(3.7)	493	(3.1)	493	(3.3)	498	(3.6)	4.2	(1.92)	1.1	(0.09)	0.2	(0.15)
	爱尔兰	502	(5.9)	504	(5.9)	501	(6.4)	503	(5.6)	0.2	(3.65)	1.0	(0.13)	0.0	(0.15)
	以色列	419	(9.9)	464	(8.9)	481	(9.5)	500	(7.3)	30.3	(3.95)	2.2	(0.26)	9.1	(2.35)
	意大利	473	(4.6)	484	(4.8)	494	(3.8)	498	(4.4)	11.1	(2.80)	1.2	(0.11)	1.2	(0.65)
	日本	502	(7.7)	531	(7.7)	550	(6.6)	562	(6.1)	36.3	(5.53)	1.8	(0.21)	8.6	(2.64)
	韩国	540	(10.9)	543	(7.8)	557	(8.0)	575	(7.4)	17.0	(5.84)	1.4	(0.23)	2.3	(1.64)
	卢森堡	465	(2.8)	506	(2.9)	494	(2.7)	494	(3.3)	16.1	(1.04)	1.5	(0.08)	2.2	(0.29)
	墨西哥	399	(2.8)	407	(2.6)	419	(2.4)	429	(2.7)	11.5	(1.65)	1.4	(0.08)	2.5	(0.71)
	荷兰	485	(10.9)	522	(9.4)	537	(7.5)	535	(9.4)	21.7	(5.75)	1.9	(0.29)	5.6	(3.17)
	新西兰	470	(6.9)	510	(8.2)	514	(5.2)	513	(5.2)	32.6	(7.39)	1.8	(0.19)	3.5	(1.55)
	挪威	487	(4.5)	488	(5.0)	492	(5.3)	494	(5.4)	4.1	(3.59)	1.1	(0.10)	0.1	(0.22)
	波兰	515	(6.1)	519	(5.5)	518	(5.3)	517	(5.4)	1.5	(5.52)	1.0	(0.12)	0.0	(0.12)
	葡萄牙	488	(6.5)	478	(7.6)	489	(6.5)	493	(7.0)	3.2	(3.95)	1.0	(0.14)	0.1	(0.25)
	斯洛伐克	484	(10.6)	477	(10.8)	481	(8.3)	486	(9.9)	1.6	(6.20)	1.0	(0.17)	0.1	(0.41)
	斯洛文尼亚	469	(2.6)	484	(2.4)	525	(5.1)	536	(4.0)	32.3	(1.47)	1.7	(0.11)	9.6	(0.83)
	西班牙	485	(3.0)	484	(3.5)	483	(3.8)	488	(4.0)	1.3	(1.92)	1.0	(0.08)	0.0	(0.05)
	瑞典	476	(4.8)	474	(4.6)	478	(5.0)	485	(4.8)	3.7	(2.97)	1.1	(0.09)	0.1	(0.23)
	瑞士	525	(6.3)	527	(5.4)	533	(5.8)	543	(7.4)	6.8	(4.12)	1.1	(0.14)	0.5	(0.67)
	土耳其	421	(6.0)	443	(10.5)	463	(8.7)	468	(9.8)	18.8	(4.13)	1.4	(0.13)	4.7	(2.05)
	英国	481	(5.7)	500	(6.4)	498	(7.3)	501	(5.7)	18.7	(6.44)	1.3	(0.17)	1.1	(0.82)
	美国	450	(8.5)	492	(6.3)	493	(5.6)	494	(4.8)	35.4	(5.12)	1.8	(0.22)	5.7	(1.72)
	OECD平均	478	(1.1)	492	(1.1)	501	(1.0)	507	(1.1)	14.1	(0.72)	1.4	(0.03)	2.8	(0.23)
伙伴国家(地区)	阿尔巴尼亚	387	(3.7)	391	(5.1)	393	(5.7)	398	(3.7)	5.1	(2.02)	1.1	(0.08)	0.3	(0.24)
	阿根廷	390	(6.8)	392	(5.6)	387	(6.4)	386	(5.8)	−0.5	(3.58)	0.9	(0.15)	0.0	(0.21)
	巴西	386	(3.6)	400	(5.1)	400	(3.8)	405	(4.8)	7.4	(2.34)	1.2	(0.10)	0.8	(0.53)
	保加利亚	419	(9.0)	425	(10.4)	457	(9.0)	464	(9.6)	17.6	(5.34)	1.5	(0.21)	4.3	(2.58)
	哥伦比亚	365	(5.8)	377	(5.5)	381	(5.6)	389	(5.9)	8.8	(3.11)	1.4	(0.15)	1.5	(1.03)
	哥斯达黎加	399	(7.3)	404	(7.1)	411	(5.1)	413	(4.38)	6.1	(4.38)	1.3	(0.16)	0.6	(0.69)
	克罗地亚	435	(7.3)	469	(10.8)	474	(7.1)	506	(7.8)	23.3	(3.81)	1.8	(0.22)	7.9	(2.79)
	塞浦路斯	410	(2.2)	449	(2.9)	450	(3.4)	448	(3.1)	33.0	(2.40)	1.8	(0.09)	2.8	(0.41)
	中国香港	537	(7.7)	569	(5.1)	567	(5.2)	572	(5.5)	32.4	(8.29)	1.5	(0.20)	2.6	(1.36)
	印度尼西亚	342	(6.6)	363	(6.3)	390	(7.6)	408	(8.2)	22.4	(3.36)	2.1	(0.28)	13.7	(3.16)
	约旦	370	(5.3)	376	(6.4)	388	(5.2)	408	(8.8)	14.7	(3.58)	1.4	(0.14)	4.0	(1.84)
	哈萨克斯坦	439	(6.4)	432	(5.9)	429	(6.4)	425	(5.3)	−6.1	(3.71)	0.8	(0.11)	0.6	(0.72)
	拉脱维亚	479	(5.9)	482	(5.9)	498	(6.0)	501	(4.5)	13.6	(4.24)	1.3	(0.16)	1.4	(0.91)
	列支敦士登	c	c	c	c	c	c	c	c	35.6	(3.93)	2.6	(0.71)	17.6	(3.48)
	立陶宛	459	(4.7)	470	(5.9)	491	(5.4)	495	(5.2)	20.9	(4.13)	1.5	(0.14)	3.0	(1.19)
	中国澳门	513	(2.5)	548	(2.9)	546	(4.2)	546	(4.1)	31.0	(1.53)	1.6	(0.07)	4.0	(0.37)
	马来西亚	408	(5.0)	420	(4.5)	424	(6.7)	443	(7.8)	15.1	(4.09)	1.4	(0.13)	3.1	(1.57)
	黑山	393	(2.4)	401	(3.8)	413	(4.0)	436	(3.4)	18.4	(1.39)	1.3	(0.10)	4.3	(0.60)
	秘鲁	349	(6.0)	358	(5.3)	362	(6.6)	404	(9.4)	20.3	(4.12)	1.4	(0.15)	5.5	(2.09)
	卡塔尔	346	(1.9)	356	(2.0)	364	(2.0)	440	(1.6)	37.3	(0.84)	1.4	(0.08)	11.1	(0.44)
	罗马尼亚	434	(8.3)	435	(7.3)	451	(5.8)	457	(8.5)	10.6	(5.53)	1.3	(0.17)	1.4	(1.43)
	俄罗斯联邦	465	(4.6)	476	(5.1)	481	(5.7)	506	(6.4)	15.4	(3.00)	1.3	(0.13)	3.0	(1.13)
	塞尔维亚	431	(7.6)	441	(7.3)	455	(7.6)	468	(9.3)	15.0	(5.32)	1.2	(0.18)	2.4	(1.62)
	中国上海	577	(8.3)	596	(8.8)	638	(6.0)	639	(5.6)	32.0	(4.41)	1.8	(0.18)	7.8	(2.20)
	新加坡	553	(3.8)	564	(3.6)	591	(3.5)	590	(3.7)	27.3	(1.87)	1.3	(0.08)	2.8	(0.38)
	中国台北	537	(7.8)	554	(10.1)	568	(6.5)	580	(8.4)	18.0	(5.14)	1.4	(0.15)	2.0	(1.14)
	泰国	401	(5.6)	420	(7.1)	443	(6.0)	444	(6.0)	19.1	(3.12)	1.6	(0.19)	5.5	(1.65)
	突尼斯	383	(6.6)	383	(7.6)	392	(9.6)	393	(10.2)	4.2	(4.68)	1.0	(0.18)	0.3	(0.77)
	阿联酋	416	(5.0)	423	(4.2)	442	(5.8)	482	(4.2)	27.5	(2.45)	1.4	(0.13)	9.1	(1.50)
	乌拉圭	400	(8.0)	407	(5.8)	421	(7.4)	411	(6.8)	4.9	(4.59)	1.3	(0.16)	0.3	(0.53)
	越南	499	(7.5)	503	(9.5)	512	(7.7)	531	(7.5)	16.7	(5.45)	1.3	(0.15)	2.5	(1.66)

注:统计上有显著性的值用粗体表示。

附表 5.20 ■ 教师使用认知激发策略指数与数学表现(按该指数的国家(地区)内四分位数区分)

基于学生自我报告的结果

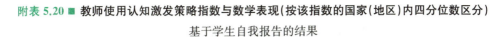

		教师使用认知激发策略指数																
		全体学生		指数的差异		男		女		性别差异(男—女)		最低 1/4		第二个 1/4		第三个 1/4		最高 1/4	
		平均值	标准误	标准差	标准误	平均值	标准误	平均值	标准误	分差	标准误	平均值	标准误	平均值	标准误	平均值	标准误	平均值	标准误
OECD	澳大利亚	0.14	(0.02)	1.08	(0.01)	0.23	(0.02)	0.04	(0.02)	**0.19**	(0.03)	−1.13	(0.02)	−0.17	(0.00)	0.39	(0.00)	1.47	(0.02)
	奥地利	−0.10	(0.02)	0.90	(0.02)	0.01	(0.03)	−0.21	(0.03)	**0.22**	(0.04)	−1.17	(0.02)	−0.35	(0.01)	0.14	(0.01)	0.97	(0.02)
	比利时	−0.19	(0.02)	0.98	(0.02)	−0.15	(0.02)	−0.23	(0.03)	**0.08**	(0.03)	−1.35	(0.03)	−0.41	(0.00)	0.07	(0.00)	0.92	(0.02)
	加拿大	0.31	(0.02)	1.06	(0.01)	0.40	(0.02)	0.23	(0.02)	**0.17**	(0.03)	−0.88	(0.02)	0.00	(0.00)	0.48	(0.00)	1.66	(0.02)
	智利	0.22	(0.02)	0.98	(0.02)	0.30	(0.03)	0.13	(0.03)	**0.17**	(0.04)	−0.96	(0.03)	−0.10	(0.01)	0.47	(0.00)	1.46	(0.03)
	捷克	0.15	(0.02)	0.89	(0.02)	0.23	(0.02)	0.06	(0.03)	**0.17**	(0.04)	−0.88	(0.03)	−0.11	(0.01)	0.34	(0.01)	1.24	(0.03)
	丹麦	−0.03	(0.02)	0.77	(0.01)	0.06	(0.02)	−0.11	(0.03)	**0.16**	(0.03)	−0.95	(0.02)	−0.25	(0.01)	0.17	(0.01)	0.92	(0.02)
	爱沙尼亚	−0.06	(0.02)	0.82	(0.02)	−0.01	(0.03)	−0.12	(0.03)	**0.11**	(0.03)	−1.02	(0.02)	−0.29	(0.00)	0.14	(0.01)	0.92	(0.03)
	芬兰	−0.06	(0.02)	0.89	(0.02)	−0.02	(0.03)	−0.09	(0.02)	**0.07**	(0.03)	−1.06	(0.02)	−0.32	(0.01)	0.14	(0.01)	1.01	(0.02)
	法国	−0.07	(0.02)	0.87	(0.02)	−0.01	(0.03)	−0.13	(0.02)	**0.13**	(0.03)	−1.12	(0.02)	−0.28	(0.01)	0.16	(0.00)	0.95	(0.02)
	德国	0.02	(0.02)	0.83	(0.02)	0.11	(0.03)	−0.07	(0.03)	**0.17**	(0.04)	−0.95	(0.03)	−0.20	(0.01)	0.22	(0.01)	1.01	(0.03)
	希腊	0.08	(0.02)	0.98	(0.03)	0.17	(0.03)	−0.01	(0.03)	**0.17**	(0.05)	−1.04	(0.03)	−0.16	(0.01)	0.30	(0.01)	1.22	(0.03)
	匈牙利	−0.08	(0.03)	0.88	(0.03)	0.02	(0.03)	−0.18	(0.03)	**0.20**	(0.03)	−1.11	(0.04)	−0.29	(0.00)	0.14	(0.01)	0.94	(0.03)
	冰岛	−0.17	(0.02)	1.16	(0.02)	−0.04	(0.03)	−0.30	(0.03)	**0.27**	(0.05)	−1.46	(0.02)	−0.50	(0.01)	0.08	(0.01)	1.21	(0.04)
	爱尔兰	0.13	(0.02)	1.00	(0.02)	0.14	(0.02)	0.12	(0.03)	**0.02**	(0.03)	−1.06	(0.03)	−0.14	(0.01)	0.38	(0.01)	1.34	(0.03)
	以色列	0.27	(0.02)	0.98	(0.02)	0.34	(0.03)	0.21	(0.03)	**0.12**	(0.04)	−0.86	(0.03)	−0.03	(0.01)	0.49	(0.01)	1.49	(0.03)
	意大利	−0.10	(0.02)	0.90	(0.01)	−0.03	(0.02)	−0.18	(0.02)	**0.15**	(0.02)	−1.20	(0.02)	−0.31	(0.01)	0.15	(0.01)	0.94	(0.01)
	日本	−0.50	(0.03)	0.96	(0.02)	−0.41	(0.03)	−0.61	(0.03)	**0.20**	(0.04)	−1.66	(0.02)	−0.73	(0.00)	−0.24	(0.00)	0.63	(0.02)
	韩国	−0.73	(0.03)	0.98	(0.02)	−0.65	(0.03)	−0.81	(0.03)	**0.16**	(0.04)	−1.94	(0.03)	−0.92	(0.00)	−0.43	(0.01)	0.38	(0.02)
	卢森堡	−0.09	(0.02)	1.05	(0.02)	0.01	(0.03)	−0.21	(0.03)	**0.22**	(0.04)	−1.32	(0.02)	−0.33	(0.01)	0.17	(0.01)	1.10	(0.02)
	墨西哥	0.23	(0.01)	1.02	(0.01)	0.34	(0.02)	0.13	(0.02)	**0.21**	(0.02)	−0.96	(0.01)	−0.11	(0.00)	0.46	(0.01)	1.54	(0.02)
	荷兰	−0.21	(0.03)	0.98	(0.02)	−0.16	(0.04)	−0.27	(0.04)	**0.12**	(0.04)	−1.36	(0.04)	−0.43	(0.01)	0.02	(0.01)	0.92	(0.04)
	新西兰	0.22	(0.02)	1.10	(0.02)	0.31	(0.03)	0.12	(0.04)	**0.19**	(0.04)	−1.04	(0.02)	−0.15	(0.01)	0.43	(0.01)	1.62	(0.04)
	挪威	−0.21	(0.02)	0.99	(0.02)	−0.11	(0.03)	−0.31	(0.03)	**0.20**	(0.04)	−1.35	(0.03)	−0.48	(0.01)	0.02	(0.01)	0.97	(0.03)
	波兰	0.05	(0.02)	0.91	(0.02)	0.08	(0.03)	0.01	(0.03)	**0.06**	(0.03)	−0.99	(0.02)	−0.21	(0.01)	0.26	(0.01)	1.16	(0.03)
	葡萄牙	0.38	(0.03)	1.14	(0.02)	0.46	(0.04)	0.31	(0.03)	**0.15**	(0.04)	−0.92	(0.03)	0.03	(0.01)	0.58	(0.01)	1.84	(0.04)
	斯洛伐克	−0.18	(0.02)	0.85	(0.02)	−0.09	(0.02)	−0.29	(0.03)	**0.20**	(0.04)	−1.16	(0.02)	−0.43	(0.01)	0.01	(0.01)	0.84	(0.03)
	斯洛文尼亚	−0.03	(0.02)	0.84	(0.02)	0.02	(0.02)	−0.07	(0.03)	**0.09**	(0.03)	−0.99	(0.02)	−0.27	(0.00)	0.18	(0.01)	0.98	(0.02)
	西班牙	0.10	(0.02)	1.00	(0.01)	0.16	(0.02)	0.04	(0.02)	**0.12**	(0.03)	−1.08	(0.02)	−0.18	(0.00)	0.33	(0.00)	1.32	(0.02)
	瑞典	−0.22	(0.02)	1.04	(0.02)	−0.07	(0.02)	−0.37	(0.03)	**0.30**	(0.04)	−1.41	(0.02)	−0.50	(0.01)	0.02	(0.01)	1.02	(0.03)
	瑞士	0.07	(0.01)	0.85	(0.02)	0.13	(0.02)	0.01	(0.02)	**0.11**	(0.03)	−0.90	(0.02)	−0.17	(0.01)	0.27	(0.01)	1.09	(0.02)
	土耳其	−0.04	(0.02)	1.01	(0.02)	0.03	(0.03)	−0.12	(0.04)	**0.14**	(0.04)	−1.21	(0.02)	−0.31	(0.01)	0.19	(0.01)	1.15	(0.03)
	英国	0.34	(0.02)	1.00	(0.02)	0.37	(0.03)	0.31	(0.03)	**0.06**	(0.04)	−0.80	(0.02)	0.03	(0.01)	0.53	(0.01)	1.59	(0.04)
	美国	0.39	(0.03)	1.12	(0.02)	0.42	(0.03)	0.36	(0.04)	**0.06**	(0.04)	−0.86	(0.02)	0.04	(0.01)	0.56	(0.01)	1.84	(0.03)
	OECD平均	0.00	(0.00)	0.97	(0.00)	0.08	(0.00)	−0.08	(0.00)	**0.15**	(0.01)	−1.12	(0.00)	−0.27	(0.00)	0.22	(0.00)	1.17	(0.00)
伙伴国家(地区)	阿尔巴尼亚	0.34	(0.02)	0.78	(0.02)	0.34	(0.02)	0.34	(0.02)	**0.00**	(0.03)	−0.50	(0.01)	0.07	(0.01)	0.46	(0.01)	1.34	(0.03)
	阿根廷	0.35	(0.03)	1.06	(0.02)	0.40	(0.04)	0.30	(0.04)	**0.10**	(0.05)	−0.87	(0.02)	0.02	(0.01)	0.55	(0.01)	1.72	(0.03)
	巴西	0.05	(0.02)	1.08	(0.02)	0.16	(0.02)	−0.05	(0.02)	**0.22**	(0.03)	−1.20	(0.02)	−0.27	(0.01)	0.28	(0.01)	1.39	(0.02)
	保加利亚	0.53	(0.03)	1.13	(0.03)	0.54	(0.04)	0.52	(0.04)	**0.02**	(0.05)	−0.70	(0.04)	0.15	(0.01)	0.68	(0.01)	2.00	(0.03)
	哥伦比亚	0.27	(0.03)	0.96	(0.03)	0.29	(0.03)	0.25	(0.03)	**0.05**	(0.04)	−0.82	(0.02)	−0.05	(0.01)	0.46	(0.01)	1.50	(0.04)
	哥斯达黎加	−0.16	(0.02)	0.98	(0.02)	−0.03	(0.03)	−0.27	(0.02)	**0.25**	(0.04)	−1.31	(0.02)	−0.47	(0.01)	0.08	(0.01)	1.05	(0.04)
	克罗地亚	−0.14	(0.02)	0.91	(0.02)	−0.05	(0.04)	−0.23	(0.03)	**0.18**	(0.04)	−1.15	(0.02)	−0.41	(0.01)	0.04	(0.01)	0.97	(0.03)
	塞浦路斯	0.07	(0.02)	1.05	(0.02)	0.12	(0.03)	0.01	(0.03)	**0.09**	(0.03)	−1.10	(0.02)	−0.19	(0.01)	0.28	(0.01)	1.29	(0.03)
	中国香港	−0.21	(0.02)	0.94	(0.02)	−0.16	(0.03)	−0.27	(0.03)	**0.11**	(0.03)	−1.26	(0.03)	−0.46	(0.01)	0.00	(0.01)	0.89	(0.03)
	印度尼西亚	0.12	(0.02)	0.81	(0.02)	0.15	(0.03)	0.09	(0.03)	**0.06**	(0.03)	−0.78	(0.02)	−0.08	(0.00)	0.27	(0.00)	1.09	(0.03)
	约旦	0.69	(0.02)	1.19	(0.03)	0.67	(0.04)	0.71	(0.03)	**−0.04**	(0.05)	−0.67	(0.02)	0.33	(0.01)	0.92	(0.01)	2.18	(0.03)
	哈萨克斯坦	0.36	(0.02)	0.85	(0.02)	0.43	(0.03)	0.29	(0.03)	**0.14**	(0.03)	−0.57	(0.02)	0.05	(0.00)	0.49	(0.01)	1.47	(0.03)
	拉脱维亚	0.07	(0.02)	0.74	(0.03)	0.13	(0.03)	0.02	(0.03)	**0.10**	(0.03)	−0.77	(0.03)	−0.16	(0.01)	0.24	(0.01)	0.99	(0.02)
	列支敦士登	0.16	(0.05)	0.76	(0.06)	0.24	(0.08)	0.05	(0.07)	**0.18**	(0.10)	−0.73	(0.08)	−0.05	(0.01)	0.36	(0.02)	1.06	(0.06)
	立陶宛	0.08	(0.02)	0.87	(0.02)	0.13	(0.02)	0.03	(0.02)	**0.10**	(0.03)	−0.88	(0.02)	−0.20	(0.01)	0.25	(0.00)	1.16	(0.02)
	中国澳门	−0.23	(0.02)	0.88	(0.02)	−0.15	(0.02)	−0.31	(0.02)	**0.17**	(0.03)	−1.20	(0.02)	−0.50	(0.00)	−0.05	(0.01)	0.84	(0.02)
	马来西亚	0.00	(0.02)	0.90	(0.02)	0.08	(0.02)	−0.03	(0.04)	**0.12**	(0.05)	−1.02	(0.02)	−0.26	(0.01)	0.18	(0.00)	1.11	(0.02)
	黑山	−0.02	(0.02)	1.04	(0.02)	0.08	(0.03)	−0.14	(0.03)	**0.12**	(0.05)	−1.16	(0.02)	−0.27	(0.01)	0.23	(0.01)	1.29	(0.03)
	秘鲁	0.39	(0.02)	0.98	(0.02)	0.49	(0.03)	0.30	(0.03)	**0.19**	(0.03)	−0.74	(0.02)	−0.06	(0.01)	0.60	(0.01)	1.66	(0.03)
	卡塔尔	0.50	(0.02)	1.29	(0.02)	0.58	(0.03)	0.42	(0.03)	**0.16**	(0.03)	−0.95	(0.02)	0.10	(0.01)	0.69	(0.01)	2.16	(0.02)
	罗马尼亚	0.24	(0.02)	0.94	(0.02)	0.31	(0.03)	0.17	(0.03)	**0.14**	(0.04)	−0.84	(0.02)	−0.02	(0.01)	0.43	(0.00)	1.40	(0.03)
	俄罗斯联邦	0.20	(0.02)	0.89	(0.02)	0.29	(0.03)	0.12	(0.03)	**0.17**	(0.03)	−0.72	(0.02)	−0.10	(0.01)	0.32	(0.01)	1.32	(0.04)
	塞尔维亚	−0.02	(0.03)	1.00	(0.03)	0.11	(0.03)	−0.15	(0.03)	**0.26**	(0.03)	−1.15	(0.03)	−0.28	(0.01)	0.19	(0.01)	1.17	(0.04)
	中国上海	0.16	(0.02)	0.98	(0.02)	0.23	(0.03)	0.10	(0.03)	**0.13**	(0.04)	−0.92	(0.02)	−0.15	(0.01)	0.32	(0.00)	1.41	(0.03)
	新加坡	0.29	(0.02)	1.03	(0.02)	0.36	(0.03)	0.22	(0.02)	**0.13**	(0.03)	−0.85	(0.02)	−0.04	(0.01)	0.43	(0.01)	1.62	(0.03)
	中国台北	−0.18	(0.02)	0.99	(0.02)	−0.12	(0.02)	−0.25	(0.02)	**0.14**	(0.03)	−1.30	(0.02)	−0.47	(0.01)	0.05	(0.01)	0.98	(0.03)
	泰国	0.11	(0.02)	0.83	(0.02)	0.14	(0.02)	0.09	(0.03)	**0.05**	(0.03)	−0.80	(0.01)	−0.19	(0.01)	0.26	(0.01)	1.16	(0.03)
	突尼斯	0.09	(0.02)	0.97	(0.02)	0.11	(0.03)	0.05	(0.04)	**0.05**	(0.03)	−1.06	(0.03)	−0.14	(0.01)	0.32	(0.01)	1.25	(0.03)
	阿联酋	0.47	(0.02)	1.06	(0.02)	0.51	(0.03)	0.43	(0.02)	**0.08**	(0.03)	−0.75	(0.02)	0.16	(0.01)	0.68	(0.01)	1.78	(0.02)
	乌拉圭	0.23	(0.02)	1.01	(0.03)	0.32	(0.03)	0.15	(0.03)	**0.17**	(0.03)	−0.93	(0.02)	−0.06	(0.01)	0.43	(0.01)	1.47	(0.03)
	越南	−0.32	(0.02)	0.67	(0.01)	−0.25	(0.02)	−0.38	(0.02)	**0.13**	(0.02)	−1.12	(0.02)	−0.48	(0.00)	−0.14	(0.00)	0.47	(0.02)

附表 5.20 ■ 教师使用认知激发策略指数与数学表现(按该指数的国家(地区)内四分位数区分)(续表 1)

基于学生自我报告的结果

| | | 按照指数的国家(地区)内四分位数区分的数学量表表现 | | | | | | | 该指数每单位的变化相对应的数学分数变化 | | 处于该指数最低 1/4 对于该生处于该国(地区)数学表现分布最低 1/4 所增加的可能性 | | 所解释的学生表现差异 ($r^2×100$) | |
| | | 最低 1/4 | | 第二个 1/4 | | 第三个 1/4 | | 最高 1/4 | | | | | | | |
		平均分	标准误	平均分	标准误	平均分	标准误	平均分	标准误	分差	标准误	比率	标准误	%	标准误
OECD	澳大利亚	**483**	(2.3)	503	(2.8)	511	(2.9)	**521**	(3.1)	**11.4**	(1.1)	**1.4**	(0.1)	1.7	(0.3)
	奥地利	505	(4.2)	508	(4.1)	509	(4.2)	510	(4.8)	1.2	(2.2)	1.1	(0.1)	0.0	(0.1)
	比利时	492	(5.8)	508	(5.5)	512	(4.7)	496	(5.9)	**2.1**	(3.0)	1.2	(0.1)	0.1	(0.2)
	加拿大	**508**	(3.0)	526	(2.6)	524	(3.0)	**524**	(2.6)	**5.4**	(1.1)	**1.3**	(0.1)	0.4	(0.2)
	智利	415	(4.0)	426	(4.2)	427	(3.7)	424	(4.3)	2.8	(1.6)	1.1	(0.1)	0.1	(0.2)
	捷克	504	(4.2)	505	(4.6)	510	(4.5)	500	(4.9)	−1.8	(2.1)	1.0	(0.1)	0.0	(0.1)
	丹麦	**494**	(3.6)	506	(3.4)	510	(3.8)	**510**	(3.8)	**7.4**	(2.2)	**1.3**	(0.1)	0.5	(0.3)
	爱沙尼亚	517	(3.3)	522	(3.9)	518	(4.6)	525	(4.1)	1.6	(2.1)	1.0	(0.1)	0.0	(0.1)
	芬兰	**515**	(2.9)	521	(3.0)	527	(3.5)	**529**	(3.0)	**5.4**	(1.6)	**1.3**	(0.1)	0.3	(0.1)
	法国	494	(4.1)	501	(4.2)	504	(4.8)	492	(4.9)	−1.5	(2.4)	0.9	(0.1)	0.0	(0.1)
	德国	**513**	(5.0)	521	(4.4)	528	(4.4)	**529**	(4.7)	**5.9**	(2.7)	1.2	(0.1)	0.3	(0.3)
	希腊	448	(4.0)	455	(3.9)	460	(3.5)	458	(4.6)	2.2	(1.9)	1.1	(0.1)	0.1	(0.1)
	匈牙利	470	(3.9)	478	(4.4)	480	(4.5)	484	(6.2)	3.4	(3.1)	1.1	(0.1)	0.1	(0.2)
	冰岛	489	(4.1)	502	(4.1)	502	(4.5)	493	(3.9)	−0.7	(1.7)	1.1	(0.1)	0.0	(0.1)
	爱尔兰	**495**	(3.4)	499	(3.9)	505	(4.2)	**507**	(3.9)	**4.2**	(1.6)	1.1	(0.1)	0.2	(0.2)
	以色列	**461**	(5.6)	473	(6.0)	478	(5.4)	**481**	(6.1)	**7.5**	(2.1)	1.1	(0.1)	0.5	(0.3)
	意大利	**471**	(2.5)	486	(2.7)	494	(2.6)	**499**	(3.0)	**11.3**	(1.4)	1.2	(0.1)	1.2	(0.3)
	日本	517	(4.9)	533	(4.1)	547	(4.2)	551	(5.5)	**14.7**	(2.4)	**1.4**	(0.1)	2.3	(0.7)
	韩国	546	(5.7)	549	(4.8)	560	(4.7)	562	(8.1)	**8.2**	(3.6)	1.1	(0.1)	0.7	(0.6)
	卢森堡	486	(3.6)	492	(3.5)	494	(3.5)	489	(3.4)	0.4	(1.7)	1.1	(0.1)	0.0	(0.1)
	墨西哥	412	(1.5)	415	(1.9)	419	(1.8)	413	(2.1)	−0.8	(0.8)	1.0	(0.0)	0.0	(0.1)
	荷兰	**516**	(4.4)	532	(5.8)	538	(5.3)	**532**	(5.3)	**5.3**	(2.4)	**1.3**	(0.1)	0.4	(0.3)
	新西兰	**485**	(3.9)	497	(3.8)	512	(3.9)	**506**	(4.9)	**6.2**	(2.2)	1.1	(0.1)	0.5	(0.3)
	挪威	477	(4.5)	493	(4.8)	498	(4.1)	496	(4.1)	**6.6**	(2.0)	1.2	(0.1)	0.5	(0.3)
	波兰	503	(4.5)	513	(4.9)	523	(4.3)	537	(6.2)	**13.6**	(2.6)	**1.4**	(0.1)	1.8	(0.7)
	葡萄牙	480	(4.9)	501	(4.6)	490	(4.9)	488	(5.3)	0.6	(1.8)	1.1	(0.1)	0.0	(0.0)
	斯洛伐克	**489**	(4.4)	491	(4.1)	486	(5.2)	**473**	(6.6)	**−9.1**	(3.0)	0.8	(0.1)	0.6	(0.4)
	斯洛文尼亚	**484**	(3.6)	505	(3.5)	512	(4.5)	**518**	(4.6)	**14.7**	(2.1)	**1.4**	(0.1)	1.9	(0.5)
	西班牙	480	(3.1)	489	(3.2)	489	(3.5)	487	(2.6)	1.9	(1.4)	1.0	(0.1)	0.1	(0.1)
	瑞典	471	(3.6)	481	(3.3)	491	(4.0)	486	(4.3)	**5.5**	(1.9)	1.2	(0.1)	0.4	(0.3)
	瑞士	528	(4.7)	531	(3.8)	537	(3.9)	530	(4.1)	1.0	(1.8)	1.0	(0.1)	0.0	(0.0)
	土耳其	440	(5.4)	451	(5.9)	453	(5.5)	454	(7.1)	2.9	(2.2)	1.2	(0.1)	0.1	(0.2)
	英国	477	(4.9)	500	(4.0)	507	(5.2)	506	(4.2)	**10.2**	(1.9)	**1.5**	(0.1)	1.2	(0.4)
	美国	472	(4.8)	489	(4.4)	486	(4.8)	489	(5.3)	3.2	(1.4)	1.1	(0.1)	0.1	(0.1)
	OECD平均	486	(0.7)	497	(0.7)	501	(0.7)	500	(0.8)	4.5	(0.4)	1.2	(0.0)	0.5	(0.1)
伙伴国家(地区)	阿尔巴尼亚	398	(3.9)	395	(4.5)	393	(4.9)	388	(3.8)	**−7.8**	(2.7)	0.9	(0.1)	0.5	(0.3)
	阿根廷	**395**	(5.3)	397	(4.4)	393	(4.2)	**379**	(4.6)	**−5.8**	(1.9)	1.0	(0.1)	0.7	(0.4)
	巴西	**395**	(2.5)	401	(3.0)	395	(2.7)	**383**	(3.0)	**−5.0**	(1.1)	0.9	(0.1)	0.5	(0.2)
	保加利亚	435	(4.4)	442	(4.8)	455	(5.1)	455	(5.6)	−0.8	(2.1)	1.1	(0.1)	0.0	(0.1)
	哥伦比亚	373	(3.3)	379	(3.8)	386	(3.5)	384	(5.1)	3.7	(2.0)	1.1	(0.1)	0.2	(0.2)
	哥斯达黎加	**399**	(4.5)	403	(4.3)	412	(3.9)	**412**	(4.7)	3.5	(2.1)	1.1	(0.1)	0.3	(0.3)
	克罗地亚	465	(3.6)	470	(3.8)	476	(4.3)	480	(3.0)	4.5	(3.2)	1.1	(0.1)	0.2	(0.3)
	塞浦路斯	432	(3.2)	439	(3.3)	450	(3.5)	456	(3.0)	**7.4**	(1.7)	1.2	(0.1)	0.7	(0.3)
	中国香港	549	(4.9)	557	(4.2)	579	(4.5)	569	(4.5)	**8.6**	(2.6)	**1.4**	(0.1)	0.7	(0.5)
	印度尼西亚	362	(4.3)	378	(4.1)	379	(5.3)	385	(5.6)	**9.3**	(2.2)	**1.3**	(0.1)	1.1	(0.5)
	约旦	**374**	(3.7)	391	(4.0)	393	(3.6)	**397**	(4.2)	**6.1**	(1.3)	**1.4**	(0.1)	0.9	(0.4)
	哈萨克斯坦	430	(4.3)	434	(4.5)	433	(4.5)	435	(4.5)	2.2	(2.4)	1.1	(0.1)	0.1	(0.2)
	拉脱维亚	**484**	(4.3)	493	(4.8)	490	(5.2)	**495**	(3.9)	4.6	(2.5)	1.1	(0.1)	0.2	(0.3)
	列支敦士登	517	(11.4)	530	(13.8)	532	(13.3)	561	(12.3)	**28.1**	(7.3)	**1.3**	(0.4)	5.1	(2.9)
	立陶宛	466	(3.6)	480	(4.1)	485	(4.1)	482	(4.2)	3.5	(1.9)	1.2	(0.1)	0.2	(0.2)
	中国澳门	535	(3.2)	540	(2.8)	543	(3.8)	540	(4.0)	0.6	(2.3)	1.1	(0.1)	0.0	(0.0)
	马来西亚	**408**	(4.2)	417	(4.0)	425	(4.1)	**435**	(4.6)	**10.1**	(1.9)	**1.4**	(0.1)	1.3	(0.5)
	黑山	412	(3.5)	414	(3.5)	418	(3.9)	404	(3.6)	−3.5	(1.9)	1.0	(0.1)	0.2	(0.2)
	秘鲁	**376**	(4.9)	375	(4.8)	372	(5.0)	**363**	(4.3)	**−5.5**	(1.4)	0.9	(0.1)	0.4	(0.2)
	卡塔尔	376	(2.6)	382	(2.4)	389	(2.4)	382	(2.5)	1.8	(1.1)	1.1	(0.1)	0.1	(0.1)
	罗马尼亚	**450**	(4.9)	453	(4.5)	445	(5.6)	**433**	(4.6)	**−8.4**	(1.8)	0.9	(0.1)	1.0	(0.4)
	俄罗斯联邦	478	(4.5)	482	(5.0)	487	(3.6)	486	(4.5)	0.1	(1.9)	1.0	(0.1)	0.0	(0.1)
	塞尔维亚	448	(4.8)	455	(3.9)	452	(4.4)	452	(5.7)	−3.4	(2.2)	1.0	(0.1)	0.1	(0.1)
	中国上海	**586**	(4.8)	611	(5.3)	619	(4.8)	**634**	(4.3)	**15.9**	(2.4)	**1.5**	(0.1)	2.4	(0.6)
	新加坡	**563**	(4.0)	584	(4.2)	576	(4.2)	**580**	(3.3)	4.6	(2.0)	1.2	(0.1)	0.2	(0.2)
	中国台北	**534**	(4.9)	560	(4.1)	578	(4.4)	**568**	(4.7)	**13.3**	(1.9)	**1.5**	(0.1)	1.3	(0.4)
	泰国	421	(4.7)	430	(4.7)	429	(4.1)	429	(4.9)	0.1	(1.9)	1.2	(0.1)	0.0	(0.0)
	突尼斯	392	(4.6)	384	(4.4)	390	(5.3)	389	(5.0)	−2.0	(1.6)	0.9	(0.1)	0.1	(0.1)
	阿联酋	432	(3.3)	436	(3.7)	436	(3.9)	438	(3.8)	1.1	(1.3)	1.0	(0.1)	0.0	(0.1)
	乌拉圭	**412**	(4.4)	420	(3.8)	421	(4.1)	**397**	(5.0)	**−6.1**	(2.4)	0.9	(0.1)	0.5	(0.4)
	越南	**493**	(6.4)	511	(5.1)	517	(5.7)	**526**	(6.0)	**14.9**	(3.3)	**1.3**	(0.1)	1.3	(0.6)

注:统计上有显著性的值用粗体表示。

附表 5.21 ■ 教师在校的学生导向指数与数学表现(按该指数的国家(地区)内部四分位数区分)

基于学生自我报告的结果

		教师在校的学生导向指数															
		全体学生		指数的差异		男		女		性别差异(男-女)		最低1/4		第二个1/4		第三个1/4		最高1/4	
		平均值	标准误	标准差	标准误	平均值	标准误	平均值	标准误	分差	标准误	平均值	标准误	平均值	标准误	平均值	标准误	平均值	标准误
OECD	澳大利亚	-0.04	(0.01)	0.95	(0.01)	0.07	(0.02)	-0.16	(0.02)	0.23	(0.02)	-1.25	(0.01)	-0.31	(0.01)	0.29	(0.00)	1.11	(0.01)
	奥地利	-0.27	(0.02)	1.00	(0.01)	-0.13	(0.03)	-0.42	(0.03)	0.29	(0.05)	-1.60	(0.00)	-0.56	(0.01)	0.09	(0.01)	0.98	(0.02)
	比利时	-0.26	(0.02)	0.98	(0.01)	-0.16	(0.03)	-0.35	(0.02)	0.19	(0.03)	-1.57	(0.00)	-0.49	(0.01)	0.07	(0.01)	0.96	(0.02)
	加拿大	0.05	(0.02)	0.97	(0.01)	0.17	(0.03)	-0.06	(0.02)	0.23	(0.03)	-1.16	(0.01)	-0.22	(0.01)	0.35	(0.00)	1.24	(0.02)
	智利	0.36	(0.03)	0.96	(0.02)	0.46	(0.03)	0.27	(0.03)	0.18	(0.03)	-0.83	(0.02)	0.11	(0.01)	0.64	(0.01)	1.53	(0.03)
	捷克	0.05	(0.02)	0.84	(0.02)	0.16	(0.03)	-0.07	(0.03)	0.23	(0.04)	-1.06	(0.02)	-0.08	(0.01)	0.34	(0.01)	1.00	(0.02)
	丹麦	0.19	(0.02)	0.78	(0.02)	0.29	(0.03)	0.09	(0.03)	0.20	(0.03)	-0.83	(0.02)	0.05	(0.01)	0.47	(0.01)	1.07	(0.02)
	爱沙尼亚	-0.14	(0.02)	0.86	(0.01)	0.02	(0.03)	-0.30	(0.03)	0.33	(0.03)	-1.26	(0.01)	-0.34	(0.01)	0.17	(0.01)	0.87	(0.02)
	芬兰	-0.06	(0.02)	0.81	(0.01)	0.08	(0.03)	-0.20	(0.02)	0.28	(0.03)	-1.12	(0.01)	-0.22	(0.01)	0.24	(0.01)	0.86	(0.02)
	法国	-0.40	(0.02)	0.94	(0.01)	-0.29	(0.03)	-0.51	(0.03)	0.23	(0.04)	-1.60	(0.00)	-0.69	(0.01)	-0.09	(0.01)	0.77	(0.02)
	德国	-0.05	(0.02)	0.94	(0.01)	0.08	(0.04)	-0.18	(0.02)	0.26	(0.03)	-1.24	(0.00)	-0.30	(0.01)	0.27	(0.01)	1.08	(0.02)
	希腊	-0.16	(0.03)	1.14	(0.02)	0.06	(0.03)	-0.38	(0.04)	0.44	(0.05)	-1.60	(0.00)	-0.51	(0.01)	0.17	(0.01)	1.29	(0.03)
	匈牙利	-0.41	(0.02)	1.01	(0.02)	-0.24	(0.04)	-0.57	(0.04)	0.33	(0.04)	-1.60	(0.00)	-0.85	(0.02)	-0.04	(0.01)	0.86	(0.02)
	冰岛	0.31	(0.02)	0.93	(0.02)	0.39	(0.03)	0.22	(0.02)	0.16	(0.04)	-0.86	(0.02)	0.10	(0.01)	0.58	(0.00)	1.41	(0.02)
	爱尔兰	-0.58	(0.03)	0.94	(0.01)	-0.56	(0.04)	-0.60	(0.03)	0.04	(0.04)	-1.60	(0.00)	-1.10	(0.02)	-0.26	(0.01)	0.65	(0.02)
	以色列	0.22	(0.03)	0.98	(0.02)	0.29	(0.04)	0.15	(0.03)	0.14	(0.04)	-1.02	(0.02)	0.00	(0.01)	0.50	(0.01)	1.40	(0.02)
	意大利	-0.03	(0.01)	0.90	(0.01)	0.08	(0.02)	-0.14	(0.02)	0.21	(0.02)	-1.15	(0.01)	-0.26	(0.00)	0.25	(0.00)	1.05	(0.01)
	日本	-0.13	(0.02)	0.92	(0.01)	-0.04	(0.03)	-0.24	(0.03)	0.20	(0.03)	-1.35	(0.01)	-0.34	(0.01)	0.21	(0.01)	0.95	(0.02)
	韩国	-0.17	(0.02)	0.97	(0.01)	-0.02	(0.03)	-0.33	(0.03)	0.30	(0.04)	-1.46	(0.01)	-0.38	(0.01)	0.18	(0.01)	0.99	(0.02)
	卢森堡	-0.24	(0.02)	1.11	(0.01)	-0.08	(0.03)	-0.41	(0.02)	0.33	(0.03)	-1.60	(0.00)	-0.66	(0.01)	0.13	(0.01)	1.17	(0.02)
	墨西哥	0.55	(0.01)	0.98	(0.01)	0.69	(0.02)	0.41	(0.02)	0.28	(0.02)	-0.63	(0.01)	0.29	(0.00)	0.78	(0.00)	1.76	(0.01)
	荷兰	-0.07	(0.03)	1.04	(0.02)	0.03	(0.03)	-0.17	(0.04)	0.20	(0.05)	-1.43	(0.01)	-0.35	(0.01)	0.30	(0.01)	1.20	(0.02)
	新西兰	0.07	(0.02)	1.01	(0.02)	0.15	(0.04)	-0.02	(0.03)	0.16	(0.03)	-1.25	(0.01)	-0.18	(0.01)	0.41	(0.01)	1.28	(0.04)
	挪威	0.24	(0.02)	0.82	(0.01)	0.34	(0.03)	0.13	(0.02)	0.21	(0.03)	-0.79	(0.02)	0.09	(0.01)	0.50	(0.01)	1.15	(0.02)
	波兰	-0.10	(0.03)	0.98	(0.02)	0.04	(0.04)	-0.24	(0.03)	0.29	(0.03)	-1.37	(0.01)	-0.33	(0.01)	0.23	(0.01)	1.07	(0.03)
	葡萄牙	0.24	(0.04)	1.15	(0.02)	0.42	(0.04)	0.07	(0.04)	0.35	(0.04)	-1.22	(0.01)	-0.07	(0.01)	0.60	(0.01)	1.67	(0.03)
	斯洛伐克	0.07	(0.02)	0.99	(0.02)	0.23	(0.04)	-0.11	(0.03)	0.34	(0.04)	-1.19	(0.02)	-0.17	(0.01)	0.39	(0.01)	1.26	(0.03)
	斯洛文尼亚	-0.30	(0.03)	1.08	(0.02)	-0.01	(0.03)	-0.58	(0.03)	0.55	(0.05)	-1.60	(0.00)	-0.78	(0.02)	0.08	(0.01)	1.11	(0.02)
	西班牙	-0.14	(0.02)	1.05	(0.01)	-0.01	(0.02)	-0.28	(0.02)	0.28	(0.03)	-1.54	(0.01)	-0.41	(0.01)	0.23	(0.01)	1.15	(0.02)
	瑞典	0.44	(0.02)	0.85	(0.02)	0.59	(0.03)	0.29	(0.02)	0.30	(0.03)	-0.59	(0.02)	0.26	(0.01)	0.66	(0.01)	1.43	(0.03)
	瑞士	0.15	(0.02)	0.98	(0.01)	0.24	(0.03)	0.06	(0.03)	0.18	(0.03)	-1.14	(0.01)	-0.06	(0.01)	0.50	(0.01)	1.31	(0.02)
	土耳其	0.32	(0.03)	1.04	(0.02)	0.50	(0.04)	0.13	(0.03)	0.37	(0.04)	-1.03	(0.02)	0.07	(0.01)	0.65	(0.01)	1.58	(0.02)
	英国	0.02	(0.02)	0.91	(0.01)	0.07	(0.03)	-0.02	(0.03)	0.09	(0.04)	-1.16	(0.01)	-0.18	(0.01)	0.35	(0.01)	1.09	(0.02)
	美国	0.30	(0.04)	0.93	(0.02)	0.40	(0.04)	0.20	(0.04)	0.20	(0.04)	-0.86	(0.02)	0.09	(0.01)	0.55	(0.01)	1.41	(0.03)
	OECD平均	0.00	(0.00)	0.96	(0.00)	0.13	(0.01)	-0.13	(0.00)	0.25	(0.01)	-1.22	(0.00)	-0.26	(0.00)	0.32	(0.00)	1.17	(0.00)
伙伴国家(地区)	阿尔巴尼亚	0.96	(0.02)	0.91	(0.02)	0.96	(0.03)	0.96	(0.03)	0.00	(0.04)	-0.08	(0.02)	0.69	(0.01)	1.15	(0.01)	2.11	(0.03)
	阿根廷	0.44	(0.02)	1.04	(0.02)	0.57	(0.04)	0.32	(0.03)	0.26	(0.04)	-0.80	(0.03)	0.13	(0.01)	0.68	(0.01)	1.74	(0.03)
	巴西	0.41	(0.02)	0.99	(0.01)	0.57	(0.02)	0.25	(0.02)	0.32	(0.03)	-0.81	(0.02)	0.14	(0.01)	0.67	(0.01)	1.61	(0.02)
	保加利亚	0.70	(0.03)	1.06	(0.02)	0.83	(0.04)	0.56	(0.04)	0.27	(0.04)	-0.61	(0.03)	0.46	(0.01)	0.95	(0.01)	1.99	(0.02)
	哥伦比亚	0.78	(0.02)	0.82	(0.02)	0.84	(0.03)	0.72	(0.03)	0.12	(0.03)	-0.15	(0.02)	0.51	(0.01)	0.95	(0.01)	1.82	(0.03)
	哥斯达黎加	0.38	(0.03)	0.97	(0.02)	0.50	(0.03)	0.28	(0.04)	0.22	(0.04)	-0.80	(0.03)	0.13	(0.01)	0.63	(0.01)	1.55	(0.02)
	克罗地亚	-0.37	(0.03)	1.00	(0.02)	-0.15	(0.04)	-0.59	(0.04)	0.43	(0.04)	-1.60	(0.00)	-0.77	(0.01)	0.01	(0.01)	0.88	(0.03)
	塞浦路斯	0.03	(0.02)	1.05	(0.01)	0.21	(0.03)	-0.15	(0.02)	0.37	(0.03)	-1.30	(0.01)	-0.26	(0.01)	0.36	(0.01)	1.34	(0.03)
	中国香港	-0.35	(0.03)	1.03	(0.02)	-0.23	(0.04)	-0.50	(0.03)	0.27	(0.04)	-1.60	(0.00)	-0.78	(0.02)	0.03	(0.01)	0.94	(0.03)
	印度尼西亚	0.70	(0.02)	0.75	(0.02)	0.75	(0.02)	0.65	(0.02)	0.09	(0.02)	-0.18	(0.02)	0.50	(0.01)	0.87	(0.01)	1.61	(0.02)
	约旦	1.01	(0.03)	1.18	(0.02)	1.18	(0.05)	0.86	(0.04)	0.32	(0.06)	-0.43	(0.02)	0.70	(0.02)	1.26	(0.01)	2.53	(0.02)
	哈萨克斯坦	0.93	(0.02)	0.84	(0.02)	1.04	(0.03)	0.81	(0.03)	0.23	(0.03)	-0.08	(0.02)	0.69	(0.01)	1.13	(0.01)	1.96	(0.02)
	拉脱维亚	0.24	(0.03)	0.85	(0.02)	0.34	(0.03)	0.14	(0.03)	0.20	(0.03)	-0.84	(0.03)	0.05	(0.01)	0.50	(0.01)	1.23	(0.03)
	列支敦士登	0.15	(0.06)	0.93	(0.05)	0.21	(0.08)	0.08	(0.10)	0.13	(0.13)	-1.12	(0.07)	0.01	(0.04)	0.55	(0.02)	1.29	(0.06)
	立陶宛	0.19	(0.02)	0.94	(0.02)	0.36	(0.03)	0.01	(0.03)	0.35	(0.03)	-1.05	(0.02)	0.03	(0.01)	0.41	(0.01)	1.11	(0.03)
	中国澳门	0.12	(0.02)	0.87	(0.01)	0.21	(0.02)	0.03	(0.02)	0.18	(0.02)	-1.04	(0.02)	0.01	(0.01)	0.41	(0.01)	1.11	(0.02)
	马来西亚	0.63	(0.03)	0.94	(0.02)	0.68	(0.03)	0.57	(0.03)	0.11	(0.04)	-0.53	(0.03)	0.42	(0.01)	0.89	(0.01)	1.73	(0.02)
	黑山	0.17	(0.02)	1.11	(0.01)	0.39	(0.03)	-0.03	(0.03)	0.42	(0.04)	-1.23	(0.02)	-0.11	(0.01)	0.49	(0.01)	1.56	(0.02)
	秘鲁	0.60	(0.02)	0.88	(0.02)	0.71	(0.03)	0.49	(0.03)	0.22	(0.04)	-0.44	(0.02)	0.35	(0.01)	0.79	(0.01)	1.69	(0.02)
	卡塔尔	1.08	(0.01)	1.16	(0.01)	1.15	(0.02)	1.02	(0.02)	0.13	(0.02)	-0.33	(0.02)	0.76	(0.00)	1.34	(0.00)	2.56	(0.02)
	罗马尼亚	0.41	(0.04)	1.15	(0.02)	0.53	(0.04)	0.29	(0.05)	0.24	(0.05)	-1.09	(0.02)	0.15	(0.01)	0.76	(0.01)	1.81	(0.02)
	俄罗斯联邦	0.56	(0.03)	0.86	(0.02)	0.69	(0.04)	0.42	(0.03)	0.27	(0.03)	-0.46	(0.02)	0.35	(0.01)	0.76	(0.01)	1.58	(0.02)
	塞尔维亚	0.28	(0.03)	1.05	(0.02)	0.51	(0.04)	0.06	(0.03)	0.45	(0.04)	-1.06	(0.02)	0.05	(0.01)	0.58	(0.01)	1.54	(0.02)
	中国上海	-0.20	(0.03)	1.09	(0.02)	-0.02	(0.03)	-0.38	(0.03)	0.36	(0.04)	-1.60	(0.00)	-0.48	(0.01)	0.10	(0.01)	1.17	(0.02)
	新加坡	0.08	(0.01)	1.02	(0.01)	0.21	(0.03)	-0.05	(0.04)	0.26	(0.04)	-1.22	(0.01)	-0.19	(0.01)	0.43	(0.01)	1.30	(0.02)
	中国台北	-0.02	(0.02)	0.97	(0.01)	0.06	(0.03)	-0.09	(0.02)	0.15	(0.04)	-1.29	(0.02)	-0.24	(0.01)	0.33	(0.00)	1.13	(0.02)
	泰国	0.94	(0.03)	0.98	(0.02)	1.13	(0.04)	0.79	(0.02)	0.35	(0.04)	-0.17	(0.02)	0.63	(0.01)	1.12	(0.01)	2.18	(0.03)
	突尼斯	0.59	(0.03)	1.04	(0.02)	0.73	(0.04)	0.47	(0.03)	0.26	(0.03)	-0.75	(0.03)	0.37	(0.01)	0.91	(0.01)	1.84	(0.03)
	阿联酋	0.87	(0.02)	1.06	(0.01)	0.96	(0.04)	0.79	(0.03)	0.16	(0.04)	-0.41	(0.02)	0.58	(0.00)	1.13	(0.01)	2.19	(0.02)
	乌拉圭	0.24	(0.03)	0.97	(0.02)	0.40	(0.03)	0.10	(0.04)	0.30	(0.04)	-0.96	(0.02)	0.02	(0.01)	0.47	(0.01)	1.42	(0.03)
	越南	0.30	(0.02)	0.82	(0.01)	0.44	(0.02)	0.18	(0.02)	0.26	(0.03)	-0.74	(0.02)	0.14	(0.01)	0.57	(0.00)	1.22	(0.02)

附表 5.21 ■ 教师在校的学生导向指数与数学表现（按该指数的国家（地区）内部四分位数区分）（续表 1）

基于学生自我报告的结果

| | | 按照指数的国家（地区）内四分位数区分的数学量表表现 | | | | | | 该指数每单位的变化相对应的数学分数变化 | | 处于该指数最低 1/4 对于学生处于该国（地区）数学表现分布最低 1/4 所增加的可能性 | | 所解释的学生表现差异 ($r^2 \times 100$) | |
| | | 最低 1/4 | | 第二个 1/4 | | 第三个 1/4 | | 最高 1/4 | | | | | | | |
		平均分	标准误	平均分	标准误	平均分	标准误	平均分	标准误	分差	标准误	比率	标准误	%	标准误
OECD	澳大利亚	521	(3.3)	514	(2.3)	504	(2.6)	477	(2.7)	−17.8	(1.4)	0.7	(0.0)	3.2	(0.5)
	奥地利	535	(3.8)	530	(4.5)	507	(4.2)	462	(4.9)	−28.6	(2.1)	0.5	(0.1)	9.8	(1.3)
	比利时	514	(4.1)	517	(5.0)	508	(5.4)	467	(6.1)	−21.3	(2.3)	0.7	(0.1)	5.4	(1.1)
	加拿大	539	(3.1)	536	(3.1)	519	(2.4)	487	(3.1)	−21.1	(1.4)	0.7	(0.1)	5.4	(0.7)
	智利	441	(4.4)	438	(3.4)	420	(4.3)	393	(4.1)	−19.7	(2.0)	0.6	(0.1)	5.6	(1.0)
	捷克	532	(4.6)	513	(4.7)	501	(4.6)	472	(5.2)	−28.2	(2.4)	0.6	(0.1)	6.8	(1.1)
	丹麦	509	(3.6)	510	(3.8)	509	(4.1)	491	(5.0)	−9.4	(2.7)	0.8	(0.1)	0.8	(0.5)
	爱沙尼亚	532	(3.6)	531	(4.6)	527	(4.1)	493	(4.6)	−16.6	(2.1)	0.7	(0.1)	3.1	(0.8)
	芬兰	530	(2.8)	535	(2.7)	530	(3.7)	496	(3.2)	−15.1	(1.7)	0.8	(0.1)	2.2	(0.5)
	法国	518	(4.5)	511	(3.9)	501	(4.4)	458	(5.7)	−25.6	(2.2)	0.6	(0.1)	6.2	(1.0)
	德国	545	(5.3)	537	(4.7)	522	(4.7)	488	(4.3)	−24.6	(2.4)	0.6	(0.1)	6.3	(1.2)
	希腊	489	(3.1)	477	(3.4)	451	(4.0)	407	(4.1)	−27.3	(1.5)	0.4	(0.1)	12.8	(1.3)
	匈牙利	499	(4.5)	499	(4.9)	481	(5.1)	433	(4.7)	−27.0	(2.2)	0.5	(0.1)	8.9	(1.6)
	冰岛	511	(4.4)	510	(3.9)	495	(4.0)	467	(4.2)	−19.6	(2.4)	0.8	(0.1)	3.9	(1.0)
	爱尔兰	516	(3.5)	513	(4.2)	505	(3.7)	471	(4.3)	−19.2	(2.0)	0.7	(0.1)	4.6	(0.9)
	以色列	508	(6.4)	495	(4.9)	473	(5.4)	418	(5.1)	−34.9	(2.2)	0.5	(0.1)	11.1	(1.2)
	意大利	512	(2.7)	502	(2.8)	489	(2.6)	447	(2.7)	−27.2	(1.3)	0.6	(0.0)	7.1	(0.6)
	日本	543	(4.6)	545	(4.7)	540	(4.4)	521	(6.3)	−10.8	(2.4)	0.8	(0.1)	1.2	(0.5)
	韩国	575	(5.2)	566	(5.3)	555	(5.7)	521	(7.1)	−21.6	(2.7)	0.6	(0.1)	4.6	(1.2)
	卢森堡	519	(3.2)	506	(3.0)	489	(3.1)	446	(3.2)	−24.8	(1.4)	0.5	(0.1)	8.6	(0.9)
	墨西哥	432	(1.8)	424	(1.9)	411	(1.9)	391	(1.9)	−16.0	(0.9)	0.6	(0.0)	4.5	(0.4)
	荷兰	554	(4.6)	550	(4.0)	524	(4.7)	490	(5.8)	−25.1	(2.0)	0.5	(0.1)	9.0	(1.4)
	新西兰	519	(4.0)	516	(3.9)	503	(4.2)	461	(4.4)	−22.3	(1.9)	0.6	(0.1)	5.3	(0.9)
	挪威	492	(5.4)	502	(4.5)	495	(4.8)	473	(4.6)	−10.0	(2.7)	0.8	(0.1)	0.8	(0.4)
	波兰	533	(6.4)	528	(5.6)	524	(4.8)	491	(4.6)	−16.1	(2.2)	0.7	(0.1)	3.0	(0.8)
	葡萄牙	525	(4.8)	509	(4.8)	486	(4.4)	441	(4.5)	−28.2	(1.7)	0.5	(0.1)	12.5	(1.5)
	斯洛伐克	519	(4.6)	503	(4.9)	486	(5.4)	432	(6.1)	−34.0	(2.4)	0.4	(0.1)	11.5	(1.5)
	斯洛文尼亚	527	(4.0)	528	(4.0)	504	(4.0)	459	(4.5)	−25.9	(2.0)	0.6	(0.1)	9.4	(1.5)
	西班牙	506	(3.2)	501	(3.0)	487	(2.8)	449	(3.0)	−21.1	(1.3)	0.6	(0.0)	6.5	(0.8)
	瑞典	495	(3.5)	494	(3.9)	484	(4.1)	456	(4.4)	−15.2	(2.2)	0.7	(0.1)	2.1	(0.6)
	瑞士	558	(4.4)	551	(4.1)	528	(4.5)	489	(4.5)	−26.2	(2.0)	0.5	(0.1)	7.6	(1.1)
	土耳其	480	(6.3)	463	(7.3)	441	(5.6)	413	(4.3)	−23.8	(2.4)	0.5	(0.1)	7.6	(1.3)
	英国	507	(4.1)	510	(4.5)	500	(4.7)	474	(4.7)	−14.1	(2.5)	0.8	(0.1)	1.9	(0.6)
	美国	509	(4.1)	499	(4.9)	484	(4.6)	445	(5.3)	−25.5	(2.2)	0.5	(0.1)	7.0	(1.2)
	OECD 平均	516	(0.7)	511	(0.7)	497	(0.7)	461	(0.8)	−21.9	(0.4)	0.6	(0.0)	6.1	(0.2)
伙伴国家（地区）	阿尔巴尼亚	394	(4.0)	398	(4.9)	393	(4.7)	389	(4.3)	−3.3	(2.2)	1.0	(0.1)	0.1	(0.1)
	阿根廷	415	(4.8)	402	(4.4)	388	(4.0)	359	(3.6)	−19.8	(1.5)	0.5	(0.1)	7.6	(1.2)
	巴西	420	(3.5)	404	(2.3)	390	(2.6)	360	(2.3)	−22.7	(1.2)	0.5	(0.1)	8.6	(0.8)
	保加利亚	491	(5.2)	455	(4.5)	432	(4.4)	393	(4.1)	−33.3	(2.0)	0.3	(0.1)	14.7	(1.6)
	哥伦比亚	392	(4.1)	388	(3.6)	379	(4.0)	361	(3.9)	−15.0	(1.9)	0.7	(0.1)	2.8	(0.8)
	哥斯达黎加	419	(3.9)	418	(4.5)	410	(5.3)	380	(3.7)	−15.3	(1.7)	0.6	(0.1)	4.7	(1.0)
	克罗地亚	490	(4.3)	486	(4.6)	477	(5.0)	438	(4.4)	−21.2	(2.3)	0.5	(0.1)	5.8	(1.4)
	塞浦路斯	475	(4.0)	461	(3.2)	438	(3.2)	401	(3.1)	−26.9	(1.6)	0.5	(0.1)	9.7	(1.1)
	中国香港	585	(4.1)	582	(4.8)	566	(4.4)	521	(5.9)	−23.4	(2.4)	0.6	(0.1)	6.4	(1.2)
	印度尼西亚	386	(5.8)	383	(4.9)	374	(4.6)	360	(4.2)	−13.0	(2.2)	0.8	(0.1)	1.9	(0.7)
	约旦	409	(3.4)	396	(3.9)	382	(4.4)	368	(3.6)	−12.5	(1.3)	0.6	(0.1)	3.9	(0.9)
	哈萨克斯坦	451	(4.4)	438	(4.3)	428	(4.4)	415	(4.6)	−15.9	(2.5)	0.6	(0.1)	3.6	(1.1)
	拉脱维亚	506	(4.5)	506	(3.8)	489	(5.0)	461	(4.2)	−20.8	(2.3)	0.6	(0.1)	4.7	(1.0)
	列支敦士登	565	(14.0)	537	(11.7)	533	(13.5)	499	(14.2)	−23.3	(7.4)	0.8	(0.3)	5.3	(3.2)
	立陶宛	507	(4.0)	491	(4.2)	477	(4.8)	438	(4.3)	−26.3	(1.8)	0.5	(0.1)	7.7	(1.1)
	中国澳门	564	(3.1)	547	(2.8)	535	(3.5)	512	(3.2)	−23.3	(2.1)	0.6	(0.1)	4.8	(0.9)
	马来西亚	453	(5.5)	431	(3.2)	415	(3.7)	386	(3.7)	−27.5	(2.1)	0.5	(0.1)	10.5	(1.5)
	黑山	436	(3.4)	424	(3.6)	412	(3.0)	373	(3.3)	−20.8	(1.6)	0.6	(0.1)	7.9	(1.1)
	秘鲁	393	(5.1)	385	(4.5)	368	(4.0)	340	(4.8)	−23.9	(2.0)	0.6	(0.1)	6.6	(1.0)
	卡塔尔	426	(2.3)	392	(2.6)	359	(2.2)	352	(2.4)	−23.0	(1.0)	0.5	(0.0)	7.3	(0.7)
	罗马尼亚	478	(5.1)	451	(5.6)	439	(4.9)	413	(4.5)	−20.0	(1.8)	0.5	(0.1)	8.1	(1.4)
	俄罗斯联邦	506	(4.1)	495	(4.0)	478	(4.9)	454	(4.2)	−22.2	(2.3)	0.5	(0.1)	5.0	(1.0)
	塞尔维亚	484	(5.9)	466	(3.7)	443	(4.2)	407	(4.8)	−27.2	(2.1)	0.5	(0.1)	9.9	(1.3)
	中国上海	641	(3.9)	622	(4.8)	611	(4.8)	575	(5.7)	−22.2	(1.8)	0.5	(0.1)	5.8	(0.8)
	新加坡	597	(3.5)	590	(4.2)	570	(3.3)	546	(4.1)	−20.8	(1.6)	0.6	(0.1)	4.2	(0.7)
	中国台北	595	(4.3)	580	(5.4)	556	(5.0)	508	(4.3)	−34.4	(2.1)	0.5	(0.1)	8.6	(0.9)
	泰国	461	(4.8)	433	(5.2)	418	(4.2)	398	(4.0)	−23.9	(1.9)	0.4	(0.1)	8.3	(1.1)
	突尼斯	420	(5.4)	402	(5.2)	380	(4.6)	353	(4.0)	−23.7	(2.1)	0.4	(0.1)	10.5	(1.4)
	阿联酋	472	(4.0)	448	(3.4)	422	(3.4)	399	(2.7)	−25.3	(1.4)	0.4	(0.0)	9.3	(0.9)
	乌拉圭	435	(4.1)	431	(3.8)	413	(3.7)	374	(4.4)	−24.7	(2.1)	0.6	(0.1)	7.6	(1.2)
	越南	523	(6.0)	516	(5.4)	510	(6.8)	499	(5.6)	−13.3	(2.2)	0.7	(0.1)	1.6	(0.5)

注：统计上有显著性的值用粗体表示。

附表 5.22 ■ 教师使用形成性评价指数与数学表现（按该指数的国家（地区）内部四分位数区分）

基于学生自我报告的结果

		教师使用形成性评价指数															
		全体学生		指数的差异		男		女		性别差异（男一女）		最低 1/4		第二个 1/4		第三个 1/4		最高 1/4	
		平均值	标准误	标准差	标准误	平均值	标准误	平均值	标准误	分差	标准误	平均值	标准误	平均值	标准误	平均值	标准误	平均值	标准误
OECD	澳大利亚	0.17	(0.02)	0.99	(0.01)	0.30	(0.02)	0.02	(0.02)	0.28	(0.02)	-1.07	(0.01)	-0.10	(0.00)	0.47	(0.00)	1.37	(0.01)
	奥地利	0.05	(0.02)	0.93	(0.02)	0.22	(0.03)	-0.11	(0.03)	0.33	(0.04)	-1.11	(0.02)	-0.19	(0.01)	0.32	(0.01)	1.19	(0.02)
	比利时	-0.11	(0.02)	0.93	(0.01)	-0.01	(0.02)	-0.21	(0.02)	0.20	(0.03)	-1.26	(0.02)	-0.38	(0.01)	0.17	(0.01)	1.03	(0.02)
	加拿大	0.28	(0.02)	0.99	(0.01)	0.41	(0.02)	0.16	(0.02)	0.25	(0.02)	-0.91	(0.02)	0.00	(0.00)	0.53	(0.00)	1.51	(0.02)
	智利	0.22	(0.03)	1.08	(0.02)	0.33	(0.04)	0.12	(0.04)	0.22	(0.04)	-1.14	(0.02)	-0.08	(0.01)	0.54	(0.00)	1.57	(0.02)
	捷克	-0.14	(0.02)	0.88	(0.02)	-0.02	(0.03)	-0.27	(0.03)	0.24	(0.04)	-1.26	(0.02)	-0.37	(0.01)	0.14	(0.01)	0.91	(0.02)
	丹麦	-0.10	(0.02)	0.87	(0.01)	-0.02	(0.03)	-0.19	(0.03)	0.17	(0.04)	-1.17	(0.02)	-0.31	(0.01)	0.13	(0.01)	0.95	(0.02)
	爱沙尼亚	-0.07	(0.02)	0.84	(0.02)	0.06	(0.03)	-0.19	(0.03)	0.26	(0.04)	-1.08	(0.02)	-0.33	(0.01)	0.14	(0.01)	1.00	(0.03)
	芬兰	-0.17	(0.02)	0.91	(0.01)	-0.02	(0.02)	-0.33	(0.03)	0.31	(0.03)	-1.34	(0.02)	-0.39	(0.01)	0.11	(0.01)	0.92	(0.02)
	法国	-0.10	(0.02)	0.93	(0.02)	0.01	(0.03)	-0.21	(0.03)	0.22	(0.04)	-1.23	(0.02)	-0.39	(0.01)	0.15	(0.01)	1.06	(0.02)
	德国	-0.09	(0.02)	0.91	(0.01)	0.11	(0.03)	-0.28	(0.03)	0.39	(0.04)	-1.23	(0.02)	-0.32	(0.01)	0.20	(0.01)	1.01	(0.02)
	希腊	-0.05	(0.02)	1.06	(0.02)	0.17	(0.03)	-0.26	(0.03)	0.42	(0.05)	-1.38	(0.02)	-0.32	(0.01)	0.27	(0.01)	1.24	(0.02)
	匈牙利	0.01	(0.03)	0.94	(0.02)	0.15	(0.03)	-0.12	(0.03)	0.26	(0.04)	-1.14	(0.03)	-0.24	(0.01)	0.27	(0.01)	1.15	(0.02)
	冰岛	-0.11	(0.02)	1.02	(0.02)	0.01	(0.03)	-0.23	(0.03)	0.24	(0.04)	-1.37	(0.02)	-0.39	(0.01)	0.20	(0.01)	1.13	(0.03)
	爱尔兰	-0.07	(0.02)	0.93	(0.01)	0.03	(0.03)	-0.18	(0.03)	0.21	(0.04)	-1.25	(0.02)	-0.31	(0.01)	0.21	(0.01)	1.06	(0.02)
	以色列	0.17	(0.03)	1.03	(0.02)	0.24	(0.04)	0.10	(0.03)	0.15	(0.05)	-1.09	(0.02)	-0.15	(0.01)	0.46	(0.01)	1.46	(0.02)
	意大利	0.16	(0.01)	0.96	(0.01)	0.27	(0.02)	0.04	(0.02)	0.22	(0.02)	-1.02	(0.01)	-0.11	(0.00)	0.42	(0.00)	1.34	(0.01)
	日本	-0.63	(0.02)	0.94	(0.01)	-0.53	(0.03)	-0.74	(0.03)	0.21	(0.03)	-1.86	(0.02)	-0.84	(0.01)	-0.32	(0.01)	0.50	(0.02)
	韩国	-0.77	(0.02)	1.04	(0.02)	-0.62	(0.03)	-0.94	(0.03)	0.32	(0.04)	-2.07	(0.02)	-1.09	(0.01)	-0.43	(0.01)	0.53	(0.02)
	卢森堡	-0.15	(0.02)	1.03	(0.02)	-0.01	(0.03)	-0.30	(0.02)	0.29	(0.03)	-1.44	(0.02)	-0.42	(0.01)	0.16	(0.01)	1.11	(0.02)
	墨西哥	0.12	(0.02)	1.08	(0.01)	0.26	(0.02)	-0.02	(0.02)	0.28	(0.02)	-1.22	(0.02)	-0.20	(0.01)	0.43	(0.01)	1.45	(0.01)
	荷兰	-0.07	(0.03)	0.88	(0.02)	0.03	(0.03)	-0.17	(0.03)	0.20	(0.03)	-1.13	(0.04)	-0.32	(0.01)	0.18	(0.01)	1.00	(0.03)
	新西兰	0.21	(0.03)	1.00	(0.01)	0.31	(0.04)	0.09	(0.03)	0.22	(0.04)	-1.02	(0.04)	-0.08	(0.01)	0.48	(0.01)	1.45	(0.02)
	挪威	0.07	(0.03)	0.93	(0.02)	0.21	(0.03)	-0.08	(0.03)	0.29	(0.04)	-1.08	(0.03)	-0.16	(0.01)	0.30	(0.01)	1.21	(0.02)
	波兰	-0.05	(0.02)	0.92	(0.01)	0.07	(0.03)	-0.18	(0.03)	0.25	(0.04)	-1.17	(0.03)	-0.32	(0.01)	0.19	(0.01)	1.09	(0.02)
	葡萄牙	0.31	(0.03)	1.13	(0.02)	0.48	(0.03)	0.14	(0.04)	0.34	(0.04)	-1.09	(0.03)	-0.01	(0.01)	0.60	(0.01)	1.74	(0.02)
	斯洛伐克	0.16	(0.02)	0.93	(0.01)	0.29	(0.02)	0.02	(0.03)	0.27	(0.04)	-0.97	(0.02)	-0.12	(0.01)	0.41	(0.01)	1.32	(0.02)
	斯洛文尼亚	0.01	(0.02)	0.90	(0.02)	0.14	(0.03)	-0.13	(0.03)	0.27	(0.04)	-1.10	(0.02)	-0.23	(0.01)	0.26	(0.01)	1.10	(0.02)
	西班牙	-0.06	(0.02)	1.07	(0.01)	0.04	(0.02)	-0.17	(0.02)	0.21	(0.03)	-1.42	(0.02)	-0.34	(0.01)	0.26	(0.01)	1.26	(0.02)
	瑞典	0.07	(0.03)	0.98	(0.02)	0.27	(0.03)	-0.13	(0.03)	0.40	(0.04)	-1.14	(0.02)	-0.20	(0.01)	0.32	(0.01)	1.29	(0.02)
	瑞士	-0.06	(0.02)	0.92	(0.01)	0.07	(0.03)	-0.19	(0.04)	0.27	(0.03)	-1.18	(0.02)	-0.33	(0.01)	0.20	(0.01)	1.07	(0.02)
	土耳其	0.17	(0.03)	1.03	(0.02)	0.25	(0.03)	0.10	(0.03)	0.15	(0.03)	-1.13	(0.02)	-0.07	(0.01)	0.49	(0.01)	1.41	(0.02)
	英国	0.33	(0.02)	0.95	(0.01)	0.42	(0.03)	0.25	(0.03)	0.18	(0.03)	-0.83	(0.02)	0.08	(0.01)	0.58	(0.01)	1.51	(0.02)
	美国	0.31	(0.04)	1.05	(0.02)	0.42	(0.04)	0.22	(0.04)	0.22	(0.04)	-0.96	(0.04)	-0.02	(0.01)	0.56	(0.01)	1.67	(0.05)
	OECD 平均	0.00	(0.00)	0.97	(0.00)	0.13	(0.00)	-0.13	(0.00)	0.26	(0.01)	-1.20	(0.00)	-0.27	(0.00)	0.28	(0.00)	1.19	(0.00)
伙伴国家（地区）	阿尔巴尼亚	0.69	(0.02)	0.94	(0.02)	0.69	(0.02)	0.70	(0.03)	-0.02	(0.04)	-0.42	(0.03)	0.39	(0.01)	0.89	(0.01)	1.92	(0.02)
	阿根廷	0.09	(0.02)	1.06	(0.02)	0.21	(0.02)	-0.01	(0.03)	0.22	(0.05)	-1.18	(0.02)	-0.22	(0.01)	0.35	(0.01)	1.43	(0.03)
	巴西	0.28	(0.02)	1.07	(0.01)	0.40	(0.02)	0.17	(0.02)	0.23	(0.03)	-1.05	(0.02)	-0.02	(0.01)	0.57	(0.01)	1.63	(0.01)
	保加利亚	0.75	(0.02)	1.01	(0.02)	0.76	(0.03)	0.74	(0.03)	0.03	(0.04)	-0.47	(0.02)	0.42	(0.01)	0.98	(0.01)	2.06	(0.02)
	哥伦比亚	0.47	(0.02)	0.99	(0.02)	0.51	(0.03)	0.44	(0.04)	0.07	(0.04)	-0.74	(0.02)	0.18	(0.01)	0.74	(0.01)	1.71	(0.02)
	哥斯达黎加	-0.03	(0.03)	1.12	(0.02)	0.10	(0.04)	-0.14	(0.04)	0.24	(0.04)	-1.45	(0.02)	-0.34	(0.01)	0.32	(0.01)	1.36	(0.02)
	克罗地亚	0.07	(0.02)	0.85	(0.02)	0.16	(0.03)	-0.04	(0.03)	0.21	(0.04)	-0.98	(0.02)	-0.17	(0.01)	0.29	(0.01)	1.12	(0.02)
	塞浦路斯	0.01	(0.02)	1.05	(0.01)	0.15	(0.03)	-0.13	(0.02)	0.27	(0.04)	-1.32	(0.02)	-0.24	(0.01)	0.31	(0.01)	1.30	(0.02)
	中国香港	-0.17	(0.02)	0.93	(0.02)	-0.07	(0.02)	-0.28	(0.03)	0.21	(0.03)	-1.32	(0.02)	-0.40	(0.01)	0.12	(0.01)	0.95	(0.03)
	印度尼西亚	0.31	(0.03)	0.82	(0.02)	0.36	(0.03)	0.26	(0.03)	0.10	(0.03)	-0.66	(0.02)	0.09	(0.01)	0.49	(0.01)	1.32	(0.02)
	约旦	0.67	(0.03)	1.16	(0.02)	0.86	(0.04)	0.50	(0.04)	0.36	(0.05)	-0.77	(0.03)	0.31	(0.01)	0.98	(0.01)	2.16	(0.02)
	哈萨克斯坦	0.77	(0.02)	0.88	(0.01)	0.81	(0.03)	0.73	(0.03)	0.08	(0.04)	-0.26	(0.02)	0.47	(0.01)	0.93	(0.01)	1.93	(0.02)
	拉脱维亚	0.11	(0.02)	0.84	(0.02)	0.25	(0.03)	-0.02	(0.03)	0.27	(0.03)	-0.92	(0.02)	-0.12	(0.01)	0.34	(0.01)	1.15	(0.03)
	列支敦士登	0.07	(0.07)	0.91	(0.05)	0.14	(0.10)	-0.02	(0.10)	0.16	(0.15)	-1.07	(0.08)	-0.18	(0.03)	0.36	(0.02)	1.18	(0.07)
	立陶宛	0.01	(0.03)	1.00	(0.02)	0.18	(0.03)	-0.17	(0.04)	0.35	(0.04)	-1.25	(0.04)	-0.25	(0.01)	0.32	(0.01)	1.21	(0.02)
	中国澳门	-0.38	(0.02)	1.00	(0.01)	-0.19	(0.02)	-0.57	(0.02)	0.38	(0.03)	-1.64	(0.02)	-0.62	(0.01)	-0.07	(0.01)	0.83	(0.02)
	马来西亚	0.46	(0.03)	0.97	(0.02)	0.47	(0.03)	0.45	(0.04)	0.03	(0.04)	-0.74	(0.04)	0.18	(0.01)	0.74	(0.01)	1.65	(0.02)
	黑山	0.18	(0.02)	1.02	(0.02)	0.29	(0.03)	0.07	(0.03)	0.21	(0.04)	-1.09	(0.02)	-0.09	(0.01)	0.45	(0.01)	1.45	(0.02)
	秘鲁	0.36	(0.02)	0.90	(0.01)	0.47	(0.03)	0.26	(0.02)	0.22	(0.04)	-0.73	(0.02)	0.10	(0.01)	0.58	(0.01)	1.49	(0.02)
	卡塔尔	0.67	(0.01)	1.14	(0.01)	0.75	(0.02)	0.60	(0.02)	0.16	(0.03)	-0.74	(0.02)	0.35	(0.01)	0.95	(0.00)	2.13	(0.02)
	罗马尼亚	0.36	(0.02)	1.02	(0.02)	0.44	(0.03)	0.29	(0.03)	0.15	(0.04)	-0.88	(0.02)	0.05	(0.01)	0.63	(0.01)	1.64	(0.03)
	俄罗斯联邦	0.54	(0.03)	0.89	(0.02)	0.63	(0.04)	0.44	(0.04)	0.18	(0.04)	-0.50	(0.04)	0.25	(0.01)	0.72	(0.01)	1.68	(0.04)
	塞尔维亚	0.21	(0.03)	1.02	(0.02)	0.39	(0.04)	0.03	(0.03)	0.37	(0.04)	-1.03	(0.03)	-0.10	(0.01)	0.46	(0.01)	1.51	(0.02)
	中国上海	0.20	(0.02)	0.89	(0.02)	0.35	(0.02)	0.06	(0.03)	0.30	(0.03)	-0.84	(0.02)	-0.07	(0.01)	0.41	(0.01)	1.32	(0.02)
	新加坡	0.29	(0.02)	0.94	(0.01)	0.45	(0.02)	0.13	(0.02)	0.31	(0.03)	-0.84	(0.02)	0.02	(0.01)	0.52	(0.01)	1.47	(0.02)
	中国台北	-0.11	(0.02)	0.94	(0.01)	-0.03	(0.03)	-0.19	(0.02)	0.17	(0.03)	-1.28	(0.02)	-0.36	(0.01)	0.21	(0.01)	1.02	(0.02)
	泰国	0.57	(0.03)	0.90	(0.01)	0.72	(0.04)	0.46	(0.02)	0.26	(0.04)	-0.46	(0.02)	0.24	(0.01)	0.74	(0.01)	1.75	(0.02)
	突尼斯	0.16	(0.03)	1.07	(0.02)	0.28	(0.04)	0.07	(0.03)	0.21	(0.04)	-1.21	(0.03)	-0.10	(0.01)	0.51	(0.01)	1.47	(0.02)
	阿联酋	0.59	(0.02)	1.07	(0.01)	0.71	(0.03)	0.48	(0.03)	0.23	(0.04)	-0.72	(0.02)	0.27	(0.01)	0.86	(0.01)	1.95	(0.02)
	乌拉圭	-0.09	(0.02)	0.98	(0.01)	0.02	(0.03)	-0.18	(0.03)	0.20	(0.04)	-1.28	(0.02)	-0.36	(0.01)	0.18	(0.01)	1.11	(0.02)
	越南	0.01	(0.02)	0.79	(0.01)	0.13	(0.03)	-0.10	(0.02)	0.24	(0.03)	-0.94	(0.02)	-0.19	(0.01)	0.20	(0.01)	0.97	(0.02)

附表 5.22 ■ 教师使用形成性评价指数与数学表现(按该指数的国家(地区)内部四分位数区分)(续表 1)

基于学生自我报告的结果

| | | 按照指数的国家(地区)内四分位数区分的数学量表表现 | | | | | | | | 该指数每单位的变化相对应的数学分数变化 | | 处于该指数最低 1/4 对于学生处于该国(地区)数学表现分布最低 1/4 所增加的可能性 | | 所解释的学生表现差异 (r²×100) | |
| | | 最低 1/4 | | 第二个 1/4 | | 第三个 1/4 | | 最高 1/4 | | | | | | | |
		平均分	标准误	平均分	标准误	平均分	标准误	平均分	标准误	分差	标准误	比率	标准误	%	标准误
OECD	澳大利亚	498	(2.4)	509	(2.8)	510	(2.9)	498	(3.0)	0.9	(1.2)	1.1	(0.1)	0.0	(0.0)
	奥地利	**522**	(4.0)	512	(4.2)	505	(4.4)	**495**	(5.0)	−10.7	(2.2)	**0.7**	(0.1)	1.2	(0.5)
	比利时	**510**	(5.0)	511	(4.3)	509	(6.0)	477	(6.2)	−11.2	(2.3)	**0.8**	(0.1)	1.4	(0.6)
	加拿大	**527**	(3.2)	528	(3.1)	520	(3.4)	**506**	(2.7)	−7.8	(1.3)	**0.9**	(0.1)	0.8	(0.3)
	智利	**429**	(4.5)	429	(3.9)	424	(4.1)	**411**	(4.2)	−6.7	(1.7)	0.9	(0.1)	0.8	(0.4)
	捷克	**508**	(4.4)	514	(4.9)	505	(4.9)	491	(4.7)	−5.9	(2.5)	0.9	(0.1)	0.3	(0.3)
	丹麦	**512**	(3.7)	509	(3.6)	507	(3.9)	492	(4.8)	−10.4	(2.2)	**0.8**	(0.1)	1.2	(0.5)
	爱沙尼亚	**534**	(3.6)	522	(4.2)	517	(3.9)	**508**	(3.7)	−10.6	(2.1)	**0.7**	(0.1)	1.2	(0.3)
	芬兰	**532**	(3.4)	526	(3.6)	525	(3.0)	**508**	(3.4)	−8.5	(1.4)	**0.8**	(0.1)	0.9	(0.3)
	法国	**506**	(4.1)	506	(4.4)	501	(4.8)	478	(4.8)	−12.5	(2.2)	**0.8**	(0.1)	1.5	(0.5)
	德国	**533**	(4.7)	535	(4.5)	522	(4.9)	502	(4.2)	−13.1	(2.6)	**0.8**	(0.1)	1.7	(0.6)
	希腊	**464**	(3.6)	463	(4.6)	457	(3.6)	439	(4.2)	−9.1	(1.5)	**0.8**	(0.1)	1.2	(0.4)
	匈牙利	**488**	(4.7)	493	(5.5)	477	(3.6)	453	(5.2)	−14.9	(2.5)	**0.7**	(0.1)	2.3	(0.8)
	冰岛	**511**	(4.2)	506	(4.4)	492	(4.8)	474	(4.4)	−12.9	(2.1)	**0.8**	(0.1)	2.0	(0.5)
	爱尔兰	**514**	(3.3)	511	(3.5)	500	(4.1)	482	(5.0)	−12.9	(2.2)	**0.7**	(0.1)	2.0	(0.6)
	以色列	**508**	(6.2)	489	(5.9)	465	(4.9)	432	(4.9)	−26.3	(2.4)	**0.5**	(0.1)	6.9	(1.2)
	意大利	**500**	(2.6)	497	(2.8)	487	(3.0)	466	(2.6)	−13.0	(1.1)	**0.7**	(0.0)	1.8	(0.3)
	日本	529	(4.5)	545	(4.4)	542	(4.9)	532	(4.7)	−0.7	(1.1)	1.1	(0.1)	0.0	(0.4)
	韩国	**553**	(4.5)	565	(5.2)	556	(5.5)	543	(8.2)	−6.0	(2.8)	0.9	(0.1)	0.4	(0.4)
	卢森堡	**504**	(2.8)	501	(3.8)	495	(3.7)	463	(3.4)	−13.7	(1.6)	**0.7**	(0.1)	2.3	(0.5)
	墨西哥	**425**	(1.8)	419	(1.7)	412	(1.9)	403	(2.1)	−7.7	(0.9)	**0.7**	(0.1)	1.3	(0.3)
	荷兰	**534**	(4.7)	534	(4.0)	536	(4.5)	515	(5.6)	−7.2	(2.8)	0.5	(0.1)	0.5	(0.5)
	新西兰	**508**	(3.6)	510	(4.0)	499	(4.2)	483	(4.6)	−11.4	(2.1)	**0.7**	(0.1)	1.4	(0.5)
	挪威	485	(5.0)	494	(4.4)	496	(4.6)	487	(3.9)	0.8	(2.2)	1.0	(0.1)	0.0	(0.1)
	波兰	**526**	(5.9)	523	(4.6)	520	(5.6)	505	(5.0)	−8.2	(2.1)	**0.8**	(0.1)	0.7	(0.3)
	葡萄牙	**508**	(4.6)	501	(5.0)	488	(4.9)	463	(5.4)	−14.8	(1.9)	**0.6**	(0.1)	3.3	(0.9)
	斯洛伐克	**509**	(4.9)	496	(5.4)	484	(5.4)	450	(6.1)	−24.2	(2.6)	**0.6**	(0.1)	5.2	(1.0)
	斯洛文尼亚	**518**	(3.7)	511	(5.0)	506	(4.8)	484	(4.8)	−14.1	(2.7)	**0.6**	(0.1)	2.0	(0.7)
	西班牙	**497**	(3.0)	493	(3.2)	487	(3.1)	467	(2.8)	−10.4	(1.1)	**0.7**	(0.1)	1.7	(0.3)
	瑞典	**487**	(3.5)	496	(3.8)	481	(4.2)	464	(4.3)	−9.1	(2.0)	**0.8**	(0.1)	1.0	(0.4)
	瑞士	**552**	(4.1)	542	(4.3)	532	(4.4)	500	(4.3)	−21.2	(1.9)	**0.6**	(0.1)	4.3	(0.7)
	土耳其	450	(5.9)	451	(6.0)	448	(5.6)	448	(6.0)	−2.2	(2.1)	1.0	(0.1)	0.1	(0.1)
	英国	493	(4.1)	506	(4.1)	501	(5.1)	490	(5.2)	−1.3	(2.1)	1.0	(0.1)	0.1	(0.1)
	美国	**494**	(4.4)	492	(4.8)	484	(4.6)	466	(5.2)	−10.2	(1.7)	**0.8**	(0.1)	1.4	(0.5)
	OECD平均	**505**	(0.7)	504	(0.7)	497	(0.8)	**479**	(0.8)	−10.2	(0.4)	**0.8**	(0.0)	1.6	(0.1)
伙伴国家(地区)	阿尔巴尼亚	400	(3.7)	389	(4.0)	393	(3.9)	391	(4.5)	−3.4	(2.1)	0.9	(0.1)	0.1	(0.2)
	阿根廷	407	(5.7)	398	(4.1)	390	(5.3)	370	(4.1)	−12.9	(1.8)	**0.7**	(0.1)	3.4	(0.9)
	巴西	407	(3.1)	404	(3.2)	394	(2.5)	370	(2.6)	−13.2	(1.4)	**0.7**	(0.1)	3.4	(0.7)
	保加利亚	**460**	(5.9)	448	(4.8)	438	(4.6)	426	(5.2)	−13.6	(2.4)	**0.7**	(0.1)	2.2	(0.8)
	哥伦比亚	386	(3.7)	384	(3.3)	378	(4.1)	372	(4.6)	−6.8	(1.8)	0.9	(0.1)	0.9	(0.5)
	哥斯达黎加	410	(4.6)	408	(4.3)	410	(3.8)	400	(3.9)	−3.5	(1.5)	**0.8**	(0.1)	0.3	(0.3)
	克罗地亚	**480**	(4.0)	482	(4.6)	471	(4.3)	457	(5.3)	−11.1	(2.2)	**0.7**	(0.1)	1.2	(0.4)
	塞浦路斯	**452**	(3.7)	452	(4.1)	443	(3.4)	428	(3.4)	−8.6	(1.8)	**0.8**	(0.1)	1.2	(0.4)
	中国香港	**575**	(4.1)	563	(4.1)	573	(4.9)	543	(5.5)	−10.8	(2.8)	**0.7**	(0.1)	1.1	(0.6)
	印度尼西亚	379	(6.6)	375	(4.8)	377	(5.2)	372	(4.0)	−2.6	(2.5)	1.0	(0.1)	0.1	(0.2)
	约旦	391	(4.1)	392	(3.5)	393	(3.5)	380	(4.2)	−3.4	(1.5)	1.0	(0.1)	0.3	(0.3)
	哈萨克斯坦	435	(4.3)	433	(4.4)	434	(4.1)	430	(4.4)	−1.5	(2.1)	1.0	(0.1)	0.1	(0.1)
	拉脱维亚	**511**	(4.2)	497	(4.5)	488	(3.8)	466	(5.2)	−18.8	(2.5)	**0.6**	(0.1)	3.7	(0.9)
	列支敦士登	537	(14.6)	541	(13.6)	520	(13.4)	537	(15.7)	−3.7	(7.7)	0.9	(0.4)	0.1	(0.1)
	立陶宛	**497**	(4.5)	482	(5.2)	481	(4.0)	452	(4.2)	−16.3	(1.6)	**0.6**	(0.1)	3.4	(0.7)
	中国澳门	**551**	(3.5)	548	(3.5)	540	(3.3)	520	(3.6)	−12.6	(1.9)	**0.8**	(0.1)	1.9	(0.6)
	马来西亚	**443**	(5.9)	424	(3.8)	415	(3.4)	404	(3.6)	−15.9	(2.3)	**0.7**	(0.1)	3.7	(1.0)
	黑山	**429**	(3.1)	417	(3.1)	408	(3.5)	392	(3.4)	−14.5	(1.7)	**0.6**	(0.1)	3.3	(0.8)
	秘鲁	**387**	(5.0)	374	(5.2)	371	(4.4)	356	(4.3)	−11.8	(1.8)	**0.7**	(0.1)	1.7	(0.5)
	卡塔尔	**393**	(2.8)	386	(2.8)	379	(2.3)	371	(2.6)	−6.0	(1.2)	**0.8**	(0.0)	0.5	(0.2)
	罗马尼亚	**463**	(4.7)	452	(5.1)	443	(4.7)	424	(4.7)	−13.3	(1.8)	**0.6**	(0.1)	2.8	(0.7)
	俄罗斯联邦	**496**	(4.4)	489	(4.4)	480	(4.4)	468	(3.9)	−12.4	(1.6)	**0.7**	(0.1)	1.7	(0.4)
	塞尔维亚	**469**	(4.6)	462	(4.4)	448	(4.4)	420	(5.1)	−17.9	(2.2)	**0.6**	(0.1)	4.1	(0.9)
	中国上海	**619**	(5.3)	618	(5.4)	616	(4.9)	598	(4.8)	−8.8	(2.4)	0.9	(0.1)	0.6	(0.3)
	新加坡	**585**	(3.6)	586	(3.8)	572	(4.2)	560	(3.4)	−10.9	(1.9)	0.9	(0.1)	1.0	(0.3)
	中国台北	560	(4.9)	564	(4.5)	567	(4.8)	549	(5.2)	−3.4	(2.0)	1.0	(0.1)	0.1	(0.1)
	泰国	**443**	(4.6)	436	(4.4)	422	(4.4)	408	(3.4)	−16.1	(1.8)	**0.6**	(0.1)	3.2	(0.7)
	突尼斯	**404**	(5.6)	391	(4.6)	385	(5.1)	376	(4.7)	−9.8	(1.9)	**0.7**	(0.1)	1.9	(0.6)
	阿联酋	**450**	(3.7)	440	(3.5)	432	(3.6)	421	(3.5)	−9.2	(1.4)	**0.7**	(0.1)	1.2	(0.4)
	乌拉圭	426	(3.6)	425	(3.5)	417	(4.4)	385	(3.9)	−16.3	(1.9)	**0.7**	(0.1)	3.4	(0.7)
	越南	520	(6.3)	513	(5.3)	511	(6.2)	503	(6.2)	−8.1	(2.8)	**0.8**	(0.1)	0.6	(0.4)

注:统计上有显著性的值用粗体表示。

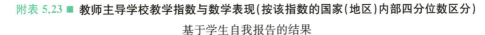

附表 5.23 ■ 教师主导学校教学指数与数学表现(按该指数的国家(地区)内部四分位数区分)

基于学生自我报告的结果

		教师主导学校教学指数																
		全体学生		指数的差异		男		女		性别差异(男—女)		最低 1/4		第二个 1/4		第三个 1/4		最高 1/4	
		平均值	标准误	标准差	标准误	平均值	标准误	平均值	标准误	分差	标准误	平均值	标准误	平均值	标准误	平均值	标准误	平均值	标准误
OECD	澳大利亚	0.04	(0.01)	1.02	(0.01)	0.13	(0.02)	−0.06	(0.02)	**0.19**	(0.02)	−1.21	(0.02)	−0.26	(0.00)	0.31	(0.00)	1.31	(0.02)
	奥地利	−0.10	(0.02)	0.93	(0.02)	0.00	(0.03)	−0.19	(0.03)	**0.19**	(0.04)	−1.26	(0.02)	−0.35	(0.01)	0.18	(0.01)	1.04	(0.02)
	比利时	−0.10	(0.02)	0.95	(0.02)	−0.07	(0.03)	−0.14	(0.03)	**0.07**	(0.03)	−1.26	(0.02)	−0.37	(0.01)	0.16	(0.01)	1.07	(0.02)
	加拿大	0.20	(0.02)	1.06	(0.02)	0.29	(0.02)	0.12	(0.02)	**0.17**	(0.02)	−1.09	(0.02)	−0.09	(0.01)	0.47	(0.01)	1.52	(0.02)
	智利	0.37	(0.03)	1.07	(0.02)	0.40	(0.03)	0.33	(0.04)	0.07	(0.04)	−0.94	(0.03)	0.02	(0.01)	0.66	(0.01)	1.73	(0.02)
	捷克	0.13	(0.03)	0.90	(0.02)	0.20	(0.03)	0.06	(0.04)	**0.14**	(0.05)	−0.96	(0.03)	−0.12	(0.01)	0.38	(0.01)	1.24	(0.02)
	丹麦	−0.29	(0.02)	0.86	(0.02)	−0.20	(0.03)	−0.37	(0.03)	**0.17**	(0.04)	−1.34	(0.02)	−0.52	(0.01)	−0.04	(0.01)	0.74	(0.02)
	爱沙尼亚	−0.16	(0.02)	0.86	(0.02)	−0.11	(0.03)	−0.21	(0.03)	**0.10**	(0.04)	−1.17	(0.02)	−0.42	(0.01)	0.10	(0.01)	0.92	(0.03)
	芬兰	−0.12	(0.02)	0.88	(0.01)	−0.06	(0.03)	−0.19	(0.03)	**0.12**	(0.03)	−1.18	(0.02)	−0.37	(0.01)	0.10	(0.01)	0.95	(0.02)
	法国	−0.05	(0.03)	1.07	(0.03)	0.06	(0.03)	−0.14	(0.03)	**0.20**	(0.04)	−1.38	(0.03)	−0.34	(0.01)	0.25	(0.01)	1.28	(0.02)
	德国	−0.05	(0.02)	0.88	(0.02)	0.05	(0.03)	−0.15	(0.03)	**0.20**	(0.04)	−1.11	(0.02)	−0.28	(0.01)	0.19	(0.01)	1.01	(0.02)
	希腊	0.21	(0.02)	1.04	(0.02)	0.26	(0.04)	0.16	(0.03)	0.10	(0.05)	−1.04	(0.03)	−0.08	(0.01)	0.46	(0.01)	1.50	(0.02)
	匈牙利	−0.01	(0.03)	0.97	(0.03)	0.08	(0.03)	−0.09	(0.03)	**0.17**	(0.04)	−1.18	(0.04)	−0.28	(0.01)	0.26	(0.01)	1.16	(0.03)
	冰岛	−0.07	(0.02)	0.93	(0.02)	0.05	(0.03)	−0.19	(0.03)	**0.24**	(0.04)	−1.14	(0.04)	−0.33	(0.02)	0.13	(0.01)	1.08	(0.02)
	爱尔兰	−0.08	(0.03)	0.98	(0.02)	−0.05	(0.03)	−0.12	(0.03)	**0.08**	(0.04)	−1.31	(0.02)	−0.34	(0.01)	0.10	(0.01)	1.13	(0.03)
	以色列	0.23	(0.03)	1.02	(0.02)	0.21	(0.04)	0.24	(0.03)	−0.03	(0.04)	−0.99	(0.02)	−0.09	(0.01)	0.48	(0.01)	1.51	(0.03)
	意大利	−0.16	(0.02)	0.98	(0.01)	−0.11	(0.02)	−0.21	(0.02)	**0.11**	(0.02)	−1.37	(0.02)	−0.42	(0.00)	0.12	(0.00)	1.03	(0.01)
	日本	−0.26	(0.02)	0.90	(0.02)	−0.23	(0.03)	−0.29	(0.03)	0.05	(0.03)	−1.32	(0.02)	−0.52	(0.01)	−0.01	(0.01)	0.82	(0.02)
	韩国	−0.31	(0.02)	0.89	(0.02)	−0.30	(0.03)	−0.32	(0.02)	0.02	(0.03)	−1.36	(0.02)	−0.56	(0.01)	−0.07	(0.01)	0.75	(0.03)
	卢森堡	−0.12	(0.02)	1.07	(0.02)	−0.05	(0.03)	−0.18	(0.03)	**0.14**	(0.03)	−1.42	(0.02)	−0.39	(0.01)	0.10	(0.01)	1.16	(0.02)
	墨西哥	0.34	(0.02)	1.07	(0.01)	0.41	(0.02)	0.27	(0.02)	**0.13**	(0.02)	−0.93	(0.02)	−0.02	(0.01)	0.59	(0.00)	1.73	(0.01)
	荷兰	−0.12	(0.02)	0.97	(0.02)	−0.05	(0.04)	−0.18	(0.04)	**0.12**	(0.03)	−1.28	(0.04)	−0.35	(0.01)	0.12	(0.01)	1.05	(0.04)
	新西兰	−0.06	(0.02)	1.03	(0.02)	0.04	(0.03)	−0.16	(0.04)	**0.20**	(0.05)	−1.30	(0.04)	−0.37	(0.01)	0.19	(0.01)	1.25	(0.02)
	挪威	−0.21	(0.02)	0.94	(0.02)	−0.11	(0.03)	−0.31	(0.03)	**0.20**	(0.04)	−1.33	(0.04)	−0.48	(0.01)	0.02	(0.01)	0.95	(0.02)
	波兰	−0.22	(0.02)	0.94	(0.02)	−0.18	(0.03)	−0.25	(0.04)	0.07	(0.04)	−1.33	(0.02)	−0.52	(0.01)	0.02	(0.01)	0.96	(0.03)
	葡萄牙	0.27	(0.02)	1.06	(0.02)	0.32	(0.03)	0.21	(0.04)	**0.11**	(0.04)	−1.00	(0.02)	−0.05	(0.01)	0.51	(0.01)	1.61	(0.02)
	斯洛伐克	−0.04	(0.02)	0.94	(0.02)	0.01	(0.03)	−0.10	(0.03)	**0.11**	(0.04)	−1.16	(0.02)	−0.32	(0.01)	0.20	(0.01)	1.12	(0.02)
	斯洛文尼亚	0.10	(0.01)	0.99	(0.01)	0.16	(0.03)	0.04	(0.03)	**0.12**	(0.04)	−1.08	(0.02)	−0.20	(0.01)	0.35	(0.01)	1.35	(0.02)
	西班牙	−0.13	(0.02)	0.99	(0.01)	−0.09	(0.02)	−0.17	(0.02)	**0.08**	(0.02)	−1.33	(0.01)	−0.39	(0.01)	0.14	(0.01)	1.08	(0.02)
	瑞典	−0.04	(0.02)	0.99	(0.02)	0.10	(0.03)	−0.19	(0.03)	**0.29**	(0.03)	−1.21	(0.02)	−0.32	(0.01)	0.17	(0.01)	1.19	(0.02)
	瑞士	−0.04	(0.02)	0.90	(0.01)	0.03	(0.03)	−0.11	(0.02)	**0.14**	(0.03)	−1.14	(0.02)	−0.28	(0.01)	0.22	(0.01)	1.06	(0.02)
	土耳其	0.39	(0.03)	1.17	(0.02)	0.40	(0.04)	0.38	(0.04)	0.02	(0.04)	−1.00	(0.03)	0.00	(0.01)	0.67	(0.01)	1.88	(0.02)
	英国	0.15	(0.02)	0.94	(0.01)	0.20	(0.03)	0.09	(0.03)	**0.11**	(0.03)	−0.99	(0.02)	−0.11	(0.01)	0.39	(0.01)	1.30	(0.02)
	美国	0.29	(0.03)	1.07	(0.02)	0.35	(0.03)	0.23	(0.04)	**0.12**	(0.03)	−0.99	(0.04)	−0.04	(0.01)	0.50	(0.01)	1.71	(0.03)
	OECD平均	0.00	(0.00)	0.98	(0.00)	0.06	(0.01)	−0.06	(0.01)	**0.13**	(0.01)	−1.18	(0.00)	−0.28	(0.00)	0.25	(0.00)	1.21	(0.00)
伙伴国家(地区)	阿尔巴尼亚	1.01	(0.02)	1.00	(0.01)	0.98	(0.03)	1.05	(0.03)	−0.07	(0.04)	−0.20	(0.02)	0.62	(0.01)	1.28	(0.01)	2.36	(0.02)
	阿根廷	0.28	(0.02)	1.05	(0.02)	0.31	(0.02)	0.25	(0.03)	0.06	(0.03)	−0.97	(0.02)	−0.04	(0.01)	0.51	(0.01)	1.63	(0.02)
	巴西	0.29	(0.01)	1.08	(0.01)	0.34	(0.02)	0.25	(0.02)	**0.10**	(0.02)	−1.01	(0.02)	−0.05	(0.00)	0.53	(0.00)	1.70	(0.02)
	保加利亚	0.55	(0.03)	1.05	(0.02)	0.52	(0.04)	0.58	(0.03)	−0.07	(0.04)	−0.70	(0.03)	0.22	(0.02)	0.80	(0.01)	1.88	(0.02)
	哥伦比亚	0.43	(0.03)	1.04	(0.01)	0.45	(0.03)	0.42	(0.03)	0.03	(0.04)	−0.81	(0.03)	0.07	(0.01)	0.66	(0.01)	1.80	(0.03)
	哥斯达黎加	0.15	(0.03)	1.06	(0.02)	0.22	(0.04)	0.10	(0.04)	**0.12**	(0.04)	−1.14	(0.02)	−0.17	(0.01)	0.41	(0.01)	1.51	(0.03)
	克罗地亚	0.06	(0.02)	0.98	(0.02)	0.15	(0.03)	−0.03	(0.03)	**0.17**	(0.04)	−1.12	(0.04)	−0.25	(0.01)	0.32	(0.01)	1.30	(0.02)
	塞浦路斯	0.22	(0.02)	1.10	(0.02)	0.20	(0.03)	0.25	(0.03)	−0.05	(0.04)	−1.08	(0.02)	−0.08	(0.01)	0.47	(0.01)	1.59	(0.02)
	中国香港	−0.32	(0.02)	0.97	(0.02)	−0.27	(0.03)	−0.38	(0.03)	**0.11**	(0.04)	−1.46	(0.02)	−0.58	(0.01)	−0.07	(0.01)	0.84	(0.03)
	印度尼西亚	0.38	(0.02)	0.88	(0.02)	0.38	(0.03)	0.38	(0.03)	−0.01	(0.03)	−0.56	(0.03)	0.06	(0.01)	0.44	(0.01)	1.58	(0.03)
	约旦	0.70	(0.03)	1.25	(0.02)	0.66	(0.03)	0.74	(0.04)	−0.09	(0.06)	−0.86	(0.04)	0.32	(0.01)	1.07	(0.01)	2.28	(0.01)
	哈萨克斯坦	0.93	(0.03)	0.98	(0.03)	0.89	(0.03)	0.97	(0.03)	−0.08	(0.04)	−0.23	(0.02)	0.53	(0.01)	1.18	(0.01)	2.25	(0.02)
	拉脱维亚	0.25	(0.03)	0.89	(0.03)	0.27	(0.03)	0.22	(0.03)	0.05	(0.04)	−0.81	(0.04)	−0.03	(0.01)	0.46	(0.01)	1.37	(0.02)
	列支敦士登	0.18	(0.07)	0.93	(0.07)	0.18	(0.10)	0.19	(0.11)	−0.01	(0.15)	−0.97	(0.09)	0.01	(0.02)	0.44	(0.03)	1.27	(0.08)
	立陶宛	0.15	(0.02)	0.90	(0.02)	0.21	(0.03)	0.09	(0.03)	**0.11**	(0.03)	−0.92	(0.02)	−0.11	(0.01)	0.37	(0.01)	1.27	(0.02)
	中国澳门	−0.05	(0.02)	0.92	(0.01)	0.02	(0.03)	−0.11	(0.02)	**0.13**	(0.03)	−1.12	(0.02)	−0.34	(0.01)	0.15	(0.01)	1.12	(0.02)
	马来西亚	0.20	(0.02)	0.93	(0.02)	0.16	(0.03)	0.23	(0.03)	**−0.06**	(0.03)	−0.90	(0.02)	−0.06	(0.01)	0.42	(0.01)	1.37	(0.02)
	黑山	0.25	(0.02)	1.13	(0.01)	0.29	(0.03)	0.20	(0.03)	**0.10**	(0.04)	−1.13	(0.02)	−0.06	(0.01)	0.49	(0.01)	1.69	(0.02)
	秘鲁	0.30	(0.02)	1.02	(0.02)	0.38	(0.03)	0.22	(0.03)	**0.16**	(0.04)	−0.89	(0.02)	−0.07	(0.01)	0.49	(0.01)	1.65	(0.02)
	卡塔尔	0.48	(0.01)	1.23	(0.01)	0.49	(0.02)	0.48	(0.02)	0.01	(0.03)	−1.01	(0.02)	0.11	(0.00)	0.76	(0.01)	2.08	(0.01)
	罗马尼亚	0.26	(0.02)	1.08	(0.02)	0.28	(0.03)	0.23	(0.04)	0.05	(0.04)	−1.03	(0.02)	−0.07	(0.01)	0.48	(0.01)	1.65	(0.02)
	俄罗斯联邦	0.78	(0.03)	1.00	(0.01)	0.81	(0.04)	0.75	(0.04)	0.06	(0.06)	−0.40	(0.04)	0.42	(0.01)	1.00	(0.01)	2.12	(0.02)
	塞尔维亚	0.26	(0.02)	1.08	(0.02)	0.35	(0.04)	0.17	(0.04)	**0.18**	(0.05)	−1.04	(0.04)	−0.07	(0.01)	0.50	(0.01)	1.64	(0.02)
	中国上海	0.54	(0.03)	1.05	(0.02)	0.59	(0.03)	0.49	(0.03)	**0.10**	(0.03)	−0.68	(0.03)	0.16	(0.01)	0.75	(0.01)	1.95	(0.02)
	新加坡	0.20	(0.02)	0.96	(0.02)	0.23	(0.02)	0.17	(0.02)	**0.06**	(0.03)	−0.91	(0.02)	−0.10	(0.01)	0.39	(0.01)	1.44	(0.02)
	中国台北	−0.09	(0.02)	1.04	(0.02)	−0.07	(0.03)	−0.11	(0.03)	0.04	(0.03)	−1.31	(0.02)	−0.36	(0.01)	0.12	(0.01)	1.21	(0.02)
	泰国	0.58	(0.02)	0.99	(0.02)	0.57	(0.03)	0.59	(0.03)	−0.01	(0.04)	−0.56	(0.02)	0.19	(0.01)	0.76	(0.01)	1.93	(0.02)
	突尼斯	0.20	(0.02)	1.19	(0.02)	0.23	(0.04)	0.18	(0.03)	0.05	(0.04)	−1.26	(0.04)	−0.15	(0.01)	0.49	(0.01)	1.72	(0.02)
	阿联酋	0.55	(0.02)	1.14	(0.01)	0.52	(0.03)	0.59	(0.03)	−0.07	(0.04)	−0.84	(0.02)	0.18	(0.01)	0.85	(0.01)	2.03	(0.02)
	乌拉圭	0.10	(0.02)	1.02	(0.02)	0.16	(0.03)	0.06	(0.03)	**0.10**	(0.04)	−1.10	(0.02)	−0.24	(0.01)	0.35	(0.01)	1.41	(0.02)
	越南	0.29	(0.02)	0.81	(0.01)	0.34	(0.03)	0.25	(0.02)	**0.08**	(0.03)	−0.63	(0.02)	0.02	(0.00)	0.44	(0.01)	1.34	(0.02)

附表 5.23 ■ 教师主导学校教学指数与数学表现(按该指数的国家(地区)内部四分位数区分)(续表 1)

基于学生自我报告的结果

| | | 按照指数的国家(地区)内四分位数区分的数学量表表现 | | | | | | | | 该指数每单位的变化相对应的数学分数变化 | | 处于该指数最低 1/4 对于学生处于该国(地区)数学表现分布最低 1/4 所增加的可能性 | | 所解释的学生表现差异 (r²×100) | |
| | | 最低 1/4 | | 第二个 1/4 | | 第三个 1/4 | | 最高 1/4 | | | | | | | |
		平均分	标准误	平均分	标准误	平均分	标准误	平均分	标准误	分差	标准误	比率	标准误	%	标准误
OECD	澳大利亚	**487**	(2.2)	504	(2.7)	509	(2.7)	**517**	(3.1)	**10.3**	(1.1)	**1.3**	(0.1)	1.2	(0.3)
	奥地利	**514**	(4.4)	516	(4.2)	508	(4.7)	495	(6.0)	−7.8	(2.0)	0.9	(0.1)	0.7	(0.3)
	比利时	**511**	(6.3)	512	(5.0)	495	(5.6)	**487**	(5.7)	**−8.3**	(3.2)	0.9	(0.1)	0.8	(0.6)
	加拿大	**510**	(3.1)	524	(2.8)	526	(3.0)	521	(2.8)	3.6	(1.1)	**1.2**	(0.1)	0.2	(0.1)
	智利	**432**	(4.5)	435	(4.2)	425	(4.3)	400	(4.1)	−10.5	(1.7)	**0.8**	(0.1)	1.9	(0.6)
	捷克	**509**	(4.4)	513	(4.5)	505	(4.4)	491	(4.6)	−7.9	(2.4)	0.9	(0.1)	0.6	(0.4)
	丹麦	**508**	(3.6)	508	(3.8)	508	(4.1)	495	(3.6)	−6.7	(1.9)	0.9	(0.1)	0.5	(0.3)
	爱沙尼亚	**526**	(2.9)	524	(3.5)	523	(3.9)	509	(4.4)	−7.6	(2.1)	**0.8**	(0.1)	0.7	(0.3)
	芬兰	**517**	(2.8)	521	(3.2)	525	(3.5)	**528**	(3.2)	3.3	(1.8)	1.1	(0.1)	0.1	(0.1)
	法国	**509**	(4.7)	507	(4.5)	501	(4.3)	471	(4.3)	**−13.6**	(2.0)	**0.7**	(0.1)	2.3	(0.7)
	德国	524	(4.6)	529	(4.9)	527	(5.0)	512	(4.1)	−6.1	(2.6)	1.0	(0.1)	0.3	(0.3)
	希腊	455	(3.9)	459	(3.8)	459	(3.9)	449	(4.6)	−1.6	(1.9)	0.9	(0.1)	0.0	(0.1)
	匈牙利	472	(5.0)	488	(4.7)	481	(4.8)	470	(4.8)	−1.8	(2.3)	0.9	(0.1)	0.0	(0.1)
	冰岛	493	(4.3)	506	(4.3)	495	(4.0)	489	(4.1)	−2.4	(2.2)	1.1	(0.1)	0.1	(0.1)
	爱尔兰	502	(3.4)	508	(4.2)	503	(4.9)	492	(4.5)	**−4.7**	(2.0)	0.9	(0.1)	0.3	(0.3)
	以色列	**478**	(6.4)	481	(6.3)	478	(5.8)	455	(4.9)	−6.6	(2.5)	0.9	(0.1)	0.4	(0.3)
	意大利	**492**	(2.5)	495	(2.9)	489	(3.1)	473	(2.4)	−7.2	(1.1)	**0.8**	(0.1)	0.6	(0.2)
	日本	524	(5.1)	542	(4.6)	542	(4.8)	540	(4.8)	7.5	(2.4)	**1.2**	(0.1)	0.5	(0.3)
	韩国	542	(5.2)	560	(5.1)	557	(6.5)	558	(6.9)	6.2	(2.9)	**1.2**	(0.1)	0.3	(0.3)
	卢森堡	**500**	(3.3)	503	(3.5)	486	(4.5)	472	(3.0)	−8.3	(1.4)	**0.8**	(0.1)	0.9	(0.3)
	墨西哥	**420**	(1.9)	418	(1.7)	414	(2.0)	406	(2.2)	−5.8	(0.9)	0.9	(0.0)	0.7	(0.2)
	荷兰	**518**	(4.2)	533	(5.2)	535	(6.5)	532	(5.0)	3.7	(2.3)	1.2	(0.1)	0.2	(0.2)
	新西兰	497	(3.7)	502	(4.1)	503	(4.2)	497	(4.7)	−2.6	(1.8)	1.0	(0.1)	0.1	(0.1)
	挪威	480	(4.1)	499	(4.5)	498	(4.7)	486	(4.3)	0.6	(2.1)	1.1	(0.1)	0.0	(0.1)
	波兰	518	(4.8)	522	(5.1)	521	(5.7)	514	(4.6)	−0.8	(2.2)	1.0	(0.1)	0.0	(0.1)
	葡萄牙	493	(4.6)	492	(5.0)	496	(5.4)	479	(6.2)	−5.8	(2.3)	**0.8**	(0.1)	0.5	(0.4)
	斯洛伐克	**499**	(5.4)	498	(5.0)	481	(5.8)	461	(5.0)	−16.9	(2.6)	**0.7**	(0.1)	2.6	(0.8)
	斯洛文尼亚	**500**	(3.3)	514	(4.5)	506	(4.7)	498	(5.4)	−2.4	(2.2)	1.0	(0.1)	0.1	(0.1)
	西班牙	**488**	(3.2)	493	(2.7)	488	(3.1)	474	(2.9)	−5.4	(1.5)	0.9	(0.1)	0.4	(0.2)
	瑞典	481	(3.9)	492	(4.0)	483	(4.5)	473	(4.3)	−3.8	(2.0)	1.0	(0.1)	0.2	(0.2)
	瑞士	**547**	(4.5)	543	(3.7)	527	(4.7)	508	(4.3)	−16.8	(1.8)	**0.7**	(0.1)	2.6	(0.5)
	土耳其	448	(6.1)	453	(6.9)	452	(5.7)	444	(5.5)	−1.4	(1.7)	1.0	(0.1)	0.0	(0.1)
	英国	488	(4.6)	503	(5.4)	509	(4.4)	489	(5.1)	0.5	(2.1)	1.2	(0.1)	0.0	(0.1)
	美国	475	(4.3)	487	(4.3)	491	(4.8)	482	(5.0)	0.9	(1.5)	1.1	(0.1)	0.0	(0.1)
	OECD平均	**496**	(0.7)	503	(0.8)	498	(0.8)	**487**	(0.8)	**−3.7**	(0.4)	**1.0**	(0.0)	0.6	(0.1)
伙伴国家(地区)	阿尔巴尼亚	396	(4.4)	386	(4.0)	399	(4.0)	393	(4.8)	−0.7	(2.3)	1.0	(0.1)	0.0	(0.1)
	阿根廷	**401**	(5.2)	402	(4.8)	390	(4.2)	371	(4.3)	**−11.0**	(1.8)	0.7	(0.1)	2.4	(0.8)
	巴西	**407**	(3.3)	402	(2.7)	394	(2.8)	371	(2.7)	**−12.2**	(1.2)	**0.7**	(0.0)	3.0	(0.6)
	保加利亚	443	(4.6)	444	(5.1)	449	(5.4)	433	(5.1)	−3.9	(2.3)	0.9	(0.1)	0.2	(0.2)
	哥伦比亚	**388**	(3.5)	381	(4.1)	382	(3.9)	369	(4.2)	−7.7	(1.6)	0.8	(0.1)	1.2	(0.5)
	哥斯达黎加	**415**	(3.9)	415	(4.6)	406	(4.4)	**391**	(4.6)	−9.9	(1.7)	**0.7**	(0.1)	2.4	(0.7)
	克罗地亚	**479**	(4.0)	479	(4.7)	472	(4.2)	460	(5.5)	−8.3	(1.9)	0.8	(0.1)	0.9	(0.4)
	塞浦路斯	438	(3.1)	451	(3.4)	444	(3.1)	443	(3.5)	2.4	(1.4)	1.1	(0.1)	0.1	(0.1)
	中国香港	548	(4.7)	571	(5.0)	572	(5.3)	562	(5.4)	2.1	(2.7)	**1.3**	(0.1)	0.1	(0.1)
	印度尼西亚	366	(5.4)	370	(4.7)	380	(5.7)	**386**	(5.0)	7.1	(1.9)	**1.2**	(0.1)	0.8	(0.4)
	约旦	379	(4.1)	393	(3.8)	395	(3.7)	387	(4.3)	3.1	(1.3)	**1.2**	(0.1)	0.3	(0.2)
	哈萨克斯坦	425	(4.8)	429	(4.4)	439	(4.4)	437	(4.2)	4.4	(1.8)	**1.2**	(0.1)	0.4	(0.3)
	拉脱维亚	**499**	(3.4)	497	(4.7)	489	(6.0)	482	(4.7)	**−7.5**	(2.1)	**0.8**	(0.1)	0.7	(0.4)
	列支敦士登	538	(11.3)	547	(14.2)	503	(15.7)	548	(14.9)	−0.7	(7.6)	0.8	(0.3)	0.1	(0.5)
	立陶宛	**483**	(4.7)	486	(4.2)	478	(4.3)	467	(4.6)	−8.1	(2.1)	0.9	(0.1)	0.7	(0.4)
	中国澳门	535	(3.3)	543	(3.7)	541	(3.2)	541	(3.4)	0.3	(2.2)	1.1	(0.1)	0.0	(0.0)
	马来西亚	**427**	(5.0)	428	(4.3)	419	(3.7)	411	(3.7)	−6.6	(1.8)	1.0	(0.1)	0.6	(0.3)
	黑山	**435**	(3.7)	415	(3.5)	411	(3.7)	383	(4.2)	−17.0	(1.9)	0.6	(0.1)	5.4	(1.0)
	秘鲁	**386**	(5.2)	383	(4.9)	366	(5.0)	350	(3.7)	**−13.6**	(1.3)	**0.7**	(0.1)	2.8	(0.5)
	卡塔尔	378	(2.2)	382	(2.7)	392	(2.9)	376	(2.5)	0.4	(1.1)	1.1	(0.1)	0.0	(0.0)
	罗马尼亚	**452**	(5.0)	452	(5.0)	451	(5.3)	426	(4.1)	−9.6	(1.5)	**0.8**	(0.1)	1.6	(0.5)
	俄罗斯联邦	490	(4.2)	491	(4.7)	485	(4.8)	467	(3.8)	−9.8	(1.5)	0.9	(0.1)	1.3	(0.4)
	塞尔维亚	464	(4.5)	456	(5.1)	449	(4.6)	429	(5.1)	−11.8	(1.9)	**0.7**	(0.1)	2.0	(0.6)
	中国上海	614	(5.5)	613	(4.4)	616	(4.6)	608	(4.5)	−1.3	(2.0)	1.0	(0.1)	0.0	(0.1)
	新加坡	572	(4.2)	577	(4.0)	579	(4.6)	574	(3.9)	1.4	(1.9)	1.1	(0.1)	0.0	(0.1)
	中国台北	550	(4.9)	574	(4.6)	559	(5.7)	557	(4.3)	−1.0	(1.9)	**1.2**	(0.1)	0.0	(0.0)
	泰国	427	(5.0)	432	(4.7)	430	(4.6)	421	(4.2)	−3.6	(1.7)	1.1	(0.1)	0.2	(0.2)
	突尼斯	**405**	(5.0)	393	(5.4)	385	(5.4)	372	(4.5)	−9.7	(1.8)	**0.6**	(0.1)	2.3	(0.7)
	阿联酋	**439**	(3.5)	441	(3.7)	437	(3.9)	425	(3.4)	−3.4	(1.3)	0.9	(0.1)	0.2	(0.2)
	乌拉圭	**430**	(4.1)	422	(3.5)	413	(3.9)	385	(4.9)	−16.9	(2.3)	**0.6**	(0.1)	4.0	(1.0)
	越南	503	(6.5)	507	(6.0)	514	(5.4)	522	(5.3)	7.3	(2.7)	1.2	(0.1)	0.5	(0.3)

注:统计上有显著性的值用粗体表示。

附表 5.24 ■ 数学课按能力分组
基于学校校长报告的结果

		在校长如下报告的学校就读的学生百分比：																
		数学课学习相似的内容，但是难度分不同层次						不同班级学习具有不同难度的不同内容或数学主题集						在数学课内将学生按照能力分组					
		所有课		一些课		没有课		所有课		一些课		没有课		所有课		一些课		没有课	
		%	标准误	%	标准误	%	标准误	%	标准误	%	标准误	%	标准误	%	标准误	%	标准误	%	标准误
OECD	澳大利亚	37.6	(1.8)	56.3	(1.9)	6.2	(1.1)	26.4	(1.4)	60.1	(1.7)	13.5	(1.3)	43.6	(1.7)	45.4	(1.8)	10.9	(1.1)
	奥地利	13.4	(1.8)	14.7	(2.3)	71.9	(2.3)	a	a	a	a	a	a	7.3	(1.4)	29.2	(3.7)	63.5	(3.8)
	比利时	12.0	(2.1)	56.0	(3.3)	32.0	(3.2)	14.2	(2.1)	56.6	(3.4)	29.2	(3.1)	3.8	(0.9)	18.4	(2.5)	77.8	(2.5)
	加拿大	24.2	(2.5)	57.7	(2.4)	18.2	(1.8)	30.4	(2.2)	49.6	(2.5)	20.0	(1.9)	19.9	(1.9)	44.5	(2.3)	35.6	(2.4)
	智利	37.3	(4.3)	31.7	(3.4)	39.0	(3.8)	13.4	(2.9)	15.7	(2.9)	70.8	(3.8)	2.4	(1.0)	20.2	(3.3)	77.4	(3.5)
	捷克	9.5	(2.7)	18.5	(2.9)	72.1	(3.5)	3.0	(1.1)	22.8	(3.3)	74.2	(3.4)	7.8	(1.7)	31.4	(3.5)	60.8	(3.3)
	丹麦	12.8	(2.6)	52.6	(4.0)	34.6	(3.7)	6.4	(1.7)	54.7	(3.5)	38.8	(3.5)	5.0	(1.5)	34.3	(3.9)	60.7	(3.7)
	爱沙尼亚	25.9	(2.7)	62.1	(2.9)	12.0	(2.1)	6.9	(1.5)	41.3	(3.1)	51.8	(3.0)	18.1	(2.3)	31.4	(2.6)	50.5	(3.1)
	芬兰	14.5	(2.4)	34.8	(3.3)	50.7	(3.2)	6.5	(1.4)	45.4	(3.5)	48.2	(3.6)	7.4	(1.8)	41.0	(3.0)	51.6	(3.1)
	法国	18.8	(2.9)	30.7	(3.2)	50.5	(3.6)	11.3	(2.2)	20.4	(2.8)	68.3	(3.1)	5.7	(1.3)	24.1	(3.0)	70.2	(3.3)
	德国	32.8	(2.8)	28.9	(3.4)	38.4	(3.3)	11.1	(2.3)	26.6	(3.6)	62.4	(3.6)	19.6	(2.4)	31.5	(3.4)	48.9	(3.5)
	希腊	6.6	(1.7)	11.3	(3.0)	82.1	(3.1)	0.6	(0.6)	1.5	(0.9)	97.9	(1.1)	1.4	(0.8)	1.8	(1.1)	96.8	(1.3)
	匈牙利	44.7	(3.8)	28.7	(3.6)	26.6	(3.5)	6.5	(1.9)	28.7	(4.1)	64.8	(4.1)	10.8	(2.6)	33.3	(3.4)	55.8	(3.9)
	冰岛	21.4	(0.2)	34.5	(0.3)	44.1	(0.2)	37.8	(0.3)	43.6	(0.3)	18.6	(0.2)	18.3	(0.2)	64.1	(0.2)	17.6	(0.2)
	爱尔兰	50.4	(4.0)	47.2	(4.0)	2.4	(1.3)	23.6	(3.5)	51.7	(3.9)	24.7	(3.4)	53.8	(3.9)	36.3	(3.9)	9.9	(2.5)
	以色列	32.4	(3.0)	50.2	(3.5)	17.4	(3.3)	39.4	(4.0)	49.6	(3.8)	10.9	(2.5)	72.1	(3.6)	22.3	(3.5)	5.7	(1.9)
	意大利	23.4	(1.9)	46.1	(2.3)	30.4	(1.9)	9.0	(1.4)	50.6	(2.3)	40.4	(2.1)	2.6	(0.6)	29.1	(1.9)	68.3	(2.0)
	日本	17.5	(2.8)	43.3	(3.6)	39.2	(3.7)	3.1	(1.3)	27.8	(3.3)	69.1	(3.1)	16.6	(2.6)	29.5	(3.5)	53.9	(3.5)
	韩国	38.1	(4.0)	50.7	(3.9)	11.2	(2.6)	12.4	(2.8)	51.2	(4.0)	36.4	(4.1)	10.9	(2.7)	61.6	(4.0)	27.5	(3.7)
	卢森堡	17.2	(0.1)	44.2	(0.1)	38.6	(0.1)	13.4	(0.1)	40.8	(0.1)	45.8	(0.1)	1.2	(0.0)	33.6	(0.1)	65.2	(0.1)
	墨西哥	35.2	(1.7)	34.6	(1.8)	30.2	(1.7)	24.3	(1.8)	28.3	(2.4)	47.4	(2.0)	18.9	(1.8)	40.5	(1.9)	40.5	(2.0)
	荷兰	35.4	(5.1)	47.2	(4.9)	17.4	(2.9)	31.5	(3.3)	48.4	(3.9)	20.1	(3.0)	10.7	(2.8)	50.9	(4.6)	38.4	(4.0)
	新西兰	24.7	(4.0)	71.4	(4.1)	3.9	(1.4)	22.7	(2.9)	73.8	(3.0)	3.5	(1.3)	34.8	(4.3)	57.3	(4.4)	8.0	(2.2)
	挪威	17.6	(2.7)	18.1	(3.0)	64.3	(3.8)	8.3	(2.1)	16.1	(2.7)	75.5	(3.4)	7.9	(2.1)	19.8	(2.8)	72.3	(3.4)
	波兰	38.1	(4.4)	16.2	(3.2)	45.7	(4.2)	2.2	(1.1)	17.4	(3.4)	80.5	(3.5)	3.2	(1.4)	13.9	(3.2)	83.0	(3.3)
	葡萄牙	21.1	(3.7)	37.2	(3.8)	41.7	(4.0)	5.1	(1.9)	30.0	(3.6)	64.9	(4.0)	0.3	(0.3)	27.2	(3.5)	72.4	(3.5)
	斯洛伐克	29.8	(3.0)	36.3	(3.4)	33.8	(3.2)	6.6	(1.2)	29.3	(3.5)	64.1	(3.8)	7.9	(1.7)	24.8	(3.6)	67.3	(3.6)
	斯洛文尼亚	5.8	(1.0)	39.5	(0.7)	54.6	(0.8)	2.8	(0.1)	31.7	(0.8)	65.5	(0.8)	3.6	(0.2)	50.4	(0.7)	46.0	(0.7)
	西班牙	39.4	(2.7)	46.4	(3.2)	14.2	(2.1)	17.7	(2.5)	46.2	(3.2)	36.1	(2.9)	7.3	(1.4)	20.0	(2.3)	72.7	(2.5)
	瑞典	53.2	(3.2)	27.8	(3.4)	19.0	(2.9)	10.5	(2.4)	34.5	(3.5)	54.9	(3.6)	9.2	(2.0)	36.0	(3.3)	54.7	(3.5)
	瑞士	35.0	(2.8)	38.9	(3.5)	26.1	(3.1)	15.4	(2.3)	46.5	(3.4)	38.1	(3.1)	19.2	(2.7)	33.6	(2.6)	47.2	(3.4)
	土耳其	29.0	(3.9)	44.7	(4.1)	26.3	(3.4)	11.8	(2.6)	33.1	(3.7)	55.1	(4.1)	4.0	(1.5)	11.7	(2.5)	84.3	(3.1)
	英国	49.3	(3.7)	47.9	(3.8)	2.8	(1.0)	28.6	(3.2)	52.6	(3.6)	18.8	(3.0)	76.9	(2.6)	17.1	(2.4)	6.1	(1.5)
	美国	21.3	(3.6)	66.4	(4.7)	12.3	(3.5)	18.6	(2.7)	66.4	(4.0)	15.0	(3.3)	12.9	(2.7)	66.1	(4.5)	21.0	(4.1)
	OECD平均	27.2	(0.5)	40.1	(0.6)	32.6	(0.5)	14.6	(0.4)	39.2	(0.5)	46.2	(0.5)	16.0	(0.4)	33.3	(0.5)	50.7	(0.5)
伙伴国家（地区）	阿尔巴尼亚	33.5	(4.2)	66.0	(4.2)	0.5	(0.4)	19.1	(2.8)	66.9	(3.4)	14.0	(2.9)	30.9	(4.0)	38.4	(4.2)	30.7	(3.8)
	阿根廷	34.6	(3.4)	49.5	(4.0)	15.9	(3.2)	18.1	(2.9)	38.7	(4.4)	43.1	(3.7)	5.1	(2.1)	19.4	(2.9)	75.4	(3.5)
	巴西	48.3	(2.6)	30.0	(2.3)	21.7	(2.4)	22.0	(2.5)	24.8	(2.4)	53.2	(3.0)	4.9	(1.2)	13.4	(2.0)	81.7	(2.1)
	保加利亚	15.2	(2.9)	71.4	(3.7)	13.4	(2.6)	20.7	(3.2)	57.6	(4.3)	21.7	(3.9)	4.4	(1.6)	69.0	(3.7)	26.6	(3.4)
	哥伦比亚	32.7	(3.7)	58.9	(4.0)	8.4	(2.1)	18.4	(3.0)	66.7	(3.8)	14.9	(2.4)	9.4	(2.3)	48.2	(3.7)	42.4	(3.8)
	哥斯达黎加	20.7	(3.4)	32.8	(3.6)	46.5	(4.1)	15.2	(2.6)	24.3	(3.2)	60.5	(3.7)	12.0	(2.3)	43.4	(4.1)	44.6	(4.0)
	克罗地亚	42.5	(4.2)	45.5	(4.0)	12.0	(2.8)	21.2	(2.8)	55.1	(3.8)	23.8	(3.3)	1.4	(1.0)	44.3	(4.1)	54.3	(4.1)
	塞浦路斯	34.0	(0.1)	14.4	(0.1)	51.6	(0.1)	6.4	(0.1)	9.2	(0.1)	84.3	(0.1)	8.3	(0.0)	15.7	(0.1)	75.9	(0.1)
	中国香港	28.5	(3.9)	61.2	(4.4)	10.3	(2.4)	16.3	(3.0)	58.0	(4.0)	25.7	(3.9)	5.4	(1.7)	37.5	(3.9)	57.1	(4.3)
	印度尼西亚	45.0	(3.6)	24.8	(3.6)	30.2	(3.6)	23.5	(3.6)	36.3	(3.8)	40.2	(3.5)	13.1	(2.3)	14.7	(2.7)	72.2	(3.3)
	约旦	49.9	(3.8)	30.5	(3.1)	19.5	(3.2)	15.3	(2.4)	41.0	(3.3)	43.7	(3.8)	11.7	(2.5)	13.5	(3.0)	74.8	(3.6)
	哈萨克斯坦	51.3	(3.8)	43.9	(3.8)	4.8	(1.6)	22.8	(3.0)	50.0	(4.1)	27.2	(3.5)	34.3	(4.0)	42.4	(4.1)	23.3	(3.3)
	拉脱维亚	31.8	(3.3)	49.6	(3.8)	18.7	(3.1)	9.7	(2.3)	41.9	(4.1)	48.4	(3.6)	6.2	(2.0)	59.4	(3.4)	34.3	(3.3)
	列支敦士登	39.0	(1.2)	20.8	(1.3)	40.1	(0.7)	10.6	(0.6)	19.4	(1.3)	70.1	(1.2)	50.5	(0.8)	14.5	(0.9)	35.1	(0.9)
	立陶宛	58.3	(3.4)	24.2	(3.1)	17.5	(2.8)	8.9	(2.0)	23.2	(3.1)	67.9	(3.6)	36.9	(3.7)	28.1	(3.6)	35.0	(3.3)
	中国澳门	10.8	(0.0)	55.3	(0.0)	33.9	(0.0)	11.6	(0.0)	50.1	(0.1)	38.3	(0.1)	1.1	(0.0)	36.7	(0.1)	62.2	(0.1)
	马来西亚	38.6	(3.9)	56.9	(3.8)	4.5	(1.6)	13.0	(2.2)	53.8	(3.6)	33.2	(3.5)	14.8	(2.6)	32.2	(3.3)	53.0	(3.7)
	黑山	19.4	(0.1)	70.5	(0.1)	10.1	(0.1)	14.2	(0.1)	75.1	(0.2)	10.7	(0.2)	0.6	(0.0)	7.7	(0.1)	91.7	(0.1)
	秘鲁	31.2	(3.0)	53.8	(3.4)	14.9	(2.4)	26.5	(3.4)	34.3	(3.3)	39.2	(3.5)	8.1	(1.9)	47.0	(3.3)	44.8	(3.3)
	卡塔尔	56.9	(0.1)	31.3	(0.1)	11.8	(0.0)	29.4	(0.1)	37.8	(0.1)	32.8	(0.1)	13.4	(0.1)	28.3	(0.1)	58.3	(0.1)
	罗马尼亚	35.9	(3.6)	45.6	(3.9)	18.5	(2.9)	26.3	(3.1)	57.4	(3.5)	16.2	(2.6)	25.1	(3.5)	40.2	(3.9)	34.7	(3.8)
	俄罗斯联邦	48.4	(3.6)	46.4	(3.6)	5.2	(1.5)	14.5	(2.0)	21.3	(2.5)	64.2	(3.0)	5.2	(1.9)	79.2	(3.0)	15.5	(2.3)
	塞尔维亚	38.5	(3.5)	51.3	(3.8)	10.1	(2.8)	22.4	(3.3)	54.5	(4.1)	23.1	(3.7)	6.3	(2.4)	33.7	(4.4)	60.0	(4.2)
	中国上海	36.3	(4.2)	55.8	(4.1)	7.9	(2.2)	13.0	(2.6)	51.1	(3.6)	36.0	(3.7)	16.2	(3.2)	52.6	(4.4)	31.2	(3.9)
	新加坡	27.8	(0.2)	66.3	(0.6)	5.8	(0.6)	6.7	(0.6)	54.9	(0.6)	38.4	(0.3)	11.8	(0.5)	73.5	(0.5)	14.7	(0.1)
	中国台北	22.6	(3.5)	57.2	(3.9)	20.1	(2.7)	10.0	(2.4)	52.5	(4.0)	37.5	(3.9)	4.5	(1.6)	26.6	(3.9)	69.0	(4.1)
	泰国	5.4	(1.9)	68.3	(3.3)	26.4	(3.3)	0.0	c	57.1	(3.4)	42.9	(3.4)	0.7	(0.7)	50.3	(3.8)	49.0	(3.8)
	突尼斯	40.6	(4.2)	36.0	(4.1)	23.5	(3.3)	28.9	(4.0)	32.6	(4.3)	38.6	(4.3)	4.8	(1.8)	11.0	(2.4)	84.2	(3.0)
	阿联酋	57.1	(2.7)	25.1	(2.1)	17.8	(2.2)	31.6	(2.6)	22.8	(2.1)	45.7	(2.6)	42.2	(1.9)	37.6	(2.3)	20.2	(1.8)
	乌拉圭	25.0	(3.2)	64.1	(3.5)	10.9	(2.4)	16.1	(2.8)	58.6	(3.7)	25.3	(3.4)	1.4	(1.0)	8.1	(2.1)	90.5	(2.1)
	越南	38.4	(4.1)	53.0	(4.6)	8.6	(2.2)	7.0	(1.9)	55.4	(4.2)	37.6	(4.3)	10.8	(2.6)	35.0	(4.3)	54.3	(4.1)

附表 5.24 ■ 数学课按能力分组（续表1）

基于学校校长报告的结果

		在校长如下报告的学校就读的学生百分比：									
		在数学课内，教师使用适合不同能力的学生的教学方法（就是，学生并不按照能力分组）						任何课无分组		一些课有一种形式的分组	
		所有课		一些课		没有课					所有课有一种形式的分组	
		%	标准误	%	标准误	%	标准误	%	标准误	%	标准误	%	标准误

		所有课 %	标准误	一些课 %	标准误	没有课 %	标准误	任何课无分组 %	标准误	一些课有一种形式的分组 %	标准误	所有课有一种形式的分组 %	标准误
OECD	澳大利亚	21.3	(1.3)	50.2	(1.5)	28.5	(1.7)	1.6	(0.5)	48.6	(1.7)	49.8	(1.6)
	奥地利	31.4	(3.9)	51.8	(4.4)	16.9	(2.9)	71.9	(2.3)	14.7	(2.3)	13.4	(1.8)
	比利时	55.8	(3.3)	27.7	(2.8)	16.4	(2.2)	20.6	(2.9)	57.0	(3.1)	22.4	(2.7)
	加拿大	35.4	(2.8)	47.7	(2.7)	16.9	(2.0)	7.1	(1.2)	49.2	(2.5)	43.8	(2.7)
	智利	48.9	(3.8)	24.2	(3.7)	26.8	(3.5)	35.7	(3.8)	24.5	(3.6)	39.8	(4.2)
	捷克	49.8	(3.7)	37.4	(3.6)	12.8	(2.0)	58.8	(4.2)	30.6	(3.7)	10.6	(2.3)
	丹麦	42.4	(3.6)	52.1	(3.7)	5.5	(1.7)	24.1	(3.2)	58.0	(3.8)	17.9	(2.8)
	爱沙尼亚	47.6	(2.9)	44.8	(2.8)	7.6	(1.1)	10.9	(2.1)	61.1	(2.9)	28.0	(2.6)
	芬兰	51.7	(2.9)	37.2	(3.2)	11.1	(2.3)	35.5	(3.5)	46.4	(3.8)	18.0	(2.5)
	法国	67.6	(3.1)	22.6	(2.8)	9.7	(2.0)	43.8	(3.5)	31.4	(3.2)	24.8	(3.3)
	德国	40.9	(3.5)	33.4	(3.2)	25.7	(3.1)	31.9	(3.1)	32.9	(3.4)	35.3	(3.3)
	希腊	63.7	(4.1)	18.8	(3.4)	17.5	(3.0)	81.4	(3.2)	11.3	(3.2)	7.3	(1.8)
	匈牙利	55.9	(4.0)	33.8	(3.7)	10.3	(2.4)	23.3	(2.9)	31.2	(3.8)	45.5	(3.8)
	冰岛	67.9	(0.2)	29.1	(0.2)	2.9	(0.1)	12.9	(0.1)	40.8	(0.2)	46.3	(0.3)
	爱尔兰	18.7	(3.0)	41.6	(3.8)	39.7	(4.1)	0.8	(0.7)	40.2	(4.0)	59.0	(4.0)
	以色列	17.0	(3.0)	32.8	(3.9)	50.2	(4.1)	1.7	(1.0)	41.4	(3.8)	56.9	(3.9)
	意大利	44.9	(2.2)	41.2	(2.1)	13.9	(1.6)	24.1	(1.7)	48.7	(1.9)	27.3	(1.9)
	日本	42.1	(3.7)	40.9	(3.7)	17.0	(2.6)	36.9	(3.7)	44.6	(3.6)	18.6	(2.9)
	韩国	17.2	(3.1)	51.0	(4.0)	31.8	(3.6)	9.9	(2.3)	48.6	(3.8)	41.5	(3.9)
	卢森堡	44.4	(0.1)	39.3	(0.1)	16.3	(0.1)	32.1	(0.1)	41.4	(0.1)	26.5	(0.1)
	墨西哥	30.6	(1.9)	37.4	(1.9)	32.0	(1.8)	26.3	(1.6)	32.2	(1.9)	41.5	(1.9)
	荷兰	38.9	(4.2)	34.9	(3.7)	26.2	(4.2)	6.4	(1.7)	39.0	(4.6)	54.6	(4.9)
	新西兰	22.8	(3.4)	58.4	(3.6)	18.8	(3.1)	1.3	(0.9)	60.5	(3.7)	38.2	(3.6)
	挪威	81.0	(2.8)	12.6	(2.3)	6.4	(1.9)	54.2	(4.0)	23.2	(3.3)	22.6	(3.1)
	波兰	63.2	(4.4)	13.1	(2.9)	23.7	(3.7)	42.4	(4.1)	19.3	(3.5)	38.3	(4.3)
	葡萄牙	60.9	(4.0)	32.3	(3.8)	6.7	(2.7)	38.3	(4.1)	38.1	(3.7)	23.6	(3.5)
	斯洛伐克	55.9	(4.1)	25.7	(3.2)	18.3	(3.4)	28.4	(3.3)	39.1	(3.3)	32.5	(2.9)
	斯洛文尼亚	27.3	(0.7)	64.3	(0.7)	8.4	(0.4)	50.5	(0.7)	42.1	(0.7)	7.4	(0.9)
	西班牙	59.2	(2.6)	26.0	(2.2)	14.8	(2.0)	7.6	(1.6)	43.8	(2.8)	48.6	(2.9)
	瑞典	55.9	(4.0)	33.8	(3.3)	10.3	(2.3)	15.7	(2.8)	27.8	(3.3)	56.5	(3.3)
	瑞士	36.7	(3.2)	30.6	(3.2)	32.7	(2.8)	15.0	(2.3)	40.9	(3.4)	44.0	(3.3)
	土耳其	43.0	(3.6)	21.7	(3.4)	35.3	(4.0)	24.2	(3.1)	42.1	(3.9)	33.7	(3.7)
	英国	5.4	(1.4)	14.0	(2.0)	80.6	(2.2)	0.7	(0.5)	37.1	(3.4)	62.2	(3.5)
	美国	33.6	(4.2)	56.0	(4.4)	10.4	(2.9)	6.1	(2.0)	62.9	(4.2)	31.0	(3.8)
	OECD平均	43.5	(0.6)	35.8	(0.5)	20.7	(0.5)	25.9	(0.5)	39.7	(0.6)	34.3	(0.5)
伙伴国家（地区）	阿尔巴尼亚	50.1	(3.9)	39.2	(3.7)	10.7	(2.8)	0.1	(0.1)	51.8	(4.4)	48.2	(4.4)
	阿根廷	43.3	(3.5)	37.4	(4.1)	19.2	(3.3)	14.5	(3.0)	47.5	(4.1)	38.0	(3.6)
	巴西	37.5	(2.6)	20.4	(2.4)	42.1	(2.5)	18.4	(2.2)	28.1	(2.2)	53.5	(2.6)
	保加利亚	41.2	(3.8)	55.9	(3.8)	2.9	(1.3)	6.9	(2.1)	62.6	(4.1)	30.5	(3.6)
	哥伦比亚	38.9	(3.9)	42.2	(3.8)	18.9	(3.4)	6.4	(1.9)	52.6	(3.9)	41.0	(3.8)
	哥斯达黎加	40.6	(3.8)	31.4	(3.8)	27.9	(4.1)	39.6	(4.2)	34.8	(3.8)	25.6	(3.8)
	克罗地亚	39.3	(3.6)	47.2	(3.8)	13.4	(2.8)	8.0	(2.4)	37.8	(3.9)	54.2	(4.2)
	塞浦路斯	61.1	(0.1)	32.1	(0.1)	6.8	(0.0)	49.1	(0.1)	15.9	(0.1)	35.0	(0.1)
	中国香港	41.0	(4.4)	50.0	(4.4)	9.0	(2.4)	9.0	(2.2)	60.1	(4.3)	31.0	(4.0)
	印度尼西亚	52.6	(3.8)	22.2	(3.2)	25.2	(3.4)	24.6	(3.2)	27.7	(3.6)	47.6	(3.8)
	约旦	61.6	(3.0)	22.4	(3.0)	16.0	(2.7)	18.3	(3.2)	28.7	(2.9)	53.0	(3.7)
	哈萨克斯坦	30.4	(3.9)	44.6	(4.4)	25.0	(3.4)	2.4	(1.2)	37.9	(4.0)	59.6	(4.1)
	拉脱维亚	41.7	(3.7)	53.0	(3.8)	5.2	(1.8)	17.8	(3.0)	46.1	(3.9)	36.1	(3.3)
	列支敦士登	43.3	(0.6)	32.1	(0.9)	24.5	(0.6)	40.1	(0.7)	13.2	(1.2)	46.7	(1.2)
	立陶宛	48.7	(3.4)	25.3	(3.4)	26.0	(2.8)	15.9	(2.8)	24.7	(3.0)	59.4	(3.4)
	中国澳门	49.2	(0.1)	29.4	(0.0)	21.4	(0.0)	33.9	(0.0)	52.9	(0.0)	13.3	(0.0)
	马来西亚	41.6	(3.9)	49.2	(3.9)	9.2	(2.5)	4.1	(1.6)	56.0	(3.7)	39.9	(3.8)
	黑山	38.9	(0.1)	54.6	(0.2)	6.5	(0.1)	6.9	(0.1)	66.4	(0.1)	26.7	(0.1)
	秘鲁	34.9	(3.6)	36.4	(3.4)	28.7	(3.5)	13.2	(2.4)	45.3	(3.8)	41.5	(3.5)
	卡塔尔	50.8	(0.1)	31.6	(0.1)	17.5	(0.1)	8.4	(0.0)	30.0	(0.1)	61.5	(0.1)
	罗马尼亚	33.1	(3.7)	52.3	(3.8)	14.6	(2.5)	9.7	(2.2)	44.3	(3.6)	45.9	(3.5)
	俄罗斯联邦	35.4	(3.9)	60.5	(3.9)	4.1	(1.3)	4.0	(1.2)	39.2	(3.1)	56.8	(3.3)
	塞尔维亚	41.1	(4.8)	36.8	(4.3)	22.1	(3.6)	5.2	(2.1)	47.9	(4.1)	46.9	(3.9)
	中国上海	49.2	(3.8)	43.1	(3.8)	7.7	(2.0)	5.9	(1.9)	54.8	(4.1)	39.3	(4.3)
	新加坡	32.5	(0.5)	63.5	(0.7)	4.0	(0.5)	2.8	(0.0)	66.6	(0.6)	30.5	(0.6)
	中国台北	27.7	(3.6)	56.1	(4.2)	16.2	(3.0)	19.5	(2.6)	57.2	(3.9)	23.3	(3.5)
	泰国	21.1	(2.5)	74.4	(3.0)	4.4	(1.7)	23.7	(2.8)	71.0	(3.1)	5.4	(1.9)
	突尼斯	51.7	(4.0)	18.5	(3.0)	29.8	(4.0)	17.7	(2.9)	32.1	(3.8)	50.2	(4.1)
	阿联酋	62.1	(2.4)	28.4	(2.5)	9.5	(1.3)	13.8	(2.2)	21.9	(1.8)	64.2	(2.7)
	乌拉圭	40.0	(3.9)	38.5	(3.5)	21.5	(3.3)	8.9	(2.2)	58.6	(3.8)	32.5	(3.5)
	越南	46.5	(4.3)	41.5	(4.4)	12.0	(2.7)	6.9	(2.0)	51.6	(4.2)	41.5	(4.0)

附表 5.25 ■ 学校招生政策
基于学校校长报告的结果

在校长报告说以下"从不"、"有时"或"总是"作为学校招生的考虑因素的学校就读的学生百分比：

		居住在特定的区域						学生的学习成绩单(包括升学考试)						学生母校的推荐					
		从不		有时		总是		从不		有时		总是		从不		有时		总是	
		%	标准误	%	标准误	%	标准误	%	标准误	%	标准误	%	标准误	%	标准误	%	标准误	%	标准误
OECD	澳大利亚	35.4	(1.5)	19.8	(1.6)	44.8	(1.5)	26.5	(1.8)	40.6	(1.7)	32.9	(1.8)	23.3	(1.5)	43.9	(2.2)	32.9	(2.0)
	奥地利	53.9	(3.9)	17.4	(2.8)	28.7	(3.2)	20.0	(1.5)	9.9	(2.2)	70.1	(2.1)	52.1	(3.5)	40.2	(3.9)	7.7	(1.9)
	比利时	82.2	(2.5)	16.3	(2.3)	1.5	(0.8)	45.1	(2.5)	29.2	(2.8)	25.7	(2.7)	56.0	(2.7)	38.1	(3.0)	5.9	(1.5)
	加拿大	17.8	(1.6)	12.8	(1.3)	69.4	(1.9)	41.6	(2.6)	31.8	(2.3)	26.6	(2.5)	34.5	(2.5)	35.6	(2.3)	29.9	(2.5)
	智利	63.9	(3.6)	24.3	(3.5)	11.8	(2.4)	30.1	(3.4)	35.7	(4.1)	34.2	(3.6)	41.5	(3.6)	44.7	(3.9)	13.8	(2.9)
	捷克	69.9	(3.2)	16.1	(3.1)	14.0	(2.1)	32.8	(2.5)	12.7	(2.6)	54.5	(2.5)	50.5	(3.2)	38.3	(3.2)	11.3	(2.6)
	丹麦	33.2	(3.5)	25.6	(3.1)	41.2	(3.3)	70.1	(2.7)	23.0	(2.6)	7.0	(1.7)	57.1	(3.6)	31.0	(3.5)	11.9	(2.0)
	爱沙尼亚	21.7	(2.6)	26.5	(2.3)	51.7	(3.0)	28.5	(2.3)	34.4	(2.3)	37.0	(2.6)	42.7	(2.8)	53.3	(2.8)	4.0	(1.2)
	芬兰	23.2	(3.2)	9.9	(2.0)	66.9	(3.3)	83.0	(2.1)	13.9	(1.8)	3.1	(1.0)	80.3	(2.4)	17.0	(2.2)	2.7	(0.8)
	法国	18.2	(2.1)	21.0	(2.8)	60.8	(2.7)	40.1	(3.0)	29.7	(3.6)	30.2	(2.9)	60.3	(2.9)	33.3	(3.0)	6.4	(1.6)
	德国	21.0	(2.9)	30.1	(3.3)	48.9	(3.5)	21.5	(3.0)	29.5	(3.3)	48.9	(3.7)	22.4	(2.9)	33.3	(3.4)	44.3	(3.9)
	希腊	14.0	(2.8)	14.5	(3.3)	71.5	(4.0)	76.0	(2.8)	19.6	(2.6)	4.4	(1.7)	64.3	(3.7)	29.2	(3.4)	6.5	(2.0)
	匈牙利	51.1	(3.7)	20.9	(3.6)	19.9	(2.7)	7.5	(1.0)	9.6	(2.1)	82.9	(2.2)	50.8	(4.2)	39.6	(4.3)	9.6	(2.6)
	冰岛	21.2	(0.2)	30.7	(0.2)	48.1	(0.2)	72.3	(0.2)	19.6	(0.2)	8.1	(0.2)	42.6	(0.2)	38.2	(0.3)	19.2	(0.2)
	爱尔兰	38.3	(4.0)	17.4	(3.0)	44.4	(4.0)	64.5	(4.0)	13.8	(2.6)	21.6	(3.4)	53.0	(4.1)	22.6	(3.2)	24.4	(3.6)
	以色列	29.4	(3.5)	31.8	(4.2)	38.8	(3.7)	26.8	(3.6)	30.6	(3.7)	42.6	(4.1)	23.9	(3.2)	34.0	(3.5)	42.1	(4.0)
	意大利	36.8	(2.4)	36.2	(2.1)	27.0	(1.9)	21.9	(1.6)	21.7	(2.0)	56.5	(2.1)	20.6	(1.6)	30.6	(2.2)	48.8	(2.0)
	日本	76.7	(3.8)	13.4	(2.6)	9.5	(1.9)	0.9	(0.7)	6.0	(1.7)	93.1	(1.9)	32.1	(3.0)	37.9	(3.2)	30.0	(3.4)
	韩国	61.5	(4.2)	20.6	(3.6)	17.8	(3.4)	25.7	(3.3)	7.7	(2.2)	66.6	(3.7)	53.6	(4.1)	28.5	(3.7)	17.9	(3.5)
	卢森堡	14.2	(0.1)	42.1	(0.1)	43.7	(0.1)	1.0	(0.1)	26.9	(0.1)	72.2	(0.1)	13.8	(0.1)	76.6	(0.1)	9.5	(0.1)
	墨西哥	66.1	(2.0)	24.6	(1.9)	9.2	(1.0)	31.8	(1.8)	20.5	(1.5)	47.7	(1.7)	63.8	(1.8)	24.5	(1.7)	11.7	(1.0)
	荷兰	56.9	(4.6)	21.6	(3.7)	21.4	(3.7)	1.3	(0.5)	6.7	(2.0)	92.0	(2.2)	0.7	(0.6)	6.7	(2.1)	92.7	(2.2)
	新西兰	32.7	(3.0)	17.4	(2.9)	49.9	(3.0)	34.6	(4.1)	14.0	(2.4)	51.4	(3.8)	31.7	(4.0)	17.9	(2.4)	50.4	(3.9)
	挪威	29.8	(3.5)	6.9	(2.1)	63.3	(4.0)	88.9	(2.5)	4.3	(1.6)	6.7	(2.0)	84.5	(3.0)	11.1	(2.5)	4.4	(1.6)
	波兰	12.0	(2.5)	11.3	(2.2)	76.7	(3.0)	40.5	(3.4)	42.2	(3.9)	17.3	(2.9)	44.3	(3.6)	51.1	(3.9)	4.5	(1.6)
	葡萄牙	9.1	(2.7)	36.1	(4.7)	54.9	(4.6)	34.0	(4.6)	30.2	(4.2)	35.9	(4.3)	65.4	(4.5)	31.9	(4.3)	2.8	(1.2)
	斯洛伐克	66.8	(3.3)	16.4	(2.8)	16.8	(2.6)	33.6	(2.4)	16.2	(2.5)	50.2	(2.4)	39.5	(3.7)	46.3	(3.8)	14.2	(3.0)
	斯洛文尼亚	77.9	(0.7)	17.9	(0.8)	4.1	(0.7)	30.4	(0.7)	42.8	(0.5)	26.9	(0.7)	62.3	(0.9)	33.2	(0.9)	4.4	(0.2)
	西班牙	19.6	(2.1)	17.8	(2.3)	62.6	(3.0)	89.4	(1.9)	9.9	(1.9)	0.8	(0.3)	87.7	(1.8)	9.1	(1.6)	3.2	(1.0)
	瑞典	37.4	(3.3)	12.6	(2.4)	50.1	(3.6)	89.9	(2.2)	2.9	(1.2)	7.1	(1.9)	84.1	(2.7)	9.0	(2.3)	6.8	(1.8)
	瑞士	28.6	(3.1)	14.8	(2.5)	56.6	(3.2)	21.4	(2.7)	15.2	(2.3)	63.5	(3.5)	29.6	(2.8)	23.6	(2.9)	46.8	(3.2)
	土耳其	39.2	(3.2)	27.4	(3.9)	33.4	(3.4)	28.2	(3.3)	30.0	(3.0)	41.8	(3.3)	73.7	(4.1)	20.9	(3.4)	5.3	(1.8)
	英国	21.1	(2.3)	30.4	(3.5)	48.4	(3.2)	68.4	(2.8)	8.6	(2.3)	23.0	(2.2)	57.5	(3.4)	22.1	(3.4)	20.4	(2.4)
	美国	18.0	(3.4)	7.6	(2.0)	74.4	(3.7)	45.7	(4.0)	20.1	(3.3)	34.1	(3.4)	45.1	(4.3)	33.8	(4.4)	21.1	(3.4)
	OECD平均	38.2	(0.5)	21.1	(0.5)	40.7	(0.5)	40.4	(0.5)	20.9	(0.4)	38.7	(0.4)	48.4	(0.5)	32.0	(0.5)	19.6	(0.4)
伙伴国家(地区)	阿尔巴尼亚	26.8	(3.9)	34.9	(3.4)	38.3	(4.0)	28.5	(3.7)	25.0	(3.9)	46.5	(4.0)	24.2	(3.4)	36.8	(3.9)	39.1	(3.6)
	阿根廷	50.1	(3.9)	26.0	(3.9)	23.9	(3.0)	67.9	(3.4)	22.0	(3.2)	10.1	(2.5)	55.4	(3.7)	37.9	(3.7)	6.7	(1.5)
	巴西	33.0	(2.1)	28.1	(2.0)	38.8	(2.3)	70.1	(2.1)	12.7	(1.7)	17.2	(1.8)	70.3	(2.4)	22.7	(2.0)	7.0	(1.4)
	保加利亚	58.3	(3.4)	24.0	(3.0)	17.7	(2.3)	6.2	(1.6)	13.7	(2.7)	80.1	(2.9)	42.3	(3.5)	41.3	(3.4)	16.5	(2.8)
	哥伦比亚	45.0	(3.8)	29.9	(3.7)	25.1	(3.2)	28.8	(3.2)	33.3	(3.9)	37.9	(3.7)	49.2	(4.0)	34.1	(3.7)	16.7	(2.9)
	哥斯达黎加	28.3	(2.9)	18.7	(3.5)	52.9	(3.8)	29.7	(3.2)	23.8	(3.2)	46.5	(3.6)	37.9	(3.5)	46.7	(3.8)	15.4	(2.3)
	克罗地亚	69.7	(3.3)	23.8	(3.3)	6.6	(1.3)	0.3		4.1	(1.7)	95.6	(1.8)	45.1	(3.8)	47.7	(4.1)	7.2	(1.8)
	塞浦路斯	24.9	(0.1)	67.8	(0.1)	7.3	(0.1)	60.6	(0.1)	21.7	(0.1)	17.6	(0.1)	62.0	(0.1)	29.9	(0.1)	8.1	(0.1)
	中国香港	49.8	(4.1)	35.4	(3.9)	14.8	(2.9)	0.0	c	8.0	(1.9)	92.0	(1.9)	6.1	(2.0)	65.1	(4.1)	28.7	(3.7)
	印度尼西亚	30.9	(4.1)	27.2	(3.5)	41.9	(3.7)	24.4	(3.4)	19.6	(2.8)	56.0	(3.4)	37.7	(3.8)	25.2	(3.6)	37.1	(3.8)
	约旦	9.4	(2.1)	27.3	(3.6)	63.3	(3.3)	30.7	(3.2)	42.6	(3.6)	26.8	(3.1)	38.7	(3.1)	42.4	(3.4)	18.9	(2.8)
	哈萨克斯坦	31.1	(3.9)	31.0	(3.8)	37.9	(3.9)	34.4	(4.0)	27.1	(3.8)	38.5	(4.1)	43.6	(3.9)	32.1	(3.6)	24.3	(3.4)
	拉脱维亚	60.8	(3.5)	18.7	(2.9)	20.5	(2.8)	47.0	(2.8)	25.4	(2.9)	27.6	(2.7)	60.7	(3.4)	35.2	(3.3)	4.1	(1.4)
	列支敦士登	37.9	(0.9)	5.4	(0.7)	56.7	(0.6)	19.9	(1.1)	7.4	(0.8)	72.8	(1.3)	12.8	(1.0)	13.4	(0.8)	73.8	(1.1)
	立陶宛	25.1	(2.8)	14.0	(2.5)	60.8	(3.2)	53.0	(2.8)	28.0	(2.7)	19.0	(2.2)	51.2	(3.4)	44.7	(3.3)	4.1	(1.4)
	中国澳门	71.1	(0.1)	22.9	(0.1)	6.0	(0.1)	4.1	(0.0)	27.2	(0.1)	68.8	(0.1)	9.5	(0.0)	45.4	(0.1)	45.1	(0.1)
	马来西亚	33.5	(4.1)	35.4	(4.0)	31.1	(3.7)	27.1	(3.7)	27.1	(4.0)	45.7	(4.3)	30.6	(4.0)	43.0	(4.1)	26.4	(3.6)
	黑山	66.0	(0.2)	26.4	(0.1)	7.6	(0.1)	34.8	(0.1)	12.9	(0.1)	52.4	(0.1)	32.4	(0.1)	39.6	(0.1)	27.9	(0.1)
	秘鲁	64.1	(3.4)	29.4	(3.1)	6.6	(1.7)	50.8	(3.7)	23.2	(3.2)	26.0	(3.4)	62.2	(3.6)	30.1	(3.7)	7.7	(1.8)
	卡塔尔	31.5	(0.1)	20.1	(0.1)	48.4	(0.1)	31.6	(0.1)	21.4	(0.1)	47.0	(0.1)	34.5	(0.1)	41.4	(0.1)	24.1	(0.1)
	罗马尼亚	42.3	(3.9)	48.1	(3.8)	9.6	(2.3)	31.3	(3.9)	38.0	(4.0)	30.6	(3.3)	47.8	(3.8)	46.4	(3.8)	5.7	(1.8)
	俄罗斯联邦	30.4	(3.8)	23.1	(3.0)	46.5	(4.2)	54.1	(3.2)	31.0	(2.7)	15.0	(2.4)	49.1	(3.5)	40.4	(3.7)	10.5	(1.7)
	塞尔维亚	72.1	(3.8)	24.7	(3.7)	3.2	(1.5)	5.3	(1.9)	8.9	(2.3)	85.8	(2.6)	36.9	(4.5)	49.6	(4.5)	13.4	(3.2)
	中国上海	36.6	(3.9)	33.6	(3.6)	29.8	(3.6)	20.8	(2.8)	32.6	(3.6)	46.4	(3.2)	22.0	(3.2)	62.4	(3.7)	15.6	(2.7)
	新加坡	34.0	(0.5)	58.2	(0.5)	7.8	(0.6)	1.8	(0.0)	18.9	(0.6)	79.2	(0.6)	31.7	(0.3)	52.5	(0.6)	15.8	(0.7)
	中国台北	31.2	(3.9)	41.3	(3.5)	27.5	(3.2)	19.0	(2.1)	35.6	(3.5)	45.4	(3.5)	32.2	(3.6)	54.1	(3.8)	13.6	(2.6)
	泰国	26.4	(3.5)	31.0	(3.7)	42.6	(3.6)	3.1	(1.3)	15.8	(2.2)	81.1	(2.4)	2.7	(1.3)	26.2	(3.0)	71.0	(3.3)
	突尼斯	19.4	(3.2)	25.3	(3.4)	55.3	(3.7)	23.5	(3.4)	33.4	(4.0)	43.1	(4.1)	40.1	(4.1)	36.9	(4.5)	23.0	(3.8)
	阿联酋	35.5	(2.5)	23.5	(1.9)	40.9	(2.1)	9.5	(1.6)	24.4	(2.0)	66.1	(2.1)	21.5	(2.4)	45.0	(2.3)	33.5	(2.3)
	乌拉圭	49.7	(3.3)	23.6	(2.9)	26.7	(2.6)	65.7	(3.1)	8.4	(2.1)	25.9	(3.1)	66.2	(3.2)	26.1	(3.1)	7.6	(1.6)
	越南	33.3	(4.0)	25.4	(3.9)	41.3	(4.1)	4.0	(1.4)	9.8	(2.2)	86.2	(2.6)	22.8	(3.5)	41.4	(4.4)	35.8	(3.9)

附表 5.25 ■ 学校招生政策(续表 1)
基于学校校长报告的结果

	在校长报告说以下"从不"、"有时"或"总是"作为学校招生的考虑因素的学校就读的学生百分比：																	
	家长认可学校的教育思想和办学理念						学生是否对某个特等课程感兴趣或要求学习某个特定课程						优先考虑本校学生或校友的家庭成员					
	从不		有时		总是		从不		有时		总是		从不		有时		总是	
	%	标准误	%	标准误	%	标准误	%	标准误	%	标准误	%	标准误	%	标准误	%	标准误	%	标准误
澳大利亚	46.4	(1.9)	22.6	(1.7)	31.0	(1.4)	20.7	(1.6)	56.0	(1.8)	23.3	(1.7)	26.8	(1.6)	31.2	(1.8)	42.0	(1.9)
奥地利	73.7	(3.8)	22.2	(3.6)	4.1	(1.8)	28.4	(3.2)	36.8	(3.8)	34.9	(3.5)	51.2	(3.7)	28.9	(3.8)	19.9	(2.9)
比利时	42.3	(2.8)	16.8	(2.3)	40.9	(2.8)	36.4	(3.2)	54.0	(3.2)	9.7	(1.8)	47.9	(3.1)	25.3	(3.1)	26.7	(3.2)
加拿大	67.0	(2.2)	20.7	(2.2)	12.3	(1.6)	19.9	(1.8)	54.6	(2.5)	25.5	(2.2)	55.8	(2.5)	29.5	(2.5)	14.6	(1.8)
智利	61.8	(3.4)	12.7	(2.6)	25.6	(2.9)	43.5	(3.8)	39.2	(3.8)	17.3	(2.7)	21.4	(2.5)	36.0	(3.6)	42.6	(3.7)
捷克	64.7	(3.7)	18.8	(3.3)	16.5	(2.9)	34.5	(3.7)	38.2	(3.5)	27.3	(3.4)	80.7	(3.0)	15.9	(2.8)	3.5	(1.3)
丹麦	59.0	(3.4)	21.6	(3.3)	19.3	(2.5)	40.8	(3.5)	48.0	(3.6)	11.2	(2.2)	47.6	(3.4)	41.6	(3.4)	10.8	(1.9)
爱沙尼亚	57.6	(2.8)	31.4	(2.9)	10.9	(1.8)	19.4	(2.1)	55.4	(2.8)	25.2	(2.5)	43.8	(2.2)	37.6	(2.2)	18.7	(2.1)
芬兰	87.8	(2.1)	6.3	(1.5)	5.9	(1.5)	62.4	(3.2)	34.9	(3.1)	2.8	(0.9)	77.2	(2.5)	16.7	(1.9)	6.1	(1.6)
法国	76.5	(2.2)	9.5	(2.3)	14.0	(1.8)	40.0	(3.6)	48.0	(3.8)	12.0	(2.4)	49.4	(3.1)	35.8	(3.0)	14.7	(2.4)
德国	72.5	(3.2)	18.0	(2.7)	9.5	(1.9)	24.3	(3.3)	41.1	(3.6)	34.6	(3.9)	59.9	(2.8)	20.6	(2.8)	19.5	(2.8)
希腊	84.9	(2.5)	9.9	(2.2)	5.1	(1.5)	60.1	(3.8)	25.7	(3.2)	14.2	(2.8)	46.8	(4.0)	32.1	(3.7)	21.1	(3.2)
匈牙利	52.2	(3.9)	24.9	(3.6)	22.9	(3.1)	15.8	(2.8)	32.7	(4.0)	51.6	(4.1)	38.5	(3.6)	42.3	(4.2)	19.2	(3.1)
冰岛	85.0	(0.2)	14.9	(0.2)	0.1	(0.0)	87.3	(0.2)	12.1	(0.2)	0.5	(0.0)	88.5	(0.1)	9.2	(0.1)	2.3	(0.0)
爱尔兰	49.8	(3.8)	24.6	(3.4)	25.6	(3.4)	41.9	(3.8)	40.7	(4.1)	17.3	(3.0)	30.5	(3.2)	14.9	(3.1)	54.5	(3.6)
以色列	39.8	(3.3)	19.0	(2.8)	41.1	(3.2)	19.3	(3.1)	54.3	(3.9)	26.5	(3.6)	51.0	(3.4)	35.1	(3.4)	13.9	(2.6)
意大利	37.1	(2.0)	23.1	(1.8)	39.8	(2.2)	17.4	(1.7)	39.7	(2.0)	42.9	(2.1)	27.8	(2.0)	46.1	(2.0)	26.1	(1.7)
日本	76.7	(2.0)	12.7	(2.8)	10.7	(1.9)	33.4	(3.1)	35.1	(3.1)	31.4	(3.6)	81.6	(2.5)	15.6	(2.2)	2.8	(1.3)
韩国	64.3	(3.8)	21.2	(3.4)	14.4	(2.8)	37.3	(3.8)	24.5	(3.7)	38.2	(4.1)	57.8	(4.4)	23.6	(3.7)	18.6	(3.4)
卢森堡	59.1	(0.1)	36.8	(0.1)	4.0	(0.0)	16.7	(0.1)	66.3	(0.1)	17.0	(0.1)	7.3	(0.1)	42.4	(0.1)	50.4	(0.1)
墨西哥	69.9	(1.6)	15.6	(1.3)	14.5	(1.4)	51.3	(1.8)	37.5	(1.8)	11.2	(1.2)	72.4	(1.7)	19.9	(1.6)	7.6	(0.9)
荷兰	38.7	(4.0)	32.3	(4.0)	29.0	(3.7)	12.3	(2.6)	67.5	(3.8)	19.3	(3.2)	62.8	(4.5)	16.9	(3.7)	20.3	(3.5)
新西兰	54.3	(3.7)	21.7	(2.8)	24.1	(3.1)	30.2	(3.8)	44.7	(4.2)	25.2	(3.5)	29.1	(2.9)	32.6	(4.2)	38.2	(4.0)
挪威	93.0	(2.1)	5.1	(1.8)	1.9	(1.1)	82.0	(3.1)	15.9	(3.0)	2.1	(1.1)	85.2	(3.0)	11.8	(2.7)	3.0	(1.3)
波兰	75.5	(3.5)	20.9	(3.4)	3.6	(1.1)	42.4	(3.4)	42.2	(3.6)	15.5	(2.5)	82.2	(2.9)	16.5	(3.0)	1.4	(0.9)
葡萄牙	49.1	(4.5)	22.1	(3.7)	28.7	(3.8)	8.8	(2.3)	42.6	(4.9)	48.6	(4.3)	28.3	(4.1)	47.5	(4.3)	24.1	(3.9)
斯洛伐克	66.3	(3.8)	13.0	(2.6)	20.7	(3.9)	32.5	(3.0)	35.7	(3.4)	31.8	(3.8)	85.1	(2.6)	12.2	(2.6)	2.7	(1.0)
斯洛文尼亚	92.0	(0.3)	5.7	(0.1)	2.4	(0.1)	12.1	(0.8)	27.8	(0.8)	60.0	(0.7)	90.8	(0.8)	8.7	(0.6)	0.5	(0.1)
西班牙	81.4	(1.8)	9.3	(1.7)	9.3	(1.1)	57.8	(2.7)	31.0	(2.7)	11.2	(1.5)	33.6	(2.8)	28.5	(2.9)	37.9	(2.3)
瑞典	86.9	(2.8)	9.3	(2.3)	3.9	(1.4)	69.3	(3.3)	20.3	(3.0)	10.4	(2.5)	69.2	(3.0)	18.7	(2.7)	12.1	(1.7)
瑞士	82.5	(2.5)	14.3	(2.2)	3.2	(1.1)	43.1	(3.6)	39.0	(3.7)	17.9	(2.9)	87.2	(2.1)	11.7	(2.1)	1.1	(0.5)
土耳其	37.7	(3.6)	43.5	(3.8)	18.8	(2.8)	47.2	(3.4)	39.3	(3.3)	13.5	(2.8)	63.3	(4.0)	27.7	(4.0)	9.0	(2.1)
英国	69.8	(3.0)	17.7	(2.6)	12.4	(2.2)	52.8	(3.4)	33.8	(3.1)	13.4	(2.1)	34.1	(3.1)	38.0	(3.5)	27.9	(3.0)
美国	72.9	(4.2)	20.4	(3.9)	6.7	(2.0)	39.6	(4.2)	43.0	(4.2)	17.3	(3.4)	74.5	(3.2)	20.1	(3.1)	5.4	(1.9)
OECD平均	65.5	(0.5)	18.8	(0.5)	15.7	(0.4)	37.7	(0.5)	39.9	(0.6)	22.4	(0.5)	55.6	(0.5)	26.2	(0.5)	18.2	(0.4)
阿尔巴尼亚	52.8	(4.8)	19.3	(3.1)	27.9	(3.7)	22.4	(3.6)	44.4	(4.1)	33.2	(4.1)	34.9	(4.0)	40.5	(3.5)	24.6	(3.5)
阿根廷	50.4	(3.8)	24.2	(3.5)	25.4	(3.7)	36.4	(4.1)	45.0	(4.1)	18.6	(3.3)	29.1	(3.5)	27.2	(3.5)	43.7	(3.8)
巴西	61.9	(2.5)	20.4	(2.1)	17.7	(1.9)	56.1	(2.5)	30.7	(2.4)	13.3	(1.6)	60.3	(2.6)	28.8	(2.4)	10.9	(1.8)
保加利亚	28.2	(3.0)	27.0	(3.4)	44.8	(3.9)	23.6	(3.1)	49.3	(3.9)	27.0	(3.6)	55.8	(3.2)	26.9	(3.2)	17.3	(2.2)
哥伦比亚	56.7	(3.6)	19.6	(3.1)	23.7	(3.2)	49.7	(3.9)	38.6	(3.8)	11.6	(2.7)	41.1	(3.5)	32.0	(3.7)	26.9	(3.8)
哥斯达黎加	46.5	(3.5)	25.9	(3.4)	27.6	(3.0)	35.4	(3.6)	36.5	(4.1)	30.6	(3.7)	66.9	(2.8)	22.1	(2.7)	11.0	(2.0)
克罗地亚	58.6	(3.5)	23.5	(3.2)	17.8	(3.2)	22.6	(4.2)	52.4	(4.1)	25.0	(3.6)	78.5	(3.6)	20.3	(3.5)	1.2	(0.9)
塞浦路斯	84.5	(0.1)	1.6	(0.0)	13.9	(0.1)	31.5	(0.1)	34.9	(0.1)	33.6	(0.1)	57.3	(0.1)	24.9	(0.1)	17.8	(0.1)
中国香港	25.0	(3.2)	44.7	(3.8)	30.4	(3.7)	41.6	(3.8)	50.6	(4.1)	7.8	(2.3)	18.8	(3.3)	63.0	(4.2)	18.3	(3.6)
印度尼西亚	43.0	(3.9)	18.5	(3.0)	38.5	(3.9)	24.3	(3.7)	26.5	(3.5)	49.2	(3.9)	34.5	(4.1)	37.3	(3.8)	28.2	(3.8)
约旦	47.6	(2.8)	30.3	(3.0)	22.1	(2.4)	40.5	(3.4)	41.9	(3.5)	17.6	(2.4)	46.2	(3.6)	29.7	(3.5)	24.1	(3.2)
哈萨克斯坦	57.8	(4.2)	25.8	(3.5)	16.5	(3.1)	16.6	(3.1)	51.5	(3.9)	31.9	(4.2)	46.7	(4.5)	38.0	(4.2)	15.3	(3.1)
拉脱维亚	86.0	(2.7)	11.5	(2.4)	2.5	(1.2)	21.6	(2.8)	41.2	(3.4)	37.2	(3.2)	61.5	(3.8)	24.7	(3.6)	13.8	(2.4)
列支敦士登	72.5	(1.2)	21.4	(0.7)	6.1	(1.0)	37.8	(1.1)	46.8	(0.9)	15.3	(0.7)	93.9	(0.4)	6.1	(0.4)	0.0	c
立陶宛	49.3	(3.4)	27.7	(3.3)	23.0	(2.9)	31.4	(3.3)	33.2	(3.5)	35.4	(3.4)	35.6	(2.9)	26.4	(2.7)	38.0	(3.4)
中国澳门	23.4	(0.0)	66.3	(0.0)	10.3	(0.0)	20.4	(0.0)	67.9	(0.1)	11.7	(0.0)	4.5	(0.0)	45.1	(0.1)	50.4	(0.1)
马来西亚	36.3	(3.9)	36.9	(3.6)	26.8	(3.5)	26.7	(3.7)	47.6	(4.4)	25.7	(3.5)	50.1	(3.9)	39.4	(3.8)	10.5	(2.4)
黑山	61.2	(0.1)	22.5	(0.1)	16.3	(0.1)	10.2	(0.1)	48.9	(0.1)	40.9	(0.1)	62.0	(0.1)	35.5	(0.1)	2.5	(0.0)
秘鲁	59.5	(3.7)	24.6	(3.0)	16.0	(2.6)	40.7	(3.4)	44.0	(3.4)	15.3	(2.7)	43.8	(3.8)	36.6	(3.6)	19.6	(2.6)
卡塔尔	30.4	(0.1)	35.6	(0.1)	34.0	(0.1)	30.5	(0.1)	46.2	(0.1)	23.3	(0.1)	27.8	(0.1)	30.1	(0.1)	42.1	(0.1)
罗马尼亚	55.2	(3.9)	34.3	(3.5)	10.5	(2.2)	38.7	(3.8)	45.9	(3.8)	15.4	(2.8)	44.3	(3.7)	47.9	(3.4)	7.8	(2.1)
俄罗斯联邦	17.3	(2.7)	43.9	(3.6)	38.8	(4.0)	18.3	(2.7)	37.3	(3.6)	44.4	(3.7)	59.3	(3.1)	31.4	(3.2)	9.3	(2.8)
塞尔维亚	57.1	(4.4)	27.5	(3.6)	15.4	(3.3)	4.7	(1.8)	33.7	(3.9)	61.6	(4.2)	70.2	(3.8)	25.0	(3.6)	4.8	(2.0)
中国上海	14.4	(2.8)	42.8	(4.3)	42.8	(4.1)	15.0	(3.0)	68.2	(3.7)	16.8	(3.0)	60.4	(3.1)	35.8	(3.0)	3.8	(1.6)
新加坡	66.4	(0.5)	28.8	(0.5)	4.9	(0.1)	20.4	(0.5)	72.3	(0.5)	7.3	(0.1)	46.8	(0.6)	48.3	(0.5)	4.9	(0.6)
中国台北	29.4	(3.5)	41.5	(4.1)	29.1	(3.8)	20.1	(3.5)	46.3	(4.2)	33.7	(3.5)	51.7	(3.5)	30.9	(3.7)	17.4	(3.0)
泰国	12.3	(2.3)	33.4	(3.7)	54.3	(3.8)	6.8	(1.7)	33.9	(3.6)	59.3	(3.6)	32.1	(3.5)	47.9	(3.8)	20.0	(3.2)
突尼斯	83.4	(3.0)	14.1	(2.7)	2.4	(1.2)	58.4	(4.1)	35.6	(4.1)	6.1	(2.0)	50.6	(4.6)	39.5	(4.2)	10.0	(2.5)
阿联酋	27.7	(2.4)	33.3	(2.4)	39.0	(2.6)	29.3	(2.5)	46.0	(2.2)	24.7	(2.1)	21.6	(1.8)	34.8	(2.6)	43.6	(2.6)
乌拉圭	75.5	(2.6)	6.9	(1.5)	17.6	(2.3)	60.1	(3.7)	31.9	(3.6)	8.0	(2.1)	66.5	(2.8)	16.8	(2.6)	16.7	(2.3)
越南	12.9	(2.7)	32.4	(4.0)	54.7	(4.2)	47.9	(4.1)	23.8	(3.7)	28.3	(3.8)	64.7	(3.9)	28.2	(3.6)	7.1	(2.1)

附表 5.25 ■ 学校招生政策(续表 2)

基于学校校长报告的结果

		在校长报告说招生时会考虑学生的学习成绩单或者母校推荐的学校就读的学生百分比：						在校长报告说招生时会考虑学生的学习成绩单或者母校推荐的学校就读的学生百分比：					
		其 他						这两个因素"从不"考虑		至少其中一个因素"有时"会被考虑但是两个因素都不会"总是"被考虑		其中至少一个因素"总是"被考虑	
		从 不		有 时		总 是							
		%	标准误	%	标准误	%	标准误	%	标准误	%	标准误	%	标准误
OECD	澳大利亚	33.9	(1.8)	56.1	(2.0)	10.0	(1.2)	15.8	(1.4)	39.8	(2.0)	44.4	(2.1)
	奥地利	56.5	(3.9)	33.6	(3.7)	9.9	(2.4)	17.8	(1.1)	11.3	(2.0)	70.9	(2.0)
	比利时	54.3	(4.2)	38.1	(4.1)	7.7	(1.9)	34.9	(2.6)	38.0	(3.3)	27.1	(2.8)
	加拿大	41.5	(3.1)	45.4	(3.7)	13.1	(2.7)	26.5	(2.1)	34.4	(2.2)	39.0	(2.3)
	智利	60.5	(3.9)	32.0	(3.8)	7.5	(2.0)	19.1	(2.6)	42.0	(4.3)	38.9	(3.8)
	捷克	63.8	(3.1)	31.6	(3.4)	4.6	(1.3)	25.0	(2.2)	17.1	(2.4)	57.9	(2.4)
	丹麦	41.4	(4.0)	48.7	(4.0)	10.0	(2.1)	48.7	(3.2)	36.7	(3.5)	14.6	(2.2)
	爱沙尼亚	38.8	(2.5)	55.7	(2.6)	5.5	(1.3)	19.8	(1.8)	41.7	(2.7)	38.4	(2.6)
	芬兰	41.8	(3.3)	54.0	(3.3)	4.2	(1.3)	75.2	(2.5)	21.2	(2.3)	3.6	(1.0)
	法国	33.2	(3.9)	58.4	(4.3)	8.5	(2.1)	35.2	(2.8)	33.7	(3.6)	31.1	(2.8)
	德国	34.4	(4.6)	59.9	(4.8)	5.7	(2.1)	15.3	(2.6)	23.1	(3.0)	61.6	(3.7)
	希腊	23.8	(3.2)	69.5	(3.5)	6.7	(2.1)	62.4	(3.8)	29.8	(3.5)	7.8	(2.2)
	匈牙利	45.3	(4.2)	42.4	(4.2)	12.3	(2.1)	6.1	(1.0)	9.1	(2.0)	84.8	(2.0)
	冰岛	52.5	(0.2)	46.0	(0.2)	1.5	(0.1)	42.6	(0.2)	36.4	(0.3)	21.1	(0.2)
	爱尔兰	29.7	(3.7)	49.6	(4.0)	20.6	(3.6)	48.0	(4.4)	25.5	(3.5)	26.5	(3.7)
	以色列	45.0	(3.8)	47.5	(4.0)	7.5	(2.2)	19.7	(3.0)	24.0	(3.5)	56.3	(4.2)
	意大利	47.7	(2.5)	41.2	(2.6)	11.1	(1.5)	13.1	(1.3)	21.2	(1.9)	65.7	(2.0)
	日本	66.5	(3.1)	30.8	(3.2)	2.6	(1.2)	0.9	(0.7)	5.1	(1.8)	94.0	(1.9)
	韩国	55.5	(4.0)	35.5	(4.2)	9.0	(2.5)	23.3	(3.2)	9.3	(2.3)	67.4	(3.6)
	卢森堡	30.4	(0.1)	68.4	(0.1)	1.2	(0.0)	1.0	(0.0)	26.9	(0.1)	72.2	(0.1)
	墨西哥	62.1	(2.5)	31.2	(2.2)	6.7	(1.5)	26.8	(2.8)	22.1	(1.5)	51.1	(1.8)
	荷兰	52.7	(5.4)	43.3	(5.6)	4.0	(2.0)	0.0	c	2.6	(1.3)	97.4	(1.3)
	新西兰	34.7	(5.3)	49.3	(4.8)	16.0	(3.8)	28.6	(4.0)	12.9	(2.3)	58.5	(3.8)
	挪威	48.9	(3.5)	45.4	(3.4)	5.7	(1.8)	83.8	(3.0)	9.4	(2.3)	6.7	(2.0)
	波兰	37.3	(4.0)	57.7	(4.2)	5.0	(1.6)	32.8	(3.5)	48.4	(4.2)	18.8	(2.9)
	葡萄牙	29.6	(4.1)	58.2	(4.4)	12.2	(2.8)	32.1	(4.5)	31.4	(4.1)	36.6	(4.3)
	斯洛伐克	48.4	(3.8)	43.7	(4.1)	8.0	(2.3)	22.4	(2.2)	24.5	(2.9)	53.0	(2.5)
	斯洛文尼亚	71.3	(0.6)	27.8	(0.6)	1.0	(0.0)	23.6	(0.9)	47.1	(0.8)	29.3	(0.8)
	西班牙	35.9	(3.3)	34.9	(3.4)	29.2	(3.3)	81.3	(2.3)	15.0	(2.1)	3.7	(1.0)
	瑞典	51.5	(3.9)	38.1	(4.0)	10.4	(2.4)	80.1	(2.9)	9.6	(2.5)	10.3	(2.2)
	瑞士	47.5	(3.1)	44.3	(3.3)	8.2	(2.2)	15.3	(2.2)	11.4	(2.0)	73.3	(2.9)
	土耳其	44.7	(4.8)	46.5	(4.7)	8.7	(2.8)	23.9	(3.3)	32.9	(2.9)	43.2	(3.5)
	英国	40.6	(4.3)	37.3	(4.2)	22.2	(3.9)	52.5	(3.1)	19.3	(3.3)	28.2	(2.7)
	美国	50.0	(4.5)	40.5	(4.0)	9.5	(3.8)	35.8	(4.1)	28.4	(4.0)	35.7	(3.5)
	OECD平均	45.6	(0.6)	45.4	(0.6)	9.0	(0.4)	32.0	(0.5)	24.7	(0.5)	43.2	(0.5)
伙伴国家(地区)	阿尔巴尼亚	27.5	(4.0)	47.3	(4.2)	25.2	(3.9)	11.8	(2.6)	28.1	(4.1)	60.0	(4.3)
	阿根廷	35.1	(4.0)	51.9	(4.3)	13.0	(3.2)	47.1	(3.4)	38.2	(3.7)	14.8	(2.6)
	巴西	32.1	(3.2)	43.3	(3.2)	24.6	(2.9)	55.2	(2.4)	23.8	(2.3)	20.9	(2.0)
	保加利亚	52.6	(3.9)	43.7	(4.2)	3.8	(1.2)	4.6	(1.4)	14.2	(2.8)	81.2	(2.9)
	哥伦比亚	39.7	(4.7)	43.9	(5.2)	16.5	(3.2)	21.2	(2.8)	36.1	(3.7)	42.8	(3.9)
	哥斯达黎加	35.7	(5.4)	31.7	(4.2)	32.6	(4.9)	20.4	(3.0)	28.4	(3.3)	51.2	(3.6)
	克罗地亚	33.6	(3.9)	62.6	(4.0)	3.8	(1.5)	0.3	(0.3)	3.7	(1.7)	96.0	(1.7)
	塞浦路斯	25.7	(0.1)	66.1	(0.1)	8.2	(0.1)	49.9	(0.1)	26.9	(0.1)	23.2	(0.1)
	中国香港	34.0	(8.6)	15.5	(6.5)	50.5	(9.6)	0.0	c	5.6	(1.5)	94.4	(1.5)
	印度尼西亚	26.7	(3.5)	54.7	(4.3)	18.5	(3.2)	17.5	(2.9)	15.6	(2.7)	67.0	(3.6)
	约旦	27.1	(3.6)	50.4	(4.3)	22.5	(3.9)	24.7	(2.8)	39.3	(3.7)	35.9	(3.5)
	哈萨克斯坦	45.4	(4.5)	45.0	(4.1)	9.6	(2.5)	29.4	(3.8)	25.1	(3.7)	45.5	(4.0)
	拉脱维亚	44.2	(3.9)	52.8	(4.2)	3.0	(1.4)	38.3	(2.9)	32.7	(3.2)	29.0	(2.9)
	列支敦士登	45.8	(0.8)	50.3	(0.7)	3.9	(0.8)	12.8	(1.0)	8.1	(1.0)	79.2	(1.3)
	立陶宛	28.2	(4.2)	60.2	(4.3)	11.6	(2.9)	38.9	(2.9)	41.3	(3.0)	19.8	(2.3)
	中国澳门	14.2	(0.0)	85.8	(0.0)	0.0	c	4.1	(0.0)	18.1	(0.1)	77.8	(0.1)
	马来西亚	33.0	(3.8)	62.4	(4.0)	4.6	(1.7)	17.0	(3.2)	28.5	(3.9)	54.5	(4.4)
	黑山	31.2	(0.1)	63.1	(0.1)	5.7	(0.1)	20.5	(0.1)	20.1	(0.1)	59.4	(0.1)
	秘鲁	51.0	(3.8)	36.1	(4.1)	12.9	(2.6)	44.4	(3.5)	25.3	(3.1)	30.3	(3.3)
	卡塔尔	21.5	(0.1)	65.0	(0.1)	13.5	(0.1)	27.6	(0.1)	22.0	(0.1)	50.4	(0.1)
	罗马尼亚	38.4	(3.6)	52.1	(3.5)	9.5	(2.3)	19.9	(3.3)	45.1	(3.7)	35.0	(3.4)
	俄罗斯联邦	30.5	(3.5)	65.1	(4.1)	4.4	(1.6)	38.6	(2.9)	38.4	(2.7)	23.1	(2.6)
	塞尔维亚	55.6	(4.2)	44.4	(4.2)	0.0	c	3.2	(1.5)	9.6	(2.4)	87.2	(2.7)
	中国上海	36.8	(4.2)	57.0	(4.4)	6.2	(2.2)	11.8	(2.5)	35.6	(3.5)	52.6	(3.1)
	新加坡	39.4	(0.6)	57.1	(0.4)	3.6	(0.5)	1.2	(0.0)	16.8	(0.2)	82.0	(0.2)
	中国台北	43.7	(4.4)	51.8	(4.3)	4.4	(1.9)	14.8	(2.1)	35.5	(3.4)	49.7	(3.5)
	泰国	26.2	(4.6)	53.8	(4.7)	20.0	(4.3)	0.9	(0.7)	10.6	(2.1)	88.4	(2.2)
	突尼斯	19.5	(3.8)	76.3	(3.8)	4.2	(1.8)	17.5	(3.1)	31.8	(3.7)	50.7	(4.2)
	阿联酋	28.1	(2.3)	60.9	(2.6)	11.0	(1.5)	6.1	(1.1)	23.8	(2.1)	70.1	(2.1)
	乌拉圭	54.1	(4.0)	33.9	(4.0)	12.0	(2.7)	50.4	(3.6)	22.1	(3.3)	27.5	(3.2)
	越南	28.7	(3.8)	60.9	(4.0)	10.4	(2.5)	1.4	(0.6)	11.7	(2.5)	86.9	(2.5)

附表 5.26 ■ 学校转学政策

基于学校校长报告的结果

在校长报告说最多 15 岁学生所在的年级中会由于以下原因将学生转学的学校就读的学生百分比：

国家/地区	学习成绩差 不可能 %	标准误	有可能 %	标准误	很有可能 %	标准误	学习成绩好 不可能 %	标准误	有可能 %	标准误	很有可能 %	标准误	行为问题 不可能 %	标准误	有可能 %	标准误	很有可能 %	标准误
OECD																		
澳大利亚	96.1	(0.7)	3.3	(0.7)	0.6	(0.3)	92.6	(1.2)	5.5	(1.0)	1.9	(0.6)	74.8	(1.7)	23.0	(1.6)	2.2	(0.6)
奥地利	17.6	(2.9)	22.1	(3.7)	60.3	(3.9)	95.0	(1.8)	4.6	(1.8)	0.4	(0.6)	45.6	(4.8)	47.2	(4.6)	7.2	(2.0)
比利时	45.1	(2.9)	38.2	(3.2)	16.7	(2.3)	92.5	(1.5)	5.9	(1.3)	1.6	(0.7)	36.6	(3.2)	50.1	(3.4)	13.3	(2.2)
加拿大	95.5	(0.7)	3.7	(0.7)	0.8	(0.4)	98.9	(0.3)	0.9	(0.3)	0.2	(0.2)	73.6	(2.2)	23.9	(2.1)	2.4	(0.5)
智利	62.9	(3.5)	30.5	(3.3)	6.6	(1.9)	67.9	(3.7)	23.5	(3.4)	8.6	(2.2)	24.7	(3.0)	59.2	(3.6)	16.1	(2.6)
捷克	75.7	(3.1)	18.0	(2.7)	6.4	(1.5)	92.8	(1.7)	6.3	(1.7)	0.9	(0.4)	76.9	(3.0)	18.8	(2.9)	4.3	(1.4)
丹麦	90.3	(2.3)	9.5	(2.3)	0.2	(0.2)	87.5	(2.2)	12.5	(2.2)	0.1	(0.0)	55.2	(3.5)	42.6	(3.4)	2.1	(1.1)
爱沙尼亚	90.0	(1.6)	8.6	(1.4)	1.4	(0.4)	84.4	(2.5)	12.2	(2.2)	3.4	(1.2)	74.3	(2.7)	25.0	(2.6)	0.8	(0.5)
芬兰	98.6	(0.1)	1.3	(0.1)	0.1	(0.0)	98.8	(0.8)	0.9	(0.7)	0.3	(0.3)	85.8	(2.5)	14.0	(2.5)	0.2	(0.0)
法国	77.8	(2.5)	18.0	(2.6)	4.2	(1.5)	90.1	(2.2)	9.5	(2.1)	0.5	(0.5)	48.5	(3.2)	43.4	(3.3)	8.1	(1.9)
德国	68.9	(3.1)	28.0	(3.0)	3.1	(1.0)	88.8	(2.3)	9.1	(2.1)	2.1	(1.0)	79.6	(2.9)	19.3	(2.8)	1.0	(0.8)
希腊	40.4	(3.6)	48.1	(3.6)	11.5	(2.2)	82.8	(3.2)	11.0	(2.6)	6.2	(2.0)	19.9	(3.4)	68.2	(3.9)	11.8	(2.3)
匈牙利	52.3	(3.4)	41.1	(3.7)	6.6	(2.2)	91.9	(1.9)	5.8	(1.6)	2.4	(1.2)	42.5	(3.5)	47.3	(3.5)	10.2	(2.1)
冰岛	99.9	(0.0)	0.1	(0.0)	0.0	c	94.1	(0.1)	3.7	(0.1)	2.2	(0.1)	79.2	(0.2)	20.8	(0.2)	0.0	c
爱尔兰	94.1	(2.0)	4.1	(1.7)	1.8	(1.1)	97.1	(1.0)	2.9	(1.0)	0.0	c	87.6	(2.7)	11.2	(2.5)	1.2	(0.9)
以色列	69.7	(4.1)	25.7	(3.9)	4.6	(1.9)	90.9	(1.9)	9.1	(1.9)	0.0	c	28.4	(3.7)	56.0	(4.1)	15.6	(3.0)
意大利	37.7	(2.1)	49.4	(2.4)	13.0	(1.3)	97.6	(0.6)	2.4	(0.6)	0.0	c	62.5	(1.8)	34.3	(1.8)	3.2	(1.0)
日本	38.3	(3.4)	56.9	(3.7)	4.8	(1.5)	99.2	(0.6)	0.8	(0.6)	0.0	c	40.4	(3.4)	58.1	(3.4)	1.5	(0.9)
韩国	70.3	(3.8)	18.9	(3.2)	10.9	(2.6)	88.7	(2.7)	8.6	(2.4)	2.7	(1.4)	37.0	(3.9)	43.4	(4.1)	19.6	(2.7)
卢森堡	72.8	(0.1)	20.5	(0.1)	6.7	(0.0)	87.9	(0.1)	9.2	(0.1)	2.9	(0.0)	46.4	(0.1)	40.2	(0.1)	13.4	(0.1)
墨西哥	58.6	(1.9)	36.0	(1.9)	5.4	(0.8)	75.2	(1.7)	18.5	(1.5)	6.3	(1.2)	37.7	(1.7)	50.5	(2.0)	11.8	(1.3)
荷兰	77.5	(3.8)	17.5	(3.4)	5.0	(1.8)	90.0	(2.4)	10.0	(2.4)	0.0	c	62.8	(3.8)	35.0	(3.7)	2.2	(1.2)
新西兰	97.1	(1.3)	1.6	(0.9)	1.3	(0.9)	97.3	(1.2)	1.5	(0.9)	1.1	(0.8)	83.2	(3.4)	14.4	(3.1)	2.4	(1.4)
挪威	100.0	(0.0)	0.0	c	0.0	c	97.6	(1.1)	1.8	(1.0)	0.6	(0.5)	77.4	(2.9)	21.9	(2.9)	0.7	(0.7)
波兰	90.2	(2.4)	9.1	(2.3)	0.7	(0.7)	93.7	(1.8)	6.3	(1.8)	0.0	c	58.1	(4.2)	39.5	(4.1)	2.5	(1.2)
葡萄牙	85.6	(2.9)	13.0	(2.8)	1.4	(0.9)	93.0	(2.3)	7.0	(2.3)	0.0	c	64.9	(3.5)	33.0	(3.6)	2.1	(1.4)
斯洛伐克	57.1	(3.4)	28.2	(2.9)	14.6	(2.5)	84.3	(2.9)	13.2	(2.4)	2.5	(1.7)	41.8	(3.4)	44.7	(3.9)	13.5	(2.9)
斯洛文尼亚	21.0	(0.8)	61.1	(0.6)	17.9	(0.3)	81.9	(0.3)	15.8	(0.3)	2.3	(0.2)	22.5	(0.4)	70.4	(0.4)	7.1	(0.2)
西班牙	97.8	(0.6)	2.1	(0.6)	0.1	(0.1)	98.1	(0.5)	1.5	(0.4)	0.4	(0.2)	76.0	(2.2)	23.2	(2.2)	0.8	(0.4)
瑞典	98.0	(0.9)	1.9	(0.9)	0.0	(0.0)	94.4	(1.8)	4.3	(1.5)	1.3	(0.9)	88.7	(2.5)	11.2	(2.5)	0.1	(0.1)
瑞士	78.8	(3.0)	15.1	(2.8)	6.1	(1.8)	73.1	(3.0)	14.1	(2.1)	12.7	(2.3)	59.2	(3.3)	37.7	(3.2)	3.0	(1.3)
土耳其	58.5	(4.2)	32.1	(4.1)	9.3	(2.3)	74.6	(3.4)	20.6	(2.8)	4.7	(2.1)	37.2	(4.2)	45.0	(4.1)	17.8	(3.2)
英国	95.9	(1.6)	2.4	(1.3)	1.7	(0.9)	96.7	(1.1)	3.2	(1.1)	0.1	(0.1)	71.7	(3.9)	25.6	(3.5)	2.7	(1.2)
美国	91.5	(2.1)	8.0	(2.0)	0.5	(0.4)	96.4	(1.7)	3.2	(1.7)	0.5	(0.4)	65.1	(3.8)	31.2	(4.2)	3.7	(1.5)
OECD平均	73.6	(0.4)	19.8	(0.4)	6.6	(0.3)	90.2	(0.3)	7.8	(0.3)	2.0	(0.2)	57.8	(0.5)	36.2	(0.5)	6.0	(0.3)
伙伴国家（地区）																		
阿尔巴尼亚	72.0	(3.1)	26.1	(3.1)	1.9	(1.3)	82.9	(3.3)	14.2	(3.2)	2.8	(1.3)	56.7	(3.7)	36.2	(3.6)	7.1	(2.5)
阿根廷	80.2	(3.5)	17.6	(3.3)	2.2	(1.1)	90.8	(2.6)	8.5	(2.6)	0.7	(0.6)	39.2	(3.5)	55.0	(3.7)	5.8	(1.7)
巴西	77.6	(2.1)	16.9	(2.1)	5.5	(1.3)	92.6	(1.7)	4.3	(1.3)	3.1	(1.0)	41.3	(2.5)	48.2	(2.5)	10.5	(1.5)
保加利亚	65.2	(4.0)	29.5	(4.0)	5.3	(1.8)	80.8	(3.2)	18.5	(3.3)	0.6	(0.6)	6.8	(1.9)	67.5	(3.6)	25.7	(3.5)
哥伦比亚	58.4	(4.0)	38.9	(4.0)	2.7	(0.9)	72.8	(4.0)	23.7	(3.8)	3.5	(1.4)	28.3	(3.6)	60.5	(3.9)	11.2	(2.1)
哥斯达黎加	33.1	(3.5)	56.1	(3.8)	10.7	(2.3)	67.7	(4.0)	26.4	(4.0)	5.8	(1.4)	26.6	(3.8)	59.5	(4.0)	13.9	(2.8)
克罗地亚	47.1	(4.0)	42.5	(3.9)	10.4	(2.3)	88.9	(2.3)	10.6	(2.3)	0.5	(0.5)	59.1	(4.1)	38.4	(4.0)	2.6	(1.1)
塞浦路斯	59.5	(0.1)	35.9	(0.1)	4.6	(0.1)	90.6	(0.1)	9.0	(0.1)	1.4	(0.0)	10.9	(0.0)	64.2	(0.1)	24.9	(0.1)
中国香港	32.0	(4.2)	62.0	(4.3)	6.0	(2.0)	68.2	(3.8)	30.3	(3.6)	1.5	(1.1)	35.8	(3.4)	60.2	(3.7)	4.1	(1.7)
印度尼西亚	63.4	(4.3)	30.4	(3.9)	6.2	(1.9)	87.6	(2.7)	11.8	(2.7)	0.6	(0.5)	17.5	(3.3)	52.5	(4.0)	29.9	(3.8)
约旦	67.5	(3.6)	25.5	(3.4)	7.0	(1.9)	55.6	(3.6)	26.6	(3.5)	17.8	(2.9)	12.0	(2.4)	52.8	(3.7)	35.2	(3.6)
哈萨克斯坦	73.1	(3.4)	23.0	(3.3)	3.9	(1.6)	58.0	(3.9)	34.0	(3.7)	8.0	(2.0)	68.0	(4.0)	27.4	(4.0)	4.5	(1.8)
拉脱维亚	75.6	(3.2)	23.4	(3.1)	1.1	(0.8)	76.2	(3.3)	21.2	(3.2)	2.6	(1.1)	65.9	(3.2)	31.2	(3.1)	2.8	(1.2)
列支敦士登	54.5	(0.6)	0.0	c	45.5	(0.6)	52.7	(1.2)	47.3	(1.2)	0.0	c	71.7	(1.0)	28.3	(1.0)	0.0	c
立陶宛	81.0	(2.5)	19.0	(2.5)	0.0	c	74.0	(3.1)	19.6	(2.9)	6.3	(1.9)	58.5	(3.3)	38.7	(3.2)	2.7	(1.2)
中国澳门	4.3	(0.0)	61.8	(0.1)	33.9	(0.1)	57.0	(0.1)	41.7	(0.1)			11.6	(0.1)	58.5	(0.1)	29.8	(0.1)
马来西亚	87.4	(2.5)	12.0	(2.5)	0.6	(0.6)	62.7	(4.1)	23.6	(3.7)	13.7	(2.8)	33.1	(3.5)	49.7	(4.1)	17.2	(3.1)
黑山	62.5	(0.1)	33.4	(0.1)	4.1	(0.0)	55.3	(0.2)	40.3	(0.2)	4.5	(0.0)	48.3	(0.2)	45.8	(0.2)	5.9	(0.0)
秘鲁	74.6	(3.2)	22.4	(3.2)	3.0	(1.2)	69.1	(3.4)	21.9	(3.4)	9.0	(2.1)	36.6	(3.8)	48.9	(3.5)	14.5	(2.2)
卡塔尔	93.2	(0.0)	6.0	(0.0)			88.0	(0.0)	8.6	(0.0)	3.4	(0.0)	40.2	(0.1)	48.8	(0.1)	11.0	(0.1)
罗马尼亚	66.7	(3.3)	27.4	(3.2)	5.8	(1.7)	78.9	(3.1)	19.0	(3.0)	2.1	(1.1)	53.8	(3.4)	36.6	(3.6)	9.6	(2.3)
俄罗斯联邦	87.7	(2.1)	10.0	(1.9)	2.3	(1.1)	80.6	(2.9)	17.0	(2.8)	2.4	(0.8)	83.0	(2.8)	16.4	(2.9)	0.7	(0.6)
塞尔维亚	58.9	(4.1)	34.5	(4.0)	6.6	(2.2)	81.7	(3.4)	17.5	(3.3)	0.8	(0.9)	32.9	(4.1)	54.0	(4.8)	13.1	(2.7)
中国上海	72.7	(3.3)	22.4	(3.1)	4.9	(1.9)	77.4	(3.1)	21.4	(3.1)	1.2	(0.9)	62.2	(3.8)	35.1	(3.7)	2.8	(1.4)
新加坡	97.0	(0.8)	1.5	(0.0)	1.5	(0.5)	92.3	(0.8)	7.1	(0.8)	0.6	(0.5)	92.4	(0.8)	7.0	(0.6)	0.6	(0.5)
中国台北	26.5	(3.7)	63.6	(4.1)	9.9	(2.2)	70.5	(3.9)	29.5	(3.9)	0.0	c	52.5	(1.9)	34.8	(3.7)	21.0	(3.1)
泰国	56.8	(3.8)	41.3	(3.7)	2.0	(1.3)	76.0	(4.2)	23.0	(4.1)	1.0	(0.7)	21.2	(2.7)	68.5	(3.7)	10.3	(2.5)
突尼斯	82.2	(2.9)	13.8	(2.6)	4.0	(1.6)	64.8	(4.3)	26.7	(3.7)	8.5	(2.3)	39.5	(3.8)	46.4	(3.9)	14.1	(3.1)
阿联酋	69.2	(2.5)	26.9	(2.4)	3.9	(0.7)	78.7	(2.1)	17.5	(1.9)	3.8	(0.9)	42.4	(2.8)	45.0	(2.7)	12.6	(1.8)
乌拉圭	93.6	(1.7)	6.4	(1.7)	0.0	c	97.4	(0.9)	1.5	(0.9)	1.0	(0.8)	64.7	(3.5)	33.6	(3.5)	1.7	(1.0)
越南	74.6	(3.3)	18.7	(3.1)	6.7	(2.1)	89.5	(2.7)	8.4	(2.4)	2.1	(1.2)	72.0	(3.7)	25.8	(3.7)	2.2	(1.1)

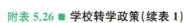

附表 5.26 ■ 学校转学政策(续表 1)

基于学校校长报告的结果

	特殊的学习需要 不可能 %	标准误	有可能 %	标准误	很有可能 %	标准误	家长或监护人的要求 不可能 %	标准误	有可能 %	标准误	很有可能 %	标准误	其他 不可能 %	标准误	有可能 %	标准误	很有可能 %	标准误	"很有可能"转学 %	标准误
OECD																				
澳大利亚	90.3	(1.2)	8.8	(1.1)	0.9	(0.4)	60.1	(1.9)	34.4	(1.8)	5.5	(0.9)	84.0	(1.4)	14.5	(1.4)	1.5	(0.4)	2.9	(0.7)
奥地利	57.9	(4.1)	36.1	(3.9)	6.0	(1.9)	42.6	(3.9)	35.0	(3.8)	22.4	(3.6)	58.7	(4.3)	30.9	(4.0)	10.4	(2.5)	64.8	(4.0)
比利时	53.7	(3.3)	41.1	(3.2)	5.2	(1.1)	47.0	(2.9)	42.0	(3.2)	11.1	(2.0)	69.3	(3.6)	27.2	(3.6)	3.5	(1.3)	28.0	(3.0)
加拿大	84.0	(1.7)	13.3	(1.6)	2.7	(0.7)	61.0	(3.2)	33.1	(2.2)	6.0	(0.9)	76.2	(2.8)	22.3	(2.7)	1.5	(0.8)	4.7	(0.8)
智利	58.9	(3.7)	32.2	(3.7)	8.9	(2.3)	10.7	(2.2)	67.4	(3.7)	22.0	(3.4)	46.2	(4.0)	49.4	(3.9)	4.5	(1.6)	22.9	(3.1)
捷克	92.7	(2.5)	3.4	(1.4)	3.9	(1.8)	55.6	(3.9)	32.9	(4.0)	11.4	(2.7)	88.5	(2.7)	9.9	(2.7)	1.6	(0.9)	10.2	(2.0)
丹麦	72.6	(3.3)	25.5	(3.3)	1.9	(1.1)	34.7	(3.7)	58.4	(3.9)	7.0	(1.9)	55.5	(3.4)	41.7	(3.4)	2.7	(1.3)	2.3	(1.1)
爱沙尼亚	56.7	(3.1)	40.0	(3.0)	3.3	(1.2)	23.7	(2.5)	57.0	(2.6)	19.3	(2.3)	51.2	(2.8)	43.2	(2.8)	5.6	(1.5)	3.7	(1.3)
芬兰	90.2	(1.9)	9.6	(1.9)	0.2	(0.0)	55.9	(3.3)	40.9	(3.5)	3.2	(1.3)	82.4	(2.8)	17.5	(2.8)	0.1	(0.0)	0.4	(0.1)
法国	44.6	(3.2)	47.2	(3.3)	8.2	(2.0)	37.5	(3.2)	51.9	(3.3)	10.6	(2.0)	66.8	(3.6)	29.3	(3.4)	3.9	(1.5)	17.1	(2.6)
德国	90.6	(2.1)	6.7	(1.7)	2.7	(1.1)	66.3	(3.5)	28.2	(3.2)	5.6	(1.8)	81.1	(3.3)	18.9	(3.3)	0.0	c	6.5	(1.6)
希腊	45.9	(3.7)	45.2	(3.6)	8.9	(2.1)	12.5	(2.9)	57.9	(3.6)	29.6	(3.9)	15.6	(2.8)	68.9	(3.4)	15.5	(3.0)	25.1	(3.5)
匈牙利	91.0	(2.1)	5.9	(1.7)	3.1	(1.4)	40.0	(3.7)	51.9	(3.8)	8.1	(1.8)	70.3	(3.8)	26.3	(3.5)	3.4	(1.3)	15.1	(2.7)
冰岛	91.0	(0.1)	8.3	(0.1)	0.8	(0.0)	44.0	(0.2)	45.5	(0.2)	10.5	(0.2)	87.3	(0.2)	12.1	(0.2)	0.6	(0.1)	0.8	(0.0)
爱尔兰	93.8	(1.7)	4.5	(1.3)	1.7	(1.1)	79.6	(3.2)	17.3	(3.0)	3.0	(1.4)	84.0	(3.1)	14.4	(3.0)	1.6	(1.1)	2.4	(1.3)
以色列	39.3	(4.3)	52.1	(4.3)	8.6	(2.2)	27.8	(3.9)	57.4	(3.9)	14.8	(2.8)	41.0	(3.9)	50.2	(4.0)	8.7	(2.4)	20.4	(3.5)
意大利	70.1	(1.8)	27.2	(1.8)	2.7	(0.8)	14.9	(1.8)	62.1	(2.6)	23.0	(2.0)	58.7	(2.8)	38.8	(2.8)	2.5	(0.7)	16.9	(1.6)
日本	82.2	(2.7)	16.7	(2.6)	1.1	(0.8)	49.4	(3.4)	48.7	(3.4)	1.9	(1.0)	23.3	(3.4)	74.4	(3.5)	2.3	(1.1)	5.8	(1.7)
韩国	74.1	(3.8)	24.5	(3.8)	1.3	(0.9)	22.9	(3.5)	55.3	(3.9)	21.8	(3.4)	54.1	(4.2)	38.7	(4.1)	7.2	(2.2)	26.0	(3.3)
卢森堡	59.4	(0.1)	39.7	(0.1)	0.8	(0.0)	34.7	(0.1)	54.6	(0.1)	10.7	(0.1)	63.8	(0.1)	34.7	(0.1)	1.5	(0.0)	19.3	(0.1)
墨西哥	50.6	(1.9)	39.9	(1.8)	9.5	(1.4)	8.2	(0.9)	59.9	(1.9)	32.0	(1.7)	35.1	(2.3)	51.3	(2.3)	13.6	(1.5)	19.6	(1.5)
荷兰	56.5	(4.5)	39.9	(4.6)	3.6	(1.4)	54.5	(4.4)	36.5	(4.0)	9.0	(2.4)	82.0	(4.4)	17.1	(4.2)	1.0	(1.0)	10.1	(1.5)
新西兰	95.8	(2.0)	1.4	(0.8)	2.9	(1.8)	73.9	(4.0)	19.4	(3.4)	6.7	(2.2)	86.2	(3.6)	12.6	(3.5)	1.2	(0.9)	4.1	(1.9)
挪威	95.6	(1.6)	4.4	(1.6)	0.0	c	55.7	(3.6)	38.5	(3.4)	5.8	(1.4)	79.8	(2.9)	19.4	(2.9)	0.8	(0.6)	0.7	(0.7)
波兰	50.8	(4.1)	47.5	(4.0)	1.7	(1.0)	7.4	(2.2)	71.9	(3.7)	20.7	(3.2)	34.8	(4.6)	63.1	(4.7)	2.1	(1.2)	3.6	(1.4)
葡萄牙	89.7	(2.2)	10.0	(2.2)	0.3	(0.3)	19.4	(3.1)	66.3	(3.8)	14.2	(2.4)	45.0	(4.6)	53.8	(4.6)	1.2	(0.9)	3.8	(1.7)
斯洛伐克	59.9	(3.9)	37.7	(3.8)	2.4	(1.0)	16.3	(2.8)	57.0	(3.6)	26.7	(3.3)	51.1	(3.9)	42.7	(4.0)	6.3	(2.6)	24.2	(3.3)
斯洛文尼亚	65.2	(0.7)	34.4	(0.7)	0.4	(0.0)	33.7	(0.9)	63.5	(0.9)	2.7	(0.1)	45.0	(0.8)	51.7	(0.8)	3.2	(0.2)	21.8	(0.3)
西班牙	82.3	(1.8)	15.3	(1.7)	2.5	(0.7)	53.9	(2.2)	40.0	(2.2)	6.1	(1.0)	80.6	(2.5)	18.8	(2.5)	0.6	(0.4)	3.2	(0.8)
瑞典	69.0	(3.0)	27.6	(2.8)	3.4	(1.4)	35.3	(3.6)	46.3	(3.9)	18.4	(2.7)	86.1	(3.4)	12.5	(2.9)	1.4	(0.9)	3.5	(1.4)
瑞士	63.2	(3.1)	33.4	(3.0)	3.4	(1.4)	68.0	(3.1)	28.7	(2.9)	3.3	(1.4)	67.4	(3.7)	31.2	(3.4)	1.3	(0.8)	9.9	(2.3)
土耳其	60.8	(4.1)	30.3	(3.8)	8.9	(2.3)	10.9	(2.5)	39.2	(3.4)	49.9	(3.7)	40.0	(4.4)	50.1	(4.4)	9.9	(2.5)	26.8	(3.6)
英国	95.7	(1.6)	4.1	(1.6)	0.2	(0.1)	63.1	(3.9)	30.2	(3.6)	6.7	(1.8)	90.5	(2.1)	8.6	(2.0)	0.9	(0.7)	3.5	(1.7)
美国	88.6	(2.4)	10.4	(2.3)	0.9	(0.7)	69.5	(3.5)	25.8	(3.6)	4.7	(1.7)	82.4	(3.8)	13.4	(3.5)	4.3	(2.0)	4.2	(1.6)
OECD平均	72.4	(0.5)	24.2	(0.5)	3.3	(0.2)	40.9	(0.5)	45.7	(0.6)	13.4	(0.4)	63.6	(0.6)	32.6	(0.6)	3.8	(0.3)	12.8	(0.4)
伙伴国家(地区)																				
阿尔巴尼亚	56.5	(4.5)	41.0	(4.5)	2.5	(1.3)	28.3	(3.9)	64.8	(4.3)	6.8	(1.9)	39.8	(4.3)	51.3	(4.3)	8.9	(3.0)	10.4	(2.9)
阿根廷	47.9	(4.1)	46.1	(4.0)	6.0	(2.1)	10.7	(2.4)	67.8	(3.5)	21.4	(3.4)	32.3	(5.0)	60.4	(5.2)	7.4	(2.3)	11.5	(2.6)
巴西	73.1	(2.4)	24.2	(2.4)	2.7	(0.8)	12.7	(2.0)	46.3	(3.1)	41.0	(2.8)	25.8	(2.7)	50.1	(3.2)	24.1	(2.5)	14.7	(1.9)
保加利亚	47.7	(4.5)	46.4	(4.6)	6.0	(1.8)	0.7	(0.6)	51.7	(3.6)	47.6	(3.7)	10.3	(2.3)	72.2	(3.5)	17.5	(3.6)	30.6	(3.6)
哥伦比亚	44.2	(3.7)	48.5	(3.6)	7.3	(1.7)	7.6	(2.1)	63.7	(4.1)	28.7	(4.0)	15.9	(3.0)	69.8	(3.5)	14.3	(2.5)	15.0	(2.5)
哥斯达黎加	55.7	(3.5)	37.5	(3.1)	7.2	(1.7)	9.4	(2.7)	65.2	(3.9)	25.4	(3.4)	21.8	(4.1)	55.8	(5.4)	22.4	(4.5)	22.7	(2.8)
克罗地亚	58.1	(3.9)	36.0	(3.7)	5.9	(1.9)	7.5	(3.5)	57.4	(3.9)	35.2	(3.9)	50.2	(4.5)	47.2	(4.4)	2.6	(1.4)	16.7	(2.7)
塞浦路斯	53.2	(0.1)	37.2	(0.1)	9.6	(0.0)	10.9	(0.0)	65.8	(0.1)	23.3	(0.1)	14.6	(0.1)	71.4	(0.1)	14.0	(0.1)	32.5	(0.1)
中国香港	48.2	(4.1)	49.9	(4.0)	1.9	(1.1)	14.2	(3.0)	83.5	(3.1)	2.3	(1.2)	25.4	(9.2)	42.2	(13.1)	32.4	(14.5)	9.3	(2.6)
印度尼西亚	39.8	(3.9)	45.7	(4.1)	14.5	(2.9)	2.0	(0.8)	54.7	(3.9)	43.4	(3.9)	7.9	(2.0)	74.1	(4.0)	18.0	(3.6)	34.9	(3.9)
约旦	35.8	(3.5)	50.1	(3.5)	14.1	(2.6)	9.0	(1.7)	57.1	(3.5)	33.9	(3.6)	20.6	(3.5)	60.5	(4.1)	18.9	(3.7)	42.5	(3.4)
哈萨克斯坦	39.1	(3.8)	55.9	(4.2)	5.0	(1.9)	25.8	(2.9)	60.3	(3.5)	13.9	(2.7)	45.5	(4.4)	49.7	(4.3)	4.7	(2.0)	9.1	(2.3)
拉脱维亚	31.3	(3.4)	58.7	(3.4)	10.0	(2.1)	4.0	(1.3)	73.7	(3.0)	22.3	(3.0)	18.4	(2.9)	74.7	(3.0)	7.0	(2.2)	11.3	(2.3)
列支敦士登	58.9	(0.8)	7.1	(0.8)	34.1	(0.4)	36.0	(1.1)	64.0	(1.1)	0.0	c	53.5	(1.0)	46.5	(1.0)	0.0	c	45.5	(0.6)
立陶宛	76.6	(2.8)	22.0	(2.7)	1.4	(0.9)	14.0	(2.5)	58.9	(3.3)	27.1	(2.9)	33.5	(4.0)	61.6	(4.1)	4.8	(2.0)	3.3	(1.3)
中国澳门	33.2	(0.2)	54.1	(0.1)	12.6	(0.1)	21.6	(0.0)	76.3	(0.0)	2.0	(0.0)	16.5	(0.0)	83.5	(0.0)	0.0	c	36.0	(0.2)
马来西亚	31.9	(3.4)	57.0	(3.4)	11.1	(2.3)	4.9	(1.7)	48.1	(4.2)	47.0	(4.1)	21.4	(3.7)	74.6	(4.0)	4.0	(1.8)	25.9	(3.6)
黑山	29.5	(0.1)	62.8	(0.1)	7.7	(0.1)	3.0	(0.0)	80.8	(0.1)	16.2	(0.1)	4.9	(0.0)	89.1	(0.1)	6.0	(0.1)	9.5	(0.1)
秘鲁	56.2	(3.5)	34.6	(3.5)	9.2	(1.9)	4.4	(1.4)	48.2	(3.8)	47.4	(3.8)	23.5	(3.0)	55.3	(3.4)	21.2	(2.8)	19.5	(2.7)
卡塔尔	65.3	(0.1)	32.6	(0.1)	2.1	(0.0)	17.8	(0.1)	47.1	(0.1)	35.1	(0.1)	29.1	(0.1)	54.3	(0.1)	16.6	(0.1)	11.5	(0.1)
罗马尼亚	46.9	(3.3)	34.5	(3.6)	18.6	(3.2)	29.2	(2.3)	33.4	(3.7)	37.4	(3.7)	81.7	(2.9)	15.7	(2.7)	2.6	(1.3)	22.3	(3.1)
俄罗斯联邦	43.4	(3.9)	54.2	(4.1)	2.4	(1.2)	30.2	(4.0)	57.3	(3.8)	12.5	(2.1)	51.4	(3.6)	43.4	(3.6)	4.1	(1.8)	4.7	(1.6)
塞尔维亚	69.0	(3.7)	28.4	(3.8)	2.6	(1.4)	6.2	(2.2)	60.0	(3.9)	33.8	(3.9)	29.2	(3.9)	63.8	(4.1)	7.0	(2.5)	19.5	(3.2)
中国上海	28.7	(3.3)	68.9	(3.4)	2.4	(1.2)	18.4	(3.2)	76.5	(3.2)	5.0	(1.8)	23.5	(2.4)	72.5	(3.5)	4.0	(1.7)	7.2	(2.1)
新加坡	87.2	(0.8)	12.2	(0.6)	0.6	(0.5)	59.6	(0.7)	35.2	(0.6)	5.1	(0.5)	86.2	(0.5)	13.2	(0.6)	0.5	(0.5)	1.5	(0.5)
中国台北	19.6	(3.4)	71.1	(4.0)	9.3	(2.4)	9.2	(2.4)	82.1	(2.9)	8.8	(2.0)	21.2	(3.5)	73.0	(3.8)	5.8	(1.8)	28.1	(3.5)
泰国	48.4	(3.4)	47.1	(3.5)	4.5	(1.4)	24.5	(3.3)	67.7	(3.9)	7.8	(2.1)	34.8	(5.0)	61.4	(5.1)	3.8	(1.8)	14.1	(2.6)
突尼斯	45.1	(4.1)	43.3	(4.1)	11.6	(2.6)	11.7	(2.2)	46.0	(4.0)	42.4	(3.6)	34.6	(3.7)	58.1	(4.0)	7.4	(2.3)	24.2	(3.6)
阿联酋	62.5	(2.5)	34.6	(2.4)	3.0	(0.6)	13.9	(1.1)	54.6	(2.9)	31.6	(2.8)	27.7	(1.8)	58.0	(2.7)	14.3	(2.3)	16.0	(1.9)
乌拉圭	72.3	(3.0)	25.6	(3.0)	2.0	(1.1)	15.2	(2.8)	56.0	(3.8)	28.8	(3.2)	58.0	(4.2)	36.2	(4.2)	5.8	(2.0)	3.7	(1.0)
越南	45.1	(4.5)	41.5	(4.3)	13.4	(3.0)	10.3	(2.5)	41.1	(3.8)	48.7	(4.0)	53.9	(4.1)	38.5	(3.8)	7.6	(2.2)	19.9	(3.3)

表头说明：在校长报告说最多15岁学生所在的年级中会由于以下原因将学生转学的学校就读的学生百分比：特殊的学习需要／家长或监护人的要求／其他（各含不可能、有可能、很有可能）。最后一列：在校长报告说国家(地区)最多15岁学生所在的年级中"很有可能"会因为"学习成绩差"、"行为问题"或"特殊的学习需要"将学生转学的学校就读的学生百分比。

附表 5.27 ■ 学校资源分配责任指数和数学表现

基于学校校长报告的结果

		学校资源分配责任指数										指数的差异	
		全体学生		最低 1/4		第二个 1/4		第三个 1/4		最高 1/4			
		平均值	标准误	平均值	标准误	平均值	标准误	平均值	标准误	平均值	标准误	标准差	标准误
OECD	澳大利亚	0.06	(0.03)	−0.61	(0.01)	−0.43	(0.01)	−0.15	(0.02)	1.44	(0.10)	1.00	(0.03)
	奥地利	−0.56	(0.03)	−0.72	(0.01)	−0.67	(0.01)	−0.58	(0.01)	−0.26	(0.12)	0.37	(0.14)
	比利时	−0.29	(0.01)	−0.67	(0.02)	−0.40	(0.02)	−0.10	(0.02)	0.01	(0.02)	0.29	(0.02)
	加拿大	−0.35	(0.03)	−0.67	(0.00)	−0.55	(0.00)	−0.45	(0.01)	0.26	(0.10)	0.61	(0.06)
	智利	0.57	(0.07)	−0.75	(0.01)	−0.34	(0.06)	0.91	(0.17)	2.46	(0.11)	1.29	(0.04)
	捷克	1.22	(0.10)	−0.36	(0.02)	0.28	(0.14)	2.26	(0.25)	2.71	(0.00)	1.36	(0.02)
	丹麦	0.18	(0.06)	−0.40	(0.01)	−0.21	(0.04)	−0.01	(0.02)	1.34	(0.22)	0.88	(0.07)
	爱沙尼亚	0.14	(0.04)	−0.34	(0.01)	−0.13	(0.02)	−0.01	(0.01)	1.05	(0.16)	0.75	(0.06)
	芬兰	−0.28	(0.02)	−0.63	(0.01)	−0.44	(0.02)	−0.34	(0.01)	0.29	(0.07)	0.55	(0.04)
	法国	−0.54	(0.01)	−0.77	(0.01)	−0.62	(0.01)	−0.53	(0.01)	−0.25	(0.05)	0.31	(0.06)
	德国	−0.58	(0.01)	−0.74	(0.01)	−0.65	(0.01)	−0.56	(0.01)	−0.38	(0.01)	0.14	(0.01)
	希腊	−0.70	(0.01)	−0.79	(0.00)	−0.77	(0.00)	−0.71	(0.01)	−0.53	(0.02)	0.16	(0.02)
	匈牙利	0.46	(0.10)	−0.50	(0.03)	−0.22	(0.05)	0.26	(0.14)	2.31	(0.23)	1.15	(0.07)
	冰岛	−0.04	(0.00)	−0.42	(0.00)	−0.24	(0.00)	−0.04	(0.00)	0.54	(0.02)	0.61	(0.01)
	爱尔兰	−0.43	(0.02)	−0.72	(0.01)	−0.54	(0.03)	−0.35	(0.01)	−0.09	(0.02)	0.25	(0.01)
	以色列	−0.24	(0.04)	−0.61	(0.01)	−0.46	(0.02)	−0.33	(0.02)	0.44	(0.15)	0.60	(0.09)
	意大利	−0.59	(0.02)	−0.79	(0.00)	−0.76	(0.01)	−0.69	(0.00)	−0.10	(0.07)	0.57	(0.05)
	日本	−0.27	(0.04)	−0.73	(0.00)	−0.70	(0.01)	−0.53	(0.03)	0.89	(0.13)	0.76	(0.06)
	韩国	−0.44	(0.05)	−0.77	(0.01)	−0.67	(0.02)	−0.49	(0.01)	0.19	(0.18)	0.58	(0.12)
	卢森堡	−0.20	(0.00)	−0.65	(0.00)	−0.54	(0.00)	−0.44	(0.01)	0.84	(0.01)	0.78	(0.00)
	墨西哥	−0.31	(0.02)	−0.79	(0.00)	−0.70	(0.01)	−0.51	(0.00)	0.75	(0.08)	0.84	(0.04)
	荷兰	1.26	(0.10)	−0.21	(0.07)	0.64	(0.15)	1.91	(0.22)	2.71	(0.01)	1.16	(0.03)
	新西兰	0.11	(0.05)	−0.33	(0.02)	−0.14	(0.03)	0.00	(0.03)	0.90	(0.17)	0.67	(0.08)
	挪威	−0.18	(0.03)	−0.50	(0.02)	−0.36	(0.04)	−0.16	(0.04)	0.29	(0.10)	0.43	(0.08)
	波兰	−0.34	(0.02)	−0.59	(0.01)	−0.48	(0.01)	−0.36	(0.01)	0.08	(0.06)	0.44	(0.04)
	葡萄牙	−0.48	(0.03)	−0.78	(0.01)	−0.65	(0.02)	−0.51	(0.02)	0.03	(0.11)	0.50	(0.09)
	斯洛伐克	0.78	(0.09)	−0.38	(0.04)	−0.04	(0.04)	0.83	(0.30)	2.71	(0.03)	1.25	(0.04)
	斯洛文尼亚	−0.11	(0.02)	−0.48	(0.00)	−0.35	(0.00)	−0.19	(0.00)	0.57	(0.06)	0.66	(0.03)
	西班牙	−0.42	(0.03)	−0.78	(0.00)	−0.72	(0.00)	−0.52	(0.02)	0.32	(0.11)	0.61	(0.08)
	瑞典	0.63	(0.07)	−0.35	(0.02)	−0.10	(0.03)	0.46	(0.10)	2.50	(0.19)	1.16	(0.05)
	瑞士	−0.13	(0.04)	−0.57	(0.02)	−0.37	(0.01)	−0.20	(0.03)	0.60	(0.14)	0.63	(0.06)
	土耳其	−0.72	(0.01)	−0.80	(0.00)	−0.77	(0.00)	−0.74	(0.01)	−0.59	(0.02)	0.09	(0.01)
	英国	1.10	(0.08)	−0.37	(0.03)	0.40	(0.10)	1.68	(0.22)	2.71	(0.00)	1.24	(0.03)
	美国	0.08	(0.06)	−0.56	(0.02)	−0.40	(0.02)	−0.17	(0.12)	1.47	(0.15)	0.86	(0.05)
	OECD平均	−0.05	(0.01)	−0.59	(0.00)	−0.39	(0.01)	−0.04	(0.02)	0.83	(0.02)	0.69	(0.01)
伙伴国家(地区)	阿尔巴尼亚	−0.60	(0.04)	−0.79	(0.00)	−0.77	(0.00)	−0.70	(0.02)	−0.13	(0.14)	0.50	(0.11)
	阿根廷	m	m	m	m	m	m	m	m	m	m	m	m
	巴西	−0.32	(0.04)	−0.80	(0.00)	−0.80	(0.00)	−0.72	(0.02)	1.02	(0.16)	1.02	(0.05)
	保加利亚	0.86	(0.10)	−0.22	(0.03)	0.25	(0.09)	0.84	(0.14)	2.58	(0.20)	1.08	(0.05)
	哥伦比亚	−0.36	(0.04)	−0.79	(0.01)	−0.76	(0.01)	−0.64	(0.02)	0.75	(0.14)	0.92	(0.06)
	哥斯达黎加	−0.36	(0.04)	−0.78	(0.01)	−0.72	(0.01)	−0.58	(0.01)	0.66	(0.16)	0.89	(0.07)
	克罗地亚	−0.34	(0.03)	−0.64	(0.01)	−0.42	(0.02)	−0.31	(0.02)	0.00	(0.08)	0.32	(0.10)
	塞浦路斯	−0.35	(0.00)	−0.80	(0.00)	−0.79	(0.00)	−0.66	(0.00)	0.86	(0.00)	0.94	(0.00)
	中国香港	0.42	(0.09)	−0.33	(0.02)	−0.03	(0.02)	0.17	(0.05)	1.87	(0.31)	0.99	(0.09)
	印度尼西亚	0.33	(0.09)	−0.70	(0.02)	−0.53	(0.03)	0.25	(0.20)	2.32	(0.15)	1.26	(0.05)
	约旦	−0.51	(0.03)	−0.79	(0.00)	−0.77	(0.01)	−0.63	(0.02)	0.14	(0.10)	0.65	(0.05)
	哈萨克斯坦	−0.33	(0.04)	−0.61	(0.01)	−0.50	(0.00)	−0.43	(0.03)	0.28	(0.17)	0.56	(0.12)
	拉脱维亚	0.60	(0.08)	−0.30	(0.02)	−0.04	(0.02)	0.46	(0.11)	2.26	(0.21)	1.06	(0.06)
	列支敦士登	−0.08	(0.02)	c	c	c	c	−0.38	(0.01)	1.19	(0.06)	0.89	(0.02)
	立陶宛	0.78	(0.08)	−0.38	(0.03)	−0.02	(0.06)	0.89	(0.21)	2.62	(0.06)	1.20	(0.04)
	中国澳门	1.64	(0.00)	−0.25	(0.00)	1.41	(0.00)	2.68	(0.00)	2.71	(0.00)	1.25	(0.00)
	马来西亚	−0.49	(0.03)	−0.75	(0.01)	−0.60	(0.02)	−0.56	(0.02)	−0.04	(0.12)	0.52	(0.10)
	黑山	−0.33	(0.04)	−0.78	(0.00)	−0.47	(0.00)	−0.01	(0.00)	0.00	(0.00)	0.50	(0.00)
	秘鲁	0.18	(0.07)	−0.78	(0.01)	−0.61	(0.02)	−0.41	(0.07)	2.50	(0.22)	1.38	(0.04)
	卡塔尔	−0.37	(0.00)	−0.68	(0.00)	−0.41	(0.00)	−0.36	(0.00)	−0.04	(0.00)	0.36	(0.00)
	罗马尼亚	−0.57	(0.02)	−0.79	(0.01)	−0.70	(0.02)	−0.57	(0.02)	−0.23	(0.06)	0.28	(0.06)
	俄罗斯联邦	0.03	(0.07)	−0.52	(0.02)	−0.34	(0.03)	−0.07	(0.04)	1.04	(0.22)	0.77	(0.08)
	塞尔维亚	−0.39	(0.02)	−0.64	(0.01)	−0.50	(0.02)	−0.37	(0.01)	−0.07	(0.06)	0.30	(0.05)
	中国上海	−0.28	(0.05)	−0.71	(0.01)	−0.58	(0.03)	−0.37	(0.03)	0.56	(0.18)	0.67	(0.10)
	新加坡	−0.36	(0.01)	−0.70	(0.00)	−0.57	(0.00)	−0.46	(0.01)	0.29	(0.06)	0.69	(0.03)
	中国台北	0.07	(0.06)	−0.64	(0.02)	−0.39	(0.02)	−0.18	(0.04)	1.50	(0.20)	1.01	(0.06)
	泰国	0.70	(0.08)	−0.47	(0.03)	−0.04	(0.06)	0.74	(0.17)	2.59	(0.11)	1.20	(0.04)
	突尼斯	−0.20	(0.06)	−0.75	(0.01)	−0.66	(0.02)	−0.41	(0.09)	1.01	(0.18)	0.82	(0.08)
	阿联酋	0.39	(0.05)	−0.78	(0.01)	−0.52	(0.02)	0.57	(0.14)	2.27	(0.07)	1.25	(0.03)
	乌拉圭	−0.46	(0.04)	−0.80	(0.00)	−0.79	(0.01)	−0.69	(0.01)	0.42	(0.15)	0.72	(0.07)
	越南	−0.43	(0.06)	−0.80	(0.00)	−0.72	(0.02)	−0.58	(0.03)	0.39	(0.21)	0.72	(0.11)

附表 5.27 ■ 学校资源分配责任指数和数学表现(续表 1)
基于学校校长报告的结果

| | | 按照指数的国家(地区)内四分位数区分的数学量表表现 | | | | | | | 该指数每单位的变化相对应的数学分数变化 | | 处于该指数最低1/4对于学生处于该国(地区)数学表现分布最低1/4所增加的可能性 | | 所解释的学生表现差异 (r²×100) | |
| | | 最低 1/4 | | 第二个 1/4 | | 第三个 1/4 | | 最高 1/4 | | | | | | | |
		平均分	标准误	平均分	标准误	平均分	标准误	平均分	标准误	分差	标准误	比率	标准误	%	标准误
OECD	澳大利亚	**489**	(3.9)	491	(4.6)	507	(3.2)	**531**	(3.3)	**17.0**	(1.6)	**1.4**	(0.1)	3.2	(0.6)
	奥地利	522	(7.7)	482	(7.4)	519	(7.4)	500	(9.1)	0.8	(10.1)	**0.7**	(0.1)	0.0	(0.1)
	比利时	**485**	(6.8)	511	(7.1)	531	(5.3)	**532**	(6.1)	**66.3**	(14.1)	**1.5**	(0.2)	3.5	(1.3)
	加拿大	**506**	(3.8)	520	(4.3)	513	(3.7)	**533**	(3.6)	**19.1**	(3.2)	**1.2**	(0.1)	1.7	(0.6)
	智利	**382**	(4.5)	418	(7.6)	428	(6.8)	**463**	(5.8)	**22.0**	(2.4)	**2.1**	(0.2)	12.4	(2.5)
	捷克	507	(8.9)	508	(8.7)	493	(6.2)	487	(7.1)	−7.1	(3.3)	0.8	(0.1)	1.0	(0.9)
	丹麦	504	(3.9)	495	(4.7)	494	(5.2)	510	(5.4)	5.3	(2.6)	0.9	(0.1)	0.3	(0.3)
	爱沙尼亚	509	(4.6)	526	(4.0)	524	(4.5)	522	(4.5)	2.3	(3.8)	**1.2**	(0.1)	0.1	(0.2)
	芬兰	515	(4.0)	516	(5.0)	526	(3.5)	517	(3.5)	7.5	(3.1)	1.0	(0.1)	0.2	(0.2)
	法国	497	(8.8)	491	(8.3)	499	(7.0)	493	(7.2)	−23.9	(11.2)	1.0	(0.2)	0.6	(0.5)
	德国	516	(8.8)	514	(7.6)	510	(7.2)	514	(8.5)	−7.2	(31.7)	1.0	(0.2)	0.0	(0.2)
	希腊	449	(7.0)	447	(5.5)	452	(5.8)	464	(6.3)	34.9	(27.2)	1.1	(0.2)	0.4	(0.6)
	匈牙利	467	(9.3)	479	(9.5)	485	(10.8)	477	(11.9)	0.3	(5.4)	**1.2**	(0.2)	0.0	(0.4)
	冰岛	496	(3.4)	495	(3.2)	491	(3.4)	493	(3.4)	−0.4	(2.2)	1.0	(0.2)	0.0	(0.2)
	爱尔兰	487	(7.1)	512	(8.0)	508	(6.2)	502	(6.0)	23.1	(12.9)	**1.4**	(0.2)	0.5	(0.5)
	以色列	459	(9.1)	459	(11.3)	476	(9.0)	471	(12.5)	−3.7	(10.8)	1.1	(0.2)	0.0	(0.4)
	意大利	**488**	(4.2)	495	(3.8)	486	(4.8)	**473**	(4.6)	−5.3	(3.7)	0.9	(0.1)	0.1	(0.1)
	日本	535	(6.6)	527	(5.8)	544	(9.3)	539	(11.3)	10.7	(6.2)	1.0	(0.1)	0.8	(0.9)
	韩国	540	(8.2)	550	(9.6)	557	(9.8)	568	(11.2)	7.7	(13.5)	**1.2**	(0.1)	0.2	(0.8)
	卢森堡	**507**	(1.8)	503	(2.1)	483	(2.4)	**466**	(2.0)	**−8.2**	(1.2)	**0.8**	(0.0)	0.4	(0.1)
	墨西哥	**393**	(2.79)	398	(3.05)	418	(3.4)	**444**	(2.8)	**18.6**	(1.9)	**1.6**	(0.1)	4.5	(0.5)
	荷兰	524	(12.3)	517	(9.8)	516	(8.3)	536	(10.9)	1.6	(5.7)	0.9	(0.2)	0.0	(0.2)
	新西兰	488	(6.5)	498	(7.5)	505	(6.4)	510	(8.6)	**11.9**	(5.8)	**1.2**	(0.1)	0.6	(0.5)
	挪威	488	(5.7)	484	(5.5)	491	(5.4)	495	(5.3)	**14.3**	(5.7)	1.0	(0.1)	0.5	(0.5)
	波兰	519	(6.5)	525	(9.6)	516	(5.4)	511	(5.4)	3.7	(4.6)	0.9	(0.1)	0.0	(0.1)
	葡萄牙	482	(9.1)	482	(7.7)	484	(10.6)	500	(7.9)	**29.4**	(5.7)	1.1	(0.2)	2.4	(0.9)
	斯洛伐克	484	(9.6)	480	(11.9)	491	(14.3)	471	(10.6)	−3.4	(4.5)	0.8	(0.1)	0.2	(0.4)
	斯洛文尼亚	510	(3.1)	484	(3.4)	508	(2.7)	502	(2.7)	5.3	(2.5)	0.9	(0.1)	0.1	(0.1)
	西班牙	471	(3.3)	471	(4.0)	479	(3.7)	516	(2.8)	**24.2**	(4.5)	**1.3**	(0.1)	2.8	(0.6)
	瑞典	475	(4.7)	475	(6.5)	478	(4.6)	485	(4.8)	3.5	(2.1)	1.0	(0.1)	0.2	(0.2)
	瑞士	520	(5.0)	551	(7.9)	533	(7.7)	523	(7.6)	**−11.2**	(5.4)	**1.2**	(0.1)	0.6	(0.6)
	土耳其	454	(12.9)	450	(8.9)	447	(8.7)	440	(8.1)	−51.2	(57.9)	1.0	(0.1)	0.3	(0.3)
	英国	**484**	(3.8)	485	(6.4)	494	(10.1)	**513**	(7.0)	**8.0**	(3.0)	1.1	(0.1)	1.1	(0.8)
	美国	469	(9.8)	481	(8.1)	489	(7.6)	486	(6.4)	5.5	(4.1)	**1.3**	(0.2)	0.3	(0.5)
	OECD 平均	**489**	(1.2)	492	(1.2)	496	(1.2)	**500**	(1.2)	**6.5**	(2.4)	**1.1**	(0.0)	1.1	(0.1)
伙伴国家(地区)	阿尔巴尼亚	394	(4.4)	396	(4.6)	389	(3.5)	398	(4.5)	7.6	(3.4)	0.9	(0.1)	0.2	(0.1)
	阿根廷	m	m	m	m	m	m	m	m	m	m	m	m	m	m
	巴西	**375**	(3.5)	374	(2.8)	382	(3.7)	**433**	(5.9)	**27.8**	(2.9)	**1.2**	(0.1)	13.3	(2.0)
	保加利亚	430	(8.9)	423	(10.4)	442	(10.4)	460	(9.9)	**11.9**	(4.5)	1.2	(0.2)	1.9	(1.4)
	哥伦比亚	**375**	(4.1)	369	(4.7)	362	(5.6)	**399**	(8.0)	**17.3**	(4.8)	0.9	(0.1)	4.6	(2.5)
	哥斯达黎加	**397**	(5.4)	393	(6.5)	392	(4.8)	**446**	(8.8)	**24.9**	(3.1)	**1.2**	(0.2)	10.3	(3.1)
	克罗地亚	474	(9.2)	477	(7.0)	469	(9.6)	465	(8.9)	−8.5	(14.2)	0.9	(0.2)	0.1	(0.3)
	塞浦路斯	431	(2.7)	420	(2.5)	434	(2.3)	471	(2.4)	**24.3**	(1.1)	1.1	(0.1)	6.1	(0.6)
	中国香港	570	(10.8)	565	(11.5)	560	(8.5)	550	(12.4)	−4.7	(6.5)	0.9	(0.2)	0.2	(0.7)
	印度尼西亚	391	(9.1)	369	(5.8)	358	(6.4)	383	(11.3)	1.5	(4.2)	**0.7**	(0.1)	0.1	(0.1)
	约旦	**373**	(5.6)	371	(5.0)	385	(4.8)	**413**	(9.2)	**29.8**	(9.5)	**1.3**	(0.1)	6.2	(3.5)
	哈萨克斯坦	434	(5.4)	431	(5.4)	429	(7.1)	433	(8.3)	6.9	(9.1)	1.0	(0.1)	0.3	(0.9)
	拉脱维亚	492	(6.5)	483	(5.6)	489	(5.7)	498	(6.1)	3.3	(2.7)	1.0	(0.1)	0.2	(0.3)
	列支敦士登	c	c	c	c	514	(9.2)	479	(8.9)	**−33.2**	(4.8)	1.1	(0.2)	9.7	(2.7)
	立陶宛	474	(7.2)	481	(7.5)	483	(7.2)	478	(6.9)	0.2	(2.8)	1.1	(0.1)	0.0	(0.1)
	中国澳门	**543**	(1.9)	545	(2.4)	534	(2.4)	**530**	(2.2)	**−3.4**	(0.7)	1.0	(0.1)	0.2	(0.1)
	马来西亚	428	(7.0)	415	(7.2)	413	(5.7)	426	(8.2)	**27.9**	(8.4)	0.9	(0.1)	3.2	(2.6)
	黑山	**411**	(2.6)	421	(3.3)	408	(2.3)	**399**	(2.3)	**−14.8**	(2.1)	0.9	(0.1)	1.5	(0.5)
	秘鲁	**345**	(6.4)	351	(6.1)	353	(6.4)	**423**	(9.4)	**24.0**	(2.7)	**1.4**	(0.2)	15.4	(3.1)
	卡塔尔	**337**	(1.4)	394	(2.2)	398	(2.1)	**376**	(2.0)	**20.2**	(2.0)	**1.6**	(0.1)	5.4	(0.3)
	罗马尼亚	431	(7.3)	437	(9.8)	465	(8.8)	446	(8.9)	16.8	(16.3)	**1.2**	(0.2)	0.3	(0.6)
	俄罗斯联邦	**470**	(5.8)	476	(8.7)	489	(5.9)	**495**	(7.0)	8.6	(5.3)	**1.2**	(0.2)	0.6	(0.7)
	塞尔维亚	447	(10.7)	456	(8.8)	450	(7.2)	441	(7.8)	−0.4	(13.2)	1.1	(0.2)	0.0	(0.2)
	中国上海	605	(10.1)	603	(12.3)	623	(10.8)	620	(9.7)	3.5	(6.7)	1.1	(0.2)	0.1	(0.3)
	新加坡	**567**	(2.6)	554	(2.7)	567	(3.2)	**605**	(3.3)	**34.3**	(5.4)	1.0	(0.1)	5.0	(1.1)
	中国台北	**570**	(11.1)	581	(8.8)	568	(9.1)	**515**	(9.6)	**−28.3**	(4.9)	0.9	(0.1)	6.2	(2.0)
	泰国	417	(7.9)	446	(8.9)	424	(8.4)	421	(6.8)	−2.5	(2.8)	**1.3**	(0.1)	0.1	(0.3)
	突尼斯	393	(8.9)	403	(10.6)	380	(9.1)	376	(9.1)	−4.9	(5.6)	0.9	(0.2)	0.2	(0.4)
	阿联酋	**395**	(3.1)	414	(4.8)	455	(6.9)	**473**	(5.9)	**22.8**	(2.1)	**1.9**	(0.1)	10.1	(1.6)
	乌拉圭	**391**	(4.9)	390	(6.6)	394	(6.2)	**462**	(9.0)	**43.1**	(6.8)	**1.3**	(0.1)	12.3	(2.6)
	越南	503	(9.7)	496	(12.1)	526	(12.2)	520	(9.5)	8.5	(4.7)	1.1	(0.2)	0.5	(0.6)

注:统计上有显著性的值用粗体表示。

附表 5.28 ■ 学校课程和评价责任指数和数学表现

基于学校校长报告的结果

| | 学校课程和评价责任指数 | | | | | | | | | | 指数的差异 | |
| | 全体学生 | | 最低 1/4 | | 第二个 1/4 | | 第三个 1/4 | | 最高 1/4 | | | |
	平均值	标准误	平均值	标准误	平均值	标准误	平均值	标准误	平均值	标准误	标准差	标准误
OECD												
澳大利亚	0.13	(0.04)	−0.78	(0.01)	−0.42	(0.03)	0.27	(0.13)	1.44	(0.00)	0.90	(0.02)
奥地利	−0.30	(0.06)	−0.97	(0.03)	−0.77	(0.03)	−0.35	(0.09)	0.91	(0.16)	0.79	(0.05)
比利时	−0.11	(0.05)	−0.85	(0.02)	−0.52	(0.02)	−0.23	(0.05)	1.17	(0.14)	0.82	(0.03)
加拿大	−0.49	(0.03)	−0.98	(0.02)	−0.80	(0.01)	−0.57	(0.02)	0.39	(0.11)	0.66	(0.04)
智利	0.12	(0.07)	−0.93	(0.03)	−0.53	(0.07)	0.52	(0.22)	1.44	(0.00)	0.99	(0.03)
捷克	0.75	(0.06)	−0.74	(0.05)	0.85	(0.22)	1.44	(0.00)	1.44	(0.00)	0.96	(0.03)
丹麦	−0.05	(0.06)	−0.88	(0.02)	−0.66	(0.04)	−0.09	(0.17)	1.44	(0.05)	0.92	(0.03)
爱沙尼亚	0.49	(0.05)	−0.71	(0.03)	−0.10	(0.07)	1.32	(0.14)	1.44	(0.00)	0.94	(0.01)
芬兰	−0.05	(0.07)	−0.85	(0.01)	−0.59	(0.04)	−0.17	(0.17)	1.43	(0.12)	0.90	(0.03)
法国	−0.10	(0.06)	−0.88	(0.02)	−0.61	(0.04)	−0.17	(0.06)	1.26	(0.17)	0.86	(0.04)
德国	−0.19	(0.05)	−0.87	(0.02)	−0.65	(0.05)	−0.27	(0.05)	1.03	(0.13)	0.79	(0.03)
希腊	−1.15	(0.02)	−1.26	(0.00)	−1.26	(0.00)	−1.16	(0.03)	−0.91	(0.07)	0.26	(0.09)
匈牙利	0.02	(0.07)	−0.85	(0.03)	−0.52	(0.04)	0.08	(0.17)	1.35	(0.07)	0.87	(0.03)
冰岛	0.15	(0.00)	−0.83	(0.00)	−0.58	(0.02)	0.56	(0.02)	1.44	(0.00)	1.00	(0.00)
爱尔兰	0.10	(0.06)	−0.76	(0.04)	−0.35	(0.04)	0.11	(0.16)	1.41	(0.06)	0.84	(0.03)
以色列	0.00	(0.06)	−0.85	(0.01)	−0.58	(0.04)	0.02	(0.16)	1.42	(0.08)	0.89	(0.03)
意大利	0.36	(0.04)	−0.75	(0.02)	−0.25	(0.04)	0.98	(0.11)	1.44	(0.00)	0.92	(0.01)
日本	1.15	(0.05)	0.30	(0.21)	1.44	(0.00)	1.44	(0.00)	1.44	(0.00)	0.69	(0.06)
韩国	0.71	(0.08)	−0.72	(0.08)	0.66	(0.25)	1.44	(0.00)	1.44	(0.00)	0.94	(0.03)
卢森堡	−0.84	(0.00)	−1.11	(0.00)	−0.85	(0.01)	−0.81	(0.00)	−0.54	(0.00)	0.36	(0.00)
墨西哥	−0.87	(0.02)	−1.24	(0.01)	−1.09	(0.01)	−0.90	(0.02)	−0.24	(0.05)	0.52	(0.02)
荷兰	0.96	(0.08)	−0.43	(0.23)	1.41	(0.12)	1.44	(0.00)	1.44	(0.00)	0.84	(0.06)
新西兰	0.47	(0.07)	−0.68	(0.04)	−0.09	(0.07)	1.20	(0.20)	1.44	(0.00)	0.92	(0.01)
挪威	−0.55	(0.05)	−1.03	(0.03)	−0.81	(0.00)	−0.69	(0.05)	0.33	(0.16)	0.65	(0.06)
波兰	0.37	(0.07)	−0.49	(0.05)	−0.14	(0.04)	0.65	(0.21)	1.44	(0.00)	0.82	(0.02)
葡萄牙	−0.68	(0.03)	−1.06	(0.02)	−0.74	(0.03)	−0.40	(0.07)	−0.06	(0.11)	0.57	(0.06)
斯洛伐克	0.48	(0.08)	−0.76	(0.02)	−0.20	(0.26)	1.44	(0.11)	1.44	(0.00)	1.00	(0.02)
斯洛文尼亚	−0.35	(0.01)	−0.86	(0.00)	−0.77	(0.00)	−0.50	(0.01)	0.73	(0.04)	0.73	(0.01)
西班牙	−0.47	(0.04)	−1.04	(0.03)	−0.80	(0.01)	−0.55	(0.04)	0.51	(0.12)	0.71	(0.04)
瑞典	−0.25	(0.06)	−0.86	(0.01)	−0.67	(0.02)	−0.42	(0.05)	0.97	(0.17)	0.79	(0.04)
瑞士	−0.60	(0.04)	−1.08	(0.03)	−0.83	(0.02)	−0.71	(0.03)	0.21	(0.12)	0.62	(0.05)
土耳其	−1.12	(0.02)	−1.26	(0.00)	−1.25	(0.00)	−1.18	(0.02)	−0.79	(0.09)	0.32	(0.07)
英国	0.93	(0.05)	−0.45	(0.07)	1.27	(0.15)	1.44	(0.00)	1.44	(0.00)	0.84	(0.06)
美国	−0.39	(0.08)	−1.06	(0.01)	−0.82	(0.01)	−0.61	(0.07)	0.94	(0.23)	0.86	(0.06)
OECD平均	−0.04	(0.01)	−0.84	(0.01)	−0.38	(0.01)	0.12	(0.02)	0.93	(0.02)	0.78	(0.01)
伙伴国家(地区)												
阿尔巴尼亚	−0.27	(0.07)	−1.01	(0.03)	−0.81	(0.01)	−0.42	(0.11)	1.17	(0.18)	0.90	(0.05)
阿根廷	−0.51	(0.06)	−1.02	(0.03)	−0.81	(0.00)	−0.59	(0.07)	0.40	(0.16)	0.66	(0.06)
巴西	−0.42	(0.03)	−1.09	(0.01)	−0.86	(0.02)	−0.48	(0.05)	0.75	(0.09)	0.79	(0.03)
保加利亚	−0.84	(0.03)	−1.12	(0.02)	−0.99	(0.01)	−0.83	(0.02)	−0.43	(0.09)	0.35	(0.06)
哥伦比亚	−0.08	(0.07)	−1.02	(0.02)	−0.63	(0.08)	0.14	(0.15)	1.18	(0.06)	0.88	(0.03)
哥斯达黎加	−0.65	(0.05)	−1.18	(0.02)	−1.06	(0.02)	−0.84	(0.03)	0.50	(0.17)	0.81	(0.06)
克罗地亚	−0.86	(0.03)	−1.12	(0.01)	−1.00	(0.01)	−0.87	(0.02)	−0.44	(0.08)	0.38	(0.05)
塞浦路斯	−0.84	(0.00)	−1.26	(0.00)	−1.23	(0.00)	−1.10	(0.00)	0.22	(0.00)	0.81	(0.00)
中国香港	0.96	(0.07)	−0.35	(0.11)	1.32	(0.21)	1.44	(0.00)	1.44	(0.00)	0.80	(0.04)
印度尼西亚	0.65	(0.08)	−0.76	(0.08)	0.48	(0.26)	1.44	(0.00)	1.44	(0.00)	0.97	(0.03)
约旦	−1.04	(0.04)	−1.26	(0.00)	−1.26	(0.00)	−1.22	(0.02)	−0.40	(0.15)	0.61	(0.08)
哈萨克斯坦	−0.76	(0.05)	−1.21	(0.02)	−1.02	(0.04)	−0.79	(0.03)	0.00	(0.15)	0.55	(0.06)
拉脱维亚	−0.19	(0.06)	−0.89	(0.02)	−0.66	(0.06)	−0.29	(0.06)	1.08	(0.16)	0.82	(0.04)
列支敦士登	−0.33	(0.02)	c	c	c	c	c	c	c	c	0.90	(0.01)
立陶宛	0.66	(0.05)	−0.57	(0.05)	0.34	(0.15)	1.42	(0.06)	1.44	(0.00)	0.87	(0.02)
中国澳门	0.78	(0.00)	−0.60	(0.00)	0.84	(0.00)	1.44	(0.00)	1.44	(0.00)	0.90	(0.00)
马来西亚	−0.88	(0.04)	−1.23	(0.01)	−1.11	(0.01)	−0.96	(0.04)	−0.22	(0.12)	0.58	(0.06)
黑山	−0.83	(0.00)	−1.26	(0.00)	−1.10	(0.00)	−0.91	(0.00)	−0.06	(0.00)	0.62	(0.00)
秘鲁	−0.09	(0.05)	−1.09	(0.03)	−0.75	(0.04)	0.03	(0.18)	1.44	(0.01)	1.02	(0.03)
卡塔尔	−0.90	(0.00)	−1.26	(0.00)	−1.18	(0.00)	−0.83	(0.00)	−0.34	(0.00)	0.50	(0.00)
罗马尼亚	−0.52	(0.05)	−1.15	(0.02)	−0.87	(0.03)	−0.57	(0.06)	0.50	(0.15)	0.71	(0.05)
俄罗斯联邦	−0.22	(0.05)	−0.97	(0.02)	−0.69	(0.05)	−0.25	(0.06)	1.02	(0.14)	0.82	(0.04)
塞尔维亚	−0.86	(0.02)	−1.09	(0.02)	−0.94	(0.02)	−0.82	(0.01)	−0.61	(0.05)	0.21	(0.02)
中国上海	−0.56	(0.05)	−1.22	(0.02)	−0.97	(0.05)	−0.71	(0.05)	0.68	(0.13)	0.82	(0.04)
新加坡	−0.25	(0.01)	−0.87	(0.03)	−0.77	(0.01)	−0.33	(0.01)	0.97	(0.03)	0.80	(0.01)
中国台北	0.21	(0.07)	−0.86	(0.03)	−0.40	(0.10)	0.67	(0.19)	1.44	(0.00)	0.94	(0.02)
泰国	0.98	(0.05)	−0.20	(0.09)	1.24	(0.15)	1.44	(0.00)	1.44	(0.00)	0.73	(0.04)
突尼斯	−0.58	(0.08)	−1.26	(0.00)	−1.22	(0.02)	−0.89	(0.10)	1.04	(0.21)	1.01	(0.06)
阿联酋	−0.44	(0.04)	−1.26	(0.00)	−1.12	(0.02)	−0.61	(0.06)	1.25	(0.09)	1.03	(0.03)
乌拉圭	−0.83	(0.04)	−1.26	(0.00)	−1.09	(0.02)	−0.90	(0.02)	−0.08	(0.15)	0.61	(0.07)
越南	−0.98	(0.03)	−1.26	(0.00)	−1.23	(0.02)	−1.07	(0.03)	−0.37	(0.11)	0.50	(0.05)

附表 5.28 ■ 学校课程和评价责任指数和数学表现(续表 1)
基于学校校长报告的结果

| | | 按照指数的国家(地区)内四分位数区分的数学量表表现 | | | | | | | | 该指数每单位的变化相对应的数学分数变化 | | 处于该指数最低1/4对于学生处于该国(地区)数学表现分布最低1/4所增加的可能性 | | 所解释的学生表现差异 ($r^2 \times 100$) | |
| | | 最低 1/4 | | 第二个 1/4 | | 第三个 1/4 | | 最高 1/4 | | | | | | | |
		平均分	标准误	平均分	标准误	平均分	标准误	平均分	标准误	分差	标准误	比率	标准误	%	标准误
OECD	澳大利亚	**495**	(3.6)	505	(4.6)	508	(3.2)	**510**	(4.6)	5.1	(2.7)	1.1	(0.1)	0.2	(0.2)
	奥地利	512	(9.4)	508	(13.6)	503	(12.4)	499	(8.4)	−9.2	(6.0)	0.9	(0.1)	0.6	(0.8)
	比利时	**493**	(6.9)	527	(7.0)	524	(7.5)	**515**	(6.7)	4.9	(5.0)	**1.4**	(0.1)	0.2	(0.3)
	加拿大	**510**	(2.9)	517	(4.5)	519	(4.5)	**526**	(3.4)	**10.2**	(2.7)	**1.1**	(0.1)	0.6	(0.3)
	智利	**404**	(6.3)	422	(5.7)	429	(8.1)	**435**	(5.8)	**11.4**	(3.5)	**1.4**	(0.2)	2.0	(1.2)
	捷克	504	(8.6)	495	(6.6)	497	(6.2)	499	(6.3)	−1.8	(5.1)	0.9	(0.1)	0.0	(0.2)
	丹麦	501	(3.8)	503	(5.9)	494	(5.9)	505	(4.4)	1.9	(2.3)	1.0	(0.1)	0.0	(0.1)
	爱沙尼亚	521	(4.1)	518	(4.2)	520	(3.4)	523	(3.8)	0.8	(2.1)	1.0	(0.1)	0.0	(0.1)
	芬兰	**514**	(4.0)	516	(3.8)	517	(3.8)	**528**	(4.0)	5.9	(2.1)	1.1	(0.1)	0.4	(0.3)
	法国	483	(9.7)	492	(7.7)	507	(8.7)	498	(9.9)	6.0	(6.8)	1.2	(0.2)	0.3	(0.7)
	德国	**525**	(8.0)	529	(6.6)	512	(6.4)	**488**	(9.0)	**−18.5**	(6.2)	**0.7**	(0.1)	2.3	(1.5)
	希腊	451	(5.4)	452	(6.2)	453	(4.8)	456	(5.8)	7.6	(3.8)	1.1	(0.1)	0.1	(0.1)
	匈牙利	477	(11.4)	473	(9.7)	478	(11.4)	480	(13.8)	1.1	(7.6)	1.0	(0.2)	0.0	(0.4)
	冰岛	496	(3.8)	489	(3.4)	497	(3.9)	492	(4.0)	−0.8	(1.5)	0.9	(0.1)	0.0	(0.0)
	爱尔兰	508	(5.6)	500	(6.3)	498	(5.9)	505	(5.7)	0.3	(3.4)	0.9	(0.1)	0.0	(0.1)
	以色列	466	(7.8)	452	(12.2)	477	(9.9)	470	(12.6)	4.7	(7.1)	1.0	(0.1)	0.0	(0.5)
	意大利	485	(5.1)	493	(5.1)	483	(4.8)	481	(4.8)	−2.7	(2.4)	1.0	(0.1)	0.1	(0.3)
	日本	536	(7.0)	536	(5.8)	538	(5.8)	536	(6.1)	−0.6	(8.1)	1.0	(0.1)	0.0	(0.2)
	韩国	548	(10.8)	557	(10.0)	554	(7.0)	556	(5.9)	1.1	(5.6)	1.1	(0.2)	0.0	(0.1)
	卢森堡	496	(2.1)	497	(2.3)	474	(3.5)	493	(2.6)	**34.8**	(2.6)	**0.8**	(0.1)	1.7	(0.2)
	墨西哥	**409**	(3.11)	401	(2.74)	419	(3.3)	**424**	(3.2)	**14.1**	(3.9)	1.1	(0.1)	1.0	(0.5)
	荷兰	538	(10.9)	518	(6.7)	520	(5.7)	516	(5.9)	−12.1	(7.1)	**0.6**	(0.1)	1.2	(1.4)
	新西兰	501	(7.0)	511	(5.1)	495	(6.8)	492	(6.2)	−5.7	(3.8)	1.0	(0.1)	0.3	(0.4)
	挪威	496	(5.7)	484	(4.7)	491	(5.6)	487	(5.7)	−5.8	(5.2)	0.9	(0.1)	0.4	(0.3)
	波兰	521	(6.7)	515	(4.6)	518	(6.0)	516	(7.2)	−0.9	(4.6)	1.0	(0.1)	0.0	(0.2)
	葡萄牙	491	(9.5)	489	(7.0)	485	(8.2)	482	(9.1)	−6.7	(11.9)	0.9	(0.1)	0.1	(0.6)
	斯洛伐克	480	(11.1)	493	(7.4)	477	(7.7)	478	(7.1)	−2.6	(5.9)	1.0	(0.1)	0.1	(0.4)
	斯洛文尼亚	**508**	(4.1)	503	(4.2)	500	(2.9)	**493**	(2.4)	**−8.5**	(1.7)	0.9	(0.1)	0.5	(0.3)
	西班牙	**469**	(4.6)	488	(3.7)	484	(6.3)	**497**	(3.2)	**13.0**	(2.0)	**1.4**	(0.1)	1.1	(0.3)
	瑞典	480	(4.9)	482	(5.5)	475	(6.3)	475	(5.3)	−3.2	(3.1)	0.9	(0.1)	0.1	(0.2)
	瑞士	513	(5.8)	525	(7.1)	537	(6.1)	552	(7.5)	7.8	(5.6)	**1.3**	(0.1)	0.3	(0.4)
	土耳其	447	(10.0)	446	(8.5)	454	(11.7)	445	(9.9)	−10.3	(17.7)	1.0	(0.1)	0.1	(0.5)
	英国	**478**	(5.1)	494	(6.2)	502	(5.1)	**502**	(6.0)	**12.3**	(3.4)	**1.3**	(0.1)	1.2	(0.7)
	美国	**464**	(8.1)	474	(8.8)	495	(6.3)	**493**	(7.1)	**11.6**	(4.3)	**1.4**	(0.2)	1.2	(1.0)
	OECD平均	**492**	(1.2)	494	(1.2)	495	(1.2)	**495**	(1.2)	**1.9**	(1.0)	**1.0**	(0.0)	0.5	(0.1)
伙伴国家(地区)	阿尔巴尼亚	390	(4.5)	399	(5.3)	393	(4.6)	396	(4.3)	−0.4	(2.3)	1.2	(0.1)	0.0	(0.0)
	阿根廷	373	(8.0)	396	(6.9)	394	(9.4)	390	(7.6)	**9.4**	(4.7)	**1.4**	(0.2)	0.7	(0.6)
	巴西	**377**	(3.8)	386	(4.9)	391	(4.8)	**410**	(5.1)	**17.9**	(3.0)	1.2	(0.1)	3.3	(1.1)
	保加利亚	439	(7.7)	453	(9.6)	434	(10.4)	429	(9.5)	−27.1	(16.6)	0.9	(0.2)	1.0	(1.4)
	哥伦比亚	370	(5.6)	382	(4.5)	372	(6.1)	382	(8.1)	3.6	(4.4)	1.1	(0.1)	0.2	(0.5)
	哥斯达黎加	**393**	(6.4)	397	(4.8)	400	(6.1)	**443**	(8.2)	**28.1**	(4.4)	**1.3**	(0.1)	11.1	(3.3)
	克罗地亚	487	(10.7)	467	(8.3)	467	(4.8)	464	(5.1)	−13.8	(10.2)	1.0	(0.1)	0.4	(0.6)
	塞浦路斯	**432**	(3.0)	429	(2.4)	430	(2.4)	**466**	(2.5)	**34.0**	(1.3)	1.0	(0.1)	8.7	(0.6)
	中国香港	563	(10.8)	564	(6.1)	560	(6.0)	558	(5.0)	−3.8	(7.5)	1.0	(0.2)	0.1	(0.5)
	印度尼西亚	393	(9.6)	367	(9.2)	369	(6.2)	370	(6.1)	−8.8	(4.4)	**0.7**	(0.1)	1.4	(1.5)
	约旦	378	(4.6)	381	(4.7)	383	(6.8)	**400**	(7.5)	18.4	(11.9)	1.1	(0.1)	2.1	(2.6)
	哈萨克斯坦	436	(6.1)	432	(6.4)	431	(6.4)	426	(7.1)	−6.5	(8.4)	0.9	(0.1)	0.3	(0.7)
	拉脱维亚	483	(5.3)	494	(5.2)	493	(6.6)	492	(6.3)	2.0	(3.4)	**1.3**	(0.2)	0.1	(0.3)
	列支敦士登	c	c	c	c	c	c	c	c	**−37.7**	(4.6)	0.7	(0.2)	12.7	(3.0)
	立陶宛	481	(6.6)	482	(7.1)	475	(4.8)	477	(4.3)	−3.9	(3.9)	0.9	(0.1)	0.1	(0.3)
	中国澳门	**555**	(2.4)	557	(3.3)	520	(3.0)	**521**	(3.0)	**−18.8**	(1.3)	**0.7**	(0.0)	3.2	(0.4)
	马来西亚	423	(6.3)	404	(4.4)	421	(6.8)	435	(8.4)	15.6	(10.6)	1.2	(1.5)		
	黑山	**406**	(1.9)	419	(3.2)	420	(2.5)	**394**	(2.5)	**−10.9**	(1.7)	1.1	(0.1)	0.7	(0.2)
	秘鲁	**361**	(5.9)	352	(6.3)	366	(8.7)	**394**	(8.8)	**16.8**	(4.3)	1.0	(0.1)	4.1	(2.0)
	卡塔尔	**352**	(2.3)	362	(1.7)	403	(2.4)	**388**	(1.8)	**28.4**	(1.6)	**1.3**	(0.1)	2.0	(0.2)
	罗马尼亚	441	(8.3)	456	(7.9)	434	(8.3)	446	(7.9)	−1.8	(5.6)	1.1	(0.2)	0.0	(0.3)
	俄罗斯联邦	482	(7.2)	492	(5.7)	485	(5.5)	470	(5.8)	−6.9	(4.1)	1.0	(0.1)	0.5	(0.5)
	塞尔维亚	447	(9.2)	461	(9.5)	446	(9.2)	441	(7.7)	−6.3	(20.3)	1.0	(0.1)	0.5	(1.0)
	中国上海	**620**	(8.9)	627	(8.8)	622	(10.1)	**582**	(9.6)	**−24.1**	(5.4)	**0.8**	(0.1)	3.9	(1.6)
	新加坡	**561**	(3.3)	571	(3.5)	571	(2.9)	**590**	(2.8)	**15.0**	(1.5)	**1.3**	(0.1)	1.3	(0.3)
	中国台北	570	(10.0)	566	(10.7)	558	(10.6)	541	(13.0)	−11.8	(6.9)	**0.8**	(0.1)	0.9	(1.1)
	泰国	422	(8.7)	424	(7.7)	430	(7.2)	431	(6.1)	6.1	(3.6)	1.1	(0.2)	0.3	(0.6)
	突尼斯	**412**	(8.4)	388	(9.2)	374	(9.7)	377	(9.7)	−5.1	(4.2)	**0.5**	(0.1)	0.4	(0.1)
	阿联酋	**398**	(2.9)	415	(4.9)	453	(6.2)	**470**	(5.5)	**24.9**	(2.4)	**1.9**	(0.1)	8.3	(1.5)
	乌拉圭	**387**	(5.6)	397	(7.3)	408	(7.9)	**445**	(8.5)	**43.2**	(6.1)	**1.3**	(0.2)	8.7	(2.8)
	越南	501	(9.3)	513	(11.1)	505	(11.3)	526	(9.6)	8.0	(7.5)	1.2	(0.2)	0.2	(0.5)

注:统计上有显著性的值用粗体表示。

附表5.29 ■ 学校领导力之教师参与与管理指数和数学表现
基于学校校长报告的结果

		学校领导力之教师参与与管理指数									指数的差异	
		全体学生		最低1/4		第二个1/4		第三个1/4		最高1/4			
		平均值	标准误	平均值	标准误	平均值	标准误	平均值	标准误	平均值	标准误	标准差	标准误
OECD	澳大利亚	0.51	(0.04)	−0.56	(0.05)	0.26	(0.04)	0.74	(0.04)	1.62	(0.07)	0.87	(0.03)
	奥地利	−0.32	(0.07)	−1.47	(0.09)	−0.61	(0.10)	0.01	(0.07)	0.80	(0.12)	0.91	(0.05)
	比利时	−0.39	(0.06)	−1.54	(0.08)	−0.78	(0.08)	−0.08	(0.07)	0.84	(0.09)	0.96	(0.04)
	加拿大	0.28	(0.04)	−0.83	(0.06)	0.05	(0.04)	0.56	(0.05)	1.35	(0.07)	0.87	(0.03)
	智利	0.39	(0.07)	−0.74	(0.11)	0.11	(0.08)	0.68	(0.08)	1.50	(0.11)	0.89	(0.05)
	捷克	−0.26	(0.08)	−1.46	(0.15)	−0.53	(0.07)	−0.01	(0.11)	0.95	(0.13)	0.99	(0.09)
	丹麦	−0.01	(0.06)	−0.95	(0.11)	−0.22	(0.04)	0.23	(0.07)	0.93	(0.09)	0.77	(0.05)
	爱沙尼亚	−0.08	(0.05)	−0.98	(0.05)	−0.40	(0.05)	0.11	(0.06)	0.95	(0.11)	0.78	(0.05)
	芬兰	0.03	(0.06)	−1.03	(0.11)	−0.21	(0.07)	0.32	(0.06)	1.03	(0.12)	0.85	(0.06)
	法国	−0.78	(0.07)	−1.84	(0.06)	−1.16	(0.07)	−0.60	(0.08)	0.50	(0.16)	0.96	(0.05)
	德国	0.03	(0.05)	−0.94	(0.09)	−0.14	(0.08)	0.32	(0.05)	0.87	(0.06)	0.72	(0.04)
	希腊	0.07	(0.07)	−1.08	(0.09)	−0.31	(0.09)	0.36	(0.08)	1.31	(0.10)	0.96	(0.05)
	匈牙利	−0.48	(0.06)	−1.36	(0.09)	−0.77	(0.09)	−0.24	(0.05)	0.44	(0.09)	0.73	(0.05)
	冰岛	−0.04	(0.00)	−0.86	(0.00)	−0.32	(0.01)	0.14	(0.00)	0.89	(0.00)	0.70	(0.00)
	爱尔兰	0.09	(0.10)	−1.26	(0.15)	−0.29	(0.10)	0.43	(0.13)	1.49	(0.12)	1.10	(0.07)
	以色列	−0.24	(0.07)	−1.53	(0.13)	−0.48	(0.09)	0.17	(0.09)	0.90	(0.08)	0.95	(0.06)
	意大利	0.30	(0.04)	−0.92	(0.07)	−0.05	(0.05)	0.52	(0.05)	1.65	(0.06)	1.01	(0.03)
	日本	−0.42	(0.07)	−1.80	(0.18)	−0.50	(0.07)	−0.01	(0.06)	0.64	(0.08)	1.00	(0.07)
	韩国	0.06	(0.09)	−1.27	(0.15)	−0.14	(0.13)	0.37	(0.08)	1.26	(0.11)	1.03	(0.07)
	卢森堡	−0.56	(0.00)	−1.65	(0.00)	−0.81	(0.00)	−0.29	(0.00)	0.50	(0.00)	0.92	(0.00)
	墨西哥	−0.11	(0.04)	−1.52	(0.04)	−0.52	(0.06)	0.28	(0.05)	1.32	(0.05)	1.12	(0.02)
	荷兰	−0.19	(0.07)	−1.20	(0.10)	−0.40	(0.08)	0.05	(0.06)	0.80	(0.13)	0.80	(0.06)
	新西兰	0.22	(0.07)	−0.89	(0.10)	0.02	(0.07)	0.47	(0.07)	1.30	(0.12)	0.90	(0.05)
	挪威	−0.02	(0.06)	−1.02	(0.10)	−0.18	(0.04)	0.20	(0.07)	0.92	(0.11)	0.80	(0.06)
	波兰	−0.34	(0.07)	−1.37	(0.06)	−0.65	(0.10)	−0.14	(0.06)	0.78	(0.13)	0.85	(0.05)
	葡萄牙	0.39	(0.09)	−0.81	(0.13)	0.08	(0.08)	0.63	(0.12)	1.69	(0.16)	1.01	(0.08)
	斯洛伐克	−0.14	(0.06)	−1.11	(0.08)	−0.38	(0.09)	0.09	(0.04)	0.82	(0.10)	0.77	(0.04)
	斯洛文尼亚	0.12	(0.01)	−1.00	(0.04)	−0.11	(0.01)	0.38	(0.01)	1.21	(0.02)	0.89	(0.02)
	西班牙	0.00	(0.05)	−1.13	(0.05)	−0.33	(0.05)	0.26	(0.06)	1.21	(0.09)	0.94	(0.04)
	瑞典	0.06	(0.06)	−0.87	(0.09)	−0.16	(0.05)	0.29	(0.07)	1.00	(0.09)	0.75	(0.04)
	瑞士	−0.60	(0.06)	−1.66	(0.08)	−0.85	(0.05)	−0.35	(0.07)	0.45	(0.08)	0.83	(0.03)
	土耳其	0.92	(0.08)	−0.38	(0.13)	0.49	(0.10)	1.29	(0.15)	2.26	(0.02)	1.03	(0.05)
	英国	0.39	(0.07)	−0.80	(0.10)	0.15	(0.09)	0.65	(0.07)	1.56	(0.11)	0.92	(0.05)
	美国	0.54	(0.09)	−0.63	(0.15)	0.23	(0.09)	0.78	(0.11)	1.77	(0.11)	0.99	(0.08)
	OECD平均	−0.02	(0.01)	−1.13	(0.02)	−0.29	(0.01)	0.25	(0.01)	1.10	(0.02)	0.90	(0.01)
伙伴国家（地区）	阿尔巴尼亚	0.26	(0.08)	−0.99	(0.14)	0.01	(0.07)	0.54	(0.11)	1.47	(0.11)	0.99	(0.08)
	阿根廷	0.17	(0.08)	−1.28	(0.13)	−0.12	(0.10)	0.50	(0.10)	1.60	(0.12)	1.12	(0.05)
	巴西	0.65	(0.06)	−0.82	(0.09)	0.38	(0.07)	1.05	(0.06)	2.00	(0.07)	1.12	(0.04)
	保加利亚	0.26	(0.06)	−0.69	(0.08)	0.04	(0.06)	0.40	(0.06)	1.31	(0.11)	0.81	(0.05)
	哥伦比亚	0.46	(0.08)	−0.98	(0.13)	0.22	(0.11)	0.83	(0.07)	1.75	(0.12)	1.10	(0.07)
	哥斯达黎加	−0.06	(0.08)	−1.64	(0.13)	−0.27	(0.12)	0.28	(0.07)	1.39	(0.07)	1.20	(0.07)
	克罗地亚	0.09	(0.07)	−1.02	(0.11)	−0.17	(0.07)	0.30	(0.05)	1.24	(0.15)	0.90	(0.05)
	塞浦路斯	0.63	(0.00)	−0.54	(0.00)	0.35	(0.00)	0.75	(0.00)	1.81	(0.00)	0.89	(0.00)
	中国香港	−0.12	(0.07)	−1.11	(0.10)	−0.42	(0.09)	0.12	(0.06)	0.95	(0.12)	0.83	(0.05)
	印度尼西亚	0.31	(0.08)	−0.94	(0.14)	0.12	(0.06)	0.46	(0.07)	1.58	(0.15)	1.02	(0.07)
	约旦	0.64	(0.09)	−0.87	(0.14)	0.27	(0.10)	1.02	(0.12)	2.14	(0.08)	1.17	(0.05)
	哈萨克斯坦	0.41	(0.08)	−0.70	(0.08)	0.09	(0.10)	0.68	(0.06)	1.59	(0.12)	0.91	(0.04)
	拉脱维亚	0.11	(0.07)	−0.95	(0.07)	−0.21	(0.08)	0.40	(0.07)	1.21	(0.09)	0.86	(0.04)
	列支敦士登	−0.14	(0.01)	c	c	c	c	c	c	c	c	0.58	(0.03)
	立陶宛	−0.18	(0.06)	−1.23	(0.08)	−0.53	(0.05)	0.06	(0.08)	0.97	(0.10)	0.87	(0.05)
	中国澳门	−0.48	(0.00)	−1.28	(0.00)	−0.70	(0.00)	−0.41	(0.00)	0.46	(0.00)	0.75	(0.00)
	马来西亚	0.62	(0.08)	−0.53	(0.09)	0.22	(0.08)	0.82	(0.11)	1.99	(0.12)	0.98	(0.05)
	黑山	0.46	(0.00)	−1.01	(0.00)	0.22	(0.00)	0.82	(0.01)	1.95	(0.01)	1.14	(0.00)
	秘鲁	−0.32	(0.09)	−1.69	(0.12)	−0.72	(0.11)	0.04	(0.10)	1.09	(0.10)	1.10	(0.05)
	卡塔尔	0.22	(0.00)	−1.18	(0.00)	−0.14	(0.00)	0.48	(0.00)	1.72	(0.00)	1.12	(0.00)
	罗马尼亚	−0.73	(0.09)	−2.94	(0.15)	−1.45	(0.13)	0.04	(0.11)	1.44	(0.13)	1.73	(0.07)
	俄罗斯联邦	−0.03	(0.05)	−1.04	(0.09)	−0.22	(0.06)	0.22	(0.06)	0.93	(0.07)	0.78	(0.03)
	塞尔维亚	−0.01	(0.07)	−1.00	(0.07)	−0.37	(0.09)	0.15	(0.07)	1.18	(0.16)	0.87	(0.06)
	中国上海	−0.79	(0.09)	−1.67	(0.05)	−1.12	(0.10)	−0.55	(0.08)	0.19	(0.09)	0.77	(0.04)
	新加坡	0.19	(0.00)	−0.74	(0.00)	−0.13	(0.01)	0.32	(0.00)	1.31	(0.01)	0.82	(0.00)
	中国台北	−0.06	(0.08)	−1.37	(0.14)	−0.36	(0.09)	0.26	(0.07)	1.24	(0.14)	1.04	(0.06)
	泰国	0.59	(0.08)	−0.74	(0.14)	0.28	(0.05)	0.88	(0.10)	1.93	(0.11)	1.04	(0.05)
	突尼斯	−0.19	(0.10)	−1.65	(0.13)	−0.74	(0.10)	0.22	(0.16)	1.43	(0.12)	1.23	(0.06)
	阿联酋	0.34	(0.06)	−0.93	(0.09)	0.07	(0.05)	0.56	(0.07)	1.65	(0.09)	1.05	(0.03)
	乌拉圭	0.50	(0.08)	−1.01	(0.04)	0.27	(0.10)	0.90	(0.08)	1.82	(0.11)	1.11	(0.06)
	越南	−0.27	(0.07)	−1.46	(0.15)	−0.42	(0.08)	0.08	(0.06)	0.70	(0.12)	0.91	(0.07)

附表 5.29 ■ 学校领导力之教师参与与管理指数和数学表现(续表 1)

基于学校校长报告的结果

| | | 按照指数的国家(地区)内四分位数区分的数学量表表现 | | | | | | | 该指数每单位的变化相对应的数学分数变化 | | 处于该指数最低1/4对于学生处于该国(地区)数学表现分布最低1/4所增加的可能性 | | 所解释的学生表现差异 ($r^2 \times 100$) | |
| | | 最低 1/4 | | 第二个 1/4 | | 第三个 1/4 | | 最高 1/4 | | | | | | | |
		平均分	标准误	平均分	标准误	平均分	标准误	平均分	标准误	分差	标准误	比率	标准误	%	标准误
OECD	澳大利亚	**513**	(4.0)	508	(4.6)	500	(3.8)	**496**	(4.2)	**−6.3**	(2.6)	**0.8**	(0.1)	0.3	(0.3)
	奥地利	511	(10.4)	509	(8.3)	503	(8.5)	498	(8.8)	−5.0	(6.1)	1.0	(0.2)	0.2	(0.6)
	比利时	514	(8.4)	509	(7.5)	532	(8.8)	507	(7.3)	−3.3	(4.9)	1.1	(0.1)	0.1	(0.3)
	加拿大	522	(3.6)	517	(3.7)	521	(4.7)	513	(3.7)	**−4.7**	(2.2)	0.9	(0.1)	0.2	(0.2)
	智利	415	(6.9)	432	(7.9)	416	(7.2)	426	(7.0)	1.1	(4.0)	1.1	(0.1)	0.0	(0.2)
	捷克	504	(8.9)	490	(8.6)	503	(9.6)	496	(9.5)	2.0	(5.3)	1.0	(0.1)	0.0	(0.3)
	丹麦	502	(5.3)	500	(4.0)	498	(5.6)	497	(6.0)	−2.7	(3.7)	1.0	(0.1)	0.1	(0.2)
	爱沙尼亚	516	(4.3)	518	(4.8)	527	(5.0)	522	(5.0)	2.6	(2.7)	1.0	(0.1)	0.1	(0.1)
	芬兰	**526**	(3.6)	520	(3.2)	516	(3.9)	**512**	(4.5)	**−5.7**	(2.0)	**0.9**	(0.1)	0.3	(0.1)
	法国	481	(8.6)	502	(8.9)	520	(8.9)	480	(11.7)	−0.4	(6.7)	1.2	(0.1)	0.0	(0.4)
	德国	510	(10.9)	509	(8.2)	511	(11.8)	525	(8.8)	5.6	(7.1)	1.1	(0.1)	0.2	(0.5)
	希腊	**463**	(5.8)	456	(6.3)	453	(6.8)	**440**	(7.9)	**−10.6**	(3.7)	0.8	(0.1)	1.3	(0.9)
	匈牙利	**488**	(9.5)	478	(12.8)	492	(11.3)	**453**	(7.2)	**−17.1**	(7.2)	0.8	(0.1)	1.8	(1.4)
	冰岛	486	(3.7)	490	(3.5)	494	(3.3)	**504**	(3.4)	**8.7**	(2.1)	**1.2**	(0.1)	0.4	(0.2)
	爱尔兰	508	(5.7)	504	(6.7)	492	(7.2)	500	(7.7)	−3.2	(3.8)	0.8	(0.1)	0.2	(0.5)
	以色列	471	(12.4)	478	(10.6)	458	(12.5)	464	(11.1)	−5.0	(7.5)	1.0	(0.2)	0.0	(0.7)
	意大利	487	(5.9)	488	(4.8)	492	(5.6)	481	(5.1)	−1.8	(2.7)	1.0	(0.1)	0.0	(0.2)
	日本	542	(9.9)	546	(9.3)	545	(9.5)	544	(7.1)	5.3	(4.4)	0.9	(0.1)	0.1	(0.5)
	韩国	552	(9.3)	561	(9.1)	555	(10.1)	544	(8.8)	−3.0	(6.0)	1.0	(0.2)	0.1	(0.5)
	卢森堡	**482**	(2.5)	498	(3.5)	489	(2.8)	**497**	(2.4)	**9.0**	(1.1)	1.1	(0.1)	0.8	(0.2)
	墨西哥	**428**	(3.16)	414	(2.96)	407	(3.1)	**405**	(3.1)	**−7.4**	(1.3)	**0.6**	(0.1)	1.2	(0.5)
	荷兰	519	(12.3)	514	(9.9)	518	(10.6)	534	(15.1)	1.5	(8.5)	1.1	(0.3)	0.0	(0.1)
	新西兰	507	(11.3)	502	(7.2)	500	(7.1)	497	(7.2)	−7.7	(4.4)	1.0	(0.1)	0.5	(0.8)
	挪威	488	(6.8)	494	(5.7)	494	(5.9)	486	(4.1)	−1.9	(3.5)	1.1	(0.1)	0.0	(0.1)
	波兰	526	(5.7)	511	(6.9)	518	(10.5)	517	(7.3)	−1.3	(3.4)	0.9	(0.1)	0.0	(0.1)
	葡萄牙	486	(7.6)	479	(8.3)	504	(7.3)	476	(10.0)	−1.7	(5.5)	1.0	(0.1)	0.0	(0.3)
	斯洛伐克	487	(9.6)	481	(8.4)	486	(10.9)	472	(10.3)	−4.8	(8.3)	0.8	(0.1)	0.1	(0.5)
	斯洛文尼亚	**515**	(3.2)	514	(4.4)	504	(3.9)	**485**	(3.0)	**−13.0**	(2.1)	**0.8**	(0.1)	1.6	(0.5)
	西班牙	**490**	(3.6)	485	(4.0)	490	(4.0)	**473**	(5.3)	**−6.5**	(2.4)	0.9	(0.1)	0.5	(0.4)
	瑞典	478	(5.1)	474	(4.9)	475	(5.4)	488	(6.2)	1.6	(3.4)	1.1	(0.1)	0.0	(0.1)
	瑞士	531	(7.0)	549	(7.3)	533	(9.6)	517	(5.9)	−6.6	(4.1)	0.9	(0.1)	0.3	(0.4)
	土耳其	439	(9.1)	455	(9.8)	462	(12.5)	438	(9.1)	−0.9	(5.3)	1.1	(0.1)	0.0	(0.1)
	英国	**507**	(8.1)	498	(8.6)	485	(12.0)	**487**	(5.7)	**−11.0**	(4.4)	**0.8**	(0.1)	1.2	(0.7)
	美国	483	(8.4)	475	(8.3)	481	(9.6)	492	(7.4)	3.7	(4.2)	0.9	(0.1)	0.2	(0.5)
	OECD平均	**496**	(1.3)	495	(1.2)	496	(1.4)	**490**	(1.3)	**−2.7**	(0.8)	**1.0**	(0.0)	0.4	(0.1)
伙伴国家(地区)	阿尔巴尼亚	395	(4.6)	399	(5.3)	389	(4.9)	394	(4.8)	0.2	(2.4)	1.0	(0.1)	0.0	(0.1)
	阿根廷	394	(7.5)	397	(6.4)	388	(8.3)	383	(8.0)	−2.8	(3.5)	1.0	(0.1)	0.0	(0.2)
	巴西	396	(5.1)	386	(4.3)	390	(5.1)	394	(5.0)	0.2	(2.6)	1.0	(0.1)	0.0	(0.2)
	保加利亚	434	(9.9)	450	(9.9)	442	(8.2)	432	(10.4)	−1.7	(5.9)	1.0	(0.2)	0.0	(0.3)
	哥伦比亚	373	(6.8)	381	(8.1)	375	(7.4)	377	(6.5)	1.3	(3.0)	1.1	(0.1)	0.0	(0.2)
	哥斯达黎加	413	(8.0)	401	(6.6)	409	(7.4)	406	(8.3)	−0.7	(3.3)	0.9	(0.1)	0.0	(0.2)
	克罗地亚	474	(7.5)	479	(8.2)	470	(12.7)	463	(8.5)	−5.5	(4.9)	0.9	(0.1)	0.3	(0.6)
	塞浦路斯	460	(2.0)	450	(2.5)	421	(2.7)	427	(2.7)	**−17.6**	(1.2)	**0.7**	(0.0)	2.8	(0.4)
	中国香港	558	(7.8)	563	(9.8)	569	(9.4)	555	(10.0)	6.0	(6.5)	1.1	(0.2)	0.3	(0.7)
	印度尼西亚	374	(11.2)	367	(7.1)	364	(5.7)	398	(10.5)	10.6	(4.6)	1.2	(0.1)	2.3	(2.1)
	约旦	398	(6.5)	378	(6.3)	386	(10.9)	378	(7.6)	−4.0	(3.1)	**0.7**	(0.1)	0.4	(0.6)
	哈萨克斯坦	430	(7.0)	425	(6.0)	435	(8.6)	438	(6.8)	2.2	(4.4)	1.0	(0.1)	0.1	(0.5)
	拉脱维亚	483	(6.7)	487	(5.1)	499	(6.7)	485	(5.9)	2.2	(3.1)	1.1	(0.2)	0.2	(0.3)
	列支敦士登	c	c	c	c	c	c	c	c	**−75.0**	(8.2)	**0.3**	(0.2)	22.4	(3.3)
	立陶宛	481	(6.0)	485	(6.4)	469	(7.2)	481	(6.4)	0.3	(3.9)	1.0	(0.1)	0.0	(0.1)
	中国澳门	**541**	(2.0)	542	(2.3)	563	(2.1)	**507**	(2.0)	**−7.8**	(1.3)	0.9	(0.1)	0.4	(0.1)
	马来西亚	**436**	(7.4)	420	(7.6)	412	(5.4)	**412**	(6.9)	**−8.1**	(3.6)	**0.7**	(0.1)	1.0	(0.5)
	黑山	**411**	(2.4)	419	(2.4)	417	(2.2)	**391**	(2.4)	−2.6	(1.0)	**0.8**	(0.1)	0.1	(0.1)
	秘鲁	362	(6.4)	366	(6.3)	373	(7.9)	371	(9.6)	3.3	(3.9)	1.1	(0.1)	0.2	(0.4)
	卡塔尔	**397**	(1.3)	355	(1.6)	377	(1.4)	**377**	(1.6)	**−7.7**	(0.6)	**0.6**	(0.0)	0.8	(0.1)
	罗马尼亚	448	(8.5)	444	(8.1)	436	(8.3)	451	(9.4)	0.0	(2.7)	0.9	(0.1)	0.0	(0.3)
	俄罗斯联邦	477	(7.1)	476	(5.5)	492	(7.6)	485	(5.1)	4.3	(4.0)	1.1	(0.1)	0.2	(0.3)
	塞尔维亚	455	(9.0)	446	(11.0)	453	(8.6)	441	(9.5)	−4.1	(5.4)	0.9	(0.2)	0.2	(0.4)
	中国上海	598	(9.8)	617	(9.0)	611	(10.7)	625	(9.2)	8.4	(7.0)	1.3	(0.2)	0.4	(0.7)
	新加坡	573	(2.6)	568	(3.0)	572	(2.8)	573	(2.5)	1.8	(1.4)	1.0	(0.1)	0.0	(0.0)
	中国台北	567	(8.7)	556	(11.9)	548	(12.8)	561	(10.4)	−4.2	(4.4)	**0.8**	(0.1)	0.1	(0.3)
	泰国	**411**	(6.8)	424	(7.5)	432	(9.0)	**440**	(7.3)	**11.0**	(3.4)	**1.4**	(0.1)	1.9	(1.3)
	突尼斯	**395**	(9.8)	395	(10.0)	388	(8.4)	**370**	(6.4)	−3.8	(3.5)	0.9	(0.2)	0.2	(0.4)
	阿联酋	**447**	(5.9)	446	(6.4)	422	(5.6)	**422**	(4.2)	**−10.4**	(2.2)	**0.8**	(0.1)	1.5	(0.7)
	乌拉圭	**437**	(9.0)	418	(9.3)	391	(7.2)	**392**	(8.6)	**−17.5**	(3.7)	**0.6**	(0.1)	4.8	(2.0)
	越南	511	(9.3)	516	(10.2)	516	(9.5)	502	(9.0)	−0.3	(6.1)	1.0	(0.2)	0.0	(0.4)

注:统计上有显著性的值用粗体表示。

附表 5.30 ■ 学校领导力之制定和交流学校目标及课程发展指数与数学表现

基于学校校长报告的结果

| | | 学校领导力之制定和交流学校目标及课程发展指数 | | | | | | | | | | 指数的差异 | |
| | | 全体学生 | | 最低 1/4 | | 第二个 1/4 | | 第三个 1/4 | | 最高 1/4 | | | |
		平均值	标准误	平均值	标准误	平均值	标准误	平均值	标准误	平均值	标准误	标准差	标准误
OECD	澳大利亚	0.66	(0.04)	−0.43	(0.06)	0.43	(0.04)	0.89	(0.03)	1.78	(0.05)	0.88	(0.02)
	奥地利	−0.12	(0.08)	−1.30	(0.13)	−0.35	(0.08)	0.15	(0.08)	1.02	(0.12)	0.91	(0.05)
	比利时	−0.29	(0.06)	−1.49	(0.07)	−0.58	(0.07)	0.02	(0.07)	0.89	(0.09)	0.97	(0.04)
	加拿大	0.31	(0.04)	−0.76	(0.08)	0.12	(0.04)	0.59	(0.04)	1.30	(0.06)	0.87	(0.04)
	智利	0.51	(0.08)	−0.63	(0.10)	0.30	(0.08)	0.68	(0.06)	1.68	(0.16)	0.93	(0.06)
	捷克	0.01	(0.07)	−0.95	(0.09)	−0.25	(0.06)	0.29	(0.09)	0.94	(0.09)	0.77	(0.05)
	丹麦	−0.46	(0.07)	−1.76	(0.11)	−0.81	(0.08)	−0.09	(0.10)	0.84	(0.09)	1.03	(0.06)
	爱沙尼亚	−0.03	(0.06)	−1.23	(0.08)	−0.29	(0.06)	0.30	(0.08)	1.11	(0.11)	0.92	(0.05)
	芬兰	−0.38	(0.06)	−1.46	(0.08)	−0.77	(0.07)	−0.15	(0.07)	0.85	(0.11)	0.93	(0.03)
	法国	−0.29	(0.07)	−1.31	(0.09)	−0.56	(0.06)	−0.12	(0.07)	0.83	(0.14)	0.88	(0.06)
	德国	−0.15	(0.07)	−1.26	(0.09)	−0.38	(0.08)	0.20	(0.07)	0.86	(0.07)	0.84	(0.04)
	希腊	−0.23	(0.08)	−1.63	(0.16)	−0.52	(0.10)	0.14	(0.10)	1.11	(0.11)	1.12	(0.07)
	匈牙利	0.24	(0.05)	−0.70	(0.08)	0.04	(0.08)	0.47	(0.05)	1.14	(0.08)	0.73	(0.04)
	冰岛	−0.03	(0.00)	−1.02	(0.01)	0.13	(0.01)	0.13	(0.01)	1.06	(0.01)	0.84	(0.00)
	爱尔兰	−0.07	(0.09)	−1.45	(0.19)	−0.27	(0.08)	0.23	(0.10)	1.22	(0.11)	1.08	(0.08)
	以色列	0.19	(0.06)	−0.83	(0.11)	0.00	(0.07)	0.43	(0.07)	1.16	(0.10)	0.79	(0.05)
	意大利	0.28	(0.04)	−0.87	(0.05)	−0.09	(0.04)	0.47	(0.05)	1.60	(0.08)	1.00	(0.03)
	日本	−1.05	(0.07)	−2.20	(0.11)	−1.27	(0.11)	−0.75	(0.07)	0.03	(0.09)	0.90	(0.05)
	韩国	−0.18	(0.08)	−1.54	(0.16)	−0.37	(0.08)	0.13	(0.09)	1.06	(0.13)	1.08	(0.08)
	卢森堡	−0.18	(0.00)	−1.05	(0.00)	−0.36	(0.00)	0.06	(0.00)	0.64	(0.00)	0.64	(0.00)
	墨西哥	0.16	(0.04)	−0.99	(0.06)	−0.18	(0.04)	0.40	(0.04)	1.41	(0.06)	0.97	(0.03)
	荷兰	−0.10	(0.07)	−1.30	(0.11)	−0.36	(0.04)	0.20	(0.09)	1.05	(0.12)	0.93	(0.06)
	新西兰	0.21	(0.07)	−0.85	(0.08)	−0.08	(0.07)	0.46	(0.11)	1.32	(0.09)	0.86	(0.04)
	挪威	0.21	(0.06)	−0.93	(0.11)	−0.07	(0.04)	0.51	(0.09)	1.32	(0.10)	0.91	(0.06)
	波兰	−0.61	(0.06)	−1.42	(0.08)	−0.87	(0.05)	−0.45	(0.05)	0.30	(0.12)	0.69	(0.04)
	葡萄牙	0.27	(0.04)	−0.67	(0.12)	−0.05	(0.05)	0.47	(0.04)	1.31	(0.09)	0.84	(0.04)
	斯洛伐克	0.16	(0.05)	−0.75	(0.07)	−0.08	(0.07)	0.39	(0.07)	1.08	(0.06)	0.72	(0.03)
	斯洛文尼亚	0.36	(0.01)	−0.71	(0.01)	0.19	(0.01)	0.64	(0.01)	1.32	(0.01)	0.81	(0.01)
	西班牙	−0.30	(0.04)	−1.24	(0.04)	−0.54	(0.04)	−0.13	(0.05)	0.69	(0.10)	0.79	(0.05)
	瑞典	0.21	(0.06)	−0.85	(0.08)	−0.02	(0.07)	0.46	(0.09)	1.27	(0.09)	0.83	(0.04)
	瑞士	−1.02	(0.07)	−2.31	(0.11)	−1.28	(0.07)	−0.74	(0.07)	0.24	(0.11)	1.04	(0.06)
	土耳其	0.42	(0.08)	−0.81	(0.14)	0.07	(0.07)	0.63	(0.08)	1.78	(0.16)	1.04	(0.05)
	英国	0.89	(0.06)	−0.29	(0.09)	0.62	(0.07)	1.18	(0.06)	2.07	(0.12)	0.95	(0.05)
	美国	0.84	(0.08)	−0.25	(0.18)	0.67	(0.06)	1.04	(0.07)	1.91	(0.12)	0.96	(0.11)
	OECD 平均	0.01	(0.01)	−1.10	(0.02)	−0.24	(0.01)	0.27	(0.01)	1.12	(0.02)	0.90	(0.01)
伙伴国家（地区）	阿尔巴尼亚	0.57	(0.05)	−0.26	(0.07)	0.40	(0.06)	0.81	(0.07)	1.33	(0.07)	0.65	(0.04)
	阿根廷	0.04	(0.07)	−1.19	(0.12)	−0.30	(0.09)	0.37	(0.09)	1.29	(0.14)	1.00	(0.06)
	巴西	1.07	(0.04)	−0.05	(0.06)	0.82	(0.04)	1.29	(0.04)	2.22	(0.08)	0.93	(0.03)
	保加利亚	0.45	(0.05)	−0.38	(0.09)	0.26	(0.05)	0.64	(0.05)	1.30	(0.09)	0.68	(0.05)
	哥伦比亚	0.19	(0.10)	−1.22	(0.12)	−0.24	(0.10)	0.48	(0.11)	1.75	(0.18)	1.18	(0.08)
	哥斯达黎加	0.06	(0.07)	−1.16	(0.15)	−0.23	(0.05)	0.28	(0.07)	1.35	(0.14)	1.09	(0.09)
	克罗地亚	0.17	(0.06)	−0.83	(0.08)	−0.08	(0.06)	0.39	(0.07)	1.19	(0.11)	0.81	(0.05)
	塞浦路斯	0.72	(0.00)	−0.34	(0.00)	0.40	(0.00)	0.92	(0.00)	1.90	(0.00)	0.87	(0.00)
	中国香港	−0.25	(0.06)	−1.27	(0.08)	−0.44	(0.11)	−0.01	(0.07)	0.74	(0.08)	0.78	(0.05)
	印度尼西亚	0.30	(0.07)	−0.80	(0.10)	0.01	(0.09)	0.50	(0.07)	1.51	(0.11)	0.94	(0.06)
	约旦	0.68	(0.08)	−0.47	(0.10)	0.32	(0.08)	0.86	(0.07)	2.00	(0.16)	0.98	(0.06)
	哈萨克斯坦	1.00	(0.03)	0.12	(0.04)	0.92	(0.05)	1.24	(0.06)	1.73	(0.07)	0.66	(0.04)
	拉脱维亚	0.28	(0.06)	−0.88	(0.09)	0.02	(0.07)	0.52	(0.06)	1.46	(0.12)	0.94	(0.06)
	列支敦士登	−0.96	(0.03)	c	c	c	c	c	c	c	c	1.19	(0.03)
	立陶宛	−0.18	(0.04)	−1.03	(0.06)	−0.41	(0.06)	0.07	(0.05)	0.67	(0.06)	0.67	(0.03)
	中国澳门	−0.22	(0.00)	−1.24	(0.00)	−0.28	(0.00)	−0.01	(0.00)	0.65	(0.00)	0.76	(0.00)
	马来西亚	0.98	(0.08)	−0.17	(0.08)	0.52	(0.08)	1.10	(0.11)	2.49	(0.13)	1.03	(0.05)
	黑山	0.57	(0.00)	−0.63	(0.00)	0.08	(0.00)	0.70	(0.00)	2.14	(0.01)	1.13	(0.00)
	秘鲁	−0.16	(0.08)	−1.68	(0.16)	−0.46	(0.07)	0.23	(0.09)	1.27	(0.13)	1.19	(0.07)
	卡塔尔	0.98	(0.00)	−0.21	(0.00)	0.60	(0.00)	1.18	(0.00)	2.37	(0.00)	1.02	(0.00)
	罗马尼亚	−0.80	(0.10)	−2.91	(0.12)	−1.47	(0.18)	0.02	(0.09)	1.17	(0.15)	1.63	(0.06)
	俄罗斯联邦	0.34	(0.05)	−0.50	(0.07)	0.09	(0.05)	0.53	(0.06)	1.25	(0.07)	0.69	(0.03)
	塞尔维亚	0.42	(0.07)	−0.71	(0.13)	0.20	(0.07)	0.70	(0.05)	1.49	(0.09)	0.88	(0.05)
	中国上海	−0.35	(0.07)	−1.24	(0.04)	−0.54	(0.05)	−0.11	(0.08)	0.49	(0.07)	0.70	(0.04)
	新加坡	0.36	(0.01)	−0.67	(0.03)	0.02	(0.01)	0.53	(0.01)	1.58	(0.01)	0.90	(0.01)
	中国台北	0.08	(0.09)	−1.31	(0.13)	−0.36	(0.09)	0.37	(0.10)	1.60	(0.16)	1.16	(0.07)
	泰国	0.39	(0.08)	−0.77	(0.08)	−0.01	(0.07)	0.58	(0.10)	1.74	(0.15)	1.01	(0.06)
	突尼斯	−0.78	(0.09)	−2.21	(0.17)	−1.02	(0.09)	−0.43	(0.08)	0.56	(0.14)	1.10	(0.08)
	阿联酋	0.68	(0.07)	−0.42	(0.11)	0.34	(0.04)	0.80	(0.05)	2.01	(0.11)	0.99	(0.03)
	乌拉圭	0.50	(0.07)	−0.66	(0.04)	0.12	(0.06)	0.69	(0.10)	1.86	(0.14)	1.01	(0.05)
	越南	0.09	(0.05)	−0.72	(0.08)	−0.11	(0.07)	0.32	(0.06)	0.88	(0.09)	0.67	(0.06)

附表 5.30 ■ 学校领导力之制定和交流学校目标及课程发展指数与数学表现(续表 1)

基于学校校长报告的结果

| | | 按照指数的国家(地区)内四分位数区分的数学量表表现 | | | | | | | | 该指数每单位的变化相对应的数学分数变化 | | 处于该指数最低1/4对于学生处于该国(地区)数学表现分布最低1/4所增加的可能性 | | 所解释的学生表现差异 (r²×100) | |
| | | 最低 1/4 | | 第二个 1/4 | | 第三个 1/4 | | 最高 1/4 | | | | | | | |
		平均分	标准误	平均分	标准误	平均分	标准误	平均分	标准误	分差	标准误	比率	标准误	%	标准误
OECD	澳大利亚	**510**	(4.0)	508	(4.1)	502	(3.8)	**498**	(3.6)	−5.3	(2.2)	0.9	(0.1)	0.2	(0.2)
	奥地利	513	(9.6)	506	(9.5)	497	(7.8)	507	(9.0)	−3.7	(5.8)	1.0	(0.2)	0.1	(0.5)
	比利时	519	(7.7)	504	(7.2)	522	(7.4)	516	(9.3)	0.7	(5.6)	0.9	(0.1)	0.0	(0.2)
	加拿大	519	(3.7)	520	(3.2)	518	(3.7)	517	(4.9)	1.2	(2.3)	1.0	(0.1)	0.0	(0.1)
	智利	414	(6.4)	414	(6.7)	433	(7.1)	430	(8.0)	**6.1**	(3.3)	**1.1**	(0.1)	0.5	(0.5)
	捷克	506	(10.6)	496	(6.7)	492	(12.1)	499	(8.7)	−6.5	(6.1)	1.0	(0.2)	0.3	(0.5)
	丹麦	495	(4.3)	498	(6.2)	503	(6.4)	503	(7.1)	0.8	(3.0)	1.1	(0.1)	0.0	(0.1)
	爱沙尼亚	523	(3.6)	521	(5.2)	520	(4.2)	519	(5.3)	−2.1	(2.5)	1.0	(0.1)	0.1	(0.1)
	芬兰	523	(3.7)	514	(4.3)	519	(4.3)	518	(3.0)	−1.2	(1.7)	0.9	(0.1)	0.1	(0.1)
	法国	502	(8.0)	499	(8.3)	497	(11.3)	484	(10.1)	−11.5	(6.6)	0.8	(0.2)	1.1	(1.2)
	德国	**497**	(10.3)	512	(10.5)	510	(9.8)	**536**	(8.6)	**15.1**	(5.3)	1.3	(0.2)	1.7	(1.2)
	希腊	462	(5.6)	465	(8.6)	441	(7.2)	444	(6.9)	**−8.7**	(2.8)	0.8	(0.1)	1.2	(0.8)
	匈牙利	491	(12.3)	480	(8.7)	474	(9.6)	466	(11.3)	**−11.3**	(9.8)	0.9	(0.2)	0.8	(1.4)
	冰岛	486	(3.2)	491	(3.9)	497	(3.6)	**499**	(3.1)	**5.6**	(1.8)	**1.2**	(0.1)	0.3	(0.2)
	爱尔兰	506	(4.6)	498	(6.1)	501	(6.8)	505	(6.2)	1.7	(2.9)	1.0	(0.1)	0.1	(0.2)
	以色列	476	(11.9)	450	(14.5)	478	(13.7)	460	(10.8)	0.9	(8.6)	0.8	(0.1)	0.0	(0.3)
	意大利	496	(6.1)	488	(4.4)	480	(4.6)	483	(5.5)	**−4.8**	(3.2)	**0.9**	(0.1)	0.3	(0.4)
	日本	528	(7.9)	540	(10.5)	536	(7.9)	541	(10.0)	5.7	(5.7)	1.0	(0.1)	0.3	(0.7)
	韩国	554	(10.1)	551	(9.4)	552	(10.7)	558	(9.1)	3.0	(5.0)	1.0	(0.1)	0.1	(0.5)
	卢森堡	**496**	(2.2)	477	(2.2)	470	(2.2)	**516**	(2.0)	**6.2**	(1.6)	**0.8**	(0.1)	0.2	(0.1)
	墨西哥	418	(3.2)	414	(3.1)	410	(3.2)	412	(2.8)	**−2.2**	(1.5)	0.9	(0.1)	0.1	(0.1)
	荷兰	506	(11.2)	529	(11.4)	524	(13.8)	522	(12.4)	1.0	(7.0)	1.3	(0.3)	0.0	(0.5)
	新西兰	504	(7.5)	510	(8.2)	497	(6.2)	494	(6.8)	−7.4	(4.6)	1.0	(0.1)	0.4	(0.5)
	挪威	492	(8.1)	484	(4.3)	496	(5.3)	490	(5.3)	−1.0	(3.7)	1.0	(0.1)	0.0	(0.1)
	波兰	520	(7.3)	521	(8.1)	507	(5.3)	525	(7.1)	1.6	(5.3)	1.0	(0.2)	0.0	(0.2)
	葡萄牙	485	(9.0)	478	(11.1)	501	(10.5)	483	(6.9)	2.5	(4.9)	1.0	(0.1)	0.0	(0.2)
	斯洛伐克	484	(10.4)	488	(9.1)	483	(10.0)	471	(9.4)	−3.6	(7.9)	0.9	(0.2)	0.1	(0.4)
	斯洛文尼亚	**519**	(3.3)	491	(3.2)	508	(3.0)	**497**	(2.4)	**−8.2**	(1.5)	**0.8**	(0.1)	0.5	(0.2)
	西班牙	486	(4.3)	480	(4.6)	478	(4.4)	492	(3.7)	1.0	(3.5)	1.0	(0.1)	0.0	(0.1)
	瑞典	482	(4.3)	477	(5.0)	473	(5.3)	482	(5.6)	0.6	(5.6)	1.0	(0.1)	0.0	(0.1)
	瑞士	530	(6.8)	546	(10.0)	532	(9.0)	521	(6.8)	**−5.4**	(3.7)	**1.1**	(0.1)	0.3	(0.5)
	土耳其	445	(11.5)	452	(9.3)	439	(9.8)	456	(11.2)	3.5	(5.1)	1.0	(0.1)	0.2	(0.6)
	英国	508	(7.7)	502	(7.0)	481	(6.0)	487	(9.2)	**−11.6**	(4.0)	0.9	(0.1)	1.4	(0.9)
	美国	489	(8.8)	478	(9.0)	486	(9.2)	477	(7.7)	−2.4	(4.2)	1.0	(0.1)	0.1	(0.4)
	OECD 平均	**497**	(1.3)	494	(1.3)	493	(1.3)	494	(1.3)	**−1.2**	(0.8)	**1.0**	(0.0)	0.3	(0.1)
伙伴国家(地区)	阿尔巴尼亚	393	(4.4)	401	(5.5)	392	(5.5)	392	(4.6)	0.4	(3.4)	1.0	(0.1)	0.0	(0.1)
	阿根廷	394	(6.6)	384	(7.4)	382	(10.4)	398	(9.3)	1.4	(3.8)	0.9	(0.1)	0.0	(0.2)
	巴西	**385**	(5.5)	385	(3.3)	389	(4.0)	**406**	(5.1)	**8.4**	(3.0)	**1.2**	(0.1)	1.0	(0.7)
	保加利亚	421	(9.0)	453	(9.8)	438	(9.9)	446	(9.2)	10.9	(7.1)	1.3	(0.2)	0.6	(0.8)
	哥伦比亚	374	(7.4)	377	(6.8)	375	(6.6)	381	(5.9)	2.9	(2.7)	1.1	(0.1)	0.2	(0.4)
	哥斯达黎加	405	(8.3)	403	(5.8)	414	(7.5)	407	(6.0)	2.2	(3.7)	1.0	(0.1)	0.1	(0.2)
	克罗地亚	478	(8.4)	483	(11.0)	461	(8.9)	462	(8.5)	−6.7	(5.3)	0.9	(0.1)	0.4	(0.6)
	塞浦路斯	**440**	(2.4)	446	(2.7)	438	(2.5)	**434**	(2.4)	−6.2	(1.3)	0.9	(0.1)	0.3	(0.1)
	中国香港	551	(7.6)	556	(10.5)	570	(9.1)	568	(10.4)	7.9	(6.4)	1.1	(0.2)	0.4	(0.7)
	印度尼西亚	**362**	(7.4)	364	(7.3)	382	(10.8)	**393**	(10.8)	11.2	(5.0)	1.3	(0.2)	2.2	(1.9)
	约旦	383	(6.2)	386	(7.1)	386	(10.6)	384	(7.8)	0.4	(4.2)	0.9	(0.1)	0.0	(0.2)
	哈萨克斯坦	434	(7.3)	435	(8.2)	431	(5.9)	427	(5.7)	**0.3**	(5.4)	0.9	(0.1)	0.0	(0.2)
	拉脱维亚	481	(6.1)	496	(5.9)	489	(7.1)	488	(7.4)	2.3	(3.1)	1.2	(0.1)	0.1	(0.3)
	列支敦士登	c	c	c	c	c	c	c	c	−18.5	(3.5)	1.6	(0.4)	5.3	(2.0)
	立陶宛	478	(5.4)	489	(7.5)	466	(6.0)	484	(7.3)	0.4	(5.2)	1.0	(0.1)	0.0	(0.1)
	中国澳门	**555**	(1.7)	524	(2.8)	527	(2.8)	**547**	(2.4)	−3.5	(1.6)	1.0	(0.1)	0.1	(0.1)
	马来西亚	421	(5.9)	431	(7.4)	410	(7.3)	418	(7.9)	−2.3	(4.4)	**1.0**	(0.2)	0.1	(0.5)
	黑山	**385**	(2.7)	407	(2.6)	409	(2.6)	**437**	(2.2)	9.7	(1.1)	1.4	(0.1)	1.8	(0.4)
	秘鲁	**351**	(5.0)	364	(7.8)	375	(8.3)	**382**	(10.4)	8.7	(3.8)	1.2	(0.1)	1.5	(1.3)
	卡塔尔	**407**	(1.7)	352	(1.7)	364	(1.7)	383	(1.9)	−3.9	(0.7)	0.7	(0.0)	0.2	(0.1)
	罗马尼亚	445	(7.5)	447	(8.7)	438	(7.1)	448	(9.8)	0.1	(5.1)	**0.9**	(0.1)	0.0	(0.3)
	俄罗斯联邦	471	(6.1)	480	(7.1)	489	(8.1)	491	(7.0)	10.5	(4.8)	1.2	(0.1)	0.7	(0.6)
	塞尔维亚	446	(8.6)	447	(9.5)	452	(12.3)	450	(11.3)	**3.0**	(6.1)	1.1	(0.1)	0.1	(0.5)
	中国上海	**595**	(10.6)	612	(9.8)	617	(9.3)	**627**	(10.0)	**17.3**	(8.0)	1.4	(0.2)	1.4	(1.4)
	新加坡	**576**	(2.4)	575	(3.1)	563	(2.8)	**584**	(2.5)	−1.8	(1.4)	1.0	(0.1)	0.0	(0.1)
	中国台北	551	(9.8)	570	(11.9)	548	(12.3)	565	(11.0)	3.6	(4.9)	1.1	(0.1)	0.1	(0.4)
	泰国	**409**	(5.9)	424	(7.8)	428	(11.9)	**445**	(8.2)	**12.1**	(3.4)	**1.4**	(0.2)	2.2	(1.4)
	突尼斯	392	(8.4)	379	(7.3)	392	(10.7)	384	(9.1)	−3.1	(3.8)	**0.9**	(0.1)	0.2	(0.5)
	阿联酋	442	(5.2)	431	(5.6)	422	(7.6)	443	(7.3)	0.8	(3.1)	0.9	(0.1)	0.0	(0.1)
	乌拉圭	**423**	(8.1)	414	(9.4)	403	(9.4)	397	(7.1)	**−10.3**	(4.0)	0.8	(0.1)	1.4	(1.1)
	越南	527	(9.5)	508	(11.2)	491	(9.1)	520	(10.4)	1.0	(8.7)	0.7	(0.1)	0.0	(0.4)

附表 5.31 ■ 学校领导力之教学领导力指标与数学表现

基于学校校长报告的结果

		学校领导力之教学领导力指标									指数的差异	
		全体学生		最低 1/4		第二个 1/4		第三个 1/4		最高 1/4			
		平均值	标准误	平均值	标准误	平均值	标准误	平均值	标准误	平均值	标准误	标准差	标准误
OECD	澳大利亚	0.66	(0.03)	−0.39	(0.06)	0.46	(0.03)	0.92	(0.03)	1.66	(0.05)	0.82	(0.02)
	奥地利	0.13	(0.08)	−1.02	(0.13)	−0.26	(0.08)	0.45	(0.11)	1.34	(0.12)	0.98	(0.07)
	比利时	−0.22	(0.07)	−1.42	(0.08)	−0.57	(0.09)	0.08	(0.06)	1.01	(0.12)	0.98	(0.05)
	加拿大	0.58	(0.04)	−0.65	(0.07)	0.31	(0.03)	0.85	(0.05)	1.80	(0.07)	0.96	(0.03)
	智利	0.11	(0.06)	−1.14	(0.11)	−0.08	(0.08)	0.45	(0.09)	1.20	(0.10)	0.93	(0.05)
	捷克	0.00	(0.08)	−1.18	(0.17)	−0.27	(0.07)	0.22	(0.07)	1.23	(0.13)	0.98	(0.08)
	丹麦	−0.10	(0.06)	−1.15	(0.07)	−0.43	(0.08)	0.21	(0.07)	0.95	(0.08)	0.84	(0.04)
	爱沙尼亚	−0.11	(0.05)	−1.11	(0.07)	−0.33	(0.04)	0.13	(0.05)	0.88	(0.09)	0.80	(0.03)
	芬兰	−0.24	(0.06)	−1.28	(0.09)	−0.54	(0.07)	0.00	(0.07)	0.85	(0.08)	0.86	(0.04)
	法国	−0.66	(0.07)	−1.85	(0.12)	−1.01	(0.07)	−0.35	(0.08)	0.55	(0.12)	1.00	(0.06)
	德国	0.20	(0.06)	−0.90	(0.08)	−0.02	(0.09)	0.48	(0.05)	1.22	(0.10)	0.83	(0.04)
	希腊	0.15	(0.07)	−0.96	(0.13)	−0.11	(0.06)	0.37	(0.08)	1.29	(0.10)	0.91	(0.05)
	匈牙利	0.07	(0.07)	−0.93	(0.09)	−0.20	(0.08)	0.30	(0.09)	1.11	(0.09)	0.81	(0.04)
	冰岛	0.04	(0.00)	−0.87	(0.01)	−0.10	(0.00)	0.26	(0.00)	0.88	(0.01)	0.72	(0.00)
	爱尔兰	0.07	(0.09)	−1.31	(0.16)	−0.20	(0.08)	0.41	(0.09)	1.37	(0.12)	1.09	(0.06)
	以色列	−0.13	(0.06)	−1.28	(0.12)	−0.34	(0.08)	0.20	(0.06)	0.89	(0.08)	0.87	(0.05)
	意大利	0.23	(0.04)	−0.97	(0.05)	−0.11	(0.06)	0.49	(0.05)	1.52	(0.07)	0.99	(0.03)
	日本	−1.11	(0.06)	−2.16	(0.11)	−1.37	(0.06)	−0.83	(0.08)	−0.07	(0.09)	0.87	(0.05)
	韩国	−0.23	(0.07)	−1.42	(0.12)	−0.44	(0.09)	0.06	(0.07)	0.86	(0.12)	0.92	(0.06)
	卢森堡	−0.32	(0.00)	−1.31	(0.00)	−0.70	(0.00)	−0.11	(0.00)	0.86	(0.01)	0.89	(0.00)
	墨西哥	−0.30	(0.03)	−1.45	(0.04)	−0.65	(0.04)	−0.01	(0.03)	0.93	(0.06)	0.95	(0.03)
	荷兰	−0.45	(0.08)	−1.54	(0.09)	−0.75	(0.11)	−0.16	(0.11)	0.63	(0.11)	0.86	(0.05)
	新西兰	0.37	(0.07)	−0.61	(0.07)	0.13	(0.07)	0.55	(0.07)	1.42	(0.13)	0.81	(0.04)
	挪威	−0.03	(0.06)	−1.14	(0.10)	−0.27	(0.08)	0.22	(0.06)	1.08	(0.11)	0.89	(0.05)
	波兰	−0.33	(0.06)	−1.30	(0.09)	−0.62	(0.07)	−0.07	(0.07)	0.68	(0.11)	0.81	(0.06)
	葡萄牙	0.07	(0.09)	−1.18	(0.12)	−0.27	(0.09)	0.30	(0.10)	1.44	(0.16)	1.04	(0.07)
	斯洛伐克	−0.09	(0.07)	−1.10	(0.09)	−0.33	(0.09)	0.21	(0.06)	0.87	(0.08)	0.78	(0.04)
	斯洛文尼亚	0.52	(0.01)	−0.59	(0.01)	0.26	(0.01)	0.79	(0.02)	1.63	(0.01)	0.87	(0.01)
	西班牙	−0.46	(0.04)	−1.72	(0.06)	−0.76	(0.05)	−0.19	(0.06)	0.83	(0.10)	1.02	(0.05)
	瑞典	0.13	(0.06)	−0.95	(0.08)	−0.12	(0.06)	0.38	(0.08)	1.21	(0.09)	0.85	(0.04)
	瑞士	−0.61	(0.06)	−1.78	(0.07)	−0.88	(0.08)	−0.27	(0.08)	0.49	(0.07)	0.91	(0.04)
	土耳其	0.67	(0.08)	−0.56	(0.12)	0.35	(0.08)	0.97	(0.10)	1.92	(0.12)	0.98	(0.05)
	英国	0.65	(0.05)	−0.41	(0.06)	0.42	(0.07)	0.91	(0.06)	1.67	(0.08)	0.82	(0.03)
	美国	0.90	(0.09)	−0.35	(0.17)	0.67	(0.10)	1.19	(0.11)	2.08	(0.08)	0.97	(0.09)
	OECD 平均	0.00	(0.01)	−1.12	(0.02)	−0.27	(0.01)	0.28	(0.01)	1.13	(0.02)	0.90	(0.01)
伙伴国家（地区）	阿尔巴尼亚	0.41	(0.06)	−0.42	(0.09)	0.21	(0.06)	0.59	(0.04)	1.26	(0.11)	0.67	(0.04)
	阿根廷	0.15	(0.08)	−1.08	(0.10)	−0.30	(0.07)	0.34	(0.07)	1.62	(0.14)	1.05	(0.05)
	巴西	0.72	(0.05)	−0.55	(0.09)	0.52	(0.04)	1.00	(0.05)	1.92	(0.04)	0.98	(0.04)
	保加利亚	0.51	(0.06)	−0.30	(0.07)	0.27	(0.06)	0.68	(0.06)	1.41	(0.09)	0.70	(0.04)
	哥伦比亚	−0.12	(0.08)	−1.35	(0.10)	−0.50	(0.08)	0.21	(0.12)	1.17	(0.14)	1.00	(0.07)
	哥斯达黎加	−0.34	(0.07)	−1.69	(0.11)	−0.59	(0.08)	0.00	(0.07)	0.93	(0.12)	1.07	(0.06)
	克罗地亚	0.07	(0.07)	−0.99	(0.09)	−0.22	(0.08)	0.26	(0.05)	1.24	(0.12)	0.88	(0.05)
	塞浦路斯	0.84	(0.00)	−0.17	(0.00)	0.52	(0.00)	1.07	(0.00)	1.92	(0.00)	0.81	(0.00)
	中国香港	−0.48	(0.07)	−1.41	(0.11)	−0.74	(0.06)	−0.28	(0.08)	0.49	(0.11)	0.78	(0.06)
	印度尼西亚	0.13	(0.07)	−0.89	(0.07)	−0.17	(0.08)	0.36	(0.08)	1.22	(0.12)	0.85	(0.05)
	约旦	0.81	(0.06)	−0.24	(0.11)	0.53	(0.05)	1.00	(0.08)	1.95	(0.08)	0.85	(0.05)
	哈萨克斯坦	0.36	(0.06)	−0.64	(0.09)	0.15	(0.06)	0.59	(0.06)	1.34	(0.10)	0.78	(0.04)
	拉脱维亚	0.53	(0.07)	−0.59	(0.10)	0.29	(0.04)	0.79	(0.03)	1.64	(0.10)	0.88	(0.05)
	列支敦士登	−0.70	(0.02)	c	c	c	c	c	c	c	c	1.03	(0.02)
	立陶宛	0.04	(0.06)	−0.93	(0.07)	−0.25	(0.07)	0.27	(0.07)	1.07	(0.09)	0.79	(0.04)
	中国澳门	−0.20	(0.00)	−1.12	(0.00)	−0.45	(0.00)	0.10	(0.00)	0.67	(0.00)	0.72	(0.00)
	马来西亚	0.69	(0.07)	−0.46	(0.11)	0.37	(0.10)	0.94	(0.08)	1.89	(0.10)	0.92	(0.05)
	黑山	0.44	(0.00)	−0.89	(0.04)	0.07	(0.04)	0.69	(0.04)	1.91	(0.01)	1.07	(0.02)
	秘鲁	−0.57	(0.08)	−2.02	(0.12)	−0.95	(0.09)	−0.21	(0.09)	0.91	(0.11)	1.15	(0.06)
	卡塔尔	0.95	(0.00)	−0.20	(0.00)	0.48	(0.00)	1.38	(0.01)	2.15	(0.00)	0.95	(0.00)
	罗马尼亚	−0.55	(0.10)	−2.81	(0.12)	−1.31	(0.17)	0.39	(0.13)	1.55	(0.10)	1.74	(0.06)
	俄罗斯联邦	0.31	(0.05)	−0.54	(0.05)	−0.01	(0.07)	0.51	(0.07)	1.29	(0.09)	0.73	(0.04)
	塞尔维亚	0.18	(0.08)	−0.88	(0.12)	−0.15	(0.06)	0.38	(0.10)	1.35	(0.13)	0.89	(0.06)
	中国上海	−0.20	(0.06)	−1.11	(0.08)	−0.46	(0.07)	−0.02	(0.07)	0.80	(0.11)	0.76	(0.04)
	新加坡	0.26	(0.00)	−0.59	(0.00)	0.02	(0.01)	0.36	(0.00)	1.23	(0.00)	0.74	(0.00)
	中国台北	0.05	(0.07)	−1.05	(0.12)	−0.20	(0.08)	0.23	(0.06)	1.23	(0.13)	0.91	(0.06)
	泰国	0.17	(0.08)	−1.08	(0.11)	−0.18	(0.09)	0.42	(0.07)	1.52	(0.13)	1.02	(0.06)
	突尼斯	−0.64	(0.11)	−2.17	(0.18)	−0.94	(0.13)	−0.39	(0.07)	0.94	(0.20)	1.23	(0.08)
	阿联酋	0.60	(0.06)	−0.53	(0.11)	0.29	(0.05)	0.87	(0.05)	1.77	(0.06)	0.93	(0.04)
	乌拉圭	0.08	(0.07)	−1.21	(0.11)	−0.14	(0.09)	0.40	(0.07)	1.28	(0.10)	1.00	(0.06)
	越南	−0.05	(0.08)	−1.26	(0.12)	−0.29	(0.11)	0.23	(0.07)	1.14	(0.11)	0.96	(0.06)

附表 5.31 ■ 学校领导力之教学领导力指标与数学表现(续表1)

基于学校校长报告的结果

| | | 按照指数的国家(地区)内四分位数区分的数学量表表现 | | | | | | | 该指数每单位的变化相对应的数学分数变化 | | 处于该指数最低1/4对于学生处于该(地区)数学表现分布最低1/4所增加的可能性 | | 所解释的学生表现差异 (r²×100) | |
| | | 最低 1/4 | | 第二个 1/4 | | 第三个 1/4 | | 最高 1/4 | | | | | | | |
		平均分	标准误	平均分	标准误	平均分	标准误	平均分	标准误	分差	标准误	比率	标准误	%	标准误
OECD	澳大利亚	507	(3.6)	506	(4.2)	502	(4.2)	502	(3.7)	−3.2	(2.2)	0.9	(0.1)	0.1	(0.1)
	奥地利	506	(9.9)	508	(11.2)	492	(8.7)	513	(8.8)	−0.4	(5.4)	1.0	(0.2)	0.0	(0.3)
	比利时	510	(7.6)	525	(8.2)	516	(7.3)	511	(9.7)	−1.8	(5.5)	1.0	(0.1)	0.0	(0.3)
	加拿大	525	(3.9)	519	(4.1)	511	(4.1)	518	(4.7)	**−4.4**	(2.1)	0.9	(0.1)	0.2	(0.2)
	智利	420	(6.3)	417	(8.0)	427	(8.3)	426	(6.9)	4.3	(3.6)	1.1	(0.2)	0.3	(0.4)
	捷克	510	(9.7)	497	(8.7)	498	(8.3)	488	(8.6)	−8.0	(4.5)	0.8	(0.2)	0.8	(0.8)
	丹麦	506	(5.2)	502	(4.5)	497	(6.0)	495	(5.2)	−4.5	(2.9)	0.9	(0.1)	0.2	(0.3)
	爱沙尼亚	518	(4.1)	522	(4.6)	524	(6.3)	518	(4.6)	0.4	(2.5)	1.0	(0.1)	0.0	(0.1)
	芬兰	526	(3.3)	517	(4.0)	513	(4.2)	518	(4.6)	**−3.8**	(1.9)	**0.9**	(0.1)	0.1	(0.2)
	法国	507	(7.4)	488	(7.5)	502	(10.0)	485	(11.9)	−9.8	(5.5)	**0.7**	(0.1)	1.2	(1.2)
	德国	493	(10.7)	519	(9.5)	519	(9.5)	523	(9.1)	12.7	(7.4)	**1.5**	(0.3)	1.2	(1.6)
	希腊	461	(5.2)	461	(6.8)	445	(8.5)	445	(7.0)	−7.7	(3.5)	0.8	(0.1)	0.6	(0.6)
	匈牙利	472	(11.4)	492	(12.4)	475	(8.7)	472	(9.9)	−6.8	(7.3)	1.1	(0.2)	0.3	(0.9)
	冰岛	**485**	(3.1)	497	(3.7)	491	(3.4)	**501**	(3.2)	7.4	(2.3)	**1.2**	(0.1)	0.3	(0.3)
	爱尔兰	508	(5.0)	498	(6.0)	498	(6.8)	500	(7.5)	0.4	(2.7)	1.0	(0.1)	0.0	(0.1)
	以色列	482	(8.8)	473	(12.4)	457	(13.3)	**452**	(9.5)	−10.1	(5.5)	**0.7**	(0.1)	0.7	(0.8)
	意大利	487	(5.3)	491	(5.1)	489	(5.0)	482	(4.9)	−4.0	(3.0)	1.0	(0.1)	0.2	(0.3)
	日本	531	(6.8)	542	(8.6)	537	(8.5)	536	(8.4)	1.3	(4.6)	1.0	(0.1)	0.0	(0.2)
	韩国	553	(10.7)	547	(9.2)	559	(10.7)	556	(9.4)	−0.7	(6.3)	1.0	(0.2)	0.0	(0.2)
	卢森堡	**462**	(1.9)	494	(2.6)	483	(2.2)	**520**	(2.1)	16.0	(1.6)	**1.5**	(0.1)	2.2	(0.3)
	墨西哥	**421**	(2.94)	413	(3.07)	411	(3.1)	409	(3.1)	−3.2	(1.6)	0.8	(0.1)	0.2	(0.2)
	荷兰	509	(10.6)	524	(11.2)	528	(11.7)	521	(12.3)	2.9	(7.5)	1.2	(0.2)	0.1	(0.7)
	新西兰	509	(6.7)	512	(8.5)	492	(8.5)	492	(8.0)	**−11.6**	(5.1)	0.9	(0.1)	0.9	(0.8)
	挪威	486	(5.8)	493	(5.8)	489	(6.3)	492	(5.2)	0.1	(3.3)	1.1	(0.1)	0.0	(0.1)
	波兰	517	(9.1)	517	(5.5)	516	(6.5)	521	(7.8)	1.8	(3.9)	1.1	(0.1)	0.0	(0.3)
	葡萄牙	483	(9.6)	496	(9.7)	481	(9.1)	487	(7.4)	2.4	(3.6)	1.1	(0.2)	0.1	(0.3)
	斯洛伐克	495	(11.1)	475	(9.3)	479	(8.9)	478	(12.7)	−7.2	(8.1)	**0.7**	(0.1)	0.3	(0.8)
	斯洛文尼亚	**528**	(2.6)	488	(3.3)	499	(3.4)	**500**	(3.4)	**−12.4**	(1.6)	**0.6**	(0.0)	1.4	(0.4)
	西班牙	**492**	(3.3)	484	(3.8)	485	(4.1)	476	(4.6)	**−5.2**	(2.3)	**0.9**	(0.1)	0.4	(0.3)
	瑞典	486	(5.0)	476	(4.6)	471	(5.6)	482	(5.3)	−1.5	(3.0)	0.9	(0.1)	0.0	(0.1)
	瑞士	535	(7.6)	529	(8.0)	535	(7.9)	530	(7.8)	−0.9	(4.4)	1.0	(0.1)	0.0	(0.1)
	土耳其	444	(9.7)	445	(11.1)	453	(11.6)	452	(11.4)	1.5	(5.7)	1.0	(0.1)	0.0	(0.4)
	英国	508	(8.2)	487	(12.1)	493	(7.3)	490	(5.6)	−7.5	(4.6)	0.9	(0.1)	0.5	(0.5)
	美国	475	(8.9)	489	(8.6)	486	(6.7)	479	(8.3)	2.2	(5.0)	1.1	(0.2)	0.1	(0.3)
	OECD平均	**496**	(1.3)	495	(1.3)	493	(1.3)	**493**	(1.3)	**−1.8**	(0.8)	**1.0**	(0.0)	0.4	(0.1)
伙伴国家(地区)	阿尔巴尼亚	390	(5.2)	396	(4.6)	398	(4.4)	393	(5.0)	1.1	(3.5)	1.1	(0.1)	0.0	(0.1)
	阿根廷	394	(7.5)	383	(6.9)	396	(8.6)	386	(8.8)	−2.0	(3.7)	1.0	(0.2)	0.1	(0.4)
	巴西	396	(7.1)	384	(4.3)	385	(4.6)	401	(5.8)	2.5	(3.1)	1.0	(0.1)	0.1	(0.3)
	保加利亚	441	(9.2)	434	(8.0)	429	(9.9)	454	(9.9)	6.5	(8.3)	1.0	(0.2)	0.2	(0.7)
	哥伦比亚	379	(7.5)	375	(6.8)	380	(4.4)	372	(7.2)	−0.3	(3.1)	1.0	(0.2)	0.0	(0.2)
	哥斯达黎加	397	(5.4)	405	(4.2)	415	(7.1)	411	(5.6)	6.6	(3.4)	1.2	(0.1)	1.1	(1.1)
	克罗地亚	480	(11.9)	476	(7.9)	461	(9.3)	468	(7.2)	−7.1	(5.2)	0.8	(0.2)	0.5	(0.8)
	塞浦路斯	**455**	(2.8)	428	(2.6)	448	(3.2)	**426**	(2.8)	**−9.5**	(1.5)	**0.8**	(0.1)	0.7	(0.2)
	中国香港	572	(9.1)	568	(11.5)	552	(9.8)	553	(10.9)	−4.4	(8.9)	0.8	(0.1)	0.1	(0.6)
	印度尼西亚	362	(8.9)	369	(6.5)	382	(9.3)	387	(9.1)	**11.5**	(5.8)	1.4	(0.3)	1.9	(1.8)
	约旦	385	(6.5)	385	(6.4)	391	(9.4)	379	(6.2)	−3.1	(4.0)	0.9	(0.1)	0.1	(0.3)
	哈萨克斯坦	424	(7.3)	426	(5.4)	438	(7.1)	440	(7.4)	10.4	(5.0)	1.2	(0.2)	1.3	(1.2)
	拉脱维亚	484	(5.6)	483	(4.9)	500	(7.5)	489	(6.4)	2.1	(3.6)	1.1	(0.1)	0.1	(0.2)
	列支敦士登	c	c	c	c	c	c	c	c	**−45.6**	(3.7)	0.6	(0.3)	24.4	(3.8)
	立陶宛	485	(5.3)	487	(6.2)	462	(6.9)	482	(7.2)	−5.0	(4.2)	0.9	(0.1)	0.2	(0.3)
	中国澳门	537	(2.3)	536	(2.6)	533	(2.9)	**547**	(2.0)	4.3	(1.2)	**1.2**	(0.1)	0.1	(0.1)
	马来西亚	427	(6.6)	427	(9.2)	408	(5.5)	419	(7.3)	−4.6	(3.8)	0.9	(0.1)	0.3	(0.5)
	黑山	407	(2.0)	393	(2.2)	429	(2.2)	409	(2.3)	1.2	(1.0)	0.8	(0.2)	0.0	(0.1)
	秘鲁	**358**	(5.5)	358	(6.8)	373	(8.4)	**385**	(10.9)	7.5	(3.9)	1.1	(0.1)	1.0	(1.0)
	卡塔尔	**399**	(1.9)	347	(1.7)	370	(2.0)	**389**	(1.8)	−2.4	(0.8)	**0.8**	(0.0)	0.1	(0.0)
	罗马尼亚	446	(8.8)	447	(9.8)	438	(7.9)	447	(8.1)	−0.5	(4.2)	1.0	(0.1)	0.0	(0.1)
	俄罗斯联邦	476	(6.0)	476	(6.9)	492	(7.9)	486	(5.4)	6.8	(3.6)	1.1	(0.1)	0.3	(0.3)
	塞尔维亚	445	(8.9)	460	(10.1)	447	(12.9)	442	(9.7)	−1.9	(5.2)	1.0	(0.2)	0.0	(0.2)
	中国上海	608	(11.8)	607	(8.8)	607	(8.8)	629	(9.5)	11.6	(8.4)	1.2	(0.2)	0.7	(1.2)
	新加坡	**586**	(2.9)	561	(3.2)	573	(2.7)	**577**	(2.4)	**−5.0**	(1.7)	0.9	(0.1)	0.1	(0.1)
	中国台北	558	(9.9)	557	(8.9)	553	(13.1)	567	(12.2)	3.4	(6.4)	1.0	(0.1)	0.0	(0.3)
	泰国	**408**	(5.6)	434	(7.6)	422	(8.5)	**444**	(7.5)	11.6	(3.5)	**1.5**	(0.2)	2.1	(1.3)
	突尼斯	390	(9.9)	392	(7.9)	385	(9.8)	381	(10.2)	−2.7	(4.3)	0.9	(0.1)	0.2	(0.6)
	阿联酋	439	(6.1)	435	(4.9)	425	(4.7)	439	(6.1)	1.0	(3.7)	0.9	(0.1)	0.0	(0.1)
	乌拉圭	**418**	(8.9)	414	(8.1)	413	(9.1)	393	(7.3)	−8.6	(4.5)	0.9	(0.1)	1.0	(1.1)
	越南	515	(10.6)	516	(9.4)	503	(9.6)	511	(9.7)	−3.2	(5.2)	0.9	(0.2)	0.1	(0.5)

注:统计上有显著性的值用粗体表示。

附表 5.32 ■ 学校领导力之教学改进和专业发展指标与数学表现

基于学校校长报告的结果

		学校领导力之教学改进和专业发展指标									指数的差异	
		全体学生		最低 1/4		第二个 1/4		第三个 1/4		最高 1/4			
		平均值	标准误	平均值	标准误	平均值	标准误	平均值	标准误	平均值	标准误	标准差	标准误
OECD	澳大利亚	0.15	(0.04)	−1.12	(0.06)	−0.08	(0.03)	0.44	(0.04)	1.38	(0.06)	0.98	(0.03)
	奥地利	−0.28	(0.08)	−1.51	(0.12)	−0.68	(0.07)	−0.06	(0.11)	1.14	(0.14)	1.06	(0.06)
	比利时	0.08	(0.06)	−1.06	(0.06)	−0.33	(0.07)	0.31	(0.08)	1.41	(0.11)	0.95	(0.04)
	加拿大	0.62	(0.04)	−0.62	(0.06)	0.30	(0.06)	1.03	(0.10)	1.76	(0.00)	0.94	(0.03)
	智利	0.23	(0.08)	−1.09	(0.14)	−0.06	(0.07)	0.51	(0.11)	1.55	(0.10)	1.02	(0.05)
	捷克	−0.31	(0.06)	−1.41	(0.08)	−0.56	(0.06)	−0.08	(0.07)	0.80	(0.12)	0.90	(0.05)
	丹麦	−0.10	(0.06)	−1.09	(0.09)	−0.35	(0.07)	0.04	(0.06)	0.99	(0.11)	0.86	(0.06)
	爱沙尼亚	−0.36	(0.05)	−1.34	(0.07)	−0.60	(0.06)	−0.12	(0.06)	0.60	(0.08)	0.77	(0.04)
	芬兰	−0.14	(0.06)	−1.08	(0.05)	−0.43	(0.06)	0.02	(0.04)	0.92	(0.13)	0.80	(0.04)
	法国	−0.07	(0.07)	−1.06	(0.07)	−0.49	(0.06)	0.10	(0.07)	1.16	(0.13)	0.89	(0.05)
	德国	−0.11	(0.06)	−1.06	(0.09)	−0.39	(0.06)	0.09	(0.06)	0.90	(0.10)	0.79	(0.05)
	希腊	−0.11	(0.08)	−1.27	(0.10)	−0.46	(0.10)	0.14	(0.08)	1.17	(0.12)	0.95	(0.05)
	匈牙利	0.05	(0.06)	−0.95	(0.08)	−0.24	(0.06)	0.26	(0.09)	1.14	(0.09)	0.82	(0.04)
	冰岛	0.14	(0.00)	−0.97	(0.01)	−0.11	(0.00)	0.42	(0.01)	1.22	(0.01)	0.85	(0.00)
	爱尔兰	0.05	(0.09)	−1.26	(0.12)	−0.35	(0.11)	0.39	(0.10)	1.42	(0.11)	1.04	(0.05)
	以色列	0.19	(0.06)	−0.83	(0.08)	−0.08	(0.07)	0.40	(0.09)	1.25	(0.10)	0.83	(0.04)
	意大利	0.45	(0.05)	−0.81	(0.05)	0.10	(0.05)	0.77	(0.06)	1.72	(0.05)	0.97	(0.02)
	日本	−0.66	(0.07)	−1.79	(0.08)	−0.97	(0.10)	−0.37	(0.07)	0.49	(0.12)	0.91	(0.05)
	韩国	−0.34	(0.07)	−1.49	(0.12)	−0.56	(0.08)	−0.09	(0.09)	0.77	(0.12)	0.91	(0.07)
	卢森堡	0.47	(0.00)	−0.39	(0.00)	0.16	(0.00)	0.61	(0.00)	1.51	(0.00)	0.74	(0.00)
	墨西哥	0.00	(0.04)	−1.26	(0.05)	−0.35	(0.04)	0.30	(0.04)	1.32	(0.06)	1.00	(0.02)
	荷兰	−0.68	(0.07)	−1.77	(0.11)	−0.91	(0.08)	−0.41	(0.07)	0.38	(0.12)	0.87	(0.06)
	新西兰	−0.43	(0.08)	−1.59	(0.13)	−0.67	(0.09)	−0.15	(0.09)	0.69	(0.12)	0.92	(0.07)
	挪威	−0.14	(0.06)	−1.13	(0.08)	−0.38	(0.07)	0.01	(0.06)	0.94	(0.11)	0.81	(0.04)
	波兰	−0.13	(0.06)	−1.17	(0.10)	−0.41	(0.07)	0.02	(0.06)	1.03	(0.12)	0.87	(0.05)
	葡萄牙	0.36	(0.08)	−0.76	(0.11)	−0.08	(0.10)	0.64	(0.11)	1.64	(0.11)	0.96	(0.06)
	斯洛伐克	−0.22	(0.05)	−1.05	(0.07)	−0.50	(0.05)	−0.03	(0.05)	0.70	(0.10)	0.72	(0.04)
	斯洛文尼亚	−0.30	(0.01)	−1.29	(0.01)	−0.57	(0.01)	−0.07	(0.01)	0.71	(0.02)	0.80	(0.01)
	西班牙	0.16	(0.06)	−1.17	(0.08)	−0.24	(0.08)	0.48	(0.09)	1.55	(0.07)	1.06	(0.04)
	瑞典	−0.19	(0.06)	−1.15	(0.05)	−0.49	(0.09)	−0.03	(0.05)	0.90	(0.12)	0.82	(0.05)
	瑞士	−0.45	(0.07)	−1.45	(0.07)	−0.75	(0.06)	−0.25	(0.08)	0.66	(0.13)	0.83	(0.05)
	土耳其	0.73	(0.08)	−0.57	(0.14)	0.40	(0.11)	1.34	(0.13)	1.76	(0.00)	0.96	(0.05)
	英国	0.23	(0.06)	−1.05	(0.12)	0.02	(0.05)	0.51	(0.08)	1.42	(0.10)	0.96	(0.05)
	美国	0.59	(0.08)	−0.59	(0.16)	0.28	(0.06)	0.89	(0.16)	1.76	(0.06)	0.94	(0.08)
	OECD 平均	−0.02	(0.01)	−1.12	(0.02)	−0.32	(0.01)	0.24	(0.01)	1.14	(0.02)	0.90	(0.01)
伙伴国家（地区）	阿尔巴尼亚	0.66	(0.08)	−0.70	(0.14)	0.42	(0.09)	1.14	(0.16)	1.76	(0.00)	0.98	(0.04)
	阿根廷	0.60	(0.08)	−0.77	(0.09)	0.22	(0.11)	1.18	(0.16)	1.76	(0.00)	1.02	(0.04)
	巴西	1.15	(0.05)	−0.06	(0.11)	1.12	(0.09)	1.76	(0.00)	1.76	(0.00)	0.88	(0.07)
	保加利亚	0.59	(0.05)	−0.28	(0.07)	0.30	(0.07)	0.77	(0.06)	1.59	(0.07)	0.73	(0.03)
	哥伦比亚	0.17	(0.07)	−1.17	(0.08)	−0.21	(0.09)	0.54	(0.12)	1.52	(0.08)	1.05	(0.04)
	哥斯达黎加	−0.07	(0.08)	−1.47	(0.10)	−0.58	(0.10)	0.24	(0.12)	1.52	(0.10)	1.15	(0.05)
	克罗地亚	0.15	(0.08)	−0.84	(0.07)	−0.26	(0.08)	0.33	(0.09)	1.39	(0.13)	0.88	(0.05)
	塞浦路斯	0.46	(0.00)	−0.60	(0.00)	0.10	(0.00)	0.70	(0.00)	1.63	(0.00)	0.86	(0.00)
	中国香港	−0.56	(0.07)	−1.53	(0.08)	−0.84	(0.08)	−0.34	(0.09)	0.49	(0.10)	0.80	(0.05)
	印度尼西亚	0.22	(0.07)	−0.74	(0.09)	−0.09	(0.07)	0.38	(0.08)	1.31	(0.13)	0.85	(0.06)
	约旦	0.80	(0.07)	−0.45	(0.14)	0.57	(0.10)	1.34	(0.13)	1.76	(0.00)	0.91	(0.05)
	哈萨克斯坦	0.29	(0.08)	−1.05	(0.14)	0.10	(0.09)	0.63	(0.08)	1.47	(0.08)	1.02	(0.07)
	拉脱维亚	−0.01	(0.07)	−1.15	(0.09)	−0.33	(0.08)	0.23	(0.06)	1.21	(0.13)	0.93	(0.04)
	列支敦士登	−0.92	(0.02)	c	c	c	c	c	c	c	c	0.69	(0.02)
	立陶宛	−0.30	(0.06)	−1.40	(0.08)	−0.54	(0.05)	−0.05	(0.07)	0.80	(0.10)	0.86	(0.04)
	中国澳门	−0.09	(0.00)	−1.09	(0.00)	−0.51	(0.00)	0.05	(0.00)	1.20	(0.00)	0.90	(0.00)
	马来西亚	0.47	(0.08)	−0.71	(0.12)	0.12	(0.07)	0.71	(0.13)	1.74	(0.08)	0.94	(0.05)
	黑山	0.89	(0.00)	−0.57	(0.00)	0.70	(0.00)	1.67	(0.00)	1.76	(0.00)	1.01	(0.00)
	秘鲁	−0.52	(0.09)	−1.83	(0.11)	−0.92	(0.07)	−0.26	(0.09)	0.95	(0.15)	1.09	(0.06)
	卡塔尔	0.60	(0.00)	−0.74	(0.00)	0.28	(0.00)	1.10	(0.00)	1.76	(0.00)	1.02	(0.00)
	罗马尼亚	−0.95	(0.08)	−2.83	(0.13)	−1.71	(0.10)	−0.26	(0.16)	1.02	(0.10)	1.54	(0.06)
	俄罗斯联邦	0.13	(0.06)	−0.93	(0.07)	−0.12	(0.06)	0.33	(0.07)	1.25	(0.10)	0.86	(0.03)
	塞尔维亚	0.28	(0.08)	−0.83	(0.10)	−0.19	(0.07)	0.53	(0.15)	1.62	(0.11)	0.96	(0.05)
	中国上海	−0.22	(0.07)	−1.27	(0.07)	−0.56	(0.09)	0.01	(0.08)	0.92	(0.13)	0.88	(0.05)
	新加坡	0.17	(0.01)	−0.92	(0.02)	−0.18	(0.01)	0.39	(0.01)	1.39	(0.01)	0.90	(0.00)
	中国台北	−0.09	(0.07)	−1.23	(0.10)	−0.39	(0.09)	0.11	(0.07)	1.17	(0.12)	0.94	(0.05)
	泰国	−0.04	(0.07)	−1.43	(0.10)	−0.37	(0.11)	0.37	(0.09)	1.28	(0.10)	1.07	(0.05)
	突尼斯	0.32	(0.08)	−0.99	(0.12)	−0.01	(0.11)	0.63	(0.10)	1.64	(0.11)	1.01	(0.05)
	阿联酋	0.42	(0.05)	−0.97	(0.10)	0.16	(0.07)	0.79	(0.04)	1.68	(0.06)	1.04	(0.04)
	乌拉圭	0.42	(0.07)	−0.80	(0.11)	0.11	(0.08)	0.75	(0.09)	1.62	(0.09)	0.96	(0.05)
	越南	−0.07	(0.07)	−1.19	(0.11)	−0.33	(0.09)	0.25	(0.05)	1.01	(0.11)	0.88	(0.05)

附表 5.32 ■ 学校领导力之教学改进和专业发展指标与数学表现(续表 1)

基于学校校长报告的结果

| | | 按照指数的国家(地区)内四分位数区分的数学量表表现 | | | | | | | 该指数每单位的变化相对应的数学分数变化 | | 处于该指数最低1/4对于学生处于该国(地区)数学表现分布最低1/4所增加的可能性 | | 所解释的学生表现差异 ($r^2 \times 100$) | |
| | | 最低 1/4 | | 第二个 1/4 | | 第三个 1/4 | | 最高 1/4 | | | | | | | |
		平均分	标准误	平均分	标准误	平均分	标准误	平均分	标准误	分差	标准误	比率	标准误	%	标准误
OECD	澳大利亚	**528**	(4.8)	503	(4.1)	497	(3.8)	**489**	(3.9)	**−15.9**	(2.2)	**0.7**	(0.0)	2.6	(0.7)
	奥地利	516	(10.4)	512	(8.4)	501	(10.4)	489	(9.2)	−9.6	(4.1)	0.8	(0.1)	1.2	(1.0)
	比利时	**534**	(8.7)	513	(8.4)	519	(8.3)	496	(8.5)	−12.0	(5.0)	**0.6**	(0.1)	1.2	(1.1)
	加拿大	**526**	(4.9)	524	(4.6)	513	(3.2)	**511**	(3.8)	−6.0	(2.4)	0.9	(0.1)	0.4	(0.3)
	智利	**440**	(6.9)	416	(8.2)	419	(6.7)	414	(6.8)	−8.4	(3.6)	0.7	(0.1)	1.1	(1.0)
	捷克	518	(7.8)	498	(7.6)	497	(9.6)	481	(8.8)	−15.4	(3.7)	0.6	(0.1)	2.1	(1.1)
	丹麦	**508**	(5.6)	496	(5.5)	505	(4.6)	490	(6.2)	−6.7	(2.8)	0.8	(0.1)	0.5	(0.4)
	爱沙尼亚	**527**	(4.7)	522	(3.7)	524	(5.3)	510	(5.2)	−7.6	(3.0)	0.9	(0.1)	0.5	(0.4)
	芬兰	**525**	(3.7)	521	(3.6)	513	(3.8)	515	(4.7)	−6.7	(2.5)	0.9	(0.1)	0.4	(0.3)
	法国	**515**	(8.6)	509	(9.2)	494	(9.4)	464	(10.6)	−22.4	(6.4)	0.6	(0.1)	4.1	(2.2)
	德国	**528**	(9.4)	516	(9.0)	516	(9.0)	495	(7.5)	−16.7	(4.2)	0.7	(0.1)	1.8	(1.3)
	希腊	**468**	(6.3)	462	(6.6)	447	(7.3)	**435**	(8.0)	−12.5	(4.2)	0.7	(0.1)	1.8	(1.3)
	匈牙利	500	(14.0)	496	(8.5)	465	(10.6)	449	(10.3)	−27.9	(7.3)	0.7	(0.2)	6.0	(3.2)
	冰岛	486	(3.2)	497	(3.6)	496	(3.7)	495	(3.7)	2.4	(1.9)	**1.2**	(0.1)	0.1	(0.1)
	爱尔兰	**514**	(5.9)	507	(5.7)	493	(5.7)	491	(8.4)	−8.3	(3.8)	0.7	(0.1)	1.1	(1.0)
	以色列	499	(8.6)	472	(10.0)	453	(10.3)	445	(11.2)	−23.6	(6.1)	0.5	(0.1)	3.4	(1.7)
	意大利	492	(6.1)	497	(5.3)	483	(4.7)	476	(4.7)	−6.3	(3.0)	1.0	(0.1)	0.4	(0.4)
	日本	553	(9.5)	541	(8.9)	520	(10.8)	532	(8.4)	−13.2	(5.5)	0.7	(0.1)	1.6	(1.3)
	韩国	541	(11.0)	562	(8.4)	551	(9.3)	561	(9.8)	3.6	(5.8)	1.3	(0.2)	0.1	(0.4)
	卢森堡	**493**	(2.3)	507	(2.5)	488	(1.8)	472	(2.0)	−12.5	(1.4)	1.0	(0.0)	2.0	(0.2)
	墨西哥	415	(3.03)	412	(3.06)	413	(3.2)	415	(3.7)	−0.6	(1.7)	1.0	(0.1)	0.0	(0.1)
	荷兰	525	(14.7)	526	(13.5)	525	(10.9)	505	(9.4)	−11.6	(6.4)	1.0	(0.3)	1.2	(1.3)
	新西兰	**521**	(9.5)	494	(9.0)	499	(6.7)	490	(7.8)	−10.6	(6.3)	0.8	(0.1)	1.0	(1.2)
	挪威	496	(5.9)	495	(6.0)	482	(7.3)	489	(4.9)	−4.6	(3.1)	0.9	(0.1)	0.2	(0.2)
	波兰	520	(10.2)	516	(7.5)	514	(5.8)	523	(6.8)	2.5	(4.4)	1.1	(0.1)	0.1	(0.2)
	葡萄牙	484	(6.6)	489	(7.8)	487	(8.6)	485	(8.7)	0.5	(4.5)	1.0	(0.1)	0.0	(0.1)
	斯洛伐克	**510**	(10.9)	502	(10.5)	472	(10.0)	**443**	(8.4)	−35.4	(7.1)	0.6	(0.1)	6.3	(2.4)
	斯洛文尼亚	**526**	(3.7)	508	(3.6)	497	(3.3)	**488**	(3.3)	−20.2	(1.9)	0.6	(0.1)	3.1	(0.6)
	西班牙	**497**	(3.9)	489	(3.3)	478	(4.4)	474	(4.8)	**−9.8**	(2.1)	0.7	(0.1)	1.4	(0.6)
	瑞典	485	(5.8)	477	(5.0)	476	(4.9)	476	(5.0)	−4.6	(3.4)	0.9	(0.1)	0.2	(0.3)
	瑞士	553	(7.7)	532	(8.5)	525	(7.7)	520	(5.2)	−11.5	(3.9)	0.7	(0.1)	1.0	(0.7)
	土耳其	452	(12.0)	462	(12.1)	438	(9.0)	441	(8.0)	−9.5	(6.2)	1.0	(0.2)	1.0	(1.3)
	英国	**522**	(8.5)	494	(12.1)	484	(7.0)	**477**	(5.2)	−21.3	(3.3)	0.6	(0.1)	4.6	(1.5)
	美国	488	(8.0)	484	(8.4)	482	(8.7)	475	(8.1)	−5.1	(5.1)	0.8	(0.2)	0.3	(0.6)
	OECD平均	**506**	(1.4)	499	(1.3)	490	(1.3)	**483**	(1.2)	**−10.8**	(0.8)	**0.8**	(0.0)	1.5	(0.2)
伙伴国家(地区)	阿尔巴尼亚	397	(4.6)	393	(5.6)	393	(4.3)	395	(4.6)	0.1	(2.0)	0.9	(0.1)	0.0	(0.0)
	阿根廷	385	(7.0)	393	(5.2)	392	(7.9)	391	(7.6)	2.8	(4.0)	1.2	(0.1)	0.1	(0.4)
	巴西	384	(5.3)	393	(3.9)	394	(3.8)	394	(3.7)	3.6	(3.3)	**1.2**	(0.1)	0.2	(0.3)
	保加利亚	449	(9.9)	440	(10.9)	444	(9.4)	424	(7.9)	−10.8	(7.0)	0.8	(0.2)	0.7	(1.0)
	哥伦比亚	374	(5.6)	377	(7.0)	379	(6.0)	376	(6.5)	0.4	(3.2)	1.1	(0.1)	0.0	(0.1)
	哥斯达黎加	403	(6.7)	404	(8.3)	400	(5.0)	421	(7.8)	4.9	(3.4)	1.1	(0.1)	0.7	(1.1)
	克罗地亚	478	(12.1)	484	(8.1)	462	(7.6)	461	(7.9)	−8.9	(6.0)	1.0	(0.2)	0.8	(1.1)
	塞浦路斯	**441**	(2.2)	447	(2.3)	445	(3.2)	**425**	(3.0)	−6.4	(1.3)	1.1	(0.1)	0.4	(0.1)
	中国香港	574	(8.3)	562	(9.3)	556	(11.1)	554	(10.4)	−8.9	(6.5)	**0.7**	(0.1)	0.5	(0.8)
	印度尼西亚	362	(7.9)	380	(9.2)	373	(6.6)	385	(9.5)	10.4	(5.5)	1.4	(0.2)	1.5	(1.6)
	约旦	393	(6.5)	380	(10.0)	383	(4.6)	384	(5.6)	−3.2	(3.0)	0.8	(0.1)	0.1	(0.3)
	哈萨克斯坦	438	(7.5)	432	(5.1)	425	(5.5)	432	(7.2)	−2.5	(3.2)	0.9	(0.1)	0.1	(0.3)
	拉脱维亚	494	(4.7)	490	(6.0)	483	(7.0)	487	(7.5)	−4.8	(3.1)	0.9	(0.1)	0.3	(0.4)
	列支敦士登	c	c	c	c	c	c	c	c	**−55.0**	(5.4)	0.5	(0.2)	15.7	(3.1)
	立陶宛	**493**	(6.6)	476	(6.3)	473	(6.7)	472	(7.0)	−11.6	(4.0)	0.8	(0.1)	1.3	(0.9)
	中国澳门	529	(2.3)	530	(2.3)	549	(2.2)	545	(2.2)	6.3	(1.1)	**1.2**	(0.1)	0.4	(0.1)
	马来西亚	419	(7.7)	427	(7.9)	421	(7.1)	413	(7.1)	−3.8	(4.0)	1.0	(0.1)	0.2	(0.5)
	黑山	**411**	(1.8)	443	(2.7)	394	(2.9)	**390**	(2.7)	−9.4	(0.9)	0.8	(0.1)	1.3	(0.4)
	秘鲁	**357**	(7.0)	359	(6.9)	373	(9.1)	**383**	(7.8)	10.2	(3.9)	1.2	(0.2)	1.8	(1.3)
	卡塔尔	**394**	(1.5)	379	(1.5)	364	(1.9)	368	(2.3)	−14.0	(0.6)	0.8	(0.0)	2.0	(0.2)
	罗马尼亚	444	(6.7)	449	(8.9)	454	(7.5)	431	(7.5)	−1.5	(2.5)	0.9	(0.1)	0.1	(0.3)
	俄罗斯联邦	481	(5.7)	483	(7.5)	485	(7.1)	479	(6.4)	−1.4	(3.1)	0.9	(0.1)	0.0	(0.3)
	塞尔维亚	452	(9.0)	453	(10.6)	442	(9.0)	448	(10.8)	−1.7	(6.0)	1.0	(0.2)	0.0	(0.3)
	中国上海	604	(11.6)	606	(9.5)	615	(10.3)	626	(8.9)	7.8	(5.9)	1.2	(0.2)	0.5	(0.7)
	新加坡	**593**	(2.7)	576	(3.1)	556	(3.2)	**562**	(2.7)	−11.8	(1.4)	0.8	(0.1)	1.0	(0.1)
	中国台北	565	(9.7)	555	(11.9)	548	(9.1)	563	(8.9)	−2.6	(5.4)	0.9	(0.1)	0.1	(0.3)
	泰国	**417**	(6.8)	421	(8.1)	430	(6.1)	**439**	(8.0)	6.2	(4.4)	1.2	(0.2)	0.7	(0.9)
	突尼斯	**405**	(9.2)	382	(10.3)	393	(10.0)	**369**	(6.4)	−11.3	(4.7)	**0.7**	(0.1)	2.2	(1.8)
	阿联酋	453	(6.3)	416	(5.3)	428	(4.7)	441	(6.9)	−3.5	(3.1)	**0.7**	(0.1)	0.2	(0.3)
	乌拉圭	**433**	(6.1)	402	(6.3)	409	(9.0)	**393**	(8.7)	−12.0	(4.7)	0.6	(0.1)	1.7	(1.3)
	越南	518	(11.8)	501	(10.1)	501	(8.1)	524	(10.0)	−0.4	(6.8)	1.0	(0.2)	0.0	(0.4)

注:统计上有显著性的值用粗体表示。

附表 5.33 ■ 评价办法
基于学校校长报告的结果

| | | 在校长报告说最多该国(地区)15岁学生就读的年级中评价用于以下目的的学校就读的学生百分比: | | | | | | | | | | | | | | | 评价办法指标(对于八个目的回答"是"的个数和) | |
| | | 为了能把孩子的进步告诉家长 | | 为了决定学生的升留级 | | 为了能按照教学目的对学生进行分组 | | 为了把学校与区县或市的成绩相比较 | | 为了监测学校每年的进步 | | 为了评判教师的效能 | | 为了发现教学或课程中可以改进的地方 | | 为了把本校与其他学校相比较 | | | |
		%	标准误	%	标准误	%	标准误	%	标准误	%	标准误	%	标准误	%	标准误	%	标准误	平均指数值	标准误
OECD	澳大利亚	100.0	(0.0)	62.8	(1.8)	83.5	(1.3)	56.4	(1.9)	87.6	(1.3)	49.8	(1.8)	90.9	(1.1)	44.3	(2.0)	4.7	(0.1)
	奥地利	95.5	(1.7)	94.2	(1.7)	30.5	(2.4)	28.5	(4.0)	62.6	(4.2)	39.1	(4.1)	69.6	(3.6)	30.0	(4.1)	4.0	(0.1)
	比利时	96.6	(1.3)	96.2	(1.3)	17.2	(2.2)	23.3	(2.6)	59.8	(3.2)	35.2	(3.0)	73.1	(3.0)	18.3	(2.3)	3.8	(0.1)
	加拿大	99.7	(0.2)	95.0	(1.2)	74.1	(2.1)	82.3	(1.5)	92.3	(1.0)	30.2	(1.9)	86.6	(1.5)	62.0	(2.0)	5.1	(0.1)
	智利	100.0	c	88.9	(2.5)	43.6	(4.1)	53.7	(4.1)	93.6	(1.8)	61.3	(3.5)	91.7	(2.0)	38.5	(4.2)	4.9	(0.1)
	捷克	93.1	(1.7)	79.4	(2.9)	32.8	(3.3)	58.2	(3.2)	86.2	(2.7)	62.8	(3.4)	86.3	(2.7)	63.1	(3.2)	4.5	(0.2)
	丹麦	99.2	(0.4)	10.3	(1.9)	52.3	(3.4)	54.9	(3.5)	56.8	(3.3)	27.1	(3.1)	84.7	(2.4)	55.9	(3.5)	3.9	(0.1)
	爱沙尼亚	99.5	(0.5)	82.0	(2.4)	20.7	(2.6)	64.7	(2.8)	78.0	(2.4)	65.5	(3.0)	83.1	(2.2)	58.9	(2.8)	4.4	(0.1)
	芬兰	98.7	(0.3)	93.3	(1.6)	17.0	(2.5)	45.8	(3.4)	59.5	(3.5)	15.5	(2.2)	60.5	(3.6)	21.1	(2.7)	3.9	(0.1)
	法国	97.2	(1.1)	96.4	(1.3)	42.7	(3.4)	62.2	(2.9)	73.2	(3.1)	22.6	(3.0)	50.4	(3.5)	40.6	(3.4)	4.2	(0.1)
	德国	95.9	(1.5)	95.8	(1.5)	39.5	(3.2)	43.4	(3.3)	57.2	(3.7)	24.2	(3.2)	60.8	(3.6)	27.7	(3.1)	4.0	(0.1)
	希腊	100.0	c	89.2	(1.9)	8.1	(2.4)	17.0	(2.4)	55.9	(3.4)	14.0	(2.4)	49.4	(3.6)	21.9	(2.8)	3.4	(0.1)
	匈牙利	93.9	(1.8)	69.2	(3.7)	47.1	(3.6)	78.5	(3.3)	92.6	(2.0)	57.8	(3.9)	77.4	(3.0)	71.3	(3.9)	4.9	(0.1)
	冰岛	100.0	c	15.0	(0.2)	42.4	(0.3)	77.1	(0.2)	89.2	(0.1)	39.1	(0.2)	92.8	(0.1)	73.2	(0.2)	4.8	(0.0)
	爱尔兰	100.0	c	62.0	(4.0)	81.4	(2.9)	77.3	(3.3)	86.4	(2.7)	46.5	(4.1)	68.4	(3.9)	35.2	(4.0)	4.9	(0.1)
	以色列	100.0	c	81.5	(2.9)	97.2	(1.3)	65.5	(3.4)	95.3	(1.7)	81.7	(3.2)	91.7	(2.4)	53.7	(4.1)	5.2	(0.1)
	意大利	99.3	(0.4)	86.6	(1.8)	53.4	(2.0)	65.1	(2.2)	82.0	(1.6)	29.6	(1.9)	91.7	(1.2)	36.6	(2.1)	4.8	(0.1)
	日本	99.2	(0.6)	90.4	(2.1)	45.3	(3.5)	17.3	(2.5)	51.6	(3.5)	75.7	(3.0)	79.2	(2.9)	14.9	(2.6)	4.3	(0.1)
	韩国	94.7	(1.9)	56.3	(4.2)	85.6	(2.8)	70.2	(3.6)	89.9	(2.6)	85.3	(3.0)	96.3	(1.6)	66.8	(3.8)	4.8	(0.2)
	卢森堡	95.4	(0.0)	94.2	(0.1)	41.2	(0.1)	74.2	(0.1)	72.3	(0.1)	22.3	(0.1)	73.8	(0.1)	39.8	(0.1)	4.4	(0.0)
	墨西哥	99.0	(0.3)	91.5	(1.2)	72.8	(1.7)	77.1	(1.5)	92.3	(1.0)	76.7	(1.3)	88.4	(1.2)	70.6	(1.6)	5.0	(0.1)
	荷兰	99.3	(0.9)	97.7	(1.1)	61.0	(3.7)	69.7	(4.1)	88.8	(2.7)	68.4	(3.9)	78.1	(3.5)	64.1	(4.2)	4.7	(0.2)
	新西兰	100.0	c	76.7	(3.6)	93.6	(2.2)	92.8	(2.7)	100.0	c	67.7	(3.8)	99.4	(0.5)	87.5	(3.4)	5.5	(0.1)
	挪威	98.3	(1.0)	1.5	(0.9)	47.9	(3.3)	68.2	(3.0)	83.8	(2.7)	30.2	(3.3)	73.8	(3.2)	51.9	(3.3)	4.2	(0.1)
	波兰	99.2	(0.7)	97.7	(1.2)	55.0	(3.8)	58.2	(3.8)	96.3	(1.5)	78.9	(3.0)	95.4	(1.7)	59.4	(3.9)	5.0	(0.1)
	葡萄牙	100.0	c	98.2	(1.1)	40.3	(4.6)	85.0	(3.2)	95.9	(1.6)	50.5	(3.9)	93.5	(2.1)	63.2	(4.2)	5.2	(0.1)
	斯洛伐克	100.0	c	93.4	(1.4)	38.2	(3.4)	64.2	(3.5)	70.7	(3.9)	69.0	(3.3)	83.0	(2.6)	69.3	(3.3)	4.6	(0.1)
	斯洛文尼亚	98.0	(1.0)	73.1	(3.4)	26.2	(0.9)	58.7	(0.6)	91.5	(0.1)	38.2	(0.9)	72.1	(0.6)	46.9	(0.6)	4.6	(0.1)
	西班牙	99.5	(0.4)	94.6	(0.9)	47.2	(3.3)	44.0	(2.5)	88.5	(1.8)	50.1	(2.8)	93.7	(1.2)	36.9	(2.4)	4.8	(0.1)
	瑞典	93.9	(1.8)	43.0	(4.0)	25.2	(3.3)	89.8	(2.3)	96.2	(1.4)	43.6	(3.6)	83.9	(2.6)	84.9	(2.8)	5.0	(0.1)
	瑞士	93.7	(1.8)	85.7	(2.4)	40.1	(3.1)	41.1	(3.2)	48.0	(3.4)	36.4	(3.8)	50.7	(3.7)	27.5	(3.6)	3.7	(0.1)
	土耳其	97.1	(1.5)	55.3	(4.1)	44.1	(4.0)	74.9	(3.7)	92.6	(1.9)	70.8	(3.7)	68.5	(3.6)	84.9	(2.9)	4.9	(0.1)
	英国	99.4	(0.4)	68.9	(3.5)	96.3	(1.0)	96.0	(1.3)	99.7	(0.2)	88.2	(2.1)	96.2	(1.4)	90.3	(2.2)	5.2	(0.2)
	美国	98.7	(1.0)	56.8	(4.2)	74.3	(3.7)	93.6	(2.6)	95.2	(2.0)	59.9	(4.2)	94.1	(1.6)	86.3	(2.5)	5.1	(0.2)
	OECD平均	98.1	(0.2)	76.5	(0.4)	50.5	(0.5)	62.6	(0.5)	81.2	(0.4)	50.4	(0.5)	80.3	(0.4)	52.9	(0.5)	4.6	(0.0)
伙伴国家(地区)	阿尔巴尼亚	99.3	(0.6)	77.5	(2.8)	73.9	(3.3)	76.7	(3.5)	91.0	(2.3)	86.8	(3.1)	87.4	(2.8)	78.1	(3.3)	4.6	(0.1)
	阿根廷	91.0	(2.5)	87.2	(2.7)	24.3	(3.1)	22.3	(3.4)	73.9	(3.6)	50.7	(3.7)	94.0	(1.4)	7.2	(2.2)	4.2	(0.1)
	巴西	97.0	(0.9)	91.2	(1.6)	47.0	(2.4)	83.2	(1.9)	97.0	(0.8)	79.9	(2.0)	88.7	(1.5)	56.4	(2.5)	5.0	(0.1)
	保加利亚	99.1	(0.5)	65.1	(3.8)	39.3	(3.6)	86.1	(1.9)	94.9	(1.8)	93.2	(2.0)	71.8	(3.6)	85.4	(2.9)	5.2	(0.1)
	哥伦比亚	99.5	(0.6)	92.9	(2.1)	43.6	(3.9)	68.1	(4.0)	96.0	(1.8)	59.6	(3.9)	95.1	(1.8)	63.7	(3.9)	5.0	(0.1)
	哥斯达黎加	97.6	(0.9)	91.1	(2.1)	37.1	(3.5)	65.1	(3.5)	86.1	(2.4)	71.2	(3.7)	84.7	(3.0)	50.3	(3.7)	4.8	(0.1)
	克罗地亚	100.0	c	88.3	(2.4)	51.5	(4.4)	65.7	(3.6)	94.6	(1.7)	55.9	(3.8)	84.5	(3.0)	62.2	(3.9)	4.9	(0.1)
	塞浦路斯	100.0	c	98.8	(0.0)	28.0	(0.1)	15.4	(0.1)	66.7	(0.1)	38.1	(0.1)	61.9	(0.1)	14.3	(0.1)	3.9	(0.0)
	中国香港	98.1	(1.1)	98.1	(1.1)	86.4	(2.9)	44.1	(4.7)	96.1	(1.7)	80.0	(3.5)	99.4	(0.6)	30.5	(3.7)	5.4	(0.1)
	印度尼西亚	97.1	(1.7)	92.8	(2.1)	79.6	(3.2)	69.0	(4.3)	98.1	(1.3)	55.8	(3.9)	97.1	(1.0)	86.9	(2.9)	5.4	(0.1)
	约旦	97.3	(1.4)	92.1	(2.1)	80.7	(2.9)	70.2	(3.0)	85.4	(2.4)	72.3	(3.4)	88.8	(2.4)	55.3	(3.6)	5.0	(0.1)
	哈萨克斯坦	99.8	(0.2)	95.3	(1.6)	65.5	(2.9)	91.8	(2.0)	99.7	(0.2)	100.0	c	98.8	(0.8)	90.6	(2.1)	5.6	(0.1)
	拉脱维亚	100.0	c	96.9	(1.2)	38.1	(3.5)	92.5	(1.6)	99.8	(0.5)	92.5	(1.8)	99.6	(0.5)	85.5	(2.3)	5.5	(0.1)
	列支敦士登	100.0	c	71.8	(1.4)	49.1	(1.2)	68.1	(1.4)	66.8	(1.0)	20.2	(1.2)	69.5	(1.5)	59.4	(0.8)	5.1	(0.0)
	立陶宛	99.5	(0.6)	84.6	(2.6)	53.1	(3.6)	61.4	(3.4)	94.1	(1.8)	73.9	(3.0)	82.1	(2.6)	59.7	(3.2)	5.1	(0.1)
	中国澳门	99.4	(0.0)	94.9	(0.0)	65.2	(0.1)	31.9	(0.0)	86.7	(0.1)	75.3	(0.0)	96.5	(0.0)	21.4	(0.0)	5.1	(0.0)
	马来西亚	98.8	(0.9)	52.8	(3.7)	87.2	(2.7)	80.8	(2.9)	97.7	(1.0)	92.0	(2.2)	96.7	(1.5)	67.3	(3.6)	5.0	(0.1)
	黑山	97.3	(0.0)	81.0	(0.1)	38.9	(0.1)	78.6	(0.1)	96.3	(0.0)	91.5	(0.1)	89.3	(0.1)	64.9	(0.1)	5.0	(0.0)
	秘鲁	97.8	(1.1)	88.2	(2.2)	45.0	(3.4)	40.9	(3.4)	84.5	(2.7)	77.9	(2.8)	93.1	(2.0)	37.6	(3.9)	4.8	(0.1)
	卡塔尔	96.9	(0.1)	87.7	(0.1)	86.4	(0.1)	82.6	(0.1)	96.1	(0.0)	97.4	(0.0)	81.0	(0.1)	72.3	(0.1)	5.1	(0.0)
	罗马尼亚	77.2	(2.8)	70.3	(3.7)	57.4	(3.8)	67.6	(3.8)	72.4	(3.5)	74.8	(3.2)	76.5	(3.0)	69.1	(3.9)	3.9	(0.2)
	俄罗斯联邦	99.4	(0.6)	94.4	(1.9)	56.7	(4.4)	93.2	(1.5)	99.7	(0.5)	99.2	(0.7)	99.2	(0.8)	97.8	(1.0)	5.8	(0.1)
	塞尔维亚	98.5	(1.1)	83.8	(3.2)	35.5	(4.3)	34.2	(4.0)	95.5	(1.8)	57.3	(4.4)	86.0	(2.9)	57.1	(4.1)	4.7	(0.1)
	中国上海	98.0	(1.0)	50.9	(3.4)	55.0	(4.0)	50.1	(4.2)	87.5	(2.5)	86.4	(2.7)	95.8	(1.6)	56.7	(3.9)	4.8	(0.1)
	新加坡	100.0	c	88.4	(1.0)	96.0	(1.0)	99.4	(0.5)	99.4	(0.6)	87.7	(0.8)	99.4	(0.5)	88.2	(0.6)	5.5	(0.0)
	中国台北	95.6	(1.7)	45.4	(3.2)	35.0	(3.9)	36.6	(3.9)	78.2	(3.4)	47.9	(3.6)	94.2	(1.7)	41.7	(3.8)	4.1	(0.1)
	泰国	99.5	(0.5)	86.1	(2.8)	79.4	(2.9)	85.2	(2.1)	97.3	(1.2)	91.0	(2.1)	95.8	(1.5)	75.6	(3.3)	5.3	(0.2)
	突尼斯	80.0	(3.4)	95.4	(1.9)	51.6	(4.4)	70.7	(4.0)	89.2	(2.6)	67.1	(4.1)	55.9	(4.3)	69.1	(4.4)	4.8	(0.1)
	阿联酋	100.0	(0.0)	90.5	(1.5)	87.2	(2.0)	77.1	(2.6)	96.4	(1.4)	94.3	(1.1)	97.1	(0.7)	72.3	(2.7)	5.4	(0.1)
	乌拉圭	95.0	(1.6)	92.1	(1.7)	25.2	(3.3)	16.5	(2.8)	87.5	(2.3)	31.2	(3.6)	86.3	(2.5)	12.2	(2.3)	4.2	(0.1)
	越南	99.3	(0.7)	95.5	(1.6)	74.2	(3.6)	88.7	(2.7)	98.3	(1.0)	99.2	(0.7)	91.2	(2.2)	87.5	(2.7)	5.6	(0.1)

附表 5.33 ■ 评价办法(续表1)

基于学校校长报告的结果

| | | 在校长报告说该国(地区)最多15岁学生所在年级中为了以下目的评价学生的学校就读的学生百分比: | | | | | | | | | | | |
| | | 八个目的中一个也不是 | | 八个目的中的一个 | | 八个目的中的两个 | | 八个目的中的三个 | | 八个目的中的四个 | | 八个目的中的五个 | | 八个目的中的六个或更多 | |
		%	标准误	%	标准误	%	标准误	%	标准误	%	标准误	%	标准误	%	标准误
OECD	澳大利亚	0.0	(0.0)	0.8	(0.3)	3.7	(0.8)	12.6	(1.6)	21.7	(2.0)	28.3	(2.1)	32.9	(2.3)
	奥地利	1.7	(1.2)	2.6	(1.4)	14.7	(3.1)	18.0	(3.3)	23.0	(3.6)	21.8	(3.8)	18.2	(3.7)
	比利时	0.0	c	0.0	c	17.8	(2.6)	23.5	(3.2)	27.0	(3.0)	19.8	(2.6)	12.0	(2.3)
	加拿大	0.1	c	0.3	(0.0)	3.0	(1.4)	6.2	(1.0)	12.1	(2.0)	29.5	(3.1)	48.8	(3.4)
	智利	0.0	c	0.0	c	2.4	(1.5)	8.0	(2.5)	27.3	(4.2)	25.5	(4.4)	36.8	(4.4)
	捷克	4.8	(1.6)	1.0	(0.8)	4.1	(1.7)	12.5	(3.8)	14.6	(3.0)	29.9	(4.3)	33.1	(5.0)
	丹麦	0.6	(0.3)	3.8	(1.5)	9.4	(2.2)	28.0	(3.0)	20.5	(3.3)	21.9	(2.8)	15.8	(2.9)
	爱沙尼亚	0.0	c	1.7	(1.0)	9.4	(2.2)	20.7	(3.0)	21.5	(2.6)	25.3	(3.1)	30.4	(3.2)
	芬兰	0.0	(0.0)	0.4	(0.1)	15.8	(3.0)	26.4	(3.8)	24.2	(3.8)	19.9	(3.0)	13.2	(2.3)
	法国	0.7	(0.7)	1.4	(0.8)	8.1	(2.3)	22.5	(3.3)	23.9	(3.3)	24.8	(3.3)	18.7	(2.9)
	德国	0.8	(0.8)	1.6	(0.9)	13.2	(2.7)	21.1	(2.4)	25.5	(3.5)	18.1	(3.0)	19.7	(2.9)
	希腊	0.0	c	1.2	(0.8)	29.2	(3.8)	29.2	(3.5)	19.6	(2.8)	12.1	(2.7)	8.8	(1.5)
	匈牙利	0.0	c	0.2	(0.2)	13.3	(2.9)	23.6	(4.7)	26.8	(4.8)	36.0	(4.7)		
	冰岛	0.0	c	1.1	(0.1)	3.1	(0.1)	10.4	(0.2)	19.5	(0.2)	35.6	(0.3)	30.4	(0.2)
	爱尔兰	0.0	c	1.7	(1.5)	2.3	(1.3)	8.2	(2.7)	19.3	(3.6)	30.2	(4.1)	38.3	(4.3)
	以色列	0.0	c	0.0	c	3.6	(2.5)	3.7	(2.2)	16.9	(4.0)	19.2	(4.8)	56.5	(6.1)
	意大利	0.0	c	0.0	(0.0)	2.5	(0.6)	11.6	(1.5)	23.5	(2.0)	30.0	(2.5)	32.3	(2.2)
	日本	0.0	c	1.9	(1.0)	9.2	(2.4)	14.1	(2.7)	25.3	(3.2)	30.6	(3.9)	18.8	(2.8)
	韩国	0.0	c	4.7	(2.7)	3.7	(2.6)	7.2	(2.5)	11.4	(4.1)	33.1	(5.9)	39.8	(6.6)
	卢森堡	0.0	c	0.0	c	14.7	(0.1)	0.3	(0.0)	31.7	(0.1)	33.4	(0.1)	19.9	(0.1)
	墨西哥	0.1	(0.1)	0.7	(0.5)	1.9	(0.6)	5.9	(1.2)	19.6	(2.4)	28.0	(3.1)	43.8	(3.0)
	荷兰	0.0	c	2.5	(1.8)	2.7	(1.8)	14.9	(4.2)	16.3	(4.9)	26.0	(4.9)	37.6	(5.8)
	新西兰	0.0	c	0.0	c	0.0	c	5.8	(5.7)	0.0	c	30.6	(9.0)	63.6	(9.5)
	挪威	1.2	(0.9)	7.5	(2.2)	6.8	(2.1)	11.2	(2.1)	22.7	(3.3)	27.3	(3.3)	23.2	(3.3)
	波兰	0.0	c	0.0	c	0.0	c	4.7	(2.6)	23.0	(5.2)	35.4	(5.9)	36.9	(5.3)
	葡萄牙	0.0	c	0.0	c	1.7	(1.3)	3.1	(1.9)	14.2	(4.2)	31.3	(5.6)	49.6	(5.3)
	斯洛伐克	0.0	c	2.8	(1.5)	5.8	(2.4)	11.6	(3.4)	20.2	(4.3)	28.8	(4.7)	30.7	(4.6)
	斯洛文尼亚	0.0	c	2.8	(0.2)	3.3	(0.1)	12.4	(0.4)	27.5	(0.7)	22.7	(0.8)	31.4	(0.8)
	西班牙	0.1	(0.1)	0.6	(0.5)	2.9	(1.1)	16.2	(1.7)	28.5	(2.9)	30.8	(2.9)	30.5	(2.6)
	瑞典	0.0	c	1.7	(1.2)	0.6	(0.6)	9.8	(2.6)	14.7	(3.3)	32.6	(4.4)	40.6	(4.6)
	瑞士	1.3	(0.8)	3.3	(1.3)	15.4	(2.8)	23.8	(3.1)	26.4	(3.5)	16.5	(2.6)	13.4	(2.7)
	土耳其	0.0	c	1.1	(1.6)	3.2	(1.6)	12.2	(3.1)	18.2	(5.0)	21.7	(5.3)	43.5	(5.6)
	英国	0.0	c	1.6	(1.7)	0.0	c	8.0	(5.8)	9.5	(5.2)	28.7	(8.3)	52.1	(9.1)
	美国	2.5	(2.6)	0.0	c	0.9	(0.9)	3.6	(4.8)	15.5	(5.2)	23.0	(7.4)	51.7	(7.1)
	OECD平均	0.4	(0.3)	1.4	(0.2)	6.3	(0.3)	12.8	(0.5)	20.0	(0.6)	26.4	(0.7)	32.6	(0.8)
伙伴国家(地区)	阿尔巴尼亚	0.0	c	15.9	(5.6)	5.5	(3.1)	0.0	c	7.4	(4.2)	27.4	(6.3)	43.7	(7.1)
	阿根廷	0.8	(0.6)	3.1	(1.2)	3.4	(1.1)	18.7	(3.5)	29.5	(4.1)	29.2	(3.4)	15.4	(2.7)
	巴西	3.5	(1.7)	0.3	(0.2)	0.7	(0.3)	3.8	(1.3)	16.0	(3.1)	34.7	(4.4)	41.0	(3.9)
	保加利亚	1.3	(1.3)	0.0	c	0.5	(0.5)	4.9	(1.7)	11.3	(3.1)	27.7	(5.1)	54.2	(5.5)
	哥伦比亚	0.0	c	0.1	(0.1)	2.0	(1.6)	7.2	(3.1)	18.6	(3.9)	31.1	(5.7)	41.0	(5.3)
	哥斯达黎加	0.8	(0.8)	2.9	(1.5)	5.0	(1.9)	9.0	(2.6)	11.9	(2.5)	29.8	(5.0)	40.5	(4.3)
	克罗地亚	0.0	c	0.0	c	4.6	(2.0)	10.2	(3.3)	16.7	(4.1)	25.0	(4.7)	43.5	(5.2)
	塞浦路斯	0.0	c	0.0	c	24.3	(0.1)	16.9	(0.1)	22.2	(0.1)	21.8	(0.1)	14.8	(0.1)
	中国香港	0.0	c	0.0	c	0.0	c	2.7	(1.7)	13.1	(3.9)	26.4	(4.9)	57.7	(5.2)
	印度尼西亚	0.0	c	4.4	(4.5)	0.0	c	0.0	c	9.6	(5.6)	23.1	(7.2)	62.9	(8.7)
	约旦	0.0	c	0.0	c	0.2	(0.1)	12.2	(3.3)	17.3	(3.6)	29.4	(4.0)	40.5	(5.0)
	哈萨克斯坦	0.0	c	0.0	c	0.0	c	0.0	c	1.8	(2.0)	33.4	(13.3)	64.8	(13.5)
	拉脱维亚	0.0	c	0.0	c	0.0	c	1.2	(1.2)	2.4	(2.4)	39.7	(9.3)	56.7	(9.1)
	列支敦士登	0.0	c	0.0	c	9.8	(0.8)	8.5	(0.6)	6.8	(0.9)	23.8	(1.5)	51.1	(1.0)
	立陶宛	0.9	(1.0)	1.1	(0.9)	2.2	(1.1)	6.1	(2.2)	13.7	(3.2)	33.5	(4.2)	42.4	(4.0)
	中国澳门	0.0	c	0.0	c	0.0	c	16.1	(0.1)	0.0	c	32.5	(0.1)	47.5	(0.1)
	马来西亚	0.0	c	1.6	(1.6)	0.0	c	2.7	(2.4)	19.6	(5.4)	42.4	(7.4)	33.7	(7.3)
	黑山	0.0	c	0.0	c	10.9	(0.1)	3.3	(0.1)	7.2	(0.3)	35.1	(0.2)	43.5	(0.2)
	秘鲁	0.0	c	1.9	(1.3)	3.1	(1.4)	10.4	(2.6)	17.6	(3.6)	32.3	(4.1)	34.7	(4.2)
	卡塔尔	0.0	c	1.3	(0.0)	8.8	(0.1)	6.5	(0.1)	13.9	(0.1)	32.2	(0.2)	37.3	(0.1)
	罗马尼亚	7.0	(2.8)	1.4	(1.1)	6.3	(1.9)	10.2	(3.3)	42.9	(5.0)	20.2	(3.9)	12.1	(3.3)
	俄罗斯联邦	0.0	c	0.0	c	0.0	c	6.1	(3.8)	0.0	c	2.8	(2.4)	91.2	(3.9)
	塞尔维亚	0.0	c	0.4	(0.4)	2.9	(1.6)	12.7	(3.4)	26.2	(4.4)	29.9	(4.8)	27.9	(4.7)
	中国上海	0.0	c	2.2	(1.5)	3.7	(1.9)	4.1	(1.7)	25.1	(4.3)	35.8	(4.8)	29.1	(3.8)
	新加坡	0.0	c	0.0	c	0.0	c	0.0	c	12.5	(4.8)	28.2	(2.0)	59.3	(3.8)
	中国台北	0.0	c	1.4	(1.0)	9.2	(2.8)	21.3	(4.0)	27.7	(3.7)	24.9	(3.8)	15.5	(3.3)
	泰国	0.0	c	0.0	c	0.0	c	0.0	c	11.3	(4.8)	5.6	(4.9)	21.2	(6.4)	61.1	(9.0)
	突尼斯	0.0	c	2.2	(1.6)	5.8	(2.5)	7.0	(2.6)	23.3	(4.2)	20.9	(4.1)	40.7	(5.1)
	阿联酋	0.0	(0.0)	0.0	c	4.4	(2.1)	1.6	(1.3)	8.8	(4.2)	15.9	(4.1)	69.2	(5.8)
	乌拉圭	0.0	c	0.1	(0.1)	4.5	(1.4)	19.5	(2.9)	37.5	(3.9)	22.8	(3.1)	15.5	(2.7)
	越南	0.0	c	0.0	c	0.0	c	2.8	(2.9)	2.1	(2.1)	29.6	(9.1)	65.4	(9.3)

附表 5.34 ■ 考查数学教师的行为

基于学校校长报告的结果

		在校长报告以下方法被用于考查数学教师行为的学校就读的学生百分比：							
		测试或评估学生学业成绩		教师互评（包括对教学计划、评估工具和课堂的评价）		校长或高级教师听课		督学或其他学校外部人员听课	
		%	标准误	%	标准误	%	标准误	%	标准误
OECD	澳大利亚	78.8	(1.5)	77.4	(1.5)	70.0	(1.8)	10.9	(1.3)
	奥地利	91.0	(2.1)	78.6	(3.4)	73.9	(3.5)	29.2	(3.1)
	比利时	65.6	(3.2)	76.3	(2.4)	65.0	(3.2)	48.0	(2.8)
	加拿大	72.9	(2.3)	60.0	(2.1)	81.9	(1.6)	20.6	(2.2)
	智利	76.9	(3.2)	80.3	(3.2)	91.0	(2.1)	25.2	(3.2)
	捷克	92.0	(2.3)	66.6	(3.7)	98.0	(0.8)	32.7	(3.8)
	丹麦	75.1	(2.8)	40.9	(3.6)	64.3	(3.8)	16.8	(2.5)
	爱沙尼亚	71.3	(2.8)	48.8	(2.7)	89.6	(1.5)	7.6	(1.7)
	芬兰	39.6	(3.2)	19.1	(2.9)	31.3	(2.5)	2.2	(0.8)
	法国	60.5	(3.4)	42.5	(3.5)	12.3	(2.3)	72.9	(3.3)
	德国	72.1	(3.3)	44.6	(3.0)	66.9	(3.3)	22.1	(3.0)
	希腊	59.7	(3.7)	26.0	(3.5)	8.3	(2.3)	20.6	(3.0)
	匈牙利	74.3	(3.6)	74.5	(3.1)	96.7	(1.3)	13.0	(2.4)
	冰岛	84.2	(0.2)	12.1	(0.2)	46.4	(0.2)	25.3	(0.2)
	爱尔兰	65.3	(3.9)	33.7	(3.6)	12.7	(2.4)	48.5	(3.9)
	以色列	96.0	(1.4)	51.3	(3.8)	74.8	(3.6)	34.0	(3.4)
	意大利	74.1	(1.8)	87.4	(1.7)	17.2	(1.4)	0.6	(0.2)
	日本	69.4	(3.3)	54.2	(3.4)	81.0	(2.6)	26.5	(3.1)
	韩国	84.1	(3.1)	98.7	(0.9)	96.0	(1.7)	68.5	(3.8)
	卢森堡	80.6	(0.1)	63.3	(0.1)	47.9	(0.1)	6.4	(0.0)
	墨西哥	92.5	(0.9)	76.4	(1.7)	76.6	(1.3)	41.1	(1.7)
	荷兰	83.2	(3.6)	54.0	(4.6)	86.6	(3.1)	41.9	(4.5)
	新西兰	84.1	(3.5)	91.7	(1.5)	96.6	(1.1)	32.3	(3.4)
	挪威	72.4	(2.7)	53.9	(4.1)	47.7	(3.7)	10.9	(2.2)
	波兰	100.0	c	64.4	(4.0)	94.4	(1.8)	16.2	(3.1)
	葡萄牙	98.2	(1.1)	71.3	(4.6)	60.2	(3.4)	4.2	(2.2)
	斯洛伐克	74.6	(3.2)	84.2	(3.0)	98.2	(0.8)	27.0	(3.4)
	斯洛文尼亚	72.1	(0.7)	62.4	(0.8)	94.1	(0.5)	4.7	(0.3)
	西班牙	78.0	(2.5)	21.9	(2.2)	9.6	(1.4)	15.5	(2.4)
	瑞典	67.5	(3.5)	58.7	(3.7)	79.7	(3.2)	26.9	(3.4)
	瑞士	60.6	(3.0)	62.9	(3.3)	83.0	(2.2)	28.7	(2.7)
	土耳其	91.6	(2.7)	51.8	(3.8)	93.9	(1.9)	22.1	(3.6)
	英国	94.7	(1.2)	92.9	(1.5)	96.6	(1.0)	68.0	(2.9)
	美国	89.4	(2.7)	65.9	(3.7)	99.7	(0.4)	42.0	(4.5)
	OECD平均	77.7	(0.5)	60.3	(0.5)	68.9	(0.4)	26.9	(0.5)
伙伴国家（地区）	阿尔巴尼亚	98.3	(0.9)	91.9	(2.2)	99.2	(0.7)	62.2	(3.6)
	阿根廷	82.0	(3.0)	73.5	(3.9)	85.0	(2.8)	21.5	(3.7)
	巴西	88.3	(1.4)	74.8	(2.2)	49.8	(2.1)	22.8	(2.4)
	保加利亚	90.8	(2.1)	29.4	(3.7)	97.1	(1.3)	48.8	(3.8)
	哥伦比亚	83.7	(2.9)	60.4	(4.0)	43.0	(3.8)	10.7	(2.5)
	哥斯达黎加	83.3	(2.8)	80.9	(2.6)	86.5	(2.2)	45.1	(3.5)
	克罗地亚	72.4	(3.5)	62.0	(3.7)	93.0	(2.0)	33.7	(3.3)
	塞浦路斯	89.5	(0.1)	63.5	(0.1)	92.0	(0.1)	86.8	(0.1)
	中国香港	94.9	(1.8)	85.0	(3.1)	96.7	(1.5)	39.0	(4.1)
	印度尼西亚	91.3	(2.4)	91.3	(1.6)	95.4	(1.5)	77.1	(3.6)
	约旦	93.9	(1.9)	93.0	(1.8)	97.9	(1.0)	96.6	(1.6)
	哈萨克斯坦	98.9	(0.7)	98.9	(0.7)	99.9	(0.1)	81.9	(3.0)
	拉脱维亚	83.2	(2.8)	89.3	(2.3)	100.0	c	41.0	(3.1)
	列支敦士登	82.4	(0.7)	69.6	(1.0)	49.4	(0.8)	86.9	(0.6)
	立陶宛	95.6	(1.3)	74.7	(3.1)	98.2	(1.0)	37.7	(3.3)
	中国澳门	89.9	(0.0)	88.0	(0.0)	96.0	(0.0)	47.9	(0.0)
	马来西亚	98.7	(0.9)	91.0	(2.4)	98.9	(0.8)	69.5	(3.8)
	黑山	80.9	(0.1)	72.3	(0.1)	99.0	(0.0)	55.6	(0.1)
	秘鲁	71.4	(3.2)	79.7	(2.6)	84.4	(2.5)	53.8	(3.3)
	卡塔尔	96.6	(0.0)	98.0	(0.0)	99.7	(0.0)	82.0	(0.1)
	罗马尼亚	67.6	(3.1)	69.4	(3.2)	73.3	(3.3)	57.7	(3.7)
	俄罗斯联邦	98.9	(0.5)	95.9	(1.1)	99.5	(0.3)	43.8	(4.2)
	塞尔维亚	50.1	(4.2)	58.8	(4.5)	94.5	(2.3)	34.0	(4.3)
	中国上海	92.4	(2.0)	91.3	(2.2)	97.4	(1.2)	89.8	(1.8)
	新加坡	96.2	(0.6)	85.5	(0.1)	99.8	(0.0)	23.3	(0.6)
	中国台北	81.9	(3.2)	60.8	(3.8)	61.0	(3.8)	7.7	(1.9)
	泰国	97.9	(1.1)	92.5	(2.1)	95.1	(1.6)	44.7	(4.3)
	突尼斯	75.0	(3.8)	39.6	(3.9)	50.1	(4.1)	86.9	(2.7)
	阿联酋	96.5	(1.0)	84.8	(2.2)	99.7	(0.2)	84.2	(2.1)
	乌拉圭	57.8	(3.9)	63.3	(3.6)	88.4	(2.2)	66.2	(3.2)
	越南	97.7	(1.4)	83.0	(2.7)	96.7	(1.6)	85.2	(3.1)

附表 5.35 ■ 教师评价的结果
基于学校校长报告的结果

		在校长报告对教师的评价和/或反馈导致以下结果的学校就读的学生百分比：										
		工资调整						奖金或其他形式的酬金				
		没有变化		稍有或有一定变化		有很大变化		没有变化		稍有或有一定变化		有很大变化	
		%	标准误	%	标准误	%	标准误	%	标准误	%	标准误	%	标准误
OECD	澳大利亚	87.2	(1.3)	12.0	(1.3)	0.8	(0.3)	93.7	(0.9)	5.9	(0.9)	0.4	(0.2)
	奥地利	96.7	(1.5)	1.9	(1.1)	1.4	(1.0)	91.9	(2.4)	6.7	(2.2)	1.4	(1.0)
	比利时	99.6	(0.4)	0.4	(0.4)	0.0	c	98.9	(0.6)	1.1	(0.6)	0.0	c
	加拿大	96.9	(0.6)	2.7	(0.6)	0.3	(0.3)	97.1	(0.6)	2.9	(0.6)	0.0	(0.0)
	智利	62.3	(3.8)	33.2	(3.5)	4.5	(1.8)	59.5	(3.9)	34.9	(3.9)	5.6	(2.0)
	捷克	27.8	(3.2)	70.3	(3.2)	2.0	(0.8)	14.5	(2.3)	78.7	(2.9)	6.9	(1.8)
	丹麦	95.7	(1.9)	4.3	(1.9)	0.0	c	92.8	(2.3)	7.1	(2.3)	0.1	(0.1)
	爱沙尼亚	61.8	(3.2)	33.8	(3.2)	4.4	(1.5)	29.7	(2.7)	63.6	(2.7)	6.6	(1.3)
	芬兰	80.8	(2.5)	19.2	(2.5)	0.0	c	77.1	(2.8)	22.9	(2.8)	0.0	c
	法国	58.1	(3.9)	40.9	(3.9)	1.0	(0.7)	79.8	(3.0)	19.7	(3.0)	0.5	(0.5)
	德国	93.2	(1.6)	6.8	(1.6)	0.0	c	91.8	(1.5)	8.2	(1.5)	0.0	c
	希腊	75.9	(3.1)	17.9	(3.1)	6.2	(1.9)	76.2	(3.4)	20.7	(3.2)	3.0	(1.4)
	匈牙利	77.9	(3.6)	21.4	(3.6)	0.7	(0.3)	18.0	(2.8)	61.2	(3.9)	20.8	(3.5)
	冰岛	81.1	(0.2)	18.9	(0.2)	0.0	c	82.3	(0.2)	16.8	(0.2)	0.9	(0.1)
	爱尔兰	98.7	(0.9)	0.8	(0.7)	0.5	(0.5)	98.8	(0.9)	1.2	(0.9)	0.0	c
	以色列	77.0	(3.0)	20.0	(3.1)	3.0	(1.4)	73.8	(3.2)	20.8	(3.1)	5.4	(1.8)
	意大利	83.9	(1.9)	14.8	(1.9)	1.3	(0.5)	61.9	(2.3)	36.8	(2.3)	1.3	(0.5)
	日本	72.7	(3.1)	23.9	(3.1)	3.4	(1.4)	65.9	(3.5)	30.1	(3.4)	3.9	(1.4)
	韩国	52.6	(4.3)	44.4	(4.3)	2.9	(1.3)	31.2	(4.0)	62.4	(4.2)	6.4	(2.0)
	卢森堡	97.7	(0.0)	2.3	(0.0)	0.0	c	97.7	(0.0)	0.0	c	2.3	(0.0)
	墨西哥	58.3	(1.9)	34.5	(1.8)	7.2	(0.9)	48.8	(1.9)	42.8	(1.8)	8.3	(0.9)
	荷兰	77.9	(3.2)	20.6	(3.1)	1.5	(1.0)	73.3	(4.1)	26.7	(4.1)	0.0	c
	新西兰	79.5	(2.8)	20.2	(2.8)	0.3	(0.3)	93.0	(1.9)	6.7	(1.9)	0.3	(0.3)
	挪威	91.3	(2.2)	8.7	(2.2)	0.0	c	96.7	(1.5)	3.3	(1.5)	0.0	c
	波兰	65.6	(3.8)	32.3	(3.8)	2.1	(1.1)	17.3	(3.0)	73.7	(3.4)	9.0	(2.2)
	葡萄牙	78.7	(3.3)	17.5	(3.1)	3.8	(1.9)	88.9	(2.6)	9.9	(2.6)	1.2	(0.6)
	斯洛伐克	50.6	(4.2)	47.5	(4.3)	1.9	(1.0)	16.7	(2.9)	72.2	(3.3)	11.1	(2.1)
	斯洛文尼亚	57.2	(0.7)	39.4	(0.7)	3.4	(0.3)	46.6	(0.6)	50.9	(0.6)	2.4	(0.3)
	西班牙	91.1	(1.7)	7.1	(1.5)	1.7	(0.8)	90.7	(1.5)	7.9	(1.3)	1.4	(0.7)
	瑞典	12.9	(2.4)	76.2	(3.4)	10.9	(2.5)	81.2	(3.3)	17.6	(3.2)	1.1	(0.7)
	瑞士	88.1	(2.4)	11.9	(2.4)	0.0	(0.0)	82.8	(3.0)	17.2	(3.0)	0.0	(0.0)
	土耳其	43.5	(3.9)	35.1	(3.5)	21.4	(3.6)	39.1	(4.0)	41.2	(3.9)	19.7	(3.2)
	英国	34.2	(2.8)	63.9	(3.0)	1.8	(0.9)	84.3	(3.7)	15.6	(3.7)	0.1	(0.1)
	美国	88.5	(3.1)	10.9	(3.0)	0.6	(0.7)	85.3	(3.3)	14.0	(3.2)	0.7	(0.7)
	OECD平均	73.4	(0.5)	24.0	(0.5)	2.6	(0.3)	69.9	(0.5)	26.5	(0.5)	3.6	(0.3)
伙伴国家（地区）	阿尔巴尼亚	61.3	(3.7)	33.1	(3.7)	5.7	(1.6)	77.8	(3.2)	20.7	(3.0)	1.4	(0.8)
	阿根廷	90.5	(2.0)	9.5	(2.0)	0.0	c	94.2	(1.6)	5.7	(1.6)	0.1	(0.2)
	巴西	64.1	(2.5)	32.6	(2.6)	3.4	(1.1)	57.0	(2.6)	37.5	(2.5)	5.4	(1.3)
	保加利亚	70.7	(3.4)	29.0	(3.4)	0.3	(0.3)	14.7	(2.3)	79.4	(2.7)	5.9	(1.6)
	哥伦比亚	60.9	(3.9)	35.7	(3.9)	3.4	(1.0)	79.3	(2.9)	18.0	(2.8)	2.7	(1.0)
	哥斯达黎加	67.2	(3.5)	29.0	(3.3)	3.8	(1.5)	83.0	(2.6)	14.6	(2.5)	2.4	(1.2)
	克罗地亚	84.7	(2.9)	12.1	(2.5)	3.2	(1.5)	73.5	(3.7)	20.9	(3.3)	5.6	(1.8)
	塞浦路斯	78.5	(0.1)	20.4	(0.1)	1.2	(0.1)	83.5	(0.1)	16.5	(0.1)	0.0	c
	中国香港	69.7	(4.2)	28.3	(4.1)	2.1	(1.2)	83.9	(2.9)	15.2	(2.7)	0.9	(0.9)
	印度尼西亚	15.0	(2.8)	78.7	(3.7)	6.3	(1.9)	19.8	(3.1)	79.5	(3.1)	0.6	(0.4)
	约旦	41.0	(3.2)	39.4	(3.7)	19.6	(3.1)	39.9	(3.3)	33.8	(3.5)	26.3	(3.1)
	哈萨克斯坦	37.7	(4.1)	56.5	(4.2)	5.8	(1.7)	33.5	(3.3)	55.5	(3.3)	11.1	(2.4)
	拉脱维亚	56.3	(3.2)	37.4	(3.0)	6.3	(1.6)	64.9	(3.6)	28.8	(3.5)	6.4	(1.9)
	列支敦士登	93.8	(0.6)	6.2	(0.6)	0.0	c	93.8	(0.6)	6.2	(0.6)	0.0	c
	立陶宛	55.0	(3.5)	41.4	(3.3)	3.6	(1.3)	52.5	(3.4)	40.9	(3.4)	6.7	(2.0)
	中国澳门	38.4	(0.0)	60.5	(0.0)	1.1	(0.0)	31.0	(0.0)	68.8	(0.0)	0.2	(0.0)
	马来西亚	25.1	(3.8)	52.5	(4.1)	22.4	(3.7)	14.9	(3.0)	63.3	(3.8)	21.8	(3.5)
	黑山	82.3	(0.1)	15.8	(0.1)	1.9	(0.0)	77.8	(0.1)	16.7	(0.1)	5.5	(0.1)
	秘鲁	51.4	(3.3)	44.0	(3.6)	4.6	(1.7)	58.8	(3.6)	39.2	(3.6)	2.1	(1.2)
	卡塔尔	45.9	(0.1)	48.4	(0.1)	5.8	(0.1)	33.7	(0.1)	56.2	(0.1)	10.1	(0.1)
	罗马尼亚	70.2	(3.1)	29.2	(3.2)	0.6	(0.6)	66.9	(3.6)	32.4	(3.6)	0.6	(0.6)
	俄罗斯联邦	5.7	(1.7)	79.4	(3.0)	14.9	(2.7)	9.8	(1.8)	70.6	(2.6)	19.6	(2.3)
	塞尔维亚	87.3	(3.0)	11.7	(2.9)	0.9	(0.9)	76.1	(4.0)	23.1	(4.0)	0.8	(0.7)
	中国上海	58.9	(4.3)	35.4	(4.1)	5.6	(1.6)	7.7	(2.0)	85.2	(2.6)	7.1	(1.6)
	新加坡	39.2	(0.5)	56.4	(0.5)	4.4	(0.1)	6.3	(0.8)	65.2	(0.5)	28.5	(0.3)
	中国台北	72.5	(3.4)	19.4	(3.2)	8.1	(2.5)	60.9	(3.8)	32.3	(3.7)	6.8	(2.3)
	泰国	11.9	(2.2)	77.2	(3.0)	11.0	(2.4)	26.2	(3.0)	65.8	(3.2)	8.0	(2.2)
	突尼斯	28.4	(3.9)	54.0	(4.2)	17.6	(3.3)	33.8	(4.2)	49.5	(4.7)	16.7	(3.4)
	阿联酋	41.6	(2.1)	43.0	(2.0)	15.4	(1.6)	50.4	(2.5)	38.3	(2.4)	11.3	(1.7)
	乌拉圭	72.5	(3.7)	24.7	(3.4)	2.8	(1.5)	75.5	(3.1)	20.1	(2.9)	4.4	(1.8)
	越南	28.1	(3.5)	64.6	(3.8)	7.3	(1.9)	8.3	(2.0)	80.8	(2.9)	10.9	(2.3)

附表 5.35 ■ 教师评价的结果(续表 1)
基于学校校长报告的结果

		在校长报告对教师的评价和/或反馈导致以下结果的学校就读的学生百分比：										
		专业发展机会						职业晋升的可能性					
		没有变化		稍有或有一定变化		有很大变化		没有变化		稍有或有一定变化		有很大变化	
		%	标准误	%	标准误	%	标准误	%	标准误	%	标准误	%	标准误
OECD	澳大利亚	14.3	(1.5)	76.1	(1.6)	9.5	(1.2)	31.5	(1.8)	66.6	(1.8)	1.8	(0.6)
	奥地利	64.5	(4.0)	31.9	(3.8)	3.6	(1.8)	69.7	(3.4)	25.4	(3.0)	4.8	(1.9)
	比利时	32.3	(3.2)	64.8	(3.2)	2.9	(1.0)	76.7	(2.1)	22.5	(2.1)	0.8	(0.5)
	加拿大	21.4	(2.2)	71.8	(2.6)	6.8	(1.4)	56.0	(2.4)	42.5	(2.3)	1.5	(0.7)
	智利	23.9	(3.3)	64.7	(3.7)	11.4	(2.5)	33.4	(3.5)	60.4	(3.5)	6.2	(2.1)
	捷克	16.1	(3.0)	81.3	(3.0)	2.6	(0.7)	41.4	(3.9)	58.2	(4.0)	0.4	(0.3)
	丹麦	33.5	(3.3)	61.0	(3.5)	5.5	(1.6)	85.5	(2.5)	12.9	(2.4)	1.6	(0.9)
	爱沙尼亚	20.6	(2.2)	70.1	(2.6)	9.3	(1.8)	42.1	(2.7)	53.0	(2.7)	4.9	(1.1)
	芬兰	28.9	(3.0)	68.3	(3.3)	2.8	(1.4)	73.1	(3.3)	26.9	(3.3)	0.0	c
	法国	37.2	(3.3)	60.8	(3.3)	2.1	(1.1)	36.2	(3.6)	60.7	(3.8)	3.1	(1.2)
	德国	43.6	(3.6)	56.4	(3.6)	0.0	c	55.7	(3.3)	42.9	(3.3)	1.4	(1.0)
	希腊	48.3	(4.3)	38.9	(4.3)	12.8	(2.6)	58.1	(4.1)	31.8	(3.0)	10.1	(2.5)
	匈牙利	32.6	(3.3)	61.8	(3.6)	5.7	(1.6)	25.8	(3.5)	59.3	(4.0)	15.0	(2.9)
	冰岛	16.8	(0.2)	75.8	(0.2)	7.4	(0.2)	70.8	(0.2)	28.2	(0.2)	1.0	(0.1)
	爱尔兰	46.7	(4.0)	46.5	(4.1)	6.8	(2.1)	72.3	(3.5)	27.2	(3.4)	0.5	(0.5)
	以色列	18.9	(2.8)	71.5	(3.2)	9.5	(2.5)	21.3	(2.9)	67.9	(3.4)	10.8	(2.6)
	意大利	33.2	(2.2)	63.6	(2.3)	3.2	(0.8)	65.7	(2.2)	32.2	(2.2)	2.1	(0.7)
	日本	33.0	(3.1)	65.0	(3.2)	2.0	(1.0)	46.5	(3.4)	48.3	(3.6)	5.2	(1.6)
	韩国	10.5	(2.3)	78.0	(3.4)	11.5	(2.6)	37.2	(3.9)	59.7	(4.0)	3.1	(1.4)
	卢森堡	50.9	(0.1)	48.6	(0.1)	0.4	(0.0)	81.1	(0.1)	18.9	(0.1)	0.0	c
	墨西哥	26.6	(1.7)	61.8	(1.8)	11.6	(1.0)	22.0	(1.2)	66.6	(1.5)	11.4	(1.0)
	荷兰	9.0	(2.6)	74.0	(3.9)	17.0	(3.5)	30.3	(3.9)	61.2	(4.2)	8.5	(2.4)
	新西兰	2.4	(1.1)	86.0	(2.6)	11.6	(2.5)	17.9	(3.0)	78.7	(3.1)	3.4	(1.7)
	挪威	15.6	(2.7)	78.2	(2.7)	6.2	(1.7)	49.1	(3.6)	46.9	(3.6)	4.0	(1.5)
	波兰	25.5	(3.5)	67.4	(3.9)	7.2	(2.1)	43.5	(3.8)	48.5	(3.5)	8.0	(2.3)
	葡萄牙	54.4	(4.5)	43.9	(4.8)	1.7	(0.8)	58.5	(4.3)	35.9	(4.3)	5.6	(1.6)
	斯洛伐克	15.5	(2.7)	70.9	(3.7)	13.6	(2.7)	28.1	(3.5)	64.9	(3.7)	7.0	(1.7)
	斯洛文尼亚	14.3	(0.6)	76.6	(0.6)	9.1	(0.3)	14.7	(0.4)	74.2	(0.7)	11.1	(0.7)
	西班牙	54.1	(2.7)	42.6	(2.7)	3.3	(0.9)	77.3	(1.8)	21.5	(1.8)	1.2	(0.5)
	瑞典	7.2	(1.9)	74.1	(3.3)	18.7	(2.9)	39.5	(3.9)	54.6	(4.0)	5.9	(1.6)
	瑞士	42.5	(3.5)	56.4	(3.6)	1.1	(0.9)	78.7	(3.5)	21.1	(3.5)	0.1	(0.0)
	土耳其	14.3	(2.6)	71.3	(3.1)	14.4	(2.4)	16.8	(3.0)	63.6	(3.8)	19.7	(3.0)
	英国	1.7	(0.7)	78.8	(2.7)	19.5	(2.7)	12.7	(2.2)	81.5	(2.2)	5.8	(1.8)
	美国	11.9	(2.9)	78.4	(3.2)	9.8	(2.2)	43.5	(3.6)	54.4	(3.6)	2.1	(1.2)
	OECD平均	**27.1**	**(0.5)**	**65.2**	**(0.5)**	**7.7**	**(0.3)**	**47.4**	**(0.5)**	**47.6**	**(0.5)**	**4.9**	**(0.3)**
伙伴国家(地区)	阿尔巴尼亚	24.6	(3.5)	69.5	(3.4)	5.9	(1.6)	33.7	(3.9)	61.6	(3.8)	4.7	(1.6)
	阿根廷	38.0	(4.0)	53.1	(4.3)	8.9	(2.2)	32.9	(3.8)	54.7	(4.0)	12.4	(2.7)
	巴西	34.5	(2.4)	57.2	(3.0)	8.3	(1.6)	42.6	(2.3)	49.7	(2.8)	7.7	(1.5)
	保加利亚	10.1	(2.2)	83.4	(2.6)	6.6	(1.8)	15.1	(2.7)	78.6	(3.1)	6.3	(2.0)
	哥伦比亚	26.5	(3.5)	58.4	(3.8)	15.1	(2.6)	26.2	(3.5)	57.0	(3.9)	16.7	(2.6)
	哥斯达黎加	28.2	(3.7)	59.5	(4.1)	12.3	(2.3)	26.8	(3.1)	62.2	(3.6)	11.0	(2.2)
	克罗地亚	12.4	(2.6)	74.7	(3.5)	12.9	(2.6)	9.5	(2.4)	76.7	(3.3)	13.8	(2.7)
	塞浦路斯	23.3	(0.1)	73.1	(0.1)	3.6	(0.1)	14.8	(0.1)	75.1	(0.1)	10.1	(0.1)
	中国香港	38.7	(4.4)	59.1	(4.4)	2.2	(1.2)	2.0	(1.1)	84.2	(3.1)	13.8	(3.0)
	印度尼西亚	3.2	(1.3)	76.1	(3.2)	20.8	(3.1)	2.9	(1.1)	78.7	(3.3)	18.4	(3.2)
	约旦	18.6	(2.8)	66.1	(3.4)	15.3	(3.1)	20.7	(2.8)	59.1	(3.5)	20.2	(2.8)
	哈萨克斯坦	4.9	(1.3)	69.0	(3.8)	26.1	(3.7)	16.6	(2.7)	68.9	(3.6)	14.5	(3.0)
	拉脱维亚	13.2	(2.5)	77.7	(3.2)	9.1	(2.3)	35.6	(3.1)	60.2	(3.2)	4.3	(1.1)
	列支敦士登	12.1	(1.1)	87.9	(1.1)	0.0	c	74.3	(0.9)	25.7	(0.9)	0.0	c
	立陶宛	12.2	(2.7)	70.9	(3.3)	16.9	(3.4)	36.9	(3.2)	57.0	(3.2)	6.1	(1.7)
	中国澳门	20.1	(0.1)	78.8	(0.1)	1.1	(0.0)	11.3	(0.0)	79.8	(0.0)	8.9	(0.0)
	马来西亚	6.5	(2.0)	67.5	(3.9)	26.0	(3.7)	7.1	(2.1)	64.5	(4.1)	28.5	(3.9)
	黑山	15.3	(0.1)	65.1	(0.1)	19.6	(0.1)	30.2	(0.1)	59.2	(0.1)	10.7	(0.1)
	秘鲁	26.5	(3.0)	67.2	(3.2)	6.3	(1.8)	30.7	(3.2)	61.8	(3.5)	7.5	(2.1)
	卡塔尔	4.6	(0.0)	51.5	(0.1)	43.9	(0.1)	10.7	(0.1)	68.1	(0.1)	21.2	(0.1)
	罗马尼亚	34.0	(3.4)	57.0	(3.9)	9.0	(2.3)	28.4	(3.4)	67.5	(3.5)	4.1	(1.6)
	俄罗斯联邦	8.0	(2.2)	67.3	(3.7)	24.7	(3.1)	7.5	(1.6)	77.0	(2.8)	15.5	(2.6)
	塞尔维亚	34.7	(4.2)	61.3	(4.2)	4.0	(1.8)	54.6	(4.5)	42.6	(4.4)	2.8	(1.6)
	中国上海	6.4	(2.0)	72.5	(3.8)	21.1	(3.4)	3.1	(1.4)	78.9	(3.3)	18.1	(3.0)
	新加坡	6.7	(0.6)	77.9	(0.6)	15.4	(0.2)	3.7	(0.6)	79.1	(0.6)	17.1	(0.2)
	中国台北	16.9	(3.1)	71.8	(3.8)	11.3	(2.6)	48.3	(3.7)	43.5	(3.7)	8.2	(2.3)
	泰国	14.3	(3.0)	71.0	(3.4)	14.6	(2.4)	14.0	(2.9)	74.8	(3.1)	11.3	(2.3)
	突尼斯	9.7	(2.7)	72.6	(4.1)	17.7	(3.2)	12.9	(2.9)	62.4	(3.9)	24.7	(3.4)
	阿联酋	7.2	(1.9)	61.0	(2.1)	31.8	(2.1)	11.3	(2.1)	67.3	(2.3)	21.4	(2.1)
	乌拉圭	32.4	(3.6)	58.1	(3.7)	9.5	(2.0)	44.2	(3.6)	50.0	(3.8)	5.9	(1.9)
	越南	1.8	(1.1)	87.2	(2.6)	11.0	(2.4)	4.8	(1.3)	87.5	(2.2)	7.7	(2.0)

附表 5.35 ■ 教师评价的结果(续表 2)

基于学校校长报告的结果

	在校长报告对教师的评价和/或反馈导致以下结果的学校就读的学生百分比：																	
	得到校长的公开表扬						工作内容变得更具吸引力						在学校发展团队(如课程开发小组、学校发展目标制定)中所扮演的角色					
	没有变化		稍有或有一定变化		有很大变化		没有变化		稍有或有一定变化		有很大变化		没有变化		稍有或有一定变化		有很大变化	
	%	标准误	%	标准误	%	标准误	%	标准误	%	标准误	%	标准误	%	标准误	%	标准误	%	标准误
澳大利亚	16.9	(1.5)	76.4	(1.6)	6.6	(1.1)	36.7	(1.9)	62.6	(1.9)	0.7	(0.3)	12.9	(1.2)	81.4	(1.4)	5.8	(0.9)
奥地利	25.3	(3.3)	64.8	(3.9)	9.8	(2.4)	55.9	(4.2)	41.5	(3.9)	2.6	(1.4)	27.5	(3.3)	61.8	(3.8)	10.8	(2.7)
比利时	34.0	(3.0)	59.8	(3.2)	6.2	(1.5)	49.0	(2.9)	49.0	(2.8)	2.0	(0.9)	36.3	(3.0)	57.9	(3.3)	5.8	(1.7)
加拿大	27.4	(2.2)	65.9	(2.4)	6.8	(1.3)	55.8	(2.2)	42.6	(2.3)	1.6	(0.7)	16.1	(1.8)	75.0	(2.1)	8.9	(1.7)
智利	13.0	(2.5)	60.3	(4.0)	26.7	(3.7)	17.1	(2.8)	66.7	(3.6)	16.2	(3.0)	18.7	(2.8)	68.5	(3.6)	12.9	(2.8)
捷克	7.1	(2.2)	82.0	(3.4)	10.9	(2.7)	38.1	(3.5)	61.9	(3.5)	0.0	c	14.0	(2.6)	80.2	(3.1)	5.8	(2.2)
丹麦	22.0	(2.8)	69.2	(3.3)	8.8	(2.0)	44.5	(4.0)	51.6	(3.9)	3.9	(1.5)	38.2	(3.5)	56.7	(3.4)	5.0	(1.4)
爱沙尼亚	7.4	(1.6)	76.3	(2.7)	16.4	(2.3)	29.9	(2.6)	61.9	(3.0)	8.2	(1.8)	10.5	(1.6)	78.4	(2.1)	11.1	(1.8)
芬兰	24.0	(2.7)	73.9	(2.6)	2.1	(0.8)	32.0	(3.1)	65.9	(3.0)	2.1	(1.0)	19.5	(2.5)	77.0	(2.5)	3.5	(0.8)
法国	21.3	(2.9)	60.4	(3.8)	18.4	(3.0)	41.1	(3.3)	54.6	(3.5)	4.3	(1.4)	26.8	(2.8)	63.9	(3.4)	9.3	(2.2)
德国	46.7	(3.8)	52.8	(3.8)	0.5	(0.5)	51.2	(3.8)	47.7	(3.7)	1.1	(0.8)	32.1	(3.6)	64.6	(3.7)	3.3	(1.4)
希腊	27.0	(3.2)	52.0	(3.9)	21.0	(3.3)	46.6	(4.3)	36.8	(4.0)	16.6	(2.9)	39.8	(3.6)	46.5	(3.9)	13.8	(2.9)
匈牙利	2.2	(1.2)	30.0	(3.5)	67.9	(3.8)	13.8	(2.8)	72.1	(3.7)	14.1	(2.9)	6.9	(1.9)	62.5	(3.7)	31.0	(3.5)
冰岛	23.9	(0.2)	64.5	(0.2)	11.6	(0.2)	18.2	(0.2)	74.5	(0.2)	7.4	(0.2)	31.0	(0.2)	61.7	(0.3)	7.3	(0.2)
爱尔兰	29.1	(3.8)	61.0	(3.8)	9.9	(2.6)	59.3	(3.9)	38.9	(3.8)	1.8	(1.1)	21.5	(3.7)	71.9	(3.9)	6.6	(2.0)
以色列	4.9	(1.6)	56.6	(3.6)	38.5	(3.7)	9.6	(1.9)	67.3	(3.0)	23.1	(3.4)	16.4	(3.1)	68.5	(3.5)	15.1	(3.0)
意大利	37.2	(2.1)	56.9	(2.3)	5.9	(1.1)	19.2	(1.9)	71.1	(2.2)	9.7	(1.1)	16.5	(1.7)	75.8	(2.0)	7.7	(0.9)
日本	35.1	(3.6)	61.8	(3.7)	3.1	(1.3)	12.9	(2.3)	80.5	(2.8)	6.6	(1.9)	7.6	(1.7)	74.8	(3.1)	17.6	(2.8)
韩国	4.8	(1.8)	85.5	(2.9)	9.8	(2.3)	22.1	(3.1)	68.2	(4.0)	9.7	(2.5)	17.5	(3.1)	73.1	(3.9)	13.4	(2.8)
卢森堡	19.8	(0.1)	71.0	(0.1)	9.1	(0.1)	40.4	(0.1)	57.1	(0.1)	2.5	(0.1)	17.9	(0.1)	75.1	(0.1)	7.0	(0.1)
墨西哥	13.7	(1.3)	63.6	(1.8)	22.8	(1.3)	19.7	(1.2)	68.3	(1.6)	12.0	(1.1)	22.0	(1.3)	67.9	(1.6)	10.2	(1.1)
荷兰	8.3	(2.4)	74.2	(4.1)	17.4	(3.4)	26.1	(3.6)	64.0	(3.8)	9.9	(2.7)	14.1	(3.0)	73.9	(3.8)	12.0	(2.6)
新西兰	17.8	(2.8)	76.5	(3.3)	5.7	(1.9)	20.7	(3.4)	77.9	(3.4)	1.4	(0.8)	10.7	(2.6)	85.5	(2.9)	3.9	(1.4)
挪威	21.4	(3.1)	73.5	(3.6)	5.1	(1.9)	22.5	(3.0)	71.5	(3.4)	6.0	(1.7)	14.9	(2.6)	74.7	(3.4)	10.4	(2.6)
波兰	7.5	(2.2)	70.5	(3.8)	22.0	(3.4)	39.5	(4.0)	56.8	(4.0)	3.7	(1.5)	12.8	(2.3)	73.9	(4.2)	13.3	(2.7)
葡萄牙	42.0	(4.3)	51.5	(4.3)	6.5	(1.9)	36.8	(4.4)	55.1	(4.0)	8.1	(2.5)	27.4	(4.2)	67.1	(4.2)	5.5	(2.3)
斯洛伐克	5.5	(2.1)	70.5	(3.3)	24.0	(3.1)	19.4	(3.2)	72.2	(3.0)	8.4	(2.1)	5.9	(2.2)	72.1	(3.7)	22.0	(3.0)
斯洛文尼亚	4.2	(0.2)	77.8	(0.7)	18.0	(0.7)	8.9	(0.4)	80.4	(0.5)	10.7	(0.3)	6.2	(0.4)	74.3	(0.5)	19.5	(0.4)
西班牙	32.6	(2.5)	59.9	(2.5)	7.5	(1.5)	45.4	(2.9)	50.7	(3.1)	3.9	(1.1)	36.5	(2.1)	59.1	(2.3)	4.3	(1.2)
瑞典	10.8	(2.4)	68.5	(3.8)	20.6	(3.0)	17.7	(2.8)	67.8	(3.0)	14.6	(2.6)	5.6	(1.8)	67.6	(3.5)	26.7	(3.3)
瑞士	56.8	(3.7)	40.4	(3.6)	2.8	(1.1)	61.4	(3.6)	36.9	(3.5)	1.7	(1.0)	41.5	(3.4)	57.1	(3.4)	1.4	(0.6)
土耳其	15.6	(3.0)	63.3	(3.7)	21.0	(2.8)	10.3	(2.3)	63.9	(3.7)	25.9	(3.4)	7.7	(2.3)	77.9	(3.8)	14.4	(3.1)
英国	12.4	(2.1)	71.6	(3.0)	16.1	(2.5)	18.5	(2.5)	77.3	(2.6)	4.2	(1.3)	3.1	(1.0)	85.7	(1.9)	11.1	(2.1)
美国	20.2	(3.7)	72.2	(4.2)	7.6	(2.3)	40.4	(4.7)	59.0	(4.7)	0.7	(0.6)	10.0	(2.1)	77.0	(3.7)	12.9	(3.2)
OECD平均	20.5	(0.4)	65.2	(0.6)	14.3	(0.4)	31.8	(0.5)	61.0	(0.6)	7.2	(0.3)	19.0	(0.4)	70.1	(0.5)	10.9	(0.4)
阿尔巴尼亚	27.7	(3.7)	65.2	(4.0)	7.1	(1.9)	19.3	(3.0)	69.9	(3.7)	10.8	(2.8)	10.9	(2.1)	74.9	(3.3)	14.1	(3.0)
阿根廷	37.2	(3.9)	48.0	(3.8)	14.8	(2.5)	37.3	(4.1)	52.5	(4.2)	10.2	(2.3)	22.2	(3.5)	64.7	(4.1)	13.0	(2.7)
巴西	20.7	(2.1)	61.9	(2.4)	17.4	(2.3)	17.1	(2.1)	71.3	(2.3)	11.6	(1.9)	23.0	(2.3)	67.8	(2.4)	9.2	(1.6)
保加利亚	6.5	(1.9)	77.8	(2.9)	15.7	(2.4)	18.8	(2.9)	75.7	(3.1)	5.5	(1.7)	7.8	(2.1)	78.6	(3.0)	13.6	(2.7)
哥伦比亚	20.0	(3.2)	59.7	(3.8)	20.3	(3.0)	26.4	(3.6)	63.2	(4.0)	10.4	(2.5)	18.2	(3.3)	61.7	(3.9)	20.1	(2.5)
哥斯达黎加	25.9	(3.1)	52.1	(3.9)	22.1	(3.3)	33.7	(3.6)	55.5	(3.8)	10.8	(2.1)	20.3	(3.1)	56.4	(4.0)	23.3	(3.3)
克罗地亚	2.2	(1.1)	64.0	(4.0)	33.7	(3.8)	19.2	(3.6)	70.5	(3.9)	10.4	(2.3)	9.1	(2.4)	73.0	(3.6)	17.9	(3.1)
塞浦路斯	7.8	(0.1)	66.1	(0.1)	26.2	(0.1)	16.7	(0.1)	70.4	(0.1)	13.0	(0.1)	16.0	(0.1)	66.1	(0.1)	17.5	(0.1)
中国香港	7.5	(2.1)	87.6	(2.6)	4.9	(1.9)	6.2	(1.9)	91.0	(2.1)	2.8	(1.4)	1.2	(0.9)	93.4	(1.7)	5.4	(1.4)
印度尼西亚	8.0	(1.7)	76.2	(3.1)	15.8	(3.2)	2.7	(1.2)	80.4	(3.1)	16.9	(2.9)	1.3	(0.8)	81.1	(3.0)	17.5	(2.9)
约旦	4.0	(1.0)	45.7	(4.3)	50.3	(4.2)	5.5	(1.6)	56.0	(4.0)	38.5	(3.7)	10.2	(2.3)	67.1	(3.1)	22.7	(3.1)
哈萨克斯坦	2.7	(1.0)	68.3	(3.7)	28.9	(3.4)	9.6	(2.0)	74.3	(3.2)	16.1	(2.8)	4.4	(1.2)	76.9	(3.6)	18.7	(3.2)
拉脱维亚	6.5	(1.7)	87.6	(2.2)	5.9	(1.3)	8.2	(1.8)	71.8	(3.3)	7.0	(1.9)	8.8	(1.9)	81.2	(3.1)	10.0	(2.4)
列支敦士登	72.7	(1.0)	27.3	(1.0)	0.0	c	40.3	(0.8)	54.6	(0.9)	5.1	(0.6)	5.4	(0.7)	83.2	(1.1)	11.5	(0.9)
立陶宛	4.3	(1.4)	69.7	(3.2)	26.0	(3.0)	36.4	(3.2)	58.1	(3.5)	5.5	(1.7)	5.8	(1.3)	76.8	(2.8)	17.4	(2.8)
中国澳门	9.3	(0.0)	71.4	(0.0)	19.4	(0.0)	7.7	(0.0)	89.6	(0.0)	2.7	(0.0)	4.7	(0.0)	76.8	(0.1)	18.5	(0.0)
马来西亚	4.6	(1.7)	58.6	(4.3)	36.8	(4.1)	4.7	(1.7)	65.3	(4.0)	30.0	(3.9)	3.6	(1.6)	66.5	(4.0)	30.0	(4.0)
黑山	5.7	(0.1)	72.4	(0.2)	21.9	(0.1)	5.3	(0.1)	78.3	(0.1)	6.4	(0.1)	8.8	(0.1)	74.6	(0.1)	16.6	(0.1)
秘鲁	11.6	(2.3)	72.5	(3.4)	15.9	(2.5)	9.0	(1.9)	80.3	(2.8)	10.7	(2.1)	11.8	(2.1)	79.1	(2.4)	9.1	(2.0)
卡塔尔	11.1	(0.1)	45.8	(0.1)	43.1	(0.1)	7.2	(0.1)	55.1	(0.1)	37.7	(0.1)	5.9	(0.0)	55.4	(0.1)	38.7	(0.1)
罗马尼亚	23.8	(2.7)	54.6	(3.5)	21.6	(3.1)	27.2	(3.4)	69.7	(3.4)	3.1	(1.3)	26.8	(3.2)	64.1	(3.7)	9.1	(2.2)
俄罗斯联邦	4.3	(1.5)	55.6	(4.6)	40.0	(4.5)	16.6	(3.0)	72.3	(3.2)	11.1	(1.8)	5.0	(1.5)	72.1	(3.2)	23.0	(2.6)
塞尔维亚	15.6	(3.1)	72.4	(4.2)	12.0	(3.1)	30.3	(3.9)	64.2	(4.0)	5.5	(1.8)	29.9	(4.0)	65.7	(3.9)	4.5	(1.8)
中国上海	3.2	(1.4)	75.5	(3.8)	21.3	(3.8)	5.1	(1.8)	78.3	(3.4)	16.6	(3.0)	2.7	(1.3)	79.5	(3.4)	17.7	(3.2)
新加坡	9.7	(0.6)	76.9	(0.6)	13.5	(0.2)	6.2	(0.8)	81.5	(0.7)	12.3	(0.1)	4.0	(0.1)	80.3	(0.2)	15.6	(0.2)
中国台北	44.5	(3.4)	51.4	(3.1)	4.1	(1.7)	26.7	(3.3)	60.8	(3.9)	12.5	(2.6)	10.5	(2.6)	77.4	(3.5)	12.1	(2.7)
泰国	5.3	(1.6)	72.1	(3.4)	22.6	(3.0)	9.6	(2.0)	76.0	(3.8)	17.4	(3.2)	5.4	(1.8)	76.0	(3.5)	18.6	(3.3)
突尼斯	9.5	(2.7)	63.0	(3.9)	27.5	(3.8)	12.2	(2.9)	65.4	(4.2)	22.4	(3.7)	26.4	(3.8)	51.2	(3.9)	22.4	(3.9)
阿联酋	4.4	(1.1)	49.7	(2.3)	46.0	(2.5)	6.2	(1.2)	61.6	(2.4)	32.2	(2.3)	3.5	(1.1)	61.4	(2.6)	35.2	(2.4)
乌拉圭	30.3	(3.3)	59.9	(3.5)	9.8	(2.1)	25.8	(3.5)	67.1	(3.8)	7.2	(2.0)	29.9	(3.5)	63.3	(3.6)	6.8	(1.8)
越南	0.7	(0.7)	76.1	(3.6)	23.2	(3.5)	0.7	(0.7)	84.1	(2.8)	15.2	(2.7)	7.8	(2.0)	87.0	(2.7)	5.2	(1.9)

附表5.36 ■ 质量保障与学校改进
基于学校校长报告的结果

| | | 在校长报告说他们的学校有以下旨在质量保障和改进的措施的学校就读的学生百分比： | | | | | | | | | | | | | | | | |
| | | 关于学校课程计划和教育目标的明文规定 | | 关于学生成绩标准的明文规定 | | 系统化记录的数据，包括教师和学生的出席情况、毕业率、考试成绩、教师专业发展情况 | | 内部评估/自我评估 | | 外部评估 | | 来自学生的书面反馈信息（例如涉及课程、教师或资源方面） | | 教师师徒制 | | 定期（至少六个月一次）就学校发展向一名或多名专家咨询 | | 推行标准化的数学教学政策（例如学校教学使用共同的教学材料，并有相应的教师培训） | |
		%	标准误	%	标准误	%	标准误	%	标准误	%	标准误	%	标准误	%	标准误	%	标准误	%	标准误
OECD	澳大利亚	96.5	(0.6)	90.0	(1.2)	98.1	(0.4)	94.5	(0.9)	69.9	(1.7)	69.1	(1.7)	92.5	(1.0)	72.2	(1.8)	76.6	(1.7)
	奥地利	76.2	(3.1)	55.9	(3.9)	75.1	(3.5)	86.5	(2.7)	20.3	(2.9)	81.0	(3.2)	88.5	(2.8)	54.9	(4.2)	61.5	(3.3)
	比利时	82.4	(2.4)	48.4	(3.7)	76.8	(2.3)	79.5	(2.5)	69.2	(2.8)	35.6	(2.7)	72.2	(2.5)	40.1	(3.4)	42.0	(2.6)
	加拿大	94.7	(0.9)	85.3	(1.7)	89.8	(1.1)	80.9	(1.7)	62.0	(2.1)	41.8	(2.4)	86.0	(1.5)	68.8	(1.5)	80.1	(1.9)
	智利	83.4	(2.6)	76.5	(2.9)	86.8	(2.4)	89.9	(2.6)	55.3	(3.8)	49.3	(4.3)	20.9	(3.2)	40.3	(3.9)	49.5	(3.7)
	捷克	98.5	(0.7)	77.1	(3.0)	84.7	(2.7)	97.9	(1.1)	62.9	(3.8)	62.6	(4.1)	95.9	(0.8)	27.3	(3.0)	90.2	(2.4)
	丹麦	65.6	(3.6)	37.8	(3.5)	80.2	(3.2)	87.6	(2.4)	58.3	(3.7)	36.6	(3.3)	51.7	(3.5)	49.7	(3.2)	23.9	(2.8)
	爱沙尼亚	92.5	(1.6)	88.3	(1.8)	95.5	(1.2)	99.4	(0.1)	77.1	(2.3)	83.4	(2.0)	79.9	(2.4)	39.2	(2.9)	88.0	(1.9)
	芬兰	94.1	(1.8)	75.3	(3.3)	74.0	(2.9)	95.9	(1.1)	51.4	(3.0)	74.4	(3.0)	55.2	(3.5)	10.3	(2.9)	63.2	(2.6)
	法国	71.8	(3.4)	24.7	(3.2)	74.9	(2.8)	60.8	(3.7)	51.9	(3.9)	13.3	(2.6)	17.2	(2.6)	20.7	(3.1)	43.9	(3.4)
	德国	86.1	(2.9)	71.4	(3.3)	76.8	(3.3)	73.9	(3.4)	60.0	(3.4)	48.0	(3.3)	32.9	(3.4)	19.2	(2.6)	55.1	(3.8)
	希腊	57.2	(3.6)	38.2	(4.4)	68.5	(3.4)	32.5	(3.9)	5.7	(1.9)	28.8	(3.3)	87.0	(2.3)	76.7	(3.2)	69.9	(3.7)
	匈牙利	96.4	(1.4)	90.6	(2.4)	79.9	(3.5)	96.9	(1.3)	57.4	(3.8)	80.3	(3.3)	71.5	(3.5)	17.3	(3.2)	69.4	(4.0)
	冰岛	64.5	(0.2)	84.2	(0.2)	95.0	(0.1)	99.3	(0.1)	79.4	(0.2)	54.4	(0.2)	19.3	(0.2)	46.1	(0.2)	46.6	(0.2)
	爱尔兰	74.7	(3.4)	48.3	(3.6)	89.4	(2.5)	82.9	(3.0)	81.8	(3.1)	23.7	(3.5)	64.3	(3.8)	52.9	(4.4)	81.4	(3.3)
	以色列	96.4	(1.5)	77.7	(3.2)	95.8	(1.2)	81.8	(3.3)	60.0	(3.4)	41.9	(3.6)	94.1	(1.7)	54.0	(3.8)	86.7	(2.7)
	意大利	98.4	(0.4)	84.5	(1.7)	52.2	(2.0)	76.1	(2.0)	34.0	(2.2)	40.3	(2.0)	77.5	(1.8)	23.0	(1.7)	56.5	(1.9)
	日本	97.7	(1.3)	48.6	(3.2)	53.7	(3.8)	96.2	(1.5)	77.3	(3.3)	75.3	(3.3)	87.9	(2.4)	4.8	(1.5)	38.1	(3.3)
	韩国	99.4	(0.6)	95.0	(1.6)	93.7	(1.9)	97.3	(1.4)	78.6	(3.0)	84.2	(2.8)	87.8	(2.9)	59.3	(3.8)	65.0	(4.1)
	卢森堡	64.1	(0.1)	44.7	(0.1)	70.1	(0.1)	75.5	(0.1)	40.4	(0.1)	19.4	(0.1)	64.8	(0.1)	41.7	(0.1)	59.9	(0.1)
	墨西哥	93.1	(0.8)	82.5	(1.7)	94.3	(0.8)	93.9	(0.8)	74.7	(1.7)	72.6	(1.7)	53.9	(1.9)	52.3	(1.4)	67.9	(1.5)
	荷兰	91.5	(2.5)	85.5	(2.9)	99.1	(0.8)	91.4	(2.2)	81.2	(3.3)	89.2	(2.3)	97.5	(1.2)	46.7	(4.9)	46.8	(4.5)
	新西兰	99.5	(0.5)	88.0	(1.8)	98.1	(0.7)	99.7	(0.6)	89.0	(3.3)	95.7	(1.0)	97.2	(1.2)	63.4	(3.8)	80.8	(2.6)
	挪威	96.7	(1.3)	73.0	(3.0)	83.7	(2.8)	61.1	(3.7)	52.5	(3.9)	46.4	(3.7)	69.7	(3.7)	33.2	(3.4)	28.9	(3.4)
	波兰	67.6	(3.6)	82.8	(3.1)	99.2	(0.3)	97.4	(1.2)	78.6	(3.4)	69.6	(3.5)	86.6	(2.2)	39.4	(4.0)	81.8	(3.2)
	葡萄牙	92.8	(2.3)	74.0	(4.0)	96.5	(1.0)	97.6	(1.3)	85.5	(2.2)	76.9	(3.3)	77.8	(3.7)	28.9	(3.8)	74.6	(3.7)
	斯洛伐克	86.5	(2.9)	79.9	(3.4)	93.4	(1.8)	94.5	(1.5)	37.7	(3.4)	52.6	(4.0)	87.9	(2.9)	53.7	(3.8)	61.2	(3.8)
	斯洛文尼亚	93.7	(0.6)	95.3	(0.2)	86.4	(0.3)	92.2	(0.6)	32.4	(0.8)	74.9	(0.8)	67.2	(0.7)	41.0	(0.8)	67.1	(0.6)
	西班牙	95.8	(1.1)	78.7	(2.1)	92.0	(1.4)	82.2	(1.7)	78.5	(2.1)	62.9	(2.0)	26.1	(1.9)	27.2	(2.4)	38.2	(3.0)
	瑞典	69.9	(3.6)	54.5	(1.7)	95.2	(1.6)	89.9	(2.6)	65.1	(3.6)	73.0	(3.6)	68.2	(3.5)	31.8	(3.3)	29.5	(3.1)
	瑞士	69.7	(3.0)	42.9	(2.6)	63.0	(3.1)	84.3	(2.4)	62.8	(2.2)	72.1	(2.9)	71.0	(3.2)	27.5	(3.2)	53.6	(2.7)
	土耳其	89.4	(2.7)	93.7	(2.1)	96.3	(1.8)	98.6	(1.3)	79.5	(3.9)	90.8	(2.3)	86.3	(2.2)	59.7	(3.6)	74.4	(3.2)
	英国	97.5	(1.0)	93.0	(1.7)	99.6	(0.2)	100.0	c	91.4	(2.0)	73.1	(3.3)	96.4	(0.9)	80.2	(2.3)	74.3	(3.1)
	美国	98.1	(0.9)	95.1	(1.8)	98.1	(1.1)	92.5	(2.3)	86.1	(3.2)	58.6	(4.8)	98.4	(1.0)	73.5	(3.8)	88.1	(3.0)
	OECD平均	86.2	(0.4)	73.6	(0.5)	85.5	(0.4)	87.1	(0.4)	63.2	(0.5)	60.5	(0.5)	71.5	(0.4)	43.4	(0.5)	62.2	(0.5)
伙伴国家（地区）	阿尔巴尼亚	95.7	(1.5)	96.6	(1.4)	96.9	(1.4)	94.8	(1.6)	83.8	(3.7)	69.4	(3.8)	92.0	(2.0)	68.3	(3.9)	90.7	(2.1)
	阿根廷	90.8	(2.5)	65.7	(3.9)	78.6	(3.5)	83.3	(3.5)	36.3	(3.9)	42.6	(3.7)	48.3	(4.3)	43.5	(4.0)	40.1	(2.1)
	巴西	93.5	(1.2)	74.1	(2.5)	82.6	(1.9)	95.7	(0.9)	82.1	(1.5)	69.3	(2.9)	92.7	(1.1)	50.2	(2.7)	72.4	(2.5)
	保加利亚	93.0	(1.8)	78.6	(3.1)	88.3	(1.0)	97.9	(1.1)	95.2	(1.2)	82.0	(3.1)	69.3	(3.5)	69.6	(3.6)	52.8	(3.7)
	哥伦比亚	96.0	(1.4)	95.3	(1.6)	88.4	(2.5)	98.0	(1.1)	82.3	(3.7)	71.2	(3.6)	67.4	(3.9)	54.6	(4.1)	49.7	(4.4)
	哥斯达黎加	87.4	(2.6)	80.3	(2.7)	87.2	(2.5)	85.2	(3.1)	48.4	(3.8)	55.9	(3.8)	28.0	(3.5)	48.0	(3.9)	51.4	(4.0)
	克罗地亚	92.9	(1.9)	68.1	(4.0)	95.1	(1.6)	91.6	(2.4)	81.3	(3.1)	60.1	(4.2)	98.4	(1.1)	57.6	(4.1)	79.3	(3.5)
	塞浦路斯	97.5	(0.0)	77.6	(0.1)	94.7	(0.0)	78.3	(0.1)	75.5	(0.1)	42.7	(0.1)	94.5	(0.0)	56.4	(0.1)	93.9	(0.0)
	中国香港	98.1	(1.1)	90.7	(2.3)	100.0	c	99.9	(0.1)	91.3	(2.4)	81.1	(3.3)	91.0	(2.3)	45.1	(4.1)	85.6	(3.1)
	印度尼西亚	98.7	(0.8)	91.5	(1.9)	100.0	c	91.5	(2.4)	84.8	(3.2)	84.7	(2.8)	100.0	c	73.5	(3.3)	81.6	(2.9)
	约旦	90.8	(2.2)	91.6	(1.9)	93.1	(1.9)	90.4	(2.3)	71.0	(3.2)	72.4	(3.1)	68.4	(3.8)	57.0	(3.8)	75.8	(3.3)
	哈萨克斯坦	97.1	(1.5)	98.6	(1.0)	100.0	c	99.0	(0.8)	94.9	(1.7)	81.5	(3.2)	97.4	(1.1)	86.8	(2.6)	92.4	(1.9)
	拉脱维亚	96.4	(1.4)	87.7	(2.4)	99.8	(0.2)	100.0	c	84.2	(2.6)	76.5	(3.2)	71.9	(3.3)	23.5	(3.5)	51.7	(3.8)
	列支敦士登	81.1	(0.9)	59.2	(0.7)	37.1	(1.0)	93.6	(0.4)	83.2	(0.7)	93.8	(0.6)	81.8	(0.5)	67.5	(0.9)	56.7	(0.6)
	立陶宛	72.7	(3.4)	78.6	(2.9)	98.0	(1.0)	95.0	(1.3)	56.5	(3.8)	75.2	(2.9)	53.5	(3.5)	40.2	(3.0)	30.3	(3.0)
	中国澳门	90.4	(0.0)	93.5	(0.0)	98.5	(0.0)	87.7	(0.0)	63.7	(0.0)	70.3	(0.1)	91.3	(0.0)	44.0	(0.1)	57.0	(0.1)
	马来西亚	97.4	(1.3)	100.0	c	98.8	(0.7)	98.6	(0.7)	82.7	(2.6)	70.1	(3.4)	88.7	(2.5)	82.1	(2.8)	93.2	(2.2)
	黑山	94.9	(0.1)	84.1	(0.1)	94.5	(0.1)	100.0	c	91.1	(0.1)	59.2	(0.2)	97.8	(0.0)	73.9	(0.1)	89.5	(0.1)
	秘鲁	89.1	(2.2)	66.6	(3.6)	67.3	(3.1)	86.7	(2.1)	41.6	(3.7)	66.9	(3.3)	97.5	(1.5)	41.7	(3.5)	44.4	(3.5)
	卡塔尔	99.7	(0.0)	97.9	(0.0)	99.5	(0.0)	99.3	(0.0)	86.8	(0.0)	89.5	(0.1)	100.0	c	90.0	(0.0)	98.0	(0.0)
	罗马尼亚	87.5	(2.6)	86.6	(2.5)	88.6	(2.4)	87.6	(2.8)	83.6	(2.8)	82.9	(2.7)	84.6	(2.9)	66.2	(3.5)	73.7	(3.3)
	俄罗斯联邦	93.1	(2.1)	89.4	(1.8)	98.2	(0.8)	98.4	(0.7)	96.0	(1.1)	83.0	(2.8)	96.0	(1.4)	54.2	(3.5)	86.1	(2.6)
	塞尔维亚	81.9	(3.4)	54.6	(4.5)	96.5	(1.7)	95.9	(1.5)	52.6	(4.4)	48.0	(4.3)	97.7	(1.1)	58.1	(4.6)	41.3	(4.4)
	中国上海	100.0	c	86.2	(2.7)	97.5	(1.2)	100.0	c	88.4	(2.7)	91.4	(2.1)	98.5	(0.7)	93.2	(1.9)	94.1	(2.1)
	新加坡	98.9	(0.0)	97.7	(0.8)	99.4	(0.6)	100.0	c	93.4	(2.5)	87.4	(0.1)	99.7	(0.5)	63.4	(0.3)	92.1	(0.7)
	中国台北	94.1	(1.4)	87.9	(2.8)	92.3	(1.8)	83.7	(3.2)	75.3	(3.5)	62.0	(3.4)	73.2	(3.7)	32.3	(3.6)	57.3	(4.3)
	泰国	97.6	(1.1)	91.9	(1.9)	98.4	(1.0)	100.0	c	99.3	(0.3)	80.3	(3.1)	98.2	(1.1)	88.8	(2.4)	86.1	(2.6)
	突尼斯	50.2	(4.0)	33.5	(4.0)	71.4	(3.6)	91.5	(2.0)	48.7	(4.5)	29.3	(3.8)	80.3	(3.3)	21.4	(3.0)	60.6	(3.7)
	阿联酋	95.4	(1.2)	95.7	(1.0)	99.0	(0.4)	97.6	(0.5)	94.0	(1.1)	77.5	(2.0)	92.0	(0.9)	73.1	(2.0)	82.0	(2.2)
	乌拉圭	75.2	(3.4)	59.1	(3.5)	96.0	(1.5)	84.9	(2.3)	44.8	(3.8)	52.6	(3.9)	74.5	(3.3)	27.4	(3.3)	29.3	(3.4)
	越南	98.1	(1.1)	92.2	(2.1)	97.8	(1.3)	96.1	(1.7)	49.4	(3.9)	84.9	(3.1)	98.5	(1.0)	45.2	(4.3)	93.2	(2.1)

附表 5.37 ■ 家长参与
基于学校校长的报告

		在校长报告说在之前一学年中家长参与了以下与学校有关活动的学校就读的学生百分比:										
		主动与一位老师讨论孩子的行为问题		在孩子的一位老师提议下讨论孩子的行为问题		主动与一位老师讨论孩子的进步情况		在孩子的一位老师的提议下讨论孩子的进步情况		自愿参加学校体力劳动,例如修缮维护、木工、学校绿化工作		担任学校课外活动志愿者,例如读书会、校园剧、运动会或实地考察	
		平均%	标准误	平均%	标准误	平均%	标准误	平均%	标准误	平均%	标准误	平均%	标准误
OECD	澳大利亚	18.8	(0.8)	29.7	(0.9)	25.6	(1.0)	40.7	(1.1)	4.8	(0.4)	6.9	(0.4)
	奥地利	17.2	(1.9)	22.1	(1.8)	26.4	(1.8)	28.9	(1.8)	1.8	(0.5)	4.9	(1.0)
	比利时	20.4	(1.4)	28.1	(2.0)	23.9	(1.5)	34.9	(2.1)	1.1	(0.4)	2.3	(0.6)
	加拿大	24.3	(1.1)	35.7	(1.4)	31.6	(1.0)	41.5	(1.3)	3.2	(0.3)	8.9	(0.7)
	智利	29.3	(2.2)	58.0	(2.3)	28.5	(2.3)	58.6	(2.4)	9.1	(1.9)	14.1	(1.9)
	捷克	17.8	(1.7)	30.5	(2.2)	23.9	(1.9)	40.2	(2.1)	0.9	(0.3)	1.7	(0.2)
	丹麦	17.1	(1.7)	40.9	(2.8)	19.8	(2.0)	73.6	(2.7)	5.2	(1.0)	17.3	(2.1)
	爱沙尼亚	17.4	(1.3)	27.3	(1.9)	21.9	(1.4)	39.6	(2.1)	5.5	(0.6)	16.0	(1.2)
	芬兰	25.6	(2.0)	44.9	(2.2)	28.0	(1.8)	54.6	(2.2)	1.2	(0.3)	4.3	(0.3)
	法国	25.5	(1.7)	40.3	(2.3)	24.6	(1.8)	40.6	(2.4)	0.8	(0.3)	3.0	(0.7)
	德国	21.6	(1.7)	30.1	(2.1)	27.1	(1.6)	34.7	(1.8)	3.7	(0.4)	6.7	(0.8)
	希腊	32.7	(2.2)	33.1	(2.1)	51.0	(2.3)	38.6	(2.2)	4.8	(1.0)	6.8	(1.4)
	匈牙利	17.0	(1.8)	19.8	(1.5)	22.0	(1.9)	23.5	(1.5)	6.6	(1.2)	12.1	(1.8)
	冰岛	15.9	(0.1)	40.8	(0.2)	18.6	(0.1)	56.9	(0.2)	1.7	(0.0)	8.1	(0.1)
	爱尔兰	11.4	(1.4)	23.6	(2.1)	15.2	(1.8)	28.5	(2.7)	1.5	(0.3)	4.4	(0.7)
	以色列	24.4	(2.0)	40.9	(2.1)	27.9	(1.7)	49.2	(2.2)	4.7	(0.8)	7.5	(1.4)
	意大利	43.2	(1.6)	46.1	(1.5)	47.7	(1.2)	46.4	(1.6)	1.0	(0.2)	9.0	(0.5)
	日本	10.1	(1.5)	63.2	(3.1)	10.9	(1.7)	69.7	(3.0)	7.2	(1.3)	6.7	(1.1)
	韩国	25.5	(2.0)	45.4	(2.6)	29.7	(2.3)	44.3	(2.7)	1.9	(0.8)	7.0	(1.2)
	卢森堡	26.3	(0.0)	43.5	(0.1)	32.5	(0.1)	47.8	(0.1)	0.5	(0.0)	4.2	(0.0)
	墨西哥	27.9	(1.2)	45.4	(1.1)	29.3	(1.1)	47.8	(1.1)	17.9	(1.2)	17.5	(1.2)
	荷兰	16.8	(1.7)	31.0	(2.5)	27.1	(2.4)	42.6	(2.9)	0.9	(0.2)	3.5	(0.7)
	新西兰	17.9	(1.8)	25.8	(2.0)	23.2	(1.8)	41.9	(2.2)	3.6	(0.5)	9.7	(0.7)
	挪威	13.0	(1.4)	51.7	(2.8)	17.2	(1.5)	86.6	(1.8)	5.9	(1.2)	12.1	(1.3)
	波兰	27.7	(2.2)	52.8	(2.5)	31.8	(2.2)	58.6	(2.7)	5.3	(1.2)	19.8	(2.0)
	葡萄牙	35.3	(2.4)	46.6	(2.3)	37.8	(2.5)	52.9	(2.7)	0.7	(0.2)	3.8	(0.6)
	斯洛伐克	25.9	(2.0)	32.1	(1.6)	18.7	(1.6)	23.2	(1.6)	3.7	(0.6)	10.0	(1.1)
	斯洛文尼亚	30.3	(0.3)	35.6	(0.5)	38.4	(0.4)	34.3	(0.4)	2.3	(0.2)	4.1	(0.2)
	西班牙	34.6	(1.3)	51.9	(1.7)	40.5	(1.1)	61.6	(1.4)	1.9	(0.4)	6.1	(0.6)
	瑞典	15.3	(1.8)	36.0	(2.4)	27.2	(2.4)	80.3	(2.4)	3.4	(1.1)	8.2	(1.1)
	瑞士	18.2	(1.5)	41.6	(2.3)	20.2	(1.7)	47.1	(2.4)	0.9	(0.2)	4.2	(0.5)
	土耳其	32.3	(1.8)	41.3	(2.4)	30.1	(1.5)	35.8	(2.4)	10.2	(1.5)	12.6	(1.6)
	英国	15.0	(1.3)	28.9	(2.3)	18.8	(1.3)	52.6	(2.6)	1.3	(0.2)	4.2	(0.7)
	美国	23.8	(2.1)	33.3	(2.5)	31.6	(1.9)	41.0	(2.2)	7.5	(1.2)	13.6	(1.5)
	OECD平均	22.8	(0.3)	38.2	(0.4)	27.3	(0.3)	47.1	(0.4)	3.9	(0.1)	8.3	(0.2)
伙伴国家(地区)	阿尔巴尼亚	42.1	(2.4)	57.9	(2.7)	45.2	(2.5)	57.5	(2.6)	10.2	(1.4)	19.1	(2.1)
	阿根廷	22.4	(2.2)	42.9	(2.4)	20.2	(1.8)	44.2	(2.5)	8.8	(1.6)	11.2	(2.0)
	巴西	23.9	(1.2)	41.0	(1.5)	24.9	(1.5)	42.4	(1.6)	2.5	(0.4)	6.2	(0.7)
	保加利亚	30.1	(1.6)	47.6	(2.4)	30.1	(1.8)	44.3	(2.4)	8.5	(1.1)	9.6	(1.2)
	哥伦比亚	37.3	(2.6)	59.4	(2.3)	38.7	(2.5)	58.3	(2.3)	12.9	(1.6)	15.7	(1.9)
	哥斯达黎加	26.0	(1.9)	39.5	(2.3)	30.7	(1.9)	40.2	(2.2)	6.8	(1.4)	10.1	(1.5)
	克罗地亚	30.8	(2.6)	27.2	(2.3)	32.3	(2.6)	26.7	(2.6)	2.3	(0.9)	7.4	(1.7)
	塞浦路斯	32.0	(0.1)	31.9	(0.1)	40.2	(0.1)	36.6	(0.1)	3.3	(0.0)	7.7	(0.0)
	中国香港	38.2	(2.7)	65.6	(2.9)	39.3	(2.8)	66.5	(3.0)	1.8	(0.3)	6.7	(0.9)
	印度尼西亚	31.2	(2.4)	48.6	(2.5)	32.2	(2.2)	43.4	(2.3)	21.3	(2.3)	20.6	(2.3)
	约旦	28.8	(1.9)	33.1	(2.1)	27.7	(2.0)	30.3	(2.1)	12.4	(1.7)	14.2	(1.8)
	哈萨克斯坦	56.8	(2.8)	55.7	(2.5)	61.1	(2.8)	64.7	(2.5)	41.3	(2.7)	52.4	(2.7)
	拉脱维亚	25.6	(1.8)	35.1	(2.3)	32.8	(1.7)	42.0	(1.9)	8.8	(1.2)	22.1	(1.5)
	列支敦士登	11.4	(0.3)	42.1	(0.7)	10.8	(0.3)	56.8	(0.4)	0.8	(0.2)	1.8	(0.0)
	立陶宛	31.6	(1.6)	37.9	(2.1)	36.2	(1.8)	44.2	(2.2)	7.3	(0.9)	13.7	(0.9)
	中国澳门	31.4	(0.0)	80.2	(0.0)	34.2	(0.0)	75.5	(0.0)	1.2	(0.0)	8.4	(0.0)
	马来西亚	16.8	(1.8)	24.5	(2.3)	16.0	(1.7)	30.6	(2.4)	7.0	(1.0)	7.1	(1.0)
	黑山	49.2	(0.1)	42.8	(0.1)	38.8	(0.1)	38.1	(0.1)	2.8	(0.0)	7.1	(0.0)
	秘鲁	33.4	(2.1)	41.1	(2.3)	33.3	(2.1)	44.0	(2.4)	16.2	(1.8)	15.6	(1.8)
	卡塔尔	39.8	(0.1)	46.5	(0.1)	42.7	(0.1)	51.7	(0.1)	9.9	(0.0)	21.7	(0.1)
	罗马尼亚	39.2	(2.3)	46.2	(2.7)	40.1	(2.3)	49.2	(2.5)	15.9	(1.6)	22.0	(2.0)
	俄罗斯联邦	28.0	(1.8)	39.3	(1.9)	38.6	(1.9)	48.7	(2.4)	30.9	(2.3)	31.8	(1.9)
	塞尔维亚	39.3	(2.4)	50.3	(2.5)	36.1	(2.4)	44.4	(2.6)	2.1	(0.5)	3.9	(1.2)
	中国上海	49.1	(2.8)	58.5	(3.0)	45.9	(2.8)	55.1	(3.1)	8.2	(2.0)	13.5	(1.9)
	新加坡	20.0	(0.1)	49.1	(0.4)	23.6	(0.1)	66.0	(0.4)	2.0	(0.0)	5.3	(0.3)
	中国台北	39.1	(2.7)	41.5	(2.5)	33.9	(2.2)	38.3	(2.6)	6.2	(1.3)	9.8	(1.8)
	泰国	37.7	(2.9)	53.1	(2.9)	40.5	(2.6)	56.3	(2.9)	12.5	(1.4)	17.7	(1.5)
	突尼斯	19.4	(2.4)	33.1	(3.0)	15.3	(2.1)	17.6	(2.3)	2.2	(0.8)	4.3	(1.2)
	阿联酋	34.6	(1.8)	38.0	(1.8)	38.9	(1.5)	41.5	(1.4)	11.7	(1.5)	21.4	(1.9)
	乌拉圭	10.1	(0.9)	22.6	(1.6)	18.1	(1.6)	27.3	(1.7)	2.5	(0.6)	5.4	(0.8)
	越南	45.0	(3.3)	49.4	(3.1)	49.2	(3.2)	51.8	(2.9)	12.9	(1.9)	14.4	(1.8)

附表 5.37 ■ 家长参与(续表 1)

基于学校校长的报告

		在校长报告说在之前一学年中家长参与了以下与学校有关活动的学校就读的学生百分比:											
		担任学校图书馆或媒体中心志愿者		在学校协助教师		作为特邀嘉宾发言		参与当地学校管理组织,例如家长协会或学校管理委员会		协助学校募捐		在学校食堂义务服务	
		平均%	标准误	平均%	标准误	平均%	标准误	平均%	标准误	平均%	标准误	平均%	标准误
OECD	澳大利亚	1.6	(0.2)	5.0	(0.4)	1.9	(0.2)	4.8	(0.4)	13.5	(0.9)	4.1	(0.3)
	奥地利	0.9	(0.5)	4.2	(0.7)	1.4	(0.2)	6.0	(0.9)	7.7	(1.6)	0.7	(0.4)
	比利时	0.2	(0.1)	1.4	(0.5)	0.6	(0.2)	3.3	(0.4)	1.5	(0.3)	0.1	(0.0)
	加拿大	0.8	(0.1)	4.0	(0.4)	1.9	(0.2)	5.3	(0.5)	9.0	(0.6)	1.2	(0.6)
	智利	4.9	(1.4)	15.3	(1.8)	6.3	(1.3)	33.8	(2.7)	29.5	(2.5)	1.9	(0.8)
	捷克	0.1	(0.1)	0.3	(0.1)	0.4	(0.1)	4.9	(0.8)	4.7	(1.0)	a	a
	丹麦	0.4	(0.2)	5.7	(0.9)	1.8	(0.4)	7.8	(0.9)	2.0	(0.7)	0.5	(0.4)
	爱沙尼亚	1.0	(0.4)	9.6	(0.9)	6.4	(0.8)	9.2	(0.6)	3.3	(0.9)	0.3	(0.2)
	芬兰	0.0	(0.0)	0.3	(0.1)	1.1	(0.2)	4.4	(0.4)	9.8	(1.1)	0.8	(0.2)
	法国	1.2	(0.6)	0.7	(0.2)	2.2	(0.8)	8.5	(1.1)	3.4	(0.8)	0.1	(0.1)
	德国	1.4	(0.2)	5.6	(0.7)	1.5	(0.3)	5.5	(0.5)	4.0	(0.6)	0.5	(0.1)
	希腊	1.5	(0.4)	a	a	2.9	(0.8)	20.4	(2.0)	14.2	(1.9)	0.7	(0.4)
	匈牙利	0.8	(0.2)	9.1	(1.3)	1.4	(0.3)	5.4	(1.0)	11.5	(1.6)	0.1	(0.1)
	冰岛	0.0	(0.0)	2.0	(0.0)	1.9	(0.0)	3.6	(0.0)	12.7	(0.1)	3.5	(0.0)
	爱尔兰	0.7	(0.2)	2.0	(0.3)	1.9	(0.3)	6.4	(0.7)	13.0	(1.6)	0.5	(0.3)
	以色列	1.4	(0.6)	5.4	(1.1)	5.8	(1.2)	11.0	(1.4)	3.4	(0.6)	0.2	(0.1)
	意大利	2.2	(0.3)	a	a	2.1	(0.3)	36.0	(1.5)	11.2	(1.2)	a	a
	日本	0.4	(0.2)	1.3	(0.5)	0.4	(0.1)	8.7	(1.5)	4.4	(1.0)	a	a
	韩国	3.7	(0.9)	5.6	(0.8)	2.9	(0.9)	13.4	(1.8)	2.6	(0.8)	0.2	(0.2)
	卢森堡	0.9	(0.2)	0.8	(0.1)	2.1	(0.4)	5.5	(0.2)	6.1	(0.2)	0.1	(0.1)
	墨西哥	6.5	(0.7)	12.9	(1.2)	6.3	(0.7)	34.0	(1.5)	25.2	(1.5)	5.1	(0.6)
	荷兰	1.7	(1.0)	0.9	(0.2)	1.1	(0.2)	3.4	(0.3)	0.3	(0.1)	0.7	(0.6)
	新西兰	0.6	(0.1)	5.3	(0.6)	1.4	(0.2)	2.8	(0.4)	14.3	(1.6)	0.5	(0.2)
	挪威	0.0	(0.0)	0.6	(0.1)	1.4	(0.2)	7.2	(0.4)	9.9	(1.7)	0.1	(0.0)
	波兰	3.7	(1.1)	11.7	(1.5)	2.7	(0.8)	17.5	(1.7)	15.9	(2.0)	a	a
	葡萄牙	0.5	(0.1)	1.0	(0.2)	2.3	(0.4)	6.7	(0.9)	4.0	(1.1)	0.2	(0.1)
	斯洛伐克	1.0	(0.3)	1.4	(0.4)	1.3	(0.3)	17.4	(1.7)	13.3	(1.6)	0.1	(0.0)
	斯洛文尼亚	2.2	(0.1)	4.1	(0.2)	2.5	(0.1)	15.1	(0.3)	26.3	(0.6)	0.5	(0.0)
	西班牙	1.3	(0.3)	5.0	(0.5)	2.3	(0.3)	14.1	(0.9)	9.0	(1.4)	0.0	(0.0)
	瑞典	0.2	(0.1)	0.6	(0.1)	2.3	(0.4)	6.6	(0.8)	4.6	(1.1)	1.5	(0.8)
	瑞士	0.5	(0.2)	4.3	(0.8)	1.1	(0.1)	3.2	(0.5)	1.6	(0.6)	0.3	(0.1)
	土耳其	8.1	(1.5)	11.6	(1.5)	6.6	(1.3)	22.1	(2.1)	11.1	(1.7)	1.6	(0.8)
	英国	0.5	(0.1)	2.4	(0.4)	1.5	(0.2)	2.3	(0.3)	10.3	(1.4)	0.1	(0.0)
	美国	2.7	(0.6)	5.9	(1.4)	3.4	(0.6)	10.6	(1.7)	23.2	(2.6)	0.7	(0.3)
	OECD平均	1.6	(0.1)	4.6	(0.1)	2.4	(0.1)	10.8	(0.2)	9.9	(0.2)	0.9	(0.1)
伙伴国家(地区)	阿尔巴尼亚	8.8	(1.6)	13.6	(2.0)	17.8	(2.2)	48.2	(2.7)	19.0	(2.3)	4.6	(1.4)
	阿根廷	6.1	(1.7)	9.9	(2.0)	4.7	(0.9)	17.8	(2.0)	17.5	(2.2)	6.0	(1.9)
	巴西	2.0	(0.5)	2.8	(0.7)	2.8	(0.5)	21.4	(1.7)	4.7	(0.9)	1.0	(0.5)
	保加利亚	1.9	(0.7)	24.0	(1.9)	3.1	(0.7)	12.9	(1.6)	9.5	(1.5)	0.0	(0.0)
	哥伦比亚	9.7	(1.3)	14.4	(1.4)	12.3	(2.1)	50.6	(2.6)	28.3	(2.6)	5.8	(1.4)
	哥斯达黎加	3.3	(0.9)	8.2	(1.4)	5.4	(1.0)	21.1	(2.2)	22.5	(2.3)	2.9	(0.8)
	克罗地亚	0.7	(0.2)	a	a	1.5	(0.6)	18.1	(2.6)	11.0	(2.4)	a	a
	塞浦路斯	1.5	(0.0)	4.1	(0.0)	2.9	(0.0)	12.7	(0.0)	20.5	(0.0)	a	a
	中国香港	2.3	(0.6)	2.9	(0.4)	1.4	(0.3)	8.9	(1.8)	12.3	(2.1)	0.5	(0.2)
	印度尼西亚	12.1	(2.1)	18.1	(2.3)	10.9	(2.3)	53.4	(3.2)	22.9	(3.0)	5.7	(1.8)
	约旦	8.0	(1.3)	10.9	(1.6)	12.6	(1.8)	31.3	(2.3)	5.2	(1.2)	4.7	(1.3)
	哈萨克斯坦	33.4	(3.0)	45.5	(3.1)	33.8	(2.7)	50.6	(3.0)	15.1	(2.4)	10.6	(2.1)
	拉脱维亚	1.1	(0.2)	1.8	(0.3)	1.8	(0.2)	11.4	(1.4)	9.0	(1.3)	1.1	(0.6)
	列支敦士登	0.0	c	4.5	(0.1)	0.5	(0.0)	3.0	(0.2)	0.4	(0.1)	3.2	(0.3)
	立陶宛	1.8	(0.4)	11.0	(1.1)	3.9	(0.4)	9.5	(0.8)	16.0	(1.4)	0.3	(0.1)
	中国澳门	1.4	(0.0)	4.4	(0.0)	2.9	(0.0)	13.2	(0.0)	24.6	(0.0)	0.1	(0.0)
	马来西亚	3.3	(0.8)	7.9	(1.0)	3.8	(0.8)	18.7	(2.0)	31.9	(2.9)	3.3	(0.9)
	黑山	1.7	(0.0)	3.4	(0.0)	0.9	(0.0)	22.2	(0.1)	2.4	(0.0)	a	a
	秘鲁	5.2	(1.2)	18.2	(2.0)	5.4	(1.1)	48.1	(2.6)	30.2	(2.7)	2.8	(0.8)
	卡塔尔	16.6	(0.0)	17.9	(0.0)	19.7	(0.1)	27.8	(0.1)	15.8	(0.0)	4.1	(0.0)
	罗马尼亚	13.1	(1.8)	12.3	(2.0)	10.7	(1.3)	35.4	(2.9)	31.2	(2.9)	1.8	(0.8)
	俄罗斯联邦	4.7	(0.9)	26.0	(1.7)	18.4	(1.6)	26.6	(1.5)	27.2	(2.4)	7.6	(1.4)
	塞尔维亚	0.2	(0.1)	0.6	(0.2)	1.8	(0.9)	23.1	(3.0)	19.9	(2.9)	0.1	(0.1)
	中国上海	5.5	(1.4)	12.1	(2.0)	7.5	(1.4)	12.1	(1.4)	13.4	(2.3)	2.6	(1.0)
	新加坡	0.8	(0.0)	2.6	(0.0)	1.0	(0.0)	4.5	(0.0)	14.4	(0.1)	0.3	(0.0)
	中国台北	4.2	(1.2)	4.8	(0.9)	2.7	(0.7)	12.9	(2.1)	9.3	(1.7)	1.4	(0.7)
	泰国	9.4	(1.3)	9.3	(1.3)	12.0	(1.2)	18.3	(1.5)	50.8	(2.9)	7.1	(1.0)
	突尼斯	1.1	(0.4)	1.6	(0.8)	1.1	(0.6)	7.3	(1.8)	2.9	(0.7)	0.5	(0.3)
	阿联酋	15.1	(1.5)	15.3	(1.6)	14.6	(1.6)	25.3	(1.7)	9.0	(1.0)	3.7	(0.8)
	乌拉圭	2.7	(0.7)	2.9	(0.6)	1.9	(0.5)	9.8	(1.4)	8.3	(1.2)	0.3	(0.3)
	越南	12.4	(2.2)	40.6	(3.5)	17.9	(2.3)	24.2	(2.9)	61.0	(3.5)	1.7	(1.0)

第六章附表

		全体学生				性别差异					
		平均分		标准差		男 生		女 生		差异（男－女）	
		平均分	标准误	标准差	标准误	平均分	标准误	平均分	标准误	分差	标准误
OECD	澳大利亚	512	(1.6)	97	(1.0)	495	(2.3)	530	(2.0)	−34	(2.9)
	奥地利	490	(2.8)	92	(1.8)	471	(4.0)	508	(3.4)	−37	(5.0)
	比利时	509	(2.3)	102	(1.7)	493	(3.0)	525	(2.7)	−32	(3.5)
	加拿大	523	(1.9)	92	(0.9)	506	(2.3)	541	(2.1)	−35	(2.1)
	智利	441	(2.9)	78	(1.4)	430	(3.8)	452	(2.9)	−23	(3.3)
	捷克	493	(2.9)	89	(1.9)	474	(3.3)	513	(3.4)	−39	(3.7)
	丹麦	496	(2.6)	86	(2.2)	481	(3.3)	512	(2.6)	−31	(2.8)
	爱沙尼亚	516	(2.0)	80	(1.2)	494	(2.4)	538	(2.3)	−44	(2.4)
	芬兰	524	(2.4)	95	(1.3)	494	(3.1)	556	(2.4)	−62	(3.1)
	法国	505	(2.8)	109	(2.3)	483	(3.8)	527	(3.0)	−44	(4.2)
	德国	508	(2.8)	91	(1.7)	486	(2.9)	530	(3.1)	−44	(2.5)
	希腊	477	(3.3)	99	(2.1)	452	(4.1)	502	(3.1)	−50	(3.7)
	匈牙利	488	(3.2)	92	(1.9)	468	(3.9)	508	(3.2)	−40	(3.6)
	冰岛	483	(1.8)	98	(1.4)	457	(2.4)	508	(2.5)	−51	(3.7)
	爱尔兰	523	(2.6)	86	(1.7)	509	(3.5)	538	(3.0)	−29	(4.2)
	以色列	486	(5.0)	114	(2.5)	463	(8.2)	507	(3.9)	−44	(7.9)
	意大利	490	(2.0)	97	(0.9)	471	(2.5)	510	(2.3)	−39	(2.6)
	日本	538	(3.7)	99	(2.3)	527	(4.7)	551	(3.6)	−24	(4.1)
	韩国	536	(3.9)	87	(2.7)	525	(5.0)	548	(4.5)	−23	(5.4)
	卢森堡	488	(1.5)	105	(1.0)	473	(1.9)	503	(1.8)	−30	(2.0)
	墨西哥	424	(1.5)	80	(1.0)	411	(1.7)	435	(1.6)	−24	(1.4)
	荷兰	511	(3.5)	93	(3.0)	498	(4.0)	525	(3.5)	−26	(3.1)
	新西兰	512	(2.4)	106	(1.6)	495	(3.3)	530	(3.5)	−34	(5.0)
	挪威	504	(3.2)	100	(1.9)	481	(3.3)	528	(3.9)	−46	(3.3)
	波兰	518	(3.1)	87	(1.6)	497	(3.7)	539	(3.1)	−42	(2.9)
	葡萄牙	488	(3.8)	94	(1.9)	468	(4.2)	508	(3.7)	−39	(2.9)
	斯洛伐克	463	(4.2)	104	(3.3)	444	(4.6)	483	(5.1)	−39	(4.6)
	斯洛文尼亚	481	(1.2)	92	(0.9)	454	(1.7)	510	(1.8)	−56	(2.7)
	西班牙	488	(1.9)	92	(1.1)	474	(2.3)	503	(1.9)	−29	(2.0)
	瑞典	483	(3.0)	107	(1.8)	458	(4.0)	509	(2.8)	−51	(3.6)
	瑞士	509	(2.6)	90	(1.1)	491	(3.1)	527	(2.5)	−36	(2.6)
	土耳其	475	(4.2)	86	(2.4)	453	(4.6)	499	(4.3)	−46	(4.0)
	英国	499	(3.5)	97	(2.3)	487	(4.5)	512	(3.8)	−25	(4.6)
	美国	498	(3.7)	92	(1.6)	482	(4.1)	513	(3.8)	−31	(2.6)
	OECD 总体	495	(1.1)	97	(0.5)	479	(1.3)	511	(1.2)	−32	(0.9)
	OECD 各国平均	496	(0.5)	94	(0.3)	478	(0.6)	515	(0.5)	−38	(0.6)
伙伴国家（地区）	阿尔巴尼亚	394	(3.2)	116	(2.0)	387	(3.8)	401	(3.7)	−15	(4.0)
	阿根廷	396	(3.7)	96	(2.3)	377	(4.5)	414	(3.6)	−38	(3.6)
	巴西	410	(2.1)	85	(1.2)	394	(2.4)	425	(2.2)	−31	(1.9)
	保加利亚	436	(6.0)	119	(2.8)	403	(6.3)	472	(5.6)	−70	(5.2)
	哥伦比亚	403	(3.4)	84	(1.9)	394	(3.9)	412	(3.8)	−19	(3.5)
	哥斯达黎加	441	(3.5)	74	(1.6)	427	(3.9)	452	(3.5)	−25	(2.6)
	克罗地亚	485	(3.3)	86	(1.5)	461	(4.1)	509	(3.3)	−48	(4.0)
	塞浦路斯[1,2]	449	(1.2)	111	(1.3)	418	(1.9)	481	(1.9)	−64	(2.7)
	中国香港	545	(2.8)	85	(1.8)	533	(3.8)	558	(3.3)	−25	(4.7)
	印度尼西亚	396	(4.2)	75	(2.7)	382	(4.8)	410	(4.3)	−28	(3.4)
	约旦	399	(3.6)	91	(2.5)	361	(5.5)	436	(3.1)	−75	(6.3)
	哈萨克斯坦	393	(2.7)	74	(1.4)	374	(3.4)	411	(2.6)	−37	(2.9)
	拉脱维亚	489	(2.4)	85	(1.7)	462	(3.3)	516	(2.7)	−55	(4.0)
	列支敦士登	516	(4.1)	88	(4.2)	504	(6.2)	529	(5.8)	−24	(8.7)
	立陶宛	477	(2.5)	86	(1.5)	450	(2.8)	505	(2.6)	−55	(2.3)
	中国澳门	509	(0.9)	82	(0.7)	492	(1.4)	527	(1.1)	−36	(1.7)
	马来西亚	398	(3.3)	84	(1.5)	377	(3.9)	418	(3.3)	−40	(3.1)
	黑山	422	(1.2)	92	(1.3)	391	(2.3)	453	(1.5)	−62	(3.1)
	秘鲁	384	(4.3)	94	(2.3)	373	(5.4)	395	(5.4)	−22	(4.3)
	卡塔尔	388	(0.8)	113	(0.8)	354	(1.1)	424	(1.2)	−70	(1.6)
	罗马尼亚	438	(4.0)	90	(2.0)	417	(4.5)	457	(4.2)	−40	(4.1)
	俄罗斯	475	(3.0)	91	(1.5)	455	(3.5)	495	(3.2)	−40	(3.0)
	塞尔维亚	446	(3.4)	93	(2.0)	423	(3.9)	469	(3.8)	−46	(3.8)
	中国上海	570	(2.9)	80	(1.8)	557	(3.3)	581	(2.8)	−24	(2.5)
	新加坡	542	(1.4)	101	(1.2)	527	(1.9)	559	(1.9)	−32	(2.6)
	中国台北	523	(3.0)	91	(1.8)	507	(4.3)	539	(4.3)	−32	(6.4)
	泰国	441	(3.1)	78	(1.8)	410	(3.6)	465	(3.3)	−55	(3.2)
	突尼斯	404	(4.5)	88	(2.5)	388	(5.0)	418	(4.4)	−31	(3.1)
	阿联酋	442	(2.5)	95	(1.1)	413	(3.9)	469	(3.2)	−55	(4.8)
	乌拉圭	411	(3.2)	96	(2.0)	392	(3.9)	428	(3.2)	−35	(3.5)
	越南	508	(4.4)	74	(2.6)	492	(5.0)	523	(4.0)	−31	(2.6)

附表 6.1 ■ 学生在阅读素养量表上的平均成绩、标准差、性别差异和百分位数分布(续表 1)

		百 分 位 数										
		第 5 百分位		第 10 百分位		第 25 百分位		第 75 百分位		第 90 百分位		第 95 百分位	
		分数	标准误	分数	标准误	分数	标准误	分数	标准误	分数	标准误	分数	标准误
OECD	澳大利亚	347	(3.0)	386	(2.4)	448	(2.2)	579	(1.9)	634	(2.3)	664	(3.1)
	奥地利	329	(6.3)	365	(5.1)	427	(3.9)	557	(3.0)	603	(2.5)	629	(3.7)
	比利时	326	(6.3)	373	(4.3)	444	(3.2)	583	(2.2)	633	(2.3)	660	(2.5)
	加拿大	363	(3.4)	403	(2.8)	464	(2.2)	587	(2.2)	638	(2.6)	667	(2.7)
	智利	310	(4.6)	339	(4.2)	388	(3.8)	496	(3.3)	541	(3.3)	567	(3.4)
	捷克	344	(6.0)	378	(4.7)	434	(3.7)	554	(3.6)	604	(3.8)	634	(4.3)
	丹麦	347	(6.9)	385	(5.1)	442	(3.5)	555	(2.4)	602	(2.8)	629	(4.4)
	爱沙尼亚	381	(4.4)	412	(3.4)	463	(3.0)	571	(2.4)	618	(2.8)	645	(4.3)
	芬兰	360	(5.7)	399	(4.3)	463	(3.5)	590	(2.3)	639	(2.5)	669	(3.5)
	法国	312	(7.7)	358	(5.4)	435	(4.3)	584	(3.6)	639	(3.9)	669	(5.0)
	德国	346	(5.2)	384	(4.8)	447	(3.6)	574	(3.1)	621	(3.2)	646	(3.3)
	希腊	302	(8.8)	346	(6.0)	416	(4.5)	545	(3.4)	597	(3.9)	626	(4.5)
	匈牙利	327	(6.0)	363	(5.2)	427	(4.6)	555	(3.3)	603	(3.9)	630	(4.7)
	冰岛	308	(3.8)	352	(4.1)	422	(2.9)	551	(2.9)	602	(2.4)	631	(3.2)
	爱尔兰	373	(7.1)	410	(5.7)	469	(3.6)	582	(2.7)	631	(3.2)	659	(3.5)
	以色列	282	(9.5)	329	(7.5)	414	(6.8)	568	(4.5)	624	(4.5)	656	(4.8)
	意大利	317	(3.5)	359	(2.9)	427	(2.6)	559	(2.1)	609	(2.2)	636	(2.1)
	日本	364	(7.7)	409	(6.5)	475	(4.8)	607	(3.8)	658	(4.4)	689	(5.1)
	韩国	382	(8.6)	424	(6.2)	483	(4.3)	596	(4.1)	640	(4.0)	665	(4.8)
	卢森堡	304	(3.8)	347	(2.7)	418	(2.4)	564	(2.2)	620	(2.3)	651	(2.4)
	墨西哥	288	(3.0)	319	(2.5)	370	(1.9)	479	(1.8)	525	(1.9)	552	(2.0)
	荷兰	349	(8.3)	386	(6.6)	451	(5.1)	579	(3.7)	625	(3.6)	650	(3.8)
	新西兰	332	(4.7)	374	(4.9)	443	(3.2)	586	(3.1)	645	(4.0)	679	(4.9)
	挪威	330	(8.1)	375	(4.8)	442	(4.0)	573	(3.4)	627	(3.9)	658	(4.2)
	波兰	366	(5.9)	404	(4.6)	461	(3.2)	579	(3.6)	626	(4.8)	655	(6.2)
	葡萄牙	320	(6.4)	362	(6.0)	429	(4.5)	554	(3.5)	604	(3.5)	631	(3.8)
	斯洛伐克	274	(10.4)	321	(8.4)	396	(6.8)	538	(4.1)	591	(5.2)	620	(5.5)
	斯洛文尼亚	324	(2.9)	362	(2.5)	420	(1.9)	548	(2.1)	598	(2.5)	626	(3.7)
	西班牙	327	(4.6)	367	(3.6)	430	(2.6)	552	(2.1)	601	(2.3)	630	(2.1)
	瑞典	297	(6.5)	343	(5.4)	416	(4.3)	558	(3.3)	614	(4.2)	647	(4.2)
	瑞士	352	(4.6)	388	(3.9)	451	(3.3)	573	(2.8)	622	(3.2)	648	(3.9)
	土耳其	335	(5.3)	365	(4.6)	417	(4.0)	534	(5.6)	588	(6.8)	620	(7.9)
	英国	330	(7.4)	372	(7.0)	438	(4.8)	567	(3.4)	619	(3.8)	650	(4.3)
	美国	342	(7.2)	378	(4.8)	436	(4.5)	561	(3.9)	614	(4.0)	646	(4.7)
	OECD 总体	329	(1.9)	367	(1.5)	430	(1.4)	563	(1.3)	618	(1.2)	649	(1.5)
	OECD 各国平均	332	(1.1)	372	(0.9)	435	(0.7)	563	(0.5)	613	(0.6)	642	(0.7)
伙伴国家（地区）	阿尔巴尼亚	189	(9.0)	247	(7.2)	325	(4.8)	473	(3.2)	536	(3.4)	572	(4.3)
	阿根廷	233	(7.6)	274	(5.4)	332	(5.2)	462	(4.1)	516	(4.4)	549	(5.1)
	巴西	271	(3.1)	302	(2.8)	353	(2.4)	468	(2.7)	520	(3.0)	552	(3.6)
	保加利亚	233	(9.2)	275	(8.0)	353	(8.2)	523	(6.0)	585	(6.1)	619	(6.3)
	哥伦比亚	262	(6.5)	295	(5.4)	348	(4.0)	460	(3.7)	509	(4.5)	540	(5.0)
	哥斯达黎加	315	(5.4)	344	(5.4)	391	(4.3)	490	(4.2)	536	(5.0)	563	(4.9)
	克罗地亚	337	(5.9)	370	(5.1)	427	(4.4)	546	(3.8)	593	(4.9)	622	(5.1)
	塞浦路斯[1,2]	249	(4.0)	297	(3.3)	378	(2.4)	528	(2.1)	583	(2.6)	616	(3.3)
	中国香港	391	(6.4)	430	(5.4)	493	(4.4)	604	(3.0)	648	(3.4)	672	(4.1)
	印度尼西亚	270	(7.8)	299	(6.1)	346	(4.7)	447	(4.6)	492	(6.1)	517	(7.3)
	约旦	237	(8.4)	280	(6.4)	343	(4.5)	462	(3.2)	510	(4.6)	537	(6.4)
	哈萨克斯坦	268	(4.0)	297	(4.4)	344	(3.1)	444	(3.4)	487	(3.5)	511	(4.1)
	拉脱维亚	341	(5.9)	375	(5.6)	434	(3.0)	548	(2.9)	593	(2.8)	619	(4.1)
	列支敦士登	360	(9.7)	391	(9.5)	452	(7.8)	584	(6.9)	630	(10.6)	649	(13.7)
	立陶宛	331	(5.1)	363	(4.0)	419	(3.9)	538	(2.8)	585	(3.1)	612	(3.6)
	中国澳门	366	(3.3)	400	(2.4)	457	(1.8)	566	(1.4)	611	(1.6)	637	(2.2)
	马来西亚	255	(4.7)	288	(4.4)	343	(3.7)	457	(3.9)	503	(4.3)	530	(5.2)
	黑山	267	(4.8)	301	(3.0)	360	(2.5)	487	(1.8)	540	(3.4)	571	(4.1)
	秘鲁	231	(5.2)	263	(5.1)	319	(4.7)	447	(5.2)	504	(6.4)	540	(8.5)
	卡塔尔	203	(2.4)	242	(2.0)	310	(1.7)	465	(1.9)	535	(2.2)	575	(2.3)
	罗马尼亚	290	(5.3)	322	(4.4)	375	(4.4)	501	(5.5)	555	(5.3)	586	(6.3)
	俄罗斯	323	(4.8)	359	(4.5)	415	(4.0)	537	(3.9)	592	(4.2)	623	(5.1)
	塞尔维亚	290	(6.0)	325	(5.5)	384	(4.4)	509	(4.1)	566	(4.6)	596	(5.6)
	中国上海	431	(5.1)	463	(4.6)	518	(3.6)	626	(2.8)	667	(3.5)	690	(4.7)
	新加坡	369	(3.6)	408	(2.9)	475	(2.1)	614	(2.1)	668	(3.2)	698	(3.7)
	中国台北	361	(5.5)	399	(5.2)	467	(4.3)	587	(2.8)	633	(3.6)	659	(4.7)
	泰国	310	(5.0)	341	(4.4)	389	(3.5)	494	(3.7)	541	(4.4)	569	(6.2)
	突尼斯	252	(7.2)	286	(7.1)	346	(5.9)	466	(4.5)	515	(5.6)	543	(6.5)
	阿联酋	281	(3.9)	316	(3.7)	376	(3.1)	508	(2.8)	562	(3.1)	595	(3.4)
	乌拉圭	248	(5.8)	285	(5.3)	348	(4.3)	477	(3.0)	534	(4.1)	564	(5.5)
	越南	379	(9.6)	411	(8.2)	462	(5.4)	559	(3.9)	599	(5.0)	623	(5.3)

附表 6.2 ■ 阅读素养量表上位于各个精熟度水平的学生百分比

		1b级以下		1b级		1a级		2级		3级		4级		5级		6级	
		%	标准误	%	标准误	%	标准误	%	标准误	%	标准误	%	标准误	%	标准误	%	标准误
OECD	澳大利亚	0.9	(0.1)	3.1	(0.2)	10.2	(0.4)	21.6	(0.5)	29.1	(0.5)	23.3	(0.5)	9.8	(0.5)	1.9	(0.2)
	奥地利	0.8	(0.2)	4.8	(0.6)	13.8	(0.8)	24.2	(0.9)	29.6	(0.9)	21.2	(0.9)	5.2	(0.6)	0.3	(0.1)
	比利时	1.6	(0.3)	4.1	(0.4)	10.4	(0.6)	20.4	(0.6)	27.3	(0.7)	24.4	(0.7)	10.4	(0.5)	1.4	(0.2)
	加拿大	0.5	(0.1)	2.4	(0.2)	8.0	(0.4)	19.4	(0.6)	31.0	(0.7)	25.8	(0.6)	10.8	(0.5)	2.1	(0.2)
	智利	1.0	(0.2)	8.1	(0.8)	23.9	(1.1)	35.1	(1.1)	24.3	(1.1)	6.9	(0.6)	0.6	(0.1)	0.0	(0.0)
	捷克	0.6	(0.3)	3.5	(0.6)	12.7	(0.9)	26.4	(1.3)	31.3	(1.2)	19.4	(1.1)	5.3	(0.5)	0.8	(0.2)
	丹麦	0.8	(0.3)	3.1	(0.4)	10.7	(0.8)	25.8	(0.9)	33.6	(0.8)	20.5	(0.9)	5.1	(0.6)	0.4	(0.1)
	爱沙尼亚	0.2	(0.1)	1.3	(0.3)	7.7	(0.6)	22.7	(0.9)	35.0	(1.1)	24.9	(1.1)	7.5	(0.7)	0.9	(0.2)
	芬兰	0.7	(0.3)	2.4	(0.4)	8.2	(0.6)	19.1	(0.8)	29.3	(0.7)	26.8	(0.8)	11.3	(0.8)	2.2	(0.3)
	法国	2.1	(0.4)	4.9	(0.4)	11.9	(0.7)	18.9	(0.8)	26.3	(0.8)	23.0	(0.7)	10.6	(0.6)	2.3	(0.4)
	德国	0.5	(0.1)	3.3	(0.4)	10.7	(0.7)	22.1	(0.9)	29.9	(0.9)	24.6	(0.9)	8.3	(0.6)	0.7	(0.2)
	希腊	2.6	(0.4)	5.9	(0.6)	14.2	(0.8)	25.1	(1.1)	30.0	(1.0)	17.2	(1.2)	4.6	(0.6)	0.5	(0.1)
	匈牙利	0.7	(0.2)	5.2	(0.6)	13.8	(0.9)	24.3	(1.2)	29.9	(1.0)	20.4	(1.0)	5.3	(0.7)	0.4	(0.1)
	冰岛	2.3	(0.3)	5.4	(0.5)	13.3	(0.6)	24.7	(0.9)	29.9	(1.1)	18.6	(1.1)	5.2	(0.4)	0.6	(0.2)
	爱尔兰	0.3	(0.1)	1.9	(0.4)	7.5	(0.7)	19.6	(1.2)	33.4	(1.2)	26.0	(0.9)	10.1	(0.7)	1.3	(0.3)
	以色列	3.8	(0.6)	6.9	(0.7)	12.9	(1.0)	20.8	(0.9)	25.3	(0.8)	20.6	(0.8)	8.1	(0.8)	1.5	(0.3)
	意大利	1.6	(0.2)	5.2	(0.3)	12.7	(0.5)	23.7	(0.6)	29.7	(0.5)	20.5	(0.6)	6.1	(0.3)	0.6	(0.1)
	日本	0.6	(0.2)	2.4	(0.4)	6.7	(0.7)	16.6	(0.9)	26.7	(1.0)	28.4	(1.1)	14.6	(1.0)	3.9	(0.6)
	韩国	0.4	(0.1)	1.7	(0.4)	5.5	(0.6)	16.4	(0.9)	30.8	(1.0)	31.0	(1.1)	12.6	(1.0)	1.6	(0.3)
	卢森堡	2.0	(0.2)	6.3	(0.4)	13.8	(0.4)	23.4	(0.7)	25.8	(0.6)	19.7	(0.6)	7.5	(0.4)	1.4	(0.2)
	墨西哥	2.6	(0.4)	11.0	(0.5)	27.5	(0.7)	34.5	(0.6)	19.6	(0.5)	4.5	(0.3)	0.4	(0.1)	0.0	(0.0)
	荷兰	0.9	(0.5)	2.8	(0.5)	10.3	(0.9)	21.0	(1.3)	29.2	(1.3)	26.1	(1.4)	9.0	(0.7)	0.8	(0.2)
	新西兰	1.3	(0.3)	4.0	(0.5)	11.0	(0.7)	20.8	(1.4)	26.3	(1.1)	22.7	(1.1)	10.9	(0.6)	3.0	(0.3)
	挪威	1.7	(0.3)	3.7	(0.6)	10.8	(0.7)	21.9	(1.0)	29.4	(1.4)	22.3	(1.2)	8.5	(0.6)	1.7	(0.3)
	波兰	0.3	(0.1)	2.1	(0.4)	8.1	(0.7)	21.4	(0.9)	32.0	(0.9)	26.0	(1.0)	8.6	(0.8)	1.4	(0.4)
	葡萄牙	1.3	(0.4)	5.1	(0.5)	12.3	(1.0)	25.5	(1.2)	30.2	(1.1)	19.7	(1.1)	5.3	(0.6)	0.5	(0.1)
	斯洛伐克	4.1	(0.8)	7.9	(0.8)	16.2	(1.1)	25.0	(1.1)	26.8	(1.4)	15.7	(1.0)	4.1	(0.6)	0.3	(0.1)
	斯洛文尼亚	1.2	(0.1)	4.9	(0.4)	15.0	(0.7)	27.2	(0.8)	28.4	(0.9)	18.2	(0.6)	4.7	(0.5)	0.3	(0.1)
	西班牙	1.3	(0.2)	4.4	(0.4)	12.6	(0.5)	25.8	(0.8)	31.2	(0.7)	19.2	(0.6)	5.0	(0.3)	0.5	(0.1)
	瑞典	2.9	(0.4)	6.0	(0.6)	13.9	(0.7)	23.5	(0.9)	27.3	(0.7)	18.6	(0.9)	6.7	(0.5)	1.2	(0.2)
	瑞士	0.5	(0.1)	2.9	(0.4)	10.3	(0.6)	21.9	(0.9)	31.5	(0.7)	23.8	(0.8)	8.2	(0.6)	1.0	(0.2)
	土耳其	0.6	(0.2)	4.5	(0.6)	16.6	(1.1)	30.8	(1.4)	28.7	(1.3)	14.5	(1.4)	4.1	(0.6)	0.1	(0.1)
	英国	1.5	(0.3)	4.0	(0.5)	11.2	(0.6)	23.5	(1.0)	29.9	(1.1)	21.3	(1.1)	7.5	(0.6)	1.3	(0.2)
	美国	0.8	(0.2)	3.6	(0.5)	12.3	(0.9)	24.9	(1.0)	30.5	(0.9)	20.1	(1.1)	6.9	(0.6)	1.0	(0.2)
	OECD 总体	1.1	(0.1)	4.4	(0.2)	13.1	(0.3)	24.2	(0.3)	28.4	(0.3)	20.2	(0.3)	7.4	(0.2)	1.2	(0.1)
	OECD 各国平均	1.3	(0.1)	4.4	(0.1)	12.3	(0.1)	23.5	(0.2)	29.1	(0.2)	21.0	(0.2)	7.3	(0.1)	1.1	(0.0)
伙伴国家（地区）	阿尔巴尼亚	12.0	(0.8)	15.9	(1.0)	24.4	(1.2)	24.7	(1.0)	15.9	(0.7)	5.9	(0.6)	1.1	(0.2)	0.1	(0.1)
	阿根廷	8.1	(0.8)	17.7	(1.2)	27.7	(1.3)	27.3	(1.1)	14.6	(0.9)	4.0	(0.6)	0.5	(0.1)	0.1	(0.0)
	巴西	4.0	(0.4)	14.8	(0.6)	30.4	(0.8)	30.1	(0.8)	15.8	(0.6)	(4.4)	(0.4)	0.5	(0.1)	0.0	(0.0)
	保加利亚	8.0	(1.1)	12.8	(1.2)	18.6	(1.1)	22.2	(1.2)	21.4	(1.1)	12.7	(1.0)	3.8	(0.6)	0.5	(0.2)
	哥伦比亚	5.0	(0.8)	15.4	(1.0)	31.0	(1.3)	30.5	(1.2)	14.5	(0.9)	3.2	(0.5)	0.3	(0.1)	0.0	c
	哥斯达黎加	0.8	(0.2)	7.3	(1.0)	24.3	(1.2)	38.1	(1.4)	22.9	(1.4)	6.0	(0.8)	0.6	(0.2)	0.0	c
	克罗地亚	0.7	(0.2)	4.0	(0.6)	13.9	(1.0)	27.8	(1.1)	31.2	(1.2)	17.8	(1.1)	4.2	(0.7)	0.2	(0.1)
	塞浦路斯[1,2]	6.1	(0.3)	9.7	(0.4)	17.0	(0.5)	25.1	(0.8)	24.9	(0.7)	13.2	(0.6)	3.5	(0.3)	0.4	(0.1)
	中国香港	0.2	(0.1)	1.3	(0.2)	5.3	(0.6)	14.3	(0.8)	29.2	(1.2)	32.9	(1.4)	14.9	(1.0)	1.9	(0.4)
	印度尼西亚	4.1	(0.8)	16.3	(1.3)	34.8	(1.6)	31.6	(1.5)	11.5	(1.3)	1.5	(0.5)	0.1	(0.1)	0.0	c
	约旦	7.5	(0.8)	14.9	(0.8)	28.3	(1.0)	30.8	(1.1)	15.5	(0.8)	2.9	(0.4)	0.1	(0.1)	0.0	c
	哈萨克斯坦	4.2	(0.5)	17.3	(1.2)	35.6	(1.1)	31.3	(1.1)	10.4	(0.9)	1.2	(0.2)	0.0	(0.0)	0.0	c
	拉脱维亚	0.7	(0.2)	3.7	(0.5)	12.6	(1.0)	26.7	(1.3)	33.1	(1.1)	19.1	(0.9)	3.9	(0.6)	0.3	(0.1)
	列支敦士登	0.0	c	1.9	(1.0)	10.5	(1.8)	22.4	(3.4)	28.6	(4.5)	25.7	(2.4)	10.4	(2.4)	0.6	c
	立陶宛	1.0	(0.2)	4.6	(0.5)	15.6	(1.1)	28.1	(1.1)	31.1	(0.9)	16.3	(0.8)	3.1	(0.3)	0.3	(0.1)
	中国澳门	0.3	(0.1)	2.1	(0.2)	9.0	(0.4)	23.3	(0.6)	34.3	(0.7)	24.0	(0.8)	6.4	(0.5)	0.6	(0.2)
	马来西亚	5.8	(0.6)	16.4	(1.0)	30.5	(1.0)	31.0	(1.1)	13.6	(1.1)	2.5	(0.4)	0.1	(0.1)	0.0	c
	黑山	4.4	(0.5)	13.2	(0.6)	25.7	(0.9)	29.2	(0.8)	19.9	(0.8)	6.6	(0.5)	0.9	(0.2)	0.0	(0.0)
	秘鲁	9.8	(0.9)	20.6	(1.1)	29.5	(1.0)	24.9	(1.0)	11.4	(1.0)	3.3	(0.6)	0.5	(0.1)	0.0	c
	卡塔尔	13.6	(0.3)	18.9	(0.5)	24.6	(0.6)	21.9	(0.5)	13.5	(0.4)	5.8	(0.2)	1.4	(0.1)	0.1	(0.1)
	罗马尼亚	2.5	(0.4)	10.3	(0.8)	24.4	(1.3)	30.6	(1.1)	21.8	(1.2)	8.7	(0.9)	1.5	(0.4)	0.1	c
	俄罗斯	1.1	(0.2)	5.2	(0.5)	16.0	(1.0)	29.5	(1.1)	28.3	(1.0)	15.3	(0.9)	4.2	(0.5)	0.5	(0.1)
	塞尔维亚	2.6	(0.4)	9.3	(0.7)	21.3	(1.1)	30.8	(1.2)	23.3	(1.1)	10.5	(0.8)	2.0	(0.4)	0.2	(0.1)
	中国上海	0.1	(0.1)	0.3	(0.1)	2.5	(0.3)	11.0	(0.9)	25.3	(0.8)	35.7	(1.1)	21.3	(1.0)	3.8	(0.7)
	新加坡	0.5	(0.1)	1.9	(0.3)	7.5	(0.4)	16.7	(0.7)	25.4	(0.7)	26.8	(0.8)	16.2	(0.7)	5.0	(0.4)
	中国台北	0.6	(0.1)	2.1	(0.3)	8.4	(0.7)	18.1	(0.8)	29.9	(0.9)	28.7	(1.0)	10.4	(0.7)	1.4	(0.3)
	泰国	1.2	(0.3)	7.7	(0.8)	24.1	(1.0)	36.0	(1.1)	23.5	(1.1)	6.7	(0.8)	0.7	(0.2)	0.0	c
	突尼斯	6.2	(0.9)	15.5	(1.2)	27.6	(1.3)	31.4	(1.4)	15.6	(1.1)	3.5	(0.7)	0.2	(0.1)	0.0	c
	阿联酋	3.3	(0.3)	10.4	(0.6)	21.8	(0.7)	28.6	(0.7)	24.0	(0.8)	9.7	(0.6)	2.1	(0.3)	0.2	(0.1)
	乌拉圭	6.4	(0.7)	14.7	(0.8)	25.9	(0.9)	28.9	(1.0)	17.4	(0.7)	5.7	(0.6)	0.9	(0.3)	0.0	c
	越南	0.1	(0.1)	1.5	(0.5)	7.8	(1.1)	23.7	(1.4)	39.0	(1.5)	23.4	(1.5)	4.2	(0.7)	0.4	(0.2)

附表 6.3 ■ 阅读素养量表上位于各个精熟度水平的男女生百分比

		男 生														
		1b级以下		1b级		1a级		2级		3级		4级		5级		6级	
		%	标准误	%	标准误	%	标准误	%	标准误	%	标准误	%	标准误	%	标准误	%	标准误
OECD	澳大利亚	1.4	(0.2)	4.5	(0.3)	13.2	(0.5)	23.6	(0.7)	28.3	(0.7)	19.9	(0.8)	7.7	(0.6)	1.5	(0.3)
	奥地利	1.4	(0.4)	7.2	(1.1)	17.6	(1.2)	25.1	(1.3)	27.8	(1.2)	17.1	(1.3)	3.5	(0.6)	0.3	(0.1)
	比利时	2.5	(0.5)	5.7	(0.7)	12.2	(0.8)	21.6	(0.9)	27.1	(1.1)	21.8	(1.0)	8.2	(0.7)	0.9	(0.2)
	加拿大	0.8	(0.2)	3.6	(0.4)	10.8	(0.6)	22.4	(0.8)	30.5	(0.9)	22.2	(0.8)	8.4	(0.6)	1.3	(0.2)
	智利	1.6	(0.4)	10.9	(1.1)	26.8	(1.4)	33.0	(1.5)	21.7	(1.4)	5.6	(0.7)	0.4	(0.1)	0.0	(0.0)
	捷克	0.9	(0.5)	5.6	(1.1)	16.3	(1.4)	28.4	(1.6)	29.9	(1.7)	15.3	(1.3)	3.2	(0.6)	0.5	(0.2)
	丹麦	1.3	(0.5)	4.4	(0.5)	13.5	(1.0)	27.9	(1.5)	32.4	(1.3)	16.8	(1.2)	3.4	(0.5)	0.3	(0.1)
	爱沙尼亚	0.3	(0.2)	2.3	(0.5)	11.6	(0.9)	28.4	(1.6)	33.6	(1.5)	19.0	(1.0)	4.4	(0.7)	0.4	(0.1)
	芬兰	1.1	(0.3)	3.9	(0.7)	12.8	(0.9)	25.1	(1.3)	29.5	(1.1)	20.6	(1.2)	6.2	(0.6)	0.9	(0.2)
	法国	3.6	(0.7)	6.8	(0.8)	15.1	(1.0)	20.2	(1.1)	24.8	(1.0)	20.3	(1.0)	7.7	(0.8)	1.5	(0.4)
	德国	0.8	(0.3)	5.0	(0.6)	14.3	(0.9)	25.6	(1.1)	29.2	(1.1)	19.9	(1.1)	4.9	(0.7)	0.2	(0.1)
	希腊	4.5	(0.7)	9.2	(1.0)	18.5	(1.2)	26.2	(1.3)	25.2	(1.3)	12.9	(1.2)	3.2	(0.5)	0.4	(0.2)
	匈牙利	1.3	(0.4)	7.8	(1.1)	17.9	(1.4)	26.4	(1.6)	26.9	(1.4)	16.1	(1.2)	3.5	(0.7)	0.2	(0.1)
	冰岛	3.6	(0.6)	8.2	(0.8)	18.0	(1.2)	26.2	(1.3)	26.7	(1.2)	14.0	(0.8)	3.1	(0.5)	0.2	(0.1)
	爱尔兰	0.5	(0.2)	2.7	(0.6)	9.8	(1.0)	22.0	(1.3)	33.0	(1.3)	23.4	(1.3)	7.5	(0.7)	1.1	(0.3)
	以色列	6.2	(1.0)	10.1	(1.4)	16.0	(1.4)	19.5	(1.2)	22.1	(1.2)	17.4	(1.6)	7.5	(1.1)	1.2	(0.4)
	意大利	2.6	(0.3)	7.5	(0.4)	15.9	(0.8)	24.9	(0.8)	27.1	(0.8)	17.0	(0.7)	4.6	(0.4)	0.4	(0.1)
	日本	1.1	(0.3)	3.3	(0.5)	8.7	(1.0)	17.6	(1.1)	26.0	(1.1)	26.8	(1.3)	12.9	(1.1)	3.5	(0.8)
	韩国	0.7	(0.2)	2.5	(0.5)	7.2	(0.9)	18.8	(1.4)	29.7	(1.3)	28.6	(1.5)	11.2	(1.1)	1.4	(0.4)
	卢森堡	3.2	(0.3)	8.1	(0.6)	15.4	(1.1)	23.9	(1.3)	25.4	(0.9)	17.0	(1.0)	6.0	(0.5)	1.1	(0.2)
	墨西哥	3.7	(0.4)	13.7	(0.8)	30.0	(0.9)	32.2	(0.8)	16.5	(0.7)	3.6	(0.3)	0.3	(0.1)	0.0	c
	荷兰	1.4	(0.7)	4.0	(0.7)	11.8	(1.0)	22.7	(1.5)	29.0	(1.6)	23.6	(1.7)	6.9	(0.8)	0.5	(0.2)
	新西兰	2.1	(0.4)	5.6	(0.6)	13.3	(1.0)	22.3	(1.1)	25.0	(1.5)	20.7	(1.3)	9.0	(0.8)	2.0	(0.4)
	挪威	2.7	(0.5)	5.3	(0.6)	14.5	(1.0)	24.3	(1.5)	28.5	(1.8)	18.0	(1.3)	5.8	(0.7)	0.9	(0.3)
	波兰	0.7	(0.2)	3.7	(0.7)	11.8	(1.1)	25.5	(1.2)	30.5	(1.4)	20.6	(1.3)	6.4	(1.0)	0.8	(0.3)
	葡萄牙	2.4	(0.5)	7.4	(0.9)	15.2	(1.2)	27.0	(1.5)	28.7	(2.0)	15.5	(1.2)	3.5	(0.4)	0.3	(0.1)
	斯洛伐克	4.9	(0.9)	10.2	(1.2)	20.2	(1.4)	26.2	(1.4)	23.1	(1.5)	12.2	(1.0)	3.0	(0.6)	0.2	(0.1)
	斯洛文尼亚	2.2	(0.2)	7.9	(0.6)	20.4	(1.0)	29.6	(1.1)	24.7	(1.2)	13.0	(0.9)	2.2	(0.5)	0.1	c
	西班牙	2.1	(0.3)	6.0	(0.5)	15.3	(0.7)	27.0	(1.3)	28.7	(1.2)	16.4	(0.7)	4.1	(0.4)	0.4	(0.1)
	瑞典	4.7	(0.7)	8.6	(1.2)	18.0	(1.2)	24.5	(1.8)	24.4	(1.2)	14.4	(1.3)	4.6	(0.7)	0.8	(0.3)
	瑞士	0.9	(0.3)	4.3	(0.4)	13.3	(1.4)	24.4	(1.1)	30.3	(1.1)	19.9	(1.1)	5.8	(0.6)	0.6	(0.2)
	土耳其	1.0	(0.3)	7.3	(1.0)	22.6	(1.4)	32.6	(1.8)	22.9	(1.5)	11.0	(1.4)	2.4	(0.6)	0.1	(0.1)
	英国	2.0	(0.4)	5.1	(0.8)	12.7	(0.9)	25.2	(1.3)	28.7	(1.3)	19.0	(1.6)	5.6	(0.8)	0.7	(0.3)
	美国	1.2	(0.4)	5.3	(0.8)	15.7	(1.4)	25.8	(1.4)	28.1	(1.2)	17.7	(1.3)	5.4	(0.6)	0.8	(0.3)
	OECD 总体	1.7	(0.1)	6.2	(0.3)	16.1	(0.4)	25.3	(0.4)	26.4	(0.4)	17.6	(0.4)	5.8	(0.2)	0.9	(0.1)
	OECD 各国平均	2.1	(0.1)	6.3	(0.1)	15.5	(0.2)	25.2	(0.2)	27.2	(0.2)	17.6	(0.2)	5.4	(0.1)	0.7	(0.0)
伙伴国家（地区）	阿尔巴尼亚	13.1	(1.2)	17.1	(1.5)	25.0	(1.9)	24.0	(1.7)	14.7	(1.5)	5.0	(1.0)	1.1	(0.3)	0.1	(0.1)
	阿根廷	11.4	(1.3)	21.5	(1.6)	28.8	(1.5)	24.0	(1.3)	11.5	(1.1)	2.5	(0.6)	0.3	(0.1)	0.0	c
	巴西	5.9	(0.5)	19.1	(0.9)	32.3	(0.9)	26.6	(1.0)	12.3	(0.8)	(3.5)	(0.4)	0.4	(0.1)	0.0	c
	保加利亚	12.4	(1.5)	17.6	(1.5)	20.9	(1.2)	21.2	(1.3)	17.2	(1.2)	8.4	(0.9)	2.1	(0.4)	0.2	(0.1)
	哥伦比亚	6.7	(1.1)	18.1	(1.1)	32.0	(1.5)	26.7	(1.2)	13.0	(1.2)	3.2	(0.6)	0.3	(0.2)	0.0	c
	哥斯达黎加	1.4	(0.5)	10.5	(1.6)	28.1	(1.8)	35.9	(2.1)	19.0	(1.8)	4.7	(0.8)	0.6	(0.3)	0.0	c
	克罗地亚	1.4	(0.4)	6.3	(0.9)	19.9	(1.4)	30.1	(1.4)	26.9	(1.5)	12.7	(1.2)	2.6	(0.6)	0.3	(0.1)
	塞浦路斯[1,2]	10.5	(0.6)	14.0	(0.7)	20.0	(0.8)	23.5	(0.9)	19.5	(0.8)	9.8	(0.6)	2.3	(0.3)	0.3	(0.1)
	中国香港	0.4	(0.2)	1.9	(0.3)	6.9	(0.9)	16.3	(1.0)	30.2	(1.7)	30.4	(1.8)	12.3	(1.2)	1.6	(0.4)
	印度尼西亚	5.8	(1.2)	21.0	(1.6)	35.7	(1.9)	27.3	(1.7)	9.0	(1.5)	1.1	(0.4)	0.0	(0.1)	0.0	c
	约旦	13.4	(1.5)	23.1	(1.3)	32.6	(1.6)	21.9	(1.6)	7.4	(0.9)	1.4	(0.7)	0.1	c	0.0	c
	哈萨克斯坦	7.0	(0.9)	22.9	(2.0)	36.9	(1.4)	25.3	(1.4)	7.3	(1.0)	0.5	(0.2)	0.0	(0.1)	0.0	c
	拉脱维亚	1.2	(0.5)	6.0	(0.9)	18.4	(1.4)	31.3	(1.7)	29.0	(1.4)	12.0	(1.1)	1.9	(0.3)	0.1	(0.1)
	列支敦士登	0.0	c	2.2	(1.5)	12.6	(2.7)	24.4	(4.8)	30.3	(5.5)	22.2	(3.2)	7.8	(2.9)	0.5	c
	立陶宛	1.7	(0.3)	7.5	(0.8)	22.7	(1.7)	30.5	(1.4)	25.5	(1.1)	10.6	(0.8)	1.5	(0.3)	0.1	(0.1)
	中国澳门	0.6	(0.2)	3.4	(0.4)	12.5	(0.8)	26.2	(0.9)	33.0	(1.1)	19.6	(0.9)	4.4	(0.5)	0.3	(0.2)
	马来西亚	9.0	(1.0)	21.5	(1.6)	32.4	(1.5)	25.8	(1.4)	9.7	(1.1)	1.4	(0.4)	0.1	c	0.0	c
	黑山	7.7	(1.0)	19.6	(1.0)	29.7	(1.3)	25.7	(1.0)	13.6	(1.0)	3.2	(0.4)	0.4	(0.2)	0.0	c
	秘鲁	11.6	(1.0)	23.1	(1.4)	30.5	(1.3)	22.9	(1.2)	9.4	(1.0)	2.5	(0.6)	0.0	(0.1)	0.0	c
	卡塔尔	22.8	(0.5)	23.9	(0.7)	21.8	(0.6)	16.3	(0.6)	9.9	(0.5)	4.4	(0.3)	0.9	(0.2)	0.1	(0.1)
	罗马尼亚	3.8	(0.5)	14.3	(1.1)	28.7	(1.6)	29.1	(1.6)	17.1	(1.4)	5.7	(0.8)	1.2	(0.4)	0.1	c
	俄罗斯	1.8	(0.3)	7.7	(0.8)	20.0	(1.3)	31.0	(1.4)	24.9	(1.3)	11.7	(0.9)	2.7	(0.4)	0.2	(0.1)
	塞尔维亚	4.2	(0.7)	13.6	(1.1)	25.1	(1.2)	30.2	(1.3)	18.4	(1.3)	7.1	(1.0)	1.3	(0.3)	0.1	(0.1)
	中国上海	0.2	(0.1)	0.5	(0.2)	3.6	(0.5)	13.5	(1.2)	27.1	(1.2)	34.6	(1.4)	17.7	(1.2)	2.8	(0.7)
	新加坡	0.8	(0.2)	3.0	(0.4)	9.5	(0.6)	18.3	(0.9)	25.5	(0.8)	25.5	(0.8)	13.3	(0.8)	3.8	(0.5)
	中国台北	1.0	(0.3)	3.8	(0.5)	11.6	(0.9)	19.4	(1.1)	29.7	(1.3)	25.8	(1.3)	7.9	(0.9)	0.9	(0.3)
	泰国	2.5	(0.6)	13.9	(1.3)	32.3	(1.4)	33.5	(1.2)	14.4	(1.2)	3.2	(0.6)	0.3	(0.1)	0.0	c
	突尼斯	8.8	(1.3)	19.1	(1.7)	29.1	(1.6)	27.8	(1.7)	12.5	(1.2)	2.5	(0.6)	0.2	(0.2)	0.0	c
	阿联酋	6.0	(0.7)	16.5	(1.2)	26.0	(1.2)	25.2	(1.1)	18.0	(1.1)	6.9	(0.7)	1.3	(0.3)	0.1	(0.1)
	乌拉圭	9.9	(1.1)	18.2	(1.1)	26.8	(1.3)	25.8	(1.3)	14.1	(0.8)	4.5	(0.6)	0.7	(0.3)	0.0	c
	越南	0.2	(0.2)	2.6	(0.8)	11.2	(1.6)	28.8	(1.7)	35.9	(1.8)	18.1	(1.4)	3.1	(0.7)	0.2	(0.2)

附表 6.3 ■ 阅读素养量表上位于各个精熟度水平的男女生百分比(续表1)

女生

国家/地区	1b级以下 %	标准误	1b级 %	标准误	1a级 %	标准误	2级 %	标准误	3级 %	标准误	4级 %	标准误	5级 %	标准误	6级 %	标准误
OECD																
澳大利亚	0.4	(0.1)	1.7	(0.2)	7.0	(0.5)	19.5	(0.7)	29.9	(0.9)	27.0	(0.8)	12.1	(0.6)	2.4	(0.3)
奥地利	0.3	(0.2)	2.4	(0.7)	10.0	(1.0)	23.4	(1.1)	31.4	(1.4)	25.1	(1.4)	6.9	(0.8)	0.4	(0.2)
比利时	0.8	(0.3)	2.5	(0.4)	8.5	(0.7)	19.2	(1.0)	27.5	(1.0)	27.2	(0.9)	12.6	(0.7)	1.8	(0.2)
加拿大	0.2	(0.1)	1.2	(0.2)	5.3	(0.4)	16.4	(0.8)	31.6	(1.0)	29.4	(0.7)	13.1	(0.7)	2.9	(0.4)
智利	0.4	(0.2)	5.5	(0.8)	21.3	(1.3)	37.1	(1.3)	26.8	(1.3)	8.2	(0.8)	0.7	(0.1)	0.0	c
捷克	0.3	(0.2)	1.3	(0.4)	9.0	(1.0)	24.4	(1.6)	32.8	(1.3)	23.6	(1.5)	7.4	(0.7)	1.1	(0.2)
丹麦	0.3	(0.1)	1.8	(0.4)	8.0	(0.8)	23.6	(1.0)	34.8	(1.3)	24.3	(1.3)	6.8	(0.8)	0.4	(0.2)
爱沙尼亚	0.0	c	0.4	(0.2)	3.8	(0.7)	17.1	(1.2)	36.4	(1.7)	30.6	(1.6)	10.5	(0.9)	1.3	(0.3)
芬兰	0.3	(0.2)	0.9	(0.3)	3.4	(0.4)	12.7	(0.7)	29.1	(1.1)	33.3	(1.1)	16.7	(1.1)	3.6	(0.5)
法国	0.7	(0.2)	3.1	(0.6)	9.0	(0.8)	17.6	(1.2)	27.8	(1.3)	25.6	(1.2)	13.3	(0.9)	3.0	(0.6)
德国	0.2	(0.1)	1.4	(0.4)	7.0	(0.8)	18.5	(1.1)	30.6	(1.1)	29.4	(1.1)	11.7	(0.9)	1.1	(0.4)
希腊	0.8	(0.2)	2.6	(0.4)	9.9	(1.0)	23.9	(1.4)	34.7	(1.2)	21.4	(1.5)	6.1	(0.8)	0.6	(0.2)
匈牙利	0.3	(0.2)	2.8	(0.6)	10.0	(0.9)	22.4	(1.3)	32.8	(1.4)	24.3	(1.4)	6.9	(0.8)	0.5	(0.2)
冰岛	1.0	(0.3)	2.5	(0.5)	8.6	(0.7)	23.3	(1.4)	33.0	(1.8)	23.3	(1.6)	7.5	(0.8)	0.9	(0.4)
爱尔兰	0.0	(0.0)	0.9	(0.3)	5.1	(0.8)	17.0	(1.6)	33.9	(1.6)	28.6	(1.1)	12.8	(1.0)	1.6	(0.5)
以色列	1.4	(0.4)	3.9	(0.6)	9.9	(1.0)	22.1	(1.0)	28.5	(1.0)	23.7	(1.0)	8.7	(0.9)	1.8	(0.5)
意大利	0.5	(0.1)	2.7	(0.3)	9.3	(0.6)	22.3	(0.8)	32.4	(0.8)	24.4	(0.8)	7.6	(0.4)	0.9	(0.1)
日本	0.2	(0.1)	1.4	(0.3)	4.5	(0.6)	14.5	(1.2)	27.5	(1.3)	30.2	(1.4)	16.5	(1.3)	4.2	(0.8)
韩国	0.1	(0.1)	0.8	(0.3)	3.6	(0.6)	13.6	(1.3)	32.2	(1.4)	33.8	(1.4)	14.2	(1.4)	1.7	(0.4)
卢森堡	0.8	(0.2)	4.5	(0.4)	12.2	(0.9)	22.9	(1.0)	26.3	(1.1)	22.5	(0.9)	9.0	(0.6)	1.7	(0.3)
墨西哥	1.6	(0.2)	8.4	(0.4)	25.1	(0.8)	36.6	(0.9)	22.5	(0.6)	5.3	(0.4)	0.5	(0.1)	0.0	(0.0)
荷兰	0.3	(0.2)	1.6	(0.5)	8.7	(1.2)	19.1	(1.4)	29.4	(1.7)	28.6	(1.7)	11.2	(1.4)	1.0	(0.3)
新西兰	0.4	(0.2)	2.4	(0.4)	8.5	(0.7)	19.2	(1.4)	27.6	(1.4)	24.8	(1.5)	13.0	(0.9)	4.1	(0.7)
挪威	0.6	(0.3)	2.0	(0.5)	7.0	(0.7)	19.5	(1.1)	30.2	(1.6)	26.7	(1.6)	11.4	(1.0)	2.5	(0.6)
波兰	0.0	c	0.6	(0.2)	4.6	(0.5)	17.5	(1.2)	33.4	(1.4)	31.2	(1.4)	10.8	(0.9)	1.9	(0.5)
葡萄牙	0.3	(0.1)	2.9	(0.5)	9.4	(1.4)	23.9	(1.6)	31.9	(1.4)	23.9	(1.4)	7.2	(0.7)	0.6	(0.2)
斯洛伐克	3.1	(0.8)	5.4	(0.9)	11.8	(1.6)	23.6	(1.4)	30.8	(1.9)	19.5	(1.5)	5.3	(0.8)	0.4	(0.2)
斯洛文尼亚	0.2	(0.1)	1.8	(0.3)	9.2	(0.9)	24.5	(1.2)	32.4	(1.3)	23.9	(1.1)	7.4	(0.7)	0.6	(0.1)
西班牙	0.5	(0.1)	2.8	(0.3)	9.8	(0.6)	24.6	(0.9)	33.7	(1.2)	22.0	(0.9)	5.9	(0.4)	0.6	(0.1)
瑞典	1.0	(0.3)	3.3	(0.5)	9.6	(0.7)	22.9	(1.1)	30.2	(1.2)	22.9	(1.1)	8.9	(0.8)	1.7	(0.4)
瑞士	0.2	(0.1)	1.5	(0.3)	7.2	(0.6)	18.8	(1.2)	32.6	(1.1)	27.8	(1.1)	10.6	(0.9)	1.3	(0.3)
土耳其	0.1	(0.1)	1.7	(0.3)	10.4	(1.0)	29.0	(1.8)	34.6	(1.7)	18.0	(1.7)	5.8	(1.1)	0.4	(0.2)
英国	1.0	(0.3)	2.9	(0.5)	9.7	(1.0)	21.8	(1.3)	30.9	(1.3)	22.6	(1.1)	9.3	(0.8)	1.8	(0.4)
美国	0.3	(0.2)	1.8	(0.5)	8.8	(1.0)	23.9	(1.5)	32.9	(1.2)	22.6	(1.3)	8.4	(0.8)	1.3	(0.4)
OECD总体	0.5	(0.1)	2.6	(0.1)	10.0	(0.3)	23.1	(0.4)	30.6	(0.4)	22.8	(0.4)	9.0	(0.3)	1.5	(0.1)
OECD各国平均	0.5	(0.0)	2.6	(0.1)	9.0	(0.2)	21.2	(0.2)	31.0	(0.2)	24.6	(0.2)	9.3	(0.1)	1.5	(0.1)
伙伴国家(地区)																
阿尔巴尼亚	10.9	(1.1)	14.7	(1.0)	23.6	(1.1)	25.4	(1.1)	17.1	(1.1)	7.0	(0.7)	1.1	(0.3)	0.1	(0.1)
阿根廷	5.0	(0.7)	14.2	(1.2)	26.7	(1.7)	30.4	(1.7)	17.5	(1.4)	5.5	(0.7)	0.7	(0.3)	0.1	(0.1)
巴西	2.2	(0.3)	10.9	(0.6)	(28.7)	(1.1)	33.3	(0.9)	18.9	(1.1)	5.3	(0.5)	0.6	(0.2)	0.0	(0.0)
保加利亚	3.3	(0.7)	7.6	(1.0)	16.1	(1.4)	23.2	(1.6)	26.0	(1.7)	17.3	(1.4)	5.6	(0.8)	0.9	(0.3)
哥伦比亚	3.4	(0.8)	13.1	(1.3)	30.2	(1.7)	33.9	(1.8)	15.8	(1.2)	3.2	(0.6)	0.3	(0.2)	0.0	c
哥斯达黎加	0.3	(0.2)	4.5	(0.7)	21.2	(1.4)	40.0	(1.5)	26.3	(1.5)	7.2	(1.1)	0.5	(0.2)	0.0	c
克罗地亚	0.1	c	1.6	(0.4)	7.8	(0.9)	25.5	(1.4)	35.7	(1.5)	23.2	(1.5)	5.8	(1.0)	0.4	(0.2)
塞浦路斯[1,2]	1.4	(0.3)	5.3	(0.6)	13.8	(0.8)	26.8	(1.4)	30.5	(1.1)	16.8	(1.0)	4.6	(0.6)	0.7	(0.2)
中国香港	0.1	c	0.6	(0.3)	3.4	(0.6)	11.9	(1.1)	28.1	(1.4)	35.8	(1.4)	18.0	(1.4)	2.1	(0.5)
印度尼西亚	2.3	(0.6)	11.4	(1.5)	33.9	(1.9)	36.1	(2.0)	14.1	(1.5)	2.0	(0.8)	0.1	(0.1)	0.0	c
约旦	1.7	(0.3)	6.9	(0.7)	24.1	(1.2)	39.4	(1.3)	23.3	(1.4)	4.4	(0.8)	0.2	(0.1)	0.0	c
哈萨克斯坦	1.5	(0.4)	11.7	(1.1)	34.2	(1.6)	37.1	(1.3)	13.5	(1.2)	1.9	(0.4)	0.0	c	0.0	c
拉脱维亚	0.1	(0.1)	1.4	(0.4)	6.6	(1.0)	22.0	(1.5)	37.2	(1.4)	26.3	(1.6)	5.9	(0.7)	0.5	(0.2)
列支敦士登	0.0	c	1.6	(1.4)	8.0	(2.5)	20.1	(4.4)	26.7	(6.5)	29.6	(4.1)	13.2	(3.2)	0.7	c
立陶宛	0.2	(0.1)	1.6	(0.4)	8.5	(0.8)	25.6	(1.5)	36.8	(1.1)	22.1	(1.1)	4.8	(0.6)	0.3	(0.1)
中国澳门	0.0	c	0.8	(0.2)	5.3	(0.5)	20.2	(0.7)	35.6	(1.1)	28.7	(1.2)	8.6	(0.8)	0.8	(0.3)
马来西亚	2.8	(0.4)	11.6	(0.9)	28.7	(1.3)	35.9	(1.2)	17.3	(1.4)	3.5	(0.6)	0.2	(0.1)	0.0	c
黑山	1.0	(0.2)	8.4	(0.6)	21.8	(1.5)	32.7	(1.5)	26.2	(1.4)	10.0	(1.0)	1.5	(0.4)	0.1	(0.1)
秘鲁	8.1	(0.9)	18.3	(1.3)	28.5	(1.4)	27.5	(1.4)	13.0	(1.3)	4.0	(0.8)	0.6	(0.3)	0.0	c
卡塔尔	3.8	(0.2)	13.7	(0.5)	27.6	(0.6)	27.9	(0.8)	17.3	(0.7)	7.4	(0.4)	2.0	(0.2)	0.3	(0.2)
罗马尼亚	1.3	(0.5)	6.5	(0.8)	20.2	(1.5)	32.0	(1.4)	26.2	(1.6)	11.7	(1.2)	1.9	(0.4)	0.1	c
俄罗斯	0.4	(0.1)	2.6	(0.4)	12.0	(1.2)	28.0	(1.3)	31.7	(1.4)	18.9	(1.3)	5.6	(0.7)	0.8	(0.2)
塞尔维亚	1.0	(0.3)	5.1	(0.6)	17.5	(1.4)	31.3	(1.6)	28.2	(1.4)	13.9	(1.1)	2.7	(0.6)	0.3	(0.1)
中国上海	0.0	c	0.1	(0.1)	1.4	(0.3)	8.6	(0.9)	23.5	(1.1)	36.8	(1.2)	24.7	(1.3)	4.7	(0.8)
新加坡	0.1	(0.1)	0.8	(0.2)	5.3	(0.6)	15.0	(0.8)	25.1	(1.0)	28.3	(1.4)	19.2	(1.2)	6.3	(0.6)
中国台北	0.2	(0.1)	1.1	(0.3)	5.4	(0.7)	16.9	(1.2)	30.1	(1.4)	31.5	(1.4)	12.8	(1.5)	1.9	(0.7)
泰国	0.2	(0.1)	2.9	(0.5)	17.7	(1.1)	38.0	(1.7)	30.6	(1.5)	9.5	(1.2)	1.1	(0.3)	0.1	(0.1)
突尼斯	4.0	(0.7)	12.3	(1.3)	26.4	(1.8)	34.5	(1.6)	18.3	(1.4)	4.4	(0.9)	0.2	(0.2)	0.0	c
阿联酋	0.7	(0.2)	4.6	(0.6)	17.8	(1.0)	31.8	(1.3)	29.7	(1.1)	12.5	(0.9)	2.8	(0.4)	0.2	(0.1)
乌拉圭	3.3	(0.5)	11.7	(1.1)	25.2	(1.3)	31.7	(1.0)	20.3	(1.0)	6.7	(0.9)	1.1	(0.4)	0.0	c
越南	0.0	c	0.5	(0.2)	4.9	(0.9)	19.3	(1.6)	41.6	(1.7)	28.0	(1.7)	5.1	(0.8)	0.5	(0.2)

附表 6.4 ■ 学生在科学素养量表上的平均成绩、标准差、性别差异和百分位数分布

		全体学生				性别差异					
		平均分		标准差		男　生		女　生		差异(男—女)	
		平均分	标准误	标准差	标准误	平均分	标准误	平均分	标准误	分差	标准误
OECD	澳大利亚	521	(1.8)	100	(1.0)	524	(2.5)	519	(2.1)	5	(3.0)
	奥地利	506	(2.7)	92	(1.6)	510	(3.9)	501	(3.4)	9	(5.0)
	比利时	505	(2.2)	101	(1.5)	507	(3.0)	503	(2.6)	4	(3.6)
	加拿大	525	(1.9)	91	(0.9)	527	(2.4)	524	(2.0)	3	(2.1)
	智利	445	(2.9)	80	(1.5)	448	(3.7)	442	(2.9)	7	(3.3)
	捷克	508	(3.0)	91	(2.1)	509	(3.7)	508	(3.5)	1	(4.0)
	丹麦	498	(2.7)	93	(1.7)	504	(3.5)	493	(2.5)	10	(2.7)
	爱沙尼亚	541	(1.9)	80	(1.1)	540	(2.5)	543	(2.3)	−2	(2.7)
	芬兰	545	(2.2)	93	(1.2)	537	(3.0)	554	(2.3)	−16	(3.0)
	法国	499	(2.6)	100	(2.2)	498	(3.8)	500	(2.4)	−2	(3.7)
	德国	524	(3.0)	95	(2.0)	524	(3.1)	524	(3.5)	−1	(3.0)
	希腊	467	(3.1)	88	(1.5)	460	(3.8)	473	(3.0)	−13	(3.1)
	匈牙利	494	(2.9)	90	(1.9)	496	(3.4)	493	(3.3)	3	(3.3)
	冰岛	478	(2.1)	99	(1.5)	477	(2.7)	480	(2.9)	−3	(3.6)
	爱尔兰	522	(2.5)	91	(1.6)	524	(3.4)	520	(3.1)	4	(4.4)
	以色列	470	(5.0)	108	(2.1)	470	(7.9)	470	(4.0)	−1	(7.6)
	意大利	494	(1.9)	93	(1.1)	495	(2.2)	492	(2.4)	3	(2.5)
	日本	547	(3.6)	96	(2.2)	552	(4.7)	541	(3.5)	11	(4.3)
	韩国	538	(3.7)	82	(1.8)	539	(4.7)	536	(4.2)	3	(5.1)
	卢森堡	491	(1.3)	103	(1.0)	499	(1.7)	483	(1.7)	15	(2.2)
	墨西哥	415	(1.3)	71	(0.9)	418	(1.5)	412	(1.3)	6	(1.1)
	荷兰	522	(3.5)	95	(2.2)	524	(3.7)	520	(3.9)	3	(2.9)
	新西兰	516	(2.1)	105	(1.4)	518	(3.2)	513	(3.3)	5	(4.9)
	挪威	495	(3.1)	100	(1.9)	493	(3.2)	496	(3.7)	−4	(3.2)
	波兰	526	(3.1)	86	(1.5)	524	(3.7)	527	(3.0)	−2	(3.0)
	葡萄牙	489	(3.7)	89	(1.6)	488	(4.1)	490	(3.8)	−2	(2.6)
	斯洛伐克	471	(3.6)	101	(2.8)	475	(4.3)	467	(4.2)	7	(4.5)
	斯洛文尼亚	514	(1.3)	91	(1.2)	510	(1.9)	519	(1.9)	−9	(2.8)
	西班牙	496	(1.8)	86	(0.9)	500	(2.3)	493	(1.9)	7	(2.1)
	瑞典	485	(3.0)	100	(1.5)	481	(3.9)	489	(2.8)	−7	(3.3)
	瑞士	515	(2.7)	91	(1.1)	518	(3.3)	512	(2.7)	6	(2.6)
	土耳其	463	(3.9)	80	(1.9)	458	(4.5)	469	(4.3)	−10	(4.2)
	英国	514	(3.4)	100	(1.8)	521	(4.5)	508	(3.7)	13	(4.7)
	美国	497	(3.8)	94	(1.5)	497	(4.1)	498	(4.0)	−2	(2.7)
	OECD总体	497	(1.2)	98	(0.5)	498	(1.3)	495	(1.2)	3	(1.0)
	OECD平均	501	(0.5)	93	(0.3)	502	(0.6)	500	(0.5)	1	(0.6)
伙伴国家(地区)	阿尔巴尼亚	397	(2.4)	99	(1.8)	394	(3.0)	401	(2.9)	−7	(3.2)
	阿根廷	406	(3.9)	86	(2.2)	402	(4.5)	409	(4.0)	−7	(3.4)
	巴西	405	(2.1)	79	(1.4)	406	(2.3)	404	(2.3)	2	(1.7)
	保加利亚	446	(4.8)	102	(2.5)	437	(5.6)	457	(4.6)	−20	(4.5)
	哥伦比亚	399	(3.1)	76	(1.6)	408	(3.4)	390	(3.6)	18	(3.4)
	哥斯达黎加	429	(2.9)	71	(1.6)	436	(3.5)	424	(3.2)	12	(3.2)
	克罗地亚	491	(3.1)	85	(1.8)	490	(3.9)	493	(3.8)	−2	(3.8)
	塞浦路斯	438	(1.2)	97	(1.1)	431	(1.8)	444	(1.7)	−13	(2.5)
	中国香港	555	(2.6)	83	(1.8)	558	(3.6)	551	(3.1)	7	(4.2)
	印度尼西亚	382	(3.8)	68	(2.3)	380	(4.1)	383	(4.1)	−3	(3.1)
	约旦	409	(3.1)	83	(2.0)	388	(5.4)	430	(2.9)	−43	(6.4)
	哈萨克斯坦	425	(3.0)	74	(1.5)	420	(3.4)	429	(3.2)	−9	(2.9)
	拉脱维亚	502	(2.8)	79	(1.4)	495	(3.6)	510	(2.8)	−15	(3.6)
	列支敦士登	525	(3.5)	86	(4.1)	533	(5.8)	516	(5.7)	17	(9.1)
	立陶宛	496	(2.6)	86	(1.7)	488	(3.0)	503	(2.6)	−15	(2.3)
	中国澳门	521	(0.8)	79	(0.7)	520	(1.3)	521	(1.2)	−1	(1.7)
	马来西亚	420	(3.0)	79	(1.4)	414	(3.8)	425	(3.1)	−11	(3.5)
	黑山	410	(1.1)	84	(1.0)	402	(1.6)	419	(1.6)	−17	(2.4)
	秘鲁	373	(3.6)	78	(1.9)	376	(3.4)	370	(4.6)	6	(4.0)
	卡塔尔	384	(0.7)	106	(0.7)	367	(1.2)	402	(1.1)	−35	(1.7)
	罗马尼亚	439	(3.3)	79	(2.0)	436	(3.7)	441	(3.5)	−5	(3.2)
	俄罗斯	486	(2.9)	85	(1.3)	484	(3.5)	489	(2.9)	−6	(2.9)
	塞尔维亚	445	(3.4)	87	(1.9)	443	(4.0)	447	(3.8)	−4	(3.9)
	中国上海	580	(3.0)	82	(1.8)	583	(3.5)	578	(3.1)	5	(2.7)
	新加坡	551	(1.5)	104	(1.2)	551	(2.1)	552	(1.9)	0	(2.4)
	中国台北	523	(2.3)	83	(1.4)	524	(3.9)	523	(4.0)	1	(6.4)
	泰国	444	(2.9)	76	(1.7)	433	(3.3)	452	(3.4)	−19	(3.4)
	突尼斯	398	(3.5)	79	(1.9)	399	(3.9)	398	(3.6)	1	(2.9)
	阿联酋	448	(2.8)	94	(1.1)	434	(4.1)	462	(3.7)	−28	(5.1)
	乌拉圭	416	(2.8)	95	(1.7)	415	(3.4)	416	(3.1)	−1	(3.4)
	越南	528	(4.3)	77	(2.3)	529	(5.0)	528	(4.1)	1	(2.8)

附表 6.4 ■ 学生在科学素养量表上的平均成绩、标准差、性别差异和百分位数分布(续表 1)

		百 分 位 数										
		第 5 百分位		第 10 百分位		第 25 百分位		第 75 百分位		第 90 百分位		第 95 百分位
		分数	标准误	分数	标准误	分数	标准误	分数	标准误	分数	标准误	分数	标准误
OECD	澳大利亚	353	(3.5)	391	(2.6)	453	(2.1)	592	(2.5)	650	(2.7)	682	(2.9)
	奥地利	350	(4.9)	383	(5.3)	442	(3.5)	571	(3.1)	623	(3.4)	650	(3.3)
	比利时	326	(5.8)	368	(4.5)	439	(3.3)	577	(2.5)	629	(2.0)	657	(2.7)
	加拿大	370	(3.3)	407	(2.7)	467	(2.1)	588	(2.4)	639	(2.6)	670	(3.3)
	智利	317	(4.1)	343	(3.8)	388	(3.3)	500	(3.6)	552	(3.7)	581	(3.7)
	捷克	356	(7.2)	392	(5.5)	449	(4.0)	572	(3.2)	622	(3.7)	650	(3.1)
	丹麦	338	(5.9)	378	(4.3)	438	(3.8)	563	(3.2)	615	(4.1)	644	(3.7)
	爱沙尼亚	409	(3.0)	439	(3.3)	487	(2.7)	597	(2.6)	645	(3.1)	672	(4.5)
	芬兰	386	(5.7)	424	(3.9)	486	(2.8)	609	(2.4)	662	(2.9)	692	(2.6)
	法国	323	(7.8)	366	(6.0)	433	(3.4)	570	(3.0)	622	(4.1)	651	(4.7)
	德国	361	(5.6)	397	(4.8)	461	(3.8)	592	(3.1)	642	(3.9)	671	(3.7)
	希腊	317	(5.2)	352	(5.1)	408	(4.5)	528	(3.5)	578	(3.6)	608	(4.1)
	匈牙利	345	(6.0)	376	(4.6)	432	(4.3)	558	(3.5)	610	(4.7)	639	(4.0)
	冰岛	310	(5.0)	348	(3.4)	413	(2.5)	548	(3.2)	603	(3.7)	635	(5.3)
	爱尔兰	366	(5.8)	404	(4.8)	462	(3.1)	586	(2.4)	637	(2.6)	666	(3.4)
	以色列	286	(8.7)	328	(6.4)	396	(5.7)	548	(5.7)	608	(5.4)	640	(5.1)
	意大利	336	(4.8)	371	(2.8)	431	(2.5)	559	(2.0)	611	(2.5)	641	(2.6)
	日本	379	(7.0)	421	(6.4)	485	(4.5)	614	(3.6)	664	(4.3)	693	(4.7)
	韩国	396	(6.3)	431	(4.9)	485	(4.0)	595	(4.1)	639	(4.3)	664	(5.3)
	卢森堡	318	(3.6)	355	(3.1)	419	(2.2)	566	(1.9)	624	(2.9)	655	(2.9)
	墨西哥	300	(2.6)	325	(2.1)	368	(1.6)	462	(1.5)	505	(1.9)	532	(2.1)
	荷兰	357	(5.9)	393	(4.8)	458	(5.0)	591	(3.9)	641	(4.1)	667	(4.0)
	新西兰	339	(4.5)	377	(4.5)	444	(3.0)	591	(3.1)	649	(3.0)	682	(3.9)
	挪威	325	(6.6)	365	(5.2)	429	(3.7)	564	(3.3)	620	(3.4)	651	(3.9)
	波兰	382	(4.7)	415	(4.0)	467	(3.3)	584	(4.0)	637	(5.0)	668	(4.9)
	葡萄牙	337	(6.0)	372	(5.6)	430	(4.8)	551	(3.6)	602	(3.6)	630	(4.1)
	斯洛伐克	300	(8.5)	339	(5.7)	403	(5.2)	542	(4.0)	599	(4.9)	632	(6.3)
	斯洛文尼亚	364	(3.0)	397	(3.4)	451	(2.2)	578	(2.0)	631	(3.2)	661	(3.3)
	西班牙	349	(3.9)	384	(3.1)	440	(2.3)	557	(1.8)	605	(2.0)	632	(2.0)
	瑞典	314	(5.3)	354	(4.7)	419	(4.1)	554	(3.2)	611	(3.4)	643	(3.1)
	瑞士	358	(3.8)	394	(3.4)	455	(3.8)	579	(3.1)	630	(3.3)	658	(4.0)
	土耳其	339	(3.6)	363	(3.5)	407	(3.5)	518	(5.8)	573	(6.3)	602	(5.9)
	英国	344	(5.1)	384	(4.9)	448	(4.5)	584	(3.5)	639	(3.9)	672	(5.0)
	美国	344	(5.4)	377	(4.9)	431	(4.4)	563	(4.2)	619	(4.5)	652	(5.5)
	OECD 总体	337	(1.6)	371	(1.5)	428	(1.5)	566	(1.4)	623	(1.4)	655	(1.7)
	OECD 平均	344	(0.9)	380	(0.8)	439	(0.6)	566	(0.6)	619	(0.6)	648	(0.7)
伙伴国家(地区)	阿尔巴尼亚	221	(7.0)	271	(5.2)	340	(3.5)	464	(3.0)	517	(3.3)	549	(5.2)
	阿根廷	262	(7.9)	297	(5.1)	350	(4.6)	464	(4.7)	513	(4.7)	543	(5.2)
	巴西	280	(2.9)	306	(2.3)	351	(2.0)	456	(2.8)	507	(3.7)	538	(4.6)
	保加利亚	280	(7.5)	315	(5.3)	374	(5.6)	519	(5.1)	580	(6.1)	612	(6.2)
	哥伦比亚	273	(5.2)	302	(4.6)	347	(3.4)	449	(3.5)	497	(4.0)	525	(4.2)
	哥斯达黎加	315	(4.1)	341	(3.3)	382	(3.6)	476	(3.6)	520	(4.9)	546	(5.5)
	克罗地亚	350	(4.9)	380	(4.0)	433	(3.3)	551	(4.2)	602	(5.2)	630	(5.9)
	塞浦路斯	274	(3.3)	313	(2.9)	373	(2.0)	503	(2.4)	561	(2.5)	594	(3.4)
	中国香港	403	(7.1)	446	(5.1)	505	(3.8)	613	(3.0)	655	(3.4)	679	(3.4)
	印度尼西亚	271	(5.5)	297	(4.9)	336	(3.8)	427	(4.7)	471	(6.0)	497	(7.3)
	约旦	271	(4.9)	303	(4.4)	355	(3.6)	466	(3.4)	514	(4.2)	542	(6.5)
	哈萨克斯坦	303	(4.4)	330	(3.6)	375	(3.4)	475	(3.5)	521	(3.8)	547	(3.8)
	拉脱维亚	370	(5.5)	400	(4.5)	449	(3.2)	557	(3.6)	603	(3.2)	628	(4.7)
	列支敦士登	383	(11.1)	408	(10.0)	464	(8.4)	588	(8.2)	635	(9.3)	656	(12.2)
	立陶宛	352	(6.3)	383	(4.0)	438	(3.2)	555	(3.0)	605	(3.6)	634	(3.8)
	中国澳门	383	(3.9)	416	(2.7)	469	(1.9)	575	(1.7)	619	(1.8)	643	(2.3)
	马来西亚	293	(3.9)	319	(3.4)	365	(3.4)	473	(3.6)	521	(4.3)	550	(5.2)
	黑山	274	(3.3)	302	(2.9)	352	(1.4)	468	(2.2)	522	(2.3)	552	(3.5)
	秘鲁	248	(4.6)	275	(3.8)	321	(3.4)	425	(4.4)	475	(5.4)	504	(6.5)
	卡塔尔	222	(1.9)	254	(1.4)	309	(1.3)	453	(1.6)	530	(2.4)	573	(2.8)
	罗马尼亚	316	(4.0)	340	(3.2)	383	(3.4)	492	(4.6)	543	(5.1)	573	(5.6)
	俄罗斯	347	(3.8)	377	(4.1)	428	(3.6)	544	(3.3)	596	(4.9)	627	(5.1)
	塞尔维亚	303	(5.6)	333	(5.2)	385	(4.5)	504	(3.5)	558	(3.9)	590	(5.8)
	中国上海	435	(6.2)	472	(5.4)	527	(3.7)	639	(3.2)	681	(3.2)	704	(3.3)
	新加坡	374	(4.0)	412	(3.2)	480	(2.6)	627	(2.6)	681	(3.4)	714	(3.2)
	中国台北	379	(4.1)	411	(4.3)	469	(3.8)	582	(2.4)	626	(2.2)	652	(3.1)
	泰国	323	(4.3)	349	(3.4)	392	(2.6)	494	(3.8)	544	(5.4)	575	(6.0)
	突尼斯	267	(4.6)	296	(4.6)	345	(4.1)	452	(4.1)	497	(5.1)	527	(6.5)
	阿联酋	299	(3.0)	328	(3.2)	382	(3.5)	512	(3.5)	572	(3.4)	605	(3.7)
	乌拉圭	256	(4.8)	293	(4.2)	352	(3.8)	480	(3.4)	538	(4.3)	572	(5.3)
	越南	398	(7.7)	428	(7.0)	478	(5.2)	580	(4.0)	625	(5.5)	652	(6.5)

注:加粗表示统计上显著的值。

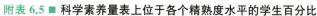

附表 6.5 ■ 科学素养量表上位于各个精熟度水平的学生百分比

		全 体 学 生												
		低于水平1		水平1		水平2		水平3		水平4		水平5		水平6	
		%	标准误	%	标准误	%	标准误	%	标准误	%	标准误	%	标准误	%	标准误
OECD	澳大利亚	3.4	(0.3)	10.2	(0.4)	21.5	(0.5)	28.5	(0.7)	22.8	(0.6)	10.9	(0.5)	2.6	(0.3)
	奥地利	3.6	(0.5)	12.2	(0.9)	24.3	(1.0)	30.1	(0.9)	21.9	(0.8)	7.0	(0.6)	0.8	(0.2)
	比利时	5.9	(0.5)	11.8	(0.6)	21.5	(0.6)	28.7	(0.7)	23.0	(0.7)	8.1	(0.4)	0.9	(0.2)
	加拿大	2.4	(0.2)	8.0	(0.4)	21.0	(0.7)	32.0	(0.5)	25.3	(0.6)	9.5	(0.5)	1.8	(0.2)
	智利	8.1	(0.8)	26.3	(1.1)	34.6	(1.1)	22.4	(1.0)	7.5	(0.6)	1.0	(0.1)	0.0	(0.0)
	捷克	3.3	(0.6)	10.5	(1.0)	24.7	(1.0)	31.7	(1.2)	22.2	(1.0)	6.7	(0.5)	0.9	(0.2)
	丹麦	4.7	(0.5)	12.0	(0.7)	25.7	(0.8)	31.3	(0.9)	19.6	(0.8)	6.1	(0.7)	0.7	(0.2)
	爱沙尼亚	0.5	(0.1)	4.5	(0.4)	19.0	(0.9)	34.5	(0.9)	28.7	(1.0)	11.1	(0.7)	1.7	(0.3)
	芬兰	1.8	(0.3)	5.9	(0.5)	16.8	(0.7)	29.6	(0.8)	28.8	(0.7)	13.9	(0.6)	3.2	(0.4)
	法国	6.1	(0.7)	12.6	(0.7)	22.9	(1.1)	29.2	(1.1)	21.3	(0.9)	6.9	(0.7)	1.0	(0.3)
	德国	2.9	(0.5)	9.3	(0.7)	20.5	(0.9)	28.9	(0.9)	26.2	(1.0)	10.6	(0.8)	1.6	(0.3)
	希腊	7.4	(0.7)	18.1	(1.1)	31.0	(1.1)	28.8	(1.0)	12.2	(0.8)	2.3	(0.4)	0.2	(0.1)
	匈牙利	4.1	(0.6)	14.0	(1.0)	26.4	(1.1)	30.9	(1.2)	18.7	(1.0)	5.5	(0.7)	0.5	(0.2)
	冰岛	8.0	(0.8)	16.0	(0.7)	27.5	(0.9)	27.2	(0.9)	16.2	(0.7)	4.6	(0.6)	0.6	(0.2)
	爱尔兰	2.6	(0.4)	8.5	(0.8)	22.0	(1.2)	31.1	(1.1)	25.0	(0.9)	9.3	(0.6)	1.5	(0.3)
	以色列	11.2	(1.1)	17.7	(0.9)	24.8	(0.9)	24.4	(1.2)	16.1	(1.1)	5.2	(0.6)	0.6	(0.2)
	意大利	4.9	(0.3)	13.8	(0.5)	26.0	(0.6)	30.1	(0.7)	19.1	(0.6)	5.5	(0.4)	0.6	(0.1)
	日本	2.0	(0.4)	6.4	(0.6)	16.3	(0.8)	27.5	(0.9)	29.5	(1.1)	14.8	(0.9)	3.4	(0.5)
	韩国	1.2	(0.2)	5.5	(0.6)	18.0	(1.0)	33.6	(1.1)	30.1	(1.2)	10.6	(0.9)	1.1	(0.4)
	卢森堡	7.2	(0.4)	15.1	(0.7)	24.2	(0.6)	26.2	(0.6)	19.2	(0.5)	7.0	(0.5)	1.2	(0.2)
	墨西哥	12.6	(0.5)	34.4	(0.6)	37.0	(0.6)	13.8	(0.5)	2.1	(0.2)	0.1	(0.0)	c	
	荷兰	3.1	(0.5)	10.1	(0.8)	20.1	(1.3)	29.1	(1.3)	25.8	(1.2)	10.5	(1.0)	1.3	(0.3)
	新西兰	4.7	(0.4)	11.6	(0.8)	21.7	(0.9)	26.4	(0.9)	22.3	(0.8)	10.7	(0.6)	2.7	(0.3)
	挪威	6.0	(0.6)	13.6	(0.9)	24.8	(1.0)	28.9	(0.9)	19.0	(0.8)	6.4	(0.6)	1.1	(0.2)
	波兰	1.3	(0.3)	7.7	(0.7)	22.5	(1.0)	33.1	(1.0)	24.5	(1.0)	9.1	(0.6)	1.7	(0.4)
	葡萄牙	4.7	(0.7)	14.3	(1.1)	27.3	(1.3)	31.4	(1.3)	17.8	(1.1)	4.2	(0.5)	0.3	(0.1)
	斯洛伐克	9.2	(0.9)	17.6	(1.1)	27.0	(1.3)	26.2	(1.6)	15.0	(1.0)	4.3	(0.6)	0.6	(0.2)
	斯洛文尼亚	2.4	(0.2)	10.4	(0.5)	24.5	(1.0)	30.0	(1.0)	23.0	(0.9)	8.4	(0.7)	1.2	(0.2)
	西班牙	3.7	(0.3)	12.0	(0.5)	27.3	(0.6)	32.8	(0.6)	19.4	(0.5)	4.5	(0.3)	0.3	(0.1)
	瑞典	7.3	(0.6)	15.0	(0.8)	26.2	(0.8)	28.0	(0.8)	17.2	(0.8)	5.6	(0.4)	0.7	(0.1)
	瑞士	3.0	(0.3)	9.8	(0.6)	22.8	(0.8)	31.3	(0.7)	23.7	(0.9)	8.3	(0.7)	1.0	(0.2)
	土耳其	4.4	(0.5)	21.9	(1.3)	35.4	(1.4)	25.1	(1.3)	11.3	(1.3)	1.8	(0.3)	c	
	英国	4.3	(0.5)	10.7	(0.5)	22.4	(1.0)	28.4	(1.0)	23.0	(0.9)	9.3	(0.7)	1.8	(0.3)
	美国	4.2	(0.5)	14.0	(1.1)	26.7	(1.1)	28.9	(1.1)	18.8	(1.1)	6.3	(0.6)	1.1	(0.2)
	OECD 总体	4.8	(0.2)	14.6	(0.3)	25.7	(0.3)	27.5	(0.3)	19.3	(0.4)	6.9	(0.2)	1.2	(0.1)
	OECD 平均	4.8	(0.1)	13.0	(0.1)	24.5	(0.2)	28.8	(0.2)	20.5	(0.2)	7.2	(0.1)	1.1	(0.0)
伙伴国家（地区）	阿尔巴尼亚	23.5	(1.0)	29.6	(0.9)	28.5	(1.2)	14.4	(0.8)	3.6	(0.4)	0.4	(0.1)	0.0	(0.0)
	阿根廷	19.8	(1.4)	31.0	(1.5)	31.1	(1.3)	14.8	(1.2)	3.0	(0.4)	0.2	(0.1)	c	
	巴西	18.6	(0.8)	35.1	(0.8)	30.7	(0.8)	12.5	(0.7)	2.8	(0.4)	0.3	(0.1)	0.0	(0.0)
	保加利亚	14.4	(1.3)	22.5	(1.2)	26.3	(1.1)	22.5	(1.1)	11.2	(0.8)	2.8	(0.5)	0.3	(0.1)
	哥伦比亚	19.8	(1.4)	36.3	(1.1)	30.8	(1.1)	11.0	(0.8)	1.9	(0.4)	0.1	(0.1)	0.0	c
	哥斯达黎加	8.6	(0.8)	30.7	(1.3)	39.2	(1.3)	17.8	(1.1)	3.4	(0.6)	0.2	(0.1)	0.0	c
	克罗地亚	3.2	(0.4)	14.0	(0.7)	29.1	(1.0)	31.4	(1.2)	17.6	(1.2)	4.3	(0.7)	0.3	(0.2)
	塞浦路斯	14.4	(0.5)	23.7	(0.7)	30.3	(0.9)	21.3	(0.7)	8.4	(0.4)	1.8	(0.3)	0.1	(0.1)
	中国香港	1.2	(0.2)	4.4	(0.5)	13.0	(0.7)	29.8	(1.1)	34.9	(1.0)	14.9	(0.9)	1.8	(0.4)
	印度尼西亚	24.7	(2.0)	41.9	(1.4)	26.3	(1.3)	6.5	(1.0)	0.6	(0.3)	0.0	c	0.0	c
	约旦	18.2	(1.2)	31.4	(1.0)	32.2	(1.0)	15.0	(0.9)	3.0	(0.6)	0.2	(0.2)	0.0	c
	哈萨克斯坦	11.3	(1.0)	30.7	(1.5)	36.8	(1.2)	17.8	(1.2)	3.3	(0.4)	0.2	(0.1)	0.0	c
	拉脱维亚	1.8	(0.4)	10.5	(0.9)	28.2	(1.2)	35.1	(1.0)	20.0	(1.0)	4.0	(0.5)	0.3	(0.1)
	列支敦士登	0.8	(0.7)	9.6	(1.9)	22.0	(3.9)	30.8	(3.8)	26.7	(2.6)	9.1	(1.5)	1.0	(1.0)
	立陶宛	3.4	(0.5)	12.7	(0.8)	27.6	(1.0)	32.9	(1.1)	18.3	(0.9)	4.7	(0.6)	0.4	(0.1)
	中国澳门	1.4	(0.2)	7.4	(0.5)	22.2	(0.6)	36.2	(0.7)	26.2	(0.7)	6.2	(0.3)	0.4	(0.1)
	马来西亚	14.5	(1.1)	31.0	(1.2)	33.9	(1.1)	16.5	(1.1)	3.7	(0.5)	0.3	(0.1)	0.0	c
	黑山	18.7	(0.7)	32.0	(1.0)	29.7	(0.9)	15.4	(0.8)	3.8	(0.5)	0.4	(0.1)	0.0	c
	秘鲁	31.5	(1.6)	37.0	(1.3)	23.5	(1.3)	7.0	(0.9)	1.0	(0.3)	0.0	c	0.0	c
	卡塔尔	34.6	(0.4)	28.0	(0.6)	19.6	(0.7)	11.2	(0.4)	5.1	(0.4)	1.3	(0.1)	0.1	(0.0)
	罗马尼亚	8.7	(0.8)	28.7	(1.3)	34.6	(1.3)	21.0	(1.1)	6.2	(0.8)	0.9	(0.3)	0.0	c
	俄罗斯	3.6	(0.4)	15.1	(1.0)	30.1	(1.1)	31.2	(1.1)	15.7	(1.0)	3.9	(0.5)	0.3	(0.2)
	塞尔维亚	10.3	(1.0)	24.7	(1.2)	32.4	(1.2)	22.8	(1.1)	8.1	(0.6)	1.6	(0.4)	0.1	(0.1)
	中国上海	0.3	(0.1)	2.4	(0.4)	10.0	(0.9)	24.6	(0.9)	35.5	(1.1)	23.0	(1.1)	4.2	(0.6)
	新加坡	2.2	(0.3)	7.4	(0.5)	16.7	(0.7)	24.0	(0.7)	27.0	(0.9)	16.9	(0.9)	5.8	(0.4)
	中国台北	1.6	(0.3)	8.2	(0.4)	20.8	(0.9)	33.7	(1.0)	27.3	(1.0)	7.8	(0.6)	0.6	(0.1)
	泰国	7.0	(0.6)	26.6	(1.3)	37.5	(1.1)	21.6	(1.1)	6.4	(0.7)	0.9	(0.3)	0.0	c
	突尼斯	21.3	(1.5)	34.0	(1.1)	31.1	(1.4)	11.7	(1.0)	1.8	(0.4)	0.1	(0.1)	0.0	c
	阿联酋	11.3	(0.8)	23.8	(1.0)	29.9	(0.8)	22.3	(0.9)	10.1	(0.6)	2.3	(0.3)	0.3	(0.1)
	乌拉圭	19.7	(1.1)	27.2	(0.9)	29.3	(1.0)	17.1	(0.9)	5.6	(0.5)	1.0	(0.4)	0.0	(0.0)
	越南	0.9	(0.3)	5.8	(0.9)	20.7	(1.4)	37.5	(1.5)	27.0	(1.5)	7.1	(0.9)	1.0	(0.3)

附表 6.6 ■ 科学素养量表上位于各个精熟度水平的男女生百分比

男生

		低于水平1		水平1		水平2		水平3		水平4		水平5		水平6	
		%	标准误	%	标准误	%	标准误	%	标准误	%	标准误	%	标准误	%	标准误
OECD	澳大利亚	3.7	(0.3)	10.2	(0.5)	20.8	(0.7)	27.4	(0.8)	23.0	(0.8)	11.6	(0.7)	3.2	(0.4)
	奥地利	3.4	(0.6)	12.8	(1.2)	23.2	(1.3)	28.1	(1.3)	22.8	(1.2)	8.4	(1.0)	1.3	(0.4)
	比利时	6.8	(0.8)	11.8	(0.8)	19.9	(1.0)	27.4	(0.9)	23.5	(0.9)	9.3	(0.6)	1.2	(0.2)
	加拿大	2.8	(0.4)	8.3	(0.5)	20.3	(0.8)	30.5	(0.9)	25.5	(0.9)	10.4	(0.6)	2.1	(0.3)
	智利	8.2	(1.1)	25.2	(1.4)	33.0	(1.2)	23.9	(1.3)	8.4	(0.9)	1.2	(0.2)	0.1	(0.0)
	捷克	3.7	(0.8)	10.9	(1.2)	23.3	(1.4)	31.2	(2.1)	22.9	(1.3)	7.0	(0.6)	1.0	(0.3)
	丹麦	5.0	(0.8)	11.5	(0.9)	23.4	(1.1)	31.1	(1.3)	21.0	(1.1)	7.1	(0.8)	1.0	(0.3)
	爱沙尼亚	0.7	(0.2)	5.3	(0.6)	19.2	(1.1)	33.2	(1.1)	28.3	(1.2)	11.4	(0.9)	1.9	(0.3)
	芬兰	2.2	(0.4)	7.4	(0.8)	18.8	(1.0)	28.8	(1.2)	26.8	(1.1)	12.8	(0.8)	3.2	(0.5)
	法国	7.3	(1.0)	13.3	(1.0)	21.5	(1.3)	27.3	(1.3)	21.8	(1.0)	7.6	(0.8)	1.2	(0.3)
	德国	3.2	(0.6)	9.7	(0.9)	20.2	(1.0)	28.6	(1.1)	25.5	(1.4)	11.1	(1.0)	1.8	(0.3)
	希腊	9.8	(1.1)	20.0	(1.3)	28.6	(1.2)	26.5	(1.3)	12.5	(1.0)	2.4	(0.5)	0.2	(0.2)
	匈牙利	4.0	(0.7)	14.8	(1.6)	25.5	(1.6)	29.7	(1.5)	18.9	(1.2)	6.4	(0.9)	0.7	(0.3)
	冰岛	9.4	(0.8)	16.2	(1.6)	26.0	(1.8)	26.6	(1.2)	16.0	(1.0)	5.1	(0.8)	0.8	(0.3)
	爱尔兰	2.8	(0.6)	8.8	(1.0)	20.8	(1.3)	30.7	(1.2)	25.2	(1.2)	9.9	(0.8)	1.8	(0.4)
	以色列	14.1	(1.6)	17.4	(1.3)	21.6	(1.3)	21.5	(1.5)	17.7	(1.6)	6.8	(1.0)	0.9	(0.4)
	意大利	5.4	(0.4)	14.1	(0.6)	24.7	(0.7)	28.8	(0.7)	19.7	(0.8)	6.5	(0.6)	0.7	(0.1)
	日本	2.2	(0.5)	6.7	(0.8)	15.2	(1.1)	25.2	(1.2)	29.2	(1.3)	16.9	(1.2)	4.5	(0.7)
	韩国	1.3	(0.3)	6.3	(0.9)	17.6	(1.2)	31.4	(1.7)	30.2	(1.7)	11.6	(1.3)	1.6	(0.7)
	卢森堡	7.0	(0.5)	13.3	(0.9)	21.7	(0.9)	27.0	(0.9)	19.7	(0.8)	8.3	(0.5)	1.1	(0.3)
	墨西哥	12.5	(0.6)	32.7	(0.7)	36.9	(0.8)	15.1	(0.6)	2.6	(0.2)	0.2	(0.1)	0.0	c
	荷兰	3.1	(0.7)	10.1	(0.9)	19.8	(1.7)	28.4	(1.7)	26.0	(1.4)	11.2	(1.3)	1.4	(0.4)
	新西兰	5.6	(0.7)	11.5	(1.1)	20.3	(1.3)	24.7	(1.5)	23.1	(1.3)	11.6	(0.9)	3.2	(0.4)
	挪威	6.8	(0.7)	14.0	(0.9)	24.8	(1.1)	27.5	(1.1)	19.1	(1.0)	6.7	(0.7)	1.2	(0.4)
	波兰	1.7	(0.4)	8.5	(0.9)	22.5	(1.2)	32.1	(1.3)	23.8	(1.3)	9.5	(1.0)	2.0	(0.5)
	葡萄牙	5.5	(0.9)	14.7	(1.3)	25.9	(1.2)	30.9	(1.5)	17.7	(1.2)	4.8	(0.8)	0.4	(0.3)
	斯洛伐克	8.5	(1.0)	18.3	(1.3)	26.9	(1.4)	24.7	(1.6)	15.3	(1.4)	5.5	(0.8)	0.8	(0.3)
	斯洛文尼亚	3.0	(0.3)	11.9	(0.9)	25.1	(1.7)	28.2	(1.9)	22.2	(1.2)	8.7	(0.9)	1.1	(0.3)
	西班牙	4.1	(0.4)	11.8	(0.6)	25.5	(0.9)	31.7	(1.0)	20.9	(0.8)	5.5	(0.4)	0.5	(0.1)
	瑞典	9.0	(1.0)	15.8	(1.1)	24.9	(1.3)	26.4	(1.2)	17.0	(1.0)	6.0	(0.6)	0.9	(0.3)
	瑞士	3.1	(0.3)	9.9	(0.8)	22.1	(0.9)	30.2	(1.3)	24.1	(1.4)	9.4	(1.2)	1.3	(0.3)
	土耳其	5.6	(0.8)	24.4	(1.7)	34.1	(1.8)	22.9	(1.5)	11.1	(1.4)	1.9	(0.5)	0.1	c
	英国	3.8	(0.6)	10.1	(1.0)	21.4	(1.2)	27.6	(1.2)	24.5	(1.3)	10.5	(1.1)	2.2	(0.5)
	美国	5.0	(0.7)	14.9	(1.4)	25.0	(1.2)	27.6	(1.4)	19.3	(1.2)	6.8	(0.8)	1.3	(0.3)
	OECD总体	5.3	(0.2)	14.9	(0.4)	24.5	(0.4)	26.4	(0.4)	19.7	(0.4)	7.7	(0.3)	1.5	(0.1)
	OECD平均	5.3	(0.1)	13.3	(0.2)	23.6	(0.2)	27.7	(0.2)	20.7	(0.2)	7.9	(0.1)	1.4	(0.1)
伙伴国家（地区）	阿尔巴尼亚	24.7	(1.5)	30.7	(1.3)	27.2	(1.7)	13.7	(1.2)	3.1	(0.5)	0.4	(0.1)	0.0	c
	阿根廷	20.9	(1.8)	31.4	(1.8)	31.0	(1.9)	13.4	(1.3)	3.0	(0.5)	0.3	(0.1)	0.0	c
	巴西	19.3	(0.9)	33.9	(0.9)	30.4	(0.9)	12.9	(0.8)	3.1	(0.5)	0.3	(0.1)	0.0	c
	保加利亚	17.6	(1.7)	24.2	(1.4)	24.4	(1.2)	20.4	(1.4)	10.7	(1.0)	2.5	(0.5)	0.3	(0.2)
	哥伦比亚	17.4	(1.5)	34.1	(1.6)	31.7	(1.2)	13.7	(1.1)	2.8	(0.4)	0.2	(0.2)	0.0	c
	哥斯达黎加	8.1	(1.0)	28.3	(1.7)	38.5	(1.6)	20.1	(1.4)	4.5	(0.7)	0.4	(0.2)	0.0	c
	克罗地亚	3.9	(0.6)	15.6	(1.1)	27.6	(1.3)	29.3	(1.5)	18.4	(1.4)	4.8	(0.8)	0.5	(0.3)
	塞浦路斯	18.3	(0.7)	23.6	(1.1)	26.8	(1.1)	20.0	(0.8)	8.4	(0.8)	2.4	(0.4)	0.3	(0.1)
	中国香港	1.3	(0.3)	4.7	(0.7)	12.9	(0.9)	27.6	(1.5)	34.6	(1.5)	16.4	(1.2)	2.5	(0.6)
	印度尼西亚	26.2	(2.1)	41.1	(1.8)	25.5	(1.8)	6.7	(1.2)	0.6	(0.3)	0.0	c	0.0	c
	约旦	26.9	(2.1)	34.0	(1.5)	25.8	(1.7)	10.6	(1.2)	2.5	(0.9)	0.3	(0.3)	0.0	c
	哈萨克斯坦	13.3	(1.1)	31.4	(1.7)	34.8	(1.7)	17.2	(1.3)	3.2	(0.6)	0.2	(0.1)	0.0	c
	拉脱维亚	2.5	(0.8)	12.7	(1.4)	29.6	(1.5)	32.7	(1.4)	18.0	(1.2)	4.0	(0.6)	0.4	(0.2)
	列支敦士登	0.7	c	7.6	(2.2)	20.8	(3.9)	33.2	(4.7)	25.1	(3.8)	11.4	(2.6)	1.3	c
	立陶宛	4.3	(0.9)	15.2	(1.2)	28.3	(1.1)	30.2	(1.4)	16.7	(1.0)	5.0	(0.6)	0.4	(0.1)
	中国澳门	1.7	(0.3)	8.4	(0.6)	21.8	(0.8)	34.1	(1.1)	26.4	(0.9)	7.0	(0.6)	0.5	(0.1)
	马来西亚	17.1	(1.7)	31.7	(1.7)	32.2	(1.6)	15.0	(1.4)	3.7	(0.8)	0.4	(0.2)	0.0	c
	黑山	22.6	(1.1)	32.1	(1.3)	27.3	(1.1)	14.1	(1.1)	3.5	(0.6)	0.4	(0.2)	0.0	c
	秘鲁	30.2	(1.8)	37.4	(1.3)	23.9	(1.6)	7.5	(1.0)	0.9	(0.4)	0.0	c	0.0	c
	卡塔尔	42.8	(0.6)	25.1	(0.7)	16.3	(0.7)	9.9	(0.5)	4.6	(0.4)	1.2	(0.2)	0.1	(0.1)
	罗马尼亚	9.6	(0.9)	29.9	(1.7)	33.6	(1.8)	19.5	(1.5)	6.2	(1.0)	1.2	(0.4)	0.1	c
	俄罗斯	4.4	(0.6)	16.0	(1.4)	29.7	(1.5)	29.9	(1.1)	15.6	(1.2)	3.9	(0.6)	0.5	(0.2)
	塞尔维亚	11.1	(1.3)	25.7	(1.5)	31.1	(1.6)	21.9	(1.4)	8.3	(0.7)	1.7	(0.4)	0.1	(0.1)
	中国上海	0.4	(0.2)	2.7	(0.5)	9.7	(1.0)	23.7	(1.4)	34.0	(1.4)	24.5	(1.4)	4.9	(0.7)
	新加坡	2.9	(0.4)	8.1	(0.6)	16.3	(1.0)	22.6	(1.2)	26.3	(1.3)	17.0	(1.1)	6.8	(0.5)
	中国台北	2.1	(0.4)	9.4	(0.9)	19.3	(1.1)	31.3	(1.4)	28.9	(1.3)	8.4	(1.3)	0.6	(0.2)
	泰国	9.7	(1.0)	30.0	(1.6)	35.6	(1.6)	18.3	(1.3)	5.6	(0.9)	0.7	(0.3)	0.1	(0.1)
	突尼斯	22.0	(1.8)	33.4	(1.4)	30.0	(1.8)	12.3	(1.3)	2.2	(0.6)	0.1	(0.1)	0.0	c
	阿联酋	16.1	(1.1)	26.6	(1.4)	27.1	(1.2)	18.7	(1.0)	9.0	(0.8)	2.2	(0.4)	0.3	(0.1)
	乌拉圭	21.1	(1.6)	26.1	(1.4)	28.0	(1.3)	17.0	(1.3)	6.4	(0.7)	1.3	(0.4)	0.1	(0.1)
	越南	1.0	(0.3)	6.7	(1.2)	20.2	(1.8)	35.8	(1.9)	26.6	(1.7)	8.4	(1.1)	1.2	(0.4)

附表 6.6 ■ 科学素养量表上位于各个精熟度水平的男女生百分比(续表 1)

		女 生												
		低于水平 1		水平 1		水平 2		水平 3		水平 4		水平 5		水平 6	
		%	标准误	%	标准误	%	标准误	%	标准误	%	标准误	%	标准误	%	标准误
OECD	澳大利亚	3.1	(0.3)	10.2	(0.6)	22.2	(0.7)	29.7	(1.0)	22.5	(0.9)	10.2	(0.6)	2.1	(0.2)
	奥地利	3.8	(0.7)	11.6	(1.3)	25.5	(1.4)	32.2	(1.4)	21.0	(1.1)	5.7	(0.7)	0.4	(0.2)
	比利时	5.0	(0.6)	11.8	(0.7)	23.1	(0.9)	30.0	(1.0)	22.5	(0.9)	6.9	(0.4)	0.7	(0.2)
	加拿大	2.0	(0.3)	7.7	(0.5)	21.6	(1.0)	33.4	(0.8)	25.2	(0.8)	8.5	(0.5)	1.5	(0.2)
	智利	8.1	(0.9)	27.5	(1.3)	36.0	(1.5)	20.9	(1.2)	6.7	(0.6)	0.7	(0.2)	0.0	(0.0)
	捷克	2.9	(0.7)	10.0	(1.4)	26.2	(1.3)	32.1	(1.6)	21.5	(1.3)	6.5	(0.7)	0.8	(0.3)
	丹麦	4.4	(0.5)	12.5	(0.9)	27.9	(1.1)	31.5	(1.3)	18.3	(1.1)	5.0	(0.8)	0.5	(0.2)
	爱沙尼亚	0.4	(0.2)	3.8	(0.5)	18.7	(1.2)	35.7	(1.2)	29.2	(1.4)	10.8	(0.9)	1.5	(0.3)
	芬兰	1.3	(0.3)	4.3	(0.4)	14.7	(0.9)	30.5	(1.0)	31.0	(1.3)	14.9	(0.9)	3.2	(0.4)
	法国	5.0	(0.6)	12.0	(0.8)	24.2	(1.3)	31.0	(1.4)	20.8	(1.3)	6.4	(0.8)	0.7	(0.2)
	德国	2.5	(0.5)	8.9	(0.9)	20.9	(1.2)	29.3	(1.1)	26.2	(1.2)	10.1	(1.1)	1.3	(0.4)
	希腊	5.1	(0.7)	16.2	(1.3)	33.4	(1.5)	31.1	(1.5)	11.9	(0.8)	2.2	(0.5)	0.2	(0.1)
	匈牙利	4.1	(0.8)	13.2	(1.3)	27.3	(1.8)	32.0	(1.5)	18.5	(1.1)	4.5	(0.5)	0.3	(0.2)
	冰岛	6.6	(0.7)	15.8	(1.1)	28.9	(1.3)	27.7	(1.1)	16.4	(1.0)	4.1	(0.8)	0.5	(0.2)
	爱尔兰	2.3	(0.5)	8.2	(1.1)	23.4	(1.4)	31.6	(1.4)	24.7	(1.4)	8.6	(0.8)	1.1	(0.2)
	以色列	8.4	(1.0)	17.9	(1.1)	27.9	(1.3)	27.2	(1.7)	14.6	(1.2)	3.7	(0.5)	0.4	(0.2)
	意大利	4.3	(0.5)	13.5	(0.8)	27.4	(0.8)	31.6	(0.9)	18.4	(0.7)	4.4	(0.4)	0.4	(0.1)
	日本	1.8	(0.4)	6.1	(0.7)	17.6	(1.1)	30.1	(1.4)	29.7	(1.2)	12.6	(1.0)	2.2	(0.4)
	韩国	1.0	(0.3)	4.5	(0.6)	18.5	(1.5)	36.0	(1.2)	30.0	(1.7)	9.4	(1.2)	0.6	(0.2)
	卢森堡	7.4	(0.7)	16.8	(1.2)	25.5	(1.3)	25.4	(0.9)	18.7	(0.8)	5.6	(0.8)	0.7	(0.2)
	墨西哥	12.7	(0.6)	36.1	(0.7)	37.0	(0.7)	12.5	(0.5)	1.6	(0.2)	0.1	(0.0)	0.0	c
	荷兰	3.0	(0.6)	10.0	(1.0)	20.5	(1.4)	29.9	(1.4)	25.6	(1.4)	9.7	(1.1)	1.4	(0.4)
	新西兰	3.6	(0.5)	11.7	(0.9)	23.2	(1.1)	28.1	(1.2)	21.4	(1.1)	9.8	(1.0)	2.1	(0.4)
	挪威	5.2	(0.8)	13.3	(0.9)	24.8	(1.1)	30.5	(1.5)	19.0	(1.2)	6.2	(0.9)	1.1	(0.3)
	波兰	0.9	(0.3)	7.0	(0.8)	22.6	(1.2)	34.2	(1.1)	25.1	(1.2)	8.8	(0.8)	1.4	(0.3)
	葡萄牙	3.9	(0.6)	13.8	(1.3)	28.7	(1.3)	31.8	(1.9)	17.9	(1.4)	3.7	(0.7)	0.2	(0.1)
	斯洛伐克	10.0	(1.2)	16.9	(1.6)	27.2	(1.7)	27.9	(2.2)	14.8	(1.3)	3.0	(0.6)	0.3	(0.2)
	斯洛文尼亚	1.9	(0.3)	8.9	(0.8)	23.9	(1.2)	32.0	(1.2)	23.8	(1.2)	8.1	(0.8)	1.4	(0.4)
	西班牙	3.3	(0.4)	12.3	(0.7)	29.2	(0.9)	33.9	(1.0)	17.8	(0.7)	3.4	(0.4)	0.2	(0.1)
	瑞典	5.5	(0.6)	14.1	(1.0)	27.6	(1.0)	29.6	(1.1)	17.4	(0.9)	5.2	(0.6)	0.6	(0.2)
	瑞士	2.9	(0.4)	9.7	(0.7)	23.6	(1.2)	32.5	(1.1)	23.4	(1.1)	7.2	(0.7)	0.7	(0.2)
	土耳其	3.2	(0.5)	19.4	(1.6)	36.8	(1.8)	27.3	(1.6)	11.6	(1.4)	1.6	(0.4)	0.0	c
	英国	4.7	(0.7)	11.3	(1.0)	23.5	(1.2)	29.2	(1.2)	21.5	(1.0)	8.3	(0.8)	1.5	(0.4)
	美国	3.3	(0.6)	13.0	(1.3)	28.3	(1.5)	30.3	(1.3)	18.3	(1.2)	5.9	(0.7)	1.0	(0.2)
	OECD 总体	4.3	(0.2)	14.3	(0.4)	26.9	(0.4)	28.6	(0.4)	18.8	(0.4)	6.2	(0.3)	0.9	(0.1)
	OECD 平均	4.2	(0.1)	12.7	(0.2)	25.5	(0.2)	30.0	(0.2)	20.2	(0.2)	6.5	(0.1)	0.9	(0.0)
伙伴国家(地区)	阿尔巴尼亚	22.3	(1.2)	28.3	(1.2)	29.9	(1.2)	15.1	(0.8)	4.0	(0.6)	0.3	(0.2)	0.0	c
	阿根廷	18.8	(1.5)	30.7	(1.8)	31.2	(1.4)	16.1	(1.4)	3.0	(0.5)	0.2	(0.1)	0.0	c
	巴西	18.0	(0.9)	36.2	(1.1)	31.0	(1.1)	12.1	(0.9)	2.4	(0.4)	0.3	(0.1)	0.0	c
	保加利亚	11.0	(1.3)	20.7	(1.3)	28.4	(1.3)	24.8	(1.2)	11.7	(1.0)	3.2	(0.6)	0.3	(0.1)
	哥伦比亚	21.9	(1.6)	38.3	(1.4)	30.0	(1.4)	8.6	(1.0)	1.1	(0.3)	0.1	(0.0)	0.0	c
	哥斯达黎加	9.1	(1.1)	32.8	(1.8)	39.8	(1.7)	15.7	(1.2)	2.5	(0.6)	0.1	c	0.0	c
	克罗地亚	2.6	(0.4)	12.5	(0.9)	30.6	(1.2)	33.7	(1.5)	16.8	(1.4)	3.7	(0.8)	0.2	(0.1)
	塞浦路斯	10.3	(0.6)	23.7	(1.0)	34.0	(1.6)	22.6	(1.2)	8.0	(0.6)	1.3	(0.4)	0.1	(0.1)
	中国香港	1.1	(0.4)	4.0	(0.6)	13.2	(1.1)	32.5	(1.5)	35.3	(1.3)	13.1	(1.2)	1.0	(0.3)
	印度尼西亚	23.1	(2.1)	42.8	(1.7)	27.1	(1.8)	6.3	(1.2)	0.6	(0.4)	0.0	c	0.0	c
	约旦	9.7	(0.9)	28.9	(1.3)	38.5	(1.4)	19.3	(1.4)	3.5	(0.6)	0.2	(0.1)	0.0	c
	哈萨克斯坦	9.3	(1.2)	30.0	(1.9)	38.8	(1.6)	18.4	(1.5)	3.3	(0.5)	0.2	(0.1)	0.0	c
	拉脱维亚	1.1	(0.4)	8.3	(1.0)	26.7	(1.4)	37.6	(1.4)	21.9	(1.4)	4.1	(0.6)	0.3	(0.1)
	列支敦士登	1.0	(1.1)	12.0	(3.4)	23.4	(5.8)	28.0	(5.2)	28.5	(4.6)	6.5	(2.3)	0.6	c
	立陶宛	2.4	(0.5)	10.2	(1.2)	27.0	(1.4)	35.6	(1.2)	20.0	(1.1)	4.5	(0.6)	0.3	(0.1)
	中国澳门	0.9	(0.2)	6.3	(0.6)	22.7	(0.9)	38.3	(1.2)	25.9	(1.2)	5.4	(0.6)	0.4	(0.2)
	马来西亚	12.0	(1.0)	30.5	(1.3)	35.5	(1.5)	17.9	(1.3)	3.8	(0.6)	0.3	(0.1)	0.0	c
	黑山	14.7	(0.9)	31.9	(1.2)	32.1	(1.2)	16.7	(0.9)	4.2	(0.7)	0.4	(0.2)	0.0	c
	秘鲁	32.6	(2.2)	36.7	(1.7)	23.1	(1.6)	6.6	(1.1)	0.4	(0.4)	0.0	c	0.0	c
	卡塔尔	26.0	(0.6)	31.1	(0.8)	23.2	(0.9)	12.7	(0.5)	5.5	(0.5)	1.4	(0.2)	0.1	(0.1)
	罗马尼亚	7.8	(1.0)	27.4	(1.5)	35.5	(1.6)	22.5	(1.6)	6.1	(1.1)	0.6	(0.3)	0.0	c
	俄罗斯	2.8	(0.4)	14.2	(0.9)	30.6	(1.1)	32.5	(1.1)	15.7	(1.1)	3.9	(0.6)	0.2	(0.2)
	塞尔维亚	9.6	(1.0)	23.7	(1.4)	33.6	(1.5)	23.7	(1.4)	7.9	(0.8)	1.5	(0.5)	0.1	(0.1)
	中国上海	0.2	(0.1)	2.2	(0.4)	10.3	(1.1)	25.4	(1.2)	36.8	(1.7)	21.6	(1.5)	3.6	(0.6)
	新加坡	1.5	(0.3)	6.6	(0.7)	17.2	(0.9)	25.3	(1.0)	27.7	(1.1)	16.9	(1.2)	4.8	(0.6)
	中国台北	1.1	(0.4)	7.1	(0.6)	22.2	(1.4)	36.1	(1.6)	25.8	(1.4)	7.2	(1.3)	0.5	(0.3)
	泰国	4.9	(0.6)	24.0	(1.5)	39.0	(1.7)	24.2	(1.5)	7.0	(1.0)	1.0	(0.3)	0.1	(0.1)
	突尼斯	20.8	(1.7)	34.5	(1.6)	32.0	(1.7)	11.2	(1.1)	1.5	(0.5)	0.1	(0.1)	0.0	c
	阿联酋	6.8	(1.0)	21.1	(1.2)	32.6	(1.1)	25.8	(1.3)	11.1	(0.8)	2.3	(0.5)	0.2	(0.1)
	乌拉圭	18.4	(1.2)	28.3	(1.1)	30.5	(1.2)	17.1	(1.1)	4.9	(0.6)	0.7	(0.2)	0.0	c
	越南	0.7	(0.3)	5.0	(0.9)	21.1	(1.5)	39.0	(2.0)	27.3	(1.8)	6.0	(0.9)	0.8	(0.3)

第七章附表

附表 7.1 ■ 问题解决素养量表上位于各个精熟度水平的学生百分比

		位于各个精熟度水平的学生百分比												
		1级以下 (＜358.49分)		1级 (≥358.49分， ＜423.42分)		2级 (≥423.42分， ＜488.35分)		3级 (≥488.35分， ＜553.28分)		4级 (≥553.28分， ＜618.21分)		5级 (≥618.21分， ＜683.14分)		6级 (≥683.14分)	
		%	标准误	%	标准误	%	标准误	%	标准误	%	标准误	%	标准误	%	标准误
OECD	澳大利亚	5.0	(0.3)	10.5	(0.5)	19.4	(0.5)	25.8	(0.7)	22.6	(0.5)	12.3	(0.5)	4.4	(0.3)
	奥地利	6.5	(0.9)	11.9	(0.8)	21.8	(1.1)	26.9	(1.2)	21.9	(1.0)	9.0	(0.8)	2.0	(0.4)
	比利时	9.2	(0.6)	11.6	(0.6)	18.3	(0.7)	24.5	(0.6)	22.0	(0.7)	11.4	(0.7)	3.0	(0.3)
	加拿大	5.1	(0.4)	9.6	(0.4)	19.0	(0.6)	25.8	(0.7)	22.9	(0.6)	12.4	(0.6)	5.1	(0.4)
	智利	15.1	(1.3)	23.1	(1.1)	28.6	(1.0)	22.2	(1.0)	8.8	(0.7)	1.9	(0.3)	0.2	(0.1)
	捷克	6.5	(0.7)	11.9	(0.9)	20.7	(1.0)	27.2	(0.9)	21.8	(0.9)	9.5	(0.7)	2.4	(0.3)
	丹麦	7.3	(0.7)	13.1	(0.7)	24.1	(0.8)	27.8	(0.9)	19.0	(1.1)	7.2	(0.7)	1.6	(0.3)
	爱沙尼亚	4.0	(0.5)	11.1	(0.8)	21.8	(0.7)	29.2	(1.0)	22.2	(0.8)	9.5	(0.7)	2.2	(0.3)
	芬兰	4.5	(0.4)	9.9	(0.5)	20.0	(0.9)	27.1	(1.1)	23.5	(0.8)	11.4	(0.6)	3.6	(0.5)
	法国	6.6	(0.9)	9.8	(0.7)	20.5	(0.9)	28.4	(1.1)	22.6	(0.9)	9.9	(0.7)	2.1	(0.3)
	德国	7.5	(0.8)	11.8	(0.9)	20.3	(0.9)	25.6	(1.0)	22.0	(1.0)	10.1	(1.0)	2.7	(0.4)
	匈牙利	17.2	(1.3)	17.8	(0.9)	23.9	(1.2)	22.4	(0.9)	13.0	(1.0)	4.6	(0.7)	1.0	(0.2)
	爱尔兰	7.0	(0.8)	13.3	(0.9)	23.8	(0.8)	27.8	(0.9)	18.8	(0.8)	7.3	(0.6)	2.1	(0.3)
	以色列	21.9	(1.4)	17.0	(0.9)	20.1	(0.8)	18.5	(0.9)	13.7	(0.9)	6.7	(0.8)	2.1	(0.4)
	意大利	5.2	(0.7)	11.1	(1.0)	22.5	(1.0)	28.0	(1.1)	22.3	(1.1)	8.9	(0.9)	1.8	(0.3)
	日本	1.8	(0.4)	5.3	(0.6)	14.6	(0.9)	26.9	(1.1)	29.2	(1.0)	16.9	(1.0)	5.3	(0.7)
	韩国	2.1	(0.3)	4.8	(0.6)	12.9	(0.9)	23.7	(1.0)	28.8	(0.9)	20.0	(1.2)	7.6	(0.9)
	荷兰	7.4	(1.0)	11.2	(1.0)	19.9	(1.2)	26.0	(1.3)	22.0	(1.2)	10.9	(1.0)	2.7	(0.5)
	挪威	8.1	(0.7)	13.2	(0.7)	21.5	(0.8)	24.7	(0.8)	19.4	(0.8)	9.7	(0.7)	3.4	(0.4)
	波兰	10.0	(1.1)	15.7	(1.0)	25.7	(0.9)	26.0	(1.0)	15.7	(1.0)	5.8	(0.7)	1.1	(0.2)
	葡萄牙	6.5	(0.6)	14.1	(0.9)	25.5	(1.0)	28.1	(1.0)	18.4	(0.9)	6.2	(0.6)	1.2	(0.3)
	斯洛伐克	10.7	(1.1)	15.4	(1.1)	24.3	(1.0)	25.6	(1.3)	16.2	(1.2)	6.3	(0.6)	1.6	(0.3)
	斯洛文尼亚	11.4	(0.6)	17.1	(1.0)	25.4	(1.2)	23.7	(0.8)	15.8	(0.8)	5.8	(0.5)	0.9	(0.2)
	西班牙	13.1	(1.2)	15.3	(0.8)	23.6	(0.9)	24.2	(1.0)	15.9	(0.8)	6.2	(0.6)	1.6	(0.3)
	瑞典	8.8	(0.7)	14.6	(0.8)	23.9	(0.9)	26.3	(0.8)	17.6	(0.7)	7.0	(0.5)	1.8	(0.3)
	土耳其	11.0	(1.1)	24.8	(1.3)	31.4	(1.4)	21.2	(1.2)	9.4	(1.1)	2.0	(0.5)	0.2	(0.1)
	英格兰	5.5	(0.8)	10.8	(0.8)	20.2	(1.3)	26.5	(0.9)	22.7	(1.1)	10.9	(0.8)	3.3	(0.6)
	美国	5.7	(0.8)	12.5	(0.9)	22.8	(1.0)	27.0	(1.0)	20.4	(0.9)	8.9	(0.7)	2.7	(0.5)
	OECD平均	8.2	(0.2)	13.2	(0.2)	22.0	(0.2)	25.6	(0.2)	19.6	(0.2)	8.9	(0.1)	2.5	(0.1)
伙伴国家（地区）	巴西	21.9	(1.6)	25.4	(1.4)	26.9	(1.3)	17.4	(1.4)	6.6	(0.8)	1.5	(0.3)	0.4	(0.2)
	保加利亚	33.3	(1.9)	23.3	(1.1)	22.1	(1.0)	14.1	(0.8)	5.6	(0.7)	1.4	(0.3)	0.2	(0.1)
	哥伦比亚	33.2	(1.7)	28.3	(1.1)	22.2	(0.9)	11.3	(0.8)	3.9	(0.5)	0.9	(0.2)	0.2	(0.1)
	克罗地亚	12.0	(1.0)	20.2	(1.0)	26.8	(1.2)	22.9	(1.1)	13.2	(1.1)	4.0	(0.6)	0.8	(0.3)
	塞浦路斯[1,2]	19.6	(0.6)	20.9	(0.6)	25.5	(0.8)	20.4	(0.9)	10.1	(0.6)	3.0	(0.3)	0.5	(0.1)
	中国香港	3.3	(0.5)	7.1	(0.7)	16.3	(0.8)	27.4	(1.4)	26.5	(1.0)	14.2	(1.1)	5.1	(0.6)
	中国澳门	1.6	(0.2)	6.0	(0.4)	17.5	(0.6)	29.5	(0.8)	28.9	(0.9)	13.8	(0.6)	2.8	(0.3)
	马来西亚	22.7	(1.5)	27.8	(1.2)	27.8	(1.2)	15.7	(0.9)	5.2	(0.6)	0.8	(0.2)	0.1	(0.0)
	黑山	30.0	(0.8)	26.8	(0.8)	23.9	(1.0)	13.8	(0.7)	4.6	(0.4)	0.7	(0.2)	0.1	(0.1)
	俄罗斯联邦	6.8	(0.7)	15.4	(1.1)	27.0	(0.9)	27.9	(1.2)	15.7	(0.9)	5.9	(0.7)	1.4	(0.3)
	塞尔维亚	10.0	(1.0)	18.3	(0.8)	26.7	(1.4)	25.8	(1.1)	14.3	(0.8)	4.1	(0.4)	0.6	(0.2)
	中国上海	3.1	(0.5)	7.5	(0.6)	17.5	(0.8)	27.4	(1.1)	26.2	(1.0)	14.1	(0.9)	4.1	(0.6)
	新加坡	2.0	(0.2)	6.0	(0.4)	13.8	(0.6)	21.9	(0.7)	27.0	(1.0)	19.7	(0.7)	9.6	(0.4)
	中国台北	3.4	(0.6)	8.2	(0.6)	17.8	(0.7)	26.3	(1.0)	25.9	(1.0)	14.6	(0.7)	3.8	(0.4)
	阿联酋	30.3	(1.2)	24.6	(0.8)	22.0	(0.7)	14.2	(0.6)	6.4	(0.4)	2.1	(0.2)	0.4	(0.1)
	乌拉圭	32.4	(1.6)	25.6	(1.0)	22.4	(1.0)	13.2	(0.7)	5.3	(0.5)	1.1	(0.2)	0.1	(0.1)

附表 7.1 ■ 问题解决素养量表上位于各个精熟度水平的学生百分比(续表 1)

		位于各个精熟度水平及以上的学生百分比										
		1级及以上 (≥358.49分)		2级及以上 (≥423.42分)		3级及以上 (≥488.35分)		4级及以上 (≥553.28分)		5级及以上 (≥618.21分)		6级 (≥683.14分)	
		%	标准误	%	标准误	%	标准误	%	标准误	%	标准误	%	标准误
OECD	澳大利亚	95.0	(0.3)	84.5	(0.6)	65.1	(0.8)	39.3	(0.8)	16.7	(0.6)	4.4	(0.3)
	奥地利	93.5	(0.9)	81.6	(1.3)	59.7	(1.6)	32.9	(1.5)	10.9	(1.0)	2.0	(0.4)
	比利时	90.8	(0.6)	79.2	(0.9)	60.9	(1.0)	36.4	(1.0)	14.4	(0.8)	3.0	(0.3)
	加拿大	94.9	(0.4)	85.3	(0.7)	66.3	(0.9)	40.5	(1.0)	17.5	(0.8)	5.1	(0.4)
	智利	84.9	(1.3)	61.7	(1.8)	33.1	(1.6)	10.9	(0.9)	2.1	(0.3)	0.2	(0.1)
	捷克	93.5	(0.7)	81.6	(1.1)	60.9	(1.5)	33.7	(1.3)	11.9	(0.8)	2.4	(0.3)
	丹麦	92.7	(0.7)	79.6	(1.1)	55.6	(1.3)	27.7	(1.2)	8.7	(0.8)	1.6	(0.3)
	爱沙尼亚	96.0	(0.5)	84.9	(1.0)	63.1	(1.2)	34.0	(1.1)	11.8	(0.8)	2.2	(0.3)
	芬兰	95.5	(0.4)	85.7	(0.7)	65.6	(1.1)	38.5	(1.3)	15.0	(1.0)	3.6	(0.5)
	法国	93.4	(0.9)	83.5	(1.1)	63.1	(1.3)	34.6	(1.4)	12.0	(0.9)	2.1	(0.3)
	德国	92.5	(0.8)	80.8	(1.4)	60.5	(1.5)	34.8	(1.4)	12.8	(1.1)	2.7	(0.4)
	匈牙利	82.8	(1.3)	65.0	(1.5)	41.1	(1.6)	18.6	(1.4)	5.6	(0.8)	1.0	(0.2)
	爱尔兰	93.0	(0.8)	79.7	(1.1)	55.9	(1.4)	28.1	(1.2)	9.4	(0.7)	2.1	(0.3)
	以色列	78.1	(1.4)	61.1	(1.8)	41.0	(1.9)	22.5	(1.6)	8.8	(1.0)	2.1	(0.4)
	意大利	94.8	(0.7)	83.6	(1.5)	61.1	(1.9)	33.1	(1.5)	10.8	(1.1)	1.8	(0.3)
	日本	98.2	(0.4)	92.9	(0.8)	78.3	(1.3)	51.5	(1.6)	22.3	(1.2)	5.3	(0.7)
	韩国	97.9	(0.3)	93.1	(0.8)	80.2	(1.5)	56.5	(2.0)	27.6	(1.7)	7.6	(0.9)
	荷兰	92.6	(1.0)	81.5	(1.5)	61.6	(1.9)	35.6	(2.0)	13.6	(1.2)	2.7	(0.5)
	挪威	91.9	(0.7)	78.7	(1.1)	57.2	(1.3)	32.5	(1.3)	13.1	(0.9)	3.4	(0.4)
	波兰	90.0	(1.1)	74.3	(1.7)	48.5	(1.9)	22.5	(1.5)	6.9	(0.8)	1.1	(0.2)
	葡萄牙	93.5	(0.6)	79.4	(1.3)	54.0	(1.8)	25.8	(1.4)	7.4	(0.6)	1.2	(0.3)
	斯洛伐克	89.3	(1.1)	73.9	(1.6)	49.7	(1.6)	24.0	(1.4)	7.8	(0.8)	1.6	(0.5)
	斯洛文尼亚	88.6	(0.6)	71.5	(1.0)	46.1	(0.9)	22.4	(0.7)	6.6	(0.5)	0.9	(0.2)
	西班牙	86.9	(1.2)	71.5	(1.4)	48.0	(1.5)	23.7	(1.3)	7.8	(0.7)	1.6	(0.3)
	瑞典	91.2	(0.7)	76.5	(1.1)	52.6	(1.3)	26.3	(1.0)	8.8	(0.6)	1.8	(0.3)
	土耳其	89.0	(1.1)	64.2	(1.9)	32.8	(2.2)	11.6	(1.5)	2.2	(0.5)	0.2	(0.1)
	英格兰	94.5	(0.8)	83.6	(1.3)	63.5	(1.8)	37.0	(1.6)	14.3	(1.1)	3.3	(0.6)
	美国	94.3	(0.8)	81.8	(1.3)	59.0	(1.8)	32.0	(1.5)	11.6	(1.0)	2.7	(0.5)
	OECD平均	91.8	(0.2)	78.6	(0.2)	56.6	(0.3)	31.0	(0.3)	11.4	(0.2)	2.5	(0.1)
伙伴国家(地区)	巴西	78.1	(1.6)	52.7	(2.3)	25.8	(2.2)	8.4	(1.0)	1.8	(0.4)	0.4	(0.2)
	保加利亚	66.7	(1.9)	43.3	(1.9)	21.3	(1.5)	7.2	(1.0)	1.6	(0.4)	0.2	(0.1)
	哥伦比亚	66.8	(1.7)	38.5	(1.6)	16.4	(1.2)	5.0	(0.6)	1.2	(0.3)	0.2	(0.1)
	克罗地亚	88.0	(1.0)	67.7	(1.6)	40.9	(1.9)	18.0	(1.5)	4.7	(0.7)	0.8	(0.2)
	塞浦路斯[1,2]	80.4	(0.6)	59.6	(0.8)	34.1	(0.9)	13.7	(0.6)	3.6	(0.3)	0.5	(0.2)
	中国香港	96.7	(0.5)	89.6	(1.1)	73.2	(1.7)	45.8	(1.8)	19.3	(1.3)	5.1	(0.6)
	中国澳门	98.4	(0.2)	92.5	(0.5)	75.0	(0.6)	45.5	(0.7)	16.6	(0.6)	2.8	(0.3)
	马来西亚	77.3	(1.5)	49.5	(1.8)	21.8	(1.4)	6.1	(0.8)	0.9	(0.2)	0.1	(0.1)
	黑山	70.0	(0.8)	43.2	(0.9)	19.3	(0.7)	5.5	(0.4)	0.8	(0.2)	0.1	(0.1)
	俄罗斯联邦	93.2	(0.7)	77.9	(1.5)	50.9	(1.5)	23.0	(1.4)	7.3	(0.9)	1.4	(0.3)
	塞尔维亚	89.7	(1.0)	71.5	(1.5)	44.8	(1.6)	19.0	(1.0)	4.7	(0.4)	0.6	(0.1)
	中国上海	96.9	(0.5)	89.4	(0.9)	71.9	(1.4)	44.4	(1.6)	18.3	(1.3)	4.1	(0.6)
	新加坡	98.0	(0.2)	92.0	(0.4)	78.2	(0.6)	56.3	(0.8)	29.3	(0.8)	9.6	(0.4)
	中国台北	96.6	(0.6)	88.4	(0.9)	70.5	(1.3)	44.2	(1.3)	18.3	(0.9)	3.8	(0.4)
	阿联酋	69.7	(1.2)	45.2	(1.1)	23.2	(0.9)	9.0	(0.5)	2.5	(0.2)	0.4	(0.1)
	乌拉圭	67.6	(1.6)	42.1	(1.5)	19.7	(1.1)	6.5	(0.6)	1.2	(0.2)	0.1	(0.1)

1. 土耳其提供的注释:本文中塞浦路斯指岛的南部。岛上没有一个统一的当局代表土耳其和希腊塞浦路斯人,土耳其承认北塞浦路斯土耳其共和国(TRNC),土耳其将保留对塞浦路斯问题的看法,直到在联合国背景下作出持久和公平的决定。

2. 欧盟和OECD的欧盟成员国提供的注释:除土耳其外,联合国所有成员均承认塞浦路斯共和国,文中塞浦路斯指的是在塞浦路斯共和国有效控制下的区域。

附表 7.2 ■ 问题解决量表上学生的平均分、标准差和百分位数分布

		平均值		标准差		百分位数									
						第5百分位		第10百分位		第25百分位		第50百分位（中位数）		75百分位	
		平均分	标准误	标准差	标准误	分数	标准误	分数	标准误	分数	标准误	分数	标准误	分数	标准误
OECD	澳大利亚	523	(1.9)	97	(1.0)	358	(3.5)	396	(2.7)	459	(2.4)	526	(2.3)	591	(2.2)
	奥地利	506	(3.6)	94	(2.9)	345	(8.7)	384	(6.8)	446	(4.6)	511	(3.8)	572	(3.7)
	比利时	508	(2.5)	106	(1.8)	317	(6.8)	364	(4.8)	441	(3.4)	518	(2.7)	583	(2.6)
	加拿大	526	(2.4)	100	(1.7)	357	(4.3)	398	(3.8)	462	(3.1)	530	(2.5)	594	(2.8)
	智利	448	(3.7)	86	(1.7)	304	(5.7)	337	(5.5)	390	(4.8)	450	(3.8)	507	(3.5)
	捷克	509	(3.1)	95	(2.0)	344	(6.6)	384	(5.7)	447	(4.5)	515	(3.7)	575	(2.9)
	丹麦	497	(2.9)	92	(1.9)	339	(5.7)	377	(5.2)	438	(3.8)	500	(3.3)	560	(3.3)
	爱沙尼亚	515	(2.5)	88	(1.5)	368	(4.2)	400	(4.6)	458	(3.4)	517	(2.8)	576	(3.1)
	芬兰	523	(2.3)	93	(1.2)	364	(4.8)	401	(3.1)	462	(3.0)	526	(2.6)	587	(3.1)
	法国	511	(3.4)	96	(4.1)	340	(10.5)	387	(6.8)	455	(4.1)	518	(3.4)	577	(3.5)
	德国	509	(3.6)	99	(2.5)	335	(7.0)	377	(6.9)	444	(5.3)	516	(3.6)	579	(4.0)
	匈牙利	459	(4.0)	104	(2.7)	277	(8.4)	319	(8.8)	391	(6.1)	465	(4.4)	532	(5.4)
	爱尔兰	498	(3.2)	93	(2.0)	340	(6.5)	378	(5.0)	438	(4.0)	501	(3.1)	562	(3.5)
	以色列	454	(5.5)	123	(3.2)	242	(10.6)	291	(7.8)	372	(6.2)	460	(6.4)	543	(6.2)
	意大利	510	(4.0)	91	(2.1)	356	(7.2)	394	(5.8)	451	(5.2)	514	(4.9)	572	(4.5)
	日本	552	(3.1)	85	(1.9)	405	(6.5)	441	(5.5)	498	(3.8)	556	(3.4)	610	(3.4)
	韩国	561	(4.3)	91	(1.8)	406	(6.6)	443	(5.9)	505	(5.1)	568	(4.5)	625	(4.6)
	荷兰	511	(4.4)	99	(3.0)	336	(8.6)	378	(8.5)	448	(5.9)	517	(4.9)	581	(4.8)
	挪威	503	(3.3)	103	(1.9)	328	(6.7)	370	(4.9)	436	(3.9)	507	(3.5)	574	(3.8)
	波兰	481	(4.4)	96	(3.4)	318	(8.9)	358	(6.3)	421	(5.4)	485	(4.3)	546	(4.6)
	葡萄牙	494	(3.6)	88	(1.6)	345	(5.5)	381	(4.3)	436	(4.2)	497	(4.3)	555	(3.7)
	斯洛伐克	483	(3.6)	98	(2.7)	314	(7.1)	354	(6.2)	420	(4.8)	487	(3.9)	550	(4.2)
	斯洛文尼亚	476	(1.5)	97	(1.3)	310	(5.4)	350	(3.8)	413	(3.0)	479	(2.4)	545	(2.3)
	西班牙	477	(4.1)	104	(2.9)	292	(10.4)	338	(7.8)	411	(5.3)	483	(3.8)	549	(3.9)
	瑞典	491	(2.9)	96	(1.8)	328	(7.6)	365	(4.0)	428	(3.7)	494	(3.2)	557	(2.9)
	土耳其	454	(4.0)	79	(2.2)	328	(4.5)	354	(4.3)	399	(4.0)	451	(4.3)	508	(5.7)
	英格兰	517	(4.2)	97	(2.4)	352	(9.2)	391	(6.0)	455	(5.7)	522	(4.8)	584	(4.1)
	美国	508	(3.9)	93	(2.3)	352	(7.1)	388	(6.0)	446	(4.9)	510	(4.2)	571	(4.1)
	OECD平均	500	(0.7)	96	(0.4)	336	(1.4)	375	(1.1)	438	(0.9)	504	(0.7)	567	(0.7)
伙伴国家（地区）	巴西	428	(4.7)	92	(2.4)	276	(7.1)	311	(5.7)	368	(5.5)	429	(5.2)	490	(6.3)
	保加利亚	402	(5.1)	107	(3.5)	220	(10.2)	263	(8.6)	331	(6.1)	405	(5.5)	476	(5.3)
	哥伦比亚	399	(3.5)	92	(2.0)	253	(5.4)	284	(4.9)	337	(4.3)	397	(3.7)	459	(4.1)
	克罗地亚	466	(3.9)	92	(2.0)	314	(5.6)	349	(4.9)	404	(4.0)	465	(4.2)	530	(4.6)
	塞浦路斯[1,2]	445	(1.4)	99	(1.0)	278	(4.3)	315	(2.8)	378	(2.4)	447	(1.8)	513	(2.7)
	中国香港	540	(3.9)	92	(2.2)	379	(6.7)	421	(6.7)	483	(5.6)	544	(4.2)	601	(3.7)
	中国澳门	540	(1.0)	79	(0.8)	405	(3.3)	437	(3.0)	488	(1.5)	544	(1.7)	595	(1.6)
	马来西亚	422	(3.5)	84	(2.0)	287	(4.7)	315	(4.5)	364	(4.2)	422	(4.1)	479	(4.1)
	黑山	407	(1.2)	92	(1.1)	256	(4.3)	289	(3.1)	344	(2.5)	407	(2.2)	470	(2.2)
	俄罗斯联邦	489	(3.4)	88	(2.0)	345	(4.7)	377	(4.8)	431	(4.0)	490	(3.5)	547	(4.1)
	塞尔维亚	473	(3.1)	89	(1.9)	322	(6.4)	357	(6.1)	414	(4.3)	476	(3.8)	535	(3.4)
	中国上海	536	(3.3)	90	(2.2)	381	(7.0)	419	(5.7)	479	(3.9)	541	(3.5)	599	(3.9)
	新加坡	562	(1.2)	95	(1.0)	398	(3.0)	436	(2.9)	500	(2.0)	568	(2.1)	629	(1.9)
	中国台北	534	(2.9)	91	(1.9)	377	(6.7)	414	(5.1)	475	(4.1)	540	(3.3)	601	(2.9)
	阿联酋	411	(2.8)	106	(1.8)	237	(5.9)	277	(5.3)	342	(3.6)	411	(2.9)	482	(3.1)
	乌拉圭	403	(3.5)	97	(2.0)	244	(5.9)	279	(5.1)	337	(4.7)	403	(3.9)	470	(3.9)

附表 7.2 ■ 问题解决量表上学生的平均分、标准差和百分位数分布(续表 1)

		百分位数				成绩差异范围							
		第 90 百分位		第 95 百分位		四分位间差异(第 75 百分位—第 25 百分位)		十分位间差异(第 90 分位—第 10 百分位)		高端差异(第 90 百分位—第 50 百分位)		低端差异(第 50 百分位—第 10 百分位)	
		分数	标准误	分数	标准误	Range	S.E.	Range	S.E.	Range	S.E.	Range	S.E.
OECD	澳大利亚	646	(2.3)	677	(2.8)	132	(2.1)	251	(3.0)	121	(2.2)	130	(2.8)
	奥地利	623	(4.4)	650	(4.9)	126	(4.5)	239	(7.3)	111	(4.0)	128	(5.7)
	比利时	637	(2.5)	665	(3.3)	143	(3.2)	272	(5.3)	119	(2.5)	153	(4.5)
	加拿大	649	(3.3)	684	(4.4)	132	(3.0)	251	(4.1)	120	(2.4)	131	(3.1)
	智利	557	(4.2)	587	(4.0)	118	(3.8)	220	(5.7)	107	(3.4)	114	(4.2)
	捷克	626	(4.0)	656	(3.8)	128	(4.0)	243	(6.6)	111	(3.8)	132	(5.0)
	丹麦	611	(4.5)	641	(4.9)	122	(3.7)	234	(6.3)	111	(5.0)	123	(4.7)
	爱沙尼亚	626	(3.7)	654	(4.0)	118	(3.5)	225	(4.7)	109	(4.2)	117	(4.1)
	芬兰	640	(3.6)	671	(3.9)	125	(3.8)	239	(3.8)	114	(3.6)	125	(3.1)
	法国	626	(3.8)	653	(4.8)	122	(4.4)	239	(7.4)	108	(3.4)	131	(6.6)
	德国	629	(4.3)	659	(5.8)	135	(4.8)	252	(7.3)	113	(3.6)	139	(5.9)
	匈牙利	591	(5.5)	622	(5.8)	141	(7.1)	272	(9.5)	126	(4.7)	145	(8.2)
	爱尔兰	615	(3.8)	647	(4.6)	124	(3.6)	237	(5.1)	113	(2.7)	123	(4.0)
	以色列	611	(6.7)	647	(7.5)	172	(5.0)	320	(8.8)	151	(5.3)	168	(6.9)
	意大利	621	(4.6)	649	(5.5)	121	(4.3)	227	(6.6)	107	(3.5)	121	(4.9)
	日本	658	(3.7)	685	(4.4)	112	(3.2)	216	(5.7)	102	(3.1)	115	(4.2)
	韩国	672	(4.4)	698	(5.1)	120	(3.6)	228	(5.6)	104	(3.5)	124	(4.5)
	荷兰	633	(4.8)	662	(5.1)	133	(6.0)	256	(9.0)	116	(4.0)	139	(7.6)
	挪威	633	(4.3)	665	(6.0)	138	(3.5)	262	(5.8)	126	(3.3)	136	(4.8)
	波兰	600	(4.8)	632	(6.0)	125	(4.1)	242	(6.6)	115	(3.7)	126	(4.9)
	葡萄牙	604	(4.2)	633	(5.4)	119	(3.7)	223	(4.8)	107	(3.9)	116	(3.2)
	斯洛伐克	606	(5.2)	639	(6.9)	131	(4.6)	251	(7.8)	118	(5.6)	133	(5.1)
	斯洛文尼亚	599	(2.8)	628	(3.7)	132	(3.5)	249	(4.5)	120	(3.4)	129	(4.0)
	西班牙	605	(4.3)	638	(5.0)	138	(4.3)	267	(7.8)	122	(3.5)	145	(6.3)
	瑞典	612	(3.7)	643	(4.4)	129	(3.1)	247	(4.7)	117	(4.0)	130	(3.6)
	土耳其	560	(6.8)	590	(8.0)	109	(4.7)	206	(7.0)	109	(4.9)	97	(3.8)
	英格兰	636	(4.5)	667	(5.0)	129	(4.8)	245	(6.2)	114	(4.1)	131	(4.3)
	美国	626	(4.4)	658	(5.3)	126	(4.2)	237	(6.3)	116	(3.6)	121	(5.0)
	OECD 平均	620	(0.8)	650	(1.0)	129	(0.8)	245	(1.2)	115	(0.7)	129	(0.9)
伙伴国家 (地区)	巴西	545	(5.6)	575	(5.6)	122	(4.1)	234	(6.1)	116	(4.0)	118	(5.0)
	保加利亚	535	(7.1)	571	(7.6)	145	(5.5)	272	(10.2)	131	(6.1)	142	(6.7)
	哥伦比亚	517	(5.2)	553	(5.6)	122	(3.8)	233	(6.3)	120	(4.4)	112	(3.9)
	克罗地亚	585	(5.1)	616	(6.2)	126	(3.5)	237	(5.9)	120	(4.4)	117	(4.4)
	塞浦路斯[1,2]	571	(2.8)	604	(3.5)	135	(3.1)	256	(4.0)	124	(3.1)	132	(3.3)
	中国香港	654	(4.1)	684	(4.9)	119	(4.4)	234	(6.7)	110	(4.2)	123	(5.2)
	中国澳门	640	(2.1)	664	(2.2)	107	(2.1)	203	(3.1)	95	(2.5)	108	(3.2)
	马来西亚	531	(5.0)	561	(6.0)	115	(3.8)	217	(5.6)	109	(3.9)	108	(3.4)
	黑山	526	(3.8)	556	(3.4)	126	(3.3)	237	(4.4)	118	(4.6)	118	(3.8)
	俄罗斯联邦	602	(6.1)	635	(5.9)	116	(3.8)	224	(6.6)	112	(4.6)	113	(4.0)
	塞尔维亚	586	(3.4)	616	(3.4)	122	(4.0)	229	(6.4)	111	(3.4)	119	(5.4)
	中国上海	648	(4.7)	676	(4.9)	120	(4.0)	229	(7.1)	107	(3.5)	121	(5.0)
	新加坡	681	(2.1)	710	(3.4)	130	(2.4)	244	(3.5)	113	(2.9)	131	(3.4)
	中国台北	646	(3.2)	674	(3.2)	126	(3.5)	232	(5.4)	107	(3.5)	125	(4.3)
	阿联酋	546	(3.3)	584	(3.8)	139	(3.5)	269	(5.7)	135	(3.4)	134	(4.4)
	乌拉圭	530	(4.3)	566	(6.0)	134	(4.3)	250	(6.3)	126	(4.0)	124	(4.1)

1. 土耳其提供的注释:本文中塞浦路斯指岛的南部。岛上没有一个统一的当局代表土耳其和希腊塞浦路斯人,土耳其承认北塞浦路斯土耳其共和国(TRNC),土耳其将保留对塞浦路斯问题的看法,直到在联合国背景下作出持久和公平的决定。

2. 欧盟和 OECD 的欧盟成员国提供的注释:除土耳其外,联合国所有成员均承认塞浦路斯共和国,文中塞浦路斯指的是在塞浦路斯共和国有效控制下的区域。

附表 7.3 ■ 问题解决和其他课程领域达到高水平(5级和6级)的学生比例

| | | 15岁学生中： | | | | | | | 问题解决为高水平的学生中数学也是高水平的学生比例 | | 问题解决为高水平的学生中阅读也是高水平的学生比例 | | 问题解决为高水平的学生中科学也是高水平的学生比例 | |
| | | 在数学、阅读、科学和问题解决四个领域中任何一个领域都不是高水平 | | 至少在一个学科领域为高水平，但问题解决不是高水平 | | 问题解决为高水平，但是其他任何学科领域不是高水平 | | 问题解决为高水平，并且至少在其他一个领域为高水平 | | | | | | | |
		%	标准误	%	标准误	%	标准误	%	标准误	%	标准误	%	标准误	%	标准误
OECD	澳大利亚	75.6	(0.8)	7.7	(0.4)	4.7	(0.4)	12.0	(0.5)	61.3	(2.0)	47.1	(2.0)	54.9	(1.8)
	奥地利	80.8	(1.1)	8.2	(0.7)	3.0	(0.4)	8.0	(0.7)	66.8	(2.9)	31.8	(3.5)	42.8	(3.3)
	比利时	74.1	(0.7)	11.5	(0.6)	3.5	(0.4)	10.8	(0.6)	70.8	(2.5)	47.4	(2.7)	43.3	(2.5)
	加拿大	72.6	(0.9)	9.9	(0.4)	5.5	(0.4)	12.0	(0.6)	57.7	(2.1)	44.5	(1.8)	43.9	(2.0)
	智利	96.7	(0.4)	1.2	(0.2)	1.1	(0.2)	1.0	(0.2)	40.0	(5.3)	12.8	(3.4)	22.9	(4.5)
	捷克	81.9	(0.9)	6.2	(0.5)	2.9	(0.5)	9.0	(0.7)	70.3	(3.2)	34.9	(2.6)	45.0	(3.1)
	丹麦	84.3	(0.7)	6.9	(0.7)	3.2	(0.5)	5.6	(0.7)	55.9	(4.7)	30.9	(3.1)	42.4	(4.3)
	爱沙尼亚	78.4	(0.8)	9.9	(0.7)	2.5	(0.4)	9.3	(0.7)	69.8	(2.5)	41.5	(3.9)	62.1	(3.2)
	芬兰	73.1	(0.8)	11.9	(0.8)	3.0	(0.4)	12.0	(0.8)	66.1	(2.5)	49.5	(2.0)	65.4	(2.4)
	法国	78.8	(1.0)	9.2	(0.7)	2.5	(0.4)	9.5	(0.8)	67.4	(2.7)	55.3	(3.5)	44.9	(3.4)
	德国	76.6	(1.2)	10.6	(0.8)	2.9	(0.4)	9.9	(0.8)	72.2	(2.9)	39.0	(2.7)	53.3	(3.6)
	匈牙利	86.9	(1.2)	7.5	(0.8)	1.5	(0.4)	4.1	(0.6)	67.8	(5.8)	42.0	(5.3)	50.7	(4.7)
	爱尔兰	80.5	(0.8)	10.1	(0.7)	2.6	(0.4)	6.8	(0.5)	59.0	(3.5)	52.0	(3.1)	57.2	(3.5)
	以色列	83.6	(1.3)	7.6	(0.7)	2.2	(0.4)	6.6	(0.8)	63.5	(3.0)	51.7	(3.8)	44.3	(3.4)
	意大利	81.7	(1.2)	7.6	(0.7)	4.6	(0.6)	6.2	(0.5)	49.4	(3.7)	27.3	(3.7)	34.3	(4.2)
	日本	63.7	(1.6)	14.1	(0.8)	6.3	(0.6)	16.0	(1.1)	62.9	(2.4)	47.0	(2.5)	50.7	(2.3)
	韩国	61.0	(2.0)	11.3	(0.8)	6.7	(0.7)	20.9	(1.5)	73.5	(2.1)	40.3	(2.5)	34.1	(2.7)
	荷兰	75.4	(1.3)	11.0	(0.8)	2.1	(0.5)	11.5	(1.0)	79.1	(2.7)	45.1	(3.9)	57.3	(4.1)
	挪威	79.9	(1.0)	7.0	(0.6)	5.2	(0.8)	7.9	(0.6)	46.9	(3.8)	42.5	(4.2)	36.9	(3.3)
	波兰	78.7	(1.4)	14.4	(1.0)	1.1	(0.3)	5.7	(0.7)	75.8	(4.0)	57.3	(4.2)	61.9	(5.1)
	葡萄牙	84.8	(1.0)	7.8	(0.6)	2.3	(0.5)	5.1	(0.6)	64.9	(4.5)	34.3	(4.8)	32.5	(4.0)
	斯洛伐克	86.1	(1.0)	6.1	(0.7)	1.8	(0.4)	6.0	(0.8)	74.5	(4.8)	32.3	(5.4)	42.4	(6.4)
	斯洛文尼亚	82.6	(0.6)	10.8	(0.5)	1.4	(0.4)	5.3	(0.4)	74.4	(3.1)	34.9	(3.8)	60.1	(3.4)
	西班牙	86.1	(0.8)	6.1	(0.6)	3.4	(0.4)	4.4	(0.4)	46.6	(3.3)	28.8	(3.3)	28.5	(2.8)
	瑞典	84.4	(0.9)	6.8	(0.8)	3.2	(0.4)	5.6	(0.4)	52.3	(3.8)	41.3	(3.8)	38.6	(3.2)
	土耳其	91.7	(1.4)	6.1	(1.0)	0.3	(0.1)	1.8	(0.5)	76.2	(7.2)	49.3	(9.9)	30.1	(5.6)
	英格兰	78.9	(1.3)	6.8	(0.6)	4.4	(0.5)	9.8	(0.9)	59.0	(3.1)	41.7	(3.6)	52.8	(3.2)
	美国	83.9	(1.0)	4.5	(0.5)	4.1	(0.4)	7.5	(0.7)	54.6	(2.9)	45.1	(2.8)	46.9	(3.1)
	OECD平均	80.1	(0.2)	8.5	(0.1)	3.1	(0.1)	8.2	(0.1)	63.5	(0.7)	41.0	(0.7)	45.7	(0.7)
伙伴国家(地区)	巴西	97.6	(0.5)	0.6	(0.2)	1.1	(0.2)	0.7	(0.2)	34.1	(8.4)	14.5	(5.9)	12.0	(5.4)
	保加利亚	92.6	(0.9)	5.8	(0.7)	0.3	(0.1)	1.2	(0.3)	65.5	(8.2)	50.1	(8.8)	54.1	(12.0)
	哥伦比亚	98.6	(0.3)	0.3	(0.1)	0.9	(0.2)	0.3	(0.1)	17.6	(7.0)	9.3	(6.1)	6.8	(4.0)
	克罗地亚	89.5	(1.3)	5.8	(0.7)	1.1	(0.2)	3.6	(0.6)	70.3	(5.5)	36.3	(4.8)	46.1	(6.7)
	塞浦路斯[1,2]	92.4	(0.5)	4.0	(0.4)	1.4	(0.2)	2.2	(0.2)	49.4	(4.4)	36.4	(4.9)	28.5	(6.2)
	中国香港	60.2	(1.5)	20.5	(1.1)	3.4	(0.4)	15.9	(1.1)	79.8	(2.2)	48.9	(3.2)	49.4	(3.1)
	中国澳门	70.8	(0.6)	12.6	(0.5)	4.0	(0.4)	12.6	(0.4)	74.9	(2.3)	26.5	(1.7)	28.3	(1.8)
	马来西亚	98.1	(0.4)	1.0	(0.2)	0.4	(0.1)	0.5	(0.2)	50.7	(9.5)	4.4	(3.3)	20.8	(8.3)
	黑山	97.8	(0.3)	1.4	(0.2)	0.4	(0.1)	0.4	(0.1)	39.4	(11.9)	21.3	(11.1)	18.4	(9.7)
	俄罗斯联邦	86.8	(1.1)	5.9	(0.7)	3.0	(0.3)	4.2	(0.4)	50.0	(4.5)	32.1	(3.8)	31.3	(4.0)
	塞尔维亚	92.5	(0.7)	2.7	(0.5)	1.9	(0.3)	2.8	(0.4)	53.0	(6.9)	24.9	(4.8)	23.8	(4.6)
	中国上海	43.6	(1.4)	38.1	(1.5)	0.3	(0.1)	17.9	(1.3)	98.0	(0.7)	71.7	(2.3)	75.1	(2.0)
	新加坡	54.2	(0.7)	16.5	(0.6)	4.3	(0.4)	25.0	(0.7)	84.1	(1.2)	50.2	(1.5)	57.0	(1.7)
	中国台北	61.3	(1.3)	20.4	(1.0)	1.2	(0.3)	17.1	(0.9)	93.0	(1.1)	43.7	(2.6)	35.3	(2.2)
	阿联酋	94.3	(0.4)	3.2	(0.3)	0.8	(0.1)	1.7	(0.2)	54.9	(3.7)	36.8	(4.5)	46.6	(4.0)
	乌拉圭	97.2	(0.5)	1.6	(0.3)	0.5	(0.1)	0.6	(0.2)	44.7	(9.0)	23.8	(5.7)	28.0	(9.6)

1. 土耳其提供的注释：本文中塞浦路斯指岛的南部。岛上没有一个统一的当局代表土耳其和希腊塞浦路斯人，土耳其承认北塞浦路斯土耳其共和国(TRNC)，土耳其将保留对塞浦路斯问题的看法，直到在联合国背景下作出持久和公平的决定。

2. 欧盟和OECD的欧盟成员国提供的注释：除土耳其外，联合国所有成员均承认塞浦路斯共和国，文中塞浦路斯指的是在塞浦路斯共和国有效控制下的区域。

附表 7.4 ■ 按问题情境区分的问题解决成绩

| | | 平均的满分率 | | | | | 与成功完成所有其他任务相比，成功完成互动任务的相对可能性 (OECD平均＝1.00) | | | |
| | | 所有试题 (42题) | | 静态问题情境的试题 (15题) | | 互动问题情境的试题 (27题) | | 解释了试题本效应后[1] | | 解释了试题本和国家(地区)特定的回答类型效应后[2] | |
		%	标准误	%	标准误	%	标准误	优势比	标准误	优势比	标准误
OECD	澳大利亚	50.9	(0.4)	52.8	(0.5)	49.9	(0.5)	1.03	(0.02)	1.02	(0.02)
	奥地利	44.9	(0.8)	48.3	(1.0)	43.0	(0.8)	**0.93**	(0.03)	**0.93**	(0.03)
	比利时	46.4	(0.5)	48.3	(0.6)	45.4	(0.6)	1.03	(0.02)	1.02	(0.02)
	加拿大	51.3	(0.6)	52.7	(0.7)	50.5	(0.7)	**1.06**	(0.02)	**1.05**	(0.02)
	智利	32.9	(0.8)	34.9	(0.9)	31.8	(0.8)	1.01	(0.02)	1.01	(0.03)
	捷克	45.0	(0.7)	46.2	(0.8)	44.4	(0.7)	1.02	(0.02)	1.02	(0.02)
	丹麦	44.3	(0.8)	47.9	(0.8)	42.3	(0.8)	**0.92**	(0.02)	**0.91**	(0.02)
	爱沙尼亚	47.1	(0.7)	49.7	(0.8)	45.6	(0.8)	0.98	(0.03)	0.97	(0.03)
	芬兰	49.3	(0.5)	52.1	(0.6)	47.7	(0.6)	**0.92**	(0.01)	**0.92**	(0.01)
	法国	48.5	(0.7)	50.3	(0.8)	47.6	(0.7)	1.06	(0.03)	1.06	(0.03)
	德国	47.4	(0.7)	49.4	(0.8)	46.3	*(0.8)	1.02	(0.02)	1.02	(0.03)
	匈牙利	35.4	(0.9)	38.2	(1.1)	33.9	(0.9)	0.96	(0.03)	0.96	(0.03)
	爱尔兰	44.6	(0.8)	44.4	(0.9)	44.6	(0.9)	**1.17**	(0.04)	**1.16**	(0.03)
	以色列	37.1	(1.3)	39.7	(1.4)	35.6	(1.3)	0.96	(0.03)	0.96	(0.03)
	意大利	47.8	(0.9)	49.5	(1.0)	46.8	(0.9)	1.05	(0.03)	1.04	(0.03)
	日本	56.9	(0.7)	58.7	(0.8)	55.9	(0.7)	1.04	(0.03)	**1.05**	(0.03)
	韩国	58.1	(0.9)	58.9	(1.0)	57.7	(1.0)	**1.11**	(0.03)	**1.14**	(0.03)
	荷兰	47.9	(1.1)	50.4	(1.2)	46.5	(1.2)	**0.94**	(0.02)	**0.94**	(0.02)
	挪威	46.3	(0.9)	49.4	(1.0)	44.5	(0.9)	0.95	(0.03)	0.94	(0.03)
	波兰	41.3	(1.0)	44.1	(1.0)	39.7	(1.1)	0.96	(0.03)	0.97	(0.03)
	葡萄牙	42.7	(0.9)	44.0	(0.9)	42.0	(1.0)	**1.07**	(0.03)	**1.07**	(0.03)
	斯洛伐克	40.7	(0.8)	44.2	(1.0)	38.8	(0.9)	**0.92**	(0.03)	**0.92**	(0.03)
	斯洛文尼亚	38.9	(0.7)	42.9	(0.8)	36.7	(0.8)	**0.89**	(0.03)	**0.89**	(0.03)
	西班牙	40.7	(0.8)	42.3	(0.9)	39.8	(0.8)	1.05	(0.02)	1.04	(0.02)
	瑞典	43.8	(0.7)	47.7	(0.9)	41.6	(0.7)	**0.90**	(0.02)	**0.91**	(0.02)
	土耳其	33.8	(0.9)	35.8	(0.9)	32.7	(0.9)	**0.95**	(0.02)	0.96	(0.02)
	英格兰	48.5	(1.1)	49.5	(1.0)	47.9	(1.1)	1.03	(0.02)	1.03	(0.02)
	美国	46.2	(1.0)	46.6	(1.1)	45.9	(1.0)	**1.13**	(0.04)	**1.13**	(0.04)
	OECD平均	45.0	(0.2)	47.1	(0.2)	43.8	(0.2)	1.00	(0.01)	1.00	(0.01)
伙伴国家(地区)	巴西	29.4	(0.9)	29.8	(1.0)	29.1	(1.0)	**1.12**	(0.04)	**1.13**	(0.04)
	保加利亚	24.5	(0.8)	28.4	(0.9)	22.3	(0.8)	**0.79**	(0.02)	**0.82**	(0.02)
	哥伦比亚	24.6	(0.7)	26.3	(0.8)	23.7	(0.7)	1.01	(0.02)	1.02	(0.02)
	克罗地亚	36.9	(0.9)	39.3	(1.0)	35.6	(0.9)	**0.94**	(0.02)	**0.94**	(0.02)
	塞浦路斯[3,4]	33.4	(0.4)	37.0	(0.5)	31.4	(0.5)	**0.85**	(0.02)	**0.87**	(0.02)
	中国香港	53.6	(0.8)	56.1	(0.9)	52.2	(0.8)	0.99	(0.02)	1.00	(0.02)
	中国澳门	53.6	(0.5)	57.0	(0.6)	51.7	(0.6)	**0.93**	(0.03)	0.95	(0.03)
	马来西亚	28.4	(0.8)	30.1	(0.8)	27.4	(0.8)	0.96	(0.02)	0.98	(0.02)
	黑山	26.9	(0.4)	30.3	(0.5)	25.1	(0.4)	**0.84**	(0.02)	**0.85**	(0.02)
	俄罗斯联邦	41.2	(0.8)	43.8	(0.9)	39.7	(0.8)	0.98	(0.02)	0.98	(0.02)
	塞尔维亚	38.1	(0.8)	40.3	(0.8)	36.8	(0.8)	**0.94**	(0.02)	**0.95**	(0.02)
	中国上海	52.6	(0.8)	56.7	(1.0)	50.3	(0.9)	**0.89**	(0.03)	**0.92**	(0.03)
	新加坡	58.3	(0.7)	59.8	(0.8)	57.5	(0.7)	**1.05**	(0.03)	**1.06**	(0.03)
	中国台北	52.3	(0.8)	56.3	(0.9)	50.1	(0.9)	**0.90**	(0.02)	**0.92**	(0.03)
	阿联酋	28.1	(0.5)	29.9	(0.6)	27.1	(0.6)	1.01	(0.03)	1.02	(0.03)
	乌拉圭	25.8	(0.6)	27.5	(0.7)	24.8	(0.6)	**0.95**	(0.02)	0.97	(0.02)

注：统计上有显著性的值用粗体表示。
1. 广义的优势比是用逻辑斯蒂回归对合并的 PISA 样本作出的估计。代表各 OECD 国家的虚拟变量的平均逻辑斯蒂系数设定为 0,区分试题本的虚拟变量也被加入模型进行估算。
2. 广义的优势比是用逻辑斯蒂回归对合并的 PISA 样本作出的估计。代表各 OECD 国家的虚拟变量的平均逻辑斯蒂系数设定为 0,区分试题本和试题回答类型的虚拟变量与代表各国家(地区)的虚拟变量的交互作用也被加入模型进行估算。
3. 土耳其提供的注释：本文中塞浦路斯指岛的南部。岛上没有一个统一的当局代表土耳其和希腊塞浦路斯人,土耳其承认北塞浦路斯土耳其共和国(TRNC),土耳其将保留对塞浦路斯问题的看法,直到在联合国背景下作出持久和公平的决定。
4. 欧盟和 OECD 的欧盟成员国提供的注释：除土耳其外,联合国所有成员均承认塞浦路斯共和国,文中塞浦路斯指的是在塞浦路斯共和国有效控制下的区域。

附表 7.5 ■ 按问题解决过程区分的问题解决成绩

		平　均　满　分　率									
		所有试题 （42题）		测评"探究和理解" 过程的试题 （10题）		测评"表征和构思" 过程的试题 （8题）		测评"计划和执行" 过程的试题 （17题）		测评"监控和反思" 的试题 （7题）	
		%	标准误	%	标准误	%	标准误	%	标准误	%	标准误
OECD	澳大利亚	50.9	(0.4)	54.9	(0.5)	49.3	(0.6)	51.5	(0.5)	45.9	(0.5)
	奥地利	44.9	(0.8)	49.2	(1.0)	41.8	(1.0)	47.4	(0.9)	37.2	(0.9)
	比利时	46.4	(0.5)	49.0	(0.7)	44.8	(0.8)	47.5	(0.6)	42.4	(0.7)
	加拿大	51.3	(0.6)	54.1	(0.7)	50.9	(0.9)	52.1	(0.6)	46.0	(0.8)
	智利	32.9	(0.8)	32.5	(1.0)	29.3	(0.9)	35.2	(0.8)	33.2	(0.8)
	捷克	45.0	(0.7)	46.9	(0.9)	42.9	(0.9)	46.9	(0.6)	40.7	(0.7)
	丹麦	44.3	(0.8)	46.1	(1.0)	42.1	(1.2)	48.1	(0.8)	36.1	(0.9)
	爱沙尼亚	47.1	(0.7)	48.9	(1.0)	44.4	(1.0)	49.5	(0.8)	42.5	(0.8)
	芬兰	49.3	(0.5)	53.7	(0.6)	46.3	(0.7)	51.0	(0.6)	42.7	(0.6)
	法国	48.5	(0.7)	52.2	(1.0)	46.9	(0.9)	49.4	(0.8)	43.8	(0.9)
	德国	47.4	(0.7)	50.6	(1.1)	44.1	(1.1)	49.5	(0.8)	42.2	(0.9)
	匈牙利	35.4	(0.9)	37.7	(1.1)	32.4	(1.1)	37.6	(0.9)	30.9	(1.1)
	爱尔兰	44.6	(0.8)	47.5	(1.2)	41.4	(0.9)	45.5	(0.8)	42.2	(1.1)
	以色列	37.1	(1.3)	41.9	(1.5)	35.2	(1.5)	37.0	(1.3)	32.7	(1.3)
	意大利	47.8	(0.9)	51.5	(1.2)	47.2	(1.2)	48.0	(0.9)	42.8	(0.9)
	日本	56.9	(0.7)	62.2	(0.9)	55.7	(0.9)	56.3	(0.7)	52.1	(0.7)
	韩国	58.1	(0.9)	64.7	(1.1)	60.7	(1.3)	54.5	(0.9)	53.7	(1.1)
	荷兰	47.9	(1.1)	51.8	(1.2)	44.2	(1.3)	49.7	(1.1)	42.8	(1.2)
	挪威	46.3	(0.9)	51.3	(1.0)	43.6	(1.2)	48.1	(1.0)	38.4	(1.1)
	波兰	41.3	(1.0)	43.8	(1.2)	38.5	(1.3)	43.7	(1.0)	35.6	(1.1)
	葡萄牙	42.7	(0.9)	43.5	(1.3)	39.4	(1.3)	45.7	(1.0)	39.0	(1.1)
	斯洛伐克	40.7	(0.8)	43.6	(1.2)	37.1	(1.1)	43.2	(0.9)	35.7	(0.9)
	斯洛文尼亚	38.9	(0.7)	39.6	(1.0)	35.8	(1.0)	42.3	(0.7)	34.2	(0.8)
	西班牙	40.7	(0.8)	42.5	(1.0)	37.3	(0.9)	42.3	(0.9)	39.0	(1.0)
	瑞典	43.8	(0.7)	48.3	(1.1)	41.9	(1.0)	44.6	(0.7)	38.0	(0.9)
	土耳其	33.8	(0.9)	33.5	(1.0)	31.9	(1.1)	36.0	(0.9)	31.4	(1.0)
	英格兰	48.5	(1.1)	51.3	(1.3)	47.7	(1.3)	49.1	(1.0)	44.0	(1.0)
	美国	46.2	(1.0)	48.9	(1.2)	43.9	(1.3)	47.1	(1.0)	43.1	(1.2)
	OECD平均	45.0	(0.2)	47.9	(0.2)	42.7	(0.2)	46.4	(0.2)	40.3	(0.2)
伙伴国家（地区）	巴西	29.4	(0.9)	30.2	(1.1)	25.4	(1.2)	32.0	(1.1)	27.1	(0.9)
	保加利亚	24.5	(0.8)	27.8	(0.9)	19.1	(0.9)	26.7	(0.8)	21.6	(0.9)
	哥伦比亚	24.6	(0.7)	24.7	(0.9)	18.7	(0.8)	27.7	(0.8)	24.9	(0.8)
	克罗地亚	36.9	(0.9)	37.2	(1.0)	33.0	(1.1)	40.5	(0.9)	33.5	(0.9)
	塞浦路斯[3, 4]	33.4	(0.4)	36.2	(0.5)	30.7	(0.6)	34.8	(0.5)	29.8	(0.5)
	中国香港	53.6	(0.8)	60.2	(1.2)	54.9	(1.0)	51.1	(0.8)	48.2	(1.1)
	中国澳门	53.6	(0.5)	59.4	(0.9)	57.1	(0.9)	51.3	(0.5)	45.7	(0.8)
	马来西亚	28.4	(0.8)	30.1	(0.9)	27.9	(1.0)	29.3	(0.7)	24.5	(0.8)
	黑山	26.9	(0.4)	27.3	(0.6)	23.6	(0.5)	30.0	(0.5)	23.6	(0.5)
	俄罗斯联邦	41.2	(0.8)	42.0	(1.0)	38.6	(1.1)	43.8	(0.8)	37.3	(0.9)
	塞尔维亚	38.1	(0.8)	39.5	(0.9)	35.7	(0.9)	40.7	(0.8)	33.1	(0.9)
	中国上海	52.6	(0.8)	58.3	(1.1)	55.3	(1.2)	49.8	(0.7)	47.2	(1.1)
	新加坡	58.3	(0.7)	64.1	(1.0)	59.7	(0.9)	55.4	(0.7)	55.2	(0.8)
	中国台北	52.3	(0.8)	58.1	(1.0)	55.5	(1.2)	50.1	(0.8)	44.7	(1.0)
	阿联酋	28.1	(0.5)	30.0	(0.6)	26.6	(0.8)	29.0	(0.6)	25.4	(0.7)
	乌拉圭	25.8	(0.6)	27.1	(0.7)	22.2	(0.7)	27.9	(0.7)	23.7	(0.7)

附表 7.5 ■ 按问题解决过程区分的问题解决成绩（续表 1）

	与成功完成所有其他任务相比，成功完成互动任务的相对可能性（OECD平均＝1.00）															
	测评"探究和理解"过程的试题				测评"表征和构思"过程的试题				测评"计划和执行"过程的试题				测评"监控和反思"的试题			
	解释了试题本效应后[1]		解释了试题本和国家（地区）特定的回答类型效应后[2]		解释了试题本效应后[1]		解释了试题本和国家（地区）特定的回答类型效应后[2]		解释了试题本效应后[1]		解释了试题本和国家（地区）特定的回答类型效应后[2]		解释了试题本效应后[1]		解释了试题本和国家（地区）特定的回答类型效应后[2]	
	优势比	标准误	优势比	标准误	优势比	标准误	优势比	标准误	优势比	标准误	优势比	标准误	优势比	标准误	优势比	标准误
OECD 澳大利亚	**1.06**	(0.02)	**1.14**	(0.02)	**1.06**	(0.02)	**1.06**	(0.02)	**0.93**	(0.02)	**0.89**	(0.02)	0.98	(0.02)	0.98	(0.02)
奥地利	**1.08**	(0.03)	**1.13**	(0.04)	0.97	(0.04)	0.97	(0.04)	1.06	(0.03)	1.04	(0.03)	**0.85**	(0.03)	**0.85**	(0.03)
比利时	0.98	(0.03)	1.03	(0.03)	**1.05**	(0.03)	**1.05**	(0.03)	**0.96**	(0.02)	**0.93**	(0.02)	1.03	(0.03)	1.03	(0.03)
加拿大	0.99	(0.02)	1.02	(0.02)	**1.12**	(0.02)	**1.12**	(0.02)	**0.95**	(0.02)	**0.92**	(0.02)	0.97	(0.02)	0.97	(0.02)
智利	**0.83**	(0.03)	**0.77**	(0.03)	**0.92**	(0.03)	**0.92**	(0.03)	1.06	(0.03)	**1.09**	(0.03)	**1.27**	(0.03)	**1.28**	(0.03)
捷克	**0.92**	(0.03)	**0.89**	(0.03)	**0.92**	(0.03)	**0.92**	(0.03)	**1.09**	(0.03)	**1.11**	(0.03)	**1.05**	(0.03)	**1.06**	(0.03)
丹麦	0.94	(0.03)	0.97	(0.03)	1.00	(0.04)	1.00	(0.04)	**1.15**	(0.03)	**1.14**	(0.03)	**0.82**	(0.03)	**0.82**	(0.03)
爱沙尼亚	0.94	(0.03)	0.96	(0.03)	1.00	(0.03)	1.00	(0.03)	1.05	(0.03)	1.04	(0.03)	1.00	(0.03)	1.00	(0.03)
芬兰	**1.06**	(0.02)	**1.08**	(0.02)	**0.88**	(0.03)	**0.89**	(0.03)	**1.09**	(0.03)	**1.09**	(0.03)	**0.94**	(0.02)	**0.95**	(0.02)
法国	1.02	(0.03)	1.03	(0.03)	**1.07**	(0.03)	**1.07**	(0.03)	0.95	(0.03)	0.94	(0.03)	1.00	(0.04)	1.00	(0.04)
德国	1.02	(0.03)	1.05	(0.03)	0.97	(0.03)	0.97	(0.03)	1.03	(0.03)	1.01	(0.03)	0.97	(0.03)	0.97	(0.03)
匈牙利	0.98	(0.03)	0.93	(0.03)	0.97	(0.03)	0.97	(0.03)	1.05	(0.03)	**1.09**	(0.03)	0.98	(0.03)	0.98	(0.03)
爱尔兰	1.00	(0.04)	1.06	(0.03)	0.97	(0.03)	0.97	(0.03)	0.95	(0.03)	**0.91**	(0.03)	**1.12**	(0.04)	**1.11**	(0.04)
以色列	**1.12**	(0.03)	**1.05**	(0.03)	1.07	(0.03)	1.07	(0.03)	0.95	(0.03)	0.94	(0.03)	1.01	(0.03)	1.01	(0.03)
意大利	1.05	(0.04)	1.07	(0.04)	**1.12**	(0.03)	**1.12**	(0.03)	**0.86**	(0.02)	**0.89**	(0.02)	0.98	(0.03)	0.98	(0.03)
日本	**1.15**	(0.03)	**1.11**	(0.03)	1.08	(0.03)	1.08	(0.03)	0.86	(0.03)	0.88	(0.03)	0.99	(0.03)	1.00	(0.03)
韩国	**1.25**	(0.04)	**1.16**	(0.04)	**1.33**	(0.05)	**1.32**	(0.05)	**0.69**	(0.02)	**0.71**	(0.02)	1.02	(0.03)	1.02	(0.03)
荷兰	1.02	(0.02)	1.03	(0.03)	**0.85**	(0.03)	**0.85**	(0.03)	**1.09**	(0.03)	**1.10**	(0.03)	1.02	(0.02)	1.02	(0.03)
挪威	**1.12**	(0.03)	**1.19**	(0.03)	1.00	(0.03)	1.01	(0.04)	0.99	(0.03)	0.99	(0.03)	**0.84**	(0.03)	**0.84**	(0.03)
波兰	0.98	(0.03)	0.96	(0.03)	0.99	(0.03)	0.99	(0.03)	1.05	(0.03)	**1.08**	(0.03)	**0.94**	(0.03)	**0.94**	(0.03)
葡萄牙	**0.90**	(0.03)	**0.90**	(0.03)	0.96	(0.03)	0.96	(0.03)	**1.09**	(0.04)	**1.08**	(0.04)	1.04	(0.05)	1.04	(0.05)
斯洛伐克	1.00	(0.03)	1.00	(0.03)	0.94	(0.03)	0.94	(0.03)	1.06	(0.04)	1.07	(0.03)	0.97	(0.03)	0.96	(0.03)
斯洛文尼亚	**0.89**	(0.03)	**0.85**	(0.03)	0.97	(0.03)	0.97	(0.03)	**1.13**	(0.03)	**1.16**	(0.03)	0.98	(0.03)	0.98	(0.03)
西班牙	0.94	(0.03)	0.94	(0.03)	0.96	(0.03)	0.95	(0.03)	0.99	(0.03)	0.99	(0.03)	**1.15**	(0.03)	**1.15**	(0.03)
瑞典	**1.09**	(0.04)	**1.09**	(0.04)	1.04	(0.03)	1.04	(0.03)	0.94	(0.03)	0.94	(0.03)	0.94	(0.03)	0.94	(0.03)
土耳其	**0.82**	(0.02)	**0.75**	(0.02)	**0.92**	(0.03)	**0.93**	(0.03)	**1.14**	(0.03)	**1.19**	(0.03)	**1.15**	(0.03)	**1.15**	(0.03)
英格兰	0.97	(0.02)	0.99	(0.03)	0.98	(0.03)	0.99	(0.03)	1.01	(0.03)	0.99	(0.03)	**1.05**	(0.03)	**1.05**	(0.02)
美国	0.99	(0.03)	1.01	(0.03)	1.02	(0.04)	1.02	(0.04)	0.95	(0.03)	0.94	(0.03)	1.08	(0.04)	1.08	(0.04)
OECD 平均	1.00	(0.01)	1.00	(0.01)	1.00	(0.01)	1.00	(0.01)	1.00	(0.00)	1.00	(0.01)	1.00	(0.01)	1.00	(0.01)
伙伴国家（地区） 巴西	**0.90**	(0.03)	**0.84**	(0.03)	**0.89**	(0.03)	**0.89**	(0.03)	**1.10**	(0.04)	**1.16**	(0.05)	**1.10**	(0.05)	**1.10**	(0.05)
保加利亚	1.05	(0.03)	**0.90**	(0.02)	**0.69**	(0.02)	**0.69**	(0.02)	**1.17**	(0.03)	**1.35**	(0.03)	1.07	(0.03)	1.09	(0.03)
哥伦比亚	**0.86**	(0.03)	**0.77**	(0.03)	**0.74**	(0.03)	**0.74**	(0.03)	**1.18**	(0.03)	**1.29**	(0.03)	**1.28**	(0.05)	**1.29**	(0.05)
克罗地亚	**0.85**	(0.03)	**0.79**	(0.03)	**0.82**	(0.03)	**0.83**	(0.03)	**1.24**	(0.03)	**1.30**	(0.03)	**1.09**	(0.03)	**1.09**	(0.03)
塞浦路斯[3,4]	0.98	(0.02)	**0.90**	(0.02)	**0.88**	(0.02)	**0.88**	(0.02)	**1.07**	(0.02)	**1.14**	(0.02)	**1.06**	(0.02)	**1.07**	(0.02)
中国香港	**1.23**	(0.04)	**1.17**	(0.05)	**1.23**	(0.04)	**1.23**	(0.04)	**0.76**	(0.02)	**0.78**	(0.02)	0.96	(0.02)	0.97	(0.03)
中国澳门	**1.18**	(0.04)	**1.09**	(0.04)	**1.38**	(0.04)	**1.38**	(0.04)	**0.77**	(0.02)	**0.80**	(0.02)	**0.85**	(0.02)	**0.86**	(0.02)
马来西亚	**0.93**	(0.03)	**0.80**	(0.02)	1.00	(0.03)	1.00	(0.03)	1.04	(0.02)	**1.15**	(0.03)	1.03	(0.03)	1.04	(0.03)
黑山	**0.86**	(0.02)	**0.77**	(0.02)	**0.82**	(0.02)	**0.82**	(0.02)	**1.24**	(0.03)	**1.35**	(0.03)	1.05	(0.03)	**1.06**	(0.03)
俄罗斯联邦	**0.90**	(0.02)	**0.87**	(0.03)	1.00	(0.03)	1.00	(0.03)	**1.07**	(0.02)	**1.08**	(0.03)	1.03	(0.03)	1.03	(0.03)
塞尔维亚	**0.90**	(0.02)	**0.87**	(0.03)	**0.90**	(0.03)	**0.90**	(0.03)	**1.16**	(0.03)	**1.19**	(0.03)	1.01	(0.03)	1.01	(0.03)
中国上海	**1.17**	(0.04)	1.04	(0.03)	**1.33**	(0.05)	**1.33**	(0.05)	**0.74**	(0.02)	**0.78**	(0.02)	0.96	(0.03)	0.98	(0.03)
新加坡	**1.18**	(0.04)	**1.19**	(0.03)	**1.23**	(0.04)	**1.23**	(0.04)	**0.73**	(0.02)	**0.71**	(0.02)	1.07	(0.03)	1.08	(0.03)
中国台北	**1.18**	(0.03)	**1.11**	(0.03)	**1.36**	(0.04)	**1.36**	(0.04)	**0.77**	(0.02)	**0.79**	(0.02)	**0.86**	(0.02)	**0.87**	(0.03)
阿联酋	0.97	(0.02)	**0.88**	(0.02)	1.04	(0.03)	1.04	(0.03)	0.96	(0.02)	1.02	(0.02)	1.07	(0.02)	1.07	(0.02)
乌拉圭	**0.91**	(0.02)	**0.80**	(0.02)	**0.80**	(0.02)	**0.80**	(0.02)	**1.15**	(0.03)	**1.28**	(0.04)	**1.14**	(0.03)	**1.15**	(0.03)

注：统计上有显著性的值用粗体表示。

1. 广义的优势比是用逻辑斯蒂回归对合并的 PISA 样本作出的估计。代表各 OECD 国家的虚拟变量的平均逻辑斯蒂系数设定为 0，区分试题本的虚拟变量也被加入模型进行估算。

2. 广义的优势比是用逻辑斯蒂回归对合并的 PISA 样本作出的估计。代表各 OECD 国家的虚拟变量的平均逻辑斯蒂系数设定为 0，区分试题本和试题回答类型的虚拟变量与代表各国家（地区）的虚拟变量的交互作用也被加入模型进行估算。

3. 土耳其提供的注释：本文中塞浦路斯指岛的南部。岛上没有一个统一的当局代表土耳其和希腊塞浦路斯人，土耳其承认北塞浦路斯土耳其共和国（TRNC），土耳其将保留对塞浦路斯问题的看法，直到在联合国背景下作出持久和公平的决定。

4. 欧盟和 OECD 的欧盟成员国提供的注释：除土耳其外，联合国所有成员均承认塞浦路斯共和国，文中塞浦路斯指的是在塞浦路斯共和国有效控制下的区域。

附表 7.6 ■ 与数学、阅读和科学相比较的问题解决相对成绩

	与世界上[1]有同样……成绩的学生相比较，问题解决的相对成绩																			
	……数学、阅读和科学（期望成绩）				……数学								……阅读							
	全体学生的相对成绩（实际成绩－期望成绩）		成绩高于预期分数的学生比例[3]		全体学生的相对成绩[4]		数学高水平和较强水平学生的相对成绩（4级或4级以上）[4]		数学中等水平和较弱水平学生的相对成绩（3级或3级以下）[4]		相对成绩的差异：高水平和较强水平学生－中等水平和较弱水平学生		全体学生的相对成绩[4]		阅读高水平和较强水平学生的相对成绩（4级或4级以上）[4]		阅读中等水平和较弱水平学生的相对成绩（3级或3级以下）[4]		相对成绩的差异：高水平和较强水平学生－中等水平和较弱水平学生	
	分数差异	标准误	%	标准误	分数差异	标准误	分数差异	标准误	分数差异	标准误	分数差异	标准误	分数差异	标准误	分数差异	标准误	分数差异	标准误	分数差异	标准误
OECD																				
澳大利亚	7	(1.5)	56.0	(1.2)	10	(1.6)	14	(1.8)	8	(1.7)	6	(1.6)	10	(1.7)	10	(2.1)	10	(1.8)	0	(2.0)
奥地利	−5	(2.7)	46.4	(2.1)	−8	(2.8)	−8	(3.5)	−9	(3.3)	1	(3.9)	11	(3.0)	11	(4.0)	11	(3.3)	0	(4.2)
比利时	−10	(2.1)	43.0	(1.5)	−13	(2.1)	−10	(2.6)	−16	(2.7)	6	(3.2)	−3	(2.3)	−2	(3.1)	−3	(2.7)	2	(3.4)
加拿大	0	(1.9)	50.5	(1.2)	1	(2.0)	5	(2.1)	−2	(2.3)	7	(2.3)	4	(1.9)	2	(2.6)	5	(2.4)	−3	(2.4)
智利	1	(2.7)	51.6	(2.3)	3	(2.7)	−1	(3.8)	2	(2.8)	−4	(3.3)	−9	(2.7)	−8	(4.3)	−9	(2.8)	1	(4.4)
捷克	1	(2.4)	51.8	(2.3)	0	(2.5)	6	(2.7)	−3	(2.9)	9	(3.0)	11	(2.8)	16	(2.9)	10	(3.2)	5	(3.3)
丹麦	−11	(2.5)	41.7	(2.0)	−14	(2.5)	−8	(3.2)	−16	(2.9)	8	(3.3)	−3	(2.6)	−6	(4.3)	−2	(3.0)	−3	(4.9)
爱沙尼亚	−15	(1.9)	38.2	(1.6)	−13	(2.2)	−5	(2.2)	−17	(2.4)	12	(2.5)	−1	(2.1)	3	(2.4)	−3	(2.5)	6	(2.5)
芬兰	−8	(2.0)	43.8	(1.7)	−3	(2.0)	7	(2.4)	−9	(2.2)	16	(2.1)	1	(2.2)	−5	(3.0)	4	(2.6)	−9	(3.4)
法国	5	(2.7)	56.0	(1.8)	5	(2.7)	6	(3.4)	7	(3.4)	−1	(3.6)	3	(2.7)	−9	(3.9)	9	(4.0)	−18	(3.7)
德国	−12	(2.6)	41.0	(2.0)	−12	(3.0)	−6	(3.4)	−16	(3.3)	10	(3.7)	−1	(2.8)	4	(3.2)	−3	(3.2)	7	(3.7)
匈牙利	−34	(2.6)	26.7	(1.7)	−32	(2.8)	−22	(3.5)	−35	(3.3)	14	(4.1)	−35	(3.1)	−23	(4.5)	−39	(3.1)	16	(4.8)
爱尔兰	−18	(2.9)	36.2	(2.1)	−14	(2.8)	−7	(3.1)	−17	(3.1)	10	(3.1)	−23	(2.8)	−22	(3.1)	−24	(3.2)	2	(3.1)
以色列	−28	(2.8)	33.9	(1.8)	−28	(2.8)	−2	(3.4)	−35	(3.4)	33	(3.9)	−39	(3.1)	−26	(3.8)	−45	(3.5)	19	(4.3)
意大利	10	(3.5)	56.8	(2.5)	9	(3.5)	0	(4.2)	13	(3.8)	−12	(4.0)	16	(3.7)	−2	(4.1)	22	(4.2)	−24	(4.3)
日本	11	(2.0)	57.7	(1.6)	13	(2.1)	4	(2.4)	21	(2.6)	−17	(2.9)	19	(1.9)	2	(2.5)	34	(2.5)	−32	(3.4)
韩国	14	(2.6)	61.1	(2.1)	9	(2.6)	6	(2.7)	13	(3.3)	−7	(2.9)	29	(2.8)	30	(3.0)	29	(3.5)	1	(3.3)
荷兰	−16	(3.5)	39.2	(2.4)	−18	(3.8)	−8	(3.8)	−26	(5.0)	17	(5.0)	−2	(3.4)	6	(4.4)	−6	(4.4)	12	(4.9)
挪威	1	(3.1)	51.0	(2.1)	2	(3.1)	12	(3.1)	−2	(3.4)	14	(2.7)	−3	(3.2)	−6	(3.7)	−2	(3.5)	−5	(3.3)
波兰	−44	(3.5)	22.3	(1.8)	−44	(3.5)	−44	(3.4)	−43	(4.2)	−1	(3.5)	−37	(3.5)	−35	(3.8)	−38	(4.0)	4	(3.5)
葡萄牙	−3	(2.7)	47.3	(2.1)	−5	(2.7)	−12	(3.4)	−2	(2.8)	−10	(3.1)	1	(2.7)	−11	(3.7)	4	(2.9)	−15	(4.0)
斯洛伐克	−5	(2.4)	45.7	(2.2)	−11	(2.7)	−11	(4.6)	−11	(2.7)	0	(4.8)	8	(2.6)	3	(5.2)	10	(2.9)	−6	(5.8)
斯洛文尼亚	−34	(1.3)	27.4	(0.9)	−35	(1.3)	−30	(1.6)	−38	(1.8)	8	(2.5)	−13	(1.6)	−13	(1.9)	−13	(1.9)	0	(2.5)
西班牙	−20	(3.8)	39.7	(2.0)	−20	(3.8)	−12	(4.4)	−22	(4.1)	10	(3.8)	−15	(3.8)	−19	(4.7)	−14	(4.1)	−5	(4.2)
瑞典	−1	(2.8)	49.2	(2.1)	−2	(2.8)	3	(3.1)	−2	(3.0)	6	(2.7)	0	(3.3)	−16	(4.2)	6	(3.1)	−22	(4.0)
土耳其	−14	(1.9)	37.1	(1.8)	−12	(2.0)	−28	(3.4)	−9	(1.9)	−19	(3.6)	−29	(2.3)	−37	(3.5)	−27	(2.6)	−10	(3.8)
英格兰	8	(2.4)	57.0	(1.9)	11	(2.1)	15	(2.6)	9	(2.9)	6	(3.2)	13	(3.0)	13	(3.0)	14	(3.1)	0	(3.9)
美国	10	(2.1)	59.4	(1.9)	13	(2.1)	20	(2.6)	11	(2.4)	9	(2.9)	7	(2.2)	9	(2.8)	6	(2.4)	3	(3.0)
OECD 平均	−7	(0.5)	45.3	(0.4)	−7	(0.5)	−4	(0.6)	−9	(0.6)	5	(0.6)	−3	(0.5)	−5	(0.7)	−2	(0.6)	−3	(0.7)
伙伴国家（地区）																				
巴西	7	(2.9)	56.3	(2.4)	6	(3.0)	19	(7.9)	6	(3.0)	13	(7.4)	−7	(3.0)	−7	(7.6)	−7	(3.0)	0	(7.6)
保加利亚	−54	(3.0)	18.0	(1.2)	−57	(3.1)	−46	(4.4)	−59	(3.4)	13	(5.2)	−54	(3.5)	−68	(4.6)	−51	(3.9)	−16	(5.3)
哥伦比亚	−7	(2.8)	45.6	(2.1)	−5	(2.8)	14	(7.4)	−6	(2.8)	20	(7.2)	−29	(3.2)	−22	(6.8)	−29	(3.2)	7	(6.1)
克罗地亚	−22	(2.5)	32.3	(2.0)	−20	(2.6)	−13	(2.7)	−22	(2.6)	9	(3.1)	−25	(2.8)	−21	(3.5)	−26	(3.0)	4	(4.0)
塞浦路斯[5,6]	−12	(1.3)	41.8	(1.2)	−15	(1.3)	−14	(2.9)	−15	(1.4)	1	(2.9)	−20	(1.4)	−36	(3.0)	−17	(1.4)	−19	(3.0)
中国香港	−16	(2.7)	39.2	(1.7)	−19	(2.7)	−23	(3.7)	−12	(3.8)	−11	(3.8)	1	(3.2)	−1	(3.7)	3	(4.0)	−4	(4.3)
中国澳门	8	(1.1)	56.7	(1.0)	0	(1.1)	−8	(1.3)	8	(1.8)	−16	(2.2)	30	(1.2)	18	(1.7)	36	(1.4)	−18	(2.1)
马来西亚	−14	(2.2)	38.6	(2.0)	−21	(2.3)	−18	(3.9)	−21	(2.6)	3	(4.3)	−2	(2.6)	−7	(7.9)	−2	(2.6)	−6	(7.4)
黑山	−24	(1.4)	32.0	(1.0)	−27	(1.4)	−20	(5.9)	−28	(1.4)	7	(5.9)	−36	(1.5)	−50	(4.3)	−35	(1.6)	−15	(4.7)
俄罗斯联邦	−4	(2.4)	47.4	(1.9)	−7	(2.6)	−12	(4.2)	−5	(2.5)	−7	(3.5)	6	(2.4)	−10	(4.7)	9	(2.5)	−19	(4.7)
塞尔维亚	11	(2.4)	59.0	(2.2)	6	(2.4)	1	(2.9)	7	(2.9)	−5	(3.2)	12	(2.7)	1	(3.8)	14	(2.9)	−14	(4.4)
中国上海	−51	(2.5)	14.3	(1.3)	−59	(2.6)	−59	(2.6)	−57	(3.7)	−2	(3.4)	−22	(2.6)	−17	(2.9)	−29	(3.4)	12	(3.4)
新加坡	2	(1.0)	51.3	(1.0)	−4	(1.4)	−5	(1.4)	−2	(1.8)	−3	(1.8)	26	(1.1)	18	(1.7)	33	(1.5)	−15	(2.4)
中国台北	−9	(1.8)	41.7	(1.6)	−21	(1.9)	−29	(2.0)	−10	(2.3)	−19	(2.3)	13	(2.1)	14	(2.5)	12	(2.5)	2	(2.7)
阿联酋	−43	(2.1)	24.2	(1.1)	−44	(2.2)	−28	(3.5)	−46	(2.4)	17	(3.8)	−47	(2.2)	−32	(3.7)	−49	(2.1)	16	(3.9)
乌拉圭	−27	(2.9)	32.6	(1.9)	−30	(3.0)	−24	(6.0)	−30	(3.0)	7	(5.8)	−32	(3.1)	−35	(7.2)	−32	(3.1)	−3	(7.7)

附表 7.6 ■ 与数学、阅读和科学相比较的问题解决相对成绩(续表 1)

	与世界上[1]有同样……成绩的学生相比较,问题解决的相对成绩								与参加计算机化数学测试的国家中取得同样……成绩的学生相比,问题解决相对成绩					
	……科学								……数学纸笔测试(A)		……计算机化数学测试(B)		测试方式效应:可以归于计算机测试方式造成的分数差异(A－B)	
	全体学生的相对成绩[4]		科学高水平和较强水平学生的相对成绩(4级或4级以上)[4]		科学中等水平和较弱水平学生的相对成绩(3级或3级以下)[4]		相对成绩的差异:高水平和较强水平学生－中等水平和较弱水平学生		全体学生的相对成绩[4]		全体学生的相对成绩[4]			
	分数差异	标准误	分数差异	标准误	分数差异	标准误	分数差异	标准误	分数差异	标准误	分数差异	标准误	分数差异	标准误
OECD 澳大利亚	**4**	(1.7)	2	(2.0)	**6**	(1.9)	**−4**	(1.9)	**8**	(1.6)	**12**	(1.7)	**−4**	(1.3)
奥地利	0	(2.9)	−2	(3.5)	1	(3.3)	−3	(3.9)	**−10**	(2.8)	−4	(2.8)	**−6**	(2.4)
比利时	2	(2.3)	**5**	(2.6)	0	(2.8)	5	(3.1)	**−15**	(2.2)	**−7**	(2.4)	**−8**	(1.6)
加拿大	3	(1.9)	4	(2.3)	3	(2.1)	1	(2.4)	−1	(1.9)	2	(2.0)	**−3**	(1.4)
智利	**−8**	(2.8)	**−15**	(4.1)	**−8**	(2.9)	−7	(3.8)	1	(2.8)	3	(3.6)	−2	(2.3)
捷克	0	(2.6)	4	(3.3)	−1	(3.0)	5	(3.6)	−2	(2.5)	m	m	m	m
丹麦	−3	(2.7)	**−10**	(3.3)	−1	(3.0)	**−8**	(3.4)	**−15**	(2.6)	−4	(2.4)	**−12**	(1.9)
爱沙尼亚	**−21**	(2.0)	**−16**	(2.2)	**−24**	(2.6)	**8**	(2.7)	**−14**	(2.1)	−3	(2.6)	**−11**	(1.7)
芬兰	**−16**	(2.2)	**−17**	(2.7)	**−15**	(2.3)	−2	(2.6)	**−5**	(2.1)	m	m	m	m
法国	**10**	(2.9)	5	(3.3)	**12**	(3.4)	−7	(3.8)	4	(2.7)	−1	(2.9)	4	(2.3)
德国	**−13**	(2.8)	**−9**	(3.3)	**−15**	(3.4)	7	(3.6)	**−14**	(2.8)	−3	(2.5)	**−10**	(2.0)
匈牙利	**−38**	(2.6)	**−24**	(3.7)	**−43**	(2.9)	**19**	(4.2)	**−34**	(2.8)	**−19**	(2.7)	**−14**	(2.2)
爱尔兰	**−21**	(3.0)	**−22**	(3.4)	**−21**	(3.0)	−1	(4.2)	**−15**	(3.0)	−6	(3.5)	**−15**	(2.2)
以色列	**−23**	(2.9)	−1	(4.6)	**−30**	(3.4)	**29**	(4.4)	**−29**	(3.0)	−6	(3.2)	**−23**	(2.5)
意大利	**11**	(3.6)	−4	(4.6)	**16**	(3.9)	**−20**	(4.5)	**8**	(3.5)	**7**	(3.2)	1	(2.7)
日本	**12**	(2.2)	−1	(2.3)	**25**	(2.9)	**−26**	(3.0)	**12**	(2.1)	**15**	(2.0)	−3	(1.7)
韩国	**28**	(2.9)	**30**	(3.2)	**27**	(3.5)	4	(3.4)	**8**	(2.6)	**12**	(2.7)	**−5**	(2.0)
荷兰	**−9**	(3.1)	−3	(3.3)	**−13**	(4.0)	**10**	(4.5)	**−19**	(3.9)	m	m	m	m
挪威	6	(3.2)	4	(3.5)	**7**	(3.4)	−4	(3.1)	0	(3.2)	1	(3.0)	−1	(2.2)
波兰	**−42**	(3.6)	**−41**	(3.5)	**−43**	(4.2)	2	(3.7)	**−45**	(3.5)	**−14**	(3.1)	**−31**	(2.2)
葡萄牙	2	(2.9)	−5	(3.4)	4	(3.1)	**−9**	(2.9)	**−7**	(2.7)	0	(2.9)	**−6**	(2.1)
斯洛伐克	5	(2.5)	2	(4.8)	**6**	(2.8)	−4	(5.3)	**−13**	(2.5)	**−19**	(2.8)	**6**	(1.8)
斯洛文尼亚	**−37**	(1.5)	**−34**	(2.0)	**−39**	(2.1)	4	(2.9)	**−37**	(1.3)	**−17**	(1.3)	**−20**	(0.9)
西班牙	**−21**	(3.8)	**−16**	(4.8)	**−22**	(4.0)	6	(3.9)	**−21**	(3.8)	−6	(3.6)	**−15**	(2.6)
瑞典	1	(3.0)	**−8**	(3.9)	4	(3.1)	**−13**	(3.2)	−3	(2.8)	−5	(3.0)	1	(2.3)
土耳其	**−17**	(2.1)	**−22**	(4.0)	**−16**	(2.2)	−6	(4.2)	**−14**	(2.1)	m	m	m	m
英格兰	2	(2.5)	0	(2.6)	4	(3.0)	−4	(3.0)	**9**	(2.6)	m	m	m	m
美国	**9**	(2.3)	−2	(2.8)	**10**	(2.6)	0	(3.0)	**11**	(2.1)	**6**	(2.2)	**6**	(1.6)
OECD 平均	**−6**	(0.5)	**−7**	(0.6)	**−6**	(0.6)	−1	(0.7)	**−9**	(0.5)	**−2**	(0.6)	**−7**	(0.4)
伙伴国家(地区) 巴西	2	(2.9)	12	(8.1)	1	(2.9)	10	(7.7)	2	(2.9)	**−7**	(2.7)	**12**	(2.3)
保加利亚	**−56**	(3.2)	**−56**	(4.4)	**−56**	(3.5)	0	(5.0)	**−59**	(3.2)	m	m	m	m
哥伦比亚	**−19**	(2.9)	−9	(9.1)	−27	(2.9)	**18**	(8.7)	**−7**	(2.7)	**−16**	(2.9)	**9**	(2.3)
克罗地亚	**−28**	(2.7)	**−23**	(3.7)	**−30**	(2.6)	7	(3.8)	**−22**	(2.6)	m	m	m	m
塞浦路斯[5,6]	**−6**	(1.4)	**−13**	(2.9)	**−5**	(1.4)	−8	(2.9)	**−16**	(1.4)	m	m	m	m
中国香港	**−7**	(2.9)	**−10**	(3.1)	−5	(3.1)	−5	(3.8)	**−20**	(2.9)	−7	(3.1)	**−12**	(2.1)
中国澳门	**22**	(1.2)	**15**	(1.7)	**25**	(1.6)	**−11**	(2.4)	−1	(1.2)	−1	(1.4)	−1	(2.1)
马来西亚	**−13**	(2.6)	−8	(5.2)	**−13**	(2.6)	5	(5.1)	**−23**	(2.5)	m	m	m	m
黑山	**−21**	(1.4)	**−22**	(5.7)	**−21**	(1.5)	−1	(6.1)	**−29**	(1.5)	m	m	m	m
俄罗斯联邦	−1	(2.5)	**−16**	(4.0)	2	(2.6)	**−18**	(4.0)	**−8**	(2.6)	**−6**	(2.4)	−3	(1.9)
塞尔维亚	**17**	(2.9)	**11**	(4.0)	**18**	(3.0)	−7	(4.5)	4	(2.4)	m	m	m	m
中国上海	**−31**	(2.6)	**−28**	(2.9)	**−36**	(3.6)	8	(3.7)	**−59**	(2.5)	**−20**	(2.7)	**−39**	(2.2)
新加坡	**19**	(1.0)	**12**	(1.3)	**27**	(1.5)	**−14**	(2.1)	**−5**	(1.0)	3	(1.2)	**−8**	(1.0)
中国台北	**13**	(2.1)	**20**	(2.3)	**10**	(2.5)	**11**	(2.5)	**−22**	(2.0)	−2	(2.6)	**−20**	(2.0)
阿联酋	**−48**	(2.1)	**−37**	(3.4)	**−50**	(2.3)	**13**	(3.5)	**−45**	(2.2)	**−36**	(1.9)	**−9**	(1.7)
乌拉圭	**−30**	(2.9)	**−37**	(6.2)	**−29**	(3.0)	−8	(6.4)	**−32**	(3.0)	m	m	m	m

注:统计上有显著性的值用粗体表示。

1. "全球学生"指的是参加 PISA2012 问题解决测评的国家(地区)的学生。国家样本是用最终学生权重加权的,即按照按照目标总体人数作出的估计。

2. 本栏报告了实际成绩和用二阶多项式回归方程(数学成绩,数学成绩的平方,阅读成绩,阅读成绩的平方,科学成绩,科学成绩的平方,数学成绩×阅读成绩,数学成绩×科学成绩,阅读成绩×科学成绩)拟合成绩的差异。

3. 本栏报告了实际成绩和拟合成绩的差异为正值的学生百分比,显著大于或小于 50% 的粗体字表示。

4. 本栏报告了实际成绩和用三阶多项式回归方程拟合成绩的差异。

5. 土耳其提供的注释:本文中塞浦路斯指岛的南部。岛上没有一个统一的当局代表土耳其和希腊塞浦路斯人,土耳其承认北塞浦路斯土耳其共和国(TRNC),土耳其将保留对塞浦路斯问题的看法,直到在联合国背景下作出持久和公平的决定。

6. 欧盟和 OECD 的欧盟成员国提供的注释:除土耳其外,联合国所有成员均承认塞浦路斯共和国,文中塞浦路斯指的是在塞浦路斯共和国有效控制下的区域。

附表 7.7 ■ 问题解决成绩与家庭计算机可获得性

结果基于学生的自我报告

		学生家中至少有一台可以用来完成学校作业的电脑										问题解决成绩差异			
		学 生 百 分 比														
		全体学生		男 生		女 生		性别差异（男生－女生）		父母最高职业地位：熟练的（ISCO 1 to 3）		父母最高职业地位：半熟练或初级的（ISCO 4 to 9）		与父母最高职业地位有关的差异：熟练的－半熟练或初级的		观察值		解释了学生社会人口特征后的值[1]	
		%	标准误	%	标准误	%	标准误	%差异	标准误	%	标准误	%	标准误	%差异	标准误	分数差异	标准误	分数差异	标准误
OECD	澳大利亚	97.8	(0.1)	97.3	(0.1)	98.2	(0.1)	−0.9	(0.1)	98.6	(0.1)	97.0	(0.1)	1.5	(0.2)	72	(7.2)	36	(6.7)
	奥地利	98.6	(0.2)	98.6	(0.3)	98.5	(0.2)	0.1	(0.3)	99.3	(0.1)	97.8	(0.3)	1.5	(0.3)	47	(13.3)	24	(13.9)
	比利时	97.0	(0.1)	96.7	(0.2)	97.2	(0.1)	−0.5	(0.3)	98.2	(0.1)	96.3	(0.2)	1.9	(0.2)	86	(8.6)	46	(6.5)
	加拿大	97.2	(0.1)	97.1	(0.1)	97.4	(0.1)	−0.4	(0.1)	98.3	(0.1)	95.9	(0.2)	2.4	(0.2)	48	(7.0)	26	(7.6)
	智利	86.3	(0.5)	86.2	(0.6)	86.3	(0.5)	−0.1	(0.4)	95.5	(0.3)	81.3	(0.6)	14.2	(0.6)	59	(5.9)	24	(4.4)
	捷克	97.3	(0.1)	96.9	(0.2)	97.8	(0.1)	−0.9	(0.3)	99.4	(0.1)	96.5	(0.2)	2.8	(0.2)	89	(13.5)	31	(12.9)
	丹麦	99.0	(0.1)	98.8	(0.1)	99.2	(0.1)	−0.4	(0.2)	99.5	(0.1)	98.6	(0.2)	0.9	(0.1)	43	(16.8)	12	(18.8)
	爱沙尼亚	89.3	(0.3)	91.9	(0.3)	86.8	(0.4)	5.0	(0.4)	90.2	(0.3)	88.5	(0.4)	1.7	(0.4)	−9	(5.0)	−16	(4.9)
	芬兰	98.9	(0.1)	98.6	(0.1)	99.2	(0.1)	−0.6	(0.1)	99.3	(0.1)	98.2	(0.2)	1.1	(0.1)	48	(11.4)	25	(11.1)
	法国	96.8	(0.1)	96.6	(0.2)	97.0	(0.2)	−0.4	(0.2)	98.2	(0.1)	95.2	(0.3)	3.0	(0.3)	64	(9.7)	33	(9.8)
	德国	98.2	(0.1)	97.8	(0.2)	98.7	(0.1)	−0.8	(0.2)	99.2	(0.1)	97.6	(0.2)	1.7	(0.2)	97	(13.7)	70	(16.1)
	匈牙利	94.1	(0.3)	94.6	(0.3)	93.7	(0.3)	0.9	(0.3)	96.7	(0.2)	93.6	(0.3)	3.0	(0.3)	90	(11.6)	36	(11.4)
	爱尔兰	95.2	(0.2)	93.5	(0.2)	97.0	(0.2)	−3.5	(0.3)	96.0	(0.2)	94.6	(0.3)	1.4	(0.3)	34	(8.5)	18	(8.1)
	以色列	94.3	(0.3)	96.5	(0.4)	92.3	(0.4)	4.2	(0.5)	96.1	(0.2)	92.1	(0.3)	4.1	(0.6)	61	(9.5)	7	(8.5)
	意大利	96.6	(0.1)	96.0	(0.2)	97.4	(0.2)	−1.4	(0.3)	97.5	(0.2)	96.3	(0.2)	1.2	(0.3)	26	(8.3)	12	(8.3)
	日本	70.1	(0.4)	67.1	(0.5)	73.4	(0.5)	−6.3	(0.6)	74.6	(0.5)	66.5	(0.5)	8.1	(0.6)	27	(3.9)	17	(3.4)
	韩国	94.6	(0.2)	93.9	(0.3)	95.5	(0.3)	−1.6	(0.4)	95.2	(0.2)	93.9	(0.3)	1.3	(0.3)	31	(7.8)	17	(6.9)
	荷兰	98.3	(0.1)	98.1	(0.2)	98.5	(0.1)	−0.4	(0.2)	98.7	(0.1)	97.5	(0.2)	1.2	(0.2)	74	(19.0)	55	(15.6)
	挪威	98.6	(0.1)	98.2	(0.1)	99.0	(0.1)	−0.7	(0.2)	99.2	(0.1)	97.6	(0.2)	1.6	(0.2)	71	(15.1)	24	(13.5)
	波兰	97.4	(0.2)	97.5	(0.3)	97.3	(0.2)	0.2	(0.3)	98.8	(0.1)	96.6	(0.3)	2.2	(0.3)	67	(7.3)	27	(8.1)
	葡萄牙	96.7	(0.2)	96.2	(0.2)	97.3	(0.2)	−1.1	(0.2)	98.6	(0.2)	96.0	(0.2)	2.6	(0.2)	64	(9.8)	30	(9.5)
	斯洛伐克	91.9	(0.3)	91.8	(0.4)	91.9	(0.4)	−0.1	(0.5)	98.5	(0.2)	91.6	(0.4)	6.9	(0.4)	119	(8.1)	61	(7.0)
	斯洛文尼亚	98.6	(0.1)	98.3	(0.1)	98.9	(0.2)	−0.6	(0.2)	98.9	(0.1)	98.6	(0.2)	0.3	(0.2)	70	(12.7)	40	(14.2)
	西班牙	96.1	(0.2)	96.2	(0.3)	96.0	(0.2)	0.2	(0.3)	97.9	(0.1)	94.9	(0.3)	3.0	(0.3)	60	(8.6)	31	(8.1)
	瑞典	98.7	(0.1)	98.6	(0.1)	98.7	(0.1)	−0.1	(0.2)	99.1	(0.1)	98.2	(0.2)	0.9	(0.2)	59	(17.0)	34	(16.6)
	土耳其	68.3	(0.5)	68.5	(0.7)	68.0	(0.6)	0.5	(0.8)	86.7	(0.7)	65.7	(0.7)	21.0	(0.8)	53	(4.3)	28	(3.8)
	英格兰	96.8	(0.2)	96.6	(0.4)	97.0	(0.2)	−0.4	(0.4)	97.9	(0.2)	96.1	(0.4)	1.8	(0.4)	65	(10.0)	30	(10.8)
	美国	91.1	(0.3)	89.6	(0.4)	92.5	(0.3)	−2.8	(0.4)	95.0	(0.3)	85.6	(0.4)	9.4	(0.5)	42	(6.3)	9	(5.9)
	OECD 平均	94.1	(0.0)	93.8	(0.1)	94.3	(0.1)	−0.5	(0.1)	96.5	(0.0)	92.8	(0.1)	3.7	(0.1)	59	(2.0)	28	(2.0)
伙伴国家（地区）	巴西	73.2	(0.6)	74.9	(0.8)	71.6	(0.7)	3.4	(0.8)	90.7	(0.4)	64.9	(0.7)	25.8	(0.7)	66	(5.1)	37	(4.6)
	保加利亚	93.0	(0.3)	92.7	(0.4)	93.2	(0.6)	−0.5	(0.5)	99.0	(0.1)	90.9	(0.3)	8.1	(0.4)	110	(11.6)	42	(10.3)
	哥伦比亚	62.9	(0.7)	62.9	(0.7)	62.9	(0.9)	0.0	(0.9)	84.5	(0.8)	56.5	(0.7)	28.0	(1.0)	53	(4.6)	27	(3.8)
	克罗地亚	94.2	(0.2)	94.9	(0.2)	93.5	(0.3)	1.4	(0.4)	95.5	(0.2)	93.6	(0.2)	1.9	(0.3)	40	(6.5)	26	(6.1)
	塞浦路斯[2,3]	96.7	(0.1)	95.2	(0.2)	98.2	(0.1)	−3.0	(0.2)	98.4	(0.1)	96.1	(0.2)	2.3	(0.2)	73	(8.5)	39	(9.3)
	中国香港	98.8	(0.1)	98.7	(0.2)	98.9	(0.1)	−0.1	(0.2)	99.1	(0.1)	98.8	(0.1)	0.3	(0.2)	33	(15.4)	20	(14.6)
	中国澳门	97.1	(0.1)	96.5	(0.2)	97.9	(0.1)	−1.4	(0.2)	97.7	(0.2)	97.2	(0.1)	0.6	(0.3)	36	(6.3)	32	(6.4)
	马来西亚	69.6	(0.9)	68.8	(1.0)	70.4	(1.0)	−1.6	(0.4)	84.6	(0.8)	59.8	(1.0)	24.8	(0.7)	50	(3.9)	24	(3.7)
	黑山	91.9	(0.2)	92.6	(0.3)	91.0	(0.4)	1.6	(0.4)	96.5	(0.2)	89.4	(0.4)	7.0	(0.4)	46	(5.0)	14	(5.5)
	俄罗斯联邦	93.0	(0.3)	92.9	(0.4)	93.2	(0.4)	−0.3	(0.5)	96.9	(0.4)	89.0	(0.4)	7.9	(0.4)	44	(5.9)	7	(7.1)
	塞尔维亚	95.4	(0.2)	95.9	(0.2)	94.9	(0.3)	1.0	(0.3)	98.8	(0.1)	93.2	(0.3)	5.6	(0.3)	74	(7.4)	39	(6.7)
	中国上海	83.3	(0.5)	81.2	(0.7)	85.3	(0.5)	−4.0	(0.7)	87.4	(0.3)	78.0	(1.1)	9.5	(1.2)	42	(6.6)	17	(4.1)
	新加坡	94.6	(0.2)	94.2	(0.2)	95.1	(0.2)	−0.9	(0.3)	96.1	(0.1)	91.6	(0.4)	4.5	(0.4)	61	(6.2)	32	(6.4)
	中国台北	90.6	(0.2)	89.3	(0.4)	91.9	(0.3)	−2.5	(0.6)	93.5	(0.3)	89.2	(0.4)	4.3	(0.5)	45	(6.4)	26	(5.9)
	阿联酋	92.9	(0.2)	91.7	(0.2)	94.1	(0.2)	−2.5	(0.3)	94.5	(0.2)	91.2	(0.3)	3.4	(0.3)	59	(4.7)	28	(5.1)
	乌拉圭	88.9	(0.2)	89.8	(0.4)	88.2	(0.4)	1.6	(0.6)	97.2	(0.2)	86.3	(0.3)	10.9	(0.4)	51	(5.1)	12	(4.7)

注：统计上有显著性的值用粗体表示。

1. 在解释了学生社会人口特点后的问题解决成绩指的是，在回归方程中加入了 PISA 经济社会和文化地位指数（ESCS），ESCS 的平方，是否男生（男生设定为 0），是否第一代移民（第一代移民设定为 0）作为解释变量。

2. 土耳其提供的注释：本文中塞浦路斯指岛的南部。岛上没有一个统一的当局代表土耳其和希腊塞浦路斯人，土耳其承认北塞浦路斯土耳其共和国（TRNC），土耳其将保留对塞浦路斯问题的看法，直到在联合国背景下作出持久和公平的决定。

3. 欧盟和 OECD 的欧盟成员国提供的注释：除土耳其外，联合国所有成员均承认塞浦路斯共和国，文中塞浦路斯指的是在塞浦路斯共和国有效控制下的区域。

附表 7.8 ■ 问题解决成绩与在家中使用电脑情况
结果基于学生的自我报告

	学生在家中使用台式机、笔记本电脑和平板电脑													问题解决成绩差异			
	学 生 百 分 比															观察值		解释了学生社会人口特征后的值[1]	
	全体学生		男 生		女 生		性别差异（男生－女生）		父母最高职业地位：熟练的（ISCO 1 to 3）		父母最高职业地位：半熟练或初级的（ISCO 4 to 9）		与父母最高职业地位有关的差异：熟练的一半熟练或初级的					
	%	标准误	%	标准误	%	标准误	%差异	标准误	%	标准误	%	标准误	%差异	标准误	分数差异	标准误	分数差异	标准误
OECD																		
澳大利亚	97.1	(0.1)	96.7	(0.1)	97.5	(0.1)	−0.8	(0.2)	98.2	(0.1)	95.6	(0.2)	2.6	(0.2)	75	(5.9)	50	(6.4)
奥地利	98.7	(0.1)	98.7	(0.2)	98.8	(0.1)	−0.1	(0.2)	99.3	(0.1)	98.2	(0.2)	1.1	(0.2)	72	(18.8)	50	(20.0)
比利时	98.2	(0.1)	98.1	(0.2)	98.4	(0.1)	−0.3	(0.2)	98.9	(0.1)	97.6	(0.2)	1.2	(0.2)	85	(11.3)	60	(10.2)
加拿大	m	m	m	m	m	m	m	m	m	m	m	m	m	m	m	m	m	m
智利	87.0	(0.5)	86.8	(0.5)	87.2	(0.6)	−0.4	(0.5)	96.1	(0.3)	82.1	(0.6)	14.1	(0.6)	55	(5.8)	21	(4.3)
捷克	97.4	(0.2)	97.3	(0.2)	97.5	(0.2)	−0.2	(0.2)	99.5	(0.2)	96.3	(0.2)	3.2	(0.2)	115	(12.6)	59	(13.1)
丹麦	99.2	(0.1)	99.0	(0.1)	99.4	(0.1)	−0.4	(0.2)	99.5	(0.1)	98.9	(0.1)	0.6	(0.1)	71	(18.2)	44	(17.2)
爱沙尼亚	98.6	(0.1)	98.6	(0.1)	98.6	(0.1)	−0.0	(0.2)	99.3	(0.1)	97.9	(0.1)	1.3	(0.1)	47	(11.3)	33	(12.0)
芬兰	99.1	(0.1)	99.0	(0.1)	99.2	(0.1)	−0.2	(0.1)	99.3	(0.1)	98.9	(0.1)	0.5	(0.1)	43	(16.4)	24	(14.6)
法国	m	m	m	m	m	m	m	m	m	m	m	m	m	m	m	m	m	m
德国	99.1	(0.1)	99.0	(0.1)	99.2	(0.1)	−0.2	(0.2)	99.4	(0.1)	99.1	(0.1)	0.2	(0.1)	59	(18.0)	32	(20.1)
匈牙利	94.7	(0.2)	95.1	(0.3)	94.3	(0.4)	0.8	(0.6)	97.5	(0.2)	94.4	(0.5)	3.1	(0.5)	99	(10.7)	40	(10.0)
爱尔兰	97.0	(0.1)	96.7	(0.2)	97.3	(0.2)	−0.6	(0.3)	97.8	(0.1)	96.2	(0.2)	1.6	(0.2)	31	(9.4)	11	(10.3)
以色列	96.1	(0.1)	96.4	(0.2)	95.7	(0.2)	0.7	(0.2)	97.9	(0.1)	93.7	(0.5)	4.2	(0.5)	94	(11.8)	47	(11.7)
意大利	97.4	(0.2)	96.9	(0.3)	98.0	(0.1)	−1.2	(0.3)	98.6	(0.1)	96.9	(0.3)	1.7	(0.4)	52	(18.9)	30	(20.0)
日本	81.4	(0.4)	81.1	(0.4)	81.6	(0.5)	−0.5	(0.5)	85.6	(0.5)	78.0	(0.4)	7.7	(0.6)	35	(4.3)	24	(3.9)
韩国	83.5	(0.5)	83.0	(0.5)	84.1	(0.7)	−1.1	(0.8)	87.1	(0.4)	79.6	(0.7)	7.5	(0.6)	45	(4.6)	33	(4.2)
荷兰	98.9	(0.1)	98.7	(0.1)	99.0	(0.1)	−0.3	(0.1)	99.1	(0.1)	98.5	(0.1)	0.6	(0.1)	92	(14.7)	77	(13.0)
挪威	98.7	(0.1)	98.2	(0.1)	99.1	(0.1)	−0.9	(0.1)	99.0	(0.1)	98.5	(0.1)	0.5	(0.1)	87	(15.6)	58	(15.6)
波兰	96.1	(0.2)	96.5	(0.2)	95.6	(0.3)	0.9	(0.3)	98.5	(0.2)	94.5	(0.4)	4.0	(0.4)	74	(8.5)	38	(8.6)
葡萄牙	96.0	(0.2)	95.6	(0.2)	96.4	(0.2)	−0.8	(0.3)	98.4	(0.2)	94.7	(0.5)	3.7	(0.5)	63	(8.6)	31	(8.2)
斯洛伐克	94.3	(0.2)	94.4	(0.3)	94.1	(0.3)	0.4	(0.4)	98.3	(0.2)	94.1	(0.3)	4.2	(0.3)	107	(9.1)	51	(7.3)
斯洛文尼亚	96.2	(0.2)	95.2	(0.3)	97.4	(0.2)	−2.2	(0.3)	97.0	(0.2)	95.9	(0.2)	1.1	(0.3)	37	(8.6)	22	(7.9)
西班牙	96.6	(0.2)	96.6	(0.3)	96.5	(0.3)	0.1	(0.4)	98.3	(0.1)	95.5	(0.4)	2.8	(0.4)	63	(9.3)	37	(8.3)
瑞典	98.5	(0.1)	98.4	(0.1)	98.7	(0.1)	−0.3	(0.2)	98.9	(0.1)	98.4	(0.1)	0.4	(0.2)	65	(15.5)	47	(14.7)
土耳其	68.3	(0.5)	69.9	(0.6)	66.7	(0.6)	3.1	(0.8)	85.9	(0.6)	65.7	(0.5)	20.2	(0.7)	48	(3.9)	24	(3.4)
英格兰	m	m	m	m	m	m	m	m	m	m	m	m	m	m	m	m	m	m
美国	m	m	m	m	m	m	m	m	m	m	m	m	m	m	m	m	m	m
OECD 平均	94.5	(0.0)	94.4	(0.1)	94.6	(0.1)	−0.2	(0.1)	97.0	(0.0)	93.3	(0.1)	3.7	(0.1)	67	(2.5)	39	(2.5)
伙伴国家（地区）																		
巴西	m	m	m	m	m	m	m	m	m	m	m	m	m	m	m	m	m	m
保加利亚	m	m	m	m	m	m	m	m	m	m	m	m	m	m	m	m	m	m
哥伦比亚	m	m	m	m	m	m	m	m	m	m	m	m	m	m	m	m	m	m
克罗地亚	97.0	(0.1)	97.0	(0.1)	97.0	(0.2)	−0.0	(0.3)	98.4	(0.1)	96.4	(0.2)	2.0	(0.2)	73	(11.3)	53	(11.1)
塞浦路斯[2,3]	m	m	m	m	m	m	m	m	m	m	m	m	m	m	m	m	m	m
中国香港	97.5	(0.1)	97.6	(0.2)	97.3	(0.2)	0.2	(0.2)	98.2	(0.2)	97.2	(0.2)	1.0	(0.2)	59	(9.9)	42	(10.8)
中国澳门	97.2	(0.1)	96.4	(0.2)	97.9	(0.1)	−1.5	(0.2)	98.9	(0.1)	96.9	(0.1)	2.0	(0.2)	36	(7.7)	33	(8.0)
马来西亚	m	m	m	m	m	m	m	m	m	m	m	m	m	m	m	m	m	m
黑山	m	m	m	m	m	m	m	m	m	m	m	m	m	m	m	m	m	m
俄罗斯联邦	91.6	(0.4)	91.2	(0.4)	92.0	(0.6)	−0.8	(0.7)	95.9	(0.3)	87.4	(0.5)	8.5	(0.4)	52	(4.7)	19	(4.3)
塞尔维亚	91.1	(0.3)	92.8	(0.4)	89.4	(0.5)	3.4	(0.6)	96.2	(0.4)	87.8	(0.4)	8.4	(0.5)	79	(5.2)	56	(5.8)
中国上海	85.5	(0.5)	84.0	(0.6)	87.0	(0.6)	−3.0	(0.5)	90.7	(0.3)	79.0	(0.9)	11.7	(0.9)	56	(6.7)	28	(5.1)
新加坡	95.4	(0.1)	95.6	(0.2)	95.1	(0.2)	0.5	(0.3)	96.7	(0.1)	92.7	(0.3)	4.0	(0.3)	50	(6.3)	25	(5.7)
中国台北	94.7	(0.1)	94.6	(0.3)	94.8	(0.2)	−0.2	(0.4)	96.9	(0.2)	93.5	(0.2)	3.4	(0.3)	50	(8.1)	25	(7.9)
阿联酋	m	m	m	m	m	m	m	m	m	m	m	m	m	m	m	m	m	m
乌拉圭	84.4	(0.4)	85.9	(0.5)	83.2	(0.4)	2.7	(0.6)	96.3	(0.3)	80.6	(0.5)	15.8	(0.7)	59	(5.2)	21	(5.3)

注：统计上有显著性的值用粗体表示。

1. 在解释了学生社会人口特点后的问题解决成绩指的是,在回归方程中加入了 PISA 经济社会和文化地位指数(ESCS),ESCS 的平方,是否男生(男生设定为 0),是否第一代移民(第一代移民设定为 0)作为解释变量。

2. 土耳其提供的注释:本文中塞浦路斯指岛的南部。岛上没有一个统一的当局代表土耳其和希腊塞浦路斯人,土耳其承认北塞浦路斯土耳其共和国(TRNC),土耳其将保留对塞浦路斯问题的看法,直到在联合国背景下作出持久和公平的决定。

3. 欧盟和 OECD 的欧盟成员国提供的注释:除土耳其外,联合国所有成员均承认塞浦路斯共和国,文中塞浦路斯指的是在塞浦路斯共和国有效控制下的区域。

附表 7.9 ■ 问题解决成绩与在学校中使用电脑的情况

基于学生的自我报告

	全体学生 %	标准误	男生 %	标准误	女生 %	标准误	性别差异（男生－女生）%差异	标准误	父母最高职业地位:熟练的（ISCO 1 to 3）%	标准误	父母最高职业地位:半熟练或初级的（ISCO 4 to 9）%	标准误	与父母最高职业地位有关的差异:熟练的一半熟练或初级的 %差异	标准误	观察值 分数差异	标准误	解释了学生社会人口特征后的值[1] 分数差异	标准误
澳大利亚	93.7	(0.1)	93.5	(0.1)	93.8	(0.2)	−0.4	(0.2)	94.5	(0.1)	92.6	(0.2)	1.8	(0.2)	34	(4.3)	25	(4.0)
奥地利	81.6	(0.5)	81.3	(0.6)	81.9	(0.6)	−0.6	(0.8)	78.9	(0.6)	84.7	(0.6)	−5.8	(0.6)	−3	(5.2)	1	(4.7)
比利时	65.3	(0.4)	65.6	(0.5)	65.1	(0.5)	0.4	(0.7)	65.0	(0.4)	65.7	(0.6)	−0.8	(0.7)	13	(4.2)	10	(3.9)
加拿大	m	m	m	m	m	m	m	m	m	m	m	m	m	m	m	m	m	m
智利	61.3	(0.7)	59.8	(1.0)	62.8	(0.8)	−3.0	(1.2)	61.6	(1.2)	60.9	(0.7)	0.7	(1.1)	1	(4.0)	−3	(3.5)
捷克	84.0	(0.6)	82.8	(0.9)	85.2	(0.7)	−2.4	(0.8)	82.6	(0.9)	85.2	(0.6)	−2.6	(0.7)	−11	(5.8)	−7	(5.1)
丹麦	86.9	(0.3)	86.4	(0.4)	87.4	(0.4)	−1.1	(0.4)	85.6	(0.5)	89.3	(0.5)	−3.6	(0.6)	−16	(5.4)	−14	(5.4)
爱沙尼亚	61.3	(0.5)	59.4	(0.7)	63.2	(0.6)	−3.8	(0.9)	60.2	(0.7)	62.7	(0.6)	−2.5	(0.7)	−8	(3.2)	−8	(3.0)
芬兰	89.4	(0.4)	87.5	(0.4)	91.5	(0.5)	−4.0	(0.5)	89.4	(0.4)	89.8	(0.4)	−0.5	(0.4)	−5	(4.1)	−7	(4.3)
法国	m	m	m	m	m	m	m	m	m	m	m	m	m	m	m	m	m	m
德国	68.2	(0.6)	69.1	(0.7)	67.4	(0.8)	1.7	(0.6)	66.3	(0.9)	71.8	(0.7)	−5.6	(0.8)	−9	(4.1)	−7	(3.8)
匈牙利	75.4	(0.6)	75.8	(0.8)	74.9	(0.8)			74.2	(0.7)	76.7	(0.8)	−2.5	(0.7)	−4	(4.2)	−4	(3.8)
爱尔兰	63.4	(0.6)	62.0	(0.8)	64.9	(0.7)	−2.8	(0.7)	62.8	(0.7)	64.0	(0.8)	−1.2	(0.8)	0	(3.8)	1	(3.7)
以色列	55.2	(0.7)	56.3	(0.9)	53.9	(0.8)	2.4	(1.1)	53.8	(0.8)	56.8	(1.0)	−2.9	(1.2)	−25	(5.1)	−24	(4.5)
意大利	66.5	(0.6)	70.6	(1.0)	61.9	(1.0)	8.7	(1.4)	60.6	(0.9)	70.3	(0.7)	−9.6	(0.7)	−10	(5.0)	−6	(4.6)
日本	59.7	(0.9)	56.7	(0.9)	63.1	(1.2)	−6.4	(1.0)	59.7	(1.0)	59.8	(0.9)	−0.1	(0.8)	−4	(3.8)	−4	(3.5)
韩国	42.7	(0.9)	40.9	(1.0)	44.8	(1.2)	−3.9	(1.4)	43.0	(0.9)	42.5	(1.2)	0.4	(1.0)	0	(5.3)	0	(4.7)
荷兰	93.9	(0.3)	93.6	(0.4)	94.1	(0.3)	−0.4	(0.4)	94.0	(0.4)	93.6	(0.4)	0.4	(0.4)	30	(9.9)	28	(9.0)
挪威	91.9	(0.3)	90.7	(0.4)	93.1	(0.4)	−2.5	(0.4)	92.1	(0.4)	92.3	(0.5)	−0.2	(0.6)	28	(7.8)	22	(7.5)
波兰	61.0	(0.7)	60.8	(0.7)	61.1	(0.9)	−0.4	(0.8)	58.2	(0.8)	63.3	(0.8)	−5.1	(0.7)	−1	(3.9)	1	(3.6)
葡萄牙	69.4	(0.6)	71.5	(0.8)	67.3	(0.8)	4.2	(0.8)	66.8	(1.0)	71.3	(0.6)	−4.5	(1.0)	−21	(4.3)	−16	(4.0)
斯洛伐克	80.0	(0.4)	77.5	(0.6)	82.8	(0.6)	−5.2	(0.6)	79.6	(0.6)	81.5	(0.5)	−1.9	(0.5)	26	(5.3)	21	(4.4)
斯洛文尼亚	57.1	(0.4)	58.0	(0.6)	56.2	(0.6)	1.8	(0.6)	55.7	(0.5)	58.7	(0.6)	−3.0	(0.8)	6	(3.4)	5	(3.1)
西班牙	75.3	(0.6)	75.8	(0.7)	74.7	(0.8)	1.1	(0.7)	75.0	(0.8)	75.5	(0.7)	−0.5	(0.7)	12	(5.1)	11	(4.8)
瑞典	87.8	(0.7)	87.0	(0.7)	88.6	(0.8)	−1.6	(0.7)	88.7	(0.8)	86.8	(0.6)	1.9	(0.7)	21	(6.5)	17	(5.4)
土耳其	49.2	(0.8)	50.7	(0.9)	47.8	(0.9)	3.0	(0.7)	48.5	(1.2)	50.1	(0.8)	−1.7	(1.1)	8	(3.7)	4	(3.3)
英格兰	m	m	m	m	m	m	m	m	m	m	m	m	m	m	m	m	m	m
美国	m	m	m	m	m	m	m	m	m	m	m	m	m	m	m	m	m	m
OECD 平均	71.7	(0.1)	71.4	(0.1)	72.0	(0.1)	−0.6	(0.2)	70.7	(0.2)	72.7	(0.1)	−2.0	(0.2)	3	(1.0)	2	(1.0)
巴西	m	m	m	m	m	m	m	m	m	m	m	m	m	m	m	m	m	m
保加利亚	m	m	m	m	m	m	m	m	m	m	m	m	m	m	m	m	m	m
哥伦比亚	m	m	m	m	m	m	m	m	m	m	m	m	m	m	m	m	m	m
克罗地亚	78.5	(0.5)	80.3	(0.5)	76.5	(0.6)	3.8	(0.5)	76.2	(0.3)	80.5	(0.5)	−4.3	(0.8)	−9	(5.2)	−8	(4.5)
塞浦路斯[2,3]	m	m	m	m	m	m	m	m	m	m	m	m	m	m	m	m	m	m
中国香港	83.5	(0.4)	80.9	(0.5)	86.5	(0.4)	−5.6	(0.5)	82.1	(0.8)	85.0	(0.4)	−2.9	(0.9)	7	(6.4)	9	(5.9)
中国澳门	87.9	(0.3)	86.2	(0.4)	89.6	(0.3)	−3.4	(0.5)	88.9	(0.5)	87.9	(0.3)	1.1	(0.5)	11	(4.3)	11	(4.1)
马来西亚	m	m	m	m	m	m	m	m	m	m	m	m	m	m	m	m	m	m
黑山	m	m	m	m	m	m	m	m	m	m	m	m	m	m	m	m	m	m
俄罗斯联邦	80.4	(0.4)	79.5	(0.5)	81.3	(0.5)	−1.8	(0.5)	80.2	(0.4)	80.6	(0.6)	−0.4	(0.6)	4	(5.1)	2	(4.5)
塞尔维亚	82.4	(0.5)	82.5	(0.4)	82.4	(0.7)	0.2	(0.7)	83.8	(0.7)	82.0	(0.5)	1.8	(0.7)	20	(5.2)	15	(4.5)
中国上海	38.7	(0.6)	38.1	(0.6)	39.3	(0.7)	−1.3	(0.7)	39.6	(0.7)	37.9	(0.8)	1.7	(0.9)	16	(4.0)	12	(3.5)
新加坡	69.7	(0.3)	67.2	(0.4)	72.2	(0.4)	−5.0	(0.5)	69.0	(0.4)	70.9	(0.5)	−2.0	(0.6)	−18	(3.2)	−16	(2.9)
中国台北	78.8	(0.4)	75.6	(0.6)	82.0	(0.4)	−6.3	(0.6)	80.2	(0.6)	78.4	(0.5)	1.9	(0.7)	13	(4.1)	11	(3.7)
阿联酋	m	m	m	m	m	m	m	m	m	m	m	m	m	m	m	m	m	m
乌拉圭	49.7	(0.6)	55.4	(0.8)	44.8	(0.7)	10.5	(0.8)	51.7	(1.5)	48.9	(0.6)	2.8	(1.5)	−16	(5.4)	−23	(4.3)

注：统计上有显著性的值用粗体表示。

1. 在解释了学生社会人口特点后的问题解决成绩指的是，在回归方程中加入了 PISA 经济社会和文化地位指数（ESCS），ESCS 的平方，是否男生（男生设定为 0），是否第一代移民（第一代移民设定为 0）作为解释变量。

2. 土耳其提供的注释：本文中塞浦路斯指岛的南部。岛上没有一个统一的当局代表土耳其和希腊塞浦路斯人，土耳其承认北塞浦路斯土耳其共和国（TRNC），土耳其将保留对塞浦路斯问题的看法，直到在联合国背景下作出持久和公平的决定。

3. 欧盟和 OECD 的欧盟成员国提供的注释：除土耳其外，联合国所有成员均承认塞浦路斯共和国，文中塞浦路斯指的是在塞浦路斯共和国有效控制下的区域。

第八章附表

附表 8.1 ■ 学生财经素养平均成绩和变异

| | 平均成绩 | | 标准差 | | 百分位数 | | | | | | | | | |
	平均值	标准误	标准差	标准误	第5 分数	标准误	第10 分数	标准误	第25 分数	标准误	第50(中位数) 分数	标准误	第75 分数	标准误
美国	492	(4.9)	99	(2.5)	325	(10.4)	364	(7.3)	424	(6.1)	490	(6.8)	561	(7.2)
波兰	510	(3.7)	82	(2.1)	374	(8.9)	401	(5.9)	454	(5.3)	514	(5.0)	566	(3.7)
新西兰	520	(3.7)	118	(2.8)	315	(13.8)	361	(9.6)	442	(6.2)	527	(6.0)	603	(4.8)
爱沙尼亚	529	(3.0)	79	(1.8)	398	(7.5)	428	(5.0)	476	(3.7)	530	(4.0)	582	(4.3)
克罗地亚	480	(3.8)	85	(2.3)	332	(9.5)	373	(5.4)	427	(5.3)	481	(4.7)	540	(5.0)
拉脱维亚	501	(3.3)	78	(2.7)	370	(10.7)	402	(6.1)	449	(5.1)	503	(4.7)	556	(4.7)
斯洛伐克	470	(4.9)	105	(3.6)	280	(18.2)	331	(13.0)	409	(7.6)	477	(6.0)	541	(6.1)
捷克	513	(3.2)	88	(3.1)	363	(15.7)	399	(7.2)	456	(5.9)	516	(4.2)	573	(3.5)
法国	486	(3.4)	105	(3.1)	302	(12.9)	347	(9.6)	423	(5.8)	494	(4.3)	557	(5.5)
澳大利亚	526	(2.1)	101	(1.7)	357	(5.9)	398	(4.7)	461	(3.4)	528	(2.7)	595	(3.6)
以色列	476	(6.1)	115	(4.5)	265	(18.1)	322	(16.1)	410	(9.2)	487	(6.5)	556	(6.6)
比利时	541	(3.5)	97	(2.5)	369	(8.8)	409	(6.7)	480	(6.3)	550	(4.1)	611	(3.9)
西班牙	484	(3.2)	85	(2.1)	337	(9.1)	371	(6.0)	429	(5.1)	489	(3.9)	543	(4.3)
斯洛文尼亚	485	(3.3)	90	(2.4)	332	(11.1)	366	(8.3)	426	(4.7)	486	(4.3)	546	(5.7)
哥伦比亚	379	(4.7)	106	(3.5)	192	(16.2)	241	(9.8)	312	(6.3)	383	(5.5)	451	(5.3)
俄罗斯	486	(3.7)	88	(2.2)	330	(8.7)	367	(6.2)	432	(6.3)	492	(4.6)	549	(4.5)
意大利	466	(2.1)	87	(1.5)	314	(4.4)	350	(4.3)	412	(3.6)	472	(2.6)	528	(2.9)
中国上海	603	(3.2)	83	(2.5)	459	(9.6)	495	(6.9)	549	(5.0)	610	(3.8)	662	(4.0)
OECD平均	500	(1.0)	96	(0.8)	333	(3.3)	373	(2.4)	439	(1.6)	505	(1.3)	566	(1.4)

| | 百分位数 | | | | 成绩间距 | | | | | | | |
	第90 分数	标准误	第95 分数	标准误	四分位距 (第75-第25百分位数) 间距	标准误	十分位距 (第90-第10百分位数) 间距	标准误	上间距 (第90-第50百分位数) 间距	标准误	下间距 (第50-第10百分位数) 间距	标准误
美国	620	(8.3)	656	(8.2)	137	(6.2)	256	(10.1)	130	(7.0)	126	(8.3)
波兰	611	(6.3)	638	(6.5)	112	(5.4)	210	(7.9)	97	(6.4)	112	(6.2)
新西兰	667	(6.4)	703	(8.4)	162	(7.4)	306	(10.9)	139	(7.9)	166	(10.7)
爱沙尼亚	631	(5.1)	659	(6.4)	106	(4.5)	203	(6.8)	101	(5.2)	102	(5.2)
克罗地亚	586	(5.9)	616	(7.1)	113	(5.8)	213	(7.5)	105	(6.0)	108	(5.9)
拉脱维亚	598	(5.5)	621	(7.8)	106	(6.1)	196	(7.9)	95	(5.8)	101	(6.6)
斯洛伐克	596	(6.9)	630	(8.5)	133	(7.7)	265	(14.1)	119	(7.3)	146	(12.3)
捷克	624	(5.8)	652	(5.8)	118	(5.7)	225	(9.3)	108	(6.7)	117	(7.1)
法国	616	(6.7)	643	(6.9)	134	(6.5)	269	(12.4)	123	(8.0)	146	(9.7)
澳大利亚	653	(4.0)	689	(5.6)	134	(4.4)	255	(6.2)	125	(4.3)	129	(5.2)
以色列	616	(8.7)	648	(10.3)	145	(8.6)	294	(15.3)	129	(8.0)	165	(13.9)
比利时	660	(6.8)	685	(6.0)	130	(6.2)	251	(8.6)	110	(6.8)	141	(6.8)
西班牙	593	(4.0)	617	(5.8)	114	(5.4)	222	(7.4)	103	(4.6)	119	(6.0)
斯洛文尼亚	598	(6.8)	631	(8.5)	120	(6.4)	232	(10.3)	112	(6.9)	120	(8.6)
哥伦比亚	508	(6.5)	543	(10.9)	139	(6.5)	267	(10.6)	125	(6.6)	142	(9.6)
俄罗斯	593	(5.4)	619	(6.3)	117	(6.6)	226	(8.0)	101	(5.7)	125	(5.7)
意大利	574	(2.9)	598	(3.4)	116	(4.1)	224	(4.7)	102	(3.0)	122	(4.0)
中国上海	704	(3.7)	728	(6.2)	113	(5.2)	208	(7.8)	94	(4.6)	114	(6.4)
OECD平均	620	(1.7)	650	(2.0)	128	(1.7)	247	(2.8)	115	(1.8)	132	(2.4)

附表 8.2 ■ 财经素养各精熟度水平学生百分比

各水平的学生百分比

	一级或以下 (低于396.6分)		2级 (396.6到457.7分以下)		3级 (457.7到518.6分以下)		4级 (518.6到579.4分以下)		5级或以上 (579.4分以上)	
	%	标准误	%	标准误	%	标准误	%	标准误	%	标准误
美国	16.8	(1.6)	20.6	(1.7)	22.8	(1.6)	20.2	(1.7)	19.5	(1.8)
波兰	9.0	(1.2)	17.5	(1.6)	25.7	(2.2)	28.0	(1.9)	19.7	(1.5)
新西兰	15.6	(1.1)	13.8	(1.2)	17.9	(1.7)	19.9	(1.5)	32.8	(1.7)
爱沙尼亚	4.8	(0.8)	13.4	(1.3)	26.7	(1.7)	28.9	(1.8)	26.3	(1.6)
克罗地亚	15.5	(1.4)	23.3	(1.9)	27.5	(1.8)	22.3	(2.0)	11.4	(1.3)
拉脱维亚	9.0	(1.2)	19.6	(1.6)	30.0	(2.2)	26.1	(1.9)	15.4	(1.5)
斯洛伐克	21.9	(1.9)	20.4	(1.7)	24.1	(2.1)	20.3	(1.7)	13.4	(1.4)
捷克	9.5	(1.4)	16.1	(1.6)	25.7	(1.9)	26.2	(1.9)	22.5	(1.5)
法国	18.4	(1.5)	16.9	(2.2)	25.6	(1.8)	20.7	(1.6)	18.3	(1.4)
澳大利亚	9.8	(0.7)	14.1	(1.1)	22.7	(1.1)	23.2	(1.0)	30.2	(1.0)
以色列	22.1	(2.2)	17.9	(2.7)	22.3	(2.2)	19.7	(1.8)	18.0	(1.8)
比利时	8.3	(0.9)	10.8	(1.3)	18.4	(1.4)	25.0	(1.6)	37.4	(1.7)
西班牙	15.7	(1.2)	19.7	(1.5)	28.6	(1.7)	22.2	(1.7)	13.7	(1.2)
斯洛文尼亚	16.6	(1.7)	21.0	(1.8)	27.4	(2.0)	20.5	(1.8)	14.5	(1.6)
哥伦比亚	55.1	(2.0)	22.0	(1.9)	14.7	(1.4)	6.0	(0.9)	2.1	(0.6)
俄罗斯	16.0	(1.4)	19.0	(1.4)	27.9	(2.0)	23.1	(1.3)	14.0	(1.5)
意大利	20.7	(0.9)	22.5	(0.9)	28.1	(1.0)	20.0	(1.0)	8.6	(0.6)
中国上海	1.5	(0.4)	3.3	(0.7)	10.7	(1.2)	21.0	(1.5)	63.5	(2.0)
OECD平均	14.6	(0.4)	17.3	(0.5)	24.3	(0.5)	22.7	(0.5)	21.2	(0.4)

各水平或该水平以上学生百分比

	一级或以下 (低于396.6分)		2级 (396.6到457.7分以下)		3级 (457.7到518.6分以下)		4级 (518.6到579.4分以下)		5级或以上 (579.4分以上)	
	%	标准误	%	标准误	%	标准误	%	标准误	%	标准误
美国	94.0	(1.0)	83.2	(1.6)	62.6	(2.2)	39.8	(2.6)	19.5	(1.8)
波兰	98.1	(0.5)	91.0	(1.2)	73.5	(1.9)	47.7	(2.2)	19.7	(1.5)
新西兰	92.7	(1.1)	84.4	(1.1)	70.6	(1.5)	52.7	(1.8)	32.8	(1.7)
爱沙尼亚	99.2	(0.3)	95.2	(0.8)	81.8	(1.4)	55.2	(1.9)	26.3	(1.6)
克罗地亚	94.7	(0.8)	84.5	(1.4)	61.2	(2.3)	33.7	(2.2)	11.4	(1.3)
拉脱维亚	98.0	(0.7)	91.0	(1.2)	71.4	(2.0)	41.5	(2.1)	15.4	(1.5)
斯洛伐克	89.2	(1.4)	78.1	(1.9)	57.7	(2.3)	33.7	(2.2)	13.4	(1.4)
捷克	96.9	(1.0)	90.5	(1.4)	74.4	(1.7)	48.6	(1.9)	22.5	(1.5)
法国	91.3	(1.1)	81.6	(1.5)	64.6	(2.0)	39.0	(1.7)	18.3	(1.4)
澳大利亚	96.6	(0.4)	90.2	(0.7)	76.1	(1.0)	53.4	(1.0)	30.2	(1.0)
以色列	88.3	(1.7)	77.9	(2.2)	60.0	(2.4)	37.6	(2.0)	18.0	(1.8)
比利时	97.3	(0.6)	91.7	(0.9)	80.9	(1.6)	62.5	(1.7)	37.4	(1.7)
西班牙	95.1	(0.8)	84.3	(1.2)	64.5	(1.7)	35.9	(2.0)	13.7	(1.2)
斯洛文尼亚	94.7	(1.2)	83.4	(1.7)	62.4	(1.8)	35.0	(2.0)	14.5	(1.6)
哥伦比亚	67.4	(1.8)	44.9	(2.0)	22.8	(1.8)	8.1	(1.2)	2.1	(0.6)
俄罗斯	94.5	(0.8)	84.0	(1.4)	65.0	(1.9)	37.1	(1.9)	14.0	(1.5)
意大利	92.1	(0.7)	79.3	(0.9)	56.8	(1.2)	28.6	(1.1)	8.6	(0.6)
中国上海	99.7	(0.2)	98.5	(0.4)	95.2	(0.9)	84.5	(1.6)	63.5	(2.0)
OECD平均	94.3	(0.3)	85.4	(0.4)	68.2	(0.5)	43.8	(0.5)	21.2	(0.4)

附表 8.3 ■ 财经和数学/或阅读同为高水平的比例

| | 15 岁学生属于以下类别的比例： | | | | | | | | 财经素养属于高水平，同时数学素养也是高水平的百分比 | | 财经素养属于高水平，同时阅读素养也是高水平的百分比 | |
| | 三个领域都不是高水平的 | | 至少有一个学科属于高水平，但财经素养不是 | | 财经素养属于高水平，但其他两个学科都不是 | | 财经素养领域属于高水平，至少其他另一个领域属于高水平 | | | | | |
	%	标准误	%	标准误	%	标准误	%	标准误	%	标准误	%	标准误
美国	78.0	(1.9)	2.4	(0.6)	8.8	(1.1)	10.8	(1.3)	34.7	(5.6)	45.0	(4.1)
波兰	75.4	(1.8)	4.9	(0.8)	7.4	(1.1)	12.3	(1.3)	52.0	(4.6)	40.1	(4.3)
新西兰	65.3	(1.7)	1.9	(0.6)	13.0	(1.3)	19.8	(1.3)	44.4	(3.7)	43.1	(3.7)
爱沙尼亚	67.0	(1.8)	6.7	(1.0)	8.2	(1.0)	18.0	(1.3)	62.4	(2.9)	32.7	(3.6)
克罗地亚	85.9	(1.5)	2.7	(0.6)	4.9	(0.9)	6.5	(1.1)	44.0	(6.5)	35.4	(5.3)
拉脱维亚	79.2	(1.8)	5.4	(0.9)	6.6	(1.3)	8.8	(1.2)	48.3	(6.2)	31.7	(4.7)
斯洛伐克	84.2	(1.6)	2.4	(0.6)	5.5	(0.9)	7.9	(1.2)	56.7	(6.1)	17.0	(4.7)
捷克	74.8	(1.6)	2.8	(0.5)	9.8	(1.2)	12.7	(1.1)	51.2	(4.5)	26.9	(3.3)
法国	72.8	(1.6)	8.9	(1.1)	4.5	(0.9)	13.9	(1.5)	70.8	(4.5)	43.6	(4.9)
澳大利亚	67.6	(1.1)	2.2	(0.4)	14.0	(0.8)	16.2	(0.9)	40.1	(2.4)	35.1	(2.3)
以色列	76.3	(2.2)	5.8	(1.0)	6.9	(1.2)	11.1	(1.2)	48.8	(7.2)	44.0	(4.8)
比利时	57.6	(1.8)	5.0	(1.1)	11.6	(1.3)	25.8	(1.6)	65.8	(3.1)	24.9	(2.7)
西班牙	82.7	(1.3)	3.6	(0.6)	7.3	(1.0)	6.4	(0.8)	36.4	(4.5)	26.2	(4.3)
斯洛文尼亚	81.4	(1.5)	4.1	(0.8)	3.8	(0.8)	10.7	(1.4)	69.2	(6.5)	29.1	(5.7)
哥伦比亚	97.0	(0.8)	0.9	(0.4)	1.5	(0.5)	0.6	(0.3)	22.9	(10.4)	14.8	(10.4)
俄罗斯	82.6	(1.6)	3.4	(1.0)	8.6	(1.1)	5.5	(1.0)	37.1	(5.1)	9.6	(2.9)
意大利	84.7	(0.8)	6.7	(0.6)	3.3	(0.5)	5.3	(0.5)	51.3	(3.3)	26.7	(2.9)
中国上海	30.4	(2.1)	6.1	(0.9)	7.3	(1.2)	56.2	(2.0)	87.5	(1.9)	45.8	(2.2)
OECD 平均	74.4	(0.4)	4.4	(0.2)	8.0	(0.3)	13.2	(0.3)	52.6	(1.3)	33.4	(1.1)

高水平学生是评估中表现在 5 级及以上的学生。

附表 8.4 ■ 财经素养成绩与数学和阅读成绩的相关关系

	财经素养成绩与数学和阅读成绩之间的相关关系[1]				比较:数学和阅读成绩之间的相关关系[1]		与数学和阅读成绩相关的财经素养成绩变异			
	财经素养和数学		财经素养和阅读		数学和阅读		解释的总变异[2]		仅与数学相关的成绩变异[2]	
	相关系数	标准误	相关系数	标准误	相关系数	标准误	%	标准误	%	标准误
美国	0.86	(0.01)	0.84	(0.01)	0.79	(0.01)	80.0	(1.5)	9.6	(1.3)
波兰	0.84	(0.01)	0.80	(0.02)	0.78	(0.02)	76.0	(1.8)	12.2	(1.8)
新西兰	0.85	(0.01)	0.86	(0.01)	0.80	(0.01)	81.4	(1.4)	8.0	(1.2)
爱沙尼亚	0.80	(0.01)	0.76	(0.02)	0.73	(0.02)	70.5	(1.8)	13.5	(1.8)
克罗地亚	0.85	(0.01)	0.80	(0.01)	0.74	(0.01)	79.2	(1.5)	14.5	(1.5)
拉脱维亚	0.75	(0.03)	0.75	(0.02)	0.68	(0.03)	66.8	(3.0)	11.2	(2.4)
斯洛伐克	0.85	(0.01)	0.83	(0.01)	0.80	(0.02)	78.2	(1.9)	9.7	(1.6)
捷克	0.84	(0.01)	0.76	(0.02)	0.73	(0.02)	75.3	(1.6)	17.1	(1.9)
法国	0.84	(0.01)	0.82	(0.01)	0.81	(0.02)	76.0	(1.7)	9.6	(1.6)
澳大利亚	0.84	(0.01)	0.83	(0.01)	0.76	(0.01)	79.0	(0.9)	10.4	(0.8)
以色列	0.83	(0.01)	0.77	(0.02)	0.81	(0.01)	71.4	(1.8)	12.2	(1.9)
比利时	0.86	(0.01)	0.80	(0.01)	0.78	(0.01)	78.0	(1.5)	14.1	(1.5)
西班牙	0.79	(0.02)	0.65	(0.03)	0.72	(0.02)	64.4	(2.5)	21.7	(2.4)
斯洛文尼亚	0.83	(0.01)	0.83	(0.01)	0.75	(0.02)	79.3	(1.2)	10.1	(1.5)
哥伦比亚	0.51	(0.03)	0.52	(0.03)	0.73	(0.02)	30.2	(3.3)	3.5	(1.3)
俄罗斯	0.73	(0.02)	0.68	(0.02)	0.75	(0.02)	57.9	(2.4)	11.0	(1.8)
意大利	0.73	(0.01)	0.72	(0.01)	0.71	(0.01)	61.6	(1.8)	9.9	(1.1)
中国上海	0.88	(0.01)	0.82	(0.02)	0.81	(0.02)	80.0	(1.2)	14.1	(1.6)
OECD平均	0.83	(0.00)	0.79	(0.00)	0.77	(0.00)	74.7	(0.5)	12.2	(0.5)

	与数学和阅读成绩相关的财经素养成绩变异						与根据全世界数学和阅读分数相同的学生(预期分数)相比的财经素养相对成绩[3]			
	仅与阅读相关的成绩变异[2]		与一个以上领域相关的成绩变异[2]		残余(未解释的)变异[2]		所有学生的相对成绩[4](实际－预期分数)		超过预期分数的学生比例[5]	
	%	标准误	%	标准误	%	标准误	分差	标准误	%	标准误
美国	6.9	(1.0)	63.5	(2.0)	20.0	(1.5)	1	(1.36)	50.8	(1.9)
波兰	5.4	(1.1)	58.5	(2.1)	24.0	(1.8)	2	(2.32)	52.1	(2.3)
新西兰	8.6	(1.0)	64.7	(1.7)	18.6	(1.4)	**12**	(2.72)	60.1	(2.6)
爱沙尼亚	6.4	(1.2)	50.7	(2.3)	29.5	(1.8)	**5**	(2.51)	54.5	(2.5)
克罗地亚	6.9	(1.2)	57.8	(2.2)	20.8	(1.5)	2	(2.23)	52.8	(2.7)
拉脱维亚	10.3	(2.3)	45.3	(3.2)	33.2	(3.0)	1	(2.87)	50.1	(2.9)
斯洛伐克	6.3	(1.2)	62.2	(2.4)	21.8	(1.9)	2	(2.81)	54.1	(3.0)
捷克	4.6	(1.0)	53.7	(2.4)	24.7	(1.6)	**19**	(2.39)	66.3	(2.4)
法国	4.9	(1.2)	61.5	(2.1)	24.0	(1.7)	**−24**	(2.41)	31.2	(2.1)
澳大利亚	8.7	(0.7)	59.9	(1.3)	21.0	(0.9)	**18**	(1.83)	65.5	(1.7)
以色列	2.7	(0.9)	56.5	(2.1)	28.6	(1.8)	**−5**	(3.07)	47.4	(2.2)
比利时	4.3	(0.8)	59.6	(1.9)	22.0	(1.5)	**9**	(2.41)	57.9	(2.2)
西班牙	1.5	(0.6)	41.3	(2.8)	35.6	(2.5)	4	(2.43)	52.8	(2.3)
斯洛文尼亚	9.9	(1.5)	59.3	(2.3)	20.7	(1.2)	**−8**	(1.79)	41.8	(2.2)
哥伦比亚	4.6	(1.5)	22.1	(2.8)	69.8	(3.3)	**−5**	(2.82)	49.4	(1.5)
俄罗斯	4.3	(1.1)	42.6	(2.2)	42.1	(2.4)	**14**	(2.36)	61.6	(2.1)
意大利	8.2	(1.2)	43.5	(1.6)	38.4	(1.8)	**−14**	(1.81)	38.3	(1.5)
中国上海	3.1	(0.6)	63.7	(2.0)	19.1	(1.2)	0	(2.68)	49.0	(2.7)
OECD平均	6.0	(0.3)	56.5	(0.6)	25.3	(0.5)	**2**	(0.65)	51.8	(0.6)

注:
1. 所报告的是相应潜在特征两两之间的相关系数。
2. 解释的总变异是数学和阅读成绩向财经素养成绩回归的 R^2 值。单独与每一领域相关的变异是整个回归的 R^2 值与剩余两个领域单独向财经素养回归的 R^2。残余变异是用(100−解释的总变异)计算的。
3. "全世界学生"指参加 2012 年 PISA 财经素养评估的各国家(地区)的 15 岁学生。各国(地区)样本根据目标总体规模采用最终学生权重进行加权。
4. 这一栏报告实际成绩和通过 2 次多项回归(数学分数、数学分数平方、阅读、阅读成绩平方和数学成绩与阅读成绩的成绩)得到的拟合值之间的差异。粗体字表示达到了统计上的显著水平(参加附件 A3)。
5. 这一栏报告了那些实际成绩和预期成绩的差异是正值的学生百分比。

附表8.5 ■ 学生财经素养成绩的性别差异

结果基于学生自我报告

	平均分						标准误						百分位数 第5					
	男生		女生		差异(男-女)		男生		女生		差异(男-女)		男生		女生		差异(男-女)	
	平均分	标准误	平均分	标准误	分数差异	标准误	标准误	标准误	标准误	标准误	标准差	标准误	平均分	标准误	平均分	标准误	分数差异	标准误
美国	492	(6.3)	491	(6.0)	1	(7.4)	102	(3.7)	96	(3.4)	6	(5.1)	320	(15.9)	328	(15.8)	-8	(25.0)
波兰	512	(4.7)	508	(4.2)	3	(5.0)	88	(3.2)	76	(2.5)	12	(4.1)	366	(9.7)	380	(8.0)	-14	(12.8)
新西兰	521	(6.5)	519	(4.7)	3	(8.5)	130	(4.2)	105	(3.5)	25	(5.5)	286	(15.4)	340	(15.1)	-54	(19.4)
爱沙尼亚	527	(4.5)	531	(4.1)	-3	(6.2)	83	(2.6)	74	(2.8)	9	(4.0)	392	(9.1)	409	(12.3)	-18	(16.3)
克罗地亚	483	(5.8)	478	(4.3)	5	(6.9)	89	(3.8)	80	(2.9)	9	(5.0)	327	(18.5)	338	(8.7)	-11	(20.7)
拉脱维亚	495	(4.8)	506	(4.3)	-11	(6.3)	81	(4.1)	74	(2.4)	8	(4.8)	356	(11.7)	385	(9.4)	-28	(16.1)
斯洛伐克	469	(5.8)	472	(6.2)	-3	(6.9)	116	(4.1)	104	(4.6)	2	(4.7)	287	(13.8)	268	(25.8)	19	(27.1)
捷克	516	(4.5)	510	(4.3)	3	(6.1)	90	(4.0)	87	(3.5)	3	(5.2)	362	(23.9)	361	(20.7)	1	(33.6)
法国	483	(4.5)	489	(4.5)	-6	(6.2)	118	(5.0)	92	(3.4)	26	(5.6)	274	(19.0)	324	(15.8)	-50	(23.5)
澳大利亚	524	(3.4)	528	(2.4)	-3	(4.0)	108	(2.3)	94	(2.4)	14	(3.5)	342	(7.7)	375	(8.8)	-34	(9.8)
以色列	474	(9.0)	480	(5.6)	-6	(9.2)	127	(5.8)	100	(4.2)	27	(5.6)	247	(16.8)	306	(17.7)	-59	(18.7)
比利时	547	(4.7)	536	(4.8)	11	(6.4)	99	(4.0)	96	(3.2)	3	(5.1)	374	(11.5)	364	(12.8)	10	(19.0)
西班牙	487	(4.0)	481	(4.3)	6	(5.8)	87	(2.5)	82	(3.3)	5	(3.9)	331	(13.9)	340	(12.6)	-9	(16.6)
斯洛文尼亚	481	(5.2)	489	(5.0)	-8	(7.8)	95	(3.4)	83	(3.8)	12	(5.4)	323	(9.3)	345	(19.4)	-22	(23.2)
哥伦比亚	379	(6.3)	379	(5.8)	0	(7.6)	114	(4.5)	101	(5.0)	8	(6.3)	190	(14.8)	193	(25.8)	-3	(26.1)
俄罗斯	487	(4.5)	486	(4.2)	1	(4.7)	92	(3.1)	84	(3.0)	8	(4.1)	322	(12.1)	341	(12.0)	-19	(15.6)
意大利	470	(3.1)	462	(2.2)	8	(3.4)	92	(2.1)	81	(1.6)	11	(2.4)	308	(14.7)	321	(15.6)	-13	(19.2)
中国上海	603	(4.6)	604	(3.9)	-1	(5.5)	86	(3.1)	81	(3.1)	5	(3.7)	455	(10.7)	463	(15.8)	-7	(16.7)
OECD平均	500	(1.5)	500	(1.3)	1	(1.8)	102	(1.1)	90	(0.9)	12	(1.3)	324	(3.9)	343	(4.3)	-19	(5.7)

	百分位数 第10						第25						第50					
	男生		女生		差异(男-女)		男生		女生		差异(男-女)		男生		女生		差异(男-女)	
	平均分	标准误	平均分	标准误	分数差异	标准误	平均分	标准误	平均分	标准误	分数差异	标准误	平均分	标准误	平均分	标准误	分数差异	标准误
美国	360	(8.7)	369	(10.5)	-9	(13.0)	422	(8.3)	426	(7.8)	-3	(10.4)	489	(9.2)	491	(8.3)	-2	(10.5)
波兰	396	(8.0)	406	(8.6)	-10	(11.4)	450	(7.3)	457	(6.6)	-6	(9.0)	516	(7.0)	513	(5.9)	3	(8.6)
新西兰	338	(17.1)	378	(13.6)	-40	(23.1)	437	(13.6)	446	(8.7)	-8	(16.2)	532	(10.9)	524	(6.8)	8	(12.0)
爱沙尼亚	419	(10.2)	436	(7.9)	-17	(11.3)	471	(7.3)	482	(7.4)	-11	(10.9)	528	(6.4)	531	(4.9)	-3	(7.8)
克罗地亚	373	(8.1)	372	(7.2)	1	(10.3)	427	(7.6)	427	(8.1)	0	(9.8)	482	(8.2)	480	(5.0)	3	(9.4)
拉脱维亚	395	(10.1)	410	(7.7)	-15	(13.1)	443	(8.7)	457	(6.5)	-14	(10.9)	499	(7.2)	507	(6.7)	-8	(9.4)
斯洛伐克	329	(14.3)	331	(19.6)	-2	(22.1)	399	(9.6)	417	(8.8)	-18	(11.1)	472	(6.7)	482	(8.0)	-10	(9.8)
捷克	404	(11.6)	396	(9.8)	8	(15.7)	461	(9.1)	452	(6.8)	8	(11.0)	518	(5.8)	515	(5.8)	3	(7.6)
法国	329	(12.6)	368	(10.2)	-38	(15.9)	408	(9.0)	436	(7.6)	-29	(11.0)	493	(6.8)	493	(4.5)	0	(7.8)
澳大利亚	385	(6.4)	410	(6.1)	-24	(8.3)	454	(5.2)	466	(3.5)	-13	(6.1)	529	(4.5)	526	(3.6)	3	(6.1)
以色列	296	(17.9)	353	(11.3)	-57	(17.9)	394	(14.7)	422	(8.6)	-27	(17.4)	487	(9.4)	486	(7.6)	1	(11.7)
比利时	409	(9.9)	409	(10.6)	1	(13.7)	485	(10.9)	478	(7.8)	7	(12.8)	558	(6.2)	543	(6.0)	15	(8.5)
西班牙	370	(7.7)	371	(8.9)	-1	(10.9)	430	(8.9)	428	(5.9)	2	(10.1)	493	(5.2)	485	(5.8)	8	(7.4)
斯洛文尼亚	357	(9.3)	381	(12.9)	-23	(16.3)	412	(8.9)	438	(6.4)	-26	(11.7)	484	(7.4)	487	(6.9)	-3	(10.7)
哥伦比亚	237	(11.6)	244	(15.6)	-7	(18.8)	307	(7.8)	317	(10.2)	-10	(12.6)	378	(8.1)	388	(7.3)	-10	(10.8)
俄罗斯	362	(8.5)	373	(9.4)	-11	(13.0)	431	(7.6)	433	(7.3)	-3	(9.6)	495	(5.3)	491	(5.3)	4	(7.0)
意大利	344	(8.8)	354	(4.2)	-10	(9.8)	412	(5.4)	412	(3.8)	0	(6.2)	478	(3.5)	467	(2.5)	11	(4.0)
中国上海	489	(8.7)	503	(7.6)	-14	(10.5)	546	(7.2)	552	(7.1)	-5	(9.1)	609	(6.1)	610	(5.6)	-1	(7.9)
OECD平均	364	(3.2)	382	(3.0)	-17	(4.2)	434	(2.6)	443	(2.0)	-10	(3.2)	506	(2.0)	503	(1.7)	3	(2.5)

	百分位数 第75						第90						第95					
	男生		女生		差异(男-女)		男生		女生		差异(男-女)		男生		女生		差异(男-女)	
	平均分	标准误	平均分	标准误	分数差异	标准误	平均分	标准误	平均分	标准误	分数差异	标准误	平均分	标准误	平均分	标准误	分数差异	标准误
美国	569	(10.3)	555	(9.1)	13	(11.9)	625	(10.2)	614	(14.0)	11	(16.1)	659	(11.1)	654	(14.9)	4	(18.8)
波兰	571	(6.4)	561	(4.6)	10	(7.4)	623	(9.7)	600	(5.4)	23	(10.5)	655	(9.9)	622	(8.1)	33	(11.7)
新西兰	613	(8.0)	594	(6.8)	19	(10.8)	683	(10.5)	649	(7.2)	34	(13.1)	719	(11.6)	681	(14.0)	38	(19.5)
爱沙尼亚	586	(6.8)	578	(7.3)	8	(10.1)	636	(9.8)	624	(8.2)	12	(13.4)	663	(10.5)	654	(12.8)	10	(18.1)
克罗地亚	545	(7.0)	535	(5.1)	10	(8.2)	594	(8.7)	577	(7.1)	18	(12.0)	624	(8.8)	604	(9.7)	20	(13.6)
拉脱维亚	553	(7.4)	559	(7.0)	-6	(10.2)	594	(9.9)	601	(8.2)	-7	(13.1)	618	(15.0)	622	(7.7)	-4	(16.7)
斯洛伐克	542	(9.1)	541	(7.9)	1	(11.4)	602	(10.2)	590	(8.3)	12	(12.1)	636	(12.1)	622	(13.0)	14	(17.0)
捷克	577	(6.4)	569	(5.2)	8	(6.7)	632	(8.5)	615	(6.1)	17	(9.5)	656	(8.9)	645	(8.9)	11	(11.8)
法国	566	(5.2)	550	(8.3)	16	(9.7)	627	(8.2)	601	(8.4)	27	(11.2)	657	(11.0)	630	(9.5)	26	(15.0)
澳大利亚	598	(5.3)	591	(3.7)	7	(5.9)	660	(7.6)	647	(5.8)	13	(9.8)	695	(9.5)	684	(7.9)	11	(13.0)
以色列	563	(10.3)	550	(7.2)	14	(13.1)	630	(12.6)	602	(7.8)	28	(13.5)	665	(16.1)	632	(10.5)	33	(19.0)
比利时	616	(5.7)	604	(6.4)	12	(9.1)	667	(7.7)	649	(6.8)	18	(11.7)	693	(10.6)	675	(10.9)	18	(12.9)
西班牙	549	(7.1)	537	(7.0)	12	(9.6)	597	(6.5)	587	(8.7)	10	(11.8)	621	(8.9)	612	(10.9)	9	(14.8)
斯洛文尼亚	544	(10.1)	546	(7.9)	-2	(13.6)	607	(9.0)	591	(8.4)	15	(12.3)	639	(10.8)	616	(15.5)	22	(19.5)
哥伦比亚	453	(8.1)	449	(5.8)	4	(9.2)	519	(7.4)	500	(7.5)	20	(12.2)	557	(13.7)	530	(11.4)	27	(17.8)
俄罗斯	553	(5.6)	544	(6.8)	9	(7.9)	598	(9.0)	590	(6.4)	9	(11.7)	624	(9.2)	617	(8.7)	7	(11.7)
意大利	536	(3.7)	519	(3.4)	17	(4.7)	584	(4.0)	563	(3.8)	21	(5.0)	608	(4.4)	586	(3.8)	22	(5.2)
中国上海	664	(5.6)	660	(6.0)	5	(8.6)	707	(8.0)	700	(5.0)	7	(9.2)	732	(9.9)	726	(7.5)	6	(11.5)
OECD平均	572	(2.1)	561	(1.9)	10	(2.7)	629	(2.5)	610	(2.2)	19	(3.2)	659	(3.0)	640	(3.1)	19	(4.3)

附表 8.6 ■ 学生财经素养、数学和阅读成绩与社会经济地位因素的关系

结果基于学生自我报告

	学生成绩与 PISA 经济、社会和文化地位指数 (ESCS) 的关系											
	财经素养				数 学				阅 读			
	强度	标准误	斜率	标准误	强度	标准误	斜率	标准误	强度	标准误	斜率	标准误
美国	16.6	(2.5)	41	(3.3)	15.6	(2.4)	35	(3.0)	14.8	(2.6)	35	(3.3)
波兰	12.2	(2.5)	31	(3.2)	15.2	(2.7)	39	(3.8)	15.2	(2.5)	39	(3.4)
新西兰	19.0	(2.6)	64	(4.7)	18.5	(2.5)	55	(4.7)	16.5	(2.5)	54	(4.4)
爱沙尼亚	6.7	(2.1)	24	(3.8)	9.2	(2.2)	34	(4.3)	5.9	(1.9)	25	(4.0)
克罗地亚	10.4	(1.8)	33	(2.9)	11.2	(1.9)	35	(3.5)	11.6	(2.1)	36	(3.4)
拉脱维亚	13.2	(2.5)	32	(3.4)	13.1	(2.5)	36	(4.1)	12.8	(2.6)	34	(3.7)
斯洛伐克	18.2	(2.9)	48	(3.8)	16.9	(2.8)	46	(4.1)	18.0	(3.0)	46	(4.3)
捷克	13.3	(2.1)	45	(4.3)	11.9	(2.3)	47	(5.2)	12.8	(2.4)	45	(5.2)
法国	15.5	(2.4)	50	(4.2)	14.7	(2.3)	48	(3.9)	13.8	(2.3)	48	(4.4)
澳大利亚	11.3	(1.3)	42	(2.6)	11.1	(1.4)	37	(2.5)	13.4	(1.3)	43	(2.3)
以色列	14.4	(2.2)	50	(4.9)	16.8	(2.5)	52	(4.8)	14.3	(2.6)	54	(6.1)
比利时	11.3	(1.8)	37	(3.2)	14.3	(2.1)	42	(3.5)	18.2	(2.1)	41	(2.9)
西班牙	14.6	(2.2)	32	(2.6)	11.9	(2.4)	30	(3.3)	9.9	(2.1)	29	(3.2)
斯洛文尼亚	16.3	(2.9)	41	(3.6)	14.4	(2.7)	40	(4.0)	17.3	(2.9)	41	(3.5)
哥伦比亚	13.0	(2.6)	33	(3.6)	7.9	(2.0)	25	(3.4)	10.5	(2.3)	30	(3.5)
俄罗斯	9.6	(1.9)	36	(3.9)	8.2	(1.8)	36	(4.9)	13.0	(1.8)	43	(3.5)
意大利	7.5	(1.0)	25	(1.8)	7.9	(1.4)	30	(2.5)	10.3	(1.1)	34	(2.1)
中国上海	12.5	(2.6)	29	(3.2)	11.7	(2.7)	36	(4.3)	9.5	(2.2)	26	(3.2)
OECD 平均	13.6	(0.6)	41	(1.0)	13.7	(0.6)	41	(1.1)	13.9	(0.6)	41	(1.1)

	学生成绩与 PISA 财富指数的关系											
	财经素养				数 学				阅 读			
	强度	标准误	斜率	标准误	强度	标准误	斜率	标准误	强度	标准误	斜率	标准误
美国	10.4	(2.3)	30	(3.3)	9.1	(2.0)	24	(2.5)	8.0	(2.2)	24	(3.3)
波兰	2.1	(0.9)	14	(3.0)	4.2	(1.4)	22	(3.8)	2.2	(1.0)	16	(3.7)
新西兰	4.2	(1.4)	28	(4.7)	3.8	(1.3)	23	(4.3)	2.2	(1.0)	19	(4.4)
爱沙尼亚	0.8	(0.7)	8	(3.9)	0.9	(0.7)	11	(4.6)	0.0	(0.1)	0	(4.3)
克罗地亚	1.4	(0.7)	14	(3.7)	1.7	(0.8)	15	(3.8)	1.1	(0.7)	12	(4.1)
拉脱维亚	2.4	(1.1)	16	(3.8)	3.5	(1.3)	22	(4.3)	1.5	(0.9)	14	(4.2)
斯洛伐克	7.1	(2.3)	30	(4.7)	5.1	(1.6)	26	(4.0)	4.2	(1.4)	22	(4.0)
捷克	0.2	(0.3)	5	(3.9)	0.2	(0.3)	5	(4.0)	0.0	(0.2)	—2	(4.1)
法国	1.5	(0.8)	15	(4.4)	2.5	(1.0)	19	(4.0)	0.9	(0.6)	12	(4.6)
澳大利亚	0.1	(0.2)	4	(2.8)	0.2	(0.3)	5	(2.5)	0.1	(0.2)	4	(2.6)
以色列	3.1	(1.5)	21	(5.3)	1.6	(1.1)	15	(4.9)	1.0	(0.8)	13	(5.6)
比利时	1.3	(0.9)	15	(4.7)	1.2	(0.8)	14	(4.6)	0.9	(0.7)	11	(3.9)
西班牙	2.4	(1.1)	16	(3.9)	1.7	(1.1)	14	(4.6)	0.6	(0.6)	9	(4.5)
斯洛文尼亚	0.4	(0.5)	6	(4.5)	0.3	(0.4)	6	(4.0)	0.2	(0.4)	5	(4.0)
哥伦比亚	10.9	(2.3)	32	(3.4)	9.0	(2.0)	28	(3.3)	9.0	(2.1)	29	(3.4)
俄罗斯	2.9	(1.1)	20	(4.3)	1.6	(0.7)	16	(3.8)	3.2	(1.0)	22	(3.8)
意大利	2.5	(0.5)	17	(1.7)	2.6	(0.8)	20	(2.8)	2.1	(0.5)	18	(2.3)
中国上海	6.5	(1.8)	24	(3.7)	4.8	(1.7)	26	(4.9)	3.3	(1.4)	18	(4.0)
OECD 平均	2.8	(0.3)	16	(1.1)	2.6	(0.3)	16	(1.1)	1.7	(0.3)	12	(1.1)

附表 8.7 ■ 学生获得钱的渠道
结果基于学生自我报告

	在家经常做家务得到的补贴或零用钱的学生百分比				在家经常做家务得到的补贴或零用钱的学生百分比				课余时间打工(例如假期打工,兼职)的学生百分比				通过在家族企业中工作获得钱的学生百分比			
	是		否		是		否		是		否		是		否	
	%	标准误	%	标准误	%	标准误	%	标准误	%	标准误	%	标准误	%	标准误	%	标准误
美国	39.7	(2.6)	60.3	(2.6)	37.8	(2.2)	62.2	(2.2)	32.6	(2.0)	67.4	(2.0)	15.1	(1.4)	84.9	(1.4)
波兰	35.0	(2.3)	65.0	(2.3)	56.7	(2.4)	43.3	(2.4)	n	n	n	n	n	n	n	n
新西兰	57.8	(2.2)	42.2	(2.2)	36.5	(2.4)	63.5	(2.4)	41.1	(2.1)	58.9	(2.1)	20.5	(2.0)	79.5	(2.0)
爱沙尼亚	19.0	(2.0)	81.0	(2.0)	67.4	(2.3)	32.6	(2.3)	41.6	(2.1)	58.4	(2.1)	9.3	(1.4)	90.7	(1.4)
克罗地亚	26.8	(2.2)	73.2	(2.2)	77.2	(1.5)	22.8	(1.5)	26.2	(2.0)	73.8	(2.0)	10.6	(1.3)	89.4	(1.3)
拉脱维亚	50.3	(2.7)	49.7	(2.7)	64.4	(3.0)	35.6	(3.0)	22.9	(2.6)	77.1	(2.6)	19.6	(2.4)	80.4	(2.4)
斯洛伐克	42.1	(2.3)	57.9	(2.3)	50.2	(2.3)	49.8	(2.3)	47.3	(2.6)	52.7	(2.6)	20.5	(2.1)	79.5	(2.1)
捷克	46.6	(2.6)	53.4	(2.6)	58.7	(2.5)	41.3	(2.5)	51.4	(2.5)	48.6	(2.5)	16.2	(1.8)	83.8	(1.8)
法国	50.7	(1.9)	49.3	(1.9)	60.7	(2.1)	39.3	(2.1)	31.8	(2.0)	68.2	(2.0)	15.5	(1.6)	84.5	(1.6)
澳大利亚	44.1	(1.5)	55.9	(1.5)	31.5	(1.6)	68.5	(1.6)	51.8	(1.5)	48.2	(1.5)	15.3	(1.1)	84.7	(1.1)
以色列	20.9	(2.0)	79.1	(2.0)	64.2	(2.4)	35.8	(2.4)	46.1	(2.7)	53.9	(2.7)	17.6	(2.1)	82.4	(2.1)
比利时	37.9	(1.8)	62.1	(1.8)	83.8	(1.6)	16.2	(1.6)	45.8	(2.3)	54.2	(2.3)	14.0	(1.6)	86.0	(1.6)
西班牙	29.8	(2.4)	70.2	(2.4)	37.2	(2.6)	62.8	(2.6)	20.2	(1.8)	79.8	(1.8)	18.0	(2.1)	82.0	(2.1)
斯洛文尼亚	35.5	(2.3)	64.5	(2.3)	43.4	(1.8)	56.6	(1.8)	50.0	(2.2)	50.0	(2.2)	24.0	(2.0)	76.0	(2.0)
哥伦比亚	n	n	n	n	n	n	n	n	n	n	n	n	n	n	n	n
俄罗斯	33.4	(2.0)	66.6	(2.0)	72.0	(2.3)	28.0	(2.3)	51.6	(2.5)	48.4	(2.5)	17.6	(1.4)	82.4	(1.4)
意大利	40.0	(1.1)	60.0	(1.1)	33.7	(1.3)	66.3	(1.3)	29.6	(1.2)	70.4	(1.2)	21.6	(1.0)	78.4	(1.0)
中国上海	47.3	(2.0)	52.7	(2.0)	75.4	(1.6)	24.6	(1.6)	15.6	(1.6)	84.4	(1.6)	5.7	(1.0)	94.3	(1.0)
OECD平均	38.4	(0.6)	61.6	(0.6)	50.9	(0.6)	49.1	(0.6)	40.8	(0.6)	59.2	(0.6)	17.3	(0.5)	82.7	(0.5)

	通过临时工(比如,帮人做保姆或园艺工作)的获得钱的学生百分比				通过朋友或亲戚送的礼金获得钱的学生百分比				通过卖东西(比如摆摊或在网店销售)获得钱的学生百分比				通过打工、工作、临时工、卖东西获得钱的学生百分比			
	是		否		是		否		是		否		是		否	
	%	标准误	%	标准误	%	标准误	%	标准误	%	标准误	%	标准误	%	标准误	%	标准误
美国	56.7	(2.2)	43.3	(2.2)	90.2	(1.6)	9.8	(1.6)	36.5	(2.1)	63.5	(2.1)	69.3	(1.8)	30.7	(1.8)
波兰	n	n	n	n	82.2	(1.8)	17.8	(1.8)	n	n	n	n	n	n	n	n
新西兰	58.3	(2.2)	41.7	(2.2)	86.5	(1.7)	13.5	(1.7)	41.1	(2.3)	58.9	(2.3)	74.7	(1.8)	25.3	(1.8)
爱沙尼亚	45.9	(2.3)	54.1	(2.3)	91.6	(1.4)	8.4	(1.4)	29.3	(2.4)	70.7	(2.4)	65.9	(2.0)	34.1	(2.0)
克罗地亚	15.4	(1.6)	84.6	(1.6)	85.3	(1.5)	14.7	(1.5)	17.1	(1.6)	82.9	(1.6)	36.2	(2.1)	63.8	(2.1)
拉脱维亚	52.1	(2.8)	47.9	(2.8)	88.0	(2.0)	12.0	(2.0)	24.8	(2.4)	75.2	(2.4)	64.1	(2.6)	35.9	(2.6)
斯洛伐克	34.6	(2.4)	65.4	(2.4)	82.6	(2.2)	17.4	(2.2)	31.3	(2.1)	68.7	(2.1)	67.4	(2.3)	32.6	(2.3)
捷克	41.6	(2.6)	58.4	(2.6)	89.0	(1.3)	11.0	(1.3)	27.9	(2.0)	72.1	(2.0)	70.9	(2.3)	29.1	(2.3)
法国	53.8	(2.3)	46.2	(2.3)	85.3	(1.4)	14.7	(1.4)	61.9	(2.1)	38.1	(2.1)	67.1	(2.2)	32.9	(2.2)
澳大利亚	45.7	(1.6)	54.3	(1.6)	89.0	(0.9)	11.0	(0.9)	26.7	(1.1)	73.3	(1.1)	73.0	(1.3)	27.0	(1.3)
以色列	44.1	(2.5)	55.9	(2.5)	61.6	(2.3)	38.4	(2.3)	14.2	(1.6)	85.8	(1.6)	67.6	(2.1)	32.4	(2.1)
比利时	53.8	(2.3)	46.2	(2.3)	93.4	(1.2)	6.6	(1.2)	29.0	(1.8)	71.0	(1.8)	72.3	(1.9)	27.7	(1.9)
西班牙	25.7	(1.8)	74.3	(1.8)	83.4	(1.9)	16.6	(1.9)	26.5	(2.3)	73.5	(2.3)	40.9	(2.3)	59.1	(2.3)
斯洛文尼亚	35.5	(2.4)	64.5	(2.4)	87.9	(1.5)	12.1	(1.5)	27.6	(2.0)	72.4	(2.0)	69.0	(2.1)	31.0	(2.1)
哥伦比亚	n	n	n	n	n	n	n	n	n	n	n	n	n	n	n	n
俄罗斯	37.9	(2.4)	62.1	(2.4)	92.5	(1.4)	7.5	(1.4)	21.7	(1.7)	78.3	(1.7)	67.7	(2.2)	32.3	(2.2)
意大利	29.0	(1.2)	71.0	(1.2)	74.7	(1.1)	25.3	(1.1)	23.6	(1.0)	76.4	(1.0)	49.3	(1.2)	50.7	(1.2)
中国上海	7.4	(1.1)	92.6	(1.1)	83.1	(1.4)	16.9	(1.4)	20.6	(1.5)	79.4	(1.5)	22.5	(1.8)	77.5	(1.8)
OECD平均	43.7	(0.6)	56.3	(0.6)	84.4	(0.4)	15.6	(0.4)	31.3	(0.6)	68.7	(0.6)	65.6	(0.6)	34.4	(0.6)

* OECD平均根据可获得数据的国家计算的。

附表 8.8 ■ 学生消费行为

结果基于学生对问题"如果没有足够的钱购买你非常想要的东西(比如,一件衣服、体育用品),
通常你会怎么做"的自我报告

| | 如果学生没有足够的钱买他们非常想要的东西时,他们会采取下列方式的百分比 | | | | | | | | | |
| | 用该买其他东西的钱来买 | | 设法从家人那里借钱 | | 设法从朋友那里借钱 | | 存够钱后买 | | 不买 | |
	%	S.E.	%	S.E.	%	S.E.	%	S.E.	%	S.E.
美国	n	n	n	n	n	n	n	n	n	n
波兰	9.5	(1.5)	13.4	(1.7)	1.3	(0.5)	64.0	(2.6)	11.8	(1.3)
新西兰	n	n	n	n	n	n	n	n	n	n
爱沙尼亚	n	n	n	n	n	n	n	n	n	n
克罗地亚	3.8	(0.9)	12.4	(1.3)	1.1	(0.4)	74.9	(2.0)	7.7	(1.4)
拉脱维亚	n	n	n	n	n	n	n	n	n	n
斯洛伐克	n	n	n	n	n	n	n	n	n	n
捷克	4.4	(1.0)	15.7	(2.0)	1.3	(0.5)	67.2	(2.6)	11.4	(1.7)
法国	n	n	n	n	n	n	n	n	n	n
澳大利亚	n	n	n	n	n	n	n	n	n	n
以色列	4.2	(1.0)	22.1	(2.2)	0.8	(0.4)	60.7	(2.5)	12.1	(1.4)
比利时	6.2	(1.3)	15.4	(1.8)	4.2	(1.0)	59.3	(2.5)	14.9	(1.8)
西班牙	5.0	(1.1)	14.2	(1.6)	2.3	(0.7)	71.1	(2.4)	7.5	(1.4)
斯洛文尼亚	4.3	(0.9)	22.8	(2.4)	2.2	(0.9)	57.1	(2.9)	13.5	(2.6)
哥伦比亚	n	n	n	n	n	n	n	n	n	n
俄罗斯	n	n	n	n	n	n	n	n	n	n
意大利	4.5	(0.6)	23.6	(1.2)	1.6	(0.3)	60.1	(1.5)	10.2	(0.8)
中国上海	7.3	(1.1)	10.1	(1.3)	3.0	(0.6)	70.1	(2.1)	9.4	(1.2)
OECD平均	5.5	(0.4)	18.2	(0.7)	2.0	(0.3)	62.8	(0.9)	11.6	(0.6)

* OECD平均根据可获得数据的国家计算的。

附表 8.9 ■ 考虑社经背景前后根据学生储蓄行为划分的学生财经素养成绩

结果基于学生自我报告

| | 根据储蓄行为划分的财经素养成绩 | | | | | | | | | | | |
| | 我每周或每月都存固定数量的钱 | | 我每周或每月都存钱,但数量不固定 | | 只有当我有剩下的钱时才会存 | | 只有当我想买某样东西时我才存钱 | | 我从不存钱 | | 我没有钱,所以我不存钱 | |
	%	标准误	%	标准误	%	标准误	%	标准误	%	标准误	%	标准误
美国	n	n	n	n	n	n	n	n	n	n	n	n
波兰	n	n	n	n	n	n	n	n	n	n	n	n
新西兰	n	n	n	n	n	n	n	n	n	n	n	n
爱沙尼亚	n	n	n	n	n	n	n	n	n	n	n	n
克罗地亚	n	n	n	n	n	n	n	n	n	n	n	n
拉脱维亚	n	n	n	n	n	n	n	n	n	n	n	n
斯洛伐克	n	n	n	n	n	n	n	n	n	n	n	n
捷克	n	n	n	n	n	n	n	n	n	n	n	n
法国	n	n	n	n	n	n	n	n	n	n	n	n
澳大利亚	n	n	n	n	n	n	n	n	n	n	n	n
以色列	n	n	n	n	n	n	n	n	n	n	n	n
比利时	n	n	n	n	n	n	n	n	n	n	n	n
西班牙	n	n	n	n	n	n	n	n	n	n	n	n
斯洛文尼亚	n	n	n	n	n	n	n	n	n	n	n	n
哥伦比亚	n	n	n	n	n	n	n	n	n	n	n	n
俄罗斯	n	n	n	n	n	n	n	n	n	n	n	n
意大利	n	n	n	n	n	n	n	n	n	n	n	n
中国上海	609	(7.4)	617	(5.6)	616	(7.5)	577	(9.8)	584	(17.5)	c	c
OECD平均	n	n	n	n	n	n	n	n	n	n	n	n

| | 考虑社经背景后根据学生储蓄行为划分的学生财经素养成绩 | | | | | | | | | | | |
| | 我每周或每月都存固定数量的钱 | | 我每周或每月都存钱,但数量不固定 | | 只有当我有剩下的钱时才会存 | | 只有当我想买某样东西时我才存钱 | | 我从不存钱 | | 我没有钱,所以我不存钱 | |
	%	标准误	%	标准误	%	标准误	%	标准误	%	标准误	%	标准误
美国	n	n	n	n	n	n	n	n	n	n	n	n
波兰	n	n	n	n	n	n	n	n	n	n	n	n
新西兰	n	n	n	n	n	n	n	n	n	n	n	n
爱沙尼亚	n	n	n	n	n	n	n	n	n	n	n	n
克罗地亚	n	n	n	n	n	n	n	n	n	n	n	n
拉脱维亚	n	n	n	n	n	n	n	n	n	n	n	n
斯洛伐克	n	n	n	n	n	n	n	n	n	n	n	n
捷克	n	n	n	n	n	n	n	n	n	n	n	n
法国	n	n	n	n	n	n	n	n	n	n	n	n
澳大利亚	n	n	n	n	n	n	n	n	n	n	n	n
以色列	n	n	n	n	n	n	n	n	n	n	n	n
比利时	n	n	n	n	n	n	n	n	n	n	n	n
西班牙	n	n	n	n	n	n	n	n	n	n	n	n
斯洛文尼亚	n	n	n	n	n	n	n	n	n	n	n	n
哥伦比亚	n	n	n	n	n	n	n	n	n	n	n	n
俄罗斯	n	n	n	n	n	n	n	n	n	n	n	n
意大利	n	n	n	n	n	n	n	n	n	n	n	n
中国上海	613	(7.4)	623	(6.2)	631	(7.0)	595	(12.5)	601	(13.9)	c	c
OECD平均	n	n	n	n	n	n	n	n	n	n	n	n

注:该表的计算仅考虑那些有 PISA 经济、社会和文化地位指数数据的学生。粗体字表示达到了统计上的显著性水平。

* OECD平均根据可获得数据的国家计算的。

第九章附表

附表 9.1 ■ 学生在数字阅读素养量表上的平均成绩、标准差、性别差异和百分位数分布

		全 体 学 生				性 别 差 异					
		平均分		标准差		男 生		女 生		性别差异 (男一女)	
		平均分	标准误	标准差	标准误	平均分	标准误	平均分	标准误	分差	标准误
OECD 成员国	澳大利亚	521	(1.7)	97	(1.1)	506	(2.5)	536	(2.0)	−31	(2.9)
	奥地利	480	(3.9)	104	(4.3)	467	(5.3)	493	(4.6)	−27	(6.1)
	比利时	502	(2.6)	100	(1.8)	490	(3.4)	515	(3.3)	−25	(4.0)
	加拿大	532	(2.3)	89	(1.2)	522	(2.5)	543	(2.5)	−21	(1.8)
	智利	452	(3.6)	82	(1.8)	447	(4.4)	457	(4.1)	−9	(4.4)
	丹麦	495	(2.9)	83	(1.5)	483	(3.3)	506	(2.9)	−23	(2.4)
	爱沙尼亚	523	(2.8)	93	(1.9)	504	(3.2)	541	(3.0)	−37	(2.8)
	法国	511	(3.6)	98	(4.2)	499	(4.0)	522	(4.0)	−22	(3.6)
	德国	494	(4.0)	99	(3.4)	479	(4.3)	509	(4.1)	−30	(3.0)
	匈牙利	450	(4.4)	112	(3.9)	433	(5.2)	466	(4.7)	−33	(4.9)
	爱尔兰	520	(3.0)	82	(1.8)	508	(4.0)	533	(3.3)	−25	(4.3)
	以色列	461	(5.1)	117	(3.2)	447	(7.1)	474	(4.7)	−27	(6.4)
	意大利	504	(4.3)	95	(2.8)	494	(5.4)	516	(5.0)	−21	(6.0)
	日本	545	(3.3)	78	(2.1)	537	(4.2)	553	(3.3)	−16	(3.8)
	韩国	555	(3.6)	81	(2.0)	552	(4.8)	559	(3.9)	−7	(5.1)
	挪威	500	(3.5)	100	(2.6)	477	(3.9)	523	(3.6)	−46	(3.1)
	波兰	477	(4.5)	96	(2.5)	459	(4.7)	493	(4.7)	−34	(3.4)
	葡萄牙	486	(4.4)	89	(2.3)	477	(4.9)	495	(4.2)	−17	(3.0)
	斯洛伐克	474	(3.5)	95	(2.8)	465	(3.8)	484	(4.5)	−19	(4.3)
	斯洛文尼亚	471	(1.3)	99	(1.1)	452	(1.3)	492	(2.2)	−39	(2.7)
	西班牙	466	(3.9)	98	(2.4)	453	(4.7)	480	(3.6)	−27	(3.1)
	瑞典	498	(3.4)	96	(1.7)	482	(4.3)	515	(3.2)	−33	(3.3)
	美国	511	(4.5)	89	(2.2)	497	(4.8)	526	(4.5)	−28	(2.6)
	OECD 总体	510	(1.8)	94	(1.0)	499	(1.9)	522	(1.9)	−23	(1.3)
	OECD 各国平均	497	(0.7)	94	(0.5)	484	(0.9)	510	(0.8)	−26	(0.8)
伙伴国家(地区)	巴西	436	(4.9)	92	(2.7)	426	(5.6)	445	(4.7)	−19	(3.2)
	哥伦比亚	396	(4.0)	92	(2.9)	393	(4.7)	398	(4.4)	−4	(4.3)
	中国香港	550	(3.6)	94	(2.4)	541	(4.4)	560	(4.2)	−19	(5.0)
	中国澳门	515	(0.9)	70	(0.8)	506	(1.4)	525	(1.1)	−18	(1.7)
	俄罗斯联邦	466	(3.9)	86	(1.6)	457	(4.2)	474	(4.1)	−18	(3.0)
	中国上海	531	(3.7)	84	(2.4)	526	(4.3)	536	(3.7)	−10	(2.8)
	新加坡	567	(1.2)	90	(0.9)	558	(1.8)	576	(1.6)	−18	(2.2)
	中国台北	519	(3.0)	89	(1.9)	511	(4.2)	528	(3.8)	−17	(5.3)
	阿联酋	407	(3.3)	110	(2.0)	381	(5.2)	431	(3.9)	−50	(6.5)

附表 9.1 ■ 学生在数字阅读素养量表上的平均成绩、标准差、性别差异和百分位数分布(续表 1)

		百 分 位 数										
		第 5		第 10		第 25		第 75		第 90		第 95
		分数	标准误	分数	标准误	分数	标准误	分数	标准误	分数	标准误	分数	标准误
OECD 成员国	澳大利亚	354	(3.1)	394	(2.6)	458	(2.2)	588	(2.2)	642	(3.0)	672	(3.0)
	奥地利	314	(11.3)	361	(6.8)	424	(4.7)	549	(4.2)	600	(4.5)	626	(4.9)
	比利时	323	(5.9)	367	(4.5)	441	(4.3)	574	(2.5)	621	(3.0)	648	(3.1)
	加拿大	379	(4.1)	418	(3.3)	478	(2.8)	592	(2.5)	639	(2.3)	667	(3.1)
	智利	312	(5.8)	346	(5.6)	397	(4.2)	509	(4.2)	556	(3.8)	581	(3.7)
	丹麦	352	(5.4)	386	(5.1)	442	(3.6)	553	(3.3)	597	(3.2)	622	(4.5)
	爱沙尼亚	365	(5.9)	400	(5.6)	462	(3.9)	589	(3.5)	640	(4.0)	667	(4.0)
	法国	334	(13.1)	384	(8.1)	455	(4.5)	579	(3.6)	624	(4.1)	650	(5.5)
	德国	318	(8.5)	358	(7.8)	431	(6.1)	564	(3.9)	613	(4.4)	639	(4.4)
	匈牙利	247	(13.2)	297	(10.6)	378	(5.5)	531	(4.8)	586	(5.6)	617	(5.7)
	爱尔兰	375	(6.6)	412	(5.5)	469	(3.7)	578	(3.4)	622	(3.1)	647	(3.7)
	以色列	257	(9.0)	304	(7.9)	384	(6.7)	547	(5.6)	604	(4.9)	633	(5.7)
	意大利	334	(10.3)	375	(8.3)	446	(6.1)	571	(4.2)	618	(4.0)	644	(4.4)
	日本	409	(7.8)	444	(5.5)	496	(3.9)	599	(3.0)	640	(4.1)	663	(4.2)
	韩国	420	(5.9)	456	(4.4)	508	(3.6)	609	(4.4)	652	(5.0)	677	(5.9)
	挪威	321	(10.2)	370	(6.9)	440	(4.4)	569	(3.2)	619	(3.8)	647	(4.9)
	波兰	305	(8.8)	349	(7.3)	416	(5.0)	545	(4.3)	593	(5.0)	622	(5.5)
	葡萄牙	330	(7.7)	367	(6.3)	427	(5.8)	550	(4.5)	595	(4.2)	619	(5.0)
	斯洛伐克	301	(8.0)	344	(9.1)	417	(5.8)	541	(3.2)	587	(4.1)	613	(5.8)
	斯洛文尼亚	297	(3.7)	340	(3.3)	407	(2.4)	543	(2.3)	593	(3.4)	621	(4.7)
	西班牙	294	(9.2)	336	(7.3)	404	(5.0)	535	(3.7)	586	(3.8)	615	(3.9)
	瑞典	329	(7.8)	373	(5.2)	438	(4.1)	566	(3.3)	616	(3.7)	644	(4.2)
	美国	358	(8.8)	394	(8.3)	454	(5.8)	573	(4.2)	621	(4.5)	649	(5.1)
	OECD 总体	344	(3.6)	386	(3.4)	452	(2.7)	576	(1.8)	624	(1.8)	651	(1.9)
	OECD 各国平均	332	(1.7)	373	(1.4)	438	(1.0)	563	(0.8)	611	(0.9)	638	(1.0)
伙伴国家(地区)	巴西	280	(9.3)	316	(7.1)	375	(6.2)	501	(5.6)	552	(5.4)	581	(6.1)
	哥伦比亚	247	(6.8)	280	(5.7)	336	(4.8)	457	(4.3)	512	(5.0)	546	(6.0)
	中国香港	381	(7.8)	427	(6.0)	493	(5.0)	615	(4.1)	663	(4.1)	690	(4.2)
	中国澳门	395	(2.9)	424	(2.5)	469	(1.5)	564	(1.6)	604	(2.0)	627	(3.5)
	俄罗斯联邦	321	(6.3)	354	(5.7)	409	(4.8)	525	(4.0)	576	(4.2)	604	(4.4)
	中国上海	385	(7.8)	420	(7.1)	477	(4.8)	590	(3.8)	635	(4.7)	662	(4.9)
	新加坡	415	(3.4)	449	(2.6)	508	(1.8)	631	(2.2)	681	(2.0)	711	(3.1)
	中国台北	361	(7.3)	401	(5.3)	464	(3.5)	582	(3.2)	627	(4.1)	651	(4.4)
	阿联酋	226	(5.6)	265	(4.8)	331	(4.1)	481	(4.3)	550	(4.8)	591	(5.4)

注:统计上有显著性的值用粗体表示。

附表 9.2 ■ 数字阅读素养量表上位于各个精熟度水平的学生百分比

		全 体 学 生								
		2 级水平以下 (<407.47)		2 级水平 (≥407.47 分, <480.18 分)		3 级水平 (≥480.18 分, <552.89 分)		4 级水平 (≥552.89 分, <625.61 分)		4 级水平以上 (≥625.61 分)
		%	标准误	%	标准误	%	标准误	%	标准误	%	标准误
OECD 成员国	澳大利亚	12.5	(0.5)	19.8	(0.5)	29.4	(0.6)	24.9	(0.7)	13.4	(0.7)
	奥地利	20.2	(1.4)	26.3	(1.2)	30.0	(1.3)	18.4	(1.0)	5.1	(0.7)
	比利时	17.2	(0.9)	20.2	(0.7)	29.3	(0.9)	24.4	(0.8)	9.0	(0.6)
	加拿大	8.5	(0.5)	17.3	(0.6)	31.3	(0.7)	29.4	(0.8)	13.6	(0.7)
	智利	29.3	(1.7)	32.9	(1.2)	27.1	(1.2)	9.6	(0.8)	1.1	(0.2)
	丹麦	14.2	(1.0)	26.7	(0.9)	34.2	(1.0)	20.3	(1.3)	4.5	(0.6)
	爱沙尼亚	11.4	(0.9)	19.8	(0.9)	30.0	(1.0)	25.7	(1.1)	13.1	(0.9)
	法国	13.8	(1.2)	19.6	(0.9)	30.6	(1.3)	26.3	(1.0)	9.7	(1.0)
	德国	19.1	(1.5)	21.7	(1.0)	29.9	(1.3)	21.9	(1.2)	7.4	(0.8)
	匈牙利	32.5	(1.4)	24.6	(1.2)	24.8	(1.1)	14.1	(1.0)	4.0	(0.6)
	爱尔兰	9.4	(0.9)	19.8	(0.9)	34.9	(0.8)	26.8	(1.0)	9.0	(0.7)
	以色列	31.0	(1.8)	22.3	(1.2)	23.5	(1.2)	16.9	(1.3)	6.2	(0.9)
	意大利	15.7	(1.4)	20.9	(1.3)	31.4	(1.3)	23.8	(1.3)	8.2	(0.9)
	日本	4.9	(0.8)	14.4	(1.0)	32.3	(1.2)	34.1	(1.2)	14.2	(1.1)
	韩国	3.9	(0.5)	11.7	(0.8)	30.8	(1.3)	35.3	(1.2)	18.3	(1.6)
	挪威	16.6	(1.1)	22.0	(0.8)	29.9	(1.0)	22.8	(0.9)	8.6	(0.7)
	波兰	22.4	(1.5)	26.3	(1.0)	29.4	(1.1)	17.4	(1.3)	4.5	(0.7)
	葡萄牙	19.2	(1.6)	25.7	(1.1)	31.3	(1.4)	19.7	(1.3)	4.1	(0.6)
	斯洛伐克	22.6	(1.5)	25.9	(1.1)	31.1	(1.4)	16.9	(1.0)	3.5	(0.6)
	斯洛文尼亚	25.1	(0.7)	26.1	(1.0)	26.9	(1.2)	17.6	(0.8)	4.3	(0.5)
	西班牙	26.2	(1.5)	27.1	(1.1)	27.9	(1.1)	15.2	(0.9)	3.7	(0.4)
	瑞典	16.7	(1.1)	23.2	(0.9)	30.2	(1.0)	21.8	(0.9)	8.1	(0.7)
	美国	12.6	(1.4)	22.3	(1.2)	31.5	(1.0)	24.6	(1.3)	9.0	(0.9)
	OECD 总体	13.8	(0.6)	20.9	(0.5)	30.8	(0.4)	25.0	(0.5)	9.5	(0.4)
	OECD 各国平均	17.6	(0.3)	22.5	(0.2)	29.9	(0.2)	22.1	(0.2)	7.9	(0.2)
伙伴国家(地区)	巴西	37.2	(2.2)	30.4	(1.3)	22.8	(1.4)	8.3	(1.0)	1.4	(0.4)
	哥伦比亚	54.9	(1.8)	27.5	(1.1)	13.4	(0.9)	3.7	(0.5)	0.5	(0.2)
	中国香港	7.6	(0.8)	13.8	(0.8)	26.5	(1.1)	31.0	(1.2)	21.1	(1.3)
	中国澳门	7.0	(0.5)	22.8	(0.7)	39.8	(0.7)	25.3	(0.8)	5.1	(0.5)
	俄罗斯联邦	24.6	(1.6)	31.2	(1.2)	28.5	(1.0)	13.0	(1.0)	2.6	(0.4)
	中国上海	7.9	(1.1)	18.1	(1.1)	32.6	(1.4)	28.9	(1.4)	12.5	(1.2)
	新加坡	4.3	(0.3)	12.5	(0.5)	26.0	(0.7)	30.3	(0.7)	26.8	(0.7)
	中国台北	11.1	(0.9)	19.3	(0.8)	31.8	(1.0)	27.6	(1.1)	10.3	(0.9)
	阿联酋	50.5	(1.4)	24.2	(0.8)	15.7	(0.8)	7.3	(0.5)	2.3	(0.3)

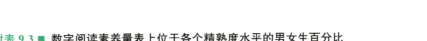

附表 9.3 ■ 数字阅读素养量表上位于各个精熟度水平的男女生百分比

| | | 男生 | | | | | | | | | 女生 | | | | | | | | | |
| | | 2级水平以下 (<407.47分) | | 2级水平 (≥407.47分, <480.18分) | | 3级水平 (≥480.18分, <552.89分) | | 4级水平 (≥552.89分, <625.61分) | | 4级水平以上 (≥625.61分) | | 2级水平以下 (<407.47分) | | 2级水平 (≥407.47分, <480.18分) | | 3级水平 (≥480.18分, <552.89分) | | 4级水平 (≥552.89分, <625.61分) | | 4级水平以上 (≥625.61分) | |
		%	标准误	%	标准误	%	标准误	%	标准误	%	标准误	%	标准误	%	标准误	%	标准误	%	标准误	%	标准误
OECD成员国	澳大利亚	16.3	(0.7)	21.8	(0.7)	29.4	(0.9)	22.0	(0.9)	10.4	(0.8)	8.4	(0.5)	17.7	(0.6)	29.4	(0.8)	27.9	(0.9)	16.6	(0.9)
	奥地利	25.1	(2.1)	27.8	(1.6)	27.1	(1.4)	16.2	(1.5)	3.8	(0.6)	15.4	(1.5)	24.8	(1.7)	32.8	(1.8)	20.5	(1.4)	6.4	(1.2)
	比利时	21.0	(1.2)	21.2	(1.1)	28.6	(1.2)	21.7	(1.0)	7.5	(0.7)	13.4	(1.1)	19.1	(0.8)	30.0	(1.1)	27.1	(1.1)	10.4	(0.9)
	加拿大	10.7	(0.7)	19.3	(0.7)	31.3	(1.1)	27.2	(1.1)	11.4	(0.8)	6.2	(0.6)	15.2	(1.2)	31.3	(1.0)	31.6	(0.9)	15.8	(0.9)
	智利	31.6	(2.1)	32.6	(1.5)	25.3	(1.4)	9.4	(1.1)	1.2	(0.3)	27.2	(2.1)	33.3	(1.6)	28.7	(1.6)	9.8	(0.9)	1.1	(0.2)
	丹麦	17.5	(1.2)	29.4	(1.2)	31.6	(1.3)	18.0	(1.5)	3.4	(0.6)	10.9	(0.9)	24.0	(1.2)	36.9	(1.3)	22.6	(1.5)	5.6	(0.8)
	爱沙尼亚	15.9	(1.4)	22.7	(1.4)	30.0	(1.2)	21.9	(1.4)	9.6	(1.1)	6.9	(0.9)	16.9	(0.9)	30.0	(1.4)	29.4	(1.3)	16.6	(1.3)
	法国	16.3	(1.3)	22.3	(1.5)	30.1	(1.3)	23.4	(1.5)	8.0	(1.1)	11.4	(1.3)	17.1	(1.1)	31.2	(2.0)	29.1	(1.5)	11.3	(1.1)
	德国	23.1	(1.9)	23.8	(1.5)	29.1	(1.5)	18.2	(1.2)	5.7	(0.8)	15.0	(1.5)	19.5	(1.5)	30.6	(1.5)	25.7	(1.5)	9.1	(0.9)
	匈牙利	38.8	(1.8)	24.0	(1.5)	21.8	(1.2)	11.9	(1.1)	3.4	(0.7)	26.6	(1.6)	25.2	(1.6)	27.6	(1.5)	16.0	(1.3)	4.6	(0.7)
	爱尔兰	12.2	(1.3)	22.6	(1.3)	34.8	(1.3)	23.4	(1.3)	7.0	(1.0)	9.0	(0.9)	20.6	(1.3)	33.0	(1.3)	30.3	(1.3)	11.1	(1.0)
	以色列	35.9	(2.8)	20.9	(1.6)	22.0	(1.7)	16.1	(1.9)	5.1	(1.0)	26.3	(2.1)	23.6	(1.3)	25.0	(1.6)	17.7	(1.2)	7.3	(1.0)
	意大利	19.4	(1.9)	21.8	(1.7)	29.4	(1.6)	21.3	(1.4)	8.1	(1.1)	11.3	(1.1)	19.7	(1.5)	33.8	(1.8)	26.7	(1.8)	8.4	(1.0)
	日本	6.6	(1.1)	16.0	(1.2)	32.4	(1.5)	31.9	(1.5)	13.1	(1.4)	3.1	(0.6)	12.7	(1.2)	32.2	(1.7)	36.6	(1.6)	15.5	(1.5)
	韩国	5.3	(0.7)	12.1	(1.1)	30.4	(1.6)	33.8	(1.5)	18.5	(2.1)	2.4	(0.5)	11.3	(1.2)	31.3	(1.4)	37.0	(1.7)	18.0	(1.8)
	挪威	22.4	(1.4)	25.2	(1.0)	28.8	(1.5)	18.4	(1.2)	5.2	(0.6)	10.6	(1.0)	18.7	(1.1)	31.0	(1.2)	27.5	(1.5)	12.2	(1.1)
	波兰	28.7	(1.8)	26.6	(1.5)	27.3	(1.3)	13.9	(1.3)	3.4	(0.7)	16.4	(1.6)	26.0	(1.2)	31.4	(1.4)	20.8	(1.6)	5.5	(0.9)
	葡萄牙	22.8	(2.0)	25.7	(1.4)	29.1	(1.4)	18.5	(1.4)	3.9	(0.7)	15.5	(1.4)	25.7	(1.3)	33.6	(1.3)	20.9	(1.6)	4.4	(0.7)
	斯洛伐克	26.5	(1.7)	27.2	(1.4)	28.2	(1.8)	14.8	(1.0)	3.4	(0.6)	18.3	(1.9)	24.6	(1.4)	34.4	(1.7)	19.2	(1.5)	3.5	(0.7)
	斯洛文尼亚	31.9	(0.9)	26.7	(1.5)	24.3	(1.5)	14.1	(1.0)	2.9	(0.4)	17.8	(1.0)	25.5	(1.1)	29.7	(1.3)	21.3	(1.3)	5.7	(0.9)
	西班牙	31.1	(1.9)	27.7	(1.3)	25.1	(1.6)	13.0	(1.0)	3.2	(0.4)	21.2	(1.5)	26.4	(1.5)	30.7	(1.3)	17.5	(1.2)	4.2	(0.6)
	瑞典	22.1	(1.4)	25.1	(1.4)	27.8	(1.4)	18.4	(1.1)	6.6	(1.0)	11.1	(1.0)	21.3	(1.4)	32.5	(1.6)	25.3	(1.4)	9.6	(1.0)
	美国	17.0	(1.9)	23.8	(1.6)	30.2	(1.3)	21.4	(1.3)	7.6	(0.9)	8.0	(1.2)	20.7	(1.5)	32.9	(1.3)	27.9	(1.7)	10.5	(1.2)
	OECD总体	17.3	(0.7)	22.2	(0.6)	29.7	(0.5)	22.4	(0.5)	8.4	(0.4)	10.1	(0.4)	19.5	(0.6)	31.9	(0.5)	27.8	(0.8)	10.8	(0.5)
	OECD各国平均	21.7	(0.3)	23.8	(0.3)	28.4	(0.3)	19.5	(0.3)	6.6	(0.2)	13.5	(0.3)	21.1	(0.3)	31.4	(0.3)	24.7	(0.3)	9.3	(0.2)
伙伴国家（地区）	巴西	41.6	(2.6)	29.4	(2.0)	20.7	(1.8)	7.2	(1.1)	1.1	(0.5)	33.1	(2.2)	31.4	(1.6)	24.7	(1.6)	9.3	(1.2)	1.6	(0.5)
	哥伦比亚	56.1	(2.0)	26.4	(1.4)	12.9	(1.1)	3.9	(0.8)	0.7	(0.4)	53.8	(2.2)	28.6	(1.4)	13.9	(1.1)	3.4	(0.6)	0.3	(0.1)
	中国香港	9.3	(1.1)	15.5	(1.1)	26.5	(1.3)	29.2	(1.5)	19.5	(1.6)	5.5	(0.7)	11.9	(1.1)	26.5	(1.6)	33.1	(1.4)	22.9	(1.7)
	中国澳门	9.4	(0.7)	25.5	(1.1)	38.1	(1.1)	22.5	(0.9)	4.5	(0.5)	4.4	(0.4)	20.0	(0.9)	41.5	(1.0)	28.3	(1.4)	5.8	(0.8)
	俄罗斯联邦	28.3	(1.9)	31.7	(1.5)	26.7	(1.3)	11.0	(1.2)	2.3	(0.6)	20.9	(1.7)	30.7	(1.4)	30.3	(1.3)	15.0	(1.1)	3.0	(0.5)
	中国上海	9.5	(1.4)	18.7	(1.3)	33.0	(1.6)	27.2	(1.7)	11.7	(1.2)	6.4	(1.0)	17.5	(1.3)	32.3	(1.6)	30.6	(1.7)	13.2	(1.4)
	新加坡	6.2	(0.5)	13.6	(0.8)	26.9	(1.0)	28.5	(1.0)	24.8	(0.9)	2.5	(0.4)	11.4	(0.6)	25.1	(1.0)	32.2	(1.1)	28.8	(0.9)
	中国台北	14.4	(1.3)	19.9	(1.4)	30.1	(1.5)	25.9	(1.4)	9.7	(1.1)	7.9	(0.9)	18.7	(1.2)	33.4	(1.5)	29.2	(1.4)	10.9	(1.1)
	阿联酋	60.2	(2.0)	20.0	(1.2)	11.7	(1.0)	6.0	(0.7)	2.2	(0.4)	41.2	(1.8)	28.3	(1.1)	19.5	(1.1)	8.5	(0.7)	2.5	(0.3)

致　　谢

本书是 PISA 2012 中国上海项目组的集体成果,在此特向以下为项目做出贡献的人员表示感谢!

PISA 2012 中国上海项目领导小组成员(按任职时间排序):
组长:薛明扬、苏明
OECD PISA 理事会代表:张民选
项目负责人:尹后庆、贾炜

PISA 2012 中国上海项目组成员(按拼音字母排序):
陈莉莉、陈效民、陈永年、戴小芙、方涛、顾宝君、纪明泽、江彦桥、劳晓芸、林洵多、陆璟、陆黎英、陆勤超、倪闽景、王静怡、王向群、吴强、颜慧芬、杨伟人、章波

PISA 2012 中国上海项目组秘书长:陆璟　**秘书处成员**(按拼音字母排序):金莉莉、覃利春、沈学珺、王鼎、王湖滨、王婷婷(实习)、徐瑾劼(实习)、朱小虎

PISA 2012 专家组成员(按拼音字母排序):
桂思铭、黄华、李俊、李秋明、谭轶斌、王鼎、王洁、王兄、王运生、许萍、杨玉东、邹一斌

PISA 2012 区县项目负责人(按拼音字母排序):
程胜、冯强、高洁、顾爱平、顾时庆、华志雄、焦勤、李红杰、蒲正权、邱中宁、沈澜、孙磊、陶晨、袁健、周梅、周襄文、朱银莲、朱永

区县招办负责人及工作人员、区县信息中心主任、测试主任、学校主考、IT 主管、国际和本地质量监察员:611 人(名单略)

本书各章作者:
第一章　陆璟
第二章　朱小虎
第三章　陆璟
第四章　朱小虎
第五章　沈学珺
第六章　阅读部分由王湖滨撰写,科学部分由沈学珺撰写

第七章　王洁,沈学珺参与了数据处理和校对工作
第八章　杨玉东、朱小虎
第九章　陆璟
全书由陆璟统稿。